TABLEAUX
TOPOGRAPHIQUES,
PITTORESQUES, PHYSIQUES,
HISTORIQUES, MORAUX,
POLITIQUES, LITTÉRAIRES,

DE LA

SUISSE ET DE L'ITALIE:

Ornés de 1200 Estampes, gravées par les meilleurs Graveurs;

D'APRÈS les Deſſins de MM. ROBERT, PÉRIGNON, FRAGONARD, PARIS, POYET, RAYMOND, LE BARBIER, BERTHELEMY, MÉNAGEOT, LE MAY, HOUEL, &c. & des plus habiles Maîtres de l'Italie.

TOME PREMIER.

A PARIS,

Chez
{ NÉE & MASQUELIER, Graveurs, rue des Francs-Bourg. près la Place S. Michel.
RUAULT, Libraire, rue de la Harpe.
   A LONDRES.
La Société Typographique, rue Saint-Yames.
LYDE, Libraire, dans le Strand. }

Et chez les principaux Libraires de l'Europe.

M DCC. LXXVII.
AVEC APPROBATION, ET PRIVILEGE DU ROI.

PROSPECTUS.

L'HISTOIRE la plus fidèle de tout ce qui s'eſt paſſé de remarquable en *Suiſſe* & en *Italie*, le Tableau le plus vrai du Gouvernement, des Mœurs, Uſages, Coutumes, Religion, Cérémonies, Monnoies & Sciences de leurs Habitans; la deſcription la plus exacte, ſoit des merveilles que la nature étale dans ces deux contrées, ſoit des chef-d'œuvres dont les Arts les ont enrichies : tel eſt le but que l'on s'eſt propoſé dans cet Ouvrage, qui raſſemblera tout ce qu'il eſt néceſſaire de ſavoir pour connaître la *Suiſſe* & *l'Italie*, auſſi parfaitement que ſi l'on y avoit fait le plus long ſéjour.

Au détail, & à la date des faits mémorables, l'Auteur joindra la Deſcription des lieux dans leſquels ces mêmes faits ſeront arrivés; il offrira au Lecteur, le plan & l'élévation des monumens antiques, dont il reſte quelques veſtiges; il lui déſignera les endroits où étoient ceux que le tems ou la barbarie ont détruits; il lui parlera des Édifices modernes, des Fêtes & des Spectacles, des Médailles & des Inſcriptions, des Tableaux & des Statues, & ſur tous ces objets, il lui mettra ſous les yeux des Eſtampes repréſentatives, dont il garantit l'exactitude & la fidélité.

En faveur des Gens de Lettres, & de ceux qui aiment les grands Écrivains de l'antiquité, l'Auteur citera les paſſages des Orateurs, des Poëtes & des Hiſtoriens les plus célèbres, quand ces paſſages ſe trouveront relatifs aux ſujets dont il ſera queſtion.

La réunion de ces différens objets, qui juſqu'ici n'ont été préſentés que ſéparément, formera le Tableau le plus riche & le plus varié que l'on puiſſe avoir en ce genre; l'Auteur n'a rien épargné pour l'embellir, & les Artiſtes, ainſi que les Amateurs, trouveront également de quoi ſatisfaire leur curioſité dans cette Collection, qui n'eſt ni une compilation, ni un réſumé des voyages que l'on connaît. L'Auteur a vu par lui-même, & à l'égard de l'Hiſtorique, il indiquera fidèlement les ſources dans leſquelles il a puiſé, pour la perfection de cet Ouvrage, qu'il annonce comme abſolument neuf, ſoit par le fond, ſoit par la richeſſe & l'exécution de ſes ornemens.

Comme le premier Volume ne parlera que de la Suiſſe, on a cru ne devoir s'étendre dans ce Proſpectus, que ſur les avantages que le Public pourra retirer d'un Ouvrage fait, avec le plus grand ſoin, dans cette contrée auſſi intéreſſante, qu'inconnue à ſes voiſins. Jettons un coup-d'œil ſur l'antiquité de ſon origine, ſur l'ancienneté de ſes liaiſons avec nous, ſur la ſolidité de ſes engagemens & nous ſentirons qu'aucun Français ne doit rien ignorer de ce qui concerne cette reſpectable Nation.

Quand on parcourt la liſte énorme des voyages qu'on a publiés ſur l'Aſie, l'Afrique & l'Amérique, & qu'on la compare avec le petit nombre de ceux que l'on a de l'Europe, & dont la plupart même ſont très-inexacts, on a peine à concevoir comment on s'applique à connaître les pays lointains, plutôt que ceux qui ſont dans notre proximité, & qui cependant, par mille motifs, mériteroient préférablement notre attention.

La SUISSE, placée preſqu'au centre de l'Europe, en eſt l'Etat le moins connu, malgré toutes ſes liaiſons avec ſes voiſins. On ſait en gros qu'il y a treize Cantons, & quelques Etats-Alliés du CORPS HELVÉTIQUE, entre la France, l'Allemagne, l'Italie & la Savoye, & on ſe borne à cette idée ſuperficielle; mais ce Pays, plus ignoré, à certains égards, que ne le ſont les Cordilières de l'Amérique, ou la Scandinavie, eſt néanmoins la partie de notre hémiſphère la plus intéreſſante dans ſon développement intérieur, par les merveilles de la nature. Les Géographes conſidèrent la Suiſſe comme la contrée la plus élevée de l'Europe. C'eſt ſur le ſommet des Alpes que ſont les ſources du Rhin, du Rhône, du Teſin, de l'Aar, de la Ruſſ, de l'Inn & de l'Adda. Les Lacs qui entrecoupent la Suiſſe, & les eaux minérales qu'on voit jaillir de ſes rochers, ſont autant de tableaux dignes de l'œil obſervateur du Phyſicien.

On jouit ſur les Alpes du ſpectacle le plus admirable & le plus riant; on y découvre les vues les plus pittoreſques, les plantes les plus ſalutaires; mais ce Pays, ſi agréable par ſes beautés locales, ſi ſingulier par la variété du climat, & où l'on trouve quelquefois les quatre ſaiſons réunies, offre en même-tems des horreurs inexprimables dans la chaîne de ſes glaciéres perpétuelles, dans ſes torrens deſtructeurs, dans ſes précipices affreux, dans

A

[2]

l'élévation *gigantesque* de ses montagnes, & dans l'aspect hideux de ses rochers, de maniere que l'on pourroit dire avec *Crébillon*:

> La Nature marâtre en ces affreux climats,
> N'y produit, au lieu d'or, que du fer, des Soldats.
>
> *Rhadamiste & Zénobie.*

A ce contraste ajoutons-en un autre : c'est que la Suisse offre aux yeux du Voyageur les pâturages les plus gras, le bled, le vin, l'aisance & la richesse, fruits du travail, de l'industrie & du commerce. C'est aussi peut-être la région de l'Europe la plus peuplée. L'Histoire de ce Pays présente d'ailleurs des tableaux intéressans, par les actions héroïques de ses Peuples ; leur République subsiste déja depuis plus de quatre siècles & demi, & ce qui paraît un phénomène dans la sphère politique, elle ne doit sa liberté & son agrandissement à aucun secours étranger. Trois Particuliers en ont jetté les fondemens, & ce fut dans le centre de la Suisse, au pied de ses montagnes, couvertes d'une glace éternelle, que naquit la *liberté des Cantons*. Semblable à ces (*) *Lavenches* des Alpes, qui entraînent avec elles tout ce qu'elles rencontrent dans leur passage, & qui cependant ne doivent leur première formation, qu'à la chûte d'une boule de neige, de même la liberté Helvétique, foible dans sa naissance, s'est agrandie insensiblement par la jonction d'Etats considérables, à qui la proximité du local & les mêmes motifs de défense ont inspiré l'esprit d'une association confédérative. On emprunte ici l'idée qu'en a donnée M. le Baron de Zur-Lauben, dans sa *Lettre sur Guillaume Tell*. Heureuse Nation! qui, contente de sa liberté, une fois affermie, n'a jamais eu l'esprit de conquête ; amie de la paix & d'une parfaite neutralité, elle observe, du haut de ses montagnes, les vagues politiques qui troublent, de tems à autre, le reste de l'Europe.

(*) Eboulemens de neige dans les Alpes.

L'Ouvrage sur la Suisse qu'on se propose de donner au Public, doit particuliérement plaire à tout Français ; c'est, comme nous l'avons dit, la Description d'un pays dont les Habitans sont nos plus anciens amis & concitoyens ; il n'existe dans l'Histoire aucun exemple d'une alliance aussi longue & aussi fidèle entre deux Etats voisins que l'est l'alliance de la France avec la Suisse.

La bataille de Bâle, en 1444, en a été la cause primitive, & Louis XI, alors Dauphin, & vainqueur, prépara, par son traité de Paix, l'union perpétuelle que le Roi Charles VII, son pere, conclut avec une Nation si belliqueuse. Cette union, renouvellée d'un regne à l'autre, a eu les suites les plus heureuses. *La Suisse* touche encore au moment de resserrer ces nœuds confédératifs avec le plus ancien & le plus puissant de ses Alliés, NOTRE AUGUSTE MONARQUE, & la liberté HELVÉTIQUE sera cimentée sur un fondement d'autant plus respectable, que toutes les forces de la France, dont elle est la frontiere, depuis Bâle jusqu'à Geneve, seront intéressées à sa conservation.

Cet Ouvrage offrira, dans ses diverses parties, l'exacte Topographie de ce Pays ; le précis de ses antiquités ; les faits les plus remarquables de l'Histoire Helvétique, tant ancienne que moderne ; les limites subdivisées des deux Religions dominantes ; l'Etat Civil & Politique ; la Milice ; les Services étrangers ; l'Economie rurale ; le Commerce ; la Monnoie ; le tableau des Mœurs ; celui des Usages ; le spectacle de l'Histoire Naturelle, & les progrès des Sciences, des Arts, & de la Littérature ; on y trouvera aussi un grand nombre d'Anecdotes saillantes.

Chacune des *Vues* gravées sera plus amplement décrite dans le Texte de cet Ouvrage, qu'on distribuera *gratis*, à la dernière livraison d'Estampes. On ne dira rien ici du mérite de ces Vues ; on sent d'avance de quel prix leur objet pittoresque peut être aux yeux des Amateurs. Parmi ces Vues, seront aussi les Champs de bataille célèbres, par les victoires des Suisses, *Morgarten, Laupen, Sempach, Neffels, Granson, Morat, Dornach*. On croit devoir aussi prévenir qu'on n'a épargné ni soins ni dépenses pour remplir le but principal de cet Ouvrage ; on a puisé l'Historique, non-seulement dans les Livres qui ont paru sur la Suisse, mais encore dans les Relations générales & particulieres qu'on doit à des connoisseurs respectables. Dans le nombre des Ouvrages imprimés qu'on a consultés, sont *les Topographies générales de Merian, Steiner, Wagner, Scheuchzer, Herrliberger, Faesi, Fuesslin, la Description du Canton de Bâle*, par M. Bruckner ; celle de Neuchâtel, &c. le *Dictionnaire Historique de la Suisse*, par M. Leu, Bourguemestre de la République de Zurich ; l'*Histoire de la Suisse*, par le célèbre Tschoudy, par Etterlin, Stoumpf, Urstisius, Simler, Guillimann, Grasser, Stettler, Plantin, Hottinger, Rhan, Lang, Waldkirch, Lauffer, d'Alt, Bochat, M. le Baron de Watteville, M. de Tscharner, M. de Balthazar, &c. &c. ; celle des Grisons, par Sprecher, Gouler, Quadrio ; les Mémoires du Duc de Rohan, sur la guerre de la Valteline, &c. ; l'Histoire du *Valais*, par *Simler*, *Briguet*, & *les savans Editeurs du* (1) *Gallia Christiana*; *l'Histoire de Genève*, par *Spon*, *Leti*, &c. Le *Voyage des Glacières* de la Suisse, par M. *Gruner*; les Mémoires des *Sociétés Physiques & Economiques* de Zurich & de Berne. Le *Socrate Rustique* de M. de Hirzel, &c., & *l'Histoire Littéraire de la Suisse*, par M. de *Haller*, fils du grand Haller ; on a eu aussi recours aux *Chroniques manuscrites de Justinger*, *Schilling*, *Schodeler*, *Bullinger*, *Steiner*, *Tschoudy*, *Goeldlin*, *Cysat*, &c. M. Henin, Résident de France à Genève, a bien voulu nous diriger dans tout ce qui concerne l'Histoire de cette République. Mais c'est à un Suisse Militaire, que nous devons le principal mérite de la partie Historique de cet Ouvrage, à M. le Baron de Zur-Lauben, Maréchal-de-Camp ès armées du Roi, & Capitaine au Régiment des Gardes-Suisses. Nous avons la confiance d'espérer que le Public partagera avec nous notre reconnoissance. Assurément nous ne pouvions desirer un meilleur guide que l'Auteur de *l'Histoire Militaire des Suisses, au service de la France*. Nous ne parlerons pas ici de ses autres Ouvrages, tous exacts & estimés, ni de ses Dissertations, insérées dans les Mémoires de l'Académie Royale des Inscriptions & Belles-Lettres ; mais nous ne pouvons omettre les *Tables Généalogiques* qu'il a données des augustes *Maisons d'Autriche & de Lorraine*, elles sont lumineuses pour l'ancienne Histoire de la Suisse. On sait qu'une grande partie de ce Pays a été le patrimoine primordial des Comtes de *Habspourg*, tiges de l'AUGUSTE MAISON D'AUTRICHE. La Suisse passe pour avoir été leur berceau ; c'est dans l'*Argeu* qu'on voit le Château de *Habspourg*. L'Empereur Rodolphe I. & ses ancêtres, en portoient le nom : c'est aussi à la Suisse que les plus anciennes Maisons de l'Alsace, de la Souabe, du Tyrol, de la Savoye, &c. rapportent leur origine (2). Nous ne pouvons assez inviter ceux qui possedent des Manuscrits, des Remarques sur la Suisse, à nous les communiquer ; nous leur rendrons tous les hommages publics de la reconnaissance. Nous osons même espérer que LE LOUABLE CORPS HELVÉTIQUE daignera faciliter, par sa protection, le succès d'un Ouvrage principalement consacré à sa gloire. Un suffrage aussi respectable, combleroit nos vœux, & seroit en même-tems la plus flatteuse récompense de notre travail.

Comme cette Edition sera exécutée sur le plus beau papier, avec des caractères d'Imprimerie, fondus exprès ; que les Desseins sont des meilleurs Maîtres, & que l'on n'épargne rien pour la gravure, les frais en seront très-considérables. Cependant, comme les Editeurs connoissent l'éloignement du Public pour les Souscriptions, éloignement justifié par les fraudes, ou les lenteurs qu'il éprouve fréquemment en ce genre, ils ont pris le parti de proposer les conditions suivantes.

---

(1) *Tom. XII.* articles de l'Evêché de Sion, & de l'Abbaye de S. Maurice.
(2) Bucelin, (*in nucleo historia*) avoit raison de dire de la Suisse : *Helvetici montes Romana nobilitatis asyla, Germanica incunabula* : les montagnes de la Suisse ont servi d'asyle aux Grands de Rome, & de berceau, à la Noblesse d'Allemagne.

CONDITIONS DE LA SOUSCRIPTION.

L'OUVRAGE sera divisé en six Volumes, grand *in-folio*.

Le premier contiendra la Suisse.

Le second, } Rome, & les Etats du Pape.
Le troisième,

Le quatrième, Naples, & une partie de son Royaume.

Le cinquième, la Toscane, les Etats de Lucques, ceux de Gênes, de Modène & de Parme.

Le sixième, les Etats de Venise, le Duché de Milan, les autres Etats de l'Empereur dans l'Italie, le Piémont & la Savoye.

Il y aura 200 Estampes par Volume.

Ces Estampes se distribueront six par six, de mois en mois, & l'on se flatte d'en pouvoir donner un nombre plus considérable avant peu, afin que chaque Volume soit complet en dix-huit mois. Le prix de chaque Estampe sera de 30 s. pour les Souscripteurs, & de 2 liv. pour ceux qui n'auront pas souscrit.

A la dernière livraison des Estampes de chaque Volume, le Texte se distribuera *gratis*.

Les Amateurs qui defireront voir quelques-uns des Deffins deftinés à cet Ouvrage, pourront fe tranfporter chez les Graveurs, ci-deffus indiqués : ils fe feront un plaifir de fatisfaire leur curiofité.

On peut foufcrire pour cet Ouvrage dans les Provinces chez les principaux Libraires.

La première livraifon des Eftampes, qui compoferont le premier Volume, fe fera le premier Janvier 1777, & les autres fucceffivement de mois en mois, chez les Srs Née & Masquelier, chez lefquels on foufcrit actuellement, & qui font chargés de diftribuer dans Paris, & de faire parvenir en Province, franc de port, les fuites d'Eftampes à l'adreffe de chaque Soufcripteur.

Les perfonnes qui voudront envoyer des *Mémoires* relatifs à cet Ouvrage, font priées de les leur adreffer.

On fera libre de ne foufcrire que pour un *Volume*, deux, trois, quatre, &c. On trouvera dans chaque *Volume* du *Texte*, une Table qui indiquera les endroits où les Eftampes doivent être placées.

La Soufcription ne fera ouverte que jufqu'au premier Avril 1777.

Lû & approuvé, ce 3 Juillet 1776. **CRÉBILLON.**

Vû l'Approbation, permis d'imprimer, ce 6 Juillet 1776. **LE NOIR.**

De l'Imprimerie de CLOUSIER, rue Saint-Jacques, vis-à-vis celle des Mathurins.

TABLEAUX
DE LA SUISSE ET DE L'ITALIE.
SOUSCRIPTEURS
Au premier de Janvier 1777.

LEURS MAJESTÉS.
MONSIEUR.
MADAME.
Monseigneur le Comte d'ARTOIS.
Madame la Comtesse d'ARTOIS.
Madame ELISABETH.
Madame ADELAIDE.
Madame VICTOIRE.
Monseigneur le Duc de CHARTRES.
Monseigneur le Prince de CONDÉ.
Monseigneur le Duc de BOURBON.
Madame la Duchesse de BOURBON.
Monseigneur le Prince de CONTY.

A.

M. le Comte d'Affry, Colonel du Régiment des Gardes Suisses.
M. d'Agincourt, Fermier-Général.
M. Aladanne, Caissier des Fermes.
M. le Comte d'Albaret.
M. l'Abbé Aleaume.
M. d'Alency, Commissaire des Guerres.
Mademoiselle Allart, Pensionnaire du Roi.
M. le Marquis d'Amesaga.
Monseigneur l'Evêque d'Angers.
M. le Comte d'Angiviller, Directeur-Général des Bâtimens, de l'Académie des Sciences.
M. d'Anville, de l'Académie des Belles-Lettres.
M. Araria, de Vienne en Autriche, *pour six Exemplaires.*
M. le Chevalier d'Arcy, de l'Académie des Sciences.
M. d'Arquier, à Arles.
M. le Marquis de l'Aubépine.
Madame la Marquise de l'Aubépine.
M. Augeard, Fermier-Général.
M. le Duc d'Aumont, premier Gentilhomme de la Chambre.
M. d'Autigny, Préteur-Royal, à Strasbourg.

B.

M. Bacarit, Architecte.
M. le Baron de Bachman, Major du Régimens des Gardes-Suisses.
M. de Balainviliers, Avocat du Roi.
M. Banquet, Banquier.
M. le Comte de Baral, à Grenoble.
M. Barbaut de Glatigny, Receveur-Général.
M. le Barbier, Peintre.
Madame la Comtesse du Bary.
M. le Vicomte du Bary.
M. Bazan, Marchand d'Estampes. *Pour trente-six Exemplaires.*
M. de Beaujon.
M. de Beaumarchais.
M. le Prince Belosesky.
M. de Berkenroode, Ambassadeur d'Hollande.
M. de Besance, Maître des Requêtes.
M. Beudet.
M. le Marquis de Bièvres, Maréchal-Général-des-Logis de l'Armée.
M. de Bionval, Grand Audiencier.
M. le Comte de Bissy, de l'Académie Françoise.
M. le Blanc, de Verneuil, Conseiller au Châtelet.
M. de Bondy, Receveur-Général.
M. Borely, à Marseille.
M. Bouffé, le jeune.
M. de Bougainville, Capitaine de Vaisseaux.
M. le Duc de Bouillon.
M. de Boullongne, Trésorier de l'extraordinaire des Guerres.
M. Bourboulon, Intendant des Menus.
M. Boutin, Receveur-Général.
M. Boyer de Fonscolombe, Ministre de France, à Gênes.
M. le Marquis de Brancas.
M. le Baron de Breteuil.
Madame Brissart.
M. Buffault, Trésorier de la Ville.
M. Bunney.
M. Burton, à Béziers.
M. de Busigny de Chavanes.
M. le Comte de Buzelet.

C.

M. Cadet, de l'Académie des Sciences.
M. Cadet de Chambine, premier Commis des Ponts & Chaussées.
M. Cadet, Chirurgien.
M. Campion, Directeur des Fermes, à Marseille.
M. le Baron de Candale.

A

NOMS DES SOUSCRIPTEURS.

M. Cannet, Négociant à Amiens.
M. de Castera, Maréchal de Camp.
M. Caron, Trésorier du Marc-d'or.
M. le Comte de Cassini.
M. l'Abbé de Césarges, Maître de l'Oratoire du Roi.
M. de Chamilly, premier Valet-de-Chambre ordinaire du Roi.
M. le Prince de Chalais.
M. Chanorier, Receveur-Général.
M. le Marquis de Chastellux.
M. le Chevalier de Chastellux, de l'Académie Françoise.
M. le Comte du Chastelet.
M. Chereau. *Pour vingt-quatre Exemplaires.*
M. Chiavary la Bassolle, à Arles.
M. le Baron de Choiseul, Ambassadeur à Turin.
Madame la Duchesse de Civrac.
M. le Clerc de Septchênes, Secrétaire du Cabinet.
M. le Clerc, à Dieuze.
M. le Duc de Coigny.
M. le Comte.
M. le Chevalier de Coffé.
M. le Marquis de Courtanvaux, Capitaine des Cent Suisses.
Madame de Cramayel.
Madame la Comtesse de Créquy.
M. le Comte de Crillon.
M. le Marquis de Croissy, Capitaine des Gardes de la Porte.

D.

M. le Marquis de Dampierre.
M. de Dangeul, Gentilhomme ordinaire.
M. Davy de Chavigné, Auditeur des Comptes.
M. Debures de Villiers.
M. Dédelay d'Acheres, Avocat du Roi.
M. Desoteux, Commissaire des Guerres.
M. D'Hornoy, Conseiller au Parlement.
M. D'Aubet, Caissier de la Compagnie d'Afrique.
M. D'Olier, à Marseille.
M. le Duc, Trésorier de la Vennerie.
M. le Duc de Dorset.
M. le Comte Dufort.
M. Dujardin de Ruzé.
M. Dupin, Receveur-Général.
M. le Maréchal de Duras, premier Gentilhomme de la Chambre.
Madame la Comtesse de Duras.
M. le Comte de Durfort.

E.

Mademoiselle Egendorff, à Fribourg, *pour deux Exemplaires.*
M. le Baron d'Erlach.
M. le Vicomte d'Espinchal.
M. Estevou, Secrétaire des Commandemens de S. A. S. Monseigneur le Prince de Conti.

F.

M. Fagond.
M. Ferrand.
M. Ferrier.
M. de la Ferté, Intendant des Menus.
M. de la Ferté, fils, Relieur du Roi.
M. Fischer d'Oberied, à Berne.
M. de Fontanieu, Intendant du Garde-Meuble de la Couronne.
M. Foulquier.
M. de Saint-Foy, Surintendant de la Maison de Monseigneur le Comte d'Artois.
M. Fragonard, de l'Académie de Peinture.
M. France d'Amstel.
Madame de la Freté.

G.

M. Gabriel le fils, Contrôleur des Bâtimens du Roi.
M. Gamard, premier Valet-de-Garderobe de Monseigneur le Comte d'Artois.
M. Garcoigne, Anglois.
M. Gaucherel, Trésorier des Secrétaires du Roi.
M. Gaudot, Fermier-Général.
M. Geoffroy d'Assy, Caissier de la Caisse-Commune.
M. Germain, Graveur.
M. l'Abbé de Saint-Geyrac.
M. de Giac, Maître des Requêtes, Surintendant honoraire de la Maison de la Reine.
M. Gigot de Garville.
M. Gigot d'Orcy, Receveur-Général.
M. Girardot de Marigny.
M. Goetels, à Gand.
M. Goguet, Libraire.
M. le Prince de Gonsague.
M. le Marquis de Gouverner.
M. le Comte de Grais, Ministre du Roi à Cassel.
MM. Grasset, Libraires, à Lausane, *pour deux Exemplaires.*
M. de Grimaldi, Evêque du Mans.
M. le Prince de Guemené, Capitaine des Gendarmes de la Garde, & grand Chambellan.
M. le Comte de Guibert.

H.

M. Ham de Lauverghen.
Mademoiselle Harland, Angloise.
Madame la Comtesse d'Harville.
M. Haudry de Soucy, Fermier-Général.
M. le Comte du Hautoy.
Madame de La Haye.
M. Hebert, Trésorier des Menus.
M. Hecquet.
M. de Herein, Notaire.
M. de Herrenschwand, Grand Juge des Suisses & Grisons.
M. J Heyer.
M. Horutener, à Rouen.

NOMS DES SOUSCRIPTEURS.

J.

M. le Marquis de Jaucourt.
M. Joullain, Marchand d'Estampes, quai de la Feraille.
M. le Comte de Jumilhac.

K.

M. Keiser, Grand-Juge des Suisses & Grisons.
M. Koly, Fermier-Général.

L.

M. de Laborde, Mestre-de-Camp de Dragons.
M. de Labryere, Architecte.
M. Lambert, Trésorier de Monseigneur le Prince de Condé.
M. Lamouroux de Saint-Julien, Receveur-Général.
M. le Président de Lavie, à Bordeaux.
M. Lavoisier, Fermier-Général, & de l'Académie des Sciences.
M. le Comte de Lauraguais.
Mademoiselle de Lauraguais.
M. Laurent, Contrôleur-Général des Domaines & Bois.
M. le Duc de Lauzun.
M. de Lepinay, Secrétaire-Général des Fermes.
M. Liebaut, ancien Officier.
M. Loliée, Procureur à la Chambre des Comptes.
M. de Lormel, Imprimeur. *Pour deux Exemplaires.*
M. l'Abbé de Luberfac.
M. le Marquis du Luc.
M. le Comte de Lusignan.
M. le Duc de Luxembourg.
M. le Chevalier de Luxembourg, Capitaine des Gardes.
Madame la Duchesse de Luynes.

M.

M. de Maillardor, à Fribourg.
M. le Comte de Maillebois.
M. le Marquis de Mailly.
Madame de Marchais.
M. Marquet, Receveur-Général.
M. Martiny, Graveur.
M. l'Abbé de Mastin.
M. de Maux.
M. le May, à Bruxelles. *Pour sept Exemplaires.*
M. le Marquis de Méjanes, à Aix en Provence.
M. le Chevalier de Menilglaise, Lieutenant au Régiment des Gardes.
M. le Président de Meslay.
M. de Meulan, le fils, Receveur-Général.
M. Micault, Officier de Dragons.
Madame Michel.
M. le Comte de Milly, de l'Académie des Sciences.

M. du Moley.
M. Molini, Libraire, à Florence. *Pour quatre Exemplaires.*
M. de Monsauge, Administrateur-Général des Postes.
Madame de Monsauge.
M. de Montribloud.
M. de Monville.
M. Moreau, Dessinateur des Menus.
M. de Morel, Grand-Audiencier.

N.

M. Necker.
M. le Duc de Nivernois, de l'Académie Françoise.
M. de Non, Gentilhomme ordinaire du Roi.
M. l'Abbé de Saint-Non.
M. le Normand, d'Etiolles.
M. Novere.

O.

M. Ott, Hôte de l'Epée, à Zurich.

P.

M. Pacaud.
M. Paquier.
M. Pâris, Architecte.
M. Ctésiphorus Paul. *Pour deux Exemplaires.*
M. le Marquis de Paulmy.
Madame Peilhon.
M. le Pelletier, Intendant de Soissons.
MM. le Pere & Avanlès. *Pour six Exemplaires.*
M. Pérignon, de l'Académie de Peinture.
M. Peronet, Inspecteur-Général des Ponts & Chaussées.
M. le Marquis de Pesay.
M. le Baron de Planta. *Pour deux Exemplaires.*
M. le Vicomte de Polignac.
M. le Comte Jules de Polignac.
Madame la Comtesse Diane de Polignac.
M. Preaudau de Chemilly Trésorier des Maréchaussées.
M. Ménage de Pressigny, Fermier-Général.
M. le Comte de Prunelé.

R.

M. du Recourt.
MM. Reycends, frères, Libraires, à Turin. *Pour six Exemplaires.*
M. de la Reyniere, Fermier-Général.
M. Ribard, à Rouen.
M. Robert, de l'Académie de Peinture.
M. le Comte de Rochart.
Madame la Comtesse de Roncé.
M. Roslin d'Yvri, Maître des Requêtes.
M. le Vicomte de Rune.

S.

M. Sabatier, de Cabres, Ministre du Roi, à Liége.
Madame la Comtesse de Sabran.
M. Sage, de l'Académie des Sciences.

NOMS DES SOUSCRIPTEURS.

M. le Marquis de Saint-Aignan.
M. de Saint-Didier, premier Commis de la Marine.
M. de Saint-Hilaire, Fermier-Général.
M. de Saint-Hubert, Fermier-Général.
M. de Saint-Laurent.
M. le Marquis de Saint-Vincent.
M. de Sainte-James, Trésorier de la Marine.
M. le Président de Salabery.
M. de la Saône, premier Médecin du Roi & de la Reine.
M. l'Ambassadeur de Sardaigne.
M. Savalette, Garde du Trésor Royal.
M. le Comte de Schowaloff.
M. le Comte de Senecterre.
M. Simon, Architecte.
M. le Maréchal de Soubise. *Pour trois Exemplaires.*
M. le Comte Strogonoff.
M. de Surbec, l'aîné.
M. le Comte de Surgeres.
M. Swinburney, Anglois.

T.

M. le Comte de Tessé.
M. de Tiercent, Capitaine au Régiment Royal Normandie.
M. le Prince de Tingry, Capitaine des Gardes.
Madame la Princesse de Tingry.
M. le Chevalier de la Tour, Capitaine au Régiment des Gardes.
M. le Chevalier de la Tour d'Aigues, Officier aux Gardes.
M. le Bailli de la Tour-Saint-Quentin.
M. le Duc de la Trémoille.
M. Trudaine, Conseiller d'Etat.

V.

M. Valleteau de la Roque, Auditeur des Comptes.

Madame de la Vallette.
M. le Duc de la Valliere, Grand Fauconnier de France.
M. Vandenyver, Banquier.
M. Vanharrevelt, *pour six Exemplaires.*
M. de Vateville, à Nidau.
M. le Comte de Vaudreuil.
M. Veldon.
M. de Verdun, Fermier-Général.
M. de Villemorien, Administrateur-Général des Postes.
Madame de Villemorien.
M. de Villemorien de Luçay, Administrateur-Général des Postes.
M. de Villemorien d'Aviray.
M. de Villeneuve, Receveur-Général.
M. le Duc de Villequier, premier Gentilhomme de la Chambre.
Madame la Duchesse de Villeroy.
M. le Marquis de Villette.
Madame de Vismes.
M. de Vismes, Secrétaire du Roi.
M. de Vismes du Valgay.
M. de Vismes de Saint-Alphonse, Lecteur du Cabinet de S. A. S. Monseigneur le Prince de Condé.
M. de Voltaire, de l'Académie Françoise.
M. le Marquis de Voyer.
M. Watelet, Receveur-Général des Finances, & de l'Académie Françoise.
M. du Vaucel, Grand Maître des Eaux & Forêts.
M. Westport.
La Ville de Paris.

Z.

M. le Baron de Zurlauben, Maréchal de Camp & Capitaine au Régiment des Gardes Suisses.

La Souscription ne sera ouverte que jusqu'au premier d'Avril, & il ne sera tiré que vingt-cinq Exemplaires au-delà du nombre des Souscripteurs. Les Pays Etrangers pourront souscrire jusqu'au premier de Juillet.

On imprimera la Liste des nouveaux Souscripteurs, & on la délivrera avec la livraison d'Avril.

On ne portera les Estampes chez les Souscripteurs que le huit de chaque Mois, afin de laisser la liberté, pendant huit jours, de venir choisir les Epreuves chez les Sieurs Née & Masquelier, rue des Francs-Bourgeois, Fauxbourg Saint-Germain.

On prie ceux de Messieurs les Souscripteurs qui changeront de demeure, de vouloir bien le faire savoir aux Sieurs Née & Masquelier.

TABLEAUX
DE LA SUISSE,
OU
VOYAGE PITTORESQUE
FAIT DANS LES TREIZE CANTONS
DU CORPS HELVÉTIQUE.

TABLEAUX
TOPOGRAPHIQUES,
PITTORESQUES, PHYSIQUES,

HISTORIQUES, MORAUX,

POLITIQUES, LITTÉRAIRES,

DE LA SUISSE.

TOME PREMIER.

TABLEAUX
TOPOGRAPHIQUES,
PITTORESQUES, PHYSIQUES,

HISTORIQUES, MORAUX,

POLITIQUES, LITTÉRAIRES,

DE LA SUISSE.

TOME PREMIER.

A PARIS,
DE L'IMPRIMERIE DE CLOUSIER,
RUE SAINT-JACQUES.

M. DCC. LXXX.
AVEC APPROBATION ET PRIVILÉGE DU ROI.

A MONSEIGNEUR
LE COMTE D'ARTOIS.

MONSEIGNEUR,

Quand je formai le projet d'élever un Monument qui mît sous les yeux de ma Nation les différens Tableaux que la Suisse présente tant au physique qu'au moral, & les principaux traits de l'histoire d'un Peuple dont les François ont toujours chéri l'alliance : lorsque j'entrepris de tracer l'esquisse de son gouvernement, de ses mœurs, des Arts qu'il cultive ;

d'offrir le portrait des grands hommes qui l'ont illuſtrée, en un mot, de développer les tréſors que la nature ſemble avoir accumulés dans un pays où elle étonne par ſes merveilles; j'ambitionnai le bonheur de Vous plaire, MONSEIGNEUR, *autant que celui d'être utile à ma Patrie; mais il falloit, pour y réuſſir, que je fuſſe ſecondé comme je l'ai été par les Artiſtes, les Amateurs & les Savans qui ont coopéré à l'exécution de ce projet, particulièrement par l'eſtimable Militaire* (1) *originaire de la Suiſſe, auſſi diſtingué par ſes lumières & ſon érudition, que par ſa naiſſance, & à qui le principal mérite doit en être rapporté.*

Il falloit ſur-tout pour ſon ſuccès, que Vous daignaſſiez honorer d'un regard favorable l'Ouvrage que je prends la liberté de Vous préſenter.

Vous l'agréez, MONSEIGNEUR, *& par ce témoignage autentique de votre bonté, Vous confirmez à la Nation Françoiſe l'opinion que vous lui avez donnée tant de fois de votre amour pour les Arts, & de votre empreſſement à les protéger.*

Vous comblez en même-temps les vœux des Helvétiens, & Vous augmentez leur amour pour le Sang Auguſte des BOURBONS. *Accoutumés à entendre vanter leur Colonel-Général par ceux de leurs enfans qu'ils ont confiés à la gloire militaire de la France, ces Républicains généreux & ſenſibles n'auroient vu ſans doute qu'avec douleur un autre Nom que celui de* MONSEIGNEUR LE COMTE D'ARTOIS *à la tête des faſtes où ſont conſacrés des évènemens qui doivent les préſenter à l'Europe comme une Puiſſance auſſi intéreſſante pour la politique, que reſpectable pour l'humanité.*

---

(1) M. le Baron de Zur-Lauben, Maréchal des Camps & Armées du Roi, & premier Capitaine au Régiment des Gardes-Suiſſes; de l'Académie Royale des Inſcriptions & Belles-Lettres, de celle des Arcades à Rome, & de la Société Phyſique de Zurich.

Pénétré, MONSEIGNEUR, de la gloire qui rejaillit sur moi de l'accueil dont Vous honorez aujourd'hui le fruit de mes travaux, qu'il me soit permis de Vous peindre la reconnoissance qu'il m'inspire, elle sera sans bornes ainsi que le profond respect avec lequel je suis,

MONSEIGNEUR,

Votre très-humble & très-obéissant
Serviteur
LABORDE.

DISCOURS
SUR
L'HISTOIRE NATURELLE
DE LA SUISSE.

ON ne se propose pas, dans cet Ouvrage, d'entrer dans de grands détails sur les minéraux ou les fossiles de la Suisse; ces objets ne sont propres qu'à faire connoître quelques genres ou espèces en particulier; d'ailleurs une pareille entreprise ne peut être bien exécutée que par ceux qui habitent les lieux mêmes, & qui ont la facilité, les occasions & le temps nécessaire pour rassembler ces diverses productions, en former des suites & en donner la description.

C'est dans les beaux cabinets de la Suisse (1) & dans les descriptions qu'on en a données, qu'il faut admirer la richesse de ce pays, dans le genre des pétrifications & des empreintes. Ces détails ne pouvoient entrer dans un ouvrage de la nature de celui-ci; il faut consulter aussi les ouvrages de Zoologie & de Botanique qui ont été composés pour ce pays en général, & pour toutes les contrées qui le forment en particulier : on a mieux aimé y renvoyer le Lecteur & ne pas faire de cet essai une compilation informe, à l'exemple de tant d'Auteurs qui s'attribuent des connoissances qu'ils n'ont pas, en copiant, sans choix, le vrai comme le faux : c'est ainsi qu'à force d'être répétées, les absurdités s'accréditent, & qu'égarant ceux qui n'approfondissent rien, elles finissent par servir de bases aux nouvelles théories qu'on établit journellement.

On a évité avec soin de tomber dans cet inconvénient, & on a employé le peu de temps qu'on a eu pour parcourir un pays aussi difficile que la Suisse, à prendre des connoissances sur la nature des différentes substances qui entrent dans la composition de ces montagnes énormes entassées les unes sur les autres, qui, s'élevant par dégrés, vont enfin s'appuyer contre ces masses étonnantes de rochers, perpétuellement chargées de neiges & de glace. Ce sont ces parties élevées & moins connues, qu'on a vu de préférence & qu'on tâchera de décrire, elles caractérisent la Suisse en la distinguant plus particulièrement de tout autre pays. Ces observations, jointes à celles qui ont été faites dans différents pays de hautes montagnes, contribueront aussi à établir la marche constante de la nature dans la formation des montagnes. on a pensé que des détails sur ces objets, seroient plus intéressants pour l'Histoire Physique générale, que, plus nouveaux, ils piqueroient davantage la curiosité. La Minéralogie considérée sous ce point de vue, est si peu connue, si embrouillée, si difficile pour ce qui concerne la connoissance des pierres, des cailloux, des rochers & autres objets qui ne brillent, ne chatoyent pas & ne sont pas propres à orner des cabinets, que ce sera toujours beaucoup faire, si nous pouvons porter quelque clarté dans ce cahos & donner la curiosité & le désir de voir & de connoître davantage ces objets délaissés & abandonnés qui constituent cependant la base de tout ce que nous voyons sur le globe.

La description de quelques glaciers principaux entre nécessairement dans ce plan; on indiquera leur position & leur formation, les raisons de leur progression & des changemens qui y arrivent; il y aura quelques planches relatives à ces objets, dont les dessins ont été faits avec la plus scrupuleuse exactitude, afin de faire connoître & d'expliquer, autant qu'il est possible, ces grands phénomènes, au moyen desquels la nature s'est réservée des magasins immenses d'eau qui en découle avec d'autant plus d'abondance, qu'elle devient plus nécessaire à l'entretien & à la perfection de la végétation : ce n'est que dans les grandes chaleurs de l'été que le Rhône, le Rhin & autres fleuves, provenants de ces hautes montagnes, ont un volume d'eau capable de remplacer, par leur évaporation, l'humidité si nécessaire à toute espèce de productions.

Il a paru d'autant plus indispensable d'avoir quelques dessins exacts & détaillés de ces glaciers, que ceux qui en ont été faits jusqu'à l'époque de cet Ouvrage, ne sont que des à-peu-près si éloignés de la vérité, qu'on ne peut y reconnoître les objets qu'on a voulu représenter; c'est après avoir comparé ces dessins & ces gravures avec les objets mêmes, qu'on a senti la nécessité d'en produire de nouveaux, qui cependant ne sont pas pris du même point de vue que les autres. Des neiges, des glaces sont assurément sujettes à des changements continuels; mais le site, le local, les rochers & les montagnes environnantes sont toujours les mêmes; ce sont ces positions accidentelles qui occasionnent les amas de neiges & les glaciers, & servent à en expliquer la théorie.

En parlant des glaciers, on aura occasion de rectifier la position des sources du Rhône qui sont mal connues & mal indiquées.

On s'est fait une loi de ne parler que de ce qu'on a vu & observé soi-même, de le rendre avec la vérité d'un Observateur impartial qui n'est qu'Historien. On ne s'est point permis de conjectures, encore moins d'adopter ou former

---

(1) Nous les citerons dans l'occasion, ou nous en ferons une note particulière.

Tome I.   *a*

de ces syftêmes arrangés dans le cabinet, & que l'infpection de la Nature dément si souvent. Si l'on hazarde quelques réflexions, elles feront d'après le compte rendu de ce qu'on aura vu. Le principal but de cet Ouvrage eft de raffembler des matériaux que des mains plus habiles emploieront ; puiffe l'édifice ne fe commencer qu'après la réunion de tout ce qui convient pour le rendre ftable & permanent ! En examinant fur les lieux ce qui a été écrit, on a été convaincu combien ces defcriptions étoient vagues & hazardées, les fubftances mal nommées & fauffement indiquées : pour éviter cet inconvénient, en parlant d'une efpèce de pierre ou de roche, on donnera la defcription exacte de fes parties conftituantes & de la pofition de fes lits ou couches ; on a même confervé des échantillons des efpèces de pierres les moins connues, afin qu'il ne refte aucun doute, aucune équivoque fur les objets qu'on a voulu indiquer ou décrire. Ces moyens ont paru d'autant plus néceffaires, qu'on n'a pas trop examiné ni décrit les différentes efpèces de roches, parce que leur mélange va à l'infini, & que chaque pays en a de particuliers : les différens noms qu'on a donnés à une efpèce de pierre, fans en avoir donné la defcription, rendent la plupart des obfervations faites jufqu'à préfent inutiles, & rempliffent de confufion & d'incertitude la partie d'Hiftoire Naturelle qui a rapport à la connoiffance phyfique de la terre. On a encore pris la précaution de joindre les noms Allemands ou étrangers ufités dans le pays, pour que les curieux & les amateurs qui voudront voir par eux-mêmes puiffent fe faire entendre & fe faire indiquer ce qu'ils chercheront ; ce qui devient abfolument néceffaire en Suiffe, où le voyageur, quoiqu'il parle le François, l'Allemand & l'Italien, ne comprend & n'eft pas compris le plus fouvent, tant ces langues y font dénaturées & corrompues ; plus on s'éloigne des villes plus cette difficulté devient grande.

On fouhaite, pour le progrès de l'Hiftoire Naturelle, que l'indication de ces moyens & de ceux dont on aura occafion de parler, puiffe engager ceux qui feront des recherches, à les fuivre, à en imaginer de nouveaux, afin d'établir une fois des points fixes & ftables, au moyen defquels on puiffe entrer & fortir du labyrinthe de la nomenclature. Ce ne fera que par la defcription exacte de chaque fubftance, & par l'explication des termes qu'on employera, qu'on pourra parvenir à s'entendre & à rendre fes peines & fes travaux utiles, jufqu'à ce qu'on foit enfin d'accord de donner & d'affigner un feul & même nom à la même fubftance, fans multiplier fi inutilement les efpèces, ce qui rend la fcience plus difficile.

Puiffent auffi ceux qui fe deftinent aux travaux pénibles des recherches fur l'Hiftoire Naturelle, fe perfuader de la néceffité abfolue de fe tranfporter fur les lieux & de voir par eux-mêmes ; de favoir braver l'intempérie des faifons, la fatigue & autres inconvéniens des voyages ! L'étude de l'Hiftoire Naturelle n'eft pas une fcience pareffeufe, elle doit fe faire dans le laboratoire même de la Nature ; le défir de voir, de s'inftruire, & l'efpérance d'être utile, font plus que fuffifans pour faire furmonter de plus grands obftacles ; puiffent-ils auffi être convaincus de la néceffité de favoir deffiner : c'eft par l'acquifition de ce talent que devroient commencer ceux qui fe deftinent à l'étude de l'Hiftoire Naturelle, afin d'acquérir de bonne heure ce coup-d'œil qui fait reconnoître un objet par les différentes formes propres à chacun en particulier. Ceux qui ont quelques connoiffances acquifes, conviendront, fans doute, que la plus grande difficulté qu'ils ayent rencontré, eft celle de faifir cette phyfionomie, cette manière d'être (qu'on nous paffe ces expreffions) propre & caractériftique à chaque fubftance, & qu'il a fallu un long temps & beaucoup d'ufage pour acquérir cette faculté.

Ce n'eft qu'au moyen du deffin qu'on eft en état de rendre l'enfemble de ces grandes maffes des trois règnes dont nous ne pouvons avoir que des parcelles dans les cabinets ; il n'y a que le porte-feuille du Naturalifte Deffinateur qui puiffe vraiment le faire connoître au curieux & à l'amateur ; les notes, les explications qu'il y joint, ne font que le développement ou l'analyfe de ce tout. Le Naturalifte a fa façon particulière de voir ; dans un payfage la hauteur des terres, l'inclinaifon des couches ou lits de pierre, leurs épaiffeurs, un dérangement dans ces mêmes couches ; les caffures, le contour, les formes propres à chaque efpèce de pierre ou de roche, &c. &c. font autant d'objets d'attention & de remarques par lefquels il doit caractérifer & faire connoître ce qu'il a vu.

Le Peintre ou le Deffinateur ne voit pas des mêmes yeux que le Naturalifte, il eft toujours plus occupé à faire valoir fon talent & fon art ; ce qui, chez lui, eft objet principal, n'eft qu'acceffoire chez le Naturalifte. La fcience du Peintre ou du Deffinateur confifte à rendre la Nature fous le point de vue le plus favorable, en s'écartant le moins qu'il pourra de la vérité ; mais il négligera & rejettera toujours les formes qui ne font pas agréables, pour leur en fubftituer qui flattent davantage l'œil ; il choifira le point de vue le plus pittorefque, celui qui lui fournit des oppofitions, des grandes maffes d'ombre & de clair, & qui procurera le plus d'effet à fon deffin. Le Naturalifte préférera celui qui rendra le plus en détail & avec le plus de vérité l'objet qu'il a intention de faire connoître ; il deviendra néceffairement froid & monotone à force d'exactitude : chacun d'eux ayant des vues différentes, les réfultats ne feront pas les mêmes ; ils auront cependant l'un & l'autre rempli leur tâche, fi le Peintre, cherchant à plaire, a rendu la nature fous l'afpect le plus beau, le plus riant & le plus flatteur ; & fi le Naturalifte, voulant inftruire, a été précis, d'une vérité fcrupuleufe, & n'a rien négligé pour faire connoître fon objet tel qu'il l'a vu & tel qu'il exifte dans la nature.

Nous ne nous flattons pas d'avoir rempli ce double objet : fi au moins ces réflexions peuvent engager les Deffinateurs, chargés de travailler pour l'inftruction, à avoir le courage de facrifier un peu de leur amour propre en faveur de la vérité & de l'exactitude ; fi les Naturaliftes fentent l'avantage que leur procurera la facilité de deffiner, & combien ils s'épargneront de defcriptions longues, ennuyeufes, & qui fouvent ne peuvent rendre tout ce qu'ils ont voulu dire, nous aurons rempli le plus cher de nos vœux, qui eft d'être utiles & de contribuer de façon ou d'autre aux progrès des connoiffances.

OBSERVATIONS PHYSIQUES
Sur quelques Montagnes & Cantons de la Suisse (1).

BORDS DU LAC DE GENÈVE.

EN entrant en Suisse par Genève, nous ne pouvons mieux commencer la partie physique de ce pays qu'en indiquant les belles collections d'Histoire Naturelle qu'il y a dans cette ville, & en faisant mention des Savans laborieux & infatigables qui les possèdent. M. de Saussure, depuis nombre d'années, fait, tous les ans, des voyages dans quelque partie de la Suisse pour en examiner les montagnes; c'est avec des travaux, des peines & des fatigues incroyables & inconnues à tous ceux qui n'ont pas fait de ces courses & de ces recherches périlleuses, qu'en rassemblant les produits variés de chaque canton, il mesure la hauteur des montagnes avec le baromètre perfectionné par M. de Luc, qui, dans son savant ouvrage sur les modifications de l'atmosphère, a donné la méthode de construire cet instrument. M. de Luc possède une des plus riches & des plus complettes collections qui existent en coquilles fossiles & en pétrifications. C'est dans son cabinet que se voit l'Oursin pétrifié de la mer rouge à gros mamelons, avec des pointes encore adhérentes qui ne laissent aucun doute que la pierre oblongue, renflée dans son milieu, chagrinée avec une espèce de pédicule appellée pierre Judaïque, ne soit un dard ou une pointe d'Oursin. M. de Luc nous a montré aussi des impressions de corne d'Ammon dans une ardoise qu'il avoit ramassée lui-même dans les Alpes de la Savoie, à une hauteur de 7844 pieds au-dessus du niveau de la mer. M. Ami Rillet a une belle collection de minéraux bien choisis & bien étiquetés : elle appartenoit ci-devant à M. Gruner.

Les bords du lac de Genève ou *Léman*, n'offrent rien de remarquable jusqu'aux environs de Vevay; toute cette partie, depuis Genève, est de pierres sablonneuses ou de grès mal lié, qui s'exfolie & donne bien-tôt un air dégradé & antique aux plus belles maisons de Genève; toutes les villes du bord du lac sont bâties avec cette espèce de pierre; peu le sont en pierre dure, jaunâtre, qui est un espèce de marbre excellent pour la bâtisse. Si les bords de ce lac n'ont pas de quoi plaire au Naturaliste par le peu d'observations qu'ils lui fournissent, il en est bien dédommagé par les vues admirables des environs de Genève, les belles maisons de campagne, les champs bien cultivés, les côteaux chargés d'arbres fruitiers & de vignes, les riches & abondants vignobles, dont les plus renommés sont ceux de Lavaux, entre Lausane & Vevay; il embrasse d'un coup-d'œil quantité de villes & villages dans les positions les plus riantes, dont les vues s'étendent sur ce superbe bassin d'eau; il voit par-tout des hommes qui paroissent contents d'habiter le pays le plus heureux & le plus fertile en tous genres de productions.

A une lieue en deça de Vevay on rencontre sur le bord du lac, des roches hautes de 50 pieds environ; elles sont fort dures & bien liées, composées d'une agrégation de galets calcaires, schisteux, sablonneux, & de quelques autres espèces en petite quantité, le tout lié par un sable fin, & dans d'autres parties par un sable plus grossier; ces masses sont colorées diversement (2) : ce qu'il y a de singulier & de bien remarquable, c'est qu'elles sont traversées en différents sens par des veines de spath calcaire qui sont quelquefois assez larges. Ces masses se trouvent aussi interrompues par des pierres sablonneuses & des schistes, le tout appuyé sur des lits de terre glaise grise & rouge dans différents états de dureté, & dont la différence des couleurs fait aisément distinguer les lits. Il paroît que l'amas de ces gallets a été jetté & amoncelé dans les sinuosités de la pierre sablonneuse qui environne le lac Léman de ce côté, qu'ils s'y sont liés & agglutinés; ont été fendus par quelque secousse ou l'affaissement des lits inférieurs, & que les fentes en ont été remplies par des eaux venues du Jura plus élevé, dont toute la chaîne est calcaire. Le torrent de la Vese se jette dans le lac à Vevay, fait des ravages affreux & entraîne une énorme quantité de pierres qui sont absolument toutes calcaires. Au moyen de machines mues par l'eau, on scie & on polit, dans cette ville, des marbres de différents endroits, mais particulièrement de Savoie, dont la côte opposée est calcaire.

SALINES DE BEVIEUX.

C'est sur cette route, pour aller de Vevay au Vallais, qu'on rencontre les seules salines qui soient exploitées en Suisse; elles appartiennent au canton de Berne. Ces sources salées sont à une lieue de Bevieux, elles ne sont point abondantes, puisqu'elles ne produisent pas neuf mille quintaux par année; elles ont même diminué depuis les fouilles qu'on a

---

(1) Ces observations sont le résultat d'un voyage fait en Suisse dans la saison propre à parcourir les montagnes de ce pays, c'est-à-dire depuis le 15 Juillet environ où s'est faite la grande fonte des neiges, jusqu'au 15 Octobre où le froid, & les neiges qui commencent à tomber, permettent rarement des courses dans l'intérieur des montagnes. Le temps a été on ne peut plus favorable & constamment beau, à quelques orages près; la chaleur ayant été plus forte & plus continue (cette année 1777) qu'elle ne l'est ordinairement dans ce climat, avoit procuré une plus grande fonte des neiges, & la facilité de voir & d'aborder plus aisément certaines montagnes. Ces remarques sont dans l'ordre qu'elles ont été faites, & suivent la position des objets, afin de donner à ceux qui voudront voir ce pays, la facilité de choisir les routes qui intéresseront le plus leur curiosité. Nous n'avons pu nous dispenser de faire quelques digressions ayant rapport à des objets qu'on rencontre souvent en Suisse ; les causes qui les produisent & les effets qui en résultent demandoient à être rapprochés & mis sous un même point de vue, afin que considérés ensemble, ils puissent donner des idées plus précises sur ce qu'on voit dans ce pays, tels sont les articles pierres roulées, avalanches, glacières, glacier, &c. &c. Ils sont l'ensemble d'une suite d'observations & de faits rassemblés dans différents temps, dans différents pays, & d'une habitude de voir & d'observer à laquelle on ne se forme qu'avec le temps & des occasions. Ce sont des courses ou des promenades minéralogiques qu'on présente, on pourra s'amuser à les vérifier en passant par les mêmes endroits : elles occasionneront peut-être d'autres remarques qui procureront de plus grands détails & une plus grande somme d'observations. C'est enfin un canevas auquel chacun pourra ajouter. Quand on aura vu ainsi toute la Suisse & que différentes personnes se seront vérifiées, on pourra faire une histoire physique plus complette de ce pays aussi curieux qu'intéressant.

(2) Les Suisses Allemands nomment cette roche concrete *Nagel-flue* ou *Nagelfels*.

faites dans l'espérance de trouver l'amas ou le dépôt du sel qu'on a supposé devoir y exister. Ces travaux sont immenses & méritent une attention particulière. On y verra un escalier, taillé dans le roc, qui a près de cinq cent marches : nous n'entrerons dans aucun détail à ce sujet, c'est dans l'ouvrage du célèbre Haller, qui a été directeur de ces salines, qu'il faut voir tout ce qui peut y avoir rapport ; que pourroit-on dire de plus & mieux ? Nous nous contenterons d'observer que ces sources salées sont dans des montagnes gypseuses, ainsi que toutes celles qui sont connues, & qu'à Sublin, à une demi-lieue des fondemens (1), il y a du soufre vierge ou natif très-pur & d'une belle couleur citrine, dont nous ne connoissons pas de crystallisé.

Du pays de Vaud on entre dans le Bas-Vallais par Saint-Maurice, jolie ville, renommée, tant par son ancienneté, qu'importante par son passage qui ne consiste que dans le seul pont du Rhône ; ce fleuve y est très-resserré, puisqu'il passe sous une seule arche de médiocre grandeur. Nous suivrons son cours jusqu'à ses sources, après avoir parlé du grand Saint-Bernard. Les environs de Martigny sont calcaires, les couches sont très-distinctes & horisontales.

Cascade de Pissevache.

Le premier objet intéressant qu'on rencontre, est la fameuse cascade de Pissevache, à une lieue & demie environ de Saint-Maurice. Le vrai nom de ce torrent qui se précipite est la *Salanche* ; c'est une superbe nappe d'eau & une des plus considérables de la Suisse, qui tombe d'un rocher perpendiculaire qui a huit cent pieds de haut, à ce qu'on prétend : cela est beaucoup ; la masse totale du rocher pourroit avoir cette élévation, mais ce torrent y a creusé un lit dans plus de la moitié de la hauteur, & finira par le creuser tout-à-fait, ainsi que nous aurons sujet de le remarquer plus d'une fois. La hauteur de la chûte occasionnant beaucoup d'air, une partie de l'eau est réduite en vapeurs & forme un arc-en-ciel lorsque le soleil donne dessus ; les globules d'eau étant plus serrées entre elles que dans la pluie ordinaire, & plus près de l'œil du spectateur, augmentent la vivacité des couleurs par le mouvement ; les globules réfractent davantage & forment des iris dont nous n'avons qu'une très-foible idée par ceux que nous voyons ordinairement. Plus on avance dans cette athmosphère mouillée, plus on entre dans le centre de cet iris qui s'agrandit & devient un cercle entier dont les couleurs ont toujours augmenté ; c'est au lever du soleil qu'on jouit de ce beau spectacle. Les environs de cette cascade sont agrestes ; quelques arbres, beaucoup d'épine vinette dont les fruits commençoient à rougir, le bruit occasionné par la hauteur de la chûte, la fraîcheur du matin, tout rendoit ce lieu solitaire délicieux. Il y avoit au pied de la cascade, dans les endroits arrosés par la vapeur de l'eau, une multitude de petits limaçons terrestres, dont les coquilles avoient des nuances plus vives que celles de nos jardins ; ce qu'il y a de particulier, c'est que leur chair étoit toute noire.

Les rochers d'où se précipitent la Salanche, sont micacés, remplis de petits rognons, de veinules & de veines de quartz rougeâtre, verdâtre, gris & blanc. Cette roche est schisteuse en partie, c'est-à-dire qu'on y apperçoit des lits & des couches : il y a également de la variété dans la couleur des parties micacées, il y en a de grises, de verdâtres, noirâtres, de couleur argentine ; des couches, des masses entières se distinguent par les couleurs. Cette roche est schistée & fort dure, on a de la peine à en enlever des morceaux avec les meilleurs outils ; ces couches sont renversées & inclinées dans différents sens (2).

Torrent du Trient.

A une demi-lieue plus loin on passe le Trient sur un pont de pierre, ses eaux viennent de la chaîne des montagnes qui séparent le Valais de la Savoie ; elles sont produites par la fonte d'un glacier à une demi-lieue du petit village de Trient, dépendance de Martigny ou Martinach. Le lit de ce torrent est tortueux, ses bords sont à pic & forment un canal étroit jusqu'à son débouché, pendant près de trois lieues & à une grande profondeur. Les parties de roches où il débouche, qui ne sont qu'à quelques toises du pont, sont d'une très-grande hauteur : quelqu'effrayante qu'elle soit, on reconnoît visiblement que ce canal a été creusé & miné insensiblement par les eaux ; on en voit la trace du haut

---

(1) C'est ainsi qu'on nomme l'endroit où sont les sources salées & les travaux qu'on y a faits.

(2) Nous laisserons la liberté de nommer cette pierre ou roche, schiste, schiste corné, *gneis* ou *lucis* des Allemands, ou *granit*, pour ne pas confondre les idées & embrouiller davantage la nomenclature. D'après ce que nous avons promis, nous indiquerons exactement les parties constituantes des pierres. Nous dirons pierre ou roche schisteuse quand elle sera par couches ou par lits, & qu'elle se montrera telle en grande masse : nous ajouterons l'épithète micacée quand il y aura du mica ou des paillettes ou feuillets brillants, n'importe de quelle couleur : schisteuse - quartzeuse, quand le quartz se trouvera mêlé, soit en filons ou en morceaux, avec des parties ou couches argilleuses, dont les parties micacées ne sont pas assez grandes pour réfléchir la lumière à un certain point. Ces répétitions sont ennuyeuses, il est vrai, mais elles tiennent à la nature de la chose même, il est plus question ici d'exactitude & de vérité que d'agrémens.

M. Ferber (dans ses additions à l'Histoire Minérale de Bohême, page 23.) dit que « le gneis est un mélange de quartz, de mica & d'argille blanche, quelquefois rougeâtre. Plus loin il continue : le gneis aux environs de Catharinaberg, est la continuation des montagnes minérales du pays de Freiberg, qui sont de cette même espèce de roche & continuent vers les hautes montagnes minérales de la Saxe, se change insensiblement en schiste argilleux, ainsi qu'on l'observe déjà à Marienberg. Ce changement s'observe également en Bohême où les montagnes de gneis du Catharinaberg qui s'étendent vers Joachimsthal, commencent à se changer en schistes argilleux, y paroissent cependant très-micacés dans les endroits où cette roche sort de terre ; d'après cette position & ces prolongements, il faudra regarder le gneis comme une variété du schiste argilleux ; mais à le considérer d'après ses parties constituantes ou son mélange, on pourra également regarder le gneis comme une variété du granit, dans lequel les parties argilleuses auront remplacé le feld spath qui y manque. Personne ne pourra désapprouver ce sentiment, puisque d'après l'analyse chymique & les observations physiques, il est prouvé que le mica provient de l'argille, & qu'il se change quelquefois en argille ; qu'une partie au moins de la base terreuse de l'argille est quartzeuse, que l'argille se change en quartz & en cailloux, & que l'art peut restituer l'argille sous forme alumineuse ; qu'enfin le quartz & le feld spath se réduisent & se décomposent à l'air par la longueur du temps & deviennent argiles blanches, que c'est la raison pour laquelle on trouve actuellement dans différents granits, de l'argille blanche au lieu & place du quartz & du feld spath ; si on ne veut pas regarder cette argille comme le produit de la décomposition du quartz & du feld spath, & qu'on préfère de regarder l'argille comme l'origine de ces espèces, ainsi que quelques circonstances semblent l'indiquer, cela revient au même ».

M. Ferber regarde le premier sentiment comme plus probable, il cite différens exemples de ce passage du quartz & du feld spath à l'état d'argille dans les granits, qu'on peut voir dans son excellent ouvrage Allemand imprimé à Berlin en 1774.

DE LA SUISSE.

en bas; cette roche est très-dure, de la même espèce & fait chaîne avec celle de Pissevache, elle est composée d'un fond de roche micacée, mêlée de parties & de filons de quartz, qui sont ici plus larges; les couleurs grise & noire y dominent davantage; on distingue aussi plus sensiblement la largeur, l'épaisseur des couches, & leur inclinaison, sur-tout dans le fond de ce gouffre en face du pont: l'arche a six toises d'ouverture, & suffit à peine pour le passage des eaux dans la grande fonte des neiges & des glaces; ce torrent entraîne une énorme quantité de pierres qui couvrent un grand espace de pays jusqu'au Rhône, elles sont toutes de la même espèce, variées seulement pour la couleur, & le plus ou le moins de quartz ou de parties micacées; le frottement ou le roulis de ces pierres n'a pas peu contribué à user & à creuser ce lit, & les pierres que les eaux ont entraînées se sont arrondies par la même raison. Une remarque générale pour ces sortes de lits, est qu'ils sont toujours plus étroits dans le haut & plus larges dans le bas, parce que le passage des eaux y a plus de continuité, & que le fond gagnant plus de pente, le frottement des corps roulés y acquiert plus de force & plus de rapidité jusqu'à ce qu'il ait gagné un certain niveau. Il n'est pas toujours nécessaire de recourir à l'effet des vagues de la mer pour trouver la cause de l'arrondissement des cailloux ou galets; les torrents, dans un court espace de chemin, peuvent produire cet effet sur les espèces les plus dures quand ils se précipitent sur un terrein en pente. Il n'est pas hors de propos de rapporter ce qui s'est passé sous nos yeux, pour ainsi dire.

OBSERVATION SUR LES PIERRES ROULÉES.

Le 16 Juillet 1777, nous visitions les glaciers des Alpes du Faucigny en Savoie; en allant au glacier de l'Argentière, près de Chamouny, nous vîmes qu'une énorme quantité de terre, de gravier, & sur-tout de pierres roulées & arrondies, couvroit des terreins considérables; des sapins, des mélezes & des aulnes fort gros étoient arrachés, renversés, d'autres rompus; des ravins profonds étoient nouvellement creusés, des masses prodigieuses de granit étoient jettées au loin, d'autres mêlées parmi les tas de décombres, au travers desquels on apperçoit quelques vestiges de culture, des apparences d'enclos & de possessions; il sembloit que ce bouleversement étoit arrivé de la veille. M. le Jond, Curé du lieu, nous dit: « Que le deux du même mois, à six heures » du matin, il étoit tombé une grande pluie chaude qui » avoit duré vingt-quatre heures, que la nuit il y avoit eu » un bruit & un fracas épouvantable, que les maisons du » village & les environs avoient été tellement ébranlés par » ce bruit, que tous les habitans, malgré la pluie horrible » qu'il faisoit, avoient quitté leurs habitations croyans que » c'étoit un tremblement de terre, & craignans d'être » ensevelis sous les ruines de leurs maisons; qu'une odeur » de soufre très-forte & une poussière à ne pouvoir respirer » les avoient entretenu dans cette frayeur & les avoient » empêché de rentrer chez eux avant le jour, & qu'après s'être » assurés que cette odeur & cette poussière provenoient des » pierres qui rouloient avec les eaux: enfin que ce désastre » & la ruine des pâturages, des prés, des champs & des » jardins que nous voyions, étoient la suite de cet orage «.

Curieux de voir de quelle hauteur ces pierres étoient descendues, nous suivîmes la route qu'avoit trop bien tracé le torrent. Après une bonne demi-heure de chemin, nous parvînmes au pied du glacier de l'Argentière; plus nous montions, moins les pierres étoient déformées & arrondies. La pluie étoit tombée sur les montagnes environnantes qui étoient alors chargées de neige, & sur le glacier même, elle avoit fondu les neiges, élargi les fentes du glacier par la même raison, & en avoit formé des gouffres effroyables; ce volume d'eau avoit entraîné les terres, les graviers & les pierres de la Mareme (1), ou enceinte gauche du glacier: les pierres & morceaux de roche qui étoient restés en place, parce qu'ils ne s'étoient pas trouvés immédiatement dans le passage du torrent, étoient anguleuses, de formes variées & point arrondies, comme celles qui étoient dans les bas, elles étoient absolument de la même espèce; des granits gris composés de quartz, de feld-spath (2) & de mica verd noirâtre. Le premier volume d'eau qui étoit tombé d'abord ayant entraîné les terres, les graviers & les plus petites pierres, mêlées aux grosses masses, avoit privé celles-ci de leur assiette, ou espèce de liaison que formoient tous ces petits débris; la fonte des neiges & des glaces se trouvant jointe ensuite à la grande pluie qui tomboit, avoit enfin entraîné de même les plus grosses masses, qui roulant & bondissant de rochers en rochers, & se heurtant dans leur chûte, avoient occasionné ce bruit, ce tremblement qui avoit effrayé les habitans: le frottement & l'égrisement de cette énorme quantité de granit avoit occasionné cette poussière malgré la grande pluie; le foie de soufre contenu dans le feld spath s'étoit dégagé par le même frottement, & avoit été pris pour une odeur de soufre. Les rochers, aussi de granit, sur lesquels tous ces débris s'étoient précipités, étoient usés, les angles en étoient arrondis, & les côtés latéraux creusés, ainsi que nous l'avons remarqué dans tous les passages étroits où les eaux coulent avec rapidité, charient & entraînent beaucoup de pierres. Après différentes observations en ce genre, nous n'avons pu nous refuser à l'évidence & à l'explication naturelle de l'arrondissement des pierres qu'on nomme cailloux ou galets, & aux excavations des lits ou canaux par les torrents, dans les rochers les plus durs.

Dans les hautes montagnes, au temps de la fonte des neiges, où les torrens versent beaucoup d'eau sur des terreins fort inclinés, & dans les endroits où il y a des

---

(1) En Savoie on nomme Mareme des enceintes composées de terre, de gravier, de pierres & de masses de rochers qui sont au pied de la plupart des glaciers, quelquefois sur les côtés, selon la disposition du terrein. Nous parlerons de la formation de ces enceintes quand nous ferons mention des glaciers.

(2) Le feld-spath (terme emprunté des Allemands) est reconnoissable dans le granit par sa forme parallélipipede, souvent oblique ou rhomboïdale, ses cristaux ont quelquefois plus d'un pouce de long. Si le feld-spath ne se montre pas toujours sous sa forme rhomboïdale, c'est qu'il se trouve engagé parmi les autres substances constituantes du granit, & que ses formes accidentelles dépendent alors de la fracture: en brisant le feld-spath on voit qu'il est composé de parties rhomboïdales jointes ensemble par couches minces, qui lui donnent un chatoyant quand on les regarde d'un certain sens; c'est le feld-spath qui donne ce brillant nacré au granit poli quand la coupe est favorable: ses caractères distinctifs sont sa forme, de ne pas faire effervescence avec les acides, & de faire feu avec le briquet: il paroit devoir ses propriétés à un mélange d'argille & de parties quartzeuses, ce qui le rend moins dur que le quartz pur: aussi quand on frappe le granit avec le briquet, voit-on une différence très-sensible entre les étincelles que produit le feld-spath, & celles que produit le quartz; ces dernières sont plus vives & plus brillantes. Quand les granits sont rouges, comme ceux qu'on nomme Antiques, leur base est alors un feld-spath rouge dont il y en a de plusieurs nuances: on en trouve de cette espèce en Bourgogne & dans les Voges.

cafcades, on diftingue très-bien le bruit occafionné par la chûte des pierres d'avec la fimple chûte de l'eau; les grandes pluies, les orages fubits, quand ils tombent fur les montagnes rapides qui raffemblent beaucoup d'eau dans des gorges étroites, produifent le même effet, fans avoir befoin d'être aidés par la fonte des neiges, qui n'eft qu'un moyen de plus; les ravins profonds qu'on voit fe former d'un jour à l'autre ont la même origine. Il n'y a pas de pays en hautes montagnes qui ne fourniffe une multitude d'exemples pareils.

Observations sur le Galet et Pierres roulées des bords de la mer.

Nous avons auffi vu & obfervé plus d'une fois fur les bords de la mer, quand elle eft agitée, que les vagues jettées fur la grève entraînent avec elles, en fe retirant, le galet & les cailloux, qu'elles les font rouler les uns fur les autres; le bruit qu'ils font prouve le frotement qu'ils effuyent : on conçoit aifément que ce mouvement répété & continué, mange & ufe ces pierres à la longue; que l'eau dont elles font baignées facilite cette opération & qu'elles doivent prendre la figure ronde, ovale ou approchante, & ne point conferver d'angles & de parties faillantes, ainfi qu'il arrive à tout corps affujetti à un roulement; on voit ce même effet fur des morceaux de brique, de poterie de terre, de culs de verres & de bouteilles qui fe trouvent fur le bord de la mer. Comme nous connoiffons la forme de ces objets avant d'avoir effuyé ce frotement, on fuit à l'œil, pour ainfi dire, les différens changemens de formes qu'ils fubiffent jufqu'à ce qu'ils ayent pris celle des galets : on ne peut douter, d'après ces obfervations, à la portée de tout le monde, que la forme des cailloux & des galets ne foit occafionnée par ce frotement & le roulis des eaux; ce qui fe fait dans la mer lentement & fucceffivement, mais par une longue continuité de temps, s'opère dans les montagnes par des moyens plus forts, plus violents & plus rapides, qui équivalent à la durée du temps.

Nous avons cru néceffaire de faire cette digreffion, parce que nous aurons occafion plus d'une fois de parler de pierres & de maffes de rochers roulés & arrondis; qu'on n'attribue que trop fouvent cette forme à l'effet des vagues de la mer, & qu'il paroît, d'après ce que nous venons de dire, que le même effet peut être attribué à des caufes momentanées & fubites, au lieu de les mettre fur le compte du temps & des fiècles. De plus on ne conçoit pas trop comment des maffes de granits, du poids de plufieurs milliers, pourroient être foulevées, agitées, roulées & promenées affez long-temps par les eaux de la mer pour s'arrondir & prendre une efpèce de poli; il eft plus aifé de concevoir qu'une maffe, quelque pefante qu'elle foit, fe trouvant fur un terrein en pente, fe précipite, accélère fa courfe par fon propre poids, & parcourt un grand efpace tant que la chûte du terrein la favorife. Une autre obfervation qui vient à l'appui de la précédente, eft que de groffes maffes de rochers qui n'ont pas été déplacées & font reftées dans la direction du courant des eaux & des pierres roulantes, fe trouvent arrondies par-deffus, & font irrégulières, quarrées & anguleufes par-deffous; ou du côté où elles touchent, & font appuyées contre le fol.

Route au Mont Saint-Bernard.

On paffe par Martigny pour aller au Mont du Grand Saint-Bernard (1); cette ville eft un dépôt pour les marchandifes qui vont & viennent d'Italie. Le château à côté de cette ville eft fitué fur des roches calcaires qui bordent la Drance dans cette partie ; ce torrent prend fa fource au Mont Saint-Bernard. On compte huit lieues de Martigny à l'Hofpice fitué fur ce Mont; à une demi-lieue on commence à monter infenfiblement; le chemin eft beau & peut fe faire en voiture jufqu'au bourg Saint-Pierre.

La vafte bafe de ces Monts accumulés n'eft qu'un compofé des débris des montagnes fupérieures; on rencontre ici des granits roulés, compofés de quartz, de feld-fpath & de mica; des graviers & des fables provenants de la décompofition des granits, puis de groffes maffes de granit arrondies, dont il feroit difficile d'affigner l'origine, puifque toutes les montagnes à portée de la vue & qui forment cette gorge, font abfolument de pierres micacées par lits & par couches, ou fchifteufes mêlées de gros & petits rognons, de filons & de veines de quartz : elles font en général toutes feu avec le briquet. Le chemin & la Drance qu'on paffe & repaffe plufieurs fois, occupent tout le fond de la vallée qui devient fort étroite. On rencontre des pierres fchifteufes, quartzeufes & fablonneufes, feules fans mélange d'autres efpèces.

Saint-Bronchier, bon village, eft fitué entre des montagnes très-hautes & très-efcarpées, compofées des mêmes efpèces de pierres fchifteufes micacées que les précédentes, elles font de couleur bleuâtre, vues en grandes maffes, & inclinées à l'horifon ; cette inclinaifon fuivant la même direction de ce côté-ci de la Drance, & les couches fe correfpondant l'une à l'autre, on voit que ce torrent s'y eft creufé un paffage. En avançant on trouve de l'ardoife feuilletée bleue, avec des veines de fpath calcaire, enfuite une grande quantité de granits & de pierres calcaires roulées, fans que les montagnes environnantes changent d'efpèces; les montagnes à l'Eft font bien cultivées, rapportent différentes fortes de grains, avant & après avoir paffé Orfière ; on retrouve de l'ardoife entre ce village & Liddes & les derniers granits roulés. Nous avons vu chez un habitant de Liddes un poële de pierre ollaire qui portoit pour date l'année mil; fi ce n'eft point une plaifanterie, ce doit être affurément le doyen des poëles ; on affuroit très-férieufement qu'on avoit toujours cru & qu'on étoit très-perfuadé dans la famille qu'il étoit de l'année indiquée. Ces poëles qui font les feuls dont on fe ferve dans tout le Valais & dans beaucoup d'autres endroits de la Suiffe, font du meilleur ufage, conservent long-temps la chaleur qui n'en eft pas incommode; ne rouffiffent & ne brûlent quoique ce foit, fupportent le plus grand feu fans fe caffer, & ont encore la propriété de durer très-long-temps, car ils fe détruifent plutôt par accident que par vétufté; il n'eft pas rare d'en voir de plus de cent ans, parce qu'on eft dans l'ufage de graver deffus l'année de leur conftruction; ils font ordinairement de forme ronde, compofés de plufieurs morceaux,

---

(1) Le Grand Saint-Bernard ou Mont Saint-Bernard eft fitué fur les confins du Valais & du Piémont, dans cette partie des Alpes, qu'on nomme Pannines.

tant dans leur circuit que leur hauteur ; cette pierre ollaire, avant d'avoir essuyé l'action du feu, est grise, verdâtre, un peu feuilletée, d'un grain médiocrement fin ; ils brunissent par l'usage : nous en citerons d'autres espèces par la suite. Il seroit à souhaiter qu'on fît en France des recherches sur cette espèce de pierre & qu'on y introduisît l'usage de cette espèce de poële.

La Drance est ici fort resserrée & très-encaissée ; ce n'est pas sans frémir qu'on s'apperçoit, quand on est sur deux morceaux de bois jettés d'une roche à l'autre, appellés ici pont, qu'on a un gouffre de plus de trois cent pieds au-dessous de soi ; il faut être sur cette espèce de pont pour s'en appercevoir & distinguer les différentes sinuosités tracées sur chaque côté de cette roche du haut jusqu'en bas ; ce sont autant de preuves des différentes hauteurs où l'eau a passé avant de parvenir à sa profondeur actuelle. En face de Liddes, sur la montagne nommée la Tour, il y a une mine de pyrite cuivreuse, mêlée de bleu d'azur & de verd de montagne. Sur une pente différente de cette même montagne on exploite un lit de quartz carié & grenu, qui après avoir été réduit en poudre s'emploie à l'usage d'une verrerie qui est à côté de Martigny.

Le dernier village qu'on rencontre avant d'arriver au Saint-Bernard, est le bourg Saint-Pierre, (*Petersburg*) on monte insensiblement jusqu'à ce village, & on ne peut plus se servir de voitures pour aller au-delà. Les montagnes sont plus rapides, il n'y a plus de chemin fait, & on n'en peut point pratiquer, moins à cause de la quantité des rochers dont toute cette partie est couverte, que par la difficulté de les entretenir ou de les renouveller chaque année, parce que les torrens & les avalanches les détruiroient ; de plus on ne pourroit y travailler que trois ou quatre mois de l'année ; les huit ou neuf autres mois le pays, au-delà du bourg, étant presque toûjours couvert de neige. La truite ne remonte pas au-delà du bourg Saint-Pierre, elle se trouve arrêtée par les cascades & chûtes trop considérables de la Vassorée qui va se jetter dans la Drance. Ce torrent fort encaissé & resserré dans le lit qu'il s'est creusé, provient d'un glacier qu'on rencontre en montant le Saint-Bernard qui porte le même nom. L'entrée du Valais est fermée & défendue de ce côté par le lit de la Vassorée ; c'est le fossé le plus profond & le plus escarpé qui existe. Des ouvrages créneles & une porte sont placés à l'entrée du bourg Saint-Pierre, nous avons donné un dessin de la chûte de ce torrent, on voit le travail des eaux dans le rocher qu'il a miné, & où il s'est ouvert un passage ; sur le haut sont quelques greniers où les habitans du bourg Saint-Pierre serrent leurs récoltes. Il est bon de remarquer au sujet de ces greniers, qu'on est dans l'usage en Suisse de les élever sur des poteaux pour les éloigner de la neige & de l'humidité, & encore plus afin d'éloigner l'approche des rats & des souris. A cet effet on place horisontalement de larges pierres ou ardoises entre le grenier & les poteaux, la saillie de ces pierres empêche la communication de ces animaux destructeurs. Cette industrie peu coûteuse devroit être pratiquée dans tous les pays.

On compte trois lieues de ce Bourg à l'Hospice, sur le haut du Saint-Bernard ; c'est le passage le plus fréquenté pour communiquer du Bas-Vallais en Italie par le Piémont & la vallée d'Aouft ou d'Aoft : le transport des marchandises ne se fait qu'à dos de mulets & de chevaux ; c'est du produit de ces transports que vivent la plupart des Habitans qui sont des deux côtés de ce mont ; celui des fromages qui est la principale production de ces hautes Alpes, fait le plus fort article. On ne rencontre sur cette route que des rochers entassés les uns sur les autres, entre lesquels on passe par mille détours, en suivant les petits vallons qu'ils forment. Des torrens, des eaux y roulent & s'y précipitent de tous côtés ; on voit dans ces bas, des bois de Sapins, mêlés de quelques pins & puis de mélezes ; ils diminuent insensiblement, leur végétation est moins vigoureuse, les arbres sont plus rares, les derniers qu'on y rencontre sont des mélezes à une lieue de Saint-Pierre. Plus loin, on ne voit plus que des buissons bas & rabougris ; au bord de quelque ruisseau ou torrent, ce sont des aulnes ou vergnes : le dernier arbrisseau que nous ayons vu, entre les mélezes & les aulnes, est un sureau sans fruit. Les pâturages, l'herbe & le gazon suivent la même progression. Ce n'est que dans quelques endroits, d'où les eaux n'ont pas entraîné un restant de terre végétale, qu'il se voit un gazon fin, menu & serré ; de petites fleurs, aussi basses que ces gazons, nuancées des plus belles & des plus vives couleurs, y forment des groupes de la plus grande beauté : des mousses non moins curieuses que variées, couvrent & colorent quelques parties de rochers ; le reste n'offre à l'œil que d'énormes masses de rochers, entrecoupés de fentes, de crevasses ; des pierres culbutées & amoncelées dans les fonds, qui sont en partie couverts de neige, où les vents les ont portées & entassées ; elles s'y conservent d'autant plus, qu'elles sont abritées contre les rayons du soleil, par ces masses & ces murs de rochers. Cette neige y reste permanente toute l'année en beaucoup d'endroits, elle est si tassée & si ferme que l'empreinte des fers des chevaux ne s'y marque pas. La variété continuelle de ces objets, les changemens de point de vue qui se succèdent rapidement par les détours, font paroître ce chemin moins long & moins affreux qu'il n'est en effet. Le tems étoit très-beau, & il faisoit très-chaud dans les bas, c'étoit le 30 Juillet 1777. On ne se souvenoit pas en Suisse d'avoir vu un Eté aussi sec & un tems si constamment beau qu'il l'a été cette année.

A une demi-lieue de l'Hospice dans un vallon assez large pour une pareille hauteur, nommé les Envers des foireuses, on rencontre une énorme quantité de pierres roulées qui remplissent presque tout le haut de ce vallon. Cet amas de pierres provient des glaciers & des hauteurs qui descendent du Mont-Velant, qui est la partie la plus élevée du groupe de montagnes, qui forment le grand St-Bernard ; le premier glacier se nomme les Glerets : il y a dix ans qu'il descendoit jusqu'au fond du vallon ; on n'en apperçoit actuellement que l'extrémité, ou le bas du glacier ; le second est le Vassoré, qui entretient le torrent de même nom, dont nous avons parlé ; ces glaciers proviennent, l'un & l'autre, du Mont-Velant. La fonte des neiges & des glaciers de cette partie, fournit aussi la Drance qui va se jetter dans le Rhône au-dessous de Martigny. Nous aurons occasion d'expliquer par la suite comment se forment ces amas étonnans de glaces. On ne voit de ces pierres roulées qu'en cet endroit, elles viennent directement des glaciers, elles ont été charriées par les eaux qui en viennent, & ne peuvent avoir pris leur forme que par les mêmes causes, dont nous avons parlé ci-devant dans l'observation faite en Savoie sur les pierres roulées ; elles sont toutes, ainsi que les rochers au-dessus, d'où elles proviennent, composées de parties micacées, argilleuses, plus ou moins mêlées de parties de rognons, de veines & de filons de quartz, par lits & par couches irrégulieres, plus ou moins épaisses. Les parties micacées de ces pierres, sont variées de différentes nuances, tirant sur le gris, le bleu, le verd & le jaune; ces nuances sont quelquefois mêlées. Tous les rochers composans ce côté de montagne tourné au nord, sont de la même espèce. Nous n'y avons pas vu un seul granit, c'est-à-dire, une pierre composée de petites masses irrégulieres de quartz, mêlées & aglutinées, avec des parties micacées argilleuses, & quelquefois mélangés de feld spath. (1) Parmi ces pierres, il y en a quelques-unes provenantes du même filon, qui contiennent de la pyrite cuivreuse dans un filon de quartz.

Nous avons dit précédemment que c'étoit entre Orsière & Liddes que nous avions vu les derniers granites roulés, on n'en rencontre plus dans tout le reste de la route jusqu'au haut du Mont Saint-Bernard. Les rochers qui dominent ce sommet, ne sont pas composés de granites, & quoiqu'on ne puisse aborder jusqu'à leur plus grande élévation, on peut juger de leurs espèces, par les masses qui s'en précipitent. D'où peuvent donc provenir ces masses roulées de granites qui se trouvent jettés & répandus sur le penchant & au bas de ce mont? Il y a peut-être quelque montagne ou rocher de granite que nous n'avons pas été à portée de voir: il faudroit plus d'un mois pour faire un pareil examen & parcourir les montagnes environnantes, & faute de pouvoir parvenir à certains sommets, examiner scrupuleusement les fonds pour juger des hauts. De pareilles recherches sont plus difficiles & plus longues qu'on ne le croit communément, quand on veut réellement voir & observer. Beaucoup de vallons sont comblés à des hauteurs prodigieuses, par les amas & les débris provenants des montagnes supérieures: ils cessent d'être des vallons, pour former ou faire partie de montagnes. Ces déplacemens & des boulversemens, changeant la direction & le courant des torrens, entraînent dans des parties bien opposées des débris qu'on croiroit devoir chercher & trouver ailleurs. On seroit induit en erreur, en voulant suivre toujours le cours actuel des eaux qui descendent des montagnes. Ce n'est pas dans cette occasion seule, mais l'Allemagne, la Corse, la Sardaigne & beaucoup de pays de hautes montagnes, nous ont fourni également des exemples de masses de rochers roulés de différentes espèces, dont il n'existoit pas de rochers pareils, dans toutes les parties élevées environnantes, à plusieurs lieues, à plusieurs journées de chemin, & souvent totalement inconnus dans les pays d'alentour. Si nous avons remarqué les mêmes espèces de rochers faisant corps, & attachés au sol, à une ou plusieurs lieues de distance; nous avons vu souvent que des montagnes plus hautes étoient entre ces masses roulées & les rochers, d'où on auroit pu supposer qu'elles ont été arrachées: il répugne à croire que des masses, d'un poids prodigieux, ayent été transportées & roulées en travers d'un vallon profond, pour remonter & passer de l'autre côté d'une montagne. Nous abandonnons, à ceux qui travaillent dans

le cabinet, à l'arrangement du Globe, la recherche des moyens que la nature a employé pour produire de pareils effets. Nous nous contenterons, ainsi que nous l'avons promis, de rendre compte de ce que nous avons vu & observé, & d'engager ceux qui auront la facilité de faire des remarques analogues, de constater leurs observations en indiquant toujours les lieux fidèlement, ainsi que nous le faisons pour la Suisse.

Le vallon par lequel on monte pour arriver à l'Hopital ou Hospice, se nomme le fond de *la Combe*, & conserve des neiges qui ne se fondent pas; la planche n°. 165 représente l'entrée de ce fond, elle est dessinée du pied même de la maison: on y voit, à gauche, partie d'une forte muraille qui est presque en face de la porte du Couvent, & qui a été construite contre les avalanges de la montagne du Plandes-Aiguilles, au pied de laquelle elle est, marqué par (γ) une espèce d'oiseau; derrière est le Mont Velan, couvert de glaces & de neiges; c'est la partie la plus élevée du Saint-Bernard (γγ). Le milieu est la montagne du Barasson & la pointe; (γγγ) au bas du Barasson est le pied du Mont-Mort, devant lequel est situé l'hospice. Le premier aspect de ce grand spectacle est celui du cahos & de la Nature non vivifiée; on n'y voit ni plantes, ni arbres; ces rochers sont arides & pelés; des glaces & des neiges couvrent toutes les sommités, il y en a d'entassées dans les fonds, où le vent & la rapidité des rochers les a précipité: quelques gazons sort courts & fort rares, & des petites mousses répandues çà & là sur les rochers, sont les seules marques auxquelles on reconnoît que la Nature est toujours agissante; mais ce n'est que par la réflexion & l'attention qu'on s'en apperçoit.

Le ciel étoit pur & sans nuage lorsque nous arrivâmes tout-à-fait au Couvent: le soleil éclairoit cette solitude. Il seroit difficile d'exprimer les différentes sensations qu'on éprouve à la fois; la première qui se fait démêler est un saisissement occasionné par une gêne dans la respiration; il sembloit que les poumons n'avoient pas leur élasticité ordinaire & manquoient de capacité pour contenir l'air aspiré: la différence de celui qu'on respire à une pareille hauteur, doit être très-sensible pour ceux qui ne sont accoutumés qu'à l'air des plaines, il y est plus raréfié & plus pur parce qu'il est moins chargé de vapeurs; le ciel y étoit du plus bel azur foncé, d'une couleur vive, inconnue aux habitans des plaines, qui donnoit une idée de l'immensité de cet espace. L'aspect de ces énormes montagnes arides fixe d'abord les regards; le mélange d'une vive lumière, réfléchie par la blancheur des neiges qui couvrent tous les sommets, & celles de ces rocs pelés, nuancés par le soleil de couleurs de rose & de bleu pâle, contrastoient singulièrement avec les grandes masses d'ombre occasionnées par les montagnes dont les sommets paroissent déchirés, & sont couverts de pointes & d'aiguilles de rochers, qui sortant & perçant les neiges, couronnent le haut de ce tableau.

HOPITAL OU HOSPICE SUR LE SAINT-BERNARD.

Un Religieux préposé pour recevoir les Voyageurs, en nous prévenant par son honnêteté & son affabilité, nous tira de l'état d'extase & d'admiration dans lequel jettent les grands tableaux de la Nature.

St. Bernard de Menthon fonda, au dixième siècle, sur cette montagne, le Monastère connu sous le nom de Montjoux, appellé plus communément Hospice ou Hopital du Saint-Bernard, dont la montagne a pris le nom (2). Douze

---

(1) N'est point un quartz irrégulier, comme l'ont dit quelques Auteurs, voyez la note (2) pag. v.
(2) Sur la planche N°. 153 est la vue de l'Hospice de St.-Bernard, du côté du Vallais: le petit bâtiment à côté est une des chapelles où l'on enterre les morts.

Chanoines

DE LA SUISSE.

Chanoines réguliers de l'Ordre de Saint-Augustin, qui occupent actuellement cette maison, reçoivent, sans distinction de religion & de sexe, tous les Voyageurs envers lesquels ils exercent de grandes charités. Cette Maison étoit fort riche autrefois, mais depuis qu'ils ne sont plus sous la domination de la Savoie, ils ont perdu les grands biens qui y sont situés; ils en possèdent encore beaucoup en Suisse qui ne suffiroient pas à leurs dépenses, si la perte qu'ils ont faite n'étoit remplacée par les aumônes qu'ils ramassent dans tout le pays, & dont ils sont un usage si pieux & si utile. Il y a une église fort propre & bien décorée; on est surpris d'y voir des colonnes de marbre sur les autels; elles ne peuvent y avoir été transportées que pendant le temps des neiges où les fonds & le mauvais pas sont comblés: le service divin s'y fait avec beaucoup de régularité & de décence. La Maison possède environ cent vaches dans des pâturages au bas de la montagne; le beure & le fromage qu'elles fournissent suffisent à peine à la consommation: trente chevaux ne sont occupés, pendant quatre mois, qu'à transporter du bois pour la provision, on va le chercher à six lieues au travers des rochers & des neiges: c'est la provision la plus coûteuse & la plus utile de la maison, parce qu'on s'y chauffe toute l'année: pendant ce temps on nourrit les chevaux avec du pain, moins difficile à transporter que les fourrages; les huit autres mois de l'année ces chevaux sont employés dans les bas par différents particuliers qui les nourrissent pour le service qu'ils en retirent. Pour économiser le bois, le pain qui se consomme est fabriqué à Auxière: les principales provisions consistent en pâtes, légumes secs & viandes salées; les œufs & la viande fraîche s'y conservent mal: voilà en gros ce qui concerne l'économie de cette Maison. Jettons un coup-d'œil sur les fonctions de ces Religieux, qui honorent la religion & l'humanité par les vertus qu'ils pratiquent, & l'utilité dont ils sont aux hommes.

Chaque Religieux a ses fonctions; ils reçoivent indistinctement toutes les personnes qui se présentent, les nourrissent & les logent; elles sont servies promptement & dans des endroits différents, selon leur état: les personnes au-dessus de l'état commun vivent avec les Religieux. Dans le temps des neiges, c'est-à-dire pendant huit & neuf mois que ce passage est dangereux, des domestiques vont loin du Couvent à la découverte des Voyageurs, pour recueillir ceux qui sont assaillis par les orages ou égarés dans les neiges; ils portent avec eux des provisions pour réconforter ceux qui en ont besoin; ils sont aussi accompagnés de très-gros chiens dressés qui sont à la recherche des Voyageurs, s'en laissent saisir & les aident à se tirer des embarras où ils se trouvent en les conduisant du côté du couvent. Il n'y a point d'année qu'on ne trouve des malheureux ensevelis sous les neiges ou morts de froid (1), d'autres ont les extrémités gelées; on les transporte au Couvent, où après leur avoir amputé les parties gelées on les soigne & on les garde jusqu'à ce qu'ils soient guéris, & qu'on puisse les renvoyer chez eux: ceux qui sont morts sont transportés dans des espèces de petites chapelles murées qui leur servent de sépulture, faute de trouver assez de terre pour les enterrer; il y a une séparation pour mettre d'un côté ceux sur lesquels on trouve quelque marque de catholicité; les corps s'y conservent long-temps, quoique les fenêtres en restent toujours ouvertes.

Si les orages sont fréquents dans ces hautes montagnes, & si la quantité de neige qui tombe, fouettée & amoncelée par la fureur des vents, fait courir de grands dangers aux Voyageurs, les avalanches sont (2) encore plus redoutables par leur effet subit & terrible; dans plusieurs occasions où les Religieux ont été avertis à temps, à force de peines & de travail ils sont parvenus à dégager les infortunés qui étoient ensevelis sous ces neiges, & qui y seroient morts sans leurs soins charitables.

On ne peut s'empêcher d'admirer combien la religion & l'amour de la vertu peuvent donner de force & de courage; il suffit, pour en juger, de considérer que le lieu qu'habitent ces Religieux, est le séjour des vents, des tempêtes, des glaces & des frimats, & que c'est au haut de ces Alpes élevées que se forment & commencent ces orages destructeurs qui viennent remplir les plaines d'effroi & de terreur; que pendant le temps qu'on y appelle l'Eté, on passe toujours sur la neige pour arriver à cette Maison; que non compris celle qui reste permanente sur les hauteurs environnantes,

---

(1) Dans le vallon des Envers des Foireuses, on voit une grosse roche précipitée, au pied de laquelle une pauvre malheureuse de plus de 60 ans, s'étoit retirée assaillie par les neiges; elle y est restée plus de 36 heures, a été transportée à l'hospice, sans qu'il lui soit arrivé d'accident fâcheux à la suite du froid qu'elle avoit enduré.

(2) Les *Avalanches*, appellées *Lavanges* dans certains cantons de la Suisse, *Lauvinen* en Allemand, sont produites par les neiges amoncelées par leur chûte naturelle, ou transportées par les vents au haut des montagnes rapides. Quand la quantité de neige a augmenté au point qu'elle est comme suspendue sur les sommets, elle s'écroule, tombe & se précipite dans les fonds: différentes causes produisent les chûtes de neige. Le grand froid qui resserre la neige, la réduit en poussière fine ou en très-petits glaçons, la prive des points d'adhérence qu'ils avoient entre eux ou avec les corps sur lesquels la neige a été attachée: c'est dans cet état que nous la voyons voltiger & transporter par les vents comme de la poussière; les parties en sont si dures & si anguleuses, qu'elles excitent sur la peau des picotements qui deviennent à la fin douloureux par la continuité, pour peu qu'elles soient chassées par le vent, qui devient d'autant plus violent sur les hautes montagnes, que les gorges & les vallons les resserrent & leur donne une direction plus constante. La prodigieuse quantité de neige transportée, forme des tourbillons qui obscurcissent le ciel, étouffent les hommes & les animaux sous laquelle ils sont ensevelis. Il n'y a point d'autres moyens de prévenir cette sorte d'avalanches que de se jetter promptement derrière quelque grosse pierre ou quelque abri pour laisser passer cet ouragan, ou se jetter la face contre terre en se ménageant avec les mains de l'espace pour conserver la liberté de la respiration; on se dégage aisément de cette neige qui est légère & n'a point d'adhérence: on peut comparer ces avalanches au transport subit des sables dans les plaines de l'Afrique; dans les montagnes cette neige comble les fonds & les valées.

L'humidité, la fonte des neiges, au Printemps, occasionne la seconde espèce d'avalanches qui est la plus commune & qui produit des effets plus terribles & plus violents: la neige fond plutôt en-dessous qu'en dessus; ayant perdu ses points de contact, si elle est sur un plan incliné & elle glisse, entraîne avec elle celle qui est au-dessous de proche en proche; la vitesse s'accélère par la pente, & la force augmente par le poids qui s'accroît, l'humidité de la neige la fait peloter & tasser, le tout forme une masse énorme qui a assez de force & de solidité pour renverser tous les obstacles qu'elle rencontre dans son chemin; les arbres les plus forts sont rompus, brisés & transportés; les plus grosses masses de rochers entraînées; des maisons solides & bien bâties détruites; des terreins entiers sont déplacés, tout est accablé & couvert par ces amas prodigieux. Ajoutons à l'effet des neiges la pression de l'air qu'occasionne un pareil déplacement, son courant s'étend aux environs, produit par sa rapidité les mêmes effets. Le vent, le bruit & tout ce qui peut occasionner de l'agitation dans l'air, peuvent occasionner & déterminer les avalanches; c'est pourquoi on défend de parler, on tamponne les sonnettes des mulets dans les pas dangereux, on cherche à prévenir les avalanches par la décharge d'armes à feu avant que de s'y engager. Ces chûtes sont accompagnées d'un bruit & d'un fracas horrible qui augmente, se propage par mille échos répétés qui circulant de vallon en vallon, fait croire qu'on entend à plusieurs lieues de violents orages; ces chûtes & leur bruit causent aussi dans les environs des commotions pareilles à des tremblemens de terre. Il n'y a d'autre sûreté à prendre contre les avalanches, que de fuir promptement; on les voit commencer & on est sûr du chemin qu'elles tiendront, au lieu que celles qui sont produites par les neiges gelées, sont plus subites, viennent de tous côtés, n'ont aucune direction constante, vont & viennent selon le caprice des vents. Nous avons cru devoir rapprocher tout ce qui a rapport à ces terribles phénomènes pour renvoyer à cet article quand on fera mention de quelques effets produits par les avalanches.

Tome I.

il y en a toujours autour du Couvent; qu'il y gele toutes les nuits; qu'on n'a peut-être jamais pu compter dans une année dix jours purs & sereins; que c'est une vicissitude perpétuelle de température comme le plus beau jour; qu'un vent chaud venant d'Italie est subitement suivi d'un vent glacé qui passe sur les neiges; qu'on n'a jamais pu y élever une mauvaise laitue sur des couches, & qu'enfin on y est privé des choses les plus communes à l'usage ordinaire de la vie. Qu'on juge de ce que doivent y être des hivers au moins de huit mois; & si pendant ce temps les Religieux voyent des hommes, c'est pour les voir souffrants, quelquefois mutilés, ou leur rendre les derniers & tristes devoirs de la sépulture. Le système de la destruction des Moines ne pourra sans doute jamais s'étendre jusqu'à ces hommes respectables qui n'ont fait le sacrifice d'eux-mêmes que pour l'utilité des autres hommes. Puissent-ils au contraire se multiplier, ces établissemens dont la charité active n'a d'autres vues que le bien-être & le soulagement de l'humanité !

Malgré la chaleur qu'il avoit fait le jour de l'arrivée au Saint-Bernard, la nuit fut froide; le lendemain (31 Juillet) le haut de la montagne étoit enveloppé de nuages épais, mais tranquilles, il n'y avoit point d'agitation dans l'air, on assuroit qu'il faisoit beau au-dessous de ce sommet; nous fûmes visiter le revers méridional de la montagne qui conduit au val d'Aost; après une demi-heure de marche nous fûmes hors de cet atmosphère sombre & humide, le soleil étoit chaud, le ciel pur & serein : on voyoit dans le lointain les sommets des plus hautes montagnes enveloppés dans les nuages comme le Saint-Bernard : les sommets les plus à portée étoient découverts & éclairés par le soleil; ces rochers terminés en pointe, en pyramides & en aiguilles, sembloient s'élancer dans la région pure de l'Ether : des vallons profonds, des écueils & des précipices effrayants les entouroient. Toutes ces masses sont, comme la partie opposée de la montagne, des pierres schisteuses, argilleuses & micacées : la plupart schisteuses, c'est-à-dire par feuillets, par lits ou par couches différemment inclinées, le tout mêlé de veines & de parties quartzeuses, de couleurs variées, mais les verdâtres dominent : il y a de plus sur la hauteur de ce revers des masses & des blocs prodigieux, sans mélange, de quarts blanc & grenu à sa superficie, lesquels, au premier coup-d'œil, paroissoient être de marbre de Carare ; à quelque distance c'est un cahos immense de blocs de pierres de toutes grandeurs, jettés, culbutés, entassés dans la plus grande confusion ; c'est la même espèce de pierre micacée : il faut que des sommets, des rochers prodigieux se soient écroulés pour avoir produit un pareil désordre qui ressemble à la destruction du monde. Cette partie de montagne qui est déja en Savoie, est plus rapide que celle du côté du Valais : elle est aussi plus couverte de terre végétale & de pelouze; les fleurs y brillent de tout leur éclat, les plus hautes étoient des violettes, la fleur en étoit plus grande, & avoit une odeur de miel ou de ce que nous nommons pois de la Chine (*Lathyrus* Linn.) : des papillons, colorés des plus vives nuances, voltigeoient de tous côtés; nous sommes descendus jusqu'à Saint-Remi, chétif & premier village de Savoie, à deux bonnes lieues de l'hospice du Saint-Bernard. Les premiers arbres qu'on rencontre sont à plus d'une lieue & demie du haut du Saint-Bernard, ce sont des conifères. Les montagnes vers le fond de cette vallée, qui est fort étroite à Saint-Remi (dont le passage est fermé d'une espèce de fortification en pierre sèche) étoient couvertes de nuages épais qui en déroboient totalement la vue. Dans tout cet espace il ne se trouve aucune autre espèce de pierre que celles qui ont été indiquées, & nous n'y avons apperçu aucune espèce de granit. Il a fait très-chaud pour remonter cette montagne : le sommet étoit toujours couvert d'épais nuages qui y formoient une espèce de nuit; le soir il faisoit froid, le thermomètre qui étoit à 4 degrés au-dessus du point de congélation le matin, étoit parvenu à 3 degrés au-dessous à neuf heures du soir : toute la nuit il a fait une pluie horrible mêlée de neige, accompagnée d'un grand vent : la pluie continua le jour suivant, la neige succéda, le vent augmenta venant de bas en haut; il poussoit & rouloit de gros nuages montans par la vallée par laquelle on arrive du Valais : ces nuages se succédoient rapidement à la file, en suivant les contours & les sinuosités du terrein, pour aller se plonger dans un fond où il y a un très-petit lac, de l'autre côté & au pied du Couvent : ces nuages s'y pressoient & s'y amassoient successivement; à l'abri & au-dessous du courant du vent ils restoient immobiles dans ce fond; leur épaisseur & leur obscurité augmentoient à mesure qu'il en arrivoit davantage, à la fin ce lieu devint ténébreux. La rigueur du froid & du vent nous avoit obligé de quitter souvent ce singulier spectacle pour approcher du feu; l'obscurité devint générale autour du Couvent, le tonnerre commença à gronder sourdement, augmenta successivement & devint violent; il sembloit rouler dans les corridors de la maison, on l'entendoit au-dessus & au-dessous de soi : la pluie, la neige, la grêle se succédoient, tomboient souvent ensemble, se mêloient aux éclairs & donnoient le spectacle du choc & du combat terrible entre les élémens les plus opposés. A peine voit-on devant soi quand on est enveloppé de ces nuages épais, on risque de s'égarer & de se perdre dans ces rochers scabreux : il suffit d'être un moment dans ces nuages pour être couvert d'une fine rosée, on est bientôt percé & mouillé jusqu'à la peau. Cette variété de mauvais temps dura trois jours, il fut accompagné d'un grand vent froid; quoique le thermomètre ne fût descendu qu'à quatre degrés au-dessous de la glace, le froid paroissoit beaucoup plus vif, plus pénétrant qu'il ne l'est dans les plaines au même degré, & empêchoit de quitter le feu; il faisoit apparemment le même effet sur les Religieux, plus accoutumés que nous, car ils venoient souvent se brûler plutôt que se chauffer, à un grand feu de bois de pin qui éclatoit & éparpilloit le feu de tous côtés. Tels sont en général les météores de la région supérieure des Alpes; nous les avons présenté dans l'ordre où nous les avons vu, ils tiennent à notre sujet. Le ciel se découvrit, la température changea, & c'étoit le troisième jour de toute l'année qu'il avoit fait beau & serein, à ce que me dirent les Religieux, ajoutant qu'il y avoit des années où ils n'en pouvoient compter un entier.

Comme nous l'avons dit, il y a une espèce de petit lac au pied du Couvent qui se trouve élevé de ce côté du Piémont, sur un entonnoir dans lequel l'eau des neiges fondues se rassemble; la grande pluie des jours précédents avoit fondu des glaces dont cette eau étoit encore couverte lors de notre arrivée : son écoulement produit le torrent qui passe à St.-Remi & descend par ce vallon en Piémont. Sur la droite du dessin que nous donnons, planche N°. 162 (1), se voit le pied de l'aiguille du Drossa, haute montagne qui est

---

(1) Dessiné d'une des fenêtres de l'Hospice, la ligne droite tracée sur le Drossa marque les canaux recouverts qui conduisent l'eau au Couvent.

en face de la porte du Couvent, où on a bâti une étable pour des moutons; les murailles en sont fortes & épaisses, afin de résister aux avalanches qui tombent de ce côté. Au pied de ce mont & au bord du chemin, est une petite colonne sur laquelle sont placées les armes du Valais; elle est au pied d'un petit jardin entouré de murs où on a fait des couches; quoique ce fond soit à l'abri des vents, que les rayons du soleil s'y concentrent & soient réverbérés par ces rochers nuds, on ne peut y élever de mauvaises salades à cause du froid des nuits :

il n'y a pas deux portées de fusil jusqu'au Couvent, on s'apperçoit cependant aisément de la différence de température d'un lieu à l'autre ; à côté est un rocher plat sur lequel est tracée la ligne de direction des limites du Valais & du Piémont ; cette direction passe au travers de cette espèce de lac. La ligne presque horisontale qui est sur le penchant du Drussa est composée des canaux de bois creusés & recouverts qui conduisent l'eau au Couvent.

RUINES D'UN TEMPLE DE JUPITER.

Plus loin on trouve des débris de maçonnerie & de briques cuites; tout ce terrain a été fort remué : on a trouvé autrefois en fouillant ce lieu, des médailles, des inscriptions, des instrumens de sacrifices, &c. &c. la plupart de ces choses ont été transportées à Turin. Dans les fouilles faites depuis, on y a encore trouvé, comme nous l'avons vû chez M. d'Arbeley, Chanoine du Saint-Bernard & Curé à Liddes, sur le chemin du Valais au St.-Bernard, des inscriptions en bronze; d'autres sur des plaques de cuivre attachées sur bois, dont les caractères étoient piqués au poinçon ; d'autres enfin sur des briques cuites ; c'étoit des EX VOTO à Jupiter *Pœnnin* & non *Pennin*, comme on l'écrit communément; il y avoit aussi des médailles, de petites statues, de petits chapiteaux d'ordre corinthien, le tout de bronze ; une main aussi de bronze sur laquelle sont en relief différens animaux qui passoient pour venimeux, comme serpent, crapaud, lézard, cancer, (qui ne se trouvent assurément pas actuellement sur le haut de Saint-Bernard) il y avoit aussi deux pates qui font de pendants , tels qu'on en voit encore aux mitres de nos Evêques, & les mots EX VOTO. Un doigt de la main est élevé, au bout duquel est une espèce d'excroissance ; ne seroit-ce pas la figure du mal ? Les animaux ne désigneroient-ils pas sa malignité & les deux bandes ou *pates*, que cet *ex voto* a fait par un Pontife ? M. le Curé prétend que c'est par ce chemin qu'Annibal pénétra en Italie ; qu'un ancien Auteur dit , qu'Annibal rencontra un Temple de Jupiter dont la statue avoit des foudres d'or qu'il abandonna à ses soldats, & que c'est de ce Temple dont il est question. Nous n'avons rien pu empêcher de remarquer la position de ce Temple dans cet endroit bas , sujet actuellement à être enterré dans les neiges, bâti dans un lieu si peu propre à être habité par des hommes. La température étoit-elle la même au temps de ce Temple ? Y avoit-il alors des amas de neiges & de glace sur ce Mont ? Ce Temple & les Prêtres qui le desservoient étoient-ils préposés aux mêmes fonctions de charité & d'humanité que les Religieux actuels qui semblent leur avoir succédé ? La religion Chrétienne en détruisant les faux Dieux, n'a-t-elle pas voulu conserver les établissemens utiles consacrés au bien & au soulagement de l'humanité ? Comme nous ne pourrions répondre que par des conjectures, nous nous contentons de rendre compte de ce que nous avons vu.

On trouve aux environs du Couvent quelques schistes argilleux ou ardoises grises feuilletées détruites à moitié. On ne voit nulle part de ces ardoises sur pied ou formant des

masses attachées au sol; il faut que les couches ou les lits de ces ardoises qui avoient été formés & placés sur ces hauts , ayent été détruits & renversés par le temps. A l'Occident du Couvent, à une portée de fusil, on voit un filon de mine de fer micacée attirable à l'aimant , & un filon de pyrite en partie décomposée qui est passée à l'état de fer, c'est-à-dire qu'il ne reste que la terre martiale ; on voit dans beaucoup d'endroits la forme de la pyrite pendant qu'elle étoit encore unie au soufre qui lui servoit de minéralisateur ; on ne révoqueroit point en doute ces changemens & ces passages que M. Romé de Lisle a si bien détaillés dans ses Ouvrages , & dont il fait voir de si nombreux exemples dans son cabinet aussi curieux qu'instructif : on ne douteroit pas, dis-je, de la vérité de ces faits si on vouloit se donner la peine de voir , d'examiner la Nature ; avoir seulement des yeux. On verroit partout des terres martiales , des ocres, des mines de fer & ferrugineuses qui proviennent de la décomposition des pyrites martiales, comme on voit par-tout des bleus & des verds de montagne, du bleu d'azur & de la malachite qui proviennent de la décomposition soit des mines de cuivre, soit plutôt des pyrites cuivreuses. Dans un grand nombre de Minières, dans beaucoup de pays que nous avons parcourus, nous avons remarqué que la Nature suit constamment les mêmes procédés; par-tout on voit que c'est une rotation perpétuelle, que rien ne s'anéantit, mais que tout change de forme, & que si une substance paroît se détruire, c'est pour donner naissance à une autre.

Enfin toute cette montagne , une des plus hautes des Alpes Pœnines, qui conserve des neiges & des glaces permanentes , est composée en général de pierres & de roches schisteuses, dont les couches & les lits sont plus ou moins sensibles & inclinés, & d'une grande dureté. Leurs parties constituantes sont un mica argilleux dont les lames ou les parties sont plus ou moins grandes & brillantes & diversement colorées : elles sont traversées de filons & de veines mêlés de rognons & de globules de quartz ordinairement blanc, quelquefois vitreux , transparent, opaque ou grenu : nous n'y avons vu des granits que sur le penchant de la montagne ; ils y étoient isolés & roulés. Quelqu'un qui aura plus de temps , plus de loisir, découvrira peut-être d'où ces masses proviennent ; qu'il ait soin d'indiquer fidèlement le lieu ; ce sera le seul moyen de parvenir une fois à des connoissances stables : nous ne nous lassons pas de le répéter & de continuer nos vœux pour que cela arrive.

Au-dessous de la montagne qui fait le fond du dessin & dont l'aiguille se nomme le Pain de-sucre , le rocher pyramidal à gauche entre le lac & la montagne, se nomme le Prador, & celui qui est à droite la Tour-des-foux. Le signe Z indique l'emplacement du Temple de Jupiter.

La planche du N°. 153, représente la vue de l'hospice du Saint-Bernard, du côté du Val d'Aost, dessinée au-delà du lac.

DISCOURS SUR L'HISTOIRE NATURELLE

Description du Vallais et du cours du Rhône.

Le Vallais (*Valliferland* en Allemand) est un vallon de trente-six lieues de long, qui s'étend de l'Ouest à l'Est, il est traversé dans toute sa longueur par le Rhône (*Rhodan* en Allemand) qui prend sa source à la tête du vallon : la plus grande largeur de ce vallon est de huit à neuf lieues, en la prenant à peu-près sous le Mont Saint-Bernard & à Martigny. Il est entouré & comme enclavé entre deux chaînes de hautes montagnes, dont les sommets sont perpétuellement couverts de neiges & de glaces; ces deux chaînes se réunissent à la tête du vallon, & vont se confondre dans ces Alpes élevées, où sont renfermées les sources de ces grands fleuves qui portent leurs eaux vers les quatre points cardinaux; la chaîne méridionale sépare le Vallais de la Savoie, du Piémont & de l'Italie; la chaîne septentrionale sépare le Vallais du canton de Berne. Nous allons suivre le cours du Rhône jusqu'à ses sources; nous nous replaçons à cet effet à Martigny, d'où nous étions parti pour aller au Grand Saint-Bernard.

On ne peut s'empêcher de considérer ce pays bas & comme nivelé, qui est aux environs de Martigny. Cette différence contraste si singulièrement avec ces hautes montagnes environnantes, qu'on est tenté de chercher la cause de cette différence : on la trouve bien-tôt dans les dépôts formés par le Rhône. En effet, on voit que ces bas sont marécageux, remplis d'arbres aquatiques, d'aulnes & de saules : les pâturages & les prés y sont même d'une mauvaise qualité, par la quantité de joncs qui y croissent. Ce terrein est entrecoupé par les eaux qui, dans les crues du Rhône, s'ouvrent des passages dans les anciens terreins qu'il avoit formé, & les entraîne pour en aller former de nouveaux. On voit par-tout l'industrie occupée à prévenir ces déplacemens & ces changemens : chaque propriétaire forme ses remparts, élève des digues & des jettées pour s'opposer à l'inconstance de l'ennemi commun; mais chacun voulant conserver plus qu'il ne peut & ne doit, les moyens n'étant pas combinés, ils se nuisent réciproquement; les travaux que l'on fait d'un côté causent la ruine & la dévastation de l'autre : c'est ici & ailleurs que nous avons remarqué, en Suisse, que la liberté qui n'est pas dirigée, peut avoir de très-grands inconvéniens pour le bien de l'État en général, & celui de chaque particulier. Une observation que nous devons aussi placer ici avant d'aller plus en avant, c'est qu'à la tête du lac de Genève, où le Rhône se jette, on remarque aussi ce nivellement de terrein occasionné par les sables & les terres que ce fleuve y dépose journellement; ces atterrissemens gagnent insensiblement sur le lac & resserrent ses bornes. Nous avons fait un grand nombre de remarques à ce sujet en Suisse & ailleurs. Ce sont ces terreins qui, après être parvenus à un degré de dessèchement convenable, sont si riches & si fertiles en tous genres de productions, parce qu'ils sont composés d'un mélange de terrein & de différentes terres, recouvertes pendant long-temps par des limons fins qui s'y amassent : les pluies & les inondations y amènent aussi de toutes parts les engrais & des graines des terreins supérieurs; ils sont enfin recouverts par la décomposition & la destruction d'un grand nombre de végétaux, dont la putréfaction forme une profondeur de bonne terre végétale. Ces nouveaux terreins sont ordinairement moins & gras, tout y végète vigoureusement : en faisant mention de différents terreins qui jouissent de cet avantage en Suisse, nous renverrons à cet article.

Dans les basses eaux on traverse ces terreins rapportés par le Rhône, pour aller vers le haut Vallais, parce que le chemin est plus court. Nous avons pris à la gauche du Rhône au pied des montagnes, afin d'y jetter un coup-d'œil; les bas en sont calcaires; au-delà de Saxon, un peu dans la montagne, il y a de beau gypse très-blanc & très-pur : le haut des montagnes est de pierres schisteuses micacées, mêlées de quartz : les terreins du bord du Rhône deviennent moins marécageux; on y voit une prodigieuse quantité d'oiseaux aquatiques de toutes espèces; il y a des vignes & des champs labourés au bas des côteaux, qui ne sont formés que du débris des montagnes supérieures; des hêtres, des bouleaux & arbres de différentes espèces, garnissent le pied des montagnes, des conifères couronnent les hauts. On passe par Rilde, les montagnes qui sont en face sont des schistes traversés de larges filons de spath; il y a un pont sur le Rhône, avant d'arriver à Saint-Peter; ces environs sont très-fertiles, on faisoit la plus riche moisson, les côteaux produisent de bons vins, & il y a les plus beaux prés dans les bas; on trouve Ardon, dernier village du bas Vallais de ce côté. La Morge, torrent qui vient des montagnes & des confins de l'état de Berne, sert de limites entre le haut & le bas Vallais; ce torrent qui va se jetter dans le Rhône, venoit de causer les plus affreux dégâts, & avoit couvert de riches possessions d'une quantité prodigieuse de pierres; celles qui provenoient des hauts, étoient des schistes purs ou ardoises feuilletées, celles des montagnes inférieures de pierres calcaires, traversées de larges filons du plus beau spath blanc. On voyoit avec chagrin ce pays riche en toutes sortes de productions, exposé à un pareil fléau; le pays se trouve ici plus resserré par la montagne. Un très-beau chemin conduit de *Veter* ou Veteron à Sion : au reste, le chemin est bon, & peut se faire en voiture depuis Martigny jusqu'à Sion.

La ville de Sion (*Sitten* en Allemand) capitale de tout le Vallais, est entourée de montagnes schisteuses fort élevées; trois anciens châteaux sont sur des rochers fort hauts & la dominent, ils sont de pierre calcaire grise avec des filons de spath; on apperçoit dans les bas, où les eaux ont découvert les pieds des rochers, la même espèce de schiste ou d'ardoise, & on reconnoît que la pierre calcaire est assise & adossée sur ces montagnes schisteuses. La Brone, rivière qui descend des Alpes de la Savoie, & la Liena qui vient de celles qui sont sur les frontières de Berne, rassemblent dans la fonte des neiges une grande quantité d'eaux aux environs de Sion; aussi le Rhône y est-il déja considérable, parce que ses eaux se trouvent rassemblées par les fortes murailles qu'on a élevées pour prévenir ses ravages; ces rivières y charient une grande variété de pierres. Il y a des marbres & pierres calcaires de différentes couleurs & des spaths; des pierres ollaires, des ardoises, quantité de pierres schisteuses micacées, remplies de quartz, on ne peut plus variées pour le tissu & la couleur; des quartz & des granits de différentes espèces. Ce ne seroit pas une petite besogne que d'aller à la découverte pour trouver les lieux d'où toutes ces variétés ont été transportées jusqu'à Sion, ce qu'il faudroit faire par tous les pays dont on voudroit avoir une description exacte de la superficie.

Après avoir passé le village de Saint-Léonard, on commence à monter la montagne de la Plâtière : cette route est on ne peut plus intéressante pour le Naturaliste. Dans le bas on rencontre d'abord de grandes masses de pierre calcaire, à côté desquelles sont des rochers d'ardoises bleuâtres & feuilletés qui continuent en montant: sur le haut, de beau gypse blanc avec des filons de gypse rouge & couleur de rose; tout à côté reparoissent les schistes argilleux & puis des gypses, & cela continue alternativement; dans la descente on retrouve des schistes; enfin dans le bas, de la pierre calcaire pareille à celle qu'on a rencontrée en montant. C'est le schiste qui forme le centre ou le noyau de cette montagne; la pierre calcaire & le gypse n'en sont que l'enveloppe, & ont été formés postérieurement. Nous aurons occasion de citer plus d'une fois de pareils exemples. Ce chemin passoit autrefois au bas de la montagne, le Rhône en ayant miné le pied & emporté une partie, on a été obligé de le pratiquer sur la hauteur.

On se trouve fort élevé au-dessus du lit du Rhône quand on est sur le haut de ce chemin, dont on découvre un des plus singuliers, des plus riches & des plus variés paysages qu'on puisse imaginer. On voit sous ses pieds le Rhône serpenter dans le lit qu'il se creuse actuellement, car il en change & tout prouve qu'il a souvent changé; une quantité prodigieuse de petites isles le séparent & le coupent en une multitude de canaux & de bras: ces isles sont couvertes, les unes d'arbres, d'arbustes, de paturages, de bosquets & de verdure, d'autres de pierres, de sable & de débris de rochers; quelques-unes sont formées ou occasionnées par un amas de troncs d'arbres entassés avec de grands sapins renversés, dont les longues tiges hérissées de branches droites & nues, représentent des chevaux de frise, & donnent l'idée de ces abatis destinés à préserver un pays contre l'approche de l'ennemi. Du côté du bas Vallais on suit à perte de vue le fleuve dans ses sinuosités & ses détours, on l'apperçoit également dans le haut Vallais; des avances de montagne le cachent quelquefois: il reparoît & diminue insensiblement en approchant de ces monts élevés où il prend sa source: le fond du vallon paroît être de niveau, s'abaisser seulement d'une pente douce du côté du bas Vallais: des mamelons, des hauteurs, des monticules isolés, quelquefois grouppés de différentes manières, sont répandus dans cet espace, & rappellent la vue d'un pré dévasté par les taupes: plusieurs de ces hauteurs sont surmontées des ruines d'antiques châteaux, d'églises & de chapelles; des villages distribués çà & là enrichissent ce fond, qui d'ailleurs est couvert de pâturages, de champs, d'arbres, de bois & de bosquets; les enclos des possessions qui les coupent en mille figures bizarres & irrégulières. Ces monticules avec leurs fabriques s'élèvent au-dessus de tous les objets variés; quelques-unes se distinguent par leurs côtés écroulés qui sont à pic; la blancheur de ces éboulemens contraste singulièrement avec les verds qui sont la couleur dominante du vallon. Au-delà des côteaux, des montagnes s'élèvent & vont s'appuyer & s'adosser à ces masses, à ces colosses énormes de rochers à pic, élevés comme des murailles &

d'une hauteur prodigieuse, qui forment cette barrière qui sépare le Vallais de la Savoie. Les contours du pied de ces monts forment des entrées de vallons & de vallées d'où descendent & se précipitent des torrens qui viennent grossir les eaux du Rhône: la vue cherche à pénétrer & à s'étendre dans ces espaces, l'imagination cherche vainement des passages dans ces effrayantes limites, parmi ces écueils & ces rochers amoncelés, elle est arrêtée par-tout; de noires forêts de sapins sont suspendues parmi ces rochers blancs-jaunâtres, qui se terminent enfin par une multitude d'aiguilles & de pyramides qu'on voit percer au travers des neiges & des glaces, s'élancer dans les nues, s'y cacher & s'y perdre.

En examinant de plus près ces mamelons répandus dans le vallon, on voit qu'ils sont composés de pierres, de sables & de débris rapportés & amoncelés sans ordre depuis des temps dont rien ne peut fixer l'époque: on voit que les eaux du Rhône ont coulé à leur pied, qu'il en a miné plusieurs & a occasionné leurs chûtes & leurs ruines. On voit actuellement quelques mamelons qui subissent ces mêmes dégradations & fournissent au Rhône des matériaux dont il va former plus loin ces atterrissemens dont nous avons parlé. La confusion & le désordre qui se remarquent dans la composition intérieure de ces mamelons, prouvent qu'ils ne sont pas le produit de la mer ou des eaux qui ont travaillé successivement & lentement à la formation de la plupart des terreins; mais que le fond de ce vallon a été rempli des décombres & des débris des montagnes supérieures, qu'ils y ont été entraînés par des inondations & des débordemens subits; que les eaux du Rhône ensuite ont parcouru ce vallon qu'il a souvent changé de lit; que c'est en tournant & en circulant dans ce terrein nouvellement formé, qu'il a creusé les espaces qui sont entre ces mamelons, & que c'est en creusant le terrein qu'ils se sont élevés; leurs formes & leurs pentes allongées vers le bas Vallais, sont de nouvelles preuves ce que sont les eaux actuelles qui ont changé la surface de ce terrein. Nous verrons de nouvelles preuves de ce que nous disons en avançant davantage vers le haut Vallais; il n'y a peut-être point d'endroit plus propre à étudier le travail des eaux que ce vallon qu'on a la facilité de voir & d'examiner sous des aspects différens.

La suite de cette route offre les mêmes productions minérales, ce sont toujours des schistes & des pierres calcaires, & les torrens qui descendent des montagnes n'en amènent pas d'autres espèces. Sierre ou *Siders* en Allemand, un des dizains du Vallais, renferme dans son territoire quelques minerais dont on a fait quelqu'exploitation; à Anniviers (*Eifisch* en Allemand) à cinq lieues au-delà du Rhône, on a trouvé de la pyrite cuivreuse & de l'argent gris, on y a peu travaillé. On a plus suivi l'exploitation d'un filon de Kobold gris solide & compact, d'une bonne qualité & fort riche; ce demi-métal se vendoit brut à l'étranger, le transport le rendant trop cher, l'exploitation a été abandonnée.

ROUTE AUX BAINS DE LOICHE.

Nous quitterons un moment les bords du Rhône pour visiter les bains de Loiche, afin de ne pas revenir sur nos pas. De Sierre on passe par Claré & Salges, en laissant le Rhône sur la droite; tout ce terrein est calcaire & fort pierreux. A Faxen (villages qui ne sont point sur les cartes) on commence à monter la montagne de Faren; le chemin est fort rapide & mauvais, & dure une bonne heure & demie;

on trouve sur le haut de cette montagne des blocs de granit composés de quartz, de feld-spath & de mica; d'où viennent-ils? On ne voit que des roches calcaires & point de montagne plus élevée au-dessus; on passe par un bois de pins, on parvient enfin à un escarpement à pic, dont on n'a point d'idée pour la hauteur; on reste stupéfait de voir le gouffre qu'on a devant soi, & on ne prévoit pas trop comment on parviendra dans ce fond, où la vue a peine à diſtinguer la *Dala*, gros torrent qui y précipite ſes eaux. On a taillé à grands frais un ſentier tortueux dans cette roche toute calcaire; les chevaux du pays ſont accoutumés à le monter & à le deſcendre; les malades n'ont point d'autres voitures, à moins qu'ils n'aiment mieux ſe faire porter dans une eſpèce de fauteuil de bois, ſous lequel on paſſe deux bâtons. On a eu ſoin de garnir le côté ſcabreux du ſentier avec des pierres ou des garde-fou, pour rendre ce paſſage moins effrayant; ces précautions ne peuvent guérir de la crainte de voir tomber d'énormes quartiers de rochers ſuſpendus au-deſſus de ſoi, ils ſont fendus & crevaſſés par-tout, & menaçent de ſe précipiter à chaque inſtant; on ne peut même s'empêcher de remarquer qu'il y en a qui ſont tombés nouvellement : on appelle ce chemin les galeries; quelles galeries ! Ce ſont des Mineurs Tiroliens qui ont fait cet ouvrage, ainſi que le paſſage du Mont Gemmi, dont nous parlerons dans cet article; mais qu'on juge de ce qu'il étoit avant que ce chemin fût fait. Pour éviter quelques lieues de détour dans des chemins, abominables à la vérité, on avoit imaginé d'appliquer des échelles contre cette roche perpendiculaire, par leſquelles des hommes forts & robuſtes vous deſcendoient attachés ſur leurs épaules; on avoit ſoin de bander les yeux du Voyageur pour qu'il ne vît pas l'étrange chemin qu'on lui faiſoit parcourir, deux hommes ſe trouvoient ainſi ſuſpendus en l'air ſur un même échelon, & à quelle hauteur !

Quand on eſt deſcendu au tiers environ de cet énorme fond, on paſſe ſur les décombres de cette vaſte montagne & par un bois de pins & de ſapins : la vue ne perce pas dans ce fond ténébreux, on entend plutôt le bruit du torrent qu'on ne l'apperçoit. Ayant eu occaſion de voir &

d'examiner par la ſuite ces bas & le pied de cette étonnante montagne calcaire, nous avons vu dans plus d'un endroit qu'elle poſe, & que ſes fondemens ſont un lit de ſchiſtes argilleux ou d'ardoiſes feuilletées ſans mélange, que ce lit eſt détruit & ſe détruit dans différens endroits, qu'il eſt incliné & affaiſſé dans d'autres, & que c'eſt ſa deſtruction qui a occaſionné la chûte d'une partie de cette montagne; elle eſt par-tout à pic de ce côté, & a ſubi ſucceſſivement ces renverſemens qui paroiſſent plus anciens les uns que les autres, car ces débris ſont plus ou moins couverts de bois, d'arbres & de productions végétales.

On continue la route à mi-côte au travers de ces débris. Le ſommet de ces montagnes éclairées par le ſoleil, étoit peint de rouge, de jaune, de blanc; de bleu & de noir dans les endroits où les eaux avoient coulé par-deſſus, reſſemblant de loin à des murailles, des tours, des forts & des fortifications de différentes formes placées pour ſe défendre contre des ennemis qui viendroient par les airs. Les neiges qu'on apperçoit dans différens endroits, produiſent des chûtes d'eau, des caſcades, dont partie ſe réduit en vapeurs avant d'atteindre les bas : le haut des montagnes qu'on voit de l'autre côté de ce vallon, eſt également calcaire, elles ſont plus baſſes, couvertes d'arbres & de ſapins; au lieu que celles dont il eſt queſtion ſont nues & arides; elles ſont le ſéjour des neiges & font partie de la Gemmi. Après avoir cheminé quelque temps, on eſt fort ſurpris de trouver à cette hauteur un beau village (c'eſt Inden) entouré de beaux pâturages; on voit de tous côtés des chalets, des granges, des cabanes & des habitations : tout un peuple étoit en mouvement ; on ramaſſoit les foins (le 5 Août). Après avoir deſcendu & monté à différentes fois, on arrive aux bains.

BAINS DE LOICHE.

Les bains de Loiche (*Leucker bad* ou *Leug* en Allemand) ſont communément appellés les Bains du Vallais, parce qu'ils ſont très-connus & très-fréquentés malgré la difficulté des chemins pour y parvenir, & le peu de commodités qu'y trouvent les malades. Les maiſons y ſont en bois, ainſi que dans toutes les montagnes du pays; on entend touſſer quelqu'un dans toute la maiſon; il n'y en a qu'une en pierre occupée par les premiers arrivés; il y a environ douze ſources répandues dans différens endroits, mais principalement à une demi-lieue derrière Loiche, dans un pré tout à côté de la *Dala*, torrent qui ſort d'un glacier peu éloigné : c'eſt une choſe merveilleuſe de voir des eaux auſſi chaudes à une pareille hauteur & à côté d'eaux auſſi glacées. La grande ſource qui coule ſur la place de Loiche y eſt conduite de ces ſources ſupérieures, elle eſt à 43 degrés au thermomètre de Réaumur fait par Capy, dont le degré de l'eau bouillante eſt à 80. Elle eſt en tout temps au même point; ſa chaleur eſt inſupportable aux mains, & n'eſt point déſagréable à la bouche. Cette ſource fournit continuellement cinq à ſix pouces cubes, & ſert à remplir quatre bains qui ſont diviſés en quatre quarrés, dont chaque diviſion peut contenir 24 à 30 perſonnes, il n'y a point de loge

particulière pour ſe baigner, on y eſt en commun; il y a ſeulement un petit endroit pour s'habiller & prendre ſa chemiſe de bain : quand on s'eſt baigné quelques jours, le bain occaſionne une irruption cutanée. On prétend que ſes vertus ſe ſont mieux conſtatées pour de guérir les hypocondres, les maux hyſtériques, les maladies de la peau, les ulcères invétérés, différentes eſpèces de maladies chroniques, de fortifier toutes les parties du corps, & particulièrement l'eſtomach. Nous y avons vu manger quoique la cuiſine ne ſoit pas bien bonne, les mets trop choiſis & appropriés pour des malades. Une propriété ſingulière de ces eaux eſt que les légumes, des herbages & des fleurs arrivant de quatre à cinq lieues, toutes fanées par la chaleur, reprenoient toute leur fraîcheur après avoir trempé un quart-d'heure dans cette eau qui ſembloit devoir les cuire. Il y a ſur les bains de petites planches flottantes percées de trous, dans leſquels on fiche des fleurs, de petites branches & de la verdure (c'eſt un amuſement pour les baigneurs). Nous les avons vu dans le même état de fraîcheur pendant ſix jours, & ils s'y conſervent bien plus long-tems, à ce qu'on dit : il fait pourtant bien chaud dans ces bains.

LA GEMMI.

Une des plus hautes montagnes du Vallais & ſituée ſur un terrein très-élevé, eſt la Gemmi (1) ; elle fait partie de

---

(1) La planche n°. 182 repréſente partie de cette chaîne, le rocher au milieu marqué d'un oiſeau, eſt celui dans lequel a été taillé le chemin, c'eſt en le montant qu'a été faite la deſcription des différentes couches qui compoſent ce rocher; l'égliſe qui eſt ſur le devant eſt la paroiſſe du village où ſont les bains.

DE LA SUISSE.

la grande chaîne qui sépare le canton de Berne du Vallais. Elle est remarquable, à cause de l'importance du chemin qu'on y a pratiqué, des grandes difficultés qu'il a fallu surmonter, & qu'elle est la seule communication entre les deux cantons. Nous parlerons de ce chemin, après avoir décrit la nature de ce prodigieux rocher. La Gemmi est la partie la plus haute de cette chaîne qui commence aux galeries; elle est en général calcaire. On commence à monter insensiblement en sortant de Loiche; on traverse beaucoup de pâturages; on voit quelques champs de seigle qui étoient encore sur pied & à moitié verds, des bosquets & de petits bois de sapins. Des masses considérables de rochers, des monceaux de pierres entassées descendues des hauteurs, couvrent cette superficie qui devient d'autant plus rapide qu'on approche plus du pied du rocher : cette pente qui est au pied de l'escarpement & de toutes les autres montagnes, est formée des pierres & des sables qui tombent des hauts, & produisent, à la longue, des talus formés en pain de sucre, adossés contre les parties escarpées; les plus grosses pierres roulent & se précipitent plus bas, servent de point d'appui aux nouveaux matériaux qui s'y arrêtent, augmentent la hauteur des talus, en élargissant les bases, & finissent par devenir des montagnes très-considérables qui ont augmenté en raison de la quantité des débris qu'ont pu fournir les parties plus élevées; c'est ce qu'on nomme montagnes de troisième formation, composées des ruines de celles qui dominent ces talus; ces éboulemens sont ordinairement plus fertiles, plus couverts de végétaux, d'arbres & de forêts, sur-tout s'ils sont composés de différentes espèces de débris. Nous avons déjà vu les montagnes calcaires sont elles-mêmes assises sur des couches & des lits d'ardoise ou de schiste, qui, par l'arrangement de leurs feuillets & de leurs couches, paroissent aussi avoir été arrangés & formés successivement; quelle est donc la base primitive sur laquelle sont appuyées & reposent ces masses qui étonnent l'imagination, à quelle profondeur faudra-t-il l'aller chercher? Si nous concevons la formation & la manière dont se sont accrues & élevées ces troisièmes montagnes, pouvons-nous imaginer comment se sont arrangées celles qui sont si élevées au-dessus d'elles, ce tout que rien ne domine. C'est en examinant, en considérant ces grands spectacles que ces réflexions nous viennent; nous nous arrêtons, pour continuer à décrire ce que nous avons vu & remarqué, qui est la tâche que nous nous sommes imposée.

En arrivant au pied de l'escarpement le premier objet qui frappe la vue, ce sont des bancs de schistes ou d'ardoises bleuâtres, mêlés de larges filons de quartz qui forment la base & les fondemens sur lesquels est élevé ce mur de pierres calcaires. Car cette roche est élevée de même à pic; ce lit d'ardoises est un peu incliné vers le couchant, ainsi que tout ce qui repose dessus; la destruction de ce lit a causé, ainsi qu'aux Galeries, la chûte des rochers supérieurs, & leur a occasionné cet à-plomb. Avant ces éboulemens, ces couches schisteuses devoient être découvertes à une grande hauteur, être exposées aux injures du tems & des saisons, se détruire & se décomposer plus aisément. Peut-être que l'enveloppe calcaire les couvroit entièrement, & que ces schistes n'ont commencé à se détruire qu'après la ruine de la pierre calcaire. Actuellement ces schistes sont enterrés & couverts; ce n'est qu'en peu d'endroits qu'on les apperçoit; appuyés, soutenus & couverts par ces immenses débris en talud, ils sont des contreforts qui les aideront à supporter plus longtems les prodigieuses masses sous lesquelles ces schistes sont ensevelis. Nous allons placer par ordre les différentes substances, telles qu'elles se présentent en montant.

1. Base de schiste ou d'ardoise feuilletée bleuâtre, traversé de larges filons de quartz. On ne voit, & on ne peut estimer son épaisseur dont partie est enterrée.

2. Immédiatement dessus pose la pierre calcaire, elle est d'un grain fin, serré, couleur grise-jaunâtre, ainsi que tout le reste.

3. Des filons de différentes épaisseurs, d'un spath calcaire jaunâtre.

4. Quelques petits filons ou vénules de schiste pur.

5. De la pierre calcaire d'un grain plus grossier.

6. D'autres couches d'un grain plus fin.

7. Couches de pierres calcaires, mêlées d'une quantité suffisante de sable pour faire feu avec le briquet, sans cesser de faire effervescence avec les acides.

8. De petits filons ou couches ondoyantes de spath.

9. De la pierre calcaire, dans laquelle sont déposés des espèces de noyaux oblongs, quelquefois par couches, mais sans suite, composés d'un sable fin de couleur grisâtre, plus blanc que la pierre calcaire, très-durs, faisant feu au briquet & sans effervescence avec les acides.

10. On retrouve encore des couches minces sablonneuses, mêlées de parties calcaires.

11. D'autres de pierre calcaire compacte & d'une épaisseur considérable.

12. Alternativement de moins compactes. Dans l'une de ces couches il y a de la pyrite vitriolique décomposée, qui teint en jaune les parties du rocher sur lesquels a flué la décomposition martiale.

13. Quelques filons de spath jaunâtre, entremêlés de veines de schiste pur, ne faisant pas effervescence.

14. De la pierre calcaire.

15. Des schistes mêlés de parties calcaires.

16. De la pierre calcaire pure.

17. De larges filons de spath calcaire jaunâtre, mêlés de quartz, faisant feu au briquet, & un peu d'effervescence.

18. De la pierre calcaire pure grise, plus foncée que dans le bas.

19. Des couches calcaires jaunâtres.

20. Enfin tout le haut n'est que pierre calcaire grise & dénaturée. Cette partie supérieure du Mont est fort étendue. Tout ce qui est sur le local qui va en pente assez douce vers le milieu, n'a pas été assujetti à des roulis & à des frottemens, il n'y a que la longueur du tems qui l'ait dégradé, & lui ait imprimé le caractère de la vétusté. On ne voit que des pierres calcaires, elles sont remplies de trous, de fentes & de crevasses; beaucoup paroissent poreuses comme de la pierre ponce grossière; le séjour des neiges, des eaux, la gelée, & l'intempérie des saisons a tout fait. On voit de tous côtés que l'eau s'y infiltre & s'y perd. L'arrangement de cette espèce de pierre par couches, facilite l'entrée des eaux dans l'intérieur de la montagne pour aller donner naissance à des sources, à des torrens, & quelquefois a d'assez fortes rivières qui sortent du pied de ces montagnes calcaires; lors de la fonte des neiges, l'eau ne se verse point des sommets de ces sortes de montagnes comme de dessus les autres espèces de rochers qui absorbent moins les eaux. Dans le milieu de ce haut, il y a un petit lac d'un grand quart de lieue de long, de forme ovale, où se rassemblent les eaux des neiges fondues; il n'y a point d'issues à ce lac, ses eaux sont absorbees, & se perdent dans l'intérieur de la montagne; il n'y avoit que peu de glace alors sur ce lac, mais il y avoit encore beaucoup de neiges

aux environs ; un glacier eſt ſur la droite, ſe prolonge & va fermer le ſommet du vallon où eſt Loiche ; c'eſt le même glacier qu'on apperçoit derrière les ſources chaudes. Deux aiguilles de rocher en cône, fort hautes, s'élèvent au-deſſus du ſommet ; elles ſont toujours couvertes de neiges : leur reſſemblance & leur proximité a donné le nom de Gemmi, *Jumeaux*, à cette montagne (1). On voit à ſes pieds à une profondeur immenſe, le village de Loiche qui paroit être tout au pied du rocher ; il faut cependant une grande heure & demie pour s'y rendre, tant la hauteur diminue le point de perſpective. Le chemin qui eſt pratiqué dans ce rocher, y a été par-tout taillé ; il le contourne dans certains endroits, dans d'autres il eſt creuſé de façon qu'il forme une voûte couverte, & qu'on a le rocher ſuſpendu au-deſſus de ſoi. Vers la moitié du chemin eſt une entrée creuſée dans le rocher vis-à-vis ; elle eſt fermée par une trape, un précipice entre deux ; on n'y peut parvenir qu'en s'y faiſant deſcendre par des cordes ; ce lieu ſert de corps-de-garde dans l'occaſion ; quelques hommes placés dans ce lieu inabordable, peuvent défendre ce chemin ſcabreux. Il a été conſtruit depuis 1736 à 1741, avec de très-grands frais. Les chevaux & les mulets paſſent par ce chemin effrayant. Par-tout on a toujours le plus affreux précipice à côté de ſoi. Il n'eſt point propre aux perſonnes ſujettes aux vertiges ; on s'acoutume à ces paſſages dangereux, qui font friſſonner la première fois, comme à toute autre choſe ; les Suiſſes le deſcendent en chantant pour faire retentir leurs voix ſonores parmi ces rochers & les échos. on ne peut douter que ce ne ſoient les eaux qui aient dépoſé ſucceſſivement tous les lits ou les couches qui compoſent cette montagne ; on n'y voit aucuns veſtiges de corps marins. Il eſt rare de trouver l'occaſion de pouvoir examiner & détailler avec autant de facilité une montagne d'une pareille hauteur. A compter des galeries juſqu'aux glaciers de la Gemmi, ces rochers perpendiculaires & à pic ont plus de trois lieues d'étendue ; ils diminuent en hauteur à meſure que le pays s'élève, & ſe confond dans les plus hautes alpes, qui ſont ſurmontées d'autres maſſes de rochers.

De l'autre côté du vallon & vis-à-vis des montagnes qui forment celles de la Gemmi, eſt la motagne du midi, ſéparée par la Dala, torrent qui vient du glacier à la tête du vallon, dont les eaux paroiſſent avoir creuſé le lit étroit & profond.

Cette montagne eſt calcaire comme la Gemmi, & paroit en avoir fait partie : je n'ai pu vérifier nulle part ſi elle étoit poſée ſur des ſchiſtes : tout eſt dans un grand bouleverſement ſur ſa pente qui eſt fort rapide. Vers le milieu au pied des roches à pic, il y a un grand amas de pierres ſablonneuſes, mêlées de très-petits fragmens de quartz ; ces pierres font efferveſcence avec les acides & feu avec le briquet : ces différentes maſſes ſont fort variées pour les couleurs ; il y en a de différentes nuances dans les verdâtres, les rouges, les jaunes, les bleues & les griſes : quelques-unes ne font point efferveſcence. On ne peut mieux les déſigner que par le nom de grès groſſier, mélangé d'une terre calcaire. A environ trois quarts de lieue des Bains, un ſentier fort difficile, qui paſſe ſur les décombres de cette montagne & dans des bois de ſapins fort obſcurs, conduit, par une pente fort rapide, à un rocher perpendiculaire, comme ſont preſque tous ceux du canton : on y trouve des échelles appuyées contre ; on parvient à la première, en grimpant par les avances & les ſaillies du rocher ; d'autres roches facilitent le moyen d'arriver à la ſeconde ; on trouve ainſi ſept échelles dont quelques-unes ſont fort hautes, & par leſquelles on ſe guinde au ſommet de ce rocher ; on eſt bien ſurpris d'y trouver un terrein en pente, où il y a des champs labourés & des vignes qui entourent le village d'Albinen, dont les habitans ont placé ces échelles pour raccourcir le chemin qui conduit à Loiche, où ils vont vendre leurs denrées. Pendant que nous deſſinions ce ſingulier chemin ou plûtot ce caſſe-cou, un payſan le deſcendoit avec un veau ſur ſes épaules, & une femme avec un panier ſur ſa tête : il y a ſi peu d'eſpace pour appercevoir la hauteur de l'emplacement de ces échelles & du rocher, qu'il fallut grimper ſur un autre rocher pour trouver un lieu quelconque, afin de pouvoir en prendre le deſſin. Les ſapins qui ſortent des fentes & des ſaillies de ce rocher, n'ont point de branches de ſon côté, l'air néceſſaire à leur production n'y étoit point en ſuffiſante quantité. Nous avons cherché à rendre dans la planche nº. 141 ce local extraordinaire. De l'autre côté du vallon ſont partie des rochers de la Gemmi, où on remarque les éboulemens des parties ſupérieures qui ont formé ces nouveaux terreins, & ont produit les pâturages aux environs d'Inden dont on voit quelques chalets.

CONTINUATION DE LA DESCRIPTION DU VALLAIS.

Nous quittons les bains de Loiche pour nous rapprocher du Rhône : on repaſſe par Inden, on ne trouve enſuite que des pierres, des rochers, des eſcarpemens ; c'eſt un chemin des plus mauvais juſqu'au bourg de Loiche ; c'eſt pour éviter ce chemin qu'on a fait celui des galeries. Le bourg de *Leuck*, ou Loiche eſt un des principaux endroits du Vallais, bâti en pierres, dans une poſition fort élevée & très-forte ; l'art avoit encore ajouté anciennement à la force de ſon aſſiette, il y a encore d'anciens forts & des tours ; toute cette hauteur eſt calcaire : on a la plus belle vue de ce lieu, elle s'étend ſur tout le bas Vallais juſqu'au de-là de Martigny ; nous avons donné une foible idée de cette vue, avant d'arriver aux bains de Loiche, car les expreſſions manquent pour rendre ces grands tableaux. Un ſpectacle bien intéreſſant pour ceux qui étudient les changemens qui arrivent journellement à la ſurface du globe, eſt la vue du *Kolebeſch*, montagne fort élevée en face du bourg de Leuck, & de l'autre côté du Rhône : cette montagne eſt calcaire, ainſi que la chaîne ſur la rive gauche du Rhône, du moins la partie avancée qui forme le vallon où coule ce fleuve. Des chûtes, des éboulemens y ont produit de grands changemens ; les eaux & les torrens qui viennent des parties élevées, ont entraîné ces débris, les ont dépoſés aux pieds de la montagne, & en ont formé une colline qui a plus d'une demi-lieue juſqu'au Rhône, & plus d'une grande lieue de large, en forme circulaire ; elle s'étend vers le haut & le bas Vallais ; la partie ſupérieure eſt couverte de prés & des pâturages ; celle du côté du bas Vallais eſt couverte d'une forêt ; elle va en pente douce ; la groſſeur des arbres prouve combien la formation de ce terrein eſt ancienne. Depuis la conſolidation de ce terrein des torrens nouveaux y ont creuſé un ravin large & profond, par lequel s'écoulent actuellement les eaux des montagnes, & les pierres qu'elles en arrachent. Le Rhône mine & emporte le pied de cette colline qui reſ-

(1) On donne 266 toiſes de hauteur perpendiculaire au rocher dans lequel eſt taillé ce chemin ; le terrein, pour y arriver, eſt fort rapide, comme nous l'avons dit, & tout ce pays eſt fort élevé.

DE LA SUISSE.

seroit son cours, avec ces matériaux il va plus loin former des atterrissemens composés des matières les plus pesantes; les parties les plus fines, le limon suspendu dans ses eaux servent ensuite à couvrir les anciens atterrissemens, au moyen desquels ils deviennent susceptibles de toute espèce de végétation; ses eaux finissent de s'épurer dans le lac Leman, d'où il sort clair & limpide, ainsi que toutes les rivières qui sortent des lacs jusqu'à ce que d'autres torrens, tombant des montagnes, viennent les troubler de nouveau. C'est l'élévation, où on est dans ces hautes montagnes, qui donne ces beaux coups d'œil variés à chaque instant; elle facilite l'observation de l'ensemble, des causes & des moyens qu'emploie la nature dans ces changemens divers, & donne une idée du tout, que l'imagination & beaucoup de courses donneroient à peine. On voit presque à vol-d'oiseau, on embrasse, comme dans un plan, le circuit & l'espace d'immenses terreins. Après avoir descendu la montagne rapide, sur laquelle est situé le bourg de Leuck, on passe le Rhône sur un pont de bois couvert; la vue de cette montagne est très-pittoresque. Le pont du Rhône, une grosse tour pour le défendre, & quelques fabriques entourées de beaucoup d'arbres, forment le second plan de ce passage; des vignes, des vergers, des jardins qui s'élèvent par des terrasses, montent jusqu'aux grandes fabriques, parmi lesquelles on distingue d'anciennes fortifications. Des chapelles, des églises & la maison de ville (où s'assemblent les Députés du Vallais) sont détachés du quatrième plan, qui ne présente que des montagnes couvertes de noirs sapins: dans les fonds une gorge laisse entrevoir une partie des rochers perpendiculaires de la Gemmi; des neiges & des glaces surmontées de pointes & d'aiguilles de rochers couronnent tout ce beau paysage.

Après avoir passé le village de Tortemen, & le torrent de même nom, le tableau change, ce ne sont plus des roches calcaires que l'on trouve, le torrent paroit en avoir marqué les limites; il semble qu'elles soient descendues de la Gemmi, & quelles se soient bornées à l'étendue du terrein que les eaux ont pu atteindre; ce sont des schistes ou ardoises noirâtres qui forment le bas de ces montagnes & des pierres schisteuses & argilleuses, blanches, avec des mica argentins; d'autres pierres schisteuses & argilleuses, verdâtres, composées de couches minces alternatives de quartz; d'autres de quartz grenu & un peu micacées; aucune de ces espèces ne fait effervescence. Il y a de grandes masses, des rochers entiers qui se trouvent placés alternativement les uns sur les autres. On prétendoit qu'à Plamat, à cinq lieues dans le vallon, on venoit de découvrir une mine d'or; nous nous étions apperçu plus d'une fois qu'on prenoit des pyrites ordinaires pour de la mine d'or: on continue de trouver des schistes de différentes couleurs, toujours mêlés de mica & de quartz. Après avoir passé Brune, il y a de grands dépôts de tuf; c'est à ces eaux & autres semblables qui forment de pareils dépôts, qu'on pourroit attribuer une maladie commune dans le Vallais & à quelques autres pays, plutôt qu'aux eaux de neiges, aux eaux glacées, aux passages subits du froid au chaud, &c., puisque les habitans des Alpes & des hautes montagnes sont sujets aux mêmes inconvéniens, & ont une même façon de vivre. Cette maladie qui paroit endémique au Vallais, est celle des goûtreux, qui le plus souvent sont muets & imbécilles; malgré l'humanité la plus compatissante, on ne peut résister à la répugnance de voir la nature dégradée au point où elle l'est dans les Cretins. L'idiotisme & l'imbécillité caractérisent sur-tout leur être; beaucoup ne paroissent pas avoir les sensations les plus communes aux animaux; la

Tome I.

vue de ces visages, de ces corps, souvent contrefaits, jointe à cet état d'anéantissement total, est repoussante: on est toujours affligé d'en rencontrer; on seroit tenté de leur porter des secours, si on les voyoit capables de sentir des besoins; on détourne la tête, on fuit. Un étranger à qui un pareil spectacle répugne, est moins affligé, quand il apprend, & qu'il voit que ces êtres qu'il n'ose nommer des hommes, ne sont pas malheureux, puisqu'ils ne sentent pas, qu'ils sont bien soignés & même respectés dans les familles, où on les regarde comme des prédestinés préservés du péché. Des médecins du pays & des personnes aisées nous ont dit que c'étoit au choix des eaux qu'il falloit attribuer cet abrutissement & cette dégradation qui fait honte à la nature; elle est beaucoup plus commune parmi le peuple, qui va toujours son train, sans réfléchir ni raisonner; il n'y a que le Gouvernement qui pourroit y remédier; mais la liberté! c'est encore un des inconvéniens de cette liberté qui n'est pas dirigée.

Les montagnes, au-dessus de Turtig, sont très-hautes & très-roides; elles sont d'ardoises avec de gros filons de quartz, d'autres de pierres schisteuses micacées aussi mêlées de quartz: vers le milieu de ces rochers il y a une chapelle, un Pélerinage, *Maria-Hilf*, qui y est comme collée; elle est pratiquée dans un enfoncement du rocher qui lui sert de toit: de l'autre côté du Rhône vis-à-vis, on voit la paroisse de Raron, élevée sur un rocher fort pittoresque, dont nous n'indiquerons pas la nature, pour ne pas juger des objets que nous n'aurons pas bien vu. A Vispbach, même espèce de rochers. Il y en a de schisteux avec de beaux mica blancs, brillans & traversés de filons de quartz carié & grenu; d'autres avec des mica jaunes & bruns, des schistes verds de différentes couleurs, argilleux & feuilletés, très-minces sans quartz; quelques-uns sont onctueux au toucher comme la pierre ollaire, & de l'espèce qu'on nomme colubrine. On y remarque quelques protubérances ou grains plus durs, qui sont de mica: il y a un beau chemin, taillé dans le roc & perpendiculaire sur le Rhône. Les montagnes en avant ou de nouvelle formation, qui sont les seules qu'on cultive, cessent de l'être ici; il n'y a plus que des pâturages: le pays s'est élevé insensiblement. A Gamp, un torrent du même nom, qui descend des montagnes, y charie une immense quantité de pierres roulées: elles sont toutes schisteuses, micacées & mêlées de quartz, on n'y voit point de pierres calcaires. A Glis nous avons vu le premier emploi de la pierre ollaire dans ce bâtiment; des colonnes de dix pouces de diamètre environ soutenoient un porche d'église, & les montans des trois Portes en étoient également: à une demi-lieue de Glis il y a des bains chauds qui ne sont plus fréquentés; ceux de Loiche ont eu la préférence. Brieg, un des gros bourgs du Vallais, & le chef-lieu du sixième dizain, est situé entre de très-hautes montagnes, dans un vallon riant & fertile; la chaleur concentrée dans cet entonnoir produit de bon vin, & des fruits qu'on ne soupçonneroit pas devoir trouver dans un pays aussi élevé & parmi ce tas de montagnes & de rochers: on trouve dans le Vallais une grande variété de température & de climats occasionnée par le local, les sites & les différentes hauteurs des terreins; les contrastes les plus singuliers s'y rassemblent: les neiges, les glaces sur les sommets, donnent le tableau de l'hiver, au-dessous dans un vallon resserré, à l'abri des vents, c'est une chaleur étouffante, les productions qui demandent la température de l'Italie y croissent en peu de tems; c'est une terre chaude, & on trouve, fur les montagnes, les plantes & les arbres des régions glacées. Le côté oppofé à celui qui produit du raifin mufcat & des figues, ne porte que des fapins. Les moiffons, les récoltes font très-hâtives dans certains cantons; les feigles font encore verds à la fin de l'automne dans d'autres.

Plufieurs églifes de Brieg font décorées également avec cette pierre ollaire dont nous avons parlé plus haut; elle fait le plus bel effet; le fond de fa couleur eft verd, de différentes nuances avec des veines jaune-clair. Elle contrafte finguliérement bien : comme toutes les pierres ollaires, elle eft douce au toucher, onctueufe, prend un poli gras; celle-ci eft d'un grain fin, argilleufe, & réfifte par conféquent très-bien au feu; auffi l'emploie-t-on, à Brieg & dans les environs, pour faire des poëles, qui pourroient être admis dans les plus beaux appartemens, à caufe de leur couleur. Nous avons déjà parlé de poëles de pierre ollaire dans l'article de la route au Saint-Bernard. Les Suiffes Allemands nomment cette pierre *Gildftein*, terme ufité dans la Suiffe feulement. A Brieg ils difent que ces portails font de marbre. On tire cette pierre ollaire du lieu nommé *Inder Lamen*, près Muilibach fur le bord du Rhône à une demi-lieue d'Arnen, dont nous parlerons bientôt. Il faifoit horriblement chaud à Brieg; à peine pouvoit-on refpirer, quoique ce pays foit fort élevé : le tems étoit ferein & beau ; la nuit il y eut un orage affreux & fubit, fans que le tems parût s'y préparer : les coups de tonnerre étoient fecs & violents ; les échos les répétoient longtems & de différents côtés : cet orage étoit fi près qu'il fembloit que le tonnerre devoit être tombé dans le lieu même. On repaffe le Rhône pour aller à Naters; les rochers de ce côté du Rhône font auffi de roches fchifteufes & micacées avec de larges filons de quartz : la Maffa, torrent qui defcend des montagnes, a amené beaucoup de granites ; plus loin ce font des roches d'ardoifes qui font au pied de cette montagne ; des filons ondoyans & contournés de quartz les traverfent ; de l'autre côté du Rhône, il y de grandes parties de gypfe, pofées fur des ardoifes ; le haut du rocher a paru être de granits, contre lefquels ces ardoifes & ce gypfe font adoffés ; le vallon eft ici fort étroit, & permet de voir diftinctement ce qui eft au-delà : on retrouve des fchiftes ou ardoifes, mêlés de quartz : c'eft dans une heure de chemin qu'on trouve toutes ces variétés : on paffe au pied d'un rocher perpendiculaire d'une grande hauteur, il eft par couches, la fommité eft culbutée ; des maffes groffes comme des maifons s'en font détachées ; elles font ifolées & placées dans les prés & des pâturages, ce coup d'œil eft des plus extraordinaires. De l'autre côté du Rhône, une montagne également fchifteufe eft auffi détruite : il faut qu'il y ait eu quelque révolution, quelque tremblement de terre dans ce canton. Le vallon eft toujours étroit : fon expofition favorable lui permet d'avoir des châtaigniers, des mûriers, des cerifiers & des noyers : on paffe par Mors, indiqué Moril fur les cartes; toujours des roches fchifteufes micacées : des granites détachés, dans lefquels il y a du feld-fpath, viennent des hauteurs. Le vallon devient fi étroit qu'il ne refte plus d'efpace que pour le Rhône; le chemin eft à mi-côte ; on ne voit plus d'arbres fruitiers, ce font des faules, des aulnes & des bouleaux ; mêmes efpèces de fchiftes micacés & granites roulés. Le vallon s'ouvre de nouveau, pour un moment, on y trouve quelques arbres fruitiers, des pâturages, des chalets pour ferrer les foins & faire les fromages dans la faifon. Une montagne toute d'ardoife

détruite & écroulée, rend un fentier fort fcabreux & très-dangereux, fur-tout quand il a plu, on eft fufpendu au-deffus du Rhône. Des genévriers, des épines-vinettes fans fruits font toute la végétation des environs : quelques lézards qui fe chauffoient au foleil, de très-beaux papillons & très-peu d'oifeaux, étoient tout ce qu'on voyoit de vivant : les beftiaux étoient fur les hautes Alpes; une montagne couvroit, de l'autre côté, un village entouré de pâturages & de prés; il y avoit quelques arbres fruitiers, & des feigles fur pied vivifioient un peu ce canton; ces paffages fubits de lieux déferts & rocs qui font cultivés & habités, rendent cette variété de tableaux d'autant plus intéreffante. Des montagnes de pierres fchifteufes, mêlées de mica & de quartz, font fuivies d'une montagne d'ardoife pure, écroulée comme celle dont il vient d'être fait mention. Le vallon eft fort étroit : le Rhône y roule fes eaux avec beaucoup de rapidité, dans un lit fort refferré. Nous quittons le fentier ordinaire qui fuit fur la rive droite du Rhône, pour aller à Arnen, où on difoit que le tonnerre étoit tombé la veille : un pont de bois jetté d'un rocher à l'autre, fert de communication pour aller à Graniols, il eft prodigieufement élevé au-deffus du Rhône qui y eft tout écumant : on monte un fentier fort rapide, le pays s'élève beaucoup ; fur la droite eft un village où il y a des terres cultivées. Nous avons marché trois heures, on ne voit point de rochers apparens à cette grande hauteur ; quelques granites blancs avec des petites parties de mica noir (Granitello des Italiens) font répandus çà & là ; ce pays eft fort fauvage, il y a beaucoup de vins, des fapins & de mélezes: un torrent y charie de fchiftes micacés, il y en a beaucoup de verds & quelques granitello.

Au fortir de ces arbres une plaine cultivée s'offre tout-à-coup : il y a des prés, des terres labourées, des cerifiers, dont le fruit n'étoit pas mûr, & quelques autres mauvais arbres fruitiers: on y voit des pommes de terre, des choux, des pois, des carottes, des laitues; nous n'avions point trouvé de jardinage depuis Brieg, & il y en a fur un pays auffi haut. Un torrent qu'on paffe fur un pont de bois, charie les mêmes pierres que le précédent, le terrein s'élève toujours, continue à être cultivé, la terre y eft légère, il y a les plus beaux pâturages & les plus beaux prés, il eft arrofé par-tout; on ne voit nulle part des rochers fur ce plateau, quelques pierres fchifteufes micacées, remplies de rognons de quartz, font auprès d'Arnen, village qui cultive ce terrein. La foudre étoit tombée la veille fur le clocher de la Paroiffe : le pavé du milieu de l'églife, compofé de grandes pierres, étoit enlevé d'un bout à l'autre entre les bancs : les nappes & les couvertures de fix autels qui font de front, avoient été proprement roulées, fans être déplacées de-deffus les autels & fans être noircies: ces autels qui font couverts de dorure, n'avoient point été endommagés ; mais des figures de Saints auffi dorées & renfermées dans une armoire, avoient été noircies, quelques-unes endommagées : dans une autre armoire, où étoient enfermées des bannières, les franges fauffes qui entourent ces bannières, avoient fervi de conducteur, & avoient auffi été noircies, & les armoires avoient été ouvertes. Toutes chofes étoient reftées en état, on n'avoit touché à rien, parce que le Curé étoient abfent, & on trouva fort extraordinaire que nous y portaffions les mains pour fentir l'odeur qui étoit reftée.

On voit commodément (Planche n°. 173) un fort beau & fingulier fpectacle d'Arnen : tout vis-à-vis & prefqu'à la même hauteur, de l'autre côté du vallon étroit où fe pré-

DE LA SUISSE.

cipite le Rhône, eſt le glacier du Fiſcher-Thal qui dépend du Grindwald au canton de Berne: c'eſt la partie oppoſée & tournée au nord, de l'*Unter-Gletſcher* ou glacier inférieur du Grindelwald. Le Fiſcher-Horn (1) eſt à gauche ſur le devant, (Planche n°. 172) le Merlich-Horn eſt la pointe ou le pic le plus élevé de ceux qui dominent le glacier : Aliſch-Horn eſt le pic qui eſt derrière les glaciers, & Roth-Horn, la montagne qui eſt à droite. Ces montagnes & ces pics ont à leur centre un fond où ſe ſont précipitées les neiges & les glaces ſupérieures qui ont occaſionné un glacier d'une belle forme ronde, hériſſé d'aiguilles & de pyramides de glaces; des bois de ſapins ſur les côtés, des mélezes ſur le devant, contraſtent bien avec la blancheur des glaces: le ſentier ordinaire qui conduit aux ſources du Rhône, eſt ſur la pente rapide au-deſſous de ces ſapins; le Rhône roule ſes eaux à une grande profondeur; le vallon eſt ſi étroit qu'à peine on s'apperçoit qu'il y en ait un. Ces montagnes, ces rochers, ces glaces entaſſés les uns ſur les autres, ces pics qui s'élancent dans l'air le plus pur, le tout qui ſe détache ſur un ciel du plus beau bleu foncé, les nuances de ces rochers éclairés par le ſoleil, le contraſte des ſapins avec de beaux pâturages verds qui ſont deſſous, forment un ſpectacle grand, majeſtueux & raviſſant; il ne manque que des termes pour décrire ce qu'on voit, & ce qu'on ſent; une pareille deſcription ne peut être entendue par ceux qui ne voient & ne connoiſſent pas ces grands objets des montagnes.

Les oiſeaux qu'on voit dans ce canton, ſont des roſſignols de muraille, des gobeurs de mouches (*muſcicapa*), de différentes eſpèces; oiſeaux à bec fin, qui vivent d'inſectes: il y avoit une quantité de ſauterelles. Il faut une heure pour deſcendre cette montagne par un autre chemin: on paſſe le Rhône ſur un pont de bois, afin de reprendre le ſentier ordinaire que nous avons quitté pour aller voir les effets du tonnerre tombé à Arnen. Les torrens de cette montagne charient toujours des pierres ſchiſteuſes micacées. Après avoir paſſé le pont & laiſſé le village de Viderwald à gauche, on ne rencontre plus de pierres ſchiſteuſes. Ces pieds de montagnes ſont couverts de pâturages & de terre: ils ſont formés des débris des Alpes ſupérieures dont nous approchons; ce pays eſt fort élevé; le Rhône s'eſt toujours précipité par bonds & par caſcades. Autour des villages on voit du jardinage où ſont les mêmes productions qu'à Arnen; il y a encore quelques ceriſiers maigres & rabougris : leurs ceriſes, dont le noyau eſt à peine couvert de pulpe, n'étoient pas encore mangeables; quelques ſureaux à fruits rouges

dont les feuilles ſont longues & dentelées. La vallée de Biel, gros village, a plus d'une lieue & demie : elle eſt cultivée en ſeigle, en épeautre; on y ſeme du lin & des pois. Rizingen, gros endroit, a la même culture; on y voit quelques moineaux, mais en très-petite quantité. Il y a deux heures qu'on ne voit plus de bouleaux, ce ne ſont plus que des ſureaux, quelques épines-vinettes & des aulnes au bord de l'eau; ſur les montagnes, des pins, des ſapins & des mélezes; on n'apperçoit plus de ces rochers & de ces pics effrayans par leur hauteur; le pays ne paroît plus montagneux, ce ſont des terres labourées en petite quantité, beaucoup de prés & de pâturages, on entend rappeller la caille. Un chemin uni (couvert de granits détruits ou de ſable de granit) & des chariots, ſemblent tranſporter tout-à-coup dans un autre pays; un gros village ſe préſente, c'eſt Munſter, on eſt en plaine: elle a une lieue & demie de long & une bonne demi-lieue de large: il y a quelques grains & du lin; on voit peu de beſtiaux, quoique tout ſoit pâturage; il y a également peu d'hommes, tout eſt dans les hautes Alpes, on profite du moment où les pâturages y ont remplacé les neiges. Quelques montagnes de glace & de neige s'apperçoivent entre les collines qui ſont ſur le devant; elles cachent les ſommets des hautes Alpes qui ſont derrière; plus on eſt près de ces coloſſes qui ſurmontent tout, moins on les apperçoit. Il fait une chaleur brûlante, le ſoleil darde des rayons fort incommodes au travers des nuages, & quelques hirondelles voltigent dans les airs. Ulrichen, Obergeſtelin & Oberwald ſont les derniers villages du Vallais, il y a-peu-près les mêmes productions. Des ſeigles qui ne ſont pas mûrs, du lin fort bas, un peu de pommes de terre, quelques choux, des bettes, des carottes & des navets. Il y a plus d'une heure qu'on ne voit plus d'épine-vinette, qui eſt un des arbriſſeaux qui s'élève le plus dans les hautes montagnes: ſur tous ces terreins à peine apperçoit-on quelques granits roulés. On employe quatre heures & demie pour venir d'Arnen à Obergeſtelin : ces pâturages, cette uniformité, ſont d'un triſte qui fait regretter ces paſſages arides & terribles qu'on vient de parcourir. La Nature paroit pauvre dans ce canton où tout eſt couvert d'herbes, de plantes, & entouré de forêts : c'eſt que ce ſont toujours les mêmes eſpèces d'arbres, c'eſt que les maiſons ſe reſſemblent, qu'elles ſont noires & enfumées, que la grande avance de leurs toîts, la petiteſſe des fenêtres, rappellent le froid & les neiges ſous leſquels tout ce canton doit être enſeveli, & le peu de communication que les hommes auront entr'eux.

MAISONS, HABITATIONS DES MONTAGNES.

Les maiſons de ce pays, ainſi que toutes celles de la Suiſſe dans les montagnes, ſont bâties en bois de pin, de ſapin ou de méleze: ce ſont des poutres équarries & bien jointes, qui forment l'extérieur & tiennent lieu de murailles, le rez-de-chauſſée eſt peu habité à cauſe de la hauteur des neiges & des eaux qu'occaſionne leur fonte; on y met différentes proviſions : ce bas eſt conſtruit quelquefois en maçonnerie de cinq à ſix pieds de hauteur, ſur laquelle porte la partie logeable de la maiſon; on y monte par un eſcalier extérieur qui conduit à une galerie qui ſouvent fait le tour d'une partie de la maiſon : au-deſſus de ce premier eſt le toît qui procure encore quelque logement par ſon élévation

du milieu : de ſimples planches de ſapin ſervent de planchers, on entend le moindre bruit qui ſe fait dans tous les coins de la maiſon. L'intérieur du logement eſt boiſé; les toîts ſon couverts de voliches du même bois, ſur leſquelles on met des pierres pour que le vent ne les emporte pas: ils ont beaucoup de ſaillie à cauſe des neiges; on arrange ſouvent la proviſion de bois ſous ces ſaillies, en ménageant l'ouverture des fenêtres, il y eſt à l'abri du mauvais temps; ce bois forme une ſeconde enceinte qui abrite toujours contre le vent & le froid. Ces maiſons ſont très-chaudes, on prétend qu'elles le ſont plus que celles bâties en pierres. Les chalets, les granges & les étables ſont conſtruits à-peu-

---

(1) Corne (*Horn*), on appelle ainſi dans la Suiſſe Allemande les pointes les plus apparentes des plus hautes montagnes; *aiguille* ou *dent* dans la Suiſſe Françoiſe; *pezi* chez les Suiſſes Italiens. Aluſi *fiſcher-horn* ſignifie la corne, la dent ou l'aiguille du pêcheur.

près de même. Les granges, les greniers à ferrer le grain, sont portés sur des piliers pour les préserver de l'humidité; entre les piliers & le corps du bâtiment on met de larges pierres plates & saillantes, afin d'empêcher la communication des rats & des souris. Cette façon de bâtir est très-ancienne, & presque la même dans toutes les montagnes & les pays où le bois est abondant ; il se traîne plus facilement sur la neige que la pierre ne se transporte en toute saison ; ces maisons coûtent moins de temps & de dépenses à bâtir & durent fort long-temps : il n'est pas rare d'en voir en Suisse de cent cinquante & deux cents ans; elles durent plus dans les pays les plus élevés, à cause de la sécheresse de l'air. Quand ces maisons sont neuves elles ont une couleur rouge-brun: la chaleur en fait distiller la résine de tous côtés. On jugera aisément du ravage & des progrès que fait le feu dans de pareilles habitations, elles brûlent comme des flambeaux ; nous n'avons que trop rencontré de ces tristes spectacles.

Si nous sommes entré dans quelques détails sur les différentes productions qu'on rencontre en suivant le cours du Rhône , c'étoit pour donner une idée des environs des hautes Alpes, & des changemens qui arrivent à mesure que les terreins s'élèvent. Cette marche pourra plaire à ceux qui aiment à connoître la nature telle qu'elle est, & telle qu'on n'a pas toujours occasion de la voir ; ceux qui fréquentent de pareils pays ne s'amusent guères à les observer, encore moins à en rendre compte. Des descriptions de temples, de portiques, de palais, de cabinets, sont plus brillantes, il y a des termes consacrés pour exprimer toutes ces beautés. Nous n'avons que des rochers, des glaces & des neiges à décrire ; c'est la Nature dans son aspect le plus sauvage, souvent aride & seulement ébauchée, mais à grands traits. Les termes & les expressions manquent pour peindre ce grand, ce terrible qui caractérisent les objets dans les montagnes; leur nombre & leur diversité embarrassent ; il faudroit autant de nouveaux termes qu'il y a d'objets différents, & comment rendre tout ce qu'on sent ! Comment faire connoître aux autres ces différents genres de beautés qui ne peuvent être senties que par celui qui a vu. Des descriptions ne peuvent faire comprendre ce que l'arrangement des objets fait sentir. On fait mille réflexions sur l'existence de toutes choses, de soi-même, on sent, on est transporté d'admiration, c'est tout ce qu'on peut dire.

Idées générales sur les Glacières et les Glaciers.

Nous approchons de ces grands phénomènes des hautes montagnes qui étonnent l'imagination , surprennent ceux qui les voyent pour la première fois , sont des sujets de méditation & de réflexion pour le Physicien, & un objet de reconnoissance envers l'Auteur de toutes choses pour tous ceux qui pensent; mais aux yeux accoutumés de l'habitant des Alpes, les glacières ne sont que de vastes, d'inutiles & tristes déserts. Nous allons tâcher de donner une idée générale des glacières, & nous donnerons la description de quelques-unes de leurs parties. On sent combien il seroit nécessaire de parler aux yeux en même-temps qu'à l'imagination, d'avoir au moins un plan topographique ou une carte bien faite de quelques glacières; le temps & les facilités ne nous ont pas permis d'en dresser une. Nous donnerons des vues des glaciers prises à leur origine & à leur pied, qui donneront une idée du tout ensemble; & nous supléerons au reste par de foibles descriptions.

La partie physique de la Suisse la plus intéressante, la plus curieuse & la moins connue, est sans doute celle des glacières : nous avons cherché à surmonter tous les obstacles pour nous procurer des connoissances à ce sujet. Nous rendrons un compte détaillé de ce que nous avons observé. On voudra bien nous le passer, quelqu'aride qu'il soit, en faveur des difficultés qu'il y a eu pour prendre par soi-même des connoissances sur un sujet si peu traité, & qui devient si intéressant par l'influence générale que les glacières ont sur la température du globe.

La chaîne des Alpes est composée de hautes montagnes entassées les unes sur les autres, qui s'élevant par degrés , parviennent enfin à cette région de l'air, où il n'y a plus , ou rarement assez de chaleur, pour que l'eau reste dans son état de fluidité, mais où elle se maintient sous la forme de neige & de glace. Ces sommets étant plus rapprochés du soleil, il paroîtroit que la chaleur devroit y être plus grande, mais cette différence devient insensible par rapport à la distance du soleil. Il est constant au contraire que le froid est plus grand à mesure qu'on s'éloigne de la surface de la terre : dans le centre même de la Zône torride, au Pérou, les plus hautes montagnes y sont toujours couvertes de neige & de glace. Il faut par conséquent attribuer le froid des hautes montagnes à la subtilité de l'air, à sa pureté & à la moindre quantité de vapeurs qui y est mêlée : ces parties de l'air étant plus écartées les unes des autres, y réfléchissent moins les rayons du soleil. C'est aussi à cette moindre quantité de vapeurs qu'il faut attribuer la dureté de la glace qui est composée de parties plus homogènes, ainsi que la bonté de l'eau qui en distille avant qu'elle ait coulé sur la terre & s'y soit mêlée à des corps étrangers.

Au Printems & en Automne, quand il pleut au pied des montagnes, il tombe de la neige dans les hauts; on voit qu'elles blanchissent : il tombe donc presque toujours de la neige sur ces montagnes, & il en tombe des quantités prodigieuses qui ne fondent qu'en Eté & au milieu du jour; mais il gèle toutes les nuits: cette eau, de neige qu'elle étoit auparavant, devient glace, du moins la superficie qui a été fondue. Aussi trouve-t-on des couches alternatives de glaces & de neige, dans les plus grandes hauteurs, & des couches alternatives de glaces de différentes couleur & densité. Ces glaces intermédiaires avec la neige , privent le tout de son adhérence, les masses énormes de neiges qui s'accumulent sur les sommets & sur les pentes rapides, entraînées par leur propre poids, se précipitent dans les fonds, les comblent à des hauteurs extraordinaires, égalisent, pour ainsi dire, les vallons & les montagnes, & forment une continuité de glaces & de neiges qui n'est interrompue que par les pics & les sommets rapides & perpendiculaires, où la neige n'a pu se soutenir. Ce sont ces montagnes, ces vallons , & ces vallées (collectivement prises) couvertes de glaces & de neiges , qu'on nomme Glacières, vues de loin, elles ne paroissent former qu'une même couche & une même croûte, elles s'étendent à de grandes distances. La glacière la plus étendue est celle qui sépare le canton de Berne du Vallais ; sa longueur est de trente lieues environ , avec quelqu'interruption. Les rameaux , qui partent des principales chaînes , forment autant de glacières, dont l'aspect n'offre, à l'œil étonné,

que

DE LA SUISSE.

que le séjour du froid, des frimats, & l'image d'un hiver éternel. La planche n°. 162 qui représente la vue du lac au pied du Saint-Bernard, peut donner une petite idée du sommet de ces montagnes couvertes de neiges.

Ce ne sont pas toujours les sommets les plus élevés qui sont les plus couverts de neiges, parce qu'elles s'en précipitent & s'arrêtent à mi-côte, & que ces sommets étant souvent au-dessus de la région des nuages, il y neige moins qu'à mi-côte. C'est au haut de ces flancs rapides & à pic où la neige ne peut se soutenir, qu'on peut le mieux juger de l'épaisseur de celle accumulée au-dessus. Nous l'avons estimée à cent vingt & à cent quarante pieds dans plus d'un endroit, & on sait combien les distances font estimer en moins ; on ne peut guères juger de la hauteur de celles qui comblent les fonds, autrement qu'on estime la profondeur des eaux, en suivant imaginairement les pentes des montagnes qui sont cachées dessous jusqu'au point où elles se joignent. Quand ces énormes tas de neige ont comblé les vallées, que par le gel & le dégel alternatifs, elles ont été converties en glaces, les nouvelles qui y arrivent, débordent, elles s'écoulent comme des torrens ou comme des laves, pour se répandre dans les vallées où elles descendent souvent fort au-dessous de la région, où les neiges ne fondent plus & où toute végétation cesse, pour venir couvrir des terreins cultivés. Ce sont ces écoulemens de glaces, qu'on nomme *Glaciers*, qui sont l'objet de l'attention des curieux : on peut les visiter, les examiner avec plus de facilité, & on en peut mieux donner une idée par des descriptions & des desseins, car on ne voit les glacières que de loin, de points fort élevés & de difficile accès. C'est alors qu'on juge du tout ensemble, qu'on saisit ce grand & majestueux spectacle, qui ravit d'admiration.

Nous allons rassembler les phénomènes qu'on remarque, tant aux glaciers de Savoie qu'à ceux de la Suisse : ils sont par-tout les mêmes, & ne se modifient qu'en raison de leur site & du local. Les différentes vues que nous donnons des glaciers de la Suisse, ont été prises de préférence sur ceux dont l'abord est le plus commode & le moins fatiguant, on a pris aussi celles qui rassemblent & fournissent le plus d'exemples des phénomènes dont nous parlons, afin qu'elles remplissent mieux ce que nous nous sommes proposés à ce sujet. Nous sommes bien éloignés dans le compte que nous allons rendre, de chercher à dégoûter ou à éloigner ceux qui voudroient visiter ces mêmes lieux : au contraire, nous engageons les Curieux & les Savans à voir par eux-mêmes, ils ne trouveront rien qui mérite plus leur attention que le voyage de la Suisse. Celui des glacières est le plus agréable que puissent faire le Naturaliste, le Peintre, le Physicien & le Philosophe ; tous trouveront à se satisfaire amplement : quand ce ne seroit que pour jouir une fois en sa vie, d'un air pur, inconnu aux habitans des plaines, la santé, la force & l'instruction qu'on rapporte d'un pareil voyage, sont assurément des biens qui doivent faire entreprendre une pareille course : s'ils sont entrepris par des hommes instruits, ils nous procureront de nouvelles observations & des connoissances de plus : nous n'avons pas de prétentions à cet égard, parce que nous sommes très-persuadés qu'il restera toujours à voir & à connoître dans la nature ; nous souhaitons d'être vérifiés dans les faits dont nous rendons compte, afin qu'on en augmente la masse. C'est après avoir comparé les desseins & les gravures qui ont été faits de ces glaciers, que nous avons cru nécessaire d'en faire de nouveaux, parce qu'il falloit qu'ils fus-

sent vrais, qu'ils pussent aider & suppléer aux explications que nous donnons ; ils sont dessinés en naturaliste scrupuleux, qui ne peut rendre un compte trop exact & trop circonstancié, les agrémens de l'art sont réservés aux Peintres & à ceux qui pratiquent cet art. Il auroit été inutile de donner un plus grand nombre de ces vues. Ce n'est point l'histoire de tous les glaciers qu'on a eu l'intention de faire, mais d'en donner une explication suffisante pour ceux qui ne les ont pas vus, afin qu'ils puissent s'en faire une idée, & de donner le désir de voir & de connoître un spectacle aussi nouveau qu'intéressant ; le plus grand, le plus étonnant qu'il y ait dans la nature, en y joignant la vue des glacières.

Le premier phénomène qui attire l'attention, en arrivant l'été, aux glaciers, est cette énorme quantité de glace qui remplit toute la capacité du fond d'un vallon plus ou moins large, de voir en même-tems des pâturages & des arbres au pied du glacier, & sur les flancs du vallon où ils sont, au-dessus & beaucoup plus élevés que les glaces. On se persuade qu'il faut que cette glace se soit écoulée, & qu'elle ait été forcée de descendre dans une région où elle ne paroit pas devoir se conserver, puisqu'il y fait assez chaud pour qu'une quantité de végétaux y croissent & y mûrissent : à peu de distance, quelquefois à quelques toises, on y voit une grande variété de fleurs, & on y mange des fraises excellentes. L'eau coule de tous côtés du pied du glacier, on voit que la glace se fond, que, s'il s'en maintient dans cette saison, ce n'est que par la prodigieuse quantité qu'il y en a. On est bientôt tenté d'approcher de plus près & d'aller sur cette glace ; car, si de loin le glacier a d'abord donné l'idée de l'hiver & la sensation du froid, tous ces végétaux en fleurs rassurent, & on sent qu'il ne fait pas froid.

Pour arriver sur le glacier, soit par le pied ou par les côtés, on est obligé de grimper sur un tas de décombres composé de terres, de graviers, de pierres & de masses de rochers : si c'est par le côté qu'on y monte, il faut descendre de même tas, on voit que la glace en est encore distante, qu'elle est affaissée & va en pente, quelquefois du côté du glacier qui regne le long du vallon, ce qui a séparé la glace de cette enceinte de décombres que l'on nomme Marême en Savoie : cette glace qui de loin paroissoit seulement raboteuse & inégale, se trouve remplie de hauteurs & de cavités : il y a des fentes, des crevasses & des trous. Ces inégalités inquiètent d'abord, sur des pentes de glaces où le pied paroit peu assuré, mais se trouvant chargées de terre & de graviers sur les bords, facilitent la marche. Plus on avance sur la glace, plus on a besoin de son bâton ferré dont il faut être muni : si on a eu la précaution d'avoir des souliers garnis de clouds, comme les Montagnards, on marche comme eux sûrement sur ces glaces. La glace est plus difficile à parcourir, quand le soleil en a fondu la superficie, parce que la partie dégelée pendant le jour s'est gelée la nuit, & y a formé un verglas très-uni, sur lequel les souliers ferrés assurent. Les fentes, dans le bas du glacier, sont dans sa direction, c'est-à-dire en long & suivant le fil des eaux qui en découlent : sur le glacier, elles vont en différens sens, elles sont plus profondes à mesure que la hauteur des glaces augmente ; il y en a qui sont des gouffres redoutables, qui vont en se rétrecissant par le bas, on craint d'y glisser, de se trouver serré & suspendu entre ces murs de glace, souvent on n'en voit pas le fond. Il y en a de huit & dix pieds de

Tome I. f

large, quelquefois plus ; la fente s'élargit, & se rétrecit selon la direction dans laquelle le soleil a dardé ses rayons, & a fondu davantage ses côtés ; souvent elles se contournent, & prennent différentes sinuosités ; des trous & des cavités rondes se voyent de toutes parts, sur-tout à la naissance des fentes. Les masses de glace qui se trouvent entre les crevasses, sont arrondies, & vont en dos-d'âne à leur milieu ; on ne voit ainsi que des hauts & des bas : toute la superficie du glacier est couverte de ces inégalités qui ressemblent aux vagues d'une mer fort agitée qui se seroient gelées subitement ; c'est la meilleure comparaison qu'on ait pu donner de ces vastes étendues de glaces, aussi les appelle-t-on *mer des glaces*, quand elles sont sur un emplacement à-peu-près horizontal. Ce qui surprend le plus, c'est la couleur des glaces ; les rayons du soleil traversant leurs masses, la lumière qui vient aboutir dans ces fentes, donne à la glace, une couleur bleu-verdâtre, ou couleur de verd d'eau qui augmente & se fonce à mesure que les fentes & les cavités sont plus profondes, & finissent par être dans l'obscurité totale. Cette couleur est très-agréable & amie de l'œil, dans les parties les plus éclairées ; elle contraste bien avec la superficie du glacier qui d'un certain niveau est d'un blanc éblouissant, & réfléchit les rayons du soleil comme de l'argent poli. Ces trous & ces crevasses sont remplis d'eau la plus limpide, la plus pure & la plus délicieuse : elle ne fait jamais de mal, quelqu'échauffé que l'on soit, quand on la boit ; au lieu que l'eau qui sort du pied des glaciers, est toujours trouble ; en passant sur la terre, elle s'est déjà chargée de corps étrangers, on entend très-souvent le bruit des torrens qui coulent sous les glaciers.

On voit que des fentes se sont jointes & reprises, d'autres se sont remplies d'eau qui s'est gelée ensuite ; cette nouvelle glace se distingue très-bien par sa transparence & sa couleur plus bleue, parce que l'eau en étoit plus pure.

Plus on avance sur les glaciers, plus on approche des hauts, plus le froid augmente. On rencontre quelquefois des vallées d'où découlent d'autres glaciers, qui se joignent au premier. Il y a beaucoup de fentes en été, elles sont plus ou moins larges ; l'hiver elles sont couvertes de neige, & sont d'autant plus dangereuses qu'on s'y précipite sans les connoître, parce qu'elles changent souvent d'emplacement. La façon d'y voyager l'hiver, est d'avoir une perche sous le bras portée horizontalement, afin qu'on puisse rester suspendu au-dessus de la fente, si l'on vient à y tomber ; si l'on est plusieurs, c'est de marcher à distance, en tenant une corde qui aide à retirer celui qui est tombé dans quelque fente. Il n'y a guères que les chasseurs aux chamois qui se risquent à faire de pareilles courses dans cette saison. Quand on a voyagé sur ces glaciers, & qu'on a été à leurs sommets, on reconnoît que ce que l'on avoit pris de loin pour de la neige, est de la glace : il est bon cependant d'observer à ce sujet que les nuages ne fournissent que la neige, & que ce n'est que par le dégel qui succède, que cette neige est convertie en glace : il faut donc que le dégel ait pénétré dans toute l'épaisseur de la neige, pour qu'elle devienne glace pure & transparente ; ainsi ce n'est qu'en été qu'on trouve des glaces par-tout, & l'hiver tout est couvert de neiges Les glaciers ont souvent plusieurs lieues de longueur, c'est-à-dire que des laves de glaces remplis de ces laves de glaces, s'étendent à cette distance, avant d'arriver au pied des sommets où elles restent permanentes en tout tems. Il y a des glaciers de toutes grandeurs : s'ils sont au pied d'une pente rapide, les neiges & puis les glaces s'amonceleront jusqu'à ce qu'elles ayent gagné le niveau pour s'écouler ; un rocher, une montagne, qui se trouvent dans le chemin du glacier, l'obligent à se détourner pour gagner la pente la plus prochaine, ces écoulemens de glaces remplissent exactement les règles des fluides.

Fentes et crevasses des Glaciers : leur marche.

Par la chaleur de la terre la neige & la glace fondent davantage en-dessous que par-dessus : cette remarque est également vraie sur les plus hautes montagnes ; dans le plus fort de l'hiver il sort toujours de l'eau par-dessous le glacier. L'été la fonte est considérable ; aussi les fleuves & les rivières qui tirent leurs sources des montagnes où il y a des glacières, ne se débordent que dans les grandes chaleurs de l'été. La chaleur communique de proche en proche, toutes les glaces qui avoisinent la terre sont fondues à une certaine distance ; c'est ce qui sépare en été les enceintes ou les marêmes des glaciers : les pierres même qui sont au milieu du glacier, sont entourées d'un creux occasionné par la fonte de la glace, il l'est davantage du côté où les pierres ont reçu en plein les rayons du soleil. L'évaporation qui se fait au-dessous du glacier, étant renfermée sous les glaces, n'en devient que plus active, la fonte occasionne de grands espaces vuides & des creux : les porte-à-faux sur un terrein inégal occasionnent différens affaissemens dans le glacier qui le rendent si inégal ; il s'y forme alors des fentes & des crevasses de tous côtés & dans différens sens, sur-tout dans la direction du vallon & vers son milieu où il est ordinairement plus profond. Nous avons déjà remarqué, en arrivant sur les glaciers, que nous avions trouvé la glace, allant en pente, des bords vers le milieu. Ces affaissemens se font avec bruit & un fracas épouvantables qu'on entend à plusieurs lieues ;

on croiroit que ce sont des tonnerres où un grand nombre de pièces d'artillerie déchargées ; les échos & les vallons propagent le bruit : on a remarqué que c'est une annonce de changement de tems & de pluie, c'est le baromètre des Alpes ; ils se font plus souvent la nuit, à cause de la fonte du jour. L'eau qui s'est gelée dans les fentes, occasionne aussi des dilatations & des craquemens, mais moins considérables que par les affaissemens. La chûte des aiguilles de glace se fait aussi entendre, en raison de la masse & de la hauteur d'où elles se précipitent. Quand il se fait quelqu'affaissement, au moment où on est sur le glacier, il semble que le bruit le parcoure d'une extrémité à l'autre. Quand cet affaissement se fait sur un terrein en pente, la glace est déterminée à avancer, & cela de proche en proche, si on y ajoute la pression des masses énormes qui sont au-dessus, qui augmentent & s'accumulent annuellement, on concevra aisément le phénomène de la marche du glacier dont on ne peut déjà pas douter à son inspection seule, puisqu'il existe. Beaucoup d'autres faits le prouvent ; on sait que différentes vallées étoient autrefois des communications entre les pays limitrophes, elles sont actuellement inabordables. Les titres de biens & de possessions situés dans ces vallées, sont encore existans, & ne datent pas de fort loin. Tout indique que ces amas de glaces augmentent, que la quantité qui se fond l'été, est inférieure à celle qui se forme l'hiver. Cela doit être, puis-

DE LA SUISSE.

qu'en raison de l'étendue des glaces, le froid de l'atmosphère environnant, doit s'acroître & contribuer à produire de nouvelles glaces, en conservant celles qui existent. Par la même raison les rivières & les fleuves qui sont entretenus par les glacières, doivent augmenter en volume d'eau, & leurs débordemens dans les étés chauds augmenter en raison des magasins de glaces qui les produisent; ne seroit-ce pas à cet accroissement des glacières qu'il faudroit attribuer ces débordemens qu'on dit être plus fréquens; & ce changement de température qu'on dit exister? Car les vents qui passent sur ces régions glacées, doivent être d'autant plus froids & plus fréquens, que l'espace glacé sera plus étendu. La progression des glaciers n'est pas cependant annuelle & constamment la même; il y en a qui sont moins avancés dans les vallées, qu'ils ne l'étoient autrefois. Ainsi c'est la masse totale qui s'accroît à quelques modifications près.

PIERRES SUR LES GLACIERS.

Une nouvelle preuve bien sensible de la marche des glaciers, est un autre phénomène qui paroît difficile à expliquer, quand on cherche à se rendre raison de tout: ce sont ces tas de graviers, de pierres & quelquefois des masses étonnantes de rochers qu'on trouve jusque sur le milieu des glaciers. La première idée qui vient à leur vue, est qu'elles y ont roulé des rochers environnans: cela est vrai pour quelques endroits, ainsi que la terre & le sable qui se trouvent sur les bords des glaciers, qui en sont quelquefois tous couverts; ils proviennent des pluies ou des avalanges qui les y ont entraîné, quand le glacier s'est trouvé de niveau avec le terrein; mais il est question de ces quartiers de rocher trop éloignés de la montagne dont la pente, vis-à-vis de laquelle ces pierres sont placées, n'étoit pas disposée pour faire parvenir ces décombres au milieu du glacier. Les habitans disent, & on répète après eux, que ce sont les glaces qui les vomissent & les rejettent de leur fond; parce que des corps morts dont les individus avoient disparu depuis 10, 20, même 30 ans, ont été retrouvés sur les glaciers, où ils s'étoient perdus dans les fentes qui s'étant resserrées, avoient laissé ignorer le sort de ces malheureux. Quand on a vu de larges fentes remplies d'eau, se déborder par dessus, à cause de quelqu'obstacle qui empêche l'abondance des eaux de prendre son écoulement par-dessous, on conçoit qu'un cadavre, un morceau de bois, qu'un bâton, qu'on a perdu dans une fente, puissent être soulevés par les eaux, & rejettés en dehors; mais il est difficile de pouvoir se persuader qu'il en puisse être de même du gravier, des pierres & des masses énormes de rochers. (1) Ne pouvant nous contenter de raisons aussi insuffisantes, nous avons cru devoir examiner ce phénomène, qui ne paroît extraordinaire que parce qu'on n'a pas voulu le suivre & l'examiner. Nous avons eu occasion de vérifier en Suisse les remarques, d'abord faites à ce sujet aux glaciers de Savoie, elles se sont trouvées conformes par-tout.

Convaincus, par ce qui précède, de la marche du glacier, il n'étoit question que de s'assurer d'où provenoient ces pierres; il falloit à cet effet bien reconnoître leurs espèces & celles des montagnes environnantes. D'après l'examen des roches & des montagnes, entre lesquelles coulent les glaciers (quelquefois dans toute la partie du vallon parcouru) nous les avons reconnues calcaires: les graviers & les pierres qu'on voyoit sur le glacier, n'étoient que des granits, mêlés de quelques débris de crystaux de roche, quelquefois d'aiguilles entières de crystal; nous y en avons ramassé; ces débris ne provenoient assurément pas des montagnes calcaires environnantes: nulle pierre calcaire n'étoit sur le glacier; il étoit naturel d'aller à la découverte du lieu d'où provenoient ces granits; c'étoit la difficulté, nous avons tout tenté pour y parvenir; c'est ce qui nous a fait voyager sur les glaciers, pour les traverser ou gagner leur sommet. Nous nous sommes assurés alors, que les granits pris sur le glacier, comparés avec les espèces qui le dominent, étoient les mêmes; qu'ils provenoient des rochers de granit situés au haut du glacier: que c'étoit les avalanches, la dilatation des glaces interposées dans les fentes des granits qui les détachent, & les entraînent sur les glaciers; le moindre effort de la pointe du bâton ferré dans ces fentes, les détache, il y avoit de ces granits à différentes distances du pied de ces rochers; la marche des glaces les fait parvenir enfin aux bords & au pied des glaciers, à moins qu'ils ne se précipitent dessous par les fentes; ce sont ces pierres qui forment les enceintes, ou les marêmes de ces glaciers. Le volume de ces enceintes peut faire juger de l'ancienneté du glacier & de ses positions antérieures. La plûpart des glaciers de la Suisse sont entourés, à leurs pieds, de montagnes calcaires prodigieusement hautes & leurs marêmes sont de granits ou de schistes argilleux, micacés, mêlés de quartz, c'est-à-dire d'espèces de pierres différentes de celles des montagnes au pied desquelles sont ces glaciers. Cette observation seroit plus que suffisante pour décider la marche & la progression des glaciers, si leur existence & la température des lieux où ils sont parvenus, pouvoient laisser des doutes: la même observation prouve aussi que les plus hautes montagnes sont de granits & de roches schisteuses micacées. Ce que nous venons de dire, doit aussi détruire le conte ridicule des gens du pays, qui assurent que ces pierres sont rejettées par les glaciers; si cela étoit, on ne verroit plus de glaciers, ils seroient tous couverts de pierres. On n'ajoute que trop foi à ces histoires populaires. C'est la paresse ou le défaut de connoissances qui engage à les adopter si légèrement, il est plus commode & plus aisé de croire que de chercher à s'assurer par soi-même, sur-tout dans cette occasion. Quand on a vu, il faut bien dire quelque chose: » ces » gens connoissent le pays, ils sont du pays, donc il faut » les croire ». C'est cette belle conséquence qui a produit la plûpart des choses absurdes, dont les livres de voyages sont pleins.

Il seroit intéressant de connoître de combien est la progression des glaciers dans un tems donné; elle doit beaucoup dépendre des différences qui arrivent dans les saisons, qui ne sont pas les mêmes chaque année. Si a un hiver fort long où il sera tombé beaucoup de neige, qui aura augmenté la masse supérieure du glacier, il succède un été fort chaud, que des pluies chaudes concourent avec la chaleur à faire fondre la glace, alors le pied du glacier

---

(1) Nous mesurâmes par curiosité, sur le glacier du Montanvert en Savoie, un de ces blocs de granit, il avoit plus de dix pieds de long, sept & demi de largeur; cinq pieds de hauteur à un des bouts, & près de huit à l'autre bout, ce qui forme une masse de 490 pieds cubes environ.

fondra davantage, disparoîtra même en partie, comme nous l'avons observé, au glacier de l'Argentiere en Savoie; alors il fera place aux glaces supérieures, qui, privées de ce premier point d'apui, avanceront plus facilement, & parcourront plus de terrein. Le glacier fera d'autant plus de chemin que la pente le favorisera davantage. Nous avons proposé de planter sur les glaciers, des poteaux (de se servir des pierres remarquables qui sont sur les glaciers), de les alligner sur des arbres ou autres objets permanens, afin de s'assurer de la quantité de leur progression, & d'en tenir une note qu'on communiqueroit aux Curieux, qui vont visiter ces glacières. Nous avons aussi proposé de mettre dans les principales fentes transversales, des objets qui y seroient arrêtés, pour juger du rapprochement des différentes parties du glacier. Ce seroit aussi un moyen de juger de la force qui pousse ces masses; on connoît les effets prodigieux que produit la dilatation des glaces sur les vaisseaux dans lesquels il y a de l'eau renfermée; cette dilatation doit jouer ici le plus grand rôle. Nous y avons engagé des Curés, des Pasteurs; cela se fera-t-il? Nous ne le croyons pas (1). Ces grands objets sont peu intéressans pour ceux qui les voient tous les jours, & ils n'imaginent pas que quelqu'un puisse s'y intéresser; si les phénomènes qu'ils voient les surprennent, ils n'en cherchent point la cause; s'ils se sont imaginé une telle quelle, ils s'en contentent & veulent que les autres s'en contentent également. Ils sont si accoutumés à être crus sur leur parole, qu'ils croient ne pouvoir mieux faire que de s'en tenir à leur premier sentiment. Dans le nombre des Curieux & des Voyageurs que nous avons rencontré, nous pouvions leur nommer les personnes qu'ils avoient consultées, ou les guides qui les avoient accompagnés; ainsi quatre personnes qui ont eu le même guide, assurent avoir observé une même chose, elle passe dès-lors pour constante. Mais ces quatre personnes n'ont vu que par les yeux du guide; ce sont les connoissances acquises de ces personnes qu'il faudroit d'abord examiner avant que d'ajouter un dégré de crédibilité proportionné à leur sentiment ou rapport collectivement pris. On ne peut trop être en garde sur tous les rapports & les contes que l'on fait dans tous les pays. Il est bon de redoubler d'attention, en pareille occasion. Il est plus intéressant souvent de détruire une erreur accréditée que de faire une nouvelle découverte. Ce sont ces erreurs qui ont retardé les connoissances, & empêchent encore leurs progrès.

Quand le terrein est fort en pente, ou que les rochers qui sont dessous, vont par gradins, le glacier est alors en amphithéâtre ou il ressemble à une nappe d'eau se précipitant par cascades subitement gelées. Le côté d'un glacier s'élève quelquefois perpendiculairement, & présente une face unie toute de glace, on l'appelle alors *mur de glace*. Un cône, un mamelon, le haut d'une montagne sont quelquefois entourés & revêtus de glace unie, sans qu'il y paroisse de fentes ou de crevasses apparentes, parce qu'il n'y a pas ou peu d'affaissement par-dessous. Ce sont des revêtemens. Le local modifie, en mille façons diverses, la forme de ces glaciers qui ont toujours la même origine. Il reste à parler de ces pyramides & de ces aiguilles de glace, qui font un effet aussi beau que surprenant de loin, étonnent quand on les voit de près. On ne les apperçoit jamais mieux que quand ces aiguilles viennent aboutir & se présenter à un sommet de rocher à pic où se termine un glacier; elles se détachent merveilleusement sur ce beau ciel d'azur foncé, qu'on n'apperçoit que sur les hautes montagnes. On voit que ces aiguilles sont le résultat des fentes qui s'étoient formées dans la direction du glacier, que ce qui paroît être des aiguilles pointues, ne sont souvent que le tranchant où le profil des lames ou masses de glaces, qui restent intermédiaires entre les fentes. Si on voit de côté ces mêmes aiguilles, elles ne paroissent plus pointues, mais plates & quarrées par le haut. On les voit tomber & se précipiter de ces bords escarpés & s'amonceler dans le fond, préparer ainsi un lit nouveau au glacier, quand cet amas sera à son niveau. Des cascades se précipitent de tous côtés de ces rochers escarpés : la fonte de la glace y est d'autant plus considérable, que le soleil échauffe davantage ce flanc de rocher découvert. Les pyramides les plus élevées se trouvent particulièrement sur le haut des glaciers où la glace s'est amoncelée pour combler un fond, elles sont assez distantes pour que de loin on voie leurs séparations, elles forment un champ tout hérissé de pointes de glaces. On en voit aussi sur les côtés des glaciers & en différens endroits où la glace est plus ancienne & moins sujette aux progressions du glacier, la hauteur de ces pyramides a de quoi surprendre vues de près, il y en a de toutes hauteurs jusqu'à 90, 100 pieds & plus. On lève la tête pour porter la vue à leurs sommets ; on les regarde de nouveau ; plus on les examine, plus on est étonné de leur élévation, malgré l'estimation qu'on en avoit faite de loin. C'est dans ces pyramides qu'on observe plus facilement la différence de densité qu'il y a dans les couches de glaces, on voit que les moins transparentes se fondent plus aisément. Nous avons remarqué des couches de sables & de pierres intermédiaires dans ces glaces. Les plus anciennes couches ou celles du bas étoient plus minces que celles du haut. Faudroit-il regarder ces couches comme des dépôts de chaque année ? il est faux que ces pyramides soient pentagones, exagones, ou aient une figure déterminée, il n'y en a pas deux qui se ressemblent, elles sont toutes très-irrégulières, de formes variées & bizarres ; la plûpart sont tronquées & obtuses par le haut ; la même pyramide paroîtra pointue vue d'un côté, de l'autre elle ressemblera à un pan de muraille. Il en est de même de ces pics, de ces aiguilles ou dents de rochers qui paroissent pointues de loin ; si on monte à leurs sommets, on y trouve des plateaux, des emplacemens considérables où plusieurs personnes sont à l'aise, & quelles ne sont pas si inaccessibles qu'elles le paroissent.

---

(1) Nous transcrirons avec plaisir & reconnoissance une note qui nous est parvenue depuis que cette description est faite ; nous la devons à M. Hennin, résident pour le Roi près de la République de Genève ; nous devons y avoir d'autant plus de confiance, qu'avec des connoissances & des lumières, M. Hennin a visité lui-même les glaciers.

Je puis vous faire part d'une chose qui vérifie un fait important dont vous parlez. Il y a sept ans que je fis un voyage à Chamouni, pour m'assurer que la totalité du glacier avance vers la vallée, je chargeai le Vicaire de ce village & un guide d'aller au mois de Juin planter trois sapins à travers la plaine de glace dans l'alignement de la Pierre aux Anglois, & d'un rocher qui est vis-à-vis. Ils le firent ; l'année suivante à pareil jour ils y retournèrent & vérifièrent que des trois sapins l'un étoit abattu, les autres encore debout, & qu'ils avoient avancé de quatorze pieds vers la vallée. J'ai appris depuis que les Anglois avoient fait placer de même une ligne de grosses pierres dans la direction de deux rochers, & qu'au bout d'un an elles s'étoient trouvées à-peu-près avancées de 14 pieds du côté de la vallée, d'où il résulte une forte de probabilité que la marche totale du glacier est à-peu-près dans cette proportion avec les variétés que différentes causes peuvent y apporter.

Après

DE LA SUISSE.

Cavernes de Glaces.

Après les pyramides de glaces, ce sont les cavernes aussi de glaces, qui se trouvent quelquefois au pied des grands glaciers, qui frappent beaucoup les curieux du merveilleux ; elles se forment dans l'endroit où beaucoup d'eau se rassemble pour s'écouler du glacier ; plus il y a d'eau, plus ces grottes deviennent grandes & profondes, elles sont l'image de ce qui se passe sous les glaciers, & des raisons de leur affaissement. Il sort un froid insoutenable de ces cavernes de glace, occasionné par le mouvement des eaux & par l'air renfermé sous le glacier ; c'en sont les soupiraux. Le froid des eaux qui est moindre que celui des glaces, contribue à augmenter l'ouverture ; on l'y voit fumante, les glaces y sont plus poreuses, les eaux en distillent de tous côtés. C'est ici que l'imagination peut se donner carrière dans les descriptions. Chaque Auteur a la sienne, & tout curieux a vu des choses différentes, en raison de la vivacité de son imagination, & du mérite que lui doivent donner les choses merveilleuses qu'il a vues. Comme ces grottes changent continuellement de forme, sur-tout l'été, parce qu'il s'en détache souvent des morceaux de glaces, on ne craint point de passer pour menteur, on en est quitte pour dire, *elle étoit ainsi lorsque je l'ai vue.* C'est d'où viennent ces descriptions de portiques, d'intérieur de temples, de colonnes, des colonades, de plafonds, &c. ; le tout incrusté de toutes sortes de pierres précieuses, il ne manque que la statue & le nom de la Divinité adorée dans ces beaux lieux. Nous n'avons pas été assez heureux pour jamais rencontrer rien de pareil. Nous avons vu beaucoup de belles grottes ou cavernes de glaces, ainsi que des cavernes de rochers remplies de stalactites calcaires, elles sont variées comme tous les objets de la Nature, & celles de glace sont de plus, sujettes à des changemens journaliers. Ces objets sont assez grands & assez imposans par eux-mêmes, sans qu'ils aient besoin de tout ce merveilleux. S'il peut amuser pour un moment, il n'instruit pas celui qui lit pour apprendre ou pour connoître la vérité. Il n'est pas vrai, & il n'est pas possible, qu'il se forme dans les cavernes de glace de ces stalactites de glace ou des glaçons pendans, comme on les voit au bas des toits & des gouttières ; la température de l'eau qui est au-dessous, ne permettroit pas qu'il s'en forme, & ils ne pourroient s'attacher & être supportés par la glace qui est en fonte. Nous sommes bien fâchés d'être obligés de retrancher un des principaux ornemens de ces édifices, les colonnes ; c'est la faute de la physique. C'est dans ces cavernes particulièrement, qu'on distingue les nuances de cette belle couleur des glaces, quand le soleil donne dessus. La lumière, passant au travers de ses différentes épaisseurs, donne toutes les teintes de la couleur verd d'eau ou d'aigue-marine ; c'est la couleur même de l'eau bien purifiée, telle qu'on la voit dans les lacs profonds, comme le lac de Genève, de Zurich, & autres de la Suisse. Nous sommes encore obligés d'observer ici, que cette couleur n'est pas un gros bleu, comme il plaît aux peintres de l'employer, afin de mieux faire valoir le blanc des glaces. L'eau sort de ces gouffres avec bruit & en bouillonnant, elle est fort trouble, blanche ou jaunâtre communément, ou comme un forte eau de savon ; quelquefois elle est noire, selon les terreins qu'elle a parcouru. Les montagnards conviennent tous que ces eaux sont fort saines, & ne les incommodent jamais, quoiqu'ils soient dans l'usage d'en boire, quand ils ont fort chaud. Ils la préferent aux eaux des autres sources ; mais elle est bien inférieure à celle qu'on boit sur les glaciers mêmes, qui est si limpide, & que nous avons trouvée si excellente. Dans tous les endroits où les habitans font un usage commun de ces eaux, nous n'avons pas remarqué de ces goûtreux, comme dans le Vallais ; il y a apparence que ce ne sont pas les eaux glacées qui occasionnent cette maladie : on lui attribue même des qualités bienfaisantes, celle de délasser, de guérir de la dissenterie & de la fièvre. C'est encore au pied de ces glaciers qu'on voit ces marèmes ou enceintes de pierres dont nous avons parlé, & qu'on remarque que ces masses étonnantes de glaces, labourent le terrein par leur poids, & poussent, devant elles, tout ce qui n'est point directement attaché au sol. Une remarque particulière à ce sujet & bien digne d'attention, faite à Chamouni en Savoie, à côté de la grotte de glace d'où sort l'Arveron, qui prouve la force & la puissance avec laquelle ces glaces avancent, c'est le frottement de deux grosses masses de granit, appuyées l'une contre l'autre, qui par la poussée des glaces se sont rayées : elles sont en avant d'une énorme tas de granits dont plusieurs sont prodigieux pour la grandeur : il a fallu que le glacier mette en mouvement le tout pour procurer le frottement de ces deux masses.

Conclusion sur les Glacières.

Nous n'avons considéré jusqu'ici les glacières & leurs phénomènes, que comme des objets de curiosité & d'admiration, leur utilité est bien grande aux yeux du Physicien : il les admire avec reconnoissance, comme un bienfait de la nature prévoyante, & comme le grand moyen qu'elle emploie pour conserver & ménager à la partie du globe que nous habitons, une quantité d'eau toujours proportionnée & nécessaire à nos besoins : car ce sont les glacières qui fournissent les eaux aux plus grands fleuves de l'Europe, & à nombre de rivières : en ne faisant mention que de la Suisse, le Rhône, le Tessin, la Reuss, l'Aar, le Rhin, l'Adda, l'Inn, la Maira & l'Albula tirent leurs sources des glacières de la Suisse ; sans compter nombre de torrens & de ruisseaux qui vont remplir les bassins des lacs nombreux que renferme ce pays, & produisent

Tome I.

ensemble cette immense quantité d'eau propre à réparer ce que l'évaporation des étés trop chauds & trop secs enlève aux besoins de la végétation & de la vie. Ces fleuves & ces rivières qui descendent des glacières, ne grossissent, & ne débordent qu'au fort de l'été à la fonte des neiges, c'est-à-dire dans les tems où les autres rivières sont presqu'à sec, où la plûpart des sources & des fontaines sont taries, & ne donnent plus d'eau ; au tems enfin où nous en avons le plus de besoin pour humecter l'air & la terre. Le cours de ces fleuves & rivières, par leurs circuits multipliés, parcourt d'immenses pays avant d'arriver aux différentes mers où ils se jettent ; après les avoir arrosés, y distribuent encore une évaporation qui, transportée par les vents, va rafraîchir jusqu'aux cîmes des montagnes, & remplir de nouvelles eaux, les réservoirs épuifés des fources & des fontaines. Il faut donc regarder les glacières comme d'immenfes magafins & des châteaux d'eaux folides que la Nature tient en réferve, quelle a amoncelé, qu'elle ne diftribue qu'en raifon du befoin, & dont la chaleur eft la mefure & la clef. Si on peut fe faire une idée de la quantité d'eau que peut fournir la fonte des neiges, par la remarque faite, que le feul Lac Léman ou de Genève qui a 26 lieues quarrées, croît en été par la fonte des neiges jufqu'à dix pieds & plus; on reconnoîtra auffi, combien eft immenfe la quantité de glace & de neige, en comparant l'écoulement de quelque grand fleuve avec les amas qui en font la fource. Il faut à cet effet fe placer fur quelqu'une de ces hautes montagnes qui permettent à la vue de fe promener & de dominer fur la région des glacières. On verra que le plus grand fleuve ne paroît que comme un foible & petit ruiffeau, à caufe de la diftance, & que les amas de glaces, d'où il découle, paroiffent toujours grands & immenfes, & qu'il faudroit plufieurs fiècles pour les épuifer, quand même de nouvelles glaces ne remplaceroient pas celles qui fe fondent. Cette comparaifon fe fait d'un coup d'œil, & mieux que tous les calculs & mefures qui ne pourroient être que très-imaginaires. On conçoit auffi à cette infpection que de grands pays pourroient être totalement inondés, s'il fe faifoit une fonte fubite de cette énorme quantité de glaces. Le foible fouvenir que l'Hiftoire nous a confervé de quelques grandes inondations qui ont englouti des pays, ne pourroient-elles pas être arrivées par quelque fonte fubite de glacières, occafionnée par un évènement quelconque ? Il peut avoir exifté des glacières dans des pays qui en font privés actuellement. Les fquelettes de rhinoceros & d'éléphant trouvés en Sibérie, prouvent qu'elle n'a pas toujours été couverte de neiges; il faut que quelqu'autre pays ait été le féjour des hivers, pendant que la Sibérie étoit un climat propre à nourrir des animaux qui ne font indigènes que fous la zône torride. Nous ne nous flatterons pas d'avoir pu faire comprendre par des mots & des images ce que la vue des glacières & le fentiment, nous ont fait éprouver; il faut les voir foi-même.

ROUTE D'OBERGESTELEN AU GLACIER DU RHÔNE.

Après avoir donné une idée générale des glacières & des glaciers, nous allons continuer la route d'Obergeftelen où nous en fommes reftés, pour aller vifiter le glacier du Rhône. Une chofe très-remarquable entre Obergeftelen & Oberwald, eft une lifière étroite de pierre calcaire qui court de niveau le long du vallon, pendant une lieue, à environ trois cents pieds de hauteur, & une autre lifière de pierre ollaire dont on fait des poêles, à même hauteur, vis-à-vis & de l'autre côté du vallon. La pofition de ces deux efpèces de pierres prouve bien qu'elles y ont été dépofées par les eaux, mais comment fe fait-il qu'elles ne foient pas de la même efpèce des deux côtés du vallon? Le fond du vallon eft affez uni & tout couvert de pâturages, il paroît avoir été rempli des débris fupérieurs, & que le fond en a été égalifé par les eaux, ainfi que celui des environs de Munfter, dont nous avons parlé précédemment. Des arbres conifères bordent toujours les hauteurs, & cachent les grandes montagnes qui font derrière. Après avoir paffé Oberwald, on commence à monter par un vallon fort étroit où fe précipitent, avec grand bruit, par bonds & par cafcades, les eaux du Rhône, elles font d'un blanc jaunâtre ; le torrent eft rempli de pierres roulées & de quartiers de rochers de différentes efpèces; il y a beaucoup de granits qui viennent de parties plus élevées, car toutes les roches environnantes, jufqu'au glacier, font compofées de roches fchifteufes micacées, remplies de quartz: il y en a de différentes couleurs, & leur mélange eft varié; les plus communes font celles qui font bleuâtres ou verdâtres. Dans une grande quantité de micas il y a de très-petites vénules & des grains de quartz, des filons & des veines de quartz grenu qui reffemble à du grès, qui traverfent le tout. Une efpèce très-belle auffi, verdâtre foncé, eft compofée de larges feuillets minces & brillans de mica, elles font ondoyantes & contournées dans certains endroits: des efpèces de filons renflés dans leur milieu, quelquefois de plus d'un pouce, qui fe rétreciffent & s'aminciffent fur les bords, coupent & traverfent ces micas: ces filons qui fe contournent auffi quelquefois, comme le mica, font de quartz rouffâtre & grenu. D'autres roches plus quartzeufes que micacées, font auffi fchifteufes, par petites couches de quartz jaunâtre, entre lefquelles font interpofées des couches plus minces de mica. Il y en a de quartz grenu dont la couleur principale eft blanche, dans laquelle il y a de petites veines de mica rouffâtre. Ce n'eft que dans la fracture, & en caffant ces fortes de roches, qu'on apperçoit ces différences; car à l'extérieur tout paroit à-peu-près de la même couleur, le tems y a mis fon empreinte: leur écorce, fi on peut fe fervir de cette expreffion, eft couverte partout de petites mouffes. On fait deux lieues dans ce vallon toujours en montant, il eft fi étroit qu'il n'y a guère de place que pour le torrent, & très-peu pour un chemin étroit & difficile, quoiqu'il foit arrangé comme une efpèce de pavé ; les chevaux du pays font accoutumés à ces mauvais chemins. Les rochers font entremêlés de petits tapis de gazon court & ras, émaillé des plus jolies fleurs : des maffifs & des bouquets de fapins interrompent les maffes de rochers : des chûtes d'eau, des accidens produits par l'ombre & la lumière, offrent à chaque pas un nouveau point de vue ; cette diverfité continuelle fait oublier qu'on eft dans un mauvais chemin, & on avance toujours avec des forces qui paroiffent inépuifables dans ces hautes montagnes, tant l'air y eft fain & plus analogue à notre conftitution. Ce vallon court du fud au nord; le haut il fait un coude : après un petit détour on apperçoit le glacier du Rhône, nommé ainfi, parce qu'on l'a toujours regardé comme la fource de ce fleuve, nous dirons quelle eft fa véritable fource.

GLACIER DU RHÔNE.

Le glacier du Rhône eft fitué dans un petit vallon rond entouré de tous côtés de très-hautes montagnes à l'extrémité orientale du Vallais; il eft au pied de la montagne de la Fourche (*Fourk*), *Mons Furca*, qui eft fituée aux confins du Vallais, du canton d'Uri & du canton de Berne, & qui fait un branche du mont Saint-Gothard. Ce glacier forme le plus bel aspect; on le voit en plein d'un coup d'œil (planche n°. 181): à gauche est le Grimsel, haute montagne, & à droite, tout sur le devant, la montagne de la Fourche. Des pics & des pyramides de rochers couronnent & entourent les glacieres, d'où découlent les glaces qui forment le glacier, son sommet qui est sur une pente plus rapide, où les glaces se fendent plus aisément, est couvert d'aiguilles & de pyramides de glace; le tout donne l'idée d'un superbe amphithéâtre de marbre blanc, dont le poli réfléchit la plus vive lumière. Le glacier resserré vers le milieu par les montagnes & les rochers, s'élargit & forme à son pied une grande masse circulaire arrondie & bombée par-dessus; de larges fentes & des crevasses s'y voient de toutes parts; tout-à-fait au pied, sur le côté gauche, d'où il s'écoule le plus d'eau, il se formoit une voûte de glace. Il y a différentes cascades qui se précipitent entre les rochers du Grimsel; sur la pente de cette montagne, vers la hauteur de la moitié du glacier, il y a des mélezes clair-semés, au pied du mont est une prodigieuse quantité de pierres & des blocs de granit qui sont descendus du haut. Une très-grosse masse s'étoit précipitée au printems, on voyoit le chemin qu'elle avoit tracé & labouré en descendant, elle étoit jettée à une bonne distance du pied du Grimsel. La montagne qui est derrière le glacier à droite, est un rocher couvert de quelque pelouze & d'un peu de verdure, ainsi que le pied de la Fourche qui est en avant, où il y a aussi quelques très-petites broussailles qui sont des aulnes rabougris.

Ce qui rend ce glacier très-intéressant & très-instructif pour la connoissance des accroissemens & des décroissemens des glaciers, ce sont les différentes marèmes ou enceintes, dont il est entouré à son pied, que la perspective a empêché de rendre dans le dessin, phénomène qu'on remarque peu, & dont on ne dit pas grand chose, quoiqu'il soit bien intéressant dans l'histoire des glaciers, pour la théorie même de la terre, puisqu'il nous indique la nature des rochers, de ces pics élevés & inabordables. (1) Remarquons d'abord qu'il y a une enceinte aux deux tiers de sa hauteur, du côté du Grimsel où le glacier ayant trouvé une espèce d'enfoncement entre les rochers, y a labouré & rejetté sur le côté les terres & les pierres qu'il a trouvées dans son chemin. Une autre marème est au pied du mont de la Fourche, sur le côté du glacier. Le glacier touchoit à son enceinte, lorsque nous l'avons vu, il paroissoit être dans son accroissement, c'est-à-dire qu'il avançoit, & que son énorme masse, appuyant sur le sol, poussoit devant elle la terre & les pierres qui étoient dans son chemin. Différentes enceintes très-remarquables étoient autour du glacier, elles avoient toutes la même forme circulaire du glacier actuel, & lui étoient parallèles. La plus voisine étoit à 34 toises, la seconde à 42, une à 86 & la plus éloignée à 120 toises; le glacier avoit donc diminué, & s'étoit retiré de tout cet espace; car on ne peut s'empêcher de regarder ces enceintes comme les bornes du glacier, & la marque des différens endroits où il s'est arrêté en rétrogradant. Quelques bergers occupés dans ce canton, nous dirent qu'il y avoit vingt ans que ce glacier

diminuoit. Il auroit été encore très-intéressant de savoir les raisons de cette diminution, de mettre quelque borne fixe & stable, pour savoir s'il continuoit à diminuer ou plutôt s'il n'est pas actuellement dans son accroissement, comme nous le soupçonnons, d'après ce que nous avons dit. Toutes les pierres de cette enceinte étoient des granits pareils à ceux qui sont actuellement sur le glacier, & à ceux qui sont au pied du mont Grimsel sur le côté, pareils encore à ceux qui sont dans ce vallon où coule le Rhône jusqu'à Oberwald. Ils viennent tous des hauts, car les rochers qui sont au bas du glacier, sont des schistes micacés, comme ceux du vallon pour arriver au glacier. Ces granits sont reconnoissables par la blancheur peu ordinaire de leur feld-spath; il y domine sur le quartz, & le mica qui y est mêlé, est verd; ces enceintes ne sont pas bien considérables pour la quantité de débris & la grosseur des pierres; c'est celle qui est la plus éloignée qui est la plus forte; il faut que ce glacier y ait séjourné longtems; il faut aussi la regarder comme l'amas de tout ce que le glacier a charié de tout tems: & si le glacier venoit à avancer de nouveau, il repoussera tout ce qui est devant lui, & ajoutera à cette enceinte les trois autres enceintes qui sont actuellement intermédiaires. Une chose à remarquer de plus à ce glacier, c'est que ses glaces se sont étendues de droite & de gauche, à mesure qu'elles ont trouvé plus de place, & qu'elles n'ont plus été gênées entre les deux montagnes, ce qui a donné la forme circulaire à son pied.

Il nous reste à parler des sources du Rhône qui sont à côté du glacier; ce fleuve ne prend point sa source du glacier même, comme le disent tous les Géographes, & ne sortent point d'espèces de lacs, comme l'indiquent la plûpart des cartes géographiques. Environ à trois cents toises en avant & sur le côté du glacier, à gauche au pied du mont Saafberg, en avant du Grimsel, trois sources, à peu de distance les unes des autres, sourdent entre les rochers, se réunissent pour composer un très-petit ruisseau; ce sont les véritables sources du Rhône reconnues & nommées ainsi par les habitans de ce canton. A cinquante pas plus haut vers le glacier, il y a une autre source qui vient se mêler à celles du Rhône: celle-ci n'est pas regardée comme faisant partie de ces sources, la raison qu'on en donnoit, est qu'elle est plus froide : en effet elle est d'une température différente; nous avons trouvé, comme M. de Saussure, que les eaux des sources du Rhône sont à 14 dégrés de chaleur au-dessus du point de congellation, de façon qu'elles n'ont point de communication avec le glacier ou ses eaux, qui sont fort froides: cette température est remarquable à cette hauteur & si près du glacier. (2) Les eaux des sources du Rhône sont claires & limpides, fournissent environ trois pouces d'eau : elles passent entre deux petits mamelons de rochers isolés, qui sont d'un schiste argilleux un peu micacé, un de ces mamelons est entre le glacier & les sources (3), qui vont mêler leurs eaux à 40 pas à celles qui sortent du glacier, qui sont très-froides, troubles & blanches, elles étoient fort abondantes à la mi-Août, à cause de la fonte des glaces; elles sortent de dessous le glacier à différens endroits, & particu-

---

(1) Les Peintres & les Dessinateurs ne mettent jamais ces enceintes au bas des glaciers. Cela fait un mauvais effet, peindre un tas de pierres ! sans doute il faut les rendre quand ils sont instructifs & qu'ils sont essentiels à la chose. Il n'y a pourtant pas un glacier où il n'y en ait, à moins qu'il ne se précipite sur un plan très-rapide; mais c'est pour faire un bon effet qu'on place des arbres, n'importe de quelle espèce, dans des lieux où il n'en croît pas, ou seulement d'une espèce particulière & propre aux lieux élevés.

(2) Selon M. de Saussure, ces sources sont à 711 toises 1 pied au-dessus du lac de Genève, qui est à 187 toises 4 pieds au-dessus de la Méditerranée.

(3) Pour ne laisser aucune équivoque, on a placé une figure sur le dessin entre ces deux mamelons, elle regarde couler la source du Rhône qui est à ses pieds.

DISCOURS SUR L'HISTOIRE NATURELLE

liérement du côté gauche. On est surpris de voir des habitations au pied du glacier, dans cette région moyenne des Alpes, couverte de neige pendant huit & neuf mois: ce sont trois chalets ou ebris, on en trouve à différentes hauteurs. D'ailleurs on ne voit que quelques arbres résineux, dont le méleze paroît supporter le mieux le froid, c'est celui qu'on trouve aux plus grandes hauteurs & quelques buissons d'aulnes très-rabougris. Quand les pentes ne sont pas trop rapides, & qu'elles sont à une bonne exposition, il y croît une herbe courte à la vérité, mais précieuse pour ses bonnes qualités, & d'un parfum exquis quand elle est sèche. Ce sont les lieux où croissent ces pâturages, à mésure que les neiges se fondent, que parcourent les bestiaux, en montant du fond des vallées, & en suivant un printems successif. Les fromages sont le seul bien des habitans de ces contrées élevées, il fournissent à leur nourriture ordinaire, & sont un objet de commerce immense pour la partie montagneuse de la Suisse, au moyen duquel ce peuple remplace les autres objets de consommation qui lui manquent. C'est aussi dans ces lieux élevés, parmi ces paysans des montagnes, qu'on voit cette belle race d'hommes; ils ont la santé, ce fard naturel qui embellit toutes les physionomies & tous les visages: ils sont grands, musclés, forts & vigoureux: l'agilité avec laquelle ils montent & descendent, est surprenante; ils paroissent heureux, sur-tout contents de leur état auquel ils sont accoutumés, nul objet de comparaison ne leur en fait souhaiter un autre.

ROUTE D'OBERGESTELEN A AIROLO, AU PIED DU SAINT-GOTHARD.

A un quart de lieue d'Obergestelen, on prend le premier vallon à gauche, & on commence à monter la montagne de Lauffen: des nappes, des chûtes d'eau se précipitent de tous côtés; c'est le torrent de l'Aigesse qui descend de cette montagne; les rochers sont toujours micacés, mêlés de quartz & schisteux, dont les couches sont souvent perpendiculaires. Plus loin le feld-spath s'y trouve mêlé, ce sont exactement toutes les parties qui composent le granit proprement dit, cette espèce de rocher n'en diffère que par son arrangement par couches. Ce n'est au reste que dans ces grandes masses qui se présentent dans des aspects différents qu'on peut faire cette remarque. Dans le granit ordinaire le quartz, le feld-spath & le mica paroissent mêlés & confondus exactement, on n'y voit aucune couche, il se casse & se détache en morceaux irréguliers, le tems le détruit sans qu'il conserve de formes décidées: ici on voit des lits & des couches de différentes épaisseurs qui suivent une même direction dans leurs fentes & dans leurs cassures; cette espèce de roche ou de granit, comme on voudra la nommer, n'a-t-elle pas été formée comme toutes les pierres par l'eau? car il n'y a que ce fluide qui ait pu lui donner cette dispositition par couches; si elles sont ici plus marquées, le dépôt s'en sera formé plus lentement, au lieu que l'arrangement tumultuaire du granit ordinaire se sera fait plus brusquement. Mais pourquoi la crystallisation ou la forme du feld-spath est-elle plus décidée, plus marquée dans le granit que celle du quartz, qui est toujours plus irrégulière? Il paroît que le quartz qui donne naissance à tant de crystalières de roche, exige plus d'emplacement & plus d'espace pour prendre sa forme régulière; on sait qu'il n'y a rien de si commun que les crystaux de quartz, qu'il s'en trouve dans presque toutes les fentes & les cavités des pierres qu'on nomme vitrifiables; il paroît que de toutes les substances le quartz est celle dont les parties homogènes se rapprochent le plus facilement pour prendre la forme régulière qui lui est propre; au lieu qu'il est assez rare de trouver le feld-spath régulièrement crystallisé. Nous aurons occasion de remarquer souvent par la suite une grande différence entre ces espèces de granit, on verra que nous sommes bien éloignés de connoître leurs variétés, d'en avoir des descriptions, & encore bien moins d'avoir quelques notions sur leur formation. Des masses énormes & régulières dans leurs fractures, de forme cubique, parallelipipède, ou autre approchante, remplissent des fonds & de petits vallons, elles se sont précipitées de rochers à pic d'une hauteur effrayante.

Ce canton ne produit que des mélezes; qu'on se souvienne que nous sommes partis d'Obergestelen que nous avons dit être déjà un pays fort élevé; la végétation commence à être moins active; après cinq quarts-d'heure de marche, toujours en montant, on ne trouve plus d'arbres, ce sont encore, comme nous l'avons déjà remarqué, des buissons d'aulnes rabougris qui finissent par être la production végétale ligneuse qu'on rencontre aux plus grandes hauteurs. La nature des roches a également changé, elles sont micacées argileuses, sans mélange de quartz & feuilletées très-minces. On parvient à une espèce de plate-forme, occasionnée par une quantité de sable & de gravier amenés par différentes chûtes d'eau & des torrens: l'égalité du terrein, qui se trouve aussi plus abrité, a permis à quelques bouquets d'aulnes de s'élever & de croître plus vigoureusement; ils sont aux bords des eaux dont ce terrein est abreuvé. Les rochers qui dominent à de grandes hauteurs ces environs sont des mêmes schistes qui viennent d'être décrits. Après avoir passé un pont de pierre, on apperçoit un beau glacier qui est entre la montagne de *Gries* à droite, dont le glacier a pris le nom, & le *Blint-Horn* à gauche; il s'en précipite une superbe cascade qui tombe d'une très-grande hauteur; ce glacier descend entre ces deux montagnes sur un terrein fort en pente, ce qui est cause qu'il n'a point d'enceinte ou de marême en avant; le haut du glacier est en amphithéâtre & par gradins, il est entrecoupé de larges fentes sur sa pente, & fort uni dans le haut, c'est un passage ou un chemin ordinaire pour les mulets qui vont au Val Levantine ou *Liviner-Thal*, il a une demi-lieue de large dans cet endroit. Un pic fort élevé le domine, c'est le *Beilet-mat-Horn*. Sur la gauche on voit un autre glacier nommé *im Rhot-Thal* & dans les fonds des pâturages entre les montagnes; cette route toute deserte & sauvage qu'elle est, offre les points de vues les plus pittoresques pour la quantité & la beauté des cascades & des chûtes d'eau fournies par les glaciers. Cette partie de montagne est composée de schistes argilleux micacés dont les couches sont fort minces & de couleur bleue foncée, de différentes nuances, & quelquefois d'un beau verd. Cette montée est fort rapide & difficile, tout y est aride & sauvage, c'est le séjour des marmotes & des chamois qui y paissent quelques gazons courts & serrés, produits dans quelques endroits favorables entre les rochers, & où la neige s'est fondue.

Après avoir monté trois heures, on arrive sur le haut de cette montagne, c'est-à-dire, à l'entrée d'une espèce de vallon

vallon où est le passage; car le haut de cette montagne est encore surmonté de pyramides & de masses de rochers qui paroissent avoir plus de cent toises d'élévation, dont la plûpart sont à pic; la neige est permanente toute l'année dans ce vallon & sur les sommets qui le dominent; c'étoit au 15 d'Août, & il avoit fait fort chaud tout cet été, il restoit une grande quantité de neige, & nous en avions traversé de grandes parties avant que d'arriver à cette élévation. Une chose remarquable, c'est que tout ce haut de montagne est composé de schistes argilleux, noirâtres au premier aspect, & dans une grande décomposition, les feuillets en sont très-minces, se lèvent & se détachent sans effort; en les regardant de plus près, on y apperçoit un mica argentin très-fin entre les feuillets; sur les superficies exposées à l'air, il y a une grande quantité de mamelons & de rugosités, comme des petits pois & des lentilles, il y en a de plats, de ronds, d'autres allongés; partie de ces mamelons sont ochreux. Nous n'avions jamais rien vu de pareil: après avoir bien examiné dans différens endroits toutes ces espèces de schistes, & les avoir trouvés par-tout conformes & couverts plus ou moins de ces parties protubérancées, sans trop concevoir d'où elles pouvoient provenir, il fallut chercher des petites parties non-décomposées les raisons de ce phénomène; c'étoit la difficulté de trouver de ces rochers qui ne fussent pas détruits; enfin au pied d'un flanc rapide d'un pic qui surmonte la montagne, nous trouvâmes quelques masses qui paroissoient s'être détachées nouvellement, on y appercevoit des points pyriteux; en suivant leur disposition, & après avoir détruit au ciseau & à coups de marteau beaucoup de ces mamelons qui sont sur la superficie, & les avoir bien examinés à la loupe, on reconnoît que l'intérieur en est ochreux & ferrugineux, qu'il est beaucoup plus dur que le reste du schiste; que quelques mamelons moins détruits faisoient encore feu au briquet, ce qui ne provenoit que des points de pyrites qui n'étoient point décomposés. L'humidité qui a décomposé la pyrite, a distendu ses parties ferrugineuses, & a occasionné ce renflement & ces petits mamelons; leur dureté provient également de leurs parties ferrugineuses, on sait combien la rouille agglutine & lie les parties où elle peut s'étendre. Une chose aussi très-remarquable, c'est que cette espèce d'ardoise qui paroît si feuilletée & si détruite par-tout où l'intempérie des saisons l'a pénétrée, est d'ailleurs compacte, serrée, très-dure, & qu'elle est bleuâtre; ce n'est qu'à grande peine qu'on peut en détacher quelques parties, on n'y apperçoit point les couches ou les lits aussitôt qu'on est parvenu au point où il n'y a plus de décomposition; de plus cette roche schisteuse fait beaucoup d'effervescence avec les acides, au point qu'elle paroît mi-partie calcaire, & mi-partie argilleuse. Quand on réfléchit que dans ce climat la neige ne reste point permanente, sans des causes particulières, au-dessous de 1500 toises sur le niveau de la mer, on ne peut s'em-

pêcher d'être surpris de trouver des schistes à une si grande élévation; si nous disons qu'on peut être surpris ce n'est que parce qu'on s'est fait une idée d'arrangement ou de système sur la composition des montagnes que l'inspection de la Nature dément bien souvent, & que ce ne sera qu'après l'avoir mieux vue & mieux examinée, & qu'après avoir recueilli un plus grand nombre d'observations qu'on pourra hazarder des conjectures qui sont encore fort éloignées d'un système (1).

L'espèce de schiste que nous venons de décrire, est celle qui compose les pics élevés & le haut de cette montagne; elle étoit couverte d'une grande quantité de neige glacée comme battue, & si tassée que les fers des chevaux n'y marquoient pas d'empreintes; elle étoit glacée & grenue, mais n'avoit pas la transparence de la glace comme sur les glaciers; nous y cheminâmes près d'une lieue sur un terrein très en pente vers la fin. Il faisoit fort chaud. La réflexion des rayons du soleil, renvoyée par cette neige, fatiguoit beaucoup la vue, & rendoit la chaleur insupportable; on s'en trouvoit assailli de tous côtés. Le soleil étoit si brûlant qu'il nous grilla la peau du cou, des cuissons s'en suivirent, le moindre frottement du vêtement devint insupportable; nous avions employé avec succès en Corse, l'alkali volatil dans un pareil accident, il nous réussit également en Suisse, en lavant la partie avec l'alkali un peu affoibli d'eau. M. Sage, de l'Académie des Sciences, qui a recommandé, avec tant de raison, l'usage de l'alkali volatil pour la brûlure avoit très-bien jugé, en disant qu'il pouvoit être efficace dans les coups de soleil (2): le hâle avoit été si considérable sur cette montagne que les mains & le visage étoient devenu noirs, en moins de deux heures. Les autres substances minérales que nous avons vu sur cette montagne, mais qui sont isolées, c'est-à-dire, détachées, & dont nous n'avons pas trouvé de masses faisant corps ou partie des rochers qui composent cette montagne, sont

1°. Pierre schisteuse brunâtre & sablonneuse qui fait effervescence, entre les couches de laquelle sont interposées d'autres couches de mica dont les feuillets sont d'une belle couleur gris de perle chatoyante.

2°. Autre, par feuillets très-minces, toute micacée, jaunâtre, qui fait effervescence.

3°. Schiste ou ardoise feuilletée mince, peu dure, luisante comme la molybdène, rayée & ondulée: entre les couches il y a des noyaux ou mamelons, dont le schiste prend la forme, ils sont fort durs, noirs & luisans dans la fracture comme le jayet, font feu au briquet. La partie schisteuse fait un peu d'effervescence. Espèce inconnue.

4°. Pierre schisteuse argilleuse, d'un gris-verdâtre, avec des micas y formant des mamelons ou petites élévations en long, qui, au premier coup d'œil, paroissent être des schorls verds.

5°. Des blocs parallélipipèdes d'une pierre blanche

---

(1) Comme nous l'avons dit dans le commencement de ces observations, nous devons par la suite à M. de Saussure la connoissance des hauteurs des principaux points de la Suisse, dont ce Savant s'occupe depuis long-temps. Il seroit à souhaiter qu'on s'en occupât de même dans les différents pays, & avec des instrumens bien correspondans entre eux. Ce ne sera que par la connoissance exacte de la hauteur des montagnes, & la connoissance non moins exacte des parties constituantes des montagnes que nous parviendrons à avoir une théorie de la terre, supposé que nous puissions en avoir une bonne & que les raisonnemens & les systêmes ne prévaudront pas sur les faits & l'existence des choses. On ne pourra au moins ôter aux vrais Curieux de la Nature, & aux Partisans de la vérité, le grand livre où elle nous a tracé l'histoire de ses productions; ceux qui auront le courage d'y aller lire avec des yeux exercés, y trouveront toujours des armes pour combattre ce qui ne sera que de raisonnement & le produit du travail fait dans le cabinet. Nous nous bornerons toujours à rendre compte des faits seulement & de ce que nous avons vu.

(2) Expériences propres à faire connoître que l'alkali volatil-fluor est le remède le plus efficace dans les asphyxies, avec des remarques sur les effets avantageux qu'il produit dans la morsure de la vipère, dans la rage, la brûlure, l'apoplexie, &c. &c. Par M. Sage, à *Paris de l'Imprimerie Royale* 1777.

d'un grain fort fin & un peu rude au toucher, médiocrement dure, mêlée de parties micacées blanches très-petites; ne fait point feu au briquet & peu d'effervescence; il s'en trouve peu.

La descente de cette montagne est brusque & difficile parmi un cahos étonnant de pierres & de rocs détachés; il y a eu un grand bouleversement de ce côté, & l'abondance des eaux de neiges fondues ont entraîné les terres & les sables qui servoient de liaison à ce cahos; il est inconcevable, comment des chevaux chargés peuvent se tirer de pareils endroits, qu'on ne peut nommer des chemins. On voit par-tout de belles cascades d'eau. Quand on arrive un peu plus dans le fond des masses énormes de rochers le couvrent, il semble que des montagnes s'y soient précipitées anciennement; du gazon, des pâturages les recouvrent, en laissant appercevoir la forme des masses de rochers qui sont dessous. Le premier sous-arbrisseau qu'on trouve, est le rosier des Alpes (*Rhododendron ferrugineum*, *Lin.*), rien n'est si agréable que des touffes chargées de fleurs semblables à celles du laurier-rose. Nous avions fait cinq heures de chemin. Les côtés du vallon sont de roches schisteuses micacées, quelques-unes sablonneuses & mêlées de beaucoup de quartz; plus loin des schistes où il y a beaucoup de mica bleuâtre. A une demi-lieue de l'endroit où a commencé à paroître le rosier des Alpes, on trouve des mélezes. Des eaux abondantes partout, de belles & hautes cascades tombent de deux lacs qui sont à droite. Après six bonnes heures de marche, pour passer cette montagne, on arrive à un hospice qu'on trouve ordinairement aux débouchés de tous ces passages; beaucoup sont entretenus par les cantons divers, pour la nécessité des Voyageurs, celui-ci est dépendant du Val-Levantine, pays sujet du canton d'Uri.

On apperçoit différens glaciers sur les hauteurs: celui qui est du côté du Vallais, s'appelle *Avilla* (nom italien qui est la langue du pays), il est fort élevé, entouré de hautes aiguilles de rochers, & il y a une marême ou enceinte considérable. A droite est celui de *Vallecia*, qui est couvert des hautes pyramides de glaces, il présente sur son côté un mur de glace fort élevé; des granits ordinaires descendent d'un torrent entrecoupé par un glacier qu'on ne voit pas de ce fond appelé *Imbrune*; ce torrent a formé diverses petits monticules des débris qu'il a amené, ils sont couverts de pâturages actuellement: après avoir laissé le petit village d'*Avilla* à gauche, on rencontre un autre torrent qui ne charie que des pierres schisteuses micacées, mêlées de beaucoup de quartz. A une lieue environ de l'Hospice, on trouve le village de *Fontana* dont l'église est bâtie en manière de contrefort, ce qui lui donne un coup-d'œil penché: cette structure est contre les avalanches, qui viennent de la montagne à côté. Après avoir passé le torrent, on trouve de beau gypse blanc mêlé de mica jaune; on ne voit que des torrens, des ravins & des montagnes de nouvelle formation qui sont autant de débris du mont Saint-Gothard. On passe un vallon fort étroit, où il n'y a de place que pour le Tessin; le chemin est à mi-côte, parmi des rochers micacés remplis de quartz: le Tessin roule ses eaux dans un lit des roches calcaires qui s'élèvent à environ un tiers de la montagne; cette pierre calcaire règne des deux côtés à même hauteur, & n'est qu'adossée contre la roche schisteuse micacée qui forme le noyau & le centre de cette montagne. Il seroit, par exemple, intéressant d'avoir la hauteur sur le niveau de la mer, de cette roche de pierre calcaire & de celle que nous avons dit se trouver entre Obergestelen & Oberwald dans le haut Vallais, à l'article de la route au glacier du Rhône, pour savoir si elles ne seroient pas à même hauteur: l'identité des productions végétales de ces deux endroits nous fait soupçonner que ces hauteurs pourroient être à-peu-près les mêmes. Ces hauteurs constatées dans les différens endroits où se trouvent les dernieres pierres calcaires, seroient des indices pour les hauteurs où a séjourné la mer. Ce point d'élévation pris dans différens endroits & dans différens pays comparés entre eux, porteroit de grandes lumières sur un fait aussi intéressant pour la théorie de la terre. On arrive à *Airolo*, un des principaux endroits de la vallée de Livenen: ce joli endroit est situé au midi du pied du mont Saint-Gothard sur le penchant de la montagne; Airolo est bâti en pierres, sert d'entrepôt aux marchandises qui passent d'Italie en Suisse par le Saint-Gothard; c'est la route la plus fréquentée entre ces deux pays; douze cents chevaux & mulets sont employés presque toute l'année à ce transport. Le vallon est un peu plus ouvert aux environs d'Airolo; il y a cependant peu de culture, tout est en pâturages; le Tessin qui descend du Saint-Gothard, passe à peu de distance, & traverse la vallée étroite de Livenen; à une demi-lieue au-dessous d'Airolo, il se précipite entre des rochers perpendiculaires fort hauts, entre lesquels il s'est ouvert un passage, où il n'y a de place que pour son lit: on a taillé dans le roc un chemin au bord de l'eau; on ne peut rien imaginer de plus pittoresque & d'aussi singulier que ce passage; les rochers y sont des formes les plus bizarres & les plus belles; des arbres de différentes espèces les couronnent & paroissent placés exprès entre les différentes masses de rochers pour former variété & décoration; la couleur des rochers, le mouvement des eaux, l'emplacement des masses de rochers disposées comme des scenes, donnent du jeu & de la perspective à tout ce local pour en former un des plus beaux spectacles qu'on puisse imaginer en ce genre.

Montagne du St.-Gothard.

On est dans l'usage de nommer montagne du Saint-Gothard un assemblage & un arrondissement de différentes montagnes considérables entassées les unes sur les autres, au-dessus desquelles s'élèvent différentes cimes qui les dominent, & en font comme le centre; ces cimes sont proprement le Saint-Gothard dont le tout a pris le nom: le contour de ces vastes monts est immense, ils s'étendent par différentes branches parmi les Alpes, les habitans du pays ne sont pas d'accord entre eux sur les limites de ce qu'ils appellent ou comprennent dans le circuit du Saint-Gothard; cette discussion n'est pas de notre objet. Il n'existe pas de bonnes cartes des pays de hautes montagnes, encore moins de la Suisse; leurs positions y sont toujours fausses & encore plus mal rendues; il ne paroit même pas qu'on ait fait des tentatives pour rectifier ce point si important dans la géographie & le dessin des cartes pour l'expression des montagnes. Il seroit très-difficile de donner une idée juste & claire de tout cet ensemble, de cette quantité de vallons, de vallées, de montagnes & de rochers, qui constituent cette partie des Alpes, par la difficulté de suivre & de voir où chaque partie aboutit & se communique ; on est arrêté à chaque pas par des précipices, par des chaînes de rochers à pic ; si, après de grands travaux & bien des risques, on est parvenu à s'élever sur quelques sommets, la vue reste toujours bornée & interrompue par quelque côté, & si l'on vient à comparer la carte avec ce que l'on voit des parties de montagnes, les vues paroissent trop étroites, d'autres trop larges, le point de perspective qui est si trompeur dans les montagnes, finit bientôt à mettre la confusion dans l'observation & l'examen qu'on cherche à faire. Ajoutons encore que pour faire des observations exactes ou pour lever la carte d'un pareil pays, il faudroit établir des signaux sur les principaux points & ceux qui sont les plus élevés, afin d'établir ses triangles. La plûpart sont inabordables, soit par les rochers & les précipices qui les entourent, soit par la glace ou la neige, dont ils sont couverts. Les habitans des montagnes ne sont point du tout d'accord sur les distances des lieux, chacun à la sienne. Nous nous contenterons de rendre compte de quelques parties accessibles que nous avons vues & examinées. C'est bien peu de chose, en comparaison de cette vaste étendue de pays qui se trouve multipliée à l'infini par ses hauts, ses bas & ses contours, & les difficultés qui se rencontrent par-tout, quand on veut le parcourir. Nous avions un tems limité pour faire ce court examen : la montagne du Saint-Gothard doit être regardée comme le point le plus haut de l'Europe, elle mériteroit des recherches particulières dans plus d'un genre ; mais il faudroit d'abord en avoir une carte bien faite & dans le plus grand détail ; l'inquiétude de la nation ne permettra pas quelle soit entreprise, & qui est-ce qui se chargeroit d'une pareille dépense, vu les difficultés & le peu de tems qu'on pourroit y travailler chaque année ? Nous allons examiner le Gothard depuis Airolo jusqu'à l'hospice, qui est sur le haut de la montagne, en suivant la route ordinaire : les substances intéressantes & curieuses qu'on y rencontre, feront peut-être naître l'idée d'examiner cette montagne par d'autres côtés, on parviendra ainsi insensiblement à avoir quelque chose de plus vrai que ce que l'on nous a dit jusqu'à présent.

Route d'Airolo au haut du St.-Gothard.

On commence à monter, en sortant d'Airolo, par un chemin, qui est pavé jusqu'au haut du Saint-Gothard, à l'exception des endroits où le roc solide sert lui-même de chemin. L'abondance des eaux & des torrens, pendant la fonte des neiges, auroit bientôt rendu cette communication nécessaire, impraticable, si on n'avoit pris une pareille précaution. On rencontre des granits roulés dans le bas & des pierres schisteuses, argilleuses, micacées de différentes couleurs mêlées de quartz, d'autres mêlées de schorls noirs, il y en a des espèces très-belles. A une petite demi-lieue d'Airolo, les roches sont blanchâtres, grises ou bleuâtres, feuilletées ou schisteuses, médiocrement dures, quelquefois tendres quand elles sont dans l'état de décomposition ; elles sont composées de parties micacées brunes, jaunâtres & jaune brillant & d'un peu de sable quartzeux ; quelques parties sont ocreuses, des schorls noirs traversent cette roche dans différens sens, en suivant la couche des lits. Ils se réunissent souvent en faisceaux & divergent en partant du point de réunion. Quand différens de ces points de réunion se trouvent joints, alors ces schorls, forment des figures rayonnantes de tous côtés, comme des espèces d'étoiles. Il y a de ces rayons qui ont deux jusqu'à trois pouces de long. Les faisceaux se croisent & se confondent souvent ; des grenats, ordinairement gros comme des noisettes, sont incrustés dans ces mica, & parmi ces schorls ; ils sont dodécaèdres, opaques, ordinairement de couleur de brique, & paroissent être dans l'état de décomposition, car il y en a de plus petits qui ont conservé leur couleur & le tissu vitreux. Ces grenats sont plus durs que la roche, dans laquelle ils sont incrustés, ils sont restés saillans dans la roche qui sert de chemin & de passage aux chevaux & aux mulets. Plus loin on rencontre des roches schisteux & micacés, mais sans grenats & schorls. Après avoir cheminé une heure, à compter d'Airolo, & toujours en montant, de grandes parties de rochers se présentent aux environs de la chapelle Sainte-Anne : elles sont disposées par couches, & se distinguent par un gris jaunâtre, d'autres sont bleuâtres ; elles sont de nature quartzeuses composées d'un sable très-fin ; c'est un véritable grès par couches, mais tout parsemé de petits cristaux de schorl noir, dont beaucoup sont placés dans le sens des couches de la pierre, les autres sont placés irrégulierement ; la plûpart sont de la grosseur d'un gros fil, d'une & deux lignes de longueur, quelques-uns de ces cristaux ont jusqu'à quatre lignes. Le Tessin qu'on a côtoyé jusqu'ici, tombe en belles cascades, les arbres cessent après avoir diminué insensiblement, ce sont toujours des arbres conifères &' résineux, qui sont sur ces hauteurs, & les mélèzes sont la dernière espèce qu'on rencontre. Les roches schisteuses continuent : elles sont mêlées de beaucoup de filons & de rognons de quartz.

On passe le Tessin sur un pont, qui est au bas du *Monte-Tremola*. Un torrent, venant de la montagne, coule au pied du mont & se jette dans le Tessin ; on reviendra à cette montagne & à ce torrent. C'est la moitié du chemin jusqu'au haut du Saint-Gothard. Les rochers des environs sont composés de couches micacées d'un sable très-fin & de couches alternatives minces de mica brun, le tout parsemé de très-petits grenats. Entre le Tessin & le chemin il y a une masse ou un bloc, de plusieurs milliers pesant, de beau schorl verd, il est traversé par quelques filons de spath calcaire blanc, quelquefois jaunâtre. On y remarque des faisceaux larges d'un doigt, il y en a de moindres ; ils ont aussi quelquefois une espèce de centre, d'où partent & se divergent les rayons en différens sens, ils se croisent les uns les autres, & forment une masse assez confuse, presque toute composée de schorl, car il y a peu de spath. Toutes les aiguilles sont d'un beau verd, elles sont striées, luisantes & vitreuses. On ne voit rien aux environs d'approchant, nous jugeâmes que ce bloc devoit avoir été précipité de quelque sommet. Dans le milieu du vallon il y a beaucoup d'énormes masses isolées & roulées de granit ordinaire avec le feld-spath, sans qu'on apperçoive de rochers de cette espèce de granit. Ceux qui sont environnans, sont par couches presque perpendiculaires, micacées, mêlés de schorls & de grenats. Le Tessin descend avec grand bruit, tombe souvent par sauts & par cascades ; une montagne, dont le pied est arrondi, est composée de lits & de couches fort minces & alternatives de mica noir & de sable quartzeux blanc ; quelques filons de quartz de trois à quatre pouces, traversent le tout. Le peu d'épaisseur de ces couches, alternativement noires & blanches, fait paroître au premier abord cette roche de couleur grise, ce n'est qu'en l'examinant de près qu'on y distingue les couches & quelques points pyriteux. Ces couches s'étendent très-régulièrement d'un côté de la montagne à l'autre, qui est circulaire dans cette partie, comme nous l'avons dit. Après avoir encore monté quelque tems, un mamelon très-considérable s'élève, & semble sortir d'entre ces montagnes : il n'est composé que de granit ordinaire, c'est un mélange de quartz, de feld-spath & de mica; les grosses masses, dont nous avons fait mention, au pied du *Monte-Tremola*, étoient de la même espèce, sont précipitées de ce rocher, & ont été entraînées plus bas par les torrens; les granits roulés qui se trouvent à peu de distance d'Airolo, sont de la même espèce, & viennent aussi de cet endroit. A côté du mamelon ou de la montagne de granit dont il est question, une autre s'élève presque à même hauteur, mais celle-ci est schisteuse & composée de quartz & de mica de différentes couleurs. On rencontre ensuite un autre pont sur le Tessin aux environs duquel, il y a de belles chûtes d'eaux; après avoir fait trois lieues, on arrive sur le haut du St.-Gothard. Si cette montagne ne paroit pas bien élevée de ce côté, c'est que le point d'Airolo, d'où nous sommes partis, étoit déjà très-élevé par lui-même, il faut se souvenir qu'il n'y avoit presque point de culture aux environs d'Airolo, & qu'il n'y avoit que des pâturages, quoique ce soit du côté du midi ; il faut se souvenir aussi qu'à une bonne lieue & demie, sans que l'on rencontre aucune végétation ligneuse, c'est-à-dire, qu'il n'y a plus d'arbres, d'arbrisseaux & sous-arbrisseaux, & qu'il y a sur le haut de la montagne des cimes, dont nous parlerons, en traitant du haut du St.-Gothard.

SCHORLS.

Le schorl verd dont nous avions trouvé une masse au pied du *Monte-Tremola* étant assez rare, il méritoit quelques recherches particulières, ainsi que les autres espèces de schorls, dont ce côté paroissoit abonder. Avant de rendre compte d'une autre partie du St.-Gothard, nous allons dire ce que nous avons observé dans le vallon *di Sorrescia alla Sella*, & les montagnes adjacentes qui sont du côté d'Airolo : à commencer du premier pont, en montant le Gothard, la partie supérieure *du Monte-Tremola* est comprise dans cet examen. Toute cette partie & ses hauteurs sont composées en général de roches schisteuses micacées, dans lesquelles il y a des schorls noirs dont les aiguilles ou les cristaux ont différentes grosseurs ou des dispositions différentes dans la roche; ces rochers sont aussi mêlés de grenats de différentes grosseurs. Après bien des recherches nous avons enfin découvert au haut de la montagne de *Tremola* du schorl verd adhérent & faisant partie de la montagne ; les schorls noirs dans leur roche micacée, étoient tout à côté. Quelle que soit la formation de ce schorl verd, ainsi que des autres espèces, il se trouve ici en masse faisant partie de la même montagne micacée qui contient les schorls noirs; il n'y a point de parties micacées jointes aux schorls verds, & d'après la description qui en a été donnée, il ne s'y trouve que quelques filons de spath : vu la position des lieux & la pente de la montagne, il n'est pas douteux que la masse que nous avons trouvée dans le bas, ne provienne du haut de cette montagne. Ces schorls verds comparés sont exactement les mêmes; la seule différence qu'on y remarque, est que celui qui est sur la montagne, est plus tendre & plus friable, ce que nous avons attribué à l'humidité entretenue par la terre & le gazon dont il est couvert; nous en avons fait découvrir une partie, afin de mettre le schorl à nud, & l'exposer en plein air, pour essayer s'il n'acquérroit pas plus de dureté, persuadé que la masse qui est dans le bas, provient de cet endroit, & quelle ne doit sa dureté aussi considérable, qu'à son exposition à l'air libre, ainsi qu'il arrive à la plûpart des pierres. Nous avons recommandé au guide qui nous accompagnoit (1) de conduire les curieux à cet endroit, & de leur dire ce qui avoit été fait; nous souhaiterions que quelqu'un voulût vérifier cette observation vraie ou fausse; cette partie de montagne mérite bien d'être visitée par tous ceux qui aiment l'histoire naturelle. Une autre remarque & vérification que nous avons eu occasion de faire, en parcourant le haut de cette montagne, est que les couches minces & alternatives de mica noir & de sable quartzeux blanc, sont les mêmes au haut de la montagne, telles que nous les avons trouvées des deux côtés de la montagne dans le bas, & nous étions fort élevés au-dessus du point où nous avions fait ces premières observations.

Nous donnons la description des principales espèces de schorls que nous avons trouvé dans cette partie du Gothard, en descendant jusqu'au torrent qui coule dans le fond.

1°. On trouve aussi dans les hauts & dans différens endroits la première espèce qui a été décrite, en montant le Saint-Gothard, rayonnée & divergente, dans une pierre schisteuse micacée avec des grenats, & des variétés dans cette espèce, soit pour la couleur ou la grandeur des parties micacées, la grosseur & la disposition plus ou moins confuse des aiguilles de schorl, la quantité de quartz, soit enfin la grosseur, la quantité ou le plus ou moins de décomposition des grenats (2).

2°. Une espèce où le schorl noir dominant, y est disposé par couches, il y a très-peu de mica & des parties quartzeuses mêlées de petits grenats s'y sont rassemblées, en assez grande quantité pour y marquer un filon ou une couche très-distincte de couleur rouge; il y a aussi quelque peu de pyrite dans cette espèce. Variétés pour la quantité du schorl, les aiguilles plus ou moins marquées, plus ou moins de parties quartzeuses. Il y en a qui sont sans grenats.

3°. Espèce toute composée de schorl noir, dont les aiguilles sont si fines & si rapprochées quelle paroit satinée, à peine y apperçoit-on des parties sablonneuses, elle est sans grenats. Différentes variétés à aiguilles moins fines, & avec un mélange égal de quartz sablonneux & beaucoup de petits grenats.

4°. Espèce dont la gangue est de sable pur ou espèce de grès très-fin & très-blanc, dans lequel le schorl est d'un très-beau noir luisant & jetté confusément. Il y a des

---

(1) Son nom est *Johan Lobardo detto Cristallore*, ou Chercheur de crystal, demeurant à Airolo.

(2) Tous les grenats du St.-Gothard sont dodécaèdres à plans rhomboïdaux.

aiguilles

aiguilles qui ont plus d'un pouce de long, & des grenats de couleur d'hyacinte un peu transparens. Cette espèce est très-belle par l'opposition du fond blanc avec le schorl noir : il y a plusieurs variétés où les aiguilles de schorl sont plus opposées, plus ramassées, plus confuses.

Nous nous bornons à ces espèces principales qui suffisent pour faire connoître la grande variété des schorls qui sont dans ce canton; on en trouveroit sans doute davantage, en les visitant mieux que nous n'avons fait faute de tems.

Route d'Altorf au St.-Gothard.

Nous allons donner les observations que nous avons faites, en montant le Saint-Gothard par le côté septentrional, & nous terminerons ce que nous en avons à dire par la description du haut de cette montagne. Il y a aux environs d'Altorff, chef-lieu du canton d'Uri, de grands terreins couverts de pierres roulées, dont la plus grande partie est amenée par le Schœchen, torrent qui descend de la vallée du même nom, & l'autre par la Beuff qui descend du Saint-Gothard. Sans se donner beaucoup de peines, on y a la facilité de voir & d'examiner une grande variété de pierres d'espèces différentes, & de connoître d'avance les rochers qui composent les montagnes qu'on va parcourir ; nous répétons ici que toutes les pierres arrondies ont pris cette forme par le roulis qu'elles ont essuyées dans les torrens, en se précipitant avec les eaux qui les ont amenées : plus nous avons parcouru de montagnes, plus nous nous sommes confirmés que cette observation étoit vraie & exacte. Si on a la constance de suivre une espèce jusqu'au lieu de son origine ou position première, on l'y trouvera anguleuse, & n'ayant subi d'autres changemens que celui que la nature imprime à toutes les substances qui restent en place ; on verra qu'à mesure qu'elles s'éloignent de leur première position leurs angles & leurs parties saillantes se détruisent, & qu'elles finissent par prendre la forme ronde ou approchante, en raison de leur dureté & du chemin qu'elles auront parcouru. Nous renvoyons à ce sujet à ce qui a été dit vers le commencement de ces observations, en parlant du Trient. Nous ajoutons seulement qu'il n'y a guère d'espèces de pierres roulées dans les montagnes, dont nous n'ayons pas trouvé les rochers analogues, & qu'avec du tems & les courses convenables, en observant bien les directions des montagnes & des torrens, on les retrouveroit toutes. Altorff est entouré de très-hautes montagnes, des vallons aboutissent de tous côtés dans ses environs, parce que c'est le lieu le plus bas où les eaux vont se jetter dans le lac de Wahlastall ou de Lucerne, à l'extrémité duquel Altorff est situé ; le vallon est assez ouvert dans le bas, il est cultivé dans quelques parties, & il y a des arbres fruitiers; c'est sur-tout aux environs de Birglen qu'on rencontre beaucoup de pierres roulées & des rochers amenés par les eaux. Sous l'église de Seedorff il y a un pré, c'est le lieu d'assemblée des habitans du canton d'Uri, c'est en plein air & sur ce gazon que ce brave peuple maintient ses Loix & qu'il agite s'il entrera en alliance avec les Rois.

Les rochers sont de pierre calcaire, & continuent jusqu'à Silenen à deux lieues d'Altorff ; les montagnes sont fort hautes & fort escarpées des deux côtés du vallon, de beaux prés font dans le bas ; quelques arbres fruitiers & sur-tout des noyers sont à mi-côte, & entre les rochers, des forêts de sapins. Avant d'arriver à Silenen, on apperçoit le glacier de Tittlis, il est sur le territoire d'Engelberg, & on trouve encore quelques hêtres : derrière les montagnes boisées il s'en élève d'autres nues & arides. Des points de vues admirables pour la dégradation des montagnes &

pour le sauvage, s'offrent de toutes parts. Des chalets, des habitations isolées, sont situés au pied des plus affreux rochers qui les menacent d'une ruine prochaine. L'habitant y vit sans crainte, entouré de son pré & de son petit bien dont il est tranquille possesseur.

La chaleur concentrée dans ce vallon y fait mûrir différentes productions peu recherchées; à la vérité, ce sont des fruits fort communs, excellens pour le pays, parce qu'on n'y en connoît pas de meilleurs. C'est du petit village d'Amsteg, entouré de fort hautes montagnes, qu'on commence à monter ce qu'on nomme le Saint-Gothard en général ; le chemin devient plus roide, la Reuss y est plus resserrée, & roule ses eaux dans un lit fort profond & très-escarpé ; des torrens, des cascades, tombent de différens endroits des deux côtés de ce vallon & de belles forêts de sapins, où il y a des arbres prodigieux pour la hauteur, varient les points de vues ; on s'élève beaucoup au-dessus du fond du vallon par des chemins rapides: l'exposition plus heureuse fait cultiver du jardinage & des arbres fruitiers ; il y a beaucoup de chanvre dans ces environs. De l'autre côté du vallon sur la gauche de la Reuss, est une usine où on fabriquoit de l'alun & du vitriol, les travaux ont cessé ; ces établissemens & l'exploitation des mines sont peu connus & peu suivis en Suisse. La Reuss semble toujours s'enfoncer davantage, par-tout où le roule ses flots avec bruit & fracas, elle s'est creusée un lit à des profondeurs incroyables ; il n'y a point d'endroit où l'on puisse mieux voir cet étonnant travail des eaux que sur le pont du *Pfaffensprung*, à une demi-lieue de Vassen ; il est à une hauteur si effrayante que le premier mouvement, quand on regarde au bas du pont, est de se tenir au parapet, & le second de le quitter, dans la crainte qu'il ne manque ; ce n'est que par réflexion qu'on y revient. On voit la progression & le travail successif de l'eau du haut jusqu'en bas ; la roche a des sinuosités ou des angles arrondis, rentrans & saillans alternativement de chaque côté, & dont les saillans sont opposés aux rentrans, de façon qu'il reste peu d'espace pour appercevoir l'eau, ce cânal ou ce gouffre n'ayant pas plus de deux toises & demie de large. Depuis Silenen on ne voit plus de pierres calcaires, les rochers sont schisteux argilleux, mêlés de beaucoup de quartz ; le lit de la Reuss est rempli de granits, mais qui viennent des montagnes supérieures. Au-dessus du pont dont nous venons de faire mention, on rencontre un passage des plus pittoresques, composé de moulins, de scieries, de chûtes d'eau, dominés par le village de Vassen, & entourés de montagnes fort extraordinaires. Une roche argilleuse sur un plan incliné, s'est détachée de la hauteur, & a emporté un pont & un moulin : à côté du torrent qui fait aller ce moulin, & qui se jette dans la Reuss, on trouve beaucoup de pierres chargées d'une belle couleur rouge, un peu orangée & très-vive, nous en avons ramassé quelques-unes pour les examiner à loisir ; il s'est trouvé que le lendemain la couleur avoit totalement disparu ; mais ces pierres avoient une odeur de violette ; la loupe y a fait distinguer des lichens très-fins & très-déliés, devenus couleur verd d'olive en se féchant ; cette odeur se développe plus fortement en mouillant la pierre ; nous avons remarqué depuis qu'en réitérant trop souvent cette épreuve, l'odeur n'en dure pas si long-tems. Nous avons vu d'autres pierres & des parties de rochers couvertes d'une poussière très-fine, peut-être est-ce aussi des lichens ; celle-ci étoit de la plus belle couleur jaune citron ; mais étant hors de portée, nous n'avons pu en ramasser. Nous observerons que c'étoit le vingt Août que nous avons vu ces lichens.

On monte beaucoup après avoir passé Vassen : ses environs sont d'une variété étonnante pour la beauté & la singularité des paysages. Des nappes d'eau, des cascades qui se précipitent de roches en roches, forment dix & quinze chûtes avant de se perdre dans les sapins qui contrastent avec la blancheur des eaux toutes réduites en écume. Des maisons d'une construction particulière, placées contre des rochers pour les mettre à l'abri des avalanches, des poutres jettées sur différentes masses de rochers pour passer la Reuss & autres torrens dont les eaux sont bouillonantes & jaillissantes, des arcades de pierres pour joindre des rochers suspendus sur ces précipices, des rochers de mille formes bizarres, occupent le voyageur, & ne lui donnent pas le tems d'appercevoir les mauvais pas qu'il franchit. Il y a sans doute des hommes assez malheureux, qui ne verroient que les dangers, ne seroient occupés que de leurs craintes & de terreurs paniques ; c'est en effet une grande privation de ne pas sentir les beautés de la nature, elle devient un malheur réel quand ce plaisir se trouve remplacé par des angoisses & de la frayeur. Un tableau d'un autre genre, nouveau, & pour lequel les expressions manquent, est une forêt rasée & abattue par une avalanche, il y a quelques années ; ces sapins de plus de cent pieds de long, ont eu le tems de perdre leurs feuilles, & de permettre à la vue de passer à travers cette énorme quantité de bois & de branches entrelacées de mille manières bizarres, & d'appercevoir des rocs épars, des eaux qui circulent autour, & tombent quelquefois en cascades. C'est un spectacle qui devient effrayant quand on pense à la force & à la violence du moyen qui a pu occasionner un pareil effet. On recueille dans ce canton la résine des mélezes. Quoique Vassen soit déjà fort élevé, on y cultive encore quelque jardinage, & il y a aussi quelques cerisiers sauvages. Il y a environ cinq lieues jusqu'à Altorff.

Après avoir passé *Vassen*, on trouve cinq ou six superbes cascades formées par la Reuss. Elle fait un bruit à étourdir : la chaleur qu'il faisoit, avoit procuré une abondante fonte de neige, & l'eau avoit beaucoup augmenté depuis le matin. Des bouleaux, des sapins & des mélezes, groupés ensemble, formoient des contrastes agréables par la variété & le mélange des différens verds. Les chemins sont faits à grands frais & avec beaucoup de soin ; on a jetté des arcades en différens endroits pour joindre les rochers & faire passer les chemins par-dessus ; on entend mugir la Reuss sous ses pieds, elle écume par-tout, il faut être accoutumé à ce spectacle pour n'en pas être effrayé. Les rochers de droite & de gauche sont par-tout à pic & d'un granit qui est jaunâtre dans différens endroits ; dans d'autres il est décomposé, passant à l'état d'argille ; c'est le feld-spath qui subit le premier ce changement. Des quartiers de rochers, des parties de montagnes sont épars ; des chalets, des habitations solitaires sont placés aux environs des endroits où il y a quelque pâturage. Il y a un de ces rochers qui est une belle masse de granit, appellée *la pierre du Diable* ; on n'oublie pas de la faire remarquer, parce qu'il y a un conte populaire à son sujet que de graves Auteurs nous ont conservé. Le vallon se rétrécit beaucoup avant d'arriver à *Gestinen*. On a élevé par-tout des murailles à de très-grandes hauteurs pour faire le chemin. Tout ce travail, vu le local, est incroyable pour la difficulté : de gros blocs de granits sont rangés sur les bords du chemin pour servir de barrières dans les endroits les plus dangereux. Ces passages sont si étroits qu'il faut peu de chose pour les interrompre ; on a grand soin d'entretenir & de réparer les chemins, pour lesquels l'on paye différens péages, dont un est à Vassen. Après avoir passé différens ponts, avoir remonté différentes cascades formées par la Reuss, & d'autres qui tombent des rochers qui bordent le vallon, on apperçoit une brume ou nuage qui est de l'eau réduite en poussière par une chûte d'eau très-haute ; c'est la Reuss qui se précipite avec un bruit terrible, au-dessus du pont du Diable, & continue, par différentes autres cascades, à rouler & à blanchir ses eaux en passant sous le pont ; elle s'est creusé un lit d'une grande profondeur entre les rochers qui dominent cette partie ; ils sont à pic, & surplombent dans différens endroits ; ce passage est effrayant de toutes façons, on ne peut s'empêcher d'être saisi à son aspect, & étonné du fracas & du mugissement qu'on entend ; si on n'étoit préparé, & comme accoutumé par tout ce qu'on a vu avant d'arriver à ce lieu, on croiroit être dans le bouleversement de la nature.

PONT DU DIABLE.

Le pont du Diable est d'une seule arche à plein ceintre de quatre toises d'ouverture, deux & demie de large & de douze toises d'élévation au-dessus de l'eau ; le fracas & la rapidité avec laquelle l'eau passe sous ce pont, ne permettent guères qu'on la considére tranquillement de-dessus le pont, on est toujours tenté de s'en éloigner ; plus on considére cette eau, plus elle semble augmenter & accélérer sa course, & son mugissement devenir plus fort. Ce pont n'a rien de merveilleux que le nom & les contes ridicules qu'on en a faits, & il n'est pas moins ridicule de les trouver répétés dans de doctes écrits, faits pour instruire. Il y a en Suisse des ponts & d'autres ouvrages dont la construction a eu plus de difficulté. Nous sommes bien éloignés de vouloir diminuer le mérite de pareilles entreprises, sur-tout quand elles sont utiles ; notre but sera toujours de présenter les choses avec vérité & impartialité ; nous disons en conséquence qu'on ne peut trop admirer le courage & la persévérance de la nation Suisse d'avoir entrepris & fini de rendre praticable, autant qu'il pouvoit l'être, un pays qui ne paroissoit devoir être habité que par des chamois accoutumés à franchir les rochers ; on est effrayé de voir la difficulté & les dépenses qu'il a fallu faire ; le tems qu'a exigé la construction de tous ces ponts & de ces chemins élevés à des hauteurs incroyables & sur des précipices affreux ; l'industrie qu'il a fallu pour trouver & ménager des communications, & les moyens ingénieux qu'on a employé pour y parvenir, ne sont pas moins admirables. La distance depuis Gestinen jusqu'à *Teufels-*

DE LA SUISSE.

bruck ou pont du Diable, qui eſt d'environ deux lieues, ſuffit pour prouver ce que nous diſons; cette vallée qu'on nomme *Schollenen*, offre à chaque pas des difficultés vaincues, des rochers franchis, des intervalles comblés par des murailles où il a fallu employer des montagnes de pierres. Les chemins ſont pavés par-tout, mieux que dans beaucoup de villes: des chevaux & des mulets chargés les fréquentent toute l'année; & dans quels pays ces grands travaux ont-ils été exécutés?, dans un véritable cahos de rochers & montagnes dont partie ſont bouleverſés, & dont l'autre paroît prête à s'écrouler ſur le paſſant, qui ne voit ſous ſes pieds que des écueils, des gouffres & des précipices, au fond deſquels roule un torrent écumant & furieux. Si les rochers ſont menaçans, les avalanches ſont encore plus dangereuſes dans ce redoutable paſſage; il n'y a point d'année qu'il n'y périſſe des hommes & des bêtes de ſomme: on fait voir un endroit où une avalanche tranſporta à plus de cent toiſes au-delà de la Reuſſ, dix-neuf chevaux & mulets chargés, ainſi que leurs conducteurs; dans d'autres endroits des quartiers de rochers prodigieux qui ont été déplacés & tranſportés de même.

CHEMIN SOUTERRAIN.

Après avoir paſſé le pont du Diable, le chemin tourne à gauche, puis à droite, pour monter une rampe aſſez rapide, très-bien pavée, qui conduit à une ouverture dans le rocher, c'eſt le ſeul paſſage qui ſe préſente, nommé *Urner-Loch*, trou du pays d'Urner ou Urſeren; un rocher fort élevé eſt ſur la gauche & les caſcades de la Reuſſ à droite; l'entrée du paſſage eſt obſcure, c'eſt une galerie ſouterraine pratiquée dans le roc, haute de neuf pieds environ, de façon qu'un homme peut y paſſer à cheval, de onze pieds de large & trente-deux toiſes de long: on a pratiqué dans le milieu une ouverture pour donner du jour; cette roche eſt toute de granit, ainſi que celles qui ſont autour du pont du Diable. Il y a environ ſoixante ans que cette galerie a été ouverte; le chemin paſſoit auparavant en dehors ſur une eſpèce de pont qui tournoit le rocher & ſe trouvoit exactement ſuſpendu & fort mal aſſuré, au-deſſus des caſcades de la Reuſſ; de fréquens accidens, de grands frais pour reconſtruire & entretenir ce pont, ſouvent entraîné par les eaux, ont néceſſité l'ouverture de ce paſſage.

VALLÉE D'URSEREN.

En ſortant de ce paſſage obſcur, on eſt ſurpris d'entrer dans une plaine ouverte, riante & couverte de verdure, & de voir couler à côté de ſoi une onde limpide & tranquille. Ce tableau eſt d'autant plus frappant qu'on vient de voir le contraſte le plus effrayant; ce paſſage ſouterrein eſt comme le rideau qui ſe lève entre deux décorations, dont l'une repréſentoit le cahos & le bouleverſement de la nature, & l'autre celle de la nature naiſſante & parée des premiers & des plus ſimples ornemens; cette plaine eſt unie, de forme ovale, couverte d'un vaſte gazon & de pâturages, entre leſquels ſerpente doucement la Reuſſ: ſur ſes bords il y a quelques buiſſons & peu d'arbres, ce ſont des aulnes. Des cabanes de bois, des chalets iſolés & ſolitaires ſont répandus çà & là à l'entrée du vallon: à gauche eſt le village d'*In-der-Matt*, bâti en pierres & à neuf; dans le fond celui de *Hoſpital*, ſitué ſur le penchant d'un côteau, il eſt dominé par une groſſe tour: les montagnes du St-Gothard ſervent de fond au tableau, elles ſont trop éloignées pour laiſſer appercevoir leur aridité; des montagnes nues, couvertes d'une verdure légère ſans arbres & ſans buiſſons, bordent les deux côtés du vallon; enfin tout paroît jeune & d'une création nouvelle au premier coup-d'œil, qui met le ſpectateur dans l'état où eſt un homme à ſon réveil après un rêve épouvantable, où il n'a vu que des objets effrayans; il ſe trouve heureux & content d'être en ſûreté & hors des dangers qui le menaçoient, tant les impreſſions de ſon rêve lui ſont encore préſentes.

Ce vallon offre des remarques intéreſſantes pour l'Hiſtoire Naturelle; ſa poſition, ſa forme & ſon nivellement ne laiſſent aucun doute que cet emplacement n'ait été le ſéjour des eaux; en examinant les bords du lit de la Reuſſ, on reconnoît que le terrein de ce vallon eſt par couches horizontales de pierres argilleuſes; le pied des montagnes qui entourent le vallon ſur la droite eſt de pierre calcaire griſe; à la même hauteur, & à mi-côte, ſur la gauche, on trouve de la pierre ollaire. Voilà encore une de ces circonſtances, où il ſeroit intéreſſant de connoître la hauteur exacte de cette pierre calcaire, & de pouvoir comparer ſon niveau avec d'autres que nous avons déjà obſervé être auſſi dépoſées au pied des montagnes dans de petits vallons fort élevés, analogues à celui dont il eſt queſtion. Quelque ſecouſſe aura rompu l'enceinte de rochers qui fermoit ce baſſin: l'écoulement des eaux aura achevé de creuſer ce paſſage, où coule actuellement la Reuſſ, & le vallon qui eſt au-deſſous. Quoique les angles rentrans & ſaillans des montagnes ayent lieu dans quelques endroits, il s'en faut de beaucoup que ce ſoit une règle certaine: le vallon qui deſcend du Saint-Gothard à Altorff eſt une de ces exceptions. Une autre choſe remarquable dans ce vallon, c'eſt qu'au ſortir du paſſage ſouterrein que nous avons dit être creuſé dans le granit, il y a tout à côté ſans interruption, & formant la même maſſe de rocher, de la pierre ſchiſteuſe micacée, mêlée de quartz, dont les couches ſont perpendiculaires, ſe fendent & tombent par morceaux, qui ont la forme de poutres ou de bois équarris. Cette eſpèce de roche eſt auſſi haute que celle de granit, & compoſée, dans des proportions différentes, des mêmes parties intégrantes que le granit; n'a-t-elle pas été appoſée & formée contre celle de granit, qui aſſurément doit être plus ancienne, puiſqu'elle eſt enveloppée par la roche ſchiſteuſe? Ce vallon, d'une bonne lieue de longueur ſur moitié de largeur, peut occaſionner bien des réflexions; nous avons été obligé de paſſer rapidement ſur ces objets, nous ne faiſons que les indiquer. Au haut de la montagne rapide qui eſt au-deſſus du village d'*In-der-Matt*, il y a un petit bois de ſapins, auquel il eſt défendu de toucher ſous peine de la vie. Il eſt réſervé contre les avalanches; ce ſont les ſeuls arbres qu'on voie ſur les hauteurs environnantes; derrière ce bois on apperçoit un glacier d'où deſcend un torrent qui va ſe jetter dans la Reuſſ; il amène, ainſi que les autres qui deſcendent de ce côté, des pierres ſchiſ-

xxxvj DISCOURS SUR L'HISTOIRE NATURELLE

teufes micacées, mêlées de quartz, de même nature que celle qui eſt à côté du paſſage ſouterrein. On monte par un beau chemin au village de Hoſpital qui dépend auſſi du pays d'Urſeren : tout ce canton eſt renommé pour ſes excellens fromages. Il n'y a que des pâturages, & point d'autre culture. Le bois qui eſt de première néceſſité dans un pays auſſi froid, auſſi élevé & toujours entouré de neige, y manque totalement ; on eſt obligé de l'aller chercher dans la vallée de Schollenen, & on traîne ſur la neige le bois de charpente. Le village de Hoſpital eſt ſitué ſur des roches ſchiſteuſes mêlées de mica & de quartz, elles ſont bleues, verdâtres & griſes. C'eſt à Hoſpital qu'eſt la rencontre de différens chemins pour paſſer le Saint-Gothard ; il y en a un qui venant du Vallais, paſſe à côté du glacier du Rhône & par la montagne de Fourck. Un ſecond qui vient des Griſons, paſſe par Diſentis & Chiamut entre les ſources du bas Rhin. Ce ſont des ſentiers : qu'on juge de ce qu'ils peuvent être d'après le grand chemin que nous venons de décrire, qui conduit de la Suiſſe en Italie.

Sur la droite du village de Hoſpital en un vallon que nous avons viſité juſqu'au village de *Zum-d'Orff*, à une grande demi-lieue. Il y règne auſſi une couche de pierre calcaire à même hauteur, au bas de la montagne qui renferme le vallon, & nous prions de remarquer quelle eſt auſſi ſur la droite, & que ſur la gauche il y a de la pierre ollaire ; une maſſe énorme de cette eſpèce, ſous laquelle on travailloit depuis long-tems pour en tirer de quoi faire des poêles, ayant perdu ſon équilibre, eſt tombée ſur le côté. Les rochers qui dominent, ſont des roches ſchiſteuſes micacées avec du quartz. Ce denier village fait auſſi partie de la vallée d'Urſeren, c'eſt le pays habité le plus élevé de l'Europe ; les habitans ſont forts & robuſtes ; les montagnes de ce canton étant nues, arides & fort rapides, les avalanches y ſont fréquentes.

HAUT DE LA MONTAGNE DU ST.-GOTHARD.

C'eſt au ſortir de Hoſpital qu'on monte véritablement le mont Saint-Gothard : le chemin eſt eſcarpé, pavé & bien entretenu. Dans un vallon à droite deſcend le *Garceren*, torrent qui vient des glaciers ; ſon eau eſt blanchâtre, ſe jette dans la Reuſſ, & en trouble la limpidité ; les rochers ſont de plus en plus dépouillés, ſecs & arides, on trouve les derniers buiſſons, des aulnes rabougris. La Reuſſ tombe de rocher en rocher, des blocs & des quartiers énormes, qui rempliſſent ſon lit, lui barrent ſouvent le paſſage ; ſes eaux s'élancent par-deſſus quand elle ne peut les contourner ; on ne voit enfin que des rochers, des abymes & des précipices ; on marche néanmoins en ſûreté au milieu de ce déſordre de la nature : les chemins ſont bien pavés, & aſſez larges pour que deux chevaux ou deux mulets chargés puiſſent y paſſer de front. Sur un rocher à droite, à une lieue de Hoſpital environ, on trouve taillées dans le roc les limites entre le pays d'*Urſeren*, & la partie Italienne ou vallée de *Livenen* ; ainſi tout le ſommet du Saint-Gothard appartient à la partie Italienne, qui eſt actuellement ſujette du canton d'Uri. On parvient enfin ſur un terrein plus uni, à une eſpèce de plateau, c'eſt le haut du Saint-Gothard ; à une demi-lieue ſur la droite, entre des rochers forts hauts, fort eſcarpés & à pic, eſt une eſpèce d'entonnoir, où ſe raſſemblent les eaux des neiges fondues : elles y forment le petit lac de *Luẕendro*, gelé les trois quarts de l'année, d'où la Reuſſ tire ſa ſource en partie ; car les glaciers du mont de la Fourche ou *Fourk* dans le haut Vallais, fourniſſent auſſi un torrent qui eſt regardé comme la ſeconde ſource de la Reuſſ ; le Rhône prend ſa ſource dans la partie oppoſée du même glacier.

Le haut du Saint-Gothard eſt un vrai vallon, puiſque des cimes, des pyramides, des montagnes prodigieuſes, compoſées toutes de rochers, s'élèvent au-deſſus, & l'entourent de tous côtés. L'eſpace qui eſt entre ces rochers a une forme à-peu-près circulaire ; il paroît avoir été un fond qui a été élevé & comblé juſqu'au point où il eſt par les débris des montagnes qui le dominent, & qui s'y amoncèlent encore actuellement ſous nos yeux ; il a une eſpèce de niveau qui va un peu en pente du côté du midi & du côté du nord, par leſquels ſe fait l'écoulement des eaux fournies par la fonte des neiges, dont la Reuſſ & le Teſſin ſont les canaux. Des maſſes étonnantes de rochers rempliſſent la ſurface de ce vallon : elles y ſont placées dans un déſordre qui ne reſſemble point aux poſitions des rochers actuels, & paroît à croire qu'elles y ont été jettées & culbutées au hazard. Ces maſſes iſolées ſont toutes de granit compoſé de quartz, de feld-ſpath & de mica verdâtre ; le chemin qui traverſe ce vallon tourne autour de ces maſſes. Il faut que les pics élevés qui bordent ce vallon ayent été beaucoup plus hauts qu'ils ne le ſont actuellement pour avoir pu fournir à combler cette étendue, qui a une lieue au moins. Il n'eſt pas douteux non plus, que les vaſtes montagnes qui ſont au pied de toutes celles qui forment l'enceinte du Gothard, au moyen deſquelles on trouve un accès plus facile & des rampes moins rapides pour s'élever comme par degrés à cette hauteur, qui compoſent enfin ces montagnes de ſeconde & de troiſième formation, ne doivent leur exiſtence aux débris de ces coloſſes qui dominent tout. L'examen de ce qui ſe paſſe ſous nos yeux journellement, ne peut nous laiſſer aucun doute ſur l'abaiſſement des montagnes. Il n'y a point de torrent, point d'écoulement d'eau, quelque petit qu'il ſoit, qui n'entraîne, en deſcendant des montagnes, des terres, des graviers ou des ſables, pour les porter plus bas. Les grands torrens, les fleuves, les rivières, gonflés par les fontes ſubites des glaces & des neiges, entraînent des rochers entiers, creuſent de vaſtes & profonds ravins ; ces maſſes de rochers diminuent par le choc & le frottement qu'elles eſſuient entre elles, & ſur les rochers ſur leſquels elles paſſent, dont elles occaſionnent reciproquement la deſtruction ; ce ſont les débris de cette eſpèce de trituration qui troublent les eaux & dont le dépôt élève inſenſiblement les bords des rivières, forme le limon fécondant de nos plaines, & va former juſques dans le ſein des mers ces atterriſſemens, ces barres & ces bancs qui en reculent les bornes. Les rochers les plus durs, ces granits que les meilleurs outils ont tant de peine à façonner, ne réſiſtent point au tems & aux intempéries des ſaiſons ; leur ſuperficie ſe dénature & ſe décompoſe ſouvent au point de ne pas les reconnoître : des lichens, de petites mouſſes s'inſinuent dans leur tiſſu, l'eau y pénètre, & la gelée ſépare leurs parties ; s'ils ſe trouvent placés ſur une pente de façon à pouvoir être entraînés par les eaux, la plus groſſe maſſe eſt bientôt réduite à peu de choſe ; après

avoir

DE LA SUISSE.

avoir parcourue un plan incliné (1) ; quels changemens ne doit pas avoir opéré cette marche conftante de la Nature ? A quel point n'a-t-elle pas rendu méconnoiffable la fuperficie du globe que nous habitons. Pour peu qu'on réfléchiffe que les montagnes fourniffent continuellement aux plaines, & que celles-ci ne rendent rien aux montagnes, on pourra fe faire quelque idée des changemens que la révolution des fiècles a dû opérer. Auffi n'eft-ce que fur les hautes montagnes qu'on apperçoit encore parmi leurs vaftes débris, les matériaux qui ont fervi & fervent aux créations nouvelles que la nature opère journellement. Qu'ils font grands, qu'ils font majeftueux ces antiques débris ! que l'homme eft petit, qu'il eft confondu quand il ofe y porter un regard curieux !

HAUTEURS MESURÉES DU ST.-GOTHARD.

La hauteur du St.-Gothard a été mefurée dans différens tems & par différentes perfonnes. Selon M. de Caffini, le Gothard eft à 1282 toifes, au-deffus du niveau de la mer. Selon Micheli à 2782, cette différence eft trop grande pour qu'on puiffe faire ufage de ces mefures; de plus M. de Caffini ne s'eft pas expliqué fur ce qu'il entendoit par hauteur du Gothard, fi c'étoit fon plateau ou les cimes ou pics qui le dominent. Micheli étant renfermé au château d'Arbourg, ne pouvoit prendre que la partie la plus élevée, mais l'inftrument & la méthode dont il a été obligé de fe fervir, fuffifent pour donner des doutes fur fes calculs; nous aimons mieux nous en rapporter à M. de Sauffure, qui a bien voulu nous communiquer fes opérations, faites avec un baromètre conftruit felon les nouveaux changemens faits à cet inftrument par M. de Luc; inftrument qui doit avoir la préférence fur tous ceux de ce genre, qu'on a employé jufqu'à préfent & jufqu'à ce que nous ayons une méthode qui foit trouvée meilleure d'après le raifonnement & l'expérience.

Selon M. de Sauffure, le lac de Genève eft au-deffus de la Mediterranée de . . . . . 187 toifes 4 pieds.
Les Capucins du Saint-Gothard font
au-deffus du lac de Genève de . . 873 3
Et la pointe du Ficut, une des montagnes ou pics qui bordent le vallon, eft
au-deffus du lac de Genève de . . 1190 2

De façon qu'un des fommets du Gothard (la pointe du Ficut) eft à 1378 toifes, au-deffus de la Mediterranée, & cette même pointe eft élevée plus haut que le plateau ou les Capucins de 316 toifes un pied.

L'hofpice du Saint-Gothard eft occupé par deux Capucins Italiens, qui reçoivent de leur mieux les étrangers que la néceffité force d'avoir recours à leur hofpitalité. On y trouve un lit, quand le mauvais tems oblige à y féjourner. On eft fort heureux de trouver un tel couvert dans un pareil défert ; rien ne fait plus honneur à l'humanité que de pareils établiffemens ; les pauvres y font logés & nourris gratuitement ; ceux qui le peuvent, trouvent toujours moyen de payer leur dépenfe, quoique les Capucins ne manient point d'argent. Ils font une quête dans toute la Suiffe pour fubvenir à une dépenfe auffi confidérable. Comme nous l'avons dit, douze cens chevaux font continuellement occupés au tranfport des marchandifes qui paffent le Saint-Gothard, & cette route eft très-fréquentée par les voyageurs. Il y a à côté de l'hofpice une écurie où un hofpitalier vend ce qui eft néceffaire pour la nourriture des bêtes de fomme. Cette route eft auffi fréquentée l'hiver que l'été : les tranfports s'y font même plus aifément dans cette faifon, au moyen des traîneaux. Cette montagne eft plus praticable que le Saint-Bernard par les chemins qui y font faits, & autant bons qu'ils peuvent l'être dans un pareil pays. Mais le Saint-Gothard eft plus dangereux que le Saint-Bernard pour les avalanches ; il y a également des chapelles pour enterrer les malheureux qui périffent.

A peu de diftance de l'hofpice il y a une petit lac de trois à quatre cens toifes de long ; trois autres font à peu de diftance, ils ont à-peu-près les mêmes dimenfions ; on dit qu'ils font très-profonds. Ces lacs fe communiquent les uns aux autres, & les environs en font marécageux ; ce font les fources du Teffin, ainfi qu'un cinquième plus petit, peu éloigné, fitué du côté de la montagne de *Furk*, nommé *Lago del Pettine*. Tous ces lacs font affez mal placés & mal indiqués fur les cartes géographiques. Ce plateau étoit abfolument fans neige vers la fin d'Août, on y voyoit un court gazon entre les maffes de rochers ; la plante la plus apparente eft l'hellébore blanc à fleurs verd-blanchâtres, & il y en a peu. On n'apperçoit aucune trace de végétation fur ces pics & ces rochers qui entourent le vallon du Gothard : ils femblent s'élancer dans la région de l'Ether ; ils font couverts de glace & de neige, & très-fouvent entourés de nuages qui font le berceau des orages. Ce n'eft qu'avec des difficultés incroyables qu'on parvient à grimper & à fe guinder en quelques endroits parmi ces précipices. Des cryftalleurs ou mineurs qui cherchent des cryftaux, font les feuls qui s'y expofent. Ce font ces pointes qui réfléchiffent dans un beau tems, long-tems avant le lever & le coucher du foleil, ces belles couleurs rofe & pourpre qui font appercevoir aux plus grandes diftances poffibles. Ce font :

. . . . *Ces monts fourcilleux*
Qui preffent les Enfers, & qui fendent les Cieux !   VOLT.

ESPÈCES DE ROCHES QUI SE TROUVENT SUR LE ST.-GOTHARD.

Ces rochers ne font pas néanmoins tous de la même efpèce, & ne font pas tous des granits. Nous allons rendre compte des efpèces de pierres différentes que les eaux amènent de-deffus ces hauts pics ; nous ne prétendons pas les avoir toutes obfervées, nous n'en avons pas eu le tems ; ces débris forment des élévations, des rampes confidérables & des efpèces de montagnes au pied de ces roches perpendiculaires.

1. Roche fablonneufe, mêlée de feld-fpath très-blanc & luifant, dont les parties rhomboïdales font très-fines, & à peine vifibles, entremêlées d'un mica blanc argentin. Les couches y font peu diftinctes, elles font pliées & comme ondées.

2. Autre de la même efpèce avec un mica, couleur de molybdène.

3. Autre plus compacte, plus dure avec des parties quarr-

---

(1) Voyez ce qui a été dit, vers le commencement, dans l'obfervation fur les pierres roulées.
Tome I.   k

zeufes fans feld-fpath, eft par couches jaunâtres & blanches avec un mica très-fin jaune & brillant.

4. Autre de la même espèce où le mica eft blanc & argentin.

5. Roche fablonneufe où les parties micacées noires dominent ; elle eft par couches minces & fans beaucoup de liaifon, brillante & chatoyante.

6. Roche fchifteufe ou par couches de quartz blanc & de mica très-blanc ; elle a beaucoup d'éclat & de luifant.

7. Roche fablonneufe ou efpèce de grès dont le fable eft très-fin & compacte ; on a peine à y appercevoir le mica & les couches qui la compofent.

8. Même efpèce, avec plus de mica.

9. Autre roche fablonneufe par couches dont les parties quartzeufes font plus visibles & plus groffières ; le mica qui s'y trouve mêlé, eft noir, tranche fur le blanc du quartz ; cette efpèce eft fort dure, & fait beaucoup de feu avec le briquet.

10. Roche fchifteufe par couches alternatives de mica brun & de quartz, le mica y domine ; ces couches de différentes couleurs la font paroître rubanée : elle a peu de liaifon & fait cependant feu au briquet.

11. Roche fchifteufe verdâtre compofée prefque toute de mica & d'un peu de quartz ; les couches en font très-minces & peu vifibles.

12. Même efpèce dont les parties micacées font plus grandes, plus luifantes, & ont plus de jeu.

13. Roche fchifteufe dont les couches font interrompues par des grains de quartz & de feld-fpath, qui occafionnent des renflemens aux couches, fans les interrompre.

Ces différentes efpèces ou variétés que nous indiquons, fuffifent pour faire connoître que ces fommets ne font pas tous compofés de granits, comme on le croit communément. Si celles que nous venons d'indiquer, ont quelques parties conftituantes du granit ordinaire, elles en diffèrent beaucoup par le tiffu & l'arrangement ; il feroit fans doute intéreffant de connoître la pofition de ces efpèces, & la grandeur de leurs maffes. Les lieux où fe trouvent les fubftances que nous venons de décrire, ne peuvent laiffer aucun doute fur leur origine, elles ne peuvent venir que des rochers qui couronnent le plateau du Gothard, il ne peut y en avoir de plus élevés ; elles n'ont pas parcouru un grand efpace de terrein, elles ne fe font pas arrondies. Si l'on confidère cet amas prodigieux de pierres, de maffes & de quartiers de rochers, qui fouvent font des efpèces de petites montagnes, dont on ne voit actuellement qu'une partie, l'autre fe trouvant enterrée par des décombres, on ne peut s'empêcher de croire qu'un pareil bouleverfement n'ait été produit par les plus grandes caufes ; il n'y a que l'agitation, les fecouffes du globe & les tremblemens de terre qui puiffent avoir opéré des effets auffi terribles. La rupture, la chûte & le déplacement de maffes auffi folides, auffi liées & auffi pefantes, ne peuvent être l'effet lent, quoique deftructeur du tems. On voit par-tout fur ces fommets élevés, les traces de ces violentes révolutions : plus ces fommets font éloignés du centre du globe, plus les tremblemens de terre doivent y avoir eu de force, & y produire de grands effets.

Sentimens des Auteurs sur les diverses roches du St.-Gothard.

Si l'on s'en rapporte aux defcriptions qu'on nous a donné des efpèces de roches, qui compofent les montagnes du Saint-Gothard, M. Gruner dit : » La plus grande partie de » la montagne eft de grès groffier, page 184 (1). Le » haut du Gothard eft formé fur-tout d'un grès de l'ef- » pèce du quartz, & d'une pierre ollaire bleuâtre, dont » les couches font perpendiculaires ou un peu inclinées » vers le midi, page 186. Auprès de Geftinen (dans la » vallée de Scholenen) on trouve beaucoup de rochers » qu'on peut couper, comme la corne, & écrafer entre » les doigts, ils font couleur de perles, brillans & mêlés » de petits quartz, qui les rendent inégaux & rudes, page » 190. Voici comment il définit le granit, page 258 ; au » midi de la Suiffe, il y a beaucoup plus de rochers vitri- » fiables & de grès qui font fort différens entreux, quant » au grain, à la dureté, à la couleur & au mélange. On » apperçoit en général dans ces grès toutes fortes de mé- » taux, ils contiennent tous un peu de fer, & font en » plus grande quantité que les pierres calcaires. Après le » grès qu'on y trouve en plus grande abondance, eft une » roche quartzeufe, compofée de grains durs, groffiers, » en partie tranfparens, en partie noir-bleuâtres ou ver- » dâtres, dans une efpèce de gangue quartzeufe blanche ; » cette efpèce eft nommée en Suiffe *Geisbergerftein* (2). » MM. Pott, Wallerins & Jufti n'en ont pas fait men- » tion. Elle approche beaucoup de celle des alpes Laponnes » & de quelques autres caractérifées par M. Linné, » *faxum micaceo-corneum granulis maculatum*. C'eft prin- » cipalement dans cette pierre qu'on trouve les cryftaux. » Les plus hautes montagnes de la Suiffe & prefque toutes » celles que la neige couvre toujours, en font formées. » Page 261, il eft dit : » fi nous confidérons les diffé- » rences qui fe trouvent dans les montagnes, nous trou- » vons que les plus hautes font formées de pierres vitri- » fiables & principalement de roches quartzeufes granu- » lées qu'on nomme *Geisbergerftein*. Cette roche eft » fouvent mêlée de parties de *Glimer* (ce font des parties » qui font noires fur les fommets les plus élevés, tels que » ceux du Gothard & des monts voifins, rouges, vertes » bleues fur les cimes moins exhauffées «. Nous nous difpenfons de faire l'examen de ces defcriptions.

M. André, Auteur des lettres écrites de la Suiffe à Hanovre en 1763, imprimé en Allemand à Zurich en 1776, dont on fait beaucoup d'éloges en Suiffe, ne paroît être un grand minéralogifte, & avoir vu beaucoup ; au refte il copie M. Gruner. M. André dit, en parlant du granit, page 135 : » c'eft de *Geisbergerftein* que font » compofés la plus grande partie des rochers de l'endroit » nommé *Steeg* jufqu'au fommet du Gothard. Je n'avois » pas encore vu cette efpèce de pierres dans les cabinets ; » elle eft compofée de grains ou de parties de différentes » efpèces de pierres jointes enfemble, dont la plus grande » partie font de quartz, l'autre eft de grains de ftéatite ou » de parties micacées (qui font la même chofe) joints à » de l'argile. Souvent cette ftéatite a une couleur jaunâtre » ou verdâtre, & le plus fouvent elle eft noirâtre. J'ai

---

(1) Hiftoire Naturelle des glacières de la Suiffe, traduite de Gruner, 1770. *A Paris chez Panckoucke.*

(2) Quand nous avons demandé à voir la pierre qu'on nomme ainfi, on nous a toujours montré le granit ordinaire, compofé de quartz, de feld-fpath & de mica.

DE LA SUISSE.

» aussi trouvé du *Geisbergerstein*, composé avec des grains
» d'un verd brun, qui étoient couverts d'une peau ou
» enveloppe brune verdâtre; on s'apperçoit au toucher
» quelle est grasse, que c'est une pierre de lard; ce pour-
» roit être une espèce de celles nommées ollaires; celle
» de Wallerius. *Ollaris durior vix pinguis nigro-griseus*
» *particulis talcoso-micaceis majoribus distinctis. Ollaris*
» *durus. Species 139.* Selon Gruner, les roches de la
» vallée d'Urseren (au-dessus du pont du Diable) sont bleuâ-
» tres en général, il décrit ainsi cette pierre : Roche quart-
» zeuse composée de grains grossiers en partie transparents,
» partie bleuâtres, noirâtres & verdâtres, interposés dans
» un fond quartzeux blanc, & il croit que cette pierre
» approche des pierres concrètes décrites par Linné, sous
» le titre de *saxum micaceum corneum granulis macula-*
» *tum α.* M. André convient aussi avec Gruner, *que cette*
pierre est particulière à la Suisse, & qu'on n'en trouve qu'en
Suisse. Tout cela est fort instructif, & donne une idée
très-claire du granit; ceux qui traitent de la Suisse, &
parlent de ses montagnes, prennent Gruner pour modèle,
comme l'Auteur le plus croyable étant du pays. Bertrand
dans son Dictionnaire des Fossiles nomme le granit, sorte
de marbre rouge diversifié par différentes couleurs.

TEMPÉRATURE DU ST.-GOTHARD.

La température du Saint-Gothard est comme celle du
Saint-Bernard; le chaud, le froid s'y succèdent rapidement
dans le même jour, dans la même heure; elle dépend
des vents qui dominent; il y gèle, il y neige, il y pleut,
il y tonne dans une même nuit d'été. Les orages sont
bien moins fréquens sur le sommet que vers le milieu
& le bas de ces montagnes élevées, parce que les vents
rabaissent & accumulent dans les fonds les nuages, qui s'é-
toient d'abord accrochés aux sommets des rochers; souvent les orages y durent plusieurs jours de suite, jusqu'à
ce que les matières qui les occasionnent, & qui leur
servent d'aliment, soient consommées, ou que des vents
assez forts les dissipent & les partagent. Nous renvoyons
à ce que nous avons dit à ce sujet à l'article du mont Saint-
Bernard; les mêmes phénomènes météorologiques ont lieu
pour toutes les hautes montagnes, nous ne pourrions que
nous répéter.

MONTAGNES QUI COMPOSENT LE ST. GOTHARD : RIVIÈRES QUI EN DECOULENT.

Les quatre grands fleuves & les rivières sans nombre,
d'autres moins considérables qui sortent de l'arrondissement des montagnes, dont le Saint-Gothard fait le centre
& dont la masse totale prend le nom, sont une nouvelle
indication que ce point doit être un des plus élevés de l'Europe. Le Saint-Gothard se trouve placé aux confins du
canton d'Uri, du val Levantina (ou vallée de Livenen)
du canton de Berne, du Vallais & du pays des Grisons.
La Reuss a sa source au midi & coule dans cette direction au nord, jusqu'au lac des quatre *Waldstætte* ou quatre
cantons Forestiers, communément appelé le lac de Lucerne. L'enceinte de ce qu'on nomme Gothard, s'étend
de ce côté jusqu'à *Am-Steeg*; il y a au moins sept lieues de cet
endroit jusqu'au sommet du Gothard, & on monte toujours, en côtoyant la Reuss, souvent le chemin est fort
roide. Le canton de Berne est à l'ouest de cette montagne; la Mayen, gros torrent, prend ses sources de ce
côté, & va se jetter, à Vassen, dans la Reuss. Au sud du
Gothard est le *Fourk*, où naît le Rhône qui, après avoir
traversé le Vallais dans toute sa longueur de l'est à l'ouest,
se jette dans le lac Leman ou de Genève. Le Grimsel,
très-haute montagne, fait partie de cette chaîne, & tient
au Fourk; l'Aar prend sa source dans les glaciers de cette
montagne, coule au nord-ouest, & après avoir traversé
les lacs de Brientz & de Thun, arrosé les murs de Berne
& de Soleure, va grossir les eaux du Rhin. Le mont
Pettine est entre le Fourk & le Gothard; c'est sur ce
mont où le Tessin prend une de ses sources & des lacs qui
sont sur le Gothard, coule du nord au sud, & se jette
dans le lac Locarno après avoir traversé le val Levantine
ou de Livenen. Les montagnes de *Platta*, de *Profa* & le
Caspis sont à l'est; au-delà & du même côté, le Crispalt, le Badutz, le Luckmannier, qui font partie des
Grisons, de ces dernières le Rhin tire ses nombreuses
sources : après quelles se sont réunies à Richenau dans les
Grisons, le Rhin coule au nord, & va se rendre au lac
de Constance. Un grand nombre de montagnes sont intermédiaires & renfermées entre celles que nous venons de
nommer, qui toutes ensemble forment le mont du Saint-
Gothard, ou en sont des branches.

Nous répétons qu'il est difficile de se faire une idée
claire de ce cahos & de cet amas de montagnes entassées
les unes sur les autres, faute de bonnes cartes & par la
manière dont les montagnes y sont dessinées.

CRYTAL DE ROCHE.

Pour finir de rendre compte de ce que nous avons
observé sur le mont Saint-Gothard, il nous reste à parler
du crystal de roche. Nous rassemblerons ici tout ce que
nous avons observé en Suisse à ce sujet. C'est particulièrement sur le Saint-Gothard & sur les montagnes qui en
dépendent qu'on a trouvé les plus riches mines de crystal.
La plus fameuse qu'on cite, a fourni plus de mille quintaux de crystal, estimés trente mille écus. Il y a des particuliers qui ne s'occupent que de la recherche & de l'exploitation de cette espèce de mine; dans la belle saison ils
sont errans parmi ces rochers pour faire des découvertes.
Ce sont les meilleurs guides qu'on puisse prendre quand
on a intention de grimper sur quelques sommets. Nous
avons consulté & causé avec tous ceux que nous avons pu
voir. Ils sont, on ne peut pas plus ignorans, ils travaillent
la plûpart au hazard; des éboulemens, des chûtes de rochers leur sont plus favorables souvent que leurs prétendues connoissances; elles se bornent à savoir que les
mines ou fours à crystaux se rencontrent dans des filons
de pierres blanches & ordinairement dans la pierre qu'ils
nomment *Geisbergerstein*, c'est le granit; qu'on juge de la
connoissance de cette espèce d'hommes par le trait suivant.

Nous fûmes pour visiter des travaux que deux crystalleurs associés faisoient au Grindelwald ; quelques découvertes heureuses leur avoient donné une grande réputation de savoir. Nous fûmes très-surpris qu'ils attaquoient une roche calcaire ; de larges filons de spath les avoient engagé à un travail déjà long & dispendieux ; il n'y eut pas moyen de leur faire entendre raison ; le peu de dureté du spath, passoit chez eux pour défaut de maturité, & plus avant dans la montagne le cryftal devoit être plus mur & plus parfait, &c. &c., & ils citoient toujours comme raisons & comme preuves les découvertes ci-devant faites par eux. Les Cryftalleurs Italiens ne sont pas plus savans que les Allemands, ils ne connoissent le granit que sous le nom de *Pietra bianca della montagna*. Ce qu'ils disent du cryftal de roche, est encore ce qu'il y a de plus raisonnable dans leurs connoissances, ils l'appellent la *purgazioné del sasso della montagna*. Quelques particuliers font le commerce du cryftal en gros, en rassemblant ce que les cryftalleurs trouvent ; les plus beaux cryftaux se vendent à Milan où il y a beaucoup d'ouvriers qui les mettent en œuvre ; les moindres font envoyés en Allemagne, où on en fait des pommes de canne, des pierres pour des boucles, boutons & autres petits ouvrages, & les débris passent aux verreries pour la fabrication du verre blanc & des cryftaux factices.

Dans la vallée de Scholenen & sur le haut du Gothard on découvre l'entrée ou l'ouverture de beaucoup de fours ou de mines de cryftal qui ont été exploitées ; il y en a qui sont à des hauteurs étonnantes, auxquelles on n'a pu se rendre qu'en s'exposant aux plus grands dangers, & qu'en s'y faisant descendre au moyen des cordages ; on frémit de pareilles entreprises. Nous avons visité plusieurs de ces mines qui étoient abordables. Nous avons remarqué que celles de Savoie, ainsi que celles de Suisse étoient toutes dans des rochers de granit, composés de quartz, de feld-spath & de mica, que des veines & des filons y aboutissoient toujours. On rencontre dans plusieurs endroits des tentatives ou commencemens de travaux qui n'ont pas été continués, qui sont disposés dans des endroits analogues à ceux que nous venons de décrire ; les cryftalleurs sondent les endroits où ils voient des filons ou des masses de quartz dans le granit, en les frappant à grands coups ; s'ils entendent que les coups indiquent un creux ou une cavité, ils ouvrent le rocher au moyen des mines & des pétards, il n'y a que de la poudre qui puisse faire du progrès dans une substance aussi dure que le granit, & ce travail n'a rien de plus particulier que dans les autres mines. Toutes celles que nous avons visitées, étoient des fentes, des filons ou des cavités naturelles qui avoient été tapissées de cryftaux en entier ou en partie ; les endroits où il y avoit eu du cryftal, étoient de quartz pur, il y restoit des fragmens ou de petits cryftaux qui avoient été negligés. Ces cavités avoient différentes formes, rondes, oblongues ou allongées, avec différentes sinuosités irrégulières & dans différentes directions, elles sont en grand ce qu'on voit en petit dans les druses ou morceaux de mines garnis de cryftaux. Dans beaucoup de ces fours l'eau y distilloit, d'autres étoient secs.

Ce qui nous a paru mériter une attention particulière dans ces cavités, c'est qu'il y avoit une quantité de terre ou de poussière verte très-fine, qui examinée s'est trouvée être des débris ou de petites paillettes très-fines de mica, douces au toucher, faciles à réduire à un plus grand état de division entre les doigts, & nullement attaquables aux acides ; à côté & entre les cryftaux ou masses de quartz qui avoient servi de base aux cryftaux, nous avons trouvé du mica cryftallisé en écailles bien entières, d'une & de plusieurs lignes de grandeur, formant de petites masses & des grouppes posés de champ, irrégulièrement arrangés entre eux ; dans d'autres fours des feuillets de mica réunis formoient des boutons ou petites masses arrondies, brunes noirâtres & ftriées à l'extérieur, verdâtres & brillantes dans leur division ; ces boutons sont massés & grouppés les uns sur les autres, mêlés avec d'autres grouppes de feld-spath blanc & cryftallisé en rhomboïdes, parmi lesquels se trouvent quelquefois de petits cryftaux de roche. Il y a des grouppes de feld-spath, qui sont sans mica, quoiqu'ils soient sur la roche toute micacée ; comme il y a du mica cryftallisé sans être joint à du feld-spath. Il n'y a point de fours à cryftaux, où nous n'ayons trouvé plus ou moins de terre micacée verte, des cryftaux de mica & de feld-spath ; ces trois substances qu'on trouve dans les fentes ou cavités des granits sont les mêmes qui composent le granit, elles n'en diffèrent que par l'arrangement & par des formes plus régulières, parce que les parties homogènes de chaque espèce ont trouvé un vuide ou un emplacement propre à leur permettre l'aggrégation & la cryftallisation. Quelques cryftalleurs nous ont dit que la plûpart de ces fentes étoient remplies d'eau ; l'explosion qu'occasionne la mine, l'éloignement où ils sont obligés de se tenir, leur ignorance & leur indifférence sur de pareilles observations ne peut & ne doit tirer à conséquence à ce sujet ; nous nous en rapportons à notre propre expérience. Il y a long-tems, & en différentes circonftances, que nous avons remarqué qu'en ouvrant des masses, souvent restées plusieurs années exposées sur les halles des Minières, il en jailliffoit de l'eau très-pure, contenue dans des creux & des cavités qui étoient dans ces masses de rocher ou de mine, & nous avons rencontré plus souvent de l'eau dans les blocs qu'on tiroit nouvellement de la Minière ; les questions que j'ai faites aux Mineurs chargés de la division de ces travaux, ont confirmé cette observation. Les cryftaux qui se trouvoient dans les cavités remplies d'eau, étoient plus blancs & plus transparens que ceux qui étoient sans eau ; ces derniers étoient plus ternes, plus salis ; souvent leur surface paroit piquetée & comme corrodée ; cette remarque est vraie aussi pour les cryftaux de roche isolés & détachés qu'on rencontre dans les montagnes de la Suisse. Il ne peut être douteux que les cryftaux en général ne se forment par la voie humide & dans des cavités fermées, à l'abri du contact de l'air extérieur, observation qui vient encore à l'apui de ce que nous disons, c'est que des cryftaux qui sont dans le fond de ces cavités où l'eau surabondante devoit naturellement séjourner, sont souvent troubles, ternes & verdâtres, fur-tout à la base des cryftaux & par l'endroit où ils sont attachés à la gangue ou matrice, pendant que le même prisme est souvent clair & transparent par le haut ; il est tout naturel de croire que le mica s'est mêlé à l'eau, & qu'il est entré dans la formation de ces cryftaux. On dit sans examen qu'ils sont remplis de mousses & d'herbes ; ce n'est que le mica verd reflette par la lumière & le cryftal ; c'est après avoir brisé & examiné différens de ces cryftaux que nous nous sommes convaincus que ces prétendues mousses ne sont que la poussière verte ou le mica détruit qui est dans le fond de ces cavités ; d'autres cryftaux sont

tous

tous couverts de ce mica qui en incrufte la fuperficie, la remplit de rugofités & de petites inégalités qui ôtent à la fuperficie du cryftal le poli & l'apparence vitreufe qu'il a communément. Quant à la formation ultérieure des cryftaux & leurs formes ou accidens divers, nous renvoyons à l'excellent ouvrage de M. Romé de Lifle, notre but étant de rendre compte feulement de nos obfervations, & non de faire des differtations. Il y a de ces cavités qui renferment une prodigieufe quantité de ce mica en pouffière. En raffemblant une quantité de mica que nous avons enlevée & grattée de-deffus des morceaux de granit, nous avons produit une pouffière toute pareille à celle qu'on trouve dans les cavités, & il n'eft pas douteux qu'elle ne provienne de la décompofition du granit; mais on ne trouve pas en même proportion le feld-fpath cryftallifé, & il eft affez rare en raifon du cryftal de roche ou des cryftaux de quartz, quoique le feld fpath paroiffe être en proportion égale & fouvent plus forte que celle du quartz dans certains granits. Le fluide qui décompofe le quartz, eft-il plus abondant dans la Nature que celui qui décompofe le feld-fpath? Quel eft ce fluide ou cet agent? Comment le mica fe trouve-t-il ainfi en pouffière dans ces cavités, y eft-il paffé dans cet état? S'il y eft paffé dans l'état de fluidité, comment ne le trouve-t-on pas en maffe ou faifant corps? Nous n'avons pas été affez heureux pour nous trouver à l'ouverture de quelque mine de cryftal, ainfi que nous en cherchions l'occafion, il y auroit eu peut-être quelque obfervation nouvelle à faire; il eft cependant probable que la Nature fuit les mêmes principes, foit quelle travaille en grand, foit quelle travaille en petit, & que les obfervations que nous avons faites fur les drufes & cavités qui fe trouvent en petit remplies d'eau, font également applicables à ces grandes cavités ou mines de cryftal.

La chûte des rochers découvre quelquefois des cryftaux de roche; les eaux les tranfportent dans les torrens, les fleuves & les rivières, on en trouve fouvent fur les glaciers. Les montagnes de la Suiffe produifent des cryftaux depuis la plus grande pureté & la plus belle transparence jufqu'à un noir fort enfumé, qui conferve une couleur rouffâtre quand ils font taillés mince; on le nomme affez improprement cryftal noir, nous n'en avons pas vu d'autres couleurs au Gothard, quoiqu'on nous ait préfenté fous le nom de cryftal des fpaths rouges, que la cryftallifation feule faifoit reconnoître pour ce qu'ils étoient. M. Gruner dit, page 184, dans fon Hiftoire des Glacières, déjà citée: « Le mont Saint-Gothard & tout le pays d'Our-» ner font très-riches en cryftaux de différentes couleurs & » groffeurs, dans lefquels on trouve fouvent des corps » étrangers de tous les regnes de la Nature. La plus » grande partie de la montagne eft de grès groffier, on » ne trouve de cryftaux que dans cette efpèce de pierre «. Nous avouerons qu'ayant vu la plus grande partie des cabinets de la Suiffe & des quantités confidérables de cryftaux chez ceux qui en font commerce, nous n'avons pas eu le bonheur de fatisfaire notre curiofité fur ces corps étrangers de tous les regnes de la Nature qu'on trouve fouvent dans les cryftaux; nous avons déjà dit que ce qu'on appelle des mouffes ou de l'herbe, n'étoit que la décompofition des mica qui font dans le granit; d'ailleurs nous n'y avons pas vu de plantes connues par les Botaniftes, point d'infectes, de reptiles, de quadrupèdes; nous n'y avons point apperçu non plus des oifeaux ou des poiffons, ou quelques-unes de leurs parties; cependant dans différens pays nous avons trouvé dans les Cabinets des cryftaux qu'on difoit venir de la Suiffe, dans lefquels il y avoit des pyrites & des marcaffites bien réellement incruftées dans l'intérieur du cryftal. Par cette obfervation nous ne prétendons pas diminuer le véritable intérêt que les Naturaliftes doivent prendre à ce que renferment d'ailleurs les montagnes du St.-Gothard; il queftion de vérité & de détruire l'erreur.

ROUTE D'ALTORF A LUCERNE, PAR LE LAC.

On s'embarque à Fluelen à une demi-lieue d'Altorf fur le lac des quatre *Waldftatt* ou cantons Foreftiers; les bords de ce lac font des rochers fouvent à pic & d'une très-grande élévation & la profondeur de fes eaux proportionnée. Ces roches font toutes calcaires & fouvent remarquables par la pofition fingulière de leurs couches. A une demi-lieue environ de Fluelen, fur la droite, des couches de fix pouces environ d'épaiffeur font dépofées en zigzags comme une tapifferie de point-d'Hongrie. A une lieue & demie, à côté de couches bien horizontales, de quatre à cinq pieds d'épaiffeur, il y en a de contournées de forme circulaire & d'elliptiques. Il feroit difficile de fe faire une idée de la formation de pareilles couches, & d'expliquer comment les eaux ont pu les dépofer ainfi. Ces rochers à pic ou en pentes rapides, font quelquefois entrecoupés de pâturages, de bois & d'arbres qui font de belles oppofitions avec la blancheur de ces pierres calcaires; des touffes d'arbres & des buiffons, fur leurs fommets, les décorent & viennent fe peindre fur la fuperficie des eaux & doublent la maffe totale de ces rochers immenfes, fur lefquels on paroît paffer tranquillement en bateau. De tems à autre, des fommets encore plus élevés fe montrent à l'improvifte, & font voir leur tête couverte de glace & de neige; ce font le haut des glacières des environs d'En-gelberg. La chapelle du fameux Tell, qui le premier ofa braver les Tyrans & s'en venger, eft fur la droite du lac; elle eft bâtie fur le lieu où il eut l'adreffe de s'élancer hors du bateau, & d'échapper à fes ennemis. De mauvaifes peintures repréfentent la fuite de toute cette Hiftoire; elles fuffifent pour rappeller au peuple ce que furent fes peres. On a multiplié par-tout en Suiffe ces fortes de repréfentations: fur les fontaines, fur les maifons de Ville, dans les lieux publics, jufques fur les maifons des particuliers, on voit la repréfentation de quelque fait intéreffant pour la nation, d'un Héros ou d'un Bienfaiteur, qui a fervi la patrie, ou qui s'eft facrifié pour elle; heureux le peuple qui a eu autant des bons patriotes pour ancêtres, & qui fait encore être patriote lui-même! Plus loin au bord du lac, les bateliers indiquent avec complaifance le lieu où les quatre amis jurèrent la première confédération, qui a donné naiffance à celles de leurs patries & depuis à toutes celles de la Suiffe. Le lac tourne fubitement à l'oueft; à quelques toifes du bord s'élève un rocher folitaire de 50 pieds de haut environ; il a la forme d'une barique allongée; les couches calcaires qui le compofent fe font fendues perpendiculairement, & lui donnent une air de ces conftructions antiques revêtues de petits careaux cubiques, nommés ouvrage réticulaire, dont les Romains couvroient

Tome I.

leurs monumens. La partie de montagne qui est derrière, est boisée de beaux hêtres, arbres que nous n'avions pas apperçu depuis long-tems. Plus loin on voit aussi des chênes, plus rares encore que les hêtres dans les pays de hautes montagnes.

Vers le milieu du lac est situé Gersaw, la plus petite République de l'Europe, dont le territoire n'a que deux lieues sur une d'étendue, & dont tout homme ayant atteint la seizième année, a droit d'assister à l'assemblée générale; ils ne passent pas le nombre de 300. Curieux d'entrer dans ce petit bourg, nous trouvâmes un placard affiché dans le cabaret, par lequel il étoit défendu à qui que ce soit, sous peine de punition, de donner à boire & de jouer avec deux habitans qui étoient nommés, attendu que l'un s'enivroit, & que l'autre étoit querelleur. Il n'y a malheureusement qu'un aussi petit peuple qui puisse faire connoître les hommes vicieux qu'il faut fuir. Les rochers & les montagnes s'abaissent en approchant de Lucerne : le mont Pilate y paroît avec plus d'avantage, il s'élève seul & est isolé comme un géant; élevé sur sa propre base il en paroît plus haut : ces rochers sont tous calcaires, & n'offrent rien de particulier pour l'objet que nous nous sommes proposés (1); il est néanmoins curieux, & renferme dans son sein beaucoup de pétrifications : il mérite d'être visité pour ses habitans, leur manière de vivre, leurs demeures qui sont plutôt des tanières que des maisons, & sur tout pour les belles vues dont on jouit sur les différentes hauteurs de ce mont placé favorablement, & en avant des autres montagnes. Il domine sur un grand pays, couvert de villes & de villages, bien cultivé & arrosé par une multitude de rivières, de lacs & de ruisseaux dont on voit toutes les parties, & représentées comme sur une carte topographique. A deux ou trois cents toises de Lucerne on voit saillir des eaux, & au bord du lac quelques roches concrètes composées de galets agglutinés & liés ensemble. M. Gruner dit encore que cette espèce de roche est particulière à la Suisse : voici son passage, page 58 de son Histoire Naturelle de la Suisse. » Il faut que je fasse mention d'une autre » espèce de montagne du second ordre (*Flotzgebirge*) » qu'on ne voit, si je ne me trompe, qu'en Suisse. Je veux » parler de celle qu'on appelle en Allemand *Nogelflethe* (2), » qui est composée de petits cailloux arrondis en partie, à-peu- » près de la même grosseur, fortement liés ensemble avec » un ciment de schiste & de spath mêlé de sable & de terre: » elle n'a encore été décrite par aucun Naturaliste «. Les bords de ce lac & les environs de Lucerne offrent les points de vue les plus pittoresques. Un des plus beaux spectacles qu'on puisse imaginer, est un coucher du soleil sur le lac, vu de la ville de Lucerne.

Nous ne pouvons passer sous silence un ouvrage auquel les Naturalistes, les Voyageurs, les Géographes & tous ceux qui s'intéressent à l'arrangement de la terre, ne peuvent s'empêcher de s'intéresser; c'est le plan en relief d'une partie de la Suisse fait avec beaucoup de soin & d'exactitude. La hauteur & la forme des rochers, la pente des montagnes, & la nature des arbres propres aux différentes hauteurs y sont exprimés. On y trouve la position exacte des chemins, des sentiers, des ruisseaux qui circulent dans les montagnes; celle des lacs, des rivières, villes, villages, habitations solitaires, jusqu'aux croix plantées sur les chemins & la forme des maisons, imitée dans le relief. C'est M. le Général Pfiffer qui a eu le courage d'entreprendre & d'exécuter un pareil ouvrage, de s'exposer aux plus grands dangers pour avoir les hauteurs, il a été obligé de faire tout lui-même, ne trouvant personne dans le pays en état de le seconder. M. Langen, Médecin de la même ville, possède un beau cabinet de pétrifications ramassées sur le mont Pilate.

Environs de Soleure.

Au nord de la ville de Soleure il y a des monticules calcaires d'où cette ville tire d'excellentes pierres à bâtir; elles sont d'un grain fin & prennent un beau poli, mais elles manquent par la couleur, qui est d'un blanc jaunâtre & quelquefois rougeâtre. Cette pierre est par couches horizontales d'un à deux pieds d'épaisseur; une argile fine d'un beau bleu se trouve interposée entre les couches; on apperçoit des restes de corps marins dans ce marbre. Au-dessus de ces carrières est une belle forêt de chênes; on y jouit d'une fort belle vue & bien étendue sur un pays riche & bien cultivé, dont Soleure fait le devant. Cette promenade est fort agréable & conduit, par une pente qui n'est point trop rude, au haut de la colline; le revers, situé au nord, est plus touffu & plus boisé. Une chapelle, un calvaire entouré de beaux & grands arbres, de quelques masses de rochers calcaires, rendent ce lieu fort agréable : on descend par un chemin fait dans un fond étroit où une chaîne de rochers calcaires a été entr'ouverte par les eaux; les couches sont parfaitement correspondantes des deux côtés, les formes rentrantes & saillantes du rocher sont arrondies & plus excavées au pied, dont le haut surplombé, démontre que les eaux ont occasionné ces dégradations & ce travail. Des pins, des sapins, des mélèzes, des hêtres, des bouleaux, quelques chênes & autres arbres variés pour la forme & le feuillage, couvrent le haut de ces rochers qui présentent de larges & belles masses : un petit ruisseau coule dans le fond & augmente la fraîcheur naturelle de ce lieu abrité. Sainte-Frêne avoit choisi autrefois ce lieu pour retraite : on ne pouvoit en trouver un plus agréable, c'étoit, dès ce monde, être dans un petit paradis terrestre. On y a bâti en conséquence un hermitage & deux chapelles en l'honneur de la Sainte, qui avec le réduit de l'hermite, son jardin, une petite fontaine jaillissante, des arbres fruitiers, des statues de Saints, de Saintes, d'Anges & autres sujets de dévotion, placés dans les creux & les enfoncemens du rocher, forment un lieu enchanté, où l'agreste & le sauvage contrastent avec la culture, & les dégradations de la nature avec le travail des hommes: tout y fait tableau, tout y est singulier; la fraîcheur du lieu, son silence qui n'est interrompu que par les oiseaux, le murmure de la fontaine & du ruisseau, attachent à ce lieu solitaire, on désire d'y passer sa vie, & de cultiver le

---

(1) Différens Auteurs ont fait l'histoire de cette montagne. *Cappeler in Pilati montis historia.* Basle 1757. Dans les mélanges d'Histoire Naturelle, il y a aussi une description du Mont Pilate.

(2) Il est vrai qu'il n'y a qu'en Suisse où cette espèce porte ce nom, ainsi que le granit celui de *Geisbergerstein*; mais ce n'est pas une raison pour que ces espèces ne se trouvent qu'en Suisse, nous les avons vues dans tous les pays; cela prouve seulement que les Naturalistes de la Suisse ont adopté sans examen les noms du peuple, c'est le vrai moyen de ne jamais s'entendre. M. André, que nous avons déjà cité, s'extasie aussi sur la rareté de cette espèce de poudingue dont Wallerius & tous les Naturalistes parlent sous le genre de la roche concrete. *Saxum concretum.*

DE LA SUISSE.

petit jardin. Au fortir de ces rochers efcarpés on fe trouve tout-à-coup dans une vaſte prairie ouverte ; une ferme entourée d'arbres interrompt l'eſpace qui conduit à une montagne fort haute & fort efcarpée, couronnée de ſapins qui forment dans le lointain le fond du tableau. La vue de l'hermitage n'eſt pas moins pittoreſque de ce côté. On a tâché de rendre ces deux vues dans les numéros 140.

A une bonne lieue de Soleure, toujours au nord, on trouve la chaîne des montagnes qui dépendent du mont Jura, & prend différens noms ; ici elle s'appelle *Veiſerſtein* ; il faut monter, pendant deux heures, par des chemins fort rapides pour arriver à ſon ſommet ; on eſt bien dédommagé par la belle vue dont on jouit. On apperçoit entre autres objets ſept lacs, dont celui de Genève quand le tems eſt favorable ; plus à l'oueſt eſt le *Haſenmat*, d'où on découvre de nouveaux pays. Cette chaîne de montagnes eſt toute calcaire, remplie de pétrifications & d'empreintes de coquilles. L'uniformité de cette eſpèce de montagne nous détermina à nous approcher des Alpes. Nous entendons par Jura la longue chaîne de montagnes qui s'étend depuis Bâle ou le Rhin juſqu'au Rhône à quelques lieues de Genève. Les amateurs de pétrifications peuvent ſe ſatisfaire dans ces ſortes de montagnes ; celles qui ſont dans cette eſpace, en ſont remplies ; nous renvoyons, comme nous l'avons dit dans la Préface, aux ouvrages faits ſur ce genre de curiofité. A une demi-lieue de Soleure eſt le joli château de Waldeckon, il y a une ſource d'eau ſulphureuſe & des bains ; plus loin ceux de Tiſſols qui paſſent pour être ſavonneux : on chauffe les eaux qui, par des conduits, fourniſſent à une trentaine de bains fort commodes & fort propres ; ils ſont recommandés pour les douleurs de nerfs. En montant ſur une petite hauteur à côté, on jouit, de la maiſon de M. Kuker, de la plus charmante vue ſur un pays fort étendu, entrecoupé de pâturages, de champs, de bouquets de bois ſur de petites collines aſſez ſenſibles pour varier les plans, ſans arrêter la vue, & ſans empêcher de voir des rochers ſecs & arides qui ſont dans le fond, au-deſſus deſquels on voit les hautes Alpes couvertes de glace & de neige. Ces objets effrayants pour la hauteur & l'aridité, n'inſpirent aucune ſenſation déſagréables à cette diſtance, ils ne ſervent qu'à orner le tableau, à le rendre plus pittoreſque & plus agréable.

La route de Soleure à Berne ne peut occuper beaucoup le Minéralogiſte ; le pays eſt bien cultivé par-tout, coupé de bois & de forêts de différentes eſpèces. Si l'on a le tems, on fera bien d'examiner la quantité prodigieuſe de pierres amenées par l'Emme : il y en a une grande variété. Après avoir paſſé les hauteurs qui ſont au-delà de Jegiſdorff, on apperçoit Berne & les montagnes couvertes de neige qui ſont derrière ; on n'a point perdu de vue la chaîne du Jura qui eſt à droite. Le pays entre ces deux chaînes, le Jura & les Alpes, eſt rempli de côteaux & de collines en général compoſés de galets & de pierres roulées ou chariées par les eaux, parmi leſquelles on découvre quelques maſſes iſolées de granits. Les pierres ſablonneuſes ou les grès ſont auſſi un dépôt des eaux ; leurs différentes couches, le mélange alternatif de grès & de galets ſuffiſent pour en conſtater l'origine ; toutes ces productions annoncent que ces fonds ne ſont élevés qu'aux dépens des matériaux fournis par les montagnes dominantes.

BERNE.

Notre projet n'étant point de faire des deſcriptions de Villes, nous nous contenterons de dire que Berne eſt la Ville la plus conſidérable & la mieux bâtie de la Suiſſe : on y emploie une pierre ſablonneuſe de différentes couleurs : elle eſt ſouvent trop tendre, & s'exfolie trop aiſément ; on y emploie auſſi de la pierre calcaire noirâtre d'une excellente qualité, mais en moins grande quantité, à cauſe de ſa plus grande cherté. Les carrières de ces deux eſpèces de pierres ſont à portée de la ville.

Un objet qui remplit davantage le travail que nous avons entrepris, eſt d'annoncer un cabinet qui ſe forme en cette ville, & qui peut devenir très-intéreſſant par la ſuite. M. de Wittenbach, Miniſtre du grand hôpital, joint à l'amour de l'Hiſtoire naturelle l'ardeur & l'enthouſiaſme néceſſaires pour voir & pour faire des recherches. Il parcourt la Suiſſe pour ramaſſer les différens produits de ſes montagnes ; placé dans le centre de ce pays avec de la ſanté & de la jeuneſſe, il pourra raſſembler une collection dans un genre trop negligé & trop peu connu juſqu'à préſent. C'eſt une ſuite des différentes ſubſtances qui compoſent les fondemens & la charpente de la terre. Il ſeroit à ſouhaiter qu'on lui donnât des facilités & des ſecours. Il eſt rare de trouver des hommes qui joignent à des connoiſſances le courage, & la force néceſſaire pour entreprendre de pareils travaux : un particulier ne peut continuer long-tems de pareils voyages à ſes frais & ſubvenir aux dépenſes qui ſont la ſuite d'une pareille collection. Quel avantage ne ſeroit-ce pas pour le progrès des connoiſſances, ſi dans chaque pays, même dans chaque province ou canton, on faiſoit de pareilles recherches ! mais on ne ſent pas encore aſſez le bien général qui en réſulteroit ; on ne ſe doute pas ſeulement dans bien des pays du profit & des avantages particuliers qui peuvent leur en revenir.

A Stattlen près de Berne, M. Sprungli, amateur auſſi diſtingué que ſavant, a fait, pour la partie des oiſeaux, ce que M. Wittenbach entreprend pour les minéraux. Il a raſſemblé la collection de ceux qui ſont en Suiſſe : les différentes températures du pays & ſes lacs nombreux y produiſent & y amènent une grande variété d'eſpèces d'oiſeaux ; on y remarque entre autres le *Lemmer-Geyer* ou vautour des agneaux. Ce cabinet eſt également remarquable par les beaux cryſtaux de roche, les foſſiles, les mines, &c. &c.

ROUTE AU GRINDELWALD, PRES LE LAC DE THUN.

Les curieux vont ordinairement de Berne au Grindelwald ; il n'y a guères de pays plus ſatisfaiſant à voir par le nombre de choſes intéreſſantes & ſingulières qu'il renferme. Il y a peu de choſe à obſerver juſqu'à Thun ; le pays eſt bien cultivé, entrecoupé de prés & de bois. Le fond de ce terrein eſt de galets ou pierres roulées ; il y en a des maſſes qui font corps, & ſont fortement agglutinées enſemble : ces aggrégations ſe nomment *Nagelflue* dans le pays. Les petites montagnes qui ſont à droite, & à gauche du chemin ſont calcaires & remplies de pétrifications ; ce chemin est beau , & se fait en quatre heures en voiture ; on côtoye la rivière d'Aar à quelque distance jusqu'à Thun où elle sort du lac, sur lequel on s'embarque pour éviter les mauvais chemins qui ne peuvent se faire qu'à cheval, & obligent à de longs détours. Ce voyage par le lac est très-agréable pour la variété des points de vues qui se succèdent, ils sont très-pittoresques de quelque côté qu'on se tourne. On ne doit pas négliger de jetter les yeux sur la ville de Thun à mesure qu'on s'en éloigne ; c'est un des beaux coups-d'œil qu'on puisse imaginer. Les bords du lac sont boisés à gauche, & cultivés à droite. A une lieue du même côté est le canal qui a été coupé dans la montagne pour faire entrer dans le lac le Kander, torrent qui dévastoit un grand pays aux environs de Thun. Une quantité de maisons isolées & des villages couvrent les côteaux de la gauche ; des vignes sont au-dessous d'Oberhausfen : de plus hautes montagnes, aussi calcaires & boisées , sont derrière. Les montagnes de la droite sont plus élevées , il y a des bois & des pâturages sur leurs flancs rapides. A gauche un moulin, des pierres calcaires ou marbres gris & rouges , le château de Rotgen , le village de Merlingen , des rochers à pic dont le pied se plonge dans le lac ; des vignes , & des champs cultivés se succèdent ; sur la droite le château & baronie de Spitz , la montagne de Viesen qui domine tout ; des bains & des eaux minérales, au-dessus du village de Leissingen ; plus avant des rochers fort hauts & à pic , dont les couches calcaires sont inclinées de douze dégrés environ. Le pays s'ouvre de tems à autre , de chaque côté la vue pénètre dans le pays par les ouvertures de larges vallons qui donnent quelques points de perspective. On trouve enfin à gauche un promontoire, c'est le commencement du Battenberg , qui avance dans le lac ; il s'en précipite une cascade qui vient d'une grotte qui est au-dessus, & remplie de stalactites. Voilà les principaux objets qui amusent les yeux du voyageur pendant les quatre heures qu'on vogue sur le lac. Il est inutile de nommer tous les villages qu'on apperçoit. On débarque à Neuhausf, sur un terrein beau & comme nivelé, qui est d'une bonne demi-lieue jusqu'à Antersewen ; il est humide & peu propre à la culture, mais rempli de bons pâturages; il paroît que le lac de Thun & celui de Brientz ne faisoient anciennement qu'un même lac : que les matériaux qui y ont été chariés par les torrens qui descendent de Grindelwald , ont rempli le milieu du lac, y ont formé un atterissement , dans lequel il ne s'est conservé que l'écoulement entre les deux lacs. Le niveau de ce terrein indique qu'il a été apporté & déposé par les eaux.

Unterseen est un triste petit bourg bâti en bois , mais peu d'endroits sont aussi pittoresques par les belles eaux , la quantité des chûtes & des cascades qu'elles forment de tous côtés , par les digues, les écluses, les ponts, les scieries, les moulins & autres machines mues par l'eau, lesquelles offrent des points de vue aussi variés que singuliers ; la blancheur de ces eaux écumantes forme un beau contraste avec le noir de ces maisons de bois enfumées. Derrière Unterseen des rochers à pic s'élèvent à une grande hauteur : c'est une roche calcaire dont les larges couches inclinées sont bien distinctes & avec des cassures heureuses. Leur couleur blanche & jaunâtre est relevée par les sapins & autres arbres qui sont entre les lits & au-dessus de ces beaux rochers. C'est l'Aar qui sort du lac de Brientz pour entrer dans celui de Thun qui fournit toutes ces eaux ; elles sont claires & limpides , comme toutes celles qui ont eu le tems de s'épurer dans les lacs. Le terrein du côté du lac de Brientz est de niveau , comme celui dont nous avons parlé. Avant d'arriver à *Unterseen* , il s'élève deux mamelons isolés & couverts de bois , on passe par de belles prairies : tout le terrein de ce vallon est excellent, il y a une grande quantité de jardins & beaucoup d'arbres fruitiers du côté de la montagne ; ce fond est rond, le lac a occupé toute cette partie , qui est un dépôt ou un atterissement. On laisse à droite les très-antiques restes du château-fort d'Unspunnen ; on arrive au village de Gestieg qui est au pied des montagnes ; c'est une promenade délicieuse que ce trajet ; le chemin est plus court par Winderfwil, & moins agréable. Après avoir passé le torrent de *Sousenbach* , qui charie une grande quantité de pierres toutes calcaires, on entre dans la partie montagneuse : le vallon est fort étroit, & paroît fermé par une très-haute montagne, qui sépare deux vallons, l'un à droite & l'autre à gauche. C'est un magnifique spectacle que ces deux points de perspective terminés chacun par des montagnes d'une hauteur prodigieuse ; au fond de celui qui est à droite, est Jungfrau-Horn , (Corne ou montagne de la Vierge,) couverte de neige ; en ne regardant pas le grand nombre d'objets intermédiaires qui sont dans le vallon jusqu'à cette montagne de neige , on croiroit qu'elle n'est qu'à une centaine de pas, qu'on est près d'y arriver , parce que le brillant & le blanc de la neige rapprochent l'objet ; malgré les raisonnemens qu'on se fait, on a de la peine à ne pas se laisser tromper par cette illusion. Au fond du vallon à gauche, est le Mettenberg également couvert de neige ; ce dernier vallon conduit à Grindelwald , & celui de la droite à Lauterbrunn, dans lequel nous allons entrer.

VALLON DE LAUTERBRUNN.

Le premier objet qui se présente, sont quelques maisons qui portent le nom de *Zweilutschin* , parce que deux torrens du même nom s'y joignent; on y voit aussi les ruines d'un haut fourneau ; la mine de fer qui s'y fondoit , se tiroit à trois lieues du fond du vallon ; d'après quelques morceaux qui se sont trouvés aux environs, nous avons vu que c'étoit de la mine en roche d'une médiocre qualité. Le ruisseau qui passe par ce vallon, est le *Weisslutschin*, (Lutschin blanc) pour le différencier de celui qui vient du vallon du Grindelwald , dont les eaux sont noires. Les montagnes ou plutôt les rochers qui bordent le vallon, sont fort resserrés , il n'y a souvent d'espace que pour le ruisseau & le chemin ; ils sont calcaires , composés de couches bien horizontales & parallèles entre elles , de six pouces environ d'épaisseur ; il est remarquable que les couches de chaque côté sont correspondantes, & il paroît que les eaux s'y sont frayées un passage. Dans les endroits plus ouverts il y a quelquefois au pied de ces rochers des monticules , & de petites collines adossées contre , qui ne sont formées que de leurs débris ; elles sont couvertes d'arbres & de broussailles. Malgré le chemin qu'on a fait, on croit toujours voir la montagne de la Vierge à la même distance ; cependant un rocher à pic surmonté d'aiguilles , s'est découvert en avant, & tout-à-fait devant

soi

foi un très-gros rocher coupé droit & perpendiculairement comme une muraille ; les couches en font parfaitement distinctes, alternativement grises & plus blanches & bien parallèles entre elles ; ce rocher qui a une coupe horizontale par le haut, est surmonté de sapins, & resemble à une forteresse bâtie en pierres de taille. Sur la droite un autre beau rocher, boisé de différentes espèces d'arbres à différentes hauteurs, & quelques granges & chalets heureusement placés en avant avec le ruisseau, font du tout un superbe paysage dans le grand style. Sur la droite il descend un torrent qui ne charie que des pierres calcaires de différentes couleurs, coupées de veines d'un beau spath blanc. Le chemin continue à être très-beau, on ne monte qu'insensiblement ; aussi peut-on aller en chariot jusqu'à Lauterbrunn. Après avoir passé le rocher à couches horizontales qui ressemble à une fortification, si on le considère de l'autre face, on voit que ces couches s'inclinent de six à sept degrés du côté de la montagne comme si le rocher s'étoit affaissé de ce côté, ce qui paroît fort difficile, vu son point d'appui contre la montagne ; ce n'est point la première fois que nous avons remarqué de ces couches qui paroissent parfaitement horizontales vues d'un côté, & se trouvent obliques vues de l'autre. On découvre tout-à-coup une espèce de brume :

Cascade de Staubach.

C'est le Staubach qui se précipite d'un rocher à pic, nommé le *Pletchberg* : il tombe d'abord moitié de sa hauteur sur un banc de rocher d'où il est renvoyé, & descend par différentes cascades jusqu'au bas. La hauteur de sa premiere chûte est si considérable qu'une partie de son eau se raréfie & se divise en très-petits globules que l'air emporte ; ce qui lui a fait donner le nom de *Staubach* ou ruisseau de poussière ; de façon qu'il n'y a qu'une partie de l'eau qui parvienne jusqu'au bas du rocher, où sa chûte a creusé un bassin dont le contour s'est encore élevé par les matières que le torrent a précipitées avec lui. Sa chûte fait beaucoup de bruit, & occasionne un grand courant d'air, qui entraine avec lui des parties aqueuses. Quand le soleil donne dessus, il semble que ce soient des rayons & des jets de feu qui s'élancent de tous côtés d'un même foyer avec la rapidité propre à cet élément ; ils se peignent des couleurs de l'arc-en-ciel, & sur-tout de la rouge, se succèdent d'une rapidité étonnante, & finissent par former une large iris, dans le centre de laquelle on parvient quand on ne craint pas de se mouiller. Cette iris se trouve placée à différentes hauteurs, en raison de la place du spectateur & de l'élévation du soleil. Pour jouir de ces beaux effets, il faut partir de bonne heure d'Unterseen, parce que la position du soleil n'est plus favorable sur les onze heures. Tout forme spectacle dans ce ravissant tableau. L'eau qui s'élance du haut du rocher entre de noirs sapins, en paroît plus blanche & plus brillante, & tombe par masses & par flots qui sont d'abord détachés, ensuite s'allongent & se confondent, mais se succèdent avec une telle vitesse, qu'une forme qu'on croit avoir saisie, est détruite par une autre qui la fuit ; on reste les yeux fixés, on ne voit qu'un mouvement prodigieux qui attache & fatigue la vue ; on y revient malgré soi, tant l'imagination est étonnée ; l'esprit se fatigue en vain pour se rendre compte à soi-même de ce qu'on a vu, encore moins pour le rendre aux autres. Quand nous avons vu cette cascade, le moment n'étoit pas favorable pour la quantité d'eau, quoiqu'elle en versât beaucoup, parce que la grande fonte des neiges étoit passée. Le rocher d'où elle se précipite, est à pic, comme nous l'avons dit, & tout calcaire ; il peut avoir environ 300 pieds de haut, il s'étend vers le fond du vallon ; les masses & les cassures en sont belles, tout le haut est couronné de sapins. Trois autres cascades d'un moindre volume d'eau, se précipitent du haut de ce rocher ; l'humidité qu'elles répandent sur toute cette surface a fait croître & entretient dans une belle verdure des arbres & des arbrisseaux qui sortent des fentes du rocher ; d'autres se font élevés sur les terreins en pentes au pied du rocher : ils sont le produit de ses débris même, & de ceux amenés par les eaux ; de beaux gazons tapissent le pied ; des arbres fruitiers & de toutes espèces ; le village de Lauterbrunn, les hautes montagnes couvertes de neige qui sont dans le fond, & qu'on n'apperçoit que par une échappée de vue, forment un ensemble qu'on ne peut faire sentir & décrire aux autres.

En avançant davantage dans cette vallée, on la trouve toujours étroite : elle se termine en montagnes arides & en rochers escarpés dont la plûpart sont couverts de neige & d'une très-grande hauteur ; sur leurs sommets il y a des glaciers qui s'écoulent du *Gros-Horn* & d'*Obrect-Horn*. Tous ces hauts sont des déserts affreux couverts de glaces & de neiges. On distingue parmi les montagnes qui composent cette enceinte, outre les deux que nous venons de nommer, celles de *Junfrau-Horn*, de *Wetter-Horn*, de *Steinberg*, le *Mettenberg*, le *Fischer-Horn*, le *Beit-eigher-Horn*, &c. Le chemin, pour parvenir à ces déserts glacés, est très-difficile, une journée entière. Notre but étant d'indiquer les parties les plus accessibles, celles que nous désirons qu'on revoie & qu'on vérifie après nous, nous allons rétrograder dans nos descriptions pour prendre un chemin plus aisé, afin de gagner les glaciers du Grindelwald ; ils sont déjà assez difficiles à connoître pour ceux qui veulent réellement voir & ne pas se contenter d'un simple coup-d'œil, afin de pouvoir dire qu'ils ont vu ces glaciers.

On retrograde environ deux lieues pour se retrouver au point de Zweylutschin, et prendre le vallon à gauche qui conduit au Grindelwald. Il est bon faire ici une remarque, qui peut servir à ceux qui font des observations ou qui veulent vérifier celles qui ont été faites. Nous avons dit que toutes les couches du vallon de Lauterbrunn étoient horizontales à-peu-près ; en examinant au retour ce que nous avions observé en allant, nous avons trouvé au bas du vallon, en entrant à gauche, des couches qui sont contournées & très-irrégulières, quoique parallèles entr'elles (nous en avons déjà cité de pareilles dans le trajet sur le lac de Lucerne) ; ce qui nous avoit empêché de regarder ces couches en allant, est que le rocher où elles sont placées, n'étoit pas éclairé par le soleil. A quoi tiennent les observations ! n'est-il pas nécessaire de revoir les mêmes objets ? Et ne faut-il pas que plusieurs personnes vérifient avant qu'on puisse réellement compter sur quelque chose ?

Tome I.

DISCOURS SUR L'HISTOIRE NATURELLE

Vallon du Grindelwald.

Après avoir passé le pont qui est au-dessous de Zweylutschin, on entre dans le vallon du Grindelwald. Les premiers objets qui frappent la vue, sont cinq aiguilles ou pics de rochers sur la haute montagne de *Mettenberg*, & le *Wetter-horn* qui s'élève majestueusement, comme un géant, & domine sur-tout ce qui l'environne. Cette montagne est couverte de neige, & fait ici la même illusion que la montagne de la Vierge, dans la vallée de *Lauterbrunn*; il semble qu'on aille la toucher avec la main quoiqu'on en soit à plus de trois lieues. Après avoir passé le hameau de Grindelwald, les rochers de la droite qui forment la chaîne entre le vallon de Lauterbrunn, offrent les mêmes couches horizontales & de la même épaisseur que nous les avons décrites dans ce vallon, & ce sont aussi des pierres calcaires que les torrens charient. Des habitations, des scieries, des terres cultivées & des arbres fruitiers de différentes espèces, rendent ce vallon plus vivant; sa largeur varie aussi davantage. Des couches verticales de roches calcaires se trouvent placées ici à côté de couches horizontales; mais après un peu d'examen, on voit que c'est une partie de montagne, qui, après avoir glissé, s'est renversée. Au-delà d'un petit hameau on trouve dans des rochers les mêmes couches contournées que nous avions vues dans le vallon de Lauterbrunn: les arbres fruitiers continuent, & il y a une quantité de sureaux à grains noirs. On monte beaucoup, les chemins sont bons, propres à des chars jusqu'à Grindelwald. Dans la partie élevée, des rochers énormes ont été culbutés; de beaux pâturages, une superbe masse de roches calcaires à pic avec des couches un peu inclinées, un bord de ruisseau garni d'aulnes, forment un paysage frais & riant. On commence à appercevoir le glacier inférieur, & le vallon se rétrécit beaucoup. Une cascade, de beaux rochers, beaucoup d'aulnes, un fond couvert de roches arides très-élevées, couvertes de neige: le glacier, au pied duquel sont des cabanes, des sapins & d'autres arbres, présentent un paysage plus grand & plus orné; plus on voit l'assemblage de ces objets, plus on est ravi d'admiration. A peine a-t-on fait quelque peu de chemin qu'un autre point de vue également admirable arrête le voyageur. C'est l'avantage des pays de montagnes d'offrir à chaque pas, à chaque tournant de nouveaux tableaux plus variés & plus piquans les uns que les autres, qui n'ont pas cette uniformité & cette monotonie des pays de plaine, dont on est bientôt fatigué. On est encore éloigné d'une bonne demi-lieue du village de *Grindelwald*.

Plus on approche du glacier & de ses énormes tas de neige, plus on est surpris de voir la nature riante & le pays couvert d'habitations, des granges & des chalets nécessaires pour serrer les fourrages qui doivent nourrir de nombreux troupeaux, pendant le long de l'hiver. Des jardins, des champs avec différents grains, dont partie ne sont pas moissonnés; du lin, plusieurs sortes de légumes & des pommes de terre, & une quantité de beaux prés & d'excellens pâturages bien soignés, couvrent ces terreins, annoncent le travail & l'industrie, ainsi que la jouissance des premiers besoins de la vie: beaucoup d'arbres fruitiers, & sur-tout des cerises (1) qu'on cueilloit (au 8 Septembre), prouvent qu'il y a plus que le nécessaire. On arrive au village du *Grindelwald*, les maisons en sont bien bâties, partie en bois & partie en maçonnerie; elles sont bien commodes & closes contre la rigueur des saisons. On y voit une grande population, des habitans bien vêtus, d'une taille riche, forts & vigoureux. La santé & le contentement sont peints sur tous les visages, & on est persuadé que ce peuple est dans l'aisance, & qu'il est content. Ces sentimens qui se succèdent à mesure qu'on voit les objets, se fortifient de plus en plus, quand on a eu le tems de voir & d'examiner plus à loisir, & qu'on sait par expérience qu'on trouve encore plus qu'on n'osoit espérer dans un pays où l'on est presque au centre des glaces & des neiges. Ce vallon, riche & fertile, est large & ouvert du côté de *Grindelwald*: la vue s'étend avec complaisance du côté de la montagne de Scheideck. Le village est situé sur une pente de montagne, composée de schistes minces, argilleux, noirs & feuilletés, qui vont en s'élevant du côté de l'orient, & dont nous ferons mention par la suite.

Nous allons considérer quelques autres beautés qui paroissent plus sauvages, plus stériles, & qui à la vérité ne paroissent pas pouvoir fournir aux besoins de première nécessité; mais qui aux yeux de l'Observateur & du Physicien sont les causes principales des avantages que la Suisse retire de ses pâturages. En effet, c'est la fonte des glacières & des glaciers qui entretient en été la fraîcheur & l'humidité nécessaires pour produire cette abondance étonnante de fourrages & de pâturages excellens, qui sont toute la ressource & la richesse des hautes montagnes. Dans les pays plus heureusement situés qui n'ont pas de ces amas de neiges, les montagnes qui sont de même hauteur que les montagnes du second ordre de la Suisse, qui ont même beaucoup plus basses, sont sèches & arides, & ne fournissent pas de ces pâturages précieux qui sont verds toute l'année, tant que la terre n'est point couverte de neige, & elles ne sont pas propres à l'entretien de nombreux & beaux troupeaux qu'on voit en Suisse, où les bestiaux montent à mesure que les neiges disparoissent: ils suivent les productions d'un printems qui se renouvelle chaque jour jusqu'au moment où les nouvelles neiges de l'automne les obligent de rétrograder, pour consommer, pendant l'hiver, les fourrages ramassés dans les vallons moins élevés, où la même fraîcheur & les mêmes eaux provenantes de la fonte de ces neiges, ont procuré trois & quatre récoltes de fourrages.

---

(1) C'est avec celles qui ne sont pas greffées, appellées *Merises*, que se fait la liqueur qu'on nomme *Kirschenwasser*, devenue si à la mode depuis quelque temps; dont on reconnoît depuis long-temps dans les montagnes la qualité bienfaisante; elle est même nécessaire dans les pays où l'on mange beaucoup de laitage ou des alimens difficiles à digérer; on en fait aussi beaucoup avec des prunes qu'on donne souvent pour celle faite avec des cerises, elle est moins agréable & bien moins bienfaisante que le Kerschenwasser; ces liqueurs qui sont très-violentes s'adoucissent beaucoup en vieillissant. On distingue l'eau des cerises, de celle faite avec des prunes, en en versant quelques gouttes dans le creux d'une main qu'on frotte bien avec l'autre; si la liqueur est faite avec des cerises, la main sentira le noyau. Cette liqueur doit être claire & limpide, ne point sentir le feu ou l'empyreume: les deux liqueurs se préparent en concassant le fruit avec les noyaux dans des auges de pierre au moyen de pilons de bois; on laisse fermenter le tout: l'esprit qu'on en retire par la distillation est la liqueur qu'on boit. Si la distillation est poussée trop fortement ou trop loin, la liqueur prend le goût d'empyreume. La qualité du terrein influe beaucoup sur la bonté des fruits; les pays de montagnes produisent les meilleurs cerises pour faire le Kirschenwasser. Il y a un autre moyen pour distinguer la liqueur tirée des prunes; en y mêlant de l'eau elle blanchit ou devient laiteuse, ce que ne fait pas le Kirschenwasser.

DE LA SUISSE.

Glaciers du Grindelwald.

Quoiqu'il y ait beaucoup de glaciers en Suisse plus grands & plus beaux que ceux du Grindelwald, les curieux vont de préférence visiter cèux de ce vallon à cause de la facilité & de la moindre fatigue pour les aborder: on voit commodément ces glaciers du village même de Grindelwald, sans sortir du chemin. Le plus considérable, celui qui a le plus bel aspect, est le glacier inférieur, *Unter-Gletscher*, en langage du pays. On peut jouir de ce grand & singulier spectacle assis à table, & en dînant chez le Curé; beaucoup de curieux se contentent de cette inspection superficielle, parce qu'on voyage peu pour apprendre & pour s'instruire. Comme les deux glaciers de ce vallon sont les plus connus de la Suisse, nous les avons choisis par la même raison pour en donner une description plus ample & plus détaillée que tout autre. Leur situation, les diminutions, les augmentations qui y sont arrivées, concourent à les rendre propres à faire connoître les principaux phénomènes des glaciers, suffisent pour donner une idée des autres, & remplissent le but qu'on avoit en vue. On suppose qu'on aura lû l'idée générale qu'on a donnée des glaciers & des glacières, en faisant la description du Vallais; c'est une espèce d'introduction pour la théorie de ces phénomènes, dont le détail présent n'est qu'un exemple & une application. Pour suivre la marche que nous avons commencée, nous parlerons d'abord du glacier inférieur.

Les montagnes & les glaciers qui en descendent sont séparés du village de *Grindelwald* par un vallon profond. Le glacier inférieur ou *Unter-Gletscher*, (planche n°. 177) est placé entre deux montagnes très-hautes, qui sont toutes calcaires. Celle de la gauche, marquée d'un oiseau, est le *Mettenberg*, elle est fort large & très-considérable, & sépare ce glacier d'avec le glacier supérieur, dont on donne la vue dans une autre planche. A droite du glacier est la montagne de *Breiter-Eigher-Horn*, aussi très-élevée hérissées l'une & l'autre d'aiguilles de rochers en pyramides découpées de différentes formes bizarres qui les couronnent. Ces montagnes s'élargissent par la base, sont très-rapides, du plus difficile accès & inabordables en beaucoup d'endroits. Le tems, les neiges & les eaux ont enlevé les terres des sommets, les ont entraînées plus bas, & ont dépouillé presque par-tout ces masses de rocher, de façon qu'on en distingue de loin les lits ou les couches, sur-tout sur la face latérale à droite du glacier, où le rocher est à pic. Dans les endroits ou quelque peu de terre a pu s'arrêter, comme sur les avances ou espèces de gradins que forment les couches du rocher, il y a quelque léger gazon, puis quelques arbres rabougris; en descendant, le terrein se couvre de plus en plus de sapins, & il y a au bas des bois & des forêts, qui ne sont composés absolument que de la même espèce d'arbres, entre lesquels il y a des pâturages du plus beau verd. La base de ces montagnes, dont l'intérieur n'est que rocher, est formée des débris & des éboulemens des parties supérieures; on remarque les endroits par lesquels les eaux chargées de ces matériaux se sont écoulées; & les dépôts coniques qu'elles ont produites & qui se sont ensuite déformés en d'autres endroits par de nouvelles alluvions qui ont détruit ces anciens dépôts, y ont formé des ravins, & ont transporté plus bas tous ces matériaux, au moyen desquels ils ont élargi la base de ces monts. C'est sur ces terreins rapportés & amoncelés que se produisent par la suite des tems des bois & des forêts, &, quand il s'est formé une couche de terre végétale suffisante, on y forme des pâturages par la destruction des bois. Le fond même du vallon s'est aussi élevé aux dépens des montagnes; dans les ravins & les ruisseaux qui y coulent, on voit que ce fond n'est composé que de pierres & d'autres débris de même nature que ces montagnes, que le tems & le travail ont égalisé pour les rendre profitables; & former des prés & pâturages. Dans ce fond il y a des aulnes qui croissent dans les endroits les plus froids, comme nous l'avons déja remarqué plusieurs fois.

On ne peut s'empêcher d'être saisi d'étonnement, en voyant au plus fort de l'été, & au milieu de cette grande quantité d'arbres, de pâturages & de verdure, un immense torrent de glace, & on ne conçoit pas comment les productions de l'été ou de la chaleur peuvent se trouver mêlées & confondues avec celles de l'hiver le plus rigoureux. Ce constrate si frappant embarrasse l'imagination, & paroît un problème insoluble ou une contradiction dans les loix de la Nature; car, du village, ces glaces paroissent comme ensevelies dans les arbres qui les entourent, on ne peut appercevoir le pied du glacier par la quantité d'arbres qui sont au-devant. Vers le bas de ce qu'on apperçoit du glacier, il y a des espèces d'ondes & des inégalités; plus haut une quantité prodigieuse de pyramides de glaces; elles sont d'autant plus blanches & plus brillantes quand le soleil les frappe de sa lumière; le glacier en est tout hérissé, & elles contrastent bien avec le noir des sapins qui sont derrière; un torrent d'autres pyramides paroît s'écouler & venir par derrière la montagne de *Breiter-Eigher-Horn*; plus avant de grandes masses de glaces plus unies s'étendent de droite & de gauche, & forment différens plans; elles sont bornées & entourées de plusieurs rochers fort hauts & fort rapides qui forment une espèce d'enceinte circulaire. Sur les flancs escarpés de ces arides rochers, il y a des neiges qui se sont arrêtées sur quelques parties plus saillantes: les hauts sont couverts de neiges perpétuelles, c'est-à-dire, qu'il y en a toujours & en tous tems. La pointe de la montagne qui est tout-à-fait dans le fond (marquée de deux oiseaux) est le *Fischer-Horn* (1); sur la gauche à côté & en avant du glacier est une marême ou enceinte qu'on ne distingue qu'autant qu'on est accoutumé à voir des glaciers. Voilà l'ébauche de ce qu'on apperçoit du village de *Grindelwald*, & ce que nous avons tâché de rendre par le dessin. L'église qui est sur le devant, est la paroisse du Grindelwald & la maison d'un habitant; celles qui sont en bois, sont à-peu-près toutes construites de même. Nous allons passer à un examen plus particulier de ce glacier, & l'examiner de plus près.

Après avoir descendu la pente rapide qui conduit de Grindelwald dans le fond du vallon, & avoir traversé les prés & les sapins qui sont en avant du glacier, on trouve une enceinte ou marême qui borde tout ce côté du glacier; elle est composée de sable, de graviers, de pierres

---

(1) Corne ou pic du Pêcheur, dont on voit le revers du côté du Vallais; il se trouve placé à côté du glacier de *Fischer-thal*, dessiné du village d'Arnen dans le haut Vallais. Planche N°. 173.

& de blocs de rochers de quartz & de mica par couches alternatives, & de granits composés de feld-spath & de mica, mais en moindre quantité que des précédentes. La chaleur de l'été avoit fondu les glaces, & avoit laissé un espace entre la marème qu'il falloit monter d'un côté, & descendre du côté du glacier; les restes de glace qui tenoient encore à la marème, prouvoient qu'avant la fonte de l'été le glacier la touchoit : que cette espace avoit été rempli, que le glacier étoit par conséquent dans son plus grand accroissement de ce côté. Les glaces qui, du village, paroissoient d'un blanc éblouissant, étoient sales sur les bords du glacier, couvertes de terre & de pierrailles; il y en avoit de répandues en différens endroits, ainsi que des blocs & des masses de pierres. Les glaces étoient remplies de fentes & de crevasses larges & profondes : les bords en étoient fondus & arrondis par le soleil & elles étoient très-dangereuses à franchir. On entendoit couler l'eau sous le glacier, quelquefois bruyante comme un torrent. La largeur des fentes empêchant de traverser le glacier, il fallut continuer son chemin sur le côté, ensuite se guinder sur les rochers escarpés qui le bordent pour éviter les pyramides effrayantes, provenant de la grande épaisseur des glaces qui avoient rempli en cet endroit un fond considérable. A tous momens on entendoit la chûte de ces énormes glaçons de plus de soixante pieds de haut ; le bruit qu'ils faisoient, étoit renvoyé par les échos de vallon en vallon; c'est au-dessous de ce fond qu'on entend mugir les eaux qui s'y précipitent apparemment en cascade.

Arrivé à l'endroit le plus élevé du glacier, on en apperçoit un autre qui descend par derrière le *Breit-Eigher-Horn*, & vient mêler ses glaces au premier, & y occasionne cette grande épaisseur de glace ; il est tout hérissé de pyramides. Un peu au-dessous on voit un espace absolument sans glace ; s'il avoit été possible de l'aborder, nous aurions été curieux d'en examiner la cause : on nomme cet emplacement *Heissé-Blatten*, (feuille chaude). Il est assez difficile de croire qu'il y ait quelque chose de chaud au milieu de ce glacier: on n'y voyoit ni fumée ni vapeurs. Après avoir encore examiné le fond de ce désert où le glacier a plus d'étendue, est moins chargé de pyramides, enfin avec des inégalités qui ressemblent aux vagues de la mer; & après s'être assuré que les pierres qui sont sur le glacier, sont toujours quartzeuses, mêlées de mica & d'autres de granits, comme sont celles de l'enceinte, & provenoient du Fischer-Horn. La hauteur des neiges qui étoient sur cette montagne, dont on distinguoit parfaitement la coupe, au-dessus des rochers escarpés, parut bien étonnante après la fonte & la chûte qui se font en été. Cette épaisseur paroissoit être de quarante-cinq à cinquante pieds, quoiqu'on estime toujours en moins dans les montagnes à cause des distances, sur-tout pour les parties qui sont couvertes de neiges ou de glaces. Pendant que nous étions occupés de cet objet, un fracas épouvantable, comme le plus fort orage, s'attira l'attention d'un autre côté d'où il se précipitoit un torrent de neige, qui formoit un bruit continu jusqu'à ce que tout fût dans le fond. L'intervalle de la chûte du haut jusqu'en bas, a été de trois minutes environ ; elle occasionna un si grand courant d'air, & si froid, que la première impression arrêta la respiration ; tout fut obscurci par la neige qui voltigeoit, & qui étoit transportée par le vent, comme une très-fine poussière ; preuve du grand degré de froid qu'il faisoit sur les sommets d'où étoit tombée cette neige. La place n'étant plus tenable à cause du froid piquant, il fallut songer à la retraite, & rétrograder avec plus de peine & plus de risque qu'on n'étoit monté. La montagne de *Mettenberg* qu'on côtoye, est absolument toute de roches calcaires de différentes couleurs, & n'avoit assurément pas fourni les granits qui sont sur le glacier. Avec plus de tems, & en se précautionnant de vêtemens & de secours, on pourroit pousser plus loin les observations. Cette vallée de glace, depuis le pied du glacier jusqu'au *Fischer-Horn*, nous a paru avoir deux bonnes lieues de longueur en droite ligne.

Après avoir vu le haut & le milieu du glacier, il falloit aussi en visiter le bas ou le pied ; c'est un spectacle d'une autre espèce ; quoiqu'on voie moins de glaces à la fois, elles sont ici plus imposantes ; quand on est au pied du glacier, on les voit fort au-dessus de soi, au lieu qu'on cheminoit & marchoit sur le glacier. La planche n°. 123, représente une montagne de glace polie, luisante, & qui réfléchit vivement la lumière du soleil; elle est hérissée de pyramides à plusieurs pointes & déchirées ; la masse plus en avant, est entrecoupée de larges fentes & de crevasses avec des trous & des cavités oblongues. Un autre ou une grotte profonde est sur le côté, la lumière s'y dégrade, le fond finit par être obscur & noir ; une eau fort agitée bouillonne & en sort avec bruit. Le pied de la montagne du *Mettenbeg*, composé de larges couches, s'élève sur le derrière, & le pied du *Breit-Eigher-Horn*, placé sur le côté droit, est couvert de sapins à différentes hauteurs, entre lesquels s'élèvent des rochers arides & à pic ; voilà l'ensemble qu'on saisit au premier coup-d'œil (1).

Les glaces se trouvant ici sur un terrein plus bas & moins froid que le reste du glacier, en sont plus poreuses, remplies de trous & de cavités, l'eau en distille, & en découle de tous côtés. Les parties les moins épaisses laissant passer les rayons de la lumière, en sont d'une couleur verdâtre ou d'aigue marine très-agréable à l'œil. Cette couleur prend différentes nuances jusqu'à la plus obscure dans les grandes cavités. On ne voit pas dans la grotte de ces glaçons pendans qui forment tantôt des colonnes, des colonnades ou autres figures que les amateurs du merveilleux voient par-tout. Le peu de dureté & de solidité de ces glaces, sur-tout de celles qui sont directement au-dessus de l'eau, fait que bien loin de se former en glaçons, elles se fondent & distillent continuellement de l'eau ; des mor-

---

(1) Il est bon d'observer au sujet de ce dessin, que la masse qu'on y a représentée étoit vue de près & de glace, que nous disons être dans un moment de fonte ; elle doit donc nécessairement changer d'aspect & de forme d'un moment à l'autre ; que dans certaines circonstances elle peut être plus haute & dans d'autres plus basse ; qu'elle peut être plus reculée ou plus avancée dans le vallon ; que la grotte qui est au bas peut changer de place, augmenter ou diminuer en grandeur; qu'il ne faut que quelques jours d'une forte chaleur ou une pluie chaude pour la faire disparoître tout-à-fait. Cette caverne de glace n'étoit pas belle lorsqu'elle a été dessinée, il eût été facile d'y substituer celle d'où sort l'Arveron, dans la vallée de Chamouni en Savoie, qui avoit été dessinée dans un moment favorable & très-pittoresque. On a préféré de donner le vrai par-tout. Un chose qui ne changera pas est le local, les montagnes & les rochers. Le haut de ce glacier sera toujours rempli de glace qui ne changera point son cours, étant renfermé entre des montagnes & des rochers qui subsisteront indépendamment de tout ; il pourra y avoir plus ou moins de pyramides de glace, elles pourront être plus hautes ou plus basses ; mais l'ensemble sera le même ; au lieu que le pied de ce glacier, qui sont directement aux changemens dont la glace peut être susceptible. On se souviendra aussi que nous avons vu ce glacier dans un temps très-chaud & à la suite d'un été fort long.

ceaux

DE LA SUISSE.

ceaux s'en détachent très-souvent; au moment même où l'on dessinoit cette grotte, il en est tombé des masses avec un fracas épouvantable. Les eaux du torrent augmentent vers le soir par la fonte du glacier en général, occasionnée par la chaleur du jour. C'est comme l'égoût de toutes les eaux du glacier qui forment ce torrent qu'on nomme *Weiss-lutschin*, Lutschin blanc; en effet, les eaux en sont blanchâtres & troubles, parce qu'elles sont chargées de sables ou des pierres calcaires, détruites en raison des terreins qu'elles ont parcouru: quand on en prend dans un verre, il s'y forme peu après un dépôt. Les aiguilles de glace qui sont sur le bas du glacier, sont fort poreuses & peu solides, il est aisé d'en abattre des morceaux; aussi paroissent-elles comme déchirées, & ont beaucoup de pointes. On trouve sur le bas du glacier les mêmes pierres qui sont sur le haut, & tout-à-fait au pied un amas considérable de sable, de gravier, de pierres & de blocs des mêmes pierres quartzeuses & micacées, & quelques autres de granit, telles que nous les avons décrites ci-dessus. C'est cet amas qu'on nomme enceinte & marême en Savoie; elle est appuyée contre les glaces, on voit que les glaces amenées du haut par le glacier, s'y amassent, & quelles forment une espèce de rempart au pied du glacier. Dans le moment où le glacier avance, il est facile de concevoir que la pesanteur de cette masse énorme de glace pousse devant elle toutes ces pierres ou rochers qui ne sont pas attachés, ou font partie du sol même, ainsi que tout autre objet qui n'a pas des forces suffisantes ou capables de lui résister. Si par une suite de chaleur ou des pluies chaudes le pied du glacier vient à fondre, & que la masse totale diminue, cette enceinte de pierre est la marque certaine du point jusqu'où s'étoit avancé le glacier: on en a cité différens exemples au glacier du Rhône. Comme il ne reste aucune trace d'enceinte en avant du glacier dont il est ici question, on peut dire qu'il est à son plus grand accroissement, & qu'il n'a jamais été plus avancé.

Un peu sur le côté du glacier, à une portée de pistolet environ, il y a un bois d'aulnes d'une assez belle venue & fort frais; on est tout surpris de le trouver rempli de fraises d'un parfum exquis, la plus grande partie étoient mûres, les autres en fleur, qui dans la saison avancée pour le climat, seront ensevelies sous les neiges avant de mûrir. Une quantité d'autres fleurs propres au printems, d'autres à l'été, étoient répandues aux environs. On voyoit au même moment les produits des saisons les plus opposées & les moins faits pour se trouver rassemblés.

En considérant le pied de la montagne du *Breit-Eigher-Horn*, on voit que le rocher est excavé en-dessous, qu'il est arrondi, & on reconnoît que c'est le travail des eaux & des pierres qu'elles charioient (dont on a déjà cité tant d'exemples) qui ont miné ces rochers & que ce vallon, aujourd'hui rempli de glace, a été sujet à des courants d'eau & à des torrens. Il y a plus, sur le côté du glacier, où l'on a fait une croix, il y avoit autrefois une chapelle dédiée à Sainte *Pétronille*; des biens appartenans à cette église, & à des particuliers dont les titres existent encore à *Grindelwald*, étoient situés dans ce vallon, dans ce lieu occupé actuellement par le glacier. La cloche qui étoit dans cette chapelle, a été transportée dans la paroisse de *Grindelwald*, elle porte la date de 1440. La tradition commune du pays est que ce vallon, parcouru actuellement par le glacier, dont le haut est une mer de glace inabordable, étoit une communication fréquentée de ce pays dans le haut Vallais: il n'existe actuellement de communication entre le canton de Berne, dont le *Grindelwald* fait partie, & le Vallais, que par le chemin extraordinaire de la montagne de Gemmi dont nous avons donné la description. On n'a peut-être pas encore assez remarqué les changemens & les révolutions qui ont pu arriver par le moyen des glaces. Ils sont trop longs & trop insensibles pour qu'on puisse les suivre. Les dépouilles fossiles des animaux qui ne vivent que sous la zône torride, découvertes dans les pays glacés; celles des baleines & autres indigènes aux pays froids, remarquées dans les montagnes des pays chauds ou tempérés, sont les seuls monumens restans que la nature a semé de loin en loin sur le globe, qui puissent nous indiquer la grande révolution, arrivée par rapport aux climats; les histoires nous disent bien que des peuples ou des individus ont apparu tout-à-coup, venans de pays ou de contrées qu'on croyoit inhabitées; que certaines communications d'un pays à un autre ne se retrouvent plus. Mais que sont les tems historiques en comparaison de ces grands changemens que démontrent l'étude & l'examen des hautes montagnes? Ces réflexions nous entraîneroient beaucoup au-delà de notre objet.

GLACIER SUPÉRIEUR DU GRINDELWALD.

Pour aller au glacier supérieur *Ober-Gletscher*, on prend sur la gauche de *Grindelwald*; après avoir beaucoup monté, on passe le torrent de Bergelbach qui descend du Grimsel: il est rempli de schistes argilleux, dont cette montagne est composée; il y a aussi des marbres gris & noirs, & quelques blocs de granits roulés; mais il faut bien considérer les superbes masses de brèches qui y sont. Le fond en est rouge & verd, de la couleur la plus vive, avec de taches rondes & ovales de marbres blancs qui y sont incrustés; on ne peut rien voir de plus beau que ces marbres & autres qui se trouvent dans ce même torrent: ils sont placés vis-à-vis du glacier dont nous allons parler. Son aspect est beau & brillant de loin, ses glaces sont fort blanches & fort propres, & ne sont pas salies par la terre comme celles du glacier inférieur. Après avoir passé le vallon & un bois de sapins & de mélèzes, on parvient à l'ancienne marême ou enceinte du glacier; elle est très-considérable, & prouve qu'il y a long-tems que les glaces ont pris leur écoulement par ce vallon: cette enceinte est composée de quartiers de rochers fort gros entassés les uns sur les autres depuis long-tems, puisque le tout est recouvert de gazon, de végétaux & d'arbres, dont il y en a de plus gros que la cuisse. Cette enceinte a plus de trente pieds de haut, & forme un talut rapide pour arriver au glacier qui n'en est qu'à quelques toises; c'est un spectacle des plus extraordinaires que de voir ces belles glaces au travers des arbres avant que d'arriver au glacier & de trouver l'été & l'hiver comme enchaînés, d'une main cueillir les violettes & les fraises, de l'autre toucher des glaces. D'après la tradition & des pièces authentiques qui font mention des possessions qui ont été envahies par ce glacier, il est prouvé qu'il étoit au pied de cette marême en 1620. Il faut que les glaces aient bien diminué depuis ce tems, puisqu'il a crû entre

Tome I.

cette marême & le glacier des sapins gros comme la jambe. Ce glacier s'accroît dans ce moment, il a déjà renversé & abbattu partie des sapins qui étoient dans son chemin ; il sera bien difficile qu'il aille plus loin que son ancienne marême, attendu qu'il sera borné par la montagne qui est en face, contre laquelle son ancienne marême est appuyée, qui elle-même a eu le tems de se consolider & de faire corps au moyen des terres, des arbres & de leurs racines, & lui oppose une très-forte barrière qui pourra peut-être lui résister : on dit, peut-être parce que ce glacier est fort en pente, qu'il est au pied de très-hautes montagnes rapides, entourées de glacières & de neiges immenses qui fourniront une augmentation progressive à ce glacier ; il paroît même que la surabondance des neiges & des glaces de cette partie a déterminé le courant du glacier inférieur, & a rempli le vallon qu'il parcourt, lequel étoit auparavant une communication du *Grindelwald* au Vallais, comme on l'a dit. Il sera intéressant de vérifier par la suite cette observation & de voir si le glacier ne forcera pas cette double barrière, en s'élévant jusqu'au niveau de son ancienne marême, & ne renversera pas les arbres qui sont dessus ou s'il ne se détournera pas sur la gauche, où le vallon a une continuité de pente ; on pense qu'il prendra cette route après s'être d'abord appuyé contre son ancienne marême. Il seroit bien à souhaiter qu'on eût des dessins & des plans bien exacts de ces sortes de positions, afin qu'on pût les suivre & connoître leur progression ou leur diminution. Au moment où nous visitions le pied de ce glacier, un paysan coupoit des sapins gros comme la jambe qui étoient à quatre à cinq pieds des glaces. Il disoit ne vouloir pas les perdre, ainsi que d'autres arbres que le glacier avoit déjà renversés & couverts. Nous aurions volontiers acheté ces sapins pour les laisser sur pied si nous avions eu l'espérance de retourner dans ce canton : il auroit été intéressant de mesurer la progression du glacier d'après des bornes aussi sûres. Il y a au pied actuel du glacier une enceinte ; elle est composée, ainsi que l'ancienne, de granits & de pierres quartzeuses, mêlées de mica ; nous y avons ramassé un beau morceau de schorl, joint à du quartz : l'eau qui s'écoule du bas du glacier, se nomme *Schwartz-Lutchin*, Lutchin noir ; cette eau est cependant blanchâtre & trouble, comme celle du glacier inférieur ; mais un ruisseau qui descend de la montagne du Scheideck se mêlant à celles qui viennent du glacier, leur communique une couleur noire, qu'il a contractée, en traversant les schistes argilleux dont la montagne de Scheideck est composée.

Le glacier supérieur est entouré de montagnes fameuses par leur hauteur, entre autres le *Schreckhorn*, corne de la terreur, auquel Micheli donne 2724 toises, au-dessus de la mer. Nous avons déjà dit, combien peu on pouvoit se fier à ses opérations. On voit ce pic de différens endroits très-éloignés, même depuis Berne ; mais on ne le voit pas de Grindelwald, à cause des autres hautes montagnes qui l'environnent, & qui sont en avant ; le Schreckhorn est

comme le point central, d'où se débordent les glaciers des environs. En cherchant à l'appercevoir, après avoir beaucoup monté par différens circuits, nous avons enfin découvert son sommet, qui joint à la vue du haut glacier, a paru intéressant, propre à caractériser le genre des montagnes de ces parties élevées, & a été rendu par le dessin. Planche n°. 135 : on a déjà parlé du *Mettenberg*, il est sur la droite du glacier supérieur, & le sépare du glacier inférieur. Cette montagne offre un flanc à pic de ce côté, on y reconnoît les couches du rocher : il est à remarquer que le *Breit-Eighen-Horn*, qui est aussi à droite du glacier inférieur, est aride, à pic, & dégradé comme le *Mettenberg*, & du même côté, c'est-à-dire, à l'Ouest. Derrière le Mettenberg est le *Gletscherberg*, ensuite suivent différentes montagnes couvertes de neige qui, prises en général, constituent les glacières. Au-dessous est un cahos de rochers à pic qui forment l'enceinte du glacier de ce côté. C'est par la chûte des neiges dans ces fonds que se produisent les glaciers, après que ces neiges ont été converties en glace par le dégel & le gel (1). La pointe du *Schreckhorn* s'élève au-dessus de ces montagnes de neiges. Ce pic est tout de roc & peu de neige sur la surface. Enfin sur la gauche est le *Wetter-Horn*, corne des orages, parce qu'elle est presque toujours entourée de nuages. Cette montagne est fort élevée, à pic du côté du vallon, d'où on voit des neiges se précipiter très-souvent quand le tems est chaud. Sur les parties du *Wetter-Horn* & aux environs qui sont rendues sur le dessin, il y a de beaux pâturages, quelques granges & chalets & de petits bois de sapins sur les terreins qui se sont formés des débris du haut de la montagne. Les arbres diminuent en grandeur, à mesure qu'ils approchent de la région des neiges ; son sommet, ainsi que celui du *Mettenberg*, en est couvert. Ces deux monts sont calcaires ; on ne peut juger des rochers qui sont dans le fond, à cause de leur éloignement ; mais on ne se trompera pas, en disant que ce sont des roches de granits & des roches quartzeuses, mêlées de mica, puisque les pierres qui sont du bas du glacier, & celles qui composent les enceintes ou marêmes du bas du glacier, sont des mêmes espèces, & qu'on n'en voit pas de calcaires sur le glacier, quoique le bas du glacier soit entre deux montagnes calcaires. Le fond de ce glacier est hérissé & tout couvert de pyramides de glaces qui sont plus hautes & plus grosses que celles du glacier inférieur. Ces pyramides diminuent insensiblement de hauteur en descendant, & les glaces prennent la forme de vagues agitées, entre lesquelles il y a des fentes & des crevasses. La position d'où a été dessiné ce glacier, ne permet d'en voir qu'une petite partie : des pins, des sapins & des mélezes sur une pente rapide, & placés en avant, cachent le bas du glacier (2). La description de ces deux glaciers ressemble à-peu-près les phénomènes qu'on remarque aux glaciers en général. On se contentera d'indiquer dans les glaciers qu'on rencontrera par la suite les phénomènes qui ne sont pas dans ceux du *Grindelwald*.

---

(1) On renvoye à l'article général des glaciers & glacières où l'on a mis sous le même point de vue tous ces phénomènes.

(2) Pour juger de la vérité & de l'exactitude des dessins, il faut savoir se placer au même point où étoit le Dessinateur ; la petite grange qui est sur le côté indiquera jusqu'à quel point il faut monter le Wetter-Horn ; elle est la plus élevée de ce côté : on fait cette observation, parce qu'on a vu plus d'une fois de prétendus Juges ne pas reconnoître une ville ou autre lieu, parce qu'ils comparoient le dessin avec l'objet d'un côté, tandis qu'il avoit été copié d'un côté diamétralement opposé, & ces Messieurs assuroient que le dessin étoit mal fait & point dans le vrai.

DE LA SUISSE.

Route du Grindelwald a Meiringen dans le pays de Hasli.

On commence à monter, en sortant de Grindelwald, & on laisse sur la droite les deux glaciers, dont on vient de parler: on ne se lasse pas de revoir, & de considérer ces deux amas de glace, qui rappellent toujours l'œil par leur éclat. Comme on l'a dit, les montagnes qui sont en avant, & à côté de ces glaciers, sont toutes calcaires, ainsi que la chaîne qui ferme ce côté du vallon. La partie sur laquelle est situé le village de Grindelwald, dont les montagnes sont aussi fort hautes, & les sommets couverts de neige, est toute de schistes argilleux; celle qui domine, est le *Gembsberg*. C'est sur ces schistes qu'on chemine en montant continuellement par un sentier rapide & difficile; on a devant soi une montagne en retour qui ferme le haut du vallon, & va s'appuyer contre le *Wetter-Horn*, c'est le *Scheideck*, qu'il faut passer pour aller dans le pays de *Hasli*; cette route n'est guère fréquentée que par des piétons. Ces schistes sont feuilletés & d'un bleu noir; les masses, qui sont saillantes en différens endroits, sont d'une grandeur si énorme, qu'on a de la peine à se persuader qu'elles soient détachées des montagnes supérieures; elles paroissent être les pointes ou les sommets des rochers, qui composent la chaîne des montagnes qui embrassent le vallon de ce côté; mais l'inclinaison des couches, en tout sens, engage à observer plus attentivement ces masses; elles sont en effet détachées & déplacées; les schistes des sommets sont tous horizontaux, & prouvent que ceux qui sont plus bas, ont été culbutés (1). Ce retour du *Scheideck*, qui va s'appuyer à droite sur le *Wetter-Horn*, qui est une montagne calcaire, seroit un phénomène bien extraordinaire, & qui, jusqu'à ce moment, n'auroit pas encore été observé par des yeux exercés & un observateur exact; les schistes argilleux, dont le *Scheideck* est composé, se touveroient placés & adossés contre, & sur le *Wetter-Horn*, phénomène que nous croyons n'exister nulle part: il est constant, au contraire, que les roches calcaires sont toujours placées sur les roches schisteuses argilleuses, quand ces deux espèces se trouvent ensemble: nous en avons déjà cité nombre d'exemples pour la Suisse, & nous avons observé constamment la même chose dans les Pyrénées, les Sévènes, dans les hautes montagnes de l'Allemagne & d'autres pays, & tous les autres observateurs exacts, ont remarqué par-tout cette loi constante de la Nature. On a prétendu plus d'une fois nous faire voir des roches schisteuses argilleuses & des roches de granit, placées au-dessus des roches calcaires; mais en se donnant la peine de voir & d'examiner, on apperçoit que la roche calcaire n'est qu'adossée & appoyée contre la roche schisteuse où le granit, dont on retrouve les bases, & que les parties élevées, au-dessus de la roche calcaire, ne sont-qu'une continuation de la même roche schisteuse ou de granit, de façon que la roche calcaire n'est qu'une enveloppe & un dépôt, qui s'est formée sur ces roches plus anciennes. On en peut dire autant des roches quartzeuses mêlées de mica, qui paroissent aussi anciennes que le granit. Les hautes montagnes calcaires, dont nous avons parlé ci-devant, telles que l'*Eiger*, le *Mettenberg* & le *Wetter-Horn*, qui sont en avant & entre les glaciers du Grindelwald, quelques hautes qu'elles soient, & quoique perpétuellement chargées de neiges, ne sont que des montagnes de seconde, même de troisième formation, adossées contre les montagnes de granit & quartzeuses micacées, qui sont derrière & plus élevées, puisque les débris que les glaciers amènent, sont absolument d'une nature quartzeuse. Il faut croire dans le cas présent, que ces hautes montagnes calcaires sont placées & formées sur le pied de la chaîne des roches schisteuses, qui leur sont opposées; que celles-ci sont elles-mêmes sur les roches granitieuses qui sont derrière le *Wetter-Horn*, & que bien loin que le *Scheideck* soit sur le *Wetter-Horn*, au contraire, que c'est celui-ci qui porte sur le *Scheideck*. Ces rochers calcaires, monstrueux pour leur hauteur, qui sont actuellement à pic, ont dû fournir d'immenses débris par leur écroulement, débris qui ont comblé & recouvert le fond des vallons, & devoient être beaucoup plus élevés auparavant, ainsi que toutes les autres montagnes du globe. Ces débris auront couvert ici le pied ou les fondemens schisteux sur lesquels reposent ces montagnes calcaires: c'est par la décomposition & la destruction de ces schistes que se sont affaissées & écroulées les roches calcaires qui étoient dessus, & que celles qui restent sont actuellement à pic, ainsi que nous avons pu l'observer sous la montagne de la Gemmi & de toute la chaîne calcaire des environs des bains de *Leuck* dans le haut Vallais. C'est sur les lieux, les objets devant les yeux, qu'il faut examiner ces grands phénomènes; il y règne un enchaînement & un ensemble, que les descriptions ne peuvent rendre: où il faudroit avoir des plans & des cartes bien faites & bien dessinées, telles qu'il n'en existe pas, & qui, selon toute apparence, ne seront pas entreprises, par le temps & les dépenses qu'exigeroit un pareil travail, dans la vue d'arriver au point de perfection nécessaire pour pouvoir se passer de l'inspection de lieux.

Il faut donc regarder cette partie du *Scheideck*, qui est en retour, & interrompt & ferme le haut du vallon, pour aller s'appuyer contre le *Wetter-Horn*, comme une suite de quelque révolution qui a détaché des monts supérieurs des masses qui se sont accumulées dans cet endroit, & se sont, par le laps du temps, affaissées, & se sont applanies par dessus, de façon qu'ils forment actuellement des pâturages ou *Alpes*: c'est ainsi qu'on nomme en Suisse les pâturages d'été, c'est-à-dire, ceux qui sont les plus élevés, que les bestiaux ne peuvent fréquenter que pendant les plus grandes chaleurs, parce qu'ils sont au pied des neiges. Le Scheideck est un des ces pâturages d'été; les pics qui l'environnent, sont toujours couverts de neige, & il y en a ordinairement neuf & dix mois de l'année sur le haut du Scheideck. Cette montagne est fort haute, & quoiqu'en partant du *Grindelwald*, déjà fort élevé, il faut encore marcher deux heures & demie pour arriver à son sommet. Quand on y est placé de façon à pouvoir jetter

---

(1) M. Gruner dans son Histoire Naturelle des Glaciers, pag. 307, dit: » Mais comment ces bancs d'ardoise, qui dans l'origine ne peuvent avoir été » qu'horizontaux, sont-ils maintenant perpendiculaires! Pourquoi ce phéno- » mène, qui n'a pas été remarqué, si je ne me trompe, dans aucun autre » lieu de la terre, se trouve-t-il seulement au sommet des montagnes de la » Suisse! «. Il paroit bien que M. Gruner n'est jamais sorti de ce pays, par la quantité de choses qu'il croit n'exister qu'en Suisse. Quant aux schistes perpendiculaires & dans toutes sortes de positions; on peut s'assurer qu'il s'en trouve dans tous les pays qui produisent des schistes, qui ne sont assurément pas rares.

un coup-d'œil fur les deux vallons, dont le Scheideck fait la féparation, on voit la même chaine calcaire qui règne dans le vallon de *Grindelwald*, fe prolonger dans le vallon de *Hafli*, qui eft de l'autre côté, & la chaîne des montagnes fchifteufes fe prolonger également du côté oppofé. On découvre auffi du haut du Scheideck l'enfemble du beau & fertile vallon du *Grindelwald*; on y voit les horreurs de l'hiver, & les agrémens de l'été fe difputer la poffeffion des terreins; les neiges, les glaces, les pâturages, les champs, les arbres fruitiers & les habitations font mêlés & confondus enfemble.

Quand nous nous fommes trouvé fur ces points élevés, nous avons toujours confidéré le total des montagnes prifes enfemble, leurs fituations refpectives, les unes par rapport aux autres, afin de reconnoître, s'il y avoit quelque chofe de conftant dans leur pofition; rien n'eft plus varié. Dans la grande chaîne de montagnes, qui fépare le canton de Berne du Vallais, d'un côté, & les Alpes qui féparent le Vallais de la Savoie de l'autre, en confidérant le cours du Rhône fous différens points de vue, on n'a point vu que les angles faillans de ces très-hautes montagnes fuffent oppofés aux angles rentrans des montagnes, qui font vis-à-vis. Le fameux vallon qui eft fur le haut du Saint-Gothard, le point le plus élevé de l'Europe, contredit également cette obfervation, ainfi que les pofitions de la plus grande partie des montagnes qui forment fon vafte circuit. Le vallon de *Scholenen*, qui a plus de huit lieues, & dans lequel la Reuff coule du fommet du Saint-Gothard jufqu'au lac de Lucerne, offre à peine quelques exemples d'angles rentrans, oppofés à des angles faillans. Les nombreux vallons que nous avons conftamment traverfés, ceux qui conduifent au Grindelwald, & celui qui mène au pays *de Hafli*, qui font fous nos yeux, n'établiffent pas davantage cette correfpondance d'angles faillans & d'angles rentrans, qu'on regarde comme fi conftante. Dans les montagnes baffes, du troifieme & quatrieme ordre, ou inférieures, on remarque plus fouvent cette correfpondance, encore n'eft-elle pas conftante : les eaux ordinaires ont formé ces vallons; mais fi on veut donner un théorie générale, c'eft affurément dans les plus hautes montagnes qu'il faut prendre fes exemples. Ce qui fe trouve au-deffous de ces points les plus élevés, a pris fa forme de la difpofition même des plus hauts fommets.

Le haut du *Scheideck* eft abfolument nud, c'eft-à-dire, fans aucune production ligneufe; les dernières qu'on trouve, à une demi-lieue de fon fommet, font le laurier des Alpes (*Rhododendron, Linn.*), & quelques genévriers rabougris & fans graines; le tout eft couvert d'un gazon très-fin : il faut que les fchiftes qui compofent le haut de cette montagne foient très-ferrugineux, puifque les mares d'eau ftagnantes qui y font en divers endroits, font jaunes, & d'autres très-rouges & couleur de fanguine. Le premier objet qui attire les regards du côté du vallon *de Hafli*, eft une fuite prodigieufe de grandes & fuperbes aiguilles ou pics de rochers, qui couronnent toute la chaîne de roches calcaires qui regne fur la droite, & forme de celles qui bordent le vallon de Grindelwald; elles font fort élevées : le point de perfpective fous lequel on les voit, forme un coup-d'œil des plus extraordinaires. A côté du fommet du *Scheideck*, eft le glacier du *Schwartzwald*; il defcend du *Wetter-Horn*, à fa gauche eft le *Wehl-Horn*; ce glacier eft fort élevé; au-deffus il y a de grands amas de neige; il fe termine fur un rocher à pic, d'où les glaces fe font précipitées & ont formé un autre glacier au-deffous, qui eft très-confidérable; ce dernier s'étend fur un rocher en pente, qui eft également terminé par un autre chûte de rocher à pic, au bas duquel il fe formera auffi un glacier par la fuite : il y avoit déjà une quantité de glace & de neige qui s'y étoit amaffée, que la chaleur de l'été ne pouvoit fondre. De cette hauteur du *Scheideck*, on parcourt de l'œil tout ce vallon du Hafli, il eft étroit, entrecoupé de pâturages & de bois; on apperçoit auffi le vallon où eft fitué *Meiringen*, & derrière une grande montagne fort élevée, couverte de pâturages, de bois & d'arbres. Il y a cinq lieues du haut du Scheideck à Meiringen. Les premiers fapins qu'on rencontre, après avoir defcendu pendant quelque tems la montagne, paroiffent fort anciens, ils font couverts de longues mouffes pendantes & blanches; les troncs font garnis de branches jufqu'au bas, elles traînent à terre; ces arbres font d'un effet pittorefque : le chemin eft encore plus difficile de ce côté que celui de Grindelwald; il eft fort fcabreux, à caufe des fchiftes fur lefquels on n'a pas de pied affuré. On n'entend que du bruit & du fracas, occafionné par la chûte des glaces & des neiges qui defcendent d'entre ces pics; ces neiges réduites en pouffiere, font argentines & brillantes dans l'air. Il y a par-tout, au pied de ces rochers à pic, des monticules produites par leurs débris. Les rochers & montagnes de fchiftes continuent fur la gauche; de belles cafcades s'en précipitent. Plus bas, dans un endroit où le vallon eft plus ouvert & rempli de bois, on apperçoit entre les fapins un amas de glace.

GLACIER DU ROSENLAVI.

C'eft le *Rofenlavi Gletfcher*. (Planche n°. 146). Ce glacier defcend auffi du *Wetter-Horn* : il y a un amas immenfe de neige au-deffus, qu'on n'apperçoit bien qu'à une demi-lieue de l'endroit où a été fait le deffein. Ce glacier va beaucoup en pente, & forme un amphithéâtre comme s'il y avoit des marches; il s'enfonce dans fon milieu, & n'a que très-peu de pyramides fur la droite, & une marême du même côté. Un rocher qui eft fur la gauche dans le haut, a interrompu fa marche où la pente du terrein le portoit, & l'a forcé de fe replier à droite, où il defcend, & defcendre encore plus, vu la maffe énorme qui le preffe dans le haut, la pente rapide qu'il parcourt, & le peu d'obftacle qu'il trouve dans le bas; auffi n'a-t-il point d'enceinte, ou très-peu. Les rochers qui font fur fes côtés, font calcaires. On ne s'en eft pas approché d'affez près pour favoir de quelle efpèce font les pierres qui font fur le glacier. Le pic qui eft au-deffus du glacier, eft le *Toffe*; à droite eft une partie *du Wetter-Horn*; ce font des roches arides & effrayantes pour la hauteur, mais belles par leurs grandes maffes: les rochers de la gauche font nommés *Bourg-Hœrner*, cornes des Châteaux; ils reffemblent en effet à d'immenfes ruines, à des tours & à des Châteaux. Les eaux qui découlent de ce glacier, & autres, forment le beau ruiffeau de Richenbach. La fuite des montagnes de la gauche eft toujours fchifteufe, mais il s'eft placé en avant des roches calcaires. A deux lieues environ

DE LA SUISSE.

environ de *Meiringen*, on trouve l'endroit le plus sauvage & le plus affreux qu'on puisse imaginer par le concours d'objets qui s'y trouvent rassemblés; la nature paroît y avoir été bouleversée. Des masses prodigieuses de rochers sont confusément jettées dans un torrent parmi une quantité d'arbres de toutes grandeurs; les eaux cherchent à s'échapper par mille détours de ce chaos, & se précipitent quelque fois par-dessus. Sur le bord du torrent, un bois entier est renversé, quelques arbres sont restés debout, ce sont des sapins, qui ont encore quelques branches; tous ces arbres sont dépouillés de leur écorce, sont blancs & ressemblent à des squelettes; sur le derriere, des masses de rochers saillantes & pendantes, dans un désordre & une confusion bizarre, menacent de s'écrouler. Le *Wetter-Horn* s'éleve par derriere à une hauteur si prodigieuse, qu'on n'imagine pas qu'il y ait rien de pareil, parce qu'il n'y a rien d'intermédiaire, & qu'il s'éleve subitement en forme de cône; il a derriere lui des montagnes couvertes de neige & un glacier, qui lui donnent un aspect noir & triste. On ne regarde cette masse étonnante qu'avec une admiration mêlée de frayeur & de crainte; l'imagination remplie de tous ces débris qu'on voit devant soi, on appréhende que ce rocher ne vienne à couvrir de ses vastes décombres tout ce pays.

La montagne calcaire qui s'étoit placée en avant de la montagne schisteuse, s'est beaucoup élevée; on y distingue parfaitement les couches qui sont de couleurs différentes, & qui indiquent la progression de sa formation. Elle est étroitement liée, & s'est mise au niveau de la montagne schisteuse qui est derriere, puisqu'il en tombe une cascade, qui vient de la fonte des neiges qui sont sur le sommet; cette cascade est une des plus hautes qu'il y ait en Suisse: de l'autre côté du vallon à droite, les couches sont également horizontales dans la montagne calcaire. On entend mugir les eaux du Richenbach dans un vallon profond, & on voit avec plaisir quelques pâturages & quelques chalets dans ces contrées affreuses, parce que l'on sent, qu'on ne s'y trouve pas tout-à-fait isolé. Le chemin est très-rapide, & devient très-difficile & très-fatigant, quoiqu'il soit pavé: on parvient enfin au bord de la montagne du *Zwingi*, fort escarpée: c'est un abîme qui porte tout-à-coup l'œil dans une petite plaine cultivée, où est placé *Meiringen*, chef-lieu du pays de *Hasli*. Tout paroît avoir été mis à profit pour la culture, il y a beaucoup de prés, d'arbres; les possessions y sont toutes entourées de palissades, qui divisent ce terrein qu'on voit en plan, de mille manieres différentes. De belles cascades tombent des montagnes qui sont derriere Meiringen; des pâturages, des arbres, des bois, des cabanes & quelques champs labourés meublent le tout; des roches calcaires jaunes & bleuâtres s'élevent entre ces objets, & coupent agréablement la hauteur de la montagne. L'Aar passe au milieu de ce vallon, ses eaux sont couleur de petit lait, un pont couvert le traverse. La descente continue à être très-rapide; sur la gauche une brume épaisse s'éleve à une grande hauteur; elle est occasionnée par la chûte du *Richenbach*, qui se précipite à travers des rochers qu'il a creusé, & fait un bruit épouvantable, par son grand volume d'eau.

Meiringen est un bourg bien bâti, & chef-lieu du pays de Hasli; il y a dans ce canton une très-belle race d'hommes; il n'est pas rare d'en voir de six pieds, & des femmes de cinq pieds quatre pouces & plus; elles ont la figure intéressante & noble, ainsi que le port, malgré leur habillement peu avantageux: elles portent l'hiver des especes de toques de feutre, & les cheveux pendans & nattés; des chapeaux de paille l'été; leurs jupes sont fort longues, & sont attachées directement sous la gorge, qui n'est recouverte que par la chemise, ouverte sur le devant. Cet habillement les fait paroître encore plus grandes, quoiqu'elles le soient naturellement. Le langage du pays a des différences marquées, ainsi que les physionomies; ce peuple prétend descendre des Suédois. Le vallon où est situé *Meiringen*, est visiblement formé par le dépôt des eaux, il est de niveau, & s'étend trois lieues en longueur jusqu'au lac de Brientz, à la suite duquel est le même terrein nivelé, qui va jusqu'au lac de Thun, dont on a parlé. Une autre observation qui concourt à favoriser ce sentiment, c'est que toutes les roches calcaires, qui entourent le vallon, sont à pic, qu'on y remarque des cavités circulaires & des enfoncemens à même hauteur & à différentes points, qui constatent la fouille & le mouvement des eaux contre ces parois. La terre végétale est bonne dans ce fond par son mélange de terres calcaire & argilleuse, comme sont presque tous les dépôts. L'*Aar* qui traverse ce vallon, y fait des ravages affreux par ses débordemens, occasionnés par la fonte des neiges. On retrouve sur les bords de cette riviere, à une lieue de Meiringen, le pied de la montagne schisteuse qu'on a remarquée ci-devant, en descendant dans ce pays, & qu'on a dit être recouverte par la roche calcaire. Ces schistes sont remplis de cornes d'ammon, dont beaucoup sont pyriteuses. Derriere la paroisse de Meiringen, il y a deux très-belles cascades, à côté l'une de l'autre, c'est l'*Albach*, & l'*Altbach*, qui se précipitent du haut de roches calcaires à plus de deux cents pieds, elles ont formé de beaux bassins par leurs chûtes. L'*Altbach* a déjà creusé une partie du rocher dans le haut. Dans la fonte des neiges, ces torrens ont dévasté en différens tems ce malheureux canton: on a construit nouvellement une forte & longue muraille, pour éloigner du bourg ces désastres. C'est toujours un peu tard qu'on prend ces sortes de précautions dans ces pays libres, où l'individu existant laisse toujours les dépenses à faire à ses successeurs, mais se trouve souvent ruiné pour n'avoir pas voulu se priver de quelque partie de son revenu actuel. En visitant ces cascades, nous entendions un bruit sourd & effrayant, comme d'un très-grand orage éloigné; le tems étoit beau & serein; le bruit continuant à différentes reprises, engagea d'en demander la cause. Il étoit occasionné par la chûte du *Richenbach*, qui est vis-à-vis & de l'autre côté du vallon, le vent portoit de tems à autre le bruit jusqu'à cet endroit. On voit aussi de ce point, distant environ de trois lieues, la pointe de l'immense colonne du *Wetter-Horn* s'élever entre deux montagnes, qui sont sur le devant & le haut de la montagne qui domine la vallée où est *Meiringen*. Cette montagne très-escarpée descend en amphithéâtre rapide par différens plans, quelquefois boisés, composés de roches à pic, & de montagnes de nouvelle formation jusqu'au fond de la vallée. Au milieu l'on voit une partie de la cascade du *Richenbach*: c'est un superbe point de vue.

Tome I.   o

ROUTE DE MEIRINGEN A L'ABBAYE D'ENGELBERG.

A l'orient du vallon, on monte, & on passe la croupe du *Balmberg*, qui ferme la vallée de Hasli; l'Aar s'y est ouvert un passage, où il n'y a de place que pour ses eaux qui y sont fort resserrées entre deux rochers calcaires, sur lesquels l'eau a tracé, du haut en bas, les différens points où elle a passé. On descend tout-à-coup dans un petit vallon parfaitement rond, entouré de rochers à pic & fort hauts, dont les couches sont inclinées de 6 à 7 degrés. Il y a quinze ans, qu'à la suite de grandes pluies & de fonte de neiges, l'Aar y ayant entraîné une quantité de bois & d'arbres, le passage dont on vient de parler, se trouva obstrué, innonda tout le vallon à une grande hauteur, & y forma un lac. Ce terrein est de niveau comme celui de *Meiringen*; il y a beaucoup de pâturages & d'arbres fruitiers, quelques champs & un hameau. A droite sur le haut d'un petit vallon, est le glacier d'Urbach, c'est le revers de celui de Rosenlavi; il descend comme lui du Wetter-Horn. A gauche sont les ruines d'un haut fourneau qui a été transporté à *Muli-Thal*. On passe l'Aar sur un pont de bois couvert; cette rivière entre également dans ce vallon par une gorge fort étroite, qu'elle s'est creusée dans un rocher calcaire; elle charie des granits & des pierres schisteuses, mêlées de quartz & de mica. On quitte la vallon de Hasli qui conduit par la droite à Goultanen, pour monter par la gauche au *Muli-Thal*; ce vallon est fort étroit, boisé des deux côtés, il a des pâturages & beaucoup d'arbres fruitiers dans son fond. Le *Gentel*, torrent, y passe avec grand bruit, profondement encaissé entre des rochers: on le traverse sur un pont de pierre, qui est à une si grande hauteur au-dessus de l'eau qu'on ne peut la voir sans frémir. Les roches schisteuses, qui servent de fondement aux calcaires, y sont très-distinctes, & méritent d'être observées : ces dernieres sont fort hautes, couronnées de pics & d'aiguilles.

HAUT FOURNEAU.

On travailloit à la reconstruction du haut Fourneau de Muli-Thal, dont l'ouverture est ronde, l'intérieur quarré, & le bas en forme de creuset, avec des cheminées ou évents aux quatre coins, suivant le système de Mr. Jars: un gros marteau, deux martinets & une affinerie, sont à côté de ce fourneau. On y fond une mine en roche noire, grenue & attirable à l'aimant, & une mine bleuâtre, qui a pour gangue un spath calcaire ; cette dernière est de meilleure qualité que la premiere, mais moins abondante. On tire la mine de la montagne de *Blamplate*, fort élevée & au-dessus des usines. La mine est dans une roche schisteuse toute revêtue extérieurement de roche calcaire; c'est encore une preuve de ce qu'on a dit si souvent, que les roches calcaires sont formées postérieurement aux roches schisteuses, sur lesquelles elles posent, & les enveloppent souvent de toutes parts. La grande pente du terrein facilite son transport, qui se fait sur des espèces de traîneaux; un homme vigoureux peut en conduire au fourneau sept à huit quintaux par jour. Ces mines rendent vingt-huit livres de fer en barres, qui est aigre & cassant à froid : les scories n'en sont pas bonnes, il faut qu'il y ait quelque vice dans la fonte. Cette forge est régie pour le compte de l'état de Berne, & la seule, à ce qu'on dit, qui soit dans l'intérieur du pays. La Suisse tire son fer de l'étranger : l'Alsace lui en fournit beaucoup.

Au sortir de *Muli-Thal*, on monte par des chemins extraordinairement escarpés, & dans des bois, pour arriver au sommet du *Gentel*, où l'on apperçoit, sur la droite, le glacier de *Trift*, sur la montagne de même nom. En passant le *Gentel*, on observe sous ce ruisseau un large banc d'argille bleue, au-dessus duquel suintoit en différens endroits un guhr ferrugineux, provenant de l'intérieur de la montagne, au haut de laquelle est la mine de fer. Le haut du *Gentel* est un vallon qui est en pâturages d'été ou hautes Alpes, il est bordé de roches calcaires & à pic. La direction de ce petit vallon se trouvant au midi, & abritée contre les vents du nord, il y faisoit excessivement chaud : on ne peut s'empêcher d'être surpris de trouver à de pareilles hauteurs & entre les neiges, les plus beaux & les plus grands arbres, d'espèces qu'on n'a pas vu depuis long-tems, & qu'on ne pense pas trouver dans un pareil climat ; car, depuis que nous avons quitté les lacs, les bois & les forêts n'étoient que des sapins; ici ce sont des chênes, des hêtres & des érables de la plus belle venue. De droite & de gauche il tomboit de petites cascades, provenantes de la fonte des neiges, qui sont sur les rochers. Une espèce de fontaine fort singulière & peu commune dans son espèce, attire l'attention à droite ; ce sont neuf jets ou écoulemens d'eau assez gros, qui s'élancent à-peu-près à même hauteur d'un rocher calcaire à pic & fort sec; on la nomme *Jungi-Brunen*. Les roches calcaires, composées de couches, permettent aux eaux de s'infiltrer dans leur intérieur ; elles en absorbent beaucoup, qui s'y amassent ; la pente d'une de ces couches conduit les eaux à l'extérieur où des ouvertures proportionnées au poids ou à la quantité d'eau qui est au-dessus, les font jaillir en avant du rocher, comme s'il y avoit des goulots. On remarque souvent au pied de monts calcaires qui ont un niveau, & qui sont couverts de neige, de grandes sources d'eau, ou des ruisseaux tout formés qui sortent de terre; ces roches se fendent, se détruisent, se remplissent de cavités & de trous qui sont autant de passages pour les eaux, qui, gagnant de couche en couche, vont jusqu'au centre de la montagne (comme nous l'avons remarqué à la Gemmi), & remplissent des réservoirs ou des cavités intérieures, qui fournissent long-tems de l'eau ou continuellement quand il y a des amas de neiges permanentes sur les sommets; aussi voit-on communément les escarpemens des rochers calcaires secs, au lieu que les autres espèces de rochers, qui n'absorbent pas les eaux, sont humides par-dessus, & que les eaux en dégouttent de tous côtés, parce que rien ne s'y infiltre.

DE LA SUISSE.

Belle Cascade.

Plus loin une cascade d'un genre pittoresque, & qui surpasse tout ce que le luxe a pu faire à grands frais, procure le plus beau spectacle : un grand volume d'eau tombe d'une roche élevée, composée de couches régulieres, qui descendent en gradins ; l'eau forme autant de cascades qu'il y a de couches, en s'élargissant toujours de plus en plus par le bas qui finit par une belle nappe d'eau, le tout est de forme pyramidale ; un beau bassin ovale régulier reçoit toutes ces eaux. C'est ce que l'art a cherché à imiter dans ces magnifiques jardins, qu'il n'a imité qu'à-peu-près & avec des dépenses incroyables ; mais où l'art paroît toujours, & n'atteint point à ce grand, ce majestueux, ce sublime enfin, imprimé sur toutes les productions de la Nature. L'art se fait sentir, malgré l'habileté de l'Ordonnateur, ainsi que le travail & les dépenses, que ces fausses imitations ont occasionnées. Le local, les accessoires, tout ce qui environne, fait connoître qu'on a voulu tromper, en imposer au Spectateur, le transporter enfin au milieu de ces grandes productions de la Nature, & il se retrouve en dépit de lui-même & des coopérateurs, milieu du travail des hommes ; de-là l'ennui & le dégoût au milieu de ces magnificences ; ennui qu'on n'éprouve jamais dans ces lieux agrestes & sauvages, où l'on manque souvent du nécessaire, & qu'on ne parvient à avoir qu'avec des peines & des fatigues incroyables. Quelle différence du très-petit au très-grand ! Que ceux qui, par leurs richesses ou par état, veulent devenir les imitateurs des opérations de la Nature, aillent voir ce canton, ou tout autre de la Suisse ; ils apprendront ce qu'on peut, & ce qu'on doit entreprendre, & jusqu'à quel point on doit espérer de réussir.

A droite, tout à côté du chemin, est une terre très-noire & très-divisée, qui est un schiste vitriolique, ferrugineux, décomposé & lavé de ses sels. C'est apparemment cette terre, dont Mr. Gruner parle & dit, que les peintres s'en servent au lieu d'encre de la Chine ; nous pensons qu'on feroit difficilement de mauvais ouvrages avec cette substance. On s'arrête avec plaisir dans un lieu sauvage par ses antiques sapins, ses rochers à pic, dégradés & de formes bizarres. De grands arbres arrachés par les torrens, d'autres à moitié renversés, entassés tumultuairement avec des masses de rochers, d'où l'eau s'échappe de tous côtés, forment un de ces beaux tableaux de fantaisie, où les peintres placent des solitaires & des anachorètes. On suit le penchant d'une montagne, dont le bas est un banc de schistes ; le chemin est très-scabreux sur les débris de ces pierres glissantes & mouvantes ; des roches calcaires & perpendiculaires s'élèvent par-dessus le banc de schistes, & sont aussi par lits & par couches, & d'une hauteur étonnante ; il en tombe plusieurs cascades. Sur la droite il y a également une très-grande suite de montagnes calcaires, qui sont encore plus hautes & toutes couvertes de glaces & de neiges ; c'est un désert glacé affreux, sur lequel l'œil étonné peut s'étendre fort loin.

On arrive à cinq ou six chalets, où les Bergers font leurs fromages ; après avoir fait quatre grandes lieues fort fatiguantes, on espère & on a besoin de trouver quelque nourriture ; du fromage nouveau, sans pain & sans vin, est tout ce que ces bonnes gens peuvent offrir, avec cette franchise & cette cordialité, qui annoncent l'envie de voir accepter ce qu'on offre. Quand on voyage dans ces pays perdus, il ne suffit pas toujours de s'en rapporter à la Providence, & de savoir se contenter de peu, encore faut-il le trouver : on devient prévoyant quand on a voyagé dans de pareils pays.

Fontaine intermittente.

C'est près de ces chalets que se trouve une fontaine intermittente que nous avons entendu citer plusieurs fois comme un miracle, que la Nature a placée exprès pour abreuver quelques vaches, & dont l'eau ne paroissoit qu'au moment où les bestiaux y venoient. Cette fontaine est doublement intermittente ; elle ne coule que pendant la fonte des neiges, & finit quand les neiges ont disparu, ou les gelées recommencent ; & elle ne coule en été que vers le soir, quand la chaleur du jour a eu le temps de remplir le réservoir par la fonte des neiges. On arrive au petit lac d'Engstler, d'un quart de lieue de long : les eaux en sont noirâtres & fournies par les neiges & les glaces qui couvrent les montagnes environnantes. Il n'y a plus de sentier, on erre entre les rochers, les pierres & les débris de toutes ces montagnes ; il y a beaucoup de pâturages, les sentiers que parcourent les troupeaux ne sont pas praticables par les trous qu'y forme le pas réglé de ces animaux. Les montagnes ou rochers de la gauche ont toujours pour base des schistes, & sont surmontés de très-hautes couches de pierres calcaires ; on n'a pu distinguer s'il y avoit également des schistes sous les rochers de la droite. On continue à monter beaucoup pour arriver aux limites du territoire de l'Abbaye d'Engelberg, qui sont déterminées par une muraille sèche : de beaux schistes feuilletés rouges sont jonchés sur le terrain, ils sont de couleur de sanguine ou crayon rouge, d'autres d'un verd couleur de feuilles d'olivier ; ces deux couleurs se trouvent souvent dans le même morceau. Mais ce qu'il y a de plus singulier, c'est que les schistes rouges ont quelquefois des taches rondes ou ovales, de différentes grandeurs, d'un jaune soufre bien tranchant & bien marqué ; nous n'avions jamais vu cette espèce ; il seroit fort difficile de dire ce qui a pu occasionner ces taches. Tout ce canton est sans arbres & sans buissons ; ce qui n'est pas rocher est néanmoins verd & couvert d'un gazon ras & fin ; on ne se lasse pas d'admirer cette verdure au pied des glaces & des neiges. Après être parvenu sur le territoire de la seigneurie d'Engelberg, Canton d'Underwald, on trouve la montagne de Joch. Sur sa pente est un gros rocher saillant & élevé, qui est schisteux, argilleux & feuilleté, & des mêmes schistes rouges & verts qu'on a trouvé auparavant répandus sur le terrein. Au-dessous une autre masse de rocher, qui paroît avoir été culbutée, n'est composée que de petits filons de quartz qui se croisent en tout sens ; les interstices sont remplis d'une matière ochreuse qui s'est détruite, & a laissé vuide l'entre-deux du tissu du quartz, qui forme, en cet état, un ouvrage maillé irrégulièrement & fort singulier : il paroit que dans ces quartz étoit interposée une pyrite martiale, dont le soufre s'est décomposé, & n'a laissé que l'ochre du fer que les pluies ont enlevé de la superficie, mais qu'on retrouve dans l'intérieur en cassant cette roche. On laisse à droite le petit lac *Trubli*, pour côtoyer une grande suite de rochers calcaires, énorme pour la hauteur, & élevée comme une muraille: les couches en sont inclinées de neuf à dix degrés. On descend très-rapidement parmi le cahos des décombres de ces affreux rochers: tout est couvert de pierres, des pâturages les recouvrent quelquefois ; des ravins, des fondrières, rendent ce chemin bien difficile. Tout est nud & sans autre végétation que le très-court gazon : on descend ainsi pendant près de deux lieues sans trouver un arbrisseau.

L'Abbaye d'Engelberg & un village à côté sont situés dans le fond à droite, dans un vallon ovale & de niveau, où il n'y a que des pâturages & point de champs labourés, ni d'arbres fruitiers : à peine peut-on y élever quelque mauvais jardinage. Ce vallon est entouré de fort hautes montagnes, sur lesquelles il y a des amas prodigieux de neiges & de glaces. L'Abbaye est grande, spacieuse & bien bâtie, ainsi que l'Eglise qui est fort ornée : le tout a été bâti à neuf il y a cinquante ans, après un incendie total. La montagne d'Engelberg, qui a donné le nom à tout ce Canton, a une forme à-peu-près conique, dont la base est fort large; des pâturages & des forêts de sapin en couvrent le pied; elle est aride sur le haut, & toute composée de roche calcaire, dont on apperçoit les couches & les lits en différens endroits, ce qui forme autant de chûtes à pic. Cette montagne est fort haute, isolée sur le devant, ce qui aggrandit le coup-d'œil de la masse. Derrière l'Abbaye, à un quart de lieue, est une belle cascade, par la position de ses rochers & des arbres qui l'entourent; en tout elle est pittoresque & du plus bel effet.

ROUTE D'ENGELBERG, PAR LE CANTON D'UNDERWALD ET SCHWITZ A EINSIDELEN OU NOTRE-DAME DES HERMITES.

Les montagnes considérables qu'on traverse en sortant d'Engelberg, ne sont composées que des débris des hautes montagnes qu'on vient de quitter; ce sont ces éboulemens arrivés à la suite des siècles, qui environnent de tous côtés ces montagnes, étendent leurs bases, & procurent les moyens d'arriver comme par degrés au pied de la chaîne glacée. La terre dont ces troisièmes montagnes sont couvertes, facilite la production des végétaux ; ce sont ces montagnes, qui sont ordinairement couvertes de sapins & de forêts, dont les parties les mieux exposées sont employées en pâturages & quelquefois au labourage, quoiqu'elles soient encore fort élevées. Les montagnes par lesquelles on descend d'Engelberg, tournées au midi, sont couvertes de belles forêts, où il y a beaucoup d'herbes, & dont les bois se précipitent dans le torrent d'*Aa*, qui passe au fond ; on y flotte ce bois jusqu'au lac de Lucerne. Ces chemins sont praticables autant qu'ils peuvent l'être dans des montagnes, des chariots y passent : après avoir descendu une heure & demie, assez rapidement depuis *Engelberg*, on parvient dans un terrein moins inégal, & qui n'a de pente que celle de l'eau. Ce canton plus bas, plus abrité & moins rude, commence à produire des arbres fruitiers : l'Abbaye d'Engelberg y a une belle maison de campagne nommée *Groffenort*. A un quart de lieue au-dessous, on a taillé dans le roc les limites d'Engelberg & du Canton d'*Underwald*. L'*Aa* ne roule que des pierres calcaires, ainsi que tous les torrens de ces Cantons; à peine y voit-on un granit & point d'autres espèces. Plus loin le vallon s'ouvre, des champs de pommes de terre, de navets, de choux, & beaucoup de chanvres & de lin, annoncent une température plus modérée : sur la gauche des roches de pierres calcaires par couches, bien horizontales; la paroisse de *Wolfenschieff* occupe ce terrein, qui d'ailleurs est bien boisé en sapins & hêtres : il y a aussi quelques chênes. Ce vallon est *l'Underwald*, qui a sur sa gauche *l'Oberwald*, dont il est séparé par une chaîne de montagnes, qui s'abaissent insensiblement. Le pays s'ouvrant de plus en plus, on ne voit plus de rochers que dans les hauts, & des forêts de sapins à leur pied ; les collines plus basses ont moins de sapins, plus de hêtres & de chênes ; beaucoup de noyers & d'autres arbres fruitiers sont répandus dans les pâturages & les jardins. On ne voit pas encore des terres labourées aux environs de *Stantz*, chef-lieu d'*Underwald*, qui est un gros bourg bien bâti, avec de jolies maisons enjolivées à la mode du pays: dix grosses colonnes de marbre noir veiné de blanc soutiennent la Nef de l'Eglise : ces marbres sont du pays. De *Stantz* on va à *Buchs*, où l'on s'embarque pour traverser le lac de Lucerne, dont nous avons parlé ci-devant.

Nous ne pouvons nous dispenser de faire observer que depuis qu'on a passé les lacs *de Thun* & *de Bientz*, les immenses & hautes chaînes de montagnes qu'on a parcouru sont toutes calcaires; que les sommets de ces monts sont couverts de neiges permanentes, qui prouvent leur hauteur, & qu'on n'a rencontré aucune montagne de granit : ce qu'on a vu de cette dernière espèce, sont quelques pierres roulées en très-petite quantité, & ces morceaux amenés par les glaciers, d'où l'on peut conjecturer que le *Schreck-horn*, le *Fischer-horn*, & peut-être les sommets du *Wetter-horn*, sont les seules roches de granit, ou quartzeuses & micacées, qui se trouvent dans tout ce Canton. On dit peut-être le *Wetter-horn*, car toutes les parties accessibles, ou qu'on peut voir, sont sûrement calcaires : une autre observation importante, c'est que toutes ces hautes montagnes calcaires, (que nous nommons ici primitives, pour les distinguer des basses de nos cantons), ne renferment pas de ces bancs & lits de silex ou de pierre à fusil, ainsi qu'on en voit dans la plupart des montagnes calcaires basses de nos climats, & on ne rencontre nulle part en Suisse dans les torrens des hautes montagnes de ces silex. Il faut aussi observer que nous n'avons fait aucune mention des pétrifications dans ces hautes montagnes calcaires, nous n'assurerons pas qu'on ne puisse y en rencontrer : nous nous contenterons de dire que nous n'y en avons pas vu, nous bornant toujours à ne parler que de ce que nous avons observé. Ces montagnes calcaires doivent être plus hautes que les Pyrénées, ainsi que le pays où elles sont situées est beaucoup plus élevé. Les Pyrénées ne conservent pas des neiges comme ces montagnes de la Suisse; c'est ici le lieu de regretter de n'avoir pas les hauteurs exactes de toutes ces montagnes, afin d'en faire la comparaison.

Après avoir traversé le lac de Lucerne ou de *Waldstatter*, on débarque à Brunen. C'est un charmant paysage que celui de ce terrein frais & riant, qui conduit de *Brunen à Schwitz*, qu'on voit sur une colline en amphithéâtre, surmontée d'une forêt de sapins, & derrière par deux hautes montagnes en pointes. On fait une lieue pour arriver à *Schwitz*, qui est un gros bourg, bâti presque tout en pierres, & chef-lieu du Canton. Il n'y a absolument que

des

des pâturages dans tous les environs, quelques jardins, & point de terres labourées. On monte la montagne fort rapide, au pied de laquelle est situé Schwitz (1); dans le bas du sentier il y a beaucoup d'escaliers en pierres, afin de faciliter les piétons; parvenu à une certaine hauteur, on voit dans le fond, à gauche, le petit lac de *Wertz*, qui est séparé du lac de Lucerne par des montagnes. On passe au pied des deux montages calcaires en pointe, qui dominent *Schwitz* & tous les environs: la plus élevée est remarquable, en ce qu'elle est d'un beau marbre rouge à son sommet, avec une grande partie de marbre gris dans son milieu, qui s'y trouve placé comme un noyau. Après avoir monté une heure & demie on arrive tout-à-fait sur la hauteur; on y jouit d'une belle vûe, toute composée de sommets de montagnes & de lacs; des bois & des pâturages couvrent tous les terreins qui ne sont pas des rochers. La montagne qu'on vient de monter n'est composée que de décombres; quoique toute couverte de pâturages, on apperçoit cependant de temps à autre des schistes feuilletés, d'autres fois des pierres calcaires qui saillent du terrein; il ne s'est pas trouvé d'endroit propre à s'assurer s'il y avoit des roches de schistes continues sous cette montagne. Sur le revers de la même montagne, on en voit d'autres qui sont aussi de nouvelle formation, dans la composition desquelles il entre beaucoup d'argille jaunâtre: elles sont couvertes de bois de sapins, & dans le lointain il y a quelques neiges. On descend pendant une heure & demie par des chemins qu'on a cherché à rendre praticables, en plaçant des rondins ou des arbres en travers du chemin, pour éviter les argilles ou terreins marécageux, occasionnés par les eaux qui descendent de tous côtés. On ne voit que des ravins, des fondrières & des torrens qui ne charient absolument que des pierres calcaires, presque toutes grises, avec des veines de spath blanc. Le vallon s'élargit en approchant d'*Einsidelen*. On avoit semé quelques poignées d'orge dans différens endroits, il n'étoit pas encore mûr le 15 Septembre; le reste est tout couvert de pâturages & de bois.

Le plateau où est situé *Einsidelen* ou *Notre-Dame des Hermites*, est fort élevé, ce climat est froid & rude. A deux portées de fusil du bourg, il y a une carrière de grès ou pierre sablonneuse par couches, d'un tissu solide & bien lié; l'Abbaye & l'Eglise en sont bâties. Ces bâtimens sont très-considérables; l'Eglise est vaste & grande, les marbres, les stucs, les dorures, les peintures, tout y est prodigué & entassé sans goût; le tout ensemble est somptueux & d'une grande magnificence: on y a rassemblé tout ce qui peut exciter la dévotion; il y a six jeux d'orgues, & on y fait beaucoup de musique; ce pélerinage est fort fréquenté. De tout ce qui compose le riche trésor de cette Eglise, nous ne ferons mention que d'une tête antique, qui représente Alexandre, gravée sur une calcédoine, & d'une autre tête gravée sur une onyx, où l'on a profité de quelques filets blancs de la pierre pour en composer la coëffure & l'habillement; il n'y a rien de si beau que l'expression de cette tête, & la manière hardie & franche avec laquelle elle est travaillée. Il faut demander à voir ces morceaux, on n'en fait pas assez de cas pour les montrer à ceux qui vont visiter ce trésor; de préférence on fait voir beaucoup de perles & des diamans qui ne sont pas beaux.

ROUTE DE NOTRE-DAME DES HERMITES PAR RAPERSCHWEIL A GLARIS.

On chemine une bonne demi-lieue sur le plateau d'Einsidelen, où il y a des pâturages &, quelque peu d'orge; sur la droite dans le fond, des prés marécageux qui paroissent avoir remplacé un terrein anciennement couvert d'eau. Après avoir passé un bois de sapins on descend & on arrive à la rivière de *Sill* qui, dans les fontes des neiges, est un torrent impétueux qui fait de grands ravages. On la passe sur un pont couvert, auquel on a donné le nom de pont du Diable, quoiqu'il n'y ait rien d'extraordinaire dans sa construction, ni dans le local où il est bâti; les collines environnantes qui sont fort élevées ne sont composées que de galets ou pierres calcaires roulées; ce terrein en général est argilleux. De la hauteur, à côté de la Chapelle de *Saint-Mainard*, on apperçoit tout-à-coup la plus belle & la plus superbe vûe qu'on puisse imaginer. On voit sur le premier plan une belle forêt de sapins, des terres & puis toute l'étendue du lac de Zurich, qui a plus de sept lieues de longueur; ce lac est bordé de villes & de villages; puis un immense pays composé de monts & de collines qui se dégradent & vont se perdre dans l'horizon. Les différentes couleurs propre à chaque objet distinguent les forêts, les prairies & les champs, parmi lesquels des églises, des villages & des habitations, s'élèvent de tous côtés.

Ce n'est qu'après avoir beaucoup descendu qu'on s'apperçoit combien le plateau d'*Einsidelen* étoit élevé; ces terreins ne sont aussi que de pierres roulées. Dans le fond il y a une quantité de granites très-beaux, dont la plupart sont rouges, & des cailloux ou galets jaspeux, colorés diversement; mêlés de quelques blocs de pierres sablonneuses; quelques lits de la même pierre traversent de temps à autre ces amas de pierres roulées; le tout annonce que ce terrein est un dépôt des eaux. Pour aller à *Raperschweil*, on quitte le grand chemin qui conduit à un espèce de château ou maison de campagne appartenante à l'Abbé d'*Einsidelen*, pour prendre un sentier à droite, qui traverse un bois de hêtres & puis de sapins, qui descend jusqu'au bas de la colline qui est de pierre sablonneuse par lits, déposée par les eaux, & qui, selon toute apparence, continue à une même hauteur sur tous les bords de ce lac, comme nous l'avons remarqué aux environs de plusieurs autres lacs de la Suisse. Avant d'arriver au lac, il y a une petite demi-lieue de plaine à passer, dans laquelle il y a beaucoup d'arbres fruitiers & quelques vignes: on y jouit d'une vûe charmante; ce sont des fabriques & des pêcheries sur le devant; un immense pont qui est en arc de cercle, à l'extrémité duquel une ville surmontée de tours & d'un château, qui se voit doublement par sa réflexion dans les eaux tranquilles du lac. On est plus d'un quart-d'heure à passer ce pont, qui a plus de six cents toises de long: il est construit de longs pilotis ou d'arbres enfoncés dans le lac, sur lesquels on a placé des poutres & des planches qui ne sont pas attachées, on prétend qu'il en est plus solide & résiste mieux aux vents. Le lac est peu profond dans cet endroit, on a même été obligé d'y creuser un passage pour les barques. On a établi aux environs du pont des espèces de bourdigues pour prendre du poisson, qui est fort abondant dans ce lac. Rapers-

---

(1) Il y a un chemin plus commode pour ceux qui vont à cheval, ou qui craignent de monter; mais ce chemin est plus long.

Tome I.

chweil, qui est à l'extrémité du pont, est une ville assez bien bâtie. Du château qui domine la ville, on jouit d'une belle vûe sur toute l'étendue du lac & de ses bords, qui sont remplis de villages entremêlés de bois & de bocages.

Pour éviter un détour & ne pas passer deux fois par le même chemin, on s'embarque à *Raperschweil*, pour débarquer à *Lachen*, gros endroit mieux peuplé & plus commerçant; il est à deux lieues du pont. Ce passage est très-agréable par les différens points de vûes sous lesquels on voit *Raperschweil*, son pont & divers bords du lac. Depuis *Lachen* le pays est couvert de riches pâturages, d'arbres fruitiers & de bois. Il n'y a rien de remarquable jusqu'à *Rychenburg*, dernier village du Canton de *Schwitz* ; une plaine sur la gauche, au milieu de laquelle passe la *Linth*, qui va se jetter dans le lac de Zurich, paroît avoir été occupée par les eaux du lac, car le fond du terrein où nous avons passé depuis *Lachen* & le bas de la pente des montagnes à droite, sont tout couverts de pierres roulées & de masses de ces mêmes pierres agglutinées ensemble par des graviers & des sables; plus loin ces aggrégations revêtissent le pied des montagnes calcaires qui sont au-dessus. On passe par *Bilten*, premier village du Canton de Glaris; on y voit les mêmes aggrégations jusqu'à *Nider-Urnen*, où il y a des bains peu fréquentés. Ces aggrégations qui continuent à différentes hauteurs, & sont toujours appliquées contre les roches calcaires & non par-dessous, sont une preuve que ces roches calcaires sont antérieures; elles sont par couches, fort hautes, & quelquefois surmontées de pics. Une autre preuve que les terreins de niveau qui sont sur les bords de la *Linth*, ont été occupés par les eaux, c'est que ces aggrégations de pierres roulées sont souvent aussi par couches & par lits, de graviers, de gros galets, puis de petits, ensuite de moyens, quelquefois il y a des couches de sable entre deux. Ces couches & ces lits sont fort distincts chacun dans leur espèce ; de plus on remarque que les terreins qui vont quelquefois en pente vers la plaine, ne sont également composés que de galets, & que les pâturages qui les couvrent quelquefois n'empêchent pas de reconnoître leur composition.

Avant de continuer la route jusqu'à *Glaris*, nous nous arrêterons un moment au lac de *Wallenstatt*, qui est dans une gorge à gauche : il a environ trois lieues de long & une de large, il est entouré de très-hautes montagnes calcaires, la plupart à pic, dont le pied seulement se précipite dans ses eaux. Il n'y a rien de si sauvage que l'aspect de cette enceinte & de ces rochers. La navigation y est très-dangereuse, parce qu'il y a peu d'endroits pour aborder, & que les vents sont terribles quand ils s'enfournent dans ce gouffre; peu de jours auparavant il y avoit péri un bateau avec plusieurs passagers.

On ne trouve plus d'aggrégations de cailloux un peu avant d'arriver à *Næfels*, qui est à une lieue de Glaris : il est bon d'observer que tous les galets qui composent ces aggrégations sont calcaires, de différentes couleurs, & qu'il est très-rare d'y trouver d'autres espèces, nous n'y avons observé qu'un seul granit. *Næfels*, ainsi que *Mollis*, qui vient après, sont situés dans un bassin un peu ovale, d'une demi-lieue de long. Le terrein en est de niveau & tout entouré de très-hautes montagnes calcaires ; sur celles qui sont du côté de Glaris il y a de la neige; l'entrée du vallon qui y conduit est fort étroite, on y arrive par un chemin qui tourne & descend. *Glaris*, chef-lieu du Canton, est fort peuplé, on s'y occupe beaucoup de la filature du coton; il y a même des hommes qui filent. Les habitans prétendent que cette occupation seule peut suffire à leur entretien. L'argent n'y est pas rare, c'est un des endroits de la Suisse où on vit le plus chèrement. Malgré la quantité de pâturages, qui fait la principale richesse du pays, le beurre y est si rare, qu'il est défendu, sous peine de cent écus, d'en exporter. Glaris est dans une position si resserrée entre des montagnes qui sont si hautes, qu'on les voit de l'intérieur du bourg dominer au-dessus des maisons, auxquelles elles semblent être adossées. En montant sur les hauteurs qui dominent, on voit cependant que du côté de l'Est il y a un espace assez considérable entre les montagnes & les maisons, que c'est une petite plaine occupée par beaucoup de jardins, & que la rivière de *Linth* passe du même côté. Au-delà de Glaris, dans le même fond, est *Enneda*, petit village. Pour y arriver on passe la *Linth* sur un beau pont de bois d'une seule arche ; tous les ponts de bois de la Suisse en général sont très-bien faits, d'une construction bien entendue, & méritent de servir de modèles en ce genre.

Sur la montagne calcaire entre *Glaris* & *Enneda*, il s'est fait à mi-côte un dépôt formé de petites pierres de différentes espèces, dont la plupart sont calcaires, avec des veines sablonneuses, mêlées de quartz, le tout imprégné de fer & d'une couleur fort rouge comme celle du porphyre : ce dépôt est fort dur, & sert dans le pays pour paver les foyers des cheminées. On remarque de loin cette couche rouge, qui tranche sur le blanc des pierres calcaires : à l'ouest de Glaris, est le *Glarnisch*, montagne extraordinairement haute, sur laquelle il y a différens glaciers, qui se forment comme les autres glaciers, par la chûte & l'amas des neiges supérieures, & n'ont rien d'assez remarquable pour mériter qu'on se donne la peine de faire un chemin long & difficile pour les aller voir parmi des roches pendantes, qui surplombent & menacent ruine.

C'est à Glaris que se prépare le *schabzeiger* ou *fromage verd*, dans lequel il entre différentes herbes, entr'autres le mélilot, qui est une trefle odoriférant. Ce fromage en est vanté pour ses bonnes qualités, & n'est pas du goût de tout le monde. C'est aussi dans ce Canton que se recueillent les meilleures plantes dont on compose le thé Suisse ; il y a en général beaucoup d'industrie parmi les habitans de ce Canton, ils quittent plus aisément leurs pays que les autres Suisses, on trouve des Glarnois par-tout.

ROUTE DE GLARIS PAR LE PAYS DES GRISONS AUX SOURCES DU RHIN.

En sortant de Glaris on côtoie le pied du *Glarnisch*, on retrouve ici cette pierre rouge ferrugineuse, mais beaucoup plus dure que du côté d'*Enneda*, & mêlée de petits quartz blancs & rougeâtres, de pierre jaspeuse rouge & de quelques parties de pierre ollaire jaunâtre. Ce doit être celle-ci qu'on employe pour les âtres des cheminées; si on employoit l'autre qui est mêlée de pierre calcaire, elle s'y calcineroit, pourroit même entrer en fusion à cause de son mélange ; on aura confondu celle-ci avec l'autre, à cause de la même couleur. Au premier coup-d'œil on la prendroit pour un porphyre, par rapport à sa couleur & à ses taches blanches, sur-tout quand on en voit des morceaux qui n'ont pas de grandes parties quartzeuses. On passe par *Mitoldi*, paroisse d'où on voit le bas du glacier de *Glarnisch*. Schwanden, gros endroit, & lieu d'assemblée des Protestants du Canton, est à la tête de deux vallons, dont celui qui est à droite, est la continuation de celui de Glaris, où coule la *Linth*; il conduit au Canton *d'Uri* & aux Grisons; on apperçoit, dans le fond, des montagnes couvertes de neiges: on le nomme *Grosthal* ou le *grand Vallon*. Celui qui est à gauche est le *Kleinthal* ou le *petit Vallon*, où coule la *Sernft* ; il est plus difficile & moins fréquenté, raison qui nous l'a fait choisir de préférence, dans l'espérance d'y voir quelque chose de moins connu; le hasard nous a bien servi par la variété des pierres qu'on rencontre dans cette route, très-intéressante pour la Minéralogie. Après avoir passé la Linth, en sortant de *Schwanden*, on tourne subitement à gauche pour entrer dans un vallon étroit qui, dans le commencement est tout boisé; il est si resserré, qu'il n'y a place dans le fond que pour le passage de la *Sernft*. On monte continuellement jusqu'à *Mat* : la partie droite du vallon n'est que de pierres composées, mais très-variées par leur mélange souvent d'espèces qui ne paroissent pas devoir être jointes ensemble. Leur disposition est un vrai cahos, parce que toute cette montagne est bouleversée & culbutée, & n'est qu'un amas de blocs, de quartiers de rochers & de pierres jettées pêle-mêle: il faudroit un temps considérable pour rechercher la position ou l'origine de chaque espèce. On se contentera d'indiquer & de faire la description de ces différentes substances. Chacun les nommera ou les classera à volonté, à cause de leurs mélanges; on aura toujours pour principe de ne pas chercher à augmenter la nomenclature, qui n'est déjà que trop compliquée.

Dans les mêmes pierres ferrugineuses, dont on a parlé, les mélanges augmentent; il y a de la pierre ollaire verte, des parties & des veines de quartz, quelquefois de l'ardoise ou des schistes noirs, des pierres jaspeuses rouges, c'est-à-dire, d'un grain fort fin & fort serré, & susceptibles du plus beau poli, il faisoit feu avec le briquet : d'autres sont vertes, verdâtres, de différentes nuances, très-dures & très-compactes, mêlées quelquefois de petites parties ou filons de quartz; ces pierres vertes ne font pas feu avec le briquet, si on ne frappe pas sur quelques parties quartzeuses, & ne font pas effervescence avec l'acide. Ces espèces sont dans des blocs par petites & grandes taches, quelquefois en filons, par bandes étroites ou larges; elles ressemblent à des desseins chinés, & font le plus bel effet sur ce fond rouge. Il y a des blocs ou quartiers de rochers, dans lesquels les taches rouges sont sur des fonds verds différemment nuancés; d'autres fois sont grisâtres, ressemblent à du granit, & ne sont que des sables agglutinés & intimement rapprochés; ces mélanges & leurs dispositions vont à l'infini. Les différens

sens où ces pierres sont cassées augmentent & diversifient les accidens. On ne sait quelle espèce, ou quel morceau choisir, parce qu'on ne peut se charger de tant de choses dans des routes aussi longues & aussi difficiles. Cette montagne qui est fort haute, est des mêmes espèces, il y en a des masses énormes au milieu & au bas de la montagne. Dans le haut ces rochers paroissent être les mêmes: plus loin ces espèces deviennent plus schisteuses, finissent par être de vrais schistes argilleux avec les mêmes couleurs; il y en a de différentes nuances, des verts d'une seule couleur, ou mêlés d'une couleur rouge pourpre; ces schistes se lèvent & se détachent par couches minces. Pour finir & rendre ces espèces & ces mélanges encore plus singuliers, à côté du sentier il y a un grand bloc composé de schiste rouge & vert, traversé d'un filon de plus d'un pouce, qui n'est rempli que de petits cristaux de quartz très-clairs & très-transparents, & de cristaux de spath calcaire. Des montagnes entières sont ensuite composées de schistes feuilletés rouge foncé, couleur de sanguine ou de crayon rouge ; dans d'autres parties ce sont des colubrines couleur de gris de lin, traversées de filons de quartz; on entend par colubrine une espèce de schiste feuilleté, mais dont les couches ne se lèvent pas régulièrement, sont remplies de mamelons & de parties protuberancées, d'un toucher plus doux & plus savonneux que le schiste ordinaire. On monte toujours dans ce vallon; il s'y ouvre de temps à autre, on y trouve des chalets & des pâturages, un hameau & des parties boisées. Les mêmes schistes rouges & verts continuent jusqu'au haut du vallon. Ces schistes mélangés de couleur ne sont pas toujours par couches parallèles entr'elles ; ils sont quelquefois ondés & contournés, & se replient totalement sur eux-mêmes, pour composer des espèces de nœuds qui sont fort durs; dans cet état des couches de quartz ou de spath, sont quelquefois interposées alternativement entre les couches de schiste, d'autres fois les traversent en sens contraire. Il seroit difficile de rassembler dans des échantillons toutes ces variétés, qu'on remarque mieux en grand & dans la nature: on a cependant cherché à avoir, autant qu'il étoit possible, de quoi justifier les descriptions qu'on fait, ainsi qu'on l'a dit dans l'Avant-propos. Les montagnes environnantes paroissent être de schiste rouge foncé ; par-tout où les bois ne les couvrent pas elles sont rouges. Il descend du *Mulipacher-Thal*, à gauche, un torrent qui fait des dégats horribles; la montagne de même nom est de schistes rouges; sur les hauts il y a une grande partie qui est de beau gypse blanc, d'un bon emploi; c'est de ce lieu qu'a été tiré celui qui a servi à l'église *d'Enneda*, près Glaris.

CARRIÈRE D'ARDOISE AVEC EMPREINTES DE POISSONS.

A droite, à mi-côte, un peu au-dessous du village de *Mat*, sous le mont *Blatten*, qui fait partie du *Freyberg*, est la fameuse carrière d'ardoise de table dont on fait un grand commerce, sur-tout en Allemagne. Elle est dure, noire, d'un grain fin ; on la polit afin de la dresser tout-à-fait. Une chose remarquable dans cette carrière, c'est que ces couches sont alternativement d'un grain fin, & d'un grain plus grossier : elles sont minces & se détachent aisément l'une de l'autre ; c'est la plus fine, qui est la plus dure & la plus compacte, qu'on employe pour faire des tables. Il n'est pas rare de trouver des empreintes de poissons ou d'arêtes de poissons entre les deux couches. Les beaux &

grands morceaux dans ce genre qu'on voit dans les cabinets viennent de cet endroit. La différence des matières qui composent ces couches, & les poissons qui se trouvent entre deux, prouvent que le tout s'est précipité & a été déposé par les eaux, en raison des pesanteurs: ces couches sont inclinées de cinq à six degrés vers le midi. La carrière n'a rien de particulier pour l'exploitation; il y a de grandes cavités ; on n'y prend pas les précautions nécessaires, soit pour le déblai soit pour le soutien des parties supérieures.

Après avoir passé *Mat*, on trouve un torrent qui vient du *Krauchet-Thal*, qui charie les mêmes schistes rouges & verts, ci-devant cités, des pierres sablonneuses & des pierres calcaires, avec des veines de fpath. La montagne qui borde le même côté eft un efpèce de grès fort compacte & fort dur ; il eft par couches, avec des veines de quartz : plus loin un autre torrent ne charie que des fchiftes d'un beau noir, qui font traverfés en tout fens de veines d'un beau fpath blanc, qui y font le plus bel effet. Tout à côté, dans un autre torrent, on ne trouve que des grès ou pierres fablonneufes. Quelle diverfité dans la compofition de ces montagnes dans un petit circuit ! On fent combien il feroit intéreffant d'avoir les pofitions refpectives de toutes ces montagnes, leur enchaînement & leurs hauteurs, & de connoître comment leurs différentes fubftances font placées les unes par rapport aux autres : mais combien de temps faudroit-il pour bien faire un pareil examen ? Et à quel degré de connoiffance parviendroit-on ? Il n'y a qu'un homme, habitant fur les lieux mêmes, qui puiffe faire de pareilles recherches, & les pouffer à un certain point ; on eft obligé de refter dans le fentier qu'on trouve dans des pays auffi difficiles ; s'il étoit poffible de fuivre la trace d'une efpèce de pierre, & de franchir les obftacles qui fe rencontrent à chaque pas, il n'eft pas douteux qu'on trouveroit, dans les montagnes qui ne font pas culbutées, des lits & des filons de même efpèce qu'on pourroit fuivre à de grandes diftances avec de l'attention & en remarquant bien les hauteurs & la pofition des lieux ; après de nombreux circuits on retrouve fouvent les mêmes efpèces, & on reconnoît que ce font des fuites de ce qu'on a obfervé à de grandes diftances. Des pâturages, un petit hameau, & quelques champs de pommes de terre, occupent un petit efpace plus ouvert dans ce pays fauvage. Le fond du vallon eft borné par de très-hautes montagnes couvertes de neiges.

MÉRIDIEN NATUREL.

Parmi ces montagnes on diftingue le *Falzaber*, Planche n°. 176, dont le fommet eft couronné de pointes & d'aiguilles, au-deffous defquelles on diftingue une couche horizontale. Une montagne en cône eft en avant & fucceffivement plufieurs autres montagnes qui font très-rapides & avec des efcarpemens : celles qui font les plus proches, fur-tout les tas formés des débris de celles qui font derrière, font boifées & couvertes de fapins. Ce qu'il y a de remarquable dans le haut de la montagne de *Falzaber*, eft un trou percé en rond, qui paroît avoir environ trois pieds de diamètre en le voyant du village. Les trois, quatre & cinq Mars, & les quatorze, quinze & feize Septembre, vieux ftyle, le foleil paffe derrière ce trou ; on en voit le difque en plein les quatre & cinq, & il éclaire le clocher du village d'*Elm*. Les habitans difent que ce trou eft fort grand, qu'il peut avoir environ vingt-cinq pieds de diamètre. On jugera fi cette montagne eft très-élevée, puifque le village d'*Elm*, couvert par cette montagne, eft privé en hiver de la vûe du foleil pendant fix femaines. Quel pays, quel habitation au centre de l'Europe ! On voit commodément ce trou de la maifon du Curé chez qui nous, nous fommes arrêté & avons logé. Dans ces pays perdus il n'y a point d'auberges, ces Meffieurs veulent bien recevoir le peu d'étrangers qui ont la curiofité de voir de pareils pays. Ce Curé nous fit manger du chamois & de la marmote, qui eft fort bonne pour ceux qui ne craignent pas le goût fauvageon du gibier, elle eft fort graffe & délicate. Ce pays eft giboyeux, parce qu'il eft à portée du Freyberg, qui eft un terrein conservé, où l'on ne peut chaffer qu'avec la permiffion du Magiftrat. Quand on eft fur ces montagnes très-élevées & dans la région des neiges, fur-tout du côté du midi, on entend le cri ou l'efpèce de fifflement de l'oifeau de proie quand il plane dans les airs : ne voyant pas de ces oifeaux on nous dit que c'étoient des marmotes qui avertiffoient qu'elles voyoient quelqu'un : en effet, après ce fifflement on en voyoit partir une avec rapidité comme des lapins pour fe terrer & fe cacher ; quand le foleil luit elles s'y mettent entre quelques pierres pour être mieux abritées, & y font dans une forme comme les lièvres ; elles ne fe laiffent point approcher, il faut les guetter, les furprendre & les tirer à balle ; les Suiffes font fort adroits chaffeurs ; ils ont des fufils particuliers & longs pour cette chaffe & celle du chamois. Les marmotes vivent d'herbes, quand les froids approchent elles fe terrent & fe raffemblent au nombre de quatre, cinq, au plus fix, dans le même trou, dont l'entrée eft bien fermée de foin & de mouffe ; on trouve engourdies couchées les unes à côté des autres, ayant fous elles du foin & de la mouffe. Elles font fort graffes quand on les déterre avant l'hiver, & fort maigres après ; on ne trouve rien dans leurs inteftins, d'où l'on prétend en Suiffe & en Savoie que les marmotes mangent quelque chofe pour fe vuider avant de fe terrer ; voilà ce que difent les chaffeurs de ces pays.

ENTRÉE AU PAYS DES GRISONS.

Du village d'Elen on continue à monter le refte du petit vallon, pendant une lieue & demie parmi les mêmes efpèces de pierres qu'on vient de décrire ; en paffant au travers de bois & de forêts de fapins & de quelques pâturages dont ce haut eft couvert, on parvient au pied du *Bundner-berg*, montagne des Grifons, qui ferme la tête du vallon. On laiffe à droite un fond ou efpèce d'entonnoir, entouré de très-hautes montagnes inacceffibles, pour s'enfourner à gauche entre des rochers qui font fort refferrés, où coule un torrent. Ce lieu feroit horreur fi on ne fe trouvoit accoutumé par degrés à voir de ces pofitions effrayantes : tout y eft aride, il n'y a plus d'arbres ni de végétaux, ce font des rochers entaffés les uns fur les autres ; ce lieu paroît d'autant plus affreux que le paffage a été fubit, & qu'en fortant des bois & des forêts, on fe trouve tout-à-coup parmi ces rochers qui s'élèvent comme des murailles, & dont on ne voit pas la cime ; cette gorge où cette entrée où fe nomme *Jetz*, eft la communication du canton de *Glaris* aux Grifons ; on a dit précédemment qu'il y en avoit une plus aifée par le *Gros-Thal* ou le grand vallon. Ce paffage eft très-curieux pour la Lithogéognofie, il eft rare de trouver autant de phénomènes intéreffans raffemblés, & des fubftances auffi variées par rapport à leurs pofitions ; c'eft le local qui mérite le plus d'être examiné en Suiffe, & le plus difficile que nous ayons parcouru. On fe fouviendra que nous avons continuellement monté depuis Glaris, & que nous nous trouvons au pied de ces montagnes ou de ces pics étonnans qui dominent les hautes Alpes ; on trouve ici la facilité peu commune de pouvoir examiner & voir le pied ou les fondemens de ces

DE LA SUISSE.

ces colosses qui couronnent le globe, parce qu'ils sont ordinairement entourés de leurs débris & de leurs éboulemens qui en cachent le pied. Ici c'est une roche de schiste bleuâtre, dure & compacte, traversée de filons de quartz blanc & quelquefois jaunâtre, dans laquelle on a taillé un sentier pour pouvoir en franchir le pied. Cette roche s'élève à une hauteur prodigieuse, est presque verticale, & ses couches sont à quatre-vingt degrés d'inclinaison. L'imagination est effrayée de voir que de pareilles masses ayent pu être ébranlées & déplacées au point d'avoir fait presque un quart de conversion. Après avoir monté & suivi cette roche parmi les pierres & les décombres, une heure & demie, on trouve cette roche de schiste surmontée d'autres rochers fort hauts qui sont calcaires, & dont les lits sont fort horizontaux. Les schistes qui sont directement sous les roches calcaires, conservent la même inclinaison qu'elles ont à leur pied. Au milieu de ce passage & entre ces roches schisteuses, est un mamelon composé de roches calcaires, sur lequel il y a un reste de sapins rabougris ; mais il faut remarquer que ces roches ont été précipitées des hauteurs, que les couches n'en sont pas horizontales comme celles qui sont au-dessus, & quelles ne sont parvenues à la place où elles sont, qu'accidentellement ; ces sapins placés dans ce gouffre, s'y sont trouvés plus abrités, & sont la seule production végétale qu'on y rencontre.

Les schistes rouges & verds, les pierres vertes compactes & de différentes nuances, dont nous avons parlé précédemment, en montant à *Elen*, se retrouvent dans le torrent qui parcourt ce passage ; de hautes & belles cascades y tombent à gauche par-dessus les lits calcaires, qui sont horizontaux & à pic. A différentes reprises on passe sur de grands amas de neige dans cette gorge qui en conserve en tout tems ; depuis nombre d'années on n'y en avoit pas vu moins que dans cette année. On y a élevé de hautes perches de distance en distance pour indiquer le chemin, & empêcher ceux qui y passent de se perdre dans des gouffres ou des endroits à pic, où on resteroit enseveli dans les neiges sans aucune espérance de secours dans un lieu si peu fréquenté. On parvient enfin à un petit vallon qui est presque de niveau ; il est jonché & rempli que de pierres, de blocs & de masses de rochers de toutes grandeurs ; toutes les espèces de pierres dont nous avons parlé ci-devant, se retrouvent ici & plusieurs autres, qui par leur peu de dureté ou de liaison se détruisent par le frottement avant d'arriver dans le bas. Remarquez qu'il n'y a pas une seule espèce de granit ; on peut de plus observer qu'aucune de ces pierres n'est arrondie, usée, ni frottée, qu'elles sont anguleuses & irrégulières comme si on venoit de les détacher du rocher, ce qui prouve qu'elles sont dans le lieu où elles ont pris naissance, au lieu que dans la *Sernft*, torrent qui parcourt le vallon, les mêmes espèces y sont arrondies ou roulées, ou sous forme de galets de toutes grosseurs ; c'est ainsi qu'on les trouve à *Elen* & plus bas. On renvoie à ce qui a été dit au commencement de ces observations sur les pierres roulées. Enfin c'est une règle & une loi constante que lorsqu'on pourra suivre les mêmes espèces de pierres jusqu'aux hauteurs d'où elles descendent, on les y trouvera toujours entières, anguleuses, c'est-à-dire qu'elles ne seront pas déformées dans les hauts où elles n'auront point essuyé de frottement, ni de roulis, & que ces mêmes pierres seront arrondies & diminuées dans le bas des torrens, qui les auront amenées, en raison de l'espace qu'elles auront parcouru. Ce vallon à gauche est dominé par les roches calcaires dont les sommets sont couverts de beaucoup de neiges, & sont à une hauteur prodigieuse. Dans cette grande quantité de roches calcaires dont on voit commodément les flancs, on n'apperçoit nulle part des silex ou des pierres à fusil, si communes dans les roches calcaires de nos contrées basses ; nous n'avons pas non plus parlé de pétrifications, parce que nous n'y en avons pas apperçu. Sans avoir cherché à les observer, cependant avec des yeux accoutumés à voir, il s'en seroit présenté à la vue d'un côté ou d'un autre, si ces roches en contenoient. Un mamelon qui s'étend en long, & se trouve surmonter la pierre calcaire, & sous la neige, est de la même espèce de pierre verte compacte à grains serrés, qui ne fait pas feu au briquet, ni effervescence avec les acides, dans laquelle il y a quelques petits filons de quartz. Il y avoit long-tems que nous cherchions l'origine de cette pierre que nous n'avions encore rencontrée que roulée : nous ne savons quel nom lui donner, & où la classer, mais il paroit qu'on peut la placer parmi les pierres argileuses. Ce mamelon est inséré dans la pierre calcaire, il s'y enfonce ; les neiges & les endroits inaccessibles empêchent de reconnoître, & de suivre sa trace. Il est à présumer qu'elle va s'appuyer sur la roche schisteuse qui est sous la pierre calcaire : dès l'entrée du passage on voit que la roche schisteuse sert de base aux roches calcaires, & on en verra par la suite la confirmation.

Outre les espèces que nous avons déjà désignées, on trouve encore dans ce petit vallon pierreux des pierres sablonneuses peu liées, des schistes noirs, différentes espèces de colubrines feuilletées, verdâtres & jaunâtres, entre les feuillets desquelles il y a de petits filons & de petits rognons de quartz ; de la pierre ollaire aussi mêlée de quartz, qui n'est qu'une variété de la précédente ; une espèce de schiste verd par couches, mais strié & fibreux ressemblant beaucoup à l'asbeste ; celle-ci paroit être une espèce intermédiaire entre le schiste & l'asbeste. Toutes ces espèces sont argileuses à l'exception de la première, & se détruisent aisément par le roulis, raison pour laquelle on n'en trouve que peu ou point dans les bas du torrent. Chose remarquable, parmi toutes ces pierres, on n'en trouve point de calcaires quoiqu'il y en ait sur les parties plus élevées. Dans beaucoup d'endroits de ce vallon, il y avoit encore de la neige, & par l'humidité & les eaux qui y étoient, on pouvoit juger que le surplus de la neige s'étoit fondu dans les jours précédens. On monte encore un peu plus haut, & on trouve un fond où les eaux se perdent & s'infiltrent dans l'intérieur de la montagne, il n'y a point d'écoulement d'ailleurs. C'est par l'infiltration de ces eaux sur les hautes montagnes qu'elles remplissent les bassins ou les réservoirs qui sont l'origine des sources & des ruisseaux qu'on voit jaillir du bas des montagnes. On retrouve la roche de schiste qui est toute découverte ; elle est fort détruite, & ce n'est plus de la roche calcaire qui est ici sur le schiste, mais une pierre sablonneuse grise, une espèce de grès qui est déposé horizontalement & par couches ; elle n'est pas assez dure pour faire feu au briquet. La partie inférieure de ce grès est mêlée de parties de schistes dont les lames ou les feuillets se trouvent entre la pierre sablonneuse. Il a bien fallu que ce grès soit liquide, pour s'insinuer ainsi entre ces schistes, & que ces derniers fussent déjà décomposés par le haut pour que les parties sablon-

Tome I.

neufes puiffent s'y mêler. Des filons de quartz également horizontaux, traverfent ces grès, il y en a de très-minces &-jufqu'à deux pouces d'épaiffeur. Ces quartz font quelquefois ftriés perpendiculairement à la couche de grès, femblent s'y être formés à la manière des ftalactites, efpèce peu commune dans les quartz, que nous avons obfervée une fois feulement dans une minière de la *Wettéravie* en Allemagne. On trouve à cette hauteur les reftes d'un chemin pavé, qui a été fait du côté de Glaris, il fert de bornes à ce canton & au pays des Grifons. Paffé ce fommet, au midi, fur le revers de cette montagne, les fchiftes font encore plus détruits ; à droite eft un glacier fort grand, nommé *Hous-Stock* : ce glacier eft furmonté de rochers beaucoup plus élevés que la montagne qu'on vient de décrire ; ils font de fchiftes ou ardoifes pures, ainfi que toutes les montagnes à portée de la vue, reconnoiffables par leur couleur bleuâtre ; leurs débris & leurs éboulemens forment de grandes montagnes. Ce côté du midi paroît moins pierreux & plus couvert de gazon, ainfi qu'on l'a remarqué dans toutes les hautes montagnes où la chaleur occafionne plus de végétation qui augmente la terre végétale : tout étoit fec, parce que depuis long-tems il n'avoit pas plu, qu'il faifoit fort chaud, & que l'air en général de ces montagnes élevées eft d'une fechereffe extrême.

D'après ce qu'on vient de dire de ce paffage & de ces hautes montagnes, on peut juger de la diverfité des fubftances qui entrent dans leur compofition ; combien peu on les connoît communément, & que ce n'eft pas une règle fi certaine que toutes les hautes montagnes foient compofées de granit. Que de recherches, de découvertes & d'obfervations ne pourroit-on pas encore y faire ! On ne donne ici qu'un apperçu, ce que chacun peut voir en traverfant un pays auffi difficile, dans lequel il falloit faire huit lieues fans fecours, fans aide, accompagné d'un feul homme chargé du peu d'effets dont on ne peut fe paffer, gêné par le tems, preffé par la faifon qui s'avançoit, & défireux de parcourir d'autres cantons où il reftoit beaucoup de chofes à voir.

C'eft un grand fpectacle que celui qu'on découvre du haut de cette montagne, la vue embraffe un immenfe pays. Sur le devant un vallon ou plutôt un gouffre d'une profondeur incroyable, dans lequel on ne prévoit pas comment on defcendra à caufe de fa rapidité, où la vue fe perd & les objets ne fe diftinguent plus ; on y entend feulement le bruit des torrens & la chûte des cafcades qui s'y précipitent à mi-côte : fur les côtés des pics & des rochers s'élèvent de toutes parts, fe fuccèdent & fe dégradent jufqu'à ce que ces grands objets paroiffent enfin être à la même hauteur, alors c'eft une pleine toute couverte & toute hériffée de mêmes pics & fommets de montagnes, dont on ne voit aucun pied ; à peine y apperçoit-on quelques parties de vallon. Ces montagnes fe perdent & fe confondent dans l'horifon : c'eft le pays de la Ligue haute ou Ligue grife (*Ober-Grau-Bund*), fitué dans les hautes Alpes qu'on a devant foi ; c'eft de ce pays où font les différentes fources du Rhin, qui le parcourt divifé en trois bras différens, jufqu'à ce qu'ils fe réuniffent à *Richenau*.

Le guide qui nous avoit accompagné, ayant fait la propofition de prendre le plus court, le vallon qui étoit en avant & qu'il falloit defcendre ne pouvant faire voir que les efpèces de pierres qui étoient au haut de la montagne, nous l'avons fuivi, perfuadés que ce chemin feroit extraordinaire, & qu'on pouvoit y voir quelque chofe de nouveau. En conféquence nous avons pris fur la gauche, en longeant la même montagne qui étoit du même côté, en traverfant le petit vallon pierreux. Pendant une heure on refte à-peu-près à la même hauteur du glacier *Hous-Stock*, dont nous avons parlé, qui eft à droite. Cette montagne eft tournée au midi, comme on l'a dit ; c'eft un vrai pays de marmotes, on y entend fouvent leurs fifflemens, & on les apperçoit à de grandes diftances. Il eft étonnant, combien les habitans de ces montagnes ont la vue perçante, ils font accoutumés, ainfi que les matelots à voir & à diftinguer les objets de loin. Il falloit fouvent la lunette pour appercevoir ce que ce guide voyoit diftinctement. C'eft un chemin bien extraordinaire que celui que nous parcourions ; à peine y a-t-il quelques traces de fentier, qu'on ne fuit que parce qu'on a quelqu'un devant foi ; il eft fur une pente très-rapide, où il n'y a de tenue pour le pied que le faillant ou la pointe de quelques rochers ou quelques pierres fchifteufes de leur nature fujettes à gliffer. Le guide chargé d'un porte-manteau alloit tranquillement, pofant le pied toujours à l'endroit le plus convenable, & ne faifant jamais un faux pas, tant ces habitans des Alpes font accoutumés à parcourir de pareils chemins. Il eft néceffaire d'être chauffé comme ces montagnards pour les fuivre, d'avoir des femelles d'un pouce d'épaiffeur, bien battues & garnies de clous ; avec une pareille chauffure, qui ne fléchit pas, on franchit un mauvais paffage, pourvu qu'il y ait une faillie de deux pouces à pouvoir mettre le bord du foulier ; un bâton ferré aide quelquefois, mais les montagnards prétendent qu'il ne faut pas s'y accoutumer, encore moins s'y fier : ces bâtons font fur-tout utiles fur les glaciers, quand on a quelques fentes à franchir. Dans quelques endroits trop efcarpés de ce chemin, on a taillé les paffages tels quels : on ne peut s'empêcher d'admirer de plus en plus la patience & l'induftrie de ce peuple pour fe procurer des paffages dans des lieux auffi difficiles qui ne paroiffent pas devoir être fréquentés par des hommes, mais par des oifeaux, tout au plus par des chamois. Tout ce revers de montagne eft de fchiftes argilleux, de couleur grife en général, ils font traverfés par des filons de quartz de toutes fortes d'épaiffeurs, dont il y en a de très-larges. Quelquefois ces quartz font mêlés, dans leur même direction, par des filons de fpath calcaire alternatifs. Les couches de fchiftes ne font pas toujours droites, fouvent elles font ondoyantes, fe replient ; les couches de quartz fuivent les mêmes finuofités, occafionnant des irrégularités, des efpèces de nœuds en fe repliant fur eux mêmes : ces amas de quartz repréfentent des figures bizares & fingulières, font très-faillans, parce qu'ils font plus durs, & ne fe détruifent pas fi aifément que les fchiftes. Entre ces couches de quartz il y a des couches minces de fchifte, d'une ou deux lignes d'épaiffeur ; quelquefois pas plus que du papier, ce n'eft quelquefois qu'une efpèce d'efflorefcence ou de teinte fchifteufe, fi on peut s'exprimer ainfi. On trouve auffi des pierres fchifteufes, fort belles & rares par leur couleur gris-de-lin, celles-ci font fibreufes comme de l'asbefte, compofées cependant de couches fur lefquelles il y a des rayes verdâtres & jaunâtres, où il y a quelquefois du quartz ; ces fchiftes reffemblent à des taffetas rayés. Les fchiftes gris font auffi quelquefois couverts de fibres ondulées & de couches de différentes denfités, qui par le roulis deviennent charoyantes, comme le feld-fpath, parce qu'ils font auffi par couches. Il y a des endroits fur ce revers où il y a une quantité de fchiftes verds, mais qui font détachés, & viennent des hauts; on voit fur le fommet des roches calcaires & des roches fablonneufes.

On découvre dans le fond ou au bas de la montagne un vallon où eft *Panix*, par où il faut paffer, cet endroit n'eft pas marqué fur les cartes; ce vallon eft encore à une grande profondeur; les eaux des neiges fondues s'y jettent en différens endroits. Après avoir beaucoup defcendu & tourné à la tête de cette montagne par la gauche pour entrer dans un petit vallon qui étoit éclairé par le foleil, on eft tout furpris d'y voir les rochers & les ravins d'une belle couleur de cendre bleue; ce font des fchiftes qui, par le tems fec, prennent cette belle couleur, & paroiffent noirâtres quand ils font humides ou mouillés; les premiers arbres qu'on rencontre, font de vieux fapins à branches pendantes jufqu'à terre, & couverts de mouffe blanche, & des genévriers font les premiers arbriffeaux.

Plus bas ce font des montagnes formées des débris des hautes qu'on vient de quitter: tout y eft confondu, il y a des fchiftes de toutes couleurs, des grès, des pierres calcaires & autres efpèces qui font fur les hauts; c'eft toujours le même ordre dans la Nature. La defcente eft très-rapide; on remonte, on defcend, en traverfant des bois de fapins, & en paffant fur différentes montagnes pour arriver à *Panix*, mauvais endroit qui eft encore fort élevé; on y cultive un peu d'orge, le refte eft en pâturages. Il y a aux environs quelques roches fchifteufes, qui paroiffent faire corps avec la montagne. On paffe enfuite par *Cedret*, qui fe nomme *Dondert* en langage *Romanfch*, qui eft le jargon du pays; c'eft un mauvais Italien, mêlé d'un mauvais Allemand. La vue eft très-belle de ce point. Dans le fond eft *Waltenfpurg*, gros endroit fitué fur un plateau, à l'extrémité duquel font, fur la gauche, les ruines d'un antique château fort étendu, dont il refte encore de belles tours. Au-delà du plateau, dans un vallon profond, paffe le Rhin, dont on fuit le cours fort long, fur le bord duquel eft *Ilantz*, petite ville & la feule qui foit entourée de murs dans le pays des Grifons: beaucoup de villages & une fuite de montagnes qui s'entaffent les unes fur les autres, & fe perdent dans les nues. Derrière le plateau de Waltenfpurg & au-delà du Rhin, eft une montagne fpacieufe couverte de champs, de terres labourées, de pâturages, de villages & d'habitations; c'eft la communauté d'*Uber-Sax*, on y parle Allemand. Après avoir encore defcendu & traverfé un torrent, on arrive à *Waltersbourg*, où on affectoit de ne pas entendre ni l'Allemand ni l'Italien. Ne trouvant pas de gîte chez ce peuple groffier & défiant, il fallut fe réfoudre à aller à Briegels, une lieue plus loin, par des fentiers fort difficiles en montant & côtoyant à droite des rochers de pierres ollaires, fchifteux & verdâtres, mêlés de quartz; on traverfe enfuite un pays de pâturages, où il y a quelques labourages. De Briegels on fuit les hauteurs des pays couverts de bois, de pâturages & de terres labourées, pour arriver à une gorge où il y a une montagne de gyps très haute à pic; & au-deffous de foi eft *Schlauck*, dont datte avoir été incendiée l'année précédente, & plus bas des maffes confidérables de tuf calcaire. Dans le fond, au-delà du Rhin, eft Rinckenberg; fur la droite à la plus grande hauteur, s'élève une montagne de fchiftes bleu-clair, enclavée entre deux autres montagnes différentes que la diftance a empêché de reconnoître. Après avoir beaucoup marché & defcendu pendant deux heures depuis *Briegels*, on parvient au fond du vallon où coule le Rhin. On ne trouve dans ce fond & au bord du Rhin que des granits roulés, où il y a beaucoup de fchorl; ils font de l'efpèce que les Italiens nomment *Granitello*, petit granit, parce que les taches noires ou le *fchorl* y font par petites parties fur un fond blanc. Il y a quelques efpèces en grandes maffes avec de grandes parties de feld-fpath, des veines de quartz, ou le fchorl & le mica dominent; cette efpèce eft très-belle. Dans le village de *Trung* il y a quelques belles maifons bâties par des Officiers au Service de France & d'autres Puiffances. Le vallon où coule le Rhin, en remontant vers *Difentis*, fe nomme *Cadic*; il eft fertile en tout, & bordé de très-hautes montagnes qui y concentrent la chaleur. Celles qui font à gauche, au-delà du Rhin, font à pic, fur le haut defquelles s'étend la communauté d'*Uber-fax*. De la droite en deçà de *Sonvic*, il defcend, des montagnes qui font frontières du canton d'Uri, une quantité prodigieufe de granits; les plus élevées de ces montagnes font couvertes de neiges. Paffé *Campadels*, il y a aux environs une très-grande quantité de granits, dont quelques-uns font verdâtres & très-beaux. Les ravins qui defcendent de l'autre côté du Rhin, n'apportent que des pierres calcaires; à droite il tombe une cafcade d'un rocher élevé qui fournit beaucoup d'eau, d'où il fe précipite auffi une grande & belle variété de granits & de ces pierres vertes que nous avons remarqué dans le vallon pierreux fur les confins de Glaris & des Grifons. Il y en a de différentes nuances, & qui paroiffent venir de ces mêmes fommets: toutes ces efpèces font arrondies, & ont la forme de galets, il y en a des maffes confidérables ainfi que de granits; une autre belle cafcade peu éloignée, charie avec les granits des grès & des pierres ferrugineufes. A l'infpection feule du bas de ces cafcades, il eft facile de connoître de quoi font compofés les hauts de ces montagnes élevées, on y trouve toutes les efpèces raffemblées comme dans un cabinet, on a le choix; mais on n'y apprend pas comment toutes ces pierres y font difpofées les unes par rapport aux autres. Le pays s'ouvre, en approchant de l'Abbaye de *Difentis*, il y a beaucoup de pâturages, on y fème du feigle & de l'orge, & il y a encore des arbres fruitiers; il n'y a rien de remarquable dans cette Abbaye; les bâtimens qui en dépendent, font confidérables; elle eft d'une fondation fort ancienne, & jouit de beaux priviléges; l'Abbé eft Prince de l'Empire.

Pour aller de *Difentis* aux fources du Rhin, on monte, en traverfant plufieurs hameaux, & on paffe auprès de beaucoup d'églifes & de chapelles dont il y a une grande quantité dans ce pays. On ne voit que des granits & des pierres vertes dans les torrens. Les montagnes qui bordent en avant le vallon des deux côtés font de nouvelle formation; fur les derrières on voit des pics & fommets arides, couverts de neige. Les fonds font en pâturages: on y recueille quelques feigles que fe fèment à la fin de Mai, & ne font pas toujours mûrs à la fin de Septembre. Pour achever de les fécher (de les mûrir à ce que difent les habitans), on eft dans l'ufage d'élever de hautes perches, qui font traverfées par d'autres perches, fur lefquelles font fufpendues les petites gerbes, qui reftent ainfi en plein air jufqu'au befoin; ce font les greniers du pays; ils ne font pas chers, de plus ils ont l'avantage de mettre les grains à l'abri des rats & des fouris; il n'y a point d'oifeaux granivores ou très-peu. On monte toujours : le pays se rétrecit beaucoup, & le Rhin coule dans un vallon très-profond sur la gauche. Au-delà du Rhin, il y a quelques villages, les moissons sont encore sur pied le 22 Septembre ; il y a une quantité de noisetiers aux environs & beaucoup d'écureuils qui sont presque noirs. Les torrens de la droite charient des pierres schisteuses, composées de filons de quartz & de mica. Du même côté est l'entrée du vallon de Stumer qui conduit au canton d'Uri ; il est aride & sauvage & rempli de neige. On passe par les hameaux de *Sargans* & de *Saint-Jacob*. *Muller-Thal*, second vallon à droite, communique aussi à *Uri* ; il est aride & sans végétaux, les torrent y roulent des granits. Plus loin *Wal-Diuss*, troisième vallon désert, qui va au même canton. La montagne qui ferme le vallon à gauche, se nomme *Surain* ; on y voit les restes d'un vieux château de *Zuthur*, qui a appartenu à un des derniers petits Tyrans du pays ; on montre, avec complaisance, le lieu où on lui a coupé la tête. *Selva* & plus haut *Chiamut*, hameaux, sont les derniers endroits habités ; tout ce canton est en pâturages ; on y voit, avec surprise, à cette hauteur encore des moissons & des hommes qui sont de vrais colosses pour la grandeur & corpulence ; il y en a quinze dans ces deux petits hameaux qui ont passé six pieds, & fortement taillés en raison de leur grandeur.

Après bien des informations sur les différentes sources du Rhin, tout ce qu'on a pu recueillir, c'est que personne ne connoissoit la communication des sources du bas Rhin, à celles du Rhin du milieu & de celles-ci à celles du haut Rhin. Il étoit nécessaire de prendre des précautions avant de s'embarquer dans ces glaces & ces neiges à des hauteurs dont on ne se doute pas, & il faut des guides qui connoissent bien ces déserts ; il n'y a que les chasseurs ou les crystalleurs qui s'y risquent. Si on ne leur donne soi-même l'exemple pour trouver des chemins, ils vont le moins loin qu'ils peuvent pour gagner, avec moins de peine, leur récompense, & trouvent de pareilles curiosités très-inutiles & fort déplacées. Un Ecclésiastique de *Selva* voulut bien être de la partie, & nous accompagner beaucoup au-delà de celui qui auroit dû nous montrer le chemin.

Sources du Bas-Rhin.

Le vallon derrière *Chiamut*, a une forme circulaire assez ouverte, entourée de très-hautes montagnes, dont les sommets couronnés de pics & d'aiguilles, sont couverts de neiges. En sortant du hameau, on côtoye à gauche le *Caveradi*, au bas duquel il y a quelques aulnes rabougris dernière production en arbres, ensuite le laurier-rose des Alpes (le *Rhododendron*) & beaucoup d'airelle (*Vitis idæa*), après lesquels on ne trouve plus que des pâturages & une herbe courte dans les lieux encore susceptibles de végétation. A droite de ce vallon est le mont *Crispalt*, composé de plusieurs montagnes, entre lesquelles est le petit vallon de *Surpatisse*, auquel nous reviendrons ; plus loin est le vallon de *Nourchelas*, entre le Crispalt & le mont *Baduz*, qui est une communication à Urseren, au mont Saint-Gothard. Le mont Baduz ferme le fond du vallon, il est surmonté de hautes pointes ou pics de rochers : à gauche en retour est la corne ou pointe la plus élevée du rocher *Caveradi*. Au milieu du vallon, en avant du *Baduz*, est un gros mamelon ou montagne nommée *Toma* : ces noms sont en langue Romansch. Voilà la position des montagnes qui entourent ce vallon, & telles qu'on les voit du bas ; elles font partie de l'arrondissement, connu sous le nom de mont Saint-Gothard du côté de l'Est.

Ce n'est qu'après trois heures de marche qu'on parvient au haut du *Toma* qui vu du bas, ne paroissoit pas si élevé, à cause de la hauteur du *Baduz*, qui le surmonte beaucoup. La montée du *Toma* n'est cependant pas difficile, on chemine toujours sur le gazon ou sur la mousse. Il s'y trouve peu de rochers saillans : cette montagne paroît être de nouvelle formation par sa forme bombée & arrondie ; son plateau est très-vaste & couvert de pâturages d'été ; il y a des parties marécageuses par la quantité d'eau qui y séjourne. Trois ruisseaux y font beaucoup de détours avant de se réunir pour tomber du Toma où ces eaux forment une cascade, & descendent du côté de Caveradi ; le cours des deux ruisseaux, sur la gauche, conduit au pied du *Baduz*, la fonte des neiges, qui sont à son pied & de celles qui sont au-dessus, fournit les eaux à ces ruisseaux. Les pics qui surmontent le Baduz, sont énormes pour la grosseur, & ne paroissent du vallon que comme de petites tours ruinées. A la quantité d'eau qui descend & s'écoule de ces rochers, il faut qu'il y ait encore beaucoup de neiges au-dessus qu'on ne voit pas, parce que cette partie du rocher est à pic, & surplombée en beaucoup d'endroits. Le troisième ruisseau qui est sur la route du Baduz, fournit seul presque autant d'eau que les deux autres réunis. Il falloit voir d'où il provenoit. Après avoir monté trois quarts-d'heure, escaladé des débris, des masses, des espèces de montagnes ou rochers, au travers desquels le ruisseau tombe en cascades, on parvient, avec bien de la peine, à un petit lac, qui a trois cens toises environ ; il est placé entre plusieurs aiguilles & pointes de rochers, qui s'élèvent par derrière à une hauteur qu'on ne peut estimer parce qu'on est trop près. Cette espace est à moitié rempli par une quantité de masses de rochers qui s'y sont précipitées. Après avoir erré quelque tems sur ce cahos de décombres, pour s'élever davantage & découvrir quelque passage pour gagner les sources du Rhin du milieu, ou pour découvrir les glaciers de ces sommets environnans : des neiges peu solides, fondues & creuses par-dessous, arrêtèrent d'un côté ; des glaces, des rochers à pic mirent obstacle de l'autre ; enfin des nuages qui gagnoient le haut de cette montagne, firent songer à la retraite, sans avoir pu jouir un instant d'un spectacle recherché & acheté si chèrement. Les nuages gagnant de plus en plus, il fallut se hâter de descendre pour franchir les passages les plus scabreux avant d'être totalement entouré, & tout-à-fait dans l'obscurité des nuages, inconvénient le plus dangereux qu'on puisse rencontrer dans ces occasions, où l'on est entouré d'écueils & de précipices, dont on a bien de la peine à se tirer quand on y voit très-bien ; ces nuages étoient une suite de l'évaporation occasionnée par une petite pluie qui étoit tombée avant le jour.

Les rochers de toutes les parties élevées qu'on vient de détailler, sont schisteux ou composés de couches minces de quartz & de couches micacées, ordinairement noires, quelquefois ces mica sont blancs, jaunes & de différentes

nuances.

nuances. Ces couches ne sont pas toujours apparentes dans des échantillons ; mais, en voyant ces masses en grand, on y distingue très-bien les couches ; les blocs en sont comme équarris, se séparent par couches d'égale épaisseur dans toute leur grandeur, & de différentes épaisseurs ; il y a des couches étonnantes, prêtes à se détacher du rocher qui est dans différentes inclinaisons. Une partie des rochers qui sont autour du petit lac, est presque perpendiculaire, c'est-à-dire ceux qui sont dans leur ancienne position : ces rochers sont fort durs & il est difficile d'en détacher des morceaux à coups de marteau. D'autres roches ne sont composées que de parties micacées, très-fines & toujours par couches, dans lesquelles il n'y a pas de quartz apparent, quoiqu'elles soient sablonneuses ; ces dernières sont souvent verdâtres & jaunâtres de différentes nuances. Il y a des espèces où les paillettes de mica sont apparentes & très-grandes. Il s'est aussi trouvé à côté du petit lac un morceau composé de gros cryftaux de schorl, de grandes parties de quartz & de feld-spath avec du mica cryftallisé ; une partie de roches schisteuses, de couches de quartz & de mica, qui se trouve adhérente au même morceau, prouve que ces schorls sont détachés des mêmes rochers qui composent cet ensemble. On ne rencontre au reste pas un seul granit sur cette montagne.

En retournant à *Chiamut*, nous vîmes les montagnes qui sont derrière le *Caveradi*, sur lesquelles il étoit tombé de la neige pendant la journée, le lendemain il en tomba sur le haut du *Baduz* ; il faisoit froid, il nous restoit à examiner le pied du mont Crispalt, où l'on place communément les sources du Rhin. Il sort un ruisseau du petit vallon de Surpatisse, qui a été seulement indiqué ci-dessus ; plusieurs sources y fournissent, mais particulièrement celles des neiges qui sont au fond du vallon ; ce ruisseau porte le nom de Rhin, fait tourner un moulin, & se jette dans le ruisseau qui coule dans le vallon & dont les eaux viennent du haut du *Baduz* ; ce dernier porte aussi le nom de Rhin dans le pays. Ces eaux réunies s'écoulent par le vallon de *Chiamut* jusques vis-à-vis l'Abbaye de Discentis. D'après ce qu'on vient de dire, le bas Rhin sort du mont Crispalt, ainsi que les Géographes le disent ; mais ils ne parlent pas des trois autres sources, qui partent du mont *Baduz*, ni du lac qui n'est indiqué sur aucune carte, quoiqu'assez grand pour pouvoir l'être. Peu de personnes ont la curiosité de faire de pareils chemins pour pouvoir éclaircir de pareils faits. Les mêmes Géographes marquent un lac aux sources du Rhin du milieu, (*Mitler-Rhein*) ; mais d'après tout ce que nous avons pu apprendre dans ce canton, il n'y a point de lac, ce sont des sources & la fonte des neiges qui produisent les sources du Rhin du milieu, qui sont au midi du bas Rhin, que les Allemands nomment *Vorder-Rhein*, (Rhin en avant) ; ainsi qu'ils nomment *Hinter-Rhein*, (Rhin de derrière), ce que nous appellons Haut-Rhin. Pour en revenir au Rhin du milieu, il est séparé du bas Rhin par une grande chaîne de montagnes, qui se termine vis-à-vis l'Abbaye de Discentis ; le vallon qu'il parcourt, se nomme *Medels*, est fort étroit par le bas d'où sort le Rhin du milieu pour se joindre au bas Rhin, & ils continuent leur cours vers *Ilantz* & *Coire* jusqu'à *Richenau*. On n'a pu pénétrer plus avant dans le vallon de Medels, & suivre le cours du Rhin du milieu, à cause du mauvais tems qui a continué, & a empêché de finir des dessins commencés qui expliquent toujours mieux la position des lieux que tout ce qu'on peut dire : il a fallu s'éloigner d'un canton où le mauvais tems continue quand il a une fois commencé dans la saison déjà avancée.

On a été obligé de repasser par le même chemin de Discentis jusqu'à Thruns, dont la route a été décrite. De ce dernier endroit le chemin suit les bords du Rhin, qui dans ce retour est à droite ; il occupe beaucoup de terrein dans les inondations, & fait de grands ravages. On ne voit que des granits roulés sur ses bords ; les pierres micacées, moins dures, se détruisent davantage. Au-dessous de *Rinckenberg*, le vallon est étroit, il y a des sapins & des bouleaux au-delà du Rhin au pied des rochers ; sur la gauche, mieux exposée, il n'y a plus de sapins, mais des arbres de différentes espèces. Les montagnes sont de schistes, sur lesquels il y a d'énormes masses de tuf, grosses comme des maisons : elles se sont écroulées de plus haut ; nous avions observé ces mêmes tufs dans le haut de la montagne, en descendant de *Waltensbourg*. Nous observerons à ce sujet que pour bien faire l'Histoire des hautes montagnes, il faudroit commencer par observer leurs sommets, ensuite le milieu, puis le bas : on trouveroit les hauts composés d'une ou deux espèces, qui descendant plus bas se joignent déjà à de nouvelles espèces. Les couches sont quelquefois déjà composées vers le milieu des hautes montagnes primitives, & forment les montagnes secondaires ; la destruction de celles-ci par les torrens versés du sommet, confond de plus en plus les espèces pour former de nouveaux dépôts au pied des montagnes, auxquels se joignent souvent les débris des montagnes voisines, qu'on peut nommer tertiaires & ainsi successivement. La suite des tems couvre de bois & de forêts ces terreins où la végétation réussit le mieux par ses différents mélanges ; les superficies s'égalisent insensiblement, & prennent le coup-d'œil de l'ancienneté, les décompositions & recompositions agissent par-tout ; ce n'est que par des fouilles ou dans des endroits fortement excavés par les eaux qu'on peut reconnoître le véritable état de l'intérieur de ces montagnes. L'extérieur en impose souvent, car les plus grosses masses de rocher y restent à découvert, & saillantes ; elles sont quelquefois d'une grandeur si démesurée qu'on les prend pour les sommets des rochers attachés au sol de toute antiquité ; on juge que tout l'intérieur de la montagne est composé du même rocher, tandis qu'il n'y est trouvé placé qu'accidentellement, & y ayant été précipité des sommets. On a mal vu, mal jugé, on s'est trompé, & de la meilleure foi du monde on induit les autres en erreur. Il est assez rare, comme nous l'avons dit plus d'une fois, d'avoir occasion de voir les couches inférieures, sur lesquelles reposent les montagnes, parce qu'elles sont couvertes par les éboulemens. Les pays qu'on connoît le mieux, sont ceux où on a fouillé des mines ; quand il n'y en a pas, c'est dans les torrens & les lieux excavés que l'on faut chercher à reconnoître l'intérieur des terreins. Il arrive quelquefois que des masses d'une grandeur prodigieuse qui descendent d'une hauteur fort escarpée, sont transportées & élancées fort loin par la rapidité qu'elles ont acquise, & sont même jettées sur le revers des montagnes, qui sont de l'autre côté d'un vallon étroit : l'imagination ne peut se faire à de pareils transports, il faut en avoir vu des exemples & la possibilité pour y croire (des avalanches occasionnent quelquefois ces transports). Dans pareille circonstance, on croit que ces masses appartiennent à la montagne au pied de laquelle elles se trouvent placées ; si le vallon est bordé d'un côté d'une espèce de rocher, & qu'il soit d'une autre espèce de l'autre côté, comme il arrive souvent, on ne sait plus où l'on en est si l'on ne con-

Tome I.

noît pas ces sortes de phénomènes. On a recours à des imaginations, à des systèmes, c'est un beau moment pour raisonner, au lieu qu'il faudroit voir, examiner, monter, descendre & beaucoup fatiguer. Mais il est plus commode d'être dans son cabinet ; ensuite des personnes qui n'ont jamais été que sur les grands chemins & en plaine, avec beaucoup d'esprit & du mérite d'ailleurs, trouvent le tout tres-conséquent & très-bien raisonné, & font à leur tour des dissertations sur l'arrangement & la composition du globe.

ROUTE DE TRUNS A ILANTZ.

Au sortir de Truns, on passe le Rhin sur un pont de bois fort pittoresque & fort singulier. Différentes masses variées de rochers, se trouvent dans la largeur du Rhin, sur lesquelles on a placé des étais ou montans de différentes hauteurs pour supporter un pont assez mal construit ; il y reste des parties de l'ancien pont couvert, qui a été entraîné. Après deux heures de marche, les torrens de la droite sont remplis de pierres schisteuses, mêlées de quartz & de mica ; les roches qui sont en avant, sont aussi schisteuses, mêlées de rognons de quartz, qui lui donnent des inégalités & des aspérités, qui dans cette espèce sont couvertes de couches argileuses minces & striées, couleur de lie de vin ; on y voit aussi quelque peu de mica brillant. Ces roches sont à pic & très-élevées, il en est tombé de grandes masses. La même espèce continue sur la droite, elle change quelquefois de couleur, devient bleuâtre & verdâtre. On fait près d'une lieue dans un bois d'aulnes dont les arbres sont grands, ils se sont élevés dans un terrein abandonné par le Rhin. A gauche, au-delà du Rhin, est la communauté de *Waltensfpurg*, dont on a parlé, en allant à Difsentis. La pente du plateau, du côté du Rhin, est fort rapide & composée de rochers ; son château paroît encore assez entier à cette distance ; cette vue est très-belle, les sapins mêlés de bouleaux, qui ont pris différens tons jaunes & dorés ; d'autres qui ont encore conservé leur verd gai, forment un autre coup-d'œil très-agréable. A droite, au-dessus de soi, sur les rochers à pic, est la belle communauté d'Uber-Sax. Placé dans ce fond, on ne se douteroit pas qu'il y eût un si grand pays au-dessus ; on l'a remarqué ci-devant pendant qu'on étoit au-dessus de *Waltensfpurg*.

On repasse le Rhin sur des ponts de bois, qui sont tous très-mauvais, très-mal faits & encore plus mal entretenus. Dans ce pays, quoiqu'on paye assez souvent des droits sur les ponts, on n'a rien fait pour le public ni pour la postérité ; comme on y est libre, on jouit pour soi. Les pensions que reçoit ce peuple des Puissances auxquelles il fournit des troupes, il les distribuent dans les Communautés, de façon qu'il n'y a pas de trésor public, point d'impôts qui puissent être employés pour les chemins, les ponts & autres ouvrages publics, ni de magasins pour prévenir les événemens malheureux. Le torrent qui passe derrière *Waltensfpurg*, & vient se jetter ici dans le Rhin, se nomme *Starguntz* ; il est couvert & formé de grands terreins par les matériaux qu'il a amené. La plus grande partie des cochons de ce canton sont rouges couleur de sanguine ; on rencontre continuellement des chevaux chargés de petites barriques de vin, qui vont dans le haut pays en remontant la vallée que nous quittons ; ce sont des vins de la Valteline, qui sont liquoreux, échauffants beaucoup, douçâtres, & qui altèrent. Il faut bien qu'ils soient chers dans un pays où il n'y a pas de chemins, où tout se transporte sur des chevaux ou des mulets ; il s'en consomme actuellement beaucoup dans les montagnes. Les vieux Suisses, qui ne sont pas sortis de leur pays, déplorent beaucoup cet excès de luxe inconnu ci-devant ; ils en boivent cependant quand il ne leur coûte rien. Les guides ont grand soin d'avertir qu'il faut se précautionner de vivres, & sur-tout de vin. Une grande quantité de schistes de différentes couleurs, dont il y en a beaucoup de verdâtres, d'autres lie de vin, inondent, & couvrent un grand terrein. Depuis qu'on est dans ce pays bas, on rencontre beaucoup de goëtreux & de Cretins, qui sont encore plus laids & plus dégoûtans que ceux du Vallais. Quelle différence, comparés à ces montagnards de plus de six pieds que nous venons de quitter ! En approchant d'*Ilantz*, le pays est plus ouvert ; il y a beaucoup de terres labourées ; mêmes schistes mêlés de quartz & de mica ; ils sont plus bleuâtres dans le bas de la montagne, & sont aussi plus mêlés de parties argileuses qui s'exfolient & se décomposent beaucoup. Un reste de vieux château est placé sur le bord du chemin, il est élevé sur des roches calcaires, dont le bas sont des roches argileuses, par couches alternativement bleuâtres & verdâtres.

Ilantz est situé de l'autre côté du Rhin, on passe sur un pont pour y arriver ; c'est une très-petite ville, qui ne peut avoir ce nom que parce qu'elle est entourée de murailles ; elle est capitale de la quatrième communauté de la Ligue grise ; il s'y trouve quatre maisons assez bonnes, les autres font pitié ; beaucoup sont tombées & écroulées, les autres sont en ruines. Il semble que cet endroit vienne d'essuyer un bombardement. Le vallon qui est derrière *Ilantz*, est entouré de très-hautes montagnes, il est en labourage & pâturage ; la rivière de *Glumer*, qui se jette sur la droite d'*Ilantz* dans le Rhin, fait de grands ravages, & charie une grande quantité de pierres du haut des montagnes d'où elle descend.

ROUTE D'ILANTZ A RICHENAU.

Les mêmes schistes bleus continuent sur la gauche, & on a le Rhin à droite ; on trouve *Schloven* ou *Schleuvis* village où est aussi une grosse maison ou château, comme on les nomme dans le pays ; il est à l'entrée du vallon. On monte pour y arriver ; des pierres schisteuses quartzeuses, des pierres vertes & des granits, viennent des montagnes supérieures : on est éloigné du Rhin d'une demi-lieue. Les moissons sont faites dans ce canton, & il n'y a plus sur pied que le millet. *Sogens*, village ; on monte sur la gauche, on recueille du miel dans ce canton ; les ruches de ce pays & des montagnes de Suisse sont des caisses de cinq pouces de haut, de six à sept de large, & de deux pieds & demi de long ; on les pose les unes sur les autres dans leur longueur, en couvrant celles de-dessus avec des couvertures ou autres mauvaises étoffes de laine pour y conserver la chaleur. On rencontre quelques roches cal-

DE LA SUISSE.

caires, qui ne paroiffent pas tenir au fol. On monte encore beaucoup, en tenant toujours la gauche, on retrouve des fchiftes verdâtres. On voit *Nider-Sagens*, au-deffous de foi à droite, on monte continuellement fur un terrein calcaire rapporté; dans les hauts il y a des grandes maffes des mêmes pierres.

GRAND RAVIN.

On parvient à côté d'un ravin d'une profondeur effrayante & d'une grande largeur; on peut y voir commodément l'intérieur de cette montagne. Elle eſt toute compofée de détrimens & de débris de pierres calcaires; d'autres mamelons ou petites montagnes dans le bas de la même eſpèce, font creufées & minées de même. *Valendas*, village, eſt dans cette poſition baffe, & le Rhin paffe au pied du ravin. Cette montagne excavée eſt couverte de grands ſapins qui font anciens, dont beaucoup font précipités dans le fond du ravin; d'autres ſe font arrêtés à mi-chemin avec des parties de terrein qui y ont gliffé; les arbres y font dans toutes fortes de poſitions, le tout forme un tableau fauvage & ſingulier; le verd noir des ſapins fait un beau contraſte avec la blancheur du terrein. On continue à monter, en laiſſant le village de *Lax* ſur le côté; on trouve fur le haut des maſſes iſolées de ſchiſte verd: on ne connoît pas trop d'où elles peuvent venir; on eſt très-élevé, & on ne voit rien au-deſſus de foi. Après avoir marché deux heures & demie, on ſe trouve à la tête de ce ravin horrible qu'on voit dans toute fa longueur; il eſt occaſionné par un petit ruiſſeau, qui fait aller un moulin & une ſcierie, & s'y précipite avec bruit. C'eſt un grand ſpectacle que ce travail des eaux, il eſt effrayant, tant par la maſſe énorme qu'elles ont amaſſé, que par la manière dont elles la détruiſent; mais en conſidérant l'eſpèce de terrein dans lequel l'eau s'eſt ouvert un paſſage, on conçoit les facilités qu'elle a trouvé, & le progrès qu'elle doit faire dans ces terres mal liées, comme ſont toutes les montagnes de troiſième ou quatrième formation, quand elles ne ſont pas compoſées de maſſes de rochers qui par leur propre péſanteur forment liaiſon. (1) Les côtés du ravin font preſque à pic, diminuent de hauteur ſelon les pentes variées de la montagne. Cet autre point de vue préſente un tableau différent qui n'eſt pas moins ſingulier que le précédent : il a un point de perſpective intéreſſant de haut en bas, & qui le ſeroit encore plus pour l'avantage du deſſin s'il étoit vu de bas en haut: nous n'avons pas eu le le tems de faire voir ce point de vue qui doit être fort extraordinaire. Tous les environs ſont en déſordre, on ne voit que des pierres & des maſſes de rochers déplacées; tous les mamelons qui entourent ce lieu ſont également de pierres rapportées, & on ne voit nulle partie aſſez élevée pour avoir pû fournir à tant de débris & de décombres. Un petit ruiſſeau à côté charie auſſi des ſchiſtes verts; autre objet de réflexion : d'où peuvent venir ces ſchiſtes? On commence à tourner à droite & à deſcendre : on voit une petite montagne allongée couverte de ſapins, qui paroiſſoit la plus grande hauteur du canton, mais elle couvre le bas d'une montagne à gauche qui, en la longeant, va gagner bien loin, en formant un coude, une montagne fort élevée qui alors étoit couverte par des nuages. C'eſt par ce chemin que ſont venues toutes les matières qui ont rempli cette partie, & y ont formé des montagnes très-conſidérables de décombres. Ce coude & ce prolongement ne ſont peut-être formés eux-mêmes que de ces matières rapportées par les eaux; il auroit fallu plus de tems pour aller vérifier ce doute & examiner la montagne, elle-même, en ſuivant le chemin qu'ont parcouru les eaux. Après différens tours & détours on arrive ſur le revers de la montagne qu'on vient de trouver couverte de matières calcaires; de ce côté-ci elle eſt d'une roche de ſchiſtes verts qui ont tous la même poſition pour les couches, preuve qu'elles y ſont le corps de la montagne, & que ſur l'autre côté les matières calcaires y ont été entraînées & verſées par les torrens. On a un large & grand vallon devant foi qui eſt borné de l'autre côté par une roche calcaire à pic, d'une hauteur prodigieuſe, qui va en retour fur la gauche d'où ſont venues toutes les alluvions qui ont tranſporté ces débris calcaires. On voit de la hauteur où l'on ſe trouve différens petits lacs ou étangs entourés de ſapins & de pâturages. Au milieu du vallon eſt le beau village de *Fleins*, entouré de bons pâturages & de terres labourées; le fond du vallon eſt également de matières calcaires rapportées, ſous leſquelles ſont des ſchiſtes verts qu'on voit & qu'on retrouve dans les ravins. Une belle caſcade, à droite, dont les eaux écumantes ſe précipitent entre des ſapins & autres arbres; plus on approche de la montagne calcaire, plus on eſt étonné de ſa prodigieuſe hauteur; elle eſt par couches; à fon extrémité, à droite, une maſſe en cone s'élève entre des ſapins, & il y en a quelques-uns ſur la pointe du cone, le tout forme un ſingulier tableau par l'oppoſition des couleurs. C'eſt à côté de cette grande montagne qu'eſt le débouché ou la deſcente du petit vallon que nous avons ſuivi en partant de *Glaris*; c'eſt en prenant le chemin le plus court que nous avons laiſſé ce débouché à gauche en tirant du côté de *Waltenſpurg*. Après avoir remonté quelques tems on paſſe à portée de *Wick*; il y a ici pluſieurs points de vue d'une grande beauté par la richeſſe & la variété des objets qui compoſent ce tableau. Toutes les roches du canton ſont calcaires du moins dans les hauts, & le pays eſt fertile. Sur la hauteur eſt *Trius*, village ſurmonté d'une tour ſur un rocher; différens mamelons boiſés, des prés, des champs, le cours du *Rhin*, de hautes montagnes derrière forment un autre ſuperbe tableau. Un rocher de forme cubique, compoſé de couches, eſt ſur la gauche. Après avoir paſſé *Trius*, qui eſt un bon village entouré d'arbres fruitiers & de champs, on deſcend & on apperçoit les deux Rhins. Le bas Rhin tourne au pied de petites montagnes rapportées qui ſont à la ſuite du grand ravin; les bords ſont à pic & les deſſus boiſés. Le haut Rhin ſerpente dans un grand & beau vallon, entouré de très-hautes montagnes, aboutit à une jolie plaine cultivée où paſſe le Rhin près du château de *Rotzuns*, appartenant à l'Empereur. *Bonadutz*, gros endroit, occupe le milieu de cette plaine; le haut Rhin tourne ſur la gauche & vient ſe joindre au bas Rhin à *Richenau*. C'eſt le plus grand, le plus magnifique payſage qu'on puiſſe voir; on a le plaiſir de le détailler dans toutes ſes parties, parce qu'on le voit preſque en plan par la poſition élevée où l'on ſe trouve. On continue à deſcendre en s'approchant de *Richenau*; ſes environs ſe développent &

---

(1) C'eſt pourquoi les bois croiſſent ſi facilement & ſi promptement dans ces ſortes de terreins, les racines s'y inſinuent & y tracent en liberté.

forment un point de vue des plus intéressans par la jonction des deux Rhins, par sa position entre deux rivières, par les deux ponts, les hautes & belles roches calcaires qui sont en partie boisées, & par la fraîcheur du paysage qui l'environne. C'est le canton aux belles vues, qui deviennent toujours intéressantes quand il y a de belles eaux qui circulent & que les objets sont aussi variés qu'ils le sont dans les montagnes, qui ont beaucoup de points de perspective par l'inégalité des terreins. On feroit un volume de vues dans ces environs. Si on a souvent parlé du pittoresque de la Suisse, c'est pour donner de la curiosité à voir un pareil pays & pour persuader à ceux qui ont du goût & des talens, qu'ils trouveront à s'y satisfaire & à s'y-occuper ; quant à nous, nous n'avions pas le tems ni les connoissances nécessaires pour tirer un parti des belles choses que nous avons vues, & si on a fait quelques desseins, c'est qu'ils devenoient nécessaires pour les observations qu'on avoit à donner. On retrouve des roches schisteuses, dans le bas une cascade & un ravin fort rapide passe entre de très-gros quartiers qui sont de schistes verts mêlés de filons & de petits rognons de quarts qui y occasionnent beaucoup de rugosités & de parties protubérancées. Au-dessus de ces schistes sont des roches calcaires ; après avoir encore descendu, on arrive à Richenau.

ENVIRONS DE RICHENAU.

Richenau est une Seigneurie appartenante à M. de *Bolens*, chargé des affaires de l'Empereur près les Grisons. Il est obligé d'entretenir les ponts, l'un sur le bas Rhin, l'autre sur le haut Rhin, moyennant un péage qu'il y perçoit. La position de Richenau est agréable & singulière en ce que cette maison est située au confluent : les bâtimens sont peu de chose : le logement du Maître des magasins pour déposer les marchandises, le logement du Douanier, & un cabaret, occupent cet emplacement avec un petit jardin qui a la vue sur le confluent, (Planche N°. 146). Des montagnes de nouvelle formation, couvertes de pâturages, sont au pied des grandes & belles roches calcaires, couvertes de sapins, qui terminent le fond de ce paysage. Les couches des roches calcaires sont inclinées de quarante-cinq degrés environ. Le pont qui est sur la gauche, en regardant le dessin, est sur le bas Rhin, l'autre est sur le haut Rhin, sous lequel les deux bras réunis continuent leurs cours. Les deux Rhins venant de côtés diamétralement opposés, se gênent réciproquement dans leurs cours, de façon que si la fonte des neiges ou la pluie en a grossi les eaux, elles s'arrêtent & forment une grosse vague, ou élévation d'eau, entre deux, qui se soutient ; elle est plus ou moins élevée en raison de la quantité d'eau ; cette élévation monte à une hauteur de neuf à dix pieds dans les fortes crues d'eau. Aux environs du pont du haut Rhin, il y a des mélèzes qui ne croissent naturellement que sur les parties les plus élevées. Des graines amenées par les eaux se seront déposées dans cet endroit & y auront végété dans un terrein convenable ; on trouve souvent en Allemagne, sur les bords du Rhin, des plantes qui ne croissent que dans les hautes Alpes, qui y ont été transportées de même.

C'étoit à *Richenau* où nous devions déterminer s'il y avoit de la possibilité pour aller visiter le cours du haut Rhin & ses sources ; le mauvais tems avoit continué, des passagers venant de *Rheinwald* dirent qu'il y étoit tombé beaucoup de neige. Quoique ces premières neiges ne tiennent pas ordinairement, c'eût été trop entreprendre, même dans le cas de la fonte qui grossit les torrens, occasionne des nuages par l'évaporation qui empêchent d'y voir & de pouvoir se conduire. Il fallut donc renoncer au projet, dont l'entreprise étoit trop tardive & se contenter de prendre une idée des productions que le haut Rhin charie jusqu'à *Richenau*. Mais quelles font celles qui proviennent de la hauteur où le Rhin prend ses sources ? C'est ce que nous diront ceux qui auront la curiosité & le courage d'aller voir les immenses & magnifiques glaciers du mont de l'Oiseau (*Wogelsberg*,) qui passent pour être les plus considérables de la Suisse.

La plupart des cailloux ou galets qu'on trouve dans le lit du haut Rhin, au-dessus de Richenau, sont des pierres schisteuses mêlées de quartz & de mica ; beaucoup de schistes noirs sans mélange, beaucoup de pierres calcaires, dont les montagnes des environs sont composées ; des grès ou des pierres sablonneuses rouges ; la même espèce, mêlée de quartz ; des pierres vertes argilleuses & fort dures ; une autre espèce, traversée de filons de spath jaune quelquefois de quartz : quelques pierres ollaires vertes & d'autres nuancées ; des schistes verts mêlés de taches rouges ; des schistes rouges ; des pierres micacées noires , d'autres verdâtres, où il y a de petits rognons de quartz, quelquefois un peu de pyrite mêlée ; une espèce de granit d'un beau vert, ou une terre argilleuse très-fine, tient la place du mica entre le feld-spath & le quartz ; quelques autres granites ordinaires, mais en très-petite quantité ; un filon ou couche de terre argilleuse, très-fine & très-compacte, de couleur olivâtre, remplie de macassites cubiques, entre deux filons de quartz ; autre couche de terre de la même espèce, couleur verte bleuâtre, remplie de schorl & de grenats, aussi entre deux couches de quartz ; la moitié de ce morceau intéressant & rare est dans le beau cabinet de M. Sage. Toutes ces espèces sont roulées : on a rangé ici chaque espèce en raison des quantités qui s'en trouvent dans cet immense magasin de galets.

DE RICHENAU A COIRE, TROGEN ET SAINT-GAL.

Pour aller à Coire on passe le pont qui est sur le haut Rhin ; en côtoyant ce fleuve, qui coule dans un fond, on entre dans une plaine de niveau qui n'a qu'une pente très-insensible de trois quarts de lieue ; le fond du terrein n'est qu'un amas de pierres roulées de toutes espèces. Les deux côtés sont bordés de montagnes calcaires qui courent parallèlement entre-elles. Celle de la gauche, au pied de laquelle coule le Rhin, est très-rapide & perpendiculaire à son sommet ; celle qui est à droite de la plaine ou petit vallon, puisqu'il se trouve entre des montagnes, est moins haute, plus boisée & couverte de sapins. Le vallon est aussi couvert, en partie, de très-grands & beaux pins ; mais ce qu'on y voit de plus remarquable, c'est une douzaine de gros mamelons ou buttes, élevées de cinquante à soixante toises, plus ou moins isolées, & à différentes distances les unes des autres ; ces buttes sont rondes, la plupart allongées dans le sens du vallon, & composées de débris calcaires & de sables : le fond du vallon est mêlé de plus d'espèces de
galets.

galets. On ne croit pas se tromper en disant que ce vallon a été rempli de matières apportées par les eaux jusqu'à la hauteur où sont encore actuellement les mamelons ; que de nouvelles inondations ont ensuite creusé & entraîné ce qui manque de terrein à ces mamelons ; que c'est en circulant autour de ces mamelons que les eaux leur ont donné la forme ronde ; & sur-tout allongée dans le sens du vallon & que c'est par le moyen de ces mêmes eaux que le fond actuel de cette plaine a pris ce niveau & cette pente insensible vers un pays plus ouvert qui est au-delà. On a déja fait mention de pareils mamelons qui se trouvent dans le vallon du Vallais parcouru par le Rhône. On trouve ensuite un terrein plus propre à la végétation ; on y cultive du bled de turquie & du bled sarrasin, & il y a des arbres fruitiers. Ensuite le gros village d'Embs, qui avoit été incendié l'année précédente ; ce spectacle est triste à voir, quoique beaucoup de maisons soient reconstruites. Cent quarante maisons, & l'Eglise, non-compris les granges & les greniers, ont été la proie des flammes ; les chemins sont faciles dans cette partie, les voitures roulent jusqu'à *Richenau*.

Il seroit trop long & trop ennuyeux de citer les vieux châteaux par lesquels on passe ; ce seroit sortir de l'objet qu'on s'est proposé, de parler particulièrement des montagnes. S'il a fallu jusqu'à présent indiquer la position de tant d'endroits différents, avant qu'on pût trouver les substances dont on a parlé, on se contentera, par la suite, de passer rapidement sur les lieux où il n'y a rien à observer, en nommant simplement les principaux endroits, jusqu'à ce qu'il se trouve quelque chose de remarquable. A une lieue de Sargans on voit une mine de fer très-abondante, dont il y en a une quantité d'extraite. C'est une espèce que *Wallerius* nomme bleuâtre & très-riche. On a discontinué d'en tirer parti, parce que le fer n'en est pas bon, à ce qu'on dit. Cette mine en roche contient, à la vérité, quelques pyrites ; c'est plutôt le défaut d'intelligence que la mauvaise qualité de la mine qui en a fait abandonner l'exploitation.

Coire, en Allemand *Chor*, ville Capitale de la ligue Grise ; tout est calcaire jusqu'à *Werdenberg* ; une grande & belle plaine bien de niveau, couverte de pâturages jusqu'à *Hoen-Sax* : chemin fort ennuyant pour le Minéralogiste. *Hohen-sax* est au pied de très-hautes montagnes calcaires qui reposent sur des schistes.

CADAVRE CONSERVÉ.

Nous avons trouvé à *Sennewald* ce que nous cherchions dans le lieu précédent ; c'est le cadavre de *Jean-Philippe de Hohen-Sax*, Seigneur de *Hohen-Sax* & *Worsla*, assassiné en 1596 & enterré dans l'Eglise de *Sennewald*. En renouvellant cette Eglise, il y a dix ans, on trouva ce cadavre entre deux autres enterrés avant lui dans un petit caveau. Ce corps est très-entier dans toutes ses parties, & bien conservé, à peine les yeux & le ventre sont-ils affaissés : le nez est un peu retiré, la peau a de la flexibilité, comme du vieux cuir : il a reçu trois blessures avec un instrument tranchant, l'une au-dessous de l'oreille, une autre a enlevé un morceau du crâne de la grandeur d'un écu, & la troisième lui a fendu le crâne ; ce sont les seuls endroits où les peau environnante manque. Il avoit quarante ans. Le Curé dit que lorsqu'on déterra ces trois corps, dont les deux autres étoient des femmes, la peau en étoit jaune & un peu ridée ; des doigts, qu'il a conservés à l'abri du grand air, sont encore couleur de chamois clair, ont quelque souplesse & sont très-bien conservés. Le corps du Seigneur de Sax a bruni depuis ce tems, parce qu'il est dans une biere ouverte, dans le haut du clocher. Ce cadavre n'a point l'air hideux & décharné comme ceux du couvent des Cordeliers de Toulouse. Les questions qu'on a pû faire sur la nature du terrein, la construction du caveau & autres raisons qui auroient pu occasionner la conservation de ces cadavres, n'ont point eu de réponse satisfaisante.

Des plaines & des pâturages conduisent jusqu'à *Hirzen-Sprung*, où il y a une roche calcaire qui paroît avoir été entr'ouverte par les eaux, comme celle dont on a parlé près de *Soleure*. On ne peut voir deux endroits qui se ressemblent plus parfaitement : même correspondance de couches des deux côtés, cavités circulaires & autres dégradations qui n'ont pu arriver que par les eaux. Les roches calcaires continuent de ce côté & au-delà du Rhin, dans le pays des Lansquenets jusqu'à *Alsteten*.

On monte beaucoup en sortant d'*Alsteten*. Toute cette montagne, qui est fort rapide & fort haute, puisqu'il faut une bonne heure pour la monter, n'est composée que de galets & de pierres roulées de toutes grosseurs. Il s'y trouve des granites de différentes espèces : des pierres jaspeuses, ainsi nommées, parce qu'elles sont d'un grain fin & serré, susceptibles d'un beau poli, & très-variées dans beaucoup de belles couleurs ; ces cailloux sont souvent rayés, rubanés ou tachés de couleurs différentes de celle du fond du caillou. Il est cependant rare de trouver des roches analogues à la plus grande partie de cette espèce de caillou, qu'on ne trouve que roulé, au lieu qu'on connoît des roches de ce qu'on nomme communément jaspe. Il y a aussi parmi ces galets des pierres sablonneuses, des schistes, des pierres ollaires & beaucoup de pierres calcaires. Ce qui mérite attention, c'est que cet énorme tas de galets est traversé à différentes hauteurs par des lits ou des couches de gravier & de sable. Ces couches varient dans leur épaisseur, les sables en sont fortement agglutinés ensemble & forment pierre. Ces couches sont inclinées, selon la pente de la montagne ; les sables sont quelquefois si fins, qu'ils constituent un vrai grès plus ou moins dur. Les galets sont aussi fortement liés & agglutinés, & si les interstices étoient bien remplis, ils composeroient ce qu'on appelle *Poudingue*. Le tout est visiblement un dépôt des eaux. Les montagnes & collines environnantes, sont de la même composition, & il faut bien remarquer qu'il n'y a point de montagnes dans tous les environs qui soient plus hautes ou qui dominent celle dont on parle. C'est sur cette hauteur que sont les bornes ou limites entre les Bailliages sujets dont on vient de parler & le canton d'*Appenzel*. Le revers de la montagne est de la même composition de galets ; la superficie en est seulement plus couverte d'une terre argilleuse sur laquelle il y a des pâturages & de petits bois de sapins ; il est rempli de chalets, de métairies & d'habitations ; il n'y a point de terrein négligé, les possessions sont bien closes, les chemins & les sentiers bornés & le plus étroit possible, tout est mis à profit ; cette partie du canton est Protestante. Tout le pays est fort inégal, l'œil ne parcourt que des vallons & des collines qui vont se perdre en pente au lac de *Constance* ou *Bodensee*. On voit *Trogen* devant soi, mais il faut faire un grand détour pour y arriver ; un vallon profond & très-rapide oblige à faire ce circuit. L'autre montagne, sur laquelle on passe pour arriver à *Trogen*, est aussi composée de galets; il y a une plus grande quantité de pierres sablonneuses en couche. Les chevaux de ce canton sont beaux & nerveux, très-bien équippés, tout paroît tourné au bon & au solide. Les paysans sont mal vêtus, en chemises, des culottes de peau, sans bas & coëffés d'une calotte de cuir.

Trogen, chef lieu du Canton d'*Appenzel* est bien bâti; il y a de belles maisons construites en pierres, celles qui sont en bois sont aussi très-bien construites, enjolivées & recherchées, le tout a un grand air de propreté, preuve d'aisance. Il se fait à *Trogen* un grand commerce de toile, qui y est anciennement établi. La culture & la composition du pays sont les mêmes jusqu'à *Vogelinseg*, dernier endroit du canton; on jouit de ce lieu élevé d'une de ces belles vûes qu'on ne peut voir sans admiration.

VUE DE LA VILLE DE St.-GAL ET DU LAC DE CONSTANCE.

La Ville de *St-Gal* est à gauche; ses environs ressemblent à une continuation de ville remplie de jardins, tant il y a de fabriques, de maisons & d'habitations. Des blanchiries de toile font un effet admirable sur ces beaux prés toujours verds, parce qu'ils sont continuellement arrosés; sur le devant il y a un très-grand Couvent avec ses dépendances. Le terrein s'élève en amphitéâtre derrière *St-Gal*; il est cultivé & rempli de maisons de campagne; sur la droite des collines cultivées, coupées de bois de sapins, de prairies & de vignes, vont par une pente insensible jusqu'au lac de *Constance*. Le point où l'on est placé fait voir la même dégradation de terrein par une autre pente jusqu'au même lac qui est bordé de villes, de villages & de Couvens; la grandeur du lac, l'immensité du pays qui est au-delà, dont la vûe ne peut embrasser l'étendue, ravissent l'imagination. Cette vue offre en même-tems les grandes beautés de la nature, le spectacle de sa fécondité, l'idée du travail & de l'industrie, jointe à celle de la richesse & de l'abondance qui en sont la suite. On descend beaucoup par de mauvais chemins fort rapides pour arriver à St-Gal: la vue de cette ville se présente de mieux en mieux à mesure qu'on approche; on remarque beaucoup de clochers dans son enceinte & une quantité de tours sur ses remparts. La montagne est toujours composée de galets & de pierres sablonneuses, qui suivent les pentes de la montagne. Comment cet assemblage de montagnes a-t-il été formé? Comment les eaux ont-elles pu accumuler une aussi prodigieuse quantité de galets? Quelle a été la puissance ou la force qui a pu déterminer les courants à rassembler dans un même point tant de pierres? elles ne s'y sont pas placées brusquement ni par quelqu'un de ces phénomènes ou révolutions auxquelles rien ne résiste; mais avec gradation par la longueur des tems. On a dit qu'il y avoit des couches, mais si quelqu'un cherche à résoudre ce problème, qu'il n'oublie pas qu'on a dit aussi qu'il n'y avoit pas de montagnes qui dominassent ces montagnes composées de galets; & s'il y avoit une montagne, il ne faudroit pas oublier que ces galets sont de beaucoup d'espèces différentes, telles que de grands fleuves les rassemblent après un long cours & dans lesquels de grands pays & beaucoup de montagnes ont versé leurs décombres & leurs débris. La hauteur exacte de ces montagnes seroit aussi très-essentielle à connoître pour savoir à quelle hauteur les eaux ont dû monter pour former ces amas.

La ville de St-Gal est bien peuplée & bien bâtie, la plupart des maisons y sont peintes; l'église de l'Abbaye est d'un mauvais goût d'architecture, c'est un grand ensemble où il y a beaucoup d'ornemens prodigués sans choix; quelques peintures à fresque passables, entourées de cadres de stuc fort historiés & fort découpés, qui s'étendent même sur ces peintures. On s'exerce beaucoup à tirer de l'arbalète & on en tire très-bien. Il se fait un grand commerce à St-Gal, & il y a beaucoup de manufactures d'indiennes. On ne peut voir des paysans mieux vêtus, (il étoit jour de marché) la plus grande partie avoit des habits couleur de sang de bœuf avec des garnitures de boutons d'argent massif sur l'habit & la veste, & par-dessous une autre veste de belle étoffe. Les chevaux sont bien nourris, bien soignés; les harnois & les voitures bien conditionnés, tout se ressent de l'aisance & de la liberté.

DE St.-GAL A ZURICH.

Les pays qui sont depuis Saint-Gal jusqu'à *Bischoffzel* & à *Frauenfeld* sont bien cultivés, en bonnes terres labourables, en prés, bouquets de bois de sapins, beaucoup d'arbres fruitiers; l'abondance s'y annonce par-tout. Dans différens villages il y a des manufactures, & par-tout on travaille pour le compte de ces atteliers. Tout ce canton paroît avoir été le séjour des eaux, & peut-être une extension du lac de Constance. Les collines sont de pierre sablonneuse par couches & le fond du terrein de galets. Ce qui paroît encore autoriser ce sentiment, c'est qu'il y a beaucoup de plaines de niveau; elles sont labourées & cultivées avec le plus grand soin. Il est bien consolant de voir tant de moyens de ressource & de subsistance pour les hommes, mais ces plaines sont bien ennuyantes pour le minéralogiste qui sort des montagnes.

Frauenfeld est sur un terrein élevé, composé de roches sablonneuses pareilles à celles qui sont sur les bords des lacs de *Genéve*, de *Berne* & de *Zurich*; le reste est de galets couverts d'argille; il y a beaucoup de vignes dans les environs. Les collines s'abaissent en allant à *Ober-Winterthur*, qui est déja dans le canton de *Zurich*. Même terrein, mêmes productions, jusqu'à *Winterthur*, où il y a de beaux & bons vignobles. Cette ville est bien bâtie, les rues en sont larges & il y a beaucoup de fabriques de toile de coton, d'indiennes & autres. M. le Médecin Ziegler y possède une belle collection de minéraux, des impressions d'insectes & autres pétrifications du pays. M. le Médecin *Sultzer* a aussi une collection d'insectes & de belles pétrifications du pays. De Winterthur à Zurich le terrein est plus inégal, composé de collines de pierre sablonneuse & de galets, mêlés dans beaucoup d'argille; d'autres collines sont de différentes espèces de terreins & de substances rapportées. Nous avons été bien surpris d'y voir les mêmes schistes rouges avec des taches jaunâtres, & les mêmes schistes verds dont on a rendu compte avant d'arriver à Engelberg; car il y a plus de vingt lieues entre ces deux points, & bien des montagnes & bien des lacs entre-deux; d'où proviennent ces espèces qui sont si semblables entre elles & si peu communes ailleurs?

Zurich, grande ville bien bâtie: elle est heureusement située à l'extrémité du lac du même nom, d'où sort la rivière de *Limmat*, qui partage la ville en deux. Il s'y fait un grand

DE LA SUISSE.

commerce, & dans tout le canton où il y a beaucoup de fabriques. On passe légèrement sur ces objets, qui ne sont pas de notre sujet. Nous croyons cependant devoir dire qu'il n'y a point de pays où l'on s'occupe davantage à donner une bonne éducation publique à la jeunesse, & à écarter l'aridité & le dégoût des études ; où il y ait un si grand nombre de patriotes & de citoyens zélés pour le bien public, & qui se livrent avec autant d'ardeur & de désintéressement à tout ce qui peut contribuer au bien & à la prospérité du pays. La Société Économique est composée de Membres qui ne s'occupent que de choses utiles. Les ouvrages que produit cette Société nous dispensent d'entrer dans des détails sur ses travaux. Il y a une bibliothèque publique où les Bourgeois ont la permission de prendre des livres & de les emporter chez eux : un singulier présent fait à cette bibliothèque est une suite complette de tous les ouvrages composés contre les Jésuites, avec cent ducats pour augmenter la collection des ouvrages qui paroîtront. On n'a su qu'après la mort de M. Holles, Anglois, que c'étoit lui qui avoit fait ce don dans le tems qu'on procédoit en Portugal contre la Société ; le dos des livres est orné de poignards & de chouettes. C'est auprès de *Zurich* qu'est né *Klyjock*, paysan, doué d'un bon sens rare, à qui l'on doit une nouvelle ardeur & de bonnes découvertes dans l'économie rurale, qui est montée dans ce canton à un grand point de perfection, & qui gagne de proche en proche. C'est M. Hirtzel, premier Médecin de la République, un de ces bons & zélés citoyens qui a été l'Historien de Klyjock, & qui a fait connoître le mérite de ce cultivateur conduit comme par la nature ; il l'a nommé, à juste titre, le Philosophe ou le Socrate rustique.

CABINETS A ZURICH.

Il y a dans cette ville des Savans & des Curieux distingués en histoire naturelle, qui possèdent de beaux Cabinets : celui de M. le Chanoine *Gesner* est d'autant plus intéressant qu'il a été rassemblé pour l'instruction, & qu'on y trouve une suite complette d'histoire naturelle dans toutes ses divisions, particulièrement en minéralogie. Il y a des morceaux recherchés dans tous les genres, dont il seroit trop long de faire l'énumération. Une bibliothèque considérable d'histoire naturelle & de botanique, science sur laquelle M. Gesner a beaucoup travaillé. Il a aussi fait peindre avec grand soin tous les objets qui composent sa collection d'histoire naturelle, ouvrage fort précieux. Ce digne citoyen joint la plus grande honnêteté aux mœurs les plus douces, on sort toujours de chez lui satisfait & instruit.

Le Cabinet de M. *Schulthess* est très-nombreux dans les trois règnes, & il y a des choses choisies. Il seroit à souhaiter que ce Cabinet fût en ordre.

M. *Lavater*, Apothicaire, possède une belle suite d'empreintes de poissons, d'insectes & de plantes, parmi lesquelles est l'analogue du palmier marin ; une suite de beaux cryftaux de roche, de minéraux, &c.

M. *Escher* de la Montagne a une belle collection de minéraux, à ce qu'on dit.

Un Pêcheur vend la suite des poissons du lac de *Zurich*, très solidement arrangée ; il fait le corps du poisson en bois, sur lequel il applique la peau du poisson même. Ils se conservent bien en cet état & paroissent on ne peut plus naturels.

Une des belles vues dont on puisse jouir est celle de l'auberge de l'Epée : on a devant soi le pont, la perspective des maisons de l'Hôtel de Ville & de la Cathédrale, qui sont des deux côtés de la Limmat. Un pont & une tour fort haute séparent, à une bonne distance, la ville du lac, qu'on voit bordé de beaux côteaux. Ce paysage est borné par des montagnes couvertes de neige ; le devant de ce beau paysage est très-vivant par la quantité de monde qui passe sur le pont, les bateaux qui montent & qui descendent la rivière, & les pêcheries qui occupent le bassin entouré de maisons.

Les environs de Zurich sont fort agréables & champêtres ; on y a fait de belles promenades, & les bords du lac sont riants ; ils sont bordés de villages & de maisons ; ressemblent à de longs fauxbourgs où il y a beaucoup de jardins, derrière lesquels se trouvent des collines cultivées & des vignobles. C'est de *Kepfer*, & de *Bech*, au bord du lac, que se tirent les pierres sablonneuses, avec lesquelles on bâtit à *Zurich*. Il n'y a point de rocher aux environs de la ville ; ce ne sont que des terreins rapportés où il y a une grande quantité de pierres roulées dont beaucoup sont calcaires, & parmi lesquelles il y a de très-beaux marbres. Dans les fouilles on trouve une quantité d'ardoises ou schistes rouges, il s'en trouve entre le *Grindelwald* & *Engelberg*, & dans les montagnes de *Glaris*. La rivière de *Sill*, qui amène une grande quantité de pierres dans ces environs vient d'*Einsidelen*. En y passant nous n'avons pas remarqué de schistes dans son cours. Il faut que d'autres torrens, qui auront changé de cours, aient amené anciennement ces décombres dans ce Canton. On trouve aussi dans le bas de Zurich ces schistes rouges avec des taches jaunâtres, que nous avions déja remarqué sur la hauteur avant que d'arriver à *Zurich*.

DE ZURICH A SCHAFFHAUSEN.

La bonne culture s'étend dans tout le Canton de Zurich : elle est soignée en tout point, & on n'y voit aucune terre en non-valeur. Le fond des terreins est toujours composé de galets recouverts d'une terre argilleuse ; on file beaucoup de coton à Cloten ; Bulach est entouré de vignes ainsi qu'*Eglisaw*. Près de cette ville le Rhin est bordé de terres sablonneuses & de galets par couches ; il est remarquable qu'on ne voie pas de granits dans tous ces galets, ni aux environs de *Zurich*, ni même dans les chemins jusqu'à Schaffhausen. La quantité de pierres calcaires, dont les détrimens se mêlent à l'argille dont tout ces terreins sont couverts, ne contribue pas peu à leur fertilité. A une petite lieue de *Schaffhausen* on entend un murmure, puis un bruit sourd. On apperçoit le Rhin qui blanchit, puis une vapeur ou une brume qui s'élève : c'est la chûte du Rhin. On quitte le grand chemin pour prendre à droite dans un fond, & par un petit bois, le bruit guide jusqu'à cette étonnante cascade.

DISCOURS SUR L'HISTOIRE NATURELLE

La belle cataracte du Rhin sous le Chateau de Lauffen près Schaffhausen.

Cette belle & grande Cataracte a plusieurs points de vue, tous très-intéressans; la quantité d'eau qui s'y précipite, les différentes formes qu'elle prend & le bruit qu'occasionne sa chûte suffisent pour former un grand spectacle. Mais les objets divers qui concourent à rendre ce lieu pittoresque, lui donnent un nouveau degré de mérite ; tout s'y est réuni pour en former le plus grand & le plus superbe tableau. La cascade, vue de face, se trouve partagée en trois chûtes, très-considérables par deux rochers saillans & isolés qui s'élèvent entre mille bouillons d'eau écumante. Le mouvement de ces eaux est prodigieux par la hauteur de la chûte, par leur grand volume, & par les différentes inégalités des roches qui, en multipliant les chûtes, occasionnent des groupes de cascades entassées les unes sur les autres ; elles s'élancent, se joignent, se séparent & changent de forme avec une telle rapidité, que l'œil n'en peut saisir aucune. C'est par cet effet magique qu'on reste attaché, comme en extase, à ces sortes de phénomènes, quoiqu'ils fatiguent la vue & la tête. Il s'élève au pied de la cascade une brume, un nuage d'eau raréfiée qui est transportée par le vent comme une poussière légère : elle occasionne des iris de la plus grande beauté. Les rochers saillans du milieu de la cataracte ont des formes singulières ; ils sont minces par le bas, plus gros & plus renflés par le haut, couverts d'arbres & d'arbrisseaux ; sur la droite de la cascade un grouppe de fabriques paroît borner le tableau de ce côté. Ce sont des fourneaux, des fonderies, des moulins, des usines entourés de charpente, de canaux & de roues qui font jaillir les eaux de tous côtés. Des arbres, des rochers, un côteau de vigne, des montagnes boisées par derrière, surmontent ces fabriques. Dans le fond une montagne aride, en procurant un repos à l'œil, par son bleuâtre & vaporeux, fait valoir la blancheur & le brillant des eaux, dont la vue devient insoutenable quand la lumière du soleil s'y réfléchit. Sur la gauche de la cascade une montagne rapide s'élève fort haut ; elle est couverte de différens arbres, les eaux semblent s'élancer de son pied. Le château de *Lauffen* est sur le sommet de cette montagne ; c'est un grouppe de maisons & de quelques tours, ceint d'une muraille crénelée. Ce château qui sert de résidence au Bailly de *Zurich*, fait un fort bel effet par son heureuse position. Devant la cascade est un beau & large bassin où les eaux tournent & reviennent sur elles-mêmes : elles semblent chercher à multiplier leur cours & quitter à regret ce bassin. Sur le devant, en-deçà du Rhin, une très-grosse tour, accompagnée de quelques magasins, forme le premier plan. Des barques, des Pêcheurs de saumons, des transports de marchandises par eau, rendent ce tableau animé & vivant (1).

Si on s'élève sur le côteau de vigne en face de la cascade, l'intérêt augmente par l'étendue de vue qu'on y gagne. On détaille le groupe formé par les usines, parce qu'on le voit presque en plan. La chûte de la cascade doit nécessairement paroître moins haute, mais on voit la grande masse d'eau qui est au-dessus, & on suit le cours du Rhin sur la gauche. On découvre le haut du plateau sur lequel est situé le château de *Lauffen*, la masse circulaire de cette montagne se détache & se place au milieu du tableau ; le Rhin la tourne sur la droite, & va se perdre entre des montagnes couvertes de vignes & de bois. Pour jouir en entier du spectacle des eaux, il faut se transporter de l'autre côté du Rhin ; une rampe descend du château jusqu'au pied de la cataracte ; on y a pratiqué une espèce de galerie en charpente pour en approcher plus commodément, de façon qu'on peut toucher l'eau avec la main ; un gros & immense bouillon se précipite à côté & fort au-dessus du spectateur avec un bruit, un fracas qui étourdit. La rapidité avec laquelle l'eau passe éblouit & fait tourner la tête ; on est mal à son aise par le tremblement qu'excitent sur la galerie le bruit & le courant d'air occasionnés par l'eau. On veut quitter sa place, on ne peut, on veut encore voir, se faire une idée sur la rapidité dont les eaux passent & se succèdent, on se fatigue & on se retire, parce qu'on apperçoit qu'on est mouillé & qu'on a froid ; il est rare qu'on ne retourne pas à la même place plusieurs fois, tant ce spectacle est attrayant.

Chaque heure fournit de nouveaux effets ; le soleil, les différens iris qui s'y forment en même-tems & les vapeurs qui s'en élèvent agitées différemment, en procurent de singuliers ; la quantité des eaux en occasionnent nécessairement. Lorsque nous avons vu cette cascade les eaux étoient assez basses, les détails des différentes chûtes y étoient plus marqués & plus multipliés , au lieu que par les grandes eaux ces petites chûtes sont confondues, mais la rapidité & le fracas doivent augmenter. Il n'est pas vrai que le château de Lauffen soit dans un tremblement continuel comme on le dit & l'écrit ; il faudroit que la montagne tremblât aussi.

Après avoir considéré la cataracte, quant à son pittoresque, faisons mention de ce qui concerne la minéralogie. Les rochers environnans & ceux sur lesquels se précipite le Rhin sont calcaires ; ceux qui s'élèvent & partagent la cascade sont amincis & usés dans le bas par le frottement des pierres que les eaux entraînent continuellement avec elles ; plus les eaux sont basses, plus on voit cet étranglement qui va en s'arrondissant par le haut Les rochers qui sont au bas de la montagne sur laquelle est le château, sont également arrondis & creusés en-dessous par le même frottement des pierres, ainsi que tous ceux que nous avons remarqué & cités comme étant dégradés par les eaux. On ne peut douter ici que la détérioration de ces rochers ne soit produite par les eaux ; c'est en examinant ces sortes d'endroits qu'on se met à portée de juger de ce qui est arrivé dans les endroits où l'on trouve les mêmes effets, quoiqu'il n'y ait plus d'eau, pas même l'apparence qu'il y en ait eu. Sans sortir de ce local on voit que les roches calcaires qui sont tout au haut de la montagne, & sur lesquelles le château repose, sont usées & dégradées par la même cause ; qu'il faut que le Rhin, ou une autre eau quelconque, ait passé à côté & par-dessus ces roches ; il ne nous paroît pas extraordinaire que la cascade soit tombée de cette hauteur, puisque celle de Pissevache a creusé le rocher qui est au-dessous ; que le Trient & nombre d'autres se sont formés des lits bien plus profonds. La cascade actuelle diminuera assurément de hauteur par la même raison ; les anciennes descriptions donnent cent-cinquante, cent, d'autres quatre-vingt pieds à cette chûte, nous l'avons estimée à trente tout au plus. Les rochers isolés qui sont implantés dessus se détruiront, comme il est arrivé à d'autres

---

(1) M. Perignon a donné la vue intéressante de cette cascade. Il en a fait plusieurs dessins dans lesquels il a mis cette vérité & ce suave de la Nature qui caractérisent ses productions.

DE LA SUISSE.

qui y étoient, & qu'on voit sur d'anciennes estampes de cette cascade ; il est même tombé, il y a moins de trente ans, un de ces rochers que les habitans du pays se souviennent d'avoir vu, ainsi qu'une figure de bois qui étoit une très-mauvaise & petite imitation du Colosse de Rhodes. La Suisse & tous les pays de hautes montagnes offrent par-tout des exemples de rochers usés & minés par les eaux. A quelques toises de la cascade, au-dessous de Lauffen, les roches concrètes commencent ; elles sont composées de galets & de cailloux roulés, fortement agglutinés ensemble ; la violence de la chûte paroît les avoir rejettés sur les côtés. La pierre calcaire mêlée aux eaux doit contribuer beaucoup à former ces masses solides ; elles sont très-communes sur les bords du Rhin dans toute cette partie.

La mine de fer qu'on emploie dans le fourneau qui est à côté de la cascade est de la mine en grains.

Il y a une pêche de saumons très-abondante au bas de cette cataracte & sur le bassin qui l'environne ; une chose remarquable, c'est que cette cascade est le nec plus ultra de ce poisson, si commun dans le Rhin ; on a tenté vainement à plusieurs reprises de mettre des saumons au-dessus de la cascade, jamais on n'en a pêché au-delà. La grosse tour qui est sur le bord du bassin est le logement du Douanier qui reçoit les droits de pêche & d'embarquement qui se font à cet endroit.

SCHAFFHAUSEN, ET CABINET.

La ville de Schaffhausen est bien bâtie, & fort peuplée pour sa grandeur ; elle sert d'entrepôt pour la Suisse & l'Allemagne, parce qu'il faut y faire décharger les marchandises pour les embarquer au-dessous de la cascade. Son pont est très-remarquable par sa longueur & sa belle construction ; c'est un des plus beaux ponts de bois qui existent, & peut-être le plus hardi ; on en a donné différentes descriptions, & son modèle est au Bureau des ponts & chaussées de Paris. Les environs de cette ville produisent beaucoup de vins. M. le Médecin Amman y possède un très-beau Cabinet, où l'on remarque entr'autres choses une très-belle suite d'empreintes de poissons, dont il y en a de très-belles empreintes de plantes & d'insectes d'Œningen ; un encrinite très-beau, une suite très-nombreuse de pétrifications du pays, qui abonde en cette sorte de production, dont le Randenberg, près Schaffhausen, est tout composé ; une belle suite de minéraux, de marbres, de productions de la mer, &c.

DE SCHAFFHAUSEN A BASLE PAR WALDSHUT, LAUFFENBOURG ET RHINFELDEN.

Les terreins aux environs de Schaffausen sont de galets couverts de terre argilleuse, & les roches sont calcaires. On passe par un vallon & plaine bien cultivés, bordés de monticules boisés ; de tems à autres on trouve des masses d'aggrégations de galets ; on passe par Ertzingen, appartenant au Prince de Schwartzenberg, pour arriver à Waldshut, ville frontière. Le lit du Rhin y est composé de galets agglutinés, au lieu que celui de l'Aar, qui se jette dans le Rhin, vis-à-vis de Waldshut, est de roches calcaires qui ne sont composées que d'entroques ; on sait que ce sont des débris de palmier marin ; si la rareté de cet animal ne vient que de ce qu'il habite les mers les plus profondes, il faudra regarder ces environs comme ayant fait partie de ces grands abimes. Après Waldshut on trouve l'usine d'Alpbruck, qui est la plus bel établissement, la plus commode & le plus complet que l'on puisse voir dans ce genre. Il y a un haut fourneau, des affineries, un gros marteau, différens martinets, pour faire des casseroles, des poiles, & autres ustenciles de cuisine, & une tréfilerie ; les charbons, pour tant de feux, se brûlent sur le lieu même. La rivière d'Alpe y flote les bois qui viennent de la forêt Noire & de St-Blaise ; la mine arrive, par le Rhin, de Zurach en Suisse, & les fers fabriqués descendent par le Rhin à Bâle, pour se répandre plus loin. Le pays est plus serré aux environs de ces usines, les hauts sont boisés, les roches schisteuses & composées de quartz & de mica ; le fond des terreins est de galets couverts de terre argilleuse. Aux environs de Lauffingen sont des plaines bien cultivées & des hauteurs boisées ; il y a une grande quantité de cerisiers & on y fait beaucoup de Kirschen-Wasser, ou eau de cerises.

Lauffenbourg est aussi une ville forestière ; elle est fort pittoresque par sa position & les ruines qui y sont. Le Rhin y est très-encaissé entre des roches schisteuses, quartzeuses, quelquefois micacées. Dans les rentrées & les cavités de ces rochers, des galets s'y sont ramassés & agglutinés, & forment corps avec l'autre roche. C'est mal-à-propos que M. André, dans ses lettres sur la Suisse, dit que le Rhin passe à Lauffenbourg entre des schistes, il n'y en a pas du tout ; le pont est bâti sur des roches absolument quartzeuses, qui sont une espèce de grès des plus durs dans lequel le Rhin s'est creusé un lit fort étroit, où il passe avec une rapidité extrême ; on y pêche aussi le saumon.

Rhinfelden, ville forestière, est bien bâtie ; le grand pont, sur le Rhin, est séparé en deux par les ruines d'un ancien château fort ; il étoit placé sur une roche calcaire, le fond où le lit du Rhin est de même espèce de roche, dont on distingue les couches ; les bords du Rhin, du côté de la Suabe, sont aussi calcaires ; mais à une portée de fusil du pont ce sont des roches sablonneuses, rouges, couleur de rose, blanchâtres & verdâtres, le tout par lits horifontaux ; entre ces lits il y en a d'autres d'une terre argilleuse rouge foncé, feuilletée & durcie, (un vrai commencement de schiste) il y en a aussi de verdâtres & de blanchâtres, le tout placé alternativement. Cette roche bizarre & singulière s'apperçoit de loin par le tranchant de ses couleurs & ressemble à un taffetas rayé de ces différentes couleurs qui sont vives & belles. Le grain de la pierre sablonneuse varie pour la grosseur, ce sont de petits quartz agglutinés ensemble dont les plus gros sont comme les pois ; cette pierre a différens degrés de liaison. Après être sorti de Rhinfelden, le premier village qu'on rencontre sur le territoire de Bâle, est Œust ou Augst, où étoit anciennement situé l'Augusta Rauracorum, Colonie Romaine ; on y a déterré une quantité d'antiquités, des inscriptions, médailles, pierres gravées, des instrumens de sacrifices, des moules où l'on a fondu des médailles ; la plupart de ces antiquités sont à la Maison-de-Ville à Bâle, & dans les cabinets des curieux de la même ville. Les terreins sont toujours des galets, & les roches sont calcaires : le Rhin coule dans des roches concrètes ou de galets agglutinés.

Bâle, grande ville partagée par le Rhin, qui y eft fort large; le pont a plus de deux cens pas de long; il n'y a point de ville qui ait autant de fontaines jailliffantes: il s'y fait un grand commerce. Bâle eft l'entrepôt pour la Suiffe, l'Allemagne & la France. On s'y fert de pierres fablonneufes pour bâtir (elles font par couches différemment colorées) & pour faire les voûtes, d'une pierre de tuf, dont la carrière eft à un quart de lieue de Bâle, fur la *Birfig*.

CABINETS DE BASLE.

M. Brucker poffède une très-grande fuite de pétrifications du pays, quelques coquilles & des antiquités d'Augft.

M. *Frey*, Officier au Régiment de Bocard, a des pétrifications & foffiles du pays, & autres, & des productions de la mer.

M. *Bavier*, de belles pétrifications du pays, dont beaucoup ont été gravées.

M. *Bernoulli*, Apothicaire, des pétrifications, minéraux & coquilles.

M. *Harchers*, des antiquités d'Augft, & autres, ainfi que les moules pour fondre des médailles.

M. *d'Annone*, à *Mutten*, à une lieue de Bâle, belle fuite de pétrifications, &c.

Le Canton de Bâle & fes environs font très-riches en foffiles, qui ont eu des Hiftoriens du pays, favans & éclairés à qui il appartient mieux de donner des defcriptions qu'à un étranger qui ne pourroit répéter que ce qui en a été dit. On trouve dans les Cabinets de Bâle & de la Suiffe les curieux originaux d'après lefquels ont été faites les belles planches qui accompagnent ces ouvrages. On fe contentera de faire une obfervation fur les galets qu'on trouve près de Bâle, obfervation qui n'a pas encore été faite, à ce qu'on croit. On a dit, & on répète, que *la rivière de Birfe, qui fe jette dans le Rhin auprès de Bâle, charioit toutes fortes de pierres qui viennent des montagnes, qu'il y a des agates, des cornalines, des bois pétrifiés, des cailloux fins*, &c. Il n'y a que ceux qui fe font contentés de voir l'endroit où la *Birfe* fe jette dans le Rhin, qui ayent pû imaginer cette grande variété de pierres qui *viennent des montagnes*: s'ils avoient remonté cette rivière à une lieue feulement, ils auroient vu que la *Birfe* ne charie que des pierres calcaires, parmi lefquelles il s'en rencontre à peine une feule d'une autre efpèce fur cinq cens de pierres calcaires. La variété de ces cailloux ou pierres roulées qu'on trouve à l'embouchure de la *Birfe*, vient d'une plaine au-deffus, ou pour mieux dire, d'un terrein qui n'eft qu'un dépôt immenfe de galets & de pierres roulées, dans lequel les eaux de la pluye fe font ouvert un paffage & y ont formé un ravin, qui dans les grandes averfes entraîne ces galets jufqu'au bas de la *Birfe*. Ce torrent vient du côté de Muttenz, à une lieue de Bâle. Il eft remarquable que la partie fupérieure du terrein eft toute couverte de pierres calcaires roulées, & que des roches apparentes, dans les environs, font auffi calcaires & ne font compofées que d'oolithes; le fond eft une variété étonnante de belles pierres roulées qui y font placées par couches avec d'autres couches de graviers & de fable. On peut y ramaffer une très-belle fuite de granits très-variés & dans les plus belles couleurs; des pierres fchifteufes avec des couches alternatives de quartz & de mica; d'autres avec des couches de fchorls; des pierres ollaires vertes, des pierres jafpeufes de toutes couleurs, des poudingues, ou aggrégations de cailloux de différentes efpèces & de mélanges variés; nous y avons même remarqué le ferpentin ou porphyre verd, *Saxum porphyrius* de Linné, qui eft un jafpe verd avec du *feld-fpath* verdâtre; mais nous n'y avons pas vu des *bois pétrifiés, des agates, des onix, des cornalines, des pierres fines*, &c. &c., qu'on trouve dans la plupart des montagnes & des rivières de la *Suiffe*, comme M. Gruner le dit. On a bien vu & bien vifité tous les endroits fufceptibles de raffembler ces fortes de productions dans les différens Cantons dont on a rendu compte; on n'y a pas feulement trouvé un filex ou pierre à fufil, encore bien moins des *agates, des cornalines*, &c. On entend par agate une pierre quartzeufe d'une pâte très-fine, dont il y en a de toutes couleurs par zônes, par taches & autres accidens, qui eft fufceptible du poli le plus vif, qui eft plus ou moins tranfparente quand elle eft mince, qui n'eft jamais en roche, mais fe trouve ifolée & ordinairement fous la forme ronde ou approchante, & on entend par jafpe une pierre qui a les mêmes propriétés que l'agate, mais qui n'eft pas tranfparente & fe trouve en roche. Si M. Gruner, qui eft fujet à nommer quelquefois une chofe pour une autre, veut admettre cette définition, il n'y a pas d'agate en Suiffe.

Fin du Difcours.

TABLEAUX
TOPOGRAPHIQUES,
PITTORESQUES, PHYSIQUES,
HISTORIQUES, MORAUX,
POLITIQUES, LITTÉRAIRES,
DE LA SUISSE.

TABLEAUX TOPOGRAPHIQUES,
PITTORESQUES, PHYSIQUES, HISTORIQUES, MORAUX, POLITIQUES, LITTÉRAIRES,
DE LA SUISSE.

I.
Situation de la Suisse.

La Suisse est placée presqu'au centre de l'Europe ; les Géographes modernes donnent ce nom à tout le pays situé entre la France, l'Allemagne & l'Italie, & occupé non-seulement par les *Suisses* proprement dits, ou les Treize-Cantons, mais par divers autres Etats alliés ou sujets du LOUABLE CORPS HELVÉTIQUE. M. l'Abbé Expilly (1) dit que le pays qu'habitent les Suisses & les Grisons, a 75 lieues de long, 40 de large & 180 de tour, & qu'il s'étend depuis le vingt-troisième degré de longitude jusqu'au vingt-huitième, & depuis le quarante-sixième de latitude jusqu'au quarante-septième quarante-cinq minutes. L'Auteur du *Petit Tableau de l'Univers*, imprimé (2) à Paris en 1766, assure que la Suisse a 90 lieues de long sur trente-cinq de large. N'oublions pas d'observer que les Editeurs de l'*Etat & des Délices de la Suisse* (3), avancent que ce pays s'étend, en le prenant dans sa plus grande largeur, environ deux degrés de latitude, savoir, depuis le quarante-cinquième, quarante-cinq secondes, jusqu'au-delà du quarante-cinq & demi & qu'il comprend environ quatre degrés de longitude, c'est-à-dire depuis le vingt-quatrième jusqu'au vingt-huitième. Ainsi suivant cette dimension, sa longueur seroit d'environ 90 lieues de *France*, & sa largeur de plus de 35. Enfin, si l'on s'en rapporte au *Dictionnaire Géographique, Historique & Politique de la Suisse* (4) (Ouvrage que l'on attribue principalement à M. Vincent-Bernard de Tscharner (5), Conseiller d'Etat de la Ville & République de Berne, Baillif d'Aubonne), on doit estimer la plus grande étendue de la Suisse de l'Orient à l'Occident, à environ quarante-cinq lieues géographiques, & à trente-quatre lieues du nord au midi. M. de Tscharner place tout ce pays entre le quarante-cinquième & le quarante-huitième degré de latitude, & le vingt-quatrième & vingt-huitième de longitude. La *Suisse* (6) a pour frontières, au levant, l'Allemagne, & proprement le Comté du Tyrol, les Comtés de Sonnenberg, Pludentz, Feldkirch & de Bregentz, & le lac de Constance qui fait partie

---

(1) Géographe Manuel, pag. 125. Paris 1770, *in*-12. fig.
(2) *In*-12, fig.
(3) Dernière édition, Bâle 1764, *in*-12. fig. Tom. I, pag. 16.
(4) Tom. II, pag. 140. Genève & Lausanne 1776, *in*-8. fig.
(5) Auteur d'une Histoire abregée de la Suisse en Allemand, mort à Berne en 1778 ; on fera son éloge dans le cours de ces Tableaux Topographiques.

(6) Suivant M. Faesi, de Zurich, (*Description Topographique de la Suisse en Allemand*, Tom. I, pag. 1. Zurich 1768, *in*-8.) la plus grande largeur de la Suisse du nord au midi, c'est-à-dire depuis le Randenberg, du Canton de Schaffhausen, jusqu'à Novizano dans le Bailliage Ultramontain de Mendrisio, est de 34 *meil* ou lieues géographiques, qui font 68 lieues de France, & la plus grande longueur du levant au couchant, je veux dire de Rheinegg jusqu'à Genève, porte sur 46 *meil*.

Tome I.

de la Souabe. Au nord elle touche encore l'Allemagne, je veux dire le cercle de Souabe , les Landgraviats de Nellenbourg & de Stulingen, le Hegan, le Klettgau, le Frickthal, le Brifgau & les Villes foreſtières du Rhin qui dépendent de la Maiſon d'Autriche, & la partie de l'Alſace qu'on appelle le *Sundgau*, & qui appartient à la France. Au couchant, la Suiſſe a pour limites, la France & diſtinctement le Comté de Bourgogne, celui de Montbeliard qui eſt à la maiſon de Wirtenberg, & la Baronie de Gex qui fait partie du Duché de Bourgogne. Au midi elle confine avec la Savoie, le Milanès & le territoire de la République de Venife.

Juſqu'à-préſent on n'a pas eu une carte parfaitement exacte de la Suiſſe ; pluſieurs obſtacles s'oppoſent à ſa perfection, la diverſité des Etats qui diviſent & ſubdiviſent le Corps Helvétique, la jalouſie mutuelle, ſuite naturelle de l'indépendance, la diſparité de religion, du gouvernement, des mœurs, le plus ou le moins de culture des ſciences ; tous ces objets de contradiction, qui ſeroient impuiſſans dans une Monarchie, forment autant d'obſtacles dans une République compoſée de parties qui ſe croiſent dans leurs combinaiſons.

Le fils (7) du grand Haller a donné un traité dans lequel (8) il apprécie avec une grande ſagacité les Cartes générales & particulières de la Suiſſe. On peut aſſurer que celles qui ſe trouvent parmi nos *Tableaux Topographiques* ont été, les unes dreſſées d'après les Géographes les plus eſtimés , les autres nouvellement levées d'après le local même. On rangera dans cette dernière claſſe le plan perſpectif qui embraſſe la plus grande partie du canton de Lucerne avec celui d'Underwalden, & une partie des cantons de Berne, d'Uri, de Glaris, de Schweitz, & de Zoug. Ce plan, avec la carte annexe des mêmes Etats, eſt la réduction de celui (9) que M. Pfiffer, de Lucerne, Commandeur de l'Ordre Royal & Militaire de Saint-Louis, & Lieutenant-Général des armées du Roi, a fait en relief ; travail parfait dans toutes ſes proportions, & qui mérite les plus grands éloges. Auſſi tous les Curieux qui l'ont vu, lui rendent-ils cet hommage ! On ne craint point de dire que c'eſt l'ouvrage le plus achevé qu'on connoiſſe dans ce genre : rien n'y eſt oublié ; lacs, ruiſſeaux, rivières, torrens, bois, montagnes, monticules, villes, bourgs, villages, hameaux, tout y eſt offert à l'œil avec la plus grande netteté ; chaque maiſon, chaque hutte même , y paroît dans ſa véritable ſtructure. En parcourant des yeux ce vaſte plan perſpectif, on s'élève pour ainſi dire dans la nue ; on plane, comme l'aigle, deſſus la ſuperficie d'une immenſité de montagnes, de côteaux, de lacs, de rivières, & dans le vol rapide qu'on prend, on conçoit des penſées ſublimes pour ne pas dire gigantefques.

---

(7) M. de Haller, Lieutenant-Civil & Criminel de la République de Berne, Coreſpondant de l'Académie Royale des Sciences de Paris, &c.

(8) *Conſeils pour former une Bibliothèque hiſtorique de la Suiſſe, Berne* 1771. *in-*12, pag. 12-32. On a auſſi de M. de Haller le *Catalogue raiſonné des Auteurs qui ont écrit ſur l'Hiſtoire Naturelle de la Suiſſe, in-*4. p. 1-166. Tout ce qui ſort de la plume de ce ſavant Magiſtrat, eſt frappé au coin de l'exactitude la plus ſcrupuleuſe. On a la Carte générale de la Suiſſe en quatre grandes feuilles, par le célèbre Jean-Jacques Scheuchzer, de Zurich, elle a été copiée par Pierre Schenck, Jaillot de Paris, Coveus & Mortier ; on eſtime celle de Henri-Louis Muos, de Zoug, d'une feuille, pour la ſituation du pays des Grifons & des Montagnes ; elle eſt ornée dans ſon contour des plans des villes, bourgs principaux, abbayes, &c. de la Suiſſe ; elle fut gravée en 1698 à Augsbourg, par Bodenehr. Il y a encore cas de la Carte générale de la Suiſſe par Jean-Conrad Giger, de Zurich, qui eſt de quatre feuilles, & on la préfère même pour quelques poſitions à celle de Scheuchzer ; elle parut en 1657, & itérativement en 1683 ; on la trouve auſſi dans la *Topographie de la Suiſſe*, par Zeiler, & dans *Godefridi Archæologia Coſmica*. Celle par Fiſcher ou Viſcher, en une feuille, eſt joliment gravée, M. Faeſi dit (*Deſcription de la Suiſſe*, Tom. I. p. 3) qu'elle eſt plus exacte qu'on ne devroit le croire ; Funck l'a gravée de nouveau ; mais l'original, devenu rare, eſt toujours ſupérieur à la copie : c'eſt ſans contredit la meilleure carte générale de la Suiſſe qui ait paru juſqu'à-préſent ; c'eſt auſſi celle qui doit être placée dans cet Ouvrage, d'après l'original conſervé dans le cabinet des Eſtampes du Roi. Il y a en outre une Carte de la Suiſſe par Mathieu Merian, de Bâle, elle a quelque mérite , mais celle que les héritiers de Homann ont donné en 1751, eſt très-défectueuſe. M. de Haller eſtime beaucoup celle de M. de l'Iſle ; elle parut à Paris en 1715, Buache la redonna en 1745. Charles-Guillaume Loys de Bochat, Lieutenant-Ballival de Lauſanne, a placé à la tête du troiſième volume de ſes *Mémoires critiques ſur l'Hiſtoire ancienne de la Suiſſe, Lauſanne* 1749, *in-*4. une carte détaillée de l'Helvétie , telle que ſes ſavantes recherches la lui ont fait conjecturer. Il ſeroit bien à ſouhaiter pour les Amateurs de la Géographie du moyen âge, que M. de Watteville, de Berne, ancien Baillif du Comté de Nidau, à qui nous devons un excellent abrégé de l'Hiſtoire Helvétique en François, voulût bien faire graver ſa carte de l'Helvétie ſous le régime féodal ; elle eſt dreſſée d'après les Chartes du temps ; on y voit la ſituation des grands & petits Cantons, Comtés & Dynaſties qui ſubdiviſoient l'Helvétie depuis l'Empire de Charlemagne juſqu'à l'époque de la liberté. Cette Carte, avec quelques additions, offriroit le véritable tableau de la Suiſſe, telle qu'elle étoit dans les ſiècles de barbarie. Je n'ai garde de parler ici des Cartes générales & particulières de la Suiſſe par Seuter, elles répètent les inexactitudes qu'on trouve dans la grande Carte de Scheuchzer, elles les ſurpaſſent même. Gabriel Walſer, Miniſtre du canton d'Appenzell a publié (en 1770) un Atlas de la Suiſſe ; c'eſt un ouvrage peu eſtimé, la ſeule Carte paſſable qu'on y trouve eſt celle du canton d'Appenzell. Je parlerai des Cartes particulières à l'article Topographique des Cantons.

(9) Voici l'éloge qu'en fait M. Coxe dans une de ſes quarante-huit lettres écrites en Anglois à M. *William Melmoth*, & qui ont pour titre : *Sketches of natural, Civil and Political ſtate of Swiſſerland, &c.* c'eſt-à-dire , *Eſquiſſes de l'Etat naturel , Civil & Politique de la Suiſſe*, imprimées *in-*8. à Londres 1779, & dont il y a un extrait intéreſſant dans le *Journal Encyclopédique de Bouillon*, Tom. IV , Partie III. 1779, pag 431-458.

» C'eſt un modèle en relief extrêmement curieux ; il n'eſt pas achevé
» entièrement ; la partie qu'il comprend a une étendue d'environ ſoixante
» lieues quarrées , & repréſente partie des cantons de Lucerne, Zug &
» Berne, & les cantons entiers d'Uri, Schveitz & Underwalde. Tout ce qui
» eſt fini, eſt renfermé dans une eſpace de douze pieds de long ſur neuf &
» demi de large ; la principale matière employée eſt de la poix, les montagnes font de pierre, & le tout eſt colorié. Ce qui mérite d'être remarqué , c'eſt que les différentes eſpèces de bois , les chênes, les ſapins, ſont
» diſtingués , ainſi que les montagnes arides & celles qui ſont cultivées. M. le
» Général Pfiffer s'occupe depuis dix ans de cet ouvrage qui lui a coûté des
» ſoins & des travaux infinis : car il a priſ lui-même les plans de tous les
» lieux ſur les endroits mêmes & meſuré la hauteur & l'étendue des montagnes ; il a apporté tant d'exactitude dans ſon travail , qu'il n'offre pas ſeulement toutes les montagnes, les lacs, les rivières, les villes, les villages,
» les forêts , mais les hameaux même, les torrens, les ponts, les maiſons
» iſolées. Dans le cours ſes voyages qu'il a été obligé de faire pour s'aſſurer
» de tous ces détails, il s'eſt vu fréquemment forcé de choiſir la nuit pour faire
» ſes excurſions dans les campagnes , & de les deſſiner à la clarté de la
» lune. Dans pluſieurs endroits, les habitans ſimples & groſſiers, craignant
» pour la liberté de leur pays, s'il y eût été mieux connu, ne lui euſſent pas
» permis d'en prendre un plan exact. Il montoit ſouvent ſur le ſommet des
» Alpes, & ſy faiſoit chaque fois un ſéjour plus ou moins long ; pour ſe procurer les ſecours indiſpenſables à la vie dans les lieux où l'on ne trouve ni
» proviſion, ni habitations, il conduiſoit avec lui des chèvres dont le lait lui
» fourniſſoit les ſeuls alimens qu'il prenoit «.

PITTORESQUES, &c. DE LA SUISSE.

I I.

Origine du nom HELVÉTIEN & du nom SUISSE.

HELVÉTIE, *Helvetia*, c'est le nom que les anciens Auteurs donnoient à cette partie de la Suisse, qui est renfermée entre les Alpes & le Mont-Jura : ils s'accordent tous à faire descendre les Helvétiens des Gaulois ; César (1) a placé les Helvétiens dans la Gaule Celtique. Il écrit que l'Helvétie avoit de son temps deux cents quarante mille pas de longitude, & cent quatre-vingt mille pas de latitude, & qu'elle étoit séparée d'un côté des *Germains* ou Allemands, par le Rhin ; d'un autre, des *Sequanois*, aujourd'hui le Comté de Bourgogne, par le Mont-Jura ; & de la Province-Romaine, par le lac de Genève & le Rhône. J'avoue qu'il me paroît difficile de comparer les pas Romains avec les nôtres ; d'ailleurs la Suisse est beaucoup plus (2) étendue que n'étoit l'Helvétie ; les chiffres peuvent aussi avoir été changés dans les Commentaires de César par des Copistes ou des Editeurs ignorans : ce Conquérant n'avoit pas lui-même parcouru l'Helvétie, & ce qu'il en dit, n'est que sur le rapport qu'on lui en avoit fait au milieu de ses expéditions.

Bochat (3) a examiné la question, *de quelle nation étoient les Helvétiens* qui s'établirent dans le pays appellé aujourd'hui la *Suisse*. Il soutient qu'ils apportèrent dans leur nouvelle patrie la forme de gouvernement des Etats de la Gaule qu'ils venoient de quitter. Ingénieux dans ses recherches, il croit faire connoître de quelles provinces des Gaules ces Helvétiens étoient originaires ; il veut déterminer par-là où l'on doit chercher le modèle de la constitution de l'Etat qu'ils formèrent, & il s'efforce de prouver que ce qu'on sait du gouvernement des Gaulois de ces provinces, peut suppléer au silence de l'Histoire sur le chapitre de l'Helvétie en particulier ; il fait dériver les Helvétiens, avec les premiers habitans du Vallais, de la Gaule méridionale : les uns & les autres partagérent de la même manière, en quatre Cités ou Cantons, le pays où ils s'établirent. Bochat avance que les plus anciens peuples de l'Helvétie étoient des Colonies des Gaulois, & que c'est à ces Gaulois que la plupart des villes & des bourgs de l'Helvétie devoient leur fondation, ou du moins leur nom, aussi-bien que les rivières, ceux qu'elles portent encore.

Peucer, Aventin & Peutinger, avoient avancé au commencement du seizième siècle, que les Helvétiens étoient *Germains* d'origine ; mais les savans François, qui pensoient que ce fut par des Colonies venues des Gaules, que la Germanie se peupla, soutinrent en conséquence que les Helvétiens étoient Gaulois. Pierre *Ramus* (4) ou de la Ramée, leur donnoit cette qualité, & les Pères Laccary (5) & Pezron (6) s'expliquèrent encore plus précisément là-dessus dans le siècle passé. Cette dernière opinion avoit pour elle le plus grand nombre des suffrages des anciens ; mais les savans (7) Allemands n'y ayant pas tous déféré, plusieurs d'entr'eux n'ont pas hésité à prendre parti en faveur de leurs compatriotes. Spener, (8) après avoir pesé tout ce qu'il y a pour & contre cette opinion, n'a rien trouvé d'assez décisif. Jusqu'à l'époque de cette dispute littéraire, les Gaulois & les Germains étoient les seuls qui réclamoient les Helvétiens comme leurs descendans ; mais une nouvelle partie s'éleva contre les uns & les autres en 1730. Un savant Suisse, Jean-George Altmann, (9) de Berne, intervint formellement dans la cause au nom des Grecs ; il produisit quelques-uns de leurs titres, plaida pour eux ingénieusement, & fit imprimer son discours : mais on soupçonna (10) que les vûes de l'Orateur n'étoient pas tant de faire connoître la véritable origine des anciens Helvétiens, que le ridicule de ceux des individus modernes qui voudroient s'en donner une plus illustre par de chimériques généalogies, comme le seroit celle de la nation, si l'on entreprenoit de la faire descendre des Grecs.

Si l'on réduit la question au temps dont parlent les anciens Historiens, ce qu'ils disent des Helvétiens ne se trouve encore ni assez précis, ni assez décisif sur l'origine de la nation : chacun des Antagonistes peut demeurer dans ses idées, de bonne foi, & sans s'exposer à passer pour chicaneur opiniâtre.

Voici le plus ancien titre du nom *Helvétien*. Pline (11) traitant de la culture des arbres & de leurs fruits, & rapportant à cette occasion la tradition la plus généralement reçue à Rome sur le motif qui engagea les Gaulois à se jetter en Italie, dit qu'*Helico*, Helvétien (12), *Citoyen des Gaules*, après avoir travaillé quelque temps à Rome de sa profession de Charpentier ou

---

(1) Comment. Lib. 1.
(2) Voici une note sur l'étendue de l'Helvétie du temps de César. Ce Conquérant décrit les limites qui renfermoient les Helvétiens, il dit qu'ils sont séparés des Germains par le Rhin, des Sequani ou Séquanois par le Mont-Jura, & qu'ils sont bornés d'un autre côté par le lac Leman ou de Genève, & par le Rhône qui les sépare de la province Romaine. M. d'Anville observe dans sa notice (*a*) de la Gaule, que les dépendances des *Helvétii* ou *Helvétiens ne bordoient pas le Rhin de telle manière que du côté de la Rhétie* (aujourd'hui les Grisons) *on ne puisse juger que les Nations Rhétiques occupoient des terres en-deçà du Rhin, au-dessus du lac de Constance*. Selon le texte des Commentaires de César, le pays des Helvétiens avoit en longueur CCXL. mille pas & CLXXX mille pas en largeur. M. d'Anville, si profond dans l'étude de l'ancienne géographie, juge que ces dimensions paroissent trop fortes quand on les applique au local. Cluvier (*b*) en réduisant la première à cent quarante mille, pouvoit la croire convenable dans le principe où il étoit que soixante mille répondent à l'espace d'un degré ; mais, suivant M. d'Anville, la juste évaluation du mille Romain, veut que le degré en renferme soixante-quinze ; de sorte que les cent quarante mille de Cluvier en valent à-peu-près cent quatre-vingt ; & on pourroit croire que ce qui est indiqué pour la largeur dans César, s'entendroit à la longueur. C'est en effet celle d'une ligne que l'on tirera obliquement, depuis le Rhône près de Genève, jusqu'au Rhin près du lac de Constance : une seconde ligne qui croisera la première depuis le sommet des Alpes jusqu'au cours de l'Arc & du Rhin, ne donnera en largeur qu'un peu moins de la moitié de sa longueur ; & si l'on supprime le chiffre C dans le texte de César, ce qui reste, savoir LXXX, devient conforme au local. Dans cette étendue de pays les Helvétiens, lorsque César entra dans la Gaule, comptoient douze villes & quatre cent bourgs ; ils étoient divisés en quatre Cantons. On est assez embarrassé à retrouver ces quatre Cantons. Nous en parlerons ailleurs.
(3) Mémoires sur l'Hist. anc. de la Suisse. T. I. p. 1-216.
(4) *De moribus veterum Gallorum*.
(5) *Hist. Coloniar. à Gallis in exter. Nation. Missar.* Lib. 1.
(6) Antiq. de la Nation & de la langue des Celtes, pag. 312.
(7) *Cocceius jur. publ. prudent. proleg. Sect. 16. Berger Animadvers. in Cocceii jur. publ. prudent. p. 2. Dithmar in not. ad Tacitum de mor. Germ Cap. 28 Ludewig singular. Jur. publ. Germ. Imp. Cap. IV. Sect. XVIII. p. 595.*
(8) Notit. German. Ant. Lib. IV. Cap. II. Sect. 1.
(9) *Oratio de antiqua Helvetia Græcisante*. Bernæ 1735, in-4.
(10) Bibliothèque Helvétique. T. IV. p. 108, en Allemand.
(11) Hist. Natur. Lib. XII. Cap. I.
(12) *Produnt Alpibus coercitas, & tum inexsuperabili munimento Gallias, hanc primum habuisse causam superfundendi se Italiæ, quod Helico ex Helvetiis*,

(*a*) Pag. 366-367. Paris 1760, in-4. fig.
(*b*) German. Ant.

de Maréchal, en rapporta à son retour dans sa patrie, des figues sèches, des raisins secs, de l'huile & du vin. *On doit donc pardonner (c'est sa réflexion) à ceux qui cherchèrent à s'en procurer, même par la guerre;* cette réflexion insinue que ce fut le désir d'habiter des contrées qui produisoient de si excellens fruits qu'on n'avoit point dans les Gaules, qui porta les Gaulois à former le dessein d'aller s'établir en Italie. Helico vivoit dans le second siècle de Rome : Tite-Live (13) place sous le règne du premier Tarquin la première descente des Gaulois en Italie par les Alpes ; suivant Pline, l'Helvétien Helico, étoit citoyen des Gaules, *Civis Galliarum.* Les Helvétiens étoient donc Gaulois & non Germains, diront ceux qui les font Gaulois d'origine ; mais ceux qui veulent qu'ils fussent originaires de la Germanie, répondront aux termes de Pline prouvent bien que les Helvétiens étoient alors habitans des Gaules, mais que comme il ne s'ensuit pas nécessairement de-là qu'ils en fussent originaires, Pline ne le disant point non plus, son témoignage ne tranche pas la question.

Ce que César, Tacite & Dion Cassius rapportent des Helvétiens, ne jette pas une plus grande lumière sur leur origine. Il paroît que ni les Auteurs qui disent incontestablement que les Helvétiens étoient un peuple des Gaules, ni les Auteurs (14), dont les témoignages semblent favoriser le plus l'opinion qui fait les Helvétiens *Germains*, n'ont voulu parler de l'origine de la nation. Les premiers de ces anciens Auteurs ont donné aux Helvétiens le nom de *Gaulois*, par la seule raison, que dans le temps dont ils parloient, cette nation étoit placée dans la Gaule Celtique ou Belgique : les derniers parlant des Helvétiens qui avoient eu des établissemens dans la Germanie, ont dit qu'ils étoient une *Nation Gauloise*, par la raison que la tradition portoit, que c'étoit des Gaules que ces Helvétiens avoient passé dans la Germanie.

Il fut un temps, dit César, (15) *où les Gaulois surpassant en valeur les Germains, leur faisoient la guerre sans sujet, & n'ayant pas assez de terres cultivées à proportion du grand nombre d'habitans qu'il y avoit dans les Gaules, envoyoient des Colonies au-delà du Rhin.* Le passage de Sigovese dans les contrées où est la forêt Hercynie, du temps que le premier Tarquin régnoit à Rome, confirme cette citation de César : Sigovese étoit neveu d'Ambigat, Roi de la Gaule Celtique. On (16) place cette expédition à l'an 154, de Rome : Tite-Live (17) nous a conservé le détail de cette transmigration.

Rechercher une origine fabuleuse dans l'antiquité la plus reculée, est un défaut commun à toutes les Nations. Les Historiens Suisses n'en sont pas plus exempts que les François, les Allemands, les Italiens & les Espagnols. Les villes les moins distinguées sont attaquées de cette vanité. Je ne dirai point des chimères qui défigurent les premiers degrés des plus anciennes maisons ; bien des Auteurs croiroient leurs ouvrages imparfaits, s'ils (18) ne faisoient descendre les Allemands de *Thuiscon*, les François de *Francus*, & les Italiens d'*Italus*. Peu contents d'avoir avancé que les Suisses peuvent, à juste titre, être mis au rang des plus anciens peuples de l'Europe, ils se sont encore imaginés qu'un ERUCTONUS avoit eu trois fils, *Sequanus*, *Allobroges* & *Helvetius*, & que les Suisses, autrefois nommés *Helvétiens*, tirent leur origine du dernier. Au reste, qu'on ne pense pas que cette opinion soit la seule qu'on ait embrassée ? Les Suisses passent pour très-robustes & très-vaillans, il faudra donc (19) dire qu'*Helvetius* a été l'un des fils d'Hercule, d'Allemagne. *On le pardonne*, dit Tite-Live, (20) *à l'an-*

---

civis earum, fabrilem ob artum Romæ commoratus, ficum siccam, & uvam, olei ac vini præmissa, secum tulisset. Qua propter hac bello quæsitæ venia sit.
(13) Lib. V. Cap. 34.
(14) César (*a*) écrit d'après la victoire décisive qu'il remporta sur les Helvétiens, six mille, ceux du canton *Urbigenus* ou d'*Orbe*, craignant d'être livrés au supplice s'ils se rendoient à discrétion, ou espérant que dans le grand nombre de prisonniers leur fuite ne seroit pas remarquée, s'échappèrent du camp des Helvétiens, & prirent le chemin de la Germanie. Dion Cassius (*b*) ajoute à ce récit que les Helvétiens prirent cette route dans l'espérance qu'ils pourroient se rendre le Rhin *dans leur ancienne patrie*. La combinaison du passage de César avec celui de Dion, prouve que l'ancienne patrie des Helvétiens étoit dans la Germanie ; ce qui paroît d'autant moins douteux, que Dion, comme pour prévenir qu'on n'entendroit point par-là l'Helvétie qu'ils venoient de quitter & de réduire en cendres, distingue très-nettement ces deux patries, en disant après ce qu'on vient de lire, que ceux des Helvétiens qui avoient rempli les conditions imposées par César, furent renvoyés chez eux, d'où ils étoient partis, qu'ils y demeurèrent & rebâtirent leurs villes ; or, comme l'observe Bochat (*c*), si la Germanie étoit la patrie des Helvétiens long-temps avant le siècle de César, n'est-il pas naturel d'en conclure qu'ils en étoient originaires ? Tacite (*d*) indique les anciens établissemens des Helvétiens dans la Germanie, il les place entre le Rhin, le Mein & la forêt Hercynie. Ptolomée (*e*) dit que le district qui s'étend depuis la source du Necre vers le Danube jusqu'aux montagnes appellées aujourd'hui par leurs habitans les *Alben*, portoit le nom de *déserts des Helvétiens*. Cette dénomination conservoit une preuve que les Helvétiens avoient possédé les contrées voisines des sources du Necre & du Danube ; mais un Lecteur attentif & qui examine sans préoccupation, pourra tirer de ces passages des inférences contraires. L'analyse si le savant & ingénieux Bochat ; en effet en admettant que les Helvétiens eussent eu des. établissemens dans la Germanie long-temps avant la du septième siècle de Rome, & qu'ils eussent possédé même tout le haut Palatinat depuis la rive gauche du Danube, une partie de la Bavière & du Bas-Palatinat, le pays de Darmstadt, & la partie au-delà du Rhin de celui de Mayence ; cela ne prouveroit point encore que les Helvétiens fussent originaires de ces Cantons des *Suèves*. Quoique Dion Cassius avance que ceux du Canton *Urbigenus* espéroient arriver dans leur *ancienne patrie*, en prenant la route du Rhin, (ce que César n'a exprimé qu'en disant qu'ils prirent le chemin de la Germanie) ni l'un ni l'autre de ces Historiens n'aura péché contre la Géographie, en désignant, par ces façons de parler, la route que les Helvétiens devoient tenir ; partant du pays de Langres, pour se rendre dans la Suisse, ils se devoient incontestablement prendre la route par la Franche-Comté & le Sundgau, & ainsi s'approcher du Rhin, sur les bords duquel les Rauraques en particulier, voisins des Urbigenes, & dont il ne manquoit pas apparemment d'y avoir un bon nombre parmi ces fuyards, avoient leurs terres. Ce qu'ajoute Dion, que ceux des Helvétiens qui se soumirent aux conditions que César leur imposa, furent renvoyés chez eux & s'y rétablirent, peut fort bien ne pas être entendu dans le sens d'une définition faite par l'Historien entre le pays d'où les Helvétiens venoient de sortir, & leur plus ancienne patrie. Dion ne vouloit probablement faire connoître par ce passage, que la différence que mit le Vainqueur dans le sort des Helvétiens qui subirent les conditions qu'il leur prescrivit, & le sort des Helvétiens du Canton *Urbigene*, qui après avoir été faits prisonniers, cherchèrent à se sauver : ceux-ci étant repris, furent traités en ennemis, les autres furent renvoyés dans les contrées d'où ils étoient partis.

A l'égard de Tacite, il semble qu'il n'a parlé des Helvétiens que pour empêcher qu'on ne les prit eux & les Boïens, pour des peuples Germains d'origine, parce qu'ils avoient possédé les contrées d'au-delà du Rhin, qu'il venoit d'indiquer. L'une & l'autre Nation est Gauloise, dit-il, *Gallica utraque Gens*. Tacite ne parle ici que sur le témoignage de César, ainsi il ne doit pas être entendu d'une autre manière. César croyoit assurément que les peuples étoient du nombre de ceux des Gaules qui avoient envoyé des colonies dans la Germanie.

(15) Lib. VI. Cap. 24.
(16) Dom Martin, Orig. Celt. & Gaul. p. 215.
(17) Lib. V. Cap. 35.
(18) Willichius, in Taciti Germaniam, p. 423. *Lazius de Migrat. Gent.* Lib. III. p. 82 & 85.
(19) Aventin. Annal. Boior. l. 1. p. 17.
(20) Decad 1. lib. 1. *Datur hæc venia antiquitati, ut miscendo humana divinis, primordia Urbium Augustiora faciat.*

(*a*) De Bello Gallico. Lib. I. Cap. 7.
(*b*) Lib. 38.
(*c*) Mém. sur l'Hist. anc. de la Suisse. T. I. p. 27 & suiv.
(*d*) De moribus Germanor. Cap. 28.
(*e*) Geog. Lib. II. *Spener Notit. Germ.* Lib. IV. Cap. 2. Sect. 2.

tiquité,

PITTORESQUES, &c. DE LA SUISSE.

tiquité, quand elle mêle le sacré avec le prophane, parce qu'elle ne le fait que pour illustrer davantage l'origine des villes (& des nations).

On ignore la véritable étymologie du nom *Helvétien*. Bochat présume que lorsque Bellovese & Sigovese rassemblèrent la jeunesse des Gaules, le peuple, duquel étoient sortis ceux qui, avec le temps, formèrent la nation, appellée par les Romains *Helvetii*, étoit placé dans la partie méridionale & orientale de la Celtique. Il cite le nom d'un peuple de ces provinces, & le trouve si approchant de celui d'*Helvétie*, qu'on est tenté de croire que l'un a été formé sur l'autre; César (21) appelle ce peuple *Helvii*, mais Pline (22) le nomme *Helvi*. Bochat s'abandonne ici à son imagination. *Helu*, que les Celtes prononçoient *Heloui*, signifioit *chasser*, *Heluur*, vouloit dire un *chasseur*, & *Heluuir*, des *chasseurs*. M. Astruc, autre Savant, croit prouver cette étymologie dans ses Mémoires (23) pour l'Histoire naturelle de la province de Languedoc. Il ajoute qu'il ne seroit pas extraordinaire qu'on eût désigné par le nom de *Chasseurs*, *Helui*, une nation qui habitoit un pays très-propre à la chasse, & à la chasse même des bêtes féroces, tel que le Vivarez devoit être dans un temps où toutes les Gaules étoient couvertes de vastes forêts. *Il paroît*, continue M. Astruc, *que le nom des Helvetii, aujourd'hui Suisses, venoit du moins en partie de la même racine*. Bochat fait dériver du Vivarez les premiers *Helvétiens* qui s'établirent dans le pays qu'on nomme présentement la Suisse : c'est dans le Vivarez que demeuroient les *Helvii*.

Jean-Henri Hottinger (24), de Zurich, avoue que l'étymologie du nom *Helvétien* est assez incertaine. Le Poëte Glaréan (25) le faisoit dériver de deux mots Tudesques, *Hell*, *Vetter*, cousins de l'*Enfer*. Cecilius Frey, (26) de Kaiserstul, en Suisse, a répondu il y a long-temps à cette plaisanterie, qu'il n'étoit point naturel qu'un peuple ait pris un pareil nom, mais cette réponse n'est pas décisive ; on connoît en Allemagne des noms de famille distinguée, dans lesquelles celui du Diable se trouve tout entier.

César dit dans ses Commentaires (27), que les Gaulois se disoient tous issus de *Dis*, & Tacite (28) écrit que les Germains rapportoient leur origine à *Tuisson*. Ces deux noms ne désignoient, suivant Bochat, qu'un seul & même prince. M. Pelloutier (29) a promis de prouver que le prétendu Mercure des Celtes, est certainement le Dieu qu'ils appelloient *Tis*. On convient (30) que *Tuisson* de Tacite est le même que *Teut*, *Teuth* ou *Theutates* ; ainsi, soit que les Helvétiens fussent de la branche des Gaulois ou de celle des Teutons, ils étoient également descendans de *Dis* ou *Tuisson*. M. Pelloutier (31) pose en fait, que les Gaules, l'Allemagne, l'Italie,

& en un mot, la plus grande partie de l'Europe, étoient anciennement habités par un seul & même peuple. Aussi après que chacune des branches de la famille du père de ce peuple eût formé, dans la suite des siècles, une nation distincte des autres, par les noms différens qu'elles prirent, ou qu'on leur donna, & par les changemens qui se firent insensiblement dans leurs langues & dans leurs usages, les Helvétiens se trouvèrent tenir à tous ces égards, des Germains & des Gaulois. Nous le savons par Tite-Live ; cet Historien témoigne (32) que les peuples des Alpes, & par conséquent les Helvétiens, étoient *demi-Germains* du temps d'Annibal. Un passage qu'on lit dans Strabon (33) porte, que les Gaulois & les Germains des bords du Rhin, sont deux nations, dont le naturel & la manière de vivre se ressemblent ; qu'il y a entr'elles de la parenté par leur même origine, & que n'étant séparées que par le Rhin, la plupart des usages sont les mêmes chez les uns & les autres de ces peuples. Lorsque ce Géographe parle ailleurs des peuples de la Germanie qu'on rencontroit aussi-tôt après avoir passé le Rhin, en venant des Gaules, du côté d'Orient, il dit (34) que ces Germains différoient peu des Gaulois, tant pour la férocité, la haute taille, & le blond ardent de leurs cheveux, que pour la figure, la manière de vivre & les usages ; au reste, la position des Helvétiens entre les Gaules & la Germanie, ne permet pas de douter que la nation ne fût composée de Germains aussi-bien que de Gaulois.

La conformité du nom Celtique *Tis* ou *Dis*, que les Gaulois donnoient à leur premier père, avec *Dis*, nom de Pluton chez les Romains, jetta César dans l'erreur en lui faisant croire que le *Dis* des Gaulois étoit son Pluton (le Dieu des Enfers) parfaitement inconnu aux Gaulois. *Hell* n'étoit pas non plus le nom par lequel•ils désignoient l'enfer, ils l'appelloient (35) *Hoelle*. Les significations de *Hel* & *Hell* n'ont rien de commun avec l'idée de l'enfer. Nous avons déja dit que Frey tournoit en dérision l'étymologie qui dérive le nom des Helvétiens des mots *Hell*, *Vetter*, *Cousins de l'enfer* ou *du Dieu de l'enfer*: ce savant Suisse voudroit (36) les faire dériver du mot Allemand *Hel*, qui signifie *lumière*, il les appelleroit plutôt *Cousins de la lumière*.

Autre opinion ridicule ! Les Suisses (37) sont, dit-on, la plupart d'une couleur entre le blanc & le roux, ainsi leur nom d'Helvétiens dérive de *Helvus color*, *couleur jaunâtre*. On suppose encore que les *Helvetii* étoient originairement appellés *Helveteri*, en Allemand *Heldvaetter*, pères des Héros ; mais c'est trop (38) s'appesantir sur des étymologies aussi incertaines.

Le nom moderne de *Suisses* n'a été employé par les étrangers, pour désigner les habitans de l'Helvétie en général, que

---

(21) Comment. Lib. VII.
(22) *Natural. Historia.* Lib. III. C. IV. p. 36. *Basilea* 1525. *in-fol.*
(23) Partie III. Ch. I. p. 334.
(24) *Methodus legendi Historias Helveticas*, p. 201. Tiguri 1654, *in-8.*
(25) Hottinger, *ibid.* Stumpfii chr. Helvet. Lib. IV. p. 262.
(26) *Apud. Hottink. Germanor. ant. & nov. Cap. XVI.*
(27) Lib. VI. Cap. 18.
(28) *De morib. Germanor.* Cap. III.
(29) Hist. des Celtes. L. I. Chap. XIII.
(30) *Apud Dithmar. in not. ad Tacitum.* Lib. I. Gundlingian. T. II. p. 210. Wachter. Glossar. Germ. voce *Teut.*
(31) Hist. des Celtes. Liv. I. Ch. VIII.
(32) Lib. XXI. Cap. 38.
(33) Lib. IV. édit. Græcè & Latinè. Amsteladami, Wolters 1707, *in-fol.* fig. *cum notis Casauboni & aliorum.*

(34) Lib. VII, p. 443-444.
(35) Wachter Glossar. Germ. voce *Hoelle*.
(36) Admirand. Gall. Cap. 4.
(37) Comment. Salmasii in Solin. Etat & délices de la Suisse. T. I. p. 3.
(38) Plantin dit : (*Helvetia antiqua & nova Cap. XVI.* p. 114, Bernæ 1656 in-12.) PERIERUNT PRISCI ILLI HELVETII, PERIIT QUOQUE ORIGINIS IPSORUM MEMORIA. Ces anciens Helvétiens ont péri avec la date de leur origine primitive ; & déja avant Plantin, un François, Bodin, (*Méthod. Hist.*) avoit avancé qu'il ne reste au pays des Helvétiens aucune trace de son ancien nom ; mais Bodin avoit tort, plusieurs inscriptions trouvées en Suisse ont conservé le nom des Helvétiens, & Plantin lui-même (*ibid. p.* 115) est obligé d'avouer qu'il ne peut croire que les anciens Helvétiens, principalement ceux qui habitoient les montagnes, ont été tous détruits par les guerres.

Tome I.

depuis la confédération des cantons d'Uri, de Schweitz & d'Underwalden, au commencement du quatorzième siècle. Ce fait est attesté par des Auteurs à-peu-près contemporains.

Dès les (39) premiers temps de la Ligue des Suisses, le peuple de Schweitz s'est distingué par la promptitude de ses résolutions, & par son ardeur à les soutenir par les armes. L'expérience de cette intrépidité altière, & quelquefois précipitée, accoutuma leurs ennemis & à l'exemple de ceux-ci, les Nations voisines à étendre la dénomination des Suisses sur tous les membres de la Ligue. Conringius (40) dit que la République des Achéens communiqua son nom à tous les Confédérés, & la ville de Rome le sien à tous ses Alliés, & qu'aujourd'hui tous les Confédérés Helvétiens sont nommés *Suitceri*, d'un seul Canton, en Allemand *Schweitzer* ou *Schwitzer*, en Latin *Suitenses*, en Italien *Suizzeri* ou *Suizzari*, en Espagnol *Los Suiceros*, en Anglois & Flamand *de Switzers*. Felix Faber ou Schmid, Moine d'Ulm, qui vivoit dans le quinzième siècle, dit (41): *omnes communitates junctæ Suitzeris, cum eis nomen communicant, & Suitzeri a villa Sultz nominantur, &c.* »Toutes les Communautés jointes aux Habitans de Schwitz, » portent le nom «. Genebrard (42) & Guillimann (43) assurent que le nom de *Suitii*, fut donné aux trois premiers Cantons, parce que la première victoire qu'ils remportèrent fut celle de Morgarten (en 1315) dans le pays de Schweitz, & que ce nom, à cause de la célébrité de cet évènement, fut depuis communiqué à toute la nation. Ils se sont trompés sur le local de Morgarten; cette montagne est en partie dans le canton de Schweitz, & en partie dans celui de Zoug, & l'endroit où se passa le combat, est de ce dernier canton, sur la frontière de celui de Schweitz. Osuald Molitor ou Muller de Lucerne, Auteur du seizième siècle, appelloit (44) la Suisse en Latin *Suicia*.

La plupart (45) des Modernes fixent au temps de l'ancienne guerre de Zurich en 1443, l'origine du nom que porte aujourd'hui la Suisse, quoique des passages d'Albert (46) de Strasbourg & de *Gobelinus* (47) *Persona* en marquent l'époque avant l'an 1355, & que Henri de Rebdorff (48) en parlant des peuples que Léopold, Duc d'Autriche, attaqua en 1318, les appelle *Suitani*. Rebdorff veut ici parler de la bataille de Morgarten en 1315 & non en 1318. On sait que les Confédérés d'Uri, de Schweitz & d'Underwalden remportèrent la victoire en cette mémorable journée sur Léopold, Duc d'Autriche & qu'elle fut le berceau de la liberté Helvétique. Simler (49) dit quelque part que les étrangers appellèrent les Confédérés *Suisses*, en Allemand *Schweitzer*, du nom du Canton de Schweitz, ou *Suisse*; peut-être parce que ce Canton fut le premier théatre de la guerre pour la liberté, & que les *Suitzois* furent les premiers des trois Cantons primitifs exposés à l'invasion des Autrichiens, & enfin qu'étant les plus puissans de ces Cantons, on comprit les autres sous leur nom, comme le plus célèbre. Simler ajoute qu'insensiblement ce nom passa à tous les Confédérés qui s'unirent dans la suite avec ces trois premiers Cantons. Quelqu'égard que mérite l'opinion de cet Historien, je rapporterai ici un passage traduit d'après un ouvrage (50) latin de Felix Malleolus ou Hemmerlein, fameux Chanoine, & Citoyen de Zurich, qui écrivoit vers l'an 1445, & qui étoit ennemi acharné des Cantons alors brouillés avec sa Patrie.

Ceux de Schweitz (Switenses) ayant le plus contribué à former cette Confédération, tous ceux qui y ont accédé sont nommés aujourd'hui de tout le monde Schweitzer; nous n'en pouvons douter, car quoique les Bâlois ne soient alliés que de la Ville de Berne, ce qui rend cependant odieux en les appellant SUISSES, parce qu'ils adhèrent aux Bernois, alliés de Schweitz. Et ne vous étonnez pas qu'un peuple si nombreux & tant de Communautés soient nommés du nom d'un seul Village (ab una Villa), tous les habitans du Royaume de Bohême & du Marquisat de Moravie sont également appellés HUSSITES, du nom d'un seul homme, maître Jean Huss, & ce nom leur restera jusqu'à la fin des siècles.... C'est ainsi que lors du schisme, les (51) partisans des Papes Clément V & Benoît XII, son successeur, furent appellés Clémentistes ou AVIGNONOIS, & les partisans de Benoît XII & de Clément VI & de leurs successeurs qui siégeoient à Rome, furent appellés ROMAINS. De même tous ceux liés médiatement ou immédiatement à ceux de Schweitz, sont appellés Suisses, (SCHWEITZER, SUITENSES), quoique Zurich, Berne & autres Communautés soient plus puissantes que celle-là.

M. le Baron de Zur-Lauben observe dans son Histoire (52) Militaire des Suisses, que comme la guerre que les Cantons firent à la ville de Zurich, en 1443, se faisoit principalement pour l'intérêt de ceux de Schweitz, le vulgaire s'accoutuma à appeller tous les Confédérés du nom de *Schweitzer* ou *Suisses*. C'est le sentiment le plus généralement suivi sur l'origine de ce nom.

---

(39) M. de Tscharner, Dict. Géog. de la Suisse. T. II. p. 128, Genève & Lausanne 1776 in-8. fig.
(40) *De Imperio Romano-Germanico.*
(41) Lib. I. Hist. Suev.
(42) Lib. IV. p. 697.
(43) *De reb. Helvetior.* Lib. II. p. 311.
(44) *In paneg. Glareani.*
(45) *Felix Malleolus de Suitensibus*, p. 25 idem *de Nobilitate* p. 61. Bullinger (Chr. de Suisse msc. en Allemand). *Fugger Speculum Austriacum,* pag. 538. &c.
(46) Ad an. 1315 & 1353.
(47) Aetat. VI. C. 81.
(48) Ad an 1318.

(49) *De Republica Helvetiorum.* Lib. I. p. 75-76. Lugd. Batav. 1626 in-24. fig. Guillimann. Lib. II. Rer. Helvet. Cap. 15.
(50) Dialog. de Switens. p. 7. in Thesaur. Hist. Helvet.
(51) *Malleolus* n'est pas ici exact; entre Clément V qui fixa le premier sa résidence à Avignon en Mars 1309, & Benoît XII qui siégea en cette ville depuis 1335 jusqu'à sa mort en 1342, il eût fallu placer Jean XXII; jamais Benoît XII & Clément VI, son successeur, n'ont siégé à Rome: Urbain VI élu en 1378, y résida, tandis que Clément VII élu la même année, continua le Schisme d'Avignon. Il faut consulter sur les variations de ce Schisme, Dem. Clément dans son excellent ouvrage, *l'Art de vérifier les dates*, pages 301-308, dernière édition *in-folio.*
(52) T. I. p. 50-51. Paris 1751 in-12.

III.

La Suisse considérée comme la contrée la plus élevée de l'Europe.

Il n'y a peut-être pas sur la terre de plus hautes montagnes que celles du Pérou, nommées *Cordillera de los Andes*. Les Géographes considèrent la Suisse comme la partie la plus élevée de l'Europe, ses principales montagnes sont plus hautes que celles de France, d'Espagne, d'Italie & d'Allemagne. Plusieurs Savans en ont déterminé la hauteur, il résulte de ces mesures que les montagnes de la Suisse sont au nombre des plus élevées de la terre ; que le Gothard, le Fourke & la Corne de la Vierge, (en Allemand *Jung Frauen Horn*) qui sont les plus hautes de la Suisse, égalent presque celles du Pérou ; sur-tout si l'on adopte les déterminations de M. Micheli du Crêt, de Geneve. M. Gruner (1), de Berne, les regardoit comme les plus justes. Il paroît certain que celles de MM. Cassini, Mariotte & Scheuchzer sont fautives ; au moins les observations postérieures & des expériences plus exactes, jointes à la connoissance des moyens employés par M. Micheli, les battent fortement en ruine.

La Suisse peut être regardée dans sa plus grande partie, comme la contrée la plus élevée de l'Europe, puisque les fleuves qui ont leurs sources dans les Alpes de la Suisse, coulent dans des directions contraires jusqu'aux extrémités opposées de l'Europe. C'est sur le sommet de ces Alpes que l'on découvre les sources du Rhin, du Rhône, du Tesin, de l'Are, de la Russe, de l'Inn & de l'Adda. Les lacs qui entrecoupent la Suisse, & les eaux minérales qu'on voit jaillir de ses rochers, sont autant de tableaux dignes de l'œil observateur du Physicien. Je vais m'occuper des différens objets de cette esquisse générale dans ce paragraphe & dans les suivans.

Une grande (2) partie de la Suisse n'offre que de longues chaînes de montagnes sur lesquelles s'élèvent dans plusieurs districts d'autres montagnes encore plus hautes. Souvent au-dessus de cette seconde couche de montagnes, on en trouve une troisième sur laquelle commencent à paroître les pointes de rochers inaccessibles ; ces pointes sont proprement le sommet le plus élevé des montagnes. Souvent même, au moment que le voyageur croit avoir monté une montagne, il ne se voit que dans un vallon entouré de montagnes, & au pied duquel s'en élève une encore beaucoup plus haute. Arrive-t-il ensuite à la hauteur accessible de la montagne ! il se trouve entouré de rochers chénus, de forme pyramidale ou autre forme, ou de longs murs de rochers dont l'élévation ne peut être mesurée ; & dans cette position son œil avide est arrêté, & se perd dans les vallées. Le mont (3) *Pilate* ou *Frakmont*, dans le Canton de Lucerne, dont la hauteur *propre* est aussi grande que plusieurs autres qui sont revêtus de neiges perpétuelles, a au-dessus de la mer mille quatre cents toises, mesurées à une de ses pointes nommée l'*Esel* ou l'*Ane*. Une autre pointe voisine un peu plus élevée n'atteint pas même entièrement la hauteur de mille cinq cents toises. Toutes les montagnes de Suisse, que la neige couvre toujours, ont environ mille cinq cents toises de hauteur, ce qui est confirmé par l'expérience. Le mont Pilate dont je viens de parler, approche du point de la glace, mais il ne conserve pas ses neiges dans tous les temps. Le grand *Azeindaz*, qui sépare le Canton de Berne du Vallais, a, selon M. Facio, mille quatre cents soixante toises au-dessus de la mer : il ne conserve pas ses neiges, parce qu'il n'atteint pas la région toujours glaciale. Les montagnes, dont la cime y parvient, sont toujours revêtues de glace ; & la cause de cette circonstance qui leur est particulière, est sans doute leur hauteur *propre*, jointe à leur position sur les parties les plus élevées du globe. On trouve dans la description (4) de l'Histoire Naturelle des Glacières de la Suisse, la détermination de la hauteur des principales montagnes de cette étonnante contrée. Suivant M. Micheli, le mont Grimsel au Canton de Berne, a deux mille cinq cents trente-neuf toises ; le Schrekhorn, deux mille sept cents vingt-quatre ; le Fischerhorn, deux mille six cents cinquante-neuf ; le Fourke qui sépare le Canton d'Uri du Vallais, deux mille six cents soixante-neuf toises ; le Cornera, partie du Lukmannier au pays des Grisons (5), deux mille six cents cinquante-quatre ; le Toedtliberg ou Toediberg, deux mille cinquante & une, & selon un autre Observateur, trois mille ; le Saint-Gothard, suivant M. Micheli, deux mille sept cents cinquante ; le grand Saint-Bernard, suivant Needhan, mille deux cents soixante-quatre ; le Tittlisberg dans le Val d'Engelberg, Canton d'Underwalden, onze cent cinquante-trois, ou mille six cents soixante selon les deux Scheuchzers ; le Nollen ou la cime du Tittlisberg, selon Micheli, dix-huit cents trois, & selon une mesure plus exacte, deux mille une. M. Faesi dit dans sa Topographie Helvetique que beaucoup de montagnes de la Suisse ont une élévation de neuf mille jusqu'à dix mille pieds au-dessus de la mer Méditerranée.

La hauteur des Alpes est telle en quelques endroits, que du centre du pays de Vaud, dans le Canton de Berne, à deux cents toises au-dessus du niveau de la mer, l'on voit encore leurs cimes dorées par le soleil, trois quarts-d'heure après son coucher. Des observations qui sont estimées très-justes, donnent deux mille trois cents trente-quatre toises à la hauteur du *Mont-blanc* ou *Mont-maudit* en Savoie, & deux mille sept cents à celle d'une pointe du Saint-Gothard, au Canton d'Uri.

Une grande partie de la Suisse est composée de montagnes,

---

(1) Histoire Naturelle des Glacières de la Suisse, traduction de M. Keralio, d'après l'original Allemand, p. 273 & suiv. Paris 1770 in-4. fig. Voyages dans les districts les plus remarquables de la Suisse, en deux volumes in-12, en Allemand avec figures. Londres 1778.
(2) Faesi, Description Topog. de la Suisse. T. I. p. 4 & suiv. en Allemand.
(3) Gruner ibid. p. 275 & suiv.
(4) P. 270-273.
(5) Les Grisons prétendent que leurs Alpes sont les plus hautes montagnes de l'Univers. Les Romains, du temps de *Pomponius Mela* (*Lib. III.*), croyoient que les deux plus hautes montagnes dont ils connoissoient les noms étoient le *Taurus* en Asie & le *Rhetico. Montium altissimi Taurus & Rhetico, nisi quorum nomina vix est eloqui ore Romano.* On trouve au pays des Grisons le Mont *Rhetico* voisin du Mont *Gavia*, dans le Prettigeu, sur la frontière du Comté *Montesun* ; on l'appelle en Allemand *Rhetigeuersberg* ; sur sa pointe la plus élevée, dite *Selva Rhata*, en latin *Sylva Rhetia*, la rivière du *Lanquart*, en latin *Langarus*, prend sa source. Voyez *Sprecher*, Palladis Rhæticæ Lib. IX. p. 362. Lugduni Batav. 1633 in-24. fig.

pour ainsi dire entassées les unes sur les autres & entrecoupées par des vallées étroites. Si la fable des Géants avoit quelque fondement, on croiroit bientôt, à la vue des Alpes, que ce fut sur leur sommet, & non pas dans les champs Thessaliens de *Phlegra*, qu'il tentèrent d'escalader le Ciel. Les Poëtes ne pourroient jamais placer d'une manière plus naturelle le champ de bataille de la Gigantomachie. Mais après avoir parlé de la hauteur des montagnes de la Suisse, je dois cependant avouer avec M. Fuesslin (6) qu'elle n'a pas été bien calculée. Jacques Scheuchzer, Jean-George Scheuchzer & Micheli du Crêt, en ont mesuré plusieurs à l'aide de leurs observations géométriques. Mais ces Savans se contrarient dans leurs dimensions. Micheli estime une pointe qui s'élève au-dessus du mont Saint-Gothard, de cent soixante-cinq mille pieds de France d'élévation ; Scheuchzer estime le sommet de cette montagne de cinq mille neuf cents trente-un pieds plus haut que la mer Méditerranée.

Suivant la Table de M. Cassini, la hauteur du lac de Zurich au-dessus de la mer, est de mille trois cents pieds ; mais il n'est pas douteux (7) que cette hauteur ne soit de deux mille huit cents trente-deux pieds, ou quatre cents soixante-douze toises. Ainsi, dès ce premier point, il y a entre la vraie hauteur des montagnes de la Suisse, & celle que la Table de Cassini leur suppose, une différence de cent quatre-vingt-huit toises. M. Gruner ajoute que si l'on augmente en même proportion la hauteur de ces montagnes, on trouve que les déterminations de M. Micheli ont toute la justesse possible, & que les mesures de M. Cassini, de même que celles de M. Scheuchzer, sont trop courtes au moins de moitié. Lorsque nous décrirons dans cette Topographie les montagnes les plus considérables, nous n'oublierons pas d'en fixer les hauteurs d'après les observations les plus estimées.

I V.

Alpes, Montagnes.

Alpes (1), ce mot que l'on croit Teuton ou Celtique, veut dire en général, *hautes montagnes* ou *montagnes entassées les unes sur les autres*, & dans ce sens, il est devenu le nom propre de ces monts contigus & très-hauts, qui dans une longueur de plus de trois cents lieues & une largeur difficile à déterminer, vu ses inégalités, règnent depuis l'embouchure du Var dans la mer Méditerranée, jusqu'à celle de l'*Arsia* dans le golfe de Venise, avec des sinuosités sans nombre. Ces monts sont une ligne courbe qui borde la France au sud-est, la Savoie & la Suisse au sud, & l'Allemagne au sud-ouest. L'Italie seule aboutit à la corde de cette courbe, mais c'est l'Italie dans sa plus grande largeur, l'Italie qui s'étend du Comté de Nice à la province d'Istrie. Les *Alpes* forment la chaîne de montagnes la plus longue qui soit en Europe. Considérée dans ses parties diverses, cette chaîne porte des noms différens. Du temps des Romains, on appelloit *Alpes maritimes*, celles qui vont de Vada ou Vado, dans le Comté de Nice, aux sources du Var ; Josias Simler, de Zurich, les a savamment décrites dans son excellent (2) Commentaire des *Alpes* ; les Romains appelloient *Alpes Cottiennes*, celles qui vont des sources du Var à la ville de Suze : *Alpes Grecques*, celles qui vont de Suze au mont Saint-Bernard : *Alpes Pennines*, celles qui vont du grand Saint-Bernard à Aoste : *Summa Alpes*, *les plus hautes Alpes*, le Vallais & cette partie des Alpes où l'on trouve les sources du Rhône, de l'Aar, de la Russe, du Tésin & du Rhin, & dont la cime se nomme aujourd'hui le Saint-Gothard : *Alpes Rhétiques, Rhétiennes* (ou Grisonnes), celles qui vont du Saint-Gothard aux sources de la Piave dans le Tirol, & enfin *Alpes Juliennes, Noriques* ou *Carniennes*, celles qui vont de la Piave à l'*Arsia*, vers les sources de la Save, fleuve d'Hongrie.

Strabon (3) dit que les Anciens appelloient les *Alpes* qui séparent la Germanie de l'Italie & de la Gaule, comme par un mur naturel, *Albia* & *Alpionia*. Silius (4) Italicus fait dériver leur nom de la blancheur que renvoient leurs sommets, toujours couverts de neige. Suivant Festus (5), les Sabins prononçoient *Alpum*, l'*Album* des Latins leurs descendans qui signifie *Blanc*. Isidore (6) prétend que le nom *Alpes* dérive de la langue des Gaulois, qui appellent *Alpes* toute haute montagne. Pomponius (7) Mela nomme *Alpes* toutes les parties montagneuses de la Thrace. On dit encore en Allemand, *Alp* & *Alpen*, toute montagne où il y a des pâturages & où l'on ne coupe pas le foin. On entend généralement en Suisse par *Alpen* & *Alpung*, les pâturages qui sont sur les hautes montagnes, pâturages qui ne sont pas fauchés, mais qui sont broutés pendant tout l'été par le bétail qu'on y mène, c'est ce qu'on appelle *zu Alp fahren*. Quand une de ces Alpes a été broutée, on conduit le bétail dans une Alpe plus haute ou plus basse, quelquefois même montagne forme plusieurs *Alpes* différentes, dont l'une appartient à toute une Communauté ou tout un Village, d'autres à des particuliers, & qui sont exploitées en un grand profit. On appelle *Aelpler* ceux qui ont soin du bétail sur les Alpes, & *Alphoerner, Cornets des Alpes*, les instrumens de musique dont ils

---

(6) Descript. Topog. de la Suisse. T. I. p. 3. Schaffhausen 1770 in-8 en Allemand.

(7) Gruner ibid. p. 274-275. Traduction de M. de Kerallo.

(1) Dictionnaire Géographique, Historique & Politique de la Suisse. T. I. p. 57 & suiv. Cet ouvrage, généralement bien écrit, & souvent assez impartial, où l'on trouve des articles solidement & agréablement travaillés, d'autres trop déchaînés malgré l'importance de l'objet, & beaucoup d'autres trop étendus quand on les compare avec les précédents, a été dédié en 1776, par les Editeurs, à M. Vincent-Bernard de Tscharner, Membre du Conseil Souverain de la Ville & République de Berne, Baillif d'Aubonne. Ce savant Magistrat, mort à Berne en Septembre 1778 avec le regret général, avoit composé les principaux articles de cet ouvrage. M. de Tscharner, connu dans la république des Lettres par la traduction des Poésies de M. de Haller, & par d'autres productions estimables, a été aussi l'Auteur d'un Abregé de l'Histoire Helvétique en Allemand. Il seroit à souhaiter que le troisième volume de cet Abregé respirât le même désintéressement & la même sagesse qui caractérisent les deux premiers.

(2) Pag. 12, Edit. Thesauri Historiæ Helveticæ. Tiguri 1735. in-fol.

(3) Geogr. Lib. IV. p. 222. Editio Xylandri, Græcè & Latinè. Basileæ in-fol. fig. 1571.

(4) Lib. III.

(5) *De verborum significatione* p. 248. Editio Laemarii 1595. in-4. inter Auctores Latinæ Linguæ.

(6) Orig. Lib. XIV. Cap. VIII. p. 1181, inter Auctores Latinæ Linguæ. Edit. Laemari 1595 in-4.

(7) *De Situ Orbis*, Lib. II. Cap. IV. p. 56, *cum notis Gronovii*. Lugd. Batav. 1695, in-12 fig.

se servent & qui se font avec l'écorce d'arbres, pour assembler le bétail & pour leur amusement. On nomme en langue Grisonne *Alp* & *Alpes*, les huttes ou cases où demeurent les Vachers. Il y a aussi des montagnes dont le nom commence par *Alp*, ainsi que Scheuchzer l'a observé dans son *Histoire* (8) *Naturelle de la Suisse*.

Du temps de Strabon (9), les Alpes étoient peu cultivées; ce Géographe en fait le reproche à leurs habitans, & il les dépeint comme ignorant la culture des terres. Si Strabon revenoit au monde, il ne tiendroit plus le même langage.

On jouit sur les Alpes du spectacle le plus admirable & le plus riant; on y découvre les vues les plus pittoresques, les plantes les plus salutaires; mais ce pays, si agréable par ses beautés locales, si singulier par la variété du climat, & où l'on trouve quelquefois les quatre saisons réunies, offre en même-temps des horreurs inexprimables dans la chaîne de ses glacières perpétuelles, dans ses torrens destructeurs, dans ses précipices affreux, dans l'élévation *gigantesque* de ses montagnes, & dans l'aspect hideux de ses rochers, de manière que l'on pourroit dire avec Crébillon:

La Nature marâtre en ces affreux climats,
N'y produit, au lieu d'or, que du fer, des soldats.
Rhadamiste & Zénobie.

A ce contraste, ajoutons-en un autre; c'est que la Suisse offre aux yeux du voyageur les pâturages les plus gras, le bled, le vin, l'aisance & la richesse, fruits du travail, de l'industrie & du commerce. C'est aussi la région de l'Europe la plus peuplée.

Quelqu'un (10) a appelé les *Alpes*, *les montagnes de la Suisse*, les verrues & les mamelons de la nature, *naturæ verruca & tubera*; mais le même Observateur avoue en même-temps avec franchise, que ce sont des mamelles (11) dont découle le lait, & il célèbre les avantages des montagnes. Nous les détaillerons en temps & lieu.

Le charmant Poëme Allemand que celui du grand Haller sur les Alpes! Si le Père Bouhours (mort en 1702) eût pu prévoir cette production, & celles de Gessner ainsi que de plusieurs autres qui ont fait tant d'honneur à l'Allemagne & à la Suisse dans ce siècle, il se seroit bien gardé d'avancer le bizarre paradoxe, qu'un Allemand ne pouvoit jamais être un bel esprit. N'en déplaise aux mânes du Jésuite trop partial, je copierai ici quelques strophes de Haller; elles ont été traduites dans beaucoup de langues étrangères; & les habitans du Tibre, ainsi que ceux de la Seine, de la Tamise, du Danube & de la Vistule, ont également admiré la muse qui avoit présidé aux accens enchanteurs du Poëte Helvétien.

« Dès que (12) les premiers rayons du soleil dorent le
» sommet des Alpes, & que son regard fait disparoître les
» brouillards, on découvre, avec un plaisir toujours nou-
» veau, du haut d'une montagne, toute la magnificence que
» la nature étale à nos yeux. Au travers du voile transparent
» des vapeurs qui se dissipent dans l'air, se dévoile en un
» moment le vaste théâtre d'un monde à découvert; un
» seul coup-d'œil embrasse une étendue habitée par diverses
» Nations; un horison immense éblouit les regards enchantés,
» trop foibles pour en embrasser les bornes!

» Un mélange agréable de monts, de rochers & de lacs,
» se peint avec une dégradation progressive de nuances tou-
» jours plus foibles; le tableau se termine par une chaîne de
» collines variées, d'une teinte bleuâtre, dont le dernier
» contour est marqué par de sombres forêts. Tantôt une
» masse de montagnes plus rapprochées présente ses côteaux
» en pente douce, peuplés de troupeaux dont le bêlement
» fait raisonner les vallons; tantôt un large bassin, semblable
» à la glace d'un immense miroir, réfléchit sur sa surface
» unie des flammes doucement agitées. Plus loin, des vallons
» riches en verdure, ouvrent leurs divers contours des
» points de perspective qui se rétrécissent dans le lointain.

» Ici un mont stérile & nud présente ses flancs escarpés;
» sur son sommet des glaces accumulées pendant une longue
» suite de siècles, s'élèvent jusqu'au Ciel; le crystal glacé
» qui le couvre, repousse les traits dardés sur lui le soleil
» du midi, & brave les vains feux de la canicule. Près de-là
» une montagne riche en pâturages succulens, offre une
» chaîne de côteaux bien cultivés; les champs doucement
» inclinés font briller au loin leurs moissons dorées, & les
» collines sont chargées de bétail. Des climats si différens ne
» sont séparés que par l'intervalle étroit d'un vallon où règne
» une douce fraîcheur.

» Plus loin, du haut des rochers perpendiculaires, un
» torrent se précipite au travers des écueils; dans une suite
» de chûtes répétées, les flots couverts d'écume se pressent
» entre les rochers, & s'élancent avec rapidité au-delà de
» leurs digues: l'eau, divisée par la profondeur de l'abîme
» où elle se jette, ne forme plus qu'un voile grisâtre & mobile
» dans l'air; enfin, dissoute dans une poussière humide, elle
» brille des couleurs de l'arc-en-ciel; suspendue au-dessus du
» vallon, elle y répand sans cesse une rosée rafraîchissante.
» Le voyageur voit avec surprise des fleuves s'élancer vers
» le Ciel, & sortant d'un nuage tomber dans un autre nuage.

» Un esprit éclairé par la Philosophie, exercé par l'étude
» des arts, un génie élevé qui, sur ce vaste théâtre de la
» création, s'élance vers le trône de la vérité, ne peut ici
» porter autour de lui ses regards instruits, sans trouver
» par-tout des merveilles qui l'étonnent, & qui fixent sa
» curiosité. Portez le flambeau de la science dans ces mines
» souterraines, où végètent les métaux, où se prépare l'or
» qu'entraînent (13) nos fleuves; parcourez les campagnes
» ornées par l'émail des herbes variées, & lorsque le zéphir
» amoureux verse sur elles les perles de la rosée, vous trou-
» verez par-tout des beautés & des richesses, dont vos recher-
» ches ne pourront épuiser la variété, &c. «

On ne peut assez admirer la structure des Alpes. Des cimes brillantes, arides; des masses de rochers de plusieurs lieues d'étendue, tant en hauteur qu'en longueur, entassées les unes sur les autres, & dont les côtés escarpés se

---

(8) T. II. p. 15 Zurich 1746 in-4 fig. en Allemand. Les Italiens appellent aussi le *Alpi*, le Mont Apennin, qui est comme l'épine du dos pour toute l'Italie. Le nom d'*Alpes* étoit anciennement donné même aux Pyrénées, comme on le voit par un passage d'Ausone, dans ses Epitres à Paulin son Ami.
(9) Geog. Lib. IV. p. 227. Edit. Xylandri.
(10) *Plantini Helvetia antiqua & nova* p. 18-19. Bernæ, 1656 in-12.

(11) *Ubera tamen sunt fluentia lacte, neque suis carent commodis. Abundant armentis nulli majoribus, variisque generis ferarum & volucrium carnibus; vix alibi tantam optimi butyri copiam, quantam in Helvetia montibus reperias.*
(12) Poésies de M. Haller, trad. de M. de Tscharner, pag. 41 & suiv. Berne 1775, in-8. fig.
(13) Le Rhin, l'Arc, la Russe, les deux Emme, &c.

Tome I.   C

prolongent en des abîmes ténébreux, où ils paroissent tout prêts à tomber ; une longue suite de tours éclatantes comme l'argent, qui sont jointes par les glaces, & femblent foutenir (14) les Cieux ; tel est le spectacle qu'offre ce pays plein de beautés & d'horreur. Silius Italicus, Conful de Rome, l'année de la mort de Néron, a chanté les horreurs des Alpes dans fon Poëme de la feconde guerre Punique, & quoique Pline (15) ait dit que Silius Italicus avoit compofé fes vers avec plus de travail que de génie, le Poëme de ce Conful mérite d'être lu pour la pureté des expreffions, l'élégance du latin, & un grand nombre de particularités qu'on ne trouve point ailleurs. En voici une tirade, affez heureufe.

> *Quantum tartareus regni pallentis hiatus,*
> *Ad manes imos, atque atra ftagna paludis,*
> *A fupra tellure patet, tam longa per auras*
> *Erigitur tellus, & Cœlum intercipit umbra.*
> *Nullum ver ufquam, nulliquæ Æftatis honoris:*
> *Sola jugis habitat diris fedefque tuetur*
> *Perpetuas deformis hiems ; illa undique nubes,*
> *Huc atras agit, & mixtos cum grandine nimbos.*

« Autant que le gouffre du Pôle Tartare s'étend de la furface
» de la terre, jufqu'aux demeures des Manes & jufqu'aux eaux
» croupiffantes du noir Marais, autant cette terre s'élève
» dans l'air & couvre le ciel de fon ombre. On n'y voit nul
» printemps, nuls ornemens de l'été : l'hiver difforme occupe
» feul les cimes de ces monts terribles ; il y fait un féjour
» éternel, y pouffe de tous côtés les nuages noirs, les pluies,
» les grêles fubites ». Il revêt de glaces immenfes les vaftes flancs de ces monts, il en comble les vallées. Les eaux des neiges fondues, coulant fur les cimes, fe précipitent dans les vallons, & fertilifent les champs & les pâturages. Le Pafteur découvre d'un fommet voifin cet admirable fpectacle.
« Elevé (16) au-deffus de la pluie, il entend fous lui les bruyans
» orages, & foule aux pieds la foudre éclatante ».

Les (17) différentes hauteurs des *Alpes* y produifent des vallées profondes & des chûtes d'eau furprenantes. Quelques-unes de ces vallées font d'affreux abîmes, tandis que d'autres font des lieux charmans, où croiffent les meilleurs pâturages, où mûriffent des fruits fucculents, où les moiffons profpèrent, & où la vigne même n'eft pas cultivée fans fuccès. Les pâturages des *Alpes* ne font pourtant pas reftreints à ces vallées ; la pente moyenne de ces monts en fournit prefque par-tout d'excellents ; & ce qui peut auffi paroître admirable, ce font les lacs poiffonneux que l'on trouve en affez grand nombre fur le haut de ces montagnes. Au refte, les fommets des *Alpes* & la profondeur des abîmes, les vents, les nuages & les tonnerres qui s'y forment, les neiges, les glaces, les torrents, les cafcades, les lacs, les mines, *les cratères* ou entonnoirs d'anciens volcans éteints, les carrières, les forêts, les ombres & la lumière, tout y fait fpectacle, tout y annonce la variété & le mouvement de la Nature ; elle enfante dans les *Alpes*, au milieu de l'agitation & des obftacles, les productions les plus compliquées & les merveilles les plus fingulières. Rien né prête plus aux réflexions du Philofophe que ces lieux folitaires, où il peut méditer fur ce qu'il voit, fans diftraction & fans trouble, dans le filence de la Nature. Qu'on fe rappelle la retraite de la *Nouvelle Héloïfe*, décrite avec tout le feu enchanteur par l'Auteur du *Devin de Village* ! j'y reviendrai dans le cours de ces Tableaux Topographiques & Pittorefques. Il eft vrai, me dira-t-on, que le féjour des ours, des bouquetins, des chamois, n'eft point auffi peuplé, auffi riant, auffi découvert que les plaines fertiles qu'arrofent la Seine, le Pô, l'Arno & le Tybre ; mais auffi les *Alpes* ont-elles un genre de beauté qui leur eft propre, & qui attache également ; on obferve même que les habitans des *Alpes* s'accoutument difficilement au pays plat. Je parlerai ailleurs de la maladie des Montagnards de la Suiffe, lorfqu'ils s'éloignent de leur patrie, maladie que l'on nomme en François *le mal du pays* (18), & qui a fouvent emporté les gens les plus robuftes.

La Suiffe (19) eft, fans contredit, le pays le plus élevé & le mieux remparé (que l'on me permette ce terme) de toute l'Europe. Ses fortifications ne font pas l'ouvrage de la force & de l'adreffe des hommes, elle les doit à la Nature feule, qui femble avoir voulu féparer les Suiffes de leurs voifins, & les mettre à couvert de leurs attaques. Ce ne font pas des Villes fortifiées à la moderne, il n'y en a proprement que deux ou trois de cette nature dans toute la Suiffe ; ce ne font pas des forts & des citadelles, mais de hautes montagnes, des rochers, de beaux grands lacs & de profondes rivières.

La Suiffe a encore d'autres montagnes confidérables que l'on diftingue des *Alpes*, proprement dites : à l'occident elle eft féparée de la Franche-Comté par cette longue chaîne de montagnes, que les Anciens ont appellé *Jura* ou *Juraffus*, & qu'on nomme aujourd'hui le *Mont-Jura* (20), en langue Allemande *Leberberg*. Ces montagnes commencent un peu au-delà de

---

(14) *Claufas nivibus rapes fuppoftaque Calo Saxa.* Sil. Ital.
(15) Epiftol. Lib. IV. Ep. VII. p. XLVIII. Edit. Badii 1533 in-fol. *Scribebat carmina majore cura quàm ingenio.*
(16) *Celfior exurgit pluviis, auditque ruentes Sub pedibus nimbos, & rauca tonitrua calcat.* Sil. Ital.
(17) Dictlion. Géog. Hift. & Pol. de la Suiffe. T. I. p. 58-59.
(18) Et en Allemand *Heimweh*.
(19) L'Etat & les Délices de la Suiffe. T. I. p. 25-26, Bâle 1764, in-12 fig.
(20) Bochat a differté fur le nom *Jura* (Mém. Crit. fur l'Hift. anc. de la Suiffe. T. I. p. 168-170 & T. III. p. 407-408) ce Savant le fait dériver d'après le Gloffaire de Baxter (voce *Jura*) du Celtique *Iou-Rag*, qui vouloit dire, *règne de Dieu* ou *de Jupiter*. On fait que les hautes montagnes étoient regardées par les payens comme la réfidence des Dieux ; auffi les appelloit-on du nom de *les Divinités*. De-là celui de *Mont-Jou*, en latin *Mons-Jovis*, donné au Grand Saint-Bernard ; de-là encore le nom de *Joux*, par lequel le peuple des deux côtés du Mont-Jura, en défigne aujourd'hui, comme autrefois, les parties les plus élévées. Jule-Céfar eft le plus ancien Auteur où l'on trouve le nom du Mont-Jura ; il le nomme (Lib. I. de Bello Gallico) *Mons Jura*. Voffius (in Melam Lib. II. Cap V.) prétendoit que Céfar avoit écrit IURES ; mais l'un & l'autre de ces noms font également Celtiques. *Rag, Rig & Reg*, fignifioient *Roi, Royaume, Règne* dans les différens dialectes des Gaulois. On lit dans des Chartes du treizième & du quatorzième fiècles, *Jures & Juria* : les Romains écrivoient les noms étrangers chacun à fa manière, tout comme les Notaires du moyen âge qui ne fe piquoient pas d'écrire en latin des bons fiècles. Une ancienne copie des Commentaires de Céfar, citée par Voffius, porte *Jures*, une de Pline *Jugeribus*, qui tient évidemment la place de *Juribus*, & dans celles de Solin l'on voit *Jus, & Jures*; toutes ces variantes font en quelque forte confirmées par l'ufage du pays, qui fait ce mot pluriel, en difant *les Joux* quand on parle de ces montagnes en général. Ces variantes décident en faveur de l'opinion de Voffius ; c'eft la concufion de Bochat ; mais on trouve auffi dans Strabon (Lib. IV.), auffi bien que ιουρασσος, & dans Ptolomée ιουρασσος. Grégoire de Tours appelle le Mont de Saint-Claude *Jorenfis Eremus*, *Jorenfe defertum*, & Jonas dans la vie de Saint-Colomban, nomme ce diftrict *Saltus Jorenfis*. Le peuple dit auffi dans plufieurs endroits du Mont-Jura, *Jorat*, pour défigner cette chaîne de montagnes. On trouve dans le pays de Vaud le *Jorat*, forêt qui a trois ou quatre lieues de long & deux de large, fur une montagne entre Laufanne & Moudon. C'eft ici la grande route de France en Allemagne ; il y a dans le pays de Vaud la vallée du lac de Joux, bordée de toutes parts, mais principalement du côté de la Bourgogne, de grands bois & de hautes montagnes, avec des défilés qui en font le rempart le plus affuré ; tous ces diftricts font

PITTORESQUES, &c. DE LA SUISSE.

Genève, où elles forment le célèbre pas de l'*Eclufe*, ne laiffant qu'un chemin étroit entre le Rhône & la montagne, qui eft fermée par une fortereffe. De-là elles courent du fud-oueft au nord-oueft, couvrant le pays de Vaud, celui de Neuchâtel, le canton de Soleure, jufqu'au Mont-Boetzberg, appellé *Vocetius* par Tacite. Cette chaîne de montagnes prend divers noms généraux & particuliers, felon les pays qu'elle traverfe; mais les voifins, au moins dans la partie Romande ou Françoife de la Suiffe, lui donnent tous vulgairement le nom de *Joux*. J'en ferai le détail dans la Topographie de la Suiffe, à mefure que l'une de fes branches fera relative aux divers articles qui les formeront.

V.

Glacières perpétuelles.

Il fe trouve en divers endroits des Alpes, des montagnes de glace, qui non-feulement ne fe fondent jamais, mais qui croiffent même toujours à mefure qu'il tombe de nouvelle neige, au point qu'elles s'étendent peu à peu au long & au large, & ruinent le pays limitrophe. Les Allemands les appellent *Gletfcher*, les Grifons *Wadrer* & *Wadrex*; nous les appellerons des *Glacières* ou des *Glaciers*, & en latin, *Glacies inveterata*. Plufieurs Auteurs ont fait mention des monts de glace de la Suiffe: M. de Kéralio en a donné l'énumération à la tête de fa Traduction de l'*Hiftoire Naturelle des Glacières de Suiffe*, par *M. Gruner*, de Berne. Ce favant & intrépide Naturalifte, n'a rien oublié pour conftater fes obfervations; il fera notre principal guide dans tout ce que nous dirons des Glacières. La partie qu'il a le plus travaillé, eft la Defcription des Cantons de Berne, d'Uri, de Schweitz, d'Underwalden & du Vallais; il a auffi parlé des Cantons de Glaris & d'Appenzell, du Comté de Sargans, & du pays des Grifons. Nous les (1) décrirons dans le cours de cette Topographie.

M. Gruner nomme en général *montagnes de glace* ou *glacières*, ces enchaînemens de hauteurs & de croupes de montagnes, qui formant comme un feul corps, partagent la partie montueufe de la Suiffe en deux, & font toujours couverts de neige & de glace; il renferme fous ce nom le tout enfemble: les différentes parties qui le compofent, ont été comprifes jufqu'à préfent fous le nom de *Gletfcher*. Mais pour en donner des idées plus claires, M. Gruner les divife en *monts de glace, vallons de glace, champs de glace*, & *Gletfcher* ou *amas de glaçons*. Il nomme *monts de glace*, ces groffes maffes de rochers, qui s'élèvent jufqu'aux nues, & qui font toujours revêtues de glace & de neige.

Entre ces monts, qui fouvent font joints enfemble à leur milieu ou par leurs fommets, il y a des enfoncemens ou vallons, qui font beaucoup plus élevés que les vallées inférieures, & remplis des neiges qui s'y amaffent, s'y confervent, & forment des monceaux de glace; ils rempliffent fouvent une vallée de plufieurs lieues en longueur; c'eft ce que M. Gruner nomme *vallons de glace*: il entend par *champs de glace*, les terreins en pente douce qui fe trouvent dans le circuit des montagnes, & qui ne pouvant pas être nommés *vallons*, parce qu'ils ont peu de profondeur, font couverts d'une neige épaiffe. Les neiges fondues qui tombent des fommets, arrofent la furface de ces champs; quelquefois cette furface fond elle-même, & regèle enfuite: ainfi dans la faifon froide, elle eft tantôt changée en glace, tantôt recouverte de neige; & tout le champ eft compofé de couches alternatives de neige & de glace.

---

partie du Mont-Jura. M. le Baron de Zur-Lauben, en allant de Zoug à Soleure le 9 Juillet 1778, découvrit à Olten, petite ville du Canton de Soleure, fur la rivière de l'Are, une infcription Romaine qui fait mention du Mont-Jura, au pied duquel Olten eft fitué: ce monument intéreffant pour l'Hiftoire Helvétique, n'a pas été encore publié, parce que pofé comme il l'eft en travers dans le mur de la ville en y entrant, à gauche de la porte du pont où l'on paye le péage, elle n'avoit pu que difficilement frapper les yeux des voyageurs; mais il eft étonnant qu'aucun des notables d'Olten ne l'ait jamais copiée; c'eft cependant le plus ancien monument de leur ville. Le marbre bâtard fur lequel eft l'infcription en lettres majufcules Romaines, avec quelques abréviations, a 17 pouces & demi de largeur, fur 2 pieds & 9 pouces de longueur. Plufieurs lettres ont été maltraitées par le temps; la pierre a été couchée en travers par l'impéritie des ouvriers; le mur où elle eft incruftée a été fait en grande partie des pierres d'un ancien retranchement des Romains, qu'on appelle encore *die Burg*, le bourg, en Latin *vallum*. On en voit à le circuit avec le foffé, hors de la ville d'Olten, près du couvent des Capucins & de la rivière de l'Are, à peu de diftance du grand chemin qui conduit au haut du *Bas-Hauenftein*, branche de l'ancien Mont-Jura, remarquable par l'ouverture que les Romains ont faite dans le roc pour defcendre dans le pays des Rauraques, aujourd'hui le Canton de Bâle. On paffoit autrefois l'Are dans un bac, au pied de ce *bourg* ou retranchement, avant la conftruction du pont actuel, & l'endroit où étoit le bac fe nomme encore *Im-fart* ou paffage. La tradition porte qu'Olten s'étendoit jufqu'à ce local: Voici l'infcription telle que M. de Zur-Lauben l'a lue; les points marquent les endroits qu'il n'a pu déchiffrer.

(a) . . . . AV .
GAIO (b) NERONI VL
TRA(c)IVR . . . VALL
ROMAN INVII
CEPTVSVP . . AN
. . ISANI (d) VLTINA
. . . . . . NAV (e) STAN
TES POSVERVNT.

(a) Les lettres font ici maltraitées,
on eft tenté de lire tantôt
II MEMORIAV R
& tantôt
IMPERATORI AV R
(b) On eft auffi tenté de lire
GAII NERON VL
(c) C'eft-à-dire VLTRA IVRÆ
ou IVRASSI VALLUM
ROMANIS INVII CEPTUM

SUPRA ARAM ou ARAM
AMNEM
(d) Peut-être VICANI VLTINATENSES,
comme on lit dans une infcription de Moudon, au pays de Vaud, rapportée par Muratori (*Novus Thefaurus veterum Infcriptionum* T. II. p. MCII. n°. 5. Mediolani 1740. in-fol. *fig*.)
VICAN MINNODVNENS
(e) C'eft-à-dire NAVTÆ STANTES. Muratori (*Ibid.* p. LXXVI n°. 6.) a donné une Infcription érigée à HISPALIS en Espagne, autrefois dite *Colonia Romulenfis* ou *Romula*, en l'honneur d'un Pro-Préteur par les Nautoniers. SCHAPHARII. ROMVL. CONSIST. Muratori a auffi rapporté (*Ibid.* T. I. pag. CXXXVIII. n°. 4. & T. II. p. MLXVI. n°. 2.) l'Infcription trouvée à Paris dans la Cathédrale, qui marque l'érection d'un autel en l'honneur de Jupiter, fous l'Empire de Tibere, faite par les Bateliers de Paris, NAVTÆ. PARISIACI. PUBLICE. POSIERUNT.

VLTINA a été le nom primitif d'Olten, qu'on a appellé dans le moyen âge *Oltena*, *Oltina*, *Olta*; la fociété des Bateliers établis en cette ville dreffa ce monument de reconnoiffance en l'honneur du Commandant de la Province, *Gaius* ou *Caius Nero*; ils placèrent ce monument au-delà du retranchement commencé fur l'Are au pied du Mont-Jura, dont le paffage étoit jufqu'alors impraticable aux Romains. Au refte cette Infcription mériteroit d'être remife dans fa pofition naturelle, elle eft même trop honorable aux habitans d'Olten, pour qu'il ne leur foit pas indifférent plus long-temps ainfi expofée à l'injure du temps. Son véritable emplacement feroit à l'Hôtel de Ville ou même dans l'églife Paroiffiale. On a ufé de cette précaution dans d'autres villes, notamment à Genève, pour la confervation des Infcriptions les plus intéreffantes.

(1) L'ouvrage de M. Gruner, en Allemand, parut en 1760 en trois volumes *in-8*; les Cartes & les Eftampes dont il eft accompagné font très-belles & dignes du burin de Zingg. Voyez les *Confeils pour former une Bibliothèque Hiftorique de la Suiffe* par M. Haller, pag. 36. Berne 1771 in-12.

M. Gruner nomme *Gletfcher* ou *amas de glaçons* ; les maffes formées fur les côtes & entre les monts, par la neige fondue ou gelée, qui tombant des monts ou des vallées de glace, fe gèle & s'entaffe en différentes manières : ainfi les monts, les vallées & les champs de glace, font les parties propres & conftituantes des glacières, au lieu que les amas & leurs différentes efpèces, peuvent n'en être regardés que comme des parties accidentelles. On peut comparer l'analyfe que je fais ici de l'Ouvrage de M. Gruner, avec les idées générales que M. Beffon donne fur les glacières & les glaciers, dans fon Difcours fur (2) l'Hiftoire Naturelle de la Suiffe, qui eft à la tête de ces Tableaux, & ce parallèle fixera le Lecteur.

M. Gruner fubdivife enfuite les amas de glaçons, à raifon de leur origine & de leur ftructure, en *monts*, *revêtements* & *murs de glace*. Les monts de glace s'élèvent entre les fommets des hautes montagnes : ils ont la figure de *monts* ; mais il n'entre point de rochers dans leur ftructure : ils font en entier d'une pure glace.

Lorfque les vallées de glace répandent leurs eaux fuperflues dans les vallées inférieures, la glace & la neige fondues couvrent les côtes de la montagne, comme d'un manteau taillé en manière dedents ou de pointes ; c'eft que M. Gruner nomme *revêtement de glaçons*. Lorfque les vallées de glace fe terminent fur un fond plat, quelquefois au lieu de s'étendre fur la pente comme un revêtement parfemé de pointes de glaces, elles finiffent en efcarpement, c'eft ce que notre habile Naturalifte appelle *mur de glace*.

Il fe forme fouvent fur les côtes & au pied des montagnes des amas de neige, qui font enfuite arrofés par les pluies, par les neiges fondues, & couverts de neiges nouvelles : il peut s'y former auffi des amas de glaçons, qui ne tiennent ni aux vallées, ni aux monts de glace. M. Gruner nomme ces parties détachées *lits* ou *couches de glace*, foit que leur pofition foit horifontale ou inclinée.

Toutes les montagnes de glace, on l'affemblage entier de monts, de vallées, de champs de glace & d'amas de glaçons, étant mefurées en ligne droite, occupent environ foixante-fix lieues du levant au couchant : elles s'étendent depuis les bornes occidentales du Vallais, vers la Savoie, jufqu'aux bornes orientales du pays des Grifons, vers le Tirol, & forment fur toute la longueur de la Suiffe une chaîne interrompue en quelques endroits ; il en part différents bras qui s'étendent du midi au nord, & dont les plus longs occupent un efpace d'environ trente-fix lieues.

M. Gruner a joint à fa defcription des glacières de Suiffe une Carte qui montre le circuit & l'enchaînement de ces montagnes : on y voit qu'elles s'étendent vers l'eft dans tout le pays des Grifons, une fois auffi loin que les bornes marquées dans les Cartes de Chriften & d'Altmann, mais qu'elles ne recouvrent pas tout le pays Helvétique, comme la plupart des Etrangers le croient. Le centre de ces montagnes eft occupé par le grand Gothard, la Fourck & le Grimfel.

Les monts de glace (3) ont des fituations & des directions fort différentes : quelques-uns (& ce font les chaînes les plus confidérables) vont de l'orient à l'occident, d'autres du midi au nord ; il y en a qui déclinent en diverfes manières de ces directions principales. Toutes les glacières préfentent la même variété : ainfi on ne peut appuyer aucune hypothèfe fur cette direction, & encore moins en tirer des preuves de la formation des glacières. Nous expofons ici le fentiment de M. Gruner.

Les plus hauts monts de la Suiffe, qui renferment tous des glacières, font vers le midi, fur-tout aux frontières de Savoie, du Milanès & du Tirol : ceux de la partie feptentrionale n'ont pas à beaucoup près autant de hauteur, & ne font pas enfevelis fous des neiges toujours durables. La plupart font compofés d'une pierre dure, & principalement de rochers vitrifiables, mais fur-tout de roches quartzeufes (4) granulées, & quelquefois d'ardoife & de pierre calcaire. On obferve auffi que les minéraux & les cryftaux ne fe trouvent en Suiffe que dans les montagnes de pierres dures & vitrifiables.

Si les montagnes font en effet l'ouvrage de la mer, fi elle couvre des chaînes pareilles à celles que nous voyons fur la terre, & fi fes flots, bornés par les plus hautes parties de ces chaînes, n'en dérobent à nos yeux que les plus baffes, il eft vraifemblable que les plus hautes montagnes de la Suiffe ont été autrefois des rivages, & que la mer a couvert les moins élevées. On trouve fur celles-ci beaucoup de coquilles pétrifiées ; mais fur les fommets des plus hautes, elles font très-rares. Pourquoi ces parties les plus exhauffées, font-elles prefque en entier de pierres dures & vitrifiables ? Pourquoi ne trouve-t-on de cryftaux que dans cette efpèce, & de coquilles marines que fur les parties les plus baffes ? M. Gruner laiffe à d'autres le foin de chercher la caufe de ces faits.

Quoique les plus hauts fommets foient plus voifins du foleil, cette légère différence eft infiniment petite, relativement au globe entier. A cette grande élévation, l'air eft plus pur & plus rare, les rayons du foleil le traverfent plus librement, ils n'y font ni abforbés, ni condenfés ; l'air y eft donc moins chaud, moins igné, moins élaftique ; le peu d'humide qu'il contient y eft roide & fans vertu ; ainfi les vapeurs de cet air fupérieur doivent être gelées ; & celles qui reftent dans la même région, ne peuvent être réduites en eau, ni par un air glacé lui-même, ni par la foible action des rayons de lumière, ni par des évaporations qui font extrêmement rares. M. Gruner, que nous copions, conclud de ces obfervations, qu'il eft facile de comprendre comment les plus hauts rochers fe couvrent de maffes de neiges & de glaces, peu à peu & pour un fi long temps. Seneque (5) avoit eu connoiffance de ces vérités, elles ont lieu dans les pays les plus chauds, comme dans les plus tempérés ; les Andes, l'Ararat, l'Etna, le Taurus, les montagnes de Suiffe & celles de Norwege, reftent également couvertes de neige, dès qu'elles atteignent à la même hauteur ; il eft donc certain que l'élévation des neiges & des glaces eft la caufe de leur durée.

La partie de la terre fur laquelle s'élèvent les monts de la Suiffe, eft la plus haute de l'Europe : mais il n'y eft pas auffi facile qu'au Pérou de déterminer le point de la gelée, c'eft-à-dire, le degré d'élévation à laquelle la neige fe conferve : dans les Andes il eft vifible, & forme fur toute la chaîne une ligne droite à la hauteur de deux mille quatre

---

(2) Pag. XX.-XXIII.
(3) Gruner, Defcription des Glacières de Suiffe, première Partie, Sect. I. pag. 16-19 & troifième Partie, Sect. I. pag. 254 & fuiv. (Trad. de M. de Keralio).
(4) En Allemand, *Geisbergerftein*.
(5) *Lib. IV. Quæft. Natur.*

PITTORESQUES, &c. DE LA SUISSE.

cents quarante toifes. Il eft vrai que dans les montagnes de la Suiffe on voit la neige refter ferme à mille cinq cents toifes au-deffus de la mer, mais elle demeure fouvent dans le même état jufqu'au pied des montagnes qui parviennent à cette hauteur, tandis que celles dont le fommet ne s'élève point à mille cinq cents toifes, ne confervent jamais leur neige.

Il y a des montagnes où les glaces fondent tous les ans, quoiqu'elles foient auffi élevées que d'autres montagnes où la neige refte ferme. Les caufes de cette différence font la différente conftitution de l'air, & la matière de la montagne, qui dans les unes eft de roc, & dans les autres de terre : il n'eft donc pas étonnant que les neiges des montagnes de Suiffe ne fondent pas toutes à la même élévation comme dans celles du Pérou : que plufieurs monts voifins des villages d'Am-Staeg, Waffen ou Waffern, & du Pont-du-Diable, Canton d'Uri, (dont l'un eft, felon M. Scheuchzer, à deux cents foixante-quatre toifes, l'autre à cinq cents vingt, & le Pont-du-Diable à fix cents cinquante-huit toifes au-deffus de la mer) foient toujours revêtus de glaces ; tandis que dans le Pérou, les villes de Luncka, de Quito, de Riobamba, l'une élevée de mille quatre cents toifes au-deffus du même niveau, l'autre de mille fept cents fept, la troifième de mille fept cents vingt-huit, ont un printemps perpétuel ; c'eft-à-dire, qu'en des vallées de la Suiffe moins élevées des deux tiers, ou du moins une fois plus baffes, il règne un hiver très-long, & que cet hiver eft prefque continuel dans les plus hautes vallées.

Les maffes de neiges & de glace qui revêtent les monts de la Suiffe, répandent dans l'air une infinité de petites particules d'eau gelée, qui lui communiquent un degré de froid très-confidérable : auffi les neiges de cette contrée glaciale font-elles de longue durée ! Du fommet de ces monts il coule fans ceffe des eaux d'une neige qui vient de fondre ; elles couvrent peu-à-peu les parties inférieures, fur-tout lorfqu'elles rencontrent des rochers nuds, elles les pénètrent d'un grand nombre de particules glacées, & les neiges qui tombent enfuite fur ce premier lit congelé, s'y confervent parfaitement en plufieurs endroits, où, fans ce voifinage, elles feroient promptement fondues : les vapeurs fouvent épaiffes, qui ne permettent pas un libre paffage aux rayons du foleil, & d'autres caufes que M. Gruner raporte, contribuent à perpétuer ces revêtements de glace.

L'élévation de la région de l'air où il gèle continuellement, n'eft pas la même fur toute la terre : dans la Suiffe elle eft à mille cinq cents toifes, mais, comme je l'ai obfervé, les monts qui atteignent ce degré reftent fouvent couverts de neige jufqu'à leur pied, tandis que ceux dont le fommet eft au-deffous, ne la conferveront jamais. Il eft difficile de déterminer combien la neige a d'épaiffeur au milieu de l'Eté fur nos plus hautes montagnes, la plupart de leurs fommets étant inacceffibles. Il y en a cependant dont les côtés font taillés à pic, tels que la *Corne de la Vierge*, en Allemand, *Jung-Frauhorn*, *l'Eigers-Schneeberg*, dans le Canton de Berne, & l'on peut y obferver que dans les temps les plus chauds, l'épaiffeur de la neige y eft d'environ vingt ou trente toifes. En général, il y a plus de neige à mi-côte qu'à la cime des montagnes, parce que de cette cime il tombe fouvent des maffes de neige, & que les fommets les plus élevés outre-paffent quelquefois la région des nuages, de forte qu'ils font fréquemment dans un air très-pur, lorfqu'il neige au milieu de la côte.

Les cavités des hautes montagnes font ordinairement remplies de neiges extrêmement épaiffes, parce qu'elles y font rarement expôfées au foleil, & que les *lavanges* ou chûtes de neige s'y amaffent perpétuellement : enfin la neige qui tombe en hiver, ne fond pas toujours en été dans la même proportion ; ainfi l'on voit fouvent les amas de glace confidérablement augmentés & durant plufieurs années les champs & les vallées de glace recouverts de neiges qui ne fondent pas.

Lorfque (6) les neiges fondues n'ont aucun paffage, elles fe trouvent encaiffées dans les enfoncemens & cavités des montagnes, & elles forment des maffes de glace qui rempliffent des vallées entières & que la chaleur de l'air ambiant ne peut plus fondre en entier. Lorfque ces maffes ont atteint l'iffue la plus baffe que les eaux puiffent avoir, elles ne s'accroiffent plus, parce que les neiges qui fondent à la furface, coulent par cette iffue : les eaux qui tombent du fommet des montagnes & celles qui s'écoulent des vallées comblées par les neiges, fe gèlent de nouveau dans leur cours, & forment dans les vallons & fur la croupe des montagnes, des amas, des champs, des revêtements de glace qui s'accroiffent peu-à-peu.

La furface de ces couches glacées eft quelquefois couverte de neiges, dont la fuperficie fondant de nouveau & fe congelant devient une glace, de forte que la maffe entière eft compofée de couches alternatives de glace & de neige. Il y a des cantons où les fommets, les côtes & les cavités des montagnes font couvertes d'une pure neige ; & cette différence eft caufée, felon toute apparence, par la fituation des montagnes, qui font plus ou moins expofées au vent du midi : ce vent règne fur-tout durant le printemps, alors fa chaleur fond les neiges, tant qu'il fouffle, mais dès qu'il ceffe, l'air devient plus froid, fur-tout pendant la nuit, & la neige fondue fe glace.

Il paroît plus difficile d'expliquer la formation de ces maffes énormes de pure glace, qui font prefque entièrement féparées des montagnes qui les environnent. Cependant M. Gruner obferve que fi l'on confidère attentivement les vallées de glace, on voit que les eaux qui tombent des fommets voifins, au printemps & durant l'été, les féparent entièrement de la montagne, & les en détachent d'autant plus, que la maffe de glace eft plus confidérable ; ainfi, lorfqu'elle eft environnée de fommets très-élevés, le pied du mont de glace, proprement dit, n'eft jamais ni éclairé par le foleil, ni frappé par les vents chauds ; tandis que les bords fupérieurs le font par-tout avec une force à-peu-près égale, & peuvent être fondus également de tous les côtés.

De plus, les neiges fondues qui tombent au pied du mont de glace, peuvent s'y geler de nouveau, & en augmenter la bafe, tandis que le fommet diminue : ainfi toute la maffe prend peu-à-peu une forme conique, plus ou moins régulière. Cette efpèce de mont ne peut fe former que des vallées de glace qui font à l'abri des vents chauds, & enferrées entre des montagnes, comme dans une efpèce d'entonnoir profond & peu alongé : enfin les mêmes caufes qui donnent la forme à ces monts de glace, la changent continuellement.

Les pyramides des amas de glace font formées par les

---

(6) Gruner ibid. Partie III. Sect. II. p. 287-298.

Tome I.   D

neiges fondues, qui en fillonnent d'abord la superficie, & se creusent aisément des canaux profonds dans cette matière fluide : moins les amas de glace s'accroissent, & plus ces pyramides ont de hauteur, parce que les eaux en approfondissent continuellement les intervalles ; plus ces courants ont de détours, plus les pyramides ont de côtés ; & un angle saillant de l'une s'avance toujours dans l'angle rentrant de celle qui lui est opposée. Ainsi, suivant M. Gruner, la nature nous montre en petit que ce sont les eaux courantes qui forment toutes les montagnes.

La partie inférieure des amas de glace est ordinairement la moins étendue ; les eaux y étant plus resserrées, y acquièrent plus de force en s'y creusant des lits plus profonds : de-là vient que les pyramides y ont plus de hauteur. Sous les vallées de glace il y a des eaux qui s'écoulent par les fentes qui sont à l'extrémité de ces vallées : il est vraisemblable que leur surface inférieure se liquéfie autant & peut-être plus que la surface supérieure : cet effet est produit nécessairement par les exhalaisons souterraines que cette voûte de glace reçoit & rassemble, comme le réfrigérent d'un alambic.

Lorsque les vallées se terminent par un terrein plat, uni, à l'abri du soleil & des vents du sud ; les neiges n'y fondent point, les eaux n'y prennent pas leur cours, il ne s'y forme aucune pyramide, & la masse est terminée tout-à-coup par une coupe verticale, où l'on voit distinctement, sur-tout au printemps, de petits canaux perpendiculaires. Ces espèces de murs de glace éprouvent beaucoup moins de changemens de forme que les pyramides.

Les lits de glace sont aussi formés par les eaux qui s'écoulent des vallées de glace, & rencontrant des terreins plats où leur cours est lent, y gèlent de nouveau : les lavanges contribuent souvent à la formation de ces lits ; ceux qui sont entourés de hautes montagnes couvertes de neige, sont les plus considérables, mais tous ont des pyramides très-élevées.

Ainsi tous ces amas de glace en général sont formés par les neiges fondues, qui coulant des sommets des montagnes, règlent ensuite sous différentes formes, suivant celle des terreins qu'elles couvrent alors : telle en est l'origine simple & naturelle. On ne peut plus admettre aujourd'hui qu'*ils croissent du fond, qu'ils se forment par-dessous, de bas en haut, & repoussent avec force tout ce qu'ils rencontrent* ; opinion vulgaire qu'on voit avec surprise adoptée par quelques auteurs. La Carte de Jean-Jacques Scheuchzer, où l'on trouve ces mêmes erreurs, est une copie de celle de Merian. On doit à M. Altmann, de Berne, d'avoir vu le premier que les amas inférieurs devoient leur origine aux vallées supérieures, qu'il appelle *mer de glace* ; mais, comme l'observe M. Gruner, son imagination aidée par la ressemblance des noms, lui a fait croire que ces vallées pouvoient rejetter de leur sein des morceaux de glace tout formés, des pyramides entières. Outre que cette idée singulière n'est fondée ni sur des faits, ni sur une possibilité même apparente, les faits la détruisent. Les vallées supérieures qui sont environnées de revêtemens composés de glace pure, ne sont elles-mêmes remplies que de neiges ; les plus grandes masses de glace, les pyramides les plus hautes sont les plus éloignées des vallons de glace : enfin il est évident que des glaçons jettés au hasard les uns sur les autres, n'auroient pas pu se réunir pour former une seule masse.

Les glacières du Nord, qui sont conformes à celles de la Suisse, ainsi que le prouve M. Gruner, dans une Section particulière (7) de la seconde Partie de son Ouvrage, se forment sans doute de la même manière ; mais le point de la gelée étant plus bas dans ce climat, on y doit trouver plus de glace en général, & à de moindres hauteurs que dans nos climats tempérés.

Dans quel (8) temps les monts de glace ont-ils été formés ? Sont-ils aussi anciens que la terre même, ou doivent-ils leur existence à des évènements plus récents ? Loin de pouvoir être résolues, à peine ces questions admettent la conjecture, & l'Histoire Naturelle de la Terre y peut seule répandre quelque jour ; mais celle de la Suisse en particulier offre plusieurs faits qu'on n'a point encore apperçus, & l'examen de ce pays élevé contribuera peut-être plus que celui de tout autre pays, à perfectionner la théorie du globe terrestre.

Il est vraisemblable que la terre a toujours eu des montagnes : la nécessité de leur existence, leur utilité, la perfection de notre globe, le plan du plus parfait Univers, tout nous engage à le croire. Une autre opinion adoptée par les Naturalistes, c'est que les montagnes ont été formées dans les eaux & par les eaux : toute la théorie de la terre en paroît une preuve continuelle.

La Suisse est un amas de montagnes, du moins en est-elle environnée : on a des preuves certaines qu'elle a été couverte autrefois par les eaux de la mer ; lorsqu'elles l'ont abandonnée, soit que cet écoulement soit arrivé par degrés lents, ou qu'il ait été subit, comme quelques-uns le conjecturent, il est également certain que le volume & la rapidité de ces eaux ont creusé dans le pays élevé des vallées profondes, & laissé derrière elles de grandes montagnes : on ne peut pas savoir si la mer, suivant son cours ordinaire, a couvert la Suisse dès la formation primitive de la terre, ou seulement lors du déluge, & durant combien d'âges elle a caché cette portion de la terre. J'omets ici la conjecture de M. Gruner, sur le temps où les montagnes de Suisse ont commencé de paroître, & selon toute apparence, sont devenues monts de glace. L'Auteur raisonne, d'après cette idée, que toutes les parties de la terre ont toujours été semblablement posées par rapport à toutes les parties du Ciel. Mais, comme l'observe M. de Keralio, dans une Note au bas du texte de M. Gruner, cette vaste mer qui travaille sans cesse la terre, ces eaux du Ciel qui transportent les terres des sommets au fond des vallées, & ces courants qui se creusant des lits, portent continuellement des matériaux à la mer ; enfin ces mouvemens, ces remuemens perpétuels, ne peuvent-ils pas, en conservant la figure du globe, laquelle est nécessaire au système général, changer l'axe de ce globe & la position relative de toutes ses parties ? Les troncs de palmier trouvés dans les pays froids, les os d'éléphant déterrés vers la mer glaciale, peuvent y faire réfléchir. Si ce changement a lieu, il prépare aux Astronomes, comme aux Géographes, un travail aussi continu que l'existence de la terre.

Mais comment cette mer, qui depuis tant de siècles est à près de cent lieues des montagnes de la Suisse, s'est-elle retirée à cette distance ? Quelle est l'époque de ce changement ! elle est sans doute la même que celle de l'origine des monts de glace ; ce changement est-il arrivé avant ou après, ou

---

(7) Sect. IX. pag. 246-255.   (8) Ibid. Partie III. Sect. III. pag. 299-313.

pendant le déluge de Moïse ? Il n'est pas vraisemblable que la mer ait couvert l'Europe en un temps postérieur à ce déluge. L'histoire de cette période nous est généralement connue. A l'égard des temps qui ont précédé le déluge de Moïse, on n'en peut pénétrer les ténèbres qu'avec le flambeau de la Religion. Quant au déluge même, il est vraisemblable que la mer en se retirant alors, laissa l'Europe à sec. Continuons les observations de M. Gruner. *Quoi qu'il en soit*, ajoute-t-il, *il est certain que la portion du globe nommée aujourd'hui la Suisse, a été sous les eaux de la mer; que cette portion du globe étant devenue la plus haute des contrées circonvoisines, les eaux ont laissé à découvert les montagnes de ce pays, qui étant fort élevées & beaucoup plus voisines du point de la gelée qu'elles ne l'étoient auparavant, ont conservé la neige & la glace entassées dans leurs vallons.*

M. Gruner (9) distingue trois espèces de glace, il entend sous ce nom, un composé de neige, & de glace & non cette glace commune qu'on trouve par-tout en hiver. Voici la distinction de la première espèce.

Sur les hautes montagnes & sur leurs sommets couverts de neige, on ne trouve aucune glace proprement dite, mais une neige vieille & durcie : il ne pleut jamais sur ces monts dont les sommets se cachent dans les nues, mais les vapeurs qui s'élèvent dans cette région de l'air ne retombent qu'en flocons de neige ; cette neige se durcit peu-à-peu sans former une masse unique, elle perd seulement les parties aqueuses qu'elle contient encore, & les autres parties s'approchant l'une de l'autre, le tout devient plus solide. La chaleur du soleil n'est pas assez forte à cette hauteur pour fondre toute la neige : elle n'agit tout au plus qu'à la surface, qui gèle de nouveau durant la nuit, & couvrant la masse de neige d'une couche de glace, la rend encore plus ferme & moins sujette à se détacher du roc. Ce n'est que dans les temps les plus chauds qu'il tombe des neiges des plus hauts sommets : leur chûte les réduit en poudre, & on les trouve dans le vallon sous la forme de glace pulvérisée, très-légère & très-sèche.

La seconde espèce de glace est celle que l'on observe dans les vallons & dans les champs de glace ; elle offre des variétés, selon que le terrein qui la porte est plus ou moins haut. Les vallées de glace sont si élevées que les vapeurs n'y retombent pas en pluie : mais les rayons du soleil, étant plus rassemblés dans une vallée, y frappent avec plus de force, & la neige y fond plus facilement que sur les sommets. Ce qui en a été fondu durant le jour, regèle durant la nuit, & lorsqu'il y tombe de nouvelle neige, elle se fond & regèle de même ; mais elle ne fond jamais qu'à la surface, & le reste conserve la forme de neige : ainsi le vallon de glace est composé de couches de neige durcie, & de couches d'une glace un peu transparente.

Quant aux amas formés par l'écoulement des neiges fondues, ils sont d'une véritable glace, & cette glace est la plus dure des trois espèces. Ces neiges fondues qui s'écoulent sur les parties inclinées de la montagne, y gèlent de nouveau, elles y sont couvertes par de nouvelles neiges qui sont arrosées par les pluies, sur-tout au bas des montagnes, & quoiqu'elles y deviennent une glace parfaite, elle est cependant peu transparente à la surface extérieure, & quelquefois elle ne l'est aucunement.

On trouvera que les glaces des montagnes de Suisse ne contiennent ni beaucoup, ni peu de parties de nitre. Il sort des animaux, des plantes & des minéraux, certaines vapeurs qui se répandent dans l'air, & l'eau des neiges n'est pas aussi pure que lorsqu'elle est sortie de la terre. Mais il paroît certain que ces vapeurs sont formées seulement des parties aqueuses & spiritueuses de ces corps, & non de leurs parties solides & terrestres. De plus, il ne peut s'élever d'exhalaisons de la nature du salpêtre, parce que cette espèce de sel ne se forme que dans une matrice terreuse ; la Chymie ne peut tirer ni de l'eau de pluie, ni de la neige, ni de la grêle, ni de la glace, la moindre partie de salpêtre. Il n'est pas douteux qu'en des contrées couvertes de glace, il y a moins d'exhalaisons que dans les plaines où l'air est tempéré. Il n'est pas moins certain que la glace & la neige sont beaucoup plus légères que l'eau commune. L'eau de neige & de glace fondues ayant la même propriété, est plus disposée à geler, & lorsqu'elle passe à cet état, ses parties étant plus subtiles, doivent se condenser plus que celles de l'eau commune. De plus, la neige qui tombe sur les sommets des montagnes est plus pure que celle qui tombe au fond des vallées ; la raison en est sensible : la neige est formée de vapeurs gelées dans l'air, & celles qui s'élèvent des sommets déja couverts de neige & de glace, sont moins mêlées de parties grossières.

La neige des hautes montagnes étant plus pure, se condense davantage & contient moins d'air élastique : elle doit donc être la plus dure & la plus durable. On a remarqué aussi que cette glace vieillie ne peut pas être fondue en lames horisontales comme la glace commune, & qu'on n'y apperçoit ni couches ni lits.

Il n'est plus douteux aujourd'hui que la glace ne s'évapore. La glace des montagnes de Suisse est plus légère, plus dure & plus durable, mais beaucoup moins transparente que la glace commune. Celle-ci contient beaucoup d'air & d'eau, qui la rendent transparente, & l'autre a perdu presqu'en entier, par le degré de froid & par l'évaporation, ses parties aëriennes & aqueuses.

La glace du Nord est verdâtre, parce qu'elle est formée d'eau salée ; celle de Suisse qui est formée d'eau douce, est blanchâtre ou de couleur bleue. M. Gruner (10) a aussi traité des dispositions accidentelles des monts & amas de glace. En voici une commune à tous sans exception, ce sont les fentes & crevasses qui s'y forment souvent avec un grand bruit. Le poids de ces grandes masses, faisant un effort continuel contre le fond de roc ou d'eau qui les supporte, doit les faire éclater aux endroits les plus foibles. De plus, lorsque les eaux de neige ou de pluie s'écoulent dans les vallées supérieures, enflent celles qui supportent les amas de glace & en couvrent en même-temps la superficie, (deux circonstances que les habitans des montagnes disent être fréquentes & arriver souvent en même-temps) ; les vents souterreins se trouvant d'autant plus resserrés & agités par le mouvement des eaux, cherchent une issue aux parties foibles, & y font éclater la glace.

Lorsque ces vents sont un peu plus forts & plus resserrés, ou mis en mouvement par des forces plus puissantes, ils occasionnent de petits tremblemens de terre ou d'amas de glace : les habitans du pays disent qu'ils sont assez fréquens,

---

(9) Ibid. Partie III. Sect. IV. pag. 314-321. (10) Ibid. Partie III. Sect. V. pag. 322-334.

& quelquefois si forts, que ceux qui se trouvent alors sur l'amas tremblant, sont obligés de s'asseoir pour ne pas être renversés : ce mouvement violent peut fendre la glace aux parties qui sont les plus foibles, ou bien à celles où les vents sont pressés avec plus de force. Il se forme encore des crevasses, lorsque les anciennes ont été remplies par de l'eau de neige qui se gèle de nouveau, alors les parties de cette eau se dilatant, font effort contre celles qui les environnent, & la glace éclate çà & là. Il paroît que les crevasses formées de la sorte ne sont pas considérables, mais elles sont la principale cause des craquemens que l'on entend auprès des amas, & sur-tout pendant la nuit.

Les amas de glace ont aussi d'autres espèces de fentes, formées par les exhalaisons chaudes, qui peu-à-peu fondent la glace, ou par les eaux courantes qui creusent quelquefois la masse entière : alors les pyramides formées par ces mêmes courans, tombent avec fracas au fond des eaux inférieures.

Toutes ces fentes se forment avec un grand bruit, qui, pour les habitans du pays, est un présage de changement de temps & de pluie prochaine. Quelquefois aussi, sans qu'il se fasse de fentes, ou qu'il tombe de pyramides de glace, on entend un bruit effroyable; & lorsqu'on est sur un amas, on craint d'être englouti soudain : ce bruit est causé par des masses de rocher & de neige, qui, tombant sur l'amas de glace, l'émeuvent & font résonner toutes les cavités inférieures: il présage aussi un changement de temps à ceux qui habitent les montagnes.

Les souffles ou courans d'air qui sortent des amas, méritent quelque attention. On sait qu'il y a par-tout des cavernes remplies de vapeurs & d'air : lorsque ces matières mises en mouvement ne trouvent aucune issue, elles agitent la terre & ce qui est à sa surface, où elles se font jour en fendant les amas de glaçons ; mais quand elles peuvent s'échapper par quelque ouverture, alors il s'y forme un courant d'air, une espèce de vent, & les habitans du pays disent que *l'amas souffle*. On éprouve toujours sur les amas des vents âpres & pénétrans ; mais ceux qui sortent de la glace même, sont plus rares. M. Gruner rapporte l'anecdote suivante, il la tenoit de M. Walser qui a écrit en allemand une chronique du Canton d'Appenzell. Ce Savant voyageoit dans le pays des Grisons, & passoit le mont de Scaletta : un gros torrent avoit emporté tous les ponts le jour précédent, M. Walser fut obligé de passer sur un grand amas de glaçons que peut-être aucun voyageur n'avoit encore franchi ; c'étoit au milieu de Juillet, & le temps étoit si beau, qu'on ne voyoit pas au ciel le moindre nuage. Lorsqu'il fut à la pointe de la *Scaletta*, (en allemand *Skulettaberg*), il apperçut avec étonnement que son habit & son chapeau se couvroient de neige. Lorsqu'il eut fait encore quelques pas, il vit distinctement que cette neige sortoit d'une profonde crevasse de l'amas des glaçons, & quand il en fut plus près, il sentit un froid extrêmement vif; & tel, qu'il auroit pu dans cet endroit mourir de froid au milieu de l'été. Ces souffles ou vents souterreins annoncent toujours l'orage ou la pluie, parce qu'ils élèvent dans l'air les exhalaisons terrestres qui tombent peu de temps après.

Les plus grands changemens qu'éprouvent les amas de glace, consistent dans leur diminution & leur accroissement. Les anciens Naturalistes de la Suisse ont rassemblé à ce sujet plusieurs opinions superstitieuses, & ce que les Modernes en ont dit, est peu satisfaisant. Il est plus vraisemblable que les amas de glaçons s'accroissent comme ils se forment. Les eaux des vallons de glace ayant rempli leur encaissement, s'écoulent par les passages qui leur sont ouverts : elles couvrent la surface des amas de glaçons, & s'y gelant de nouveau, y forment une nouvelle couche. Quoiqu'il règne un froid continuel dans les vallons de glace, il y a toujours sur les masses qui les forment, des eaux qui s'écoulant par les ouvertures de la montagne, tombent sur les amas inférieurs, y regèlent & les augmentent. On voit aussi que lorsque les amas augmentent, les pyramides diminuent, parce que les eaux qui remplissent les intervalles de ces pyramides & qui viennent visiblement des vallées de glace supérieures, étant plus abondantes & s'y gelant de nouveau, diminuent la hauteur des pyramides.

Les amas de glaçons sont disposés par couches ou lits, preuve incontestable qu'ils sont formés peu-à-peu. M. Hottinger, de Zurich, Auteur d'une description (11) des Glacières de la Suisse, est le premier qui ait fait cette observation. Il a remarqué de plus que les couches supérieures sont toujours les plus épaisses, & que toutes les couches diminuent en épaisseur par degrés, de haut en bas ; elles sont toutes entremêlées de sable & de pierres, qu'y déposent les eaux de neige en descendant des cimes voisines. Ces matières étrangères s'incorporent avec la neige, fondue par la chaleur du soleil, & gèlent ensuite, soit par le froid de la nuit, soit au moins dans les temps les plus froids de l'année. Il tombe en continu durant l'hiver un nouveau lit de neige, que la chaleur de l'été suivant ne peut fondre qu'en partie : ainsi chaque lit montre évidemment l'accroissement d'une année, comme les couches d'un arbre. Quant à l'épaisseur graduelle des couches de glace, elle paroît résulter de ce que les couches inférieures étant les plus anciennes, ont perdu plus de parties aqueuses & aëriennes & sont comprimées par un plus grand poids : on voit de l'eau dégoutter sans cesse des endroits où les couches sont interrompues & séparées l'une de l'autre. Ces couches sont moins distinctes dans les revêtemens de glace.

Voici comment M. Gruner explique la diminution & l'augmentation que les amas de glace reçoivent en longueur & en largeur. Il rapporte l'évènement suivant. Les habitans du Val Hasli, Canton de Berne, se plaignent que les amas de glace ayant augmenté peu-à-peu se sont emparés de vallées entières, & ont couvert des terres fertiles. D'anciennes Chartes prouvent en effet que la vallée des Fleurs-de-Lys (*Lilienthal* ou *Blumlisalp*) sur le mont *Gauli*, (*Gaulihorn*) s'étendoit autrefois par le *Gletcherthal* jusqu'au *Grindelwald*. Les Grindelwaldois se plaignent qu'un de leurs vallons, qui est aujourd'hui rempli de glace, étoit accessible autrefois, & qu'on y passoit pour aller aux bains de Visp, en Vallais. Ceux de Lauterbrunnen assurent que les côtes de leurs montagnes étoient revêtues jadis de beaux pâturages, qu'*Ammerten* étoit un gros bourg, & le Val Rouge (*Rothethal*) un passage pour se rendre au Val de Frutingen & dans le Vallais, mais qu'aujourd'hui tous ces lieux sont ensevelis sous les glaces. Les habitans du Val de Simmen disent que les glaces

---

(11) En latin, insérée dans les Ephémérides de l'Académie Impériale de Vienne, *app.* 1706. p. 41.

des monts *Gelten* & *Razliberg* s'emparent peu-à-peu des terres fertiles. Le Faucigni, le Vallais, les Cantons d'Uri & de Glaris retentiffent de pareilles plaintes, & la plupart font confirmées par des Chartes autentiques. J'inférerai à l'article du Grindelwald (*), dans la Topographie du Canton de Berne, l'examen que M. Gruner a fait de l'amas de glaçons de cette vallée; l'on y verra comment il s'eſt étendu un temps en longueur & comment il a diminué dans un autre. Ainſi la diminution & l'augmentation annuelles des amas de glace font fort inégales, & n'ont pas chacunes une période régulière de ſept années, comme le croient les habitans des montagnes, & même quelques Savans. Cependant il eſt vraiſemblable que ces amas occuperont des terreins cultivés juſqu'à préſent. Quelques-uns pourront diminuer, & d'autres venant à s'accroître, couvriront des terres fertiles. Il y a des vallées de glace qui peuvent ſe remplir davantage, & répandre au-dehors une plus grande quantité de ces eaux ſuperflues dont les amas ſont formés. Les monts, les vallées & les champs de glace éprouvent de l'augmentation; une triſte expérience apprend que la neige reſte maintenant ſur des ſommets où elle fondoit entièrement il y a quelques années. La quantité de neige plus ou moins grande qui tombe en hiver, la chaleur de l'été plus ou moins forte & plus ou moins longue ſont cauſe que le degré de froid eſt plus ou moins bas à la cîme des montagnes, & qu'en général il s'abaiſſe. La neige ancienne qui les couvre, conſerve la nouvelle, & toute une région eſt d'autant plus refroidie qu'elle l'eſt plus long-temps.

Les amas de glace vont auſſi plus avant dans les vallées, d'une manière qui n'eſt pas proprement une augmentation. Lorſque les côtés de l'amas qui touchent la montagne fondent en entier, toute la maſſe entraînée par ſon poids gliſſe ſur ſon fond, & s'avance dans la vallée. On peut reconnoître ce mouvement par le moyen des quartiers de rocher, qui étant tombés des ſommets ſur les amas, à quelque diſtance de l'extrémité du vallon, s'approchent peu-à-peu de cette extrémité, & tombent quelquefois dans les ruiſſeaux qui ſortent de l'amas de glace. Des hommes intelligens & dignes de foi ont dit à M. Gruner, avoir obſervé ſur l'amas du Grindelwald, qu'un de ces rochers a parcouru de la ſorte, en ſix années, un eſpace de cinquante pas. Paſſons à l'utilité (12) des monts de glace. C'eſt à la poſition de la Suiſſe & aux monts de glace qui en ſont l'effet naturel, qu'eſt dû l'air pur & ſain qu'on y reſpire; l'air y eſt ſans ceſſe agité: il eſt rare & frais ſur les montagnes: les rayons du ſoleil y frappant avec moins de force que dans les vallées, y font élever moins de vapeurs: ainſi l'air des vallées eſt plus chaud & plus épais que celui des monts. Cette inégalité produit des courans perpétuels, qui purifiant l'air & l'empêchant de ſtagner & de ſe corrompre, préſervent les animaux d'un grand nombre de maladies.

Lorſque le temps eſt le plus ſerein, ſur-tout en été, & dans les montagnes, il s'élève ſouvent un orage accompagné de pluie qui cauſe un froid aſſez vif; & quand il pleut dans les vallées, il neige ordinairement ſur les hauts ſommets; quelquefois auſſi ces hautes cimes ſont dans l'air le plus pur, tandis que dans les vallées il y a des orages. Ainſi l'air changeant de température, non pas dans un jour, mais ſouvent dans une ſeule heure, eſt tantôt froid, chaud ou tempéré, & n'eſt conſtamment ni l'un ni l'autre.

Les pluies & les neiges entraînent les matières hétérogènes qui flottent dans l'air & le purifient: c'eſt ainſi que l'air chargé de vapeurs corrompues & malignes, que les vents pouſſent d'Italie vers la Suiſſe, en eſt dégagé en paſſant ſur les ſommets couverts de neige.

La peſte a ravagé la Suiſſe en différens temps, mais elle n'y a pas reparu depuis 1629, & peut-être le pays doit cette délivrance à l'accroiſſement des glacières. M. Gruner eût dû, à cette cauſe en ajouter une autre qui a empêché en Europe le retour de ce fléau terrible, l'uſage du linge, que la gent ruſtique ne connoiſſoit pas dans les anciens temps. Un autre avantage des monts de glace, eſt de donner à la Suiſſe & à toute l'Europe cinq grandes rivières & pluſieurs autres moins conſidérables. Tout ce qui recouvre les couches de terre & les défend de l'ardeur du ſoleil, comme les rochers, les forêts, & ſur-tout les neiges & les glaces, empêche l'exhalaiſon des parties aqueuſes, & fait que les réſervoirs ſouterreins ſont plus abondans. Les glacières elles-mêmes ſont un réſervoir très-conſidérable qui répand ſans ceſſe & de toutes parts une grande quantité d'eau, ſoit par des canaux ſouterreins, ſoit par des écoulemens viſibles; il donne beaucoup plus d'eau en été que durant l'hiver. Les ruiſſeaux qui ſortent du Grindelwald ſont environ ſix fois plus gros dans cette ſaiſon que dans l'hiver: cependant les ſources que les amas & les vallées de glace produiſent, ne tariſſent jamais.

Les eaux qui ſortent des glacières ſont répandues de toutes parts avec ſageſſe & prévoyance. Un réſervoir auſſi grand ne pourroit être mieux placé qu'au milieu des terres & loin de la mer; s'il en eût été plus voiſin, il eût arroſé moins de pays. La ville de Zurich eſt à cent vingt-cinq lieues communes de l'embouchure du Rhin & à ſoixante-quinze lieues communes des côtes de Gênes; ainſi la pente des rivières qui partant de la Suiſſe coulent vers le nord eſt de quinze pieds par lieue commune, & celle des rivières qui coulent vers le ſud eſt de vingt-cinq pieds auſſi par lieue commune. Une pente plus ou moins forte auroit donné un cours trop rapide ou trop lent, & cauſé de fréquentes inondations. La pente naturelle de ces rivières n'eſt pas le ſeul moyen qu'emploie la nature pour en modérer le cours. Le choc des eaux contre les rivages en rompt d'autant plus la violence qu'elles y touchent plus de ſurface; & plus le cours en eſt ſinueux, plus ce choc eſt répété. Les grands lacs rompent auſſi l'impétuoſité des rivières, & celles qui deſcendent du haut des montagnes de la Suiſſe, comme le Rhin, le Rhône, le Teſin, la Ruſſe, l'Adda, la Meira, l'Are & la Linth, traverſent toutes des lacs; elles y dépoſent les parties de terre dont elles ſe ſont chargées, s'y purifient, deviennent plus ſaines & plus propres à pluſieurs uſages. Enfin ces rivières & un nombre preſque infini de petits ruiſſeaux, arroſent & fécondent les terres, favoriſent l'établiſſement des manufactures & des machines hydrauliques, augmentent le commerce & produiſent toutes ſortes de commodités.

Ces avantages ne ſont pas les ſeuls que la Suiſſe doive à ſes monts de glace; il faut y joindre l'abondance des eaux minérales: on trouve au pied de ces monts un grand nombre de fontaines chaudes. J'en parlerai dans la ſuite de cette Introduction préliminaire. La Suiſſe doit auſſi aux glacières ſes bains d'eaux froides, qu'on y emploie avec ſuccès contre pluſieurs maladies: on guérit pluſieurs maux par l'uſage de

---

(*) PLANCHES 13, 50, 118, 123, 135, 172, 173. (12) Gruner, ibidem. Partie III, Sect. VI. pag. 335-348.

l'eau demi-glacée qui coule des amas de glace. On a prétendu que ces eaux vives donnoient le goître. Mais cette incommodité n'est pas plus commune en Suisse qu'ailleurs, si ce n'est dans le Vallais & chez les Grisons. M. Gruner dit qu'elle y est causée non par les eaux des amas de glace, mais par celles des exhalaisons. J'en dirai un mot à l'article du Vallais.

Quoique les Médecins en puissent dire, les habitans des montagnes boivent impunément de cette eau ; quelque échauffé que l'on soit, on peut en boire sans danger : elle délasse plus que toute autre, elle est un remède spécifique contre la fièvre, la dyssenterie, le dévoiement, le mal de dents & le mal de tête. Cette eau est donc saine & salutaire, & dans ces mêmes montagnes il faut éviter au contraire l'usage de l'eau commune, dont les effets y sont pernicieux. On ne peut pas douter que l'eau de neige glacée ne soit plus pure & plus légère que toute autre. M. Langhans, Médecin de Berne, pense qu'ayant ces deux qualités, elle est plus propre à nettoyer l'estomac, & que les parties nitreuses qu'elle renferme peuvent la rendre propre à dissoudre le sang épaissi & à guérir de la fièvre. Il a composé (13) un esprit glacial de pure eau de glace & de différens sels sédatifs, résolutifs & volatils : cet esprit préserve de la corruption toutes les liqueurs du corps humain, dissout la lymphe & le sang épaissi, & tempère une bile âcre & trop échauffée.

On peut mettre au nombre des choses remarquables & utiles de la Suisse, ses fontaines périodiques, dont la plupart ne coulent qu'en été, c'est-à-dire dans la saison où on en a le plus de besoin. Le cours en est annuel, journalier ou irrégulier. J'en parlerai plus au long dans cette Introduction. Elles sont toutes près des monts de glace ou dans les environs. Ce voisinage explique la cause de leur cours périodique.

Enfin la Suisse doit aux monts de glace un autre avantage inestimable : ces monts renferment plus de mines que toute autre partie du même pays. J'en ferai un article séparé.

Il faut compter au nombre des richesses minérales des glacières Helvétiques, les mines de cryftal qui se forment ordinairement en des rochers très-élevés, quartzeux & couverts de neige. J'en parlerai aussi dans un autre endroit.

M. Gruner, après avoir fait l'énumération des principaux avantages que la Suisse doit aux monts de glace, n'oublie pas leurs inconvéniens aussi ; mais ces inconvéniens, dont j'ai déja détaillé quelques-uns, sont liés à l'ordre de l'univers & absolument nécessaires. M. Gruner parle dans la dernière section de son ouvrage, des *lavanges* & des vents dangereux qui les ébranlent & les font tomber.

Il règne dans les monts de la Suisse, mais sur-tout au Printemps, un vent impétueux qui renverse souvent les édifices, & empêche au moins en bien des districts les habitans de faire du feu dans les maisons. Ce vent chaud du midi qu'on appelle en Allemand *Fan*, rend souvent les plantes vertes dans une seule nuit, fond une grande quantité de neige, en balaye pour ainsi dire les montagnes, enfle soudain les torrens & les grandes rivières, & cause des inondations, non-seulement en Suisse, mais en Allemagne, en Hollande, en France & en Italie.

Ce même vent occasionne aussi la chûte des glaces. Je vais parler des *lavanges*, on les appelle en Italien *Lavina*, en Allemand *ein Leenen, ein Schnée Leen,* ou *Schnée Lainen*, en Suisse *Lauwin, Lauwenen, Schnée Lane,* & en Grison *Labina*. Ce dernier mot dérive sans doute du verbe latin *labi*, tomber. On distingue en général trois sortes de *lavanges*. La première nommée *Lavange de vent* (14), est formée par un tourbillon qui enlevant d'abord une petite quantité de neige nouvellement tombée, l'emporte & la pelotonne, & y joignant sans cesse d'autre neige, en fait une masse énorme avec laquelle il entraîne & renverse tout ce qu'il rencontre ; la seconde espèce est nommée *Lavange de froid*, ces lavanges font des masses d'ancienne neige emportées & dirigées par leur propre poids, qui entraînent dans leur chûte maisons, bois, arbres, terreins, hommes, troupeaux, & se précipitent depuis le sommet jusqu'au fond de la vallée : les Grisons & les Italiens nomment cette espèce *Lavange de froid*, parce qu'elle ne tombe ordinairement qu'en hiver : on nomme la troisième espèce *Lavange de poussière*, parce que la neige qui tombe de rocher en rocher se réduit en poudre fine : celle-ci qui ne tombe qu'en été est nommée par les Italiens & les Grisons *Lavange de chaud*. Les deux premières espèces formant de grandes masses, sont plus faciles à éviter que la dernière qui est dirigée par le vent, & occupe un plus grand espace. Lorsque celles-ci sont fortes, elles renversent à un quart de lieue de distance, & pourroient même étouffer ceux qui n'auroient pas la précaution de se tourner d'un autre côté.

En général, tout mouvement qui ébranle la terre ou l'air, comme celui des vents, des pierres & des arbres qui tombent, des animaux qui courent sur la neige, le son des cloches, celui des sonnettes des bêtes de somme, la voix des voyageurs peut déterminer la chûte des lavanges : le plus petit oiseau peut mouvoir un flocon de neige qui en entraîne d'autres en roulant, & ceux-ci d'autres encore, de sorte qu'après avoir parcouru plusieurs lieues depuis le sommet jusqu'au bas d'une montagne, ils forment tous ensemble une masse énorme. Les archives des Cantons Suisses sont pleines de récits d'accidents causés par les lavanges, de maisons, de villages, de troupes de voyageurs ou de gens de guerre qu'elles ont ensevelis.

Les lavanges, dites de *poussière*, qui ne tombent qu'en été dans les plus grandes chaleurs, & qui sont formées de la neige ancienne, légère, sèche & durcie, dont les plus hauts sommets sont couverts, ne tombent vraisemblablement que lorsque la superficie glacée qui retenoit cette neige est fondue. M. de Keralio, Traducteur de la Description des Glacières de Suisse par M. Gruner, observe ici que les deux causes générales de la chûte des autres lavanges, c'est-à-dire le dégel & la communication du mouvement, le sont aussi nécessairement de la chûte des lavanges de poussière.

Tous les pays de montagnes, depuis la mer de Gênes jusqu'au lac de Genève, & depuis ce lac jusqu'au Tirol, sont sujets aux ravages des lavanges, mais cependant les uns plus que les autres. Voici un exemple mémorable de ces éboulemens ; le 19 Mars 1737, au village (15) de Bergamoletto ou

---

(13) Voyez sa Description du Val de Simmen, Canton de Berne, & son Traité de la nature & de la force de l'esprit glacial des Glacières de la Suisse 1758, ouvrages écrits en Allemand.

(14) En Allemand *Windlauenen*, on appelle les autres lavanges, en cette langue *Staub-Lowinen, Schloff-Lauwenen, Schlag-Lauwenen & Grund-Lauwenen*.

(15) Il parut en 1758, in-4°, à Turin, un écrit en Italien, qui a pour titre : *Ragionamento sopra il fatto avvenuto in Bergamoletto*.

Berghemoletto, dans le Marquisat de Saluces, une *lavange* se détacha des montagnes qui séparent du Piémont le Comté de Nice & le Dauphiné, elle emporta dans sa rapidité une étable où étoient une mère avec ses deux enfans & leur tante, un âne & six chèvres : on ne sait ce que devinrent quatre des six chèvres, l'âne creva le premier jour, un des enfans mourut le sixième, les autres personnes vécurent du lait des chèvres, & ces animaux furent nourris du fourrage qui restoit ; on buvoit de l'eau de la neige qu'on faisoit fondre avec la main : ces pauvres gens n'avoient pas d'autre horloge que le chant du coq ; enfin le 25 Avril, trente-sept jours depuis leur enterrement sous la *lavange*, ils sortirent de leur prison ténébreuse, virent le jour & des humains. Cette lavange avoit en longueur quatre cent pieds de Paris, quatre-vingt-quatorze en largeur, & soixante-six en hauteur.

Pirckheimer, Capitaine au service de l'Empereur Maximilien I, rapporte dans l'histoire (16) de la guerre que ce Prince fit aux Suisses en 1499, que quatre cents Impériaux d'un gros détachement furent enveloppés par une lavange dans l'Engadine, au pays des Grisons, & que pendant un temps ils disparurent tous aux yeux de leurs camarades ; on peut aisément juger combien ce spectacle les saisit d'effroi ; mais bientôt après ils éclatèrent de rire lorsqu'ils les virent tous se débarrasser & se relever de dessous la lavange comme des hommes nouvellement éclos de la terre ; ils avoient cependant perdu sous la neige leurs piques, leurs armes, leurs casques & leurs chaussures, & un grand nombre d'eux s'étoient meurtris en se heurtant dans la chûte les uns contre les autres. On montre à Zoug, dans l'église de Saint-Osuald, la tombe & l'effigie du Chevalier Gaspard de Brandenberg, mort *Ammann* ou chef du canton de Zoug le 24 Mars 1628, il est représenté avec un épagneul à ses pieds. On raconte à ce sujet l'anecdote suivante. Ce Chevalier étant Lieutenant-Colonel au service d'Espagne, fut un jour surpris par une lavange en passant le Mont Saint-Gothard, elle l'ensevelit avec son valet à la descente de la montagne près du petit pont sur le Tesin, à une lieue & demie d'Airolo, dans le val Levantina ; heureusement l'épagneul qui le précédoit le suivoit, n'en fut pas enveloppé : cet animal ne voyant plus son maître, ne quitta pas la place où il l'avoit perdu, il se mit à gratter dans la neige de la lavange, puis reprit le chemin de l'hopital qui est sur la crête de la montagne, il ne cessoit d'aboyer, s'échappoit quelques instants comme pour s'en retourner à la place de la lavange, revenoit en aboyant de nouveau. Des gens de l'hopital frappés de l'obstination de ce joli animal qui pendant plusieurs heures répétoit ainsi ses courses & ses cris, commencèrent à soupçonner quelqu'événement extraordinaire ; ils le suivirent munis de pêles & de pioches : l'épagneul qui les précédoit s'arrêta à la place où il avoit vu disparoître son maître, il se mit à gratter de nouveau dans la neige en élargissant le trou qu'il avoit déja fait la veille : les gens de l'hopital travaillèrent dès ce moment au même endroit, enfin ils déterrèrent de dessous la masse de neige le Chevalier & son valet. Pendant trente-six heures de la plus cruelle détresse, le maître & son valet entendoient très-bien dans leur prison souterreine les aboyemens de l'épagneul & les discours des travailleurs, mais leurs cris ne pouvoient se faire entendre en haut. Le Lieutenant-Colonel, mémoratif du petit animal à qui il devoit la vie, ordonna en mourant d'être représenté sur sa tombe avec son cher épagneul.

Les habitans des montagnes employent différens moyens pour se garantir des lavanges ; ils évitent de bâtir au pied d'un mont escarpé, à moins qu'ils n'y trouvent un espace mis à l'abri par une saillie du rocher ou par quelque bois qui puisse arrêter les neiges, ou ils bâtissent des murs qui font un angle tourné vers le côté dangereux de la montagne. Lorsqu'ils sont en voyage, ils remplissent de foin les sonnettes des bêtes de somme, ils s'abstiennent même de parler. Avant que de s'engager dans les passages périlleux ils tirent un coup de pistolet, afin de déterminer la chûte des neiges qui pourroient être prêtes à se détacher. Ils passent avant le jour dans ces endroits, & s'ils ne les connoissent pas, ils prennent des guides. En plusieurs lieux du pays des Grisons, & particulièrement entre les villages de Lavin (17) & de Guarda, on a creusé dans le rocher des espèces de cavernes pour servir d'asyle aux voyageurs : il y a même quelques endroits comme dans le val Aversa ou Avers, dans les Grisons, où l'on ne met les cloches qu'à quelques pieds au-dessus de la terre, afin que leur son n'aille pas trop loin produire quelque lavange ; & en plusieurs endroits on ne se sert absolument point de cloches par la même raison. Lorsqu'on voit tomber une lavange, il faut détourner promptement la tête, parce que la neige & le vent pourroient étouffer : quand on ne peut l'éviter par la fuite, il faut chercher l'abri de quelque partie du rocher qui soit, ou saillante ou du moins à pic, & s'il n'y en a point de telle à l'endroit où l'on se trouve, se coller contre le rocher. Enfin si l'on n'a pas le temps de prendre ces précautions, il faut au moins tourner le dos aux neiges qui tombent.

Lorsqu'on a le malheur d'être surpris par une lavange d'ancienne neige, alors beaucoup plus dure que n'est la nouvelle, & qu'il n'y a pas sur le lieu même assez d'hommes pour dégager promptement ceux qu'elle a couverts, ils sont perdus sans ressource ; mais lorsque la neige est récente, on peut avec les mains se faire devant le visage assez d'espace pour respirer, & la seule chaleur de l'haleine peut produire cet effet ; la neige est d'ailleurs assez poreuse. Il y a eu des hommes ensevelis de cette manière qui ont passé trois jours sous la neige, & se sont dégagés eux-mêmes de ce tombeau : le plus rare exemple que l'on ait de ces heureuses délivrances, est celui de Berghemoletto que j'ai rapporté. L'espérance reste aux malheureux qui sont dans cet affreux état, & qui n'ont pas perdu connoissance ; mais s'ils la perdent, leur salut dépend de la bonne volonté & du travail de ceux qui se rendent à l'endroit où ils savent qu'une lavange a couvert des voyageurs. Lorsqu'on les a tirés de la neige, on les plonge dans l'eau froide, de sorte qu'ils sont comme enduits d'une couche de glace ; ensuite on les met dans l'eau tiède, & peu-à-peu dans une eau plus chaude, enfin on les met dans un lit chaud, & souvent on rappelle à la vie, par ce traitement, des hommes qu'elle sembloit avoir abandonnés. Les corps de ceux qui meurent sous la neige s'y conservent très-longtemps ; mais dès qu'ils sont exposés à l'air, ils se corrompent promptement. Il arrive souvent que les lavanges ferment les vallées ; alors les eaux qui les arrosent ne trouvant aucune

---

(16) *Bellum Helveticum*, Lib. II. p. 20, *inter Scriptores Thesauri Historiæ Helveticæ*, Tiguri 1735 in-fol.

(17) Dans la basse Engadine.

issue, couvrent les terres fertiles, & ces inondations durent quelquefois une année entière.

Le Poète Claudien qui vivoit au quatrième & cinquième siècle, en traçant la marche de l'armée de Stilicon par la Rhétie, n'a pas oublié les *lavanges*, ni l'horrible froid qui règne sur les Alpes & qui, semblable à la Gorgone de la fable, fait perdre souvent des membres aux voyageurs. Voici les vers (18) de Claudien, ils sont très-pittoresques.

Sed latus, Hesperia quo Rhætia jungitur ora,
Præruptis ferit astra Jugis panditque terendam
Vix astute viam. Multi ceu Gorgone visa
Obriguere gelu. Multos hausere profunda
Vasta mole nives, cumque ipsis sæpe juvencis
Naufraga candenti merguntur plaustra barathro.
Interdum glacie subitam labente ruinam
Mons dedit, & tepidis fundamina subruit astris.
Pendenti malefida solo. Per talia tendit
Frigoribus mediis Stilico loca.

La chûte des neiges n'est pas le seul accident que les voyageurs ayent à craindre sur les monts de glace. Un vent du nord perçant & glacial peut les surprendre & les transir, sur-tout lorsqu'ils voyagent à cheval; alors le danger de leur état se manifeste par une forte envie de dormir, & s'ils ne s'excitent pas en descendant de cheval, en marchant, & en se donnant beaucoup de mouvement, la mort est inévitable, mais elle est fort douce. Le froid resserrant les extrémités des vaisseaux sanguins, empêche la circulation; la surface de tout le corps meurt la première; le sang se porte en abondance au cerveau parce que cette partie est plus à l'abri du froid, il s'y engorge, cause la mort & gèle en entier aussi-tôt.

Les tourbillons de vent qui surprennent & enlèvent quelquefois les voyageurs sur les montagnes, n'étoient pas inconnus à Silius Italicus. Ce Poète (19) parle de ces tempêtes.

Interdum adverso glomeratos turbine Corus
In media ora nives fuscis agit horridus alis,
Aut rursum immani stridens avulsa procella
Audacis rapit arma viri, volvensque per orbem
Contorto rotat in nubes sublimia flatu, &c.

Le vent *Corus* (20) ou *Caurus*, dont parle Silius Italicus, est le même que celui que les Grecs nommoient *Argestes* ou *Japyx*. C'est l'un des vents les plus froids & il apporte avec lui la grêle: on l'appelloit dans la Gaule Narbonnoise, le vent *Circius* ou *Cercius*; les anciens disent qu'il ne cède à aucun autre vent pour la violence, & qu'il enlève même les toîts. Ce vent du couchant règne sur-tout après l'équinoxe de l'automne, on l'appelle en Allemand *Nord-West*.

Le plus grand de tous les dangers est celui de tomber dans les fentes des amas de glace, dont la plupart cachées sous les neiges nouvelles, ne peuvent pas être apperçues. Des voyageurs imprudens se perdent assez fréquemment dans ces gouffres, & les archives des villes Helvétiques font souvent mention de ces malheurs. Les corps se conservent très-long-temps sous ces amas de glace; M. Gruner dit qu'on trouva sur celui du Grimsel le corps d'un jeune garçon qu'une crue d'eau avoit rejetté par la crevasse; or il ne s'étoit perdu depuis peu aucun enfant du pays, & on n'en avoit pas même le souvenir; enfin un homme très-âgé se rappella qu'il y avoit environ quatre-vingt ans qu'une jeune garçon de son voisinage étoit tombé dans une crevasse de ce même amas: le corps fut en effet reconnu (21) pour celui de ce jeune homme, il étoit aussi frais que s'il n'eût perdu la vie que depuis deux jours. Pour éviter un pareil malheur, les voyageurs prennent plusieurs précautions; ils se pourvoient de longues planches & s'en servent pour passer les crevasses qui sont visibles: ils vont rarement seuls sur les amas & se munissent de longues cordes, afin que si l'un tombe dans une crevasse, un autre puisse lui jetter une corde & l'en retirer. En d'autres cantons & sur-tout dans le pays des Grisons, les voyageurs portent sous chaque bras une longue perche qui puisse les retenir en cas de chûte; d'autres s'attachent trois à trois aux extrémités & au milieu d'une longue corde, & marchent l'un derrière l'autre; si l'un deux tombe dans une crevasse, les autres le retiennent ou l'en retirent avant qu'il puisse y périr. Les fentes (22) de glace sont plus ou moins larges & profondes; il s'en fait de deux ou trois & de cinq pieds de large, & de trois à quatre cents aunes de profondeur, & si un homme y tombe, il en réchappe difficilement: dans un pareil abyme, d'une profondeur épouvantable, l'on est bientôt tué par le grand froid ou noyé dans la neige fondue. Cependant il faut nécessairement passer par ces montagnes de glace, car en bien des endroits il n'y a pas d'autre chemin, & quand il s'y trouve de la neige nouvellement fondue, on court risque de glisser & de tomber; souvent même la neige couvre tellement ces horribles fentes dont je viens de parler, que les voyageurs ne les découvrant point, sont pris comme un oiseau dans les filets, ils y tombent & y périssent. Quand il y a de la neige fraîchement tombée, on ne voit aucune trace de chemin, & il faut alors suivre de l'œil certaines perches que l'on plante de distance en distance pour reconnoître le chemin, & que les Grisons appellent *Stezgas*, mais en bien des endroits les habitans n'en plantent point, afin que les voyageurs soient obligés de les prendre pour guides de les bien payer. Dans toutes ces occasions il faut armer ses souliers de crampons pour ne pas glisser, & on doit marcher avec grande circonspection. Je ne puis m'empêcher de rapporter ici une aventure merveilleuse arrivée à un chasseur de Glaris nommé *Caspar Stoeri*: elle se trouve dans le Voyage des Alpes (23) par M. Jean-Jacques Scheuchzer, de Zurich. Ce célèbre Naturaliste la tenoit lui-même de Stoeri à qui elle étoit arrivée deux ans auparavant; Scheuchzer l'avoit pris pour son guide en 1705: voici le fait.

Stoeri étoit à la chasse des chamois avec deux autres chasseurs dans le mont *Limmeren*, canton de Glaris, & comme il croyoit marcher fort sûrement sur la neige, dans le temps qu'il y pensoit le moins il tomba dans un abyme de glace fondue. Ses compagnons qui le perdirent d'abord de vue, furent dans de grandes peines, ils n'attendoient autre chose, sinon qu'il mourroit bientôt de sa chûte, ou du froid & de la

---

(18) *De Bello Getico vers.* 340 pag. 588 *inter Claudiani Opera cum varior. Commentariis, Amstelodami, Elzevir* 1665 *in-*8. *fig.*

(19) *De Bello Punico secundo, Lib. IV. p.* 74. *Lugduni Gryphius* 1578 *in-*12. Voyez aussi sur *Corus, Circius & Cercius*, Vitruve, Sénèque, Lucain, Pline le Naturaliste, Aulu-Gelle, &c.

(20) *Simleri Commentarius de Alpibus p.* 25. *in Thesauro Helvetico.*

(21) Il put l'être par le signalement de cet enfant consigné dans quelques archives.

(22) L'Etat & les Délices de la Suisse, nouvelle édition T. I. p. 32 & suiv. Bâle 1764, *in-*12. *fig.*

(23) *Iter Alpinum anni* 1705, *p.* 202, *inter itinera Alpina T. I, Lugduni Batav.* 1723 *in-*4. *fig.*

glace.

glace. Cependant pour n'avoir pas à se reprocher de l'avoir laissé mourir dans cet abyme sans tenter de le secourir, ils coururent à la cabane la plus proche qui étoit à une bonne lieue de-là, pour y chercher quelque corde ; mais n'y trouvant rien qu'une méchante couverture de lit, ils la coupèrent en long par bandes & la portèrent vers l'abyme pour en retirer leur camarade. Pendant le temps qu'ils mirent à aller & venir, le pauvre Stoeri mouroit de froid, étant jusqu'à la moitié du corps dans l'eau glacée dont la profondeur étoit telle qu'il ne pouvoit pas la découvrir ; & du reste du corps & des bras qu'il étendoit, il se tenoit ferme contre les deux parois de la glace fondue ; ainsi il se trouvoit serré comme dans un cachot étroit, profond, & froid à y mourir. On peut juger en quel état il se voyoit, il n'attendoit plus que la mort, & recommandoit son ame à Dieu, lorsque ses compagnons arrivèrent ; ils se hâtèrent de lui tendre ces bandes qu'ils avoient coupées pour le tirer en haut, il eut même la force de se les attacher autour du corps, & par ce moyen il fut enlevé jusqu'au-dessus de l'abyme ; mais comme il touchoit au moment de sa délivrance, malheureusement la bande qui le soutenoit se rompit en deux, il retomba dans l'eau glacée, & se trouva dans un plus grand danger qu'auparavant ; il avoit emporté avec lui une partie de la bande rompue, le reste étant demeuré entre les mains de ses compagnons, n'étoit pas assez long pour atteindre jusqu'à lui, & pour surcroît de malheur, dans cette seconde chûte il se cassa un bras. Cependant ils ne perdirent pas courage, ils coupèrent encore une fois la bande en long, & joignant les deux pièces bout à bout, ils ses lui tendirent ; il se les attacha à grand peine autour du corps avec son bras rompu, tandis qu'il se soutenoit de l'autre contre les parois de son cachot glacé, & avec ce foible instrument, comme par un miracle de la Providence, il fut tiré hors de cet affreux abyme : quoiqu'il fût tombé en défaillance, il reprit peu-à-peu assez de forces pour soutenir la fatigue d'être conduit & transporté dans la maison où il recouvra entièrement la santé.

Il est certain que les monts de glace sont remplis d'une grande quantité de minéraux inflammables, on en voit souvent des traces : il est aussi très-vraisemblable que plusieurs de ces monts contiennent un feu intérieur, qui de temps en temps cause des tremblemens de terre. Les cimes revêtues de glace ne laissent échapper aucunes exhalaisons, elles sont donc plus propres à entretenir les feux souterreins ; les monts de glace d'Amérique & du Nord, qui sont les plus considérables du globe, forment des volcans : on voit dans plusieurs parties de la Suisse les *cratères* de volcans éteints.

Les monts de glace, dit-on, occupent un grand espace & le rendent inutile ; mais ne sont-ils pas couverts en grande partie de terres fécondes, & ne voyons-nous pas la charrue jusqu'aux pieds des glacières ? De plus, les côtes des montagnes ont beaucoup plus de surface que n'en a leur base ; & si on rassembloit en plaine toutes les terres fertiles des glacières de la Suisse, un espace égal à leur base pourroit bien ne pas les contenir. Enfin les neiges qui couvrent si long-temps ces terres, en garantissent les fruits, & les pénétrant de leurs eaux pures & fécondes, les rendent plus parfaits que ceux de beaucoup d'autres pays. La fertilité de ces terres est prouvée par les revenus du petit Canton de Glaris, dont une partie est ensevelie sous des glaces perpétuelles, & l'autre couverte de neige durant presque tout l'été ; cependant il nourrit quinze mille têtes de gros bétail, sans compter les moutons & les chèvres, & contient dix mille journaux de terres ouvrables, qui, à trente florins le journal, font un revenu de trois millions quatre-vingt dix mille florins. Enfin les glaces ne couvrent point une grande partie de la Suisse, comme plusieurs étrangers se l'imaginent, elles en occupent à-peu-près la cinq centième partie, & si l'on en soustrait les terres fertiles répandues parmi les neiges, elles en seront à peine la millième. Si de plus on considère que ces réservoirs arrosent & fécondent tout le pays, on conviendra qu'ils y sont plus avantageux que nuisibles.

Les dangers même dont on vient de parler, ou plutôt leurs causes, ont leur utilité. Sans le vent du sud qui fond les glaces, les amas envahiroient peu-à-peu les terreins fertiles ; les fruits ne viendroient pas à maturité dans certains cantons ; les pays d'Uri & de Glaris deviendroient inhabitables : on en peut dire autant des *lavanges*, des feux souterreins, & des tremblemens de terre. Sans le vent du nord, les neiges fondroient en trop grande quantité, elles inonderoient des contrées entières. Sans les feux souterreins nous n'aurions ni minéraux, ni bains chauds, ni eaux minérales. Par-tout le bien & le mal sont unis par la sagesse éternelle, & concourent également à l'ordre universel : par-tout on peut reconnoître avec Pope cette grande vérité que l'ordre est la grande loi du Ciel (24).

V I.

La Suisse est le réservoir de plusieurs fleuves & rivières de l'Allemagne, de la France & de l'Italie.

Le titre de cet article est suffisamment prouvé. On se (1) fera facilement une idée de la position des Alpes Suisses & de la liaison entre leurs différentes branches, pour peu qu'on suive sur la carte le cours des principaux fleuves qui en découlent. On y verra les sources du Rhône, de l'Are, de la Russe ou Reuss, du Rhin, du Tésin, de la Linth, de l'Inn, de l'Adda & de tant d'autres rivières ou torrens qui s'y jettent, se former dans un petit circuit de pays, & partir de-là comme d'un réservoir commun. N'est-il pas naturel de présumer que l'on doit trouver dans l'intérieur de ce cercle les masses les plus élevées des Alpes ? Le mont Saint-Gothard & les monts qui l'avoisinent, fixent les confins du Vallais, du pays des Grisons, & des Cantons de Berne & d'Uri. Des glacières de la Fourk ou de la Fourche, au midi du Saint-Gothard naît le Rhône : la chaîne septentrionale des Alpes qui sépare le Vallais du canton de Berne, offre la source de l'Are : au nord du Saint-Gothard est celle de la Russe : à quelque distance au nord-est, dans le canton de Glaris, sort la Linth : à l'est du Saint-Gothard se trouvent les diverses sources du Rhin : enfin, au midi de la même montagne, le Tésin, une des

(24) *Order is heaven's great law.*

(1) Dict. Géog. Hist. & Pol. de la Suisse. T. II. p. 141.

principales branches du Pô prend son origine. On trouve encore dans la *Suisse* septentrionale deux autres masses ou foyers des Alpes; de l'une de ces masses située dans le pays des Grisons, l'Inn, l'Adda, la Maira & l'Albula tirent leurs sources; l'autre masse, placée sur les frontières du canton d'Appenzel & du Comté de Toggenbourg, forme une vaste montagne isolée, dont les pointes les plus élevées conservent toujours la neige & quelques glaces; deux torrens, la *Thour* & la *Sitter*, en sortent & se réunissent enfin dans le Rhin au-dessus de Schaffhausen. Je ne différerai pas ici avec Plantin (2) sur l'origine des fleuves, des rivières, des lacs, des fontaines & des eaux minérales de la Suisse, j'abandonne ce vaste champ d'observations aux Physiciens, & je respecte d'avance leurs spéculations, tant qu'elles seront fondées sur l'expérience & non sur des hypothèses. Hâtons-nous de commencer la description des rivières & des lacs qui font regarder en quelque sorte la Suisse comme le principal réservoir de l'Italie, de la France & de l'Allemagne.

VII.

Sources du Rhin, du Rhône, de l'Are, de la Russe, du Tésin, de l'Inn, de l'Adda & de la Linth ou Limat, & leur cours par les Etats Helvétiques.

LE RHIN.

LE *Rhin*, en latin *Rhenus*, en Allemand *der Rhein*, & en Italien *il Reno*, qui sembleroit devoir être la borne naturelle entre l'Allemagne & la France, & qui finit (1) comme un ruisseau lorsqu'il se perd dans l'Océan, sort du pays des Grisons. Les anciens (2) ont beaucoup balbutié sur ses sources, elles sont (3) au nombre de trois, & se trouvent toutes dans la *haute Ligue Grise*; on appelle la première le *Rhin antérieur* ou de devant, en latin *Rhenus anterior*, en Allemand *der vorder Rhein*, les François l'appellent aussi le *bas Rhin*: on nomme la seconde source *Rhenus medius*, le *Rhin du milieu*, en Allemand *der mittler Rhein*, & la troisième *Rhenus posterior*, le *Rhin de derrière* ou *le haut Rhin*, en Allemand *der hinter Rhein*. Ces trois sources sont éloignées l'une de l'autre, dans une distance de plusieurs lieues, le *Rhin bas* & le *Rhin haut* ne se joignent qu'au bout de seize lieues de cours.

Le *bas Rhin* ou *Rhin antérieur*, a sa source dans le mont *Crispalt* ou *Creutzlein*, dans la partie de la cime de cette montagne que l'on nomme *Badus* ou *Cima del Badut*, à l'extrémité du val *Tavetsch*, dans la haute jurisdiction de Disentis, du côté du mont Saint-Gothard & du val Urseren, qui sont du Canton d'Uri; il traverse les jurisdictions de Disentis, Lugnez, Gruob, Flimbs, Hohen-Trimbs, Damins & une partie du territoire de Rezuns, il croit dans son cours par plusieurs ruisseaux qui s'y joignent, & sur-tout par le *Rhin du milieu* & la rivière *Glenner* ou *Gloing* qui s'y jette au-dessous d'Ilantz, à quatre lieues de sa source qu'il a dans une montagne élevée entre Vals & Lugnez.

On place la source du *Rhin du milieu* sur une branche très-élevée du mont *Luchmannier*, dite *Cadeltin* ou *Cadelin*, autrement *Co-del-Rhin*, nom qui désigne en langue du pays *la tête du Rhin* ; d'autres en fixent la source dans la proximité du local précédent, au-dessus du village *Santa-Maria* dans le val de Medels, en la haute jurisdiction de Disentis. Cette source est formée par plusieurs ruisseaux auxquels s'en joint un autre qui tombe d'une haute montagne, & que l'on croit être le ruisseau *Froda* ou *Frodda*; cette partie du Rhin arrose tout le val de Medels, & après un cours de plus de quatre lieues, elle se jette dans le *Bas-Rhin*, près de l'Abbaye de Disentis, & en prend le nom.

Le Rhin *de derrière* ou *le haut Rhin*, paroît avoir été le bras le plus connu des anciens, qui plaçoient seulement la source du Rhin sur le mont *Adula* ou (4) *Adule*; ce bras tire sa source de plusieurs ruisseaux dans une partie du mont *Avicula*, en Allemand *Vogler* ou *Vogelberg*, aujourd'hui dite *Monte del olcollo* ou *Colmen de l'olcello*, en François *Mont de l'Oiseau*, dans la haute jurisdiction du Rheinwald ; ces ruisseaux partent d'un *Gleescher* ou amas de glaçons long & large, au-dessous de la pointe *Moschelhorn* qui appartient à l'Alpe de *San-Porta*, dans un endroit où, suivant la tradition, il y avoit un petit temple consacré aux Nymphes. Le *haut Rhin* coule d'abord vers le midi & ensuite vers le levant pendant trois ou quatre lieues, jusqu'au village dit *Zum Rhein* ou *Hinter-Rhein*, le *Rhin de derrière*; il prend ensuite son cours, toujours peu-à-peu au levant, par la haute jurisdiction du Rheinwald, passe par Schambs & Thusis, le tour dans la haute Ligue Grise, de-là il se tourne au nord & traverse la jurisdiction de Tomlesch qui est de la même Ligue Grise & de celle de la Maison-Dieu ou *Caddée* ; son cours jusqu'à Reichenau a bien quinze lieues, il reçoit beaucoup de ruisseaux & de torrens, & particulièrement la *Nolla* qui vient du mont *Spizbeuerin* & la rivière *Albulen* ou *Elbela* qui descend du mont *Albula* ou *Albulen*, situé dans la Ligue Caddée.

A Reichenau, dans la jurisdiction de Tamins, le haut Rhin se joint (*) au Rhin antérieur ou *Bas-Rhin*, & depuis cette jonction, le fleuve ne porte plus que le nom de Rhin.

---

(2) *Helvetia antiqua & nova* Cap. X. p. 66-70. *Berna* 1656 in-12.
(1) M. le Président de Montesquieu, dans ses *Considérations sur les causes de la grandeur des Romains & de leur décadence*, ouvrage immortel, (pag. 298 Lausanne 1749 in-12. fig.) dit que *sous les derniers Empereurs, l'Empire réduit aux fauxbourgs de Constantinople, finit comme le Rhin, qui n'est plus qu'un ruisseau lorsqu'il se perd dans l'Océan*. Pour bien sentir la beauté de cette allusion, il faut se retracer le cours du Rhin; ce fleuve, après avoir reçu plusieurs rivières considérables, l'Are, le Necker, le Mein, la Lahne, la Moselle, la Roer, la Lippe, &c. & après avoir arrosé le cercle du *Haut-Rhin*, & celui de *Westphalie*, se partage en deux branches, dont la gauche s'appelle le *Vahal*, & la droite conserve le nom de *Rhin* : à huit lieues au-dessous d'Arnheim, il se sépare encore en deux branches, la principale prend le nom de *Leck*, & se joint à la Meuse, l'autre qui conserve son nom, mais qui n'est plus qu'un ruisseau, se perd dans l'Océan, au-dessous de Leide.

(2) *Plantini Helvetia antiqua & nova*, Cap. XI. p. 21 & seq. in *Thesauro Helvetica Historia*.
(3) Leu, Dict. Hist. de Suisse T. XV. p. 200 & suiv. Zurich 1759 in-4 en Allemand.
Tscharner, Dict. Géog. Hist. & Pol. de la Suisse. T. II. p. 102-103.
(4) Boileau a peint poétiquement la source du Rhin dans les vers suivans :

Au pied du Mont Adule entre mille roseaux,
Le Rhin, tranquille & fier du progrès de ses eaux,
Appuyé d'une main sur son Urne penchante,
Dormoit au bruit flatteur de son onde naissante.

Epître 4 vers 39.

(*) PLANCHE 146.

Déja considérable il continue son cours par la Communauté d'Embs dans le territoire de Rezuns, & aussi dans la haute Ligue Grise, & après deux lieues de cours il passe dans la Ligue Caddée, près de la ville de Coire (*), où il reçoit la rivière de Plessur ou Plassur, qui prend sa source sur le mont Streelenberg, dans la Communauté de Langwiesen, en la Ligue des Dix-Droitures. Le Rhin coule ensuite entre la haute jurisdiction des quatre villages & la Baronnie de Haldenstein, jusqu'au pont du péage dit Zoll-Brugg; près de-là il reçoit la rivière de Lanquart, en latin Langarus, qui sort des Alpes Farcina & Sardaska sur la frontière de la Ligue des Dix-Droitures, du côté de la basse Engadine; on trouve ensuite sur la droite du Rhin, jusqu'à son entrée dans le lac de Constance, la Seigneurie & la haute jurisdiction de Meyenfeld, qui sont dans la Ligue des Dix-Droitures, la Seigneurie de Vaduz qui est au Prince de Liechtenstein, les Comtés de Fledkirch & de Montfort, qui appartiennent à la Maison d'Autriche, le Comté de Hohen-Embs qui a les Comtes de même nom, & la Seigneurie de Bregenz, ce dernier Domaine appartient aussi à la Maison d'Autriche. Le Rhin a sur sa gauche les Comtés & Bailliages de Sargans & de Werdenberg, la Baronnie de Sax & le Bailliage du Rheintal qui sont de la Suisse, il reçoit aussi dans le Comté de Feldkirch la rivière Ill; au-dessous de la petite ville de Rheineck, dans le Bailliage Suisse du Rheintal, il entre dans le lac de Constance & en prend le nom, il reprend ensuite le sien à la sortie du lac, près de la ville de Constance, le garde à peine pendant une lieue de cours, & le reperd avec ses eaux dans le lac inférieur de Constance, dit Unter-sée: il reçoit de nouveau son ancien nom en sortant de ce lac près de la ville de Stein (**) dite Am-Rhein, ou sur le Rhin, laquelle est du canton de Zurich, & est sise sur la droite du lac inférieur de Constance. Le Rhin continue son cours vers le couchant, touche au-dessous de Stein, des deux côtés, la Turgovie qui appartient aux huit anciens Cantons, & ensuite il côtoye sur sa droite le territoire de Schaffhausen, pendant qu'il a sur sa gauche la Turgovie & les districts suivans qui en font partie, savoir, la ville de Diessenhofen où il y a un pont, le Val de Ste.-Catherine (5), Couvent de Religieuses de l'Ordre de St.-Dominique & Paradis autre Couvent de filles de l'Ordre de Ste.-Claire; il suit ainsi son cours jusqu'à la ville de Schaffhausen où il y a un pont de bois, couvert, d'une structure bien hardie aboutissant au village de Feurthalen qui dépend du Canton de Zurich. A Lauffen, à une petite lieue au-dessous de Schaffhausen, est la fameuse cataracte ou chûte du Rhin; ce fleuve se précipite par-dessus des rochers hauts de quarante pieds; de-là en s'avançant il forme deux péninsules très-considérables, l'une dite Schwaben, couverte de bois, sur le territoire de l'Empire, & l'autre où est située sur une élévation la petite ville de Rheinau, dépendante du territoire Suisse; entre ces deux péninsules paroît l'île dans laquelle est bâtie l'ancienne & célèbre Abbaye (***) de Rheinau, ordre de Saint Benoît, qui est sous la protection des huit anciens Cantons. Il y a ici deux ponts, l'un de pierre qui conduit de la ville dans l'Abbaye, & l'autre de bois couvert, par où on

sort de la ville pour entrer dans l'Allemagne; cette situation unique & charmante offre le Rhin comme embarrassé dans son cours. En côtoyant la première des péninsules, le fleuve rétrograde vers le couchant, comme s'il vouloit retourner à sa source, & bien-tôt après il se tourne au levant; en s'allongeant à l'entour de l'autre péninsule où est la ville de Rheinau. Depuis Schaffhausen on trouve sur la droite du Rhin une partie de ce Canton, une autre du Kleggau qui appartient à la Maison de Schwarzenberg, une partie du Canton de Zurich & une autre du Kleggau jusqu'à Coblentz, où la rivière d'Are se jette dans le fleuve. On trouve de même depuis Schaffhausen, sur la gauche du Rhin, le district du Canton de Zurich où l'on voit la petite ville Eglisau, avec un pont couvert sur le Rhin; ce district s'étend jusqu'à Kayserstuhl, où il y a aussi un pont sur le même fleuve: cette ville est comprise dans le Comté de Bade en Argeu, Bailliage appartenant aux trois Cantons de Zurich, Berne & Glaris; le Rhin touche au même Bailliage & se prolonge jusqu'à Coblentz; durant cet intervalle il reçoit les rivières de la Thour, de Toefs & de Glatt & plusieurs torrens. Il s'accroit considérablement par la jonction de l'Are à Coblentz, en latin Confluentes, ainsi appellé à cause du confluent de ces deux rivières; Coblentz est précisément situé dans l'angle où elles se réunissent. Le Rhin qui conserve seul son nom continue son cours jusqu'à Bâle, ayant sur sa droite les quatre villes forestieres Waldshut, Lauffenbourg, Seckingen & Rheinfelden qui appartiennent à la Maison d'Autriche & une partie de la Seigneurie de Rothelen ou Rothelin, qui est au Margrave de Bade-Dourlach, jusqu'au pied du Mont-Horn, au-dessous de Grentzach ou Crenzach. Sur la gauche du Rhin, on trouve d'abord une partie du Comté de Bade qui est de la Suisse, & le Frickthal qui appartient à la Maison d'Autriche, jusqu'au village Augst; depuis cet endroit & depuis le Mont-Horn que j'ai nommé, les deux côtés du fleuve, jusqu'au-dessous de Bâle qu'il partage en deux parties, & jusqu'au petit Huningue, appartiennent à la ville de Bâle (****). Nous ne suivrons pas plus loin son cours, parce qu'il devient depuis cet instant étranger à la Suisse; mais nous observerons qu'avant que d'entrer dans le lac de Constance, il ne porte pas bateau, il commence à le porter hors de Constance jusqu'à la sortie du lac supérieur, & il est navigable jusqu'à Schaffhausen: là, à cause de la cataracte voisine de Lauffen, on (*****) décharge les marchandises & on les transporte avec les bateaux sur des chariots jusqu'au bas de la cataracte; on observe la même précaution à la cataracte de Lauffembourg, l'une des quatre villes forestières; cette dernière cataracte n'est pas aussi considérable que celle de Lauffen. Depuis Coire jusqu'au lac de Constance, le Rhin porte beaucoup de bois flottés, on trouve aussi dans les Grisons plusieurs chûtes du Rhin par-dessus des rochers; la plus haute d'entr'elles est celle de Ruffen, entre les villages Splugen & Schams. Nous ne parlerons pas ici de l'or que charie le Rhin, nous en dirons un mot à la section des mines de la Suisse. Nous remarquerons seulement que le Rhin est profond, rapide, & qu'il a son fond d'un gros gravier mêlé de cailloux. Il y a long-temps que Lucain (6) a dit:

Fregit & arcoo spumantem vertice Rhenum.

(5) Sant-Catharina-thal, vallis Sanctæ Catharinæ.
(6) Lib. I. vers. 370 p. 28, cum Grotii, Farnabii & Schrevelii notis. Amstelodami 1658 in-8. fig.
(*) PLANCHE 45.

(**) PLANCHE 137.
(***) PLANCHE 83.
(****) PLANCHE 31.
(*****) PLANCHE 105.

César (7) appelle le Rhin un fleuve très-large, *flumen latissimum*. Le Rhin est aussi singulièrement bizarre dans ses débordemens, & sa navigation est difficile, tant à cause de sa rapidité que des coupures qu'il fait dans son cours, où l'on voit un grand nombre d'îles couvertes de broussailles & d'un accès très-pénible. Quand ses eaux sont basses, ce qui arrive dans l'hiver, on voit son lit hérissé de rochers dans une grande partie de son cours ; il gèle dans les hivers rigoureux.

LE RHÔNE.

LE Rhône (1), en latin *Rhodanus*, en Allemand *Rhodan* & *Rotten* & en Italien *il Rodano*, fleuve qui traverse avec une grande rapidité tout le pays du Vallais, entre dans le lac de Genève, en sort près de la ville de ce nom, & après avoir arrosé quelques provinces de France, se jette dans la mer Méditerranée. Les anciens ont eu de foibles (2) connoissances de sa source, quelques-unes l'ont placé dans la proximité de la mer Adriatique, ou près de la source du Pô, ou même près de celle du Danube : elle (*) est au pied du mont *Furca*, la *Fourck*, en latin *Furca*, *Furcula*, *Bicornis*, ainsi appellé parce qu'il a deux sommets qui offrent la figure d'une fourchette : on prétend que les anciens le connoissoient sous le nom de *Coatius*, *Juberus*, *Viberus*, *Ursellus* & *Joverus*. Sur la cime de ce mont on voit une croix qui sépare le haut Vallais d'avec le val d'Urseren qui appartient au Canton d'Uri ; il est praticable en été pour les voyageurs qui passent de ce Canton dans le Vallais, mais pendant l'hiver il est presque toujours fermé par les neiges ; ce mont considérable termine à l'Occident le Saint-Gothard ; son élévation est de deux mille quarante pieds au-dessus du village d'Urseren, au Canton d'Uri ; de quatre mille pieds au-dessus d'Altorff ; de huit mille trois cents soixante-seize au-dessus de la Méditerranée, selon M. Cassini ; de deux mille six cent soixante-dix-neuf toises vers le nord, & de deux mille cinq cent vingt-deux vers le midi, selon M. Micheli. On trouve à la cime de cette montagne, en montant vers le Vallais, un très-bel amas de glaçons, mais beaucoup moins grand que ceux qui sont au-dessous ; au bas de cette montagne & dans sa cavité qui ressemble à une vaste caverne, on remarque sur le penchant du rocher un amas très-incliné couvert de grandes pyramides, & sur la droite auprès du chemin, on en voit un autre moins considérable ; au pied du plus grand de ces amas il y a une masse énorme de glace pure, unie, ronde & haute de quelques cents pieds : ces deux revêtements sont produits par les eaux des amas de *Triff* & de *Gilmer*, au Canton de Berne, & de ceux de *Steinberg* & *Lochberg*, au Canton d'Uri ; elles prennent leur cours vers la Fourck, & passent entre les sommets de cette montagne.

Du revêtement supérieur il sort un ruisseau qui, se joignant à plusieurs autres, coule sur le revêtement inférieur, s'y perd, reparoît ensuite, est grossi par quelques autres ruisseaux qui sortent du même revêtement, & forme la principale source du Rhône. Ce fleuve reçoit auprès de son origine un ruisseau qui vient du Grimsel, & il traverse le Vallais où ses eaux sont fort accrues par les torrens & ruisseaux qui de part & d'autre viennent à son lit ; son cours est extrêmement rapide : avant que de se jetter dans le lac de Genève il est trouble & blanchâtre, mais il se purifie dans ce lac. Voici son cours depuis sa source, par le Vallais, du midi au couchant : il se précipite entre de hauts rochers par un lit étroit dans la vallée du Dixain de Gombs ou Conches & passe auprès du village Oberwald sis au nord du fleuve ; on voit ensuite la petite rivière *Elmi* qui vient d'un vallon, derrière le petit village *Unterwasseren*, se jetter dans le Rhône ; à une lieue de ce confluent on trouve en descendant sur la droite du Rhône, le village du Haut-Châtillon, en Allemand *Ober-Gestellen* (3), & en latin *Castellio superior*, au pied du mont Grimsel qui sépare le Vallais du Canton de Berne. Au-dessous du village Lax ou Laax, les montagnes du Vallais, tant au midi qu'au nord, se resserrent tellement, qu'il y a place à peine pour le passage du Rhône. De Lax à Grenlols ou Grengiols, on trouve un pont voûté de pierres, d'une élévation effrayante, n'ayant qu'une arche ; il est haut de quatre-vingt treize pieds & sa largeur en a presqu'autant. Près du pont est le village Mullibach ou Millibach, lieu natal du fameux Cardinal de Syon, qui donna tant d'embarras aux Rois de France Louis XII & François I ; ce village est à une demi-lieue au-dessus du bourg Ernen ou Aernen. On trouve sur la gauche du Rhône Grengiols ou Greniols ; de ce village on entre dans le val Binnerthal ou Bunnerthal, par lequel coule la rivière Bunn ou Bun, qui sort du mont Albrunn, & qui après un cours de quatre lieues va se jetter dans le Rhône au-dessous d'Ernen ou Aernen. Le *Deufchberg* ou *Deifch*, autrement *Dieftalden*, en latin *Mons Dei*, est dans la prairie d'Aernen ; au pied de ce mont qui sépare le Dixain de Gombs du district du Merel ou Moerell, il y a un grand pont de pierre sur le Rhône. La petite rivière *Massa*, en Allemand *Maafen*, qui prend sa source au mont Aletsch, & traverse le val de ce nom, se jette dans le Rhône ; on a bâti en 1750 un pont de pierre sur le confluent de ces deux

---

(7) Lib. I. de Bello Gallico.
(1) Plantini Helvetia antiqua & nova Cap. XII. pag. 22-23 in Thesauro Helvetica Historiæ, Scheuchzeri Itinera Alpina T. II. p. 292 & seq. & T. III. p. 437 & seq. Lugduni Batav. 1723 in-4 fig. Bochat, Mém. sur l'Hist. anc. de la Suisse, T. I. p. 172-178. Gruner, Description des Glacieres de la Suisse, Partie. I, Chap. VII. p. 147 & suiv. Leu, Dict. Hist. de la Suisse. T. VII. p. 476-477 & T. XV. p. 244-246, &c.
(2) Ausone la faisoit même sortir du lac de Genève. Strabon (Lib. IV. p. 313) après avoir parlé des *Veragri* & *Nantuates*, peuples du bas Vallais, dit que le Rhône passe à travers le lac Leman, & qu'il a sa source dans le voisinage du mont *Adula*, d'où sort le Rhin.
Ammien Marcellin place la source du Rhône sur les *Alpes Pennines*. Voici ses paroles (Liv. XV. Chap. XI. p. 152-153, traduit. de 1778. T. I.)
Abondant dès sa source, le Rhône sort des Alpes Pennines, remplit de son propre volume son lit, descend avec impétuosité dans la plaine, & se jette ensuite dans un lac nommé Leman qu'il traverse sans se confondre jamais avec lui ; mais cherchant de l'autre côté une issue, il coule au-dessus d'eaux moins rapides, & s'ouvre avec violence un passage. De-là sans causer le moindre dommage, il parcourt la Savoie & le pays des Sequanois (la Franche-Comté) &c. Le grand Saint-Bernard en Vallais étoit dans les Alpes Pennines : l'Itinéraire d'Antonin place cette montagne connue des Romains, sous le nom de *Summum Peninni*, entre Aoste & Martigni ou *Odudurus*; Simler s'est beaucoup étendu sur les Alpes Pennines, dans son excellent Commentaire d'Alpibus (pag. 245-250, édit. Elzevir in-24) ; le Rhône ne prenoit pas sa source dans ces Alpes, mais dans celles que les Anciens appelloient distinctement *Summa Alpes*, les plus hautes Alpes : la Fourk en faisoit partie. Voyez Simler ibid. pag. 250-258.
(3) M. Besson a décrit la route d'Ober-Gestellen au glacier du Rhône, & il a fixé les vraies sources du Rhône. Ses observations ont le plus grand mérite, il en parle comme témoin oculaire. Voyez son Discours à la tête de ces Tableaux p. XXVI-XXVII, il est également exact dans sa Description du Vallais & du cours du Rhône, pag. XIII, XIV & XVI.
(*) PLANCHE 47.

rivières.

PITTORESQUES, &c. DE LA SUISSE.

rivières. La Massa sépare le district de Moerell du Dizain de Brig : ce district est du ressort du Dizain de Rarogne dont nous ferons bien-tôt mention. Le village Moerell est placé sur la droite du Rhône, à deux lieues au-dessous d'Aernen; on trouve aussi sur la droite du même fleuve le bourg *Naters*, distant de celui de *Brig* d'un quart de lieue, puis en descendant au pied du côteau sur lequel on voit les mazures du château de Flue, il y a un pont de deux arches sur le Rhône: ce fleuve coule ici avec tant de rapidité & de bruit entre les rochers, qu'on regarde comme une merveille la construction d'un pont en cet endroit: Naters est du Dizain de Brig. La Saltana, en Allemand *Saltinen*, petite rivière qui a sa source au mont Simplon, se jette dans le Rhône près de Brig, après avoir traversé le Dizain de ce nom pendant l'espace de quatre lieues. Le bourg de Brig, capitale de ce Dizain, forme par sa position un triangle avec Naters & Glys; on trouve entre ces trois villages, distans l'un de l'autre seulement chacun d'une petite demi-lieue, des prairies grasses & agréables. Le joli village de Glys est bâti sur la gauche du Rhône, on trouve au-dessous de Glys les restes d'un ancien mur garni de tours, qui s'étend depuis le Rhône jusqu'à la montagne ; ce retranchement fermoit autrefois l'entrée du haut Vallais: à peu de distance de ce mur entre dans le Rhône la petite rivière Gamsa, en Allemand *Gambsen*, qui sort des montagnes du Dizain de Visp; elle donne son nom à un village sur la gauche du Rhône : à une lieue au-dessous de Brig sont les bains du même nom, près du Rhône : on en parlera dans la suite de cet ouvrage.

La petite rivière *Vispa* se jette dans le Rhône, près du bourg *Visp*, qui est la capitale du Dizain de ce nom ; elle est formée par deux petites rivières, dont l'une descend du mont Austelberg dans le val de Saas, même Dizain de Visp, & l'autre prend sa source derrière le village Zermatt ou Zurmatt, dans la grande vallée de Visp; elles se réunissent sous le nom de *Vispa*, auprès du village Stalden. Le bourg de *Rarogne* qui donne son nom à un des sept Dizains, est situé dans une plaine sur la droite & dans la proximité du Rhône ; on trouve sur la gauche de ce fleuve les villages Turtig, Birchen & la paroisse Unter-Baechen, & sur la droite les villages Eyschol ou Eyschel, & le bas-Châtillon, en Allemand *Nider-Gestelen*, & en latin *Castellio-inferior*, ce dernier qui est une paroisse, est situé au pied du mont Gestelenberg, sur lequel on voit les ruines du château de la Tour ou de Gestelenbourg, autrement la *Tour-Châtillon*. La petite rivière Lonza ou Lunza qui traverse le val de Letsch, se jette dans le Rhône entre Zum-Steg & Gampel, elle sépare le Dizain de Rarogne de celui de Leuck ou Leuk. Le *Dala*, autre petite rivière qui prend sa source au pied du mont Gemmi, se jette dans le Rhône au-dessous de *Leuk*, qui est un bourg considérable situé sur le Dala que l'on y passe sur un pont; il y a aussi un pont sur le Rhône avec une douane dans la proximité de Leuk; de ce pont couvert on va par le val d'Oscella en Italie. Près de Leuck on trouve sur le Rhône la prairie dite Sunftzmate ou Seufzermatt, local célèbre par le combat qui s'y donna en 1318. Le Dizain de Leuk embrasse les deux côtés du Rhône & sur la gauche de ce fleuve on trouve le village de Turtmann ou Tortemann; le Dizain finit entre le bourg Siders & le village Salgesch, près de la petite rivière Rapili, laquelle

vient des montagnes au nord du Vallais, au-dessous de Salgesch & se jette dans le Rhône entre Siders & Salgefsch ou Salges; ce dernier village est encore du Dizain de Leuk. Jean Jacques Scheuchzer a donné (4) une carte du cours du Rhône, depuis Leuk jusqu'à Saint-Maurice dans le Bas-Vallais ; elle est généralement assez exacte. Le joli bourg de *Siders* ou *Syders*, en François *Sierre*, est un peu éloigné de la rive droite du Rhône, vers la montagne; sa distance de Leuk est de deux lieues & de trois de Syon, capitale du Vallais. Un peu au-dessus du Bourg de Siders on trouve un pont sur le Rhône, & près de-là les ruines de l'ancien château de Siders qui fut ruiné en 1415. La petite rivière Navigence ou Navisence, en Allemand *Usenz*, qui traverse le val d'Einfisch, dans le Dizain de Siders, se jette dans le Rhône à Chippis, hameau situé sur la gauche de ce fleuve. Entre le bourg de Siders & l'ancien château de ce nom, sur la droite du Rhône, on voit la petite rivière de Sider qui vient du mont Sider & qui se jette aussi dans le Rhône. Je trouve après Sierre le village de Gradetz ou Granges enfermé dans une île formée par un bras de ce fleuve à près d'une lieue & demie au-dessous de Sierre dans le Dizain de ce nom. Le village de Chaley, au pied d'une montagne, dans la plaine, sur la gauche du Rhône, a en face la petite rivière qui vient de la montagne au-dessus du village Reschi. Une autre petite rivière qui se jette aussi dans le Rhône, est celle de Liena qui sort d'une montagne au-dessus du village Ayent, elle traverse celui de Saint-Léonard & va se jetter au-dessous dans le Rhône : Ayent est du Dizain de Syon, mais Saint-Léonard appartient à celui de Sierre. Le local de Saint-Léonard est fameux dans l'histoire du pays, par le combat que les habitans de Syon livrèrent en 1375 à Antoine Baron de la Tour-Châtillon & à ses Alliés. La ville Episcopale de *Syon* (*) en latin *Sedunum*, en Allemand *Sitten*, capitale du Vallais, est sur la rivière de *Sitta*, près de la rive droite du Rhône. La rivière de Sitta, en latin *Seduna*, vient des montagnes au-dessus du village Grimslen ou Grimsel. Un peu aussi au-dessus de la ville de Syon, la rivière de Borne ou Bornie, à la gauche du Rhône, se jette dans ce fleuve, elle sort en partie du val Ering & en partie de celui de Haremence, du côté du val d'Aouste : la Bornie inférieure reçoit près Haremence la petite rivière de Vesonce ; les deux bras se joignent au-dessus du village de Bremis. Le Dizain de Syon finit au confluent de la petite rivière de *Morsée* ou *Morge*, ou *Morgia* avec le Rhône, à près d'une lieue au-dessous de Syon, près du village de Plan-Contey. La Morge vient de la montagne de Sanersch. Plan-Contey est au bas du mont sur lequel est bâti le village de Contey ou Gontey, en Allemand *Gundis*, & en latin *Contegium*, autrefois petite ville & lieu célèbre par les ruines de son château. Le Bas-Vallais soumis aux sept Dizains du Haut, commence sur la droite du Rhône à la rivière de Morgia, & sur la gauche à la montagne de Nenda ; La petite rivière de Liserne qui vient du Gouvernement d'Aigle, Canton de Berne, & qui passe à Vetro, village du Bas-Vallais, sur la droite du Rhône, se jette dans ce fleuve: on trouve ensuite sur la droite du Rhône le village de Saint-Pierre, qui est de la Mairie d'Ardon. La petite rivière qui porte le nom du village de Ridda, se jette dans le Rhône à la gauche de ce fleuve. On voit plus loin sur une hauteur

(4) *Itinera Alpina* T. III. p. 487.

(*) PLANCHES 80 & 129.

à la droite du Rhône, le bourg de Saillon ou Schellon, où se préfentent les ruines d'un château. Après Saillon on découvre le village de Fouilliés ou Fulliés, près de la rive droite du Rhône; on trouve dans la paroiffe de Fouilliés le village de Branfon, fur le Rhône & à la gauche de ce fleuve, entre Saint-Pierre & Martigni fur la grande route de Syon, le village de Saffon ou Saxon : il y a un pont de bois fur le Rhône que l'on paffe à Branfon pour aller à Martigni.

Le Rhône coule depuis fa fource d'Orient en Occident, jufqu'à Martigni, & depuis ce bourg jufqu'à fon embouchure dans le lac de Genève, il dirige fon cours vers le nord.

Martigni, (*) en Allemand *Martinach*, l'ancien *Octodurus* des Romains, eft partagé en deux parties, la ville & le bourg ou le château, toutes deux éloignées d'un quart de lieue l'une de l'autre ; elles font fituées dans une plaine fertile, entre Syon & Saint-Maurice. La rivière de Dranfe qui vient du Grand-Saint-Bernard, fe jette dans le Rhône à une petite lieue au-deffous de Martigni, entre le château & la ville. En defcendant le Rhône fur fa gauche, on découvre fur la grande route de Syon la petite rivière de (**) Trient qui fe jette dans ce fleuve à une lieue au-deffous de Martigni. Entre le Trient & Eviena, dont je vais parler, on trouve Piffe-vache, hameau fameux par fa cafcade (***). Ce petit village eft à moitié chemin, entre Martigni & Saint-Maurice ou Saint-Mauris.

On voit enfuite fur le Rhône le hameau Eviena ou Yenna. La ville de Saint-Maurice, célèbre par fon ancienne Abbaye, qui exiftoit déja dans le cinquième fiècle, eft fur le Rhône, on y paffe ce fleuve impétueux fur un pont de pierre d'une feule arche, ce pont va d'une montagne à l'autre ; le château où réfide le Baillif de Saint-Maurice, au nom de la République du Vallais, ferme l'entrée du pont du côté du Vallais, & une tour, celle du Canton de Berne.

La rive droite du Rhône, depuis Branfon jufqu'au pont de Saint-Maurice, s'étend le long de montagnes très-efcarpées, on découvre dans cette efpace le lit de la Luzerne, qui eft à fec depuis 1714; cette petite rivière defcendoit du mont Cheville. Le Bas-Vallais finit de ce côté vis-à-vis le village Eviena, entre le mont Outre-Rhône & la dent Morcla ou Morcles, qui eft du Canton de Berne. Le Rhône paroît fi haut dans ce diftrict, qu'il femble devoir fubmerger l'Abbaye de Saint-Maurice. Tout le territoire adjacent à la rive droite du Rhône, depuis les confins du Bas-Vallais jufqu'à l'embouchure du fleuve, dans le lac de Genève, eft fous la fouveraineté du Canton de Berne. Après le pont de Saint-Maurice, on trouve les villages de Lavay ou Lavey, & de Poffe, qui font du mandement de Bex, dans le gouvernement d'Aigle, Canton de Berne. La petite rivière de l'Avançon ou Avanfon, après avoir reçu le torrent de Grionne, fe jette dans le Rhône. On voit enfuite fur une élévation, vis-à-vis le village & la tour de Saint-Tryphon. Le Rhône forme ici une longue ifle, puis on trouve le torrent de Grandeau, qui defcend du château d'Aigle, on découvre les villages de Cheffel & de Crebeli ou Crebelley, & plus bas fe préfente l'embouchure du Rhône dans le lac de Genève; elle eft dans le voifinage de la petite rivière du Bey qui traverfe le village de Noville ou Neuville, & qui entre de même dans le lac.

Nous allons nommer les principaux endroits de la rive gauche du Rhône depuis Saint-Maurice. On va à Maffonger, de-là à Choix, & après avoir paffé la petite rivière de Viege, qui fe jette dans le Rhône à une petite lieue du bourg de Monthey, & qui a fa fource au-deffus de Champeri dans le Valdilliés, on trouve les villages de Colombey-le-grand, Mura, Illarfe, Viona ou Vionna, & Vouvries ou Vouvry. Entre ce dernier village & Colombey-le-grand eft le canal de *Stockalper*, dans lequel entrent quatre ruiffeaux, le premier venant de Mura, le fecond dit le *Grepas*, venant d'auprès de Viona, le troifième dit *Mayen*, & le quatrième dit *Furgon*; ce canal fe termine au Rhône, à Vouvries : il n'a pas été achevé.

Après Vouvries, on trouve un paffage étroit, avec un château ou maifon forte, dans laquelle réfide le Châtelain de Bouveret, au nom de la République du Vallais. La Paroiffe de Port-Valais (****), Port-Vallay, ou Prevalley, ou Provalley, en latin *Portus Valefiæ*, eft ainfi appellée, parce qu'autrefois le lac de Genève s'avançoit jufqu'à ce village ; le Rhône & les vents enfablèrent depuis ce port, & aujourd'hui il eft éloigné du lac de près d'une demi-lieue. De la paroiffe de Port-Vallay dépendent les villages Efuettes & Bouveret ou Boveret. Ce dernier village eft placé fur le lac de Genève, à l'embouchure du Rhône qui s'y précipite avec une grande rapidité. Le cours de ce fleuve depuis fa fource eft entravé par une quantité de rochers; il caufe fouvent par fes débordemens des dommages confidérables aux habitations limitrophes. On peut diftinguer fes eaux de celles du lac de Genève, pendant près d'une demi-lieue. Celles du lac font limpides, claires & bleuâtres, au lieu que celles du Rhône ont la couleur grisâtre & cendrée. Les anciens Géographes & Hiftoriens, Pline, (5) Pomponius Mela, (6) & Ammien-Marcellin, (7) ont débité que le Rhône (8) traverfoit le lac de Genève, fans que leurs eaux fe confondiffent : cette erreur (9) a fubfifté pendant de longs fiècles, prefque jufqu'au nôtre. Il eft bon d'obferver qu'à l'embouchure du Rhône, dans le lac, fouvent en hiver l'eau fe glace au fond, tandis que celle d'en-haut ne fe gèle pas. On explique cette difparité phyfique, en difant que l'eau étant plus tranquille au fond eft plus fujette à la gelée, au lieu que celle d'en-haut, continuellement en mouvement, y réfifte fans ceffe. A l'article du lac de Genève, nous parlerons de la fortie du Rhône à Genève, en même-temps que nous décrirons les bornes de cette petite République, qui s'étend fur les deux bords du lac & fur la rive droite du Rhône.

---

(5) Lib. II. Cap. CIII.
(6) Lib. III. Cap. V. *Rhodanus Lemano lacu acceptus tenet impetum, foque per medium integer agens quantus venit, egreditur.*
(7) Lib. XV. Cap. XI. Voyez ci-devant la note 2.
(8) Je ne m'appéfantirai pas fur l'étymologie du nom du Rhône, mais je rapporterai feulement le paffage fuivant, pour faire voir la facilité des conjectures, il eft tiré du *Jardin des Racines Grecques*, par Meffieurs du Port-Royal, *pag.* 376 Paris 1664 in-12. fig. » Rofne ou *Rhofne*, *ρδανος*, Rhodanus, » de ρδαυλος, *agito*. (Euftat. *Il. 6.*) à caufe de la rapidité de fes eaux. Cette » allufion paroît affez naturelle : on fait encore que la côte de Provence a été » habitée par les Grecs qui y bâtirent Marfeille, & qui y ont pu donner » quelques noms «.

(9) Strabo Lib. IV. pag. 313. Merula Géog. Part. II. Lib. III. Cap. IX. *Cafaubon. in notis ad Strabon. Lib. IV. Cap.* 186. Fatio de Duillier, remarques fur l'Hiftoire Naturelle des environs du lac de Genève. Mercure Suiffe, Avril 1741.

(*) P L A N C H E S 15, 39.
(**) P L A N C H E S 5, 15, 147.
(***) P L A N C H E 129.
(****) P L A N C H E 156.

L'AAR

APRÈS les deux fleuves, le Rhin & le Rhône, la rivière la plus confidérable de la Suiffe, eft, fans contredit, l'*Aar*(1) ou l'*Are*, en latin *Ara*, *Arola* ou *Arula*, *Araris fluvius*, & en Allemand, *Ar*, *Aar*, *Aaren*, *Aren*, *Arell*. Les Géographes Romains n'en ont pas fait mention, les Modernes ont beaucoup varié fur la fource (*) de cette rivière. Baudrand la place au mont *Adula*, quelques-uns la font fortir du *Schreckhorn* & du *Wetterhorn*, d'autres du mont *Grimfel*, & ce dernier fentiment eft celui de M. Gruner. Ce mont eft dans le Canton de Berne, voifin du Saint-Gothard, & eftimé prefque auffi haut que les fources du Rhin, du Rhône, de la Ruffe & du Téfin. On compte trois fources de l'Are: la vallée de glace la plus élevée du mont Grimfel, & celle où l'on trouve la glacière de l'*Are fupérieure* (2), eft longue de quatre lieues, du levant au couchant; elle s'étend jufqu'aux frontières du Vallais, vers le Val de Viefche. Ce glacier, fi confidérable dans fa longueur, eft refferré entre deux chaînes de montagnes, couvertes de glaces perpétuelles. En le voyant, on croit avoir fous les yeux une maffe de glaces, qui remplit l'entonnoir dans toute fa longueur, comme un pont qui feroit toujours couvert de monceaux de neiges. Telle eft l'idée affez informe qu'on peut s'en faire; nul mortel n'a ofé, jufqu'à préfent, fe rifquer dans cette vallée qui doit être nommée plus proprement un long vallon. On appelle fimplement en Allemand *die fluhe*, rochers, la chaîne des montagnes qui enferment ce vallon; leur côté au couchant vers le Vallais, porte le nom de *Rothberg*, la montagne Rouge, & l'extrémité où le glacier femble defcendre vers le Vallais, eft dit *le mont d'Antoine*, en Allemand, *Anthonien-Berg*. C'eft dans ce défert affreux que fort le haut ruiffeau de l'*Aar* ou l'*Are*, *der Ober-Aarbach*, il forme la première fource de cette rivière, mais elle eft d'abord comme invifible dans l'Alpe Sauvage, dite *Erlen* ou *la Haute-Are*, *in Ober-Aaren*. Elle coule en partie fous la maffe du glacier que j'ai défigné, & en partie elle filtre en dehors, dégoûte & ruiffele, au nord, dans le fecond vallon que je vais décrire.

Cet autre vallon de glaces, placé du côté du nord, & que l'on appelle le *Glacier de l'Are obfcure*, *Finfter-Aar-Gletfcher*, eft auffi dirigé de l'Orient à l'Occident, dans la longueur de près de fix lieues; il aboutit aux montagnes du *Schreckhorn*, (la Corne de l'effroi), vers Grindelwald: il paroît impraticable, de même que le précédent glacier. Mais on juge que la maffe qui couvre ce vallon obfcur ou ténébreux comme d'un feul morceau, a affez l'apparence de la glace; que fa furface eft chargée de petites pyramides, & que ce glacier diftribue à l'autre d'en-bas, une plus grande quantité d'eau qu'il n'en reçoit de celui d'en-haut. L'on entend l'eau faire fous le glacier un bruit horrible; l'on obferve encore que les rochers qui l'entourent font en général chauves, & qu'ils font même trop roides pour que la neige puiffe s'y attacher. Le vallon panche un peu vers le levant; on apperçoit dans l'entonnoir, de côté & d'autre, de grandes crevaffes de glace, deffous lefquelles s'écoule continuellement l'eau qui va enfuite fe perdre fous les ponts de glace. Ainfi la première fource de l'Are, la fupérieure, qui eft en partie vifible, fe nomme l'*Aarbach*; la feconde l'*Invifible*, qui fe cache fous le pont de glace, eft dite l'*Are obfcur*, *Finfter Aar*, pour la diftinguer du *Clair-Aar*, en Allemand *Lauter-Aar*, autrement le *Glacier inférieur de l'Are*, *Unter-Aar-Gletfcher*.

Les eaux qui coulent par-deffous la maffe de ce fecond vallon de glace, un peu plus bas que celui de l'*Aar fupérieur*, fe réuniffent par des canaux cachés, à l'eau de l'amas du *Clair-Aar* ou *Lauter-Aar*. Cette dernière glacière eft au nord & près de la précédente & comme elle, plus accefsible & plus confidérable. En voici la defcription, d'après M. Gruner: elle commence au premier *Zinckftock*, à une grande lieue derrière l'*Hofpice du Grimfel* (3), dans une gorge étroite, & elle va, en fe courbant un peu, durant l'efpace de fept lieues, jufqu'au *Schreckhorn* & au *Wetter-horn*, (les Cornes de l'effroi & de l'orage) dans le Grindelwald, Canton de Berne. Sa largeur qui n'eft d'abord que d'une demi-lieue, augmente peu-à-peu jufqu'à l'étendue d'une lieue. La vallée de glaces entière eft remplie par une feule maffe, dont l'épaiffeur eft immenfe. On y voit en plufieurs endroits des crevaffes d'une profondeur étonnante, & l'on entend la rivière d'Arc faire au-deffous un bruit horrible. On peut même en voir les eaux former de petites chûtes fur les faillies ou degrés du fond de l'amas. Cette glacière large, comme je l'ai dit, d'une demi-lieue vers fon origine, eft couverte d'un tas de rochers haut de plufieurs pieds, que les habitans ont nommé *Gufer*. On y trouve auffi de beaux marbres & plufieurs efpèces de pierres: après l'efpace d'une demi-lieue elles deviennent peu-à-peu plus rares, & laiffent voir la pure glace couverte çà & là de petits tas de glaçons. La furface fupérieure s'élève continuellement, mais d'une manière infenfible vers l'extrémité de la vallée, & le *Schreckhorn* ou la *Corne d'effroi*; les monceaux de glaçons y deviennent auffi plus grands. Le milieu en eft plus élevé que les bords qui touchent à la montagne; on y voit entre la glace & le rocher des crevaffes énormes, qui font pleines d'eau. Les montagnes latérales font revêtues de pure glace, excepté dans les endroits où elles font coupées à pic; & des fentes des rochers il fort des eaux & des revêtements & amas de glaçons, fur-tout entre le *Finfter-Aar*, l'*Are obfcur*, & le *Lauter-Aar*, le *Clair-Aar*, & entre ces amas & la racine méridionale du Schrekhorn. Quelques titres anciens atteftent que cette vallée a été fertile & appellée *Blumlifalp*, l'*Alpe fleurie*; il eft vraifemblable qu'elle a été remplie par la fonte des neiges des deux vallées précédentes. En effet, elle eft plus baffe que celle du *Finfter-Aar*, & celle-ci plus baffe que la première; il y a donc toute apparence qu'elles fe font formées fucceffivement. Maintenant cette vallée eft ftérile, elle n'a, du côté du nord, que quelques pâturages, & il faut que les

---

(1) *Plantini Helvetia antiqua & nova.* Cap. XIII. pag. 23, *in Thefauro Helvetica Hiftoria*. *Scheuchzer*, *itinera Alpina* T. II. p. 322 & T. III. p. 409. Bochat, Mémoires Critiques fur l'Hift. ancienne de la Suiffe. T. I. p. 178 & fuiv. Leu, Dict. Hift. de la Suiffe. T. I. pag. 309 & fuiv. Zurich 1747 in-4 en Allemand. Gruner, Defcription des Glacières de Suiffe. pag. 37 & fuiv. Faefi; Defcript. Topog. de la Suiffe, T. I. p. 46-48. Voyage dans les Contrées les plus remarquables de la Suiffe. T. I. p. 240 & fuiv. Londres 1778 in-12. en Allemand, avec fig.
(2) Ober-Aar-Gletfcher.
(3) *Hofpital*, ou *Spital* en Allemand.
(*) PLANCHE 28.

moutons faſſent pluſieurs lieues ſur la glace pour y parvenir. Au ſud, elle eſt ſéparée du vallon de glace *ſupérieur* ou amas du *Finſter-Aar*, par les montagnes du *Vorder zink*, le zink antérieur, *Ober zink* (le zink d'en-haut), *Lauter-Aar-horn* (la Corne du *Clair-Aar*) *Finſter-Aar-horn* (la Corne de l'*Aar obſcur*) & pluſieurs autres qui n'ont pas de nom. Son commencement du côté du nord, eſt à l'extrémité du *Bruſſberg*, qui a deux lieues de longueur; elle ſuit le grand *Brander-Lammer-horn*, & va derrière le *Riꝛlihorn* & le *Gaulihorn*, ou la Corne du Gauli, le long de quelques cimes inconnues, juſqu'au *Wetter-horn*, la *Corne de l'orage*: on lui a donné le nom de Grindelwald, *in ark*, parce qu'elle eſt ſemblable à un coffre. Perſonne ne paſſe au-delà, ſi ce n'eſt ceux qui cherchent du gibier ou du cryſtal, au péril de leur vie. M. Gruner a fait deſſiner (4) la vue de cette vallée, autant que ſa courbure a pu le permettre; il eſt dangereux d'y marcher, parce qu'on ne peut pas appercevoir les fentes de la glace, cachées par les pierres & par la neige; mais l'aſpect en eſt curieux: on y eſt comme dans une eſpèce de caiſſe profonde & obſcure; on y a un fond de glace rude & ſcabreux; on n'y peut voir le Ciel qu'en levant beaucoup la tête. Le bruit ſourd du torrent qui coule au-deſſous, ſe joint à celui des eaux qui tombent du haut du rocher, & l'un & l'autre augmentés par les échos, ſont dans leur eſpèce & majeſtueux & horribles. L'œil n'eſt trompé nulle part, comme il l'eſt en cette vallée, ſur l'eſtimation de la diſtance: on croit à chaque quart de lieue toucher à l'extrémité: cependant on n'y arrive qu'après avoir fait environ ſept lieues. Elle ſe termine près du *Zink-ſtok*, à l'amas de glaçons qui commence au mont Grindelwald.

Scheuchzer s'eſt trompé, lorſqu'il a placé au pied du Schreckhorn la première ſource de l'Are. Il paroit que cette erreur, & celle des Ecrivains qui ont parlé des ſources de cette rivière, viennent de ce qu'ils n'ont connu que le dernier des vallons de glace que j'ai décrits, & qui finit en effet au pied du Schreckhorn. Ils lui ont attribué ce qui n'appartient qu'à l'amas de l'*Ober Aar* ou *Are d'en-haut*, qui leur étoit inconnu.

L'Are ſortant d'une crevaſſe énorme de ce vallon de glace ſe précipite par une chûte horrible, auprès d'un rocher très-élevé. Lorſqu'on veut ſuivre ſon cours depuis l'Hoſpice (*) du Grimſel, (en Allemand *Hoſpital*), juſqu'à cet endroit, il faut ſe tenir à des crampons de fer plantés dans un rocher eſcarpé, pour ne pas tomber dans l'abîme qui eſt à ſes pieds. Ce voyage dure une heure entière par un déſert effroyable. On voit auprès de l'Hoſpice le premier pont de bois conſtruit ſur l'Are. En-deçà de la maiſon, ce torrent coule en écumant dans une vallée étroite, ſauvage, d'une profondeur effrayante, au pied d'un roc très-élevé; on le paſſe çà & là ſur des ponts de bois, & les déſerts qu'on traverſe ſont de plus en plus affreux: l'Are s'y précipite avec fracas. Lorſque les neiges fondent, il roule les plus groſſes pierres, qui étant de nature calcaire, & heurtées avec force l'une contre l'autre, répandent une odeur de chaux. Après avoir formé pluſieurs chûtes vers *Handeck* & *Raeterichsboden*, il perd peu-à-peu de ſa rapidité, & coule vers Guttannen un peu plus lentement. *Guttannen* ou *Guthdannen*, eſt le premier village qu'on trouve en deſcen-

dant le Grimſel, il eſt dans le pays de Haſli, Canton de Berne. On y paſſe l'Are ſur un pont de bois. Il n'y a du Grimſel juſqu'à Guttannen, pendant près de quatre lieues, aucune maiſon, excepté la vacherie de Handeck; cette vacherie eſt entre l'Hoſpice du Grimſel & Guttannen, à deux lieues de chacun de ces endroits. Le ruiſſeau de Handeck qui en vient ſe jette dans l'Are. Je parlerai ailleurs de l'Hoſpice du Grimſel, lorſque je ferai la deſcription de cette montagne, l'une des plus remarquables de la Suiſſe.

L'Are reçoit dans ſon cours pluſieurs autres ruiſſeaux conſidérables, tels que le *Saſibach*, qui ſort des lacs voiſins de l'Hoſpice, un autre ruiſſeau près de Raeterichsboden, les eaux du *Gelmer* & de l'*Auerbach*, un ruiſſeau qui vient de Guttannen, le *Gentelbach*, qui reçoit du *Triſtbach*; ce dernier ruiſſeau eſt groſſi par le Reuſchbach, près *Reuſch*.

Après Guttannen, l'Are paſſe au village *Im-Boden*, où elle eſt groſſie par le torrent du Val de Gadmen, & que l'on appelle auſſi l'*Engſtlerbach*; elle reçoit au village *Im-Grund*, le *Gentel-bach*, qui vient du val *Engſtlenthal*, & paſſe à Mullibach. Le torrent Gelmer, qui a ſa ſource au mont Schreckhorn, dans la paroiſſe de Grindelwald, Bailliage d'Interlachen, Canton de Berne, ſe jette dans l'Are, au-deſſous du village de Vyler ou Weiler. L'Are reçoit encore depuis Aepingen & Willingen pluſieurs autres ruiſſeaux, en traverſant le pays de Haſli, & va ſe jetter dans le lac de Brientz; juſque-là ſes eaux ſont troubles. Le lac de Brientz tire ſon nom d'un village ſitué ſur la rive droite, dans le Bailliage d'Interlachen, Canton de Berne, il a environ trois lieues de long ſur une de large; l'Are s'y jette, & en ſort enſuite pour entrer dans le lac de Thoun, après avoir coulé par une langue de terre d'une petite lieue. La ville *Unterſäen* eſt placée ſur cette langue; l'Are la diviſe en deux parties, dont la plus petite, dite *Spillmatten*, eſt renfermée entre l'Are & un bras de cette rivière, qui la ſépare du village *Armulli*, ce qui forme une iſle. Le lac de Brientz eſt entouré de hautes montagnes, l'Are lui ſert ainſi de canal de communication avec le lac de Thoun. On eſtime que ce dernier lac a cinq lieues de longueur ſur une lieue de largeur. Il eſt auſſi environné des deux côtés d'une chaîne de montagnes; on en donnera la deſcription dans une autre Section de cette Introduction préliminaire. La ville de Thoun, en Allemand *Thun*, Bailliage conſidérable du Canton de Berne, avec titre de Comté, eſt bâtie à l'endroit où l'Are ſort du lac. Cette rivière commence alors à devenir navigable. Elle diviſe ſon cours l'Argeu, de l'Uchtland, continue de traverſer le Canton de Berne; & avant que d'arriver à Berne, elle reçoit entre pluſieurs torrens celui qui paſſe à *Steffsburg*, & ceux qui font la décharge des petits lacs d'Amſoltingen & de Gerzenſée. Il y a un pont ſur l'Are, à Heimberg, au-deſſous de Thun. Cette rivière forme une péninſule dans laquelle eſt la ville (**) de Berne, elle dirige enſuite ſon cours vers Soleure, (***) mais elle fait beaucoup de zigzags, d'abord vers le couchant & puis au nord; elle reçoit à *Wyler-Oltigen*, Canton de Berne, la Sarine, en Allemand *Sanen*, qui vient de Fribourg, & dans laquelle la Singine, en Allemand *Senſen*, qui ſort du même Canton de Fribourg, ſe jette près de Laupen, Canton de Berne. L'Are enferme

---

(4) *Planche première*, dans la traduction de M. de Keralio. Voyez auſſi les planches IV & V. pag. 147 & 250, dans le premier volume des *Voyages dans les contrées les plus remarquables de la Suiſſe*, Londres 1778, *in*-12 avec les figures d'Adrien Zingg.

(*) PLANCHE 149.
(**) PLANCHES 4, 17, 56.
(***) PLANCHE 25.

dans

dans une ifle la petite ville d'Arberg, Capitale du Comté de ce nom, où réfide un Baillif Bernois : Arberg eft diftante de Berne de quatre lieues. Jufqu'au Canton de Soleure l'Are traverfe fans interruption le territoire de Berne ; elle reçoit près de Mayenried, dans le bailliage de Buren, la rivière Zil ou Zyl, qui fort du lac de Bienne. Elle varie enfuite fa direction, tantôt vers le levant & tantôt vers le nord. Au-deffous de Soleure, près du village de Zuchweil, elle reçoit la grande Emme qui vient du Canton de Berne. Elle paffe à Wangen, petite ville du Canton de Berne, à une lieue & demie au-deffous de Soleure ; de Wangen, jufqu'à Arwangen, autre bailliage du Canton de Berne, elle reçoit fur fa rive droite la petite rivière *Oenz* ou *Oenzbach*, qui s'y jette près Berben, dans la paroiffe de *Herzogen-Buchfée*, bailliage d'Arwangen. Le gros torrent *Murgen* ou *Murgeten*, qui eft un bras du torrent Roht ou Rot, dont je vais parler, fe précipite dans l'Are près de Murgenthal, celui de Rot s'y jette au-deffous de l'Abbaye de Saint-Urbain. L'Are reçoit au-deffus de la petite ville d'Arbourg la *Wyger*, *Wygern* ou *Wigern*, petite rivière qui fort du Canton de Lucerne & paffe près de Zoffingen. Jufqu'à Arbourg, qui eft à trois lieues d'Arwangen, tout le territoire par où paffe l'Are, appartient au Canton de Berne. Mais fur la rive gauche de cette rivière, après qu'elle a quitté le Canton de Soleure pour entrer dans le bailliage de Bipp, qui eft du Canton de Berne, elle rentre de nouveau dans le territoire de Soleure, jufqu'auprès d'Arau, ville du Canton de Berne. L'Are reçoit dans ce trajet, près d'Olten (petite ville & bailliage du Canton de Soleure) la petite rivière de *Dinneren* ou *Dunneren*, qui arrofe la partie du Canton de Soleure, qu'on appelle *le Gau*. Un peu au-deffous d'Arbourg (*), qui eft du Canton de Berne, les deux rives de l'Are fe trouvent dans celui de Soleure jufqu'à *Wefchnau*, au-deffous de Schœnenwerd, village où il y a un Chapitre de Chânoines, & qui eft fur la droite de la rivière, vis-à-vis le château du Bailliſ de Goefgen, qui occupe la gauche ; enfuite l'Are ne quitte plus le Canton de Berne jufqu'au-deffous de Windifch. Elle reçoit au-deffous de la ville d'Arau la petite rivière de *Suren* ou *Surb*, qui fort du lac de Surfée ou de Sempach, Canton de Lucerne. Elle reçoit auffi près de Wildegg la petite rivière Aa, autrement l'*Aabach*, qui a fa fource au-deffus de Baldegg, Canton de Lucerne, & qui paffe par un fauxbourg de Lenzbourg. L'Are reçoit encore dans la proximité de l'*Aabach* la rivière de Buntz, laquelle eft formée par un ruiffeau près de Beinwil, dans le bailliage fupérieur de l'*Argau libre*, qui appartient au huit anciens Cantons. La Buntz paffe par les villages de Muri, Egg, Bofwil, & elle fe décharge dans l'Are, au village de Moeriken, Canton de Berne. L'Are continue fon cours par Brougg, petite ville de l'Argeu, elle reçoit (**) fous Windifch qui eft l'ancienne *Vindoniffa* des Romains, la rivière de *Reuffe* ou *Ruffe*, qui vient du mont Saint-Gothard, & qui eft navigable. L'Are prend enfuite fon cours au nord, arrofant fur fa gauche le village d'Umiken qui eft à un quart de lieue au-deffus de Brougg. A *Stilli*, autre village du Canton de Berne, dans le bailliage de Schenkenberg, fur la rive gauche de l'Are, & dans la paroiffe de Rein, au-deffus du hameau *Lauffar*, il y a un pont volant pour paffer de-là dans le Comté de Baden. Le territoire de Berne finit du côté de l'Are, un peu au-delà du village de Mandach. Les deux rivières font alors enclavées dans le Comté de Baden, qui appartient aux Cantons de Zurich, Berne & Glaris, ce Comté embraffe auffi la rive droite de l'Are depuis le confluent de la Ruffe. On voit fur cette rive le village de Gebifdorf ; la *Limat*, rivière navigable qui fort du lac de Zurich, & qui connue primitivement fous le nom de Lint, prend fa fource dans le Val du Linthal, Canton de Glaris, fe jette dans l'Are prefque vis-à-vis de Stilli, qui eft à l'autre bord de cette rivière, & dans la proximité du confluent de la Ruffe. On appelle *Vogelfang* la fituation locale du confluent de ces trois rivières, du nom d'un hameau voifin qui eft de la paroiffe de Gebifdorff, Comté de Bade. Au-deffus du hameau *Lauffard* ou *Lauffhard* il y a une ifle très-propre à être fortifiée. *Coblenz*, en latin *Confluéntia* ou *Confluentes*, bourg dans le Comté de Baden, important par fon affiette, eft fitué dans l'angle où l'Are & le Rhin fe réuniffent. Ce bourg eft à une petite lieue au-deffous de Klingnau, qui eft fur la rive droite de l'Are, prefque vis-à-vis la commanderie de Lenggeren, même Comté de Baden. Coblenz eft prefque vis-à-vis *Waldshut*, l'une des quatre villes foreftières appartenantes à la Maifon d'Autriche. L'Are perd fon nom en entrant dans le Rhin, quoique ce fleuve lui doive la majeure partie de fon accroiffement. L'Are s'y jette avec une grande rapidité, à deux lieues plus loin que le confluent de la Ruffe & de la Limat. On compte depuis fa fource jufqu'à fon embouchure vingt-neuf ponts, dont dix dans le feul pays de Hafli ; les autres ponts les plus confidérables font à Thoun, à Berne, à une lieue environ au-deffous de Berne, à Arberg, à Buren, à Soleure, à Wangen, Arwangen, Olten, Arau & Brougg. L'Are eft poiffonneufe, & roule des fables qui contiennent de l'or, mais en fi petite quantité, que les frais du lavage excéderoient le profit. La navigation de l'Are eft fouvent dangereufe, à caufe des rochers qui étréciffent fon lit, & à caufe des tourbillons qui s'y forment.

LA REUSSE ou RUSSE,

RIVIÈRE (1) confidérable qu'on appelle en latin *Urfa*, *Rufa*, *Ruſſa* & *Reuffia*, & en Allemand *Reuff* ou *Ruff*, a fa fource (***) au mont Saint-Gothard, dans le Canton d'Uri. On trouve le petit lac de *Luzendro* (2), long d'une petite lieue, à près d'une demi-lieue du couvent des Capucins & de l'hof- pice voifin, vers le couchant & du côté du Val d'Urferen. Ce lac eft formé par les torrens qui tombent des branches du mont Saint-Gothard, dites *Orcino* & *Orfirola* ou *Orficola*. Les eaux de ce lac font à même hauteur durant toute l'année, & d'un verd noirâtre. Il eft prefque toujours couvert de neige

---

(*) PLANCHE 158.
(**) PLANCHE 117.
(1) Elle n'eft pas la feule de fon nom en Suiffe ; celle qui, paffant à Boudry, va fe jetter dans le lac de Neuchatel, s'appelle auffi *la Reufe*.
(***) PLANCHES 70, 89, 108.
(2) En Italien *Lago di Lucendro*.

& de glace : c'est de ce lac (3) que sort la première source de la Russe. Elle grossit dans son cours par plusieurs petits torrens, passe au pied des monts *Platta*, *Corpis* & du *Blauberg*, (le mont Bleu), qui sont des branches du Saint-Gothard, & elle se joint à la seconde source de la Russe près du *Pont du Diable*. Celle-ci se forme dans le petit lac *Ober-alpsée*, (le lac supérieur des Alpes), qui est enclavé dans un haut & étroit vallon de montagnes, au nord ouest d'Urseren. De ce petit lac provenant de plusieurs amas de glaces, il sort un ruisseau, qui dans son cours reçoit plusieurs autres ruisseaux & s'unit à la première source près du bourg Urseren. La troisième & la plus abondante source de la Russe se trouve au nord ouest de la Fourke, qui sépare le Canton d'Uri, du pays du Vallais, & au pied de cette montagne, où se rendent beaucoup de ruisseaux sortans de glaciers, tels que le *Sidelenbach*, le *Niederergerbach*, le *Muttenbach*, le *Zwinggen-wasser*, le *Fuchseggerbach*, le *Lochbergerbach*, le *Lippensteinbach*, &c. Tous ces ruisseaux se joignent ensemble au-dessus de l'hospice du Saint-Gothard, & coulent avec la première source. La Russe forme plusieurs chûtes considérables. Après avoir traversé le Val d'Urseren, elle tombe jusqu'à Silenen, par-dessus des rochers escarpés & élevés, avec un bruit continuel, & en ne cessant d'écumer. Ses chûtes les plus remarquables sont les deux qu'elle fait depuis le haut du mont Saint-Gothard, jusqu'à ce qu'elle atteigne le village *Hospital*, d'où elle serpente d'une manière singulièrement agréable jusqu'à l'extrémité du Val d'Urseren. A trois cents pas au-dessus de cette vallée elle fait encore une chûte très-considérable près *du pont du Diable* (*). Le bruit qu'elle fait en tombant par un lit très-étroit & par-dessus les rochers, n'augmente pas peu l'horreur naturelle de ce district. On observe en outre une quatrième chûte près du village *Gestinen*, une cinquième entre le pont de *Wyler* & *Wattingen*, & enfin une sixième entre *Gurtnellen* & *Wyler* ou *Weyler*. En descendant le mont Saint-Gothard jusqu'à *Staeg*, la Russe est en été augmentée visiblement à cent pas par les ruisseaux qui tombent des amas de glace. Je décrirai dans la Topographie les différens ponts qu'on trouve sur la Russe, en descendant le mont Saint-Gothard.

La Russe reçoit près du village *Wasen* le ruisseau dit *Meyenbach*, qui vient du Val sauvage de *Meyenthal* ; au hameau dit *Staeg* ou *Am-staeg*, le gros ruisseau *Kerstellen-bach* ou *Kerstenenbach*, dont les eaux sont réputées salutaires, se jette dans la Russe après être sorti du Val de Kerstenen qui a deux lieues de long. La Russe passe à la gauche du village *Aettinghausen*, & reçoit au-dessous de ce village la petite rivière de *Schaechen*, qui a sa source à l'extrémité du Val de *Schaechenthal*: la Russe se jette dans le lac des quatre Cantons, au-dessous du bourg d'Altorff, capitale du canton d'Uri, & de l'Abbaye des Bénédictines de Seedorff, auprès du village de Fluelen. Un Voyageur Allemand (M. (4) *Andreae*) a écrit qu'Altorff est proprement le fauxbourg du mont Saint-Gothard, qui élève sa tête par-dessus celles de toutes les autres montagnes de l'Europe. On fera une plus ample mention de la Russe dans la description du Canton d'Uri. En entrant dans le lac *des quatre Cantons*, elle perd son nom, & à sa sortie à Lucerne elle le reprend. Ce lac est ainsi appellé, parce qu'il baigne au levant le Canton d'Uri, au couchant la ville & le Canton de Lucerne, au midi celui d'Underwalden, & au nord celui de Schweitz. La Russe commence à porter bateau en sortant de ce lac à Lucerne. Elle reçoit d'abord à Lucerne le ruisseau de *Kriensf*, & ensuite près du château ruiné en face de *Stollberg*, à une demi-lieue de Lucerne, la rivière dite la *petite Emme*, ainsi appellée pour la distinguer de la *grande Emme*, qui se jette dans l'Are, dans la proximité de Soleure. La *petite Emme* sort d'un petit lac de montagne que l'on appelle *Wald-Emmen*, l'*Emme du Bois*, qui est dans le Canton de Lucerne, sur les confins de celui d'Underwalden ; elle traverse le pays d'Entlibuch, elle charie des grains de sable d'or, & la Russe qui la reçoit, hérite de son trésor ; on a souvent frappé à Lucerne des ducats, d'un or très-fin, faits de celui qu'on extrait du sable des rivières de l'Emme & de la Russe. On passe l'Emme sur un long pont de bois, couvert, un peu au-dessous de l'endroit où elle se jette dans la Russe, on appelle ce pont l'*Emmen-Brugg*; la Russe passe ensuite en face de l'Abbaye des Religieuses Bernardines de Rathausen qu'elle a sur la droite. Elle reçoit sur sa gauche au coin du bois dit *Schilswald*, le gros ruisseau de *Rotbach*, qui traverse les bâilliages de Rusweil & de Rotenbourg. La Russe forme ensuite quelques isles entre le confluent du Rotbach & celui de la petite rivière d'*Eschenbach*, qui vient du lac de Baldegg, passe sous l'Abbaye d'Eschenbach, Religieuses de l'Ordre de Citeaux, & se dégorge dans la Russe, au-dessous des ruines de l'ancienne ville d'Eschenbach, auprès du village d'*Inwiel*. On passe la Russe sur un pont à *Gisligen* ; un peu au-dessus de ce pont, elle reçoit sur sa droite le ruisseau de *Rot*, qui vient du petit lac de Rotsée, à une demi-lieue de Lucerne, & qui passe par le village de *Rot*.

La Russe ne quitte le territoire de Lucerne qu'au-dessous du hameau de *Honau*, qui est sur sa droite, sur la frontière du Canton de Zoug. Depuis Honau jusqu'au-dessous de l'Abbaye de *Frauenthal* (5), toute cette partie de la Russe appartient à la ville de Zoug ; il y a quelques petites isles dans cet intervalle. La partie gauche de la Russe jusqu'à *Reussegg*, château ruiné, qui donne son nom à une terre seigneuriale de la ville de Lucerne, est enclavée dans le haut bailliage de l'*Argenfibre*, qui reconnoît pour souverains les huit premiers Cantons. On passe la Russe sur un pont de bois, à *Sinsf* ; ce pont couvert appartient à la ville de Zoug. La rivière de *Loret*, qui vient du lac d'Egeri, entre dans celui de Zoug, en ressort à *Cam*, passe à l'Abbaye des Religieuses de Frauenthal & se jette dans la Russe au-dessous de *Maschwanden*, dans le territoire de la ville de Zurich, bailliage de Knonau. La Russe continue à baigner sur sa droite le territoire de Zurich, jusqu'à son entrée dans le district, qui porte le nom de *Keller-*

---

(3) *Scheuchzeri itinera Alpina* T. II. *pag.* 171-175.
Gruner, Glacières de la Suisse, pag. 284.
Leu, Dictionnaire Historique de la Suisse, T. XV. pag. 172-173.
Faesi, Descript. Topog. de la Suisse, T. I. p. 44 & suiv.
Voyages dans les contrées les plus remarquables de la Suisse. T. II. p. 240 & suiv. &c.
(*) PLANCHES 34, 163.
(4) *Lettres sur la Suisse*, en Allemand, in-4 fig. elles sont pleines d'excellentes remarques. Le grand objet de M. *Andreae* est l'Histoire Naturelle & des Cabinets en ce genre : son style est vif, on y trouve du sel & même de la bonne critique. On peut voir l'éloge qu'en a fait le Journal Allemand dit le *Magasin d'Hanovre*, années 1764 & 1765. Voyez aussi les *Conseils* de M. de Haller pour former une Bibliothèque Historique de la Suisse, pag. 31. Berne 1771, in-12.
(5) Religieuses de l'Ordre de Citeaux.

PITTORESQUES, &c. DE LA SUISSE.

ampt. Ce diſtrict appartient à la ville de Bremgarten, pour la baſſe juriſdiction, & à la République de Zurich pour la haute. La Ruſſe reçoit au-deſſous du village *Jonen*, qui eſt du *Kelleramp*t, le gros ruiſſeau de Jonen. La rive gauche de la Ruſſe depuis le château de Reuſſegg, où elle reçoit le ruiſſeau d'*Au*, juſqu'au-deſſous de l'abbaye (6) de Muri, appartient à la ville de Lucerne, & compoſe le bailliage de *Merſchwanden*. Le diſtrict juſqu'à la ligne de démarcation tirée en 1712 depuis *Lunkhofen* juſqu'à *Fahrwangen*, eſt du haut bailliage de l'*Argeu-libre*, puis commence le bailliage inférieur de l'Argeu-libre, qui appartient aux Cantons de Zurich, Berne & Glaris. La Ruſſe, après avoir paſſé ſur ſa gauche devant l'abbaye (7) de *Hermetſchwyl*, près de laquelle elle coule dans un lit reſſerré par des rochers, baigne les murs de la ville de Bremgarten (*), où il y a un pont de bois couvert. Cette ville jouit de priviléges conſidérables ſous la ſouveraineté des Cantons de Zurich, Berne & Glaris; elle eſt ſituée ſur la rive droite de la Ruſſe: la partie gauche de cette rivière continue d'être du bailliage inférieur de l'Argeu-libre juſqu'à *Mellingen*, & on trouve dans cette diſtance l'abbaye (8) de Gnadenthal. La droite de la Ruſſe eſt du reſſort du Comté de Baden, qui appartient aux trois Cantons de Zurich, Berne & Glaris. La petite ville de Mellingen, qui eſt auſſi ſous leur ſouveraineté, eſt ſituée avec un pont ſur la Ruſſe, elle jouit de pluſieurs priviléges. Le Comté de Baden ſe prolonge ſur la rive droite de la Ruſſe, juſqu'à ſon confluent avec l'Are, la rive gauche eſt du Canton de Berne, en commençant au-deſſous de Mellingen & de l'ancien château de *Brunegg*. La Ruſſe ſe jette (**) dans l'Are, au-deſſous de *Windiſch*, près de *Kœnigsfelden* (***), Canton de Berne. Elle eſt à ſon confluent très-remarquable par ſa largeur & ſa profondeur. En été, lors de la fonte des neiges, ou dans les temps d'orage ſur les montagnes, elle groſſit tout-à-coup, déborde, inonde les campagnes voiſines, & cauſe ſouvent de vives allarmes aux habitations limitrophes. Outre les ponts qui ſont ſur la Ruſſe, dans la ville de Lucerne, il y a ceux de Gisligen, de Sinff, Bremgarten & Mellingen. On la paſſe dans un bac à *Mullau*, bailliage de Meriſchwanden, Canton de Lucerne; & également au-deſſous de Lunkhofen, à une lieue au-deſſus de Bremgarten & ſous Windiſch, Canton de Berne. Le cours de la Ruſſe eſt fort rapide, auſſi-bien que celui de l'Are.

LE TÉSIN,

EN latin (1) *Ticinus*, en Allemand *der Teſſin*, & en Italien *Il Teſino*, belle rivière (****), qui ſort du mont Saint-Gothard, Canton d'Uri. Elle eſt formée par cinq différentes ſources: l'une au couchant du Vallais, ſort du petit lac dit *Lago di Bedretto*, qui doit ſon origine aux eaux des glacières; elle ſe jette près *Tyrol*, dans le Téſin. Un peu plus au nord, au pied du *Patina*, eſt un autre petit lac, *Lago del Pettine*, entre des montagnes, également formé par les eaux des glacières; il en ſort un ruiſſeau qui ſe joint au précédent, au-deſſous de Villa, hameau de la vallée *Levontina*, & ils vont tous deux ſe jetter dans le Téſin. La troiſième, la principale ſource de cette rivière & la plus écartée, eſt au midi ſur le mont Saint-Gothard, au pied du mont *Proſa*. Deux petits lacs, diſtans de preſque une demi-lieue du couvent des Capucins, & à une petite lieue de la ſource de la Ruſſe, qui a ſon cours au nord, détachent un ruiſſeau qui deſcend la montagne pour ſe joindre aux deux premières ſources, dans la proximité d'*Airolo*. Une quatrième ſource ſe trouve au pied du mont *Stella* ou *Sella*, qui eſt le dernier bras du Saint-Gothard, à l'orient. Ici ſe préſente un petit lac dit *Lago delle Sella* ou *Stella*, formé par le concours des eaux des glacières; il en ſort un ruiſſeau, lequel coule par un vallon très-profond, étroit & hériſſé de rochers, ayant plus d'une lieue de long; on nomme ce vallon en Italien *val Tremola*, & en Allemand *Trimlen*; ce paſſage conduit à Airolo, dans la vallée Levontina, qui eſt un bailliage du Canton d'Uri. Il eſt très-dangereux par les chûtes des neiges ou *lavanges*. On y paſſe le Téſin ſur un pont qu'on appelle *Ponte Tremolo*, nom que l'on attribue au tremblement que les paſſans éprouvent à la vûe de toutes ces belles horreurs. La cinquième & dernière ſource du Téſin part de la grande montagne, dite en Allemand *Luckmännier*, en latin *Mons Lucumonis*, autrement le mont Saint-Barnabé, qui eſt dans la Haute Ligue Griſe, juriſdiction de Diſentis, auprès de la ſource du *Rhin du milieu*, (*Mittler Rhein*); elle eſt groſſie par pluſieurs ruiſſeaux, tous formés par les eaux des glacières voiſines, ils la précipitent avec un grand fracas dans le val *Piora* ou *Pierra*, elle ſe jette près la chapelle de *Santo-Carlo*, dans un petit lac dit *Lago di Rottam*; là s'y joint un autre ruiſſeau qui vient du petit lac nommé *Lago di Tom*. Ces deux branches réunies tombent dans le Téſin, près le château *Caſtello del Re Deſiderio*. Cette dernière ſource paſſe pour la plus abondante; mais celle qui eſt au mont Saint-Gothard, paroît la plus élevée.

Airolo (*****), en Allemand *Eriœls* ou *Oerientz*, eſt le premier village que l'on trouve en deſcendant le mont Saint-Gothard, vers l'Italie; il eſt ſur le Téſin. Ce village forme avec ceux de *Fontana*, *Albinaſca*, *Bidrina*, *la Valle*, *Madrano*, *Brugaſco* & *Nanto*, l'une des *Vicinanza* ou l'un des quartiers dans leſquels eſt diviſée la vallée *Levontina*.

Le Téſin prend ſon cours par la vallée *Levontina*, longue de huit lieues du nord au midi, il reçoit de part & d'autre un grand nombre de ruiſſeaux; le ruiſſeau qui vient du lac *Piotta*, celui dit *Moraſa* qui part d'un autre lac, ſur l'Alpe voiſine de *Maſciano*, le ruiſſeau *Luppina* qui ſort du *Lago antico*, près *Gribio*, le ruiſſeau *Giomico* qui ſort du petit lac *Alti rolla*, &c. Le Téſin dans ſon cours depuis le levant

---

(6) De l'Ordre de Saint-Benoît. L'Abbé de Muri porte le titre de *Brince du Saint-Empire Romain*.
(7) Religieuſes de l'Ordre de Saint-Benoît.
(8) Religieuſes de l'Ordre de Cîteaux.
(*) PLANCHE 167.
(**) PLANCHE 117.
(***) PLANCHE 95.
(1) *Scheuchzeri itinera Alpina*, T. II. p. 264-266.

Leu, Dict. Hiſt. de la Suiſſe. T. XVIII, p. 55-56.
Gruner, Glacières de la Suiſſe (traduction de M. de Keralio) p. 177-179.
Faeſi, Deſcrip. Topog. de la Suiſſe, T. I, p. 48-50.
Fueſſlin, Deſc. Topog. de la Suiſſe, T. I, p. 13.
Voyages dans les contrées les plus remarquables de la Suiſſe, T. II, pag. 238-240.
(****) PLANCHES 53, 77, 131, 150.
(*****) PLANCHE 102.

est accru par la jonction de quatre autres ruisseaux ; il traverse les bailliages de *Riviera* & de *Bellinzona*, qui appartiennent aux trois Cantons d'Uri, de Schweitz & du Bas-Underwalden ; *Riviera*, *Polegio* ou *Polleggio*, en Allemand *Boleys* ou *Zum-Klasterlin*, dépendance des mêmes Cantons, dans le bailliage de Riviera, est situé au confluent du Téfin, avec l'*Abiafca* ou le *Biafchina*. La rivière de *Blegno* ou *Bregno*, se jette dans le Téfin, à une lieue au-dessous de *Riviera*.

Le Téfin reçoit auprès de Bellinzone (*) la *Moefa* ou *Muefa*, autrement la *Mueza*, qui vient du mont Saint-Bernhardin, dans la Haute Ligue Grife, & qui dans son cours est groffie par la rivière *Calancafca*. Il paffe enfuite dans le bailliage de Locarno, qui est fous la fouveraineté des douze premiers Cantons, & qui a près de fept lieues de long. Le Téfin entre dans le lac de Locarno, que l'on appelle auffi le lac majeur, *lago Maggiore*. Nous ne fuivrons pas plus loin le cours du Téfin, depuis fa fortie du lac Majeur, nous nous contenterons d'obferver qu'il traverfe le Milanès & fe jette dans le Pô.

L'INN,

EN latin (1) *Oenus* & en langue Grifonne *Oen*, que l'on peut confidérer avec raifon comme la fource la plus haute du Danube, fort de la Ligue Caddée ou de la Maifon-Dieu en Grifons. Sa première fource eft au mont *Lungin*, qui eft une cime du mont *Set*, *Setten* ou *Septmer*, en latin *Septimus Mons*, au-deffus du mont *Mallogia* ou *Malloya* ou *Maloya* près de la fource du Rhin *de derrière* & de la *Maira* ou *Mera*. On appelle cette première fource de l'Inn, *aqua di Pila* ; elle forme ici un petit lac qu'on nomme *Lago di Lungni*, *Lac de Lungin*. La décharge de ce lac eft près du cabaret *Mallogia* ou *Malloya*. Le ruiffeau qui en fort prend le nom d'*Inn*, *aqua d'Oen*. A quelque diftance de-là, près de *Sils*, *Selio* ou *Selg*, il entre dans un lac plus confidérable, on le nomme *Lago di Siglio*, *Lac de Sils* ; il a près de deux lieues de long & une de largeur & il eft très-abondant en truites de la plus grande beauté. Ce lac a encore ceci de fingulier, c'est que dès que le moindre nuage fe montre au-deffus, il préfage une pluie prochaine. En hiver, il fe gèle au point qu'on peut le paffer à cheval. L'Inn à la fortie de ce lac ne tarde pas de former encore deux autres petits lacs. Le premier fe nomme *Fiume del Lago*, & le fecond *Lago di Sylva piana*, ou *Sylva plana* ou *Selva plana*. Bientôt après, à l'extrémité de ce fecond lac, l'Inn qui en fort, entre dans un troifième lac plus confidérable que les deux précédens, c'eft celui de *Saint-Maurice*, *Santo-Morizzo*, & en Allemand *Mauriffen*, près des *Bains* de ce nom dans la Jurifdiction de la haute Engadine, au-deffus de *Fontana Merla*. Ces deux derniers lacs abondent en poiffons délicats. Près de *Celerina* (2), où le cours de l'Inn eft très-rapide, cette rivière naiffante fe jette dans un nouveau lac, mais plus petit que les précédens, on le nomme *Lago di Celerina*. De-là l'Inn prend fon cours pendant feize lieues de long, par la haute & baffe Engadine. Ce pays eft nommé dans la langue vulgaire *En Co d'Oen*, la tête ou le chef de l'Inn. Cette rivière quitte le territoire des Grifons entre le Pont de Saint-Martin, *Martins Bruck* & *Finfterniunz*. C'eft-là où commence le Tirol. Quelques-uns regardent comme la feconde fource de l'Inn la fontaine fingulièrement grande qui jaillit au village de *Samaden*, ou *Sumaden*, ou *Samada* dans la Jurifdiction de la haute Engadine, au-deffus de la *Merula* ou *Merla*, dans la Ligue Caddée. Ce village eft nommé par des Auteurs modernes, *Summum Œni* ; fa pofition locale fe trouve entre Celerina & Bevers.

Voici les noms des principaux endroits le long des deux rives de l'Inn, depuis le Village *Sylva plana* qui eft fur la gauche du lac du même nom. J'ai parlé des bains & du lac de Saint-Maurice & de celui de Celerina : on trouve enfuite fur la rive gauche le village *Sumaden* ou *Samada*, *Bevers*, puis *Ponto*, où l'on paffe la rivière pour aller au village *Campovafto* ou *Campoguft* : l'Inn continue fon cours, ayant dans fa proximité, fur la gauche, *Mandulein*, *Zutz*, *Camps*, en latin *Scamfum* ; un peu au-delà de ce dernier village, il reçoit une petite rivière qui defcend du mont *Scaletta* : vient enfuite *Cinufcal* près de *Pontalto*, village fur l'Inn, où il y a un pont ; c'eft ici la limite entre la haute & la baffe Engadine. L'Inn, avant que de paffer devant le village de *Suts* ou *Zutz* qui eft fur fa gauche, reçoit la petite rivière de *Spoll* qui a fa fource dans le voifinage du Val de *Pedenos*, en latin *Vallis Pedenucis* ; le village de *Zernez* eft auffi fur la *Spoll*, fur fa rive droite, auprès de fon confluent avec l'Inn. Après Suts, fur la gauche de l'Inn, où il y a un ruiffeau qui fe jette dans l'Inn, on trouve le village de *Sbus*, puis un ruiffeau qui defcend de la *Valle Miana*, enfuite le village *Lavin*, fitué au pied du mont *Duva* & au-deffous duquel il y a un pont pour paffer l'Inn, qui coule de-là au hameau dit *Marfin* où il y a auffi un pont, & près duquel, fur fa droite, defcend un ruiffeau de la *Valle Guarda* qui fe jette dans l'Inn. En continuant la rive gauche de cette rivière jufqu'à *Schuls*, on trouve fur la grande route le bourg de *Guarda*, le hameau de *Waffie*, le village *Steinsberg* ou *Ardetz*, en latin *Ardetium*, avec fon château ruiné, le ruiffeau qui defcend du Val *Tafna*, le bourg *Fettan* ou *Vettan* ou *Vetta*, & celui de *Schuls*, en latin *Scoliun*, où il y a des eaux minérales. Toute cette rive gauche de l'Inn dépend de la République des Grifons jufqu'à *Schuls*. Il n'en eft pas de même dans toutes les parties de la rive droite : elle ceffe d'être de la Jurifdiction des Grifons, à l'endroit où le gros ruiffeau qui vient de la *Valle Zumpuize* fe jette dans l'Inn. C'eft-là où commence la Seigneurie de *Trafp* qui eft du Tirol & qui appartient à la Maifon d'Autriche. L'Inn continue de couler entre de hautes montagnes depuis Lavin jufqu'à Ardetz. Cette rivière reçoit fur fa droite quatre ruiffeaux, jufqu'à la ligne de la démarcation Autrichienne de *Trafp* ; le premier vient du mont *Almundunga*, le fecond de la *Valle Nunga*, celui-ci fe jette dans l'Inn vis-à-vis de *Marfin*. Le troifième ruiffeau eft à la gauche du hameau *Soeren* qui eft voifin de l'Inn ; enfin le quatrième eft celui de la *Valle Zumpuize*, qui paffe par le hameau de *Zumpuiz* haut & bas, & au pied de celui de *Surfaffa*, & qui fe jette bientôt après dans l'Inn, à l'endroit de la limite Autrichienne. La Seigneurie

---

(*) PLANCHE 66.
(1) *Scheuchzeri itinera Alpina*, T. III, p. 450 & feq.
Leu, Dict. Hift. de la Suiffe, T. X, p. 50-51.
Faefi, Defcription Topog. de la Suiffe, T. I, p. 50-51.

Voyages dans les contrées les plus remarquables de la Suiffe, T. II, pag. 180 & 181. en Allemand.
(2) Ainfi appellé à caufe de la rapidité de l'Inn, en latin *Celer Œnus*.

de *Trafp* borde la rive droite de l'Inn jufqu'à la petite rivière de *Scharl* qui naît de diverfes fources dans les vallées *Bloʒeʒ* & *Alfeas*. La rive droite de l'Inn, qui appartient à la Maifon d'Autriche, offre les villages *Afera*, *Gebofch*, le gros ruiffeau qui vient de *la Valle Plafna*, les eaux minérales ou les bains de *Walatfcha*, le ruiffeau de *la Valle Scuers*, le village de *Florins*, le château de *Trafp*, en latin *Caftrum Tarafpum*, & les villages de *Sina*, *Gifchians* & de *Guipera*. Ici, au-delà de la rivière de *Scharl* qui fe jette dans l'Inn, on rentre dans le pays des Grifons jufque vis-à-vis le *Pont Saint-Martin*, en Allemand *Martins Bruck*. Toute la rive droite de l'Inn, ainfi que la gauche, continuent de faire partie de la baffe Engadine, l'une & l'autre font fituées entre des montagnes ; la rive droite offre après *Guipera* , dont j'ai parlé, le ruiffeau qui vient du mont *Munʒenian* ou *Munda* fur lequel eft placé le village *Sant-Joann*, puis *Bradela*, autre village ; enfuite l'Inn reçoit prefque vis-à-vis d'*Alb*, le ruiffeau qui fort de la vallée *Iuvino*, puis un autre ruiffeau qui vient de la *Valle Rofenn* & qui fe jette dans l'Inn près du pont par où on va à *Blattamada*. De-là on découvre fur la rive gauche le ruiffeau qui eft en-deçà du village de *Refchwella*, plus loin on voit un pont fur l'Inn, pour paffer à la grande route qui conduit à *Strada* ; avant que d'arriver à ce pont , on apperçoit un autre ruiffeau dont le nom n'eft pas marqué fur la Carte, puis on trouve la petite rivière de *Waldart* qui fort de la Vallée de ce nom, enfin on voit le village de *Glamafchot* qui eft vis-à-vis de *Schleins*. Bientôt après on touche à la ligne de démarcation entre le pays des Grifons & le Comté du Tirol. Cette ligne partage auffi l'Inn jufqu'à *Novella* qui eft fur la gauche de cette rivière. L'Inn a fur fa gauche, dans la baffe Engadine, depuis *Schuls* dont j'ai parlé, & fur la grande route, le bourg de *Sins*, en face duquel eft un ruiffeau ; après *Sins*, on trouve le village *Alb* où il y a un pont, puis la petite rivière de *Ramifs* ou *Canitia* qui defcend de la vallée *Ramofch*. Au-delà de ce ruiffeau eft le bourg *Ramifs*, en latin *Eremufium*, avec le château ruiné de *Canitia* ; il y a une petite Ifle dans l'Inn entre ce bourg & le château *Blattamada*, près duquel eft un pont. On arrive enfuite au village *Strada* ; entre ce village & le bourg de *Martins-Bruck* , autrement le pont Saint-Martin, eft le village de *Schlafur*, avec le ruiffeau qui defcend de *Schleins* ; un autre ruiffeau fe jette dans l'Inn en face du pont Saint-Martin : ici la grande route conduit dans le Tirol, à *Nauders* & *Finftermunʒ* ou *Vinftermunʒ* ; le hameau *Novella*, précédé du ruiffeau *Groffe Muhl*, eft placé précifément avant la ligne de la démarcation qui fépare la baffe Engadine du Comté du Tirol ; un peu avant cette ligne, le ruiffeau *Muhl-Lana* fe jette dans l'Inn. Les Curieux qui défireront de connoître la fuite du cours de cette rivière par le Tirol, pourront en voir le plus exact détail dans la grande Carte (3) de ce Comté , en vingt feuilles, qui a été dreffée par ordre de la Cour de Vienne.

L'Inn, après avoir arrofé le Tirol & la Bavière, fe joint au Danube près de la Ville de Paffau. M. Faefi obferve à ce fujet que cette rivière, au moment de fon confluent avec le bras le plus profond du Danube, a jufqu'à huit cents quatre-vingt-dix pieds de large & trente-trois jufqu'à foixante-dix de profondeur ; au lieu que le Danube, proprement dit, n'a que fept cents quatre-vingt-quatre pieds de largeur, & que fa profondeur eft de trente-neuf jufqu'à quatre-vingt pieds. Ne pourroit-on pas ainfi foutenir avec juftice, que la véritable fource du Danube fe trouve dans les montagnes de la Suiffe ! Ce fleuve, le plus grand de l'Europe après le Volga, fe jette après un cours de fept cents vingt lieues dans la Mer Noire, près de Conftantinople.

L'ADDA.

CETTE rivière du pays des Grifons, connue des Anciens (1) fous le nom *Abdua* ou *Addua*, ne prend pas fa fource, comme l'a préfumé Strabon (2), d'après la reffemblance des noms, du mont *Adula*, mais elle provient (3) en partie des eaux qui tombent d'un haut revêtement de rochers, dans le val de Fréel, au Comté de Bormio. On trouve un lac fur ce revêtement. Elle doit auffi fa fource aux amas de glace qui fe trouvent fur le mont *Brailio*. Il eft vrai qu'à la réunion de toutes ces eaux, dans le Comté de Bormio, l'Adda eft encore bien foible ; mais infenfiblement dans fon cours par le même Comté & la Valteline, il groffit par la jonction de plufieurs petits & grands ruiffeaux, au point qu'il devient confidérable. Cette rivière fait beaucoup de bien au pays ; mais elle y fait auffi quelquefois beaucoup de tort, par fes inondations ; de-là vient, que, felon un ancien (4) proverbe, on partageoit anciennement les revenus du pays en cinq parts, dont la première appartenoit au Prince , la feconde à l'Eglife , la troifième à la Nobleffe, la quatrième aux Laboureurs , & la cinquième étoit emportée par l'eau.

Le Comté de Bormio, dépendant des Grifons , eft une vallée fituée entre de hautes montagnes qui l'environnent de toutes parts, ne laiffant qu'une feule ouverture par où l'Adda paffe. Bormio, que les Allemands appellent *Worms*, eft une petite ville, fituée au cœur du Comté , fur l'Adda, dans un vallon profond, prefqu'au pied des montagnes. C'eft-là que demeure le Gouverneur, qui y réfide au nom des trois Ligues Grifes , & qu'on appelle *Podefta*. La rivière de l'*Adda*, avant que d'arriver à Bormio, paffe au village *Premalio* & dans la proximité des bains chauds de *Saint-Martin*, qui font très-fréquentés. La petite rivière *Ifolacca*, *Ifolaccia*, ou *Ifolatfcha*, vient en partie du mont *Davofte*, & en partie du mont *Fuftani*, elle paffe à la gauche du village Ifolaccia dans le Comté de Bormio, & traverfe le val de *Fréel*; elle fe jette dans l'Adda près de *Premalio* ou *Premaglia*. L'Adda reçoit au-deffous de Bormio , fur fa gauche, une petite rivière qui vient de la *Valle Forba* ou *Furba*, l'une des communautés du Comté de Bormio. Cette petite rivière fe nomme *Fredolf* en Allemand, & *Frandolo* en Italien.

L'Adda paffe au village *Cepina*, & reçoit à fon entrée dans la Valteline une petite rivière qui defcend de la montagne où eft le village *Mignota*, l'Adda reçoit au-deffous du village *Leprefe* le torrent *la Reʒclafcho*, qui fort du Val di *Reʒent*

---

(1) En latin *Atlas Tyrolenfis*.
(1) Plin. Lib. III. Cap. 19.
(2) *Geographia* Lib. IV. p. 313. edit. Amftelædam. 1707. in-fol. Græcè & latinè.

(3) *Pallas Rhætica Sprecheri* Lib. X. p. 394-395. Lugd. Batav. 1633, in-24 Leu , Dict. Hift. de Suiffe. T. I. p. 29.
Faefi, Defcript. Topog. de la Suiffe. T. IV, p. 52-53, &c.
(4) Etat & délices de la Suiffe. T. IV. p. 131-132. Edition de Bâle.

ou *Rezen*, il passe ensuite dans la proximité des villages *Tiolo*, *Mazze*, *Tovo*, *Lutero* ou *Liomero*, *Serno* & *Calonta*, & il est grossi au bourg de *Tirano*, capitale de la Valteline, par la rivière qui descend du lac de *Puschiavo* & qui a sa source dans le mont *Bernina*; l'Adda a sur sa droite, depuis son entrée dans la Valteline, *Sondalo*, *Castel*, *Grossio*, *Grossotto*, *Vervio*, *Barofin*, *Madona*, d'où l'on passe à Tirano qui est situé sur la gauche. L'Adda continue son cours en recevant plusieurs torrens qui viennent, l'un du val *Belviso* qui est à sa gauche, un autre du val de *Tortona* qui est sur la droite & un troisième du val *Ambria* qui est sur la gauche. L'Adda a sur la même rive gauche, depuis Tirano jusqu'à Albosagio, le pont *Sant-Jacomo Castel de l'Aqua*, le pont de *Buffeto* & *Piateda*. On voit sur la droite de l'Adda dans le même espace depuis Tirano, *Villa*, *Bianzono*, ensuite *Boals* qui est au-dessous de *Teglio* & *Cur* ou *Chiurio*, & de là on passe au-dessous du bourg de *Sondrio*, en Allemand *Sonders*, situé au pied du mont *Masegrio*; la petite rivière de *Maller*, autrement *Maler* ou *Maliero* ou *Mallerd*, se joint à l'Adda. Elle arrose auparavant le val de *Malenco* ou *Malenga*, en latin *Vallis Malenci*, & elle vient du mont *dell' Oro* ou *de l'Oro*. L'Adda a sur sa gauche le village *Albosagio*, vis-à-vis de *Sondrio*, qui est sur la droite de la rivière. Depuis *Albosagio* jusqu'au bourg de *Morbegno*, on trouve sur la gauche de l'Adda, les villages *Caniola*, *Cidrasco*, *Colorina*, *Talamnona* & le pont de *Gandos* où on passe la rivière; elle reçoit dans ce trajet trois torrens, l'un dit *Livri* du val de ce nom, l'autre du val *Cervio*, le troisième du val *Madero*, & le quatrième qui descend de *Tarteno*. La droite de l'Adda, depuis *Sondrio* jusqu'à *Morbegno*, est de même que la gauche de cette rivière, bordée de vignobles qui commencent dès le village *Leprese*, à l'entrée de la Valteline. La petite rivière *Masina*, qui sort aussi du mont *de l'Oro* & passe à *Massone*, se jette dans l'Adda au-dessus de *Morbegno*; on trouve à sa source les célèbres bains de Maseno, *Bagni di Maseno*, près de *S. Martina*. Voici les villages qu'on observe sur la droite de l'Adda, depuis Sondrio jusqu'à Morbegno; ils se nomment *Castio*, *Postalesio*, *Berben* & *Campvico* qui est vis-à-vis du pont de *Gandos* où l'Adda forme un grand coude. Il en fait encore un plus considérable entre *Piateda*, au-dessous du pont de Buffeto & *Colorina*.

Morbegno, en Allemand *Morben*, est un beau & grand bourg sur la rive gauche de l'Adda, & presque vis-à-vis de *Trahona*. Son nom lui vient de l'air mal-sain qu'on y respiroit autrefois, lorsqu'il étoit bâti dans des marais dont les exhalaisons infectoient l'air. Mais dans la suite on l'a établi dans un lieu plus sain, au pied d'une montagne, sur les deux bords de la petite rivière *Bitto*, qui va se jetter dans l'Adda. Voici la suite du cours de cette rivière jusqu'à la frontière du Milanès. On trouve sur sa droite, *Dubino*, *Mezzo*, *Mancio*, & *Monastero*; l'Adda fait un coude entre Dubino & Monastero, ces villages le dominent par leur élévation. Ils ne sont pas précisément placés sur sa rive, mais à quelque distance. Les lieux suivans offrent à-peu-près la même proximité, *Porto di Dubino*, *Rogola*, *Ai-Dosso* qui est vis-à-vis d'une longue Isle de l'Adda, *Cressasca* qui est placé au bord de cette rivière, *Santello*, *di S. Quirico*, & *Bocca d'Adda*. Ce dernier village situé au-dessus de l'endroit où l'Adda, en formant un petit coude, prend son élan pour aller se jetter dans le lac de Como. Il a paru, en 1764, une petite Carte très-élégamment gravée, qui a pour titre, *Mappa della Linea e dei Termini di confine tirata fra lo Stato di Milano e Dominio Rheto*. Elle offre la démarcation de la frontière entre le Duché de Milan & la République des Grisons, du côté du Fort *de Fuentes*. On y a joint le plan perspectif de cette démarcation. Cette Carte est devenue très-rare. M. le Baron de Zur-Lauben a eu l'amitié de me la procurer, & j'y trouve que la ligne de démarcation part depuis la cime du *Monte Legnone*, passe par le bourg *S. Agata*, coupe l'Adda au-dessus de *Nigola* & traverse le *Laghetto di Mezzola*, à l'extrémité de la commune de l'Isle de ce petit Lac, laquelle appartient, une partie aux Grisons, & l'autre, la plus basse, à l'Etat de Milan. La ligne se termine au rocher dit *Sasso Olzasco*. Au-dessus de cette ligne, entre les deux *Colombes*, l'Adda forme encore un coude, sur la droite duquel on trouve un intervalle de terrein qui aboutit au *Laghetto*. L'Adda avoit anciennement ici son embouchure; le local offre la forme d'un enfoncement qui porte encore le nom *Fosso grande dell' Adda vecchia*.

La même Carte décrit exactement la rive gauche de l'Adda depuis l'*Isle* voisine de *Dubino*, village situé sur la droite de la rivière. La route qui vient de *Dalebio*, côtoie la gauche de l'Adda jusqu'à son embouchure au-dessous de Nigola. Jusque-là il n'est pas navigable. En beaucoup d'endroits, des rochers hérissent son lit; cette rivière abonde en excellentes truites : à son entrée dans le lac de Como, elle est si rapide qu'on peut en observer le cours dans le lac pendant près de trois à quatre milles d'Italie. Elle en ressort près de *Lecco*, où elle reprend son nom.

L'Adda traverse une grande partie du Milanès, & se jette dans le Pô au-dessus de Crémone. On place cette rivière parmi celles qui charient des grains d'or. On a formé en différens temps des projets pour la rendre navigable jusqu'au lac de Como, mais ils n'ont pas été effectués. Une entreprise de cette nature coûteroit aux Grisons des sommes considérables, & ce qui est souvent exécuté dans une grande Monarchie, ne peut l'être dans un Gouvernement populaire ou trop resserré.

Dans le même lac (5) de Como où se jette l'Adda, entre aussi une autre rivière des Grisons appellée la *Meyra* ou *Meiera* ou *Mera*, en latin *Maira*, qui a sa source en partie sur le mont *Setten* ou *Septtmer*, près de celle de l'Inn, & en partie sur le mont *Maloia*. La première de ces sources est nommée *Aqua di Marao*, la seconde *Ordlegnia*, toutes deux se joignent près *Casatsch*, & prennent le nom de *Meyra*. Auprès de Plurs, cette rivière fait une chûte considérable par-dessus des rochers & elle reçoit la *Frakia*, qui forme ici une des plus belles cataractes qu'il y ait dans la Suisse. Le cours de la Maira se dirige ensuite vers *Chiavenna*, & de-là dans cette partie du lac de Como qu'on nomme *Laghetto di Chiavenna*, du nom de la ville de ce nom qui est située sur les deux bords de la rivière de Maira, au pied des montagnes, & dans une campagne composée de beaux & d'excellens vignobles. Le petit lac de *Chiavenne* a environ deux milles de diamètre, il est de forme ovale, & il se jette par un canal peu large & peu profond dans le lac de *Como*, vis-à-vis du fort de Fuentes qui appartient à la Maison d'Autriche. On compte deux lieues de chemin de ce lac à Chiavenne. Aux deux bords du *Laghetto*

---

(5) *Sprecheri Palladis Rhetica*, Lib. VIII. p. 133, & Lib. X. p. 411. Lugd. Batav. Elzevir 1633, in-24. Voyages dans les contrées les plus remarquables de la Suisse. T. II. p. 181-182, &c.

di Chiavenna, font deux villages vis-à-vis l'un de l'autre, *Riva di Meʒʒola* ou *Meʒʒola*, & *Sammolico*, ils font du Comté de Chiavenne, & dépendent de la République des Grifons. La rivière de Maira entre par trois bras (6) dans le petit lac de Chiavenne, qu'on nomme aussi autrement *Laghetto di Meʒʒola*. La *Lira*, en latin *Lira*, autre petite rivière du pays des Grifons, descend du mont de *Splugen* ou *Speluga*, autrement *Ursulus* ou *Culmen Ursi* & en langue du pays *Colmen del Orso* dans le *Rheimwald*, en la Haute Ligue Grise ; elle se joint à la Meira près de *Mese* au-dessous de Chiavenne. Le célèbre Scheuchzer a donné dans ses *Itinera Alpina*, une Carte particulière du cours de la *Meira* ou *Maira*.

La Limat.

CETTE rivière (1) porte le nom de *Lint* (*) ou *Linth* depuis sa source au haut du Canton de Glaris jusqu'à son entrée dans le lac de Zurich, ce n'est qu'après la sortie de ce lac qu'elle est appellée *Limat* ou *Limmat*. La plus grande rivière du Canton de Glaris, qui la traverse du midi au nord, est la *Linth*. Elle a sa première source sur l'Alpe de *Limmeren*, à l'extrémité de la grande vallée du Canton de Glaris, vers la frontière des Grifons. De cette Alpe descend le ruisseau de *Limmeren*. Une autre source provient du ruisseau nommé *Sand-Bach*, qui sort d'un amas de glace sur l'Alpe dite *Sand-Alp*, montagne qui est au plus haut du val *Linthal*, sur la frontière du Canton d'Uri. Le ruisseau *Sand-Bach* se précipite de rocher en rocher avec un bruit horrible sous le pont de Panten, dit en Allemand *Panten-Brukk*, & par corruption *Banten-Brukk*, en latin *Pons pendens* ; ce pont de pierre est voûté, & d'une seule arche qui va d'un rocher à un autre, on le passe pour aller au pays des Grifons. Quand on est dessus, on découvre sous ses pieds un abîme perpendiculaire & profond de cent pieds, on y observe aussi au-dessus & au-dessous la perspective d'une longue suite de rochers, qui, en se resserrant, diminuent insensiblement pour ne doit éclairer leur intervalle, & sous ce pont effrayant, on entend le mugissement de l'impétueux ruisseau dit le *Sand-Bach* qui se joint à celui de *Limmeren*. De là la réunion de ces deux ruisseaux sort la *Linth*, qui donne son nom à une vallée, autrement dite *la grande* (2) *Vallée* du Canton de Glaris. La Linth descend le long des villages de *Linthal*, *Matt*, *Reutti*, *Betschwand*, *Dornhaus*, *Diesbach*, *Adlenbach*, *Haetʒingen*, *Luchsingen*, *Leugelbach* & *Nitsuhren*. On parlera plus amplement de ces positions & autres dans la description du Canton de Glaris. La Linth reçoit au-dessous du bourg *Schwanden*, la *Sernst* qui vient de la vallée du même nom, laquelle on appelle aussi la *petite* (3) *Vallée* du Canton de Glaris. La Sernst prend sa source au mont *Wepchen* ou *Wepchio*, sur la frontière du pays des Grifons. La Linth après sa jonction avec la Sernst, continue son cours vers Glaris (**), bourg & la capitale du Canton. On voit sur sa gauche à une demi-lieue au-dessus de Glaris, le village de *Mitloedi*, & auprès de Glaris, celui d'*Enneda*. Ce dernier village est placé sur la droite de la Linth. Elle reçoit au-dessus du bourg *Netstall* qui est sur sa gauche, la petite rivière *Loentsch* qui vient du petit lac de *Kloenthal*, sur la frontière du Canton de Schweitz ; la Linth passe devant Mollis qui est sur sa droite, puis au bourg de *Naefels* (***) qui est sur sa gauche. Elle a sur le même côté les villages du haut & bas *Urnen*, & lorsqu'elle est arrivée au pont de la Tuillerie, dit en Allemand *die Ziegel-Brukk*, elle reçoit la rivière de *Mag* qui sort du lac de *Wallenstatt* à *Wesen*; il y a à ce pont une douane. On ne parle pas ici des différens ruisseaux qui grossissent la Linth jusqu'à sa jonction avec la *Mag* ; ce détail appartient à celui du Canton de Glaris. La *Mag* se nomme aussi ordinairement la *Seeʒ*. Jean-Henri (4) Tschudi à qui l'on est redevable de la description & de l'histoire du Canton de Glaris, sa patrie, prétend que la Linth est appellée *Lindmat* ou *Lindmag*, depuis qu'elle reçoit la rivière qui sort du lac de *Wallenstatt*, nommée communément la *Seeʒ*, mais par d'autres la *Mag*, & que c'est de ce dernier nom, joint à celui de *Lint* que porte proprement la rivière qui vient du val Linthal, qu'on a formé celui de *Lindmag*. Ce qui est certain, c'est que (5) la *Limat*, qui dans son origine n'est pas une autre rivière que la *Linth*, se lit en latin dans les auteurs du moyen âge, *Lindimagus*, *Limmagus*, *Limacus*, *Limatus*, *Lymacia*. Une Charte (6) de l'an 869 la nomme *Lindimacus*. Une Charte (7) beaucoup plus ancienne du règne de Clovis III, Roi des Francs, porte que le château de Zurich, *Castrum Thuricinum*, est situé sur la rivière de *Lindemac*, *juxta fluvium Lindemaci*.

Depuis le pont de la Tuillerie, au confluent de la *Mag*, jusqu'au lac de Zurich au-dessous de Grynau, la Linth a sur sa gauche les villages du haut & du bas Bilten qui sont encore du Canton de Glaris. Ensuite commence le bailliage de la *Marche*, en latin *Marcha Tuccunia* ou *Terminus Helvetiorum*, & en Allemand *Die March*, qui appartient au Canton de Schweitz & qui a trois lieues de longueur jusqu'à Altendorf, sur le lac de Zurich. Elle sert encore de limites entre les Diocèses de Constance & de Coire. On trouve le long de la rive gauche de la Lint les hameaux de Mullinen & de Lintport ou Limmatport. Ce dernier est de la paroisse voisine de Tuggen, en latin *Tucconia*, dont l'emplacement étoit autrefois sur le lac de Zurich, mais aujourd'hui ce village en est éloigné d'un quart de lieue. On parlera ailleurs plus au long de cette singularité. Le château de (****) Grynau est aussi sur la gauche de la Lint, qu'on y passe sur un pont pour aller dans le bailliage d'Uznach. Il y a un péage à Grynau, & ce château est de la paroisse de Tuggen.

---

(6) Entre *Riva di Meʒʒola*, & le *Monte della Francelca* qui appartient à la Maison d'Autriche.
(1) Scheuchʒeri itinera Alpina. T. II. p. 285.
Blumeschli, memorabilia Tigurina. p. 277. Zurich 1742. in-4.
Leu, Dict. Hist. de la Suisse T. XII. p. 144-145 & 158-159.
Faesi, Descript. Topog. de la Suisse. T. I. pag. 51-52.
Christophe Trumpi, Chronique de Glaris p. 57. Winterthour 1774, in-12 en Allemand avec la carte de ce Canton.
(*) PLANCHE 143.
(2) *Das Grosse Thal.*

(3) *Das Kleine Thal.*
(**) PLANCHE 128.
(***) PLANCHES 143 & 178.
(4) Descript. du pays de Glaris, en Allemand, p. 4. Zurich 1714. in-8.
(5) Bochat, Mém. crit. sur l'Hist. anc. de la Suisse. T. I. p. 194-195.
(6) Herrgott, Geneal. Habsp. T. II. p. 43.
(7) Guilliman, de reb. Helvet. Lib. II. Cap. IV. p. 102, in Thesauro Hist. Helvet.
(****) PLANCHE 114.

La Linth entre dans le lac de Zurich un peu au-dessous de Grynau; cette rivière a sur sa droite, depuis le pont de la Tuillerie où finit le Canton de Glaris, à l'endroit de la jonction de la *Mag*, le bailliage de Gaster, en latin *Castra Rhætica*, & celui d'Utznach, ils appartiennent tous deux aux Cantons de Schweitz & de Glaris. On trouve sur la droite de la Linth le chapitre des Chanoinesses de Schennis & Benken; ce dernier village est entre la Linth & la petite ville d'Utznach dont la position sur une espèce de hauteur est à une demi-lieue au-dessus du lac de Zurich. La Linth à sa sortie de ce lac, entre la grande & la petite ville de Zurich, porte le nom d'*Aa* jusqu'à l'endroit où elle reçoit tout près & au-dessous de Zurich la rivière de *Sil* qui a sa source dans le Canton de Schweitz, dans le val de *Silthal* & du côté de la vallée *Muotathal*. La Linth, appellée *Aa* depuis sa sortie du lac de Zurich jusqu'à sa jonction avec la *Sil* ou *Syl*, prend alors le nom (8) de *Limat* ou *Limmat* qu'elle retient jusqu'à son embouchure dans l'Are. Elle traverse le Canton de Zurich & le Comté de Baden qui appartient aux trois Cantons de Zurich, Berne & Glaris. On trouve sur la droite de la Limat depuis Zurich, la prévôté & le couvent des Bénédictines du *Fahr* qui est dans le Comté de Bade. Il y a en cet endroit un bac pour passer la rivière qui coule dans un lit serré par des rochers au-dessous de Glanzenberg, ancienne ville dont on ne voit plus que des ruines; mais malgré le danger de la navigation les bateaux descendent jusqu'à l'embouchure de la Limat. On a bâti depuis peu d'années un pont de bois, ingénieusement construit vis-à-vis de l'Abbaye de Wettingen (*), (ordre de Cîteaux) qui est sur la gauche de la rivière. De Wettingen à Baden, il y a une demi-lieue de chemin, cette ville (**) avec son pont de pierre est située sur la Limat. Les célèbres bains de Baden sont placés sur les deux rives à un quart de lieue au-dessous de la ville. La Limat continue de traverser le Comté de Baden jusqu'à son confluent avec l'Are près du hameau *Vogelsang*, un peu au-dessus du village de *Stilli* qui est sur la gauche de l'Are dans le bailliage de Schenkenberg, Canton de Berne. La Limat en traversant le Comté de Baden, reçoit plusieurs gros ruisseaux, entre autres le Furbach qui vient de Wurenlos, même Comté de Baden.

Il y a encore quelques rivières considérables dans la Suisse, comme la Thour, la Sitter, les deux Emme, la Sarine, l'Orbe, la Thiele, la Birse, &c. Nous parlerons de chacune en son lieu. On se contentera de dire ici qu'on n'a (9) jamais vu de pays éloigné de la mer abonde tant en eaux que celui-ci. L'on trouve par-tout un nombre infini de sources d'eaux les plus pures & les plus douces, & il n'y a presque point de champ, ni de pré, qu'on ne puisse arroser par quelque ruisseau ou quelque fontaine, toutes les fois que le paysan le juge nécessaire.

---

(8) Otton, Evêque de Frisingen, qui écrivoit après le milieu du douzième siècle, [*de Gestis Frid. I. Imp. Lib. I. Cap. VIII. p.* 412, *apud Urstisium inter Germaniæ Historicos illustres T. I. Francofurti ad Manum* 1670 *in-fol.*] donne une étymologie singulière du nom des Allemans, *Alemanni*, & de la province particulière qu'ils habitèrent, l'*Allemannie*, en latin *Alemannia*, qui comprenoit la Souabe & la Suisse Orientale jusqu'à la Russe, il fait dériver de la rivière *Lemannus* qui sort du lac de Zurich, & il prétend que c'est de cette rivière que Lucain a dit dans la *Pharsale*, (*Lib. I.*)

Deferuere cavo tentoria fixa Lemanno.

Quoique les Interprètes entendent ici le lac *Leman* ou de Genève, peut-être que la *Limat* que Walafride Strabon, Auteur du neuvième siècle, nommoit *Flavius Lindimacus*, & qu'il plaçoit dans l'*Alamannie*, (*Vita Beati Galli, Lib. I. Cap. IV. p.* 145, *apud Goldastum, T. I. parte I. Alamannicar. Rer. Francofurti* 1661, *in-fol.*) se nommoit primitivement en langue vulgaire le *Lemat* ou le *Lemann*. Quoi qu'il en soit, la conjecture d'Otton de Frisingen est-elle plus admissible à cause du local des *Alemanni*, que celle de Servius (*a*) qui appelloit *Alemanni* les peuples qui habitoient sur les bords du lac Leman? Un Moderne, le Philosophe Frey (*b*), prétendoit même que les Allemans, *Alemanni*, doivent leur nom au lac *Leman* ou de Genève. Walafride Strabon, que j'ai cité, se rioit [*Ibid. Prolog. p.* 144-145.] de l'opinion de ses contemporains qui appelloient Altimania, à cause de la hauteur de la situation, *ab alto situ provincia*, le pays que les *Alamanni* ou les Souabes, *Suevi*, habitoient

dans le neuvième siècle, & qui comprenoit une partie de la *Germanie* au-delà du Danube, une autre de la *Rhétie* (ou du pays des Grisons) entre les Alpes & le Danube, & une partie de la Gaule autour de l'Are *partemque Galliæ circa Ararim*; dans le onzième siècle on appelloit (*c*) encore *Araris fluvius*, la rivière de l'Are qui étoit proprement la séparation entre le royaume de Bourgogne - Transjurane & le Duché d'Allemannie ou de Souabe; au reste, plusieurs cantons, plusieurs peuples ont dû leur nom à leurs rivières du local. L'*Argau* doit le sien à l'Are, la Turgovie (*d*) en Allemand *Turgeu*, à la rivière de *Thour*, & si nous en croyons Godefroi de Viterbe (*e*), Chroniqueur fameux de la fin du douzième siècle, les *Allobroges* étoient ainsi appellés de la rivière de *la Broye*, du pays de Vaud, voisine d'Avenche, que le même Chroniqueur nomme *Avenza*, & qui se jette dans le lac de Morat. Voici ses vers, bien dignes du siècle où il vivoit.

Cum loquor Allobroges, fluvium perpendo Labrolam,
Qua fuit Urbs quondam grandis, velut altera Troia,
Nomen Avenza fuit, qua peritura ruit.
Illa superborum viguit feritate virorum.
Marte Suevorum periit primatus eorum,
Decidit armorum cultus, & omne forum.

(9) L'Etat & les Délices de la Suisse. T. I, p. 71. Bâle 1764 in-12, *fig.*
(*) PLANCHE 136.
(**) PLANCHES 58, 136.

(*a*) *In notis ad 4. Georgic. Virgilii.* Voici les termes de ce Grammairien qui vivoit vers 412. *Populi habitantes juxta Lemanum lacum, Alemanni dicuntur.*
(*b*) *De admirandis Gotliæ Cap. IX. apud Plantin, Helvetiæ Antiquæ & novæ pag.* 102, edit. Bernæ 1656 *in-12*.
(*c*) *In pago qui Exigowe nuncupatur, quem Araris fluvius ex uno latere protenditur & altero Renus*, ce sont les termes de Hepidanus, moine de Saint-Gall, dans son livre des *Miracles de Sainte-Wiborade, Cap. IX. pag. 125 apud Goldastum, T. I. parte secunda Alamannicæ. Rer. Hepidanus* écrivoit en 1071.
(*d*) *Partem pagi qui ab interfluente flavio Turgow nominatur*; ainsi s'exprime Walafride Strabon (*de Miraculis B. Galli. Lib. II. Cap. I. p. 163. apud Goldastum ibidem.*)
(*e*) *Chronic. Parte IX. pag. 198. apud Pistorium inter Germanicos Scriptores, Francofurti 1584 in-fol.* le même Godefroi de Viterbe, [*Ibid. p.* 192] dit que le Rhin étoit appellé par les anciens *Lemannus*, & que des Ecrivains en font dériver le nom des Allemans *Alemanni*, mais que pour lui il aime mieux l'opinion qui lui donne pour racines deux mots Tudesques, *alle* [*tous*] & *man* [*homme*].

Alemanni unde dicti.

Rhenus ab antiquis describitur esse Lemannus,
Indeque nonnulli referunt dictos Alemannos,
Sed vox argutiora nomina falsa parat.

Illud ego nomen alia video ratione,
Quicquid prisca sonent, quod sentio, littera promet,
Lector ab hinc sapiat, qua magis apta sonent.

Alle, sonat totum. Man, vir: si Teuthona lingua
Hæc duo conjungat, totum vir, litera signat,
L. geminata, satis nomina clara facit.

Suivant Agathias qui vivoit sous l'Empereur Justinien [*Lib. I. p. 17.*] Asinius Quadratus avoit rapporté dans son Histoire des Germains, *ouvrage écrit avec exactitude*, que les *Alemani* étoient un mélange de divers étrangers, *Alamani autem, si Asinium Quadratum sequi licet, hominum Italum, & qui res Germanicas accurato subscripsit, conveniæ sunt, & miscellani homines, genusque appellatio, eorum lingua indicat*. Cluvier fait dériver ce nom purement Germanique, des deux mots *Alle*, [*omnes, tous*] & *mannen*, [*viri, hommes*], comme qui diroit une multitude d'hommes ramassés de toutes parts. [*German. antiq. Lib. I. Cap. VIII, & Lib. III, Cap. IV.*] *Allemannes, Allerley Mann; Aus allen landen Mann*, c'étoit aussi le sentiment de Henri Glaréan, du Canton de Glaris, dans ses Commentaires sur la Germanie de Tacite, [*Apud Schardium T. I. Rer. German. pag. 70.*] On a une dissertation curieuse sur la nation des *Alemanni*, par Jean-Nicolas Hert; elle est écrite en latin & se trouve dans le *Trésor des Historiens de Souabe*, par Wegelin [*T. I. Lindau 1756 in-fol. pag. 31-37.*] Cette note que je dois à M. le Baron de Zur-lauben, n'est pas étrangère à la Suisse, une grande partie de ses habitans descend de ces *Alamanni*, si célèbres dans l'Histoire de la décadence de l'Empire Romain, elle en a même conservé le nom dans ses traités avec les autres Puissances de l'Europe, où le Corps Helvétique est désigné sous le titre de *Ligues des Hautes Allemagnes*.

LES

VIII.

Les cinq Lacs les plus grands de la Suisse.

Il n'y a guère de pays dans l'Europe qui soit mieux fourni de lacs que la Suisse. On y en voit de grands, de médiocres & de petits. On y en peut compter cinq grands, celui de Constance, celui de Genève, celui de Zurich, celui de Lucerne, & celui de Neuchâtel ; neuf médiocres, ceux de Lugano, de Wallenstadt, de Zoug, de Thoun, de Brienz, de Morat, de Bienne, de Hallweil & de Sempach, & un grand nombre de petits, comme ceux de Greiffensée, de Baldegg, d'Egeri, de Lowertz, &c. Je ne parlerai ici que des lacs de la première distinction. Je réserve au chapitre suivant la description des neuf lacs médiocres, & pour la topographie particulière de la Suisse, le site des petits lacs.

Dans les lieux (1) où d'un côté un terrein élevé, de l'autre un banc de rochers s'opposoient à l'écoulement des eaux, il s'est formé des lacs ; on en trouve jusqu'au pied des glacières, & entre les plus hautes cimes des Alpes ; leur étendue varie dans la même proportion que celle des vallons ; les lacs les plus grands sont situés dans la proximité des plaines ou d'un pays ouvert. Ils se terminent presque généralement à l'extrémité supérieure où les eaux y entrent, dans des marais formés par le dépôt des rivières & des sources; de nouveaux dépôts les augmentent, & l'industrie les fertilise successivement. Les lacs les plus élevés sont entièrement glacés pendant une partie de l'année, & même tous les lacs de la Suisse sont plus ou moins sujets à être pris par la glace dans les hivers rigoureux. Mais presque tous les lacs ont une rivière ou un ruisseau qui en sort.

LAC DE CONSTANCE.

L'UN (1) des plus grands lacs entre la Suisse & la Souabe est celui de Constance ; il séparoit de même anciennement les Helvétiens de la Rhétie & de la Vindelicie. Plusieurs modernes l'ont appellé la *Mer de la Souabe*, *Mare Suevicum*. Ce lac est partagé en trois parties. La *partie supérieure* est la plus grande & la plus large, c'est celle qu'on nomme proprement *Boden-sée*. Celle *du milieu* se nomme *Bodmer-sée*, du nom du château du haut-Bodman, *hohen-Bodman*, ce bras s'étend bien avant dans la Souabe depuis Moerspourg où réside le prince-évêque de Constance. La partie inférieure porte le nom d'*Unter-sée* ou de *Zeller-sée*, ainsi appellée de la ville de *Zell*, autrement Ratolf-Zell, *Ratolfs-Cella*, qui est bâtie sur ses bords & qui appartient à la Maison d'Autriche. La partie dite proprement *Boden-sée* doit avoir cinq *milles* d'Allemagne en largeur depuis Bregenz jusqu'à Bodmen, sur deux milles de *meilen* de largeur, depuis Rorschach jusqu'à Buchhorn. On dit que dans des temps où cette partie supérieure du lac étoit prise par la glace, on lui a trouvé en la mesurant huit mille cent quarante-quatre ou sept mille deux cent soixante-quinze toises de largeur. A Moerspourg le lac doit avoir trois cent toises de profondeur. Il est aisé de présumer que ce grand lac doit avoir ses propres sources, elles sont sans doute très-abondantes; il reçoit aussi continuellement la décharge de plusieurs grandes & petites rivières qui y entrent dans toute sa circonférence. Parmi ces rivières sont celles de Schuffach, Arg, Bregenz, Fusfach, Goldach, Steinach, Salmsach, &c. Mais le Rhin qui y a son embouchure en venant du pays des Grisons, est la principale de ces rivières.

On observe la rapidité de son cours presqu'à un mille ou deux lieues en avant dans le lac. Au reste il est faux que ses eaux traversent sans mélange le lac jusqu'à Constance. En général, le lac de Constance est dans toutes ses parties très-abondant en poissons. On les transporte marinés jusqu'à Vienne. Le lac sert aussi beaucoup pour le commerce ; il porte des navires frétés de deux mille quatre cent jusqu'à trois mille quintaux, mais il est sujet quelquefois à des tempêtes dangereuses. Ce lac se gèle rarement à cause de sa grandeur, mais il fut pris par la glace en 1477, 1572, 1596 & 1695. Ses environs sont des plus riants & des mieux cultivés en champs labourables & en vignobles, ils offrent un grand nombre de villes, bourgs, villages, châteaux, monastères, &c. L'aspect des trois parties de ce lac avec ses isles & ses environs présente au voyageur l'idée du Paradis terrestre. Il est en général plus orné que celui de Genève, aussi n'a-t-il pas les côtes limitrophes de la Savoie & du Vallais qui presque toutes par leur site présentent des objets d'horreur ; mais en voyage moins sur les bords du lac de Constance que sur celui de Genève. Ces deux lacs sont placés comme deux grands réservoirs aux extrémités de la Suisse. Celui de Genève, plus voisin de la France & de l'Italie, est plus fréquenté, le pays de Vaud qui le borne du côté de la Suisse, est plus riche & plus commerçant que les environs du lac de Constance. La position de Constance (*) entre la partie supérieure & la partie inférieure du lac devroit bien y faciliter le commerce ; mais depuis qu'elle n'est plus ville impériale, la population y a diminué au point qu'il n'y a tout au plus que six ou sept cent bourgeois. Elle avoit

---

(1) M. de Tscharner, Dict. Géog. Hist. & Pol. de la Suisse. T. II, pag. 148-149.

(1) Ibidem, T. I, p. 163-164. Leu, Dict. Hist. de la Suisse T. IV, pag. 157-159. Faesi, Descript. Topog. de la Suisse, T. I, pag. 54-58. *Johannis Georgii Tibiani Panegyricon super laudibus Acronii Lacus in Alemannia, & ejusdem civitatum* pag. 98-101, T. I. *parte primâ inter rerum Alammannicarum scriptores à Goldasto editos. Francofurti* 1661 in-fol. *Antiquitates lacus Bodamici* par George-Jacques Mellin, p. 196-395, T. I. *Thesauri Rer. Suevicar. Curâ Jo. Reinhardi Wegelin. Lindaugiae* 1756 in fol. fig. La dissertation de Mellin a été aussi imprimée séparément en 1693 in-4. On a beaucoup de bonnes Cartes sur le cours du Rhin, depuis Constance jusqu'à son embouchure : le lac de Constance a été tracé par un Anonyme, dont l'ouvrage très-difficile à trouver, a été publié par *Hauri*, en 1675. *Seutter* a imité & corrigé cette Carte. Voyez *les Conseils de M. de Haller pour former une Bibliothèque Historique de la Suisse*, pag. 21 & 38-39. Les descriptions du lac de Constance par *Wegelin & Seutter*, sont très-importantes ; mais elles concernent plutôt le droit public que la description du lac ; *Wegelin* en parle cependant fort au long & avec beaucoup d'exactitude. Les Suisses n'ont pas sujet d'être contents des assertions de *Seutter*. Il rend sa Dissertation recommandable par une bonne Carte du lac qu'il y a ajouté, *Som* l'a dessinée & *Kuffner* l'a gravée. *Wegelin de dominio maris Suevici* in-4°. & dans le *Thesaurus rerum Suevicarum* T. IV. p. 178-421. *Seutter, de jure novali Lindaviensium in mari Suevico. Erlangae* 1764 in-4.

(*) PLANCHE 133.

dans le quinzième siècle, au temps du Concile général, jusqu'à trente-six mille habitants domiciliés. C'est aujourd'hui une ville remplie de Chanoines & de Moines, & où l'herbe croît dans les rues. De riches commerçans ont voulu s'y établir de temps à autre avec la liberté du culte, mais des considérations religieuses & politiques se sont toujours opposées à leur admission.

On a beaucoup (2) disputé sur l'étymologie du nom Allemand de *Boden-sée*, *Lacus Bodamicus*, *Botamicus*, *Podamicus*, *Podmicus*, qu'on donne au lac de Constance. Les uns le font dériver & avec plus de vraisemblance, de l'ancien château de *Podmen* ou *Bodmen*, en latin *Castrum Potami*, qui est placé à l'extrémité du lac, & qui a aussi donné son nom à une maison très-illustre, celle des barons de *Bodman* ou *Podmen*; ils assurent qu'on appelloit autrefois le lac, *Bodmersée* ou même *Bodmansée*; d'autres ont dit que ce lac a été nommé *Boden-sée* à cause de sa grande (3) profondeur, parce qu'il est sans fond, en Allemand *ohne-Boden* ou *Boden-los*; d'autres enfin plus raffinés lui ont donné une racine grecque, ποταμικὸς, à cause de la quantité de rivières qui s'y jettent. Il y a aussi des parties du lac supérieur de Constance qu'on distingue par la situation locale, l'une se nomme le lac de Bregenz, *Lacus Brigantinus*, l'autre le lac de Romishorn; la partie du lac la plus voisine de Constance porte le nom de cette ville, en latin, *Lacus Constantiensis*, nom que l'on donne aussi en général à tout le lac.

Ammien Marcellin (4) décrit le lac de Bregenz, qui est proprement celui de Constance. Il en avoit vu les bords, lorsqu'il avoit servi dans l'armée de Valentinien. Après avoir rapporté que l'Empereur Constance, prédécesseur de ce prince, s'étoit mis en marche contre les *Lentiens*, nation *Allemannique* qui habitoit la contrée de la Souabe qu'on appelle aujourd'hui de leur nom *Linzgeu* (5), voisine du lac de Constance, & après avoir dit qu'Arbétion, général de la cavalerie, côtoya avec un détachement considérable les bords du *Lac de Brigance*, pour pouvoir en venir d'abord aux mains avec les Barbares, il donne une idée du local. Voici ses paroles : » Le Rhin dans sa source sort avec impétuosité
» du milieu des hautes montagnes, & s'étend par le pays
» des Lépontiens (6); tel que le Nil qui se précipite par ses
» cataractes, il se répand sans se mêler avec d'autres eaux
» au travers des rochers entrecoupés. Il est grossi par la fonte
» des neiges, & après avoir coulé aux pieds des hautes rives
» qui le renferment, il se jette dans un rond & vaste lac
» que les habitans de la *Rhétie* (7) appellent *Brigance*, & qui
» s'étend cinq cent soixante stades en longueur & presque
» autant en largeur. La sombre horreur des forêts, les bar-
» bares qui les habitent, la nature des lieux & l'intempérie
» de l'air, semblent le rendre inaccessible, si ce n'est du côté
» où l'ancienne valeur des Romains, qui ne s'attachoit alors
» qu'à l'utile, a pratiqué un chemin spacieux. Ce fleuve se
» jette donc avec fracas dans ce lac & en traverse les eaux
» tranquilles qu'il partage également jusqu'au bout. Tel
» qu'un élément séparé par une discorde éternelle, il n'aug-
» mente ni ne perd rien de son volume, & conservant son
» nom & sa rapidité pendant le reste de sa course, il va se
» perdre dans l'Océan. Ce qui est encore bien étonnant,
» c'est que le mouvement prodigieux de ses eaux n'émeut
» pas plus celles du lac, que le limon épais de celui-ci ne
» retarde la marche impérieuse du fleuve. On croiroit en
» fait impossible, si l'on n'étoit pas à portée de s'en con-
» vaincre à chaque instant par ses propres yeux : ainsi Alphée
» qui a sa source en Arcadie, épris d'amour pour la fontaine
» d'Aréthuse, fend, selon la fable, la mer d'Ionie, pour
» couler jusqu'aux contrées qu'arrose son Amante ».

Le géographe Pomponius (8) Mela écrit que le Rhin qui descend des Alpes, forme presqu'à sa source deux lacs, celui dit *Venetus*, & l'autre *Acronius*; on entend par le premier, le *lac de Zell*, qui est la partie inférieure du lac de Constance, & on comprend sous le nom *Acronius*, le lac d'en-haut. Il y auroit donc une inversion dans le détail du local, tel que Mela le donne, parce que le Rhin en venant des Alpes entre dans le lac *supérieur*, avant que de descendre dans le lac *inférieur*. Les sentimens sont partagés sur l'étymologie du nom *Acronius*. Quelques-uns (9) le font dériver d'un ancien bourg des Romains dit *Crommes-horn*, qui signifie la *Corne courbée du lac*; ils offrent en effet le lac autrefois plus de courbures qu'aujourd'hui, ayant été rempli dans quelques parties, avec la progression des siècles. Aussi ces étymologistes ne font-ils pas difficulté de conjecturer qu'il se nommoit anciennement le *lac courbé*, en Allemand *Crommasée* ou *Acroma-sée*. D'autres savans (10) font venir les *Suevi*, les habitans de la Souabe des bords de la mer Baltique, prétendent qu'en se fixant sur ceux du lac de Constance, ils l'appellèrent *Cronius*, du nom de leur patrie primitive. Je demande pardon au Lecteur pour l'extrait de toutes ces belles étymologies, & je me garderai bien de fatiguer sa patience par celles qu'on a imaginé sur le nom de *lacus Venetus* ou *Venedus* que Mela a donné au lac *inférieur* de Constance.

Depuis la mort d'Ammien Marcellin, le tableau local du lac de Constance a bien changé. Les forêts épaisses qui ins-

---

(2) Wegelin, *Thesaurus Rer. Suevicar.* T. IV. p. 383 & seq.

(3) Walafride Strabon, Abbé de Reichenau, qui vivoit dans le neuvième siècle, écrit dans la préface de la vie de Saint-Gall (*apud Goldastum inter scriptores Rer. Alemannicar.* T. I. parte II. p. 143). que l'ancienne ville de Bregenza qui étoit déjà tombée en ruines, avoit donné son nom au lac que forme le Rhin, que l'on appelle autrement *Lacus Potamicus*, suivant une étymologie Grecque. *Brigantium oppidum jam vetustate collapsum lacui, qui Rheno interfluente efficitur, nomen dedit qui alio nomine juxta Græcam etymologiam Potamicus appellatur.* Ratpert, Moine de Saint-Gall, à la fin du neuvième siècle, écrit aussi (*de casibus monasterii Sancti Galli Cap* L.p. 1. *apud Goldast.* ibid. T. I. parte I.) que le Château d'Arbon est situé sur le *lacus Potamicus*.

(4) Lib. XV. Cap. IV. *Rhenus amnis lacum invadit rotundum & vastum, quem Brigantiam accola Rhætus appellat.* Je me sers ici de la traduction d'Ammien Marcellin, qui a paru à Lyon en 1778, in-12, T. I. p. 100-103. J'ai suppléé à ce qui manque dans la traduction, elle pèche par plusieurs omissions considérables. Strabon (*Géog. Lib. VII.*) donnoit au lac situé *entre les sources du Danube & du Rhin*, & qui est formé par ce dernier fleuve, plus de trois cent stades de circuit,

& près de deux cent autres de trajet ; mais il y a erreur dans ces dimensions, comme l'ont observé *Vadianus* dans ses commentaires sur Mela, & Cluvier dans son *ancienne Germanie*, (Lib. II. Cap. 40.) Pline (Lib. IX. C. XVIII) Solin (Cap. XXIV), & Ptolomée (*Géog. Lib. II.*) font aussi mention du *lacus Brigantinus* ou *Brigantius*.

(5) Le Traducteur d'Ammien Marcellin a imaginé, mais sans aucun fondement, que ces peuples tiroient leur nom de la ville de *Lentia*, aujourd'hui Lintz, capitale de la Haute-Autriche.

(6) Les *Lépontiens* étoient proprement les habitans du val appellé de leur *Vallis Lepontina*, aujourd'hui *le val de Livenen* qui appartient au Canton d'Uri & qui est situé au pied du Saint-Gothard : les *Lepontii* n'étoient pas éloignés de la source du Rhin & de celle du Rhône.

(7) Aujourd'hui le *pays des Grisons*.

(8) Lib. III. Cap. II.

(9) Stumpfii Chron. Helvetiæ, T. II, Lib. V. C. IX, &c.

(10) *Thesaurus Rer. Suevicar.* Curâ Wegelini. T. I. pag. 291, 292, 296 & seq. & T. IV. pag. 379-382 & 385.

piroient tant d'horreur à cet hiftorien, ont été prefque toutes extirpées, une quantité de beaux villages, de bourgs, de châteaux & de villes rempliffent leur place, & avec le défrichement des bois, l'âpreté de l'air a diminué confidérablement. On trouvera difficilement en Europe une contrée plus délicieufe à la vue que les environs du lac de Conftance. Le grand de Thou qui y avoit fait un voyage, en a laiffé (11) ce tableau. *Circum eundo lacu nufquam jucundior oculis fpecies obfervata eft, miti clivo ab utraque parte per vitiferos colles, qui in aquis pellucent, defcendente.* MES YEUX EN COTOYANT LE LAC DE CONSTANCE N'ONT JAMAIS JOUI AILLEURS D'UN ASPECT PLUS RIANT; IL EST BORDÉ DES DEUX CÔTÉS PAR DES COLLINES D'UNE DOUCE PENTE, ET COUVERTES DE VIGNOBLES DONT LE SITE RÉFLÉCHIT DANS LES EAUX.

On appelle auffi le lac fupérieur de Conftance *Wytfée*, le *long & large lac*, pour le diftinguer de la partie baffe: au refte la largeur de tout le lac depuis l'embouchure du Rhin jufqu'à Stein, dans le Canton de Zurich, eft de quinze à feize lieues; fa plus grande largeur porte fur cinq grandes lieues depuis Rorfchach qui appartient au Prince-Abbé de Saint-Gall jufqu'à *Langen-Argen* qui eft du Comté de Montfort en Souabe. La partie fupérieure du lac offre deux ifles, l'une où eft bâtie la ville impériale de (*) Lindau, à l'orient d'*Arbon* qui eft en Suiffe, & l'autre dite *Mereeau* ou *Maynau*, en latin *Augia minor*, où il y a une ancienne Abbaye. Je vais nommer les principaux endroits de la Suiffe fitués fur le lac fupérieur de Conftance, depuis l'embouchure du Rhin. Je trouve d'abord fur la Carte le hameau dit *Alten Rhein* ou *l'ancien Rhin*. Entre ce hameau qui appartient à l'Abbaye de Saint-Gall, & le village de Gaiffau qui eft à la Maifon d'Autriche, le Rhin fe jette dans le lac de Conftance; je trouve enfuite dans la proximité de ce hameau & fur le lac, le village de *Stad* ou *Staad*. La partie (12) de ce village qui eft au-deffous du ruiffeau qui le traverfe, appartient à l'Abbaye de Saint-Gall, & elle eft fituée dans la paroiffe de Rorfchach, mais la partie d'en-haut dépend de la partie de Thal, dans le Bailliage du Rheinthal qui eft fous la fouveraineté des huit anciens & premiers Cantons, & de celui d'Appenzell. Quelques-uns regardent *Stad* comme la limite de l'Helvétie du côté du Levant, ils font dériver fon nom du latin *Statio* ou *Stat*; d'autres combattent cette opinion, parce qu'ils trouvent un autre *Stad* au-dela du ruiffeau du Rhin, & vis-à-vis l'ifle de Maynau, local qui devoit être étranger à l'ancienne Helvétie.

Après Stad, je vois fur le lac de Conftance le bourg de Rorfchach (**), qui eft dans le domaine de l'Abbaye de Saint-Gall, puis le château & le hameau de Horn (***), qui appartiennent à l'Evêque de Conftance & à l'Abbé d'Ochfenhaufen fous la fouveraineté des Cantons Co-régens de la Turgovie. La rivière d'*Aach* autrement *Goldach* qui fort du Canton d'Appenzell, fe jette dans le lac de Conftance entre Horn & Rorfchach. Celle de Steinach qui a fa fource au-deffus de la ville de Saint-Gall, entre auffi dans le lac de Conftance près du village de Steinach qui appartient à l'Abbé de Saint-Gall. La petite ville (****) d'Arbon, connue

des Romains fous le nom d'*Arbor Felix*, & des Francs dans le feptième fiècle, fous celui d'*Arbona*, paroît enfuite avec fon château Ballival fur le lac de Conftance; elle obéit à l'Evêque de Conftance fous la fouveraineté des Cantons Co-régens du Landgraviat de la Turgovie dont elle fait partie. On trouve enfuite fur le lac de Conftance le village de Salmfach qui eft fur la grande route de Conftance à Rorfchach; l'Abbé de Saint-Gall en eft le feigneur, fous la fouveraineté des Cantons Co-régens de la Turgovie. Le château de Luchsbourg, qui dépend du même Landgraviat, eft auffi fitué fur le lac de Conftance. On arrive enfuite au bourg de *Romishorn*, anciennement *Romaneshorn*, en latin *Romanorum Cornu*. Ce bourg & fon château font bâtis fur une longue pointe qui s'avance fort loin dans le lac. Tout ce diftrict qui eft de la Turgovie, appartient à l'Abbé de Saint-Gall. L'érudit Béat (13) Rhenan, Alfacien, plaçoit à *Romishorn* ou *Romeshorn* le *Cromeshorn*, *Acronii Cornu*, quand j'ai parlé en rapportant les étymologies des divers noms qu'on a donnés au lac de Conftance. On trouve enfuite fur le lac le village d'Uttweilen qui eft de la Turgovie & qui appartient à l'Abbeffe de Munfterlingen, puis on arrive à Keffweilen, village de la Turgovie, qui reconnoît l'Abbé de Saint-Gall pour fon feigneur. Le château & le village de Guttingen, à trois lieues de Conftance fur le même lac & dans le même Landgraviat, appartiennent à l'Evêque de Conftance qui y entretient un Baillif. L'Abbaye des Bénédictines de Munfterlingen, en latin *Monafteriolum*, eft fituée à une grande lieue de Conftance, fur le lac de ce nom, dans le Landgraviat de la Turgovie. La belle Abbaye des Chanoines de Creutzlingen, Ordre de Saint-Auguftin, eft placée près du lac de Conftance à un petit quart de lieue hors des murs de cette ville. Le Landgraviat de Turgovie dans lequel cette Abbaye eft enclavée, s'étend jufqu'aux foffés de la ville de Conftance. Le Rhin fort du lac fupérieure du lac à Conftance, traverfe cette ville & fe jette près de Gottlieben, après un cours peu long, dans la partie inférieure du lac qu'on nomme en Allemand *Unter-fée*, le *bas-lac*. Cette (14) autre partie du lac de Conftance s'étend du côté de la Suiffe, depuis Conftance jufqu'à Steigen, près de la ville de Stein fur le Rhin, dans la longueur de cinq lieues. Le Rhin reffort du lac inférieur près de Steigen & Stein. Le lac inférieur fépare auffi la Turgovie de l'Empire & particulièrement du Hegau & du Landgraviat Autrichien de Nellenbourg. On a donné divers noms à ce lac, fuivant fes divers diftricts; à Zell ou Ratolfzell, petite ville dépendante de la Maifon d'Autriche, on le nomme *Zellerfée*, le lac de Zell, en latin *lacus Cellenfis*. On trouve auffi dans les anciennes Chartes le nom Allemand *Uffer-fée*, *le lac d'au-delà*, qu'on donnoit à cette partie du lac entre la Turgovie & l'ifle de Reichenau, *Augia Dives*; mais en général le lac inférieur fe nomme en latin *lacus Venetus* ou *Venetus*. On fait dériver le premier de ces noms de la couleur gris-de-fer ou verd-bleuâtre des eaux, ou d'un ancien peuple, les *Venetes* qui doivent avoir habité près de Ratolfzell. A Bernang ou Berlingen, village de la Turgovie à une demi-lieue au-deffus de la ville de Steckboren ou Stekborn, on nomme la partie

---

(11) *Lib. II. de Vita fua.*
(12) *Guilliman. de reb. Helvetior. Lib. I. Cap. 6, in Thefauro Helvetico. Plantini Helvetia antiqua & nova Cap. II, pag. 10, in eodem Thefauro. Leu, Dict. Hift. de la Suiffe, T. XVII. p. 449.*
(*) PLANCHE 116.
(**) PLANCHES 107, 132.
(***) PLANCHE 132.
(****) PLANCHE 107.
(13) *Lib. III. Rer. Germanicor.*
(14) *Leu, Dict. Hift. de Suiffe T. XVII. p. 6.*

du lac inférieur sur lequel il est situé, *le lac de Bernang*; le sol où est bâti ce village forme une langue de terre. Voici les lieux principaux que je trouve sur le lac inférieur de Constance, du côté de la Suisse, dans la Turgovie; le château & le joli bourg de Gottlieben, à une petite lieue au-dessous de Constance, sur la gauche du Rhin, à l'endroit où ce fleuve entre dans le lac inférieur. L'Evêque de Constance est seigneur de Gotlieben. Je vois ensuite le village de Triboltingen ou Tribeltingen, le bourg d'Ermattingen qui est vis-à-vis de l'isle de Reichénau, les villages de Mannenbach & Berlingen ou Bernang dont j'ai déja parlé, & la petite ville de Steckboren ; ils appartiennent tous au Prince-Evêque de Constance depuis que la riche & célèbre Abbaye de Reichenau a été réunie à sa manse Episcopale.

On trouve ensuite l'Abbaye de Bernardines de Feldbach, vis-à-vis du château de Gayenhofen qui appartient aussi à l'Evêque de Constance. Cette Abbaye est située sur un cap ou promontoire. Plus loin on voit le village de Mammeren (*) qui dépend de l'Abbé de Rheinau, & les deux villages du haut & bas Eschenz qui ont pour seigneur le Prince - Abbé d'Einsidlen ou de Notre-Dame des Hermites; le Rhin sort du lac inférieur près Steigen ou Stein, ainsi que je l'ai déja observé.

La Jurisdiction sur le lac de Constance appartient en partie à la Maison d'Autriche, en partie aux Cantons souverains de la Turgovie, & à l'Abbé de Saint-Gall. Les limites sont déterminées par un accord mutuel dressé en 1554, & depuis par un traité conclu en 1688 avec l'Empereur Léopold. La moitié du lac fixe les limites entre le territoire de la Suisse & en particulier celui de la Turgovie, & les Etats de la Souabe & en particulier les bornes du Temporel de l'Evêché de Constance. Nous avons touché un mot du commerce qui se fait sur le lac de Constance, & qui pourroit être beaucoup plus étendu, si certaines considérations n'y mettoient obstacle. Ce lac est très-poissonneux toute l'année; on observe cependant que la quantité & les différentes espèces de poisson que l'on pêche dans le lac inférieur, sont beaucoup plus considérables que celles qu'on prend dans le lac supérieur; peut-être que la profondeur plus grande de cette dernière partie en est la cause déterminante. On y pêche une sorte de poisson que l'on nomme *Gangfische*, c'est une espèce d'*Albulen* (15); on les prend en très-grande quantité, dans le mois de Décembre, dans la partie supérieure du lac entre Constance & Romishorn, comme aussi près de Lindau, Lindau & également dans le lac inférieur près de Gottlieben & Ermattingen. Les *Gangfische* du lac supérieur, sont de couleur bleuâtre, ceux du bas lac sont au contraire blancs : on donne la préférence aux premiers pour la délicatesse, on les marine & on les envoie en quantité à Vienne, même jusqu'en Hongrie. La navigation sur ce lac contribue singulièrement au progrès du commerce; il porte des navires de deux mille quatre cent à trois mille cent pesans; [c'est à Bregenz, Lindau & Buchhorn qu'on voit les plus gros de ces navires, on les nomme en Allemand *Ledenen*; outre trois cent tonneaux de sel que chacun de ces bâtimens porte, ils sont encore chargés chacun de quelques cent livres pesant de marchandises. En été, on transporte ces *Ledenen* jusqu'à Schaffhausen; mais pour leur retour jusqu'à Steigen, au-delà de la ville de Stein, il faut ramener par le lac les bateaux vuides, soit avec des chevaux, soit avec le secours de beaucoup de bateliers : le lac inférieur se gèle presque tous les hivers, & si fortement qu'on peut transporter en traîneaux des charges entières, d'un côté du lac jusqu'à l'autre; mais en revanche le lac supérieur ne se gèle que rarement, sa largeur considérable facilitant le plein accès aux vents qui empêchent la gelée.

Ammien Marcellin & quelques Modernes avoient cru que le Rhin ne mêloit pas ses eaux avec celles du lac. On a débité la même fable sur le Rhône, lorsqu'il se jette dans le lac de Geneve. Mais, comme l'a très-bien observé le docte Vadianus dans ses observations sur Méla (16), il est très-faux que le lac de Constance soit d'une eau limoneuse dont l'amas retarde le cours du Rhin & trouble les eaux de ce fleuve. Il est de fait que le (17) lac paroît généralement pur & limpide.

Lac de Genève,

En Latin Lacus Lemanus, *en Allemand* Gensser-sée, & *en Italien* Lago di Geneva.

Le contour du lac (1) *Leman* ou de Genève offre le territoire de la ville de ce nom, la Savoie, le pays de Vaud dépendant de la République de Berne, une partie du Vallais & un district de la France; sa figure approche un peu de celle d'un croissant, dont les deux cornes seroient émoussées & dont l'une des mêmes cornes auroit une grande échancrure par-dedans; on en a de bonnes (2) Cartes, mais toutes ne représentent pas sa véritable figure. Ce lac s'étend bien plus contre le nord, & moins du côté de l'orient, que plusieurs de ces Cartes ne le marquent. Il est situé entre le vingt-quatre, dix & le vingt-cinq degré de *longitude*, à compter cette longueur depuis l'isle de Fer, entre le quarante-six, douze & le quarante-six, treize de *latitude*. La longueur de ce lac depuis Genève jusqu'à Villeneuve, en passant par le pays de Vaud, est de quinze lieues de marine, dont il y en a vingt au degré, & ces quinze lieues font dix-huit lieues trois quarts

---

(*) Planche 137.
(15) J'en parlerai à l'article *des Poissons* de la Suisse.
(16) Lib. III.
(17) *Sebastiani Munsteri Cosmog*. Lib. III. Voyez aussi *Crusius, annal. Suevic*. Parte I. Lib. XI. Cap. II. Zeiler, *itinerarium*. *Germania Gabrielis*. Bucelini *descriptio Topo-chrono-Stemmatographica Constantiæ*, Francofurti 1667. in-4. fig. Jean-Frédéric Speth, description de la ville de Constance en Allemand, in-4. avec fig.
(1) Dict. Géog. Hist. & Pol. de la Suisse. T. II. p. 22-24. Leu, Dict. Hist. de la Suisse, T. VIII. p. 417-419. Faesi, Desc. Topog. de la Suisse, T. I. p. 52-54.

(2) Jacobi Goulart, Lacus Lemani descriptio, in Guilielmi Blaeuw Atlante. Remarques sur l'Histoire Naturelle des environs du lac de Genève par Jean Christophe Fatio, dans l'Histoire de Genève par Spon, T. II. p. 449, édit. de 1730, in-4. avec une carte du lac de Genève par Antoine Chopy qui a été depuis corrigée par M. Micheli du Cret, & publiée par Buache en 1740. Le lac de Genève est très-bien représenté sur la Carte de Loys de Cheseaux. Kitchin a aussi donné une bonne Carte où les changemens qui ont été la suite du traité entre le Roi de Sardaigne & la République de Genève sont marqués. Le titre de cette Carte est dans Keate account of Geneva. Celle de Ritzi Zannoni, en 1766, est estimée. M. Mallet, de Genève, a donné une excellente Carte du territoire de sa patrie.

communes

communes de France ; mais cette distance, prise en ligne droite par-dessus le Chablais, n'excède pas douze lieues de marine. La plus grande largeur de ce lac, à le prendre de Rolle jusqu'au voisinage de Thonon, est de trois à quatre lieues, ou plutôt à cause du biais qui se trouve entre ces deux endroits, elle doit être seulement estimée environ à sept mille toises de France de six pieds de roi chacune, ce qui fait un peu plus de trois lieues communes de France; mais ce lac se rétrécit beaucoup ensuite en venant vers Genève, car depuis Rolle jusqu'à Genève, il n'est guère large, en aucun endroit, de plus d'une lieue de marine.

La surface du lac *Léman* est d'environ vingt-six lieues communes quarrées, dont chacune a deux mille deux cent quatre-vingt-deux toises & deux cinquièmes de côte.

La profondeur de ce lac est dans quelques endroits très-considérable, particulièrement du côté de la Savoie où on l'estime être de deux à trois cent toises (3), tandis qu'au nord elle ne porte que sur quarante à cinquante toises. Cependant on n'a point fait encore d'expériences suffisantes pour la justifier, & le fait en vaudroit la peine.

Le lac *Léman* est en partie formé par le Rhône qui s'y jette à Bouveret ou Boveret à l'extrémité du Bas-Vallais ; j'ai déja observé ailleurs à l'article du cours du Rhône, l'erreur (4) qui a subsisté pendant de longs siècles, presque jusqu'à notre temps, que ce fleuve traverseroit le lac de Genève sans que leurs eaux se mélassent; on a débité la même fable sur l'embouchure du Rhin dans le lac supérieur de Constance. On peut, il est vrai, distinguer dans celui de Genève jusqu'à une demi-lieue de distance, l'eau grisâtre & trouble du Rhône d'avec celle du lac, mais plus loin on ne peut plus la reconnoître ni par le mouvement, ni par la couleur. Les eaux du lac se montrent alors très-calmes & d'une couleur uniforme. L'auteur du *Dictionnaire géographique, historique & politique de la Suisse* (5), dit que le Rhône traverse le lac Léman dans toute sa longueur, qu'il en sort à Genève, & qu'il y conserve seulement sa couleur jusqu'à une certaine distance. On ne peut pas dire *proprement* que le Rhône traverse le lac Léman dans toute sa longueur. Il s'y jette à l'extrémité du Bas-Vallais, & si à Genève le fleuve qui en sort porte le nom de Rhône, c'est parce que de toutes les rivières qui entrent dans ce lac, le Rhône du Vallais en est la plus considérable à son embouchure. Il en est de même de toutes celles qui entrent dans d'autres lacs, & qui, à leur sortie, prennent le nom de la plus grande des rivières qui s'y sont jettées. Indépendamment du Rhône, plusieurs petites rivières se jettent dans le lac, & entr'autres du côté de la Suisse, la Morge, l'Uine, la Veveyse, la Salance, le Foretey, la Lutrive, la Paudeisse, &c. J'en parlerai dans la description des bords du lac. Il ne se gèle jamais dans les plus grands froids, parce qu'il abonde en sources vives. Il décroît en hiver & croît en été quelquefois jusqu'à dix pieds & davantage. Les neiges fondues des montagnes dans cette saison, grossissent de leurs eaux les ruisseaux & rivières qui viennent s'y décharger. On a observé des *trombes* sur ce lac, ce sont des espèces de vapeurs épaisses qui s'y élèvent de temps à autre, occupent en largeur quinze à vingt toises, à-peu-près autant en hauteur, & qui se dissipent ensuite dans un instant, sans qu'on soit encore suffisamment éclairé sur leurs causes. Il règne dans le fond du lac un vent souterrein, qu'on nomme *Vaudaise*, & qui lorsqu'il fait irruption à la surface, agite dangereusement la navigation.

Un phénomène beaucoup moins rare que les trombes, que nous offre le lac de Genève, est une espèce de flux & reflux qu'on y remarque sous le nom ridicule de *Seiches*; cette espèce de flux & reflux se trouve d'une part près de l'embouchure du Rhône, ou bien à l'autre extrémité près de l'embouchure de l'Arve, il doit être vraisemblablement produit par la fonte des neiges, conformément au détail exact & savamment raisonné qu'en a fait M. Jallabert, dans l'*Histoire de l'Académie des Sciences*, année 1742.

La partie du lac du côté de la Savoie offre des montagnes couvertes d'amas de glace & dont la cime semble toucher le Ciel. Le pied de ces montagnes présente une suite d'habitations dans le nombre desquelles il y a des villes & des villages, mais peu agréables par leur construction. Il n'en est pas de même du côté de la Suisse, la situation du lac est ici charmante, un aspect admirable de maisons de plaisance, de villes & de villages, de champs cultivés, de côteaux & de vignobles, y enchante les yeux. En général, le bassin sur lequel le lac roule des eaux pures, légères & argentines, sa profondeur, son étendue, tout concourt à le faire regarder comme un des plus beaux lacs de l'Europe; il fournit aussi d'excellent poisson & en abondance. Saint Grégoire de Tours dit dans un (6) ses ouvrages, qu'on pêche dans le lac de Genève, qu'il appelle *Lemmanus lacus*, des truites qui pèsent jusqu'à cent livres. Nous en dirons un mot ailleurs. Les truites de Genève sont très-estimées des *Nafsdienus* de Paris : on y en transporte d'assaisonnées & d'un grand prix. Il y en a quelquefois de quarante à cinquante livres. On pêche aussi dans le lac de Genève des perches d'un goût admirable, & entre autres poissons délicats la *Ferrat*. Ce poisson est particulier au lac de Genève, il y en a qui pèsent jusqu'à trois ou quatre livres, mais l'espèce ordinaire est de deux livres : on ne les pêche que dans la belle saison ; ils vont en troupe comme les harengs.

Du temps de Jules-César, le lac Léman ou de Genève séparoit l'Helvétie du pays des Allobroges qui est la Savoie, les deux contrées faisoient alors partie des Gaules. Les Romains nommoient ce lac *lacus Lemanus*. Strabon (7) l'appelle en Grec λίμνη Μεγάλη ; Ptolomée le nomme λιμὴν, mot qui signifie proprement un *lac* ou *étang* & qui paroît avoir été la racine de *Lemanus*. Lucain dit dans sa Pharsale (8):

Deseruere cavo tentoria fixa Lemano

---

(3) En Allemand *Klafter*, suivant Faesi.
(4) Pline le Naturaliste, Pomponius Mela & Ammien Marcellin ont débité cette fable. Un Moderne, *Mérula*, assure même dans sa Géographie (*Parte II. Lib. III. Cap. 9.*) qu'il a vu de ses yeux le Rhône traverser le lac de Genève.
(5) T. I. pag. 24.
(6) *De Gloria Martyrum*, Lib. I. Cap. 76. p. 465, dans le recueil des Historiens des Gaules & de la France, par les Bénédictins, T. II. Paris 1739, in-fol. fg. Voici les paroles de Grégoire de Tours. Lemanni laci, per quem Rhodanus influit, navigium petit. Extenditur autem lacus ille in longitudinem quasi stadiis quadringentis, latitudine autem stadiis centum quadraginta. Le même Historien, après avoir estimé la longueur du lac Léman, de quatre cent stades, & sa largeur de cent quarante stades, ajoute, d'après des relations, qu'on y pêche des truites qui pèsent jusqu'à cent livres. *In hoc etiam stagno ferant Truttarum piscium magnitudinem usque ad centum librarum pondera trutinari.*
(7) Géog. Lib. IV. Ce Géographe dit, en parlant du lac *Larius*, τὴν Ἀσφαλτ ιμνην.
(8) Lib. I. vers. 396. *Amstelodami* Elzevir 1658 *cum notis Grotii, Schrevelii, &c.*

Ce Poëte appelle ici *creux* le lac Léman, à cause de ses concavités & de sa profondeur. Ausone, autre Poëte, qualifie (9) *Lemannus*, père du Rhône.

Qua rapitur praeceps Rhodanus genitore Lemanno.

Mais Ausone ne connoissoit apparemment pas la véritable source du Rhône, à moins que pour son excuse, on ne convienne avec son apologiste Merula (10), qu'il a regardé le Rhône comme devant son origine au lac Léman, parce qu'à sa sortie il se montre beaucoup plus considérable qu'il ne l'est à son embouchure.

La manière dont César (11) s'explique, *lacus Lemanus qui in flumen Rhodanum influit*, doit signifier que le Rhône est la décharge du lac Léman. Je ferai grace au Lecteur de toutes les conjectures débitées par les Modernes sur l'étymologie de ce nom. J'ajoute seulement que dans l'Itinéraire d'Antonin, le nom du lac est *Lausonius*, dans la Table Théodosienne *Losannete*. Les Romains appelloient ainsi la partie du lac qui voisinoit à Lausanne. La ville de Genève communique aujourd'hui son nom à tout le lac, elle est la plus considérable de celles qui en sont voisines. Les Annales de Saint-Bertin, sous l'an 839, appellent ce lac la *mer du Rhône*, *mare Rhodani*.

Le lac de Genève est aujourd'hui limitrophe de cinq Etats; vers le levant, le couchant & le nord, il touche le pays de Vaud qui appartient au Canton de Berne; au midi, il confine à la République de Vallais; au levant & au midi, il borde le Chablais qui est soumis à la Royale Maison de Savoie, & au couchant le pays de Gex qui est de la France, & Genève; quelques villages du territoire de cette République sont situés au midi, au levant & au couchant de ce lac.

Je vais nommer les principaux endroits qui bordent le lac de Genève, relativement à la Suisse. J'abandonne la description de l'autre partie aux Curieux de la Savoie. Je commencerai par le village de *Saint-Gingo* ou *Saint-Gingoulph* qui est à l'extrémité du Bas-Vallais dans le Gouvernement de Monthey sur la frontière du Chablais. Près de Saint-Gingo, la petite rivière de Morgia ou Morge se jette dans le lac de Genève; elle sépare le Bas-Vallais du Chablais. J'ai parlé plusieurs fois du village de Bouveret à l'embouchure du Rhône dans le lac, ce fleuve divise ici le Vallais du Canton de Berne. Depuis cette limite jusqu'à Seligny qui appartient à la ville de Genève, tout fait partie du pays de Vaud soumis au Canton de Berne; c'est la partie la plus délicieuse du lac. Je trouve sur ses bords depuis l'embouchure du Rhône, le torrent la *Bay* ou le *Bay* qui vient s'y précipiter, puis celui de l'*Eau froide* au-dessous du village de *Neuville* ou *Noville*, qui est dans le mandement d'Aigle. Il ne faut pas confondre cet endroit avec la petite ville de Villeneuve du bailliage de Vevay; elle est à la tête du lac de Genève, on la croit être le *Penni lacus* des Anciens. Il y a à Villeneuve une très-belle pêche de truites dont on tire une grosse rente. On passe depuis Villeneuve la petite rivière de Linière, puis paroît dans le lac le château-fort de Chillon (*) qui est du bailliage de Vevay & qui a communication avec la terre ferme au moyen d'un pont-levis. Je trouve en m'avançant le long du lac les villages de Colonge, de Moutru ou Montreux & de Clarens (**), le château de Chatelard ou Chatelar, la petite ville de la Tour de Peils, en latin *Turris Peliana*, & la jolie petite ville de Vevay (***); la *Vevayse* ou *Veveyse*, autrement *Vevese*, torrent impétueux qui descend du Comté de Gruyere, Canton de Fribourg, se jette dans le lac de Genève près de la ville de Vevay, & cause souvent de grands dommages. La Uine, petite rivière au-dessus de Vevay, entre aussi dans le lac. On trouve après Vevay, *Glerolle* (****), ancienne Tour du château ruiné, qu'on voit sur un haut rocher, au bord du lac de Genève, dans la paroisse de Saint-Saphorin, bailliage de Lausanne. Saint-Saphorin, petite ville sur une hauteur au bord du lac, est au-dessus de Glerolle. Je passe ensuite à la jolie petite ville de Cuilly (*****) ou Cully, dans la paroisse de Villette, même bailliage de Lausanne, elle est célèbre par un des meilleurs vignobles de tout le pays de Vaud: je continue ma route & j'arrive à la paroisse de Villette, l'une des plus étendues du pays de Vaud, dans le val de la Vaux, en Allemand *Ryf-thal*, & dans le bailliage de Lausanne, elle est renommée par la bonté de ses vignobles. La petite rivière dite le *Flon de Villette* porte le nom de ce village, elle entre aussi dans le lac de Genève. La petite ville de Lutri, située sur le lac, dépend encore de cette paroisse; dans la proximité de Lutri la petite rivière nommée Lutrive se jette dans le lac. Je trouve ensuite les hameaux de Pandex & de Port de Pully, puis le château & le village d'Ouchi (******), autrement Rive, qui sont de la paroisse de la ville de Lausanne. A Ouchi, la petite rivière la Varchere entre dans le lac de Genève. La Maladiere, autre petite rivière qui traverse Lausanne, passe au hameau de Vidy ou Widy & se jette aussi dans le même lac.

Entre Saint-Sulpi, (autre village sur le lac dans le bailliage de Lausanne) & Preveranges, la Venoge a son embouchure dans le lac, elle prend sa source à une petite lieue au-dessus du village de l'Ile dans le bailliage de Morges; le village de Preveranges est du même bailliage & dans la paroisse de Lonay. Vient ensuite la ville de Morges (*******) avec son château Ballival. On y a établi un port assez spacieux pour mettre une centaine de barques à l'abri des vents; on y a aussi construit un quai & des halles, & ce seul ouvrage fait prospérer cette ville, en ce qu'il la fait servir d'entrepôt aux marchandises qui passent par la Suisse en France ou qui en viennent. Cette route est très-fréquentée. On jouit à Morges d'une vue admirable: cette ville seroit encore plus florissante s'il y avoit un grand chemin établi de-là à Yverdon; ce chemin seroit la communication des deux lacs, & serviroit pour le transport des marchandises lourdes qui prennent insensiblement d'autres routes. La Morge, petite rivière, se jette dans le lac auprès de Morges. A trois quarts de lieue de cette ville, vers le couchant, sur une langue de terre qui s'avance dans le lac de Genève presqu'au milieu du pays de Vaud où il croît un vin excellent, dans la paroisse Etoi, bailliage de Morges, on trouve le château & la petite ville de Saint-Prex ou Saint-Prez, en latin *Sancti Protasii Oppidum*; avant que d'y arriver,

---

(9) Narbonis elog.
(10) Parte II. Lib. III. Cap. X. Voyez aussi Plantin *Helvetia antiqua & nova*, Cap. XII. p. 22, & Cap. XIV. p. 24-25 in Thesauro Helvetica historia.
(11) Lib. I. Bell. Gall. M. d'Anville dit dans sa notice des Gaules (p. 406.) qu'on pourroit être tenté de croire que le nom de Léman est appellatif, & dérive d'un terme semblable au λιμήν ou λίμνη des Grecs. Car il y a des termes qui se trouvent être communs à des Nations différentes.

(*) PLANCHE I.
(**) PLANCHE 156.
(***) PLANCHES 126, 144.
(****) PLANCHE 3.
(*****) PLANCHES 7 & 9.
(******) PLANCHES 3 & 6.
(*******) PLANCHE 11.

on passe par le village de Lulli. Celui de Buchillon, de la paroisse Allaman, est entre Saint-Prex & le village de Perroy où il y avoit autrefois un Prieuré de Bénédictins; tout ce district offre d'excellens vignobles. Au-dessus de Perroy sont le château & le village Allaman ou Aleman, en latin *ad Lemanum*; près de cet endroit, la rivière l'Aubonne, mal appellée *Allaman*, se jette dans le lac Léman ou de Genève; ce village est à une lieue de Rolle dans le bailliage d'Aubonne. J'arrive à la petite ville de Rolle, en latin *Rotulum*, ayant titre de Baronnie & un château. Elle est très-agréablement située au bord du lac, dans l'endroit où il s'avance dans les terres & fait un enfoncement considérable, tellement que c'est à-peu-près le lieu de sa plus grande largeur. Rolle est environnée de vignobles très-estimés & de jardins; elle est dans le bailliage de Morges. La petite rivière de Mont se jette dans le lac près de Rolle. Je trouve sur la Carte la petite rivière de la Thuilliere qui traverse la Baronnie de Rolle & qui entre dans le lac de Genève. On va de Rolle aux villages de Rosey & de Bursinel, qui sont encore du Bailliage de Morges. A Bursinel, il y a un château dont le Seigneur, de la Maison de Sacconay, est vassal du Baron de Rolle. On trouve ensuite le château & le village de Dully ou Doule. C'est ici où finit vers le couchant le district de la Côte si fameux dans les Cantons de Berne & de Fribourg par ses vignobles; ce district commence au pont d'Allaman sur l'Aubonne. On passe de Dully au village de Promontou ou Promonthouse, qui est du bailliage de Nyon, dans la Baronnie de Prangin, à l'endroit où la petite rivière Serine, autrement la Promenthouse, se dégorge dans le lac de Genève: on vient de-là au hameau Sadel ou Sade, puis à l'ancienne ville de Nyon où il y a un château Ballival. La petite rivière Asse se jette dans le lac au-dessus de Nyon, elle descend des montagnes voisines de Saint-Sergues. Du bailliage de Nyon dépendent aussi le château & le village de Crans, qui sont dans la paroisse de Crassy & limitrophes de la Seigneurie de Seligny ou Celigny qui appartient à la République de Genève. Entre Nyon & Seligny, on trouve la petite rivière de Boiron qui entre dans le lac. En sortant de la Seigneurie de Seligny qui est sur le lac, on rentre dans le Canton de Berne, & on passe au village de Founex ou Faulnex qui est du bailliage de Nyon dans la paroisse de Coppet: on arrive ensuite à la petite ville de Coppet, qui est à deux lieues de Genève sur le lac de ce nom. On y voit un très-beau château ayant titre de Baronnie; Coppet est du bailliage de Nyon. Dans son voisinage croît le meilleur vin rouge du pays de Vaud, & en même-temps le vin blanc le moins estimé. De cette Baronnie dépendent les villages de Taney & de Mie le long du lac; ce dernier est limitrophe du pays de Gex qui appartient à la France, & dans lequel est au bord du lac la ville de Versoy, fameuse par son port. La petite rivière de Versoy se jette ici dans le lac. La Baronnie de Gex s'étend le long du lac jusqu'à la paroisse de Morillon où commence la banlieue de Genève. Cette République possède même une Seigneurie enclavée dans cette Baronnie & qui est aussi sur le lac, c'est celle de Gentoud ou Genthod avec le village du même nom, à près d'une lieue de Genève; cette Seigneurie est du mandement de Juffy, elle a dans sa dépendance le village le *Creux de Gentou*, où il y a un petit port. Depuis la paroisse de Morillon où commence la banlieue de Genève, en sortant du pays de Gex jusqu'à la capitale, on ne voit que maisons de campagne. La situation (12) de Genève est non-seulement favorable au commerce & à l'affluence des denrées, mais elle présente, avec ses environs, un tableau des plus agréables à la vue. Les bornes mêmes de son petit territoire qui s'étend sur les deux bords du lac & sur le Rhône, ont contribué à son embellissement, en concentrant dans un petit espace les efforts de la culture & les dépenses de la décoration. Des Citoyens que le négoce avoit enrichis dans les pays étrangers, sont revenus avec empressement dans leur patrie, qui ont orné son sol de belles maisons de campagne, de jardins & de plantations, dont le charmant coup-d'œil contraste avec la culture languissante & l'épuisement visible des terres voisines de la Savoie.

Le passage du Rhône au-dessous du lac Léman & le voisinage de cette petite mer poissonneuse, doivent avoir occasionné dans des temps fort anciens, l'établissement de quelques chaumières de pâtres & de pêcheurs dans cette isle & sur cette colline qu'occupe aujourd'hui la ville (*) de *Genève*, appellée *Geneva* par les Romains, & *Gebenna* dans le moyen âge. Je détaillerai à son article l'étendue de son territoire tant sur les deux bords du lac que le long du Rhône. Je dirai seulement ici qu'avant d'arriver de Morillon à Genève, on passe au village de Pregny qui appartient à la France.

LAC DE ZURICH.

CE lac, appellé par Walafride (1) Strabon historien du neuvième siècle, & dans les anciennes Chartes *lacus Turicinus*, du nom de *Turicum* sous lequel Zurich étoit alors désigné, ne porte celui de *lacus Tigurinus* que depuis le commencement du seizième siècle. Glaréan, du Canton de Glaris, s'avisa alors le premier de nommer *Tigurum* la ville de Zurich qui jusqu'à lui avoit été appellée *Turicum*, ou par corruption *Turegum* ou *Duregum*. Ce Poëte n'étoit pas profond dans les antiquités, il vouloit donner Zurich pour la capitale du *Pagus Tigurinus*, si célèbre dans l'histoire Romaine. Cette idée lui fit naître celle de la nommer *Tigurum*, quoique ce nom ne se trouve sur aucun monument, ni dans aucun Auteur antérieur à Glaréan. Dès le douzième siècle, Otton, Evêque de Frisingen, oncle maternel de l'Empereur Frédéric Barberousse, dans l'éloge qu'il a fait de Zurich, dit (2) qu'on lisoit sur la porte de cette ville

Nobile Turegum multarum copia rerum.

Il la place dans les gorges des montagnes du côté de l'Italie,

---

(*) PLANCHES 2, 8, 11, 12, 19, 76 & 134.
(12) Dict. Géog. Hist. & Pol. de la Suisse. T. I. p. 215 & 242.
(1) *Vita beati Galli Cap. IV. pag. 141, apud Goldastum inter scriptores Rer. Alemannicar. T. I. Parte II. Francofurti 1661 in-fol.* Voici le texte: (*Venerunt infra partes Alamanniæ, ad fluvium, qui Lindimacus vocatur, juxta quem ad superiora tendentes pervenerunt Turicinum*). Ratpert, Moine de Saint-Gall, qui vivoit à la fin du neuvième siècle, parle aussi du *lacus Turicinus*. (*de Casibus Monasterii S. Galli Cap. I. p. 1. apud Goldast, ibid. T. I. Parte I,*) &c.
(2) *De Gestis Friderici I. Imperatoris, Lib. I. Cap. VIII. pag. 412, apud Urspissium inter Germaniæ Historicos illustres, T. I. Francofurti & Moenum 1670, in-fol.*

fur un lac d'où fort la rivière Limat, qu'il nomme par corruption *Lemannus*. Il ajoute que cette ville étoit une ancienne Colonie des Empereurs ou des Rois, *Imperatorum feu Regum olim Colonia fuit*. Le Poëte Gunther (3), son contemporain, a de même appellé *Lemannus*, la Limat, qu'on nomme en latin *Lindimacus* ou *Limagus*.

Le lac de (4) Zurich est un des plus considérables de la Suisse; sa longueur de Schmeriken, (dépendance des Cantons de Schweitz & de Glaris) jusqu'aux palissades de la ville, a trente mille pas géométriques, ou dix lieues, mais il n'excède jamais la largeur d'une lieue. Sa profondeur n'est pas par-tout la même. Entre Meilen & l'Au, il y a un fond de quatre-vingt toises, mais au pont de Rapperschveil, où le lac d'en-haut est séparé de celui d'en-bas, le fond est si peu considérable qu'on a été obligé de creuser un canal pour y faire passer les navires lorsque les eaux sont basses, particulièrement pendant l'hiver. Le lac d'en-haut commence d'un côté au village de Schmeriken qui est dans le Bailliage d'Uznach, appartenant aux deux Cantons de Schweitz & de Glaris, & de l'autre part au pays de *March*, Canton de Schweitz, près de Grynau où la Lint qui sort du Canton de Glaris entre dans le lac. Cette partie supérieure a près de trois lieues jusqu'au pont de Rapperschveil. Il y a trois inspecteurs ordonnés pour la régie du lac d'en-haut, on les appelle en Allemand *Sée-Voegt*, *Baillifs du Lac*; l'un est de Rapperschveil, l'autre de Lachen, & un troisième de Schmeriken, ils alternent annuellement pour l'exercice de leurs fonctions, & ils punissent tous ceux qui contreviennent aux règlemens faits pour le bon ordre de la navigation. Le lac d'en-bas a bien six fortes lieues depuis le pont de Rapperschveil jusqu'à Zurich. Son unique issue est la Limat dont j'ai tracé le cours dans un chapitre précédent. Tout le lac est très-poissonneux, sur-tout en truites, en saumons & en carpes. David Herliberger (5) a donné un détail curieux des poissons qu'on y pêche, à même eu l'attention de les graver sur trois planches. Le lac est de la plus grande utilité à la ville de Zurich tant pour le commerce intérieur que pour le commerce extérieur, & sur-tout pour celui d'Italie: il porte des bâtimens chargés jusqu'à deux cent cinquante quintaux. On ne sent cette importance plus vivement que lorsqu'il est gelé, ce qui arrive dans des hivers bien froids.

L'Empereur Otton I doit avoir donné, par une inféodation en 936 ou 939 ou même 966, à la ville de Zurich, la propriété de tout le lac, aussi loin que les vagues battent les deux rivages. Ce diplome qui n'a jamais été imprimé, malgré son importance (6), doit avoir été confirmé en 1362 par l'Empereur Charles IV. Un seul petit district étoit excepté de cette donation, c'est celui dit *Frauenwinkel*, qui se trouve entre l'île *Aufnau* & le château de Pfefiken, & qui avoit été donné déja auparavant à l'Abbaye d'Einsidlen ou Notre-Dame des Hermites. On assure que toute cette donation a paru suspecte à MM. de Schweitz, dans la prétention qu'a eue la ville de Zurichen s'attribuant la jurisdiction de tout le lac; différent qui dure encore entre ces deux Cantons. Celui de Schweitz a opposé à la pétition de ses voisins, des documens & des actes d'usage qui la combattent vivement. Il est du moins sûr qu'au temps de l'Empereur Otton I, la ville de Zurich jouissoit un rôle assez médiocre; l'Abbesse du Moutier des Bénédictines, fondée à Zurich dans le neuvième siècle par Louis le *Germanique*, petit-fils de Charlemagne, pour sa fille la Princesse Hildegarde, étoit Dame de cette ville, & elle ne reconnoissoit pas d'autre souverain temporel que l'Empereur ou le Roi de Germanie. Zurich est nommé simplement par Louis le *Germanique* dans les lettres de fondation du Moutier des Dames, *Curtis noftra Turegum* & même *Vicus*. Cette dernière qualification ne désigne certainement pas une ville. Nous dirons seulement à part l'époque où Zurich commença à être ville avec quelques priviléges municipaux. Mais cet heureux temps ne remonte pas au règne d'Otton I. D'ailleurs si le lac de Zurich porte le nom de cette ville, comme de la plus considérable de toutes celles qui sont sur ses bords, cette espèce d'hommage rendu à la confédération, doit-il annexer à une seule partie tout le domaine d'un lac aussi considérable & auquel participent les Etats limitrophes? D'autres lacs en Suisse qui portent le nom d'une ville principale, appartiennent à divers Souverains. Déja, dans les anciens temps, il y avoit sur les bords du lac de Zurich, des Comtes & des Barons puissans qui ne relevoient que de l'Empire; plusieurs Abbayes, sur-tout Einsidlen, celle de Zurich même, possédoient plusieurs droits sur le lac, bien des années avant que le Magistrat de Zurich se réglât par lui-même sans aucune dépendance de l'Abbesse, sa souveraine. Vraisemblablement ces vassaux de l'Empire, soit Ecclésiastiques, soit Laïcs, n'eussent pas vu de bon œil une donation telle que celle que l'Empereur Otton doit avoir faite. Au reste tout git en preuves, & la discussion du procès dont je parle en dépend uniquement. On dit que bien des personnes impartiales de la Suisse eussent désiré la suppression de cette demande dans un temps où les plaies de la guerre civile de 1712 saignent encore, guerre où Zurich & Berne ont étendu leurs territoires aux dépens des Cantons fondateurs de la Liberté Helvétique.

Je reviens au lac d'en-bas. La ville de Zurich en a confié l'inspection & la police, tant pour la pêche que pour les délits, à deux Membres de son petit Conseil. On les nomme aussi *Sée-Voegt*, les *Baillifs* ou *Avoués du Lac*.

J'ai déja observé que ce lac est de la plus grande utilité à la ville de Zurich. Le transport des marchandises pour l'Italie, non-seulement pour Coire, mais aussi par le mont Saint-Gothard,

---

(3) *Guntheri Ligurini de Gestis Friderici primi*, Lib. III. pag. 325, *inter veteres scriptores Germaniæ à Reubero editos*, Francofurti 1584, in-fol. Ce Poëte en parlant de la fuite d'Arnold de Bresse, fameux Hérésiarque du douzième siècle, à Zurich, s'exprime ainsi.

Fugit ab urbe fua, Transalpinis que receptus,
Qua fibi vicinas Alemannia fufpicit Alpes.
Nomen ab Alpino ducens, ut fama Lemanno.
Nobile Turegum, doctoris nomine fulfo,
Infedit, totam que brevi fub tempore terram
Perfidus, impare foedavit dogmatis aurа:
Unde venenato dudum corrupta fapore,
Et nimium falfi doctrina vatis inhærens,

Servat adhuc Vua gustum gens illa paterna.

(4) Jean-Erhard Escher, description du lac de Zurich, en Allemand, Zurich 1692 in-8. fig. *Bluatfchli memorabilia Tigurina*, p. 584-585, édition in-4. en Allemand avec fig. *Scheuchzeri Itinera Alpina*, T. I. p. 67 & seq. David Herrliberger, Topographie de la Suisse, T. I. p. 61 & suiv. Zurich 1754, in-4. avec fig. en Allemand. Leu, Dict. Hist. de la Suisse, T. XX, p. 648-649. Faesi, Desc. Topog. de la Suisse. T. I. p. 250-314. Tscharner, Diction. Géog. Hist. & Pol. de la Suisse, T. II. p. 214-215, &c.

(5) Topog. de la Suisse, T. I. p. 73-76.

(6) M. Faesi, de Zurich, avoue ingénument dans sa description de la Suisse, T. I. p. 151. qu'il craint que l'original de cette inféodation soit perdu depuis très-long-temps.

Gothard,

Gothard, se fait sur ce lac. Les premières, pour le pays des Grisons, sont conduites sur des navires jusqu'à la tête du lac d'en-haut, les autres sont débarquées à Horgen, où il y a une douane considérable, & de-là elles sont transportées par terre jusqu'aux lacs de Zoug & de Lucerne. Indépendamment de ce transit de marchandises, les habitans voisins du lac tirent de gros profits de la navigation, ils transportent journellement des voyageurs, ou des pélerins qui vont à Notre-Dame des Hermites; ces derniers sont menés par eau jusqu'à Richtenschweil: le lac sert aussi principalement aux citoyens de Zurich pour l'importation des pierres de bâtisse, pour celle du bois, du charbon, de la tourbe, du vin & des autres denrées nécessaires à la vie; quand on est à Zurich le vendredi, jour du marché de la semaine, en promenant sa vue sur le lac dès l'aube du jour ou même jusqu'au coucher du soleil, on ne découvre presque pas l'eau dans le *Grendel* ou bassin de la ville, attendu qu'il est couvert de bateaux & de navires chargés de bled, de vin & d'autres marchandises qui sont dans un mouvement continuel pour entrer ou sortir. Si dans un hiver trop rigoureux le lac se gèle, le dommage qu'en éprouve la ville de Zurich est très-considérable, la navigation est alors arrêtée avec l'importation des denrées; mais pareille détresse arrive rarement. Le lac d'en-haut jusqu'à Rapperschweil & même jusqu'à Stefen sur le lac d'en-bas, gèle presque tous les hivers, mais pour peu de temps. Le lac d'en-bas n'est pris que dans des temps où il survient un froid très-âpre & qui a une longue durée au milieu d'un calme profond. En 1763, le lac d'en-bas fut gelé près d'un mois, & en 1766, il resta pris jusqu'aux palissades de la ville pendant neuf semaines.

Les environs du lac sont des plus rians, c'est une chaîne continuelle de vignes, de prairies, de villages & de beaux bâtimens. Les habitans de ces contrées sont très-occupés non-seulement à la culture des différentes productions de la nature, mais aussi au travail des fabriques. En sortant de la ville de Zurich, le lac s'avance d'abord plus ou moins vers le midi, ensuite il se courbe vers le levant, & eu égard à sa médiocre largeur, il ne peut pas comme les autres lacs être assez agité par les vents impétueux, pour qu'il devienne trop dangereux pour la navigation; & s'il y est arrivé des malheurs, la maladresse des bateliers, quelquefois ivres, en a été souvent la cause, soit en exhaussant trop les voiles dans des tempêtes, soit par d'autres manœuvres mal dirigées. Autre observation: la largeur modérée du lac ne consume pas autant de terrein qu'en absorbent les lacs de Constance & de Genève, & cependant il fournit aux habitations limitrophes les mêmes avantages que ces grands lacs rapportent aux leurs.

On a observé quelquefois des *trombes* sur le lac de Zurich. De temps à autre il roule une écume jaune, le peuple dit alors que le lac *fleurit* ou *est en fleur*; des Naturalistes veulent que cette écume s'élève du fond du lac, qui offre sur sa surface ce changement soudain; d'autres en attribuent la cause au rouge de quelques herbes aquatiques, ou à la fleur jaunâtre des pins & des sapins que le vent répand sur le lac. Passons au tableau détaillé. L'aspect des deux bords est charmant, & on ne peut pas imaginer un local plus enchanteur. On découvre sur les deux rives une longue suite de beaux villages, un grand nombre de maisons de plaisance & de jardins. Si on promène sa vue au-delà & entre les deux côtés du lac, particulièrement sur la droite, on découvre une longue chaîne de collines couvertes de vignobles qui dure plusieurs lieues; on apperçoit au-dessus d'elles des champs de bled ou des prés, & le tout est couronné par des bois de pin & de sapin. Ces tableaux divers offrent à l'œil la sensation la plus agréable. Au-dessus des collines couvertes de vignes & qui se prolongent le long des bords du lac au midi, & derrière une charmante vallée, qui est entre ces collines & que la rivière de Sil traverse, s'élève le mont *Albis* qui règne sur une longue chaîne d'autres montagnes. L'Albis est couvert de bois, il est vrai, mais à mi-côte il offre un grand nombre de riches fermes de paysans. On raconte d'un Italien, qu'en arrivant à la cime de l'Albis, d'où il découvroit à la fois la ville de Zurich avec le lac, plus de vingt bourgs & villages, quantité de maisons de campagne, & les environs de tout le lac si agréablement ornés par la nature & l'art, il s'écria dans un transport d'enthousiasme, *ha! qual paradiso!* En effet quiconque regardera ce local, soit depuis la ville même, ou sur une hauteur voisine, sera obligé d'avouer que c'est une des plus agréables, des plus superbes & des mieux cultivées des contrées de toute la Suisse. Les deux rives du lac semblent offrir dans un tableau suivi, de beaux villages, (tous bien peuplés, & qui sont entrecoupés par des maisons de campagne) deux belles villes qui se prolongent à quelques lieues & au milieu desquelles brille un superbe lac. Je vais en tracer le contour.

En sortant de Zurich (*) par la porte haute, pour aller à Rapperschweil, on trouve un moulin qui a le droit exclusif de fournir les bois nécessaires pour la structure des bateaux. A gauche est situé le joli bien de campagne qui appartient à un Gentilhomme de la Maison de *Breiten-Landenberg*. On appelle cette campagne *Creuzbuhel*, & l'Eglise qui y est annexée, *Creuzkirch*, l'Eglise de la Croix, ainsi nommée d'une croix de pierre qui est tout auprès. Plusieurs croix sont plantées dans une certaine distance autour de la ville, elles désignent son ancienne banlieue.

Au-dessous & près de cette Eglise de la Croix, *Zum Kreuz*, on trouve la jolie maison de campagne qui appartient à un noble *Reinhard*; on voit ensuite le *Sée-Feld*, terrein fertile au bord du lac, qui approvisionne journellement Zurich de légumes & de toutes sortes de productions de jardinage. Plus bas sur le lac, on arrive aux maisons de campagne qui appartiennent à divers particuliers de la ville, entre autres MM. *Meyer* & *Landolt*; au Muhlibach, est celle de M. *Steffan*; en dehors du Fluhsteg dans la communauté de Riesbach on voit la campagne du noble *Grebel*; un peu au-dessus & plus avant en terre s'élèvent les deux belles maisons de plaisance de MM. de *Muralt* & *Gossweiler*. Dans les anciens temps, les nobles *Biberlin* de Zurich, avoient leur habitation au-dessus du terrein où sont présentement ces maisons. On appelle encore l'emplacement de leur château, le *bourg* ou le *château de Biberlin*. Le district montueux qui penche ici vers le lac & qui est très-connu à Zurich par ses excellens vignobles, se nomme *Burghalden*.

Le joli terrein de Riespach le long du lac au-dessus du Séefeld, & d'où part un avancement dans le lac qu'on nomme *la Corne*, en Allemand *das Horn*, offre le spectacle

(*) PLANCHES 99, 104.

du paſſage fréquent des bateaux. Cette pointe de terre accroît de temps à autre par les pierres & le gravier qu'y amène quelquefois un torrent voiſin, & elle continue à s'étendre de plus en plus dans le lac.

En ſortant de Rieſpach, on arrive au village Zolliken qui fait partie du bailliage de Kuſſnacht; le terrein eſt ici riche en arbres fruitiers, les habitans y ont une commune qui leur rapporte beaucoup, & dans laquelle tout homme domicilié eſt obligé de planter un arbre fruitier, ce terrein offre auſſi beaucoup de vignobles. Feu M. Jean-Caſpar *Eſcher*, *Bourgmeſtre* de Zurich, avoit à Zolliken ſur le lac un beau bien de campagne, qu'on nomme *Traubenberg*, la *Montagne des raiſins*; autrefois ce terrein ſe nommoit *Golden-Halden*; la tradition porte qu'une Abbeſſe de Zurich vendit ce bien & qu'elle en diſſipa l'argent en foies de lotte dont elle étoit très-friande. On raconte une pareille historiette d'une Comteſſe de Pfullendorf, qui demeuroit à Zoug dans la tour qui y exiſte encore ſous le nom de *Bourg*. Je la rapporterai à l'article de *Zoug*. A deux jets de fronde au-deſſus de Traubenberg eſt le vignoble dit *Im Gugger*, qui avec ſa ferme appartient à la Commanderie de Bubiken, Ordre de Malthe; cette Commanderie ſubſiſte dans le Canton de Zurich. C'eſt au diſtriƈt *Im Gugger* que les Communautés de Zolliken & de Kuſſnacht ſont ſéparées par des ruiſſeaux qui deſcendent de la montagne. Bientôt après ſe préſentent les maiſons de campagne de MM. *Fries & Wolf*, du noble Jean-Louis *Meyer de Knonau*, & de M. Jean-Salomon *Ott*. Le local de ces maiſons ſe nomme *Goldbach, le ruiſſeau d'or*. Plus loin, à une portée de fuſil du lac, s'élève le beau château de *Wammenſpach* ſur le ruiſſeau de même nom. A la même diſtance de Wammenſpach eſt ſitué le bourg de Kuſſnacht où étoit autrefois une Commanderie de l'Ordre de Malthe. Le ruiſſeau qui traverſe ce bourg & qui a fait tourner deux grands moulins, s'eſt groſſi tellement le mercredi 8 Juillet 1778 depuis cinq heures du ſoir juſqu'à onze heures dans la nuit durant un orage terrible, que pluſieurs maiſons en ont été emportées, cinquante à ſoixante perſonnes y ont été bleſſées & l'une d'elles a été trouvée morte. La maiſon Ballivale & la boucherie ont entièrement diſparu. Cette irruption a porté auprès d'une maiſon une pierre qui a dix pieds de long ſur quatre pieds & demi de large. Cet ouragan a fait auſſi d'autres ravages dans le voiſinage de Zurich, ſavoir, à Trichtenhauſen dans la paroiſſe de Zolliken où le moulin a été preſqu'emporté, & à Hirſlanden qui eſt entre Zurich & Zimiken dans le même bailliage de Kuſſnacht & où une forge a été preſqu'entièrement ruinée avec toute ſa monture. Kuſſnacht étoit avant ce déſaſtre un bourg très-bien bâti. Il n'y a pas de doute que la généroſité naturelle & conſtante avec laquelle le Sénat & la Bourgeoiſie de Zurich ſe ſont toujours empreſſés de venir au ſecours des malheureux de leur Canton, ne doive être une eſpérance bien conſolante pour les infortunés de Kuſſnacht.

A un quart de lieue au-deſſus de ce bourg, le ruiſſeau de Heſſlibach qui coule au lac, ſépare Kuſſnacht du village *Ehrlebach* ou *Erlibach*, ſitué ſur un ruiſſeau de même nom & formant derrière le village une agréable caſcade, perpendiculaire & haute d'environ quatre pieds; Ehrlebach eſt aujourd'hui un bailliage de Zurich. On voit au bord du lac un bâtiment qui a été autrefois une Prévôté, dépendante de l'Abbaye de Notre-Dame des Hermites. Ehrlebach eſt

renommé par ſes vignobles, il y croît le meilleur vin rouge qu'il y ait ſur le lac de Zurich. A une demi-lieue au-deſſus du village dans un bois de ſapins dit *Tachsberg*, on découvre encore les ruines de l'ancien château de ce nom. A l'extrémité de la Communauté d'Ehrlebach eſt ſituée la campagne dite la *Schipfe intérieure*, & au-deſſus on trouve un ruiſſeau qui ſépare la paroiſſe d'Ehrlebach de celle de *Herrliberg*. Tout auprès & au-deſſus eſt ſituée la belle campagne de M. le Conſeiller Jean *Eſcher*, très-bien bâtie & à la moderne, on l'appelle la *Schipfe extérieure*, *Die auſſere Schipfe* ou *Schipf*. A un quart de lieue au-deſſus on arrive à Herliberg, groſſe Communauté dans le bailliage de Kuſſnacht. Le ruiſſeau *Roſsbach* ſépare cette paroiſſe de celle de Meilen. Il y a à Herrliberg pluſieurs maiſons de campagne appartenantes à MM. *Schultheſs*, *Hirʒel*, *Scheuchʒer* & *Bodmer*, tous Citoyens de Zurich. Immédiatement au-deſſus du ruiſſeau de *Roſsbach*, on trouve le vignoble renommé de *Buniſshofen* qui appartient pour la plus grande partie à la Commanderie de Kuſſnacht, préſentement à la diſpoſition de l'Etat de Zurich. L'Abbaye des Dames de *Wurmſpach*, Ordre de Citeaux près de Rapperſchweil, a auſſi une ferme en cet endroit, & on y voit encore la maiſon de campagne de feu M. Salomon *Hirʒel*, le *Stathouder* du Sénat de Zurich. Un peu au-deſſus commence la belle & fertile plaine de Meilen, où l'on trouve la maiſon de plaiſance d'un Gentilhomme de la maiſon d'*Eſcher*; elle eſt bâtie à la moderne & poſſède un beau vignoble; on appelloit anciennement la place où elle eſt bâtie, *la Ferme des Romains*, en Allemand *Romenſcheur*. Près de-là ſont d'autres agréables terres, entr'autres le *Papillon*, ou en Allemand *der Sommer-Vogel*, qui appartient à la maiſon de *Meiſs*; bientôt après on arrive au charmant village de Meilen qui donne le nom à un bailliage de Zurich, où l'on trouve une tant quantité de vignobles & pluſieurs jolies poſſeſſions de campagne.

Au-deſſus de Meilen eſt ſitué le hameau *Uetiken*, qui dépend du bailliage de Wedenſchweil. Près du lac on trouve *le grand Arbre*, *der lange Baum*, maiſon de plaiſance avec des vignobles très-renommés dans le pays, & la petite élévation dite *Im-Greut*.

A une lieue ordinaire d'Uetiken, on arrive au gros village de *Maenedorf*, chef-lieu d'un bailliage; cet endroit a de beaux vignobles & beaucoup d'arbres fruitiers.

A une lieue au-deſſus de Maenedorf, on paſſe au bourg *Oetiken*, qui eſt auſſi un bailliage & où il y a un beau magaſin de bled & un port très-commode ſur le lac. La paroiſſe de *Staefen*, chef-lieu d'un bailliage, ſur une hauteur, au-deſſus du lac de Zurich, ſe préſente enſuite; de-là on arrive au hameau *Uriken*, à une demi-lieue au-deſſus de Staefen; il dépend de cette paroiſſe & eſt renommé par ſon vin & ſes arbres fruitiers. La collation des Egliſes de Staefen, Maenedorf & Meilen appartient avec la plus grande partie des dixmes à l'Abbaye de Notre-Dame des Hermites.

Un peu au-deſſus d'Uriken, eſt le hameau *Schirmenſée*, où il y a un beau port, puis on paſſe par *Feldbach*, du bailliage de Grüningen, hameau bien bâti & ſitué près du lac. Le territoire de la ville de *Rapperſchwyl* commence après Feldbach; on le nomme le *Hof Rapperſchweil*, il a deux lieues le long du lac de Zurich, & comprend l'abbaye de *Wurmſpach* & les trois paroiſſes de *Buoskirch, Jonen* & *Bollingen*. La ville & le territoire de Rapperſchweil ſont catholiques.

De Feldbach on arrive à *Kempraten*, village de la paroiſſe

de Buoskirch ; il y a ici un havre ou port du lac de Zurich, il dépend du territoire de Rapperschweil ; on appelle ce port le *coin* ou *l'enfoncement* de Kempraten. Au-deſſus de ce village eſt ſitué *Rapperſchweil* (*), ville municipale, & de la religion catholique, ſous la protection des Cantons de Zurich, Berne & Glaris. Juſqu'à cette ville il y a depuis Zurich un beau chemin le long du lac. Rapperſchweil eſt une ville aſſez grande & bien bâtie, au haut du lac de Zurich, dans la poſition la plus riante, jouiſſant de priviléges conſidérables, ayant un port très-aſſuré, & dans ſon territoire, des grains, du vin, du bois, de la houille, & des carrières en quantité. On y remarque ſur-tout le pont de bois qui traverſe le lac de Zurich, & qui a mille huit cent cinquante pieds de longueur ſur douze de largeur ; ce pont a été commencé en 1358 par Albert Duc d'Autriche, dit le *Contract*, il eſt ſans garde-fou & ſans appui, les planches mêmes ne ſont pas clouées, pour que le tout cède plus facilement aux vents. Rapperſchweil forme une preſqu'iſle, avec ſon château : ſi elle appartenoit à une grande puiſſance, on en pourroit faire une excellente place de guerre. Il y a peu de poſitions en Suiſſe plus ſuſceptibles d'être fortifiées que celle-ci. Cette ville eſt la capitale du Comté de ce nom ; ſes anciens Comtes ſont fameux dans les Annales Helvétiques. Continuons la promenade autour du lac d'en-haut ; en partant de Rapperſchweil, je trouve à un gros quart de lieue au-deſſus de cette ville, la très-ancienne paroiſſe & le hameau de *Bufskirch* ou *Buoskirch*, ſur la petite rivière de *Jonen*, qui va ſe jetter tout auprès dans le lac ; plus loin ſe préſentent l'égliſe de *Saint-Denis* avec deux fermes, & un peu plus haut l'abbaye des Religieuſes de *Wurmſpach*, Ordre de Cîteaux, à une petite lieue de Rapperſchweil ; puis on trouve le village haut & bas *Bollingen* ou *Bolgen*, dont la paroiſſe eſt dans la partie d'en-bas. A la Chapelle, dans le haut Bollingen, finit le territoire de Rapperſchweil ; on entre enſuite dans le bailliage d'*Uznach*, qui appartient aux deux Cantons de Schweitz & de Glaris, & qui eſt tout catholique. A trois quarts de lieue au-deſſus de Bollingen, on paſſe par le gros village de *Schmeriken* qui eſt à la tête du lac de Zurich, avec un bon port & des vignobles. Près de ce village, ſur une élévation, on voit les ruines du château *Uznaberg* ou *Uzenberg*, & immédiatement au pied de cette hauteur eſt ſituée la petite ville d'*Uznach* ou *Uznach*, à une forte demi-lieue au-deſſus de la tête du lac de Zurich ; on arrive à mille pas environ au-deſſous d'Uznach, à la paroiſſe de *Sainte-Croix*. Le contour du lac de Zurich eſt marécageux dans la proximité de l'embouchure de la Lint. Cette rivière ſépare le bailliage d'Uznach, du pays de *March* qui appartient au Canton de Schweitz. A la gauche du lac où la Lint a ſon embouchure, eſt l'ancien château (**) de *Grynau* ou *Greinau*, avec un pont ſur la Lint & un péage. Ce château appartient au Canton de Schweitz, & fait partie du pays de *March* ; il eſt dans la paroiſſe de *Tuggen*, village conſidérable ſur la gauche de la Lint, au-deſſus de Grynau. Le lac de Zurich s'étendoit dans le ſeptième ſiècle, & même encore à la fin du neuvième, juſqu'à *Tuggen*

ou *Tukken*, qui eſt nommé *Tucconia* dans la Vie de Saint-Gall écrite par Walafride Strabon (7) ; le lac s'en eſt retiré avec le temps d'un quart de lieue au-deſſous de ce village.

Le pays de *March* continue le long du lac de Zurich d'en-haut juſqu'au-delà d'*Alterdorff*. On trouve d'abord près du lac le village de *Nuolen* ou *Nuelen*, puis le gros bourg de *Lachen*, en latin *ad Lacum*, où il y a un excellent port ſur la côte méridionale du lac de Zurich. Le torrent de *Spreitenbach* traverſe ce bourg ; on arrive enſuite au village *Altendorff*, dit autrefois l'*ancien Rapperſchweil*, parce que le château ainſi appellé, & où réſidoient les Comtes de ce nom avant que d'avoir bâti la ville de Rapperſchweil, étoit ſitué ſur une hauteur à une demi-lieue au-deſſous d'Altendorff contre Hurden, & en face du *nouveau Rapperſchweil*, qui eſt la ville de ce nom.

En quittant Altendorff, je trouve à une petite demi-lieue au-deſſous l'Iſthme formé par le lac, & ſur lequel eſt placé le hameau de *Hurden*, à la tête du pont de Rapperſchweil. Les Cantons de Zurich & de Berne ont exigé en 1712, par la paix d'Arau, que cette langue de terre fût déſormais ſous leur obéiſſance pour couvrir le pont ; & le Canton de Schweitz, à qui ce terrein appartenoit, fut obligé de leur faire ce ſacrifice. *Hurden* eſt l'époque du premier démembrement qui ait été fait du territoire particulier d'un Canton par un autre Canton. Ce hameau, avec ſa chapelle, dépend pour le ſpirituel de la paroiſſe de Freyenbach, qui eſt du Canton de Schweitz, dans le diſtrict nommé *Die Hoefe*, les *Fermes* ; ce diſtrict s'étend le long de la côte méridionale du lac de Zurich, il a deux lieues de long ſur une de largeur, il touche au pays de *March*, & a pour frontière le Canton de Zurich. Ce diſtrict ſur lequel les Zurichois formoient des prétentions, fut adjugé aux habitans de Schweitz en 1438, par une ſentence arbitrale des Cantons, à la tête deſquels étoit celui de Berne. Ce jugement a toujours chagriné Meſſieurs de Zurich ; auſſi en 1712, mémoratifs de l'ancienne plaie, ils obligèrent Schweitz à leur céder la langue de terre de Hurden ; ils goûtèrent le plaiſir de le démembrer du diſtrict des *Hoefes*, & l'état de Berne ſans faire attention à la ſentence arbitrale de 1438, à laquelle il avoit préſidé, eut la complaiſance d'entrer dans la co-régence de cet Iſthme avec le Canton de Zurich, qui eſt devenu ſon allié le plus étroit depuis le changement de religion. On ne rappelle ici cet évènement que pour mieux faire ſentir la tournure ordinaire des guerres civiles. Les déclamations de Meſſieurs Faeſi & Fueſslin, Miniſtres de Zurich, inſérées dans leurs Deſcriptions Topographiques de la Suiſſe, pour légitimer les droits de leur patrie ſur le diſtrict des *Hoefe*, & pour juſtifier l'ancienne guerre de Zurich & le démembrement de *Hurden*, exigeroient plus d'une page pour être réfutées ; & quand on en prendroit la peine, on ne perſuaderoit pas, car comment eſpérer la conviction, puiſque eux-mêmes n'ont pas reſpecté les motifs de la ſentence prononcée par dix-neuf Arbitres en 1438. Les Cantons neutres épouſèrent alors la cauſe de

---

(*) PLANCHE 142.
(**) PLANCHE 114.
(7) Cet Abbé de Reichenau, mort en 849, avoit écrit que Saint-Colomban & ſon diſciple Saint-Gall, paſsèrent à la tête du lac de Zurich, dans un endroit dit *Tucconia*, que le local leur plut aſſez pour s'y fixer, mais que les habitans, encore idolâtres, les forcèrent par les mauvais traitemens qu'ils leur firent, à ſe retirer plus loin. (*Vita b. Galli*, Lib. I. Cap. IV. p. 145. *apud* Goldaſtum. T. I. Parte II. *Alamannicar. Rer. Francofurti* 1661 in-fol. Ratpert Turgovien, Moine de Saint-Gall, dont la naiſſance étoit très-illuſtre & qui vivoit à la fin du neuvième ſiècle, dit auſſi que TUCCONIA étoit ſitué à la tête du lac de Zurich, ad CAPUT LACI TURICINI. (*Liber de origine & diverſis caſibus Monaſterii S. Galli in Alamannia Cap.* l. p. 1. *apud Goldaſtum*. T. I. Parte I. *Alamannicar. rer.*

Schweitz contre Zurich, la foutinrent même par les armes, & obligèrent Zurich à renoncer à l'alliance qu'elle venoit de conclure avec la Maifon d'Autriche & à rentrer dans les limites prefcrites par les Traités fédératifs du Corps Helvétique; heureufement cette guerre fut fatale pour Zurich, & c'eût été fait de la Suiffe fi Zurich eût triomphé. Au refte, l'orgueilleux entêtement du Bourgmeftre *Rodolf de Stuffi*, & fa haîne pour Ital (8) de *Reding*, Landamme de Schweitz, furent les étincelles de cette guerre, dont la mémoire doit être auffi odieufe à tout Suiffe, véritablement patriote, que celle des guerres civiles de 1529, 1531, 1656 & 1712. Le pieux Enée, en s'adreffant à Didon, commençoit ainfi le récit des malheurs de Troye :

Infandum Regina jubes renovare dolorem.

& ce vers de Virgile pourroit être auffi placé à la tête de toute Hiftoire de guerres civiles (9).

Achevons notre promenade autour du lac de Zurich. Le diftrict des *Hoefe* appartenant au Canton de Schweitz, comprend *Freyenbach*, *Feufsberg*, le château de *Pfefiken*, *Schindellegi*, l'ifle *Aufnau* & *Woirau*. A une lieue de Hurden, eft fitué au pied du mont *Ezel*, dans un coin du lac de Zurich, le village de *Pfeffiken*; la baffe jurifdiction de cet endroit dépend de l'Abbaye d'*Einfidlen*, autrement *Notre-Dame des Hermites*, qui y entretient un Adminiftrateur dans un beau château. Pfefiken eft de la paroiffe de Freyenbach.

A un quart de lieue de la Terre ferme, en avant dans le lac, fe préfente l'ifle *Auffnau*, qui appartient auffi à l'Abbaye d'Einfidlen & qui a une demi-lieue de contour. On y trouve deux Eglifes: cette ifle eft délicieufe par fon fite; il y croît du bled, du vin, & il y a d'excellens pâturages; elle eft fituée au-deffous de Rapperfchweil. A un autre quart de lieue au-deffus d'Auffnau, on trouve dans le lac la petite ifle de *Lutzelau*; les Bourgeois de Rapperfchweil, à qui elle appartient, y envoyent paître de temps à autre leurs beftiaux.

A une même diftance au-deffous de Pfeffiken, eft fitué le petit village de *Freyenbach*, qui donne le nom à une paroiffe fort étendue. Il croît entre ce village & *Wolrau* un vin, que les gourmets eftiment fupérieur en force au vin du lac de Zurich. M. *Herrliberger* en fait de grands éloges dans fa Topographie de la Suiffe. A une petite lieue au-deffous de Freyenbach, on trouve le hameau *Bech* ou *Baech*, où il y a une carrière de pierres; on les tranfporte par le lac à Zurich: plus loin on s'avançant à un quart de lieue, le ruiffeau *Mullibach* fépare le territoire de Schweitz de celui de Zurich, à la tête duquel eft le joli bourg de *Richtenfchweil* (*). C'eft ici un grand paffage pour les Pélerins pour *Notre-Dame des Hermites*. Richtenfchweil eft auffi une paroiffe fort étendue; le bourg fitué fur le lac de Zurich jouit d'une vue enchantereffe. Le bailliage de *Wedefchweil* ou *Waedenfchweil*, dans lequel il eft enclavé, s'étend depuis le Mullibach, qui fépare le Canton de Zurich de celui de Schweitz, le long du lac, jufqu'au torrent dit *Meilenbach*, où commence le bailliage de *Horgen*; il a près d'une lieue & demie de long fur deux lieues de largeur : le château de Wedenfchweil, réfidence des anciens Barons de ce nom, eft en ruines. Le Baillif de Zurich a fur une hauteur un beau château peu éloigné du bourg de Wedenfchweil & du lac. Ce bourg eft très-bien bâti fur le lac ; on y trouve même, ainfi qu'à Richtenfchweil, qui en eft diftant d'une demi-lieue, des branches du luxe, fuite de l'aifance que le commerce y a fait naître; il croît dans fon territoire, en abondance, du bled, du vin, des fruits, & on y voit d'excellens pâturages; on en tire des fromages falés qui font fort eftimés. A l'extrémité du bailliage de Wedenfchweil, il y a une prefqu'ifle d'un quart de lieue, dans le lac; on l'appelle l'*Au*, *die Au*, en latin *Augia*, elle a une colline couverte d'un beau bois de chêne. Entre ce bois & un étang eft le magnifique château bâti vers le milieu du dernier fiècle par Jean-Rodolf de *Werdmuller*, Lieutenant-Général au fervice de l'Empereur, avec fes agréables jardins, fes prairies & fes vignobles : l'étang voifin a un quart de lieue de long; les poiffons du lac y entrent, mais ils ne peuvent fortir de l'étang. Rien n'eft plus délicieux que cette prefqu'ifle : ce petit paradis terreftre appartient à M. le Major Jean-Cafpar *Lavater*, de Zurich.

A un quart de lieue plus loin & plus bas, fe préfente le hameau de *Kepfnach* ou *Kaepfnach*; on y paffe fur un pont couvert le gros torrent *Aabach* qui forme au-deffus du hameau quelques agréables cafcades. Il y a dans ce voifinage des mines de charbon; on les exploite avec fuccès. A un quart de lieue au-deffus de Kepfnach, dans la montagne dite *Im-Arni*, eft bâti fur une colline charmante & fur la route d'Einfidlen, un magnifique château d'où l'on jouit de la plus belle vûe qu'il y ait fur tout le lac de Zurich jufqu'à Lachen, & même en defcendant le lac jufqu'à quelques lieues au-delà de Zurich. Ce château, tout de pierre de taille, eft à un quart de lieue au-deffus du bourg de Horgen, dont je vais parler; un ancien Bourgmeftre de Zurich, *André Meyer*, (mort en 1711) l'a fait bâtir; il y a auprès une eau minérale où l'on fe baigne.

On trouve beaucoup de fermes difperfées le long du lac & fur la montagne qui eft compofée de collines grouppées les unes fur les autres en amphithéâtre & féparées par des intervalles de plaine ; ce terrein offre toutes les richeffes de la culture & de l'induftrie; je n'ai jamais vu un belvedere plus agréable.

A une demi-lieue au-deffous du château *Arni*, eft fitué fur le lac, avec un beau port, le fuperbe bourg de *Horgen*, qui donne fon nom à un bailliage de Zurich; il y a ici une douane confidérable. Horgen eft auffi le grand paffage pour le tranfport des marchandifes à Zoug & à Lucerne. Le bailliage de Horgen, qui eft très-peuplé, s'étend depuis celui de *Wollishoffen* jufqu'à celui de *Wedenfchweil*; fa largeur va depuis le lac jufqu'au-delà de la rivière de *Sil*. La communauté de la paroiffe de Horgen eft la plus nombreufe & la plus étendue de tout le Canton. De ce bailliage dépendent le village *Ober-Rieden*, (le Haut-Rieden) qui eft fur le lac, & le gros village *Tallweil*, qui eft à un quart de lieue du lac, & à une lieue au-deffous de Horgen; la collation de cette paroiffe appar-

---

(8) C'eft par abbréviation en Allemand, le nom d'*Eleuthere*.
(9) Quelqu'un a dit qu'elles étoient *la partie honteufe* de l'Hiftoire. En parlant de ces infractions de l'Union fraternelle entre les *Suiffes*, on n'aura garde d'imiter la partialité exceffive qui caractérife tant d'écrits publiés à Zurich & dans d'autres Cantons reformés, fur la guerre civile de 1712. L'Hiftorien défintéreffé doit avoir toujours devant les yeux cette fentence répétée à la tête des feuilles périodiques du *Courier de l'Europe*. TROS TYRIUS VE MIHI NULLO DISCRIMINE AGETUR.
(*) PLANCHE 142.

tient

tient à l'abbaye de *Wettingen*; celle de *Mouri* a aussi plusieurs fonds héréditaires à Tallweil depuis l'an 1027 : tout ce district est fertile en bled, en vin & en fruits.

A une demi-lieue au-dessous de Tallweil, entre ce village & celui *Kilchberg*, on trouve *Ruschliken*, & à un quart de lieue en haut de ce dernier village, les bains de *Niedelbad* qui sont très-fréquentés par les habitans de Zurich. C'est dans le voisinage de Ruschliken qu'on a découvert au commencement de ce siècle la première tourbière du Canton; elle a été depuis exploitée avec de grands succès. La ville de Zurich est dans une sorte de pénurie de bois, & sans la tourbe le trop grand nombre d'habitans que le commerce augmente journellement en souffriroit beaucoup. Au bout d'une demi-heure de chemin on arrive de Ruschliken à *Bendliken* ou *Baendliken*, hameau sur le lac, dans la paroisse de Kirchberg, bailliage de Horgen. A une demi-lieue au-dessus est la paroisse nombreuse de *Kirchberg* ou *Kilchberg*.

A une même distance au-dessous de ce village commence le district dit *la Ferme des Moines, der Moenchhof* ou *Munchhof*; on y voit plusieurs maisons : un petit ruisseau sépare bientôt après le bailliage de Horgen de celui de *Wollishofen*, qui a pour chef-lieu le village de ce nom, à une petite lieue de Zurich, le long du lac. On y observe une maison de campagne que Jean-Rudolf Schmid, d'une famille noble de Zurich, a fait bâtir avec magnificence. Il y a encore à Wollishofen d'autres biens de campagne, tous agréables par leur situation, & qui appartiennent à des Citoyens distingués de Zurich, entr'autres la maison de plaisance de M. Salomon *Hirzel*. On trouve au bas de Wollishofen le *Weyer-haus*, autrement *la petite Venise*, charmante maison entourée de fossés d'eau, où de temps à autre s'assemble une société choisie d'Amateurs politiques de Zurich. Dans le voisinage sont les deux jolis biens de campagne dits *Brand-schenki* : dans ces environs, jusqu'aux fortifications de la ville, où l'eau du lac est conduite dans les fossés du rempart, il y a quelques blancheries de toiles; on voit dans l'une de ces blancheries une machine hydraulique très-ingénieuse; on la foule avec les pieds, & elle pompe en abondance l'eau du lac.

Tout près du rempart de la petite ville de Zurich, au-dessous du *Brand-schenke*, proche la *Sil*, est *Seldnau* ou *Sellnau*, où il y avoit autrefois un Couvent de Religieuses de l'Ordre de Citeaux & dont on a fait un Lazaret. La rivière impétueuse *Sil* ou *Syl*, qui descend du Canton de Schweitz & sépare les Cantons de Zurich & de Zoug, se jette dans la Limat, au-dessous de Zurich, après un cours de près de huit lieues. Je finirai ma promenade, en remarquant qu'on a livré autrefois sur le lac de Zurich des batailles navales, & qu'on y a observé des trombes.

Lac(*) des quatre Cantons.

Je quitte la promenade dans les environs du lac de Zurich, & je vais en faire une plus longue & plus pénible, sur le lac de *Lucerne*, autrement dit *des quatre Cantons*, parce qu'il baigne les côtes des quatre Cantons Forestiers de Lucerne, Uri, Schweitz & Underwalden. Ce lac n'offrira pas des environs aussi-bien peignés que ceux du lac de Zurich, mais il a ses grandes beautés mêlées de grandes horreurs; le célèbre *Scheuchzer*, de Zurich, a herborisé sur ses montagnes limitrophes. M. de Pfiffer, Lieutenant-Général au service de France, & Commandeur de l'Ordre Royal & Militaire de Saint-Louis, en a levé le plan perspectif, après avoir souvent fait des promenades sur le mont Pilate (**) & sur les autres montagnes circonvoisines; la réduction de ce plan, qui a coûté tant de peines & de dépenses à son illustre auteur, entre dans la collection des Tableaux Helvétiques. Déjà au dernier siècle, mais avec beaucoup moins d'exactitude, Jean Léopold *Cysat*, de Lucerne, publia (1) en Allemand une description du lac des quatre Cantons. J'ai parcouru les différentes sinuosités de ce lac, partie en bateau & partie par terre, & j'ai remarqué qu'il est dangereux & souvent impossible de cheminer partout sur ses bords. Un avantage brillant qu'a ce lac sur les autres lacs de la Suisse, c'est qu'il a été le théâtre du berceau (2) de la Liberté Helvétique. Les Héros fondateurs de la République des XIII Cantons, ont joué sur ses rives leur principal rôle; les vainqueurs de *Morgarten* & de *Sempach* en ont été natifs, citoyens & habitans. Quelle réminiscence n'offre pas ce local à tout Suisse sensible & reconnoissant ! Les manes des trois Libérateurs du joug accablant d'Albert, l'ombre de Guillaume Tell qui terrassa le monstre Gessler, celle de Winckelried qui, semblable aux Decius de l'antique Rome, sacrifia sa vie pour ouvrir à ses frères & confédérés le chemin de la victoire; le Canton de *Schweitz* qui a eu l'honneur de donner par préférence son nom à toute la *Suisse* ; la solitude de cet anachorète (Nicolas de Flue), qui parut comme un ange tutélaire à la Diète de *Stantz*, & où, respecté comme l'oracle de sa patrie, il eut la sagesse de réunir les Cantons divisés, cet homme extraordinaire qui les persuada d'augmenter leur puissance par l'admission de deux autres Cantons, *Fribourg* & *Soleure*, (ils méritoient sans doute cette distinction, pour avoir combattu avec eux contre Charles le téméraire); le souvenir de tant d'hommes illustres, celui des évènements glorieux auxquels ils ont eu part, tous ces tableaux divers, en un mot, réchaufferont le cœur de tout Suisse observateur & mémoratif, & son admiration passera même dans celui

---

(*) Planche 93.
(**) Planche 180.
(1) A Lucerne en 1661, in-4. fig.
(2) Un Suisse en côtoyant le *lac des quatre Cantons forestiers*, trouve sur ses bords les monumens les plus respectables de la Liberté Helvétique, & à leur vue il peut être saisi de la même admiration qui transporta Cicéron en entrant dans Athènes. *Quocunque ingredimur, in aliquam historiam vestigium ponimus.* (de Finib. l. 5.) *Par-tout où nous marchons, nous portons nos pas sur quelque scène annoblie par l'histoire.*

L'Auteur du *Dictionnaire Géographique, Historique & Politique de la Suisse*, imprimé à Genève & à Lausanne en 1776, *Partie I. p. 59.* dit, en parlant d'Altorff, chef-lieu du Canton d'Uri, *que ce qui donne à ce bourg des droits particuliers à notre attention, c'est qu'il fut, pour ainsi dire, le berceau, sinon de la Liberté Helvétique, du moins de la Confédération.* La liberté de la Suisse doit son principe à la première Confédération de Gautier Furst, d'Altorff, de *Warnier Stauffacher*, de Schweitz, & *d'Ernest du Melchthal*, pays d'Underwalden, & que le local où elle a été jurée, est la prairie *Grutlin*, dans la Communauté de *Bauwen*, pays d'Uri, sur le lac des quatre Cantons, en face de *Brunnen*. Il faudra toujours dire que le Canton d'Uri, dont Altorff est la capitale, doit être considéré comme le berceau de la Liberté du louable Corps Helvétique.

de l'Etranger qui parcourera ces plages fameuses. Jadis le jeune Thémistocle, d'Athènes, ne goûtoit pas les douceurs du sommeil toutes les fois qu'il songeoit aux trophées de Miltiade. O! Suisses anciens & modernes, n'oubliez jamais le berceau de votre Liberté, vous lui devez tout, & sans les efforts généreux des voisins du lac que je vais décrire, vous gémiriez encore dans les chaînes féodales. Ces habitans eurent le courage de voler au secours de la ville, aujourd'hui la plus puissante du Corps fédératif qui leur doit son établissement. Champs de Laupen! rappellez sans cesse aux Bernois que la valeur des trois Cantons y détermina la victoire. On citera peu de batailles ou d'actions dans la Suisse, où ces Cantons n'aient eu quelque part, & presque toujours la part la plus distinguée. Oui, si l'ingratitude des descendans osoit jamais les taire, les rochers même déposeroient contre leur silence dénaturé.

Me voici à Lucerne (*), où la Russe sort du lac des quatre Cantons, pour aller porter ses eaux turbulentes dans l'Are, sous Windisch; j'entre dans la barque, & je vais côtoyer la droite du lac; en le remontant jusqu'au port de *Fluelen*, dans le Canton d'Uri. Le lac des quatre Cantons Forestiers est appellé (3) en Allemand *der Vier wald-staedter sée*, & en latin *quatuor civitatum sylvestrium lacus*, on le nomme aussi *sylvanus lacus*, le lac Forestier. On appelle ordinairement en Allemand *Wald-staedt*, villes *Forestieres*, les quatre Cantons de Lucerne, Uri, Schweiz & Underwalden, probablement à cause de la quantité de forêts qu'il y a dans ces contrées; ce district forme aussi le plus étendu des Chapitres Ruraux de l'Evêché de Constance, sous le nom de *Capitulum quatuor Cantonum*, en Allemand *Das IV Waldstaedter-Capitul*, le Chapitre des quatre *Cantons Forestiers*. Il ne faut pas confondre ces *quatre villes Forestieres* avec celles du même nom qui appartiennent à la Maison d'Autriche, dans la proximité de la Suisse, & qui sont les villes de *Rheinfelden, Seckingen, Lauffenbourg & Waldshut*.

Le lac des *quatre villes Forestieres* de la Suisse, touche au levant le pays d'Uri, au couchant la ville & le territoire de Lucerne, au midi le pays d'Underwalden, & au nord celui de Schweitz. La charte de la fondation du Monastère de Lucerne à la fin du septième siècle, le nomme *magnus lacus*, le grand lac.

La partie de ce lac, la plus proche de Lucerne, & qui est sous la domination de cette ville, se nomme distinctement le *lac de Lucerne*; pareillement le district de ce lac enclavé entre les montagnes du Canton d'Uri, est appellé le *lac d'Uri*. Le lac des quatre Cantons Forestiers & celui de Zurich, passent pour les deux plus grands lacs de la Suisse, après ceux de Constance & de Genève. Les côtes du lac depuis Lucerne jusqu'à Kußnacht, & de-là en remontant jusqu'à Weggis, sont bordées de bourgs, de villages, de châteaux, de maisons de campagne, de belles & riches prairies, & même de quelques parties de champs de bled & de vignobles. Ce lac offre aussi des sinuosités, des baies, des ports, d'une assiette singulière : dans sa plus grande partie il est environné de hautes montagnes & de retranchemens de rochers escarpés; il s'ouvre du côté de Lucerne, & ses vagues battent le pied des collines qui le bordent. Sa longueur du couchant au levant, de Lucerne

à *Fluelen*, dans le Canton d'Uri, est de huit fortes lieues. Sa largeur la plus considérable depuis *Kußnacht*, dans le Canton de Schweitz jusqu'à *Stanz-stad* ou *Hergisschweil*, dans le Canton d'Underwalden-le-Bas, porte sur trois lieues : mais si on y annexe encore le lac d'*Alpnach*, qui se joint à Stanz-stad avec le lac des quatre Cantons, alors la largeur par-dessus la section du lac, dite en Allemand *Creuz triechter*, l'entonnoir de la Croix, portera sur près de trois milles d'Allemagne ou six lieues de France. En général la largeur du milieu comprend une lieue entre les deux caps ou promontoires, elle est encore plus resserrée entre *Viznau* & le *Burgenberg* où elle a tout au plus un quart de lieue. On trouve un pareil étrécissement près du *Hohen-wand*, au-dessus de la potence du bourg de *Gersau*, & aussi près de Fluelen, proche de la tête du lac, entre le petit & le grand *Saxen*. Dans ces endroits, & particulièrement au milieu de l'*entonnoir de la Croix*, la profondeur du lac est de cent dix jusqu'à cent trente toises. *Scheuchzer* rapporte que les bateliers lui dirent qu'on avoit trouvé avec la sonde, que la profondeur du lac entre Brunnen & Saxen étoit de deux cent cinquante & même de trois cent toises. Cysat ne l'estime être que de cent vingt toises ou cent trente. La rivière la plus considérable qui se jette dans ce lac, est la *Russe*; elle y entre près *Seedorf*, Canton d'Uri, à la tête du lac, & elle en ressort à l'extrémité, à Lucerne, où elle reprend son premier nom. La navigation de ce lac passe pour dangereuse, à cause de la quantité des chaînes de rochers escarpés & presqu'à pic qui l'environnent. Le mugissement des vents, les échos, le rebondissement, la réflexion de l'air agité qui se répètent d'un retranchement de rochers à autre, inspirent la frayeur. Le danger même augmente, parce qu'on ne peut aborder que dans peu d'endroits, & qu'on ne peut même, qu'avec de grandes peines, être secouru par les habitans du pays, lorsqu'il survient un ouragan. On ne tient alors que difficilement le large, pour ne pas se briser contre les rochers des côtes, & il s'en détache quelquefois, sur-tout dans le printemps, des pierres énormes de la cime des montagnes limitrophes, qui, dans leur chûte, peuvent écraser ou submerger les barques à leur passage le long de ces montagnes. Ajoutons que si les bateliers ne sont pas assez intelligens pour se régler sur les variations des vents qui régnent sur ce lac, ou si quelquefois ivres ils haussent trop les voiles, tandis qu'ils devroient les tenir baissées, les voyageurs courent de grands risques. Il est d'ailleurs des saisons où la navigation est plus ou moins dangereuse : en général depuis *Weggis* par *Kußnacht*, jusqu'à Lucerne, on peut aborder presque par-tout.

Malgré ces objets à réflexion, la navigation sur ce lac est peu interrompue pour le transport des marchandises de l'Allemagne & de la Suisse en Italie, & pour le retour des marchandises d'Italie par le mont Saint-Gothard, en Suisse & en Allemagne. Disons aussi un mot de la pêche dans ce lac; elle y est copieuse en poissons délicats & recherchés, particulièrement du côté d'Uri, d'où l'on tire les plus grosses lottes de la Suisse. Du côté de *Stanz-stad*, l'on pêche de la perche, singulièrement grande. Il y a bien des habitans d'Alsace qui viennent à la fin de l'automne faire des achats des lottes de ce lac, ils les transportent jusqu'à Strasbourg sur

---

(3) *Plantini Helvetia antiqua & nova*, Cap. XV. p. 26. in *Thesauro Helvetica Historiæ*.
Scheuchzeri Itinera Alpina, T. I. p. 11. & seq.
Leu, Dict. Hist. de la Suisse. T. XIX. pag. 86-89.

Faesi, Descript. Topog. de la Suisse, T. II. p. 10 12. 136 137-233 & 302.
Diction. Géog. & Pol. de la Suisse, Partie I. p. 59 & Partie II. p. 196-197.
(*) PLANCHES 85, 97, 109.

la Ruſſe, l'Are & le Rhin; au reſte, les eaux du lac ſont en tout temps limpides & fraîches.

En m'embarquant à Lucerne, pour côtoyer juſqu'à Fluelen la droite du lac, j'obſerve la maiſon de plaiſance dite *Tripſchon* ou *Tribſchen*, à une demi-lieue de Lucerne; la terre forme ici un bras dans le lac, & ſur la pointe de ce promontoire, s'élève le bâtiment avec une chapelle; le terrain paroît très-bien cultivé, & quand on remarque la maiſon du côté du midi, elle a ſur la droite le *Mont-Pilate*, ſur le flanc de la grande forêt de la *Biregg*, & derrière elle les montagnes de neige d'*Engelberg* & d'Underwalden. La vue de cette maiſon porte ſur Lucerne & ſur le diſtrict le long du lac, que l'on appelle *Halden* & qui eſt couvert de belles maiſons de campagne, toutes appartenantes aux familles Patriciennes de Lucerne. M. *Am-Rhyn*, Avoyer de cette République, & l'un des chefs les plus eſtimés du Corps Helvétique, poſſède Tripſchon.

En pourſuivant plus loin, j'arrive en face d'une autre maiſon de campagne, qui ſe nomme *Stutz*; elle eſt ſur une hauteur au pied du mont Pilate, à une petite lieue au-deſſus de Lucerne, & elle a le droit de pêche auſſi loin que ſes poſſeſſions s'étendent. Ce château a été renouvellé vers l'an 1632 par les Nobles *Am-Rhyn*, qui l'avoient hérité de la maiſon *Am-ſtutz*, il appartient aujourd'hui à un Gentilhomme de celle de *Balthazar*. On trouve enſuite ſur le lac le hameau *Langenſand*, dépendance de la paroiſſe *Horb* ou *Horw*, & du bailliage de *Kriens*, territoire de Lucerne. Quand on eſt arrivé une fois au cap du lac dit *Am-ſpiſſen*, on tourne la barque vers le midi, on paſſe devant la maiſon dite *An-der-ruti*, puis en face du hameau *Winkel* qui préſente un port où l'on s'embarque pour le Canton d'Underwalden; le hameau *Winkel* eſt encore du territoire de Lucerne, dans la paroiſſe de *Horb*, bailliage de *Kriens*. Près de *Winkel* la barque tourne vers le levant, & on voit proche du lac les ruines du château de *Gryſingen* ou *Gyſingen*, dans la proximité du village de Horb: le lac forme un long promontoire près de Horb, & à quelque diſtance en remontant on trouve le hameau *Ennet-Horb*. Un gros ruiſſeau qui fait tourner le moulin d'une papeterie, entre Horb & Ennet-Horb, ſe jette dans le lac; il y entre à *Haltibach* un autre ruiſſeau qui deſcend du mont Pilate. On voit des maiſons éparſes le long de ces côtes; les ruiſſeaux *Schlauchenbach* & *Feldbach* qui deſcendent auſſi du mont Pilate, ſe jettent dans le lac, au-deſſous de *Zu-matt*. Le Canton d'*Underwalden-le-Bas* commence dans ces environs, & le lac eſt ici très-profond. La paroiſſe & le village de *Hergeſweil* ou *Hergiſchweil*, du même Canton, ſe préſentent enſuite le long du lac, au pied du mont Pilate: en doublant le cap ou le promontoire, on obſerve l'emplacement de la fontaine ſulfureuſe *An-der-lopp*. On prétend qu'à mi-côte du *Loppenberg*, il y avoit autrefois un château qui protégeoit le détroit du lac entre cette montagne & le mont *Rozberg*, à l'entrée du bras du lac qui ſe prolonge juſqu'à Alpnach; la tradition veut auſſi qu'il y ait eu ici un pont ſur le lac pour aller au château de Loppenberg, & que le lac ait été fortifié par des paliſſades & par une tour qu'on y voit encore. Le petit lac d'*Alpnacht* ou *Alpnach* eſt nommé en latin *Alpenacenſis Lacus* ou *Sinus*. On trouve aux deux hameaux du haut & bas *Stad* toutes les facilités pour s'embarquer ſur le lac: auprès du haut Stad, *Ober-ſtad*, il y a une fontaine qui jaillit tous les ans le trois Mai, jour de l'Invention de la Sainte-Croix, & qui ceſſe de couler le quatorze Septembre, jour de l'Exaltation de la Sainte-Croix. Le bourg Alpnach eſt ſitué dans le Canton d'*Underwalden-d'en-haut*, à deux petites lieues au-deſſous de *Sarnen*, bourg principal de ce Canton, ſur la frontière de celui de Lucerne & au pied du mont Pilate. La rivière *Aa* ſe dégorge dans le lac à la droite d'Alpnach; elle vient du mont *Brunig*, qui ſépare le haut Underwalden du territoire de Berne; elle traverſe ſucceſſivement dans le Canton du haut Underwalden, les petits lacs de *Lungern* (*) & de *Sarnen* ou *Saxlen*, paſſe à Sarnen (**), reçoit la petite rivière *Melch* au-deſſous de ce bourg, & ſe jette près d'Alpnach, dans le lac des quatre Cantons. C'eſt dans le haut Underwalden qu'on trouve le village de *Saxlen*, ſur la gauche du lac de Sarnen, à une petite lieue au-deſſus du bourg de ce nom. C'eſt dans l'égliſe paroiſſiale de Saxlen qu'eſt vénéré le corps du bienheureux Nicolas *de Flue* ou *da la Roche*, en latin *de Rupe*; cet Hermite à qui la Suiſſe a tant d'obligations, & dont la mémoire eſt précieuſe aux Catholiques & aux Proteſtans, étoit natif de Saxlen. J'aurai occaſion de célébrer plus d'une fois les ſervices importans qu'il rendit aux Cantons. Arrivé à l'endroit où l'*Aa* entre dans le lac, je côtoie la gauche du lac & du mont *Rozberg*. Cette montagne entre *Stanz* & *Oetweil*, eſt fertile, & elle fait partie du Bas-Underwalden; le château de Rozberg, ſi fameux dans les Annales Helvétiques, étoit bâti ſur cette montagne, à l'endroit où il y a aujourd'hui un des ſignaux de la Suiſſe. Au pied de cette montagne on voit une chapelle avec pluſieurs moulins, & une fontaine ſulfureuſe; ce diſtrict ſe nomme *Rozloch*. Depuis le Rozberg juſqu'au Lopperberg, le lac s'étrecit en forme de canal juſques environ au-deſſus du village de *Stanz-ſtad*, qui eſt à une lieue de Stanz, bourg capital du Canton d'Underwalden-le-Bas. A l'entrée du port de Stanz-ſtad, on obſerve dans le lac une tour antique; elle protégeoit le pays contre l'invaſion des ennemis de la liberté, & elle correſpondoit avec celle de *Séebourg*, bâtie le long du lac, ſur la côte de Lucerne, pour le même objet. On décharge auſſi dans la douane de ce port les marchandiſes qui viennent d'Italie ou qu'on y tranſporte.

De Stanz-ſtad je vais par eau, ſur la droite du lac, paſſer devant le petit golfe *Im-zingel*. La côte eſt une chaîne de montagnes, ſur leſquelles il y a d'excellens pâturages; c'eſt la richeſſe du pays. Le village de *Kirſeiten* ſe préſente à ma vue; il dépend de la paroiſſe de Stanz, ou Stanz, Canton d'Underwalden-le-Bas: cet endroit offre un grand nombre d'arbres fruitiers. On trouve dans ſa proximité les bornes qui ſéparent Underwalden-le-Bas du Canton de Lucerne: on paſſe enſuite devant le rocher dit *Feurſtein*, *la pierre à fuſil*, & bientôt après devant l'endroit *An-der-Riſſe*; c'eſt ici que dans le ſiècle dernier un gros quartier du mont *Burgenberg* tomba dans le lac. On côtoie enſuite le *Burgen* ou *Burgenberg*, qui appartient en partie à la ville de Lucerne, & pour la majeure partie, au Canton d'Underwalden-le-Bas. Cette montagne abonde en pâturages & en arbres fruitiers; elle eſt entre *Stanz-ſtad* & *Buochs*. Derrière cette montagne, près du cap dit *Unter-naas*, jailliſſent deux ruiſſeaux; l'un deſcend dans le lac du côté de *Dallenweil*, & l'autre s'y rend ſur le côté oppoſé, près de Stanz-ſtad. On prétend que ſi à la ſource de ces ruiſſeaux, on creu-

(*) Planche 88.   (**) Planche 8.

foit leur lit plus profondément, & qu'on les joignit ensemble, on pourroit en former un canal, sur lequel on communiqueroit facilement de Stanz-stad à la partie du lac ; au-dessous du moulin de Buochs ; l'exécution de ce canal épargneroit un grand détour à la navigation.

Après le local dit *Burgenstad*, qui est au pied du *Burgenberg*, se présente la ferme *Undermatt*, elle appartient à un Patricien de Lucerne. Cysat observe que le soleil ne paroît pas avant la mi-Mars dans cet endroit, à cause de sa situation, & que vers la Saint-Michel, en automne, cet astre cesse quelquefois d'y être vu ; mais que malgré ces absences, les fruits réussissent à merveille dans ce terrein, & que leur bonté l'emporte même sur celle des fruits qu'on cueille à Weggis qui est vis-à-vis & sous l'exposition du soleil du midi.

On passe ensuite par-devant l'emplacement dit *Bey-dem-krug*, *près de la Cruche*, il règne ici des vents souterreins. Cysat en raconte des merveilles que je détaillerai ailleurs. Bientôt après est la limite entre le Canton de Lucerne & celui du Bas-Underwalden : de-là on passe en face du district le haut *Matt*, *Ober-matt*, & à celui de *Metzenstock*. *Wispelen-Eck*, ou *Wispelen-Egg* forme une pointe au cap inférieur, *An-der-untemnass*, au-dessous du Burgenberg, dans la paroisse de Stanz, Canton du Bas-Underwalden ; cette pointe est dangereuse, on la double pour gagner ensuite la droite du lac en le remontant jusqu'à *Dallenweyl*, au-dessus de Buochs. Il est souvent arrivé des naufrages dans la proximité de ce promontoire : les endroits suivans, le long du lac, se nomment *Bruder-Balm*, en François la *Roche des Frères*, *Im-schartin*, *Im-spissen*, *Zu-Bucklin*, l'église de *Saint-Jost* ou *Jodoc*, & *Burgenstadt* au pied du Burgenberg. Ici, trois cent Underwaldois avec cent habitans de Schweitz, repoussèrent en 1315, dans le lac, treize cent Antrichiens, qui venoient de Lucerne pour faire une invasion dans le pays. Cette action vigoureuse se passa le jour même de la bataille de Morgarten, où les Confédérés remportèrent la première victoire sur les Autrichiens.

Je trouve ensuite sur la droite du lac la chapelle de Saint-Antoine dans l'*Au*, *In-der-au* ; la petite rivière *Aa* se jette au-dessus, dans le lac ; elle descend des Alpes d'*Engelberg*. Je passe devant le village de *Dallenweil* ou *Thalenweil*, sur la droite de l'*Aa*, dans la paroisse de *Stantz* ; le lac fait depuis la pointe *Wispelen-Eck* jusqu'à *Thalenweil* un coude assez considérable, & depuis ce village jusqu'au roc *Weitenstein* ou *Weissenstein*, il s'allonge le long d'une côte plus alignée & qui a moins de sinuosités. Après Thalenweil s'offre le bourg de Buochs, à une petite lieue de celui de Stantz, dans le Bas-Underwalden ; ce bourg paroît très-bien bâti & très-étendu. Ses environs offrent d'excellens pâturages & sont couverts d'arbres fruitiers. on passe de-là devant Notre-Dame *Im-Rutelin*, *Liliebach* & *Ganter-hauss*. Ce dernier endroit est une ferme dans la paroisse de *Beggenried*, Canton du Bas-Underwalden. Il y a un excellent port au village de Beggenried. Après avoir passé devant l'habitation dite *Zu-der-ruti*, on voit descendre avec un grand fracas dans le lac le gros torrent de *Wildenbach*, en François le *Ruisseau sauvage*, qui porte avec justice ce nom. On apperçoit ensuite sur le lac l'endroit nommé *An-der-saegissen*, *la Faucille* ; ce terrein montueux en offre en effet la forme ; il est voisin de la frontière du Canton d'Uri. On voit bientôt après le ruisseau qui descend du petit lac

(*) PLANCHE 93.

du mont *Séelisberg*, limitrophe du Canton d'Underwalden ; la *Treib* ou *Treub*, se présente en cet endroit, c'est un cabaret avec un port, dans la paroisse de Séelisberg, ayant en face au-delà du lac le village de Brunnen, qui est du côté de Schweitz. Les quatre Cantons forestiers y ont souvent tenu des conférences. Treib est précisément au pied du mont Séelisberg, proche le rocher qui s'élève dans le lac & qu'on nomme *Weitenstein* ou *Weissenstein* ; les barques passent entre ce rocher & la côte. Le lac tourne alors au midi jusqu'au *Grutlin*, dont je vais dire un mot ; c'est une prairie de figure ovale ; elle est célèbre dans l'Histoire Helvétique : c'est ici qu'en 1307 les trois premiers Confédérés s'engagèrent par un serment mutuel, de défendre la liberté du pays. En mémoire de cet événement qui a eu tant d'heureuses suites, les trois plus anciens Cantons, Uri, Schweitz & Underwalden, renouvellèrent solemnellement dans cette même prairie, le 23 Juin 1713, après la guerre fatale de 1712, leur première alliance. Cent vingt patriotes de chacun des trois Cantons, dont trente du Conseil & quatre-vingt-dix des habitans, assistèrent à cette cérémonie. Cette prairie s'avance dans le lac, qui depuis cet endroit forme une courbe ou une espèce de croissant jusqu'à *Fluelen*, au-dessous d'Altorff. Dans cette distance, après le *Grutlin*, on trouve le hameau de *Bauen* ou *Bauwen* qui est au pied du mont *Séelisberg*, à une demi-lieue de *Séedorf*. *Isleten*, où il y a deux maisons & un moulin à scie sur un ruisseau, borde le lac ; c'est un local de facile accès.

Séedorf, nom qui, en François, signifie village du lac, est une Abbaye de Bénédictines, à la gauche de la Russe, au pied du *Gutscheberg*, en plaine, près de l'embouchure de la Russe, dans le lac des quatre Cantons. Séedorf est en même-temps un village & une paroisse ; il étoit autrefois plus considérable, la partie d'en-haut se nommoit *Ober-dorf*, le *Village supérieur*, & celle d'en-bas qui descendoit jusqu'au lac, *Unter-dorf*, le *Village inférieur*. Il y a eu une double Commanderie de l'Ordre de Saint-Lazare à Séedorf ; celle pour les Dames de cet Ordre existoit dans le *Village d'en-haut*, & l'autre pour les Chevaliers étoit fondée dans le *Village d'en-bas*.

Il y a un excellent port & une douane à Fluelen, village à une petite lieue au-dessous du bourg d'*Altorf* (*) qui est la capitale du Canton d'Uri. La paroisse de Fluelen comprend dans son circuit le mont *Getscheweil*, le mont *Axenberg*, le *Winkel*, le *Vorstok*, la *Reuss-Alp* & le *Rostok* ; ces montagnes sont situées du côté du Canton de Schweitz, elles abondent toutes en pâturages.

La petite paroisse de *Siflken* ou *Sisigen* s'offre sur la côte du lac au nord, elle est assise sur un sol entouré de rochers. Les deux montagnes escarpées, *le grand & le petit Axenberg*, ferment le lac entre les villages de Sisigen & Fluelen. Les voyageurs sont stupéfaits à la vue des rochers à pic qui bordent ici le lac sans aucun accès jusqu'à l'endroit où est bâtie la Chapelle de *Tell* qui est dans la paroisse de Sisiken. Rien de si ordinaire que les tempêtes sur le lac d'Uri, & en particulier depuis la pointe du mont Axenberg jusqu'à Brunnen ; c'est dans cet intervalle que se trouve le rocher sur lequel Guillaume Tell sauta, ainsi qu'on le verra plus loin. Les bords du lac sont presque par-tout inaccessibles jusqu'à Brunnen, je l'ai passé plusieurs

fois,

PITTORESQUES, &c. DE LA SUISSE.

fois, & je n'ai jamais fait le trajet fans avoir vu le lac agité, fur-tout à la fin de Novembre, en Décembre & dans l'équinoxe du printemps. Il règne dans ce lac des vents fouterreins qui excitent une tempête au moment qu'on y pense le moins. Ainfi rien de bien merveilleux dans celle qui manqua d'engloutir fur la barque de *Gefler*. Ce Baillif Autrichien s'étoit embarqué à Fluelen avec fes fatellites & fon prifonnier, il vouloit profiter du lac jufqu'à Brunnen, (village à une lieue de Schweitz & à trois de Fluelen) & de-là le conduire. Tell par le pays de Schweitz dans fon château de *Kuffnacht*; c'eft-là où Tell devoit finir fes jours, dans une tour ténébreufe. En s'avançant dans le lac, du côté de la pointe qu'on appelle *Achfen*, il s'éleva un vent fi furieux, que les flots fe croifoient fur la barque & menaçoient de l'engloutir. Dans ce péril extrême, l'un des domeftiques du Baillif, qui voyoit que le prifonnier étoit un homme vigoureux & qui favoit qu'il paffoit pour un bon batelier, fuplia fon maître de le faire délier. Le farouche Gefler y confentit. Tell, placé au gouvernail, travailla courageufement, mais il ne perdoit pas de vue fon arbalète & fon carquois qu'on avoit laiffés auprès du gouvernail, & il épioit de l'œil l'inftant favorable de fauter hors de la barque. Ayant découvert un rocher large & plat, il crut qu'il pourroit le franchir & s'échapper enfuite par la fuite; il crioit en même-temps aux rameurs de redoubler leurs efforts jufqu'à ce qu'ils euffent doublé ce rocher qui s'avançoit dans le lac, leur difant que c'étoit l'endroit le plus périlleux de la navigation. Et quand il fut prêt de cette pointe, comme il étoit fort & nerveux, il tourna le gouvernail contre la roche, faifit fon armure, s'élança fur le rocher, & repouffa la barque dans les flots par l'élan qu'il avoit pris pour en fortir. Il gagna précipitamment la montagne qui n'étoit pas encore couverte de neige, (c'étoit le dimanche 18 Novembre 1307) & il fe fauva par *Morfach* ou *Morfchach* dans le pays de Schweitz. A l'endroit où Tell s'élança de la barque, & qui eft à une forte lieue de Fluelen, le Canton d'Uri, mémoratif de la valeur héroïque de fon patriote, fit élever dès l'an 1388 une Chapelle. Cent quatorze perfonnes qui avoient connu le Héros Uranien, affiftèrent à cette fondation. La Chapelle eft ouverte du côté du lac; c'eft le feul endroit où l'on puiffe aborder depuis Fluelen. Toute l'hiftoire de Tell, & celle du berceau de la Liberté des Suiffes, font peintes dans cette Chapelle (*). Il y a douze tableaux, dont quelques-uns font fubdivifés en plufieurs compartimens. Un Poète affez élégant du feizième fiècle, *Glarean*, natif du Canton de Glaris, comparoit Tell à Brutus.

Brutus erat nobis, Uro Guilielmus in arvo,
Affertor Patriæ, Vindex ultorque Tyrannûm.

Le pays d'Uri nous a donné un Brutus dans Guillaume Tell qui a été le libérateur, le vengeur de fa patrie & le fléau des Tyrans.

La mémoire de Tell a long-temps paru odieufe aux Allemands; on conte le trait fuivant d'un Evêque fuffragant de Conftance. Ce Prélat venoit de faire la vifite du Clergé à Altorf; à fon retour, en paffant devant la Chapelle de Tell qu'on lui faifoit obferver, il ne put s'empêcher de marquer fon indignation à la vue de la ftatue du Héros Uranien, en difant *qu'elle étoit l'image d'un Rebelle*. A ces mots, les bateliers Uraniens donnèrent un démenti au Prélat imprudent. Il baiffa alors le ton, mais fes gens eurent beaucoup de peine à calmer les bateliers. Il eft bon d'ajouter à cette anecdote que cet Evêque *in partibus* étoit né Comte de l'Empire, & que fes aïeux, marchands ou banquiers, devoient leur anobliffement & toute leur fplendeur à la Maifon d'Autriche. Peu au fait de l'hiftoire, il ignoroit que les trois Cantons, auteurs de la Ligue Helvétique, étoient des pays libres & immédiats de l'Empire au temps que l'Empereur Albert conçut le projet de les en arracher, pour les affervir à fa Maifon. On ofe croire que ce Prélat, d'ailleurs plein d'efprit, n'eût pas commis cet oubli s'il eût mieux connu le berceau de la République des Suiffes.

Le village de *Brunnen* eft dans le Canton de Schweitz à l'embouchure de la rivière de *Muota* ou *Mutta* dans le lac des quatre Cantons. Il y a ici un excellent port; ce fut à Brunnen qu'en Décembre 1315, le mardi après la Saint Nicolas, les trois Cantons d'Uri, Schweitz & Underwalden jurèrent une alliance perpétuelle qui fut la bafe des affociations des autres Cantons avec ces trois premiers. Brunnen eft un paffage très-fréquenté par tous ceux qui vont de l'Allemagne & de la Suiffe en Italie; on s'y embarque auffi pour Buochs, Stanz-Stad & Lucerne. On voit tomber dans le lac entre Brunnen & Gerfau, le torrent *Fallenbach* qui defcend de la montagne *Hochfluh*, Canton de Schweitz. On trouve enfuite fur les bords du lac les fermes de *Brunifshard* & de *Langmatt*: au rocher dit *Steinwand*, on trouve la limite entre le Canton de Schweitz & le territoire de la petite République de *Gerfau*. Le bourg de ce nom (**), eft placé fur la côte méridionale & prefqu'au centre du lac des quatre Cantons entre Lucerne & Uri, à l'endroit où dans les anciens temps le *Thurgau* ou *la Turgovie*, Canton du Duché d'Allemannie ou de Souabe, étoit féparé de celui de l'Argeu qui faifoit partie du royaume de la Bourgogne Trans-jurane. Gerfau eft entouré de hautes montagnes, excepté dans la partie voifine du lac fur lequel ce bourg eft fitué. Le lac paroît ici d'une profondeur très-confidérable. Le petit territoire de Gerfau, qui a deux lieues de long fur une de largeur, a pour bornes en tous fens, excepté du côté du lac, le Canton de Schweitz. Il abonde en pâturages, en arbres fruitiers & en bois. Ses habitans ont une alliance étroite avec les quatre Cantons du lac.

En quittant le port de Gerfau, on va gagner la pointe du cap qui fe nomme *Die obere nas*, pour diftinguer ce promontoire d'en-haut d'avec celui d'en-bas, *Die untere nas*, fitué au côté oppofé du lac dans la paroiffe de Buochs, Canton du bas Underwalden, & qui fait le commencement du mont Burgenberg. Ces deux promontoires portent en Allemand le nom de *Nas*, en François *Nés*, à caufe de leur forme. Celui d'en-haut après Gerfau fur la partie du lac au nord, dans le territoire de Lucerne, s'avance tellement dans le lac que l'on croit de loin que le lac eft ici très-étroit; mais quand on en approche plus près, on trouve que les deux côtés oppofés du lac ont plus d'un quart de lieue de diftance. Dans l'intervalle de Gerfau au *Nés d'en-haut*, on trouve la ferme de *Rot-Schuhe*, *le Soulier rouge*; & depuis le *Nés d'en-haut* jufqu'à la pointe fur laquelle on voit les ruines du château de *Hertenftein*, le lac préfente la forme d'un croiffant. Le village de *Viznau* ou *Viqnau*, Canton de Lucerne, eft placé fur le lac, au pied du mont *Rigi*, dans le bailliage de *Weggis*.

(*) PLANCHE 94.   (**) PLANCHE 94.

Le mont *Rigi* (*), en Allemand *Rigiberg*, & en latin *Regius mons* ou *Regina montium*, le *Mont Royal* ou la *Reine des Monts*, est une montagne fort haute & très-étendue, dont une partie dans le Canton de Lucerne & une autre dans celui de Schweitz; il forme en quelque sorte une péninsule dans son contour; le lac des quatre Cantons le borde en deux endroits, celui d'*Art* (qui est la partie supérieure du lac de *Zoug*) l'environne aussi d'un autre côté, & le petit lac de *Lauwerz*, dans le Canton de Schweitz, baigne son pied dans un quatrième côté: cette montagne est près de Brunnen, & pour ainsi dire séparée des autres montagnes par les torrens; de loin elle paroît sauvage, mais dans sa plus grande partie elle est fertile. On trouve sur son sommet les plus belles Alpes, j'en ferai la description à l'article du Canton de Schweitz: au pied de cette montagne, le long du lac, se présentent le haut & bas *Wylen*; ce sont des fermes dans la paroisse de Viznau, bailliage de Weggis, Canton de Lucerne. Entre *Wylen* & la ferme de *Luezelau*, on voit en avant dans le lac le rocher dit *Muttenstein*, vers le milieu du croissant que forme ici le lac. Il y avoit autrefois à Luczelau une fontaine qui charioit du cuivre, de l'alun & du soufre, mais cette source a été presqu'entièrement couverte de quartiers de rochers qui se sont détachés de temps à autre du sommet du mont Rigi. On a une description des bains de *Luezelau*, *Descriptio Luzellovia*, faite en vers latins, en 1603, par le Jésuite Jean-Baptiste *Cysat*, de Lucerne; on en a aussi une traduction en vers Allemands.

Je continue ma promenade, & ma barque passe à la vue du village de *Weggis*, sur la côte méridionale du lac. Ce village qui est considérable donne le nom à un bailliage du Canton de Lucerne. On regarde son terrein comme l'endroit le plus fertile qu'il y ait sur tout le lac, en légumes & en toutes sortes de fruits choisis; on y trouve beaucoup de vignobles & on y fait du cidre & du poiré en quantité. On aborde avec facilité au port de Weggis. Cette partie du lac est aussi très-renommée pour la bonté de la pêche. Après Weggis, on apperçoit les deux fermes *Langenacher*, & ensuite la maison de campagne de M. de *Hertenstein*, capitaine au Régiment des Gardes-Suisses en France; elle est voisine du vieux château de même nom dont on voit encore les ruines, & qui étoit la résidence primitive de la plus ancienne famille, noble de race, qui existe à Lucerne. Ce château a été ruiné en 1352 par les Lucernois; il avoit une vue superbe sur le lac, il étoit bâti à la pointe gauche de l'enfoncement du lac que l'on appelle ici le *Meusen-Triechter*, l'*Entonnoir des Souris*, du nom d'une ferme qui est placée au centre intérieur de ce petit golfe. La pointe opposée à celle du *Vieux-Hertenstein* (*Alt-Hertenstein*), offre dans son contour plusieurs maisons, vignobles & biens de campagne le long du mont *Tantzenberg*: les deux pointes avec leur enfoncement présentent assez bien la figure de deux pattes d'écrevisse ouvertes. En doublant la pointe opposée au vieux Hertenstein, j'apperçois plusieurs fermes, entr'autres celle de *Bastunen*; quand l'eau est basse près de la tuillerie *An-der-Zinnen*, dans le trajet du lac à *Meggen* on y remarque une montagne qu'on nomme le *Zinnen-Berg*, & sur laquelle dans la saison propre aux *Balchen*, espèce de poissons très-estimés, on fait une pêche considérable. Il y a de Bastunen à Meggen, une navigation établie pour épargner le détour qu'il faudroit prendre jusqu'à *Kussnacht*, laquelle abrège grandement la séparation des deux côtés; mais comme mon but est de côtoyer le lac dans toutes ses branches, j'irai depuis le promontoire de Bastunen jusqu'au golfe de *Kussnacht* avant que de faire la promenade sur la côte de Meggen.

En m'allongeant vers Kussnacht, je trouve sur la droite du lac le village de *Greppen*, en latin *Crappa*, sur la frontière du Canton de Schveitz. L'Eglise de Greppen dépend de la paroisse de Weggis, mais la jurisdiction du village est du ressort du bailliage de Meggen, territoire de Lucerne.

Le bourg de *Kussnacht* (**) paroît en partie sur le côté gauche du mont *Rigi*, il est placé sur le lac des quatre Cantons qui fait ici un enfoncement considérable dans la terre ferme. Son port est le passage de Lucerne & d'Underwalden pour Zoug & Zurich. Il n'y a que la distance d'une demi-lieue entre le lac des quatre Cantons & celui de Zoug; de Kussnacht à *Stanz-Stad*, le lac a quatre lieues de largeur, & si on y ajoute le bras ou l'annexe du lac d'*Alpnach* qui forme de même un long enfoncement dans le pays, la largeur sera de cinq grosses lieues. Tous les environs de Kussnacht sont très-fertiles, il y croît même du vin. C'est au-dessus de Kussnacht à un petit quart de lieue hors du bourg, au pied du Rigi, qu'on voit sur une colline entourée de fossés, les ruines du château où le tyrannique Baillif *Gessler* vouloit enfermer *Guillaume Tell* pour le reste de ses jours. Mais ce brave Uranien lui ayant échappé entre Fluelen & Sifiken, & s'étant sauvé, comme je l'ai dit, étoit allé se poster au-dessus de Kussnacht au haut d'un chemin creux qu'on appelle encore *Hole-gass*, (*la rue creuse*); ce chemin conduisoit au château de *Kussnacht*. Gessler & sa suite furent long-temps le jouet des vents & des flots, & la barque eut bien de la peine à aborder à Brunnen. Gessler monta ensuite à cheval & traversa le pays de Schveitz. Quand ses satellites s'approchèrent du chemin creux de Kussnacht, *Tell*, enfoncé dans les broussailles, entendit les menaces que le Baillif faisoit contre lui; aussi-tôt il bande son arbalète, & jette Gessler roide mort à bas de son cheval d'un coup de flèche, puis il prend la fuite du côté d'*Art*; c'étoit à la nuit tombante; Tell en profita, & en passant à *Steinen* où demeuroit Stauffacher, l'un des trois principaux confédérés, il lui raconta son aventure; dans la même nuit il se sauva à Brunnen, d'où il se fit conduire dans un batelet au pays d'Uri par un ami secret de la conjuration. Il y arriva vers la fin de Novembre, temps de l'année où les nuits sont des plus longues. Au-dessus du chemin creux où Tell tua le Baillif, on bâtit depuis une Chapelle (***) qui subsiste encore; elle est à un quart de lieue du bourg de Kussnacht, on l'appelle *Bey dem Tellen*, *près du Tell*; le chemin se divise en deux branches au-delà de cette Chapelle, l'une descend au hameau *Immensée* sur le lac de Zoug, & l'autre conduit au bourg d'*Art* par où Gessler a dû nécessairement passer en venant de Brunnen. Dans un de mes voyages en Suisse j'ai eu la curiosité de visiter la Chapelle du Libérateur de la Suisse; elle a été renouvellée en différens temps, la dernière fois en 1644; on voit au-dessus de la porte une peinture à fresque; elle repré-

---

(*) Planche 170.
(**) Planche 98.

(***) Planche 98.

PITTORESQUES, &c. DE LA SUISSE.

fente la fin tragique de Gesſler; ce tyran y paroît percé de la flèche que lui décoche Tell caché derrière un chêne, dans des broſſailles, & ſemble tomber de cheval ; cette peinture eſt aſſez belle. On lit au bas des vers en Allemand qui renferment beaucoup d'énergie dans leur ſimplicité antique. En voici la traduction.

Ici a été tué par Tell l'orgueilleux Gesſler. Ici eſt le berceau de la noble Liberté des Suiſſes. 1307. Combien durera-t-elle? encore longtemps, pourvu que nous reſſemblions à nos ancêtres.

Un bel eſprit de nos jours a dit que *la Liberté des Suiſſes a pris naiſſance au temps où l'orgueil rioit & la pauvreté pleuroit*.

J'ai été à l'ancien château de *Kuſſnacht*, dont il ne reſte qu'un pan vers le lac des quatre Cantons ; on y voit encore l'emplacement des fenêtres, le reſte a été démoli & employé dans ce ſiècle pour rebâtir l'Egliſe paroiſſiale de Kuſſnacht. L'Etat de Schweitz, ſouverain de Kuſſnacht & de ſes environs, a défendu depuis, ſous une ſévère punition, aux habitans de Kuſſnacht de dégrader davantage ce qui ſubſiſte du château, & ce Canton, plein de reconnoiſſance pour le Héros Tell dont la mémoire eſt reſpectée de toute la Suiſſe, a l'attention de conſerver à la poſtérité les débris du château où le tyran avoit voulu enfermer ce valeureux Helvétien. Cette République entretient auſſi la chapelle bâtie à l'endroit où Gesſler expira du trait de flèche que Tell lui lança. L'enceinte du château eſt encore entière, elle eſt fermée par un mur ; je me perſuade qu'au ſecond étage on devoit y jouir de la vue, & du lac de Lucerne & de celui de Zoug ; c'étoit une vue ſuperbe. On peut auſſi ſe la procurer ſur une petite élévation près de la chapelle de Tell, ſur la droite en montant de Kuſſnacht. Cette élévation eſt au même niveau où devoit être le ſecond étage du château. On m'a fait remarquer dans l'enceinte de ce château du côté d'*Art* une place couverte, & ſous laquelle ſont des ſouterrains. Tout le bâtiment étoit conſtruit d'une ſolide & belle pierre. Le bourg de Kuſſnacht eſt conſidérable ; on y voit, au bord du lac, quelques maiſons bâties en pierre & aſſez élégantes, l'Egliſe eſt grande & belle ; Kuſſnacht a été auſſi le berceau du célèbre Evêque de Sion, *Jodoc de Sillinen*, & celui de ſes ancêtres. Un acte conſervé dans le tréſor de l'Egliſe de Kuſſnacht fait connoître cette origine. Cet Evêque joua un grand rôle en France & en Italie, il fut cher aux Rois Louis XI & Charles VIII, & leur rendit de grands ſervices. C'étoit un Prélat guerrier ; en 1469, il avoit été nommé Prévôt du Chapitre de Munſter en Argeu ; il conclut le 11 Juin 1474 à Senlis la paix héréditaire des Suiſſes avec Sigiſmond, Duc d'Autriche, ſous la médiation de Louis XI ; le traité porte qu'il étoit alors du Conſeil du Roi. Le même Prélat négocia heureuſement la même année l'alliance des Cantons avec Louis XI ; en 1475, il obtint l'Evêché de Grenoble pour la récompenſe de ſes ſervices. Le Pape Pie IV contribua auſſi beaucoup à cette nomination. Sillinen, qui étoit citoyen de la ville de Lucerne, avoit tellement gagné l'amitié des Suiſſes, que la même année, lorſqu'ils furent qu'à ſon retour de France il avoit été arrêté dans Genève, ils menacèrent de la guerre cette ville, & Genève n'échappa au danger qu'en rédimant avec de l'argent l'affront qu'elle avoit fait au Prélat. Du ſiége Epiſcopal de Grenoble, Sillinen paſſa à celui de Sion en 1496. Je parlerai ailleurs des ſervices militaires de Sillinen ; à bien des égards il reſſembloit à ſon ſucceſſeur le fameux Cardinal de Sion. Il me ſuffit d'obſerver pour le moment que le bourg de Kuſſnacht, du Canton de Schweitz, ſur le lac des quatre Cantons foreſtiers, a été le lieu d'origine d'un Evêque de Grenoble & de Sion, illuſtre dans les annales de la France, de l'Italie & de la Suiſſe. Je me rembarque pour côtoyer le côté droit du lac depuis Kuſſnacht juſqu'à Lucerne dans la diſtance de trois lieues. Je trouve d'abord ſur la hauteur de cette plage le diſtrict de *Haltiken*, & le long du lac le hameau de *Merliſchachen* ; tout ce terrein dépend de la paroiſſe de Kuſſnacht, dans le Canton de Schweitz : la limite de ce Canton & de celui de Lucerne eſt marquée près de la petite chapelle de *Meggen*. On apperçoit le long du lac le diſtrict *Laetten* ou *Im-Letten*, puis le village & la paroiſſe de *Meggen*, qui fait partie du bailliage Lucernois de *Habſpourg*. A Meggen on voit les ruines de l'ancien château des Nobles de ce nom, qui ont fini à Lucerne dans le ſeizième ſiècle après avoir produit pluſieurs hommes *illuſtres*. Je fais cette addition, parce que je n'eſtime, avec Juvenal, la nobleſſe qu'autant qu'elle ſe diſtingue par le mérite & par les ſervices qu'elle rend à l'Etat. Le Lecteur me permettra de rappeller ici le trait d'un Généalogiſte des Ordres du Roi ; c'étoit un homme très-verſé dans ſa partie, mais il avoit un dégoût ſingulier pour les généalogies où il n'y avoit de prouvé que le *genuit* des degrés ſans aucune illuſtration ; en retour quand un Gentilhomme provincial lui apportoit parmi ſes titres des traits de ſervices éclatans rendus au Roi, alors ſon front ſe déridoit, & il prenoit un air triomphant de ſatisfaction.

A *Meggen* il y a une belle maiſon de campagne avec une orangerie & un joli vignoble, elle appartient à M. de Goeldlin *de Tieffenau*, ci-devant Lieutenant-Colonel au ſervice de France, & fils d'un Avoyer ou Chef de la République de Lucerne, dont la mémoire ſera toujours précieuſe à tout citoyen qui ſait apprécier un véritable homme d'Etat. La Maiſon de *Goeldlin*, originaire du Marquiſat de Bade où elle jouiſſoit de pluſieurs droits ſeigneuriaux dans le quatorzième ſiècle avant que de s'établir à Zurich, paſſa de cette ville à celle de Lucerne lors du changement de religion ; elle a produit dans l'une & l'autre ville pluſieurs hommes de diſtinction & dans l'Epée & dans la Magiſtrature.

En m'éloignant de Meggen, dont les environs offrent le local le plus riant, je continue ma navigation le long du lac ; j'apperçois des vignobles, le *Lochhoff*, le moulin de *Loch*, le grand *Schwertzi*, la chapelle de Notre-Dame *Bey-der-Blatten*, le hameau du Bas-Meggen, & l'endroit où on paſſe le lac pour aller à Weggis ; je découvre auſſi les bains de Meggen, dont les eaux minérales, pour avoir leur effet, doivent être auparavant échauffées ſur le feu. Enfin, après une demi-heure de chemin depuis le Haut-Meggen, j'arrive devant l'ancien château de *Habſpourg* (*), qui donne ſon nom à un bailliage conſidérable de Lucerne. On voit encore des ruines reſpectables de ce château ; il fut démoli par les Lucernois en 1352 : c'étoit auparavant la réſidence des Comtes de Habſpourg auteurs de l'auguſte Maiſon d'Autriche ; & pour la diſtinguer du château primitif de Habſpourg près de Brougg en Argeu, on appelloit celui qui étoit bâti ſur le lac de Lucerne *Habſpourg le neuf* ; ce château

(*) PLANCHE 170.

avec fon enceinte étoit confidérable. La tradition nous apprend que les Comtes, fes poffeffeurs, y paffoient ordinairement l'été. On jouit deffus la colline où il eft bâti, d'une vue fuperbe fur le lac & fur fon contour fi admirablement varié, elle s'étend même aux montagnes de glace. La côte le long de laquelle je fais route dans ma barque ne ceffe de m'offrir des collines couvertes d'habitations, d'arbres fruitiers, de prairies & de terres labourables. Enfin j'arrive à la pointe du cap dit *la Corne de Meggen*, *Meggen-horn* (*), ce promontoire part de Kuffnacht; on peut ainfi juger de fa longueur, qui eft au moins de deux lieues. Au-deffous du cap, en le tournant, on obferve la plus grande largeur du lac; fes branches offrent ici la forme d'une croix: on appelle en Allemand ce diftrict *Creuz-Triechter*, *l'Entonnoir de la Croix*. Au-deffus de *Meggen-horn* s'élève fur un rocher un château qui appartient à M. l'Abbé de *Caftoreo*, Protonotaire apoftolique, Chanoine & Secrétaire du Chapitre de Lucerne, Chancelier de la Nonciature & Prieur de *San-Bartholemeo de Caftellrotto*. On y jouit d'une vue magnifique, fur toutes les branches du lac. La ville de Lucerne fe préfente ici en amphithéâtre à l'œil admirateur, à l'extrémité du lac. Il y a encore une lieue du *Meggen-horn* à la capitale. La vue du *Meggen-horn* porte fur toute la côte du lac jufqu'à Lucerne, fur la partie du territoire de cette ville qu'on appelle le *Goew*, fur le haut & bas jufqu'à *Stanz-Stad* & *Viznau*, & fur les montagnes des Cantons d'Uri, d'Underwalden & de Berne, auffi loin que l'œil peut s'étendre. Au pied de ce promontoire richement meublé par la nature, on trouve dans le lac fur un roc affez élevé le petit Oratoire, bâti en pierre, à l'honneur de Saint Nicolas, patron des bateliers. On trouve de même le long du lac depuis la campagne *am-Sturz* jufqu'à *Winckel*, plufieurs petites chapelles ou niches creufées dans le roc, & toutes fous le nom de Saint Nicolas. Les Nautonniers du lac ont une grande confiance dans l'interceffion de ce faint Evêque. La tradition porte qu'auprès de la chapelle de Saint Nicolas au-deffous du Meggen-horn, on déchargeoit autrefois les marchandifes qui venoient deffus le lac, & que de-là on les tranfportoit fur de petits bateaux par un canal jufqu'à Lucerne. On prétend que le lac finiffoit à l'ifle *Altftatt* dont je vais parler & que la Ruffe paffoit dans le canal; on montre encore un long mur très-épais fur la petite ifle voifine du Meggen-horn, &, entre elle & la côte, on apperçoit dans le lac plufieurs pieux du pont fur lequel on paffoit autrefois dans l'ifle (**); elle fe nomme *la vieille Ville*, *Alt-Statt* ou *an-der-alten-Stadt*, ou plutôt l'ancienne Station, *alt Geftad*, ce mur doit avoir fait partie de la douane ou de la maifon d'entrepôt pour les marchandifes. L'ifle appartient aujourd'hui à un Patricien de Lucerne (de la maifon de *Meyer de Baldegg*): on pourroit y élever des lapins.

J'ai dit que la ville de Lucerne eft affife en amphithéâtre fur le lac au fond d'un golfe ou havre; elle a fur fa droite la côte qui fe prolonge vers le Canton d'Underwalden, & fur la gauche celle qui s'étend jufqu'à la pointe du *Meggenhorn*. Cette dernière côte a auffi dans l'intervalle fes finuofités & des langues de terre qui s'avancent plus ou moins dans l'eau. Rien de plus délicieux à la vue que cette plage. Depuis le pied jufqu'au fommet, c'eft une chaîne continuelle de collines; elles offrent la plus belle tapifferie en prés, champs, jardins, ruiffeaux & maifons de campagne; ce tableau avec les progreffions de fon lointain mériteroit d'être peint par un *Vernet*.

Je trouve fur cette côte qu'on appelle la *Halden*, la colline riante dite *ober-Wartenflue*, le *haut Wartenflue*, fur laquelle eft fituée la belle maifon de campagne appartenante à M. de *Kraus*, Confeiller d'Etat. Je célébrerois ici le mérite tranfcendant de ce Sénateur fi fa modeftie ne m'arrêtoit. Cette délicieufe campagne domine fur le lac, elle eft bâtie fur un petit cap & dans la proximité du bas *Séebourg*, colline fur laquelle on voit une vieille tour qui fert aujourd'hui de fignal; elle peut correfpondre avec la tour de *Stanz-ftad* dans le Canton d'Underwalden-le-bas, & avec celle de *Schauenfée* au pied du mont Pilate. Au-deffous du bas *Séebourg* il y a beaucoup de vignes, mais d'un mince produit. On voit ici la belle maifon de campagne d'un Noble de la maifon de *Sonnenberg*. Les ci-devant Jéfuites, qui continuent d'enfeigner dans le collége de Lucerne, avoient une maifon de campagne avec une chapelle & un agréable jardin, le tout bien enclos, au bord du lac, à une demi-lieue de Lucerne, dans le diftrict dit *ober-Séeburg*, le *Séebourg d'en-haut*. De cette campagne dépendent plufieurs terreins confidérables. Le Chevalier Jean-Louis *Pfiffer d'Altihoffen* fit en 1626 la donation de toutes ces poffeffions au collége de la *Société* de Lucerne. La maifon de campagne a été bâtie avec goût en 1729: c'eft un vrai *Tempé* que ce local, & les Mufes ne pourroient que difficilement trouver une retraite plus enchantereffe.

Le *bas-Wartenflue* (*unter-Wartenflue*), limitrophe de la campagne de M. le Sénateur de *Kraus*, eft auffi remarquable par une maifon de plaifance voifine d'une autre que l'on appelle *Hoeftein*, la *petite Cour*, ou *die Seite* (le *côté* ou le *flanc*); celle-ci appartient à M. *Rufconi* du grand Confeil de Lucerne, & Adminiftrateur de l'abbaye de Notre-Dame des Hermites à Surfée; toutes ces maifons jouiffent d'une vue fuperbe fur le lac & fes environs. Le *Dietfchenberg* ou *Dietzenberg* fe préfente à mes yeux; cette maifon de plaifance qui appartient à un particulier de Lucerne, eft fur une hauteur voifine du *Homberg* & touche à l'*Uttenberg* fur lequel il y a auffi une autre maifon de campagne également intéreffante. J'abrége, & je ne finirois pas fi je nommois toutes les jolies maifons qui ornent cette côte jufqu'à Lucerne, *Saltz-fafs-hoff*, *Ober-bruhl-hoff*, avec fes trois étangs, le petit château *Ander Halden*, *Spitzmatt*, *Lucermatt*, *Lindenfeld*, *Im-hoff*, &c. Mais je ne puis oublier le fite du *Gitzlifperg*, & encore moins le poffeffeur de la belle maifon de plaifance qui y eft bâtie, à un gros quart de lieue de Lucerne, derrière le chapitre de Saint-Leger, du côté du levant: affurément ce local eft bien propre à chaffer toute humeur mélancolie; la vue fe promène fur tout le lac voifin du *Halden*, vers le midi fur les montagnes d'Uri & d'Underwalden, & au couchant fur le *mont Pilate*, le *Schattenberg*, le *Sonnenberg*, *Biregg*, *Moos*, le bailliage de *Kriens*, & un grand diftrict du pays plat qu'on appelle le *Goeu*. Cette campagne avec fes agréables prairies, appartient à M. Felix de *Balthazar*, Tréforier de la République de Lucerne. Ce digne Magiftrat, dont les aïeux ont exercé avec une rare diftinction les premières charges de l'Etat, s'occupe dans fes momens de loifir, de tous les objets qui peuvent éclaircir l'hiftoire Helvétique; fes collections font très-

(*) Planche 175. (**) Planches 175 & 180.

riches,

riches, il posède une bibliothèque nombreuse & bien choisie : on y voit les portraits de tous les hommes savans & illustres du Canton de Lucerne. Pour exciter par des exemples frappans les jeunes Patriciens de la capitale à marcher sur les traces des grands-hommes qui ont fondé l'Etat & l'ont soutenu avec prudence & vigueur dans les temps les plus critiques, il en a publié une énumération en latin & en Allemand avec des éloges à la fois laconiques & énergiques ; il a aussi fait entrer dans la galerie alphabétique de ces tableaux, les Savans, les Artistes même les plus célèbres de sa patrie, morts & vivans. Chaque citoyen Eccléfiastique ou séculier, d'épée ou de robe, Littérateur ou Artiste, en faisant la revue des personnes enclassées dans ce recueil intéressant, y trouvera des objets relatifs à son goût. La République de Lucerne a honoré des marques de la satisfaction la plus distinguée, le travail de l'Auteur. M. de Balthazar a encore donné d'autres productions heureuses ; *l'Apologie de Guillaume Tell* contre les objections frivoles, indécentes & passionnées d'un Ministre du Canton de Berne, lui a valu du Canton d'Uri une lettre de remercimens & le présent de deux médailles d'or. Je parlerai ailleurs d'un autre ouvrage également patriotique, *l'explication des Tableaux de l'histoire Helvétique* que l'on voit à Lucerne sur le grand pont. En admirateur de Licurgue, il a entremêlé dans cette esquisse des réflexions dignes d'un citoyen de l'ancienne Sparte.

Me voici au port de Lucerne, à l'endroit où la Russe sort du lac. L'importance de sa situation justifie la chronique qui place la fondation de cette ville dans une haute antiquité. On voit dans l'eau, à l'entrée du port, une vieille tour de structure Romaine ; on prétend qu'elle servoit de phare ou fanal pour éclairer la nuit les bateaux qui descendoient du lac dans la Russe. Quoi qu'il en soit, la construction de cette tour annonce des temps bien reculés. Lucerne est appellée dans les actes Mérovingiens & Carlovingiens, tantôt *Lucerna* & tantôt *Luciaria*; la charte de fondation du monastère de Saint-Leger (aujourd'hui un Chapitre) à la fin du septième siècle, dit expressément : *Locus, qui Lucerna ex antiquitate dictus, juxta fluvium, qui Rusa dicitur, qui de sumitate magni laci fluit*. A l'entrée du port de Lucerne on observe avec surprise & avec plaisir grand nombre de poules d'eau ; elles se promènent bien avant sur le lac, il est défendu sévèrement de tuer aucun de ces animaux amphibies ; on les regarde à Lucerne comme un ornement du lac, on les nomme en Allemand *Moehren*. Plantin (4), de Lausanne, écrit que les Lucernois retirent presque plus d'avantage du lac des quatre Cantons que de leur territoire. Sans doute il considéroit ce lac comme la mère nourricière de Lucerne ; au moins est-il certain que cette ville tire toute l'année du Canton d'Underwalden la majeure partie du beurre qu'elle consomme. Le lac sert aussi merveilleusement pour le commerce, il fournit abondamment de poisson la ville Catholique de Lucerne. Ses environs, particulièrement la côte de Weggis, sont fertiles en fruits & en toutes sortes de productions de jardinage. On peut aussi juger de la consommation des bois qui bordent ce lac doit être d'un grand rapport : j'ajouterai qu'excepté sur les bords des côtes voisines de Kussnacht, de Lucerne & d'Alpnacht, ce lac ne gèle point dans les hivers les plus rigoureux, sa profondeur extraordinaire y met obstacle.

LAC DE NEUCHATEL.

CE lac (1), nommé en latin *Lacus Neocomensis* ou *Neocastrensis*, & en Allemand *Neuburger-sée* ou *Neuenburger-sée*, du nom de la ville de Neuchatel, capitale d'une Principauté située sur ses bords, a environ neuf lieues de long sur deux de large du nord-ouest au sud-ouest ; il forme vers le midi la figure d'un ventre, il n'est pas entièrement enclavé dans le Comté (*) de Neuchatel. Au levant il touche le bailliage d'Estavayé qui est du Canton de Fribourg, au couchant la ville Neuchatel, quelques châtelenies & mairies de cette Souveraineté, & le bailliage de Granson qui appartient par indivis aux Républiques de Berne & de Fribourg ; au midi, à l'extrémité, il a pour limite la ville & le bailliage d'Yverdon, qui est du Canton de Berne ; il prend même dans ce district le nom de *Lac d'Yverdon*. Au nord il confine avec le bailliage Bernois de Cerlier ou Erlach & le territoire de l'évêché de Bâle ; sa plus grande longueur est d'Yverdon à Saint-Blaise, & sa plus grande largeur de la ville de Neuchatel à Cudrefin. Il y a beaucoup d'apparence qu'il étoit autrefois plus étendu du côté d'Yverdon & de Saint-Blaise ; on trouve dans ces deux parages une grande lieue de pays marécageux, entouré de rochers & qui paroit avoir été anciennement couvert d'eau. Le lac alloit même jusqu'aux murs de la ville d'Yverdon, mais aujourd'hui il en est éloigné d'une portée de canon ; il alloit aussi à Neuchatel jusqu'à la maison de ville, & présentement il s'en est retiré considérablement. Quoique ce lac reçoive plusieurs rivières & un grand nombre de ruisseaux, il n'est pas profond ; il gèle quelquefois comme il a fait en 1695 : cependant il ne gela point dans le grand hiver de 1709. La navigation en est dangereuse dans un temps d'orage. On observe quelquefois sur le lac vers le coucher du soleil des traînées (2) demi-circulaires qui roulent parallèlement : on les distingue du reste de l'eau par leur couleur particulière. Vraisemblablement ces traits tortueux sortent en partie de l'embouchure des petites rivières le Seyon & la Reuse ou Areuse, & en partie des sources souterraines du lac. Le lac est très-riche en poisson de toute espèce, & on en fait des transports considérables. On vante sur-tout l'*Ombre-Chevalier*; j'en parlerai ailleurs. Le lac reçoit au midi la rivière Orbe, au couchant les petites rivières l'Areuse, le Seyon & la Thielle, en Allemand *Zil*, qui sort du lac & semble se joindre avec celui de Bienne.

Neuchatel est la capitale d'un Comté souverain qui appartient au Roi de Prusse ; cette ville jouit de privilèges importans, & elle a une alliance de Combourgeoisie avec les

---

(4) *Helvetia antiqua & nova, Cap. XV. p. 16, in Thesauro Helvetica historia.*
(*) Carte de ce Comté, PLANCHE 171.
(1) Plantin ibid. pag. 25-26.
Scheuchzeri itinera Alpina, T. III. p. 422 & 500.
Leu, Dict. Hist. de la Suisse T. XIV, p. 102 & suiv.

Faesi, Descript. Topog. de la Suisse. T. IV. pag. 443-444.
Tscharner, Dict. Géog. Hist. & Pol. de la Suisse. T. II. pag. 85 & 86, &c.
(2) Le célèbre Jean-Jacques Scheuchzer en a fait graver la forme. *Itinera Alpina*, T. III. p. 500.

Tome I.

Cantons de Berne, Lucerne, Fribourg & Soleure. *Neuchatel* est situé sur le bord septentrional du lac dont je vais donner la description, & adossé à des hauteurs que le torrent ou la petite rivière de Seyon sépare à son embouchure; cette ville, assez petite, mais fort peuplée, est généralement bien bâtie; le commerce y fleurit: elle a de plus un fauxbourg magnifique par ses bâtimens & dont les murs sont environnés de jardins; dans les vignes dont son sol est planté, elle a des cabinets ou logemens d'été, placés & construits à la façon des *Bastides* de Marseille. Le château de Neuchatel est très-vaste, il a servi long-temps à la résidence des Comtes du pays; aujourd'hui il est devenu la demeure des Gouverneurs & le lieu ordinaire des séances tant du Conseil d'Etat de la Souveraineté que du Tribunal des trois Etats du Comté de Neuchatel. Les habitans de cette ville sont de la religion réformée. La vue de cette ville, au bord du lac, offre un amphithéâtre charmant: on trouve sur cette côte l'image vivante de l'industrie rurale; ce sont des groupes de collines couvertes de vignobles, d'arbres fruitiers & de bâtimens. Je réserve à un autre article l'éloge des vins de Neuchatel, ils approchent beaucoup du Bourgogne.

Je m'embarque pour faire le tour du lac, à commencer depuis Neuchatel (*) jusqu'auprès d'Yverdon, & pour de-là poursuivre le contour jusqu'au port de la ville d'où je pars.

J'apperçois à une demi-lieue de Neuchatel, au bord du lac, le village de Serriere, c'est ici que prend sa source la petite rivière de ce nom; elle sort avec rapidité au pied d'une montagne, qui n'est éloignée du lac que d'une portée de fusil. Déja à vingt pas de distance depuis la source, elle tourne différens gros moulins de papeterie, de forges, de fonderie, &c. Les bateliers me dirent qu'elle peut aussi s'augmenter avec tant de vitesse qu'elle expose les maisons voisines à de grands dangers; elle se jette dans le lac au bas du village. Je trouve ensuite le beau & grand village d'Auvernier, en Allemand *Avernach*, dans la paroisse de Colombier & dans la mairie de la Côte. Ses habitans s'occupent de la pêche, elle leur produit beaucoup. En m'approchant plus loin, j'apperçois dans la proximité du lac, Colombier sur une petite hauteur; ce village est l'un des plus beaux de tout le Comté de Neuchatel, il donne le nom à une mairie. Du village jusqu'au lac sont plantés d'agréables allées de tilleuls. La générosité d'un Duc de Longueville, *Henri*, (vers l'an 1657) a été la cause de cette plantation. Les habitans de Colombier lui devoient une somme de sept mille écus, le bon Prince leur en fit don, sous la condition que chaque père de famille planteroit un certain nombre d'arbres depuis le village jusqu'au lac. On entretient ces allées avec soin; elles augmentent la beauté naturelle du local. On voit dans ce village l'ancien château des Nobles de Colombier. Il y a ici des fabriques d'indienne. Au midi du village règne une belle plaine, fermée par le lac & par la Reuse. Dans la même mairie de Colombier & dans celle de Boudry, on trouve le long du lac, *Areuse* ou le *Pont Areuse* ou *Pret d'Areuse*. On y voit des maisons éparses qui forment un village, elles sont sur la Reuse auprès de son embouchure. Le lac forme un promontoire assez étendu près de l'endroit où cette petite rivière se dégorge par deux bouches dans le lac: elle sort du val Travers, & après un cours de quatre à cinq lieues, souvent entravé par des cataractes, elle se jette dans le lac dans la partie où il est le plus profond. Je passe ensuite devant le port de Cortaillod; ce village considérable & très-bien bâti, est le chef-lieu d'une mairie de la Principauté de Neuchatel. Une partie de ses habitans s'occupe de la pêche, sur-tout de celle des truites qui est ici très-copieuse; elles remontent du lac dans l'Areuse. La mairie de Cortaillod est petite, mais elle abonde en fruits & en vin au point qu'elle rapporte presqu'autant que l'une des plus grandes mairies du Comté. L'église paroissiale est toute bâtie en pierre de taille.

Je côtoie présentement la mairie de Bevaix; elle est ainsi appellée du nom d'un village. Je vois dans sa proximité une superbe maison de campagne qui appartient à la maison des Barons *le Chambrier*, l'une des plus nobles de la Principauté; elle a été bâtie sur le terrain d'un ancien prieuré dont les revenus ont été sécularisés lors du changement de religion. Chatellard ou *Chastellard*, autre maison de campagne sur le lac, est aussi de la mairie de Bevaix.

Gorgier, baronnie de la Principauté de Neuchatel, située sur une des pentes du mont Jura, vers le lac, & renfermant six villages avec un château isolé, se présente à ma vue. Des cadets & ensuite des bâtards de l'ancienne maison de Neuchatel ont successivement joui de cette baronnie. A la date de 1749, leur race ayant pris fin, le Roi de Prusse, souverain de la contrée, donna Gorgier comme fief à l'un de ses Conseillers du nom d'*Andrié*, & lui fit la grace d'étendre cette inféodation sur chaque aîné entre ses descendans mâles. La baronnie a haute & basse jurisdiction. Le petit village de Gorgier est à un quart de lieue du lac; le bourg de Saint-Aubin, très-bien bâti, est dans une situation délicieuse, au-dessus du village *Le Bar* qui touche le lac. Sur la droite de Saint-Aubin est le village Sauges ou Saules; il fait partie de Gorgier. Le vin rouge qui croît dans cette baronnie est très-renommé.

A l'extrémité du comté de Neuchatel, le long du lac se présente à mes yeux la baronnie de Vaumarcus, en Allemand *Famergu*, entre la baronnie de Gorgier & le bailliage de Granson. La maison de *Buren*, de Berne, héritière de celle de Bonstetten, en a la possession avec haute & basse jurisdiction. Le grand village de Vaumarcus est agréablement situé sur le lac dans la paroisse de Saint-Aubin: le hameau Verneu à un quart de lieue du lac & dans la même paroisse, fait aussi partie de cette baronnie. Le château des anciens Barons de Vaumarcus est sur une hauteur qui domine le village. Toute la côte depuis Neuchatel offre une chaîne continue de vignobles, de prés & d'arbres fruitiers, la grande route depuis cette ville jusqu'à Vaumarcus passe par Serriere, Auvernier, Colombier, Boudri, Bevaix, Saint-Aubin & Sauges.

En sortant de la baronnie de Vaumarcus, on entre dans le bailliage de Granson qui est sous la souveraineté des Cantons de Berne & de Fribourg, & dont les habitans sont de la religion réformée; le grand chemin conduit de Vaumarcus, le long du lac, par Concise, Poissine & Corsalletes à la ville de Granson. Le bailliage de Granson a du couchant au levant quatre fortes lieues, & du midi au nord trois autres lieues. Son terrain abonde en bled & en vin. *La Lance*, autrefois chartreuse, & aujourd'hui maison de campagne appartenante à la famille patricienne de *Tribolet*, de Berne,

(*) PLANCHES 78, 110 & 179.

PITTORESQUES, &c. DE LA SUISSE.

est dans la paroisse de Concise. Entre Poissine & Corsalette, l'Arnon ou l'Arnaux se jette dans le lac : son embouchure est située dans la paroisse d'Onnens. Cette petite rivière reçoit auparavant celle de Fontainiesiz dans la paroisse de Saint-Mauris, qui est à une lieue de Granson au nord, dans le même bailliage de Granson : elle prend sa source au-dessus du village de Vittebœuf, bailliage d'Yverdun, Canton de Berne. La chaîne du Jura qui fait partie du bailliage de Granson, depuis Géez ou Gy jusqu'à Provence, sur la frontière de la baronnie de Gorgier, est en amphithéâtre, peuplée & cultivée jusqu'au sommet que l'on découvre. Un des points les plus élevés fait partie de la montagne de *Thevenon* qui est de quatre cent trente-huit toises au-dessus du lac de Neuchatel, de quatre cent soixante-quatre au-dessus de celui de Genève, & de six cent cinquante-deux au-dessus de la Méditerranée. Toute la côte de ce bailliage, le long du lac depuis Concise jusqu'à Granson, est riante, champêtre, garnie de villages & ornée de campagnes agréables.

La ville de *Granson* (*) ou *Grandson* avec son château ballival est située sur le lac de Neuchatel ; elle est fameuse dans l'histoire par la bataille que *Charles le Téméraire*, dernier Duc de Bourgogne, perdit le 3 Mars 1476 contre les Suisses ; bataille qui coûta à ce Prince ambitieux tout son camp, ses équipages & son artillerie ; elle fut suivie de celle de Morat, qui fut beaucoup plus funeste encore à ce Prince imprudent.

Granson est à une petite lieue au-dessus d'Yverdun, sur une hauteur, à la gauche du lac de Neuchatel ; elle est petite, mais joliment bâtie.

On voit dans le port de Granson une pierre au milieu de l'eau, sur laquelle, si on en croit la tradition, du temps du paganisme les Gaulois faisoient des sacrifices d'hommes en l'honneur de Neptune ; les figures (3) en pierre dont on voit encore les restes dans le temple de Granson, prouvent qu'on rendoit là un culte à Isis : elles sont au moins des monumens de quelques Divinités Egyptiennes adorées par les *Helvétiens*, comme on sait qu'Isis l'étoit par les *Sueves* leurs voisins. De Granson, le chemin par terre le long du lac conduit à Yverdun ; il se sépare à la Tuillerie, la branche de droite va à Montagni, & celle d'en-bas à Yverdun. Le lac fait auprès de cette ville un enfoncement qui commence au-dessus de Corsalette & finit au-dessous de Chezaux.

La ville d'*Yverdun* (**) ou *Yverdon*, connue des Romains sous le nom d'*Ebrodunum* ou *Castrum Ebrodunense* ou *Ebredunense*, la seconde des *quatre bonnes villes* du pays de Vaud dans le Canton de Berne & chef-lieu d'un bailliage considérable, est agréablement située dans une plaine, à la tête du lac de Neuchatel, à l'embouchure de la rivière de la Thiele qui y forme un très-bon port : cette rivière s'y partage en deux bras, faisant une isle dans laquelle la ville est placée ; elle est accompagnée de deux fauxbourgs qui communiquent par des ponts avec la ville. Les Romains (4) y entretenoient un *Præfectus Barcariorum Ebreduni Sabaudiæ*, ce qui (5) ne peut se rapporter qu'à cette place, où subsiste encore aujourd'hui une très-ancienne & très-nombreuse société appellée la *Compagnie des bateliers* ; elle a ses règlemens pour la navigation, sa police & ses priviléges, avec un chef nommé l'*Abbé* de cette Compagnie. Il y a à Yverdon un grand & fort château flanqué de quatre tours & bâti à l'antique ; c'est la résidence du Baillif Bernois. Les environs de cette ville sont très-agréables ; de tous côtés ce sont de belles promenades variées, on y remarque sur-tout celle qui est près du port entre la ville & le lac ; elle est ombragée d'allées d'arbres qui attirent l'attention des étrangers. On observe de cette promenade, appellée *derrière le Lac*, une chose singulière & peut-être unique dans ce genre, c'est qu'en regardant contre le bas du lac, la vue se perd dans les nues & forme, au pied de la lettre, une véritable vue marine. Cette place qui s'agrandit sensiblement chaque année, donne lieu de soupçonner que très-anciennement le lac s'étendoit à trois lieues plus haut jusqu'à un endroit nommé *Entreroches*, & que le terrein intermédiaire, environné des côteaux voisins & qui est tout en plaine, la plus grande partie marécageuse, pourroit bien avoir été formé par les terres & les limons que différens torrens, qui y aboutissent, y ont déposés. Cette conjecture se fortifie d'un côté, parce que par un nivelage très-exact pris en 1770, il paroît que depuis Entreroches jusqu'au lac sur une étendue de cinq mille six cent toises ou cinquante-six mille pieds, il n'y a que vingt-sept pieds de pente dans le temps que les eaux sont hautes, ce qui fait moins d'un pied sur deux mille ; & d'un autre côté l'on a observé qu'en fouillant le terrein, on y trouve les différentes couches de limon, de feuilles, &c. qui s'y sont formées successivement.

On a déterré en 1775 sous le fondement d'une vieille tour de la Maison de Ville, à la profondeur de neuf à dix pieds, dans un lit de terre marécageux, un morceau de racine d'arbre à moitié pourri, autour duquel on voyoit très-distinctement des restes de coquillages, tels qu'on les trouve au bord du lac.

Tant que cette vaste étendue de marais a été possédée en commun par les différentes communautés limitrophes, on n'en a retiré presqu'aucun avantage ; les fréquentes inondations, l'eau qui croupissoit, faute d'écoulemens, rendirent ce local mal-sain & presque inutile. Dès qu'on en eut fait le partage, il y a cinquante à soixante ans, les fossés que l'on a creusés en changèrent totalement la nature. Outre l'avantage inestimable de la salubrité de l'air, on en a fait d'abondans pâturages & des prairies dont on a retiré un très-grand parti.

La grande route de France à Berne, Fribourg & autres lieux de la Suisse Allemande passe par Yverdon ; cette ville sert aussi d'entrepôt pour une partie des sels de Bourgogne destinés pour la Suisse, d'où ils sont conduits à leur destination par les barques du port.

Une société dans laquelle entrèrent des personnes du plus haut rang, forma au milieu du siècle passé, l'entreprise d'établir un canal qui devoit joindre le lac d'Yverdun & celui de Genève en partant d'Yverdun, & tendant à Morges, sur une longueur de six à sept lieues. Cet ouvrage qu'on envisageoit

---

(3) Bochat, Mém. Crit. sur l'Histoire anc. de la Suisse. T. III. pag. 352.
(4) Tscharner, Dict. Géog. Hist. & Polit. de la Suisse. T. II. p. 205-210.
(5) M. d'Anville, dont le suffrage est d'un si grand poids, s'exprime ainsi dans sa Notice de la Gaule, pag. 265-266. La flotte Romaine, que la Notice de l'Empire place à EBURUDUNUM SAPAUDIÆ, me paroît plus convenable à Yverdun chez les HELVETII, qu'à Embrun, nonobstant que M. de Valois soit d'un avis contraire.

(*) PLANCHE 23.
(**) PLANCHE 16.

comme très-utile pour favoriser le commerce, a été poussé jusqu'au-dessous de Cossonay, a environ quatre lieues d'Yverdon, mais le défaut de fonds & d'autres circonstances l'ont fait discontinuer & abandonner en partie; actuellement il n'est plus d'usage que jusqu'à Entreroches, où tombe un ruisseau qui se partage à une lieue plus haut, de manière qu'une partie de ses eaux se rend dans l'Océan par le lac d'Yverdon, & l'autre dans la Méditerranée par celui de Genève.

Le bailliage d'Yverdon a une étendue de cinq à six lieues depuis le mont Jura jusqu'au bailliage de Lausanne qui est du Canton de Berne. Le pays est particulièrement fertile en pâturages, on y cultive la vigne en quelques endroits, mais le vin qui y croît n'est pas du meilleur acabit.

En côtoyant le lac de Neuchatel depuis Yverdon, je vois le chemin qui mène de cette ville à celle d'Estavayé dans le Canton de Fribourg par Clendi ou Clendiez, Chezaux, Mordagne, Yvonant, & Cheyre ou Cheire. Du bailliage d'Yverdon dépendent encore les deux premiers hameaux, mais Mordagne & Ivonant ou Yvonant appartiennent au bailliage de Gransson. A Cheire commence le territoire de Fribourg, ce village de paroisse est le chef-lieu d'un petit bailliage de ce Canton ; le Baillif y réside dans un château. Après Cheire, je trouve sur le lac de Neuchatel le village de Font ou Fount ; il donne le nom à un bailliage du Canton de Fribourg: le Baillif réside au château de Wuissens qui est bâti sur une hauteur assez considérable, qui se prolonge bien avant dans le lac de Neuchatel ; le village de Wuissens est annexé au château. On trouve aussi dans ce bailliage une tour ancienne, fort élevée, la *Molleire* ou *Molliere*, au haut de laquelle il y a une vue fort étendue & très-agréable ; aussi l'appelloit-on autrefois, *Helvetia oculus*, l'œil de la Suisse, elle appartenoit anciennement aux Comtes de Gruyere ; le château & le bailliage de Prevondavaux sont aussi dans le bailliage de Font, autrement Wuissens. Cette seigneurie appartient à M. le Comte d'Affry, Grand-Croix de l'Ordre Militaire de Saint-Louis, Lieutenant-Général des armées du Roi, & Colonel du Régiment des Gardes-Suisses.

La jolie petite ville d'*Estavayé* (*), autre bailliage du Canton de Fribourg, est située sur le lac de Neuchatel, qui dans ce parage se nomme aussi le *lac d'Estavayé* ; elle a donné le nom à une des plus anciennes maisons de la Suisse, illustre par ses alliances & les grands hommes qu'elle a produits, & qui est présentement établie à Soleure. J'aurai occasion d'en faire souvent mention dans le cours de cet ouvrage. *Estavayer* ou *Estavayé*, en latin *Staviacum*, & en Allemand *Staefis*, jouit de beaux priviléges ; elle a un petit & un grand Conseil, dans lesquels le Baillif préside : il a le titre d'*Avoyer*. Elle est agréablement située sur une colline presqu'au milieu de la côte orientale du lac de Neuchatel dans un territoire très-fertile. Le paysage de ses environs paroît très-riant. Vers le couchant, on découvre ici six baronnies ; la côte du lac qui est vis-à-vis charme délicieusement la vue, elle se porte sur quatre villes assez considérables, un grand nombre de gros & petits villages, des châteaux & des maisons de campagne presque sans nombre, sur des vignobles & des prairies qui sont groupés pour ainsi dire les uns sur les autres. Toute cette perspective offre les tableaux les plus flatteurs. La ville d'Estavayé, quoique petite, paroît être très-bien bâtie. Le bailliage de ce nom est considérable, il a pour limites les bailliages de Font & de Saint-Aubin qui appartiennent aux Fribourgeois, celui de Payerne qui est aux Bernois & le lac de Neuchatel dont la côte est ici très-élevée, & bordée par des retranchemens de rochers ; cette assiette en rend l'accès difficile : le château où réside l'*Avoyer* se nomme *Chenaux* ou *Chenaud*.

Je trouve encore le long du lac dans le bailliage d'Estavayé, *Autavaux* & *Forel*. La seigneurie de ce dernier village appartient à la maison de *Grisset*, l'une des plus nobles de la ville de Fribourg. Le château & la petite ville de Grandcour ou Grandcourt se présentent ensuite à mes yeux. Cette terre a le titre de baronnie, elle est enclavée dans le bailliage d'Avenche, Canton de Berne. Les villages de Chevroux & Chezar en dépendent ; le château est magnifique & sa vue superbe sur le lac & les environs, quoiqu'il soit à peine d'une lieue du lac. Le village de Chevroux est sur ses bords. En sortant de la baronnie de Grandcourt, on rentre dans le Canton de Fribourg, mais pour peu long-temps. C'est encore un quartier de pays annexé au bailliage d'Estavayé que je côtoye. Le petit bailliage de Saint-Aubin, situé entre le lac de Neuchatel & celui de Morat, est adossé à cette annexe. Le Baillif Fribourgeois réside dans un château au village de paroisse Saint-Aubin. J'apperçois le long du lac le village de Portalban qui dépend du bailliage d'Estavayé, quoiqu'il en soit séparé par la baronnie de Grandcourt.

Du territoire de Fribourg, on rentre dans celui de Berne au bailliage d'Avenche dont une partie touche au nord le lac de Neuchatel ; tout ce district, ainsi que les précédens, est fertile & produit un excellent vin. La petite ville de Cudrefin est située sur le lac, précisément en face de Neuchatel qui se présente sur la côte opposée ; elle jouit de plusieurs priviléges considérables dans le bailliage d'Avenche. Le cabaret & la ferme *la Sauge*, en Allemand *Fehlbaum*, dans la paroisse de Montet, sont près de l'embouchure de *la Broye* dans le lac de Neuchatel. Cette rivière dite en Allemand *Breuw*, vient du lac de Morat, son cours entre les deux lacs a près d'une forte lieue ; son embouchure est dans le bailliage de Morat qui appartient par indivis aux deux Cantons de Berne & de Fribourg. On entre bientôt après de nouveau dans le territoire de Berne au bailliage d'*Erlach*, en François *Cerlier*; il y a ici beaucoup de marais le long de la côte jusqu'auprès de l'endroit où la Thiele sort du lac. Tout ce terrein marécageux pourroit être desséché, mais des motifs que l'on dit être dictés par l'égoïsme politique d'un Etat limitrophe du lac, ont empêché jusqu'à présent l'exécution d'une entreprise également salutaire & utile. Il y a le long de la côte sous l'eau, à peu de profondeur, un terrein considérable qu'on pourroit également dessécher. Le village de Gampelen est au pied de la montagne Jolimont à l'extrémité du lac de Neuchatel ; il dépend du bailliage de Cerlier. La Thiele en sortant du lac sépare le Canton de Berne du Comté de Neuchatel ; elle donne son nom à un château, qui avec le village de même nom, est le chef-lieu d'une châtellenie de la principauté de Neuchatel, dans le bas du pays, vis-à-vis de Cudrefin & de l'embouchure de la Broye : la rivière de *Thiele* ou *Tiele* est navigable & poissonneuse ; elle décharge le lac de Neuchatel dans celui de Bienne. On la passe sur un

(*) PLANCHE 48.

grand

long pont couvert où l'on paye le péage à l'Etat de Neuchatel. C'eſt ici un grand paſſage pour Berne & pour les marchandiſes qui ſe tranſportent dans la Suiſſe. Le village (6) de Thiele eſt peu remarquable ; le château l'eſt davantage , non pas à cauſe de ſon architecture ou de ſa force , à l'un & l'autre égard il eſt médiocre , mais à raiſon de ſa ſituation riante & du triſte emploi qu'on en fait , de malheureux priſonniers étant par fois les ſeuls habitans qu'on lui donne. La châtellenie de la Thiele eſt la cinquième des juriſdictions du pays , & celle dont le ſol eſt le meilleur. Il y croît du vin , du grain , du foin , du fruit & des légumes en abondance : il y a des marnes de bon uſage & des forêts de bon rapport ; le poiſſon n'y manque pas non plus , & le gibier y multiplie autant que la choſe eſt poſſible , au milieu d'un peuple moins facile à ſe familiariſer avec les loix de la chaſſe qu'avec le plaiſir de porter les armes : l'on compte dans cette juriſdiction dix-ſept à dix-huit cent ames, & l'on y trouve deux riches villages de paroiſſe , ſavoir Saint-Blaiſe & Cornaux, avec pluſieurs autres ſans paroiſſe, tels que Marin qui eſt au bord

ſur le chemin de Neuchatel ; l'on y trouve auſſi le grand étang appellé *Loquiat* , dont la profondeur eſt immenſe & la pêche conſidérable ; il communique par un ruiſſeau avec le lac. Je parlerai (7) ailleurs de Saint-Blaiſe , grand & beau village vers l'extrémité orientale du lac , & ſur un ſol fertile en grains, en vins, en fruits , en légumes & en fourrages. C'eſt le ſiége ordinaire de la juſtice de Thiele. Je ferai alors l'éloge de la proſpérité de ce village, de la diligence , de l'intelligence , & du ſuccès de ſes habitans dans leurs travaux ; le même éloge peut être fait de la châtellenie de Thiele en entier.

Le chemin de Saint-Blaiſe à Neuchatel a été long-temps trop étroit ; l'égoïſme attaché à la poſſeſſion des vignobles voiſins avoit écarté toute idée de donner plus de largeur à la route. Les voitures ne paſſoient point ſans riſque au bord du lac. Ce chemin autrefois reſſerré , ne l'eſt plus , grace aux ordres de la Régence. J'aborde au port de Neuchatel ; ici finit ma promenade.

I X.

Deſcription de neuf autres Lacs de la Suiſſe de la ſeconde grandeur.

J'A I tracé le contour des cinq plus grands lacs de la Suiſſe : on y en voit neuf autres, médiocres ou de la ſeconde grandeur ; je vais les décrire , en commençant par celui de *Lugan* qui eſt preſqu'entièrement dans le bailliage ultramontain de ce nom. Je paſſerai enſuite aux lacs de Brienz , de Thoun , de Morat , de Bienne , de Halweil & de Sempach , & je finirai, relativement à la carte de la Suiſſe , par ceux de Zoug & de Wallenſtadt. Je parlerai à l'article du bailliage

de Locarno du lac majeur ſur lequel le bourg de ce nom eſt ſitué. La plus grande partie de ce lac appartient à des Puiſſances étrangères à la Suiſſe.

Je ferai mention, dans le cours de la topographie Helvétique de la Suiſſe , des petits lacs qui n'ont qu'une lieue & demie, une lieue , ou même une demi-lieue de longueur, & dont le nombre eſt conſidérable.

LAC DE LUGAN.

LUGANO en Italien , *Lugan* en François , & *Lauwis* en Allemand , eſt l'un des quatre bailliages ultramontains qui ſont ſous la ſouveraineté des douze premiers Cantons. C'eſt le plus (1) grand, le plus riche & le plus important de ces bailliages , ayant huit lieues de longueur ſur cinq de large. Il a au levant pour limites le Duché de Milan, particulièrement le gouvernement de Como , au midi encore une partie de ce Duché & le bailliage de Mendriſio qui appartient aux douze premiers Cantons ; au couchant le bailliage de Locarno dépendant des mêmes Cantons, & au nord celui de Bellinzone qui appartient aux Cantons d'Uri, de Schweitz & du Bas-Underwalden. Le pays eſt fertile en prés , en champs, en vignes, en fruits , en oliviers & en mûriers ; les orangers & les citronniers y ſont même aſſez communs. Il y a au-delà de ſoixante-dix paroiſſes & près de cinquante mille ames. La douceur du gouvernement des Cantons , les priviléges conſidérables des habitans , la fécondité naturelle du ſol, les différentes branches du commerce & de l'induſtrie ſont les principales cauſes de cette grande population. On ne compte pas dans le total des cinquante mille habitans les couvens d'hommes & de femmes ; ils y ſont cepen-

dant en aſſez grand nombre , & ils renferment près de quatre cent perſonnes. Le lac de *Lugano* eſt auſſi très-utile à ce bailliage ; il a huit lieues de longueur du levant au couchant, avec toutes ſes ſinuoſités. En quelques endroits ſa largeur va à trois lieues , mais généralement elle ſe borne à une lieue. On appelle ce lac en Italie *Lago di Lugano* , & plus anciennement *Lago di Gauno*, en Allemand *Lauiſer-ſée* , *Lauwiſer-ſée* & *Lowerzer-ſée* , en latin *Luganenſis* ou *Lauganenſis lacus*, & *Gauni lacus*. Le bourg de Lugano (*) où réſide le Bailif , eſt ſitué ſur la côte ſeptentrionale du lac ; il eſt aſſez étendu , il y a pluſieurs belles maiſons avec des terraſſes : on y trouve l'avant-goût ou l'annonce de l'Italie ; on admire la conſtruction des maiſons de cette contrée , l'eſprit & la manière de vivre des habitans. Il ſe fait à Lugano un négoce fort conſidérable , ſur-tout en ſoie ; c'eſt le grand paſſage des marchandiſes de Suiſſe en Italie, & il en réſulte différens avantages. Le bailliage eſt partagé en quatre *pieves* ou quartiers ; on les nomme Lugano, Agno, Riva , & Capriaſca. Les habitans ſont tous de la Religion Catholique. La pieve de Capriaſca eſt du diocèſe de Milan , les trois autres de celui de Como ; dans chacun de ces quartiers l'Evêque établit un Vicaire forain. J'ai déja obſervé

---

(6) Dict. Géog. Hiſt. & Pol. de la Suiſſe. T. II. p. 158-159.
(7) A l'article du *Comté de Neuchatel* , dans la Topographie de la Suiſſe.
(1) François Ballarini , Compendio delle chroniche della città di Como , p. 517. Como 1619 in-4. *Livre très-rare.*

Leu, Dict. Hiſt. de la Suiſſe , T. XII , p. 354, 363 & 366.
Faeſi , Deſcription Topog. de la Suiſſe, T. III, p. 536-555.
Tſcharner, Dict. Géog. Hiſt. & Pol. de la Suiſſe. T. II, p. 55-56 &c.
(*) P L A N C H E 138.

que le lac de Lugano forme beaucoup de finuofités. Le bras qui s'avance de Lugano à Riva, vers le levant, a au moins trois lieues de largeur. La côte orientale du lac depuis Portezza jufque vers Biffone ou Befaccio, appartient au Duché de Milan. Vis-à-vis de Lugano dans la partie où le lac fait une courbure & s'avance dans le pays vers le couchant, la côte méridionale dépend encore du Milanès. La partie du lac fur la gauche forme une baie dans la *Pieve* de Riva, & s'étend enfuite fur la droite vers Morcote ou Morco, bourg très-bien bâti, dans la pieve de Lugano. Le lac fait ici une nouvelle courbure qui s'avance profondément dans le pays vers le nord entre Lugano & la pieve *Agno*, en face de l'Etat de Milan; prefqu'à l'extrémité de cette courbure, le lac fe décharge au midi dans *la Trefa*, petite rivière qui commu-nique avec le lac majeur. Un Auteur (2) Italien penfe que le filence des Anciens fur le lac de Lugano feroit préfumer qu'il faifoit dans les temps reculés un feul lac avec le lac Majeur, *Lago* (3) *maggiore*, qu'on appelloit en latin *Lacus Verbanus*, ou plutôt qu'il n'étoit qu'une *Lagune*, *Lacuna*, ou un marais. Cet Ecrivain fait dériver du fite marécageux le nom de *Lugano* qu'il prétend avoir été dans fon origine *Lacunum*; on l'aura dans la fuite changé en celui de *Lucanum*, en tranfpofant les lettres. Au refte on donne divers noms aux différentes branches du lac, on nomme *Lago di Morcote* du bourg Morcote ou Morco la partie limitrophe, *Lago d'Agno* d'une pieve du bailliage le parage de la dernière courbure du lac, & *Lago de la Trefa* le côté où le lac tombe dans la Trefa.

Lac de Brienz.

Ce lac (1), en latin *Lacus Brientianus*, *Brientius* ou *Brienzenfis*, & en Allemand *Brienzer-fée*, dans le bailliage d'Interlachen au Canton de Berne, a trois lieues de longueur fur une de largeur, M. Faefi ne lui donne en largeur qu'une grande demi-lieue. Ce lac (*) communique avec celui de Thoun, moyennant l'Are qui fert de canal de communication; il eft entouré de plus hautes montagnes que celles qui environnent le lac de Thoun, pofition qui le rend auffi beaucoup plus dangereux pour la navigation. Le lac s'avance du couchant au levant : quoique fa profondeur ne foit pas auffi confidérable que celle du lac de Thoun, on l'eftime néanmoins dans quelques parties de trois cent cinquante toifes. Ce lac eft très-poiffonneux, il fournit fur-tout une forte de poiffon très-délicat qui lui eft particulière, on le nomme *Brienzling*, c'eft une efpèce de harengs; on en a pris quelquefois dans une feule pêche jufqu'à quatorze mille; on les vend deffechés à la fumée. On en diftingue de deux fortes, ceux qu'on prend au mois de Mai font plus grands que ceux du mois d'Août. Scheuchzer dit que ce lac fournit auffi de très-grandes truites, & qu'on en prend dans l'automne de vingt à trente livres, près Interlachen.

Les montagnes qui environnent le lac des deux côtés font à l'extérieur en partie fertiles, principalement en excellens pâturages, & en partie couvertes de bois épais; elles doivent renfermer dans leur intérieur de grandes richeffes, puifqu'à chaque pas on découvre des indices du règne minéral, mais on fe donne trop peu de peines pour en faire la fouille. On ne conjecture pas fans fondement qu'on a trouvé autrefois une riche mine d'or près de *Golzweil*, en latin *Aurea Villa*, *la Ferme d'Or*, village qui doit fon nom à cette mine, & qui eft fitué dans l'ancienne feigneurie de Ringgenberg, dans la proximité du lac de Brienz & de fa décharge dans l'Are, à une lieue d'Unterfée, dans le bailliage d'Interlachen.

Le gros village de paroiffe, *Brienz*, qui eft fur la droite du lac dans le bailliage d'Interlachen, a donné fon nom au lac; on montre encore l'emplacement (**) d'un village confidérable dit *Kienholz*, à la tête du lac de Brienz tout près du fite du château de Kien qui a été en partie détruit pour des lavanges. Le *Kienholz* eft fameux par l'alliance perpétuelle qui y fut conclue en 1352 entre les quatre Cantons Foreftiers & Berne. Ce même endroit étoit auffi défigné par le traité de cette alliance pour décider par arbitrage les difficultés qui pourroient s'élever entre les confédérés. Ce village, fi illuftre dans l'hiftoire Helvétique, a été enfuite en partie ruiné par la chûte d'un gros torrent qui tombe du mont Brunig, en partie couvert de pierres, & en partie auffi entraîné dans le lac, au point que préfentement il n'y a plus aucune habitation fur fon primitif emplacement; on trouve feulement quelques cabanes dans fa proximité. La rivière de l'Are dont j'ai décrit la fource & le cours, entre dans le lac de Brienz en venant du *Val-Hafel*. A la droite de ce lac font après Brienz, les villages Oppligen, Ober-Ried, Nider-Ried, c'eft-à-dire le haut & bas Ried, & Golzweil. Le torrent Geisbach qui defcend en ferpentant du village Eifenboltingen ou Ifenboltingen au val Hafel, fe précipite dans le près Ober-Ried en formant une fuperbe cafcade par-deffus un revêtement de rochers. A la gauche du lac depuis l'embouchure de l'Are, on trouve Ifeltwald & Boeningen. La petite rivière de *Lutfchinen* ou *Glitfch* fe jette dans le lac au-deffous de Boeningen. Ce dernier village avec le hameau Ifeltwald dépendent de la paroiffe de Gfteig. L'ancien monaftère Interlachen, en latin *Inter-Lacus*, de Chanoines Réguliers de l'Ordre de Saint Auguftin, a été converti en un bailliage confidérable; il eft fitué dans une vallée fertile, qui a une grande demi-lieue de largeur, & qui eft entourée de hautes montagnes & de rochers, fur l'Are entre le lac de Brienz & celui de Thoun à un quart de lieue du premier & à la grande demi-lieue du fecond.

---

(2) Caftillonacus de Gall. Infubr. Antiq. fed.
(3) En Allemand *Lang-fée*, (le long-lac), ainfi appellé parce qu'il eft le plus grand des lacs d'Italie; il commence à Magadino dans le bailliage Suiffe de *Locarno*; *Macaneo* & *Morigia* ont donné de bonnes defcriptions de ce lac. Les éditions qu'il faut confulter, font pour l'ouvrage de *Morigia*, celle de 1603, & pour celui de *Macaneo* ou *Macanei*, ou proprement *Dominicus de la Bella*, celle de 1699 donnée in-4. par Lazare Auguftin Cotta, fous le nom de *Statius Srugus Catalaunus*. Cette dernière Corographie fe trouve auffi dans la feptième partie du neuvième tome du *Thefaurus Antiquitatum Italiae*.

(1) *Plantini Helvetia antiqua & nova*, Cap. XV. p. 26, in Thefauro Helvetica Hiftoria.
Scheuchzeri itinera Alpina, T. III, p. 409 & 480-481.
Leu, Dict. Hift. de la Suiffe, T. IV, p. 307 & 308.
Faefi, Defcrip. Topog. de la Suiffe, T. I, p. 525-526 & 725.
Tfcharner, Dict. Géog. Hift. & Polit. de la Suiffe, T. II. p. 149 &c.
(*) Planche 44.
(**) Planche 145.

LAC DE THOUN.

LE Lac de Thoun, en latin (1) *Lacus Tunenfis* ou *Dunenfis* ou *Thuninus* & *Thunius*, en Allemand *Thunerféa*, au Canton de Berne, doit son nom à la ville de Thoun, située à son extrémité. Il s'avance du sud-ouest au nord-ouest, sa longueur est de cinq lieues sur une de largeur. Il est environné des deux côtés d'une chaîne de montagnes dont une partie abonde en excellens pâturages, d'autres sont couvertes de vignes qui produisent un vin assez mauvais. Si on admet la règle que *la profondeur d'un lac doit être égale à la hauteur des revêtemens des rochers qui l'entourent*, il faut que la profondeur du lac de Thoun soit très-considérable dans sa grande circonférence. Les habitans limitrophes & les étrangers qui navigent sur le lac, doivent regarder comme un bonheur de ce que le lac est calme la plus grande partie du temps, parce qu'on ne peut aborder qu'à peu d'endroits à cause des revêtemens de rochers. Ce lac a aussi un grand avantage sur celui des quatre Cantons Forestiers & sur d'autres lacs, en ce que les tempêtes y sont très-rares. Il est riche en différentes espèces d'excellens poissons, sur-tout en truites, brochets, carpes, perches, anguilles, &c. Une sorte de poisson nommée *Alboek*, *Albata*, dont les connoisseurs font grand cas, y étoit très-commun avant qu'on eût conduit le Kander dans le lac ; mais depuis l'introduction de ce torrent il y a fort diminué. Scheuchzer a décrit la pêche de ce poisson, il le compare à la *Ferrat* du lac de Genève ; on attribue la cause de la diminution de ces poissons dans le lac de Thoun aux eaux trop crues du Kander qu'on y a fait entrer.

Le *Kander* ou *Kandel* est un torrent très-impétueux qui a sa source sur la frontière du Vallais ; il avoit autrefois son cours derrière l'ancien château de *Straechtlingen*, & de-là derrière Thoun & la commune de cette ville, & il se déchargeoit dans l'Are au-delà de Heimberg ; ce torrent causoit par sa rapidité & ses inondations, principalement dans l'été & dans de fortes pluies d'orage, des dommages considérables aux lieux limitrophes. L'Etat de Berne voulant en arrêter le progrès, fit creuser en 1714 avec de grands frais, la montagne près de Straechtlingen, pour donner un autre lit au Kander & le faire dégorger dans le lac de Thoun. Ce projet eut son effet ; mais au commencement le lac se haussa tellement par le confluent du Kander, que de temps à autre, & particulièrement dans l'été de 1720, la ville de Thoun étoit presqu'entièrement sous l'eau, elle en recevoit aussi des pertes considérables dans ses terres. On fut obligé de placer plus bas à Thoun ses écluses, d'ouvrir un nouveau canal au-dessous de la ville, & de donner une direction en droite ligne au cours de l'Are qui serpentoit auparavant ; l'exécution de ce nouveau canal a eu d'heureuses suites.

Plusieurs sans Historiens (2) de la Suisse, & entr'autres Guillimann (3), ont appliqué au lac de Thoun, dans lequel entre l'Are, deux passages de Frédegaire & d'Aimoin. Le premier de ces Chroniqueurs, qui vivoit dans le huitième siècle, rapporte que la quatrième année du règne de Thieri II, Roi de Bourgogne & d'Orléans, l'eau (4) très-chaude du lac DUNENSIS, dans lequel entre la rivière ARULA, devint si bouillante qu'elle auroit cuit une multitude de poissons. Aimoin a copié Frédegaire sans changer presque dans les termes que ce qui étoit nécessaire pour dire, que le lac avoit jetté *tout* (5) *cuits* sur ses bords, la multitude de poissons que Frédegaire avoit simplement dit que la grande chaleur de l'eau *auroit pu cuire*. La quatrième année du règne de Thierry étoit l'an 599 ou 600, il avoit succédé à son père Childebert au Royaume de Bourgogne, en Septembre ou Octobre de l'an 596, suivant la chronologie de Frédegaire dressée par Dom Ruinart (6). Il est bon d'observer que Guillimann & les autres Historiens de la Suisse se sont trompés sur l'année de notre Ere, à laquelle ils rapportent l'évènement du lac de Thoun. Bochat (7) avoit d'abord embrassé l'opinion de Guillimann en faveur de ce lac situé en Suisse, & ce Savant avoit même combattu avec prolixité le sentiment contraire qui attribuoit le prétendu prodige à l'étang de *Verdes* dans le ressort de *Château-Dun* en France, ville que Grégoire (8) de Tours appelle *Dunenfe Castrum* & *Castellum Duni*. Papire Masson dit dans sa description (9) des grandes rivières de France que l'*Alluye* ayant reçu les eaux du lac de *Dun*, elle passe à Château-Dun, & qu'un peu plus bas elle reçoit l'*Arula*, autrement l'*Aigre*, dont l'historien Aimoin a parlé, *in lacu quoque Dunenfi in quem Arula influit*. Masson continue en ces termes. L'*Arula* entre dans le *Loir*, dans l'endroit appellé par les gens du pays, BOUCHE D'AURULE. Mais Henri Valois étoit si peu dans l'idée de Masson qu'il l'a réfuté (10) nommément, & il a transporté le prodige du *Lacus Dunenfis* au lac de Neuchatel, à la tête duquel est Yverdon (11), anciennement appellé *Castrum Ebrodunense* ou *Ebrodunum*. Quoi qu'il en soit, Bochat s'est détaché (12) dans la suite de l'opinion de Guillimann, & il avoue qu'on n'est pas bien sûr encore que l'*Arola* ou *Arula* de Frédegaire ou d'Aimoin soit l'Are de la Suisse. Bochat fait l'énumération d'un grand nombre de rivières de l'Europe qui se nomment *Are*, *Ars*, *Arron*, *Arée*, *Arre*, & il fait dériver cette dénomination de la langue des Gaulois ; elle signifioit dans leurs différentes dialectes, *Eau*, *Rivière rude*, *rapide*. M. Faesi attribue

---

(1) Plantin, ibid. pag. 26.
Scheuchzer, ibid. T. II. pag. 318-322, & T. III. pag. 481 & 484.
Leu, ibidem, T. XVIII, pag. 119-120.
Faesi, ibid. T. I. pag. 522-525.
Tschamer, ibidem T. II. p. 160-161, &c.
(2) Suicer, Haffner, Plantin, &c.
(3) *De rebus Helvetior* Lib. II. Cap. XII, pag. 77. *in Thesauro Helveticæ Historiæ*.
(4) *Eo anno* (IV regni Theuderici) *Aqua calidiffima in Lacu Dunenfi, quem Arula flumen influit, fic valide ebullivit, ut multitudinem piscium coxisset. Frederigii scholaftici chron. pag. 420. Apud Don. Bouquet*, Recueil des Historiens des Gaules & de la France. T. II. Paris 1739, *in-fol.*
(5) *In Lacu quoque Dunenfi, in quem Arula flumen influit, aqua fervens adeo ebullivit, ut multitudinem piscium decoctam ad littus projiceret. Aimoin. Hist. Lib. III. Cap. 86.*
(6) Dans son édition de Grégoire de Tours, pag. 601.
(7) Mém. Crit. sur l'Hist. anc. de la Suisse. T. I. p. 181-191.
(8) Hist. Lib. VII. Cap. 17 & 29, & Lib. IX. Cap. 20.
(9) De fium. Gall. p. 103 & 104. Coulon, dans sa Description des rivières de la France, (*Part. I. pag.* 179.) croyoit que l'Arula étoit le nom du Loir, & il attribuoit à l'étang de Verdes le prodige appliqué par Guillimann au lac de Thoun.
(10) Noric. Gall. pag. 178 & Rer. Francicar. Lib. XVI.
(11) Le quartier du lac de Neuchatel, voisin d'Yverdon, se nomme lac d'Yverdon, mais jamais l'Are n'est entré dans ce lac.
(12) Ibidem T. III. pag. 56-58.

le prodige arrivé au lac de Thoun, supposé qu'on puisse le lui appliquer, à des feux souterrains ou à un tremblement de terre.

Le lac de Thoun a dans son contour sur sa gauche, les villages de *Daettligen*, *Aesche* ou *Aeschi*, *Leissigen*, *Krattigen*, *Fulensée* ou *Faulensée*, la baronnie, la petite ville & le magnifique château (*) de *Spiez* qui appartiennent à M. le Baron d'Erlach, de Berne, ci-devant Capitaine au Régiment des Gardes-Suisses en France; il a aussi *Einigen* ou *Zeinigen*, le château ruiné des Barons de *Straethlingen*, *Gwatt*, *Scherzligen*, & le château de *Schadau* qui sont à l'endroit où l'Are sort du lac de Thoun : sur la droite du lac se présentent le hameau *Sunglaeunen* ou *Sundlauwenen* (13), le village *Meerligen*, le château & le village de *Ralligen*, *Gunten*, le château & le village *Oberhofen* qui sont à une lieue au-dessus de Thoun, & le village *Hilterfingen*.

Au nord du lac dans la proximité du village de Meerligen est la fameuse caverne (**) de *Saint-Béat*, (l'Apôtre de la Suisse), remplie de stalactites & d'autres incrustations. On a aussi trouvé des indices de mercure près du lac de Thoun. L'Are en sortant du lac de Brienz, se jette dans celui de Thoun, après avoir partagé la petite ville *Unterséen* en deux parties inégales. La distance entre les deux lacs est d'une petite lieue.

A l'extrémité du lac de Thoun vers le levant, s'ouvre une petite vallée très-isolée dite *In-Habchern* ou *Habkeren* que traverse le torrent *Lombach* qui se jette dans le lac de Thoun. Le vallon est très-remarquable par les productions de la nature; il y a des mines d'argent, de cuivre & de vitriol, beaucoup de terres grasses & minérales de toute espèce de couleurs, des pierres de spath & de quartz, & un grand nombre de petites cornes d'ammon minéralisées. On a aussi une fabrique de verre dans le district dit *Harzersboden*. On trouve dans la vallée de Habkeren un village de paroisse composé de maisons écartées, derrière le mont *Battenberg*.

LAC DE MORAT.

Le Lac de Morat, en latin (1) *Lacus Moratensis* ou *Muratensis*, & en Allemand *Murter-sée*, a sur ses bords, presqu'au centre de la côte méridionale, la ville de Morat, capitale du Comté de ce nom qui est aujourd'hui un bailliage que les Cantons de Berne & de Fribourg possèdent en commun & dont les habitans sont de la Religion réformée. La jurisdiction sur le lac appartient à la ville de Morat. Il a deux lieues de longueur sur une petite lieue de largeur; il peut avoir vingt-cinq ou vingt-sept brasses de profondeur. On prétend qu'il a été plus grand dans les anciens temps, & qu'il s'étendoit (2) jusqu'aux murs d'Avenche, l'*Aventicum* des Romains. Il communique avec le lac de Neuchatel par la Broye. Le lac de Morat donne de bon poisson & en assez grande quantité, il en fournit suffisamment à la ville de Fribourg pour les jours maigres & pour le carême. Parmi ces poissons, il y en a une espèce que bien des connoisseurs en bonne chère estiment & qu'on nomme *Salut*, c'est une espèce de dauphin, on en prend de dix à cinquante livres, il faut les darder dans le lac.

David Herliberger, de Zurich, a donné une jolie Carte de la plus grande partie des environs du lac de Morat; j'en vais profiter. Le lac est tout entier dans le bailliage de Morat, à l'exception du côté qui touche au couchant le bailliage Bernois d'Avenche. Au levant il est borné par le terrein marécageux qu'on appelle le *Moos* de la ville de Morat; au couchant il a pour limite le marais d'Avenche & le village de Salavçaux où entre la Broye, en venant de Payerne. Le village de *Salaveaux*, en Allemand *Salsenach*, dépend de la paroisse *Coslard*, bailliage d'Avenche. La ville de Morat, est, comme je l'ai observé, au centre de la partie méridionale du lac. Au nord le lac touche à la seigneurie de Môtier, qui fait partie du Comté de Morat. Le lac de Morat gèle quelquefois dans les rudes hivers au point qu'on le traverse avec des voitures bien chargées. C'est un bruit populaire que tout ce qui tombe dans ce lac est perdu pour jamais. Plantin, de Lausanne, a fait cette observation dans la notice de l'Helvétie ancienne & moderne. Autre observation: Scheuchzer, de Zurich, dit que le lac de Morat fournit des poissons plus délicats que le lac voisin de Neuchatel, & que les Fribourgeois connoisseurs payent en carême deux *creutzer* (petite monnoie) de plus chaque livre de poisson du lac de Morat que ceux du lac de Neuchatel.

Le bailliage de Morat est agréablement (***) situé & très-fertile en prés & en fruits. La ville de ce nom jouit d'une situation riante & de quelques privilèges; elle est bien bâtie : le Baillif ou plutôt l'*Avoyer* préside au nom des deux Cantons au Conseil, au Consistoire & à la Justice inférieure de la ville de Morat. On se sert indifféremment dans ce bailliage des Langues *Allemande* & *Françoise*. La plupart des villages ont pour cette raison deux noms différens, l'un Allemand, l'autre François. Le Baillif ou Avoyer réside dans un château antique, mais renouvellé, qui est à l'extrémité de la ville du côté d'Avenche.

Après avoir dîné dans le cabaret (****), *de la Rive*, qui a une vue délicieuse, & qui est la meilleure auberge de Morat, & l'une des plus délicates de la Suisse, je monte dans ma barque pour faire le tour du lac. Je m'avance de Morat au couchant, & j'apperçois le long de la côte, le village de *Meyri*, en Allemand *Merlach*, & en latin *Meiriacum*; il donne le nom à une paroisse de laquelle dépendent les hameaux de *Courgevaux*, *Courlevont*, *Caut-Siberle* & *Greng* ou *Grain*. A Courgevaux, qu'on appelle *Gurwolf*, il y a une colline couverte d'un superbe vignoble qui produit de fort bon vin. La tradi-

---

(*) PLANCHE 29.
(13) Une partie de ce hameau a été couvert de pierres par le torrent *Sundbach* qui se jette en cet endroit dans le lac de Thoun, au pied du mont de Saint-Beat, en Allemand *Baitenberg* ou *Sant-Beaten-Berg*.
(**) PLANCHE 29.
(1) Plantini Helvetia antiqua & nova Cap. XV. pag. 16, in Thesauro Helvetica Historia.
Scheuchzeri Itinera Alpina. T. III. pag. 419 & 421.
Leu, Dict. Hist. de la Suisse. T. XIII. pag. 493.
David Herrliberger, Topographie de la Suisse, T. I. pag. 149 & 150.

Faesi, Descript. Topog. de la Suisse. T. III. pag. 471.
Tscharner, Dict. Géog. Hist. & Pol. de la Suisse. T. II. pag. 67, &c.
(2) La partie du lac qui touchoit autrefois Avenche, se nommoit *Aventicensis lacus*. Un traité d'alliance en l'an 1333, désigne le lac de Morat, sous le nom *Uecht sée*. On appelle encore *Uechtland* & anciennement *Ochtland* ou *Ocht*, le pays où sont situées les villes de Berne & de Fribourg. On rapporte l'origine de ce nom au local vers *le levant*, en Allemand *Ost*, ou *Ocht* & *Uecht*.
(***) PLANCHE 174.
(****) PLANCHE 30.

PITTORESQUES, &c. DE LA SUISSE.

tion rapporte que sur son tertre étoit dressée la tente de *Charles-le-Téméraire*, Duc de Bourgogne ; il est du moins certain que l'endroit où la bataille fut livrée entre ce Prince & les Suisses, le 22 Juin 1476, est placé au pied de cette colline. Immédiatement au-dessous du champ de bataille, sur le chemin de Morat à Avenche, tout près de Meyri, on découvre sur une hauteur vers le lac *la Chapelle* (*) *des Bourguignons* où l'on voit les ossemens des Bourguignons qui furent tués à la bataille de Morat; journée à jamais mémorable, qui tranquillisa Louis XI, Roi de France, & assura la liberté des Suisses ses chers Alliés. Je rapporterai ailleurs les inscriptions en latin & en Allemand qu'on lit sur le mur extérieur de cette chapelle ; elles sont toutes faites avec une simplicité majestueuse. Le Duc de Bourgogne mis en déroute par les Suisses, fut obligé de lever le siége de Morat. Les habitans de cette ville célèbrent (**) encore de temps à autre ce grand évènement par des fêtes & des réjouissances publiques. Voici les vers que M. de Voltaire (2) a faits sur cette glorieuse époque, & sur l'escalade de Genève.

> LA LIBERTÉ. J'ai vu cette Déesse altière,
> Avec égalité répandant tous les biens,
> Défendre de Morat en habit de Guerrière,
> Les mains teintes du sang des fiers Autrichiens
> Et de Charles le téméraire.
> Devant-elle on portait ces piques & ces dards,
> On trainait ces canons , ces échelles fatales
> Qu'elle-même brisa, quand ses mains triomphales
> De Genève en danger, défendaient les ramparts.
> Un Peuple entier la suit : sa naïve allégresse
> Fait à tout l'Apennin (3) répéter ses clameurs ;
> Leurs fronts sont couronnés de ces fleurs que la Grèce
> Aux champs de Marathon prodiguait aux vainqueurs.
> C'est-là leur Diadême, &c.

Après avoir passé la chapelle des Bourguignons, on observe une pointe que le lac forme, on la nomme *le Bec de Greng* ou *Grain*, d'un moulin qui termine le côté droit de cette pointe & qui est au-dessous du hameau le *Haut-Greng*. L'histoire rapporte que près du Bec de Greng, un grand nombre de Bourguignons poursuivis par les vainqueurs, se précipitèrent dans les eaux & s'y noyèrent. Bientôt après commence le bailliage d'Avenche, territoire du Canton de Berne, avec le village de paroisse *Faoug* ou *Faoux*, en Allemand *Pfauen*, & en latin *Fagum*. La petite rivière *la Chandon* se jette ensuite dans le lac, puis celle de *Schwarzbach* qu'on pourroit appeler un torrent. J'ai déja parlé du village de *Salavaux*, près de l'embouchure de la Broye, à la tête du lac presqu'au coin de la côte qui est au nord ; cette rivière, en Allemand *Bru* ou *Breuw*, a sa source dans le bailliage de Chatel-Saint-Denis, Canton de Fribourg. La paroisse de *Cotter* ou *Costerd* n'est pas éloignée de Salavaux. Le château & le village de *Bellerive*, au couchant du lac dans la même paroisse de Costerd, appartiennent avec cette paroisse & Salavaux à la maison de *Grafenried*, l'une des plus illustres de la République de Berne; cette Maison possède aussi la seigneurie voisine des villages le haut & bas *Vallaman* ou *Vallaman*. Il y a un excellent vignoble à Costerd ; ce village

est situé au pied du mont *Mistelacher-Berg* ; tous ces districts font partie du bailliage d'Avenche, Canton de Berne. On voit aussi un superbe château à *Vallaman-dessous*, il appartient également à la maison de Grafenried. On appelle *Vuillées*, ou *Vuilli* ou *Vuillers*, en Allemand *Mistelach* ou *Wistelach*, une presqu'isle formée par les lacs de Neuchatel & de Morat, & par la rivière de Broye, qui en sortant du lac de Morat va se jetter dans celui de Neuchatel. Cette péninsule consiste en partie en une montagne qui produit un excellent vin. La partie en pleine de cette presqu'isle est couverte de beaux villages. Le quartier d'en-haut de la montagne est sous la souveraineté de Berne dans le bailliage d'Avenche, & il renferme la petite ville de *Cudresin*, ainsi que les villages *Costerd*, *Ressudens* & *Villard-le-Grand*. Le quartier d'en-bas fait partie du bailliage de Morat qui appartient aux deux Cantons de Berne & de Fribourg. *Wistelach* ou *Mistellach* se nomme en latin *Medio-Lacum*, parce que ce district est situé entre les deux lacs de Neuchatel & de Morat. Le bailliage d'Avenche finit le long du lac de Morat au village de *Gevaux* ou *Guevaux* qui est du Comté de Morat, & à l'endroit où MM. *de Kilchberg*, de Berne, ont un beau château. Ce village, renommé par son vignoble, est de la paroisse de *Motier*. Je trouve en côtoyant cette partie du lac, le village *Mur*, avec une belle maison de campagne qui appartient à M. le Baillif *Fischer*, de Berne. Ce local est aussi de la paroisse de *Môtier*. On entre ensuite dans la seigneurie de *Lugnorre*, limitrophe du lac, qui fait partie du bailliage de Morat : *Lugnorre*, gros village, donne le nom à cette seigneurie. J'y trouve, sur le lac, la paroisse de *Môtier* qui est considérable & dont Lugnorre dépend. Les environs de Môtier produisent un excellent vin, ils sont garnis d'un grand nombre de maisons de campagne , toutes appartenantes à des familles de Berne & de Fribourg. On nomme le quartier de la paroisse de Môtier le *Bas-Vuilli* ou *Wistelach*. Les habitans parlent ici un mauvais patois François. Un peu au-dessous de Môtier , le ruisseau dit *Muhlibach* tombe dans le lac. On voit ensuite *Toz-Rechard* ou *Torrechard*, autrement *Chateau-Richard*, grande maison de campagne qui appartient à la branche de *Diesbach* dite *Liebenstorf*, de Berne ; cette maison & le village suivant de *la Praz* ou *Aupraz*, en Allemand *Zur-Matten*, sont en face de la ville de Morat; il y a aussi de belles maisons de campagne *au Praz*. On côtoie ensuite le village de *Nant* ou *Naut*, qui, avec *le Praz* & *Sugiez*, est encore de la paroisse de Môtier. La rivière de Broye ressort du lac au village de *Sugiez* (4) ou *Sugier*, en latin *ad Salices*, & en Allemand *Zur-Weiden* : il y a ici un pont de pierre sur la Broye ; cette rivière va se jetter dans le lac de Neuchatel, près du cabaret *la Sauge*, en latin *ad Salicem*, après un cours de près d'une bonne lieue le long du Mont Vuilli ou *Mistlach*. Je côtoie présentement l'autre extrémité du lac de Morat, ce district qu'on appelle *das Moos* ou le terrein du marais; il en sort plusieurs gros ruisseaux, le *Bey-Graben*, le *Schwarzherd*, *Alte-Bibern* & le *Neu-Graben* ; la petite rivière de Bibern vient originairement de la paroisse *Gurmels* ou *Cormonde*, dans l'ancien territoire de la ville de Fribourg, passe auprès du

---

(**) PLANCHES 40 & 72.
(*) PLANCHE 100.
(2) Œuvres, T. XII. Mélanges de Poésies, &c. T. I. Epitre de l'Auteur en arrivant dans sa terre, près du lac de Genève, en Mars 1755, pag. 392. (Genève) 1775, in-8.
(3) Le Poëte désigne sous ce nom étranger les montagnes qui sont dans

la proximité de Genève ; indépendamment de l'*Apennin* en Italie, le *Grand-Saint-Bernard*, en Vallais & assez voisin du lac de Genève, se nommoit *Penninus Mons*.

(4) Ce nom dérive du patois du pays. On écrivoit anciennement *Saulsaye*, un lieu planté de saules. On écrit aujourd'hui *Saussaie*, en latin *Salicetum*, *Salidum*.

village de *Liebensdorf* ou *Liebirsdorf*, traverse la communauté de *Kerzers* ou *Chietres* qui est à deux lieues de Morat, & qui se jette dans le lac de Morat. Le village de *Chermey*, en Allemand *Gallmiz*, est situé dans un terrein marécageux sur les bords du lac & dépend du bailliage de Morat. Au bas de Gallmiz on trouve une source chaude minérale qui dégorge dans le lac. Ma barque rejoit ici la côte sur laquelle est bâtie la ville de Morat. Je passe en face du beau château de *Loewenberg*, qui appartient à la maison de *May*, de Berne. La situation du local est ici délicieuse : *Loewenberg* offre à la fois un vignoble considérable, des champs, des bois & les plus riantes prairies. Au-dessus de ce château est une autre colline toute couverte de vignes, & sur laquelle le Comte de Romont, *Jacques de Savoye*, avoit son camp lorsqu'il assiégeoit Morat avec l'armée du Duc de Bourgogne. Entre cette colline & Loewenberg est la grande route de Morat à Berne & de laquelle une branche conduit à Arberg ; je trouve entre Loewenberg & Morat le gros village de paroisse *Montellier* ou *Montillier*, où il se fait une pêche considérable, ce village a été rebâti à neuf depuis l'incendie de 1741. Toute cette côte est couverte de villages, de maisons de campagne, de vignobles & de prairies. Ces villages sont *Alta Villa*, le haut & le bas *Burg*, *Lurtigen*, *Salfenach*, *Villars-le-Moine*, *Corwolf* & *Clavalleyre* ou *Clavaleire* ; rien de si charmant que l'aspect de ces divers paysages.

Lac de Bienne.

Bienne (1), en Allemand *Biel*, & en latin dans les actes *Bienna*, *Biellum*, *Bipennis* (2), ville & petite république en Suisse, donne son nom à un lac qui peut avoir trois lieues & demie en longueur & une petite lieue dans sa plus grande largeur ; elle est située à l'extrémité septentrionale du lac, dans un emplacement (*) riant & favorable pour l'industrie, tant par la facilité de se procurer toute espèce de denrées, qu'à cause de ses eaux propres à tout usage. Bienne est placée en partie sur une petite élévation au pied du grand Jura ; la plaine, au nord, est riche en beaux vergers & en bons fourrages ; derrière la ville & au nord-est s'étend un vignoble dont on vante le produit.

On a donné quelquefois dans les derniers temps au lac de Bienne le nom de *Lac de Nidau*, d'une jolie petite ville (**) du Canton de Berne, qui est à une demi-lieue de distance de Bienne, à l'extrémité la plus basse du lac, près de l'endroit où la Thiele en sort ; mais cette dénomination n'a pas fait grande fortune. Le lac s'étend du levant au couchant, sa longueur depuis l'embouchure de la Thiele dans la proximité de l'isle de Saint-Jean jusqu'à la sortie de cette rivière près Nidau, a trois lieues & demie, & sa plus grande largeur de *Ligerz* en droite ligne, comprend une lieue. Au levant, il est borné par le territoire de la ville de Bienne, & par la petite ville de *Neustadt* ou *Neuveville* qui est de l'Evêché de Bâle ; au couchant par le bailliage d'*Erlach* ou *Cerlier* & l'isle de Saint-Jean qui sont du Canton de Berne, & par la châtellenie de *Landeron* qui est du Comté de Neuchatel ; & au midi par les bailliages d'Erlach & de Nidau, du Canton de Berne.

La Thiele, qui sort du lac près de Nidau, offre la commodité du transport par eau jusques dans l'Ar, & de celle-ci dans le Rhin. Le lac reçoit aussi la petite rivière de la *Suze*, en Allemand *Sufs*, & le torrent *Trann-bach*. Au printemps, lors de la fonte des neiges dans les hautes montagnes, la Suze & le Trann-bach grossissent au point qu'ils haussent considérablement le lac. Autre inconvénient, lorsqu'après une pluie douce dans les mois d'Octobre & de Novembre, il succède un froid violent, alors le lac gèle si fortement, que durant plusieurs semaines la navigation est totalement interrompue au grand préjudice de la ville de Bienne & des habitans limitrophes.

La côte septentrionale du lac se présente couverte par des montagnes assez élevées qui font partie du mont Jura, & dont les hauteurs sont garnies de bois fort épais. Ces montagnes protégent les cantons d'au-dessous plantés de vignobles, contre les ravages qu'au printemps le vent du nord fait à la vigne. Ce vent destructeur est presqu'entièrement emporté par-dessus les montagnes sur la partie du sud. La vue des vignobles qui sont cultivés depuis le pied de la côte septentrionale & en montant jusqu'aux rochers les plus escarpés & dans des endroits où la terre manque presqu'entièrement, l'aspect des bourgs & villages généralement tous bien bâtis, celui du grand nombre des maisons de campagne qu'on découvre dans la vallée & leur situation en amphithéâtre, causent les transports de la plus agréable surprise à ceux qui naviguent sur ce lac. Sous les Rois Carlovingiens le lac de Bienne portoit le nom de *Lacus Nugerolis*, ainsi dit de *Nugerol* ou *Neurol*. Il y a grande apparence que le local de cet endroit important étoit à l'endroit où présentement on voit *Landeron*, & que le pays des environs a pu être aussi nommé *Nugerol*. Une charte de 850 sous l'Empire de Lothaire en fait mention en ces termes. *Villa in Pippinensi comitatu qua Nugerolis dicitur*, *cum capella sibi subjecta Uloine nomine in eodem comitatu*. La chapelle *Uloine* appartenoit au village qu'on appelle aujourd'hui en François *Orvin*, & en Allemand *Illfingen*, annexé à la mairie de Bienne.

Après que la ville de Bienne aura été bâtie, le lac aura pu perdre son ancien nom & prendre celui qu'il porte aujourd'hui. Voici les endroits principaux placés sur ses bords dans le contour. La ville de Bienne est située à près de deux cent pas de son extrémité orientale. Le village le plus voisin de cette ville & dans sa banlieue sur sa droite, est *Vingelz* ou *Vingels*, autrement *Vigneule*, à cent pas du lac & dans la paroisse de Bienne. Ici croît le meilleur vin blanc du pays ; les habitans y sont tous vignerons ou pêcheurs. Les vignobles commencent à Vingelz & s'étendent le long du lac jusqu'à *Kalchofen*, à l'extrémité du village de *Ligerz* ou *Gleresse*. De ce côté une montagne considérable touche au lac ; sur sa

---

(*) Planches 35 & 55.
(**) Planche 57.
(1) *Planini Helvetia antiqua & nova* Cap. XV, pag. 26.
Leu, Dict. Hist. de la Suisse, T. IV, p. 66.
Faesi, Descript. Topog. de la Suisse. T. IV, p. 4-9.

Tscharner, Dict. Géog. Hist. & Pol. de la Suisse. T. I, p. 138 & 142, &c.
(2) Ce dernier nom dérive vraisemblablement de l'ancien *Comitatus Pippinensis*, dans lequel étoit compris le local où fut depuis bâtie la ville de Bienne.

PITTORESQUES, &c. DE LA SUISSE.

crête font marquées les limites du Canton de Berne & du diſtrict dit le *Teſſenberg* ou la montagne de *Dieſſe*, dont les habitans, de la Religion réformée, jouiſſent de priviléges conſidérables fous la co-régence de l'Evêque de Bâle & de l'Etat de Berne. Je trouve à la droite du lac, le long de la côte, pluſieurs villages du bailliage de Nidau, Canton de Berne; *Alferner* ou *Allfermen* & *Tueſcherz*, tous deux de la paroiſſe de *Suz* qui eſt au-delà du lac, le grand & le petit *Twann* ou *Douanne*, en latin *Tavenna* ou *Tuanna*; le premier de ces deux villages eſt paroiſſe, il eſt placé au centre du lac. Le petit Twann eſt moitié de la paroiſſe du grand Twann & moitié de celle de Ligerz. On voit enſuite le beau village de *Glereſſe* ou *Liereſſe*, en Allemand *Ligerz*, entre Twann & Neuveville; c'eſt ici que croît le meilleur vin qu'il y ait autour du lac de Bienne. On voit à Glereſſe les ruines d'un château qui a été la réſidence des Barons & Nobles de Glereſſe, en Allemand *Von Ligerz*, dont une branche eſt établie dans l'Evêché de Bâle, & une autre à Fribourg en Suiſſe. A la dernière maiſon du village de Glereſſe, vers Neuveville, paroît la limite entre le territoire de Berne & l'Evêché de Bâle.

Neuveville ou *Bonneville*, en Allemand *Neuſtadt*, mairie & petite ville de l'Evêché de Bâle, ſituée ſur le lac de Bienne, au couchant, eſt bien peuplée; le village voiſin de *Chavanes*, en Allemand *Tſchafis*, fait partie de cette mairie.

La châtellenie du *Landeron*, de la principauté de Neuchatel, a pour bornes le lac de Bienne, le territoire de la Neuveville, les mairies de *Linieres* ou *Lignieres* & de *Vallangin* (3), la châtellenie de *Thiele* & la rivière de ce nom. La petite ville de Landeron, catholique, eſt placée entre les deux bras ou canaux de la Thiele, à peu de diſtance du lac de Bienne; le ſol limitrophe de Landeron eſt marécageux, la Thiele, qui le traverſe, forme beaucoup de ſinuoſités avant que de couler dans le lac de Bienne. Le nom du Landeron, en Allemand *Landren*, vient, ſuivant des Auteurs, de ce que la ville eſt bâtie ſur des *landes rondes*.

L'*Iſle de Saint-Jean*, autrefois abbaye de Bénédictins & préſentement la réſidence d'un Baillif de Berne, eſt à la tête du lac de Bienne, près de l'embouchure de la Thiele, on l'appelle *l'iſle Saint-Jean de Cerlier* ou *d'Erlach*. Tout près de là on trouve la borne qui ſépare le Canton de Berne de la Principauté de Neuchatel.

La petite ville de *Cerlier*, en Allemand *Erlach*, qui donne le nom à un bailliage du Canton de Berne, eſt ſituée ſur les bords du Canton de Bienne; ſon territoire paſſe pour très-fertile, il produit ſur-tout beaucoup de vin, mais d'une qualité aſſez médiocre. Le château ballival d'Erlach paroît être un beau bâtiment. Cette ville eſt ſituée ſur le lac, à la tête de la côte ſur la droite en deſcendant le lac vers Nidau.

On trouve enſuite *Vinelz*, en François *Fenis*, village de paroiſſe ſous le bailliage d'Erlach & dont une partie eſt ſituée au bord du lac dans un diſtrict dit *Im-Goſtel*; toute la côte de ce village paroît couverte d'arbres fruitiers, on croiroit en voyant leur plantation touffue que c'eſt une forêt.

Le territoire de Berne continue le long du lac & fait partie du bailliage de Nidau. Après Vinelz on paſſe au village de *Gerolfingen* ou *Garolfingen* dans la paroiſſe de *Teuffelen* ſur une hauteur vis-à-vis de *Twann*, qui eſt au côté oppoſé du lac. Il y a ici un grand paſſage ſur le lac; le Baillif de Nidau afferme la pêche de Gerolfingen; il y a un cabaret dans ce village d'où l'on découvre tout le lac avec ſes ſinuoſités. On arrive enſuite à *Moerigen*, anciennement *Moringen*, deux hameaux de la paroiſſe de Teuffelen; puis on trouve le village de paroiſſe qu'on appelle *Suz*, & qui eſt à une demi-lieue de Nidau. De cette paroiſſe dépendent les villages *Alferner* & *Tueſcherz* qui ſont à l'autre côté du lac.

Le bailliage de *Nidau* eſt expoſé aux inondations du lac de Bienne & de l'Arc, celles du lac arrivent ordinairement au printemps, & elles ſubmergent ſouvent toute la ville de Nidau avec le pays circonvoiſin dans la longueur de ſix lieues. Souvent ces inondations durent trois mois, mais ſi elles ſont courtes, elles fécondent plutôt les prés qu'elles ne leur préjudicient. Lorſqu'on veut, dans ces temps de criſe, aller à Bienne, on eſt obligé de s'y faire tranſporter en bateau. Ces inondations ſurviennent ſouvent ſi ſubitement, que quelqu'un qui aura été à ſec par le pays, ſe voit le pied dans l'eau après une ou deux heures de marche. Les habitans de *Worben* ſont fréquemment obligés de ſe ſauver au haut de leurs granges & d'y reſter juſqu'à ce que les eaux ſe ſoient retirées, ou juſqu'à ce qu'on vienne à leur ſecours avec des bateaux. Ce pays offre en petit l'image des inondations de la Hollande.

Nidau (*), la capitale du Comté de ce nom, qui forme aujourd'hui un bailliage conſidérable de la République de Berne, eſt une jolie petite ville, elle a des rues larges, propres & de belles maiſons qui ſont bâties ſur des pilotis. Le Baillif de cette ville y réſide dans un château.

La Thiele ſort du lac de Bienne, au nord près de Nidau; elle forme quatre bras ou canaux qui ſe réuniſſent au levant de la ville, elle prend alors ſa direction vers *Meyenried*, dans le bailliage de *Buren*, Canton de Berne. Là, elle ſe jette dans l'Arc à une lieue & demie au-deſſous de Nidau; la Thiele eſt navigable, cependant elle devient ſouvent ſi petite en automne, qu'à *Bruegg*, une lieue au-deſſous de Nidau, on eſt obligé de ſe ſervir de batelets pour le tranſport des marchandiſes.

La *Suze*, en Allemand *Die Suefs* ou *Sufs*, qui prend ſa ſource au *Val de Saint-Ymier*, dans l'Evêché de Bâle, ſe partage en deux bras ou canaux près de *Mett* ou *Mache*, village dont partie dépend du bailliage de Nidau & partie de la juriſdiction de Bienne; l'un de ces canaux coule vers Nidau & entre dans la Thiele, l'autre, après avoir coupé une partie des prés limitrophes, ſe ſépare de nouveau devant Bienne en deux bras qui traverſent la ville & ſe réuniſſent en ſortant pour entrer dans le lac. Je réſerve à l'article de Bienne la deſcription de beaucoup de ſituations riantes admirent dans la proximité de cette ville; mais je ne puis paſſer ici ſous ſilence les deux iſles qu'on voit dans le lac, au couchant, à l'endroit où il eſt le plus profond, en face de *Ligerz* ou *Glereſſe*; la plus grande ſe nomme l'*Ile de Saint-*

---

(3) Le bourg de *Vallangin* ou *Vallengin*, Capitale du Comté ſouverain de ce nom, fut ainſi nommé, & en latin *Vallis Angina*, parce qu'il eſt ſitué dans un endroit fort étroit & très-ſerré. M. le Baron de Zur-Lauben a extrait cette note de l'*Hiſtoire abrégée du Comté de Neuchatel & de ſes dépendances depuis l'an 1055*, manuſcrit in-4. pag. 6; elle a été compoſée par George de Montmollin, Conſeiller d'Etat & Chancelier du Comté de Neuchatel, en 1679; c'eſt un excellent abrégé.

(*) PLANCHE 57.

Pierre, son contour n'a que trois-quarts de lieue, elle offre une maison champêtre, d'agréables collines couvertes de vignes, de grasses prairies, des champs de labour bien travaillés, de petits bois de chênes & de châtaigniers dans lesquels on a ouvert des allées en droite ligne pour la promenade. Ici se rassemblent les agrémens de la nature avec ceux de l'art; l'œil observateur croit en voyant cette réunion, que si les anciens Poëtes de la Grèce eussent connu cette isle, ils l'eussent célébré avec les mêmes transports qu'ils ont chanté les Champs-Elisés ou le Vallon de Tempé. Les attraits de cette délicieuse solitude sont même augmentés par la beauté locale des pays d'alentour que l'on découvre quand on est sur la hauteur de l'isle dans un éloignement proportionné. Il y avoit autrefois dans cette isle fortunée un prieuré de l'Ordre de Cluni qu'on appelloit le *Prieuré dans le lac près Nidau* ou *l'isle de Saint-Pierre*. Ce prieuré y avoit été transféré du village de *Bellmont* qui est du bailliage de Nidau, dans la paroisse de *Burglen*. Le choix de ce local étoit certes bien digne de la vie contemplative des Moines d'alors. Aujourd'hui cette isle & celle que je vais y joindre, appartiennent au grand hopital de Berne; toutes deux sont dans le bailliage de Nidau. L'autre isle, voisine de la première & beaucoup moins grande, n'est qu'une colline de sable & de terre, elle sert à la pâture d'un petit troupeau de moutons. J'observe ici que la chair du mouton n'est nulle part en Suisse aussi succulente que l'est celle des moutons des environs de Bienne.

Le lac de Bienne, très-poissonneux en diverses espèces, fournit, entr'autres, une quantité immense de *Heurling* ou goujons qui sont très-délicats.

Je vais quitter ce canton de béatitude, en disant un mot de l'agréable maison de campagne dite *Convalet*, & en Allemand *Guffelaet*, qui est sur le lac de Bienne, dans la communauté de *Sut*, bailliage de Nidau. Cette maison avec ses vignes appartient aux Bernardins de Saint-Urbain qui jouissent d'un ancien droit de bourgeoisie à Berne, à Lucerne & à Soleure. On fait dériver le nom de *Convalet* donné à ce lieu enchanté, de l'usage qu'observoient autrefois les Religieux d'autres Couvens, lorsqu'ils se trouvoient rassemblés en automne au temps des vendanges; en se quittant, ils se disoient pour adieu les uns aux autres, *Convalete Fratres*. Je n'ai pas de peine à croire que ces adieux, dictés par la franchise cordiale qui régnoit alors, fussent aussi sincères que ceux avec lesquels le Consul Cicéron finissoit ses Epîtres familières, *Vale mi Tyro, vale, vale, & salve*.

LAC DE HALLWEIL.

CE lac (1), en latin *Lacus Halwylensis* ou *Halwylianus*, & en Allemand *Hallweyler-sée*, a deux lieues de long sur une demi-lieue de largeur, il est tout entier dans le Canton de Berne au comté & bailliage de Lenzbourg, excepté la partie d'en-haut qui est dans le bailliage de l'Argeu-libre-supérieur sous la souveraineté des huit premiers Cantons. Il prend son nom du très-ancien château de *Hallweil* qui est bâti à l'endroit où le lac finit, dans la paroisse de *Sengen*. Ce château appartient à une des plus anciennes, des plus nobles & des plus illustres maisons de la Suisse, qui le possédoit déja dans le onzième siècle, & qui l'a possédé jusqu'ici sans interruption avec la Seigneurie annexe. Cette maison a rendu autrefois des services importans aux Comtes de Habsbourg & à leurs descendans les Ducs d'Autriche. Plusieurs du nom de *Hallweil* ont été tués dans les guerres de ces Ducs contre les Suisses, à Morgarten & à Sempach; mais l'un d'eux, nommé Jean, commandant l'avant-garde de l'armée des Cantons à la bataille de Morat en 1476, & chargé de la première attaque, la fit avec tant de valeur qu'il contribua principalement à la victoire. MM. d'Hallweyl ont obtenu en divers temps les marques de considération les plus distinguées de la Maison d'Autriche; elle a dans le dernier siècle décoré du titre de Comtes de l'Empire une de leurs branches établie en Autriche & en Bohême, & dans le treizième siècle, l'aîné de ceux du nom d'Hallweyl étoit Maréchal héréditaire des Comtes de Habspourg, depuis Ducs d'Autriche, dans l'étendue de leurs domaines dans la Suisse & en Souabe. La maison d'Hallweil avoit été feudataire des Comtes & primitivement de ceux de *Lenzbourg*, & elle jouissoit à la cour de ces Souverains immédiats de l'Empire, du même rang qui faisoit alors l'ambition de la Noblesse de l'Argeu & de la Turgovie. Le château de Hallweil est situé dans l'Argeu. Dans les premiers temps le titre le plus estimé étoit celui de Chevalier, titre qu'on n'obtenoit que par des faits d'armes glorieux contre les ennemis de l'Etat & contre les Sarrasins de la Palestine. Ce titre a été aussi celui que les d'*Hallweil*, de *Landenberg*, de *Reinach*, &c. ont préféré à tout autre dans les temps antérieurs au seizième siècle; aussi étoient-ils rangés dans la classe de la Noblesse Equestre. Je reviendrai encore souvent à la maison de Hallweil dans le cours de cet ouvrage. J'observerai seulement ici qu'elle jouit du droit perpétuel de la bourgeoisie à Berne & à Soleure depuis le commencement du quinzième siècle; la Seigneurie & aujourd'hui la Baronnie de Hallweil renferme avec haute & basse Justice tout le lac de ce nom, y compris le droit exclusif de la pêche, *Farwangen* & *Dennwil*; mais elle n'a que la basse Justice à *Sengen*, à *Meisterschwanden*, au bas-*Hallweil*, à *Alischweil*, *Eglischweil*, *Leimbach* & *Henschiken*, tous villages du Comté de Lenzbourg. Le lac de Hallweil reçoit la petite rivière *Aa* qui a sa source dans les montagnes voisines de *Sempach*, au Canton de Lucerne, au-dessus de *Baldegg*; elle entre d'abord dans le petit lac de *Heidegg*, puis dans celui de Hallweil, elle reprend son nom ou celui d'*Aabach* à sa sortie de ce lac près d'Hallweil, elle passe ensuite à *Seon* & dans un fauxbourg de la ville de *Lenzbourg*, & elle va se jetter dans l'Are près de *Wildegg*. Le lac de Halweil est très-poissonneux, on y pêche une espèce de poisson très-estimée & qu'on nomme *Haeglingen*, on y prend aussi une quantité de grosses & excellentes écrevisses. Les principaux endroits sur la côte orientale du lac, sont les beaux villages de *Seengen* ou *Sengen*, *Meisterschwanden* & *Esch* : sur la côte au couchant on trouve ceux de *Mosen*, *Beinweil*, *Birweil*, & le hameau *Alischweil*.

La paroisse de *Sengen* est voisine du château de Hallweil; la collation en appartient à la ville de Zurich, elle dépendoit anciennement de la Commanderie de *Kussnacht*, de l'Ordre de Saint-Jean (aujourd'hui de Malthe;) c'est dans l'église

---

(1) *Plantini Helvetia antiqua & nova*, Cap. XV. p. 26.
Leu, Dict. Hist. de la Suisse. T. IX. p. 453-461.

Herrliberger, Topographie de la Suisse. T. I. p. 17-19.
Faesi, Descript. Topog. de la Suisse. T. I. pag. 527-528. & 629-632, &c.

paroissiale

paroissiale de Sengen qu'on voit les tombeaux des Seigneurs de la Maison de Hallweil. Le village de *Daenuweil* ou *Denkweil*, dans la paroisse de Sengen, est à la droite sur le lac de Hallweil.

Meisteischwanden, autre village de la paroisse de Sengen, & voisin du lac de Hallweil.

Esch ou *Aesch*, dans le haut bailliage libre de l'Argeu; la partie d'en-haut de ce village dépend de la paroisse de *Hiczkirch*; la partie d'en-bas a son Curé qui est sous la nomination du Commandeur de l'Ordre de Malthe à *Hohenrein*. Esch n'appartient pas proprement à la Maison de Hallweil, quoique situé presqu'à la tête du lac de ce nom.

Mosen, autre village près de l'embouchure de l'*Aa*, dans le lac de Hallweil; il fait aussi partie avec Esch du haut bailliage libre de l'Argeu: la basse juridiction appartient à la ville de Lucerne.

Beinweil, & par corruption *Beuwel*, village sur le lac de Hallweil, dans la paroisse de Reinach, bailliage de Lenzbourg, dont la basse juridiction fut vendue en 1521 par le Chapitre de Munster à la ville de Berne.

Birrweil, village de paroisse sur le lac de Hallweil, dans le bailliage de Lenzbourg, dont la collation & la basse juridiction appartiennent au Seigneur du château de *Liebeck* dans l'Argeu.

Alischweil, hameau dans la paroisse de Sengen, sur le lac de Hallweil, dont la basse justice appartient à la Maison de Hallweil.

LAC DE SEMPACH.

Ce petit lac (1) du Canton de Lucerne est très-fameux dans les annales de la Suisse, il se nomme en latin *Sempacensis Lacus*, & en Allemand *Sempacher-sée*, de la petite ville de Sempach qui est bâtie sur ses bords, à trois fortes lieues de Lucerne; on l'appelle aussi quelquefois le lac de *Sur-sée*, *Lacus Sublacensis*, d'une autre petite ville, mais plus joliment bâtie à l'endroit où la rivière de *Sur* en sort; il a deux lieues de long sur une demi-lieue de large; il est riche en poissons délicats dont on fait un commerce assez considérable; les espèces les plus estimées sont les *Albulen* & les *Balchen* ou *Ballen*. Ce lac appartient sans exception à la ville de Lucerne, il lui fut cédé en 1394 par la Maison d'Autriche. Le Canton envoye de six ans en six ans un des Membres du Grand-Conseil pour exercer la juridiction sur ce lac, & pour avoir soin des revenus que la République en retire; il demeure à Sempach, mais n'a aucune autorité sur cette ville; on le nomme le *Directeur du lac*, en Allemand *Sée-vogt*. La ville de Sempach, en latin *Sempacum*, jouit de beaux privilèges, elle a son propre Magistrat, une juridiction étendue & beaucoup de droits. Le chef du Conseil porte le titre d'*Avoyer*, & son élection a toujours besoin de la confirmation de la République de Lucerne, ainsi que celle de l'Avoyer de la ville de *Sursée*. On remarque dans le lac hors de Sempach, des vestiges d'un ancien château; il y avoit de même un château dans le lac près de Sursée, on en montre encore l'emplacement; c'étoit autant de redoutes avancées pour fortifier l'accès de l'une & l'autre de ces villes.

A une petite demi-lieue au-dessus de la ville de Sempach, on voit une chapelle bâtie sur le champ de bataille où Léopold, Duc d'Autriche, perdit la vie le 9 Juillet 1386 avec l'élite de son armée & six cent soixante Seigneurs de la première noblesse de l'Empire. Ce Prince aveuglé par les conseils imprudens & fougueux de ses jeunes courtisans, attaqua la petite armée des treize cent Confédérés: n'ayant pour eux qu'un souverain mépris, il les appelloit des *paysans rebels & indisciplinés*; mais cette poignée d'hommes composée des Confédérés de *Lucerne*, *Uri*, *Schweiz* & *Underwalden*, remporta sur les Autrichiens une victoire complette, elle la dut principalement au sacrifice généreux qu'Arnou de *Winckelried*, de Stanz, Canton d'Underwalden, fit en cette mémorable journée; ce Chevalier, dont l'ame avoit l'empreinte de celle des Scevola & des Decius de l'ancienne Rome, ouvrit aux Confédérés le chemin à travers l'armée Autrichienne, à la tête de laquelle combattoient à pied Léopold, & toute la noblesse pésamment armée dans la saison la plus chaude de l'année: les Seigneurs pleins de dédain pour *la Gent rustique*, avoient même renvoyé leurs chevaux à la queue de l'armée. Ils attaquèrent les Confédérés avec leurs lances; mais au moment de la crise la plus violente, & après que les Confédérés qui n'étoient armés la plus grande partie que de hallebardes, eurent fait de vains efforts pour percer le bataillon épais des ennemis tout hérissé de lances, le magnanime *Winkelried* imagina une manœuvre capable de fixer la victoire; l'image d'une mort inévitable ne l'arrêta point, il recommanda seulement aux Confédérés sa femme & ses enfans, & leur dit, du ton qui sied si bien aux Héros, qu'au moment où libre de ses armes offensives il feroit la trouée en embrassant le plus de lances qu'il en pourroit empoigner, en les pressant contre terre & les tenant baissées, ils eussent à saisir avec le dernier acharnement cet instant, en tombant immédiatement à sa suite sur l'ennemi à coups de hallebardes, attaque vigoureuse qui le mettroit infailliblement en déroute, & avec d'autant plus de certitude que les manches des lances tous creux en dedans, éclateroient en mille morceaux sous les coups des assaillans. *Winckelried* (2) triompha, mais qu'il l'avoit prévu, mais il périt l'instant après qu'il eut empoigné une brassée de lances; cet instant saisi avec promptitude par les Confédérés qui le suivoient, ouvrir la trouée, le Duc d'Autriche rougissant de survivre à l'élite de la noblesse qui périssoit à son service, se fit tuer dans la mêlée. Je détaillerai ailleurs cette bataille, elle est comparable aux journées les plus brillantes des Grecs & des Romains.

Les anciens (3) Suisses avoient la coutume de bâtir des chapelles dans tous les endroits où ils avoient vaincu les ennemis de leur liberté. De-là les chapelles qui restent encore sur les champs de bataille, à Morgarten, à Sempach, à Neffels, à Morat, à Dornach, &c. Ils alloient pieusement

---

(1) Cysat, Description du lac des quatre Cantons Forestiers, p. 202. Plantin, *Helvetia antiqua & nova*, Cap. XV. p. 26.
Leu, Dict. Hist. de Suisse. T. XVII. p. 55-56.
Herrliberger, Topographie de la Suisse, T. II. p. 333-335.
Faesi, Descript. Topog. de la Suisse. T. II. p. 12 & 118-122.
Tschamer, Dict. Géog. Hist. & Pol. de la Suisse, T. II. p. 128-129, &c.

(2) On montre encore à Stanz, dans l'Arsenal, l'armure du brave Winckelried, c'est une relique précieuse aux yeux de tout Suisse qui chérit la Liberté.

(3) Guillaume Tell, ou lettre de M. le Baron de Zur-Lauben à M. le Président Hénaut, sur la vie de Guillaume Tell, p. 47-48. Paris 1767 in-12.

tous les ans rendre des actions de graces à Dieu pour les victoires qu'ils avoient obtenues. Encore aujourd'hui la République de Lucerne fait célébrer annuellement le 9 Juillet, par une messe solemnelle suivie d'un panégyrique, dans la chapelle de Sempach, la victoire remportée à pareil jour près de cette ville en 1386, sur Léopold Duc d'Autriche qui périt dans cette mémorable journée avec la fleur de la noblesse de l'Empire. Telle étoit dans les temps les plus reculés, l'attention reconnoissante des Grecs : j'en appelle aux fêtes publiques instituées par les Lacédémoniens pour célébrer Leonidas, & les autres Héros tués à la défense des Thermopyles.

Non-seulement dans la chapelle au-dessus de Sempach, mais encore dans l'église du Chapitre de St.-Léger à Lucerne, on célèbre tous les ans une messe solemnelle pour la victoire de Sempach. Le Trésorier de la République assiste à celle qui est célébrée dans la chapelle de Sempach, & il paye tous les frais de la fête commémorative. On voit dans cette chapelle les portraits de Léopold, Duc d'Autriche, & des principaux Seigneurs tués à la bataille, avec les armoiries des Ducs, Comtes, Barons & Chevaliers qui y eurent le même sort & dont les corps furent transportés avec celui du Duc dans l'Abbaye de *Koenigsfelden*, près de la ville de *Brugg* dans l'Argau : on enterra les autres sur le champ de bataille avec ceux de l'armée *des Suisses*, & précisément dans le terrein autour de la chapelle; les figures des Chevaliers Arnou de *Winckelried* & de Pierre *de Gundoldingen*, y paroissent avec tout l'hommage de la reconnoissance publique. Ce dernier, Avoyer de Lucerne, commandoit ses Concitoyens, il disposa l'ordre de bataille en forme du coin des anciens & il périt glorieusement au milieu de la première attaque.

La ville de Sempach est située presqu'à la tête du lac & sur son flanc droit ; la tête du lac présente une courbe considérable à l'entour de laquelle on trouve la ferme de *Séesat* ou *Séosaz* qui est du bailliage de *Rotenbourg* : la côte du lac, depuis Sempach jusqu'à Sursée, sur la droite, offre en amphitéatre beaucoup de prairies, d'arbres fruitiers, de champs de labour & plusieurs districts couverts de bois; les principaux endroits qui la bordent sont le village *Eich* & plusieurs hameaux & fermes.

La petite ville de *Sursée*, à cinq lieues de Lucerne, nommée en latin *Sublacus* ou *Surlacus*, située presque sur les bords du lac de Sempach & joliment bâtie est très-ancienne ; elle a eu les mêmes maîtres (la Maison d'Autriche) & le même sort que la ville de Sempach; mais ce ne fut qu'en 1415 qu'elle se rendit à la ville de Lucerne en conservant ses privilèges qui sont assez considérables; sa banlieue a le droit de glaive. Les environs de *Sursée* sont très-fertiles & très-rians ; la petite rivière le *Sur*, *Suren* ou *Surb*, qui lui donne son nom, fournit les plus excellentes & les plus grosses écrevisses de la Suisse, elle sort du lac au-dessus & près de la paroisse *Oberkilch*, passe près de la ville de Sursée, quitte le Canton de Lucerne au-dessous du château *Wyniken*, traverse une partie du bailliage de Lenzbourg, dans le Canton de Berne, reçoit les ruisseaux *Wynon* & *Uerken*, dans la paroisse de *Sur*, à une lieue d'Arau, & va se jetter dans l'Ar au-dessous de cette ville.

De Sursée en regagnant l'autre côté du lac, je trouve d'abord le village d'*Oberkilch* ou *Oberkirch*, qui avec *Eich*, dont j'ai parlé plus haut, forme le district d'une jurisdiction particulière dans le bailliage de *Munster*, Canton de Lucerne. Après Oberkirch, on trouve le long du lac la ferme de *Sainte-Marguerite*, & le village de la paroisse de *Notweil*, dans du bailliage de Munster ; on découvre encore le long du lac, sur une hauteur, le château de *Wartensée*, qui est de la paroisse de *Neukirch*, au bailliage de *Rotenbourg*, & qui appartient à titre de substitution à la maison de *Schneider*, établie à Lucerne & à Sursée. Originaire de cette dernière ville cette Maison jouissoit des prérogatives de la Noblesse dans le quatorzième siècle, sous la domination Autrichienne. Le nom de *Wartensée* désignoit *un Fort protecteur du lac*.

Le hameau *Gotefmaenigen*, dans la paroisse de Sempach, bailliage de Rotenbourg, & celui d'*Adelfweil*, même paroisse de Sempach, sont limitrophes du lac ; ce dernier hameau est situé sur la route de Lucerne à Sempach ; plusieurs gros ruisseaux se jettent dans ce lac : la côte, depuis Oberkirch à Sempach, offre à peu-près les mêmes variétés que celle qui lui est opposée, elle présente même un aspect plus agréable.

Lac de Zoug.

Ce (1) lac paroît très-riant dans la plus grande partie de son contour ; il porte le nom de la ville de *Zug*, en françois *Zoug*, capitale du septième Canton du Corps Helvétique ; on l'appelle en latin *Lacus Tugiensis*, *Tugenus* ou *Tuginus* : les actes du moyen âge (2) le nomment *Zuger-sé*; il a trois lieues de longueur sur une lieue dans sa plus grande largeur, qui est depuis Zoug jusqu'au château de *Buonas* : il abonde en poissons de toute espèce & d'un goût excellent, particulièrement en une sorte de petites truites, en Allemand *Roetele* ; on les estime beaucoup pour leur délicatesse. La principale pêche de ce poisson se fait en Novembre & en Décembre, dans la partie supérieure du lac, entre *Walchweil*, *Art*, & le pied du Mont *Riggi* : les poissons de la même espèce qu'on prend en Eté, dans la partie inférieure du lac, ne sont pas à beaucoup près aussi délicats que ceux de l'Hiver dans le lac d'en-haut. Les *Roetele* de l'Hiver se conservent long-temps dans des réservoirs ; on les nourrit de foie & de fromage mou, & on les transporte marinés dans des pays lointains où on les vend chèrement. Il y a un autre lac dans le Canton de Zoug, c'est celui d'*Egeri*, à une lieue & demie au-dessus de la ville ; on y prend aussi des *Roetele* ou *Roeteli*, ils passent pour excellens, mais les connoisseurs leur préfèrent ceux du lac de Zoug : le *Roeteli* est exquis à manger cuit ou frit, il passe avec l'*Ombre-Chevalier* du lac de Neuchatel, & la *Ferrat* de celui de Genève, pour le poisson le plus délicat qu'il y ait en Suisse; il y en a qui pèsent jusqu'à trois livres, & même jusqu'à sept. Cysat

---

(1) Plantin, *Helvetia antiqua & nova* Cap. XVI. p. 16.17.
Scheuchzer, *Itinera Alpina*, T. III, p. 355-356.
Leu, Dictionnaire Historique de la Suisse, T. XX. pag. 518.
Paesi, Descript. Topog. de la Suisse, T. II. pag. 359, &c.

(2) *Acta Murensia* pag. 74. ad calcem vindiciarum actorum Murensium, opera P. Fridolini Kopp, *Monachi Murensis*, Typis ejusdem Principalis Monasterii 1750. in-4. fig. Je trouve aussi sur la carte du Tyrol dans la proximité de la source du *Lech*, le val *Zug-Thal*, le hameau *Zuger-Alpele*, & le village *Zug* sur le *Lech*, près la ville *Amlech*.

(3) le nomme en latin *Umbla minor*, il dit que les *Roqteli* du lac de Zoug l'emportent par leur bonté fur tous les poiſſons de la même eſpèce qu'on prend dans le lac de Lucerne.

On prend (4) auſſi dans le lac de Zoug, du côté de la ville, & auprès du château de *Buonas*, en Juin & en Juillet, dans le temps du frai, des carpes communément de neuf à vingt livres, il y en a même qui pèſent depuis cinquante juſqu'à quatre-vingt-dix livres; elles ſont fort eſtimées, on les darde la plupart avec le harpon. Si les pêcheurs de ce lac connoiſſoient les inſtrumens que M. *du Hamel du Monceau*, de l'Académie des Sciences, a décrit dans ſon excellent Traité (5) *général des Pêches maritimes, des Rivières & des Etangs*, ils s'en ſerviroient avec plus de ſuccès que de la méthode incertaine dont ils uſent. On a pêché dans le lac de Zoug des brochets qui peſoient juſqu'à cinquante livres; il paſſe pour le plus poiſſonneux de la Suiſſe, & il fournit abondamment à la ville de Zoug & aux Cantons voiſins. Ce lac, ainſi que celui de Zurich, eſt couvert dans le mois de Mai d'une écume de fleurs jaunâtres, pareilles aux fleurs du ſoufre; les gens du pays diſent alors que *le lac fleurit*, (*der ſée bluhet*); quelques-uns veulent que ces *flocons* ou *fleurs* prennent leur origine dans la profondeur du lac, & qu'ils ſoient une excrétion de la terre qui ſe purifie dans le mois de Mai, ainſi qu'au Printemps les Médecins purifient la maſſe du ſang par différens remèdes. D'autres Obſervateurs penſent que ces fleurs ſont le germe de diverſes plantes aquatiques; d'autres enfin croyent que la pouſſière jaunâtre des pins & des ſapins, voiſins du lac, lorſqu'ils ſont en fleurs, eſt diſperſée par le vent ſur la ſuperficie du lac. Erhard *Eſcher* a adopté cette dernière opinion, dans ſa deſcription (6) du lac de Zurich.

Je vais commencer ma promenade ſur le lac de Zoug, depuis la ville de ce nom, qui eſt dans un enfoncement ſur le bord oriental, & je la continuerai juſqu'au village de Cam ou *Kahm*, ſitué ſur la rive ſeptentrionale. Je remonterai enſuite le lac juſqu'à *Art* qui eſt à ſa tête, & je finirai ma navigation en côtoyant la partie orientale depuis Art juſqu'à Zoug. Cette ville joliment bâtie, eſt d'une grandeur médiocre; ſa ſituation, au pied d'une montagne fertile en pâturages, en vignobles & en arbres fruitiers, offre un aſpect très-agréable. Elle eſt proprement formée par un aſſemblage de collines, groupées l'une ſur l'autre, & toutes également cultivées; on l'appelle communément la *Montagne de Zoug*. Grand nombre de maiſons & de fermes s'obſervent à droite & à gauche ſur cette montagne dans une longue prolongation.

Un ruiſſeau conſidérable deſcend de cette montagne au-deſſous de la chapelle de *Sainte-Verene*, bâtie au pied du *Camiſtal*, qui forme la partie la plus élevée de la montagne de Zoug; ſur la hauteur du *Camiſtal*, à l'endroit qu'on appelle *Steren*, on peut promener ſa vûe dans les Cantons de Schweitz, de Lucerne, de Zoug & de Zurich, & dans l'*Argeu-libre*, & l'on découvre les Cantons d'Underwalden & de Berne, même celui de Soleure, du côté d'Olten: le ruiſſeau de la chapelle de *Sainte-Verene* deſcend dans la ville de Zoug, il la traverſe & ſe jette dans le lac au-deſſous de la place où l'on tient annuellement, le premier dimanche de Mai, l'aſſemblée générale du Canton; cette place eſt dans l'enceinte de la ville: mes bateliers m'ont aſſuré que le ruiſſeau dont je viens de parler, enfle quelquefois ſi fortement dans des inondations ſubites de l'été ou après de longues pluies, qu'il expoſe, particulièrement dans le temps de la nuit, à un grand danger les rues voiſines de ſon cours. Ils m'ont auſſi fait entendre qu'on détourneroit facilement le danger, en dirigeant le ruiſſeau dehors la ville, le long des murs qui deſcendent depuis la *Tour à poudre* juſqu'à l'angle dit le *Leiſt*. Mais, comme dans ce monde tout dépend preſque toujours des cauſes ſecondes, un moulin que le ruiſſeau fait tourner dans la ville, a empêché juſqu'à préſent l'exécution d'un plan auſſi ſage; l'égoïſme ou l'intérêt particulier ne prédominent que trop par-tout.

J'apperçois de ma barque les diſtricts ſuivans; immédiatement à un demi-quart de lieue au-deſſus de la ville, l'égliſe de Saint-Michel qui en eſt la paroiſſe, le couvent des Capucines ou Clariſſes du tiers-ordre, & l'habitation dite *Bool* ou *Boll*: mes bateliers me diſent qu'il y a auprès de cet endroit un petit étang, & le ruiſſeau qui deſcend du couvent des Clariſſes; qu'au-deſſous du *Bool* on trouve un moulin ſur le même ruiſſeau, & encore plus loin un autre moulin; ils me montrent la maiſon de campagne, dite *Ober-Lehe*, avec ſes vignes, placée ſur la droite du *Bool*, & ayant au-deſſous la ferme dite *Under-Lehe*; ils me font encore remarquer une grande maiſon de campagne, au-deſſus du couvent des Capucins, qui ſe nomme *Leboren* & ſur la droite de laquelle s'élève un beau vignoble. Cette campagne touche celle de M. *de Landwing*, Chevalier de l'Ordre Royal & Militaire de Saint-Louis, Capitaine-Général du haut Argeu-libre, & ci-devant Lieutenant-Colonel au ſervice de France. Cet Officier, d'une rare diſtinction par ſes lumières & ſes talens, a dreſſé géométriquement (en 1770 & 1771) la Carte Topographique (7) de la ville & de la banlieue de Zoug, avec ſes bailliages, ſur une échelle de quatre cent toiſes, *meſure de France*. Cette Carte, qui eſt un modèle d'exactitude, eſt parfaitement bien lavée. M. de Landwing en a fait don au Magiſtrat de la Ville, elle eſt dépoſée dans la Chancellerie. M. le Baron de Zur-Lauben a eu la permiſſion de la décrire. La campagne de M. de Landwing offre une belle maiſon à la moderne, entre la ville & le fauxbourg, immédiatement en ſortant de la porte dite *de Bar*; la maiſon touche le foſſé de la ville, le propriétaire qui a ſu apprécier la beauté du local, a fait élever dans ſon bien, ſur la hauteur, un petit pavillon charmant qui règne à la droite de ſa maiſon; on a de ce belveder la vûe la plus étendue & la plus délicieuſe.

Après avoir paſſé la ville & ſon fauxbourg, je découvre la belle maiſon du Tirage, & tout auprès un moulin à ſcie ſur la petite rivière *Aa*, qui a ſa ſource dans la *Commune* de Zoug & qui coule près de la chapelle de Saint-Nicolas, ſous un pont de pierre, à côté de la maiſon du Tirage. Cette rivière fait tourner un moulin au-deſſus de cette chapelle; on nomme ce moulin *Ohm-mulli*, autrement *Aa-mulli*, c'eſt-à-dire, le *Moulin de l'Aa*. Entre le fauxbourg & la maiſon du Tirage, eſt le ruiſſeau *Erlibach*, qui entre dans le lac; il deſcend de la blanchiſſerie du *Haut-Lauried*. Quand on eſt ſur le lac, un peu au-delà de la maiſon de l'Arquebuſe, on jouit

---

(3) Deſcription du lac des quatre Cantons Foreſtiers, p. 41-42.
(4) Jean-Jacques Scheuchzer, Hiſtoire Naturelle de la Suiſſe, T. II. pag. 210-212. Zurich 1746, in-4. en Allemand, avec figures.
(5) Ce précieux ouvrage, avec ſa ſuite, *in folio*, ſe vend à Paris chez la veuve *Deſaint*.
(6) Pag. 153.
(7) M. de Landtwing a auſſi levé le contour du lac d'*Egeri*, dans le Canton de Zoug, rien ne manque à la netteté & à l'exactitude de cette Carte.

de la vûe la plus complete & la plus pittoresque (*) de la ville & de ses environs. Le tableau semble concentrer dans l'enceinte de Zoug, la paroisse de Saint-Michel, le couvent des Clarisses, le *Bool*, & même le *Hoff*, ou le château de M. le Baron de Zur-Lauben ; & quoique tout ce local soit à un demi-quart de lieue hors de la ville, on y jouit néanmoins d'une agréable illusion.

Je continue ma promenade, & je vois sur les bords du lac, l'Hopital dit la *Leproferie* ; un gros torrent dit le *Siechenbach*, se jette ici par deux branches dans le lac, on le passe sur un beau pont de pierre près de la Leproferie ; il vient de la Commune de Zoug, où après avoir reçu le ruisseau *Arbach* qui descend du hameau de ce nom, au-dessus de *Haengeli*, il coule au *Bas-Lauried*, & passe sur la gauche du moulin à pilons, dit *Stampfi* : un peu plus haut que le pont de la Leproferie, il baigne la ferme *Gilgen*, (*à la Fleur de lys*). J'oublie d'observer que l'*Aa*, dont j'ai parlé, & qui se jette dans le lac auprès de la maison du Tirage, est aussi une branche de l'*Arbach*. Il y a des vignes sur la rive du lac, dans la proximité de la Leproferie : ici le lac fait une petite pointe.

Après la Leproferie, j'apperçois le long du grand chemin de Zoug à Cam, la chapelle de l'*Ange Gardien* derrière laquelle commence la Commune de la ville, qui a une très-longue étendue. On trouve dans cette Commune le ruisseau *Burglibach*, qui vient en partie de *Bar*, & en partie du ruisseau dit *Grienbach*. L'habitation *Walcki* est au-dessus & tout près du *Burglibach* ; on y voit une Croix entre le *Bas-Lauried* & le moulin *Stampfi*. Le *Baerenbach*, (*le ruisseau des Ours*), fait tourner ce moulin, il se jette dans l'*Arbach*, autrement *Siechenbach*, qui entre dans le lac à la Leproferie. J'observe que le lac fait un petit coude jusqu'au ruisseau *Baerenbach*, qui vient de la Commune, en Allemand *Allmend*, où il a sa source dans le bois dit *Meyl-acker-Wald* ; au-dessus de ce bois, qui est peu considérable, on trouve le ruisseau *Schliffibach*, qui fait tourner le moulin à polir de *Schleifi*, & qui se jette dans le *Siechenbach*.

Du *Baerenbach* ou *Baerenbaechlin*, jusqu'au ruisseau *Laezibach*, le lac s'étrécit un peu. *Laezibach*, ce ruisseau qui sort de la Commune, passe au petit pont de bois couvert, en Allemand *Bruggli*, & il entre au-dessous dans le lac. La grande Auberge, à *l'Ange*, est bâtie à la sortie du petit pont, sur le grand chemin ; son site paroît très agréable : depuis Zoug jusqu'au petit Pont, on compte une demi-lieue, & à-peu-près autant depuis le petit Pont jusqu'au château de *Cam* ou de *Saint-André*. Toute cette rive présente la Commune de Zoug, parsemée d'arbres fruitiers, plantés en alignement ; plusieurs ruisseaux serpentent dans cette Commune qui est environnée de fermes & de prairies, & qui a à son extrémité septentrionale le village de *Steinhaufen*, le bourg de *Bar*, & la montagne isolée de *Barbourg* qui offre l'idée d'une citadelle, & sur laquelle on jouit d'une vûe délicieuse. La Commune est circonscrite au levant, par la continuation de la montagne de Zoug qui, depuis la ville, s'éloigne insensiblement du lac & s'étend le long de la Commune. Cette chaîne est ornée de plusieurs villages & hameaux ; on y trouve des champs de bled, de gras pâturages, une immensité d'arbres fruitiers & grand nombre de bouquets de bois. J'avoue, avec plaisir, que ce pays est un des plus rians de la Suisse. On y découvre, au nord, les collines cultivées qui règnent au-dessus de *Bar*, & derrière elles on voit dans le lointain le *Mont-Albis* que l'on passe pour aller à Zurich.

Le lac ne fait aucune courbe depuis le *petit Pont* pendant près d'un quart de lieue, mais il en forme une, peu considérable à la vérité, jusqu'à la pointe où la rivière de *Lorzz* ou *Loretz*, ou *Loretzen*, a son embouchure. Cette rivière, renommée par ses excellentes truites, sort du lac d'*Egeri*, dans le Canton de Zoug : son cours, dans un lit souvent étroit au pied de hauts revêtemens de montagnes, est très-impétueux ; il est dans plusieurs parties entravé par des rochers, & il fait des chûtes assez considérables. La *Lorzz*, après avoir passé au-dessous de l'église & du hameau, *Allen-Winden*, reçoit le ruisseau *Schwarzenbach*, près du château ruiné de *Wildenbourg* ; de-là elle descend dans le territoire de *Bar*, l'une des trois Communautés qui partagent la Souveraineté du Canton avec la ville de Zoug, passe à *Bliggisdorff*, *Steinhaufen*, & un peu au-dessous du pont de *Koller*, qui est sur le chemin de Zoug à Cam, elle se jette dans le lac qui fait ici une pointe, à l'endroit dit *Gungerheufeli*, *la Maisonnette aux Goujons*, dans la proximité d'un petit bois ; on prend une quantité de belles truites près de son embouchure.

Le lac forme un croissant considérable depuis le *Gungerheufeli* jusqu'à la pointe où est bâti le château de *Saint-André*, autrement de *Cam*. Ce croissant est coupé dans son centre par une autre courbe, moins grande, qu'on appelle *Sumpf-graben*, (*le Fossé du Marais*) ; tout le terrein, limitrophe du lac dans cette partie, est marécageux ; le ruisseau qui s'y jette, fixe la limite entre la banlieue de Zoug & la commune de la *Villette-Saint-André*.

La *Lorzz* fait de grands ravages par ses inondations, on est obligé de la resserrer par des exhaussemens de terre & par des madriers. Le lac offre depuis le golfe ou enfoncement dans lequel paroit la ville de Zoug, jusqu'à l'embouchure de la *Lorzz*, une rive assez droite, mais qui se courbe ensuite insensiblement jusqu'au château de *Saint-André* ; & dans cet intervalle le terrein est généralement marécageux. Si des considérations relatives à la conservation du quartier de la ville de Zoug, qu'on nomme *la Vieille Ville*, n'y formoient pas d'obstacles, on pourroit, en creusant à la *Lorzz* un lit plus profond à sa sortie du lac à *Cam*, faire retirer les eaux de dessus une partie du lac ; depuis l'Hopital de la *Leproferie*, jusqu'à *Cam*, cette partie n'est qu'à fleur d'eau : ce desséchement opéré par la décharge plus considérable du lac dans la *Lorzz*, découvriroit un terrein important & long de plus d'une lieue ; mais comme la ville de Zoug a eu la fatalité de voir le 4 Mars 1435 deux de ses rues abimées dans le lac, ses habitans craignent, & non sans raison, que si on facilitoit à *Cam* un plus grand écoulement du lac dans la *Lorzz*, la rive sur laquelle le quartier de la *Vieille Ville* est placé, & que l'on croit creux en dessous, ne se détachât de la terre ferme & ne s'abîmât.

A la pointe qui termine le croissant du *Sumpf*, du côté de Cam, j'apperçois le petit château de *Saint-André*, en Allemand *das Schloeselin zu Sant-Andrés* ; c'étoit autrefois avec son enceinte une petite ville ; le local qu'on nomme encore *la Villete*, *Staettlin* comprend le château, l'église annexe de *Saint-André* fondée dans le quatorzième siècle par Godefroi, Baron de *Hunenberg*, la chapelainie de cette église, & plusieurs habitations ; il est encore remarquable par le fossé qui

(*) PLANCHE 177.

entouroit

entouroit cette petite ville, & par les vestiges de ses anciens murs. En 1714, on se servit des pierres d'une vieille tour qui étoit au pied de cette enceinte du côté du lac, pour bâtir le collège de Zoug, & l'on trouva dans la démolition de cette tour une médaille de l'empereur Vespasien. Le château de *Saint-André*, résidence primitive des Nobles de *Cam*, passa ensuite entre les mains des Barons de *Hunenberg*, & après eux, à diverses familles de Zoug. Aujourd'hui il appartient à M. de *Landtwing*, dont j'ai fait l'éloge, & qui l'a fait réparer & embellir avec beaucoup de goût. On a de ce château (*) une vûe charmante qui se porte jusqu'au bourg d'*Art* situé à la tête du lac, elle en embrasse tout le contour, excepté l'enfoncement d'*Immensée*, depuis la pointe du promontoire de la *Kiemen*, jusqu'au pied du *Mont-Riggi*; j'ai joui également sur ma barque de cette vûe la plus agréable du monde.

Entre le château de *Saint-André* & l'église paroissiale de *Cam* qui est située pour une hauteur, la *Lortz* sort du lac & va ensuite se décharger dans la *Russe*, au-dessous de *Maschwanden*, Canton de Zurich, après avoir traversé le bailliage de *Cam*, & passé près de l'abbaye des Religieuses de *Frauenthal*, Ordre de Citeaux, dans le territoire de la ville de Zoug. Cette rivière pourroit être rendue navigable; il seroit aisé, avec quelques dépenses, de faire sauter les rochers qui entravent son lit dans quelques endroits. Mais on croit que l'égoïsme des particuliers qui ont des moulins le long de son cours & des droits de pêche, éloignera toujours le bien général. Le lac forme une grande courbe entre le château de Saint-André & *Desfpach*; & dans cet intervalle, après la sortie de la *Lortz*, dans la proximité du château, on voit sur une élévation l'église de *Cam*; la paroisse de ce nom contient dans son circuit plus de quatre mille ames. *Cam* donne le nom à un bailliage de la ville de Zoug; c'étoit autrefois une ville. *Bochat* qui s'est donné la torture pour trouver des étymologies Celtiques à la plus grande partie des endroits de la Suisse, soutient (8) que *Camm* signifioit *Courbe, courbure*; ainsi, selon cet ingénieux Auteur, *Chamm* veut dire *Courbure de l'eau*, parce que le lac se termine du côté de *Cham* ou *Cam*, en portion de cercle.

En m'arrêtant à l'endroit où la *Lortz* sort du lac, je vois un pont long & étroit sur lequel les gens de pied passent du vallon au-dessous du château à la paroisse de Cam, & je découvre dans le lointain sur la Lortz un pont de bois couvert. Ce pont est le grand passage pour les deux principales branches du chemin de Zoug, dont l'une sur la droite, conduit au pont de *Sinff*, sur la *Russe*, dans le bailliage de l'*Argeu-libre* d'en-haut, & l'autre à Lucerne. Il y a de Cam au pont de *Sinff* une mortelle lieue. Je parlerai plus au long du cours de la *Lortz*, dans la Topographie du Canton de Zoug; je me contenterai de remarquer ici que la situation de *Cam* est infiniment agréable.

En remontant le lac le long de sa rive occidentale, je trouve jusqu'au village de *Risch*, qui donne son nom à un bailliage de la ville de Zoug, une chaîne continue de collines couvertes de champs de labour, d'arbres fruitiers, de bouquets de bois, de maisons, de fermes & de hameaux; cette chaîne a derrière elle la rivière de *Russe*, le long de laquelle règnent les montagnes cultivées du Canton de Lucerne & du bailliage du *Haut-Argeu-libre*; elle fait aussi face à la montagne de Zoug

qui offre à-peu-près les mêmes agrémens & au pied de laquelle, dans un enfoncement, est située la ville de Zoug. On peut bien juger que la vue est enchantée d'une situation aussi riante; les Etrangers regrettent qu'il n'y ait pas dans ces parages du *Lucullus*, qui ornent de maisons de campagne *à la moderne* les bords d'un lac aussi pittoresque: au bas du château de *Saint-André*, est le *Fahr* ou l'*abri* pour les bateaux de Cam à Zoug.

On trouve le long de la côte du lac depuis *Cam* jusqu'au château de *Buonas* qui en est distant d'une grande lieue, deux ou trois hameaux; celui de *Desfpach*, dans le bailliage de *Risch* & dépendant de la paroisse de ce nom, est au bord du lac, avec un ruisseau qui vient d'au-dessus du district de *Lang-Reuti* où il y a quatre maisons; le ruisseau de *Desfpach* est la limite du bailliage de *Risch*, autrement *Gangoldschweil*, en latin *Gangolfi villa*. Entre *Cam* & *Desfpach* & tout près de Cam, le lac forme un petit cap, & depuis cette pointe jusqu'à *Desfpach*, il offre une sorte de demi-cercle, à l'extrémité duquel on découvre une petite baie, dite *Desfpach-Laende*.

De *Desfpach* le lac se prolonge jusqu'à la pointe *Zweyer-Eck* qui doit son nom au hameau voisin *Zweyeren*, dans la paroisse de *Risch*. La seigneurie de *Buonas* ou *Buchenass* commence au-dessous de l'habitation dite *Gibel*, qui est du bailliage de *Risch*: le lac fait une espèce de cercle considérable depuis l'angle de *Zweyer-Eck*, aussi du bailliage de *Risch*, jusqu'à la pointe où est bâti le château de *Buonas*. Dans cet intervalle j'apperçois le hameau de ce nom, le *Fahr* ou le *passage* où sont les bateaux pour conduire à Zoug qui en est éloigné d'une grande lieue: je vois au-dessus du *Fahr* la chapelle de *Buonas*, & sur la droite du hameau de ce nom se présente un grand bois appartenant au Seigneur de Buonas. Il y a quelques habitations le long du lac; j'apperçois une colline &, au-delà, le local d'un petit étang qui se décharge dans le lac: au-dessus du château paroissent trois collines, sur la première desquelles est une croix. Le château, bâti sur le roc, à la pointe d'un grand promontoire, jouit d'une vûe superbe en face de la montagne de Zoug; cette vue embrasse les deux extrémités du lac. Le château (**) est antique & très-bien entretenu : derrière le bâtiment, mais dans un éloignement, s'élève le *Homberg* qui fait la pointe de la montagne de *Ros* située dans le Canton de Lucerne, & couverte de bois. *Buonas* est une ancienne seigneurie dont la basse jurisdiction, avec plusieurs possessions & le droit de pêche dans une certaine étendue du lac assez considérable, appartiennent aujourd'hui à M. de *Schweitzer* Conseiller d'Etat de Lucerne & ancien Baillif du Comté de Willisau; elle étoit primitivement possédée par les Nobles de *Buonas*. Elle fut apportée en mariage à un Noble de *Hertenstein*, dans le treizième siècle, par une Buonas dernière de ce nom, & depuis ce temps elle resta à ses descendans, du nom de *Hertenstein*, jusqu'à ce que, par une autre alliance, elle passa vers la fin du dix-septième siècle dans la famille patricienne de *Schweitzer*. Toute cette seigneurie est enclavée dans le bailliage Zougois de *Risch*, la haute jurisdiction & le port d'armes dépend de la ville de Zoug, & le Seigneur est son vassal.

Je vais continuer ma promenade. La seigneurie de Buonas s'étend encore le long du lac, depuis le château jusqu'à *Boeschen-Roth*; le chemin qui y conduit va par *Risch*, le long du lac, sur

---

(8) Mémoires crit. sur l'Histoire ancienne de la Suisse, T. III. pag. 413-414.

(*) PLANCHE 101.
(**) PLANCHE 101.

la hauteur. Depuis le château de Buonas, le lac fait en s'éloignant de la pointe une sorte de courbe jusqu'à *Boeschen-Roth*, & dans cet espace on trouve *Risch*, village de paroisse, très-voisin du château. La collation de la paroisse de Risch, dans laquelle est aussi comprise la seigneurie de *Buonas*, appartient depuis plusieurs siècles à l'aîné de la maison de *Hertenstein*, de Lucerne: c'est un bénéfice considérable. Il y a un ruisseau sur la gauche du village de *Risch*, un autre se jette dans le lac entre Risch & *Boeschen-Roth* qui est un hameau dépendant du bailliage de Risch & limitrophe du Canton de Lucerne. Derrière *Boeschen-Roth*, & à sa droite, le *Muhlebach*, gros ruisseau, se jette dans le lac; il sépare le territoire de Zoug de celui de Lucerne: ce ruisseau vient du moulin *Hoellmuhle*, Canton de Lucerne.

Depuis *Boeschen-Roth*, jusqu'au promontoire *Kiemen*, le lac forme encore un demi-cercle; toute cette partie appartient à la République de Lucerne avec le retour, depuis la pointe de la *Kiemen* jusqu'au petit ruisseau *Kung-baechlein*.

Theuffthal, (le Val profond), est un district sur le lac, au milieu de la courbe, entre *Boeschen-Roth* & la pointe de la *Kiemen*; il y a ici quelques habitations, & dans cet intervalle on remarque *Widulfingen*, le long du lac & au-dessous des hauteurs ou escarpemens.

La partie du lac d'en-haut commence à Buonas, elle ne paroît pas aussi agréable que celle d'en-bas; celle-ci, moins profonde, n'est pas aussi sujette à des vents souterreins qui excitent la tempête. Les bords du lac supérieur sont en général environnés de montagnes & de collines couvertes de bois, au pied desquelles se trouvent des maisons & des prairies. Au reste, le lac est presque par-tout accessible, ce qui doit être regardé comme un point essentiel pour la sûreté de la navigation.

Après *Boeschen-Roth*, on double le grand promontoire dit *in Kiemen* ou *die Kiemen*; il a son commencement à la gauche du hameau d'*Immensée-le-bas* au *Rutiberg*, il est montueux & couvert de bois; le terrein dépend du bailliage de Habspourg, dans le Canton de Lucerne, mais la propriété du bois appartient à la ville de Zoug, & le droit de chasse au Canton de Schweitz: le lac, depuis la pointe de la *Kiemen* jusqu'à l'autre côté opposé, est assez resserré, n'ayant tout au plus qu'une demi-lieue de largeur; on apperçoit dans cet intervalle & sous l'eau, un banc de rochers qui s'étend d'un bord à l'autre. Le ruisseau *Kungs-baechli* coupe le centre de la *Kiemen*; la partie de ce promontoire qui part d'*Immensée-le-bas* forme une ligne assez droite jusqu'au rocher dit *Kungsblatten*; mais depuis cette pointe qui s'avance dans l'eau, le lac offre une sinuosité qui est terminée par la continuation du promontoire; cette prolongation est presque en droite ligne depuis cette petite baie jusqu'à son extrémité qui offre une forme assez ovale.

Le hameau d'*Immensée-le-bas* est situé à la tête d'un golfe considérable du lac: il y a ici un port, avec des barques pour les passagers. De ce hameau jusqu'au bourg de *Kussnacht*, sur le lac des *quatre Cantons Forestiers*, autrement de *Lucerne*, on ne compte qu'une demi-lieue; tout ce district jusqu'à *Art*, appartient au Canton de Schweitz. On m'a fait concevoir qu'il seroit possible de faire tomber, avec le secours des écluses, la partie du lac de Lucerne voisine de Kussnacht,

(9) Rapportée par Dom Herrgott, dans la généalogie diplomatique de la Maison de Habspourg.

par un canal, dans le lac de Zoug, & que le lit seroit praticable depuis ce village, en le dirigeant entre des hauteurs jusque dans le bailliage Zougois de *Risch*; mais une pareille entreprise coûteroit des frais considérables, elle abrégeroit cependant le transport des marchandises, parce qu'à *Cam*, à l'extrémité du lac de Zoug, la *Lorze* qui en sort pourroit être rendue navigable jusqu'à la *Russe*; il est vrai aussi qu'il seroit à craindre que le lac des *quatre Cantons* ayant cette nouvelle décharge, perdît beaucoup de son volume d'eau dans la proximité de Lucerne. Ma barque passe à la vûe du hameau d'*Immensée-d'en-haut*, (*Ober-Immensée*), qui se trouve au pied de la célèbre montagne de *Riggi*; je décrirai cette montagne dans un autre endroit. Son revêtement du côté du lac de Zoug, paroît être très-chenu; il s'en détache quelquefois des quartiers de rochers: tout ce côté est exposé au vent du nord. Au pied du revêtement, le long du lac, il y a un chemin qui conduit au bourg d'*Art* dont je vais parler; ce chemin, pratiqué immédiatement au-dessus du lac, m'a semblé assez étroit.

Après *Immensée-d'en-haut*, j'entends descendre dans le lac avec grand bruit les deux torrens, le bas & le haut *Kurzenbach*; ces torrens sont voisins, n'ayant entr'eux que l'habitation *Im-Kutsch* & une petite *Commune*. Le ruisseau du bas *Kurzenbach* est immédiatement au pied du revêtement du mont *Riggi*, dont la pointe se nomme *Auf-der-eck*, (sur l'Angle): je trouve jusqu'au bourg d'Art, le long du chemin, plusieurs districts, *Strick*, *Suesen-winckel* où le lac fait une petite courbe, *Naseneck*, (le Coin du nés) où une pointe s'avance dans le lac; il y a quelques maisons ou plutôt quelques cabanes le long de ce chemin.

J'arrive en face du bourg d'*Art*; il est situé à la tête du lac, dans ce district qu'on nomme aussi *lac d'Art*, (der Arter-sée); c'est un bourg très-peuplé & très-bien bâti. L'Eglise paroissiale qu'on y voit paroît d'une architecture élégante & à l'Italienne. Il y a dans Art un couvent de Capucins: ce bourg est le premier des six quartiers qui partagent la souveraineté du Canton de Schweitz; le lac forme ici une grande baie ou un bassin considérable. On apperçoit encore à la droite d'Art, au pied de la *Riggi*, une tour qui faisoit partie de l'ancien retranchement que les Suisses avoient élevé pour la défense de leur liberté sous l'Empire d'Albert I. Des pans considérables de murs, restes de ce retranchement, paroissent aussi à la sortie d'Art en allant à la chapelle de *Saint-Adrien*. Il est beaucoup question de ce retranchement dans la description de la bataille de *Morgarten*, en 1315, journée à jamais mémorable dans les fastes de l'Histoire Helvétique.

Avant que d'entrer dans Art, on trouve le ruisseau *Trayenbaechlin*, à côté de la *Maison du Tirage*, le quartier habité dit *Hirzen*, le ruisseau *Muhlebach* & le magasin du sel. Achevons la situation du bourg d'Art. Il est placé à l'entrée d'une vallée étroite, entre le mont *Riggi* & le mont *Ruffiberg* ou *Ruffenberg*. Une charte (9) de l'an 1036, appelle ce lieu *Arta*; ce peut être son nom celtique, relatif ou au lac ou à la petite rivière *Aa*, autrement *Aabach*, qui entre dans le lac près de la tuilerie d'Art & qui descend du mont *Rotenfluh*, dans le Canton de Schweitz, au-delà du *Goldan*. Bochat, dont je copie ici les conjectures étymologiques, dit (10) que dans

(10) Mém. Crit. sur l'Histoire ancienne de la Suisse. T. III. p. 66.

fa langue des Celtes, *Art-a*, fignifioit *Eau haute*. La tradition porte que Charlemagne fit paffer des Saxons dans la vallée d'Art, pour en garder le paffage fort ferré entre deux montagnes dont l'une s'appelle *Ruffiberg*, l'autre *Rigi-berg*. Le premier de ces noms veut dire, *Montagne rougeâtre ou rouffe*, le dernier, *Montagne de la Rivière*. Bochat ajoute que dans l'ancien dialecte Saxon, *Rige* eft rivière: mais fans nous perdre dans le vafte empire des conjectures, ne pourroit-on pas dire que le nom d'*Art* dérive de fa fituation, *Arcta vallis*, *la Vallée étroite*, & que le mont *Riggi*, en latin *Regius mons* ou *Regina montium*, (*le mont Royal* ou *la Reine des montagnes*), doit le fien à fa grande élévation? Elle le fait régner fur tout le pays voifin, & fa cime que les habitans appellent encore *Kulm*, du mot latin *Culmen*, eft vûe dans une majeure partie de la Suiffe. Ne pourroit-on pas encore avancer que le *Ruffiberg* eft ainfi appellé, *Mont rougeâtre* ou *roux*, du latin *Ruffus mons*?

Je quitte le beau baffin d'Art, & je vais côtoyer en defcendant la rive droite du lac jufqu'à Zoug. Ce lac forme un petit demi-cercle, immédiatement après l'embouchure de l'*Aabach*; à l'angle de ce demi-cercle eft un ruiffeau, avec un moulin à fcie, (*Sagen*); la côte du lac a fa direction en droite ligne jufqu'au petit cap dit *Claufen-egg*, *l'angle de Nicolas*, & dans cet intervalle on trouve le hameau *Gengigen* & les diftricts *Lindauer* & *Ruti*. En doublant *l'angle de Nicolas*, on apperçoit une petite baie dans laquelle defcend un ruiffeau; le lac offre enfuite des finuofités, mais moins remarquables jufqu'à *Altenfée* où eft la *Chapelle de Saint-Adrien*, bâtie entre un moulin à fcie & la pointe dite *Sant-Adrio Egg*, *l'angle de Saint-Adrien*. Ici eft la limite entre le Canton de Schweitz & celui de Zoug: on compte une demi-lieue d'Art à la chapelle de Saint-Adrien, trois lieues jufqu'à Zoug par terre, & prefque autant fur le lac. Il y a un chemin d'Art à Zoug, pour les gens à cheval, on pourroit l'élargir affez pour les voitures, fi on vouloit facrifier à l'utilité publique des portions du terrein adjacent.

Me voilà de nouveau dans le Canton de Zoug; ici commence le bailliage de *Walchweil* qui appartient à la ville de Zoug, & qui trouve le long du lac & dans la montagne, une immenfité de châtaigniers. J'obferve fur la rive, entre l'angle de Saint-Adrien & le village de *Walchweil*, plufieurs diftricts habités, le haut & bas *Bruderloch* & *Saecki*, puis un petit ruiffeau dont j'ignore le nom, le moulin à huile, en Allemand, *Oehler-ftampfi*, & le ruiffeau *Weyelbach*; enfin j'arrive en face du cabaret, à *l'Ange*, au bas du village de la paroiffe *Walchweil*. Je trouve le long de la côte, & dans la montagne, beaucoup de vignobles, depuis Walchweil, jufqu'à la fin du bailliage de ce nom. On m'affure que le vin de cette côte eft médiocre, & je n'ai pas peine de le croire; mais j'admire le travail opiniâtre des habitans. Au refte, fi ce vin étoit dans la proximité de Paris, il auroit peut-être la même deftination que bien des vins des environs de cette Capitale, il y auroit des Marchands affez habiles pour en compofer du vin de Bourgogne: mais jufqu'à préfent les *Walchwilois* n'ont pas encore eu cette rare induftrie; il eft vrai qu'ils font trop éloignés, du pays où on fe la permet auffi hardiment pour ofer en tenter l'effai.

Walchweil eft à deux grandes lieues de Zoug & à une autre lieue d'Art: derrière Walchweil eft le mont dit *Roetelberg*, le mont des *Roetteli*, ce nom lui vient de la pêche des *Roetteli* dont j'ai parlé; cet excellent poiffon fe prend ici en quantité dans les mois de Novembre & Décembre, entre le *Roetelberg* & le promontoire oppofé *Im-Kienen*. La pêche fe fait avec des filets très-fins qu'on appelle en Anglois *Trummels*: on les defcend garnis d'appas de viande dans le lac, au temps du frai, on les y laiffe pendant vingt-quatre heures, & le poiffon vorace s'y attache volontiers. Scheuchzer dit dans la defcription (11) du lac de Zoug, écrite en 1706, qu'on y avoit pêché peu d'années auparavant un *Roetel*, pefant fix livres. Le lac eft profond depuis Art jufqu'au-delà du *Roetelberg* & dans tout le contour le long du *mont Riggi*, jufqu'à deux cent toifes: il y entre beaucoup de fources vives, & il doit y en avoir un grand nombre dans fon fond. La partie fupérieure du lac ne gèle prefque jamais, mais celle d'en-bas, depuis Rifch jufqu'à Cam, a été prife plufieurs fois dans des hivers trop rigoureux, & on l'a paffée de Zoug à Buonas à pied & avec des petits traîneaux.

Le bailliage de *Walchweil* eft enclavé entre les ruiffeaux *Blatter-bach* & *Ruffi-bach*, l'un le fépare de la banlieue de Zoug, & l'autre du Canton de Schweitz. *Ruffi-bach* fignifie *le Ruiffeau rougeâtre* ou *rouffâtre*, *Ruffus rivus*. J'ai parlé plus haut du mont *Ruffiberg*, voifin du bourg d'Art.

Le lac a quelques finuofités, & il forme quelques petites baies depuis Walchweil jufqu'au bec dit *Hoemlin*, (*la petite Corne*); dans cet intervalle on trouve un moulin à fcie fur un ruiffeau qui tombe dans le lac, les maifons *Im-Loeffler* & le ruiffeau qui eft au-deffus de la maifon de l'ancien Sous-Bailli de Walchweil; depuis le bec de *Hoemlin* jufqu'à *Lotterbach*, où il y a auffi un moulin à fcie, on trouve les diftricts *Graffftall*, *Rebmatt*, & la belle chûte d'eau qu'on appelle *Grindwaefchen*, *le Lave-tête*; elle tombe de la montagne, & dans les gros temps de pluie elle forme une fuperbe nappe; cette chûte a bien trente pieds de haut.

Lotterbach eft entre deux ruiffeaux; celui d'au-deffous fe nomme *Tielibaechli*; ils partent tous deux d'une même fource qui fe divife en deux branches un peu au-deffus de *Lotterbach*, & fur le flanc gauche de ce moulin. Je prie le Lecteur de fe rappeller que je règle ici les pofitions de deffus ma barque, en regardant la rive en face.

Après le petit ruiffeau *Tielibaechli*, j'apperçois le bec qu'on nomme *Nafeck*, (*le Coin du nés*), & depuis cette petite pointe jufqu'à celle d'*Eyeler-eck*, la côte du lac eft affez droite dans fa direction: mais auffi-tôt après le bec d'*Eyelen*, on trouve une jolie petite baie, à la gauche de laquelle & tout près de la rive, fe préfente une petite ifle, avec une croix. Elle paroît avoir fait anciennement partie du Continent; quelque tremblement de terre l'en aura vraifemblablement détachée. On nomme le long du lac l'emplacement de plufieurs diftricts qui fe font abîmés dans le lac. On m'affure que la terre glaife de cette iflette a des propriétés admirables.

Un peu plus loin, on paffe devant le moulin à pilons, dit *Otterfchweil*; le lac fait encore une baie affez belle avant que d'arriver à la ferme de *Trubicken*: on paffe enfuite à la vûe du village *Oberweil*; le ruiffeau, dit *Dorff-bach*, fe jette au-deffus du village, à un endroit où le terrein fait un bec dans l'eau. Tous ces diftricts depuis *Lotterbach*, font dans la paroiffe de Zoug: le village *Oberweil* eft à une demi-lieue de cette ville.

---

(11) *Itinera Alpina*. T. III. pag. 357.

Il y a en cet endroit une belle Eglise filiale de Zoug.

Après *Oberweil*, le ruisseau *Abach* descend dans le lac, où il forme une petite pointe ; sa source est dans la *Commune d'en-haut*, dite *Ober-Allmend* : de-là jusqu'au torrent *Fridbach*, (*le ruisseau de la paix*), on voit les districts *Tellen*, *Stoltzengraben*, la chapelle de *Saint-Charles*, avec la belle maison de campagne, bâtie *à la moderne*, qui appartient à M. de Louriger, ancien Landamme du Canton de Zoug : ils sont placés au-dessus d'une baie que forme ici le lac, & d'où l'on jouit d'une vûe charmante. Derrière la maison on voit des collines couvertes de vignes ; en général toute la partie limitrophe du lac depuis Oberweil jusqu'à Zoug, n'offre que des prairies, des arbres fruitiers, des vignes, des bois, des maisons & des fermes éparses, sur les différens groupes qui forment *la montagne de Zoug*. On découvre encore depuis Oberweil jusqu'à Zoug, le long du lac, un chemin bordé d'arbres fruitiers.

Après le torrent *Fridbach*, & la maison qui y est annexée, & qu'on nomme *Laffler*, près de laquelle il y a un petit vignoble qui finit au bec que fait le *Fridbach* à son embouchure, on voit au bord du lac, sur une petite hauteur, la jolie maison de campagne de M. de Muller, Président de la ville de Zoug, le même qui renouvella au nom du Canton, le 14 Août 1777, à Soleure, l'Alliance avec la France.

Après *la Tuillerie* on trouve plusieurs maisons le long du lac, qui fait ici de légères sinuosités jusqu'à la ville. Le chemin d'Oberweil a sa direction le long du mur qui forme l'enclos de la campagne de M. le Baron de Zur-Lauben, le terrein garni d'arbres fruitiers gagne insensiblement la hauteur sur laquelle est bâtie l'Eglise de Saint-Michel qui est la paroisse de la ville. Au pied de cette hauteur paroît un château (*), flanqué de plusieurs tourelles, & annexé à une jolie chapelle ; on appelle par distinction ce château, avec ses bâtimens & dépendances, le *Hoff*, (*la Cour*), c'est-là où demeure M. le Baron de Zur-Lauben qui m'a donné tant de secours pour le texte de cet Ouvrage. Son château, quoique ancien, est très-bien entretenu, ainsi que ses jardins où il y a des eaux jaillissantes. On y jouit d'une vûe étonnante, elle embrasse à la fois, dans le lointain, les monts *Riggi* & *Pilate*, ceux du Canton d'Underwalden, les glaciers du Canton de Berne, entr'autres le *Jungfrau-Horn* ou *la Corne de la Vierge* qui est dans la paroisse de *Lauterbrunnen*, au bailliage d'Interlachen. En face du *Hoff*, se présente la côte riante du lac, depuis Risch jusqu'à Cam ; la vûe se porte aussi sur le circuit du lac depuis le château de Saint-André jusqu'à la maison du Tirage & sur une partie de la ville de Zoug. On découvre encore au-dessus de la côte, au-delà du lac, les montagnes cultivées du Canton de Lucerne & du Haut-Asgeu-libre, & on observe au nord le *mont Albis* qui est du Canton de Zurich : c'est en un mot une vûe délicieuse par ses variétés locales. C'est ici que je termine ma promenade. J'ai déjà tracé le tableau de la montagne de Zoug ; je n'ai garde d'y revenir, de peur de renouveller mes regrets, d'être éloigné d'une contrée aussi agréablement ornée par la Nature.

Tel est le site du lac de Zoug dans ses diverses partitions ; avant que de le quitter, j'observerai que le vent le plus dangereux qui l'agite quelquefois, est celui du sud-ouest que les bateliers nomment communément en Allemand, *Wetterfoen*, c'est-à-dire, *le vent du midi qui amène l'orage* : la partie supérieure du lac est fréquemment troublée par un vent contraire à celui qui se promène sur le lac inférieur. La bise règne souvent dans celui-ci, pendant que le vent du midi souffle dans la partie d'en-haut. Ces vents, quand ils se croisent ainsi, promettent ordinairement un temps clair, lors même que le mont *Riggi* est ceint de brouillards épais. On observe aussi un flux & reflux dans le lac d'en-bas : les lacs sont en général la miniature de la mer.

Il y a à Zoug une douane pour les marchandises qu'on transporte depuis Horgen (sur le lac de Zurich) pour l'Italie. On les embarque de nouveau à Zoug pour *Immensée* ; le trajet par terre entre ce hameau & *Kuffnacht*, sur le lac des *quatre Cantons Forestiers*, n'est pas considérable.

LAC DE WALLENSTATT.

Je vais parler du lac (1) de *Wallenstatt*, autrement *Wallensée*, l'un des lacs les plus remarquables de la Suisse ; on l'appelle en latin *Rivarius*, *Riviarius*, *Riparius*, *Ripensis*, *Wallenstadiensis*, & quelquefois *Wesenius lacus* ; les Grisons le nomment *Lach Rivaun* : au levant il est limitrophe du Comté de Sargans qui appartient aux huit premiers Cantons. A la tête supérieure du lac est située la petite ville de *Wallenstadt* ou *Wallenstatt*, & à l'autre bout la petite ville de *Wesen*. Une partie du lac sur sa droite méridionale jusqu'à Wesen, dépend du bailliage de *Gaster* qui est sous la jurisdiction des Cantons de Schweitz & de Glaris. Sur sa gauche, également méridionale, il a encore pour limites le même bailliage de Gaster : il a aussi sur sa côte gauche méridionale le quartier de *Kirrenzen* qui fait partie du Canton de Glaris. Il s'étend d'orient en occident, & il a quatre lieues dans sa longueur ainsi que le lac de Zoug ; mais sa largeur est inégale, elle n'a qu'une bonne demi-lieue. A l'égard de sa profondeur, on ne peut pas la déterminer ; des montagnes & des rochers l'environnent au nord & au midi : vers le couchant & le levant il est presque ouvert, mais au nord il est fermé par des montagnes horriblement hautes ; ce sont les montagnes *Ammon*, *Quinten*, & autres, qui, la plupart, n'offrent à la vûe que leurs rochers vifs depuis leur pied jusqu'à leurs cimes ; du côté du midi le lac est borné par le mont *Kirrenz* qui montre de même son roc nud depuis l'endroit où finissent les *roseaux*, jusqu'au val *Mullethal* & jusqu'à *Mullehorn* : mais depuis Mullehorn, & jusques près *Murg* & *Terzen*, cette montagne présente un aspect plus riant, ses côtes qui bordent le lac sont cultivées.

En général le lac (**) de Wallenstatt est mal famé pour la sûreté de la navigation ; on le dit communément dangereux ;

(*) Planche III.
(1) Plantin, *Helvetia antiqua & nova*, Cap. XV. pag. 27.
Johannes Jacobus, Scheuchzer, *Itinera Alpina*, T. I. p. 78-79 & T. III. pag. 430.
Le même, Histoire Naturelle de la Suisse, T. I. pag. 54-56, en Allemand.
Leu, Dict. Hist. de la Suisse, T. XIX. p. 96-98.

Faesi, Descript. Topog. de la Suisse, T. III. p. 325-328 & 357.
Trumpi, Chronique du Canton de Glaris, p. 60 & suiv. Winterthour 1774. in-12, en Allemand, avec fig.
Tscharner, Dict. Géog. Hist. & Pol. de la Suisse, T. II, pag. 196, &c.
(**) PLANCHES 22, 122, 125 & 143.

& l'on prétend que beaucoup de bateaux y ont péri ; mais ce bruit est peut-être accrédité par ceux qui ne l'ont jamais passé, car depuis très-long-temps on n'a pas d'exemple qu'aucun bateau ait éprouvé cet accident sur ce lac. On y tient une règle excellente pour l'ordre de la navigation. Il y a d'abord une sévère défense aux bateliers de se servir du même bateau plus de trois ans, & ils n'ont garde de s'embarquer dans des temps orageux ; outre cela les Voyageurs les plus intrépides qui veulent tenter l'aventure, sont souvent obligés de rester deux ou trois jours à Wesen ou Wallenstatt, lorsque le vent n'est pas favorable. On ne peut aborder en sûreté qu'aux deux extrémités, à Wesen ou à Wallenstatt ; il est vrai que dans une grande nécessité on pourroit aussi prendre terre à Mullethal. Quand le temps menace d'orage, les bateaux de transport qui viennent de Wallenstatt ont ordre de tirer vers Mullethal, autant qu'ils le peuvent ; mais ces débarquemens ne sont pas aussi sûrs qu'à Wesen ou Wallenstatt : vers le nord la chaîne continue de rochers ôte aux Voyageurs tout espoir d'aborder. L'inspection de la navigation depuis Wallenstatt, par le lac de ce nom, la Lint & le lac de Zurich, jusqu'à Zurich, est sous les ordres de l'Amirauté de la navigation commune aux Cantons de Zurich, Schweitz & Glaris. Cette Amirauté établie en 1582, a renouvellé ses règlemens en 1749 ; elle veille sur le libre transport des marchandises d'Italie par Coire, à Glaris, Zurich & ailleurs. Dans les endroits où la rivière de la Lint, qui forme la communication du lac de Wallenstatt avec celui de Zurich, a son lit embarrassé par le sable, on tire les bateaux avec des chevaux.

Quand le temps est clair, il souffle périodiquement sur le lac de Wallenstatt certains vents auxquels les bateliers font la plus grande attention pour régler leur départ. Le matin, avant & après le lever du soleil, commence le vent d'Est, (en Allemand *Ost-wind*), il dure jusqu'à dix heures, & depuis dix heures jusqu'à midi le vent cesse entièrement. Après midi, jusqu'au soir, un doux vent du couchant, l'Ouest ou le *West-wind* se fait sentir, & après le coucher du soleil recommence le vent d'Est (*Ost-wind*) ; cette marche successive est réglée dans un temps clair & serein, & elle est interrompue avec violence dans un temps d'orage, & cela par un vent impétueux du nord, que les bateliers nomment *Blaettlifer* ou le *Kalchtharler*. Lorsque ce vent s'élève tout-à-coup, il rend la navigation aussi effrayante que dangereuse ; au reste, le cours périodique des vents se fait très-bien sentir par la situation du lac. On admire durant la navigation plusieurs chûtes d'eau qui tombent du mont *Ammon* & de différens rochers. Ces chûtes se pulvérisent en quelque manière, & souvent elles forment des iris ou arcs-en-ciel. Sur la côte septentrionale on voit saillir des rochers du mont *Seren* un torrent considérable que l'on appelle le *Beyer-bach*. Il y a des gens qui prétendent que c'est la source du Rhin ; mais ce qui prouve leur ignorance, c'est qu'ils ne peuvent dire par quel canal ce torrent communique avec le Rhin qui en est encore très-éloigné.

De dessus la hauteur du mont *Brieter*, voisin de la petite ville de Wesen, on découvre la grande prairie qui appartient à des particuliers du Canton de Glaris ; l'exhaussement du lac rendoit autrefois, dans l'été, une partie du chemin impraticable pour le transport des marchandises du Canton de Glaris à Wesen. Beaucoup de prés, voisins du lac, ne produisoient que du jonc ou du fourrage d'hyver ; les inondations augmentoient le dommage d'année en année ; le Magistrat de Glaris s'étoit occupé depuis long-temps de l'exécution de plusieurs projets pour consolider la route jusqu'à Wesen, soit en faisant pratiquer des canaux ou des issues dans les terres, soit en ouvrant une autre route par *Mollis*, le long du mont *Kirèm*. Enfin depuisquatre ans on a fait une belle chaussée de Glaris à Wesen, en passant par Mollis.

Le lac de Wallenstatt est très-poissonneux ; on trouve encore sur les montagnes voisines plusieurs petits lacs, ils abondent en truites très-délicates. Le plus remarquable est le *Wildsée* le *lac Sauvage*, au-dessus de *Wilten*, sur l'Alpe *Grauehorn*, *la Corne grise*, dans la paroisse de *Mels* & dans le Comté de Sargans. Le contour de ce dernier lac a presque une *meille* d'Allemagne ; sa superficie est glacée pendant la plus grande partie de l'année, elle dégèle cependant lorsque l'été est long & extraordinairement chaud, ou lorsqu'en cette saison le vent du midi souffle durant quelques jours. Les habitans du pays vous disent gravement que si on jette une pierre dans ce lac, il survient un orage. On a débité le même compte sur plusieurs autres petits lacs de montagnes en Suisse & en Grisons, notamment sur celui que l'on voit sur le *mont Pilate*, dans le Canton de Lucerne.

Marc Lescarbot, Avocat au Parlement de Paris, avance dans son *Tableau de la Suisse* (1), imprimé à Paris en 1618, qu'une Reine de Hongrie s'étoit autrefois noyée en passant sur le lac de Wesen, autrement de Wallenstatt, mais il ne marque pas le nom de cette Princesse.

Le bourg de *Wesen*, en latin *Vesonium*, *Vesenium*, *Vescha* & *Portus Rivanus*, est l'endroit où l'on s'embarque sur le lac de Wallenstatt. La jurisdiction particulière de ce bourg a été réunie au bailliage de Gaster qui appartient aux Cantons de Schweitz & de Glaris. Wesen étoit anciennement une ville : sa situation l'expose aux débordemens du lac qui est ici très-exhaussé. La décharge du lac paroît étroitement resserrée près de la Tuillerie. Cette position occasionne beaucoup de maladies dans le bourg, & on observe d'année en année une dégradation très-sensible dans les bâtimens & dans la fortune des habitans, malgré le transit de toutes les marchandises qui passent en cet endroit pour l'Italie par le pays des Grisons. Un tiers du péage sur les marchandises appartient à la bourgeoisie de Wesen, & deux parts aux deux Cantons Co-Souverains. On est souvent obligé de former dans le bourg, au printemps & dans l'été, des chemins avec des planches & des petits ponts : le bourg étoit en 1764 tellement absorbé par les eaux, que des bateaux on montoit dans les logemens du second étage. Au reste, les habitans de Wesen s'entretiennent de la pêche, de la navigation du lac, & du transport journalier des marchandises. Les montagnes voisines sont riches en vacheries ; le plat pays abonde en arbres fruitiers : on voit autour du bourg quelques vignobles, élevés en berceaux sous lesquels on sème de la luserne. Wesen est à l'endroit où la rivière de *Setz* ou *Sez* sort du lac, auprès du mont *Wahlenberg* ou *Valenberg* ; la Sez se jette dans la *Lint*, au pont de la Tuillerie : on appelle aussi en cet endroit la *Mag*. Je parlerai ailleurs de son entrée sur le lac auprès de Wallenstatt. Au-dessus de Wesen, sur la côte septentrionale du lac, s'élève

---

(1) In-4. fig. pag. 18.

Tome I.

une grande & agréable montagne, qu'on nomme le mont *Ammon* ou *Ambden*, en latin *ad Montem*, elle fait partie du bailliage de Gafter. On trouve fur fa cime la paroiffe *Ammon* dont dépendent *Bettlis* & *Fley*; de cette montagne defcend le ruiffeau dit *Mufel* ou *Ammen-bach* qui fe jette dans le lac de *Wallenftatt*, & qui forme en tombant une cafcade admirable. Le mont Ammon eft bien élevé d'une demi-lieue au-deffus du lac, on y defcend par un chemin coupé dans les rochers.

Le hameau *Bettlis* eft au bord du lac, on y voit quelques vignes. *Fley*, où il n'y a que deux maifons, en eft voifin: le ruiffeau *Fleybach* fe précipite ici dans le lac; ces hameaux font dans la proximité de *Wefen* & à fa gauche. On voit encore au pied du mont Ammon, fur les bords du lac, la ruine de la tour de *Stralegg* ou *Stralek*, avec une chapelle.

Avant d'arriver au mont Ammon, la côte feptentrionale du lac eft fermée par les montagnes de *Blaettisberg* ou *Fiderfcher*, & par le *Matteftock*; le mont Ammon qui fuit ce dernier a dans fa continuation le mont *Seren*, duquel defcend dans le lac le ruiffeau *Serenbach*; puis paroît le mont *Quinten*, au pied duquel eft le hameau de ce nom, en face de la paroiffe de *Quarten* qui eft à l'autre côté du lac dans la diftance d'une lieue. Après le mont *Quinten* qui dépend encore du bailliage de Gafter, on trouve le mont *Jofen* dont le pied fe nomme le *Rebord gliffant*, en Allemand *die Glattewand*, parce que ce rebord s'élève perpendiculairement au-deffus du lac qui a en cet endroit trois cent toifes de profondeur. Le mont *Jofen* & celui de *Schwalbis* qui le fuit, font fitués dans le Comté de Sargans. A la fuite du mont Schvalbis, on trouve les monts *Schrynen*, *Tfchinglen*, *Bunz* & le *Tfcherler-alp*. Le mont *Blaettlisberg* dont j'ai parlé & qui eft au-deffus de Wefen, donne fon nom à un vent du nord, le *Blaettlifer*, qui caufe de temps à autre de rudes tempêtes fur le lac de Wallenftatt. J'en ai déjà fait la remarque: on l'appelle auffi le vent de *Kalchtharen*, du nom d'un hameau fitué au pied du mont *Blaettlis*.

On trouve fur la côte méridionale, en face du Wefen, le mont *Walenberg*, dans la proximité duquel la petite rivière de *Seq* fort du lac. Il dépend du Canton de Glaris, ainfi que le hameau voifin *Filzbach*, où un ruiffeau du même nom entre dans le lac; après Filzbach on trouve le vallon *Mullithal*, avec quelques habitations; tous ces diftricts font dans la paroiffe de *Kirenzen*: le mont *Murtfchen* ou *Murtfchftok*, fe préfente enfuite fur la rive du lac; cette montagne eft riche en pâturages. Plus loin, au bord du lac, on découvre le hameau *Mullihorn* qui dépend de la paroiffe de *Kirenzen* & le mont *Gofelftaden*, branche du mont *Britterwald*, qui touche le lac de Wallenftatt. On trouve enfuite le mont *Kirenzen* ou *Kerenzen* ou *Kirzen*, fur lequel eft la paroiffe du même nom, de laquelle dépend le diftrict voifin *Teuff-winkel*, (le recoin profond), au bord du lac, on n'y voit qu'une feule maifon. Bientôt après finit le Canton de Glaris & recommence le bailliage de Gafter, dans lequel on trouve près du lac le hameau *Murg* où il y a une églife paroiffiale du diocèfe de Coïre. Cette paroiffe & celle de Quarten poffèdent une montagne fertile fur laquelle on trouve un petit lac très-poiffonneux. Depuis *Murg* jufqu'à *Terzen*, le lac eft borné par un pays cultivé & fertile. La paroiffe de *Quarten* eft fituée au bord méridional du lac; on apperçoit enfuite *Terzen*: ce diftrict où il y a plufieurs maifons éparfes, fe partage en *haut & bas Terzen*, tous deux du Comté de Sargans; ils font féparés l'un de l'autre par le ruiffeau *Goftenbach*, & ils font adoffés au mont *Terzner-berg* fur lequel il y a auffi un petit lac poiffonneux. J'ai oublié d'obferver que derrière Murg & Quarten il s'élève des montagnes qui portent les noms de ces villages.

Après le *Haut-Terzen*, on découvre au haut du lac de Wallenftatt & dans la paroiffe de ce nom le hameau de *Mols*; derrière Mols eft la montagne du même nom. La rivière de *Seq* ou *Secz*, qui prend fa fource dans l'Alpe *Wallebuz*, & qui après avoir traverfé le val *Weiffanner-thal*, & avoir paffé dans la proximité de *Mels*, de *Nidberg* & du château de *Groplang*, Comté de Sargans, va fe jetter dans le lac de Wallenftatt, fe nomme l'O, près de Wallenftatt, & on la paffe dans ce diftrict fur un pont couvert. A la droite de cette rivière & prefque à la tête du lac (*), eft fituée la petite ville de *Wallenftatt*, en latin *Riva villa*, *Ripa* & *Vallis ftatio* & dans les anciens titres, en Allemand, *Walaftad*, *Walanftad*; elle s'étendoit autrefois jufqu'au lac, mais préfentement elle en eft éloignée à une diftance affez remarquable, le lac s'en étant retiré. Cette petite ville, qui eft du bailliage de Sargans, jouit de beaux priviléges.

Indépendamment de la rivière de *Seq*, l'*Aa* qui vient de la petite montagne *Reufchyben*, près de Wallenftatt, fe jette auffi dans le lac. Je vais finir par une dernière obfervation. Ce lac ne fe gèle jamais; on en attribue la caufe à fa chaleur fouterraine: par-tout il eft très-profond; on affure qu'il a communément depuis quatre-vingt jufqu'à quatre-vingt-cinq toifes de profondeur. Ce qu'il y a de fingulier, c'eft que dans la rivière de *Seq*, depuis Wallenftatt jufqu'à Mels, les faumons remontent du lac & en grande quantité: il y en a qui pèfent jufqu'à vingt à trente livres. Cette pêche appartient, favoir, un tiers au Bailli de Sargans, & deux tiers au Seigneur de Greplang.

X.

Eaux Minérales de la Suiffe.

La Suiffe abonde en fources (1) minérales, dont l'ufage eft très-falutaire pour différentes maladies: on les divife en trois claffes. 1°. *Les eaux naturellement chaudes*, 2°. *Les eaux minérales*, qu'il faut échauffer avant d'en faire ufage; 3°. *Les eaux froides*, dont on fe fert fans la préparation du feu. Je nommerai celles de chacune de ces claffes, me réfervant d'en donner le détail analyfé à leurs articles dans la defcription particulière de la Suiffe.

(*) Planches 22 & 125.
(1) Plantin, *Helvetia antiqua & nova*, Cap. X. pag. 18-21. in *Thefauro Helvetica Hiftoria*.
Jean-Jacques Scheuchzer, Hift. Nat. de la Suiffe, T. II. pag. 85, 198 &

286. Zurich 1746 in-4. en Allemand avec fig.
Leu, Dict. Hift. de la Suiffe, T. II. p. 37-39.
Faefi, Defcript. Topog. de la Suiffe, T. I. pag. 18-24, &c.

PITTORESQUES, &c. DE LA SUISSE. 79

Première Classe.

Canton de Berne, les bains de Frutingen, Schinznach (*), Yverdon, & Weissenbourg.

En Grisons, les bains de Bormio & de Masino.

En Vallais, les bains de Leuk, autrement du Vallais, les bains de Brieg ou Brig, ceux de Saillon ou Schellon, & le Rotbach.

Comté de Baden, dans l'Argeu, les bains voisins de la ville de ce nom.

Comté de Sargans, les bains de Pfeffers.

Seconde Classe.

Canton de Zurich, les bains de *Loerli*, le *Gold-bad*, le *Roessli-bad*, les deux bains de *Geiren*, ceux d'*Udorf* ou *Urdorf*, & de *Wengi*.

Canton de Berne; les bains de Blumenstein, de Gerzensée, de Gurnigel, de Langenthal, de Leuen, de Lengnau & de *Schneitzweyher*. Plus, le bain *Zum-bad* ou *Neuhaus*, le bain *Im-Lombach*, & la Bonne-Fontaine.

Canton de Lucerne, les bains de Meggen, de Lutzelau, de Fainbuel, de Salweilen, de Knuttweil, de Liebenmos & le *Luter-bad*.

Canton d'Uri, les bains d'*Unter-Schaechen*, ou du *Bas-Schaechen*.

Canton de Schweitz, la fontaine des Bouchers, en Allemand, *der Metzger-brunn*, à Lachen.

Canton d'Underwalden, la fontaine de Wilen ou Wylen.

Canton de Zoug, les bains de Walterschweil.

Canton de Glaris, les bains de *Nieder-Urnen*, ou du Bas-Urnen, le *Wichler-bad*, le *Leuggelbacher-bad* ou de Leugelen, le *Lochseiten-bad*, les bains de Mollis & ceux de Mattlau à Engi.

Canton de Bâle, les bains de Bruglingen, d'Eptingen, de Ramser & de Schauenbourg.

Canton de Fribourg, les bains de Bonn.

Canton de Soleure, les bains de Lorstorf, le *Fluen-bad*, les bains de Meltingen, de Mimlisswil & d'Attisholz.

Canton de Schaffhausen, les bains d'Osterfingen.

Canton d'Appenzel-Catholique, les bains d'Appenzel & de Gonten, & le *Weiss-bad*.

Canton d'Appenzel-Réformé, les bains de Trogen, Herisau, Urnesschen, Schoenbuhel, de Rechtobel ou Rehetobel, & du Bas-Rehstein, en Allemand, *Unter-Rehstein*.

États de l'Abbé de Saint-Gall, les bains de Ried & de Lichtensteig.

Ville de Saint-Gall, le bain du Lochlein ou du petit Trou, dans la ville même.

En Grisons, les bains de Flaesch, de Fidris, de Gani ou Ganey, de Cumbels & de Zernetz, & la fontaine minérale de Zur-Kirchen.

En Vallais, la fontaine minérale voisine d'Augstport, dans le dizain de Visp.

République de Bienne, les bains de Boezingen.

Comté de Neuchatel, les bains de Brevine, Cernier & Rochefort.

Principauté de l'Évêque de Bâle, le bain du Petit-Champois, ou de Prels de Voete.

Landgraviat de la Turgovie, le bain de Schroffen.

Bailliage libre de l'Argeu, le *Nielen-bad*, ou les bains de Nielen.

Bailliage de Rheinthal, les bains de Balgach, de Kobelwis & de Rebstein.

Troisième Classe.

Canton de Berne, la fontaine froide près Diesbach, & la petite fontaine de Jucki ou Juki, près de la ville de Thoun.

Canton de Lucerne, dans le bailliage d'Entlibuch, & sur le mont Pilate; il y a aussi sur le mont Rigi, dans le bailliage de Weggis le *Kalt-bad* ou le Bain froid.

Canton d'Underwalden-d'en-haut, le *Kalt-bad*, ou le Bain froid dans la paroisse de Sarnen.

Canton de Glaris, le bain de Krauchthal.

Canton d'Appenzel-Catholique, la fontaine de Saint-Jacques sur le mont Cronberg.

En Grisons, sur l'Alpe de Jenins.

Beaucoup de ces eaux minérales sont potables, & propres pour la guérison de plusieurs maux, sur-tout pour purifier la masse du sang; on les transporte dans des pays éloignés. Victor Amédée (2), Duc de Savoie, alla lui-même en 1697 à *Sant-Morizzon* ou *Saint-Maurice*, dans la Haute-Engadine, en Grisons, boire de la source minérale qui s'y trouve, & qui passe pour la plus forte eau acidule qu'il y ait en Suisse & en Allemagne; elle surpasse même les eaux de Pyrmont; elle est du nombre de celles qu'on transporte dans des pays lointains.

Parmi les eaux minérales que j'ai désignées, il y en a quelques-unes qui se sont depuis perdues par la négligence des propriétaires ou par d'autres accidens. Par exemple, les bains salutaires de *Walterschweil*, Canton de Zoug, ne sont plus fréquentés, depuis que l'avidité de quelques particuliers de la communauté de Bar, dans laquelle ils sont situés, a démembré les biens-fonds attachés à leur entretien. Les bains de *Russweil*, Canton de Lucerne, autrefois si fréquentés des habitans du pays & des étrangers, ont aussi beaucoup perdu de leur célébrité, parce qu'elles ont été mélangées par l'eau de la pluie, ou parce que la réputation des autres bains a prévalu. Le célèbre Médecin Maurice-Antoine Cappeler, de Lucerne, a fait imprimer (3) en 1717 sur ces Bains, un traité très-curieux.

Il y a en Suisse des fontaines qui ne jaillissent que pendant un temps; leur cours est périodique (4). On les appelle *Fontaines de May*, en Allemand, *Mey-brunnen*, & en Latin, *Fontes Maiales*; elles commencent à couler dans le mois de Mai & cessent en Septembre: on en trouve plusieurs de cette espèce sur le sommet & au pied des Alpes. A *Grafen-ort*, dans le territoire

---

(*) PLANCHES 95 & 124.
(2) Faesi, Descript. Topog. de la Suisse, T. IV. pag. 165.
(3) In-8. en Allemand, à Lucerne.
(4) Scheuchzeri, *Itinera Alpina*, T. I. pag. 23, & T. II. p. 315.

d'Engelberg, entre cette abbaye & le village de *Wolffenschiess*, il y a une fontaine très-froide, qu'on appelle *der Kaltebrunn*; elle jaillit tous les ans, vers le trois de Mai, fête de l'Invention de la Sainte-Croix, & cesse le quatorze Septembre, fête de l'Exaltation de la Croix. Simler, dans sa description (5) du Vallais, fait mention de la fontaine *de la Vierge*, à Leuk; elle coule sans interruption depuis la fête de l'Annonciation en Mars, jusques vers la fête de l'Assomption en Août; Jean-Jacques Scheuchzer s'est beaucoup étendu sur le cours périodique de ces fontaines de Mai, dans l'Histoire (6) naturelle de la Suisse, & il y a joint l'énumération de celles qui se trouvent dans les différens états de Corps Helvétique. Le Médecin Cappeler rapporte dans sa Description du *mont Pilate*, l'anecdote suivante au sujet de la fontaine de Mai à *Grafen-ort*, dont je viens de parler. Des Moines d'Engelberg montèrent à la cime de la montagne où jaillit cette fontaine, & ils jettèrent dans le tourbillon de la source une quantité de son; d'autres de leurs confrères étoient restés pendant ce temps au pied de la montagne, à l'endroit où la source entravée dans les entrailles de la terre reparoît, & ils y virent le son refluer exactement. Au reste, rien (7) de surprenant dans le cours réglé de cette eau : la neige qui couvre la montagne ne commence pas à fondre avant le commencement de Mai, & elle est gelée de nouveau vers la mi-Septembre. La plupart de ces fontaines jaillissent tout-à-coup & avec un bruit effrayant.

Les fontaines *journalières* sont à-peu-près comme celles de Mai; elles coulent lorsque les eaux contenues dans leurs réservoirs sont à hauteur des canaux qui les conduisent au-dehors. Le froid de la nuit suspendant ou diminuant la fonte des neiges peut suspendre le cours de ces eaux. Celles dont le cours est irrégulier, ont des réservoirs qui ne sont remplis qu'après des pluies abondantes; quelques-unes sont arrêtées par une grande sécheresse. On nomme *Fontaines de famine* ces deux dernières espèces, parce qu'il pleut trop quand les unes coulent, & qu'il ne pleut pas assez quand les autres cessent de couler. Le célèbre Scheuchzer s'est beaucoup étendu dans l'Histoire (8) naturelle de la Suisse, sur la *Fontaine de famine*, (*der Hunger-bach*), que l'on observe à Wangen, au Comté de Kibourg, dans le Canton de Zurich, à une mille ou deux lieues de cette ville. On dit parmi le peuple que ce ruisseau ne coule que lorsqu'on est menacé d'une famine, & qu'il est à sec dans un temps d'abondance. Les observations de Scheuchzer, sur le cours irrégulier de ce ruisseau, ont été dressées d'après celles du Pasteur ou Ministre de Wangen; elles commencent à l'an 1687, & finissent avec 1704: le prix des denrées de chacune de ces années est évalué. La sécheresse ou l'exhaussement du ruisseau de Wangen, sont calculés relativement à l'abondance ou à la cherté des vins. Il y a encore une autre fontaine de cette espèce dans le Canton de Zurich, près de *Seltenbach*, à Eglisau. Scheuchzer parle aussi d'une pareille fontaine à *Henkart*, dans le même Canton de Zurich, on la nomme *Haar-fée*. Scheuchzer ajoute, sans doute avec ironie, en parlant de la fontaine de *Wangen*, que les Marchands de bled pourroient consulter cette fontaine avec plus de droit, que les Payens aveugles ne le faisoient à l'égard de l'oracle d'Apollon.

Il y a en Suisse beaucoup de fontaines sulphureuses; Scheuchzer (9) en décrit particulièrement deux, l'une qui se trouve près du lac de Zurich au-dessus de *Ruschlicken*, l'autre au pied du mont *Wallenberg*, sur la côte méridionale du lac de Wallenstatt. Il y a (10) à *Alvosnoew*, en Grisons, dans la Ligue des dix jurisdictions, une eau sulphureuse à laquelle on attribue une grande propriété pour tous les maux externes; elle a une odeur très-forte, les Italiens la nomment l'*Acqua marza*. Scheuchzer (11) a aussi donné les noms des principales fontaines de soufre qui se trouvent en Suisse. On a débité beaucoup d'opinions sur l'usage des eaux minérales; mais on peut répéter ici en général l'axiome, *mundus regitur opinionibus*, *le monde est gouverné par les opinions*, axiome qu'on peut appliquer aux savans comme au peuple. On trouve beaucoup d'eaux qui, eu égard à leurs effets salutaires, méritent certainement d'être fréquentées; d'autres de ces sources restent abandonnées, soit parce qu'après une exacte analyse on n'y ait découvert rien de spécifique, ni aucune propriété qui puisse les rendre d'une utilité distincte au genre humain, soit parce qu'il se trouve dans leur voisinage d'autres sources plus fortes & qui demandent avec justice la préférence. Il y a encore d'autres sources salubres qui mériteroient bien d'être préférées à beaucoup d'autres, en considération des matières qu'elles contiennent & des espérances qu'on en peut former; mais elles sont désertes, parce que leurs propriétaires, d'ailleurs aisés, n'y prennent aucun intérêt ou que l'égoïsme leur empêche de les communiquer à d'autres. Plusieurs de ces sources sont situées dans les lieux trop écartés, & où l'on ne peut arriver qu'avec de grandes peines; on ne pourroit même pas sans des dépenses considérables y élever les bâtimens convenables, ni les fournir de ce qui est nécessaire pour vivre. Il y a encore de ces eaux que l'on fréquente beaucoup & qui certes ne le méritent presque pas; elles ne charient qu'un peu de terre ou de limon d'une odeur forte, ou un peu de *poudre blanche* qu'on regarde communément comme un alun. Les effets qu'elles produisent seroient souvent même effacés par ceux qu'on éprouveroit dans des fontaines, rivières ou lacs du voisinage; mais lorsque de pareilles sources, malgré leur médiocrité intrinsèque, sont situées dans un district commode, qui abonde en gibier & en subsistance d'un goût délicat, & qu'il s'y rassemble une société joyeuse d'étrangers; que leur prétendue renommée est enflée par des descrip-

---

(5) P. 15. in *Thesauro Helvetica Historia*. Voyez aussi Caspar *Collinus* ou *Am-buhel, de Sedunorum Thermis* p. 6. in eodem *Thesauro*.
Johannis-Jacobi Wagner, *Historia Naturalis Helvetiæ curiosa*, Tiguri 1680 in-12. pag. 134, &c.
(6) T. I. pag. 342-347.
(7) Les *Fontaines de Mai* sont toutes près des monts de glace ou dans les environs : ce voisinage explique la cause de leur cours périodique. Les montagnes qui renferment des glacières, ont, comme toutes les autres, des cavités souterraines qui se remplissent d'eau de neige; mais en hiver la neige ne fond pas; alors ces cavités reçoivent seulement le peu d'eau que peuvent fournir les vapeurs intérieures, & elles sont en général assez grandes pour les contenir. Au mois de Mai, lorsque la chaleur commence à fondre les neiges, ces réservoirs se remplissent, & les eaux qu'ils contiennent coulent aussi long-temps que les neiges fondent, c'est-à-dire jusqu'à l'hiver. Gruner, *Descript. des Glacières de la Suisse*, pag. 344-345.
(8) T. I. p. 336-342. Voyez aussi Bluntschli, *Memorabilia Tigurina*, page 218. Edition de 1742, in-4.
(9) Ibid. T. I. pag. 309-311.
(10) Scheuchzer, ibidem. T. II. pag. 274. Leu, *Dict. Hist. de la Suisse*, T. I. p. 176.
(11) Hist. Nat. de la Suisse, T. II. p. 7, 198, 203, 241, 252 & 274.

tions intéressées, ou par des recommandations étudiées, & qu'on en publie une liste de cures qui auroient pu être opérées par d'autres eaux très-communes, la célébrité y attire un chacun, & on assiège ainsi une source qui souvent dans une année ne guérit qu'un malade.

On trouve (12) au pied des monts de glace un grand nombre de fontaines chaudes ; ces monts renferment sans doute plus de minéraux que les autres montagnes qui sont fertiles. L'on sait que les marcassites & les mines de soufre & de fer, l'alun, le charbon de pierre & quelques ardoises, s'échauffent & même s'enflamment lorsqu'ils sont mouillés. Ces minéraux, & sur-tout les pyrites sulfureuses, étant humectés à leur surface par une eau courante ou même par l'air, peuvent communiquer une chaleur durable à une grande quantité d'eau. M. Gruner appelle ici à son secours la voix de l'expérience. Si l'on met dans un vase de verre plein d'eau, de la limaille de fer & du soufre pulvérisé, dans quelques heures ces matières s'échauffent, au point que le vaisseau éclate lorsqu'il est bouché : on peut, en les introduisant dans la terre, causer un petit tremblement de terre artificiel.

Le mélange d'une substance martiale ou inflammable avec un acide sulfureux ou vitriolique, peut donner de la chaleur & de la flamme ; cet effet est plus fort, lorsque l'air est plus dense & qu'il y a un frottement d'eau courante, ou d'air & de vapeurs : alors cette eau devient chaude ; elle se charge dans son cours des parties minérales qu'elle entraîne : si elle rencontre du sel commun, elle en peut tirer l'esprit, &, s'unissant ensuite à sa partie alkaline, former un sel neutre ; ou plutôt, cet acide s'unit avec un sel ou une terre alkaline qui étant suffisamment saturée, forme un sel neutre. Lorsque cette eau, chargée d'un acide sulfureux ou vitriolique, rencontre une pyrite martiale, l'acide se joint à la terre ferrugineuse, de sorte qu'il en résulte un vitriol martial volatil & des eaux ferrugineuses. Si la même eau trouve un sel commun préparé par la nature, elle le dissout & l'entraîne ; enfin si elle ne s'unit à aucune de ces matières, elle forme une eau chargée d'un esprit de vitriol. Il n'est donc pas étonnant qu'il y ait des sources d'eaux chaudes qui soient continuelles : un feu renfermé peut durer long-temps ; une huile mêlée de sel, une fois enflammée, s'éteint difficilement ; souvent une montagne est remplie de minéraux sulfureux ; les glaces des monts de Suisse humectent sans cesse les minéraux qu'ils renferment, & leur chaleur, excitée par des courans continuels, perpétue celle des eaux minérales ; enfin les revêtemens de glace qui couvrent ces eaux, empêchent la dissipation des esprits qu'elles contiennent & contribuent à les rendre plus riches, plus utiles & plus durables.

XI.

Salines.

L E sel (1), cette denrée journellement nécessaire à la vie de l'homme, manqueroit presque totalement à la Suisse si on ne la tiroit des Etats limitrophes, le peu qu'elle en produit se mettant naturellement dans leur dépendance. Il y eut un temps où les Suisses, victorieux à Morat & à Nanci, eussent facilement pu faire la conquête d'une partie considérable de la Franche-Comté & particulièrement des salines de Salins, ils eussent pu la garder ce pays par le droit de la guerre ; mais n'ayant pas l'ame conquérante, ils furent assez modérés pour ne pas profiter de la circonstance favorable, ils la négligèrent, & aujourd'hui ils sont nécessités de tirer le sel de la Franche-Comté, de la Lorraine, de la Savoie, de l'Etat Vénitien, du Comté de Tyrol & du Duché de Bavière. Il est vrai qu'il y a une saline à Roche dans le Canton de Berne, mais son produit loin de suffire à toute la Suisse, ne peut qu'à peine entretenir le quart du Canton de Berne.

Bevieux (*) est un petit village dans le Gouvernement d'Aigle, où l'on cuit le sel qu'on tire des sources salées du Fondement au-dessus de Fenala, sources qui sont à une bonne lieue de Bevieux, & qu'on y fait venir par des milliers de tuyaux. Ces sources ne sont pas bien fortes ; toutes ensemble, de même que le filet d'eau salée qu'on trouve au Bouillet, ne fournissent qu'environ huit mille quintaux par an. M. Besson a donné quelques observations sur les salines de Bevieux, dans son discours (2) sur l'Histoire Naturelle de la Suisse, qui est à la tête des Tableaux.

Roche, village dans la paroisse de Noville, à une lieue d'Aigle, est le chef-lieu de la résidence du Directeur de ces salines, il a sous ses ordres un Contrôleur, deux Facteurs, l'un à Aigle, l'autre à Bevieux, & un Ingénieur. Il y a à Panex, au-dessus d'Ollon, dans le même gouvernement d'Aigle, une autre source salée, mais beaucoup plus petite que celle de Bevieux ; elle a été découverte en 1554. Les autres sources salées du Fondement près de Bevieux n'ont été connues qu'après l'époque de la découverte de celle de Panex.

Depuis (3) le 9 Décembre 1755, année remarquable par le tremblement de terre qui renversa Lisbonne le premier Novembre, & dont les suites se firent sentir dans la majeure partie de l'Europe, & particulièrement en Suisse & dans le Vallais, la source salée du Fondement dans le Canton de Berne, a augmenté considérablement. C'est un mélange d'eau douce, chargé d'un peu de sel ; on y tire un neuvième de sel de plus, ou à-peu-près. Cette augmentation d'eau vient d'une sorte de marais, qui s'observe sur la croupe de la montagne, où l'on a fait tant de travaux ruineux. Ce marais s'est formé à l'endroit où est l'égout d'une fontaine qui a été grossie par les

---

(12) Gruner, Descript. des Glacières de la Suisse, pag. 339-341.
(1) Stettler, Chronique du Nuitland ou de Berne, P. II, pag. 186 & 218, en Allemand.
Jean-Jacques Scheuchzer, Hist. Nat. de la Suisse, T. II. pag. 290-291.
Le même, Hydrographia Helvet. pag. 300.
Le même, Itinera Alpina, T. III. pag. 495.
Leu, Dict. Hist. de la Suisse, T. III. pag. 316-317. T. XIV. pag. 374, & T. XV. pag. 327-328.
Faesi, Descript. Topog. de la Suisse, T. I. pag. 82, 803-897 & 810-811.

Tschamer, Dict. Géog. Hist. & Pol. de la Suisse. T. I. pag. 137-138, & T. II. pag. 108.
Andrés, Lettres sur la Suisse, pag. 244 & 247-251. Zurich & Winterthour 1776, in-4. en Allemand avec fig.
(*) PLANCHE 120.
(2) Pag. III.-IV.
(3) Bertrand, Mém. Hist. & Physiques sur les tremblemens de terre, pag. 124-126, à la Haye 1757, in-12.

pluies de 1755 & 1756 ; il étoit immédiatement au-dessus de la source salée. Ces eaux, en se filtrant dans les diverses galeries, ont dissout un peu de ce sel cryftallifé dans les fissures du rocher ; bientôt cette eau douce a détérioré la source salée. Les Employés continuoient leur travail, & avec plus de dépense n'avoient pas plus de sel. M. le Directeur, *Gabriel Herport*, plus attentif que ces travailleurs à journée, connut le mal, détourna la source, & la source de sel déchargée de ce surcroît d'eau douce, reprit sa qualité ordinaire. On cherchoit vainement dans le sein de la terre ce qui venoit de la surface. M. *Knecht*, Inspecteur dans les mêmes salines, découvrit depuis une nouvelle source salée dans ces contrées, à *Chamosaire*. Le célèbre M. *de Haller* y fut envoyé, il vérifia la découverte, en reconnut l'importance, & en fit son rapport dans le Conseil Souverain de Berne dont il étoit Membre. M. de Haller obtint en 1758 la direction des salines de Roche, c'est l'équivalent d'un bailliage. Durant son adminiftration, il porta tous ses soins pour l'amélioration de ces salines, il les étudia exactement, & en publia à Berne un traité (4) en 1765.

Déja avant M. de Haller, le Médecin Jean-Jacques *Scheuchzer* avoit fait graver dans ses voyages aux Alpes une *Iconographie* des salines de Roche. M. le Baron de Zur-Lauben a la copie d'un mémoire (5) curieux, écrit en 1736 par M. *Dupin*, père, Fermier-Général du Roi, sur les salines du Canton de Berne. Ce mémoire est une suite de celui qu'il avoit dressé sur l'exploitation des salines de la Franche-Comté. M. Dupin, que la France considéroit comme un observateur très-éclairé dans les différentes branches de son état, avoit lui-même parcouru les lieux ; mais ni lui, ni Scheuchzer n'ont laissé un détail aussi approfondi des salines de Roche que celui qu'en a donné le grand Haller. Qu'il me soit permis de copier ici un passage de son poëme immortel sur les Alpes, je me sers de la traduction (6) de M. de Tfcharner.

« Non loin des bords du rapide *Avançon* (7) qui dans ses
» tourbillons couverts d'écume entraîne souvent les débris
» des forêts voisines, dans le sein des montagnes des sources
» profondes lavent le sel dont les rochers sont imprégnés ;
» le dépôt souterrain de ces rochers est renfermé dans des
» voûtes d'albâtre, mais l'humide mordant diffout ces bar-
» rières, s'échappe par des fentes cachées & s'empresse de
» s'offrir au jour. Ainsi le plus riche tréfor d'un pays, l'assai-
» sonnement le plus nécessaire, nous est présenté par la
» nature, qui prévient nos besoins «.

Si j'en veux croire l'Auteur du Livre qui a pour titre, *Sur ce qui* (8) *est le plus intéressant de la Suisse*, titre qui n'a été que très-foiblement rempli dans le corps de l'ouvrage, les Bernois vendent aujourd'hui la livre de sel, de leurs salines, trois *kreuzers & un demi*, & ainsi tout calculé, à cause des frais de l'exploitation, ils ne gagnent qu'un *demi-kreuzer* par livre. Ces frais sont très-considérables, particulièrement à cause de l'énorme consommation de bois pour la cuite. Les Bernois, pour épargner leur bois, ont acheté toute une forêt dans le Vallais ; c'est par le Rhône qu'ils font flotter le bois qu'ils y coupent, & à une certaine distance limitrophe du Canton de Berne, ils le retirent du fleuve pour le déposer dans un chantier. Ce n'est que depuis peu d'années qu'ils commencent à se servir dans quelques salines, du charbon de terre dont on a découvert une mine dans le voisinage de Lausanne.

Parmi les avantages (9) que l'alliance de la France procure aux Cantons & à divers autres Etats de la Suisse, l'article des sels de la Franche-Comté eft très-considérable : je parle ici du privilège de tirer annuellement, des salines de Salins, un certain nombre de boisseaux de sel, à l'*instar* de ce qui avoit été porté par les Traités entre les Princes de la Maison d'Autriche Souverains de la Comté de Bourgogne, & le Corps Helvétique, depuis le règne de Philippe II, Roi d'Espagne : Ces avantages que Louis XIV voulut bien continuer lors de la conquête de la Franche-Comté, en 1674, & dont M. Amelot, son Ambassadeur, promit la suite à Soleure, en 1693, ont été détaillés par M. Dunod, Avocat au Parlement de Befançon, dans son hiftoire (10) du Comté de Bourgogne. Cet Hiftorien dit aussi (11) que la France retient en partie les Suisses dans son alliance, par les Traités du sel de la Franche-Comté. Outre les avantages particuliers que le Canton de Berne retire du passage du sel de Bourgogne, les Cantons de Lucerne, d'Underwalden, &c. profitent, à ce qu'on dit, sur six cent tonneaux de sel, de 18098 livres 15 sols, argent de France. Malgré ces avantages, on assure que la République de Berne, continue de tirer annuellement de celle de Venise, une certaine quantité de sel qu'elle fait transporter à grands frais depuis le territoire Vénitien par les montagnes, dans le Vallais & de-là dans son Canton. Elle n'ufe, dit-on, de cette précaution que pour continuer avec les Vénitiens d'anciens Traités qui pourroient lui procurer la quantité de sel suffisante, dans des momens de crise où elle ne pourroit pas en avoir de son voisinage.

Voici le précis d'un mémoire, sur les sels de la Franche-Comté (12), relativement à la Suisse, dreffé en 1763.

Par d'anciens Traités qui subsistent entre la France & les Cantons Suisses Catholiques, le Roi leur fait fournir annuellement sept mille six cent trois bosses de sel en grains des salines de Salins, chaque bosse contenant environ six cent livres de sel.

---

(4) En Allemand, & dédié au Petit & Grand Conseil de la Ville & République de Berne. Ce Traité, traduit en françois par feu M. de Leuze, a paru à Yverdon en 1776, in-12 & contient 125 pages ; il a pour titre : *Defcription courte & abrégée des Salines du Gouvernement d'Aigle, mife au jour par ordre souverain*.

(5) Il a pour titre, *Defcription des Salines de Bexvieux & d'Aigle*, appartenantes au Canton de Berne, & de celles de Moutiers en Tarantaife, pays de Savoie, pour servir à la provision d'établir à Salins des galeries ou bâtimens de graduation, comme il y en a auxdites Salines. Cette defcription se trouve à la fin du *Procès-verbal des Salines*, par M. Dupin. On peut assurer que ce Mémoire est écrit avec la plus grande sagacité.

(6) Poéfies de M. Haller, pag. 47-48. Berne 1775, in-8. fig.

(7) La petite rivière *Avançon* ou *Avanfon* prend sa source dans le Gou-
vernement d'Aigle, Canton de Berne, reçoit la *Grionne*, passe à Bevieux & à Bex, & se jette à un quart de lieue de ce dernier village dans le Rhône.

(8) En Allemand, in-12, T. II. pag. 496. Leipzig 1777. On attribue cet ouvrage à M. *Utrich*, Pafteur à Berlin.

(9) Code Militaire des Suiffes, pour servir de suite à l'Hiftoire Militaire des Suiffes, au service de la France, par M. le Baron de Zur-Lauben, T. I, pag. 22-23. Paris 1758, in-12.

(10) T. II. pag. 435. Dijon 1737, in-4.

(11) Dans le Tome III. de l'Hiftoire du Comté de Bourgogne.

(12) Chartes, Actes, Mémoires & Differtations relatifs à l'Hiftoire Helvétique, T. LI. p. 287. mfc. in-fol. dans la Bibliothèque de M. le Baron de Zur-Lauben.

Par des Traités particuliers, la Ferme générale délivre aussi annuellement au Canton de Zurich quatre mille bosses des mêmes sels.

Au Canton de Fribourg, cinq cent bosses des mêmes sels.

Au Canton de Berne, vingt-quatre mille quintaux, partie en sels de Salins, partie en sels de la saline de Montmorot.

Et à la Principauté de Neuchatel, quatorze cent bosses du poids de six quintaux, toutes en sel, en grains de Montmorot.

Outre ces fournitures, la Ferme générale délivre encore par année sept cent bosses de sels de Salins au Canton de Berne pour péage, à cause de l'emprunt de son territoire, sur lequel passent les sels qui vont aux autres Cantons.

Et au Canton de Fribourg quatre mille trois cent charges de sel en pains des salines de Salins, chaque charge du poids de cent quatorze livres.

SELS DE LORRAINE. Par des traités particuliers de la Ferme, elle délivre annuellement au Canton de Zurich deux mille muids de sel du poids de six quintaux & demi.

Au Canton de Lucerne dix sept-cent muids du même poids, avec faculté à ce Canton d'en enlever huit cent muids de plus par année, s'il en a besoin.

Au Canton de Soleure quatre cent muids.

Et à M. le Prince Evêque de Bâle huit mille quintaux.

XII.

Mines, Cavernes, Souterrains singuliers.

CET article de l'Histoire naturelle de la Suisse sera partagé en deux sections, on en présentera ainsi les diverses branches avec netteté & précision.

MINES.

LA Suisse (1) doit aux monts de glace un avantage inestimable : ces monts renferment plus de mines que toute autre partie du même pays. Il y a toute apparence qu'ils cachent dans leur sein des mines d'or & d'argent. M. Gruner s'étonne que personne n'ait fait à cet égard aucune recherche ; mais peut-être les Suisses en sont-ils plus heureux, parce que ces métaux qui excitent si fort la cupidité des hommes, pourroient attirer à leur pays des milliers de maux, avec la perte de la Liberté, comme il est arrivé aux habitans du Mexique & du Pérou. *Les auteurs de l'état* (2) *& des délices de la Suisse* doutent même par cette raison, que les Magistrats voulussent exploiter de pareilles mines, en cas qu'il s'en trouvât d'assez abondantes pour valoir la peine d'y creuser. Je rapporterai ici un passage du Poëme (3) des Alpes de de M. Haller.

C'est de la cime glacée de la Fourche, que, par des fleuves abondans, le grand réservoir de l'Europe verse ses eaux dans les deux mers opposées : c'est-là que l'Are, l'ornement de la Nuitonie (4), *se précipite d'abord par des chûtes rapides, avec un bruit effrayant, au travers des écueils qu'elle couvre de son écume ; le riche sein des montagnes dore ses sources ; le métal le plus précieux colore ses eaux transparentes ; le fleuve chargé d'or en dépose des grains solides, comme ailleurs un vil sable couvre les bords des fleuves. Le Berger des Alpes voit à ses pieds, couler ces trésors, &, quel exemple pour les hommes ! il les laisse s'écouler.*

On trouve en abondance dans les monts de glace, du cuivre, du plomb, du fer, du soufre, du vitriol & de l'alun. Un homme (5) très-versé dans la Minéralogie, a cru qu'en traitant avec art les pyrites de ce pays, on en pourroit tirer un grand avantage. Quelques-uns ont avancé que les mines de Suisse étoient seulement extérieures, & qu'elles se perdoient en s'enfonçant : mais toutes celles qu'on exploite dans le Canton d'Uri, en Vallais, & dans le pays des Grisons, prouvent le contraire de cette assertion. D'autres observateurs ont prétendu que la froideur du climat empêchoit les minéraux de parvenir à la maturité qui leur est propre, & de se dépouiller des soufres surabondans. Ce préjugé peut venir de l'ignorance des mineurs ; lorsqu'ils ne savent pas traiter une mine, ils en rejettent la faute sur la mine même, & disent qu'elle n'est pas mine. Quant aux effets du froid sur les minéraux, ceux des pays du Nord prouvent assez qu'il ne peut pas nuire à leur perfection.

Les indices les plus certains de mines riches & abondantes, que l'expérience ait fait connoître jusqu'à présent ; sont la disposition des montagnes, qui s'étant élevées peu à peu jusqu'à la plus grande hauteur, s'étendent horisontalement vers le sud-est, & s'abaissent ensuite par degrés vers le nord-ouest ; les chaînes des montagnes qui sont dirigées de la sorte, n'éprouvent point les grandes chaleurs du midi, & reçoivent l'humidité que leur apportent les vents de sud & de nord-ouest. Il faut joindre à ces marques la proximité des rivières, le grand nombre de fontaines minérales que l'on trouve dans les montagnes, les terres minérales & les endroits où les neiges fondent avec le plus de célérité : les montagnes qui renferment les célèbres mines du Pérou, présentent presque toutes ces indications, & on les trouve rassemblées dans plusieurs des Cantons de la Suisse.

Le Rhin, la Russe, l'Adda, l'Emme, l'Are, & d'autres rivières de la Suisse charient des grains d'or. Le Canton de Lucerne a fait frapper des médailles & des ducats avec l'or que l'on trouve dans l'Emme ; cette rivière se nomme la *petite Emme*, prend sa source au mont *Nesselstock*, dans l'*Entlibuch*, & se jette dans la Russe, au-dessous de Lucerne. On lave aussi dans le Canton de Berne le sable mêlé de paillettes d'or que charie *la grande Emme* ; celle-ci sort du mont *Schibensiu*, dans la vallée du haut *Emmenthal*, & entre dans l'Are, au-dessous de Soleure. *Hafner*, Chancelier de la République de Soleure, dit dans sa Chronique (6), que l'on conserve dans

---

(1) Histoire Naturelle des Glacières de Suisse par M. Gruner, pag. 344 & suiv. trad. de M. de Keralio.
(2) Nouvelle Edition de Bâle, 1764, T. I. pag. 83-84.
(3) Traduction de M. de Tscharner, pag. 48.
(4) On appelle en Allemand *Nuchtland*, ou plûtôt *Uchtland* ou *Oechtland*, la contrée où est située la ville de Berne qui est sur l'Are.

(5) Wolfgang *Chrissen*, premier Médecin de Berne, qui a fait une description des Glacières du Canton de Berne, écrite en François. Cet ouvrage n'a point été encore publié : l'Auteur y parle moins des glaces que des minéraux, il est mort en Novembre 1745.
(6) Partie II, pag. 320, en Allemand.

le trésor de cette ville une quantité d'or qui a été pêché dans l'Arc & dans l'Emme ; que c'est un or très-pur, qu'on l'estime vingt-deux carats de fin ; qu'entre cet or & celui d'Hongrie & d'Arabie , il n'y a presque aucune différence pour la couleur & qu'il leur cède seulement de la valeur de deux carats ; mais comme il en coûte beaucoup à ramasser & à laver le sable qui contient les paillettes d'or, & qu'il n'en résulte aucun profit considérable , le Magistrat n'a pas attaché jusqu'à présent une grande attention à cette recherche. On laisse une entière liberté aux pêcheurs d'or : seulement dans le Comté de Baden, ceux qui pêchent sur & au-dessus de *Clingnau*, sont obligés de le porter à Baden, de le vendre au Souverain pour un certain prix, & de lui en payer la dîme pour hommage.

La Russe qui prend sa source au mont Saint-Gothard, charie aussi du sable d'or. *Thurneisen* (7) assure que l'or qu'on en extrait, en le lavant, porte le titre de vingt-un carats, que sa qualité surpasse celle de l'or du Rhin, & que les orfévres peuvent l'employer à la dorure.

Sur le (8) *Diethelm*, qui est une grande montagne du Canton de Schweitz, & qui touche au val *Weggithal*, on trouve deux cavernes ; on nomme l'une le *Trou d'or*, *Goldloch*, & l'autre le *Trou d'argent*, *Silber-loch*, parce qu'on y a découvert des veines d'or & d'argent. Scheuchzer (9) écrit avoir vu dans la Haute Ligue Grise, en la jurisdiction de *Schams*, chez M. *André*, Inspecteur des Mines, un petit lingot d'or qu'il avoit extrait du sable, dans le Rhin près d'*Ander*. Les eaux minérales de *Pfeffers* charient de l'or, & quelques Naturalistes attribuent leur vertu à ce métal. Scheuchzer (10) a expliqué la manière dont les sieurs ou pêcheurs d'or lavent le sable dans les rivières de la Suisse qui en charient. Ils ramassent le sable où ils croyent trouver ce précieux métal, & le lavent dans une étoffe de laine ; les paillettes d'or s'y attachent. D'autres ayant lavé le sable y jettent du mercure, qui attire l'or & laisse le sable, après quoi ils le jettent dans du cuir ; le mercure pénètre le cuir & passe à travers, & l'or reste seul dedans. On a aussi découvert des veines d'or dans le haut Vallais, mais la crainte des frais considérables pour l'exploitation, & des considérations politiques ont empêché qu'on les ait ouvertes.

La Suisse renferme plusieurs mines d'argent : on en (11) ouvrit une en 1559 au mont de *Schnabelberg*, qui est une suite du mont Albis, dans le Canton de Zurich, mais on l'abandonna, parce que les frais de la fouille absorboient le profit.

On a trouvé dans la proximité de *Bex*, au Mandement d'*Aigle*, Canton de Berne, une veine d'argent. J'ai déjà parlé ailleurs de celle qu'on dit avoir été autrefois fouillée avec succès sur le mont du grand *Diethelm*, dans le Canton de Schweitz, en la vallée de la Sile, (*Sil-Thal*). On prétend que dans le Canton d'Underwalden, le mont *Schnyden*, dans la paroisse de *Saxlen*, & l'Alpe dite *Woelftis-alp*, dans le val *Melchthal*, renferment des veines d'argent.

On découvrit (12) en 1526, au-dessus de *Schwanden*, sur le mont *Guppen*, Canton de Glaris, des indices d'une mine d'argent ; on y travailla d'abord avec activité, plusieurs habitans du pays & même des étrangers entrèrent dans les frais, entr'autres deux Gentilshommes, Félix *Grebel*, de Zurich, & Conrad *Grebel*, de Baden ; ils firent venir des mineurs de la vallée de *Saint-Joachim* (13), en Allemand, *Joachims-thal*, mais le succès ne répondit pas aux espérances qu'on en avoit conçues ; les veines qu'on croyoit avoir trouvées se perdirent de nouveau. M. *Trumpi*, dans sa Chronique (14) de Glaris, dit qu'il y a sur le mont *Murtsch* des mines d'argent & de cuivre, & qu'en 1680 & 1723 on forma la résolution d'exploiter les premières, mais que tout le projet s'évanouit comme un songe.

On trouve (15) dans le pays des Grisons plusieurs mines d'argent, dans les vallées *Farera* & *Scarla*, dans le pays de Davos, au mont *Buffalor*, & dans le val de *Schams*. On a ouvert autrefois derrière le château de *Grieffenstein*, dans le district de *Fülifur*, dans la haute *Engadine*, plusieurs mines d'argent, de plomb, de cuivre & de fer, mais aujourd'hui elles sont abandonnées. On trouve sur le mont *Galanda*, entre Coire & le val *Vettisthal*, bailliage de *Sargans*, dans le pays de *Schams*, & ailleurs en Grisons, des parties d'argent dans une pierre colorée de vert & de bleu. On assure qu'il y a aussi des veines d'argent près d'*Ober-Vatz*, de *Disentis*, & dans le val de *Sainte-Marie*, même pays des Grisons.

Le haut Vallais (16) offre des mines d'argent dans le val *Eyscholl*, qui est du dizain de *Rarogne*, dans le val d'*Enfisch*, entre *Fercorey* & *Gruon*, du dizain de *Sierre*, & dans le bas Vallais, au val de *Bagnes*. Scheuchzer parle encore des veines d'argent qu'on a trouvées dans les cavernes *Bruderloch* & *Geisfloch*, au territoire d'*Engelberg* qui est limitrophe des Cantons d'Underwalden, d'Uri & de Berne, & aussi au mont *Joch* ou *Jochberg* qui sépare le val *Hasli* du territoire d'Engelberg & des Cantons d'Uri & du Bas-Underwalden. Mais en général toutes les mines d'argent qu'on trouve en Suisse, à la réserve de celle de *Schams*, ne sont pas de grande valeur ; ceux qui ont entrepris d'y travailler, y ont toujours perdu leur temps, leur peine & leur dépense. Scheuchzer a fait l'énumération des mines de fer (17), de cuivre (18), de plomb (19), de

---

(7) *Wasserscheidung*, Lib. VI. C. 20. Traité curieux sur la séparation, l'affinage ou l'affinement des métaux ; c'est ce qu'on appelle *départ*, *incart*, & *incartation* chez les Orfévres, & *dissolution* ou séparation chez les Chymistes.
(8) Scheuchzer ; Hist. Nat. de la Suisse, T. I, pag. 352. & T. II, p. 6.
(9) Ibidem pag. 353.
(10) Ibid. pag. 353-358.
(11) Ibid. T. I. pag. 358-359. Leu, Dict. Hist. de la Suisse, T. XVI. pag. 407.
(12) *Scheuchzer*, Hist. Nat. de la Suisse, T. I, pag. 359.
(13) Ville & vallée du royaume de Bohême dans le cercle d'Eeinbogen, sur la frontière du Voigtland. Au commencement du seizième siècle on y découvrit de riches mines d'argent, & l'an 1519 on commença d'y frapper des écus d'argent du poids d'une once, d'un côté on y voit l'image de Saint-Joachim, & sur le revers celle du Comte Etienne de Schlick qui étoit alors Seigneur de ce lieu. On appelle en Allemagne cette monnoie *Joachims*-

thaler, c'est-à-dire écus de la vallée de Saint-Joachim, & en latin *Joachimici nummi* ; par abbréviation on a dit *Thaler*, & ceux qui ont été frappés ensuite, selon les Loix monetaires de l'Empire, ont été appellés *Reichs-thaler*, écus de l'Empire que les François nomment par corruption *Risdale*.
(14) Page 37.
(15) Scheuchzer, ibid. T. I. pag. 359-360.
(16) Le même, *ibidem*.
(17) Le même, *Itinera Alpina*, T. I. pag. 8 & 98 ; T. II. pag. 177, & T. III. pag. 435, 441 & 443.
Le même, Hist. Nat. de la Suisse, T. I. pag. 361-365, & T. II. p. 303. Faesi, Descript. Topog. de la Suisse, T. I. pag. 17.
(18) Faesi, ibid.
Scheuchzer, Hist. Nat. de la Suisse, T. I. pag. 365-367 & T. II. pag. 185.
(19) Le même, ibid. T. I. pag. 367-368, & *Itinera Alpina*, T. I. pag. 98, & T. III. pag 493.

mercure

mercure (20), d'antimoine (21), de soufre (22) natif très-pur & de charbon de pierre (23), qui se trouvent en Suisse. Toute la chaîne du mont Jura abonde en mines de fer : le pays des Grisons & le Vallais en contiennent aussi plusieurs. Il y a dans le Comté de Sargans une mine considérable d'acier : pareils métaux sont nécessaires à des peuples belliqueux comme le sont les Suisses. Je détaillerai les différens minéraux de la Suisse aux articles qui y seront relatifs dans la Topographie de ce pays : on n'y trouve aucune mine d'étain ; on a découvert des veines du mercure vierge près de *Thoun* & de *Bipp* Canton de Berne, & dans le Comté de *Vallangin*. L'antimoine qui est un genre bâtard de métaux, se trouve au pays des Grisons, dans les districts de *Schams* & du *Rheinwald*.

La Suisse (24) renferme dans le sein de la terre une grande quantité de matières effervescibles & inflammables, telles que le soufre, le nitre, le fer & les pyrites. Les *pyrites* en particulier, qui sont les plus communes de ces matières, sont aussi les plus propres à l'effervescence ou l'inflammation : c'est un soufre minéralisé par le fer, de différentes figures, & dont la couleur est quelquefois d'un jaune pâle & brillant ; quand la pyrite est mêlée avec la pierre ou avec la terre, sa couleur est différente. Elle fait du feu quand on la frappe avec l'acier, les étincelles qui en partent sont grandes & accompagnées d'une odeur sulfureuse ; elle se casse dans le feu & y produit une flamme bleuâtre & une fumée suffoquante ; brûlée, elle devient une poudre d'un rouge foncé. Toute pyrite contient beaucoup de fer : la pyrite pure & solide étoit la pierre à feu des anciens. Toutes les marcassites ne sont que des pyrites cryslallisées, elles contiennent (25) ordinairement du cuivre mêlé avec le fer. Ces matières sont tantôt séparées, tantôt réunies, minéralisées ou amalgamées ensemble ; elles sont par couches, par lits, par filons, par filets, par masses. C'est par le moyen de ces matières pyriteuses, qui s'échauffent quand elles sont mouillées à un certain point, que sont produites les sources chaudes qui coulent & se maintiennent sans relâche. Tous les pays, entr'autres la Suisse, abondans en matières pyriteuses, entretiennent une plus grande quantité de ces eaux thermales.

La tourbe & le charbon de terre sont d'un grand secours pour suppléer au manque de bois : on en trouve plusieurs veines dans les Cantons de Zurich & de Berne, dans la Turgovie, dans le Comté de Neuchâtel & dans le Vallais. Le charbon de terre est d'une meilleure qualité en Suisse que celui qu'on trouve dans les pays étrangers.

Deux productions de la Nature, assez rares en Europe, méritent l'attention des Amateurs. Elles ont été décrites avec beaucoup d'exactitude par M. *Stockar* (26) & M. *la Gacherie du Blé* (27). Je parle ici du *Succin*, en latin *Succinum fossile*, qui se trouve à *Wisholtz*, près de Schaffhausen, & du bitume de Neuchatel, qu'on appelle *Asphalte*. On trouve (28) des mines de ce bitume dans le *val de Travers* ; les premières veines de ce minéral furent découvertes vers le commencement de ce siècle, dans un jardin du village de *Buttes*, par un avanturier Allemand nommé *Jost*, qui après en avoir obtenu la permission du Gouvernement, se mit à exploiter la mine, de concert avec Jean-François *Guillaume*, originaire des *Verrières*, qu'il s'étoit associé. Ces deux entrepreneurs construisirent un fourneau & des pots, tirèrent de l'huile d'*Asphalte*, & en firent du ciment : mais ils s'apperçurent au bout d'un an que la mine étoit épuisée & sans suite. L'Allemand, que l'espérance d'une grande fortune avoit rendu prodigue, disparut, & son associé ne tenta plus de nouvelles entreprises dans ce genre.

En 1712, un nommé d'*Eiriny*, se disant Grec de nation, homme savant & bon physicien, vint au val de *Travers* : il découvrit dans la seigneurie de ce nom des mines d'*Asphalte* très-abondantes, & même en quelque sorte inépuisables, principalement dans les environs du *bois de Croix*. Il sollicita & obtint la permission d'y travailler en qualité de premier feudataire, avec un accensement de la part du Prince ; il composa des *Loix des mines*, qui furent imprimées à Besançon. Il partagea les mines qui lui avoient été accordées en quatre cent portions, en vendit à divers particuliers, & forma ainsi une société d'Entrepreneurs, dont il fut le chef. Les *Guillaumes* qui avoient travaillé aux mines de *Buttes*, étoient de ce nombre : on construisit une baraque de fourneaux & l'on tira de ce minéral une grande quantité d'huile & de ciment. L'un des associés fut envoyé à Paris pour procurer un débit plus sûr, le travail se soutint pendant environ vingt ans ; mais alors l'appas du gain donna lieu à plusieurs vols, on fabriquoit du ciment clandestinement. Les propriétaires se dégoûtèrent de l'entreprise, on congédia les *Guillaumes*, la baraque tomba en ruine, d'*Eiriny* mourut ; & depuis on s'est borné à tirer l'*Asphalte* de la mine & à la vendre en nature. On appelle communément ce ciment en Allemand, *Juden-harz*, *Juden-leim*, le Bitume ou Limon des Juifs, sans doute en mémoire de l'*Asphalte* de la Palestine. On se sert en Alsace de l'*Asphalte minéral* pour graisser les roues des voitures.

Il faut (29) compter au nombre des richesses minérales des glacieres Helvétiques, les mines de crystal qui se forment ordinairement dans des rochers très-élevés, quartzeux & couverts de neige. En général, on a observé que les cryctaux & autres aggrégations de la nature du quartz, ne se trouvent que dans les veines blanches de quartz qui traversent les rocs vitrifiables & à gros grain, & que les aggrégations spathiques n'ont pour matrices que des rocs calcaires. On trouve ordinairement les cryctaux aux parois de la caverne, dans une couche horisontale, ou bien attachés à la voûte, & quelquefois dans un limon fin qui en recouvre le sol.

On reconnoît la présence des cryctaux à l'espèce du roc & aux veines de quartz blanc qui traversent les montagnes :

---

(20) Le même, Hist. Nat. de la Suisse, T. I. pag. 368-369.
(21) Le même, ibid. T. I. pag. 369-370, & *Itinera Alpina*, T. II. page 255.
(22) Le même, ibid. T. II. pag. 321, & T. III. pag. 493-494, & Hist. Nat. de la Suisse, T. I. pag. 371-374.
(23) Le même, ibidem T. I. pag. 276, 298, 314 & 375-379, & *Itinera Alpina*, T. II. pag. 323, T. III. pag. 408 & 493, & T. IV. pag. 605.
(24) Bertrand, Mém. Hist. & Physiques sur les tremblemens de terre, pag. 176 & suiv.
(25) Voyez la *Pyritologie* de Henckel.

(26) *De Succino in genere & speciatim de Succino fossili Wisholtzensi prope Scaphusam*. Lugd. Bat. 1760 in-4.
(27) *Examen Bituminis Neocomensis*, Basil 1758 in-4. Cet ouvrage a été réimprimé avec le précédent (26) dans un même volume à Leiden 1761 in-8. Voyez les *Conseils* de M. de Haller pour former une Bibliothèque historique de la Suisse, pag. 45. Berne 1771, in-8.
(28) Description des montagnes & des vallées, qui font partie de la Principauté de Neuchatel & Valangin, pag. 27-29. Neuchatel 1766, in-12.
(29) Gruner, Descript. des Glacières de Suisse, pag. 346-347.

les mineurs les appellent *Bandes de cryſtal*. Ils commencent à les travailler à leur extrémité où elles ſont les moins larges & gagnent en hauteur : ils remarquent de plus ſi l'eau ſuinte à travers ces bandes ou aux environs, & ſi elles ont des parties ſaillantes. Lorſque tous ces indices ſe trouvent réunis & que le rocher raiſonne quand on le frappe avec un marteau, on eſt preſque certain qu'il renferme des cryſtaux ; mais pour parvenir à ſe les procurer, il faut couper le roc & le pétarder ; ouvrage diſpendieux & ſouvent de pluſieurs années.

Maurice-Antoine *Cappeler*, Médecin de Lucerne, a donné en Latin un Traité de la *Cryſtallographie* (30) : déjà avant lui, le Médecin Jean-Jacques *Scheuchzer*, de Zurich, avoit beaucoup differté (31) ſur la formation du cryſtal, & ſur les mines qu'on en trouve en Suiſſe ; il a fait graver, dans ſes voyages aux Alpes, pluſieurs morceaux de cryſtal de diverſes figures. Un particulier du Vallais, connu de M. le Comte *de Courten*, Maréchal-de-Camp & Colonel d'un Régiment Suiſſe de ſon nom, conſerve un morceau de cryſtal très-rare, qui renferme une mouche ; cet inſecte aura été ſurpris dans la progreſſion de la formation du cryſtal. Le particulier qui en eſt poſſeſſeur, eſtime ce morceau d'un grand prix, & en effet il ſeroit digne d'orner le cabinet d'un grand Monarque.

Le Saint-Gothard & ſes environs, dans le Canton d'Uri, ſont très-riches en cryſtaux, même de différentes couleurs ; on en trouve ſouvent d'une groſſeur conſidérable, & qui renferment des corps étrangers. Les monts *Grimſel*, de la *Fourk*, & autres, fourniſſent des mines de cryſtal : on en a détaché des morceaux peſans pluſieurs cent ; mais juſqu'à préſent on n'a pas perfectionné en Suiſſe l'art de polir le cryſtal. Les habitans, qui exploitent ces mines, vendent la plupart des morceaux tout brutes à des Etrangers, particulièrement, aux Milanois qui ont un talent particulier pour les polir. On trouve (32) en Suiſſe, outre les cryſtaux, des grenats, des émeraudes, des bérilles, des améthiſtes, des cornalines, des agathes, du lapis, du jaſpe, & des cailloux tranſparens ; mais on ne les trouve dans les rivières qu'en petit nombre, c'eſt dans les montagnes qu'il faut chercher ces pierres précieuſes ; elles en renferment de plus belles eſpèces & en plus grande quantité.

CAVERNES, SOUTERRAINS SINGULIERS.

PARMI les ſingularités de la nature qu'offre la Suiſſe, on ne doit pas oublier les cavernes & les ſouterrains extraordinaires. M. Trumpi, dans ſa Chronique (1) de Glaris, aſſure qu'en pluſieurs (2) diſtricts ſur les Alpes de ce Canton, on découvre des trous & des cavernes dont la profondeur preſque perpendiculaire eſt telle, que ſi on y jette une pierre, on entend pendant pluſieurs minutes la répercuſſion d'un bruit ſouterrain qui finit comme ſi la pierre tomboit dans l'eau. L'habile Obſervateur s'arrête particulièrement à une caverne du Canton de Glaris, au mont dit le haut *Urner-Schwendi*. Si on y deſcend avec une bougie, il faut d'abord ramper ſur les genoux pendant près de quinze pas à travers pluſieurs courbures ; enſuite la caverne s'ouvre en hauteur, & on peut ſe redreſſer & marcher de bout autant de pas qu'on a été obligé de ramper un moment auparavant. A cet emplacement ſuccède un large trou de la profondeur de deux toiſes & demie, où l'on ne peut deſcendre qu'avec une corde ; alors on ſe trouve ſous une voûte aſſez étendue, de-là on marche un peu en avant, on paſſe une galerie longue & étroite, & on entre ſous une autre voûte d'une forme égale à un corridor, où l'on eſt ſurpris de voir jaillir de la terre une ſource d'eau vive qui ſe perd au même endroit. La voûte du roc eſt enduite de ſtuc, en Allemand *Gips*, qui paroît être une ſorte de lait de lune, en Latin *Lac lunæ* ou *Agaricum ſaxatile*, & en Allemand *Mond-milch*. Il peut y avoir cent pas depuis l'entrée de la caverne juſqu'à cette ſource. On découvre un autre corridor plus éloigné, & ſur les parties latérales on voit d'autres enfoncemens : mais M. Jean-Henri de Tſchoudy, Camérier du Synode Evangélique de Glaris, & les perſonnes qui l'accompagnoient dans cette promenade ſouterraine en 1718, bornèrent leur curioſité à la ſource, ils ſe contentèrent de remplir une bouteille de cette eau jailliſſante, & s'en retournèrent par où ils étoient venus. Le *Lac lunæ* (3) ou lait de lune qu'on trouve dans cette caverne eſt une terre tendre, légère, blanche comme la neige & ſpongieuſe : on la découvre dans beaucoup de cavernes en Suiſſe, ſur les hautes montagnes ; elle reſſemble pour l'extérieur à l'*agaric* naiſſant comme un champignon contre le tronc d'un arbre. Le docte *Agricola* (4) appelle cette matière *la Moëlle des rochers*, parce qu'elle eſt attachée comme une eſpèce de moëlle aux ſouterrains des montagnes & aux fentes des rochers, & qu'elle en eſt enſuite détergée par les eaux tombantes. Au reſte, on attribue à cette terre pluſieurs vertus médicinales dont Scheuchzer donne le détail. La caverne (5) de la Suiſſe qui abonde le plus en cette terre eſt celle de *Mondloch* ou *Monnloch*, en François le *Trou de la lune*, au mont *Pilace*, dans le Canton de Lucerne ; elle ſe trouve dans un rocher fort élevé & très-eſcarpé, dans la proximité du pied de la pointe la plus haute de la montagne, du côté d'*Alpnach*. Elle a à ſon entrée ſeize pieds de hauteur, ſur neuf de largeur, il en découle en tout temps une eau limpide, avec un murmure agréable ; quand on y entre dans la diſtance d'environ dix pas, elle s'élargit conſidérablement, & après qu'on s'y eſt promené environ trois cent pas, elle ſe perd bien avant dans les entrailles de la montagne.

---

(30) L'eſſai préliminaire de ce traité parut à Lucerne en 1723, in-8. M. Andreæ ou Andrea, dans ſes lettres ſur la Suiſſe en 1763, (dont la ſeconde édition a été publiée à Zurich & Winterthour en 1776, in-4. en Allemand avec fig.) s'eſt beaucoup étendu ſur la matrice ou formation du cryſtal, ſur la manière d'en ouvrir les mines, & d'en faire un commerce avantageux. Voyez auſſi le Commentaire latin de *Simler* ſur les Alpes, pag. 317 & ſuiv. édition de Leyde, *Elzevir* 1633, in-24. fig.

(31) Hiſt. Nat. de la Suiſſe, T. I. pag. 483 & T. II. pag. 8, 11, 73, 94, 103, 104, 129, 130, 161 & 197. Le même, *Itinera Alpina*, T. I. pag. 24, 155 & 185, & T. II. pag. 233-260.

(32) Gruner, Deſcript. des Glacières de la Suiſſe, p. 347.

(1) Pag. 41 & ſuiv.

(2) *Im-Weiggis* ſur l'*Auern* ; *Im-ſchildt* ſur le *Faeſſis* ; ſur le *Braech*, ſur le *Saſsberg* & le *Guppen*. On trouve ſur cette dernière montagne pluſieurs diſtricts qui ſemblent vouloir s'abymer, entr'autres l'endroit dit *Thoeni-loch*.

(3) Scheuchzer, Hiſt. Nat. de la Suiſſe, T. I. pag. 413 & ſuiv.

(4) De nat. foſſ. Lib. II. pag. 194.

(5) *Conradus Geſſner*, *Deſcrip. Montis Fracti*, p. 66. *Tiguri* 1555, in-4. Scheuchzer, Hiſt. Nat. de la Suiſſe. T. I. pag. 16 & 416.

Lang, *idea Hiſt. Naturalis Lapidum figuratorum Helvetia* Cap. 3.

En montant (6) le Saint-Gothard, après avoir passé le *Pont du Diable* (*), ainsi nommé, à cause de sa construction si extraordinaire qu'elle paroît au vulgaire comme un ouvrage au-dessus des forces humaines, le chemin conduit tout-à-coup très-roidement à la hauteur, d'abord sur la gauche & bientôt après sur la droite, comme s'il vouloit enfermer le Voyageur, & après une distance de trois à quatre cent pas, on arrive à un roc. On a pratiqué (en 1707) dans l'intérieur de ce roc, un passage souterrain d'environ cinquante à soixante toises. L'ouverture de ce passage qui a l'apparence d'une porte a été faite avec des frais considérables, moitié en perçant le roc, moitié en l'ouvrant avec l'explosion de la poudre. L'Architecte Pierre *Moretini*, Suisse, natif du *Val-Maggia*, conduisit cette entreprise : toute la dépense montoit à huit mille cent quarante-neuf florins, à quarante sols de France le florin. Les habitans du val *Urseren*, sujets du Canton d'Uri dont la vallée commence à la sortie de ce passage, se chargèrent des frais ; & le Canton d'Uri leur permit de percevoir sur les passans un petit péage jusqu'à l'entier payement de la somme. On nomme ce passage (**) en Allemand *Urner-loch*, c'est-à-dire, en François, le *Trou d'Uri* : auparavant il falloit en sortant du Pont du Diable passer sur un autre pont, mais construit en bois, que l'on a depuis détruit. La longueur de ce passage dans le roc porte sur environ deux cent pas, un homme y peut passer à cheval sans se baisser ; mais on y souffre une incommodité, l'eau découle continuellement des fentes du roc, ce qui oblige de marcher toujours dans l'humidité. Au milieu du passage on a pratiqué une ouverture, par laquelle il entre une foible lumière ; cette ouverture n'a pas tout-à-fait sept pieds (7) de haut sur trois de large. L'horreur des lieux qu'on parcourt en traversant ce roc dont on ne sait d'abord comment on va se tirer, disparoît tout-à-coup à la sortie(***), la plaine riante du *Val-Urseren* y succède. Les Voyageurs qui montent pour la première fois dans l'été au mont Saint-Gothard, croyent en sortant de cette prison ténébreuse être transportés dans un paradis terrestre, lorsqu'ils comparent l'agréable vallée qui s'offre à la sortie du trou, aux horreurs du local sauvage qu'ils viennent de traverser ; c'est un vrai coup de théâtre. On ne peut dans le premier moment comprendre par quel effet subit on jouit d'un pareil changement. On remarque encore sur les parties latérales du passage les traces du virebrequin dont on s'est servi pour y préparer l'explosion de la poudre. Ces traces perpétuent le souvenir de l'intrépidité avec laquelle les Suisses ont surmonté les obstacles à l'accès au Saint-Gothard.

Les montagnes (8) du Canton (9) d'Appenzel, offrent à l'œil observateur du Voyageur un grand nombre de cavernes considérables & de cavités, qu'on nomme en Allemand *Wind-loecher*, les *Trous du Vent*. On y trouve sur le grand *Camor* ou *Gimmor*, **PLANCHE 90**. limitrophe de la baronnie de *Sax* qui appartient au Canton de Zurich, une caverne entièrement imprégnée & revêtue de l'espèce de spath appellé *Crystal d'Islande*, de couleur blanche, jaune & grise ; on en pourroit tirer plusieurs millions de quintaux. Cette caverne est dans un rocher, à un quart de lieue au-dessus des bains de *Kobelweis*; elle a à-peu-près la forme d'une chapelle, mais l'entrée en est si étroite, qu'on est obligé pour y parvenir de se glisser sur le ventre l'espace de trente pas. On peut de cette caverne grimper dans une autre plus haute, où l'on entend jaillir d'un rocher l'eau qui forme les bains de *Kobelweis*; & de cette autre caverne on peut passer à une troisième, qui, aussi large que longue, a près de douze pieds de haut, mais qui est très-sombre. Sur la même montagne on trouve une autre caverne qui a cent quatre-vingt-six pieds de long, vingt de large, & environ douze de haut ; elle renferme de très-beaux cristaux. On observe encore dans le rocher, sur la gauche, un corridor rempli du *lait de lune*, de stalactites de toutes sortes de formes & d'une grande blancheur. Si on prend la peine de monter deux lieues plus haut sur la même montagne, on y trouve plusieurs autres souterrains singuliers, entr'autres le trou de tempête, en Allemand *Wetter-loch* : autrefois les paysans croyoient bonnement que lorsqu'on y jettoit une pierre, il s'élevoit une tempête ; mais ce qu'il y a de certain, c'est que lorsqu'on y jette de grosses pierres, elles tombent d'abord perpendiculairement, ensuite on les entend faire des bonds comme sur des degrés, & enfin tomber dans l'eau : durant la chûte de ces pierres on peut compter jusqu'à soixante minutes. A deux lieues au-dessus du bourg d'Appenzell, on trouve dans un roc la caverne dite *Wildekirchlein*, la *petite Chapelle sauvage* ; elle est dédiée à l'Archange Saint-Michel. On y voit un autel, une sacristie & un petit clocher avec une petite cloche. L'accès de cette caverne s'étend le long d'un mur escarpé de rochers : on a au-dessus de la tête un rocher perpendiculaire, & en face un abîme à pic ; le roc sur lequel on marche a tour au plus quatre à cinq pieds de largeur. Ce lit de rochers offre beaucoup de cavernes singulières ; trois d'entr'elles s'ouvrent l'une auprès de l'autre vers le sud-ouest : la première est claire & considérable ; elle est fermée en haut dans la forme d'un entonnoir : de cette caverne découle en bas avec bruit une forte source de soufre dont la boisson passe pour être salutaire. La seconde caverne, voisine de la première, renferme aussi une source de soufre, mais plus foible que la précédente ; près de-là on jouit d'une vue agréable, un Hermite habite pendant l'été dans cette caverne. On passe ensuite à la troisième caverne qui est la plus considérable de toutes ; elle est ornée en haut de stalactites d'une grande beauté & de différentes formes ; on y voit, sur la droite, de grandes couches de *lait de lune*. Il y a encore d'autres cavernes à l'entour des trois précédentes, mais elles sont inaccessibles à cause des pierres qui en bouchent l'entrée. Les habitans du pays prétendent que ces cavités étoient autrefois habitées ; mais les fentes trop répétées en rendent la descente dangereuse. La dernière de ces cavernes a, vers le nord, une ouverture par laquelle on monte à la grande & belle Alpe *Eben* qui est toute unie ; elle est située sur ce rocher monstrueux.

---

(6) Faesi, Descript. Topog. de la Suisse. T. II. pag. 197-198.
Andreæ, Lettres sur la Suisse, pag. 108 & 127-128.
(*) PLANCHES 34 & 163.
(**) PLANCHE 90.
(***) PLANCHE 90.
(7) M. Andreæ, dit que la hauteur de ce passage, de même que sa largeur, est de douze à quinze pieds.
(8) Le *Camor*, l'*Auf-garten*, le *Mont d'Amfern-boden*, le *Guggeyen*, le *Hohen-flaefchen*, l'*Aelten-Alp*, la *Krehen-Alp*, la *Meggis-Alp*, le *Fluhwald*, la *Schweg-Alp*, l'*Eben-Alp*, le *Sprungen*, &c.
(9) Scheuchzer, Hist. Nat. de la Suisse. T. I. pag. 165-166.
Walser, Chronique d'Appenzell, pag. 13 & suiv. Saint-Gall 1740 in-8. en Allemand avec fig.
Gruner, Descrip. des Glacières de la Suisse. pag. 238-239.
Faesi, Descrip. Topog. de la Suisse, T. III, p. 63-66.

Il y a auſſi une cavité très-remarquable ſur l'Alpe dite *Alten-alp*, on l'appelle *Ziger-loch*, (*le Trou du petit lait*), on y trouve une quantité du *lait de lune*, & des ſtalactires d'une grande blancheur & de diverſes formes. Sur le mont du haut *Flaeſchen* il y a encore une autre caverne, où, en entrant on eſt obligé de ſe gliſſer ſur le ventre ; mais bientôt après elle s'ouvre dans la longueur de ſoixante-ſeize pas, ſur vingt autres en largeur, & ayant neuf pieds en hauteur : elle eſt ornée en haut de ſuperbes ſtalactites toutes blanches, qui offrent des configurations ſingulières ; il en découle en bas dans deux endroits une eau qui ſe congèle & qui forme des couches de pétrification ; peu loin de-là s'ouvre une cavité remplie du *lait de lune*. Les vachers de la montagne ont l'habitude d'établir leurs caves de lait près de ces cavernes : le vent qui ne ceſſe de s'évaporer de ces cavités le conſerve long-temps frais. Sur une autre montagne du Canton d'Appenzell, indépendamment de la magnifique vue dont on y jouit, on obſerve que la partie méridionale de cette montagne eſt entièrement percée de trous & de cavités : on peut y découvrir à travers les précipices le *Haut-Rhintal* ; mais ce ſeroit témérité de s'arrêter long-temps ſur un ſol auſſi peu ferme. On y trouve de beaux lys des Alpes, & on remarque au nord un mur de rochers, rempli de cavités : ſi l'on en croit la tradition du pays, il y avoit autrefois dans ces trous des dragons ou plutôt des ſerpens monſtrueux.

XIII.

Chûtes d'eau merveilleuſes.

LA plus fameuſe cataracte de la Suiſſe eſt celle du Rhin (1) à *Lauffen* (*), Canton de Zurich, à trois quarts de lieue au-deſſous de *Schaffhauſen*. Ce fleuve ſe précipite dans toute ſa largeur du haut d'un roc d'environ quatre-vingt pieds d'élévation, ſuivant pluſieurs Obſervateurs modernes: le bruit de cette chûte eſt ſi frappant, qu'il entretient le château de Lauffen dans une ſorte de tremblement perpétuel. On peut l'entendre dans une nuit calme juſqu'à quatre lieues de diſtance. Le fleuve en ſe précipitant ſemble être réduit en écume ; une grande partie de l'eau s'évapore en tombant, forme un brouillard, & offre ſans interruption dans ſa chûte, lorſque le temps eſt clair, & qu'il fait ſoleil, un arc-en-ciel toujours reſplendiſſant. Quel ſpectacle plus digne de l'œil de l'Obſervateur ! La nature frémit à l'aſpect de cette chûte impétueuſe, ſur-tout lorſqu'on s'arrête au pied de la cataracte. A la deſcente du château de Lauffen, l'eau toute écume s'élance contre cet emplacement avec un fracas & un mugiſſement effrayans ; le ſpectateur en eſt quitte pour la peur, & pour être en peu d'inſtans arroſé depuis la tête juſqu'aux pieds. C'eſt ici qu'on admire la majeſté du Créateur ; on eſt ſaiſi à la fois & de frayeur & d'un raviſſement délicieux. Immédiatement au-deſſous de ſa chûte le Rhin reprend tranquillement ſon cours, & il devient de nouveau navigable. Tout près de la cataracte, il y a en automne une pêche très-riche de ſaumons : ces poiſſons qui remontent de la mer dans le Rhin, ſont forcés de faire halte au pied de la cataracte de Lauffen, c'eſt leur *non plus ultrà* ; malgré leurs élancemens ils ne peuvent franchir ces remparts eſcarpés de rochers. Déjà entre Schaffhauſen & la cataracte de Lauffen la navigation eſt interrompue, depuis le diſtrict nommé *Laechen*, voiſin de Schaffhauſen, où le Rhin coule dans un lit hériſſé de rochers & rempli de tourbillons. On décharge à Schaffhauſen tous les grands bateaux qui deſcendent le fleuve, & on tranſporte leur charge ſur des chariots juſqu'au-deſſous de la cataracte à Lauffen : là on recharge les marchandiſes dans d'autres bateaux. Le Poëte *Gloréan* a fait dans le ſeizième ſiècle les vers (2) ſuivans ſur les tourbillons du Rhin à Schaffhauſen, & ſur la cataracte de Lauffen.

Quam (3) *propius liquidi facies nitidiſſima Rheni*
Alluit ; hic rapidus refluente in gurgite vortex
Cernitur , Euripum referens , Scylla que voracis
Latratus , hic unda alti de vertice montis
Lapſa ruit præceps , ſterilemque eructat arenam
In circum , ſurſum que volans portendere nubem ,
Aut nebula ſpeciem , & cœlum pulſaſſe videtur.

Le Poëte compare les tourbillons du Rhin à Schaffhauſen, & le mugiſſement de ſes eaux qui ſe briſent contre les rochers, à l'Euripe des Anciens, & aux aboiemens du gouffre de Scylla, dont Juſtin (4) a fait une ſi riche peinture. La chûte du Rhin à Lauffen eſt également décrite ici avec force.

Il eſt étonnant que ni Strabon, ni Pline, ni aucun des anciens Géographes dont les écrits nous ſont parvenus, n'aient pas fait mention de la cataracte du Rhin à *Lauffen* ; il en eſt parlé pour la première fois dans la Vie (5) de Saint-Conrad, Evêque de Conſtance, qui mourut le 26 Novembre 976 ; l'Anonyme qui l'a écrite vivoit en 1120. Il rapporte une viſion au ſujet de deux oiſeaux qui voloient ſans ceſſe autour des rochers de la cataracte. Saint-Conrad & ſon ami Saint-Udalric, Evêque d'Augsbourg, les obſervèrent du château de Lauffen.

L'Empereur Joſeph II, à ſon paſſage par une partie de la Suiſſe en Juillet 1777, a eu la curioſité de voir la cataracte du Rhin, & le Monarque voulant obſerver ce phénomène ſingulier de la Nature, s'en eſt approché le plus près poſſible dans un bateau. Je ne puis offrir un tableau plus pittoreſque de cette cataracte, qu'en traçant celui qu'en a donné en 1763 l'Auteur (6) des Lettres (7) ſur la Suiſſe, je traduirai ici le texte Allemand.

---

(1) Scheuchzer, Hiſt. Nat. de la Suiſſe. T. II. p. 24. Voyez auſſi la première partie de la *Stoecheiographie* de cet Auteur, Zurich 1716, la ſeconde partie de ſon *Hydrographie*, édition de 1717, & ſa *Météorologie*, publiée en 1718.
Bluntſchlin, *Memorabilia Tigurina*, pag. 273 & ſeq.
Leu, Dict. Hiſt. de la Suiſſe, T. XI, p. 413-416 & T. XVI. p. 159.
Faeſi, Deſcription Topog. de la Suiſſe, T. I, pag. 365-366, & T. III. pag. 10 &c.
(*) PLANCHES 183 & 184.
(2) *Panegyricon XIII. Helvetiæ Partium cum Commentariis Oſwaldi Mycoāii, pag. 12. in Theſauro HelveticæHiſtoriæ.*

(3) *Id eſt , Schaphuſianam Urbem.*
(4) *Lib. IV. Cap. 1. p. 41. Lugduni Batav. 1640 in-12 cum notis Iſaaci Voſſii. Undarum porro in ſe concurrentium tanta pugna eſt , ut alias velut terga dantes vorticibus in imum deſidere, alias quaſi victrices in ſublime ferri videas, nunc hic fremitum ferventis æſtus, nunc illic gemitum in voragine deſidentis exaudias.*
(5) *Apud Piſtorium inter Rer. Germanicar. veteres jam primum publicatos ſcriptores ſex. p. 640. Francofurti 1607 in-fol.* le fameux Jacques de Voragine, rapporte le même trait dans ſa *Legende dorée*, à l'article de *Saint-Conrad*, pag. 266, édition de Veniſe en 1482 in-4.
(6) M. *Andreæ.*
(7) Pag. 43 & 45.

» J'ai

» J'ai vu au-deſſous du village de Neuhauſen (dans le
» Canton de Schaffhauſen) la grande cataracte du Rhin.
» Pluſieurs plumes ſe ſont déjà exercées à la décrire, mais
» qui pourroit en tracer un aſſez digne tableau ! Quel aſpect
» impoſant que ces maſſes écartées de rochers qui entravent
» le lit du Rhin rapide & partagent ſes flots qui les couvrent
» d'écume ! Elles préſentent, au-deſſous du château de Lauffen,
» une muraille de roc que des Ecrivains ont porté à ſoixante-
» dix pieds d'élévation & même au-delà ; cependant cette
» muraille, ou plutôt la chûte d'eau qu'elle occaſionne, ne
» peut avoir aujourd'hui plus de quarante pieds de hauteur ;
» on n'y voit plus les ſapins qui pouvoient y être du temps
» du Voyageur *Keyſler*. Cette ſolide muraille eſt ſurmontée
» de trois ou quatre pointes de rochers ſingulièrement taillés
» comme d'autant de tours. C'eſt entre ces rochers que le
» fleuve ſe précipite avec un fracas horrible ; il eſt dans ce
» moment preſqu'entièrement réduit en écume, à l'excep-
» tion de quelques ondulations verdâtres qui ſemblent encore
» ſerpenter : le fleuve reprend ſon élan du fond où il s'eſt
» précipité, & jette à une hauteur conſidérable des flots qui
» ſe croiſent & s'entrechoquent ; une partie de ces flots réduite
» en pouſſière & en vapeurs, s'élance juſqu'aux nues, & ſe
» répand dans un tel eſpace que tout ce diſtrict eſt ſans ceſſe
» rempli de pluie & de brouillard. Voilà ſans doute un ſpec-
» tacle à la fois magnifique & terrible ; mais celui dont on
» eſt frappé ſur la côte du Canton de Zurich, au pied du
» château de Lauffen, eſt encore plus effrayant, pour ne
» pas dire tout-à-fait affreux ; je parle de l'endroit où je me
» fis paſſer dans un bateau avec ma compagnie, & où l'on
» peut contempler de bas en haut & preſque dans la pro-
» ximité d'un pas, la chûte du fleuve : ici l'ame eſt à la fois
» ſaiſie d'admiration & de frémiſſement : il nous ſembloit
» que le rivage trembloit ſous nos pieds par le mouvement
» furieux des eaux de ce fleuve. Quel mortel, en ce moment,
» pourroit ne pas ſe ſentir intérieurement agité « !

Pluſieurs Artiſtes (8) ſe ſont efforcés de tracer avec le pinceau ou au burin cette cataracte, la plus fameuſe de l'Europe ; mais, comme le remarque très-judicieuſement l'Obſervateur que je viens de traduire, cette ſuperbe chûte d'eau
mériteroit d'être deſſinée dans différens points de vue, &
ce ne ſeroit qu'après les avoir tous réunis, qu'un appréci-
ateur abſent pourroit en former un tableau exact, mais cependant très-inférieur à la beauté locale qui offre la majeſté
de l'œuvre du Tout-Puiſſant.

Les chûtes (9) d'eau qu'on voit ſur les différentes montagnes de la Suiſſe ſont en ſi grand nombre, qu'on ne peut en
faire l'énumération. Le ſeul mont *Saint-Gothard* offre des
cataractes (*) preſqu'à cent pas de diſtance l'une de l'autre ; ce
ſont des chûtes tantôt plus fortes, tantôt plus foibles. Quelquefois l'eau en ſe précipitant avec un bruit effroyable, d'un
rocher élevé ſur un autre inférieur, y forme une pluie de
pouſſière ; & quand les rayons du ſoleil donnent ſur les particules de cette pluie ainſi réduite, on y découvre un cercle
complet, orné de toutes les couleurs de l'arc-en-ciel. Le
Voyageur qui apperçoit ce cercle s'y trouve comme encadré,
la bordure du cercle embraſſant, pour ainſi dire, ſes pieds,
tandis qu'elle s'élève au-deſſus de ſa tête. On voit auſſi des
chûtes d'eau de cette force, dans le Canton de Glaris,
entre *Diesbach* & le val de la *Lint* ou du *Linthal*, vers le pont
de *Panten*, & dans le Canton d'Uri lorſqu'on deſcend au
val de *Schaechen*, où le gros torrent de ce nom prend ſa ſource.
Mais l'une des plus belles cataractes qui faſſent lever dans leur
chûte une pluie de pouſſière, en briſant les rayons du ſoleil,
eſt celle (**) qu'on trouve dans le Vallais, ſur la route de
Saint-Maurice à *Martigny* ; là le torrent tombe d'une élévation
extraordinaire, ſa chûte eſt perpendiculaire pendant quelques
lieues en égale hauteur & dans le même degré le long d'un
revêtement de rochers ; pour peu que les Spectateurs s'en
approchent, lorſque le ſoleil darde ſes rayons dans le volume
d'eau ainſi tombant, ils y découvrent, avec une ſurpriſe mêlée
d'enchantement, la formation répétée de pluſieurs arcs-en-
ciel ; M. *Beſſon* (10) a donné une deſcription très-pittoreſque
de la caſcade de *Piſſevache*, dans ſes obſervations ſur le Vallais,
ce pays dont J. J. Rouſſeau (11) a fait une peinture ſi intéreſſante.
Je ne puis me refuſer au plaiſir de décrire ici trois caſcades
étonnantes qu'on voit dans le Canton de Berne. A quelques
(12) centaines de pas, derrière le village de *Claire-fontaine*, en
Allemand *Lauter-brunnen*, dans le bailliage d'Interlachen, on
voit ſur la droite le ruiſſeau de *Pletſchbach*, (***) tomber de
mille ou onze cent pieds du haut du rocher du mont *Pletſch-
berg*, & ſe convertir en pluie ; cette chûte remarquable par
ſa ſingularité, eſt connue ſous le nom de *Staub-bach*, ou
ruiſſeau de pouſſière. Le *Pletſchbach* ſort des fontaines du mont
& des pâturages de *Muren*, deſcend la montagne à travers un
bois de ſapins juſqu'à la première ſaillie du roc, s'y diviſe en
deux bras, tombe ſur une autre ſaillie & s'y réunit, perce au
travers du rocher, en ſort comme d'un tuyau, & ſe répand
dans l'air comme une pluie fine, de ſorte que le haut du roc
n'eſt pas mouillé à la hauteur de dix ou douze pieds ; le reſte
du torrent tombe ſur un banc oblique, dont la ſaillie n'eſt
que de quelques pieds : comme la chûte eſt haute, il ſe change
entièrement en pluie fine, & le banc ſur lequel il tombe,
ayant une pente, le rejette loin de l'autre côté, de manière que
l'on peut paſſer entre le rocher & le torrent, preſque ſans être
mouillé ; on l'eſt beaucoup au contraire & même ſans appercevoir le torrent, à quelques centaines de pas devant ſa chûte,
attendu que le vent porte cette pluie très-loin. Durant l'hiver
il ſ'y forme une colonne de glace très-épaiſſe, que
l'on doute ſi la chaleur de l'été pourra la réduire en eau. Ce
ruiſſeau entraîne ſouvent & principalement lorſqu'il eſt enflé
par de grandes pluies & par des fontes de neiges abondantes,
des pierres extrêmement groſſes qui tombent en bas du roc,

---

(8) M. *Wateles* de Paris, le célèbre *Schuṭ* Peintre de Francfort, les Graveurs *Seiler* & *Herrliberger*. On trouve encore des tableaux de la cataracte de Lauffen, dans *Scheuchẓer*, dans le Mercure Helvétique de *Wagner*, & dans les lettres de M. *Andreæ* ſur la Suiſſe.
(9) Scheuchzer, Hiſt. Nat. de la Suiſſe. T. II. pag. 29, 84, 146 & 289.
Faeſi, Deſcript. Topog. de la Suiſſe. T. I. pag. 12-13.
Andreæ, Lettres ſur la Suiſſe, pag. 104 & 107, &c.
(10) Pag. IV.
(11) La nouvelle Héloïſe, T. I. pag. 171 & ſuiv. Neufchâtel & Paris 1764, in-12. fig.

(12) Gruner, Deſcript. des glacières de la Suiſſe, pag. 78-79.
Herrliberger, Topog. de la Suiſſe, Partie II. pag. 253-255.
Faeſi, Deſcript. Topog. de la Suiſſe. T. I. pag. 730-731.
Andreæ, Lettres ſur la Suiſſe, pag. 175.
Voyages dans les Contrées remarquables de la Suiſſe. T. II. pag. 16-34.
Londres 1778, in-12, en Allemand avec les figures de Zingg.
(*) PLANCHES 68, 75, 89 93, 108.
(**) PLANCHE 129.
(***) PLANCHE 49.

avec un bruit que les Etrangers croyent souvent être celui du tonnerre ; il paroît d'autant plus fort, que la vallée étroite & les rochers opposés le répètent plusieurs fois. Lorsque cette pluie est pénétrée par les rayons du soleil, il s'y forme un iris de la plus grande beauté. Cette même vallée a encore deux autres chûtes, mais elles sont moins considérables. Le grand Haller a fait une peinture intéressante du *Staubbach*, dans son Poëme des Alpes, traduit de l'Allemand, par M. de *Tscharner* (13).

David *Herrliberger*, célèbre Graveur de Zurich, a donné dans sa Topographie (14) de la Suisse, le plan perspectif de la cascade de l'*Alp-bach*, que l'on voit près de *Meyringen*, bourg principal du val *Hasli*, dans le Canton de Berne. Ce torrent descend du mont *Heusliberg* ou *Huseliberg*, il se précipite avec un fracas horrible par-dessus trois saillies d'un rocher très-élevé & presque perpendiculaire. La plus basse de ces saillies est élevée de quarante à cinquante pieds, celle du milieu en a soixante, & la plus haute à-peu-près autant : j'observe aussi que la plus haute de ces saillies ne se voit pas en face, parce que le torrent a devant & tout auprès de lui un quartier du rocher qui le cache, & qu'ainsi il coule, comme à la dérobée, dans une cavité ; mais les deux saillies plus basses du roc se présentent d'autant plus librement à l'œil : là le torrent se précipite avec la plus grande impétuosité par-dessus les rochers, & il répand autour d'eux une pluie fine en forme de poussière ; le volume d'eau est très-considérable. Déjà avant sa chûte il se creuse un lit profond dans lequel il roule beaucoup de sable & de pierres, qu'il laisse après sa chûte près de *Meyringen* ; il exhausse ici considérablement le terrein, &

par cet exhaussement il occasionne de grandes inondations & des dommages répétés. Un autre torrent, dit le *Dorfbach*, très-voisin du précédent, & qui part de la même source, tombe aussi à peu de pas de l'*Alp-bach*, contre *Meyringen*. On peut bien juger que la situation de ce bourg, entre deux voisins aussi dangereux, donne souvent des inquiétudes aux habitans. Ces deux torrens offrent de loin à ceux qui descendent le mont *Scheidek*, un coup-d'œil charmant dans la longueur de deux lieues. M. *Andreæ*, dans l'observation qu'il a faite (15) de ces deux torrens, après avoir décrit l'impétuosité de l'*Alp-bach*, & après l'avoir comparé à la chûte tranquille du torrent latéral, ajoute que ce dernier présente un miroir limpide, dont la feuille est un rocher uni, par-dessus lequel l'eau tendue comme une belle crêpe, coule sans avoir l'apparence du mouvement. Que penser du contraste de ces deux torrens, si voisins l'un de l'autre ! La contrariété que la Nature offre dans ces deux tableaux, ne semble-t-elle pas supposer qu'elle se plaît ici à répandre dans l'ame du spectateur le sentiment de l'admiration, joint à celui de la douce satisfaction ? Mais pour mieux en juger, il faudroit se transporter à l'endroit ; la parole & même le pinceau ne peuvent rendre que foiblement l'esquisse de ces beautés réunies.

Peu de contrées en Suisse offrent autant de cataractes que le pays de *Hasli* : au-dessus de *Meyringen*, le torrent *Rutki* ou *Mullibach* se précipite dans la vallée, entre des rochers énormes & escarpés ; son eau est réduit en poussière dans la chûte, & on l'apperçoit comme une vapeur nébuleuse. Ce ruisseau impétueux fait tourner trois moulins depuis le village *Ruthi* jusqu'à l'endroit de sa chûte.

XIV.

Différence du climat au Nord & au Midi de la Suisse. Tremblemens de terres & autres Phénomènes.

LA Suisse (1), avec ses Alliés, occupe la partie la plus haute de l'Europe ; aussi l'on y respire généralement un air subtil, pur & sain. M. *Gruner* dit que la salubrité de l'air en Suisse, est dûe à la position du pays & aux monts de glace qui en sont l'effet naturel. Je ne répéterai pas ici ce que j'ai dit de la salubrité de l'air, à l'article des *Glacières*. Je me contenterai d'observer qu'on ne connoît en ce pays qu'une seule maladie épidémique, mais qui ordinairement n'attaque que les enfans ; je veux parler de la dyssenterie, qui se manifeste dans les plus grandes chaleurs. M. Gruner dit que la peste a désolé la Suisse en différens temps, mais qu'elle n'y a pas reparu depuis plusieurs siècles, & que peut-être elle doit cette délivrance à l'accroissement des glacières. Le fait est, que la dernière peste qui a ravagé la Suisse, a été celle de 1629, & si elle y a été autrefois plus fréquente qu'elle ne l'est aujourd'hui, c'est sans doute parce que dans le temps où elle affligeoit des contrées peu éloignées du pays, on ne prenoit pas les précautions dont on use à présent, pour l'empêcher de se communiquer ou d'y pénétrer. D'ailleurs la propreté a beaucoup contribué à l'éloignement de ce fléau terrible : le paysan de nos jours porte du linge, aisance qu'il ne connoissoit pas encore généralement dans le seizième siècle.

Au reste, on peut dire que la constitution de l'air est telle dans la Suisse, qu'il seroit difficile de la trouver semblable dans aucun autre climat. La partie située au nord qui comprend la Turgovie, les Cantons de Zurich & de Zoug, les *Offices libres* de l'Argeu, une partie des Cantons de Lucerne, Berne, Fribourg & Soleure, & les Cantons de Bâle & de Schaffhausen, est, pour ainsi dire, d'une toute autre nature que la partie au midi, ainsi que celle des montagnes ou des Alpes ; & encore cette partie au nord renferme-t-elle des montagnes sans nombre, dont la hauteur porte sur deux

---

(13) Poésies de M. Haller, pag. 43, Berne 1775, *in-8.* fig.
(14) Partie II, pag. 409-410.
Faesi, Descrip. Topog. de la Suisse, T. I. pag. 755.
(15) Lettres sur la Suisse, pag. 138.
(1) Gruner, Descript. des Glacières de la Suisse, pag. 335-336.
Scheuchzer, Hist. Nat. de la Suisse, T. I. pag. 22, 33, 138 & 316, & T. II. pag. 18 & 156.
Le même, *Itinera Alpina*, T. I. pag. 82, & T. IV. pag. 524 & seq. & 584.

L'Etat & les Délices de la Suisse, T. I. pag. 72-74. Bâle 1764, *in-12*. fig.
Faesi, Descrip. Topog. de la Suisse, T. I. pag. 13-14.
Tscharner, Dict. Géog. Hist. & Pol. de la Suisse, T. II. pag. 147-148 & 152-153.
Lettres de M. Hirschfeld sur la Suisse, pag. 100 & suiv. Leipzig 1776, *in-12*. en Allemand avec fig. &c.

mille à deux mille cinq cent pieds; mais ces montagnes dont l'élévation surprendroit un Hollandois, comparées avec les Alpes au midi, ne paroissent que comme de petites collines; elles ne forment pas une chaîne non interrompue, & qui renferme dans son étendue plusieurs lieues, ainsi qu'on l'observe dans la progression des montagnes de neige & de glace qui sont au midi; elles ne sont pas non plus séparées comme celles-ci par des enfoncemens considérables ou de grandes cavités, mais seulement par des vallées profondes, inaccessibles à cause du terrein marécageux, & que l'on appelle (2) en Allemand *Tobel* ou *Toebler*; on peut souvent marcher plusieurs lieues de suite sur leur dos applani. Rarement les nuages descendent jusques sur ces *basses montagnes*, ce n'est que dans le temps d'une longue durée de pluie au printemps ou en automne, & quelquefois dans la plus grande chaleur de l'été. On observe que sur ces montagnes on trouve moins fréquemment des chûtes d'eau & des sources, que sur les montagnes plus hautes. La neige qui les couvre en hiver, fond ordinairement en Mars & Avril; il arrive même quelquefois que dans les mois de l'hiver, lorsque le vent du midi (en Allemand-Suisse, *der Foen*), souffle avec force, il détache la neige de ces montagnes & les en dégage entièrement: les gens du pays nomment alors communément ce vent le *Balayeur de neige*, en Allemand *der Schnee butzer*. Il est vrai cependant que lorsqu'il pleut au printemps dans les vallées, ces basses montagnes sont couvertes d'une nouvelle neige, mais elle n'a pas de consistance, & elle disparoît aussi-tôt que l'air est amolli par un vent plus doux, ou qu'il est pénétré par les rayons du soleil. On trouve au pied de plusieurs de ces montagnes, des vignobles, on les voit aussi tapissées de riches prairies, d'arbres fruitiers & de champs de bled. Leur cime est souvent couverte de bois, souvent même des terres labourables: on voit enfin sur le dos de ces montagnes des prés & des prairies; mais ni l'herbe, ni les simples qu'elles produisent ne peuvent être comparés aux gras pâturages & aux herbes vulnéraires & aromatiques qui sont attachées comme une propriété aux hautes Alpes.

La température de l'air & les productions de la Nature varient beaucoup d'une vallée à l'autre, suivant les différens degrés de leur élévation, leur exposition diverse au sud & au nord, les variétés du sol, la largeur plus ou moins grande d'un vallon, & la hauteur ou la pente des montagnes qui l'entourent. Il se trouve dans les Alpes quelques vallées habitées, mais si froides & si resserrées, qu'à peine un peu d'orge & quelques fruits de mauvaise qualité, y parviennent à leur maturité, & que pendant plusieurs semaines, avant & après le solstice d'hiver, les rayons du soleil peuvent à peine y pénétrer: il en est d'autres où les récoltes sont aussi hâtives que dans la plaine, où le raisin, la figue, la pêche, les fruits les plus fins réussissent, où le grenadier en espalier se soutient pendant les hivers. Des climats aussi opposés ne se trouvent souvent qu'à la distance de quelques lieues l'un de l'autre. M. de *Haller* observe que sur la cime d'une montagne il naît des plantes que l'on trouve en Laponie, & qu'au pied du même mont il en croît qui sont indigènes du Cap de Bonne-Espérance.

Outre cette grande variété dans le climat local de divers lieux de la Suisse, les dérangemens dans les saisons & les variations subites du temps y sont nécessairement plus sensibles que dans d'autres pays situés sous la même latitude. Deux circonstances y contribuent; d'abord le pays est le plus élevé de l'Europe, ce qui doit le rendre un des plus froids, d'un autre côté il confine avec les pays méridionaux; de plus la direction des Alpes du nord-est au sud-ouest, fait que la partie la plus fertile de la Suisse & plusieurs des principales vallées, sont ouvertes à l'action des deux vents opposés, qui règnent le plus souvent dans ces contrées. Le vent d'est & celui du nord-est qu'en Suisse on appelle *Bise* (3), en passant près des glacières, se chargent de parties nitreuses, acquièrent un nouveau degré de froid, & portent souvent la gelée & les frimats jusques dans les contrées les plus basses de la Suisse vers la fin du printemps & dès le commencement de l'automne: le nord-ouest, que dans la Suisse occidentale on nomme le *Joran*, produit le même effet, tant que les neiges subsistent sur les sommets du Jura; en échange le sud-ouest, ou le vent proprement dit, soufflant des Provinces méridionales, & se chargeant de l'air plus échauffé des plaines, porte sa tiédeur humide jusques dans les hautes Alpes, & y occasionne souvent des fontes de neiges au milieu de l'hiver.

J'ai déjà observé qu'on voit fréquemment en Suisse, surtout en été, & dans le temps que l'air paroît très-serain, s'élever subitement une tempête, dont la pluie amène avec elle un froid piquant: cela arrive principalement dans les montagnes, où, lorsqu'il fait un plus beau temps du monde, le plus petit nuage, semblable au *grain* sur mer, lorsqu'il vient d'un certain côté, forme dans un instant un gros orage. Les Montagnards ne s'y trompent point, ils les prévoyent beaucoup mieux que ne pourroit le faire le plus habile Astronome. Il neige ordinairement sur les montagnes, lorsqu'il pleut dans la plaine, & l'air s'y refroidit nécessairement pour peu que la neige dure: il arrive aussi que souvent il fait un très-beau temps sur les montagnes, tandis qu'il y a des orages dans les vallées. Les habitans des plus hautes montagnes voyent alors le tonnerre & les éclairs se former & se croiser au-dessous d'eux; c'est un spectacle à la fois imposant & agréable, & l'observateur s'écrie dans ce moment de ravissement, avec le grand *Rousseau* (4),

    Les Cieux instruisent la terre
    A révérer leur Auteur,
    Tout ce que leur globe enserre,
    Célèbre un Dieu Créateur.

Un autre *Rousseau*, *l'ancien Citoyen de Genève*, après avoir dépeint (5) avec la vivacité des couleurs les plus frappantes les montagnes du Vallais, que l'Amant de Julie venoit de parcourir, lui fait écrire cet aveu, l'hommage le plus sincère au local où il voyageoit. Que l'on me permette de trans-

---

(2) Voyez le Dictionnaire Latin-Allemand de Frischen, Partie II, pag. 374.

(3) A *Gruyère*, dans le Canton de Fribourg, il règne toute l'année, après le coucher du soleil, un vent périodique qu'on appelle le *Riclou*, & si glacial, que si un étranger cherchoit alors dans l'été l'air frais pour se délasser de la chaleur, il gagneroit facilement une fluxion de poitrine. Le nom de *Riclou* ne dériveroit-il pas de *river un clou*; il est si âpre qu'il en rabattroit la pointe. L'excès du froid pendant tout l'hiver en Suisse est nul dans la haute partie des montagnes de *Gruyère*, & ne devient très-vif qu'au mois de Mars. L'été des montagnes, au Vallais & au *Grand Saint-Bernard*, est le mois de Septembre.

(4) Odes sacrées, Liv. I. pag. 6. Soleure 1712, in-12.

(5) La nouvelle Héloïse, T. I. Lettre XXIII. pag. 174-176. Neuchâtel & Paris 1764. in-12. fig.

crire ici ſes expreſſions ; c'eſt l'Auteur du *Devin de Village* & de *Pygmalion* qui les dicte.

» Ce fut là que je démêlai ſenſiblement dans la pureté de
» l'air où je me trouvois, la véritable cauſe du changement
» de mon humeur, & du retour de cette paix intérieure que
» j'avois perdue depuis ſi long-temps. En effet, c'eſt une
» impreſſion générale qu'éprouvent tous les hommes, quoi-
» qu'ils ne l'obſervent pas tous, que ſur ces hautes montagnes
» où l'air eſt pur & ſubtil, on ſe ſent plus de facilité dans la
» reſpiration, plus de légereté dans le corps, plus de ſérénité
» dans l'eſprit ; les plaiſirs y ſont moins ardens, les paſſions
» plus modérées. Les méditations y prennent, je ne ſais quel
» caractère grand & ſublime, proportionné aux objets qui
» nous frappent, je ne ſais quelle volupté tranquille qui n'a
» rien d'âcre & de ſenſuel. Il ſemble qu'en s'élevant au-deſſus
» du ſéjour des hommes, on y laiſſe tous les ſentimens bas
» & terreſtres ; & qu'à meſure qu'on approche des régions
» éthérées, l'ame contracte quelque choſe de leur inaltéra-
» ble pureté. On y eſt grave ſans mélancolie, paiſible ſans
» indolence, content d'être & de penſer ; tous les déſirs trop
» vifs s'émouſſent, ils perdent cette pointe aiguë qui les rend
» douloureux, ils ne laiſſent au fond du cœur qu'une émotion
» légère & douce ; & c'eſt ainſi qu'un heureux climat fait
» ſervir à la félicité de l'homme les paſſions qui font ailleurs
» ſon tourment. Je doute qu'aucune agitation violente,
» aucune maladie de vapeurs pût tenir contre un pareil ſéjour
» prolongé, & je ſuis ſurpris que des bains de l'air ſalutaire
» & bienfaiſant des montagnes ne ſoient pas un des grands
» remèdes de la médecine & de la morale «.

Qui non palazzi, non teatro o loggia :
Ma in lor vece un abeto, un faggio, un pino,
Trà l'erba verde il bel monte vicino,
Levan di terra al ciel noſtr'intelletto.

J'aurai l'attention de marquer les influences du climat local, dans le détail Topographique de la Suiſſe. Je n'ai tracé juſqu'à préſent que des Obſervations préliminaires & générales, d'après l'expérience & les relations les plus exactes : je paſſe à un autre objet également curieux, à l'article des Tremblemens de terre qui ont agité la Suiſſe en différens ſiècles. M. Elie Bertrand, premier Paſteur de l'Egliſe Françoiſe de Berne, & Membre des Académies de Berlin, Gœttingue, Leipſic & Mayence, en a fait une énumération dans l'Ouvrage qu'il (6) a publié en 1757, & qui a pour titre : *Mémoires Hiſtoriques & Phyſiques ſur les Tremblemens de terre*. L'avide Obſervateur examine (7) pourquoi la Suiſſe, qui en général eſt très-abondante en ſoufre, en nitre & en pyrites, n'eſt pas plus ſouvent & plus violemment agitée. Il ſemble qu'à raiſon de cette abondance, elle devroit être autant expoſée aux tremblemens de terre que l'Italie : mais M. Bertrand croit d'un côté que ces matières ne ſont point par grandes couches ou par lits, mais ſeulement par filets diſpoſés en tous ſens dans les fiſſures des rochers : d'un autre côté ces mêmes lieux ſont trop abondans en eaux, pour que ces matières pyriteuſes puiſſent aiſément s'enflammer, ou fermenter avec une certaine violence. Si nous conſidérons les montagnes de la Suiſſe les plus fertiles en minéraux, nous verrons auſſi que ce ſont les plus abondantes en eaux ou en ſources, & que ce ſont les lieux où il tombe le plus de pluie & de neige.

Le Canton de Glaris, celui de Bâle, tout le gouvernement d'Aigle & la châtellenie de *Frutingen* dans le Canton de Berne, les bailliages d'*Egliſau* & de *Sax*, dans le Canton de Zurich, le Comté de *Bade* en Argeu, enfin *Leuch* & *Brieg* dans le Vallais, forment les diſtricts de la Suiſſe les plus expoſés à de fréquens tremblemens de terre ; il ſemble cependant que depuis environ un ſiècle Bâle y ait été moins ſujette. Les matières inflammables ou efferveſcibles ſeroient-elles épuiſées ou conſumées ? Des cavernes ſeroient-elles bouchées ou comblées ? Tous ces lieux où l'on a ſi ſouvent éprouvé de ces effrayantes ſecouſſes ſont plus caverneux que le reſte de la Suiſſe, plus abondans en ſources minérales, & la terre y eſt plus remplie de ſoufre & de minéraux de diverſes eſpèces. Depuis *Schwanden* juſqu'au *Linthal*, toutes les vallées du Canton de Glaris ſont arroſées de ſources ſulfureuſes. A *Bueſing*, proche du château de *Forſtek*, dans la baronnie de *Sax* qui appartient au Canton de Zurich, il y a une ſource ſulfureuſe & froide dont l'odeur eſt très-forte. Aux environs de Bâle, on voyoit autrefois très-fréquemment des feux folets, des vapeurs enflammées, & des météores ardens ; cette ville, ainſi qu'*Egliſau*, eſt ſituée ſur le Rhin : on obſervoit déja du temps de Jules-Céſar, que les contrées limitrophes de ce fleuve étoient expoſées aux tremblemens de terre. Pline (8) & Plutarque (9) remarquent que la Gaule en général n'y étoit pas ſujette.

Nous regardons, avec M. Bertrand, les chûtes des montagnes comme des ſuites ordinaires ou des effets des tremblemens de terre : d'autres cauſes y concourent, il eſt vrai ; les eaux, les glaces, la nature du terrein & celle des rochers, la chûte des cavernes, tout cela y contribue plus ou moins ; mais c'eſt toujours quelque commotion qui aura précédé, qui accélère ou détermine la ſéparation de ces maſſes dont le poids fait une partie de la ſolidité.

Parmi les tremblemens de terre qui ont agité la Suiſſe depuis le milieu du ſixième ſiècle, je n'en rapporterai que cinq ou ſix des plus mémorables.

Le premier tremblement de terre dont il ſoit fait mention dans les Annales Helvétiques, eſt celui dont parle *Marius*, Evêque d'Avenche, (10). En 563, y eſt-il dit, *le mont Tauretun*, (*mons Tauretenſis*) *dans le Vallais*, *s'écroula ſubitement : un château voiſin, pluſieurs villages & leurs habitans furent enſevelis. Le lac Leman, dans la longueur de ſoixante milles & la largeur de vingt, fut agité d'une telle violence, qu'il ſortit de ſes bords, ſubmergea d'anciens bourgs & noya les hommes & les beſtiaux : pluſieurs Egliſes furent renverſées, & ceux qui les deſſervoient périrent. Le*

---

(6) A la Haye, *in-12*.
(7) Pag. 24 & ſuiv.
(8) *Plinii ſecundi Hiſtoria Naturalis*, Lib. II, Cap. 80.
(9) *Plutarchus de ſuperſtitione*.
(10) Voici le texte: *Poſt Conſulatum Baſilii anno XXI. Ind. XI. Poſt. Conſulatum Baſilii anno XXII. Ind. XI.* (anno 563). *Hoc anno mons validus Tauretunenſis, in territorio Vallenſi, ita ſubitò ruit, ut Caſtrum, cui vicinus erat, & vicos, cum omnibus ibidem Habitantibus oppreſſiſſet : & lacum in longitudine LX millium, & latitudine XX millium, ita totum movit, ut egreſſus utráque ripâ, vicos antiquiſſimos cum hominibus & pecoribus vaſtaſſet ; etiam multa ſacroſancta loca cum eis ſervientibus demoliſſet, & pontem Genavacum, molinas & homines per vim dejecit, & Genava civitate ingreſſus plures homines interfecit.*
— *Marii Aventicenſis ſeu Lauſannenſis Epiſcopi chronicon* pag. 17. T. II. Recueil des Hiſtoriens des Gaules & de la France, par Dom Martin Bouquet, Bénédictin, Paris 1739. in-fol.

pont

pont de Genève & les moulins furent détruits, le lac entra dans la ville & y noya plusieurs personnes.

M. Bertrand continuant le récit de cet évènement avec M. Fatio de Duillier (11), observe (12) que le lac étoit alors plus grand qu'il ne l'est aujourd'hui, ou qu'il y a une erreur dans les nombres, ou bien que les milles étoient alors plus petits qu'à-présent. Sa longueur de Genève à *Villeneuve*, par le pays de Vaud, est de dix-huit lieues communes de France, sa largeur depuis une baie entre *Morges* & *Preveranges*, jusqu'à une autre baie proche d'*Amsion*, est de trois des mêmes lieues, ou un peu plus. *Marius* étoit natif d'Autun, en Bourgogne, & lorsqu'il parle de *milles*, il entend ceux du royaume de Bourgogne dans lequel étoient alors compris le Vallais & Genève. Des Modernes (13) prétendent que le mont *Jorat* ou *Jura* ou *Jurat*, sur la frontière du Bas-Vallais, dans le bailliage de *Saint-Maurice*, se nommoit anciennement Mons *Tauretunensis*, & qu'une partie de cette montagne couvrit dans sa chûte le bourg *Epaona*, lieu célèbre par un Concile que Sigismond, Roi de Bourgogne, y fit tenir au commencement du sixième siècle, lors de la restauration de l'abbaye de Saint-Maurice, & dont je parlerai dans la Description du Vallais.

En 1356 (14), le 18 Octobre, jour de Saint-Luc, la ville de Bâle fut presque entièrement renversée par un tremblement de terre; le feu prit aussi en divers endroits de la ville, & l'incendie dura plusieurs jours. Le peuple effrayé de la continuation des secousses, n'osa plus rentrer dans la ville pour éteindre le feu: (pareille chose est arrivée à Lisbonne dans le tremblement du premier Novembre 1755). Les secousses cessèrent & recommencèrent onze fois à Bâle durant la nuit, beaucoup de villages furent détruits ou endommagés. Pendant près d'une année on éprouvoit presque tous les jours de nouvelles agitations; souvent on entendoit du murmure ou de l'éclat, tantôt sous terre, quelquefois dans l'air. Ce même tremblement se fit sentir dans une grande partie de la Suisse; il y eut quarante châteaux détruits dans le contour du pays limitrophe de Bâle, & durant tout le reste de l'année on observa divers retours de secousses.

Je crois devoir placer ici l'anecdote suivante (15): *Albert*, Duc d'Autriche, vint à Bâle quelque temps après le tremblement de terre; le croiroit-on! Il y eut des Nobles de la suite du Prince assez dénaturés pour lui conseiller de profiter du désastre des Bâlois; *c'est le moment certain, Monseigneur*, lui dirent-ils avec instance, *de les forcer à vous faire justice de vos griefs, comme Seigneur hypothécaire du petit Bâle, au sujet des droits municipaux des deux villes*. Mais *Albert*, à qui l'Histoire a consacré le titre de *Sage*, répondit généreusement aux courtisans barbares: *Loin de nous un pareil trait de cruauté; ce seroit le comble de la lâcheté, d'attaquer des gens blessés & glacés d'effroi. Ah! qu'ils rétablissent leur ville, qu'ils reprennent courage; & quand ils nous égaleront en force, alors nous leur ferons la guerre, si nous le jugeons à propos.* Albert, non content de pardonner à des ennemis, envoya au secours de Bâle quarante de ses Sujets, les plus robustes & les plus laborieux de la Forêt noire & du voisinage; ils avoient ordre de travailler sans relâche à relever la ville de ses ruines, & le Prince payoit leurs journées. *Albert* a été l'un des Aïeux de l'Impératrice-Reine *Marie-Thérèse* & de l'Empereur *Joseph II*, auxquels il a transmis ses vertus! Tout Vienne, toute l'Allemagne, célébreront à jamais leur clémence & leur humanité. L'Auguste Reine, qui fait les délices de la France, aussi héritière des vertus d'Albert, ne cesse, comme Leurs Majestés Impériales, de répandre ses graces, & d'exercer sa générosité sur les malheureux. Je suis persuadé que le lecteur approuvera ma digression: je devois cet hommage aux Manes du Duc d'*Autriche*, & à la bienfaisance, sa vertu favorite, ainsi que celle de ses illustres Descendans.

En 1584 (16), le gouvernement d'*Aigle*, dans le Canton de Berne, éprouva de fortes secousses le premier de Mars: le tremblement redoubla trois jours de suite, & le quatre du même mois survint la chûte d'une montagne, qui couvrit les villages d'*Yvorne* ou *Ivorna*, & de *Corbeiry* ou *Corbairy*; une grêle de pierre & de terre, poussée sans doute par des feux & des vents souterrains, s'éleva avec force & ruina toutes les campagnes voisines. Le lac de Genève, agité sans aucun vent extérieur, s'élança près du village *Montreux* ou *Mutru*, dans les terres, à plus de vingt pas: près du bourg d'*Aigle*, une pièce de rocher se détacha & s'arrêta dans une fente de la montagne.

En 1618 (17), le magnifique & riche bourg de *Pleurs*, dans le Comté de Chiavenne, fut enseveli par la chûte de la montagne de *Conto*. Cet accident funeste arriva le 25 Août pendant la nuit; les habitans avec leurs maisons furent ensevelis; il périt plus de douze cent personnes. On a varié sur le nombre; nous suivons ici l'autorité d'un Pasteur (18), qui, la même année, publia la description de ce terrible évènement. On voit présentement (*) un étang à l'endroit où étoit ce bourg: on essuya aussi le même tremblement dans la Valteline; on en sentit les secousses dans la plupart des villes du pays de Vaud & à

---

(11) Remarques sur l'Histoire Naturelle des environs du lac de Genève, pag. 290 & suiv. dans le quatrième tome de l'Histoire de Genève, par Spon, in-8.

(12) Ibid. pag. 28-29.

(13) Sebastien Briguet, Chanoine de Syon, *Concilium Epaunense assertione clara & veridica loco suo ac proprio fixum in Epaunensi Parrochia Vallensium seu Epauna Agaunensium*, *vulgo* EPENASSEX. Seduni 1741 in-12.
Leu, Dict. Hist. de la Suisse, T. X. pag. 589.
Faesi, Descript. Topog. de la Suisse, T. IV. pag. 323.

(14) *Alberti Argentinensis Chronicon ad an. 1356*.
Wurstisen dans la Chronique de Bâle en Allemand.
Gilles de Tschudi, Chronique de Suisse en Allemand, T. I. sous l'année 1356.
Bertrand ibid. pag. 35-36. &c.

(15) *Commentarii pro Historia Alberti II Ducis Austriæ, cognomento Sapientis, scripsit ab Antonio Steyerer, Societatis Jesu Sacerdote*, pag. 188. Lipsiæ 1725. in fol. fig.

(16) *Claudius Alberius* (Claude Auberi, Professeur à Lausanne) *de terra motu oratio, in qua Hyborna Pagi, in ditione Ill. Reip. Bern. supra lacum Lemanum, per terræ motum oppressi Historia paucis attingitur*, 1585 in-8. Voyez aussi une relation de ce tremblement écrite en Allemand, & publiée en 1584.
Plantin, de Lausanne, Abrégé de l'Histoire générale de la Suisse, pag. 354 & 474-475. Genève 1666, in-8.
Spon, Hist. de Genève, T. II. pag. 139-142. Genève 1730, in-4. fig.
Bertrand, ibid. pag. 47-48 & 269-271.
Faesi, Descript. Topog. de la Suisse, T. I. pag. 802 & 808, &c.

(17) Relation du renversement terrible du bourg de Plurs en Grisons, par Jean-George Groff, Docteur en Théologie & Pasteur de Saint-Pierre à Bâle, en Allemand, in-4. Bâle 1618.
Scheuchzeri *Itinera Alpina*, T. I. pag. 106. Le même, Hist. Nat. de la Suisse, T. II. pag. 28.
Bertrand, ibidem pag. 54-55.
Herrliberger, Topographie de la Suisse, en Allemand, in-4. avec figures.
Faesi, Descript. Topog. de la Suisse, T. IV. pag. 234-238, &c.

(18) *Bartholomæus Anhornius*, (Anhorn) Relation du renversement du magnifique Bourg de Plurs, dans le Comté de Chiavenne, sous la souveraineté des trois Ligues Grises, la nuit du 25 Août 1618 Lindaviæ 1618 in-4. en Allemand.

(*) PLANCHE 14.

Neuchatel : on vit enfuite divers météores ignés en l'air.

Je viens au premier (19) Novembre, ce jour fi funefte au Portugal. C'eft dans le Haut-Vallais que les fecouffes du tremblement de terre, en 1755, fe font fait fentir avec le plus de violence & de dommage. Ce pays eft un de ceux de la Suiffe qui eft le plus fujet à ces accidens : à peine fe paffe-t-il une dixaine d'années fans qu'on y obferve quelques fecouffes, auffi eft-il rempli de fources chaudes & fulfureufes ; celles de *Leuk* & de *Brig* font fort connues & très-célèbres. Le département de *Brig* qu *Brigue*, fitué près du Rhône, fur la rivière de *Saltina* ou *Saltinen*, a été le plus fortement ébranlé dans cette occafion. De hautes montagnes environnent ce quartier de toutes parts ; *Brig* eft fur une hauteur, dans une vallée, entre ces monts élevés. *Glyff* en eft environ à un quart de lieue, & *Naters* à une demi-lieue, l'un & l'autre dans une forte de plaine ; tous les trois forment un triangle. Dans quelques endroits du Vallais, & fur-tout dans le département de *Brig*, on fentit le premier Novembre 1755, date du renverfement de Lisbonne, quelques fecouffes de tremblement fur les dix heures du matin ; ces fecouffes fe firent auffi plus ou moins fentir dans plufieurs endroits de la Suiffe. Elles ont continué pendant tout le mois de Novembre dans le dizain de *Brig* ; on y a reffenti de jour & de nuit des fecouffes réitérées, mais particulièrement pendant la nuit. Dès-lors plufieurs perfonnes s'attendoient à quelque tremblement plus violent, & cette attente mettant tout le monde fur fes gardes, a fauvé la vie à bien des habitans qui fans cette inquiétude auroient été furpris. M. Bertrand détaille les effets du tremblement qui arriva le neuf Décembre fuivant dans le Vallais, à *Gombs* ou *Conches*, *Vifp*, *Leuk*, *Sierre*, *Sion*, *Martigni* & à *Saint-Maurice*. Les montagnes de *Gemmi*, du *Grand-Saint-Bernard* & de la *Fourk*, ont été fecouées avec plus ou moins de violence : prefque toutes les cheminées de *Brig* furent en un inftant abattues ; les tuiles, brifées & enlevées de deffus les toits, voloient de toutes parts ; les tours furent fendues & quelques murs renverfés : il n'y eut point d'Eglife qui n'eût quelques fentes confidérables ; ces fecouffes durèrent près de deux minutes. Tous les édifices étoient balancés d'un côté & enfuite de l'autre, comme on le fait au berceau d'un enfant. Il ne refta à *Brig* aucune maifon qui n'eût plus ou moins fouffert, mais perfonne n'a péri : le Collége des Jéfuites & leur Eglife ont été fort endommagés ; la maifon a été lézardée de toutes parts, & une partie de la voûte de l'Eglife eft tombée. *Naters* & *Glyff* éprouvèrent le même fort ; la voûte de l'Eglife paroiffiale de *Naters* fut enfoncée : la grande Eglife de *Glyff* & la tour ont auffi éprouvé beaucoup de dommage ; une partie de la tour eft tombée fur l'Eglife, en a enfoncé la voûte & mis en pièce l'autel latéral. Ceux qui étoient à la campagne obfervèrent les mêmes ébranlemens, & apperçurent la terre fe fendre çà & là dans la même direction que les fecouffes, du fud au nord ; mais ces fentes ou crevaffes, dont les plus petites étoient affez

femblables à celles qui fe font dans une terre forte, après une violente fecouffe fe refermoient auffi-tôt : on vit de plufieurs de ces fiffures s'élever comme un jet d'eau, à la hauteur de plufieurs pieds, ce qui ne pouvoit venir que des réfervoirs fouterrains, dont les eaux fe trouvoient comprimées ou dilatées ou pouffées de bas en haut. Plufieurs fontaines de ces quartiers ont difparu ; à leur place il en eft forti par éruption en des lieux où il n'y en avoit point & même en plus grande abondance. La montagne qui eft éloignée de *Brig* d'une lieue, & que l'on nomme le *Saint-Plomb*, en Allemand *Simpelberg*, s'eft abaiffée fenfiblement : on fait que fous cette montagne font des réfervoirs très-confidérables, qui fourniffent de l'eau à grand nombre de fources ; fans doute que les voûtes ont cédé & fe font affaiffées. M. Bertrand nous a confervé le Journal des tremblemens de *Brig*, depuis le 9 Décembre 1755 jufqu'au 27 Février 1756. Le tremblement de terre qu'on a fenti dans toute la Suiffe le 9 Décembre 1755, a été très-étendu, on l'a obfervé en divers lieux de France & d'Allemagne & en Italie jufqu'à Naples ; ce même jour Lisbonne a été de nouveau violemment ébranlée. Il femble que la terre, une fois mife dans une commotion prefque univerfelle, n'ait pas pu s'affermir ni s'affeoir de long-temps.

Le Samedi 10 Septembre 1774, vers les quatre heures & demie après-midi, on fentit plufieurs grandes fecouffes de tremblement de terre dans la plus grande partie de la Suiffe, à Zurich, Berne, Lucerne, Zoug, Bâle, Soleure & Schaffhaufen, comme auffi en Souabe, dans le Duché de *Wirtemberg* & en Alface : plufieurs Eglifes ont été fendues, en plufieurs endroits & entr'autres celles des Abbayes d'*Einfidlen* & d'*Engelberg*, celle du bourg d'*Art*, &c. ; on apprit auffi qu'à *Altorff* qui eft la capitale du Canton d'Uri, les bâtimens avoient beaucoup fouffert. Le tremblement en finiffant au pied du mont *Saint-Gothard*, en étoit d'autant plus violent dans la proximité locale, par les effets de la répercuffion : d'énormes quartiers de rochers fe détachèrent des montagnes voifines d'*Altorff*, & le peuple cruellement agité par l'inquiétude, paffa en rafe campagne plufieurs jours & plufieurs nuits fous des tentes.

Parmi les phénomènes qu'on a obfervé en divers temps dans la Suiffe, on doit y ranger les météores, je veux dire les mixtes imparfaits qui s'engendrent dans l'air & fe forment des vapeurs & des exhalaifons qui fortent de la terre. *Scheuchzer* (20) & d'autres Naturaliftes, ont décrit les météores ignés qui ont paru en Suiffe : les Chroniques de toutes les Nations de l'Europe font remplies de ces phénomènes. On attribuoit anciennement des fuites plus ou moins funeftes aux différens fignes qu'on découvre dans le Ciel & dans tous les effets fenfibles de la Nature. Cette illufion dure encore, & les faifeurs d'almanach ne font pas les feuls qui en foient infatués : je n'ai garde de fatiguer le lecteur par le récit des contes qui ont été faits fur les phénomènes obfervés en Suiffe, il me fuffit de les avoir apprécié en général.

---

(19) Bertrand, ibid. pag. 143-161.
(20) Hift. Nat. de la Suiffe, T. I. p. 74, 76, 221, 255 & 278-294, & T. II. pag. 334 & 339. Le même, *Itinera Alpina*, T. I. p. 199.
Bluntfchli, *Memorabilia Tigurina*, pag. 280-282 & 554-556, &c.

X V.

Qualité du sol, Economie Rurale, Grains, Vignobles, Arbres fruitiers.

NOTKER-LE-BEGUE (1), Moine de Saint-Gall, fit à la fin du neuvième siècle, ce vers dans lequel il a voulu peindre l'âpreté du sol de la Suisse qu'on appelloit alors pour la majeure partie l'*Allemannie*, le caractère de ses habitans, & leur fidélité inébranlable.

Dura viris, & dura fide, durissima gleba.

Hartmann, autre Moine de Saint-Gall, répondit ainsi à ce vers :

Dura fuit quondam, sed nunc est mollis ut unda,
Exceptâ que fide, quam corde fatetur & ore.

Quelqu'un a appliqué ces vers de Crébillon, dans sa Tragédie de *Rhadamiste*, à l'Helvétie : j'en ai déja cité les deux premiers.

La Nature marâtre, en ces affreux climats,
Ne produit, au lieu d'or, que du fer, des soldats.
Tout son front hérissé n'offre aux désirs de l'homme
Rien qui puisse tenter l'avarice de Rome.

Cette application pourroit être exacte pour des temps antérieurs au dix-septième siècle, mais aujourd'hui, graces à la longue paix dont jouit la Suisse, & à l'industrie de ses habitans, le sol a été amélioré. Son terroir est fort différent, selon la diversité des lieux ; en général (2) il n'est pas si fertile que celui d'Italie & des provinces méridionales de la France, ni aussi maigre & aussi stérile que celui des pays du nord ; il tient le milieu entre l'un & l'autre : on peut consulter sur la Nature du sol de la Suisse & sur l'Œconomie Rurale de ce pays, les excellens Mémoires qui ont été publiés depuis quelques années en François & en Allemand par les Sociétés Physiques de Zurich & de Berne.

Pour avoir une idée du Tableau Topographique de la plus grande partie de la Suisse, il faut se figurer une grande chaîne de rocs chargés de glace & absolument stériles, des *joux* (3) couvertes de forêts, des montagnes plus basses & des vallons plus ou moins cultivés. Je comprens ici le Vallais, les Grisons, avec les routes sujettes des Suisses & les Grisons sur les confins du Milanez, une partie des Cantons de Fribourg, Berne & Lucerne, les Cantons d'Underwalden, Uri, Schweitz, Glaris, Appenzell, & les terres de l'abbaye de Saint-Gall. Sur les confins de la Franche-Comté sont situés les monts *Jura*, dont la Suisse occupe une partie; leur direction à-peu-près parallèle à celle des *Alpes*, va du sud-ouest au nord-ouest, depuis le Rhône qui les sépare des montagnes de la Savoie, jusqu'au bord du Rhin, au-dessus de Bâle. Cette chaîne se termine vers le Sundgan, dans des collines qui vont toucher le pied des Vôges : les monts du *Jura* diffèrent des Alpes par plusieurs considérations que je détaillerai ailleurs. Une partie de la Suisse présente un pays en général assez ouvert, & de petites plaines entrecoupées par des lacs, des côteaux, & par des montagnes d'une pente plus ou moins douce. Les confins de cette portion du pays sont assez déterminés le long du pied du *Jura* ; il est plus difficile de les fixer dans le voisinage des Alpes, où ils dépendent de la hauteur ou des directions des collines ou montagnes basses, & des sinuosités de quelques grandes vallées, par lesquelles débouchent les principales rivières.

Le local dont je viens de tracer l'esquisse, comprend, en commençant par le bord septentrional du lac de Genève , toute la partie occidentale des Cantons de Berne & de Fribourg, une portion du Comté de Neuchatel & du Canton de Soleure, une autre du Canton de Lucerne, le Canton de Zoug, la plus grande partie de celui de Zurich & les bailliages libres de l'Argeu, le Comté de Bade & le Landgraviat de la Turgovie; on peut y ajouter le Canton de Schaffhausen, situé en-delà du Rhin, & l'on aura la carte entière de la partie la plus riche & la plus peuplée de la Suisse. Le pays de Vaud, situé entre le lac de Genève & les lacs de Neuchatel & de Morat, les bords de ces lacs & de ceux de Bienne, de Zoug, de Zurich & de Constance, l'Argeu depuis *Arberg* jusques vers la jonction de la Russe & de l'Are, la plaine qui s'étend depuis *Sursée* dans le Canton de Lucerne, jusque vers Zoug & les bailliages libres de l'Argeu, l'intérieur du Canton de Zurich & la Turgovie; tous ces lieux présentent en grand nombre des sites agréables, des tableaux variés, des champs d'une bonne culture & des districts d'une population florissante. Dans d'autres Cantons, les collines ou montagnes basses offrent encore un coup-d'œil assez sauvage, par la quantité de bois noirs qui en couvrent les sommets; cependant les fonds entre ces montagnes & ces collines, vus de près, donnent presque toujours la surprise agréable d'un terrain riche & bien cultivé : une grande variété dans la nature du sol, fait réussir dans cette étendue toutes les espèces de grains; plusieurs districts de ce grand vallon sont largement arrosés par de bonnes eaux, dont on tire chaque jour un plus grand parti pour l'augmentation des fourrages. On cultive la vigne sur les côteaux les mieux exposés à l'orient & au midi ; particulièrement sur les bords des lacs.

Il se trouve encore quelques petits districts appartenans à la Suisse qui, sans être contigus à la partie dont nous parlons actuellement, y ont quelque rapport par la nature de leur climat & de leurs productions ; tels sont les environs de la ville de Bâle, les bords du Rhin au-dessus de son embouchure dans le lac de Constance, & quelques portions des pays sujets des Suisses sur les confins du Milanez, vers les bords du lac de Lugano, du lac Majeur & de celui de Como. Cette esquisse, tracée à vue de la Carte de la Suisse, peut donner une idée générale de ce pays.

Je conviens qu'il y a plusieurs endroits de la Suisse fort stériles & très-ingrats, mais généralement parlant toutes les vallées y sont fertiles; il y a même beaucoup de montagnes qui le sont ; & si l'on peut dire que dans une partie de la Suisse ce que les habitans retirent de la terre, se doit uniquement à leur travail, & que la nécessité, qui est la mère de

---

(1) Goldast. Rer. Alamannicar. Scriptores T. I. P. I. initio. Francofurti 1661 in-fol.
(2) Scheuchzer, Hist. Nat. de la Suisse. T. I. pag. 388, & T. II. p. 78. Etat & Délices de la Suisse, T. I. p. 74 & suiv. dernière édition.
Faesi, Descript. Topog. de la Suisse. T. I. pag. 24-28.
Tscharner, Dict. Géog. Hist. & Pol. de la Suisse, T. II. p. 144, 149-152 & 156-157.
(3) C'est tout à la fois le nom d'une chaîne de montagnes, d'une vallée, & d'un lac du pays de Vaud, dans le Canton de Berne.

l'induſtrie, a rendu les Suiſſes les plus habiles laboureurs de l'Europe; on peut dire auſſi que dans le reſte du pays les habitans ſont abondamment récompenſés de leur travail par la bonté du terroir. Cependant ne le diſſimulons pas, le terroir eſt généralement aſſez ſec; on obſerve que ſi l'on demeure douze ou quinze jours ſans pluie, les fruits de la terre commencent à ſouffrir, mais par le travail, l'induſtrie & l'application de ſes habitans, il rapporte toutes ſortes de fruits : il eſt vrai que les bleds & les vins que produit une partie de la Suiſſe ne ſuffiſent pas, à beaucoup près, à tout le pays; celle qui manque de ces denrées eſt obligée de les tirer des pays voiſins. On peut obſerver ici que les Suiſſes n'auroient pas beſoin de rien acheter, ou du moins que très-peu de choſe de l'Etranger, s'ils ſavoient ſe contenter de ce que leur pays leur donne; mais on prétend que par une jalouſie mal entendue, pluſieurs Cantons aiment mieux faire venir leurs proviſions du dehors que de les tirer de chez leurs voiſins, & que le luxe qui s'eſt introduit chez eux & qui énerve leur Liberté, eſt cauſe qu'ils ne peuvent plus ſe paſſer des marchandiſes étrangères; on les recherche même avec empreſſement, & il ſort du pays pour ces beſoins factices des ſommes d'argent très-conſidérables.

Quoiqu'il en ſoit, la Suiſſe, à la faveur d'une longue paix, d'une indépendance flatteuſe ou d'un gouvernement modéré dont elle jouit, peut, à raiſon de la nature de ſon ſol, être regardée aujourd'hui comme un des pays de l'Europe les mieux cultivés : c'eſt la Liberté qui le vivifie, pour ainſi dire. On y voit dans quelques diſtricts des exemples frappans de l'intelligence des Cultivateurs, de leur activité opiniâtre, & de l'aiſance qui en eſt le fruit. On ſe plaint, avec raiſon, dans diverſes contrées de la Suiſſe, du manque de forces pour améliorer le ſol & en augmenter le produit; il reſte encore dans ce pays bien des terres à défricher ou à mettre en plus grande valeur. On trouve dans un ouvrage eſtimable & dont j'ai tiré de grands ſecours, une réflexion trop rigide ſur ce défaut de bras pour l'agriculture. C'étoit donc, dit M. de Tſcharner (4), *un faux préjugé que cette population ſurabondante, attribuée autrefois à la Suiſſe; l'empreſſement de cette Nation pour vendre ſon ſang aux Princes voiſins, accrédita jadis cette opinion, que des Auteurs ſages ne devroient plus répéter aujourd'hui*. Je réſerve à l'article du ſervice militaire des Suiſſes chez l'Etranger les motifs politiques ſur leſquels il eſt plus ou moins fondé. Je conviens que la population a pu en ſouffrir dans le ſeizième ſiècle plus que dans le dix-huitième, & c'eſt ce qu'on voit dans l'hiſtoire quand on veut la lire ſans partialité. Mais l'Auteur paſſe ſous ſilence un mal rongeur qui augmente journellement le défaut de bras pour pouſſer le produit du ſol à un plus haut degré de perfection & pour défricher les terres incultes. M. de Tſcharner entraîné par un préjugé trop vif contre le ſervice militaire, préjugé que je développerai ailleurs, n'a garde de rapporter le tort que fait en Suiſſe à l'agriculture l'établiſſement des manufactures; le trop grand nombre d'ouvriers qui y ſont employés, mange pour ainſi dire la graiſſe de la terre, l'eſpoir d'un gain journalier plus conſi-

dérable que celui qu'on retire du travail des champs, ayant multiplié dans pluſieurs Cantons une claſſe d'hommes qui deviennent d'autant plus onéreux à la République qu'ils diminuent celle des Citoyens qui en ſont la primitive & la plus ſolide reſſource, mais l'égoïſme ou la cupidité de quelques particuliers étend le mal : ils ont même la plupart la bonté de croire que la Liberté Helvétique qui a coûté tant de ſang à ſes Auteurs, ne peut avoir pour baſe aujourd'hui que l'extenſion des diverſes branches du commerce. C'eſt-là leur univers, ils y rapportent toutes leurs idées, & il leur eſt indifférent que la Nation s'énerve par le luxe ou la trop grande aiſance qui en eſt la mère, pourvu qu'ils ſoient opulens & richement logés & meublés. Ils oublient ſans peine cet axiome, *que les Etats* (5) *ſont facilement conſervés par les mêmes moyens qui les ont fondés*. Or je demanderois volontiers à l'un de ces Egoïſtes, *comment la Liberté des Suiſſes a été établie*. Eſt-ce l'aunage, ſont-ce les branches d'un commerce trop étranger à la Suiſſe qui ont produit cette Liberté ſi précieuſe aux yeux d'un vrai Républicain ? Et en perdant inſenſiblement leur eſprit primitif, le *Militaire*, les Suiſſes métamorphoſés en marchands ou en commerçans peuvent-ils ſe flatter de ne pas devenir avec le temps le jouet des autres Puiſſances de l'Europe. Il y a des limites dans tous les états de la vie, & ce n'eſt qu'en ne les reſpectant pas qu'on renverſe tous les véritables principes. L'agriculture (6) fut le premier de tous les arts. Il y a apparence que le premier homme eſſaya de diſpoſer la terre à produire les végétaux dont il avoit beſoin pour ſa ſubſiſtance. Cet art a ſur-tout été en honneur chez les peuples qui ont fait le plus de cas de la valeur; & les plus grands Généraux des plus floriſſantes Républiques n'ont pas dédaigné le labourage : la Suiſſe n'eſt devenue un pays fertile que par l'induſtrie & les travaux de ſes habitans. On diſputoit un jour ſur l'origine de la Nobleſſe devant Maximilien I. Quelqu'un demanda, en plaiſantant, » où étoit (7) *le Gentil-* » *homme lorſqu'Adam labouroit & qu'Eve filoit*...... *Je ſuis homme* » *aiſé que tout autre*, répondit l'Empereur, *à la dignité près que* » *Dieu m'a donnée* «. Les anciens Nobles de la Germanie ou de l'Allemagne, honoroient beaucoup l'agriculture. Un Seigneur de *Hegi* (8), (château ſitué dans le Comté de Kibourg près de Winterthour en Suiſſe) en faiſoit ſon occupation ordinaire; quoiqu'il poſſédât pluſieurs fiefs, il réſervoit ſes meilleurs chevaux pour la charrue. Son fils, jeune & d'une figure agréable, les guidoit, tandis que le père, en cheveux blancs, ouvroit le ſein de la terre & traçoit les ſillons. Un Duc d'Autriche allant à cheval de Rapperſchweil à Winterthour, apperçut en paſſant ces laboureurs reſpectables, & fut frappé de l'attelage. Il s'arrête; » çà, dit-il au » grand-Maître de ſa maiſon, faites halte, je n'ai jamais vu » un ſi beau payſan, ni de chevaux ſi ſuperbes attelés à une » charrue «. Mais quelle fut ſa ſurpriſe, lorſque le grand-Maître lui répondit que c'étoit le Baron de Hegi qui labouroit avec ſon fils. Le Duc faiſoit quelque difficulté de le croire. » *Monſeigneur*, reprit le grand-Maître, *votre Grandeur* » *pourra s'en convaincre demain par elle-même ; elle le verra venir à* » *cheval à ſa cour pour lui offrir ſes ſervices* «. En effet le lende-

---

(4) Dict. Géog. Hiſt. & Pol. de la Suiſſe. T. II. p. 156.
(5) Suétone rapporte cet axiome dans la vie d'*Auguſte*.
(6) *Anecdotes Helvétiques* parmi les *Anecdotes des Républiques*, T. I. pag. 61-63. Paris 1771 in-8.
(7) Tſchudi, Chron. de la Suiſſe, en Allemand, T. I.

Jean Sibenmacher, Armorial de la Nobleſſe de l'Empire, Nuremberg 1605, in-4. fig. &c.
(8) Bluntſchli, *Memorabilia Tigurina*, pag. 104.
Leu, Dict. Hiſt. de la Suiſſe, à l'article *Hegi*.

main le Baron de Hegi, accompagné de sept de ses gens, tous à cheval, vint à Winterthour faire sa cour au Duc qui ne manqua pas de lui demander si c'étoit lui qu'il avoit vu la veille à la suite d'une charrue superbement attelée. Le Baron lui répondit avec dignité, qu'il ne trouvoit pas après la guerre pour la défense de la patrie, d'occupation plus digne d'un Gentilhomme que celle de cultiver ses terres. Le Duc ne put s'empêcher d'admirer ce vieillard qui lui présenta son fils; il lui fit l'accueil le plus gracieux, & prodigua ses caresses à l'un & à l'autre.

Les vraies (9) richesses sont celles qui naissent de la culture, avec celles-là on pourroit se passer de toutes les autres; celles-ci même en découlent comme de leur source, & ne peuvent être envisagées que comme des branches dont l'agriculture est la tige nourricière. Un peuple qui ne tient pas de lui-même les choses nécessaires à la vie, n'aura qu'une puissance précaire & mal assurée. Ce qui fait la puissance d'un Etat est le nombre considérable d'hommes libres, employés & rendus heureux; & ce qui fait la force & la durée de cette Puissance, est une proportion aussi juste qu'il est possible entre ceux qui le règlent, qui l'instruisent, qui le défendent, & ceux qui le nourrissent. Chacune de ces classes demande une protection proportionnée à son importance; mais celle qui mérite le plus d'attention paroît devoir être celle de qui toutes les autres tirent leur subsistance. A la suite de ces principes généraux, je dirai que la totalité de la Suisse ne recueille pas sur son territoire la quantité de bled nécessaire à ses besoins, que plusieurs Cantons ou pays de leur dépendance en achètent ordinairement, ou du moins dans toutes les années peu favorables, & que l'excédent des années les plus abondantes ne suffit point pour remplir ce vuide. Un territoire est puissant à proportion de sa population, sur-tout s'il occupe moins de terrein avec le même nombre d'hommes, parce que, (comme le dit l'Abbé de Saint-Pierre), la force d'un Etat ne consiste pas dans l'étendue de son territoire, mais dans la multitude de ses habitants, à proportion de ce qu'ils sont plus rassemblés, plus laborieux, mieux disciplinés, plus industrieux & plus utilement occupés, ajoutons avec M. Seigneux de Correvon, & mieux nourris; car pour être plus près les uns des autres sans s'incommoder & sans s'affamer, il faut qu'ils trouvent dans le sol de leur propre territoire, & à leur portée, les ressources nécessaires à la vie. La Suisse a tiré sa force & son lustre de l'abondance de son peuple, & doit, comme toute Nation guerrière, tendre à la plus grande population. Toute Nation, sur-tout, qui n'a pas de forteresses doit chercher sa force intérieure dans le plus grand nombre d'hommes qu'il lui est possible; avoir autant de peuple qu'elle en peut nourrir, & recourir à l'amélioration des terres comme l'un des plus sûrs moyens de l'augmenter encore, d'attirer de nouveaux Cultivateurs & de les mettre en état de vivre avec aisance. La Suisse doit donc, comme Nation belliqueuse & sans forteresses, avoir assez d'hommes pour remplir le but de ses alliances sans dépeupler ses terres, & en leur laissant assez de bras pour les cultiver; mais en même-temps elle doit avoir assez de Milices aguerries pour défendre l'Etat de toute invasion.

C'est un grand mal pour un Etat de tirer de l'étranger les matières qu'il consomme, même en fait de luxe, à moins qu'il n'en exporte à son tour; mais si cela est fâcheux à l'égard des marchandises dont on peut se priver ou dont on peut modérer la consommation, ce vice est bien plus grand & le vuide qui en résulte bien plus préjudiciable lorsqu'il a pour objet les matières de premier besoin dont il est impossible de se passer, sur-tout lorsque la situation des lieux est telle que les sommes considérables qui en sortent pour la traite des grains en cas de disette, ne reviennent point; & c'est ce qui a lieu dans une grande partie de la Suisse. On achète des grains de Souabe & de Bourgogne, & les peuples de ces provinces n'achètent rien, ou que très-rarement, des Suisses; mais le motif le plus puissant pour animer un peuple libre à la culture des terres, c'est qu'elle soit liée essentiellement à la conservation de sa liberté. Si (comme le dit l'immortel *Montesquieu*) les pays *sont cultivés à raison de leur liberté*, la Suisse devroit l'être plus qu'aucun autre à raison d'une franchise particulière de tout impôt, dont le peuple jouit si heureusement, & qui lui laisse, à l'exception des charges annexées aux fonds pour les accensemens ou inféodations primitives, tout le fruit de son labour. C'est une des plus fortes bases de la liberté d'un peuple, que de n'avoir pas besoin, ou le moins qu'il est possible, des étrangers, & de pouvoir leur être nécessaire en certains cas. Dès que ce peuple est réduit à mendier des secours, même à prix d'argent, dès que sur la moindre indisposition il peut être refusé, dès que les pays limitrophes peuvent en manquer eux-mêmes, & que la guerre ou d'autres évènemens peuvent tarir ces ressources, à quelles extrémités ce peuple ne peut-il pas alors se trouver réduit ? M. *Seigneux de Correvon* s'est attaché dans un Mémoire (10) à prouver que les richesses de la terre sont les plus intéressantes pour une Nation, & qu'elles contribuent extrêmement à la population qui en fait la force; il applique en particulier ses observations à la Suisse, il montre que l'abondance qui y naît de la culture des grains doit nécessairement influer sur sa puissance au-dehors, sur sa liberté, sa paix & sa sûreté au-dedans, & qu'elle favorise les bonnes mœurs, les établissemens, le commerce & tous les arts. Il a pesé dans le même Mémoire (11) les empêchemens généraux & particuliers qu'éprouve la culture des bleds dans ce climat; le premier de ces obstacles est la situation locale. La Suisse est en majeure partie montagneuse; dans la partie même qui ne l'est pas, elle est semée de collines dont la pente souvent rapide ne permet pas, ou du moins ne facilite pas la culture par la charrue. Ses montagnes les plus élevées fournissent une quantité prodigieuse de bétail & de tout ce qui en provient; ses vallées fertiles fournissent à-peu-près les mêmes secours, mais elles n'ont pas toujours assez de soleil pour mûrir les grains & sur-tout les bleds. Une bonne partie des terreins réussit mieux en prairies; les côteaux escarpés ou graveleux sont plus propres à former des vignobles dans les pentes exposées au midi. Des marécages renfermés par des hauteurs rendent en quelques endroits la terre impraticable aux semailles; les eaux courantes, les bois, leur voisinage même qui fait souvent *venter* les grains, les vastes & nombreux

---

(9) Recueil de Mémoires concernants l'économie Rurale par une Société établie à Berne en Suisse, T. I. Partie II, pag. 316 & suiv. Zurich. 1760, in-8. fig.
(10) Ibid. pag. 332.
(11) Ibid. pag. 332-341.

Tome I.   B 2

pâturages des Communautés font encore une fouftraction confidérable.

Une des caufes les plus naturelles de l'infuffifance des grains en certaines années pour la nourriture des habitans de la Suiffe, eft le peu de proportion qu'il y a entre le peuple nombreux qui l'habite & le terrein cultivable en bleds, ou autres grains deftinés à le nourrir. Si l'on confidère attentivement combien la Suiffe eft peuplée, & fur-tout en des lieux où le bled ne fauroit croître, fi l'on penfe que la Suiffe entière, en en féparant, à la vérité, le pays de Vaud, n'a de furface, felon l'eftimation commune adoptée par M. *Seigneux*, que *trente lieues* en longueur fur *vingt-quatre* en largeur, fur quoi il y a encore une diminution confidérable à faire à raifon des efpéces de terreins que le même Obfervateur indique dans fon Mémoire, on ne fera plus furpris qu'elle foit expofée quelquefois à manquer de grains, c'eft-à-dire de la quantité qui lui feroit néceffaire, fur-tout en des années moins favorables par la longueur ou la rigueur des hivers, par les gelées du printemps, & principalement par les grêles qui y font affez fréquemment de très-grands ravages. Cette pofition de la Suiffe eft caufe que quelques-uns des Cantons font conftamment dans la néceffité d'acheter des bleds des pays les plus voifins, que plufieurs autres n'en ont pas leur fuffifance, & que la totalité de la Suiffe ne peut faire année commune la balance de fa récolte avec fes befoins, moins encore foutenir la crife fatale des années de difette : mais on ne peut pas dire avec fondement qu'il lui foit impoffible de remplir ce vuide, en fuppofant que chacun dans fon diftrict s'applique à des améliorations, à moins qu'on n'ait épuifé tous les moyens que la prudence & l'induftrie peuvent mettre en œuvre, ce qui n'eft nullement croyable; il eft bien plus vraifemblable, qu'en y recherchant de près, on trouvera par-tout des terreins incultes ou négligés, fufceptibles d'une grande bonification, & capables de produire quelques-unes des efpéces de bleds, ou d'autres grains qui en tiennent lieu. M. *Seigneux* a auffi touché les autres empêchemens à la culture des bleds en Suiffe Les champs, obferve-t-il, ont fouffert en divers endroits, parce qu'on s'eft peut-être plus appliqué qu'autrefois à la culture des vignes & des prés. Il place encore parmi ces obftacles la pauvreté des Colons, les enrôlemens & le fervice militaire, comme autant de caufes qui expatrient une quantité de bras vigoureux, & qui font par-conféquent une diverfion confidérable aux travaux champêtres. Mais M. *Seigneux* paffe fous filence le tort encore plus fenfible que font à la culture les différentes fortes de manufactures trop multipliées. Le nombre d'ouvriers de toute efpéce, trop fupérieur à celui des Colons, dans plufieurs Cantons commerçans, y a fait fentir le fléau de la famine en 1771, avec plus de force que dans les Cantons où l'on mène plus ftrictement la vie agrefte des anciens Suiffes. Des effains d'ouvriers, preffés par le manque de pain chez des Maîtres qui avec tout leur or ne pouvoient leur en donner, fe répandirent fur les frontières des Cantons moins expofés à cette fatalité, parce qu'ils ont moins de commerce ; ils demandoient avec inftance le pain qui leur manquoit au fein de l'opulence : les voifins furent affez généreux de le leur donner. M. *Trumpi*, dans fa chronique (12) du Canton de Glaris, a fait une trifte peinture de cette difette & de fes fuites.

Les perfonnes d'un ordre fupérieur au peuple ne fe font plus une étude férieufe du bel art de l'agriculture, comme les Anciens. Peut-être pourroit-on nous appliquer une réflexion que *Columelle* faifoit du temps de Tibère, & qui eft en même-temps une leçon importante & un reproche. *Je vois à Rome*, dit-il, *des Ecoles de Philofophes, de Rhéteurs, de Géomètres & de Muficiens, de Gens occupés uniquement à apprêter des mêts, à orner la tête par des frifures artificielles, & je n'en vois aucune pour l'agriculture*. Le luxe & la molleffe ont auffi dérangé infiniment le goût intéreffant de la culture des champs. L'économie rurale, la vie fimple, frugale & laborieufe de nos pères ont fait place aux mœurs régnantes qui de proche en proche nous affligent & nous corrompent. Le luxe a multiplié les arts, en diminution des travaux de la campagne, & la molleffe s'étudie à en faifir toutes les délicateffes les plus ruineufes. Les charrues font converties en carroffes & en cabriolets, les laboureurs ou ceux qui devroient l'être en laquais ; les bêtes de fomme & de labour, en chevaux de pur agrément, les champs en prés pour les nourrir, & des terreins confidérables en jardins ou en avenues. On ne fe plieroit pas aujourd'hui à une vie dure & pénible. Il y a encore, me dira-t-on, des patriotes amis des mœurs fimples, & laborieux : j'en conviens ; mais l'influence vient du plus grand nombre.

M. *Seigneux* qui fait ces obfervations, ne peut s'empêcher (13) de rendre juftice à une partie confidérable de la Nation. Il convient qu'il y a encore en Suiffe un nombre d'excellens laboureurs, d'experts vignerons, & de perfonnes très-intelligentes dans la conduite des prés & des eaux qui en font l'ame. Il paffe en revue les habiles Economes à qui rien n'échappe fur la connoiffance des terres & des travaux qui leur font propres, fur-tout ce qui peut les mettre en valeur, & en hauffer le produit. L'établiffement des François en Suiffe depuis la révocation de l'Edit de Nantes, y a beaucoup augmenté la connoiffance du jardinage & la culture des arbres fruitiers. M. *Seigneux* indique auffi les moyens généraux & particuliers que la Suiffe fournit relativement à la culture des grains. Les bornes de cet Ouvrage ne nous permettent pas de le détailler, on peut les lire dans fon Mémoire, qui montre à tous égards l'ame d'un Citoyen. Il veut profcrire particulièrement *les pâtis communs*, appellés en d'autres lieux *communes* (14) *& friches*, dont le fond appartient à la Communauté du lieu, & l'ufufruit journalier à tous les individus de cette Communauté. Après avoir expofé l'état actuel de ces terreins communs, leur origine & leur defti-

---

(12) Pag. 673-676.
(13) Recueil de Mémoires concernants l'Economie Rurale, par la Société de Berne. T. I. Partie II, pag. 341 & fuiv.
(14) Il a paru à Paris en 1777, in-8. chez *Colombier*, Libraire, *rue des Grands-Degrés, près du Quai des Miramionnes*, un Ouvrage excellent, qui a pour titre : TRAITÉ DES COMMUNES, ou Obfervations fur leur origine & leur état actuel, d'après les anciennes Ordonnances de nos Rois, les Couttumes, Edits, Déclarations, Arrêts & Réglemens intervenus fur cette matière, LES DROITS qu'y ont les Seigneurs, les Communautés & chacun des habitans, où joignant la politique à l'économique, on démontre leur inutilité, le préjudice qu'elles font à l'Agriculture, & l'avantage que l'on retireroit de leur aliénation ou de leur partage.

Un extrait de ce traité, relativement à la Suiffe, & auquel on ajouteroit les obfervations éparfes dans le recueil des Mémoires de la Société Economique de Berne (*T. I. Partie I. p. 76.84 & 115-120 Zurich 1760 in-8.*) pourroit avec le temps ouvrir les yeux au gros du peuple, & lui prouver combien les *pâturages communs* que l'on nomme en Allemand *Allmenten*, font généralement pernicieux & aux Citoyens & aux Habitans.

nation, il détaille leurs défauts & leurs inconvéniens, & prouve la nécessité & le grand avantage qu'on trouveroit à les mettre en valeur, ce qui pourroit s'opérer en divisant ces vastes terreins & en les confiant à des mains capables de la leur donner.

On recueille en Suisse du froment, du seigle, de l'orge & diverses autres espèces de grains. Les arbres y produisent toutes sortes de bons fruits, à la réserve de ceux qui sont particuliers aux pays chauds, tels que sont les dattes, les oranges & les citrons. Mais ces fruits sont-ils absolument nécessaires? Le Baron *Tavernier* qui avoit tant voyagé & tant vu de fruits étrangers, a écrit qu'une bonne pomme de reinette valoit mieux que les oranges & les citrons. A la réserve des Alpes & des autres hautes montagnes, il n'y a guères d'endroits dans la Suisse où l'on ne trouve des vignes. La plupart des vins y sont médiocres ; mais on en distingue de deux sortes qui sont également sains & agréables ; l'un est blanc & croît dans le *pays de Vaud*, sur les *côtes du lac de Genève*, d'où il a pris le nom de *vin de la Côte* & *vin de la Vaux* ; la *Côte* s'étendant de Lausanne à Genève, & *la Vaux* de Lausanne à Vevay. L'autre vin qui est rouge, croît non-seulement dans le Comté de Neuchatel, mais aussi dans le Canton de Berne. Le terroir qui produit le *vin de la Côte*, produit de même cet excellent vin rouge qui approche beaucoup de celui de Bourgogne. On fait un reproche au vin de la Côte, les Fribourgeois qui en usent journellement, l'accusent de donner aisément la goutte ; c'est un reproche que l'on a fait aussi au vin de Champagne, mais il a ses exceptions. En général les Etrangers ont de grands préjugés contre les vins de Suisse, cependant s'ils connoissoient les vins de Neuchatel & de la Côte du bon crû, ils seroient moins injustes. Il y a encore en Suisse d'autres vignobles qui ont aussi leur mérite ; les vins de Bienne, du bailliage de Rhintal & du Canton de Schaffhausen sont estimés, on leur reproche cependant un goût de terroir. Les vins du Vallais & sur-tout ceux de Martigny sont en grande vogue, & l'on boit dans une partie considérable de la Suisse & en Grisons, des vins de la Valteline & de Chiavenne ; on les nomme généralement *vins d'Italie*. Depuis le commencement de ce siècle on a bonifié beaucoup par le choix des ceps étrangers & par la culture les vignobles voisins du lac de Zurich. Les habitans boivent avec plaisir le vin de leur crû, j'en ai bu de très-délicats, il est vrai qu'ils avoient plusieurs années ; & M. Amelot seroit aujourd'hui plus favorable à ce vin s'il revenoit au monde. Cet Ambassadeur de France étant à Zurich sur la fin du dernier siècle, descendit dans les caves de cette ville qui méritent d'être vues à cause de leur beauté & du grand nombre de tonneaux qu'elles contiennent. On lui fit goûter du vin de l'endroit, il le trouva âpre & révoltant au palais, & il ne put s'empêcher de dire *que jamais il n'avoit vu à la fois tant de verjus*. Les vins du Comté de Bade ont aussi une sorte de mérite, mais un goût de terroir s'y fait sentir. Il y a encore des vignes sur la côte orientale du lac de Zoug, mais le vin qu'elle donne, ainsi que celui de l'Argeu en général, quoique bonifiés par la culture, ne sont guères recherchés hors les limites du local. Le vin de Bâle est d'assez bonne qualité.

Si les vignes n'étoient pas si souvent endommagées par l'intempérie des saisons, elles produiroient assez de vin pour tous les habitans de la Suisse ; mais ces dégâts y sont si fréquens qu'une partie du peuple est réduite à se contenter d'eau & de cidre. Lorsque les gens de la campagne, mal à leur aise, veulent en été appaiser leur soif, ils font infuser dans l'eau des cerises sèches, des pommes, des poires, &c. dont ils composent une boisson qui n'est pas désagréable.

Les Cantons de Lucerne (15), & de Zoug, ainsi que les bailliages libres de l'Argeu, font une grande consommation des vins d'Alsace ; depuis quelques années les Alsaciens leur en amènent eux-mêmes, les travaux qu'on a fait pour les chemins leur facilitant le transport : auparavant on étoit à la merci des voituriers du pays, qui n'ayant pas de concurrens ne manquoient pas de rançonner les acheteurs. Le Marquisat de Bade fournit aussi du vin à quelques districts de la Suisse, sur-tout à la ville de Bâle. Le vin qui croît sur les bords du lac de Constance est foible & peu agréable. On fait en Suisse beaucoup de cidre & de poiré ; l'un des Cantons qui en fournit le plus est celui de Zoug, il abonde en arbres fruitiers. Le *Kirschwasser* que l'on extrait par l'alambic de petites cerises noires de la montagne, y est très-estimé. Le *Kirschwasser* de Suisse est infiniment supérieur pour la qualité à celui de la Franche-Comté & de l'Alsace, mais il faut le choisir ; depuis quelques années on l'entremêle d'eau-de-vie de prunes. La fraude se glisse par-tout, & si l'on reproche aux Marchands de vin de Paris de faire du vin de Bourgogne avec celui d'Orléans ou de Blois, même avec le vin d'Argenteuil, on peut aussi reprocher aujourd'hui à bien des Marchands d'eau-de-vie de la Suisse qu'ils mêlent le *Kirschwasser* avec l'eau-de-vie de prunes. Le *Kirschwasser*, quand il est loyalement fait, passe pour une excellente eau-de-vie, & plus il est vieux, meilleur il est ; la vétusté le réduit même en une sorte d'huile, & l'on peut en faire un marasquin agréable quand on y infuse du sirop capillaire & de l'eau de fleurs d'orange ; quand le tout est bien battu ensemble, avec le degré de proportion relativement au goût, on n'imagineroit jamais que le *Kirschwasser* en fût le principe. Aussi pour dépayser les gourmets, on a nommé quelquefois cette mixtion la *Tarentula* ou *la liqueur d'Adonis*.

Je dirai un mot du grand nombre de noyers qui se trouvent en Suisse ; ils sont énormes par leur grandeur & leur grosseur, ils fournissent l'huile nécessaire au pays ; les Marchands du Canton de Glaris en achètent les planches qu'ils transportent par le Rhin jusqu'en Hollande, où on en fait de belles boiseries. L'industrie de ces Marchands Glaronois est étonnante, on appelle *les Savoyards de la Suisse Allemande*, ils ont des branches de commerce jusqu'en Moscovie, & rien n'échappe à leur activité.

La Suisse produit aussi beaucoup de chanvre, on en fait des toiles & des cordages ; elle fournit aussi du lin. Je parlerai ailleurs de ces branches de commerce.

On sèche en Suisse dans les bonnes années une quantité immense de pommes, de poires & de prunes ou pruneaux. Il s'en fait des transports considérables en France, en Allemagne, en Hollande & dans le Nord. Ces fruits séchés sont très-estimés pour leur délicatesse : l'espèce de pruneaux qu'on prépare ainsi se nomme en Allemand *Quetsche* ou *Quetschge*, &

---

(15) L'achat des vins que le Canton de Lucerne seul fait tous les ans dans la Haute-Alsace, se monte à près d'un million. *Vogel*, *Traité Historique & Politique entre la France & les Suisses*, pag. 136-140. Paris, 1741, in-4.

par corruption *Zwetfchen* ou *Zwetfchgen* ; quelquefois on en détaché le noyau : on prétend que le pruneau eft alors plus délicat. Une petite-Maitreffe de Paris qui en goûtoit à la table d'un Colonel Suiffe, & qui les trouvoit délicieux, eut la bonté de croire que les pruneaux de la Suiffe croiffoient fans noyaux. On n'eut garde de la détromper, elle en demanda même des plants pour fa campagne. On fit femblant de fatisfaire à fon defir.

Un fecours confidérable que la Suiffe a éprouvé, fur-tout dans la difette, eft l'ufage des pommes de terre. On fait la date de leur première culture en Europe ; fi elle y avoit été plutôt connue, elle auroit confervé une multitude de malheureux dans les temps de famine. On a même défriché bien des terreins incultes & fauvages pour y femer des pommes de terre, & l'expérience journalière bénit celui qui le premier les a tranfportés de l'Amérique dans notre Continent ; on en peut faire même du pain, & il y a des boulangers affez fraudeuleux pour les mêler avec la pâte du froment.

Je finirai ce long article par les réflexions de l'Auteur du *Dictionnaire Géographique, Hiftorique & Politique de la Suiffe* (16) : tout pays inculte ne produit ordinairement qu'un nombre borné d'efpèces d'arbres, d'arbuftes & de plantes habituées au climat ; le travail de l'homme corrige confidérablement l'excès ou le vice du climat même, & le commerce entre les peuples étend prodigieufement ce premier fond de la production fpontanée du fol. Un pays froid comme le nôtre, (*la Suiffe*), dans fon premier état fauvage, ne pouvoit produire que des forêts, des arbres aquatiques, quelques arbuftes, des bruyères, & du pâturage pour les animaux ; toutes les efpèces de bleds, prefque tous les fruits des arbres & les plantes potagères, font pour nous des dons d'un fol & d'un climat étranger. Cependant de quelle variété de plantes nos campagnes ne font-elles pas ornées aujourd'hui ? Ils ne font plus heureufement ces temps, où l'ignorance étouffoit encore la curiofité & l'induftrie, où l'oppreffion d'un gouvernement barbare enchaînoit le commerce & le repouffoit même ; mais il a fallu une longue fuite de fiècles pour faire fuccéder des récoltes auffi variées à la reffource précaire de la chaffe, ou au feul produit des troupeaux. Un objet bien intéreffant pour l'Hiftoire, feroit de chercher à découvrir les traces de l'accroiffement de la culture & la marche de l'induftrie, depuis le premier fauvage d'une Nation, & fes premiers défrichemens jufqu'à l'époque d'une agriculture & d'un commerce floriffant ; d'indiquer les circonftances politiques, les époques de la conftitution, & les évènemens accidentels qui ont hâté ou retardé les progrès de la Nation. Le développement exact de cette partie préfenteroit des leçons bien utiles à ceux qui gouvernent, ils y verroient les longs & malheureux effets de l'ambition imprudente, ou d'une oppreffion avide, & la néceffité d'éclairer les peuples & de les affranchir des entraves nuifibles, pour avancer vers ce haut degré de force & de félicité publique, qui doit être le but invariable de tout gouvernement.

X V I.

Plantes. Simples. Herbes vulnéraires.

ON entend par le mot *Plante*, un corps mixte, vivant, qui tient un milieu entre l'animal & le minéral, ayant fuc & racine, à la faveur defquelles il fe nourrit. On comprend fous la dénomination de *fimples*, diverfes fortes d'herbes médicinales, & l'adjectif *vulnéraire* dénote tout ce qui eft propre pour la guérifon des plaies & des ulcères. On dit communément l'*eau vulnéraire*, les *herbes vulnéraires*. Le fage Auteur de la Nature a répandu fur les montagnes de la Suiffe une infinité de remèdes pour le rétabliffement & la confervation de la fanté, dans les fimples dont elles font parfemées. C'eft de-là que l'on tire ces excellens compofés d'herbes vulnéraires, nommés vulgairement *Faltrank*, qui font d'un fi grand ufage pour la guérifon de divers maux, & qui, à caufe de leur utilité, font fi eftimés en plufieurs pays étrangers. Ecoutons quelques-uns des airs mélodieux du chantre (1) des Alpes.

« Dans un de ces momens, où les brouillards difperfés » ouvrent un paffage aux rayons brillans du foleil qui vont » effuyer des campagnes humides les larmes qu'un nuage y » avoit répandues, tout brille d'un nouvel éclat, on voit la » lumière réfléchie par chaque feuille ; une fraîcheur char- » mante règne fur toute la nature ; l'air eft rempli de doux » parfums que les zéphirs légers enlèvent fur les fleurs émail- » lées : des touffes de plantes diverfement colorées femblent » fe difputer la préférence ; on voit l'azur célefte briller fur » l'or pur ; le penchant d'une colline, verniffée par la pluie, » préfente un tapis d'un verd éclatant, bordé des couleurs » de l'arc-en-ciel.

« La noble Gentiane éleve fa tête fuperbe au-deffus de la » foule vulgaire des plantes communes ; toute une cohorte » fleurie fe range fous fon drapeau, & fon frère même, dif- » tingué par fa livrée d'un bleu célefte, s'incline pour l'ho- » norer : autour de fa tige grisâtre, fes fleurs d'un or éclatant » fe replient & forment une couronne : fur le fatin des feuil- » les, panachées d'un verd fombre, des diamans fluides jettent » leurs feux variés. Par la loi la plus jufte la beauté s'unit ici » à la vertu ; c'eft une belle ame revêtue d'une forme char- » mante.

« Près de-là les feuilles étroites & croifées d'une plante » modefte étendent leur réfeau de couleur cendrée ; la fleur » offre la figure agréable d'un oifeau d'Améthifte, dont le » bec eft couvert d'une lame d'or ; un feuillage dentelé & » reluifant s'incline au-deffus de la furface d'un ruiffeau qui » reproduit fon image : une neige légère couvre les pétales » veloutés de fes fleurs, un calice teint d'un pourpre délicat » les environne de fes rayons ; l'émeraude & la rofe parent » le gazon foulé par les troupeaux ; & les rochers même font » revêtus d'un manteau de pourpre «.

A cette riche peinture faifons fuccéder quelques remarques tirées de l'Hiftoire (2) naturelle de la Suiffe, par *Scheuchzer*. On a obfervé qu'en général les herbes qui croiffent fur la cime

---

(16) T. II. p. 156-157.
(1) Poéfies de M. de Haller, trad. par M. de Tfcharner, pag. 43-46.

(2) T. I. p. 92-96, le même *Itinera Alpina*, T. I. p. 32 & 35.

des montagnes, font beaucoup plus petites que celles qui paroiffent dans des endroits plus bas ; on a fait la même obfervation fur les arbres. Les herbes qui croiffent fur les fommets des montagnes font fouvent fi petites qu'on a de la peine à les faifir & à les arracher avec leurs racines ; il s'en trouve cependant fur les Alpes d'un pouce d'élévation, entr'autres la grande Gentiane, dite *Latifolia*, & d'autres, mais elles font en petit nombre. Autre obfervation : la petiteffe des herbes qui croiffent fur les Alpes, n'eft pas toujours ftrictement analogue à la hauteur locale. Les herbes fur le mont *Rigi*, Canton de Schweitz, font en effet confidérablement plus petites que celles du *mont Pilate*, dans le Canton de Lucerne, quoique ce dernier mont foit beaucoup plus élevé que le *Rigi*; celui-ci offre fur fa cime les herbes fi petites, que dans la rofée le haut du foulier en eft à peine mouillé, au lieu que fur le *mont Pilate*, on peut marcher dans des endroits plus élevés que la cime du *Rigi*, parmi des herbages dont la hauteur furpaffe celle du pied. En général on peut dire que les herbes font beaucoup plus petites aux endroits où fouflent des vents violens, que là où ils ne peuvent exercer la même fureur ; le *Rigi* eft prefque de tous côtés ouvert aux vents, tandis qu'ils n'ont aucune prife fur le *mont Pilate*, qui eft très-peu plat, & qui eft grouppé d'un grand nombre de collines. Quelles découvertes n'offrent pas les montagnes de la Suiffe, aux Botaniftes qui ont le courage d'aller herborifer (3) fur leurs cimes. On peut voir dans plufieurs Ouvrages, fi l'on en a la curiofité, le catalogue des herbes des Alpes. Les principaux (4) Auteurs qui ont traité de ces plantes avec le plus de méthode, font Jean-Jacques *Scheuchzer* (5), de Zurich, Jean-Jacques *Wagner* (6), de la même ville, Jean *Conflant* (7), Docteur en Médecine à Laufanne, & Jean d'Ivernois (8), de Neuchatel, &c. Mais l'Ouvrage le plus complet & le plus eftimé eft celui du grand *Haller*, de Berne, qui a pour titre : *Hiftoria* (9) *ftirpium Helveticarum* ; c'eft une collection unique en fon genre.

Outre le grand nombre d'herbes falutaires qu'offre la Suiffe à l'œil curieux du Botanifte, il y en a auffi quelques-unes de malfaifantes, & dont la fleur feule eft capable de caufer un affoupiffement mortel. M. *Vicat* (10), Docteur en Médecine, & Correfpondant de l'Académie de Gottingen, a publié en 1777, in-8. à Yverdun, l'*Hiftoire des Plantes vénéneufes de la Suiffe*, contenant leur defcription, leurs mauvais effets fur les hommes & fur les animaux, avec leurs antidotes, rédigée d'après ce qu'on a de mieux fur cette matière, & fur-tout d'après l'*Hiftoire des Plantes Helvétiques de M. le Baron de Haller*, mife à la portée de tout le monde, avec le lieu natal de chaque plante pour la France, les figures néceffaires & plufieurs obfervations nouvelles. Tel eft le titre de cet ouvrage ; toutes les plantes vénéneufes y font rangées par ordre alphabétique, & fous fept claffes principales. L'Auteur y a joint leurs noms latins, françois & patois, les caractères auxquels il eft aifé de les reconnoître, la lifte des lieux où elles croiffent, le temps de leur floraifon, leurs antidotes, & la manière de les employer, enfin plufieurs figures accompagnées d'une explication très-fatisfaifante. Il eft à remarquer qu'on trouve en Suiffe prefque toutes les plantes vénéneufes des autres pays de l'Europe. Ce qui paroît fingulier, c'eft le foin avec lequel le bétail évite dans la pâture fur les Alpes toutes les herbes vénéneufes ; l'inftinct les en écarté : que penfer de ce mouvement fecret qui les fait agir ! que l'on définiffe s'il eft poffible ce fentiment !

Il y a dans quelques villes de la Suiffe des herbiers, dont la collection doit avoir coûté beaucoup de peines & de dépenfes. Tel eft le fameux (11) herbier formé à Bâle dans le feizième fiècle par Felix Platter, qui appartient aujourd'hui à M. *Paffavant*, Médecin de la même ville ; on montre auffi à Bâle l'herbier de Jean-Jacques *Hagenbach*, Recteur de l'Univerfité, mort en 1649. Un autre herbier qu'on voit également à Bâle, contenant trois mille plantes de la Suiffe, eft celui de M. *Lachenal*, Docteur en Médecine. Celui qu'y avoit formé le célèbre *Cafpar Bauhin*, a fouffert bien des fouftractions : les Amateurs (12) voyent avec grand plaifir à Schaffhaufen l'herbier de M. Jean-George *Stockar de Neufom*, Docteur en Médecine, d'une grande réputation. Comme la ville de Mulhaufen, quoique enclavée en Alface, eft une annexe de la Suiffe, je ne dois pas oublier le Cabinet d'Hiftoire naturelle, que M. (13) *Hoffer*, Médecin très-renommé, y a raffemblé : on y voit un herbier affez confidérable. M. *Schultheff* (14) poffède à Zurich, entr'autres raretés, un herbier bien intéreffant, & qui eft difpofé fuivant le fyftême de *Linneus*. On montre auffi à la Bibliothèque publique de Zurich, l'herbier formé par Jean-Jacques *Scheuchzer* ; cette collection contient vingt gros volumes, le tout eft arrangé par ordre alphabétique ; cet herbier eft le fruit de tous les voyages que le célèbre Obfervateur avoit faits fur les Alpes. Mais l'herbier le plus eftimé de la Suiffe, eft celui qui a été formé à Zurich, & également d'après la méthode de *Lin-*

---

(3) La Botanique a été extrêmement cultivée par les Suiffes, on peut s'en convaincre en lifant la préface du Grand *Haller*, à la tête de fon traité *Hiftoria ftirpium Helveticarum*, Bernæ 1768 in-fol. 3 vol.

(4) Conrad *Geffner*, de Zurich, qui a été appellé le *Pline de l'Allemagne*, a donné entr'autres excellens traités de l'Hiftoire Naturelle, *Catalogus exhibens nomina plantarum Latina, Græca, Germanica & Gallica, cum nomenclatura ftirpium fecundum varias gentes*. Tiguri 1542 in-4. — *Defcriptio montis Fracti, feu Pilati juxta Lucernam in Helvetia*. Tiguri 1555. in-4.

Johannes Bauhinus, Bafileenfis, Hiftoria Plantarum univerfalis & abfolutiffima, Ebroduni 1651, in-fol. Tomi III.

Cafpar Bauhinus, (frère du précédent) *Catalogus Plantarum circa Bafileam nafcentium*. Bafileæ 1622, in-8.

Theodori Zwingeri, Bafileenfis. Theatrum Botanicum 1696 & 1744, in-fol.

Bernhardi Verzafcha, Bafileenfis. Theatrum Botanicum. Bafileæ 1678. in-fol. Germanice, cum fig.

(5) *Herbarium diluvianum*; Tiguri 1709 du Leidæ 1710 in-fol.

Itinera Alpina. Leidæ 1723, in-4. fig. 4. tomi.

L'*Agroftographie* de Jean *Scheuchzer*, (1719 in-4) fait un ouvrage excellent dans fon genre, il décrit plus de 400 efpèces de chiendent, dont la plus grande partie fe trouve en Suiffe. M. de Haller y a fait un fupplément fort étendu qui a été envoyé à l'Académie Royale de Goettingen.

(6) *Hiftoria Naturalis Helvetiæ curiofa*, Tiguri 1680, in-12.

(7) *Compendium Pharmaciæ Helveticæ*. Genevæ 1677 in-12.

Effay de la Pharmacopée des Suiffes, Berne 1709 in-12.

(8) Lettre fervant d'Apologie aux Médecins-Botaniftes Suiffes, fur l'état de la Botanique en Suiffe, 1742, dans le Journal Helvétique.

(9) Bernæ 1768, in-fol. 3 vol. Cet ouvrage eft le fruit de quarante ans de travail. Il n'y a aucun pays en Europe qui produife tant de plantes différentes que la Suiffe, leur nombre va à 2500 ou environ. *Linnæus*, cet illuftre Dictateur de la Botanique n'a pas connu une bonne partie de ces plantes, ou n'a pas voulu les connoître.

On a imprimé à Berne en 1769, in-8. l'extrait fuivant de M. de Haller, *Nomenclator ex Hiftoria Plantarum indigenarum Helvetiæ excerptus*.

(10) M. *Vicat* a auffi publié à Berne, chez la Société Typographique, en 1776, in-8. en deux volumes, la matière médicale tirée de *Halleri Hiftoria ftirpium Helveticæ*, avec nombre d'additions fournies par l'Auteur, quelques obfervations du Traducteur, & les ufages économiques des mêmes plantes.

(11) M. *Andreæ*, Lettres fur la Suiffe p. 3, 28, 243, 244 & 336.

(12) Ibidem, pag. 46.

(13) Ibidem, pag. 10.

(14) Ibidem, pag. 58, 64 & 67.

neus, par M. le Chanoine Jean *Geſsner*, Préſident de la Société Phyſique de cette ville. Tous les connoiſſeurs rendent hommage à cette riche collection : je parlerai ailleurs des autres branches du cabinet de M. *Geſsner*. Ce Savant, du premier ordre pour l'Hiſtoire naturelle, joint à ſes vaſtes connoiſſances l'urbanité la plus noble ; il ſe fait un plaiſir de montrer tous les tréſors de ſa collection, qui eſt peut-être la plus belle de l'Europe, après le cabinet du Roi : l'herbier ſeul contient près de cinq mille articles.

Je dirai ici un mot du *Faltrank* ou *Thé de Suiſſe* ; celui qui ſe fait dans le Canton de Glaris a eu long-temps la prééminence. Alexandre de *Tſchudi*, (Bailif de Sargans en 1727), très-verſé dans la Botanique, compoſa il y a quarante ou cinquante ans avec les ſimples des montagnes du Canton de Glaris, un thé qui eut un grand débit, & qu'on eſtimoit plus que le thé des Indes ; il y entroit entr'autres herbes, la *véronique*, l'*agrimoine*, la *bétoine*, l'*hépatique*, la *langue de cerf* ou la *ſcolopendre* & la *bugloſſe*. M. *Trumpi* (15) ne diſſimule pas que ſi ce thé ne l'emportoit point par l'odeur, il étoit cependant ſupérieur en bonté intrinsèque & en vertu au thé des Indes orientales, & encore plus au thé lavé d'Hollande. Mais avec le temps ce thé tomba en diſcrédit ; des gens inexpérimentés ſe mêlèrent de ſa compoſition, & y firent entrer des herbes moins ſpécifiques. M. *Trumpi*, en zèlé Glaronois, déſireroit que d'habiles Botaniſtes vouluſſent ſe donner la peine de compoſer ce thé ſuivant la méthode précédente ; on le vendroit pour plus grande ſûreté ſous le ſceau du Canton de Glaris. M. *Trumpi* indique encore d'autres herbes ſalutaires qu'on pourroit faire entrer dans ce thé Suiſſe. Le fameux Médecin-Praticien de la montagne, Michel *Schuppach*, de Langnau, Canton de Berne, compoſe avec des ſimples choiſis un thé pectoral, qui eſt à la fois très-ſalutaire & très-agréable à prendre.

XVII.

Paturages, Lait & Fromages.

La Nature (a) ſemble en général avoir deſtiné plus particulièrement le territoire Helvétique au pâturage & à la nourriture des beſtiaux, que tout autre Canton de l'Europe, proportion gardée. On ne ſauroit nier que cette partie de l'Agriculture, bien entendue & bien ménagée, ne ſoit d'une grande reſſource, ſur-tout dans un climat où le ſol ſe refuſe en partie à la culture des grains. Les beſtiaux donnent leur lait, leur dépouille & un engrais continuel, foment indiſpenſable de l'Agriculture. Ils ſe multiplient à l'infini avec moins de travail pour les maîtres, que n'en exige la culture des fruits de la terre ; leur inſtinct & leurs organes aident à la raiſon économique dans les ſoins qu'elle leur deſtine ; ils vont chercher leur pâture & leur boiſſon, retournent à l'étable & annoncent leurs beſoins ; ils vont au-devant des débouchés & du commerce, & ſervent à l'homme d'aliment & d'outil principal pour l'Agriculture. Il ſera auſſi vrai de dire que la vie paſtorale a plus de rapport à l'ordre ſimple de la nature que la vie *aratoire* ; celle-ci tient plus à l'ordre de la ſociété politique, qui réunit des maîtres, des domeſtiques, la ſupériorité, la ſubordination, le commandement, l'obéiſſance, & des intérêts différens. Les troupeaux entrent en une ſorte de ſociété avec leurs maîtres, qui intéreſſe ces derniers ; ils reconnoiſſent la voix qui les appelle, la main qui les nourrit. S'ils demandent des ſoins journaliers, ce ne ſont point des travaux durs & pénibles, ils en donnent d'ailleurs chaque jour la récompenſe ; leur lait rafraîchit le paſteur au milieu des chaleurs de l'été, leur toiſon & leur ſouffle le réchauffe, & le munit contre les rigueurs de l'hiver. Ce rapport de ſervices réciproques intéreſſe le berger, lui conſerve cette précieuſe ſenſibilité, qui nous eſt à tous ſi néceſſaire ; & s'il eſt vrai, comme on ne peut le nier, que la faculté d'aimer, caractère diſtinctif de l'être raiſonnable, ſoit en nous la racine de toutes les vertus, il eſt certain auſſi que cette faculté ſe trouve plus vivante, plus exercée dans la vie paſtorale, que dans celle du cultivateur. En effet, à peine deux ou trois génies ſublimes & propres à tout animer, ont pu dans leurs tableaux donner une ſorte de vie aux vignobles & aux moiſſons, tandis que dans toutes les langues, non-ſeulement de l'antiquité, mais encore de tous les âges, la peinture de l'amour des bergers pour leurs troupeaux & pour leurs chiens, trouve le chemin de notre ame, toute émouſſée qu'elle eſt par les recherches du luxe & par les préjugés qu'entraîne une fauſſe civiliſation.

On voit paître ſur les montagnes de la Suiſſe, depuis le mois de Mai juſqu'à la fin de Septembre, de nombreux troupeaux de bêtes à cornes, dont le lait, la chair & la peau font la nourriture, les habits & les richeſſes des habitans ; & comme les montagnes contiennent, en proportion de leur hauteur, beaucoup plus de terrain qu'il ne ſemble, auſſi ſervent-elles à entretenir une ſi grande quantité de bétail, que cela paroît incroyable. Par exemple, un (2) habile homme du Canton de Glaris, a compté que les Alpes de ſon Canton, quoiqu'il ſoit peu étendu, peuvent entretenir juſqu'à dix mille pièces de gros bétail, ſans compter quant aux petits beſtiaux, comme brebis, chèvres, &c. or on peut juger de quel rapport peut être tout ce bétail. Dans le Canton d'Underwalden il y a pluſieurs payſans qui ont trente à quarante vaches, dont ils retirent juſqu'à ſix & huit cent écus par an. Si nous en croyons l'Auteur de l'*Etat & des Délices de la Suiſſe*, il y a dans le Canton de Berne certains quartiers de montagnes qui rapportent mille écus par ſemaine. Une grande partie des habitans de la Suiſſe eſt occupée du bétail ; cette vie paſtorale leur procure aiſément de quoi ſubſiſter, & tout le pays en retire de grands avantages. En général, & dans les vallées & ſur les Alpes hautes & baſſes, les prés & le fourrage ſont ſi pleins de bon ſuc, qu'on peut les regarder, avec raiſon, comme les meilleurs pâturages de l'Europe ; on ne trouve

---

(15) Chronique de Glaris, pag. 33-34.
(1) Mémoire de M. le Marquis de Mirabeau, pag. 250 & ſuiv. dans la ſeconde partie du tome premier du Recueil des Mémoires concernant l'Economie Rurale par une Société établie à Berne en Suiſſe. Zurich 1760, in-8. fig.

(2) M. Trumpi, Chron. de Glaris, p. 19 & ſuiv.
M. Faeſi, Deſcription Topog. de la Suiſſe, T. I. p. 32-34.
Etat & Délices de la Suiſſe, T. I. pag. 47 & ſuiv. dernière édition.

nulle-part des herbes aussi succulentes, aussi aromatiques, ni en si grande quantité que celles qui naissent sur les Alpes : nulle part la manière de vivre & les mœurs ne sont aussi simples que celle des bergers & des vachers ; ces bonnes gens montent des vallées sur la montagne avec leurs bestiaux, lorsque les Alpes sont dégagés de la neige qui les couvroit ; ils y passent l'été sous des cabanes, ils y restent aussi long-temps qu'ils y trouvent assez de fourrage pour leur bétail. Ils se nourrissent uniquement de lait & d'une sorte de nourriture laiteuse qu'ils nomment *Suffi* ou *Schotten* ; rarement ils mangent du pain. Un vacher peut, avec le secours d'un seul compagnon, faire le travail qu'exige journellement le soin de vingt-cinq vaches.

Rien de si charmant que le pinceau de M. de *Haller*, lorsqu'il décrit (3) le retour des bergers & des vachers avec le gros bétail sur les Alpes : ce tableau orne naturellement notre ouvrage. » Si-tôt que les vents du nord cèdent l'empire de
» l'air, qu'une séve nouvelle ranime toutes les plantes, &
» que la terre, réchauffée sous les ailes du doux Zéphyr, se
» pare des fleurs qu'il verse sur son sein, l'habitant des Alpes
» fuit le triste vallon, où les eaux troubles des torrens annon-
» cent la fonte des neiges, & gagne avec empressement les
» hauteurs, où la première herbe pointe à peine à travers
» d'une couche légère de glaçons ; alors les troupeaux
» quittent leurs étables, & saluent avec joie les prairies, que
» la Nature, aidée du printemps, orne pour leur usage.

» Aux premiers chants de l'alouette qui annonce le jour,
» aux premiers rayons de l'Astre qui éclaire du monde, le
» berger s'arrache des bras de sa bergère, qui ne cherche point
» à retarder un départ qui l'afflige. En même-temps un nom-
» breux troupeau de vaches pesantes se presse avec un mugis-
» sement joyeux dans le sentier où brille la rosée ; bientôt
» elles se dispersent, pour suivre à pas lents les touffes de
» trefle & des plantes fleuries, & fauchent l'herbe tendre
» avec leurs langues tranchantes : là, le berger assis près d'une
» chûte d'eau, appelle avec son cor l'écho qui lui répond.

» Lorsque les rayons obliques du Soleil prolongent les
» ombres, & que cet Astre, fatigué de sa course, va se rafraî-
» chir dans le repos, le troupeau rassasié d'une pâture abon-
» dante, retourne avec le même empressement vers l'abri
» connu des chalets. Les deux époux se saluent & se retrou-
» vent avec un plaisir égal ; un grouppe d'enfans réjouis
» s'empresse & folâtre autour d'eux. Dès que les genisses ont
» donné la douce liqueur écumante sous les doigts qui la
» font couler, la famille rassemblée dans une union parfaite,
» goûte des mets que l'appétit seul assaisonne ; en attendant
» que guidé par l'amour & par le besoin du repos, le couple
» heureux se livre, en s'embrassant, aux charmes du sommeil.

» Quand les feux de l'été paroissent enflammer la campa-
» gne, & que la maturité des plantes remplit l'espérance du
» peuple, le berger s'élance dans le vallon encore humide
» des pleurs de l'Aurore, avant que le Soleil darde ses rayons
» sur la cime des rochers ; l'aimable Flore est assaillie dans son
» empire ; la faulx tranchante, par des coups prompts &
» répétés, dépouille la terre de sa parure ; des ondes d'herbes
» entassées s'élève un parfum de mille odeurs confondues ;
» une chanson gaie accompagne la marche des bœufs qui,
» d'un pas pesant, traînent leur provision de fourrage pour
» l'hiver «.

M. de *Haller* ne dépeint (4) pas avec moins d'énergie la manière dont les habitans des Alpes font le fromage.

« Pour ne pas être surpris par l'hiver, ce peuple, avec une
» industrie prévoyante, s'est préparé des ressources que lui
» fournit le lait des troupeaux. Ici le seré se fige sur une braise
» ardente ; plus loin le lait se condense en une masse huileuse ;
» le résidu se consolide sous le poids qui le presse ; un acide
» qui fermente sépare les parties grasses ou aqueuses, & le
» fromage prend sa consistance dans une forme arrondie : une
» seconde cuite réchauffe le lait pour l'usage des pauvres ;
» chacun dans la famille s'empresse, on rougiroit de ne pas
» prendre part au travail commun ; le désœuvrement seroit
» pour eux le plus dur de tous les esclavages «.

La bonté du lait, en Suisse, est généralement de beaucoup supérieure à celle du lait des autres pays de l'Europe. Les herbes succulentes dont se nourrit le gros bétail & sur les Alpes & dans les vallées, lui donnent ce degré de prééminence : on remarque même dans la Suisse, qu'il y a des Cantons où il est meilleur dans un district que dans un autre. Le lait des Alpes, sur-tout en été, l'emporte infiniment sur celui des cantons où il n'y a que des collines & des vallées ; les prés sur les Alpes sont tapissés d'herbes vulnéraires, leur suc qui embaume, filtre dans le lait ; les pâturages dans les vallons sont à la vérité plus gras, mais l'herbe n'y est pas aussi aromatique que celle des Alpes. Je connois en Suisse un Observateur à qui cet Ouvrage a de grandes obligations, qui m'a assuré qu'étant, il y a une trentaine d'années, sur la fin de Janvier, en l'abbaye d'*Engelberg*, à l'extrémité du Canton d'Underwalden, à la cérémonie de la profession du fils d'un de ses amis qui se faisoit Bénédictin, il goûta le lait, & qu'il le trouva si supérieur en bonté, à celui du Canton dont il est natif, distant d'*Engelberg* d'onze lieues, & où il est cependant très-bon, qu'il ne put s'empêcher d'en marquer sa surprise. Ce lait lui paroissoit au goût d'une suavité balsamique ; combien doit-il encore être plus succulent dans l'été, sur les Alpes voisines, lorsque l'herbe tendre & fraîche végete dans toute sa force ?

On reproche au beurre & à la crème de Suisse d'être trop gras, & la force des pâturages en est sans doute la cause : je ne conseillerois pas aux *Martialo* de Paris d'en être prodigues, comme de celui dont ils usent dans cette grande ville, ils s'égareroient trop dans l'Art de la Cuisine ; mais en retour les fromages de la Suisse sont très-estimés dans toute l'Europe ; celui de *Gruyere* passe même sous la ligne.

Avec la crème on forme le beurre, & avec le lait qui n'a pas été écrémé on fait les meilleurs fromages ; ceux d'une qualité médiocre sont composés des parties acides du lait, après que la crème en a été enlevée pour la formation du beurre. Les parties les plus foibles qui restent du lait, & dont on ne peut se servir pour faire le fromage, ce superflu que l'on appelle *schotten* ou *petit lait*, sont employées à la nourriture des animaux de basse-cour ; mais ce petit lait est encore infiniment supérieur à celui qu'on prend à Paris, & il opère des cures admirables. N'oublions pas d'observer que le prix du beurre a considérablement haussé en Suisse, depuis que les

---

(3) Les Alpes, pag. 32-34.   (4) Ibidem pag. 36.

ouvriers & les payſans ſe ſont faits à la douce habitude de prendre tous les matins leur café à *la crême*. Je parlerai ailleurs de cet abus.

Le célèbre naturaliſte Conrad *Geſſner*, de Zurich, publia dans le ſeizième ſiècle un *Traité du Lait, & des différentes manières de le préparer* (5), mais il en écrivit plutôt pour les objets de la médecine que pour ceux de ſa confection, relativement à l'uſage qu'on en fait en qualité d'aliment. M. *Scheuchzer* eſt le premier qui ait donné un (6) Traité complet de la manière dont les habitans des Alpes font le beurre & le fromage; il a même fait graver les inſtrumens & uſtenſiles propres à ces diverſes opérations: le détail dans lequel il entre ne laiſſe rien à déſirer.

Le commerce des fromages de Suiſſe en France, en Italie & en Allemagne, eſt très-conſidérable: on ne ſauroit croire combien de cent peſant de ces fromages les voituriers de la Souabe qui amènent le bled à Zurich, en exportent chaque vendredi. On évalue (7) entre deux mille trois cent & deux mille cinq cent peſant la quantité de fromages que l'on vend à Berne, à la douane, dans l'eſpace de deux à trois ans, ſans compter celui qu'on tranſporte hors du pays; preſque tous ces fromages ſont de l'*Emmenthal* ou *val d'Emme*. Le nombre des fromages de *Sanen* & de la *Gruyère*, qu'on importe par Genève en France, monte annuellement à trente mille cent peſant. On diſtingue en Suiſſe deux ſortes de fromages, le *gras* & le *maigre*. Les meilleurs fromages ſont ceux du Comté de *Gruyère*, dans le Canton de Fribourg, ceux du bailliage de *Sanen*, dans le Canton de Berne, & ceux du *val Urſeren*, dans le Canton d'Uri. Le *Gruyère*, que l'on peut appeller le *roi des fromages*, a de gros yeux & en petit nombre; on le diſtingue à cette marque & à la bonté de la pâte, de celui de Franche-Comté que l'on vend ſouvent ſous le nom de *Gruyère*. On fait auſſi dans le Canton de Fribourg, un fromage de la plus pure crême des Alpes de la *Gruyère*; ce fromage qu'on nomme le *Vaſchrein* ou *Vachrein*, eſt de difficile tranſport dans les pays étrangers, excepté en hiver, parce que ſa maſſe ſe liquéfie inſenſiblement; la crême de ce fromage, ſupérieure au meilleur fromage de *Brie*, eſt très-eſtimée des connoiſſeurs. Le fromage du *val de l'Emme*, dans le Canton de Berne, paſſe auſſi pour excellent; on en a qui pèſe juſqu'à cent livres: le *Gruyère* eſt preſque auſſi grand, & il le ſurpaſſe en bonté. Le fromage d'*Urſeren* eſt plus gras, on y creuſe un puits comme dans le *Vaſchrein*, & on en tire la crême; beaucoup d'étrangers lui trouvent un goût trop fort. Les autres fromages de la Suiſſe, qui ont de la vogue, ſont ceux de *Scheidegg*, dans le *Grindelwald*, Canton de Berne, ceux de *Sefenen*, derrière *Lauter-Brunnen* ou *Claire-fontaine*, ceux du *Ruſtriſthal* ou de *Sigriſ-*

weil, & ceux de *Keley*, même Canton de Berne; ces derniers ſont gras, & on n'en fait qu'une petite quantité. Tous ces fromages ſont ſecs & durs dans leur conſiſtance, au lieu que les fromages du *val Emme*, ſont plus moëlleux, plus humides & plus agréables au palais; mais les précédens s'accommodent mieux avec l'eſtomac. Le beurre le plus eſtimé à Zurich eſt celui qu'on tire du Canton de Glaris. On élève auſſi ſur les Alpes & dans les vallées un nombre prodigieux de brebis & de chèvres; on fait de leur lait des fromages dont le débit eſt conſidérable; pluſieurs les préfèrent même, pour la ſaveur de la crême, aux fromages du lait de vache; on en fait une quantité ſingulière dans les Cantons de Berne & de Soleure: ceux de *Bellelai*, dans l'Evêché de Bâle, ſont auſſi très-recherchés. On obſerve en général en Suiſſe, que plus les fromages du lait de vaches deviennent vieux, meilleurs ils ſont; on en a de trente, cinquante, même de cent ans; la vétuſté en augmente le prix; un fromage nouveau n'a ni goût, ni ſaveur, ni même aucune ſolidité, il n'obtient cette dernière qualité qu'avec les années. Les fromages du val *Entlibuch*, Canton de Lucerne, & ceux du Canton d'Underwalden ſont les ſeuls qui ayent en tout temps de la fermeté; mais parlons d'un fromage qui partage le plus le goût des connoiſſeurs.

Il y a un fromage verdâtre qu'on appelle en Allemand *Schabziger*, & en Latin *Caſeus raſilis viridis*, parce qu'on le rape. Sa préparation & les inſtrumens qu'on y employe ſont décrits amplement par *Scheuchzer* (8); c'eſt une eſpèce de fromage compoſé d'herbes aromatiques & du ſeré du lait; le principal ingrédient, qui donne ſur-tout le parfum à cette compoſition, eſt le *Zyger-kraut* ou *Inſolium odoratum* ou *Melioitum odoratæ violaceæ*, qu'on cultive dans les jardins, & qui n'eſt pas une production particulière à la Suiſſe. Le plus eſtimé de ces fromages eſt celui du Canton de Glaris, on en fait des tranſports énormes dans tous les pays de l'Europe & en Amérique; ſon odeur eſt forte, auſſi le beau ſexe le proſcrit-il généralement. Mais le *Schabziger* a la renommée d'être ſalutaire à l'eſtomac; il excite l'appétit, chaſſe les humeurs léthargiques, &, rapé dans la ſoupe ou ſur des tartines de beurre, ainſi qu'en uſent les Flamands, en fait mérite; pourtant ne conſeilleroit à perſonne d'en porter ſur ſoi en compagnie, l'odeur ne tarderoit pas à écarter tout le cercle, & quelqu'un qui en auroit dans ſa poche, ſe feroit bientôt faire ample place au Bal de l'Opéra, ſans le ſecours d'aucune Sentinelle.

M. le Paſteur *Trumpi*, Glaronois, dit (9) que le *Schabziger* eſt formé d'un ſeré blanc, tout cru, de ſel & d'herbes du jardin qu'on nomme *Gärten-fleikler*.

---

(5) *Libellus de lacte & operibus lactariis cum epiſtola ad Avienum de montium admiratione*. Tiguri 1543. in-8.
(6) *Itinera Alpina*, T. I. p. 52-62. Le même, Hiſtoire Naturelle de la Suiſſe, T. I. p. 58-63, & T. II. p. 96.

(7) M. *Andreas*, Lettres ſur la Suiſſe, p. 303-306.
(8) *Itinera Alpina*, T. I. p. 17 & 123-125.
Le même, Hiſt. Nat. de la Suiſſe, T. I. p. 440-445.
(9) Chronique de Glaris, p. 24-25.

XVIII.

Haras.

La Suisse (1) produit abondamment des bêtes de labourage, de bons bœufs, & des chevaux excellens, & en même-temps elle contient des prés en très-grande quantité pour les nourrir; on ne doute pas que si l'économie rurale y étoit plus sagement administrée, les habitans ne pussent à leur grand profit, augmenter considérablement les fourrages, tant en arrachant des vignes, & en défrichant des terres incultes, qu'en établissant des sainfoins, des luzernes, des trèfles, en un mot, diverses sortes de prés artificiels, qui, bien ménagés, donneroient aux bêtes d'attelage une nourriture qui leur tiendroit lieu d'avoine que plusieurs leur épargnent à leur grand dommage.

Les paysans du pays de Vaud n'ont communément que de petits chevaux, mal pansés & mal nourris; ils ne les aiment, ni ne les ménagent, ils les tiennent dans des écuries malpropres, & les traitent avec une impatience révoltante. Comment ne comprennent-ils qu'un bon cheval en vaut quatre mauvais, & qu'il ne mange ni ne coûte quatre fois plus; que des animaux si utiles doivent être aimés & caressés & que ce n'est pas même envain qu'on les siffle pour leur amusement, puisqu'ils répondent par leur docilité à toutes ces attentions. Les Souverains de Berne cherchent à renouveller dans leur Suisse une bonne race de chevaux, en offrant des étalons Danois, sous des conditions qui paroissent très-avantageuses: il seroit bien à désirer que les Provinces Allemandes & Françoises de ce Canton concourussent à des vues si sages.

Il y a quelques haras en Suisse, dans les Cantons de Berne, Lucerne, Schweitz, Soleure, & dans l'Evêché de Bâle; mais combien ils sont éloignés de leur perfection! Les (2) Glaronois amènent tous les ans vendre à la foire de *Lugano* cent, jusqu'à deux & même trois cent chevaux: il y a chaque année en Août un marché considérable de chevaux à *Malters*, Canton de Lucerne; un autre le 22 Septembre, jour de Saint-Maurice, à *Steinen*, Canton de Schweitz. Les deux foires de *Zurzach*, dans le Comté de Bade en Argeu, fournissent aussi beaucoup de chevaux.

La Suisse produit d'excellens chevaux de trait, & on les estime autant que ceux de la Franche-Comté; on s'en sert même avec empressement, dans les temps de guerre, en France, pour l'artillerie.

Le fourrage de Suisse étant entremêlé d'herbes succulentes, les chevaux deviennent quelquefois aveugles quand ils le mangent tout pur, on en modère la force avec de la hachure de paille.

On se sert (3) plus volontiers en Suisse de bœufs que de chevaux pour la charrue; il y a de l'économie dans cet usage, la nourriture du bœuf n'étant pas aussi chère que celle du cheval. L'avoine qui est nécessaire au cheval, & qui occupe beaucoup de terrein, enlève un grand nombre de champs à la culture du froment. Un bœuf de quatre, cinq ou six années, après avoir rendu des services tels qu'on ne pourroit les attendre d'aucun cheval, excepté pour des courses lointaines & pour la célérité, est encore utile, puisqu'il sert à la nourriture de l'homme.

La plupart (4) des chevaux tirés des haras du Canton de Soleure, se vendent en Italie & en France.

XIX.

Forêts, Bois, Mines de Charbon, Marnieres, Carrières d'ardoise.

Au premier (1) coup-d'œil, on penseroit que tous les endroits de la Suisse ont une superfluité en bois & autres matières combustibles. Par-tout où l'on promène sa vue, on y découvre les grandes & les petites montagnes, ainsi que les collines, & très-souvent même les plaines, presque généralement couvertes de bois. On y trouve de longues forêts plantées de chênes, de hêtres, d'ormes, de sapins blancs & rouges, de melèses, de bouleau & d'autres sortes de bois. Quelques Cantons, entre autres la plus grande partie de ceux d'Uri, Schweitz, Underwalden, Zoug, Glaris, le Comté de Sargans, le Vallais & une partie du pays des Grisons, ont trop de bois à brûler de toute espèce; mais dans les autres Cantons il devient plus rare d'année en année. On y trouve, il est vrai, quelques forêts considérables remplies de toutes les espèces de bois, mais dans d'autres endroits il n'y en a pas assez pour la consommation journalière. M. Faesi, de Zurich, quoique fort zélé pour toutes les branches du commerce, a la générosité d'avouer que les principales causes de la disette presqu'incroyable de bois qui se fait sentir dans la Suisse, sont les manufactures qui depuis cent ans y ont été établies & dont le nombre s'accroît de plus en plus, l'augmentation de la population que ces établissemens occasionnent, la bâtisse de nouvelles maisons dans des endroits où il n'y en avoit pas auparavant, l'exportation actuelle & considérable du charbon de terre dans les pays étrangers & le peu d'attention que le paysan apporte à la culture des bois, ainsi que l'abus qu'on fait dans quelques districts de cette substance dont l'usage est indispensable chaque jour pour la vie de l'homme. Rarement laisse-t-on aux bois assez de temps pour arriver au même degré de croissance qu'ils avoient avant leur coupe. On abat souvent le bois bien long-temps avant qu'il ait atteint sa parfaite grandeur; le jeune bois est brouté par les bêtes à corne & le petit bétail; de-là le prix du bois à brûler qui augmente de plus en plus; & les mandemens les plus sévères du Souverain ne peuvent pas toujours remédier à ces abus, ni s'opposer au profit usuraire que les particuliers

---

(1) Essai de M. Jean *Bertrand*, Pasteur à Orbe, sur les questions proposées l'année 1759, par la Société Economique de Berne, pag. 131-132. T. I, Partie I. du Recueil des Mémoires de cette Société, Zurich 1760, in-8. fig.
(2) Trumpi, Chr. du Canton de Glaris, p. 25.
(3) M. *Andrea*, Lettres sur la Suisse, p. 311.
(4) Faesi, Descript. Topog. de la Suisse, T. II. p. 661.
(1) Faesi, Desc. Topog. de la Suisse, T. I. p. 28-32.

tirent du défordre. C'eft un bonheur pour une partie de la Suiffe que la nature elle-même diminue le mal que produit le manque de bois. La découverte & l'ufage des *tourbes* (2) feroient pour la Suiffe d'une très-grande importance, & elles s'y trouvent tellement répandues, qu'au défaut de bois, elles pourroient le remplacer comme matière combuftible. Il y a peu de vallées, il n'y a peut-être pas une paroiffe où l'on ne puiffe, avec quelque attention & fans de grandes peines, & avec peu de dépenfes, en tirer de la terre. Indépendamment de ce que l'ufage de la tourbe peut beaucoup épargner la confommation du bois, la culture des terres & la nourriture des beftiaux en tirent auffi une extenfion de fecours ; les cendres de tourbes répandues fur des prés fecs & arides, y font élever promptement & en quantité le meilleur fourrage & toutes fortes de trefles.

Paffons maintenant au *charbon de terre*; c'eft une efpèce de terre minérale foffile, dont les forgerons fe fervent au lieu du charbon de bois. On en a déja trouvé des mines dans divers endroits de la Suiffe ; le manque de bois fera vraifemblablement redoubler les efforts pour étendre ces découvertes. Il faut cependant avouer qu'il règne encore dans l'efprit de la multitude, des préjugés contre l'ufage du charbon de terre, à caufe de fon odeur défagréable ou plutôt à caufe de l'impreffion qu'il fait par fon odeur fur des cerveaux foibles & préoccupés ; mais la difette du bois à brûler & fa cherté doivent infenfiblement effacer ces préventions & augmenter la confidération que mérite le charbon de terre, ce précieux don du Créateur. On en fait depuis quelques années un très-grand ufage à Zurich, dans les ménages, dans les fabriques & chez les ouvriers qui travaillent au feu. On a auffi découvert des mines de charbon de terre, de la meilleure efpèce, dans ce Canton à *Kaepfnach* dans la paroiffe de *Horgen*, fur le lac. Ces deux tréfors de la nature, les *tourbes* & le *charbon de terre*, joints aux efforts généreux que font les Sociétés phyfiques & économiques de Zurich & de Berne pour améliorer la culture des bois, & pour apprendre aux payfans qu'on peut femer & planter le bois comme d'autres productions, fcience qui leur a été jufqu'à préfent inconnue, donnent de fortes efpérances qu'on pourra d'ici à foixante-dix ans rendre beaucoup moins fenfible la difette qui s'eft accrue d'une manière fi étrange fur cet objet de confommation.

Parmi les plus grandes forêts de la Suiffe, on diftingue le *Kernwald* qui partage le Canton d'Underwalden en deux parties, & qui eft prefque entièrement rempli de pins & de fapins, la grande forêt de fapins qu'on trouve dans le Canton d'Uri au pied du mont *Saint-Gothard*, & le *Banwald* ou *Bowald* dans la proximité de la ville de *Zoffingen* ; cette grande & belle forêt eft auffi prefque toute en fapins ; on y trouvoit autrefois des troncs de ces arbres de cent vingt à cent trente pieds de hauteur ; on en faifoit des tranfports par l'Arc & le Rhin jufqu'en Hollande, & l'on en fabriquoit des mâts de vaiffeaux. Il y a encore en général dans le Canton de Berne de grandes forêts, & fur-tout dans la partie montagneufe de *Grindelwald*. Le *Jorat* eft ce diftrict de montagnes couvert de bois, qui s'étend au loin, en long & en large jufque dans le centre du pays de Vaud. La forêt de la *Sil*, en Allemand *Silwald*, dans le Canton de Zurich, eft auffi très-confidérable, elle confifte principalement en ormes ; mais quelques contrées de la Suiffe font entièrement dénuées de toute efpèce de bois à brûler. Au val *Urferen*, qui eft fitué au milieu du mont *Saint-Gothard*, il ne croît ni arbriffeaux ni bois ; on n'y voit qu'un petit bois de fapins qui fe trouve près le bourg *Urferen* &, qui eft prefque deffeché par vétufté : on prétend qu'il eft défendu fous peine de la vie d'y toucher, & que ce bois eft deftiné à fervir de boulevard au bourg contre les *lavanges*. Les habitans de cette vallée fe fervent pour leur chauffage, de deux plantes, la *Rofe des Alpes* & l'*Erica*. Ils brûlent par préférence la rofe (3) des Alpes que les Botaniftes appellent *Chamaerrhodendros Alpina glabra, & villofa*. Ces plantes font très-courtes, leur tige a rarement l'épaiffeur d'un doigt ; les habitans les ramaffent avec beaucoup de peine à la fin de l'été. Ceux d'entr'eux les plus aifés, font tranfporter depuis *Wafen* & *Geftinen* le bois dont ils ont befoin, & ces tranfports fe font avec de grandes dépenfes, à caufe de la difficulté du chemin. Les habitans du val *Avers* dans la Ligue *Cuddée* en Grifons, fe trouvent dans le même embarras, par rapport au manque de bois ; ils fe fervent pour fe chauffer de fumier de moutons deffeché. Quelle mifère au fein de la liberté ! Les montagnes & les chemins impraticables rendent dans quelques diftricts impoffible l'importation des denrées que le voifin a en excédent, & qui périffent chez lui comme un fuperflu duquel il ne peut ufer ni faire part à autrui.

M. Trumpi (4), en parlant des bois qui femblent couvrir les montagnes du Canton de Glaris, ne diffimule pas que leur étendue n'a rien de trop pour les befoins du pays. Les chênes y deviennent rares de plus en plus, auffi bien que les ifs ; on y voit encore des forêts confidérables de fapins & d'ormes : chaque Communauté en a des diftricts défignés, & perfonne n'ofe couper du bois fans une permiffion. On donne quelques arbres pour la bâtiffe des maifons, & de temps à autre on en accorde un nombre à chaque département du Canton. Outre le petit bois de fapins dont nous avons parlé plus haut, il y a encore des forêts auxquelles il eft févèrement défendu de toucher, elles doivent fervir de rempart contre les lavanges, les torrens, les chûtes des rochers & l'éboulement des terres. A l'égard des forêts ouvertes, on y fait des coupes en toute liberté ; de-là les abus répétés du dégât ; on abandonne à la nature le foin de réparer la dégradation, & fouvent même on la retarde dans fes efforts pour le renouvellement. Il eft fait défenfes à tous pâtres de chèvres de les laiffer brouter dans des bois de nouvelle date. M. Trumpi défireroit que fes compatriotes s'occupaffent du foin de planter des haies vives ; indépendamment de l'agrément qu'elles donneroient, elles garantiroient l'accès des forêts. Il eft fûr que fi on plantoit des aulnes, des faules & des frênes fur les bords de la *Lint*, des autres rivières & des torrens, ces plantations protégeroient avec plus de force le terrein contre le débordement des eaux ; elles fourniroient auffi, au befoin, dans la proximité le bois néceffaire à la conf-

---

(2) Mottes d'herbes ou de terre graffe, qu'on tire des canaux, des marais &c. qu'on fait fécher & brûler, en latin *Paluftres glebae apta cremationi*, ou *Cefpites bituminofi*.

(3) M. *Andrea*, dans fes Lettres fur la Suiffe pag. 110, l'appelle *Chamaerrhodendros*. Scheuchzer décrit la plante du Mont Saint-Gothard, *Erica baccifera procumbens nigra*. (*Itinera Alpina*, T. II. p. 334). Le même Botanifte fait mention (*ibidem*) de la plante *Chamaerrhodendros Alpina glabra, ferpillifolia, & villofa*. On la nomme en Allemand *Braufch*.

(4) Chr. de Glaris, pag. 44-47.

truction des digues, & elles seroient encore utiles à d'autres objets. On peut aussi observer que les grands sapins, qui sont dans les forêts sur un sol humide & presque détaché, étant plus fréquemment secoués par les vents, avancent plutôt les éboulemens de terre & les rendent plus dangereux. On devroit planter pareils districts, dans les lieux bas, de frênes & de saules ; ces arbres jettent de fortes racines, dessèchent le terrein & ne font pas un grand poids : mais dans les lieux plus élevés on devroit planter d'ormeaux les districts ainsi exposés aux ouragans & aux éboulemens ; on les couperoit tous les huit ou neuf ans. M. Trumpi recommande à ses chers compatriotes du Canton de Glaris d'apporter une plus grande attention à l'amélioration & à la conservation des bois ; ce seroit le moyen de baisser le prix de l'achat du bois, & alors on pourroit en vendre le superflu aux Etrangers qui répandroient ainsi de l'argent dans le pays. Un autre vœu de M. Trumpi est qu'on fasse de sages règlemens pour économiser dans les ménages la consommation du bois à brûler. Toutes ces vues sont vraiment dignes du cœur d'un Citoyen zélé & qui est ennemi de tout intérêt personnel. Par une contradiction bien remarquable, on trouve sur les Alpes du Canton de Glaris, d'anciens troncs d'arbres dans des endroits où il ne croît plus de bois, & l'on est obligé de porter du bois sur beaucoup de hauteurs des montagnes. Autre observation : on ne connoît pas dans ce Canton l'usage de brûler des plantes d'une tige forte & d'un âge avancé, telles que le *Filix major ramosa*, la *fougère*, & celles qu'on nomme en Allemand *Brusch* & dont je viens de toucher un mot dans une note (5) ; ces plantes seroient pourtant d'un grand secours pour le chauffage. On peut en dire autant des tourbes, on en a découvert dans la partie basse du Canton de Glaris, du côté de *Bilten* & d'*Urnen*, & l'on pourroit s'en servir avantageusement pour suppléer au manque de bois. Ajoutons que les coupes réglées dans la plupart des Cantons ne peuvent jamais être assez recommandées, attendu qu'elles préviennent bien des abus.

Dans la majeure partie de la Suisse, les champs & les prés sont entourés de haies de bois sec, dont le renouvellement nécessaire & trop répété cause une grande consommation de bois. Plusieurs prairies & vignobles annexés à des fermes, sont dans des enclos murés qui obligent d'année en année à des réparations dispendieuses ; il seroit infiniment plus utile d'y substituer des haies d'épine blanche, on les a introduites & on en continue l'usage avec soin dans les Cantons de Zurich, de Berne, de Bâle, de Soleure, &c. En temps de guerre le pays plat trouveroit dans les haies vives & épaisses de nouveaux moyens de défense contre l'attaque des troupes à cheval ; il est moins difficile d'abattre des haies de bois sec mal entrelassées & de foibles murs d'enclos, que des haies touffues d'épines. Les Officiers qui ont été à la bataille de Laufeld près Maëstricht en 1747, doivent se souvenir combien la résistance des ennemis dans les villages attaqués a été opiniâtre derrière leurs retranchemens naturels, garnis de haies vives & épaisses. Autre abus : le paysan abat un arbre dans un bois, mais il ne le déracine pas ; la paresse lui engourdit alors les bras, il croit que le bois ne lui manquera pas, le pays en est assez généralement couvert ; mais ce paysan fait un grand tort au sol. Les souches avec les racines restées dans la terre en tirent le meilleur suc, & retardent dans leur contour la croissance des nouvelles plantations : il se passe bien des années jusqu'à ce que les souches soient pourries. On a imaginé (6) une machine fort ingénieuse pour arracher les gros arbres, & les troncs avec leurs racines. Un Paysan du Canton de Berne, nommé Pierre *Sommer*, en a été l'inventeur : on s'en servit au mois de Décembre 1759, dans un bois proche de Berne, en présence des premiers Magistrats de la ville, & d'un grand nombre de spectateurs ; un chêne de trois pieds huit pouces de diamètre par le bas, fut arraché avec toutes ses racines en huit minutes ; & il est à remarquer que le sol étoit gelé constamment depuis près de deux mois. On peut aussi se servir de la même machine pour transporter des granges, maisons & autres bâtimens de charpente ; cette machine a été gravée dans les Mémoires (7) de la Société Économique de Berne. En déracinant les souches avec les racines, on hâteroit le renouvellement des bois, les plantations ne périroient pas en si grand nombre, parce qu'elles tireroient un suc plus nourricier, & les troncs déracinés fourniroient une plus grande quantité de bois à brûler.

Je passe au Vallais, où il dépérit une quantité immense des plus grands arbres, faute de débouchés pour le transport. M. le Baron de Zur-Lauben a parmi les manuscrits de sa Bibliothèque un Mémoire (8) curieux sur la Savoie, dressé en 1727 par un habile Ingénieur de France, & dans lequel (9) on trouve le projet de rendre le commerce d'une plus grande étendue de Lyon à Genève, en rendant le Rhône flottable & navigable. Entr'autres grands avantages qui reviendroient de cette entreprise, elle épargneroit au Roi les frais considérables des mâts que Sa Majesté tire du nord, & que le Vallais que le Rhône traverse dans sa longueur, fourniroit en abondance à bien moins de frais. Ce grand projet consiste en deux canaux, dont le plus étendu qui n'auroit que trois cent quarante toises de longueur, commenceroit à l'endroit où le Rhône se perd & s'engouffre au pont de *Lucey*, sur une largeur de vingt-cinq toises ; le reste de l'ouvrage consisteroit à dégager le lit du Rhône de quantité de rochers, en les minant & les rasant jusqu'à quatre pieds au-dessous de la superficie des plus basses eaux, afin de rendre ce fleuve navigable & flottable pendant toutes les saisons de l'année. L'auteur du Projet dit que la grande difficulté consiste dans les frais de cette entreprise, qui coûteroit près de quatre millions, mais qui en revanche apporteroit à la France la richesse d'un commerce florissant. Le nom seul de Lyon & de Genève, & leur proximité, peuvent faire comprendre le notable avantage qui en reviendroit au Royaume, si l'on facilitoit par la navigation du Rhône le transport des marchandises de France, qui de Lyon à Genève payoient déjà au temps, que ce Mémoire a été dressé, sept pour cent de douane, sans y comprendre les frais de voiture qui se font à dos de mulets. L'auteur ajoute que la consommation des marchandises que les Génevois tirent du Royaume, surpasseroit de beaucoup celle qui résulte de leur commerce avec toute autre nation.

---

(5) Voyez ci-devant la note (3).
(6) Recueil de Mémoires de la Société Économique de Berne, T. I. Partie II. pag. 175-182.
(7) Ibidem, T. I. Partie II. p. 441.
(8) In-4.
(9) Pag. 137-140.

J'ai déja dit un mot dans cette Introduction préliminaire des couches de marne (10) qu'on trouve dans différens endroits de la terre : on ne sauroit trop exciter les habitans de la Suisse à la découverte des marnières. On sait que la Marne répandue sur les terres les engraisse considérablement ; on l'employe sur-tout pour celles destinées à produire le grain, & la vigne en retire aussi beaucoup d'avantage. Scheuchzer (11) dit qu'on trouve des couches de marne dans le Canton de Zurich, sur le mont *Albis* près de Horgen & sur le mont *Laegerberg* ; dans le Canton de Bâle, près de Saint-Jacques ; aux environs de la ville de Neuchatel, & dans le Comté de *Sargans*: on en a aussi découvert des couches au-dessus du pont sur la *Sil*, à la gauche de cette rivière dans la communauté de Menzingen, Canton de Zoug.

Il y a en Suisse des carrières (12) d'*ardoise*, de toutes sortes de couleurs : on trouve dans le Canton de Glaris de grandes feuilles d'ardoise très-noire, qui sont un objet d'exportation. Entre *Valens* ou *Valenz* & l'abbaye de *Pfeffers*, dans le Comté de *Sargans*, on découvre beaucoup d'ardoise cendrée, celle-ci est de mauvaise qualité ; mais entre *Valenz* & la montagne dite *der Grauenhorn*, (*la Corne grise*), les lits sont plus durs & d'une belle couleur noire, comme dans le Canton de Glaris. Arrêtons-nous à la grande (13) carrière de *Blattenberg* (14). Ce mont est à l'extrémité du *Freyberg* ou *Mont-libre*, dans la communauté de *Matt*, & dans le district qu'on appelle la *petite Vallée*, du Canton de Glaris, autrement le val de *Sernft*. Ce ne fut qu'au commencement du dix-septième siècle qu'on entreprit d'ouvrir la carrière d'ardoise du mont *Blattenberg*. Hilaire *Beusser* & Jean *Altmann*, tous deux natifs du village de *Matt*, dont on a conservé les noms, sont les deux premiers qui détachèrent les feuilles de cette carrière. Un Hessois, nommé Joseph *Bellersheim*, enferma le premier dans des bordures ou cadres ces feuilles d'ardoise, en 1616. La carrière est éloignée de la paroisse de *Matt* d'une demi-lieue, elle est entre *Engi* & *Matt*, sur la gauche de la rivière de *Sernft* ; ses lits sont inclinés vers le midi, ils sont peu épais. On détache l'ardoise avec des coins de fer qu'on fait entrer dans les fissures : elle se divise facilement en feuilles très-minces ; le *dessus* de toutes les feuilles est plus fin & plus dur que le *dessous*, preuve certaine que ces couches sont un dépôt formé peu-à-peu selon les loix de la pesanteur. Au reste, la carrière de *Blattenberg* paroît inépuisable. On croit que celle qui existe près du torrent de *Diesfthal*, sous les monts dits *Ek-Bergen*, dans *la grande Vallée* du Canton de Glaris, au quartier de *Bettschwanden*, a une communication avec la carrière du *Blattenberg*, & celle-ci avec les couches d'ardoise qu'on trouve jusqu'auprès de *Pfeffers*, dans le Comté de *Sargans*. On a aussi découvert une carrière d'ardoises au pied de la hauteur du village de *Sol* ou *Sool* ; mais on ne l'exploite pas, parce qu'elles sont peu propres à être détachées aussi légèrement & aussi uniment que celles du *Blattenberg*. Autrefois le transport des grandes tables d'ardoise étoit plus considérable ; ce commerce est un peu tombé depuis qu'on leur préfère les tables incrustées à la mosaïque, avec des pierres de rapport, ou de marbre rayé & uni.

Les Glaronois, toujours industrieux, ont imaginé de faire de plus petites tables d'ardoise pour écrire ; on a commencé à parqueter de feuilles d'ardoises les appartemens & les corridors, on s'en sert aussi à la place des tuiles pour couvrir les toîts. La Chancellerie de *Merspourg*, près de *Constance*, en est couverte : si ce goût s'étendoit, il pourroit faire revivre le commerce des ardoises de Glaris ; on les taille petites & presque dans la forme de la tuile ; c'est un travail très-pénible que celui des ouvriers dans la carrière : après avoir eu la peine de détacher les feuilles dans ces souterrains ténébreux, il faut qu'ils les portent en haut de la montagne sur leur dos, déja bien harassés, & de-là en bas, dans la vallée où est le dépôt ; la vue de ces malheureux inspire la pitié. M. *Trumpi* dit qu'on transporte annuellement hors du pays, par eau en Hollande, & de-là sur mer en Angleterre, cent soixante & jusqu'à deux cent caisses de petites tables d'ardoises à écrire. Les Hollandois & les Anglois les transportent ensuite dans les deux Indes. Il évalue entre huit mille & dix mille florins annuels & plus, le salaire des ouvriers & *encadreurs* ou tabletiers, avec les frais du transport & du péage jusqu'à *Wesen*. Les Glaronois qui font ce commerce, y gagnent leur vie, quoique jusqu'à Amsterdam il leur coûte soixante-dix florins, sur la valeur de cent florins de marchandise : j'oubliois de dire qu'on taille en planchettes des morceaux d'ardoises, longs & peu larges, & que les Jardiniers s'en servent pour garnir le contour des compartimens.

X X.

Animaux.

TOUT (1) pays, tel que la Suisse, qui renferme des montagnes très-hautes, des vallées profondes & des plaines, des expositions excessivement froides, & d'autres fort tempérées, offrira toujours au Naturaliste une riche collection en minerais, fossiles, plantes, insectes & reptiles. On doit y trouver aussi des animaux des différentes espèces, ou habitués dans le pays, ou passagers. Les animaux carnassiers, autrefois très-multipliés dans ce climat, disparoissent à mesure que la population & les défrichemens s'étendent. Les ours furent dans un temps très-communs en Suisse ; tant d'armoiries dont cet animal fait le sujet, en offrent des documens. Aujourd'hui les ours & les loups paroissent rarement dans les Alpes ; on ne leur donne pas le temps de s'y multiplier ; la profondeur des vallées en facilite la poursuite. Ils sont plus communs dans la partie méridionale du Jura, sur la frontière de la Savoie & de la France, sans doute parce que le paysan dans ces

---

(10) En Latin *Marga*, & en Allemand *Mergel*.
(11) Hist. Nat. de la Suisse, T. I. p. 406 & 409-411. & T. II. p. 5, 19, 277 & 315, en Allemand.
Le même, *Itinera Alpina*, T. I. p. 8 & 12Y.
(12) Scheuchzer, ibidem, T. I. pag. 120, & Hist. Nat. de la Suisse, T. II. pag. 39, 45, 245 & 259.
Leu, Dict. Hist. de la Suisse, T. IV. p. 134-135.
Gruner, Descript. des Glacières de la Suisse, p. 223 & suiv.
Trumpi, Chr. du Canton de Glaris, p. 35-37 & 92-95.
(13) *Ardesia Glaronensis*.

(14) En François *la montagne des feuilles*.
(1) Cysat, Descript. du Lac des quatre Cantons Forestiers, pag. 157-165.
Scheuchzer, Hist. Nat. de la Suisse, T. I. pag. 45, 66, 69, 81 & 299, & T. II. 67, 68, 70, 73, 456 & 461.
Le même, *Itinera Alpina*, T. I. p. 25, 88, 155 & seq. 177-181 & 186.
Gruner, Descript. des Glacières de la Suisse, pag. 226-227.
Faesi, Descript. Topog. de la Suisse, T. I. p. 34-37.
Tscharner, Dict. Géog. Hist. & Pol. de la Suisse, T. I. p. 154-155.

Etats n'étant pas armé, comme en Suisse, on n'y fait pas la guerre à ces animaux avec le même avantage. La liberté de la chasse, dont même jouit le peuple dans divers districts de la Suisse, y rend encore le fauve tous les jours plus rare; on le sacrifie sans ménagement aux intérêts de la culture. Il s'en introduit quelquefois sur la frontière de l'Allemagne, où des Princes le protègent, pour le plaisir exclusif d'en faire de grandes chasses, plaisir auquel se joint un motif d'intérêt, attendu qu'ils obligent dans certains temps leurs sujets d'acheter à un prix taxé les bêtes fauves qu'ils prennent à la chasse dans des toiles; & pendant que cette contrainte dure, la viande ordinaire de boucherie est absolument proscrite dans les petits Etats de ces représentans de l'ancien règne féodal. Le chamois même ne se conserve en Suisse qu'à la faveur des rochers inaccessibles qui lui servent de retraite. Presque toutes les espèces d'oiseaux connues en Europe, & qui habitent les montagnes, les plaines, les marais ou eaux douces, se trouvent dans la Suisse. Les grands vautours, les aigles, le tetras, la gelinote, la perdrix rouge, le faisan, le coq de bruyere, &c. vivent dans les Alpes. Les lacs, les rivières & les ruisseaux qui abondent en Suisse, offrent des espèces de poisson très-variées, & fourniroient une pêche abondante sans l'abus qu'on en fait souvent. Tel est le tableau général des animaux que produit la Suisse, que je diviserai en trois classes; la première comprendra les quadrupèdes, la seconde les oiseaux, la dernière les poissons & les amphibies. Je donnerai un chapitre particulier des insectes & des reptiles, qui offrent aussi beaucoup de variétés.

QUADRUPÈDES.

PARMI les quadrupèdes, les uns sont domestiques, les autres sauvages ou fauves, & parmi ceux-ci il y en a qui sont plus ou moins carnassiers. Les animaux domestiques, c'est-à-dire, ceux que les hommes apprivoisent, & qu'ils employent à leur service, sont les mêmes dans la Suisse que ceux qu'on voit dans les autres pays de l'Europe. Le produit des troupeaux de vaches fait la nourriture d'une grande partie du peuple; les fromages, les bestiaux & les bêtes de charge, ainsi que leurs peaux forment une des plus grandes branches de commerce pour la Suisse, & sont pour elle un objet d'échange très-considérable; elle fournit beaucoup de chevaux de traits aux nations voisines. La viande de bœuf & de veau y est généralement excellente; celle de mouton n'a pas le même degré de bonté, les pâturages y étant trop gras, la chair de mouton s'en ressent; mais il y a des quartiers autour de Bienne, dans l'Evêché de Bâle, dans quelques districts du Canton de Berne, du pays des Grisons, & dans certaines parties montagneuses, & arides, où l'herbe courte pointe entre les cailloux, comme dans la Provence, où le mouton approche beaucoup, pour la bonté, de celui des Ardennes ou Champagne. On sait très-bien fumer la viande en Suisse; les langues de bœuf qu'on sale & qu'on fume à Zurich & dans les Cantons voisins, sont très-vantées en Europe pour leur délicatesse: on les estime à Paris, & on les y recherche avec prédilection. Le lièvre est généralement excellent dans la Suisse, & l'on y trouve très-peu de lapins; la bête puante à qui on ne fait pas assez la chasse, détruit ce gibier; au reste la trop grande multiplication de lapreaux nuiroit beaucoup aux arbres & à la culture des terres, sur-tout dans un pays où l'industrie des Colons corrige l'âpreté du sol. On trouve dans certaines parties, voisines des Alpes, des lapins blancs; ils doivent leur couleur au local, presque toujours couvert de neige, mais ils sont moins bons à manger que ceux de leur espèce qui ne sont pas blancs. Le lièvre de la montagne a sa couleur naturelle pendant l'été, mais dans l'hiver il mue & devient tout blanc, au point qu'on ne peut le distinguer de la neige: le lièvre de la plaine conserve toujours sa couleur rousse ou grisâtre. Les garennes sont proscrites dans les Cantons libres de la Suisse, & si on en trouve quelques apparences, ce ne peut être que dans les domaines qui appartiennent à un Evêque, Prince du Saint-Empire Romain, & où les défenses de la chasse sont exercées avec la plus stricte rigueur. Les trois Cantons de Berne, Fribourg & Soleure, ont entr'eux une ancienne com-bourgeoisie; tout citoyen de ces villes, habile au gouvernement, peut chasser librement d'un Canton dans l'autre. La chasse est assez généralement permise en Suisse, & sur-tout dans les Etats populaires; mais il y a dans l'année des temps fixes où on ouvre la chasse & où on la ferme; en beaucoup d'endroits on se plaint qu'on ne les respecte pas assez. Il y a plusieurs seigneuries en Suisse qui ont le droit exclusif de chasse. Parmi les bêtes fauves, le cerf est fort rare en Suisse, il s'en échappe quelquefois des frontières de l'Allemagne, lorsque le Rhin est bas, le sanglier de la Forêt noire la traverse & entre sur les terres de la Suisse. Il est des Cantons, comme ceux de Berne & de Soleure, où l'on trouve beaucoup de ces animaux: il y a des bailliages en Suisse où la chasse n'est permise dans certains districts qu'aux Baillifs. La ville de Zurich a (2) sur la frontière du Canton de Zoug une forêt assez étendue, qu'on appelle la *Forêt de la Sil*, en Allemand *Sil-wald*: elle est en partie dans le bailliage de *Horgen*, & en partie dans celui de *Knonau*; c'est la plus belle forêt du Canton de Zurich, elle est plantée d'ormes, de pins & de sapins; nous en avons déjà fait mention. Sa longueur depuis *Babenwaag* jusqu'à *Langnau*, a deux lieues, sur une & demie de large. L'inspection de cette forêt est commise à un Membre du petit Conseil de Zurich; la durée de cette charge est fixée à six ans: on fait tous les ans dans cette forêt des coupes de plusieurs cent de cordes de bois pour l'usage du grand & du petit Conseil, & pour l'entretien des veuves des bourgeois de la ville; on fait flotter ce bois sur la *Sil*, jusqu'à Zurich. Cette forêt contient un grand nombre de chevreuils; l'Etat en fait tuer quelquefois pour des repas publics & de cérémonie ordonnés par la République; mais hors ces circonstances il est sévèrement défendu de chasser dans cette forêt. Quelquefois il en déserte des chevreuils; ils vont brouter sur le territoire du voisinage, les chasseurs du Canton de Zoug les poursuivent & ont grand soin de ne pas les manquer, lorsqu'ils franchissent les limites de la forêt tutélaire. La chair des chevreuils du *Silwald* est d'un goût exquis; en général ils sont excellens dans toute la Suisse. Il y a aussi beaucoup de blaireaux dans les cavités des montagnes; on

---

(a) Bluntschli *Memorabilia Tigurina*, p. 417-418.
Leu, Dict. Hist. de la Suisse, T. XVII. pag. 133-134.

Faesi, Descript. Topog. de la Suisse, T. I. p. 309-310.

en tire une graiſſe, dont les vertus ſont ſpécifiques dans beaucoup d'occaſions. Je ne parle pas de la marmotte (3) qu'on prend dans les cavités des rochers ſur les Alpes, dans le Vallais, en Savoie & dans le pays des Griſons. Il y a des perſonnes qui en mangent avec délices en guiſe de petit ſalé; je n'ai garde de leur diſputer un ſi friand morceau: au reſte la marmotte eſt une ſorte de blaireau ou taiſſon; on les range tous deux dans la claſſe des cochons. Vers l'approche de l'hiver la marmotte devient ſi groſſe qu'il y en a ſouvent qui péſent juſqu'à vingt livres.

On trouve en Suiſſe beaucoup d'écureuils & de hériſſons ou porc-épics. *Cyſat*, de Lucerne, écrit qu'il a été conſtaté que le lièvre mange le hériſſon; ce Naturaliſte a la patience de détailler la manière dont le lièvre en vient à bout. Lorſque le hériſſon forme une pelote, le lièvre qui fait l'épie reſte d'abord tranquille, puis il commence à mordre tout doucement les petites pointes, & en les détachant d'une certaine partie de la peau, il arrive à la chair; le hériſſon a cependant la bonté de ſe laiſſer entamer, & même de ſe laiſſer manger ſans faire aucune réſiſtance.

Parmi les bêtes ſauvages qui ſe tiennent ſur les Alpes, le chamois eſt digne d'une obſervation particulière. Il y en a de deux eſpèces, l'une ne ſe voit que ſur les montagnes les plus hautes & les plus eſcarpées, dont l'accès eſt preſque inacceſſible & où les plus hardis chaſſeurs n'oſent monter qu'au péril viſible de leur vie. Les habitans des Alpes nomment en Allemand cette eſpèce de chamois *Gratchier*, la *Bête du rocher*, parce qu'ils ne ſe tiennent que ſur la crête & les pointes les plus élevées des montagnes; ils ſont un peu plus petits que ceux de la ſeconde eſpèce, parce que l'herbe qu'ils trouvent ſur les montagnes les plus hautes, eſt de moindre qualité & plus rare que celle dont ſe nourrit l'autre eſpèce; leur couleur eſt d'un brun tirant ſur le rouge.

La ſeconde eſpèce de chamois eſt un peu plus grande & d'une couleur plus brune; on les nomme en Allemand *Waldthiere*, les *Bêtes de la forêt*, vraiſemblablement parce qu'ils ne ſe tiennent pas toujours ſur les pointes les plus élevées des montagnes & dans leurs cavernes, mais qu'ils ſe cachent auſſi dans les bois & broſſailles qui ſe trouvent au milieu des montagnes. Ces deux eſpèces de chamois vont ordinairement par troupe chercher leur nourriture, ils vivent enſemble tous de bon accord; & comme la pourſuite continuelle des chaſſeurs les rend très-peureux, ils ſont toujours ſur le qui vive. Les chaſſeurs prétendent qu'un chamois marche toujours à la tête de la troupe, & fait ſentinelle ſur une pointe plus élevée, tandis que le reſte paît à l'entour de lui; il dreſſe les oreilles & jette ſes regards ſur les pâturages voiſins; & au premier mouvement qu'il apperçoit, ou au premier bruit qu'il entend, il fait un cri ou ſifflement clair & aigu, qui ſert de ſignal pour prendre la fuite. Lorſque le chef, que les chaſſeurs appellent *Vorthier* ou *Vorgeiſſ*, la *Bête* ou la *Chèvre de l'avant-garde*, ennuyé de ſa faction, paît à ſon tour, auſſi-tôt un autre chamois vient ſe mettre en ſentinelle la tête levée & les oreilles dreſſées. Quand l'hiver ſurvient, les deux eſpèces de chamois s'approchent plus près des vallées, ils cherchent un aſyle au milieu des montagnes, ſous de hauts rochers qui ſortent en avant, ils y ſont en ſûreté & à couvert de la chûte des *lavanges*. Ils ſe nourriſſent d'herbes vertes qu'ils trouvent ſous la neige; ils ont l'inſtinct, ainſi que les *Rennes* de la Laponie, de les en détacher: ils ſe nourriſſent auſſi de racines, & des ramilles de ſapin. On dit qu'au temps de la pleine lune ces animaux font des excurſions de pluſieurs lieues, pour aller lécher avec le déſir le plus vif certains rochers de pierre mollaſſe, ſalée & ſablonneuſe; ils y frottent leur langue, ſoit pour ſe la nettoyer, ſoit pour ſe mettre en appétit, ou pour aider à la digeſtion. Les Allemands appellent ces rochers léchés par les chamois *Sulzen*(4) ou *Laeckinen*: les chamois s'arrêtent auprès de ces rochers pendant quatre ou cinq jours, & après qu'ils les ont aſſez léchés, ceux d'entr'eux qui ſont venus de loin retournent ſans délai à leurs premiers pâturages; les autres qui ſont du voiſinage, reſtent dans la proximité. La chaſſe des chamois eſt la plus utile, la plus curieuſe, & celle qui ſe pratique le plus ordinairement dans les Alpes; mais elle eſt auſſi fort dangereuſe, & ſouvent les chaſſeurs y courent riſque de leur vie, parce que pour approcher les chamois, il faut monter ſur les montagnes les plus élevées, & enſuite pourſuivre ces animaux à travers les rochers & les précipices, où ils font des ſauts d'une hauteur prodigieuſe. Il arrive quelquefois que le chaſſeur ayant pouſſé ſa bête dans des détroits, n'a lui-même que la largeur du pied de chemin: d'un côté ſe trouve un roc eſcarpé au-deſſus de lui, & de l'autre un affreux précipice ſous ſes yeux; alors l'animal pourſuivi, ne pouvant plus reculer, parce que le paſſage lui eſt fermé par quelque rocher, ni avancer du côté du chaſſeur, ſans courir riſque d'être tué, tâche de ſauter par-deſſus lui, ou de ſe gliſſer entre l'homme & le rocher; & quand cela arrive, il pouſſe l'homme & le jette dans le précipice, d'où il ne revient jamais. Il faut que le chaſſeur, pour prévenir le danger, ſe couche de tout ſon long, afin de laiſſer paſſer l'animal, ou bien qu'il ſe tienne fortement collé contre le rocher, afin de pouſſer lui-même l'animal dans le précipice. Le danger augmente lorſqu'une troupe de chamois ſe trouve dans une pareille criſe; auſſi il arrive tous les ans que des chaſſeurs en pourſuivant des chamois ſont précipités de la pointe des rochers dans des abîmes. Au reſte, la chair du chamois eſt très-bonne à manger, ſur-tout en hiver, elle ſent cependant un peu le ſauvageon; on en ſert ſouvent à la table des Princes Allemands. On eſtime beaucoup la peau du chamois, & on l'employe à divers uſages.

Conrad *Geſſner* avance (5) qu'on voit des chamois apprivoiſés, qui vont paître avec le bétail; mais cela ne peut s'entendre abſolument que de ceux que l'on prend tout petits: on les attrape ſans grande peine, lorſqu'ils n'ont encore que quelques ſemaines, & qu'ils ne peuvent ſuivre le père & la mère; mais lorſqu'ils ſont plus forts, on ſe ſert de l'artifice ſuivant. Quand un chaſſeur a renverſé une mère d'un coup de fuſil, il l'élève ſur les quatre pieds, & le petit s'approchant pour la téter, il le ſaiſit & l'attache; quelquefois même ſans le lier, il ſe fait ſuivre en portant la mère ſur ſes épaules: lorſqu'il l'a attirée de la ſorte juſqu'à la maiſon, on lui fait téter une

---

(3) On ſait que la Marmotte dort tout l'hyver, & que c'eſt pendant ce temps qu'elle s'engraiſſe le plus. On ſe rappelle ici ces vers de Martial.

Tota mihi dormitur hyema, & pinguior illo
Tempore ſum, quo me nil niſi ſomnus alit.

(4) En latin *Loca Linctoria*. M. Trumpi, dans ſa Chronique de Glaris, pag. 49, dit qu'il y a pluſieurs de ces rochers, ſecs & humides, ſur le mont *Alpkammer*, dans le val *Linthal*.

(5) *De Quadruped*. Lib. I. pag. 322.
Scheuchzeri, *Itinero Alpina*, T. I. pag. 156.

chèvre domestique, & on l'accoutume peu à peu à aller paître avec les troupeaux & à revenir à la maison ; mais quelque soin que l'on prenne, il arrive assez souvent que le chamois étant devenu grand, déserte, s'enfuit sur les rochers & redevient sauvage.

Nul district en Suisse ne renferme (6) plus de chamois que le Canton de Glaris : la chaîne de toutes les montagnes, Alpes & vallées qui sont entre la *Lint* & la *Sernft*, jusqu'à *Schwanden*, où ces rivières ont leur confluent, est proprement l'asyle de tous les chamois de la Suisse ; cette chaîne se nomme *Freyberg* ou le *Mont libre*. Il n'est permis qu'aux chasseurs affectés par le Souverain à cette montagne d'y chasser chamois ou autre bête sauvage, & encore le temps leur est-il fixé, entre la fête de Saint-Jacques & celle de Saint-Martin. Ces chasseurs tuent deux chamois pour la nôce de tout Citoyen du Canton qui se marieroit dans cet intervalle : ils emportent avec eux la peau & la graisse de l'animal, & ils ont un salaire en argent ; mais il faut que préalablement ils demandent au Magistrat la permission de faire ce présent au nouveau marié.

M. *Gruner* dit dans sa description (7) des Glacières de la Suisse, que le mont *Fissmatt* ou *Fiseten*, limitrophe du Canton de Glaris, est remarquable par deux rochers revêtus de sel ou salpêtre que les chamois aiment à lécher. Ces animaux y viennent en grandes troupes, sur-tout dans la pleine & la nouvelle lune ; ils y font chaque jour plusieurs voyages, lèchent continuellement ces rochers, & ne prennent point d'autre aliment pendant une couple de jours : leur avidité pour ce mets seconde celle des chasseurs, qui en tuent sur ces rochers un très-grand nombre. Cette croûte de sel est humide en quelques endroits, & sèche dans les autres ; sans doute, selon qu'elle est plus ou moins exposée au soleil. M. *Gruner* ajoute qu'il est étonnant que les chamois de cette montagne n'aient point de bésoard, quoique ceux des montagnes voisines en aient tous. M. *Scheuchzer* a tenté de (8) l'expliquer, en disant que les Alpes qui sont exposées au soleil, produisent des plantes, dont les racines très-aromatiques, ne pouvant être digérées par les chamois, prennent dans leur estomac une forme sphérique, mais que ces mêmes plantes ne croissent point sur les Alpes moins exposées au soleil. M. *Gruner* ne veut pas assurer que ce Naturaliste ait trouvé la véritable cause de cette différence ; il paroît certain que les corps contenus dans l'estomac de ces animaux sont en effet composés de racines : ils s'y forment, sur-tout en hiver, temps auquel les chamois se nourrissent des racines qu'ils déterrent ; mais M. *Gruner* se garde aussi d'affirmer qu'ils choisissent exactement celles que les chasseurs ont nommées *Racines de chamois*, & dont l'odeur est aromatique & très-agréable : il paroît au contraire, vraisemblable que dans la saison la plus rude ces animaux vivent de ce qu'ils trouvent.

De tous les Monarques, celui qui a couru les plus grands périls à la chasse du chamois, a été l'Empereur Maximilien I. On trouve le détail de ses Aventures, dans le fameux Poème du Chevalier *Teurdannck* (9). Ce Poème (10) en vers Allemands, parut pour la première fois à Nuremberg (11) en 1517, du vivant de Maximilien même.

On voit qu'outre l'utilité que les Alpes rapportent à leurs habitans par leurs pâturages, elles leurs fournissent encore divers agrémens, tels que la chasse des bêtes fauves & carnassières qui s'ytrouvent en grande quantité : c'est sur les hautes montagnes de la Suisse que l'on voit des cerfs, des sangliers, des daims, des chamois, des chevreuils, des bouquetins & des renards ; on y rencontre aussi, mais rarement, des ours & des loups.

Le *Bouquetin* (12) ou *Bouc sauvage*, se trouve sur les montagnes voisines des glaciers, dans le Canton de Berne, sur celles du Vallais & du pays des Grisons. Le sang de bouquetin passe pour un grand remède dans la pleurésie, les Charlatans en débitent ; mais il est rare de l'avoir véritable : il faudroit qu'au moment où l'animal est tué, le chasseur lui tirât le sang bouillant, pour ensuite le faire coaguler sans aucun mélange. La chasse du bouquetin est au moins aussi périlleuse que celle du chamois. Le bouquetin appartient sans doute à l'espèce de la chèvre, il est plus gros que le chamois, il a les jambes déliées & la tête petite comme le cerf, ses yeux sont brillans & beaux ; il porte sur sa tête & fort en arrière, un bois pesant, qui est noueux, & qui peut avoir jusqu'à vingt nœuds dans la vieillesse, de sorte qu'un pareil bois pèse souvent jusqu'à dix-huit livres. Ses pieds sont très-fendus & ses ongles aigus comme ceux du chamois : la nature l'a destiné aux montagnes couvertes de neige ; s'il n'est pas exposé au froid très-vif, il devient aveugle. Son agilité pour le saut surpasse de beaucoup celle du chamois, & paroît incroyable à ceux qui ne l'ont pas remarquée ; il n'y a point de montagne si haute & si escarpée, sur lequel cet animal ne s'abandonne, pourvu qu'il y puisse placer ses griffes : il peut grimper le long d'un mur élevé, lorsque la surface en est raboteuse. Quant les chasseurs le poursuivent, ils cherchent à le porter contre un rocher élevé & uni qu'il ne puisse pas franchir ; quelquefois pour éviter sa rencontre ils descendent avec des cordes au bas d'un roc escarpé : si l'animal pressé ne découvre aucun passage, il reste immobile, attend le chasseur, qui suit le rocher, & examine si entre l'homme & le rocher il n'apperçoit aucune issue ; s'il en voit une, il s'y élance & précipite le chasseur en bas, lorsque celui-ci n'a pas l'adresse de le prévenir & de l'y précipiter lui-même.

Le *Renard*, en Suisse, est roux & blanc, & un peu tacheté de

---

(6) Trumpi, Chr. de Glaris, pag. 48-49.
(7) Pag. 226-227. Voyez aussi le Commentaire latin de Josias *Simler de Alpibus* pag. 32 dans le *Thesaurus Historia Helvetica*, Zurich 1735 *in-fol*.
(8) Hist. Nat. de la Suisse, T. I. pag. 458-461, & T. II. pag. 20 & 270.
(9) En François *le cher merci*.
(10) Melchior *Pfintzing*, Prévôt de Saint-Albain de Mayence, & Chapelain de l'Empereur Maximilien, en est l'Auteur, il le dédia au petit-fils de ce Prince, Charles, Roi d'Espagne, & depuis Empereur. Cette édition & celle de 1519, sont de la plus grande rareté, sur-tout sur vélin, c'est un chef-d'œuvre d'Imprimerie ; on l'a long-temps attribué à l'art de la gravure en bois. M. le Baron de *Zur-Lauben* a lû en Août 1776, à l'Académie Royale des Inscriptions & Belles-Lettres, la traduction de plusieurs morceaux de *Teurdanck*, & ses observations sur ce Roman allégorique, & dont le fond est très-véritable. Il a depuis découvert à la Bibliothèque de la Sorbonne une ancienne traduction de ce Roman en François, sur vélin, & dédiée en 1528 à l'Archiduchesse Marguerite, Duchesse Douairière de Savoye, fille de l'Empereur Maximilien. L'Auteur de cette version se nommoit Jean Franco, & étoit Secrétaire de la Princesse. Le manuscrit a pour titre : *les Dangiers, Rencontres & en partie les Avantures du digne très-renommé & Valereux Chevalier Chiermerciant Translatez de Thiois* (de l'Allemand) *en François*. C'est ainsi que *Franco* a traduit le nom de *Teurdanck*. Au reste ce Poëme contient les avantures périlleuses que l'Empereur Maximilien courut dans sa jeunesse & dans l'âge viril à la guerre, à la chasse, sur mer, en voyage, &c. La dissertation de M. le Baron de Zur-Lauben a paru très-intéressante à l'Académie.
(11) *In-fol*.
(12) En Latin *Ibex*, & en Allemand *Steinbock*. Voyez la Description des glacières de Suisse par M. Gruner, pag. 92-93. & Simler, *de Alpibus p. 32, in Thesauro Historia Helvetica*.

quelques poils noirs; il ne reste sur la montagne que pendant l'été: comme cet animal cause bien des dommages, on lui donne beaucoup la chasse.

Les *Ours*, les *Loups* & les autres bêtes carnaffières, sont devenus très-rares en Suisse depuis le commencement de ce siècle. Dès qu'on a le moindre soupçon qu'un ours est dans le voisinage, les habitans se mettent tous en campagne, armés de fusils & des instrumens propres à une pareille chasse. Les anciennes chroniques de la Suisse, du pays des Grisons & du Vallais, sont pleines des ravages que ces animaux ont faits autrefois dans divers districts. Berthold, Duc de *Zeringen*, fonda Berne à l'endroit où il avoit tué un ours à la chasse; & ce Prince appella la ville *Bern*, du nom (13) Allemand de cet animal: la ville a porté depuis sur ses sceaux & monnoies l'empreinte d'un ours. Plusieurs siècles avant le Duc de *Zeringen*, *Bero*, Comte de *Lenzbourg*, ayant eu la douleur de perdre à la chasse son fils qu'un ours déchira, eut la piété de fonder sur la place le riche Chapitre des Chanoines de Munster en Argeu, aujourd'hui dans le Canton de Lucerne. La tradition rapporte que le Maître-Autel de cette Eglise a été élevé précisément à l'endroit où arriva le tragique évènement.

M. *Trumpi* dit dans sa Chronique (14) de Glaris, publiée en 1774, qu'on voit peu de bêtes féroces dans les montagnes de ce Canton & qu'elles en sont presqu'entièrement purgées; tout habitant qui tue un de ces animaux est sûr de recevoir du Souverain une notable récompense. Quel encouragement! Le dernier ours qu'on a vu dans le Canton de Glaris est celui qui a paru sur l'alpe de *Bilten*. On a pris souvent des loups-cerviers sur le mont *Soolstock*; mais depuis plus de trente ans il n'a pas été pris un seul loup au-dessus de *Kirenzen*.

Les montagnes de la Suisse où il reste encore quelques ours sont celles du *mont Jura*, du Vallais, de la partie du Canton de Berne qu'on nomme l'*Ober-land*, de quelques districts des Cantons d'Underwalden, Uri & Schweitz, de quelques bailliages ultramontains & du pays des Grisons. Les loups de la Franche-Comté passent aussi dans la Suisse par le *mont Jura*.

On trouve en Suisse dans les cavernes, dans les ruines, dans les enclos & bâtimens publics un grand nombre de belettes, de martres, de fouines, &c.

Avant que de quitter (15) cet article des quadrupèdes, il ne sera pas inutile de remarquer l'adresse merveilleuse que le sage Auteur de la nature a donné à quelques-uns d'entre eux pour leur conservation. Quand un loup approche d'un troupeau de vaches, elles ne l'appréhendent point, elles se mettent en rond & forment promptement un cercle au centre duquel elles font entrer les veaux & les petits bestiaux qui paissent avec elles; ainsi elles présentent les cornes au loup, & de quelque côté qu'il se tourne, il trouve toujours une batterie de cornes, qui s'oppose à son passage & l'empêche d'entrer dans le cercle, ou de saisir quelque bête. De même les pourceaux attaqués par quelque chien, forment aussi un cercle, mais pour un usage tout opposé, savoir pour y enfermer le chien; ils l'entourent de tous côtés, & rapetissant leur rond peu-à-peu & par-tout également avec une proportion admirable, ils s'approchent ainsi du chien, qui, pour échapper à leurs dents & se tirer de ce détroit, est obligé de sauter par-dessus eux. Mais quand un ours paroît dans une campagne, il répand la terreur parmi tous les troupeaux qui y paissent. Les bœufs & les vaches entr'autres, poussent alors des meuglemens horribles, qui font retentir toute la montagne; & comme si leur bouvier devoit être leur libérateur, elles se rangent toutes en foule auprès de lui: dans cette crise elles semblent mettre en lui toute leur confiance & elles le serrent même de si près de tous côtés, qu'il court risque d'être étouffé ou crevé, tant est grande la violence avec laquelle elles se pressent autour de lui, ou bien elles s'enfuient promptement à leurs étables, si elles le peuvent; les taureaux cependant ont assez souvent eu le courage d'attendre l'ours de pied-ferme, & ils sont venus à bout de le tuer.

Oiseaux.

Outre les animaux à quatre pieds, il est aisé de juger que les Alpes abondent aussi en volatiles (1) de toute espèce. On y trouve (2) des faisans, des perdrix blanches & rouges, des gelinotes, des cocqs de bruyere, des poules des bois, des bécasses, des bécassines, des canards dans les marais & dans les lacs, des hérons, des greppes, des oies sauvages & une infinité d'autres espèces moins remarquables & même inconnues ailleurs. On y rencontre aussi diverses sortes d'oiseaux voraces & malfaisans, comme des aigles de plusieurs espèces, des vautours, des faucons, des sacres, &c. Il ne faut pas oublier les ducs, les chouettes, les orfrayes, les char-huans & autres oiseaux qu'on nomme de mauvais augure. Les chat-huans y sont de la taille d'une oie, & leurs yeux ont tant de feux, qu'ils leur rendent visibles les objets qui les environnent; ils ont aussi tant de force qu'ils se battent avec des aigles. *Wagner* (3), de Zurich, raconte que l'an 1654, on vit proche de cette ville en plein midi un chat-huant, qui se battoit en l'air avec une aigle, & qui la serra si fortement avec ses ongles crochus, qu'il la vainquit & la tua; mais ne pouvant pas s'en débarrasser pour lui avoir enfoncé ses ongles trop avant, il tomba avec elle à terre, on le prit & on le porta dans la ville, où on le nourrit durant quelque temps.

Les vautours sont plus gros que les aigles, il y en a de si forts qu'ils enlèvent des chevreaux, des agneaux, des lièvres, des jeunes chamois & même des enfans. Un homme de *Lowertz*, dans le Canton de Schweitz, fut attaqué (4) en 1610 par un vautour, & il eut bien de la peine à se tirer de ses griffes avec le secours d'un autre homme.

On appelle en Allemand *Laemmergeier* l'espèce de vautour

---

(13) *Baer*. La ville de *Berne* nourrit encore dans un fossé des Ours en mémoire de la chasse de son illustre Fondateur.
(14) Pag. 47.
(15) Etat & Délices de la Suisse, T. I. pag. 176 & suiv. Edition de Bâle.
(1) Etat & Délices de la Suisse, T. I. pag. 53-55.
Cysat, Description du lac des quatre Cantons Forestiers, p. 181-190.
(2) L'Histoire Naturelle des Animaux a été absolument négligée en Suisse. On n'y trouve rien de satisfaisant en ce genre, excepté les ouvrages de Conrad *Gessner*, qui a donné en Allemand une description fort étendue & très-rare des Quadrupèdes, des oiseaux & des poissons, dans laquelle il a fait entrer particulièrement les espèces qui se trouvent en Suisse. Conseils de M. de *Haller* fils, pour former une Bibliothèque historique de la Suisse, pag. 44. Berne 1771. in-12.
(3) *Historia Naturalis Helvetia*; Wagner est aussi auteur du livre qui a pour titre: *Mercurius Helveticus*, Zurich 1701 in.12.
(4) Cysat, ibid. pag. 183-184.

qui

PITTORESQUES, &c. DE LA SUISSE.

qui enlève les agneaux, *Linné* le nomme en latin *Vultur Barbatus*. M. *Andrea*, dans ses lettres (5) sur la Suisse, en a fait graver un pour joindre à la description qu'en a donnée le savant Naturaliste M. Daniel *Sprungli*, Ministre de *Stedtlen*, à une lieue de Berne. Ce dernier possède un Cabinet dans lequel il a seulement rassemblé les oiseaux qui se trouvent dans la Suisse ; le nombre monte à deux cent différentes espèces, il n'y manque qu'environ vingt-cinq espèces pour compléter l'*Ornithologie* de ce pays. Le vautour barbu qui fait partie de cette singulière Collection, a neuf pieds de large, les ailes étendues. Il n'est pas encore l'un des plus grands de son espèce, car il y en a qui ont jusqu'à douze pieds ; cette espèce de vautour est plus rare dans la Suisse que l'aigle. M. *Andrea* (6) a donné une spécification des oiseaux les plus remarquables qui se trouvent dans le Cabinet de M. *Sprungli*, & il a fait graver la fauvette des Alpes, qu'on trouve dans la Collection (7) de M. d'*Aubenton*. M. *Sprungli* nomme ce charmant oiseau l'*Alouette du rocher*, en Allemand *der Fluelerche* ; il est aussi délicat à manger qu'un ortolan. On trouve des vautours, mais de différente espèce, dans les montagnes du Comté de Sargans, du Canton d'Appenzell, en Grisons, sur la *Riggi* & les montagnes voisines de *Morsach*, dans le Canton de Schweitz, sur celles du *val Ursern*, du Vallais, de l'*Oberland*, de Berne, dans le *Jura*, au Comté de Neuchatel, &c.

Les bailliages Ultramontains de la Suisse & le Vallais, fournissent des perdrix (8) rouges & des gelinottes ; il s'en fait dans l'hiver des transports en Italie, en Suisse, en France & en Allemagne. On trouve dans le bailliage de *Falckenstein* (9), au Canton de Soleure, beaucoup de faucons & d'autours ; mais on court de grands risques, quand on veut enlever du nid leurs petits ; on vend ces oiseaux de proie ou de chasse, à un prix considérable en Allemagne. Le nom de *Falckenstein*, en François la *Pierre*, ou le *Rocher du faucon*, & en Latin *Falconis petra*, dérive de celui de *Faucon*, en Allemand *Falck*.

POISSONS, AMPHIBIES.

Si la terre & l'air fournissent aux habitans de la Suisse une chasse abondante, les eaux, les rivières & les lacs qui s'y trouvent en grand nombre, ne leur donnent pas une pêche moins étendue. *Cysat* (1) a fait la description des poissons du lac des quatre Cantons Forestiers, autrement de Lucerne, & de la *Russe* qui en sort. On voit dans cette énumération le saumon & le *beccard*, qui remontent du Rhin par l'Are, dans la Russe, & jusqu'à l'extrémité du lac, au port de *Fluelen*, près Altorff. On y trouve diverses espèces de truites, telles que la grande truite & celle des ruisseaux de la montagne, les truites rouges, en Allemand *Roth-fore* ; on y remarque le *Rouget* ou *Roetele*, qui n'est pas aussi délicat que le poisson de même nom qu'on prend dans les lacs de Zoug & d'Egeri, l'ombre, le brochet, la carpe, la breme, les *Balchen*, & en langage Suisse *Ballen*, les *Albulen*, la perche, le barbeau, la lotte, l'anguille, les lamprillons, en Allemand *Neunaugen*, le têtard, le *Hasel*, (2) en Latin *Capito minor*, *Squalus fluviatilis* ; les *Nasen*, ainsi appellés, parce qu'ils ont un nez applati ; la *Tanche* ; les *Rotten*, en latin *Rutilus*, *Rubellus* ; les *Plies*, en Allemand *Bliezgen*, en Latin *Blicca*, *Balerus* ; la *Plestia*, en Italien, à Lugano, *Piata*, & qu'on nomme en Savoie la *Bordeliere*, & en Hollande *Bleye*, espèce assez pareille à la breme ; les *Wingeren* (3), en Latin *Alburnus*, *Jaculus*, *Leuciscus*, en Italien *Stria*, *Striato*, en François *Vandoise*, *Vindosa*, ou le *Dard* ; les *Aertzele*, les *Isoler* ou *Isling*, les *Bambele* ou *Harluhle*, le *Grundel* ou la *Loche*, en Italien *Fondola* ; les *Groppen*, en François *Chabot*, & à Neuchatel, en Suisse, *Chasso*, *Chassot* ; les *Kressling* ou *Kruschling*, & en François la *Loche blanche*, (tous, autant de petits poissons très-délicats à manger) on doit y comprendre aussi l'écrevisse ; & parmi les amphibies ou animaux qui vivent partie sur la terre, partie dans l'eau, la *Loutre* & le *Bievre*. David *Herliberger* (4) a fait graver sur trois planches dans sa Topographie de la Suisse, les poissons du lac de Zurich. On y trouve entr'autres le *Haegling*, poisson très-délicat, qui est long de quatre à sept pouces, & que l'on prend depuis Décembre jusqu'en Mars, pendant la nuit, partie à l'hameçon & partie dans des filets. On trouve aussi dans la même spécification, des *saumonaux*, mais beaucoup moins délicats que ceux que l'on prend dans le Rhin à Bâle. On pêche encore dans le lac de Zurich les *Réechling* ; ces poissons sont fort bons & leur nourriture est saine, on les appelle dans la première année *Heurling*, dans la seconde *Stichling*, dans la troisième *Egli* ou *Perche*, & enfin *Réechling*. Il y a à Zurich un règlement général pour la pêche du lac ; le poisson y est taxé, il y est en outre sévèrement défendu de pêcher le poisson lorsqu'il fraye ; ce règlement contient vingt-quatre articles, il a été dressé avec la plus grande sagesse, & des préposés tiennent la main à son exécution. Il y a aussi des règlemens pour la pêche dans les autres Cantons ; il seroit bien à souhaiter qu'ils fussent partout exécutés avec la même attention qu'à Zurich ; on obvieroit à bien des abus qui détériorent la pêche, & augmentent de prix le poisson par des transports clandestins & frauduleux.

Chaque rivière, chaque lac en Suisse, a une espèce de poisson qui lui est particulière : le lac de Neuchatel a l'*ombre-Chevalier*, c'est un poisson très-excellent poisson. Le lac de Morat a le *Salut*, en Latin *Silurus* : c'est une espèce de *Dauphin* qui se tient dans les endroits les plus profonds du lac, on le trouve aussi dans celui de Neuchatel : on en a pris dans celui de Morat, qui étoient longs de huit pieds ; quand il est petit, il est agréable à manger, & on le sert sur la table des personnes riches. *Cysat* a fait la description (5) de ce poisson vorace & monstrueux ;

---

(5) Préface pag. x, & texte p. 187 & 195-202.
(6) Ibid. pag. 186-188.
(7) Planche 668.
(8) En Allemand *Parnyssen* ou *Pernisse*, & en Latin *Perdix Graca*.
(9) Faesi, Descript. Topog. de la Suisse, T. II. pag. 708.
(1) Pag. 16-114.
(2) On appelle ce poisson, dans le *Lac Majeur*, *Letta*, *Aletta*, *Giauetta*, *Cephalo*, à Milan *Arboralte* ; & à Lugano *Vairone*.
(3) On les nomme aussi dans quelques endroits de la Suisse, *Laugele* ou *Blawling*, & à Neuchatel, *Vengeron*, par corruption du mot Allemand *Wingeren*.

(4) T. I. pag. 73-76, *Bluntschli*, détaille dans ses *Memorabilia Tigurina* (pag. 134-137, édition de 1742, in-4. fig.) la taxe du poisson à Zurich, & nomme les mois de l'année pendant lesquels il est défendu de le pêcher ; la livre de truite en vie coûte douze sols, valeur de Zurich, la livre de truite morte huit sols ; la livre de lotte, grande & choisie douze sols ; la livre de carpe cinq sols, celle du *Haegling* huit sols dans les commencemens ; la livre de brochet trois sols & demi, celle de la perche jusqu'à quatre sols ; la livre de *Beccard* ou *Saumon*, treize sols, celle d'Anguille cinq sols & au-dessous.

(5) Ibid. 110-112.

on l'appelle *Salut*, à caufe des bonds extraordinaires qu'il fait fur l'eau. J'ai parlé des *Roeteli* des lacs de Zoug & d'Egeri. Les truites du lac de Genève font fpécialement recherchées, on y en pêche de *quarante* (6) & de *cinquante livres*, & plus. On y prend aufli des *lamproies*, de la *perche* & de la *ferrat*, tous poiflons extrêmement délicats. La truite (7) de la montagne & du ruifleau, eft généralement plus eftimée en Suifle que celle des lacs ; il y en a de diverfes fortes. Les lacs de Sempach & de Hallweil fourniflent d'excellens *Balchen* ou *Ballen*, en Latin *Lavaretus*, *Alba carulea*, *Beʒola*, *Albula parva*, *minima*, & en Italien, *Balbi* & *Caveʒʒali*. Le *Haegling* ou *Hagele*, autrement *Halecula*, eft aufli une efpèce de *Balchen*, c'eft la même qu'on prend dans le lac de Zurich. On appelle dans les environs du lac de Conftance les *Balchen*, *Albulen* ou le *Noble poiffon*, *Adel-fifch* ; il y a diverfes efpèces d'*Albulen*, ceux du lac de Zoug font très-eftimés.

On prend dans le lac des quatre Cantons, fur-tout dans la partie limitrophe du Canton d'Uri, des lottes monftrueufes & d'un goût très-délicat ; on en fait des tranfports dans des tonneaux par la Rufle, l'Are & le Rhin, jufqu'à Strafbourg. La perche eft en général excellente en Suifle, il y en a qui pèfent plufieurs livres ; les plus eftimées font celles que l'on prend dans le Rhin ; de-là le proverbe (8) Allemand , *aufli fain que la perche du Rhin*. Les carpes de ce fleuve font aufli

très-recherchées, celles qu'on prend dans les lacs & rivières en Suifle, ne le font pas moins ; il y en a de monftrueufes dans le lac de Zoug, & elles font excellentes. La quantité de fources vives qui font dans les lacs ou qui y entrent, ainfi que celles qui forment les rivières donnent un degré d'excellence à tous les poiflons. On mange à *Surfée*, petite ville du Canton de Lucerne, les plus groffes & les meilleurs écreviffes de la Suifle ; c'eft dommage que le nombre en diminue depuis quelques années ; on en rejette la caufe fur le défaut de vigilance des prépofés. Ce n'eft pas feulement à *Surfée*, mais encore dans beaucoup d'autres endroits de la Suifle, qu'on fe plaint de la diminution des écreviffes de la bonne efpèce : des gens avides & peu pour la deftruction, ufent quelquefois de moyens défendus pour prendre les écreviffes, même au temps du frai. On en prend de très-belles dans diverfes parties des Cantons de Zurich, Berne & Soleure. La *Dunnem* ou *Dinnere*, petite rivière très-rapide, du Canton de Soleure, & qui fe jette dans l'Are, près d'Olten, fournit des écreviffes naturellement rouges ; elles font très-eftimées, ainfi que la truite qu'on y trouve ; l'on fert (9) quelquefois de ces écreviffes fur la table, avec d'autres écreviffes cuites, quand on veut fe divertir aux dépens des Etrangers, qui ne connoiflent pas cette fingularité de la Nature.

XXII.

Reptiles.   Infectes.

JEAN-LEOPOLD *Cyfat* (1), de Lucerne, & Jean-Jacques *Scheuchʒer* (2), de Zurich, ont traité au long des ferpens monftrueux, qu'on a trouvé autrefois dans la Suifle : ils ont même rapporté l'hiftoire de prétendus dragons ailés qu'ils croyoient y avoir exifté, & *Scheuchʒer* lui-même n'a pas héfité de faire graver plufieurs de ces dragons & ferpens. On eft revenu aujourd'hui de l'hiftoire des ferpens ailés aux à quatre pieds, & on les place dans la claffe des fables. Qu'il y ait eu & qu'il y ait encore des ferpens plus ou moins grands dans quelques diftricts montagneux & déferts de la Suifle, cela eft dans l'ordre de la Nature ; d'autres pays de l'Univers en ont aufli qui différent également entre eux en longueur & en groffeur, & dont les efpèces font variées. Dans les fiècles reculés où la Suifle étoit prefqu'entièrement couverte de bois & de marais, il devoit certainement y avoir plus de ferpens & d'animaux venimeux, qu'aujourd'hui où elle eft plus cultivée ; le défrichement d'une grande partie des bois & le deffèchement de plufieurs marais doivent avoir néceffairement détruit ou chafle plufieurs de ces animaux. On y trouve encore des ferpens, des couleuvres, des vipères & des ferpens aveugles, ou *Amphisbènes*, qu'on appelle en Allemand *Blindfch-*

leiche ; on y rencontre aufli des lézards. M. Jean-George *Sulʒer*, dans fes obfervations fur *Scheuchʒer* (3), affure avoir vu dans le Canton de Zurich une vipère qui avoit bien fix pieds de long. Les Naturaliftes obfervent aufli en Suifle une quantité énorme de reptiles & d'infectes : M. Jean-Cafpar *Fuefslin*, de la Société Phyfique de Zurich, a publié (4) en 1775 le *Profpectus* d'un grand Ouvrage, auquel il travaille, fur les infectes de la Suifle. Il en a déjà indiqué dans cet avis plus de cent vingt-cinq efpèces différentes, il a donné d'avance un premier tableau en couleur, de plufieurs efpèces de hannetons : les infectes volans y font parfaitement deffinés & nuancés. Les Amateurs de l'Hiftoire naturelle doivent défirer avec empreffement la publication d'un Ouvrage fi varié & fi lumineux. M. *Fuefslin* a déjà parcouru pour la découverte des papillons & des autres infectes de la Suifle, le pays des Grifons, la Valteline, une partie des bailliages Ultramontains, le val de Livinen, une partie du Canton de Berne, le Vallais, les environs du lac de Genève, & les monts *Saleva* & *Jura*.

M. *Schultheff*, de Zurich, pofsède une collection curieufe des oifeaux & des infectes de la Suifle.

---

(6) Saint-Grégoire de Tours dit dans un de fes ouvrages, d'après des relations, qu'on pêghoit dans le lac *Lemana* ou de Genève, des truites qui pefgient jufqu'à cent livres. (*Lib. I. de gloria Martyrum Cap.* 76, p. 465, dans le Recueil des Hiftoriens des Gaules & de la France, par les Bénédictins, T. II. Paris 1739 in-fol.)
(7) *Springfornen, Bachfornen*, &c.
(8) *So gefundt als ein Rhein Egglé*. Voyez *Cyfat ibid.* pag. 66.
(9) Etat & Délices de la Suifle, T. III. pag. 73, dernière édition.
(1) Defcript. du lac des quatre Cantons Foreftiers, p. 165-181.

(2) *Itinera Alpina*, T. III. pag. 366-397.
Le même, Hift. Nat. de la Suifle, T. I. pag. 420, & T. II. p. 219-238. Voyez aufli la Chronique Allemande de Suifle, par Jean Stoumpf, &c. l'Hiftoire des Dragons & des Serpens à quatre pieds par *Cyfat* & *Scheuchʒer* avoit été placée par extrait dans les premières éditions de l'*Etat & des Délices de la Suifle* ; mais elle a été fagement omife dans l'édition de Bâle en 1764.
(3) Hift. Nat. de la Suifle. T. II. p. 222.
(4) A Zurich & Winterthour, in-fol. en Allemand.

XXIII.

Pétrifications.

On entend sous le nom de *pétrification*, le changement qu'éprouve un corps lorsqu'il acquiert une dureté égale à celle de la pierre. La Nature (1) a été si libérale envers les montagnes de la Suisse, que non contente de les pourvoir de ce qui est nécessaire à l'entretien de la vie & à la conservation de la santé, elle y a répandu, je ne sai combien de merveilles, qui, quoique de pur agrément, méritent par leur singularité d'exercer l'attention des observateurs ; témoin cette multitude innombrable de beaux cryftaux qu'on y trouve taillés à facettes pentagones, hexagones, &c. avec une justesse, une proportion & un poli si admirable, qu'on est tenté de croire que c'est un ouvrage de l'Art & non de la Nature : tant de pierres d'une substance singulière, & qui présentent des formes variées à l'infini ; tant d'autres où l'on voit les figures de poissons & autres animaux pétrifiés, & que l'on croit être des restes du déluge, ces pierres se trouvant dans les plus hautes montagnes, où il n'y a pas d'apparence qu'il y ait jamais eu de lac ni de rivière. Il n'y a presque point de Bibliothèque un peu considérable dans la Suisse, qui n'ait des collections de ces cryftaux & de ces pétrifications. Mais le cabinet de M. le Chanoine *Gessner* & celui de feu M. le Tribun *Lavater*, à Zurich ; ceux de MM. Elie *Bertrand* & Daniel *Sprunglin*, de M. *Gruner*, l'Auteur de la Description des Glacières de la Suisse, à Berne ; le cabinet de M. le Médecin *Lang*, à Lucerne, qu'il a eu par succession de son père, le célèbre Charles-Nicolas *Lang*, dont on a une *Histoire* (2) *des Pierres figurées* ; les riches collections de MM. d'*Annone*, *Bernoulli*, *Brukner*, *Frey*, (3), *Bawier* & *Muller*, à Bâle, de feu M. le Baillif de *Wallier de Wendelstorff* (4), à Soleure, de M. *Ammann*, Médecin à Schaffhausen, de M. *Hofer*, à Mulhausen, de MM. de *Luc* & *Gauffen*, à Genève, & celles de M. de *Sandos*, Maire du Locle, & de M. *Cartier*, Pasteur à *la Chaux du milieu*, dans le Comté de Neuchatel, sont celles qui méritent la préférence. L'illustre *Scheuchzer*, Docteur en Médecine à Zurich, qui s'est attaché particulièrement à cette espèce de recherche, entre plusieurs autres connoissances où il a excellé, a laissé à sa mort un cabinet rempli de ces curiosités disposé avec le plus grand ordre.

Le mont (5) *Blattenberg*, qui est à l'extrémité de la vallée de *Sernft*, dans le Canton de Glaris, fournit de belles ardoises très-noires ; on y trouve fréquemment des veines de quartz, des insectes, des empreintes de parties de poissons & des poissons entiers pétrifiés, (sur-tout des anguilles) & souvent minéralisés. On trouve sur le *Fischmat*, qui sépare le même Canton de celui d'Uri une *Hélicite* que *Scheuchzer* nomme *Pierre de froment* ou *Lentille pétrifiée* : cette pierre passe maintenant pour l'enveloppe des cornes d'Ammon ou d'autres coquilles semblables. On découvre sur le mont *Guppen*, dans le même Canton de Glaris, des pétrifications dont quelques-unes sont très-rares ; des cornes d'*Ammon*, des *Ostracites*, & parmi celles-ci, la petite huître cannelée (6) ; des pectinites contenues dans une *gangue* rouge ferrugineuse, & des pierres d'œufs de poisson. Cette montagne fournit aussi une mine de fer qui paroît très-riche, une mine d'argent qui se montre à la surface, & un marbre noir veiné de blanc. M. de *Tschudi* (7), Ministre à *Schwanden*, a un cabinet où il a rassemblé tous les minéraux & toutes les pétrifications du Canton de Glaris. On (8) a observé que la plupart des poissons pétrifiés qu'on trouve sur les ardoises du *Blattenberg*, sont des poissons de la mer Méditerranée. *Scheuchzer* a fait graver un grand nombre de ces poissons ainsi pétrifiés, dans un ouvrage sous ce titre, *Pistium* (9) *querela & vindicia*.

Les *stalactites* (10) du Canton d'Appenzell sont peut-être les plus belles & les plus nombreuses que l'on puisse voir : on trouve dans ce pays beaucoup de fossiles, tels que de belles ardoises, des pierres à aiguiser, qui renferment souvent des plantes pétrifiées, des coquilles de toute espèce également pétrifiées (11) ; de très-beaux cryftaux, des cailloux transparens, couleur de rubis & d'émeraude, des *filex*, des *félénites*, des agathes, des marcassites, de l'albâtre, des marbres, blancs & noirs ; des marnes, des ochres & des terres crétacées, remplies de moules & de cornes d'Ammon. Il y a aussi dans ce Canton des eaux minérales, salines, sulfureuses, alumineuses & vitrioliques. On lira des détails sur tous ces objets dans la chronique d'Appenzell, par Gabriel *Walser*, Ministre de la paroisse *Zum-Speicher*, imprimée (12) en 1740 dans la ville de Saint-Gall.

Le Canton de Schweitz est (13) riche en minéraux : on

---

(1) État & Délices de la Suisse, T. I. pag. 59. & suiv. dernière édition de Bâle.

(2) *Historia Lapidum Figuratorum Helvetiae, ejusque Viciniae. Venetiis* 1708, *in-4. fig.* Il faut consulter le *Traité des Pétrifications*, par M. Bourguet, Paris, 1742, *in-4*. C'est un très-bon ouvrage.

(3) M. *Frey Deslandes*, Chevalier du Mérite Militaire & Capitaine en France, dans le Régiment Suisse de Boccard, avec rang de Colonel, a acquis le Cabinet de M. *Steehelin*, & l'a considérablement augmenté. C'est de cet Officier que l'Auteur des Lettres écrites en 1763, à Hanovre sur la Suisse, a dit (pag. 6) qu'il est aussi affable que bon soldat, & que son érudition est vaste & choisie. On doit, entr'autres ouvrages, à M. *Frey Deslandes*, une élégante traduction du *Serate rustique*, en deux volumes *in-12*, Lausanne 1777, quatrième édition. C'est la description de la conduite économique & morale d'un *paysan philosophe*, Jacques *Gouyer*, connu sous le nom de *Kiyogg* c'est-à-dire *petit Jacques*, natif de *Wermetsweil*, dans la paroisse d'*Usser*, Canton de Zurich. Cette description avoit été faite en Allemand par M. *Hirzel*, premier Médecin de la République de Zurich, M. *Frey Deslandes*, a dédié en 1762 sa traduction à l'*Ami des Hommes*, M. le Marquis de *Mirabeau*. Je parlerai encore ailleurs de cette production intéressante.

(4) Cette collection est affectée par substitution à la maison de *Wallier*, ou *Vallière* l'une des plus distinguées de la République de Soleure.

(5) Gruner, Description des Glacières de Suisse, p. 223-224, 228 & 229.

(6) *Ostreum plicatum minus*. Scheuchzer nomme cette pétrification, *Cauda animalis cujusdam fossilis fragmentum.* — *Spec. Lith.* pag. 82.

(7) Voyages dans les Contrées les plus remarquables de la Suisse. T. II. pag. 99. Londres 1778, *in-12*, en Allemand avec figures.

(8) Voyages, ibid. pag. 113.

(9) Tiguri 1708, *in-4*.

(10) Gruner, ibid. pag. 239-240.

(11) *Ammonites, Cochlites, Chamites, Pectinites, Tellinites, Musculites, Ostracites, Trochites*, &c.

(12) *In-4*. en Allemand avec fig. pag. 12 & suiv.

(13) Gruner ibid. pag. 241-242.

M. *Guettard*, (dans les Mémoires de l'Académie Royale des Sciences, à Paris pour l'an 1752) a comparé le Canada avec la Suisse par rapport à ses minéraux. Il semble pourtant que rien n'est plus éloigné de pouvoir être mis en comparaison que ces deux pays. Le grand *Haller* donna en 1769 à l'Académie de Gœttingen, un Mémoire qui combat les opinions de M. *Guettard*.

Jean Ray, Anglois, est un exact Observateur pour l'Histoire Naturelle de la Suisse, il porte aussi des jugemens solides sur les mœurs des pays qu'il a parcouru. *Topographical Observations*, 1673, 1738 & 1746.

trouve dans la vallée de *Waeggi*, (en Allemand *Waeggi-thal*), de très-beaux cryſtaux, des pierres lenticulaires, des coquilles pétrifiées, une marne noire en grandes maſſes, un bois verdâtre, pétrifié & mêlé de pectinites; un ſpath cubique, jaune, feuilleté ; une pierre noirâtre, parſemée de *mica* blanc ; un *bol* rouge ; des *pyrites* ſulfureuſes ; une mine peu riche d'or & d'argent ; de beaux *quartz* jaunes & rubis , cubiques, clairs, & tranſparents ; & près du bourg de Schweitz, des cornes d'Ammon minéraliſées. On a déterré autrefois, près d'*Art*, l'*unicornu foſſile*; c'eſt un os de poiſſon.

Le (14) diſtrict d'*Aigle*, au Canton de Berne, eſt riche en foſſiles. Dans un petit torrent, qui devient conſidérable dès qu'il pleut, on trouve des *turbinites* changées en un marbre bleu ; elles ſont amenées des montagnes ſupérieures, mais on n'a encore ni rencontré , ni même cherché la couche qui les contient ; cette eſpèce eſt la ſeule que l'on trouve ici, excepté un petit nombre de *buccins*. Le morceau le plus rare qu'on y ait découvert, eſt une écreviſſe de mer pétrifiée , que l'on peut voir dans un cabinet de Genève.

Auprès d'*Olon* & *Ormont*, même Canton de Berne, il y a des *cochlites*, des *conchites* & des *belemnites*, dont les couches n'ont pas encore été découvertes ; on trouve auprès de *Roche* des *pectinites* dans un marbre blanc.

On découvre (15) dans le bailliage de *Sanen*, Canton de Berne, des *ammonites*, des *pyrites* & des *gyps*. Il y a aux environs d'*Oeſch*, de la vallée de *Leſſy*, autrement de l'*Etivaz*, dans une marne rouge, des *aſtéries* ou avanturines colomnaires, & dans un ſable gris des *entrochus* également colomnaires : ces deux eſpèces de pierre ſont regardées aujourd'hui, avec raiſon, comme des pétrifications de coraux & de plantes marines ; & la dernière ſur-tout , pour la tige de l'*encrinium* (16) marin ou *lis de mer*. A (17) une petite lieue au-deſſus de *Meyringen*, ſur la rivière d'Are, dans le *val Haſel*, Canton de Berne , il y a une carrière d'ardoiſe remplie de cornes d'*Ammon*, de différentes eſpèces & groſſeurs ; elles ſont minéraliſées ou remplies de la matière de l'ardoiſe même.

La petite vallée (18) de *Habkeren*, à l'extrémité du lac de Thoun, vers le levant, & qui eſt arroſée par le *Lombach*, renferme une quantité de petites cornes d'*Ammon* minéraliſées. M. *Gruner* s'étonne qu'il y ait dans ce pays & ailleurs tant de cornes d'*Ammon* minéraliſées, tandis que les autres coquillages le ſont rarement, & que la plupart ne le ſont jamais. On trouve cette eſpèce à *Meyringen*, dans le *val Haſel*, à *Twann*, dans le Comté de *Nidau*, Canton de Berne, & en d'autres endroits de l'Argeu ; on la trouve encore dans les Cantons de Schweitz & d'Underwalden , dans le Comté de Sargans, au pays des Griſons & dans le Comté de Neuchatel : il eſt vrai que dans le Canton de Berne elle eſt ſouvent pétrifiée.

Ces coquillages, tant qu'ils ſont vivans, ſe tiennent au fond de la mer, & leurs valves étant fort minces, peuvent être pénétrées facilement par les ſucs minéraux. Il en eſt des animaux marins, comme de ceux qui vivent ſur la terre ; ils ſe tiennent de même aux lieux fertiles en alimens propres à leur nourriture. Cette eſpèce de coquillage cherche une eau chargée de ſucs minéraux ; lorſque l'animal eſt mort, & que la mer abandonne les terres où il a vécu, ſes ſucs pénètrent les valves & les minéraliſent : telle eſt l'opinion de M. Gruner.

Pluſieurs bras du *mont Jura* offrent des pétrifications ſans nombre. Sur le mont *Laegerberg*, qui eſt l'un de ces bras, & qui s'étend dans le Canton de Zurich , depuis *Dielſtorff*, au-deſſous de la petite ville de *Regenſperg*, juſqu'au pont de la ville de *Bade*, en Argeu, on trouve une quantité de pierres figurées, des cornes d'*Ammon*, des coquilles, des *Gloſſo-petra*, & des *Carcophylla marina*: Scheuchzer en donne la notice dans ſon Hiſtoire (19) naturelle de la Suiſſe. M. *Bruckner*, qui a publié une deſcription (20) auſſi régulière que curieuſe du Canton de Bâle, y a fait graver avec exactitude & très-nettement toutes les eſpèces de pétrifications qui s'y trouvent. Il ſeroit bien à déſirer qu'on eût de chaque Canton une deſcription dans le goût de celle du Canton de Bâle. L'Auteur du Livre (21) des *Voyages dans les contrées les plus remarquables de la Suiſſe*, (relation très-bien écrite & extraite en grande partie de la Deſcription des Glacières, par M. *Gruner*), n'a pas oublié de nommer les endroits de l'Evêché de Bâle & du Comté de Neuchatel, où il ſe trouve des pétrifications. Je déſignerai aux différens articles de la Topographie les lieux où on en découvre : les Amateurs qui voudront faire des recherches ſur cette branche de l'Hiſtoire naturelle, peuvent former en Suiſſe une ample collection ; je me rappelle ici le précepte d'un grand Poëte :

Le ſecret d'ennuyer eſt celui de tout dire.

J'ajouterai ſeulement cette réflexion de M. de *Fontenelle* (22), ſur l'antiquité des pétrifications que pluſieurs Savans (23) modernes ont ſoutenu être les veſtiges du déluge, & dont les montagnes de la Suiſſe offrent une ſi grande quantité. *Voilà de nouvelles eſpèces de médailles, dont les dates ſont ſans comparaiſon plus anciennes & plus ſûres que celles de toutes les médailles Grecques & Romaines.* J'y joindrai une anecdote qui pourra ſatisfaire la curioſité du Lecteur.

Un Auteur Italien, Jean-Baptiſte *Fregoſe*, appellé auſſi *Fulgoſe*, élu Doge de Gênes en 1478 , rapporte ſérieuſement (24) l'Hiſtoire ſuivante, elle a été également tranſcrite par Gaudence (25) *Merula*, autre Italien ; c'eſt ſans doute une fable, mais d'une ſingularité bien extraordinaire. *L'an 1460, dans le Canton de Berne, on trouva un navire à cent braſſes de profondeur, dans une mine où l'on creuſoit pour tirer des métaux. Dans ce navire, qui étoit*

---

(14) Gruner, ibidem pag. 113-154.
(15) Gruner, ibid. pag. 128-129.
(16) On a vu à Paris, dans le Cabinet de M. *Davila*, un *Encrinium* avec ſa tige, qui a été trouvé en Suiſſe dans la carrière de *Schintznacht*, dans un marbre dur.
(17) Gruner, ibid. pag. 11.
(18) Le même, ibidem, pag. 4.
(19) T. I. pag. 149.
Leu, Dict. Hiſt. de la Suiſſe, T. XI , pag. 298.
Faeſi, Deſcript. Topog. de la Suiſſe. T. I. pag. 456.
(20) En Allemand, in-8. en 24 Sections, la dernière traite des antiquités de l'ancienne *Auguſta Rauracorum*, *Augſt* dans le Canton de Bâle.
(21) En Allemand, *in-12*, à Londres 1778 , avec les planches du célèbre Adrien Zingg.
(22) Hiſtoire de l'Académie Royale des Sciences, édit. 1710.

(23) Cyſat, Scheuchzer, Lang, Jean Woodward Médecin Anglois, &c. Voyez le traité de *Scheuchzer*, intitulé *Specimen Lithographiæ Helvetiæ Curioſæ*, *Tiguri* 1702 *in-8*. Ses voyages ſur les Alpes, en 4 vol. ſon Hiſtoire Naturelle de la Suiſſe en deux volumes, ſon *Herbarium diluvianum*, Zurich, 1709, & *Leide* 1723, *in-fol*. ſon *Muſæum diluvianum*, Zurich 1716, *in-8*. Sa diſſertation ſous ce titre : *Homo diluvii teſtis*, Tiguri 1726, *in-4*. &c. On voit dans les ouvrages de ce ſavant Obſervateur, & dans les Lettres écrites à Hanovre ſur la Suiſſe, par M. *Andreæ*, un grand nombre de planches de toutes les eſpèces les plus curieuſes de pétrifications qu'on trouve en Suiſſe.
(24) Exemples mémorables, en Italien , traduits en Latin, par Camille *Ghilini*, de Milan , ſous le titre : *Dictorum & factorum Memorabilium libri novem Baſileæ* 1541, *in-8*.
(25) *Memorabilium libri quinque cum Pomponii Caſtulii Oliverani Scholiis*, *Lugduni* 1541, *in-8*.

ſort

fort ressemblant à ceux dont on se sert sur la mer, (ce qui est encore plus surprenant, puisque ce quartier des Alpes en est si éloigné), on trouva les corps de quarante hommes, des restes de voiles & des antres brisées ; c'est une chose que plusieurs personnes graves ont vue, & nous l'avons apprise de ceux qui ont été présens. Quelques-uns ont cru qu'ayant été coulé à fond par un grand déluge d'eaux, ce navire avoit été, avec le temps, enseveli sous la terre qui s'étoit toujours élevée, & que c'étoit la cause pour laquelle il a été trouvé dans une si grande profondeur ; d'autres croyent qu'ayant été coulé à fond, il avoit été emporté dans ce lieu par des canaux souterrains qui portent l'eau de la mer aux montagnes : quoi qu'il en soit, il a donné un grand sujet d'admiration. Quel Physicien que cet Italien Fulgose ! quel raisonnement pour accréditer une fable aussi absurde !

XXIV.

Population.

On a écrit (1) que *la Suisse est la plus grande fabrique d'hommes qu'il y ait dans le monde*. Bien des gens s'imaginent que si les Suisses ne s'épuisoient pas continuellement par le service étranger, ils seroient bientôt si surchargés de monde, en proportion de l'étendue & de la culture de leur pays, qu'ils inonderoient leurs voisins, ou chercheroient de nouvelles demeures plus éloignées, comme leurs ancêtres tentèrent de le faire du temps de *Jules César*, ou comme firent les *Gots* & d'autres nations du nord, vers la décadence de l'Empire Romain ; mais c'est une erreur que je combattrai ailleurs. Il suffira d'observer ici qu'il ne faut pas regarder les hommes comme une marchandise dont les Suisses font commerce, ni croire que la vente leur en soit tellement nécessaire, que si les Souverains n'en prenoient pas à leur solde, ils seroient obligés de s'en décharger de quelque manière que ce fût. La Baumelle a eu grand tort d'avancer dans son ouvrage, sous le titre de *mes* (2) *pensées*, que les Suisses *n'entrent dans les degrés de force que chaque peuple met dans la balance de l'Europe, & n'y peuvent entrer qu'en qualité de marchands d'hommes* ; je détruirai aussi ailleurs ce préjugé. Il passe pour constant parmi les Etrangers que la Suisse est en général très-peuplée ; & en effet on trouvera difficilement dans l'Europe un pays qui, dans une étendue telle que celle de la Suisse, puisse compter autant d'habitans qu'on en trouve dans les états qui composent le Corps Helvétique : j'en excepte seulement la République des Provinces-Unies des Pays-Bas ; & si l'on m'objecte que les principales villes de la Suisse ne sont pas aussi peuplées que les grandes villes de l'Allemagne & de la Hollande, je répondrai qu'en retour les bourgs & les villages de la Suisse sont presque surchargés d'habitans. Il est de notoriété que les Capitales en attirant à elles les habitans des provinces, contribuent beaucoup plus à diminuer la population qu'à l'augmenter. La mollesse, les désordres & les vices qui règnent dans les grandes villes, ne font que multiplier les diverses espèces de maladies, & l'on remarque que le nombre des morts y surpasse considérablement chaque année celui des naissances. Les villes sont proportionnellement plus rares en Suisse que dans beaucoup d'autres pays, puisque l'on ne compte dans cet Etat qu'environ cent villes, tant grandes que petites. On croit ailleurs que les endroits non mûrés ne peuvent opposer qu'une foible résistance à un ennemi bien armé ; mais les anciens Suisses pensoient au contraire que les endroits fortifiés eussent été un attrait plus puissant pour les ennemis de leur liberté : ils se fondoient plus sur leur valeur en rase campagne, que sur les murs & autres ouvrages de défense des villes ; c'est aussi la cause pour laquelle plusieurs Cantons n'ont pas de villes dans leur circonférence, & que jamais ils ne permettent qu'on y en bâtisse. Parmi les Cantons populaires, il n'y a que celui de Zoug où il y en ait une, & encore a-t-elle essuyé en divers temps des bourasques de la part des communautés qui partagent avec elle la souveraineté du pays ; & l'on peut dire pour l'honneur des habitans de la campagne, que ces attaques ne provenoient que de leur noble fierté.

M. *Faesi* fait monter le nombre des habitans de toute la Suisse, y compris les alliés & co-alliés, à près de deux millions. Quoiqu'on évalue à trois cent quarante mille habitans le Canton de Berne, qui fait en grandeur le quart de la Suisse, il ne s'ensuit pas que tous les districts soient également peuplés. Les parties montagneuses sont pour la plupart moins peuplées dans une égale étendue, que les pays de plaine ; le nombre des habitans, de l'un & l'autre sexe, dans tout le Canton de Zurich, monte à cent soixante-quinze mille : ce dénombrement est justifié par les registres publics. Mais quand M. *Faesi* veut estimer le total de la population dans la Suisse, il n'y trouve, d'après les informations moins ou moins vraisemblables qu'il a prises, qu'un million huit cent quarante-sept mille cinq cent ames, dont neuf cent soixante-un mille des *Treize-Cantons*, cinq cent quarante-un mille des *Etats alliés & co-alliés*, & trois cent quarante-cinq mille cinq cent des bailliages qui appartiennent en commun à plusieurs Cantons ou Etats du Corps Helvétique. En général, les Cantons réformés sont plus peuplés que les Cantons catholiques ; cette différence vient de ce que les premiers font un plus grand négoce que les derniers qui ne s'occupent que du soin des bestiaux. Les métiers & les diverses branches du commerce donnent cet avantage, qu'ils fournissent pendant l'hiver aux habitans de la campagne plus de moyens de gagner leur vie, & que par conséquent ils facilitent le nombre des mariages. Je conviendrai, avec M. *Faesi*, de cet avantage, mais il me permettra de lui faire observer que cette multiplicité d'hommes que l'étendue du commerce augmente d'année en année, devient à charge au pays, attendu qu'il ne produit pas assez de subsistances pour leur nourriture. Pour peu qu'une année soit mauvaise, cette multiplicité d'hommes augmente considérablement la cherté des vivres ; & la facilité que le commerce apporte au mariage, occasionne encore de plus grands inconvéniens. La plupart des enfans qui naissent de ces mariages trop multipliés, deviennent foibles & valétudinaires ; ce qu'ils doivent à la vie molle, sédentaire & presque léthargique de leurs pères & mères. En effet ceux-ci passent le temps chez eux, enfermés dans des poêles, sans se donner aucun mouvement, ni se livrer à ces exercices de la campagne, qui

---

(1) Etat & délices de la Suisse, T. I. pag. 302-312, édition de Bâle. Faesi, Descrip. Topog. de la Suisse, T. I. pag. 58-61.

(2) Septième édition, Berlin 1753, in-12, pag. 293.

Tome I.

entretiennent & augmentent la vigueur du corps: ce font pour la plupart des hommes foibles ou énervés, lorfqu'on les compare avec leurs ancêtres qui, uniquement attachés aux pénibles mais falutaires travaux des champs, ou à des proféffions de première néceffité, voyoient continuer dans leurs defcendans une race mâle, robufte & d'une haute taille. M. Faefi expofe une feconde caufe qui, felon lui, produit une difparité vifible entre la population des Cantons réformés & celle des Cantons catholiques. Cet obfervateur donne pour raifon de cette différence que les charges & emplois font plus nombreux & plus lucratifs dans les Etats réformés que dans les Etats catholiques; mais à l'exception de la République de Berne, je crois que les emplois & les bailliages dans les Cantons catholiques de Fribourg & de Soleure, rapportent davantage que ceux des villes réformées de Zurich, Bâle & Schaffhaufen. Je ne parle pas du Canton de Lucerne; on fait que les Couvens & le Clergé ont en général des poffeffions fort étendues, & qu'il y a peu d'emplois dans ce Canton d'un revenu confidérable. Quelques-uns de ces emplois donnent, il eft vrai, une certaine aifance, mais ils ne peuvent enrichir ceux qui en font revêtus, comme les emplois de la République de Berne, & quelques bailliages & autres charges de Zurich; il faut auffi convenir que hors les citoyens ou compatriotes, aucun fujet dans aucun Canton ne peut prétendre aux charges de la République, & que le Citoyen des villes enclavées dans les Cantons, ne peut efpérer que des charges municipales du local, dont le produit ne doit affurément pas entrer en comparaifon avec celui de la Capitale ou du Gouvernement fouverain. Une troifième caufe de la différence dont nous avons parlé, c'eft que l'habitant eft plus foncé en biens dans les Cantons réformés que dans les Cantons catholiques. M. Faefi qui eft Miniftre & en même-temps Calculateur, rejette cette difparité d'aifance fur la différence des ufages obfervés dans l'une & l'autre Communion. Les Réformés, obferve-t-il, ont dans l'année, à l'exception des Dimanches, peu de jours qu'ils fêtent; ils peuvent ainfi prefque toute l'année, à la réferve des Dimanches, s'occuper fans interruption des travaux de la campagne & des affaires domeftiques, au lieu que les Catholiques, obligés de fêter, indépendamment des Dimanches un grand nombre d'autres jours, ne font pas peu détournés du travail attaché à leurs profeffions. Il eft vrai que les Cantons où le peuple s'occupe principalement du foin des beftiaux, les fêtes n'ont pas une grande influence fur les travaux de la campagne, car on ne fe difpenfe pas les jours de fête du foin des beftiaux; mais les autres affaires qui n'ont aucun rapport avec la vie paftorale, reftent alors dans l'inaction. Les étrangers obfervent que l'influence des fêtes eft plus marquée dans les Cantons catholiques où eft en vigueur la culture des terres; tout travail de la campagne ceffe ces jours de commandement de l'Eglife, fouvent même on eft obligé de réparer & de remplacer avec une main étrangère & avec dépenfe le travail qui a été interrompu par les fêtes, & fi on ne peut pour caufe de pauvreté y fuppléer par ces moyens, la culture des terres foufire toute l'année un dommage fenfible. On remarque très-vifiblement cette différence de culture dans les bailliages communs, c'eft-à-dire, où les habitans font de deux communions; le payfan réformé a ordinairement préparé plutôt & plus efficacement fon labour ou le travail des vignes que fon voifin catholique. Il eft vrai que dans les temps de la récolte les Curés raifonnables permettent fouvent de faire la moiffon les jours de fête, n'exigeant alors que l'obligation d'entendre la meffe; mais en général on doit dire qu'il y a dans les divers états du Corps Helvétique autant de Catholiques que de Réformés, & que ce nombre feroit encore plus grand, fi les Prêtres, les Moines & les Religieufes ne renonçoient pas au mariage. J'ai obfervé que la Suiffe paffe pour être extrêmement peuplée; auffi les femmes de la campagne y paroiffent-elles plus fécondes qu'en aucun autre pays, ce qui peut provenir de la vie active, fobre & réglée qu'elles y mènent. En général les femmes s'y occupent avec leurs maris à cultiver leurs terres; ce travail leur rend le corps fort & robufte, & par conféquent plus propre & mieux difpofé pour la génération, que fi elles vivoient dans une molle oifiveté, dans l'indolence & dans une efpèce d'inaction: les maux de nerfs, les vapeurs ne les affiègent pas, & les *Efculapes* ne font pas obligés de leur commander l'exercice de *frotter le parquet*, comme ils le font aux Dames des villes Capitales de l'Europe. Il eft bon d'obferver que les Suiffes, lorfqu'ils fe marient, ne font pas comme ailleurs énervés ni ufés par le libertinage & les excès, qui contribuent fi fouvent à la difficulté de fe régénérer. On trouve affez communément en Suiffe, dix ou douze enfans dans une famille, & quelquefois le double de ce nombre; il y a même, dans plus d'un Canton, des hommes qui voient plus de cent enfans, de leur propre race. *Scheuchzer* (3) rapporte une épitaphe en Allemand, qu'il avoit vue à Zoug fur le mur extérieur de l'Eglife Paroiffiale de Saint-Michel; elle porte que Jean-Cafpar *Landtwing*, eft mort en 1701, à l'âge de cent ans, après en avoir été cinquante dans le Confeil de la République, & ayant été père de quinze enfans, dont neuf étoient encore alors vivans, & que ce vieillard avoit compté cent cinquante-neuf autres enfans parmi fes defcendans. Ne diroit-on pas que ce Confeiller de Zoug avoit reçu la bénédiction des anciens Patriarches?

Les Catholiques ont la reffource des Couvens pour foulager les familles accablées d'enfans, mais parmi les Réformés ces familles nombreufes font quelquefois fort à charge; & il arrive fouvent que bien des pères de famille qui pourroient être très-riches, fe trouvent très-mal à leur aife, lorfque leurs biens viennent à être partagés entre leurs enfans.

Quoique le grand nombre d'enfans foit fort onéreux aux familles, il n'y a cependant point de pays où le mariage foit auffi commmun que dans la Suiffe; & l'on peut dire que la loi l'a rendu, en quelque manière, néceffaire, du moins pour une certaine claffe d'habitans. A Berne, quelqu'un qui n'eft pas marié ou qui ne l'a point été, ne peut avoir aucun bailliage, ni parvenir dans le petit Confeil, ni être élu *Seizenier*. L'efprit de cette loi fi fage eft qu'avant que de jouir des honneurs & des avantages que diftribue la République, il faut être en état de lui donner des défenfeurs de la liberté. Cette loi facilite auffi les mariages des filles, qui fans elle ne trouveroient pas auffi aifément un établiffement. Mais dans cette même ville le mariage eft défendu entre coufins-germains, fous peine de perdre la bourgeoifie; l'interprétation de la loi fait entendre que les biens doivent circuler d'une famille dans une autre. Sans cette

(3) *Itinera Alpina*, T. III. pag. 475.

précaution législative les fortunes s'entafferoient dans une seule famille, & la trop grande richesse accumulée sur une seule tête, seroit nuisible dans un Etat où la conservation de la liberté exige l'égalité parmi les Citoyens habiles au Gouvernement, qui de son côté en prendroit ombrage avec juste raison, sur-tout si celui à qui appartiendroit cette fortune étoit un homme qui joignît à des projets d'ambition tous les ressorts de l'intrigue.

Comme les Suisses habitent un pays entrecoupé de montagnes, & en plusieurs lieux rude, raboteux & difficile à cultiver; qu'ils respirent un air subtil, pur & tempéré, mais plus disposé au froid qu'au chaud, ils sont généralement d'une constitution vigoureuse, & ils s'accoutument facilement au travail & aux incommodités de l'air; ce qui les rend sur-tout très-propres à essuyer les fatigues de la guerre. Il n'est donc pas extraordinaire d'y voir des gens parvenir à un âge fort avancé, comme de quatre-vingt, de quatre-vingt-dix, de cent ans & au-delà (4). Quelqu'un a dit que les Suisses périssoient ordinairement par les jambes & les François par la tête. Il est certain que le Suisse qui a ordinairement le volume du corps très-considérable entre quarante & soixante ans, fatigue trop par le poids les jambes sur lesquelles tout le corps s'appuie comme sur des piliers, & que les humeurs surabondantes dans la partie supérieure du corps se jettent dans les jambes & y causent des ravages.

En général les gens des montagnes sont plus hauts, plus robustes & vivent plus long-temps que les habitans de la plaine; mais il faut aussi avouer que le luxe qui s'est enfin introduit dans la Suisse, commence à y déranger singulièrement la constitution & à nuire à la santé. Avant l'an 1690, on ne savoit guère parmi les Suisses ce que c'étoit que *café*, *thé*, *chocolat* & autres liqueurs étrangères, & l'on jouissoit d'une bonne santé. Aujourd'hui que l'on méprise les alimens & les fruits du pays pour ne vivre que de ce que fournissent les pays étrangers; aujourd'hui que l'on préfére dans les principales villes les ragoûts & les mets masqués de la nouvelle cuisine à la simplicité salubre de l'ancienne; au lieu de fortifier sa santé, on la ruine, & à force de vouloir flatter son goût & se traiter délicatement, on s'affoiblit & l'on devient si délicat & si rafiné dans le boire & dans le manger, qu'il n'y a plus moyen de revenir à ce tempérament vigoureux qui prolonge la vie & la remplit de douceurs. Le paysan même, dans la majeure partie de la Suisse, prend tous les matins son café & même avec la plus pure crême,

& il en triple souvent la dose dans la journée. On a observé que depuis que l'habitant de la campagne s'est livré à la pernicieuse habitude de prendre du café, il vit moins longtemps, & qu'il ne produit que des enfans foibles, & d'une petite taille. L'usage du café est même devenu si fréquent, parmi les paysans, qu'il sort annuellement de la Suisse des sommes considérables pour l'achat de cette denrée étrangère. Heureux Helvétiens ! Il est peut-être encore temps de vous rappeller que les délices de Capoue ont énervé autrefois l'armée d'Annibal ! Disons que la dépopulation (5) est presque générale en Europe; il ne paroîtra même pas possible que cela soit autrement, si l'on fait attention au nombre d'hommes qui partent toutes les années de l'Europe pour aller périr dans les trois autres parties du monde, & si l'on a le courage de convenir qu'une grande partie des denrées que nous en tirons, contribuent à abréger la vie de ceux qui nous restent.

Je finirai cet article en observant que *César* a écrit (6) qu'après sa victoire sur les *Helvétiens* (l'an 695 de Rome), l'on trouva dans leur camp des tables qui marquoient en lettres grecques l'énumération de ceux qui étoient sortis de leur pays dans l'âge de porter les armes, & le nombre des femmes, des enfans & des vieillards: on les apporta à *César*. On comptoit sur ces tables deux cent soixante-trois mille *Helvétiens*, trente-six mille *Dutlingiens* ou *Tulingi*, quatorze mille *Brisgoviens* ou *Latobriges*, vingt-trois mille *Rauraques* ou du Canton & de l'Evêché de Bâle & du Sundgau, & trente-deux mille *Boiens*, ce qui faisoit en tout trois cent soixante huit mille personnes parmi lesquelles il y avoit quatre-vingt-douze mille combattans; mais quand on eut fait la revue de ceux qui s'en retournèrent dans leur pays, il ne s'en trouva que cent dix mille. Voilà ce qu'a dit de ce fait *César* qui en a été témoin oculaire. La Suisse alors connue sous le nom d'*Helvétie*, & plus circonscrite, ne comprenoit pas les Cantons de Bâle, de Schaffhausen & d'Appenzel, l'Evêché de Bâle, Genève, le Vallais, les Alpes *Lepontiennes*; les bailliages Ultramontains, le pays des Grisons & ses dépendances, le Comté de *Sargans*, la partie supérieure du lac de Zurich, les environs de celui de *Wallenstatt*, le *Toggenbourg* & le *Rheintal* lui étoient absolument étrangers. D'ailleurs l'*Helvétie*, au temps de *César*, n'étoit pas un pays aussi défriché que l'est la *Suisse*, au dix-huitième siècle de l'Ere Chrétienne; par-conséquent elle étoit alors beaucoup moins peuplée.

---

(4) Daniel *Merle*, natif de *Faoug* ou *Pfauwen*, dans le bailliage d'Avenche, au Canton de Berne, né en Mars 1633, mourut en Janvier 1745, âgé de 112 ans, sans avoir jamais éprouvé aucune maladie, & ayant travaillé aux champs & à son ménage jusqu'à sa fin: il laissa deux fils, dont l'ainé avoit 61 ans lorsqu'il mourut. Voyez *Leu*, Dict. Hist. de la Suisse. T. XIII. p. 72.
(5) Avis au peuple sur sa santé, par M. *Tissot*, T. I. pag. 2. Paris 1767, in-12.
(6) *De Bello Gallico*, Lib. I.

TABLEAUX TOPOGRAPHIQUES,

XXV.

Langues usitées dans la Suisse.

En Suisse (1) & dans les Etats alliés & co-alliés de cette République, on parle quatre sortes de langues, l'*Allemand*, le *François*, l'*Italien* proprement dit, & le *Romansch* ou *Roumansch*. Dans la plus grande partie des Cantons, on parle l'*Allemand*, & les Cantons ne se servent pas d'une autre langue dans leurs *Dietes*, & pour l'expédition des lettres & réponses au nom du *Corps Helvétique*. Les trois Ligues Grises & la République du Vallais n'usent pas non plus d'une autre langue que de l'Allemande dans leurs conférences générales & pour les affaires d'Etat. On parle Allemand dans les villes de Mulhausen & de Bienne. On parle *François* dans la majeure (2) partie du Canton de Fribourg, dans le pays de Vaud qui appartient à la République de Berne, dans tout le Comté de Neuchatel, à Genève, dans tout le bas-Vallais & dans quelques dizains du haut-Vallais; mais indépendamment de l'accent national qui a beaucoup d'affinité avec celui des Savoyards, & duquel les habitans se défont même difficilement, malgré un long séjour en France, le peuple parle un jargon ou patois dans lequel il entre quantité de mots de l'ancien *Gaulois*. Ce patois est assez semblable à celui des Francs-Comtois & des Savoyards. Dans les villes de Berne, Fribourg & Soleure, parmi les gens élevés ou d'un certain rang, la langue Françoise est plus usitée que l'*Allemand*. Il y a même dans ces villes des personnes des deux sexes, qui ne savent pas écrire leur propre langue natale, qui est l'Allemand. L'usage de la langue Françoise a introduit la manière de vivre libre & aisée de la France parmi les hommes & les femmes, & il a été suivi des modes qu'ils imitent autant que leurs richesses peuvent le permettre, & qu'ils porteroient à un plus grand excès, si l'on laissoit à chacun la liberté de se conduire à sa fantaisie. Mais de temps à autre les Magistrats comme pères de famille interposent sagement leur autorité & mettent un frein à la vanité, en défendant tous les habits somptueux. Sans cette précaution il seroit à craindre que l'on ne se ruinât, en contrefaisant une Nation très-estimable d'ailleurs, mais que l'on n'est pas en état d'égaler par la dépense.

Dans tous les bailliages Ultramontains, dans le val de Livinen, dans la Valteline & dans les Comtés de Chiavenne & de Bormio, on parle *Italien*, mais plus purement & avec moins d'alliage dans des endroits que dans d'autres. C'est proprement l'*Italien* de la Lombardie, mais moins correct que celui de la capitale, je veux dire de *Milan*.

Chez les Grisons, on parle *Allemand* dans la haute Ligue Grise, ainsi que dans le *Rheinwald* & dans les jurisdictions & Communautés de *Tenna*, *Safien*, *Ubersax*, *Tschapina*, *Vallandas*, *Versan*, *Thusis*, *Damins* & *Vals*. On parle un *Italien* bâtard ou corrompu dans le val de *Misox*, mais dans toutes les autres jurisdictions de la Ligue Grise, on se sert du *Romansch*, patois dont je vais dire un mot.

Dans la Ligue Caddée ou de la Maison-Dieu, à *Coire* & dans les jurisdictions des *quatre Villages*, *Ober-vaz*, ainsi que dans les Communautés de *Motta* & *Avers*, on parle *Allemand*, mais le *Roumahsch* est usité dans les autres hautes jurisdictions de cette Ligue. Le Romansch est un mélange de l'ancien Toscan, du Romain, du Latin, de l'Allemand & d'autres langues étrangères: on le nomme dans l'*Engadine*, *Ladinum*; c'est un latin vulgaire dans ses constructions. Les premiers habitans de la *Rhétie* ou du pays des Grisons étoient *Toscans*. Ce patois est aussi en vigueur dans la jurisdiction de *Belfort*, dans la Ligue des dix Droitures; c'est le seul district de cette Ligue où on le parle, les autres jurisdictions employent la langue Allemande. Il est à observer que dans le val *Pregell* ou *Bragaglia*, & à *Puslaf* ou *Poschiavo* dans la Ligue *Caddée*, on parle un patois qui a plus d'affinité avec l'*Italien*. Le *Roumansch*, autrement *Romanscha*, offre beaucoup de singularités dans le dialecte & dans la prononciation. Les Ministres de la Religion, dans ces différens districts, se servent en prêchant de la langue *Roumansch*, ils ont même traduit (3) la Bible en cette langue.

Dans le haut-Vallais la langue Allemande est généralement usitée, mais dans les dizains de *Sierre* & de *Syon*, & dans diverses Communautés, limitrophes du bas-Vallais, on parle un Allemand ou François corrompu; autrefois on parloit dans ces Communautés un latin bâtard & plusieurs des principales familles du haut-Vallais avoient pris des noms latins, les *Am Hengart*, se nommèrent *de Platea*; les *Von-Zaun* ou *Hagen*, *de Sepibus*; les *Auf-der-fluo*, *Super Saxo*; les *In-den-Baechen*, *de Torrente*; les *Huter*, *de Pilea*; les *Theiler*, *Partitoris*; les *Mayer*, *Majoris*; les *Zen-Gaffinen*, *de Cabanis*; les *Preux*, *de Probis*, &c.

Dans le bas-Vallais on parle un François corrompu, patois que les habitans nomment le *Romand* ou la *Langue Romaine*; il doit son origine au voisinage de la Savoye. Avant l'introduction de ce patois, on parloit dans le bas-Vallais la langue *Celtique* & l'ancien Allemand.

Les Neuchatelois sont les habitans de la Suisse qui parlent le plus exactement & avec le moins d'accent le François. Dans la Principauté de l'Evêque de Bâle, le petit peuple a un jargon que l'on nomme le *Gaclon*; c'est en quelque manière le patois de la Franche-Comté. Mais dans plusieurs districts de cette Principauté, on parle un Allemand assez approchant de celui de Bâle ou du Sundgau. Le savant M. *Andrea*, de Hanovre, a donné dans ses lettres (4) écrites

---

(1) Recherches sur les Langues anciennes & modernes de la Suisse, & principalement du pays de Vaud, par Elie Bertrand. Genève 1758, in-12. (Traité très-curieux).

Leu, Dict. Hist. de la Suisse, T. IX, pag. 189 & 190. T. XI, pag. 293. T. XV. pag. 390-392, & T. XIX, pag. 140 & 145.

Etat & Délices de la Suisse, T. IX. pag. 313-314. Edition de Bâle.

Faesi, Desc. Topog. de la Suisse, T. I. p. 63-64.

(2) A Fribourg, dans la basse ville, qui est le quartier du peuple, on ne parle qu'*Allemand*, & dans la haute, que *François*.

(3) Jacques Biveronius ou Beviron, natif de *Samade*, en la haute Enga-dine, publia dans le seizième siècle une version du Nouveau Testament, & un Catéchisme dans sa langue natale. Voici le titre du catéchisme: *Una cuorta & christiauna suorma da intreguider la giuventuna & parlg priim coes cugniosche Deus & se d'aues alhura una declaracion dala chredinscha, dals dischs commandamains dalg Padernus, dal Sainchs Sacramaints, tou traes Ispraedichiaunts, du chuoira in maed du dumanda aschanto & missa in Arumaunsch*, &c. Puschlas 1571, &c. Voyez Leu, Dict. Hist. de la Suisse, T. IV. pag. 117-118.

(4) Pag. 331-335, M. *Hirschfeld*, Saxon, a aussi donné l'esquisse de quelques mots de l'Idiome Allemand usité en Suisse, (*Lettres sur la Suisse*, pag.

sur

fur la Suisse, une table d'un grand nombre de mots usités dans l'Allemand des Bâlois, il les a confronté avec les mêmes mots tels qu'on les prononce dans le pur Allemand; on y trouve des variations singulières. En général les différents dialectes de l'Allemand dans la Suisse sont assez impropres & très-durs à la prononciation, particulièrement les dialectes de Zurich, de Lucerne, des Cantons populaires, de Berne & de Soleure. Il y a des endroits où l'on parle du gosier, d'autres où il semble qu'on avale les finales des mots, d'autres où la prononciation est sourde, d'autres enfin où la voix s'élève & forme des sons très-aigus, particulièrement dans le Canton de Schweitz. Il n'y a pas un village où l'on n'observe quelque disparité dans l'inflexion de la voix, & où il n'y ait dans l'idiôme des mots usités par prédilection. L'Allemand que l'on parle dans le Canton de Schaffhausen, dans la Turgovie, dans les Etats du Prince-Abbé de Saint-Gal & dans le Rheintal, a beaucoup de ressemblance avec celui de la Souabe & des autres districts de l'Allemagne qui sont dans la proximité de la Suisse.

Depuis quarante ans, le style dans les Chancelleries des Cantons a copié assez généralement celui des Chancelleries de l'Empire. La plupart des Ecrivains Suisses ont affecté d'employer dans leurs ouvrages les idiômes de l'*Allemand-Saxon*; mais malgré leur travail & leurs efforts, la construction des phrases conserve toujours plusieurs tournures de l'*Allemand-Suisse*; il perce même dans les meilleurs ouvrages qui ont paru en Suisse, où l'on rencontre les idées les plus saillantes, les plus pittoresques & les plus ingénieuses; mais un Saxon, rigide Grammairien, y remarquera souvent des constructions & même des phrases entières, telles qu'elles s'employent dans l'*Allemand-Suisse*. Il faut espérer qu'en redoublant leur application, les Gens de Lettres approcheront de plus en plus dans leurs écrits du pur Allemand. Jadis les Romains, jaloux de la pureté du latin, reprochoient à Tite-Live sa *Patavinité*, c'est-à-dire son langage de *Padoue*; mais il seroit aujourd'hui impossible en lisant cet Historien, de distinguer les expressions de cette *Patavinité* que ses Contemporains discernoient sans doute avec la même facilité qu'un Saxon, un Puriste de *Leipsick* ou de *Wittenberg*, démêleroit à présent les expressions de l'*Allemand-Saxon* d'avec celles de l'*Allemand-Suisse*, ou des dialectes de l'Alsace, de la Souabe & de la Bavière. L'ardeur de parler Saxon a même gagné un temps beaucoup de Prédicateurs dans la Suisse. Ils se sont exercés avec une sorte d'émulation à parler dans leurs sermons la langue Saxonne, empruntant souvent leur élocution des meilleurs ouvrages de l'Allemagne. Qu'en est-il résulté ? un très-médiocre fruit pour les Auditeurs Suisses, dont la plus grande partie extraite du peuple bâilloit en les écoutant: on est enfin revenu de cette affectation dictée par le seul amour-propre; & aujourd'hui les Ministres des deux Communions ne prêchent plus en Suisse que dans une langue intelligible & qui est à portée de leur Auditoire.

Les anciens *Helvétiens* parloient le *Celtique*. L'ingénieux Bochat, de Lausanne, a cru trouver dans cette langue la racine de la plupart des noms topographiques de la Suisse. Les peuples du Nord, les Gots, les Bourguignons, & les *Allemanni* qui détruisirent dans le cinquième siècle l'Empire Romain & s'emparèrent de l'*Helvétie*, y apportèrent leur langage barbare, & l'entremêlèrent avec celui du peuple subjugué. De-là les usages divers & les différens dialectes introduits dans l'*Helvétie*, dont les Bourguignons envahirent la partie occidentale jusqu'à la *Russe* & les *Allemanni* la partie orientale qui s'étendoit bien avant dans la *Rhétie*, autrement le pays des Grisons. Ces *Allemanni* étoient une Nation distincte de la Germanie; ils lui communiquèrent depuis leur nom: je parlerai ailleurs de leurs invasions & de celles des Bourguignons. Le vocabulaire des mots *Tudesques* composé par Keron, Moine de Saint-Gall, qui vivoit du temps de Saint *Otmar*, premier Abbé de Saint-Gall dans le huitième siècle, est parvenu (5) jusqu'à nous. Ce Moine l'avoit dressé pour l'interprétation de la Règle de Saint Benoît en langue Tudesque laquelle étoit alors en usage dans la partie de l'*Allemannie*, autrement l'*Helvétie* orientale où étoit située l'Abbaye de Saint-Gall: on découvre dans ce vocabulaire alphabétique les racines d'un grand nombre de mots de l'Allemand Suisse. Goldast (6) nous a conservé le symbole & la confession de foi de l'ancienne Eglise des *Allemans*, en langue Tudesque avec le latin à côté du texte; nous lui devons (7) en outre une liste des noms propres qui étoient d'usage dans l'*Allemannie* pendant le huitième & neuvième siècles. Ce Savant rapporte aussi plusieurs spécifications des noms propres, masculins & féminins usités dans l'*Allemannie de Coire* & dans le Royaume de *Bourgogne*; elles sont à-peu-près du même temps que la liste précédente. Les Troubadours (8) de *Souabe*, célèbres dans les treizième & quatorzième siècles, donnèrent une nouvelle vie à la langue Allemande dans leurs chansons. On y trouve des tableaux enchanteurs de la campagne; ils y nuancent avec art les douceurs ou les rigueurs de l'amour; le règne dans leurs vers une diction moëlleuse & variée, & l'on y remarque beaucoup d'expressions qu'ils avoient empruntées des Troubadours de *Provence*, leurs prédécesseurs. Plusieurs de ces Poètes tenoient à la principale Noblesse de l'Empire; on comptoit parmi eux des Empereurs, des Rois, des Princes, des Ducs, des Comtes, des Barons, des Chevaliers & même des Prélats. Parmi les Comtes, j'y trouve ceux de Homberg, de Toggenbourg, de Neuchatel; & parmi les Barons, ceux de Rotenbourg, de Wart, de la Tour, de Straetlingen, de Ringgenberg, de Sax, &c. tous Seigneurs distingués dans l'*Helvétie* d'alors. M. le Chanoine *Breitinger*, de Zurich, en publiant ce recueil de leurs chansons, d'après le manuscrit précieux & original qui est conservé à Paris à la bibliothèque du Roi, y a joint un vocabulaire relatif à la composition de ces morceaux de poésie pastorale.

Les plus anciens actes écrits en Allemand ne sont pas de beaucoup antérieurs au milieu du treizième siècle; il en est de même des actes en François. Les uns & les autres offrent

---

246-249. Leipzig 1776, in-12, en Allemand avec fig.) Il plaisante sur l'accent des Dames de Berne & des autres Cantons; mais l'ironie dont il assaisonne ses lettres, n'offre pas toujours la finesse du sel attique.
(5) *Apud Goldastum inter scriptores rer. Alamannicar*. T. II. Parte I. pag. 69-92. Francofurti 1661, in-fol.
(6) *Ibid*. T. II. Parte II. pag. 134-135.
(7) *Ibidem*, T. II. Parte I. pag. 92-118.

(8) M. le Baron de *Zur-Lauben* a lû à l'Académie des Inscriptions & Belles-Lettres un premier mémoire intéressant sur les *Troubadours de Souabe*, dont les chansons & les armoiries sont conservées dans un manuscrit sur velin, à la Bibliothèque du Roi. On trouve des observations très-curieuses sur les anciens Troubadours de l'Allemagne, à la fin de l'histoire de Nuremberg, par Jean-Christophe *Wagenseil*, pag. 433-576. Altdorfii Noricorum 1697, in-4. fig.

les racines de l'Allemand-Suisse de nos jours ou du patois que l'on parle dans le Canton de Fribourg, au pays de Vaud, dans la Savoye & dans le Comté de Neuchatel. Le langage Allemand-Suisse a subsisté long-temps, même en Allemagne, dans les actes publics. On n'a commencé que tard à épurer la langue Allemande, & il n'y a pas bien des années qu'elle étoit encore hérissée de mots étrangers; mais elle en a été insensiblement purgée, graces aux efforts des Savans de l'Allemagne qui l'ont si bien défrichée & si bien cultivée, qu'aujourd'hui elle peut figurer à côté des langues les plus recherchées de l'Europe. Quelle différence entre le dixième siècle & le nôtre! A peine pouvoit-on alors se faire entendre d'un Royaume dans un autre, quoique voisins. L'ignorance la plus crasse empêchoit toutes les relations que l'éducation, les lettres, les arts & les sciences ont si heureusement étendues depuis ce temps-là dans presque toutes les parties de l'Univers. Voici une anecdote (9) qui ne donne pas une grande idée des progrès des langues dans le dixième siècle.

Il faut observer que beaucoup de mots du vieux langage Gaulois sont extraits du latin, & que le tour de la phrase & les inflexions sont Tudesques; ce qui donna lieu un jour à une méprise fort plaisante. Un (10) mendiant *Gaulois* qui contrefaisoit l'estropié, s'étoit adressé au Monastère de St.-Gall du temps de l'Abbé Burcard, Comte de *Buochhorn*, qui le gouvernoit en 959; un Moine très-charitable & qui avoit grand pouvoir dans l'Abbaye, commanda qu'on lui donnât le bain & ensuite un habit, ce qui fut exécuté. Le Gaulois entrant dans le bain, se mit à crier: *Kalt, kalt est* (qu'il est chaud, chaud)! Mais comme *kalt* signifie froid en Tudesque, le Frère Allemand préposé au bain, qui l'entendoit tout autrement, répondit: *Eh bien, j'en mettrai de plus chaude*, & en versa en même-temps un plein chaudron sur le pauvre Gaulois, qui se mit à crier de plus belle, *Eya mi kalt est, kalt est*. Comment encore *froid?* répliqua le Frère étonné; oh si Dieu me donne vie, je l'échaufferai bien; & prenant un grand pot d'eau bouillante, il la jetta dans la cuve. Alors le pauvre mendiant, tout hors de lui, & ne se souvenant plus qu'il devoit jouer le personnage d'estropié, se leva, sauta hors du bain & s'enfuit. L'Historien contemporain qui rapporte cette anecdote, dit que cet Etranger parloit *Gallicè rusticè*, autrement *Romanicè*. La langue Romande ou Romaine est donc dans son principe le *Gaulois rustique*, tel que les gens de la campagne le parloient alors en France.

XXVI.

Limites des deux Religions dominantes en Suisse.

Il y a deux sortes de Religions dominantes dans la Suisse; une partie de cette nation a conservé la *Religion Catholique Romaine*, & l'autre a embrassé la *Réforme Evangélique*.

CATHOLIQUES.

Les Cantons (1) de Lucerne, Uri, Schweitz, Underwalden, Zoug, Fribourg & Soleure, (ce dernier à l'exception du bailliage de *Buchekberg* ou *Buchenberg*), la plus petite partie du Canton de Glaris, & la partie du Canton d'Appenzell dite *der jnnere Rhoden*, professent la Religion Catholique; & parmi les Etats alliés on nomme l'Abbaye de Saint-Gall avec son ancien territoire, & la moindre partie du Comté de Toggenbourg; la plus petite partie des trois Ligues Grises avec leurs bailliages, la Valteline, & les Comtés de Chiavenne & de Bormio; tout le Vallais; la Châtellenie de Landeron, dans le Comté de Neuchatel qui jouit de l'Indigenat Helvétique; l'Evêché de Bâle, dont la Principauté est entièrement Catholique, à la réserve du *Val-Moutier-Grand-Val*, de l'*Erguel*, de la ville & mairie de la Bonne-ville ou Neuve-ville, & du Tessenberg; & enfin le bourg de Gersau, qui avec sa banlieue, est aussi Catholique. Parmi les bailliages communs à plusieurs Cantons, quatre d'entr'eux Ultramontains, Lugano, Locarno, Mendrisio & Val-Maggia, qui appartiennent aux douze premiers Cantons, sont de la Religion Catholique, ainsi que les bailliages de Bellinzone, Riviera & Bollenz, qui obéissent aux trois Cantons d'Uri, Schweitz & du Bas-Underwalden. La ville de Rapperschweil, avec son territoire, sous la protection des Cantons de Zurich, Berne & Glaris, est entièrement Catholique; les bailliages de Gaster & Utznach, qui dépendent des Cantons de Schweitz & de Glaris, le *Keller-Amt* & les deux bailliages du haut & bas Argeu libre, en Allemand *Freyen-aemter*, sont tous de la Religion Catholique. A l'égard du Landgraviat de la Turgovie & du Comté du Rheinthal, il n'y en a qu'une très-petite partie de ces districts où elle ait été reçue; on la professe dans la majeure partie du Comté de Bade, en Argeu, & de celui de Sargans. Dans le bailliage d'Echallens, qui est sous la souveraineté des Cantons de Berne & de Fribourg, il n'y a qu'une très-petite partie des habitans qui ait conservé l'ancien culte.

---

(9) *Ekkehardi junioris de casibus Monasterii S. Galli in Alamannia, liber, Cap. X. pag. 42, apud Goldastum inter script. Rer. Alamannicar. T. I. Parte primâ. Edit. Francofurti 1661, in-fol.*
(10) *Gallus genere.*

(1) Le petit village *Wiesen*, dans le bailliage de *Farnsbourg*, sous la Souveraineté du Canton de Bâle, est resté Catholique; ses habitans sont de la paroisse d'*Ifenthal*, qui est du Canton de Soleure. A l'époque du changement de religion à Bâle ils avoient refusé constamment d'embrasser la doctrine d'Œcolompade; le Curé de *Trimbach*, près Olten dans le Canton de Soleure, qui étoit alors leur Pasteur, les détourna par ses exhortations de se prêter à toute nouveauté. Le village *Ifenthal*, entre Olten & Trimbach, a été séparé de la Cure de Trimbach; on y érigea en 1674 une église de Paroisse à laquelle on annexa le village de *Wiesen*, au Canton de Bâle, & celui de *Hauenstein*, au Canton de Soleure, tous deux dépendans jusqu'alors de la paroisse de Trimbach; ils sont voisins l'un de l'autre.

RÉFORMÉS.

Les Cantons de Zurich, Berne, Bâle (2) & Schaffhausen, la partie la plus considérable de celui de Glaris, le Canton d'Appenzel extérieur, en Allemand *Auffera-Rhoden*, & le Buchenberg, bailliage du Canton de Soleure; la Ville & République de Saint-Gall, la plus grande partie des trois Ligues Grises, Genève, Mulhausen & Bienne avec sa mairie; les deux Comtés de Neuchatel & de Vallengin, excepté la Châtellenie du Landeron; le Val-Moutier-Grand-Val, l'Erguel, la Bonne-ville & le Tessenberg, ou la montagne de Diesse, qui dépendent de la Principauté de l'Evêque de Bâle, professent la croyance de la Réforme, telle qu'elle l'est aujourd'hui à Genève. Les autres contrées de la Suisse qui la suivent également, sont, la majeure partie du Landgraviat de la Turgovie, des Comtés de Toggenbourg & du Rheintal, une petite partie des Comtés de Sargans & de Baden, & le bailliage de Werdenberg qui appartient au Canton de Glaris; les bailliages de Schwarzenbourg, de Morat, de Granson & d'Orbe, qui appartiennent par indivis aux deux Cantons de Berne & de Fribourg, sont entièrement réformés; mais dans celui d'Echallens, auquel est réuni celui d'Orbe, & qui dépend des deux mêmes Cantons, il y a une petite partie des habitans qui est Catholique, & tous les autres sont Réformés. On appelle *Confession* (3) *Helvétique*, la règle de foi pour tous les Etats Réformés de la Suisse. Il y a quatre *Confessions Helvétiques*, proprement dites; la première a été dressée en 1530 à Bâle par Jean Œcolompade, & publiée en Janvier 1534; la seconde fut aussi créée à Bâle, & parut en Janvier 1536; la troisième fut dressée en 1536 par *Farell*, & approuvée en Novembre de la même année par le Grand-Conseil de la Ville de Genève: mais celle qui a été le plus généralement reçue & la seule qui subsiste actuellement, a été publiée le premier Mars 1566, & Henri *Bullinger* (4), de Bremgarten, en est l'Auteur. Elle fut d'abord adoptée par Zurich, Berne, Schaffhausen, la ville de Saint-Gall, Coire & les trois Ligues Grises, Mulhausen & Bienne; en 1644 les Cantons de Glaris, de Bâle & d'Appenzell y accédèrent; elle a été aussi reçue à Genève & dans les Comtés de Neuchatel & de Vallengin, & par les Eglises réformées, dans l'Ecosse, en Hongrie & en Pologne. Aucune autre Religion que la Catholique Romaine & la Réformée, de Genève n'a exercice public dans les Cantons & Etats alliés du Corps Helvétique, excepté à Genève, où, indépendamment de la Religion dominante, qui est la Réformée, l'Etat a permis depuis 1707 au grand nombre de Luthériens Etrangers que le commerce ou leurs affaires attirent en cette ville, d'avoir une maison particulière pour y faire le service de leur Communion; mais ni à Genève, ni dans aucun Etat Réformé de la Suisse, les personnes qui font profession du Luthéranisme, ne sont habiles ni au Gouvernement, ni aux charges municipales. Il y a pourtant quelques Gentilshommes d'Alsace, les de *Berenfels* & les de *Waldener*, Luthériens, qui ont le droit de Bourgeoisie honoraire, les premiers à Bâle, & les seconds à Mulhausen & à Arau; mais ils ne peuvent prétendre à aucune charge civile de ces Villes. On a de temps à autre chassé de la Suisse les *Anabaptistes* (5) & d'autres Sectaires incompatibles qui s'y étoient glissés. Une Secte qui ne veut pas porter les armes pour la défense de la patrie, quelqu'irréprochable qu'elle puisse être dans ses mœurs, ne sauroit être tolérée dans une République fédérative, qui a pour base la conservation de la liberté. Les *Anabaptistes* causèrent beaucoup de troubles dans les Cantons de Zurich & de Berne, pendant le seize & dix-septième siècles, & le Magistrat fut obligé plus d'une fois de sévir contre eux. Il sortit en 1708 & 1711 du Canton de Berne plusieurs familles d'*Anabaptistes*; elles allèrent s'établir sur les montagnes du *Val-Moutier* (Principauté de l'Evêque de Bâle). Les mêmes Sectaires troublèrent aussi dans le seizième siècle les villes de Bâle, de Soleure & de Schaffhausen. Malgré la rigueur des défenses, il en resta dans le territoire de cette dernière ville jusqu'en 1669; ils en furent alors entièrement expulsés. Les *Anabaptistes* du Canton d'Appenzel le quittèrent en 1558, pour aller se répandre dans la Moravie; ces mêmes Sectaires s'étoient livrés aux plus grands excès du fanatisme dans la ville de Saint-Gall en 1525 & 1526, excès qu'ils croyoient justifier, en prétextant qu'ils ne faisoient rien que conformément à la volonté du *Père céleste*. L'un d'eux, nommé Thomas *Schugger*, coupa, dans la ville de Saint-Gall, la tête à son propre frère, au mois de Février 1526; en commettant ce *fratricide*, il disoit aussi qu'il ne s'y portoit, que parce que telle étoit la *volonté du Père céleste*. Le nombre de ces Sectaires augmenta aussi pendant le seize & dix-septième siècles dans le pays des Grisons, à Bienne, dans la Turgovie, dans les bailliages libres de l'Argeu & à Genève; & l'on fut obligé d'employer contre eux toute la sévérité des loix. Il reste encore aujourd'hui une colonie des anciens Anabaptistes du Canton de Berne, sur les montagnes *Monto* & *Grattery* ou *Vermont*, & dans le val *Chaluee* qui fait partie du *Val-Moutier* dans l'Evêché de Bâle. Le Magistrat de Lucerne sévit en 1747 contre Jacques *Schmidli*, natif de Sulz, près de Wertenstein, & contre ses Sectateurs qui prêchoient une doctrine qui n'étoit nullement tolérable dans une République, pas même chez les Réformés: avec des maximes pareilles à celles qu'ils s'efforçoient d'introduire, la Suisse ne se fût jamais affranchie du joug sous lequel elle étoit accablée au commencement du quatorzième siècle. Jamais aussi les Héros, fondateurs de la liberté Helvétique, n'eussent conçu le généreux projet de briser les fers de leur patrie, s'ils avoient eu le cœur de la trempe d'un *Schmidli*, & d'autres Visionnaires semblables.

Anciennement il y avoit dans plusieurs villes de la Suisse

---

(2) Dans le Canton de Bâle, *Wiesen* est le seul village qui soit Catholique; il dépend pour le spirituel de l'Evêque de Bâle & de la paroisse voisine d'*Isenthal* qui est dans le Canton de Soleure. Voyez la note précédente (1).

(3) Hottinger, Hist. Ecclés. de la Suisse, P. III. pag. 682, 700 & 894. Ruchat, Hist. de la Réformation de la Suisse, T. VI. pag. 590. Leu, Dictionnaire Hist. de la Suisse, T. V. pag. 401-403.

(4) Il la publia en Latin en 1566, in-4. On en a des traductions en Allemand, en François, en Anglois, en Polonois, en Hongrois, en Arabe & en langue Turque.

(5) *Bullinger* & *Ott* ont donné l'Histoire des Anabaptistes en l'appliquant sur-tout à la Suisse; mais, comme l'observe M. de *Haller*, il y auroit encore une très-riche moisson à faire. L'ouvrage de *Bullinger* parut en 1560 in-4 en Allemand, sous ce titre l'*Origine des Anabaptistes*; on en a une traduction en latin. *Ott*, de Zurich, publia en 1672, in-4. *Annales Anabaptistici*. Voyez les *Conseils de M. de Haller* pour former une Bibliothèque Historique de la Suisse, pag. 160. Voyez aussi M. *Leu*, Dict. Hist. de la Suisse, T. XIX, pag. 413-421.

un grand nombre de Juifs (6) ; mais les crimes réels ou prétendus dont on les accusoit, les en firent chasser : ils avoient une Synagogue à Zurich en 1383, & ils furent expulsés de cette ville en 1401. La Diète des Treize-Cantons assemblée en 1622, les bannit pour toujours de toute la Suisse, proscription qu'ils renouvellèrent en 1653 & 1662. Il n'existe aujourd'hui de Juifs domiciliés en Suisse que dans le seul Comté de Bade, en Argeu, au village *Lengnau*, entre *Erendingen* & *Zurçach*, où quelques familles Juives qui y sont tolérées ont bâti une Synagogue. Dans le même village il y a l'exercice des deux Religions, la Catholique Romaine & la Réformée.

XXVII.

Evêchés, Abbayes, Couvens, Commanderies dans la Suisse Catholique.

LA Suisse (1) Catholique est comprise dans les diocèses de Constance, Coire, Lausanne, Bâle, Syon & de Como ; une partie des bailliages Ultramontains se trouve aussi dans l'Archevêché de Milan.

EVÊCHÉ DE CONSTANCE.

LES limites de cet Evêché, le plus étendu qu'il y ait dans l'Europe, avoient été réglées par le Roi Dagobert du temps de Marcien, Evêque de Constance ; elles furent renouvellées en 1155 par l'Empereur Frédéric I. Le diplôme (2) dit de ce Prince porte, qu'au *Levant* cet Evêché est borné par le diocèse d'Augsbourg, à l'endroit où la rivière *Iller* se jette dans le Danube, & qu'il finit auprès de la ville d'Ulm ; qu'au *Nord* il a pour confins les Evêchés de Wirtzbourg & de Spire, *près de la marche des Francs & des Alemanni* ou Souabes ; qu'au *Couchant* il s'étend par la Forêt noire, & touche le diocèse de Strasbourg, près de la rivière de *Bleichach* qui sépare le Brisgau du Mortnau, aujourd'hui l'Ortenau ; qu'il a encore au *Nord* l'Evêché de Bâle, à l'endroit où la même rivière de *Bleichach* se jette dans le Rhin ; qu'il circule le long du Rhin, dans l'intérieur de la Forêt noire, jusqu'à la rivière de l'*Are*, & qu'en suivant le cours de l'Are jusqu'au *Lac de* (3) *Thoun*, il a pour frontière l'Evêché de Lausanne, & qu'enfin il s'étend de-là jusqu'aux Alpes, & depuis les Alpes jusqu'à la frontière de la *Rhétie de Coire*, & jusqu'au village de *Montigel* ou *Montligen*, qui est dans le Rheintal. Ainsi l'Evêché de Constance comprenoit en 1155 les pays qui forment aujourd'hui les territoires des villes de Zurich, Lucerne, Schaffhausen & de Saint-Gall, les Cantons de Zoug, Schweitz, Underwalden, Glaris & d'Appenzell, & presqu'entièrement celui d'Uri ; le domaine propre de l'abbaye de Saint-Gall, la plus grande partie du Comté de Toggenbourg & du Rheintal, l'Argeu, la Turgovie, le Comté de Baden, les bailliages libres de l'Argeu, la ville de Rapperschweil, le pays de March, le bailliage d'Utznach, la paroisse *Oberkirch* ou *Kaltbrunn* qui est du bailliage de Gaster, une partie du Canton de Berne, la petite ville de Bâle & quelques districts de ce Canton, une partie de celui de Soleure le long de l'Are & le Brisgau ; une partie du Marquisat de Bade Durlach, le Duché de Wirtemberg, le Hegeu, le Landgraviat de Nellembourg, & une partie de la Souabe jusqu'à Ulm & jusqu'à la rivière de l'*Iller*. Cette étendue du midi au nord, depuis le val *Urseren* dans le Canton d'Uri, jusqu'au milieu du Duché de Wirtemberg, comprend soixante lieues de France ou trente *meil* d'Allemagne, & du levant au couchant depuis *Kempten* jusqu'à *Breysach* près de vingt *meil* ou quarante lieues. On comptoit (4) en 1436, dans le diocèse de Constance, trois cent cinquante Couvens d'hommes & de femmes, & dix-sept cent soixante paroisses qui formoient soixante-six Doyennés ruraux. Cet Evêché a encore aujourd'hui les mêmes limites & tous les pays catholiques qui y sont enclavés, excepté les sujets de l'abbaye de Saint-Gall, qui dépendent pour la judicature spirituelle de l'Evêque de Constance. Mais le changement de Religion arrivé dans le seizième siècle, en a détaché les deux Cantons entiers de Zurich & de Schaffhausen, une partie de ceux de Berne & de Bâle, le *Buchenberg* qui est du Canton de Soleure, la majeure partie du Canton de Glaris, celle du Canton d'Appenzell qu'on appelle *Auffer-Rhoden*, la ville de Saint-Gall, la plus grande partie de la Turgovie & du Toggenbourg, & partie du Comté de Baden ; deux tiers du Rheintal & beaucoup de districts considérables en Souabe, dans le Duché de Wirtemberg & dans le Marquisat de Bade-Durlach. Malgré cette soustraction, il existe pourtant encore, en 1779, dans le diocèse de Constance, cinquante-deux Chapitres ruraux ou Doyennés formant onze cent vingt-six paroisses. Ce diocèse contient cent deux Couvens d'hommes y compris les Chapitres, cent vingt-deux Couvens de femmes, deux mille quatre cent dix-sept Prêtres séculiers, deux mille cinq cent soixante Moines ou Religieux, trois mille huit cent Religieuses, & en tout huit cent neuf mille sept cent soixante & dix-huit ames.

Dans la Suisse Catholique, on trouve, au diocèse de Constance, les Chapitres de Lucerne, de Munster en Argeu, de Schœnenwerth, de Baden, de Zurzach & de Bischoffzell, & onze Chapitres ruraux ou Doyennés. On y trouve aussi trente Abbayes & Monastères d'hommes, savoir, de *l'Ordre de Saint-Benoît*, Saint-Gall & son annexe l'Abbaye de Saint-Jean-le-Neuf, Notre-dame des Hermites ou *Einsidlen*, Muri, Rheinau, Fischingen & Engelberg ; de *l'Ordre de Cîteaux*, Saint-

---

(6) Leu, ibidem, T. X. pag. 632-634.

M. Ulric, de Zurich, a écrit en Allemand l'Histoire des Juifs en Suisse ; (en 1768, in-4.) elle contient une quantité d'actes publics, & un grand nombre d'Anecdotes ; mais en général l'ouvrage est une compilation sans jugement, au moins est-ce la décision de M. de Haller, dans ses Conseils pour former une Bibliothèque Historique de la Suisse, pag. 158.

(1) *Scotti*, *Helvetia Sacra*, *Relatione di Vescouadi*, *Abbatie*, &c. *Macerata*, 1642, in-4.

Caspar *Lang*, de Zoug, Plan de l'ancienne Helvétie Catholique, *Einsidlen*, 1692, in-fol. T. I.

(2) *Chronicon Episcopatus Constantiensis*, *Auctore Jacobo Manlio Brigantino*, pag. 62, apud *Joannem Pistorium* inter veteres ; jamprimùm publicatos sex scriptores Rerum Germanicar. Francofurti 1607, in-fol.

Bucelini Constantia Topo-chrono-Stemmato-graphica, pag. 50-54. Francofurti ad Mœnum 1667, in-4. fig.

(3) Le Diplôme nomme ce lac, *Lacus Tunfch*.

(4) Leu, Dict. Hist. de la Suisse, T. V. pag. 444 & suiv. &c.

Urbain

Urbain & Wettingen ; la Chartreuse d'Ittingen en Turgovie, les Cordeliers de Lucerne & de Wertenstein, les Couvens de Capucins à Lucerne, Sursée & Schupfheim dans l'Entlibuch, Canton de Lucerne ; ceux du même Ordre à Altorf, à Schweitz, à Art, à Sarnen, Stanz, Zoug, Naefels, Appenzel, Wyl, Baden, Bremgarten, Rapperschweil & Frauenfeld, & l'hospice de ces Pères sur le *mont-Rigi*, dans le Canton de Schweitz. Elle comprend en outre les Commanderies de Malte à Bubiken dans le Canton de Zurich, à Hohen-rein & Reyden dans celui de Lucerne, & à Tobel en Turgovie ; la Commanderie de l'Ordre Teutonique à Hizkirch dans le bailliage supérieur des Offices libres en Argeu ; les Abbayes des Bénédictines à Seedorf, Canton d'Uri, à Sarnen, Canton du haut-Underwalden, à Munsterlingen en Turgovie & à Hermetschvyl dans le bailliage inférieur des Offices libres en Argeu ; la Prévôté du Fahr sur la Limmat, dans le Comté de Baden, dépendante d'Einsidlen & dont la Prieure & les Religieuses sont aussi de l'Ordre de Saint-Benoît ; les Couvens de Bénédictines à Einsidlen, à Sainte-Wiborade près Saint-Gall, à Libingen, & à Tabor qui est sous la direction de l'Abbé de Rhinau ; les Abbayes & Religieuses de l'Ordre de Citeaux, à Eschenbach, Rathausen, Frauenthal, Magdenau, Gnadenthal, Deniken, Feldbach, Kalchrein & Wurmspach ; deux Couvens de Dominicaines, l'un à Schweitz & l'autre dit *le val de Sainte-Catherine* près de Diessenhofen, & à Bremgarten ; l'Abbaye des Clarisses à Paradeis en Turgovie ; les Religieuses du tiers Ordre de Saint-François à Lucerne, à Altorf, à Stanz, à Zoug, à Appenzell, à Wonenstein, Grimmenstein, Altstetten, à Sainte-Marie des Anges dans le Toggenbourg, à Notkers-Egg & à Rorschach ; & les Ursélines à Lucerne.

L'Evêque a pour Métropolitain l'Archevêque de Mayence ; il porte le titre de Prince du Saint-Empire Romain, & tient a la *Diète* de l'Empire le septième rang sur le banc des Princes Ecclésiastiques, immédiatement après l'Evêque de Strasbourg. Au reste il ne réside plus à Constance depuis que cette ville,

autrefois Impériale, a été assujettie à la Maison d'Autriche ; il fait sa résidence dans la ville de *Moerspourg* qui lui appartient, & qui est sur le lac de Constance. Il est Souverain de plusieurs districts en Souabe, & il possède des terres considérables en Suisse, dans la Turgovie & dans le Comté de Bade, & plusieurs droits de collation dans le Canton de Zurich. La riche Abbaye de Reichenau a été annexée dans le seizième siècle à sa Manse Episcopale ; & c'est comme Seigneur de Reichenau qu'il possède plusieurs districts dans la Turgovie. L'Evêque de Constance porte aussi le titre de Seigneur d'*Oehningen*, (Prévôté en Souabe, voisine de la Turgovie, & qui a été aussi réunie à sa Manse). Il exerce alternativement avec le Duc de Wirtemberg la fonction de Directeur du Cercle de Souabe. Son Chapitre, composé de vingt-quatre Chanoines presque tous issus de maisons de Comtes, de Barons, ou de familles Equestres de l'Empire, continue à résider dans la ville de Constance. L'Evêché de ce Diocèse porte dans ses armes de *gueule à la Croix d'argent*. Les quatre grands Offices héréditaires de l'Evêché sont, celui de Maréchal exercé aujourd'hui par les Barons de *Sirgenstein*, celui de grand Maître-d'Hôtel, en Allemand *Truchsess*, par les Barons *Zweyer d'Evebach*, originaires du Canton d'Uri, celui d'Echanson par les Nobles *Segesser de Braunegg*, de la ville de Lucerne, & celui de Chambellan, par les Nobles de *Razenried*.

Le Chapitre de Constance possède dans la Suisse plusieurs Seigneuries & droits de Collation ; il a à sa tête un Prévôt, un Doyen, un Chantre & un Custode. Plusieurs maisons distinguées de la Suisse ont donné des sujets au Chapitre de Constance, entr'autres celles de *Hertenstein*, de *Beroldingen*, de *Pfyffer*, de *Roll de Bernau*, de *Segesser*, de *Goeldlin de Tieffenau*, &c.

Parmi les vingt-quatre Chanoines, il y en a quatre qu'on nomme *Expectans*, parce qu'ils n'ont séance & voix dans le Chapitre & au Chœur que lorsqu'ils remplacent l'un des vingt Chanoines votants, en cas de mort ou de résignation.

EVÊCHÉ DE COIRE.

L'EVÊCHÉ de Coire étoit autrefois nommé à cause de sa situation, *le plus haut des Evêchés dans la rue* (1) *des Prêtres* le long du Rhin ; il comprend (2) les trois Ligues Grises, à l'exception des Communautés de *Puschlaf* ou *Poschiavo*, de *Brus* ou *Bruschio*, dans la Ligue Caddée, qui sont du diocèse de Como. Il s'étend sur la droite du Rhin jusqu'au mont *Arlberg*, où il a pour limites les Evêchés d'Augsbourg & de Brixen ; il va sur le lac de Constance, depuis Bregenz jusqu'à Stad au-dessous de Rheinegg dans le Rheinthal en Suisse ; il s'avance ensuite par-dessus la crête des montagnes, dans une forme courbe, jusque dans le Thurtal, & de-là il se prolonge le long des hauteurs dans le bailliage de Gaster qu'il comprend tout entier, excepté la paroisse d'Oberkirch ou Kaltbrunn qui est du diocèse de Constance, puis il côtoye la Lint & la Sez jusqu'au lac de Wallenstatt, & plus avant il gagne le mont *Breitenwald* & ses autres montagnes jusqu'à *Gestinen* dans le Canton d'Uri : il comprend aussi le val Urseren, & il a de ce côté pour frontière l'Evêché de Syon. Dans la haute Ligue Grise il est limitrophe du bailliage de *Bollenz* & de l'Archevêché de Milan ; & à l'extrémité du val de Misox ou Masox il touche au Comté de Bellinzone & à l'Evêché de Como. Il confine encore avec cet Evêché sur la frontière du Comté de Chiavenne, de la Valteline & de la Seigneurie de Bormio qui appartiennent à la République des Grisons ; enfin dans le Vinstgeu, au Tyrol, il a pour bornes les Evêchés de Trente & de Brixen. Ainsi la partie catholique de cet Evêché comprend celles des Communautés catholiques qui subsistent dans la République des Grisons, le Comté de Sonnenberg, Vaduz, Feldkirch & Hohen-Ems, la Seigneurie de Gams, le Gaster & le Comté de Sarguns. Avant le changement de religion, le Comté de Werdenberg, la Baronnie de Sax, la Communauté de Wartau dans le Comté de Sargans, & celles de Bilten, Nider-Urnen & Kirensen, dans le Canton de Glaris, & même beaucoup d'autres districts dépendoient pour le spirituel de l'Evêché de Coire. Ce Diocèse est présentement distribué en six Chapitres ruraux, dont trois au pays des Grisons ; savoir le Chapitre de l'*Ober-Land*, en Latin *Supra Silvanum*, celui d'*Ober-Halbstein*, *Supra Murense*, & le district de Misox :

---

(1) Cette rue comprend les Evêchés de Coire, de Constance, de Bâle, de Strasbourg, de Spire & de Worms, & les Archevêchés de Mayence & de Cologne.

(2) Bucelini *Rhetia*, *Augusta Vindelicor*, 1666, in-4. fig. Leu, *Dict. Hist. de la Suisse*, T. V, pag. 256 & suiv. &c.

le quatrième Chapitre, dit *au-dessous de la rivière de Lanquart*, *infra Langarum*, renferme les pays situés sur la gauche du Rhin, dans le territoire Helvétique; les deux autres Chapitres sont hors des limites de la Suisse & des Ligues Grises, savoir celui de Vinstgen & celui de *Sent-Luci-Steig* qui s'étendent sur la droite du Rhin, jusqu'au mont *Arlberg*. Je parlerai, à l'article des Grisons, de la puissance temporelle de l'Evêque de Coire; il est élu par le Chapitre de cette ville, & a pour Métropolitain l'Archevêque de Mayence. Il est Prince du Saint-Empire Romain, & Membre du Cercle de Souabe; mais depuis long-tems il n'a pas fréquenté les assemblées de ce Cercle, il a seulement comparu depuis 1654 par un représentant à la Diète de l'Empire, où il a séance & voix après les Evêques de Liége, d'Osnabrougg & de Munster qui alternent ensemble & avant l'Abbé de Fulde, aujourd'hui Evêque. Il porte dans ses armes d'*argent* au *Bouquetin* ou *Capricorne saillant de sable*; sa résidence est dans un palais au-dessus de la ville de Coire. Le haut Chapitre est (3) composé de vingt-quatre Capitulaires, dont six remplissent les premières dignités, c'est-à-dire, celles de Prévôt, de Doyen, d'Ecolâtre, de Chantre, de Custode & de Sextaire; ils demeurent dans la cour du palais Episcopal qui contient aussi la Cathédrale. Ce palais est entouré de murailles, de tours & de portes; il occupe toute la partie haute de la ville de Coire. Les autres dix-huit Chanoines n'ont pas de revenu, ils peuvent résider où il leur plaît & posséder des Bénéfices étrangers; mais lors de l'élection de l'Evêque & du Doyen ils y sont appellés pour donner leur voix. Lorsqu'on désire être admis dans ce Chapitre, il ne faut plus aujourd'hui de preuves de noblesse, telles que les autres Chapitres de l'Empire les exigent. Plusieurs révolutions ont démembré cet Evêché; le changement de religion & les suites du gouvernement Démocratique des Grisons lui ont donné de furieuses secousses. La plupart des Chanoines de Coire depuis deux siècles, étoient issus des principales familles nobles & patriciennes du Gouvernement Grison.

L'Evêché de Coire a encore, à l'*instar* des autres Evêchés de l'Allemagne, ses quatre Offices héréditaires; celui d'*Echanson* est possédé par les Comtes du *Tyrol*, celui de *Maître-d'Hôtel*, par les Barons *du Mont*, à la place des Comtes de *Metsch* qui sont éteints, celui de *Chambellan* par les nobles *Flug* ou *Fluog* d'Aspermont, au lieu des anciens Barons de *Belmont*, & celui de *Maréchal* par les Barons de *Planta* qui ont succédé aux nobles de *Marmels*.

Le diocèse de Coire comprend au pays des Grisons & en Suisse les Abbayes de *Disentis* & de *Pfeffers*, Ordre de Saint-Benoît, celle de *Saint-Lucius*, de l'Ordre Prémontré, l'Abbaye des Bénédictines de *Munster* dans la Ligue Caddée, le Couvent de *Cazis* ou *Kazis*, Religieuses de l'Ordre de Saint-Dominique; celui des Religieuses du même Ordre, à *Wesen* dans le bailliage de Gaster qui appartient aux Cantons de Schweitz & de Glaris, & le Chapitre des Chanoinesses de *Schennis*, dans le même bailliage.

A *Munster*, dans la Ligue Caddée, où est une Abbaye de Bénédictines, il y a un hospice de Capucins, de la province de *Brescia*. Il y a encore des hospices de Capucins, mais de la province de Suisse, à Coire, à Zizers, au bas-Vatz, & sur le mont de *Mastrils*, en Allemand *Mastrilser-Berg*, qui est dans la communauté de *Zizers*, dans la Ligue Caddée ou de la *Maison-Dieu*: tous ces hospices sont du Diocèse de Coire, ainsi que ceux d'*Urseren* & de *Realp*, & le Couvent de *Mels* qui est dans le Comté de Sargans. Les Capucins de la Province de Suisse occupent ce dernier Couvent, & les deux hospices d'Urseren & de Realp.

EVECHÉ DE LAUSANNE.

CET (1) Evêché, suffragant de l'Archevêché de Besançon, a été considérablement réduit depuis le changement de religion. Pour juger de sa grandeur ancienne, il faut savoir qu'il étoit autrefois borné par les diocèses de Constance, de Bâle, de Syon, de Genève, & par l'Archevêché de Besançon: sa Jurisdiction Ecclésiastique s'étendoit sur une très-grande partie de la Suisse; elle comprenoit tous les pays, depuis la source de l'*Are* jusqu'à *Attiswell* où le *Siggeren* se jette dans l'Are, & à la gauche de l'Are toutes les contrées, jusqu'au lac de Genève; par conséquent toute la partie des Cantons de Berne & de Soleure enfermée dans cette étendue, tout le Canton de Fribourg, le pays de Vaud jusqu'à Aubonne & Villeneuve sur le lac de Genève, les Souverainetés de Neuchatel & de Vallengin (à l'exception de la Mairie de *Brenets*), la ville de Bienne, le pays limitrophe du lac de Bienne & l'Erguel; & cette Jurisdiction se prolongeoit jusqu'à Jogne & Longueville, en Franche-Comté. Ce Diocèse étoit donc ainsi borné près de la rivière de *Siggeren*, par les Evêchés de Constance & de Bâle; il avoit aussi dans l'Erguel pour limite l'Evêché de Bâle; près d'Aubonne, celui de Genève; près Villeneuve & de la rivière de Vevaise, l'Evêché de Syon, & près de Jogne l'Archevêché de Besançon. L'Evêque de Lausanne nommoit à cinquante-neuf bénéfices; mais le changement de religion arrivé dans le seizième siècle, a fait de très-grandes brèches à l'étendue de sa jurisdiction spirituelle. Toute la partie du Canton de Berne qui étoit de son diocèse, les souverainetés de Neuchatel & de Vallengin jusqu'à Cressier & au Landeron, la ville de Bienne, le contour du lac de ce nom & l'Erguel, se sont soustraits à son autorité; & aujourd'hui il ne lui reste plus de son ancien Diocèse que le Canton de Fribourg, la ville de Soleure en-deça de l'Are & une petite partie de Canton au-delà de l'Are, les catholiques du bailliage d'Echallens qui appartient par indivis aux Cantons de Berne & de Fribourg, Cressier & le Landeron dans le Comté de Neuchatel, enfin Jogne & Longueville dans la Franche-Comté. Tous ces divers débris réunis forment avec la ville de Fribourg quinze Doyennés ruraux.

L'Evêque de Lausanne étoit autrefois seigneur de plusieurs domaines considérables; la ville de Lausanne reconnoissoit son autorité temporelle avec la réserve de quelques franchi-

---

(3) M. Meyer, Chanoine du chapitre de Lucerne, Etat Ecclésiastique de la Suisse catholique en 1761. Partie I. pag. 108. & suiv. in-12. en Allemand.
(1) Leu, Dict. Hist. de la Suisse, T. XI. pag. 429 & suiv.
Status & epocha Ecclesiæ Aventicensis nunc Lausanensis, 1724; in-12.

Decreta & constitutiones Synodales Ecclesiæ & Episcopatus Lausanensis 1665, in-4.
Abraham Ruchat, abrégé de l'Histoire Eccles. du pays de Vaud, 1707, in-8. &c.

fes. L'Evêque possédoit les quatre paroisses de la Vaux, savoir *Lutry*, *Cuilly*, *Saint-Saphorin* & *Corsier*; le val & le prieuré de Lutry, Glerole, une partie de Vevey, Avenche, Lucens, Curtille, Roche, Villarsel & Bulle. L'Evêque s'intitule *par la grace de Dieu & du Saint-Siége Apostolique*, Evêque & Comte de Lausanne, & prince du Saint-Empire Romain; ses armes sont d'*argent* à une coupe couverte de *gueule*, parti de *gueule* à une coupe également couverte d'*argent*. Aujourd'hui il n'a plus aucune jurisdiction temporelle; la ville de Berne lui a enlevé en 1536 la plus grande partie de ses Domaines, & il a vendu en 1537 celui de Bulle à la ville de Fribourg. Lorsqu'il vaque par mort ou par démission, le Pape lui donne pour successeur un ecclésiastique qui possède en même-temps d'autres bénéfices. Depuis la fin du dernier siècle cette dignité a toujours été conférée à des ecclésiastiques natifs du Canton de Fribourg: il est tout naturel de donner cette préférence à des Citoyens. L'Evêque titulaire de Lausanne réside en cette ville.

Avant le changement de religion & la conquête du pays de Vaud par les Bernois, le grand chapitre de Lausanne étoit composé de trente-deux chanoines, & il possédoit les châteaux & bourgs de Saint-Prez, Dom-Martin & Essertines.

On trouve dans l'état actuel du Diocèse de Lausanne, en Suisse, le chapitre de Saint-Nicolas à Fribourg, celui de Saint Ours à Soleure, l'Abbaye de Hauterive, Ordre de Citeaux, dans le Canton de Fribourg, la Chartreuse de la Part-Dieu, en Allemand *Gottes-theil*, dans le même Canton, une Commanderie de Malte à Fribourg, un couvent d'Augustins dans la même ville, & deux couvens de Cordeliers, l'un à Fribourg & l'autre à Soleure; des couvens de Capucins à Fribourg, à Soleure, à Bulle, & deux hospices du même Ordre à Romont & au Landeron; l'Abbaye des Bernardines à Magerau, sur la rive droite de la Sane, tout près de la ville de Fribourg; un couvent de Dominicaines à Estavayé dans le Canton de Fribourg, un Couvent de Cordelieres, dit de *Saint-Joseph* à Soleure; deux couvens d'Ursulines à Fribourg & à Estavayé, deux des Religieuses de la Visitation, l'un à Fribourg & l'autre à Soleure; deux couvens de Religieuses du tiers ordre de Saint-François, l'un dit *Montorge* à Fribourg, & l'autre, du nom de *Jésus*, à Soleure. Il existe, en outre, à Estavayé une Congrégation de frères sous le nom de l'*Institution des Ecoles Chrétiennes*, en latin *fratres scholarum piarum*. Il y avoit aussi autrefois en cette ville un couvent de Minimes fondé en 1622; mais ces pères l'abandonnèrent en 1726.

Les Jésuites avoient, avant leur suppression, deux magnifiques colléges à Fribourg & à Soleure.

En 1778, la Chartreuse de la Val-Sainte, dans le Canton de Fribourg, a été aussi supprimée par la Cour de Rome, sur la requête du Magistrat souverain de Fribourg. Cette Chartreuse composée de Religieux Savoyards, n'intéressoit pas effectivement le Canton: celle de la *Part-Dieu*, qui est dans le même Canton, est également composée de Religieux étrangers; mais jusqu'à-présent la Cour de Rome n'a voulu consentir qu'à la suppression de la Val-Sainte. M. le Nonce, résidant à Lucerne, a chargé M. l'Abbé d'Hauterive, Dom Bernard *de Lenzbourg*, de l'exécution de la Bulle. Les revenus de cette Chartreuse sont présentement affectés au collége que les Jésuites avoient ci-devant à Fribourg; on en a détaché cependant une pension de huit cens écus pour l'Evêque de Lausanne. Les revenus de ce Prélat sont assurément trop médiocres, relativement à la dignité épiscopale; on dit que toute la suppression de la Chartreuse ne rapportera pas trois mille écus du pays.

Evêché de Basle.

L'Evêque (1) de Bâle, suffragant de l'Archevêque de Besançon, a sa résidence au château de Porrentrui (*), & son Chapitre a la sienne à Arlesheim près de Bâle. Il reçoit de l'Empereur, comme Prince du Saint-Empire Romain, l'investiture de sa principauté de Porrentrui & des autres fiefs qu'il possède sous la mouvance de l'Empire. Le Chapitre composé de dix-huit chanoines, dont la plupart font les preuves de noblesse conformes à celles des autres Chapitres d'Allemagne, élit l'Evêque, & l'Empereur envoye en son nom un Commissaire pour veiller au bon ordre de l'élection; à la tête du Chapitre sont le Prévôt, le Doyen, le Chantre, l'Archidiacre, le Custode & l'Ecolâtre. L'Evêque s'allia en Janvier 1580 avec les Cantons catholiques de Lucerne, Uri, Schweitz, Underwalden, Zoug, Fribourg & Soleure; cette alliance a depuis été renouvellée à diverses époques. Tous les Cantons ont aussi compris en 1652 les Etats de l'Evêque de Bâle dans leur *traité de défense mutuelle*. Les officiers héréditaires de l'Evêque & du haut Chapitre de Bâle, sont les Barons de *Schœnau*, grands-*Maîtres*; les Barons de *Reichenstein* & de *Leuenbourg* alternatifs, *grands Chambellans*; les Barons d'*Eptingen*, *Maréchaux*; les nobles de *Berenfels*, Echansons, & les nobles de *Rotberg*, Sur-Intendans de la Cuisine. (2) L'Evêque a pour armes d'*argent* à un étui de crosse d'Evêque de *gueule*.

Le changement de religion arrivé à Bâle en 1524, opéra l'émigration de l'Evêque & celle de son Chapitre: je détaillerai l'histoire de cette révolution à l'article du Canton de Bâle. Je décrirai à celui de l'Evêché de Bâle l'étendue de la principauté de l'Evêque de ce Diocèse. Ce Prince a suffrage à la Diète de l'Empire, après l'Evêque de Trente, & il y alterne avec l'Evêque de Brixen; il est aussi compris dans le Cercle du haut Rhin, & a séance & voix dans les assemblées de ce Cercle.

Le Diocèse actuel de Bâle touche au midi l'Evêché de Lausanne, jusqu'à la rivière de *Sigeren* au-dessous de Soleure, & de-là s'étend le long de l'Are; il est limitrophe de l'Evêché de Constance, jusqu'à l'endroit où l'Are se jette dans le Rhin. Au levant il suit le Rhin, & a pour bornes le même Evêché de Constance jusqu'au district dit le *retranchement du pays*, en Allemand *an den land graben*: au nord il se prolonge sur la gauche du Rhin jusqu'au Diocèse de Strasbourg; le même retranchement sépare la Haute-Alsace de la basse: enfin au couchant l'Evêché de Bâle a pour bornes celui de Toul & l'Archevêché de Besançon. Ainsi suivant cette répartition, le Diocèse

---

(1) Sudani, *Basilea Sacra*; Bruntruti 1658, in-8.
Leu, Dict. Hist. de la Suisse, T. II. pag. 101 & suiv. & pag. 137 & suiv.
Meyer, Etat Ecclésiastique de la Suisse catholique en 1761, Partie I, pag. 135-139.

Faesi, Desc. Topog. de la Suisse, T. IV. pag. 510-511, &c.
(2) En Allemand *Erb-Kuchenmeister*.
(*) Planche 33.

actuel de Bâle commence près de la ville de Bâle & s'avance sur la gauche du Rhin qui le sépare de l'Evêché de Constance; il suit ce fleuve en Alsace jusqu'à *Gemar*, où il a pour limites l'Evêché de Strasbourg, de-là il tourne contre les Voges jusqu'à *Rihauville*, & en suivant cette chaîne de montagnes jusqu'à *Bonhomme*, il renferme l'Abbaye de Munster au Val-Grégoire, la petite ville de Saint-Amarin & le village de Perouse, près Beffort: il a dans cette étendue pour limites le Diocèse de Toul & l'Archevêché de Besançon. Plus loin le Diocèse de Bâle comprend le chapitre de *Masmunster* ou *Maxivaux*, s'avance contre la principauté de Porrentrui vers Schwarzen, de-là à Levoncourt ou *Laufendorf*, & à l'Abbaye de Luceil, puis contre Porrentrui qui est de l'Archevêché de Besançon, à Miecourt ou *Miestorf*, Bourignon ou *Burgis*, & Saint-Ursane ou *Sant-Ursitz*; il passe ensuite le mont *Freyberg* jusqu'au village *Desbois* & au district la *Combe de Valavrou* ou *Fontaine-Beaufond*: ici est la borne qui sépare l'Archevêché de Besançon des Evêchés de Bâle & de Lausanne. Depuis cette borne le Diocèse de Bâle s'avance vers la Suisse, sur la hauteur du mont Chasseral ou *Gestler*, ensuite par le village *Reuchenette*, près du fameux passage *Pierrepertuis* (*), dans le *Mont-Jura*; il suit cette chaîne de montagnes jusque dans le Canton de Soleure, par les bailliages de Thierstein & de Falkenstein, jusqu'à Olten. Les bornes des Evêchés de Constance, de Bâle & de Lausanne se réunissent au confluent de la petite rivière de *Sigeren* avec l'Are, tout près du village *Flumenthal*, Canton de Soleure; & dans ce point de réunion les trois Evêques pourroient dans le même bateau avoir ensemble une entrevue. Depuis la petite ville d'Olten le Diocèse de Bâle se prolonge, en suivant la rive gauche de l'Are, jusqu'à l'endroit où cette rivière se jette dans le Rhin; il continue de même sur la gauche du Rhin jusqu'à *Bernau*, sur la frontière du Comté de Bade qui est de l'Evêché de Constance. Depuis *Bernau* il descend toujours sur la gauche du Rhin jusqu'à la ville de Bâle.

Avant le changement de religion, ce Diocèse comprenoit le grand-Bâle & tout le Canton de ce nom, ainsi qu'une partie considérable du pays Allemand de Berne sur la gauche de l'Are, laquelle contient les bailliages de Biberstein, Schenkenberg & Castelen. Aujourd'hui ce Diocèse ne renferme plus en Suisse, pour la jurisdiction spirituelle, qu'une partie du Canton de Soleure, le village de *Wiesen*, dans le Canton de Bâle, & le bailliage de *Lutgern* dans le Comté de Bade, où est une Commanderie de Malthe. Tout le Diocèse actuel comprend onze Chapitres Ruraux ou de campagne. Parmi les Evêchés situés le long du Rhin, dans ce qu'on nomme la rue des Prêtres (3), celui de Bâle est désigné comme le *plus gai de tous*.

Je trouve dans la partie de l'Evêché de Bâle qui est réputée de la Suisse, le Chapitre (4) de *Delemont* (**), en Allemand *Dellsperg*, dans le bailliage de ce nom en la principauté de Porrentrui, & dans le district dit le *Salzgaeu*. Ce Chapitre est composé d'un prévôt, d'un archidiacre, d'un custode & de neuf chanoines; il avoit été dans son origine le Chapitre de *Munster* de Grandfelden ou de *Moutier-en grand vaux*; mais les habitans du val Moutier, ayant embrassé en 1531 la prétendue réforme, le Chapitre se réfugia d'abord à Soleure, & ensuite il se fixa à Delemont; & quoique l'élection du prévôt dépende du Chapitre, elle a besoin de la confirmation de l'Evêque.

Le Chapitre (5) *Sant-Ursitz* ou *Saint-Ursane*, étoit dans son origine un monastère de Bénédictins; il a donné son nom à une petite ville & à un bailliage de la principauté de Porrentrui, à deux lieues & demie de cette ville. Il est composé d'un prévôt & de six chanoines; l'Evêque confirme l'élection du prévôt qui est à la nomination du Chapitre. L'Abbaye de *Notre-Dame de la Pierre*, en Latin *Monasterium Beatæ Mariæ in Petra*, & en Allemand *Maria-Stein*, Ordre de Saint Benoît, dans le Canton de Soleure, est du Diocèse de Bâle; elle étoit anciennement connue sous le nom de *Beinweil*, en Latin *Beinwila* ou *Ossium villa*. Divers malheurs obligèrent l'Abbé à quitter ce local primitif qui est aussi dans le Canton de Soleure, sur la frontière de Thierstein & dans le Diocèse de Bâle; il transféra en 1633 sa résidence à l'endroit dit *la pierre*, en Allemand *im-stein*, dans le bailliage de Dornach. Depuis cette translation l'ancienne Abbaye de Beinweil n'est desservie que par quelques Religieux de Notre-Dame de la Pierre; ils y ont à leur tête un père administrateur ou *Statthalter*. L'advocatie de ces monastères appartient à la République de Soleure; l'Abbé de Notre-Dame de la Pierre est le dernier Prélat de la Congrégation Bénédictine de Suisse.

L'Abbaye (6) de *Bellelay* ou *Belleley*, en Latin *Bellalagium*, Ordre de Prémontré, est aussi dans l'Evêché de Bâle & dans le bailliage de Delemont, en la principauté de Porrentrui, à sept lieues de cette ville du côté de la Suisse.

Il existe encore à Bâle deux Commanderies, l'une de l'Ordre de Malte, & l'autre des Chevaliers Teutoniques. La ville de *Mulhausen*, alliée des Cantons réformés, a aussi dans son enceinte une Commanderie de l'Ordre Teutonique, & un autre de Malthe; cette petite République étoit anciennement comprise dans le Diocèse de Bâle.

Avant la suppression des Jésuites, ces pères avoient à Porrentrui un collége très-célèbre.

Il y a à Olten & à Dornach, dans le Canton de Soleure & au Diocèse de Bâle, deux couvens de Capucins: on trouve un autre couvent de cet ordre dans le même Diocèse, à Delemont; & quoique celui qu'on voit à Porrentrui soit censé de l'Archevêché de Besançon, il n'est pas moins compris dans la province des Capucins de Suisse.

Il y a un couvent d'*Ursulines* à Delemont, & un autre du même institut à Porrentrui. Il existe aussi dans cette dernière ville un couvent des *Annonciades*.

---

(3) *Pfaffen-gasse*.
(4) Leu, Dict. Hist. de la Suisse, T. VI. pag. 51 & T. XIII. pag. 413-416.
(5) Leu, ibidem, T. XVIII. pag. 775-778.

(6) Leu, ibid. T. III. pag. 35-40.
Annales Præmonstratenses, T. I. probat. 210-218.
(*) PLANCHE 32, double.
(**) PLANCHES 33 & 41.

EVÉCHÉ DE SION.

CET Evêché (1), l'un des plus anciens des Gaules, & dont la situation embrasse tout le Vallais, étoit autrefois sous la métropole de Tarentaise; mais en 1513 le fameux Cardinal Mathieu *Schinner*, Vallaisan & Evêque de Sion, obtint du Pape Leon X. le droit de se soustraire entièrement à l'autorité de l'Archevêque de Tarentaise, & la prérogative de dépendre immédiatement du Saint Siége. L'Evêque de Sion s'intitule *Prince du Saint-Empire Romain, Comte & Préfet du Vallais*; il est élu par le grand chapitre de Sion & par les Députés des sept Dizains de la République du Vallais; & le jour de son élection le Capitaine général de la République lui met dans les mains une épée nue en reconnoissance de son droit de *Préfecture* : je parlerai à l'article du Vallais de l'étendue de ce droit. La monnoie de cette République est frappée aux armes de l'Evêque de Sion; mais il faut qu'il en demande auparavant le consentement des sept Dizains. Il possède sous la haute souveraineté de la République plusieurs jurisdictions dans le Bas-Vallais, & il a conservé encore quelques droits seigneuriaux dans certains districts du haut Vallais.

Avant le changement de religion arrivé dans le Canton de Berne, l'Evêché de Sion comprenoit le Gouvernement d'Aigle jusqu'à *l'eau froide*, un peu au-dessus du château de Chillon; aujourd'hui il ne s'étend pas au-delà du haut & bas Vallais.

Le Chapitre de Sion est composé de douze chanoines résidans à Sion, & de douze autres qui desservent des paroisses du pays. A la tête des douze domiciliés à Sion, sont le *grand Doyen* de Sion, & le *Doyen* résident au château de *Valeria*, qui commande la ville de Sion, & où il demeure avec cinq chanoines; le *grand Doyen* habite à la ville avec les cinq autres Chanoines. L'Evêque de Sion réside au château *Majoria*, il porte pour armes celles de sa famille, surmontées d'un côté d'un glaive & de l'autre d'une crosse épiscopale. Il a un Sénéchal héréditaire (de la maison de *Monthey*) qui dans des jours de fête ou de cérémonie le précède avec un glaive à la main & le sert à table. Le Chapitre de Sion a pour armes, de *gueules* à une église d'*argent*; il est composé des principales familles du Gouvernement de la République.

L'Abbaie de Saint-Maurice, si célèbre par son antiquité, & aujourd'hui occupée par des Chanoines réguliers de l'Ordre de St.-Augustin, est située dans le Bas-Vallais; elle a à sa tête un Abbé mitré. Il y a aussi dans le diocèse de Sion, sur le grand Saint-Bernard, du côté du val d'Aouste, & dans le territoire de la République du Vallais, un Chapitre (2) de Chanoines réguliers de l'Ordre de Saint-Augustin, présidé par un Prévôt; il dépend, ainsi que Saint-Maurice, immédiatement du Saint-Siége.

Avant la suppression des Jésuites il y avoit un Collège de cette Société à *Brig*, dans le Haut-Vallais; il y a aujourd'hui à la place un couvent d'Ursulines : ces Pères avoient aussi une résidence particulière à Sion. Il y a dans cette ville un Couvent de Capucins, & un autre du même Ordre à Saint-Maurice, tous deux de la province de Suisse, depuis leur séparation de celle de Savoie, qui est encore toute récente.

EVÉCHÉ DE COMO.

L'EVÊCHÉ (1) de *Como*, en Lombardie, suffragant du Patriarchat d'Aquilée, comprend plusieurs contrées de la Suisse; les bailliages Ultramontains de Lugano, Locarno, Mendrisio & de val Maggia, qui sont sous la souveraineté des douze premiers Cantons, font partie de ce diocèse. Il n'y a du bailliage de Lugano que la *Pieve Capriasca*, & de celui de Locarno, que la communauté de *Brisago* qui ne soient pas de l'Evêché de Como. Le bailliage ou comté de Bellinzone qui appartient aux trois Cantons d'Uri, de Schweitz & d'Underwalden-le-Bas, la Valteline, le Comté de Chiavenne & la Seigneurie de Bormio, qui obéissent aux trois Ligues Grises, reconnoissent aussi pour le spirituel la jurisdiction de l'Evêque de Como. Les Catholiques des Communautés de *Puslaf* ou *Posciavo*, & de *Brues* ou *Bruscio*, dans la Ligue Caddée ou de la Maison-Dieu, dépendent pour le spirituel : on appelle dans cet Evêché *Pieve* ou Vicariat les districts qui forment les Chapitres ruraux dans les diocèses d'Allemagne.

A Lugano, il y a le Chapitre de Saint-Laurent, desservi par un Archi-Prêtre & neuf Chanoines; un Couvent de Cordeliers, un autre de Récollets, dit *Santa Maria degl' Angeli*; un Couvent de Capucins, un Couvent de *Sainte-Catherine* de Bénédictines, celui de *Sainte-Marguerite* de Religieuses de l'Ordre de Saint-Augustin & le Couvent des Capucines sous l'invocation de *Saint-Joseph* : il y a aussi dans ce bourg le Collège des Elèves Réguliers de la Congrégation *Somaschi*, pour l'instruction de la Jeunesse.

A *Agno*, dans le bailliage de Lugano, il y a un Chapitre, à la tête duquel est un Prévôt avec sept Chanoines.

A *Riva*, dans le même bailliage, est le Chapitre, dit *Sancti Vitalis*, desservi par un Archi-Prêtre & cinq Chanoines.

A *Locarno*, il y a l'Eglise Collégiale de *Saint-Victor*, desservie par un Archi-Prêtre & huit Chanoines : on voit encore dans ce bourg deux Couvens de Cordeliers, un autre de Capucins & un de Religieuses de l'Ordre de Saint-Augustin qu'on nomme le Couvent de *Sainte-Catherine*.

Au bourg *Ascona*, dans le bailliage de Locarno, il y a un Collège pour l'éducation de la Jeunesse; l'Archevêque de

---

(1) *Sebastien Briguet, Vallesia christiana; 1744, in-8.*
Gallia Christiana, T. XII, nova editionis, in-fol.
Leu, Dict. Hist. de la Suisse, T. XVII. pag. 196 & suiv.
Meyer, Etat Ecclés. de la Suisse catholique, en 1761. Partie I. pag. 121 & suiv.
(2) Meyer, ibid. Partie II. pag. 41-44.
(1) *Francesco Ballarini, Compendio delle Croniche della citta di Como, pag.* 32148, & 322. Como 1619, in-4.
Ughelli, Italia Sacra, T. V.
Leu, Dict. Hist. de la Suisse, T. V. pag. 394.

On doit aussi consulter la description du *Lago di Como*, en Latin *Larius Lacus*, par Paul-Jove; elle est agréable, intéressante & pleine de recherches; elle parut en 1559 in-4. on la trouve aussi dans le *Thesaurus Antiquitatum Italia*, T. III. P. II. dans Schotti, *Italia Illustrata* 1600, & dans les Œuvres de Paul-Jove. Boldonius ne doit pas être oublié, il a donné une excellente description du lac de Como, sous le titre *Larius Lacus* 1617, 1637, 1660. L'édition de 1637 paroit être la meilleure; la partie historique & topographique y est traitée avec exactitude; mais Paul-Jove s'étend davantage pour l'Histoire Naturelle. Voyez M. de Haller, Conseils pour former une Bibliothèque hist. de la Suisse, pag. 41.

Milan en a l'inspection, quoique *Ascona* soit du diocèse de *Como*; ce sont des Prêtres de la Congrégation des *Oblats*, à Milan, qui y donnent l'instruction.

Au bourg de *Mendrisio*, il y a un Couvent de Capucins, un autre de *Servites* & un troisième d'Ursulines. Le fameux Pierre-Paul *Sarpi*, plus connu sous le nom de Fra Paolo, natif de Venise, étoit Procureur-Général de l'Ordre des *Servites*.

A *Balerna*, dans le bailliage de Mendrisio, il y a une Eglise Collégiale, composée d'un Archi-Prêtre & de huit Chanoines; cet Archi-Prêtre (2) a l'inspection sur toutes les paroisses du bailliage de Bellinzone, & spécialement sur la Congrégation de cette ville.

A *Bellinzone*, il y a deux Collégiales, celle de Saint-Pierre & celle de St.-Etienne, & dans les fauxbourgs le couvent de St.-Jean, de l'Ordre des Hermites de Saint-Augustin, un couvent de Récollets, qu'on nomme en Allemand *Zoccolanten*; & un couvent d'Ursulines: il y a aussi dans cette ville un collége de Bénédictins qui sont extraits de l'abbaye d'*Einsidlen* ou de Notre-Dame des Hermites, au Canton de Schweitz; ils y enseignent les Humanités, & la Théologie morale.

Il existe (3) à *Semendria* ou *Sementina*, près du village *Monte Carasso*, sur la rive droite du Tésin, en face de Bellinzone, dans le bailliage de ce nom, un couvent de Religieuses de l'Ordre de Saint-Augustin; on le nomme *Il Monastero di S. Bernardino à Monte Carasso*.

La Valteline est divisée en trois départemens ou *Tiers*, le *Terzero di Sopra*, le *Terzero di Mezzo* & le *Terzero di Sotto*. Dans le *Tiers d'en-haut*; au bourg de *Tirano*, autrement *Villacia*, on voit un chapitre de Chanoines, & un couvent de Capucins qui sont de la province Vénitienne de Brescia; au bourg de *Sondalo*, sur la droite de l'Adda, il y a un chapitre de Chanoines, avec le titre de Prévôté; au village de *Grossio* il y a de même une Prévôté, & dans le bourg de *Mazzo*, un chapitre composé d'un Prévôt & de quatre Chanoines; le bourg de *Teglio* renferme aussi un chapitre composé d'un Prévôt & de quatre Chanoines.

Dans le *Tiers du milieu*, *Terzero di Mezzo* de la Valteline, on voit au bourg de *Sondrio*, une Eglise collégiale desservie par un Archi-Prêtre & quatre Chanoines, un couvent de Capucins de la province du Milanès & un monastère de Bénédictines, sous le nom de *Sant-Lorenzo*. Au bourg de *Ponte* il y a un chapitre composé d'un Prévôt & de seize Chanoines; les Jésuites y avoient un collége avant leur suppression. A *Tresvio* ou *Trevisso*, sont fondés un Archi-Prêtre & quelques Chanoines.

Dans le *Tiers d'en-bas* ou de *dessous*, *Terzero di Sotto*, le bourg de *Morbegno* renferme un chapitre composé d'un Archi-Prêtre & de quinze Chanoines, un couvent de Dominiquains & un autre de Religieuses, de l'Ordre de Saint-Augustin; les Capucins ont leur couvent dans la proximité du bourg. A *Talamona*, sur la petite rivière *Rancajuola*, il y a un Prévôt & des Chanoines. On voit à *Trahona* une Eglise collégiale, à la tête de laquelle est un Prévôt; on trouve dans le même bourg un couvent de Franciscains, dit *Padri della stretta Riforma*, & dans la communauté *Ardenno*, la Prévôté de Saint-Laurent.

Au bourg de *Chiavenna*, dans le Comté de ce nom, est l'Eglise collégiale de Saint-Laurent, desservie par un Archi-Prêtre, un Prévôt & neuf Chanoines; on y trouve aussi un couvent de Capucins, & un autre de Religieuses de l'Ordre de Saint-Augustin.

Au bourg de Bormio, Capitale de la Seigneurie de ce nom, est un Chapitre composé d'un Archiprêtre & de dix Chanoines. Avant la suppression des Jésuites, ces Pères avoient un collége à Bormio.

ARCHEVÉCHÉ DE MILAN.

Cet Archevêché (1) comprend aussi plusieurs districts de la Suisse; savoir, tout le *Val de Livenen* qui appartient au Canton d'Uri, les bailliages de *Bollenz* & de *Riviera* ou *Polèse* qui dépendent des trois Cantons d'Uri, de Schweitz & d'Underwalden-le-Bas, les paroisses *Gnosca*, *Prionzo* & *Molina* qui sont du bailliage de Bellinzone, lequel est soumis aux mêmes trois Cantons, enfin le Piève ou le quartier de *Capriasca* qui est du bailliage de Lugano, ainsi que le bourg & la communauté de *Brisago*, dans le bailliage de Locarno. Anciennement le val de Livenen & le bailliage de Bollenz ou *Valle di Blegno*, appartenoient au haut Chapitre de Milan.

A *Faido*, dans le val de Livenen, il y a un Couvent de Capucins de la province de Milan, & sur le mont Saint-Gothard un hospice de ces Pères, de la même province.

A *Claro*, dans le bailliage de *Riviera*, il y a un Monastère de Bénédictines.

A *Bigorio*, dans le quartier de *Capriasca* du bailliage de *Lugano*, est un Couvent de Capucins.

ABBAYE DE SAINT-GALL.

L'ANCIEN (1) territoire de l'abbaie de Saint-Gall est situé dans le diocèse de Constance: mais en vertu des exemptions que les Papes lui ont accordées, particulièrement par le Concordat passé le 27 Juillet 1748 entre l'Evêque de Constance & Célestin *Gugger de Staudach*, Abbé de Saint-Gall, l'Evêque a conservé tous les droits épiscopaux tels que ceux de conférer l'Ordre de la Prêtrise; & l'Abbé, immédiatement soumis au Saint-Siége, jouit de son côté du droit de nommer à tous les Bénéfices qui viendront à vaquer dans son ancien territoire, dans le Comté de Toggenbourg & dans ses domaines seigneuriaux en Turgovie, ainsi que dans le Rheinthal: il y exerce en entier la jurisdiction ecclésiastique, en partie par lui-même & en partie par son officialité, privilége dont ne jouit aucune autre Abbaye en Suisse; il fait aussi la visite de

---

(2) Meyer, Etat Eccles. de la Suisse catholique en 1761, Partie I. pag. 165 & suiv.
(3) Meyer, ibid. Partie II, pag. 168-170.
Faesi, Desc. Topog. de la Suisse, T. III. pag. 533.
(1) Leu, Dict. Hist. de la Suisse, T. XIII. pag. 174.

(1) Leu, Dict. Hist. de la Suisse, Tom. VIII, pag. 20 & suiv. 97, 125 & suiv.
Meyer, Etat de la Suisse catholique en 1761, première partie, pag. 97 & suiv. & partie deuxième, pag. 2 & suiv. Lucerne 1761, in-12, en Allemand.
Faesi, Descript. Topog. de la Suisse, T. III. pag. 598, &c.

PITTORESQUES, &c. DE LA SUISSE.

tous les couvens qui sont situés dans ses états. Ces prérogatives extraordinaires lui donnent en quelque sorte la dignité épiscopale. Le Pape Benoît XIV confirma ce Concordat le 18 Février 1749. L'officialité de l'Abbé de Saint-Gall juge aussi les contestations matrimoniales qui surviennent entre les sujets catholiques de l'Abbaye, mais on peut appeller de ses décisions à l'officialité épiscopale de Constance. On trouve les monastères suivans dans l'étendue des domaines de l'Abbé de Saint-Gall : 1°. l'Abbaye de *St.-Jean dit le neuf*, au Comté de Toggenbourg, Ordre de St. Benoît ; cette Abbaye est incorporée à celle de St.-Gall qui la fait desservir par ses religieux. 2°. le monastère de *Mariaberg* ou *Mont de Sainte-Marie*, situé à un quart de lieue au-dessus du bourg de Rofchach, & dans lequel résident quatre Capitulaires de Saint-Gall, y compris le père *Statthalter* qui administre le bailliage de Rofchach. 3°. le monastère des Bénédictines de *Sainte-Wiborade*, près de Saint-George, au-dessus de la ville de Saint-Gall, régi par une Prieure. 4°. *Libingen*, couvent de Bénédictines dans le Toggenbourg, aussi gouverné par une Prieure. 5°. un couvent de Capucins près de la ville de *Weil*. 6°. le couvent des Dominicaines à *Sainte-Catherine*, aussi près de Weil. 7°. le couvent de *Notkerfegg* à un quart de lieue au-dessus de Saint-Gall. 8°. Celui de *Sainte-Scholastique*, près de Rofchach. 9°. *Sainte-Marie des Anges*, dans le Comté de Toggenbourg. 10°. enfin celui de *Notre-Dame de bonsecours*, en Allemand *Maria-hilf*, près d'Altstetten, dans le Comté du Rheinthal : les quatre derniers sont des Couvens de Religieuses du tiers Ordre réformé de Saint-François. Il y a encore dans le Toggenbourg deux Prévôtés, l'ancien *Saint-Jean* & *Peterzell* ; il réside dans chacune un Prévôt & un Capitulaire de l'Abbaye de Saint-Gall. Je ne dois pas omettre l'Abbaye des Bernardines à *Magdenau*, dans le même Comté de Toggenbourg, laquelle est soumise à la visite de l'Abbé de Wettingen.

L'Abbé de Saint-Gall porte le titre de Prince du Saint-Empire Romain, & de Comte de *Toggenbourg* ; il se qualifie à la fois Abbé de Saint-Gall & de Saint-Jean du Val de la Tour, (*im Turthal*) ; il est Chevalier de l'Ordre de l'*Annonciade de Savoie*, Ordre qui a toujours été annexé à tous les Abbés de Saint-Gall depuis 1686, par les Ducs de Savoie. Les armes de l'Abbaye de Saint-Gall, sont *d'or à l'ours debout, de sable*.

OBSERVATIONS SUR LES ABBAYES, COUVENS ET COMMANDERIES DE LA SUISSE.

LA *Congrégation Bénédictine* (2) de Suisse qui datte son commencement de l'an 1602, comprend les Abbayes de Saint-Gall, d'Einsidlen, de Pfeffers, de Disentis & de Muri, (dont les Abbés portent le titre de *Princes du Saint-Empire Romain*) & les Abbayes de Rheinau, Fischingen, Engelberg & Notre-Dame de la Pierre, en Allemand *Maria-Stein*. L'objet principal de cette Congrégation est l'entretien de la discipline monastique dans chacun des monastères qui la composent : ces Monastères sont exempts de la visite du Nonce apostolique & de celle de l'Evêque diocésain, & les décrets de cette Congrégation ne peuvent être changés ni affoiblis. L'Abbé de St.-Gall préside à cette congrégation ; elle tient alternativement ses sessions dans les différentes Abbayes qui la forment. Après l'Abbé de Saint-Gall, suit pour la préséance l'Abbé d'Einsidlen ou de Notre-Dame des Hermites, puis les Abbés de Pfeffers, Disentis, Muri, Rheinau, Fischingen, Engelberg & Notre-Dame de la Pierre. Cette Congrégation célébra avec pompe à Saint-Gall, en 1702, l'année séculaire de son institution. On peut voir son origine & sa forme dans un livre (3) qui parut cette même année ; on y a inséré les portraits des Princes & Abbés qui parurent à cette solemnité, avec leurs armes & celles de leurs monastères ; on y trouve aussi le plan de la salle où ils s'assemblèrent, & la désignation du rang que chacun d'eux y tint.

L'ancien & respectable Ordre de Saint-Benoît, quoique originaire de l'Abbaie du mont Cassin, n'a jamais voulu dépendre d'un Général : peut-être que si les Jésuites eussent eu la même sagesse, ils subsisteroient encore. L'Ordre de Citeaux qui est une réforme de celui de Saint-Benoît, a cru devoir par respect dépendre de l'Abbaye où il a été primitivement institué. Les différens monastères de Bernardins obéissent à l'Abbé de Citeaux comme à leur Général, quoiqu'il soit étranger à la plus grande partie des Etats où ils existent : leurs Abbés se font toujours fait un devoir de se rendre aux assemblées générales & extraordinaires de Citeaux, en Bourgogne, sans être arrêtés ni par l'éloignement, ni par la crainte des dépenses & de la fatigue ; mais on prétend qu'ils ont beaucoup rallenti leur empressement, depuis que le Père Général, pour qui ils conservent un profond respect, a été attaqué dans l'exercice de son autorité par les *quatre Filles de Citeaux*, en Bourgogne ; on appelle ainsi les quatre monastères, la *Ferté-sur-Grosne*, en Charolois, *Pontigni*, dans l'Auxerrois, *Clairvaux*, en Champagne, & *Morimond*, en Bassigni, qui ont été chefs des différentes Colonies de l'Ordre, éparses en Europe.

Les Chartreux & les Prémontrés qui sont en Suisse, reconnoissent l'autorité de leurs Généraux étrangers ; celui des Chartreux réside à la *Grande-Chartreuse*, près de Grenoble, & celui des Prémontrés, à *Prémontré*, dans le diocèse de Laon. Les Dominiquains, les Cordeliers, les Capucins & les Récollets, tous Ordres mendians, sont subordonnés à leurs Généraux, domiciliés à Rome, lesquels sont presque toujours Ultramontains de naissance ; ils y ont même des Cardinaux protecteurs. Les Bénédictins usent de la même prudence, & elle leur coûte nécessairement. Il y a aussi un couvent d'Augustins à Fribourg, en Suisse ; ces Religieux sont de la *province de Souabe*.

Les Religieuses du *val de Sainte-Catherine*, près Dieffenhofen, de l'Ordre de Saint-Dominique, sont sous l'autorité du Provincial de la Haute-Saxe. Les Cordeliers, en Suisse, sont de la province de Strasbourg, & les Récollets de celle de Milan.

Au (4) mois de Novembre 1663, le Général des Capucins tint à Soleure une assemblée des principaux de l'Ordre ; leur nombre montoit à plus de cent, l'assemblée dura environ quatorze jours. Les Capucins de la Suisse, de Souabe & de l'Alsace, ne faisoient alors qu'une même Province ; mais des motifs de politique, & dictés par l'amour de la paix & par un

---

(2) Leu, ibid. T. III. pag. 66.
Meyer, ibid. Partie II. pag. 1.
(3) *Idea Sacra Congregationis Helveto-Benedictina, anno illius Jubilæo sacu-* *lari expressa & orbi exposita. Typis Monasterii Sancti Galli 1701, in-fol. fig.*
(4) Leu, Dict. Hist. de la Suisse, T. V. pag. 73.

esprit de subordination, en ont fait depuis trois provinces distinctes. Celle de Souabe a été séparée de la Suisse en 1668, & celle d'Alsace en 1729; & aujourd'hui les Capucins de la Suisse ne doivent (5) recevoir aucun Etranger. Ils ont enclassé sous le Pontificat de Clément XIII, les Capucins du Vallais, qui, jusqu'alors, dépendoient de la province de Savoie. Les différens que la République du Vallais (alliée des Cantons Suisses) a eus avec le Roi de Sardaigne *Charles-Emanuel III*, au sujet de la Prévôté du Grand-Saint-Bernard, ont amené cette incorporation. Il seroit à désirer pour le bien-être & le repos général des Cantons Catholiques qu'on ne reçût dans les monastères aucun sujet Etranger; l'exemple que donnent sur cela les Puissances voisines devroit être suivi : en France, nul autre qu'un Sujet du Roi ou Régnicole ne peut être admis dans aucun chapitre ni monastère; & si dans ceux d'Allemagne il y a encore quelques Suisses, la qualité d'Etrangers les exclut de la dignité d'Abbé, ou du moins ils n'y parviennent qu'avec la plus grande difficulté. Les Suisses devroient suivre la même règle, & n'admettre aucuns Etrangers à la jouissance de leurs biens ecclésiastiques. Il y a actuellement en Turgovie & dans d'autres districts de la Suisse, des abbayes & des couvens presque entièrement composés de Souabes; & un Suisse qui y entreroit, y passeroit vraisemblablement une vie bien dure, car il est à présumer que la faction prédominante l'exclueroit de toute préférence. Les chapitres en Suisse renferment aussi pour la plupart un certain nombre d'Etrangers qui y consomment des biens qui devroient être réservés aux gens du pays. Ce que je dis des chapitres peut s'appliquer aux Commanderies de Malte & de l'Ordre Teutonique; il en est plusieurs de très-riches dans le territoire Helvétique; si les Cantons en faisoient la soustraction à l'Allemagne, pour en former des classes distinctes au nom général de la Suisse, ils répareroient le tort que viennent d'essuyer les Chevaliers Suisses de ces Ordres. La Noblesse de l'Empire ayant oublié que plusieurs des plus grandes Maisons de l'Empire, & particulièrement de la Souabe & de l'Alsace, ont eu la Suisse pour berceau, & que les principales dignités de ces Ordres ont été anciennement possédées (même encore dans le dernier siècle) par la Noblesse Suisse, s'est opposée à ce que ces grandes dignités fussent conférées à tout Chevalier, Suisse de naissance : je parlerai encore ailleurs de cette querelle. Le schisme de religion qui divise la Suisse, n'a pas peu contribué aux torts que les Allemands font présentement aux Nobles de la République. Si tous les Cantons étoient restés Catholiques, certainement ils n'eussent pas souffert l'odieuse distinction que leurs voisins sont, que parce qu'ils profitent de la foiblesse apparente des Etats d'où sortent les Aspirans; ou du moins dès ce moment ils auroient retirées à eux toutes les Commanderies de leur ressort. Au reste, il paroît bien étonnant que les Gentilshommes d'Alsace & de Souabe se fassent d'un côté un honneur de servir dans les Régimens Suisses chez les Puissances étrangères, & que de l'autre ils disputent à la Noblesse Helvétique, dont une grande partie est aussi illustre & aussi ancienne qu'aucune Maison de ces provinces, le droit de parvenir aux premières dignités des Ordres Teutonique & de Malte. Les descendans des Barons & Chevaliers tués par les Suisses à la bataille de Sempach, servent aujourd'hui dans les Régimens avoués par les Cantons; ils portent l'uniforme Suisse, & ils disputent en même-tems aux descendans de leurs vainqueurs, le droit de posséder les premières charges de deux Ordres dont cependant il reste en Suisse des Commanderies considérables; on peut croire pieusement qu'ils seroient très-fâchés de les voir séparées de *la Langue d'Allemagne*. *Un peu plus de vigueur dans l'opposition*, disoit un Etranger observateur, *eût singulièrement dérangé les prétentions hautaines de la Noblesse de l'Empire.*

Si le trop grand nombre d'Etrangers qui remplissent les chapitres, les abbayes & les couvens de la Suisse, ne peut qu'être très-préjudiciable aux Cantons Catholiques, il s'est glissé dans les monastères un autre abus, dont les conséquences ne frappent pas moins. Les cloîtres sont pour la majeure partie composés de Religieux tirés du peuple, ou d'origine *rustique*; plusieurs Abbés des principaux monastères, ont eu la même extraction. Le nombre des Moines & Religieuses pris dans cette classe, a augmenté si considérablement, que les familles Nobles & Patriciennes de chaque Canton, répugnent souvent à placer leurs enfans dans les monastères; ils n'y passeroient en effet que de tristes jours, & sans avoir jamais l'espérance de parvenir aux premières dignités; car quelque mérite, quelque savoir qu'ils eussent, l'envie de leurs confrères, nés Agricoles, les en exclueroit infailliblement. La multitude de ceux-ci est trop prépondérante dans les élections; & si l'un d'eux devient Abbé, il aura presque toujours un penchant plus visible pour les Religieux d'une origine aussi obscure que la sienne, que pour ceux qui joignent au mérite & à la science l'avantage de la naissance. Il est bon de se rappeller ici que dans leurs fondations les divers monastères de la Suisse, tels que ceux des Ordres de St-. Benoît & de Cîteaux, n'avoient pour Religieux que des fils de Comtes, de Barons & de Chevaliers; les actes & les nécrologes de ces Abbayes en donnent une preuve convainquante; mais après la révolution qui fixa la liberté Helvétique, les Cantons, devenus Souverains du territoire où les abbayes sont situées, & en même-temps leurs avoués ou protecteurs, changèrent la règle, jusqu'alors constante, que ces monastères semblables aux chapitres de l'Empire, ne pouvoient être affectés qu'à des Religieux illustres par leur noblesse. Les familles habiles au Gouvernement dans chacun des Cantons, soit Nobles d'extraction, soit Patriciennes, & celles de leurs villes municipales acquirent alors le droit d'être admises dans ces mêmes abbayes: ce changement étoit sage & nécessaire; mais avec le temps il a été altéré par le concours ou par le mélange de sujets tirés de la sphère rustique, qui relativement à leur état primitif, ne devroient encore aujourd'hui s'occuper que de la culture des terres, étant naturellement attachés à la glèbe, & par leur condition sujets des Cantons. Les fondations des Comtes de Lenzbourg, de Kibourg, de Habspourg, de Rapperschweyl, de Toggenbourg & de Thierstein, & celles des Barons de Regensberg, d'Eschenbach & de Seldenburen,

---

(5) Il y a cependant une exception à la règle; la collecte se fait dans le bailliage de *Gambs* qui dépend des Cantons de Schweitz & de Glaris, par les Capucins de *Feldkirch*, étrangers à la Suisse, parce que ce petit pays abonde en fruits, & dans quelques paroisses au-delà du Rhin & dans l'Empire, la Collecte se fait par les Capucins Suisses du couvent de *Mels* dans le Comté de *Sargans*, parceque ces districts sont très-fertiles en grain. C'est une compensation économique & fraternelle que l'Ordre Séraphique a établie entre les deux provinces de Suisse & de Souabe, avec la tolérance indulgente des Souverains respectifs.

n'ont pas été établies pour des sujets d'une origine obscure. On me dira peut-être que dans les Cantons Démocratiques le Gouvernement est partagé entre toutes les branches du peuple dominant : cela est vrai ; mais les familles qui le partagent, participent à la Souveraineté générale, & ainsi elles ne doivent pas être mises dans la même balance que les paysans sujets de ces mêmes Cantons, ou d'autres qui n'ont aucun droit au Gouvernement. Les Cantons Démocratiques sont, de même que les Aristocratiques, *avoués* ou *protecteurs* des Abbayes situées dans leurs districts respectifs ou dans les bailliages qu'ils possèdent par indivis avec d'autres Cantons ; ils sont en même-temps Souverains ou co-Souverains du territoire : mais aujourd'hui qu'il n'y a aucune distinction, le mélange des Religieux, dans les différentes Abbayes de la Suisse, est si étrange, que le nombre de ceux qui sont tirés de la charrue, y prévaut considérablement. Un abus aussi préjudiciable pourroit être corrigé; mais les Abbayes ainsi *rusticisées*, employent divers moyens pour détourner cette salutaire réforme. On soupçonne qu'entr'autres ressources pour conjurer les différens orages qu'elles ont à craindre, elles pensionnent annuellement quelques-uns des Magistrats les plus accrédités, lesquels dans une occasion urgente jouent en leur faveur le même rôle que les Cardinaux protecteurs des Ordres monastiques à Rome ; mais à Dieu ne plaise que je donne à ce soupçon plus de valeur qu'il n'en mérite. Au reste, les Abbayes rejettent l'introduction trop multipliée de sujets d'origine rustique dans le cloître, sur le manque de sujets Nobles ou Patriciens ; mais cette disette qui n'existoit pas autrefois, ne seroit jamais devenue aussi grande, si sous certains Abbés d'extraction obscure, on n'avoit pas laissé trop augmenter le nombre des Religieux nés paysans ou étrangers ; le mal est fait, & difficilement pourra-t-il être réparé. Lorsque l'abbaye de *Murbach*, en Alsace, composée de Bénédictins, tous de familles chapitrales, sollicita le privilége d'être convertie en un chapitre de Chanoines de la même qualité; un des principaux motifs apparens qu'elle alléguga étoit le manque de sujets, & de familles chapitrales, pour l'émission des vœux monastiques : ce fut sur ces représentations que l'abbaye des nobles Bénédictins de *Murbach* a été changée avec celle de *Lure*, son annexe, en un chapitre de Chanoines, à la tête duquel est un Prévôt. Si donc les Abbayes de la Suisse se trouvent nécessitées de prendre des sujets tirés de la charrue & en plus grand nombre qu'autrefois, parce qu'il ne s'en présente pas assez qui soient de famille Noble & Patricienne : *Y auroit-il un si grand mal*, me disoit un Philosophe Hétérodoxe, *quand les Cantons Catholiques demanderoient à la Cour de Rome que deux ou trois de ces Abbayes fussent changées en des chapitres de Chanoines ? Ils y placeroient alors leurs enfans ; & ce changement seroit d'autant plus avantageux, que les Chanoines peuvent faire refluer dans le monde une partie de leurs épargnes, au lieu que les richesses accumulées dans les abbayes & les couvens y restent comme absorbées*. Ces Abbayes ont même la coutume de faire desservir par leurs Moines un grand nombre des Cures dont elles ont la collation, & cela au préjudice des Prêtres séculiers qui, en mourant, laisseroient souvent à leurs familles le fruit de leurs épargnes domestiques. Qu'en arrive-t-il ? Ces Moines ainsi métamorphosés en Curés, perdent souvent dans leur nouvel état l'esprit de celui dans lequel ils ont fait profession, & lorsqu'ils sont rappellés au cloître, il leur faut quelquefois une nouvelle année de noviciat pour reprendre le goût de la retraite. *Saint-Benoît* a défendu, dans sa

règle qui est un chef-d'œuvre en toutes ses combinaisons ; à tout Religieux de son Ordre de demeurer hors du cloître ; ce grand Législateur, ennemi de toute dissipation, disoit que de même que le poisson tiré de l'eau meurt nécessairement, de même le Moine qui demeure hors de l'enceinte claustrale, meurt aussi spirituellement. Mais l'esprit de parsimonie a empêché, jusqu'à présent, les Abbayes de faire desservir les Cures monacales par des Prêtres séculiers, dont l'entretien seroit plus considérable. Elles ont même étendu plus loin cette économie ; elles font régir, dans des contrées très-éloignées, leurs seigneuries, par des Moines à qui elles donnent le titre pompeux de *Statthalter* ou *Administrateur* ; & si dans ces seigneuries il y a des Cures, ce sont aussi des Moines qui les desservent. Il a pu se faire que dans l'ancien temps où le manque de Prêtres étoit considérable, le salut des ames demandât qu'ils fussent remplacés par des Moines ; mais aujourd'hui cette disette de Prêtres ne subsiste plus, & le Clergé séculier est très-nombreux dans les Cantons Catholiques. Au reste, les Abbayes devroient bien être revenues de l'usage abusif d'envoyer des Moines Administrateurs dans leurs seigneuries ; de pareils emplois demandent des personnes versées dans la connoissance des affaires & du droit civil : comment un Moine qui n'aura été occupé jusqu'alors que de Théologie, de la science de la Chaire, & des modulations de la Musique claustrale, pourra-t-il se flatter de juger sainement dans les affaires litigieuses, & de ne pas s'égarer dans le labyrinthe de la chicane ? Ne seroit-il pas plus naturel & même plus décent que les Administrateurs de ces seigneuries fussent des Séculiers ? Leur entretien coûte roit moins, & les Abbayes conserveroient plus solidement l'esprit de leur règle primitive. Un autre motif éloigne encore cette réforme; indépendamment de l'agrément de pouvoir jouer le rôle de Seigneur, la faction dominante dans une Abbaye, est enchantée d'envoyer comme Administrateurs dans les seigneuries éloignées les Confrères du parti antagoniste. Un Moine en devenant Abbé, n'aura pas eu l'unanimité des suffrages ; le concurrent & ses adhérens lui deviennent dès-lors désagréables, pour ne pas dire odieux, & l'Abbé prédominant fait transmigrer avec le spécieux titre d'Administrateur ou de Curé ceux qui ont été contraires à son élection ; de cette manière il gouverne sans entraves l'intérieur de son monastère, où il distribue les emplois purement claustraux à ses partisans. Il y a encore des Abbés qui, pendant toute l'année, laissent dehors leurs Moines pour remplir les fonctions de Confesseurs dans les divers couvens de Religieuses de leur Ordre, soumis à leur visite ; ces Moines sont en même-temps Curés des villages annexes à ces couvens. L'Abbesse qui y a le droit de collation ne manque pas de les choisir par préférence : le Moine ainsi transformé en Confesseur particulier des Religieuses & en Curé séculier, remplit deux fonctions à la fois. Au milieu des devoirs attachés à ces deux états, il soupire rarement après son retour au Couvent ; éloigné de son Abbé & exempt de l'observance rigide & journalière de la règle claustrale, il nage dans une plus grande liberté ; souvent même pour se délasser, il goûte les agrémens de la chasse & de la table. Il est nourri & entretenu aux dépens du Couvent dont il est le Directeur ; il y est fêté & révéré, c'est l'oracle du canton, & ses décrets sont presque toujours exécutés sans appel. Le paysan de sa Cure lui offre de son côté les prémices de la saison, & s'il tue le veau gras, nouvel empressement de complaire au

Tome I.   L 2

Curé à qui la meilleure part est toujours réservée. De cette manière plusieurs Moines vivent au-dehors à la décharge des Couvens où ils ont fait profession, & cette épargne souvent répétée enrichit les Abbayes au nom desquelles ils dirigent les Religieuses de leur Ordre.

Je viens de tracer une première esquisse des abus qui se sont glissés en Suisse dans l'état des personnes qu'on appelle de Main-morte. M. François-Joseph-Léonce *Meyer de Schauensée*, Chanoine du Chapitre Ducal de Saint-Leger à Lucerne, fait monter dans *son état* (6) *de la Suisse Catholique*, imprimé en 1761, le Clergé séculier de la Suisse à deux mille cinquante-une personnes, & celui des Moines, Religieux & Religieuses des divers Ordres, à trois mille deux cent quatre-vingt-seize. Ces deux quantités réunies forment celle de cinq mille trois cent quarante-sept personnes, nombre qui paroît assurément être trop considérable pour l'étendue du territoire catholique en Suisse. M. *Meyer* a omis dans cette évaluation plusieurs chapitres & couvens qui sont dans les pays Ultramontains, & de la dépendance des Cantons & des Grisons. Quelles réflexions ne feroit pas un spectateur moderne si on pouvoit lui montrer les chapitres & monastères sécularisés aujourd'hui en Suisse, tels qu'ils étoient avant le changement de religion? Mais si je disois à ce même spectateur, que depuis cette époque & malgré la soustraction de la moitié de la Suisse à l'Eglise Romaine, on a laissé établir dans les seuls Etats Catholiques du Corps Helvétique plus de quinze cent Religieux & Religieuses de différens nouveaux Ordres, quelle seroit sa surprise? & ne conviendroit-il pas que ces *accrues* (que l'on me permette cette expression) qui remplacent en quelque sorte les monastères sécularisés dans les Cantons réformés, ne peuvent être que très-onéreuses au territoire rétréci dans lequel elles ont pris racine, puisqu'en y établissant un plus grand nombre de monastères qu'il n'y en avoit avant le milieu du seizième siècle, leur augmentation n'a pas été combinée proportionnément aux facultés & à l'étendue du pays qui est resté catholique.

Depuis quelques années le louable Canton de Lucerne a défendu à l'Abbé de *Saint-Urbain*, dont le monastère est situé dans son territoire, d'y recevoir aucun Religieux qui ne soit natif de l'un des deux Cantons de Lucerne ou de Soleure. (L'Abbé jouit du droit de bourgeoisie dans ces deux villes). Cette défense est fondée sur des motifs politiques, & en même-tems puisés dans l'exacte justice. La même République a refusé à l'Abbé de St.-Urbain qui est de l'Ordre de Cîteaux, le privilège d'avoir un Confesseur permanent de son monastère, dans les Abbayes des Bernardines d'*Eschenbach* & de *Rathausen*. L'Abbé, quoique Visiteur, ne peut y envoyer un de ses Moines pour remplir cette fonction, qu'aux quatre grandes fêtes de l'année; les Religieuses sont obligées pendant le reste du temps de prendre pour Directeur de leur conscience ou un Capucin du couvent de Lucerne, ou le Chapelain qui dessert leur Eglise.

Mais passons à un autre objet qui a été la suite du changement de Religion en Suisse. Il terminera ce long article.

M. le Ministre *Faesi*, de Zurich, avance (7) que pour prévenir autant qu'il est possible tout désordre & toute dispute qui pourroient naître de la disparité de Religion, les Cantons ont établi entr'eux cette règle, qu'*il est libre à tout habitant d'embrasser une Religion suivant son choix*, mais avec cette condition expresse, *que lorsqu'un habitant d'un Canton entièrement réformé veut se rendre Catholique, il vendra ses biens & s'établira dans un Canton où est exercée la Religion Catholique.* M. Faesi ajoute qu'un habitant d'un Canton entièrement catholique est pareillement soumis à la même condition, s'il embrasse la Religion réformée. Cela se pratique entre les Cantons de Berne, de Fribourg & de Soleure qui ont une ancienne combourgeoisie mutuelle; & même dans les premiers temps qui ont suivi la réforme à Berne, il suffisoit qu'un Citoyen de cette ville s'établit à Fribourg ou à Soleure; non-seulement il emportoit avec lui la valeur de ses biens, mais encore il avoit le droit de prétendre aux charges de la ville dans laquelle il se fixoit. Ce droit a été réduit depuis au seul domicile avec les privilèges de la simple & petite bourgeoisie inhabile au gouvernement. La guerre civile qui divisa les Cantons en 1656, n'eut pour cause que le refus constant que fit celui de Schweitz de délivrer à ceux d'*Art* leurs possessions, parce qu'ils avoient embrassé la réforme à Zurich. Le Canton de Schweitz fut même contre plusieurs particuliers d'Art, parens & amis de ces nouveaux prosélytes, & son refus fut soutenu par les quatre Cantons de Lucerne, d'Uri, d'Underwalden & de Zoug. Ils armèrent tous contre Zurich & Berne & ne purent jamais être forcés, ni alors, ni depuis ce temps, à souscrire à la délivrance des biens, dans le cas où un de leurs concitoyens, compatriote ou sujet direct, changeroit de Religion. M. Faesi est plus exact, quand il écrit que dans les Cantons de Religion mixte, ni les Catholiques, ni les Réformés ne doivent se croiser par aucun objet qui pourroit faire naître quelqu'altération dans l'union mutuelle; aussi pour obvier aux moindres difficultés, il a été réglé *que les Catholiques, dans leurs processions baisseront les Croix & bannières, & cesseront le chant aussi-tôt qu'ils passeront le territoire d'une Communauté réformée.* Dans les bailliages communs où l'exercice des deux Religions est publique, aucun parti ne s'intéresse aux usages, fêtes & cérémonies de l'autre parti. Il est permis à chacun dans ces bailliages de changer de Religion, sans perdre le droit de bourgeoisie, mais on perd les charges & emplois dont on étoit revêtu dans sa première Communion. Le traité (8) de paix qui termina la guerre civile de 1712, prescrit & détaille la manière dont les deux Communions doivent vivre entr'elles dans les bailliages communs.

---

(6) Partie I, pag. 200, & Partie II, pag. 136.
(7) Descrip. Topog. de la Suisse, T. I. pag. 73-75.

(8) Dans le Diction. Hist. de la Suisse, par M. Leu, T. XI. pag. 336 345.

XXVIII.

Constitution de la Religion dans les Etats évangéliques ou réformés. Evêchés, Abbayes & autres fondations Ecclésiastiques, sécularisés.

On appelle (1) en Allemand *Evangéliques*, ceux qui ont embrassé la Religion réformée & même la Luthérienne, & en Suisse, spécialement les Cantons & Etats co-alliés & alliés que l'on nomme autrement *Réformés* & qui suivent la croyance Evangélique réformée; & il a été convenu en 1712 par la paix d'*Arau* entre les sept premiers Cantons & aussi en confédération de leurs bailliages communs, qu'aux diètes générales & particulières, soit en écrivant, soit en parlant, cette Religion seroit nommée & intitulée *la Religion Evangélique*. Au reste elle est la même que celle qu'on appelle en France le *Calvinisme* ou *la Religion prétendue réformée*. J'ai déja parlé des diverses époques de la *Confession Helvétique*. Chaque (2) Canton, République ou Etat, a sa constitution propre & distincte dans ce qui regarde les Eglises, les Ecoles & les autres objets du culte. Le *Consistoire* ou Conseil Ecclésiastique de chaque Etat est composé des principaux Curés ou Pasteurs & Professeurs de la capitale, avec le supplément de quelques Séculiers tirés du Conseil. A Zurich le consistoire, ou l'assemblée des Examinateurs, est formé par onze à douze Ministres, dont deux Sénateurs du petit Conseil & autant du grand. Dans les Cantons de Zurich, Glaris & d'Appenzell-extérieur, ainsi que chez les Grisons où on parle Allemand, & dans le Comté de Toggenbourg & les bailliages communs, on se sert de la version de la Bible de Zurich & du catéchisme de cette ville. Dans le pays Allemand du Canton de Berne, on (3) fait usage depuis 1684 de la version de la Bible par Jean *Piscator*, Professeur de Théologie à *Herborn* : cette version parut au commencement du dix-septième siècle. Mais dans les autres Cantons ou Etats réformés de la Suisse, on se sert de celle de *Luther* & du catéchisme de *Heidelberg*.

Tous les Membres du ministère de la Religion dans les villes de Zurich, Berne, Bâle & Schaffhausen, forment un Corps particulier à la tête duquel est le principal Curé. A Zurich & à Bâle, on donne à cette dignité le nom d'*Antistes* ou *le premier des Ecclésiastiques*, à Berne & à Schaffhausen celui de *Doyen*. Toutes les paroisses de chacun de ces Cantons sont distribuées en *Doyennés* & *Chapitres* ; ces Doyennés composent un *Synode*, qui tient annuellement ses assemblées, une fois dans quelques Cantons & deux fois dans d'autres. On discute & on règle dans ces assemblées tout ce qui regarde nécessairement le Service divin & l'administration des Eglises & des Ecoles, après que le Consistoire a donné préalablement les avis relatifs. De cette manière, le Consistoire, conjointement avec les Synodes, règle & dirige les affaires Ecclésiastiques; mais quand il ne s'agit que d'objets concernant les Ecoles & les Académies, ou la réception d'un nouveau Ministre, le Consistoire en décide primitivement.

On appelle (5) aussi *Antistes*, dans la ville de *Coire*, le premier Pasteur, & à *Davos*, dans la Ligue des dix Jurisdictions, on le désigne par le nom de Curé ou Pasteur de la principale Eglise. L'*Antistes* de Zurich qui est toujours Curé du *grand Moutier* de la ville, est élu par le grand & le petit Conseils; il est en même-temps Chanoine du grand Moutier. Le titre d'*Antistes* lui donne celui de Chef & Président, non-seulement dans toutes les Eglises & Ecoles dans la ville & le Canton de Zurich, mais encore de tous les Ministres qui se trouvent dans les bailliages communs de la Turgovie, de Baden & du Rheinthal qui font partie du Synode de Zurich. Il reçoit tous les mémoires des causes Ecclésiastiques & en fait le rapport. L'*Antistes* à Bâle est aussi ordinairement le Curé de la cathédrale; le Magistrat l'établit *Antistes* & Archidiacre de toutes les Eglises de la ville & du Canton. L'imposition des mains pour la réception d'un Ministre se fait toujours à Zurich & à Bâle par l'*Antistes*, à Berne & ailleurs par le *Doyen*.

L'Etat Ecclésiastique de la ville & du Canton de Zurich est partagé en onze Chapitres ruraux qui ont chacun leur Doyen & qui composent cent soixante-une paroisses. Le nombre de ces onze Chapitres est encore augmenté de *trois autres de la Turgovie* qui contiennent cinquante-une paroisses, & du *Chapitre rural de Rheintal* qui renferme dix paroisses. Le seul *Chapitre de Zurich* est de cinquante-quatre Membres, & le nombre de tous les Curés tant de la ville que du Canton, y compris tous ceux qui ressortissent du Synode, monte à deux cent soixante-seize personnes. Dans ce nombre ne sont pas renfermés les jeunes Ministres ou *Expectans*.

Le *Canton de Berne* contient dans le pays Allemand huit Doyennés ou Chapitres ruraux, & dans le pays Romand cinq classes ou Chapitres. Le Conseil de Berne choisit (6) le Doyen de chaque Chapitre, dans le *pays Allemand*, parmi trois Candidats que le Chapitre lui propose; & ce Doyen garde sa place jusqu'à sa mort ou jusqu'à ce qu'il quitte le Chapitre. Les Doyens (7) dans le *pays Romand*, sont changés alternativement tous les trois ans, suivant le tour des *Colloques* : on appelle ainsi les cinq classes du pays de Vaud. Il y a de même un Doyen à la tête des paroisses dans la partie réformée du Canton de Glaris & dans le Comté de *Werdenberg*. Le Canton de Bâle renferme hors de la ville trois Doyennés forains ou ruraux. Ils ont chacun leur Doyen, & pour Président-général l'*Antistes* de Bâle, qui, comme je l'ai observé, est en même-temps Archidiacre. Dans la ville de *Schaffhausen*, le Curé de Saint-Jean est toujours le Doyen du Clergé qui, outre la ville, contient dix-neuf paroisses. Dans le Canton d'*Appenzell-Réformé*, un Doyen préside aux diverses Eglises Evangéliques, & dans la *ville de Saint-Gall*, le premier des Curés porte le titre de Doyen. En Grisons, dans chacune des trois Ligues, il y a un Doyen qui est élu par tout le Synode des six Colloques; & dans la Souveraineté de *Neuchatel* & de *Vallangin*, les Pasteurs assemblés en Corps y élisent tous les ans un Doyen. Les paroisses

---

(1) Leu, ibid. T. VI. pag. 454-455.
(2) Faesi, Descript. Topog. de la Suisse, T. I. pag. 65-72 & 74-75.
(3) Leu, ibidem. T. XIV. pag. 561.
(4) Du temps des Romains, *Antistes* étoit le premier Prêtre d'un Temple : ce nom dérive d'*Ante* & de *Stare*. Voyez les *Synonymes latins* par M. *Gardin du Mesnil*, pag. 428. Paris 1777, in-12.

(5) Leu, ibid. T. I. pag. 238-239.
Bluntschli, *Memorabilia Tigurina*, pag. 460-464.
(6) Leu, ibid. T. V. pag. 380-381 & T. VI. pag. 31-32.
Ruchat, Hist. de la réformation de la Suisse, T. VI. pag. 417 & 472.
(7) Voyez le recueil d'Ordonnances pour les églises du pays de Vaud, imprimé à Berne 1758, in-4. par ordre de leurs Excellences de Berne.

réformées dans la *Turgovie* & le *Rheintal* ont à leur tête des Doyens qui sont élus par le Synode de Zurich ; mais dans le *Toggenbourg*, les Pasteurs élisent entr'eux un Doyen.

On appelle (8) à Zurich *Expectans*, ceux qui après un examen préalable, sont admis au ministère & à la direction des Ecoles, & qui pourroient remplir toutes les fonctions pastorales, mais qui n'étant encore pourvus d'aucune paroisse ni d'aucune Ecole, sont par conséquent de simples aspirans. Ces Candidats sont aussi nommés *Expectans* ou *les Examinés*, dans le pays *Allemand* de Berne ; on les qualifie du nom d'*Impositionaires* dans la partie *Romande* de ce Canton.

On a imprimé (9) à Amsterdam *le Formulaire du consentement des Eglises réformées de la Suisse*. Tous ceux qui vouloient devenir Ministres & Maîtres d'Ecole, étoient autrefois obligés de le signer ; il avoit été reçu en 1675 par toutes les Eglises réformées de la Suisse & des Etats co-alliés, excepté à Genève & à Neuchatel : Jean-Henri *Heidegger*, Professeur en Théologie à Zurich, en avoit été le Rédacteur ; il renfermoit les principaux points de la doctrine de l'Eglise réformée. En 1676, Genève & Neuchatel le reçurent à leur tour ; mais en 1706, Genève se départit de ce formulaire d'unité. A Lausanne il souffrit aussi beaucoup d'assauts. L'Etat de Berne le confirma de nouveau le 3 Juin 1718 ; d'un autre côté le Synode du Canton d'*Appenzell-Reformé*, tenu en 1723, raya à la pluralité des voix l'obligation de souscrire au formulaire ; la ville de Berne persista dans sa première décision, & elle enjoignit en 1724 la souscription du formulaire à tous les Ministres & Maîtres d'Ecole du Canton. Aujourd'hui dans quelques Cantons il n'est plus d'usage d'y souscrire ; on n'y permet cependant à personne de rien enseigner contre sa teneur.

Quoique le *Luthéranisme* n'ait point d'exercice dominant dans aucun pays du Corps Helvétique, on le tolère cependant à *Genève* pour la commodité des commerçans ou des prosélytes de cette Religion ; ils y ont un Ministre & une sorte de Temple. M. le Prince de *Saxe-Gotha* est le protecteur de cette Eglise & il en nomme le Ministre.

Deux des principaux véhicules qui étendirent les progrès de la nouvelle Réforme en Allemagne, en Suisse & ailleurs, ont été la sécularisation des Evêchés & des Abbayes & Chapitres, & la liberté de se marier accordée aux Prêtres, aux Moines & aux Religieuses. Le premier de ces ressorts remua singulièrement les Princes, les Républiques & les villes Impériales ; il leur offrit un vaste champ pour s'enrichir aux dépens du Clergé trop puissant & trop fastueux, & du Monachisme trop opulent. Je réserve à l'*Abrégé de l'Histoire Helvétique* le précis des révolutions que le changement de Religion suscita dans la Suisse, révolutions qui mirent à deux doigts de sa perte, & dont les suites se font sentir encore aujourd'hui en éloignant les remèdes qui pourroient guérir les plaies de la guerre de 1712 & renouveller la primitive union d'une manière inébranlable. Les Missionnaires de la nouvelle Réforme, lorsqu'ils prêchèrent contre l'Eglise catholique & ses Ministres, oublièrent pour la plupart de pourvoir à leurs besoins avenir. Contens de chasser les Evêques, le Clergé & les Moines, ils ne marquoient personnellement aucune avidité pour leurs richesses ; mais les Princes & les villes profitèrent habilement de leur désintéressement, ils les laissèrent prêcher & même les soutinrent ; la dépouille des Eglises & des fondations étoit sans doute un objet trop tentant pour ne pas le favoriser avec empressement & avec force. Les Ministres d'alors laissèrent échapper une circonstance qui pouvoit leur assurer à eux & à leurs successeurs un sort sinon opulent, du moins assez honnête pour suffire à leur état & au soutien de leurs femmes & de leurs enfans. En se mariant ils devoient prévoir les embarras multipliés & trop dispendieux du ménage, & ils devoient préparer la fortune & l'établissement de leur postérité ; mais pour n'avoir pas fait toutes ces réflexions, leurs successeurs (je parle de ceux de la Suisse) ont aujourd'hui pour la majeure partie, un état très-médiocre, si on veut le comparer avec les charges qu'ils supportent, leurs Cures étant d'un mince rapport. Je me rappelle ce que me disoit à ce sujet un Ministre très-lettré, dans l'une des principales villes réformées, lequel étoit chargé d'une nombreuse famille ; je le questionnois sur son état : *Que voulez-vous*, me répondit-il, *mes Devanciers ont eu la générosité de prêcher l'abandon de toutes ces richesses terrestres pour enrichir les Souverains* & *ils n'ont laissé à leurs successeurs que l'espérance des trésors du Ciel* ; *aussi sommes-nous les Ecclésiastiques les moins rentés*. Je ne pus m'empêcher de le plaindre de ce que ses prédécesseurs avoient eu autrefois tant de désintéressement.

Le tableau général des Evêchés, Abbayes & fondations Ecclésiastiques, sécularisés par la réforme dans la Suisse, doit avoir ici sa place ; ce coup-d'œil peut paroître intéressant. Au reste l'hommage que je dois à la vérité demande que je prévienne ici le Lecteur que quoique les revenus des Evêchés de Lausanne & de Genève, & ceux des Chapitres, Abbayes & Couvens qui ont été sécularisés par le changement de Religion, soient pour la majeure partie annexés au trésor du Souverain territorial, & au profit du Baillif ou Administrateur respectif, on en a séparé des portions annuelles qu'on employe pour l'entretien des Universités ou Académies, pour le soutien des veuves, des orphelins & des pauvres, & pour divers établissemens utiles à la Religion. Mais malgré ces soustractions à la masse ballivale & à celle du trésor public, il est difficile de ne pas convenir qu'à certains égards l'existence de ces Evêchés, Chapitres & Abbayes étoit avant la réforme d'une plus grande utilité, à raison de leur dépense journalière & extraordinaire, aux habitans du sol & aux voisins, qu'elle ne l'est aujourd'hui où le Baillif ou Administrateur resserré avec sa famille dans les limites de l'économie, & ne quittant la capitale pendant un nombre d'années que pour une ample récolte, ne distribue aux pauvres de la campagne & aux paysans qu'une partie circonscrite des anciennes fondations. Le profit du Baillif ou Administrateur & la partie destinée au trésor de l'Etat souverain qui le nomme, étant continuellement absorbés dans la capitale ; il en reflue rarement des particules sur le local habité par le Sujet qui paye les rentes & les dixmes au Baillif ou à l'Administrateur, de même que si l'Evêque, l'Abbé ou l'Abbesse, leurs premiers propriétaires, & toujours représentés en quelque sorte par le Baillif, existoient encore aujourd'hui. Ajoutons que la dépense du Prélat décimateur, seigneur ou rentier, quintuploit, s'il étoit prodigue, ce qui arrivoit fréquemment. Au reste, la valeur attachée à ces observations peut être plus ou moins

---

(8) Leu, ibid. T. VI, pag. 466-467.
(9) 1726, *in-12*. Voyez aussi *Pfaffii Schediasma Theologicum de formula Consensus Helvetica*. Tubingue 1723. Leu, Dict. Hist. de la Suisse, T. VII, pag. 194-195.

appliquée

appliquée à plusieurs autres Etats de l'Europe. Passons au tableau général des Evêchés, Chapitres, Abbayes & Couvens sécularisés. Je n'y ferai pas entrer les fondations particulières qui avoient été faites dans les différentes paroisses ; elles sont contenues dans les anciens Necrologes ou livres d'anniversaires. L'application qu'on en a faite, a été aussi soumise à diverses combinaisons, plus ou moins temporelles.

CANTON DE ZURICH.

Zurich, ville.

LE *grand Moutier*, en Allemand *das grosse Munster*, étoit du temps de la Catholicité, composé d'un Prévôt, de vingt-quatre Chanoines & vingt-quatre Chapelains. A la réformation ils abandonnèrent au Magistrat toutes leurs seigneuries avec la haute & basse jurisdiction ; les Chapellenies & une partie des Prébendes des Chanoines & de leurs maisons furent appliquées, les unes à l'hopital & au profit de la *Chambre des Aumônes*, & les autres à l'entretien des Professeurs & Maîtres d'Ecole. Le nombre des Chanoines a été réduit à dix qui ont les mêmes revenus qu'ils avoient avant la réformation, proportionnément à leur nombre. Le premier d'entr'eux porte le titre d'*Antistes* ou de Président de l'Eglise de Zurich, & de Curé du *grand Moutier* ou Chapitre.

L'Abbaye des Bénédictines, dite en Allemand *Frauen-Munster*, c'est-à-dire en François le *Moutier des Dames*, & en latin *Monasterium Dominarum*, étoit une Abbaye royale. L'Abbesse, Princesse du Saint-Empire Romain, a été Dame Souveraine de la ville de Zurich pendant plusieurs siècles ; elle y jouissoit du droit de faire battre monnoie, & entr'autres Domaines considérables elle avoit la seigneurie d'une grande partie du lac. Ces Dames étoient toutes tirées de la première Noblesse de l'Empire, & il y avoit sept Chanoines fondés pour desservir l'Eglise de cette Abbaye. Au changement de religion l'Abbesse se maria après avoir résigné l'Abbaye & toutes ses possessions au Magistrat. L'Eglise Abbatiale est aujourd'hui la seconde paroisse de la ville.

Le Couvent des Dominicains, celui des *Augustins*, & un autre Couvent de Religieuses de l'Ordre de Saint-Dominique, dans le quartier dit *Oetenbach*.

Zurich, Canton.

L'ABBAYE des Religieuses de l'Ordre de Cîteaux, à *Sellnau* ou *Seldnau*, dans la proximité de la *petite ville* de Zurich, au bailliage de *Wollishofen*.

La Commanderie des Chevaliers de l'Ordre de Saint-Jean de Jérusalem (de Malte) à *Kussnacht*, aujourd'hui bailliage de la ville.

Heiligberg, en latin *Mons Sacer*, Chapitre de Chanoines, au-dessus de la ville de *Winterthour*.

Beerenberg, en latin *Fragorum Mons*, & en François la *Montagne des Fraises*, au-dessous de Wulflingen, entre Wulflingen & Pfungen, Couvent de Chanoines Régulières de l'Ordre de Saint-Augustin.

Un riche Couvent de Dominicaines, à *Toefs*, près de Winterthour.

Un Couvent de Religieuses sous le nom de *Sammlung* ou de la *Réunion*, dans la ville de *Winterthour*.

Embrach, Chapitre de Chanoines Réguliers, à la tête desquels étoit un Prévôt ; il est situé entre Kloten & Pfungen, dans le Comté de *Kibourg*.

Im-Gfenn, Couvent de Religieuses de l'Ordre de St-Lazare ; entre Wangen & Schwerzenbach, dans la paroisse de Dubendorff, bailliage de *Greifensée*.

Abbaye de *Ruti*, Ordre de Prémontré, entre Bubiken & Rapperschweil, dans le bailliage de *Gruningen*.

Commanderie de *Wedischweil* ou *Wedenschweil*, de l'Ordre de Saint-Jean de Jérusalem.

Abbaye de *Cappel*, de l'Ordre de Cîteaux, dans le bailliage de *Knonau*, sur la frontière du Canton de Zoug.

A *Stein sur le Rhin*, l'Abbaye des Bénédictins de *Saint-George*.

CANTON DE BERNE.

Berne, Ville.

Le ~~Chapitre~~ de Saint-Vincent, à la tête duquel étoit un ~~Prévôt~~, un Doyen, un Chantre & un Custode avec vingt autres Chanoines.

Un Couvent de Dominicains, un autre de Cordeliers ; le Couvent des Religieuses de l'Ordre de Saint-Dominique, dans l'*Isle de Saint-Michel* ; les Frères Hospitaliers sous l'invocation du *Saint-Esprit*.

Berne, Canton. Dans le Bas-Argeu.

COMMANDERIE de *Biberstein*, sur l'Are, de l'Ordre de Saint-Jean de Jérusalem ; l'Etat de Berne l'acheta de l'Ordre en 1535 & en forma un bailliage.

L'Abbaye Royale de *Koenigsfelden*, fondée par la Maison d'Autriche, & dans laquelle plusieurs Princes & Princesses de cette auguste Maison ont eu leur sépulture. L'Abbesse & les Religieuses, de l'Ordre de Sainte-Claire, étoient nées parmi la principale Noblesse de l'Empire. Les revenus considérables de cette Abbaye sont aujourd'hui régis au nom de la République de Berne par un Administrateur particulier tiré du grand-Conseil ; c'est un des emplois les plus lucratifs de l'Etat. Le Couvent des Frères Mineurs, annexé à l'Abbaye, a été également sécularisé en 1528.

Le *Chapitre des Chanoines* à *Zoffingen*, à la tête desquels étoit

Tome I.

un Prévôt. La ville de Berne en fait aujourd'hui gèrer les revenus par un Administrateur tiré du grand-Conseil de la République.

Dans le Haut-Argeu.

COMMANDERIE de l'Ordre de Saint-Jean de Jérusalem, à *Thunstetten*, dans le bailliage d'*Arwangen*.

Prévôté de Herzogen-buchsée, dans le bailliage de *Wangen*, achetée en 1557 par l'Etat de Berne.

Abbaye de Gottstadt, de l'Ordre de Cîteaux. L'Abbé la remit à l'Etat de Berne sous la réserve d'une pension viagère pour lui & ses Religieux ; c'est aujourd'hui un bailliage.

Isle de Saint-Jean d'Erlach ou *Cerlier*, Abbaye de Bénédictins, au haut du lac de Bienne, aujourd'hui bailliage.

Koenix ou *Koennitz*, autrefois Commanderie de l'Ordre Teutonique, achetée en 1732 par l'Etat de Berne qui en a fait un bailliage.

Frienisberg, en latin *Mons Aurora*, Abbaye de Bernardins, aujourd'hui bailliage.

Commanderie de Buchsée ou *Munchensée*, de l'Ordre de Saint-Jean de Jérusalem, entre Frienisberg & Jaegistorf, à deux lieues de Berne, aujourd'hui bailliage.

Fraubrunnen, en latin *Fons Beatæ Virginis*, Abbaye de Religieuses de l'Ordre de Cîteaux, aujourd'hui bailliage.

Thorberg, riche Chartreuse, aujourd'hui bailliage.

Couvent de Cordeliers dans la ville de *Burgdorf*, qui est aujourd'hui un bailliage.

Couvent de Bénédictines à *Ruegsau* ou *Ruegisau* dans le bailliage de *Brandis*.

Summifwald, Commanderie de l'Ordre Teutonique, aujourd'hui bailliage.

Trub, Abbaye de Bénédictins dans le bailliage de *Trachselwald*.

Interlachen, riche Chapitre de Chanoines Réguliers de l'Ordre de Saint-Augustin, aujourd'hui bailliage.

Prieuré de Bénédictins de l'Ordre de Cluni, à *Rougemont*, dans le bailliage de *Sanen* ou *Gessenai*.

Prieuré de Bénédictins, à *Aigle*, dans le gouvernement de ce nom.

PAYS DE VAUD.

LAUSANNE. L'Evêque de cette ville passoit pour un riche & puissant Prélat ; on évaluoit (10) ses revenus annuels à soixante mille ducats ; les Bernois le dépouillèrent en 1536 de tout son temporel ; ses successeurs résidans à Fribourg avec les titres d'*Evêque & Comte de Lausanne* & de *Prince du Saint-Empire Romain*, sont aujourd'hui réduits à un état de médiocrité qui ne quadre aucunement avec leur ancienne grandeur. Le haut Chapitre de Lausanne étoit composé de trente-deux Chanoines, il possédoit aussi plusieurs seigneuries considérables. Il y avoit encore à Lausanne le Chapitre des Chanoines de *Saint-Maire*, un Couvent de Cordeliers & un autre de Dominicains. Le Baillif de Lausanne demeure en cette ville dans l'ancien château des Evêques.

A *Vevai*, il y avoit un Couvent de Religieuses, de l'Ordre de Sainte-Claire.

Abbaye de *Montheron*, ou de *Thela*, ou *Thielle*, de l'Ordre de Cîteaux, à deux lieues de Lausanne, dans la jurisdiction de cette ville.

A *Lutry*, un riche Prieuré de Bénédictins, de la congrégation de Cluny, aujourd'hui du bailliage de *Lausanne*.

A *Cossonai*, dans le bailliage de *Morges*, un Prieuré de l'Ordre de Saint-Benoît, de la congrégation de *Savigny*.

A *Biere*, dans le bailliage de *Morges*, un Prieuré dépendant du Monastère du grand Saint-Bernard.

A *Perroi*, dans le bailliage de *Morges*, un Prieuré de Bénédictins, de la congrégation de Cluni.

A *Nyon*, dans le fauxbourg de *la Rive*, un Couvent de Cordeliers.

Abbaye d'hommes de *Bonmont*, Ordre de Cîteaux, aujourd'hui bailliage.

Abbaye de *Romain-Moutier*, de la congrégation de Cluni, sous la direction d'un Prieur de Cluni ; elle passe aujourd'hui pour le plus riche bailliage du Canton de Berne, avec ceux de Lenzbourg, de Lausanne & l'administration de Koenigsfelden.

Abbaye du *Lac de Joux*, de l'Ordre de Saint-Benoît, à trois lieues de Romain-Moutier, dans le bailliage de ce nom.

Vallorbe, Prieuré de Bénédictins, dans le bailliage de *Romain-Moutier*.

Baulme ou *Baume*, Prieuré de la Congrégation de Cluni, dans le bailliage d'*Yverdun* ; il dépendoit de l'Abbaye de Payerne.

Le Mont-prevairè ou *Mont-preveyre*, dans le bailliage de *Moudon*, avoit un Prieuré dépendant du Monastère du grand Saint-Bernard, qu'on nommoit en latin *mons Prierii* ou *mons Previerius*.

Bettens, dans le bailliage de *Morges*, avoit aussi un Prieuré, dépendant également du Monastère du grand Saint-Bernard.

Le village *de la Chaux*, dans la paroisse de Cossonay, au bailliage de *Morges*, avoit une Commanderie de l'Ordre de Saint-Jean de Jérusalem.

Haut Crêt, en latin *Alta Crista*, Abbaye de Bernardins, à deux lieues de Vevay, dans le bailliage d'*Oron*.

L'Abbaye Royale de *Payerne*, de la congrégation de Cluni, fondée par Berte, Reine de Bourgogne, & aujourd'hui un bailliage.

Le village de *Saint-Christophle*, dans la paroisse de Champvent au bailliage d'*Yverdun*, avoit aussi une Commanderie de l'Ordre de Saint-Jean de Jérusalem.

---

(10) Meyer, Etat de la Suisse Catholique en 1761, Partie I. pag. 65.

MULHAUSEN.

Un Couvent de Cordeliers, un autre d'Augustins, & un Couvent de Religieuses de l'Ordre de Sainte-Claire.

BIENNE.

Il y avoit dans cette ville une Commanderie de l'Ordre de Saint-Jean de Jérusalem.

GENÈVE.

L'Evêque (1) de Genève, Prince du Saint-Empire Romain, étoit anciennement Souverain de cette ville ; le changement de la Religion lui a fait perdre toute son autorité spirituelle & temporelle à Genève. Ses successeurs, Evêques titulaires de cette ville, résident à Annecy en Savoie. Le Chapitre de la cathédrale de Saint-Pierre de Genève, étoit composé de trente-deux Chanoines ; il a subi le sort de son Evêque.

Il y avoit aussi à Genève un Couvent d'Augustins, un de Cordeliers, un de Dominicains, un autre de Religieuses de l'Ordre de Sainte-Claire, & une Commanderie de Chevaliers de l'Ordre de Saint-Jean de Jérusalem. Le riche Prieuré de *Saint-Victor*, de la congrégation de Cluni, étoit dans un faux-bourg de Genève. Le Monastère de *Saint-Jean-les-Crottes* qui étoit situé sur le Rhône devant la porte de Cornavins & de Saint-Gervais, a été détruit en 1534.

COMTÉ DE NEUCHATEL.

Il y avoit à *Neuchatel*, un riche Chapitre de Chanoines, à la tête desquels étoit un Prévôt.

Fontaine-André, en latin *Fons Sancti Andreæ*, étoit une Abbaye de Religieux de l'Ordre des *Prémontrés*, située dans la paroisse de Saint-Blaise, en la châtellenie de *Thielle*.

Bevaix ou *Bevay*, avoit dans la Mairie de ce nom un Prieuré de Bénédictins.

XXIX.

Mœurs du Clergé Catholique.

Je réunirai sous cet article les mœurs du Clergé séculier & celles des Ordres monastiques qui sont dans la Suisse catholique. Voilà sans doute, me dira-t-on, une matière bien délicate à traiter.

Periculosæ plenum opus aleæ. Horat.

J'en conviens, mais *honny soit qui mal y pense*. Cette devise sera mon égide. Je dirai la vérité, je respecterai la piété, la vertu, la discipline & la science dans les Prêtres & les Moines strictes observateurs de leurs devoirs ; mais sans manquer à l'honnêteté ni à la décence, je releverai les abus & les vices qui déshonorent plusieurs d'entre eux. Je dois cet hommage à la vérité ; jaloux de ne m'en point écarter, j'ai tâché de ne la jamais perdre de vue dans le cours de mes voyages. Ce seroit faire peu de cas de l'estime du public que de lui offrir des tableaux dont les teintes seroient trop foibles, les ombres font sortir la beauté du coloris. Décrire les abus & les vices, c'est présenter un contraste qui sert à faire briller dans un plus grand jour les vertus morales & chrétiennes. Je serai également exact lorsque je tracerai le caractère de la Nation Helvétique. Les descendans des vainqueurs de Laupen & de Sempach doivent sans cesse se rappeller que la religion, la fidélité, l'équité & la concorde fraternelle soutenues par la valeur, dirigeoient la marche de leurs ancêtres au milieu de tous les dangers qui menaçoient la liberté. On a vu les sièges de Constance, de Coire, de Bâle, de Lausanne, de Sion & de Genève, des Evêques très-respectables & dont les noms sont faits pour honorer les fastes de leurs Diocèses ; mais l'histoire nous a aussi transmis les noms de plusieurs Evêques qui ont été le fléau du peuple par leur ambition, leurs guerres, leurs dissipations & leurs désordres. Elle nomme avec la même exactitude ceux d'entre les Abbés de Saint-Gall & des autres Monastères de la Suisse qui ont été les zélés observateurs de la règle monastique, & qui, à l'esprit de discipline ont encore joint l'amour des sciences, & qui les ont fait fleurir dans le sein de leurs Monastères ; comme elle flétrit ceux d'entr'eux, qui, ivres de l'illusion & peu jaloux d'élever leurs ames, ont fait sentir la verge du despotisme à leurs frères, ou qui au lieu de chercher à adoucir le sort des malheureux, n'ont appliqués les richesses de leur Monastère qu'à de folles dépenses d'ostentation. Dans les siècles du règne féodal & même encore depuis sa chûte, on a vu des Abbés qui oubliant la règle de leur Fondateur, endossoient la cuirasse & alloient pieusement répandre le sang des Chrétiens leurs voisins. On a vu des Evêques combattans contre d'autres Evêques ; un Abbé de Saint-Gall faisant la guerre à celui de Richenau ; un Abbé d'Einsidlen menant sa bannière à la bataille de Morgarten contre les mêmes Suisses qui sont aujourd'hui les *avoués* & les *protecteurs* de son Monastère. Ces temps ont heureusement changés, rendons-en graces aux progrès de la saine philosophie.

En général le Clergé catholique en Suisse est très-respec-

---

(1) Je ne connois qu'un seul Auteur qui ait traité avec une certaine étendue du Diocèse ou de l'Evêché de Genève. C'est *Besson*, Auteur peu connu à la vérité, mais très-estimable. Il a un grand fond d'érudition, une bonne critique & beaucoup de modération envers les Protestans : son ouvrage est enrichi de cent seize documens ; il est vrai que le style en est mauvais & rebutant ; tel est le jugement impartial qu'en porte M. *de Haller* dans ses Conseils pour former une Bibliothèque Historique de la Suisse, pag. 165. *Berne* 1771, *in*-8. Voici le titre de l'ouvrage de *Besson*, Mémoires pour l'Histoire Ecclésiastique des Diocèses de Genève, &c. Annecy 1759, *in*-4.

table par fon zèle, fa conduite & fes mœurs, & il s'y trouve d'excellens Prédicateurs ; mais celui des diocèfes de Bâle, de Laufanne, de Syon & de Coire paroît l'emporter par l'exemple de la régularité fur celui de l'Évêché de Conftance. Un homme du pays, très-inftruit, à qui j'en demandois la caufe, me l'expliqua ainfi. » Monfieur, *me dit-il*, cette difparité ne
» vous étonnera plus quand vous faurez que les Évêques de
» Laufanne, de Coire & de Syon, préfentement plus cir-
» confcrits dans leurs revenus que leurs prédéceffeurs dans
» le treizième fiècle, & bornés à des diocèfes moins étendus,
» ne perdent que rarement de vue leur bercail. Tant que les
» Évêques de Genève jouiffoient de leur puiffance tempo-
» relle, on n'en trouva parmi eux aucun digne d'être canonifé.
» Ce n'a été que depuis leur retraite à Anneci dans la trifte
» Savoie, & après avoir tout perdu, que fur les ruines de
» leur Églife s'eft élevée cette immortelle tige qui a tant
» honoré l'Évêché titulaire de Genève. A cet éloge il vous
» eft facile de vous rappeller le nom de *Saint-François de Sales*;
» fes fucceffeurs ont hérité de fon exemple & de fes vertus.
» Rien de fi eftimable que le Clergé du diocèfe d'Anneci : celui
» de Laufanne ne l'eft pas moins. L'Évêque titulaire, réfidant
» à Fribourg, quoique réduit à un état peu compatible avec
» fa dignité, y fait honneur, & ce Prélat vigilant trouve
» encore dans fa médiocrité des reffources pour la veuve &
» l'orphelin. Ceux qui fe deftinent à la Prêtrife vont étudier
» dans les principales Univerfités de France, plufieurs d'entr'
» eux ont reçu le bonnet de docteur en Sorbonne, mais aucun
» n'eft admis à une Cure dans le Canton de Fribourg que par
» le concours ; le Magiftrat a l'attention bienfaifante de
» feconder le zèle de l'Évêque. Ce concours, fi fage & fi
» falutaire, n'a pas lieu dans la partie catholique de la Suiffe
» qui eft comprife dans le vafte Diocèfe de Conftance. On s'y
» plaint même qu'un grand nombre de Prêtres y mènent une
» vie peu édifiante, mais peut-être font-ils plus dignes de pitié
» & moins condamnables qu'ils ne le paroiffent. Vous favez,
» Monfieur, que dans cette partie catholique qui eft très-
» confidérable, il n'y a ni concours, ni Séminaire ; l'expérience
» nous apprend affez que la jeuneffe dans tous les états s'égare
» facilement quand elle n'eft point arrêtée dans fa fougue.
» Le Pafteur principal du bercail eft éloigné, les ouailles
» n'entendent que foiblement fa voix lointaine. Au refte ce
» Pafteur, comme Prince de l'Empire, a le droit d'ufer de
» tous les délaffemens attachés à fa dignité. On trouve, il eft
» vrai, un Séminaire à Conftance, mais il n'y entre pas de
» Suiffes ; la penfion alimentaire qu'on exige leur feroit trop
» coûteufe, & d'ailleurs des Prêtres élevés dans un Sé-
» minaire de Souabe, n'y refpireroient fouvent que des maxi-
» mes Allemandes peu propres au gouvernement des Cantons.
» Les Séminaires de la France n'ont pas les mêmes inconvé-
» niens, parce que cette Couronne eft notre plus ancienne
» alliée & notre boulevard naturel. Les Candidats de la Suiffe
» qui afpirent aux Ordres, ne foutiennent à Conftance qu'un
» examen affez foible ; ils y arrivent munis de quelques attef-
» tations, au moyen defquelles, fur-tout depuis la fuppreffion
» des Jéfuites, cet examen eft encore moins rigoureux. Ces
» atteftations avec la taxe décident de la réception du jeune
» Initié qui revenu, dans fa patrie, n'a rien de plus preffé que
» de monter en chaire, & qui plein de fon mérite court de
» paroiffe en paroiffe étaler fa naiffante éloquence. Il met
» à contribution *Fléchier, Bourdaloue, Maffillon*, qui, *heureufe-*

» *ment* pour lui, ont été traduits en Allemand, je dis *heureu-*
» *fement*, car excepté l'Allemand leur langue maternelle, &
» un peu de l'Italien, s'ils ont reçu l'éducation gratuite au
» collége Helvétique de Milan, nos jeunes Prêtres ne favent
» prefqu'aucune autre langue. Je ne parle pas du latin, ils
» l'ont appris dans les colléges, & je veux croire pour l'hon-
» neur de leurs Profeffeurs, qu'ils l'ont bien étudié. L'état
» de Prêtre eft fi attrayant dans plufieurs Cantons, que,
» dans l'efpérance d'obtenir une bonne Cure ou un gros Béné-
» fice, plufieurs fils de la même famille prennent les Ordres.
» On a vu ainfi s'éteindre par cet empreffement fouvent répété
» un grand nombre de familles. Il y a dans les Cantons d'excel-
» lentes places à donner, de riches Canonicats qui ont pour
» objet final d'opulentes Prévôtés, des Cures de trois & quatre
» mille francs par an, une entr'autres, celle de *Rufweil* dans
» le Canton de Lucerne, qui vaut près de dix mille francs.
» Ce *Rufweil* eft un petit Evêché qui, à quelques égards, pour-
» roit être mis fur la même ligne que bien des Evêchés des
» Etats du Pape ; d'autant plus que le Curé borné à un Vicaire
» & à un ménage très-limité, n'eft obligé à aucune dépenfe
» extraordinaire. Nos Curés ont auffi la facilité de fe faire
» foulager dans les travaux de la prédication par les Capucins ;
» ces Pères, toujours fûrs de la reconnoiffance, ne manquent
» pas d'accourir au moindre figne. Leur crédit fur l'efprit du
» peuple, reçoit de nouvelles forces de la préférence que les
» Curés leur donnent fouvent fur les Prêtres du Chapitre
» rural. Dans beaucoup de villes, le crédit des familles pré-
» pondérantes par le nombre des fuffrages, décide de la nomi-
» nation aux Cures ; Saint-Ambroife lui-même s'il revenoit
» au monde & qu'il fût né dans l'une de ces villes d'une famille
» peu nombreufe, ne parviendroit que difficilement à un
» bénéfice paffable, fon concurrent, quoi qu'il lui fût très-
» inférieur, triompheroit, parceque des parens nombreux
» envifagent déjà d'avance fon héritage comme un lot imman-
» quable pour leurs defcendans : combien leur ardeur ne doit-
» elle pas être vive, fi le bénéfice vacant eft d'un gros pro-
» duit ! Mais fouvent ces parens fe trompent dans leur calcul,
» le fils ou le neveu chéri, une fois parvenu à un riche Cano-
» nicat ne tarde pas à fe démafquer ; l'aifance qu'il n'avoit
» pas connue, lui infpire les idées variées de la dépenfe ; s'il
» a du goût pour la chaffe, les chevaux, &c. il le fatisfait, &
» fouvent même au-delà de fes facultés. Combien de Cha-
» noines ont été mis en tutelle ! Je pourrois vous en nommer
» plufieurs, Monfieur, mais la difcrétion me le défend. Je
» vous obferverai encore que fi dans le fein des Cantons qui
» font du *trop vafte* Evêché de Conftance, permettez-moi l'épi-
» thète, on établiffoit un Séminaire d'où l'on tirât enfuite,
» après un rigide examen, les Candidats les plus dignes de la
» Prêtrife, on couperoit racine à bien des abus. Mais que nous
» fommes encore éloignés d'un établiffement auffi falutaire !
» Il eft bon que vous fachiez, Monfieur, que tous les dix ou
» douze ans il arrive dans nos contrées éloignées de l'Eglife
» Métropole, un Evêque fuffragant pour conférer le Sacre-
» ment de Confirmation. Accompagné de deux Cenfeurs, il
» parcourt fous le titre de vifiteur le chef-lieu de chaque Cha-
» pitre rural, muni d'avance d'une lifte de dénonciations dont
» la plus ancienne a au moins dix ans ; le Confiftoire cite à
» fon Tribunal ambulant tous les infcrits fur la feuille fatale.
» La récolte eft ample, chacun eft condamné à une amende
» arbitraire, le Doyen même quelquefois n'y échappe pas ; les

» dénonciations sont aussi sourdes que celles qui sont jettées
» à Venise dans les deux gueules de *Lion*. Ce n'est pas tout,
» les différens Membres du Chapitre rural ainsi examinés,
» jugés & condamnés, doivent encore payer par reconnois-
» sance les repas du sacré Tribunal pendant tout le temps de
» son séjour. Dans plusieurs endroits ils y assistent même en
» corps, & ils voyent ensuite partir leurs Juges avec la caisse
» des amendes placée sur une petite voiture qui ferme la mar-
» che du cortége. A Lucerne on leur permet bien d'infliger des
» amendes aux Prêtres délinquans, mais le Sénat ne laisse pas
» exporter la valeur des amendes; elle doit être employée en
» œuvres pies dans l'intérieur du Canton. Cette défense carac-
» térise dans un dégré éminent la sagesse des pères de la Patrie.
» Car enfin pourquoi faut-il qu'un Tribunal étranger vienne
» extraire de nos montagnes, pour son unique profit, la taxe
» des amendes qu'il y aura imposées arbitrairement sur des
» Prêtres plus ou moins coupables. La suspension de toutes
» fonctions ecclésiastiques pendant un long-temps, seroit, à
» mon avis, une peine plus raisonnable & plus efficace «.

Voilà ce que j'ai recueilli du discours de l'Observateur Suisse. Les personnes au fait du local peuvent décider s'il n'y a rien de trop outré dans son tableau; il me quitta en me disant à l'oreille: » *Monsieur*, le meilleur remède pour remettre » notre Clergé dans la voie stricte, seroit d'avoir à Lucerne un » Evêque Suisse. Il verroit par lui-même & de près les abus » qu'on reproche aux Ecclésiastiques, sa présence exem-
» plaire & soutenue par de sévères décrets qui seroient en » même-temps protégés du Souverain, remédieroit à tous les » abus ».

Parcourons les autres objets de cet article. On m'a assuré que le Clergé dans l'Evêché de Bâle, avoit beaucoup de simi-
litude avec celui de Lausanne. Le digne Prince qui occupe ce siége veille avec assiduité sur le collége de Porrentrui & sur toutes les parties de son Diocèse.

Je crois devoir dire ici un mot de la musique des églises de la Suisse, attendu qu'elle y est en très-grande vogue; car il n'y a pas une petite ville ni un bourg un peu considérable qui n'ait sa messe en musique: elle remplace le choral dans les églises. Quoiqu'elle soit ainsi répandue par-toute la Suisse, il ne faut pas croire qu'il y ait fait beaucoup de progrès vers sa perfection; & elle seroit rien moins que flatteuse pour quelqu'un accoutumé à de douces mélodies, à des modulations variées, à des chants agréables & aux effets d'une harmonie brillante & soutenue. Ce sont de jeunes prêtres, des étudians ou des amateurs qui touchent l'orgue, qui chan-
tent & jouent des instrumens; il y en a pourtant quelquefois parmi eux qui font entendre des voix qui promettent beau-
coup, & même qui étonnent par leur étendue; il y a un orga-
niste à Lucerne (M. le Chanoine *Meyer de Schauensée*) qui peut, à juste titre, être le rival des meilleurs organistes de l'Europe. Mais en général l'exécution de la musique est assez médiocre dans toute la Suisse; il y a même des endroits où un étranger étourdi par l'espèce de tintamarre que les voix de concert avec les instrumens font entendre, se rappelleroit dans le premier instant de la surprise, le bruit confus du charivari; mais cet étranger seroit bien de ne laisser rien remarquer de son dégoût, car il risqueroit d'être insulté par la troupe har-
monique, tant elle est persuadée de ses progrès merveilleux. Dans toutes ces églises on ne connoît pas d'autre musique que l'Italienne mêlée avec l'Allemande; la musique Françoise en est absolument proscrite.

C'est particulièrement dans les Chapitres & dans les Ab-
bayes de Bénédictins & de Bernardins, que la musique triomphe; & le talent aujourd'hui le plus estimable aux yeux des Moines de la Suisse, est, si l'on en croit la chronique du pays, celui d'avoir une belle voix ou de savoir jouer de quelqu'instrument. Dans le choix des sujets qui se présentent au noviciat, ceux qui ont un commencement de musique vocale ou instrumentale, sont préférés à d'autres qui n'auroient pour eux que les attestations favorables des colléges; cette prédilection est poussée si loin, qu'elle peut être regardée comme une règle établie parmi eux: & l'on seroit tenté de croire en voyant ces enfans de Saint Benoît chercher ainsi un adoucis-
sement aux ennuis du cloître dans les charmes de la musique, qu'ils auroient entièrement oublié le bel exemple de mortifi-
cation que leur donna autrefois leur pieux fondateur. Au reste un tel changement dans les mœurs du cloître ne doit pas étonner; ce Patriarche vivoit dans le sixième siècle, & les hommages fréquens que ses enfans rendent aujourd'hui à la science de l'harmonie, affoiblissent nécessairement leur goût pour les études pénibles & qui seroient cependant plus du ressort de leur état.

De temps à autres il paroît, dans des Cantons réformés, des descriptions de la Suisse & des abregés de l'histoire Hel-
vétique dans lesquels malgré la défense de la paix d'*Arau* on fait éclater tous les excès de l'intolérance, & permettant même des sarcasmes contre la religion catholique. Il n'y a pas bien des années qu'un savant (1) de la Suisse, distingué par sa naissance & ses écrits, mais enthousiaste de sa religion, a osé dans un ouvrage purement historique, faire des sorties avec des épithètes horribles contre la messe; il a eu la hardiesse de la nommer plusieurs fois & avec une affec-
tation marquée *une abomination*, en Allemand *Greuel*. Un Ministre de Bâle (Jean-Jacques *Spreng*) a eu dans des accès fanatiques la témérité de traiter de brigands les martyrs de la *Légion Thébéenne*. Le culte de ces Saints déja établi dans les Gaules vers la fin du quatrième siècle, au commencement duquel ils avoient été massacrés pour le christianisme à *Agaune*, aujourd'hui *Saint-Maurice*, dans le Bas-Vallais, a été d'ailleurs consacré (2) par tant d'anciennes fondations d'églises & de Monastères dans toute l'Europe, qu'il n'y a que le pyrrhonisme ou l'intolérance qui puissent s'élever contre un fait aussi autentique de l'Histoire Ecclésiastique. Un autre Minis-
tre du Canton de Zurich (Jean Conrad *Fuesslin*) s'est permis des licences burlesques dans sa Description topographique de la Suisse contre plusieurs actes de dévotion qui s'observent

---

(1) Feu M. de *Tscharner*, de Berne, c'est dans le troisième volume de son abregé de l'Histoire Helvétique qu'on trouve ces expressions; on y observe généralement une tête trop exaltée.

(2) Pierre-Joseph de *Rivaz*, né à *Saint-Gingou* au Bas-Vallais le 29 Mars 1711, & mort à Moutier en Tarantaise le 6 Août 1772. Ce célèbre Mathé-
maticien & Historien, a laissé entr'autres ouvrages posthumes, un traité qui a pour titre: *Eclaircissemens sur le martyre de la Légion Thébéenne, & sur l'épo-*
que de la persécution des Gaules sous Dioclétien & Maximien. M. l'Abbé de Rivaz, Vicaire-Général de Dijon, en a donné l'édition in-8. à Paris en 1779, c'est un hommage qu'il rend à la vérité d'un des faits les plus mémorables dans les annales de l'Eglise. On peut assurer d'avance que ces *éclaircissemens* renversent entièrement les Sophismes des *Dubourdieu*, des *Spreng* & des *Fuesslin*. M. de *Rivaz*, père, avoit une connoissance profonde des Antiquités sacrées & profanes.

dans les églises catholiques. Jufqu'à-préfent aucun Prêtre ni aucun Religieux n'ont pris la plume pour repouffer ces attaques; *il faut croire*, me difoit un Obfervateur facétieux, *que cette tolérance léthargique a fa racine dans la mufique moëlleufe qui femble faire leur principale étude*. Les Bénédictins de Suiffe livrés à l'exercice de cet art agréable, laiffent à leurs Confrères de la Congrégation de St.-Maur en France, le foin plus pénible d'écrire fur les monumens facrés & profanes; il eft vrai que ces Confrères réformés n'ont pour toute mufique que le choral *Ambrofien*, quelquefois accompagné de l'orgue. L'immortel Pontife Benoît XIV vouloit, s'il eût vécu, rétablir le choral dans tous les Monaftères & y fupprimer totalement la mufique; car, quoi qu'en difent les frondeurs, le chant *Ambrofien* a beaucoup de majefté. Il exifte en Allemagne un Prince (3) Abbé du même Ordre de Saint-Benoît, qui malgré fon goût pour la mufique Italienne, défire qu'on la remplace dans les Monaftères par le choral *Ambrofien*. On peut lire à ce fujet le favant Traité qu'il a publié fur la mufique ancienne & moderne: au refte, ce n'eft que depuis cinquante ans que ce goût prédominant pour la mufique s'eft gliffé dans les Abbayes de la Suiffe. On croit avec affez de fondement qu'il leur eft venu du Collége de Bellinzone, où il y a des Religieux de *Notre-Dame des Hermites*. Les Profeffeurs ont à leur retour à *Einfidlen* rapporté l'enthoufiafme pour la mufique Italienne; il a circulé dans les Couvens de Religieufes dépendans d'Einfidlen, & de-là il a gagné infenfiblement toutes les autres Abbayes. Voilà, m'a-t-on dit, l'exacte généalogie de la mufique des églifes catholiques de la Suiffe & l'hiftoire de fa propagation dans la fphère monaftique.

L'Ordre de Saint-Benoît, fondé au Mont-Caffin en 529, fe répandit en peu de temps dans toute l'Europe, & donna (4) à l'églife un grand nombre de Saints & de Savans hommes; les Abbayes de la Suiffe ont participé à fa gloire. Celle de St.-Gall a été dans les neuf, dix & onzièmes fiècles l'école générale de l'Allemagne; la plus haute nobleffe y étoit élevée, & les fils des Empereurs avoient pour précepteurs des Religieux de Saint-Gall; on doit en général aux Bénédictins la confervation des Lettres & celle des Ecrits & monumens de l'hiftoire facrée & profane. Sans leur foin pour ces tréfors littéraires, l'Europe nageroit dans des ténèbres auffi épaiffes que celles des anciens Cimmeriens: on leur doit auffi le défrichement d'une grande partie de l'Europe. Ce font des vérités que l'ingratitude peut oublier, mais dont jamais elle ne peut détruire totalement la mémoire. Quel exemple d'émulation ne doit pas infpirer le fouvenir de tant de faints & favans Religieux à ceux qui ont embraffé la même règle! mais fans parler des fiècles antérieurs, la Congrégation des Bénédictins de la Suiffe a donné des Prélats d'une grande diftinction; on y a vu dans le dernier fiècle Céleftin *Sfondrati*, Prince-Abbé de Saint-Gall en 1687, & depuis Cardinal en 1695, faire fleurir les Sciences & les Belles-Lettres dans fon Monaftère; & dans ce fiècle l'un de fes fucceffeurs Céleftin II du nom, *Gugger de Staudach*, élu Abbé en 1740, qui a marché fur fes traces. On a vu parmi fes Religieux, Honoré *Peyer Im-hof*, né d'une noble famille de Lucerne, célèbre Profeffeur de l'Hébreu & du Grec, & dont l'Abbé *Calmet* a fait l'éloge dans fon itinéraire (5) de la Suiffe. Auguftin de *Reding*, Prince-Abbé d'Einfidlen, mort en 1692, a pendant tout le cours de fa régence depuis 1670, fait fleurir les Sciences dans fon Abbaye; fes ouvrages imprimés atteftent fes profondes études dans la Théologie, dans le droit Canon & dans l'Hiftoire Eccléfiaftique. Son neveu Placide, Baron de *Zur-Lauben*, de Zoug, qui eft mort en 1723 avec le titre de fecond fondateur de l'Abbaye de Muri dont il étoit Abbé depuis 1683, & qui a été le premier des Abbés de Muri, décoré de la dignité de Prince du Saint-Empire Romain, aima les Lettres & les cultiva avec fuccès: Dom *Mabillon*, l'ornement immortel de la Congrégation de Saint-Maur, en a fait l'éloge dans fon itinéraire de l'Allemagne. Les Editeurs de la préface qui eft à la tête des annales de Trithême, imprimées en l'Abbaye de Saint-Gal en 1690, pronoftiquèrent dès-lors fa célébrité: on a de lui des panégyriques, des fermons & un traité eftimé fous ce titre: *Spiritus duplex humilitatis & obedientiæ*. Entr'autres bâtimens qu'il fit élever à Muri, il fit conftruire une longue galerie qu'on appelle le *Mufée*, le Prince Placide vouloit qu'on s'en fervît pour enfeigner les Sciences & les Belles-Lettres, non-feulement aux jeunes Capitulaires de fon Monaftère, mais à tous ceux que les autres Abbayes de la Congrégation Bénédictine de la Suiffe y auroient envoyés. Ce *Mufée* devoit être pour ainfi dire l'Académie générale de cette Congrégation; mais la mort empêcha l'illuftre auteur de voir l'exécution de fon projet. Le Prince-Abbé Gerold *Haimb*, de *Stulingen* en Souabe, fon fucceffeur, ne le perdit pas de vue, il envoya à Paris le Père Leger *Meyer*, de Sulz en haute Alface, l'un de fes Capitulaires pour y étudier à Saint-Germain-des-Prés, je veux dire dans ce même Monaftère de la Congrégation de Saint-Maur, où étoit mort Dom *Mabillon*; le Père *Meyer* devoit à fon retour être placé avec d'autres Profeffeurs à la tête du *Mufée Bénédictin*, mais les difficultés que le Prince *Gerold* trouva dans l'exécution de ce projet, difficultés auxquelles fon zèle & fa piété ne devoient pas s'attendre, firent manquer ce falutaire établiffement. Cette Académie eût été de la plus grande utilité fur-tout depuis la fuppreffion des Jéfuites, évènement que les Abbés *Placide* & *Gerold* ne pouvoient pas affurément prévoir. Les enfans des premières familles de la Suiffe auroient augmenté avec le temps le nombre des étudians de la Congrégation Bénédictine dans le collége de Muri, & cette Académie eût produit des hommes célèbres en tout genre de fciences & de Littérature. Dans la même Abbaye de Muri, l'Abbé Fridolin (6) *Kopp*, de Rheinfelden, fucceffeur immédiat du Prince Gerold en 1751, avoit publié en 1750 la juftification (7) des Actes de Muri pour & contre Dom *Hergott*, Capitulaire de l'Abbaye de Saint-Blaife en la forêt noire, & auteur d'une généalogie diplomatique de l'augufte maifon de *Habfpourg*. Le Prince-Abbé d'aujourd'hui,

---

(1) De Saint-Blaife dans la forêt noire.
(4) Voici le titre d'une brochure écrite en Allemand l'année 1769, *in-8. Reflexions d'un Suiffe fur la queftion*, s'il ne feroit pas avantageux à la Suiffe Catholique d'éteindre entièrement les Ordres réguliers, ou au moins de les reftreindre? *examinées & contre-péfées par des réflexions d'un Suiffe*. Le procès pourroit être mieux plaidé avec quelques additions; au refte cette brochure a fon mérite.

(5) Voyez auffi les éloges des hommes illuftres & favans de Lucerne, par M. Felix de Balthafar, Tréforier de la République de Lucerne, traduits du Latin en Allemand par fon neveu M. Jofef Pfiffer de Heidegg, Chanoine expectant de Munfter en Argeu, pag. 153, Lucerne 1778, *in-12*.
(6) Mort le 17 Août 1757.
(7) *Vindiciæ actorum Murenfium, Typis Principalis Monafterii Murenfis, in-4. fig.*

Gerold II du nom, de la maison des nobles *Meyer*, de Lucerne, marche sur les traces du Prince Gerold *Haimb*, dont il porte le nom, & entre les mains de qui il a fait l'émission de ses vœux.

Dans le dernier siècle, Augustin *Stoecklin*, natif de Muri, & Capitulaire de ce Monastère, Doyen & Administrateur de Pfeffers en 1624, Prince-Abbé de Disentis en 1634, où il mourut le 30 Septembre 1641, écrivit en très-bon latin les *Antiquités* (8) *de l'Abbaye de Pfeffers*, avec les pièces justificatives; l'original manuscrit est conservé dans la bibliothèque de Muri. La publication de cet ouvrage répandroit un grand jour sur l'ancienne histoire des Grisons & du Diocèse de Coire.

Rheinau, autre Abbaye de Bénédictins, près de Schaffhausen, a eu pour Abbé, Basile *Iten*, d'Egeri, Canton de Zoug, qui avoit professé avec une rare distinction la *Théologie* dans l'Université de Salzbourg, & qui publia plusieurs ouvrages de théologie; il mourut en 1697. Son successeur Gerold, Baron de *Zur-Lauben*, frère puiné de Placide, Prince-Abbé de Muri, & qui mérite aussi le titre de second fondateur de son Monastère (où il est mort le 18 Juin 1735, âgé de 86 ans) y a fait fleurir les sciences & les lettres. Bernard *Rusconi*, de Lucerne, l'un de ses successeurs, a écrit en Latin l'histoire de son Abbaye; elle a été depuis retouchée & augmentée de nouvelles découvertes sur l'origine du Monastère, par Dom Maurice *Van-der-mer de Hochenbaum*, natif de Nuremberg, & Secrétaire général de la Congrégation Bénédictine de Suisse, qui a été plusieurs années Doyen de l'Abbaye de Rheinau.

Ce docte Religieux y prouve que le fondateur de son Monastère qui subsiste depuis mille ans, a été Welf Comte en Bavière & en Souabe, père de la célèbre Impératrice Judith, seconde femme de l'Empereur Louis le Débonnaire. Le même savant a découvert dans l'Abbaye de Richenau, le manuscrit original des chroniques de Hermann le *Contract* & de Bertold de Constance; les variantes qu'il en a recueillies mériteroient d'être imprimées dans une nouvelle édition de ces deux chroniques si importantes pour l'histoire du moyen âge.

Je pourrois encore parler d'autres savans Abbés & Religieux Bénédictins des Monastères de Disentis, de Fischingen, d'Engelberg & de Notre-Dame-la-Pierre, & de ceux de Hauterive, de Saint-Urbain & de Wettingen, qui sont de l'Ordre de Cîteaux; mais je craindrois de passer ici les bornes de cet article: je les rappellerai dans la suite de l'ouvrage, le précis que je viens de donner de l'histoire littéraire des principales Abbayes de la Suisse, n'ayant pour objet que de faire voir combien les sciences & les lettres y ont été estimées & cultivées, & combien leurs progrès y seroient aujourd'hui encore plus étendus, si l'exemple de la Congrégation de Saint-Maur pour les études avoit pu y prédominer; au reste, rien de plus exact que l'observation de la règle dans ces divers Monastères.

Je ne parlerai pas des mœurs des Religieux des autres Ordres, il me suffira de remarquer qu'en général la régularité, le zèle & l'activité à remplir les devoirs de leur état les animent sans interruption. C'est une justice que je leur dois, d'après les exemples édifians qui m'ont frappé dans le cours de mon voyage.

X X X.

Mœurs des Ministres de la Religion Réformée.

RIEN de plus réglé que le Ministre de la religion réformée dans sa conduite & dans son ménage. Père de famille & souvent d'une famille nombreuse, il l'élève avec le foible produit de sa Cure; ses enfans se marient ordinairement avec ceux d'un autre Ministre : c'est en quelque sorte une postérité prédestinée aux emplois sacrés, comme celle des enfans de la Tribu de Lévi l'étoit chez les Juifs au sacerdoce. Le Magistrat a d'ailleurs l'attention bienfaisante de jetter un regard sur ces enfans peu avantagés de la fortune; il les fait souvent nourrir à ses dépens, & si quelques-uns des fils n'ont pas de goût pour l'état de leurs pères, il leur fait apprendre un art ou un métier.

M. *Faes* (1), Ministre d'Uetiken sur le lac de Zurich, a donné un détail curieux de la manière dont les jeunes Ministres non encore pourvus de Cures ou d'Ecoles, & que l'on nomme *Exspectans*, règlent leur conduite & leurs études; il s'agit des *Exspectans* de Zurich, ce sont de jeunes gens qui ont déja reçu par l'imposition des mains, le pouvoir de prêcher & de catéchiser en public, d'administrer, de bénir les mariages, en un mot de faire toutes les fonctions du Pasteur. On les appelle *Exspectans* parce qu'ils sont obligés d'attendre leur promotion à une Cure fixe. Dans le cours de cette attente ils ont l'occasion la plus favorable de voyager, de visiter les Académies étrangères, d'augmenter leurs connoissances, soit dans la Théologie, soit dans d'autres sciences, & de se préparer par les plus fréquents exercices dans les divers détails du Ministère, à la gestion future d'une Cure qu'ils pourront obtenir. Ils ont la liberté de prêcher dans la ville & dans le Canton; l'accès de toutes les chaires leur est ouvert, on leur confie même quelquefois des Communautés entières en forme de Vicariat. Au reste, ces *Exspectans* composent un Chapitre particulier, ils sont soumis immédiatement à la visite des *Seigneurs examinateurs* ou du *Consistoire* formé par des Ministres & des Conseillers de l'Etat. On tire du corps des Examinateurs un Président qui a l'inspection sur les Exspectans & qui veille pour leurs intérêts devant le Consistoire; ils ont encore conjointement avec le Président, un Diacre distinct tiré du collège des préposés à l'instruction; ce Doyen est chargé en considération de leurs devoirs particuliers, de les visiter annuellement dans leur maison, avant la tenue du synode de Mai, de leur demander au nom des Examinateurs, compte de leurs études, lectures & des prêches qu'ils ont fait, d'en tenir minute sur le *registre de visite*, & d'en faire le rapport à l'*Antistes* qui le fait à son tour aux Examinateurs. Les Exspectans sont aussi obligés de faire l'un après l'autre tous les lundis la prêche du matin dans l'église du *grand Moutier* ou Chapitre; le Doyen leur désigne d'avance le texte de la prédication : après qu'ils l'ont faite, ils se rendent avec le

---

(8) *Antiquitates Liberi & Imperialis Monasterii Fabariensis, Ord. S. Benedicti in Rhucantia finibus Helvetia, auctore Augustino Stoecklin Murensi, Decano Fabaria, SS. Theolog. Baccalaureo, 1628, in-fol.*
(1) Descript. Topog. de la Suisse. T. I. pag. 66-72.

Président

Préfident & le Doyen dans la chambre des Chanoines : là on fait la cenfure du fermon. Il eft, de plus, réglé que l'un des Expectans fe tienne toujours prêt, dans le cas de befoin, lorfqu'un Curé ou un Doyen viennent à être malades, ou que l'un ou l'autre font empêchés, par d'autres incidens imprévus, de remplir leurs fonctions & de fe charger de l'expédition des affaires qui pourroient furvenir le dimanche. Deux ou trois Expectans doivent encore être prêts les jours de fête & de folennité pour faire face aux affaires qui furviendront ; & afin qu'ils apprennent d'avance comment ils doivent fe comporter près des malades & des moribonds d'une manière utile & confolante, ils ont la liberté de fe trouver aux vifites que leur font les Miniftres ou Profeffeurs appellés : ils font auffi obligés, chacun à leur tour, de vifiter les criminels & les autres prifonniers, le jour deftiné à leurs jugemens, & de les difpofer à la mort ; mais dans un autre temps les prifonniers font vifités par les Miniftres nommés pour cette fonction. Chaque mois ils foutiennent pour leur exercice des thèfes de Théologie fous la préfidence des Profeffeurs publics ; deux d'entr'eux font les *Oppofans*, & deux autres les *Répondans*. On tient encore tous les ans après la clôture des deux fynodes, des difputes fynodales, auxquelles chaque fois l'un d'eux doit, fous la *préfidence* d'un Profeffeur public de Théologie, répondre aux *Oppofans* qui font toujours quatre Pafteurs ou Curés du Canton. Ils ont féance & fuffrage dans les Synodes qui fe tiennent tous les fix mois, & devant lefquels, lorfqu'ils y font admis pour la première fois après leur Ordination, ils doivent fe lier par ferment, de *conferver l'unité & la pureté de la doctrine Evangélique-réformée, de la manière dont elle eft fondée fur la parole divine, & auffi de rendre obéiffance au Souverain dans les chofes juftes & décentes, & en même-temps de garder le filence*.

Au refte tout le corps des *Expectans* fe partage en trois claffes, favoir, les *plus anciens*, les *médiaires* & les *plus jeunes*. Ces derniers font ceux qui font infcrits dans le miniftère, depuis le moment de leur Ordination, mais qui n'ont pas encore rempli trois ans ; ils n'ont pas la faculté de prétendre à un emploi Eccléfiaftique, fi ce n'eft dans le cas où perfonne de la claffe *médiaire* ne fe met fur les rangs. Les *médiaires* font ceux qui ont rempli ces trois ans d'attente ; l'accès aux emplois Eccléfiaftiques dans les bailliages communs, fuivant la teneur du traité de paix de 1712, leur eft ouvert. Les *plus anciens* font les vingt premiers parmi les *Expectans* ; ceux-ci poffèdent feuls & de préférence le droit de prétendre aux bénéfices des pays immé-

diats du Canton de Zurich ; ils jouiffent auffi de quelques penfions qui leur font particulièrement affectées.

Voici la manière dont les *Expectans* font dirigés à Berne. J'emprunte encore la defcription de M. Faefi. On étoit dans l'ufage de faire tous les ans une promotion complète pour les leçons publiques & les études académiques de vingt à quarante Ecoliers ayant preuves de dix à onze ans d'application dans les claffes. Mais depuis 1740, on a réglé qu'on ne feroit que tous les deux ans une nouvelle promotion, alors on y propofe toujours deux nominations aux leçons publiques. Dès la formation de ce nouveau ftatut, la promotion eft tombée fur des fujets qui étudioient déja depuis douze & treize ans. Cependant comme quelquefois les deux ans ne font pas encore entièrement écoulés à l'époque de la promotion, il arrive qu'on eft élevé beaucoup plutôt au miniftère.

L'élection & la promotion dépendent de la *Chambre combinée*, qui confifte dans le *Confeil* (1) *ordinaire de l'Ecole* & dans *l'affemblée* (3) *Eccléfiaftique*. Le Préfident ordinaire du Confeil de l'Ecole eft le Tréforier du pays Allemand. Quand la Chambre eft toute réunie pour traiter des promotions au miniftère, alors le Doyen y tient le premier rang. Voici les épreuves qu'on fait fubir aux Candidats : après la clôture des difputes ou thèfes publiques, qui font autant d'actes préliminaires ; & dans lefquelles fe préfentent deux Candidats comme *Répondans*, on procède à l'examen de vie ou de la confcience qui eft toujours précédé d'une préparation de Religion, enfuite on paffe aux épreuves de la fcience. La première eft ce que l'on appelle l'*Analyfe* (4), la feconde l'*Art Oratoire* ou la *Prédication* (5).

On fait fuccéder à ces épreuves les examens fuivans ; favoir, deux fur la Théologie, un fur le *Catéchifme* (6), un autre fur l'Hébreu, un autre fur le Grec, & enfin un dernier fur la Philofophie. Après toutes ces épreuves, on paffe à l'élection ; elle fe fait ordinairement un lundi : on y procède avec les mêmes formalités folennelles, que pour l'*examen de vie*. On tire au fort les noms des Afpirans, on les juge, enfuite on les avance ou on les renvoye. Le lundi après l'élection on a coutume d'impofer les mains ; cet acte fe paffe en public dans le grand auditoire de l'Académie. A la fuite du difcours relatif à la cérémonie, on fait lecture du ferment que le nouveau Miniftre doit prêter, enfuite on les appelle l'un après l'autre par leur nom, & ils reçoivent du Doyen l'impofition des mains, avec une fentence choifie de la Bible.

---

(1) Compofé de quatre Membres du petit Confeil, de fix autres du grand, des trois Pafteurs ou Curés de la Cathédrale ou du *Moutier* de Saint-Vincent, & de tous les Profeffeurs.

(3) Compofée des trois fufdits Curés, de trois Vicaires, & des trois Curés du *Nydek*, de l'églife du *Saint-Efprit*, & de l'églife *Françoife*.

(4) Voici en quoi confifte cette épreuve. Quand on eft affemblé le matin fur les dix heures, le fecond des *Théologiens* préfente une nombre de billets roulés ; chacun, à fon rang, en va prendre un, il y trouve infcrit un texte fur lequel il doit fans délai travailler en Latin pour le plan d'un fermon. On lui en donne le temps jufqu'au foir ; mais on ne le laiffe pas fortir de la fale. Il ne peut avoir devant lui aucun autre livre que la Bible d'une bonne édition, & quelquefois un regiftre de *Sentences*. Pendant tout le temps qu'il travaille fur une table, il y a quelques-uns des Confeillers de l'école & de l'affemblée,

autrement le *Congrès Eccléfiaftique*, qui obfervent ce qui fe paffe.

(5) Les Candidats fe préfentent deux à deux, à tour de rôle, pour prê. cher. Ils fe rendent huit jours d'avance chez le premier *Théologien* qui laiffe à chacun tirer un texte d'un recueil qu'il leur préfente. Après que l'on d'eux a prêché, il eft obligé de délivrer une copie de fon fermon au Doyen qui la communique aux autres Examinateurs.

(6) L'examen du catéchifme fe fait ainfi. On tire dehors un billet fur lequel eft marquée une queftion du *Catéchifme de Heidelberg*, on en fait une inftruction par demande & par réponfe. En 1743 & avant cette époque, on ne donnoit aucun délai, & l'on étoit obligé de répondre dès que la queftion étoit commencée ; mais aujourd'hui on accorde le délai d'un demi-quart d'heure au premier qu'on interroge, & au fecond tout autant de temps que le premier en a pour répondre fur la queftion formée.

X X X I.

Partition générale du louable Corps Helvétique. I. Cantons. II. Etats co-alliés. III. Etats alliés.

On nomme (1) en François *Corps Helvétique*, la masse entière des petites Républiques de la Suisse, considérées comme une confédération nationale. Cette désignation répond à celle d'*Eydgenoschaft* ou *association par serment*, adoptée par les Suisses mêmes dans leurs traités d'alliance & dans le style de leurs chancelleries. On trouve le terme (2) d'*Eidgnossen*, associés par serment, dans l'alliance (3) perpétuelle des trois plus anciens Cantons, Uri, Schweitz & Underwalden, conclue à Brunnen le mardi après le jour de St.-Nicolas (qui tombe au 6 Décembre) 1315. Ce traité a servi de base à tous les autres traités de la confédération Helvétique. Le terme *Eidgnossen* (4) exprime parfaitement la forme propre & la constitution essentielle de la République des Suisses, il fait connoître que les différentes villes & les divers pays de cette *association par serment*, *Eydgenoschaft*, ne font qu'un Corps dont chaque Membre est *lié par serment*, *Eydgenoss*, pour la conservation des alliances mutuelles & jurées entr'eux. Le traité de la paix de *Westphalie* qui a confirmé pour toujours l'indépendance du *louable Corps Helvétique*, le désigne (5) par le même terme *Eydgenoschaft*, & ses Membres par celui d'*Eydgenossen*. Le Corps Helvétique embrasse également les *treize* Cantons & les autres Etats de la Suisse, leurs co-alliés ou alliés.

On entend par le terme de *Cantons Suisses*, les treize petits Etats indépendans, qui composent la République confédérée des Suisses. Le mot de *Canton* n'est point usité en Suisse dans les actes publics & dans le style de chancellerie. Les Suisses employent à sa place celui d'*Ort*, *Lieu*, lequel pris dans une signification plus étendue, pour district, est synonime avec le sens du mot *Canton* dans la langue Françoise. L'Auteur du Dictionnaire géographique, historique & politique de la Suisse croit (6) que les Allemands ont vraisemblablement reçu des François le mot de *Canton*, qui chez les premiers n'a aucun sens propre, & que les Ecrivains Suisses l'ont adopté par imitation des étrangers. Il y a cette différence entre l'usage du mot *Canton* qu'en Allemand on écrit souvent *Kanton*, & celui du mot Allemand *Ort*, que ce dernier s'applique non-seulement aux *treize Cantons*, mais quelquefois aussi aux petits Etats, leurs associés en Suisse; on dit, *Loebliche Ort*, les *louables Cantons* & *Zugewandte* (7) *Ort*, *Etats alliés*, tels que l'Abbaye & la ville de *Saint-Gall*, les Grisons, le Vallais, Mulhausen, Bienne, le Comté & la ville de Neuchatel & l'Evêché de Bâle. C'est sous ce titre simple & modeste, de *louables lieux* ou *districts*, que les premiers Confédérés Suisses ont commencé à jouir de leur heureuse indépendance, plus jaloux de la réalité de la liberté que de l'appareil de la puissance. Ce n'a été qu'un (8) peu avant le milieu du seizième siècle que les Rois de France & les Ducs de Savoie ont commencé à se servir du mot *Quanton* ou *Canton* pour désigner les treize Etats souverains de la Suisse; ce mot ne pourroit-il pas être *Italien* d'origine aussi bien que *Celtique?* On appelle encore Canton dans la Valteline, en quelques endroits, la partie dans laquelle les Communautés sont partagées, & en particulier la partie supérieure dans la Communauté *Alboefagia*, & une partie de la Communauté *Delebio*.

Du temps (9) de Jules-César, la *Cité des Helvétiens*, *Civitas Helvetia*, étoit divisée en *quatre Pagi*. Ces *Pagi* ou *Cantons* avoient chacun leur nom: César ne nomme que celui du *Tigurinus* & celui de l'*Urbigenus*. On ne sait point avec certitude quels noms portoient les deux autres. Le pays du Vallais, dont les habitans étoient aussi Gaulois, étoit de même partagé en quatre *Pagi* ou *Cantons*, comme toutes les contrées possédées par des peuples Celtes d'origine. *Civitas*, que je rends ici par *Cité*, ne veut jamais dire dans César *une ville*, que quand le sujet dont il parle ne peut recevoir d'autre sens; hors de-là, César entend toujours par *Civitas*, un *Etat*, soit qu'il y eut des villes, soit qu'il n'y en eut aucune. *Cité* signifioit un *Tout*, & *Pagus* une partie de ce *tout*. C'étoit du Corps de l'Etat des Helvétiens, formé par la Nation entière, que les *Pagi* étoient des parties. César le dit formellement dans ses commentaires (10), en marquant que les *Tigurini* qui avoient battu le Consul Cassius dans la guerre des Cimbres & fait passer son armée sous le joug, & que peu auparavant il avoit nommé un des quatre *Pagi* de la Cité des Helvétiens, étoient *une partie de cette même Cité*, *pars Civitatis Helvetiae*. Cette esquisse du tableau de l'ancienne Suisse au temps des Romains a quelque analogie & quelque conformité avec l'Etat de la Suisse moderne, divisée en treize *Cantons*. L'ingénieux *Bochat* prétend que *Cant* ou *Kant*, mot Celtique, ne vouloit dire dans sa signification primitive que *Coin*, *cercle*, *district*, en général; que dans la suite il fut employé pour désigner en particulier un district qui avoit ses Magistrats & formoit un Etat s'il étoit indépendant, & s'il ne l'étoit pas, un membre, une partie de la Cité ou de l'Etat à qui il étoit soumis. Ce terme de *Kanton* a été retenu dans la langue Françoise avec toutes ses significations, & sans souffrir d'autre changement, que celui qu'on a fait dans la manière de l'écrire par un K au lieu duquel on met un C dont la prononciation est la même. On se sert du mot *Canton* pour désigner une partie de province, sans avoir égard si cette partie dont on veut parler, forme un Corps Civil ou un gouvernement particulier; mais simplement pour s'exprimer avec un peu plus de précision sur la situation des lieux dont il s'agit, que si l'on ne nommoit que la région ou la province. C'est la signification générale que *Kant* ou *Kanton* avoient dans la langue Celtique, suivant *Bochat*. D'autres fois on entend par *Canton*, de même qu'en latin par *Pagus*, les personnes, les habitans

---

(1) Diction. Géog. Hist. & Pol. de la Suisse, T. I. pag. 1 & suiv. & T. II. pag. 219.
(2) Dans une chanson Allemande du treizième siècle, que *Tschudi* nous a conservée (*Chr. Helvet.* T. I, p. 139) sur l'alliance renouvellée entre les villes de Berne & de Fribourg, l'onze Novembre 1243, on trouve le terme *Eidgnossen*.
(3) Tschudi, ibid. T. I. pag. 276-277.
(4) Leu, Dict. Hist. de la Suisse, T. VI, pag 468 & suiv. & 481.

(5) Article VI.
(6) T. II. pag. 219.
(7) Leu, ibid. T. XX. pag. 529.
(8) Leu, ibid. T. V. pag. 44-45.
(9) Bochat, Mém. Crit. sur l'hist. anc. de la Suisse, T. I. Mémoire III. pag. 217-292 & Mém. IV. pag. 293 & suiv.
(10) *De Bello Gallico*, lib. 1. Cap. 12.

d'un certain district, sans autre relation au territoire, que pour dire que c'est uniquement des habitants de ce territoire dont on veut parler. Telle est l'idée que donne César, quand (11) il dit que *cent Cantons des Suèves vinrent s'établir sur les bords du Rhin*, & quand, parlant des Helvétiens du Canton appellé *Tigurinus*, il dit : *ce Canton* (12) *étant sorti seul de l'Helvétie du temps de nos pères, avoit tué le Consul Lucius-Cassius & fait passer son armée sous le joug*. Rien n'est plus ordinaire dans toutes les langues que cette manière de parler.

D'autres fois *Canton*, comme *Pagus*, ne désigne que les terres & non les habitans. On dit : *le vin de tel canton est meilleur que celui de tel autre*. Ammien Marcellin (13) écrit que les *Alains* étoient répandus dans des *Pagi* immenses. C'est de cette accepion de *Pagus* qu'a été formé le mot françois *Pays*, ainsi que *Scaliger* (14) l'a remarqué.

Enfin il est reconnu que *Canton* veut dire souvent, que le Magistrat des districts dont on parle. On l'entend ainsi toutes les fois qu'il s'agit d'une chose qui ne peut être faite que par le Magistrat. Au reste on entend aujourd'hui par *Cantons Suisses* les treize villes & pays qui constituent proprement la République des Suisses & dont voici l'ordre tel qu'ils l'observent entre eux dans les diètes & dans les actes publics du Corps Helvétique. I. Zurich, II. Berne, III. Lucerne, IV. Uri, V. Schveitz, VI. Underwalden, VII. Zoug, VIII. Glaris, IX. Bâle, X. Fribourg, XI. Soleure, XII. Schaffhausen, & XIII. Appenzell.

Ces treize Cantons souverains ont d'autres Etats *co-Alliés* ou *Alliés* qui font aussi partie générale de la Suisse ; j'entends par *co-Alliés*, les villes & pays qui ont séance & voix aux diètes des Cantons & qui y sont invités dans certains cas de défense mutuelle ou d'affaires communes. Ces *co-Alliés* sont I. *l'Abbé de Saint-Gall*, II. *la ville de ce nom*, III. *les trois Ligues Grises*, IV. *la République du Vallais*, & V. *la ville de Bienne*. Il y a encore des Etats alliés à plusieurs Cantons, mais qui ne sont pas compris dans la confédération générale du Corps Helvétique. Ces Alliés sont I. la ville de Mulhausen, II. la ville de Genève, III. le Comté & la ville de Neuchatel, & IV. l'Evêque de Bâle. Je parlerai aux articles topographiques des *Cantons* & des Etats leurs *co-Alliés* ou *Alliés*, de l'époque de leurs alliances plus ou moins générales.

Je finirai cette section en observant que la Suisse est aujourd'hui partagée en treize Cantons, dont chacun est une République libre, & diffère des autres par ses loix & ses coutumes ; ce qui a fait dire (15) à quelqu'un que c'étoit une mère féconde qui avoit produit treize enfans tous différens en mœurs, en naturel, en visage, en tournure, en figure, en religion, en loix, en richesses & en conduite ; que malgré cela ils seroient tous heureux, qu'ils se soutiendroient tant qu'ils vivroient dans une parfaite intelligence, & que le luxe, l'orgueil, l'ambition, l'égoïsme ou la différence de Religion n'introduiroient point la discorde entr'eux, à moins qu'une Puissance aussi considérable que celle des Romains ne viennent à s'élever de nouveau, & faire la conquête de toute l'Europe.

Passons aux différentes formes des gouvernemens établis en Suisse.

XXXII.

Etats Aristocratiques de la Suisse.

On trouve dans les différens Etats qui composent le *louable Corps Helvétique*, divers gouvernemens ; on voit même une sorte de forme monarchique dans les Souverainetés de l'Evêque de Bâle & de l'Abbé de Saint-Gall.

Les Comtés de Neuchatel & de Vallangin appartiennent au Roi de Prusse. Il est vrai que dans tous ces pays les habitans jouissent de grands privilèges, & que ces franchises empêchent le Souverain d'étendre son autorité au-delà des bornes prescrites par les loix, & fixées par les traités avec les autres Etats de la Suisse. Les Cantons de Berne & de Lucerne sont proprement *Aristocratiques* : ceux de Zurich, Bâle, Fribourg, Soleure, Schaffhausen, & les villes de Saint-Gall, Mulhausen & Bienne sont *Aristo-Démocratiques* ; leur gouvernement est un mélange d'aristocratie & de démocratie, mais presque toujours la première de ces constitutions l'emporte sur l'autre dans ces villes. La *Démocratie* forme le gouvernement des Cantons d'Uri, de Schweitz, d'Underwalden, de Zoug, de Glaris & d'Appenzel. Les trois Ligues Grises, le Vallais & Genève, sont également populaires ou démocratiques.

Le mot *Aristocratie*, dérivé du Grec, signifie un gouvernement entre les mains des nobles & des patriciens d'un Etat, indépendamment du peuple, & où commandent des hommes choisis & distingués par leur probité & leurs lumières. *Démocratie*, autre mot qui a aussi une étymologie grecque, désigne le gouvernement populaire où l'autorité souveraine est entre les mains du peuple. L'*Aristo-Démocratie* est un gouvernement mixte où les principales familles nobles & patriciennes & le peuple partagent l'autorité. On appelle *Oligarchie*, le gouvernement d'un petit nombre de personnes, qui est entre les mains de peu de Membres ; & lorsqu'une République est bouleversée & en désordre, on nomme cette confusion *Anarchie*, c'est-à-dire un Etat sans maître, & dont personne n'a le gouvernement. Je vais m'occuper dans cette section uniquement des deux Cantons Aristocratiques de *Berne* & de *Lucerne*. Je prendrai pour guide dans la description du gouvernement de la première de ces villes, un Bernois, auteur (1) du *Dictionnaire* (2) *géographique, historique & politique de la Suisse*, qui a paru à Genève & à Lausanne en 1776. Cet auteur, qui a gardé l'*anonyme* à la tête de cet Ouvrage, étoit d'ailleurs connu dans la république des lettres par divers écrits assez généralement estimés. C'étoit en un mot un homme de naissance, & qui avoit de vastes connoissances dans l'économie rurale,

---

(11) *Pagos centum Suevorum ad ripam Rheni consedisse. Lib. I. Cap. 37, de Bello Gallico.*
(12) *Hic pagus unus cum domo exisset patrum nostrorum memoria L. Cassium consulem interfecerat & ejus exercitum sub jugum miserat. Lib. I. Cap. 12.*
(13) *Alani per pagos vagantur immensos. Lib. III. Cap. III.*
(14) Auson. Lect. Lib. I. Cap. 23.
(15) L'Etat & les Délices de la Suisse, T. I. préface, pag. XX, dernière édition. Bâle 1764, in-12. fig.

Hist. Milit. des Suisses au service de la France, par M. le Baron de Zur-Lauben. T. I. pag. 80. Paris 1751, in-12.
(1) M. de Tscharner, ancien Baillif d'Aubonne, mort en Septembre 1778.
(2) Tom. I. pag. 91-137.

dans l'étude du droit & dans l'histoire. Son article de *Berne* est l'un des plus étendus & des mieux travaillés du Dictionnaire dans lequel il est placé. Il seroit à désirer que les articles des autres gouvernemens de la Suisse y fussent décrits avec la même force, & aussi exactement analysés; ceux de *Bâle* & de *Genève* sont parfaitement détaillés, mais la plupart des autres gouvernemens, même celui de Zurich, y sont traités avec trop de brièveté.

CANTON DE BERNE.

ON place la fondation de *Berne* en l'année 1191. Le sol sur lequel *Bertold V* du nom, Duc de *Zeringen*, la fit bâtir, étoit fief immédiat de l'Empire. Par sa mort, arrivée (3) le 1er. Mai 1218, cette ville devint, de droit, ville Impériale. Frédéric II, Roi des Romains, confirma aussi-tôt les immunités accordées par le Fondateur, & donna aux Bernois cette bulle (4) d'or, qui fait le premier code connu & sanctionné de leurs loix, tant civiles que de police. Il est marqué dans l'exorde de ce code qu'il est dressé sur le modèle des loix de la ville de Cologne, *secundum Jus Coloniensis Civitatis*; on conclut de cette bulle d'or, que la Communauté avoit le droit d'élire chaque année l'Avoyer, de choisir le Curé, de dispenser un Citoyen des charges publiques, de juger de la vie & de la mort en certains cas, de décider sur les différends entre les bourgeois & les marchands étrangers en temps de foire, & de faire de nouvelles loix. La Communauté exerçoit-elle ces droits dans des assemblées générales? Si un pareil usage devoit faire une partie essentielle de la constitution, manqueroit-on d'exemples suffisans & suivis pour le constater? la question pourroit-elle être douteuse? quelques-uns des articles susmentionnés de la bulle d'or n'attribuent pas même à la Communauté les droits dont ils parlent. Berne ne fut point peuplée de marchands & d'artisans qui eussent ambitionné le pouvoir de se donner à eux-mêmes des priviléges, mais de propriétaires & de cultivateurs qui ne cherchoient d'appui que dans leurs possessions & dans leurs travaux. La noblesse qui s'y établit, qui s'y maintint pendant trois siècles presque exclusivement dans les premières charges, pendant que dans d'autres villes la constitution étoit devenue plus populaire, auroit-elle consenti à se confondre d'abord avec l'assemblée d'un peuple agreste & à se soumettre à son autorité? Ce terme de Communauté est à Venise, à Gênes, dans toutes les Aristocraties, le synonime de République. On appelle encore le Conseil souverain de Berne & des autres villes Aristocratiques, les *Conseils & Bourgeois*. Toutes les recherches qu'on a faites jusqu'ici sur les sources des loix de la ville de Berne, confirment la forte présomption qu'elle fut *Aristocratique* dès les premiers temps. Tels sont les argumens qu'avance M. de *Tscharner* de Berne, Auteur du Dictionnaire géographique, historique & politique de la Suisse. J'ai observé avec lui que le code que Frédéric II donna à la ville de Berne étoit dressé sur le modèle des loix de Cologne. Il seroit donc essentiel d'avoir sous les yeux l'ancien code de cette dernière ville, & le précis des révolutions de son gouvernement. Si ce code appuye l'opinion de l'Auteur Bernois, & que l'histoire civile de Cologne présente dans ces temps reculés le gouvernement sur un pied *Aristocratique*, certainement tout militeroit en faveur du système de M. de *Tscharner*.

C'est dommage que le savant Editeur (5) du Code de *Berne* donné par Frédéric, n'ait pas enrichi ses Notes de la copie du Code primitif de la ville impériale de Cologne, elle eût tranché la question. Est-on généralement fondé à se faire une idée du gouvernement de Berne dans les treize & quatorzième siècles, d'après son état civil de nos jours? Les Romains, parvenus à une grande puissance par la destruction de Carthage, se donnèrent une origine fabuleuse. L'asyle que Romulus ouvrit aux Etrangers dans sa nouvelle ville de Rome, (vers 752 avant *Jésus-Christ*), a été embelli de tous les ornemens de la flatterie par Tite-Live, Florus, & d'autres Historiens; mais cette origine a été contredite par de graves Auteurs. Jacques *Gronovius* publia en 1684 une Dissertation, dans laquelle il entreprend de prouver que l'origine de Romulus, & son éducation, aussi-bien que l'enlèvement des Sabines, ne sont qu'un pur Roman inventé par un Grec nommé *Dioclès*; il soutient aussi que Romulus n'étoit point né en Italie, mais en Syrie: *Saumaise*, au contraire, pense qu'il étoit Grec. N'attachons-nous pas une trop brillante idée de grandeur à une petite ville naissante, fondée par un Duc étranger pour tenir en respect les Comtes & les Barons du pays qui voyoient de mauvais œil son Gouvernement? Berne, ainsi que Fribourg, toutes deux bâties par les Ducs de *Zeringen*, père & fils, ne furent d'abord peuplées que d'habitans de la campagne & de quelques Allemands sujets des Ducs *Berthold*. Et si dans le siècle suivant on y trouve quelques Gentilshommes, ils possédoient la plupart des fiefs dans le district qui forme encore aujourd'hui la Jurisdiction des *quatre Bannerets de Berne*: le petit territoire de cette ville n'étoit d'abord composé que de *quatre Paroisses*. M. de *Tscharner* dit que les francs-tenanciers, ou propriétaires des fonds ruraux, jouissoient à Berne du plein droit de *cité*, en y fixant leur demeure, & que les Nobles auxquels la communauté abandonnoit le soin pénible de l'administration publique, avec toute la confiance dûe à la sagesse de leurs conseils, à la modération & au désintéressement de leur régie, donnoient les premiers l'exemple du sacrifice de leurs biens & de leur sang. Le territoire qui fut d'abord réuni à la ville étoit partagé en quatre *bannières* ou districts; la ville fut divisée de même en quatre quartiers, distingués par la dénomination des *quatre Abbayes bourgeoises*, des Boulangers, des Maréchaux, des Bouchers & des Tan-

---

(3) *Annales Colmarienses ad an.* 1218. Schoepflin, Hist. Zaringo-Badens. T. I. Lib. II. Cap. VI.
(4) Cette Bulle est datée de Francfort 1218, *septimo decimo Calend. Maii sexte indictionis*. Elle a été imprimée avec le savant Commentaire de Gotelieb *Walther*, à Berne en 1765, in-8. sous le titre Allemand: *Versuch zu erlaeuterung der geschichten der Vatterlandischen Rechts*, c'est-à-dire, *Essai pour éclaircir l'Histoire du droit de la Patrie*.
(5) M. *Walther*.

On trouvera parmi les PREUVES n°. 1. un acte daté du 3 Septembre 1226, & scellé du sceau des *Citoyens de Berne*, & de celui du Prévôt de Koeniz, qui étoit de l'Ordre de Saint-Augustin, *sigillis Civium de Berno & Prepositi Chuniensis roboramus*; cet acte qui concerne l'advocatie du Chapitre d'Interlachen, est expédié en présence de l'*Avoyer & des Citoyens de Berne*, *in presentia Sculteti & Civium de Berno*. On y lit les noms de cet Avoyer & de plusieurs Conseillers de cette ville, désignés par ce titre, *Consules*.

neurs.

PITTORESQUES, &c. DE LA SUISSE.

neurs. Les *quatre Bannerets* étoient les premiers officiers militaires; & comme la police de la ville devoit nécessairement prendre une empreinte de l'état de guerre habituel dans lequel se trouvèrent les Citoyens, les *Bannerets* eurent une principale part à l'administration publique : la partie économique devint enfin leur département, quand le militaire fut réglé sur un autre plan; les *Bannerets* choisissoient *seize* bourgeois des plus considérés des divers quartiers, qui étoient appellés aux délibérations importantes & avoient encore au dix-septième siècle le droit exclusif d'élire les Membres du *grand-Conseil*. M. de *Tscharner* convient que dans ces cas extraordinaires d'impositions, de déclaration de guerre & d'alliances, la Communauté étoit consultée, ou du moins qu'on lui faisoit part des projets & des délibérations de ses Magistrats. D'ailleurs dans une société où les Membres ne sont pas encore attachés à l'Etat par de grands intérêts toujours présens, les succès dépendant plus du concours unanime que de l'autorité, les assemblées communes deviennent plus nécessaires pour lier chaque particulier par l'expression manifeste de la volonté générale ; mais dans les besoins pressans on assembloit de même les Communes des campagnes, dans la vue de leur inspirer, par cette démarche de confiance, un plus grand zèle pour servir la patrie. Cependant, continue M. de *Tscharner*, personne n'a encore songé à conclure de cet usage que les Communes de la campagne avoient alors quelque part directe au gouvernement de l'Etat. Un grand nombre de Citoyens habitoient à la campagne, & devoient préférer de voir les affaires confiées à un Corps représentatif. Quelques indications des premiers temps prouvent l'usage de joindre au *Conseil des seize* une commission de bourgeois. Un acte de 1194 indique déja les noms de deux cens bourgeois élus par les *seize*. Un Edit de 1314, porte pour rubrique *Avoyer, Conseil & Deux-Cent, savoir faisons*. Des actes de 1337 & 1339 suivent la même formule. C'est donc par une erreur palpable que quelques modernes ont fixé la date de l'établissement du *grand-Conseil* dans l'année 1384, en supposant que l'émeute des bourgeois, arrivée à cette époque, occasionna cet établissement. Toutes les circonstances (6) de ce fait prouvent que ce fut un concours de mécontens & non une convocation régulière. Etoit-il vraisemblable, d'ailleurs (je rapporte ici le raisonnement de M. de *Tscharner*) que la bourgeoisie eût choisi le moment où elle avoit à se plaindre de ses Magistrats, où plusieurs Conseillers & même l'Avoyer furent déposés, pour renoncer, en faveur d'un Corps représentatif, au droit de s'assembler, si elle avoit été en possession légitime de ce droit? Voici cependant un exemple de l'autorité qu'exerçoit la Communauté des bourgeois à Berne en 1348 & 1362. Je rapporte le fait d'après la chronique (7) de *Tschoudi*, & je le traduis d'après l'ancien texte Allemand.

» En 1348, le Chevalier Jean de *Bubenberg*, dit *l'ancien*, étoit
» Avoyer à Berne. Il courut un bruit que c'étoit un tyran &
» qu'il maltraitoit de paroles les honnêtes gens qui portoient
» des affaires devant le Conseil; quelques-uns des accrédités
» qui lui envioient à lui & à d'autres les honneurs & les
» charges, se réunirent si bien qu'il fut d'une voix una-
» nime (8) du Conseil, déposé de sa charge d'Avoyer, &
» banni de la ville pour cent ans & un jour, avec plusieurs

» honnêtes Conseillers, *Ulric Ladner*, *Bertold Gloggner* & autres.
» Ils sortirent ainsi de Berne; mais quatorze ans après, savoir
» en 1362, l'ancien Avoyer de *Bubenberg* revint dans la ville
» avec beaucoup de gloire ".

» L'an 1362, la bourgeoisie de Berne s'entretenoit beaucoup
» de son ancien Avoyer, le Chevalier Jean de *Bubenberg*, dit
» *l'ancien*, qui avoit été exilé de la ville quatorze ans aupa-
» ravant, en 1348, pour quelques objets de haine & pour
» quelques imputations, comme s'il eût reçu de l'argent &
» des présens dans le cours de son administration. Mais comme
» on découvrit que l'Avoyer de ce temps, Nicolas de *Schwart-
» zenbourg*, recevoit aussi de l'argent & des présens, ainsi que
» d'autres Bourgeois & Conseillers même qui avoient décrié
» l'ancien Avoyer & l'avoient expulsé, la Communauté, qui
» en fut informée, aima mieux voir à la tête de la Régence
» l'ancien Avoyer de *Bubenberg* que les autres; car c'étoit,
» disoit-elle, un sage & honnête personnage qui avoit été
» souvent très-utile à la ville de Berne par ses conseils & ses
» services. Finalement elle vouloit le rétablir dans la ville; &
» comme quelques-uns disoient qu'ils n'avoient pas le pou-
» voir de le réhabiliter, les autres leur répondoient qu'on
» devoit remettre sous leurs yeux le *code des loix & des franchises
» de Berne*, qui montreroit clairement ce qui pouvoit être
» utile à la ville, & qu'en un mot ils vouloient s'en rapporter
» à son contenu. Là-dessus toute la Communauté s'assembla
» devant le Couvent des Dominicains; & comme on se dis-
» posoit à faire lecture de la *Bulle d'Or* où sont les franchises,
» & que le Secrétaire de la ville tardoit trop long-temps en y
» cherchant l'endroit où est couché l'article demandé qu'il
» ne pouvoit trouver, un bourgeois de la Communauté qui
» étoit auprès de lui, & qu'on nommoit *Gnaggbein*, jetta une
» poignée de cerises noires sur l'acte des franchises, l'écrit en
» fut barbouillé, & aussi-tôt le Secrétaire trouva l'article qu'il
» étoit couché à la fin de la *Bulle*. La Communauté s'écria
» alors : *Nous en avons assurément le pouvoir, il faut que Bubenberg
» rentre*; elle courut ensuite en Corps devant la maison de
» l'Avoyer, Nicolas de *Schwartzenbourg*, & elle demanda qu'il
» lui remît la bannière. L'Avoyer n'osoit descendre, mais il
» tendit la bannière par la fenêtre en donnant à cette Com-
» munauté de gracieuses & amicales paroles, & bientôt
» après il sortit par la porte de derrière & s'en alla à cheval
» à Thoun. Toute la Communauté marcha avec la bannière
» au-devant de l'ancien Chevalier de *Bubenberg*, & le ramena
» en grande pompe dans la ville; elle envoya aussi chercher
» son fils le jeune Chevalier Jean de *Bubenberg*, qui demeuroit
» alors dans son château de *Spietz*, & en considération de
» son père elle l'établit Avoyer ".

Tel est le récit d'un grave historien, estimé généralement dans toute la Suisse.

Je vais continuer les observations de M. de *Tscharner*. Il seroit bien étonnant que pendant tout le quinzième & le seizième siècle, dans ces crises fréquentes des petits Etats, avec cette licence qu'introduisit l'habitude des courses militaires, dans cette fermentation causée par la diversité des opinions sur la doctrine, & à l'occasion des imputations si souvent répétées & malheureusement si souvent fondées, de prévarication ou de corruption chez les premiers Magistrats, ni la

---

(6) T. I. pag. 511. Voyez aussi la chronique de Berne par *Stettler*.
(7) T. I. pag. 377 & 456. *Stettler* ibid. Partie I. pag. 67. *Justinger*, chr. msc. de Berne.
(8) *Mit gemeinem Rat*.

Bourgeoisie, ni les Communes de la campagne n'eussent rappellé l'usage des assemblées générales, & qu'au milieu de tant de *Démocraties* le souvenir s'en fût entièrement perdu, si jamais cet usage avoit existé en vertu des premières constitutions. Les assemblées du *grand-Conseil* étoient encore fort rares dans le dernier siècle; le Sénat ou le *petit Conseil* dépêchoit la plupart des affaires & les décidoit absolument. Avant l'époque de la guerre de Bourgogne (en 1470) on vit le parti d'un Avoyer (Pierre *Kistler*, qui de boucher s'étoit frayé le chemin à cette première dignité, ainsi que dans l'ancienne Rome, le boucher *Varron* parvint au Consulat) exiler l'autre parti dans ses terres, s'assembler dans des maisons particulières, & disposer pour ainsi dire du sort de l'État. Il n'y a qu'à jetter les yeux sur les détails des loix & des formes de la constitution, pour se convaincre qu'à Berne, jusque vers la fin du dernier siècle, l'exercice de la puissance exécutrice étoit entre les mains d'un petit nombre de Magistrats. Bien loin qu'il paroisse que le pouvoir du *Conseil ordinaire*, celui des *Bannerets* & des *Seize*, ait été anciennement plus précaire ou plus borné, *ce n'est que du souvenir de nos pères & de nos aïeux*, ajoute M. de *Tscharner*, *qu'ont été portées les loix qui fixent si sagement les limites de ces pouvoirs.*

Dans les *Démocraties* bourgeoises & diversement modifiées des villes de commerce, la noblesse a été successivement dépossédée de son autorité prépondérante, par les *Tribus* des artisans. A Berne, elle s'est affoiblie suivant le cours naturel des générations, d'autres sont venues remplacer ceux qui, par défaut d'héritiers, venoient à s'éteindre. Des familles Patriciennes ont succédé aux talens, à la fortune & au même esprit de cette ancienne noblesse: le plan & la forme du gouvernement n'ont point changé. C'est le Conseil des *Deux cent*, dans lequel tous les autres Collèges sont réunis, qui, sous le titre d'*Avoyer*, *petit & grand Conseil*, ou d'*Avoyer*, *Conseil & Bourgeois de la ville & république de Berne*, exerce sur tous les sujets de ce Canton le pouvoir souverain, fait des loix & les révoque, juge de toutes les affaires intérieures évoquées devant lui, donne aux autres Tribunaux leurs pouvoirs compétens, forme des alliances, les renouvelle, traite de la paix & de la guerre, & juge de la vie ou de la mort.

Dès le treizième siècle, l'*Avoyer* étoit élu de nouveau chaque année; autrefois on comptoit plusieurs Consulaires hors de charge, aujourd'hui deux Avoyers créés à vie alternent dans la présidence des Conseils, & dans les fonctions de leur dignité; leurs charges sont sous la réserve du pouvoir souverain pour les déposer.

On appelle (9) un *Avoyer*, en Allemand *Schultheiss*; on fait dériver ce nom de la charge de *Sculdahis* ou *Scultais*, en latin *Scultetus*, qu'on trouve dans les loix Lombardes & dans le *miroir* (10) *de la Saxe*. Le Magistrat ainsi nommé devoit citer les débiteurs, en Allemand *Schuldner*, pour répondre à leurs créanciers & payer leurs dettes: *Schuld-heiss*, qui cite le débiteur, ou comme le croit Goldast, *Schuld-heisch*, qui exige le paiement des dettes. Le nom d'*Advoyer* ou *Avoyer* en françois, *Advocatus* & quelquefois *Praetor* en latin, a peut-être la même racine que l'*Avoué d'un Monastère*, *Advocatus Monasterii*, ainsi nommé parce qu'il en étoit le protecteur. L'*Avoyer* est par sa charge le protecteur de la Justice, *Advocatus Justitia*.

Déja, en 1323, la ville de Berne & les trois cantons ou pays d'Uri, de Schweitz & d'Underwalden avoient conclu une alliance (11) défensive, que les députés, munis de pleins-pouvoirs, avoient jurée au nom de leurs constituans. Berne (12) dut en grande partie à ces Alliés, la victoire remportée près de Laupen, le 21 Juin 1339, contre la ligue de la haute noblesse. La chronique assure que les Bernois pénétrés de reconnoissance du secours important que les trois pays d'Uri, de Schweitz & d'Underwalden leur avoient envoyé dans ce danger imminent, leur marquèrent, dans les termes les plus expressifs, qu'ils en conserveroient toujours le souvenir envers eux & leurs descendans, & qu'ils leur offriront leurs services en toutes occasions, les assurant qu'ils seroient toujours prêts à sacrifier pour eux leurs vies & leurs biens dans toutes leurs nécessités. Quelqu'un à qui je lisois ce passage, me dit avec un sourire ironique, que les évènemens arrivés depuis 1551 avoient en effet prouvé l'exactitude de ces promesses. Quoi qu'il en soit, un différend avec le pays d'Underwalden, dont Berne soumit la décision aux deux autres Cantons forestiers de Schweitz & d'Uri, décida la conclusion de son union perpétuelle avec les trois pays le 7 (13) Mars 1353. Berne n'existoit alors que depuis cent soixante ans; son domaine encore très-borné ne comprenoit que la petite ville de Laupen qu'elle avoit acquise en 1324.

Je vais détailler, d'après M. de *Tscharner*, la forme du petit & grand Conseil de la ville de Berne, & celle des élections. Je ne pourrois pas choisir un meilleur guide; l'auteur étoit lui-même du grand Conseil de cette puissante République, & si son tableau étoit infidèle, quelle confiance pourroit-on avoir dans celui qu'en traceroit un étranger?

Le pouvoir souverain du Canton réside dans le *grand Conseil* qui, lorsqu'il est complet, consiste en deux cent quatre-vingt dix-neuf Membres. Depuis que ces places sont plus recherchées, on attend qu'il y en ait au moins 80 de vacantes, pour contenter plus de prétendans; cela fait qu'il se passe huit à dix ans d'une nouvelle élection à l'autre. Il faut pour pouvoir y prétendre avoir vingt-neuf ans accomplis. Le *petit Conseil* ou Sénat avec les *Seizeniers* forme les Électeurs de droit: chacun peut recommander un sujet. Il est bon d'observer que comme près de quatre-vingt-dix-neuf sont ordinairement absens du *grand Conseil*, parce qu'ils sont sur leurs bailliages ou pour d'autres raisons, il s'en assemble rarement plus de cent à la fois. Il arrive même souvent, que quoiqu'il y ait des affaires importantes, l'on trouve à peine cent *Sénateurs* ou *Conseillers* dans la ville.

Le grand *Conseil* fait la paix, la guerre & les alliances; mais

---

(9) Leu, Dict. Hist. de Suisse, T. XVI, pag. 493-494. le même, traduction en Allemand de Simler, avec remarques, pag. 489.

(10) Lib. I. Art. 59. n°. 6.

(11) Cet acte rapporté par Tschudi (Chr. Helvet. T. I. pag. 296) est daté du premier lundi avant le jour de Saint-Laurent 1323. On y lit: Nous l'*Avoyer*, *le Conseil & la Communauté de Berne*, wir der Schultheiss, der Rat und die Gemeinde von Berne.

(12) Tschudi, ibid. pag. 356-360. chr. msc. de Berne par Justinger, &c.

(13) Tschudi a rapporté ce traité d'alliance, ibid. p. 422-425. M. Leu, Bourgmestre de Zurich, l'a aussi inséré dans le Dictionnaire historique de la Suisse, T. III. pag. 120-127. On lit à la tête de ce traité: *Nous l'Avoyer, le Conseil & les deux cent, & les bourgeois en commun de la ville de Berne en Uchtland*, wir der Schultheiss, der Rate, und die Zwey hundert, und die Burger gemeinlich der statt Bern in Uchtland. Lorsque Frédéric II, Roi des Romains, donna en 1218 sa Bulle d'or à la ville de Berne, il usoit de l'adresse suivante: *Fridericus Dei gratia Romanorum Rex, & semper Augustus, & Rex Siciliae dilectis devotis, Sculteto, Consulibus & Universis Burgensibus de Berno in Burgundia gratiam suam & omne bonum*.

dans ces occasions il n'agit point sans le *petit Conseil* ou Sénat. Ceux-ci ont un rang distingué, & sont invités par leurs noms à opiner ; les Membres du *grand Conseil* opinent ensuite sur une invitation générale de l'Avoyer ou Président. Chaque Membre a le droit de proposer tout ce qu'il croit utile à l'Etat, le Président doit soumettre toutes les opinions aux suffrages. Aujourd'hui que le *grand Conseil* prend connoissance de presque toutes les affaires, les assemblées se tiennent ordinairement trois jours par semaine, hors les vacances, au temps de la moisson & des vendanges. Ce même *grand Conseil* dispose du trésor public, & de tous les emplois civils qui sont de quelque importance & il exerce généralement tous les autres actes d'une Souveraineté absolue.

De quelques Membres de ce Conseil on en forme un autre qu'on appelle le *Sénat* ou le *petit Conseil*, lequel est composé de vingt-sept personnes, y compris les deux chefs, nommés en Allemand *Schultheiss*, & en françois *Avoyers*, qui président annuellement à ces deux Conseils, chacun alternativement. Mais si l'un & l'autre étoient absens, ils seroient représentés par le premier Banneret, *Trésorier* ou *Sénateur*. Les Membres du *petit Conseil* sont appellés proprement *Sénateurs*. Les deux plus jeunes ont le titre de *Conseillers secrets*, en Allemand *Heimlicher*. Le Conseil journalier ou *Sénat* s'assemble à-peu-près tous les jours. Toutes les affaires qui doivent être portées aux *Deux-Cent* ou au *grand Conseil* sont premièrement traitées au *Sénat*. Il dépêche les affaires courantes de police, & dispose de la plupart des Cures ou charges Ecclésiastiques & des places subalternes tant civiles que de police ; il juge en dernière instance les procès criminels, à l'exception de ceux qui regardent les citoyens de Berne, & des droits de justice criminelle qui sont réservés à quelques villes & vassaux. L'élection des Conseillers se faisoit autrefois par les *Bannerets* & les *Seizeniers* ou *Seize* ; immédiatement avant la réformation le *grand Conseil* se l'attribua, & ce fut un prélude de la réformation que le *Sénat* ou *petit Conseil* ne favorisoit pas assez au gré de la bourgeoisie. Aujourd'hui cette élection se fait après un plan fort combiné, qui a pour but d'empêcher les effets de la brigue par un mélange du sort. Ce Conseil ou *Sénat* est composé des deux Avoyers, des deux *Questeurs* ou Trésoriers, des quatre Bannerets ou *Tribuns*, de dix-sept Conseillers ; & enfin de deux Conseillers secrets, qui, suivant la date de leur élection, succèdent aux places vacantes dans le *Sénat*. L'office de ces derniers est de veiller dans les délibérations des Conseillers, afin qu'il ne se passe rien contre les constitutions du gouvernement. S'il y a lieu de se plaindre de dénégation de justice, ou d'autres abus importans, les Membres du grand Conseil peuvent par monitoire faire proposer l'affaire par le canal d'un Conseiller-secret. Voici le titre tant du Conseil Souverain que du Sénat : *Magnifiques, Hauts & Puissans, Souverains Seigneurs*. En opinant, les Membres des Conseils donnent même à l'assemblée celui de *Vos Excellences*. Il n'y a rien de distinctif dans l'habillement des Magistrats, qu'un chapeau plat, dont le bord est arrondi & bordé en franges, & que portent les Membres du *Deux-Cent* ; celui des Sénateurs a le fond fort rehaussé : le premier est appellé *Barette*, le dernier *Perusse*. L'Avoyer qui préside au grand Conseil, porte sur son habit un surplis fort court, fait d'après une très-ancienne mode.

L'on peut (14) dire dans un sens limité, que le grand Conseil a le pouvoir législatif, & le Sénat le pouvoir exécutif. Le *Sénat* (15) se perd dans le *grand Conseil*, & n'a aucune existence pendant que celui-ci est assemblé.

Bannerets, (16) en Allemand *Venner*, est le titre que l'on donne en Suisse à quelques-uns des premiers Magistrats civils dans plusieurs villes, à raison de l'usage où ils étoient anciennement de porter la *bannière* de la ville ou du quartier. A Berne, il y a quatre *Bannerets* qui sont du petit Conseil ; leurs charges ne peuvent durer que quatre ans, & si elles sont prolongées au-delà de ce temps, c'est lorsqu'il ne se trouve aucun Conseiller de l'*Abbaye* dont ils sont tirés pour y succéder. Chacun d'eux a la jurisdiction sur un district, aux environs de la ville, qu'on appelle *Bannière* ; ils ont sous leurs ordres des Officiers nommés *Freyweibel*, qui sont paysans, & qui ont l'inspection sur le militaire, & sur ce qui est du ressort du Lieutenant-Criminel. Les *Bannerets* sont encore Assesseurs du *Conseil secret* ; ils forment, sous la présidence du *Trésorier*, la Chambre Economique qui a l'inspection sur tout ce qui a rapport aux finances, aux bâtimens du pays, & qui forme la Cour féodale ; c'est encore à cette Chambre qu'on renvoye l'examen des affaires les plus importantes.

Le *Trésorier Allemand* ou *Questeur* pour la partie Allemande du Canton tient le troisième rang dans la République, & il ne peut être confirmé que six ans de suite. Celui qui en a été revêtu, ne peut prétendre à aucune autre charge qu'à celle d'*Avoyer*. La loi de l'Etat le soumet à cette réserve. C'est le *grand Conseil* qui nomme le *Trésorier du pays Allemand* ; l'élection se fait dans le terme usité, ou aussi-tôt après le décès du Trésorier, en cas qu'il meure dans le temps de sa gestion. Ce Magistrat a la recette de tous les revenus de

---

(14) L'Etat & les Délices de la Suisse, T. II. pag. 88. Bâle 1764, *in-12* fig.

(15) Ecoutons un moment raisonner M. *Philibert* dans son Histoire des Ligues & des Guerres de la Suisse. T. I. pag. 311-312. » Par la jurisdiction » qui est déléguée au Sénat des XXVII. (à *Berne*) ce Collège a plus par- » ticulièrement qu'aucun autre de la République, le droit de punir & de » récompenser. C'est lui qui, au nom de la Seigneurie, inflige toutes les » peines, tant infamantes que capitales qu'il échet de prononcer, & qui » connoît en dernier ressort de tous les crimes, hormis ceux qui se commet- » tent dans la Cité même & dans sa banlieue, dont la majesté du Souverain » présent, étant plus immédiatement offensée, s'est réservée à elle-mê- » me la vengeance. D'un autre côté, c'est aussi dans ce même Collège » que se décernent toutes les menues récompenses qui entrent dans l'écono- » mie de l'administration ordinaire. Non-seulement tout ce qui est emploi » de sous-ordre dans le Civil comme dans le Militaire, c'est au Sénat » des XXVII qu'il appartient d'y pourvoir ; mais l'avantage que lui méri- » tent beaucoup d'années & de vertus réunies sur un moindre nombre de » têtes, l'a fait commettre spécialement pour administrer au nom de la » Seigneurie, la collation de tout ce qu'elle a de bénéfices Ecclésiasti- » ques à sa nomination ; afin sans doute que ces places, dont la plupart sont » honnêtes, & quelques-unes très-bonnes, devinssent, sous un tel Colla- » teur, plus sûrement le prix du mérite, & non celui des brigues & » de la faveur ; mais la principale de ses fonctions est de préconsulter » toutes les affaires importantes, tant du dedans que du dehors, avant » qu'elles passent au Conseil des Deux-Cent, d'en calculer les avantages & » les inconvéniens, d'en peser les raisons pour & contre, & de former sur » le tout un mémoire raisonné qui se rapporte dans cette grande assem- » blée : ensorte que l'occupation du Sénat est de délibérer là, où les Comi- » ces ne sont plus chargés que de voter, ce qui se fait par *suffrages* » *couverts*, comme ils l'appellent, toutes les fois qu'il s'agit de quelque » affaire qui influe tant soit peu sur la constitution, ou qui touche à quel- » qu'intérêt particulier. — Les *suffrages couverts* se donnent de cette sorte. » L'on place derrière un rideau autant de boîtes bien fermées, qu'il y a » d'avis différents en délibération ; un écrit qui contient en peu de mots » chaque avis, est attaché au haut de ces boîtes. Les Votans passent l'un » après l'autre derrière le rideau, ayant un jeton à la main, qu'ils insi- » nuent par un entonnoir dans l'une ou l'autre de ces boîtes, & celle qui a » reçu le plus de jetons, manifeste l'avis qui l'a emporté «.

(16) Tscharner, Dict. Géog. Hist. & Pol. de la Suisse. T. II. pag. 217.

l'Etat dans le pays Allemand du Canton, il a aussi celle des fonds publics placés (17) en Angleterre & en Saxe. Il en rend compte une fois par an au grand Conseil ; il préside à la *Chambre Economique* ordonnée pour le *pays Allemand*, & toutes les fois que la place d'Avoyer vient à vaquer, il est proposé pour la remplir.

Le *Trésorier du pays Romand* prend le rang avec les Bannerets, suivant la date de son élection. Il touche les revenus du pays de Vaud, ses fonctions sont semblables à celles du *Trésorier-Allemand*, & il préside à la Chambre Economique établie pour le *pays Romand*.

J'ai oublié d'observer que le *Sénat* ou *petit Conseil* ne se tient au temps de la moisson & des vendanges que les lundi & jeudi. L'*Avoyer* régnant est assis dans les deux Conseils sur un trône élevé, il a la garde du sceau de la République, & on scelle dans son hôtel toutes les lettres & tous les actes de l'Etat. Après l'*Avoyer régnant*, son collègue, l'*ancien Avoyer*, a le premier rang, & en son absence il préside aux deux Conseils. S'il arrive qu'il ne soit pas en état d'y assister pendant quelques jours, dans ce cas l'*Avoyer régnant* peut nommer pour son *Vice-Avoyer* ou *Statthalter*, celui qui lui plaît de choisir parmi les *Trésoriers* ou *Bannerets*. On a même vu lorsque les Avoyers étoient tous deux malades ou absens pour un temps, le Conseil a nommé un *Statthalter*, cas qui arrive aussi dans le temps de la moisson & dans l'automne.

Le *Grabeau* (18) ou la *Réélection* des Magistrats se fait chaque année dans la semaine sainte. Le jeudi saint, les *Seize* ou *Seizeniers* sont choisis par le sort entre les Baillifs hors de charge, savoir, deux sur chacune des quatre *Abbayes* ou *Tribus* qui ont droit de bannière, & un sur chacune des huit autres *Abbayes*. Les *Seize* avec le *Sénat* font la revue du *grand Conseil* le même jour. S'il y a lieu à une nouvelle élection pour compléter le *grand Conseil*, ce qui se décide aux *Deux-cent*, l'élection des *Seize* se fait le mercredi, & la nouvelle élection des *Deux-cent* le vendredi saint. Le lundi de Pâques toute la Magistrature se rend à l'église de *Saint-Vincent*, & de-là en procession à l'Hôtel-de-ville : après la lecture des loix fondamentales & la prestation de serment, se fait l'élection annuelle de l'Avoyer & des quatre Bannerets. Le même jour après midi, ces derniers font avec les *Seize* la revue du *Sénat*, & sur leur rapport le jour suivant, les Conseillers sont confirmés en *Deux-cent*, où se fait même l'élection des Trésoriers. Chaque année le *Sénat* nouvellement confirmé, demande, par la bouche du *Trésorier-Allemand*, une nouvelle patente ou lettre de protection : cette démarche est une reconnoissance que le *Sénat* tient son autorité du *Conseil des Deux-Cent*. Les charges des Baillifs se confirment & se remplacent le jeudi suivant. Toutes les autres charges subalternes sont successivement confirmées chaque année.

Le droit (19) d'élire les Membres du grand & du petit Conseil, en cas de mort ou de déposition, appartient entièrement à ces deux Conseils, qui se choisissent l'un & l'autre. Voici la forme de ces élections. Quand un *Sénateur* ordinaire est mort, on choisit au sort huit Electeurs, savoir, trois du petit Conseil & cinq du grand. Ces huit Electeurs nomment chacun un Membre du grand Conseil, pour être élevé au

---

(17) L'Etat de Berne a de très-gros fonds placés chez l'étranger, & notamment en Angleterre. On y envoye, pour les soigner, un Commissaire, qui est relevé de quatre ans en quatre ans, & dont la place équivaut à un bailliage. (Note de M. *Philibert*, Hist. des Ligues & des Guerres de la Suisse, T. I. pag. 314.)

(18) Tscharner, ibid. T. I. pag. 115 & suiv.

Grabeau est un terme vulgaire qui signifie un *Crible*, c'est ainsi que l'explique M. *Philibert*, Préteur royal à Landau en Alsace, dans son Histoire des dernières guerres de la Suisse & de la haute Allemagne, T. I. pag. 302-307, Amsterdam. (Paris) 1775, *in-12, nouvelle édition*. Ses expressions sur le *sexdecimvirat* de Berne sont d'une tournure singulière. Je vais les transcrire :

» Quelque illimité que soit le pouvoir des Deux-Cent, il ne l'est point
» tellement qu'il n'y ait dans l'année où toutes ses fonctions sont
» arrêtées ; c'est pendant les trois derniers jours de la Semaine-Sainte, ce
» qui vient apparemment de l'ancien usage des Allemands de commencer
» l'année à Pâques, & de ce qu'anciennement toutes les Magistratures de la
» République étoient annuelles. Or, ces trois derniers jours de l'année
» politique des Bernois, le Souverain ordinaire expire, pour ainsi dire, ou
» au moins il disparoit pour ne laisser régner que les droits de la censure &
» de la puissance Tribunitienne, dans un Tribunal qu'on peut appeler le
» *Sexdecimvirat* ; il est composé des quatre Bannerets & de seize Commis-
» saires choisis pour trier les deux Conseils, en passant au *Grabeau*, &
» en rejettant tout ce qui est infect & gâté. Mais ce qui étoit autrefois une
» rigoureuse discipline, n'est plus aujourd'hui qu'une vaine forma-
» lité, soit que les hommes de nos jours soient devenus meilleurs, soit
» qu'un circuit vicieux d'égards personnels & de ménagemens politiques
» ait énervé ce que cet utile & puissant ressort avoit de trop austère. Car
» à moins de la dernière & de la plus manifeste dépravation, on ne
» voit guères, que la rigueur de ces Conseils s'étende au-delà d'un simple
» avertissement secret ; au moins l'Institution en est-elle admirable & d'un
» excellent usage. Voyons de quelle manière ils procèdent à cet acte,
» qu'ils appellent le renouvellement de leur Magistrature. Le mercredi
» saint les Seizeniers de l'année se désignent, cars leurs fonctions ne durent
» jamais qu'un an. Quoiqu'ils doivent être tous des personnages Consu-
» laires, & même ce qu'il y a dans cet ordre de Citoyens de plus irré-
» prochable & de plus grave, leur choix n'en tient pas moins à une des
» douze compagnies d'artisans, qu'ils nomment *Abbayes*. Toutes les familles
» Patriciennes doivent être immatriculées dans quelqu'une de ces *Abbayes*,
» ce qui paroit un vestige de l'influence primordiale, que toute la Bour-
» geoisie a eu anciennement au gouvernement de l'Etat. Les quatre premières *Ab-*
» *bayes*, celles des Boulangers, des Maréchaux, des Bouchers & des Tan-
» neurs, ont chacune deux Seizeniers à donner, & les huit autres n'en

» donnent qu'un. Pour être éligible il faut être Membre des Deux-Cent, de
» la classe des Baillifs vétérans, n'être point célibataire, & n'avoir ni son
» père ni son frère dans le Sénat ; si ces qualités se rencontrent en plusieurs
» sujets d'une même *Abbaye*, ce n'est point la pluralité des voix qui déci-
» de, comme cela paroîtroit assez raisonnable, c'est le caprice du sort ;
» s'il n'y a qu'un seul Candidat, il est Seizenier de droit : enfin s'il n'y en
» a point du tout, ceux des autres *Abbayes* suppléent au défaut, & c'est
» encore celui que le sort désigne.

» Le Jeudi saint & les jours suivans, les Seizeniers ainsi nommés s'assem-
» blent en présence des quatre Bannerets, pour vacquer aux devoirs du
» *Grabeau* & aux mystères de la Censure qui leur est commise ; ils con-
» trôlent l'un après l'autre tous les Membres de l'Etat, depuis le premier
» jusqu'au dernier, & jugent s'ils doivent être continués dans leurs charges,
» ce qui se fait par suffrages découverts, c'est-à-dire à haute voix ; leurs déci-
» sions restent secrètes jusqu'au lundi de Pâques.

» Ce jour-là tous les Membres du Gouvernement s'assemblent chacun à
» l'hôtel de l'*Abbaye*, où il est agrégé ; chaque *Abbaye* ou division se rend
» au son des cloches, dans le principal Temple de la ville, où la solen-
» nité commence par des prières & par un sermon relatif au sujet : de-là
» tout le Corps marche en procession à l'Hôtel-de-ville. Le petit Conseil
» forme un cercle dans le grand vestibule, & se couvre ; alors les quatre
» Bannerets, qui marchent découverts, abdiquent leurs charges, & en déposent
» les marques d'honneur aux pieds du Trône ; ces marques sont les ban-
» nières de la République & les clefs de son trésor dont la garde leur est
» confiée : cela fait, le Chancelier lit les rôles des Magistrats confirmés le
» jour du *Grabeau*, & ceux-ci, à mesure qu'ils sont nommés, entrent dans
» la salle du Conseil & se placent chacun selon son rang, les Sénateurs sur
» des bancs un peu plus élevés, & les Membres du grand Conseil sur des
» sièges inférieurs. Le premier Magistrat de la République, l'*Avoyer
» régnant*, ouvre l'assemblée en résignant sa dignité, & son Collègue est
» prié de lui succéder, & prend possession de la place ; au-dessus est sous
» une espèce de baldaquin, & les sceaux de la République sont déposés
» devant lui. Après l'installation du nouvel Avoyer, vient le tour des quatre
» Bannerets ; même simulacre d'élection à leur égard, à moins qu'il n'y ait
» quelqu'une de ces places vacantes, auquel cas l'on y procède moins sou-
» mairement & avec une méthode plus composée. Ce que nous venons de
» dire des Bannerets a également lieu pour le Chancelier ; pour le grand
» Sauthier, pour le Greffier en chef & pour le Concierge de l'Hôtel de
» Ville, qui sont tous les quatre tirés du Grand-Conseil, mais qui pen-
» dant la durée de leurs fonctions, ne font que des Officiers servants, &
» ces trois derniers comme les Chambellans de l'Etat «.

(19) Etat & Délices de la Suisse, T. II. pag. 88 & suiv.

rang

PITTORESQUES, &c. DE LA SUISSE.

rang de *Sénateur*, mais il faut que les sujets qu'ils proposent aient été dix ans dans le grand Conseil & qu'ils ne leur soient point parens trop proches, comme père ou beau-père, fils ou gendre, frère ou beau-frère. Les noms des sujets proposés s'écrivent sur des billets que l'on jette dans une boîte fermée à clef. On fait ensuite un scrutin après lequel les Electeurs recueillent les suffrages, & les quatre proposés qui en ont le moins sont dès-lors exclus : les quatre autres doivent alors voir, entre eux, en faveur de qui la fortune se déclarera ; ce qui se fait de la manière suivante. On met dans un sac deux petites boules dorées & deux autres argentées ; chacun des quatre proposés en tire une, & les deux Candidats à qui le sort fait tomber les boules dorées, sont de nouveau proposés aux suffrages publics ; après quoi celui qui a la pluralité des voix, est élu *Sénateur* pour remplir la place vacante. Il est bon d'observer que ces suffrages se font par la voie des jetons, dont les deux tiers sont dorés, & l'autre tiers argenté, afin que le hasard puisse y avoir encore quelque part. Mais s'il arrive que les deux proposés aient un égal nombre de suffrages, ce qui arrive assez souvent, c'est alors à l'Avoyer régnant à décider lequel d'entre eux doit être élu pour *Sénateur*. Cette élection a encore plusieurs exceptions, au sujet desquelles on a fait des loix particulières ; mais telle est en général la principale manière d'élire un Sénateur. Il n'y a pas bien des années que cette forme d'élection est établie : elle se faisoit autrefois fort simplement dans le *grand Conseil*.

A l'égard des places vacantes dans le *grand Conseil*, c'est le *Sénat* conjointement avec seize Membres du *grand Conseil* qui les remplit. La règle est qu'on doit laisser passer sept ans sans parler de nommer aux places vacantes. Alors on délibère si l'élection se fera, & la question est décidée à la pluralité des voix. Pour l'ordinaire cependant, lorsqu'il y a quatre-vingt Membres décédés, on en élit de nouveaux. Mais si le nombre des Conseillers du grand Conseil, dans lequel on comprend les Membres du petit Conseil, se trouve au-dessous de deux cent, il y a une loi qui porte que tout le *grand Conseil* soit renouvellé.

Toutes les fois qu'on admet de nouveaux Conseillers dans le Conseil des *Deux-Cent*, on fixe auparavant un temps durant lequel il ne sera pas permis aux nouveaux Membres de prétendre aux bailliages de quelque importance, jusqu'à ce que les anciens Conseillers soient pourvus de quelques bailliages considérables.

Les *seize* Membres du *grand Conseil* que l'on joint au Sénat pour faire une nouvelle promotion, sont appellés *Seizeniers* à cause de leur nombre. On les choisit parmi les Baillifs vétérans, mais non pas indifféremment & sans exception. Les *Seizeniers* en général, sont les personnes qui ont eu des bailliages, & qui ont fini le temps de leur exercice ; mais s'il se trouve, comme il arrive assez souvent, qu'il y ait dans une Tribu deux aspirans dont l'un ait fini le temps de l'exercice de son bailliage, & l'autre soit actuellement Membre du *grand Conseil*, sans avoir jamais eu de bailliage, alors on met dans un sac deux petites boules, l'une d'or & l'autre d'argent : le sort décide entre eux ; & celui qui tire la boule d'or est mis au nombre des *Seizeniers* ; mais un Conseiller qui se trouve seul de sa Tribu, est *Seizenier* de droit, quand même il n'auroit jamais possédé de bailliage.

Dans la ville de Berne il y a douze Tribus que l'on appelle *Abbayes* ou *Sociétés*, & que M. *Philbert* (20) nommoit *Compagnie d'Artisans*. Il y a des fonds assez considérables attachés à chaque Tribu ; ils sont destinés au secours des individus qui en auroient besoin, & alors la Tribu dont ils sont partie les soulage avec ses fonds annexés, suivant leur rang & les circonstances. Tous les bourgeois, étant ainsi partagés en douze parties, peuvent appercevoir les besoins du peuple avec plus de facilité que s'ils étoient renfermés dans un seul Corps. Ainsi il se trouve dans ces *Sociétés* des gens de toutes sortes de professions ; & le droit d'être de l'une & de l'autre de ces *Abbayes*, passe du père au fils, excepté dans quelques métiers, comme celui des maréchaux que leur état attache à la Tribu qui porte ce nom.

Il y a quatre grandes *Sociétés* & huit petites ; elles ont chacune leur chef. Les *quatre grandes*, celle des boulangers, des bouchers, des tanneurs & des maréchaux qui fournissent les quatre *Bannerets*, ont deux *Seizeniers* chacune, & les *petites* n'en ont qu'un ; ce qui fait ensemble le nombre de *seize*. Il faut cependant observer que quoique les *quatre premières Sociétés* ayent chacune deux personnes du nombre des *Seizeniers*, elles ne reconnoissent pourtant point d'autre chef que le *Tribun* ou *Banneret*. Dans les huit autres Sociétés, ces *Seizeniers* ne sont chefs que par rapport aux loix dont ils sont les défenseurs ; & il arrive assez souvent qu'il y a des Tribus qui n'ont point de Seizeniers proprement dits ; mais alors une autre Tribu y supplée s'il est besoin : on y prend un Baillif sorti de charge qui fait la fonction de *Seizenier*, jusqu'à nouvel ordre. Ces *Seizeniers* sont choisis dans le *Sénat* & par le *Sénat*, parce qu'ils ne sont pas regardés comme Membres de la *Société* ou de la *Tribu*, mais comme les chefs & les soutiens de la République. Ce sont eux qui sont chargés de faire observer les loix, de les protéger & de les défendre. Les *Seizeniers* sont choisis par le *Sénat*, ce n'est pourtant point par la voie du suffrage ni à la pluralité des voix, mais par le sort. On met dans un sac autant de boules qu'il y a de concurrens à cette place ; l'une est d'or, & les autres sont d'argent, & celui qui tire la boule d'or est *Seizenier* ; ces élections se font tous les ans, selon que les loix l'ordonnent, parce que tous les ans ils exercent l'office de Censeurs du grand Conseil. J'ai dit qu'on élit les *Seizeniers* tous les ans ; on leur distribue comme aux Sénateurs une médaille d'argent, avec cette inscription : SENATUS ET SEDECIM VIRI. La même personne peut aussi remplir plusieurs fois cette place. Outre le droit qu'ont les *Seizeniers* de remplacer les Membres des Deux-Cent, conjointement avec le *Sénat*, ils ont des prérogatives considérables & qui leur sont particulières. Les *Seizeniers* sont même réellement les seuls Souverains pour un petit espace de temps, conjointement avec les *Bannerets* ; en effet tous les autres emplois dans l'Etat cessent pendant les trois derniers jours avant *Pâques*, & alors ils sont autorisés à rechercher la conduite de chaque Membre de l'Etat, & à le priver de sa charge, s'ils en ont de justes causes. Mais ils exercent ce pouvoir avec beaucoup de ménagement, de sorte que chacun est toujours confirmé dans son emploi, le lundi de *Pâques*, à moins qu'il ne soit trouvé coupable de quelque crime ou malversation notoire. Il est vrai de dire que si un Sénateur ordinaire venoit à être déposé, il lui seroit libre d'en appeller au *grand Conseil*, où l'on examineroit les motifs de sa déposition. Il est aussi permis de laisser

---

(20) Hist. des Ligues & des guerres de la Suisse, T. I. pag. 304.

Tome I.

la déposition d'un Sénateur en souffrance, tandis qu'on examine sa conduite.

Voici la manière dont on remplit les places vacantes dans le *grand Conseil*. J'ai déja dit que ce sont les Membres du Sénat & les seize *Seizeniers* qui ont le droit d'élection, & auxquels ceux qui veulent entrer dans le *grand Conseil*, s'appliquent à faire leur cour. Chacun des Electeurs a la liberté de *recommander* un Membre, & chaque Avoyer en *recommande* deux. Je dis, *recommander*, parce que c'est la véritable expression usitée à Berne dans ces occurences. Il est aussi permis au Chancelier & au Greffier d'en recommander un. Le *Préteur*, vulgairement appellé le *grand-Sautier* & l'*Ammann* (21), jouïssent du même privilége. Le *Commissaire général*, & quelques autres Officiers, prétendent avoir le droit d'être faits Membres des Deux-Cent en vertu de leurs charges, & ils le sont ordinairement. Il n'y a cependant aucune loi qui ait statué sur ces prétentions. Mais comme ceux qui exercent ces charges sont utiles à la République, on les admet assez souvent. De cette manière il y a toujours près de cinquante personnes qui sont sûres d'être élues. Les autres Candidats sont choisis à la pluralité des voix.

Il y a deux conditions essentiellement requises pour pouvoir prétendre à être admis au *grand Conseil*. L'une demande que l'on ait préalablement appartenu à quelque Tribu ou Société, l'autre que l'on soit du moins entré dans sa trentième année, & l'on est si rigide sur ces deux articles, qu'un homme de famille a été exclus d'une promotion pour avoir manqué de trois jours l'âge requis, & plusieurs autres ont été non-seulement déchus de leurs prétentions aux *Deux-Cent*, mais privés pour jamais de leur droit de bourgeoisie, tant pour eux que pour leurs enfans, pour avoir négligé d'entrer dans quelque *Tribu* ou *Société*.

Il est d'usage que chaque Electeur donne sa *recommandation* à son fils aîné, s'il a la capacité, c'est-à-dire, s'il a atteint l'âge de trente ans. Autrement, s'il a une fille à marier, il trouve aisément à la pourvoir, ayant la liberté de donner sa recommandation à celui qui doit l'épouser, ce qui tient souvent lieu de dot. Il est assez plaisant de voir alors quel essaim d'amans s'élève à cette occasion en trois ou quatre jours de temps; car c'est tout l'intervalle qu'il y a entre le choix des *Seizeniers* & l'élection des nouveaux Membres. La première visite qu'un nouveau *Seizenier* reçoit dès qu'il rentre chez lui après son élection, est à coup sûr celle d'un Aspirant qui lui demande sa fille en mariage, s'il n'a point de fils qu'il favorise de sa recommandation; & alors la nôce, ou du moins la promesse du mariage, suit de très-près l'aveu que fait l'Aspirant de son inclination; car le *Seizenier* choisit entre les Prétendans, celui qui est le plus à son gré & à celui de sa fille, & l'engage très-promptement dans une promesse de mariage, de peur qu'il ne vienne à manquer de parole après la *recommandation*. Ainsi il arrive quelquefois que la première entrevue qu'ont ensemble les futurs époux est celle où se dressent les articles du contrat de mariage. Cependant ceux qui font à Berne de ces conquêtes en aussi peu de temps, n'épousent pas sans connoître; ils sont déja au fait des biens, de la famille & des mœurs de la personne à laquelle ils se destinent. Combien au reste ne se fait-il pas tous les jours de mariages dans d'autres pays, où, dans deux entrevues, on se parle, on fait ses propositions, on passe le contrat & l'on s'épouse. Il ne faut donc pas être surpris, vu le prix communément attaché au rang & à la fortune, que les jeunes gens de Berne, entraînés par la contagion universelle, fassent quelquefois de ces mariages que l'intérêt seul décide & où l'on ne consulte point l'amour.

J'ai exposé la manière usitée à Berne de remplacer les Membres du *grand Conseil*. Ainsi les Electeurs favorisent leurs propres parens dans leurs *recommandations*; ils conviennent même entre eux de servir les amis l'un de l'autre, dans le choix des Membres qui restent à être élus par la pluralité des voix. Ainsi il faut nécessairement que tout le gouvernement soit circonscrit dans un petit nombre de familles, & que les communs bourgeois n'y aient aucune part, à moins qu'ils ne puissent y entrer, comme il arrive quelquefois, par la pluralité des voix, ou en épousant la fille d'un Electeur. Il est vrai qu'il y a plus de quatre-vingt familles qui fournissent les Membres des Deux-Cent, & qu'il y a bien des endroits en *Suisse* où le gouvernement est renfermé dans un nombre de familles encore plus petit. Mais l'étendue d'aucun autre Canton ne peut être mise en parallèle avec celle de l'Etat de Berne. Le nombre resserré des familles habiles au gouvernement de Berne, comparé avec l'étendue de ce Canton, est très-inférieur à celui des familles qui gouvernent tout autre Canton beaucoup moins considérable.

J'ai parlé des deux chefs qui sont à la tête du gouvernement de Berne, & qu'on nomme *Avoyers* en françois; leurs emplois sont à vie, & ils les exercent annuellement tour à tour. Celui qui est en charge est appelé l'*Avoyer régnant*; il préside au *grand* & au *petit Conseil*, & propose les matières qui doivent y être débattues; il garde les sceaux que l'on met à tous les actes & autres instrumens publics; enfin il est le principal Magistrat auquel s'adressent toutes les personnes qui ont quelque affaire à traiter dans l'un des Conseils. L'autre *Avoyer*, qui est hors de charge, n'est que le *premier Sénateur* en rang, jusqu'à ce que l'année soit expirée; alors il prend les sceaux du premier, & il est *Avoyer régnant* à son tour. Ces charges sont extrêmement recherchées, soit à cause du rang éminent qu'elles donnent à ceux qui les occupent, soit à cause de l'influence qu'ils ont sur le maniement de toutes les affaires publiques. Les revenus du *Trésorier du pays de Vaud* sont très-considérables; la dignité du Trésorier du *pays Allemand* est plus honorable, attendu qu'il tient le premier rang dans la République après les Avoyers, mais les revenus en sont assez modiques. Les quatre Tribuns ou *Bannerets* ont de tout temps été les *Porte-Etendards* de la ville, laquelle est divisée en quatre quartiers ou districts, dont chacun a son *Porte-Etendard*. On les appelle en Allemand, *Banner* ou *Panner-Herren*, les Seigneurs de la Bannière, & de ce mot Allemand, on les a nommés en françois *Bannerets*. Ces charges sont toujours données aux *Sénateurs* du premier rang; elles sont attachées aux quatre principales Tribus, en sorte qu'un *Sénateur* qui ne seroit pas lui-même d'une de ces quatre Tribus, ne pourroit jamais obtenir cette dignité. L'autorité des Bannerets étoit autrefois plus grande qu'elle ne l'est à présent: outre les revenus de la République, dont ils étoient devenus peu à peu les dépositaires, ils s'étoient encore appro-

---

(21) C'est l'*Ammann de la maison de ville*, *Rathaus-Ammann*, charge qui est fixée à quatre ans pour celui qui en est revêtu; M. *Philbert* l'appelle le *Concierge de l'Hôtel de Ville*, (Hist. des Ligues & des guerres de la Suisse, T. I. pag. 307.)

prié tout le gouvernement de l'Etat. Ils créoient, conjointement avec les *Seizeniers*, tous les Membres du *grand Conseil*; & toute la nomination même des *Seizeniers* leur étoit dévolue, de manière qu'ils remplissoient, pour ainsi dire, seuls toutes les places vacantes du Conseil des *Deux-Cent*, attendu qu'ils avoient les suffrages de tous les Membres à leur disposition. Mais enfin les bourgeois ouvrirent les yeux sûr ce pouvoir exorbitant qui tendoit à l'*Oligarchie*; ils leur ôtèrent d'abord la nomination des *Seizeniers*, ensuite ils leur retranchèrent insensiblement toutes les autres prérogatives. Aujourd'hui leur pouvoir est si restreint qu'il ne peut mettre en danger la liberté publique.

Les principaux (22) Colléges de l'administration sont, I. le *Conseil secret*, dont je décrirai bientôt la forme; II. les *Chambres Economiques* ou les Conseils des Finances, l'une pour le *pays Allemand*, & l'autre pour le *pays Romand*; III. la Chambre des *Appellations Allemandes* qui juge tout appel civil en dernière instance, si l'objet principal ne passe pas la valeur de deux mille livres Bernoises, (la livré de Berne fait *vingt-deux sols six deniers de France*.) Autrefois un Conseil de *soixante* jugeoit en dernier ressort des appels; maintenant toutes les causes, dont l'objet passe la valeur sus-énoncée, de même que toutes les causes pour injure, voie de fait, &c. peuvent être portées aux *Deux-Cent*; IV. la *Chambre* (23) des *Appellations Romandes*; celle-ci juge en dernier ressort pour le pays de Vaud, soit à l'imitation de la Chambre d'appel établie à Moudon sous les Ducs de Savoie, soit parce que dans les premiers temps, qui ont suivi la conquête, la langue Françoise, usitée dans ce pays, étoit trop peu connue à Berne, pour trouver un plus grand nombre de Juges qui eussent la capacité requise. Les seuls bourgeois de Berne peuvent appeler de cette Chambre au *grand Conseil*. V. Le *Conseil de guerre*, dont je traiterai dans un autre endroit; VI. l'*Intendance de la police*; VII. le *Consistoire*, pour les causes matrimoniales; VIII. le *Bureau de distribution des aumônes & du travail aux pauvres de la campagne*; IX. la *Chambre de réformation* ou *de l'exécution des Loix somptuaires*; X. la *Direction des bleds*; XI. les deux *Directions des forêts*, l'une pour le *pays Allemand* & l'autre pour le *pays Romand*; XII. la *Direction de la ferme des sels*, & XIII. le *Conseil de commerce*. Il y a encore le Comité des péages & chemins, le Conseil de santé, la Chambre des orphelins, le Conseil académique qui dirige le *Gimnase* de la capitale & les Ecoles de la campagne; le Bureau d'administration des *Hopitaux*, la Commission des chasses, la Commission des taxes qui met le prix aux denrées; la Chambre des *Monnoies*, l'Inspection des postes & messageries, la Commission des droits sur le vin, la Commission criminelle, le Comité pour la balance des importations & des exportations, le Comité pour l'introduction des plantes étrangères telles que le tabac, la garence, &c. le Conseil d'abondance, & le Bureau des recherches généalogiques sur les citoyens & les habitans perpétuels de la ville. Tels sont, indépendamment des commissions extraordinaires, qui s'établissent pour un temps dans certains cas & pour certains objets; tels sont, dis-je, la plupart & les principaux atteliers, (ce sont les termes de M. Philbert), où s'apprête & se perfectionne tous les jours dans le gouvernement de la République Bernoise, le saint ouvrage de la félicité du peuple & de la *prospérité de l'Etat*. Ces commissions sont toujours présidées par un Membre du Sénat; elles sont chargées d'exécuter les ordres souverains dans leur ressort, ou de discuter préalablement les matières qui leur sont proposées, pour rapporter ensuite leur avis ou projet de résolution, avec les motifs de chaque opinion. Cette méthode occasionne beaucoup de lenteur, mais les objets sont mieux vus & mieux approfondis, & elle est la marche la plus sûre pour un gouvernement Républicain, plus attaché aux affaires intérieures de l'Etat qu'à de grands objets étrangers, qui exigeroient la promptitude dans les délibérations. Au reste les commissions que nous venons d'indiquer rapportent les matières qui ne sont pas de leur compétence, au Conseil des XXVII, & celui-ci aux Deux-Cent. Disons ici un mot du *Conseil secret* ; il est composé de l'*Avoyer* qui est hors de charge, du *Trésorier Allemand*, des *quatre Bannerets* & des deux *Secrets*; ce qui fait au total *huit Assesseurs*. Ce Conseil traite des affaires les plus importantes & les plus secrètes; c'est un Comité à la fois nécessaire & redoutable.

Il seroit inutile d'entrer dans de plus grands détails sur l'intérieur de ce gouvernement, nous pensons qu'il suffit d'avoir présenté les traits généraux de sa constitution aristocratique, & d'avoir marqué les différences essentielles entre sa forme & celle des autres Cantons.

Le pays soumis à la domination de Berne est partagé en *Bailliages* ou *Préfectures*, dont la commission dure six ans. Sous cette domination nous comprenons, & les emplois de judicature & ceux des rentes & domaines, provenant de la confiscation des biens des Monastères à l'époque de la réformation. Les Baillifs sont les Subdélégués de la police, les Exécuteurs des édits & mandats souverains, les Economes des rentes du fisc & des greniers publics, les Juges d'appel des justices inférieures, & les Juges de paix sur tous les objets que les parties s'accordent à porter à leur audience. Dans le pays de Vaud ils sont assistés par les Cours baillivales, où se traitent en première instance les causes féodales, dans lesquelles le Baillif est partie intéressée; ces Cours décident aussi à la pluralité des voix les causes civiles, qui sont immédiatement portées devant elles; mais les Assesseurs n'ont que voix délibérative dans les causes d'appel, & le Baillif prononce la sentence.

Les bailliages se donnoient autrefois par l'élection des suffrages; mais il s'introduisit de grands abus dans les sollicitations : un règlement fait en 1718, soumet la distribution de ces emplois au sort. Cette loi, si singulière en apparence, suppose que le hasard est moins aveugle que la faveur, & que tous les Aspirans jugés une fois capables d'opiner dans le Conseil souverain, doivent l'être aussi de toutes les commissions particulières. Son but étoit l'égalité dans la distribution des emplois lucratifs; elle a produit un double effet dans la République. D'abord, en rendant la brigue inutile, elle a fait tomber la coutume de ces bruyans festins, de ces repas superflus, où au milieu d'une profusion sans choix, les acclamations & les disputes nourrissoient l'esprit de parti, & où l'ambition commençoit sa carrière en s'avilissant devant l'orgueil en action. Je rapporte ici les réflexions de M. de *Tscharner*. Ce changement essentiel dans les mœurs a influé sur l'économie & sur le caractère de toute la nation. Un

---

(22) Faesi, Descript. Topog. de la Suisse, T. I. pag. 562 & suiv.

(23) Les peuples du pays de Vaud passent pour aimer les procès, marque presque certaine d'un vice caché dans la législation. Quoi qu'il en soit, ce vice des hommes ou des loix, a mis le Souverain dans la nécessité d'ériger le Tribunal dont il est ici question, & de le revêtir de toute son autorité, pour n'être pas sans cesse interrompu par les discussions *interminables* de cette partie de ses sujets. (Note de M. *Philbert*, dans l'Hist. des Ligues & des guerres de la Suisse, T. I. pag. 319).

autre luxe a succédé à d'autres vices ; mais il n'en peut être de plus méprisable que cet abrutissement attaché aux plaisirs de la table. En second lieu, la même loi, en rendant les Membres des *Deux-Cent* plus indépendans de la protection des premiers Magistrats, leur a donné une plus grande influence dans les affaires, & une émulation plus forte pour s'en occuper. Les délibérations du *grand Conseil* embrassant dès-lors plus de détails, les séances deviennent plus fréquentes & plus longues, &, *l'assemblée s'introduisant mieux*, ce sont les termes de M. de Tscharner, *il doit s'y former plus de sujets propres aux divers départemens de l'administration.*

Les Baillifs rendent annuellement compte à la Chambre des *Bannerets*, qui est le *Conseil des Finances*. Autrefois cette Chambre faisoit aux comptables des gratifications & appréciations arbitraires ; ces faveurs souvent partiales & abusives, accordées aux dépens du bien public, ont été détruites par un règlement souverain à la fin du dernier siècle. Ce règlement limite les pouvoirs de la Chambre, & astreint les Baillifs à mettre la plus grande exactitude dans leurs comptes.

A l'article *topographique* du Canton de Berne, je nommerai & je détaillerai les différens bailliages de cette République. J'observerai ici que dans quelques villes & bailliages de la partie *Allemande* de ce Canton, il y a des *Bannerets* qui gouvernent le bailliage en l'absence du Baillif, & qui ont d'autres prérogatives. Dans la partie *Françoise* du même Canton, & dans le pays de Vaud, le titre de *Banneret* désigne pour l'ordinaire le premier Magistrat de police d'une ville ; c'est lui qui préside aux Conseils, qui y donne l'entrée, qui propose les matières, recueille les suffrages & fait les rapports des délibérations. Tel est l'usage observé à *Yverdon*, dans les *trois autres bonnes villes* du pays, & dans quelques autres. A *Lausanne*, il y a quatre *Bannerets*, qui se tirent des quatre *bannières* de la ville, & qui forment la Chambre économique sous la présidence du Bourgmestre. A *Vevai*, c'est sa seconde personne du Conseil.

Encore un mot sur le gouvernement de la ville de Berne : les deux *Secrets* (24), joints au *Sénat*, veillent pour empêcher qu'il ne s'y passe rien de contraire aux droits du *grand Conseil* ; on les appelle *Secrets*, parce que leur Ministère les oblige à recevoir toutes les plaintes, soit générales, soit particulières, qui sont formées contre l'administration du Sénat, & à les faire redresser sans qu'ils osent nommer les plaignans. Ils sont néanmoins tenus de communiquer le fait au Collège des Seizeniers dont ils empruntent leur principale autorité, & avec les devoirs desquels leurs fonctions sont essentiellement corrélatives ; ou au moins faut-il, pour autoriser leurs démarches dans des cas graves, qu'ils aient été expressément requis par écrit, & que la demande soit signée de huit Membres au moins de la République. Ces *Secrets* ont le droit d'assembler le grand Conseil, dans les cas urgens, quand même l'Avoyer *régnant* ne le voudroit pas. Le plus ancien des *Secrets* a toujours sous sa garde une clef du trésor public, & le plus jeune, celles des portes de la ville.

On exige les cinq qualités suivantes, du Candidat qui veut être élu du *Sénat* : il doit être d'une ancienne famille de la bourgeoisie, & au moins le troisième de son nom, bourgeois de la ville depuis son grand-père. Il doit être marié, étant juste que celui qui veut être le dépositaire des loix & le distributeur de la justice, procure aussi des défenseurs à la patrie. Il doit prouver qu'il est né dans la ville même, de Berne, excepté le cas d'absence d'un père pour le service de la République. Il doit aussi être d'une ancienne promotion dans les *Deux-Cent*, & y avoir siégé au moins dix ans ; & pour quatrième condition, n'avoir ni son père, ni son fils, ni son frère dans le Sénat ; & enfin s'il a géré quelque bailliage ou autre charge comptable, il faut qu'il ait rendu ses comptes & ne doive plus rien au fisc de l'Etat.

Quand la place de Sénateur est conférée par élection à l'une des six maisons d'*Erlach*, de *Diesbach*, de *Wattenweil* ou *Watteville*, de *Mullinen*, de *Bonstetten* & de *Luternau*, celui de ces maisons, qui en est pourvu, siége avant les autres *Sénateurs* dont l'élection seroit plus ancienne que la sienne, & il siége immédiatement après les *Bannerets*. Les quatre premières de ces maisons jouissent de cette prérogative singulière depuis plusieurs siècles, mais les *de Bonstetten*, originaires du Canton de Zurich, ne l'obtinrent qu'en 1651, & les *de Luternau*, en 1669. L'esprit d'égalité a fait statuer en 1721, que dorénavant on n'accordera plus aucune préséance de cette nature à aucune famille.

Outre les deux Cours d'appellations dans le civil, il y a à Berne le *Stadt-gericht* ou la Cour ordinaire de justice, dans laquelle les causes civiles sont jugées en première instance, selon la loi commune du pays. Le chef de cette *audience* est le *grand-Sautier*, en Allemand *Gross-weibel* ; il y préside au nom de l'*Avoyer régnant*, & il est établi particulièrement pour veiller au repos public de la ville & pour punir suivant l'exigence des cas ceux qui le troublent. Les fonctions de cet Officier sont à-peu-près les mêmes qu'étoient celles du *Préteur de la ville* chez les Romains ; il préside à l'audience civile, qui se tient deux fois par semaine ; il n'y préside pourtant pas sous le nom de *Préteur*, mais sous celui de *Conseiller*. C'est lui qui est chargé de tout ce qui concerne les prisons publiques, il doit pourvoir à la nourriture de ceux qui y sont détenus ; il prend connoissance de leurs délits, & s'il s'agit d'un crime qui puisse mériter la mort, il est chargé lui-même de défendre les criminels devant le *grand Conseil*. Il réunit à la fois la charge de *Lieutenant-Civil*, & celle de *Lieutenant-Criminel*. La marque de sa dignité est un grand bâton, orné de viroles d'argent.

Le bâtiment de la *Chancellerie* est annexé à la maison de ville, le Chancelier y demeure, & c'est-là qu'est le dépôt des archives de la République, sous de superbes voûtes, & dans un ordre admirable. Le Chancelier est Membre du *grand Conseil* ; 1 a sous lui le Greffier du Conseil, un sous-Secrétaire, & trois *Expectans* du Conseil ; il assiste avec le Greffier & le sous-Secrétaire au petit & au grand Conseils, & y enregistre leurs ordonnances & délibérations. C'est le grand Conseil qui nomme le Chancelier ; la durée de cette charge est fixée à douze ans. A l'expiration de ce terme, il peut demander tel emploi qu'il lui plaira dans la seconde classe des charges de la République, à moins qu'auparavant il n'obtienne déja par le sort un emploi qui lui convienne. Il a encore sous ses ordres, pour l'expédition des affaires, trois Ecrivains de *Commission* & trois *Substituts de Chancellerie*. On appelle les premiers, en Allemand, *Commissions-Schreiber*.

Finissons le tableau du gouvernement de Berne par celui de l'*Etat* (25) extérieur (*aussere-stand*), qui n'a peut-être pas

---

(24) Faesi, Descript. Topog. de la Suisse, T. I. pag. 558 & suiv.
(25) Faesi, *ibidem*, T. I. pag. 566 & suiv.

Etat & Délices de la Suisse, T. II. pag. 145-147, édition de Bâle.

son

son semblable dans l'univers. C'est une institution si ancienne qu'on en ignore l'origine. Les uns la darent de la fondation de la ville, les autres de la bataille de Morat. Elle est en partie militaire, & en partie civile ; les jeunes gens qui n'ont pas encore l'âge requis pour entrer dans les *Deux-Cent*, ont une institution entr'eux, protégée par le Souverain (26), & par laquelle ils imitent en tout l'Etat souverain. Ils ont une maison de Conseil, bâtie en 1729, dans laquelle la grande salle où l'assemblée se tient, est aussi magnifique que l'on puisse l'imaginer. Ils ont deux *Avoyers* alternativement régnans, dont les charges sont extrêmement briguées, & qui leur coûtent souvent de grandes sommes par la dépense qu'ils sont obligés de faire pour cet objet. Mais ils ont en retour l'avantage d'entrer sans autre recommandation dans les Deux-Cent de la République, lorsqu'ils ont l'âge requis. L'*Etat extérieur* a de même ses Trésoriers, Bannerets & Secrets ; le total de son *petit Conseil* est de vingt-sept Membres, y compris les deux Avoyers & les autres préposés ou surveillans que je viens de nommer. Cet Etat a aussi son grand Conseil & ses *Seizeniers* ; il a des Officiers, un grand-Sautier, des Huissiers, des Coureurs & des Fouriers ; il a sa livrée, dont la couleur est verte, rouge & jaune, telle qu'étoit celle du Duc de Zeringen, fondateur de Berne ; ce Conseil a en outre (27) son trésor, & une vaisselle fort riche.

L'Etat extérieur fait ses promotions, dans certains temps, & alors il nomme à ses emplois & bailliages vacans ; entr'autres jours, il y procède le lundi de Pâques : dans ces assemblées il reçoit de nouveaux Assesseurs. Le lundi de Pâques il fait sa procession par la ville avec toutes ses livrées, à l'instar de l'Etat souverain. Il part de sa maison de Conseil, & va jusqu'à celle de l'*Abbaye* ou de la *Tribu* dans laquelle est enclassé son *Avoyer* régnant, qui reçoit en y arrivant les complimens de félicitation. L'Etat extérieur a soixante-six prétendus bailliages qui consistent en des vieux châteaux ruinés du Canton, & dont le nombre, bien calculé, monteroit à cent vingt. Ces bailliages auxquels aspirent les Membres du *grand Conseil*, sont partagés en trois classes ; la troisième de ces classes se tire au sort, les deux autres sont données à la pluralité des voix. Le premier de ces bailliages est celui de *Habspourg* : celui qui l'obtient, représente l'ancien *Comte de Habspourg*, il a son porte-d'armes particulier ; il est aussi le Général aux exercices militaires de l'Etat extérieur. On peut regarder cet institut comme le noviciat de l'Etat souverain ; on y dispute sur des affaires d'un foible intérêt, avec autant de zèle & d'attention que s'il s'agissoit des objets les plus graves. Toutes les causes qu'on y débat sont protocoliées par un Chancelier. On ne sauroit assez estimer l'utilité de cette Académie politique. Les jeunes gens s'y forment & se rendent capables d'entrer un jour avec d'autant plus de dignité dans le Conseil souverain. Le sceau de l'Etat extérieur offre un singe assis à rebours sur une écrevisse & se regardant dans un miroir ; on y lit cette légende : S. Status exterioris Reipublicæ Bernensis. Il a aussi pour emblême un vaisseau cinglant à pleines voiles vers un port qu'on voit dans le lointain, avec cette inscription : *In spem dexteræ gubernationis*. De temps à autre, la brillante jeunesse qui compose le *petit* & le *grand Conseil* de cette République naissante, fait des exercices militaires, & l'on appelle ces exercices *Regiments-Umzug*. Dans ces occasions l'Etat extérieur invite par ses couriers les jeunes gens de distinction des autres Cantons ; ils s'y rendent communément en foule de toutes parts ; ces exercices se font avec une grande (28) magnificence. Comme l'admission de l'Etat extérieur est avec le temps un titre de recommandation pour entrer dans le *grand Conseil* de l'Etat intérieur ou de la République, on peut juger avec quel empressement tous les jeunes bourgeois des familles habiles au gouvernement, postulent l'honneur d'entrer dans ce Collége, unique dans son espèce, & dont l'établissement (29) a deux objets principaux, dont le premier est d'apprendre la forme & la constitution de l'Etat, & de s'exercer dès la jeunesse à l'art de parler, & à celui de manier les affaires. Le second objet regarde le militaire, dont l'exercice se faisoit autrefois dans des temps réglés ; & quoiqu'il soit aboli aujourd'hui, à cause des dépenses excessives qu'il occasionnoit, le même *Etat extérieur* continue chaque année d'en demander la permission à leurs Excellences de Berne par une députation. L'immortel *Montesquieu*, qu'on pourroit appeler l'oracle des loix, a fait un éloge judicieux & délicat du gouvernement de Berne. Voici ses paroles (30). *Il y a à présent dans le monde une République que personne ne connoît, & qui, dans le secret, dans le silence, augmente ses forces chaque jour. Il est certain que si elle parvient jamais à l'état de grandeur où sa sagesse la destine, elle changera nécessairement ses loix, & ce ne sera point l'ouvrage d'un Législateur, mais celui de la corruption même*.

Les loix de Berne mériteroient un long détail. Le premier code qui en a été imprimé, a été compilé par Jean Stek (31), & le plus nouveau, a été composé par M. Lerber (32), alors Professeur en droit à Berne. C'est dommage (33) que l'*Index* soit incomplet ; aussi en a-t-on un autre imprimé séparément, exécuté par M. Gruner (34), & qui vaut beaucoup mieux.

Le pays de Vaud est gouverné par des loix particulières. La principale collection de ces loix a été publiée (35) en 1616. Cette édition a la traduction Allemande à côté de l'original. Il y a plusieurs commentaires sur ces loix ; celui d'*Olivier* (36) est le plus ancien, & par-là même estimable, quoiqu'obscurci

---

(26) La République confirma en 1687 l'*Etat extérieur*.
(27) L'état extérieur a la recette annuelle d'une rente foncière placée sur plusieurs terreins limitrophes de Morat. Autrefois il alloit la recevoir en grande pompe ; on voyoit à la tête de cette cérémonie le *Gouverneur de Morat*, accompagné des Officiers de l'Etat-extérieur, dont trois avoient l'habillement des anciens *Suisses*, les autres portoient la livrée de l'Etat-extérieur ; l'un avoit avoit celle du *Siège*, un autre celle de l'*Ours*, &c. mais depuis long-temps cette cérémonie a été suspendue à cause des frais considérables qui y sont attachés. Au reste, la rente foncière qui en est l'objet ne passe pas vingt-huit *baschs* de Berne.
(28) On peut voir la description de l'exercice de 1725, dans les *Délices de la ville de Berne*, ouvrage écrit en Allemand, imprimé en 1732, in-12 ; cet exercice se fit avec l'éclat le plus imposant.
(29) En 1764, l'Etat-extérieur a fait frapper une médaille qui présente un singe assis sur une écrevisse, & dirigeant sa marche au Temple de la Gloire, avec cette devise PAULATIM ; on voit au revers sur une élévation un jeune Orateur couronné par Mercure, au moment qu'il harangue plusieurs Auditeurs : on lit cette inscription : LUDENDO FIT APTIOR.
(30) Considérations sur les causes de la grandeur des Romains & de leur décadence, pag. 108-109. Lausanne 1749, in-12. fig. Marc-Michel Bousquet, Imprimeur à Lausanne, dédia cette nouvelle édition à *Messieurs les Avoyers, petit & grand Conseil de l'Etat extérieur de la ville de Berne*.
(31) *Der Stat Bern Ernauerte Grichts-Satzung* 1615, in-fol.
(32) 1761, in-fol. & 1768, in-8.
(33) M. de Haller, *Conseils pour former une Bibliothèque historique de la Suisse*, pag. 93.
(34) *Marterial Register uber der Stadt Bern ernuerte Gerichts-Satzung* 1764, in-8.
(35) Les Loix & Statuts du pays de Vaud, 1616, in-fol. & 1730, in-8.
(36) Cours ou explication du Coutumier du pays de Vaud, 1756, in-4.

en quelque façon par celui de *Boive* (37) qui a paru depuis, & qui est d'un mérite supérieur. On peut joindre à cet excellent commentaire un autre traité très-recommandable, je veux dire celui de M. *Pillichody* (38). Les loix particulières de la ville de *Payerne* (39) & celles (40) du gouvernement d'*Aigle* sont pareillement imprimées; elles diffèrent dans plusieurs points essentiels des loix & des statuts du pays de Vaud. *Lausanne* est sous la loi nommée le *Plaid général*; *Moudon* & plusieurs autres endroits sous le *Coutumier de Moudon*. Mais ni le Plaid général ni le Coutumier de Moudon n'ont pas plus été imprimés que les différentes loix qui sont en usage dans la *partie Allemande* du Canton de Berne.

CANTON DE LUCERNE.

Le gouvernement Aristocratique de *Lucerne* a aussi son origine dans des temps reculés. Sous les Abbés de *Murbach*, il dépendoit de leur Ordre; sous la Maison d'Autriche, qui acheta leurs droits, il conserva à-peu-près la même forme. L'Empereur Rodolphe, étant à Vienne le 4 Novembre 1277, accorda au Conseil & aux bourgeois de Lucerne le privilége (1) de posséder (2) & d'acquérir des fiefs, à l'*instar* des nobles de l'Empire. Ce privilége leur donnoit un air de considération qu'ils n'avoient pas auparavant. Pareils priviléges avoient déja été accordés par les Empereurs à d'autres villes; c'étoit le moyen de se les attacher plus particuliérement, & de relâcher en même-temps tous les liens de leur dépendance vis-à-vis de leurs seigneurs ou propriétaires médiats. Les bourgeois (3) de Lucerne donnèrent en 1289 à Bertold, Abbé de Murbach, né Baron de *Falckenstein*, un don gratuit de deux cent soixante marcs d'argent; l'Abbé accablé de dettes étoit venu lui-même à Lucerne solliciter ce secours. Il leur promit par un acte authentique de ne jamais aliéner de son Abbaye, en aucune manière, & sous aucun prétexte; mais deux ans après le même Abbé oublia sa promesse. L'Empereur Rodolphe qui avoit déja accordé aux Lucernois le droit de posséder & d'acquérir des fiefs, ne leur avoit fait cette grace que pour les préparer insensiblement à se soumettre à sa Maison. Ce Prince ne perdoit pas de vue le plan qu'il avoit formé, dès son élévation au trône Impérial, d'étendre de plus en plus son patrimoine dans un pays où il possédoit déja les Comtés de Habsbourg, de Kibourg, de Baden, & de Lenzbourg, la ville de Zoug, & d'autres seigneuries. Son fils le Duc Albert qui avoit beaucoup d'enfans, le pressoit instamment d'acquérir Lucerne, acquisition qui lui faciliteroit de succéder aux droits que le Monastère de Lucerne, (annexe de l'Abbaye de Murbach) avoit conservés dans le pays d'Underwalden, au bourg d'Art, & dans beaucoup de villages de l'Argeu. Les instances de Rodolphe auprès de l'Abbé de Murbach furent un temps infructueuses. Le Prélat, encore mémoratif de la promesse que lui & ses prédécesseurs avoient faite plusieurs fois aux Lucernois, aux habitans d'Underwalden & d'Art, de ne jamais les aliéner de l'Abbaye de Murbach, opposa un honnête refus à toutes les sollicitations; mais le prévoyant Rodolphe connoissoit l'art de temporiser: l'année 1291 lui offrit enfin une occasion favorable. Bertold de Falckenstein, toujours prodigue, & toujours endetté, n'avoit pas encore reçu du suprême Chef de l'Empire la confirmation de ses priviléges depuis six ans qu'il étoit Abbé de Murbach. Le dérangement de ses finances étoit tel qu'il ne pouvoit payer la taxe attachée à cette confirmation; il redevoit d'ailleurs quelques autres impositions de l'Empire. Rodolphe exactement informé de la détresse de l'Abbé, le pressoit vivement pour la prestation de l'hommage & pour l'acquit de ses autres obligations. L'Abbé & le Monastère de Murbach se virent enfin forcés de vendre (4) à la Maison d'Autriche tous leurs droits sur Lucerne pour deux mille marcs d'argent. A cette condition Rodolphe confirma les priviléges de l'Abbé, & lui donna l'investiture temporelle de son Abbaye; il lui paya le montant du prix de la vente, & lui fit même don des arrérages qu'il devoit à l'Empire & qui montoient à trois cent soixante marcs d'argent. La Maison d'Autriche céda aussi à l'Abbaye de Murbach cinq (5) villages en Alsace, tant elle avoit à coeur

---

(37) Remarques sur les Loix & Statuts du pays de Vaud, 1756, *in-4.* 2 vol.
(38) Essai contenant les Ordonnances & l'usage qui ont dérogé au Coutumier du pays de Vaud, 1756, *in-8.*
(39) 1773, *in-4.*
(40) 1770, *in-4.*
(1) Preuves N°. II.
M. le Baron de Zur-Lauben a rapporté ce diplôme dans les Tables Généalogiques des augustes Maisons d'Autriche & de Lorraine, pag. 82-83, Paris 1770, *in-8.*
(2) *Ut more nobilium & militum Imperii feodorum capaces esse possint.*
(3) *Tschudii*, Chr. Helvet. T. I. pag. 198-199 & 202-204.
(4) Les annales de Colmar, portent sous l'année 1291, *Abbas Morbacensis cum monachis suis, vendidit Regi Rudolfo Luceriam, pro duobus millibus Marcis.*
Le Jésuite Louis *la Guille*, a rapporté parmi les preuves de l'histoire d'Alsace (pag. 14-15, Strasbourg 1727, *in-fol. fig.*) l'acte daté de Vienne le 12 Mai 1291, par lequel Albert, Duc d'Autriche, ratifioit en son nom & en celui de son neveu, fils de défunt son frère le Duc Rodolf, les articles contenus dans le contrat de l'acquisition que son père Rodolf, Roi des Romains, avoit faite de Lucerne, pour la somme de deux mille marcs d'argent pur, du poids de Bâle; *duobus millibus marcarum argenti puri & regalis ponderis Basilensis*, pourvu que ce Prince avoit payée à l'Abbé & au Monastère de *Murbach*, qui avoit néanmoins excepté la vente, les revenus & la collation de la Prévôté de Lucerne, les feudataires & officiers du Monastère de Murbach, & la collation de l'Eglise de *Sempach*. Le Duc Albert confirmoit par ce nouvel acte à l'Abbé & au Monastère de Murbach, pour entière consommation, cinq villages & fermes situées dans le Diocèse de Bâle; l'acte s'énonce ainsi sur Lucerne: *Curiam ac possessiones Lucerna. Constant. Dioecesis, cum ipsarum pertinentiis, appendiciis & juribus tam corporalibus quam incorporalibus universis exceptis duntaxat redditibus & possessionibus spectantibus ad praebendas Praepositi & Monachorum Monasterii Lucerna & excepta collatione Praepositura dicti Monasterii exceptis quoque Vasallis & Ministerialibus ipsius Monasterii Morbacensis, & jure patronatus Ecclesiae in Sembach*, &c. M. *Schoepflin*, a donné (*Alsatia diplomatica parte secunda* pag. 48, Mannhemii 1775, *in-fol. fig.*) le diplôme en Allemand par lequel Rodolf, Roi des Romains, étant à Bâle le 24 Avril (*VIII. Kal Maii*) l'an 1291, acheta de l'Abbé & du Monastère de Lucerne, la ville de Lucerne avec ses dépendances, excepté la collation de la Prévôté de ce nom, les autres feudataires & officiers du Monastère de Murbach, & la collation de l'église de *Sembach*. Rodolf en faisant cette acquisition au nom de son fils *Albert*, Duc d'Autriche, & en celui de son petit-fils qui avoit pour père le défunt Duc d'Autriche *Rodolf*, frère d'*Albert*, abandonnoit en leur nom la possession des cinq villages marqués dans la note ci-dessous.

(5) Ces villages nommés dans l'acte du Duc Albert, étoit *Herenkeim*, *Isenheim*, *Ostein*, *Merkolsheim* & *Retersheim*, au Diocèse de Bâle. Le Père *la Guille* lisoit incorrectement *Betersheim*, c'est *Retersheim*, autrement *Redersheim*; ce village & ceux d'Ostheim ou *Ostein*, *Isenheim* ou *Esenheim*, *Herckheim*, & de *Merxheim* ou *Merken*, sont assez voisins de *Murbach*, de Rufach & de Colmar. Le Diplôme de Rodolf, Roi des Romains, daté de Bâle le 24 Avril 1291, les nomme *Herickeim*, *Isenheim*, *Ostheim*, *Marckesheim* & *Retershein*. M. Schoepflin, pense que la copie de ce Diplôme en Allemand, n'est que la traduction de l'original Latin; on trouve en effet des mots latins à la fin du titre Allemand qui est conservé dans les archives du chapitre de Murbach.

l'acquisition de Lucerne. Dans le premier moment cette ville refusa de se soumettre à l'acte d'aliénation ; elle soutenoit que l'Abbé & son Monastère n'avoient pas eu le pouvoir de le faire, ayant les mains liées par leurs déclarations précédentes & par les diplômes des Empereurs qui avoient confirmé la donation (6) que le Roi Pepin, père de Charlemagne, avoit autrefois faite du Monastère (7) de Lucerne à l'Abbaye de Murbach. Rodolphe, apprenant l'éloignement que Lucerne marquoit pour la domination de sa Maison, envoya en cette ville le Duc Albert son fils ; ce prince sut si bien manier les esprits des habitans qu'à force de promesses de les laisser jouir de leurs anciennes franchises, & de les protéger encore plus efficacement contre toute attaque, ils lui jurèrent fidélité, à lui, à ses enfans & à son neveu le Duc Jean, fils de son frère Rodolphe Duc d'Autriche, qui étoit mort en 1290. L'Abbé de Murbach avoit réservé, dans la vente pour lui & ses successeurs, le droit de continuer à nommer le Prévôt, les Chanoines & les autres Prêtres du Chapitre de Lucerne. Pendant que la ville dépendoit de l'Abbaye de Murbach, il s'y étoit établi plusieurs familles de considération & même des nobles ; le vasselage inaliénable ne laissoit aucun doute aux bourgeois sur la perpétuité d'un acte tant de fois confirmé ; & ils se promettoient une constante jouissance des franchises attachées à la qualité de sujets de l'Abbaye. Mais les promesses que le Duc d'Autriche fit aux Lucernois s'évanouirent à la mort de son père, qui arriva la même année (le 30 Septembre 1291) ; Albert n'y eut aucun égard. Ils restèrent quarante ans soumis à la Maison d'Autriche, & durant ce tems elle les obligea de prendre part à toutes ses guerres contre les trois pays d'Uri, de Schweitz & d'Underwalden ; guerres qui ruinèrent en grande partie la ville, sans qu'elle reçût jamais aucune compensation. La Maison d'Autriche, en achetant Lucerne, avoit promis de laisser à la disposition de l'Abbé de Murbach & de ses successeurs la nomination à la Prévôté & au Chapitre de Lucerne, mais après la mort de Rodolphe, le Duc Albert s'empara pour lui & ses enfans, de toutes les seigneuries & fermes dépendantes du Chapitre.

Le port d'armes des citoyens dans les villes, au sein de la paix, est un usage barbare qui nous vient du nord : les Grecs & les Romains n'étoient armés que lorsqu'ils alloient combattre leurs ennemis. Dans l'accommodement (8) qui fut fait le 4 Mai 1252, entre Arnold, ses fils Louis, Marquard & Arnold de Rotenbourg, & la ville de Lucerne avec laquelle ils avoient eu quelques différens comme Avoués du Monastère de Saint-Leger, dépendant de l'Abbaye de Murbach, l'acte qui fut dressé par Walter qualifié *Minister*, c'est-à-dire Ammann, le Conseil & la Commune, firent cet accommodement avec les *Avoués*. On trouve dans cet acte la peine du Talion contre quiconque se sera rendu coupable d'homicide. Le port d'armes offensives étoit défendu dans l'enceinte de la ville, sous la peine de cinq livres, ou sous celle de l'exil pendant deux ans. Ce règlement est rempli de constitutions pénales, pour assurer la tranquillité publique ; il attache en outre par le tableau curieux qu'il présente des mœurs & du costume du temps : c'est proprement une transaction législative entre le Monastère & la ville de Lucerne. Tout en est intéressant, jusqu'aux (9) sceaux dont cet acte est revêtu ; il y en a deux : le premier d'une forme oblongue offre au milieu un pal chargé de trois fleurs de lys gothiques couchées : on lit autour du sceau, SIGILLVM CIVIVM LVCERNENSIVM ; l'autre sceau est ovale, & renferme au milieu un écu oblong, avec ces mots : S. MARQVARDI ADVOCATI DE ROTEMBVRG. Les fleurs de lys qu'on voit dans le sceau dont la ville de Lucerne se servoit, indiquent vraisemblablement l'origine du Monastère de Lucerne, qui avoit été fondé vers la fin du septième siècle, sous Clovis III, Roi de France.

Le sceau de la ville de Lucerne a souvent changé ; celui qui est attaché à l'acte de prestation de serment du Conseil & des bourgeois en 1292 à leur Seigneur Albert Duc d'Autriche, & à Jean (10) son neveu, est différent de celui dont nous avons déjà parlé, & de celui dont on se sert aujourd'hui. L'ancien sceau est ovale, de cire jaune, attaché à l'acte par un cordon de soie verte ; on y voit l'Evêque d'Autun, *Saint-Leger*, patron du Monastère de Lucerne & de l'Abbaye de Murbach, portant dans sa main sa tête couverte d'une mitre, & l'appuyant à la porte du clocher. Ce martyr est suivi de trois satellites, tenant chacun une épée nue à la main ; au-dessus de Saint-Leger, deux Anges paroissent dans un nuage radieux, ils reçoivent l'ame du saint Prélat. On voit sur la droite de la nue, une étoile, & plus loin un croissant : on lit à l'entour du sceau cette légende. S. VNIVERSITATIS CIVIVM LVCERNENSIVM.

Le sort (11) de Lucerne, dans le moyen âge, a été semblable à celui de la plupart des villes de l'Europe. Son Conseil municipal n'exerçoit qu'une police de commune très-circonscrite ; les Corps des métiers eurent des privilèges & le Corps général de la bourgeoisie obtint successivement des immunités ; mais toute espèce de juridiction & la haute police s'exerçoient dans la ville au nom de l'Abbé de Murbach, par des Officiers ou Juges de son choix, & les nobles des environs étoient la plupart ses vassaux.

Par une réciprocité d'obligation ainsi que je l'ai observé,

---

(6) L'Empereur Lothaire I. arrière petit-fils de Pepin, confirma à Strasbourg cette donation en 840, du temps de *Sigimar*, Abbé de Murbach : on trouve le Diplôme de ce Prince dans *Guillimann*, de reb. Helvet. Lib. III. Cap. IV. pag. 337-338. Friburgi Aventicor. 1598, in-4. & dans la collection des Historiens de France, par *Dom Bouquet*. T. VIII. pag. 366 ; mais Schoepflin (*Alsatia Diplomatia Parte prima*, pag. 79, Mannhemii 1772, in-fol. fig.) l'a donné plus exactement d'après le titre autentique, conservé dans les archives du Chapitre de Murbach ; ce titre nous apprend que la donation que Pepin avoit faite du Monastère de Lucerne aux Moines de Murbach, avoit été confirmée par Louis le Débonnaire, père de Lothaire. Le Diplôme finit ainsi : *Data VIII Kalend. Augusti anno Christo propitio Imperii domni Hlotharii pii Imperatoris XXI. indict. III. actum Stratzbur civitate in Dei nomine feliciter omen.*

(7) Le Diplôme de Lothaire le nomme *Monasterium Luciariæ*, il y est fait mention de plusieurs serfs dépendans de ce Monastère, & qui demeuroient au village *Emmen*, sur la Russe en Argeu, *in loco nuncupato villa Emun* ou *Emman*, *super fluvium Rinsa* ou *Rusa*, *in pago Aregaua*. Ce village voisin de Lucerne, est situé dans le bailliage de Rotenbourg, au même Canton de Lucerne.

(8) PREUVES N°. III.

(9) Ces anciens sceaux ont été gravés, pag. 9-10 dans le Recueil des restes les plus remarquables d'antiquités en Suisse, par Jean *Muller*, Ingénieur de Zurich, huitième partie, à Zurich 1777, in-4. fig. avec le texte en Allemand.

(10) Fils de Rodolf, Duc d'Autriche, le même qui tua depuis son oncle l'Empereur Albert, on peut voir parmi les *Preuves* N°. *IV*, un acte curieux de Bertold, Abbé de Murbach, daté de *Ruggsein*, le 30 Juin 1291, en explication de ses réserves dans le contrat de vente de la ville de Lucerne ; le place aussi parmi les *Preuves* N°. *V* & *VI*, deux actes précieux, l'un du 18 Avril 1178, & l'autre du mois de Septembre 1234, concernant la collation de la Cure de Lucerne, du temps des Abbés de Murbach, seigneurs de cette ville.

(11) Leu, Dict. Hist. de la Suisse, T. XII. pag. 275 & suiv. & 298. Faesi, Desc. Topog. de la Suisse, T. II. pag. 37-41.
Tscharner, Dict. Géog. Hist. & Polit. de la Suisse. T. II. pag. 48 & suiv.

le Monaſtère s'étoit engagé envers la bourgeoiſie de Lucerne de ne point aliéner ſes droits ſans ſon conſentement. Cependant l'Empereur Rodolphe, occupé du projet d'établir pour ſes fils un patrimoine plus conſidérable, engagea l'Abbaye de Murbach à lui vendre ſa juriſdiction ſur Lucerne & ſur d'autres fiefs limitrophes. Les pays d'Uri, de Schweitz & d'Underwalden, voiſins de Lucerne, jouiſſoient de la prérogative du relief direct de l'Empire; ils ſe refuſèrent avec fermeté aux ſollicitations du Duc d'Autriche, & ne voulurent point ſe reconnoître pour ſes ſujets. Albert, fils de Rodolphe, parvenu à ſon tour à la dignité Impériale, prétendit forcer ces pays à ſe ſoumettre. Les procédés tyranniques de ſes Officiers révoltèrent les peuples; leur union & l'expulſion des Baillifs Autrichiens fixèrent l'époque du berceau de la Ligue Helvétique. La victoire de Morgarten en 1315, qui mit le ſceau à la nouvelle confédération, ne pouvoit manquer d'augmenter la défiance de la Maiſon d'Autriche ſur le compte de ſes nouveaux ſujets de Lucerne. Les Gouverneurs pouvoient préſumer que l'exemple & les premiers ſuccès des Confédérés inviteroient les peuples voiſins à tourner leurs regards ſur les avantages d'une indépendance toujours flatteuſe. Ce qu'il y a de certain, c'eſt que les bourgeois de Lucerne, las des hoſtilités auxquelles les expoſoit la rupture ouverte entre les pays ligués & le parti Autrichien, conclurent avec les premiers une trève contre le gré de leurs maîtres. Les Autrichiens crûrent devoir prévenir les progrès de cette fermentation; mais les meſures qu'ils prirent ſourdement ayant été découvertes, les bourgeois après s'être ſaiſis des portes, congédièrent le Gouverneur, chaſſèrent les partiſans des Ducs & entrèrent dans la ligue perpétuelle des trois pays. Depuis 1332, qui fut l'époque de cette alliance, ils vécurent en inimitié ouverte avec le parti Autrichien, quoique les droits des Ducs euſſent été réſervés dans le traité. Dans l'eſpace de vingt ans, la ligue s'accrut juſqu'au nombre de *huit Cantons*, parmi leſquels Lucerne eſt le quatrième en date & devint le troiſième en rang. Son traité (12) d'alliance perpétuelle avec les trois pays fut ſcellé à Lucerne le ſamedi avant le jour de Saint-Martin 1332. On lit à la tête de ce traité: *Nous* (13) *l'Avoyer, l'Ammann, les Conſeils & les Bourgeois en général de la ville de Lucerne, & tous les habitans des pays d'Uri, de Schweitz & d'Underwalden.*

Tſchoudi obſerve dans ſa chronique (14) qu'il s'écoula plus de cent ans, depuis la date de cette alliance qui avoit été faite avec la réſerve des droits de la Maiſon d'Autriche juſqu'au traité de paix qui termina en 1450 *l'ancienne guerre de Zurich*, guerre dans laquelle la ville de Zurich s'étoit liée avec la Maiſon d'Autriche, les autres Cantons la forcèrent enfin de renoncer à cette alliance. Ce fut après cette paix que les Cantons de Lucerne & de Zoug, mémoratifs des reproches que les Zurichois leur avoient ſouvent faits au milieu de la guerre, d'avoir réſervé dans leurs alliances les droits de la Maiſon d'Autriche, demandèrent, à une diète tenue dans le Canton d'Underwalden en 1454, que cet article fût rayé de leurs traités d'alliance, & qu'on y ſubſtituât la réſerve de l'Empereur & de l'Empire. Cette demande paroiſſoit d'autant plus juſte, que long-temps avant la guerre de Zurich ils s'étoient libérés de toute obligation envers la Maiſon d'Autriche. Les trois Cantons d'Uri, de Schweitz & d'Underwalden leur accordèrent pleinement leur demande dans une diète convoquée à Lucerne le mardi après le ſecond dimanche de Carême de la même année 1454. Tſchoudi détaille (15) avec naïveté la conjuration tramée à la fin de Juin 1323 par quelques bourgeois de Lucerne contre la liberté de la ville; elle fut heureuſement découverte, & l'on empriſonna les traîtres. Dans cette criſe, ſur la preſſante demande des Lucernois, les trois Cantons d'Uri, de Schweitz & d'Underwalden envoyèrent chacun cent hommes pour garder la ville. Parmi les traîtres arrêtés il y en avoit beaucoup qui appartenoient aux principales familles, dont quelques-unes tenoient des fiefs de la Maiſon d'Autriche. Les bourgeois, indignés de leur perfidie, vouloient les juger à mort; mais les trois Cantons, conſidérant les ſuites dangereuſes qui pouvoient en réſulter, parce que la plupart des Conjurés avoient beaucoup de parens & des liaiſons dans la bourgeoiſie, leur obtinrent grace de la vie, après qu'ils eurent délivré l'acte de leur complot meurtrier & qu'ils eurent promis d'être à l'avenir fidèles à la ville. Tſchoudi ajoute que ces criminels d'Etat furent ſeulement condamnés à de groſſes amendes, & qu'on dépoſa, pour un ſouvenir éternel, ſous la voûte d'une tour, dans une boîte bien cloſe, l'acte de conjuration & toute la procédure. Depuis cette découverte on n'entendit plus parler à Lucerne d'aucune trame contre l'alliance avec les trois Cantons.

On trouve dans la même (16) chronique de Tſchoudi une déclaration envoyée le mardi après le jour de *Saint-Mathias* 1385 *au Bourgmeſtre, aux Conſeils & aux Bourgeois en général de la ville de Zurich, par l'Avoyer, les Conſeils, les Bourgeois & toutes les Communes en général de la ville de Lucerne*, par laquelle ils promettent d'obſerver leur confédération mutuelle avec les villes de l'Empire.

Le gouvernement de Lucerne eſt *Ariſtocratique*, le pouvoir ſouverain réſide dans un Conſeil de cent perſonnes choiſies dans le Corps de la bourgeoiſie. Trente-ſix Conſeillers pris du nombre (17) des Cent, forment le *Sénat* ou petit Conſeil; il eſt partagé en deux diviſions égales, qui ſe remettent l'une à l'autre l'adminiſtration tous les ſix mois; on les appelle *la diviſion* ou *le côté d'été, & la diviſion* ou *le côté d'hiver*; parce que l'une relève l'autre aux deux fêtes de Saint-Jean, après le ſolſtice d'été & celui d'hiver. La diviſion qui ſort de charge n'eſt pas excluſe des aſſemblées pendant le ſemeſtre ſuivant, mais celle qui rentre, y eſt obligée par ſerment. C'eſt la diviſion qui ſort, à laquelle compète le *grabaut* ou la réélection de celle qui ſuccède, elle remplit auſſi les places vacantes par mort. Il n'y a point d'âge fixé ni pour le *grand* ni pour le *petit Conſeil*; mais aucun jeune Candidat n'eſt admiſſible, s'il n'a pas atteint l'âge de puberté & fini les études ou paſſé un certain temps dans des pays étrangers. Les voyages ne ſont pourtant pas d'obligation, mais un uſage de deux ſiècles les autoriſe. Quant à la compétence au *petit Conſeil*, *Sénat* ou *Conſeil d'Etat*, appellé auſſi le *Conſeil intérieur* ou *Secret*

---

(12) Il eſt rapporté dans la chronique de Tſchoudi, T. I. pag. 123-124. & dans le Dict. Hiſt. de la Suiſſe, par M. Leu, T. XII. pag. 256-259.

(13) Wir der Schultheiſſ, der Ammann, die Raete und die Burgere gemeinlich der Statt zu Lucern, die Landlüt von Uri, von Schwitz und von Underwalden.

(14) T. I. pag. 324-325.

(15) Ibid. T. I. pag. 326-327.

(16) Ibid. T. I. pag. 516-517.

(17) La qualité d'*Aſſeſſeur du Grand-Conſeil*, n'eſt pas abſolument néceſſaire pour devenir *Sénateur* ou *Membre du petit Conſeil*, ni même *Avoyer*; ces places peuvent être données à des Bourgeois habiles au Gouvernement.

& le *Conseil des Cent* ; la loi de l'Etat porte qu'entre deux frères l'aîné a le droit de préférence sur le cadet, & cette élection se fait par les deux Conseils conjointement. Mais le *Conseil d'Etat* qui a le droit exclusif de se compléter, peut choisir à son gré une personne d'une famille bourgeoise ; habile au gouvernement, & préférer entre des frères un cadet à l'aîné ; il n'est point obligé de prendre, pour cet effet, un Membre du *grand Conseil*. Au reste dans le choix que fait le *Conseil d'Etat* ou le *Sénat* pour compléter les places vacantes, les fils & les plus proches parens du même nom ; quoique souvent très-jeunes, sont préférés aux autres Candidats. Cette voie rend les places du *Conseil d'Etat* comme héréditaires dans la même famille ; mais aussi si elles en sortent une fois, lorsque, par exemple, le fils ou le parent est encore enfant, difficilement rentrent-elles, lorsqu'ils deviennent adolescens ou majeurs. Il s'élève même quelquefois alors dans le sein de la bourgeoisie des Candidats riches, & alliés aux principales familles qui parviennent au *petit Conseil* à l'exclusion des plus anciennes familles de l'Etat. Mais une fois admis dans le petit Conseil, quoique les premiers de leur nom, ils portent le titre de *Juncker*, titre qu'on donne aux autres Membres du petit Conseil. Ce mot dérive de l'ancien titre Allemand *Jung-herr*, en latin *Domicellus*, & en françois *Damoiseau* ou *Gentilhomme* ; on le donnoit anciennement à tous les enfans des Nobles, des Barons & des Comtes avant qu'ils reçussent l'accolade de la Chevalerie. Je parlerai encore ailleurs de ce titre à l'article de *la Noblesse en Suisse*. L'entrée dans le *Sénat* de Lucerne donne le *Patriciat* à la personne & à ses descendans, & ce titre de noblesse est reconnu dans l'Ordre de Malte. La *réélection* ou *confirmation* des Membres du *petit Conseil* se fait aussi chaque semestre par le Conseil des Cent. Après ces opérations la nouvelle division du Sénat prête serment dans la Chapelle de *Saint-Pierre*, & le grand Conseil à l'Hôtel-de-ville. La bourgeoisie est aussi appellée chaque fois dans la Chapelle de *Saint-Pierre* à renouveller le serment de fidélité au gouvernement.

Il faut aujourd'hui, pour prétendre aux charges, être citoyen, né dans la ville ou dans le Canton, ou au service d'une Puissance étrangère, avouée de la République, ou absent du Canton avec le consentement du petit Conseil. Une loi expresse interdit au père & au fils ou à deux frères, de pouvoir siéger, dans le même temps, dans un même Corps de Conseil ; l'un cependant peut être du grand Conseil, pendant que l'autre siége au Sénat. Il est assez ordinaire qu'après la mort d'un Sénateur son fils ou son frère lui succède.

Les premières dignités de l'Etat sont celles des deux *Avoyers* ; ces dignités sont à vie. Chaque Avoyer préside pendant six mois à la division du Sénat qui est en fonction, & pendant le même temps aux assemblées du grand Conseil. Le Conseiller le plus âgé, dans chaque division, porte le titre de *Statt-halter*, ou *Lieutenant de l'Avoyer*. Après ces Magistrats, les deux *Pannier-herren*, autrement *Bannerets*, le *Venner*, ou l'*Enseigne de la ville* & le *Trésorier* sont les Officiers les plus distingués de l'Etat. Les *petit* & *grand Conseils* élisent les *Avoyers*, les *Bannerets* & le *Venner* ; mais le *petit Conseil* nomme le *Trésorier*. La charge de *Chancelier* qui est importante, peut être donnée à un bourgeois, & celui qui l'obtient, s'il est auparavant du *grand* ou du *petit Conseil*, est obligé d'y renoncer. C'est le *grand Conseil* réuni avec le *petit* qui nomme le *Chancelier* ; la bourgeoisie considère le *Chancelier* comme son Procureur-général & le défenseur de ses droits. Le *grand Conseil* est Juge - criminel en dernier ressort ; la justice civile, la régie des biens des pupilles, l'administration de l'économie publique & des différens départemens de police civile & militaire, &c. sont confiées à divers Comités, subordonnés aux Conseils. La bourgeoisie est divisée en quartiers & en tribus ; celle de l'*Arquebuse*, en Allemand *Zum-Schutzen*, est la classe de la noblesse ; mais cette répartition n'a rien de relatif à la constitution & à la forme du gouvernement. Cette bourgeoisie n'est pas nombreuse ; par-là même le nombre des familles qui participent aux charges & aux honneurs dans l'Etat est assez limité.

Les loix de la ville de Lucerne sont imprimées (18).

XXXIII.

ÉTATS DÉMOCRATIQUES.

I.

Uri, Schweitz & Underwalden, anciens pays libres de l'Empire avant l'époque de leur alliance perpétuelle.

Au centre (1) de la Suisse ou à-peu-près, est situé un lac formé par la Russe, qui entre par son extrémité méridionale & sort par l'extrémité opposée. Autour de ce lac resserré par des montagnes très-élevées qui lui donnent un contour fort irrégulier, sont placés trois pays ou Cantons, voisins des hautes Alpes, & communément appellés les *Waldstaett* ou *Cantons forestiers*, d'où le lac a pris le nom de *Waldstaetter-fée*. Le pays d'Uri est situé au midi, celui de Schweitz à l'orient, & celui d'Underwalden au couchant. Les habitans de ces trois pays, dès long-temps étroitement unis ensemble, ont toujours éprouvé un même fort.

Soit que la situation de ces peuples les ait préservés des troubles qui ont agité l'Europe pendant des siècles, ainsi que des abus du régime féodal ; soit que la même politique qui engagea les chefs de l'Empire à favoriser les progrès des Communes, leur ait valu des immunités particulières, ils ont joui de très-ancienne date de la prérogative de relever immédiatement de l'Empire. Ils exerçoient par des Magistrats de leur choix, la justice civile & la police ; la haute jurisdiction seule étoit administrée par un grand-Juge criminel ou Baillif au nom de l'Empereur. Quelques Chapitres & Monastères possédoient dans ces pays des censes & des hommes-liges : quel-

---

(18) *Municipale oder Stadt-recht der Loeblichen Staedt Lucern* 1706, in-fol. & augmenté 1756, in-fol.

(1) Tscharner, Dict. Géog. Hist. & Pol. de la Suisse, T. II. pag. 121 & suiv.

ques Francs-tenanciers y tenoient des fiefs ; il y avoit quelques Nobles dans les trois pays : on voyoit dans celui d'*Uri* les Barons d'*Aettinghaufen*, de *Schwinsberg* & d'*Utzingen*, & les Nobles de *Silenen*, de *Moôs*, de *Beroldingen*, de *Seédorf*, d'*Oertfchfeld*, de *Burglen*, *Zweyer d'Evebach*, *Puntener de Braunberg*, *Schmid*, *Arnold de Spiringen*, *Zum-Brunnen*, &c. ; dans celui de *Schweitz* les de *Stauffach* ou *Stauffachen*, *Reding*, *Ab-Yberg*, *von Hunen*, *von Hofpital* & quelques autres gentilshommes, & dans celui d'*Underwalden*, les Nobles de *Wolfenfchieffen*, de *Rudenz*, de *Hunwil*, de *Waltersperg*, de *Sarnen*, de *Buochs*, de *Winkelried*, de *Thalenweil*, & les *Mayer* ou *Majeurs de Stans*, & *Saxlen*, &c.

Souvent dans des temps d'interrègne ou de trouble, la commiffion de grand Juge criminel reftoit fufpendue ; ou ceux qui en étoient revêtus, abfens ou diftraits par d'autres intérêts, en abandonnoient l'exercice aux Juges ordinaires. Ainfi ces peuples, jugés fouvent par leurs Pairs, d'après leurs us & coutumes, jouiffoient, à la faveur de leur obfcurité, d'un fort tranquille, & s'habituoient de bonne heure à une indépendance protégée par leurs maîtres mêmes.

A l'exemple des villes Impériales, ils fe liguèrent enfemble pour la conservation de la paix publique dans des temps de trouble, ou pour s'appuyer de leur fecours réciproque contre des Adverfaires dangereux. C'eft ainfi qu'en 1115 (2), les pays d'*Uri* & d'*Underwalden* s'engagèrent à fecourir ceux de *Schweitz* contre les ennemis que les Bénédictins d'*Einfidlen* menaçoient de leur fufciter. Ce Monaftère avoit été fondé vers le commencement du dixième fiècle, dans une efpèce de défert, habité auparavant par quelques Hermites. Bientôt la vénération pour une image miraculeufe de la *Sainte-Vierge*, procura des donations & des offrandes. En attendant leurs défrichemens, les Religieux firent naître une conteftation fur des limites mal déterminées, le peuple de *Schweitz* s'oppofa aux prétentions des Abbés, & à l'exécution des diverfes fentences obtenues en faveur du Monaftère, foit des Empereurs, foit d'autres Juges ou Arbitres. La fentence (3) que prononça l'Empereur Henri V contre les *Citoyens de Schweitz*, (*Cives de Villa Suites*) en faveur de l'Abbaye d'Einfidlen, à Bâle le 10 Mars 1114, loin d'abattre la fermeté de *ces Citoyens libres de l'Empire*, la ranima : ils s'affurèrent de l'appui des peuples d'Uri & d'Underwalden, par un traité défenfif. Cet acte étoit à-peu-près dans la même forme que les traités qu'ils avoient conclu précédemment avec les mêmes peuples, & dont le renouvellement étoit répété tous les dix ans. Conrad III, Roi des Romains, confirma (4) à Strasbourg le 8 Juillet 1144 la fentence de fon oncle maternel, l'Empereur Henri V, en faveur des Religieux d'Einfidlen : les *Citoyens de Schweitz*, (*Cives Villa Suites*) eurent encore la conftance de ne pas obéir à ce jugement. Envain Rodolphe, Abbé d'Einfidlen, obtint de Conrad qu'il les mît au ban de l'Empire, eux & leurs défenfeurs les peuples d'Uri & d'Underwalden. Envain l'Evêque de Conftance, *Hermann*, les excommunia ; ils n'en reftèrent que plus inébranlables, les uns dans leurs anciennes prétentions & les autres dans le devoir de leur alliance mutuelle. Frédéric *Barberouffe*, neveu de Conrad & fon fucceffeur, mais qui penfoit différemment que fon oncle fur le fond de la conteftation, leva en 1152 la profcription ; & le même *Hermann*, Evêque de Conftance, retira fagement, fur fon monitoire, les foudres de l'excommunication ; l'exécution du procès reftoit ainfi fufpendue. Les trois pays firent éclater le plus grand attachement pour Frédéric ; & lorfque le Roi (5) des Romains alla en 1155 à Rome pour y recevoir la couronne Impériale, ils envoyèrent chacun deux cens hommes à l'armée qui appuyoit cette expédition ultramontaine. Ils ne ceffèrent de lui fournir leur contingent de troupes dans des guerres en Italie ; ils marquèrent le même refpectueux empreffement à fes enfans & fucceffeurs les Empereurs Henri VI & Philippe, & à fon petit-fils l'Empereur Frédéric II.

Au mois de Février (6) 1206, les trois pays d'Uri, de Schweitz & d'Underwalden renouvellèrent pour dix ans leur ligue défenfive. Werner, Baron d'*Aettinghaufen*, alors *Landamme* ou Chef de la Juftice civile dans les pays d'Uri, contribua beaucoup à ce renouvellement. L'Empereur Otton IV (7), ennemi déclaré de la Maifon de Souabe à laquelle étoient dévoués les trois pays, leur donna en 1209 pour Préfet Impérial, Rodolphe Comte de *Habfpourg* & Landgrave de la Haute-Alface, ayeul de l'Empereur Rodolphe : jufqu'alors ils n'avoient été foumis à aucun Gouverneur de l'Empire ; comme gens libres ils fe régiffoient par eux-mêmes, en rendant cependant à l'Empereur & à l'Empire tous les devoirs de l'hommage & du relief fubfidiaire. Mais Otton rejetta toutes leurs repréfentations, & il leur envoya le premier un Préfet à qui il donna l'inveftiture de tous les fiefs relevant de l'Empire qui fe trouvoient dans les trois pays.

L'onze Juin 1217 (8), Rodolphe, Comte de *Rapperfchweil*, jugea, comme arbitre, le long procès des limites entre Conrad, Abbé d'Einfidlen, & les habitans de Schweitz. On a conservé la teneur de cette décifion, elle fut affez favorable pour les droits prétendus par ces derniers. Henri, Roi des Romains, fils de l'Empereur Frédéric II, ôta la préfecture impériale des trois pays au Comte Rodolphe de *Habfpourg*, & les déclara inaliénables de l'Empire : *Tfchoudi* nous a (9) tranfmis ce précieux acte daté de Haguenau le 26 Mai 1231. L'Empereur Frédéric II étant au fiége de Faenza en Italie, au mois de Décembre 1240, voulut bien marquer par un Diplôme, qu'il (10) exifte, fa reconnoiffance pour les fideles fervices que les trois pays continuoient à lui rendre : *il les* (11)

---

(2) *Tfchudii chr. Helvetic.* T. I. pag. 56, *Chriftophorus Hartmannus, annales Heremi Deipara Monafterii in Helvetia Friburgi Brifgovia* 1612, in-fol. fig.

(3) *Tfchudii*, ibid. pag. 54-55. *Hartmannus* ibidem. *Libertas Einfidlenfis* 1640, in-4. en Allemand avec un grand nombre de diplômes & chartes.

(4) *Tfchudii*, ibid. pag. 68-71 & 73. *Hartmannus*, ibid. *Libertas Einfidlenfis* ibidem.

(5) *Tfchudi*, ibid. pag. 76 & 81.

(6) *Tfchoudi* (*ibid.* pag. 104.) cite pour preuve de cette alliance, la chronique manufcrite du Chevalier Jean de Klingenberg, Gentilhomme de la Turgovie, qui fut tué par les Glaronois en 1388. Ce Chevalier y rapportoit la date du traité de 1206, d'après une chronique plus ancienne, écrite en 1240 par fon bifayeul le Chevalier Jean de Klingenberg. Cette chronique dont *Tfchoudi* cite même une continuation de la main du fufarrière petit-fils de ce dernier, qui fe nommoit auffi Jean de Klingenberg & qui étoit fils de celui du même nom, tué à Neffels, mériteroit bien, fi elle exifte encore, d'être arrachée aux ténèbres où elle eft condamnée depuis deux fiècles.

(7) Tfchudi, ibid. pag. 107.

(8) *Tfchudi*, ibid. pag. 113-114. *Libertas Eindfidlenfis. Hartmannus annales heremi Deipara.*

(9) Ibid. T. I. pag. 125.

(10) Tfchudi, ibid. T. I. pag. 134-135, *Guillimann, de rebus Helvetior.* Lib. II. Cap. XV. pag. 292-293. *Friburgi Aventicor.* 1598. in-4.

(11) *Literis & nuntiis ex parte veftra recepisis, & veftra ad nos converfione & devotione affumpta, expofitis & cognitis per voluntati affectu favorabili concurrimus & benigne devotionem & fidem veftram commendantes, non modicum, de eo quod Zelum, quem femper ad nos & Imperium habuiftis, per effectum operis oftendiftis, fub alas noftras & Imperii ficut tenebamini confugiendo, tanquam homines liberi, qui folum ad nos & Imperium refpectum debeta-*

reçoit à bras ouverts sous sa protection, & il déclare qu'en aucun temps il ne permettra qu'ils soient aliénés du domaine de l'Empire ; il les traite d'hommes libres & de ses féaux qui ne dépendent que de l'Empire & de son chef. Les expressions de ce Diplôme sont des plus honorables pour les trois pays. Il est bon d'observer que Frédéric étoit alors excommunié par le Pape ; mais les trois pays distinguans très-bien ce qu'ils devoient à Dieu & à César, ne confondirent jamais l'obéissance due au Pape dans l'exercice de la puissance spirituelle avec celle qu'ils devoient à l'Empereur comme à leur souverain temporel ; l'évangile & le bon sens leur dictoient ces distinctions.

En 1251, le 16 Octobre, les Landammes & habitans des pays d'Uri & de Schweitz, firent une (12) ligue défensive pour trois ans avec le Conseil & les Citoyens de la ville de Zurich. Le sceau d'*Uri*, de forme triangulaire, qui pend à cet acte, offre d'*or* à la tête d'une genisse de *sable* ayant un anneau passé dans les narines avec ces mots pour légende à l'entour : SIGILLUM VALLIS URANIE. Les trois (13) pays d'Uri, de Schweitz & d'Underwalden, inquiétés par les troubles de l'Empire durant le long interrègne qui suivit la mort de l'Empereur Frédéric II, choisirent pour leur Capitaine & défenseur, Rodolphe, Comte de *Habspourg*, Landgrave d'Alsace, le même qui fut depuis Empereur : il devoit être leur Capitaine jusqu'à l'époque de l'élection d'un nouveau Roi des Romains ; Rodolphe les défendit avec vigueur. La même année (14) 1257, le *Dimanche avant Noel*, ce Comte étant à Altorf, pacifia l'espèce de guerre civile qui s'étoit élevée entre deux des principales familles du pays : cet acte prouve tout l'intérêt qu'il prenoit à la tranquilité générale : il détaille en même-temps la manière dont on procédoit alors à une conciliation en pareille circonstance. La ville de Zurich choisit (15) aussi en 1264 le même Comte Rodolphe pour son Capitaine, & il la défendit avec valeur & avec sagesse contre la puissance de la noblesse voisine, & en particulier contre Lutold, Baron de *Regensberg*. Ayant été élu Roi des Romains le 29 Septembre 1273 ; il n'oublia ni Zurich ni les trois pays dont il avoit été plusieurs années Capitaine ; il confirma (16) les privilèges de Zurich le 5 Novembre 1273, & ceux (17) du pays d'Uri le 8 Janvier de l'année suivante. Les uns & les autres lui (18) envoyèrent en 1278 un secours d'hommes dans son expédition contre Ottocar, Roi de Bohême. Ce ne fut que dans les dernières années de son règne que Rodolphe, pressé par son fils le Duc Albert, qui avoit beaucoup d'enfans, forma le projet d'aggrandir le patrimoine de sa maison aux dépens des Chapitres, des Abbayes & de la noblesse de l'ancien Duché de Souabe qui comprenoit toute la Suisse Allemande.

On a conservé les trois (19) Diplômes de Rodolphe, datés de Baden en 1291, par lesquels il approuve que dans les trois pays libres d'Uri, de Schweitz & d'Underwalden, un homme d'une condition servile puisse être le juge. La lettre pour Underwalden est inscrite : *Universis hominibus vallis in Underwalden libere conditionis*. Rodolphe mourut la même année, le 30 Septembre ; son fils Albert qui lui succéda, sans hériter de sa prudence, fut plus ambitieux. Les trois pays qui pressentoient ses vues, se liguèrent ensemble pour leur défense mutuelle en 1291. Jean-Henri Glefer, de Bâle, a publié le premier en 1760, à la suite d'une dissertation (20), les actes de cette confédération, qui ont été depuis le modèle de l'alliance perpétuelle de ces mêmes pays en 1315. Ils ne différent pas essentiellement de ces confédérations particulières qui ont été fréquentes dans des temps antérieurs par toute l'étendue de l'Empire Germanique. Les trois pays s'attachèrent à Adolf de Nassau, Roi des Romains, & ce Prince (21) étant à Francfort le 30 Novembre 1297, confirma leurs priviléges avec les mêmes expressions de bonté qui se trouvent dans le Diplôme de l'Empereur Frédéric II. Le Duc d'Autriche (22) Albert, qui aspiroit au trône, entra en fureur lorsqu'il apprit que les trois pays avoient rendu hommage à son rival ; il jura dès lors leur perte ; mais loin d'être intimidés par ses menaces, les trois pays continuèrent leur fidélité au Roi Adolf jusqu'à sa mort. Ce Prince fut tué par son compétiteur en 1298. Albert devenu par sa mort maître de l'Empire, n'accorda pas (23) aux trois pays la confirmation de leurs priviléges tant de fois renouvellés par ses prédécesseurs & même par son père l'Empereur Rodolphe : il remit à un autre temps leur demande & renvoya avec de bonnes paroles leurs députés. Albert nourrissoit dans son ame son ancien projet d'assujetir de gré ou de force ces pays à sa maison ; l'évènement ne justifia que trop la crainte des trois Cantons. Un historien contemporain, dont le père étoit né sujet d'Albert, dépeint en peu de mots le caractère ambitieux de ce Prince. J'emprunte les propres paroles de la chronique du Cordelier Jean (24) de *Winterthour. La renommée* (25) publie que le *Roi Albert étoit adonné au vice d'une avarice excessive ; il avoit en effet une si grande avidité pour les richesses & les biens temporels, qu'il usurpa les châteaux, les villes & les terres de ses plus proches ; cette conduite fut la cause de sa mort anticipée.* Tschoudi (26) détaille toutes les acquisitions qu'Albert fit en Suisse, en Souabe & dans la Forêt noire ; ce Prince en dut la plus grande partie à la

---

tis, habere : Exquo igitur sponte nostrum, & Imperii dominium elegistis, fidem vestram patulis brachiis amplexamur, Favoris & benevolentia puritatem vestris sinceris affectibus exhibemus, Recipientes vos sub nostram specialem & Imperii protectionem, ita quod nullo tempore vos a nostris & Imperii dominio & manibus alienari vel extrahi permittemus, dantes vobis certitudinem & plenitudinem gratia & favoris, quam benignus Dominus effundere debet ad subditos & fideles. Vos gaudeatis in omnibus affectibus, dum modo in nostra fidelitate & servitiis maneatis, &c.

(12) Tschudi, ibid. pag. 148-149, Simler, Helvetior respublica Lib. I. Pag. 37-39. Lugduni Batavor, 1627, in-24, sig.
(13) Tschudi, ibid. pag. 154 & seq.
(14) Tschudi, ibid. pag. 155.
(15) Tschudi, ibid. pag. 164.
(16) Tschudi, ibid. pag. 179.
(17) Tschudi, ibid. pag. 180-181.
On lit à la tête de ce Diplôme : Rudolfus Dei gratia Romanorum Rex, Semper Augustus ; Prudentibus viris Ministro & Universitati Vallis Urania dilectis fidelibus suis. On appelloit alors en latin *Minister*, le Landamme ou Chef de la justice du pays.
(18) Tschudi, ibid. pag. 187.
(19) Tschudi, ibid. pag. 204. Guillimann de reb. Helvet. Lib. II. Cap. XV. pag. 294.
(20) *Specimen observationum circa Helvetiorum foedera*. Basil. 1760, in-4. Il faut avoir l'édition qui a 48 pages, l'autre ne fournissant que les deux premiers chapitres de cette dissertation. (*Note de M. de Haller*, dans ses Conseils pour former une Bibliothèque Historique de la Suisse, pag. 83.)
(21) Tschudi, ibid. pag. 215-216.
(22) Le même, ibid. pag. 216.
(23) Le même, ibid. pag. 219 & suiv.
(24) Jo. *Vitodurani chronicon* pag. 15, in *Thesauro Historiæ Helveticæ*, Tiguri 1735, in-fol.
(25) *Hunc Regem Albertum fama vicio Avaritiæ nimis excessivæ irretitum testatur : nam tantum lucris & rebus temporalibus inhyavit, quod castra, civitates & oppida suorum consanguineorum sibi indebitæ usurpavit : quod causam ante tempus mortis suæ dedit.*
(26) Ibid. pag. 222 & suiv.

terreur qu'infpiroit fa puiffance. Il affiéga même Zurich en Avril 1299, parce que l'Abbeffe, dame de cette ville, les Chanoines & les Citoyens ne vouloient pas fe foumettre à la domination de fa maifon ; Albert échoua dans cette entreprife, & il leva honteufement le fiége ; mais il continua à éluder la requête itérative que les trois pays d'Uri, de Schweitz & d'Underwalden lui firent cette même année pour la confirmation de leurs privilèges. Enfin en 1300 il leva tout-à-fait le mafque; il regardoit les habitans de ces pays comme le poiffon pris dans les filets, (ce font les termes de la chronique de Tfchoudi) depuis qu'il avoit acquis les *advocaties* des Abbayes de Difentis, d'Einfidlen & d'Interlachen, & les pays d'Urferen, de l'Entlibuch & de Glaris, & la ville de Lucerne ; celle de Zoug & fes *offices* (27) *extérieurs* lui appartenoient également. Il envoya deux de fes Confeillers, le Baron de *Liechtenberg*, grand bailli de l'Alface, & le Baron d'*Ochfenftein*, dans les trois pays, pour les difpofer à reconnoître fes fils pour leurs Seigneurs ; ils avoient ordre de leur infinuer qu'en fe prêtant à cette foumiffion volontaire, ils obtiendroient une protection plus efficace que celle qu'ils avoient trouvée jufqu'à-préfent de la part de l'Empire. On peut bien imaginer que les deux Commiffaires n'oublièrent pas de faire envifager toutes les conféquences du refus ; mais les trois pays furent inébranlables, Schweitz où les deux Barons fe rendirent en premier lieu, répondit aux follicitations & aux menaces avec dignité, & avec un ton qui étoit comme le préfage de l'honneur que ce pays auroit un jour de donner fon nom à un puiffant Corps fédératif. La Commune répondit qu'ils tenoient leur liberté des Empereurs ou Rois des Romains, qui leur avoient promis de ne jamais les aliéner de l'Empire ; que leur unanime réfolution étoit de conferver, à l'exemple de leurs ancêtres, ces précieux avantages; qu'au refte ils fe recommandoient refpectueufement aux bonnes graces du Roi des Romains, comme au chef fuprême de l'Empire à qui ils rendroient tous les devoirs d'obéïffance; qu'il les fupplioient de leur confirmer enfin leurs anciens privilèges, priant les deux Commiffaires de porter leur requête à Sa Majefté ; qu'ils efpéroient que le Roi l'honoreroit d'un regard favorable, & qu'en toute occafion, autant qu'ils le pourroient, ils rendroient aux princes fes enfans tout honneur & tous les fervices dictés par la bienveillance & l'affection. Les deux autres pays d'Uri & d'Underwalden firent la même réponfe ; elle irrita vivement Albert, mais avant que de venir aux extrémités, il tenta encore de les gagner par la voie de fes fujets de Lucerne & de Zoug ; ces deux villes étoient dans leur voifinage ; ils y commerçoient & fréquentoient chaque femaine leurs marchés publics. Les officiers de juftice qu'Albert y avoit, & les principaux des Citoyens avoient ordre d'employer tous les dehors de l'amitié pour les engager à fe foumettre à la Maifon d'Autriche : Albert efpéroit auffi divifer par cette voie les efprits, mais il fe trompa dans fes combinaifons. Les trois pays toujours mémoratifs de leurs franchifes primitives, envoyèrent (28)

dans le mois d'Avril 1301 à fa Cour le Baron Werner d'*Attinghaufen*, Landamme Régent d'Uri, & le chargèrent de folliciter la confirmation de leurs privilèges, & la nomination d'un Bailliff au nom de l'Empire, pour exercer la juftice criminelle dans les cas qui pourroient arriver ; mais le trop opiniâtre Albert refufa avec hauteur le renouvellement des immunités ; & à l'égard de la juftice criminelle, il renvoya les trois pays aux Bailliffs Autrichiens de Lucerne & de Rotenbourg : c'étoit une manière indirecte de les foumettre à la judicature de fa maifon. Je ne détaillerai pas ici tous les excès auxquels fe portèrent les Bailliffs qu'Albert envoya au nom de l'Empire dans les trois pays, ce détail aura place dans l'hiftoire générale de la Suiffe. Je dirai feulement ici qu'Albert après avoir éludé la confirmation des privilèges, donna à ces pays pour juges, des hommes dont le caractère farouche & inflexible devoit laffer leur fermeté ou les pouffer à un degré de réfiftance qui, fous le nom de *révolte*, fourniroit un pretexte pour les opprimer. Il n'eft pas étonnant que l'orgueil indifcret de ces Officiers ait révolté les peuples fimples, mais flattés de la prérogative précieufe d'être Membres libres du Corps Germanique, & attentifs à tout ce qui les menaçoit d'être affujettis à des maîtres particuliers. Le Chevalier *Gesfler* un de ces Bailliffs, réfidant au château de Kuffnacht, fur le lac de Lucerne, fe fit un (29) ennemi dans la perfonne d'un des particuliers le plus confidérés, Werner de *Stauffach*, dont le père nommé Rodolphe avoit été autrefois Landamme du pays de Schweitz ; *Gesfler* eut l'orgueil de lui reprocher durement d'avoir bâti à *Steinen* une maifon trop belle pour un villageois. Quand *Stauffach* vit fes compatriotes également foulés par l'injuftice arbitraire de ces defpotes fubalternes, il forma, de concert avec Walter ou Gautier *Furft* d'Uri, & Arnold ou Arnou (30) natif du val *Melchtal*, dans le pays d'Underwalden d'en haut, le généreux projet de brifer leur joug commun : ils prirent cette réfolution dans une entrevue fecrète qu'ils eurent enfemble au mois de Septembre 1307, dans la prairie dite *Im-Ruelin* (31) ou *Grutlin*, fur le lac d'Uri ; ils afocièrent enfuite d'autres amis au ferment par lequel ils s'étoient liés. Sur ces entrefaites le fameux Guillaume *Tell*, natif de *Burglen*, au pays d'Uri, immola dans le cours de Novembre 1307 le Bailliff *Gesfler* à fa jufte vengeance ; cet incident cependant ne déconcerta point le plan des Confédérés. Le premier jour de l'an 1308 ils fe faifirent, fans coup férir des Tyrans & de leurs fatellites, & les bannirent après les avoir aftreints par ferment à ne rentrer jamais fur le territoire des trois pays.

Le Roi des Romains Albert fe propofoit de faire tomber fur ces peuples tout le poids de fon orgueil offenfé, lorfque Jean Duc de Souabe, fon neveu, âgé de vingt ans, à qui il retenoit injuftement fon patrimoine, le tua le premier Mai 1308 près de Windifch fur la Ruffe, avec l'aide de quelques Barons & Seigneurs, fes feudataires. D'abord les Ducs d'Autriche s'occupèrent à venger la mort de leur père fur un grand nombre de Nobles ou complices, ou d'une fidélité fufpecte.

---

(27) On appelle ainfi les trois Communautés d'Égeri, de Menzingen & de Bar, qui partagent aujourd'hui avec la ville de Zoug, la fouveraineté du Canton de ce nom.
(28) Tfchudi, ibid. pag. 227 & fuiv.
(29) Le même, ibid. pag. 235 & fuiv.
(30) Il étoit, fuivant la tradition, de la famille *An-der-Halden* ou *In-der-Halden*, qui exifte encore, & qui a donné plufieurs Chefs & Magiftrats diftingués au Canton d'Underwalden d'en haut. Voyez Leu, Dict. Hift. de la Suiffe, T. IX. pag. 432 & T. XIII. pag. 32.
(31) Elle eft de forme ronde, dans la Communauté de *Bauwen*, au Canton d'Uri, fur la gauche du lac des *quatre Cantons foreftiers*, en face du village de Brunnen ; on l'appelle auffi *Rutelin*. Voyez Leu, Dict. Hift. de la Suiffe, T. IX. pag. 27.

Une

PITTORESQUES, &c. DE LA SUISSE. 165

Une querelle ancienne entre les habitans de Schweitz & les Moines d'Einsidlen, fournit un nouveau prétexte à leur ressentiment contre les trois pays. En 1217, Rodolphe, Comte de *Rapperschweil*, avoit en quelque manière arrangé ces différends, qui duroient depuis plus de deux cens ans. On donna dans la suite (32) à cet accommodement une interprétation équivoque, & ce traité fit naître en 1267 une nouvelle contestation sur les limites réciproques : elle dura avec vivacité jusqu'en 1311, que les deux partis devoient la soumettre à des arbitres; mais une insulte publique que six Moines d'Einsidlen firent le dimanche des Rameaux à deux habitans de Schweitz qui étoient venus à Einsidlen pour y faire leurs dévotions, ôta toute espérance de conciliation. Les Ducs d'Autriche, devenus les protecteurs du Monastère par le titre de Garde-Noble, épousèrent ouvertement le procès de l'Abbé contre les habitans de Schweitz. Durant ce temps, les trois pays d'Uri, de Schweitz & d'Underwalden avoient obtenu d'Henri VII, succeseur d'Albert au trône Impérial, la confirmation de leurs anciens priviléges. Ce Prince la leur accorda par un (33) diplôme daté de Constance le 3 Juin 1309; & sur les plaintes qu'ils lui avoient portées que les Ducs d'Autriche les faisoient souvent citer devant des Tribunaux étrangers, il ordonna par un autre diplôme de même date, qu'ils ne seroient tenus à comparoître dans aucune contestation, hors les limites de leurs pays, & que le Bailliff qui leur étoit nommé au nom de l'Empire seroit le seul Juge compétent de ces différends. Etant à Zurich (34) le 5 Mai 1310, il reconnut pour sujets immédiats de l'Empire les habitans de plusieurs districts (35) du pays de Schweitz qui s'étoient déja rédimés, en 1269, de toute redevance vis-à-vis d'Eberhard, Comte de *Habspourg*, de la branche de *Lauffenbourg*, cousin-germain de l'Empereur Rodolphe; il les assimila pour la liberté aux autres habitans du pays de Schweitz : mais la mort inopinée de l'Empereur Henri VII, en 1313, exposa l'Empire à de cruels troubles. Pendant que deux concurrens, Louis Duc de Bavière, & Frédéric Duc d'Autriche, se disputoient la couronne vacante, les trois pays eurent le temps de prévoir l'orage & de se préparer à la défense : ils adhérèrent au premier. Les Ducs d'Autriche, outrés de la préférence, leur interdirent tout commerce avec les terres voisines, devenues sujettes de leur Maison. Irrités par cet acte d'hostilité, ceux de Schweitz s'emparèrent, en 1314, de l'Abbaye d'Einsidlen, & emmenèrent captifs les Religieux qu'ils soupçonnoient être les moteurs de cette défense. Aussi-tôt Frédéric d'Autriche, qui disputoit la couronne Impériale à Louis de Bavière, arma le Duc Léopold son frère, des foudres du Ban, & l'autorisa à punir les trois pays d'une violence qu'il traitoit de sacrilége. D'un autre côté, Louis de Bavière, son compétiteur, les fortifia dans son parti, par une lettre datée de Spire (36) le 17 Mars 1315. L'Abbé d'Einsidlen, partisan de Frédéric, avoit fait excommunier par Gerard, Evêque de Constance, les habitans de Schweitz & leurs alliés d'Uri & d'Underwalden; il les avoit même fait proscrire par la chambre Impériale de Rotweil, qui étoit dévouée à Frédéric d'Autriche; mais Louis de Bavière à qui ils en portèrent des plaintes, les consola par une lettre datée (37) de Nuremberg le 25 Mai 1315, les déclara absous de toute proscription, & leur manda que l'Archevêque de Mayence lui avoit promis de lever l'excommunication lancée par l'Evêque de Constance son suffragant. Le 16 Novembre même année, le Duc d'Autriche, Léopold, perdit par son imprudence la bataille de *Morgarten*, sur la frontière du pays de Schweitz, à la tête du lac d'*Egeri*. La victoire complette qu'y remportèrent les trois pays d'Uri, de Schweitz & d'Underwalden, leur donna de la confiance dans leurs forces; ils se lièrent à *Brunnen*, près de Schweitz le mardi (38) après le jour St.-Nicolas 1315, par une union perpétuelle pour leur défense, en réservant l'autorité de l'Empereur & les droits d'un chacun, *les seuls ennemis publics de la patrie exceptés*. Louis de Bavière approuva cette union (39); il prit (40) les trois pays sous sa protection particulière, confirma leurs libertés & déclara les biens des Ducs d'Autriche dévolus à l'Empire : l'union perpétuelle des trois pays, fut par le fait & par l'exemple l'origine de la Ligue des Suisses, & servit de base à tous les traités postérieurs de l'association Helvétique. En moins de quarante ans, cinq autres Cantons accédèrent à ces traités, & cette première confédération de *huit Cantons* a subsisté pendant cent vingt-neuf ans jusqu'en Décembre 1481, que les villes de Fribourg & de Soleure furent admises dans la même Ligue.

L'Empereur Louis IV de Bavière donna (41) en 1323 aux trois pays un Gouverneur ou Juge impérial, dans la personne de Jean Comte d'*Arberg* & de *Vallangin*; mais ce Prince reconnoissant mit entièrement à couvert la liberté des Cantons en fixant l'autorité du Juge. Depuis cette époque les trois pays ont été gouvernés uniquement par des Magistrats & Juges de leur choix; & leur entière indépendance, ainsi que celle de tous les Etats du Corps Helvétique, a été reconnue en 1648 au traité de Munster par les principaux Souverains de l'Europe.

Tel est le précis historique de l'Etat libre des trois pays d'Uri, Schweitz & d'Underwalden, avant la date de leur alliance perpétuelle : ce sommaire détruit les déclamations de quelques modernes qui ont osé nommer cette Ligue une *révolte*, une *conjuration* contre la Maison d'Autriche. La confirmation de leurs anciens priviléges par les Empereurs Henri VII & Louis IV de Bavière, prouve bien le contraire. Ce dernier Prince confisqua par sa Patente (42) datée de Francfort le 5 Mai 1324, toutes les fermes, tous les droits & biens que la Maison d'Autriche & ses adhérens possédoient dans les trois pays, & les déclara dévolus à l'Empire, en punition de la rébellion des Ducs d'Autriche qui lui refusoient hommage & obéissance.

---

(32) Tschudi, ibid. pag. 257 & suiv. Simler de la République des Suisses, avec les observations de M. Leu, pag. 61, en Allemand.
(33) Tschudi, ibid. pag. 245 & suiv. Guilliman. de rebus Helvetior. Lib. II. Cap. XV. pag. 308.
(34) Tschudi, ibid. pag. 172 & 254.
(35) Steinen, le mont de Steinen, Sattel, Bibereck ou Bibèregg & Zum-Thurn.
(36) Tschudi, ibid. pag. 268.
(37) Tschudi, ibid. pag. 269 & suiv. Guillimann. de rebus Helvetiorum, Lib. II. Cap. XV. pag. 310-311.
(38) Tschudi, ibid. pag. 276-277. Simler de Rep. Helvet. Lib. I. pag. 76-79. Lugduni Batav. 1627, in-24, &c.
La fête de S. Nicolas marquée dans l'alliance de *Brunnen*, tombe le 6 Décembre.
(39) Ce Prince, informé de la victoire de *Morgarten* par un Exprès que lui envoya la Commune de *Schweitz*, le lendemain de la bataille, félicita les vainqueurs par une lettre datée de Munich le 24 Novembre 1315, & leur promit de les secourir au printems prochain contre leurs ennemis. Cette lettre a été imprimée dans la chronique de *Tschudi*, T. I. pag. 274.
(40) Tschudi, ibid. pag. 277-278 & 283.
(41) Le même, ibid. pag. 299.
(42) Le même, ibid. pag. 300-301.

Tome I. T 2

II. *Gouvernement démocratique du Canton d'Uri.*

DANS le Canton de Schweitz, ainsi que dans les deux autres d'Uri & d'Underwalden, la forme du Gouvernement est entièrement *Démocratique*; c'est-à-dire que le pouvoir suprême réside dans l'assemblée générale du peuple appellée *Landsgemeind* ou Communauté de tout le pays. Dès qu'un habitant a quatorze ans accomplis à Uri & Underwalden, & seize à Schweitz, il a entrée & voix dans l'assemblée générale. Ces assemblées se tiennent ordinairement en rase campagne; on y renouvelle les charges, on y fait les élections, & le Président de l'assemblée est au milieu du cercle avec ses Officiers à ses côtés, debout & appuyé sur son sabre qui est le symbole de la Justice. On forme aussi ces assemblées extraordinairement quand il s'agit d'affaires importantes, comme de traiter de la guerre & de la paix, de faire des loix, des alliances, &c.

A Uri, tout (1) Citoyen expatrié pendant un long-temps (excepté pour le cas du service militaire) & qui ne renouvelleroit pas son droit de bourgeoisie le jour de l'assemblée générale du peuple, le perdroit sans retour: de même le patriote qui n'ayant été reçu bourgeois que sous la condition du renouvellement dans certains termes fixés, resteroit hors du pays pendant dix ans sans des causes essentielles & plausibles, seroit déchu de tous ses droits de citoyen. Il est ordonné à tout patriote de paroître l'épée au côté à l'assemblée générale qui se tient tous les ans le premier dimanche de Mai à *Beʒlingen*, à une demi-lieue au-dessus du bourg d'*Altorff*, dans la paroisse de *Schaddorff* ou *Schattdorf*; le peuple y forme un cercle dans lequel sont assis les Chefs, Conseillers & autres Officiers du Canton. Dans des cas urgents & extraordinaires, la *Landsgemeind* peut être aussi convoquée par le Conseil du pays qu'on nomme Landrath, ou par sept hommes de sept diverses familles, & par les patriotes appellés *Beruffene Landleuthen*. J'expliquerai ces différentes classes dans la suite de cette section; j'observe seulement ici que le jour de la tenue de la *Landsgemeind*, doit avoir été préalablement annoncé dans les églises, afin que les patriotes puissent s'y trouver. Le premier dimanche de Mai le *Landamme* ou le Président actuel du Canton, les autres principaux Chefs & Officiers, & la plus grande partie des Conseillers s'assemblent dans le bourg d'*Altorff*, auprès de la maison du *Landamme* en charge: de-là tout ce corps de Magistrats traverse le bourg, ayant à sa tête le *Landamme Régent* portant dans la main *le sabre ou le glaive du Canton*, & accompagné des anciens Landammes sortis de charge; ces derniers portent aussi des sabres de bataille, mais dans des fourreaux garnis de bandelettes noires & jaunes, à la livrée du Canton. Ils se rendent tous à cheval à *Beʒlingen*; pendant la marche ils font porter leurs sabres de bataille par des domestiques qui les suivent jusqu'à la place de l'assemblée, & ils sont précédés par les gens du pays qui n'ont que le droit de domicile: ceux-ci sont armés de hallebardes & suivis des tambours & fifres du Canton & des Corneurs; ces derniers sonnent des cornets du Canton, garnis d'argent & dont le bruit se fait entendre fort loin: le plus distingué de ces Corneurs, celui dont le cornet est le plus grand, se nomme le *Taureau d'Uri*. On sait que les armes de ce Canton sont *d'or*, à la tête de Taureau de *sable*, ayant un anneau de *gueule*, passé par les narines. On voit venir, à la suite de ces instrumens, le *Grand-Sautier* ou le premier Huissier du Canton, armé d'un grand sabre; il est suivi des autres Huissiers ou Sautiers, tous habillés de la livrée du Canton & portans leurs sabres sur les épaules. Vient ensuite le domestique du *Landamme Régent*, ou du plus ancien Secrétaire général du pays; il porte un petit coffre dans lequel sont enfermés le sceau & les constitutions du Canton, ainsi que les clefs du trésor & des archives publiques; enfin la marche est fermée par les autres servans du Conseil qui portent sur eux le code de la *Langsgemeind*, les protocoles, les registres des charges & de l'administration économique du Canton. En arrivant à la place de l'assemblée, on descend de cheval; & alors le *Landamme Régent* reprend le sabre du Canton, accompagné des anciens Landammes, tous portant leurs sabres; il s'avance dans le grand cercle formé par le peuple & au milieu duquel est une table sur laquelle on place le petit coffre, le code & les registres de la *Landsgemeind*. Près de cette table sont deux fauteuils, l'un pour le *Landamme Régent*, & l'autre pour le plus ancien des Secrétaires généraux du Canton; ils ont en face plusieurs rangs de chaises sur lesquelles sont assis en premier lieu les *anciens Landammes*, les autres chefs, & ceux du Clergé territorial qui veulent assister à l'assemblée, & en second lieu les Conseillers de l'Etat; on voit autour du cercle les *Patriotes* tous portant l'épée, les uns assis, les autres debout. On commence l'assemblée par une prière que l'on fait à genoux, pour implorer l'assistance du Très-Haut; ensuite on écoute les demandes que les *sept hommes* ainsi dénommés font suivant un ancien usage, & desquels je parlerai ci-après: là-dessus le *Landamme Régent* adresse debout la parole au peuple, & ordonne au plus ancien Secrétaire de l'Etat de faire lecture des demandes des *sept hommes*. Après cette lecture le peuple désigne à la pluralité des voix les affaires qui doivent être traitées devant l'assemblée ce jour ou un autre suivant, ou à la commune de l'*Ascension*, ou devant le Conseil; & il demande si on veut confirmer pour un an les constitutions, conseils, tribunaux, les sceaux, lettres & toutes les anciennes & louables coutumes du Canton; c'est encore au peuple à régler si les décisions qui seront portées dans l'année à la pluralité des voix par les Tribunaux & Conseils, auront la liberté de sanction complète, & si un Tribunal particulier pourra être croisé par un autre, à moins que ce ne soit pour des affaires étrangères au ressort du Tribunal qui voudra en connoître. Le peuple donne ordinairement sa sanction unanime sur tous ces objets; ensuite le *Landamme Régent* prête seul le serment attaché à sa charge, & qu'on nomme le *serment du pays*: tout le peuple le prête de même relativement à ses obligations; on fait ensuite lecture des constitutions. Il est d'usage que dans les assemblées tant annuelles & ordinaires qu'extraordinaires, on traite les affaires du Canton dont la nature est de leur ressort, ou qui y auront été renvoyées par le Conseil du pays ou *Landrath*, ou à cause du manque de temps auront été remises à une autre assemblée, ou enfin qui doivent être soumises au *Landrath* simple ou au double ou triple *Landrath*. Le *Landamme Régent* prend sur le premier objet

---

(1) Leu, Dict. Hist. de la Suisse, T. XVIII. pag. 738 & suiv.   Faesi, Descrip. Topog. de la Suisse, T. II. pag. 156-168.

proposé, l'avis du plus ancien des *Landammes* qui sont hors de charge, & sur le second objet celui du *Landamme* qui le suit, & ainsi par rang : puis on demande en général au peuple son avis sur chaque objet ; & autant qu'il y a d'opinions différentes sur une affaire, autant de fois on en exige la décision à la pluralité des voix, qui dans ce cas forme la seule loi de force majeure. Après que les affaires proposées sont ainsi terminées, le *Landamme Régent* remet à la disposition du peuple le sabre ou le glaive de justice, le sceau du Canton, le code des constitutions & les clefs du trésor & des archives; il résigne aussi sa charge entre ses mains, s'éloigne de la table jusqu'à ce qu'il soit confirmé où qu'on en élise un autre à sa place, & va s'asseoir à la tête des anciens *Landammes*. Après cette démission, le plus ancien des Secrétaires demande au plus ancien des *Landammes*, (dans le cas où le *Landamme* qui vient de se démettre de sa charge ne l'a encore exercée que pendant un an) qu'il nomme sous son serment le *Landamme*, soit en confirmant le précédent, ce qui se fait ordinairement, soit en désignant un autre, ce qui s'observe lorsque le *Landamme* précédent a été en charge pendant deux ans ; & dans ce dernier cas, le Secrétaire demande le premier avis au *Landamme* qui sort de charge, & alors ce dernier en nomme un autre sous son serment : puis le Secrétaire demande à l'assemblée si elle le veut ou si elle en veut un autre, remettant l'élection à la pluralité des voix ; & après que la pluralité ou l'unanimité des suffrages a décidé le choix, celui qui est nommé sort du cercle, s'approche de la table, & après avoir entendu la lecture de ses devoirs & du treizième article du règlement fait contre les *pratiques & les cabales*, il prête publiquement le serment que lui dicte le plus ancien des *Landammes* en présence de toute l'assemblée ; ensuite le Vice-Landamme ou *Statthalter*, le Trésorier & les Secrétaires du pays résignent aussi leurs charges. C'est dans les assemblées ordinaires & annuelles du peuple qu'on nomme à ces emplois en même-temps qu'on y élit les Députés pour les diètes des Cantons, tant à *Frauenfeld* qu'au-delà des monts, & ceux qui, suivant l'occurence des affaires, doivent être envoyés à des Cours étrangères ou dans les Cantons : on y élit aussi les Baillifs pour les bailliages Allemands & Ultramontains, dont le tour pour la nomination tombe à la disposition du Canton ; on y élit encore le Baillif du *Val de Livenen* qui appartient directement au Canton. Ce sont les *anciens Landammes*, chacun suivant son rang d'ancienneté, qui sur la demande du Secrétaire, donnent les premiers leur avis & leur voix, puis le Secrétaire demande à tout le peuple son choix pur & libre. Il est à observer que dans toutes ces élections & pour la décision des affaires majeures de l'Etat, chaque patriote désigne son opinion en élevant la main. Les degrés de parenté ou d'affinité n'empêchent pas que dans ces cas, les pères, frères & fils puissent opiner ensemble, quoique d'un avis unanime ou séparé. Pour mieux juger du nombre des voix & de leur prépondérance, le grand Sautier & huit autres Huissiers se tiennent debout sur un endroit exhaussé, duquel ils peuvent calculer toute l'assemblée ; & chaque fois que le *Landamme Régent* nomme les prétendans, ils observent la pluralité des voix pour l'un ou l'autre ; & quand la première, la seconde & la troisième fois ils varient entr'eux sur le plus ou moins de voix, alors tout le peuple partagé en autant de sections qu'il y a eu de voix différentes, sort de la place, & dans ce moment des Officiers préposés ou les Huissiers, comptent les voix de chacune des sections. Après la clôture de l'assemblée, tous ceux qui ont prétendu à des charges, sont obligés d'assurer par serment qu'ils n'ont ni intrigué ni cabalé ; ensuite le *Landamme* confirmé ou nouvellement élu, est reconduit à sa maison par les autres Chefs & Officiers du Canton, & par plusieurs Conseillers & particuliers, tous à cheval au bruit des tambours & des fiffres ; & les domestiques reportent le sabre ou glaive du Canton & les autres sabres chez le *Landamme Régent* & chez les autres *anciens Landammes*.

Indépendamment de l'assemblée annuelle & générale du peuple, dont je viens de parler, il est d'usage de tenir encore chaque année trois autres assemblées ; l'une qu'on nomme la *Commune* (2) *d'après*, & qui est convoquée le jour que l'assemblée générale & principale l'a déterminée, ordinairement l'un des dimanches ou jours de fêtes les plus prochains, quelquefois huit jours après la grande *Landsgemeind*; une autre de ces assemblées est tenue le jour de *Saint-Marc*, 25 Avril, & une autre à la fête de l'*Ascension*. Lorsqu'il survient des affaires d'Etat extraordinaires dans des temps autres que ceux qu'on vient de désigner, soit dans le cas où des Puissances étrangères demandent des levées de troupes, soit pour d'autres objets, comme la nomination des pensions d'écoliers dans les pays étrangers, &c. on tient aussi des assemblées extraordinaires, mais chacune dans des églises paroissiales ; les patriotes convoqués s'y présentent l'épée au côté, mais le *Landamme* n'y paroît pas appuyé sur son sabre de justice, ainsi qu'à la grande assemblée annuelle des élections. Celle de ces assemblées qu'on nomme la *Commune d'après*, se tient toujours dans la grande prairie dite *Auff-dem-Lehn*, au-dessus du bourg d'*Altorff*, qui est entourée de maisons & dans laquelle il y a une fontaine de pierre avec deux grands tilleuls ; on y place des sièges pour former le cercle : les assemblées extraordinaires se tiennent aussi dans cet endroit, ou quelquefois dans la *prairie des Patriotes*, (Land-leuthen-Matten) ceinte de murailles, au milieu du bourg d'*Altorff*, derrière la Chancellerie. L'assemblée du jour de *Saint Marc* se tient dans le pré dit *Jag-matt* ou la prairie de la chasse, qui est sur la gauche de la *Russe*, à deux lieues au-dessus d'*Altorff*, dans la paroisse d'*Ersifeld*. Ce jour-là tout le pays va en procession à une chapelle bâtie en cet endroit ; mais à l'égard de l'assemblée de l'*Ascension*, elle est convoquée sur l'hôtel de ville à *Altorff*. Dans toutes ces assemblées, le *Landamme Régent* prend alternativement l'avis des *anciens Landammes*, en gardant le rang de l'ancienneté, puis il adresse la parole aux Patriotes & leur demande en général leurs avis sur les différens objets qui sont mis sur le tapis.

On porte devant une *Landsgemeind* les affaires relatives à la Religion & au Gouvernement ; on y agite & on y règle tous les objets susceptibles de changement ou qui demandent suppression dans la législation ; on y traite des alliances & négociations avec les Puissances étrangères & avec les Cantons, des nouvelles taxes ou des nouveaux tarifs, des envois de troupes en cas de guerre, de la paix à faire & de la réception de nouveaux patriotes ou citoyens ; on y fait la lecture des *Recès* ou résultats des Diètes des Cantons, & les Députés qui y ont été envoyés font aussi leur rapport ; on y accorde les

(2) En Allemand, *Nach gemeind*.

nouvelles levées pour les services étrangers; on y fait enfin l'élection du *Landamme*, du *Statthalter*, des Capitaines & Bannerets, des Porte-Enseignes-généraux du Canton, du Trésorier, des Directeurs de l'Arsenal, des Députés, des Baillifs, du Secrétaire-général, des Avocats, du Grand-Sautier & des autres Officiers. Au reste on traite de la majeure partie de ces objets dans la grande *Landsgemeind* ordinaire annuelle & dans celle *d'après*. Pendant la tenue de toutes ces assemblées, les habitans du pays qui ont le droit de domicile sans avoir celui de *Patriote*, sont postés dans différens emplacemens pour faire sentinelle.

A l'assemblée du jour de *Saint-Marc*, dans la prairie *Jag-matt*, le *Grand-Sautier* demande au peuple quel jour il veut déterminer pour la convocation de la grande *Landsgemeiad annuelle* à *Berlingen*, & celui qu'il voudra fixer pour ouvrir la pâture au bétail sur les Communes; ces jours sont alors désignés par le peuple. A l'assemblée de l'*Ascension* sur l'hôtel de ville, on amodie les quartiers publics des Communes, des jardins & des autres objets de l'économie rurale, & on y agite les affaires qui y ont été renvoyées par la grande *Landsgemeind* ou celle *d'après*, ou qui n'ont pu y être finies. Il faut ajouter à ce détail, qu'en vertu des constitutions du Canton, lorsque *sept hommes* requièrent le *Landamme* de porter une affaire devant l'assemblée du peuple ou devant les Conseils, il est obligé de le faire, mais néanmoins lorsque *sept hommes* lui demandent la convocation d'une *Landsgemeind*, le *Landamme* doit auparavant demander au Conseil dit *Im-Boden* & aux patriotes qu'on y peut assembler, si l'on veut convoquer ou non une assemblée. Comme aussi lorsque *sept hommes d'honneur* ayant chacun passé l'âge de quatorze ans, se présentent devant une *Landsgemeind* & requièrent le Secrétaire du pays assis à une table dans le cercle, de coucher leur demande par écrit, le Secrétaire en fait lecture à l'assemblée, & alors on décide si on traitera le même jour de l'objet demandé, ou si on le renverra à une autre assemblée; & dans ce cas les *sept hommes* peuvent eux-mêmes former leur demande ou par un Avocat. Au reste ces *sept hommes* peuvent être d'une seule ou de diverses Communautés, mais jusqu'à présent il a été d'usage qu'ils fussent de *sept différentes familles*.

Pour traiter des affaires journalières & autres qui ne sont pas du ressort d'une *Landsgemeind*, on a établi plusieurs Conseils; & en premier lieu tous les samedis & lorsque le *Landamme* le juge nécessaire, le Conseil dit *Boden-Rath*, s'assemble sur l'hôtel de ville à *Altorff*; il est composé du *Landamme Régent*, des *anciens Landammes* & des autres Chefs & Officiers du pays, & aussi de tous les Conseillers de toutes les dix (3) Communautés qui partagent le Canton, & on y décide, sans appel, des affaires civiles de moindre importance, & d'affaires criminelles qui ne sont pas de la première gravité; mais pour la décision des affaires civiles plus importantes & l'examen des causes criminelles majeures, c'est le *Landrath* ou Conseil du pays qui en connoît: cet autre Conseil est composé du *Landamme Régent*, comme chef de la République, de son Lieutenant ou *Statthalter*, des *anciens Landammes* & Chefs du Canton; on y ajoute encore six assesseurs de chacune des dix Communautés, ce qui forme depuis soixante jusqu'à soixante-dix Membres; & lorsque l'un de ces assesseurs meurt, il doit être remplacé par un autre de sa Communauté respective, dans les huit jours après sa mort, dans l'assemblée de cette Communauté, à la pluralité, en levant la main; mais cette élection souffre cependant une réserve. Lorsqu'un père, un frère ou un fils de l'une des Communautés est revêtu de la charge de Conseiller, ni le père, ni le frère, ni le fils ne peuvent être en même-temps élus assesseurs du Conseil du pays ou *Landrath*, ni dans leur commune respective, ni dans aucun autre; ils peuvent cependant être élus par la *Landsgemeind*, Chefs & Officiers du Canton, quand même le père, le frère ou le fils seroient Conseillers de l'une des Communautés. Le *Landrath* s'assemble ordinairement la première fois au mois de Mai, le jour que le *Landamme Régent* veut choisir après la tenue de la grande *Landsgemeind*. Il s'assemble aussi dans le cours de l'année, les premiers mercredis après *les quatre-tems*, le jour des Innocens, & dans le Carême avant la grande *Landsgemeind*, & encore autant de fois qu'il se présente des affaires majeures de son ressort; mais lorsqu'on ne convoque pas ce Conseil sous serment ou sous peine d'amende, tous les Membres ne sont pas tenus d'y assister, & on continue à traiter des affaires, pourvu qu'un Membre de chaque Communauté y soit présent. Il arrive aussi que dans les affaires extraordinaires, le *Landamme*, au jour de la tenue du Conseil, y appelle de dessus la place publique ou dans la rue quelques autres Patriotes; on nomme ceux-ci les *Patriotes appellés*, en Allemand *Berufenen Landleute*.

Dans les cas d'affaires importantes, mais qui ne sont pas du ressort du *Landrath* & qui n'exigent pas la convocation d'une *Landsgemeind*, ou pour des affaires renvoyées par la *Lansgemeind*, le *Landrath* ordinaire convoque un *Landrath double* ou *triple*, où chacun des Conseillers prend encore avec lui un Assesseur dans le *Landrath double*, ou deux Assesseurs dans le *Landrath triple*, parmi ceux qui lui paroissent les plus propres & les plus capables. Le *Landrath* fait publier dans les Eglises, le Dimanche avant la convocation du double ou triple *Landrath*, le jour auquel on tiendra l'un de ces conseils. Le *double Landrath* s'assemble encore pour les Causes criminelles, & alors il se tient à *Altorff* à huis-clos; on le nomme dans ce moment le *Conseil criminel*; le *triple Landrath* est aussi convoqué, lorsqu'il est question de délibérer sur des objets de cette conséquence. A toutes les assemblées du *Landrath* assistent les six Secrétaires du pays & les Avocats, mais ils n'ont point de voix à donner: néanmoins lorsqu'il y a égalité de suffrages, le premier Secrétaire décide. Le Grand-Sautier & les Huissiers assistent aussi à ces assemblées, ils comptent les voix & annoncent de quel côté est le nombre majeur.

Les Chefs & Officiers du Canton, qui siégent dans le *Landrath*, sont le *Landamme-Régent*, qui préside & propose, son Lieutenant ou *Statthalter*, les *anciens Landammes*, le *Banneret*, le Capitaine général, les deux Enseignes du pays, le Trésorier & le Directeur de l'Arsenal. Les *anciens Landammes* y siégent avant le *Statthalter*, mais celui-ci en l'absence du *Landamme-Régent*, préside, & de même en son absence le plus ancien des *Landammes hors de charge*. Tous les deux ans on élit un autre *Landamme*, & un des *anciens Landammes* peut encore être nommé de nouveau à cette première dignité: le *Statthalter* conserve sa place jusqu'à une plus grande promotion ou jusqu'à sa mort. Le *Banneret*, le Capitaine général & les Enseignes du Canton, gardent ordinairement leurs emplois toute leur

---

(3) En Allemand, *Genossamen*.

vie,

vie, lors même qu'ils deviennent *Landammes* ; mais le *Tréforier* & le *Directeur de l'Arsenal* ne restent en place que jusqu'à ce qu'ils soient élevés à un grade supérieur. La *Landsgemeind* élit aussi six Secrétaires du Canton, en Allemand *Landschreiber*, huit (4) Avocats du pays, & le *Grand-Sautier* (5) ou Huissier qui assiste à tous les Conseils & Tribunaux pour exécuter leurs ordres; celui-ci garde son office pendant toute sa vie. Il y a quatre autres (6) Huissiers, lesquels sont élus par quatre Communautés, l'un à *Silenen*, l'autre à *Spiringen*, un troisième à *Wasen*, & un quatrième à *Seelisberg*. C'est toujours à *Altorff* que sont assemblés le *Landrath* & les autres Conseils.

Il y a encore deux Chambres, savoir, celle des *Quinze-Juges* (7), présidée par le *Landamme* & par quatorze Asseseurs, qui peuvent être élus chaque année dans toutes les Communautés. Cette Chambre juge de toutes les Causes concernans l'honneur, le bien & la justice, & les affaires dont la valeur est au-dessus de trente florins. L'autre Chambre est celle des *Sept* (8); elle décide des petits procès & des prétentions d'argent au-dessous de trente florins; le *Statthalter* y préside: ses six co-Asseseurs sont extraits des Conseillers des Communautés, & la *Landsgemeind* les nomme à vie. On ne peut pas appeller de cette Chambre à celle des *Quinze*, parce qu'ici aucun Tribunal ne peut croiser l'autre; & lorsqu'il y a parité de voix pour la Sentence, le Greffier de la Chambre donne son suffrage alors prépondérant. La revision d'un procès peut être reprise plusieurs fois dans l'année devant chacun de ces Tribunaux; mais il est prescrit qu'il doit être fini dans la séance du mois de Mai, qui fait la clôture de toutes les autres.

Chaque village, chaque communauté & paroisse, régit indépendamment l'un de l'autre, les intérêts attachés à son district, c'est-à-dire, les bois, les prés, les fontaines, les biens d'église, &c. & elle élit ses Conseillers pour le *Landrath*, ses Juges & Officiers, le tout cependant sous la réserve de la confirmation de la *Landsgemeind*. Les Curés doivent tous les ans demander aux Communautés la continuation dans leurs Cures, & alors avant que de la leur accorder on leur fait lecture des lettres convenues au sujet des bénéfices & des élections, & que l'on nomme en Allemand *Span-briefe* ou *Span-zedel*, & en Latin *Littera beneficiales, electorales, conventionales*. Ces lettres se fondent sur la convention faite en 1122, entre le Pape Calixte II & l'Empereur Henri V; elles contiennent la spécification des revenus attachés aux Bénéfices, celle des charges & devoirs à remplir, les conditions de l'Election, & l'étendue du pouvoir des Curés. Si un Ecclésiastique refuse d'observer la teneur de ces lettres, la Communauté de la paroisse ne lui permet pas de prétendre à la Cure, & elle lui retire ses revenus, si étant pourvu de la Cure, il manque à observer le règlement.

Les Communautés des villages s'assemblent tous les mois, ou du moins aussi souvent qu'elles le jugent nécessaire, sous la présidence du *Maire* du village ou de l'Administrateur de l'Eglise, tantôt dans une maison, tantôt aussi en plein air. Mais lorsqu'une Communauté a procès avec une autre, la décision du différent est renvoyée à la *Landsgemeind*, comme à la puissance suprême. M. *Faesi*, de qui j'emprunte une partie de ce détail, le termine par les réflexions suivantes. Je traduis ses paroles d'après l'Allemand; c'est au lecteur sage & éclairé

à les modifier, en se rappellant les commotions même sanglantes qui ont de tems à autre troublé les *Landsgemeind* dans les Etats Démocratiques. *Ne doit-on pas convenir qu'un peuple qui s'est soumis à un pareil ordre de gouvernement, a le plus conservé les droits dictés par la nature à tous les hommes pour la Liberté & pour le soutien de ses propres Loix? Si ce peuple est assez raisonnable pour ne pas abuser de son pouvoir, ni de sa Liberté; s'il rend une obéissance volontaire aux Loix, au Corps de la Justice qu'il a lui-même choisi; si ce Corps de Magistrats ne se laisse pas conduire par les passions, mais par les Loix; si on n'y fait attention qu'au droit, qu'à l'équité & qu'à l'amour désintéressé de la Patrie, assurément je ne vois pas comment on pourroit disputer à une pareille forme de gouvernement ses véritables avantages & sa supériorité, ou comment on pourroit en penser avec mépris*. JEAN-JACQUES ROUSSEAU, *ce zélé défenseur des droits de l'humanité & de la liberté, eût été charmé d'être spectateur d'une pareille* LANDSGEMEIND, *particulièrement dans le Canton d'Uri, où elle est tenue le plus d'ordre possible, en écartant tout tumulte, quoique cela paroisse presque inévitable dans une assemblée aussi nombreuse; sans doute ce grand génie avoueroit que les droits naturels de l'humanité ne sont pas encore foulés dans tous les endroits de l'univers par la violence, l'ambition & la soif de la domination. Je sais bien quels embarras accompagnent le gouvernement nombreux de la Démocratie. Mais ici, dans le Canton d'Uri, ces embarras sont certainement les moins difficiles, ils sont très-supportables. D'ailleurs le gouvernement personnel du peuple ne dure qu'un ou plusieurs jours. L'Aristocratie, pendant que le pays est gouverné par quelques Représentans de la Nation, sous le pouvoir & la protection des Loix, remplace la plus grande partie du temps le gouvernement personnel du peuple.*

Le Canton d'Uri a été en effet celui de tous les Cantons populaires qui a été le moins agité par des troubles. La sagesse prévoyante de ses Chefs a presque toujours habilement écarté les orages qui menaçoient le gouvernement intérieur. A l'approche de ces momens de crise ils se dépouilloient de toute idée de rivalité ou de parti pour n'embrasser que l'objet général, la tranquillité publique. Ils profitoient de l'exemple de leurs voisins, qui n'ayant pas toujours eu cette attention vigilante, ont été déchirés par les dissensions civiles. Mais en rendant hommage à l'esprit d'ordre & de paix qui a distingué particulièrement dans ces derniers temps le Canton d'Uri au milieu des révolutions de plusieurs autres Etats Démocratiques, M. Faesi me permettra de lui citer un passage paradoxal de ce même Philosophe célèbre, dont il recherchoit avec tant d'empressement le suffrage. *Rousseau* dit dans son *Contrat social*, en parlant de la *Démocratie* qui fait la base du gouvernement établi dans plusieurs Etats du Corps Helvétique. *Il n'y a pas de gouvernement aussi sujet aux guerres civiles & aux agitations intrinsèques, que la démocratique ou populaire, parce qu'il n'y en a aucun qui tende si fortement & si continuellement à changer de forme, ni qui demande plus de vigilance & de courage pour être maintenu dans la sienne. C'est sur-tout dans cette constitution que le Citoyen doit s'armer de force & de constance, & dire chaque jour de sa vie au fond de son cœur ce que disoit un vertueux Palatin,* (C'ÉTOIT LE PALATIN DE POSNANIE, PÈRE DE STANISLAS, ROI DE POLOGNE) *dans la Diète de Pologne:* MALO PERICULOSAM LIBERTATEM, QUAM QUIETUM SERVITIUM. *J'aime mieux une liberté entourée d'écueils qu'un tranquille esclavage.*

---

(4) *Lands-vorsprechen.*
(5) *Grosswibel.*
(6) *Weibel.*

(7) *Funfzehner gericht.*
(8) *Sibner gericht.*

III. Gouvernement Démocratique du Canton de Schweitz.

Le pouvoir (1) suprême réside, en ce Canton, dans la *Landsgemeind* ou l'assemblée du peuple. Elle se tient annuellement le dernier dimanche d'Avril ; mais quand elle est extraordinaire à cause de matières importantes & dans des cas urgents, le jour de sa convocation est déterminé par le *Landrath* ou Conseil du pays. Le lieu où elle s'assemble est à *Ibach*, village sur la gauche de la rivière de *Muotha*, à une demi-lieue du bourg (*) de *Schweitz*, dans une belle prairie, de forme quarrée, ornée d'arbres. Tout homme né Membre ou Colon d'un des six quartiers qui partagent le Canton, a dès l'âge de seize ans, le droit de suffrage dans l'assemblée générale du peuple : on s'y rend sans autres armes que l'épée au côté. Dans cette assemblée se fait l'élection des principaux Magistrats; on y traite aussi des objets majeurs pour les intérêts de la patrie & du peuple. On publie toujours d'avance dans les paroisses le jour de la tenue des *Landsgemeind*. Tout patriote, établi dans le pays, & qui pendant quelques années ne comparoît pas à ces assemblées sans des causes essentielles, court risque de perdre son droit de Citoyen. La marche du *Landrath*, depuis le bourg de *Schweitz* jusqu'à la place de l'assemblée à *Ibach*, se fait avec presque le même appareil qui est observé en la même occasion dans le Canton d'*Uri* ; mais les Chefs & les Conseillers s'y rendent à pied, précédés de près de cent tambours & fiffres, tous portant la livrée du Canton, & suivis des Officiers de l'Etat portant le sabre & le sceau du Canton & les livres des constitutions du pays ; tous accompagnés d'un grand nombre d'habitans qui n'ont que le droit du domicile sans avoir celui de voter, & qui sont armés de hallebardes ou de fusils avec la baïonnette au bout. On commence chaque *Landsgemeind* par une prière publique que tous les habitans font à genoux ; ensuite on prête le serment du pays & on procède aux élections. Tous les deux ans on élit le *Landamme* ou Chef suprême du Canton, & son Lieutenant le *Land-Statthalter*. Communément le *Landamme* est confirmé pour une seconde année ; quelquefois même il est continué au-delà de ce terme, ainsi qu'il est arrivé ces années dernières à l'égard de M. le Baron de *Reding*, Lieutenant-général au service de France, qui après avoir été un temps la victime des troubles de son Canton, a été élevé à même voix unanime à la première dignité de l'Etat par ce même peuple qui l'avoit privé d'une partie considérable de ses biens. Le *Landamme - Régent* peut ainsi que le *Statthalter*, desservir en même-temps une des charges de l'Etat-Major dans la Milice du Canton. Chaque année la *Landsgemeind* élit les Députés pour la Diète ordinaire des Cantons à *Frauenfeld* & pour les *Syndicats* ou Congrès ultramontains. On nomme aussi à la *Landsgemeind* les Baillifs des bailliages vacans, tant médiats qu'immédiats, & on y remplace les autres emplois du Canton qui vaquent & qui ne dépendent pas des autres jurisdictions du pays, comme les *Quartiers* & des *Landrath ordinaire* ou *double* ou *triple*. De plus on y traite des affaires qui sont du pur ressort de la *Landsgemeind*, & de celles qui y sont renvoyées par le *Landrath* ou Conseil du Canton. S'il survient dans le même temps diverses affaires à traiter, on les remet à une autre *Landsgemeind*, ou on les renvoye aux *Landrath ordinaire*, ou *double* ou *triple*.

Pendant toute la tenue de la *Lands-gemeind*, le *Landamme-Régent*, comme Chef de tout le peuple, est debout avec le sabre ou le glaive du Canton à la main, sur un terrain élevé au milieu de l'assemblée ; il y dirige les affaires, demande les avis, passe à l'unité ou à la pluralité des suffrages & décide les voix quand il y a parité. Tous les patriotes donnent leurs suffrages en élevant en l'air la main droite. Les degrés de parenté n'obligent personne de sortir de l'assemblée. Si le *Landamme* avec les patriotes qui lui sont adjoints dans ce moment, ne peut assez exactement juger de la pluralité des voix & qu'il soit dans le doute, les Officiers nommés *les Sept*, en Allemand *die Sibner* de chacun des quartiers du pays, l'aident à décider la majorité ; & lorsqu'il arrive que ces Officiers ne peuvent la prononcer suivant leur serment, les patriotes forment autant de bandes séparées qu'il y a d'opinions ou de divisions des suffrages, alors les deux plus grandes bandes sont comptées homme par homme par les Officiers de l'Etat.

Les Chefs du Canton qui sont élus par la *Landsgemeind* à la pluralité des voix, sont 1°. le *Landamme*, qui préside à l'assemblée générale, aux *Landrath* tant ordinaire que double & triple, & à la Chambre des *neuf-Jurés*, qui décide par sa voix dans le cas de la parité des suffrages, & qui est toujours le premier des deux Députés du Canton à la Diète annuelle du Corps Helvétique ; II. le *Lands-statthalter* ou *Vice-Landamme* ; III. le *Banneret*, en Allemand *Panner-herr* ; IV. le *Capitaine du Pays*, en Allemand *Lands-hauptmann* ; V. l'*Enseigne du Canton*, en Allemand *Lands-Fendrich* ; VI. le grand-Major ou *Oberst-Wachtmeister*, & VII. le Directeur de l'*Arsenal*, der-*Zeug-Herr*. Lorsque le *Landamme* en charge vient à mourir pendant le temps de sa Régence, on ne le remplace qu'à la plus prochaine *Landsgemeind* ordinaire ; pendant ce temps le *Lands-statthalter* ou *Vice-Landamme* remplit ses fonctions ; & de même le plus ancien des *Landammes* sortis de charge, exerce alors celle de *Lands-statthalter*. Les charges de Banneret, de Capitaine du Canton, d'Enseigne du pays, de grand-Major & de Directeur de l'Arsenal, sont presque toujours confirmées, & elles peuvent être réunies à celles de *Landamme* & de *Lands-statthalter*.

Quand la *Lands-gemeind* est finie, les Chefs du Canton, les Conseils & Officiers s'en retournent au bourg de *Schweitz*, en observant la même marche qu'ils avoient tenu en sortant ; ils se rendent en Corps à la paroisse & assistent à un *Salve Regina* chanté en musique. Après cet acte de religion, le *Landamme-Régent*, accompagné de tout le *Landrath*, va à la Maison-de-ville où est ordonné un soupé d'apparat, & après qu'il est fini, plusieurs du Conseil & les Officiers de l'Etat le reconduisent à son logis. Il est précédé dans ce retour des tambours & des fiffres.

Le *Landrath* ou Conseil permanent, qui connoît de la police générale, & de toutes les affaires journalières de l'Etat, est composé de soixante Membres, dont dix de chacun des six *quartiers*, outre les Chefs en activité & ceux qui viennent de sortir de charge. Chaque *quartier* du pays nomme neuf de ces Conseillers, à la tête desquels est son Président actuel, que l'on nomme *Sibner*. Mais un père & un fils, ou deux frères ne peuvent en même-temps entrer au Conseil. Il ne peut y avoir dans le Conseil que deux Magistrats de la même famille dans

---

(1) Leu, Dict. Hist. de la Suisse, T. XVI. pag. 615-625.
Faesi, Descript. Topog. de la Suisse, T. II. pag. 239-245.

(*) PLANCHE 189.

un *quartier*. Un troisième du même nom peut cependant y être admis, lorsqu'il remplit une charge du pays, telle que celle de l'un des Chefs, qui lui donne rang dans le Confeil.

Le *Landrath* s'affemble ordinairement les mardi, jeudi & famedi de chaque femaine. Il nomme le *Tréforier* du Canton; celui qui eft revêtu de cette charge la remplit pendant fix ans, mais à la fin des quatre premières années, il faut qu'il foit confirmé de nouveau. Le *Landrath* difpofe encore des charges de Directeur des bâtimens, d'Adminiftrateur de l'hopital, d'Infpecteur des chemins & de quelques autres petits emplois de l'économie publique. Il exerce auffi la juftice criminelle, & en pareil cas chaque Confeiller s'adjoint un patriote recommandable par la probité, l'âge & l'intelligence.

Une fois l'an, favoir quatorze jours après la *Lands-gemeind* annuelle, on affemble le *double Landrath*, pour lequel chaque Confeiller en appelle encore un de fon *quartier* à fon choix. Ce Confeil juge fommairement de tous les cas où la paix publique a été violée, des défordres arrivés dans la nuit & d'autres excès.

Deux fois dans l'année, le Confeil eft *triplé*, en fuivant la même méthode; alors c'eft pour donner les inftructions aux Députés nommés pour la Diète des Cantons, pour entendre leur rapport, ou pour traiter d'affaires qui n'ont pu être décidées dans l'affemblée générale. Ce Confeil triplé fe tient avant & après la Diète annuelle des Cantons. Il s'affemble auffi lorfqu'on convoque des Diètes extraordinaires. Chaque Confeiller en appelle encore deux de fon *quartier* à fon choix, & fous l'obligation du ferment. Trois jours avant la *Landsgemeind* ordinaire, les Chefs du Canton avec les fix Préfidens ou *Sibner* des fix quartiers, fe font rendre compte par le *Tréforier* du pays, de la recette & de la dépenfe des revenus publics. Chaque patriote peut y être préfent.

Après ces *Confeils* viennent quelques autres Tribunaux établis pour les affaires journalières, foit civiles, foit de police. Il y a le Tribunal des *neuf Affeffeurs jurés*; il eft compofé du *Landamme-Régent*, de trois Confeillers du *Landrath* & de fix Juges, dont un de chacun des fix *quartiers* du pays. Cette Chambre juge fans appel ultérieur, des héritages, des propriétés, des fonds de terre, des teftamens, des contrats de mariage, des injures & des débats pour chemins, eaux, digues, &c. Ce Tribunal ne fe tient ordinairement qu'une fois l'an avant Pâque. Il ne peut y entrer qu'un Affeffeur de la même famille; père & fils, beaux-frères ou coufins-germains enfemble en font exclus. Les mêmes Affeffeurs peuvent fiéger à ce Tribunal pendant trois ans. Le fecond Tribunal particulier du pays fe nomme la *Chambre des fept Juges jurés, das Sibner gefchworne Land-Gericht*; à fa tête eft un grand Juge nommé par le *Landrath*, avec fix autres Juges, dont un de chacun des fix *quartiers* du Canton : la *Landfgemeind* les change tous les trois ans. Cette Chambre juge fans apel de toutes les conteftations civiles pour achat, vente, rentes & autres objets de cette nature. Le grand-Huiffier du Canton (*LANDWEIBEL*) y préfide, mais il n'a pas de voix, à moins qu'il n'y ait parité dans les opinions. Ce Tribunal eft tenu neuf fois par an, la première après le premier jeudi de Septembre, & enfuite chaque mois jufqu'au premier jeudi de Mai. La révifion des caufes portées devant ce Tribunal & celui des *neuf Jurés*, dépend du *Landrath*; il y a quatre

Avocats nommés pour l'un & l'autre de ces Tribunaux, mais on les change tous les quatre ans. Il y a encore un troifième Tribunal que l'on nomme la *jurifdiction de la rue*, en Allemand *Gaffen-Gericht*; il eft compofé du Grand-Sautier ou Huiffier du pays, comme Grand-Juge, & de fept habitans éclairés qui font du choix du Grand-Sautier. Chacun en dépofant dix fols peut convoquer ce Tribunal, dans la rue ou fur le chemin : il ne juge que de dettes au-deffous de cinquante florins; lorfque le créancier veut forcer par affignation (2) le débiteur à lui rendre fon argent & que celui-ci niant la dette s'en remet à la décifion de la juftice, fi ce dernier reconnoit enfuite la dette ou qu'il y foit condamné par fentence, il encourre une amende pour avoir eu recours à la juftice fans aucun fondement.

Les Officiers de juftice font le Grand-Sautier ou Huiffier, en Allemand *Land-Weibel*, trois Secrétaires du pays & un Sous-Secrétaire. Le Grand-Sautier porte la livrée du Canton, il affifte aux Confeils en qualité d'Officier fervant, & a la préféance, ainfi que je l'ai déja obfervé, au Tribunal des *Sibner* & à celui *de la rue* : les Secrétaires protocollent tous les trois dans les affemblées du *Landrath*, & l'un deux fe trouve comme Greffier au Tribunal des *neuf Affeffeurs jurés*, & un autre à celui des *Sibner jurés*.

Le Canton de *Schweitz* eft partagé en fix quartiers, non pas d'après la divifion du pays ou les endroits qu'il renferme, mais fuivant les familles. Ces *fix quartiers* font, le *quartier neuf*, le *quartier vieux*, le *quartier Nider-Wafer*, & ceux d'*Art*, de *Steinen* & du *Muottenthal*: par exemple le quartier d'*Art* comprend les familles de *Reding*, de *Hofspital*, de *Weber*, &c. Chaque citoyen peut changer fon domicile à fa volonté, fans qu'il change pour cela fon quartier; cependant les familles enclafées dans l'un des fix quartiers, tiennent leurs affemblées particulières lorfque l'un des Préfidens de leur *quartier*, qu'on nomme *Sibner*, ou l'un de leurs Confeillers du *Landrath*, viennent à vaquer. Tout homme ayant plus de feize ans, peut affifter à ces affemblées; ceux des trois premiers quartiers s'affemblent fur l'hôtel de ville à *Schweitz*, ceux du quartier d'*Art* au bourg de ce nom, ceux du quartier de *Steinen* à *Steinen*; & ceux du *Muottenthal*, tantôt à *Schweitz*, tantôt dans le val du *Muottenthal* : à ces affemblées ils élifent leur Chef dit *Sibner*; celui-ci y préfide & il fiége dans le *Landrath*, immédiatement après les Chefs du pays & avant tous les autres Confeillers. Chacun des *fix quartiers* élit auffi neuf Membres pour le *Landrath*, qui eft ainfi compofé de foixante perfonnes, y compris les *Sibner* ou Préfidens des *quartiers*, & non compris les Chefs du Canton & les *Landammes* fortis de charge. Les *Sibner* & Membres du *Landrath* confervent leurs charges à vie.

Il y a encore une chambre qu'on appelle l'*Advocatie* (3) ou la *Commiffion provifoire générale*; à fa tête eft le Landamme Régent; il a avec lui le Directeur de l'Arfenal, un Membre du *Landrath* & deux *Avoués* (4) de chacun des fix *quartiers*. Cette Commiffion veille fur les revenus de l'Etat qui ne font pas de la recette du *Tréforier* du pays, ni de la Commiffion des taxes. Le *Tréforier* n'eft pas Membre du *Landrath*, il partage en certains temps entre les Patriotes & par tête les gratifications ordonnées par la *Landfgemeind*, & qui proviennent des charges du Canton. Je parlerai ailleurs de la conftitution militaire de l'Etat.

---

(2) *Mit pfaendung*.
(3) En Allemand *Kaften-Vogtey*.

(4) *Kaften-Voegte*.

IV. Gouvernement Démocratique du Canton d'Underwalden.

Ce Canton (1) de la Suisse, le sixième en rang, est partagé en deux vallées qu'on peut nommer l'une *supérieure* & l'autre *inférieure*. Ce partage, fait par la nature, a donné lieu au partage du Gouvernement ; & quoique pour les affaires du dehors les deux vallées ne fassent qu'un seul Canton, cependant chacune a son gouvernement particulier, son Conseil ; ses Officiers & même ses terres ; ces deux parties du Canton ont établi pour les affaires du dehors un Conseil général, dont les Membres se tirent des Conseils de chaque Communauté. Le sceau d'*Underwalden, au-dessus du bois*, en Allemand *Ob-dem-Wald*, diffère de celui d'*Underwalden, au-dessous du bois*, en Allemand *Under-dem-wald*. Celui du Haut-Underwalden, est *d'argent coupé de gueule* ; le Bas-Underwalden porte *coupé de gueule & d'argent à la double clef posée en pal de l'un à l'autre*. Ce fut (2) en 1150 que les habitans du Haut & Bas-Underwalden en firent unanimement le partage en deux parties. Avant cette époque on appelloit tout ce pays *Stans*, du nom du principal bourg qui est au dessous du bois dit *Kernwald* ; c'étoit-là où les habitans de l'une & l'autre vallée, nés libres & immédiats de l'Empire, tenoient leur Conseil & leur justice ; mais pour les assemblées générales du peuple qu'on appelloit dès-lors *Lands-Gemeinden*, elles se tenoient au milieu du pays dans la partie d'en-haut à *Wirserlon*, ou *Wiserlohn*, ou *Weissoehrlen*, district parsemé de maisons sur le chemin entre la paroisse de *Kerns*, de laquelle il dépend, & l'église *Ennenmoos*, qui est une filiale de la paroisse de *Stans*. Les habitans *d'au-dessus du bois* qui faisoient le plus grand nombre, composoient deux parties du Conseil ou *Landrath*, tandis que ceux *d'au-dessous du bois* ne donnoient que le tiers des Conseillers ; mais le *Landamme* ou Président & les autres Officiers du Gouvernement étoient nommés par toute la *Landsgemeind* ou l'assemblée générale ; elles le choisissoit à sa volonté, tantôt dans la partie supérieure du pays, tantôt dans la partie inférieure : on appelloit alors les habitans des deux vallées les *Stanzois*, en Allemand *die Stanzer*, comme ceux de *Schweitz*, les *Schwiter* & ceux d'Uri les *Urner* ou les *Uraniens*. La grande forêt de *Kernwald* (ainsi appellée de la paroisse de Kerns) qui divise le pays en deux vallées, est en partie dans la paroisse de *Kerns*, en partie dans celle d'*Alpnach*, & aussi en bonne partie dans le quartier *Ennenmoos* au *Bas-Underwalden*. On appelloit aussi, avant le partage de 1150, les habitans *d'au-dessous du bois*, les *Stanzois d'Underwalden*, c'est-à-dire de la basse vallée, ou les *Stanzois* de la basse vallée, en Allemand *die Stanzer im Underinthal* ; & en parlant des habitans *d'au-dessus du bois* de *Kernwald*, on les nommoit *die Stanzer und obderwalden*, les *Stanzois* & *au-dessus du bois*, ou de la *vallée d'en-haut*, *Von-obernthal* ; ils avoient les uns les autres un sceau commun, autour duquel on lisoit pour légende : Sigillvm Vniversitatis Hominvm de Stannes Svperioris et Inferioris Vallis, c'est-à-dire *le sceau de toute la Communauté des habitans de Stans, de la haute & basse vallée* ; & comme le siège de la judicature étoit alors établi à *Stans* (nommé primitivement *Stannes*) dans le *Bas-Kernwald*, ceux *d'en-haut* qui étoient obligés d'y avoir recours, disoient ordinairement qu'ils alloient en justice dans le *bois d'au-dessous*, *gen Underwalden* ; de-là ce nom resta improprement à tout le pays.

Les habitans *d'au-dessus du bois de Kernwald*, obligés, comme la majeure partie, de contribuer le plus aux taxes & impositions générales du pays pour faire face aux dépenses nécessaires du Gouvernement dont ils composoient deux parties, se plaignoient qu'il leur étoit onéreux, sur-tout aux plus notables d'entr'eux, d'aller siéger ou paroître en justice à *Stans*, dans une distance de plusieurs lieues ; ceux de *Lungeren*, de *Gyssweil* & d'autres endroits éloignés, fortifioient le plus ses plaintes, qui amènèrent le partage en 1150. La grande forêt du *Kernwald* fut désignée comme le point mitoyen, & on arrêta unanimement de part & d'autre que dans chacune des deux parties *au-dessus & au-dessous du bois*, il y auroit à l'avenir séparément un Gouvernement, un Conseil & une Justice distincte & indépendante l'une de l'autre. Ceux *d'au-dessus du bois* se chargèrent de contribuer deux parties des taxes, mais sous la condition de retirer aussi deux parts des revenus publics ; ceux du *Bas-Underwalden* ne devoient en toucher que le tiers. Au reste le local de la régence de ces derniers devoit être, comme par le passé, à *Stans* ; mais celui du Gouvernement *d'au-dessus du bois* étoit fixé à l'avenir à *Sarnen*. A l'égard du sceau commun du pays, de la bannière & des drapeaux ou enseignes, ils furent remis sous la garde des habitans *d'au-dessus du bois*, comme formant la majeure partie, mais avec la réserve qu'ils seroient réputés appartenans aux deux parties, & à tout le pays lorsque les uns & les autres marcheroient à la guerre ; & s'il arrivoit que ceux *d'au-dessous du bois* ne voulussent pas être de l'expédition, & que ceux *d'en-haut* se missent seuls en campagne, il seroit permis à ces derniers, comme à la majeure partie du pays, de prendre avec eux la bannière, le drapeau & le sceau ; ils pouvoient aussi se servir du sceau commun dans les affaires de leur ressort. Ceux du *Bas-Underwalden* ne pouvant ainsi disposer privativement ni du sceau, ni des enseignes militaires, il leur fut permis d'user d'un autre sceau & d'autres bannières & enseignes uniquement affectées à leur régence ; & comme les nouvelles bannières des habitans *d'au-dessus du bois*, étoient d'argent coupé de gueule, & qu'ils avoient placé dans leur sceau une clef *simple*, de même ceux du *Bas-Underwalden* placèrent dans leurs armes & bannières une double clef d'argent au champ de gueule, & ils mirent sur leur sceau la figure de l'Apôtre *Saint-Pierre*, tenant une clef, avec cette légende à l'entour : Sigillvm Vniversitatis Hominvm de Stans et in Buchs, c'est-à-dire, *le sceau de la Communauté des hommes de Stans & de Buochs*. Le bourg de *Buochs*, à une petite lieue de *Stans*, sur le lac des *quatre Cantons forestiers*, forme un des quartiers ou *Uertenen* du *Bas-Underwalden*. De cette manière les deux vallées *supérieure* & *inférieure* sont aujourd'hui divisées chacune en six paroisses, indépendantes dans le ressort de leur régence, elles ont cependant conservé des liaisons mutuelles. Long-tems même depuis l'époque du partage de 1150, lorsqu'il survenoit des affaires relatives à tout le pays ou des contestations importantes, les deux partis s'assembloient souvent à *Wisserlon*. Encore aujourd'hui un habitant qui change son domicile pour s'établir dans l'une des deux vallées, y est dès ce moment réputé Patriote, pourvu qu'il soit né des anciennes familles

---

(1) Leu, Dict. Hist. de la Suisse, T. XI, p. 81, & T. XVIII, p. 608-668. Faesi, Descript. Topog. de la Suisse. T. II. pag. 305-307 ; 310-314 & 328- 332, &c.

(2) Tschudi, Chr. Helvet. T. I. pag. 72-73.

du gouvernement. Suivant une transaction passée en 1548, entre le *Haut* & le *Bas-Underwalden*, il a été réglé que la *partie supérieure* du Canton enverroit deux ans de suite des Députés aux Diètes du Corps Helvétique, tant en-deçà qu'au-delà des monts, pour les affaires relatives aux bailliages communs, & que le *Bas-Underwalden* ne pourroit y en envoyer que la troisième année. Au reste la partie qui n'est pas au terme fixé, jouit du droit de confier ses instructions aux Députés de la partie qui use de son tour, & alors ceux-ci doivent en donner communication aux parties à qui elles sont adressées; mais lorsqu'il est question d'affaires importantes d'état, soit dans des Diètes ordinaires ou extraordinaires, ou dans des Conférences des Cantons Catholiques, les deux parties peuvent à leur volonté y envoyer leurs Députés respectifs. Le *Haut-Underwalden* nomme aussi deux fois de suite lorsque c'est son tour, aux bailliages communs, tandis que le *Bas-Underwalden*, à son tour, n'y nomme qu'une fois. Les deux parties font convenues ensemble en 1589 & 1592, d'avoir entre elles en commun les mêmes Bannerets & Capitaines du Canton ; ainsi *Underwalden d'en-haut* nomme toujours le Banneret général du *Haut & Bas-Underwalden*, & d'une autre côté le *Bas-Underwalden* élit un Capitaine-Général du *Haut & Bas-Underwalden*. Malgré ces liaisons réciproques, le *Haut-Underwalden* a encore à part un Capitaine du pays, en Allemand *Lands-hauptmann*, & le *Bas-Underwalden* un Banneret particulier.

Aux Diètes du Corps Helvétique chaque Canton se fait représenter par deux Députés. Les Cantons d'*Underwalden* & d'*Appenzell*, partagés chacun en deux divisions, envoyent un Député pour chacune. L'ouverture de la séance se fait à *huis-ouverts*, par un compliment prononcé à tour de rôle par le premier Député de chaque Canton : les seuls Députés des deux Cantons susmentionnés font leurs complimens chacun séparément. Passons à la description du gouvernement séparé des deux parties, le *Haut* & le *Bas-Underwalden*.

GOUVERNEMENT D'UNDERWALDEN D'EN-HAUT.

CETTE partie, que l'on nomme en Allemand *Unterwalden-ob-dem-wald* ou *ob-dem-Kern-wald*, c'est-à-dire *Underwalden au-dessus du bois* ou *au-dessus du bois de Kern-wald*, & quelquefois *Ob-Walden*, *au-dessus du bois*, a pour limites au levant la partie d'*Underwalden-le-bas* & la seigneurie de l'Abbaye d'*Engelberg*, au couchant les bailliages d'*Entlibuch* & de *Kriens* qui sont du Canton de Lucerne, au midi le pays de *Hasli* qui est du Canton de Berne, & au nord le lac des *quatre Cantons forestiers*. Ce district peut contenir neuf lieues de large depuis l'*Entlibuch* jusqu'aux montagnes de *Kerns* les plus éloignées, & presqu'autant en longueur depuis le mont *Rengg* jusqu'à celui de *Brunig*. Il est partagé en deux grosses paroisses, *Sarnen* & *Kerns*, & en quatre petites, savoir, *Saxlen*, *Alpnach*, *Gysswyl* & *Lungeren*.

Le pouvoir suprême réside dans la *Lands-gemeind* ou assemblée générale du peuple. Tout patriote qui a atteint l'âge de quatorze ans, peut y assister l'épée au côté. Elle décide de toutes les affaires majeures que le *Landrath* ou Conseil permanent lui renvoye, & elle fait les élections des charges. Le local de sa tenue est, dans un temps favorable, en plein air à *Sarnen* sur le *Landenberg* ; cet endroit est une place murée au-dessus du bourg, & où résidoit au commencement du quatorzième siècle le Baillif tyrannique de l'Empereur Albert I. Lorsque le temps est mauvais, l'assemblée se tient à *Sarnen* dans l'Hôtel-de-ville. Tout patriote qui s'en absenteroit quelques années sans des causes valides, perdroit son droit de Citoyen. La *Lands-gemeind* annuelle-ordinaire est tenue le dernier dimanche d'Avril ; & lorsqu'elle est extraordinaire pour des cas urgens & réputés tels par le *Landrath*, elle est convoquée au jour que ce même Conseil a déterminé : on l'annonce d'avance dans les églises. Le *Landamme-Régent*, les différens Conseillers & Officiers de l'Etat se rendent à la place de la *Lands-gemeind*, précédés par les tambours & les fifres, & par des gens (1) portant un casque & qui sonnent avec de grandes cornes garnies d'argent. On appelloit anciennement ces corneurs *la Vache d'Underwalden*, comme dans le Canton d'Uri on appelle encore *le Taureau d'Uri* celui qui sonne à la *Lands-gemeind*, & en guerre à la tête des troupes du pays avec une grosse corne également garnie d'argent. Les anciens *Uraniens* & *Underwaldois* se servoient de ces cornes dans leurs expéditions ; & il est parlé du *Taureau d'Uri* & de la *Vache d'Underwalden* dans les relations (2) des batailles de *Grandson*, de *Morat* & de *Marignan*. On voit encore à la tête de la marche pour la *Lands-gemeind*, les *Sautiers* ou Huissiers du pays, en Allemand *Landweibel*, portant de larges épées de bataille sur les épaules, & tous ayant la livrée du Canton. Les tambours & les fifres la portent de même.

Sur la place de la *Lands-gemeind* & pendant tout le temps qu'elle dure, le *Landamme* se tient debout au milieu de l'assemblée, ayant le sabre de justice entre ses mains, & autour

---

(1) On les appelle en Allemand *Helm-blaser* ou *Helmi-trager*.
(2) Robert de la Marck, Seigneur de Fleurange & de Sedan, Maréchal de France, parle dans ses Mémoires, *des deux gros Cornets d'Uri & d'Underwaldt*, à l'article de la bataille de Marignan (Hist. Milit. des Suisses au service de la France, par M. le Baron de Zur-Lauben, T. IV. pag. 470. Paris 1751, in-12.) On montre à l'Arsenal de Berne, avec plusieurs trophées remportés sur les ennemis de la Liberté Helvétique, une paire de Cornets d'Uri gagnés par les Bernois à la bataille de Vilmergen en 1712, sur les cinq Cantons Catholiques alors en guerre avec les deux premiers Cantons réformés. On observe aussi à l'Arsenal de Zurich, la grosse cloche de l'Abbaye de Saint - Gall, gagnée dans la même guerre civile, & où la montre avec l'arbalète de Guillaume Tell. Mais des trophées qui ne peuvent que rappeller les odieuses époques des dissensions entre frères & coalliés, devoient être condamnées à l'oubli éternel, au moment même que la paix éteignoit le flambeau de la guerre civile. Que doit penser un étranger en les voyant en parade avec les dépouilles de l'armée des Bourguignons, & les charretées de cordes que le Duc Charles, présumant trop de sa bonne fortune, avoit fait apporter pour pendre tous les Suisses ! Quelles réflexions n'étouffe-t-il pas dans son ame en voyant une cloche monachale étalée avec l'air de la complaisance ! Cet étranger, ami de l'union fraternelle, voudroit également ne plus voir le casque de *Zuingle*, à un autre Arsenal de Suisse mais Catholique, où l'on montre en même-temps la cuirasse de Léopold, Duc d'Autriche. Les deux plus grands Poëtes Lyriques des Romains & des François, *Horace* & *Rousseau*, ont dépeints dans deux (a) Odes immortelles, le premier les horreurs de la guerre civile qui suivit la mort de César, & l'autre celles de la discorde qui déchira la Suisse en 1712. Braves Helvétiens, vous ne sauriez trop déplorer ces temps d'orage amenés par l'intolérance & l'égoïsme : effacez tous les monumens de vos anciennes querelles par le retour de l'amitié la plus désintéressée & la plus sincère.

(a) Quinti Horatii Flacci Carmina Epodon liber, Od. VII. pag. 134-135. Lugduni Batavor. 1612, in-8. cum *Animadversionibus & notis Danielis Heinsii*.   Œuvres de Rousseau, T. I. Liv. II. Ode XVI. pag. 108-109. édit. de Londres 1749, in-12 fig.

du Président sont assis les Conseillers du *Landrath*. On commence la *Lands-gemeind* avec le chant de l'hymne *Veni Creator Spiritus* : tous les assistans sont alors à genoux, ensuite on procède à la prestation du serment, à l'élection des Chefs du Canton, & enfin on traite des affaires de l'Etat : souvent à cause du manque de temps elles sont renvoyées à une autre *Lands-gemeind* ou remises au jugement du *Landrath ordinaire* ou du *double* ou *triple Landrath*. A toutes les élections & à toutes les opinions qui doivent être décidées à la pluralité des voix, chaque patriote donne la sienne en élevant la main en l'air; il peut même la donner sans difficulté lorsque son père, ses frères, ses fils & autres de ses proches se trouvent parmi les Candidats. L'ordre de juger de quel côté paroît la pluralité des suffrages, est confié aux *Landweibel* ou *Sautiers* du pays; & pour s'en acquitter plus sûrement, ils sont postés sur une éminence; mais après qu'un chacun a donné trois fois sa voix sur l'objet proposé par le *Landamme*, si les *Sautiers* sont indécis sur le nombre prépondérant des suffrages, il est alors d'usage que les patriotes sortent de la place par deux ou trois issues & même plus, & dans ce moment des Officiers préposés par l'Etat comptent les voix de part & d'autre. A la fin de la *Lands-gemeind*, le *Landamme* nouvellement élu est reconduit à son logis par les autres Chefs & Officiers du Canton & par la plus grande partie des Conseillers. Mais auparavant ils assistent dans l'église voisine au Te-Deum que l'on chante en actions de graces.

La décision des affaires journalières est abandonnée au *Landrath*. Ce Conseil permanent est composé des Chefs & Officiers du Canton, auxquels on joint quinze Assesseurs de chacune des deux nombreuses paroisses de *Sarnen* & de *Kerns*, & sept autres de chacune des quatre autres mais moins considérables paroisses de *Saxlen*, *Alpnach*, *Gyssweil* & *Lungeren*, ce qui forme en tout cinquante-huit Conseillers du *Landrath*, indépendamment des Chefs & Officiers du Canton. Les charges qui viennent à vaquer pendant l'hiver dans chacune des paroisses, sont remplacées le premier jour de Mai, & celles qui vaquent durant l'été, sont de même remplies de nouveau, savoir, dans quelques paroisses, le jour de la *Commémoration des Morts*, je veux dire le 2 Novembre, & dans d'autres le jour de *Saint Martin*, 11 Novembre, ou le premier dimanche suivant. Tous ces remplacemens se font à la pluralité des voix par les Patriotes de chaque paroisse respective. Lorsqu'un père, ou un frère ou un fils remplit un office du pays ou qu'il est revêtu d'une charge de Conseiller dépendante de l'une des paroisses, ni le père, ni le frère, ni le fils ne peuvent être élus ensemble, dans leur même paroisse, Membres du *Landrath*. Mais quand le père, ou le frère est du *Landrath*, le fils, ou le second frère peut être élu *Chef du pays*, & ainsi tous les deux peuvent siéger en même-temps dans le *Landrath* qui s'assemble chaque samedi dans le bourg de *Sarnen*. Lorsqu'il survient des affaires importantes, le *Landamme-Régent* a le pouvoir de convoquer le *Landrath extraordinaire*; cette convocation est publiée d'avance dans les églises, ou intimée sous le serment aux Conseillers par des Exprès, sous peine d'une amende contre ceux qui ne seroient pas exacts à comparoître le jour marqué. Mais à l'égard des autres séances ordinaires du *Landrath*, les Conseillers ne sont pas obligés de s'y trouver avec la même ponctualité, & pourvu qu'un Conseiller de chaque paroisse y soit présent, on n'y traite pas moins des affaires courantes.

Lorsqu'il s'agit d'affaires majeures, on assemble quelquefois le *double* ou *triple Landrath*, & on joint aux Assesseurs du Conseil ordinaire un ou deux des Patriotes de chaque quartier & paroisse du pays; on les choisit entre les habitans les plus âgés & les plus intelligens. Dans tous ces différens *Landrath*, le *Landamme-Régent* a la préséance, y propose les affaires, & sa voix est prépondérante lorsqu'il y a parité dans les opinions.

Parmi les Chefs du Canton qui assistent au *Landrath*, on compte le *Landamme-Régent*, les *anciens Landammes* sortis de charge, le *Statthalter* du pays ou *Vice-Landamme*, le *Banneret* de tout le Canton, le *Trésorier* du pays, le *Directeur des bâtimens*, les anciens Baillifs quand ils n'ont pas été précédemment du *Landrath*, les deux Capitaines & les deux Enseignes du Canton, & l'Administrateur de la vallée ou des orphelins, en Allemand *der Thal-vogt* ou *Waysen-vogt*. Le *Landamme* est changé tous les ans, les autres Officiers peuvent garder leurs emplois aussi long-temps qu'il plaît à la *Landsgemeind* & qu'ils le veulent eux-mêmes. Le *Statthalter* du Canton, le *Trésorier* & le *Directeur des bâtimens* résignent chaque année leurs charges, mais ordinairement on les confirme. Quand le Banneret, ou le Capitaine ou Enseigne du Canton est élu *Landamme* ou *Statthalter*, ou qu'il obtient une autre charge honorifique, il peut en même-temps garder sa première place. La Chancellerie est desservie par un Secrétaire & un sous-Secrétaire, & le *Landrath* par deux *Sautiers* ou Huissiers. La *Lands-gemeind* élit les uns & les autres.

Dans chacune des paroisses il y a la Chambre des *sept Jurés*, elle connoît des prétentions pécuniaires & autres contestations judiciaires. Ce sont les habitans de la paroisse respective qui nomment les *sept Jurés*; quatre des Assesseurs sont Membres du *Landrath*. Quand une prétention est au-delà de six florins, on peut l'évoquer au Tribunal des *quinze Jurés*. Les deux paroisses de *Sarnen* & de *Kerns* composent ce Tribunal, chacune de deux Conseillers du *Landrath* & d'un Assesseur de la Communauté. Les quatre autres paroisses, moins nombreuses, y nomment aussi chacune un de leurs *Landrath* ou Conseillers & un Assesseur de la Communauté. Le *Landamme-Régent* qui complète le nombre des *quinze*, préside à cette Chambre. Elle prononce aussi sur les créances, les héritages & les propriétés. Les Juges de ce Tribunal & ceux de la Chambre des *Sept* sont changés tous les ans.

Le *Landrath* permanent juge au Criminel, mais auparavant chacun des Conseillers s'associe deux Patriotes éclairés. Le *Landamme-Régent* y préside aussi : les jugemens sont rendus à *Sarnen* à huis-clos.

GOUVERNEMENT D'UNDERWALDEN-LE-BAS.

CETTE autre partie du Canton d'Underwalden a pour frontières à l'orient le Canton d'Uri, à l'occident le haut-Underwalden, au midi le val de *Hafel* qui appartient aux Bernois & la Seigneurie souveraine de l'Abbaye d'*Engelberg*, & au nord le lac des *quatre Cantons forestiers*. Ce district contient cinq lieues en largeur depuis la pointe de terre dite *Burger-nafs* jusqu'au revêtement de rochers dit *Joch* qui sépare le pays, du *val-Hafel*, & six lieues en longueur depuis le territoire de Lucerne jusqu'à celui d'Uri.

La partition d'Underwalden-le-bas est double; elle offre d'abord onze quartiers ou *urthinen* en Allemand, 1. *Stanz*, 2. *Buochs*, 3. *Wolffenschieffen*, 4. *Beggenried* ou *Bekenried*, 5. *Burgen*, 6. *Ennenmoos*, 7. *Hergifweil*, 8. *Stanz-staad*, 9. *Dallenweil*, 10. *Oberdorff*, & 11. *Beuren*. La seconde partition du pays renferme les six paroisses suivantes, *Stanz*, *Buochs*, *Beggenried*, *Emmaten* ou *Emmeten*, *Wolffenschieffen* & *Hergifweil*.

Le gouvernement de ce pays est entièrement *Démocratique*. La puissance suprême réside dans les *Lands-gemeind* ou assemblée générale du peuple; elle se tient annuellement le dernier dimanche d'Avril, à *Wyl* sur la petite rivière *Aa* à un quart de lieue du bourg de *Stanz*, en plein champ, dans une grande prairie dont le contour est ceint de hautes murailles, & le dedans orné de tilleuls & autres arbres; elle s'y tient également en plein air dans les cas extraordinaires; à ces *Lands-gemeind* assistent tous les Patriotes qui ont atteint l'âge de quatorze ans: il est d'usage d'annoncer d'avance dans les églises la tenue des *Lands-gemeind*. Voici quel est l'ordre de la marche que le Magistrat tient en y allant, depuis la maison du *Landamme-Regent*. Elle est ouverte par les tambours & les fiffres & le personnage qu'on nomme en Allemand *Helmi-Trager*, ou le *Porte-Casque* ou *Porte-Heaume*, qui sonne avec une grande corne, garnie d'argent, dont le bruit, semblable au mugissement d'une vache, se fait entendre de fort loin. Le corneur extraordinaire, les tambours & les fiffres portent tous la livrée du Canton. Ils sont suivis du *Landweibel* ou *grand-Sautier* qui porte une longue épée de bataille sur les épaules. Ensuite vient le *Landamme-Régent*, accompagné des anciens Chefs du Canton, des Officiers principaux de l'Etat, & des Membres du *Landrath* & des Servants du Magistrat. La *Lands-gemeind* commence avec le chant de l'hymne VENI CREATOR, tous les assistans sont alors à genoux pour invoquer l'assistance divine. Après cet acte préliminaire de dévotion, on passe aux élections, aux affaires majeures de l'Etat, & à celles que le *Landrath* a renvoyé à la décision de la *Lands-gemeind*. Elle la donne tantôt unanimement & tantôt à la pluralité des voix; souvent aussi lorsque le temps ne suffit pas, elle la remet à une autre *Lands-gemeind* désignée, ou au jugement du *Landrath permanent* ou du *double* ou *triple Conseil*. Aussi long-temps que les *Lands-gemeind* durent, le *Landamme-Régent* se tient au milieu de l'assemblée, ayant le sabre du pays à la main. Il est d'usage que le *Landamme* nouvellement élu à la *Lands-gemeind* ordinaire soit conduit à son logis par les autres Chefs du Canton, les Officiers en charge, par la plus grande partie des Conseillers & par les Servants des Tribunaux; mais auparavant le cortège assiste dans l'église voisine au TE-DEUM qu'on y chante en actions de graces.

Pour les élections & les avis sur les autres affaires proposées, chaque Patriote donne son suffrage en levant la main. Père, frère, fils ou autres parens du Candidat qui est dans l'élection, peuvent voter librement dans cette occasion. Le *Landweibel* ou *grand-Sautier* est placé avec les Huissiers ou *Sautiers* de *Buochs* & de *Wolffenschieffen* sur une élévation, de laquelle il a vue sur toute l'assemblée; ils sont chargés d'évaluer les voix & d'en décider la pluralité; mais quand ils en doutent, après que les Patriotes ont levé trois fois la main sur la proclamation faite par le *Landamme*, alors dans ce moment d'incertitude les Patriotes sortent de la place par deux ou plusieurs autres issues, & quelques Officiers en charge comptent les voix, les uns après les autres.

Après la *Lands-gemeind* qui constitue proprement le Souverain, le Tribunal le plus respectable est le *Landrath* ou Conseil du pays. Il juge sans appel ultérieur des affaires civiles journalières, & aussi quelquefois de celles qu'la *Lands-gemeind* renvoye à sa décision. Ce *Landrath* est composé de cinquante-huit Membres, chacun des quartiers; *Stanz*, *Buochs*, *Burgen*, *Beggenried*, *Wolffenschieffen*, *Hergifweil* & *Ennenmoos* en nomment six, les quartiers de *Dallenweil*, de *Beuren*, *Oberdorff* & *Stanz-staad* ne donnent chacun que quatre de ces Conseillers. Ils sont élus par les Patriotes de chacun des quartiers, en levant la main, le premier dimanche ou la première fête après la mort du Conseiller respectif. Mais lorsqu'un des Conseillers est élevé à une dignité principale du Canton, son quartier ne le remplace pas, il conserve les deux charges, & ce Conseiller a le rang sur les autres de son quartier. S'il arrive qu'un père, un frère, ou un fils remplit une charge principale du pays, ou celle de Conseiller de l'un des quartiers, ni le père, ni le frère, ni le fils ne peuvent devenir ensemble Conseillers dans un quartier, mais l'un d'eux peut être élu par la *Lands-gemeind* Chef & Officier du Canton, quand même son frère, son père ou son fils seroient déja Conseillers de l'un des quartiers. Au nombre des cinquante-huit Membres du *Landrath* sont joints le *Landamme-Régent*, les *anciens Landammes*, le Capitaine-général du pays, le *Banneret*, le Trésorier, les anciens Baillifs, les Commissaires, l'Enseigne du Canton, les *Obervoegt*, & les Directeurs de l'arsenal & de l'artillerie; le nombre de ces Chefs & Officiers varie suivant les circonstances.

Le Conseil ordinaire ou hebdomadaire est un extrait du grand *Landrath*, il s'assemble à *Stanz* tous les lundis & mercredis, au lieu que le *Landrath* ne se tient ordinairement que quatre fois l'an lors des quatre-temps. Quand il survient des affaires imprévues, le *Landamme-Régent* le convoque en faisant publier d'avance dans les églises le jour de sa tenue, si le temps paroit favorable, & en invitant les Conseillers par des Exprès, lorsque la circonstance est urgente. Cette convocation est enjointe sous le serment, & en cas d'absence peu motivée, sous peine d'une amende.

Au Conseil hebdomadaire assistent tous ceux des Conseillers du *Landrath* qui sont du quartier de *Stanz*, de plus celui de chacun des *onze quartiers*, qui dans cette année est nommé l'*onzième*, en Allemand *Eilffer* ou *Einlefer* & qui est en même-temps Assesseur du *Tribunal juré*. Tous les autres Membres du *Landrath* peuvent se trouver à ce Conseil hebdomadaire, mais ils n'y sont pas tenus à toute rigueur.

Le *Landamme-Régent* a la préséance dans le *Landrath* aussi-bien que dans le Conseil hebdomadaire; sa voix est prépondérante lorsqu'il y a parité d'opinions. Dans le cas d'affaires majeures, on convoque un *double* ou *triple Landrath*; alors chaque quartier adjoint au *Landrath* ordinaire un ou deux Assesseurs qu'il élit, & ce choix tombe ordinairement sur les Patriotes les plus âgés & les plus sensés.

Deux Secrétaires du pays protocolent au *Landrath* & au Conseil hebdomadaire; le *Land-weibel* ou *grand-Sautier* du Canton assiste comme Officier servant aux deux Conseils.

Les Chefs du Canton sont proprement le *Landamme-Régent*, les *anciens Landammes*, le *Statthalter*, le Trésorier, le Capitaine-général des deux districts du haut (1) & bas-*Underwalden*, le Capitaine-particulier du district (2) *d'au-dessous du bois*, le *Banneret* particulier de ce même district, l'Enseigne du pays, l'Administrateur des orphelins, le Directeur des bâtimens & de l'arsenal, les anciens Trésoriers, les Commissaires & les Baillifs.

Tous les ans le *Landamme* est changé & on en élit un nouveau; les autres charges sont continuées jusqu'à ce que les personnes qui les possèdent, les résignent ou qu'elles soient élevées à de plus grandes. Néanmoins le *Lands-Statthalter*, le Trésorier, le Directeur des bâtimens & l'Administrateur des orphelins sont obligés de résigner tous les ans leurs charges à la *Lands-gemeind*; mais on les y confirme ordinairement. Les charges militaires, celles de Capitaine-général, de Banneret & d'Enseigne du pays, ne sont pas incompatibles avec les autres charges de l'Etat: par exemple, si un de ces Militaires est proclamé *Landamme*, *Lands-Statthalter* ou *vice-Landamme*, &c. il peut en même-temps revêtu de l'une des charges du département de la guerre. L'assemblée générale du peuple élit aussi deux Secrétaires & un *grand-Sautier* du pays; ils sont continués, si on en est content, jusqu'à un plus grand avancement.

Le *Landamme* étoit nommé primitivement *Richter* ou *Landrichter*, c'est-à-dire *Juge du pays* ou *Ambtmann* & par corruption *Ammann*. Ces deux derniers titres désignent celui qui est à la tête de l'administration publique: on l'appelloit en latin *Minister*. Dans la liste des *Ambtmann* ou *Ammann*, & depuis *Landammann* d'Underwalden au-dessous du bois, je trouve plusieurs gentilshommes du pays; en 1315 Walthardt ou Vautier de *Wolffenschiessen*, en 1320 Jean du même nom, en 1325 Jean de Waltersperg, en 1335 Hartmann le *Mayeur de Stans*, en Allemand *der Meyer von Stans*, en 1416 Arnou de *Winkelried*, &c. Je trouve de même plusieurs nobles revêtus des mêmes titres dans la partie d'Underwalden-le-haut; en 1350 Garnier de *Ruti*, en 1361 George de *Hunweil*, en 1376 Vautier de *Hunweil*, en 1383 Garnier de *Ruti*, &c. J'observe aussi que dans le district d'Underwalden-le-bas, quelques *Landammes* ont été continués plusieurs années dans leurs charges, & que dans la suite ils les exercèrent pendant deux ans; cet usage a duré jusqu'en 1673, que par un décret de la *Lands-gemeind*, la charge de *Landamme* ne fut plus confirmée pour une seconde année. Le peuple déclara parjure quiconque contreviendroit à ce règlement, & en outre il ordonna une amende de mille florins contre l'infracteur; mais un ancien *Landamme* après avoir quitté sa charge pendant l'espace d'un an, peut le devenir de nouveau, & encore plusieurs fois, sous la condition cependant de garder toujours à la fin de l'année de la régence une année de vétérance. La *Lands-gemeind* avoit aussi permis en 1700, par un décret à tout Patriote de pouvoir proposer à la *Lands-gemeind* tout ce qui lui plairoit, & l'observation de ce décret n'a été depuis interrompue que pendant les seules années 1710, 1711, 1727 & 1728.

Il y a encore deux sortes de Tribunaux établis pour juger des procès qui concernent l'honneur, les biens, les créances, &c. Chacune de ces Chambres s'assemble ordinairement une fois tous les mois, & extraordinairement aussi souvent que les affaires sont pressantes. En premier lieu il y a les Tribunaux des *Sept*, qu'on nomme *Sibner-Gericht* ou *Land-Gericht*, chacun composé de sept Assesseurs qui ne sont pas du Conseil du pays; le plus considérable de ces Tribunaux s'assemble à *Stanz*, un autre à *Buochs*, & un troisième à *Wolffenschiessen*. Le premier est extrait des quartiers ou *Urthinen*, de *Stanz*, *Oberdorf*, *Dallenweil*, *Beuren*, *Ennenmoos*, *Hergisweil* & de *Stanzstaad*, & les deux autres Tribunaux sont tirés des quartiers de *Buochs* & de *Wolffenschiessen*. Dans toutes ces trois partitions, les sept Juges ou Jurés sont changés tous les ans par les *quartiers* respectifs. Le *Landweibel* ou *grand-Sautier* du pays préside à tous ces Tribunaux & y prend les avis, mais il n'a point de suffrage à y donner. On peut porter devant ces Chambres des *Sept* des procès plus ou moins considérables; mais lorsque l'objet monte au-delà de dix florins, on peut appeller à une seconde Chambre, dite en Allemand, *Geschwohrne-gerichte*, le *Tribunal juré*, qui est présidé par le *Landamme-Régente*, & composé de onze Juges, dont un de chaque *quartier*, est élu par son *quartier* respectif, & changé tous les ans. Cet autre Tribunal juge de toutes les contestations qui regardent l'honneur & les biens; ses Sentences sont sans appel ultérieur, pourvu que dans le cours de l'année on ne demande pas une révision judiciaire fondée sur de nouvelles allégations.

C'est le *Landrath* qui juge au Criminel, à *Stanz*, dans la grande Chambre du Conseil, à *huis-clos*. Tout Patriote qui a plus de trente ans, peut néanmoins y assister & y donner sa voix.

La partie d'*Underwalden-le-bas*, possède avec les Cantons d'Uri & de Schweitz, à l'exclusion d'*Underwalden-d'en-haut*, les bailliages Ultramontains de Bellinzone, de Bollenz & de Riviera.

On conserve à la Chancellerie de *Stanz*, par ordre de l'Etat, un livre dans lequel sont peintes les armoiries de toutes les familles habiles au Gouvernement, & où l'on inscrit les noms de tous les enfants nouvellement nés, afin qu'on puisse plus exactement apprécier le nombre des Patriotes, pour l'évaluation des taxes qu'on impose en faveur des nécessiteux, & aussi afin qu'on examine les degrés d'affinité dans les cas d'élection.

---

(1) *Ob und nit dem Kernwald.* (2) *Nit dem Wald.*

V. Gouvernement Démocratique du Canton de Zoug.

La ville de *Zoug* & les offices extérieurs qui constituent proprement le Canton de ce nom, sont désignés sous le titre *Ampt ze Zuge*, jurisdiction ou bailliage de *Zoug*, dans l'*Urbaire* ou terrier de tous les domaines qu'Albert I, Roi des Romains, possédoit en Alsace, dans la Forêt noire, dans le Frickthal, en Argau, dans le pays de Zurich, en Turgovie, à Glaris, &c. Ce terrier (1) fut dressé (2) en 1303 par Maître Burcard de *Frikke*, Secrétaire de ce Prince. On trouve à l'article (3) de *Zug*, que le bailliage Autrichien de ce nom étoit régi par un Officier qui portoit le titre d'*Amptmann*, & qu'il comprenoit la ville de *Zug*, les villages, hameaux & districts d'*Oberwile* (4), de *Hinderburg* (5), de *in-der* (6) *Ow*, *Businkon* (7), d'*Agrey* (8), aujourd'hui *Aegeri*, *Barre* à aujourd'hui de *Bar* (9), d'*Urzlinckon* (10), *Hinderbul* (11), *Nuheim* (12), *Untersée*, (13), *Brettingen* (14), *Wintzwile* (15), *Oellegge* (16), *Mentzingen* (17), *Bumbach* (18), *Bremen* (19), *Tennickon* (20), *Knonowe* (21), *Walchwile* (22), *Emmeton* (23), *Endlibach* (24), *Lucherungen* (25), *Wulfligen* (26), *Ingwile* (27), *Imgeberg* (28), *In-dem-Gerute* (29), *ze Firnnr* (30), *Steinhufen* (31) & *Bliggenstorff* (32). On voit par ce détail qu'en 1303 le bailliage Autrichien de *Zoug* comprenoit *Urzlinken* & *Knonau* qui sont aujourd'hui du Canton de Zurich, *Walchwilen* & *Steinhufen* que la ville de *Zoug* acheta en 1379, 1438 & 1451. Les villages de *Cam* ou *Cham* ou *Kam*, *Hunenberg*, *Ryfch*, &c. qui dépendent aujourd'hui de la ville de Zoug, ne faisoient pas partie du bailliage Autrichien de ce nom en 1303. La ville de Zoug avoit d'ailleurs son Conseil particulier à la tête duquel étoit un *Avoyer*, en Allemand *Schultheifs*, comme on le voit par l'acte de bourgeoisie qu'elle accorda en 1334 à l'Abbé de *Cappel*. Elle jouissoit sous la domination Autrichienne des mêmes droits que les villes municipales de l'Argeu, telles qu'*Arau*, *Lenzbourg*, *Bremgarten*, &c. L'ombre de ce Conseil primitif s'est conservée dans le Tribunal de la ville de Zoug qui porte le titre de *grand Conseil*, à la tête duquel est un *Avoyer* (33); ce Conseil ne jouit plus que du droit de connoître dans la ville de Zoug, sa banlieue & dans les bailliages qui en ressortent, des transgressions contre le sixième précepte du *Decalogue* & des profanations des dimanches & fêtes. L'époque de l'admission de la ville de Zoug avec les trois Communautés d'*Aegeri*, de *Menzingen* & de *Bar* dans la Ligue (34) perpétuelle des Cantons le mercredi après la fête de *Saint-Jean-Baptiste* 1352, a été celle de la décadence du Conseil municipal de la ville. Le traité de cette association place *le Conseil & les bourgeois en général* de la ville de Zoug & tous ceux qui appartiennent au bailliage de Zug, *Zudemselben Ampt-Zug*, immédiatement après les villes de Zurich & de Lucerne & avant les pays d'Uri,

---

(1) L'original de ce terrier est conservé dans les archives de la ville de Strasbourg. M. *Schoepflin* en a tiré beaucoup d'extraits pour l'histoire d'Alsace. Dom *Herrgott* en a aussi inséré de longs articles parmi les preuves de la généalogie de l'auguste Maison de *Hassbourg-Autriche*; on garde aussi une copie de cet *Urbaire* dans les archives de la République de Lucerne. Le célèbre Historien, *Gilles de Tschoudi*, a enchassé la copie de ce terrier dans ses *Mélanges historiques de la Suisse*; M. le Prince-Abbé de *St. Gall*, a acquis pour sa bibliothèque les manuscrits de ce grand-homme; il y en a une copie à la bibliothèque de l'Abbaye d'*Engelberg*, elle a été communiquée à M. le Baron de *Zur-Lauben* qui l'a fait transcrire.

(2) Article de la jurisdiction d'*Einsisheim*, pag. 19, dans l'exemplaire de M. le Baron de *Zur-Lauben*, T. IV. *Monumenta Helvetico-Tugiensia*, in-fol.

(3) *Monumenta Helvetico-Tugiensia*, pag. 192-193.

(4) Aujourd'hui *Oberwyl*, à une demi-lieue de Zoug, dans la paroisse & sur le lac de cette ville.

(5) Aujourd'hui *Hinterburg*, ferme dans la paroisse de *Nuheim*, & en la Communauté de Menzingen; on y voit encore les fondemens d'un ancien château.

(6) Peut-être *An-der-Auw*, ferme sur la rivière de *Sil*, dans la Communauté de Menzingen; ou *Au*, ferme sur la *Loretz*, au-dessus du moulin *Schockenmoslli*, dans la paroisse & Communauté de Menzingen.

(7) Aujourd'hui *Buesshen*, quelques maisons au-dessus de Walterschweil, dans la Communauté & paroisse de Bar.

(8) On *Aegere* ou *Egere*, en latin *Aqua Regia*, *ad Aquas Regias*, l'une des trois Communautés co-souveraines du Canton de Zoug avec la ville de ce nom, il y a le *haut* & le *bas Aegeri*, deux villages & paroisses sur le lac du même nom.

(9) Bourg & l'une des trois Communautés extérieures du Canton de Zoug.

(10) *Urzlikon* ou *Urzliken*, village entre Cappel & Rossau, dans la paroisse de Cappel, bailliage du *Frey-amt* ou de *Knonau*, dans le Canton de Zurich. On y voit les ruines du château des nobles d'*Urzliken*. Avant le changement de religion ce village dépendoit de la paroisse de Bar avec *Eberschwell* & *Haubliken*.

(11) *Hinderbuel*, ferme dans la paroisse de Nuheim, en la Communauté de Menzingen; ce nom signifie la *colline de derrière*, parce que la ferme est située derrière la montagne de *Barbourg*.

(12) Aujourd'hui *Nuheim*, village & paroisse dans la Communauté de Menzingen.

(13) Aujourd'hui *Finsterfée*, (le lac obscur), hameau avec un petit lac dans la paroisse & Communauté de *Menzingen*, sur la frontière du Canton de Zurich.

(14) Aujourd'hui *Broettigen*, hameau près de la chapelle in-*Stalden*, dans la paroisse & Communauté de Menzingen.

(15) C'est *Wintzweil*, ferme dans la paroisse & Communauté de Menzingen.

(16) Aujourd'hui *Foelegg*, ferme dans la paroisse de Nuheim, en la Communauté de Menzingen.

(17) Village, aujourd'hui chef-lieu d'une des trois Communautés extérieures du Canton de Zoug; avant son érection en paroisse l'an 1477, il dépendoit de la paroisse de Bar. On appelloit aussi anciennement cette Communauté *die gemeind am Berg*, la *Communauté de la Montagne*, parce qu'elle est située sur la montagne de Zoug.

(18) Aujourd'hui *Bumboach* ou *Bombach*, ferme dans la paroisse & Communauté de Menzingen.

(19) Aujourd'hui *Broemenhaus*, ferme près du mont *Gubel*, dans la paroisse & Communauté de Menzingen.

(20) Aujourd'hui *Delniken* ou *Teinicken*, village sur la *Lorez* dans la Communauté de Bar.

(21) C'est *Knonau*, village, paroisse & château dans le Canton de Zurich sur la frontière de celui de Zoug, entre Cappel & Maschwanden.

(22) *Walchweilen*, village, paroisse & bailliage sur le lac de Zoug.

(23) Peut-être *Emmers*, district dépendant de Blickenstorff, dans la paroisse & Communauté de Bar ; peut-être aussi *Emmeten*, j'en ignore la véritable position.

(24) Aujourd'hui *Edlibach*, district avec un moulin, dans la paroisse & Communauté de Menzingen.

(25) Aujourd'hui *Lushettigen*, hameau dans la paroisse & Communauté de Menzingen, dans le voisinage du château ruiné de Wildenbourg, sur la rivière de *Lorez*.

(26) *Wulslingen*, ferme dans la Communauté & paroisse de Menzingen.

(27) Aujourd'hui *Iweil*, hameau dans la paroisse & Communauté de Bar.

(28) C'est *Inkenberg* ou *Hinkenberg*, ferme dans la paroisse & Communauté de Bar.

(29) Aujourd'hui *im Grut*, district parsemé de maisons, sur la montagne de Zoug, dans la Communauté de Bar, mais dont les habitans font de la paroisse de Zoug.

(30) *Ze Firnn*, aujourd'hui *auf furren*, ferme dans la paroisse du Bas-Egeri.

(31) Aujourd'hui *Steinhausen*, paroisse, village & bailliage sous la jurisdiction de la ville de Zoug. La partie au-dessus de l'église paroissiale dépend pour la haute jurisdiction, du bailliage de *Knonau*, autrement *Frey-amt*, qui appartient à la ville de Zurich.

(32) Aujourd'hui *Blickenstorf*, village dans la paroisse & Communauté de Bar : c'est le lieu natal du Héros Jean *Waldmann*, Bourgmestre de la ville de Zurich, qui fut la victime de la basse jalousie de ses ennemis, après avoir rendu les services les plus importants à la République.

(33) En Allemand *Schultheifs*.

(34) *Tschudii* Chr. Helvet. T. I. pag. 412-414.

de Schweitz & d'Underwalden. Cette distinction étoit alors attachée au titre de *ville*, qualité qui ne se trouvoit pas dans l'étendue des trois pays fondateurs de la Ligue Helvétique.

L'Officier qualifié *Amptmann* avoit été établi par la Maison de *Habspourg* pour exercer dans le bailliage de Zoug tous les droits seigneuriaux qu'elle y avoit acquis de la succession des Comtes de *Kibourg*. Ce titre d'*Amptman*, changé depuis en celui d'*Ammann*, est encore aujourd'hui le caractère distinctif de la première charge du Canton de Zoug. Les Chefs des autres Cantons populaires sont nommés *Land-Ammann*, les *Présidens du pays*; mais dans le Canton de Zoug, le Chef est nommé *Ammann* en considération de la ville, quoiqu'elle partage le pouvoir souverain avec les trois Communautés extérieures. Passons au détail du gouvernement *Démocratique* du Canton.

L'autorité (35) suprême réside dans la ville de Zoug & dans les trois Communautés d'*Aegeri*, de *Menzingen* & de *Bar* qui forment les *Offices extérieurs*, en Allemand *das aussere Amt*; elle est réunie en général dans le Corps de la bourgeoisie de Zoug & dans les Patriotes de ces trois Communautés. Les *Lands-gemeind* ou assemblées générales du peuple sont convoquées de deux manières. La *Lands-gemeind* annuelle est tenue en plein air dans une place (36) de la ville, près du lac, le premier dimanche de Mai: anciennement elle se tenoit le vingt-quatre Juin jour de *Saint-Jean-Baptiste*. Elle commence immédiatement après la douzième heure; les Chefs du Canton, les Conseillers & les premiers Officiers s'y rendent de l'hôtel-de-ville, précédés par les tambours & les fiffres ayant la livrée du Canton, & par les *Sautiers* ou Huissiers de la ville & des Communautés, portant à la main les bâtons ou sceptres de leurs emplois: ces *Sautiers* ont aussi la livrée de la République. L'*Ammann* ou premier Chef du gouvernement préside à la *Lands-gemeind*; il y reste debout jusqu'à ce qu'elle finisse, au milieu du peuple, dans un cercle autour duquel sont assis les Conseillers. Il a durant toute la *Lands-gemeind* le glaive de la justice à la main. Il prête le serment de fidélité au peuple, & tous les assistans le lui rendent de même. C'est dans la *Lands-gemeind* que sont élus ou confirmés l'*Ammann* & le Secrétaire du Canton, on y élit & confirme aussi le Capitaine-général, le Banneret & l'Enseigne du pays: lorsque ces deux dernières charges sont vacantes, elles ne peuvent être conférées qu'à des Citoyens de la ville; mais celles de Capitaine-général & de Secrétaire peuvent être données à des Citoyens de la ville & à des Patriotes des trois Communautés selon le bon plaisir du peuple. On élit encore à la *Lands-gemeind* à la pluralité des voix les Baillifs des bailliages Allemands & Ultramontains que le Canton possède par indivis avec plusieurs autres Cantons. Mais dans ces élections, lorsque le tour de la nomination vient pour la Bourgeoisie, la ville n'en use qu'une fois, au lieu que les trois Communautés en jouissent alternativement une seconde & troisième fois avant que le tour revienne la quatrième fois à la ville. Il est bon d'observer qu'à la *Lands-gemeind* de Zoug il n'assiste aucun Prêtre ni aucun moine comme dans les *Lands-gemeind* de quelques autres Cantons populaires. Lorsqu'on donne les voix & qu'on décide de leur pluralité, personne des assistans, pourvu qu'il ait seize ans accomplis, ne sort de la place, ni père, ni fils,

à quelque degré de parenté que l'on soit avec les Candidats. Tout Bourgeois, tout Patriote peut donner librement son suffrage en levant la main, toutes les fois que l'*Ammann* publie à haute voix les noms des Prétendans. Dans ce moment, le grand *Sautier* de la ville, ainsi que le petit, & les trois Huissiers des Communautés, montés sur des élévations préparées, ont inspection sur le nombre des suffrages, & lorsqu'ils ne doutent pas de la majorité, ils décident en faveur de qui est la pluralité; mais lorsqu'ils en doutent, après avoir trois fois supputé en général le nombre des voix, les bourgeois & les Patriotes sortent de la place par deux & trois issues, ou même plus, & alors des Préposés comptent à chacune de ces issues le nombre des Votans. Après que la *Lands-gemeind* est finie, l'*Ammann* élu ou confirmé, est conduit par le Conseil & les autres principaux Officiers du Canton à l'hôtel-de-ville; les tambours & les fiffres ouvrent la marche. Dans les *Lands-gemeinds* des autres Cantons populaires, indépendamment des élections des charges, le peuple y traite des affaires majeures du gouvernement, des traités d'alliance, des capitulations de troupes, de la guerre, de la paix, des députations, des règlemens du Canton, des impositions générales, &c. Aucun de ces objets n'est du ressort de la *Lands-gemeind* annuelle de Zoug. Cette distinction vient de la prérogative attachée à la Bourgeoisie de la ville; je vais la développer. Quand il s'agit de l'un de ces objets majeurs, après qu'ils ont été examinés par le Conseil général du Canton, on assemble séparément le même jour avant midi, & lorsque cela se peut à la même heure, la Bourgeoisie de la ville & les Patriotes des trois Communautés, sur leurs quatre diverses *Maisons de Conseil*, c'est-à-dire les Bourgeois dans Zoug, les Patriotes d'*Aegeri* au village du *haut-Aegeri*, ceux de *Menzingen* au village de ce nom, & ceux de *Bar* dans le bourg de *Bar*. Le peuple de chacune de ces partitions vote sur les différens objets proposés, & après midi on porte à l'hôtel-de-ville à Zoug la décision majeure & séparée des voix de chacune des divisions du gouvernement général, & alors après les avoir comparées ensemble, on décide de la majorité pour ou contre l'objet proposé. Dans ces assemblées distinctement votantes la ville fait une part & les trois Communautés deux. Lorsque la ville & l'une des Communautés tombent du même avis, leur unanimité est décisive; mais lorsque deux Communautés sont d'une même opinion, & que la ville & la troisième Communauté sont chacune d'un avis inégal, l'opinion uniforme des deux Communautés détermine aussi la majorité.

Toutes les autres affaires courantes, les procès dans la ville & dans les trois Communautés, particulièrement les appellations faites par les sujets des bailliages communs Allemands & Ultramontains, &c. sont portées devant le Conseil général de la ville & des trois Communautés, on l'appelle *Stactt-und-Amt-Raht*, c'est-à-dire le Conseil de la ville & des Offices extérieurs; il se tient à Zoug sur l'hôtel-de-ville, mais il n'y a pas de jour constamment réglé dans la semaine pour sa convocation. Suivant la nature & la nécessité des affaires, l'*Ammann* ou Président du Canton convoque le Conseil général, en en faisant avertir d'avance les Membres par un ordre publié dans les paroisses respectives, ou en l'envoyant par des Exprès à chacune des *Maisons de Conseil*, tant à Zoug que

---

(35) Leu, Dict. Hist. de la Suisse, T. XX. pag. 486 & suiv.
Faesi, Descript. Topog. de la Suisse, T. II. pag. 365 & suiv. &c.
(36) Elle est gardée pendant la tenue de la *Landsgemeind*, par des *Trabans* ou Hallebardiers, portant le casque & armés de pied-en-cap, à la manière des *anciens Suisses*.

dans les Communautés. La convocation du Conseil général est souvent intimée sous l'obligation du serment & quelquefois sous peine d'une amende. Ce Conseil est composé de quarante Membres, dont treize sont de la ville & neuf autres de chacune des trois Communautés d'*Aegeri*, de *Menzingen* & de *Bar*. Chacune de ces quatre parties nomme à la pluralité des voix ses Membres pour le Conseil général sans la participation des trois autres parties, aussi-tôt après la mort & l'enterrement de l'un des Conseillers, ou sur sa démission volontaire ou forcée. Mais dans aucune des quatre parties qui constituent le gouvernement, on n'admet pas dans le Conseil général deux personnes de la même famille quelque nombreuse qu'elle soit. Il faut encore observer que les *Ammann* ou Chefs du Canton, quand même avant leur élection ils ne seroient pas Membres du Conseil général, peuvent y proposer les affaires, & même décider par leur voix de la majorité, dans le cas de la parité des suffrages, mais que cette prérogative ne leur donne pas cependant le rang de Conseillers. Après être sortis de leurs charges de premiers Présidens ils n'ont plus aucune séance au Conseil général, à moins qu'alors celui des départemens particuliers du Canton où ils sont enclassés ne les nomme Membres du Conseil général. MM. *Leu* & *Faess* observent aussi que jamais dans le Canton de Zoug il n'a été en usage comme dans d'autres Cantons, d'y avoir un Conseil général double ou triple ; mais les Conseils privés tant de la ville que de chacune des trois Communautés, peuvent s'assembler séparément pour les affaires particulières, économiques & de moindre importance.

Huit jours après la tenue de la *Landsgemeind* annuelle, le Conseil général élit le *Vice-Amman* ou *Statthalter*. Le choix tombe toujours sur l'un des Conseillers de la ville, c'est une suite des prérogatives attachées à la ville de Zoug.

L'élection de l'*Ammann* ou du premier Président du Canton alterne, entre la ville & chacune des trois Communautés, c'est-à-dire, qu'un Citoyen de Zoug peut exercer cette charge pendant trois ans, au lieu que le Patriote de celle des trois Communautés qui a son tour pour l'élection, ne peut la remplir que durant deux ans. L'Ammann élu dans l'une des trois Communautés, est obligé (37) de résider dans la ville, pendant tout le temps de sa Régence, & s'il meurt durant l'exercice de sa charge, on assemble dans Zoug une *Landsgemeind* extraordinaire, & elle lui substitue à la majorité des voix, pour le reste du temps annexé à la gestion de la charge, un autre particulier de la même partie du Gouvernement dont avoit été le prédécesseur. Autre prérogative de la ville ; ce n'est pas l'Ammann, mais le *Statthalter* ou *Vice-Ammann*, qui a sous sa garde le grand sceau du Canton. J'ai déjà dit que le *Statthalter* étoit toujours l'un des Conseillers de la ville. Quoiqu'*Aegeri* soit proprement la première des trois Communautés extérieures, celle de *Menzingen* la précède dans le tour pour la nomination de l'Ammann ; elle suit la ville immédiatement pour le rang dans cette élection, & après elle vient le tour d'*Aegeri* (38) & de *Bar*.

A l'égard des procédures criminelles, le Conseil général seul en connoît, non-seulement dans l'étendue de la ville, de sa banlieue & des trois Communautés, mais encore dans les bailliages dont la basse jurisdiction & le militaire appartiennent privativement à la Bourgeoisie de la ville. Dans les cas criminels on forme un Tribunal extrait du Conseil général. Il est composé de l'*Ammann* Régent, & de dix-huit Juges, dont six du Conseil de la ville & quatre de chacune des trois Communautés. Aussi-tôt après que la Sentence est prononcée à Zoug sur l'Hôtel-de-Ville & qu'elle est publiée à *huis-ouverts*, elle est exécutée.

Autrefois le Conseil général avoit son *Trésorier* commun, mais aujourd'hui la Ville a son *Trésorier* particulier, & chacune des trois Communautés a aussi le sien. Il en est de même des *Sautiers* ou Huissiers. Toute la distinction qu'il y a entr'eux, c'est que le grand & le petit *Sautier* de la ville portent seuls des *bâtons de commandement*, & assistent comme Officiers servans au Conseil général ; au lieu que les *Sautiers* ou Huissiers des Communautés sont obligés de se tenir hors de la salle du Conseil général pendant qu'il dure.

Le Tribunal particulier qui connoît des dettes, de la ratification des testamens, &c. s'assemble dans la ville ; il est composé de deux Assesseurs de la ville, d'un d'*Aegeri*, & d'un quatrième de *Bar* ; ils sont changés tous les deux ans. A ce Tribunal préside le grand *Sautier* de la ville, & en son absence le petit *Sautier*, aussi de la ville, au nom de l'*Ammann-Régent*, & en cas de parité dans les opinions, la voix de cet Officier président, décide de la majorité. Le Secrétaire du Canton protocolle a ce Tribunal.

La Chancellerie du Canton n'a à sa tête qu'un Secrétaire, on le nomme en Allemand *Landschreiber*. La *Landsgemeind* générale a la libre option de le choisir entre les Bourgeois ou les Patriotes ; il est obligé de demeurer dans la ville. Anciennement avant les troubles civils qui éclatèrent en 1604, le Secrétaire du Canton étoit toujours tiré du Corps de la Bourgeoisie ; cet usage duroit depuis plus de deux siècles : mais comme cette même année les trois Communautés refusèrent d'extraire le Secrétaire du Corps de la Bourgeoisie, & qu'en représailles les Bourgeois ne voulurent plus permettre à l'*Ammahn*, natif de l'une des trois Communautés, de présider au Conseil-Privé de la ville, les autres Cantons Catholiques décidèrent en 1610, comme médiateurs, qu'il seroit libre dorénavant à la ville de laisser siéger ou non l'*Ammann* régent dans son Conseil-Privé. Déjà, en 1605, les trois Communautés avoient élu un de leurs compatriotes, Secrétaire du Canton ; cet usage fortifié par la prépondérance des voix a continué jusqu'à nos jours. Au reste, la ville & chacune des trois Communautés ont leurs Secrétaires privés pour l'expédition de leurs affaires particulières, & celui de la ville se nomme *Chancelier*, en Allemand *Statt-Schreiber*.

Aux Diètes annuelles des Cantons à *Frauenfeld*, pour les bailliages Allemands, la ville de Zoug nomme une année un Député, & la Communauté d'*Aegeri* un autre : mais l'année suivante les deux Députés sont nommés, l'un de la Communauté de *Menzingen*, & l'autre de celle de *Bar*. A l'égard du Syndicat

---

(37) Anciennement il étoit d'usage qu'à la mort de l'*Ammann* régent, le *Statthalter*, remplissoit sa charge pour tout le reste du temps attaché à son exercice. Autrefois aussi un ancien *Ammann* n'auroit jamais prétendu à la charge de *Statthalter* qui est proprement le *Vice-Ammann*, & parconséquent une place d'une distinction inférieure à celle de premier Président ; mais depuis quelques années, des circonstances sans doute urgentes ont changé cet usage.

(38) Léopold, Duc d'Autriche, étant à Baden le jeudi avant le jour de *Saint-Laurent*, (en Août) 1316, déclara qu'il devoit au chevalier Henri *de Stein* pour doter sa fille, trente marcs d'argent, pour laquelle somme le Prince lui donna plusieurs reprises annuelles sur les revenus du bailliage de Zoug, *Ze Zuge indem Ampt*, entr'autres quatre cent *Roten* ou *Rotselin*, du lac d'*Egeri*, &c. Voyez N°. VII. PARMI LES PREUVES.

ultramontain, la ville de Zoug nomme une année un Député ; la seconde deux des Communautés y en envoyent un ; la troisième année le tour revient à la ville ; & dans la quatrième le Député est extrait de la troisième Communauté qui n'a pas encore nommé. Mais pour les autres Députations extraordinaires, il y a toujours un Député de la ville & un des trois Communautés, qui font rouler cette nomination entr'elles : néanmoins les Députés sont séparément élus par la ville ou la Communauté, lorsque c'est leur tour, sans la participation de la ville ou de la Communauté, dont le tour n'est pas renouvellé. Mais dans toutes ces occasions le Député de la ville garde toujours le premier rang, dans le cas même où son co-Député, élu dans les Communes, seroit *Amman* ou chef Régent du Canton. Cette distinction doit être encore placée parmi les prérogatives de la ville. C'est aussi dans son arsenal qu'est déposée l'artillerie appartenante à tout le Canton, indépendamment de celle qui lui est propre. Le drapeau général & la bannière du Canton sont également déposés dans l'enceinte de la ville, en vertu d'un privilége qui lui est attaché.

Au reste, les trois Communautés n'ont point de sujets propres, elles en ont en commun avec plusieurs autres Cantons dans plusieurs bailliages Allemands & Ultramontains : mais outre la part à cette corrégence, la ville a indépendamment de sa banlieue un territoire distinct qui comprend plusieurs petits bailliages. Ce territoire est limitrophe du Canton de Zurich, de la Communauté de Bar, de la partie supérieure des offices libres de l'Argen, & des Cantons de Lucerne & de Schweitz. La ville a de plus un grand & un petit Conseil, qui n'ont aucune connexion avec le Conseil général & la *Landsgemeind*. Le petit Conseil est composé de treize Membres ; son Président se nomme en Allemand *Stab-furer*, c'est-à-dire, *celui qui porte le bâton de la préséance* ou *le sceptre* ; sans la volonté préalable de ce Président, on ne peut porter aucune affaire devant le Conseil : il a en garde le sceau de la ville. Les Citoyens peuvent lui exposer leurs plaintes & leurs embarras, relativement à l'administration générale des charges civiles. Il n'est pas de nécessité que ce Président soit tiré du Corps du Conseil ; la Bourgeoisie a la liberté entière de le choisir ou parmi les Conseillers ou hors du Conseil. Sa voix est prépondérante en cas de parité dans les opinions, lors même qu'il n'est pas dans le nombre des Conseillers. Cette charge avoit toujours été exercée jusqu'en 1608 par l'*Amman-Régent*. Mais comme la charge de Secrétaire général du Canton, qui jusqu'alors avoit été remplie par un Citoyen de la ville, fut déclarée commune tant pour la ville que pour les trois Communautés extérieures ; la Bourgeoisie ne voulut plus souffrir que l'*Amman*, lorsqu'il seroit élu dans l'une des Communautés, pût présider au Conseil-Privé de la ville. Elle conféra jusqu'en 1690 la charge de Président ou *Stab-furer*, aux anciens *Ammans*, nés Citoyens de la ville. Ce règlement dura jusqu'en 1729 ; la Bourgeoisie ordonna cette année qu'à l'avenir les anciens *Ammanns*, Citoyens de la ville, alterneroient entr'eux chaque année pour l'exercice de la charge de Président. Le petit Conseil juge sans appel de toutes les affaires de la ville & de ses bailliages : anciennement il avoit le droit de nommer aux Cures & aux Bénéfices, & à la plus grande partie des emplois civils de la ville & de sa banlieue ; mais en 1585 la Bourgeoisie lui ôta la nomination aux charges civiles, & se la réserva. Elle lui retrancha de même en 1675 la collation de toutes les Cures & de la plus grande partie des Bénéfices : ces soustractions furent faites dans des temps de troubles. La faction d'Espagne opéra le changement de 1675, & l'ambition de quelques Citoyens acharnés contre le petit Conseil, détermina la révolution de 1585, celle-ci enfin amena les dissensions de 1604 entre la ville & les Communautés ; dissensions dans lesquelles la ville perdit la haute Jurisdiction qu'elle avoit jusqu'alors exercée séparément des Communautés extérieures sur les bailliages de sa dépendance, acquis de son argent bien des années après l'époque de l'association au nombre des Cantons.

Au Conseil privé, c'est le Chancelier de la ville qui dirige le Protocole. Sa charge, la plus lucrative de celles de la ville, peut être remplie par un Conseiller ou par un Citoyen hors du Conseil. L'assemblée de la Bourgeoisie l'élit ; elle nomme de même tous les Conseillers, leur Président, & tous les autres emplois civils, y compris les bailliages du territoire de la ville. Le Chancelier expédie tous les arrêts & ordres du petit Conseil concernant les bailliages de la ville, les contrats de vente & d'hypothèque, tous les actes de succession, en un mot toutes les prétentions pécuniaires relatives à ces bailliages. Les Officiers servants du petit Conseil sont le grand *Sautier* & le petit, ils accompagnent le Président dans les occasions publiques ; ils portent alors un manteau à la livrée de la ville, & un long bâton de commandement garni d'argent. L'*Amman Régent*, s'il n'est pas, comme Citoyen, Président du petit Conseil, n'a à sa suite que l'un des Messagers de la ville portant la livrée du Canton.

Il existe dans la ville un Tribunal que l'on nomme le *Grand-Conseil* ; il est composé d'un Avoyer, d'un *Statthalter*, d'un Trésorier, d'un Greffier qui porte le titre de *Reichs-Canzler* ou Chancelier de l'Empire, d'un *Banneret* ou Porte-Drapeau, & de vingt Conseillers. Il a pour Officiers servants un grand & un petit *Sautier*, qui portent la livrée du Conseil. Ce Tribunal dont l'origine paroît antérieure à l'association de la ville à la Ligue Helvétique en 1352, & qui doit avoir été primitivement le Conseil (39) municipal sous la domination de la Maison d'Autriche, ne s'assemble en Corps qu'une fois dans l'année, l'avant-dernier Jeudi du Carnaval. Ses chefs & les principaux Officiers jugent sans appel sur les cas d'adultère, de fornication, de la transgression des Dimanches & Fêtes, & de celle des jours maigres, lorsque ces cas arrivent dans la ville & dans les bailliages de son ressort. Les trois Communautés extérieures connoissent des mêmes cas, chacune dans

---

(39) On conserve dans les archives de la ville de Zoug, les actes suivans, (Voyez N°. VIII & IX parmi les *Preuves*) savoir, *une déclaration de* Hermann *de Landenberg*, au nom des Ducs d'Autriche, datée de Rotenbourg (dans le Canton de Lucerne) le 22 Janvier 1345, par laquelle il ratifia la vente que le Conseil & les bourgeois de Zoug faisoient d'une partie de leur *Allmende* ou *Communes* ; *le pouvoir que* Rodolphe, Duc d'Autriche, étant à Salzbourg le mercredi qui précède le jour de St.-Barthelemi 1359, donna en son nom & en celui de ses frères les Ducs Frédéric, Albert & Léopold, à leurs féaux l'*Amman* & *le Conseil de Zoug*, de retirer le péage de la ville de Zoug sur le même pied que feu leur père le Duc *Albert* en étoit convenu anciennement avec eux ; cet acte règle aussi les droits de la Douane établis dans la ville de Zoug. Je rapporte aussi parmi les *Preuves* N°. X. la charte par laquelle Albert, Duc d'Autriche, étant à Baden le vendredi après le jour de *Saint-George*, (en Avril) 1326, permit à ses *fidels & chers bourgeois de* ZUGE de percevoir pendant deux ans le péage du pont de leur ville, sur le pied que feu son frère le Duc Léopold l'avoit fixé.

PITTORESQUES, &c. DE LA SUISSE.

son district respectif, sans appel au Conseil général du Canton.

Il y a encore dans la ville le *Tribunal des Seize*, qui juge des contestations des-Bourgeois concernant les affaires de bâtisse. Ce Tribunal est composé de la plus grande partie des Membres du petit Conseil & de six Citoyens.

La Chambre qu'on appelle le *Tribunal Hebdomadaire*, *Wuchengericht*, est composée de deux Membres du petit Conseil de la ville & de deux Bourgeois, sous la présidence du *grand Sautier* qui représente le *Stab-furer* ou le *Président du petit Conseil*; ce grand Sautier n'a pas de voix à y donner. L'objet de cette Chambre est de juger des affaires contentieuses des bailliages de *Risch* & de *Walchweil* : elle juge sans appel; au lieu que les *Tribunaux propres des bailliages de Cam & de Steinhausen*, composés chacun du Sous-Baillif, en Allemand *Under-vogt*, & de quatre Assesseurs paysans du lieu, sont sujets à l'appel devant le petit Conseil de la ville. Le Baillif de *Cam* & celui de *Steinhausen*, peuvent assister à ces *Tribunaux privés*, mais ils n'ont aucune voix à y donner; & si les opinions sont partagées, le Sous-Baillif décide la parité. Je décrirai ces bailliages à l'article Topographique du Canton de Zoug.

Avant 1720 le Conseil général du Canton avoit avec la ville un Boursier ou Trésorier en commun, lequel étoit toujours le Trésorier particulier de la ville; mais il fut réglé dans cette année que chacun des Conseils privés, tant de la ville que de chacune des trois Communautés, auroit son Trésorier distinct, pour la gestion & la recette des revenus publics. Le Trésorier de la ville & le Directeur des Bâtimens sont toujours tirés du Corps de la Bourgeoisie, & à la pluralité des voix; mais le Trésorier du *Sénat* de la ville, est extrait du nombre des Conseillers.

Il y a à *Menzingen*, l'une des trois Communautés co-Souveraines du Canton, un Tribunal qui juge seul & sans appel des dettes, des héritages & des propriétés ; on l'appelle la *Juridiction d'Einsidlen* (38), parce que l'Abbé de ce nom dont il dépendoit, vendit ses droits judiciaires à *Menzingen*, à la Communauté de ce nom le 13 Janvier 1679, en réservant cependant à ses successeurs qu'à chaque mutation d'Abbé le district de la Communauté de *Menzingen* relevant de ce Tribunal, recevroit du nouvel Abbé la confirmation de ce Tribunal, sous le titre de *Fief héréditaire*. L'Abbé nomme même le Président de ce Tribunal, parmi les Conseillers de la Communauté de Menzingen ; ce Président se nomme *Amman* ou *l'Official*.

Tel est le tableau du Gouvernement de la ville & du Canton de Zoug : il a été ainsi formé partie sur des constitutions primordiales, & partie sur des changemens amenés par diverses révolutions. On ne se permettra ici aucune réflexion sur la nature de ces révolutions. M. *Philbert*, ancien Préteur Royal à Landau, en Alsace, a eu la hardiesse (en 1766) d'employer dans la description qu'il a faite du Gouvernement de ce Canton les traits les plus caustiques. Cet étranger paroit les avoir empruntés de plusieurs endroits, & entre autres des circonstances du temps dans lequel il écrivoit ses révolutions de la *Haute-Allemagne*. Cet Ouvrage (39) parsemé de phrases pétillantes & quelquefois ingénieuses, offre à chaque page des marques palpables d'ignorance dans le récit des évènemens ; l'Auteur s'y est même permis des sorties contre le Gouvernement de quelques Etats Catholiques de la Suisse ; & cependant comptant sans doute sur leur indulgence, il avoit osé postuler la permission de dédier son ouvrage à tous les Cantons : il est vrai que sa plume avoit constamment ménagé les Etats Protestans ; il comptoit peut-être sur leur protection, mais plusieurs des Cantons Catholiques & M. le Prince-Abbé de Saint-Gall lui firent sentir leur juste indignation. En un mot, il faudroit un volume entier pour relever l'inexactitude de M. *Philbert*, & j'ose dire, toutes les bévues & omissions dont son livre est rempli (40).

Je rapporterai parmi les *preuves* (41) deux Diplômes de *Wenceslas*, Roi des Romains, l'un daté de Prague le 16 Octobre 1379, & l'autre, aussi de Prague, le 24 Juin 1400, en faveur de l'*Amman*, du Conseil, des Bourgeois & du Bailliage de Zoug, pour l'exercice de la Justice, tant au civil qu'au criminel, dans tout le ressort du Canton (42). J'y joindrai trois Diplômes de l'Empereur Sigismond, qui confirment les anciens privilèges de la ville & des *Offices extérieurs* de Zoug.

---

(38) En Allemand, *das Einsidler gericht*.

(39) Voici le jugement qu'en a porté M. de *Haller* dans ses *Conseils pour former une Bibliothèque Historique de la Suisse*, pag. 115.
Il n'y en a encore que deux volumes qui vont jusqu'en 1468 ; mais l'auteur en promet la suite. Il écrit avec esprit & force ; quelques tableaux frappent par leur justesse & leur beauté, mais dans l'historique il est trop orateur, il ne s'arrête qu'aux faits qui fournissent matière au pinceau, il orne de rubans les trophées de nos Ancêtres, & par cette complaisance excessive pour son sujet, il flatte trop notre nation, & il tombe quelquefois dans des erreurs insupportables, sur-tout à l'égard de Berne.

(40) En 1775 cet abregé in-12 a paru de nouveau, à *Amsterdam* (Paris) sous un autre titre : *Histoire des dernières guerres de la Suisse & de la haute Allemagne*. Le titre de l'édition précédente en 1766, étoit : *Histoire des révolutions de la Haute-Allemagne, contenant les ligues & les guerres de la Suisse*. Le Libraire qui avoit sans doute dans son magasin la majeure partie des exemplaires de la première édition, imagina de la faire débiter sous un titre masqué, pour mieux dépayser le Lecteur. La circonstance du temps, le prochain renouvellement de l'alliance entre la France & le Corps Helvétique, sembloient lui promettre un plus grand débit. Au reste M. *Philbert* a sagement omis son nom à la tête du livre, mais ses tentatives pour obtenir une approbation générale des Cantons, ne l'ont pas moins décélé.

(41) N°. XI, XII.
(42) *Preuves N°. XIII, XIV & XV*.

VI. Gouvernement Démocratique du Canton de Glaris.

GLARIS (1) ou *Glarus*, le huitième Canton dans l'Ordre de la Ligue, peut avoir environ huit lieues dans sa longueur (2) du nord au midi; il présente à son entrée l'ouverture d'une belle vallée, aboutissant aux rives de la *Lint* qui se jette dans le lac de Zurich. Cette vallée en s'élevant & se rétrécissant, est prolongée vers le midi & partagée en deux branches qui se terminent enfin dans les hautes Alpes, au pied des glacières couvertes d'une neige éternelle. Deux petites rivières impétueuses, la *Lint* & la *Sernft*, parcourent & ravagent souvent ces deux vallées, se réunissent ensuite & se jettent dans la *Seez* ou la *Mag*. Cette dernière petite rivière sort du lac de *Wallenstatt*; elle prend le nom de Limmat, en Latin *Lindemagus*, *Lindimacus* ou *Lindemacus*, au pont *de la Thuillerie*, près le *Bas-Urnen*, où elle reçoit la rivière de *Lint*, grossie par la *Sernft*. Le Canton de Glaris a pour limites, au levant le Comté de Sargans, bailliage des huit premiers Cantons, & la haute Ligue Grise; au midi, encore la même Ligue & le Canton d'Uri; à au couchant, en partie le Canton d'Uri, & pour la plus grande partie celui de Schweitz; & au nord le pays de *March* qui appartient au Canton de Schweitz, le bailliage de Gaster qui est sous la souveraineté des deux Cantons de Schweitz & de Glaris & le lac de *Wallenstatt*: au levant, au midi & au couchant, le pays est fermé par des montagnes très-hautes, qui forment une circonvallation presque inaccessible. Les documens historiques du Canton de Glaris ne remontent pas au-delà de l'époque où ses habitans étoient sujets de l'Abbaye des Chanoinesses de *Seckingen*, sur le Rhin, entre Rhinfelden & Lauffenbourg; & ils furent dans le droit le plus étendu d'une servitude personnelle & réelle, à l'exception d'un petit nombre de familles, qui jouissoient d'une condition libre, & qui étoient regardées comme la Noblesse du pays. Des Juges nommés par l'Abbesse administroient la justice civile; un Châtelain qualifié *Maire*, en Allemand *Meier*, & en latin *Villicus*, y présidoit. L'Abbesse établissoit aussi des Officiers pour l'économie & la recette, & le peuple ou la Communauté avoit ses assemblées, ses Chefs, sa bourse publique, & le privilége d'empêcher que les emplois dépendans de la Seigneurie ne fussent remplis par d'autres que par des Citoyens du pays. Le plus souvent dans ces temps de vassalité le sort des sujets étoit moins dur sous le gouvernement Ecclésiastique : ils obtenoient plus aisément des immunités.

Depuis 906 jusqu'en 1253, la charge de *Maire* du pays de Glaris sous la régence de l'Abbesse de Seckingen fut sans interruption attachée à la noble famille de *Tschoudi*, qui est encore aujourd'hui la plus ancienne & la plus illustre du Canton : elle se nommoit dans son origine *de Glaris* ou *Glarus*. Un acte (3) daté de Seckingen le 29 Mars 1029, porte que *Rodolphe* (4), *Maire de Glaris*, homme de condition libre, recevoit en fief de Berthe, Abbesse, & du Chapitre de Seckingen, la charge de *Maire*, dont la propriété avec toute la vallée de Glaris appartenoit alors à l'Eglise de Seckingen; il la recevoit en la même manière que ses ancêtres qualifiés *hommes libres*, *viri ingenui*, Udalric *de Glarus* son père, Jean son aïeul, Rodolphe son bisaïeul, & Jean son trisaïeul, l'avoient tenue jusqu'alors en fief de l'Eglise de Seckingen. Ce trisaïeul avoit été affranchi de la servitude par *Louis* (5), Roi de Germanie, étant à *Rothweil* (6) en Souabe le 31 Mai 906, à la prière du Comte *Burcard* (7). L'acte de cette manumission qui est encore conservé en original (8) dans la Maison de *Tschudi de Greplang*, porte que l'affranchissement se fit par le jet du denier de la main, suivant la loi Salique, & que le Roi (9) déclaroit *ingenuus*, libre, ledit serf Jean. Cette Charte d'ingénuité est scellée de l'anneau du Monarque bienfaiteur. *Et ut illius ingenuitatis pagina firma stabilis que consistat, annulo nostro eam consignare jussimus*. En obtenant le caractère d'*ingénu* on devenoit homme de condition libre, *vir liberæ conditionis*, & cette qualité répondoit à celle de *Noble*. La Maison de *Tschudi* conserve un autre acte daté du Monastère de *Seckingen* le 15

---

(1) Guillimann, *de rebus Helvetior*. Lib. III. Cap. VI. pag. 108-109. Leu, Dict. Hist. de la Suisse, T. VIII. pag. 539 & suiv.
Faesi, Descript. Topog. de la Suisse, T. II. pag. 417 & suiv.
Christophe Trumpi, Ministre de l'Eglise réformée de Schwanden, Chronique du Canton de Glaris, pag. 128 & suiv. 177 & suiv. Winterthour 1774, in-12, fig. en Allemand.
Tscharner, Dict. Géog. Hist. & Pol. de la Suisse, T. I. pag. 244 & suiv. &c.

(2) M. Trumpi dit pag. 9, qu'on ne peut pas facilement déterminer la largeur de ce Canton, à cause du grand nombre de montagnes très-élevées & très-étendues qu'on y trouve.

(3) *Carta apud Tschudium*, Chron. Helvet. T. I. pag. 11-12.

(4) — *Unde ego Rudolphus villicus Claronensis vir liberæ conditionis, fateor me eumdem villicatum, cujus proprietas cum tota valle Clarona & ecclesiam Secconiensem spectat in feodum recepisse a Reverenda domina Berchta Abbatissa & Capitulo ejusdem Secconiensis Ecclesiæ, sicut & progenitores mei viri ingenui, videlicet Udalricus de Clarona pater meus, Johannes avus, Rodolphus proavus, & Johannes abavus hactenus a præfata Ecclesia in feodum tenuerunt*.
On lit à la fin de cet acte qu'il fut passé sous l'Empire de *Conrad*, au temps que *Warmann* étoit Evêque de Constance (Diocésain de Seckingen), & qu'*Ernest* étoit Duc des Allemands, (ou d'*Allemannie* qui entr'autres districts, comprenoit celui de Seckingen & le pays de Glaris) en présence de Hermann de *Wetzenberck* (Weissemberg) qualifié *Nobilis*, c'est-à-dire Baron; de Rodolf de *Bilfstein*, & d'Arnold de *Mandack*, de condition libre, *liberæ conditionis*, vassaux (*vasalli*) de l'église de Seckingen, & en présence de Bertold, Curé de *Lauffenberg* (Lauffenbourg); ce titre est le plus ancien acte de la Suisse où se trouvent des noms de famille.

(5) C'étoit Louis IV, dit l'*Enfant*, fils de l'Empereur *Arnou*, & le dernier Prince de la race de Charlemagne, qui régna sur la *Germanie*; il mourut le 21 Novembre de l'an 911, ou, selon d'autres, le 21 Janvier 912; il régnoit depuis la fin de 899, ou au plus tard depuis le commencement de l'an 900.

(6) *Data II. KL. Jun. Anno Incarnationis Domini DCCCCVI. Indict. VIII. Anno regni Domini Hludovici VII. actum in Rottwila feliciter. Amen.*

(7) *Quia nos rogatu Purucharti dilecti Comitis nostri, quemdam proprium servum nostrum Johan nominatum, in præsentia fidelium nostrorum, per exceptionem denarii de manu illius, juxta legem Salicam, in elemosinam nostram, liberum dimisimus, & ab omni jugo servitutis absolvimus*. — A rapporté (Rer. Alamannicar. Scriptor. T. II. Parte I. pag. 53-54. Edition de Francfort 1661, in-fol.) une Charte de la seconde année du règne d'*Arnou*, expédiée dans le Canton *Para* (en Souabe), & dans le village de *Durrheim*, en présence du Comte Burghard, fils de l'illustre *Adalbert*, sous le titre de l'église de Lessingon. Le Roi *Arnou*, depuis Empereur, & père du Roi Louis IV dit l'*Enfant*, commença à régner à la fin de 887; il est vraisemblable qu'*Adalbert*, père du Comte Burghard, étoit le même Adalbert Comte de *Durgoune* ou du Turgau en Suisse, dont parle une autre Charte publiée par Goldast (ibid. pag. 31.) & qui est datée de la seconde année de l'Empire de Charles *le Gras*, prédécesseur du Roi *Arnou* : le pays de Glaris faisoit partie de l'ancien Comté de *Durgoune* qui étoit divisé en plusieurs Cantons, entr'autres celui de Zurich ou le *Zurichgau*. Goldast a encore donné plusieurs Chartes de la fin du neuvième siècle, qui font mention d'*Adalbert*, Comte de Turgau. (Ibid. pag. 32, 34, &c.)

(8) En caractères Carlovingiens. M. le Baron de *Zur-Lauben* en a une copie calquée sur l'original. Feu M. Josephe-Leger-Barthelemi Baron de *Tschoudi*, Seigneur de Greplang, la lui envoya en 1754. On trouve aussi cette Charte imprimée, mais avec des variantes, dans Goldast (Rer. Alamannicar. scriptores T. II. parte primâ pag. 27) & dans Guillimann (de rebus Helvetior Lib. II. Cap. XI. pag. 74-75, in *Thesauro Historiæ Helveticæ*, Tiguri 1735, in-fol.)

(9) *Præcipientes ergo jubemus, ut sicuti reliqui manumissi, qui per hujus modi titulum absolutionis a Regibus vel Imperatoribus Francorum noscuntur esse relaxati ingenui, ita deinceps memoratus Johan bene ingenuus atque securus existat*.

Février 1128, par lequel (10) Henri, *Maire de Glaris* dit *Schudi*, reconnoît avoir reçu en fief pour lui & ses fils, de G. (11), Abbesse & du Chapitre de *Seckingen*, dont il est vassal (12) & homme de condition libre, la Mairie (13) *de Glaris* en la forme que ses ancêtres, *Hermann de Glarus* son père, *Jean* son aïeul, & ses autres aïeux, l'ont tenue en fief de ce Chapitre qui possède (14) la propriété de toute la terre des *Glaronois*. Cet acte fut passé en présence de deux Barons qualifiés *Nobiles*, Henri de *Krenckingen* & Henri de *Guttenbourg*, à la suite desquels sont nommés *Cunon* ou *Conrard Truchsess de Rhinfelden*, Henri de *Togern* & Ulric de *Beronne* (ou de *Bereu*), désignés *ingenui*, c'est-à-dire *de condition libre*.

Le *Maire de Glaris* jugeoit des procès civils; il retiroit au nom de l'Abbesse de Seckingen les impositions du pays, & il tenoit en fief une ferme considérable. Ses revenus étoient un objet important pour ces temps reculés, ils montoient à quarante livres, y compris les dixmes, le casuel, la pêche & les rentes foncières. La dixme du bled, qui revenoit du *Val de la Lint*, étoit estimée dix livres, elle lui appartenoit. Indépendamment du *Maire*, l'Abbaye de Seckingen avoit encore dans le pays de Glaris un Administrateur qui retiroit le produit annuel des bestiaux & des fromages, les dixmes & le casuel. Une partie des revenus étoit affectée aux charges Ecclésiastiques & séculières de la contrée, le restant étoit délivré à l'Abbesse. Plusieurs bourgs du pays avec des fonds considérables, tels que les bourgs de *Bentzigen*, de *Sola*, de *Schwende*, de *Nefels*, du *haut-Urnen*, &c. relevoient aussi de l'Abbaye de Seckingen. Il y avoit dans le pays un Tribunal composé de douze Juges, choisis par l'Abbesse parmi douze des familles les plus distinguées du pays: on les appelloit en 1250 *Landrath* ou Conseillers du pays; ils prêtoient serment de fidélité & *de vérité* à l'Abbaye & aux Patriotes. On pouvoit appeller de ce Tribunal au Maire & à l'Abbesse. On a conservé un Code des constitutions judiciaires du pays de Glaris que l'on estime avoir été dressé dans le dixième siècle. Les Juges avoient quelques appointemens, & en outre une certaine quantité de moutons.

Il y avoit dans le pays douze familles (15) qui y avoient la préféance sur les autres, on les nommoit les *Ecuyers* ou les *Jouïssans* (16) *du droit de porter des armoiries*; ils étoient obligés de défendre les droits de l'Abbaye de Seckingen *avec le bouclier & la lance*. Outre ces douze familles nobles, il y en avoit encore trente-quatre (17), de *condition libre*, qui de même que les douze premieres, étoient exemptes de tout devoir de servitude & de toute imposition; mais lorsqu'elles tenoient des biens fonciers de l'Abbaye, elles lui en payoient les rentes aux termes convenus. On a aussi la liste de ces trente-quatre familles.

Le pays avoit son propre sceau, sa bannière distincte, un Conseil & ses assemblées générales auxquelles assistoient les Nobles & le peuple. Il se choisissoit un *Ammann* ou Président qui administroit la justice conjointement avec le *Maire* de l'Abbaye de Seckingen, & qui avoit le droit de faire des traités avec ses voisins pour la défense du pays & du Chapitre de Seckingen: tous les habitans se qualifioient *dépendans de cette Abbaye sous la suzeraineté de l'Empire*. Le sceau actuel du Canton de Glaris est encore l'image de *Saint Fridolin* (18), Fondateur de ce Monastère au commencement du sixième siècle.

L'*Advocatie* de l'Abbaye de Seckingen que les Rois de France & les Empereurs avoient conférée en leur nom à des Comtes, comprenoit aussi la juridiction criminelle du pays de Glaris. Tous les ans, le jour de *Saint Martin*, on payoit à l'*Avoué* la taxe Impériale (*die Reichs-Steuer*); il montoit à deux cent livres. Je trouve dans un acte (19) du 6 Mai 1053, la détermination des limites entre les habitans d'Uri nommés *Cives Uranie* & leurs concitoyens de Glaris, *Concives Clarone*. Les premiers s'étoient plaints au Conseil d'Henri IV, Roi des Romains, assemblé à Wirzbourg, de l'invasion que les Glaronois avoient faite dans certaines possessions situées sur la frontière des deux provinces (*Provinciarum Uranie & Clarone*), possessions qui avoient été données autrefois à l'Abbaye des Dames de Zurich par le Roi *Louis le Germanique*, petit-fils de Charlemagne. Rodolphe, Duc de Souabe, le même qui fut depuis élu *anti-César*, eut ordre d'examiner l'état du différend; il prit en même-temps conseil de quelques Grands de l'Empire, Burcard, Comte de *Nellembourg*, Conrad, Comte de *Wuluelingen*, & Arnoul, Comte de *Lentzbourg*. Ce dernier étoit *Avoué* de l'Abbaye de Zurich, & en même-temps de celle de

---

(10) *Heinricus villicus Glaronensis dictus Schudi*. — L'acte est rapporté dans la chronique de la Suisse, par Gilles de Tschoudi. T. I. pag. 62.

(11) *Gertrude* ou *Gutta*.

(12) *Seckoniensis ecclesiæ cujus vasallus ingenuus, libera conditionis sum*.

(13) *Ipsum villicatum Glaronensem*.

(14) *Ad quam* (Ecclesiam) *ejus* (Villicatus) *proprietas una cum tota Glaronensium terra spectat*.

(15) Les de Glaris *dits Tschoudi*, les Rothen ou *Rote*, les de Nettsftall ou Netstaller, les Venner in der Omen, les An der Kilchmatten, *surnommés* Aebli, les Elmer, les Vogel, les Haeussli, les Tolder, les Wichfer, les Stuki & les Riegler.

(16) En Allemand *Wappens-genossen*.

(17) M. *Trumpi* en a donné les noms (*Chr. de Glaris* pag. 700). On y lit les Am-Buhl, les Speich, les Luchsingen, les Am-Mure, les Weiggifer ou Schindler, les Kessler, les Landolt, les Brunner, les Gallatin ou par abbréviation Galli, les Struben, les Walkere, les Haessi, les Palpe, &c. On trouve parmi les familles distinguées du pays de Glaris en 1299, les *der Frowen*, les *Freuler* & en 1360 les Schieffer.

(18) Goldast a donné (*Alamannicar. Rer.* T. I. Parte II. pag. 148 & 254-255) l'histoire de Saint-Fridolin, écrite par un Anonyme, qui paroît l'avoir rédigée d'après la vie de ce Confesseur, que *Baltharius* Moine dédiée à *Notker* Moine de Saint-Gall. Goldast avoit trouvé cet extrait dans les archives du chapitre de Bischofszell en Suisse. L'Anonyme appelle Seckingen, *Setonis* ou *Seconis* & Glaris, *Clarona*: les *Bollandistes* se sont étendus sur Saint Fridolin, à son article au 6 Mars; il est bon de consulter aussi ce qu'en a écrit Jean Bouchet dans ses *Annales d'Aquitaine*, seconde Partie, Chap. III. pag. 64-67. Poitiers 1644, *in-fol. fig*. Il dit qu'il étoit de la Basse Ecosse, c'est-à-dire d'*Hibernie*; qu'en 510 étant Abbé du Monastère de St.-Hilaire de Poitiers, il alla avec l'Evêque de cette ville à la Cour du Roi Clovis à Orléans, & que ce Prince ordonna la reconstruction du Monastère de Saint-Hilaire, & la translation du corps de ce Saint Evêque dans cette nouvelle église. Bouchet parle de plusieurs miracles de Saint Fridolin, & de sa mission en Bourgogne & en Allemagne où il emporta des reliques de Saint Hilaire, & édifia quatre ou cinq églises sous l'invocation de ce Saint, & avec la permission du Roi Clovis; il ajoute qu'il mourut dans l'Abbaye qu'il avoit fondée à l'honneur de Saint-Hilaire, dans une isle du pays de Souaur. Bouchet écrit encore que les deux neveux de Saint Fridolin, après avoir vécu long-temps religieux dans la même Abbaye de Saint-Hilaire, y décédèrent, & qu'on avoit trouvé (au temps de *Bouchet*) leurs tombes de pierre dans cette église, avec leurs corps *asséchés & entiers*. La première édition *des Annales d'Aquitaine* est de Poitiers 1524, *in-fol*. Bouchet vivoit encore en 1556. *Voyez* la Bibliothèque Françoise de la Croix du Maine, avec les notes de M. Rigoley de Javigny, Conseiller honoraire au Parlement de Metz, T. I. pag. 458-461. Paris 1772, *in-4*. & la Bibliothèque Françoise de Duverdier, avec les observations du même savant Editeur, T. II. pag. 356-357, ibid. 1773, *in-4*.

(19) Jean-Henri *Hottinger* a donné cet acte (*Specul. Tigur.* pag. 216 & 219. Tiguri 1737, *in-12*.) L'original est conservé à Zurich, dans les archives de l'Abbaye sécularisée des Bénédictines, il est muni d'un sceau ovale qui représente le Duc Rodolphe à cheval, *Rodolphus Suevorum Dux*. Voyez ce qu'a écrit de cet acte M. le Baron de Zur-Lauben, dans les *Tables Généalogiques des Augustes Maisons d'Autriche & de Lorraine*, pag. 8. Paris 1770, *in-8*.

Saint-Hilaire; ainſi appelloit-on alors le Monaſtère de *Seckingen* qui avoit été fondé par *Saint Fridolin* à l'honneur de *Saint Hilaire*, Evêque de Poitiers. Les Glaronois ſoutenoient que ces poſſeſſions conteſtées appartenoient de droit à ce Monaſtère. L'acte contient la déciſion du Duc, elle eſt très-remarquable.

Les Comtes de *Lenzbourg* continuèrent d'être *Avoués de l'Abbaye de Seckingen* juſqu'à leur extinction en 1172; alors l'Empereur Frédéric *Barberouſſe*, attentif à l'agtandiſſement de ſa Maiſon, profita des circonſtances, & au lieu de conférer leurs fiefs aux plus proches Agnats, les Comtes de *Kibourg*, il les déclara la plupart caducs & réverſibles à l'Empire, faute d'hoirs mâles du nom. Ce Prince (20) obtint de l'Abbeſſe & du Chapitre des Chanoineſſes de *Seckingen* pour ſon troiſième fils *Otton*, Comte Palatin de Bourgogne, l'*Advocatie* de leur Abbaye; elle comprenoit entr'autres domaines, le pays de *Glaris*, les villes de *Seckingen* & de *Lauffenbourg*. Frédéric donna auſſi à ſon fils le Comté de *Lenzbourg* & tout ce que les anciens Comtes de ce nom poſſédoient dans la *Rhétie de Coire*. Un paſſage d'*Otton* (21) *de Saint-Blaiſe*, auteur contemporain, nous apprend que dès l'an 1167, Frédéric acquit par donation ou par argent les poſſeſſions de pluſieurs Barons qui n'avoient pas d'héritiers mâles, entre autres celles des Maiſons de *Swabegg*, de *Bibra*, de *Horningen*, de *Biedertan*, & de *Lenzbourg* (*de Lentzeburch*), & qu'il donna à Albert, Comte de *Habſpourg*, le Comté de *Zurich* en Allemand le *Zurichgau*, & l'*Advocatie* de l'Egliſe de *Seckingen*, avec la ſucceſſion de la Maiſon de *Biedertan* qu'il avoit acquiſe. Le Chroniqueur ajoute que Frédéric fit l'échange de ces terres & de ces droits pour le Comté de *Pfullendorf* en Souabe que répétoit Albert, Comte de Habſpourg, comme gendre du dernier poſſeſſeur, Rodolphe, Comte de *Bregenz*, qui avoit inſtitué ſon héritier l'Empereur. Ce paſſage éclaircit l'époque où la Maiſon de *Habſpourg* commence à avoir, en vertu de l'*Advocatie de Seckingen*, les villes de *Seckingen* & de *Lauffenbourg* & la plus grande partie du *Friktbal*. L'Empereur garda pour ſon fils Otton, Comte Palatin de Bourgogne, les autres dépendances de l'*Advocatie de Seckingen* qui comprenoient le pays & les habitans de *Glaris*.

L'Empereur retira auſſi entre ſes mains l'*Advocatie* du Chapitre de *Munſter* en Argeu, qui avoit été fondé par les Comtes de *Lenzbourg*, & celle du Chapitre de *Schennis* dont ils avoient été les Avoués depuis pluſieurs ſiècles, ayant ſuccédé aux droits héréditaires des anciens Comtes de *Rhétie*, fondateurs de ce Chapitre.

Tſchoudi (22) a rapporté un acte daté de Glaris (*apud Claronam*) le 30 Août 1196, par lequel Otton, Comte Palatin de Bourgogne, approuve ſous ſon ſceau (23), comme *Avoué* (24) des Glaronois, la tranſaction amiable que ces peuples faiſoient avec ceux d'Uri pour leurs limites (25) réciproques. Parmi les titres de la Maiſon de *Tſchoudi*, il en eſt un (26) daté du Monaſtère de *Seckingen*, le premier Septembre 1256, qui nous apprend à quelle occaſion la *Mairie de Glaris* fut donnée par Anne, Abbeſſe de *Seckingen*, au Chevalier Diethelm de *Windegg*, Maire du Chapitre de *Schennis*. Ce Chevalier y prétendoit comme à un fief héréditaire en qualité de neveu maternel de Rodolphe *Schude le jeune*, Maire de Glaris, décédé ſans enfans, & qui étoit fils d'un autre Rodolphe *Schude* dit l'ancien, Maire de Glaris, tué en 1241 dans la guerre de la Terre Sainte contre les Tartares. L'acte rapporte que Henri & un autre Rodolphe *Schude*, père & aïeul de ce dernier & tous ſes ancêtres, avoient poſſédé la *Mairie* du conſentement de l'Abbeſſe & du Chapitre de Seckingen. D'un autre côté, Rodolphe *Schude* & ſes frères répétoient la *Mairie* aux droits de défunt leur père Jean, frère dudit Rodolphe *le jeune*, mort ſans enfans; ils réclamoient en leur faveur une poſſeſſion héréditaire & non interrompue de plus de deux cens ans. Quatre autres Prétendans paroiſſoient ſur la ſcène, Hugue *Wichſter*; Hermann *Inder Kilchmatt*, Rodolphe de *Netſtal* & Hugues *Vogel*; ils avoient épouſé les ſœurs du Maire Rodolphe Schude dit *le jeune*, toutes ſœurs aînées de défunte Marguerite, mère du Chevalier de *Windegg*. L'Abbeſſe fit aſſembler à *Seckingen* ſes principaux vaſſaux, & après avoir pris leur avis qui lui laiſſoit libre option parmi les Prétendans, elle conféra la *Mairie* de Glaris au Chevalier Diethelm de *Windegg*; ce jugement fut paſſé en préſence de pluſieurs Nobles, dont les noms ſont couchés dans l'acte. Mais la chronique de *Tſchoudi* inſinue que l'Abbeſſe peu memorative des anciens ſervices de la famille de *Tſchoudi*, prononça cette ſentence en reconnoiſſance de l'abandon de la dixme du val de *Sernſtal* que le Chevalier de *Windegg* lui faiſoit.

Les offices dépendans de l'Abbeſſe de *Seckingen* étant devenus des eſpèces de fiefs, les Comtes de Habſpourg & les Princes d'Autriche, les Empereurs Rodolphe & Albert I, les acquirent ſucceſſivement, les réunirent avec la garde-noble & avec la juriſdiction criminelle, qui ne devoit relever directement que de l'Empire. Toutes ces aliénations, contraires même aux droitures du pays, tenoient au grand projet de former dans l'*Helvétie* un patrimoine à un des Ducs, fils d'Albert. L'exemple & les ſuccès des premiers Cantons Suiſſes ligués pour défendre leurs priviléges contre cette uſurpation ambitieuſe, ne ſervit qu'à rendre les Ducs plus attentifs à affermir leur autorité ſur les nouveaux ſujets qui n'avoient pas la force de leur réſiſter ſéparément.

Tſchoudi après avoir (27) rapporté que l'Empereur Albert I enleva en 1299 à l'Empire & appropria à ſes enfans la ville de *Seckingen*, l'*Advocatie* & les dépendances de cette Abbaye à Glaris, à Waldshut, dans le Friktal & dans la Forêt noire, a inſéré dans ſa (28) chronique l'acte en Allemand, daté de Baden le 15 Juin 1308, par lequel Hartmann *le Maire de Windegg*, céda à Léopold, Duc d'Autriche, & à ſes frères, fils d'Albert, tous ſes droits à la charge de *Maire de Glaris* qui dépendoit du Chapitre de *Seckingen*.

---

(20) Tſchudii Chr. Helvet. T. I. pag. 86.
(21) *Ottonis de S. Blaſio appendix ad librum ſeptimum Chronici Ottonis Friſingenſis*, pag. 107, *apud Urſtiſium inter Germaniæ Hiſtoricos illuſtres. Francofurti ad Moenum* 1670. *in-fol.*
(22) Ibid. T. I. pag. 97 & 98.
(23) Ce ſceau offre un Chevalier debout, armé de toutes pièces, portant en avant ſur ſa poitrine un écuſſon chargé d'un aigle éployé.
(24) *Quia ipſe eſt advocatus Claronenſium.*
(25) En partant du ruiſſeau *Urſinbach*, aujourd'hui *Urſinbach*, qui a ſa ſource au rocher *Mumprachen*, en latin *Mumpretha*, & ſe jette dans le torrent *Fetſcha*, elles ſe prolongeoient juſqu'au rocher *Ouffrut*, en latin *Ouffrutta*; de-là à la montagne dite *la Tour* ou *Thurn*, en latin *Turris*; puis au ruiſſeau *Viſinbach*, aujourd'hui *Fiſinbach* ou *Fetzbach*; juſqu'à l'endroit dit *Gamberegg* ou *Gembſchfeyr*, en latin *Campurecga*; & enſuite depuis ce local juſqu'au mont *Walenegg*, en latin *Walaegga*, & juſqu'au mont *Horgenſattel*. Tſchoudi a rapporté (*Chr. Helvet.* T. II. pag. 213) un renouvellement des limites entre les Cantons d'Uri & de Glaris, dans le quinzième ſiècle, il y eſt queſtion des ruiſſeaux *Urſenbach* & *Fætrsha* ou *Forsha* qui eſt l'ancien *Fetſcha*, & du rocher *Oewfrutta*.
(26) Tſchudi, ibid. T. I. pag. 152-154.
(27) Ibid. T. I. pag. 222-224.
(28) Ibid. pag. 244.

Le terrier (29) de la Maison d'Autriche, dressé en 1503 par Maître *Burcard de Frikke*, Secrétaire d'Albert Roi des Romains, & continué en 1509, renferme la spécification des droits & des revenus attachés à la charge de *Maire du pays de Glaris*. L'Etat primitif de ce Canton est tracé dans ce tableau économique.

Le peuple de Glaris eut la mortification de voir ses usages, ses immunités & la forme de sa police intérieure, successivement changés ou abolis. Plusieurs branches des principales (30) familles s'expatrierent pour n'être plus témoins d'un pareil renversement ; elles se retirèrent à Zurich & dans les pays d'Uri & de Schweitz : les nouveaux Maîtres jugeants de ces dispositions avec l'œil du despótisme, mettoient en temps de guerre des troupes en quartier dans le pays, pour en imposer aux habitans. Bientôt les premiers Cantons Confédérés, triomphant de leurs aggresseurs, furent en état de briser les fers de leurs voisins. Les Cantons (31) de Zurich, Uri, Schweitz & Underwalden, entrèrent en Novembre 1351 à main armée dans le pays de Glaris, y rétablirent l'ancienne forme de l'administration publique & les droits du peuple, & se firent de ces voisins affranchis des alliés reconnoissans & utiles. Le Gouverneur Autrichien, Gautier de *Stadion*, se sauva à *Wesen* ; il étoit aussi Baillif de cette ville & du pays de *Gaster*. Les Glaronois se tuèrent l'année suivante dans un combat entre *Nefels* & le *Haut-Urnen*, dans la plaine de Routi ou *Reuti*. Les quatre Cantons que j'ai nommés reçurent dans leur alliance (32) perpétuelle le pays de Glaris, le 4 Juin 1352. Elle renfermoit des conditions inégales, les Glaronois ne pouvoient ni s'allier ni entrer en guerre sans l'aveu des Confédérés. Pour les services rendus à la Ligue, ils méritèrent qu'en (33) 1450 cette inégalité fût enlevée ; aussi pour en effacer même la trace, & pour donner à la prérogative nouvelle une force rétroactive, le second traité fut mis sous la date du premier.

Le peuple de Glaris commençoit à jouir de sa liberté sous la protection de ses alliés, lorsqu'en 1388 (34) la noblesse du parti Autrichien, alors en guerre avec les Cantons, fit une irruption dans le pays, avec des forces qui devoient paroître suffisantes pour l'opprimer sans retour. Les ennemis après avoir, avec l'aide des habitans de *Wesen*, surpris cette petite ville située à l'extrémité inférieure du lac de *Wallenstatt*, & massacré la garnison, forcèrent les lignes qui défendoient l'entrée du pays, & se répandirent au nombre de quinze mille comme un torrent dans la vallée, pour en faire le ravage : cependant trois cent cinquante hommes de Glaris, & une trentaine de leurs voisins de Schweitz, soutinrent dans un poste avantageux, près de *Nefels* (*), le 9 Avril 1388, onze attaques réitérées. Après un combat de cinq heures, ils mirent les Autrichiens en déroute, & en firent un grand carnage dans la poursuite. L'anniversaire de cette victoire se célèbre encore aujourd'hui le premier Jeudi du mois d'Avril. L'Auteur du Dictionnaire Géographique, Historique & Politique de la Suisse, imprimée à Genève & à Lausanne en 1776, dit (35) qu'il paroît assez dur qu'au bout de quatre siècles on oblige des députés de *Wesen* à être présents à cette solennité, pour entendre répéter le reproche public de la trahison dont leurs ancêtres s'étoient rendu coupables ; mais si on doit en tout temps l'hommage à la vertu, & si à l'exemple des Grecs & des Romains les Suisses perpétuent dans des cérémonies publiques la mémoire des victoires de leurs ancêtres sur les ennemis de la Liberté, les Glaronois sont fondés à croire qu'en continuant de flétrir l'ancienne trahison des habitans de *Wesen*, leurs sujets, en présence de deux députés de ce bourg, dans la solennité annuelle de *Nefels*, c'est un témoignage du respect qu'ils doivent aux manes de leurs ancêtres, massacrés perfidement par ces habitans. Au reste, l'état de Glaris n'est pas le seul de la Suisse qui ait puni la rébellion ou la trahison de ses sujets dans leurs descendans. La ville de *Liestal*, dans le Canton de Bâle, conserve encore dans la diminution de ses privilèges primitifs le souvenir de sa félonie. L'Auteur du Dictionnaire, qui est Bernois, ne pouvoit-il pas citer de semblables exemples de flétrissure attachée à quelque autre district de la Suisse ?

Depuis la bataille de *Nefels*, le Canton de Glaris s'est (36) racheté des diverses sujétions & redevances envers l'Abbaye de Seckingen. Il ne subsiste plus aujourd'hui que celle d'une rente de seize florins que le Canton paie annuellement à l'Abbaye de Seckingen, comme un reste mémoratif de l'ancienne vassalité.

Dès l'année 1523 la prétendue réforme s'introduisit dans le Canton de Glaris : la guerre de religion entre les sept premiers Cantons en 1531, dont l'issue fut fatale au parti des Réformés, empêcha peut-être que la réformation ne devint générale dans ce pays. On fixa par divers traités subséquens les droits des deux communions, & l'ordre de chaque culte : les deux partis ne se séparèrent pas comme dans le pays d'*Appenzell*, mais la part que chaque parti devoit avoir dans le Gouvernement & les Offices publics a été déterminée par divers règlemens.

Tout le Canton est divisé en *quinze journées* (en Allemand *Tagwen* ou *Tagmen*) ou Quartiers ; savoir, I. le bourg de Glaris, qui est la Capitale du pays ; II. le bourg d'Enneda, & le hameau Ennerbuels ; III. les villages de Mitloedi, Sool ou Sola & Schwendi ; IV. le bourg de Schwanden & le village Im-Thon ; V. le quartier dit *Eschen-Tagwen*, qui comprend les villages de Luchsingen, Nitfuhren, Adlenbach & Leugelbach ; VI. les villages de Bettschwand, Dießbach, Haczigen & Haßlen ; VII. Ennetlinth & Reuti ; VIII. Linthal, An-der-matt & Im-dorff ; IX. les villages Matt & Engi ; X. le village Elm ; XI. le bourg de Netstall ; XII. Mollis ; XIII. le bourg de Nefels ; XIV. les villages du Haut- & Bas-Urnen ; & XV. les villages de Bilten & de Kirenzen.

La partie Réformée du Canton comprend trois départements ; celui de la partie *d'en-haut* contient cinq paroisses entières, savoir, Linthal, Bettschwand ou Bettschwanden, Elm, Matt & Luchsingen, & dans la paroisse de Schwanden, aussi Nitfuhren, Leugelbach & Haßlen. Le département *du milieu* comprend la paroisse de Schwanden, Im-Thon, Sool, Schwendi, Mitloedi, Glaris, Enneda, Ennetbuels & Riederen. La partie *d'en-bas* renferme cinq paroisses entières, savoir, Netstall, Mollis, le Bas-Urnen, Bilten & Kirenzen.

---

(29) M. le Baron de *Zur-Lauben* a la copie de ce terrier intéressant.
(30) Celles de Tschoudi, Kilchmatter, Netstaler, Freuler.
(31) Tschudi, ibid. pag. 404 & 406-407, &c.
(32) Tschudi, ibid. T. I. pag. 407.
Leu, Dict. Hist. de la Suisse, T. VIII. pag. 552-558.
(33) Tschudi, ibid. T. II. pag. 554.

(34) Tschudi, ibid. T. I. pag. 541-549 & 556-557.
(*) PLANCHE 178.
(35) T. II. pag. 247.
(36) En 1390, 1393 & 1395.
Voyez la Chronique de Suisse par *Tschudi*, T. I. pag. 562-563, 573 & 586-587. Trumpi, Chr. du Canton de Glaris, pag. 127 & 199 & suiv.

La partie Catholique du Canton de Glaris ne comprend que deux départemens ; celui d'*en-haut* contient tous les Catholiques qui se trouvent dans le Linthal, à Mitlœdi, à Glaris, à Enneda & à Netstall ; le département d'*en-bas* renferme le bourg de Nefels, le Haut-Urnen, & quelques Catholiques du Bas-Urnen. M. *Trumpi* dit dans sa chronique (37) de Glaris, imprimée en 1774, que le nombre des *Réformés* depuis l'âge de seize ans monte dans ce Canton à quatre mille, & que celui des *Catholiques* n'est que de cinq à six cent, ce qui fait une grande disparité dans le nombre des votans des deux Religions aux jours des assemblées générales.

Ce Gouvernement est *Démocratique* ou populaire. Tout le Canton est divisé en quinze parties, ou, en Allemand, *Tagwen*, je les ai nommées ; elles ne sont pas également grandes ni peuplées. Sous la domination de l'Abbaye de Seckingen le pays n'étoit partagé qu'en quatorze *Journées* ou *Tagwen* ; la quinzième est un démembrement du pays de *Gaster*. On en détacha en 1386 *Vilenspach*, & en 1415 d'autres districts furent aggrégés à la co-régence du Canton ; on en forma la *journée de Kirenzen & de Bilten*. Chacune des quinze parties élit quatre Conseillers pour le Conseil général ou *Landrath*. Elles ont chacune leurs possessions particulières de communauté, le droit de les faire valoir selon leur volonté, celui de recevoir des patriotes dans leur *Journée* respective , de faire des règlemens de police pour l'économie rurale & autres objets d'une moindre importance, & de punir les transgressions qui arrivent dans la tenue des biens affectés à la Communauté ; mais à la réserve de ces cas une *Journée* ne peut exercer aucune autre Jurisdiction. Les *Journées* de Matt & Engi, du Bas & Haut-Urnen, & celle de Bilten & Kirenzen, sont entièrement divisées pour le choix de leurs Conseillers respectifs ; d'autres sont séparées entr'elles dans les droits des communes & d'habitation, mais elles sont réunies dans la jouissance commune des bois, & lorsqu'il s'agit de procéder au choix des Conseillers ; telles sont Mitlœdi, Eschen-Tagwen, Bettschwand, Reuti & Linthal. D'autres *Journées* ont en très-grande partie la communauté indivise des droits & des biens publics ; telles sont Glaris, Enneda, Schwanden, Elm, Netstall & Mollis. Lorsque dans l'une des *Journées* il y a des Conseillers des deux Religions, chaque partie choisit séparément les siens de sa Communion ; cela se pratique à Glaris, à Mitlœdi, à Linthal & à Netstall. Tout Citoyen d'une des quinze communes ou divisions du pays, ayant atteint l'âge de seize ans, a droit d'assister à l'assemblée, dite *Landsgemeind*, qui, excepté les cas extraordinaires, ne se tient qu'une fois l'année le premier Dimanche de Mai, suivant le style de l'*ancien* (38) *Calendrier*, en plein air, dans une place publique, que l'on appelle *Allmentzoun*, hors du chef-lieu de Glaris. Huit jours auparavant on annonce le jour de sa tenue dans toutes les Eglises du Canton par une Ordonnance qui enjoint en même-temps à tout patriote, âgé de seize ans & au-delà, & aussi à tous ceux qui ont le droit du domicile dans le pays, d'y assister avec l'épée au côté. Le jour fixé le Magistrat assemblé dans la Maison du Conseil, se met en marche vers le midi ; il est précédé par les tambours & fiffres portant la livrée du Canton, par quelques hallebardiers & par le *Land-weibel* ou *grand Sautier*, armé d'un long sabre que l'on appelle en Allemand *Stab*, autrement l'instrument de préséance. Les Conseillers habillés de noir & portant un manteau, se rendent deux à deux, suivant le rang réglé, à la place de l'assemblée où l'on a préparé dans un cercle plusieurs rangées de sièges. Le Magistrat y prend sa place, & derrière lui un nombre de Patriotes ; ceux qui ne peuvent être assis, se tiennent debout autour du cercle dans lequel on voit aussi les Officiers servans portant la livrée de l'Etat. Au milieu du cercle est debout le *Landamme-Régent* ou Président, ayant à la main le sabre de Justice que lui remet le *grand Sautier* : voici quel est l'ordre de la tenue de l'assemblée. Le *Landamme* la commence par une harangue ; ensuite après qu'on a lu quelques ordonnances & certains articles du Code des Constitutions du Canton, il prête le serment attaché à sa charge ; le plus ancien des *Landammes hors de charge*, mais de l'autre Religion, fait prêter ce serment au *Landamme-Régent*. Après ce premier acte de prestation de serment, le *Landamme actuel* exige celui de fidélité & d'obéissance aux Constitutions du Canton, de tous les Conseillers, Juges, Officiers servans de l'état, & généralement de tous les Patriotes ; il exige aussi le serment de se conformer aux Loix du pays, de tous les domiciliés, & même des Etrangers qui sont au service des Patriotes. Après qu'ils ont tous levé la main, pour la prestation du serment, on procède aux objets de la législation. C'est à cette convocation générale, appellée *Landsgemeind*, qu'est réservé tout acte de souveraineté, comme de confirmer les Loix nouvelles, d'imposer des contributions, de faire des alliances, de traiter de la guerre ou de la paix. Après l'assemblée le nouveau *Landamme* est conduit par les Magistrats & Officiers de l'Etat dans sa maison où il leur donne un souper. On tient aussi dans la même place les assemblées extraordinaires, avec la même forme, à la réserve que les domiciliés, les domestiques & étrangers n'y sont pas appellés, & que le *Landamme-Régent* ne donne pas un repas

---

(37) Pag. 141.

(38) Aujourd'hui encore, quoique toutes les principales Puissances de l'Europe, celles même qui se sont séparées de la Communion Catholique Romaine, se servent du *Calendrier Grégorien*, & quoique depuis 1701 tous les autres Cantons ou Etats du Corps Helvétique le suivent généralement, les Réformés des Cantons de Glaris & d'Appenzell & du pays des Grisons, continuent d'user de *l'ancien Calendrier Julien*. Le Conseil général ou *Landrath* des deux Religions, dans le Canton de Glaris, avoit aussi reçu en Février 1700 le *nouveau Calendrier* ; mais la plus grande partie des Réformés s'opposa ouvertement à son introduction, comme si elle eût pu être une atteinte à leur croyance ; plusieurs autres préjugés fortifièrent leur résistance. M. *Leu* dit dans son Dictionnaire Historique de la Suisse (*T. V. pag.* 18, *& T. XII pag.* 415.) que les Habitans du *quartier d'Elm* alléguoient pour motif de leur opposition, que s'ils admettoient le *nouveau Calendrier* en retranchant les onze premiers jours de Janvier pour ne commencer l'année qu'au douzième, le soleil qui dardoit ses rayons par le trou de *Saint-Martin* (*), au-dessus d'*Elm*, vers le jour de Saint Martin 9 mois Novembre, ne paroîtroit plus en ce jour annuel. Il est bon d'observer qu'on appelle dans le Canton de Glaris, *trou de Saint Martin*, en Allemand *Sant-Martins-Loch*, une grande ouverture qui perce le milieu du roc *Schindlen* ou *Segnes* sur la montagne, au-dessus d'*Elm*, sur la frontière de la *Ligue Grise*, en allant à *Flimbs*. Les Habitans d'*Elm* qui ne voyent pas le soleil dans leurs habitations dispersées, pendant quatre, cinq ou six semaines de l'hiver, apperçoivent tous les ans cet astre à travers le *trou de Saint Martin* en Septembre, vers le jour de Saint-Michel, & au printemps vers le trois de Mars, *ancien style*. M. *Trumpi*, Ministre, conjecture dans sa Chronique de Glaris (*pag.* 96.) que le nom de *Martin* donné à cette ouverture peut dériver du mois de *Mars*, dans lequel le soleil paroît tous les ans le 3 de ce mois à travers le trou de *Schindlen*. Ce qui semble certain, c'est que les Habitans d'*Elm* s'opposant à l'introduction du *Calendrier Grégorien*, mirent en avant pour principale objection, que le soleil ne feroit plus son apparition au jour annuel fixe, à travers le *trou de St. Martin*. Au reste, les Catholiques du Canton de Glaris, indociles aux argumens des Réformés leurs compatriotes, suivent le *nouveau Calendrier*, ils respectent le méridien naturel du *Martis-Loch*, & ils seront enchantés d'apprendre tous les ans que le soleil a éclairé ponctuellement, en Mars & en Septembre à travers ce trou le clocher du village d'*Elm*.

(*) PLANCHE 176.

au retour. Chaque Religion a aussi ses assemblées particulières & annuelles le dernier Dimanche d'Avril, *suivant l'ancien style*. Les *Réformés* tiennent leur *Landsgemeind* dans la place dite *Straebi*, au-dessus du village de *Schwanden*, & les *Catholiques* tiennent la leur sur la commune de *Nefels*, dans le quartier dit *In-Erlen*, entre *Netstall* & *Nefels*. Ils la commencent, les Catholiques avec le chant de l'Hymne *Veni Creator*, & les *Réformés* avec un Prêche & une Prière. Le chef de chaque Religion, soit le *Landamme* ou le *Vice-Landamne*, autrement le *Statthalter* du pays, se tient au milieu d'un cercle formé par le contour de la *Landsgemeind*; il a dans ses mains le sabre ou le glaive dite Justice, qui est le symbole de sa préséance. Il ouvre l'assemblée par une harangue; on lit ensuite divers règlemens, & on traite séparément de toutes les affaires relatives à chacune des deux Religions. On y procède aux élections des Chefs du Canton & des Chefs du Conseil, à celles des Députés, des Baillifs, des Secrétaires d'Etat & des Sautiers du pays. Toutes ces élections, à l'exception de celles des Chefs, se font de manière que dans la partie *Réformée* du Canton, on choisit à la pluralité des voix, en levant la main, huit Candidats, savoir, deux de la partie du Canton *d'en-haut*, quatre de celle du *milieu*, & deux du département *d'en-bas*; on tire ensuite leurs noms au sort, & voici quelle en est la forme. A la fin de la *Landsgemeind* les huit Candidats en gardant le rang du département auquel ils sont attachés, entrent dans le cercle. Là le *Trésorier général* remet à un jeune enfant huit petites boëtes noires, exactement rondes, où sont renfermées séparément huit boules, dont une jaune & sept blanches; cet enfant entremêle les boëtes dans un chapeau ou dans une bourse, ensuite il en distribue une à chacun des Candidats, & celui d'entr'eux qui trouve dans sa boëte la boule jaune, obtient aussi-tôt la place qu'il postule.

Dans la *Landsgemeind* particulière des *Catholiques*, on tire au sort les noms de cinq Candidats pour les charges vacantes, savoir deux de la partie du Canton *d'en-haut*, & trois de celle d'*en-bas*.

Lorsqu'il survient des affaires importantes qui demandent dans le cours d'une année une ou plusieurs *Landsgemeind* extraordinaires des deux Religions, ensemble ou séparément, les *Réformés* tiennent presque toujours cette assemblée près de la Tour à poudre, hors du bourg de Glaris, & les *Catholiques*, à Nefels.

L'exercice du pouvoir exécutif de la jurisdiction civile & criminelle, de l'économie publique & de la police, est confié au *Landrath* ou Conseil du pays. Ce Corps est composé de soixante-trois Conseillers, dont quarante-huit de la *Religion Réformée* & quinze *Catholiques*, choisis les uns & les autres dans les différentes divisions du pays, dans une proportion déterminée par la loi. Les Chefs de ce Conseil sont le *Landamme* & le *Statthalter* ou *Vice-Landamme*. Ces charges alternent suivant un tableau fixe entre les deux Religions. Le *Landamme* nommé par les *Réformés* est en charge pendant trois années consécutives, ensuite les *Catholiques* en nomment un pour deux ans. Le parti qui n'a point de *Landamme* en charge pourvoit pendant ce temps à l'office de *Statthalter*; le *Landamme* a sous sa garde le sceau du Canton, & en son absence il est déposé entre les mains du *Statthalter*, & celui-ci lorsqu'il s'absente le remet au plus ancien des *Landammes hors de charge*,

dans le département respectif de sa religion. Le *Statthalter* préside au *Landrath* en l'absence du *Landamme-Régent*, quoiqu'il n'ait autrement le rang de séance qu'après les *Landammes sortis de charge*.

La charge de *Banneret* (39) du Canton alterne entre les deux Religions; cette charge est à vie. Il y a encore deux *Capitaines généraux* du pays qui sont pris dans l'une & l'autre Religion; presque toutes ces charges sont à vie. Le *Trésorier général* est nommé par les *Réformés* pour six ans, les *Catholiques* n'ont le droit de le nommer que pour trois ans. L'Officier (40) qui porte la bannière est toujours nommé dans le département d'une Religion autre que celle que professe le *Banneret* actuel. Chacun de ces départemens a aussi son Trésorier particulier.

Les *Réformés* jouissent exclusivement du bailliage du Comté de *Werdenberg*, qui est de leur Religion, & les *Catholiques* conjointement avec le Canton de Schweitz, des deux bailliages Catholiques de *Gaster* & d'*Uznach* : mais il y a appel des Sentences du Baillif de *Werdenberg* au *Landrath* ou Conseil général du Canton de Glaris; il y a aussi appel des Jugemens des Baillifs de *Gaster* & d'*Uznach* d'abord au Syndicat annuel des Cantons de Schweitz & de Glaris, & en dernier ressort aux *Landrath* ou Conseils de ces deux Etats Co-régens; & si l'un de ces Conseils approuve l'appel, la partie appellante a gain de cause. Je parlerai ailleurs plus au long du Gouvernement de ces différents bailliages.

La Chancellerie du Canton est dirigée par trois Secrétaires, dont deux sont *Réformés* & un *Catholique*. Il y a aussi deux *grands Sautiers*, dont un de chaque Religion; ils président au Tribunal Civil des *Cinq*, & en cas de parité de voix ils décident. Chacune des deux Religions a un Tribunal de *cinq* Assesseurs, qui juge les procès concernant les prétentions à l'occasion de créances; le grand *Sautier* de la Religion respective y préside. Il y a encore dans chaque Religion le Tribunal des *neuf* Assesseurs qui jugent sous la préséance du *Landamme* ou *Statthalter*, de toutes les contestations pour héritages, prétentions de services militaires, pensions, impôts, injures, &c. le Préssident a la voix prépondérante en cas d'accord dans les opinions. Il y a de plus dans chaque Religion une chambre d'*Inspection*, composée du *Landamme-Régent* ou du *Statthalter*, qui en est le Président, & de quatre Juges. Cette Chambre juge de toutes les contestations qui exigent la visite locale. S'il arrive un procès entre des personnes des deux Religions, il est terminé par un nombre égal de Juges des deux Religions pris dans les Chambres des *Cinq*, des *Neuf* & de l'*Inspection locale*. La partie ajournée a pour arbitre un Juge de sa Religion, qui, en cas de parité dans les suffrages, a la prépondérance. Les *Réformés* ont un Consistoire pour le Jugement des Causes matrimoniales; il est composé du *Landamme* ou *Statthalter* de leur Religion, qui, comme Président, a la voix décisive en cas d'égalité dans les suffrages. Les autres Assesseurs de cette Chambre sont neuf Juges, dont deux Ministres & sept Laïcs. Les *Catholiques* sont du diocèse de Constance, & leurs Cures font partie du Doyenné rural de *Rapperschweil*.

Dans les Causes criminelles le *Landrath* particulier de chaque Religion juge les Patriotes de sa croyance, sans le concours des Conseillers de l'autre Religion; mais quand l'accusé

---

(39) En Allemand, *Panner-her*.   (40) *Panner-vortrager*.

est étranger, tout le *Landrath* le juge sous la préséance du *Landamme* ou du *Statthalter*. Au reste, il n'assiste dans tous ces Conseils au Criminel que les Conseillers élus par les divisions du pays, & non les autres Chefs & Officiers du Canton.

Chaque Religion élit séparément son Chef, qui est primitivement nommé *Statthalter*, avant que de parvenir à la charge de *Landamme*. Les *Réformés* élisent à la pluralité des voix, en levant la main, trois Candidats parmi tous leurs Patriotes, sans s'arrêter aux trois divisions principales du pays ; quelquefois même ils ont élu cinq Candidats, comme cela est arrivé en 1744. Après cette élection on tire au sort, conformément aux Statuts du Canton, & celui des Candidats à qui tombe la boule jaune, est aussi-tôt proclamé *Statthalter*, & il entre en fonction. Les *Catholiques* élisent aussi cinq Candidats, savoir deux de la partie *d'en-haut* du pays & trois de celle *d'en-bas*; celui d'entr'eux qui tire au sort la boule jaune, devient *Statthalter*.

Quand le *Statthalter* a fini le temps prescrit pour l'exercice de sa charge, il est ensuite élu *Landamme*, mais sans tirer au sort. Le *Landamme* a le droit de convoquer le Conseil général de la Nation ainsi que le Conseil particulier de sa Religion ; le *Statthalter* exerce également ce dernier droit pour la convocation des Conseils privés de sa croyance : chacun d'eux y préside.

Voici la formation du Conseil particulier des *Réformés* ; il est composé des Chefs respectifs. Lorsque le *Landamme* est de la Religion *Réformée* ou *Evangélique*, il est en même-temps Chef du Canton & Chef particulier de la partie *Réformée* ; s'il est Catholique, alors le *Statthalter* Régent, qui est *Réformé*, préside à la Régence particulière de sa Religion. Les quarante-huit Conseillers, extraits des diverses *journées* des *Réformés*, ont séance à ce Conseil privé, ainsi qu'ils l'ont dans le *Landrath* ou Conseil général du Canton : depuis 1749 le *Major-Général du pays* y a aussi entrée. On tient quelquefois séparément dans les deux Religions un Conseil *double* & *triple* ; les Patriotes de chacune des *journées* y nomment alors les Assesseurs de leur ressort ; ils les choisissent ordinairement parmi les plus âgés & les plus intelligens.

Le *Conseil particulier des Catholiques* est de même composé des Chefs respectifs, de quinze Conseillers, & en outre des Assesseurs de leurs Chambres judiciaires, & des Conseillers particuliers de chacune de leurs Communautés.

Chacun de ces *Conseils privés*, soit des *Catholiques*, soit des *Réformés*, a la direction des affaires du département de sa Religion, soit dans l'intérieur, soit au-dehors ; il prend connoissance des capitulations militaires & des levées de troupes, donne les instructions à ses députés pour les objets particuliers, juge les patriotes & domiciliés de son ressort, administre la police & la justice civile, rend les sentences dans les cas criminels, offre la médiation dans les procès ou les renvoye aux Juges compétens, veille à l'entretien des indigens, établit les curateurs des veuves & les tuteurs des orphelins, &, chez les *Réformés*, donne dispense d'après les loix dans les degrés de consanguinité, & protège les Eglises & le *Synode* de sa Communion.

Le *Landrath* ou Conseil général du Canton, composé des deux Religions, est chargé de la police générale du pays, il délibère des objets généraux de la Suisse & de ceux qui concernent les bailliages communs, le tout suivant l'esprit des traités.

Le Canton aux Diètes du Corps Helvétique, députe ses deux Chefs, le *Landamme* & le *Statthalter* ; mais à l'égard des Députés au *Syndicat Ultramontain* de *Lugano*, & aux *Syndicats* de *Gaster* & d'*Utznach*, ils sont élus dans l'assemblée publique & tirés au sort.

Aux élections dans les *Landsgemeind*, les Patriotes ne s'arrêtent pas au rang, ils choisissent leurs Chefs ou les Baillifs, sans distinction, parmi les Conseillers & le commun du peuple ; mais dans l'une des *Journées* ou dans le *Conseil des Soixante-trois*, le père ou le fils, ou deux frères, ne peuvent être Conseillers en même-temps : de même le père & le fils, ou deux frères, ne peuvent siéger ensemble dans le même Tribunal ; mais un père qui a son fils Conseiller, peut en même-temps remplir une charge du pays, dans le *Parquet du Conseil*. On peut être aussi Conseiller du *Parquet* quand même on auroit un frère dans le Tribunal des *Cinq*, & un autre dans la Chambre des *Neuf* ; ces règlemens sont particulièrement observés chez les *Réformés*. On appelle charges du pays *Im-Schranken*, ou dans le *Parquet*, autrement la *barre* du Conseil, celles des *anciens Landammes* & Officiers principaux de l'Etat, & des anciens Baillifs du Comté de *Baden*.

Lorsque le Canton doit nommer aux bailliages qu'il possède par indivis avec plusieurs autres Cantons, la partie *Réformée* élit deux Baillifs consécutivement deux fois ; les *Catholiques* n'en nomment un qu'à la troisième fois.

PITTORESQUES, &c. DE LA SUISSE.

VII. Gouvernement Démocratique du Canton d'Appenzell.

APPENZELL (1) est le dernier des treize Cantons dans l'ordre de sa réception; il prend son nom du bourg (*) d'*Appenzell*, en latin *Abbatis cella*, qui originairement étoit appellé dans l'idiôme Allemand, *Abts-cell*; *la celle de l'Abbé*; avec le temps on le nomma par altération *Appenzell*. Ce pays est situé à l'extrémité de la Suisse, dans les montagnes près du Rhin, du lac de Constance & de l'Abbaye de Saint-Gall: il touche au levant le *Rheinthal* qui lui appartient en co-souveraineté avec les huit premiers Cantons; le Rhin traverse ce bailliage à un quart de lieue de la frontière du Canton d'Appenzell. Au midi cette contrée est limitrophe de la Baronnie de *Sax* qui dépend du Canton de Zurich; au couchant elle est bornée par le Comté de *Toggenbourg* & au nord par l'ancien *Domaine* de l'Abbaye de Saint-Gall, elle n'est éloignée du lac de Constance que d'une demi-lieue; sa longueur du levant au couchant peut être de dix lieues & demie, & sa largeur du midi au nord de six à sept lieues. Ce pays est proprement une masse de collines & de montagnes qui s'élèvent en amphithéâtre depuis l'extrémité septentrionale jusqu'à l'extrémité opposée. Guillimann (2) a fait les vers suivans sur sa situation, il assure les avoir composé étant à cheval dans un voyage qu'il fit en Octobre 1597, dans le Canton d'Appenzell, où il accompagnoit Alphonse *Casati*, Ambassadeur d'Espagne en Suisse.

Ventum erat Urnacum, fluvii de nomine vicum.
Hinc se se in vallem demittere molliter Alpes
Excelsa incipiunt, inclusam more theatri,
Vertice sic modico castes hinc inde coronant,
Frondibus umbriferis & vesco gramine lecti.
In medio vallis montes aquare propinques
Culmine connixens Abbatis cella laborat,
Sintria quam trepido secat agmine. Nec procul inde
Visuntur prisca labentia rudera Clancis
Perfugium quondam Abbatum, & munimen avitum.

» J'arrivois à *Urnaeschen*, ainsi appellé du nom d'une rivière.
» Depuis ce village les hautes Alpes commencent à descendre
» insensiblement dans une vallée formée en amphithéâtre.
» Depuis *Urnaeschen*, des collines agréablement verdoyantes
» couvrent de tous côtés la vallée avec l'ombre de leurs feuil-
» lages. Au milieu de la vallée, *Appenzell*, traversé par la
» tremblante *Sitter*, s'efforce dans son élévation d'égaler la
» hauteur des montagnes voisines, & près de-là on voit
» les ruines tombantes de l'ancien *Clanx* autrefois l'asyle des
» Abbés (de *Saint-Gall*) & la forteresse du pays «.

Voici l'histoire abrégée de cet Etat *Démocratique*. Il est vraisemblable que les défrichemens & la population ne s'étendirent dans ces montagnes qu'après la conquête de l'Europe méridionale par les nations du nord, & sous le règne féodal qui succéda à la police de ces *Aristocraties* militaires & bar-bares. Les noms de quelques anciens nobles (3) conservés dans les chroniques, sont des traces du vasselage dans cette contrée. A l'introduction du Christianisme succéda bien-tôt le zèle des fondations. L'*Abbaye de Saint-Gall*, dont l'origine remonte à l'an 614, acquit, par des donations, la plupart des rentes fiscales & censières dans ses environs. C'est une tradition presque générale que *Sigebert*, Roi d'*Austrasie*, résidant à Metz, & à qui, entre autres districts de l'*Allemannie*, appartenoit le pays connu sous le nom moderne d'*Appenzell*, donna à la *celle de Saint-Gall* tout le pays depuis cette contrée où elle étoit construite jusqu'à l'*Alp-stein*: on appelle ainsi une chaîne de diverses montagnes très-élevées, qui de loin paroissent à l'œil comme des rochers, quoiqu'elles contiennent de gras pâturages. Cette chaîne, dite en Latin *Alpi saxum*, *Alpes Rhatica*, *Alpes Retiarum*, sépare aujourd'hui au nord le pays d'Appenzell, du Toggenbourg, du Rheinthal & de la Baronnie de Sax; elle servoit autrefois de limites entre le pays des *Rhetiens*, présentement les *Grisons* & la Turgovie, dont le pays d'Appenzell faisoit partie; cette chaîne est d'un contour très-étendu. Trois montagnes s'offrent ici à la vûe comme trois murs assis l'un derrière l'autre; quand on en a monté une on en trouve aussi-tôt une autre devant soi. La première (4) partie de cette progression montueuse, du levant au midi, commence au mont *Gamor* ou *Camor*, qui est continué par les monts *Hohen-kasten*, *Stauberen*, *Furglen-first*, *Roslen* & *Kray-Alp*; elle a au nord les monts *Faehneren*, le *Bas-Gamor*, *Soll*, *Saemtis*, *Bollen-Wiess* & *Faehlen*. La seconde chaîne qui commence aussi au levant près de *Brullisau*, s'étend au couchant, & porte dans sa continuation les noms d'*Alpsichleten*, de *Manns*, de *Bogarten-first*, de *Maarwiess*, du *Haut-Maar*, de *Hundsstein* (la Pierre du chien), & le nom du *vieillard*, en Allemand, *der alte mann*, le tout depuis le pays d'Appenzell; & le mont de *Schaffberg* (le mont des moutons) dans le Comté de *Toggenbourg*. La troisième partie de cette chaîne commence à l'*Eben-Alp*; elle comprend dans sa progression *Klus*, *Schaeffler*, *Alten-alper-sattel* (la selle des anciens habitans des Alpes), *Thurn*, *Ohrli-spitz* (le bout d'oreille), *Hengeten*, *Nideri*, *Murli*, *Gyrspitz* (la pointe des vautours), le *Haut-Saentis* ou le *Haut-Mesmer* & *Schlys*, du côté du Toggenbourg. Sur le *Messmer*, qui est la plus haute montagne du pays d'Appenzell, on trouve la borne qui sépare ce Canton d'avec le Comté de Toggenbourg. Ce mont est élevé de cinq mille trois cent soixante-quatorze pieds; il faut plus de trois heures pour monter à sa cime. Il est plus haut de quinze pieds que la montage du *Vieillard*. Un passage de *Walafrid Strabon*, dans la vie (5) de *Saint-Gall*, semble fortifier la tradition du Roi *Sigebert*. Le savant *Vadian* (6), Bourgmestre de la ville de Saint-Gall, croit qu'il s'agit ici de *Sigebert*, second du nom, Roi d'*Austrasie*, fils de *Dagobert I*, Roi de France & de Ragnétrude. Ce prince (7) âgé de huit

---

(1) Leu, Dict. Hist. de la Suisse, T. I. pag. 140-141 & 247-306. Zurich 1747, in-4. en Allemand.
Faesi, Descript. Topog. de la Suisse, T. III. pag. 57 & suiv.
Tscharner, Dict. Géog. Hist. & Pol. de la Suisse, T. I. pag. 60 & suiv.
(*) PLANCHE 119.
(2) *De rebus Helvetior*. Lib. III. Cap. XIII. pag. 389-390. Friburgi Aventicorum 1598, in-4.
(3) Les Barons de Trogen & de Schwendi, les nobles de Hundweil de Rosenberg, de Schwarzeneck ou Schwarzenegg, de Rosenbourg, d'Urstein, de Schoenenbuel ou Schoenen-buhel, de Clanx, &c.
(4) Gabriel Walser, Chron. du Canton d'Appenzell, Chap. VI. pag.

9-12. Saint-Gall 1740, in-8. fig. en Allemand.
(5) Cap. XXI. p. 153, *apud Goldastum inter Scriptores Alamannicar. rer.* T. I Parte II.
Rasperti Liber de Casibus Monasterii S. Galli, Cap. I. pag. 1-2, apud eundem Goldastum ibid. T. I. Parte I.
(6) De Collegiis Monasteriisque Germaniæ veteribus, Lib. I. pag. 16-17, apud eundem Goldastum, ibid. T. III. Voyez aussi Haltmeyer, Description de la ville de Saint-Gall, pag. 28, en Allemand.
(7) L'Art de vérifier les dates, par Dom. Clément, pag. 530. Paris 1770, in-fol.

Tome I.

ans, établi par son père Roi d'*Austrasie* depuis l'année 632 ou 633, lui succéda dans ce Royaume, avec ses dépendances, en 638, au mois de Janvier; il mourut l'an 656, le premier Février, après dix-huit ans environ de règne. *Talto*, Chambellan du Roi *Dagobert I*, étoit Comte de la Turgovie qui comprenoit alors, entre autres contrées, celle d'*Appenzell*. Il paroît par le récit de *Ratpert* (8), que *Talto* contribua beaucoup par ses donations à l'aggrandissement du terrein qui avoit été accordé à *Saint Gall* & à ses disciples.

Saint Gall prêcha le premier l'Evangile dans les pays contigus à l'Abbaye de son nom. On prétend qu'il l'annonça à *Herisau* ou *Herrisau*, qui passe pour la plus ancienne Eglise du Canton d'Appenzell. Ce bourg, aujourd'hui le chef-lieu de la partie Réformée du Canton, est nommé *Herginisowa* par *Ekkehard le jeune*, Moine de Saint-Gall, qui vivoit vers le milieu du onzième siècle. Ce Chroniqueur rapporte (9) que *Hartmuot*, en résignant l'Abbaye de Saint-Gall à cause de son grand âge, en 883, obtint, de *Charles-le-Gras*, Roi de *Germanie* & depuis Empereur, pour lui & ses Abbés ses successeurs, la jouissance de *Herginisowa* & de *Waltschincha*, aujourd'hui *Herisau* & *Waldkirch* (paroisse dans l'ancien territoire de l'Abbaye de Saint-Gall). Le Roi obligea les possesseurs de ces terres à les laisser à la disposition de l'Abbé. Le successeur (10) de *Hartmuot*, l'Abbé *Bernard*, obtint en 884 de *Witon*, Avoué (11) de son Monastère au nom de l'Empereur Charles-le-Gras, l'investiture de *Herisau* ou *Herr-auw*, en Latin, *Augia Domini*. *Cralo* (12), Abbé de *Saint-Gall*, mourut à *Herginsowa*, l'an 959. On place (13) aussi au dixième siècle la construction du château de *Clanx*, au-dessus du bourg d'Appenzell. Un Abbé de Saint-Gall (*Engilbert*) le fit élever; il s'y réfugia en 925 avec ses Religieux, pendant le temps que les Hongrois pilloient & brûloient son Monastère. La situation de ce château dans le voisinage de la rivière de *Sitter*, en Latin *Flumen Sintrianum*, est décrite dans la chronique de Saint-Gall par le Moine *Ekkehard* (14), & par *Hepidann*, dans la vie (15) de Sainte *Wiborade*. Cette forteresse servit souvent d'asyle aux Abbés de Saint-Gall; on en voit les ruines sur une montagne au-dessus d'Appenzell, du côté du nord.

On a conservé l'acte (16) de la fondation de l'Eglise paroissiale d'*Appenzell*, par *Notpert* Abbé de Saint-Gall; il est de l'an 1069, & porte qu'elle fut consacrée par *Thietmar* Evêque de Coire, avec la permission de *Rumald* Evêque de Constance. L'acte nomme l'endroit *Abbacella*; il dit qu'il est situé dans une vallée entourée de montagnes, & que c'étoit un terrein défriché, *Novalis locus*; l'Abbé *Notpert*, détaille dans la Charte le local des dixmes qu'il attacha à la nouvelle paroisse. On trouve dans cette énumération les noms du mont *Hirschberg*, des alpes *Soll* & *Meggli*, du val *Bauenthal*, de l'alpe *Paaters*, du mont *Cronberg*, du ruisseau *Buchbach*, de la petite rivière de *Rot* ou *Rotbach*, en Latin *Rota*, qui se jette dans le *Sitter*, *Sitterum*. Les habitans du Canton d'Appenzell ont eu la franchise d'avouer dans l'acte (17) de 1566, par lequel ils ont été déclarés entièrement exempts de toute redevance vis-à-vis l'Abbaye de Saint-Gall, que tout leur pays avoit anciennement appartenu à ce Monastère, avec tous ses Colons, avec haute & basse justice en toute propriété, & les dixmes, cens, fiefs ecclésiastiques & séculiers, &c.

L'Abbaye avoit obtenu à diverses époques ces divers droits seigneuriaux. En 1275 elle acquit (18) le château de *Rosenberg* & la mairie de *Herisau*; en 1292 (19) la taxe que la contrée payoit annuellement à l'Empire, & en 1345 (20) la *Préfecture impériale*, avec le droit de juger au Criminel & celui de l'investiture des fiefs. Jusqu'alors les Empereurs avoient gardé la Préfecture impériale du pays; ils exigeoient l'hommage en leur nom, & on appelloit *les quatre petits pays de l'Empire*, en Allemand, *die vier Reichs-Laendlein*, les districts d'Appenzell, de *Hundweil*, d'*Urnæschen* & de *Teufen*. Ces villages (21) avoient obtenu en 1333 de l'Empereur Louis IV de Bavière la promesse de n'être jamais aliénés de l'Empire. Quelques Abbés de Saint-Gall avoient été pendant un temps favorables aux habitans: l'Abbé *Walther*, Baron de *Trutburg* ou *Trautburg*, les avoit (22) affranchi en 1246 de diverses impositions onéreuses dont les avoient chargé ses prédécesseurs. L'Abbé *Ulric*, Baron de *Guttingen*, donna en 1277 au pays d'Appenzell le privilège d'élire un *Landamme* ou Président de Justice. Hermann de *Schænenbuel*, Gentilhomme voisin d'Appenzell, fut revêtu le premier de cette charge. Mais l'Abbé *Rumold*, Baron de *Ramsstein*, n'imita pas Ulric; il fit enlever (23) en 1278 le même *Landamme* & l'enferma dans le château d'*Yberg*, au Toggenbourg; les Appenzellois indignés allèrent assiéger le château de *Clanx*. L'Abbé fit armer ses vassaux qui contraignirent les Appenzellois de lever le siège, & exigea soixante-dix marcs pour la rançon du *Landamme*. Cinq semaines après sa sortie de prison, ce *Landamme* mourut sans enfans; il avoit institué héritiers, ses neveux les nobles *Kuchimeister*, qui avoient beaucoup travaillé pour sa délivrance: mais l'Abbé obligea les Appenzellois d'acheter ses biens situés dans leur pays, & les leur fit payer beaucoup plus cher qu'ils n'avoient été estimés. Il ne donna même qu'une petite partie de cette somme aux neveux du défunt; il garda le restant avec le château de *Schænenbuel*, qui étoit situé au-dessus d'Appenzell, vers le levant. Cet Abbé est fameux dans les annales de Saint-Gall par son luxe & sa dissipation excessive; il négligea tellement les bâtimens de son monastère, que faute d'entretenir la couverture de l'Eglise abbatiale, la pluie en ruinoit l'intérieur; enfin craignant d'être déposé comme il le méritoit, il résigna l'Abbaye en 1279, en se conservant une pension de cent marcs d'argent.

L'Abbé *Guillaume*, né Comte de *Montfort*, accorda (24) en 1292 quelques franchises au pays d'Appenzell; il rendit aux

---

(8) *De Casib. Monasterii S. Galli, Cap. I. & II. pag. 2.*
(9) *De Casib. Monasterii S. Galli, Cap. 1, pag. 15. Apud Goldastum ibidem T. I. Parte I.*
(10) Walser, chr. du Canton d'Appenzell, pag. 81 & 139.
(11) *Wjton*, Avoué de Saint-Gall, du temps de l'Abbé Bernard, est aussi nommé dans la Charte de Winterthour, en la cinquième année de l'Empire de Charles le Gras. (*Goldast. ibid. T. II. Parte I. pag. 32*).
(12) *Ekkehardus de Casibus Mon. S. Galli. Cap. IX. pag. 40.*
(13) Walser, ibid. pag. 650.
Leu, Dict. Hist. de la Suisse, T. V. pag. 325 & suiv.
(14) *De Casibus Monasterii S. Galli. Cap. V. pag. 30.*
(15) *Lib. I. Cap. XXXI. pag. 221, apud Goldast. ibid. T. I. Part. II.*

(16) Goldast. ibid. T. II. Parte I. pag. 54, & T. III. pag. 66-67. Walser, chr. d'Appenzell, pag. 61-63.
(17) Walser, ibid. p. 491. Leu, Dict. Hist. de la Suisse. Tom. I. p. 250.
(18) Leu, ibid. T. I. pag. 250-251. Walser ibid. pag. 81 & suiv. & pag. 164-165. Tschudii chr. Helvet. T. I. pag. 184.
(19) Walser, ibid. pag. 172.
(20) Walser, ibid. pag. 182.
(21) Walser, ibid. pag. 178.
(22) Le même, ibid. pag. 156 & 166-167.
(23) Le même, ibid. pag. 166-167. Tschudii, chr. Helvet. T. I. pag. 186-187.
(24) Walser, ibid. pag. 171.

habitans le droit d'élire un *Landamme*, privilège que l'Abbé *Rumold* leur avoit enlevé. En 1345 (25) ils obtinrent de l'Abbé *Hermann*, Baron de *Bonfletten* plusieurs marques de bienveillance; cet Abbé rétablit sur l'ancien pied la taxe de l'Empire, qui avoit été augmentée, & déclara qu'elle ne seroit jamais rehaussée; il promit aussi de leur conserver tous les privilèges qu'ils tenoient de l'Empire, & qu'à la mort des pères de famille leurs cuirasses ou armures de guerre que les Abbés retiroient resteroient aux héritiers. Il leur (26) permit même en 1360 de faire un traité de combourgeoisie avec les Cantons de Schweitz & de Glaris. L'Abbé *George*, Baron de *Wildenstein*, ne se contenta pas de (27) confirmer en 1375 leurs privilèges, il permit (28) encore en 1378 aux *quatre petits pays de l'Empire*, de contracter alliance avec les villes Impériales de la Souabe: & en 1379, l'Abbé *Cuno* ou *Conrad*, Baron de *Stoufen* ou *Stofflen*, obtint (29) de l'Empereur Wenceslas, que les sujets de son Abbaye, & par conséquent les *Appenzellois*, ne fussent pas obligés de porter leurs contestations civiles devant les Tribunaux de l'Empire, mais qu'ils fussent jugés dans le district de leur domicile. Après avoir rendu justice aux Abbés de Saint-Gall, qui protégèrent leurs sujets, la vérité de l'histoire exige que je retrace ici les noms de ceux d'entre eux qui les accablèrent sous le poids du despotisme le plus dur. Ce fut du sein de l'oppression que naquit la Liberté; les Appenzellois secouèrent enfin le joug de leurs maîtres. Déja en 1227 (30) l'Abbé *Conrad*, Baron de *Buffnang*, les força de renoncer à leur projet d'alliance avec la ville voisine de Saint-Gall. Les Alliés avoient cherché à augmenter leurs revenus: l'intérêt commun lioit les Appenzellois avec les Citoyens de Saint-Gall, qui veilloient avec un œil inquiet sur toutes les entreprises de ce Gouvernement monachal. En 1253 (31) l'Abbé *Bertold*, Baron de *Falckenstein*, incorpora à son Eglise abbatiale les revenus de la paroisse d'Appenzell, & accabla en 1268 de tant d'impôts ce pays, que les habitans dansèrent publiquement le jour de son enterrement: cet Abbé tyrannique mourut le jour de la Pentecôte 1271. J'ai déja parlé de la violence que l'Abbé *Rumold* exerça en 1278 contre le *Landamme* des Appenzellois, qu'il ne relâcha de sa prison qu'après une forte rançon. L'Abbé (32) *Henri*, Baron de *Ramstein*, augmenta en 1308 les taxes de l'Empire, commença à établir la capitation, & chargea les Appenzellois d'impositions extraordinaires; son successeur *Hiltbold*, Baron de *Werdenstein*, engagea en 1324, à divers Nobles, les villages de Trogen, Teufen, Appenzell, Hundweil, Herisau, Gossau & Wittebach. Les chroniques sont remplies d'expressions lamentables sur tous les actes d'oppression que les Baillifs exercèrent dans le pays d'Appenzell pendant la plus grande partie du temps qu'il dépendit des Abbés de Saint-Gall; le récit en fait horreur. Les vexations en tout genre montèrent à leur comble sous la régence de l'Abbé *Conrad* ou *Cuno*, Baron de *Stofflen*, qui fut élu en 1379. Ayant (33) racheté en 1381 les Juridictions du pays engagées en 1324 par l'Abbé *Hiltbold*, non-seulement il refusa de confirmer les privilèges des habitans, mais il porta toute son attention à appesantir leur joug. Dans le temps où l'exemple des premiers Cantons Suisses avoit déjà réveillé chez leurs voisins le goût de l'indépendance, des Receveurs de l'Abbaye irritoient l'impatience du peuple d'Appenzell, par la rigueur des exactions & des moyens de contrainte qui sembloient insulter à des hommes déjà fort las de leur servitude. On raconte deux traits singuliers du despotisme de ces Officiers subalternes. Il y avoit (34) un château dans le district de *Schwendi*, derrière Appenzell; le Châtelain de l'Abbé *Cuno*, avoit fait élever près du château une table sur les péages que les Montagnards devoient payer pour l'importation de leurs denrées dans le pays. L'avide Châtelain avoit imaginé un plan de contrainte bien singulier, pour former les paysans à acquitter le péage: deux énormes dogues étoient dressés pour se jetter sur tous ceux qui auroient passé devant le tableau du tarif sans avoir payé. On peut croire que comme les habitans, réduits au désespoir par les mauvais traitemens en tout genre, faisoient difficulté de payer le péage & les autres impositions, aussi-bien que le retrait en cas de mort (*Todtenfall*), tout le pays étoit alors étrangement agité. Les deux scènes que je vais rapporter, arrivèrent précisément au milieu de cette crise, je veux dire en l'année 1400. Voici le premier de ces traits: un paysan portant un pot au lait sur une hotte, passe devant le château de *Schwendi*, sans acquitter le péage prescrit; aussi-tôt l'Inspecteur vigilant lance sur lui les deux dogues: qu'arriva-t-il? ce paysan rusé avoit eu la précaution de se munir d'un chat; il le lâche au même instant; les dogues oubliant aussi-tôt la fonction pour laquelle ils avoient été dressés, dirigent leur fureur contre leur ennemi naturel, & le paysan profitant de leur acharnement, échappe par cet heureux artifice au danger qui le menaçoit. Mais le Châtelain furieux d'avoir été trompé, déchargea sa colère sur les habitans du pays, & les accabla de nouveaux impôts.

L'autre (35) trait est d'une cupidité monstrueuse. Sa singularité peut servir de pendant aux excès que le tyrannique Baillif *Gesler* commit contre le brave Uranien Guillaume *Tell*. Un homme meurt à Appenzell, n'ayant en sa possession qu'un assez bon habit; ses proches le lui laissent dans la bière: il étoit d'usage alors, comme encore aujourd'hui, dans une grande partie de la Suisse d'enterrer les morts tout habillés; c'étoit un reste du paganisme. L'habit du mort, comme son meilleur effet, devoit être livré au Châtelain de *Clanx*. Cet Officier ne manqua pas de répéter le droit de main-morte; on lui répondit que le défunt n'avoit rien laissé que son habit, avec lequel on l'avoit enterré. Le Châtelain, homme d'un caractère violent, marqua à ce rapport le plus furieux emportement, & sans attendre la décision préalable de son Souverain l'Abbé de Saint-Gall, il donna ordre aussi-tôt de faire déterrer le mort, de lui ôter son habit & de le lui remettre pour acquit du droit réclamé: un pareil excès de tyrannie révolta tout le pays. Les grands évènemens sont souvent amenés par de petites causes; un *chapeau*, le symbole de l'affranchissement chez les Romains, & le signe de l'esclavage sous le gouvernement de *Gesler*, a été l'origine de la

---

(25) Le même, ibid. pag. 182-183.
(26) Le même, ibid. pag. 183.
(27) Le même, ibid. pag. 186.
(28) Le même, ibid. pag. 186-187 & parmi les preuves pag. 2-5.
(29) Le même, ibid. pag. 193-194.
(30) Walser, ibid. pag. 153.
(31) Le même, ibid. pages 161-162. Tschudi, chr. Helvet. Tom. I. pag. 174.
(32) Tschudi, ibid. pag. 302. Walser, ibid. pag. 175-177.
(33) Walser, ibid. pag. 188-198. Tschudii chr. Helvet. Adan. 1381, pag. 501.
(34) Walser, ibid. pag. 199.
(35) Tschudi, ibid. T. I. pag. 602-603. Walser, ibid. pag. 199-200.

Liberté des Suisses, ainsi que la *beface* a été le premier signal de la Liberté en *Hollande*. La triste dépouille d'un mort, un habit arraché au cercueil par l'ordre d'un Baillif avide & furieux, opéra la révolution du pays d'Appenzell, & les suites du soulèvement général amenèrent son association avec les Cantons. C'est ainsi que la tyrannie du Duc d'*Albe* enfanta la *République des Provinces-Unies*, & que celle du Chevalier *Gessler*, fit éclore la *Ligue des Treize-Cantons* dont le dernier est ce même Canton d'Appenzell; & si la Maison d'Autriche a perdu la Hollande & ses anciens domaines dans la Suisse, elle ne peut & ne doit s'en prendre qu'aux Ministres odieux qu'elle y envoyoit. L'Abbé de Saint-Gall peut également rejetter la perte du pays d'Appenzell sur le Gouvernement impitoyable de ses prédécesseurs, & sur les exactions tyranniques de leurs Officiers subalternes. Le Canton d'Appenzell, autrefois serf de l'Abbé de St.-Gall, a l'honneur de précéder par ses députés ceux de son ancien Maître & Souverain aux Diètes du Corps Helvétique: étrange vicissitude ! tant il est vrai que les extrêmes se touchent ; on peut le dire ici de la liberté & l'esclavage ; aussi a-t-on observé que la servitude excessive est toujours l'époque d'une prochaine révolution: celle du pays d'Appenzell fut subite en 1400. Les habitans (36) du quartier de *Schwendi* se déclarent les premiers, & entraînent (37) les autres Communautés dans une association générale contre l'Abbé de Saint-Gall ; elles expulsent ses Officiers: le premier mouvement a les plus heureuses suites. Tout le peuple s'assemble à Appenzell le 8 Novembre 1402, & s'engage par serment à maintenir désormais sa liberté au prix de son sang. Les habitans armés par le désespoir, chassent successivement les troupes de l'Abbé ; celles des villes & de la noblesse de Souabe dans divers combats (38) sanglants, forcent en 1405 *Frédéric*, Duc d'Autriche, à lever le siége de Saint-Gall, pénètrent, sous la conduite de Rodolphe, Comte de *Werdenberg*, dans la plaine de *Turgovie*, ravagent les terres & brûlent les châteaux de leurs ennemis ; se soumettent le *Rheinthal* & quelques pays voisins ; passent le Rhin en 1406, & portent le fer & la flamme jusques dans le *Tirol*, pour punir les sujets du Duc d'Autriche des menaces insolentes qui leur étoient échappées.

Pour couronner ces premiers succès que les San-Gallois partageoient avec eux, ils s'emparèrent (39) en 1407 de la petite ville de *Wyl*, & obligèrent l'Abbé (le même *Cuno de Stoffen*) devenu leur prisonnier de consentir à une paix. Elle fut faite (40) en Août 1407, le samedi qui précède la fête de Saint-Barthélemi : déjà les Appenzellois se vantoient de mettre en liberté toute la Souabe & tout le Tirol, lorsqu'ils furent repoussés avec perte le 15 Janvier 1408 devant *Bregenz* dont ils avoient imprudemment entrepris le siége au fort de l'hiver, avec un trop petit nombre de troupes. Quelques autres échecs successifs leur firent perdre tous leurs avantages plus rapidement encore qu'ils ne les avoient d'abord emportés : ils apperçurent qu'un petit peuple sans chef peut défendre avec succès ses propres foyers, mais qu'il n'est pas fait pour entreprendre des conquêtes. *Robert*, Roi des Romains, les fit souscrire à un plan de paix, en annullant celui qu'ils avoient forcé l'Abbé d'accepter. Le Traité (41) est daté de Constance, le mercredi avant le dimanche des Rameaux 1408: on convint aussi d'une trêve pour deux ans entre le Duc d'Autriche & les Appenzellois.

Outre divers traits d'une bravoure héroïque, que les Annales de ce peuple conservent de cette époque, on en cite d'autres qui prouvent leur naïve simplicité. Quand (42) l'Evêque de Constance les eut mis *dans l'Interdit*, ils déclarèrent qu'ils ne vouloient point être mis *là-dedans*. A la prise du château de *Hohen-Embs*, en 1407, ils abandonnèrent aux flammes les meubles & la vaisselle, & partagèrent avec empressement une provision de poivre qui tomba sous leurs mains. Cette Histoire est en quelque sorte le pendant de celle qu'on raconte de la vente du fameux diamant du Duc de Bourgogne, à la bataille de *Grandson* : les deux anecdotes sont placées dans le même siècle. Les Appenzellois, tranquilles pendant quelques années, profitèrent en 1411 de la méfiance toujours subsistante entre les Suisses & les Autrichiens, pour se lier, par une (43) combourgeoisie perpétuelle avec sept Cantons leurs plus proches voisins, Zurich, Lucerne, Uri, Schweitz, Underwalden, Zoug & Glaris. Le Traité est daté du 24 Novembre 1411 : l'Histoire fait mention des services signalés que les Cantons de Schweitz & de Glaris leur avoient rendus dans le cours de leurs guerres, notamment au combat de *Speicher*, en 1403.

Par ce Traité (44) définitif, daté de Lucerne le 6 Mai 1411, & réglé par l'entremise des mêmes Cantons qui avoient signé l'acte de combourgeoisie, les Communautés du pays d'Appenzell furent reconnues un peuple libre & indépendant ; les cens & rentes de l'Abbé de St.-Gall conservés, & des contributions auparavant indéterminées, fixées, sous la réserve que ces peuples pourroient se racheter de tous les impôts & redevances.

Cette paix (45) déplaisoit aux esprits les plus échauffés : leur mutinerie leur attira en 1425 un nouvel interdit de l'Evêque de Constance. D'abord les troupes de Frédéric, Comte de Toggenbourg, qui s'étoit déclaré pour l'Abbé de

---

(36) En mémoire de ce premier acte de vigueur, le Capitaine du *Rood* en quartier de *Schwendi*, a encore le privilége de donner le premier son avis aux *Landsgemeind*, dans le Canton d'Appenzell intérieur. (*Leu*, Dict. Hist. de la Suisse, T. XVI. pag. 644.)

(37) Tschudi, ibid. T. I. pag. 612-616, 618-621 & 618-636. Walser ibid. pag. 200 & suiv.

(38) Au Speicher, le 15 Mai 1403, au Stoffle 17 Juin 1405, à Wolff-Halden dans la même année.

(39) Tschudi, ibid. pag. 635. Walser., ibid. pag. 239 & suiv.

(40) Tschudi, ibid. pag. 638. Walser ibid , pag. 241 & suiv.

(41) Tschudi, ibid. pag. 642 & 644. Walser, ibid. pag. 249-252.

(42) Tschudi, ibid. T. I. pag. 636 & 642. Walser, ibid. pag. 239. Voici comme Voltaire a dépeint la Suisse moderne mise en parallèle avec la Suisse en 1476. (*Essai sur l'Histoire générale depuis Charlemagne*, T. II. pag. 268, édition de 1756, in-8. par les frères *Cramer*.) » Auroit-on prévu, lorsque le » plus gros diamant de l'Europe pris par un Suisse à la bataille de Granson, » fut vendu au Général pour un écu ; auroit-on prévu alors qu'il y auroit un » jour en Suisse des villes aussi belles & aussi opulentes que l'étoit la Capitale » du Duché de Bourgogne ? Le luxe des diamants, des étoffes d'or y fut » long-temps ignoré ; & quand il a été connu, il a été prohibé ; mais les » solides richesses qui consistent dans la culture de la terre, y ont été recueil- » lies par des mains libres & victorieuses. Les commodités de la vie y ont été » recherchées de nos jours. Toutes les douceurs de la Société & la saine » Philosophie, sans laquelle la société n'a point de charme durable, ont » pénétré dans les parties de la Suisse où le climat est le plus doux, & où » règne l'abondance. Enfin dans ces pays autrefois si agrestes, on est parvenu » en quelques endroits à joindre la politesse d'Athènes à la simplicité de » Lacédémone ».

(43) Walser, ibid. pag. 262, & parmi les preuves pag. 5-9. Tschudi, ibid. pag. 656.

(44) Tschudi, ibid. T. II. pag. 135-141. Walser, ibid. pag. 269-279.

(45) Tschudi, ibid. T. II. pag. 156-157, 187 & suiv. & 195-197. Walser, ibid. pag. 279-295.

Saint-Gall, furent entièrement défaites, en 1428; mais irrité de ce que les Appenzellois avoient tenté de soulever ses propres sujets, il poussa la guerre & les battit à son tour près de *Goſſau*, la même année. Comme c'est toujours le caractère du peuple de ressentir avec excès la bonne & la mauvaise fortune, les échecs découragèrent les Appenzellois; ils n'avoient d'ailleurs aucun appui à espérer des Cantons alliés en partie avec le Comte de Toggenbourg & choqués de voir leur médiation méprisée: en payant à l'Abbé une amende de deux mille florins, ils obtinrent à Constance, en juillet 1429, le mardi avant la fête de Saint-Jacques, la ratification du dernier Traité.

Ce n'est pas ici le lieu de parler des faits généraux de la Nation, auxquels les Appenzellois ont eu part. En (46) 1460 ils achetèrent de Jacques Peyer le bailliage du *Rheinthal*, si souvent ravagé dans les guerres précédentes. Trente ans (47) après (en 1490) ils en furent dépouillés par les Cantons, en punition d'une violence exercée contre l'Abbé de Saint-Gall. Voici le fait. La ville de ce nom ayant refusé au Monastère une place pour étendre ses bâtimens, l'Abbé avoit commencé la construction d'un Couvent à *Roſchach*; les bourgeois qui craignoient la concurrence de ce nouvel établissement, & la diminution de leur commerce ainsi que celle de leurs salaires, s'associèrent ceux du pays d'Appenzell & une partie des sujets de l'Abbé, & rasèrent le nouvel édifice. En 1489 les exhortations des quatre Cantons, Zurich, Lucerne, Schweitz & Glaris, (protecteurs de l'Abbaye, en vertu d'une alliance conclue en 1451.) avoient rendu suspecte aux San-Gallois & à leurs alliés l'offre d'un arbitrage amiable: sur leur refus, les Cantons protecteurs de l'Abbaye les forcèrent par les armes à se soumettre à leur jugement, & les condamnèrent le 10 Mai 1490 à des dédommagemens considérables & aux frais de la guerre. Les quatre Cantons se saisirent du *Rheinthal*, & associèrent à la corégence Uri, Underwalden & Zoug. Après la guerre des Cantons, en 1499, contre l'Empereur Maximilien & la Ligue de Souabe, guerre soutenue avec un si grand acharnement réciproque, les Appenzellois, en récompense des secours prêtés à leurs Alliés, furent associés (48) (en 1500) au gouvernement du *Rheinthal*. Je donnerai ailleurs la description de ce bailliage.

Les sept Cantons (49) de Zurich, Lucerne, Uri, Schweitz, Underwalden, Zoug & Glaris, avoient converti le 15 novembre 1452, en une alliance perpétuelle le premier Traité d'Union & de combourgeoisie avec le pays d'Appenzell: enfin le samedi après la fête de *Sainte-Lucie*, laquelle tombe le 15 Décembre 1513, ce pays fut (50) adopté par les douze Cantons dans la Ligue Helvétique, dans laquelle il occupe le treizième & dernier rang.

A cette époque le pays étoit divisé en douze *Rood* ou *Rhodes*, dont il faut chercher l'étymologie dans le terme de *Route*, en Allemand *die Rhod*, compagnie, & l'origine dans les anciennes guerres des Abbés de Saint-Gall avec plusieurs grands vassaux, qui occasionnèrent cet établissement de milice; encore aujourd'hui, les chefs de ces *Rhodes* portent le nom de Capitaines. Alors chaque *Rhode* fournissoit un Conseiller & un Asseſſeur à la *Juſtice des Jurés*, d'où ressortissoient les causes qui emportoient purgation par serment, & deux Justiciers pour la Justice *publique* ou *civile*; ces Tribunaux s'assembloient dans le bourg d'Appenzell. Tout le corps du peuple s'étoit réuni en 1421 sous une Bannière & une forme de Gouvernement commune, confirmée par l'Empereur Sigismond en 1425, avec cession en 1436 de la Justice criminelle qui relevoit des Empereurs.

Parmi les douze *Rhodes* ou quartiers qui partageoient le pays d'Appenzell en 1513, il y en avoit six *intérieurs* & six autres *extérieurs*; les premiers étoient ceux de *Schwende* ou *Schwendi*, de *Ruſi*, de *Lehn*, de *Schlatt*, de *Gonten* & de *Rikenbach*; les six autres *Rhodes* étoient *Urneſchen*, *Heriſau*, *Hundweil*, le haut & bas *Teuffen* & *Trogen*. Avant l'époque de la liberté & sous la domination des Abbés de Saint-Gall, le pays n'avoit que six Communautés, *Appenzell*, *Hundweil*, *Urneſchen*, *Teuffen*, *Heriſau* & *Trogen*.

La discorde occasionnée en 1524 & 1531 par la diversité des opinions sur la Religion, produisit, après une longue fermentation, un changement très-essentiel dans la constitution de la République. Par la médiation de six Cantons choisis pour Arbitres, savoir, Lucerne, Schweitz & Underwalden pour les *Catholiques*, Zurich, Glaris & Schaffhausen pour les *Réformés*, on arrangea (51) un *cantonnement* entre les deux partis, le 8 Septembre 1597.

Suivant le nouveau plan, tout le pays est partagé en deux Cantons *diſtingués* mais non *ſéparés d'intérêt*, savoir le Canton des *Rhodes* (52) *intérieurs* & celui des *Rhodes extérieurs* (53); le premier occupé par les Catholiques, & le dernier par les Réformés. Ces deux portions offrent deux petits Etats indépendans: Gouvernement, Police, Finances, &c. tout est séparé; seulement les deux Députés n'ont qu'une voix à la Diète Helvétique, & ils la perdent si leurs opinions sont partagées. Dans l'un & l'autre Canton, le pouvoir souverain réside chez le peuple composé de tous les hommes au-dessus de seize ans. *Walſer* (54) a rapporté l'*Abſcheid* ou le *Recès* des conférences tenues le 21 janvier (vieux style.) 1667, entre les deux partitions du Canton d'Appenzell; ce *Recès* contient tous les objets généraux des deux législations.

Anciennement tout le pays (55) d'Appenzell avoit sur son sceau un *Ours marchant ſur ſes quatre pattes*; ce sceau lui avoit été donné par l'Abbaye de Saint-Gall, qui porte pour armes, *d'or* à un ours debout de *ſable*. Mais depuis l'établissement de la liberté le pays changea son sceau & marqua dessus un ours debout, de *ſable*, armé de griffes de *gueules*, au champ d'argent Dans la suite la partie *Réformée* du pays, nommée en Allemand *Vſſere-Rhoden*, *les Rhodes extérieurs*, a placé à côté de l'ours les deux lettres *V. R.* pour désigner sa distinction d'avec la partie *Catholique*.

---

(46) Tschudi, ibid. T. II. pag. 599-600. Walser, ibid. pag. 321.
(47) Walser, ibid. pag. 359-388.
(48) Walser, ibid. pag. 401, & parmi les preuves pag. 16-18.
(49) Tschudii, chr. Helvet. T. II. pag. 570 & seq.
Walser, ibid. pag. 314, & parmi les preuves pag. 9-15.
(50) Leu, Dict. Hist. de la Suisse, T. I. pag. 271-276.
Walser, ibid. pag. 410, & parmi les preuves pag. 18-24.

(51) Leu, Dict. Hist. de la Suisse. T. I. pag. 255-266.
Walser, chron. d'Appenzell, pag. 549-553 & preuves pag. 42-56.
(52) En Allemand *Innere Rooden* ou *Inn-Rooden*.
(53) *Auſſere-Rooden* ou *Aus-Rooden*.
(54) Preuves pag. 59-72.
(55) Walser, ibid. pag. 56.

GOUVERNEMENT DU CANTON D'APPENZELL CATHOLIQUE.

Le Canton *Intérieur* est aujourd'hui composé de neuf *Rhodes* ou quartiers; I. *Schwende* ou *Schwendi*; II. *Ruthi* ou *Ruti*, III. *Lehn*, IV. *Schlatt*, V. *Gonten*, VI. *Rikenbach*, VII. *Stecklenegg*, VIII. *Hirschberg*, & IX. *Oberegg*. L'Assemblée générale ou *Landsgemeind* est convoquée ordinairement une fois par an, le dernier dimanche d'avril, suivant le nouveau Calendrier; elle se tient alors, aussi-bien que dans le cas de convocation extraordinaire, dans le bourg d'Appenzell, ou en plein air, ou dans l'Eglise paroissiale s'il fait mauvais temps. C'est dans l'Assemblée annuelle que se fait l'élection des Magistrats, à la pluralité des voix, en levant la main; le peuple y élit le *Landamme* ou *Président* qui reste deux ans en charge, si la *Landsgemeind* n'en ordonne autrement. On y élit aussi le *Stattalter* ou le *Lieutenant du Landamme*, le *Trésorier*, le *Capitaine général du Canton*, l'*Edile* ou le *Directeur des Bâtimens*, l'*Administrateur du temporel des Eglises*, & l'*Enseigne général* du pays. La *Landsgemeind* a le droit de les changer tous les ans; mais en cas de mutation, ces anciens Officiers gardent leur place dans le petit Conseil.

Après la *Landsgemeind*, le premier Tribunal est le *Grand-Conseil*; il est composé de cent vingt-huit personnes, y compris les Chefs & le *petit Conseil*; il décide des causes majeures, civiles & fiscales; il est Juge Criminel & reçoit les comptes des Finances; il peut publier les Mandats de police ou Edits publics, les expliquer, les confirmer, les augmenter ou même les abréger suivant les occurrences. Ses assemblées fixes ordinaires se réduisent à deux & se tiennent, l'une huit jours après l'assemblée générale & annuelle du peuple, l'autre le 16 octobre, jour de la fête de *Saint-Gall*, l'une & l'autre dans le bourg d'Appenzell. Les sept Chefs que nous avons nommés, font nombre dans le *grand Conseil*; les Capitaines de chaque *Rhode* y ont aussi suffrage. Les neuf *Rhodes* nomment chacun deux Capitaines, deux Membres du *petit Conseil*, & quatre du *grand*. Les Rhodes de *Rikenbach* & de *Stecklenegg*, élisent deux Capitaines, mais ils ne peuvent nommer qu'un Membre du *petit Conseil* & deux autres dans le *grand*. Tous ces Magistrats tirés des différens quartiers du pays, sont tous les ans élus ou confirmés chacun par son *Rhode* respectif, le jour de la *Landsgemeind*, à Appenzell: ces Rhodes distincts s'assemblent alors chacun séparément dans ce bourg pour ces élections. Les Magistrats ainsi extraits administrent aussi la police & la partie économique, chacun dans sa Communauté.

Le *petit Conseil* ou *Conseil hebdomadaire* est composé des sept Chefs que j'ai nommés lesquels sont élus par la *Landsgemeind* annuelle, & de douze ou quatorze Adjoints, ce qui forme en tout dix-huit ou vingt personnes; ces derniers alternent entre eux dans certains temps. Ce Conseil, à l'exception des *Féries*, s'assemble à Appenzell une fois par semaine, excepté dans le temps qu'on coupe le foin & qu'on fait le regain; il s'assemble aussi quatorze jours avant & quatorze jours après Pâques, la Pentecôte & Noël. Le choix des Membres se fait le jour de l'Assemblée générale dans les convocations particulières des *Rhodes* à Appenzell, lesquels les fournissent dans une proportion réglée. Ce Conseil juge des affaires civiles & fiscales ordinaires, & il a la police inférieure; dans les cas pressans il s'associe un certain nombre des Membres du *grand Conseil*: alors il peut traiter des affaires étrangères, donner des instructions aux Députés, dicter des bans plus forts, &c. mais il faut que préalablement le *petit Conseil* fasse publier dans les Eglises, par le *Grand-Sautier* du pays cette addition extraordinaire. Le *Secrétaire du Canton* décide dans le *petit Conseil* & dans le *grand*, quand il y a égalité de suffrages; hors ce cas il n'a pas de voix à donner.

Pour les causes matrimoniales, le Canton d'Appenzell Catholique est du ressort de l'*Official épiscopal* de Constance. Je parlerai ailleurs de la constitution militaire de ce Gouvernement Démocratique.

Quand il s'agit d'un procès criminel, c'est au *grand Conseil* qu'il appartient d'en connoître, & alors pendant que les plaintes lui sont exposées, le battant de la porte de la salle judiciaire est ouvert.

GOUVERNEMENT DU CANTON D'APPENZELL RÉFORMÉ.

Le *Canton extérieur*, plus étendu que le *Canton intérieur*, est partagé en deux quartiers séparés par la *Sitter*: à l'ancienne division en six *Rhodes* en a succédé une autre en dix-neuf paroisses. La forme de l'Administration est un peu plus composée dans le Canton occupé par les *Réformés*; nous nous contenterons d'en donner ici les traits généraux, d'après le plan fixé à la suite de plusieurs contestations assez vives. Voici l'ordre des dix-neuf paroisses, tel qu'il s'observe à la *Landsgemeind*; les six premières sont situées *devant* (1) *la Sitter*, & treize *derrière* (2) cette rivière. I. *Urneschen*, II. *Herisau*, III. *Schwellbrunn*, IV. *Hundweil*, V. *Schœnen-grund*, VI. *Waldstatt*, VII. *Teufen*, VIII. *Buehler*, XI. *Speicher*, X. *Trogen*, XI. *Rehe-Tobel*, XII. *Wald*, XIII. *Grub*, XIV. *Heiden*, XV. *Wolffhalden*, XVI. *Lutzenberg*, XVII. *Waltzenhausen*, XVIII. *Ruthi*, & XIX. *Gaiß*.

L'Assemblée (3) générale ordinaire du peuple se tient alternativement à *Trogen*, dans le quartier *derrière la Sitter*, ou dans *Urneschen* ou *Herisau*, *devant la Sitter*; elle est fixée au dernier dimanche d'avril (*vieux style*), & lorsque Pâques tombe ce jour là elle se tient huit jours après. J'ai déja observé que l'ancien calendrier a seul cours dans cette partie *Réformée* du Canton d'Appenzell. Je vais décrire la forme de la *Landsgemeind*; elle est à-peu-près la même que celle de la *Landsgemeind* du Canton d'*Appenzell-Catholique*. On tient aussi des assemblées extraordinaires du peuple, quand il survient des affaires majeures d'Etat; c'est dans ces assemblées que réside le pouvoir souverain.

Huit jours avant la *Landsgemeind*, pour prévenir tout désordre, on publie en chaire dans toutes les Eglises un règlement qui prescrit la manière dont chaque Patriote doit se conduire à l'Assemblée générale.

Le jour de la *Landsgemeind*, tout Patriote qui a atteint l'âge de seize ans, doit être rendu sur la place de l'Assemblée vers les onze heures du matin, ayant l'épée au côté: des sentinelles nommées par toutes les Communautés veillent au bon ordre.

---

(1) En Allemand *Vor der Sitter*.
(2) *Hinter der Sitter*.

(3) Walser, chron. d'Appenzell, pag. 49-53, *Fæsi*, T. III. p. 110 & 117. &c.

Le *Landamme* ou Président commence l'Assemblée par une narangue, & on la finit par une prière. Le premier objet dont il est question dans la *Landsgemeind*, roule sur la reddition des comptes annuels de l'Etat. La Communauté d'*Urnæschen*, autrefois le premier des *Rhodes extérieurs*, ouvre l'avis ; ensuite on demande celui des autres Communautés, suivant le tableau qui est à la tête de cet article. Les Officiers en charge & les Capitaines de chaque Communauté donnent toujours leur avis : avant toute autre affaire, on procède à l'élection du *Landamme* ou Président ; cet Officier est continué deux ans dans sa charge, & il est ordinairement remplacé à la *Landsgemeind* de *Trogen*. Après cette élection le *Secrétaire* & le *Grand-Sautier* du pays, s'ils sont déja élus, demandent la confirmation de leurs emplois. Le *Landamme* est debout sur un théâtre, ayant le Grand-Sautier à sa droite & le Secrétaire à sa gauche. Le grand sceau du Canton est remis au nouveau *Landamme* qui continue ensuite la *Landsgemeind* ; les autres Officiers en charge, tels que le *Landamme en second* qui est alors *Banneret-Régent*, le *Statthalter*, le *Trésorier*, le *Capitaine* & l'*Enseigne du Canton*, sont élus à la pluralité des voix. Le nombre de ces Officiers est double, moitié du district *devant la Sitter*, & moitié de celui *derrière cette rivière* ; mais on observe cette distinction, que lorsqu'il arrive que le *Landamme-Régent* est d'un quartier antérieur à la *Sitter*, son *Lieutenant* ou *Statthalter* est tiré du district *derrière la Sitter*.

A chaque élection on demande d'abord les voix des Officiers & Capitaines, ensuite chaque Patriote a la liberté de proposer un autre sujet, & on est obligé de le mettre dans le nombre des Candidats : c'est le *Landamme* qui déclare leurs noms, & le peuple donne sa décision pour l'un ou pour l'autre, à la pluralité des voix. La formule de proposer les Candidats est ainsi conçue : *Que celui à qui il plaît qu'un tel soit cette année Banneret, Statthalter, &c. lève la main* ; aussi-tôt celui d'entre les Patriotes qui veut donner sa voix à l'un ou à l'autre, lève en l'air sa main droite, & alors celui qui a le plus de mains pour lui est élu.

L'élection est proclamée par les Seigneurs du Gouvernement qui se trouvent sur le théâtre, mais lorsqu'il y a partage dans les voix, d'autres Magistrats se joignent aux premiers sur cette élévation, pour mieux apprécier la pluralité, & s'ils ne peuvent la décider, on compte alors les voix ; mais ce cas arrive rarement. Il n'y a qu'un Secrétaire d'Etat & un Grand-Sautier ou *Landweibel* ; ils sont élus indifféremment dans l'une ou l'autre division du pays, *devant* ou *derrière la Sitter* ; le *Landweibel* est obligé de résider en tout temps dans la maison du Conseil à *Trogen*.

Après l'élection ou la confirmation des charges, ceux qui désirent obtenir la Bourgeoisie du pays, présentent leur requête à l'Assemblée ; il faut payer six cent florins pour jouir de ce droit. La *Landsgemeind* décide aussi de la guerre, de la paix & des alliances avec les Puissances Etrangères ; c'est à elle qu'il appartient en outre de ratifier les nouvelles loix proposées par le *Grand-Conseil*. Elle élit encore le Baillif du *Rheinthal*, & celui qu'elle nomme à cet office est obligé de payer *cent ducats* au Trésor public ; au reste, il est fait défense au Baillif d'acheter aucune voix. Toutes ces élections, décisions & ratifications se font à la pluralité, en haussant la main ; finalement le Secrétaire du Canton lit à tous les Patriotes la formule du serment, surquoi chacun le jure, & après cet acte solennel toute l'Assemblée se sépare.

Les Réformés du Canton d'Appenzell ont dix Chefs ou Officiers d'Etat ; savoir, deux *Landammes*, deux *Statthalters*, deux Trésoriers, deux Capitaines & deux Enseignes du pays ; l'un d'eux dans chaque classe est choisi dans le district *antérieur à la Sitter*, & l'autre dans celui qui est situé *derrière cette rivière*. Dans chaque office il n'y en a qu'un en charge pour un an, en observant l'ordre alternatif entre les deux quartiers : celui des *Landammes* qui n'est pas Régent est toujours le *Banneret* actuel ; il a le rang devant le *Statthalter*-Régent qui a cependant sous sa garde le petit sceau du Canton. Les deux *Statthalters* exercent les fonctions du *Landamme-Régent* en son absence & ils permettent les accès des Tribunaux.

De plus, chaque Communauté a ses Capitaines & Conseillers particuliers qui sont élus ou confirmés huit jours après la *Landsgemeind* ; ils ont la police distincte de leurs Communautés.

Chaque Communauté dans le Canton d'*Appenzell extérieur* a des Conseillers en nombre inégal & relativement à son étendue. Dans le département *devant la Sitter*, *Urnæschen* donne vingt-quatre Conseillers, y compris les Capitaines ; *Herisau* vingt-quatre, *Schwellbrunn* douze, *Hundweil* quarante-huit, *Schænen-grund* six, *Waldstatt* six ; ce qui fait en total cent-vingt Asseseurs. Dans la division *derrière la Sitter*, *Teufen* donne seize Conseillers, *Buehler* six, *Speicher* douze, *Trogen* seize, *Rehe-Tobel* huit, *Wald* huit, *Grub* huit, *Heiden* dix, *Wolffshalden* dix, *Lutzenberg* sept, *Waltzenhausen* dix, *Rüti* huit, & *Gaiff* douze ; ce qui fait en tout cent trente-un Membres : une moitié d'entr'eux fait toujours partie du *petit Conseil*, & l'autre du *grand*, excepté *Trogen*, où dix Membres sont toujours dans le *petit Conseil* & six dans le grand.

Le grand double *Conseil* du pays, qui réunit le nouveau & l'ancien *Landrath*, est composé de quatre-vingt-dix Membres ; il ne s'assemble qu'une fois l'an, huit jours après la *Landsgemeind*, à *Trogen* ou à *Herisau*. La publication des Loix de police, l'élection des *Ediles* ou Directeurs des bâtimens, & autres Officiers subalternes, sont de son ressort.

Le *grand Conseil*, proprement dit, s'assemble alternativement à *Trogen* & à *Herisau* ; ses séances ne sont pas toutes fixées ; il décide de tous les objets de basse jurisdiction qui lui sont renvoyés ; il juge au Criminel, & alors la procédure se fait à *Trogen*, dans la maison du Conseil à *huis-clos* ; il examine aussi les dépenses & recettes de l'Etat, expédie toutes les affaires étrangères & donne les instructions aux Députés du Canton. Le *Landamme-Régent* en est le Président, il a avec lui pour Asseseurs les neuf autres Chefs ou Officiers d'Etat & les Capitaines en charge de toutes les Communautés : les Directeurs des bâtimens, le Secrétaire & le Grand-Sautier y ont aussi séance.

Chaque quartier *devant* ou *derrière la Sitter* a son *petit Conseil* distinct. Le *petit Conseil derrière la Sitter* s'assemble le premier jeudi de chaque mois à *Trogen* ; il vacque dans les temps où les Tribunaux sont fermés, ce qui arrive toujours quatorze jours devant & huit jours après les grandes fêtes solennelles de Pâques, &c. & après les jours consacrés à la prière publique. Le Président du *petit Conseil* est le *Landamme-Régent*. L'un des Conseillers des treize Communautés qui forment la division *derrière la Sitter*, se trouve toujours à tour de rôle au *petit Conseil* de ce district ; le Secrétaire & le *Landweibel* y ont aussi séance.

Le petite Conseil devant la Sitter, présidé par le *Landamme-Régent*, n'a aucune séance fixe ; il ne s'assemble que suivant les circonstances urgentes, à *Herisau*, à *Hundweil* ou *Urnefchen*. Le Secrétaire, le Grand-Sautier & les Conseillers nommés par les six Communautés *devant la Sitter* y assistent.

L'un & l'autre de *ces petits Conseils* jugent de toutes les prétentions pécuniaires & de tout procès, excepté le cas criminel & les causes matrimoniales. Au reste, ils ne peuvent pas imposer une amende au-dessus de dix florins ; ils renvoyent les affaires plus considérables par-devant le *Grand-Conseil*, ou à l'examen d'une commission distincte : les causes matrimoniales sont jugées par un consistoire établi dans le pays.

C'est à *Trogen* que sont le dépôt des archives du pays, celui du trésor général, l'arsenal & le magasin à poudre ; c'est aussi dans la maison du Conseil en ce bourg que sont rendues les sentences criminelles, elles sont exécutées dans son district.

Lors du traité (4) de *Cantonnement* en 1597, on comptoit deux mille sept cent quatre-vingt-deux hommes portant armes chez les *Catholiques*, six mille trois cent-vingt-deux chez les *Réformés*, en tout neuf mille cent quatre. Aujourd'hui on estime la population du Canton *intérieur* à treize mille cent ames & celle du Canton (5) *extérieur* à trente-huit mille, ce qui forme en tout environ cinquante un mille ; nombre surprenant dans un petit pays de soixante lieues quarrées, dont une grande partie est occupée par des glacières, des rocs inaccessibles, des précipices, des ravins ou des fonds, une autre partie par des pâturages, excellens à la vérité, mais qui ne fournissent point à la nourriture des hommes dans une proportion approchante du produit des terres cultivées : l'industrie des habitans supplée à ces désavantages du sol ; une propriété assurée, l'affranchissement de toute charge onéreuse ou arbitraire, peut-être le sentiment flatteur de participer à la législation, à l'élection de ses Chefs, aux délibérations sur les grands intérêts nationaux, développent chez ce peuple frugal & laborieux, tous les ressorts d'un génie actif qui n'est point enchaîné par des règlemens embarrassans & par des priviléges injustes ou de partialité. Leurs voisins payent cette industrie, en leur fournissant en échange les denrées de consommation qui leur manquent ; l'exportation & l'importation toujours ouvertes, amènent chez eux l'abondance au prix courant des marchés voisins. Je parlerai ailleurs des deux branches de commerce de ce Canton, du caractère des Appenzellois & de leur constitution militaire.

Deux Ecrivains, Barthélemi *Bischoffberger*, natif du district *Kurzenberg*, dans le Canton d'*Appenzell extérieur*, & mort le 11 Juillet 1698, Doyen des Ministres de cette contrée, & *Gabriel Walser*, natif du même Canton, & successivement Ministre de *Speicher* & de *Berneck*, ont publié en Allemand une chronique d'Appenzell, le premier à *Saint-Gall*, en 1682, in-8., & le second en la même ville, 1740, in-8. Ce dernier a ajouté à sa production une Carte du Canton assez grossièrement détaillée : les deux chroniques, sur-tout celle de *Walser*, offrent nombre de traits de la plus outrageante partialité contre la partie du Canton qui a conservé le culte Catholique. *Walser* se fâche ridiculement contre les Capucins d'Appenzell ; il attribue aux Missions de ces Pères la division du Canton en deux parties : il est bon de savoir que sans cette séparation le Corps des Réformés grossissant tous les jours, même dans la partie qui est restée Catholique, eût insensiblement amené tout le pays à la croyance de *Walser* : le motif de son chagrin ne mérite-t-il pas quelque indulgence ?

VIII. *Gouvernement Démocratique des Grisons.*

ON (1) distingue dans la République des *Grisons* deux principales parties, savoir, le *Pays dominant* & les *Provinces sujettes*.

Le Gouvernement des Grisons alliés des Suisses, est purement *Démocratique* ; les affaires s'y traitent à la pluralité des voix & ne s'y terminent qu'après la ratification des Communes. Ce sont autant de petites Républiques qui en forment une assez considérable ; elles nomment leurs Pasteurs, leurs Juges & leurs Représentans aux Diètes, déposent les uns & sont punir les autres, sans que l'Etat en puisse prendre connoissance que par la voie d'intercession. Elles sont distribuées en *trois Ligues* qui agissent séparément l'une de l'autre dans leurs districts & ne se réunissent qu'aux assemblées générales du pays, où elles comparoissent chacune en la personne de son Chef & en celles de ses Députés.

Le pays des (2) Grisons, en Latin *Rhaetia*, y compris ses Provinces sujettes, occupe sur les Cartes dans la délimitation générale de la Suisse environ la cinquième partie, par sa grande étendue dans les hautes Alpes. Il touche au levant le Tirol qui est à la Maison d'Autriche ; au couchant le Comté de Sargans qui dépend des huit premiers Cantons ; les Cantons d'Uri & de Glaris, le val de Livinen & les bailliages Suisses de Bollenz ou *valle di Blegno* ou *Bregno*, & de Riviera ; au midi le Comté de Bellinzone, le Milanès & l'Etat de Venise, & au nord le val de Montafun & les Comtés de Sonnenberg, de Feldkirch & de Vaduz qui obéissent à la Maison d'Autriche. Sa plus grande longueur du levant au couchant est estimée à quinze *meile* & demi, chacune de huit mille pas, & sa plus grande largeur à treize ou quatorze *meile*. Le pays dominant des Grisons est naturellement stérile ; il est partout hérissé de rochers toujours couverts de neiges, & dans les lieux moins froids, de montagnes qui ne produisent que des pâturages. Il y a des vallées où l'on recueille du bled & même

---

(4) Walser, chr. du Canton d'Appenzell, pag. 552.
Faesi, Descript. Topog. de la Suisse, T. III. pag. 71-74.
Tscharner, Dict. Géog. Hist. & Pol. de la Suisse, T. I. pag. 66-67.
(5) Gabriel *Walser* évalue dans sa chronique d'Appenzell, pag. 59-60, imprimée en 1740, d'après un état dressé en 1734 par ordre du Souverain, le nombre des habitans du Canton extérieur à 34571 ames ; depuis cette époque, graces à l'industrie, au commerce & au bas prix des denrées, le nombre des Réformés montoit en 1766 à 38000 ames.
(1) Mémoire Historique & Politique sur les Grisons par M. de la Foret de Bourgon, Employé pour la Cour de France aux Grisons, sous M. de Graville, Chevalier de Malte, Envoyé du Roi auprès de la République de ce nom, depuis 1701 jusqu'en 1708, Chap. II. dans le volume cxviij de la collection manuscrite des *Acta Helvetica*, *Gallica*, *Germanica*, *Hispanica*, *Sabaudica* & *Stemmatographica*, pag. 233 & suiv. in-fol. dans la bibliothèque de M. le Baron de Zur-Lauben, à Zoug. Les alliances perpétuelles des Grisons ont été publiées dans un recueil également curieux & intéressant, sous le titre : *Pundtnerische Tractaten*, 1728, in-4. en Allemand.
(2) *Guillimannus de reb. Helvetior. Lib. IV. Cap. II. pag. 127-132*, in *Thesauro Historiae Helveticae.*
Sprecher, *Palladis Rhaetica*, Lib. VI. & Seq. Lugd. Batav. 1633, in-24.
Leu, Dict. Hist. de la Suisse, T. IX, pag. 117-190.
Faesi, Descript. Topog. de la Suisse, T. IV. pag. 49-92.
Tscharner, Dict. Géog. Hist. & Pol. de la Suisse, T. II. pag. 27-41, &c.

du vin, mais la première de ces denrées ne sauroit guères suffire qu'à la septième partie des habitans, & l'autre qu'à la vingtième; ils tirent le bled de la Souabe & du Milanès, le vin de la Valteline qui leur appartient, & les sels du Tirol. Le pays fournit du bois abondamment, & nourrit une quantité incroyable de bétail, dont on tire d'excellent beurre & de bons fromages qu'ils se vendent dans les provinces voisines. Si les Grisons vouloient labourer la terre en plusieurs de leurs vallées, ils recueilleroient presque assez de grain pour leur subsistance, & s'affranchiroient ainsi de la nécessité de dépendre de la Maison d'Autriche; mais les paysans, uniquement occupés de leur intérêt particulier, aiment mieux nourrir des bestiaux qui les fatiguent moins & leur produisent davantage. Plus des deux tiers des Grisons sont *Réformés*, & le reste professe la *Religion Catholique*.

Sans remonter à des temps (3) plus reculés, on trouve dans des actes des neuvième & dixième siècles des indications d'un *Comté de Coire* : d'autres Comtes & Barons, placés dans l'intérieur ou sur les confins de ce pays, y établirent la domination féodale; & à juger par le grand nombre de mazures qu'on apperçoit encore sur les pointes les plus basses des rochers qui bordent les vallons, la *Rhetie* n'a pas été moins chargée de petits tyrans que les pays voisins. L'excès de l'oppression & du brigandage poussa les paysans à chercher dans leur union & dans leurs propres forces la justice & la tranquillité que l'autorité précaire des Empereurs ne pouvoit leur garantir. Cette révolution, indépendante de celle des Cantons Suisses, rapprocha cependant les deux Nations, & les conduisit naturellement à une union plus étroite.

Les Grisons (4) formèrent successivement entre eux *trois Ligues* différentes. La confédération des Communautés qui relevoient plus directement du Siége épiscopal de Coire, est la plus ancienne; son commencement date de l'année 1400 & 1419. On l'appelle la (5) *Ligue Caddée* ou *de la Maison-Dieu*, en Latin *Fœdus Cathedrale* ou *Liga de Domo Dei Curiensis*, en Allemand *Gottshaus-Bund*, en Italien la *Lega Cadé*. La Ligue Haute ou *Grise*, en Allemand *Obere-Bund*, en Latin *Fœdus Superius* ou *Canum* ou *Grisæum*, & en Italien *Lega Grisa*, se forma (6) à la mi-mars 1424. Ces deux premières (7) Ligues ou associations s'étoient unies par une alliance dès 1425. Celle (8) des *Dix Droictures* ou *Jurisdictions* (9) ou *Communautés*, commença à se (10) former en 1436 & elle fit alliance avec la *Ligue Grise* en 1471 : cette confédération générale a été renouvellée (11) en 1544 & 1712.

La Ligue Haute ou *Grise* fit alliance (12) perpétuelle avec les *sept anciens Cantons* le mercredi avant la Saint-Jean 1497; celle de la *Maison-Dieu* avec (13) les mêmes Cantons, le jeudi jour de *Sainte-Lucie* (13 Décembre) 1498; & la *Ligue des dix Jurisdictions* fit (14) alliance perpétuelle avec Zurich & Glaris le 8 septembre 1590.

Ces trois Ligues firent aussi alliance perpétuelle avec le Vallais en 1600, avec la ville de Berne (15) en 1602, & avec celle (16) de Zurich en 1707.

Par le Traité d'Union conclu en 1524 entre les *trois Ligues*, éclairci en 1544 & renouvellé en 1712, lequel fait la base de leur droit public, ces peuples s'engagent réciproquement à ne faire aucune nouvelle alliance, aucune guerre, ni aucun Traité de paix, que d'un commun accord; ils conviennent de se secourir à leurs propres frais les uns les autres, & de posséder en commun les conquêtes qu'ils feroient sur l'ennemi. Ils y règlent la manière de terminer tout différend entre des Communes particulières ou entre diverses Ligues; lorsqu'il s'en élevera entre deux Ligues, la troisième en sera le juge: on y garantit les privilèges de chaque partie, & l'on y confirme les collectes & taxes usitées. Il seroit superflu d'entrer dans le détail de toutes les précautions prises pour maintenir la paix publique.

Il y a aussi la *Convention des articles généraux*, en Allemand *Artikel-brief*, dont le but principal est de fixer les limites du pouvoir du Clergé; elle est de 1526. Les Evêques de Coire avoient acquis une autorité temporelle fort étendue ; des circonstances favorables ayant affranchi les Grisons de la puissance féodale, plutôt par une suite de petits succès que par une révolution marquée, ils devoient naturellement pancher à rejetter encore la domination épiscopale ; aussi la doctrine des *Réformateurs* fut-elle adoptée par la majeure partie de ces peuples. Ce fut à cette époque, que par les articles généraux, ils privèrent l'Evêque du droit de nommer des Juges. Les Communautés se réservèrent le privilège de choisir à la pluralité des suffrages les Magistrats & leurs Justiciers; & les Officiers ou Fermiers de l'Evêque furent exclus pour toujours des sessions ou Diètes nationales. En réservant aux Religieux des Monastères Reformés ou Sécularisés une pension viagère, on leur interdisoit de recevoir des novices, & l'économie des biens monastiques étoit mise en régie. Chaque Commune conserva le droit de choisir son Pasteur ; elles s'attribuèrent chacune dans son district le droit du cours d'eau, de la chasse & de la pêche. On établit dans tout le pays l'uniformité du poids & des mesures; il fut défendu d'appeller des justices inférieures au Conseil de l'Evêque; on

---

(3) Voyez Huldric *Campell*, Histoire des Grisons, & le Chevalier Jean Guler, Description des trois Ligues Grises, en Allemand, dédiée à Louis XIII, Roi de France, Zurich 1616, in-fol. fig. *Ægidius Tschudi, de prisca de vera Alpina Rhætia cum Alpinarum Gentium tractu*, Basileæ 1538 & 1560, in-4. Le même, *Gallia Comata* Constantiæ 1758, in-fol. Josias Simler, République des Suisses avec les remarques de M. Leu, pag. 280 & suiv. & 590 & suiv. Zurich 1735, in-4. fig. en Allemand. *Gabrielis* Bucelini *Rhætia sacra & profana, Augustæ Vindelicor*, 1666, in-4. fig. Leu, Dict. Hist. de la Suisse, T. XV. aux articles *Rhetia* & *Rhæti*, pag. 186-198, &c.

(4) On les appelle en Allemand *Graubuntner*, ou *Graubundtner-Land*; voyez leur article dans le Dictionnaire Historique de la Suisse, par M. Leu, T. IX. pag. 117 & suiv.

(5) Leu, ibid. T. IX. pag. 57 & suiv. & l'article *Gottshaus-Bund*.

(6) Jean-Chrétien Lunig, Codex diplom. Actor. Imperii, part. spec. Contin. I. pag. 223. G. G. Lipsiæ 1722, in-fol. Germanicè.
Leibnitz, *Codicis Diplomatici*, pag. 476.
Du Mont, Corps Diplom. T. III. P. I. pag. 378-379.
Leu, Dict. Hist. de la Suisse, T. XIV. à l'article *Obere-Bund*, pag. 182 &
Tome I.

suiv. M. Leu y a inséré le traité de 1424, pag. 192-198. On le trouve aussi dans la seconde partie de la Chronique de *Tschoudi*, pag. 153-156.

(7) Sprecheri *Pallas Rhætica*, Lib. VI. pag. 227. &c.

(8) Leu, ibid. T. XX. pag. 38 & suiv. & l'article *Zehen-Gerichten-Bund*.

(9) En latin *Fœdus decem Communitatum* ou *Liga decem judiciorum*, en Allemand *Zehen-Gerichten-Bund*, & en Italien *la Lega delle dieci Dritture*.

(10) L'acte de cette Confédération primitive en date du vendredi après la *Fête-Dieu*, 1436, est imprimé dans le Dictionnaire Historique de la Suisse, par M. Leu, au Tome XX°. pag. 43-45.

(11) Voyez un acte dans le Dict. Hist. de la Suisse par M. Leu, T. IX°, pag. 119-125.

(12) Ce traité est rapporté dans le Tom. XIV du Dict. de M. Leu, pag. 200-204.

(13) M. Leu en a donné l'acte, T. IX. pag. 60.

(14) Voyez l'*Introduction à l'Histoire de la Confédération Helvétique*, par *Waldkirch*, en Allemand en deux vol. in-8. éditions de Bâle 1721 & 1757.

(15) Voyez ce Traité dans le Dict. de M. Leu, T. IX. pag. 144-147.

(16) Leu, ibid. T. IX. pag. 136-144.

abolit l'impôt des *Intrades* ; & il fut ordonné que l'élection d'un Evêque par le Chapitre, n'auroit sa force à l'avenir, que par l'agrément obtenu des deux Ligues *Grise* & *Caddée*.

J'ai déjà dit que les *Ligues Grises* forment une *Démocratie* confédérée, subdivisée en un grand nombre de petites *Démocraties* absolument indépendantes pour tout ce qui ne touche que leur intérêt économique & leur police particulière. Le droit de faire la guerre & la paix ou des traités d'alliances, de même que des loix relatives à l'union générale & à la constitution nationale est réservé à la décision de la pluralité entre les Communautés des Ligues. Jettons un coup-d'œil sur cette forme de Gouvernement populaire, différente de celle des *Cantons Démocratiques* de la Suisse.

Chaque Ligue est divisée en Jurisdictions entières ou *demies*, appellées *hautes Justices*, (en Allemand *Hochgerichte*) ou *grandes Communautés*, *Communitates magna*. Ces Jurisdictions sont partagées en *simples Justices* ou *Communes*, *Gerichte*, *Communitates parva*. On donne aussi à ces dernières la dénomination de *Communes*, voisinages, districts ou *quartiers*, en Allemand *Nachbarschaften*, *Schnize*, (17) *Pieve* ou *Pleueve*, *Directuren*, *Squa-*

dra ou *Squadre*, *Contrade*, &c. Chaque petite Communauté ou Justice s'élit un Chef ou *Amman* & douze à quatorze Juges, pour décider les causes civiles & juger les délits les moins graves. Le Chef de la *grande Justice* ou *Communauté* s'appelle *Landammann*; il est chargé de veiller sur l'économie & les intérêts particuliers de sa Communauté; il préside dans les Jugemens des causes civiles majeures, des causes criminelles & fiscales. Dans quelques Communautés cependant cette dernière commission est confiée à un *Podesta* ou Juge criminel, que l'on appelle aussi en Allemand *Stadt-vogt* ou *Blut-Richter*; tous les emplois sont sujets à une confirmation annuelle dans l'assemblée de la Communauté. On délibère encore dans ces assemblées sur toutes les propositions qui intéressent la Ligue générale ou la Confédération des *trois Ligues*.

Lorsqu'il s'élève une difficulté entre deux *Communautés* ou *Justices*, la Justice ou Communauté neutre la plus voisine, doit en être le juge ou l'arbitre; si la difficulté ne peut pas être terminée de cette manière, elle peut être portée à la Diète générale de la Ligue. Je vais tracer brièvement les constitutions particulières de chacune des *trois Ligues*.

1. Ligue Haute ou *Grise*.

CETTE Ligue est divisée en huit *grandes Jurisdictions*, dont quatre sont *au-dessus* & quatre *au-dessous du bois*; on les appelle dans la langue du pays, *Sur* ou *Sutt selva* ou *Sura è sott il uaul*: ce bois est situé entre *Flimbs* & *Lax*. Les quatre Jurisdictions *au-dessus du bois*, sont *Disentis*, *Lugnez*, *Gruob* & *Waldensburg*, & les quatre autres *au-dessous*, le territoire de *Rhaezuns*, le *Rheinwald*, *Tufs* & *Misox*.

Ces huit *grandes Jurisdictions* sont encore subdivisées en vingt & une *Communautés* ayant droit de suffrage aux Diètes nationales des *trois Ligues*. Je parlerai ailleurs de ces Diètes & de leur formation. Le Chef de la *Ligue Grise* s'appelle *Landrichter*, *Grand-Juge du pays*; on lui donne le titre d'*Excellence*; il est choisi chaque année dans la Diète particulière des Députés de cette Ligue assemblés dans le village de *Truns* qui est dans la haute Jurisdiction de *Disentis*. L'élection se fait sur trois sujets proposés alternativement, une année par l'*Abbé de Disentis* présentement Prince titulaire du Saint-Empire, une seconde année par le *Cau* ou le Chef des Communautés de l'ancien Domaine des Comtes de *Sax* ou de *Sacco*, ou *Mosax* ou *Misox*, & la troisième année par la Seigneurie de *Rhaezuns* ou *Razuns* appartenante à la Maison d'Autriche. L'origine de cette distinction dérive vraisemblablement de l'époque primitive de la formation de la *Ligue Grise*; l'Abbé de *Disentis*, le Comte de *Sax*, résidant à Mosax & les Barons de *Razuns*, en furent les principaux Auteurs.

2. Ligue Caddée ou *Maison-Dieu*.

ON appelloit cette Ligue en Italien *Casa d'Iddio*, c'est-à-dire la *Maison-Dieu*; avec le temps ces mots ont été altérés, & on n'en a fait qu'un, dans la langue du pays, *Cadé*. Cette Ligue tire son nom de l'église cathédrale de Coire, l'une des plus anciennes de la Chrétienté; son Chef se nomme *Président de la Ligue*, *Bundes-Præsident*. Autrefois le Bourgmestre Régent de Coire étoit Président né de la Ligue; mais depuis le commencement du dix-huitième siècle, on a réglé que les Députés de la Ligue choisiroient annuellement à la pluralité des suffrages, deux sujets parmi les quinze Sénateurs de la ville de Coire, & le sort décide entr'eux. Par un motif d'économie ou de convenance, la Diète particulière de cette Ligue se tient vers le même-temps & dans le même lieu que la Diète générale. La *Ligue Caddée* est divisée en onze grandes Jurisdictions; elle a vingt-trois suffrages aux Diètes générales, dont un pour le Président, & les vingt-deux autres sont distribués sur dix-sept Communautés. Voici les noms des onze grandes Jurisdictions dans lesquelles sont enclassées ces dix-sept Communautés votantes: 1, la ville de Coire; 2, les quatre villages, en Allemand *Die vier Doerffer*, qui sont Zizers, Igis, Trimmis & le Bas-Vaz, autrement *Unter-vaz*; 3, Ortenstein; 4, *Ober-vaz* ou le Haut-Vaz; 5, Ober-halbstein; 6, Bevo ou Stalla; 7, le Val de Pregel ou Bregel, autrement Bragaglia; 8, *Puslavo* ou *Poscivao*; 9, la Haute-Engadine; 10, la Basse-Engadine, & 11, le Val de Munster, en Allemand *Munsterthal*, en langue du pays la *Val da Mustair* ou *Mystair*. Ces onze Jurisdictions sont divisées en vingt-une *petites* ou *demies* Jurisdictions; j'en parlerai à la description particulière du pays des Grisons.

---

(17) Ce mot dans la langue Allemande répond exactement à celui qui désigne un quartier d'une pomme partagée. On voit par la diversité singulière de ces termes, combien les dialectes varient chez les Grisons, suivant le voisinage des confins de l'Allemagne ou de l'Italie.

3. *Ligue des Dix Droitures* ou *Jurisdictions*.

CETTE Ligue est la moins forte des trois; elle ne forme que sept grandes Jurisdictions, & n'a que le droit de quinze suffrages attribués au *Landammann* & à onze Communautés. Le Chef *Bundes-Landammann* est choisi tour à tour dans les sept Jurisdictions, par les Députés de la Diète particulière. La Commune de *Davos* a le privilége de deux tours, le premier & le cinquième. Voici les noms des sept grandes Jurisdictions : 1. Davos ou Davas; 2. Kloster; 3. Castels; 4. Schiers; 5. Meyenfeld; 6. Bellfort, & 7. Schanfick ou Schallfik.

Ces *trois Ligues* ou Confédérations forment ensemble la République Confédérée des Grisons ou des *Ligues Grises*, en latin *Respublica Rhætorum*.

Autrefois l'*Evêque de Coire* avoit une puissance temporelle très-considérable; mais à mesure que les Communes étendirent leurs affranchissemens, sur-tout par l'extinction successive de la féodalité & l'abaissement de la noblesse, jusqu'à l'époque de la grande Confédération, ce pouvoir s'affoiblit par degré. Les Souverains du pays ayant été les protecteurs & avoués de l'Evêque, les Communes, depuis leur indépendance reconnue, fondent sur ce titre la prétention d'approuver l'élection de l'Evêque & de se faire rendre compte de l'administration des revenus. Une convention (18) de 1541 paroît fortifier ce droit; cependant, à la faveur d'une protection étrangère, les Evêques ont toujours réussi à l'éluder. L'Evêque de Coire est Prince de l'Empire d'Allemagne, & en conséquence de ce rang il député un représentant aux Diètes de Ratisbonne. L'Archevêque de Mayence est son Métropolitain. Par la réformation, les deux tiers environ des habitans des trois Ligues se sont soustraits à l'autorité Ecclésiastique de l'Evêque de Coire. Les revenus de cet Evêque ont déchu dans la même proportion; son droit à la Corrégence des Provinces sujettes se réduit aujourd'hui à une foible rétribution en argent. Il a (19) haute & basse Jurisdiction dans l'enceinte de son Palais épiscopal, qui est situé dans la ville de Coire entièrement Protestante; il entretient un Officier ou Gouverneur dans son Château de *Furstenau*, au *val Domlesch*, en la Ligue Caddée. Cet Officier que l'on nomme *Schloss-Ammann*, l'Ammann du Château, administre les revenus du Chapitre de Coire dans les Communautés de *Tufis*, *Heinzenberg* & *Tschapina*, qui sont de la *Haute-Ligue*, & dans la Jurisdiction de *Ober-vaz*, attachée à la Ligue de la *Maison-Dieu*.

L'Evêque possède dans la Basse-Engadine la quatrième partie des amendes criminelles, en contribuant cependant au tiers des frais. Il est aussi Seigneur de *Furstenbourg*, Château situé dans le *Vinstgau*, dépendant du Comté de *Tirol* ; il y établit un Capitaine, & cet Officier administre en même-temps quelques droits seigneuriaux dans le val de Munster ou *Munsterthal*, qui est dans la Ligue Caddée. L'Evêque de Coire a encore différens fiefs hors du pays des Grisons; il jouit du droit de battre monnoie & l'exerce actuellement.

Le Gouvernement des Grisons réside dans les Communautés; elles élisent leurs Députés pour la Diète générale qui se tient une fois l'année. Chaque Ligue élit aussi son Chef ou Président. Les *trois Ligues* ne forment qu'un Corps dans les affaires générales, & quoique une Ligue ait plus de Députés qu'un autre, on compte les voix sans distinction de Ligue ; elles ne traitent séparément que leurs affaires particulières. La Diète générale des trois Ligues est convoquée une année à *Ilantz*, dans la Ligue Grise, l'autre année à *Coire*, & la troisième à *Davos*. La *Ligue Grise* a vingt-sept voix dans la Diète générale, la *Caddée* vingt-deux, & la *Ligue des Dix Jurisdictions* quatorze, en tout soixante-trois voix; & en y joignant les voix des trois Présidens de chacune des Ligues, le nombre des suffrages à donner monte à soixante-six.

Je parlerai des Provinces sujettes des Grisons, la Valteline, le Comté de Chiavenna & la Seigneurie de Bormio. La Religion Catholique est la seule qui se professe dans ces pays sujets ; on n'y parle que la langue Italienne. La Valteline est mémorable dans les fastes de l'Europe , par ses troubles & la guerre qui en a été la suite au commencement du dernier siècle : & *c'est un pays*, dit un (20) Moderne , *qui sera toujours renommé par les bons vins qu'y croissent & qu'on transporte en Italie , en Allemagne & en Suisse*.

IX. *Gouvernement Démocratique de la République du Vallais.*

LE (1) *Vallais* ou *Valais*, en Latin *Vallesia*, & en Allemand *Wallis* ou *Walliser-Land*, est une République indépendante, située dans la partie méridionale de la Suisse & alliée des Cantons Catholiques, de la ville de Berne & des Grisons. C'est une vallée d'environ quarante lieues dans sa longueur, de l'est à l'ouest ; sa plus grande largeur est de huit à dix lieues. Ce pays se rétrecit considérablement à mesure qu'il s'élève vers les hautes Alpes. Le Rhône prend sa source vers l'origine de la vallée, & la traverse dans toute sa longueur avant de se jetter dans le lac de Genève. La source de ce fleuve est au pied du mont *la Fourche* ou *la Fourke*, en latin *mons Furca*, qui fait une branche de la grande masse des Alpes & touche au Saint-Gothard. Depuis ce point de réunion, deux chaînes de glacières & de hautes montagnes embrassent le pays de Vallais & le limitent par leurs contours. Au nord, le Vallais touche le Canton de Berne & le lac de Genève, au couchant la Savoie , au midi le Piémont & le Milanés, & au levant le *Val-Maggia* qui appartient aux douze premiers Cantons, &

---

(18) Leu , Dict. Hist. de la Suisse , T. V. pag. 289-290.
(19) Leu, ibid. T. V. pag. 258-259.
(20) M. de la Forest de Bourgon, dans son Mém. Hist. & Pol. sur les Grisons, chap. II. art. II.

(1) *Josias* Simler , *Vallesia descriptio*, Lib. I. pag. 7. & seq. in Thesauro *Historia Helvetica*, Idem de Rep. Helvet. Lib. I. pag. 37. & Lib. II. pag 74-75. in eodem Thesauro.
Ægidii Tschudii *Gallia Comata* , pag. 362-370. *Constantia* 1758, in-fol.

Germanicè.
Guillimann , *de reb. Helvetior.* Lib. IV. Cap. III. pag. 132-134 , *in Thesauro Historia Helvetica.*
Leu , Observations sur la République des Suisses par Simler, pag. 300-305 & 615-621 en Allemand.
Le même, Dict. Hist. de la Suisse . T. XIX. pag. 107-145.
Faesi, Descript. Topog. de la Suisse , T. IV. pag. 244-327.
Tschurner , Dict. Géog. Hist. & Pol. de la Suisse, T. II. pag. 167-175. &c.

le *Val de Livinen* qui dépend du Canton d'Uri. Le Vallais est divisé en haut & bas; le *Haut-Vallais* est le souverain *du Bas*. Il est partagé en sept départemens ou *Dixains*, en latin *Centa*, *Centena*, *Desena*, & en Allemand *Zehenden* ou *Zehenden*. Ces *Dixains* ou grandes Communautés de justice sont *Sion*, *Sierre* ou *Siders*, *Leuk*, *Raron* ou *Rarogne*, *Visp*, *Brig* & *Gombs* ou *Conches* qui est au haut du Vallais près de la source du Rhône: leur rang est ainsi marqué dans l'alliance de la République du Vallais (2), conclue en 1533 avec les Cantons Catholiques. Six de ces Dixains ont un gouvernement populaire; leurs chefs-lieux sont des bourgs ouverts; chaque Dizain formé par diverses paroisses a sa justice particulière tant au civil qu'au criminel, & est composé de douze Juges présidés par un *Maire* ou *Maieur* ou *Châtelain* qui est le premier Magistrat. Le gouvernement de la ville de *Sion*, capitale du Vallais & la résidence d'un Evêque, est *Aristocratique*; le Conseil des *Vingt-Quatre*, dont le Chef s'appelle *Bourgmestre*, y administre la police. Le *grand Châtelain* ou Chef du Dizain de *Sion* préside à la justice du Département; il est changé de deux en deux ans, mais il n'est tiré que de la ville. Le *Vidômé* (3) de l'Evêché dont la nomination appartient à la ville depuis 1560, juge aussi les causes civiles & criminelles qui s'élèvent dans la ville pendant la nuit des mois de Mai & d'Octobre. On appelle ce Magistrat, à cause des limites nocturnes de son Office, le *Châtelain de nuit* (*Nacht-Castellan*).

L'histoire ancienne du Vallais est encore couverte d'épaisses ténèbres, & elle ne peut être débrouillée qu'avec le secours des actes & des chartes du tems. On en trouve un grand nombre dans les archives de l'Evêché de Sion & dans celles de chacun des Dixains; mais l'accès de ces dépôts publics souffre les plus grandes difficultés. D'ailleurs l'Evêque de Sion a ses prétentions, & les Dixains ont aussi les leurs; & comme elles se croisent vraisemblablement, la communication des actes pour travailler à l'histoire de la République, devient d'autant plus délicate que les prétextes apparens du refus ou du délai se multiplient.

Les Evêques de Sion prétendent avoir reçu de Charlemagne le titre & l'autorité de *Comte* & *Préfet du Vallais*. M. le Baron de Zur-Lauben croit en avoir découvert la première date dans un diplôme (4) de Rodolphe III, Roi de la Bourgogne *Trans & Cis-Jurane*; le Vallais faisoit partie de ce royaume. Rodolphe donna à perpétuité à Hugues, Evêque de Sion, & à ses successeurs, le *Comté de Vallais*, *Comitatum Vallensem*: le tout, à *l'honneur de Dieu & de Saint Théodule Evêque de Sion*. La donation (5) est datée de *Cudrefin* (au pays de Vaud) en 998; au reste ce diplôme ne dit pas un mot de la prétendue donation de Charlemagne. Il y a eu deux Evêques du Vallais, du nom de *Théodore* ou *Theodul*. Le premier, qualifié Evêque d'*Octodure* ou de Martigni dans le bas-Vallais, assista au Concile d'Aquilée en Septembre 381, & à celui de Milan en 390. Il mourut en odeur de sainteté. L'autre *Théodore*, qui étoit aussi Evêque d'*Octodure*, est nommé dans le Concile d'Agaune ou de Saint-Maurice, convoqué le 14 Mai 522 par Sigismond, Roi de Bourgogne. L'Evêché de Martigni ou d'Octodure fut transféré à Sion dans le même siècle. Rodolphe III, Roi de Bourgogne, donna aussi le *Comté ou pays de Vaud*, *Comitatum Waldensem*, à Henri, Evêque de Lausanne; l'acte (6) de cette donation que je rapporte parmi les preuves, est daté de *Vevai* le 25 Août 1011. On fait par beaucoup d'autres donations combien fut grande la libéralité de Rodolphe, le dernier des Rois de Bourgogne ou d'Arles, pour le Clergé de ses Etats; Il est vrai que la reconnoissance des Ecclésiastiques lui consacra le surnom de *Pieux*, mais aussi l'indignation des Séculiers le flétrit par le surnom de *lâche* ou *fainéant*. Au reste le pouvoir des Evêques de Sion s'accrut à proportion des progrès que fit la puissance du Clergé dans toute l'Europe. Et quoique ce pouvoir ait été resserré dans des bornes beaucoup plus étroites par les sept Dizains, l'Evêque de Sion tient encore aujourd'hui une place distinguée dans la constitution politique de la République. Il se qualifie *Prince* (7) *du Saint-Empire Romain*, (8) *Préfet & Comte du Vallais*. Ses prédécesseurs jouent un grand rôle dans l'histoire des révolutions du pays & des Etats limitrophes.

On comprend aisément pourquoi le gouvernement aristocratique-militaire du système féodal jetta des racines moins profondes & moins étendues dans des pays pauvres & montueux, que dans des provinces ouvertes & fertiles. Il y eut cependant quelques Barons & Châtelains dans le haut & bas-Vallais. Les Barons de Rarogne & de la Tour-Châtillon contrebalançoient souvent le pouvoir temporel des Evêques de Sion. Ils possédoient plusieurs seigneuries considérables en Vallais & dans le voisinage; les Barons de *la Tour* jouissoient même du droit de battre monnoie, suivant une réponse (9) faite en 1619 par les sept Dixains aux prétentions de l'Evêque de Sion. Ils furent chassés du haut-Vallais en 1375 & 1377 par les Vallaisains après une guerre difficile, longue & sanglante. Les Barons de *Rarogne* (10) eurent le même sort dans le siècle suivant.

Quand les Empereurs, héritiers de la Monarchie des Rois de Bourgogne de la seconde race, voulurent faire reconnoître

---

(2) Leu, Dict. Hist. de la Suisse , T. XIX, pag. 115-121.
(3) Autrement *Vidomne*, en latin *Vicedominus*.
(4) La copie de ce Diplôme est placée à la page 61 d'un manuscrit conservé à la Bibliothèque du Roi & cotté n°. 114. Brienne, *Tiltres, Actes & Mémoires touchant le pays de Wallais*, in-fol. La même collection & peut-être plus correcte, se trouve à Vienne dans la Bibliothèque Impériale, parmi les manuscrits du Baron de Hohendorff.
(5) Preuves No. XVI.
(6) Preuves N°. XVII.
(7) Guillaume, Roi des Romains, étant au camp d'*Engelheims* le 19 Février 1249, donna plusieurs châteaux & villages du Diocèse de Lausanne à l'Evêque de Sion *son cher Prince, dilecto Principi suo venerabili Episcopo Sedunensi*. C'étoit Henri, Baron de Rarogne, qui étoit alors Evêque de Sion. La donation se trouve dans le Recueil manuscrit des *Tiltres*, touchant *le pays de Wallais*, pag. 67, à la Bibliothèque du Roi, *numero* 114. *Brienne* & dans le XII volume du *Gallia Christiana*, parmi les preuves pag. 432. *Parisiis* 1770, in-fol. fig.

(8) *Præfectus & Comes Vallesii.*
(9) Réponse du pays de Vallais aux articles de l'Evêque de Sion (msc. cotté n°. 114, *in-fol.* à la Bibliothèque du Roi, *fond de Brienne*, pag. 218-219. *Tiltres touchant le pays de Wallais*.) Quand qu fuict de la monnoie l'on demeure juxte l'abscied, & dicton pour plus specification que le Seigneur de la Thour, estoit Baron du Saint-Empire, qui possédoit en ces pays des terres aveq haute & moienne jurisdiction tant en Civil que Criminel, sans qu'il n'ait jamais esté deppendant de la table de Syon, lequel ayant esté combattu par plusieurs années par les cinq Dixains d'en-haut, a esté vaincu & dechassé par iceux & entièrement destitué de ses jurisdictions, lesquelles sont ce iourd'hny possédées par les cinq Dixains, sans aucune contradiction, le lieu où il faisoit battre monnoie y paroissant encore, de sorte que le pays comme un Estat souverain vouloit battre monnoye, personne ne l'en pourroit empêcher, ce que pourtant le pays ne croit point estre nécessaire, puisque tout l'ordre & le règlement deppend de luy.

(10) On trouvera parmi les *Preuves* N°. XVIII. le Traité de Combourleur

leur autorité dans le Vallais, leurs Vicaires trouvèrent beaucoup de résiftance chez des vaffaux trop puiffans. La nobleffe & le peuple du Valais fe réunirent en 1211 pour réfifter aux troupes de Bertold V, Duc de Zeringen, Vicaire de l'Empire, & les défirent près d'*Ulrichen*, aujourd'hui village du Dizain de *Gombs*.

Pendant ces temps d'anarchie, les fept Communautés qui forment la confédération particulière des Vallaifans prirent de la confiftance; la défuétude de l'autorité Impériale fixa leur indépendance. Le célèbre *Tfchoudi* (11) prétend que le Vallais formoit déja une République en 1250 : je difcuterai ailleurs cette origine. Des prétextes de concurrence entre les Communautés, des querelles entre des Maifons riches, reftes de l'ancienne Nobleffe, les rivalités entre les Prétendans pour le fiége de Sion, l'ambition, le génie intriguant de quelques Evêques ; voilà les principaux fujets des foulèvemens affez fréquents qui ont agité autrefois ce pays. De tous les Evêques celui qui joua le rôle le plus brillant & le plus malheureux, ce fut le fameux Cardinal Mathieu *Schinner*, Légat du Saint-Siège, & le même dont on voit la figure fculptée fur le maufolé (*) de *François I* à *Saint-Denis*. Il commandoit les Suiffes à la bataille de Marignan ; les Cantons étoient alors alliés du Pape Léon X. Le Cardinal avoit en Vallais un puiffant antagonifte, George *Super-Sax*, autrement *Von-der-Fluo* ; leurs haînes intariffables caufèrent beaucoup de troubles ; ils finirent par fe faire chaffer fucceffivement, & les deux Contendans moururent dans l'exil.

Au refte ces diffenfions & l'abus que faifoient fouvent des particuliers puiffans, de leur richeffe & de leur crédit, firent recourir à un remède tout auffi violent, mais que peut-être dans fa première origine, la jufte défenfe du peuple & le manque d'un pouvoir public & tutélaire pouvoient excufer. Il s'établit (12) une efpèce d'*Oftracifme* d'une forme bifarre & dont l'origine remonte au commencement du quinzième fiècle, lequel n'a été entièrement défendu & aboli qu'en 1551. On l'appelloit en Allemand *Maza* ou *Mazen*, & celui qui étoit le chef du foulèvement populaire, le *Maître* (13) *de la Maffue* ou *Mazen-Meifter*. Il y avoit différentes formes de la *Maza* ; l'une étoit une longue maffue de bois, d'une ftructure très-groffière. Tous les mécontens accouroient au lieu où étoit placée cette maffue, & chacun y plantoit un clou pour figne de fon engagement dans l'exécution de la vengeance publique. Une autre *Maza* offroit la figure informe d'une tête d'homme entourée de racines d'arbres & de vignes, toutes entrelaffées. Quelquefois la *Maza* étoit fimplement faite de racines d'arbres, mais fi artiftement liées & arrangées que de toin elle préfentoit le fimulacre d'un vifage humain. Cette tête avoit une apparence guerrière, elle étoit rehauffée de plumes de coq & de chapon. On faifoit ordinairement la *Maza* avec de tendres bouleaux ou arbriffeaux à plufieurs branches, d'où fortent plufieurs verges qui pendent contre terre. On plioit facilement le bouleau en forme circulaire, on en nouoit auffi le haut & on y fichoit une perche avec laquelle on tournoit l'arbriffeau flexible jufqu'à ce qu'il fût déraciné. On vouloit faire entendre par cette extirpation que l'on étoit réfolu d'arracher de même le mal qui travailloit la patrie. Les chefs du complot alloient pendant la nuit attacher cette *Maze* de bouleau à un arbre ou à une haie, dans un chemin public ; & lorfque le matin quelques paffans appercevoient la figure, & qu'étonnés ils attendoient quelle feroit la fin de cet acte préliminaire, alors l'un des plus hardis d'entre les Conjurés alloit en grand filence détacher de l'arbre la figure informe, & la portoit dans une prairie. Là, les fpectateurs qui l'avoient fuivi, fe rangeoient tous autour de la *Maze* ; l'un d'eux lui adreffoit des queftions fur fon apparence trifte & délabrée ; & comme celui qui l'avoit portée fur le terrein continuoit de garder un profond filence, un autre d'entre les fpectateurs confeilloit de nommer un Avocat pour expliquer la perplexité de la *Maze*. On donnoit auffi-tôt cette commiffion à l'un des plus éloquens de la multitude. Celui-ci quoique factieux, jouoit d'abord le rôle d'un homme ignorant, il débitoit toutes fortes de doutes & d'inquiétudes fur l'apparition de la *Maze* ; & lorfqu'enfin il avoit touché la véritable caufe, le porteur de la *Maze* attentif à tout le difcours, avoit l'adreffe de baiffer la tête en murmurant une forte d'*oui*, & auffi-tôt il la redreffoit avec des tranfports de joie. Dans ce moment l'Avocat de la *Maze* repréfentoit au cercle des fpectateurs, que puifqu'ils étoient inftruits des plaintes & de la détreffe de la *Maze*, il étoit de leur devoir de fonger au remède convenable. Le porteur poftuloit la même grace par un gefte de fupplication ; fur quoi l'Avocat demandoit les avis de tous les affiftans ou du moins des principaux auteurs de la confédération ; ils répondoient ordinairement tous d'une voix unanime qu'on devoit fecourir la *Maze* & protéger les anciennes coutumes & libertés du pays, que l'on devoit fixer un jour pour ces objets & l'annoncer à tous les autres Patriotes. On peut juger avec quelle rapidité une pareille nouvelle fe répandoit dans une Démocratie jaloufe, foupçonneufe & amie du changement. Si alors ceux qui fe fentoient coupables, ou menacés d'une révolution, ne pouvoient pas calmer les mécontens par des prières, des préfens, ou par une force prépondérante, on portoit en foule la *Maze*, de l'une ou l'autre forme, devant la demeure du coupable défigné, & qui comme on penfe étoit toujours un homme avantagé de la fortune ; & pendant que celui-ci fe déroboit par la fuite au danger imminent, les Conjurés vivoient à difcrétion fur fes biens, & fouvent la fcène finiffoit par la démolition de fon château ou de fa maifon. Au refte, pour exprimer cet ufage barbare & prefque toujours dicté par l'efprit de rapacité, on difoit qu'*on alloit porter la Maze à quelqu'un*. Ces tumultes populaires & ces hoftilités plus propres aux hordes des Tartares qu'à des peuples limitrophes de l'Ita-

---

groifie conclu pour dix ans, le quatrième jour après Pâques (*a*) de l'an 1290, entre Boniface, Evêque, & le Chapitre de Syon, Jofcelin, Comte de Vifpe, & la Communauté de Leytron, d'une part, l'Avoyer, le Confeil & la Commune de Berne, de l'autre, contre Rodolphe, Baron de Weiffenbourg, Arnou & Walther, Barons de Wedifweil, & les Barons de Rarogne.

(11) Chr. Allem. de la Suiffe, Partie première, pag. 147.

(*) PLANCHES 37 & 202.

(*a*) Pâques tomboit en 1290, au deux d'Avril.

(12) *Sebaftiani* Munfteri *Cofmographia*, Lib. III. Cap. 35.
Johannis Stumpfii *Chr. Helvet*, Lib. IX. Cap. XVI.
Jofia Simleri *Vallefia*, Lib. I. pag. 9-10, in Thefauro *Hift. Helvet.*
Laufer, Hift. de la Suiffe, en Allemand, T. V. pag. 19-21.
Leu, Dict. Hift. de la Suiffe, T. XII. pag. 608-610, à l'article *Maze*, *Mazen*.

(13) Simler le nomme en latin barbare *Matzifer*, du mot *Maza*.

lie, devinrent dans le Vallais très-fréquens & très-dangereux. La Démocratie des Grisons a été aussi souvent troublée par l'établissement des *Chambres ardentes*, la plupart composées d'Assesseurs passionnés & vindicatifs, pris parmi le peuple; ils faisoient à la fois les fonctions de délateurs & de juges. Malheur à l'homme riche ou aisé qui tomboit alors entre leurs mains. Presque tous les gouvernemens de la Suisse ont été Démocratiques dans leur origine; ceux même qui se sont le plus détaché avec le temps de cette constitution, ont essuyé des bourrasques inquiétantes, & quelquefois ils ont été obligés de se servir de divers genres d'*Ostracisme* pour éloigner honnêtement pendant plus ou moins d'années ceux dont le pouvoir leur paroissoit despotique ou trop partial. On retrouve dans l'histoire des Républiques modernes les mêmes scènes convulsives qui agitèrent autrefois Athènes & Rome.

Dans le Vallais, le Chef de la République porte le titre de *Lands-Haubtmann* ou de *Capitaine général du pays* ou *de grand Baillif*. Ce premier Magistrat convoque ordinairement chaque année, en Mai & en Décembre, le *Landrath* ou l'assemblée des Députés; l'Evêque de Sion y préside. Cette Diète se tient au château de la *Maiorie*, dans la ville de Sion: je parlerai ailleurs de sa formation. C'est par l'établissement de ce *Conseil suprême* que les diverses parties de la République du Vallais sont réunies en un seul Corps politique; elles sont d'ailleurs si fort indépendantes, qu'autrefois un ou plusieurs *Dixains* faisoient des alliances séparées ou entreprenoient des guerres avec les Etats voisins. C'est dans le *Landrath* qu'on délibère sur les intérêts communs du pays; on y juge aussi des causes majeures en dernier ressort; & de même que des justices inférieures, on peut appeller devant l'Evêque & le Capitaine-général du pays, de même on peut appeller de leur jugement devant le *Landrath*. Le *bas-Vallais* forme sept Châtellenies sujettes aux hauts Vallaisains qui leur envoyent de deux en deux ans, à tour de rôle des sept *Dixains*, des Baillifs ou Châtelains.

L'alliance qu'a le Vallais avec les Cantons Catholiques, Lucerne, Uri, Schweitz, Underwalden, Zoug, Fribourg & Soleure depuis 1533, a toujours été renouvellée de temps à autre jusqu'en 1696, qu'il fut déclaré par toutes les parties contractantes qu'on la renouvelleroit tous les vingt-cinq ans. Elle a été renouvellée avec beaucoup d'éclat en dernier lieu à *Stanz* dans le Canton d'Underwalden d'en-bas le 13 Septembre 1756. La République du Vallais a aussi une confédération avec le Canton de Berne depuis 1475, laquelle a été renouvellée en 1500, 1575, 1589, 1602 & 1618. Le Vallais conclut encore en 1600 une alliance perpétuelle avec les *trois Ligues-Grises*.

X. Genève.

GENÈVE (1), autrefois ville Impériale, fit alliance avec le Canton de Berne le 9 Janvier 1558, & avec la même ville & celle (2) de Zurich le 30 Août 1584; elle ne possède qu'un petit territoire. Cette République, malgré ses instances réitérées, n'a pas encore obtenu droit de Session dans les Diètes générales des treize Cantons. Son gouvernement offroit le simulacre d'une *Aristo-Démocratie* avant les derniers troubles de 1762. M. le Baron de Zur-Lauben se propose de donner le précis de cette révolution dans l'*Abrégé de l'Histoire Helvétique*. Le choc entre les Corps des Conseils & de la Bourgeoisie avoit fait naître ces troubles; ils furent véhémens. Enfin le danger de l'anarchie ou d'une révolution, amena un accommodement qui satisfit les vœux du peuple, parce qu'étendant son droit d'élection, il rendoit (3) les Magistrats plus dépendans de sa faveur, & parce qu'il eut, aux yeux de la multitude, le mérite d'avoir été conclu sans l'intervention d'une médiation étrangère. Le projet de conciliation passa au Conseil général le 11 Mars 1768. La forme actuelle (4) du gouvernement de Genève est *Démocratique*; le pouvoir souverain réside dans l'assemblée générale des *Citoyens* & *Bourgeois*. La première de ces dénominations désigne ceux dont les pères ont déja joui du droit de bourgeoisie & qui sont eux-mêmes nés à Genève; ce qui les rend éligibles pour tous les emplois publics, & les distingue de ceux qui ont acquis le droit de bourgeoisie, & même des fils de Citoyens ou Bourgeois qui sont nés hors de leur patrie; ce qui les rend en outre inhabiles à entrer dans le *Sénat* & à obtenir d'autres charges réservées aux *Citoyens*: ils sont appellés *simples Bourgeois*, & ils jouissent, hors de l'exception indiquée, de tous les droits des *Citoyens*.

C'est à ce *Conseil général des Citoyens & Bourgeois* qu'est réservé, par la constitution actuelle, le droit de faire des loix, d'établir les impôts, de ratifier les traités de paix ou d'alliance, les déclarations de guerre, les aliénations ou acquisitions de domaines pour l'Etat, & d'élire les principaux Magistrats, savoir, les quatre *Syndics*, le *Lieutenant* ou Président de la Justice inférieure ou de la Chambre de la Police, les six *Auditeurs* ou Assesseurs de cette Chambre, le *Procureur-général* & le *Trésorier*. Hors les cas extraordinaires, le *Conseil général* s'assemble deux fois l'an; cependant, pour mettre les loix à couvert des changemens fréquens qui pourroient être adoptés imprudemment par une assemblée populaire, la constitution attribue fort sagement aux *Conseils* l'examen préliminaire des représentations que les Citoyens ont la liberté de leur adresser, & le *Conseil général* ne peut être légitimement assemblé à l'extraordinaire que de l'avis des autres *Conseils*.

La puissance exécutrice & l'administration publique sont confiées à trois *Collèges* ou *Conseils*; savoir, le *Conseil des Vingt-cinq*, appellé *Sénat* ou le *petit Conseil*; celui des *Soixante*, & enfin celui des *Deux-Cent*, appellé le *grand Conseil*, auquel les deux autres *Collèges* se trouvent réunis.

Le *Sénat* exerce la haute police, & délibère en premier chef sur toutes les affaires politiques & économiques & sur les causes criminelles. Chaque place vacante dans le *Sénat* est immédiatement remplacée par le choix des *Deux-Cent*, à l'ex-

---

(1) *Spon*, Hist. de Genève, T. II. avec preuves, pag. 226-233. Genève 1730, 1730, in-4. fig.
Du Mont, Corps Diplom. supplément par *Rousset*, T. II. Partie I. pag. 162-163, & 194-195. Amsterdam, 1739, in-fol.
Leu, Dict. Hist. de la Suisse, T. VIII. pag. 338-345.
(2) Il est dit, entre autres motifs de l'alliance perpétuelle conclue le 30 Août 1584, entre Zurich, Berne & Genève, que cette dernière ville est regardée comme *la clef de la Suisse*, *ein Land-Schlussel*.
(3) *Tscharner*, Dict. Géog. Hist. & Pol. de la Suisse. T. I. pag. 235.
(4) *Ibidem*, pag. 237-240.
Leu, Dict. Hist. de la Suisse, T. VIII. pag. 363-404.
Le même, Observations sur Simler, ou de la République des Suisses, pag. 631 & suiv. Zurich 1735, in-4. en Allemand.
Faesi, Desc. Topog. de la Suisse. T. IV. pag. 370-386, &c.

ception du cas dont il est parlé ci-après à l'article *Syndics*. Les *Sénateurs* ne peuvent être pris que dans le Corps des *Deux-Cent*.

Le *Conseil des Soixante*, dans lequel les *vingt-cinq Sénateurs* sont compris, n'est assemblé que rarement, mais il l'est sur-tout pour les affaires étrangères. Le Conseil des *Deux-Cent* dit le *grand Conseil*, composé d'abord de deux cent Membres, augmenté ensuite successivement jusqu'à deux cent vingt-cinq, & porté par le règlement de 1738 à deux cent cinquante, décide en dernier ressort des objets de police & des causes civiles majeures : il peut faire grace aux criminels, ou diminuer les peines capitales prononcées par le Sénat. Le droit de compléter annuellement les places vacantes dans le Corps des *Soixante* appartient au *Sénat*. Quand cinquante places se trouvent vacantes dans le *grand Conseil*, la Bourgeoisie suivant le dernier Edit de 1768 a la nomination de vingt-cinq sujets, & le Sénat le choix des autres.

Les quatre *Syndics* qui sont à la tête de l'Etat, ne restent en charge que pendant une année, & ne sont éligibles de nouveau qu'après un terme de trois ans ; leur rang est déterminé par celui de leur ancienneté dans le *Sénat*. Le premier *Syndic* préside dans tous les *Conseils*, & en son absence, celui qui le suit en rang, qui se trouve présent. Le *second Syndic*, a le droit d'être *Syndic de la Garde* ou *Commandant de la Ville*. Le *troisième Syndic* préside à la *Chambre des Comptes*, & le *dernier* à la direction de l'hôpital & à d'autres Chambres de justice & de police, comme celles de *Santé*, du *Négoce*, de la *Réforme du Luxe*, &c. Chaque année, au commencement de Janvier, les deux *Conseils* proposent au *Conseil général* huit *Sénateurs* pour les quatre places de *Syndics*. La Bourgeoisie alors assemblée dans l'Eglise de *Saint-Pierre*, peut les rejetter tous ou en partie, en votant par la pluralité, pour une nouvelle élection. Suivant le dernier Edit de 1768, quand tous les Conseillers éligibles ont été rejettés, on présente au *Conseil général* le tableau complet de tout le *Sénat*. Pour dédommager la Bourgeoisie de l'obligation d'élire *quatre Syndics* sur ce tableau, l'Edit susmentionné lui réserve, dans ce cas, le *Grabeau* (5) du *Sénat*.

Pour cette opération, le *Deux-Cent* ajoute, au tableau des Sénateurs, quatre nouveaux Candidats. Alors les quatre sujets d'entre les *Sénateurs* ou Candidats proposés, qui ont le plus de suffrages négatifs, sont exclus du *Sénat*. Les Citoyens ont constaté ce droit par un exemple en Janvier 1773. Tous les Membres du Sénat ayant d'abord été rejettés pour les places de *Syndics*, l'élection n'a eu lieu que sur le tableau complet. Le *Grabeau* a suivi, mais les quatre nouveaux Candidats ont eu l'exclusion ; & c'est principalement ce droit qui achève d'établir la *Démocratie* dans le gouvernement de Genève. A l'assemblée de toute la Bourgeoisie que l'on appelle le *Conseil général des Citoyens & Bourgeois*, après lecture préalable de la constitution qui lui assure le droit d'élire, & une exhortation spirituelle de l'un des Pasteurs de la ville, on procède ainsi à l'élection du *premier Syndic*. On distribue à chaque Citoyen & Bourgeois un billet sur lequel sont couchés de la manière suivante les noms des Candidats.

A———————
B———————

Le Votant coupe seulement par un trait perpendiculaire la partie du billet, qui contient le nom de celui à qui il veut donner son suffrage. Par exemple s'il veut être favorable au Candidat B, il donne ainsi sa marque.

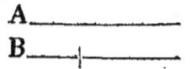

Il plie ensuite le billet & le rend au Distributeur. Après que tous les Bourgeois ont ainsi voté, on ouvre les billets & on compte les noms des Prétendans ; celui qui a le plus de suffrages, obtient la charge : on use de la même méthode dans les élections des autres *Syndics*. S'il arrive que les noms des Candidats A & B ne soient pas agréables au Bourgeois votant, il les rejette tous les deux, *ayant la liberté de refuser tant le nombre total qu'une partie*, suivant le règlement de la médiation de 1738. On use de la même forme dans les élections des autres charges qui dépendent du choix de l'assemblée générale de la Bourgeoisie.

Le *Lieutenant* ou Président de la Justice inférieure a le rang après les *Syndics* en charge. Il est choisi annuellement entre les *Syndics* ou les Conseillers ; il préside à un Tribunal de police & de justice en première instance, & il est assisté des six *Auditeurs* pris du Conseil des *Deux-Cent* & qui sont en charge l'espace de trois ans : les deux plus anciens en sortent chaque année, & deux nouveaux sont élus. Ces *Auditeurs* joints au *Lieutenant*, sont chargés de l'instruction des premières procédures dans les affaires criminelles.

Le *Trésorier* est pris dans le Corps du *Sénat* ; il reste en charge pendant trois années, & il peut être confirmé à l'expiration de ce terme pour trois nouvelles années.

L'office important de *Procureur général* a été institué en 1534. Le Sujet à qui cet office est destiné, est choisi parmi les Membres des *Deux-Cent* ; sa commission est fixée à trois ans, mais elle peut être prolongée pour trois autres années par une nouvelle élection. L'objet de son office est de soutenir la partie publique ou fiscale dans les procédures criminelles, & les cas d'amende, de veiller sur l'intérêt public, sur les droits du peuple, sur la constitution, sur l'observation des loix, & d'être le protecteur du peuple, des veuves & des absens, & le contrôleur des tutelles.

Nous n'entrerons pas dans des détails ultérieurs, ni par rapport aux divers offices civils & militaires auxquels les *Conseils* ont le droit de pourvoir, ni sur les diverses commissions inférieures de police & de justice. Cette subdivision de la puissance exécutrice, cette échelle de l'administration est à-peu-près la même dans tous les Etats policés, avec cette seule différence que les fonctions qui, dans les Monarchies, sont confiées à des individus, sont plus ordinairement, dans les Républiques, attachées à des Colléges composés de plusieurs Membres.

Un établissement important pour Genève, est celui de la *Chambre des Bleds* ; il date de l'année 1628. L'Etat fit alors une avance de six mille coupes de bled ; le reste des fonds a été formé par des emprunts pour un intérêt modéré. Cette commission est obligée d'avoir toujours soixante-dix mille coupes de bled en provision dans ses greniers, & cinquante mille francs en caisse ; les greniers sont cependant plus ou moins remplis, suivant la facilité de les approvisionner. Cette

---

(5) C'est-à-dire l'examen que fait le *Sénat* de la capacité des Prétendans ; j'en parlerai à la fin de cet article.

Chambre a le privilége de fournir les Boulangers. Obligée de maintenir le pain à un prix dont les variations ne soient pas trop subites ni trop onéreuses pour le peuple, il faut qu'elle fasse des profits pour balancer ses pertes. Un semblable établissement tendroit au monopole dans un gouvernement absolu, & détruiroit tout commerce des grains dans un Etat plus étendu. Mais il n'est pas sujet à de pareils abus au centre d'un peuple libre & rassemblé dans une ville ; il paroît même être nécessaire dans un petit Etat isolé, dont le territoire très-borné est entouré de grands Etats où l'exportation des grains est toujours précaire.

Depuis la *Réformation*, la police Ecclésiastique & la censure des mœurs sont attribuées à la Compagnie des Pasteurs, jointe à un certain nombre d'Assesseurs Laïcs tirés des *Conseils* & nommés *Anciens*. Ce Corps mixte, qu'on appelle le *Consistoire*, donne un simple avis sur les causes matrimoniales, & il renvoye au *Sénat* pour les jugemens définitifs, comme aussi pour tout ce qui touche au civil & pour ce qui demande des voies de contrainte.

La politique, jalouse des grandes puissances, paroît être aujourd'hui plus que jamais la sauve-garde des petites Républiques ; d'ailleurs Genève a des alliances. Elle peut donc se flatter de conserver son Etat florissant aussi long-temps que sa liberté & sa paix intérieure seront garanties par une constitution fixe, & qu'une administration modérée, mais respectée, la préservera des effets de deux pentes opposées, de celle qui entraîne les riches vers l'ambition de dominer, & de celle qui excite le peuple à l'indocilité & à la licence.

J'ai détaillé la manière dont on élisoit les quatre Syndics dans le *Conseil général* : je dois aussi rapporter les sages précautions avec lesquelles la puissance législatrice procède en général pour préparer la plupart des élections importantes. On use de quatre opérations préliminaires. Ce sont, 1. l'*indication*, 2. le *grabeau*, 3. la *nomination*, & 4. l'*élection* qu'on nomme la *rétention*. Quiconque veut se mettre sur les rangs pour prétendre à une charge vacante, est obligé de faire sa première instance à la Chancellerie ; c'est ce qu'on appelle l'*indication*. Les places des *Syndics*, du *Lieutenant* & du *Trésorier* sont seules exceptées de cette règle, parce qu'on les regarde comme des *Sénateurs*. L'examen ou l'appréciation de la capacité des Candidats se fait en l'absence des *Sénateurs* qui leur sont alliés par les liens du sang jusqu'au troisième degré ; on appelle cette inquisition le *grabeau*. D'abord on lit les noms des Prétendans ; puis chaque *Sénateur* dit publiquement son avis, & ensuite on jette en secret de petites boules dans une boîte, dont les unes sont marquées de la lettre O qui signifie *omission*, c'est-à-dire *exclusion* ou *refus*, les autres de la lettre B, c'est-à-dire *bon* & par conséquent *approbation* de la demande : on appelle cette forme la *Balotte*. Le petit & le grand Conseils peuvent seuls tenir le *grabeau*. Après qu'il est fini on procède à la *nomination* de ceux dont la prétention est approuvée dans l'acte de l'*Inquisition*. Chacun des Electeurs en nomme autant qu'il y a de charges vacantes ; mais dans ce nombre il n'y en a que deux qu'on regarde comme *nommés*, savoir ceux qui ont le plus de suffrages dans leur prétention respective. Aux *nominations* devant le *grand Conseil* pour les élections qui doivent être faites dans le *Conseil général*, ni pères, ni fils, ni beaux-pères, ni gendres, ni frères, ni beaux-frères, ni oncles, ni neveux du Prétendant à côté des *Nommés* & *Demandeurs*, ne peuvent donner leurs suffrages. Bien plus, tous les parens du même nom & de la même famille sont obligés de sortir lors des élections dépendantes du *grand Conseil* ; au lieu que pour celles qui sont du ressort du *petit Conseil* ou du *Sénat*, on n'exige aucune absence, ni à la nomination, ni à l'*élection* : le trop petit nombre des Membres dont est composé le *Sénat* permet cette indulgence. Personne aussi ne sort de l'assemblée du *Conseil général* ; elle est sans doute trop nombreuse pour qu'on s'attache à cette ponctualité. Pour l'*élection* réelle, chacun des Votans peut donner sa voix à l'un des deux ou à deux des quatre qui ont été *nommés* ; celui qui a alors le plus de voix, obtient la place. Voilà les précautions préliminaires dont le *Sénat* & le *grand Conseil* se servent pour proposer les élections qui dépendent du *Conseil général des Citoyens & Bourgeois*.

Trois époques (6) principales méritent l'attention de ceux qui veulent connoître l'histoire de Genève, ce sont les différends avec la Maison de Savoie, les troubles civils de 1734 à 1738, & ceux de 1763 à 1768.

Les difficultés avec la Maison de Savoie ont été de longue durée ; il y a eu plusieurs guerres à ce sujet, & elles n'ont été éteintes que par le traité (7) de *Saint-Julien* en 1603, confirmé ensuite par celui (8) de 1754 ; elles étoient au plus haut point en 1603 après l'*escalade* (9) manquée.

Les dissensions civiles qui ont régné depuis 1734 jusqu'en 1738 ont fait naître une foule de pièces. Celles qui méritent le plus d'être conservées, se réduisent à (10) sept. Je vais les détailler en y joignant quelques observations. Les *représentations* sont l'ouvrage de M. *Leger*, le *Tombeau de l'Edit* celui du Docteur *Aimé Le Fort*. La *Relation* est enrichie de documens. Le *Mémoire justificatif* de M. *Trembley* a le même avantage ; il a été supprimé par ordre du Magistrat. Les *éclaircissemens* de M. *Le Fort* renferment plusieurs faits que M. *Trembley* avoit avancés, pour soutenir sa cause, & d'autres l'ont été dans le *Mémoire de M. Leger* ; ce dernier a été prohibé par le Magistrat. Le *Mémoire de la Bourgeoisie* très-intéressant, est appuyé sur une foule d'actes publics, & composé par *Fabrice Mallet*. M. de *Haller* dit qu'il est d'une force surprenante, quoique personne n'y a répondu en public. La *médiation* (11) a mis une heureuse fin à ces troubles ; le *règlement* émané à ce sujet fixe très-bien les droits de chaque ordre de l'Etat.

On devoit espérer que ce *règlement* auroit ramené pour long-

---

(6) Conseils pour former une Bibliothèque Historique de la Suisse, par M. de Haller, pag. 143-149. Berne 1771, in-12.
(7) Imprimé avec d'autres actes 1619, in-8.
(8) 1754, in-8.
(9) Cet évènement est très-bien décrit par *Goldast* sous un nom emprunté, *Sallustii Pharamundi Helvetii Carolus Allobrox* 1603, in-4. Dans le même temps parurent aussi trois ouvrages, *le Cavalier de Savoye*, 1606, in-8. Le *Citadin de Genève* 1606, in-8. publié aussi sous le titre d'*Antiacavalier Genevois* 1606. *Le fleau de l'Aristocratie Genevoise* 1606, in-12. De ces trois ouvrages il n'y a que le second qui mérite quelque attention ; il est très-solidement écrit & fondé sur des actes publics ; *Sarrazin* en est l'auteur. Les deux autres écrits sont de *Butter*.

(10) *Représentations* des Citoyens & Bourgeois, avec des additions, & le tombeau de l'Edit de 1570-1734, in-4.
Relation des troubles qui ont régné à Genève en 1734. Rouen 1736, in-4.
Mémoire justificatif pour Jean *Trembley*, Syndic de la Garde 1735, in-4.
Eclaircissemens apologiques des faits imputés au Syndic *le Fort*, 1735, in-4.
Mémoire justificatif de M. *Leger*, 1736, in-4.
Mémoire instructif de la Bourgeoisie de Genève, 1737, in-4.
Règlement de la Médiation pour la pacification des troubles de Genève, 1738, in-8.
(11) On trouve dans l'*Histoire Militaire des Suisses*, par M. le Baron de

temps la paix ; cependant vingt-cinq ans après, il s'eſt élevé de nouveaux troubles qui ont duré cinq ans, & ſur leſquels il y a près de trois (12) cent pièces imprimées. Si le *recueil* (13) publié en Hollande comprenoit ce qui a été donné avant l'époque de la *Médiation*, on pourroit ſe contenter de l'indiquer ſeul ; mais il y manque des pièces précédentes & eſſentielles: au reſte ce recueil a ſon prix. Les *repréſentations des Citoyens & Bourgeois* avec les *réponſes du Conſeil* ſont réunies dans une collection (14) qui a auſſi ſon mérite. Les *Lettres* (15) *écrites de la campagne* ſonnèrent le tocſin ; l'Auteur y ſoutient que le Conſeil a le droit de rejetter abſolument les repréſentations qu'on lui adreſſe. Les lettres *écrites de la* (16) *Montagne* par Jean-Jacques Rouſſeau, augmentèrent le trouble & la défiance. Il y eut une réponſe (17) aux *Lettres écrites de la campagne*, faite par une perſonne qui connoiſſoit les conſtitutions de Genève, & qui prétendoit ramener la paix en prouvant que ni le Magiſtrat ni les *Repréſentans* n'avoient raiſon. Cette réponſe fut réfutée avec force par les *Lettres Populaires* (18). On vit bientôt paroître une nouvelle *Réponſe* (19) à ces Lettres.

Le Magiſtrat de Genève ayant jugé à propos d'avoir recours à la garantie des Puiſſances qui avoient établi en 1738 le *règlement de la Médiation*, c'eſt ici que le *Recueil*, imprimé en Hollande, & dont j'ai parlé, devient néceſſaire. Il y eut pendant ces troubles (20) pluſieurs incidens ſur des affaires conſiſtoriales, ſur les *Natifs*, &c. Mais il faut ſe borner aux objets principaux. La pacification (21) générale ſe fit le 9 Mars 1768.

Genève (22) a deux Codes de Loix remarquables. Le premier a été recueilli en 1387 par l'Evêque Adamar *Fabry*. Il a été réimprimé (23) en latin avec la traduction françoiſe à côté ; la première édition de ce Code eſt extrêmement rare. L'Imprimeur *Belot* la donna en 1507 en vieux françois, mais avec beaucoup de fautes : cette Collection mérite toute l'attention de ceux qui veulent connoître les mœurs du quatorzième ſiècle. Le ſecond Code (24) plus nouveau renferme beaucoup de loix relatives à la conſtitution de la République. On travaille à en faire une nouvelle édition en vertu du règlement de Médiation de 1738, du Prononcé de 1767, & de l'Edit du 11 Mars 1768.

XI. *Gerſau.*

Voici la plus petite République de l'Europe après *Saint-Marin* en Italie: celle-ci eſt enclavée (1) dans le Duché d'Urbin qui dépend du Pape ; elle n'a que deux lieues de long ſur une & demie de large, & elle ne comprend qu'une ville, deux villages un peu conſidérables & cinq autres de moindre conſéquence. *Saint-Marin* eſt ſous la protection du Pape, & *Gerſau*, qui n'eſt qu'un bourg, eſt réputé ſous celle des quatre Cantons de Lucerne, Uri, Schweitz & Underwalden. La ville de *Saint-Marin* ſe ſoutient dans ſa liberté depuis pluſieurs ſiècles, & cette indépendance en exaltant l'imagination de ſes Citoyens, leur a inſpiré l'idée d'appeler leur petite République, la ſœur, *la Sorella* de la grande République de *Veniſe*. Le bourg de *Gerſau*, ſans avoir encore imaginé de ſe nommer *Fratello*, frère des Cantons que je viens de nommer, a d'anciennes alliances avec ces quatre Républiques : Voici la deſcription de ſa poſition (2) & de ſon gouvernement. *Gerſau* eſt ſitué ſur la côte ſeptentrionale du lac des *quatre Cantons Foreſtiers*, les mêmes que j'ai déja déſignés, preſqu'au centre de ce lac entre Lucerne & Uri, à l'endroit où étoit autrefois la borne de ſéparation entre la Turgovie & l'Argeu. Le bourg de *Gerſau* faiſoit partie de la première de ces deux provinces de l'ancienne Suiſſe. Il eſt auſſi ſitué à l'endroit le plus profond du lac, entouré de hautes montagnes ; & à l'exception du lac ſon territoire eſt limité par celui du Canton de Schweitz, & par le bailliage de *Weggis* qui appartient au Canton de Lucerne. Il a deux lieues de long ſur une de large ; mais à la réſerve de quelques habitations écartées, il n'y a dans tout ce terrain que le bourg de *Gerſau* : on n'obſerve dans toute ſon étendue que des prés & des alpes ou montagnes. *Gerſau* eſt expoſé à de violentes chûtes d'eau qui deſcendent quelquefois de la montagne voiſine de *Rigi*. Toute la population de ce petit Etat aſſez inconnu peut aller à mille ames au plus, & ſes aſſemblées générales auxquelles tout homme ayant atteint la ſeizième année a le droit d'aſſiſter, ne comprennent pas plus de trois cent hommes. Le gouvernement eſt purement *Démocratique*; ſon Chef ſe nomme *Landamme*. Ce Préſident & ſon Lieutenant ou *Stacthalter*, le Tréſorier ou *Bourſer*, le grand-Sautier ou *Landweibel* ſont élus par la *Lands-gemeind* ou l'aſſemblée générale du peuple. Le *Landamme* reſte ordinairement deux ans dans ſa charge ; il eſt même quelquefois confirmé pendant pluſieurs autres années. La *Lands-gemeind* élit auſſi un Conſeil compoſé de neuf Aſſeſſeurs ;

Zur-Lauben, (Tom. VIII. pag. 20-44 & 271-287. Paris 1753, in-12.) l'Hiſtoire de la *Médiation* qui paciſia, le 7 Avril 1738, les troubles de Genève. Cette République dut le retour de ſa tranquillité à la France & aux deux Cantons de Zurich & de Berne. *Daniel-François, Comte de Gelas-Voiſins, d'Ambres, Vicomte de Lautrec*, fut revêtu du caractère de Miniſtre Plénipotentiaire de Sa Majeſté Très-Chrétienne, pour la pacification de ces troubles; il eut la gloire de réunir le Magiſtrat & la Bourgeoiſie. Le Vicomte de Lautrec étoit alors Maréchal de Camp ès Armées du Roi, Inſpecteur-Général d'Infanterie & Lieutenant-Général pour Sa Majeſté dans la province de Guyenne. Il eſt mort Maréchal de France.

(12) Nombre prodigieux. On ſe rappelle ici les *Mazarinades de la guerre de la Fronde*. Le temps des troubles eſt preſque toujours celui du délire & des libelles.

(13) *Recueil* des pièces concernant la demande de la garantie faite par le petit Conſeil de la République de Genève 1767-1768, deux volumes épais, in-8.

(14) 1763, in-8.
(15) 1763, in-12.
(16) 1764, in-12.
(17) 1764, in-8.
(18) 1765, in-8. cinq parties.

(19) 1765, in-8. quatre parties.
(20) M. de *Tſcharner*, de Berne, en a donné un précis curieux dans ſon Dictionnaire Géographique, Hiſtorique & Politique de la Suiſſe, T. I. pag. 210-236.
(21) Voyez l'Edit du 11 Mars 1768.
(22) M. de *Haller*, Conſeils pour former une Bibliothèque Hiſtorique de la Suiſſe, pag. 95-96.
(23) Coutumes, Ordonnances, franchiſes & libertés de la ville de Genève 1767, in-8.
(24) Edits de la République de Genève 1735, in-8.

(2.) Le Géographe manuel, par M. l'Abbé *Expilly*, pag. 108-109. Paris 1770, in-24. fig.
(2.) *Guilliman, de Rebus Helvetici*. Lib. III. Cap. XVII. pag. 121. in Theſauro Hiſt. Helvetice.
Jean-Léopold *Cyſat*, Deſcription du Lac des quatre Cantons Foreſtiers, pag. 232-234. Lucerne 1661, in-4. fig. en Allemand.
Leu, Obſervations en Allemand, ſur *Simler*, de la République des Suiſſes, pag. 650. Zurich 1735, in-4. fig.
Le même, Dict. Hiſt. de la Suiſſe, T. VIII. pag. 448-450.
Faeſi, Deſcript. Topog. de la Suiſſe. T. II. pag. 350-355.
Tſcharner, Dict. Géog. Hiſt. & Pol. de la Suiſſe, T. I. pag. 243, &c.

ce *Conseil*, présidé par le *Landamme*, juge les affaires courantes. On peut appeller de ses décisions à un *Conseil double*, composé de dix-huit Juges, & encore si on le veut à un autre *Tribunal triplé*, de vingt-sept Assesseurs; & alors si on n'est pas content du jugement, on a la voie ouverte d'en appeller à la *Landsgemeind*. Cette assemblée ne décide pas, mais elle nomme un nombre de Juges sous la préséance du *Landamme*; & lorsque ce Chef est dans le cas de ne pouvoir voter, ce Tribunal extraordinaire a pour Président le *Statthalter*. S'il est question de former le *Conseil double*, chacun des neuf Assesseurs du *Conseil ordinaire* s'adjoint un Patriote distingué par sa probité; & pour un *Conseil triplé*, deux autres Patriotes de la même trempe, bien entendu que ni les uns ni les autres ne soient en aucune manière parens des Parties plaidantes. La *Justice Criminelle* est un Tribunal formé par vingt-sept Juges présidés par le *Landamme*; ses sentences ne sont sujettes à aucun appel. On voit par ce détail que la République de *Gersau* a à-peu-près la même constitution que les Cantons d'Uri, de Schweitz & d'Underwalden. La *Lands-gemeind* se tient tous les ans en Mai, le premier dimanche après l'*Invention de la Sainte-Croix*, dans la maison du Conseil, bâtie avec une sorte d'élégance. Le peuple délibère aussi dans cette assemblée sur tous les objets de législation. Il a paru en 1763 à Zurich une esquisse (3) du gouvernement de *Gersau* : je la traduirai d'après l'Allemand. Le Lecteur se souviendra en voyant cette première ebauche que le Peintre est un *Pasteur* initié dans les principes de *Zuingle* & de *Bullinger*. Ces premiers Réformateurs de Zurich condamnoient hautement toute liaison des Cantons avec les Puissances étrangères & tout service militaire hors de la patrie. Voici les réflexions de ce Pasteur.

» Quoique *Gersau* soit la plus petite République de la Suisse,
» & peut-être de tout l'Univers, elle n'en est pas la plus mal-
» heureuse; elle est même beaucoup plus heureuse que les plus
» grandes. Il est vrai qu'on ne parle & qu'on n'écrit pas autant
» de *Gersau* que des François & des Anglois ; mais cette dis-
» tinction contribue aussi à son bonheur. Jean-Jacques Rousseau
» dit dans son *Contrat social* : *un petit Etat est plus fort qu'un grand*.
» Cette assertion ne s'entend pas de la puissance & de la force
» militaire, parce que ce sens *Gersau* ne pourroit pas
» être comparé avec le plus foible de tous les Treize-Cantons ;
» mais on doit l'entendre du bonheur intérieur dont jouis-
» sent les Membres d'un pareil Etat. Les *Gersoviens* n'ont pas
» d'ennemis : connoît-on quelque chose de ce peuple? sait-on
» même qu'il existe? il y a mille Suisses qui n'en ont pas
» entendu parler. Les anciens propriétaires de ce pays ne
» savent plus s'il existe, & quand ils le sauroient & voudroient
» renouveller leurs prétentions, comment pourroient - ils
» arriver dans leur pays? Les *Gersoviens* sont placés au centre
» de la Suisse, ils ont en face le lac des *quatre Cantons Forestiers*,
» & à leur dos la montagne de *Rigi*. L'ennemi seroit premiè-
» rement obligé de terrasser les autres Cantons avant de pou-
» voir arriver à *Gersau*. Et quand il y arriveroit, les *Gersoviens*
» s'enfuiroient sur les montagnes par des sentiers inconnus,
» & là ils se moqueroient des ennemis. Telle est leur force ;
» elle n'est pas moins grande d'un autre côté. Ils n'ont rien à
» démêler avec les autres Nations ; ils n'ont pas besoin des Fran-
» çois, ils se passent des Autrichiens, & n'ont rien à débrouil-
» ler avec les Espagnols, les Savoyards & les Hollandois. Ils
» ne sont liés avec ces Nations ni par alliance, ni par traités,
» ni par capitulation, enfin ils sont exempts de disputer entre
» eux auxquelles de ces nations ils veulent servir. Il ne vient
» pas d'Ambassadeurs ni de Ministres près de la République de
» *Gersau*. Au reste les *Gersoviens* n'ont pas d'autre soin que de
» penser à eux, & si la Providence leur accorde en pâturages,
» en bestiaux & en poissons suivant leurs besoins, ils sont con-
» tens. Le Citoyen d'une pareille République n'est-il pas heu-
» reux ? Combien *Gersau* est grand dans la constitution de son
» gouvernement & dans l'ordre établi pour ses élections! quelle
» précision ne règne-t-il pas dans l'appel d'un Tribunal à l'au-
» tre ! les Juges sont tous des hommes qu'on connoît, on peut
» juger par soi même de leur capacité. Le procès ne peut être
» ici que très-court & à peu de frais. La partie peut dire : *Les
» Juges sont de mon estoc. Je dois attendre tout bien d'eux*. Un pareil
» gouvernement a - t - il quelque rapport avec des Etats plus
» considérables ? quelle nuée d'Avocats, de Juges subalternes,
» d'Employés, de Commissaires & d'autres Assaillans n'accable
» pas ailleurs le plaideur, avant même que l'affaire soit portée
» devant le Souverain ? & le Souverain y est-il toujours parfai-
» tement instruit de l'affaire ? combien de fois n'est-elle pas
» dénaturée avant qu'elle parvienne au trône ! combien de
» fois l'injustice est couverte de l'extérieur brillant du droit,
» au point que le Souverain ne peut plus en faire la distinc-
» tion! Heureux les Gersoviens puisqu'ils peuvent se passer de
» Juges subalternes & de leur cohorte tyrannique «!

Mais l'Auteur de ce passage a oublié d'y ajouter que depuis quelques années une sorte de luxe, amenée par l'aisance, s'est glissée dans une partie du bourg de *Gersau*. Des Commerçans de la Suisse, uniquement attentifs à leurs fabriques, peu mémoratifs des principes qui ont fondé & soutenu la liberté & la confédération générale de la Nation, & ne pouvant pas trouver chez eux assez d'ouvriers pour suffire aux vastes projets de leur cupidité mercantile, ont donné aux *Gersoviens* de la soie & du coton à filer. Cet exercice, plus digne du sérail de *Sardanapale* que du champ de *Mars*, énerve insensiblement, & en leur offrant une aisance que leurs pères ne connoissoient pas, les indispose peu-à-peu contre la vie agreste & pastorale.

Je n'entrerai pas ici avec le savant & infatigable M. *Bochat* (4) dans de profondes recherches sur l'origine du nom de *Gersau* ou *Gerisau*, anciennement *Gersowe*. Je descendrai à des tems moins reculés que ceux des *Celtes*. L'Anonyme, Moine de *Muri*, qui rédigea vers l'an 1150 les actes de son Abbaye, après avoir (5)

---

(3) Jean-Comrad *Fuesslin*, de Zurich, *Camerier* du Chapitre rural de Winterthour, célèbre par plusieurs ouvrages sur l'histoire de la Suisse, & que la mort a enlevé ces années dernières, avoit inséré ce tableau parmi ses observations sur la *Géographie de Busching*. On trouve cette description dans la quarante-septième section du Journal Littéraire de Zurich en 1763, pour titre : *Freymuthigen nachrichten*. M. *Faesi*, Pasteur d'Uetiken sur le lac de Zurich, a aussi placé l'esquisse de son Confrère, dans sa *Description Topographique de la Suisse*, T. II. pag. 352 353. Zurich 1766, in-8. en Allemand. M. *Fuesslin* a encore répété son tableau dans le premier tome de la *Topographie de la Suisse*, pag. 387-388. Schaffhausen 1770, in-8.

(4) *Mém. crit. sur l'hist. anc. de la Suisse*, T. III. pag. 326. Lausanne 1749,

in-4. fig. M. Bochat prétend que *Gerisau*, dont le nom se prononce *Gersau*, fut ainsi nommé par les Gaulois à cause de sa situation proche du lac. GER signifioit en leur langue *proche*, *le long* ; & SAN, *mer*, *lac*, *rivière*, *eau*. L'étymologie de *Gerson* village près de Rethel en Champagne, & dont le célèbre Jean *Gerson*, Chancelier de l'Université de Paris prit le nom, n'a pas d'autres racines. *Saon* & *Son* désignoit une *rivière* : de-là le nom de *Gersuins*, village de Champagne près de Bar sur-Aube.

(5) *Acta fundationis Murensis Monasterii* ; pag. 76-77. edit. Kopp. *Seracium*, *seracia*, signifie proprement *serum lactis*, ce qu'on dit de la sérosité du lait. Voyez ce mot & le suivant dans le Glossaire de Ducange.

Feltrum, *filtrum*, *filtrus*, *Pheltrum*, est le *feutre*, étoffe comme celle dont

parlé d'un fond de terre situé dans le district de *Weggis* (*In Watigiffo*), fait mention des possessions que le Monastère avoit à *Gersau*, *ad Gerisouw*. Il dit que l'Eglise & le village de ce nom (*Vicus*) appartenoient autrefois en totalité à son Monastère, mais que de son tems le Monastère n'en possédoit plus qu'une partie. Il détaille dans le même endroit la manière dont les Moines faisoient la recette de leurs revenus à *Gersau*. Elle consistoit en fromage, en laitage (*Seracia*), en chair, en poisson, en bétail gros & menu, en draps, laine, feutre (*filtros*), en cuirs, en peaux, en noix, en pommes & en argent. Les Comtes de *Habspourg*, Fondateurs & Avoués de l'Abbaye de Muri, retirèrent avec le temps une partie des biens qu'elle avoit à *Gersau*; il ne lui en restoit qu'une portion en 1303, à l'époque du terrier de la Maison d'Autriche, dressé cette année par le Secrétaire Bertold de *Frikke*. Il y est (6) dit que la Maison de *Habspourg* possédoit en propriété à *Gersowe* une ferme d'un produit considérable qui est ici détaillé. Elle y possédoit aussi un moulin, un fond de terre à *Hergiswille* (7). Le terrier décrit encore la ferme que le Monastère de Muri (*von Mure*) avoit dans ce district sous la dépendance de l'*Avouerie* de ce Monastère qui appartenoit aux Princes de *Habspourg-Autriche*. Le même *Urbaire* parle des possessions que cette Maison avoit à *Errenhof*, & il spécifie tous les devoirs de servitude auxquels étoient assujettis les *Gersoviens*. La Maison d'Autriche avoit sur eux haute & basse Justice.

Déja, en 1315, les habitans de *Gersau* firent alliance avec les habitans d'Uri, de Schweitz & d'Underwalden. La Maison d'Autriche avoit hypotéqué ses droits sur *Gersau* & son territoire aux Nobles de *Moos*, citoyens de la ville de Lucerne. *Tschudi* a rapporté (8) le traité d'alliance perpétuelle que cette ville & les pays d'Uri, de Schweitz & d'Underwalden renouvellèrent à la fin d'Août 1359 avec les habitans de *Gersowa* & de *Waeggis*; ils leur donnent le titre d'*Eidgnossen*, ou Confédérés, ce titre devenu si distinctif pour tous les Treize-Cantons. Les *Gersoviens* se trouvèrent avec leurs Confédérés en 1386 à la bataille de Sempach & combattirent vaillamment contre les ennemis de la liberté. Ils achetèrent (9), le vendredi après la *Fête-Dieu* 1390, pour la somme de six cent quatre-vingt-dix livres (10) de deniers, de Jean & Pierre de *Moos*, citoyens de Lucerne, & de leur sœur Agnès de *Moos*, la juridiction de leur Commune; & les Vendeurs, en renonçant à perpétuité à tous leurs droits, remirent en même-temps aux *Gersoviens* toutes les lettres & tous les actes de la Maison d'Autriche, concernant la Seigneurie de leur bourg. Ce contrat est le principal titre de la liberté de *Gersau*; il y est fait mention de Rodolphe *Truckseler* alors *Ammann* de *Gersau*, & de trois (11) Notables de ce village. L'acte fut passé en présence de Jean de *Waltersperg* (Noble du pays d'Underwalden-le-bas) qui y attacha son sceel, de George *Burdiger* de Lucerne, de Nicolas *Stultzmetler* (12). *Ammann* actuel d'Underwalden-le-bas, de Henri de *Muli*, & d'Ulric *Mutzler*, Patriotes (*Lantbluash*) d'Underwalden. L'Empereur Sigismond étant à Bâle le jour de Noël 1433, renouvella & confirma toutes les franchises & libertés de l'*Ammann* & des habitans de la paroisse de *Gersau*, qui lui en avoient fait la requête par une députation. Ce diplôme (13) est le garant fondamental de la République de *Gersau*. En 1431, les quatre Cantons Forestiers étoient convenus avec *Gersau*, que lorsqu'ils prendroient les armes pour une expédition, les *Gersoviens* marcheroient avec celui des Cantons qui réclameroit le premier leur contingent de cent hommes. L'Eglise paroissiale de *Gersau* est dédiée à l'Evêque Saint-Marcel. Les habitans en acheterèrent en 1483 la collation de Noble Jean de *Butticken*, qui la tenoit de dame Barbe de *Roth*, laquelle en avoit hérité en partie de la Maison de *Butticken*. Cette paroisse est enclavée dans le Chapitre rural des quatre Cantons Forestiers, au diocèse de Constance. Le bourg de *Gersau* a pour armes de gueules coupé d'azur, & porte sur son sceau l'image de Saint-Marcel. Parmi les districts de son territoire sont aussi, l'endroit qu'on appelle, près du Soulier rouge, *Bey-dem-Roten-Schu*, & celui près du Soulier rouge sur le lac, *Bey-dem-Roten-Schu-am-fée*. Il n'y a aucun Couvent dans tout le territoire de *Gersau*, mais, comme l'a observé un Moderne, personne ne regardera cette privation comme un malheur. Au reste, après avoir fait l'éloge du gouvernement Gersovien, la vérité historique exige qu'on rapporte ici le précis (14) d'un évènement qui manqua d'attirer à cet Etat les plus fâcheux revers en 1507 & 1508. Les *Gersoviens*, oubliant leur ancien flegme désintéressé, & les égards dûs à un protecteur puissant, osèrent intenter un procès à la ville de Lucerne & à ses sujets sur les limites & sur des pâcages. La cause fut débattue devant des Arbitres. Mais comme dans le jugement il y eut autant de voix pour une partie que pour l'autre, elles choisirent pour sur-Arbitre Jérôme Stocker (15), de Zoug. Celui-ci, le tout bien revu, condamna les *Gersoviens* & même aux dépens. Sur cela grande clameur à *Gersau*; la Commune dans son désespoir ne menaça de rien moins que de faire la guerre au Canton de Lucerne. Les *Gersoviens* commencèrent les premiers actes d'hostilité. Ils enlèvent d'abord les bestiaux à leurs voisins de *Weggis* : les représailles s'en suivent; les *Weggifois*, qui d'alliés font devenus sujets de Lucerne, se vengent pleinement de cet acte de violence. Déja une troupe de jeunes guerriers de Lucerne s'apprête pour dompter les audacieux *Gersoviens*; déja le bruit de l'armement se répand dans les trois Cantons d'Uri, de Schweitz & d'Underwalden. En alliés & en bons voisins ceux-ci se hâtent d'éteindre l'embrasement; ils déclarent nettement aux *Gersoviens* qu'ils doivent se soumettre à la teneur de la Sentence. Dans cette crise, les *Gersoviens* déconcertés, mais toujours recalcitrants pour le paiement des frais, supplient les trois Cantons

---

on fait des chapeaux, en Allemand *Filz*; on dit *feutrer des laines*, *filzen*. On trouve le terme *Filtros* dans une chartre de l'Abbaye de Saint-Gall, datée de la troisième année du règne de Childeric qui avoit commencé en 742; voyez Goldasti. *Rer. Alamannicar. Scriptores*, T. II. Parte I. N°. LVIII, pag. 44. *Francofurti* 1661, in-fol.

(6) Article de *Gersowe*, pag. 902. dans une collection manuscrite qui a pour titre : *Monumenta Helvetico-Tugiensia*, T. IV. in-fol. & qui est conservée à Zoug dans la Bibliothèque de M. le Baron de Zur-Lauben.

(7) Cet endroit & *Errenhof* étoient des districts de l'ancien territoire de *Gersau*.

(8) Chr. Helv. T. I. pag. 451-452.

(9) La copie de ce contrat de vente se trouve dans le second tome du Recueil *Miscellanea Helvetica Historia*, pag. 250-251. in-fol. qui est à Zoug dans la Bibliothèque de M. le Baron de Zur-Lauben.

(10) Umb 690 pfund pfenning an plabert 20 pfund Zurechnen.

(11) Jean Hentzeler, Henri Camzeint ou Camenzint, & George Megger.

(12) Autrement *Sulzmatter*.

(13) On en trouve aussi une copie dans le même Recueil, *Miscellanea Helvetica Historia*, T. II. pag. 252-253.

(14) Continuation de la Chronique d'*Aegidius de Tschudi*, manuscrite, dans la Bibliothèque de M. le Baron de Zur-Lauben à Zoug, & formant le quatrième tome des *Miscellanea Helvetica Historia*, pag. 243-244. in-fol.

(15) Bailli de la province libre de l'Argeu en 1507, & de la Turgovie en 1514, & *Ammann* ou Chef de la ville & du Canton de Zoug en 1518.

(c'étoit au temps du Carnaval 1508), d'intercéder pour eux auprès de la ville de Lucerne, avec instances pour le relâchement de la moitié des dépens qui montoient à trois cent florins, somme alors considérable & encore plus accablante pour les pauvres *Gersoviens.* Mais les Lucernois, mémoratifs de l'affront & se tenant littéralement à la sentence, refusèrent tout rabais. Qu'en résulta-t-il ? les Députés des trois Cantons intercesseurs devoient être rendus à Lucerne le mardi après le jour (16) de *Saint-Laurent*, les *Gersoviens* avoient promis solennellement & itérativement d'y envoyer en même-temps une députation suppliante. Les Cantons espéroient que cette requête désarmeroit le courroux des Lucernois & les porteroit à se relâcher d'une partie des frais. Mais quelle fut leur surprise, en apprenant que les *Gersoviens* n'avoient envoyé personne de leur part à Lucerne ! Ils en furent vivement indignés. On peut juger quelle fin eut cette espèce de tragi-comédie : les *Gersoviens*, bafoués par les trois Cantons, se virent forcés dans leur dernier retranchement. Ils payèrent non-seulement les dépens, mais encore bien au-delà. Plusieurs années après cette salutaire correction, ils réparèrent d'une manière glorieuse leur ancien procédé. Les quatre Cantons, leurs protecteurs, étoient en 1531 en guerre avec ceux de Zurich & de Berne. Les *Gersoviens*, voulant vivre & mourir fidèles à la religion de leurs pères, combattirent comme des lions le 11 Octobre de cette année à *Cappel*; les Zurichois perdirent la bataille, & *Zuingle* qui les avoit imbus de sa doctrine, y fut tué. Sans cette victoire & celle de *Gubel* qui la suivit le 24 du même mois, la Catholicité étoit entièrement perdue en Suisse ; on peut donc dire que les zélés & braves *Gersoviens* furent aussi l'un des instrumens de sa conservation.

Je vais passer maintenant à la description des autres gouvernemens de la sphère Helvétique.

XXXIV.

Etats Aristo-Démocratiques du Corps Helvétique.

I. *Canton de Zurich.*

Le premier par le rang dans le nombre des Treize-Cantons, le plus puissant après celui de Berne & le plus commerçant, est celui de Zurich. La forme de son gouvernement (1) tient de l'*Aristocratie* & de la *Démocratie*, & si l'on doit en croire différentes relations, elle penche même plus vers la constitution populaire, depuis l'ascendant prédominant que les *Tribus* paroissent avoir pris à la suite de la guerre civile de 1712, ascendant que les diverses branches du commerce ne manquent pas d'augmenter.

Avant que Rodolphe *Braun* eut changé en 1336 le gouvernement de la ville de Zurich, l'administration précédente étoit entre les mains d'un *Sénat* composé de trente-six Membres, dont moitié *Chevaliers* & moitié des familles les plus anciennes & les plus distinguées de la *Bourgeoisie*. Douze de ces trente-six *Sénateurs* gouvernoient pendant quatre mois (2), depuis le premier Janvier jusqu'au premier Mai. A ceux-ci succédoient douze autres Juges, dont six de même *Chevaliers* & six des principales familles de la *Bourgeoisie*. Cette seconde

---

(16) Qui tombe le 10 Août.

(1) M. *Philbert le définit ainsi.* (Hist. des Ligues & des Guerres de la Suisse, T. I. pag. 240 & suiv.) Le Gouvernement du Canton de Zurich n'est ni tout-à-fait Aristocratique, ni tout-à-fait Démocratique, c'est proprement un composé de l'un & de l'autre de ces deux constitutions. Ce que l'on peut appeller l'essence de la Souveraineté est le patrimoine universel du Corps collectif de la Bourgeoisie ; c'est dans le sein de cette multitude que réside radicalement cette précieuse faculté, sans pourtant que le peuple en exerce aucun acte par lui-même. C'est la Commune-Souveraine, la Bourgeoisie de Zurich, ne s'assemble jamais en comices pour délibérer des affaires publiques, comme cela se pratique dans les Cantons purement populaires : sa manière ordinaire de s'assembler est par Curies ou par Tribus ; mais ces Curies nécessairement séparées & distinctes ne sauroient se mêler du Gouvernement ; elles ne s'en occupent que pour former le Corps qui en est dépositaire en leur nom, & pour élire chacune le nombre de Magistrats qui lui est nécessaire, lesquels sont comme autant de Députés perpétuels que chaque Tribu envoye au Parlement avec autre instruction que le vœu commun de tous ses Membres pour le maintien des Loix & pour le bien public.

Je joins ici des réflexions de M. l'Abbé de *Mably*, relatives au Gouvernement de Zurich ; elles se trouvent dans son traité de la *Législation ou Principes des Loix*, seconde partie, pag. 146-148. *Amsterdam* 1776, *in*-12. Voici son texte :

« Je me rappelle ce que me disoit à Zurich en Suisse, un homme digne » des anciens temps, & dont je cultiverai toujours avec soin la précieuse » amitié. Vous êtes assez content, me disoit-il, de votre Gouvernement ; » nos Loix vous paroissent sages ; & quoiqu'elles ayent été faites dans un » temps où l'Europe barbare ne nous donnoit que des exemples d'injustice » & de Tyrannie, elles sont assez justes. Tout tend à nous faire aimer l'é- » galité ; nos Magistrats sont sans faste, les simples Citoyens ne craignent » point leurs caprices, & on s'attendroit à trouver parmi nous l'amour le » plus vif pour la Patrie. Cependant j'y vois ne sais quelle tiédeur qui n'est » pas digne de notre Liberté, & que les Grecs & les Romains auroient » regardée comme un grand vice. Personne ne se plaint ni ne peut se » plaindre que le Gouvernement l'opprime, tout le monde convient de sa » douceur, & cependant nos Loix nous sont, en quelque sorte, indiffé-

» rentes. Quoiqu'elles nous soient nécessaires pour éviter l'oppression & con- » server la tranquillité publique, nous n'avons pas le courage de les aimer » avec cette chaleur qui élève l'ame des vrais Républicains. J'ai beau » chercher, j'aoutoit-il, les causes de cette malheureuse nonchalance, je » n'en vois point d'autre que notre négligence à nous faire d'excellents » Citoyens par une excellente education. Nous n'avons pas assez de soin de » préparer nos jeunes gens à se contenter du bonheur que notre Gouver- » nement doit leur offrir : nous les laissons dans une trop grande oisiveté ; » & les plaisirs n'étant que trop souvent différens de ceux que demande ou » doit permettre la constitution d'un peuple libre, nous sommes toujours » prêts à dégénérer. Cela ne coûteroit enfin à nos Citoyens voyageant dans » mépriser le faste & le luxe qui dévastent nos voisins, & ils se laissent » éblouir par l'éclat trompeur qui les accompagne. A peine voyent-ils les » vices inconnus parmi nous, qu'ils plaignent leur Patrie de ne les pas » souffrir & avec peine qu'on leur reproche une simplicité dont » ils seroient fiers s'ils avoient été bien élevés. Ils apprennent à estimer » cent misères dangereuses que nos Loix ont eu raison de proscrire comme » autant de pièges de la tyrannie ; ils copient avec effort des vices qui les » rendroient malheureux si nos Magistrats n'étoient pas assez vigilans pour » les étouffer dès qu'ils osent se montrer. En faisant un examen de nos » mœurs, peut-être seroit-il aisé de nous dire : c'est d'Italie que nous avons » apporté cette sottise ; celle-ci nous vient en droite ligne de France, » celle-là d'Allemagne, & cette dernière de Hollande ou d'Angleterre. » Que Lycurgue avoit raison de défendre aux Spartiates la communication » des autres Grecs ! Nos jeunes gens reviennent dans nos montagnes bien » déterminés à trouver leurs Compatriotes insupportables : ils n'obéissent » qu'à regret à des Loix qu'ils trouvent gênantes ; on se plaint de leur » pédanterie, on voudroit s'y soustraire, & notre Gouvernement ne » produit que la moitié du bien que nos Législateurs s'en étoient promis. » Nous aimons encore notre Liberté & notre Patrie, mais mollement, » parce que nous n'avons pas accoutumé dès l'enfance nos Citoyens à » haïr les vices souvent agréables qui suivent ou qui préparent la servi- » tude. Quel présage funeste pour l'avenir ! ».

(1) On appelloit les uns *Consules quadragesimales*, les autres *Consules Æstivales*, & ceux de la dernière classe *Consules Autumnales*.

partition

partition annuelle administroit la justice depuis le premier Mai jufqu'au 30 Août. Ils étoient alors remplacés par un même nombre de Juges, de la même qualité, jufqu'à la fin de l'année. Enfuite la première divifion recommençoit fes féances, & fuccefſivement ainſi les autres. On trouve dans un Ouvrage du célèbre *Tfchoudi* (3) une lifte des Confeillers de Zurich tant Chevaliers que Bourgeois, depuis 1111 jufqu'en 1319, avec leurs divifions. Je vois parmi les Confeillers-Chevaliers, en 1270, Henri *Meifs*; en 1277, Rodolphe *Meiff*, & en 1282, Jacques *Meiff*. Je trouve également parmi les Confeillers extraits des familles les plus confidérables, en 1216, Henri *Meifs*; en 1259, Conrad *Zoller*; en 1270, Walter *Meifs*, &c. Les Maifons de *Meifs* & de *Zoller* exiftent encore aujourd'hui à Zurich dans la Tribu de la Nobleffe. On ne fait pas (4) précifément l'origine de ce Confeil Oligarchique; les uns l'attribuent au Chapitre des Chanoines de Zurich, les autres à l'Abbeffe, Dame fouveraine de cette ville pendant plufieurs fiècles. Ce qu'il y a de certain, c'eft que l'Abbeffe nommoit primitivement à un Confeil civil de douze Affeffeurs, dont fix étoient d'origine militaire, & fix, Citoyens ou Bourgeois. La juftice criminelle étoit exercée par le *Préfet Impérial* qui étoit en même-temps *Avoué* du Chapitre & de l'Abbaye de Zurich, & qui veilloit fur la légiflation du *Confeil Civil*. L'Abbeffe avoit encore un Tribunal particulier qu'on appelloit le *Tribunal de la ville*, en Allemand *Stadt-Gericht*, lequel jugeoit des dettes & des prétentions pécuniaires. Elle y exerçoit auffi le droit de battre monnoye; on a confervé plufieurs pièces d'argent frappées à fon coin, les connoiffeurs les défignent fous le nom de *Bracteates* ou *Nummi Bracteati*. L'Empereur Frédéric II, en reconnoiffance des fervices que lui avoient rendus les Citoyens de Zurich, leur donna le droit d'élire le Confeil.

J'abrège ici l'article de l'ancien gouvernement de Zurich & je viens à la révolution de 1336: le Sénateur (5) Rodolphe *Brun* ou *Braun* fut le principal auteur du changement. La Bourgeoiſie exceſſivement mécontente du *Confeil des Trente-fix*, qui abufoient de leur autorité, & qui étoient de très-mauvais adminiftrateurs des fonds publics de la ville, les ajourna au 4 Juillet 1336 pour rendre compte de leur geftion; elle en dépofa la plus grande partie qu'elle punit par des amendes & même par le banniffement. Rodolphe *Braun* fut confervé avec fix autres Confeillers, parce que le peuple les trouva innocens de la prévarication. L'Empereur Louis IV de *Bavière*, en confirmant en 1337 (6) la nouvelle forme du gouvernement de Zurich, déclaroit dans fon diplôme que les bourgeois s'étoient laffé de tous les abus, de toutes les vexations & déprédations qu'ils avoient fouferts depuis long-temps de leur *Confeil Municipal*. Sur le refus du *Confeil*, de rendre compte de l'adminiftration économique, la révolution générale éclata. L'Abbeffe & le Chapitre des Chanoines de Zurich (7) ratifièrent auffi le mardi avant le jour de *Sainte Magdelaine*, en 1336, la nouvelle forme du gouvernement compofé de treize *Tribus*, à la tête defquelles étoit placée celle des *Nobles*, en Allemand *Conftaffel*; les autres Tribus étoient compofées des différentes claffes de la Bourgeoifie. Le Sénateur *Braun* fut unanimement nommé par la Bourgeoifie Chef ou *Bourgmeftre* de ce nouveau gouvernement; il défendit fon ouvrage en homme zèlé & intrépide. Quelques Magiftrats exilés s'étoient ligué avec la Nobleffe voifine, jaloufe par état de l'accroiffement de tout pouvoir populaire, mais fûre au moins de l'appui de la Maifon d'Autriche. Une confpiration dangereufe qui ne fut connue que dans l'inftant même où fon exécution manqua (le 23 (8) Février 1350), ne fervit qu'à fortifier la haine des Citoyens contre des ennemis perfides: je ferai connoître ailleurs l'horreur de cette confpiration & j'en détaillerai les effets. Zurich abandonné par l'Empereur Charles IV, fe cantonna avec la ville de Lucerne & les trois pays d'Uri, de Schweitz & d'Underwalden. Les Zuricois & les *quatre Cantons Foreftiers* furent également déterminés par le fentiment de leur foibleffe mutuelle, les premiers à rechercher avec empreffement une union plus étroite & plus folennelle & les autres à y confentir. Dans ce traité (9) conclu le jour de *Sainte Valburge*, le 2 Mai 1351, les Zuricois fe réfervent non-feulement leurs priviléges & leurs engagemens antérieurs d'alliance & de combourgeoifie, mais, réciproquement avec leurs Confédérés, le droit de former de nouvelles alliances, pourvu qu'elles ne dérogent en rien à la préfente union; ils fe font en même-temps garantir par leurs Alliés la forme actuelle de leur gouvernement. Jufqu'alors l'obligation auxiliaire entre les quatre plus anciens Cantons étoit bornée par les limites des pays confédérés. La fituation ifolée de la ville de Zurich n'admettoit point cette reftriction. L'horifon de la Ligue fut confidérablement étendu; il embraffa tout le pays entre les frontières de la *Rhétie* & le cours de la Thour, de l'Are & du Rhin. Dans cette enceinte, les Alliés devoient s'entre-fecourir à leurs propres dépens, & même en cas d'attaque fubite, avant d'être appellés. Les parties contractantes fe promirent de ne point permettre à leurs reffortiffans des citations pour des caufes civiles devant les Juges Eccléfiaftiques. Une claufe remarquable eft l'obligation de faifir par-tout ceux qui auroient léfé un Confédéré, lors même que le fait feroit arrivé hors de l'enceinte de la Ligue. On ne fe propofoit fans doute dans cet engagement de repréfailles, que de mettre les particuliers à couvert de la vengeance d'une Nobleffe peu accoutumée à

---

(3) *Defcriptio Gallia Comata*, pag. 103-109. *Conftantia* 1758, in-fol. fig. *Germanicè*.
(4) *Tfchudii*, Chr. Helvet. T. I. pag. 337-141.
Guilliman *de reb. Helvet.* Lib. III. Cap. V. pag. 104 & feq. in *Thefauro Hiftoria Helvetica*.
Joh. Henrici Hottingeri, *Speculum Tigurinum*, pag. 55 & feq. Tiguri 1737, in-12, fig.
Jean-Henri Bluntfchli, *Memorabilia Tigurina*, pag. 344. & feq. & pag. 562, & feq. Zurich 1742, in-4. fig. en Allemand.
Leu, Obfervations fur Simler, de la République des Suiffes, pag. 26 & fuiv. 97, 263, 446, 450-481 & 486. Zurich 1735; in-4. fig. en Allemand.
Hiftoire du gouvernement de la ville de Zurich jufqu'à l'établiffement des Tribus; ouvrage écrit en Allemand par M. le *Landfchreiber Weyß*, de Zurich, pag. 1-112 dans le 1 Tome du fupplément à l'Hiftoire des Suiffes,

par *Laufer*, de Berne.
Faeß, Defcript. Topog. de la Suiffe, T. I. pag. 267-281.
Tfcharner, Dict. Géog. Hift. & Pol. de la Suiffe, T. I. pag. 3-4, & T. II. pag. 212-214, &c.
(5) Felix *Nufcheler* (mort *Statthalter* de la ville de Zurich,) *Differtatio Hiftorico-Politica de Statu Urbis Tigurina fub Carolo IV. Imp. Rom.* Tiguri 1710, in-4.
Hiftoria Stemmatis Brun, & primi Confulis Tigurini Rudolf Brun, Zurich 1599, in-4. en Allemand.
(6) Tfchdi, Chr. Helvet. T. I. pag. 345.
(7) Idem, ibid. pag. 343-344.
(8) Idem, ibid. pag. 385-387.
(9) Idem, ibid. T. I. pag. 391-393.
Leu, Dict. Hift. de la Suiffe, T. XX. pag. 243-248.

respecter le droit des gens ; mais il faut avouer que dans des temps postérieurs, après les succès répétés dans leurs premières guerres, les Suisses ont abusé quelquefois de ce principe, pour en faire le prétexte de prises d'armes aussi partiales qu'imprudentes. L'Abbaye de *Notre Dame des Hermites*, autrement *Einsidlen*, dans le Canton de Schweitz, fut choisie pour le rendez-vous des arbitres appellés à terminer les difficultés qui pouvoient naître entre Zurich & les *quatre Cantons Forestiers*. On s'accorda à renouveller le serment de cette union à chaque époque de dix ans ; toutefois, l'omission de cette solennité ne devoit point porter atteinte à la perpétuité de l'alliance. Les Confédérés cédèrent le premier rang à la ville Impériale de Zurich qui depuis cette date a toujours été regardée comme le chef (mais non la capitale) de la Ligue des Suisses, par le dépôt qu'elle conserve de la correspondance & des actes qui concernent le *Corps Helvétique*.

Voici la forme actuelle du gouvernement de Zurich, telle que M. *Leu*, Bourgmestre de cette ville, l'a décrite dans son *Dictionnaire historique* (10) *de la Suisse* ; ouvrage où les articles de la géographie & des divers gouvernemens, ainsi que ceux des hommes les plus illustres dans l'épée, dans la robe & dans les sciences, sont généralement traités avec exactitude : je ne pouvois pas choisir un guide plus respectable que le Chef même de la République. Rodolphe *Braun*, auteur de la révolution en 1336, avoit donné aux *Tribus bourgeoises* une grande influence dans l'administration générale.

Le gouvernement actuel est formé d'un *petit* & d'un *grand Conseils* qui composent ensemble le nombre de *deux cent dix Membres* auxquels il faut ajouter les deux Chefs de l'État que l'on appelle *Bourgmestres*, ce qui fait en tout *deux cent douze Membres*. Je dirai plus loin combien de sujets chacune des *treize Tribus* & à leur tête *celle de la Noblesse*, fournit pour la composition de ces deux Conseils. Le pouvoir suprême réside dans le *petit* & le *grand Conseils* réunis ; on les appelle communément *les Deux-Cent de la ville de Zurich*. Ils prononcent sur les affaires majeures ; ils règlent les impositions à lever dans la ville & sur le Canton ; ils arrêtent les acquisitions territoriales à faire au nom de l'Etat ; ils ont le droit de donner la bourgeoisie des Seigneurs & Gentilshommes étrangers, d'élire & de confirmer les *Bourgmestres*, & , dans la classe des *Tribus* respectives, les Conseillers & les Chefs ou *Tribuns-Maîtres* (11) ; ils nomment aux charges de la ville & aux bailliages du Canton ; ils nomment aussi les Députés pour les Diètes ; ils règlent le prix de la monnoie, le changent quand il leur plaît, & disposent de la conclusion des alliances ; enfin ils ont le pouvoir de faire la guerre & la paix suivant la constitution fondamentale de l'Etat qui a été renouvellée en 1713. Mais toutes les affaires ordinaires journalières, même celles de l'exercice de la Religion, sont du ressort du *petit Conseil*, excepté les cas d'appel au *grand Conseil* dont je vais parler, excepté aussi les circonstances où le *petit Conseil*, embarrassé de décider par lui seul certaines affaires importantes, les renvoye au *petit & grand Conseils* réunis ensemble. Il n'y a pas proprement d'appel du *petit Conseil* au *grand* ; mais lorsqu'on n'y est pas d'un avis unanime sur une affaire, chaque Conseiller peut, s'il le trouve nécessaire, sous l'obligation de son serment renvoyer l'objet devant le *grand Conseil* ; & dans ce cas il faut au moins qu'il y ait dans le *petit Conseil* deux voix qui appuyent ce renvoi. On réserve cependant les sentences données sur les affaires qui sont renvoyées de la Chambre civile de la ville, autrement le *Stadt-gericht*, devant le *petit Conseil*.

Le *petit Conseil* est composé de *cinquante Membres*, d'abord des deux Bourgmestres & de six Conseillers de la Tribu dite *Constafel* ou *de la Noblesse* : quatre de ces Conseillers portent le titre de *Seigneurs* (12) *de Constafel* ; ils représentent les mêmes Chefs que l'on appelle dans les autres Tribus *Zunftmeister* (13) ou *Tribuns* ; c'est la Tribu de *Constafel* qui les élit, mais il y en a toujours deux qui sont tirés d'entre les *Nobles*, & deux autres d'entre les *familles bourgeoises* qui sont aussi partie de cette Tribu, les deux autres Conseillers sont tirés de toute la Tribu de *Constafel*. Chacune des douze autres Tribus nomme en outre au *petit Conseil* deux *Tribuns* & un *Conseiller* ; à ces quarante-quatre Membres on joint encore six *Conseillers* choisis par libre élection & sans qu'ils soient attachés à une Tribu : tous ces Membres réunis font les cinquante Membres du *petit Conseil*. Il est à observer que pour entrer dans le *petit Conseil* il faut auparavant être Membre du *grand*, & que les Conseillers du *petit Conseil*, à l'exception des *quatre Seigneurs de Constafel*, sont élus par le *petit* & le *grand Conseils*. L'élection des *Bourgmestres*, des *Conseillers* & des *Tribuns* se fait en secret à la majorité, en distribuant des deniers d'argent dans une boîte. Les *Bourgmestres* & les *Conseillers* sont élus par le *petit* & le *grand Conseils*, de même que les quatre *Statthalter* ou *Consors* (*reforiers*) ; mais les quatre *Seigneurs de Constafel* & les vingt-quatre *Tribuns* sont élus par leurs Tribus respectives ; ils les président quand ils sont en charge. Ainsi la Bourgeoisie générale nomme la plus grande partie du *petit Conseil*, savoir vingt-huit places ; mais toutes les élections faites par la Bourgeoisie dépendent de la ratification du *grand Conseil*.

Les séances ordinaires du *petit Conseil* se tiennent tous les lundis, mercredis & samedis. Ce Conseil est partagé en deux sections qui alternent entre elles ; l'une remplace ordinairement l'autre quatorze jours plus ou moins avant *la Saint-Jean d'été* & avant la *Saint-Jean d'hiver*. Chacune de ces sections est composée d'un *Bourgmestre*, de douze *Conseillers*, y compris les *deux Seigneurs de Constafel* & d'un *Tribun* de chacune des *douze Tribus*, ce qui fait en tout vingt-cinq Membres par section : on les appelle *les Conseillers nouveaux*, *die neuen Raehte*. Les deux *Bourgmestres* alternent entr'eux ; l'un d'eux est en charge la moitié de l'année, & ensuite son Collègue lui succède pour le même terme. On appelle *les anciens Conseillers*, *die alten Raehte*, le *Bourgmestre*, les *Conseillers* & les *Tribuns* qui sont sortis de charge. Ils peuvent néanmoins assister sans distinction au *petit Conseil*, ainsi que les *nouveaux Conseillers*, excepté que ceux-ci

---

(10) T. XX. pag. 296 & suiv. Zurich 1765, in-4. en Allemand.

(11) En Allemand *Zunftmeister*. M. *Philbert* les appelle en François *Tribuns maîtres* ou *préposés*, Hist. des dernières guerres de la Suisse & de la Haute-Allemagne, T. I. pag. 246. Amsterdam (Paris) 1775, in-12. dernière édition.

(12) M. *Philbert* dit : (Hist. des Ligues & des guerres de la Suisse, T. I. pag. 241 & suiv.) que la première des Tribus à Zurich est celle des *Connétabliers*, affectée par son institution à la Chevalerie & aux seuls Citoyens qui sont profession des armes & qu'il n'y a que les Nobles & les gens vivant noblement qui puissent y être aggrégés.

(13) Ce mot Allemand signifie Tribun chez les anciens Romains, aujourd'hui *Maître-Juré d'un Corps de Métier*. Zunft-Meister-amt ou *Stelle*, *Tribunat* chez les Romains, charge de Maître-Juré *d'une Tribu*, Zunft signifie proprement Tribu, Corps de Métier, Compagnie, Communauté, & aussi poêle de la Tribu, maison ou hôtel de la Communauté ; *Ober-Herr einer Zunft*, Président ou Chef de la Tribu. Voyez le *nouveau Dictionnaire Allemand-François*, édition de Strasbourg, chez Amand Koenig, 1762, in-4. pag. 761.

nomment feuls parmi eux les *trois Gardes* du grand feeau de la ville & de la bannière, & deux Affeffeurs pour l'examen des affaires criminelles. Les *anciens Confeillers* laiffent la décifion de ces affaires aux *nouveaux*; mais jufqu'à ce moment ils peuvent affifter à toute la procédure avec eux. Les jugemens au criminel font prononcés par vingt-quatre *nouveaux Confeillers*, indépendamment du *Bourgmeftre*: les nouveaux Confeillers compofent auffi feuls la *Chambre civile* de la ville, *das Stadt-Gericht* pendant une demi-année; il n'y a que l'*Avoyer* de cette Chambre qu'ils ne repréfentent pas.

J'ai dit que le *petit Confeil* fe joignoit au *grand*, & qu'alors le pouvoir fuprême réfidoit dans cette réunion des deux cent douze Membres dont ces deux Confeils font compofés. Il y en a cent foixante & deux du *grand Confeil*; ce nombre dix-huit fon extraits de la Tribu de *Conftafel*; chacune des douze autres Tribus en nomme douze. L'élection des Membres du *grand Confeil* fe fait dans la maifon de la Tribu par les *petits & grands Confeillers* de chaque Tribu, & elle fe fait en fecret à la majorité des fuffrages; la confirmation de l'élection eft faite par le *grand Confeil*. Tout Citoyen qui a atteint l'âge de trente ans peut être élu dans le *grand Confeil*, & tel qui en a trente-fix peut prétendre au *petit Confeil*.

Quand un Membre du *petit Confeil* vient à mourir, on le notifie auffi-tôt au *Bourgmeftre* en charge, & celui-ci eft obligé, fuivant un règlement, d'affembler dans les vingt-quatre heures le *petit* & le *grand* Confeils, excepté un jour de dimanche ou de folemnité, pour procéder au remplacement du défunt. Et lorfque le même cas arrive à l'égard d'un Membre du *grand Confeil*, le *Tribun* en charge ou le *Seigneur de Conftafel*, fi le défunt étoit de fa Tribu, le notifie de même au *Bourgmeftre* régnant, qui fixe alors l'heure de l'élection. Ordinairement cette élection fe fait le même jour par les Prépofés de la Tribu dont étoit le défunt.

Voici la forme de l'inftallation de la nouvelle Régence qui fe fait tous les fix mois à la *Saint-Jean d'été* & à la *Saint-Jean d'hiver*. Le *petit* & le *grand* Confeils font alors affemblés dans l'hôtel-de-ville fous l'obligation du ferment, pour procéder aux élections. Après une prière relative à l'acte du jour, on lit le règlement des élections, & l'on demande à chacun des Affeffeurs qu'il dife fur fa confcience s'il fait qu'on n'a rien fait contre fa teneur. Enfuite tous les Affeffeurs font ferment de n'élire que celui qui leur paroîtra le meilleur & le plus capable. Le *Bourgmeftre* ou le Préfident demande enfuite à l'un des Confeillers foit du *petit* ou du *grand* Confeils qu'il nomme celui qui lui plaira, pour remplir la charge de *Bourgmeftre*. Le Confeiller à qui il s'adreffe nomme alors un Sujet, & auffi-tôt tous les parens du Candidat jufqu'au troifième degré, fortent de l'affemblée. Puis le *grand-Sautier* demande l'avis à chacun des Affeffeurs placés à fa gauche; ils choififfent (14) alors le Sujet défigné ou en propofent un autre, &

chaque fois les parens du Candidat fe retirent de même de la Chambre. Après la demande des avis, on met les noms des Candidats fur autant de trous dans une boîte élevée & non doublée. Chacun des Votans va derrière un rideau placer dans l'un des trous à fon choix le denier d'argent que la Chancellerie leur a diftribué; & lorfqu'il y a plus de quatre Candidats nommés, le Préfident prend avec lui à fon choix deux Membres du *petit Confeil* & un du *grand*, & il va avec eux & un Officier de la Chancellerie compter en fecret les fuffrages, enfuite fans faire mention du plus ou du moins de fuffrages & avant la fin complète de l'élection, il fait annoncer le nom de celui des quatre Candidats qui en a le plus; après cela on procède dans la même forme à l'élection des autres Candidats. S'il y en a au-delà du nombre des quatre précédens, leurs parens fortent de même auparavant de l'affemblée; le *Bourgmeftre* ou le Préfident compte publiquement les fuffrages dans la Chambre du Confeil, & félicite celui d'entre les Afpirans qui en a le plus. Il faut auffi obferver que lorfqu'on va placer les deniers d'élection, jamais deux Votans ne vont enfemble derrière le rideau, & aucun ne peut auffi fous peine de perdre fon fuffrage, demander & donner à un autre fon denier, à moins qu'il ne foit hors d'état de le placer dans la boîte; on compte auffi publiquement les deniers avant & après l'élection pour voir fi le nombre eft jufte.

Tous les fix mois le *petit* & le *grand Confeils* élifent de nouveau le *Bourgmeftre* qui doit entrer en charge. Les autres Chefs de l'Etat, au nombre de fept, font *quatre Stattbalter* ou *Maîtres* (15) *Tribuns* & deux *Tréforiers*; ceux-ci peuvent être élus parmi les Confeillers ou les *Tribuns*; ils gardent leur place pendant douze ans, & alternent entre eux annuellement pour l'exercice. Après les *Tréforiers* vient l'*Adminiftrateur* (16) *principal* ou l'*Intendant général* des biens d'Eglife fécularifés tant de la ville que du Canton. Ces neuf Chefs forment le *Confeil fecret* avec trois autres Membres du *petit Confeil*. Ils délibèrent enfuite fur les affaires les plus importantes de l'Etat qui font en outre délibérées devant le *petit* & le *grand* Confeils, mais ils n'ont que la voix délibérative fans avoir le droit de conclufion.

Le *Chancelier* & le *fous-Secrétaire* exercent toujours leurs fonctions au *petit* & au *grand Confeils*: chacun d'eux a encore un *Subftitut du Confeil*. Le Chancelier décide la majorité dans toutes les affaires & élections où il y a égalité de voix foit dans le *petit Confeil*, foit dans les deux Confeils réunis, le *petit* & le *grand*. En fon abfence ou lorfqu'il ne peut être préfent aux élections à caufe de la parenté avec l'un des Candidats, le *fous-Secrétaire* donne la décifion; & fi celui-ci eft dans la même exception, alors il eft remplacé par le premier des *Subftituts du Confeil*, & enfin par le dernier d'entre eux fi le premier eft excepté. Les quatre Prépofés à la Chancellerie que je viens de défigner, partagent entre eux le travail, de manière que chacun d'eux a fon département diftinct dans

---

(14) Voici comment M. *Philbert* décrit la forme des élections à Zurich, (Tom. I. pag. 243 & fuiv.) Toute la Tribu s'affemble, le Chef qui y préfide fous le nom du *Maître Tribun*, interpelle un *Tribunaire* quelconque, qui ne doit jamais en être averti, ni prévenu, à peine d'une groffe amende, de propofer fous fon ferment un fujet habile qui ne lui foit ni parent, ni allié, & qu'il juge digne de la place vacante. Cette interpellation fe réitère à trois ou quatre autres Tribunaires qui font tenus de propofer chacun un fujet différent, & l'élection roule fur ces quatre ou cinq propofés. On y procède par un fcrutin couvert & très-fecret, & celui des Candidats qui a eu le plus de voix eft préfenté au Sénat pour y être confirmé. Si les voix font égales, ils font préfentés tous les deux, & la confirmation qui fe donne à la pluralité des fuffrages, n'a lieu qu'en faveur d'un feul. Pour être éligible il faut être né en légitime mariage, être domicilié dans la ville depuis dix ans, avoir trente ans paffés, & faire preuve d'une fortune fuffifante pour tenir lieu de caution réelle.

(15) En Allemand *Oberfte-Zunftmeifter*, ce titre défigne les *quatre principaux Tribuns*; ils font les organes de la Liberté, les gardiens de la conftitution, les protecteurs de la Bourgeoifie & de fes droits; ils préfident dans tous les Colléges en l'abfence des *Bourgmeftres*. Quoiqu'ils foient quatre, ils ne font jamais en fonction qu'au nombre de trois, & tous les ans l'une de ces places eft ouverte à une nouvelle élection.

(16) En Allemand *Obmann* ou *Ober-Amtmann*.

l'occurrence de toutes les affaires. On tient deux différens regiſtres du Conſeil ; le Chancelier & ſon *Subſtitut du Conſeil* couchent ſur l'un les expéditions des affaires de leur reſſort, le *ſous-Secrétaire* & ſon *Subſtitut du Conſeil* en font de même ſur l'autre regiſtre pour leur département reſpectif. Toutes les affaires d'Etat ſont de celui du *Chancelier* ; toutes celles qui concernent les Egliſes, la Police, le Civil & le Militaire, ſont de la Chancellerie du *ſous-Secrétaire*. Il y a deux maiſons fixées pour les deux départemens.

Voici l'état des charges affectées au *petit Conſeil* ; celles des deux *Tréſoriers*, *l'adminiſtration ſupérieure de tous les Couvens ſéculariſés & de tous les revenus Eccléſiaſtiques*, la *direction des bleds*, celle des *bâtimens*, la *direction de la Sile* & les geſtions des *Hopitaux de Saint-Jacques* & de *Spannweid*. La *direction du grand Hopital* & le *Secrétariat du ſel* peuvent être indifféremment entre les mains des *petits* ou *grands Conſeillers*. Toutes ces charges peuvent auſſi être gérées dans la ville, ſans obligation de réſider hors de ſon enceinte. Les charges ſuivantes dites *extérieures*, ſont affectées au *petit Conſeil*, ſavoir, les bailliages de la Turgovie & du Rheintal, quand le tour de ces bailliages communs à pluſieurs Cantons, tombe à la ville de Zurich ; les dix-huit bailliages *intérieurs* du Canton ſont auſſi régis par des Membres du *petit Conſeil*.

C'eſt du *grand Conſeil* qu'on tire les Adminiſtrateurs des charges ſuivantes, *la direction de l'Abbaye réformée des Dames de Zurich*, les *directions de Ruti*, des *Aumônes*, d'*Otenbach*, de grand-Celerier & de la *Chambre du grand Chapitre* : ces charges ſont du reſſort intérieur de la ville. Des Membres du *grand Conſeil* ont auſſi hors de la ville la direction de la Maiſon de *Ruti* à *Winterthour* & les adminiſtrations des Couvens réformés de *Stein*, *Cappel*, *Kuſſnacht*, *Ruti*, *Toefs* & d'*Embrach* ; on tire encore du *grand Conſeil* les Bailiifs de *Lauffen*, de *Hegi*, de *Flach*, d'*Altiken*, qui ſont du Canton, & les cinq bailliages de *Weinfelden*, *Pfyn*, *Wellenberg*, *Huttlingen*, *Nunforn* & de *Steinegg*, qui ſont ſitués dans la Turgovie. Le bailliage du Comté de *Baden* qui appartient à pluſieurs Cantons, eſt alternativement régi par un Membre du *petit Conſeil* & par un autre du *grand*, chacun pendant quatre ans lorſque le tour de la nomination à ce bailliage vient à la ville de Zurich. Celui du *bas-Argeu-libre* a auſſi pour Bailif un Membre du *grand Conſeil* ; mais lorſqu'il ſe trouve dans des années réuni à celui du *haut-Argeu-libre*, alors c'eſt un Membre du *petit Conſeil* qui gouverne les deux bailliages enſemble. Les autres bailliages communs à pluſieurs Cantons, *Sargans*, *Lugano*, *Locarno*, *Mendriſco* & *Val-Maggia* ſont encore conférés à des Membres du *grand Conſeil* avec la charge de *Capitaine territorial de Weil*.

Quand l'un des *petits* ou *grands Conſeillers* a rempli l'une de ces charges *intérieures* ou *extérieures*, il ne peut (17) plus prétendre à une autre qu'après ſix ans révolus.

Les Membres du *petit Conſeil* peuvent prétendre aux bailliages & charges annexées au *grand Conſeil*, mais en les obtenant ils ſont remplacés auſſi-tôt par d'autres dans le *petit Conſeil*.

Il y a encore dans la ville de Zurich les *Chambres ſuivantes* : I. celle des *Comptes* ou *Finances publiques*, compoſée de douze Membres, ſavoir, des deux *Bourgmeſtres*, d'un *Statthalter*, des deux *Tréſoriers*, de l'Adminiſtrateur ſupérieur des Couvens réformés, de trois Membres du *petit Conſeil* & de trois autres du *grand* : cette Chambre a ſon Secrétaire particulier avec un Subſtitut. II. la *Chambre de réformation*, formée par *ſix* & quelquefois par *ſept* Membres du *petit Conſeil* & autant du *grand* ; celle-ci veille à l'exécution des loix ſomptuaires, & elle juge des affronts, des paroles injurieuſes & des voies de fait qui peuvent arriver entre les bourgeois & dans la ville. III. le *Conſiſtoire* compoſé de huit Aſſeſſeurs, ſavoir d'un *Statthalter*, de deux *Miniſtres* de la ville, de deux Membres du *petit Conſeil* & de trois autres du *grand Conſeil* ; ce Tribunal juge des contentions matrimoniales, des tranſgreſſions contre le ſixième précepte du *Décalogue* & de toutes les pratiques ſuperſtitieuſes: c'eſt le *petit Conſeil* qui donne les diſpenſes de mariage. Le *Conſiſtoire* connoît auſſi de toutes les cauſes matrimoniales des Réformés dans les bailliages communs de la Turgovie, du Rheintal, de Sargans & du Comté de Baden. IV. le *Conſeil Secret* : j'en ai déja parlé. V. le *Conſeil de Guerre* ; j'en traiterai à l'article de la conſtitution militaire de la Suiſſe. VI. enfin la *Chambre Civile* ou le *Stadte-Gerichte*, qui eſt inſtallée tous les ſix mois par le *petit Conſeil*. Dans les anciens temps l'Abbeſſe de Zurich nommoit ce Tribunal ; il eſt préſidé par un *Avoyer*, en Allemand *Schultheiſs*, qui eſt nommé par le *grand Conſeil* & pris parmi ſes Aſſeſſeurs. Au reſte l'*Avoyer* n'a aucune voix à donner, mais en cas de parité dans les ſuffrages, il a le droit de déterminer l'élection. Ce Tribunal eſt au nombre de *douze*, dont ſix choiſis par les deux Conſeils reſtent dans leurs places juſqu'à ce qu'ils ſoient (18) avancés à de plus grands emplois de la République ; les ſix autres ſont élus tous les ſix mois dans le *grand Conſeil* ou dans la *Bourgeoiſie* par les neuf nouveaux Conſeillers. Père & fils, beau-père & gendre, deux freres & deux beaux-frères ne peuvent être enſemble Aſſeſſeurs de ce Tribunal, & il faut avoir vingt-cinq ans pour y être admis. Ce Tribunal juge de tous les procès à l'occaſion de dettes, de retrait, de banqueroutes, &c. qui ſurviennent dans la ville & dans quelques bailliages voiſins ; il s'aſſemble tous les jours de la ſemaine, excepté le vendredi & les jours que le *petit* & le *grand Conſeils* ſont convoqués ; il a un Secrétaire particulier, nommé par le *petit Conſeil*.

Indépendamment des *Chambres* que je viens de détailler, il y a encore un grand nombre d'autres Tribunaux, Chambres & Commiſſions, tant Eccléſiaſtiques que Séculiers, qui connoiſſent de ce qui regarde les bâtimens, les fortifications, les lacs, les forêts, la chaſſe, les grands chemins, & de tout ce qui ſert à l'avantage général de la République ; leur détail ſeroit ici trop minutieux. Le *Comité du Commerce* ſoutient, encourage & règle tout ce qui a rapport à ce précieux intérêt, l'un des plus chers objets qui occupent le Citoyen de Zurich.

Le Corps de la Bourgeoiſie eſt partagé en treize Tribus ; elles ne ſont pas également nombreuſes, à cauſe de certains métiers & de certaines circonſtances qui en dépendent. La première eſt la Tribu de *Conſtafel*, elle comprend les Nobles, & les Bourgeois & Artiſans qui ne font aucune des profeſſions enclaſſées dans les autres Tribus. Après celle de *Conſtafel* ſont celles du *Safran* qui eſt la plus nombreuſe ; *Zur-Meiſen* (19) ;

---

(17) Quand un Baillif ou Adminiſtrateur meurt durant l'exercice de ſa charge, avant que la moitié du temps de ſa régie ſoit expirée, alors ſes héritiers ont le droit de la continuer juſqu'à ce terme, & ſi l'Officier eſt mort après le temps fixé, à la reddition des comptes, les héritiers ſont pourvus de la charge & l'adminiſtrent le reſte de l'année.
(18) On les appelle en Allemand *Stehte-Richter*, *Juges confirmés* ou *fixes*.
(19) *Meiſe*, en Allemand déſigne l'oiſeau appellé *Méſange*.

des

des *Maréchaux* ; de *Wecken* (20) ou *Weggen*, des *Tanneurs*, du *Bélier* ou des *Bouchers*, des *Cordonniers*, des *Charpentiers*, des *Tailleurs*, des *Bateliers*, des *Fripiers* & de la *Balance*. Tout Bourgeois doit être de l'une de ces Tribus ; ceux qui n'ont pas de métier, ont la liberté de choisir celle des Tribus pour laquelle ils ont le plus de penchant. Chacune de ces Tribus a une maison particulière pour y tenir ses séances, & des revenus attachés à son ressort. Le règlement que le *Bourgmestre* Rodolphe *Braun* fit en instituant les Tribus a depuis souffert plusieurs changemens, en 1373, 1489, 1653, & particulièrement en 1713. On ne finiroit pas s'il falloit analyser la composition intrinsèque de chacune de ces Tribus. Ce détail intéresseroit le Citoyen de Zurich, mais il ennuyeroit mortellement le Lecteur étranger.

Nous finirons cet article, en observant que la ville de Zurich a donné en 1757 un (21) recueil de ses loix.

II. *Canton de Bâle*.

BALE (1), situé sur les deux bords du Rhin près des frontières de la France & de l'Allemagne, est une des villes les plus considérables de la Suisse, & par la richesse de son commerce & par son assiette également avantageuse & agréable.

Elle a été anciennement ville Impériale, & les Evêques qui y résidoient en étoient pour ainsi dire les maîtres. Elle fut se délivrer peu-à-peu de leur domination, & s'acquérir tantôt par achat, tantôt par faveur, des priviléges importans qui la conduisirent enfin à une indépendance absolue. La marche des évènemens relatifs à cette révolution a été presque la même que celle de toutes les autres villes de l'Empire. La moindre lueur de liberté est toujours infiniment chère à l'homme ; aussi la mauvaise administration des Empereurs & des Princes la rendoit-elle encore plus désirable aux habitans de ces villes ; occupés même dans les temps les plus grossiers, des arts, des manufactures & du commerce, ils avoient besoin de sûreté, de repos & d'ordre, avantages précieux que les Princes ne surent pas leur offrir.

Les talens, l'expérience & les lumières, fruits de l'industrie & de l'aisance, quoique foibles encore dans ces jours ténébreux, leur donnoient sur des Souverains à demi-barbares, une supériorité qui les mit en état de secouer leur joug & d'établir des loix ou des statuts relatifs à leurs besoins.

Presque toutes les villes considérables d'Allemagne & de Suisse dûrent en majeure partie leur accroissement à la protection où à la tranquillité que leur procuroient ou un Siége Episcopal, ou quelque fondation d'Abbayes & de Chapitres. Les richesses de ces Maisons attiroient les artisans, & l'immunité Ecclésiastique étendue sur les ressortissans, favorisoit un peu l'industrie troublée par l'anarchie générale & par les guerres privées qui désolèrent long-temps tous les grands Etats de l'Europe. A cette observation ajoutons - en une autre ; la petite Noblesse du voisinage ayant trouvé dans les villes où elle se réunissoit, un asyle contre la tyrannie des grands - Barons, des Gentilshommes remplissoient d'abord toutes les charges de la Magistrature dans ces Aristocraties naissantes. Les Bourgeois proprement dits, exerçoient les arts méchaniques, & respectoient l'administration de ceux qu'ils reconnoissoient pour les défenseurs de la Communauté.

Anciennement (2) le *Conseil de Bâle* étoit composé de quatre Chevaliers & de huit Gentilshommes. L'Evêque Lutolde de *Rothelin* ou de *Roeteln* qui mourut en 1213, avoit permis en 1210 aux Bourgeois de former douze *Abbayes* ou *Tribus*, dont chacune fourniroit un *Conseiller* ou *Tribun*, ce qui doubloit le nombre des Conseillers. Chaque année, à la *Saint-Jean d'été*, qui est encore de nos jours l'époque du *Grabaud* & du renouvellement de la Régence à Bâle, l'Evêque se rendoit pontificalement dans l'Eglise cathédrale, pour faire paroître en sa présence le *Conseil* qui sortoit de charge. Il nommoit alors huit Electeurs, deux Chanoines, deux Chevaliers & deux simples Gentilshommes & deux Citoyens des Tribus, pour dresser le tableau de la Magistrature pour une année. Le *Bourgmestre* & le *grand-Tribun* étoient pris dans les *deux Tribus des Nobles*. Les Elus étoient ensuite présentés à la Bourgeoisie assemblée sur la place publique, & elle leur promettoit obéissance. Le *grand-Tribun* étoit proprement le Président des Conseillers qui avoient été extraits des Tribus ; l'Evêque le nommoit, & il confirmoit seulement le *Bourgmestre*. Mais en 1287, l'Evêque Pierre *Reich de Reichenstein* obtint aussi le droit de nommer ce premier Chef. Le schisme qui avoit divisé en 1262 la Noblesse, lui facilita le pouvoir de dresser un nouveau règlement dans la Magistrature. Ce fut alors que fut pris dans une égale balance les deux *Sociétés* fameuses qui partageoient la Noblesse, l'une dite le *Perroquet* & l'autre l'*Etoile*, l'Evêque ordonna que le *Bourgmestre* & le *grand-Tribun* seroient pris alternativement dans les deux Tribus que formoit la Noblesse. On détaillera les troubles de ces factions dans l'abrégé de l'histoire Helvétique.

Avant ce temps, les Princes Souverains s'étoient déja fait un principe de politique d'étendre les priviléges des Communautés. Le nombre des Citoyens s'accrut avec leur aisance, & l'usage des armes les égala bientôt à la Noblesse, tandis que celle-ci diminuoit par les guerres, par la dissipation de ses biens & par l'extinction des familles ; fatalité presque toujours inévitable dans les premiers ordres, où diverses causes rendent nécessairement les mariages plus tardifs & moins féconds.

La Bourgeoisie de Bâle s'accourumoit à l'indépendance par ses confédérations avec d'autres villes de la haute-Alsace, au milieu de la confusion des interrègnes & durant les troubles des schismes. Elle défendit (3) en 1272 son Evêque Henri, de

---

(20) *Weck*, *Wecke*, *Wecken*, *Weggen*, désigne en Allemand, un pain blanc de fine farine en forme de coin. La Tribu en porte un dans ses armes.
(21) En 3 vol. *in*-8. en Allemand.
(1) PLANCHES 31, 87 & 92. *Guillimann. de reb. Helvetior. Lib. III. Cap. XI. pag.* 116-118, *in Thesauro*, *Hist. Helvetica*.
Leu, Observations sur Simler, de la République des Suisses, pag. 184, 288, 442, 445, 451, 459, 462 & suiv. & 484.
Le même, Dict. Hist. de la Suisse, T. II. pag. 141-265.
Fæsi, Desc. Topog. de la Suisse, T. II. pag. 519-529.
Tschorner, Dict. Géog. Hist. & Pol. de la Suisse, T. I. pag. 78-89, &c.

(2) *Stumpfii Chr. Helvet. Lib. XII. Cap. XXVI & XXVII. pag.* 394 & 395. Chrétien *Wurstisen*, en latin *Urstisius*. Chronique de Bâle en Allemand, *in-fol.* la première édition de 1580, & la seconde en 1765, en deux volumes.
Le même, *Epitome Historiæ Basliensis* 1577, *in*-8. & dans les *Scriptores rerum Basiliensium* 1757, *in*-8.
Leu, Dict. Hist. de la Suisse, T. II. pag. 113.
Fuesslin, Descript. Topog. de la Suisse, T. II. pag. 68 & suiv.
(3) *Tschudii*, Chr. Helvet. T. I. pag. 174-176. Voyez aussi la Chronique de Bâle par *Wurstisen*.

la Maison des Comtes de Neuchatel, contre un parti de Nobles qui favorisoit les projets ambitieux de Rodolphe Comte de Habspourg. Ce Prince qui étoit aussi Landgrave de la haute-Alsace, apprit son élection au Trône Impérial, pendant qu'il assiégeoit en 1273 la ville de Bâle. Charles IV céda aux Bâlois l'*Advocatie* de l'Evêché en (4) 1348, titre qui sembloit les rendre à leur tour les protecteurs de l'Evêque leur maître primitif. Dans le courant du quatorzième siècle, ils étendirent considérablement leurs franchises. Un Evêque, pressé par ses créanciers, leur vendit (5) en 1373 le droit de battre monnoie. Ils formèrent en 1377 un Tribunal composé de dix Nobles & de dix Bourgeois, pour veiller à la conservation de la paix publique & de la liberté. Les *défis* ou guerres privées furent assujettis à la décision de ce Tribunal. La juridiction civile étoit possédée en fief par la *Prévôté* des Bénédictins du Faubourg *Saint-Alban*; ils en firent cession à la ville en 1388. Ce quartier de la ville au-delà du Rhin, nommé le *petit Bâle*, lequel est du diocèse de Constance, avoit été hypothéqué (6) en 1375 à Léopold, Duc d'Autriche; la ville le racheta (7) en 1392. Le *petit Bâle* étoit déja entouré de murs depuis la fin du treizième siècle; & le pont du Rhin qui lioit cette partie à la Cité ou grande ville, rendoit la réunion importante. Enfin en 1400, l'Evêque Humbert de Neuchatel (8) vendit aux Bâlois la ville & le bailliage de *Liechtstall* ou *Lieftal*, la ville & le bailliage de *Waldenbourg* ou *Wallenbourg*, le château & le Comté de *Hombourg* ou *Homberg*.

Fiers de ces progrès, les Bâlois essayèrent (9) en 1410 de créer un *Ammeister* dont l'autorité devoit être indépendante: cette tentative n'eut pas un long succès; l'Evêque profita de l'ouverture du Concile pour obtenir de l'Empereur la suppression de cet Office. La première session de ce Concile (10) se tint le 14 Décembre 1431. Durant sa convocation les Suisses s'étoient brouillés avec les Zuricois qui avoient fait alliance avec la Maison d'Autriche. Les Bâlois soutenoient le parti des sept Cantons; la guerre fut longue & sanglante. Louis, Dauphin de France, depuis *Louis XI*, parut en 1444 aux portes de Bâle avec une armée, pour disperser le Concile & dégager Zurich. Alors se passa cette fameuse journée de Saint-Jacques sur la Birse, où douze cent Suisses attaquèrent le 26 Août si opiniâtrement l'armée Françoise qu'ils se firent presque tous tuer sur le champ de bataille: je rapporterai ailleurs les circonstances de ce combat. Les historiens Suisses évaluent la perte des vainqueurs à huit mille. Sans doute la victoire fut payée chèrement, puisque le Dauphin déclara qu'un second triomphe semblable ruineroit son armée, & que ce Prince ne tira d'autre fruit de cette journée, que celui d'avoir appris à estimer la valeur des Suisses. *Louis XI profita de l'expérience qu'il avoit acquise étant Dauphin, il rechercha l'alliance des Cantons, fit de leur imprudente valeur un instrument de sa politique profonde, & accoutuma ces peuples à vendre leurs épées & leur sang. Ainsi le combat de Saint-Jacques près de Bâle fait époque très-malheureusement dans l'histoire des Suisses.* Je copie ici l'auteur du *Dictionnaire géographique, historique & politique de la Suisse.* Mais le regret de cet Ecrivain sur les suites du combat de Saint-Jacques qui firent naître les liaisons intimes entre la France & les Cantons ne fait pas grand honneur à son discernement. Il oublie sans doute tous les avantages que la Suisse a tiré de son alliance avec cette Couronne. Je les détaillerai dans le cours de cet Ouvrage; le Corps Helvétique lui doit entre autres la reconnoissance de son indépendance à la paix de Westphalie. *Spreng*, plus judicieux, n'hésite pas de dire dans l'Oraison (11) qu'il prononça à Bâle en 1748 en l'honneur du combat de Saint-Jacques, que cette journée produisit cinq avantages considérables. Comme Bâlois, il met au premier rang la *liberté de Bâle* que la Noblesse ne menaçoit pas moins que du joug de la servitude. *Spreng* prouve ensuite que ce combat fut le salut général de la Suisse & l'humiliation complète des partisans de la Maison d'Autriche qui avoient excité le Dauphin à faire la guerre aux Suisses. L'alliance des Cantons conclue en 1452 avec Charles VII, père du Dauphin vainqueur, & renouvellée en 1463 avec ce même Prince, devenu Roi sous le nom de Louis XI, alliance qui a eu les plus heureuses suites pour les deux Nations, a été le fruit de la journée de Saint-Jacques; & la ville de Bâle, aggrégée au nombre des Cantons en 1501, doit aussi sa Souveraineté à ses liaisons antérieures avec les Suisses, & dont le principe se trouve de même dans la valeur héroïque des douze cent Helvétiens qui avoient péris en 1444 pour sa défense sur les bords de la Birse.

Les Balois justement irrités contre ceux des Nobles qui avoient tenu le parti de la Maison d'Autriche & qui avoient préparé la marche du Dauphin, les bannirent à perpétuité de leur ville en 1445: on en a conservé la liste (12). La Noblesse affoiblie par cette révolution perdit bientôt son crédit & ses prérogatives: l'accession (13) de Bâle à la Ligue Helvéti-

---

(4) On trouvera parmi les PREUVES N°. XIX, l'acte par lequel Frédéric, Evêque de Bamberg, publioit en 1348 la levée de l'excommunication que le Pape Clément VI avoit autrefois confirmée contre Louis de Bavière & ses adhérens; ce Prince étant mort en 1347, le Commissaire Apostolique promettoit en 1348 l'absolution à ceux qui reconnoîtroient Roi des Romains, Charles Roi de Bohême. L'acte qu'on donne ici contient la formule de cette absolution, on en trouve aussi un extrait dans la Chronique d'Albert de Strasbourg, pag. 142-143, *apud Urstisio*; & ce Chroniqueur rapporte l'arrivée de l'Evêque de Bamberg à Bâle, & le refus des Balois de se soumettre à cette formule dont la teneur condamnoit leur attachement inviolable à la mémoire de l'Empereur Louis de Bavière.

(5) *Wurstisen*, ibid Lib. IV. C. 3. *Sudani, Basilea sacra*, pag. 277.

(6) *Tschudi*, ibid. T. pag. 468-469.
Jean-Jacques *Spreng* a inféré l'acte de l'Hypothèque en 1375, parmi les preuves de l'*Histoire du petit Bâle*, pag. 48-51. Bâle 1756, *in-4. en Allemand*.

(7) On trouve tous les actes concernans l'achat du *petit Bâle*, & qui furent confirmés par le Pape Boniface IX & par plusieurs Evêques de Bâle, dans la chronique de la Suisse par *Tschudi*, T. I. pag. 567-570, dans celle de Bâle par *Wurstisen*, Lib. IV. Cap. 7. & dans l'histoire du petit-Bâle, par *Spreng*, pag. 52-72.

(8) *Wurstisen*, ibid. Lib. IV. Cap. VIII.
M. *Brukner* a donné l'extrait de ces différents actes d'acquisition dans ses Mémoires sur les évènements historiques & sur les Curiosités naturelles du Canton de Bâle, en Allemand, à Bâle 1748 & années suivantes, *in-8 en 23 parties*. L'Auteur y rapporte l'Histoire de chaque ville & village du Canton de Bâle, fondée sur des documens qui ont la vérité pour base. Il décrit l'histoire naturelle, les antiquités, enfin tout ce qu'il y a de remarquable; il seroit bien à désirer qu'on eût une description de chaque Canton de la Suisse, dans le goût de celle de Bâle; ce seroit le moyen le plus sûr pour donner à l'histoire naturelle de la Suisse & à ses annales le dernier degré de perfection.

(9) *Tschudi*, ibid. T. I. p. 654. *Wurstisen*, ibid. Lib. IV. Cap. XV & XXI.

(10) Art de vérifier les dates, dernière édition *in-fol*.

(11) Ce panégyrique en Allemand a été imprimé à Bâle en 1748, *in-4*. Voyez aussi l'Histoire Militaire des Suisses au service de la France, par M. le Baron de *Zur-Lauben*. T. I. pag. 51-64. Paris 1751, *in-12*. PLANCHE 185.

(12) *Tschudi*, *Wurstisen*, & *Grasser* (*Heroes Helvetia*) ont rapporté l'acte de cette proscription donnée par Arnon de *Rotberg*, Chevalier, Bourgmestre & par le Conseil de la ville de Bâle, le mercredi veille de *Sainte-Marie-Magdelaine*, (21 Juillet) 1445. Parmi les exilés sont nommés Melchior & Balchafar de Blumeneck, Frédéric de Stauffenberg, Jean de Monaltrol, (*Von Munstral*) & son fils, les deux frères Pierre & Conrad de *Moersperg*, Sifrid d'Oberkirch, Lazare *d'Andelau*, Hermann Waldener, Godefroi-Henri d'Eptingen, Toring de *Halwyle* & Turing son fils, Adelbert de Berenfels, Hermann d'Eptingen, Jean *Moenck* de *Landseron*, Henri Capeler, Huruff de Schoenau *l'ancien*, &c. &c.

(13) *Leu*, Dict. Hist. de la Suisse, T. II. pag. 164-175.

cique le 9 Juin 1501, la détermina à quitter entièrement l'enceinte d'une ville qui devenoit Suisse, Nation pour laquelle elle avoit une haine irréconciliable.

Bâle en accédant à la confédération Helvétique, obtint le rang avant les villes de Fribourg & de Soleure. Simler (14) écrit que ces villes le lui cédèrent, en considération de ce qu'elle étoit la résidence d'un Evêque. Si ces Cantons eussent pu alors prévoir que vingt-cinq ans après, Bâle en devenant Protestante, obligeroit en quelque manière son Evêque de quitter ses murs, ils eussent été peut-être moins empressés à lui donner la préférence.

Par la réformation en 1524—1529, les Bâlois se délivrèrent de l'autorité Ecclésiastique des Evêques. Cette révolution acheva de fixer l'esprit populaire dans le gouvernement. Dès l'année 1516, le *Consulat* ou la charge de *Bourgmestre* avoit passé au Corps des Plébéiens exclusivement. Le nombre des Tribus a été augmenté dans la *grande ville*, & celui des deux Membres pour le *petit Conseil* & des six pour le *grand* que fournissoit chaque Tribu, a été doublé. Depuis cette époque ces places sont en majeure partie occupées par des Artisans qui passent à leur tour, au gré du sort, de leurs atteliers aux divers emplois de Magistrature & de Police.

De tout le Corps de l'*ancienne Noblesse*, il ne reste que quatre Maisons (15) de diverses religions qui jouissent encore du titre de *Citoyen honoraire*, mais ayant aucune entrée dans les charges de la République; elles n'ont que le droit de domicile. Il y a à Bâle quelques familles nobles d'origine, ou annoblies par des Puissances étrangères; mais elles sont confondues avec les autres familles bourgeoises, & elles sont obligées de se faire enclasser dans les Tribus sans pouvoir prétendre à aucune distinction.

La ville de Bâle devenue République, conserva sa constitution municipale; elle se sépara entièrement des Evêques & renonça à toutes liaisons avec eux. C'étoit cependant là l'époque où un sage Législateur auroit pu refondre toute la masse de l'Etat & en faire non-seulement un Gouvernement Républicain, mais aussi un Etat libre & uniquement assujetti à de bonnes loix. Mais il paroit qu'entièrement occupé du soin de réformer la Religion suivant la doctrine d'*Œcolompade* & de se délivrer de toutes les prétentions des Evêques, les bonnes têtes que la République possédoit dans ces temps orageux, ne sentirent pas la nécessité d'une pareille réforme; ce siècle étoit d'ailleurs trop peu éclairé sur les vrais principes de la politique & de la législation: c'étoit encore à-peu-près la même chose vers la fin du siècle passé. Il ne résulta de beaucoup de mouvemens que quelques promesses du Magistrat favorables à la liberté, réitérées ou oubliées peu de temps après, une convention équivoque & mal digérée entre le *grand* & le *petit Conseils* & une confirmation tacite des anciens abus. Les maux de l'Etat n'allèrent depuis qu'en augmentant jusqu'en 1718. Il se trouva à cette époque dans le *grand Conseil* plusieurs Membres assez prudens pour en sentir les tristes effets, assez échauffés par leur zèle, & sur-tout par leurs passions pour s'y opposer; mais plus

habiles pour s'en garantir eux-mêmes & leurs contemporains, que pour assurer à leur postérité le même bonheur, en posant de solides fondemens d'une bonne constitution. C'est à eux que l'Etat de Bâle doit le rétablissement de ses finances; mais c'est à eux aussi qu'il doit l'introduction d'une espèce de sort dans la distribution des emplois, dont les inconvéniens, si l'on doit en croire des relations, deviennent de jour en jour plus sensibles. C'est ce malheureux sort qui achève d'éteindre dans les ames des Magistrats & des Citoyens toute émulation, tout desir de se distinguer par des lumières, par des talens, par des services, & qui anéantit principalement la considération due & nécessaire aux gens en place.

Le Gouvernement (16) de l'Etat, absolument *Démocratique* sous le dehors de l'*Aristocratie*, paroît très-singulier aux yeux d'un Observateur étranger. Si quelque génie extraordinaire avoit voulu réunir dans un même corps les principaux défauts de ces deux Constitutions, il n'auroit pas mieux réussi. Telle est l'idée qu'en donnent différentes relations.

La Bourgeoisie dans le *grand Bâle* est distribuée en quinze Tribus ou Corps de métiers. Voici leur rang & leur composition.

1. *Négocians* ou *à la clef*; les Marchands ou Merciers qui vendent à l'aune, sont du ressort de cette Tribu, ainsi que les Ouvriers en drap.

2. *Hausgenossen* ou *à l'ours*, les Orfèvres, les Jouailliers, les Fondeurs.

3. *Weinleute*, Marchands de vin.

4. *Safran*, Marchands & Merciers qui vendent au poids, Bonnetiers, Gantiers & autres Corps de Métiers. Tout Citoyen que sa profession n'attache pas indispensablement à une autre Tribu, a un accès libre à ces quatre, qui jouissent d'une certaine distinction assez vaine, je veux dire, que les Echevins ou Conseillers tirés de leur Corps sont désignés *Herr*, *Sieurs*, à la proclamation qui s'en fait tous les ans lorsqu'ils prêtent serment à la Bourgeoisie, tandis que ceux des onze autres Tribus ne sont qualifiés que de *Meister*, Maîtres. On nomme aussi par cette raison ces quatre premières Tribus, *Herren Zunfte*, Tribus des Messieurs.

5. *Vignerons*, dont l'accès est également ouvert à tout Citoyen, 6. Boulangers, 7. Forgerons, 8. Cordonniers & Tanneurs mi-parts, ayant leurs maisons de Tribus distinctes, 9. Tailleurs & Pelletiers; chaque métier de cette Tribu & de la précédente fournit la moitié du nombre de ses Conseillers, 10. Jardiniers, 11. Bouchers, 12. Spinnwetter, d'où ressortissent les Charpentiers, Menuisiers, Tailleurs de pierre, Maçons, Tonneliers, Potiers & Tuiliers. L'accès de la Tribu est libre, mais la moitié des Conseillers doit être du métier.

13. *Barbiers* & *Zum-Himmel*, c'est-à-dire *au Ciel*; celle-ci comprend les Chirurgiens, Barbiers, Peintres, Selliers & Vitriers mi-parts comme n°. 8 & 9.

14. *Tisserands*, & 15. *Pêcheurs & Bateliers* mi-parts; chacune de ces Tribus fournit quatre Membres au *petit Conseil*, & douze autres au *grand*. Elles ont aussi chacune la jurisdiction sur leurs métiers respectifs, & elles nomment des tuteurs &

---

(14) De la République des Suisses, Liv. 1. pag. 188, avec les Observations de M. *Leu*, Bourgmestre de la ville de Zurich, en Allemand, Zurich 1735, in-4. avec fig.

(15) De Reichenstein, Berenfels, Rotberg & Eptingen.

(16) Il ne faut pas oublier ici les deux livres suivans sur les Loix de Bâle, celui de *Westhein* qui a pour titre: *Brevis Juris Romani ac Basileensis collatio* 1685, in-4. & celui de *Burcard*: *Collatio Juris Romani & Basileensis circa successionem ab intestato* 1717, in-4. On fait beaucoup de cas de ces deux traités.

des curateurs aux orphelins & aux veuves de leur reſſort.

Il y a encore dans la *petite* Ville trois Tribus ou *Abbayes*, qui ne ſont pas des Corps de métier, & dont chacune fournit également douze Membres au *grand Conſeil*. Les prépoſés des *Abbayes* du *petit Bâle* peuvent l'être en même-temps des Tribus qui compoſent la République. Voici les noms de ces trois *Abbayes*. I. *Zum-Rebhaus* ou *à la Maiſon de vigne*, II. *Zur-haeren* ou *à la Chaſſe de l'Oiſeau*, & III. *Zum-Greifen*, *au Griffon*; ce ſont proprement les trois quartiers du *petit Bâle*.

Telle eſt la diſtribution de toute la Bourgeoiſie de Bâle, & la baſe de la conſtitution de la République.

On prétend que cet arrangement eſt défectueux à pluſieurs égards. Ce n'eſt pas la qualité de Citoyen, la ſeule reſpectable dans un Etat libre, c'eſt celle de Mercier, de Tailleur, &c., qui aſſigne à ſes Membres le droit important de gouverner & de repréſenter le Corps entier de la Bourgeoiſie; cela fait que ſouvent ils s'attachent plus aux intérêts de leur Corps de métier, qu'à ceux de la République entière : il ne paroît pas moins certain que de cette manière l'entrée du Conſeil eſt néceſſairement ouverte à nombre de gens peu inſtruits & ſans la moindre capacité. Il faut avouer cependant que dans le nombre & ſur-tout parmi ces Artiſans, il ſe trouve d'excellentes têtes & des hommes reſpectables: cette diſtribution ſemble enfin pécher par une diſproportion énorme. Il y a des Tribus comme celle du *Safran*, qui compoſées de pluſieurs centaines de Citoyens, ne fourniſſent que ſeize Membres au Gouvernement, tandis que d'autres comme celle des *Pêcheurs*, réduite à moins de trente, en fourniſſent autant. Cette inégalité eſt d'autant plus frappante, que la Tribu du *Safran*, & quelques autres qui ſont dans le même cas, ſont compoſées de la fleur de la Bourgeoiſie.

La manière dont les *Repréſentans du Peuple*, ou les Membres du *grand Conſeil*, auſſi bien que les *Conſeillers d'Etat*, s'éliſent depuis les années 1697, 1718 & 1740, rend cette diſtribution beaucoup plus déſavantageuſe encore. Les places du *grand Conſeil*, vacantes dans les Tribus, ſont remplies par l'opération ſuivante. Tous les prépoſés d'une Tribu, c'eſt-à-dire, les *Conſeillers d'Etat* & les Membres du *grand Conſeil*, attachés à une Tribu, s'aſſemblent le lendemain de la mort de leur collègue : ils tirent d'abord à deux repriſes des boules, qui, marquées des nombres 1, 2, 3, 4, 5, 6, aſſignent à chacun les deux claſſes dans leſquelles il faudra voter. Après avoir prêté ſerment de ne donner leur ſuffrage qu'au plus recommandable & au plus digne, chacune des ſix claſſes propoſe à la majorité des voix un ſujet; & c'eſt le ſort alors qui décide entre les ſix Candidats. Dans le nombre de ſes quatre Conſeillers, chaque Tribu en a deux qui la repréſentent particulièrement dans le petit Conſeil, & qui dirigent alternativement les affaires de la Tribu ; leur titre eſt celui de *Meiſter* ou *Tribun*; ils ſont choiſis comme les *Repréſentans* par les autres prépoſés de leur Tribu. On dit que cette manière d'élire pèche auſſi par pluſieurs endroits. En effet le ſort qui décide abſolument entre ſix Prétendans eſt dangereux, en ce qu'il ne tombe que trop ſouvent ſur le moins digne. D'ailleurs l'homme le plus digne perd de ſa conſidération, lorſque le public en connoît nombre qui lui ſont inférieurs & qui auroient pu l'emporter ſur lui ; & ne peut-on pas dire que c'eſt avilir en quelque façon les dignités elles-mêmes, lorſqu'on voit beaucoup de perſonnes de mérite en être excluës, tandis que des gens dépourvus de tout ce qui pourroit les rendre recommandables en ſont revêtus ? Il y a enfin un inconvénient beaucoup plus grand que tout cela ; c'eſt que les Magiſtrats & ſur-tout les *Repréſentans du peuple* adoptent leurs Collègues. Ce choix ne devroit-il pas uniquement appartenir au Citoyen ? Le caractère le plus eſſentiel du Citoyen conſiſte dans le pouvoir de confier à qui il trouve bon, le droit de le repréſenter & même de le gouverner. Les *Repréſentans* adoptés par leurs Collègues & leurs Supérieurs ne peuvent qu'épouſer leurs ſentimens, leurs intérêts, leurs paſſions, tandis que c'étoit le ſeul intérêt du peuple qui devoit les guider.

Le peuple, qui n'eſt pas capable de ſe gouverner lui-même, eſt néanmoins aſſez éclairé pour choiſir ceux qui ſont les plus dignes de ſa confiance ; & ſans ce droit il ne pourra jamais s'aſſurer de la part de ſes Supérieurs le reſpect qu'il a droit d'en attendre. D'ailleurs les intérêts de famille & les ſervices mutuellement rendus ont des influences trop marquées dans ces élections. On regarde comme la plus noire des ingratitudes de ne pas donner ſa voix à celui qui a donné la ſienne, ſoit à vous, ſoit à quelqu'un des vôtres dans une autre occaſion; & c'eſt une abſurdité que d'en diſpoſer autrement que d'une façon qui puiſſe attirer des ſuffrages & du crédit à votre famille.

Les autres *Conſeillers d'Etat* qui ſont proprement les *Sénateurs* ou les *Echevins*, ſont élus par le *grand Conſeil* par l'opération ſuivante. Tous les Membres préſens de ce Corps, à l'exception de ceux de la Tribu de celui qui doit être remplacé, tirent des boules dont la moitié ſont noires ; ceux qui en rencontrent de pareilles, n'ont point de ſuffrage pour l'élection. Les boules blanches que les autres ont tirées, marquées des nombres 1, 2, 3, 4, 5, 6, aſſignent à chaque Electeur la claſſe dans laquelle il doit voter. Chaque claſſe nomme à la majorité des ſuffrages, & le ſort décide entre les ſix Candidats. S'il n'y a que ſix ou s'il y a moins de Prépoſés d'une Tribu qui ſoient éligibles pour une telle place, c'eſt encore le ſort qui décide ſans autre forme préalable.

Il eſt difficile, comme l'obſerve l'Auteur (17) du *Dictionnaire* (18) *géographique, hiſtorique & politique de la Suiſſe*, imprimé à Genève & à Lauſanne en 1776, qu'un peuple de Marchands & d'Artiſtes qui influe ſur la légiſlation, ne profite un peu trop du pouvoir de s'attribuer des privilèges. Il eſt difficile auſſi qu'il s'éclaire aſſez tôt ſur leurs abus, pour ne pas les laiſſer dégénérer en taxes ridicules que les Citoyens ſe payeront mutuellement ; qu'il ne les confonde avec la conſtitution & les intérêts réels de l'Etat, & qu'après leur avoir voué un reſpect ou ſuperſtitieux ou intéreſſé il ne les défende ſouvent avec un zèle injuſte & aveugle. La ville de Bâle a eſſuyé, encore dans des temps aſſez récens, quelques-uns de ces écarts bruyans de la multitude, à laquelle on perſuade aiſément qu'elle trahit ſon indépendance lorſqu'elle néglige quelque temps de manifeſter ſon inquiétude.

Une préſomption nationale que produit l'opinion de ſes avantages, & le dédain envers les Etrangers qui ne jouiſſent pas dans un Etat des mêmes immunités que le Citoyen, ſont des effets ordinaires de ce *civiſme* qui ne tarde pas à devenir excluſif. En effet l'homme, par une erreur d'intérêt trop commune, cherche à écarter les concurrens. Il méconnoît les ſecours qu'il peut eſpérer de ſon voiſin, pour ne voir en lui

---

(17) M. de Tſcharner de Berne.

(18) T. I. pag. 83 & ſuiv.

qu'un rival qui partageroit ses droits & ses ressources : les sociétés conduites par le même esprit, tendent à se rétrécir. Toutes les villes *Aristocratiques* de la Suisse se sont plus ou moins écartées des principes de leurs Fondateurs qui regardoient comme un avantage de recevoir de nouveaux Citoyens, & cela depuis qu'une longue paix, en éloignant l'idée du besoin de défense a fortifié cette nouvelle habitude. Certainement le nombre des habitans de Bâle doit avoir été autrefois du double plus fort qu'aujourd'hui, à n'en juger que par l'enceinte de la ville & la solitude actuelle de quelques quartiers. Il doit résulter de ce changement une diminution d'activité & de richesses. Le nombre des Maîtres dans les arts nécessaires étant le même, il faut qu'un renchérissement de leur travail leur procure le même salaire sur un plus petit nombre de consommateurs. Mais le produit des autres arts doit avoir diminué avec le nombre des ouvriers. On ne peut disconvenir que des fabriques florissantes & diverses branches de commerce lucratives ne fassent toujours circuler des sommes d'argent considérables dans la ville & dans son territoire. Je donnerai ailleurs quelques détails à ce sujet. Cependant on observe à Bâle, qu'à côté des maisons que ces manufactures ont rendues opulentes, la classe des fortunes moyennes, la plus importante dans une République bien constituée, est trop peu nombreuse, & que les Artisans en général, contents du gain le plus nécessaire, le cherchent plutôt dans l'usage de leurs privilèges que dans l'augmentation de leur industrie. Si la ville de Bâle ne tire pas un plus grand parti d'une situation heureuse, il en faut chercher la principale cause dans le vuide de sa population actuelle.

Voici maintenant le tableau précis du gouvernement de Bâle. Les seuls Citoyens de la ville peuvent avoir part aux charges. Le pouvoir souverain est attribué aux *deux Conseils* réunis. Les quatre Chefs de l'Etat, dont deux président toujours pendant un an au *petit* & au *grand Conseils*, sont deux *Bourgmestres* & deux *grands Tribuns*. Ils se remplacent alternativement au terme de leur régence le jour de la *Saint-Jean d'été*, & à cette époque l'*ancien Bourgmestre* cède le rang au nouveau *grand Tribun* qui entre en exercice. Les uns & les autres sont élus par le *petit* & le *grand Conseils*. On nomme toujours pour *Bourgmestre* le *grand Tribun* qui est en charge ou celui qui lui succède à la *Saint-Jean*. La charge de *grand Tribun* est de même conférée par élection indistinctement à un Conseiller ou à un *Maître*, & après que l'élection est faite, la Tribu respective du nouveau *grand Tribun* nomme un autre Conseiller ou *Maître*.

Le *petit Conseil*, composé de soixante Membres, tirés à nombre égal des quinze Tribus de la *grande ville*, est partagé en deux divisions présidées chacune par un *Bourgmestre* ou un *grand Tribun* qui succède au premier, en cas de mort. Chaque division gouverne pendant une année. Elles se relèvent le jour de la *Saint-Jean d'été*. Les *anciens Conseillers* n'ont que voix délibérative pendant qu'ils sont hors de charge. Le *petit Conseil* juge sans appel les causes criminelles de la ville & du pays, il décide en dernier ressort sur les procès civils de Citoyen à Citoyen, pourvoit aux bénéfices de l'Eglise & aux emplois subalternes de police ; en un mot il règle toutes les affaires de police ; toutes celles du pays assujetti à la ville & ressortissent. Il s'assemble tous les mercredis & samedis. On peut regarder le *petit Conseil* comme la puissance exécutrice de l'Etat. Il en exerce une partie par lui-même, & une autre par les Tribunaux & les Chambres qui lui sont subordonnés. On peut dire que ses prérogatives sont plus étendues que celles des *petits Conseils de Zurich & de Berne*.

Le *petit Conseil* réuni au *grand* décide de tous les grands intérêts politiques & économiques de l'Etat. Ce Conseil souverain exerce alors la législation & la haute police & dispose des principaux emplois ; il s'assemble ordinairement le premier & le troisième lundi de chaque mois.

Le *grand* & le *petit Conseils* ont à leur tête, comme on vient de le voir, quatre Chefs, dont deux portent le titre de *Bourgmestre* & les deux autres celui de *grand Tribun*. Leurs fonctions essentielles sont les mêmes, & j'ai déjà observé que le *grand Tribun* régnant précède en rang l'*ancien Bourgmestre*. Les *grands Tribuns* succèdent toujours immédiatement aux *Bourgmestres* avec lesquels ils étoient en charge ; il ne faut pour cela qu'une confirmation du *grand Conseil*, ce qui n'est qu'une formalité. Ces *grands Tribuns* sont élus par le *grand Conseil* comme les *Conseillers* ou *Echevins*, & il n'y a que les Membres du *petit Conseil* qui puissent aspirer à cet honneur. C'est sans doute un grand inconvénient que ce sort encore le sort absolu qui donne les premières places de la République. Il est incontestable que le sort est un moyen excellent pour affoiblir les brigues, & qu'une République telle que celle de Bâle, ne peut guère omettre cette précaution. Il seroit cependant à souhaiter qu'on pût tellement entremêler le sort & le choix, que la République ne souffrît pas trop ni de l'un ni de l'autre. Des gens très-sensés m'ont fait observer que ce but seroit facile à atteindre. Il n'y auroit qu'à choisir six ou huit Sujets de la manière usitée, & les abandonner au sort pour en exclure quatre ou six. Après cela il faudroit que la raison reprît ses droits, & que la majorité décidât entre les Candidats favorisés par la fortune.

Le *grand Conseil* est composé de quatre Chefs, de soixante Membres du *petit Conseil*, & de *douze Préposés* de chacune des quinze Tribus de l'Etat & des trois Abbayes du *petit Bâle*, par conséquent de deux cent quatre-vingt-quatre personnes. Ce nombre est déjà bien énorme pour un Etat qui ne contient pas beaucoup au-delà de dix mille Citoyens. Il n'est pas même conforme à sa première institution où il n'étoit que de la moitié aussi grand. Il paroît très-naturel qu'il est nuisible à la République, comme le trop grand nombre de *Conseillers d'Etat*. Moins il y a de proportion entre le nombre dont un Ordre est composé, & celui qui forme le Corps dont cet Ordre doit être tiré, plus il est à craindre que des gens peu dignes n'y entrent, & que par conséquent cet Ordre ne soit avili ; ce qui ne peut que relâcher le nerf d'un gouvernement & diminuer la confiance & le respect des Citoyens envers leurs Supérieurs, & même les égards & la considération que des Magistrats Républicains doivent à leurs inférieurs. En effet le geste de la Bourgeoisie ne sera alors composé que de gens ou très-peu estimables ou très-modestes ; & ceux-ci risqueront d'être opprimés par le poids de la grande masse de leurs Supérieurs.

Quoi qu'il en soit, c'est ce nombreux *grand Conseil* qui exerce le pouvoir législatif dans la République de Bâle, de même que le droit de la guerre, de la paix, des alliances : la plupart des administrateurs sont obligés de mettre sous ses yeux le résultat de leur gestion. C'est de ce Corps qui élit les *grands Tribuns*, les *Conseillers* ou *Echevins* proprement dits, les *Trésoriers*, les *Curateurs des Eglises & de l'Université*, le *Chancelier*, le *Secrétaire d'Etat*, de même que quelques autres Officiers, comme les Baillifs & les Membres de plusieurs Chambres. Toutes ces élections se font par le sort de la manière que nous l'avons déjà rapporté.

Le *grand Conseil* s'est encore réservé l'exécution des loix qui concernent la réception des Citoyens, ce qui ne laisse pas que d'avoir de grands inconvéniens. Le Législateur occupé d'exécuter les loix n'est que trop souvent tenté d'en dispenser ou même de les changer selon les différens intérêts qui peuvent varier à tout moment dans un Corps pareil. Il est très-probable que le bien général prendra le plus souvent le dessus, lorsqu'il s'agira d'établir ou d'abroger une loi après un examen bien réfléchi ; mais il est plus vraisemblable encore que dans la décision d'un cas particulier, le Législateur qui ne connoît point de frein, & qui n'est comptable de ses actions à qui que ce soit, se laissera entraîner par ses vues particulières, par la faveur ou par la haine. Les loix sont par conséquent continuellement en danger d'être transgressées, méprisées, oubliées, ce qui est le plus grand mal qui puisse arriver à une République. On m'a fait observer qu'il y avoit un inconvénient pour le moins aussi dangereux dans la constitution de celle de Bâle. Les Citoyens de cette ville n'ont pas le droit de faire des représentations comme ceux de Genève. Le *petit Conseil* pourroit faire les torts les plus graves à un Citoyen, & il n'auroit point de voix légitime pour s'en plaindre. Chaque Membre des Cours Souveraines jouit au contraire du droit de proposer dans les assemblées de ce Corps tout ce qu'il juge à propos ; c'est ce qui lui donne une prééminence trop marquée sur le simple Citoyen, & le pouvoir dangereux de mettre quand bon lui semble la puissance législatrice en mouvement & les loix en péril. En effet toutes ses propositions doivent nécessairement être mises en délibération, & il n'y a point de Corps établi pour les examiner dans ce cas, qu'elles soient traitées en pleine assemblée. Comme elles n'ont lieu d'ordinaire que dans des occasions où les passions & les intérêts de ceux qui les font & de ceux qui en décident sont en agitation, les arrêts qui en résultent ne s'en ressentent que trop souvent ; & il est toujours fort probable que ce sera le parti le plus fort & le plus passionné, qui n'est pas toujours celui du bien général, qui l'emportera. C'est dans ce cas qu'on peut fort bien définir la loi, comme le font quelques anciens, *ce qui est le plus avantageux au plus fort*; & il est aisé de concevoir que de pareilles ordonnances, qui ne sont aucunement fondées sur les principes stables & éternels de la raison & de la justice, ont besoin de changemens continuels & ne peuvent pas s'arroger le respect & l'amour dûs à de véritables loix.

Les places vacantes dans le *petit Conseil* sont à la nomination du *grand Conseil* qui choisit les sujets pris parmi les *Sixeniers* ou Membres du *grand Conseil* de la même Tribu ; les places du grand Conseil au contraire sont nommées par les Membres des *deux Conseils* de la Tribu sur laquelle tombe la vacance. Dans l'un & l'autre cas, comme dans l'élection à toute autre charge, le choix ne se fixe jamais sur un seul Sujet, mais tantôt sur trois, tantôt sur six, suivant que les constitutions le prescrivent, & c'est le fort qui détermine la dernière élection, à l'exception de la charge de *Bourgmestre* à laquelle un *grand Tribun* succède.

Il est à remarquer que six des quinze Tribus de la *grande ville* n'admettent à leurs Corps, & par conséquent parmi les *Représentans* dans les *Conseils*, que des *Maîtres* de leurs professions ; deux Tribus ont le même privilége pour la moitié seulement de leur contingent. Dans toutes les autres, l'accès de la Tribu & la concurrence pour les emplois sont ouverts aux personnes de toute vacation non-classées, aux Militaires, aux Avocats, aux Gens de Lettres, &c. en commun avec ceux qui se vouent aux arts fixés sur ces mêmes Tribus.

Outre le *grand* & le *petit Conseils*, il y a plusieurs Tribunaux & plusieurs Chambres subordonnées dans cette République, tels que le *Conseil d'Etat* ou *des Treize*, la *Chambre Economique*, la *Chambre d'Appellation pour le pays*, le *Conseil de Commerce*, le *Consistoire* ou la *Justice pour les causes matrimoniales*, la *Justice civile ordinaire*, &c. Tous ces Tribunaux décident sur les matières de leur ressort & compétence, ou préparent celles qui doivent être soumises à la délibération des *Conseils*. Le *Conseil Privé* ou *Secret* institué en 1445, délibère préalablement sur les affaires majeures de l'Etat, de la guerre & de la législation qui peuvent survenir ; il en donne ses avis au *petit* & au *grand Conseil*. Cette Chambre forme en même-temps le *Conseil de Guerre*; elle est composée de quatre Chefs & de neuf autres Membres de l'Etat qui sont élus par le *petit Conseil*, par la voie du sort. Il y a rarement dans ce Conseil de Guerre plus d'un homme qui ait quelque notion du militaire. Dans les autres Cantons, le *Conseil de Guerre* & le *Conseil Privé* ou *Secret* sont deux Corps différens, & il y a dans le premier des places destinées uniquement aux Militaires.

La *Chambre des Comptes* est aussi composée des quatre Chefs de l'Etat, de trois Membres du *petit Conseil*, de trois autres du *grand*, du Chancelier & du Greffier du Conseil, en tout douze Assesseurs ; ceux d'entre eux qui sont Membres des *Conseils* sont élus par le *Conseil Souverain*. Les revenus de l'Etat & tout ce qui a rapport à son économie générale forment l'objet du travail de cette Chambre. On peut dire à la louange de la République de Bâle, que ses finances sont dirigées avec l'intégrité la plus scrupuleuse & la probité la plus exemplaire.

La justice y est administrée par plusieurs autres Tribunaux. Nous ne parlerons ici que des plus remarquables. Chacune des deux villes a son *Présidial* à part. Celui de la *grande ville* a deux Chambres composées chacune de six Assesseurs du *petit Conseil*, & de six autres tirés indistinctement du *grand Conseil* ou de la *Bourgeoisie*. Ces deux Chambres, qui n'en font proprement qu'une, se remplacent annuellement à la *Saint-Jean d'été*; leur Président a le titre d'*Avoyer*, en Allemand *Schultheiss*. Ce Tribunal juge des héritages, de la validité des testamens & des dettes : on l'appelle *Stadt-Gericht*, le *Tribunal de la ville*; il tient ses séances deux jours par semaine. Le *Présidial de la petite ville* a également deux Chambres, composées chacune de trois Assesseurs du *petit Conseil*, de trois Bourgeois ou Membres du *grand Conseil* de *la grande ville*, & de trois autres qui résident dans *la petite*. Les deux Chambres de ces Présidiaux alternent annuellement à la *Saint-Jean d'été* ; mais chaque Présidial n'a qu'un seul Président ou Citoyen qui sont toujours en charge & qui porte aussi le titre d'*Avoyer*.

Il y a appel de ces Tribunaux au *petit Conseil* dans les causes où il n'y a que des Citoyens qui y soient intéressés. Les affaires qui concernent des Etrangers ou des Sujets, sont jugées en dernier ressort par les *Chambres des Appels* dont deux alternent aussi annuellement.

On peut avancer hardiment qu'il y a peu d'endroits au monde où les causes civiles soient jugées avec plus de désintéressement & d'intégrité qu'à Bâle, & où la corruption aussi bien que le péculat soient si peu connus. Le mal qui s'y opère à ces égards, se fait sûrement plus par ignorance que par mauvaise foi.

Il y a encore une *Officialité* ou un *Consistoire* destiné aux causes matrimoniales. Ce Tribunal est composé de trois Membres du *petit Conseil*, de deux Ecclésiastiques & de deux Membres du *grand Conseil*, ce qui forme au total sept Assesseurs. Un autre objet de ses soins est de veiller sur la pureté des mœurs. Les fonctions de ces Juges Consistoriaux sont triennales.

Une observation bien essentielle, quoiqu'en apparence très-minutieuse, c'est que tous les soixante Conseillers d'Etat sont parfaitement égaux & qu'ils ne prennent leur rang que selon celui de leur Tribu. Un Trésorier, un Conseiller d'Etat de la Tribu des *Tisserands* est obligé de céder le pas à un simple Conseiller de celle des *Cordonniers*, par conséquent à un Cordonnier, à un Tailleur, &c. & dans la plupart des Colléges, c'est le Conseiller de la plus haute Tribu qui préside. Les inconvéniens qui dérivent de cet arrangement, sont considérables. Il en résulte que les dignités en sont avilies, car on n'a pas plus d'égards pour un Trésorier, pour un homme distingué par une place éminente & par le mérite qu'elle suppose, que pour tout autre, & on en a souvent très-peu. Comme il n'y a par conséquent point de degré intermédiaire entre les Chefs & les simples Conseillers, & qu'il n'y a aucune marque de considération attachée à l'ancienneté, l'élévation rapide aux premières places, opérée encore par le sort, ne diminue pas peu le respect & les égards dûs à si juste titre aux Chefs de l'Etat. Enfin il n'est que trop possible que des gens incapables puissent parvenir à la tête des Colléges les plus importans, & que les affaires particulières, aussi-bien que la République en général, ayent beaucoup à en souffrir.

Au reste les constitutions n'admettent pas le père avec le fils, ou le beau-père avec le gendre, ou deux frères, ni dans le *petit Conseil* ni dans le nombre des Membres du *grand Conseil* sur la même Tribu. N'oublions pas d'observer que chaque année le *petit Conseil* est confirmé par le *grand Conseil*, & que celui-ci l'est de même sur les Tribus, chaque Membre par sa Tribu respective. Après le renouvellement annuel de la Régence, la Bourgeoisie lui prête de nouveau annuellement le serment d'obéissance, sur les Tribus, entre les mains du *grand Tribun*.

Tous les ans, le samedi avant *la Saint-Jean d'été*, la Régence est changée. Le lendemain matin, dimanche, avant le prêche, *les Conseils* se rendent de la maison-de-ville sur la place de *Saint-Pierre*: là le nouveau *Bourgmestre* ayant la tête couronnée de fleurs, fait dans la *maison de l'Arquebuse* une harangue à la Bourgeoisie assemblée. Dans ce discours il remercie le Tout-puissant de la conservation précieuse de la liberté & du droit que la Bourgeoisie a d'établir sa propre Régence. Ensuite le Chancelier lit la liste des nouveaux Chefs & Conseillers qui doivent entrer en charge l'année suivante. Sur cela le nouveau *Bourgmestre* fait prêter le serment aux Conseillers assemblés au rez-de-chauffée de la maison de l'Arquebuse, & il les prévient que le même jour après midi, on procédera sur les Tribus au renouvellement des *Maîtres*, qui se fait dans la forme usitée; on y prend aussi en même-temps les avis sur la nomination des *Sixeniers*, & alors on les confirme de nouveau. On appelle *Sixenier*, en Allemand *Sechfer* ou *Sechfner*, les douze Assesseurs que chacune des quinze Tribus donne au *grand Conseil*; ce nom leur est resté de la formation primitive des Tribus qui n'étoient qu'au nombre de six. Le lundi après la huitaine le nouveau *Conseil* est installé de la manière suivante. Tous les Membres du *petit* & du *grand Conseils* s'assemblent de grand matin, au premier prêche, dans l'Eglise cathédrale, & de-là les *Conseillers*, les *Maîtres* & les *Sixeniers* se rendent en ordre dans les maisons de leurs Tribus respectives, & puis dans le même ordre à l'hôtel-de-ville, où le *petit Conseil* commence ses séances & fait prêter le serment aux nouveaux *Maîtres*. On lit ensuite la constitution du Conseil; & après cette lecture, on passe dans la salle du *grand Conseil*, où les *deux Conseils* se réunissent & commencent aussi leurs délibérations sur une ou plusieurs affaires. Après que ces délibérations sont finies, chaque Tribu retourne dans le même ordre à sa maison respective & y tient une courte séance. C'est alors seulement que le *nouveau Maître* & qu'un ou plusieurs des *Sixeniers* qui ont été élus l'année précédente, entre en charge: le tout finit par un festin. Le nouveau *grand Tribun*, accompagné du Chancelier, du Secrétaire ou Greffier du Conseil & d'un autre Officier de la Chancellerie, visite solennellement le dimanche suivant les Tribus l'une après l'autre; il y fait un discours, & après avoir reçu du nouveau *Maître de la Tribu* le compliment usité sur son entrée dans la Régence, il reçoit le serment de tous les Membres de la Tribu. Huit jours après les Bourgeois du *petit Bâle* le lui prêtent de même séparément. La ville de Bâle a fait imprimer en 1757 ses loix (19) civiles.

III. Canton de Fribourg.

FREYBOURG, *Frybourg*, & en françois *Fribourg*, est le nom de la ville capitale d'un des Treize-Cantons. Cette ville (1) fut fondée vers 1178. sur la rivière de *Sanen* (la *Sane* ou *Sarine*) par Bertold IV, Duc de *Zeringen*. Le district où elle fut bâtie se nom-

---

(19) *In-folio*, en Allemand.
(1) *Tschudi*, Chr. Helvet. T. I. pag. 89.
Simler, in la Rép. des Suisses, avec les observations de M. *Leu*, pag. 16, 116, 165, 167, 490 & suiv. & 528.
Guillimann, *de reb. Helvet. Lib. III. Cap. IX. pag. 111-114, in Thesauro Historia Helvetica.*
M. le Baron d'*Alt*, Avoyer de la Rép. de Fribourg, Hist. des Helvétiens T. I. Fribourg 1750, *in-8*.
Leu, Dict. Hist. de la Suisse, T. VII. pag. 342-392.
Fasi, Descript. Topog. de la Suisse. T. II. pag. 611-627.
Foeselin, Descript. Topog. de la Suisse, T. II. pag. 106 & suiv.
Tscharner, Dict. Géog. Hist. & Pol. de la Suisse, T. I. pag. 190-203. On donnera parmi les PREUVES N°. XX. un acte de 1178, qui prouve que *Bertolf*, Duc de Zeringen, fondateur de la ville de Fribourg, en avoit fait bâtir la quatrième partie sur un fond & dans l'*Alleu* du Monastère de Payerne, particulièrement l'église de Saint-Nicolas. Les Moines ayant à leur tête *Pierre* leur Prieur, lui présentèrent requête pour la conservation de leurs droits. Le Duc & son fils *Bertolf* les confirmèrent dans la possession primitive de leur Alleu, en leur résignant l'église de Saint-Nicolas, & en leur permettant de bâtir une maison dans l'enceinte de la ville. Entre autres témoins de cet acte, on y lit les noms de Nantelme de Rougemont, Prévôt du Chapitre de Soleure, d'Amédée, Comte de Genève, d'*Aldric* ou Ulric de Neuchatel, de Waucher de Blonai, de Rodolf de Montenach, de Conon d'Estavayé, de Warnier de Sigenen & de Hugues de Jegilstorff; l'acte porte qu'il fut aussi passé en présence d'un grand nombre de Fribourgeois, & *quam plures Friburgenses*; sa date de 1178 prouve que dès lors la ville de Fribourg étoit fondée, mais récemment, par le Duc *Bertolf*. Les Modernes en ont fixé la plupart l'époque en l'année 1179; on doit le placer avant 1178. Un autre acte rapporté dans les PREUVES N°. XXI. nous apprend que le 6 Juin 1182, jour *de la dédicace de la Chapelle de Fribourg*, Roger Evêque de Lausanne, ayant égard à la prière des *Barons de Fribourg*, (c'est-à-dire des Ducs de Zeringen, *Barons* ou Souverains de Fribourg) & de Hugues, Doyen de cette ville, accorda à tous les Fribourgeois la permission de choisir leur sépulture dans les Monastères de Hauterive, de Humilimont (de *Marcens*) ou de Payerne. Les témoins de cet acte furent entr'autres, Pierre Prieur de Fribourg, le Doyen & plusieurs Chanoines de Lausanne, Albert de Montricher, les deux frères Cono & Conrad de *Montmacun*, (c'est-à-dire de Mont-*Magni*) *Cono* ou Conrad de *Barbarecke*, en Allemand *Baerfschen*, Albert de *Daras*, Salaco de *Montasschin*, (aujourd'hui Mouterschut dans la paroisse de Gurmels ou

mois *Uechtland* ou *Oechtland*, & depuis par corruption *Nuechtland*. Berthold III (2), Duc de Zeringen, oncle paternel de Berthold IV, avoit fait bâtir en 1112, une ville du même nom dans le Brifgau, & Berthold V (3), fils du Fondateur de Fribourg en Oechtland, fonda en 1191 la ville de Berne. Ces Princes, établis *Rhcaires* ou Gouverneurs de l'Empire dans les provinces de l'ancien royaume de Bourgogne, ne foutenoient qu'avec peine, dans une petite portion de cette Monarchie éphémère, une autorité toujours difputée par les grands vaffaux. Il étoit d'une fage politique de fortifier le parti des Communes, pour fervir de contre-poids à l'ambition indocile de la Noblefse. Les Souverains en Europe, voyant leurs droits circonfcrits par les conftitutions féodales qui avoient dégénéré en anarchie & en defpotifme, privilégioient par-tout les Sociétés municipales dont l'intérêt tendoit au même but, d'affoiblir la puiffance divifée des Barons & des Nobles. Les Ducs de *Zeringen* donnèrent aux nouvelles villes qu'ils fondèrent des chartes qui contenoient les formes, les prérogatives & les premières loix civiles & de police ; elles furent confirmées par les Empereurs.

Après l'extinction de la Maifon de *Zeringen* par la mort de Bertold V, le (4) premier Mai 1218, les deux villes de Fribourg & de Berne éprouvèrent un fort différent. Berne fit un pas important vers l'indépendance, en fe confervant fous la protection immédiate de l'Empire. Fribourg fe rangea fous celle d'Ulric, Comte de *Kibourg*, mari d'Anne de *Zeringen*, fœur du dernier Duc. Au fond, cette condition ne dérogeoit point à des immunités qu'elle tenoit de fon Fondateur. Dès l'année (5) 1243 elle fit une alliance particulière avec Berne, fuivant un droit que l'ufage général légitimoit, & que les Barons, fouvent trop foibles pour protéger leurs Sujets, ou permettoient ou n'ofoient empêcher. Cette alliance a été fouvent renouvellée dans le cours du treizième fiècle & dans le commencement du quatorzième. Mais l'obligation impofée aux Fribourgeois de fervir leur Seigneur, interrompit auffi fouvent cette union des deux villes ; pendant un affez long-temps, elles furent plutôt rivales qu'affociées.

Eberhard, Comte de *Habfpourg-Lauffenbourg*, époufa Anne, héritière de la Maifon de *Kibourg-Berthoud*, & fille de Hartmann (6) le jeune, Comte de *Kibourg*, dont le père, *Werner*, étoit fils d'Ulric qui avoit époufé Anne de *Zeringen*. Cet Eberhard vendit en 1277 fes droits fur Fribourg à fon coufin-germain l'Empereur Rodolphe pour trois mille marcs d'argent. Le Comte de Savoie en (7) eût donné onze (8) mille fi l'Empereur l'avoit permis. Par cette nouvelle fujétion, les Fribourgeois fe trouvèrent liés au parti des Princes d'Autriche & de la Noblefse, contre les Communautés naiffantes qui combattoient pour la liberté. En 1288 (9) les Milices bourgeoifes de Fribourg & de la banlieue affez confidérable que le Fondateur de la ville lui avoit annexée, campèrent devant Berne fous les ordres de l'Empereur Rodolphe. Dix ans après, en 1298 (10), ces mêmes troupes reçurent un grand échec au combat de *Tonner-Buhel* près de Berne. Les deux villes fe réconcilièrent auffi fouvent que le fervice de la Maifon (11) d'Autriche n'obligeoit pas les Fribourgeois d'exercer des hoftilités contre leurs voifins. C'eft ainfi que vers (12) 1338 ils

---

Cormonde, fur le territoire de la ville de Fribourg) Guichenon a rapporté (*Bibliotheca Sebufiana*, centuria prima, pag. 20-22. *Lugduni* 1660, in-4°.) un acte daté de Laufanne 1246, fix jours après la fête de *Saint-Michel*, par lequel Jean Comte de Bourgogne, Sire de Salins, rendit hommage à Nantelme, Abbé de Saint-Maurice, pour le fief du château de Bracon, en préfence d'Amédée Comte de Savoye & de Hartmann d'Arberg ; les autres témoins furent *Cono*, Prévôt du Chapitre de Laufanne, (de la Maifon d'Eftavayé) Guillaume, Cuftode du même Chapitre, Jacques de Grailli, Etienne Prieur de Lutri, Etienne Moine de Lutri, Guillaume de Belfort, Guillaume d'Eftavayé., Guy de Ponvevre, Conrad *Avoyer de Fribourg*, (*Advocatus Friburgenfis*.) Hugues de Giffei, le Seigneur Pierre d'Alinge, Aimon de Blonai, tous qualifiés Chevaliers (*Milites*) & plufieurs Chanoines de Saint-Maurice, entre autres Bofon *Maieur de Monfei* (*Maior de Monteis*), Emeric de *Miribel* ; la preftation de l'hommage fe fit à l'Evêché, *in domo Epifcopali Lanfanenfi*.

(2) *Tfchudi*, ibid. pag. 50. M. Schoepflin a donné la généalogie diplomatique de la Maifon de *Zeringen* & de celle de *Bade* qui en eft un rameau. Ses recherches jettent une grande lumière fur les commencemens des villes de Fribourg & de Berne en Suiffe : l'ouvrage a pour titre : *Hiftoria Zaringo-Badenfis* 1763, & feq. 7 vol. in-4. avec figures.

(3) *Tfchudi*, ibid. pag. 94-95. Stettler, Chronique de Berne ou de Suiffe. Berne 1626 en deux vol. in-fol. Fragmens Hiftoriques de Berne, la première partie étoit inférée dans le *Mercure Suiffe* de l'an 1736 ; on l'a imprimée féparément à Neuchatel en 1739, in-8. La feconde partie a été imprimée en 1757 in-8. Ces *fragmens*, publiés fans nom d'Auteur, font agréables & amufans ; on y trouve plufieurs anecdotes curieufes ; l'hiftoire eft continuée jufqu'en 1735 : il eft vrai qu'on n'y approfondit pas les faits, mais ceux qui ne défirent qu'une connoiffance fuperficielle de l'Hiftoire de Berne, liront cet ouvrage avec plaifir. Tel eft le jugement qu'en porte M. de Haller dans fes *Confeils pour former une Bibliothèque Hiftorique de la Suiffe*, pag. 118.

(4) *Chronicon Dominicanorum Colmarienfium ad an.* 1218, pag. 5. T. II. *Germania Hiftorica. Illuft. ab Urfifio collector. Francofurti ad Mœnum* 1670, in-fol.

Alberti Argentin. Chronicon, pag. 99. *apud Urfifium*, ibidem, T. II.

(5) Ce traité d'alliance, daté de Morat 1243, le fixième jour après l'octave de Saint Martin, dont la fête tombe le onze Novembre, eft placé parmi les PREUVES N°. XXII.

(6) Hartmann *le jeune*, Comte de Kibourg, adreffa en 1253 à l'Avoyer & aux Bourgeois de Fribourg, fa lettre de protection pour l'Abbaye de Hauterive, Ordre de Citeaux, contre les déprédations de Conrad *de Vivier* ou de *Vivers* : on trouvera cette pièce dans la claffe des PREUVES N°. XXIII, avec une autre fauve-garde N°. XXIV, accordée par le même Comte au Monaftère de Hauterive qu'il recommande fpécialement à l'Avoyer & à tous les Citoyens de Fribourg ; cette feconde pièce eft fans date.

(7) Ce Prince fe nommoit *Philippe*. On donnera parmi les PREUVES N°. XXV. le traité de l'alliance renouvellée entre les villes de Fribourg & de Berne pour dix ans, dans l'églife de *Neven-Ec*, (aujourd'hui au Canton de Berne, fur le chemin de cette ville à Fribourg, près du pont de la Senfe) le cinquième jour après le Dimanche *Quafimodo* 1271. Cet acte fait mention du Comte de Savoie qui avoit été défenfeur de Berne, & de Rodolphe, Comte de Habfpourg, comme ancien protecteur de Fribourg, le même qui fut depuis Empereur. Le traité rappelle auffi le nom d'Anne fille de Hartmann le jeune, Comte de Kibourg, & qui eut pour mari Eberhard, Comte de Habfpourg, de la branche de Lauffenbourg.

(8) *Annales Colmarienfes*, ibid. ad an. 1277, pag. 13. *Tfchudii Chr. Helv.* T. I. pag. 186.

(9) Tfchudi, ibid. pag. 196.

(10) Le même, ibid. pag. 216. *Annales Colmarienfes*, ad an. 1298, p. 51. *apud Urfifium*. Michel Stettler, Chronique de Berne ou de Suiffe, T. I. pag. 25-26. Berne 1626, in-fol. en Allemand.

(11) On a confervé le traité daté de *Quatrevaux*, (*apud quatuor valles*) le mardi 8 de Décembre 1299, par lequel *Albert*, Roi des Romains, régloit les articles du mariage entre fon fils aîné *Rodolf*, Duc d'Autriche, & *Blanche*, fœur de *Philippe le Bel*, Roi de France. Entre autres pays qu'*Albert* affignoit pour douaire, étoient le Comté d'Alface, & la terre de Fribourg, au Diocèfe de Laufanne. Les Seigneurs qui négocioient ce mariage, étoient du côté d'*Albert*, fon oncle maternel, (*Avunculus*) *Burcard*, Comte de Hohemberg, & de celui de *Philippe*, *Gui* Comte de Saint-Pol. La célébration du mariage fe fit à Paris en 1300 ; *Blanche* mourut en couche à Vienne le 19 Mars 1305, fans fucceffion. Le traité de *Quatrevaux* fe trouve dans le *Codex Diplomaticus Leibnitii*, Part. 1. pag. 39. & 41, dans l'Hiftoire d'Alface de l'Jéfuite *la Guille*, T. I. pag. 259-260. & preuves pag. 45-47, dans Pfeffinger, *Corpus Juris Publici cum obfervat*. Vitriarii, T. I. pag. 169. Francofurti ad Mœnum 1754, in-fol. fig. On lit auffi dans Leibnitz & Pfeffinger (ibidem) & dans l'*Alfatia Diplomatica* de Schoepflin, T. II. pag. 72-73, la déclaration d'*Albert* fur les promeffes de ce mariage, elle eft datée du mois d'Août 1299. *Albert* affignoit pour douaire à la Princeffe *Blanche*, le Comté d'Alface & la *terre de Fribourg* (*terram de Fribourg*, *Laufanenfis Diocefis*.) & les revenus des Comtés de Kibourg & de Habfpourg. Voyez auffi *les Tables Généalogiques des Auguftes Maifons d'Autriche & de Lorraine*, & leurs alliances avec l'Augufte Maifon de France, pag. 95-96. Paris 1770, in-8.

(12) *Johannis Vitodurani Chronicon*, pag. 51, in *Thefauro Hift. Helvetica*. Tfchudi, ibid. pag. 351-359. Stettler, ibid. pag. 54-62.

se virent engagés dans une grande ligue formée contre la ville de Berne. Celle-ci obtint une supériorité décidée par la victoire que ses troupes remportèrent le 22 Juin 1339 près de *Laupen*, avec le secours de ses alliés d'Uri, de Schweitz & d'Underwalden. L'année (13) suivante Rodolphe d'*Erlach*, le Général des Bernois qui avoit remporté la bataille de Laupen, fit une excursion jusqu'aux portes de Fribourg pour venger la perte d'une partie de la garnison de Laupen que les ennemis avoient surpris en fourrageant & taillé en pièces. D'Erlach ménagea si adroitement sa retraite, que les Fribourgeois qui le poursuivoient, donnèrent, au *Schoenenberg*, dans une embuscade où ils perdirent sept cent hommes. Une nouvelle (14) tentative qu'il fit la même année sur cette ville, n'aboutit qu'à brûler le faubourg de *Galteren*. Dans la guerre des Suisses contre la Maison d'Autriche de 1385 jusqu'en 1389, les Fribourgeois ne (15) furent pas plus heureux; leurs troupes furent défaites près de Berne, & leur territoire ravagé.

Ces mauvais succès firent enfin revenir les Fribourgeois d'un esprit de rivalité, qui avoit pris son origine dans des querelles étrangères, & que l'habitude des hostilités & le ressentiment des pertes réciproques avoit fait dégénérer en une animosité également nuisible aux deux villes que des rapports plus naturels devoient unir. Elles se lièrent le 11 Novembre 1403 par un traité (16) de Combourgeoisie perpétuelle. Les Fribourgeois donnèrent (17) en 1405 à leurs alliés une preuve généreuse de leurs vrais sentimens, à l'occasion d'un incendie dans lequel la moitié de la ville de Berne avoit été consumée.

Fribourg se faisoit confirmer ses immunités par les Empereurs. Sigismond lui accorda (18) en 1414 le droit de battre monnoie; & ce qui paroit assez singulier, cette grace accordée par le Chef de l'Empire fut ratifiée par le Pape Martin V à son passage en Italie, après la clôture du Concile de Constance. Les Fribourgeois (19) n'eurent point l'ambition de profiter de la disgrace qu'essuyoit alors la Maison d'Autriche pour s'affranchir de sa domination. Cette fidélité louable les mettoit souvent dans l'embarras de tenir un milieu entre le parti de leurs Seigneurs & celui de leurs alliés. Pendant la guerre civile entre les Suisses, dans le quinzième siècle, ils refusèrent de fournir du secours à la ville de Berne & aux autres Cantons contre la ville de Zurich, protégée par les Autrichiens. Cette conduite causa de nouveaux mécontentemens aux alliés, & en même-temps des troubles intérieurs mirent encore Fribourg dans de plus grands dangers.

L'impulsion alors générale en Europe, laquelle tendoit à une révolution progressive par l'émancipation des Communes & par l'abaissement de la Noblesse, ne pouvoit manquer de produire une division funeste dans les circonstances où se trouvoit la ville de Fribourg. Son attachement pour ses anciens Souverains, l'habitude de faire la guerre pour leur cause, le ressentiment des anciens griefs contre les Bernois & leurs alliés, formoient les principes & les préventions d'un parti encore dominant. L'exemple des succès des Suisses pour la défense de leur liberté, le désir naturel de l'indépendance encouragé par l'épuisement sensible des forces & du crédit de la Maison d'Autriche dans la Suisse, l'intérêt puissant de la paix avec ses voisins; tous ces motifs agissoient à la fois sur un autre parti plus nombreux peut-être, mais moins appuyé par les personnes en place. D'un autre côté la Maison de Savoye avoit des vues pour gagner sur cette ville l'autorité que la Maison d'Autriche étoit prête à perdre; du moins l'évènement que je vais rapporter autorise à le lui supposer. Une cause assez légère mit tous les différens ressorts en mouvement.

Un Avoyer (20) de Fribourg, le Chevalier Guillaume d'*Avenche* (21), avoit été déposé en 1446 pour avoir favorisé l'évasion d'un prisonnier duquel on l'accusoit d'avoir reçu une somme d'argent. Il se réfugia auprès de Louis, Duc de Savoye son suzerain par rapport à divers fiefs. Enhardi par cette protection, il dressa des embûches à ses accusateurs; un de ses émissaires fut pris & écartelé. Le Duc Albert d'Autriche députa à Genève pour calmer le Duc de Savoye qui formoit diverses plaintes; mais rien ne fut terminé. Menacés par le Duc de Savoye & sentant la foiblesse de leur Souverain, les Fribourgeois s'adressèrent en 1447 inutilement à l'anti-Pape Félix V & aux Cantons pour appaiser l'orage. Enfin les hostilités étant prêtes à commencer, Albert envoya pour tout secours deux (22)

---

(13) Tschudi, ibid. pag. 365. Stettler, ibid. pag. 62-63.

(14) *Vitodurani Chronicon*, pag. 53. Tschudi, ibid. pag. 365. Stettler, ibid. pag. 64.

(15) Tschudi, ibid. pag. 514-516. Stettler ibid. pag. 99 & suiv.
M. le Baron de *Zur-Lauben* a découvert dans la Bibliothèque de la Maison d'*Estavayé-Molondin* à Soleure, une Chronique manuscrite de la ville de Fribourg (*in-folio sur velin*) qui n'a jamais été imprimée: elle s'étend depuis le 9 Juillet 1386 jusqu'au 4 Avril 1389. L'Auteur nous est inconnu; tout ce qu'on en sait, c'est qu'il étoit de Fribourg, & qu'il écrivoit à la fin du quatorzième siècle; le caractère du manuscrit & le style de l'ouvrage confirment ce sentiment. Cette Chronique a été d'un grand secours à M. le Baron de Zur-Lauben pour sa dissertation sur Enguerrand VII, du nom, Sire de Couci, & dans laquelle il détaille le secours que Couci avoit envoyé en 1386 aux Fribourgeois pour leur défense contre les Bernois & pour la sureté du Comté de Nidau & de la Seigneurie de Buren qui lui avoient été assurés en 1376 par son traité de paix avec la Maison d'Autriche, en compensation des prétentions qu'il répétoit de sa mère Catherine sur la succession de Léopold Duc d'Autriche, son ayeul maternel. Cette dissertation a été insérée par M. de Zur-Lauben dans sa *Bibliothèque Militaire, Historique & Politique*, T. II. pag. 146-402, Paris 1760, *in-12*.

(16) Tschudi, Chron. de Suisse, Tom. I. pag. 617. Stettler, ibid. pag. 102.

(17) Stettler, ibid. pag. 104-105.

(18) *M. le Baron d'Alt*, Avoyer de la République de Fribourg, *Histoire des Helvédiens*.

(19) Stettler, d'Alt, Chronique manuscrite de la ville de Fribourg, en Allemand, *in-fol.* conservée dans l'Abbaye de Wettingen, en Suisse; elle a été écrite avant le milieu du seizième siècle.

(20) Tschudi, ibid. T. II. pag. 515-519, & 523-524. Stettler, ibid. pag. 169 & 171, 175.
Précis Historique des évènemens & des guerres de la ville de Fribourg, depuis le 25 Juillet 1447, jusqu'en Février 1452, écrit en latin sur le registre de Jean Gruyere, qui est déposé dans les archives de la ville de Fribourg; ce précis traduit en Allemand en 1556 par Pierre Fruyo, de Fribourg, contient 28 pages *in-fol*. Il est inféré dans la Chronique de cette ville, par le même Fruyo; ce manuscrit précieux est conservé à Fribourg parmi les titres de la Maison de Fegelin-Seedorf.

(21) En Allemand *von Wiblisputg*; c'est le même que la ville de Fribourg avoit envoyé l'onze Avril 1443, à la prière du Duc de Savoye, dans la Bresse contre les *Ecorcheurs* ou *Anglois* qui infestoient le pays. Il commandoit les secours des Fribourgeois avec Jean *Pavilliard*, Boursier ou Trésorier de la ville; les autres Officiers étoient Antoine de *Salixet* ou de *Salifete*, Jean *Musillier*, Pierre *Foegilli*, Marmet *Bottyon*, &c. L'expédition eut tout le succès désiré. La Chronique de Fribourg par Pierre Fruyo, en place la fin à la date du onze Mai 1443. Guillaume d'*Avenche* fut élu *Avoyer* de Fribourg *le jour de Saint Jean d'été* 1445, les quatre Bannerets le mirent en prison dans la *Tour rouge*, (*in den rotten Thurn*) le mercredi après Paques 1446, il y resta jusqu'au mercredi suivant. Pierre Fruyo nous apprend que cet Avoyer, qui causa le malheur de sa Patrie, avoit en 1437 la dévotion de faire le pélerinage à Jérusalem, où il reçut l'accollade de Chevalier du *Saint Sépulcre*, & qu'après avoir visité le Mont Sinaï, il passa en Chypre, & que le Prince qui y régnoit lui donna un collier d'or. Le Chevalier d'*Avenche* revint à Fribourg en 1438.

(22) Deux Alsaciens, le Chevalier Pierre de Moersperg & Louis Meyer. La Chronique de Fribourg, écrite en 1555 par Pierre Fruyo, porte que la paix du 16 Juillet 1448, qui sauva Fribourg, fut due principalement au fils

Officiers de confiance pour commander les Milices de Fribourg; sous leurs ordres elles détruisirent les châteaux de quelques vassaux du Duc de Savoie. Les Bernois, en qualité d'alliés de Louis, prirent les armes, moins peut-être pour servir l'ambition du Duc que pour satisfaire leur animosité contre le parti Autrichien prédominant dans Fribourg. On se battit dans le pays de *Schwartzenbourg*; les Bernois gagnèrent la victoire au combat de *Galteren* en 1448. Bientôt le peuple de Fribourg las de vivre dans l'inquiétude, de combattre & de payer des contributions, excité enfin par les Chefs du parti mécontent, força le Conseil de la ville à conclure la paix, malgré la défense positive du Duc d'Autriche. Fribourg consentit de donner satisfaction à tous ses ennemis, même à son Avoyer exilé. La paix fut conclue le 16 Juillet 1448.

Après cet accommodement forcé, le Magistrat (23) voulut continuer un impôt pour faire honneur aux dettes du public. Mais les Bourgeois & les Communes de la banlieue s'y refusèrent de concert, prétextant leur épuisement. Ils en vinrent même aux menaces de confisquer les biens des Citoyens les plus riches, pour acquitter l'Etat par leurs dépouilles. Un pareil emportement n'eût pas été extraordinaire dans une République entièrement démocratique. Enfin Albert, Duc d'Autriche, réveillé par le bruit de tant de désordres, se rendit à Fribourg le 4 (24) Août 1449 pour entendre les griefs des Communes. Elles reprochoient au Conseil l'inobservance des ordres du Souverain, qui avoit défendu d'admettre aux premières charges des personnes qui par leurs fiefs relevoient d'un autre Suzerain; elles se plaignoient que les vassaux empêchoient leurs sujets de se faire aggréger à la Bourgeoisie, & réclamoient en général contre les vexations des Seigneurs sur leurs ressortissans. Le Duc ne se contenta pas de condamner la conduite des Magistrats & des riches parmi lesquels il avoit les partisans les plus fidèles, il reprocha avec humeur au Conseil de ne lui avoir fait que les présens d'étiquette. Avant son départ il convoque le Conseil, le casse d'autorité, établit un nouvel Avoyer & un nouveau Conseil, dans lequel quatre seulement des anciens Conseillers sont admis. Il fait emprisonner les Magistrats, & leur fait promettre par serment de se rendre, sur sa première citation, à Fribourg en Brisgau. Arrivés quelque temps après à cette résidence, ils sont arrêtés de nouveau & rançonnés. Cette sévérité d'Albert loin de satisfaire le peuple de Fribourg ne servit qu'à l'enhardir. Il menaçoit encore de prendre sur les biens des Magistrats disgraciés la somme promise au Duc de Savoie pour prix de la paix; cette

---

du Landamme de Schweitz, Itel de *Reding*, qui par ses vives instances, détermina les Députés des autres Cantons à conclure le traité. Le Congrès se tint à Fribourg; on y vit paroître au nom du Roi de France, Emeric Abbé de Saint-Thierry, près de Rheims, & Guillaume de Montpey, Seigneur de *Contrefault*; au nom du Duc de Bourgogne, Philibert de Vaudrei & Jean de Salins, & au nom des Cantons de Zurich, Lucerne, Uri, Schweitz, Underwalden, Zoug, Glaris & des villes de Bâle & de Soleure, les nobles Henri de *Hundwyl*, Bernard de *Malreyn*, Itel ou *Eleuthere* de *Reding*, Landamme de Schweitz, & Henri Zeygler ou Ziegler de Bâle.

(23) Tschudi, T. II. pag. 559-560. Stettler, ibid. pag. 176.

(24) On trouve le fragment suivant dans la chronique de Pierre Fruyo, p. clix; c'est le détail de l'entrée d'Albert, Duc d'Autriche, à Fribourg.

Serenissimus Dux Albertus Austriæ intravit villam suam Fryburgi cum honorabili Societate ducentorum equitum armatorum vel ibi circa cum nostris gentibus tam equitantibus quam pedester euntibus erat autem magnus numerus. Ibi fuerunt processiones cum relliquiis multum honorabiliter, eciam ibidem fuerunt pueri vexilla Austriæ desserentes. Fuit autem receptus à suis gentibus de Fryburgo multum honorabiliter. In parvo stagno ante bullaardum ubi intravit, fuit factum personagium, taliter quod ibidem stabat in stagno sanctus Christophorus deportans Dominum nostrum Jesum Christum videlicet unum pulchrum puerum supra spatulas; ante portam Jacquemardi ante vel à parte stagni erat sanctus Georgius supra unum equum totaliter armatus, tenebat ensem in manu, & una magna vipera habens maximam caudam que volebat deglutire unam pulchram puellam quam Beatus Georgius defendit cum lancea sua. Erat autem puella filia Regis & Reginæ qui stabant super muros Jacquemardi. Item fuerunt facta personagia per omnes carrerias per quas transivit & specialiter martyrium ipsius Sancti Georgii & mei tres filii videlicet Jacobus, Guillermus, Wuillermus Cudriffin fuerunt de ipsis personnagiis Fuit hospitatus in monesterio fratrum minorum. Intravit autem villam suam Fryburgi die Lunæ post festum Sancti Petri ad vincula IIII. Augusti 1449. Recessit autem IIIIa. Novembris 1449. Nobis relinquens pro Capitaneo strenuum militem dominum Thuringum de Hallwyll suum Marescallum.

Les Fribourgeois, pour mieux honorer leur Prince, firent représenter sur son passage, ce qu'on appelloit alors en France *les Mystères*, la Légende de *St. Christophe* & celle de *S. George* prétoient beaucoup à l'imagination des Poètes de ce siècle. Ce furent aussi les principaux sujets qu'on représenta à Fribourg le 4 Août 1449, quelques jours après la fête de *Saint Christophe* qui tombe le 25 Juillet. Le combat de *Saint George* à cheval, contre le dragon qui vouloit dévorer une Princesse, étoit le détail de son martyre, devoient à la fois & piquer la curiosité des Spectateurs d'alors & leur donner de l'édification. Au reste l'Auteur du fragment étoit le père de trois jeunes Acteurs qui se firent sans doute admirer à la fête de cette entrée: on en trouve une description en langage du temps dans la même Chronique de *Fruyo* pag. clij, je la joins ici, elle achevera le tableau.

La triumphante receue que fust faicte au très-illustre Prince Albrecht Duc d'Austriche en la ville de Fryburg en Vechtlandt par ung Lundi iiij jour d'Ougst 1449, estant logé au Monnastere des freres Mineurs, & de sa desolée despartye quil fit à ceulx dudit Frybourg, comment je lay trouve & collige en plusieurs partyes.

Au nom de Dieu, Amen. Pour donner à cognoistre la leaulté & maulnestiette des bons & aussy des maulvaix Princes, leurs vertus & humanitez est assavoir que la bonne & renommée ville de Frybourg ayant les nobles magnifiques Puyssans & très-redoubtés Seigneurs de ladite ville de Frybourg entendus l'approchement de leur Prince le Duc d'Austriche feusrent merueilleusement resiouy parce qu'il auoyent leur totelle confidence qu'il venoit pour le bien & tranfquilite paix & reppos de les très-humbles soubiecy, lesqueulx de grande affection desiroyent le bien & honnorablement recepuoir en toute humilité & reverence se préparent; premièrement approchant la porte des estangs, toutte la Clergie tant des Chappellains, que Religieuxauecque les petits Innocens en belle procession en grande reverence luy allisrent auedant. Secondement les Nobles & le Conseil à cheval, aussy belle compagnye de gens de pyed auecque l'enseigne de la ville en fort bel ordre bien arme & accoustré & les petits enffans auecque l'enseigne d'Austriche alluy chachung portant en sa main, & deuant ladite porte des estangs devant le belloüart par lequel il entroit fust faict ung personnaige telz, que dedans l'estang estoit Sainct Cristofle portant sur ses espaulles noste Sauliueur Jesu Crist, & deuant de la porte de Jaquemard de la parthie de l'estang, estoit Sainct George sur ung grand cheval tout arme tenante sa lance en la main, pour faulueer la fille du Roy d'ung grand dragon qui la voulloyt desglourir, & estoient le Roy & la Royne sur les murailles de Jacquemard, & en appres par toutes les rues par où il passoit l'on faisoit des personnaiges, desqueulx en estoient mes troys sils, Jacob, Guillaume & Vullerne Cudriffin, en appres fust ledit Prince conduyet & logé au monastere des freres Mineurs de l'Ordre Sainct Francoys, & pour sa bienvenue luy fust donné & faict présent, par les Nobles Conseil & Communauté de ladite ville de Frybourg, cinquante muys de froment, cinquante muys d'auene, deux cents muys dauoyrne, foixante muys de vin, vingt beuff gras, deux cents moutons gras, troys cents poullailles, douzes bacons gras falle, six cents Lybures de beurre, ung bosset de sel, trente & six torches de cyre, trente & six lybures de coryande, auecque beaucoup d'autres douleeurs, & comme à Prince de corps & de bien, Puys seust loge le Marquis de Rottelin chie sieur NiccodBunyet à xv cheual & plusieurs foys à xviij, & luy fust depuys le jour predict. Semblablement le Prince jusques au mardi iiij jour de Novembre tousiour aux frais & missions dudit Niccod Bugnyet, Et au commencement de larryuee dudit Prince d'Austriche, sa grace fist à préparer ung banquet & soupper, auquel feusrent conuoye les Nobles & Conseillers cy-appres escript, pareillement les Nobles dames d'estat & d'honneur de la ville, à ung souppe sur la maison du Conseil & fust-ce par un lundi 1449, auquel conuive pour l'honneur & réverence dudit Prince, la Noblesse & les principaulx sisrent ung grand buffet de toutte leur vaisselle d'argent & argenterie chacung à son endroyt à la bonne foy, sans y penher nul mal quil fust en deult advenir, ains appres souppe ayant fait grand festin par les gentils-hommes, fusrent les dames mennées sur la maison de Lale du drap pour dancer & laisserent leur vaisselle, ausquelles dances veinst le Prince accompagne de ses Seigneurs Barons, Cheualliers & Escuyers, danceant en grand joye jusques à xi heures en la nuyet, lequel joye puys appres en grand tribulation & angustie se convertist comment entenderes cy-appres.

Je renvois à la fin de cette relation, au n°. XXVI. parmi les preuves On y verra le détail de la Tragédie qui fut jouée à Fribourg, à la fuite de l'entrée du Duc Albert, Tragédie qui plongea la ville dans la plus grande désolation.

somme montoit à quarante mille florins payables dans le terme de quatre années. Quand le nouveau Conseil avec le Corps des Deux-Cent & un Comité nombreux de la Bourgeoisie sous la présidence de Thuring de *Hallweil*, Maréchal du Duc d'Autriche, osa ordonner une nouvelle contribution, les vingt-sept paroisses de la banlieue ou de *l'ancien territoire* s'y refusèrent avec menaces. Dans ce moment périlleux, les particuliers les plus riches se retirèrent en lieu de sûreté. Un d'entre eux, qui, sur un sauf-conduit du Conseil, osa reparoître, fut pendu par ordre du Maréchal. Alors les Conseils, convaincus que le Duc & son Représentant ne cherchoient qu'à flatter la populace & à humilier la Magistrature, refusèrent au Maréchal l'entrée dans leurs assemblées. Des troupes de paysans s'étant introduites dans la ville & s'étant emparées de quelques-unes des portes, la Bourgeoisie prit aussi les armes pour défendre ses Chefs. Dans cette crise, dont Albert, ou par avarice ou par incapacité, fut le promoteur; un Légat du Pape, le Duc Louis de Savoie & la Régence de Berne intervinrent comme médiateurs, ils persuadèrent aux Citoyens & à la faction opposée de mettre bas les armes. Outre cela la créance du Duc Louis n'étoit point payée. On sollicita inutilement la restitution de quelques prêts, auprès du Duc Albert que sa mauvaise conduite a fait surnommer *le prodigue*; il fallut recourir à des emprunts chez les particuliers pour acquitter la dette publique.

Toutes ces vexations & ces troubles se passèrent en 1450. L'année suivante, le Duc d'Autriche voyant presqu'anéanti le foible reste d'une autorité dont il venoit d'abuser, forma le projet bizarre de n'abandonner ses droits sur la ville de Fribourg, qu'après avoir essayé de la spolier de nouveau. Dans ce dessein, le même Turing de *Hallweil* prend les avances, pour annoncer aux Fribourgeois l'arrivée de leur Souverain. Mais afin de mieux contenter cette fois la vanité ou la cupidité du Prince, on fait des préparatifs pour une réception plus éclatante. Le Maréchal rassemble l'argenterie de la ville; après quelques jours de délai il feint d'aller au-devant du Duc, suivi d'un cortège des principaux Citoyens. Un détachement qu'ils rencontrent, l'entoure. Alors Turing de *Hallweil* se tournant vers les Fribourgeois, *Monseigneur le Duc*, leur dit-il, *n'ira plus chez vous. Par cet acte* (25) *que j'ai ordre de vous remettre, son Altesse vous déclare entièrement libres & maîtres de votre sort, & pour vous mieux acquitter envers Monseigneur, son Altesse gardera votre argenterie*. A ces mots le Maréchal leur tourne le dos & les laisse dans l'étonnement. Avant que d'en venir à cette extrémité, il avoit eu la précaution de faire transporter sourdement hors de la ville l'argenterie, & il l'avoit fait mettre en lieu de sûreté.

Si la tranquillité avoit pu être rétablie dans Fribourg, cette ville affranchie auroit trouvé chez des voisins libres comme elle, des secours suffisans pour soutenir son indépendance. Mais la résolution inattendue du Duc Albert ne fit qu'accroître la fermentation dans des esprits divisés. Il se traîna parmi le peuple de la campagne une conspiration contre la Régence, le Magistrat en arrêta les effets par sa fermeté, & en faisant subir une peine capitale à huit des principaux Conjurés. Les Conseils & la Bourgeoisie instruits que des émissaires d'Albert avoient trempé dans ce complot, & que ce Prince songeoit encore à vendre au Duc de Savoie les droits dont il venoit de faire cession à la ville, se méfiant des Bernois auxquels ils prêtoient des vues d'ambition & d'agrandissement, & entraînés peut-être par le crédit des partisans secrets de la Maison de Savoie, résolurent de prévenir les projets du Duc Louis en se rangeant volontairement sous sa sauvegarde. Ce Prince (26) se relâcha en faveur de cette soumission d'une partie des sommes qu'il pouvoit prétendre de la ville. Il paya dans le même-temps à l'Etat de Berne quinze mille florins. Il seroit intéressant de savoir sous quel titre ce paiement fut donné & reçu. Si c'étoit seulement pour appaiser la jalousie des Bernois, ce marché ne prouveroit ni leur politique ni leur générosité. Au reste le traité de Combourgeoisie entre les deux villes fut maintenu. De cette manière les Fribourgeois recouvrèrent leur tranquillité intérieure, ils contractèrent des liaisons plus étroites avec les huit Cantons de la Ligue Suisse, & fournissant des troupes auxiliaires dans leurs diverses expéditions contre les Princes de la Maison d'Autriche.

Une guerre plus périlleuse avec *Charles-le-Téméraire*, dernier Duc de Bourgogne, devint, par ses suites, l'époque de l'entière liberté de Fribourg. Cette ville partagea les risques & la gloire de trois victoires remportées par les Alliés à Grandson, à Morat & à Nanci dans les années 1476 & 1477. La Duchesse de Savoie, *Yolande de France* (27), Régente pendant la minorité de Philibert I, son fils, avoit favorisé les entreprises du Duc de Bourgogne. Le Comte de Romont, Prince de la Maison de Savoie, l'avoit aidé ouvertement : mais les défaites (28) successives & la mort de Charles avoient renversé les projets que la Maison de Savoie pouvoit avoir

---

(25) Cet acte étoit daté du jeudi avant le Dimanche des palmes 1450, on y lisoit ces mots : *Vos absolvimus ab omni fidelitate & juramento, quod nobis tanquam legitimo vestro principi præstitistis*.

(26) Le même Duc confirma le 19 Juin 1452, les anciens privilèges de la ville de Fribourg.

(27) Elle avoit épousé en 1452 Amédée IX, Duc de Savoie, dit *le Bienheureux*. Ce Prince mourut à Verceil le 30 Mars 1471. *Sabaudorum Ducum Principumque Historia Gentilitia* pag. 170 & 172. *Auctore Lamberto Vander-Burchio ex Officina Plantiniana* 1600, in-4. fig. *Augustæ Regiæque Sabaudæ Domus Arbor Gentilitia ; authore Francisco Maria Ferrerro à Lodriano* pag. 133-134. *Augustæ Taurinorum* 1702, in-fol. fig.

(28) La guerre que les Suisses ont eu à soutenir contre Charles *le Hardi*, Duc de Bourgogne, a été décrite par une foule d'Auteurs dont les uns n'ont détaillé que sa mauvaise foi, d'autres plus exacts d'avoir attachés à développer les motifs de cette guerre. Diebold *Schilling*, de Berne, a été présent aux évènemens qu'il raconte, il avoit les archives à sa disposition ; aussi donne-t-il beaucoup d'anecdotes intéressantes & un détail fidèle de ce qui s'est passé. Sa description de la guerre de Bourgogne a été imprimée à Berne en 1743, in-fol. en Allemand avec figures. Pierre Fruyo inséra en 1555 dans la Chronique de Fribourg, la relation de la guerre de Bourgogne ; elle contient 248 pages *in folio*, elle commence avec les plaintes que la ville de Mulhausen porta en 1468 à ses alliés de Berne & de Soleure contre le *Landvoge* ou Gouverneur que Sigismond, Duc d'Autriche, avoit établi en Alsace, & elle finit avec la bataille de Nanci en 1477. On y trouve un grand nombre de traits omis par *Schilling*, & la plupart relatifs à l'Histoire de Fribourg. Par exemple l'Anonyme qui étoit Fribourgeois & qui écrivoit en 1481 comme on le voit par la continuation de cette Chronique, nous apprend (pag. cv & cvj) que les défenseurs de Morat comme le Prince du Duc de Bourgogne qui assiegeoit la place en 1476, furent le Chevalier Adrien de *Bubenberg*, Seigneur de Spietz, qui y commandoit quinze cent Bernois, & le noble Guillaume d'*Affry*, Capitaine de cent hommes de Fribourg, (So Schickettend ouch dice von Fryburg gen Murten einem Houpman genant Wilhelm von Affry Edelknecht mitt hundert Wolgeruster mannen und ergotzugtend sich dariane als fründt unnd getrewuw mitsburger.) l'Anonyme célèbre aussi (p. cix) la valeur que montra dans la défense de Morat , conjointement avec de Bubenberg & d'Affry , l'*Avoyer* ou Baillif de cette ville, le noble Jean *Velg*, de Fribourg. Cette relation, jointe à celle de *Schilling*, pourroit être d'un grand secours à celui qui voudroit nous donner une Histoire exacte de la guerre du Duc de Bourgogne contre les Suisses. On m'a assuré que M. de *Sinner*, de Berne, Baillif de Cerlier, si connu dans la République des lettres par ses ouvrages, se proposoit d'y travailler : personne ne seroit plus en état que lui de l'écrire fidèlement & avec le style qui convient au sujet. La Chronique de *Fruyo* est conservée

formés sur Berne & Fribourg. Les troupes des deux villes avoient saisi les terres du Comte de Romont & le pays de Vaud. Genève étoit menacée par les Suisses, & Louis XI, Roi de France, qui triomphoit secrètement de la chûte de son redoutable cousin Charles, n'étoit pas fâché de voir la Duchesse de Savoie sa sœur, punie d'avoir favorisé les desseins de son plus grand ennemi. Dans cette situation embarrassante la Princesse demanda un Congrès à Fribourg, où elle acheta à prix d'argent des deux villes, la paix pour ses fils, la sûreté pour Genève & la restitution du pays de Vaud.

Cependant le mécontentement des Cantons populaires sur cette pacification renouvelloit les alarmes d'Yolande. Pour se rassurer, elle sollicita le renouvellement de l'ancienne alliance de sa Maison avec la ville de Berne; celle-ci, par une juste reconnoissance pour la fidélité de ses alliés de Fribourg, éprouvée dans une guerre si périlleuse, malgré le prétexte que leurs liens avec le Duc de Savoie pouvoient leur fournir pour garder la neutralité, n'accepta la proposition que sous condition que Fribourg seroit comprise dans l'alliance & déclarée absolument libre de toute obéissance envers la Maison de Savoie. Il n'en coûta (29) à cette nouvelle République que le sacrifice de sept mille six cent florins & sept mille liv. Malgré la renonciation de la Maison de Savoie à tous ses droits sur Fribourg, les Ducs de ce nom continuèrent (30) encore bien des années à joindre à leurs titres celui de *Seigneurs* de cette ville, tant ils regrettoient la perte qu'ils avoient faite de ce domaine.

Les bailliages de Morat, de Grandson, d'Orbe & d'Echallens que les deux Etats de Berne & de Fribourg gouvernent à l'indivis, furent le prix de leurs efforts dans la guerre de Bourgogne.

Plusieurs désordres occasionnés par les suites de cette guerre dans les Communes des divers Etats libres de la Suisse, & qui éclatoient plus particulièrement dans quelques Cantons Démocratiques, engagèrent les villes de Zurich, Berne, Lucerne, Fribourg & Soleure à former en 1478 pour leur sûreté une confédération particulière. Les Cantons populaires s'en plaignirent hautement, comme d'une infraction faite aux engagemens de la Ligue. Enfin cette discorde qui eût pu amener le renversement total de la République Helvétienne, fut étouffée par une nouvelle (31) convention entre tous les partis intéressés, à *Stanz* dans le Canton d'Underwalden, *le samedi immédiat après le jour de Saint-Thomas Apôtre*, 1481. Les cinq villes ébranlées par les représentations patriotiques du Saint-Hermite *Nicolas de Flue*, renoncèrent à leur alliance particulière. Fribourg & Soleure furent admises (32) au rang des Cantons, dans la confédération Helvétique, & cette alliance fut conclue ce même jour, *le samedi immédiat après la fête de Saint-Thomas Apôtre*, 1481.

La ville de Fribourg doit à son Fondateur Bertold IV, Duc de *Zeringen*, sa première constitution municipale. On conserve le code (33) des loix données par ce Prince & renouvellées à Fribourg le 28 Juin 1249, sous le règne de *Guillaume*, *Roi des Romains*, par les deux *Hartmann* (34), oncle & neveu, Comtes de Kibourg; ce dernier étoit par son aïeule arrière-petit-fils du Fondateur. Ce Code de législation est très-long; il embrasse tous les objets de la police intérieure, l'élection de l'*Avoyer*, la nomination du Curé de la ville, & toutes les droitures municipales tant des bourgeois domiciliés dans la ville que de ceux du territoire que le Fondateur avoit annexé à la ville & qui comprend aujourd'hui vingt-sept paroisses. M. le Baron de *Zur-Lauben* a une traduction Allemande (34) de ce Code confirmé par les Comtes de Kibourg. Ces Princes s'y obligeoient de ne pas établir à Fribourg un autre Avoyer, d'autres Curés & Receveurs du péage sans l'élection préalable qui en seroit faite par les bourgeois; ils promettoient de la ratifier, & de laisser l'Avoyer & le Receveur dans leurs places aussi long-temps qu'ils seroient agréables aux bourgeois; les Comtes de Kibourg leur réservoient même le pouvoir de les déposer quand bon leur sembleroit & de les remplacer par d'autres. Le second article porte que les bourgeois pourront élire, établir & déposer, suivant leur volonté, le grand Sautier, le Maître d'Ecole, le Sacristain & les Gardes des portes de la Ville; il y est dit que trois fois chaque année, c'est-à-dire, en Février, en Mai & en Septembre ils convoqueront la Commune des Bourgeois, formeront le Tribunal de justice & laisseront juger selon les loix & conformément aux droits des Bourgeois : tout ce Code renferme des articles intéressants sur la législation municipale. Il y est dit à la fin que les Bourgeois doivent élire le Curé de la ville dans le terme de vingt jours, à compter depuis le décès de son prédécesseur, & qu'ils doivent le présenter aux Comtes pour être confirmé dans sa place; que les Comtes ne pourront refuser la confirmation, mais que si dans le terme des vingt jours les Bourgeois n'élisoient pas leur Curé, les Comtes auroient le droit d'en nommer un tel qu'il leur plairoit.

Frédéric II, Roi des Romains, étant à *Haguenau* (35) au mois de Septembre 1219, avoit pris sous sa protection & celle de l'Empire la ville de Fribourg. Cette assurance porta un

---

dans la maison de *Fegelin-Seedorff*, l'une des plus illustres & des plus anciennes de la ville de Fribourg. On lit dans cette Chronique (p. cl.) qu'en 1477 Jacques *Foegilli*, fils de Jeannin *Foegilli*, partit de Fribourg le dix Août, portant le drapeau de la compagnie que le Capitaine Guillaume Velg conduisoit au service de Louis XI. Roi de France, & que cette troupe s'avança jusqu'à Saint-Nicolas en Lorraine, où elle fut bientôt après licenciée. Dans la levée de six mille Suisses au service du même Monarque, en 1480, au mois de Février, il y avoit une *Enseigne* ou Compagnie de cinq cent Fribourgeois sous le Capitaine Petermann de *Fousigny*, Chevalier; le drapeau étoit porté par Tschan *Cordey*, le même qui devint en la même année *Grand Sautier* de la ville de Fribourg; cette levée marcha au camp près du Pont-de-l'Arche en Normandie; l'expédition fut de courte durée. (*Chronique de Fruyo, pag.* cxxxiv).

(29) La Chronique de *Fruyo* porte (p. cl.) que la maison de Savoye devoit en 1477 à la ville de Fribourg la somme de vingt-cinq mille six cent florins & sept mille livres, & que les Fribourgeois, pour s'affranchir entièrement des prétentions de cette maison, réduisirent la somme qu'ils en exigeoient à dix-huit mille florins du Rhin; le traité de l'affranchissement fut signé à Berne le Dimanche, jour de *Saint-Barthelemi*, 24 Août 1477.

(30) *Stettler* (ibid. pag. 273-274) dit qu'après le traité de Berne en 1477, la ville de Fribourg fit effacer sur ses portes la Croix de Savoie pour y substituer l'Aigle de l'Empire. La Chronique de Fribourg, par Pierre *Fruyo*, place cette action au 25 Septembre 1477; on voit dans la généalogie de la maison de Savoye, par *Guichenon*, avec quelle attention les Ducs de ce nom continuèrent à porter parmi leurs titres celui de *Seigneur de Fribourg*. Philibert second le portoit encore en 1504.

(31) Leu, Dict. Hist. de la Suisse. T. XVII. pag. 505-510.

(32) Leu, ibid. T. VII. pag. 312-358.

(33) *Guillimann*, natif du Canton de Fribourg, cite le Code municipal dont je parle; il écrit (*de rebus Helvetior. Lib. II. Cap. IX, pag.* 370. *Friburgi Aventicorum* 1598, *in-*4.) que la Bourgeoisie de Fribourg reconnut d'elle-même pour ses Souverains les deux *Hartmann*, Comtes de Kibourg. Hartmann *l'Oncle* étoit frère puîné de *Werner*, tous deux fils d'*Ulric*, Comte de Kibourg, & d'*Anne de Zeringen*, qui avoit pour père Bertold IV, Duc de *Zeringen*, le fondateur de Fribourg. Werner eut pour fils Hartmann le jeune, Comte de Kibourg.

(34) *Helvetica Carta a Saeculo VII. usque ad ann.* 1249. T. I. pag. 702-712. msc. in-fol.

(35) Guillimann, ibid pag. 369.

grand

grand nombre de Nobles & de personnes aisées à s'établir dans son enceinte. Les Fribourgeois soumis à la Maison de *Kibourg* & ensuite à celle de *Habsbourg*, stipulèrent dans tous leurs traités d'alliance avec Berne, que s'il arrivoit que leurs Seigneurs vinssent à avoir guerre avec les Bernois, ils pourroient les servir sans cependant rompre leur alliance actuelle. M. le Baron de *Zur-Lauben* conserve parmi ses manuscrits (36) la copie du Terrier de la Maison d'Autriche dressé en 1303 & renouvellé en 1309. On y trouve (37) la spécification des droits seigneuriaux & des rentes qu'elle possédoit alors à Fribourg & dans sa banlieue. Il y est dit que la Maison d'Autriche peut établir & déposer l'Avoyer & le Conseil de Fribourg toutes les fois qu'elle le voudra, & qu'elle a aussi la collation de l'Eglise de cette ville, *dont la desserte vaut au Prince au moins vingt marcs d'argent*. On voit par cet extrait que la Maison d'Autriche jouissoit à Fribourg de plusieurs droits que les Comtes de Kibourg reconnoissoient en 1249 appartenir à la Bourgeoisie de la ville. Passons à la description du gouvernement actuel de ce Canton.

Le gouvernement de Fribourg est Aristo-démocratique, l'autorité souveraine & le pouvoir législatif sont attachés au *petit* & au *grand Conseils* réunis & composés ensemble de *deux cent Membres*. Les Ordonnances de la République portent toujours en titre : *Avoyer, petit & grand Conseils, les Deux-Cent de la ville de Fribourg*. Les autres Conseils, Tribunaux ou Comités sont des subdivisions ou dépendances de ce *grand Conseil*. Ce qui prouve que ce Gouvernement est Aristo-démocratique, c'est que la prérogative d'entrer dans le *grand Conseil* & de parvenir aux premières charges est attribuée à soixante & onze familles *Nobles & Patriciennes*, & que les autres Citoyens jouissent des immunités du droit de Bourgeoisie sans pouvoir prétendre aux honneurs de la Magistrature. Cependant toute la Bourgeoisie a droit de suffrage dans les élections du Curé, du Chancelier ou Secrétaire de la ville & d'un Bourgmestre. Les Bourgeois des vingt-sept paroisses de l'*ancienne banlieue* sont associés au même privilège pour l'élection d'un nouvel *Avoyer*, qui est le Chef du gouvernement. Ces vingt-sept paroisses sont, *Marlie, Praroman* ou *Perroman*, en latin de *Prato Romano, Arcanciel* ou *Artonciel, Gyfers, Rechthalten, Treyvaux* en Allemand *Trefels, Espendes, Escuvillens, Plasselb, Taffers, Dudingen, Uberstorf, Wunnenweil, Villard sur Glane, Villarepot* en Allemand *Rupperswell, Heitenried*, le haut & bas *Boessingen, Matran, Autignie, Onnens, Pret* ou *le Pret, Givisiet* en Allemand *Zubenzach, Baetsschen, Cormonde* en Allemand *Gurmels, Cressier, Courton* & *Belfaux*.

Les deux cent Membres qui forment le *petit* & le *grand Conseils* réunis consistent en vingt-quatre Conseillers du *petit Conseil*, à la tête desquels sont deux *Avoyers*, les quatre *Bannerets* en Allemand *Venner*, les *Soixante*, & cent douze *Bourgeois*. Le *grand Conseil* a remis au *petit Conseil* le pouvoir de juger des affaires civiles & criminelles & des appellations.

La ville est divisée en quatre quartiers appellés *Bannieres*, savoir, le *Bourg*, l'*Auge* ou l'*Au*, la *Ville-Neuve* & l'*Hopital*. Chaque quartier fournit un *Banneret*, quinze Sujets pour le Corps des *Soixante*, & en outre vingt-huit autres pour le *grand Conseil*.

Les élections du *petit* & du *grand Conseils* sont faites de deux manières. Les *Avoyers* sont élus à la pluralité des voix huit jours après la mort de celui qui étoit revêtu de cette charge, première dignité de l'Etat. Les élections se font dans l'Eglise des Cordeliers par le *petit* & le *grand Conseils* & tout le Corps de la Bourgeoisie, y compris non-seulement tous les Citoyens de la ville, mais encore tous les Bourgeois de *l'ancien territoire de la ville*, portant les armes. L'élection des *Sénateurs* du *petit Conseil* & des *Soixante* se fait le *dimanche secret*, autrement l'un des dimanches les plus prochains de la *Saint-Jean d'été*, & elle se fait par un sort appellé *Aveugle*, en Allemand *Die blinde Wahl*,& qui mérite cette épithète à la rigueur. Dans ce moment les Electeurs jettent leurs *ballottes* dans des boîtes où sont enfermés les noms de tous les Aspirans, & ils ignorent sur qui tombent leurs suffrages ; mais il faut préalablement que les Aspirans aient l'âge & les talens prescrits par les loix : celui qui a le plus de *ballottes* obtient la place. A cette assemblée assistent seulement les *Soixante* & les *Conseillers Bourgeois* ou du *grand Conseil*, à l'exclusion des vingt-quatre *Sénateurs* du *petit Conseil* & du *grand Sautier*. Le même jour les mêmes Conseillers Electeurs ont le pouvoir d'examiner la conduite des *Avoyers* & des *Sénateurs* du *petit Conseil* & celle des *Soixante*, de les confirmer, suspendre ou même de les déposer suivant les circonstances. Les *Bannerets* sont de même élus par le *Sort Aveugle*, & ce sont le *petit* & le *grand Conseils* qui en font ainsi l'élection le lendemain de la *Saint-Jean d'été*. Les Conseillers du *grand Conseil*, autrement le *Conseil des Bourgeois*, sont annuellement élus, confirmés ou changés par la *Chambre Secrète* le jour de l'anniversaire de la bataille de Morat qui est le 22 Juin. Il faut être né dans une des familles *Nobles* ou *Patriciennes*, être adopté par une des treize *Tribus Bourgeoises*, & avoir vingt ans complets, pour être éligible pour le *grand Conseil* : l'âge de trente ans donne la capacité d'entrer dans le Corps des *Soixante*. Il faut être de ce dernier Ordre pour avoir l'entrée dans le *petit Conseil*. Père & fils ou deux frères ne peuvent siéger en mêmetemps dans le Corps des *Bannerets* & des *Vingt-quatre*, mais un beau-père & un beau-frère ont le droit d'y siéger ensemble.

Les deux *Avoyers* qui alternent d'année en année dans leurs fonctions, président à ces divers Conseils. L'*Avoyer* en charge a le droit de décider dans le cas d'égalité parmi les opinions, lorsqu'il y a appellation ; & pour les affaires courantes il donne sa voix comme un autre *Sénateur*. Le *Statthalter* ou *Lieutenant* est après les *Avoyers* le premier en rang, & en l'absence de l'*Avoyer* en exercice il a la direction des Conseils. Depuis un siècle la charge de *Statthalter* est annexée au plus âgé des *vingt-quatre*. Les charges de *Trésorier*, de *Bourgmestre* & de *Commissaire général*, sont ensuite les emplois les plus distingués. Le *Trésorier* reste cinq ans dans sa place ; son élection se fait par le *Sort Aveugle*, le *dimanche secret*, & il est toujours extrait du *petit Conseil* ; il gère la recette & la dépense de l'Etat, & tous les ans il en rend compte au *petit Conseil*.

Le *Bourgmestre* qui est élu tous les trois ans dans le *petit Conseil* par toute la Bourgeoisie, veille sur la conduite des Bourgeois & des habitans de l'*ancien territoire*, & il connoît de certains débats, particulièrement des voies de fair.

La charge de *Commissaire général* est quelquefois partagée entre deux Conseillers soit du *petit*, soit du *grand Conseil*. Ils ont l'œil sur tous les fiefs, juridictions & seigneuries de la République.

Les quatre *Bannerets* ont le rang après les Conseillers du *petit Conseil*. Ils président au *Conseil Secret* ou *Conseil d'Etat*, composé de vingt-quatre Membres, pris du Corps des *Soixante*,

---

(36) *Monumenta Helvetico-Tugiensia*, T. IV. pag. 1-134. *in-fol*.   (37) Pag. 47.

savoir six de chaque bannière : je parlerai bientôt des fonctions de cette *Chambre Secrète*. Le *grand Conseil* élit entre les Soixante, par le *Sort Aveuglé*, les quatre *Bannerets* le lendemain de la *Saint-Jean d'été*; ils restent en place trois ans, & quoiqu'ils ne soient pas Membres du *petit Conseil*, ils y assistent comme *Représentans du grand Conseil*; ils y donnent leurs voix, excepté dans les jugemens des appellations ; & s'il se passoit dans le *petit Conseil* quelque affaire qu'ils crussent de la compétence du *grand Conseil*, non-seulement ils ont le droit de la porter devant ce Tribunal, mais encore de le convoquer; ils veillent aussi sur les vivres ; la police de la ville & du Canton, & sur le Militaire.

Les *Soixante* jouissent par-dessus les *grands Conseillers*, de la prérogative suivante. Ces derniers peuvent seulement prétendre aux bailliages, aux charges de la ville & aux Secrétariats, mais les *Soixante* ont le droit de se mettre sur les rangs pour devenir *Sénateurs* du *petit Conseil, Bannerets* & *Secrets*. Lorsque dans des affaires ressortissantes du *petit Conseil*, il n'y a pas assez d'Assesseurs à cause des exceptions de parenté ou par d'autres exclusions, ce vuide est rempli par ceux des *Soixante* qui n'ont aucune affinité avec les *Sénateurs* qui sont obligés de sortir. J'ai déja dit que chaque *Bannière* fournissoit *six* Membres du Corps des *Soixante* pour composer la *Chambre Secrète*, sous la présidence des quatre *Bannerets*. Cette Chambre élit à la pluralité des voix ceux de ses Membres qui viennent à manquer. Ordinairement elle s'assemble quatre fois l'année : elle élit & confirme le *petit* & le *grand Conseils*, & elle a le pouvoir de faire toutes les propositions qu'elle jugera utiles au bien général de l'Etat.

Le *petit Conseil* est Juge de la grande police ; il décide encore en dernier ressort des procès en matière civile. Il est aussi Juge Criminel ; cependant, quand l'accusé est Bourgeois de la capitale ou d'une paroisse de l'*ancien territoire*, la sentence est prononcée en présence du *grand Conseil*, auquel est réservé le droit de mitiger la peine ou de faire grace. La justice pour les cas criminels qui arrivent dans les bailliages est exercée définitivement par le *petit Conseil*.

Deux Corps de justice civile, l'un pour la ville présidé par le *Bourgmestre*, l'autre pour le ressort des vingt-sept paroisses de l'*ancien territoire*, appellés *Chambres de Droit Civil* & *de Droit Rural*; une *Chambre d'Appellations* pour les causes jugées en première instance dans les bailliages, une *Chambre Editale* pour les discussions au sujet des débiteurs insolvables, un *Conseil de guerre* pour le département militaire ; voilà quels sont, après les divers Corps des Conseils, les principaux Tribunaux pour l'administration publique. Je n'entrerai pas dans de plus grands détails sur ces commissions subordonnées. Cette distribution, toujours nécessaire , est à-peu-près la même dans tous les gouvernemens des pays policés ; elle se retrouve même dans toutes les constitutions municipales des villes un peu considérables ; elle est sur-tout très-semblable dans les divers Cantons Aristocratiques de la Suisse.

Il y a treize Tribus dans la ville, mais elles n'ont aucune influence dans le Gouvernement. Il peut être tiré d'une Tribu plus de Membres pour le *petit* ou le *grand Conseil* que d'une autre ; il y a quelquefois des Tribus où il ne s'en trouve aucun, mais tout Bourgeois qui aspire au Conseil, doit être enclassé dans l'une des Tribus: on peut même être compris dans plusieurs d'entre elles. Voici les noms de ces Tribus. 1. Les *Tisserands en Laine*, 2. les *Teinturiers au Sauvage*, 3. les *Cordonniers*, 4. les *Tailleurs de Pierre*, 5. les *Marchands*, 6. les *Épleigneurs, Applanisseurs* ou *Pareurs de Draps*, en Allemand *Tuchbereiter*, 7. les *Maréchaux*, 8. les *Bouchers*, 9. les *Tailleurs*, 10. les *Charpentiers*, 11. les *Tisserands, Lein-weber*, 12. les *Boulangers*, & 13. les *Teinturiers* du quartier de l'*Au* ou de l'*Auge*.

Toute la Bourgeoisie s'assemble ordinairement une fois l'an, le jour de *Saint-Jean d'été* dans l'Eglise des Cordeliers, pour prêter serment de fidélité au Magistrat , & elle s'assemble extraordinairement lorsqu'il faut procéder à la nomination du Curé de la ville, ou que les charges d'*Avoyer*, de *Chancelier* & de *Bourgmestre* sont vacantes.

Il y a à Fribourg deux sortes de Bourgeoisies ; l'une exclusivement entrée dans les *petit* & *grand Conseils*, & est composée des familles *Nobles* & *Patriciennes* ou habiles au Gouvernement, les autres Bourgeois & habitans ont le droit de commerce , & d'exercer des professions.

Avant de quitter l'article de Fribourg, qu'il me soit permis de faire quelques remarques sur une exception usitée dans le gouvernement de cet Etat, je les soumettrai au jugement des Observateurs qui voudront les vérifier dans le local , par eux-mêmes. J'ai parlé des *quatre Bannerets* & de la *Chambre Secrète* dont ils sont les Présidens. Pour obtenir ces charges ou avoir entrée dans cette Chambre, il faut préalablement n'être pas du Corps de la Noblesse de cette ville ; il y a pour condition préliminaire de ne pas porter la qualité de *Juncker* ou de *Gentilhomme* , titre qu'on donne aux familles de la classe (38) des *Nobles*; mais il faut être d'une famille uniquement *Patricienne* sans aucune prérogative de Noblesse ; & comme les places de *Bannerets* (39) & de *Secrets* ou *Inquisiteurs d'Etat* sont très-recherchées, non-seulement à cause du pouvoir prépondérant qui leur est

---

(38) Dans une spécification des promotions de l'Etat de Fribourg, dressée le 15 Juin 1749, les *Avoyers* & *Sénateurs*, nés parmi le Corps de la Noblesse , y sont intitulés *Nobles*, & ceux des *familles Patriciennes* ne portent pas cette qualité.

Les Almanachs de Fribourg où sont rapportées les diverses branches du Gouvernement, observent les mêmes exceptions.

(39) A Rome on appelloit *Tribuns du Peuple*, les Magistrats Plébéiens que le peuple Romain força le Sénat de lui accorder, pour être les protecteurs de sa liberté ; il n'y en eut d'abord que deux , peu après on en créa cinq, enfin on en élut dix, nombre auquel ils demeurèrent fixés. Ces Magistrats étoient toujours choisis parmi le peuple, de sorte qu'aucun *Patricien* ne pouvoit être revêtu de cette charge, à moins que l'adoption ne l'eût fait passer dans l'ordre *Plébéien*. Un *Plébéien* qui étoit *Sénateur* ne pouvoit pas même être *Tribun*. On peut voir dans les *Antiquités Romaines* de *Rosin*, quelles étoient les fonctions des *Tribuns* , & comment leur autorité , qui d'abord fut très-bornée, s'accrut par degrés au point qu'ils devinrent les *Despotes* de la République. Les charges de *Bannerets* & de *Secrets* à Fribourg, sans être précisément celles des *Tribuns* de l'ancienne Rome , paroissent avoir cependant avec elles une similitude , je veux dire dans la fonction de protéger spécialement le peuple : on appelle *Patriciens* ceux qui se sont réservé exclusivement ces charges ; mais dans le fait & pour mieux se rapprocher de l'usage *Romain* , ne devroit-on pas les nommer *Plébéiens*, & donner le titre de *Patriciens* à la classe des *Nobles* ? A Rome on appelloit proprement *Patriciens* ceux qui sortoient des plus anciennes familles , & qui étoient ce que dans l'ancienne Rome on eût nommé les *Plébéiens* , ont exclu des charges de *Bannerets* & de *Secrets* la Noblesse comme ne pouvant représenter le Peuple ; mais le défir de conserver privativement toute l'autorité & tous les avantages annexés à la *Chambre secrète* , n'auroit-il pas aussi concourru à cette exclusion ? Les *Bannerets* & les *Secrets* qui composent ce département, n'auroient-ils jamais eu la prudence d'augmenter ces avantages , & ces prérogatives suivant les occurrences ? Il paroit suivant d'anciens rôles , qu'on continuoit autrefois le titre de *Juncker* ou *Démoiseau* aux Bannerets, lorsqu'ils étoient extraits du corps de la Noblesse. Aujourd'hui la charge de *Secret* est uniquement conférée aux *familles Patriciennes* , & un noble ne peut y prétendre qu'après que son père a précédemment renoncé à la Noblesse. On exige la même renonciation pour prétendre à la charge de *Grand-Sautier* qui est souvent exercée à Berne, à Lucerne & à Soleure par des gentilshommes ; cette charge donne à celui qui en est revêtu, à Fribourg,

attaché, mais encore à cause de leurs émolumens qui doivent être considérables, à raison de leur influence dans la nomination (40) de plusieurs charges importantes; les *Familles Patriciennes* dont le nombre excède de plus des trois quarts celui des *Nobles*, ont grande attention de continuer à la dernière rigueur l'exclusion qu'elles ont donnée privativement pour ces charges à la *Noblesse* de la ville; les *Nobles* peuvent être *Bannerets*, en renonçant aux qualifications de leur naissance, mais ils n'ont jamais pu être ●●●●. On croira sans peine que ces exceptions ne sont pas faites pour concilier étroitement les *Nobles* & les *Patriciens*. Les premiers ont à la vérité accès à toutes les autres charges de la République, conjointement avec les *Patriciens*, mais ces derniers se sont réservé exclusivement le droit de composer la *Chambre Secrète*. D'anciennes révolutions dont la mémoire devroit être abolie amenèrent cette exception. Elle surprend d'autant plus un Etranger impartial, que s'il n'y a aucune charge en Suisse qui puisse donner proprement la Noblesse à une famille ni dans le pays ni hors du pays, il ne peut non plus y en avoir qui prouve véritablement qu'un Gentilhomme de race ou annobli soit dégradé en l'acceptant. Quoi qu'il en soit, l'usage dominant exige de tout Noble qui voudroit devenir Membre de la *Chambre Secrète*, de renoncer d'avance à sa Noblesse par une déclaration autentique. Que résulte-t-il encore de cette formalité? Il est arrivé quelquefois que des Nobles nés peu aisés se sont prêtés à cette humiliation, pour pouvoir réparer les brèches faites à leur fortune, en obtenant des charges qui passent pour très-lucratives. Mais en même-temps qu'ils les obtiennent, ils s'excluent pour toujours de la classe des *Nobles*, & l'on conçoit aisément qu'une pareille séparation ne doit pas avoir peu mortifié les parens de leur nom. D'après ces réflexions n'a-t-on pas la liberté d'observer qu'en général les *Nobles* de Fribourg préfèrent constamment à toutes les amorces de la richesse & de la prédomination l'honneur de perpétuer dans leurs descendans le sentiment qu'ils doivent au sang dont ils sont sortis?

I V. *Canton de Soleure.*

SOLEURE (*), en Allemand *Solothurn*, (1) & en latin *Salodorum* ou *Solodurum*, est l'onzième Canton de la Ligue des Suisses. On donne à cette ville très-ancienne une origine fabuleuse, parce que la date en est inconnue. Je parlerai ailleurs de son antiquité & des inscriptions & monumens qui prouvent qu'elle étoit habitée & fréquentée du tems des Romains. Je rapporterai aussi ses différentes révolutions sous les Rois de Bourgogne de la première & seconde race & sous les Rois Mérovingiens & Carlovingiens. Soleure obéit successivement aux Empereurs d'Allemagne des Maisons de *Franconie* & de *Souabe* qui avoient hérité du Royaume d'*Arles*, & à leur extinction elle continua de dépendre de l'Empire. Ses concitoyens avoient obtenu le privilège d'élire un Conseil pour l'administration de la Communauté & l'exercice de la police municipale. L'*Avoyer* présidoit à la Justice criminelle au nom de l'Empereur. Cependant, dès le règne de Frédéric II, la Bourgeoisie élisoit les *Avoyers* parmi la Noblesse attachée à la Cité. Enfin les Comtes de *Buchegg*, auxquels l'Empereur Henri VII avoit inféodé le droit du glaive, en firent cession à la ville. Ainsi par la sagesse de ses Magistrats, Soleure étendit ses privilèges, acquit un territoire & obtint plusieurs droits que possédoit autrefois le Chapitre de *Saint-Ours*.

Tschoudi (2) a rapporté un acte scellé du sceau (3) de Pierre Comte de *Buchegg*, *Avoué* de l'Eglise de Saint-Ours de Soleure, & daté de l'an 1218, par lequel le Comte reconnoissoit avoir été condamné par l'Abbé de Murbach, Délégué de Frédéric Roi des Romains, & par *la Communauté des Citoyens de Soleure*, (*ab Universitate Civium*), à faire satisfaction au Prévôt & au Chapitre de cette ville pour la violence qu'il avoit commise en faisant emprisonner un Particulier dépendant du Chapitre, & en l'obligeant à lui payer une amende considérable comme à l'*Avoué* de cette Eglise: la sentence portoit qu'il n'avoit pouvoir de disposer des possessions & des dépendances de cette Eglise qu'avec le consentement préalable du Chapitre. Parmi les Bourgeois (*Burgenses*) de Soleure, témoins de cette déclaration, on remarque Henri *der Riche* (*Dives*) & Ulric son frère, Hugues, Burcard, Brunon & Ulric de *Huric*, tous qualifiés *Chevaliers*, Albert Olla, en Allemand *Haffen* ou *Haffnen*, &c.

au bout d'un certain nombre d'années, un Bailliage très-lucratif, celui de *Gruyere*. Ce qui semble mériter encore l'attention de l'étranger observateur, c'est parmi les *Bannerets* & les *Secrets* il y en a qui ont d'anciennes lettres de noblesse; mais on assure que la formalité qu'on exige a fait déroger plusieurs familles; & ne doit-on pas craindre qu'insensiblement le reste n'éprouve le même sort, si la vertu, *qui selon l'immortel Montesquieu*, *est le fondement d'une République*, ne le soutient encore contre les efforts prédominans?

(40) A Fribourg les *Secrets* ont le droit de nommer, suspendre, censurer & déposer les Membres du *grand Conseil*, excepté les *Soixante* & les *Sénateurs*; ils ont aussi le droit d'admettre ne pas admettre les Membres du grand Conseil à la prétention des *Soixante*, comme aussi les Soixante à la prétention de la dignité de Sénateur, & dans le cas de vacance de l'un *des Secrets*, ils y nomment entr'eux. Depuis près d'un siècle ils ont fixé la finance de la réception du *grand Conseil* & celle de vacance *Secret* qui a présenté le Candidat admis; ils ont aussi réglé que tous les deux ans & non plutôt on completeroit le grand Conseil Souverain: ils ont encore le droit exclusif de présenter au *Conseil Souverain* des projets pour l'établissement de nouvelles Loix ou la réformation des anciennes. Au reste il est bon d'observer que l'*Avoyer* président de Fribourg, lorsqu'il demande dans le Sénat les opinions, donne toujours le titre de *Juncker* ou de *Noble* à ceux des *Sénateurs* reconnus pour tels par la République, & seulement celui de *Herr* ou *Monsieur*, à ceux des Sénateurs des familles Patriciennes; & qu'on regarde sur le pied de *non-Nobles* les enfans qui sont nés après la renonciation de leur père à sa noblesse.

(*) PLANCHE 25.

(1) Guilliman *de rebus Helvet. Lib. III. Cap. X. pag.* 375 & *seq. Friburgi Aventicor* 1598. in-4.

François Haffner, Chancelier de Soleure, Chronique de ce Canton, en Allemand, Soleure 1666, in-4. en deux volumes. C'est un ouvrage confus, mêlé de bonnes remarques & de traits de la plus grande crédulité. Le premier volume mérite peu d'attention, le second en échange est très-curieux. M. l'Abbé Hermann, Bibliothécaire de la ville de Soleure, se propose de refondre cet ouvrage, de le rectifier & d'en faire une véritable histoire diplomatique. On ne sauroit assez l'inviter à remplir au plutôt l'attente du public. — *Conseils de M. Haller pour former une Bibliothèque Historique de la Suisse*, pag. 121.

Leu, Dict. Hist. de la Suisse, T. XVII. pag. 254-345.

Le même, observations sur la République des Suisses par Simler, pag. 26, 254 & 491-499.

Faesi, Descrip. Topog. de la Suisse, T. II. pag. 690-698.

Fuesslin, Descrip. Topog. de la Suisse, T. II. pag. 130 & suiv.

Tschurnet, Dict. Géog. Hist. & Pol. de la Suisse, T. II. p. 133-136, &c.

(2) Chr. Helvet. T. I. pag. 117-118.

(3) Ce sceau est oblong & de cire blanche; il offre un hêtre déraciné, arbre qu'on nomme en Allemand *Buch*; on lit à l'entour du sceau: SIGILLVM. PETRI. COMITIS. DE BVOHEKE. Ce Seigneur se nomme à la tête de l'acte, P. COMES DE BUCHECCHO. Tschoudi lisoit, PETRUS COMES DE BUCHEK; cet Historien n'a pas donné exactement l'empreinte du sceau; il y a même plusieurs variantes entre sa copie & celle que M. le Baron de *Zur-Lauben* a faite sur l'original, particulièrement dans les noms propres. On trouvera cet acte parmi les PREUVES N°. XXVII.

Le 15 (4) Février 1234, Henri, Roi des Romains, fils de l'Empereur Frédéric II, étant à Francfort, confirma la décision par laquelle Hugues, Abbé de Murbach, son Délégué, venoit de terminer le différend qui s'étoit élevé entre Otton Prévôt & le Chapitre de Soleure, d'une part, & les Citoyens de Soleure (*Cives Solodorenses*) de l'autre, au sujet de la jurisdiction sur les habitans dits de l'*Eglise de Saint-Ours*, entre l'Are & le mont *Leberen* (*super quibusdam hominibus Sancti-Ursi inter Ararim & montem Leberen commorantibus*). L'année (5) suivante *Cuno*, Baron de *Tufen*, que l'Empereur Frédéric II avoit constitué son Vice-gérent dans la Bourgogne Trans-Jurane, donna une nouvelle sanction sur la propriété des mêmes habitans; il les adjugea de même au Chapitre de Soleure, qui avoit alors pour *Avoué* le Comte de *Buchegg*. Il prit auparavant des informations parmi les principaux de la Bourgeoisie de Soleure.

Tschoudi a aussi publié dans sa Chronique (6) un acte daté de Soleure le 15 Avril 1251 sur la Jurisdiction que le Prévôt &, le Chapitre de cette ville devoient y avoir exercée dès la fondation de leur Eglise par la Reine Berthe. Cette Princesse, fille de Burcard, Duc de Souabe, & mère de *Conrad-le-Pacifique*, Roi de Bourgogne, & de l'Impératrice *Sainte-Adélaïde*, devoit avoir au Chapitre, entre autres concessions judiciaires sur le *Château* (7) de Soleure, la nomination de l'*Avoyer*, le droit Monétaire & le Péage. La seule Justice criminelle en étoit exceptée, elle appartenoit au Roi d'*Arles* ou à ses Officiers. Parmi les nombreux témoins de cette information étoit Henri, *Avoyer* de Soleure; elle fut munie de plusieurs sceaux, entre autres de ceux de Jean, Evêque de *Lausanne*, & de Henri, Abbé de *Frienisberg*.

Les deux (8) villes de Soleure & de Berne se lièrent (9) dès le treizième siècle par des traités de confédération. Cette amitié n'a presque jamais été altérée; elles avoient les mêmes ennemis à craindre, les Comtes de Kibourg, les Ducs d'Autriche & les Vassaux attachés à ces Maisons.

En 1276 (10), Rodolphe de *Habspourg*, Roi des Romains, confirma toutes les immunités & franchises que la ville de Soleure avoit reçues des Empereurs, & permit que ses Citoyens fussent dispensés d'être traduits devant aucun Tribunal étranger, ne les assujettissant qu'au Tribunal intérieur de leur ville. Ce Prince leur accorda encore en 1280, le droit de conférer la Bourgeoisie à tous Etrangers, & notamment aux habitans dépendant du Chapitre de Saint-Ours & de la Cathédrale de Bâle, & à tous les ressortissans des autres Abbayes qui ne seroient point particulièrement réservés. Ces privilèges furent confirmés par les Empereurs, Successeurs de Rodolphe; savoir, en 1293 par Adolphe, en 1300 par (11) Albert I, & en 1309 par Henri VII. L'Empereur Louis *de Bavière* déclara en 1340 les Citoyens de Soleure, non-seulement libres & à l'abri de toute recherche pour les biens qu'ils avoient pris à l'Empire, mais encore exempts de payer aucune imposition de l'Empire. Ce Prince les déclaroit en même-temps inaliénables de l'Empire, & leur donnoit le pouvoir d'acquérir & de dégager toutes les rentes & possessions que les Empereurs, ses Prédécesseurs ou lui, pouvoient avoir hypotéquées. Il leur accordoit toutes ces graces en compensation des pertes considérables qu'ils avoient faites par un incendie. L'Empereur Charles IV confirma en 1353 les privilèges de Soleure, & fixa à cinquante livres valeur de Soleure la taxe annuelle que les Citoyens de cette ville devoient payer à l'Empire; en 1358 & 1360 le même Prince leur avoit accordé le pouvoir de nommer & de déposer à leur gré leur *Avoyer*. Il leur octroya en 1365 le droit d'arrêter à trois lieues autour de leur ville, toute personne suspecte, & d'en faire justice suivant le corps du délit. Charles IV exemptoit en même-temps tout Bourgeois de Soleure de comparoître devant aucun Tribunal étranger, il en exceptoit seulement le cas où le plaignant ne pourroit trouver justice à Soleure; ce Prince statuoit que l'accusé pourroit alors en appeller devant la Chambre Impériale, mais nulle part ailleurs. Le même Empereur accordoit encore d'autres privilèges considérables au Magistrat & aux Bourgeois de Soleure, entre autres celui de pouvoir recevoir Bourgeois tout homme qui demeureroit dans l'enceinte de leur ville un an & un jour, & qui ne seroit pas durant cet intervalle rappellé par son Seigneur précédent pour cause juste. En 1376, Charles IV prit sous sa protection & celle de l'Empire tout marchand de Soleure, & accorda à la ville une Foire annuelle. Les Empereurs Wenceslas, Robert & Sigismond confirmèrent tous ces privilèges, & ce dernier accorda en 1415 à l'*Avoyer* de Soleure en charge, le droit de juger au Criminel depuis *Grenchen* jusqu'à la rivière de *Siggern*.

Dans l'origine la charge d'*Avoyer* de Soleure n'étoit jamais conférée par les Empereurs qu'à des Seigneurs d'une grande qualité. Henri VII hypotéqua (12) cette dignité en 1313 à Hugues, Comte de *Buchegg*, elle fut remise en la même année à la disposition des Bourgeois. On trouve qu'ils choisirent pour la première fois, en 1327, leur *Avoyer*; suivant les anciennes constitutions il doit toujours être pris dans le *Conseil*. En 1504, il fut réglé que ni le *grand Conseil*, ni la Bourgeoisie ne pourroient s'assembler sans l'aveu préalable du *petit Conseil*.

La ville de Soleure acheta (13) en 1381 de Pierre de *Thorberg* le droit de battre monnoie, & en 1427 de Guillaume de *Grunenberg* celui du péage. Ces Seigneurs tenoient ces droits en hypothèque de l'Empire.

Depuis 1527 le *petit Conseil* a le droit de nommer le Prévôt du Chapitre de *Saint-Ours*, il nomme aussi les Canonicats qui vaquent dans les mois de Janvier, Mars, Mai, Juillet, Septembre & Novembre; concession qui a été accordée par le Pape au Magistrat. Le Chapitre de Soleure avoit primitivement le droit d'élire lui-même son Prévôt, ainsi qu'on le voit par l'acte (14) d'élection d'*Ulric der Riche* en 1344, dans l'octave

---

(4) Tschudii Chr. Helvet. T. I. pag. 129. M. le Baron de ... Lauben a la copie de ce Diplôme, d'après celle qui en avoit été faite à Lausanne le samedi après le jour de Saint-Hilaire (en Janvier) 1299, avec la révision de Guillaume, Evêque de Lausanne; la majeure partie de la ville de Soleure est du diocèse de Lausanne. On rapportera cette copie autentique parmi les PREUVES N°. XXVIII. L'Empereur Charles IV étant à Berne le 3 Mai 1365, confirma aussi le diplôme de son prédécesseur Henri, de l'an 1234. PREUVES N°. XXIX.
(5) PREUVES N°. XXX.
(6) T. I. pag. 147-148. Voyez le N°. XXXI. parmi les PREUVES.
(7) *Castrum Solodorense*.
(8) Haffner, Chronique de Soleure.
(9) On trouvera parmi les PREUVES N°. XXXII, l'acte de confédération renouvellé à Soleure le 30 Septembre 1308 entre les villes de Soleure & de Berne.
(10) Haffner, Chronique de Soleure.
(11) Il existe une Ordonnance adressée par Albert, Roi des Romains, à l'Avoyer, au Conseil & aux Bourgeois de Soleure, & datée d'Ulm, le 20 Février, la seconde année de son règne, c'est-à-dire en 1300, en faveur du Chapitre de Soleure. PREUVES N°. XXXIII.
(12) Haffner, Chronique de Soleure.
(13) Haffner, ibid.
(14) PREUVES N°. XXXIV.

de l'Epiphanie, à la place de Louis, Comte de *Strasberg*, mort à la fin du mois de Novembre précédent.

Je parlerai ailleurs du siége (15) que Soleure soutint pendant deux mois & demi en 1318 contre l'armée de Léopold, Duc d'Autriche. La rivière de l'Are qui la baigne, grossie par des pluies abondantes, entraîna le pont que le Duc avoit eu l'imprudence de charger de Soldats; les assiégés en sauvèrent un grand nombre, & Léopold touché de cette générosité, se retira aussi-tôt avec le reste de ses troupes. En 1382, Rodolphe, Comte de *Kibourg*, & Thibaud, Sire de *Neuchatel* en Bourgogne, firent à la fin de Septembre une (16) Ligue pour surprendre la ville de Soleure; heureusement (17) le complot fut découvert un moment avant que ce projet fût exécuté. Depuis cette époque la ville de Soleure fut mêlée dans toutes les guerres des Cantons; elle s'allia en 1393 (18) avec ceux de *Zurich*, *Lucerne*, *Berne*, *Zoug*, *Uri*, *Schweitz*, *Underwalden* & *Glaris*. Par l'achat de diverses Seigneuries du voisinage elle étendit son territoire. Enfin en 1481, elle fut reçue (19) en même-temps que la ville de Fribourg, dans la Ligue des Cantons.

Le gouvernement du Canton de Soleure est *Aristo-Démocratique*. Les Citoyens seuls de la capitale peuvent entrer dans *les Conseils* de la Régence & dans les charges publiques; le Corps de la Bourgeoisie a part aux élections & il confirme les *Conseillers*.

Le *grand Conseil* est composé de cent un Membres. Dans ce Conseil est aussi compris le *Sénat* ou *petit Conseil*, composé de trente-cinq Membres, savoir de deux *Avoyers*, d'onze *anciens Conseillers* ou *Alt-Raethen*, & de vingt-deux *jeunes Conseillers* ou *Jung-Raethen*; chacune des onze *Tribus* ou *Abbayes* donne au *petit Conseil* un *ancien* & deux *jeunes Conseillers*. Les soixante & six Membres restant du *grand Conseil* sont de même pris à portion égale sur chaque Tribu, savoir six par Tribu. C'est dans ces deux *Conseils* réunis qu'on appelle *les Cent*, que réside le pouvoir suprême de la République. Les familles Nobles ne sont point ici attachées à une Tribu particulière comme à Zurich ou à Schaffhausen.

Le *Sénat* ou *petit Conseil* est Juge Civil & Criminel en dernier ressort. Néanmoins un Bourgeois qui se croiroit lésé par un Arrêt, pourroit en appeler au *grand Conseil* en payant cinq livres, & alors le *grand Conseil* juge définitivement. Le *petit Conseil* s'assemble tous les lundi, mercredi & vendredi.

Au reste le *grand Conseil* ne peut pas s'assembler sans le consentement du *petit Conseil*; mais lorsqu'il est convoqué & ainsi réuni avec le *Sénat*, il constitue proprement le Souverain, & il a le pouvoir de conclure des alliances, de déclarer la guerre, de faire la paix, d'accorder ou de refuser les levées pour les services étrangers, d'établir des loix & des règlemens tant pour la ville que pour le Canton ou de les changer, de recevoir & de juger les appellations qui lui sont émanées du *petit Conseil*, & de confirmer, modérer ou rejetter à la pluralité des voix certaines causes portées devant le *petit Conseil*; il a aussi le droit de tirer de son Corps les Baillifs *extérieurs*, & de nommer les Députés pour les Diètes ordinaires & extraordinaires, & de confirmer ou de rejetter les nouveaux Bourgeois admis par le *petit Conseil*. Mais aucune affaire n'est portée devant le *grand Conseil* qu'elle n'ait été auparavant mise sur le tapis devant le *Sénat ordinaire*; & si l'un des Membres vient à proposer devant le *grand Conseil* une affaire imprévue, alors on ne demande ni avis, ni délibération sur son objet. L'*Avoyer* en charge préside aux *deux Conseils*, & il est d'usage qu'on demande le premier avis à l'*Avoyer* sorti de charge, ou en son absence au *Banneret*, qui le suit immédiatement. Le Président ne donne sa voix que le dernier; il recueille les opinions & forme la majorité, ayant alors deux voix à donner. Le *grand Conseil* s'assemble le premier mardi ou mercredi de chaque mois, indépendamment de ses convocations pour l'examen des comptes & la nomination des emplois.

L'*Avoyer* en charge a le droit d'assembler le *Sénat*, le *grand Conseil* & la *Chambre Secrète*, de jour ou de nuit, d'ouvrir toutes les lettres adressées à l'Etat, de lire & revoir toutes les lettres & déclarations du Canton, ainsi que de faire porter devant le *Sénat* les affaires des Citoyens & des Etrangers; il a sous sa garde le sceau de la République.

Le *Banneret* a le premier rang après les deux *Avoyers*. Ce Magistrat donne son avis immédiatement après l'*ancien Avoyer* dans tous les *Conseils*; il est pour ainsi dire le premier *Trésorier* de l'Etat. Il préside aux *Chambres des Orphelins*, de l'*Œconomie*, du *Commerce*, de l'*Accise*, du *Sel* & des *Bois*; il a la direction de l'*Hopital* & de la *Maison de Force*, & il veille sur la distribution des aumônes publiques; il a aussi l'inspection des Ecoles avec le Chancelier. En temps de guerre il prête comme *Banneret* un serment particulier pour la garde de la *Bannière* de la ville.

Immédiatement après le *Banneret*, celui qui a le premier rang dans les *Conseils* & dans les autres assemblées & qui y donne la troisième voix, est le *Boursier* ou *Trésorier*; sa charge se donne dans le *grand Conseil*: il est préposé sur le *Banneret* à l'économie des revenus publics. Il garde sa place jusqu'à ce qu'il soit élevé à une plus haute dignité, qui est ordinairement celle de *Banneret*, lorsqu'elle vient à vaquer. L'un & l'autre, lui & le *Banneret* qui est proprement le *premier Trésorier*, sont tous les ans confirmés par les *deux Conseils* réunis, le jour de *Saint Nicolas*, 6 Décembre, après qu'ils ont rendu les comptes.

L'élection des deux *Avoyers* & du *Banneret* se fait à la pluralité des voix par la Bourgeoisie assemblée dans l'Eglise des Cordeliers, à l'*extraordinaire* lorsqu'une de ces charges vaque par mort & cela le lendemain de l'enterrement, & à l'*ordinaire* annuellement le jour de *Saint-Jean d'été*. Communément les *Avoyers* conservent leur charge à vie, en alternant dans les fonctions de *Président des Conseils* d'une année à l'autre; cependant l'élection se renouvelle chaque année. Les autres élections se font de la manière suivante. Quand la place d'un *ancien Conseiller* est vacante, ordinairement elle est conférée au plus ancien des deux *jeunes Conseillers* de la même Tribu dont étoit le prédécesseur, à moins que le Chancelier ne soit lui-même Membre de cette Tribu; dans ce cas on vote à la pluralité des suffrages entre lui & le premier des deux *jeunes Conseillers*. On prend les *jeunes Conseillers* parmi les six grands Conseillers de la Tribu respective, leur élection est uniquement à la disposition

---

(15) Tschudii Chr. Helvet. T. I. p. 288. Haffner, Chronique de Soleure.
(16) PREUVES N°. XXXV.
L'acte de cette Ligue est daté du samedi avant le jour de Saint-Michel 1382, en présence de Thuring d'*Eptingen*, Petermann de *Marstetten*, Thibaut de *Grunenveld* & Jean de *Saint-Maurice*, tous gentilshommes.

(17) Tschudi Chr. Helvet. T. I. pag. 506. Haffner, Chr. de Soleure.
(18) Tschudi, ibid. pag. 574-575. Leu, Dict. Hist. de la Suisse, T. XVII. pag. 56-60. On appelle cet acte de 1393, la convention de Sempach, *der Sempacher Brief*.
(19) Haffner, Chron. de Soleure.
Leu, Dict. Hist. de la Suisse. T. VII. pag. 352-358.

des *anciens Confeillers*. Il faut obferver que les *jeunes Confeillers* confirment les *anciens*, & que chaque *Altrath* ou *ancien Confeiller* eft le Chef de fa Tribu: l'élection des Membres du *grand Confeil* dépend ainfi uniquement du *petit Confeil*.

Par une loi nouvelle de 1764, l'ufage du *ferutin* a été adopté. Avant que de procéder à l'élection, on fait prêter ferment à tous les Electeurs, qu'ils n'ont ni par eux ni par perfonne promis leurs voix ou fuffrages à aucun des Candidats, qu'ils en ont encore la difpofition pleine & libre, qu'ils donneront leur fuffrage au fujet qu'ils croiront le plus capable & qu'ils ne déclareront à perfonne avant la clôture de l'élection à qui ils veulent donner leur voix. De leur côté les Prétendans jurent que ni directement ni indirectement ils n'ont follicité aucun fuffrage, & qu'ils n'en ont obtenu aucun ni par promeffes, ni par préfens, ni par menaces ou autres intrigues. Voici les formalités qu'on obferve depuis 1764 dans le *ferutin fecret*. Pour chaque place vacante on fait deux élections, l'une *préliminaire* & l'autre *réelle* ou *définitive*. Lorfqu'il fe préfente trois Candidats ou même plus, on marque leurs noms fur autant de boîtes. Ceux d'entr'eux qui obtiennent le plus de deniers, font feuls propofés pour l'élection *réelle* ou *définitive*. Ceux des Candidats ainfi exclus ou leurs parens, peuvent concourir à l'élection principale. Celui des deux Prétendans, dans la boîte duquel tombent le plus de deniers lors de la dernière élection, obtient la charge. Si au *ferutin préliminaire* il y a égalité de fuffrages entre deux Candidats ou plus, on décide l'élection par le fort des *ballottes*; mais s'il ne fe préfente qu'un ou deux Afpirans, alors chacun des *Avoyers*, ou en leur abfence les deux plus anciens *Sénateurs* ont chacun le droit de propofer un autre Candidat; & dans ce cas on procède d'abord à un *ferutin préliminaire*. Alors celui des deux Prétendans qui refte dans l'activité de l'élection à caufe d'un plus grand nombre de deniers de fa boîte, concourt avec l'un des deux Prétendans qui fe déclarent eux-mêmes dans les ferutins *préliminaire* & *définitif*, ou avec l'un & l'autre. La forme de cette élection eft obfervée non-feulement pour les charges de *Confeillers* & de *Baillifs*, mais encore pour les emplois Eccléfiaftiques qui dépendent du *petit Confeil*.

L'une des charges les plus importantes de la République eft celle de *Tribun* ou de *Procureur-général*, en Allemand *Gemeinmann*, mot qui fignifie l'*Homme de la Communauté des Bourgeois*; les *jeunes Confeillers* le choififfent ou le confirment annuellement dans leur propre Corps. C'eft le Surveillant des *loix & Conftitutions*, & des priviléges des Bourgeois; il eft encore chargé de l'infpection fur les vivres, les marchés, les poids & mefures, &c. & comme il en doit rendre compte au *petit Confeil* & lui propofer tout ce qu'il croit être utile au bien général, il a féance à la *Chambre Secrète*.

Tous les ans le jour de la *Saint-Jean d'été*, toute la Bourgeoifie s'affemble dans l'Eglife des Cordeliers, entre cinq & fix heures du matin. Les fils des Bourgeois qui doivent prêter pour la première fois le ferment s'affemblent par le jardin près de la maifon-de-ville. Chacun d'eux peut être infcrit dans le livre de la Bourgeoifie, en payant dix fols. Les autres Bourgeois s'affemblent chacun fur leur Tribu. Après fix heures on tinte pour la première fois dans la Cathédrale la grande cloche jufqu'à trente-cinq fois, c'eft-à-dire autant de coups qu'il y a de Membres dans le *petit Confeil*. Enfuite après une petite paufe, pendant laquelle on fonne pour le fermon, on recommence à tinter quelques coups pour la feconde fois. Enfin après qu'on a recommencé à tinter pour la troifième fois, c'eft-à-dire au premier coup, l'*Avoyer* en charge & le *Chancelier*, accompagnés des *Secrétaires de la Bourfe & du Confeil*, du *grand-Sautier*, des *Subftituts de la Chancellerie* & des Servans de Juftice, fe rendent de la Maifon-de-ville à l'Eglife des Cordeliers, au fon des trompettes & au bruit des tambours & d'autres inftrumens. Et après qu'ils ont été à l'offrande à l'autel de *la Vierge*, ils vont fe placer à droite à une table préparée; bientôt enfuite entrent dans l'Eglife tous les Bourgeois de chaque Tribu, précédés par les *anciens* & *jeunes Confeillers*, marchant les uns après les autres fuivant le rang des Tribus. Ils vont de même à l'offrande, puis chaque Tribu prend fa place ordinaire dans l'Eglife; chacun porte un bouquet de rofes, ou à leur défaut d'autres fleurs: cet ufage a fait donner à cette affemblée générale le nom de *Jardin de Rofes*, en Allemand *Rofen-Garten*. On commence enfuite une baffe Meffe fous l'invocation du *Saint-Efprit*, & pendant qu'elle fe dit les orgues & la mufique fe font entendre. Après la Meffe, on fait fortir de l'Eglife toutes les femmes, tous les enfans & étrangers, on en ferme les portes, & on appelle en général tous les jeunes gens nouvellement infcrits dans le regiftre de la Bourgeoifie, auxquels on fait prêter le ferment d'ufage. Sur cela le *grand-Sautier* ordonne fous ferment, de fortir de l'affemblée, à tous ceux qui quoique Bourgeois ne font pas enclaffés dans une Tribu, & à tous ceux qui font ferfs, ou aux charges de l'hôpital, à tous ceux qui font bannis, mis en tutelle, ou déclarés inhabiles, & auffi à tous ceux qui n'ont pas encore rempli le terme prefcrit, pour être admis à l'affemblée de la Commune. Par exemple on en a fixé un de trois ans pour l'habitant du pays qui s'établiroit pour être Bourgeois, & neuf pour un Etranger né hors de la Suiffe. Après cet acte préliminaire, l'*Avoyer* qui vient d'être en charge depuis un an, & le *Banneret*, s'avancent & remettent leurs charges à la difpofition pure & entière de la *Commune*; ils la remercient des honneurs & des bienfaits qu'ils en ont reçus. Auffi-tôt le *Procureur-général* leur fait en retour à chacun au nom de la Bourgeoifie affemblée un remercîment, & leur recommande de nouveau pour l'avenir le bien général de la République. Puis le *Procureur-général* réfigne auffi fa charge, & l'*Avoyer* lui adreffe de même un remercîment au fujet de fon adminiftration. Après cela le *Chancelier* appelle les *jeunes Confeillers* du Chœur & les avertit brièvement d'élire les *anciens Confeillers* qui durant ce temps fe retirent à part dans le Cloître, & un *Procureur-général* (ce dernier de leur Corps) en obfervant dans toutes ces élections ce qui peut contribuer à l'honneur & l'avantage de la ville. Il leur lit enfuite par ordre des Tribus les noms des *anciens Confeillers* qui ont fiégé l'année précédente, & leur demande fous le ferment, fi ceux dont il vient de lire les noms leur font agréables ou non. Après que les *anciens Confeillers* & le *Procureur-général* ont été ainfi élus ou confirmés, les *jeunes Confeillers* retournent à l'affemblée de la *Commune*. On lit enfuite les noms des *anciens Confeillers* & du *Procureur-général* élus de nouveau. Le choix de chacun d'eux paffe à la pluralité des voix; & tous ceux des *anciens Confeillers* ainfi que le *Procureur-général* qui font confirmés par la *Commune*, reftent cette année dans leurs places. Le *Chancelier* leur enjoint auffi-tôt de prêter le ferment & ils le prêtent entre fes mains. Il faut obferver que le *Procureur-général* élu prend fa place devant les *jeunes Confeillers*. Le Chancelier requiert enfuite que l'*Avoyer* qui a réfigné, propofe un nouveau Chef & *Avoyer* de la ville; il est d'usage qu'il propose l'*ancien Avoyer* qui l'a précédé, & ordinairement son choix est confirmé, quoique la *Commune* ait plein pouvoir de proposer pour cette charge éminente, non-seulement d'autres Membres du *petit* & du *grand Conseils*; mais encore du Corps des autres Bourgeois; en pareil cas l'élection se fait à la pluralité des voix; celui qui est nommé prête aussi-tôt le serment de sa charge devant le *Chancelier*. On observe la même cérémonie pour l'élection du *Banneret*; & c'est le *nouvel Avoyer* qui le propose ordinairement, & c'est à lui que le nouveau *Banneret* prête le serment usité; celui-ci en prête un à la *Commune*, lorsqu'en temps de guerre il marche en campagne avec la *Bannière* de la ville. Enfin le *grand-Sautier* se recommande à la *Commune* par l'organe du *nouvel Avoyer* pour la confirmation de sa charge. D'autres Bourgeois peuvent aussi la demander; la *Commune* a pleine liberté de confirmer l'*ancien Sautier* ou de lui en substituer un autre, le tout à la pluralité des voix. Le *grand Sautier* élu prête de même le serment d'usage: c'est le dernier acte de cette solennité. L'assemblée se sépare ensuite, & le *petit Conseil* conduit en ordre le *nouvel Avoyer* à la Maison-de-ville. Là les anciens *Conseillers* s'assemblent distinctement, & y élisent ou confirment les jeunes *Conseillers* qui ont siégé l'année précédente. Le lendemain de la Saint-Jean, après que les *jeunes Conseillers* ont prêté le serment dans la Maison-de-ville, on fait prêter de même aux autres Officiers & Employés de la ville, cérémonie qui occupe longuement l'*Avoyer* & le *Chancelier*.

Les deux *Avoyers* sont dispensés d'exercer la fonction d'Avocat devant le *petit Conseil*, devoir auquel tous les *Sénateurs* sont astreints, à la réserve du *Banneret* & du *Trésorier*. Les deux *Avoyers* peuvent aussi refuser la gestion des tutelles & des curatelles.

Les bailliages *intérieurs* de *Buchegberg*, *Kriegstetten*, *Laeberen* & de *Flumenthal* sont privativement conférés à d'anciens ou à des *cunes Conseillers*. Au reste les différents départements de l'administration publique, les ressorts de Justice ou de Police subalternes, les commissions dans lesquelles se préparent les délibérations, sont distribués à Soleure de la même manière à-peu-près que dans les autres gouvernements Aristocratiques.

La *Chambre Secrète* composée des deux *Avoyers*, du *Banneret*, du *Trésorier*, du *Chancelier*, du *Procureur-général* & du plus ancien *des Altrath*, traite des affaires majeures & secrètes & les porte devant le *Conseil*, s'il le juge nécessaire. Chacun d'eux, excepté le dernier, a une clef du trésor public.

Je parlerai ailleurs des sept bailliages *extérieurs* qui demandent résidence, ils sont gouvernés par des Membres du *grand Conseil*. Ces Préfectures se donnent pour six ans, & quelques-unes d'entre elles sont très-lucratives. La seule ville du Canton après la capitale, est la petite ville d'*Olten* sur l'Arc.

Je finirai cet article en nommant par ordre les onze Tribus dans lesquelles sont partagés la Bourgeoisie & les Membres de la Régence. Chacune d'elles a un *ancien Conseiller* qui en est le Chef, deux jeunes *Conseillers* & six Assesseurs du *grand Conseil*. Voici les noms de ces Tribus. 1. les *Cabaretiers*, 2. les *Boulangers*, 3. les *Bateliers* & *Pêcheurs*, 4. les *Maréchaux*, 5. les *Tisserands*, 6. les *Cordonniers*, 7. les *Tailleurs*, 8. les *Bouchers*, 9. les *Architectes*, les *Charrons* & les *Tourneurs*, 10. les *Tanneurs* & 11. les *Charpentiers*. Il y a des familles Nobles enclassées dans toutes ces Tribus. Chaque Bourgeois peut choisir telle Tribu qu'il voudra, mais il ne peut plus dans la suite changer son choix. Les Tribus ont leurs assemblées particulières, & chacune d'elles possède des fonds considérables. Tout fils d'un *ancien Bourgeois* qui a prêté le serment de la Bourgeoisie est obligé de choisir une Tribu, & celle-ci doit le recevoir. On ne peut pas entrer au *grand Conseil* qu'on ne soit auparavant d'une Tribu.

Le nombre des Bourgeois habiles au gouvernement ne va pas au-delà de quatre cent, la classe des autres Bourgeois l'égale en nombre. On a observé que dans le cours d'un siècle plus de cent familles de l'ancienne Bourgeoisie se sont éteintes. Celles qui subsistent sont au nombre de quatre-vingt-quatre.

V. Canton de Schaffhausen.

SCHAFHAUSEN (*) ou *Schaffhausen* (1), ville & Canton de la Suisse, est situé hors des anciennes limites de l'*Helvétie* au-delà du Rhin; la nécessité de débarquer à quelque distance au-dessus de la grande cataracte de ce fleuve les marchandises qui descendoient, & le passage de l'*Helvétie* en Allemagne, ont sans doute occasionné l'établissement des premières habitations dans ce lieu. On trouve le nom de *Schaffusirum* dans une donation (2) faite le 12 Mars 800 à l'Abbaye de Saint-Gall. Mais ce lieu étoit situé dans la *Turgovie*, au lieu que la ville de *Schaffhausen* est placée au-delà du Rhin, entre le *Kleggau* & le *Hegau*. Il y a encore d'autres villages du nom de *Schaffhausen* dans le (3) Canton de Berne & en Alsace (4). Ce qui paroît certain sur l'origine de la ville de Schaffhausen, c'est l'époque de la fondation de l'Abbaye de Bénédictins qu'y établit en 1052 *Eberhard*, Comte de *Nellenbourg en Hegau*. Ce Monastère fut bâti au village de *Schaffhausen* sur le Rhin. *Eberhard* lui fit cession de tous les droits seigneuriaux utiles & de la police sur le village de *Schaffhausen*, en latin *villa Schaffhusia* ou *Scaphusum*. Cette fondation y attira des artisans; la population s'étendit; le bourg de *Schaffhausen* fut entouré de murs vers le milieu du treizième siècle. On voit par des actes que vers le même temps il existoit un pont sur le Rhin au-dessus de la ville; la Bourgeoisie obtint successivement des immunités; elle se racheta & se dégagea de divers droits attachés au Monastère. *Schaffhausen* devint ville Impériale, & son administration prit la forme d'une Aristocratie bourgeoise. Mais

---

(*) PLANCHES 105, 190 & 205.
(1) Jacques *Rueger* ou *Ruegger*, Chronique manuscrite de Schaffhausen. L'Auteur, natif de cette ville, mourut le 19 Août 1606.
Guillimann, *de reb. Helvet. Lib. III. Cap. XII.* pag. 128. *in Thesauro Helvetica Historia.*
Leu, Dict. Hist. de la Suisse, T. XVI. pag. 211-240, Le même, observations sur *Simler*, p. 189, 191-194, 444 & 450-487.
Faesi, Descript. Topog. de la Suisse, T. III. p. 31-40.
Fuesslin, Descript. Topog. de la Suisse, T. II. p. 166 & suiv. *Schaffhausen* 1770, in-8, en Allemand.
Tscharner, Dict. Géog. Hist. & Pol. de la Suisse, T. II. p. 115-118, &c.

(2) Cette charte rapportée par Dom *Herrgott* (*Genealogia diplomatica Habspurgica* vol. II. parte primâ N°. XXVIII. pag. 15. *Vienna Austria* 1737, in-fol. fig.) contient la donation de trois villages de la Turgovie, *Seppiswanc*, *Pluwitzhusirum*, aujourd'hui *Bleuelhausen* près *Wagenhausen* & *Schafhusirum* que je crois avoir été *Schaffershof* près du château de *Freudenfels*. La donation fut faite au tems où *Odalric* étoit Comte de la Turgovie.
(3) Faesi, ibid. T. II. pag. 696-697.
(4) Schoepflin, *Alsatia Illustrata*. T. II. pag. 180, 214, 264, 457, 684 & 705. Colmariæ 1761. in-fol. fig.
On prétend que *Schaffhausen* se nommoit primitivement *Schiffhausen*, c'est-à-dire *la maison des bateaux*, & en latin *Scaphusa*, *Scaphusia* ou *Navium*

fa liberté naissante fut hypothequée (5) par l'Empereur Louis IV de Bavière aux Ducs d'Autriche, Albert & Otton, en 1330.

Elle fut rélevée (6) de cet engagement pour le prix de six mille florins, par l'Empereur Sigifmond en 1415, à l'époque où le Concile de Constance pourfuivit Frédéric, Duc d'Autriche. Les Ducs de ce nom tentèrent la voie de la négociation & celle des hostilités pour se remettre en possession de Schaffhausen. Mais cette ville, appuyée de diverses alliances, foit avec d'autres villes Impériales, foit avec quelques (7) Cantons Suisses, sauva son indépendance, & obtint enfin l'aſſociation (8) à la Ligue Helvétique le 10 Août 1501. Par son rang, elle est le douzième des treize Cantons. Son territoire (*) a été formé par diverses acquisitions à prix d'argent, des terres de la Noblesse voisine & même de celles de la Maison d'Autriche.

Le gouvernement municipal dans son origine, est devenu une *Aristo-Democratie*. Dans le temps que la ville, aliénée de l'Empire, étoit soumise aux Ducs d'Autriche, ces Princes nommoient un Baillif pour y résider en leur nom. Cet Officier géroit l'administration publique conjointement avec l'*Avoyer* & le Conseil. On a conservé le nom d'un de ces Baillifs, Henri de *Randegg*, qui a rempli cette charge pendant soixante-seize ans. Le Duc Léopold ordonna en 1375 que le *petit Conseil*, présidé par un *Avoyer*, fût de seize, & le grand Conseil de trente Membres, choisis la moitié parmi la Noblesse domiciliée dans la ville, l'autre parmi les Bourgeois artisans. Douze ans après (en 1387) le Duc Albert augmenta le nombre de ces Membres & les fixa à vingt pour le *petit Conseil* & à soixante pour le *grand*. En 1411, le Duc Frédéric accorda aux *Conseils* de la ville la faculté de distribuer la Bourgeoisie en *Abbayes* ou Corps de Métiers, dont chacune fourniroit un nombre égal de Sujets pour les *deux Conseils*. C'est la forme qui subsiste encore aujourd'hui avec quelques changements adoptés en 1688 & 1689. Le Duc Frédéric en accordant l'établiſſement des *Tribus* ou *Abbayes*, donnoit en même-temps aux *Conseils* le pouvoir d'élire un *Bourgmestre* à la place de l'*Avoyer*. Godefroi de *Hunenberg* fut cette année élu le premier *Bourgmestre*, le 4 Juillet, dans l'Eglise des Cordeliers. Le Baillif Autrichien continua de résider à Schaffhausen jusqu'en 1415 que la ville se rédima de l'hypothèque qui l'aſſujettiſſoit à la Maison d'Autriche. Depuis 1411, chacune des onze *Tribus* donnoit deux Membres au *petit Conseil* & cinq au *grand*; la Tribu ou Société des Nobles donnoit quatre Aſſeſſeurs au *petit Conseil* & trois autres au *grand*. Cette constitution dura jusqu'en 1529, que la classe des Nobles donna pour la première fois deux Membres au *Sénat* & cinq au *grand Conseil*. Depuis cette époque le *petit Conseil* est composé de vingt-quatre Aſſeſſeurs & le *grand* de soixante.

Toute la Bourgeoisie est distribuée en deux *Chambres* ou Sociétés & en dix *Tribus* ou *Abbayes*. La Société supérieure, qu'on appelle la *Chambre des Seigneurs*, est uniquement composée de six familles Nobles, savoir, 1. Peyer-im-hof, 2. Stokar de Neunforn, 3. Ringg de *Wildenberg*, 4. Im-Thurn, 5. Mandach, & 6. d'une branche de *Waldkirch*. Celle Im-Thurn jouiſſoit de plusieurs droits à Schaffhausen avant qu'elle eût le titre de ville. La *Société inférieure*, autrement la *Chambre des Marchands*, comprend aussi quelques familles Nobles, Peyer, Ziegler, de Zieglern, & les autres branches de *Waldkirch*, Stokar, Rietmann, avec quelques familles Bourgeoises. Il n'y a que les descendans de ces familles inscrites qui puiſſent y être enclaſſés; au reste ces deux Sociétés prennent le rang sur les dix Tribus. Les Sénateurs ou Juges du *petit Conseil* qui en sont tirés, portent le nom de Seigneurs supérieurs (*Obherren*). Les dix Tribus sont celles, 1. des Pêcheurs, 2. des Tanneurs, 3. des Cordonniers, 4. des Tailleurs, 5. des Maréchaux, 6. des Boulangers, 7. des Vignerons, 8. de *la Rueden* qui n'affecte proprement aucun métier, 9. des Bouchers & 10. des Tiſſerands. Le fils est attaché à la Tribu de son père, s'il ne fait pas un métier qui doive le fixer sur une autre Tribu. Il est permis cependant à chaque Tribu d'incorporer un Bourgeois qui exerceroit une profession étrangère à toutes les dix Tribus. Les *petits Conseillers* de chacune de ces Tribus sont appellés *Tribuns*, *Zunfftmeister*.

Les douze *Abbayes* ou *Zunfte* donnent chacune cinq Membres pour le *grand Conseil* des Soixante & deux Membres pour le *Sénat* ou *Conseil des Vingt-quatre*, de sorte que le Conseil, y compris le *Bourgmestre Régent* ou Président, est de quatre-vingt-cinq Membres. C'est dans le *grand Conseil* ainsi combiné qu'en vertu des loix constitutionelles réside le pouvoir suprême.

Les élections des Seigneurs supérieurs (Obherren), des Tribuns ou *Zunfftmeister* & des Membres du *grand Conseil*, se font par les Citoyens de chaque *Abbaye* à la pluralité des suffrages. Ce droit forme l'un des principaux privilèges de la Bourgeoisie. La loi veut que chaque vacance soit pourvue quatre heures après le décès. L'usage est de faire l'élection dans l'après-midi, quand la vacance arrive le matin, & le lendemain avant midi quand elle arrive le soir. Les dimanches & fêtes n'en sont pas même exceptés. Les charges des deux *Bourgmestres*, de *Statthalter*, des deux *Bourſiers* ou *Tréſoriers*, du *grand-Juge* de la ville, & du *Baillif* ou *Préfet Impérial* (*Reichs-vogt*) se donnent dans le *Conseil combiné*, à la pluralité des voix. Voici la forme usitée pour l'élection de ces charges. Le *Bourgmestre* en exercice annonce la place vacante aux *petit* & *grand Conseils* réunis dans la Maison-de-ville; on fait ensuite lecture du

---

domus, *Scapharum domus*, parce qu'on déchargeoit en cet endroit les marchandises qui descendoient le Rhin, & que ce lieu étoit l'entrepôt des barques, (en Allemand *Schif*) pour le passage de ce fleuve. Le nom de *Schaffhausen* signifie aussi *la maison du mouton*. Les modernes qui ont adopté cette étymologie, appellent même en latin *Probatopolis*, la ville de *Schaffhausen*; mais ces Savans ont eu la manie de *greciser* un nom *Tudesque*, ainsi que d'autres qui ont cru faire briller leur savoir en nommant *Parthenopolis* la ville de *Magdebourg*, & *Herbipolis*, celle de *Wirtzbourg*. Au reste l'Abbaye de *Schaffhausen* portoit un *mouton* ou *bélier* dans ses armoiries; la ville a encore aujourd'hui un *bélier* sur sa monnoye & dans ses sceaux. On donne même une étymologie pieuse au nom de la *maison du mouton*. Le Comte de *Nellenbourg*, fondateur de l'Abbaye, y avoit placé douze moines pour désigner les douze Apôtres; l'Abbé, comme le treizième, devoit représenter le *Sauveur du monde*; de-là le Monastère fut appellé *Monaſterium Sancti Salvatoris*. La tradition porte que le *Sauveur* avoit dit au premier Abbé de ce Monastère: *Paiſſez mes brebis*; & pour accréditer la vision, on commença

dès-lors à appeller le local *Schaafhauſen*, c'est-à-dire, *la maison des moutons*; mais ce nom paroit avoir été beaucoup plus ancien. Les Italiens appellent encore *Scafuſa* la ville de *Schaffhausen*, vraisemblablement à cause du mot latin & grec, *Scapha* qui signifie barque, bateau.

(5) Tschudi, Chr. Helvet. T. I. p. 315.
(6) Tschudi, ibid. T. II. pag. 10. Rueger, chr. msc. de Schaffhauſen. Leonard Meyer (de Schaffhauſen, Ministre ou Pasteur de l'hôpital de cette ville en 1655.) Histoire de la réformation de Schaffhausen, avec le détail de son origine, & la fondation des Monastères, Eglises & Chapelles de cette ville, à Schaffhausen 1656, in-8. en Allemand.
(7) Zurich, Berne, Lucerne, Schweitz, Zoug & Glaris en 1454, Zurich & Berne en 1459, & les *huit anciens* Cantons en 1479. Le premier de ces traités conclu en 1454 devoit durer quinze ans. On le trouve dans la chronique de *Tschudi*, T. II. p. 578-580.
(8) Leu, Dict. Hist. de la Suisse, T. XVI. p. 189-194.
(*) PLANCHE 215.

règlement

règlement des élections, & on distribue à chacun des Electeurs un billet en blanc. Chacun des Votans sort l'un après l'autre de la Chambre, & là il écrit à l'écart sur son billet le nom de celui à qui il veut donner sa voix; puis en rentrant il va déposer son billet dans un sac suspendu à côté du *Bourgmestre* en charge, & il tire en même-temps d'un autre sac un denier ou jeton d'élection. Le nombre de ces jetons doit être égal à celui des Electeurs. Parmi ces jetons il y en a quatre de blancs. Ceux des Electeurs qui tirent ces quatre jetons blancs, (dont deux sont destinés au *petit Conseil* & deux autres au *grand*) vont avec le *Bourgmestre-Régnant* ouvrir à l'écart les billets d'élection & en font l'examen. Ensuite le même *Bourgmestre* annonce les suffrages, de manière cependant que s'il y avoit égalité il a le droit de la décider en y ajoutant sa voix; il n'y a que dans ce cas qu'il peut la donner, mais il ne doit pas désigner précisément sa décision prépondérante en publiant l'élection.

On procède presque de la même manière pour les élections qui se font dans le ressort des *Sociétés* & des *Tribus*. Le *Seigneur supérieur* (*Der-ob-herr*) ou le Chef de la Tribu y préside; on présente à chaque Membre de la Tribu, à la place d'un billet blanc, un rôle imprimé & timbré qui contient les noms de tous les Associés de la Tribu. Chacun va dans un endroit fixé barrer de dessus ce rôle le nom de celui qu'il choisit par préférence comme le plus capable; puis il met le billet dans un sac placé auprès du *Seigneur supérieur* ou du Chef de la Tribu. Celui-ci, assisté de quatre Associés de la Tribu, qui ont été de même choisis par le sort de quatre jetons blancs, va faire l'examen des billets en-dehors de la Chambre. On publie ensuite le nombre des suffrages donnés, tant à ceux qui ont été élus qu'à ceux qui ont concouru à l'élection. Si par hasard il y avoit égalité dans ce nombre, alors le *Seigneur supérieur*, ou le Chef de la Tribu, qui autrement n'a pas de voix à donner, décideroit l'égalité en y ajoutant son suffrage.

Il faut encore observer qu'on exige d'un Electeur qu'il soit Bourgeois & enclassé dans une Tribu. Père & fils ou deux frères ne peuvent en même-temps siéger dans les *petit* & *grand Conseils*. Un fils ou un plus jeune frère qui est Membre du *petit* ou du *grand Conseil*, doit quitter sa place, lorsque son père ou le frère plus âgé est élu dans le *petit* ou *grand Conseil*, soit qu'ils soient de la même Tribu, soit qu'ils appartiennent à des Tribus différentes.

Huit jours après l'élection, celui qui est nouvellement élu par les Tribus est examiné par le *petit Conseil* ; c'est ce qu'on appelle à Berne *grabeler*. S'il n'y a point d'objection légitime contre le Sujet, il est admis au serment de purgation, c'est-à-dire, de n'avoir ni corrompu les Electeurs, ni employé l'intrigue pour parvenir. Le *grand* & le *petit Conseils* font faire le même serment à ceux qui ont été élus par leurs Corps. Pendant toutes ces inquisitions tous les parens de l'Elu sont obligés de se retirer de la Chambre, on oblige à la même absence tous ceux qui ont obtenu jusqu'à six voix. Cet examen se fait avec une grande régularité.

Tous les ans, le lundi de la Pentecôte, se fait le renouvellement de la Régence. Ce jour vers les six heures du matin, le *petit* & le *grand Conseils* s'assemblent à la Maison-de-ville, & après que le *Bourgmestre* qui a exercé l'année précédente, a résigné sa place, le Conseil combiné élit un nouveau *Bourgmestre*, qui est ordinairement l'antécédent *Bourgmestre* : alors le nouveau *Bourgmestre*, accompagné du *petit* & du *grand Conseils*, se rend de la Maison-de-ville dans l'Eglise principale de *Saint-Jean*, au bruit des timbales, & l'on sonne pendant ce temps une petite cloche qu'on nomme *Koengelein-Glocklein*. Tout le Corps de la Bourgeoisie est d'avance assemblé dans cette Eglise, suivant l'ordre des *Sociétés* & des *Tribus*. L'Eglise est entourée de Sentinelles & on n'y laisse entrer aucun Etranger. Alors l'un des trois principaux Pasteurs de la ville fait un prêche relatif à la prestation de l'hommage, puis le *Bourgmestre* qui est sorti de charge remercie la Bourgeoisie de l'honneur qu'il a reçu & de l'obéissance qu'on lui a rendue durant l'exercice de sa charge. Il présente ensuite à la Bourgeoisie son successeur élu ou confirmé par le *Conseil combiné*; celui-ci accepte alors la place de *Bourgmestre*, en faisant en même-temps le discours d'usage : & après qu'il a entendu la lecture des devoirs de sa charge, (lecture que le Chancelier & le Secrétaire du Conseil font alternativement, l'un une année & l'autre une autre) il jure publiquement l'observation des constitutions de l'Etat & celle des immunités de la Bourgeoisie. Ensuite les mêmes Secrétaires lisent aussi alternativement les constitutions de la Bourgeoisie; & après cette lecture, le *petit* & le *grand Conseils* & tout le Corps des Bourgeois prêtent le serment usité. Cette cérémonie étant achevée, toute la Bourgeoisie se rend aux hôtels de ses *Sociétés* & *Tribus* respectives : là elle élit ou confirme ses *Seigneurs supérieurs* ou Présidens (*Ob-Herren*), les Chefs des Tribus & les Membres du *grand Conseil* ; le lendemain mardi le *petit* & le *grand Conseils* prêtent le *serment du Conseil*, & confirment le *sous-Bourgmestre*, autrement l'ancien *Bourgmestre*, le *Statthalter*, les *deux Trésoriers*, le *Préfet Impérial*, le *grand Juge de la Ville*, le *Directeur des Bâtimens*, & tous les Tribunaux, emplois & offices de Judicature.

On donne le nom de *Bourgmestre*, *Burgermeister*, aux deux Chefs ou Présidens du Gouvernement ; ils alternent dans leurs fonctions d'une année à l'autre : au moyen de la nouvelle élection, ces charges peuvent rester à vie. Le *Statthalter* ou Lieutenant a le troisième rang ; il fait les fonctions de *Bourgmestre* dans l'absence des deux Chefs ; il siége dans la *Chambre Secrète*, dans le Conseil de guerre & dans celui des Ecoles publiques ; il préside à la Chambre des Comptes, au Consistoire, à la direction des Orphelins, à la Chambre des Sels, des Limites, &c. Le *Statthalter* reste ordinairement dans sa place toute sa vie ou jusqu'à ce qu'il soit élu *Bourgmestre*. Les deux Trésoriers ont la direction des finances & la surveillance sur l'arsenal. Le *Conseil combiné* les élit, soit parmi les Membres du *petit Conseil*, soit parmi ceux du *grand*, & même dans le Corps de la Bourgeoisie. Ils conservent leur place toute leur vie ou jusqu'à ce qu'ils soient élevés à une plus grande dignité. Si le *Trésorier* est tiré du Corps de la Bourgeoisie, il n'a pas le rang de *Sénateur*, mais il précède pour le rang tous les Membres du *petit Conseil*.

Les *Seigneurs supérieurs* ou Présidens des *deux Sociétés* & les Chefs des *Tribus*, forment le *petit Conseil*, avec les cinq Chefs ci-dessus désignés ; ils assistent aussi au *grand Conseil*. Eux seuls ont accès aux Bailliages du Canton ; ils remplissent la plus grande partie des places dans tous les Tribunaux & dans toutes les Commissions, & ils gardent le rang entre eux d'après leurs élections.

Les diverses parties de la puissance exécutrice, la Police, la Jurisdiction civile & criminelle, l'Economie publique, le Département militaire, la Police Ecclésiastique, &c. sont distribuées entre les *deux Conseils* & les commissions subordonnées; les délibérations y sont préparées de la même manière à-peu-près que dans les autres Cantons Aristocratiques de la Suisse. La *Chambre Secrète* est composée de cinq Chefs de l'Etat, d'un Membre du *petit Conseil*, & du *Chancelier*; elle fait des délibérations préliminaires sur des affaires importantes & majeures. La *Chambre de Censure* ou des *Comptes* qui reçoit les comptes des Baillifs & des Officiers de la Justice, tant de la ville que du pays, est formée par le *Statthalter*, les deux Trésoriers, deux *Sénateurs*, trois Assesseurs du *grand Conseil* & le *Chancelier*.

Le *Consistoire* pour les causes matrimoniales consiste en neuf Assesseurs, le *Statthalter*, les trois premiers Pasteurs de la ville & cinq Membres du *petit Conseil*; il a son Greffier particulier.

La Chancellerie est desservie par les deux Secrétaires de la ville & du Conseil & par un Archiviste. Le Secrétaire de la ville, autrement le *Chancelier*, & l'Archiviste sont élus par le *Conseil combiné*; mais le Secrétaire du *Conseil* est privativement élu par le *petit Conseil*: toutes ces élections se font au sort.

V I. *Ville de Saint-Gall.*

Il paroit (1) vraisemblable que la *ville* (*) *de Saint-Gall*, aujourd'hui alliée des Cantons, doit sa première existence à l'Abbaye du même nom, & qu'une partie du district circonvoisin est redevable à cet ancien Monastère des premiers degrés de sa culture. Vadian (2), *Bourgmestre* de Saint-Gall, fait remonter au temps des Romains les premières habitations du local où fut depuis bâtie la ville de ce nom. Ce docte Protestant & après lui *Goldast* (3), de la même Religion & natif de *Bischoffzell* en Turgovie, avoient de la peine à avouer que la ville de Saint-Gall dût sa fondation à des Moines; mais ce n'est pas la seule ville de l'Europe qui leur ait l'obligation de son établissement primitif. L'hermitage où se retira (4) *Saint-Gall* en 613 étoit une affreuse solitude. Les disciples de l'Anachorète Ecossois défrichèrent le terrein & y bâtirent des cellules; ils vivoient de la pêche & des aumônes. Ces disciples ayant embrassé la Règle de Saint-Benoit sous leur premier (5) Abbé *Othmar* en 720, cultivèrent les lettres. Leur Monastère devint une Ecole célèbre, où la plus haute Noblesse d'Allemagne avoit ses enfans dans les neuvième & dixième siècles L'Abbaye devint successivement riche & puissante par les donations & legs que les Empereurs, les Rois & les Seigneurs lui faisoient. Elle essuya, il est vrai, diverses révolutions: les *Huns* ou *Hongrois* la (6) saccagèrent en 925. L'Abbé *Annon* qui avoit été élu en 953 & qui mourut l'année suivante, après avoir gouverné le Monastère pendant un an & deux mois, jetta durant sa courte administration, les fondemens de la ville de Saint-Gall. Un historien (7) contemporain dit que ce digne Abbé fit (8) élever avec des travaux extraordinaires les retranchemens de la ville, & qu'en mourant il laissa très-avancés les fondemens des murs avec treize tours qui les défendoient. Les Hongrois avoient brûlé plusieurs habitations du *village de Saint-Gall* dans leur invasion en 925. *Villa domos aliquas incendunt*, ce sont les termes du Moine Ekkehard (9) *le jeune*. La ville dépendoit originairement de l'Abbé; mais avec le temps elle obtint diverses immunités. L'Abbé *Hermann*, Baron de Bonstetten, lui céda en 1340 le droit d'Accise (*Umgeld*). On trouve qu'en 1290 ou 1291, l'Abbé *Guillaume*, de la maison des Comtes de Montfort, avoit confirmé leurs franchises. Frédéric II, Roi des Romains, avoit pris la ville de Saint-Gall sous la protection de l'Empire en 1212, & lui avoit donné pour armoiries *d'argent à l'ours levé en pied, de sable*. L'Abbaye de Saint-Gall porte d'or aussi *à l'ours levé en pied, de sable*. L'Empereur Frédéric IV étant à Cologne le 6 Juillet 1475, confirma les privilèges de la ville de Saint-Gall, & lui permit de porter dans ses armoiries & sur ses drapeaux *un ours de sable collé d'or au champ d'argent*.

Déja dans le treizième siècle, en 1281, l'Empereur Rodolphe I avoit reconnu la ville de Saint-Gall inaliénable de l'Empire. Je réserve à l'histoire Helvétique les différentes époques de l'agrandissement des *San-Gallois*. Pendant la révolution lente qui éleva les Communes dans tout le ressort de l'Empire, la Bourgeoisie de Saint-Gall, par ses alliances avec diverses villes de la Souabe & de la Suisse, étendoit & fortifioit ses privilèges; elle profitoit des circonstances pour se racheter de quelques assujettissemens. La même guerre contre l'Abbé, qui affranchit le pays d'*Appenzell*, rendit aussi la ville de Saint-Gall presque indépendante. Dans la suite, elle (10) obtint en 1455 & 1457, par l'entremise de quelques Cantons, particulièrement de Berne, & pour prix d'argent, son entière libération de toutes les prétentions de l'Abbaye.

Quand cette petite République vit le Prince Abbé de Saint-

---

(1) *Guillimann. de reb. Helvet. Lib. IV. Cap. I. pag.* 125-127. *in Thesauro Historiæ Helveticæ.*
Marc Halcmeyer, Description Hist. de la ville de Saint-Gall, à Saint-Gall 1683, *in-8.* en Allemand.
Gio Antonio Novelli di Pazzaglio, *Génois de naissance*, Lettre di Raguaglio sopra la Republica e Citta dit San Gallo - Augsbourg 1710.
Leu, Dict. Hist. de la Suisse, T. VIII. p. 130-199.
Le même, observations sur Simler, p. 142, 276, 576 & suiv.
Faesi, Descript. Topog. de la Suisse, T. III. p. 696-731.
Tscharner, Dict. Géog. Hist. & Pol. de la Suisse, T. I. p. 206-212.
Fueslin, Descrip. Topog. de la Suisse, T. III. pag. 112 & suiv.
(*) PLANCHE 164.
(2) *De Collegiis Monasteriisque Germaniæ veteribus*, *apud Goldastum, Alaman. Rer. T. III.* Le même *Vadian*, Histoire manuscrite des Abbés de Saint-Gall, *in-fol.* en Allemand, conservée à Saint-Gall dans la Bibliothèque de cette ville.
(3) *Alamanaicar. Rer scriptores*, *T. I. Parte I. pag.* 118.
(4) *Walafridus Strabus, vita B. Galli Lib. I. Cap. XIII. pag.* 149. *apud Goldastum, T. I. Parte II. Alaman. Rer. scriptores. Francofurti* 1661, *in-fol.*

(5) *Idem Walafridus, Lib. II. de miraculis Beati Galli, Cap. XI. pag.* 166-167.
Idem, *de vita Sancti Othmari Abbatis, Cap. I. pag.* 177. *apud Goldastum, ibid. T. I. Parte II.*
(6) *Hepidanni Annales breves ab an.* 925, 953 & 954. *T. I. Parte I. Alaman. Rer. Goldasti.*
Ekkehardi junioris liber de Casibus Monasterii S. Galli, Cap. V. p. 30 & *seq. apud Goldastum, T. I. Parte I, Alaman. Rer.*
Hepidanni vita Sanctæ Wiboradæ, Lib. I. Cap. XXXI. pag. 120. & *Cap. XXXIV. pag.* 121-122, *apud Goldasti, ibid. T. I. Parte II.*
(7) *Ekkehardi de Casibus Monasterii S. Galli, Cap. VIII, pag.* 36, *apud Goldastum ibidem.*
(8) *Anno vero homo dignissimus — frugi Abbatis egerat opera, & virtutes apud deum & homines. Et anno regiminis sui uno & fere dimidio, quibus adauuerat inter plura, quæ passim accelerans effecerat, opera, vallos urbis, sicut fundans supra terram ultra genu altos abiens reliquit, miro conatu effoderat, muros ipsos cum turribus tredecim.*
(9) *De Cas. Monasterii S. Galli, Cap. V. p.* 31.
(10) Halcmeyer, Chronique de la ville de Saint-Gall, p. 144-146.

Gall rechercher l'appui des Cantons, elle s'empreſſa de ſon côté à ſe lier, par un traité de confédération perpétuelle avec les Cantons de Zurich, Berne, Lucerne, Schweitz, Zoug & Glaris. Cette alliance (11) fut ſolemnellement jurée dans la ville de Saint-Gall la *veille de la Nativité de Saint-Jean* 1454.

La ville de Saint-Gall, en vertu de ſa Combourgeoiſie avec les ſix Cantons que j'ai nommés, jouit du titre d'*Aſſociée* ou *Alliée* du Corps Helvétique. Depuis 1666, un Député de ſa part eſt admis aux Diètes générales des Suiſſes; elle participe à divers traités des Cantons, particulièrement des Cantons Evangéliques dont elle a embraſſé les dogmes.

Le gouvernement de St.-Gall peut être regardé comme une *Ariſto-Démocratie*. L'adminiſtration publique eſt gérée par un *petit* & un *grand Conſeils*. Le premier ou le *Sénat* juge les affaires journalières, civiles & économiques, à l'exception de celles qui ſont par leur nature reſſortiſſantes au Tribunal particulier de *Judicature*, (en Allemand *Gericht*); il dirige auſſi le Militaire. Voici ſa formation : il conſiſte en trois *Bourgmeſtres*, neuf Conſeillers & douze *Tribuns* ou Maîtres des Tribus, ce qui fait en tout vingt-quatre Membres. On tire de chacune des ſix Tribus dans leſquelles eſt partagée la Bourgeoiſie, deux de ces Tribuns, Aſſeſſeurs du *petit Conſeil*. Les aſſemblées ordinaires du Sénat ſe font les mardi & le jeudi. Dans toutes les ſéances, le Code de la légiſlation de la ville eſt placé ſur une table diſtincte; la vue de ce livre doit ſans doute exciter l'attention la plus ſcrupuleuſe pour l'obſervation des Conſtitutions de la République. Au reſte dans tous les procès on peut en appeller du *Sénat* au *petit* & au *grand Conſeils réunis*.

Le *grand Conſeil* eſt compoſé de quatre-vingt-dix perſonnes, ſavoir des vingt-quatre du *Sénat* & des ſoixante & ſix tirés des ſix *Tribus*, ſavoir onze de chaque *Tribu*. Ce nombre d'onze Aſſeſſeurs leur a fait donner le nom Allemand *Eilfferen*, c'eſt-à-dire les *onzièmes*. Le grand Conſeil combiné s'aſſemble ordinairement cinq fois par an, la première après le nouvel an, lorſqu'on nomme ou que l'on confirme les Officiers dans leurs charges; la ſeconde à la mi-carême, pour élire ou confirmer le Directeur de l'hopital, le Baillif de *Burglen* en Turgovie, & l'Adminiſtrateur des biens que la ville poſſède dans la Turgovie & dans le *Rheinthal*; la troiſième fois, le vendredi avant le jour de Saint Barthelemi qui tombe le 24 Août, pour régler les contributions de la Bourgeoiſie; enfin une quatrième & la cinquième fois avant l'ouverture des deux Foires annuelles, pour ordonner de leur police. A toutes ces convocations on diſcute les appellations émanées du *petit Conſeil*. Lorſqu'il eſt queſtion d'affaires majeures ou criminelles qui doivent être décidées par le *petit* & le *grand Conſeils réunis*, le *grand Conſeil* s'aſſemble extraordinairement. S'il y a égalité de ſuffrages dans les ſéances du *petit* & du *grand Conſeils*, le Prépoſé à la garde de la porte du *Conſeil* la décide: ce Prépoſé eſt toujours l'un des Conſeillers; il change chaque ſemaine, & durant le temps de ſon ſervice hebdomadaire il n'a pas de voix à donner, hors le cas d'égalité dans le nombre des ſuffrages.

Les Chefs de la ville ſont nommés *Bourgmeſtres*; il y en a trois, ils aſſiſtent tous trois au *petit* & au *grand Conſeils*. Ils alternent enſemble pour la préſidence, de manière qu'annuellement le *jour de Saint-Etienne*, 26 Décembre, l'un d'eux eſt *Bourgmeſtre en charge*, l'autre l'*ancien Bourgmeſtre*, & le troiſième le *Baillif* ou le *Préfet de l'Empire* (*Reichs-voge*); celui qui porte le titre d'*ancien Bourgmeſtre* remplace le *Bourgmeſtre régnant* dans les momens d'abſence, & le troiſième que l'on appelle le *Baillif de l'Empire*, préſide au Tribunal Criminel.

Lorſque l'un des *Bourgmeſtres* vient à mourir, la majeure partie des *Conſeils* procède le dimanche ſuivant à un choix préparatoire; mais l'élection réelle ſe fait par toute la Bourgeoiſie dans l'Egliſe de *Saint-Laurent*. Ce jour on indique à la Bourgeoiſie les noms de ceux qui ont eu des ſuffrages dans l'élection préparatoire; mais la Bourgeoiſie n'eſt pas tenue à ce choix. Chaque Citoyen peut propoſer librement celui qu'il croit le plus capable de remplir la charge : alors les ſix *Maîtres des Tribus*, en exercice, prennent les ſuffrages des *deux Conſeils combinés*, & enſuite ceux du reſte de la Bourgeoiſie, homme par homme. La manière de prendre les ſuffrages ſe fait à voix baſſe : les ſix *Maîtres des Tribus* qui les demandent à chacun à l'oreille, les marquent ſur des tablettes; & auſſi-tôt que la Bourgeoiſie a fini les élections, ils calculent le nombre des ſuffrages les plus prépondérans & annoncent à la Bourgeoiſie celui qui en a le plus; ils vont de même en faire part aux deux *Bourgmeſtres* & aux *deux Conſeils* aſſemblés dans la Maiſon-de-ville. Il faut obſerver que les deux *Bourgmeſtres* n'aſſiſtent à aucune de ces élections, & que les Conſeillers ſe retirent de l'aſſemblée de la Bourgeoiſie, immédiatement après qu'ils ont donné leurs ſuffrages. Tous les ans, le premier dimanche de l'Avent, les *deux Conſeils* & la Bourgeoiſie font dans l'Egliſe de *Saint-Laurent* l'élection du *Bourgmeſtre en charge*, après que dans la ſemaine précédente on a préparé le choix à l'hôtel-de-ville. L'aſſemblée de la Bourgeoiſie s'ouvre par un diſcours que lui adreſſe le Chef des ſix *Maîtres des Tribus*, prépoſés à ſa police; ce Chef ſe nomme dans cette fonction le *ſous-Bourgmeſtre en charge*. Il faut encore obſerver que lorſque l'un ou l'autre de ces ſix Prépoſés a un degré de parenté avec les Sujets déſignés dans l'élection préparatoire, on lui ſubſtitue autant de Prépoſés d'entre les anciens *Maîtres des Tribus*. On prend la même précaution dans le cas où le *ſous-Bourgmeſtre en charge* ſe trouve parent de l'un des Sujets déſignés, alors il eſt remplacé à l'aſſemblée de la Bourgeoiſie par le plus ancien des *Maîtres des Tribus en exercice*.

La ſeconde place du gouvernement eſt celle du *vice-Bourgmeſtre*, autrement *ſous-Bourgmeſtre*, en Allemand *unter-Burgermaiſter*. Cette dignité eſt conférée à trois Sujets que l'on choiſit parmi les *Maîtres des Tribus*. Celui qui eſt en exercice ſe nomme le *ſous-Bourgmeſtre en charge*, le ſecond l'*ancien* & le troiſième le *ſous Bourgmeſtre en vacance*; deux d'entre eux aſſiſtent toujours au *Conſeil*, comme *Maîtres des Tribus*. L'un d'eux en eſt exclus dans la troiſième année, à l'inſtar des autres *Maîtres des Tribus* qui ſont en vacance. Le premier des *Bourgmeſtres inférieurs* eſt le Directeur des veuves & des orphelins, il ſe fait rendre compte des tutelles, & il a l'inſpection ſupérieure ſur la garde de la ville & ſur d'autres objets de police.

Les douze *Sénateurs*, je veux dire les trois *Bourgmeſtres* & les neuf *Conſeillers* ſont partagés en quatre ſections. Trois d'entre elles, chacune compoſée de trois Membres, ſe trouvent au *Conſeil*, pendant que les trois Aſſeſſeurs de la quatrième ſection reſtent un an en vacance. Ces ſections changent entre elles tous les ans le jour de la *Nativité de Saint Jean*. Les neuf *Sénateurs* en exercice ſont élus par le *petit Conſeil*, ſans avoir

---

(11) Haltmeyer, *ibid.* p. 143 144.

Leu, Dict. Hiſt. de la Suiſſe, T. VIII. p. 146-151.

égard aux *Tribus* & à la *Société*, parmi les *Maîtres des Tribus*, les *Onzièmes*, les *Juges de la ville*, ou dans le Corps général de la Bourgeoifie : le jour de *Saint Etienne* (26 Décembre), on fait le matin dans le *Confeil* la cenfure perfonnelle de chacun des Affeffeurs, c'eft ce qu'on appelle ailleurs *grabeler*.

Chacune des fix Tribus a trois *Maîtres* ou *Chefs* qui alternent chaque année dans l'exercice. Le *Maître en fonction* fe nomme à la fortie de fa charge l'*ancien Tribun*, & la troifième année le *Tribun en repos* (*Still-ftehende Zunftmeifter*) : les deux premiers feulement peuvent affifter au *petit Confeil*, dans le nombre des douze Affeffeurs. Les fix *Tribuns qui repofent* font alors les Chefs des *Onze* ou des *grands Confeillers* de chaque Tribu. Les *Onze* ou *grands Confeillers* font élus à voix baffe parmi les fix Sujets propofés par les Chefs des Tribus ; l'élection des *Maîtres des Tribus* eft aftreinte à la même formalité, ce font les Membres des Tribus qui la font parmi les *Onzièmes*. Après que l'Elu a prêté devant le *Sénat* le ferment *ufité*, c'eft-à-dire qu'il ne s'eft fervi d'aucune intrigue pour parvenir à fa place, il eft reconnu Membre du *petit Confeil*, fans qu'il foit befoin de le confirmer.

Sur chacune des fix Tribus, huit jours après la *Commune annuelle de l'Avent*, on élit où l'on confirme les *Maîtres des Tribus* qui doivent avoir la geftion des *Tribus* pendant l'année fuivante, à commencer du jour de *Saint Etienne* (26 Décembre).

La Bourgeoifie eft partagée en fix Tribus. La première & la plus nombreufe eft celle des Tifferands (*Waeber*), la feconde celle des Maréchaux, la troifième celle des Tailleurs, la quatrième celle des Cordonniers, la cinquième celle des Boulangers & la fixième celle des Bouchers. Quiconque fait l'un des Métiers enclaffés dans ces Tribus eft obligé de choifir la Tribu à laquelle fa profeffion eft annexée. Les autres Bourgeois qui n'en ont aucune, peuvent choifir celle d'entre les Tribus qui leur plaira.

Outre ces fix Tribus, il y a encore une *Société* dite *Zum-Noten* ou *Notfeft-ftein*, c'eft-à-dire *la Pierre d'affurance dans la néceffité*; les Nobles qui font en grand nombre dans cette ville, les Marchands & les Négocians de bonne famille font enclaffés dans cette Compagnie : elle n'a, il eft vrai, aucune part au *petit* ou au *grand Confeil*; néanmoins le *petit Confeil* choifit parmi les Membres de cette *Société* les Stattbalter de la Chambre Judiciaire, lefquels peuvent auffi être nommés au *petit Confeil* par une élection libre. Lorfqu'un Membre de cette Société veut tenir une boutique ouverte ou exercer une profeffion, il eft obligé de fe faire infcrire dans la Tribu à laquelle cette profeffion eft relative, mais il peut en même-temps refter Affocié de la Compagnie de *Notfeft-ftein*. Les familles nobles ne fe font ici aucun fcrupule de commercer, perfuadées qu'un négoce honnête leur eft permis, & ils trouvent qu'il leur convient auffi-bien qu'aux perfonnes des autres états.

Toutes les élections, majeures ou petites, Eccléfiaftiques ou Civiles, foit pour les dignités, foit pour les emplois qu'on peut poftuler, fe font en certant par la voie de la balotte : feulement celles des *Bourgmeftres* & des *Maîtres des Tribus* fe font fans baloter ; on fe contente de nommer le Sujet à l'oreille de celui qui marque les fuffrages fur une tablette. Voici la manière de baloter à *Saint-Gall* : quand il s'agit de remplacer les charges de l'Etat, on propofe à haute voix à la majorité quatre Sujets pour l'élection, & lorfqu'il n'eft queftion que d'offices ou d'emplois qu'on peut poftuler, on en propofe pour l'élection autant qu'il y a de Prétendans, pourvu

que leur nombre n'excède pas celui de dix ; dans ce dernier cas on en extrait fix à la pluralité des voix que l'on donne ouvertement. Enfuite l'on marque pour les boîtes du balottage les noms de ceux qui font dans l'élection. Chacun des *Confeillers* préfents reçoit une petite balle ; ils paffent l'un après l'autre derrière un rideau dans une autre Chambre où font les boîtes, & chacun met fa balotte dans telle boîte qu'il lui plaît. L'Electeur peut donner fa balotte à qui il le juge à propos, excepté à un de fes parens ; cependant pour ne pas nuire à fon parent, il peut jetter à l'écart fa balotte, qui alors n'eft d'aucune valeur. Les boîtes font ouvertes par le *Bourgmeftre* régnant & le *fous-Bourgmeftre* en charge, par le premier des *Confeillers* & par le *Chancelier*, qui défignent enfuite au Confeil celui qui a le plus de balottes. Cette manière de voter ne fut d'abord adoptée en 1740 que pour deux ans, mais depuis elle a été continuée fans interruption ; elle a beaucoup de rapport avec la nouvelle forme d'élection qui a été introduite à *Soleure*.

Tout Citoyen qui a atteint l'âge de feize ans a le droit de voter aux affemblées générales de la Bourgeoifie. On y lit annuellement deux fois les conftitutions de l'Etat, favoir une moitié à l'affemblée du jour de *Saint Etienne*, & l'autre à celle du dimanche qui précède la *Saint Barthelemi*.

Les affemblées ordinaires des *Tribus* fe font le dimanche après la *Saint Jean d'été*, le jour dit *Blochtag*, dans le carnaval, ou le premier lundi après le carnaval. Le *fous-Bourgmeftre* en charge appelle confécutivement trois dimanches de fuite, premièrement les fix *Tribuns en exercice*, puis les douze *Tribuns anciens* & qui font *en repos*, & enfin les dix-huit *Tribuns* tous enfemble. Ceux-ci s'informent entre eux fi l'une ou l'autre *Tribu* n'a pas quelques griefs contre le *petit Confeil* ou contre l'Etat général de la République, on fi on peut y faire quelque amélioration. Ce qu'ils ont arrêté eft enfuite référé au *Bourgmeftre* régnant par le *fous-Bourgmeftre* en charge & un *Tribun*, & alors le *Bourgmeftre* régnant le rapporte au *petit Confeil*, lequel après avoir donné fon avis, en laiffe la délibération & la décifion finale au *grand Confeil combiné*.

Paffons aux Tribunaux particuliers de la ville. Je place à leur tête la *Chambre des Cinq*, compofée du *Bourgmeftre* régnant, du *fous-Bourgmeftre* en charge, d'un *Tribun* en charge & de deux *Confeillers* ; ces Officiers font changés tous les ans. La *Chambre des Cinq* s'affemble dix-huit fois dans le courant de l'année, ordinairement un mercredi ou un vendredi ; elle juge des dettes alimentaires & des prêts de confiance ; fes décifions font fans appel.

Le *Tribunal de la ville* (*Stadtgericht*) qui s'affemble ordinairement dix-huit fois dans l'année, eft préfidé par l'*Ammann* de la ville, & confifte en deux *Statthalter* & vingt-deux *Juges*. Le premier de ces Juges eft choifi par le Corps des *Tribus* ou de la *Société* de *Noth-feft-ftein*; les deux *Statthalter* font tirés de cette *Société*. Une moitié des vingt-deux *Juges* eft prife par élection parmi les *grands Confeillers*, l'autre dans le Corps de la Bourgeoifie. Chaque fection forme ainfi onze Affeffeurs qu'on nomme les *Eifferen*; elles alternent entre elles chaque femeftre. Le Tribunal n'eft compofé que de l'*Ammann* de la ville, d'un *Statthalter* & d'onze Juges ; il prononce fur toutes fortes de dettes, d'échanges & de rentes : on peut appeller de fes jugemens au *petit Confeil*, pourvu que l'objet ne foit pas au-deffous de la valeur de *cinq livres de deniers*, qui font fix florins & dix fols. L'amende d'un appel perdu appartient au Tribunal de la ville.

II

Il y a auſſi le *Conſiſtoire* pour les cauſes matrimoniales : ce Tribunal eſt nommé par le *petit Conſeil*, & eſt compoſé du *Bourgmeſtre* en charge, de trois Paſteurs & de cinq *Sénateurs*. Le Préſident décide quand il y a égalité dans le nombre des voix; on peut appeller de ce Tribunal au *Conſeil*, ſi l'amende paſſe la valeur de cent écus.

Il y a en outre la *Chambre des Comptes*, le *Tribunal Eccléſiaſtique*, le *Conſeil de guerre*. Nous ne fatiguerons pas le Lecteur par de plus grands détails ſur la régence & ſur la police de cette petite République.

Saint-Gall n'a pour tout territoire qu'une banlieue reſſerrée, laquelle eſt, à proportion de ſon étendue, très-peuplée. On compte dans la ville & dans le fauxbourg huit mille trois cent ames. On y trouve cet ordre ſimple, cette économie & cette propreté que donne l'habitude du commerce, & qui ſe maintient plus aiſément dans une ſphère bornée, où l'attention des Magiſtrats eſt en même-temps moins diſtraite par la multiplicité des objets, & mieux éclairée par des Citoyens qui jouiſſent du plaiſir de leur liberté dans le droit de ſurveiller la régence. Les dépenſes publiques ſont priſes ſur le produit de quelques droits d'entrée & de ſortie, & ſur une contribution annuelle réglée par le *grand Conſeil*, & à laquelle les Citoyens abſens reſtent également aſſujettis.

La ville de St.-Gall a donné ſes Loix (11) civiles au public. *Ces Loix ſont claires & écrites avec beaucoup de précaution, cependant ſouvent trop douces, ſur-tout au ſujet des Tuteurs. Je copie ici l'obſervation qu'en a faite M. de Haller, dans ſes conſeils (12) pour former une bibliothèque hiſtorique de la Suiſſe.*

VII. *Mulhauſen* ou *Mullhauſen.*

CETTE (1) ville, environnée de toutes parts des terres de la France, eſt ſituée dans le Sundgau ſur la rivière d'Ill, à ſix lieues de Bâle. Elle poſsède deux villages, Ilzach & Modenheim ou Motenheim. *Mulhauſen* eſt très-ancien : il eſt fait mention du village de *Mulhauſen*, *vicus Mulenhuſen*, dans une Charte (2) de l'Empereur Louis-le-Débonnaire de l'an 823 pour l'Abbaye de Maſmunſter. Mulhauſen étoit ville Impériale dans le treizième ſiècle ; elle fut toujours fidèle aux Empereurs dans leurs brouilleries avec les Papes, & elle s'attira par cet attachement la haine du Clergé & de la Nobleſſe du voiſinage. L'Empereur *Frédéric II* ayant eu du deſſous contre *Henri*, Landgrave de Thuringe ſon concurrent, l'Evêque de Strasbourg, *Henri de Stahleck*, qui adhéroit aux vues du dernier, fit la guerre aux villes Impériales fidèles à Frédéric : *Mulhauſen* fut priſe en 1246, & très-maltraitée; elle reſta quinze ans ſous la domination de l'Evêque. Ce fut Rodolphe, Comte de Habſpourg & Landgrave de la haute-Alſace, qui la délivra (3) du joug Epiſcopal en 1261. Ce Prince prit avec le ſecours des Bourgeois, la fortereſſe que l'Evêque y avoit ; il la démolit, n'en laiſſant que deux tours qui ſubſiſtent encore. Rodolphe ayant été douze ans après élevé à l'Empire, récompenſa la fidélité que Mulhauſen avoit eue envers les Empereurs, & lui donna divers privilèges, entre autres celui (4) daté de Bâle le 5 Août 1275, qui porte que les Bourgeois ne pourront jamais être actionnés devant aucun Tribunal, hors de l'enceinte de leur ville. Ces privilèges ont été confirmés & même augmentés par les Empereurs ſucceſſeurs de Rodolphe, juſqu'à Maximilien II, en 1566.

Dans les temps où la ville tenoit à l'Empire, elle avoit ſon *Reichs-Schultheiſs* ou *Avoyer* (5) *de l'Empire*, qui, en vertu du privilège de l'Empereur Adolphe, de (6) 1293, devoit être Bourgeois. Cet Avoyer qui préſidoit au nom de l'Empereur formoit le *Sénat* avec douze Conſeillers, dont quatre *Nobles* & huit *Patriciens*, & la juſtice ſe rendoit en ſon nom par un *unter-Schultheiſs* ou ſous-*Avoyer*. Cette dernière charge ſubſiſte encore, mais la première ayant été hypothéquée par les Empereurs, la ville la racheta en 1457, & elle fut alors ſupprimée. L'Empereur Charles (7) IV, en 1347, permit aux Bourgeois de ſe choiſir eux-mêmes un Chef qui porteroit le nom de *Bourgmeſtre*. C'eſt encore aujourd'hui la principale charge de l'Etat ; il y a eu autrefois quatre Bourgmeſtres, il n'y en a que trois aujourd'hui ; ils préſident & ont la régence tour à tour pendant ſix mois.

Mulhauſen craignant pour ſa liberté, s'allia pour (8) quinze ans avec Berne & Soleure en 1468 ; elle avoit dès l'an 1445 exclu les *Nobles* de ſon Conſeil ; leurs vexations & leurs menaces motivoient ſon décret.

Elle s'allia en 1506 pour vingt ans avec la ville de Bâle.

En 1515 le (9) 19 Janvier, elle fit alliance perpétuelle avec les Treize-Cantons ; mais en 1586, le 4 Novembre, les Can-

---

(11) Proceſſ und ſatzungen des Stadt-gerichts der Stadt S. Gallen 1726, in-fol.
(12) Pag. 95.
(1) Henri Petri, Chronique manuſcrite de Mulhauſen, en Allemand.
Wurſtiſen, Chr. de Bâle, T. I. Liv. I. Chap. 19. pag. 59-61 & Liv. VII. Chap. 6. pag. 552. Bâle 1765. in-fol. nouvelle édition en Allemand.
Leu, Obſervations ſur la République des Suiſſes, par Joſias Simler, pag. 239-244. 310 & 622.
Le même, Dict. Hiſt. de la Suiſſe, T. XIII. pag. 242-275.
Schoepflini, *Alſatia Illuſtrata*, T. II. pag. 422-429.
L'Etat & les Délices de la Suiſſe, T. IV. pag. 276-286. Bâle 1764. in-12. fig.
Faeſi, Deſcript. Topog. de la Suiſſe, T. III. p. 600-632.
Fueſſlin, Deſcript. Topog. de la Suiſſe, T. III. p. 344 & ſuiv.
Tſcharner, Dict. Geog. Hiſt. & Pol. de la Suiſſe, T. II. p. 71-72.
(2) Schoepflini, *Alſatia Illuſtrata*, T. I. pag. 728.
(3) *Annales Colmarienſes ad an. 1261. Richerius in Chron. Senon. Lib. V. Cap. XIV. apud d'Achery Spicileg. T. II. pag. 653.*
(4) Ce Diplôme a été rapporté par M. Schoepflin, dans le ſecond volume de l'*Alſatia Diplomatica*, pag. 9. n°. DCC. on y lit : *Cives de Mulinhuſen*.
(5) *Snevelinus Advocatus de Mulinhuſen*, paroit avec *Marquard Scultetus de Columbaria*, Avoyer de Colmar, parmi les témoins de la tranſaction paſſée à Haegen, au mois de Décembre 1295, entre l'Abbé de Murbach & les deux frères Ulric & Albert, Comtes de Ferrete. Cet acte, rapporté dans le premier volume de l'*Alſatia Diplomatica*, p. 372-373. n°. ccccklxxvi, eſt incorrect à l'endroit où on lit *Snevelinus advocatus de Mulnhen*, il faut lire, *de Mulinhuſen* ; la Charte étoit ſcellée des ſceaux de Rodolphe, Comte de Habſpourg & de Louis & Hermann, Comtes de *Froburg* & non de *Froberg* comme on lit dans la copie imprimée. Les principaux témoins furent Diethelm, Comte de Toggenbourg, Cunon d'Arbourg, Eberhard de Gutenbourg — Hugues d'Iſzach, — Craſto de Gebwiler, — Jean Ze Rhin (de Reno) tous qualifiés *Chevaliers*, (*Milites*).
(6) Schoepflin, *Alſatia Illuſtrata*, T. II. pag. 424.
(7) L'Empereur Charles IV étant à Francfort le premier jeudi après la fête de *Saint Jean-Baptiſte* 1376, déclara la *ville Impériale de Mulenhauſen*, libre & exempte du *Landrichter* & du Tribunal judiciaire de la Haute-Alſace. Le Diplôme, en Allemand ſe trouve dans le ſecond volume de l'*Alſatia Diplomatica*, pag. 274. n°. mclxxxvi.
(8) Tſchudi, Chr. Helvet. T. II. pag. 680. Wurſtiſen, Chr. de Bâle, Liv. VI. Chap. 4. pag. 458.
(9) Leu, Dict. Hiſt. de la Suiſſe, T. XIII. pag. 246-252, &c.
Il ne faut pas oublier de dire ici un mot de la Bulle que le Pape Jules II adreſſa le 20 Décembre 1512 à ſes chers fils le Bourgmeſtre, les Conſeillers & la Communauté de la ville de Mulhauſen, Diocèſe de Bâle, (*Dilectis filiis Magiſtro Civium Conſulibus & Univerſitati Opidi Mulhuſa Baſilienſis Dioceſis*) en conſidération des ſervices ſignalés qu'ils avoient rendus avec les autres Suiſſes pour la conſervation de la *Liberté Eccléſiaſtique* (*pro conſervatione Eccleſiaſticæ Libertatis*). Le fameux Mathieu Skiner, Cardinal de Sion,

tons Catholiques, mécontens de sa conduite, renoncèrent à sa confédération. Depuis ce temps elle est seulement alliée avec Zurich, Berne, Bâle & Schaffhausen.

Le gouvernement de cette ville n'est plus ce qu'il étoit autrefois ; on peut dire que depuis les nouveaux changemens arrivés le 31 Août 1739, au sujet du procès de quelques particuliers dans lequel on a même intéressé les Cantons Protestans, il approche beaucoup de la Démocratie.

La Bourgeoisie est partagée en six Tribus ou Confrairies qui ont chacune pour Préposés deux Conseillers parmi lesquels sont aussi comptés les Bourgmestres ; deux Tribuns particuliers appellés Zunftmeister qui alternent annuellement dans la gestion de leurs charges ; & six Assesseurs, nommés Sechser ou Sixainiers, & en latin Seviri. Ces Tribus sont celles des Tailleurs, des Vignerons, des Bouchers, des Boulangers, des Maréchaux & des Laboureurs. Chaque Bourgeois est obligé d'acheter l'admission dans la Tribu à laquelle sa Profession est relative ; mais ceux qui n'en exercent aucune, peuvent choisir celle des Tribus qui leur plait. Les Préposés des Tribus sont en première instance les Juges des Métiers. On appelle de leurs décisions au Sénat.

Le dimanche qui suit le jeudi devant la Saint-Jean d'été est le jour de la prestation solemnelle du serment. Le Sénat s'assemble alors dans la Maison du Conseil, & les Bourgeois dans leurs Tribus respectives, ensuite à six heures & demie on va à l'Eglise ; là le Chancelier expose dans un discours à l'assemblée les motifs de sa convocation, puis il dit la forme du serment, & ensuite le Bourgmestre régnant, le petit & le grand Conseils & la Bourgeoisie font la prestation du serment. L'assemblée est congédiée par le Bourgmestre, après qu'on y a fait encore la lecture des règlemens civils pour les cas où on sonneroit le tocsin & où il arriveroit un incendie. On a imprimé en 1740 (10) le Code de la police & de la législation de la ville de Mulhausen, & en 1742, ses règlemens dans les cas de succession & de construction d'édifices.

Le petit Conseil ou le Sénat est composé de trois Bourgmestres, de neuf Sénateurs & de douze Tribuns. Le grand Conseil, outre les vingt-quatre du Sénat, est composé des Sixainiers, qui forment le nombre de trente-six, & de dix-huit autres Bourgeois, dont six de chaque Tribu, appellés Dreyer ou Ternaires, de sorte que la Souveraineté de la République réside dans soixante & dix-huit personnes. C'est à ce grand Conseil combiné que les affaires viennent par appel, & que se font la plupart des élections ; les Bourgeois ont cependant le droit de faire le Ternaire de leurs Préposés, & les Trois sont élus par eux seuls.

Depuis 1731, toutes les charges de Conseillers sont remplacées aussi-tôt qu'elles vaquent par mort ; ces remplacemens ne se faisoient auparavant que le jeudi avant Noël.

Les Présidens de la ville se nomment Bourgmestres. Il y en a trois ; le premier & le troisième sont élus de nouveau le jeudi avant la Saint-Jean d'été, & le second le jeudi avant Noël.

Ils alternent entre eux pour l'exercice de leurs charges, ayant un terme de six mois pour leur gestion. Le grand Conseil combiné élit à la pluralité des voix, en premier lieu quatre Bourgmestres parmi les Membres du petit Conseil, & ensuite un seul dans ce nombre, après que les parens des quatre premiers elus sont sortis de la Chambre. L'élection des Conseillers se fait de la même manière dans le grand Conseil, & on propose ordinairement pour ces remplacemens les deux Tribuns & un Sixainier de la Tribu dans laquelle vaquent les places de Conseillers. Pour l'élection des Tribuns, la Tribu respective propose trois de ses Sixainiers, & ensuite le grand Conseil la détermine à la pluralité des voix.

Quand il vaque un Sixainier, toutes les Tribus proposent le jour suivant trois Sujets de leurs Corps, & le grand Conseil en choisit un. Les Trois ou Ternaires, lorsqu'ils entrent pour la première fois dans le grand Conseil, prêtent le serment comme les Sixainiers.

Le petit Conseil s'assemble tous les mercredi. Le grand Conseil n'est convoqué pour l'ordinaire que quatre fois l'année de trois mois en trois mois, le premier jeudi de celui qui commence le quartier ; mais dans les occurrences extraordinaires il s'assemble aussi souvent que l'importance des objets le demande. Les Bourgmestres, le Chancelier & le Trésorier s'assemblent chaque samedi, ils gèrent la partie économique de la ville & jugent des causes civiles de moindre importance. Le Chancelier marche d'abord après les Bourgmestres & a la voix décisive en cas d'égalité, dans tous les procès & dans toutes les élections. Lorsqu'il s'agit d'envoyer une députation il en est ordinairement chargé sans qu'il lui soit besoin de passer par la forme de l'élection. Il y a encore deux Trésoriers, un Edile ou Directeur des Bâtimens & plusieurs autres charges relatives à l'administration & à la police de la ville, l'élection s'en fait à la pluralité des voix parmi les Trois que le petit Conseil a préliminairement choisis dans son Corps & après que leurs parens sont sortis de la Chambre. C'est le petit Conseil qui en fait la nomination. Dans le nombre des charges est celle de Bailif d'Ilzach, qui a le titre d'Obervogt.

Parmi les Tribunaux inférieurs, la Justice appellée Stadt-Gericht tient le premier rang ; c'est l'unter-Schultheiss ou le sous-Avoyer qui y préside, mais il n'y a pas de voix. Ce Tribunal juge en première instance des dettes, & des procès à l'occasion d'injures & de querelles ; il est changé tous les ans & remplacé par le Bourgmestre qui cette année n'entre pas dans la Régence de la République, par deux autres Membres du petit Conseil à tour de rôle, par trois d'entre les Tribuns qui ne sont pas en charge, & par six Bourgeois dont un est élu par chaque Tribu. Il y a ensuite le Directoire des Marchands, la Chambre des Réformés &c. Le Consistoire est composé des quatre Pasteurs, des trois Bourgmestres & des deux Trésoriers.

Le petit Conseil juge seul en matière criminelle.

---

alors Légat du Saint-Siége en Lombardie, leur obtint cette Bulle, comme on le voit en la lisant. Le Pape leur accordoit le privilège d'avoir dans leur bannière l'image du Proto-Martyr Saint-Etienne, & de porter dans leurs armes une roue de moulin d'or au lieu de gueules ; cette Bulle a été insérée au second volume de l'Alsatia Diplomatica, Tome II. pages 449-450. N°. mccccxlvj.

(10) In-fol.

VIII. Bienne.

On ne (1) connoît pas l'origine précise de cette ville, appellée en Allemand *Biel* (*), située à l'extrémité orientale d'un lac qui peut avoir trois lieues en longueur & une petite lieue dans sa plus grande largeur. Son premier établissement fut vraisemblablement un château élevé sur la même place où est aujourd'hui l'Arsenal. Je parlerai ailleurs des principaux évènemens arrivés dans cette République, aujourd'hui Alliée du Corps Helvétique.

Je trouve dans un acte daté de Delemont en 1239 (2), que Berthold, Seigneur de *Neuchatel*, avoit tenu en fief de l'Eglise de Bâle l'*Advocatie de Bienne*, *Advocatiam de Bielle*; que Henri, Evêque de Bâle, l'en avoit inféodé pour cinquante-deux marcs d'argent, mais que depuis le même Berthold avoit engagé pour soixante marcs cette *Advocatie* à l'Evêque *Lutold*, sous la réserve cependant que si lui ou l'un de ses Successeurs rendoit avec le temps cette somme à *Lutold* ou à un autre Evêque de Bâle, l'*Advocatie* retourneroit librement à Berthold & à ses Successeurs. *Rodolphe*, Roi des Romains, dans un diplôme (3) daté de Bâle le 26 Novembre 1275, pour reconnoître les services que lui avoit rendus *Henri*, Evêque de Bâle, accorda au Maire (*Villicus*), au *Conseil* & à la Commune des Bourgeois de la ville de Bienne les mêmes privilèges & franchises dont jouissoit le *grand Bâle* (*major Civitas Basiliensis*). Je trouve dans un (4) autre acte, daté du mois de Septembre 1279, que le *Maire*, le *Conseil* & la *Bourgeoisie* de Bienne firent alors une alliance défensive pour cinq ans avec la ville de Berne; ils y réservoient l'Evêque & le Chapitre de Bâle, & le Roi des Romains.

Il est facile de comprendre, comment, dans les temps de confusion, chaque *Municipe*, forcé de pourvoir à sa propre conservation, a acquis par usage le droit de port d'armes, & celui de se fortifier par des alliances. Berne renouvella son alliance avec Bienne pour neuf ans (5) Juillet 1297; ces villes n'y réservoient que l'Empire, le Roi ou l'Empereur des Romains, leurs adhérens, & *Hartmann*, Comte de *Kibourg* (de la branche de Burgdorff). Les mêmes villes renouvellèrent leur alliance défensive pour dix ans, le premier (6) Octobre 1306. On y trouve les mêmes réserves, & en outre celles de *Hartmann* & *Eberhard*, fils mineurs de défunt *Hartmann*, Comte de *Kibourg*. Vers le commencement du quatorzième siècle, la ville de Bienne réunissoit déja sous sa *Bannière* la Milice de plusieurs districts voisins; elle fit une alliance perpétuelle avec Berne le lundi qui suit le jour de *Saint Vincent*, dont la fête tombe le 22 Janvier 1352. M. Leu a inséré ce traité dans son Dictionnaire (7) de la Suisse. La ville de Bienne réservoit dans cette alliance, l'Empire, le Chapitre, l'Evêque de Bâle & leurs dépendances. Bienne conclut de même (8) en 1382 une confédération particulière avec Soleure: on y voit parmi les mêmes réserves la ville de Berne. Les Citoyens de Bienne y exceptoient encore leurs alliés de *Morat*. Enfin en 1496 (9), le premier Septembre, Fribourg & Bienne formèrent entre elles une alliance perpétuelle; les deux parties contractantes y réservoient les Cantons de Zurich, Lucerne, Uri, Schweitz, Underwalden, Zoug, Glaris & Soleure. Il faut observer que long-temps auparavant les Biennois s'étoient confédérés avec Fribourg & Soleure, mais ces premiers traités étoient limités.

En 1367, le 31 Octobre, l'Evêque de Bâle, *Jean III* (de la Maison de *Vienne*) surprit (10) la ville de Bienne, fit faire main-basse sur une partie des habitans & mettre le feu aux maisons; ce Prélat sanguinaire ne pouvoit digérer l'alliance perpétuelle de Bienne avec Berne. L'histoire nous apprend que les troupes de Berne & de Soleure accoururent assez tôt pour dégager les principaux Bourgeois, détenus dans le château qu'elles brûlèrent par représailles. Depuis cette époque, la Milice du *Tessenberg* a été détachée de la Bannière de Bienne, & réunie à celle de la *Neuveville*, petite ville fondée environ cinquante ans auparavant sur le bord septentrional du lac de Bienne; & gratifiée par les Evêques des mêmes privilèges que cette dernière ville.

L'Evêque *Humbert de Neuchatel*, dans un acte (11) de 1405, rappelle les excès de son prédécesseur & le triste état où il avoit réduit la ville de Bienne. Il permet à ses habitans de la rebâtir avec les débris de l'ancien château qui est dans leur enceinte. Quel contraste entre la conduite de *Humbert* & celle de *Jean de Vienne*! L'Evêque *Ymier de Ramstein*, prédécesseur de *Humbert*, avoit déja jetté un regard de pitié sur la dévastation de la ville de Bienne, & ce Prélat lui avoit accordé en 1383 & 1388, divers privilèges pour la relever de ses ruines. En 1468, l'Evêque *Jean de Venningen* remit à la ville de Bienne la Justice criminelle, & en 1556, l'Evêque *Melchior de Lichtenfels* lui vendit la jurisdiction & les droits qu'il avoit sur elle & sur le district de l'*Ergual*; mais ce dernier acte fut annullé, à cause de tous les obstacles qui se présentèrent dans son exécution. Il en fut de même d'un (12) projet d'échange entre l'Evêque *Jacques-Christophe Blarer* & l'Etat de Berne, par lequel le premier cédoit le 20 Octobre 1598 à cette République tous ses droits sur Bienne & l'*Ergual*; Berne lui promettoit en retour quelques dixmes considérables du *Tessenberg* & la renonciation au traité de Combourgeoisie avec la Prévôté de *Munsterthal* ou *Val-moutier*, autre district de l'Evêque. La Bourgeoisie de Bienne, que Berne flattoit du retrait de cette espèce de vente,

---

(1) Noetzi, Hist. manuscrite de Bienne.
Leu, Observations sur Simler, pag. 141, 312 & 616.
Le même, Dict. Hist. de la Suisse, T. IV. pag. 19-65.
Faesi, Descrip. Topog. de la Suisse. T. IV. pag. 1-44.
L'Etat & les Délices de la Suisse. T. III. p. 239-245.
Fuesslin, Descript. Topog. de la Suisse. T. III. p. 122 & suiv.
Tscharner, Dict. Géog. Hist. & Pol. de la Suisse. T. I. p. 138-142, &c.
(*) PLANCHES 35, 55.
(2) PREUVES N°. XXXVI.
(3) PREUVES N°. XXXVII. M. Jean-Rodolphe Iselin, de Bâle, dans ses notes sur la Chronique de Tschudi (T. I. p. 456) a donné un extrait de ce diplôme, il observe que les privilèges dont il y est fait mention, furent depuis confirmés & augmentés par les Empereurs Albert, Henri VII & Sigismond; ce dernier Prince les ratifia en 1417 & 1433.

(4) PREUVES N°. XXXVIII.
(5) PREUVES N°. XXXIX.
(6) PREUVES N°. XL.
(7) T. IV. pag. 46-48.
(8) Leu, ibid. p. 53-56.
(9) Leu, ibid. pag. 48-52.
(10) Tschudi, Chr. Helvet. T. I. pag. 466-467.
Wurstisen, Chr. de Bâle, T. I. Liv. IV. Chap. 3. p. 199-200. nouvelle édition.
Stettler, Chr. de Berne, T. I. Liv. III. pag. 81-82, &c.
(11) Cet acte daté du jour de *Saint Valentin*, c'est-à-dire du 14 Février 1405, sera rapporté parmi les PREUVES N°. XLI.
(12) Stettler, Chr. de Berne. T. II. Liv. IX. p. 393 & suiv. & Liv. X. pag. 421-422, 425-428, 441-446 & 451.

étoit alors divisée. Mais dès que les autres Cantons eurent déclaré qu'en passant sous la domination de Berne, Bienne seroit privée de l'accès aux Diètes, le parti de l'opposition devint le plus fort, & les douze Cantons, par une Sentence de 1606, annullèrent ce projet en son entier. Fribourg & Soleure ménagèrent la même année une pacification entre l'Evêque & la ville: sur le refus de la ville de l'accepter, toutes les difficultés furent terminées en 1610, par une décision de huit Arbitres (13) choisis dans les Cantons. Cet acte, ainsi qu'un autre dressé le premier Août 1731 à Buren, par la médiation de Berne, sont les fondemens des droits réciproquement fixés entre les deux parties. Nous omettons toutes les autres mésintelligences moins éclatantes que le choc de ces droits opposés, ou des mécontentemens occasionnés par la constitution intérieure de cette petite République, ont produites en divers temps. M. Leu a rapporté (14) la décision des huit Arbitres du 14 Juin 1610; elle forme encore aujourd'hui la principale constitution de Bienne. Par ses alliances avec les trois Cantons de Berne, de Fribourg & de Soleure, cette ville est regardée comme un Allié de la République confédérée des Suisses, & jouit de l'usage continué sans interruption pendant un siècle, du droit d'envoyer un Député aux Diètes générales de la Nation.

Si chaque nouvel Evêque, après son élection, se fait prêter hommage en sa présence par la Bourgeoisie & la Milice attachée à la *Bannière* de la ville, si le *Maire*, qui est l'Officier Lieutenant de l'Evêque, préside dans les Conseils & veille sur la conservation des droits du Prince; de son côté la ville jouit, sans contredit, dans son intérieur le ressort de sa juridiction, des immunités les plus essentielles, c'est-à-dire, de l'indépendance, de la justice criminelle, du port d'armes, de la législation, du droit de former des alliances, & de beaucoup d'autres prérogatives d'une Nation libre.

Au reste le *Maire* (15) que le Prince nomme à son choix, doit, selon des conventions de 1493 & 1495, être un Gentilhomme ou capable d'avoir entrée au Chapitre, ou être Conseiller de Bienne. Il peut (16) convoquer le *petit Conseil*, mais il n'a point de voix dans les délibérations. Autrefois la qualité de *Maire* n'excluoit point le Magistrat qui étoit revêtu de cet emploi, des commissions d'Ambassadeur ou de Député pour les intérêts de la ville, mais cet usage est tombé en désuétude. La Régence de la ville, après beaucoup de discordes, de médiations & de changemens, a aujourd'hui la forme suivante.

La Bourgeoisie est partagée en six *Tribus*, Compagnies ou Confrairies, savoir les Tribus *du Bois ou Zum-wald*, du Paon, des Bouchers, des Boulangers, des Cordonniers & des Vignerons. Chaque Citoyen se fait enclasser dans celle des Tribus à laquelle sa Profession est annexée, ou dans laquelle son père a déja été reçu. Le nombre des Bourgeois monte au-delà de quatre cent : ce nombre devoit être autrefois beaucoup plus considérable. Des six cent cinquante familles qui avoient anciennement le droit de Bourgeoisie à Bienne & qui y demeuroient pour la plupart, il n'en existe plus que cent vingt-une. On comptoit il y a quelques siècles dans ce nombre plus de trente familles Nobles, notamment les de *Renendorf*, de *Wildenstein*, de *Sacourt*, d'*Oltingen*, de *Corgemont*, de *Hasenbourg*, de *Bubenberg*, de *Buttiken*, d'*Erlach*, de *Roemerstall*, de *Lutenau*, de *Praroman*, de *Diesbach*, de *Buderich*, &c. On a encore des actes des Nobles de *Biel*, établis à Bienne & qui possédoient en fief de l'Evêque de Bâle, le château de *Schlosberg* près de la Neuveville sur Bonneville. Ils portoient dans leurs armes, ainsi que la ville de Bienne, de gueules à deux haches adossées posées en sautoir d'argent. Le nom Allemand de Bienne est, comme on l'a déja vu, *Biel*, qui signifie une hache; on l'a nommée en latin depuis le commencement du seizième siècle, *Bipennis*, c'est-à-dire hache à deux tranchans. Les actes latins du moyen âge la nomment *Biela*, *Bielum*, *Bienna*.

Il subsiste encore quelques familles Nobles dans le gouvernement de Bienne, savoir les *Wyttenbach*, les *Scholl*, les *Thellung*, &c.

Chacune des *Tribus* a un *Maître*. On peut être de deux Tribus à la fois. Le *petit Conseil* est composé de vingt-quatre Membres, le *grand-Conseil* de quarante. Les deux Conseils assemblés ont le titre de *Conseils & Bourgeois*. Autrefois le *petit Conseil*, divisé en deux classes, dont l'une servoit à suppléer à l'autre, exerçoit un pouvoir à-peu-près absolu. Encore aujourd'hui il est Juge civil en première instance, & Juge criminel & de police, dans toutes les cas qui ne sont pas évoqués au Tribunal supérieur qui est le *grand Conseil combiné*. Il dispose des emplois civils, à l'exception de ceux de *Bourgmestre* & de *Banneret*; il exerce la police Ecclésiastique & est chargé du département Militaire. On ne peut proposer de le compléter que lorsqu'il y a quatre places vacantes, ni différer de le faire lorsqu'il en vaque six: les *deux Conseils réunis* font les élections. Le *petit Conseil* s'assemble tous les mercredis & samedis: en cas de division égale dans les opinions, le *grand-Sautier* fixe la délibération en donnant sa voix. Le *grand Conseil* est complété par le choix que fait le *petit Conseil* parmi les Citoyens éligibles, sans distinction des Tribus : il juge sans appel des causes majeures au civil & des objets d'économie publique importans; il donne les instructions aux Députés & se fait rendre compte de leur commission, enfin il fait les Edits qui doivent avoir force de loi & nomme les nouveaux Bourgeois & domiciliés: l'élection du *Bourgmestre*, des Pasteurs & des Professeurs du Collège lui est réservée; mais il ne s'assemble point séparément du *petit Conseil*, dont les Membres siégent aussi dans le *grand*. Une loi expresse défend d'admettre en même-tems & dans le même Corps d'un des deux Conseils, le père & le fils, ou deux frères. La plupart des élections se font depuis 1758, par une manière combinée du sort & des suffrages, qu'il seroit trop long de détailler. Depuis 1542 la charge de *Bourgmestre* est à vie; ce Magistrat préside aux Conseils & garde les sceaux; il est cependant, ainsi que les autres Magistrats & tous les Membres des deux Conseils, sujet à être confirmé annuellement. Le *Banneret* qui tenoit anciennement le premier rang après le *Maire*, conserve le troisième depuis 1542: son office étoit originairement une charge civile & militaire. Le Banneret garde une clef de la caisse publique & celle de l'arsenal. Tout homme portant

---

(13) Ces Arbitres étoient des Cantons de Zurich, de Lucerne, de Schweitz, de Glaris, de Bâle, de Fribourg, de Soleure & de Schaffhausen.

(14) Dict. Hist. de la Suisse. T. IV. pag. 25-44.

(15) En Allemand *Meyer*, & dans les anciens actes latins *Villicus*.

(16) Le *Maire* de Bienne est toujours en même temps Administrateur de la Seigneurie d'*Orvin*, en Allemand *Ilfingen*, laquelle appartient à l'Evêque de Bâle; elle est de la *Religion réformée* & située sur les frontières de Bienne, de l'Erguel & du *Tessenberg*. Ce Magistrat dirige aussi, conjointement avec le Bailliff de Nidau, le civil dans la montagne de *Diesse* ou *Tessenberg*, qui est du Canton de Berne. Je parlerai ailleurs des habitans de cette montagne, qui sont Protestans, & qui dépendent par indivis du Prince Evêque de Bâle & de l'Etat de Berne, leur administration offre une forme très-composée.

armes

armes dans ce qui relève de la Bannière de Bienne, lui prête serment, & lui de son côté prête celui de veiller à la conservation des droits des Bourgeois comme une espèce de *Tribun du peuple*. Son élection se fait de la manière suivante. Le *petit* & le *grand Conseils* assemblés dans des Chambres séparées, chaque Tribunal propose à haute voix deux Membres du *petit Conseil* pour la place de *Banneret*, ensuite les *deux Conseils* & tout le Corps de la Bourgeoisie s'assemblent dans l'Eglise paroissiale; là on distribue à tous les Conseillers & Bourgeois présens, des billets sur lesquels sont marqués les noms des quatre Candidats proposés par les *deux Conseils*. Chaque Assistant place le nom de celui d'entre eux à qui il croit le plus de capacité, dans une boîte qui est posée sur une table dans le chœur, il jette en même-temps les noms des trois autres Proposés dans un brasier ardent qui est placé à proximité. Celui des Candidats qui a le plus de suffrages est alors présenté à la Commune en qualité de *Banneret*. Aussi-tôt après on convoque dans la ville tous les Ressortissans de la *Bannière*, & alors la Milice tant de la ville que du pays prête serment d'obéissance au *Banneret*, & celui-ci le sien à la Milice. Le *Trésorier* reste dans sa place pendant six ans; son élection se fait par la voie de la balotte. Le *Chancelier* n'est pas élu par le sort.

Les différentes Chambres ou Commissions sont établies à Bienne sur le même pied que dans les autres Etats Aristocratiques de la Suisse.

Le *petit Conseil* gère l'économie & les finances, il pourvoit aux tutelles des veuves & orphelins, & discute préliminairement les matières qui doivent être délibérées au *grand Conseil*.

Depuis la réformation que le Docteur Thomas *Wytenbach* fit adopter à Bienne en 1525, les causes matrimoniales se jugent absolument par un Tribunal composé de six Juges séculiers, dont quatre du *petit* & deux du *grand Conseils*, & de deux Pasteurs, sous la présidence d'un Conseiller du Senat. Le Clergé de la ville & de son territoire forme un Corps séparé, auquel étoient joints avant 1610 les Ministres de l'Erguel: ces derniers sont maintenant une classe à part. D'autres départemens sont encore régis par des Chambres particulières. La moitié des amendes, lorsqu'elles montent à plus d'un écu, appartient à l'Evêque avec quelques dixmes & autres rentes; mais les droits sur les ports, les péages & gabelles appartiennent à la ville. Au reste l'Evêque ne peut imposer à la ville aucune charge, ni la vendre, ni l'aliéner en aucune manière que ce soit. Entre autres priviléges, *Bienne* a droit elle seule de faire des loix, des statuts, des ordonnances, comme aussi de les abroger, de punir les delinquans, & de donner du secours à ses Alliés lorsqu'elle le juge à propos. Le titre de ces priviléges se lit publiquement une fois chaque année. Les nouvelles élections ou confirmations de Magistrats se font à Bienne tous les ans après le 12 de Janvier. La Bourgeoisie tient aussi assemblée dans ce mois; le *Maire* y prête son serment, & ensuite les *deux Conseils* & la Bourgeoisie, le leur.

Quoique la population de la ville & de son territoire ne porte qu'environ cinq mille cinq cent ames, la Milice par le privilége particulier de la *Bannière*, qui embrasse un plus grand district, forme deux bataillons de neuf cent hommes chacun.

Bienne a la Seigneurie pour le spirituel & le temporel sur le *val Saint-Imier* ou l'*Erguel*, qui est partagé en diverses Communautés dont chacune a son Chef & sa Justice inférieure; les appels se portent au Conseil de la ville. Je terminerai cet article en observant que l'étendue de la Souveraineté de l'Evêque de Bâle sur la ville de Bienne a été la matière de bien des discussions, & qu'il est difficile d'en fixer au juste les limites.

Dans les affaires criminelles l'Evêque a le tiers de la confiscation & la ville l'autre tiers; le *Maire* préside aux Jugemens criminels dans le *petit Conseil*, il n'y a aucune voix, mais il demande seul les avis & il poursuit la sentence au nom de l'*Evêque*, du *Bourgmestre* & du *Conseil*. Je parlerai ailleurs des obligations auxiliaires auxquelles la ville de Bienne & sa bannière sont tenues en temps de guerre pour la défense de l'Evêque & de ses Etats.

Je finis l'article de *Bienne*, en prévenant qu'on trouvera parmi les PREUVES (17) le traité d'alliance que cette ville conclut le 22 Juin 1336 pour dix ans avec Rodolphe Comte de Neuchatel.

XXXV.

ETATS DE LA SUISSE DONT LE GOUVERNEMENT A UNE FORME MONARCHIQUE.

I. *Le Prince-Abbé de Saint Gall, Ordre de Saint Benoît.*

L'*Abbé de St.-Gall* est (1) Prince du St.-Empire Romain, & possède des terres en Souabe & en Brisgau; ses Sujets en Suisse sont distingués en deux parties, *les anciens & les nouveaux Sujets*. Les *anciens* sont les habitans des terres bornées à l'orient par le lac de Constance & par le Rheinthal, au midi par le Canton d'Appenzell - extérieur ou Réformé, à l'occident par le Comté de Toggenbourg & par la Turgovie, & au nord, encore par la Turgovie. Tout cet ancien territoire a presque neuf lieues de longueur depuis la ville de *Weil* jusqu'au bourg de *Roschach*, & quatre ou cinq lieues en largeur; les *nouveaux Sujets* sont les habitans du Toggenbourg. L'Abbé *Ulric Roesch*, fils d'un Boulanger de *Wangen* en Algeu, acheta (2) ce Comté le jeudi avant la fête de l'Apôtre *Saint Thomas* 1468 pour quatorze mille cinq cent florins du Rhin, du vieux Baron Petermann de *Rarogne* (Vallaisan), héritier de la Maison des Comtes de *Toggenbourg*. Ce pays touche au levant, une partie de l'*ancien*

---

(17) N°. XLII.
(1) Guillimann, *de reb. Helvet. Lib. IV. Cap. I. pag.* 123-127, *in Thesauro Historia Helvetica*.
Leu, Dict. Hist. de la Suisse. T. VIII. p. 20-130.
Le même, Observations sur Simler, p. 26, 36, 265, 268, 269, 273-275.

570 & 572.
Faesi, Descript. Topog. de la Suisse. T. III. pag. 591-695.
Fueslin, Descript. Topog. de la Suisse, T. III. pag. 2 & suiv.
Tscharner, Dict. Géog. Hist. & Pol. de la Suisse. T. I. pag. 205-209.
(2) Tschudi, Chr. Helvet. T. II. pag. 696-698, &c.

territoire de l'Abbaye de Saint-Gall, une autre du Canton d'Appenzell-Catholique, la Baronnie de Sax qui dépend du Canton de Zurich, le pays de Gams qui, avec le district de Gaster, appartient par indivis aux Cantons de Schweitz & de Glaris, & le Comté de Werdenberg, bailliage sous la Souveraineté du Canton de Glaris. Le Toggenbourg a pour bornes au midi le bailliage de Sargans qui appartient aux huit premiers Cantons & ceux de Gaster & d'Utznach, qui dépendent des Cantons de Schweitz & de Glaris; au couchant ce même Comté est limité par le Canton de Zurich & par une partie du Landgraviat de la Turgovie, qui a pour Souverain les huit premiers Cantons, & au nord par l'*ancien territoire de l'Abbaye de Saint-Gall* & par le Canton d'Appenzell-extérieur. Sa longueur du levant au couchant ou de la frontière de la Baronnie de Sax jusqu'à la Turgovie, a précisément douze lieues, & sa largeur du midi au nord est inégale; dans quelques endroits elle n'a que trois lieues, dans la majeure partie quatre & dans la partie d'en-bas jusqu'à cinq lieues. Les habitans du *nouveau territoire* sont de religion Mixte, ceux de l'*ancien* sont tous Catholiques. On compte dans ce dernier district jusqu'à quarante-quatre mille neuf cent ames, & dans le Comté de Toggenbourg quarante-six mille neuf cent, les deux nombres réunis offrent celui de quatre-vingt-onze mille huit cent. La ville de *Liechtensteig* est la capitale du Comté de Toggenbourg; on trouve dans l'*ancien territoire* la ville de *Weil*, les bourgs de Roschach (*), de Gossau, &c. L'Abbé de Saint-Gall possède aussi plusieurs Seigneuries dans la Turgovie & dans le Rheinthal. La Souveraineté de ce dernier bailliage appartient aux huit premiers Cantons & à celui d'Appenzell. L'Abbé a même le port d'armes dans ses terres situées en Turgovie.

L'Abbaye de St.-Gall, si célèbre dans l'histoire littéraire de l'Europe, & si fameuse dans les Annales de l'Allemagne & de la Suisse, doit son origine à l'Hermitage bâti par le Missionnaire Ecossois ou Irlandois *Saint-Gall*, en (3) 613. Depuis cette époque jusqu'en 1780 où j'écris, on compte onze cent soixante-sept ans. Peu d'Etats actuels ont une date aussi ancienne; & où sont les Maisons Souveraines qui peuvent faire remonter par des titres authentiques leurs degrés généalogiques jusqu'à cette époque? La suite des Abbés, successeurs de l'Hermite *Saint-Gall*, est prouvée jusqu'à nos jours par une multitude d'actes, sans parler du témoignage d'un grand nombre d'Historiens. Je réserve à l'abrégé de l'histoire Helvétique, les principaux évènemens où ils ont paru avec le plus d'éclat. Je rapporterai aussi parmi les PREUVES (4) du dernier volume de ces Tableaux une Bulle qui n'a jamais encore été imprimée & dont le contenu est important pour l'Abbaye de Saint-Gall: elle est du Pape *Sergius III*. Ce Pontife (5) siégea sur la Chaire de Saint Pierre depuis le commencement de Juin 904 jusqu'au mois d'Août 911 qu'il mourut. Il confirma à la prière de Salomon, Evêque de Constance & Abbé de Saint-Gall, qui étoit venu en pélerinage à Rome, le privilège que les anciens Rois ou Empereurs avoient accordé aux Moines de Saint-Gall, d'élire leur Abbé; privilège qui avoit été renouvellé par les Rois Arnoul & Louis son fils, & qui devoit être renou-

vellé à la mort de Salomon ou dans le cas qu'il voulût se démettre de son Abbaye. Le Pape confirmoit en même-temps toutes les anciennes immunités accordées au même Monastère. La Bulle est datée de la quatrième année de l'Empire de *Louis*, *indiction septième*. Cet Empereur est connu dans l'histoire sous le nom de Louis III dit l'*Aveugle*, il étoit fils de Boson, Roi de Provence. Il fut couronné à Rome le 12 Février de l'an 901. On continua de dater jusqu'au Sacre de Berenger en 915; la quatrième année de son Empire commençoit au 12 Février 904, année dans laquelle on trouve l'*indiction septième* (6), & elle finissoit le 12 Février 905.

L'Abbé de Saint-Gall jouit des honneurs de la Mitre & du titre de *Prince d'Empire*. Par l'effet de ses liaisons particulières avec quelques Cantons, il est reconnu *Allié du Corps Helvétique*, & son Député siége dans les Diètes générales, immédiatement après les deux Députés du Canton d'Appenzell & avant ceux des autres Alliés. Ce fut en 1579 que son Député eut séance pour la première fois dans ces Diètes. L'Abbé *Caspar de Breiten-Landenberg* avoit conclu à *Pfeffiken* sur le lac de Zurich, le mardi après l'Assomption 1451, un traité de Combourgeoisie perpétuelle avec les Cantons de Zurich, de Lucerne, de Schweitz & de Glaris: M. *Leu* a rapporté (7) ce traité. Un des principaux motifs qui porta l'Abbé à rechercher leur alliance & qu'il allégua avec de grands éloges dans le préambule, partoit de sa haute considération pour le soin vigilant avec lequel ces Cantons protégeoient leurs Monastères respectifs & leur Clergé. L'Abbé *Caspar* ne prévoyoit pas alors le schisme qui sépareroit de l'Eglise Catholique le Canton de Zurich son nouvel Allié, & il ne lisoit pas dans l'avenir toutes les révolutions fatales que ce même schisme feroit un jour essuyer à son Abbaye & aux autres Cantons ses défenseurs. Mais à l'époque de cette scission en 1524, il n'étoit que trop aisé de prévoir que la doctrine des Réformateurs trouveroit des dispositions favorables dans les esprits accoutumés à lutter contre le pouvoir des Ecclésiastiques devenus leurs maîtres & les rivaux de leurs immunités. La Bourgeoisie de Saint-Gall, une grande partie du Canton d'Appenzell & ses Sujets immédiats de l'Abbaye embrassèrent les nouveaux dogmes. Le Culte Protestant fut introduit le 23 Février 1529 dans l'enceinte même du Monastère, & l'Abbé *Kilian* se retira alors en Souabe. J'ai marqué le nombre de ses Sujets. A ce titre, *Saint-Gall* peut être regardée comme la plus puissante Abbaye de la Chrétienté. Difficilement celle de *Fulde*, du même Ordre de Saint-Benoît, qui a été depuis vingt-neuf ans érigée en Evêché, pourroit-elle montrer autant de Sujets, malgré l'étendue de son territoire. L'Abbaye *Princiere de Kempten*,

---

(*) PLANCHE 132.

(3) *Walafridus Strabus de vita Beati Galli, Cap. XIII. pag.* 149 & 248. T. I. *parte secundâ Alamannicar, Rer. apud Goldastum. Francofurti* 1661, in-fol.

(4) On donnera cette Bulle parmi les PREUVES du dernier volume de cet ouvrage, après qu'on aura comparé la copie qu'on en a avec l'original

conservé dans l'Abbaye de Saint-Gall.

(5) Art de vérifier les dates des faits historiques, par Dom Clément, de la Congrégation de Saint-Maur, pag. 276, dernière édition in-folio.

(6) Ibid, pag. 19, 435 & 661.

(7) Dict. Hist. de la Suisse, T. VIII. pag. 65-69. Voyez aussi *Tschudii Chronic. Helvet.* T. II. pag. 560-562.

PITTORESQUES, &c. DE LA SUISSE.

en Souabe, quoiqu'elle possède des terres considérables & dont la plupart sont contiguës dans leur progression, ne peut cependant pas entrer en comparaison avec celle de Saint-Gall pour le nombre des Sujets. Il faut ajouter à cette considération l'économie admirable qui règne à Saint-Gall depuis une trentaine d'années. Si l'on jette en outre un coup-d'œil sur les dépenses pour la superbe structure de l'Eglise Abbatiale & les autres bâtimens, & qu'on fasse attention aux sommes que l'Abbé a employées en artillerie & en munitions de guerre pour se mettre dans un juste état de défense, on conviendra que si cette Abbaye n'est pas la plus riche, on ne trouvera pas dans tout l'Empire Germanique plus de deux Abbayes qui pourroient lui disputer le rang du côté des fonds & des revenus.

L'Abbé est élu par une élection Canonique dans le nombre des Moines Capitulaires de l'Abbaye de Saint-Gall. L'Empereur *Philippe* déclara (8) à Bâle en 1204, Princes d'Empire l'Abbé de Saint-Gall, *Ulric Baron de Hohen-Sax*, & ses Successeurs. Plusieurs d'entre eux ont comparu autrefois avec éclat aux Diètes du Corps Germanique & dans les expéditions militaires des Empereurs. Chaque Abbé, après son élection, fait recevoir de l'Empereur l'investiture de ses droits Régaliens & de ses fiefs, il la demande aussi toutes les fois qu'il y a un nouvel Empereur; mais cette investiture ne regarde pas proprement les domaines que l'Abbé possède dans l'étendue du Corps Helvétique, parce qu'en vertu de la paix de Westphalie en 1648, l'Abbé les possède en pleine souveraineté : tout lien de vassalité pour ces domaines, a été diffous par ce traité qui a assuré à perpétuité l'indépendance générale des Cantons & de leurs Alliés. L'investiture que l'Abbé reçoit ne concerne véritablement que les Seigneuries que l'Abbaye de St.-Gall possède en Souabe & dans le Brisgau. Depuis plus de deux siècles l'Abbé n'a assisté à aucune Diète du Corps Germanique; il ne contribue en rien aux taxes de l'Empire à moins que ce soit pour sa part dans les impositions de l'*Ordre Equestre*, à cause de la Seigneurie du *neuf Ravensbourg*, & d'autres terres étrangères à la Suisse. En vertu du traité de la Combourgeoisie perpétuelle que l'Abbé conclut en 1451 avec les Cantons de Zurich, de Lucerne, de Schweitz & de Glaris, traité auquel on ajouta en 1490 une explication encore plus étendue, l'Abbé donna à ces quatre Cantons protecteurs le droit d'établir en leur nom, un *Contrôleur* ou *Commandant* sous le nom de *Capitaine du pays*, (*Lands-Hauptmann*) lequel a le rang de *Conseiller intime*, avec pouvoir d'assister aux audiences & de recevoir la moitié des amendes. Les Cantons pourvoyent de deux en deux ans à tour de rôle à cet Office; celui qui le remplit réside à *Weil* : cependant sa commission ne s'étend ni sur cette petite ville, ni sur le Toggenbourg. Comme Représentant des quatre Cantons, il a le rang immédiatement après l'Abbé, ou en son absence après son Représentant, dans le *Conseil Aulique* de l'Abbé; il assiste aussi aux Tribunaux civils de l'*ancien territoire de l'Abbaye*. C'est un Juge de paix qui doit veiller sur les immunités réservées aux peuples, dont les Cantons sont en vertu du traité les garants & les arbitres. Au reste l'Abbé fait exercer la justice & la police par des Baillifs ou Juges séculiers, subordonnés à diverses Chambres, dans lesquelles des Religieux siègent & ont la principale influence.

Les emplois de première distinction que l'Abbé peut conférer à son choix à ses Moines, avec le droit de les changer, sont ceux de *Doyen*, de *Statthalter*, d'*Official* & de *Prévôt des Fiefs*. Le Doyen veille sur la discipline Monastique, & préside au Conseil intime du Prince; il doit comme Chef du Chapitre Claustral, donner son consentement à toutes les négociations & conclusions majeures, & conjointement avec l'Abbé il les soussigne & les scelle au nom de l'Abbaye; il est aussi le Directeur de tous les Couvens d'hommes & de filles dans les Etats du Prince en Suisse. Le Père *Statthalter* a soin du temporel & de l'économie du Couvent, il a séance au Conseil intime, il y préside en l'absence du Doyen & il administre les Judicatures de *Roggwell* & de *Hagenweil* en Turgovie. L'*Official* a la gestion de la Jurisdiction Ecclésiastique dans l'ancien territoire de Saint-Gall, dans le Toggenbourg, & dans les districts que l'Abbaye possède en Turgovie & dans le Rheinthal, il préside au Tribunal qu'on appelle la *Cour Ecclésiastique*. Le Prévôt des Fiefs (*Lehen-Probst*) veille avec l'Administrateur séculier ou le Baillif des Fiefs (*Lehen-Vogt*), à la conservation du grand nombre des fiefs dépendans de l'Abbaye. On a aussi établi deux Chambres pour cet objet, l'une à *Saint-Gall* & l'autre à *Weil*. Il y a hors du Couvent, des Pères *Statthalter* dans l'Abbaye du *Neuf-Saint-Jean* dans le Toggenbourg, laquelle est incorporée à l'Abbaye, & dans le bourg de *Roschach*; il y en a aussi un dans la ville de *Weil*. Ces derniers gèrent les Jurisdictions de ces endroits, & y président aux *Conseils Auliques* qui y sont établis. Le Père *Statthalter* de Weil a aussi la gestion de la basse Jurisdiction de *Wengi*. Il y a encore un autre Père *Statthalter* de la Seigneurie d'*Ebringen* en Brisgau.

Parmi les charges séculières que le Prince-Abbé distribue à sa volonté, la dignité de *Maréchal de la Cour* (*Hof-Marschall*) est depuis quelque temps la plus éminente. Celui qui en est revêtu a la direction de cérémonial de la *Cour Princière*. La seconde charge est celle d'*Intendant-général de la Cour territoriale*, en Allemand *Lands-hof-Meister*; il réside au château de *Burg* dans la Communauté de *Straubenzell*; il est Conseiller Intime du Prince; il administre le district qu'on appelle l'*Intendance* (9) de la *Cour territoriale* (*Lands-hof-Meister-amt*, & il siège dans le *Conseil Aulique* de Saint-Gall. La troisième charge séculière est celle de *Chancelier*; ce Magistrat dirige la Chancellerie Abbatiale, & a séance dans le *Conseil Secret Aulique*. Outre ces Dignitaires, il y a des Officiers séculiers, tels que le *Baillif* (Land-Vogt) ou *Gouverneur du Comté de Toggenbourg*, les Administrateurs des fiefs à Saint-Gall & à Weil, les Baillifs, (*Ober-vogt*) de *Roschach*, d'*Oberberg* & de *Romishora* : je détaillerai les autres emplois dans la description topographique des Etats de l'Abbé. Ce Prince a encore un Baillif séculier, *Ober-vogt*, dans la Seigneurie du *Neuf Ravensbourg* en Allemagne. J'ai parlé ailleurs (10) de sa Jurisdiction Ecclésiastique, indépendante de celle de l'Evêque de Constance son Diocésain.

Voici les armes de l'Abbé; elles sont écartelées au premier d'or à un ours de *sable* debout, qui est l'*Abbaye de Saint-Gall*; au second, d'*azur* à l'Agneau pascal d'argent, portant une

---

(8) Tschudi, ibid. T. I. pag. 104. Wurstisen, Chr. de Bâle, Liv. II. Chap. XVI. pag. 116, nouvelle édition, &c. On trouvera parmi les PREUVES N°. XLIII. XLIV. LXV & LXVI. la Bulle du Pape Grégoire IX, datée du 7 Mai 1234, & trois autres du Pape Innocent IV, toutes datées de Lyon, l'une du 15 Mai 1247, l'autre du 20 Février 1248, & la troisième du 11 Mai même année; toutes importantes pour les Abbés de Saint-Gall.

(9) Elle comprend l'Abbaye de Saint-Gall & plusieurs paroisses voisines. J'en donnerai le détail dans la *Description Topographique*.

(10) Section XXVII.

bannière de *gueules partie d'argent*, qui est l'*Abbaye de Saint-Jean*; au troisième, l'écu du Prince Abbé régnant; & au quatrième, d'or au dogue colleté *de sable*, qui est le Comté de Toggenbourg.

Les Abbés de Saint-Gall avoient autrefois, à l'exemple de l'Empereur, des Princes & des Evêques d'Allemagne, une Cour composée de grands Officiers, destinés principalement à les servir à leur *bénédiction*, au renouvellement des foi & hommage des Vassaux, dans les repas publics & dans les autres solennités. Ces offices (11) n'étoient d'abord que ministériels & non féodaux; mais l'hérédité des grands fiefs ayant augmenté la puissance & la considération des Evêques & des Abbés qui avoient obtenu le rang de Princes d'Empire, ces charges furent érigées en fief & devinrent des places très-importantes. On lit dans une constitution attribuée à l'Empereur Conrad *le Salique: singuli principes suos habeant Officiarios principales, Mareschalcum, Dapiferum, Pincernam & Camerarium.* Le grand Maréchal exerçoit à peu-près les mêmes fonctions que le Connétable (*Comes stabuli*) en France. Suivant une ancienne notice publiée par *Goldast* (12), l'Abbé de (13) Saint-Gall étoit servi par quatre grands Officiers, lorsqu'il recevoit l'investiture de Prince à la Cour de l'Empereur. Le *Duc de Souabe* étoit le *Dapifer* de l'Abbaye, c'est-à-dire, *Grand-Maître* de la Maison; les Chevaliers de *Bichelsée*, en Turgovie, exerçoient sous lui la charge de *Sous-grands-Maîtres*. Le Comte de *Hochenberg*, en Souabe, étoit *Grand-Echanson* (*Pincerna*) & les Chevaliers *Schencken* de *Landegg* (dans le Comté de Toggenbourg) *Sous-Echansons*. Le Comte de *Zollern*, en Souabe, remplissoit la charge de *Grand-Maréchal* (*Marescalcus*), & les Chevaliers dits à cause de leur office *Marschalken* (ou les *Maréchaux*) de *Mammertshofen* (en Turgovie) étoient revêtus de la charge de *Sous-Maréchal*. Enfin le Baron de *Regensberg* (près de Zurich) faisoit les fonctions de *Grand-Camerier* ou *Grand-Chambellan*, & il étoit représenté par les Chevaliers *Giel de Glattbourg*, qui avoient l'office de *Sous-Camerier*. Aujourd'hui l'Abbé de Saint-Gall a pour *Maréchal héréditaire* le Baron de *la Tour & de Valsassine*.

Je finirai cet article en observant que les difficultés qui restoient depuis la guerre de 1712 entre le Prince Abbé de Saint-Gall & ses Sujets de Toggenbourg, n'ont pu être terminées qu'en 1759, par la médiation des Cantons de Zurich & de Berne. Ces deux Etats ont adjugé au Prince la plus grande partie des droits qu'il répétoit, & pour le soutien desquels il avoit appellé à son secours les cinq Cantons Catholiques de Lucerne, Uri, Schweitz, Underwalden & Zoug; défense qui a coûté à ces cinq Etats la perte de deux bailliages considérables, & la suppression de beaucoup de droits en Turgovie & dans d'autres bailliages communs. La restitution qu'ils espéroient en 1778 par l'intervention des Cantons neutres n'a pas encore été faite, tandis que l'Abbé de Saint-Gall a été pleinement rétabli dans ses domaines par les mêmes Cantons qui continuent à retenir à leurs Alliés les plus anciens & les plus naturels, des conquêtes dont le titre devroit être à jamais aboli dans une République fédérative. Un Suisse impartial m'a observé que ces conquêtes sont retenues sous le titre des frais de la guerre allumée en 1712, mais ce même Helvétien après m'avoir dit que soixante-six ans de jouissance devroient bien avoir compensé ces frais, que le sort de la guerre a semblé légitimer, n'a pu s'empêcher de faire cette exclamation! Eh! *peut-on jamais acheter assez cher le retour d'une parfaite harmonie entre tous les Membres de la même Ligue?* Et il a ajouté *l'Abbé de Saint-Gall n'a pas indemnisé de son côté les Cantons qui ont été les victimes de leur zèle pour sa défense. Je tire le rideau sur ces tristes évènemens, j'en gémis pour ma patrie en général, & je réclame les principes qui ont fondé le Corps Helvétique. Dieu veuille détourner à jamais les suites que l'oubli de ces principes peut amener avec le tems.* Voilà ce que me disoit ce Suisse Observateur: peu initié dans les mystères de la politique du pays, je l'écoutai sans oser pousser plus loin ses réflexions.

L'Abbaye de Saint-Gall a fait imprimer en vingt-six volumes in-fol. le Recueil (14) de ses Diplômes & Chartes: mais cette collection n'a jamais été rendue (15) publique. On en trouve (16) un exemplaire assez mal en ordre dans les archives de Zurich; ce recueil, tel qu'il est, consiste en neuf mille neuf cens quatre - cens Diplômes, mais en retranchant ceux qui sont doubles, on le réduiroit à six mille, ce qui ne laisse pas de faire une collection très-riche, qui pourroit jetter beaucoup de lumières sur *l'ancienne Histoire de la Suisse*; on sait que les Abbés de Saint-Gall y ont joué souvent un rôle très-mémorable.

I I. *Les Comtés* (1) *Souverains de Neuchatel & de Vallangin.*

La Principauté de *Neuchatel* comprend aussi le Comté de *Vallangin*: elle a au levant pour frontière l'Evêché de Bâle

---

(11) M. l'Abbé Grandidier, Hist. de l'Eglise & des Evêques-Princes de Strasbourg, T. II. p. 85, Strasbourg 1778, in-4.
Gebauer, *Institut. juris feudalis Schilteri*, pag. 161.
(12) *Alamannicar. Rer.* T. I. Parte I. pag. 88.
(13) *Officiales Domini Monasterii S. Galli.*
Hi quatuor Domini ministrant Abbati, cum Princeps creatur in aula Imperatoris. Dux Suevia est Dapifer Monasterii, &c.
(14) *Nova & antiqua Confraternitatum ab Abbatibus & Monachis Monasterii S. Galli cum diversis diversorum Ordinum ac Statuum personis diversis temporibus vel instauratarum vel institutarum documenta.*
(15) Le père Josephe Meglinger, de Lucerne, a dressé en 1692 une collection des diplômes qui concernent l'Abbaye de *Wettingen*, Ordre de Citeaux; mais cette collection imprimée est aussi rare que celle de St-Gall.
(16) M. *de Haller*, Conseils pour former une Bibliothèque Historique de la Suisse, pag. 85-86.
(1) Histoire abregée du Comté de Neuchatel & de ses dépendances, depuis l'an 1035, avec un traité sommaire des fiefs des Comtes de Neuchatel & Vallangin achevé le 8 Avril 1679 par George de Montmollin, Conseiller d'Etat & Chancelier, par ordre de S. A. S. M. le Duc de Longueville, Comte Souverain de Neuchatel & de Vallangin, mse. in-4. dans la bibliothèque de M. le Baron d'*Estavayé*, Seigneur de Molondin, à Soleure.
Description des montagnes & des vallées qui font partie de la Principauté de Neuchatel & Vallangin, seconde édition, à Neuchatel 1766, in-12.
Recherches sur l'Indigenat Helvétique de la Principauté de Neuchatel & Vallangin, par Jérome Emanuel *Boyve*, Conseiller d'Etat & Chancelier de Sa Majesté le Roi de Prusse, en cette Principauté. A Neuchatel 1778, in-8.
Leu, Dict. Hist. de la Suisse, T. XIV. p. 36-103 & T. XVIII. p. 397-402.
Le même, Observations sur la République des Suisses par *Simler*, pages 234, 243, 256, 326, 329 & 643-649.
Faesi, Descript. Topog. de la Suisse, T. IV. pag. 439-507.
Fuesslin, Descript. Topog. de la Suisse, T. III. p. 392 & suiv.
L'Etat & les Délices de la Suisse, T. III. p. 203-217. Bâle 1764, in-12. fig.
Tscharner, Dict. Géog. Hist. & Pol. de la Suisse, T. II. p. 75-86 & 175-179.

& le Canton de Berne; au midi le lac de Neuchatel; au couchant le bailliage de Grandſon, qui appartient par indivis aux Cantons de Berne & de Fribourg, & le Comté de Bourgogne; & au nord le même Comté de Bourgogne, autrement la *Franche-Comté*. Sa plus grande longueur eſt de onze à douze lieues, & ſa largeur de cinq. Anciennement le Comté de Neuchatel a été plus conſidérable, mais les démembremens des Comtés d'Arberg, de Nidau & de Strasberg, & des Seigneuries de Buren & de Cerlier ou d'Erlach, qui dépendent aujourd'hui de la ville de Berne, la plupart par droit de conquête, ont reſſerré ſes limites. La Capitale du Comté, proprement dit *Neuchatel*, eſt la ville de ce nom, & celle du Comté de *Vallangin*, le bourg de même nom, ſur la petite rivière du *Seyon*, à une lieue de Neuchatel. Le *Roi de Pruſſe* eſt ſouverain des Comtés de *Neuchatel & de Vallangin* depuis le 3 Novembre 1707; ce ſont les deux ſeules ſouverainetés héréditaires qu'il y ait en Suiſſe: mais le pays jouit de privilèges ſi conſidérables que le pouvoir du Comte eſt très-limité. La Religion dominante eſt la *Réformée*, néanmoins la châtellenie du *Landeron* eſt *Catholique*.

Les Comtes de Neuchatel ont une ancienne alliance de combourgeoiſie perpétuelle avec les quatre Cantons de Berne (2), Lucerne (3), Fribourg (4) & Soleure (5), & la ville de Neuchatel a auſſi une étroite alliance de combourgeoiſie (6) perpétuelle avec Berne depuis 1406.

Dans le treizième ſiècle la Seigneurie ou le Comté de Vallangin fut ſéparée de celle de Neuchatel: elle y fut réunie par achat en 1592 par Marie de *Bourbon*, Douairière de Léonor d'*Orléans*, Prince de Neuchatel, de la Maiſon de *Longueville*. On renvoye à l'*Abrégé Hiſtorique de la Suiſſe*, la ſucceſſion des différens Comtes de Neuchatel & de Vallangin, depuis la mort de Rodolf III, dernier Roi de la Bourgogne Trans & Cis-Jurane. Tout ce pays avoit fait partie des Etats de ce Prince. Les Empereurs qui ont prétendu aux droits des Maiſons de Franconie & de Souabe ſur ce Royaume, ont autrefois exercé pendant long-temps ceux de Suzerains ſur ces deux Comtés; mais par la paix de Bâle, qui termina la guerre entre l'Empereur Maximilien & les Suiſſes, l'indépendance des Comtes de Neuchatel fut reconnue; & dans le traité de Weſtphalie en 1648, cette Principauté, à titre d'*Alliée des Suiſſes*, par une cauſe de l'établiſſement des Combourgeoiſies dont j'ai fait mention, participa à l'attribut de Souveraineté indépendante, qui fut alors garanti à tous les Etats du Corps Helvétique. En effet ce traité comprend les Suiſſes ſous la même dénomination, *Meſſieurs des Ligues Suiſſes & leurs Alliés & Confédérés*. M. *Boyve*, Conſeiller d'Etat & Chancelier de Sa Majeſté le Roi de Pruſſe dans la Principauté de Neuchatel, a publié en 1778 des *Recherches ſur l'Indigénat Helvétique de la Principauté de Neuchatel & Vallangin*; elles ſont très-méthodiquement approfondies. On y voit l'origine, la progreſſion & l'état actuel des liaiſons générales & particulières plus ou moins directes, ſoit avec le Corps Helvétique, ſoit avec pluſieurs Cantons. L'Auteur (7) y rapporte une anecdote intéreſſante que je tranſcrirai ici d'après ſes propres paroles; elle concerne Frédéric I, Roi de Pruſſe, à qui les Etats de Neuchatel avoient adjugé le 3 novembre 1707 la Principauté, après la mort de la Ducheſſe de *Nemours*, dernière Princeſſe de la Maiſon de *Longueville*. Le Roi de Pruſſe avoit répété par droit de réverſion les deux Comtés en qualité d'héritier de la Maiſon de *Naſſau-Chalon-Orange*, qui fondoit ſes droits ſur l'inféodation du Comté de Neuchatel faite à perpétuité par l'Empereur Rodolphe I à ſon beau-frère Jean de *Chalon*, Sire d'*Arlay*, & à ſes Succeſſeurs. Cet acte (8) eſt daté du Camp devant Berne le 13 Septembre 1288. Voici ce que rapporte M. *Boyve*.

L'on ſait que lors de l'avènement de l'Empereur Charles VI au Trône Impérial (en 1711), les Electeurs & Princes de l'Empire vouloient l'aſtreindre par le dixième (9) article de ſa capitulation, à réunir (10) à l'Empire pendant ſon règne, tout ce qui en avoit dépendu dans les ſiècles précédens, particulièrement en Italie & en Suiſſe. Le Roi Frédéric I n'eut pas plutôt eu connoiſſance de cet article, qu'il donna ordre au Comte de Dohna & à ſes autres Ambaſſadeurs à la Diète de Francfort, de s'y oppoſer hautement; & de déclarer, que ſi malgré leur oppoſition, on prétendoit obliger le nouvel Empereur à la réunion du moindre pouce de terre, faiſant annuellement partie de la Suiſſe & des Ligues Helvétiques, ils proteſtoient contre, & même contre toute l'élection, & qu'ils euſſent à ſe retirer immédiatement après. La fermeté avec laquelle cet ordre fut donné & exécuté, eut tout l'effet qu'on en pouvoit attendre. L'article fut rejetté, & il ne fut pas fait mention de cette clauſe (11), ainſi qu'on peut le voir par le nouvel article qui y fut ſubſtitué. Le Roi Frédéric-Guillaume ſon Succeſſeur, n'a pas moins attaché d'importance à l'Indigénat Helvétique de ſa Souveraineté de Neuchatel & Vallangin. Dès les commencemens de ſon règne, il (12) adreſſoit à l'Etat de Berne ces paroles remarquables: SOUVENEZ-VOUS DE CE POINT À L'ÉGARD DE NEUCHATEL, QUE NOTRE SOUVERAINETÉ EST UNE DÉPENDANCE DE LA SUISSE.

Je vais donner avec la plus grande préciſion poſſible une

---

(2) Le traité fait avec Berne eſt daté de cette ville le vendredi immédiat avant le jour de *Saint George*, qui tombe le 23 Avril 1406, on le trouve dans le Dict. Hiſt. de la Suiſſe, par M. *Leu*, T. XIV. p. 50-55.

(3) *Lunig*, Codex Diplom. Imperii, part. ſpec. contin. 1. p. 303.
Leu, ibid. T. XIV. pag. 55-60. Le traité avec Lucerne eſt du 9 Novembre 1693.

(4) Le traité avec Fribourg eſt daté du jour de la *Magdelaine* (22 Juillet) 1495. M. *Leu* l'a rapporté ibid. T. XIV, pag. 61 67.

(5) Le traité avec Soleure eſt daté du jour de *Saint-George* (23 Avril) 1458. M. *Leu* l'a inſéré dans ſon Dictionnaire Hiſtorique de la Suiſſe, Tom. XIV. pag. 68-72.

(6) Pruebas Chr. Helvet. T. I. pag. 633.
Waldkirch, Hiſt. de la Suiſſe, en Allemand, T. I. preuves, pag. 41 & ſuiv. Bâle 1721, in-12. *Leu*, ibid. T. XIV. p. 89-93. Le traité de la Combourgeoiſie perpétuelle de la ville de Neuchatel avec Berne, eſt daté de Berne le ſixième jour avant la fête de *Saint-George* 1406, cette fête tombe le 23 Avril, par conſéquent le ſixième jour qui précède eſt le 17 Avril.

(7) Pag. 152-155.

(8) PREUVES N°. XLVII. on trouvera au N°. XLVIII. l'acte de foi & d'hommage que noble Damoiſeau *Rolin de Neuchatel*, fils de défunt Amédée Seigneur de *Neuchatel ſur le lac*, rendit en Septembre 1288 à Guillaume Evêque de Lauſanne, pour les fiefs qu'il tenoit de l'égliſe de Lauſanne; cet acte atteſte auſſi qu'il avoit reçu en fief de Jean de *Chalon*, Sire d'Arlai, le château de la ville de Neuchatel.

(9) Ce dixième article tel qu'il avoit été projetté, exiſte dans les regiſtres du Conſeil d'Etat de Neuchatel. *Boyve*, ibid.

(10) C'étoit-là certes une condition d'une exécution bien difficile, pour ne pas dire impoſſible; mais les ſuccès remportés juſqu'à cette date par les Hauts Alliés contre la France dans la guerre de la ſucceſſion d'Eſpagne, avoient pour ainſi dire faſciné le Corps Germanique, la paix d'Utrecht fit enfin ceſſer le rêveur.

(11) Le Conſeil d'Etat de Neuchatel informé de ce trait par un reſcript du Roi ſon Souverain en date du 14 Novembre 1711, lui en témoigna une reconnoiſſance d'autant plus vive & plus juſte, qu'indépendamment des dangers directs où de telles prétentions auroient pu mettre Neuchatel, cet Etat n'auroit pas manqué de participer aux brouilleries & aux guerres qui en auroient réſulté dans le reſte de la Suiſſe. Le Conſeil ſe fit un devoir de rendre publiques ces marques éclatantes & certaines du patriotiſme Helvétique de Sa Majeſté & de ſa bonté Royale & paternelle pour ſes nouveaux ſujets. (*Remarque de M. Boyve*, ibid. pag. 153.)

(12) Lettre du Roi de Pruſſe Frédéric-Guillaume à l'Etat de Berne, du 20 Novembre 1714.

idée de la constitution civile & politique de l'Etat de Neuchatel, & des limites fixées entre l'autorité du Prince & les immunités des peuples. Dans les siècles où l'usurpation féodale désoloit toute l'Europe, les Comtes de Neuchatel étoient sans doute devenus les propriétaires de toutes les terres de leur ressort, & la servitude personnelle pesoit ici, comme par-tout, sur les têtes d'un peuple avili par l'oppression. Vraisemblablement les montagnes incultes ne présentoient alors que des forêts & des repaires d'ours & de loups. Pour encourager des défrichemens, il fallut décharger les bras des hommes d'une partie de leurs chaînes. Les Maîtres intéressés à cette révolution, accordèrent des franchises à quelques (13) Communautés naissantes. A mesure que la population & la culture s'étendirent, de nouvelles Communautés se formèrent, & les mêmes priviléges leur devinrent successivement communs à toutes. Dans la suite des temps, l'exemple des Suisses, les liaisons des Neuchatelois avec ces Républicains, firent respecter des libertés, que le besoin de s'attacher les peuples, contribuoit autant à faire conserver, que la conviction de leur justice & de leur utilité. Le temps, les changemens de Maîtres donnèrent même une sanction aux us & coutumes. Enfin, lors de la grande concurrence des divers Prétendans pour la succession de cette Principauté, en 1707, les Etats, à la demande des peuples réunis par un acte d'association, dressèrent les articles généraux où les principaux droits réservés au Prince & ceux concédés aux Communautés furent déterminés. Ces *pacta conventa*, acceptés & signés préalablement par tous les Prétendans, furent ratifiés par le Roi de Prusse, après la sentence rendue en sa faveur. Sur cet acte reposent aujourd'hui les titres réciproques du Prince & des Sujets; nous en allons donner une idée.

Les Comtes de Neuchatel & de Vallangin se qualifient *Princes Souverains par la grace de Dieu*: ce fut en 1552 que le Comte de Neuchatel commença pour la première fois d'user de cette formule. La Souveraineté est héréditaire & *transmissible* aux femmes; elle est inaliénable & indivisible, & en cas de contestation sur la succession, les Etats du pays sont Juges absolus de la question. A l'avènement de Frédéric I, Roi de Prusse, son représentant Ernest, Comte de (14) *Metternich*, jura de maintenir les us & coutumes écrits & non écrits, & de conserver les libertés *spirituelles & temporelles* & les priviléges & franchises des peuples; après cette déclaration solemnelle, les Vassaux & les Représentans du peuple prêtèrent à leur tour le serment d'hommage & de fidélité. Le Prince se fait représenter en son absence par un *Gouverneur*; il peut nommer à cette charge un Etranger ou un *Indigène*. Depuis la révolution de 1768 dans laquelle périt d'une manière tragique Claude *Gaudot*, Procureur-général du Roi, cette charge éminente a été jusqu'en 1779 remplie par Rupert-Scipion *Lentulus* (15), Baron de Redekin, Colonel d'un Régiment de Cuirassiers, Lieutenant-général au service du Roi de Prusse & Membre du grand-Conseil de la République de Berne. Le Gouverneur dispose des emplois civils ou militaires, non réservés par les priviléges des peuples. Les principaux offices de la dépendance du Prince sont ceux de Conseiller d'Etat,

de Chancelier, de Procureur-général, de Commissaire-général, de Trésorier-général, d'Avocat-général, & ceux des Châtelains & Maires qui président dans les Cours de justice. Tous ces emplois ne peuvent être donnés qu'à des Bourgeois ou Sujets originaires du pays, & nulle personne revêtue d'un office, n'en peut être dépouillée que par une procédure en forme suivie d'une sentence. Ils ne peuvent non plus entrer dans l'exercice de leurs emplois qu'après que le Conseil d'Etat a examiné leurs brevets & leur a fait prêter le serment usité. Autrefois les Princes avoient des Receveurs pour retirer leurs revenus, mais présentement ils sont amodiés: ils ne sont pas considérables, ils montent ordinairement par an à cent mille livres de France ou à vingt-six mille écus de l'Empire, & on ne peut pas les augmenter à la charge du peuple; ils se tirent des dixmes, des inféodations, des fonds fonciers & des péages.

Le Gouverneur, dans son installation, jure d'observer les loix & de protéger les droits du peuple; il préside au *Conseil d'Etat*, scelle les arrêts de ce Tribunal, & comme Lieutenant-général, il veille sur l'exécution de tous les règlemens militaires.

Le principal Corps de la constitution de cette Souveraineté, *le Tribunal des trois Etats*, est composé de douze Membres, savoir, de quatre Nobles ou Vassaux, de quatre Châtelains ou Baillifs & de quatre Conseillers de la ville de Neuchatel qui siégent suivant la date de leur élection dans le Conseil. *Le Tribunal des trois Etats* est Juge absolu en matière de fief, même, comme nous l'avons dit, sur les questions élevées au sujet de la succession à la Souveraineté; il est encore muni du pouvoir législatif, c'est-à-dire que lorsqu'il s'agit de faire des loix nouvelles, ou bien de corriger ou d'abroger les anciennes, les opérations de ce Tribunal sont proposées au Gouverneur, pour avoir l'agrément ou la sanction du Prince; & dans ces cas, ainsi que dans ceux où il est question de la Souveraineté, les quatre *Bourgmestres* de Neuchatel, ou *Ministraux*, siégent en personne pour le *Tiers-Etat*, & sont obligés sur leur serment de rapporter & de suivre ce qui a été décidé par la pluralité dans le *Conseil* de la ville de Neuchatel. Les Etats sont aussi Juges en dernier ressort des causes civiles majeures; leurs sentences sont irrévocables & l'exécution n'en peut être retardée. Le Gouverneur qui préside aux *Etats* n'a la voix décisive que lorsqu'il y a partage dans les opinions. Les *Etats* sont dans l'usage de s'assembler à l'*ordinaire* & à l'*extraordinaire*; à l'*ordinaire* alternativement une fois l'année à Neuchatel & une autre fois à Vallangin dans les mois de Mai & de Juin, & à l'*extraordinaire*, dans l'un ou l'autre endroit suivant les occurrences, & toujours d'après l'indication qu'en fait le *Gouverneur*. Le *Chancelier* & le *Procureur-général* assistent, à cause de leurs charges, à cette assemblée lorsqu'elle se tient à Neuchatel, & le *Procureur de Vallangin* se trouve à celle des *trois Etats* du Comté de ce nom; celle-ci a ses Assises à Vallangin.

L'autorité du *Conseil d'Etat* a pour objet la police générale, l'exécution des ordonnances du Gouvernement & des sentences des *Etats*, la correspondance avec les Etats voisins & les Puissances étrangères & la garde des droits du Souverain,

---

(13) Il a été un tems où pour devenir Bourgeois à Neuchatel, il ne falloit que prouver qu'on y avoit demeuré un an & six semaines.

(14) Ce Seigneur, revêtu du caractère d'Ambassadeur extraordinaire du Roi de Prusse en Suisse, reçut le 3 Novembre 1707, au château de Neuchatel, pour le Monarque son Maître, le *Sceptre de la Principauté* que les trois Etats lui remirent en signe de leur hommage.
Leu, Dict. Hist. de la Suisse, T. XIII. p. 89-90.

(15) M. le Baron *Lentulus* a résigné le Gouvernement de Neuchatel & tous les emplois Militaires au service du Roi de Prusse, pour fixer sa demeure à Berne où il a obtenu en 1779 le bailliage de *Koeniz*.

mais avec la réserve que ces droits ne lèferont pas ceux du peuple. Il dépend uniquement du Prince, d'accorder des brevets de Conseillers d'Etat & d'en déterminer le nombre. Ce Tribunal forme parmi ses Membres une Commission pour juger en première instance les procès qui concernent des Communautés entières, ou qui peuvent survenir pour des fiefs. J'ai déja nommé les cinq principaux Officiers du *Conseil d'Etat*, le Chancelier, le Procureur-général, le Commissaire-général, le Trésorier & l'Avocat-général : ce dernier examine les procès qui influent sur les droits du Souverain. Le Comté de Neuchatel a son *Procureur particulier*. Les *Châtelains* & les *Maires* sont les Chefs des Jurisdictions, ils ressemblent dans leurs fonctions à des *Baillifs* des Cantons. Chacun d'eux a son Lieutenant; ils administrent avec leurs co-Assesseurs, la basse justice dans les Communautés. C'est un des principes essentiels de ce Gouvernement que la *puissance & l'autorité de l'Etat ne peuvent être que dans l'Etat* : par-conséquent le Prince, s'il est absent, ne peut parler aux peuples que par la bouche du Gouverneur & du Conseil d'Etat ; & aucun Sujet ne peut être jugé ailleurs que dans l'Etat, & par les Juges fixés par la Constitution.

Un autre principe, également important pour le repos de l'*Etat*, c'est que ses intérêts sont séparés de ceux des autres *Etats* que le même Prince peut posséder. Par exemple, les *Etats de Neuchatel* ne prennent aucun intérêt aux guerres du Roi de Prusse ; un Neuchatelois peut servir librement toutes les Puissances, tant qu'elles ne sont pas en guerre directement avec l'Etat & le Comté de Neuchatel. Il en résulte cet avantage & pour le Prince & pour les peuples de Neuchatel & de Vallangin, que ceux-ci, en interprétation de la paix d'Utrecht & des traités avec les Cantons de Berne, de Lucerne, de Fribourg & de Soleure, sont regardés comme indépendans des autres domaines particuliers du Prince, & qu'ils sont à l'abri des hostilités, quand même ce dernier seroit en guerre ouverte avec quelque Puissance voisine de la Suisse. En 1712, les Neuchatelois (16) entraînés par les insinuations de leurs voisins de même Religion & encore plus par l'impulsion des Réfugiés François qui avoient rempli leur pays depuis la révocation de l'Edit de Nantes, armèrent contre le Canton de Lucerne qui étoit alors en guerre ouverte avec celui de Berne ; & sans se souvenir du traité de Combourgeoisie perpétuelle, qui devoit leur faire embrasser la neutralité au milieu d'une guerre civile, entre plusieurs Cantons également Combourgeois de leur Prince Souverain, ils fournirent des troupes aux Bernois & les aidèrent à remporter la bataille de *Villmergen* sur les Lucernois & leurs Alliés Catholiques. Ils sont revenus à des principes plus justes, depuis que les Lucernois ont volé à leur secours en 1768. Dans la révolution qui sembloit alors menacer leur constitution d'un bouleversement général, la ville de Lucerne a eu la générosité d'oublier leurs anciens torts pour n'écouter que la voix de l'amitié confédérale. Dans mon passage à Neuchatel, grands & petits m'ont dit qu'ils n'oublieroient jamais ce service signalé ni celui que les autres Combourgeois de leur Prince, leur avoient rendus dans cette crise violente, & que si jamais il arrivoit une guerre civile en Suisse, ils observeroient la plus stricte neutralité. Ce sentiment de réminiscence m'a paru profondément gravé dans les cœurs, & tout me persuade qu'ils le transmettront fidèlement à leurs descendans.

La police Eccléfiastique est encore réglée & administrée dans ce pays d'une manière particulière. Le Clergé de Neuchatel a ses propres loix conformes à la discipline des autres Eglises Réformées de la Suisse. Il n'est comptable qu'à lui-même, tant qu'il ne heurte en rien, l'autorité du Prince & les constitutions de l'Etat. Il a vigoureusement soutenu en 1760 sa décision dans l'affaire de Ferdinand Olivier *Petit-Pierre* (17), Ministre de l'Eglise de *la Chaux de Fonds*. Ce Pasteur prêchoit

---

(16) M. *Boyve* n'a pas rapporté cette anecdote parmi ses *Recherches sur l'Indigenat Helvétique de la Principauté de Neuchatel & Vallangin*. Elle n'eut pas milité pour la cause qu'il soutenoit, au reste on ne peut rejetter la rupture de la neutralité en 1712 que sur le mouvement convulsif du temps. L'Auteur du *Dictionnaire Géographique, Historique & Politique de la Suisse*, (ouvrage imprimé à Genève & Lausanne 1776) a observé le même silence sur les derniers troubles de Neuchatel : A en juger par la tournure de l'Epitre dédicatoire des Editeurs à M. *Vincent-Bernard Tscharner, Membre du Conseil Souverain de la Ville & République de Berne, Seigneur-Baillif d'Aubonne*, il paroit que ce Magistrat a été lui-même le principal Auteur du Dictionnaire. Ce savant Historien est mort à Berne le 16 Septembre 1778, âgé de cinquante ans, il étoit né en 1728.

(17) George Keith, *Maréchal Héréditaire d'Ecosse*, plus connu sous le nom de *Milord Maréchal*, étoit alors Gouverneur de Neuchatel. M. d'Alembert rappelle l'affaire de *Petit-Pierre*, dans l'éloge de *Milord Maréchal*, (Berlin 1779, pag. 29-31, 75-77 & 85, in-12). Je copierai ici les paroles du célèbre Académicien :

» Il s'agissoit, dans cette violente querelle Théologique, d'un Ministre
» nommé Petit-Pierre, qui, soit persuasion, soit défir de faire parler de lui,
» avoit prêché publiquement dans sa paroisse contre l'éternité des peines de
» l'enfer; hérésie intolérable dans l'église Catholique, mais très-pardonna-
» ble dans celle des Protestans, puisque nous croyons tous qu'une aussi
» effrayante éternité. Les Pasteurs de Neuchatel, attachés encore à l'an-
» cienne doctrine, ou voulant seulement le paroître, osèrent déclarer au
» Roi de Prusse (suivant le style ordinaire) que *leur conscience ne leur per-
» mettoit pas de souffrir l'hérétique Petit-Pierre au milieu d'eux, malgré la
» protection dont ce grand Prince l'honoroit*. Le Roi répondit, que puisqu'ils
» avoient si fort à cœur d'être damnés éternellement, il y donnoit volontiers les
» mains, & trouvoit très-bon que le Diable ne s'en fît faute. — Ceux de nos
» Lecteurs qui seroient curieux de savoir (ce qui est au fond très-peu im-
» portant) quelle est la croyance actuelle des Ministres réformés sur l'éter-
» nité des peines de l'enfer, peuvent avoir recours au catéchisme tout
» récemment imprimé à Genève, par M. Vernes, savant Pasteur de cette

» ville. Ils concluront de cette lecture, que le Docteur Petit-Pierre n'au-
» roit pas dû être jugé si rigoureusement, ou du moins ne le seroit pas
» aujourd'hui. Ils verront aussi dans ce même catéchisme la manière de
» penser des Protestans de nos jours, sur la divinité du Verbe, la Trinité
» le Saint-Esprit, l'Incarnation, &c. L'Auteur de l'article Genève, dans
» l'Encyclopédie, avoit annoncé, il y a plus de vingt ans, combien le
» symbole des Pasteurs Génevois étoit devenu court pour ces différens articles ;
» il essuya pour lors, à cette occasion, beaucoup d'injures auxquelles,
» suivant son usage, il ne répondit pas un seul mot. Bien-tôt ces Minis,
» tres eux-mêmes ont pris soin de le justifier par leurs propres écrits. Le
» célèbre Jean-Jacques Rousseau, très-content, il y a vingt ans, de sa
» patrie & de ces Pasteurs, les avoit charitablement défendus sur les pré-
» tendues imputations de l'article Genève. Mécontent depuis de cette même
» Patrie & de ces mêmes Pasteurs, il n'a pas hésité à confirmer, avec la
» plus grande force, tout ce qu'il avoit si hautement attaqué dans cet arti-
» cle. Ecrivains honnêtes, qui ne laissez pas aller votre plume au gré de
» vos intérêts ou de vos passions, souvenez-vous que l'autorité dont il voulut faire usage,
» Dis la vérité, souffre les injures, tôt ou tard la vérité se fera justice. M.
» d'Alembert nous apprend ensuite que Milord Maréchal avoit voulu soutenir
» le Ministre Petit-Pierre contre les persécutions que ses Confrères lui suscitoient ; » mais, ajoute-t-il, la haine religieuse eut plus de force que ses charitables représentations, & même l'autorité dont il voulut faire usage,
» après avoir épuisé les remontrances ; & le sage Gouverneur éprouva qu'il
» étoit encore plus difficile de traiter des Théologiens que des Rois. Il
» demanda son rappel & l'obtint. Cependant le Roi de Prusse, toujours persua-
» dé que le Gouvernement de Neuchatel convenoit parfaitement au caractère phi-
» losophique & paisible de son esprit, se contenta d'abord de nommer à sa place
» un Vice-Gouverneur; mais Milord Maréchal lui représentant que les Prédi-
» cans de cette ville Républicaine étoient trop remuans pour le laisser jouir du repos
» nécessaire à son âge ; qu'il n'étoit pas possible de les faire vivre en paix ; qu'ils
» cabaloient sans cesse les uns contre les autres, & tous contre le Gouvernement. Le
» Roi se rendit à ses instances, & résolu de garder désormais auprès de lui un homme
» dont il ne s'étoit privé qu'à regret, il fit aux ridicules plaintes de ces Prêtres

la *non-éternité des peines* à ses ouailles ; le Synode de Neuchatel alarmé de cette doctrine qui renouvelloit l'*Origénisme*, après avoir employé toutes les voies de persuasion pour porter l'indulgent Ministre à une rétractation, sévit contre sa personne, en le rayant du tableau des Pasteurs. *Petit-Pierre* resta ferme dans ses principes, peu sensible au reproche qu'on lui fit que sa doctrine en attaquant l'éternité des peines formoit de l'Enfer un Purgatoire, & qu'elle exposoit le Clergé de Neuchatel à la dérision des Catholiques si jamais le dogme du Purgatoire venoit à être reçu dans les Eglises Protestantes aux dépens de l'Enfer.

L'assemblée générale du Clergé sous le nom modeste de *la Compagnie des Pasteurs*, exerce exclusivement le droit non-seulement d'imposer les mains aux Candidats pour le ministère, mais d'élire les Pasteurs, d'examiner leur conduite, de les suspendre de leurs fonctions ou de les déposer. L'histoire de ce pays nous apprend que le choix du culte public ayant été décidé du temps de la Réformation par la pluralité des suffrages dans chaque Paroisse, la prépondérance d'une voix conserva la Religion Catholique *au Landeron*. Au reste les *Consistoires* sont subordonnés à l'autorité du Conseil des *trois Etats*.

C'est du Prince que dépend la *Constitution Militaire* pour la défense du pays. La Milice est ici établie sur le même pied que dans le reste de la Suisse ; elle est divisée en quatre départemens sous différens Officiers *Majors*. La ville de Neuchatel a sa bannière distincte & sa propre ordonnance Militaire.

A l'époque de 1707 les Bourgeoisies de Neuchatel & de Vallangin réservèrent des articles particuliers en faveur de leurs privilèges, à la suite des articles généraux, qui embrassent les immunités nationales : non-seulement tout Sujet de cette Souveraineté jouit parfaitement de la liberté d'exercer son industrie ou de courir après les faveurs de la fortune dans le pays & au-dehors, il ne peut même être arrêté par ordre du Fiscal, pour aucun crime, sans que les Juges aient préalablement pris connoissance du délit : les peines & les amendes sont fixées par les loix pour tous les cas, & les amendes sont fort légères. On pourroit objecter ici que la lenteur des formalités peut faciliter l'évasion des coupables & que le méchant peut abuser de la douceur des peines, mais toujours est-ce un des biens les plus essentiels dans une société politique, que *les individus soient garantis des jugemens arbitraires*. C'est l'observation que fait l'Auteur du Dictionnaire géographique, historique & politique de la Suisse. En matière criminelle le Comté de Neuchatel a la prérogative éminente de pouvoir adoucir la sentence ou de faire grace.

Les biens des Neuchatelois ne peuvent être assujettis à aucune nouvelle imposition. Les redevances très-modiques sur les terres, s'acquittent ou en argent à un taux ou *abbris* (18) très-ancien, & par conséquent fort bas, ou en productions appréciées à un prix très-favorable. Le commerce jouit de la plus grande immunité ; aucune marchandise appartenant à un Sujet de l'Etat, ne paye de droits ni pour l'entrée, ni pour la sortie.

On compte dans le Comté de Neuchatel quatre fiefs Nobles, savoir deux *Baronnies*, *Gorgier* & *Vaumarcus*, & deux *Terres Seigneuriales* ; *Travers* & *Rostere*. Le reste du pays est divisé en quatre *Châtellenies*, *le Landeron*, *Boudry*, *Val-Travers* & *Thiele*, & en plusieurs *Mairies* qui forment autant de ressorts particuliers de Jurisdictions. Ces Mairies sont *Neuchatel*, *Lignieres*, *Boudevilliers* ou *Boudevillers*, *la Côte*, *Colombier*, *Cortaillod*, *Bevaix*, *Rochefort*, *les Verrieres*, *la Chaux d'Etaliers* ou *la Brevine*, &c.

Neuchatel situé sur le bord d'un lac dont j'ai donné la description, & adossé à des hauteurs que la rivière ou plutôt le torrent du *Seyon* sépare à son embouchure, est une ville(*) assez petite, mais très-peuplée, & généralement bien bâtie. Le château que l'on y voit a été la résidence des anciens Comtes du pays. Il est devenu la demeure des Gouverneurs & le lieu ordinaire des séances tant du Conseil d'Etat de la Souveraineté, que du Tribunal des *Trois-Etats* du Comté de Neuchatel. La Magistrature de cette ville est nombreuse ; elle consiste 1°. dans la personne du *Maire* & dans celle de son *Lieutenant*, 2°. dans le Collége des *quatre Ministraux*, 3°. dans un *petit Conseil*, 4°. dans un *grand Conseil*, & 5°. dans le *Conseil général*. Ce dernier est l'union de tous les Membres de la Magistrature.

Le grand *Conseil* est composé de quarante Membres & le *petit Conseil* de vingt-quatre, ces deux Conseils réunis s'assemblent le premier lundi & le lundi du milieu de chaque mois. Le *petit Conseil* est la Cour de Justice de la *Mairie* de Neuchatel, & en cette qualité il a pour Chef le *Maire* ou son *Lieutenant*. Ils y président au nom du Prince, le nomment & les brevète ; ils le représentent dans les assemblées de Justice & de Police qui peuvent avoir lieu dans la ville. Le *Maire* opine le premier dans ces assemblées. Le *petit Conseil* remplace lui-même les Membres qui viennent à lui manquer ; il les choisit dans le *grand Conseil*, qui au besoin lui sert de renfort : quand il y a trois places vacantes dans le *petit Conseil*, douze Membres du *grand Conseil* sont proposés pour les remplacer. On en extrait ensuite six pour la pluralité des suffrages, & alors le sort décide entre eux pour remplir les trois places vacantes. Le *petit Conseil* gère la basse Jurisdiction en première instance, & juge des affaires criminelles sans appel, avec la réserve de la grace du Souverain. Les vingt-quatre Assesseurs de ce Conseil sont proprement considérés comme les Juges du Prince.

Le grand *Conseil* des Quarante a pour Chefs les deux *Maîtres des Clefs*, l'un d'eux est élu chaque année ; ils restent deux ans en place. Quand le *grand* & le *petit Conseils* sont réunis, le *Bourgmestre* régnant y préside, le *Maire* y assiste aussi & y donne son opinion, la tête couverte. Le *grand Conseil* traite des affaires de police & de l'administration de la ville.

Le Collége des *quatre Ministraux* est composé des quatre *Bourgmestres* ou *Maîtres Bourgeois*, du *Banneret*, du Secrétaire de la ville & de deux *Maîtres des Clefs*. Ce Collége s'assemble souvent pour les objets de police & pour préparer les délibérations qui doivent être portées au Conseil. Les quatre *Bourgmestres* sont élus pour deux ans ; ils y présidents chacun pendant six mois. Le *Banneret* est élu par le Corps de la Bourgeoisie, il reste en fonctions pendant six ans.

» *séditieux une réponse telle qu'ils devoient l'attendre de la part d'un Prince Philo-*
» *sophe qui détestoit leur fanatisme & méprisoit leurs querelles* «. Je doute très-fort que les Ministres du Comté de Neuchatel ayent grande obligation au Philosophe Académicien du tableau qu'il a fait de leur conduite dans l'affaire du Docteur Petit-Pierre. Il finit cette longue note en ajoutant que le Héros de M. d'Alembert, le tolérant *Milord Maréchal*, ancien Gouverneur de Neuchatel est mort en *Filosophe* & en homme de bien, au fauxbourg de Postdam le 25 Mai 1778, âgé de 93 ans. (Ce sont les expressions de son *Panégyriste*.)

(18) On appelle à Neuchatel l'*Abbris*, le taux modique auquel ont été mis les Bourgeois de cette ville, ralativement aux cens en vin ou en grain, dont sont chargés leurs biens fonds, dans tous les lieux de la directe du Prince où ils sont *jacents*.

(*) P L A N C H E S 78, 110 & 179.

PITTORESQUES, &c. DE LA SUISSE.

Il eſt appellé à porter la bannière de la ville à la guerre, & il eſt conſidéré comme le *Tribun* ou Garde des libertés (19) du peuple.

Le *grand Conſeil* ſe complète auſſi lui-même, en cas de vacance, en prenant par la voie du ſort ſes nouveaux Membres dans le Corps des Bourgeois ſans emplois qui habitent la ville; il ne procède à ce remplacement que lorſque trois Membres lui manquent. Au reſte le *grand Conſeil des Quarante* ne peut s'aſſembler ſéparément ni extraordinairement que du conſentement du *Maire* à qui appartient préliminairement l'indication de la cauſe de la convocation. Les quatre *Bourgmeſtres* ſont avec le *Maire* les Chefs du *Conſeil général*.

Tous les ans le *Conſeil* élit quatre de ſes Membres pour former pour l'année le *Tiers-Etat* dans l'aſſemblée des *Trois-Etats* du Comté de Neuchatel, mais s'il s'agiſſoit de prononcer ſur le ſort de la Souveraineté ou de dreſſer des loix ou de les changer, dans ces cas les quatre *Bourgmeſtres* repréſenteroient le *Tiers-Etat*.

La ville de Neuchatel jouit de grandes libertés municipales ; les plus conſidérables ſont le droit de police & le port d'armes. En vertu de celui-ci, ſes Bourgeois ne dépendent pour le Militaire que de leurs propres Chefs, & en vertu de celui-là la Magiſtrature dreſſe des règlemens & des ordonnances, qui ont force de loi non-ſeulement dans l'enceinte de la ville, mais auſſi dans toute l'étendue de la *Mairie*. C'eſt aux quatre *Miniſtraux* qu'eſt confiée la geſtion immédiate de la police, & c'eſt à leur Collége encore qu'il appartient de juger des cas de bâtardiſe & de paternité, d'accorder des décrets de priſe-de-corps à l'inſtance du *Maire*, & d'inſtruire, ſous ſa Préſidence, les procédures criminelles, qui ſont enſuite remiſes au jugement du reſte du *petit Conſeil*.

Entre autres priviléges diſtincts, la ville peut ſe fournir elle-même le ſel, & elle a le droit de prendre la troiſième partie des effets dans la ſucceſſion d'un Marchand étranger qui vient à mourir dans ſon enceinte ; elle peut auſſi recevoir de nouveaux Bourgeois, mais cependant avec le conſentement du Prince. Il eſt vrai que le Prince ne peut pas le lui refuſer, pourvu que le nouveau Bourgeois ne ſoit pas ſon ſerf, & qu'il paye les contributions irrévocables qui ſont uſitées chaque année.

Parmi les autres avantages conſidérables dont les Princes de Neuchatel ont ſucceſſivement gratifié cette ville, il faut compter la poſſeſſion où elle eſt de la quantité de forêts & de terres de rapport ; l'acquiſition qu'elle a faite des biens de ſon Hopital-général & de ſon Egliſe, ainſi que du droit d'en exercer la direction ; la dîxme qu'elle lève ſur tout le vignoble de la *Mairie*, & le taux modique appellé l'abbris dont j'ai parlé. Dès l'année 1406, elle contracta une alliance particulière & défenſive avec l'Etat de Berne : j'en donnerai ailleurs les principaux articles. Cette Combourgeoiſie exiſte encore dans toute ſon étendue, elle a été renouvellée la dernière fois en 1693.

Il y a de plus dans cette ville une *Juſtice Matrimoniale*, laquelle a dans ſon reſſort tout le Comté particulier de Neuchatel, & eſt compoſée du *Maire* & de huît Aſſeſſeurs, ſavoir de deux Paſteurs de la ville, de deux Conſeillers d'Etat & de quatre Membres du *petit Conſeil*. Les ſentences de cette Juſtice, de même que celles de la Juſtice Civile vont par appel au Tribunal des *Trois-Etats*.

L'aſſemblée générale de toute la Bourgeoiſie de Neuchatel n'eſt convoquée que tous les ſix ans, c'eſt alors qu'elle élit le *Banneret* ; le Conſeil lui fait auparavant le rapport de ce qui s'eſt paſſé d'important depuis la dernière aſſemblée, ſur-tout relativement aux priviléges de la ville.

Les deux Bourgeoiſies de Neuchatel & de Vallangin forment le *Tiers-Etat* de la Souveraineté.

Je renvoie aux *Preuves* (20) un acte important de 1307 concernant les anciens Comtes de Neuchatel & leurs liaiſons avec les villes de Berne & de Fribourg, ainſi que (21) le diplôme monétaire de l'Empereur Charles IV, en 1358, en faveur de ſon féal Louis Comte de Neuchatel.

Comté Souverain de Vallangin.

Ce Comté, qui fait partie de la Principauté de Neuchatel, eſt compoſé des *Mairies de Vallangin*, du *Locle*, de *la Sagne*, des *Brenets* & de la *Chaux-de-Fond*. Son chef-lieu eſt le bourg de *Vallangin*. Il a de même que la Principauté de Neuchatel ſes *Trois-Etats* qui jouiſſent de l'autorité Souveraine, pour ce qui concerne la déciſion des procès civils & matrimoniaux qui ſont portés en appel devant eux, mais non pas pour ce qui concerne la Souveraineté. Le Tribunal eſt compoſé des quatre plus anciens *Conſeillers d'Etat* de Neuchatel qui forment le premier Etat. Dans le ſecond Etat entrent les *Maires* de Vallangin, du Locle, de la Sagne & des Brenets ou de la Chaux-de-Fond. Ces deux derniers alternent d'une année à l'autre. Le *Tiers-Etat* eſt rempli par deux *Lieutenans de Maire* du Comté de Vallangin, & deux Juſticiers de Vallangin nommés par le *Maire* de ce bourg. Le Gouverneur ou ſon Lieutenant y préſide, le *Chancelier* & les *Procureurs-généraux* tant de Nenchatel que de Vallangin y aſſiſtent, le premier pour ſervir à l'occaſion d'organe au Gouverneur, à côté duquel il eſt aſſis & pour ſoigner l'exact enregiſtrement & l'expédition des ſentences, & les deux Procureurs-généraux pour con-

---

(19) Les Loix de Neuchatel ont été imprimées en partie en 1759, in-8. ſous le titre de *Recueil des articles paſſés en Loix* ; cette collection ne contient que les nouvelles ordonnances ; au reſte les Loix de Neuchatel ſont très-remarquables, ſur-tout par rapport aux cauſes matrimoniales & conſiſtoriales. M. Boyve a tâché de ſuppléer au défaut d'un Coutumier imprimé. Voici le titre de ſon ouvrage. *Examen d'un Candidat pour la charge de juſticier ſur les matières de la pratique judiciaire de la Principauté de Neuchatel & de Vallangin* 1757, in-8. Cet ouvrage, très-utile, fournit pluſieurs excellentes obſervations ſur la conſtitution générale du pays.

(20) N°. XLIX. Dans ce traité d'alliance conclu pour dix ans entre Rodolphe, Comte de Neuchatel, & la ville de Berne, le Comte réſervoit ſes Seigneurs Jean de Chalon, Sire d'Arlai, & les Evêques de Bâle & de Lauſanne, il y réſer-voit auſſi ſon oncle maternel le Sire de Montfaucon, il y rappelloit ſa Combourgeoiſie avec la ville de Fribourg. Je traduis ici le texte latin : il faut ſavoir outre cela que comme nous ſommes Bourgeois de Fribourg, nous ſommes obligés dans l'eſpace de quinze jours après que nous en aurons été requis par les Bourgeois de Berne ou par un meſſager exprès de leur part, de renvoyer ladite Bourgeoiſie aux Fribourgeois. & après que la même quinzaine ſera écoulée, nous promettons comme deſſus de défendre & d'aſſiſter leſdits Bernois contre les Fribourgeois.

(21) On trouvera ſous le N°. L. parmi les Preuves, le Diplôme de l'Empereur Charles IV, daté de Nuremberg, le 30 Juin 1358, par lequel ce Prince accorde à Louis Comte de Neuchatel & à ſes héritiers, le droit de faire battre à ſon coin monnoie d'or & d'argent.

ferver l'ordre & veiller au maintien de la décence, & de l'autorité du Prince. Les trois Etats s'assemblent à l'ordinaire une fois par an à la fin de Mai. Si quelqu'un sollicite une assemblée extraordinaire, elle se fait aux frais de ceux qui la demandent.

Parmi les Officiers de l'Etat, le Comté de Vallangin a en commun avec la Principauté de Neuchatel, un *Tréforier-général*, un *Chancelier*, un *Commiffaire-général* & un *Avocat-général* Les Officiers particuliers du Comté de Vallangin font, le *Procureur du Prince* qui gère les propres affaires du Souverain Territorial, les cinq *Maires* & leurs *Lieutenans*. Le confentement des *trois Etats* eft indifpenfable, dans les cas où le Prince voudroit changer les loix & règlemens du pays.

En l'abfence du Gouverneur ou de fon Lieutenant, le Préfident des *trois Etats* eft celui du *Confeil d'Etat*.

Il faut obferver que comme la Seigneurie de Vallangin étoit dans fon origine un fief des Comtes de Neuchatel, les *trois Etats* du Comté de Neuchatel ont feuls le droit de juger de la haute Souveraineté des deux Comtés.

La *Cour Criminelle* juge fans appel, mais le Gouverneur a le droit de faire grace au nom du Prince. Elle eft préfidée par un Officier du pays.

Le *Confiftoire Seigneurial* juge auffi fans appel ; il a le pouvoir d'impofer des amendes & d'infliger des peines corporelles, comme celles du pilori, mais toujours fauf la grace du Prince ou de fon Gouverneur. Ce Tribunal eft compofé du *Maire* de Vallangin, de quelques Pafteurs, du Procureur, du Receveur & de deux Juges de Vallangin. Il juge les perfonnes incorrigibles qui ne veulent pas fe foumettre à la difcipline de l'Eglife.

L'*Officialité*, c'eft-à-dire le Tribunal pour les Caufes matrimoniales, ne juge pas fouverainement, & l'on peut appeller de fes fentences pardevant les *trois Etats*.

Dans chacune des cinq *Mairies* du Comté de Vallangin il y a une Juftice inférieure, compofée du *Maire* & de douze Jufticiers qui, en cas d'abfence ou lorfqu'ils fortent de la *Chambre Judiciaire* pour parenté ou autre caufe, font dans l'inftant remplacés par d'autres dont la nomination eft déja préliminairement faite. On peut appeller de leurs jugemens, dès que l'action eft perfonnelle & que la fomme excède feize francs du pays. Les Caufes font encore fufceptibles d'appel, lorfqu'il s'agit de l'honneur de l'une ou de l'autre des Parties, & lorfque le procès concerne un fond quelconque, ou quelque fervitude fur un fond, fi peu confidérable qu'elle foit.

La *Mairie de la Chaux-de-Fond*, qui a été érigée la dernière, porte fes appels directement aux *trois Etats*. Mais les *Mairies du Locle*, *de la Sagne* & *des Brenets* ont le choix de porter leurs appels aux vingt-quatre Confeillers de Vallangin, & de-là aux *trois Etats*, ou directement à ces derniers.

III. *Le Prince-Evêque de Bâle.*

L'ÉVÊQUE (1) *Titulaire de Bâle*, *Prince du Saint-Empire Romain* & *Souverain de Porentru*, poffède une grande étendue de pays qui forme une belle Principauté ; au levant elle a pour frontière les Cantons de Soleure & de Bâle ; au midi ceux de Berne & de Soleure ; au couchant le Comté de Bourgogne, les Principautés de Neuchatel & de Vallangin, & le Sundgau ; au nord encore le Sundgau & les Comtés de Ferrette & de Montbeliard. Sa longueur depuis le Comté de Vallangin jufqu'au territoire de la ville de Bâle, eft de douze *meile*, & fa largeur depuis la petite ville de *Tattenried* jufqu'à l'Ar eft de feize lieues. Le pays eft très-étroit dans les bailliages de *Zwingen*, *Pfeffingen* & de *Birfek*. J'ai décrit les limites de la Jurifdiction Eccléfiaftique de l'Evêque de Bâle. Il étoit autrefois beaucoup plus puiffant qu'il ne l'eft aujourd'hui ; la ville & le Canton de Bâle ayant embraffé la Réformation l'an 1529, le pouvoir Epifcopal fe trouva diminué confidérablement par cette révolution. L'Evêque Cafpar *Ze Rhein* avoit déja tranfporté fa cour à Porentru (*) en 1501, lorfque la ville de Bâle devint Canton. Ses Succeffeurs y ont fixé leur réfidence depuis cette époque. Ils s'allièrent étroitement avec les fept Cantons Catholiques, Lucerne, Uri, Schweitz, Underwalden, Zoug, Fribourg & Soleure. Cette alliance défenfive avoit été fecrètement conclue en 1579 ; ce fut l'Evêque Jacques-Chriftophe *Blarer de Wartenfée* qui la négocia. Le Prélat prévoyant la jura folennellement à Porentru le 20 Janvier 1580 avec les Députés des Cantons. Elle a été depuis renouvellée pour plufieurs termes ; en 1671 elle fut prolongée à vingt ans ; le dernier renouvellement qui en a été fait eft de 1712, fous l'Evêque Jean-Conrad, Baron de *Reinach* qui mourut le 19 Mars 1737. Un (2) article de ce traité portoit que l'alliance devoit durer auffi long-temps que l'Evêque contractant vivroit & jufqu'à l'élection d'un nouvel Evêque, & que deux ans après fa confirmation elle devoit être renouvellée ; tous accords précédens & obligations antérieures à la date de l'alliance étoient réfervés dans le traité. En 1739 l'Evêque Jacques-Sigifmond, Baron de *Reinach*, troublé par le foulèvement (3) d'une partie de fes Sujets, conclut le 11 Septembre une nouvelle alliance défenfive avec la France. En conformité de ce traité (4), les Sujets de l'Evêque devoient jouir en France des mêmes avantages & priviléges dont jouiffoient les Cantons Catholiques par l'alliance de 1715.

Quand la France eft en guerre avec l'Empereur ou la Maifon d'Autriche, l'Evêque, ainfi que tout le Corps Helvétique, obferve une exacte neutralité, & il veille de concert avec les

---

(1) Chrétien *Wurfteifen*, Chronique Allemande de Bâle, T. I. Bâle, 1765, *in-fol*. nouvelle édition.
Le même, *Epitome Hiftoria Bafilienfis*, Bafilea 1577. *in-8*.
Sudani, *Bafilea-Sacra*, Brundruti 1658, *in-8*.
Leu, Dict. Hift. de la Suiffe, T. II. pag. 101-141. & T. XIV. pag. 675-677.
Le même, obfervations fur la République des Suiffes par Simler, pag. 238, 241 & 626
L'Etat & les Délices de la Suiffe, T. III. pag. 227-246. Bâle 1764. *in-12*. fig.
Faefi, Defcrip. Topog. de la Suiffe, T. IV. pag. 508-598.
Fuesslin, Defcrip. Topog. de la Suiffe, T. III. pag. 489 & fuiv.

Tfcharner, Dict. Géog. Hift. & Pol. de la Suiffe, T. I. p. 89, & T. II. pag. 97, &c.
(*) PLANCHES 33 & 41.
(2) Leu, Dict. Hift. de la Suiffe, T. II. pag. 20.
Faefi, Defcript. Topog. de la Suiffe, T. IV. pag. 517.
Ludwig, *continuatio tertia fpicilegii Ecclefiaftici Archivi Romani Imperii Germanici*, pag. 979.
(3) Mémoire concernant les troubles d'Erguel 1735, *in-fol*. Relation impartiale de la négociation des Sept Cantons Catholiques à Porentru en 1734 & 1735, *in-fol*. en Allemand avec beaucoup d'actes, &c.
(4) Code militaire des Suiffes au fervice de la France, par M. le Baron de Zur-Lauben, T. IV. pag. 91-114. Paris 1764, *in-12*.

Cantons à la sûreté générale des frontières.

L'Evêque Jean-François de *Schoenau*, élu le 18 Septembre 1651, obtint en 1652 d'être compris dans le traité défensif du Corps Helvétique. Ce Prélat négocia même une alliance avec tous les Cantons ; mais ayant été confirmé par le Pape le 25 Juin 1653, il fut obligé d'abandonner son projet à cause de quelques difficultés qu'il trouva auprès des Cantons Réformés. Il renouvella depuis l'alliance avec les Cantons Catholiques, le 16 Septembre 1655. Au reste les liaisons actuelles de l'Evêque avec la Suisse sont assez bornées. L'alliance avec les Catholiques n'a pas même été renouvellée depuis la mort de l'Evêque Jean-Conrad de *Reinach*. D'un autre côté les Cantons Catholiques n'ayant pas oublié l'issue fatale de la guerre de 1712, n'ont pas voulu en 1739 assister de troupes l'Evêque contre ses Sujets rebelles, pour ne pas se brouiller avec leur plus ancien allié naturel le Canton de Berne qui paroissoit vouloir les protéger. Cette perplexité avoit porté l'Evêque à implorer le secours de la France & à s'allier avec elle. Aujourd'hui l'intérêt que les Cantons Catholiques prennent au Prince-Evêque de Bâle, retrace seulement la réminiscence d'anciennes liaisons. L'Evêque pensionne annuellement à tour de rôle, dans chacun des Cantons Catholiques, un Conseiller d'honneur, suivant un article des précédentes alliances. Avant 1739 l'Evêque permettoit aux Capitaines des Cantons Catholiques, au service de la France, de recruter dans ses Etats. Mais depuis la levée d'un (5) Régiment particulier que le Prince donna le 25 Février 1758 sous le nom d'*Eptingen*, toute permission de recruter a été retranchée aux Cantons Catholiques ; l'Evêque même a fait obtenir la plupart des Compagnies de son Régiment aux proches parents des Chanoines de son Chapitre, natifs de l'Alsace : nul Suisse n'a plus aucun Canonicat, ni charge, ni bailliage dans la Principauté de Porentrun. Ainsi il est aisé de juger du peu d'influence que la considération du Prince-Evêque de Bâle doit conserver en général & en particulier dans les divers Etats du Corps Helvétique. On dit que le Prince régnant François-Louis-Frédéric Baron de *Wangen*, Alsacien, (élu en 1775) Prélat d'un mérite éminent, travaille à renouer les anciennes liaisons avec les Cantons qui ont sauvé plusieurs fois son Evêché d'un naufrage général, au changement de Religion dans le seizième siècle, dans la grande guerre de Suède, &c. &c.

L'Evêque de Bâle a, comme Prince, une Régence Monarchique, mais dans les affaires majeures il en consulte avec son Chapitre. Il a un Conseil d'Etat secret : le *Lands-hof-meister* ou Président général du pays est toujours son premier Ministre. Les autres Tribunaux sont 1. *la Cour de Justice*, 2. *la Cour des Finances*, 3. *la Chambre des Bois & de la Chasse*, 4. celle des *Recrues*, & 5. la Chambre des *Fiefs Nobles*. La plus grande partie des Sujets est de la Religion Catholique ; mais les habitans du *Val-Moutier*, de l'*Erguel*, de *Neuveville* & d'*Ilsfingen* sont Réformés. Toute la Milice de l'Evêché est distribuée sous onze bannières ; elle monte à onze mille hommes, depuis seize jusqu'à soixante ans, tous en état de porter les armes. La ville de *Porentru* ou *Porentruy*, en Allemand *Pruntrut* ou *Brundtrut*, la résidence de l'Evêque, est du diocèse de Besançon ; elle a son propre *Magistrat* auquel cependant président les *Lands-hof-meister* & l'*Avoyer* qui sont établis par l'Evêque. La ville jouit de priviléges (6) considérables, lesquels ont donné lieu à plusieurs démêlés très-sérieux avec le Prince-Evêque ; ils ont été appaisés en 1741 par les armes de la France.

---

(5) L'Ordonnance du Roi pour la levée de ce Régiment est rapportée dans le quatrième volume du Code Militaire des Suisses, par M. le Baron de *Zur-Lauben*, pag. 400-405.
(6) On rapportera parmi les PREUVES N°. LI. le Diplome que Rodolphe Roi des Romains, étant à Porentru le 20 Avril 1283, fit expédier en faveur de cette ville, à la prière de Henri, Evêque de Bâle. Le Monarque accorda aux habitans les mêmes immunités dont jouissoit la ville de *Colmar*, & le droit d'un marché hebdomadaire.

Voici les titres qui peuvent fixer en partie l'idée du Lecteur sur le droit public de l'Evêché de Bâle. La première pièce importante, c'est le traité de 1610, (*accord entre l'Evêque de Bâle & la ville de Bienne en* 1610), *in-4°.* en Allemand) il a été fait par l'entremise de huit Cantons. Il fixe les droits de l'Evêque de Bâle, & ceux de la ville de *Bienne*, & il applanit les difficultés qui s'étoient élevées à l'occasion de la bannière ou du militaire de l'*Erguel*. Le traité de 1731, confirme & explique le précédent ; sur-tout par rapport à l'*Erguel* : le Canton de Berne seul a été médiateur dans ce traité imprimé en Allemand sous le titre : *accord de Buren entre l'Evêque de Bâle & la ville de Bienne* 1732, *in-4*.

Les difficultés entre l'Evêque de Bâle & le Canton de Berne, au sujet du droit de Bourgeoisie, avec les habitans du *Val-Moutier*, de l'état de la religion de ce pays &c de l'échange projetté de la ville de Bienne, ont été détaillés dans un ouvrage composé par *Steck*, lequel est connu sous le nom d'*Apologie de la ville de Berne*, 1615, *in-4*. en Allemand. M. de Haller dit que l'ouvrage de *Steck* est très-intéressant, qu'il est fondé sur des actes publics, mais que le style en est très violent, (*Conseils pour former une Bibliothèque Historique de la Suisse*, pag. 136 & suiv.) Il y a eu beaucoup de troubles à la Neuveville dans le courant de ce siècle. On publia plusieurs écrits (1) à ce sujet, ils sont tous remplis de documens. Le Canton de Berne étant intervenu dans toutes ces difficultés en vertu du droit de Bourgeoisie qu'il a avec la Neuveville, l'Evêque de Bâle tâcha d'invalider cette alliance, comme faite sans le consentement de ses prédécesseurs & le sien, mais M. *Rosselet* (2) démontra alors que ce droit de Bourgeoisie est dans toutes les règles, & que les Evêques même l'ont reconnu en différens temps. Cet écrit développe très-bien ces Bourgeoisies ou droits de protections si communs en Suisse & si peu connus ailleurs. Au reste ce droit de Bourgeoisie a été formellement reconnu par l'Evêque dans le traité de 1758 (3) qui en fixe l'étendue.

Les Cantons Catholiques ayant pris beaucoup de part aux troubles de l'*Erguel* & des autres pays du Prince-Evêque de Bâle, on croit devoir indiquer ici quelques pièces publiées à ce sujet, savoir un *Mémoire concernant les troubles de l'Erguel* 1735, *in-fol.* le *détail impartial de la Négociation des sept Cantons Catholiques à Porentru ès années 1734 & 1735*, plein d'actes publics, *in-folio en Allemand*.

---

(1) *Factum* ou représentation à leurs Excellences de Berne 1717, *in-4*.
Mémoire présenté par le Conseil de la Neuveville à leurs Excellences de Berne 1717, *in-4*.
Détail complet des troubles excités à la Neuveville 1717, *in-4*. en Allemand.
Justification de la Bourgeoisie de la Neuveville 1736, *in-fol*.
Relation faite à l'Evêque de Bâle par ses Commissaires au sujet des griefs de la Neuveville 1749, *in-fol*.
(2) *Essai Historique* sur les traités de protection conclus par les Suisses, & particulièrement sur la Combourgeoisie de Berne avec la Neuveville 1757, *in-4*. en Allemand.
(3) Traité entre l'Evêque de Bâle & le Canton de Berne 1758, *in-4*. en Allemand.

IV. L'Abbé d'Engelberg, Ordre de Saint-Benoît.

ENGELBERG (1), c'est-à-dire *la Montagne des Anges*, est une Abbaye (*) de Bénédictins bâtie sur la rivière *Aa* dans un vallon environné de tous côtés de montagnes fort hautes, mais fertiles, & ayant pour bornes au levant le Canton d'Uri, au midi celui de Berne, au couchant le haut-Underwalden, & au nord le bas-Underwalden. Le vallon n'a pas une lieue dans sa plus grande largeur; quand on y arrive, on croit être au bout du monde. L'air est extrêmement vif & froid dans ces montagnes. L'Abbé se qualifie *Seigneur Souverain d'Engelberg*. Cette Seigneurie a deux lieues de long. Je réserve à la Topographie de la Suisse une plus ample description du local. La construction de l'Abbaye (2) fut achevée en 1120 par Conrad, Baron de *Seldenburen* ou *Sellenburen*, dont le château étoit au village (3) de ce nom dans le bailliage de *Wettschweil*, près *Bonstetten*, dans le Canton de Zurich. Le Fondateur soumit immédiatement au Saint-Siége le Monastère d'*Engelberg*. Le Pape Calixte II accepta la donation & prit le Monastère sous sa protection spéciale. La bulle (4) Pontificale est datée du 5 Avril 1124. L'Empereur Henri V déclare dans un (5) diplôme daté de Strasbourg le 28 Décembre 1125, que Conrad, Baron (*Nobilis Vir*) de *Salenburen*, avoit bâti sous le règne de Henri IV, *en l'honneur de la Sainte Vierge Marie*, le Monastère d'Engelberg dans la province de (6) Bourgogne, en l'Evêché de Constance, dans le Canton de *Zurigau* & au Comté de *Zurich*, & que ce Baron l'avoit soumis depuis immédiatement au Saint-Siége, en ayant fait faire le don sur l'Autel de Saint-Pierre par le Baron Egelolf de *Gamlichofen* (7), qui s'étoit chargé de cet hommage. Le même diplôme nous apprend encore que le Fondateur avoit installé l'Abbé *Adelhelm* dans la possession de l'Abbaye & de toutes ses dépendances, parmi lesquelles sont nommés les biens-fonds situés (8) à *Buchs, Stanz, Birols, Schweitz, Cham, Spreitenbach, Udorf, Saltersweil, Sellenburen, Stallikon, Bonstetten, Esch & Starretschweil*. Plusieurs de ces possessions étoient dans les Cantons actuels d'Underwalden, de Schweitz, de Zoug & de Zurich, & dans le Comté de Baden. L'Abbé d'Engelberg porte encore dans ses armes, écartelé au premier, d'or à la tête d'ours de *sable*, tournée à gauche, qui est l'ancien écu des Barons de *Seldenburen*; au second, les armes de la famille de l'Abbé régnant; au troisième qui est Engelberg, d'azur à l'Ange d'argent, debout sur un nuage, ayant sur le chef une petite croix de *sable*, à la main droite une rose, & dans la gauche un sceptre, plus une étoile d'or en haut au canton dextre; & au quatrième qui est Habspourg, d'or au lion saillant de *gueules*, de gauche à droite.

L'Abbé actuel d'Engelberg *Léger Salzmann*, de Lucerne, est un Prélat d'un rare mérite & très-versé dans les sciences & belles-lettres. Il a haute & basse justice dans toute la vallée d'Engelberg; ces droits furent accordés à l'un de ses prédécesseurs en 1128 par l'Empereur. Le pays est partagé en quatre quartiers, qui consistent en habitations éparses dans la vallée & sur les montagnes; le village *Engelberg* est contigu à l'Abbaye de ce nom: autrefois les Empereurs étoient eux-mêmes les *Avoués* de ce Monastère; aujourd'hui les quatre Cantons Forestiers Lucerne, Uri, Schweitz & Underwalden en sont les protecteurs. Le nombre des Sujets de l'Abbé de l'un & de l'autre sexe, peut monter à douze cent, la Milice en compose un tiers. L'Abbé à son élection élit un *Ammann*, un *Statthalter*, un *Banneret*, un *Enseigne* & un *Huissier*. Ordinairement il confirme dans ces Offices ceux qui en étoient revêtus précédemment. Ensuite la Commune du pays s'assemble & propose à son nouveau Souverain douze personnes, parmi lesquelles l'Abbé en nomme quatre pour faire les fonctions de Juges. Ces quatre Assesseurs forment le Tribunal de justice avec les cinq Officiers ci-dessus dénommés. Le *Chancelier* de l'Abbé est le Greffier de ce Tribunal qui tient ses séances dans une Chambre de l'Abbaye. Les appels sont portés à l'Abbé; alors le Prélat convoque cinq Religieux Capitulaires de son Abbaye, les consulte, & donne une sentence définitive, en dernier ressort. Quand l'Abbé est éclairé & indulgent comme l'est le Prélat actuel, le Tribunal trouve peu d'occupation. Les Sujets pleins de confiance dans leur Souverain lui exposent eux-mêmes leurs démêlés & ils se concilient avec bonté & affabilité. Tels étoient les Juges dans l'âge d'or où l'on n'avoit besoin d'aucun Code de Jurisprudence, d'aucun Avocat, d'aucun Président, & où l'on n'avoit aucune idée de cette multitude innombrable de détours que la chicane fournit aujourd'hui, & qui met les particuliers dans l'impossibilité de s'assurer si la Justice leur sera rendue & les Juges dans une incertitude qui fait souvent triompher les mauvaises causes au préjudice de celles qui ont l'équité pour base. Dans les cas criminels l'Abbé fait venir son Officier, en Allemand *Ammann*, qui réside à Lucerne, & qui est toujours d'une famille distinguée de cette ville, & il lui remet la préséance dans le Tribunal qui doit juger & qui a pour Assesseurs les mêmes que j'ai déjà nommés. L'Abbé a le droit de faire grace: l'exécution du Criminel se fait par le bourreau de Stanz. Je parlerai ailleurs des trois Cures que

---

(1) Leu, Dict. Hist. de la Suisse, T. VI. p. 338-351.
L'Etat & les Délices de la Suisse, T. II. pag. 429-431. Bâle 1764, in-12. fig.
Faesi, Descript. Topog. de la Suisse, T. II. pag. 347-350.
Fuesslin, Descrip. Topog. de la Suisse, T. I. pag. 171-383 & T. IV. pag. 306-352.
Tscharner, Dict. Géog. Hist. & Pol. de la Suisse, T. I. p. 179-180, &c.
(*) PLANCHES 130 & 157.
(2) La Chronique du Bienheureux *Frowin*, Abbé d'Engelberg, qui finit à l'an 1175, & qui est conservée dans l'Abbaye princière de Muri, porte ce qui suit, sous l'année 1120: *Eodem anno incepta est hac cella ab Abbate Adelhelmo*; mais le Diplôme de Henri V place l'origine du Monastère d'Engelberg sous le règne de Henri IV.
(3) En latin *Seldebura*.
(4) Caspar *Lang*, Hist. Ecclef. de la Suisse. T. I. en Allemad, article de l'Abbaye d'*Engelberg*.
(5) *Tschudii*, Chr. Helvet. T. I. pag. 59-60. Dom. Herrgott a rapporté ce Diplôme dans la Généalogie de la Maison de Habspourg, (vol. II. parte I. n°. cci, pag. 145-147.) l'acte porte que le Baron de *Salenburen* (*nobilis de Salenburen*) avoit encore depuis peu augmenté & confirmé sa fondation en faveur de l'Abbé *Adelhelme* & de ses successeurs.
(6) *Regulare Monasterium quoddam situm est in provincia scilicet Burgundia in Episcopatu Constantiensi, in pago Zurechowe dicto, in comitatu Zurech, quod ad sanctam Mariam nuncupatum est, cognomine autem Engelbere, quod tempore Henrici quarti Regis Romanorum in honore Sanctæ Maria semper Virginis a Chuonrado nobili de Salenburon honorificè constructum est. Nunc autem idem nobilis vir Chuonradus a quo præfatum Monasterium, sive Abbatia, hereditario jure possessa est, nutu Dei tactus & instinctus, ipsum scilicet locum ac sanctam Mariam ex toto super altare sanctæ Maria reddidit, delegavit — in proprietatem & possessionem, & præditi Monasterii patri Adelhelmo, ejusque successoribus.*
(7) En latin de *Gamelinchoven*, aujourd'hui *Gamlicken* ou *Gamlikon*, dans le bailliage de *Wettschweil*, Canton de *Zurich*, près de *Sellenburen* & *Esch*.
(8) *Hæc sunt autem nomina locorum ad præditum Monasterium pertinentia*, Buches, Stanes, Birrols, Suites, Chammo, Spreitebach, Urdorf, Saltroswilere, Salenburen, Stallinchoven, Bonstetten, Asche, Starcholswilere.

l'Abbaye

l'Abbaye possède dans le *haut Bailliage libre de l'Argou*, sous la Souveraineté des huit premiers Cantons. Les biens considérables qu'elle avoit autrefois dans le Canton de Zurich & ailleurs en Suisse, ont été aliénés. Les malheurs (8) des tems, les guerres, les incendies & quelquefois la prodigalité de quelques Abbés, en ont dépouillé le Monastère.

En 1488 les Sujets de l'Abbaye se révoltèrent, mais graces au secours de trois cent hommes que les Cantons de Lucerne, de Schweitz & d'Underwalden firent entrer la nuit dans la vallée, les rebelles se soumirent, leurs Chefs furent déposés & livrés au Tribunal ; l'Abbé touché de leur humiliation eut la générosité de leur pardonner : C'étoit Udalric *Stadler* qui remplissoit alors la dignité d'Abbé. Anselm *Hesch* fut le premier des Abbés d'Engelberg qui plaça derrière l'écu de ses armes, à côté de la crosse, un glaive, en signe de sa pleine Souveraineté.

XXXVI.

Droit public de la Suisse.

Pour nous mettre en état de tracer le plan du systême politique (1) plutôt composé que combiné de la République fédérative des Suisses, il est nécessaire d'en examiner séparément les parties, leur rapport ou leurs proportions relatives, les points d'appui de ces parties, leur combinaison progressive, les nœuds qui les unissent, & l'effet de ces diverses réactions, de ces différens ressorts sur le mouvement général & sur la force totale du Corps entier ; de déterminer quels sont le but (2) & la fin de la Ligue des Suisses, quels sont les engagemens réciproques des Cantons entre eux, les avantages que chaque Membre a droit de se promettre de la confédération & les obligations qui en résultent ; la différence entre les Cantons & les Associés ou Alliés, en quoi elle consiste essentiellement ; quelles sont les formes du régime de cette Ligue nationale, & enfin les intérêts politiques & du Corps entier & de ses Membres par rapport aux Puissances voisines.

Ce fut (3) dans le centre de la Suisse, au pied de ces montagnes couvertes d'une glace éternelle, que naquit la Liberté des Cantons. Semblable à ces *lavanges* des Alpes, dont la masse énorme qui entraîne avec elle tout ce qu'elle rencontre sur son passage, doit cependant sa première formation à la chûte d'une boule de neige, le berceau de la Liberté Helvétique, foible dans sa création, s'est aggrandi insensiblement par la jonction d'Etats confédérables à qui la proximité du local & les mêmes motifs de défense inspiroient l'esprit d'une association confédérative. La Ligue des Cantons Suisses est une alliance défensive, étroite & perpétuelle entre treize petites Républiques : elle consiste essentiellement dans l'engagement de se protéger les unes les autres par leurs forces réunies, contre tout ennemi du dehors, & de s'entre aider pour prévenir les troubles intérieurs.

La Ligue des *trois premiers Cantons*, Uri, Schweitz & Underwalden, n'avoit dans son origine d'autre but que la conservation de la liberté personnelle & des franchises municipales des peuples confédérés. Par les succès de ces peuples contre la Maison d'Autriche, qui vouloit leur enlever la qualité d'Etats libres de l'Empire Germanique, pour les assujettir à sa domination, cette Ligue se convertit en une garantie de tous les nouveaux droits, de toutes les propriétés territoriales acquises par achat ou par conquêtes, soit par plusieurs Cantons en société, soit par les uns ou les autres en particulier. Dans ces premiers tems la puissance des villes & des pays qui entrèrent dans la Ligue des trois Cantons fondateurs du Corps Helvétique étoit à-peu-près égale ; la banlieue des uns & des autres avoit presque la même étendue, & tant que les limites furent ainsi circonscrites, l'union des différentes parties en fut d'autant plus solide. Les vûes de prédomination & l'égoïsme ne

---

(8) Le Couvent des Religieuses Bénédictines qui est aujourd'hui à *Sarnen*, dans le Canton du *Haut-Underwalden*, y fut transféré en 1615 de la vallée d'Engelberg où il avoit été fondé en 1254. Ce Couvent, voisin de l'Abbaye, & sous l'inspection de l'Abbé, fut un temps très-riche, on y voyoit encore vers l'an 1345, près de deux cent Religieuses ; mais un incendie en 1449 dérangea singulièrement ses finances. Déja en 1326 Wautier, Abbé d'Engelberg & le Couvent des Religieuses soumirent à sa visite, vendirent à Pierre de *Wichtrach*, Bourgeois de *Thoun*, plusieurs fonds de terre situés à *Thoun* & à *Steffisbourg*. On en trouvera l'acte parmi les Preuves sous le N°. LII. L'Abbé d'Engelberg a conservé l'inspection sur le Couvent de *Sarnen*. En 1325 le 1 Septembre, Agnès, Reine Douairière de Hongrie, fille de l'Empereur Albert, assista le Couvent des Bénédictines d'Engelberg, à la prise d'Habit de cent quarante Religieuses ; cette Princesse paya les frais de la solemnité. (*Bucelini Constantia Topo-chrono-Steematographica*, pag. 270 & 287).

(2) Jean-Henri *Hottinger*, de Zurich, *Methodus legendi Historias Helvesicas*, Tiguri 1654, in-8. ouvrage très-estimable.

Jean-Jacques *Leu*, (mort Bourgmestre de la République de Zurich) Observations sur la République des Suisses, par *Simler*, Zurich 1735, in-4. en Allemand, fig.

Le même, Droit municipal des Etats Helvétiques, Zurich 1727 1746, in-4. en Allemand.

Le même, Dict. Hist. de la Suisse, T. VI. pag. 146 & suiv.

Jean-Rodolf de *Waldkirch*, Introduction fondamentale de l'Histoire de la constitution fédérative des Suisses, Bâle 1721, in-4. deux vol. en Allemand.

L'Etat & les Délices de la Suisse, T. I. pag. 280-302.

Fäsi, Descript. Topog. de la Suisse, T. I. pag. 192-200.

Fuesslin, Descript. Topog. de la Suisse, T. I. pag. 30-42, & 37-39.

Tscharner, Dict. Géog. Hist. & Pol. de la Suisse, T. I. pag. 40 & suiv. &c.

(1) Le savant Jean-Henri *Hottinger* a analysé dans une dissertation (1) toutes les qualités intrinsèques de l'alliance générale des Suisses, & les a fortifiées par des exemples extraits de l'Histoire Helvétique. François-Michel *Bueler*, de Schweitz, a donné plusieurs traités intéressans sur le *Droit public de la Suisse* : on a de lui, en Allemand, entre autres ouvrages ceux-ci ; *Traité de la Liberté*, *de la Souveraineté & de l'Indépendance du Louable Corps Helvétique*, Baden 1689, in.8.— *Remèdes politiques pour la conservation de chaque Etat libre du Louable Corps Helvétique*, Zoug 1690, in-8. Il dédia en 1692 aux Treize Cantons, un Traité en Allemand, dans lequel il discutoit les principaux articles de l'Alliance de 1663 entre la France & la Suisse, au sujet du service des troupes Suisses en France. Cet ouvrage fut imprimé la même année à Zoug in-8. M. le Baron de *Zur-Lauben* a donné une analyse dans le premier tome (2) du Code Militaire des Suisses. Bueler vivoit encore en 1712, il avoit été successivement Administrateur des Chancelleries des Bailliages de Baden & de la Turgovie ; on a aussi de lui, en Allemand, un Traité manuscrit *des principes du Droit public du Corps Helvétique*, in-fol. il les y approfondit avec une sagacité admirable, c'est peut-être le meilleur ouvrage qui ait paru sur cette matière.

(3) Lettre de M. le Baron de *Zur-Lauben* à M. le Président Hainaut, sur Guillaume Tell, pag. 13-14. Paris 1767. in-12.

---

(1) *Irenicum Helveticum*, p. 152-196, dans le Recueil des *Dissertationes* de Hottinger, & avec la *Methodus Legendi Historias Helveticas*, Tiguri 1654 in-8.

(2) Pag. 179-205. Paris 1758. in-12.

les divifoient pas : & fi la Suiffe a été déchirée par des guerres civiles, ce n'a été principalement que depuis l'aggrandiffement prépondérant de quelques Cantons. L'équilibre mutuel a été dès ce moment rompu, & les fuites du fchifme de la religion lui ont enfin porté les derniers coups. L'Abrégé de l'Hiftoire générale que M. le Baron de Zur-Lauben fe propofe de donner à la fuite de ces Tableaux, tracera les révolutions Helvétiques d'une manière concife & impartiale. La République naiffante des *Treize-Provinces-Unies* ou *Cantons de l'Amérique*, évitera fans doute dans fon plan les défauts qui ont déjà manqué plus d'une fois de renverfer le *Corps Helvétique*. Toutes les parties fédératives dépendent du Congrès général des *Treize-Provinces*, qui a fagement pris pour modèle la conftitution des *Etats généraux de la Hollande*. Cette dépendance mutuelle empêchera qu'aucune partie ne puiffe s'aggrandir féparément aux dépens de celles qui compofent en général la République : même religion, même langue, mêmes loix, mêmes mœurs, mêmes intérêts, ce n'eft pour ainfi dire qu'une feule famille qui anime & dirige le tout. Ces réflexions nous mèneroient trop loin, fi nous voulions analyfer la légiflation uniforme, étroite & indivifible des *Treize-Cantons Américains*, & celle des *Treize-Cantons Européens* dont la conftitution intrinsèque eft trop divifée & par conféquent moins refferrée.

Paffons aux obfervations fur le droit public de la Suiffe, tel qu'il eft établi. La teneur des Traités d'alliance que les Cantons ont enfemble n'eft pas également uniforme : il y a quelque différence entre ceux qui regardent les *huit anciens Cantons* & ceux des *cinq derniers*, de plus moderne date. Ceux-ci, comme nous allons l'obferver, doivent fe prêter à de certaines obligations que les plus anciens ont le droit de leur prefcrire : mais pour les affaires majeures, tous les Traités d'alliance font généralement affez conformes l'un à l'autre.

Par l'obligation auxiliaire entre les Cantons, chaque Membre de la Ligue difpofe, pour fa défenfe, des forces de tout le Corps confédéré : mais il faut convenir que l'ufage de ce droit eft plus étendu pour les *huit anciens & premiers Cantons*, que pour les *derniers* ; ceux-là peuvent appeller le fecours de leurs alliés par de fimples monitoires, tandis que les *cinq derniers Cantons* n'interviennent dans les querelles des *huit premiers* que comme médiateurs, & que ceux-ci n'ofent fe permettre de commencer aucune guerre fans la participation & le confentement des *anciens Cantons* ; en outre s'ils font cités par l'un d'eux, avec qui ils auroient un différent, à comparoître en droit devant les autres Cantons, ils ne peuvent pas les récufer pour arbitres ou juges. Dans la guerre civile de Cappel les Cantons de *Bâle*, de *Soleure* & de *Schaffhaufen*, qui, comme Cantons de plus récente date, euffent dû jouer le rôle de médiateurs entre les *fept premiers Cantons* divifés, portèrent les armes contre les *Cinq-Cantons* de Lucerne, Uri, Schweitz, Underwalden & Zoug, le tout en dépit de ce qu'ils n'avoient pas, comme la plus grande partie d'entre eux, embraffé la nouvelle réforme. Les villes de *Saint-Gall* & de *Bienne* & les *Grifons* euffent dû également être neutres, mais conduits par le même efprit d'agitation ils armèrent pour Zurich & Berne, malgré leurs liens confédératifs avec les autres *anciens Cantons* : c'étoit le temps du délire qui travailloit alors toute l'Europe.

Dans la guerre civile de 1656 entre les mêmes *fept premiers Cantons*, la neutralité fut exactement obfervée par les *fix derniers*, qui par leur médiation pacifièrent les deux partis : même neutralité fut gardée dans la dernière guerre de 1712.

La feule exception que nous connoiffions à la garantie générale & mutuelle entre les Cantons pour leurs propriétés territoriales, regarde la partie du *pays de Vaud*, conquife par les Bernois en 1536 : quelques Cantons feulement, les Réformés, & du nombre des Catholiques, Lucerne, Fribourg & Soleure, ont garanti aux Bernois le pays de Vaud. Cependant, obferve l'Auteur du Dictionnaire Géographique, Hiftorique & Politique de la Suiffe, *comme la portion de ce même pays que les Fribourgeois fe font appropriée dans la même époque*, *eft garantie par l'union particulière entre les Cantons Catholiques* (l'alliance dite d'Or ou de Boromée, en 1586), on peut dire que tous les *Membres de la Ligue font directement ou indirectement engagés à maintenir les deux Cantons dans la poffeffion entière*. Il y a lieu de le croire, quoique malgré la teneur expreffe du traité de cette alliance (4) particulière, & malgré fon renouvellement en 1655, les Cantons de Glaris-Catholique, de Fribourg, de Soleure & d'Appenzel-intérieur n'appellèrent pas fecours les *cinq anciens Cantons Catholiques* dans leur guerre avec Zurich & Berne ; cette Ligue particulière a encore été renouvellée en 1714, avec les mêmes expreffions folemnelles.

Dans toutes les alliances, le premier article traite du fecours, de la défenfe & de la protection que les Cantons fe doivent mutuellement contre toute violence ; mais pour détourner toute guerre qui feroit entreprife trop légèrement, il eft dit que le Canton léfé doit affurer fous ferment qu'on lui fait injuftice ; & alors fi la majeure partie des autres Cantons trouve, fous ferment, que fa plainte eft fondée, le Canton offenfé a le droit d'appeller les autres à fon fecours. Lorfque les *huit anciens Cantons* font interpellés par l'un des *cinq derniers*, ils doivent prendre les informations préliminaires fur l'équité ou l'invalidité de la plainte, & s'ils jugent fous leur ferment qu'elle n'eft pas fondée, le Canton qui les a appellé doit s'abftenir de toute voie de fait, & ufer de celle de négociation. Mais s'ils trouvent que le fecours eft légitime, ils doivent affifter effectivement le Canton qui les a implorés. Chaque Canton ne peut cependant pas appeller tous les autres à fon fecours, mais feulement ceux avec lefquels il a une alliance immédiate. Par exemple Zurich eft immédiatement allié depuis 1351 avec les *quatre Cantons Foreftiers* de Lucerne, Uri, Schweitz & Underwalden, & depuis 1352 avec Zoug & Glaris, en conféquence il a le droit de les appeller à fa défenfe auffi fouvent qu'il le croit néceffaire. Mais Zurich ne peut, en vertu de ces alliances de diverfes époques, appeller directement Berne ; pareil recours ne peut être fait à la ville de Berne que par les *quatre Cantons Foreftiers* ; ceux-ci amènent alors le fecours de Berne pour la défenfe de la ville de Berne, que les Bernois fe font immédiatement alliés en 1353 avec les *trois Cantons Foreftiers* d'Uri, de Schweitz & d'Underwalden. Tel eft le chaînon des obligations de ces premières alliances. Il eft vrai que par une alliance (5) particulière & perpétuelle du 22 Janvier 1423 & qui ne déroge pas aux précédentes, les deux villes de Zurich & de Berne ont le droit d'avoir recours l'une à l'autre immédiatement. Mais s'il arrivoit que le fecours

---

(4) M. *Leu* a inféré ce traité dans fon Dictionnaire Hiftorique de la Suiffe, T. IX. pag. 331-336.

(5) Ce traité eft rapporté dans la Chronique de *Tfchoudi*, T. II. p. 150-151.

demandé fouffrît du retard, les alliances ont défigné l'endroit (6) où les Cantons appellés doivent juftifier les motifs de leur délai. Zurich & les quatre Cantons Foreftiers ont fixé *Einfidlen* pour le local de leur affemblée, Berne & les trois Cantons Foreftiers le *Kienholz*, village fur la frontière des Cantons de Berne & d'Underwalden. Là ils doivent délibérer enfemble fi l'objet de la plainte peut être concilié ou non, & en cas que cela ne fe puiffe pas, ils confultent fur la manière la plus prompte dont on pourra fecourir le Canton appellant. Mais dans le cas où un Canton auroit befoin d'un fecours urgent, les autres Cantons font obligés de le lui donner fans délai quand même ils ne feroient pas appellés. Les alliances déterminent auffi l'article des dépenfes proportionnelles en cas d'un fiége, comme auffi le partage des conquêtes & du butin. Au refte les frais du fecours fe font aux dépens du Canton qui eft appellé.

Le fecond chef effentiel des alliances roule *fur la manière dont doivent être conciliés amicalement deux Cantons ou plus qui auroient des conteftations enfemble*. Sur cet objet les anciens Suiffes fe font réunis avec une fageffe finguliére, & voici comment: lorfque deux Cantons ou plus ont des démêlés enfemble, chacun d'eux envoye deux Confeillers intelligens à l'endroit défigné par les alliances pour le Congrès; s'ils tombent tous d'accord, l'unanimité termine le différend. Mais dans le cas de diverfité dans les opinions ils confentent tous de part & d'autre qu'on choififfe un *fur-Arbitre* parmi les Cantons neutres. Au refte le *fur-Arbitre* n'a pas le droit de donner un nouveau jugement, il ne peut que confirmer par fa voix l'une ou l'autre des fentences prononcées par les premiers Affeffeurs. Le *fur-Arbitre* eft en pareil cas dégagé par fon Canton refpectif, de tout ferment & lien envers fon Souverain, afin qu'il puiffe avec moins de gêne décider la conteftation.

Le *troifiéme chef des alliances* concerne les réferves. Aucun des *trois Cantons Foreftiers*, d'Uri, de Schweitz & d'Underwalden ne peut s'allier avec aucun Etat fans le confentement mutuel des deux autres. Zurich & Berne fe font réfervé le droit de s'allier avec qui leur plaira, fous la condition cependant que les alliances de plus fraîche date ne préjudicieroient en rien aux anciennes alliances perpétuelles. Mais les *cinq derniers Cantons* n'ont pas le droit de s'allier avec qui que ce foit fans le fçu préalable & le confentement des *huit anciens Cantons*. Chaque ville & chaque pays en entrant dans la Ligue perpétuelle ont réfervé leurs droits, leurs franchifes particulières, leurs loix, règlemens, conftitutions, coutumes, feigneuries & poffeffions, comme auffi le pouvoir de faire des changemens, additions & améliorations dans les alliances du Corps Helvétique. On voit par l'hiftoire de la Suiffe que dans les premiers temps les Cantons renouvelloient fouvent entre eux leurs alliances; elles portent même que ces renouvellemens doivent fe faire les uns tous les cinq ans & les autres tous les dix, & que dans le cas où ils ne fe feroient pas, les alliances doivent cependant refter dans leur vigueur.

Un autre objet effentiel de la Ligue des Cantons, c'eft la confervation de la tranquillité intérieure, par la protection réciproque des formes diverfes de Gouvernement établies dans chaque Canton. C'eft en vertu de l'engagement entre les alliés, de ne pas donner retraite aux ennemis de leur liberté & de la paix publique, que chaque Canton & Etat allié du *Corps Helvétique*, a le droit de bannir de toutes les terres de la Confédération les Citoyens & les Sujets rebelles ou confidérés comme perturbateurs de l'ordre public, & de même les malfaiteurs. La ville de Zurich, menacée par des Magiftrats exilés, fut la première à demander expreffément une garantie de fa conftitution civile, qu'elle obtint dans fon traité d'alliance (7) perpétuelle avec la ville de Lucerne & les trois pays d'Uri, de Schweitz & d'Underwalden en 1351. Autre exemple mémorable dans les faftes Helvétiques en 1393 (8) quand le *petit Confeil de Zurich*, féduit par des intrigues fourdes, eut formé une alliance particulière avec la Maifon d'Autriche pour vingt ans, les Cantons proteftérent auffi-tôt contre cette nouveauté; le *grand Confeil de Zurich* rompit l'engagement avec éclat, & punit les principaux Magiftrats, auteurs du traité, par la privation de leurs charges & par l'exil. Il s'étoit élevé (9) en 1404 un différend entre la ville de Zoug & les trois Communautés qui partagent avec elle, dans une certaine portion, & les droits & les emplois de ce Gouvernement démocratique. Les Communautés qui prétendoient une plus grande égalité, étoient foutenues par un parti confidérable du peuple de Schweitz, & ceux-ci en même-temps qu'ils offroient de prêter main-forte, infinuoient aux Communautés que les Cantons n'avoient aucun titre pour s'immifcer dans leur querelle. Les Cantons de Zurich, Lucerne, Uri & Underwalden appellés par les Bourgeois de Zoug, terminérent ces troubles les armes à la main, & rafférmirent l'ancien ordre dans la diftribution des prérogatives du Gouvernement qu'une faction avoit entrepris de changer par la force.

L'indocilité de la Milice après la guerre de Bourgogne, amena divers défordres. Ils causérent aux Cantons Ariftocratiques des inquiétudes d'autant plus vives qu'on pouvoit foupçonner que l'efprit des Démocraties vouloit augmenter les franchifes des Sujets des villes. D'un autre côté les Cantons populaires ne cachoient point leur jaloufie & leurs inquiétudes fur les progrès d'agrandiffement & fur l'union étroite des Etats Ariftocratiques. Ces défiances mutuelles fe terminérent cependant par la célébre convention (10) de *Stanz*, en 1481. Le but principal de ce règlement eft de prévenir les factions & les révoltes, en armant dans chaque Canton le Corps qui repréfente le Souverain, des forces de tous les Etats alliés.

Pour mieux prouver la folidité de ce nouveau lien entre les Suiffes, il n'eft pas fuperflu d'obferver, qu'indépendamment de l'intérêt commun à tous les Gouvernemens, de tenir dans la fubordination leurs Sujets médiats & immédiats, il n'eft aucun des Etats Démocratiques dans la Suiffe, qui ne renferme dans fon enceinte une claffe d'habitans exclus des affemblées générales où réfide le pouvoir fouverain. Plufieurs de ces Cantons, outre les bailliages communs, ont des diftricts de pays plus ou moins confidérables dont les habitans font les Sujets immédiats. La ville de Zoug, les Cantons d'Uri, de Schweitz & de Glaris en ont. Les Grifons poffédent par indivis la Valteline, le Comté de Chiavene & la Seigneurie

---

(6) Le texte Allemand appelle cette convocation *Malftatt*, en latin *locus comitiorum*.

(7) Leu, ibid. T. XX. pag. 243-248.

(8) *Tfchudii* Chr. Helvet. T. I. pag. 570-575.

(9) *Tfchudii*, ibid. T. I. pag. 621-627.

(10) Leu, Dict. Hift. de la Suiffe, T. XVII. pag. 505-510.

de Bormio, & les sept Dizains du haut-Vallais sont Souverains du bas-Vallais.

Lors de la grande révolte des paysans dans les Cantons de Bâle, de Soleure, de Berne & de Lucerne, & dans le bailliage libre de l'Argau, en 1653, les Cantons populaires furent des premiers à prendre les armes contre les rebelles. L'histoire de la Suisse nous fournit, même dans des temps plus récens, (en 1755) dans le soulèvement des habitans du *Val de Levinen*, Sujets du Canton d'Uri, de fréquens exemples de la protection & du secours donnés réciproquement entre les Confédérés, pour maintenir la constitution intérieure reçue dans chaque Canton.

Pour que le lien entre les Cantons fût étroit, solide & permanent, pour qu'il pût inspirer une pleine confiance aux Membres unis, & être respecté par leurs rivaux ou ennemis, il étoit nécessaire que la Ligue fût perpétuelle, & qu'elle eût une force *obligatoire*, exclusive ou de préférence sur tout autre engagement. Quant à la première de ces deux conditions, il faut observer que dès la première union des trois Cantons d'Uri, de Schweitz & d'Underwalden, fondateurs de la République en 1315, tous les traités d'association successive entre les Cantons, ont été munis de la clause expresse de leur perpétuité. Ces traités fixoient, à la vérité, un terme de cinq ou de dix ans, pour renouveller le serment de l'alliance, mais avec l'explication positive, que l'omission de cette solennité ne porteroit aucune atteinte à la sainteté & à la perpétuité du contrat. C'étoit anciennement l'usage d'envoyer des Députés d'un Canton à l'autre, pour recevoir la promesse *sermentale* des Confédérés. Des guerres, divers évènemens publics interrompoient l'observation régulière de cette prestation réciproque de fidélité sociale; dans des momens de dissensions ou de mécontentement, on craignoit, peut-être, de l'exiger; le schisme dans le culte public présentoit sans doute une autre difficulté pour le cérémonial. Ainsi depuis l'an 1520 qu'a été fait le dernier (11) renouvellement général des alliances Helvétiques, cette solennité est tombée en désuétude. Mais indépendamment des titres d'association, qui contiennent la preuve de sa perpétuité; indépendamment de l'opinion héréditaire & universelle dans la Nation, qui ne laisse aucun doute sur la conviction intérieure de tous les Confédérés; indépendamment de la qualité d'amis & de perpétuels alliés, qu'ils se donnent mutuellement dans tous les actes & instrumens publics, & de la déclaration particulière qu'offrent à cet égard les traités de pacification après des guerres passagères, quoique toujours *dénaturées* (12) entre des co-Etats d'une République fédérative, l'obligation confédérale est publiquement reconnue par le salut ou compliment Helvétique, que les Députés des Cantons prononcent à huis-ouvert, à l'ouverture de chaque Diète générale ou particulière, & qui tient lieu d'une profession solennelle faite au nom de leurs Constituans, de leur attachement sincère & constant à l'union étroite & perpétuelle, formée par leurs ancêtres.

La seconde condition de l'alliance des Cantons consiste dans la prépondérance de l'obligation fédérative sur tout autre engagement. Cette clause insérée déja dans les traités d'union entre les *premiers Cantons*, n'a pu cependant acquérir toute sa force que dans des temps postérieurs, à mesure que les parties contractantes ont fait plus de progrès vers leur entière indépendance. Nous ne pouvons trop le répéter, pour fixer l'idée qu'on doit se faire de l'union des Cantons, elle n'étoit dans son origine qu'une association auxiliaire, pour préserver d'une usurpation violente des franchises limitées: tous les Confédérés n'étoient pas d'abord directement liés entre eux, & leur association n'excluoit pas toute liaison du même union avec d'autres. Ce n'est que depuis la convention de *Stanz* & l'alliance des *huit Cantons* avec Fribourg & Soleure, en 1481, que la Ligue revêtit le caractère d'une union stable, générale & nationale.

Depuis que les Suisses, par une longue prescription reconnue par des titres formels, sont devenus entièrement indépendans de l'Empire, la réserve faite à ce sujet dans les anciens traités d'union, est annulée par le droit & par le fait. On peut aujourd'hui établir comme un principe du droit public Helvétique, qu'actuellement l'obligation fédérative réciproque entre les Cantons précède tout autre engagement politique. Il y a néanmoins des bornes dans l'étendue de la Ligue: par exemple, ce qui ne blesse point la liberté des autres Membres que l'association a pour objet de protéger, chaque Canton est absolu, & forme un Etat Souverain & indépendant, qui se gouverne & se conduit par ses propres principes & loix: chaque jour, pour ainsi dire, tel ou tel un des autres d'entre les Cantons exercent cette indépendance par des prohibitions mutuelles. Un Gouvernement proscrit les monnoies d'un autre, s'il les trouve de trop bas aloi; il défend à son gré l'exportation ou l'importation des denrées ou des marchandises, pourvu que le transit en demeure libre dans les autres Cantons & qu'à cet égard on ne hausse point les péages. Il fournit des troupes aux Puissances étrangères & fait des alliances à son choix sous la réserve des traités de la confédération Helvétique: excepté le petit nombre de cas déterminés expressément dans les alliances & qui intéressent directement l'objet même de la Ligue, aucun Canton n'est assujetti aux résolutions de la pluralité.

L'inégalité dans la force intrinsèque des Cantons, la diversité des principes par lesquels ils se gouvernent, le partage des sentimens sur la Religion, les suites de la guerre civile de 1712 sont sans doute les grands obstacles qui empêchent une liaison plus forte entre les Membres de la Ligue. Les partis Catholiques & Réformés s'accusent mutuellement d'avoir relâché le lien social, par des liaisons particulières entre eux & avec des Puissances étrangères. L'Auteur du *Dictionnaire géographique, historique & politique de la Suisse* (M. de *Tscharner*, de Berne), avance (13) que les Catholiques, entraînés par le zèle pour la Religion de leurs pères, ont donné, sans contredit, les premiers exemples de ces précautions suspectes & les ont poussées au point de mettre en danger la liberté commune. Il entend ici sans doute l'alliance défensive que les *cinq Cantons Catholiques* de Lucerne, Uri, Schweitz, Underwalden & Zoug avoient faite en 1529 avec Ferdinand I, Roi des Romains. Elle fut annullée par le traité de paix qui termina la première guerre de *Cappel*. Les Cantons Catholiques firent encore d'autres alliances avec l'Espagne & la Savoie, de même les Réformés conclurent des traités parti-

---

(11) Stettler, Chronique de Berne, T. I. Liv. XI. pag. 598.
(12) M. le Président *Montesquieu*, Esprit des Loix, T. I. Liv. X. Chap. VI. p. 285. Amsterdam 1749, *in-12*.
(13) T. I. pag. 47.

culiers

culiers avec plusieurs Princes & Etats du Corps Germanique, avec les Puissances maritimes & avec Vénise; les Bernois qui avoient arrêté au milieu de la guerre civile de 1712 une alliance défensive (15) avec la Hollande, avoient-ils droit de se plaindre de celle que les Cantons Catholiques, lésés par la paix d'Arau, contractèrent en 1715 avec la France?

Au reste on ne peut pas regarder comme une infraction à l'alliance générale entre les Cantons, la Ligue de Boromée que les Etats Catholiques de la Suisse firent en 1586 & qu'ils ont depuis renouvellée. Aussi dans tous les actes, produits par un éloignement constant pour toute innovation dans le dogme & dans le culte, effet ordinaire de l'attachement pour la Religion dans laquelle on est né, nous ne voyons que les craintes jalouses qu'inspiroient les progrès d'un parti naissant & entreprenant, qui tendoit à se procurer une influence prépondérante sur les Sujets communs des anciens Cantons. Dans le dernier siècle le célèbre Jean-Henri Waser (16), Bourgmestre de Zurich, travailla avec zèle à un plan dans lequel il vouloit refondre en un seul acte toutes les alliances précédentes des Cantons, d'une manière relative à la situation actuelle du Corps Helvétique. Cette refonte ou réduction devoit ensuite servir de Code fédératif & unique à tous les Cantons, & en conséquence ils auroient renouvellé leur Ligue générale. Tel étoit le but patriotique du digne Bourgmestre de Zurich. Eh! plût à Dieu qu'il eût eu son plein effet! Les guerres civiles de 1656 & 1712 ne fussent peut-être jamais arrivées, & les vrais Suisses ne gémiroient pas aujourd'hui sous les coups qu'elles ont portés dans le système de l'harmonie générale.

L'Auteur du Dictionnaire (17) que j'ai cité, compare judicieusement la Ligue Helvétique à ces grands monumens que les seuls efforts des bras, sans le secours de l'art, ont quelquefois élevés dans des siècles encore barbares, ils frappent l'œil par la hardiesse de l'entreprise & par leur rusticité sublime, leur solidité tient plus de l'assimilation naturelle des masses que de la liaison exacte des parties. *De même*, ajoute-t-il, *l'union des Républiques Suisses repose davantage sur le rapport de leurs intérêts & sur l'heureuse assiette de leur pays, que sur l'équilibre calculé d'un systême politique ; & peut-être n'en doit-on que mieux augurer de sa perpétuité.* Tel est le raisonnement de M. de Tscharner. J'en laisse l'appréciation à ceux qui connoissent la politique des treize Cantons: passons aux Etats appellés communément *Membres associés & alliés de la Suisse*. Ils ne sont pas tous reconnus dans cette qualité par tous les Cantons. D'ailleurs les degrés de leur liberté particulière varient si fort, & les conditions de leurs alliances sont si différentes, qu'il est à-peu-près impossible de donner à l'Etat de ces Confédérés une définition applicable à tous. En comparant les traités d'alliance des villes de *Saint-Gall* & de *Mulhausen*, avec ceux des derniers *cinq Cantons*, il semble que toute la différence se réduise à celle du titre de *Orth* ou *Canton*, & aux droits accordés à ceux-ci en vertu de ce titre, de participer à la Régence des pays conquis à frais-communs. D'autres de ces Etats associés promettent aux Cantons protecteurs obéissance & service. On voit surtout par l'exemple des villes de *Rottweil* (18) & de *Mulhausen* (19), que l'engagement avec les Associés est plus foible & plus précaire que celui entre les Cantons. La prérogative attribuée par un long usage à quelques-uns de ces Etats alliés d'assister par leurs Représentans aux conférences appellées *Diètes*, est encore une distinction plus apparente que réelle. C'est un moyen direct pour mettre leurs demandes sous les yeux de leurs protecteurs, c'est le droit de proposer un avis sur les intérêts communs de la Suisse. L'avantage essentiel de cet attribut d'*Associé & d'Allié de la Ligue des Suisses* (*Zugewandte der Eidgnossenschafft*) pour ces Etats unis par des traités auxiliaires avec un nombre plus ou moins grand des Cantons, est de conserver leur liberté sous cette protection, & de participer, dans leur qualité de Suisses, à l'indépendance de la Nation de toute domination étrangère (indépendance reconnue dans le traité de pacification générale de l'Europe, en 1648) & aux immunités accordées à tous les Suisses, tant en France que dans d'autres pays voisins.

L'*Abbaye de Saint-Gall* possédoit un territoire fort considérable avant la révolution qui, au commencement du quinzième siècle, détacha de son domaine le pays d'*Appenzell*. Elle avoit acquis en 1468 (20) le *Comté de Toggenbourg*. La crainte de se voir dépouiller de quelques terres par les Bourgeois de St.-Gall, avoit décidé l'Abbé Caspar de *Breiten-Landenberg*, à mettre son Monastère sous la protection des quatre Cantons, Zurich, Lucerne, Schweitz & Glaris, par un traité de Combourgeoisie perpétuelle, en 1451: il les reconnoissoit par cet acte pour seuls Juges entre ses peuples & lui. Depuis cette date, les Cantons établissent chacun à leur tour un Officier à *Wyl*, qui, avec le titre de Capitaine du pays, *Lands-Haubtmann*, est le gardien des droits réciproques de l'Abbaye & des Sujets, & qui prend connoissance des causes criminelles. La pension de cet Officier a été fixée par une convention particulière (21), en 1597. Immédiatement après l'achat du *Comté de Toggenbourg*, l'Abbé Ulric *Roesch* avoit conclu (22) sous ce nouveau titre, un traité de Combourgeoisie perpétuelle avec Schweitz & Glaris, pour contrebalancer l'effet de celle que ces deux Cantons avoient contractée (23) en 1436 avec les Communautés de *Toggenbourg*. Les *Abbés de Saint-Gall*

---

(15) *Saint-Saphorin* la conclut à la Haye le 21 Juin 1712; le même Envoyé signa aussi le 8 Janvier 1714, la *Capitulation* entre les Etats-Généraux & le Canton de Berne. Par l'article V du *Traité d'Union*, les Hollandois promettoient à ce Canton un subside pour sa défense, & garantissoient les terres de sa Souveraineté contre toute attaque des Puissances étrangères, à l'occasion de la guerre intestine d'alors en Suisse. Ces Traités sont rapportés dans le *Corps universel diplomatique du droit des Gens, par Dumont*, T. VIII. Partie I. p. 300-304. Amsterdam 1731, *in-fol*; dans les *Mémoires de Lambérti*, T. VIII. pag. 517-528. à la Haye 1730, *in 4*. & dans l'*Histoire Militaire des Suisses, par M. le Baron de Zur-Lauben*, T. VII. pag. 503-511.

(16) Elu Bourgmestre de la République de Zurich en 1652, mort le 10 Février 1669. Voyez sa vie dans le Dict. Hist. de M. Leu, T. XIX. pag. 187-189. Voyez aussi le premier tome de la Description Topographique de la Suisse, par M. Faess, p. 196.

(17) T. I. pag. 49-50.

(18) *Rottweil* ville Impériale, en Souabe, conclut une alliance perpétuelle le 6 Avril 1519 avec les Treize Cantons. Depuis 1632 les guerres d'Allemagne ont affoibli, pour ne pas dire éteint, toutes ses liaisons avec le Corps Helvétique; les Cantons réformés les ont négligées les premiers. Voyez l'article de cette ville & son alliance avec les Suisses, dans le quinzième tome du Dict. Hist. de la Suisse, par M. Leu, pag. 469-482.

(19) *Mulhausen* ville Impériale, dans le Sundgau, fit alliance perpétuelle avec les XIII Cantons en 1515. Les Cantons Catholiques mécontens de sa conduite, la rayèrent du nombre de leurs alliés en 1586. Depuis cette époque elle est seulement confédérée avec Zurich, Berne, Bâle & Schafhausen.

(20) Contrat d'achat & de vente du Comté de Toggenbourg, entre Ulric, *Abbé de Saint-Gall*, & Petermann, Baron de *Raren*, vendeur, pour le prix & somme de 14500 *florins du Rhin*, à Lutisbourg le jeudi avant *Saint-Thomas, Apôtre*, 1468, avec la confirmation de cette vente par l'Empereur Frédéric IV, & l'investiture du Comté de Toggenbourg, donnée par ce Prince à Ulric, Abbé de Saint-Gall, à Gratz le vendredi après l'exaltation de la Saint-Croix 1469. Corps Diplomatique du Droit des Gens, par Jean du Mont, Partie I. Tom. III. p. 402-404 & 406-407.

(21) M. Trumpi, Chron. de Glaris, pag. 305-306.

(22) Le mercredi qui précède le jour de *Saint-George*, en Avril 1464.

(23) Tschudi, Chr. Helvet. T. II. p. 224-225.

n'ont pas des liaisons directes avec les autres Cantons, mais admis par les Confédérés de la Suisse à diverses alliances avec des Puissances voisines, l'habitude de s'intéresser aux négociations fréquentes que ces traités occasionnoient leur procura le droit, *d'usage & de prescription*, d'envoyer des Députés aux Diètes générales, & c'est ici à ce titre qu'on considère l'*Abbaye de Saint-Gall* comme associée au Corps Helvétique. Elle tient même le premier rang parmi les Etats alliés des Cantons. L'Auteur du *Dictionnaire géographique de la Suisse*, après avoir dit que les Abbés de *Saint-Gall* prêtent hommage de fidélité à l'Empereur, sans avoir ni siège ni suffrage dans les Diètes d'Allemagne, ajoute (24) *que c'est une servitude de politique, qui ne leur a été d'aucune utilité dans leurs dernières disgraces*. Mais cet Ecrivain auroit dû se rappeller que c'est aux suites de l'alliance défensive que les Plénipotentiaires (25) de l'Abbé Léger *Burgisser* conclurent en Suisse, le 25 Juillet 1701 avec l'Ambassadeur (26) de l'Empereur Léopold, traité qui n'a pas été ignoré de M. *Leu* (27), *Bourgmestre* de Zurich & qui inquiéta singulièrement la Suisse, que l'Abbé de *Saint-Gall* a dû son rétablissement & le règlement avantageux qui a fixé ses droits souverains sur le Toggenbourg; il n'a été contraint à sacrifier aucun pays comme les *cinq Cantons Catholiques* ses défenseurs, & il a obtenu en 1755 & 1759 gain de cause de la part des deux Cantons de Zurich & de Berne dans presque toutes ses prétentions sur les Toggenbourgeois : quels que soient les raisonnemens de M. de *Tschamer*, il n'en est pas moins vrai que l'influence des liaisons de l'Abbé avec l'Empereur & d'autres Puissances n'a pas peu contribué à cette réintégration. Autrement les Cantons qui ont dicté la paix d'Arau, l'eussent obligé à leur céder quelques districts de son territoire, pour les frais de la guerre de 1712, n'étant pas vraisemblable que sans l'impulsion secrète de plusieurs considérations majeures, ils n'eussent pas plutôt exigé leur indemnité du prétendu auteur de la guerre civile, que des Cantons leurs plus anciens & leurs plus naturels alliés. Les Empereurs continuent à donner aux Abbés de Saint-Gall l'investiture de leur temporel, même du *Comté de Toggenbourg*, & cet acte n'est pas une pure cérémonie aux yeux de ceux qui pèsent avec impartialité les suites de la guerre de 1712.

Il s'en est peu fallu que la *ville de Saint-Gall*, en profitant de la révolution arrivée dans le pays d'*Appenzell*, au commencement du quinzième siècle, ne parvint à dépouiller *l'Abbaye de Saint-Gall*, d'une grande partie de ses terres. Quand les Abbés eurent obtenu la protection de quelques Cantons, la ville se hâta de s'assurer la même ressource; elle conclut en 1454 une alliance perpétuelle avec six Cantons, Zurich, Berne, Lucerne, Schweitz, Zoug & Glaris. Dans ce traité, elle prit ce double engagement, de ne s'allier avec personne sans le consentement des Cantons, & de se soumettre à leur sentence, dans tous les cas où la partie opposée appelleroit à leur jugement: les Cantons forcèrent par les armes, en 1489, les *San-Gallois* à respecter cet engagement dans un différend que ceux-ci eurent avec l'Abbé. L'Histoire Helvétique nous apprend que dans les diverses guerres des Suisses, depuis la date de l'alliance

la ville de *St.-Gall* a toujours fourni son contingent de troupes, de même que dans plusieurs expéditions en Lombardie. Elle fut, par cette raison, associée à diverses alliances des Cantons avec des Puissances étrangères: elle prenoit part aux pensions de subsides & envoyoit des députés aux Diètes. Cette dernière prérogative a été avouée par les Cantons en 1666; elle en jouit d'autant plus sûrement que ses propriétés territoriales, avec une Jurisdiction inférieure en Turgovie, lui donnent souvent un intérêt personnel dans les affaires qui se traitent à la Diète annuelle de *Frauenfeld*.

Bienne (28) n'est pas une République entièrement indépendante, puisqu'elle rend hommage à l'Evêque de Bâle, qui est son Prince; cependant elle jouit de divers droits essentiels de la Souveraineté même, entre autres de celui du port d'armes dans un district considérable. C'est ce droit, très-ancien, qui mit la ville de Bienne en état de prendre part aux guerres des Bernois & des Soleuriens avec la Maison d'Autriche & avec la Noblesse limitrophe. En vertu de ses titres de Combourgeoisie perpétuelle avec Berne, Soleure & Fribourg, sa bannière figuroit avec celle des Confédérés, dans leurs expéditions militaires les plus importantes: c'est aussi par ces titres qu'elle a part aux alliances avec la France, comme associée des Cantons, & qu'elle envoie un Député aux Diètes.

Outre ces *Membres associés* ou *Co-alliés du Corps Helvétique*, il se trouve plusieurs Etats indépendans & détachés, qui confinent avec les Cantons, & qui, à cause de leurs alliances particulières avec quelques Cantons, ont été compris dans les traités des Suisses avec quelques Puissances étrangères, sous le titre d'*Alliés des Suisses*. Dans ce nombre l'Etat le plus considérable par ses propres forces est la République Confédérée des *Grisons*: elle est formée par trois Ligues distinctes, la Ligue haute ou *Ligue-grise*, la Ligue *Cadée* ou de la *Maison-Dieu*, & la *Ligue des Dix-Droitures* ou *Jurisdictions*. Chacune de ces Ligues est composée de diverses Communautés libres, gouvernées par des principes purement démocratiques: les querelles particulières des Grisons avec les Sujets Autrichiens, leurs voisins, les lièrent avec les Confédérés Suisses, au moment que la guerre de Souabe alloit éclater. La *Ligue Grise* conclut la première une alliance perpétuelle défensive le *Mercredi avant la Saint Jean* 1497, avec les *sept Cantons* de Zurich, Lucerne, Uri, Schweitz, Underwalden, Zoug & Glaris. Un an après, la *Ligue Cadée* suivit cet exemple, le *Jeudi jour de Sainte Lucie* (13 Décembre) 1498; le Canton de Berne n'étoit pas compris dans ces deux premiers traités. La *Ligue des Dix-Droitures* fit alliance perpétuelle avec *Zurich* & *Glaris* le 8 Septembre 1590: les Protestans attribuent (29) à l'esprit de parti de religion, le refus fait en 1701 aux *trois Ligues*, sur leur demande, d'être incorporées à la Confédération des Cantons. La majeure partie du pays des Grisons est en effet de la Religion Réformée; mais peut-être les constitutions particulières de ces peuples, & le souvenir des désordres qui en ont souvent résulté présentoient-ils aux Cantons Catholiques des motifs plus forts encore, pour ne pas s'empresser à entrer avec eux dans des liaisons plus étroites. Les Grisons,

---

(24) T. I. pag. 34.
(25) Fidèle Baron *Van-Thurn* (de la Tour) & George-Guillaume *Ring de Baldenstein*.
(26) François-Ehrenreith, Comte de *Trauttmansdorff*.
(27) Dict. Hist. de la Suisse, T. VIII. pag. 102-103 & 108-109.

Faesi, Desc. Topog. de la Suisse, T. I. pag. 179.
(28) Faesi, Descript. Topog. de la Suisse, T. III. pag. 44-45.
Tschamer, Dict. Géog. Hist. & Pol. de la Suisse. T. I. p. 55 & suiv. &c.
(29) M. de *Tschamer*, ibidem, T. I. pag. 36-37.

par les incursions qu'ils firent dans la Lombardie, en même-temps que les Suisses, y acquirent des possessions importantes, qui furent dans la suite des sujets de troubles & de guerres pour eux : au reste, la République des Grisons a traité presque toujours pour son propre compte avec les Puissances étrangères; elle s'est aussi alliée séparément en 1600, avec la République du Vallais, le 30 (30) Août 1602 avec celle de Berne, & le 5 (31) Mai 1707, avec celle de Zurich : des délibérations lentes, effets d'une constitution populaire & divisée, empêchent les trois Ligues de s'intéresser aux affaires politiques de leurs alliés, & elles ont souvent même rendu inutiles les bons offices de ces derniers, dans des temps d'oppression & de troubles excités par des factions souvent trop puissantes dans les Ligues.

Voici quelques observations tirées d'un Mémoire historique & politique écrit en 1708 ou 1709 sur les Grisons. — » Les » Suisses se repentirent bientôt d'une confédération qui les » mettoit, à cause de l'humeur inquiète de leurs alliés, en » danger d'entrer en rupture avec les Puissances voisines. Cette » considération, (jaloux d'ailleurs de voir qu'on leur attri- » buoit plus d'esprit (32) qu'à eux, & de les avoir pour rivaux » dans les services étrangers) les détacha insensiblement » des Grisons. Les Membres du Corps Helvétique parurent » d'abord assez indifférens sur l'envahissement de la Valteline : » leur léthargie obligea Louis XIII de faire en 1623 une triple » alliance avec le Duc de Savoie & la République de Venise » pour le recouvrement des pays sujets des Ligues. On croit » que les Suisses ne seroient plus disposés présentement à faire » de grands efforts en faveur des Grisons, & que cette inac- » tion procéderoit moins de la pesanteur naturelle de la Na- » tion que des différens intérêts de ses Membres. Zurich, » Berne & Glaris Protestans, ont eu l'arbitrage de plusieurs » différens dans les Ligues : ces Etats sembleroient assez dis- » posés à aider les Grisons de leur communion, mais ils » seroient probablement retenus par plusieurs motifs, entre » autres par l'appréhension d'être obligés de faire de grandes » avances pour des peuples accoutumés à payer d'ingratitude » leurs défenseurs, & hors d'état de les rembourser à cause » de la dissipation que font les Grisons des émolumens de » l'Etat qui leur sont partagés; d'ailleurs les Protestans du » Corps Helvétique craignent une union des Catholiques » Grisons avec les Suisses de la Communion Romaine, qui » pourroit se faire par la vallée d'Urseren, du Canton d'Uri ; » ils appréhendent aussi que ceux-là ne rendent libres leurs » sujets, & ne donnent par-là un exemple aux bailliages com- » muns (Ultramontains) dont les habitans sont presque tous » Catholiques, & qui s'uniroient avec les Suisses de leur » Communion. Les Cantons de la Religion Romaine & les » Valésiens haïssent naturellement les Religionnaires Grisons ; » ils les regardent comme des gens toujours prêts à aider les » Protestans du Corps Helvétique à les écraser, qui ne » cherchent qu'à abolir chez eux la Catholicité & qui font » mille mouvemens pour introduire leurs dogmes en Valte- » line & donner par-là un exemple aux bailliages communs » (Ultramontains). Au reste, les Suisses de la Religion Romaine

» ont plus d'amitié que de confiance envers les Catholiques » des Ligues : ils savent que ceux-ci sont foibles, dénués de » Chefs & divisés entre eux, & que dans un besoin leur secours » seroit peu considérable & fort onéreux; ils ne laissent cepen- » dant pas d'en faire cas, de les animer à ne se pas laisser » écraser des Protestans, & de leur promettre des grains & » des sels de France, afin d'intimider les Protestans Grisons » par la crainte d'une diversion, & d'obtenir un passage par » la Valteline, si le Pape levoit des Suisses de sa Communion. » — Quand les Grisons eurent connu qu'ils n'avoient plus » tant à craindre de la Maison d'Autriche, ils se dégoûtèrent » de leur union avec les Suisses : ils se chagrinèrent de se voir » confondus avec les autres alliés du Corps Helvétique, de » ne point avoir de considération auprès des Puissances étran- » gères, & d'être privés des honneurs & des émolumens » qu'ils se promettoient de leur démembrement. D'ailleurs » après l'introduction de la nouvelle Religion, les Protestans » des Ligues se dégoûtèrent de voir aux Catholiques une » supériorité de voix qu'ils avoient chez eux, & l'altération » qui se mit entre les Membres des deux Communions, sépara » entièrement le gouvernement des Suisses de celui des Gri- » sons. — Les Protestans Grisons ont une extrême confiance » dans l'appui des Protestans de la Suisse, ils ont contracté » des alliances très-étroites avec les principaux Etats Pro- » testans du Corps Helvétique, savoir, avec Berne en 1602, & » Zurich en 1707: sur la fin de cette année & au commen- » cement de 1708, ils firent en faveur du premier des prépa- » ratifs pour lui aider à soutenir la Sentence du Conseil de » Neuchâtel, contre les Prétendans François. Les Religion- » naires des Ligues n'ont pas les mêmes sentimens pour les » autres Protestans de la Suisse. Bâle & Schaffhausen leur sont » même désagréables, moins par leur situation proche des » grandes Puissances de la Communion Romaine, que parce » qu'ils refusèrent, il y a quelques années, d'entrer dans une » Confédération que les Protestans des Ligues leur avoient » proposée.

» Les Grisons de la Croyance de Genève ont une haine » mortelle contre les Catholiques du Corps Helvétique, » parce que ceux-ci ont refusé l'alliance des Dix - Droitures, » empêché en 1621 quelques Bernois d'aller assaillir les Val- » telins, menacé d'armer en faveur de ces derniers, porté le » Légat Barberin à tâcher d'exclure les Ligues de la Souverai- » neté de la Valteline, & fait quelques mouvemens en 1701 » pour soutenir les Catholiques de la Ligue Grise : ils ont encore » à cœur de voir les petits Cantons en possession du grand pas- » sage des marchandises par le mont Saint-Gothard.

» Les Catholiques des Ligues ont toujours regardé les » Protestans de la Suisse comme leurs plus grands ennemis : » ils sont persuadés que ceux-ci ne cherchent que l'occasion » de les perdre, afin que les Grisons Protestans n'ayent rien à » craindre chez eux dans le cas où ils les aideroient à détruire » les Cantons de la Communion Romaine. Ils sont aussi imbus » du préjugé que Zurich & Berne font leurs efforts pour intro- » duire leur religion en Valteline, & de-là la faire passer dans » les bailliages communs (Ultramontains). Le ressentiment

(30) Leu, Dict. Hist. de la Suisse, T. IX. pag. 144-147.
(31) Leu, ibid. pag. 136-144.
(32) Déja dans le neuvième siècle Walafride Strabon, savant Abbé de Reichenau, disoit des Rhétiens ou Grisons de son temps: Retiani callidirate

naturali abundant. (de miraculis Beati Galli confessoris, Lib. II. Cap. I. p. 163, inter Alamannicar. Rer. scriptores apud Goldastum T. I. Parte II. Francofurti 1661, in-fol.

» qu'ils en conservent leur fit refuser en 1707 d'entrer dans
» l'alliance que leurs compatriotes Proteſtans firent avec le
» Canton de Zurich.
» Il n'y a point d'Etats qui ſoient ſi chers aux Catholiques
» des Ligues que les Cantons de la Religion Romaine, mal-
» gré les différends qu'ils ont entre eux au ſujet du *mont Saint-
» Gothard*, de *Monticello* & de la *vallée d'Urſeren* ; leur amitié eſt
» fondée ſur un commerce réciproque, ſur le ſouvenir de l'ap-
» pui qu'ils en ont reçu & de celui qu'ils en eſpèrent pour des
» troupes, de l'argent, des vivres & des munitions dans une
» guerre de religion «.

Voilà ce qu'un Etranger écrivoit en 1709 ſur le pays des
Griſons: les objets politiques de la Suiſſe ont changé depuis
en grande partie; les antipathies de religion s'affoibliſſent tous
les jours, les traités ont fixé les prétentions litigieuſes, les
arts cultivés & les lumières acquiſes, tempèrent l'inquiétude
à laquelle ſe livre ſi aiſément une nation indépendante &
guerrière. Dans la première circonſtance menaçante pour la
liberté nationale, on verroit, au moins on ne doit pas en
douter, ce grand intérêt, l'ame des premières alliances, reprendre toute ſa force.

Le *Vallais* (33) préſente un Corps politique détaché, compoſé de pluſieurs petites *Démocraties* ſéparées, appellées *Diʒains*,
qui ſe réuniſſent en un faiſceau, par une confédération étroite
& une adminiſtration ſommaire pour leurs intérêts communs. L'*Evêque de Sion* eſt, à pluſieurs égards, le chef de cette
République. Dès l'an 1250 elle a fait des traités, & dans le quinzième ſiècle elle a eu des démêlés fréquens avec le Canton de
Berne: en 1416 & 1417 trois Diʒains du Vallais, *Gombs, Brig*
& *Viſp*, entrèrent en combourgeoiſie perpétuelle avec Lucerne,
Uri & Underwalden, & en 1473 tout le pays fit une alliance
perpétuelle avec ces trois Cantons & celui de Schweitz. Les
Vallaiſans fournirent des troupes auxiliaires aux Suiſſes dans la
guerre de Soüabe en 1499, & participèrent à quelques expéditions en Lombardie: leur alliance avec tous les Cantons Catholiques, pour la défenſe de la foi, eſt de 1528. Cet engagement
s'eſt trouvé ſouvent en colliſion avec l'alliance qui ſubſiſte
entre la République du Vallais & le Canton de Berne, renouvellée en différens tems depuis 1448 juſqu'en 1618: à la ſuite
du même traité d'alliance défenſive avec les Cantons Catholiques, ils ont été aſſociés à diverſes alliances de ces Etats
avec les Puiſſances voiſines; ainſi que les Griſons ils ne ſont
invités aux Diètes Suiſſes, que dans les cas qui les intéreſſent
particulièrement.

La ville *de Mulhauſen* (34), ſituée dans la Haute-Alſace, hors
des limites de la Suiſſe, avoit une alliance avec Berne &
Soleure dès l'année 1466; la part qu'elle prit à leurs guerres,
particulièrement à leur diſcorde avec la France, depuis 1512
juſqu'en 1515, lui procura, à cette dernière date, une alliance
avec les Treize-Cantons: elle a été en conſéquence compriſe
dans les traités avec la France, & elle jouiſſoit du droit de
ſe faire repréſenter aux Diètes Helvétiques. Mais pendant les
troubles qui agitèrent la ville de Mulhauſen en 1586, le Magiſtrat ayant, par une démarche imprudente, offenſé les Cantons Catholiques, déjà mécontens de ce que la ville avoit
embraſſé la réformation, & ayant même porté les armes contre
eux dans la guerre de Cappel en 1531, ceux-ci renoncèrent à
ſon alliance le 4 Novembre 1586 : cette ville a depuis cette
époque ſouvent ſollicité le retour de leurs bonnes graces; les
Cantons Proteſtans n'ont pas diſcontinué de s'intéreſſer en ſa
faveur, & c'eſt à leur alliance que Mulhauſen doit la conſervation de ſa Liberté.

Les conteſtations (35) entre la Bourgeoiſie de *Genève* & ſes
Evêques, aidés des Ducs de Savoie, ont éclaté peu de temps
avant que l'entière défaite de Charles le *Téméraire*, dernier Duc
de Bourgogne, eût inſpiré aux deux villes de Berne & de Fribourg des projets de conquêtes. Le ſecours donné à ce Prince
par le Comte de *Romont*, de la Maiſon de Savoie, fourniſſoit
à ces deux villes un prétexte plauſible de faire la guerre; les
Genevois déterminèrent leur Evêque Jean-Louis *de Savoie* à
s'allier avec Berne & Fribourg en 1477: de nouvelles entrepriſes pour leurs franchiſes occaſionnèrent une combourgeoiſie
particulière avec Fribourg en Février 1519. Le Duc de Savoie
parvint à la faire diſſoudre; mais la continuation des mêmes
allarmes la fit renouveller le 8 Février 1526, entre Berne, Fribourg & Genève. La République de Fribourg y renonça
cependant encore en Mars 1534, irritée de n'avoir pu réuſſir
à détourner les Genevois de la réformation. L'alliance avec
Berne, au contraire, fut rendue perpétuelle le 9 Janvier 1558,
& la République de Zurich y accéda le 30 Octobre 1584. Mais
avouons-le, cet appui eût difficilement ſuffi ſans celui de la
France, pour aſſurer l'indépendance de Genève: la République
de Genève fut compriſe dans un traité (36) particulier de cette
Couronne avec les Cantons de Berne & de Soleure en Août
1579, auquel Zurich accéda en 1602. Henri IV a mis ſon ſceau
à ſa protection en faveur de Genève, en la faiſant comprendre dans ſes traités de paix avec le Duc de Savoie, en 1599
& 1601 : par ces divers liens le Roi de France & les deux
Cantons de Zurich & de Berne ſont devenus les médiateurs
dans les diviſions ſurvenues entre les Citoyens de Genève,
& ils ſont les garants de la conſtitution de la République.
Cette ville a ſouvent tenté de ſe faire incorporer comme
alliée de Zurich & de Berne dans le Corps Helvétique, en
1585 & en 1600 elle ſollicita pour ſe faire recevoir au rang des
Etats aſſociés du Corps Helvétique, mais toutes ces tentatives
ont été infructueuſes.

C'eſt une ſingularité, de trouver dans une aſſociation
extraordinaire de peuples libres qui ſe gouvernent par des
principes ſi différens, une Principauté ſouveraine, qui, par
les liaiſons précédentes de ſes Maîtres avec les Cantons, s'eſt
ſauvée de la deſtruction générale des Princes & de la Nobleſſe.
Le *Comté de Neuchatel* avoit été ſaiſi par les Cantons en 1512,
à l'occaſion de leur rupture avec la France, ils le firent gouverner alternativement par des Baillifs juſqu'en 1529, que
ſur les inſtances du Roi *François premier*, ils le rendirent à
Jeanne, Marquiſe de *Hochberg*, veuve de Louis, Duc *de Longueville*, auquel ce pays avoit été enlevé : mais en le reſtituant,
les Cantons lui réſervèrent la jouiſſance de tous ſes anciens

---

(33) Leu, Dict. Hiſt. de la Suiſſe. T. XIX. pag. 115 & ſuiv.
Tſcharner, Dict. Géog. Hiſt. & Pol. de la Suiſſe, T. I. pag. 37-38.
(34) Tſcharner, ibid. T. I. pag. 35.
Stettler, Chr. de Berne. T. I. Liv. V. p. 188 & T. II. Liv. VII. pag.
294 & ſuiv.
Faeſi, Deſcrip. Topog. de la Suiſſe. T. IV. pag. 601 & ſuiv. &c.

(35) Tſcharner, Dict. Géog. Hiſt. & Pol. de la Suiſſe, T. I. p. 38.
(36) Spon, Hiſt. de Genève, T. II. pag. 205-225. Genève 1730, in-4.
fig.
Lunig, *Codex Diplomat.* part. ſpec. contin. 1. p. 141.
Du Mont, Corps Diplomatique, T. V. part. 1. pag. 347-349.
Le même, ibid. ſupplément par Rouſſet, T. II. partie 1. p. 180-185, &c.

privilèges,

privilèges, même de ceux qu'ils lui avoient accordés durant le temps qu'ils en étoient Souverains. La Princesse renouvella son ancien droit de combourgeoisie avec Berne, Lucerne (37), Fribourg & Soleure. J'ai parlé de cette combourgeoisie & de celle que Berne a particulièrement avec la ville de Neuchatel, à *l'article du Gouvernement de ce Comté*. Vallangin, dont la souveraineté a été dans un temps détachée de celle de Neuchatel, a aujourd'hui des liaisons semblables de combourgeoisie avec Berne, qui remontent à l'année (38) 1399; ces traités ont été souvent renouvellés. C'est en vertu de ces liaisons que les Comtés de *Neuchatel & de Vallangin* ont été reconnus indépendans (39) du Corps Germanique, & réputés Alliés des Suisses & pays neutres dans les guerres de l'Empire & de la France.

Les Cantons Catholiques (40) conclurent en 1579, avec *l'Evêque de Bâle*, une alliance étroite, que ses successeurs ont eu soin de renouveller à différentes époques & pour la dernière fois en 1712. Ce traité donne au Prince, Evêque Titulaire de Bâle, la qualité d'Allié du Corps Helvétique ; prérogative qui ne peut être relative qu'à cette partie des terres sujettes de l'Evêque & du Chapitre qui sont censées comprises dans la Suisse : une autre partie des terres de l'Evêché est au-delà du Rhin, sur le sol de l'Empire Germanique. Le Prince a rang & suffrage dans le *Cercle du Haut-Rhin*, & paie son contingent des contributions à l'Empire. L'Evêque Jean-Conrad, Baron de *Reinach*, envoya en mars 1722 un Ministre en son nom au Congrès du *Cercle du Haut-Rhin*, usage qui avoit été pendant bien des années interrompu sous ses prédécesseurs. Dans l'alliance avec l'Evêque, les sept Cantons de Lucerne, Uri, Schweitz, Underwalden, Zoug, Fribourg & Soleure, s'étoient engagés de l'aider à ramener au sein de *l'Eglise* ceux de ses Sujets qui avoient embrassé le culte réformé, mais avec la réserve qu'en pareille circonstance l'Evêque n'employeroit contre eux aucuns moyens violens sans *l'aveu, su & volonté* des Cantons Catholiques ; cependant cette clause *coercitive* de l'Alliance de 1579, n'a eu aucun effet dans les fréquentes discussions entre l'Evêque & la République de Berne, à l'occasion des franchises des Sujets Protestans de cette Principauté. Les Communautés (41) du *Val-Moutier* jouissent de la protection de la ville de Berne, en vertu d'un traité de combourgeoisie en date du 14 mai 1486, renouvellé & maintenu jusqu'à nos jours ; le libre exercice de la Religion Réformée a été aussi garanti aux habitans de l'Erguel, (42) autre district de l'Evêché.

Voici l'indication (43) des principaux traités qui constituent la base du *Droit public des Cantons*, le Règlement (44) *Militaire de* 1393, la Convention ou le Traité (45) *de Stanz* de 1481, la Paix (46) *de Cappel* en 1531, l'Accord (47) *d'Olten* qui termina la guerre civile dite de *Rapperschweil* en 1656, & la Paix d'Arau (48) en 1712, qui annulla celle de *Cappel*. Suivant la convention de *Stanz*, chaque Canton est obligé l'un envers l'autre de forcer les Sujets désobéissans & rebelles de rentrer dans le devoir

vis-à-vis de leurs Souverains, & cela en vertu des alliances. La paix d'*Arau* fixe la conformité de Religion dans les bailliages communs du *Pays Allemand*, & elle détermine de quelle manière les autres objets relatifs aux bailliages communs doivent être décidés soit à la pluralité des voix, soit d'une autre façon. L'alliance d'*Or* ou de *Borromée*, faite en 1586 entre les Cantons de Lucerne, Uri, Schweitz, Underwalden, Zoug, Fribourg & Soleure est aussi une loi fondamentale entre les Cantons Catholiques. Elle a été principalement conclue pour la défense de la Religion Catholique & pour la protection mutuelle des Parties contractantes. Glaris-Catholique, Appenzell-intérieur, l'Abbé de Saint-Gall, la République du Vallais & l'Evêque de Bâle ont aussi depuis accédé à ce traité défensif. Il y a dans cette alliance (49) un article (le *premier*) qui mérite une observation particulière. Je le traduis littéralement d'après le texte Allemand. *Si un ou plusieurs Cantons d'entre nous vouloit se séparer de la vraie & ancienne Foi Chrétienne-Catholique (ce que Dieu Tout-puissant veuille détourner éternellement par sa grace), alors les autres Cantons devront prêter main-forte pour obliger ledit seul Canton ou plusieurs à rester & persévérer dans la Foi vraie-Catholique & ancienne-Chrétienne, & à punir les auteurs ou instigateurs d'une pareille désertion selon qu'ils l'auront mérité par-tout où on pourra la saisir*. M. Faesi, Ministre du Canton de Zurich, n'a pas manqué de noter cet article dans sa Topographie Helvétique, mais cette clause stipulée par les Cantons Catholiques est de la même nature que les articles que les Etats Protestans de la Suisse ont si souvent arrêtés dans leurs traités pour la défense de leur *union Evangélique*. Les *Hottinger*, les *Ruchat* & beaucoup d'autres Ecrivains Protestans de l'histoire de la Suisse tant Ecclésiastique que Civile rapportent les précautions que les Cantons Réformés ont prises dans leurs traités particuliers pour la défense de leurs dogmes. Un Suisse, vrai Patriote, disoit il y a quelques années à un des premiers Magistrats du Corps Helvétique, que le schisme de Zuingle avoit frappé le coup le plus funeste à la constitution fédérative des Cantons. Le Magistrat lui répondit qu'on pouvoit mettre en problème si ce schisme n'avoit peut-être pas sauvé la Suisse dans deux occasions importantes, dans lesquelles si on n'eût été d'une Religion, soit Catholique, soit Réformée, la liberté générale eût essuyé la plus grande crise. *Convenez, Monsieur,* dit ce Magistrat encore plus respectable par sa prudence & son savoir que par sa dignité, *convenez que dans la guerre de trente ans, lorsque Gustave-Adolphe faisoit la loi à la Maison d'Autriche & aux Etats Catholiques de l'Allemagne, ce Prince eût porté ses armes victorieuses dans nos montagnes, & toute la Suisse fût restée Catholique ; ce furent les Cantons Réformés qui conjurèrent l'orage, & à leur considération le Roi de Suède & ses Alliés respectèrent la neutralité de la Suisse. Une autre époque non moins intéressante pour le salut de notre pays a été celle où Louis XIV au milieu de ses victoires, maître de l'Alsace, de la Lorraine, des Pays-Bas, & des bords du Rhin, venoit de conquérir la Franche-Comté. Dans ce moment alarmant, les Cantons Réformés*

---

(37) La première date de la Combourgeoisie de la ville de Lucerne avec le Comte de Neuchatel, est du 21 Juillet 1501; celles des Combourgeoisies de Berne, Fribourg & Soleure avec le même Souverain étoient antérieures.

(38) *Stettler*, Chr. de Berne, T. I. Liv. III. pag. 101.

(39) Jérôme-Emanuel *Boyve*, Recherches sur l'Indigenat Helvétique de la Principauté de Neuchâtel & Vallangin, à Neuchatel 1778, in 8. *Pfeffinger, Corpus juris publici ad dudum institutionum Vltriarii, T. I. Lib. 14. Sect. 12. p. 1097 & T. II. Lib. II. Sect. 10. p. 1084. Francofurti ad moenum 1754, in-4. fig.*

(40) *Tscharner*, Dict. Géog. Hist. & Pol. de la Suisse, T. I. pag. 40.

(41) *Leu*, Dict. Hist. de la Suisse, T. XIII. p. 423 & suiv.

(42) Le même, ibid. T. VI. pag. 389-390.

(43) *Faesi*, Descript. Topog. de la Suisse, T. I. p. 196 & suiv.

(44) *Leu*, Dict. Hist. de la Suisse, T. XVII. p. 56-60.

(45) *Leu*, ibid. T. XVII. pag. 505-510.

(46) *Waldkirch*, Introduction à l'Hist. de la Confédération Helvétique, T. II. pag. 373 & suiv.

(47) *Waldkirch*, ibid. T. II. pag. 546-569. *Haffner*, Chronique de Soleure, Partie I. pag. 686-692.

(48) *Waldkirch*, ibid. T. II. pag. 827 & 356. *Leu*, Dict. T. XI. pag. 335-345.

(49) *Leu*, ibid. T. IX. pag. 331-336, article *der guldens bund*.

entendant de toutes parts les cris des Puissances Maritimes, recevant les instances de l'Empire, & ébranlés par les représentations des Ministres des deux branches d'Autriche, ils se fussent peut-être portés à entrer dans une Ligue générale avec ces diverses Puissances qu'un même intérêt ou un même ressentiment soulevoit contre le prétendu projet de la Monarchie universelle qu'on attribuoit malignement au Roi de France ; oui, Monsieur, ils se fussent peut-être portés à des armemens qui auroient à la fin opéré le renversement de la liberté générale, mais le refus constant des Cantons Catholiques à prendre un parti extrême, arrêta l'impétuosité des Réformés, & cette fois ils rendirent à la Nation le même service que les Réformés lui avoient rendu dans la grande guerre de Suède dans laquelle les Cantons Catholiques montrèrent un attachement sans bornes pour la Maison d'Autriche Allemande & Espagnole. Vous voyez, Monsieur, que le schisme de Zuingle n'a donc pas fait toujours tout le mal possible à la Suisse & qu'elle lui doit sa conservation dans la guerre de trente ans, comme elle la doit aux Cantons Catholiques dans le cours des prospérités de Louis XIV.

Je ne ferai pas de commentaire sur le discours du Magistrat impartial. Il s'agit ici de faits & l'histoire les atteste. Heureuses sont les Républiques qui ont à leur tête des Chefs aussi éclairés que l'est celui qui faisoit ces observations, & dont par respect je tais le nom.

M. de Haller, Correspondant de l'Académie Royale des Sciences à Paris, digne fils du grand Haller, a donné parmi plusieurs Ouvrages importans, le traité dont j'ai déja parlé plusieurs fois & qui a pour titre : Conseils (50) pour former une Bibliothèque historique de la Suisse. J'en extrairai ici ce que ce savant Observateur a dit (51) du Droit public & particulier du Corps Helvétique.

Nous n'avons point de recueil diplomatique qui puisse être regardé comme une collection complette de tous les Traités de la Suisse : on trouve cependant les principaux dans le Dictionnaire de Leu, & dans le Corpus Juris gentium Academicum de Schmaus. Jean-Rodolphe Holzer en a bien donné un recueil (52), mais il n'en renferme qu'une très-petite partie; Jean-Henri Gleser (53), de Bâle, a publié le premier un traité d'alliance perpétuelle conclue le premier Août 1291 entre les pays d'Uri, de Schweitz & d'Underwalden. Celle de 1315 n'est donc pas la plus ancienne comme on l'a cru jusqu'ici. La liberté Helvétique a été fixée & reconnue de toute l'Europe par le traité de Westphalie. Les actes de cet évènement ont été soigneusement conservés par Wetstein (54) & par Moser (55). L'Ouvrage de Wetstein est plus authentique, plus complet, plus rare & plus précieux que celui de Moser. Jean-Rodolphe Wetstein, Bourgmestre de Bâle, Auteur du recueil, a été lui-même présent aux Congrès de Munster & d'Osnabrougg ; tout le Corps Helvétique l'y avoit envoyé en son nom en 1646, pour faire reconnoître son indépendance; & ce fut à sa prudence & à ses soins que la Suisse en dut la déclaration formelle, autorisée par l'aveu de toutes les Puissances de l'Europe ; la France & la Suède le secondèrent supérieurement dans sa négociation. Ce grand Magistrat mourut à Bâle le 12 Avril 1666 & fut universellement regretté dans la République des Suisses.

On lira avec plaisir sur le Droit public de la Suisse un petit essai (56) qu'en a donné M. Isaac Iselin. Deux dissertations de Jean-Rodolphe Iselin, oncle de celui-ci, méritent aussi d'être rappellées; la première (57) traite du droit qu'ont les Suisses d'envoyer des Ambassadeurs, la seconde (58) de leurs institutions militaires; toutes deux sont très-curieuses & pleines de recherches profondes & de découvertes heureuses. Jean-Henri Falkner, de Bâle, développe avec sagacité dans sa dissertation (59), l'office & le rang des Représentans, espèce particulière d'Ambassadeurs que les Suisses s'envoyent réciproquement dans des temps de troubles & de guerre. Il a paru en 1768 un traité (60) sur les Libertés de l'Eglise Helvétique : ce petit ouvrage écrit en Allemand & traduit (61) en François a fait beaucoup de bruit; il a été censuré à la Cour de Rome ; on y trouve des extraits de documens singuliers. La plus grande partie de la Suisse Catholique est du Diocèse de Constance : Moser a donné le droit (62) public de cet Evêché. Son ouvrage est utile & estimable, & le tout est fondé sur des diplômes, dont l'Auteur dresse un catalogue assez étendu. Nous n'avons qu'un seul ouvrage (63) qui compare entre eux les droits particuliers de chaque partie de la Suisse, c'est celui de M. Leu, mort Bourgmestre de Zurich. Il a rangé les loix selon l'ordre des institutions de Justinien, avec quelques petits changemens, mais il laisse beaucoup à désirer.

Quelques Cantons ont publié leurs loix, j'en ai indiqué les recueils aux articles des divers Gouvernemens de la Suisse.

Parmi les Cantons populaires, celui de Zoug est le seul dont la constitution a été imprimée (54), telle qu'elle a été réglée & garantie en 1604 par les Cantons Catholiques. On appelle à Zoug ce Code, le Libelle ou Livret constitutif; il a toujours été observé exactement, hors les époques des troubles qui ont agité ce Canton.

Les alliances (65) principales des Grifons ont été publiées dans un recueil également curieux & intéressant.

Je finirai ce long article en observant que les Républiques des Cantons ont un grand (66) rapport avec les anciennes Républiques des Grecs, qui différoient également entre elles par leurs loix & par la forme de leur Gouvernement, ce qui a sans doute été cause qu'elles ont presque toutes eu une fin & un sort différent. Les Cantons auroient bientôt la même destinée, sans leur union & leur confédération, en quoi consiste toute leur force. Si une fois ce nœud venoit à se rompre, il n'y auroit plus aucune espérance de salut, pas même pour les plus puissans Cantons.

---

(50) Berne 1771, in-12.
(51) Pag. 83-97.
(52) Les alliances & traités de la nation Suisse, Berne 1737, in-4. en Allemand.
(53) Specimen observationum circa Helvetiorum fædera, Basileæ 1760, in-4. il faut avoir l'édition qui a 48 pages; l'Auteur ne fournit que les deux premiers chapitres de cette dissertation.
(54) Actes & Négociations concernant l'exemption générale de la Suisse, 1651, in-fol. en Allemand.
(55) La parfaite souveraineté du Louable Corps Helvétique, 1731, in-4. en Allemand.
(56) Tentamen juris publici Helvetici 1751, in-4.
(57) De jure Legationum Reipublica Helvetior. 1737, in-4.
(58) De institutis militaribus Reipublicæ Helveticæ, 1737, in-4.

(59) De Helvetior. legator. singulari specie, qui vulgo Reprasentantes vocantur. Basileæ 1747, in-4.
(60) De Helvetior. juribus circa sacra, Zurich 1768, in-8.
(61) Les Libertés de l'Eglise Helvétique 1770, in-12.
(62) Droit public du Haut Chapitre de Constance & de l'Abbaye princière de Reichenau 1740, in-fol. en Allemand.
(63) Le Droit général de la Suisse, Zurich 1727, quatre volumes en Allemand, in-4.
(64) In-4. en Allemand.
(65) Traités des Grifons 1728, in-4. en Allemand.
(66) Jean-George Altmann, de Berne, célèbre par des ouvrages de différent genre, s'est plu dans une harangue ingénieuse (Oratio de Helvetia Græcisante, dans le recueil Tempe Helvetica, T. I. Sect. I. pag. 9. Tiguri 1735. in-8) à rappeller quelques-unes des traces qui restent dans la Suisse,

XXXVII

Diètes générales et particulières du Corps Helvétique.

Cantons & Etats Co-alliés.

Il est de notoriété que chaque Canton est obligé par les alliances générales de défendre la forme de Régence établie dans chacun des co-Etats du Corps Helvétique. Par exemple Zurich seroit tenu à soutenir l'*Aristocratie* de Berne, & la *Démocratie* de Schweitz, s'il arrivoit que dans le premier de ces Cantons les Tribus ou Abbayes voulussent introduire le Gouvernement populaire, ou si on tentoit de former dans l'autre une *Aristocratie* : c'est improprement que l'on donne à cette confédération le titre de *République* & d'*Etat Souverain*; le nom d'*Etat* suppose une administration fixe, une autorité concentrée, une puissance exécutrice, des revenus assignés pour les *frais tutélaires*, &c. aucun de ces caractères ne paroît être applicable au *Corps Helvétique*. Les Etats du *Corps Germanique* sont permanens; la Diète de Ratisbonne exerce une jurisdiction déterminée. Les *Diètes* (1) *des Suisses* au contraire ne sont jamais que des Congrès des Délégués de quelques-uns des Etats Confédérés ou de tous ensemble. Les seuls objets fixes des Diètes annuelles ne tiennent point à l'intérêt National. Les conditions des traités, quelques conventions de police générale, ne sont point des constitutions qui puissent faire envisager la masse de la Ligue comme un seul Corps politique individuel. L'ordre ou le rang entre les treize Cantons, tel qu'il est constamment observé dans les actes publics & dans les assemblées des Députés, semble plutôt établi par une espèce de contrat, que par des décrets publics. Zurich avoit déja fait un (2) traité défensif pour trois ans avec les pays d'Uri & de Schweitz, le 18 Octobre 1251. Cette ancienne liaison & son état déja florissant lors de son accession à leur union perpétuelle, lui valurent un titre de préséance, dont elle a continué de jouir invariablement depuis que le *Corps Helvétique* a pris sa consistance. Sa qualité de ville Impériale, lorsqu'elle entra dans la Ligue en 1351, porta la ville de Lucerne à lui céder le rang, quoique celle-ci eût fait alliance perpétuelle avec les trois premiers Cantons dès l'an 1332.

Avant 1481 nous trouvons à la vérité beaucoup de variations, relativement à l'ordre suivant lequel les noms des Cantons sont cités dans les actes publics. C'est proprement à cette époque que cet ordre a été fixé. Auparavant les Cantons populaires cédoient volontiers le pas à toutes les villes, mais dès l'alliance avec Fribourg & Soleure, le huit anciens Cantons conservèrent leur rang.

En vertu de son rang de premier Canton ou de *Vor-ort*, la ville de Zurich est le siége de la Chancellerie & le Bureau de Correspondance pour le *Corps Helvétique* en général, & de même relativement à toutes les affaires dans lesquelles elle est intéressée avec plusieurs autres Cantons.

Pour toutes les Diètes générales, ordinaires ou extraordinaires, c'est le Canton de Zurich, qui en vertu de son premier rang & du dépôt de la Chancellerie Helvétique qui lui est confié, fixe le temps & le lieu des assemblées & les convoque par une lettre circulaire. Quant aux conférences entre plusieurs Cantons, sur des objets qui n'intéressent pas le Canton de Zurich, c'est alors le plus ancien des Cantons, suivant l'ordre établi entre eux, qui invite les autres à députer leurs Représentans, & qui fait expédier les actes & recès (3).

On appelle en Allemand *Tagsazung*, *Tagleistung*, les *Diètes* ou les assemblées des Députés des Cantons Suisses. Ce mot signifie proprement *Journées*, *Assises*. Ces assemblées sont générales ou particulières, ordinaires ou extraordinaires.

Dès le berceau de la Ligue fédérative entre les petits Etats qui successivement formèrent le Corps Helvétique, & lorsque ces peuples prétendissent à l'indépendance de l'Empire, & avant que leurs Ligues défensives prissent la forme d'une confédération régulière & générale, les divers Cantons étoient convenus chacun avec ses voisins & alliés, d'un lieu de conférence, déterminé par les traités, pour servir de rendez-vous à leurs Députés, tant pour les négociations au sujet de leurs intérêts réciproques, que pour les jugemens des Arbitres dans les différens qui les divisoient. Mais dans la suite quand toutes ces Ligues particulières se trouvèrent fondues dans la première confédération générale, d'abord entre les huit anciens Cantons, ensuite entre ceux-ci & les cinq Cantons qu'ils s'associèrent successivement, à mesure que les victoires répétées des Suisses rendirent leurs armes respectables aux Nations voisines, les assemblées de leurs Députés devinrent plus nombreuses & plus fréquentes : les intrigues des Puissances étrangères les rendirent célèbres, & souvent y introduisirent la corruption & les divisions. Des conquêtes que

---

d'un établissement des Grecs ou d'un commerce avec ces peuples. Il cite des usages qui paroissent empruntés de la Grèce; il trouve de l'affinité entre les assemblées des Grecs aux *Thermopyles*, & les Diètes des Cantons à Baden, alors *Therma Helvetica* ; cette réunion même de plusieurs Républiques Aristocratiques ou Démocratiques est encore une image de l'association des Grecs. Abraham Stanyan (*a*) Envoyé extraordinaire de la Reine Anne d'Angleterre en Suisse en 1705, l'avoit déja remarqué ; ces droits de Bourgeoisie réciproques qui ne se voyent qu'en Suisse, sont imités de ces peuples. M. Altmann cite nombre de mots *Greco-Celtiques* usités en Suisse. Ce Savant en a beaucoup omis dont il auroit pu grossir encore la liste.

(1) Leu, Observations sur la Rép. des Suisses, par *Simler*, pag. 420-440.
Le même, Dict. Hist. de la Suisse, T. V. pag. 401. T. VI. p. 487-491 & T. XVIII. p. 146.
L'Etat & les Délices de la Suisse, T. I. pag. 256-280. Bâle 1764. fig.

Faesi, Descript. Topog. de la Suisse. T. I. pag. 100-209.
Fueslin, Descript. Topog. de la Suisse, T. I. pag. 31-37.
Tscharner, Descript. Géog. Hist. & Pol. de la Suisse. T. I. pag. 50. & T. II. pag. 220-225 & 228.

(2) Simler, de la République des Suisses, avec les Observations de M. Leu, liv. 1. p. 37-39.
Gilles de Tschudi, Chronique de Suisse, T. I. pag. 148-149.

(3) On appelle *Récès* en François & *Abscheid* en Allemand, qui signifie *congé*, le rapport sommaire de la *Diète*, avec l'exposé des diverses opinions que l'on fit aux Députés la veille de leur séparation, & dont on envoye ensuite la copie à tous les Cantons : le mot *Récès* dérive du latin *Recessus*, qui désigne *l'action de se retirer*, *de s'éloigner*.
Leu, Dict. Hist. de la Suisse. T. I. p. 13-14. à l'article *Abscheid*, &c.

(*a*) Il est Auteur de l'*Etat de la Suisse*, en Anglois 1714, in-8. Ce petit Traité, qui a son mérite pour la partie du Canton de Berne, a été traduit en françois & imprimé la même année à Amsterdam, in-4.

divers Cantons avoient faites à frais communs & qu'ils conservèrent par indivis, occasionnèrent l'établissement des *Diètes annuelles*, dans lesquelles on s'habitua à traiter des intérêts nationaux & à donner audience aux Ambassadeurs.

Les *sept Provinces-Unies des Pays-Bas* ont une assemblée permanente & toûjours fixe à la Haye; mais les *Cantons Suisses* n'ont ni un Congrès perpétuel, ni un local fixe pour leurs Diètes. Lorsqu'il s'agit de leurs affaires domestiques ou de celles du dehors, elles sont traitées ou par lettres ou députations, ou dans des assemblées particulières. Tous les Ambassadeurs, Envoyés, Ministres ou Résidens qui sont près du *louable Corps Helvétique*, même les Puissances qui n'en entretiennent pas en Suisse, adressent dans les occurrences leurs lettres à la ville de Zurich comme au premier des Cantons. Arrive-t-il qu'un Canton ou Etat du Corps Helvétique veuille communiquer une affaire aux autres co-Etats, il en fait d'abord part à celui de Zurich; celui-ci en informe les autres Cantons, & dans la lettre qu'il leur adresse, il joint son avis, ou il demande aux autres Cantons le leur. L'affaire est-elle majeure, dans ce cas Zurich comme le premier Canton indique une Diète particulière. Lorsque les réponses des Cantons sont uniformes sur les affaires proposées, alors Zurich mande la résolution unanime au nom de tout le *louable Corps Helvétique* aux Puissances qui ont proposé les objets ou à tous les Cantons. Mais quand il y a disparité dans les réponses, Zurich en informe encore les Cantons & demande de nouveau leurs avis; & si alors les opinions ne sont pas uniformes, Zurich ne dresse les lettres qu'au nom des Cantons qui ont donné leur consentement : voici la formule initiale dont ils usent en s'écrivant, je la traduis d'après l'Allemand.

Aux (4) *dévots, prévoyans, honorables & sages Bourgmestre (Avoyer, Landamme ou Ammann) & Conseil de la ville (ou du pays) N.... spécialement nos bons amis, fidèles & chers Confédérés*. Quand l'un des huit Cantons écrit l'un à l'autre, il y ajoute l'expression d'*anciens* (5) *Confédérés*. M. Faes observe que Zurich & Berne se donnent dans leurs lettres le titre de *Confédérés* (6) *intimes*. La plus grande partie des affaires concernant le Corps Helvétique, sur-tout celles d'une considération majeure, sont discutées & traitées par les Députés des Cantons dans les Diètes. Zurich a le droit de les convoquer, d'en déterminer le jour & le local, suivant la nature des affaires & des circonstances, & sur la demande d'un ou de plusieurs Cantons ou des Puissances étrangères.

L'occasion des conférences annuelles, pour contrôler l'administration des Gouvernemens ou Bailliages indivis entre les Cantons, a fait adopter le même temps & le même lieu pour assembler des *Diètes générales*. Autrefois le rendez-vous étoit fixé dans la ville de *Baden* en Argeu; mais depuis la paix d'Arau en 1712, traité dans lequel cinq Cantons ont renoncé à la co-Régence du Comté de Baden, la ville de *Frauenfeld*, où réside le Baillif de la Turgovie, a joui de ce privilége qui n'est cependant que de pure convenance. Anciennement (7) le temps des Diètes annuelles de Baden n'étoit pas toujours le même, les plus considérables se tenoient au mois de Juin, vers la *Saint-Jean*. Enfin les Cantons convinrent en 1669 qu'elles commenceroient le dimanche après la Fête de *Saint Pierre & Saint Paul*, & si cette Fête tomboit un dimanche, huit jours après. J'ai dit que depuis la paix d'Arau en 1712 les Diètes annuelles ne se tiennent plus qu'à Frauenfeld; les cinq Cantons qui avoient perdu dans la guerre civile le Comté de Baden ne vouloient pas avoir l'humiliation de s'assembler comme auparavant à Baden qui ne leur appartenoit plus. Ce local ne pouvoit que leur rappeller des évènemens dont la réminiscence devoit plutôt aigrir que concilier les esprits. Il est vrai qu'avec le temps ils ont marqué une grande magnanimité en permettant quelquefois la convocation des Diètes extraordinaires à Baden pour des affaires majeures, relatives à tout le Corps Helvétique.

Le nom de *Diète générale & annuelle* pourroit faire considérer ces assemblées des Députés Suisses comme des *Etats-généraux*, ou un Corps représentatif chargé de quelque dépôt de pouvoir législatif ou d'administration nationale, mais ce seroit une erreur, car tous les Etats réunis dans la Ligue de la Confédération Helvétique, forment chacun une République absolument indépendante. Libres de contracter des liaisons avec d'autres Puissances, sous la réserve seule de leur engagement fédératif & réciproque, ces Républiques n'ont ni des troupes, ni un trésor, ni aucun autre objet de régie en commun. Pour toutes les négociations publiques, leurs Députés n'apportent aux Diètes que des instructions limitées, le tout *ad referendum*, & ce n'est qu'en vertu d'un ordre & d'un pouvoir spécial qu'ils peuvent conclure & terminer des affaires intéressantes. Les Députés du premier Canton tiennent le haut bout de la salle, & les autres Députés se rangent des deux côtés, suivant le rang des Cantons. Ils sont tous assis sur des fauteuils, mais les Députés des anciens Cantons sont assis sur une place un peu plus élevée que ceux des cinq derniers Cantons de la Ligue. Les Députés des Alliés auxquels on a long usage a procuré le droit d'assister aux Diètes Helvétiques annuelles & générales, tels que l'Abbé & la ville de Saint-Gall & celle de Bienne, se rangent au bas du cercle, où sont aussi placés le Baillif du lieu, (qui a, comme nous le dirons bientôt, sa fonction particulière) & la Chancellerie, représentée par deux *Protocolistes* ou *Enregistrateurs*, l'un qui est le premier Substitut du Conseil de Zurich, & l'autre qui est le Secrétaire du bailliage de la Turgovie, le premier de la *Religion Réformée*, & l'autre de la *Religion Catholique*. Avant la guerre de 1712, le Secrétaire du bailliage de Baden protocolloit seul les différentes opinions, les jugemens, opinions & recès de la Diète. Cet Officier, dont la nomination dépendoit des Cantons Corrégens de Bade, étoit toujours un Catholique, parce que la plus grande partie des Cantons qui le nommoient étoient de cette Religion; mais en 1712 les Cantons de Zurich & de Berne exigèrent dans le traité de paix conclu à Arau, que dorénavant il y auroit toujours aux Diètes deux *Enregistrateurs*, l'un Réformé & l'autre Catholique. A la dernière session de la Diète, ces deux *Greffiers* font lecture du *recès* aux Députés, & si l'un d'eux a quelque objection à faire, elle est insérée par extrait à la suite du *recès*, mais ce n'est qu'après la clôture de la Diète que Zurich adresse une copie légale du recès à chacun des Cantons. Lorsque la Diète est convoquée ailleurs qu'à *Frauenfeld* ou à *Baden*, par exemple dans une ville capitale, ou un bourg, chef-lieu d'un des treize Cantons, les

---

(4) Denen frommen, fürsichtigen, Ehrsamen und weisen, Burgermeister (Schultheiß, Land-Ammann, Ammann,) und Rath der Stadt (Lands) — Unsern insonders guten freunden und getreuen lieben Eidgenossen.

(5) Alt-Eidgenossen.
(6) Vertrauten Eidgenossen.
(7) Leu, Dict. Hist. de la Suisse, T. X. pag. 410.

Députés du Canton où se tient la Diète, en font l'ouverture & y présídent, & c'est la Chancellerie du Canton respectif qui enregistre les sessions & expédie le recès. Je joins ici le tableau de l'ordre dans lequel sont assis les Députés des Cantons, & ceux de leurs Alliés, le Baillif du lieu & les *Greffiers* ou *Enregistrateurs*. Je copie ce tableau d'après celui qu'a donné M. *Leu*, *Bourgmestre* de la République de Zurich, dans ses *Observations* (8) *sur Simler*.

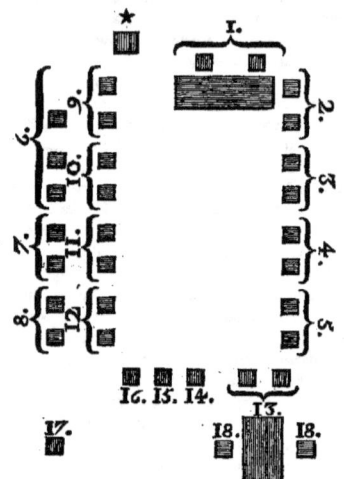

Explication des Chiffres.

1. Zurich.	8. Glaris.	15. La ville de St.-Gall.
2. Berne.	9. Bâle.	16. La ville de Bienne.
3. Lucerne.	10. Fribourg.	17. Le Baillif servant à la Diète.
4. Uri.	11. Soleure.	
5. Schweitz.	12. Schaffhausen.	18. Les deux Protocolistes.
6. Underwalden.	13. Appenzell.	
7. Zoug.	14. L'Abbé de St.-Gall.	

* La place pour les Ambassadeurs des Puissances étrangères, lorsqu'ils demandent audience.

La Diète se tient à Frauenfeld dans une salle de la Maison-de-ville; elle dure ordinairement un mois. Chaque Canton s'y fait représenter par deux Députés; celui d'*Underwalden*, partagé en deux districts, en envoye un pour chaque district, & quelquefois trois (9). Le premier Député de Zurich fait l'ouverture de la séance, à *huis-ouvert*, & ensuite le premier Député de chaque Canton prononce un compliment; ceux des Cantons d'*Underwalden* & d'*Appenzell* font le leur chacun séparément: *Appenzell* est partagé en deux Gouvernemens distincts ainsi qu'*Underwalden*. On appelle cette cérémonie publique le *salut Helvétique* ou *Confédéral*, en Allemand *Eidgenossische-gruess*. C'est une assurance adressée aux Représentans, pour les Souverains leurs Constituans de leur *fidélité confédérale & sincère amitié*; c'est en même-temps une profession publique & solennelle de reconnoître les engagemens & les obligations des anciens traités entre les Confédérés: dans l'origine de la Ligue ces traités exigeoient le renouvellement du serment de toutes les Communes des divers Cantons, tous les cinq ou tous les dix ans, avec la clause cependant que l'interruption de cette solennité ne dérogeroit point à l'effet & aux devoirs des Alliances. La possession tranquille de la Liberté, l'expérience constante du zèle & de la fidélité des Confédérés, firent négliger, comme superflu, le renouvellement de ces sermens; & lorsque des mésintelligences paroissoient l'exiger, le partage de la Nation en matière de Religion fit naître un obstacle, par la difficulté de s'accorder sur la cérémonie & les formules. Cependant tous les traités, & actes publics entre les Confédérés, rappellent les premières Alliances, & toutes les Diètes en occasionnent une profession publique, circonstance qui rend cette cérémonie de l'ouverture publique des Diètes d'autant plus importante & respectable. Après que le *salut Helvétique* est fini, tous les Spectateurs se retirent de la salle, & ensuite on en ferme la porte. A chaque session le premier Député de Zurich propose les matières à traiter; alors le premier Député de chaque Canton ou Etat Allié expose à l'assemblée les ordres qu'il a de son Souverain respectif, & il fait conséquemment les représentations dont il est chargé. On commence par les affaires générales, à moins qu'un des Etats Confédérés ou l'Ambassadeur d'une Puissance étrangère ne demande la convocation d'une *Diète extraordinaire*; dans ce cas les affaires générales sont renvoyées à la *Diète annuelle* de Frauenfeld. C'est le Baillif de la Turgovie qui dans cette assemblée invite les Députés, successivement, à opiner sur l'objet proposé. Dans les cas où l'assemblée peut décider s'il y a égalité de suffrages, le Baillif jouit d'une voix prépondérante. Ces cas sont bien rares & ne peuvent regarder que des résolutions provisionnelles. Communément les matières proposées sont toutes prises, *ad referendum*, c'est-à-dire à être rapportées à leurs Constituans; & si ces objets ne sont pas trop pressans, on renvoye la délibération à une autre Diète. Après que les objets qui touchent l'intérêt général ont été discutés, une partie des Députés dont les Cantons ou Etats ne sont pas co-Souverains des bailliages médiats, se retire de la séance en prenant congé par un nouveau compliment d'étiquette, & la Chancellerie expédie à chaque Canton un double du recès, qui contient les résultats des délibérations.

Alors cette *Diète annuelle* change de forme & d'objet, elle devient une assemblée des Représentans des divers Cantons qui ont part à la jurisdiction sur les bailliages communs. Les Baillifs rendent compte à l'assemblée des jugemens ou sentences qu'ils ont donnés, & des revenus appartenans aux Etats. Ils soumettent leur gestion à l'examen de la Diète qui confirme & redresse les sentences prononcées par les Baillifs sur des matières civiles, portées par appel devant cette assemblée. Dans ces cas chaque Député présent a voix en qualité de Juge, & le Baillif en cas d'égalité des suffrages. Au reste ces jugemens de la Diète ne sont pas en dernier ressort; dans les causes majeures on peut en appeller devant les Cantons même. Alors le Tribunal supérieur dans chaque Canton prononce, & la sentence forme un nouveau suffrage; toutes ces décisions sont communiquées aux Parties, & notifiées au Baillif pour exécuter ce que la pluralité a jugé. Cette forme judiciaire doit prolonger les procès & accumuler les frais. Le Baillif de la Turgovie scelle de son sceau toutes les sentences & décisions de la Diète annuelle, toutes les lettres de

(8) Pag. 435.   (9) Mais il n'y en a que deux qui assistent à la Diète.

privilèges qu'elle peut donner & toutes celles que les Députés laissent à l'assemblée. Les Baillifs de la *Turgovie*, du *Rheinthal*, du Comté de *Sargans* & de la *partie supérieure des Offices libres de l'Argeu*, rendent compte à la Diète de *Frauenfeld*.

Lorsqu'un Ambassadeur ou Ministre d'une Puissance étrangère résidant en Suisse, veut faire quelque proposition à tous les *louables Cantons*, c'est dans la *Diète générale* que ses propositions sont entendues & mises en délibération. Rarement les Députés donnent-ils une réponse décisive, à moins qu'ils n'en aient reçu le plein pouvoir de leurs Souverains respectifs. Ils prennent communément *ad referendum* toutes les propositions de cette nature. Les Ambassadeurs ou Ministres étrangers reçoivent par le Canton de Zurich la réponse des Cantons, où l'on renvoye leurs propositions ou demandes à une Diète extraordinaire. C'est encore la Diète générale qui détermine les ordres nécessaires pour la conduite des Députés qui doivent être envoyés aux Puissances étrangères, ou comme *Représentans* sur la frontière de la Suisse en temps de guerre.

Il se tient annuellement à la fin de Juillet ou en Août une assemblée ou *Diète particulière* à Baden entre les Députés des trois Cantons, Zurich, Berne & Glaris, au sujet des bailliages de *Baden* & de la *partie inférieure des Offices libres de l'Argeu*.

Les Cantons de Berne & de Fribourg ont aussi établi entre eux une *Conférence* de deux en deux ans à Morat pour l'examen de la gestion des bailliages de *Morat* & de *Grandson* que ces Etats gouvernent en commun. Toutes ces *Diètes* ou *Conférences*, par rapport aux informations sur la conduite des *Baillifs Ultramontains* & à l'examen de l'administration des Provinces sujettes, sont appellées *Syndicats* ou *Sessions du Contrôle*. Et parmi ces *Syndicats* celui qui (10) se tient annuellement au mois d'Août pour les quatre bailliages de *Lugano*, *Locarno*, *Mendrisio* & *Val-Maggia*, est le plus nombreux. Un Député de chacun des douze premiers Cantons co-Souverains se rend à Lugano la veille de *Saint Laurent*, 9 Août, ils y font leur entrée à cheval au son de toutes les cloches du bourg. On les appelle *Sindicatori*; leur fonction est d'examiner la conduite & les comptes des Baillifs communs, de juger des appels qui surviennent, de redresser les torts, d'établir de bonnes loix, de présenter les nouveaux Baillifs aux Sujets & de s'en faire rendre hommage. Je parlerai de l'installation de ces Baillifs à l'article Topographique de ces quatre *Bailliages Ultramontains*. Les Cantons d'Uri, de Schweitz & du bas-Underwalden envoyent aussi tous les ans le 24 Août, jour de *Saint Barthelemi*, des Députés à Bellinzone, pour prendre connoissance de la régie des bailliages de *Bellinzone* & de *Riviera*; ces Députés qui portent le titre de *Syndics*, vont de même inspecter le bailliage de *Bollenz* ou *Valle di Blegno* ou *Bregno*, & cette Diète (11) se nomme *Syndicat*.

L'Auteur du *Dictionnaire géographique, historique & politique de la Suisse* observe (12) que les Cantons *Aristocratiques* défrayent leurs Députés & règlent leur part aux épices & émolumens, mais que les Cantons *Démocratiques* laissent à leurs Représentans le soin de se dédommager de leur dépense sur le produit de leur Commission: *méthode*, ajoute-t-il, *qui pourroit un jour occasionner de grands abus, si la cupidité, sous ce prétexte, introduisoit la corruption parmi les Surveillans même des Juges inférieurs & des Baillifs*, & cet inconvénient est d'autant plus à craindre pour les Cantons Démocratiques, que les constitutions de ces Etats établissent une taxe, en faveur de l'assemblée du peuple, sur toutes les charges & commissions un peu lucratives & honorables. On trouve d'autant plus de solidité dans les observations, qu'on ne peut se dissimuler que plusieurs fois des Baillifs des Cantons *Aristocratiques* ou *Aristo-Démocratiques* ont donné de grands sujets de plainte dans la gestion des Bailliages communs, soit Allemands, soit Ultramontains, au point même que les Députés de la Diète ou du Syndicat ont été obligés de les châtier exemplairement. La corruption se glisseroit même avec le temps dans la *République de Platon*, & il y a plusieurs siècles qu'on a observé que ce qu'on opère dans un Gouvernement de telle forme avec une petite somme, s'effectue dans un autre d'une forme opposée avec plus d'argent, mais plus secrètement.

Outre les différentes *Diètes ordinaires & annuelles* il se tient quelquefois des *Conférences particulières* entre deux ou plusieurs Cantons qui ont des intérêts momentanés à régler ensemble. Les *Cantons Catholiques* d'une part, les *Réformés* de l'autre, s'assemblent quelquefois par Députés pour les objets qui les intéressent privativement. Ils forment même à la *grande Diète de Frauenfeld* des sessions particulières; mais ordinairement les Diètes ou Conférences particulières des *Cantons* (13) & *Alliés Réformés* se tiennent à *Arau*, ville du Canton de Berne, & celles des *Etats* (14) *Catholiques* à *Lucerne*, à *Zoug* ou à *Brunnen* dans le Canton de Schweitz. On observe à ces *Diètes* ou *Conférences particulières* la même forme qu'aux *Assemblées générales*. Les Députés du Canton dans lequel se tient la Diète, y président. Chacun des Députés a à sa suite un *Servant* qui porte la livrée de son Canton respectif; cette livrée consiste en un long manteau. Le Servant ou Huissier du Député de *Zurich* le porte taillé de blanc & bleu ou *d'argent & azur*; celui de *Berne* porte noir parti de rouge; *Lucerne* blanc parti de bleu; *Uri* noir parti de jaune, *Schweitz* tout rouge; Underwalden bleu parti de rouge, *Zoug* blanc, ayant sur le dos une *fasce* bleue ou d'azur; *Glaris* tout rouge, avec un galon blanc & un autre rouge pardevant; *Bâle*, blanc parti de noir ou *sable*; *Fribourg*, noir parti de blanc; *Soleure*, noir parti de rouge; *Schaffhausen*, noir parti de verd ou *sinople*; & *Appenzell*, noir parti de blanc, avec les lettres I. R. (15) pour *Appenzell-intérieur*, & V. R. (16) pour *Appenzell-extérieur*.

Le droit public entre les Membres du Corps Helvétique établit encore une autre sorte de *Conférences*; ce sont les *Congrès* des Arbitres chargés de prononcer sur les différends qui s'élèvent entre les Cantons même. Les traités de confédération & ceux d'alliance particulière entre des Cantons voisins, déterminent le local de ces conférences pour chaque cas, le choix des arbitres & la forme des jugemens.

---

(10) Leu, Dict. Hist. de la Suisse, T. XVII. pag. 145 & suiv.
(11) Leu, ibid. T. XVII. pag. 179.
(12) T. II. pag. 224-225.
(13) Zurich, Berne, Glaris-Evangélique, Bâle, Schaffhausen, Appenzell-extérieur, & les villes de Saint-Gall, Mulhausen & Bienne, & quelquefois aussi les Grisons-réformés.

(14) Lucerne, Uri, Schweitz, Underwalden, Zoug, Glaris-Catholique, Fribourg, Soleure, Appenzell-intérieur, l'Abbé de Saint-Gall, la République du Vallais, & quelquefois l'Evêque de Bâle.
(15) Ces lettres signifient en Allemand *Inner-Roden*.
(16) En Allemand *Usser Roden*.

PITTORESQUES, &c. DE LA SUISSE.

Grifons.

Les principaux (1) Tribunaux des Grifons font au nombre de fept, favoir les *Diètes*, les *demi-Diètes* (2), les *grands Congrès*, les *Congrès des Chefs*, le *Strafgericht* ou *la Chambre de Juftice*, le *Confeil de guerre* & la *Syndicature*.

Il y a des *Diètes ordinaires* & *extraordinaires*; les premieres qu'on appelle *Bunds-Tag*, *la journée de la Ligue*, fe tiennent une fois l'an, tantôt en juin, tantôt en juillet, & le plus fouvent vers la *Saint-Barthélemi* (en août) *vieux ftyle*, fi des affaires preffantes ne les font avancer; les Chefs des Ligues en fixent le temps dans un Congrès dont je parlerai ci-après. Les *Diètes annuelles* s'affemblent alternativement, une année à *Ilanz*, dans la *Haute-Ligue-Grife*, la fuivante à *Coire*, dans la *Ligue Caddée*, & la troifième à *Davos*, dans celle des *Dix-Droitures*. Les Communautés de chaque Ligue qui ont droit de députation ou de fuffrage, font prévenues fur les objets qui feront mis en délibération dans la Diète, afin qu'elles puiffent donner les inftruétions relatives, à leurs repréfentans. Le nombre de tous les Députés, y compris les trois Préfidens ou Chefs des Ligues, eft de foixante-fix. La *Ligue Grife* en donne vingt-huit, *la Caddée* vingt-trois, & celle des *Dix-Droitures* ou *Jurifdictions*, quinze: chaque feétion de ces Députés a avec elle le *Chancelier* & le *grand Sautier* de fa Ligue refpeétive. Les *Sautiers* portent dans ces occafions un manteau à la livrée de leurs Ligues: le total des fuffrages dans une Diète eft de foixante-fix, y compris ceux des trois Chefs. La Diète fe tient-elle à *Ilanz*, le *Landrichter* ou Préfident de la *Haute-Ligue-Grife* y préfide, & le *Chancelier* ou *Secrétaire général* de cette Ligue protocole les opinions & en expédie le *Recès* ou les *Conclufions*. La Diète eft-elle convoquée à *Coire* ou à *Davos*, le Préfident de la *Ligue Caddée* préfide de même à celle de *Coire*, & le *Landamme* de la Ligue des *Dix-Droitures* à celle de *Davos*. Les *Chanceliers* ou *Secrétaires généraux* de chacune de ces Ligues y tiennent auffi le protocole, fuivant le local de la feffion. Les *trois Chefs* font affis enfemble à une table fur une petite élévation, plus bas fiége le *Chancelier* de la Ligue dans laquelle fe tient l'affemblée; quand elle eft convoquée à *Ilanz*, le *Landrichter* ou Préfident de la *Haute-Ligue-Grife* fiége au milieu avec les Députés de fa Ligue, ayant à fa droite le Préfident & les Députés de la *Ligue Caddée*, & à fa gauche le *Landamme* Préfident & les Députés des *Dix-Droitures*. Si la Diète fe tient à *Coire*, le Préfident de la *Ligue Caddée*, avec les Députés de fa Ligue, occupe la place du milieu, ayant à fa droite le *Landamme* Préfident & les Députés des *Dix-Droitures*, & à fa gauche le *Landrichter* & les Députés de la *Haute-Ligue-Grife*; & lorfque la Diète eft affemblée à *Davos*, le *Landamme de la Ligue* fiége au milieu avec les Députés des *Dix-Droitures*, ayant fur fa droite le *Landrichter* & les Députés de la *Haute-Ligue-Grife*, & à fa gauche le Préfident & les Députés de la *Ligue Caddée*: tous les Préfidens font placés fuivant le (3) rang des *hautes Jurifdictions* de leurs Ligues refpeétives. Le Préfident de la Ligue, dans laquelle fe tient la Diète,

en fait l'ouverture par un compliment *confédéral* adreffé à tous les Députés; enfuite il met fur le tapis le réfultat de la derniere Diète, tel que les Députés devoient en avoir fait le rapport à leurs Communautés, & en même-temps il expofe les objets nouveaux qui doivent former la matière des délibérations actuelles. Après que les deux autres Chefs des Ligues ont fini chacun leur compliment ou falut *confédéral*, le même Préfident principal demande les opinions fur les affaires propofées, en obfervant le rang des Députés fuivant celui de la Ligue dont ils font corps & qui doit être alternatif. Par exemple lorfque la Diète fe tient à *Coire*, où préfide le chef de la *Ligue Caddée*; celui-ci demande d'abord les avis au *Landrichter* ou chef de la *Ligue Grife*, puis au *Landamme* de celle des *Dix-Droitures*, enfuite aux Députés de *Coire*, après eux à ceux de *Difentis*, enfin à ceux de *Davos*, & ainfi alternativement aux autres. Chaque Député préfente fes inftruétions munies du fceau de fes conftituans; après lecture faite de ces inftruétions & des règlemens & réformes du pays, les Députés lèvent la main & jurent chacun au Préfident de leur Ligue refpeétive qu'ils obferveront ces conftitutions, après quoi on commence à traiter des affaires mifes fur le tapis. Le *Chancelier* de la Ligue où fe tient la feffion, fait un extrait fommaire des inftruétions fur chaque objet, il le met fous les yeux de la Diète, & enregiftre enfuite la majorité des opinions portées dans les inftruétions. Ces *Affemblées annuelles* durent ordinairement trois femaines; on y traite des affaires générales de la République & des demandes des Puiffances étrangères; on y examine la recette des revenus publics: on y prend tous les deux ans le ferment des nouveaux Baillifs & des Officiers qui doivent régir les Sujets des trois Ligues, & on juge les appels des bailliages communs; mais rien n'y eft décidé définitivement fur les affaires générales de la République, ni fur les négociations avec les Puiffances étrangères; le tout eft renvoyé aux Communautés, qui forment proprement le Souverain, & qui en donnent leur décifion à la pluralité des voix. Il faut auffi obferver qu'à la clôture de la Diète un *Comité* compofé des trois Chefs & de deux Députés de chaque Ligue, eft chargé de rédiger les actes: ce *Comité* expédie pour les Communautés le *recès* ou les *conclufions*, tant fur les objets terminés que fur ceux qui doivent faire la matière d'une nouvelle délibération & être foumis à la décifion définitive de chaque Communauté. Ces décifions doivent être envoyées au Congrès annuel dont je parlerai bientôt. La majorité de ces décifions eft fixée d'après la pluralité. Le *Chancelier* de chaque Ligue expédie les doubles du *recès de la Diète annuelle* pour chaque Communauté de fon reffort refpeétif, après que le *Chancelier* de la Ligue où fe tient la Diète lui a remis le *recès principal*.

Les *demi-Diètes extraordinaires*, en Allemand *Bey-tag*, s'affemblent toujours dans la ville de *Coire*, où font confervées les archives de la Confédération générale. Le Chef de la *Ligue*

---

(1) Fortunati Sprecheri *Palladis Rhætica*, Lib. *VI*. pag. 241-244. Lugduni Batav. 1633, *in-24. fig.*
Simler, République des Suiffes avec les obfervations de M. Leu, p. 590-614.
Leu, Dict. Hift. de la Suiffe, T. III. p. 325, à l'article *Bey-Tage*, T. IV. p. 427, au mot *Bunds-Tag*, T. V. p. 404, à l'article *Congrefs*, & T. IX, p. 174 & fuiv.
Fœfi, Defcript. Topog. de la Suiffe, T. IV. p. 75-79 & 81.
L'Etat & les Délices de la Suiffe, T. IV. p. 125-130. édit. de Bâle.

Fæsfelin, Defcript. Topog. de la Suiffe, T. III. pag. 154-156.
Tfcharner, Dict. Géog. Hift. & Pol. de la Suiffe, T. I. p. 31 & fuiv. & T. II. p. 220.

(2) Sprecher les appelle en latin *Sub-Comitia*, & en Allemand *Bey-tag*.
(3) Ce rang fera détaillé à l'article Topographique du *pays des Grifons*; chaque jurifdiction envoie à la Diète des Députés dont l'un eft appellé *Député Honoraire du Confeil*, *Ehren-Raths-Bott*, & l'autre *Député en fecond*, *Bey-Bott*.

Caddée ou son Lieutenant (*Statthalter*) en est le Président, & le *Chancelier* de cette même Ligue enregistre les délibérations & les renvoye aux Communautés diverses de la République. La forme de traiter dans ces demi-*Diètes* est la même que celle qui est observée dans les *Diètes annuelles & ordinaires*. Le temps de leur convocation dépend des occurrences majeures; elles se tiennent ou aux frais communs des *trois Ligues*, ou à la réquisition d'un Ambassadeur ou Ministre étranger. Quelquefois dans des occasions subites, ou pour des affaires qui demandent du secret, les *trois Chefs* composent seuls la session. D'autres fois, sur-tout quand un Ministre étranger le requiert à ses dépens, on convoque les Députés des Communautés, mais seulement la moitié du nombre admis aux *Diètes ordinaires*. Quand des Etats & Souverains étrangers adressent une lettre aux *trois Ligues en commun*, le Président de la *Ligue Caddée*, qui réside toujours à Coire, en fait l'ouverture, & la communique aux deux autres Chefs; celles qui s'adressent séparément à l'une ou l'autre Ligue sont ouvertes par le Chef de chaque Ligue, pour être communiquées aux Chefs particuliers des Communautés.

Une voix doit suffire pour emporter la pluralité dans les *Diètes ordinaires* & *extraordinaires*. Cependant, si l'on en croit un Mémoire dressé en 1709 par un Observateur étranger, les Chefs l'éludent le plus souvent par le moyen des voix douteuses. Par exemple si dans vingt-cinq suffrages il s'en trouve douze affirmatifs, dix négatifs & trois douteux, ils peuvent dire que la pluralité est équivoque, puisque les voix douteuses peuvent passer du côté des négatives dans une seconde balotte. Il y a une infinité d'autres ressorts que les factions sont jouer dans ces assemblées, le Mémoire dont je parle les détaille, mais je ne crois pas à propos de les détailler ici.

Indépendamment des *Diètes annuelles* & des demi-*Diètes extraordinaires*, il y a le *Congrès ordinaire*. On appelle ainsi l'*assemblée des Chefs des trois Ligues* & de leurs *Adjoints* laquelle se tient annuellement à Coire sur la fin de Janvier ou au commencement de Février. Ces *Adjoints* sont trois Députés de chaque Ligue; ceux de la *Ligue Grise* sont nommés par le Président ou *Landrichter* de cette Ligue, mais dans les deux autres Ligues, ce sont les Communautés qui en sont alternativement le choix. On examine dans ce *Congrès* les réponses données par les Communautés sur les articles que la *Diète annuelle* leur a communiqués, on en forme le résultat d'après la pluralité des voix, & on le leur renvoye pour qu'ils aient à se conduire en conséquence. On notifie aussi aux Communautés les objets sur lesquels elles doivent instruire leurs Députés pour la *Diète* prochaine *annuelle*. Tout ceci occupe quinze ou vingt jours.

Un autre *Congrès*, mais *extraordinaire*, se tient aussi à Coire; sa convocation dépend des circonstances qui le rendent plus ou moins nécessaire à la République. Les Chefs sont les seuls Députés; ils sont voir dans leur *abscheid* ou *recès* aux Communes tout le danger d'une affaire qu'ils veulent traverser, & le beau côté de celle qu'ils veulent faire réussir. On y prépare aussi la convocation des *Bey-tag* ou demi-*Diètes extraordinaires*. Il est d'usage que les *trois Chefs* s'assemblent annuellement à Coire quelques semaines avant la tenue de la *Diète générale-ordinaire-annuelle*, pour consulter entre eux sur les matières qui doivent y être mises en délibération.

Indépendamment de ces *Diètes* & *Congrès*, chaque Chef peut convoquer sa Ligue respective quand il le juge nécessaire, mais cela arrive rarement & jamais sans des causes majeures.

Je comprends parmi les *assemblées particulières des Grisons* celles de chaque Ligue séparément, & celles de chaque Communauté aussi séparément. Celles-ci se tiennent *ordinairement* une fois l'an ou à l'*extraordinaire* dans des occasions urgentes. Le Chef de la Communauté les convoque; elles se tiennent presque toujours sur des places publiques ou dans des prairies, c'est-là où l'on élit les Députés pour les *Diètes ordinaires & extraordinaires*, & les Magistrats de la Communauté; c'est-là aussi qu'on délivre aux Députés leurs instructions, qu'on décide à la pluralité sur les articles des *recès* ou *abscheid*, & qu'on détermine les réponses à faire aux *Diètes*. Il est bon d'observer qu'un Grison peut à la fois avoir *droit Civique* ou de *Patriote* dans plusieurs Communautés, même dans différentes Ligues. Les *Diètes annuelles* & distinctes de chaque Ligue qu'on nomme aussi *Bunds-tag*, se tiennent, savoir celle de la *Ligue Grise* le 23 Avril, jour de *Saint-George*, à *Truns*, celle de la *Ligue Caddée*, le 24 Août, jour de Saint-Barthelemi, à *Coire*, & celle de la *Ligue des dix Droitures* à Davos à la fin de Mai.

Le traité de (4) l'Alliance générale entre les trois Ligues, en date du 11 Novembre 1544, règle la manière de terminer les différends qui surviendroient entre les trois Ligues ou entre deux Ligues, entre les Jurisdictions & Communautés d'une Ligue, entre d'une Communauté ou d'un Particulier vis-à-vis des trois Ligues, & ceux qui naîtroient entre les Communautés de deux diverses Ligues, &c. Il faut ajouter que lorsqu'une haute Jurisdiction ou Communauté est divisée, on établit dans la Ligue dont elle fait partie, un Tribunal impartial, & en cas que ce Tribunal ne puisse pas terminer le différend, les trois Ligues ordonnent alors un Tribunal décisif. On ne finiroit pas s'il falloit détailler ici toutes les différentes formes juridiques usitées dans l'intérieur subdivisé du pays des Grisons. Le Lecteur qui voudra les connoître, est invité à consulter M. Leu & son Abbréviateur M. Faes.

Je parlerai ailleurs du *Conseil de guerre* ou de la constitution militaire des Grisons. Mais je ne puis omettre ici leur *Tribunal extraordinaire* qu'on appelle *Strafgericht*, autrement *la Chambre ardente* ou de *Justice* destinée à punir les traîtres à l'Etat, les Concussionnaires & les Magistrats qui vendent la justice. Quand ce Tribunal est convoqué, tous les autres cessent, & les Chefs sont suspendus de leurs charges. On a comparé ce Tribunal pour la sévérité au *Conseil des Dix* à Vénise. On le croit même plus formidable, si ce n'est lorsque l'Accusé peut se purger par argent. Le *Strafgericht* se forme ordinairement de l'aigreur d'une faction contre l'autre, & le plus souvent de l'oisiveté des paysans qui ne pouvant travailler dans les campagnes, s'assemblent quelquefois sept ou huit cent, se livrent à la débauche pendant quinze jours ou trois semaines & cherchent ensuite quelques personnes favorisées de la fortune pour les trouver coupables & leur faire payer leurs dépenses. Les *Strafgerichte* sont aujourd'hui moins fréquens qu'ils n'étoient autrefois, par la politique des Grisons riches. Comme ils ont enfin reconnu qu'ils en supportoient toujours les frais & les avances, ils ont la prévoyance de perdre sans ressource les paysans qu'ils croyent capables de fomenter les *Chambres de Justice*. Il est vrai que la rareté actuelle de ces Chambres ne

---

(4) Leu, Dict. Hist. de la Suisse, T. IX. p. 119-125.

laisse pas d'avoir son mérite, puisqu'elle coupe racine à quantité d'abus; mais si on doit en croire un mémoire écrit en 1709, ces abus ne sont rien en comparaison de l'impunité que l'on obtient pour les crimes en gagnant un Chef accrédité. Cette même relation ajoute les traits suivans; à Dieu ne plaise que je le garantisse, d'ailleurs depuis 1709, les formes, les usages & les mœurs ont changé dans la sphère politique & civile. Voici les traits critiques de l'auteur de cette relation dont la causticité se fait trop remarquer. *Depuis que les Chefs n'ont plus vu de Strafgericht, ils se sont ingérés de recevoir des lettres des Princes étrangers, d'y faire réponse, de faire des propositions & même quelque chose de plus sans la participation des Communes, ils vendent la justice à l'encan & perdent tous ceux qui osent les contredire ou qu'ils soupçonnent ne leur être pas attachés.*

Les Editeurs de l'*Etat* (5) *& des délices de la Suisse*, disent en parlant du *Strafgericht* des Grisons, qu'il a lieu lorsque les paysans vont en troupe demander à une Diète assemblée une Chambre de Justice contre ceux qu'ils soupçonnent de trahison ou de quelqu'autre crime d'Etat, que ce Tribunal est composé de dix Juges & de vingt Procureurs de chaque Ligue, que ses procédures sont fortes & vigoureuses, & qu'il en coûte toujours ou la vie ou de grosses amendes à quelqu'un. *Cependant*, ajoutent-t-ils, *on a très-souvent éprouvé que ces sortes de Justices ont fait plus de mal que de bien au pays.* L'histoire (6 des Grisons est remplie d'exemples terribles de ces *Strafgericht* dans les seizième & dix-septième siècles. *Sprecher* (7) appelle (sans doute par ironie) les Arrêts qui émanent de ces Tribunaux *les Jugemens* (8) *de Radamante*. On sait que *Minos*, Roi de Crète, *Eacus* & *Radamante* exercèrent la justice avec tant de sévérité que cela donna lieu à la fable de les regarder comme les trois Juges des Enfers. Mais il y a une grande distance entre la sévérité justement exercée & celle qui souvent n'est que l'effet de la haine & de la cupidité. Aussi le sage Bourgmestre de Zurich, M. *Leu*, en citant le passage de l'historien *Sprecher*, dit (9) que les *Strafgericht* ont très-souvent porté des jugemens aussi sévères, mais bien moins équitables que ceux de *Radamante*. Je ne puis m'empêcher de rappeler ici les réflexions qu'a faites le célèbre *Gordon* (10), Anglois, sur le Gouvernement des Grisons.

L'inconstance & par conséquent le peu de sûreté des Gouvernemens Démocratiques, les accès soudains de fureur & d'injustice auxquels ils sont sujets, se montrent d'une manière évidente & signalée dans la République des Grisons. Toutes les fois que les peuples sont animés contre un homme, par quelque mauvais rapport que ce soit, même par un bruit sourd dont on ne sauroit se nommer l'auteur, ni peut-être jamais le découvrir, ils s'attroupent & vont à la Diète demander une Chambre de Justice, ou plutôt l'ordonner. Ils sont les maîtres & l'on ne sauroit refuser ni cela ni autre chose à leur emportement, quelque peu fondé qu'il soit. La personne accusée est tenue de prouver qu'elle n'est point coupable; car l'accusation est sans preuve, elle est seulement appuyée par des jalousies populaires, allumées par quelques boute-feux, fabricateurs d'impostures. Tout innocent qu'est l'Accusé il doit être mis à la question; la torture lui extorque la confession d'un crime imaginaire, & cette confession est suivie d'une peine capitale. Ceux qui peuvent soutenir la question sont à la vérité renvoyés absous, mais privés pour toute la vie de l'usage de leurs membres. De cette manière, on voit dans cette République des supplices pour des crimes non avérés, pour des accusations en l'air & sans aucun fondement. L'innocent peut périr par une fausse confession, & le plus coupable être absous, s'il a la force de ne rien avouer. Ce n'est pas une chose étonnante de voir la Noblesse abandonner un pays où les délations d'un imposteur peuvent susciter des alarmes populaires, qui causent la perte de la vie à un innocent. Les Paysans sont Juges & Parties, & l'innocence ne peut mettre personne à couvert du supplice le plus infame. Il faut nécessairement faire des sacrifices; & en général on en fait beaucoup pour appaiser une fureur populaire d'autant plus sanguinaire qu'elle est aveugle. C'est ici une République où premièrement un mécontent, un incendiaire, au moyen d'une imposture, d'une calomnie malignement imaginée, peut ameuter le peuple, exciter des séditions & causer des massacres; & où, en second lieu, les Chefs sont les plus exposés au danger, & continuellement tentés d'abolir cette licence d'un peuple qui ne cesse de les menacer, & d'introduire pour leur propre sûreté un Gouvernement plus paisible. Outre cela ce même pays fournit beaucoup d'exemples qui font voir avec quelle promptitude on peut amener le peuple à changer la forme de sa constitution. La République des Grisons, sous le joug le plus doux du monde, sans aucun sujet de plainte, sinon que ses Magistrats sont de temps en temps de différentes Religions, & qu'on y tolère les Protestans, est habitée par des Citoyens si étrangement bigots, qu'ils rejettent leurs Gouverneurs quoique pleins de débonnaireté, coupent la gorge de leurs voisins qui ne leur ont fait aucun mal; & se jettent entre les bras des Espagnols les plus impitoyables maîtres de l'univers.

On ne doit pas perdre de vue ces réflexions de l'Anglois *Gordon*, lorsqu'on lit le précis des troubles (11) qui ont agité la Valteline. Dans ces temps de trouble & d'horreur, plusieurs des principales familles, pénétrées de la vérité de cette sentence, *mallem eligere strictissimum despotismum quàm talem libertatem*, prirent le parti de s'expatrier. Au reste ce n'est pas seulement dans le pays des Grisons que les *Strafgericht* ont suscité tant de scènes qui font frémir l'humanité, les annales du *Vallais*, autre République populaire, alliée des Suisses, en offrent d'aussi étranges. Les *Cantons Démocratiques* même n'en ont pas toujours été exempts, & celui de ces Etats qui a le moins souffert a été le *Canton d'Uri*. Toutes les fois que dans ce Canton des gens sous le masque du *Patriotisme* ont tenté de soulever le peuple contre quelques Chefs de la Magistrature qui les gênoient dans leurs petites vues personnelles & dont ils avoient juré la perte, les principales familles de l'Etat, déposant tout objet de rivalité, se sont réunies pour conjurer la tempête qui les auroit à la fin écrasées les unes après les autres. Aussi avec cette sage précaution le *Canton d'Uri*, ce respectable berceau de la liberté Helvétique, a-t-il été tranquille pendant que les Cantons voisins se déchiroient par les plus violentes factions. Il y a eu même des temps en Suisse où les *Aristocraties* n'ont pas été à l'abri de pareilles secousses.

---

(5) T. IV. pag. 129-130, Bâle 1764, in-12. fig.
(6) Sprecher, *Palladis Rhatica Lib. VI. pag.* 246-273. Lugduni Batav, 1633, in-24. fig.
(7) Ibidem, p. 251.
(8) *Radamanthæa judicia.*
(9) Dict. Hist. de la Suisse, T. IX. pag. 168 & T. XVII. p. 669-770.
(10) Discours Historiques sur Sallusté, T. II. p. 301-306. Genève 1762, in-12. M. *Gordon* est mort en Juillet 1750, âgé d'environ 66 ans.
(11) Heureux eussent été les Grisons, s'ils eussent suivi les conseils salu-taires que *Henri IV* leur donnoit, & qui sont consignés dans une lettre de ce grand Roi à son Ambassadeur *Paschal* près des Ligues Grises, PREUVES N°. LII. cette lettre datée du 17 Avril 1610, peut être regardée en quelque manière comme le *testament* ou le dernier acte d'affection que *Henri* laissoit à ses chers Alliés. Ce bon Prince, le père de ses sujets, fut tué le 14 Mai suivant, lorsqu'il étoit sur le point de commencer l'exécution d'un vaste dessein dont les suites devoient contribuer au bonheur des Suisses & des Grisons.

On a vu un *Bourgmeſtre* de Zurich, nommé *Waldmann*, qui eût mérité des ſtatues dans l'ancienne Rome, périr ignominieuſement victime de l'envie atroce de ſes ennemis qui ſoulevèrent le peuple contre lui, dépoſèrent l'ancien Sénat & lui ſubſtituèrent un Conſeil, compoſé des Citoyens les plus tarés. Ce Conſeil ignorant, dur, paſſionné, impitoyable & ſanguinaire, & à qui on donna avec juſtice le ſobriquet de *Conſeil* (12) *portant des cornes*, commit les plus grands excès, parmi leſquels on diſtinguera toujours celui qui les porta (13) à livrer impitoyablement au glaive du bourreau le Bourgmeſtre Waldmann qui faiſoit la gloire de toute la Suiſſe. La fin de ce grand-homme confirmoit bien la vérité de ce vers qu'on fit alors à ſon ſujet.

Walmannus didicit qualis ſit beſtia vulgus.

Sa mémoire fut depuis hautement vengée par l'abolition de ce Conſeil monſtrueux; mais *Waldmann* n'étoit plus. La ville de Fribourg vit auſſi jouer la même tragédie à la fin de Mars 1511 dans l'enceinte de ſes murs. Son digne *Avoyer*, le Chevalier François *Arſent*, fut ſacrifié (14) à la baſſe jalouſie de quelques familles Plébéiennes, qui parvinrent à le perdre par une manœuvre des plus odieuſes.

Les Griſons ont conquis trois petites Provinces ſur les Ducs de Milan, le *Comté de Bormio*, la *Valteline* & le *Comté de Chiavene*. Le ſol de ces pays eſt plus fertile, & le climat incomparablement plus doux que chez les Griſons. Ces Provinces jouiſſent de divers privilèges qui leur ont été expreſſément réſervés lors de la reſtitution, & notamment par le *Capitulat de Milan* en 1639, lequel a été reconfirmé en 1726; elles ſont d'ailleurs gouvernées par des Magiſtrats nommés par les Ligues. Le Bailiff du Comté de Bormio a le titre de *Podeſta*, le Gouverneur-général de la Valteline ſe nomme le *Capitaine* (15) *du Pays*, en Allemand *Lands-hauptmann*; le Comté de Chiavenne partagé en deux départemens, voit à la tête de celui du même nom, un *Commiſſaire*, & pour le département de *Plurs* ou *Pluri* un *Podeſta*. Tous les deux (16) ans au commencement de Juin, la *Diète des trois Ligues* députe des *Syndics* pour entendre les griefs portés contre les Juges ou *Podeſtas*, & les Sujets peuvent appeller des jugemens des *Syndics* à la *Diète* annuelle des trois Ligues. Le nombre de ces *Syndics* eſt de neuf, dont trois de chacune des trois Ligues, ils ont avec eux un *Chancelier*, un *Secretaire* & un *Officier Servant*. Le Chef de ces *Syndics* ſe nomme *Préſident*, il eſt choiſi alternativement dans l'une des trois Ligues, & alors les trois Officiers qui l'accompagnent, ſont pris dans la même Ligue de laquelle il eſt tiré. Je parlerai plus au long de ce *Syndicat* à l'article Topographique de la *Valteline*.

Telle eſt la forme des Diètes générales & particulières des *trois Ligues*. Si la conſtitution de leur Gouvernement eſt ſuffiſante pour maintenir la paix & l'union entre toutes les petites Démocraties qui le compoſent, ſi elle garantit le peuple des abus de l'autorité & du pouvoir légiſlatif, ſi elle aſſure au Citoyen la liberté perſonnelle & réelle, on conçoit que ſes effets doivent à-peu-près ſe borner à ces premiers beſoins d'un Etat jouiſſant de la paix, & que dans les cas de troubles, de guerres & de démêlés avec les Puiſſances voiſines, la lenteur des délibérations, le démembrement de l'autorité publique, la difficulté de ramaſſer les fonds néceſſaires à l'Etat, & la dépendance ou même la nullité de la puiſſance exécutrice, doivent préſenter les plus grands inconvéniens. Un coup-d'œil ſur les évènemens publics les plus mémorables dans l'hiſtoire des Griſons, ſuffira pour conſtater cette obſervation.

Avant que de finir l'article des Diètes des Griſons, je dirai un mot des titres que différentes Puiſſances de l'Europe donnent à cette République en lui écrivant. L'Empereur s'exprime ainſi: *Aux* (17) *honorables ſpécialement chers, les Chefs & Conſeils des trois Ligues générales*. Le Roi de France uſe de cette formule: *A nos très-chers grands Amis, Alliés & Confédérés le Landrichter, Préſident, Landammans, Ammans & Conſeils des trois Ligues-Griſes.*

La République de Véniſe, *Illuſtribus & potentibus viris, Præſidi & Conſiliariis fœderis Griſæi, amicis noſtris cariſſimis.*

Le Vallais.

L'ASSEMBLÉE (1) des Députés, nommée *Landrath*, c'eſt-à-dire le *Conſeil du pays*, eſt ordinairement convoquée en Mai & en Décembre au château *Majoria* dans la ville de *Sion* par le *Capitaine* ou *grand-Bailif de la République* appellé *Landshauptmann*. L'Evêque de Sion préſide, & le grand *Baillif* demande les avis. On y délibère ſur les intérêts communs de la République, & on y juge les cauſes majeures en dernier reſſort. On peut appeller devant le Conſeil ſuprême, du jugement des appels qui ont été portés par les Juſtices inférieures devant l'Evêque ou le grand Baillif. C'eſt par l'inſtitution de ce Conſeil que les diverſes parties du haut-Vallais ſont réunies en un ſeul Corps politique, elles ſont d'ailleurs ſi indépendantes, qu'anciennement l'un ou pluſieurs Dizains faiſoient des alliances ſéparées ou entreprenoient des guerres avec les Etats voiſins. Chaque Dizain envoye quatre Députés (2) au Landrath; ce Conſeil donne auſſi audience aux Miniſtres étrangers. Le bas-Vallais forme ſept Châtellenies, ſujettes des hauts-Vallaiſans qui leur envoyent de deux en deux ans, à tour de rôle des ſept Dizains, des *Baillifs* ou *Châtelains*.

Le Lands-hauptmann ou grand Baillif reſte deux ans en charge,

---

(12) *Haernin Rath.*
(13) Le 6 Avril 1489. Voyez l'article de ce grand homme dans le Dictionnaire Hiſtorique de la Suiſſe, par M. *Leu*, *Bourgmeſtre de Zurich*, Tom. XIX. p. 73-76. M. *Fueſslin* a donné à Zurich en 1780, in-8. la vie du Bourgmeſtre *Waldmann*, écrite en Allemand, d'après les mémoires & actes du temps & avec la plus ſévère impartialité; l'Auteur a tracé dans le même ouvrage le tableau moral de la ville de Zurich, tel qu'il étoit vers la fin du quinzième ſiècle.
(14) M. le Baron d'*Alt*, Avoyer de Fribourg, a donné un détail très-intéreſſant de la fin d'*Arſent*, dans l'*Hiſtoire des Helvétiens*, dont il a paru dix volumes in-8. à Fribourg en Suiſſe, en 1750 & les années ſuivantes.
(15) En Italien *Governatore e Capitano generale della Valtellina.*
(16) *Leu*, Dict. Hiſt. de la Suiſſe, T. XVII. p. 179-180 & T. XVIII. pag. 430.

(17) *Denen ehrſamen, beſonders lieben, dienen Hauptern und Raethen gemeiner Drey Bundten.*
(1) *Leu*, Dict. Hiſt. de la Suiſſe, T. XIX. pag. 130 & ſuiv.
Le même, Obſervations ſur la Rép. des Suiſſes, par *Sinner*, p. 617 & ſuiv.
Fœſi, Deſcript. Topog. de la Suiſſe. T. IV. p. 284-285.
Fueſslin, Deſcript. Topog. de la Suiſſe, T. III. p. 314.
Tſcharner, Dict. Geog. Hiſt. & Topog. de la Suiſſe, T. II. pag. 174-175, &c.
(2) Dans ce nombre ſont le *Maire* ou le *Châtelain*, le *Bannert* & le *Capitaine du Dizain*, & l'un des anciens *Juges du Dizain* qui les nomme; ce dernier eſt toujours choiſi par les Prépoſés de la Commune du Dizain, quelques jours avant la tenue du *Landrath*.

il est élu dans le *Landrath du mois de Mai*, par l'Evêque, par deux Chanoines du Chapitre de Sion & par les Députés des sept Dizains; il est aussi quelquefois confirmé dans sa place. Le *vice-Baillif* ou *vice-Capitaine du Baillif* & le *Chancelier* sont aussi élus ou confirmés tous les deux ans dans le même Conseil suprême. On y fait encore l'élection des autres charges de la République. Le *Landrath de Décembre* nomme aux Bailliages vacans, reçoit les comptes des Bailliages ou Châtellenies & juge des appels qui lui sont portés par les Justices Ballivales. Il juge de même des appels qui primitivement faits par les Tribunaux des Dizains devant l'Evêque ou le grand Baillif ou devant le *Vice-Baillif* ont été ensuite portés devant le *Landrath*. Tous les règlemens qui émanent de ce Conseil ont uniquement cette formule initiale. *Nous N. grand Baillif actuel & le Conseil des sept Dizains de la République du Vallais.*

Avant que de finir l'article des *Diètes Helvétiques*, j'observerai encore qu'un Ministre étranger peut (3) assembler une Diète, aussi souvent qu'il le juge nécessaire pour l'intérêt de son Maître, pourvu qu'il en fasse la dépense, c'est-à-dire qu'il défraye les Députés. Mais dans ce cas les Ministres étrangers n'ont pas droit de convoquer par eux-mêmes une Diète, il faut qu'ils observent la même formalité qu'observent les Cantons, c'est-à-dire qu'ils s'adressent au Sénat de Zurich. Il ne sera pas hors de propos de rapporter ici les différens titres d'honneur que ces Ministres & leurs Maîtres donnent aux Suisses.

Quand le Pape écrit aux Cantons Catholiques, il leur donne le magnifique titre de *Défenseurs de la Liberté de l'Eglise*. *Dilectis Filiis Pretoribus, Landammannis, &c. Consiliariis ex octo Pagis Helveticis Catholicis, videlicet Lucerna, &c. Ecclesiastica Libertatis Defensoribus.*

C'est-à-dire, A nos Fils bien-aimés, les Avoyers, Landammes & Conseillers des huit Cantons Suisses Catholiques, de Lucerne, &c. Défenseurs de la Liberté de l'Eglise.

Depuis l'indépendance du Corps Helvétique assurée par la paix de Westphalie, l'Empereur dans ses lettres aux Cantons ne leur donne plus le titre de *Féaux*, en Allemand *Gétreu*. Sa Majesté Impériale use de l'adresse suivante : *Denen gestrengen, vesten und Ehrsamen, Unseren besonders lieben N. Gemeiner Eydgenossschaft aller XIII und Zugewandten Orten in der Schweitz.* C'est-à-dire, *Aux généreux, vaillans & honorés, nos très-chers N. de la Confédération générale de tous les Treize-Cantons & Etats co-Alliés en Suisse.*

Toutes les fois qu'un Ambassadeur de France adresse la parole aux Députés assemblés en Diète, il les traite de *Magnifiques Seigneurs*, & les lettres du Roi son Maître commencent ainsi : *A nos très-chers, grands amis & Confédérés les Bourgmestres, Avoyers, Landammanns & Conseil des Ligues Suisses des hautes Allemagnes.* Le Secrétaire d'Ambassade ou autre Ministre subalterne les traite de *Magnifiques & Puissans Seigneurs.*

Le Roi d'Espagne en écrivant aux Cantons use des expressions suivantes : *A los illustres Cancones de Zurich, Berna, &c. nuestros amigos y Confederados sinceramente amados.* Je traduis littéralement ces mots, Aux illustres Cantons de Zurich, Berne, &c.

nos Amis & Confédérés sincèrement aimés. L'Ambassadeur d'Espagne s'énonce ainsi dans ses lettres & harangues : *Illustri & Potenti Signori*, c'est-à-dire, *Illustres & Puissans Seigneurs.*

Le Roi de la Grande-Bretagne leur écrit en latin, dans la formule suivante. *Illustribus & amplissimis Dominis Consulibus, Scultetis, Land-Ammannis & Senatoribus Cantonum Helvetiæ Confœderatorum, amicis nostris clarissimis.* Ce qui signifie en François : *Aux illustres & très-magnifiques Seigneurs, les Bourgmestres, Avoyers, Landammanns, & Conseillers des Cantons Confédérés de la Suisse, nos très-chers Amis.*

Voici l'adresse dont se sert le Roi de Suède.

Nobilibus, amplissimis, spectabilibus, atque fanatis viris amicis, nostris sincerè nobis dilectis Consulibus, Scultetis, Land-Ammannis, Senatoribus & Communitatibus XIII Helvetiæ Confœderatæ Cantonum. C'est-à-dire, *Aux Nobles, très-magnifiques, considérés & renommés Hommes, nos Amis sincèrement chers, les Bourgmestres, Avoyers, Landammanns, Conseillers & Communautés des Treize-Cantons de la Suisse Confédérée.*

Le Roi de Prusse use de la formule suivante.

Denen Wolgebohrnen, edlen, ehrenvesten, hochweisen und hochgelahrten besonders lieben freunden, Allirten und Bundes-vervandten Burgermeister, Schultheiss, Land-Ammann und Raehten der XIII Ortender Eydgenossschaft Zurich, Bern, Lucern, &c. En voici la version : *Aux très-distingués par leur haute naissance, noblesse, réputation, sagesse & science nos très-chers Amis, Alliés & Confédérés les Bourgmestres, Avoyers, Land-Ammanns & Conseils des XIII Cantons du Corps Helvétique, Zurich, Berne, Lucerne, &c.*

Dès la première origine de la Ligue jusqu'à nos jours, les Cantons & leurs Alliés n'ont jamais usé, dans le style public, d'autre titre que de celui-ci que je traduis de l'Allemand. *Nous les Bourgmestres, Avoyers, Landammanns, Conseils, Bourgeois, Patriotes & Communautés, des villes & pays, &c.* titres simples & modestes qui honorent la liberté, quand on les compare avec les épithètes fastueuses & *superlatives* de la plupart des Souverains des autres nations. Dans la première alliance, les Confédérés se nomment *Eidgenossen*, expression qui signifie *Associés par serment*, & qui répond à celle de *Confédérés*. Aussi cette expression n'étoit point distinctive, elle étoit reçue dans les traités d'association & de Ligue entre diverses Communautés, telle que celle (4) des Grisons en 1424. Les Autrichiens s'accoutuma bientôt à désigner les Confédérés sous ce titre, même dans des actes publics. Leur association fut appellée *l'ancienne* (5) *Ligue de la haute Allemagne*, pour la distinguer des diverses autres associations des villes de l'Empire Germanique. Cette dénomination, comme nous le voyons dans les premières alliances avec la France, a été encore usitée dans celle de (6) 1663.

Pendant la guerre de Zurich, vers le milieu du quinzième siècle, le nom de Suisses prit faveur, parce que le peuple de *Schweitz*, en françois *Suisse* ou *Suitz*, montroit l'ardeur la plus opiniâtre contre les Autrichiens. Il fut généralement adopté par les Nations voisines après les guerres de Bourgogne, de Souabe & du Milanès.

---

(3) Leu, Observations sur *Simler*, p. 428 & suiv. Le même, Dict. Hist. de la Suisse, T. VI. pag. 483-484.

L'Etat & les Délices de la Suisse, T. I. p. 169 & suiv.

Fæsi, Descript. Topog. de la Suisse. T. I. pag. 208-209.

Tscharner, Dict. Géog. Hist. & Pol. de la Suisse. T. I. p. 51-53, &c.

(4) Tschudii Chr. Helvet. T. II. pag. 153-156.

(5) *Nos Magister Civium, Sculteti, Ammani, Consules, Cives, Communi-* tates, & Patriotæ infrascriptarum Civitatum, Oppidorum, Terrarum partium quæ Liga veteris Alamanniæ Altæ, videlicet de Thurgo, &c. Traité d'alliance entre Louis XI & les Cantons en 1464. Voyez Tschudii Chronicon Helveticum, T. II. pag. 650.

(6) Le traité de l'Alliance renouvellée en 1663 entre la France & les Treize Cantons & leurs Etats co-alliés, se trouve dans le Tome VII. du Dictionnaire Historique de la Suisse, par M. Leu, pag. 240 & suiv.

C'est vraisemblablement de cette époque & des Italiens que vient le nom de *Cantons*, adopté par les Auteurs étrangers & Suisses. Ce nom rend en Allemand celui de *Ort*, lieu ou district, qui s'introduisit dans les actes publics vers la fin du quinzième siècle. Le titre *Ort* est usité pour la première fois dans le traité des huit Cantons à Stanz (7) en 1481, on y ajoute l'épithète modeste de *Louables*, *Loebliche Ort der Eydgenoſſchaft*. Dans le temps où les Suisses montroient tant d'indifférence pour les titres, un Duc de Milan, suivant le goût ridiculement fastueux de sa Nation où l'on traite aujourd'hui d'*Illuſtriſſimo* le moindre Marchand, prenoit en (8) 1467 le titre de *Très-Illuſtre & Très-Puiſſant*, *Illuſtriſſimus & quàm potentiſſimus Princeps*, & donnoit par compensation aux Cantons Suisses celui de *Magnifiques & Puiſſans Seigneurs*, *Magnifici ac potentes Domini*.

Dans des temps plus cérémonieux, ce compliment est devenu d'étiquette pour les Républiques indépendantes.

Il y a déja quelques siècles que le Corps Helvétique a commencé à exercer tous les actes de Souveraineté, à faire la guerre, conclure des traités de paix, recevoir des Puissances étrangères non-seulement des Ministres du second rang, mais encore des Ambassadeurs ordinaires & extraordinaires & à leur envoyer des Ambassadeurs & des Députés, contracter avec elles des alliances, & à faire pour l'intérieur de ses Etats tels règlemens qu'il jugeoit convenables, tant pour la police Ecclésiastique que pour le Civil, sans vouloir souffrir aucune atteinte, ni se laisser rien prescrire par aucune Puissance. Depuis plus de trois cent ans la Suisse n'a plus pris aucune part aux affaires de l'Empire Germanique dont elle dépendoit auparavant. Il est vrai que jusqu'à l'Empereur Maximilien II en 1566, le Corps Helvétique demandoit à chaque Empereur nouvellement élu la confirmation de ses priviléges & franchises, & celle des Seigneuries qu'il tenoit en fief de l'Empire. Les Cantons se prêtoient d'autant plus facilement à cette formalité qu'elle assuroit le libre commerce de leurs Marchands dans l'Empire; au reste ils demandoient ce que les Empereurs n'avoient plus la force de leur refuser, & ce que même ils n'ont pu ni voulu prétendre, après que le Corps Helvétique a cessé de leur en faire la demande. La paix de Westphalie a assuré pour toujours la Souveraineté pleine & entière de la Suisse, & son indépendance fut alors reconnue par l'Empereur & tous les Etats de l'Empire.

Il est arrivé très-rarement que les Ambassadeurs du Corps Helvétique se soient trouvés hors de la Suisse en concurrence avec ceux des Puissances étrangères, mais lorsque ces cas sont arrivés, ils ont toujours prétendu avoir le rang immédiat après la République de Venise; l'histoire du Concile de Trente nous apprend qu'ils y demandèrent le rang avant les Ambassadeurs (9) du Duc de Bavière & du Grand-Duc de Toscane, & que les Ambassadeurs de ces deux Princes ne parurent jamais aux Sessions où ceux des Cantons Catholiques assistèrent.

Le berceau de la République des Suisses est antérieur de plusieurs siècles à celui de la Hollande. La tyrannie des Baillifs de l'Empereur Albert I fit naître en 1307 la *Liberté Helvétique*, mais ce ne fut qu'en 1566 que l'inflexible sévérité de Philippe II, Roi d'Espagne, jetta les premiers fondemens de la République des *Bataves*.

XXXVIII.

DIVISION DES HABITANS DE LA SUISSE EN DEUX CLASSES.
I. FAMILLES HABILES AU GOUVERNEMENT. II. VASSAUX OU SUJETS.

Première Division.

LES familles habiles au Gouvernement dans chaque Canton sont ou *Nobles d'origine* ou *Patriciennes*. On rapporte qu'un Marquis François ayant demandé un jour à Albert de *Mulinen*, Capitaine au Régiment d'Erlach en France, & depuis Colonel en Hollande, *s'il y avoit des Gentilshommes en Suiſſe*, & que l'Officier Bernois lui avoit répondu sèchement *qu'il n'en connoiſſoit deux. Et qui donc ?* reprit le Marquis: *l'Empereur & moi*, répliqua *Mulinen*. La Suisse a été le berceau (*) des *Comtes de Habſpourg*, tiges de l'auguste Maison d'Autriche. Les de *Mulinen*, Feudataires de ces Comtes dans les treizième & quatorzième siècles, sont issus de la plus ancienne Chevalerie de l'Argeu en Suisse. Un Généalogiste du dernier siècle, *Bucelin*, disoit en (1) parlant des montagnes de la Suisse, qu'elles avoient servi d'asyle aux Grands de l'Empire Romain & de berceau à la Noblesse d'Allemagne. Ce que je vais dire de l'état de la Noblesse & des familles Patriciennes de la Suisse est extrait d'un long Mémoire que M. le Baron de *Zur-Lauben* a bien voulu me communiquer. J'ai aussi eu recours à plusieurs Auteurs (2) anciens & modernes.

L'histoire & les monumens caractérisent la Noblesse Helvétique, comme très-épurée dans son origine. La Suisse faisoit autrefois partie de l'Empire, & comme elle avoit le même Gouvernement féodal qui subsiste encore dans l'Allemagne, sa constitution changea à mesure qu'elle se détacha du Corps Germanique. Mais cette révolution se fit lentement, & elle ne fut consommée qu'en 1648 par la paix de Westphalie. Dans ses diverses périodes de cette révolution, une partie de la Noblesse primitive s'éteignit, une autre s'expatria &

---

(7) *Leu*, ibid. T. XIV. p. 321.

(8) *Capitules* entre Blanche-Marie, Duchesse de Milan, Douairière de François Duc de Milan, & son fils Galéas-Marie Sforce, Duc de Milan d'une part, & les huit Cantons de Zurich, Berne, Lucerne, Uri, Schweitz, Underwalden, Zoug & Glaris de l'autre, daté de Lucerne le 26 Janvier 1467, dans la *Chronique de Suiſſe* par Gilles de *Tſchoudi*, T. II. pag. 652-666.

(9) Melchior *Lussi*, Ambassadeur des Cantons Catholiques, obtint au Concile de Trente le 16 Mars 1552, la préséance sur le Grand Duc de Toscane, & le rang immédiat après Venise, & ce brave *Underwaldois* ne voulut pas céder le pas à l'Ambassadeur de Bavière: celui-ci n'ayant pu obtenir du Concile un décret formel qui lui conservât en tout temps la préséance sur l'Ambassadeur Suisse, partit de Trente & retourna à la Cour du Duc son maître. (*Wicquefort*, l'Ambassadeur & ses fonctions, liv. 1. pag. 504-506 à la Haye 1682, in-4. M. le Baron de *Zur-Lauben*, Hist. Milit. des Suisses, T. VII. p. 204-205. Paris 1752, in-12.)

(*) PLANCHE 95.

(1) *In Nucleo Hiſtoriæ Univerſalis*.

(2) *Leu*, Dict. Hist. de Suisse, T. I. p. 29-34, à l'article *Adel*, noblesse, &c.

suivit

suivit la fortune de la Maison de *Habsbourg*, qui par son élévation au Trône Impérial avoit étendu ses domaines hors de la Suisse, sans avoir eu la force de conserver son patrimoine primordial. Une autre partie de la Noblesse lasse des longues guerres qu'elle avoit soutenues contre les villes Impériales & les pays libres, atténuée par les pertes qu'elle avoit essuyées dans ses possessions, se détermina finalement à devenir *Concitoyenne* des Fondateurs & des Défenseurs de la Liberté Helvétique. Ceux-ci ne manquèrent pas de l'accueillir avec les égards dûs à la naissance. De-là les prérogatives dont la Noblesse jouit encore dans plusieurs Cantons; elle s'initia insensiblement dans le Gouvernement, & elle prodigua ses biens, & son sang pour la liberté avec autant de chaleur qu'elle en avoit auparavant montré pour la détruire.

Les titres de plusieurs Maisons de la Suisse encore existantes remontent jusqu'aux huitième (3), dixième (4), onzième (5) & douzième (6) siècles, mais avant que d'en donner l'histoire abrégée, M. le Baron de *Zur-Lauben* montre dans son Mémoire quelle a été l'origine de la Noblesse en Suisse, sa distinction primitive en *Comtes, Barons, Chevaliers, Damoiseaux, Ecuyers, Avoués & Châtelains*; quelle a été l'origine des *Comtes de Habspourg*, *tiges de l'auguste Maison* (7) *d'Autriche*, & quels Chapitres Nobles, quels Ordres de Chevalerie il y avoit en Suisse avant la formation de la République, je veux dire avant l'an 1315. Il fixe l'idée du Lecteur sur l'institution des Tournois & sur l'époque des premières Croisades. On sait communément que les armoiries & les noms de famille en dérivent en grande partie. M. le Baron de *Zur-Lauben* n'oublie pas non plus l'établissement des villes Impériales, & il expose quelle a été la destinée de la Noblesse Helvétique depuis les premiers instans de la liberté. Ainsi il parle séparément des Maisons éteintes par la guerre, des Maisons (8) transplantées dans l'Allemagne, des Maisons dégradées par l'indigence & l'obscurité, & des Nobles obligés à se faire recevoir *Bourgeois* ou *Patriotes* ou *Citoyens* des Cantons; il définit ensuite ces qualifications. Le Traité historique que je consulte apprécie les familles *Patriciennes*, & fait mention dans un article distinct des familles annoblies. Dans une autre section sont développées les prérogatives actuelles de la Noblesse en Suisse, & le Mémoire rappelle les conventions mutuelles entre le Corps Helvétique & l'Ordre de Malthe. Tous ces articles, ainsi que les suivans, sont traités avec brièveté (9) & clarté. M. le Baron de *Zur-Lauben* donne à la suite de ces notions préliminaires l'histoire abrégée des familles Nobles existantes, il les divise en trois classes; la première contient celles de ces familles qui (10) existoient en Suisse avant le berceau de la liberté. Il rapporte dans la seconde classe les familles Nobles, originaires (11) des pays étrangers & établies en Suisse depuis la fondation de la République, & il désigne dans une troisième classe les familles annoblies par les Empereurs, les Rois de France, d'Espagne, &c. Le tout est terminé par une spécification des plus illustres familles *Patriciennes* ou habiles au Gouvernement, qui se trouvent dans chacun des Etats du *louable Corps Helvétique*.

Au reste l'Auteur en composant ce Mémoire n'a eu en vue que deux objets; il vouloit détruire le préjugé que la malignité ou plutôt l'ignorance a répandu, & qui a fait croire qu'il n'y avoit dans la Suisse aucun Gentilhomme de race, il désiroit aussi rappeller la jeune Noblesse du *louable Corps Helvétique* à ses premiers principes; je veux dire à ces vérités exposées avec tant de délicatesse dans une fable (12) d'un célèbre Poète Anglois, & qui peuvent être appliquées aux familles Patriciennes qui ont fondé & soutenu si glorieusement la liberté des Cantons; j'ai cru à propos de les placer ici.

L'arbre est distingué par le fruit qu'il porte. Que la vertu soit donc votre première recherche. Suivez les traces de vos ancêtres pour mériter comme eux le titre de GRANDS; comme eux dédaignez les actions vulgaires, & prouvez par vos vertus que votre origine est illustre. On ne vit jamais, il est vrai, briller sur la table de vos aïeux que fort peu de vaisselle plate; mais leur conscience fut incorruptible. Jamais ils ne rampèrent; jamais leur honneur ne fut engagé; leurs mains pures rejettèrent tout présent: toujours jaloux du bien de l'Etat, ils se servirent en vrais Citoyens, ils furent l'appui de nos loix, ils portèrent sans cesse l'amour de la patrie dans le cœur: ni argent, ni honneurs n'étoient capables de les séduire. On les a toujours entendus parler comme ils pensoient & vêtoir de même: c'est ainsi qu'ils se sont acquis le glorieux titre de GRANDS. Si, trop fier de votre naissance, vous croyez qu'elle vous suffit, vous n'êtes qu'un sot, exposé à une plus forte lumière. Quand l'homme d'esprit foible & bas, est élevé au premier rang, ses vices n'en sont que plus remarquables. Qui a rendu votre nom illustre? c'est la vertu. Votre naissance ne vous a transmis que le nom, & c'est vous

---

(3) De *Landenberg*.
(4) D'*Essavayé*, de *Tschoudi*, de *Planta*.
(5) De *Bonstetten*, de *Watteville*, de la *Tour-Châtillon*, dont une branche puînée, celle de *Châtillon*, en Allemand von *Gestelenburg*, a pris le surnom de *Zur-Lauben*, à la fin du quatorzième siècle; les *Im-Thurn*, de Schaffhausen, &c.
(6) De *Halwil*, d'*Erlach*, d'*Affry*, de *Praromann*, de *Hertenstein*, de *Luternau*, de *Mulinen*, *Beroldingen*, *Zweyer d'Evebach*, *Puntener de Braunberg*, de *Salis*, de *Gingins*, de *Lenzbourg*, d'*Aubonne*, von *Vivis* ou de *Vevai*, de *Werra*, &c.
(7) *Tables Généalogiques des Augustes Maisons d'Autriche & de Lorraine*, & *leurs alliances avec l'Auguste Maison de France*, précédées d'un Mémoire sur les Comtes de Habspourg, Paris 1779, in-8. Ce livre, enrichi d'actes précieux, est devenu très-rare; on n'en a tiré dans le temps que six cent exemplaires.
(8) De *Reinach*, de *Schaubourg*, d'*Eptingen*, de *Rotberg*, de *Reichenstein*, de *Waldener* de *Schoenau*, &c.
(9) Le Mémoire qui m'a été communiqué contient aussi le plan des preuves pour dresser une généalogie; ce plan est appuyé sur les droits de Seigneurs Suzerains, sur les inféodations & hommages, sur les fondations, contra t l'acquisition ou de vente, registres publics, extraits baptistaires, contrats de mariage, testamens, anniversaires, monumens tombeaux & inscriptions, sur les sceaux & armoiries, sur les portraits, & enfin sur les récits manuscrits & imprimés des Historiens. Ces différentes sections sont justifiées par des titres autentiques & intéressans. L'histoire abrégée des familles nobles est appuyée à chaque article par trois ou quatre titres qui sont rapportés parmi les preuves à la fin du Mémoire.
(10) Voyez les Maisons nommées dans les notes précédentes : en voici d'autres dont la noblesse remonte par preuves au quatorzième siècle pour le moins, & quelques unes d'entr'elles même au-delà, de *Meiss*, de *Zoller*, de *Diesbach*, *Blarer* de *Wartensée*, de *Berenfels*, *Segesser* de *Brunegg*, *Schmid* d'Uri, *Reding* de *Biberegg*, *Ab-Iberg*, de *Monthey*, de *Courten*, de *Monte du Mont*, *Effinger* de *Wildegg*, *Escher* de *Luchs*, *Peyer-im-Hof*, de *Mandach*, *Stockar* de *Nuforen*, *Rinck* de *Wildenberg*, de *Waldkirch*, de *Grafenried*, de *Matral*, *Schnider* de *Wartensée*, &c.
(11) *Goeldlin* de *Tieffenau*, de *Sonnenberg*, *Grisel* de *Forell*, de *Tavel*, de *Roll* d'*Emmenholz*, de *Traverse*, *Paravicini*, de *Sacconai*, de *Mailliardor*, de *Castellas de Gruyere*, d'*Arnai*, de *Zur-Gilgen*, de *Fleckenstein*, de *Staal*, de *Wallier* ou *Vallier*, de *Manuel*, de *Roll* de *Bernau*, de *Chandieu*, de *Besenval*, de *Gallatin*, le *Chambrier*, *Puri*, de *Polier*, de *Badé*, de *Vigier*, *Micheli*, *Diodati*, *Turrettini*, *Pelissary*, *Orelli*, de *Muralt*, *Grenus*, de la *Tour de Saint-Gall*, *Pittet*, de *Langalerie*, de *Joffand*, &c.
(12) Fable de *Gay* adressée à un jeune Seigneur Anglois, destiné par sa naissance à entrer dans les principales charges du Gouvernement : cette fable est intitulée *le Cheval de bât & le Courier*, on en trouve la traduction dans le *Journal étranger*, Juin 1758, pag. 1 & 27-29. édition de *Paris*, in-12. M. le Comte d'*Albon* en parlant des fables de *Gay*, a dit que cet Auteur Anglois avoit prêté très-judicieusement aux animaux les passions des hommes pour les en corriger, & que son chalumeau champêtre avoit retracé avec une admirable simplicité la vie des Bergers. (*Discours Politique, Historique & Critique sur l'Angleterre*, pag. 144. Neuchâtel 1779, in-8.)

feul qui pouvez lui conferver tout fon luftre. Votre rang éxige un mérite éminent, & tel que celui qui a fait révérer vos pères. Si vous dégénérez, leur gloire augmentera votre opprobre.

Stoumpf qui mourut en 1566, dit dans sa chronique (13) qu'il y avoit eu pendant un temps dans la Suisse, avant l'époque de la liberté, environ cinquante Comtes, cent cinquante Barons & entre neuf cent & mille Chevaliers, Nobles ou Damoiseaux. Il a rapporté les noms & les armoiries de la plus grande partie de ces Maisons. Je trouve parmi les *Comtes*, les de Coire, de Schennis, de Lenzbourg, de Winterthour, de Kibourg, de Habspourg, de Baden, de Thoun, de Frobourg, de Homberg, de Thierstein, de Toggenbourg, d'*Oltingen* ou Ostranges, de Rapperschweil, de Glane, de Gruyere, de Neuchatel, de Nidau, de Vallangin, d'Arberg, de Strasberg, de Willisau, de Sargans, de Werdenberg, de Bucheck, de Wisp ou Viesch en Vallais ; les Comtes de *Bellinzone* de la Maison de *Rusca*, dans les bailliages Ultramontains, & les Comtes de Chiavenne, sur la frontière de la Valteline. La Maison de Habspourg étoit divisée dans le treizième siècle en plusieurs branches, savoir la branche de Habspourg, Landgraves de la haute-Alsace, tiges de l'*Auguste Maison d'Autriche*, & les branches de Habspourg-Lauffenboutg & de *Habspourg-Kibourg*. Je trouve parmi les Barons de la *Suisse* dans les onzième, douzième, treizième & quatorzième siècles, les d'Alt-Buren, de Rusegg, de Regensberg, de Sellenburen, de Bonstetten, de Tegerfelden, de Burglen, de Strettlingen, de Wedischweil, d'Eschenbach, de Schnabelbourg, de Schwarzenberg, de Weissenbourg, de Frutingen, de Briens, de Rötenbourg, d'Attinghausen, d'Uzingen, d'Uspunnen, d'Oberhoffen, de Wart, d'Alten Klingen, & de Hohen-Klingen, de Baldegg, de Griessenberg, de Langenstein, de Wolhausen, de Bechbourg, de Falckenstein, de Ringgenberg, de Bubenberg, Senn de Munsingen, de Castell, de Grunenberg, de Brandis, de Goesgen, de Gutingen, de Signau, de Tuffen, de Hunenberg, de Bichelsée, de Busenang, de Krenchingen, de Sarnen, de Balm, de Schwanden, de Hunwyl, d'Arbourg, de Kempten, de Hasenbourg, de Legern, de Grandson, d'Estavayé, de Cossonai, de Montenach, de Belp, de Blonai, d'Aubonne, de la Sartaz, &c. Je trouve dans les mêmes siècles, au *pays des Grisons*, les Barons de Retzuns, de Vatz, d'Aspermont, de Sax & leurs différentes branches, &c. Dans le *Vallais*, les Barons de la Tour-Châtillon, de Rarogne, &c. Dans le Comté de *Neuchatel*, les Barons de Gorgier, de Vaumarcu,

de Rochefort, &c. Une branche puînée de la Maison de Savoye étoit celle des *Sires* ou *Barons de Vaud*. Je ne donne pas ici les noms des familles *Equestres* & Nobles de la troisième classe. Diverses causes contribuèrent à la décadence de cette Noblesse nombreuse. Le Manifeste (14) que la Ligue de Souabe publia en 1499 pour justifier son armement contre les Suisses, pièce passionnée & dénuée de tous principes de vérité & de justice, rejette sur les Cantons & leurs Confédérés la ruine & l'extinction de l'ancienne Noblesse qui étoit autrefois établie dans l'Helvétie. On trouve dans ce Manifeste une liste absurde des Comtes & des Barons qui doivent avoir été détruits par les Suisses. Mais malheureusement pour l'Auteur qui dicta cette pièce, on voit dans cette liste énorme un grand nombre de Maisons qui n'ont été extirpées que par la Maison d'Autriche elle-même, pour venger la mort de l'Empereur Albert I. On sait que ce Prince fut assassiné par son propre neveu Jean, Duc de Souabe, à qui il retenoit son patrimoine, & par ses complices, les Barons de Balm, de Wart, d'Eschenbach & de Tegerfelden. On sait que les Maisons de ces Barons furent entièrement détruites par les enfans d'Albert. Léopold, Duc d'Autriche, & Agnès, Reine Douairière de Hongrie, sa sœur, immolèrent aux mânes de leurs pères, non-seulement les complices qui étoient de la plus haute Noblesse de la Suisse, mais encore une quantité de leurs Nobles Feudataires. Je désignerai dans la Topographie de la Suisse les endroits où ces cruelles scènes se passèrent. Le Manifeste de la Ligue de Souabe nomme aussi un grand nombre de Comtes & de Barons dont l'extinction ne doit être attribuée en aucune manière aux Suisses, mais à des causes naturelles, & souvent aux guerres que ces Seigneurs se sont faites les uns aux autres. Je conviens que beaucoup de Maisons de l'ancienne Suisse, ainsi que de la Souabe & de l'Alsace, ont été éteintes dans les guerres de la Maison d'Autriche contre les Suisses, aux batailles de Morgarten, de Laupen, de Tetweil, de Sempach, de Nefels & dans les différens combats que les Appenzellois livrèrent aux ennemis de leur liberté. Félix *Haemerli*, en latin *Malleolus*, successivement Chanoine de Zurich en 1411 & Prévôt du Chapitre de Soleure en 1422, & qui étoit le satyrique le plus amer de son siècle, a laissé entre autres pièces mordantes deux (15) traités dans lesquels il déchire les Suisses qui faisoient alors (en 1444) la guerre à la ville de Zurich, alliée de l'Autriche; on doit lui reprocher particulièrement d'avoir la lâcheté d'attribuer aux Confédérés la destruction de la Noblesse du pays.

---

(13) Lib. IV. Cap. L. Zurich 1547, in-fol. en Allemand avec fig.

(14) M. le Baron de *Zur-Lauben* en a une copie. Ce manifeste écrit en Allemand, & très-étendu, n'a pas été encore imprimé. Bilibald *Pirch-heimer*, Capitaine Autrichien qui servit en 1499 dans la guerre de *Souabe* ou de l'Empire contre les Suisses, a donné un extrait de cette déclaration dans l'Histoire de cette guerre (*Thesaurus Historia Helvetica*, pag. 6. *Tiguri* 1735, *in-fol.*)

(15) Sébastien *Brand*, de Bâle, publia en 1497 la plupart des ouvrages de *Malleolus*, sous le titre : CL. vir. jur. Doct. Felicis Hemmerlin varia oblectationis opuscula & tractatus, cette édition est très-recherchée par les Bibliomanes. On a réimprimé dans le *Thesaurus Historia Helvetica*, le Traité de *Malleolus*, qui a pour titre : *Dialogus de Suitensium ortu*, *nomine, confederatione, & quibusdam (utinam bene,) gestis*, avec l'exposition de son grand ouvrage, *de Nobilitate*. Ce dialogue entre un gentilhomme & un paysan, est rempli d'anecdotes piquantes sur les revers que la noblesse avoit essuyés dans l'ancienne Suisse; *Malleolus* y déchire le Canton de Schweitz. On a aussi de sa plume une autre pièce imprimée dans le quinzième siècle, dont voici le titre : *Processus judiciarius habitus coram Omnipotente Deo inter nobiles & Thuricenses ex una, & Suitenses cum complicibus partibus ex altera : accedit Epistola Caroli Magni ad Fridericum III. Romanorum Regem qua de cœlo eum hortatur, ut de Suitensibus vindictam sumat.* L'Auteur de ces libelles se déchainoit également contre le Clergé & les Moines, sur-tout contre les Religieux mendians. Enfin ses satyres ayant révolté tout le monde , le Vicaire-Général de l'Evêque de Constance le fit enlever de Zurich en 1454 & le fit conduire, les fers aux pieds, au château de *Gottlieben*. On peut voir le détail de son emprisonnement & l'énumération de ses écrits, dans le Dictionnaire Historique de la Suisse, par M. *Leu*, T. IX. p. 405-409; dans *Hottinger* , *Bibliotheca Tigurina*, p. 146, & dans la *Bibliothèque Helvetique*, Partie I. imprimée à Zurich *in-8*. en Allemand, &c. Plusieurs livres de ce fameux Chanoine sont conservés à Soleure dans la Bibliothèque du Chapitre Royal de Saint-Ours, il en avoit été Prévôt : après sept mois d'une prison affreuse à *Gottlieben*, il fut privé de ses Bénéfices de Chanoine & de Grand-Chantre du Chapitre de Zurich, & l'Officialité de Constance le condamna à une prison perpétuelle; elle le fit transporter à Lucerne lié & garroté, il y fut enfermé dans une tour voisine du Couvent des Cordeliers, & confié à la garde de ces Religieux mendians, ses implacables ennemis. Néanmoins l'histoire nous apprend que le Gardien de Lucerne , touché de l'état de *Malleolus*, accorda quelqu'adoucissement à la rigueur de sa prison, mais que celui-ci n'en profita que pour composer quelques traités , ce qu'il fit sans le secours d'aucun livre. Tous ses écrits sont en latin : on ne sait pas la date précise de sa mort, on croit qu'il mourut Chanoine à *Zoffingen*; la plupart de ses ouvrages se trouvent à Zurich dans la Bibliothèque des Chanoines, quelques-uns se sont perdus.

Je le dis & je le répète d'après les principaux Historiens (16) de la Suisse, que la Maison d'Autriche acharnée contre les meurtriers de l'Empereur Albert I, confondit dans la poursuite de sa vengeance les innocens avec les coupables. Les assassins d'Albert étoient de l'élite de la Noblesse Helvétique. Dans un siècle moins barbare on auroit regardé leur crime comme personnel ; mais la veuve d'Albert *Elisabeth* & ses enfans, furieux de l'évènement qui renversoit en même-tems les vastes projets de leur Maison, & autorisés en quelque sorte par l'Edit (17) de l'Empereur Henri VII contre les assassins de son prédécesseur, poursuivirent également par le fer & la flamme, & ceux qui avoient trempé dans le crime de lèse-majesté, & tous ceux qui portant la qualité de Nobles pouvoient avoir eu quelqu'affinité ou quelqu'ancienne liaison avec les Maisons des Conjurés.

D'un autre côté, les Nobles de l'Helvétie que la Maison d'Autriche épargna, appauvris par les Croisades & par les donations de leurs ancêtres aux Eglises aux Moines, épuisés par leurs guerres mutuelles, sur-tout par celles qui avoient désolé l'Empire pendant le fameux interrègne qui précéda l'élection de Rodolphe I, prévirent leur ruine certaine dans l'accroissement des villes Impériales & encore plus dans l'établissement de la République des Suisses.

On fait remonter l'origine des villes Impériales jusqu'au onzième siècle ; il paroît (18) vraisemblable que le règne de Henri I dit l'*Oiseleur* fut leur berceau. Du temps de ce Roi de *Germanie*, père du grand Otton, la Saxe & la plus grande partie de l'Allemagne manquoient de villes fortifiées. Ni la Noblesse, ni le peuple n'aimoient à s'enfermer. De-là cette facilité que les Huns trouvoient à pousser leurs ravages jusqu'au Rhin. Henri fit construire des villes & environner de murailles les gros bourgs de la Saxe & des provinces voisines. Pour peupler ces nouvelles forteresses, Henri obligea la neuvième partie des habitans de la campagne à s'établir dans les villes; il ordonna que les assemblées publiques & les fêtes ne pourroient être célébrées que dans les villes, il donna aux nouveaux Citoyens des privilèges & des prérogatives considérables, jusqu'à obliger ceux qui resteroient à la campagne de les nourrir & de transporter la troisième partie de leur récolte dans les magasins des villes. Telle fut l'origine des villes, des Communautés & des Corps de Métiers. De-là les familles Patriciennes issues des Nobles qui passèrent dans les villes. Les autres Gentilshommes conçurent contre ceux-ci une haine qui règne encore dans l'Allemagne, & qui va jusqu'à leur disputer la Noblesse parce qu'ils avoient accepté les Magistratures. On leur donna le sobriquet de *Villani*, *Villains* (19).

Les guerres continuelles que les Empereurs de la Maison de *Franconie* avoient été forcés de soutenir contre les Papes, le Clergé & la Noblesse, obligèrent leurs Successeurs, les Empereurs de la Maison de *Souabe*, à faire de nouveaux efforts pour remettre les Ducs & les autres grands Seigneurs de l'Empire dans leur état primitif, tel qu'il avoit été avant l'hérédité des Duchés, des Comtés & des Fiefs. Dans cette vue politique ils formèrent au milieu des Duchés quantité de Prin-

cipautés séculières & dépendantes du seul Empereur, & ils exemptèrent les villes du pouvoir des Ducs & des Evêques ; mais ces coups d'autorité n'élevèrent & ne soutinrent la majesté de l'Empire que pendant le règne de Frédéric I. dit *le Grand*.

Les brigandages des Nobles & l'exaction violente des péages inusités, étant devenus insupportables, les Archevêques du Rhin, tous les Princes & Seigneurs, & plus de soixante villes situées sur les deux bords de ce fleuve, depuis Zurich jusqu'au-dessous de Cologne, conclurent à Worms & à Mayence une alliance perpétuelle en 1255 pour le maintien de la paix publique & l'abolition des péages nouveaux. Cette Confédération, nommée *la Ligue du Rhin*, fut confirmée & signée par Guillaume, Roi des Romains, dans une assemblée tenue à Oppenheim. Conradin, dernier Duc de Souabe & de Franconie ayant péri à Naples en 1268 par la main du bourreau, & Richard, Roi des Romains, manquant d'autorité pour conférer ces deux Duchés à quelqu'autre Prince, la Noblesse & les villes qui les composoient, s'affranchirent entièrement de la supériorité Ducale & devinrent Membres immédiats du Corps Germanique. La mort de Richard (le 2 Avril 1271) fut suivie d'un interrègne, qui est proprement dit le berceau du *droit public de l'Empire* ; les Etats d'Allemagne en profitèrent pour s'arroger tous les droits de la Souveraineté qui leur manquoient encore. La première Diète de l'Empire où les villes Impériales aient assisté, & concouru aux délibérations, est celle de Cologne de l'an 1293 ; & le premier usage du nom de *ville libre Impériale* est de l'an 1356, dans un diplôme de l'Empereur Charles IV du 24 Décembre, concernant les villes de Mayence, de Worms & de Spire.

Telle fut en précis la gradation de l'accroissement des villes de l'Empire depuis le règne de Henri I l'*Oiseleur* jusqu'à celui de Charles IV. On sait combien ce dernier Prince & son fils le lâche Wenceslas travaillèrent peu à rendre à la Majesté Impériale le même degré de puissance qu'elle avoit eu sous les Ottons. Ils n'eurent pas honte de perdre presqu'entièrement les débris du domaine Impérial ; ils les engagèrent ou les vendirent. Aussi Maximilien I (20) disoit de Charles IV, que jamais l'Allemagne n'avoit souffert une *peste* plus cruelle que celle qu'elle avoit essuyée dans la personne de cet Empereur.

Nous avons dit que les Nobles ne voyoient qu'avec indignation l'accroissement des villes, ils l'envisageoient comme une digue que les Empereurs élevoient pour arrêter leurs fréquentes révoltes. Le Clergé étoit également mécontent : animé par les mêmes vues que la Noblesse, il avoit su jusqu'alors étendre son indépendance temporelle par les armes spirituelles. Envain les Empereurs avoient voulu s'opposer à ses vastes prétentions, soutenu par les grands vassaux de l'Empire, il avoit triomphé de tous leurs efforts. Mais la création des villes Impériales & celle des pays libres de l'Empire, parut au Clergé & aux Nobles un présage certain de leur décadence. Les Empereurs n'avoient imaginé cette Puissance du troisième ordre que pour relever leur autorité depuis long-temps chancelante & presqu'abattue. Le Clergé inflexible dans ses projets, s'arma des foudres du Vatican contre celles des villes

---

(16) Bullinger, Tschoudi, Stoumpff, Simler, Rahn, Lauffer, &c.
(17) Daté de Spire le jeudi avant le jour de *Saint Maurice*, en Septembre 1309. On trouve cet Edit dans la Chronique de *Tschoudi*, T. I. pag. 250.
(18) *Struvii Syntagma Histor. German. Dissertatio XI. pag. 306-307. Jenae 1716, in-4. fig.* M. de *Pfeffel*, Abregé chronol. de l'Histoire & du Droit public d'Allemagne, pag. 76 & suiv. Paris 1754, in-8.

(19) Henri, Duc de *Rohan*, dit quelque part, que le premier Conseil de la ville de Strasbourg est composé de quatre Nobles & de neuf *Villains*, c'est-à-dire *Roturiers*. Voyage du Duc de Rohan en Italie, Allemagne, &c. 1600. p. 205, seconde partie des Mémoires de ce Duc, Paris 1665, in-12.
(20) *Jac. Spigelii Nota ad Guntheri Ligurinum, Lib. V. pag. 347, apud Reuberum inter veteres scriptores Germanicor. Rer. Francofurti 1584, in-fol.*

Impériales qui étoient attachées aux Empereurs proscrits par le Saint Siége : de-là tant de guerres, tant de troubles, sur-tout pendant le schifme d'Avignon. En (21) 1314 les habitans du pays de Schweitz, immédiat de l'Empire, furent excommuniés par Gerard, Evêque de Constance, parce qu'ils avoient châtié quelques Moines trop arrogans d'Einfidlen. Mais le Roi des Romains, Louis IV de Bavière, Compétiteur de Frédéric d'Autriche, les fit relever du ban par Pierre, Archevêque de Mayence, Métropolitain de Conftance, & déclara nulle (22.) la fentence de proscription que Frédéric avoit publiée contre eux sur les inftances de l'Abbé d'Einfidlen. Quelques mois après (le 16 Novembre 1315), Léopold, frère de Frédéric, marcha contre les habitans de Schweitz à la tête de vingt mille combattans & perdit la bataille de Morgarten : cette fameuse journée a été l'époque de la Liberté Helvétique. D'un autre côté, dans l'Helvétie occidentale, Berne, ville Impériale, étoit reftée (23) fidèle à Louis de Bavière jufqu'au temps que ce Prince fut excommunié par le Pape : alors elle abandonna ouvertement fon parti. Zurich, autre ville Impériale, mais d'une plus ancienne date, & alors plus confidérable que Berne, agit bien différemment; elle foutint toujours avec vivacité la caufe des Empereurs. En 1247 (24), fon attachement pour Frédéric II lui fit encourir l'excommunication du Pape : mais cette ville ne s'en étonna pas, elle refta fidèle à fon Prince, chaffa même de fon enceinte ceux des Moines qui refufoient d'y célébrer les faints myftères : elle en ufa de même en (25) 1331, lorfqu'elle fut de nouveau excommuniée pour la caufe de l'Empereur Louis IV de Bavière. Bâle eut le même fort & la même conftance (26) en 1333 ; elle chaffa auffi les Prêtres & les Moines qui refufoient de dire la Meffe. De-là le proverbe Allemand

Sie folten lefen und fingen,
Oder aufder ftadt fpringen.

Qu'ils doivent lire & chanter ou faire un faut hors de la ville.

La Maifon d'Autriche & la Nobleffe de l'Helvétie époufèrent ouvertement le parti des Papes, & firent tous leurs efforts pour affujettir les villes Impériales & les pays immédiats de l'Empire ; mais leurs armes furent prefque toujours malheureufes. Léopold, Duc d'Autriche, le même qui avoit perdu la bataille de Morgarten, en 1315, affiégea (27) inutilement, en 1318, Soleure qui étoit attachée à Louis IV de Bavière. La Ligue des trois Cantons fe fortifia & s'accrut : Louis s'en déclara le Protecteur. On peut juger de l'animofité de la Nobleffe contre les Cantons par tous les combats qu'elle leur livra depuis 1315 jufqu'en 1499, toujours de concert avec la Maifon d'Autriche. Morgarten, Laupen, Tettweil, Sempach, Nefels, &c. feront des monumens éternels de la valeur des Suiffes contre les efforts réunis de la Maifon d'Autriche & de la Nobleffe de l'Empire, & on ne peut lire fans admiration de quelle manière ces peuples triomphèrent de leurs puiffans ennemis. Faut-il donc s'étonner qu'ils aient agi quelquefois avec dureté contre ceux qui vouloient leur ravir la liberté ? La Nobleffe de ces temps étoit d'ailleurs née barbare & capable des plus grands excès, en voici quelques exemples. Henri, Comte de Togenbourg, précipita (28) en 1172 dans un tranfport de jaloufie, du haut de fon château, fa femme Ide, Comteffe de Kirchberg, quoiqu'innocente. Un autre Comte de la même Maifon, Diethelm (29), tua en 1227 fon frère Frédéric. L'hiftoire du quatorzième fiècle nous offre Eberhard, Comte de Habfpourg, de la branche de Kibourg, qui poignarda (30) en 1322 à Thoun, fon propre frère Hartmann. Quels monftres !

Il eft vrai auffi que d'un autre côté les villes enflées de leurs fuccès réduifirent au défefpoir leurs ennemis, & qu'elles pouffèrent fouvent leurs prétentions au-delà des juftes bornes prefcrites par le droit général des Nations. Les Cantons populaires, affurés dans leur liberté par des victoires répétées, infpirèrent les mêmes fentimens d'indépendance à leurs voifins. Zurich, qui avoit autrefois abattu la puiffance de fon plus redoutable ennemi, *le Baron de Regensberg,* profita (31) habilement des dépouilles du dernier Baron *d'Efchenbach,* profcrit par l'Empereur Henri VII comme l'un des affaffins d'Albert I. Berne devenue ville Impériale à la mort de fon Fondateur Berthold V du nom Duc de Zeringen, fière de fes premiers progrès contre la Nobleffe du voifinage, fe fervit de toute fa politique pour attirer de nouveaux habitans dans fon enceinte & pour augmenter le nombre de fes Défenfeurs. Dans cette vue elle chercha même au milieu de la paix, à détacher (32) les peuples de Thoun, de Frutingen & du Sibenthal de la fidélité qu'ils devoient à leurs Seigneurs, & elle réuffit enfin dans fon entreprife. De-là les Sujets ou Vaffaux indociles à leurs Seigneurs Suzerains fe firent reconnoître Bourgeois de Berne, & fous prétexte de ce titre, ils les obligèrent à fe rapporter, dans les moindres querelles avec leurs Vaffaux, à la décifion des Bernois. De-là encore les Seigneurs fe virent à la fin contraints eux-mêmes à fe faire immatriculer dans la Bourgeoifie de Berne, pour conferver quelque refte de domination fur des Sujets toujours enclins à la révolte. Tel fut le fort des Comtes de Kibourg, de Nidau, de Gruyere, & des Barons de Weiffenbourg & de Montagni ou Montenach. Berne, non contente de les avoir humiliés, les réduifit même à lui vendre

(21) *Tfchudii* Chr. Helvet. T. I. p. 257-258, 261-262, 265-276, 286 & 291.
Hartmanni Annales Heremi Deiparæ.
Stettler, Chron. de Berne, T. I. p. 39.
Leu, Obfervations fur la Rep. des Suiffes, par *Simler,* p. 74, &c.
(22) La déclaration de ce Prince, dattée de Nuremberg le 25 Mai 1315, fe trouve dans la Chronique de *Tfchoudi,* T. I. p. 269.
(23) *Stettler* Chr. de Berne, T. I. p. 56.
Tfchudii Chr. Helvet. T. I. pag. 268, 299, 301 & 346.
Leu, Obfervations fur *Simler,* p. 125.
(24) *Tfchudi,* ibid, pag. 144-145.
(25) *Tfchudi,* ibid. p. 318. *Leu,* Obfervations fur *Simler,* pag. 96.
(26) *Wurftifen,* Chr. Allem. de Bâle, T. I. Liv. III. p. 173, dernière édition.
Jean-Henri Hottinger, Hift. Ecclef. de la Suiffe, en Allemand, Zurich 1698, T. I. in-4. &c.
(27) *Tfchudii* Chr. Helvet. T. I. p. 288. *Haffner,* Chron. de Soleure, Partie II. pag. 128-130, en Allemand.

(28) *Henri Murer* ou *Maurer,* de Lucerne, Chartreux d'Ittingen en Turgovie, *Helvetia Sancta,* pag. 291. Lucernæ 1648, in-fol. en Allemand, avec fig. *Gabrielis Bucelini Chronologia Conftantienfis* ad an. 1172. p. 250. Francofurti ad Mœnum 1667. in 4. fig. *Leu,* Dict. Hift. de la Suiffe, T. X. pag. 518.
(29) *Cunradi de Fabaria, liber de Cafibus Monafterii Sancti Galli, Cap. XIV.* pag. 81. *& feq. apud Goldaftum, Rer. Alamannicar.* T. I. Parte I. Francofurti 1661. in-fol.
Tfchudii Chr. Helvet. T. I. pag. 120 & feq. ad an. 1227.
(30) *Mathia de Nawenburg, Chronica mfc. in Bibliotheca Bernenfi, & cujus infigne fragmentum de Cæde Hartmanni Comitis de Kiburg defcriptum à Clariffimo viro Johanne Rodolfo Sinner in Catalogo Codicum. mff. Bibliotheca Bernenfis,* T. II. pag. 523-526, 538-541 & 541-542. Berne 1770. in-8. PREUVES N°. LIII.
(31) *Tfchudi,* Chr. Helvet. T. I. p. 244-251.
(32) Chroniques de Juftinger, de *Tfchoudi,* de Stettler, &c. & Hiftoire de la Suiffe par Stoumpf, Lauffer, d'Alt, de Tfcharner, &c.

plufieurs

plufieurs de leurs terres & de leurs droits. Berne avoit l'art de multiplier fes Bourgeois, hors l'enceinte même de fes murs. On la voyoit recevoir dans fa Combourgeoifie, tantôt des villes confidérables & des bicoques à la fois, tantôt un Seigneur, tantôt fes Sujets; & dans le nombre des Gentilshommes qui briguoient cet avantage, les plus ruinés étoient toujours les mieux reçus, parce qu'il étoit dès-lors de droit qu'ils ne pourroient jamais traiter avec d'autres qu'elle, de la vente de leurs terres. *Mais quel dommage*, s'écrie un Ecrivain (33) moderne, *de voir proftituer ce titre honorable de Bourgeoifie de Berne, à un Baron de Weiffenbourg, qui faifoit un mauvais métier fur les grands chemins, & à qui* (34) *cette ville même avoit fait quelques années auparavante* (en 1302.) *la guerre comme à un Chef de brigands! Quel dommage d'en voir la dignité encore plus ravalée dans ce même Eberhard de Kibourg, qui tout fouillé du meurtre de fon frère aîné & prêt à en être puni par fes propres Sujets, s'en vint* (35) *chercher à Berne l'impunité de fon crime, & un afyle contre l'indignation publique! Mais n'eft-ce point ainfi que Rome naiffante fe peuploit de banqueroutiers & de criminels, pour avoir la gloire d'en former de bons Citoyens, par l'impreffion de fes loix & de fon efprit?* Le même Ecrivain rapporte ailleurs (36) que Conrad, Comte de Neuchatel, vivement piqué de la Combourgeoifie que la ville de Neuchatel venoit de contracter avec Berne en 1406, ne fut s'en venger qu'en montant à cheval pour aller dans cette ville Républicaine, & folliciter un femblable brevet de Bourgeoifie pour lui-même, pour fes Defcendans & pour tous les Etats de fa Maifon. Ce Seigneur perdit tellement de vue ce qu'un Souverain doit à fa dignité, qu'il confentit à être jugé au Sénat de Berne, s'il furvenoit quelque différend entre lui & fa ville de Neuchatel, & il fe foumit à payer annuellement aux Bernois un marc d'argent pour reconnoiffance de fa Combourgeoifie. *C'eft ainfi*, ajoute cet Auteur, *que la Régence Bernoife établiffoit fon Empire fur fes voifins, en s'attachant les Sujets par la haîne qu'ils portoient à leurs Seigneurs, & les Seigneurs par l'impuiffance où ils étoient de réduire leurs Sujets.*

Déja en (37) 1324 la ville de Berne s'étoit fervie du nom de l'Empereur Louis IV de Bavière, pour difputer à Pierre, Baron de la Tour en Vallais, les droits qu'il avoit fur le château de Laupen, comme gendre d'Otton, Comte de Strafsberg, qui l'avoit tenu en hypothèque de l'Empereur Albert I. Le Baron de la Tour, fidèle partifan de Frédéric & Léopold, Ducs d'Autriche, eut part à leurs malheurs, & fut obligé de céder au temps. La bataille de Laupen (en 1339) abaiffa encore plus que jamais la Nobleffe, & Berne continua avec fuccès fes projets d'agrandiffement. On voit, il eft vrai, que par un traité fait (38) en 1343, les Bernois promirent au même Pierre de la Tour, Seigneur de Châtillon & de Frutingen, de ne jamais recevoir pendant fon vivant aucun de fes Sujets Bourgeois de Berne. Mais on voit auffi que Berne reprit bientôt après fon ancien plan : auffi en (39) 1365, Antoine, fils de Pierre, Baron de la Tour, fe plaignit vivement à l'Empereur Charles IV, alors à Berne, de lá conduite des Bernois contre fa Maifon au fujet de Laupen & de Frutingen, difant qu'ils ne lui avoient pas tenu parole. Le Comte de Kibourg & les autres Seigneurs de l'Helvétie occidentale firent des plaintes également fortes. Charles IV appaifa le différend en interpofant fon autorité. Le même Antoine, Baron de la Tour, fut depuis contraint (40) en 1400, par la fréquente défobéiffance de fes Sujets de Frutingen à vendre lui-même cette dernière Baronnie à la ville de Berne.

On dira, *mais dès l'origine de Berne & de Fribourg n'y avoit-il pas de la Nobleffe dans la Bourgeoifie de ces villes?* Un favant Suiffe à qui je faifois la même queftion me répondit avec un air embarraffé, que le motif qui porta les Ducs de Zeringen à les fonder avoit été leur haine contre la Nobleffe du pays. Ces Ducs, étrangers à l'Helvétie, étoient généralement odieux à tous les Comtes & Barons, qui ne voyoient qu'avec la plus grande peine, que la Maifon de Zeringen poffédât le Gouvernement de Zurich & celui de la Bourgogne Transjurane. Le Savant que je confultois me dit encore que Fribourg & Berne n'étoient dans leur origine que des efpèces de fortereffes décorées du titre de villes, pour tenir en bride la Nobleffe limitrophe. *Eft-il vraifemblable*, ajouta-t-il, *que dans des villes auffi nouvelles, conftruites par des Etrangers, ennemis mortels de la Nobleffe territoriale, les principales Maifons de la Province euffent d'abord fouhaité de s'y établir & d'y prendre la qualité de* VILAINS *ou de Bourgeois. Envain tous les Hiftoriens de Berne ont donné à cette ville une origine auffi merveilleufe que celle que Rome devoit avoir eut, fuivant le trop crédule Tite-Live. Il faut lire l'hiftoire en Philofophe ennemi de toute prévention. Si Berne & Fribourg ont eu quelques Nobles dans leur enceinte dès leur fondation, ce n'ont été que quelques Gentilshommes du Brifgau ou de la Souabe, attachés à la Maifon de Zeringen, & quelques autres du pays, créatures des mêmes Ducs, & d'ailleurs peu refpectables par leur puiffance. Mais ce qu'il y a de certain, c'eft que Berne étant devenue ville Impériale, fa principale charge d'Avoyer fut fouvent exercée par des Gentilshommes, & qu'infenfiblement elle attira dans fon enceinte, foit de gré, foit de force, la plus grande Nobleffe du pays, pour prendre la qualité de fes Citoyens. En cela comme en beaucoup d'autres démarches, elle imita la politique de l'ancienne Rome. Fribourg qui refta fucceffivement fujette des Comtes de Kibourg, de Habfpourg & de Savoie, par attachement pour fes Souverains fouvent obligée d'attaquer Berne, quoique ces deux villes duffent leur fondation à la même Maifon & aux mêmes motifs, reçut dans fes murs plufieurs Nobles du pays, favoir, les d'Englifperg, les d'Avenche ou de Wiffisburg, les de Wippingen ou Vulpens, de Mackenberg, d'Affry, de Praromann, de Dudingen, tous Gentilshommes limitrophes, mais tous Feudataires des Comtes de Kibourg & de Savoie, qui crurent pour leur fureté & même pour plaire à leurs Souverains, devoir prendre domicile & la qualité de Bourgeois dans une ville dont la confervation devoit être chère à toute la Nobleffe, puifqu'elle étoit l'ennemie de Berne qui avoit projetté l'abaiffement & la ruine des Comtes de Kibourg & des autres grands Barons.*

---

(33) M. *Philbert*, Préteur royal de Landau en Alface, Hiftoire des Révolutions de la Haute-Allemagne, contenant les Ligues & les guerres des Suiffes, T. I. pag. 154. Zurich 1766, in-12.
(34) *Tfchudii* Chron. Helvet. T. I. pag. 429-230 & 335, &c.
(35) *Mathis de Nuwenburg*, chronica mff. p. 524. in Catalogo codicum mff. Bibliothecæ Bernenfis, T. II.
Tfchudii Chr. Helvet. T. I. p. 295.
On voit dans les anciennes annales de la Suiffe, qu'un Noble, devenu Citoyen d'un Canton, participoit non-feulement aux charges publiques, mais encore à la protection de l'Etat contre tous ceux avec qui il avoit guerre, quand même le motif de fa querelle n'eût été que foiblement fondé. L'Hiftoire de la protection accordée en 1331 par les Bernois à leur bourgeois le Baron Jean Senno, l'affaffin du noble de Dieffenberg, Curé de Diefbach, en eft une preuve. Voyez la Chronique de Suiffe par *Tfchudi*, T. I. p. 328, & celle de Berne par *Stettler*, T. I. pag. 47. J'omets ici plufieurs autres exemples qu'on lit dans les anciennes chroniques.
(36) Ibid. T. II. pag. 115-117.
(37) *Tfchudii* Chr. Helvet. T. I. p. 301.
(38) *Stettler*, Chr. de Berne, T. I. p. 66.
(39) *Stettler* ibid. p. 80. *Tfchudii* Chr. Helvet. T. I. p. 462.
(40) *Tfchudii*, ibid. p. 605. *Stettler*, ibid. p. 191.

Tome I. A 4

Telle fut la réponse du savant *Helvétien* que je consultois. J'y ajouterai pour supplément le précis (41) historique du différend qui s'éleva à Berne en 1470 entre la Noblesse & les Bourgeois. Ceux-ci excités par leur nouvel Avoyer Pierre *Kistler* qui avoit été boucher, prétendoient que l'Ordonnance de 1465, concernant la Réforme des habillemens & de la chaussure des femmes, fût exécutée. Mais les Dames de qualité & leurs maris protestoient contre, & donnoient pour raison que leur naissance exigeoit des distinctions entre l'habillement d'un Gentilhomme & celui d'un Roturier. L'Evêque de Bâle, le Margrave de Hochberg & les Cantons tentèrent d'appaiser le trouble. Il avoit été prononcé une sentence contre Nicolas d'*Erlach*, Avoyer ou Gouverneur de Burgdorf, qui, de tous les Nobles, étoit celui qui s'étoit opposé avec le plus d'ardeur à l'établissement des loix somptuaires. Peu-à-peu toute la Noblesse soutint la distinction des habillemens contre les Bourgeois. L'examen des droits seigneuriaux, proposé & poursuivi avec chaleur quelque temps auparavant par l'*Avoyer Kistler*, avoit encore indisposé la Noblesse. Cette affaire & celle des loix somptuaires donnèrent occasion à des assemblées & à des troubles. L'histoire nous a conservé la harangue que prononça, dans une de ces assemblées Adrien de *Bubenberg*, Baron de Spietz, Gentilhomme de la plus illustre Maison de la République. Il remontoit à la fondation de Berne, à l'origine de son Gouvernement; il avançoit que de toutes les familles qui y avoient eu part dans ces temps reculés, il n'existoit plus que la sienne & celles d'*Erlach* & de *Muleren*; que l'Etat devoit son élévation aux ancêtres de ces familles & à quelques autres Nobles d'alors; que son district s'étoit formé de la réunion de leurs Seigneuries à la ville. « Qui d'entre vous, disoit-il aux Bourgeois,
» a payé les Seigneuries achetées? Ce n'est assurément pas le commun des Bourgeois: la ville n'avoit encore que peu de
» rentes, & beaucoup moins d'argent; ce furent donc les
» familles riches, établies dans la ville, qui furent obligées de
» payer ces Seigneuries. Qui a soutenu les longues guerres
» contre les Princes? ce n'étoit certainement pas le trésor de
» la ville: elle n'avoit point alors de pays dont elle pût tirer
» des ressources pécuniaires: le Bourgeois & l'Ouvrier n'é-
» toient pas non plus en état de faire des avances; mais c'est
» la riche & puissante Noblesse, dont toute la fortune & les
» revenus étoient placés dans le territoire limitrophe de la
» ville, à quatre ou six lieues aux environs. C'étoit cette
» Noblesse qui entretenoit les Ouvriers, qui soutenoit les
» guerres de longue haleine. Pour connoître toute l'étendue de
» ses richesses, il suffit d'examiner les fondations opulentes
» qu'elle a faites en faveur des Eglises de cette ville. En un
» mot elle n'a épargné ni sa vie, ni ses biens, ni ses Sujets pour
» l'avantage de l'Etat; & malgré tout cela, on veut la priver
» de tous ses anciens droits héréditaires. Elle a fait le bien de
» la ville à son grand préjudice; & maintenant beaucoup de
» ses ennemis, & de ceux qui ont été, il n'y a pas bien long-
» temps dans la pauvreté, vivent aux dépens de la ville &
» se sont enrichis. Quand des Bourgeois vont seulement se
» promener hors de la ville, ils n'épargnent rien pour leurs
» plaisirs. Mais, lorsqu'il faut envoyer un Ambassadeur en
» France, près de l'Empereur, du Duc de Bourgogne, & jus-
» ques dans les Pays-Bas ou en Savoie, & que, pour la dignité
» d'un tel caractère, il faut tenir un état convenable à la répu-
» tation de ceux au nom desquels on est envoyé, c'est dans ces
» occasions que le Seigneur *Avoyer*, Nicolas de (42) *Diesbach*, l'an-
» cien *Avoyer*, Seigneur de *Ringeltingen* (43), & moi, sommes
» chargés de marcher. Je voudrois bien voir la figure que tel
» & tel auroient faite à ma place. Je pourrois aisément prouver
» que depuis la mort de mon père, le Seigneur *Henri* (44),
» époque encore peu éloignée, j'ai dépensé plus de cinq cent
» florins en députations pour la ville; je sais aussi ce qu'il en
» a coûté à trois autres Seigneurs. Mais on n'a aucune recon-
» noissance de toutes ces dépenses; & quelques-uns même
» ont le front de publier par-tout qu'il s'élève une nouvelle
» Noblesse téméraire, qui cherche à subjuguer la ville & le
» pays. *Nos Ancêtres*, disent-ils, *n'ont jamais pu la souffrir; ils
» l'ont chassée: il faut les imiter & la chasser de nouveau*. Quel dis-
» cours! depuis que Berne subsiste, quand est-ce que son
» Gouvernement a expulsé la Noblesse de son enceinte? il a
» soutenu des guerres sanglantes contre des Princes & des
» Comtes; & c'est la Noblesse qui les a terminées pour la
» plupart. Mais qu'il y ait une nouvelle, téméraire & ambi-
» tieuse Noblesse, je n'en connois point de ce caractère, & ces épithètes injurieuses ne peuvent convenir qu'à ceux qui
» répandent de pareilles calomnies; car je n'ai jamais entendu
» ni remarqué dans la ville aucun orgueil, ni aucune témérité
» de cette espèce; je n'aurois certainement jamais contribué à
» leur faire prendre racine. Mais depuis quelques années, ne
» s'est-il pas élevé des personnes qui, après avoir été de pau-
» vres Ouvriers, & même de simples Compagnons, connus
» sous les noms de *Maître Pierre*, *Maître Rodolphe*, *Maître Jean*,
» n'exercent plus ces Métiers, & voudroient à présent faire les
» Gentilshommes, devant lesquels on s'incline en tremblant,
» & qui exigent que du plus loin on paroisse la tête découverte
» & qu'on leur donne le titre de Seigneurs Gentilshommes, ou
» de gracieuse Seigneurie! & où ont-ils obtenu de pareils hon-
» neurs, eux qui non-seulement n'en ont point hérité, mais
» qui même étoient encore il y a peu d'années dans l'indigence?
» ce sont ceux-là qui lèvent la tête, qui veulent s'emparer de
» notre patrimoine, qui ne veulent plus laisser les actes & les
» sceaux dans leur ancienne vigueur. Si l'on disoit pareille chose
» d'un Prince, un tel ne diroit-il pas, voilà un grand Tyran?
» & néanmoins tel ose dire que nous autres Nobles, nous
» sommes un fardeau à la Bourgeoisie. Ils voyent avec peine
» qu'à la prière des Ouvriers, nous faisons voiturer nos bleds

---

(41) Thuring *Frickhard*, Chancelier de Berne depuis 1469 jusqu'en 1495, & ensuite Sénateur de cette ville, illustre par les services importans qu'il rendit à sa patrie (mort à Brougg en 1520.) a écrit en Allemand l'histoire de la contestation entre la ville de Berne & les Seigneurs feudataires (*Twingherren*) sous l'Avoyer Pierre *Kistler*; cette relation a été insérée dans la troisième partie de la Bibliothèque Helvétique imprimée à Zurich, pag. 5-210. Voyez Leu, Dict. Hist. de la Suisse, T. VII. p. 428, & T. XI. pag. 116: on trouve aussi le détail de ce différend dans la Description de la guerre de Bourgogne, par *Schilling*, écrivain contemporain, pag. 35-55. Berne 1743, in-fol. en Allemand, & dans la Chronique de Berne par Michel *Stettler*, T. I. Liv. V. pag. 200-201. Berne 1627, in-fol. en Allemand.

(42) Nicolas de Diesbach, Seigneur de Signau, de Diesbach, Worb, Rud & de Kisen, élu Avoyer de Berne en 1465 à l'âge de 34 ans, rendit les plus grands services à sa patrie, particulièrement dans la guerre de Bourgogne, il mourut en 1475 à Porrentrui. Voyez son portrait, Pl. 208.

(43) Rodolphe de Ringeldingen ou Ringoldingen, Seigneur de Landshut, Avoyer de Berne en 1451, illustre par les services qu'il rendit à l'Etat dans diverses Ambassades.

(44) De Bubenberg, Avoyer de Berne, Chevalier, Baron de Spietz & Seigneur de Mannenberg. Son fils *Adrien*, qui haranguoit en 1470 pour la noblesse, défendit Morat avec Guillaume d'*Affry*, de Fribourg en 1476 contre Charles, Duc de Bourgogne; il mourut en 1506 & fut le dernier de sa Maison.

» en ville; que, sans exiger de l'argent comptant, nous les
» vendons deux *plapparts* ou deniers, de moins que les Sujets
» immédiats de la ville; que de même nous y transportons
» nos vins pour les vendre à toute la Bourgeoisie à un prix
» modique; que nous payons cependant à la ville de gros
» péages & tarifs, tandis que nous pourrions bien nous épar-
» gner ces frais, en conservant nos vins dans nos maisons
» hors la ville pour les y consommer. Nous ne serions pas ainsi
» obligés de contracter des dettes qui peuvent nous exposer
» nous & nos enfans à la nécessité ».

Voici un trait historique qui honore beaucoup la Bourgeoisie du premier des Treize-Cantons. Pendant le (45) fameux
interrègne qui porta l'Empire à tous les excès de l'anarchie la plus monstrueuse, en 1264, la ville de Zurich étoit
très-inquiétée par la Noblesse limitrophe; elle crut devoir
désarmer le Baron de Regensberg, en le priant d'être son
Capitaine & son Protecteur jusqu'à l'époque de l'élection
d'un nouveau Roi des Romains; mais ce Baron, maître de
quelques châteaux aux environs de la ville, ne répondit à ces
avances que par l'insulte & le mépris. Les Zurichois envoyèrent sur cela une députation à Rodolphe, Comte de Habspourg, le même Prince qui devint depuis Empereur, & qui
se trouvoit alors à Brougg; ils le prièrent de les protéger
contre les menaces du Baron de Regensberg; Rodolphe saisit
l'occasion, il étoit d'ailleurs l'ennemi du Baron: après avoir
accepté le titre de Capitaine de la Milice bourgeoise de
Zurich, & après en avoir prêté le serment à la Commune de
cette ville; il ne tarda pas, à la tête de ses Protégés & de ses
Vassaux, de faire la guerre à l'orgueilleux Baron. Il lui prit &
fit raser ses places, & le remit si humble entre les mains des
Magistrats de Zurich, qu'il brigua en 1268 comme un honneur d'être admis au nombre de leurs Bourgeois, & comme
une grace qu'on lui laissât de quoi vivre.

Dans un Etat qui ne s'est élevé, en partie, que sur la destruction ou l'abaissement de la Noblesse, il y a lieu de croire
que les prérogatives qui lui sont restées, sont bien peu de
chose auprès de celles dont jouissent les Nobles dans l'Empire
ou dans une Monarchie. Cependant la révolution en a laissé
quelques-unes, particulièrement à Zurich, Berne, Lucerne,
Fribourg, Solœure, Schaffhausen & dans la ville de Saint-
Gall. Il y avoit des Nobles dans la Magistrature de Zurich
long-temps (46) avant l'époque de sa Confédération perpétuelle avec les trois premiers Cantons. Le Gouvernement (47)
Oligarchique de Zurich, composé de six Nobles & de six
Patriciens, subsista depuis l'an 1111 jusqu'en 1336, où par
les efforts du Plébéien Rodolphe *Brunn*, il fut changé en
Aristo-Démocratie. C'est encore à-peu-près la même forme que
cette ville a conservée dans son administration.

L'Empereur (48) Charles IV permit en 1362 aux Zurichois
de recevoir Citoyens de leur ville tous les Nobles établis hors
de son enceinte.

Les Constitutions de Rodolphe *Brunn* augmentées en 1395
& 1498 ont été renouvellées en 1654 & 1713. Il y a à Zurich
à la tête des *Tribus* dans lesquelles sont distribuées les diverses
classes des Bourgeois, la *Confrairie des Nobles* qu'on appelle
Constavel ou les *Connétabliers*; elle est affectée par sa constitution
à la *Chevalerie* & aux seuls Citoyens qui vivent noblement:
j'en ai parlé à l'article du Gouvernement de cette ville. Le
nom de *Constavel* semble dériver du mot *Constabularia*. Le Glossaire de *Ducange* offre des exemples qui prouvent que *Constabularia* désigne *Centuria Militum*, & que Connétablie signifie la
Compagnie des Chevaliers ou des Nobles Guerriers, *Turma
Militum* ou *la Centurie des Chevaliers*. Avant 1336 les Nobles &
les anciennes familles avoient toute l'administration; mais
leur tyrannie, ou leurs prétendues vexations, ayant occasionné la Réforme, Rodolphe *Brunn* établit douze *Tribus*
composées des Gens de Métier, en laissant néanmoins à leur
tête un Corps distinct, celui de la Noblesse & des Bourgeois
d'une fortune (49) aisée. Cette Confrairie ou Société eut dès
son établissement le privilège de donner six Conseillers dans
le *petit Conseil*, tandis que chacune des *Tribus* n'en donne que
trois: elle donnoit dès-lors dix-huit Membres au *grand Conseil*,
au lieu de douze que chacune des *Tribus* y présente. Les familles Nobles qui composent actuellement la Société dite *Constavel* sont au nombre de (50) quatorze, savoir, 1. de *Breiten-Landenberg*, 2. *Meiss*, 3. *Escher*, 4. *Meyer de Knonau*, 5. *Grebel*, 6.
Zoller, 7. *Schmid*, 8. *de Schœnau*, 9. *Edlebach*, 10. *Blarer de Wartensée*, 11. *d'Ulm*, 12. *Schneberger*, 13. *Reinhart*, & 14. *de Salis*.
Parmi ces Maisons celle de *Meiss* étoit agrégée dès l'an 1216,
à la classe des Nobles, dans la Magistrature: les *Meyer de Knonau*
en faisoient corps en 1370, les *Schmid* avant l'an 1383, les *Grebel*
en 1420, & les *Escher de Luchs* en 1444. Ces derniers avoient été
reçus de la Confrairie des Nobles dès l'an 1384; les *de Landenberg*
jouissent de ce droit depuis 1312, & les *Blarer* depuis 1363. Les
de Landenberg ne sont jamais entrés dans la Magistrature de Zurich, & les *Blarer* n'y ont été introduits que depuis 1620. Les
Nobles d'*Edlebach*, reçus Bourgeois dans le *Constavel*, n'ont commencé à participer aux charges qu'en 1488. Les *Zoller* étoient de
la classe des Nobles dans la Magistrature dès l'an 1259; les d'*Ulm*
reçus de la même Confrairie en 1577, ne sont entrés dans les
charges relatives à cette Société que depuis 1716; les *Schnée-
berger*, qui y ont été incorporés en 1469 sont entrés dans le Sénat
en 1499; les *Reinhart* ne remplirent les charges du Conseil que
depuis 1520. La branche des Nobles de *Salis* en Grisons dite *Marf-
chlins* est du *Constavel* depuis 1670, date de sa réception dans la
Bourgeoisie de Zurich. Les *de Schœnau*, enclassés dans la Société

---

(45) *Tschudii* Chr. Helvet. T. I. pag. 164-166 & 170-172.
(46) On en voit la preuve dans un acte de 1256, rapporté par Jean-Henri
Hottinger, *Speculum Tigurinum*, pag. 567.
(47) *Hottinger*, ibid. pag. 56 & seq. On lit dans le Code des Loix qui
étoient en vigueur à Zurich avant l'an 1300, qu'il y avoit des *Chevaliers*
dans le gouvernement de cette ville. *Bibliothèque Helvétique*, T. II. pag.
15 & 80, Zurich 1735, *in-8*. en Allemand.
(48) *Hottinger*, ibid. pag. 125. Ceux qui voudront connoître qu'elle a
été l'origine de la Liberté des villes de Zurich & de Berne, & qu'elle a
été la forme de leur Gouvernement avant l'an 1300, pourront se satisfaire
en lisant les dissertations imprimées dans la *Bibliothèque Helvétique* (T. IV. p.
114-171. Zurich 1736, & T. V. pag. 318-355; ibidem 1736, *in-8*.) On a
donné dans ce recueil (T. VI. pag. 1-46. ibidem 1741.) la charte qui
contient la nouvelle forme de Gouvernement introduite en 1336 à Zurich
par le premier *Bourgmestre* de cette ville, Rodolphe *Brunn*, & deux autres

actes du Gouvernement de Zurich en 1393 & 1498.
(49) Tels que les Marchands, les Banquiers, les Orfévres & les Marchands de sel. Dans l'acte de 1498, il est dit que tous Chevaliers, Nobles,
Bourgeois & Domiciliés dans la ville de Zurich qui n'auront pas de *Tribu*,
& ceux qui ne feront point de commerce ni de métier, & qui n'appartien-
dront à aucune *Tribu*, formeront déformais un corps appellé *Constavel*; &
qu'ils seront obligés de servir sous la bannière de la ville; mais que ceux
qui feront des métiers ou un commerce relatif aux *Tribus*, seront exclus
de ce corps: à l'égard des Orfévres, des Ouvriers en soie, des Verriers,
des Marchands de sel & de fer, ils pourront être admis dans la Confrairie
de *Constavel*; pour toute telle Tribu qu'ils voudront choisir, toute liberté de
commerce leur étant donnée; mais les Bucherons qui n'ont point de *Tribu*
concinueront, comme par le passé, à être du Corps appellé *Constavel*.
(50) *Bluntschli*, *Mémorabilia Tigurina*, p. 563-564, *in-4*.

des nobles à Zurich en 1518, sont entrés dans le *grand Conseil* en 1543. Avant que de finir l'article de la classe (51) des Nobles de Zurich, j'observerai que l'Auteur de la révolution qui changea en 1336 l'ancien Gouvernement en *Aristo - Démocratie*, (Rodolphe *Brunn*) eut à la même époque l'honneur d'être le premier *Bourgmestre* de cette ville, & que malgré son antipathie pour la Noblesse il eut depuis la foible s'élever au-dessus de son extraction plébéïenne, en se faisant recevoir Chevalier en 1350. C'est ce que nous apprend la Chronique (52) de Mathias de *Nuwenbourg*, Chapelain de *Berrold* de *Bucheck*, Evêque de Strasbourg, conservée dans la bibliothèque publique de Berne. Au reste la Société de *Constaffel* n'eut pas dans son établissement le titre de *Tribu* comme on le lui a donné improprement dans la suite ; elle se nommoit encore la Société *der Rueden*, parce que la Maison où cette Confrairie s'assembloit avoit appartenu aux Comtes de Toggenbourg qui portèrent dans leurs armes un mâtin ou *dogue* , en Allemand *Rud*, *Rude* ou *Rudel* : elle a eu aussi ses révolutions. En 1529 l'Etat de Zurich statua que la Tribu *Constaffel* ne donneroit pas plus de Conseillers dans le *petit* & le *grand Conseils* qu'une autre Tribu. Mais en 1531 on la rétablit dans la possession de son ancien privilége, de nommer six Membres pour le *petit Conseil* & dix-huit pour le *grand*. Cette Société a donné jusqu'à présent vingt *Bourgmestres* à la République, & les familles Nobles qui la composent sont appellées *Juncker* ou *Nobles*, pour les distinguer du reste de la Bourgeoisie. Il fut même (53) réglé en 1679 que des six Conseillers que la *Confrairie* du *Constaffel* doit donner au *petit Conseil*, il y en auroit toujours deux tirés des familles Nobles qui en font partie & que j'ai nommées, & deux autres du reste des Bourgeois qui sont inscrits dans cette *Société*. Le même règlement porte que ces quatre Conseillers seroient appellés *Constaffel-Herren* , *Seigneurs de Constaffel*, mais à condition qu'ils seroient tous quatre élus par toute la *Société* assemblée. Une autre Ordonnance statue que des dix-huit (54) Membres du *grand Conseil*, fournis par la même *Société*, douze seront pris du nombre des familles Nobles & six seulement des autres familles Bourgeoises de la *Société*, que les *petits* & *grands Conseillers* de cette *Confrairie* éliront ces dix-huit Conseillers. Il ne faut pas oublier d'observer que les deux Membres que cette *Société* donne au *petit Conseil* , indépendamment des quatre autres dont j'ai parlé plus haut, sont extraits du nombre des dix-huit du *grand Conseil*, indifféremment & par élection de toute la *Société*.

Passons aux prérogatives attachées à la Noblesse dans l'Etat de *Berne*.

La plupart des anciennes Maisons qui exerçoient les principales charges de cette ville depuis le treizième siècle, étoient déjà (55) éteintes avant l'époque de la Réformation, il en restoit (56) seulement les d'*Erlach* , de *Diesbach* , de *Wattenweil* & de *Mulinen* ; elles sont encore les quatre premières des six Maisons qui ont la prérogative de préséance dans le *petit Conseil* avant toutes les autres familles de l'Etat, avant même celles dont la Noblesse pourroit être égale à la leur pour l'ancienneté, mais qui étant d'une date plus nouvelle à Berne, ou parce qu'elles sont originaires du *pays de Vaud*, province de nouvelle acquisition, ont été obligées de leur céder le rang. Ceux du *petit Conseil* qui sont de ces familles y siègent immédiatement après les *Bannerets* &. les *Trésoriers du pays Romand*. Les quatre premières de ces Maisons avoient eu anciennement ce droit avec beaucoup d'autres Maisons Nobles actuellement éteintes. En 1651, la République donna la même préséance à la Maison des Barons de *Bonstetten*, originaire du Canton de Zurich, dont une branche avoit déja obtenu la Bourgeoisie de Berne en 1468 ; l'Etat accorda la même prérogative en 1669 à la Maison de *Luternau*, originaire du Canton de Lucerne & illustre par l'antiquité de sa Noblesse. Jean-Ulric (57) de *Luternau*, Seigneur de Castelen , Vilnachern, de Fischbach, & de la Tour d'Aran, avoit reçu le droit de Bourgeoisie de Berne en 1429. Cette République, obsédée sans doute par les prétentions d'autres familles qui aspiroient aux mêmes droits, régla sagement en 1721 , lorsqu'elle confirma la préséance de ces six familles Nobles , que désormais elle n'accorderoit cette prérogative à aucune autre famille. Il y eut un temps où la branche de *Hallweil*, établie à Berne dans le quinzième siècle (de laquelle un *Thuring*, Capitaine-général des Bernois à la bataille de Morat en 1476, sauva la République & avec elle la Suisse), put obtenir la même prérogative que les d'*Erlach* , de *Mulinen*, &c. Mais ni les d'*Hallweil* à Berne , ni les de *Landenberg* à Zurich n'ont jamais concouru pour les charges du Gouvernement ; la branche de *Hallweil-Catholique*, Bourgeoise à Soleure depuis 1419 , a toujours montré la même indifférence. Il y a encore à Berne d'autres Gentilshommes, les uns originaires du Canton, les autres des anciens Domaines de la Maison de Savoie, même de la France & de l'Italie & dont la Noblesse remonte à des siècles reculés, comme les de *Gingins* , de *Sacconai*, de *Gumoens*, de *Tavel*, les *Effinger* de *Wildegg*, les de *Grafenried*, de *Buren*, *Kilchberger* , de *Manuel*, de *Muralt*, *Lentulus*, &c. Toutes les familles de Berne habiles au Gouvernement , doivent être d'une des treize Tribus ou *Abbayes* qui forment le Corps de la Bourgeoisie. On appelle dans cette ville, *Familles habiles au Gouvernement*, celles (58) dont les ancêtres étoient Bourgeois dès l'an 1635, & *Habitans perpétuels de Berne*, mais sans droit d'entrer dans le Gouvernement, les familles qui y ont obtenu la Bourgeoisie depuis 1635. Le Souverain peut néanmoins, quand il lui plaît , augmenter le nombre des familles habiles

---

(51) On les surnomme en Allemand *die Stubler* , parce qu'ils ont une séance particulière dans une chambre (en Allemand *Stuben*) distincte de la maison de la Tribu du *Constaffel*.

(52) Fol. 35. ad an 1350. *Ruodolfus Bruno , Magister Civitatis , diuque potior ibidem quamvis plebeius est miles effectus*. L'Auteur parle ici de la guerre que les Zurichois faisoient alors au Comte de Habspourg. M. de *Sinner* a donné de longs & curieux fragmens de cette Chronique dans le Catalogue des manuscrits de la Bibliothèque de Berne, T. II. pag. 516 548. *Berne* 1770. *in*-8. Cette Chronique dont une partie est la même que celle d'*Albert de Strasbourg* , mériteroit d'être publiée avec ses variantes. Le passage sur Rodolphe *Brunn* ne se trouve pas dans l'édition d'*Albert de Strasbourg*.

(53) *Leu*, Observations sur *Simler*, pag. 443 & 444. édition de 1735, *in*-4.

(54) On les appelle à Zurich par distinction *les dix-huit* , *achtzehner*.

(55) Les *Bubenberg* , de *Summiswald*, d'*Arwangen* , de *Kien*, de Signau , de *Bucheck*, de *Sennen*, de *Boll*, de *Mulleren*, de *Scharnachthal*, de *Ringoldingen*, de *Kienberg* , d'*Aegerten*, de *Krambourg*, de *Jegistorf* ou *Eigistorf*, de *Munsingen*, de *Seedorf*, de *Straehlingen*, de *Ringgenberg*, de *Balm*, de *Blanckenbourg*, de *Bennweil*, de *Burgistein*, de *Buchsée*, d'*Utzigen*, de *Hunenberg*, de *Nidau* , de *Balmos* , de *Grasbourg*, de *Seftingen*, de *Waberen*, de *Stein* , de *Vivers*, &c. &c.

(56) *Leu*, Dict. Hist. de la Suisse, T. III. p. 189 & 220.

(57) *Leu*, ibid. T. XII. pag. 191. Généalogie de *Luternau*, msc. dans la Bibliothèque de M. le Baron de *Zur-Lauben*, à Zoug en Suisse.

(58) *Waldkirch*, Hist. de la Suisse, T. II. p. 6.

Brandolf *Egger*, Baillif de Saint Jean, qui mourut en 1731, avoit formé un recueil des armes & des généalogies de toutes les familles de Berne, habiles au gouvernement. Cette collection a été déposée dans les archives de la République.

au Gouvernement, & il accorda cette distinction en 1712 au Général Jean de Saconai, du pays de Vaud, & à ses Descendans, en récompense des services importans qu'il avoit rendus cette année à l'Etat dans la guerre contre les cinq Cantons Catholiques, particulièrement à la bataille de *Vilmergen*. La République défendit en 1731 sous une grave punition à toute famille de l'Etat, de faire aucun changement dans ses armoiries sans sa permission préalable. C'étoit le moyen de mettre des bornes aux prétentions de quelques familles, qui mécontentes des armes primitives de leurs Auteurs, vouloient les orner de divers quartiers analogues à leurs Seigneuries actuelles, ou à des traditions d'une origine souvent fabuleuse ou du moins très-hasardée.

Il y a dans le pays de Vaud plusieurs familles d'une ancienne race Noble, la plupart sont originaires du pays, quelques-unes comme les de *Chandieu* sont venues de France à cause du changement de Religion. Il fut un temps où ces Nobles eussent pu facilement obtenir la Bourgeoisie de Berne. Quelques-uns ont profité des circonstances, tels que les de *Gingins*, de *Tavel*, de *Gumoens*, &c. Mais les autres, trompés par l'espérance que le Duc de (59) Savoie, leur premier Souverain rentreroit tôt ou tard dans la possession du pays de Vaud, refusèrent un titre qu'ils croyoient alors contraire aux obligations de leur naissance & qu'aujourd'hui ils ne pourroient plus que très-difficilement obtenir. Le pays de Vaud est resté aux Bernois, & tout espoir de révolution a été anéanti pour les Nobles, sur-tout depuis que la France a réuni à ses Domaines la Bresse, le Bugey, & le pays de Gex en échange du Marquisat de Saluces. Ces Nobles se sont attachés à conserver par une sage économie les fiefs de leurs ancêtres, quelques-uns ont suivi le Service Militaire du Canton de Berne en France, en Savoie & en Hollande. Mais le Souverain, politiquement attentif à empêcher leur trop grande élévation, a mis des bornes à leur avancement dans le Service Militaire, particulièrement en France, où dans le Régiment d'Erlach, quoique sujets de Berne, ils ne peuvent devenir ni Colonels, ni Majors.

Anciennement il y a eu plusieurs familles Nobles du pays de Vaud & de la domination de la Maison de Savoie qui se sont établies à Fribourg, comme les (60) d'*Affry*, de *Praroman*, de *Griset*, de *Maillard*, de *Maillardor*, &c. Leurs Descendans louent la sage prévoyance de leurs ancêtres. Cette transmigration leur a valu des honneurs, des charges & de la considération qu'ils n'auroient jamais obtenus en restant dans leur berceau primitif. Je joins ici les attributs des anciennes Maisons du pays de Vaud, tels que le Père *Menestrier* (61), Jésuite, les avoit trouvés dans des Mémoires manuscrits du Chevalier de *Guichenon*.

Grandeur d'Alinge Coudrée.
Antiquité de Blonay.
Noblesse d'Estavayé.
Franchise de Vilarzel.
Hautesse de Cœur de Gingins.
Parenté de Joffray.
Piété de Chandieu.
Bonté de Pesmes.
Richesses de Mestral Aruffens.
Hospitalité de d'Aulbonne.
Prudence de Tavel.
Sagesse de Signeux.
Générosité de Praroman.
Opiniâtreté de Dortan.
Amitié de Gumoens.
Accortise de Martine.
Politique de Cerjat.
Ingénuité de Sacconay.
Chicane de Dugard.
Naïveté de Mestral Payerne.
Gravité de Maillardoz (62).
Simplicité de Lavigny.
Mesnage des Loys.
Vivacité d'Esprit de Ennezel.
Vanité des Senarclens.
Indifférence des Asperlins.

Il y a aussi (63) dans le Canton de Berne & sur-tout dans le pays de Vaud, plusieurs fiefs tant grands que petits qui ont été achetés ou qui s'achètent de temps en temps par des Etrangers nés de très-honnête extraction, par des Marchands ou Commerçans, sur-tout de Genève, & par des Réfugiés François qui se trouvent à leur aise & qui veulent vivre en repos, ou enfin par des paysans qui ayant par leur travail amassé quelques biens, achètent de ces sortes de fonds de terre & se disent Nobles parce qu'ils sont vassaux. Au reste chaque métairie, chaque maison de campagne s'arroge le titre de fief, de sorte qu'on peut appliquer cette épigramme de *Cicéron* à beaucoup de ces parvenus.

---

(59) On a conservé l'anecdote suivante sur *Victor-Amédée II*, Duc de Savoie, qui a été le premier de sa Maison, Roi de Sardaigne; ce Prince, accompagné de l'Evêque de Sion, se promenoit un jour sur les bords du Lac de Genève, & au moment qu'il découvrit le charmant pays de Vaud qui est à l'opposite, il porta la main au bouton de son chapeau, & dit au Prélat en lui montrant cette riante contrée: *Monsieur de Sion, voilà un pays qui n'appartient à aussi bon titre ce bouton que je touche.*

(60) Les Nobles d'*Affry* ont été les bienfaiteurs de l'Abbaye de *Hauterive*, Ordre de Citeaux, au Diocèse de Lausanne; les plus anciens actes de ce Monastère en font mention; on y trouve Guillaume *de Aprilis*, qualifié *Chevalier*, en latin *Miles*, avoit été témoin de la donation que fit à ce Monastère, le Chevalier *Hugues d'Espindes*, du temps de l'Abbé *Guillaume*, dans le douzième siècle: le nom d'*Affry* avec la prononciation Allemande, s'écrivoit primitivement en langue Romande, d'*Avril* ou d'*Avrie*, ou d'*Avry*, en latin *de Aprilis*. Je rapporterai dans la topographie, aux articles de *Hauterive* & du village d'*Avry* dans le Canton de Fribourg, les extraits de plusieurs anciens titres de la maison d'*Affry*, antérieurs au quatorzième siècle.

(61) Recherches du Blason, Partie II. pag. 86 & 87, Paris 1683, in-12.
(62) On rapportera parmi les Preuves N°. LIV, l'acte par lequel *Noble George de Malliardo* rendit hommage entre les mains de Charles, Duc de Savoye, pour tout les fiefs qu'il tenoit dans le pays de Vaud, & dont lui & ses ancêtres avoient été investis par la Maison de Savoie; cette prestation d'hommage se passa à Lausanne le 4 Novembre 1484, en présence de Janus de Savoie, Comte de Genève, Hugues Seigneur de *Châteauguyon*, de Jean-Louis de Savoie, Marquis de *Gien*, & des Ambassadeurs des villes de Berne & de Fribourg; savoir de Berne, les *magnifiques & nobles hommes* les Seigneurs Adrien de *Babenberg*, George de *Stein*, & Thuring *Friterf*, (autrement *Frickhard*); de Fribourg, Petermann de *Pavilliart*, & Petermann de *Fouspigny*, Chevaliers; & aussi en présence d'Antoine de *Champion*, Chancelier de Savoye, de Louis Comte de *Gruyere*, Gabriel *de Seiffel* Seigneur d'*Aigue*, d'Antoine de *Foesta*, Gouverneur de Nice, Conseillers & Chambelans; & de François-Louis de *Belleruche*, & de Jacques de *Lornay*, Ecuyers. Je joins aussi à cet acte la lettre que la ville de Fribourg écrit le 30 Octobre 1533 au *Noble Capitaine Jean de Malliardor*, *son très-cher & bon ami*, demeurant à *Rue*, & par laquelle elle le prioit de tenir sa compagnie prête à venir à son secours au premier avis, pour le soutien de *l'ancienne Religion*.

(63) Etat & Délices de la Suisse, T. I. pag. 390 & suiv. édition de Bâle.

Fundum (64) *Varro vocat quem possint mittere fundâ,*
Ni tamen exiderit, quâ cava funda patet.
Extractam puteo fitulam cum ponit in horto,
Ulterius standi non habet ille locum.

C'est-à-dire, Varron appelle un fonds, une petite portion de terre, qui pourroit être jettée avec la fronde, à moins qu'elle ne tombât au travers des trous de la fronde même. Et lorsque Varron pose dans son jardin un sceau rempli de l'eau de son puits, il n'a plus de place pour s'y tenir debout.

Ces Vassaux font grand cas de la Noblesse, ils s'arrogent tous le titre de Nobles ; les plus scrupuleux, sur cet article, se donnent des mouvemens incroyables, pour obtenir des Rois ou des Souverains, soit par sollicitation, soit par argent, des Lettres de Noblesse.

Il y a cependant dans la Suisse un certain nombre de familles d'une Noblesse très-ancienne, mais elles ne sont pas en général les plus riches, ce qui fait que les nouvelles familles veulent non-seulement aller de pair avec les anciennes, mais osent même s'élever au-dessus. Il naît ainsi entre elles une émulation, ou plutôt une jalousie qui les porte à vivre avec le plus d'éclat qu'il leur est possible & à faire une dépense qui excède souvent leurs facultés. Aussi y en a-t-il un grand nombre qui peuvent s'appliquer ces paroles de Juvenal (65).

Hic vivimus ambitiosâ
Paupertate.

L'ambition nous tourmente au sein même de la pauvreté.

Lucerne, dont le Gouvernement est le plus *Aristocratique* de la Suisse avec celui de Berne, a attaché à tous les Membres de son *petit Conseil* & à leurs Descendans, le titre de *Juncker* ou *Nobles*. Caspar Steiner prétend dans sa description (66) de la Suisse que cette prérogative est fondée sur une concession des Empereurs. De-là tant de familles Patriciennes dans Lucerne, qualifiées de Nobles, quoique plusieurs d'entre elles soient de nouvelle date. Au reste ces familles ne font point de commerce & vivent comme il convient à des personnes de naissance. Il faut cependant observer qu'il en est parmi elles qui ne doivent pas leur Noblesse primitive à ce privilège du *petit Conseil*, mais à leur origine primordiale ; le nombre en est à la vérité peu considérable. Quelques autres, indépendamment du privilège du *petit Conseil*, ont des lettres d'annoblissement des Papes, des Empereurs & des Rois de France, d'Espagne & même de Hongrie. Anciennement on ne donnoit à Lucerne le titre de *Juncker* ou *Noble*, qu'à ceux du Conseil ou de la bourgeoisie qui étoient véritablement gentilshommes de nom & d'armes, & seulement celui de *Monsieur* ou *Sieur*, en Allemand *Herr*, à ceux qui ne pouvoient répéter cette origine ; mais depuis un siècle & demi l'Etat a accordé la qualité de *Nobles* à tous les Membres du *petit Conseil* & à tous leurs descendans. C'étoit un moyen très-prudent pour couper racine à toute jalousie, entre les familles qui ont part au Gouvernement.

Par le mot *Juncker* on entend en Allemand *un jeune Seigneur, Jung-herr*, & ce terme équivaut à *Damoiseau* ou *Damoisel*, en latin *Domicellus* ou *Damicellus*. Le plus souvent (67) on donnoit ce titre non aux seigneurs des terres, mais à leurs enfans & aux gentilshommes qui n'étoient pas chevaliers ; ce mot est un diminutif de *Damicus* qui tiroit son étymologie de *Damus*, & celui-ci par corruption de *Dominus*. Quant au nom *Damoisel*, dit Fauchet, *il n'appartenoit qu'aux jeunes adolescens de grande maison, & n'étoit pas commun, car il ne se trouve gueres avoir été porté pour titre de seigneurie que par celui de Commarchis (Commerci) place & grand fief assis entre la Champagne & la Lorraine*. Néanmoins on voit par des actes que ce titre étoit fort commun dans les pays de Toulouse, de Rouergue & de Quercy en France, & dans le pays de Vaud & le Vallais au royaume de la Bourgogne-Transjurane.

J'ai parlé à l'article du gouvernement de Bâle, des motifs de l'expulsion des nobles de cette ville, la première époque est de 1445 ; l'acte de proscription de plusieurs de ces familles nobles les charge du crime de trahison ou de perfidie. Tschoudi (68) *Wurstisen* (69) & *Grasser* (70) l'ont rapporté. Avant cette révolution la plupart des familles nobles remplissoient les premières charges du gouvernement : il resta (71) néanmoins dans Bâle plusieurs nobles qui n'avoient pas trempé dans la conjuration des autres, leur conduite avoit été généralement applaudie du Sénat & des Citoyens ; mais pendant la guerre (72) de Maximilien I. & de l'Empire contre les Cantons (en 1499), les Balois, amis des Suisses, ayant embrassé la neutralité & n'ayant pas voulu porter les armes contre des voisins dont ils avoient souvent éprouvé l'assistance ; cette tranquilité indisposa si fortement beaucoup des nobles, que non-seulement ils quittèrent la ville, mais que même ils exercèrent d'affreux actes d'hostilité contre ses habitans, sur-tout après que Jean-Hymier de Gilgenberg eut été dépouillé de sa charge de *Bourgmestre* de Bâle, pour avoir entretenu des correspondances avec l'Empereur Maximilien contre les Suisses : c'étoit lui qui avoit conseillé à ce Prince de faire une irruption dans le Canton de Soleure, tandis que la plupart des troupes des Cantons étoient occupées près de Constance. La bataille de Dornach ayant été perdue le 22 Juillet de cette année par les Impériaux contre les Suisses, Bâle instruite des sourdes menées de *Gilgenberg*, le priva de la dignité de *Bourgmestre*, & ce gentilhomme piqué de l'affront, renonça à son droit de bourgeoisie, & se retira à Enisheim où la Maison d'Autriche lui donna la charge de *Vice-Gouverneur* ou *Vice-Landvogt* de l'Alsace. Quoique l'Empereur eût fait depuis comprendre les Balois dans la paix qui termina la guerre avec les Cantons, ils continuèrent pendant deux ans à être exposés à tous les actes d'hostilité de la part des Nobles du voisinage : enfin pour s'en garantir entièrement

---

(64) *Epigrammatum delectus ex omnibus tum veteribus, tum recentioribus Poetis*, pag. 224. Londini 1686, *in-*12.
(65) Satir. III. vers. 183 & 184, p. 30, *cum notis Farnabii. Hagæ Comitum* 1685, *in-*12. fig.
(66) *Helveto-Sparta*, pag. 133. Zoug 1684, *in-*24. en Allemand. Waldkirch, Hist. de la Suisse, Partie II. p. 11. Bâle 1721, *in-*8.
(67) Boullainvilliers, Essais sur la Noblesse, supplément pag. 56-60 & 63-64. Amsterdam 1732, *in-*8. Le Gendre, Mœurs & Coutumes des François, pag. 63-64, &c.
(68) Chr. Helvet. T. II. pag. 440-441.

(69) Chr. de Bâle, T. I. Liv. V. pag. 418, nouvelle édition.
(70) *Heroes Helvetia*, pag. 106-107.
(71) *Christiani Urstisii epitome Historia Basiliensis*, pag. 242. *Basilea* 1577, *in-*12. fig.
(72) *Urstisius*, ibid. pag. 242 & 243.
Jean-Jacques Battier, *oratio secularis de fædere a Basiliensi cum Helvetica Gente ante hac duo secula A. M. D I. contracto a Basil.* 1702, *in-*4.
Leu, Observations sur Simler, pag. 188 & 442-443.
Le même, Dict. Hist. de la Suisse, T. II. pag. 156 & suiv. & T. VIII. pag. 514-515.

PITTORESQUES, &c. DE LA SUISSE.

ils négocièrent avec les Cantons & entrèrent dans leur union perpétuelle, à Lucerne le 9 Juin 1501. Une partie des Nobles qui étoient encore restés dans la ville, en furent tellement irrités, qu'ils l'abandonnèrent & se retirent avec précipitation dans leurs châteaux, ne voulant pas être Suisses : leurs descendants n'ont pa toujours pensé de même. A cette seconde époque le pouvoir de la noblesse dans Bâle souffrit une grande décadence, & elle perdit enfin toute son autorité en 1516 & 1529. L'élection (73) d'un *Plébéien*, Jacques *Meyer*, à la charge de *Bourgmestre* en 1516, engagea plusieurs Nobles à quitter de nouveau Bâle : jusqu'alors les *Bourguemestres* avoient été tous extraits du Corps & de la Tribu des Chevaliers & des Nobles, mais en 1516 cette classe distincte fut fixée au même rang que les autres *Tribus* ; le nombre des huit *Conseillers nobles* fut réduit à quatre seulement & la ville régla que le *Bourgmestre* seroit pris indifféremment de toute Tribu. On peut bien juger combien cette innovation blessa le peu de noblesse qui restoit encore dans la ville ; elle l'abandonna presque (74) toute en 1529 à l'occasion du changement de religion, auquel elle avoit refusé constamment de consentir. Henri *Meltinger*, *Bourgmestre*, & Egloff d'*Offenbourg*, Conseiller, son gendre, aimèrent mieux renoncer à tout que d'embrasser la nouvelle doctrine d'*Occolompade*, & ils se retirèrent secrètement de la ville pendant la nuit ; beaucoup d'autres Nobles suivirent leur exemple, & n'ayant pas voulu revenir, ils furent exclus du *Sénat* pour toujours. Quelques familles nobles, quoique de différente religion, ont conservé néanmoins le droit de bourgeoisie honoraire dans Bâle, & en cette qualité elles y jouissent de toutes les exemptions & franchises de la Bourgeoisie ; elles ont même des maisons dans l'enceinte de la ville, mais elles ne sont comprises dans aucune des Tribus qui forment le gouvernement, & elles ne peuvent entrer dans aucune charge de l'Etat : ces familles sont au nombre de quatre ; 1. *Reichenstein*, 2. *Berenfels*, 3. *Rotberg* & 4. *Eptingen*. Il y a dans Bâle quelques anciennes familles annoblies, mais comprises dans les Tribus & par cette soumission habiles au gouvernement. Les quatre premières Tribus sont encore appellées les *Tribus des Seigneurs*, mais à l'exception du rang elles n'ont point d'autre droit, seulement les quatre Conseillers du *petit Conseil* qui sont tirés de ces quatre Tribus, sont titrés de *Seigneurs*, *Herren*, lorsqu'on les proclame sur la place de Saint-Pierre, au lieu que les Conseillers des onze autres Tribus ne portent que la qualité de *Maîtres*, *Meister*.

La noblesse s'est conservée quelques prérogatives à *Fribourg*, mais elles sont bien foibles en comparaison des avantages que les autres bourgeois, habiles au gouvernement, tirent de certaines charges uniquement attachées aux familles pûrement *Patriciennes* : ces charges sont celles des quatre Bannerets, des vingt *Secrets* & du *Grand-Sautier*; au reste comme elles sont (75) d'une autorité très-étendue, & qu'elles sont lucratives, plusieurs familles qui ont des anciens titres de noblesse ou qui ont été annoblies par les Empereurs & par les Rois, ne les produisent pas, mais elles restent dans la classe des familles qui ont seules, comme *Patriciennes*, le droit d'exercer ces emplois. Cet appas a même quelquefois porté des Nobles à renoncer au titre spécial de *Noble* ou *Juncker*, pour se mettre sur les rangs (76) lorsqu'une de ces charges vacquoit. Le lecteur voudra bien se rappeller ici ce que j'en ai dit à l'article du gouvernement de *Fribourg*. Les familles nobles qui sont exclues de ces charges, sont 1. d'*Affry*, 2. d'*Alt*, 3. de *Boccard*, 4. de *Castellas* dits de *Gruyere*, 5. de *Diesbach*, 6. une branche de *Fegelin*, 7. de *Fiva*, 8. de *Griset* dit *Forel*, 9. de *Ligertz* ou *Glerésse*, 10. de *Maillardoz* ou *Maillardor*, 11. de *Maillard*, 12. de *Praroman*, 13. de *Reiff*, 14. une branche de *Reynold*, celle des descendans du Colonel Antoine de *Reynold* en France, & 15. *du Prel*, établie en Franche-Comté. Ces familles ont toutes le titre de *Nobles* dans les actes publics & dans l'Etat, prérogative qu'elles n'osent pas ouvertement exiger. J'ai observé qu'à Bâle la Noblesse est nominativement exclue de toutes les charges, & qu'à Fribourg elle ne peut pas prétendre à celles qui ont la plus grande influence dans la constitution secrete de l'Etat, & qui sont en même-tems les plus lucratives de la République. Cette singularité fait souffrir à la Noblesse de Fribourg des désavantages considérables, parce que la constance qu'elle montre à ne pas renoncer au titre & à la naissance, lui attire souvent la haine, & quelquefois la persécution des familles *Patriciennes* ; mais cette grandeur d'ame doit, ce me semble, la rendre plus respectable qu'aucune autre Noblesse de la Suisse.

A *Soleure* la Noblesse n'a aucune prérogative de préséance. On lui donne le titre de *Juncker* ou de *Noble* ; mais on ne l'exclut d'aucune charge comme à Fribourg, & elle est agrégée dans les différentes Tribus de la Bourgeoisie. Il y avoit des Chevaliers & des Nobles dans la Bourgeoisie de Soleure dès l'an 1218, comme on le voit par un acte rapporté par *Tschoudi* (77), & depuis 1249 jusqu'en 1451, presque tous les *Avoyers* de cette Ville étoient *Chevaliers* ou *Nobles*.

SCHAFFHAUSEN (78) a conservé quelques prérogatives à la Noblesse, & les familles *Peyer-im-Hoff*, *Stockar de Nusveren*, *Rinck de Wildenberg*, *Im-Thurn*, *de Mandach*, & une branche des *de waldkirch*, composent privativement la première des deux Sociétés ou Compagnies qui sont à la tête des Tribus, & qui se nomme la *Chambre des Seigneurs*, *Herrenstube*. Autrefois elle étoit beaucoup plus nombreuse ; mais plusieurs des familles Nobles qui la formoient, sont éteintes ; d'autres en ont été éloignées par les révolutions arrivées dans le

---

(73) Urstis. *Epitome Hist. Basileensis*, pag. 243.
Leu, Dict. Hist. de la Suisse, T. II. pag. 156-157 & 195.
(74) Urstis. ibid. p. 243.
Abraham *Ruchat*, Hist. de la Réformation de la Suisse, T. II. pag. 361-368.
Leu, ibid. T. II. p. 200.
Le même, Observat. sur *Simler*, p. 443.
(75) Les charges de Banneret & sont pour trois ans, & celles de *Secret*, en Allemand *Heimlicher* qui sont pour la vie, ont le droit unique de nommer aux places vacantes dans les *Deux-Cent*. On prétend qu'elles retirent de leur nomination, des Bénéfices considérables.
(76) A *Fribourg*, pour être de la chambre des *Secrets*, il faut renoncer d'avance à tout titre de *Noble*, & à tout ordre de *Chevalerie*, même à celui de *Saint-Louis* en France. On exige aussi à *Zurich* & à *Bâle*, pour être du *Conseil Souverain*, la renonciation à tout ordre de Chevalerie, & à toutes lettres de Noblesse. L'esprit Républicain est armé contre tout titre qui pourroit dépendre des Puissances étrangères, par des hommages ou par des prestations de serment, de quelque nature qu'elles puissent être. On n'use pas de cette rigueur à Berne, à Lucerne, à Soleure, ni même dans les Cantons populaires, & les Citoyens qui sont Chevaliers d'ordres étrangers, peuvent entrer dans le Conseil & être décorés des premières dignités de l'Etat, sans cependant être astreints à cette renonciation.
(77) Chr. Helvet. T. I. pag. 117-118. *Tschoudi* rapporte aussi, *ibid. pag. 147-148*, un acte de 1251 qui confirme l'existence des *Nobles* parmi les Citoyens de Soleure.
(78) Leu, Observations sur *Simler*, pag. 444-445 & 450-487.
Le même, Dict. Hist. de la Suisse, T. XVI. pag. 238.
Faesi, Descript. Topog. de la Suisse, T. III. pag. 39.
Fuesslin, Descrip. Topog. de la Suisse, T. II. pag. 174 & suiv.
Schaffhausen 1770, in-8, en Allemand.

Gouvernement; d'autres enfin ont quitté la ville au changement de religion. Dans le tems que Schaffhausen étoit encore soumise à la Maison d'Autriche, les Nobles nommoient la moitié du *Magistrat* dans le *petit & le grand Conseils*, & les Bourgeois l'autre moitié. Mais alors le nombre des Conseillers n'étoit pas aussi étendu. On appelle encore *Ob-Herren*, Seigneurs supérieurs, les Membres du *petit Conseil*, qui sont de la *Société des Nobles*, au lieu que les autres Membres du Sénat, extraits des autres Tribus, ont la qualité de *Tribuns*, *Zunftmeister*. La seconde des *Sociétés* qui précèdent les *Tribus*, est celle des Marchands qu'on appelle *la basse-Chambre*; elle est composée en partie de quelques familles *Nobles*, & en partie de familles Bourgeoises. Celles de la première classe sont les *Peyer*, les *Ziegler*, les *de Ziegleren*, des branches de *Waldkirch* & de *Stockar*, les *Rietman*, &c.

On voyoit autrefois à *Schaffhausen* dans la *Confrérie ou Compagnie des Nobles*, ios de *Hunenberg*, de *Fulach*, *Am-Stead*, *Brumfy*, *Trullerey*, *Keller de Schleitheim*, *im-Grut*, ou *Von-Grut*, &c.

La ville de *Saint-Gall* (79), co-alliée (80) des Cantons, a dans son Gouvernement sept *Tribus*, dont une de *Nobles*, qu'on appelle *la Compagnie de Nottenstein* ou *Nothwestein*. Chaque Tribu a trois Chefs, que les Membres de la Tribu choisissent eux-mêmes, & ils sont confirmés par le *petit Conseil*. Les *Bourgmestres* sont élus par toute la Bourgeoisie. Des trois Chefs ou *Maîtres des Tribus*, il y en a deux qui sont du *petit Conseil* & un du *grand*. De chaque Tribu on choisit onze Conseillers pour former le *grand Conseil*, & l'un des Chefs de la Tribu en est le premier. Aux *Maîtres des Tribus* qui composent une partie du *petit Conseil*, on joint neuf autres Conseillers, qui sont choisis par le Conseil même, & tirés, soit de la *Compagnie des Nobles*, soit des six *Tribus Bourgeoises*. Les deux *Scultheltes* ou *Vice-Présidens* de la Chambre Civile sont toujours tirés de la *Compagnie des Nobles*, qui est composée de Gentils-hommes & de Commerçans de bonne famille. Le nombre des *Nobles* à Saint-Gall est petit, & même il y en a parmi eux qui font le commerce en gros, sans qu'il exercent la banque à l'instar des Nobles de Gênes & d'autres villes d'Italie. MM. de *Zollikoffer*, Seigneurs d'Alten-Klingen en Turgovie, MM. de *Scauder*, *Schollinger*, &c., sont les principaux Nobles à Saint-Gall. Les Nobles de *Watt* sont éteints. Le savant *Joachim Vadianus* (81), *Bourgmestre* de la ville de Saint-Gall, dont on a plusieurs ouvrages estimés, & qui mourut le 6 Avril 1551, étoit de cette famille.

En général la Noblesse n'a aucune prérogative distincte dans les *Etats Démocratiques* de la Suisse, je veux dire dans les *Cantons populaires*, chez les *Grisons*, dans le *Vallais*, à *Genève* & à *Bienne*. Celles des familles qui sont Nobles d'origine, ou qui ont été annoblies par les Empereurs ou par d'autres Puissances Etrangères, concourent pour les charges du pays avec les autres familles habiles au Gouvernement; on les qualifie dans les actes par les titres convenables à leur naissance, même par ceux de Comtes, de Barons, de Chevaliers, si elles les ont.

Parlons présentement des familles Patriciennes, & tâchons d'en donner une appréciation exacte. J'ai déjà observé que *Patricien* (82), parmi les Romains, étoit le nom de ceux qui descendoient des premiers Sénateurs de Rome, créés par Romulus, & qu'ils étoient ainsi appellés parce qu'ils pouvoient nommer un Sénateur parmi leurs ancêtres, *Patrem ciere*; car les premiers Sénateurs furent appellés par Romulus *Patres*, *Pères*; les descendans des Sénateurs qui furent choisis depuis, furent nommés *Patricii minorum gentium*, petits ou seconds Patriciens. Je comprends donc en général sous le nom de familles Patriciennes, dans les Etats soit *Aristocratiques*, soit *Aristo-Démocratiques*, soit enfin *Démocratiques*, qui font partie du Corps Helvétique, toutes celles qui ont droit d'entrer au Gouvernement, & en particulier 1°. toutes les familles qui descendent des Sénateurs, créés dès l'établissement de la République; 2°. toutes celles qui descendent de Sénateurs élus dans les siècles postérieurs. Le nombre de la première classe est assez resserré dans presque tous les Cantons, attendu que la plûpart des familles qui géroient l'administration dans les villes & dans les Cantons à l'époque de la liberté sont éteintes; mais la seconde classe est nombreuse & elle renferme souvent des familles qui, quoi qu'elles n'ayent obtenue le droit de bourgeoisie que depuis deux ou trois cent ans, ont cependant depuis leur admission rendu dans cet espace de temps à la patrie des services quelquefois plus considérables que les familles d'une époque antérieure & dont tout le mérite n'est souvent que la certitude d'une existence plus ancienne dans la République.

On peut dire en général que la *Démocratie* a fait la base primitive de presque tous les gouvernemens de la Suisse, & que, si à la faveur du tems, des guerres & des révolutions, sous le prétexte d'un bien plus grand ou pour des intérêts personnels le gouvernement originairement *Démocratique* dans la plûpart des villes, y a été transformé en *Aristo-Démocratie*, cela n'empêche pas de dire que presque toutes les familles *Patriciennes*, de la date de l'établissement de la République, ou de la fondation des villes, ont pris leur source dans les familles *Plébéiennes*. On peut sentir la force de cette assertion quand on lit sans partialité les annales des divers gouvernemens de la Suisse.

Charles V. Roi de France, dit le *Sage*, accorda la noblesse aux bourgeois de Paris; différentes charges donnent en France & ailleurs la même distinction à ceux qui les achetent, quelque foible que puisse être le mérite des acquéreurs. Combien ne doit donc pas être estimable la qualité de *Patricien* d'un Canton de la Suisse, lorsqu'il peut prouver que ses ayeux ont contribué à l'établissement de la liberté de sa patrie, ou que depuis plusieurs siècles ils ont aidé à en perpétuer la stabilité? Une origine de cette nature n'est-elle pas préférable à la noblesse uniquement émanée des trésors de *Plutus*?

On cite une anecdote (83) suivante d'un Capitaine *Mettler*, du Canton de Schweitz, & d'une famille très-ancienne de cet Etat qui a eu l'honneur de donner son nom à toute la Suisse. Cet Officier se trouvant un jour à table avec M. de *Horn*, Baron Allemand, & celui-ci le badinant sur ce qu'il

---

(79) Etat & Délices de la Suisse, T. III. pag. 250-251. *Edition de Bâle*. Leu, Dict. Hist. de la Suisse, T. VIII. pag. 188-190. Faesi, Descript. Topog. de la Suisse. T. III. pag. 720. Fuesslin, Descript. Topog. de la Suisse. T. III. pag. 121.
(80) *Socii Helvetiorum*.
(81) Leu, Dict. Hist. de la Suisse. T. XIX. pag. 195-199. Article *Watt*.

(82) Abrégé des Antiquités Romaines par Nicolas Theru, Professeur du Collège des Quatre-Nations en l'Université de Paris, p. 33-34. Paris 1725, in-24.
(83) M. le Baron de *Zur-Lauben* la tient de feu M. Charles Baron de *Reding*, *Statthalter* du Canton de Schweitz.

portoit ainsi que lui, dans ses armes un *heaume fermé*, & lui demandant avec ironie où il avoit trouvé ce *heaume*, Mettler lui répondit qu'il l'avoit trouvé de même que les autres Suisses à la bataille de *Sempach*, où tant de Princes, de Comtes, de Barons & de preux Chevaliers & Nobles de l'Empire avoient perdus les leurs en nombre de plus de six cent. Le Baron Allemand se tut prudemment, il n'avoit pas les rieurs de son côté.

Tant que les Suisses combattirent pour leur liberté, ils ne songèrent que rarement à rechercher des titres qui formoient la principale ambition de leurs voisins ; jusqu'alors on ne connut de Nobles que ceux qui l'étoient d'origine, & long-temps avant la fondation de la République. Ce ne fut qu'après la bataille de Sempach (en 1386) que plusieurs familles *Patriciennes* ou de la Magistrature, entraînées par la vanité ou la jalousie, crurent se donner un grand relief en obtenant des Empereurs des lettres d'anoblissement qui pussent en quelque sorte corriger le vice de leur naissance *plébeienne*. Il paroit singulier que la Liberté Helvétique, qui n'a été fondée, en grande partie, que sur la destruction ou l'abbaissement de la noblesse, ait, depuis son établissement, inspiré aux descendans de ses auteurs, l'idée de rechercher des anoblissemens auprès des Princes dont les efforts s'étoient réunis pour la renverser.

L'Empereur Sigismond accorda des armoiries à plusieurs familles *Patriciennes* de Berne, de Zurich & de Genève. Au reste on ne fait guères cas en Suisse que de la noblesse de race, c'est-à-dire, de celle qui remonte aux temps antérieurs à la République. Il est vrai que les Nobles se font fort multipliés depuis cette époque. Albert de *Bonstetten*, Doyen de l'Abbaye de Notre-Dame des Hermites, le même qui fut depuis Aumônier & Confesseur de l'Empereur Maximilien I. obtint en 1482 de l'Empereur Frédéric III. un grand nombre de Lettres de Noblesse en blanc, qu'il répandit & qu'il vendit même dans différentes parties de la Suisse.

Sous les successeurs de Frédéric, les services militaires & des vues politiques en firent obtenir un grand nombre. Les Suisses attachés à la France & devenus, en vertu des alliances, regnicoles de cette Monarchie, obtinrent également des Monarques François les honneurs de la noblesse. On en trouve une foule d'exemples dans l'*Histoire Militaire des Suisses*. Les Rois d'Espagne, les Ducs de Savoie & de Milan, & même les Papes ont donné quelques lettres de Noblesse à des familles de la Suisse; mais toutes ces concessions n'empêchent pas les autres familles Patriciennes de les considérer à peu-près dans la même classe que celles qui, sans avoir ces titres, sont également chargées du gouvernement ; cependant il faut convenir &, que quelque respectable que soit la noblesse de race, si l'on n'en admettroit point d'autres, il en résulteroit le danger de décourager les Citoyens. Il est certain que des vertus utiles à la Patrie deviennent des titres de noblesse ; & une famille honnête, qui a toujours bien servi son pays, est plus estimable que (85) celle dont l'origine se perd dans l'obscurité des temps, & qui n'a rendu que des services

ordinaires ; il faut tirer des préjugés le plus d'avantage qu'il est possible, & si l'Etat n'en retire aucun profit, il faut les abandonner. N'est-il pas absurde de voir, tous les jours, dans plusieurs Monarchies de l'Europe, des gentilshommes de la plus grande naissance, se livrant de père en fils, aux plus abominables excès, ou à des extravagances plus ridicules les unes que les autres, être la honte de la nation, & traiter avec mépris d'honnêtes gens, de braves défenseurs de l'Etat, parce que leur noblesse ne remonte qu'à une époque moderne, & que leur grand père ou leur bisayeul l'a acquise aux dépens de son sang, ou pour avoir enrichi une province ? Il devroit peut-être y avoir une loi qui déclarât déchu de sa noblesse quiconque seroit convaincu d'une action basse, & même quiconque à sa mort ne pourroit pas prouver un certain nombre d'actions utiles à l'Etat.

On a agité la question : *Si des Républiques, quoique Souveraines, mais qui n'ont point de royaume, pouvoient anoblir*. Cette question se trouve décidée depuis que les Electeurs de l'Empire se sont attribués ce droit. Berne, Lucerne, Fribourg & d'autres Cantons, ont cru pouvoir user du même privilège. Le 23 Septembre (86) 1712, l'Etat de Berne mettant en considération la manière distinguée avec laquelle son cher féal *Vassal* Jean-Louis de *Saussure*, Seigneur de Bercher, Fey, Saint-Cierge & Rueyres, Lieutenant-Colonel de l'un de ses Régimens, s'étoit signalé dans la guerre contre les cinq Cantons Catholiques, & sur-tout dans les deux batailles de Bremgarten & de Vilmergen, ayant été même dangereusement blessé dans la dernière, érigea la terre de Bercher & ses dépendances en *Baronnie*, y attachant tous les droits & toutes les prérogatives dont jouissent les autres Baronnies du pays de Vaud, & le qualifia Baron. Voilà sans doute, me dit un Suisse Catholique, *un titre qui caractérise parfaitement la souveraineté ; mais il seroit bien plus honorable, si le Canton l'eût accordé dans toute autre guerre que celle contre les premiers auteurs de la liberté Helvétique. Il est fâcheux que l'Etat ait été forcé par la circonstance, à récompenser des services de cette nature*.

Un grand nombre de familles nobles Patriciennes de la Suisse ont augmenté ou changé leurs armoiries, sans concession d'Empereurs ni de Rois. Les alliances, les Seigneuries, l'origine primitive, & quelquefois le caprice, y ont donné lieu. J'ai parlé du sage règlement que l'Etat de Berne fit en 1731, portant défense expresse à toutes les familles habiles au Gouvernement d'innover dans les armoiries. On voit à Soleure, dans la Chancellerie, un livre dans lequel sont dépeintes les armes de toutes les Maisons & Familles de l'Etat, avec leurs divers changemens. On ne connoissoit guères d'armes écartelées en Suisse avant le XVIe. siècle. Ce droit, d'abord annexé aux Souverains, a été insensiblement accordé à la Noblesse par ces mêmes Souverains. L'usage s'en est également introduit en Suisse, & parmi les *Nobles*, & parmi les *Patriciens*. En général les règles du blason étoient anciennement peu suivies dans beaucoup d'armoiries (87) en Suisse. Il est même des familles, qui, quoiqu'issues de la même

---

(84) Anecdotes des Républiques, première partie, pag. 114-115. Paris 1771, in-8.

(85) On se rappelle ici la colère d'un Savant Généalogiste de France ; toutes les fois qu'il travailloit à une généalogie où il trouvoit à chaque dégré des titres de services rendus à l'Etat, son ame se pâmoit de joie ; mais lorsqu'à chaque dégré il ne voyoit que la preuve du *Genuit*, sans aucune distinction historique, la plume lui tomboit de la main & il s'écrioit : Pour-

quoi faut-il que ces gentilâtres perdent tout mon tems avec des titres aussi secs ? J'aime mieux voir à la tête d'une généalogie un Maréchal FABERT, fils d'un Imprimeur, un CHEVERT, ou même un JEAN BART, mousse, que toutes ces répétitions arides d'Ecuyers ou de Damoiseaux : des titres aussi maigres ne sont bons qu'à composer la structure d'un squelete orgueilleux.

(86) PREUVES, N°. LVI.

(87) Stoumpf, Wurstisen, Gouler & Bucelin, ont donné les armoiries de

souche, mais séparées depuis plusieurs siècles, ont des marques distinctives dans leurs armoiries ; plusieurs d'entre elles ne peuvent même rendre raison de l'origine de ces distinctions.

On m'a fait observer dans mon voyage en Suisse, que depuis cinquante ans le désir d'obtenir des titres d'une plus grande illustration, agitoit beaucoup de gentilshommes. Plusieurs non contens d'une ancienne Noblesse de race, mais dans laquelle ils ne trouvoient pas les qualités de *Princes*, de *Marquis*, de *Comtes* ou de *Barons*, ont cru ne pouvoir pas décemment paroître dans les pays étrangers, s'ils ne portoient pas en même-temps l'un de ces titres ; & quoiqu'ils n'eussent pas de terres assez considérables pour être érigées en *Marquisats* ou *Comtés*, ni même en *Baronnies*, & encore moins en *Principautés*, il leur suffisoit d'obtenir pareils titres purement honorifiques. Toutes les terres qui portent en Suisse le titre de *Comté*, appartiennent au Souverain. On trouve même en Suisse peu de *Baronnies* possédées par des particuliers ; je remarque dans ce nombre Haldenflein (88), près de Coire, qui est possédée par une Branche de la Maison de *Salis*, & qui jouit de droits souverains sous la protection des Grisons, la Baronnie de *Spietz*, qui appartient à une Branche de la Maison d'*Erlach*, de Berne (89) depuis 1516 ; celle de *Farwangen* (90) en Argeu, qui est à la Maison de *Hallweil* depuis 1338, la Baronnie de *Prangins* (91), au pays de Vaud, qui appartient à M. de *Guiger*, ci-devant Officier au Régiment des Gardes Suisses, la Baronnie de la *Sarra* (92), au même pays de Vaud, qui depuis 1542 est à la Maison de *Gingins*, de Berne, la Baronnie de *Grand-Cour*(93), dans le bailliage d'Avenche, Canton de Berne, appartenant depuis 1736 à la famille de *Labat*, Banquiers de Genève, la Baronnie de *Vaumarcus* (94), dans le Comté de Neuchâtel, qui appartient à la Maison de *Buren*, de Berne, la Baronnie (95) de *Gorgier*, dans le même Comté, qui a été donné en 1749 par le Roi de Prusse à Jean Henri d'*Andrié*, du Comté de Vallangin, & à ses hoirs du même nom.

La Maison de *Watteville*, de Berne, possède dans la partie Allemande de ce Canton la Baronnie (96) de *Belp* ; la Maison *Grafenried*, de la même ville, a dans le pays de Vaud la Baronnie de *Blonai* (97).

Au même pays de Vaud sont les Baronnies (98) de *Rolle* & de *Montricher* ou *Montrichier*, toutes deux à la Maison des Nobles de *Steiger* (99) de Berne. La Terre de *Bercher* ou *Berchier* érigée en Baronnie l'an 1712 par l'Etat de Berne (100), appartient à M. de *Saussure*, celle de *Coppet* (101), au même pays de Vaud, est aujourd'hui à la famille de *Locher*, de Saint-Gall. La Baronnie (102) de *Chatelar* ou *Chatelart*, au pays de Vaud, entre Chillon & Vevai, est à M. *Bondeli*, de Berne.

Indépendamment de ces Baronnies, il y a plusieurs Seigneuries considérables en Suisse, les unes avec haute & basse Jurisdictions, les autres seulement avec la basse Jurisdiction. Il en sera question dans le détail Topographique. M. le Pasteur *Faesi* (103) fait les observations suivantes sur l'état actuel de la Noblesse dans les Cantons, je les traduis d'après le texte Allemand (104) ; quoiqu'elles soient d'un Ministre peu favorable par sa profession à l'Etat Militaire, & d'ailleurs Citoyen d'une ville où presque tous les habitans sont commerçans, ou exerçant des Métiers, on ne peut cependant détacher quelques parties assez lumineuses pour l'objet que nous traitons. » Les habitans de la Suisse sont distribués en » deux classes. La première comprend les Bourgeois des villes » & auxquels on peut joindre aussi les Gentilshommes qui » résident soit dans les villes, soit à la campagne. Ces derniers

la plupart des familles nobles & patriciennes, les plus illustres de la Suisse, du pays des Grisons & du Vallais, mais sans en désigner les *émaux*. Jean *Sihenmacher*, de Nuremberg, les a blasonné dans son armorial général d'Allemagne, gravé en 1605 & en 1610, *in-4*. & dont on a donné depuis une édition plus étendue. Le célèbre de *Tschoudi*, le plus correct des Historiens de la Suisse, a laissé un recueil manuscrit des armoiries & sceaux de l'ancienne Noblesse de la Suisse ; l'original a passé avec les autres manuscrits de ce grand Littérateur, à la Bibliothèque de l'Abbaye de Saint-Gall, il en existe une copie dans celle de Mouri, les armes y sont peintes avec leurs noms, & sur le côté on trouve de temps en temps quelques notices généalogiques. *Bonnivard* (a), mort en 1558, Auteur d'une Chronique de Genève, avoit aussi écrit un *Traité de la Noblesse qui étoit autrefois dans cette ville*, ce manuscrit y est conservé dans la Bibliothèque publique. M. *Leu*, Bourgmestre de Zurich, à qui on doit entre autres ouvrages, le *Dictionnaire Historique de la Suisse*, possédoit un recueil considérable d'Armoiries des familles de tous les Cantons & Etats-co-Alliés, tant éteintes qu'existantes. On a fait graver des armoiries des familles habiles au Gouvernement dans les villes de Berne & de Fribourg. Jean Baltasar *Bullinger*, qui a donné en 1742 une nouvelle édition des *Memorabilia Tigurina* de *Blansfchli*, y a désigné le blason des armoiries des Nobles du Canton de Zurich : le savant Erhard *Durfteler*, de la même ville, avoit rassemblé parmi ses collections diplomatiques & historiques, les armoiries des principales familles & les portraits des hommes les plus illustres de la Suisse. On a du célèbre graveur Jean Conrad *Meyer*, de Zurich, un armorial (b) de toutes les familles de cette ville, il parut en 1674 *in-fol*. Jean-Rodolphe *Grueter*, de Berne, possédoit aussi un recueil curieux de généalogies des divers Etats Helvétiques. Jean-Baptiste *Rusconi*, frère de Bernard *Rusconi*, Abbé de Rheinau, avoit également rassemblé les armoiries & les généalogies de toutes les familles habiles au gouvernement de Lucerne. On trouve à la tête de la Chronique imprimée de *Haffner*, les armoiries des principales familles de Soleure. On ne sait ce que sont devenues les collections d'Antoine de *Graffenried*, de Berne ; cet ancien Avoyer ou Baillif de Morat

(mort en 1730 à l'âge de 92 ans) avoit recueilli les généalogies des Maisons les plus distinguées du Corps Helvétique, il avoit entretenu un grand commerce de lettres avec Gabriel *Bucelin*, (c) de Diessenhofen, Bénédictin de Weingarten en Souabe, Auteur de plusieurs ouvrages Généalogiques de l'Allemagne & de la Suisse.

(88) *Leu*, Dict. Hist. de la Suisse, T. IX. pag. 434-436.
(89) Le même, ibid. T. XVII. pag. 400-401.
(90) Le même, ibid. T. VII. p. 45-46.
(91) Le même, ibid. T. XIV. p. 638-639.
(92) Le même, ibid. T. XVI. p. 101-102.
(93) Le même, ibid. T. IX. p. 97. *Faesi*, Description Topographique de la Suisse, T. I. p. 517.
(94) *Leu*, ibid. T. XVIII. p. 454-455.
(95) Le même, ibid. T. IX. p. 43-44.
(96) Le même, ibid. T. III. pag. 62-63.
(97) Le même, ibid. T. IV. p. 145-146.
(98) Le même, ibid. T. XV. p. 381-382. & T. XIII. p. 270.
(99) Les nobles *de Steiger* portent dans leurs armes *de gueules* au demi-Bouquetin saillant *d'argent*, pour se distinguer de la famille patricienne du même nom, qui est à Berne, & qui porte *d'or*, au demi-Bouquetin saillant *de sable*. Voyez les articles de *Steiger*, dans le Dictionnaire Historique de la Suisse, par M. *Leu*, T. XVII, pag. 531-543 : ces derniers ont reçu le 10 Décembre 1714 le diplôme de Baron, de Frédéric I, Roi de Prusse.
(100) *Leu*, ibid. T. III. p. 74.
(101) Le même, ibid. T. V. p. 422-423. *Faesi*, Descript. Topog. de la Suisse, T. I. p. 878.
(102) *Leu*, ibid. T. V. p. 225-226.
(103) Jean-Conrad *Faessi*, Pasteur de l'église de la Commune *Uetiken*, sur le lac de Zurich, & Membre de la Société Helvétique de Schinznach en 1768.
(104) Descript. Topog. de la Suisse, T. I. p. 62-63.

(a) *Leu*, Dict. Hist. de la Suisse, T. IV. pag. 108.
(b) M. de *Haller* dit qu'excepté la gravure, l'ouvrage ne vaut pas grand chose ; le recueil a pour titre : *Wapenbuch aller gesshlechter Zu Zurich*. (Conseils pour former une Bibliothèque Historique de la Suisse, pag. 79. Berne 1771, *in-12*.)

(c) *Germania Topo-Chrono-Stemmatographica sacra profana* 1665 & seq. quatre volumes *in-fol*. Bucelin parle sur-tout dans la quatrième partie du second tome, des familles nobles de la Suisse, avec beaucoup d'étendue.

» conservent toujours leur droit de Bourgeoisie, ou dans la
» capitale du Canton où ils sont établis, ou dans une ville
» de moindre considération. Mais en général la Noblesse en
» Suisse n'est plus nombreuse. Sa diminution provient parti-
» culièrement des anciennes guerres sanglantes que les Suis-
» ses, à l'époque de leur liberté, ont été obligé de soutenir
» contre la Maison d'Autriche, elle doit encore être attribuée
» aux fréquentes émigrations des Nobles hors de la Suisse.
» Outre ces causes, le peu de Noblesse qui est resté dans les
» Cantons n'a pu jamais ou du moins très-rarement être for-
» tifié par l'addition de nouveaux Gentilshommes qui eussent
» pu réparer l'extinction des anciennes Maisons. Un pareil
» supplément est regardé dans les Etats Monarchiques comme
» un moyen sûr d'étendre l'éclat de la Noblesse. D'ailleurs
» comme presque par toute la Suisse, la Noblesse ne jouit
» d'aucune préférence dans le Gouvernement & dans les
» charges de la République, personne n'a le desir d'entrer
» dans son Corps, & on la regarde d'un œil assez indifférent.
» On voit même que beaucoup de familles annoblies par les
» Empereurs & les Rois, ne font jamais valoir leurs titres, elles
» trouvent plus à propos de continuer leur commerce comme
» familles Bourgeoises. A St.-Gall, où il y a encore un nombre
» considérable de Nobles, il leur est permis, sans déroger,
» d'exercer le commerce en gros & d'autres branches de trafic.
» La seconde classe des habitans de la Suisse est celle des *Gens*
» *de la campagne*. Cette classe est beaucoup plus nombreuse
» que la première, elle élève des bestiaux, & elle s'entretient
» de la culture des champs & des vignes, du commerce &
» des Métiers. Dans les Cantons où il n'y a point de ville, le
» peuple de la campagne participe au Gouvernement & aux
» charges de Judicature, mais dans les Cantons où il y a des
» villes, ou dans lesquels on a introduit une Régence *Aristo-*
» *cratique*, le peuple de la campagne est Sujet, & régi par des
» nobles & Seigneurs Justiciers, ou par des Baillifs. Au reste
» il y a une différence considérable entre la dépendance des
» Sujets Suisses, & celle du peuple en Allemagne & dans les
» autres pays de l'Europe ». Ces observations de M. Faesi ne
doivent pas être prises à la lettre, cet Auteur donnant quelquefois dans l'exagération.

Parmi les Maisons actuelles de la Suisse il en est quelques-
unes qui ont possédé ou qui possèdent encore des Seigneuries
& des Terres considérables dans les pays étrangers, les de
Hallweil dans les Etats de la Maison d'Autriche, une branche
de *Watteville-Conflans*, de *Diesbach-Belleroche*, &c. en France.
M. le Baron de *Besenval*, de Soleure, Grand-Croix de l'Ordre
Royal & Militaire de Saint-Louis, Lieutenant-Général ès
Armées du Roi, & Lieutenant-Colonel du Régiment des
Gardes-Suisses, & ci-devant Inspecteur-général des Régimens
Suisses, possède à titre de substitution la Baronnie de *Brunstatt*,
située en Alsace près de Mulhausen, laquelle (105) comprend
le château & le village de *Brunstatt*, les villages de *Didenheim*
& de *Riedisheim*. Dans le dernier siècle, Conrad, Baron de
la *Tour-Châtillon-Zur-Lauben*, Inspecteur-général de l'Infanterie
dans le département de Catalogne & de Roussillon, Brigadier
ès Armées du Roi, avoit obtenu en Mars 1681, de la libéralité de *Louis-le-Grand*, la Seigneurie du *Val de Villé*, en Allemand *Weilerthal*, en Alsace, pour la récompense de ses services. Il mourut à Perpignan le 4 Décembre 1682 à l'âge de
quarante-quatre ans sans avoir été marié ; la Seigneurie de
Villé étoit par conséquent réversible à la Couronne : mais le
Monarque généreux en gratifia le neveu Béat-Jacques de
Zur-Lauben, l'érigea en Baronnie en 1686 & même en Comté
en 1692. Le Comte de *Zur-Lauben*, Lieutenant-général ès
Armées de Sa Majesté, & Colonel d'un Régiment Allemand
d'Infanterie, mourut à Ulm en Souabe le 21 Septembre 1704
à quarante-huit ans, des blessures qu'il avoit reçues à la
fameuse bataille de Hochstett où il avoit été le seul des Offi-
ciers-généraux qui eût repoussé les ennemis, & cela par trois
fois. Il laissa de son mariage avec Julie de *Sainte-Maure*, proche
parente du Duc de *Montausier*, Françoise-Honorée-Julie, Comtesse de *Zur-Lauben*, mariée le 28 Décembre 1711 avec Henri-
Louis de *Choiseul*, Marquis de Meuse, mort à Paris le 11 Avril
1754, Chevalier des Ordres du Roi, Lieutenant-général ès
Armées de Sa Majesté & Gouverneur de Saint-Malo. Par ce
mariage le Comté de *Villé* est entré dans la branche de *Meuse*,
de la Maison de *Choiseul*. Ce Comté a sept lieues de long
sur quatre de large, suivant M. *Schoepflin* (106), & il contient
la petite ville de *Villé*, les châteaux d'Ortenberg, de Ramstein & de Bilstein, les villages *Scherweiler*, *Dieffenthal*, *Saint-*
Pierre-aux-Bois, en Allemand *Petersholtz*, *Hohwart*, *Erlenbach*
ou *Albé*, *Trinbach*, *Bassenberg*, *Lach* ou *Lalay*, *Mittelscher* ou
Charpe, *Urbeys*, *Saint-Martin*, *Meisengott*, *Engelspach* ou *Guirli-*
gotte, *Steige*, *Breitenbach*, *Colroy*, *Roschbach* ou *Reurupt*, *Salsey*
ou *Saltzheim*, *Stampemont* ou *Stemberg*, *Seel* & en françois *Saules*,
Neubourg & *Bruche*. M. le Baron de *Zur-Lauben* ne fait ici l'énumération des terres qui formoient le Comté de *Villé*, possédé
par son grand-oncle, que pour rendre l'hommage le plus
respectueux à la mémoire du GRAND ROI dont la bienfaisance avoit récompensé avec tant de générosité les services
de deux Suisses, natifs de la ville de Zoug, & dont la famille,
constamment attachée à la France depuis le règne de François I, a eu quatorze Officiers tant Généraux, que Colonels
ou Capitaines, tués au service de la Couronne.

Seconde Division.

On appelle en Suisse *Vassaux* ou *Feudataires* les Possesseurs
des Terres Seigneuriales qui relèvent d'un ou de plusieurs
Cantons. Parmi les Seigneuries les plus considérables sont
Hallweil, dans le Canton de Berne, *Altishoffen*, dans celui
de Lucerne, & *Alten-Klingen*, en Turgovie. La première (1)
appartient depuis un temps immémorial à la Maison de *Hall-*
weil, qui y a annexé en 1338 la Baronnie de *Farwangen*. Dès
le treizième siècle l'office de *Maréchal héréditaire* des Comtes de
Habspourg, étoit attaché avec des droits considérables à l'aîné
du nom de *Hallweil*. Cette dignité a été continuée par les
Ducs d'Autriche à cette Maison, en considération des services
signalés qu'elle leur avoit rendus. La Seigneurie d'*Altishoffen* (2),
acquise en 1571 par le Chevalier Louis *Pfyffer*, Avoyer de Lucerne, le même qui s'étoit acquis une gloire immortelle en

---

(105) *Schoepflin, Alsatia illustrata*, T. II. p. 39, 40, 732 & 736. Colmariæ 1761, in-fol. fig.
(106) *Ibid*. T. II. pag. 201-204 & 739.

(1) Leu, Dict. Hist. de la Suisse, T. IX. pag. 453 & suiv.
(2) Le même, ibid. T. I. p. 156.

fauvant en 1567 le Roi Charles IX à la retraite (*) de Meaux, appartient aujourd'hui à ſes Deſcendans ; l'aîné d'entre eux en jouit à titre de ſubſtitution. On eſtime qu'Altihoffen eſt celle de toutes les Seigneuries particulières de la Suiſſe qui eſt du plus grand rapport. *Alten-Klingen* (3) eſt ſubſtitué depuis 1589 à Meſſieurs de *Zollikoffer*, de la ville de Saint-Gall. La Seigneurie de *Riggisperg* (4), dans le Canton de Berne, eſt poſſédée par M. le Baron d'*Erlach*, Grand-Croix de l'Ordre du Mérite Militaire, Lieutenant-Général ès Armées du Roi, Colonel d'un Régiment Suiſſe, & frère puîné du Baron de Spietz. La Seigneurie (5) de *Saint-Barthelemi*, autrefois *Gumoens le Château*, dans le bailliage d'Echallens qui dépend des Cantons de Berne & de Fribourg, appartient à M. le Comte d'*Affry*, Grand-Croix de l'Ordre Royal & Militaire de Saint-Louis, Lieutenant-général ès Armées du Roi, & Colonel du Régiment des Gardes-Suiſſes, & ci-devant Ambaſſadeur de Sa Majeſté en Hollande. Il eſt encore d'autres Seigneuries conſidérables en Suiſſe, & dont je ferai mention dans la Topographie des Cantons. En général les Vaſſaux en Suiſſe ne ſont pas tous Nobles, il y a des Nobles qui ne ſont pas Vaſſaux, & des Vaſſaux qui ne ſont pas Nobles. On voit (6) dans le Canton de Berne, & ſur-tout dans le pays de Vaud, pluſieurs fiefs tant grands que petits, qui ont été achetés ou s'achètent de temps en temps, par des Marchands ou Commerçans, ou par des Payſans. Les premiers veulent couler le reſte de leurs jours dans une tranquile aiſance, acquiſe par leur induſtrie. Les autres ayant par le travail amaſſé quelque bien, achètent de ces ſortes de fonds, pour ſe donner un air de conſidération ; les uns & les autres ſe diſent Nobles. *Les Acquéreurs de cette eſpèce*, dit un Ecrivain (7), *ſont en ſi grand nombre que s'ils étoient tous d'honnêtes gens, les Bernois auroient ſous leur dépendance une prodigieuſe quantité de gens de probité.*

Le Clergé, les Abbayes & les Commanderies poſſèdent les fiefs les plus conſidérables, les Abbayes pour s'étayer de l'appui des Cantons co-Souverains dans les bailliages communs où elles poſſèdent des Seigneuries, les ont reconnus pour leurs *Avoués* ou *Protecteurs* ; pluſieurs d'entre elles ont obtenu & même dans des ſiècles reculés, le droit de Bourgeoiſie dans les villes capitales des Cantons, & elles ont grand ſoin de le renouveller. Par exemple, l'Abbé de *Saint-Urbain*, de l'Ordre de Cîteaux, & dont le Monaſtère eſt ſitué à l'extrémité du Canton de Lucerne, eſt à la fois Bourgeois de Lucerne (8), de Berne (9), de Soleure (10), de Bienne (11) ; & même, dans les villes de la ſeconde claſſe, de Zoffingen (12), & de Surſée (13). Chaque nouvel Abbé (14) invite pour la cérémonie de ſon Sacre les villes où il a le droit de Bourgeoiſie, & elles envoyent chacune une députation de diſtinction pour aſſiſter à la ſolennité laquelle ſe fait toujours avec une grande pompe. L'Abbé ſe rend quelques jours après à Lucerne, à Berne, à Soleure & à Bienne, & il y renouvelle devant le Sénat ſa Bourgeoiſie avec les uſages requis, il la fait auſſi renouveller par ſes Repréſentans à Zoffingen & à Surſée.

Les Abbés d'*Einſidlen*, de *Saint-Blaiſe*, & de *Wettingen*, & l'Abbeſſe du Chapitre de *Schennis*, jouiſſent du droit de Bourgeoiſie dans la ville de Zurich, où ils ont leurs Maiſons avec des Receveurs, choiſis parmi les Citoyens de la ville, pour gérer les revenus qu'ils ont conſervés dans le Canton. L'*Advocatie* de l'Abbaye d'*Einſidlen* appartient au Canton de Schweitz depuis 1424. L'Abbé de (15) *Creutzlingen*, en Turgovie, jouit du droit de Bourgeoiſie à Lucerne & à Zoug depuis 1503. L'Adminiſtrateur (16) de l'Abbaye de *Cappel*, dans le Canton de Zurich, a le même droit dans la ville de Zoug comme repréſentant l'ancien Abbé de ce Monaſtère. Dès l'an 1344 l'Abbé de *Cappel* l'avoit obtenu, & ſes Succeſſeurs le renouvellèrent avec beaucoup de ſoin juſqu'au changement de Religion.

L'ordre (17) des Payſans en Suiſſe offre des gens de bonne-foi, robuſtes & laborieux, à qui la néceſſité a appris à devenir d'excellens laboureurs, & à tirer tout l'avantage poſſible d'une terre ingrate. Je comprends auſſi dans cette claſſe ceux qui élèvent ſur les Alpes le gros & le petit bétail, & qui font le beurre & les fromages ſi généralement eſtimés. Parmi les Payſans il y en a qui par leur application & leur induſtrie, parviennent à de grandes richeſſes pour des gens de leur état. En effet il n'eſt pas extraordinaire d'en voir qui ont au-delà de quarante ou cinquante mille écus. Ils ſont entièrement dévoués à leurs Souverains, qui de leur côté ſe concilient leur affection par des traitemens pleins de bonté ; ils ont toujours vécu dans un état de liberté, dont ils ſont très-jaloux, & ou les a tellement accoutumés à ne payer que de petites taxes qu'il ſeroit dangereux de tenter de leur en impoſer de nouvelles. Mais le Souverain paroît bien éloigné de pareilles intentions. Excepté les dixmes, les charges attachées à la nature du bien-fond que l'on poſſède, ſoit redevances, ſoit corvées, excepté auſſi les péages des ponts & ceux pour l'entretien des chemins publics, enfin à la réſerve d'une taxe légère que le Sujet paye annuellement aux Baillifs & aux Seigneurs du local, je ne vois pas d'autres impoſitions dont ſoient chargés les gens de la campagne. Les Souverains ont éteint dans les Bailliages médiats ou immédiats preſque tout veſtige de l'ancienne ſervitude & ce qui en reſte n'en eſt que l'ombre. C'eſt ici le lieu de dire un mot des dixmes. Pluſieurs Maiſons (18) de campagne tenues en roture ne ſont point aſſujetties à la dixme, ſoit en vertu de quelques titres particuliers ou pour d'autres raiſons. D'ailleurs un grand nombre de Payſans poſſèdent des champs, des vignes, des prés, &c. exempts de dixmes, tandis que les terres de beaucoup de Nobles y ſont ſujettes. Il ſe trouve même quelquefois dans les Cantons réformés que les terres des Gentilshommes la payent de ſimples Payſans. La plus grande partie des dixmes, dans les Cantons, eſt entre les mains de divers Particuliers, qui en jouiſſent, ou en vertu de titres, ou autrement. Indépendamment de celle ſur les fruits de la terre, on ne laiſſe pas en pluſieurs lieux de la Suiſſe, de payer toutes ſortes de dix-

---

(*) Planches 1, 2, 3 & 4, Tableaux n°. 151, 115, 127 & 121.
(3) Le même, ibid. T. I. p. 149-150.
(4) Le même, ibid. T. XV. p. 279-280.
Faeſi, Deſcript. Topog. de la Suiſſe, T. I. p. 590, &c.
(5) Fueſſlin, Deſcript. Topog. de la Suiſſe, T. IV. pag. 115, &c.
(6) Etat & Délices de la Suiſſe, T. I. pag. 390-391. Edit. de Bâle.
(7) L'Auteur de l'*Etat & des Délices de la Suiſſe*, ibid. T. I. p. 391.
(8) Depuis 1416.
(9) Depuis 1415.

(10) Depuis 1252.
(11) Depuis 1566.
(12) Depuis 1283.
(13) Depuis 1256.
(14) Leu, Dict. Hiſt. de la Suiſſe, T. XVIII. p. 702.
(15) Leu, ibid. T. V. pag. 516-517.
(16) Leu, ibid. T. V. pag. 58.
(17) Etat & Délices de la Suiſſe, T. I. p. 387-389.
(18) Le même Etat, ibid. T. I. p. 439-441.

mes, entre autres celle sur animaux, usage que l'on tient des Moines, qui ont eu le secret de l'établir. Dans d'autres endroits on paye seulement celle du bled, du vin & du foin. Chez les Grisons on ne lève pas ce droit au dixième, mais au quinzième, & la dixme ne s'y paye pas à la campagne par gerbes ou par charges, comme dans la Suisse, mais dans le grenier. Je parlerai ailleurs des revenus des Cantons & j'en spécifierai les différentes branches.

Il n'est pas aisé de se faire une idée du bonheur dont jouissent les paysans sujets des Cantons ; car il n'est guère de pays en Europe où l'on voye règner la gaieté parmi les habitans de la campagne, comme en Suisse. Un Seigneur Polonois passant un jour par un village du Haut-Bailliage de l'*Argeu-Libre*, & voyant tous les habitans assis à une *comédie* ou *farce rustique*, demanda à l'hôte chez qui elle se jouoit, d'où étoient les acteurs. *Monseigneur*, lui dit-il, *c'est la jeunesse d'ici qui donne ce spectacle, & cela se fait presque tous les ans dans l'automne, tantôt dans un village, tantôt dans un autre ; les Paroisses voisines s'y rendent en foule, & ces comédies se répètent plusieurs fois. Voilà, Monseigneur, une partie de nos amusemens, sous la protection de nos très-gracieux & Souverains Seigneurs les huit loüables anciens Cantons.* Le *Staroste* pouvoit dans ce moment se rappeller la différence énorme qu'il y a entre les sujets de la Suisse & ceux de la Pologne, où tout le peuple de la campagne porte encore les chaînes de la servitude féodale. Je ne m'imagine pas, qu'excepté sous le règne de *Piast*, qui de simple habitant du village de *Crusvic* en *Cujavie*, fut élevé au rang de Duc de Pologne, l'an 842, par la Nation, & qui y établit par sa prudence, la paix & le bon ordre, on ait jamais vu dans ce pays, les paysans joué eux-mêmes la comédie dans leurs villages.

Au reste la peinture (19) que le grand *Haller* a faite de la vie des habitans des *Alpes*, n'est point chargée, j'en atteste les étrangers qui ont eu la curiosité de parcourir ces montagnes. Je reviendrai à ces heureux habitans, quand je tracerai le tableau des mœurs de la *Suisse*.

XXXIX.

Bailliages communs à plusieurs Cantons ou Alliés ; Villes & Seigneuries sous leur protection.

Il y a (1) dans la Suisse dix-neuf Bailliages communs à plusieurs Cantons, dont sept ultramontains, ou situés au-delà du Mont Saint-Gothard. Les *Trois Ligues Grises* possèdent aussi par indivis trois Bailliages. Je vais donner la spécification préliminaire des uns & des autres suivant leur ordre, tel qu'il se trouve dans la Description (2) Topographique de la Suisse, par M. *Faesi*, de Zurich.

I. Le *Landgraviat de la Turgovie*, de Religion Mixte ; c'est le plus grand Bailliage de toute la Suisse ; il est extrêmement peuplé, & contient neuf Villes, neuf Abbayes, divers Bourgs, un grand nombre de Châteaux & plus de cent soixante & dix Villages. Il est borné vers l'orient par le Lac de Constance ; vers le midi par l'ancien territoire de l'Abbé de Saint-Gall & par le Comté de Toggenbourg ; vers le couchant par le Canton de Zurich, & au nord par le Lac inférieur de Constance & par le Rhin, sur la frontière du Hegeu & du Canton de Schaffhausen : *Frauenfeld* en est la Capitale. Le Château qu'on y voit sert de résidence au Baillif, que les huit anciens Cantons, Zurich, Berne, Lucerne, Uri, Schweitz, Underwalden, Zoug & Glaris envoient tour à tour tous les deux ans pour gouverner ce Landgraviat.

II. Le *Rheinthal*, de Religion Mixte. Ce Bailliage appartient aux huit anciens Cantons & à celui d'Appenzell. Il a au levant le Rhin & les Comtés de l'Empire, Feldkirch, Hohen-Embs, Montfort & Bregenz ; au couchant le Canton d'Appenzell ; au midi la Baronnie de Sax, qui appartient à la ville de Zurich, & au nord le Lac de Constance & le territoire de l'Abbaye de Saint-Gall. Sa Capitale est la petite ville de *Rheinegg*, où réside le Baillif, que les Cantons co-régens y envoyent alternativement tous les deux ans. Il demeure au Château de Rheinegg.

III. Le *Comté de Sargans*, de Religion Mixte. Ce bailliage confine au levant avec la *Ligue Caddée* des Grisons, la Baronnie de Haldenstein & le Rhin, & au-delà de ce fleuve avec la Ligue des dix Jurisdictions ; au midi avec la *Haute Ligue Grise*, & une partie du Canton de Glaris ; au couchant avec ce Canton & le Bailliage de Gaster, & au nord avec les Comtés de Toggenbourg & de Werdenberg : la petite ville de *Sargans* en est la Capitale. Les huit anciens Cantons, co-Souverains de ce Comté, y envoient chacun à leur tour, tous les deux ans, un Baillif qui réside au Château de Sargans.

IV. Le Bailliage de *Gaster*, Catholique. Celui-ci a au levant le Comté de Sargans ; au midi les Cantons de Schweitz & de Glaris ; au couchant le Bailliage d'Utznach, & au nord le Comté de Toggenbourg. Il appartient aux Cantons de Schweitz & de Glaris, qui y envoyent alternativement un Baillif tous les deux ans. Le Chapitre des Dames de Schennis est de ce Bailliage, & les Jurisdictions de Wesen & de Gambs ou Gams, quoiqu'elles en soient distinctes, sont régies par le Baillif de Gaster. La première de ces Jurisdictions est enclavée dans le bailliage de Gaster, & la seconde est située entre les Comtés de Werdenberg, de Toggenbourg & la Baronnie de Sax, qui appartient à la ville de Zurich. Tous les habitans de ces districts sont Catholiques.

V. Le *Bailliage d'Utznach*, Catholique. Il confine au levant avec celui de Gaster & avec le Comté de Toggenbourg ; au couchant avec le Canton de Zurich & le territoire de la ville de Rapperschweil ; au midi avec le pays de March, qui fait partie du Canton de Schweitz, & dont il est séparé par le Lac de Zurich d'en haut & par la rivière de Lint ; & au nord il a pour limites le Canton de Zurich & le Comté de Toggenbourg. La petite ville d'*Utznach* en est le chef-lieu. Les deux Cantons co-Souverains, Schweitz & Glaris, y envoient tous les deux ans alternativement un Baillif.

VI. Le *Comté de Bade* en Argeu, de Religion Mixte. Il est situé entre le Rhin, l'Arc & la Russe ; il confine vers l'orient avec le Canton de Zurich ; vers le midi avec le même Canton & le bailliage libre d'en haut, dit *Die Obern-Freyen-Aemter* ;

---

(19) *Les Alpes*, parmi les poësies de M. *Haller*, traduites de l'Allemand, par M. *Tscharner*, p. 21-52. Berne 1775, in-8. fig.
(1) Leu, Dict. Hist. de la Suisse, T. X, p. 125-126.

Hist. Milit. des Suisses, par M. le Baron de *Zur-Lauben*, T. I. p. 26-34.
(2) T. I. p. 210-211. & T. III. p. 145-587.

vers le couchant la Russe le sépare du bailliage libre-inférieur, *Die Untern-Freyen-Aemter* & du Canton de Berne ; au nord il est borné par le Frickthal, qui appartient à la Maison d'Autriche, & par le Rhin. Ce fleuve le sépare du district des quatre villes forestières qui sont à la Maison d'Autriche, & de la partie du Kleggau, qui dépend du Prince de Schwarzenberg. La ville de *Baden* sur la Limmat est la Capitale de ce bailliage ; elle jouit de plusieurs immunités. Les XIII. Cantons y tenoient autrefois leurs Diètes générales ordinaires ; mais depuis la guerre civile de 1712, elles sont convoquées à Frauenfeld, Capitale de la Turgovie. Le Comté de Baden appartient aux Cantons de Zurich, Berne & de Glaris. Ils y envoient tour à tour un Baillif ou Gouverneur. Cet Officier réside au Château de Baden, situé au-dessous de la ville, à la tête du pont qui traverse la Limmat. Avant 1712 les huit anciens Cantons faisoient gouverner le bailliage de Baden alternativement par des Baillifs de leur choix, qui se succédoient tous les deux ans ; mais par le traité de paix conclu cette année à Arau, les cinq Cantons Catholiques de Lucerne, Uri, Schweitz, Underwalden & Zoug ont cédé leurs droits aux deux Cantons de Zurich & de Berne, & Glaris a conservé les siens pour prix de sa neutralité. Depuis cette époque les Baillifs des deux premiers Cantons sont en préfecture chacun pendant sept ans.

VII. Le *haut bailliage libre de l'Argeu*, en Allemand *die Oberfreyen-Aemter*. Il est séparé du bailliage libre inférieur, par une ligne tirée depuis Lunckhofen jusqu'à Fahrwangen. Il confine au levant avec le Canton de Zurich ; au midi avec les Cantons de Lucerne & de Zoug ; au couchant avec le Canton de Berne, & au nord avec le bailliage libre inférieur. Il appartient aux huit anciens Cantons qui y envoient alternativement tous les deux ans un Baillif. *Muri*, célèbre Abbaye de l'Ordre de Saint-Benoît, dont l'Abbé porte le titre de *Prince du Saint-Empire Romain*, Meienberg, la Commanderie Teutonique de Hizkirch, &c. sont de ce bailliage, entièrement Catholique.

VIII. Le *bailliage inférieur libre de l'Argeu*, en Allemand *die untern-freyen-Aemter*, Catholique. Ce bailliage est borné à l'orient par le district nommé *Keller-Amt*, dont la haute Jurisdiction appartient à la Ville de Zurich, & la basse à celle de Bremgarten, & par le Comté de Baden ; au midi par le haut bailliage libre ; à l'occident & au nord par le Canton de Berne. Il appartient depuis 1712 aux trois seuls Cantons de Zurich, Berne & Glaris ; mais ce dernier n'a que la septième partie de la Régence : ainsi dans l'espace de quatorze ans, Zurich & Berne y envoient alternativement chacun pendant six ans un Baillif ; & après le cours révolu de douze ans, le Canton de Glaris fournit le sien pour deux ans, au bout desquels recommence encore le tour des deux premiers Cantons pour le même espace de tems de douze ans. Les villes de Bremgarten & de Mellingen, sur la Russe, limitrophes de ce Bailliage, & qui, depuis la guerre civile de 1712, sont sous la Souveraineté des trois Cantons de Zurich, Berne & Glaris, jouissent de priviléges considérables.

IX. Le *bailliage de Schwarzenbourg*, de la Religion Réformée. Il est situé entre les Cantons de Berne & de Fribourg, auxquels il appartient par indivis, & qui y envoient tous les cinq ans un Baillif ; cet Officier réside dans un Château au bourg de *Schwarzenbourg*. Ce bailliage est borné au levant par le *Landgericht* de Seftingen, qui appartient au Canton de Berne ; au midi par le bailliage de Sanen, qui dépend du même Canton ; au couchant par *l'ancien territoire* de la ville de Fribourg, & au nord par le *Landgericht* de Sternenberg & le bailliage de Koeniz, qui sont sous la souveraineté de Berne. Il est situé entre la petite rivière la *Sense* & le torrent *Schwartz-Wasser*.

X. Le *bailliage & Comté de Morat*, de la Religion Réformée. Il confine au levant avec le Comté d'Arberg & le bailliage de Laupen, de la Jurisdiction de Berne ; au couchant avec le bailliage d'Avenche, qui est aussi de la dépendance de Berne ; au midi avec *l'ancien territoire* de la ville de Fribourg, & au nord avec le bailliage d'Erlach ou de Cerlier, qui appartient à la ville de Berne. Le Baillif que les Cantons de Berne & de Fribourg envoient alternativement tous les cinq ans pour régir ce bailliage, réside au Château dans la ville de Morat, située sur le Lac de même nom, & jouissant de priviléges considérables. Le Ballif porte le titre d'*Avoyer* de Morat.

XI. Le *bailliage de Grandson*, de la Religion Réformée. Celui-ci est borné du côté du levant par le Lac de Neuchatel ; au midi & au couchant par le bailliage d'Yverdun, qui dépend du Canton de Berne, & encore au couchant par le Val-Travers, qui fait partie de la Souveraineté de Neuchatel. Il confine au nord avec les Baronnies de Vaumarcus & de Gorgier, qui sont du même Comté de Neuchatel. Les deux Cantons de Berne & de Fribourg possèdent par indivis la Baronnie, autrement le bailliage de Grandson. Ils le font gouverner alternativement de cinq ans en cinq ans par un Baillif, qui réside au Château de la ville de *Grandson*, sur le Lac de Neuchatel.

XII. Le *bailliage d'Echallens*, situé presqu'au milieu du pays de Vaud. Il forme deux Gouvernemens séparés, réunis sous le même Baillif ; sçavoir celui d'*Echallens*, qui donne le nom au bailliage, & celui de la petite ville d'*Orbe*. Les Cantons de Berne & de Fribourg nomment alternativement tous les cinq ans le Baillif qui réside au Château dans le bourg d'*Echallens*. Le Gouvernement d'*Orbe* est entièrement de la Religion Réformée, & celui d'*Echallens* de Religion Mixte. Ils sont tous deux enclavés dans le Canton de Berne, mais séparés l'un de l'autre par un district du pays de Vaud. Le Gouvernement d'*Orbe* le moins considérable, est plus dans la proximité du Lac de Neuchatel, & il confine avec les bailliages d'Yverdun & de Romain-Motier, du Canton de Berne. Le Gouvernement ou la châtellenie d'*Echallens* est borné par les bailliages d'Yverdun, de Moudon & de Lausanne.

XIII. Le *bailliage Ultramontain de Valle-di-Bregno* ou *Blegno*, en Allemand *Bollenz* ou *Palenz*, de la Religion Catholique. Ce bailliage a pour frontière, au levant la haute Ligue Grise, & en particulier les Alpes du *Val Calanca* ; au midi le bailliage de Riviera ; au couchant le Val de Livenen & les Alpes, & au nord la haute Ligue Grise & le Mont Saint-Barnabé qui en fait partie : les trois Cantons d'Uri, de Schweitz & du Bas-Underwalden en sont les co-Souverains, ils y envoient alternativement tous les deux ans un Baillif, & cet Officier a sa résidence à *Lotigna*, Paroisse située vers le centre de la vallée.

XIV. Le *bailliage Ultramontain de Riviera* ou *Polese*, Catholique, sous la Souveraineté des trois Cantons d'Uri, de Schweitz & du Bas-Underwalden, qui y envoient alternativement tous les deux ans un Baillif, dont la résidence est à *Ossogna*. Ce bailliage confine au levant avec les vallées de Calanca & de Mifax ou Mifocco, qui font partie de la haute Ligue Grife; au couchant avec le bailliage de Val-Maggia; au midi avec le Comté de Bellinzone, & au nord avec le Val de Livenen, & le bailliage de Bollenz ou *Valle* dit *Blegno*.

XV. *Le Comté* ou *bailliage Ultramontain de Bellinzone* ou *Bellinzona*, Catholique. Il appartient aux trois Cantons d'Uri, de Schweitz & du Bas-Underwalden : ces Etats y envoient alternativement tous les deux ans un Bailli : cet Officier porte le titre de *Commiffaire*, relativement à fes fonctions en tems de guerre, & fa réfidence eft dans la petite ville de *Bellinzone*. Le bailliage confine au levant avec la haute Ligue Grife & le Duché de Milan ; au couchant avec le bailliage de Locarno ; au midi avec le même bailliage, & celui de Lugano, & au nord avec le bailliage de Riviera.

XVI. *Le bailliage Ultramontain de Lugano*, Catholique, borné à l'orient par le Duché de Milan, & particulièrement par le Gouvernement de Como ; au midi par une partie de ce même Duché & par le bailliage de Mendrifio ; à l'occident par le bailliage de Locarno, & au nord par celui de Bellinzone. Le chef-lieu de ce bailliage eft le bourg de *Lugano*, fur la rive feptentrionale du Lac de ce nom : c'eft la réfidence du Bailli, que les douze premiers Cantons, co-Souverains du bailliage, y envoient alternativement de deux en deux ans : cet Officier a le titre de *Capitanéo*, parce qu'en tems de guerre il commande toutes les Milices des quatre bailliages Ultramontains, qui appartiennent aux douze premiers Cantons. Le bailli de Locarno a de même le titre de *Commiffaire*, relativement à fes fonctions militaires pendant la guerre.

XVII. *Le bailliage Ultramontain de Mendrifio*, Catholique, borné au couchant par le bailliage de Lugano ; au levant, midi & au nord par le Duché de Milan. Le chef-lieu eft le bourg de *Mendrifio*, dans la proximité du Lac de Lugano, entre ce Lac & la ville de Como, qui eft du Milanès. C'eft-là où réfide le Bailli, au nom des douze premiers Cantons co-Souverains qui nomment alternativement tous les deux ans cet Officier.

XVIII. *Le Bailliage Ultramontain de Locarno*, Catholique, qui confine au levant avec le bailliage de Lugano ; au couchant avec le bailliage de *Val-Maggia*, avec le val *Vigezzo* ou *Vigezzo* & avec celui d'*Ofcell'a* ou *Ozola* qui appartient au Roi de Sardaigne depuis le Traité de Worms en 1744 & qui étoit précédemment une dépendance du Duché de Milan ; au midi avec le Milanès, & au nord avec les bailliages de *Val-Maggia* & de *Bellinzone*. Les douze premiers Cantons pofsèdent le bailliage en commun & y envoyent alternativement tous les deux ans un Bailli avec le titre de *Commiffaire*. Cet Officier réfide dans un château au bourg de *Locarno*, à une petite lieue de la tête du *lac Majeur*, au levant de ce lac.

XIX. *Le Bailliage Ultramontain de Val-Maggia* ou *Valle-Maggia*, en Allemand *Meynthal*, Catholique, qui confine au levant avec le *Val-Verzafca*, du bailliage de Locarno; au couchant avec les vallées *Formazza* & *Offolo*, qui font du Milanès ; & avec le val dit en Allemand *Efchenthal* ; au midi avec le val

Onfernone ou *Lucernone*, qui eft du bailliage de Locarno, & au nord par le val *Lavizara*, avec le val de *Livenen*. Les douze premiers Cantons régiffent ce pays par un Bailli, qu'ils nomment tour à tour tous les deux ans, & qui réfide au bourg de *Cevio*.

Je donnerai dans la Topographie Helvétique le détail de ces bailliages. J'obferverai feulement encore ici (3) que les Baillifs de Baden, de la Turgovie, des bailliages libres de l'Argeu, de Sargans & du Rheintal, entrent pour la première fois dans les fonctions de leur charge le jour de la *Saint-Jean d'été*; ceux de Morat, Grandfon, Echallens, & de Schwarzenbourg à la même époque ; ceux d'Uznach & de Gafter, au mois de Mai ; ceux de Lugano, Locarno, Mendrifio & Val-Maggia, le jour de *Saint-Laurent*, 10 Août, & ceux de Bellinzone, Bollenz & de Riviera, le jour de *Saint-Barthelemi*, 24 Août ; les Officiers fervans de chacun de ces bailliages, portent la livrée du Canton dont eft le Bailli chargé de les régir.

Simler, dans fa *République des Suiffes* (4), a décrit le Gouvernement Municipal des villes de Baden, Bremgarten, Mellingen, Frauenfeld & de Rapperfchweil, auxquelles on peut auffi ajouter Dieffenhofen : elles font toutes, excepté Rapperfchweil, fous la Souveraineté directe de plufieurs Cantons. *Rapperfchweil* (5), fur le lac de Zurich, eft la feule qui, avec fon territoire, foit proprement fous la protection des Cantons de Zurich, Berne & de Glaris. Ses priviléges confidérables font fondés fur la tranfaction (6) qu'elle paffa en 1464 avec les quatre Cantons fes premiers protecteurs, Uri, Schweitz, Underwalden & Glaris. La teneur de cet acte a été confirmée à la ville de Rapperfchweil, lorfqu'elle paffa en 1712 à *la paix d'Arau*, fous la protection des Cantons de Zurich & de Berne, avec la réferve des droits du Canton de Glaris, qui avoit embraffé la neutralité pendant la guerre civile : les trois autres Cantons, Uri, Schweitz & Underwalden cédèrent leurs droits par le traité de paix. L'acte de 1464 porte que l'Avoyer, le Confeil & la Bourgeoifie de Rapperfchweil laifferont leur ville & leur château ouverts à la difpofition des quatre Cantons Uri, Schweitz, Underwalden & Glaris, auffi fouvent que ces Cantons le croiront néceffaire, & de procurer auffi d'avancer le bien & l'honneur de leurs protecteurs, de détourner leur dommage, de les fecourir, les confeiller, en un mot, d'être prêts pour leur fervice & de leur obéir de la même manière que précédemment ils obéiffoient à la Maifon d'Autriche, & de ne faire à l'avenir aucune alliance avec qui que ce foit fans le confentement préalable des quatre Cantons. De leur côté les Etats protecteurs promettent de conferver à la ville tous fes anciens droits, priviléges & bonnes coutumes. Les Bourgeois devoient fuivant ce traité renouveller tous les cinq ans aux Députés de ces Cantons leur hommage, mais en 1532 après la guerre civile de *Cappel*, leurs droits furent réduits. Les Cantons qui venoient de rétablir la Religion Catholique dans Rapperfchweil firent quelques changemens dans le Gouvernement, & fe réfervèrent les appels des Sentences du Confeil ; en 1671 ils exigèrent de

---

(3) Leu, Dict. Hift. de la Suiffe, T. X. pag. 125-126.
(4) Traduite en Allemand, avec les obfervations de M. Leu, pag. 332-343 & 651-658.
(5) Simler, ibid. pag. 339-340 & 657.
(6) Datée du mardi après le jour de Saint Erard (8 Janvier 1464) ; cet acte fe trouve dans la Chronique de *Tfchoudi*, T. II. pag. 639-641. Voyez Leu, Dict. Hift. de la Suiffe, T. XV. p. 48-49, & la Chronique manufcrite de Rapperfchweil par Dominique *Rotenfluh*, Curé de Bufskirch, dans le territoire de Rapperfchweil.

nouveau l'hommage de la ville & de son territoire, cérémonie qui avoit été interrompue depuis bien des années; en 1712 la ville se rendit le premier Août par capitulation aux villes de Zurich & de Berne, qui promirent alors de la laisser exercer le culte Catholique, & jouir de toutes les collations Ecclésiastiques & de tout son territoire, comme de la maintenir dans tous ses droits stipulés par l'acte de 1464 avec les quatre Cantons; elles annullèrent aussi tous les changemens que ces Cantons avoient faits en 1532 dans le Gouvernement, & déclarèrent que les Bourgeois de la ville & les habitans du territoire ne seroient obligés à aucun autre service qu'à celui de leur propre défense, sous la condition cependant qu'ils laisseroient le château ouvert aux Cantons leurs nouveaux protecteurs, &c. Le 23 Décembre 1713, en conformité de la paix d'*Arau*, les Cantons de Zurich, de Berne & de Glaris se firent prêter hommage par la ville de Rapperschweil & son territoire. En 1742, à l'occasion des troubles qui partagèrent le Conseil, une partie de la Bourgeoisie & les habitans du territoire, les trois Cantons firent un règlement qui prescrivit plus strictement les droits des uns & des autres en fixant en même temps les cas d'appel devant les Cantons protecteurs; & depuis cette décision, les trois Cantons n'envoyent plus leurs Députés à Rapperschweil que tous les six ans pour recevoir l'hommage de la Bourgeoisie & de la banlieue. On appelle (7) ce territoire annexé, la *ferme de Rapperschweil*, en Allemand *hof-Rapperschweil*. Sa longueur est d'environ deux lieues; il commence à la tête du lac de Zurich, descend le long de ce lac, & confine avec le bailliage d'*Uznach* qui appartient aux deux Cantons de Schweitz & de Glaris, & avec le bailliage de Gruningen qui dépend de la ville de Zurich. On trouve dans ce territoire l'Abbaye des Religieuses de *Wurmspach*, Ordre de Cîteaux, & les trois paroisses de *Bufskirch* ou *Buoskirch*, *Jonen* & *Bolliugen*. Les habitans portent leurs causes civiles devant un Tribunal formé de douze Assesseurs, que le *petit Conseil* de la ville de Rapperschweil choisit parmi eux, & qui ont pour Président le *grand Juge* de la ville. Ce Tribunal tient ses séances au village de *Jonen*; on peut appeller de ses sentences au Conseil de la ville. Je finirai l'article de *Rapperschweil*, en observant que ses habitans (8) pour plaire à la cour à leurs nouveaux protecteurs, ont placé sur leurs portes, cette fastueuse inscription *Amicis tutoribus floret Libertas*.

Les *trois Ligues Grises*, Alliées des Cantons, possèdent aussi en commun trois bailliages Ultramontains, la Seigneurie ou Comté de Bormio, la Valteline & le Comté de Chiavenne. Les habitans de ces bailliages sont tous Catholiques, malgré la différence de Religion qui divisa leurs Souverains. *La Seigneurie de Bormio* ou *Bormido*, en Allemand *Worms*, a pour frontière, au levant le Comté de Tirol qui est à la Maison d'Autriche; au couchant la haute Engadine, le val *Puselaf* ou *Poschiavo* & la Valteline; au midi le val *Camoniga* qui est de l'Etat de Venise; & au nord la basse Engadine. Les trois Ligues envoyent tous les deux ans à tour de rôle un Baillif avec le titre de *Podesta* pour gouverner la Seigneurie de *Bormio*. Cet Officier réside au bourg de ce nom.

La Valteline (9), en Latin *Tellina Vallis*, en Italien *Valtellina*, en Langue Romande *Valtelina* & en Allemand *Veltlin*, est bornée au levant par la Seigneurie de Bormio; au midi par les provinces de *Brescia* & *Bergamo*, qui appartiennent à la République de Vénise; au couchant par le lac de Como & le Duché de Milan, & au nord par les Jurisdictions de Pregell & de Pusclaf ou *Poschiavo* qui font partie de la Ligue Caddée. Elle est partagée en trois départemens que l'on appelle *Terzieri* ou *les Tiers d'en-haut*, *du milieu* & *d'en-bas*; le *Terzero di Sopra* a pour chef-lieu, le bourg de *Tirano*; le *Terzero di Mezzo*, le bourg de *Sondrio*, & le *Terzero di Sotto*, les bourgs de *Morbegno* & de *Trahona*. La Commnnauté de *Teglio*, en Allemand *Telt*, qui a donné son nom à la Valteline, est située entre le *Tiers d'en-haut* & celui *d'en-bas*; elle forme un département distinct. A la tête du Gouvernement de toute la Valteline, est le *Capitaine-général*, qui réside à *Sondrio*, nommé par les trois Ligues Grises, ou le nomme en Italien *Governatore e Capitano generale della Valtellina*, les trois Ligues le nomment alternativement tous les deux ans.

Le Comté de Chiavenne, en Latin *Clavenna*, en Allemand *Cleven*, en Italien *Chiavenna*, confine au levant avec la haute Jurisdiction de *Pregell* ou *Bragel* qui fait partie de la Ligue Caddée & avec la Valteline; au couchant avec le val de *Misax* ou *Mifox*, en Italien *Misocco* ou *Valle Misolcina* qui dépend de la Haute Ligue Grise; au midi il est borné par le territoire de *Como* dans le Milanès & par le lac de *Como* dont la tête se nomme *Laghetto di Chiavenna*, & au nord il a pour frontière la haute Jurisdiction de Schams & du Rheinwald qui dépend de la Haute Ligue Grise. Le Comté est divisé en deux départemens, *Chiavenne* & *Plurs* ou *Piuri*; ils sont chacun gouvernés par un Baillif, celui de *Chiavenne* se nomme *Commissaire*, & celui de *Plurs*, *Podesta*. Les trois Ligues Grises choisissent alternativement tous les deux ans ces principaux Officiers. La capitale du Comté est le bourg de *Chiavenne*, c'est-là où réside le *Commissaire* du département de ce nom. Le Podesta de *Plurs* tient son Tribunal au village de *Sancta-Croce*; mais il demeure la plus grande partie du temps à *Chiavenne*.

Haldenstein (10) à une demi-lieue au-dessous de Coire sur la gauche du Rhin, est une Baronnie libre & indépendante ayant un château fort. Elle n'appartient proprement à aucune des trois Ligues, mais elle est sous leur protection. C'est peut-être la Souveraineté la plus petite de l'Europe, située dans un sol assez fertile au pied du mont *Calanda* qui la sépare du Comté de Sargans, elle a aussi pour frontières la Haute Ligue Grise & la Ligue Caddée. Son étendue depuis la montagne *Calanda* jusqu'au Rhin est très-circonscrite; on y trouve le village de *Haldenstein*, anciennement appelé *Lenz*, avec une Eglise paroissiale & une belle Maison seigneuriale. On découvre au-dessus du village le petit château de *Haldenstein* bâti sur un roc élevé & très-glissant & qui semble être détaché. Ce Castel paroit être encore en assez bon état, on y montre sous le toit un moulin à bras. Un peu au-dessus de ce château on apperçoit les ruines de celui de *Grottenstein* ou *Krottenstein*, & encore en regardant plus haut on observe les restes du château de *Liechtenstein*; un peu plus loin sur la montagne, se présente le hameau de *Patenia*, dont l'ancien nom étoit *Sewils*; il y a sur le mont *Solaz* quelques maisons & biens qui

---

(7) *Leu*, Dict. Hist. de la Suisse, T. XV. pag. 55.
(8) Etat & Délices de la Suisse, T. II. pag. 48. *Edition de Bâle.*
(9) On trouvera au N°. LVIII, parmi les PREUVES une dissertation sur les possessions que l'Abbaye de Saint-Denis en France avoit dans la Valteline, à Bormio & à Chiavenne, sous Charlemagne & ses Successeurs jusque vers le dixième siècle.
(10) *Leu*, Dict. Hist. de la Suisse, T. IX. p. 434-436.
Etat & Délices de la Suisse, T. IV. pag. 45-47. Edition de Bâle.
Faesi, Descript. Topog. de la Suisse, T. IV. p. 233-243 &c.

dépendent de la Baronnie ; telle est l'étendue de cette Souveraineté. Le Seigneur du lieu a *omnimode* Jurisdiction, le droit du glaive, les dixmes, la collation & le droit de faire grace, &c. Toute la Baronnie embrassa la Religion Réformée en 1616. Le Curé de *Haldenstein* est enclassé dans le Colloque Evangélique de Coire ; cette Seigneurie avoit anciennement des Barons de son nom. En 1568 le 5 Février, les trois Ligues Grises accordèrent à perpétuité leur protection au Baron de Haldenstein, Grégoire *Carli de Hohen-Balken* & à ses Successeurs, sous la condition que le Baron leur fourniroit son contingent de milices en temps de guerre.

Thomas de *Schauwenstein*, dit *d'Ehrenfels*, ayant acheté la Seigneurie de *Haldenstein* en 1608, obtint en 1612, de l'Empereur Mathias, le titre de *Baron du Saint-Empire Romain*, & le droit de battre monnoye en or & en argent ; on en voit plusieurs pièces à ses armes & à celles de ses successeurs ; l'Empereur accorda au même Baron le droit de tenir un marché public à *Haldenstein*. A l'époque de l'extinction des mâles de la Maison de *Schauwenstein*, une moitié de la Baronnie de Haldenstein passa par mariage à Jean-Rodolphe de *Hartmannis*, & l'autre à Jean Luce de *Salis* ; ce dernier & son fils *Gubert* ont, avec le temps, réuni le tout sous leur dépendance. Dès l'an 1701, Jean Luce de *Salis* affranchit les habitans de toute servitude ; ses descendans possèdent aujourd'hui *Haldenstein* en pleine souveraineté : le Baron nomme à son choix un Baillif parmi trois Candidats que lui proposent ses sujets, & il lui laisse le pouvoir de juger toutes les affaires civiles & matrimoniales, conjointement avec dix assesseurs ; il s'en est cependant réservé l'appel direct, & lorsqu'il survient un cas criminel, le même Tribunal est alors ordinairement augmenté d'un supplément de Juges extraits de la ville de Coire & des Communautés du Bas-Vaz & de Trimmis qui font partie de la Ligue Caddée. Au reste, comme je l'ai déja observé, le Baron a plein droit de faire grace. Le château seigneurial qui avoit été brûlé le 27 Juin 1732, a été depuis rebâti avec magnificence. Je parlerai ailleurs du collège qui a été fondé en 1761 à Haldenstein, pour l'éducation de la jeunesse, & dont les feuilles publiques ont fait le plus grand éloge.

X L.

Monnoie et Revenus des Cantons.

Monnoie.

Si l'on (1) compare les variations multipliées qui ont eu lieu depuis cent ans en Allemagne & en Suisse dans les monnoies, avec l'espèce d'immutabilité de celles de France, depuis le même-temps, on verra que la source de cet abus est dans les corps politiques qui sont subdivisés, & qui par conséquent ne peuvent pas tendre avec une uniformité constante au bien général, parce que l'intérêt, les convenances, des raisons même de peu d'importance, & quelquefois le désir de prédominer, conspirent à anéantir tout réglement qui pourroit par des combinaisons exactes & analogues à la puissance plus ou moins étendue de chaque membre de ce corps politique, donner la liberté au commerce entre des Etats confédérés. Un Etranger qui arrive en Suisse est étonné de se voir obligé de changer (2) de monnoie à son désavantage plusieurs fois dans le même jour ; ce qui lui paroît d'autant plus frappant, que les diverses parties de la République sont resserrées par des liens mutuels. S'il entend parler de règlemens monétaires, il ne manque pas de les lire, & sa surprise augmente en voyant que ces règlemens se croisent les uns les autres ; alors il ne peut manquer de faire la réflexion que le Jurisconsulte *Budelius*, de Ruremonde, a placé en tête de son excellent *Traité de la monnoie* (3).

Una fides, pondus, mensura, monetę sit una,
Et status illęsus totius orbis erit.

On ne peut douter qu'il y auroit beaucoup moins d'abus en Suisse, s'il y avoit une monnoie uniforme & générale au nom de tous les Etats du Louable Corps Helvétique.

Voici une anecdote qui peut donner des lumières sur l'état actuel de la monnoie en Suisse ; je ne la garantis pas dans tout son détail, mais telle qu'elle est, un voyageur peut en faire son profit.

M. le Comte de ..... brûloit d'envie de voir la Suisse, ce pays étonnant par les merveilles de la nature ; il fatiguoit depuis long-temps par toutes sortes de questions le célèbre *Jean-Jacques Rousseau* ; cet ancien Citoyen de Genève, qui avoit parcouru avec la sagacité d'*Ulisse*, une grande partie de l'Europe. Ce Seigneur vouloit se procurer d'avance une idée fixe de la constitution Helvétique ; enfin Rousseau cédant à ses instances, lui donna les instructions préliminaires dont il avoit besoin, & entre autres avis il appuya sur celui de faire attention à la monnoie : *vous allez à Bâle*, lui dit-il, *dès en y arrivant commencez vos remarques sur cet objet*. Je n'y manquerai pas, répondit le Comte, *mais que peut-il y avoir de curieux & d'intéressant pour un voyageur dans la connoissance de cette monnoie ? Encore une fois*, reprit le Philosophe Cis-Alpin, *attachez-vous à observer la monnoye dans tous les endroits où vous passerez, & apprenez-moi quelque temps après votre arrivée en Suisse, ce que vous aurez remarqué d'un Canton à l'autre sur l'argent qui y a cours.* — Grand merci, mon cher Mentor, répliqua le Comte, & il écrivit scrupuleusement l'avis salutaire sur ses tablettes.

Arrivé à Bâle *aux trois Rois*, son premier soin fut de changer un louis d'or, on lui donna en échange force monnoie d'Allemagne, & encore plus de celle frappée au coin de la ville de Bâle, il s'en fit expliquer le cours, & le coucha attentivement sur ses tablettes ; il nota aussi qu'il avoit demandé

---

(1) Anecdotes des Républiques, T. I. p. 213-214. Paris 1771, in-8.
(2) La diversité des monnoies, des poids & des mesures qu'on trouve en Suisse, est en effet fort embarrassante ; d'une ville à l'autre il faut apprendre à compter autrement : un écu signifie tantôt six livres de France, tantôt la moitié ; à Berne & à Neuchatel on désigne sous ce nom, tantôt l'écu de France, tantôt une monnoie idéale qui répond à trois livres quinze sols. A Genève on compte de deux manières, en espèces courantes & en argent idéal : on a vainement tenté d'y établir quelque uniformité dans les poids & les mesures ; dans le pays de Vaud il y a plus de dix mesures différentes pour les grains. *Remarque de M. de Sinner, Baillif de Cerlier.*
(3) *Reneri Budelii de Monetis eu re nummaria libri duo Colonię 1591, in-4.*

à son hôte pourquoi dans cette quantité de monnoies, dont la diversité l'amusoit beaucoup, il n'y trouvoit pas de pièces portant la figure de l'ours, & que l'hôte lui avoit répondu, *elles sont ici très-rares, & on les prend difficilement, parce que Messieurs de Berne ne veulent pas non plus de la monnoie de notre ville.* L'Itinéraire de M. le Comte le menoit au Canton de Soleure, à sa sortie de celui de Bâle ; il devoit aller successivement à Zurich, à Schaffhausen, en Turgovie, aux Grisons, dans les Cantons populaires, à Lucerne, Soleure, Berne, Fribourg, dans le pays de Vaud & à Genève, pour de-là s'en retourner sur les rives de la Seine, & rendre compte de ses observations à son Mentor. Il arrive à *Olten*, jolie petite ville du Canton de Soleure, sur l'Are, à sept lieues de Bâle, il y dîne au *Lyon d'or* & veut payer sa dépense partie en argent de Bâle ; mais quelle est sa surprise, lorsque l'hôte, peu traitable sur cet objet quoique d'ailleurs très-honnête, lui dit : *Leurs Excellences de Soleure ont défendu ici la monnoie de Bâle & de l'Empire, & il ne nous est permis de prendre que de l'argent de France & de la monnoie de Soleure, de Berne, de Lucerne, de Fribourg & les anciens Basches.* — Bon, reprit le Comte étonné, *je ne m'attendois pas à cela, comment ! le Canton de Soleure, voisin de Bâle & son allié nécessaire, auroit-il défendu la monnoie des Bâlois ? vous plaisantez sans doute, cela n'est pas possible.* — *Rien de plus vrai, Monsieur*, répliqua l'Aubergiste, *& pour preuve, vous pouvez voir le mandat monetaire affiché dans cette salle à manger.* Monsieur le Comte savoit l'Allemand, il va lire le Règlement & trouve en effet que l'hôte avoit raison. *En ce cas donnez-moi donc pour deux gros écus de France de la monnoie d'ici* ; l'hôte, en faisant une profonde révérence, va à son comptoir & apporte de la monnoie courante du pays pour la valeur d'un demi-louis ; le Comte la mêle avec celle de Bâle dans la même bourse, & après avoir noté l'aventure sur ses tablettes, il continue sa route & s'en va coucher *au Sauvage* à *Arau*, ville municipale du Canton de Berne ; le lendemain il offre de payer moitié en argent de France qui n'étoit jamais refusé nulle part, & moitié avec la monnoie qu'il avoit reçue ailleurs, mais l'hôte s'excusa ainsi que celui d'Olten, sur ce qu'il ne lui étoit pas permis de prendre de l'argent de Bâle & d'Allemagne. *Votre grace me le pardonnera, leurs Excellences Messeigneurs de Berne, mes gracieux Souverains, me l'ont défendu sous peine d'une grosse amende, je n'ai garde de manquer à leurs hautes Ordonnances.* — Oh parbleu, répondit le Comte, commençant à se fâcher tout de bon, *vous verrez bientôt que Berne & Soleure ne veulent plus de l'alliance de Bâle ; mais puisqu'il faut se prêter à ces contradictions, changez moi donc encore ce louis en monnoie d'ici* : l'hôte lui fit beaucoup de remercimens & le louis fut changé en monnoie courante de Berne, pareille à celle d'Olten. En quittant Arau, le Comte fait diligence pour aller dîner à *Baden*, ville fameuse par ses eaux minérales & par le souvenir des Diètes générales du Corps Helvétique qui se tenoient dans ses murs avant la guerre civile de 1712 ; il descend à la *Balance d'or*, qui est la meilleure Auberge de la ville, il s'arrête le reste du jour pour voir les curiosités locales ; le lendemain il change encore un demi-louis , on lui donne en retour plusieurs *testons* de Zurich, valant douze sols & demi de France, on lui passe aussi une quantité de *Schilling* ou sols, tous au coin de Zurich, il ne se lassoit pas d'en admirer la forme, c'étoit une nouveauté pour lui n'en ayant point encore vu depuis son entrée dans la Suisse.

Il ne pouvoit concevoir pourquoi l'argent de Zurich étoit si rare dans les Cantons qu'il venoit de parcourir ; & pourquoi par prédilection il étoit si commun à Baden ; *Monseigneur*, lui dit l'hôte, *cela vient de ce que leurs Excellences de Zurich sont co-Souverains de la ville & du Comté de Baden, avec leurs Excellences de Berne & de Glaris, & que l'argent de Zurich n'a pas généralement cours dans le Canton de Berne.* — Qu'entens-je, dit le Comte, *est-il possible que Messieurs de Berne, si étroitement unis de tout temps & en toute occasion avec Messieurs de Zurich, refusent l'argent de leurs plus chers Alliés ? Oh ! cela me passe, il faut que je l'inscrive sur mes tablettes.* — Après y avoir apostillé la valeur des nouvelles espèces, il monte dans sa *désobligeante* & dit au cocher d'aller droit à *Zurich*, à l'*Epée* qu'il apprit être la meilleure auberge de toute la Suisse. Il s'arrête quelques jours ; l'aménité de la situation, les diverses branches du commerce, l'Arsenal, la Bibliothèque publique, le Cabinet de M. le Chanoine *Gessner*, une des plus riches collections qu'il y ait en Europe pour l'Histoire Naturelle, beaucoup d'autres objets dignes de l'attention d'un Etranger, lui firent passer agréablement le temps de son séjour. En partant pour Schaffhausen, après avoir payé l'hôte, il lui demanda de la monnoie courante pour la valeur d'un écu de six livres, celui-ci le lui changea avec toutes les divisions & subdivisions de l'argent de Zurich. Il n'y avoit aucun mélange étranger d'espèces d'autres Cantons, pas même de celles de Berne ; nouvelles observations sur les tablettes. M. le Comte couche à *Schaffhausen*, à la *Couronne*, le lendemain il s'en va visiter le pont inconcevable de la ville & la grande merveille de la nature, la *Cataracte* du Rhin ; mais avant que de quitter Schaffhausen, il demande à l'hôte de la monnoie du pays pour la valeur d'un *louis* ; la bourse grossissoit tous les jours, & bientôt elle devenoit d'une lourdeur très-sensible ; mais le voyageur toujours exact à suivre l'avis de son respectable ami *Jean-Jacques*, vouloit à son retour lui donner des preuves de sa docilité en le régalant copieusement de toutes les différentes pièces de monnoie qui ont cours dans la Suisse. Il reçut de son hôte pour échange beaucoup de monnoies Helvétiques, de Zurich, de Schaffhausen, du Canton d'Appenzell, de la ville de Saint-Gall, & encore plus de celle de l'Empire, de Wirtenberg & d'autres districts d'Allemagne, voisins de la cataracte du Rhin. Remonté dans sa voiture il se rend à *Diessenhofen*, ville agréablement située sur le Rhin ; dans le Landgraviat de la Turgovie, il y reçoit de la même monnoie qu'à Schaffhausen : la même aventure se répete dans tous les lieux de son passage jusqu'au pays des *Grisons*. Quelle monnoie que celle des différens Etats qui subdivisent la Souabe & les terres adjacentes ! Il a la douleur de ne plus voir d'espèces de la bonne monnoie de Berne & de Soleure. Son arrivée à *Coire*, la Capitale des trois Ligues Grises, lui offre bientôt une monnoie encore plus remarquable que toutes celles qu'il avoit touchées jusqu'à ce jour ; ce sont des *Blutzger* (4) ou *Blutzger*, dont un vaut trois *Pfenning* ou deniers, & dont quatre valent un *Schilling* ou sol, ou un *Grosch* d'Empire ; soixante & dix *Blutzger* ou dix-sept *Schilling* & deux *Blutzger* font un bon *florin*. Ce volumineux numéraire étonna beaucoup notre voyageur ; la petitesse des *Blutzger* avec l'empreinte du *Bouquetin* ou *Capricorne saillant*, l'amusoit & il voyoit avec plaisir dans le nombre de ces espèces la monnoie frap-

---

(4) Leu, Dict. Hist. de la Suisse. T. IV. p. 152.

pée au coin de la Baronnie de *Haldenstein*, limitrophe de la ville de Coire : aux yeux d'un Philosophe cosmopolite, les moindres objets présentent des singularités frappantes. M. le Comte, prévenu par les leçons de l'Auteur d'*Emile*, n'avoit garde de les oublier. Les *Bluxger* l'accompagnèrent jusque dans l'enceinte du Canton de *Glaris*, où depuis plus d'un siècle on n'a point battu de monnoie, quoique la République en ait le plein droit. L'Erudit M. Christophe *Trumpi*, Ministre du Saint-Evangile à Schwanden, en donne une raison sans replique dans sa Chronique (5) Allemande de Glaris, imprimée en 1774. *Comme il n'y a point de mines d'or & d'argent dans le pays, on ne veut pas prendre la peine de fondre de bon or, ou de frapper de la monnoie de bas aloi* ; *il existe encore d'anciens* SCHILLING *avec l'image de Saint Fridolin, Patron du Canton*. Je ne suivrai pas scrupuleusement mon Observateur dans toutes les courses qu'il a faites en Suisse, je dirai seulement qu'il trouva rassemblées à Glaris presque toutes les monnoies du Corps Helvétique. Des sentimens de piété ou de curiosité le portèrent à visiter la célèbre Abbaye de *Notre-Dame des Hermites*, autrement *Einsidlen*, il y trouva une banque établie dans un bâtiment annexé au portique de l'église : un saint zèle alloit l'enflammer, il ne voyoit qu'avec indignation le change logé, pour ainsi dire, dans le vestibule du *Temple du Seigneur*; heureusement il se contint, son respect pour l'Ordre antique & vénérable de Saint Benoît, qui dirige ce laboratoire journalier, un retour de réflexions sur sa qualité d'étranger dans un pays libre, tel qu'est celui du Canton de *Schweitz* où est situé l'Abbaye, enfin le souvenir des leçons de son Mentor arrêtèrent les justes mouvemens de son indignation. Toutes les monnoies de l'Univers sont en vogue à *Einsidlen*, le change Abbatial en connoit parfaitement le tarif. Un Pélerin a-t-il sur lui des roubles de Moscou ou des guinées de Londres, même des rouppies du Mogol, & veut-il les changer pour tel autre argent qui lui plaira, dans le moment ses désirs sont satisfaits. Le *frère Lai* qui préside au change consulte avec empressement le tableau imprimé des différens cours de la banque Européenne, & quoiqu'il n'entende pas le latin du bréviaire de son Ordre, il possède aussi habilement qu'aucun Lombard, la science numéraire. Notre jeune Seigneur après avoir réfléchi sur ce qu'il voyoit, parvint à se convaincre de la nécessité d'une pleine liberté pour le cours de toute espèce numéraire à *Einsidlen* : il circule sans cesse dans cet endroit une foule d'Etrangers de tous les coins de l'Europe. M. le Comte eut, en partant, l'attention de faire une ample provision de ces différentes monnoies chrétiennes & anti-chrétiennes, catholiques, hétérodoxes ou schismatiques, voire même payennes. D'Einsidlen il passa à *Zoug*, il y logea au *Beuf*, c'est l'auberge la plus renommée de la ville ; là il trouva en quantité des *Basches* du *Vallais*, des sols des Cantons populaires & de Zurich ; la monnoie de Berne & de Soleure y est fort rare : l'argent d'Allemagne n'y a aucune valeur ; on lui dit qu'à *Schweitz* & dans les Cantons d'*Uri* & d'*Underwalden*, le cours de l'argent étoit le même qu'à *Zoug* : il chargea encore sa bourse de cette monnoie, ne doutant pas qu'à Lucerne (le premier des Cantons Catholiques) où il alloit, il ne pût se débarasser du superflu. Arrivé à Lucerne il descendit au *Cheval blanc*, & y trouva bonne physionomie d'hôte & ample chere ; il visita avec empressement tout ce qu'il y avoit de curieux dans la ville, & parmi ses objets de distraction ou d'amusement, il n'oublia pas le chapitre Numismatique : on lui présenta dans cette ville plusieurs pièces de monnoie de *Lucerne*, anciennes & modernes ; en voyant les *Schilling* ou sols, il crut à leur rondeur que leur valeur étoit la même que celle des *Schilling* de Zoug, ayant le chef de *Saint Oswald*, Roi de Northumberland ou de *Saint Wolffgang*, Evêque de Ratisbonne ; il les estimoit du même aloi que les *Schilling de Schweitz* & d'*Uri*, ayant l'image de *Saint Martin*; & dans cette bonne foi il vouloit payer une partie de sa dépense en argent de Zoug ou de Schweitz ; mais l'hôte clairvoyant les refusa en lui observant avec urbanité, qu'en conscience il ne pouvoit prendre cette monnoie ; que les Règlemens monétaires de leurs Excellences de Lucerne lui lioient les mains, & que le gros écu de France, qui valoit à Zoug trois petits florins & cinq sols, n'étoit reçu à Lucerne que sur le pied de trois petits florins : mais mon cher Monsieur, lui dit le jeune Seigneur, *vos SCHILLING d'ici ne me paroissent point différer en rondeur ni en épaisseur de ceux de Zoug & de Schweitz, dites-moi donc à quelle marque distinctive je puis les reconnoître, il me reste encore du chemin à faire & je serois fâché de me tromper. Votre Grandeur observera, s'il lui plaît, reprit l'hôte avisé, que les SCHILLING de Lucerne ont pour marque indélébile l'image d'un Evêque armé d'un vilebrequin, c'est l'instrument du Martyre de Saint Leger, Patron de la ville, à qui, comme votre Grandeur ne l'ignore certainement pas, on arracha les yeux avec un vilebrequin, en Allemand NEFFER. Ah ! je m'en souviendrai*, dit M. le Comte, *& toutes les fois que je verrai des sols de cette rondeur, je m'attacherai à la marque du vilebrequin* ; *jusqu'à présent ni à Zoug ni dans le Canton de Schweitz, quoiqu'Etats voisins de Lucerne, je n'ai trouvé aucune monnoie de votre ville* ; *tout cela me met martel en tête. Comment commercez vous donc ensemble les uns les autres ? On me dit cependant que la plus grande partie de votre beurre vient d'Underwalden, qui d'un autre côté s'approvisionne du bled de Lucerne*. Curieux de s'instruire, le jeune Comte alloit pousser son hôte de question en question ; il ne pouvoit concevoir qu'à Lucerne, la Métropole de la Catholicité Suisse, l'argent des Cantons Catholiques ses voisins & Alliés naturels, & celui du Vallais, autre Etat co-allié & de même religion, fût sévèrement défendu, tandis que celui de Berne, de Soleure & de Zurich y étoit favorablement accueilli. Au milieu de ces réflexions embarrassantes, le valet de chambre vint lui dire que les chevaux étoient prêts, & qu'il y avoit encore cinq lieues à faire jusqu'à la couchée à *Surfée* ; fâché de ne pouvoir prendre de plus grands éclaircissemens, il garnit sa poche de sols à *vilebrequin*, & monta dans sa voiture. Je ne dirai rien de ce qui lui arriva à *Surfée*, petite ville du Canton de Lucerne, située dans la proximité d'un lac très-agréable, & où l'on trouve les plus belles & les plus excellentes écrevisses de la Suisse. J'observerai seulement que dans tout son passage par le Canton de Berne pour aller à *Soleure*, il ne trouva, à sa grande surprise, aucun sol à *vilebrequin* dans la monnoie qu'on lui donnoit, il n'y rencontroit que des *Basches* ou demi-*Basches* de Berne, de Soleure, d'Uri & de Zoug, & quelques pièces d'argent valant quinze sols, aux armes de Lucerne & d'Underwalden. Les hôtes attentifs lui représentoient respectueusement que les sols à *vilebrequin* étoient grandement défendus dans les deux Cantons, & qu'on n'y recevoit pas la monnoie de Zurich, des Cantons populaires, du

(5) Pag. 151.

Vallais, ni celle de Bâle., pas même les *testons* d'argent de quinze sols, frappés au coin de l'*Evêque de Bâle*, voisin & ancien Allié de Soleure. Quels pays, s'écrioit de temps à autre le jeune Comte: *Quot capita, tot Sententiæ*; tous ces accès de surprise le suivirent à *Berne* & à *Fribourg* : à Soleure il logea à la *Couronne* (cette auberge est sans contredit la meilleure de la Suisse après celle de l'Epée à Zurich); là on lui donna en partant, sur ses instances, une pacotille de la monnoie courante; il y déméloit avec plaisir des *Bafches* & demi-*Bafches* de Fribourg & de *Neuchatel*; il admiroit l'élégance des pièces de trente & quinze sols aux armes de Berne avec la couronne ducale *fermée*, & à celles de Soleure avec la couronne *non-fermée*. Il logea à *Berne* au *Faucon*, & à *Fribourg* aux *Merciers*, on ne lui présenta dans ces villes que la monnoie des deux Etats & de celui de Soleure. Enfin il arriva à Genève par le charmant pays de Vaud qui dépend en majeure partie des Bernois; il fut surpris de ce qu'à *Genève*, qui sans avoir l'air Suisse, se dit Alliée des Cantons, on lui demanda gravement s'il alloit en Suisse. Cette ville bat aussi de la monnoie pour son territoire circonscrit, & l'on peut croire que notre voyageur en fit une collection choisie. Ce fut de Genève qu'il écrivit ses observations monétaires à son ami *Jean-Jacques*. » Me voilà depuis deux jours dans votre ancienne
» Patrie, où votre nom est toujours en grande vénération
» parmi les zélés adorateurs de la Liberté. En parcourant la
» Suisse je n'ai pas oublié l'avis préliminaire que vous m'aviez
» donné de m'attacher à la monnoie de chaque Etat du Corps
» Helvétique, j'ai fait ample provision de toutes les sortes
» de monnoie qui y ont cours; à mon retour nous démêlerons ensemble le magot; j'ai couché sur mes tablettes le
» cours des espèces, j'y ai noté exactement leur valeur, les
» endroits où on les reçoit & ceux où ils sont défendus sous
» les plus sévères peines. Que puis-je conclure, mon cher
» Mentor, d'une disparité aussi frappante ! La Suisse n'est
» qu'une petite partie de l'Europe, & toute l'Europe (6) n'est
» pas deux fois plus considérable par son étendue que la
» Chine, & cependant dans la Chine, il n'y a qu'une monnoie & qu'une balance, tandis qu'en Suisse, malgré les
» liens confédératifs, il y a vingt-deux hôtels de monnoie,
» qui défendent la plupart les uns aux autres le libre commerce de leurs espèces. Je ne sai qu'en penser, mais j'espère
» que quand j'approfondirai la législation générale de tout le
» corps, j'y trouverai des principes plus uniformes, moins
» subdivisés, & moins croisés que ceux que j'ai observés dans
» la partie monetaire. Il me tarde bien de vous revoir à Paris,
» mais je vais faire auparavant un tour dans les environs de
» l'aimable solitude d'*Heloïfe*, votre image m'y suivra (7) &
» j'interrogerai les échos des rochers que vous avez fçu attendrire par la peinture des charmes de votre Héroïne. Les Génevois qui font grands calculateurs de tous les comptoirs de
» l'Univers, m'ont prévenu que je trouverai une étrange

» monnoie dans le Vallais, & qu'excepté ce pays & les Cantons populaires, elle n'a aucun cours ailleurs. Je me figure
» que votre *Héloïfe* devoit bien s'ébahir en voyant la coëffure
» des Dames du Vallais & la monnoie de ce pays merveil-
» leux; mais vous me direz, que l'état de son cœur lui inter-
» disoit toute réflexion étrangère, & encore plus celles
» que je fais sur les conflits des hôtels de monnoie de la
» Suisse ».

Après avoir rapporté l'anecdote du voyageur François, j'observerai avec M. *Faeft* (8) que chaque Canton & la plupart de leurs co-Alliés, possèdent comme République libre, le droit de battre monnoie, mais qu'ils n'usent pas tous de ce droit; ceux des Cantons qui l'exercent ont conservé la monnoie sur le même pied où elle étoit lorsqu'elle a été introduite chez eux avant qu'ils se soient rendus entièrement indépendans & qu'ils ayent contracté des alliances avec les autres Etats de la Ligue Helvétique. De-là vient que les Cantons de Zurich, Bâle, Schaffhausen & Appenzell & la ville de Saint-Gall font frapper leur monnoie sur le pied d'Empire, au lieu que les Cantons de Berne, Lucerne, Uri, Schweitz, Underwalden, Zoug, Glaris, Fribourg & Soleure, le Vallais, Bienne, Genève & le Comté de Neuchatel, font battre la leur sur le pied de l'ancienne monnoie de *Bourgogne*. Il seroit à souhaiter, & on l'a même tenté souvent, que tous les Etats du Louable Corps Helvétique convinssent d'une uniformité générale dans la fabrique de leurs espèces, ou que du moins ils la fixassent entre eux. Combien d'inconvéniens, d'entraves & de désagrémens n'écarteroit-on pas pour toujours dans le cours du commerce mutuel; mais il paroit que les Louables Cantons veulent s'en tenir au pied monetaire tel qu'ils l'ont reçu, & à leurs anciennes coutumes. M. *Faeft* observe qu'ils aiment encore mieux continuer la confusion que de renoncer à d'anciens usages auxquels leurs sujets sont en partie déja accoutumés. Quelques-uns envisagent aussi un Règlement uniforme avec les autres Cantons, chez qui le commerce est plus florissant, comme un sacrifice de leur ancien droit, ils en continuent l'exercice & le considèrent comme une preuve démonstrative de l'indépendance distincte de chaque Canton; mais, comme le remarque M. *Faeft*, une convention généralement uniforme ne pouvant qu'être très-avantageuse au commerce, elle ne peut blesser en rien l'indépendance du Souverain, ni faire naître de mauvaises suites. On n'a qu'à jetter un regard sur les Etats divers de l'Empire Germanique; n'y convient-on pas au moins de temps à autre d'un pied réglé de la monnoie, dans chaque cercle où il y a encore des liaisons particulières parmi les co-Etats qui le composent, & où il se tient des assemblées; on y arrête quelquefois la monnoie sur un pied fixe sans que cette uniformité fasse aucun tort à la considération, aux droits & à l'indépendance de chaque Etat.

Voici le Vocabulaire alphabétique, en Allemand, des dif-

---

(6) Suivant l'estimation de M. l'Abbé *Nicolle de la Croix*, (Géographie moderne, T. I. pag. 68-69, & T. II. pag. 193. Paris 1773, in-12. édition revue par J. L. *Barbeau de la Bruyère*.) l'*Europe* a environ 1150 lieues de longueur sur 900 autres de latitude, & la *Chine* cinq cent lieues de longueur & de largeur.

(7) Ce Philosophe si fameux par ses écrits & ses disgraces, né à Genève le 28 Juin 1712, est mort d'une attaque d'apoplexie le 2 Juillet 1778, près de Senlis à neuf lieues de Paris, dans un des pavillons qui sont en avant du château de M. le Marquis de *Girardin*, à *Ermenonville*; son corps a été embaumé, mis dans un cerceuil de plomb & enterré dans le parc d'Ermenonville au milieu d'une petite ile dite l'*Ile des peupliers*, située au midi du châ-

seau. M. de Girardin a fait élever sur la tombe un monument simple de six pieds de hauteur; le site de ce tombeau rappelle la fable des Champs Elisées. M. *Feutry*, de la Société philosophique de Philadelphie, connu par de bons ouvrages, a fait le 8 Novembre 1779, cet impromptu à Morfontaine près d'Ermenonville.

Sous ce marbre Rousseau n'a pas cessé de vivre ;
Il dort, vas méditer ses sublimes écrits ;
Et reviens dans ces lieux en connoitre le prix :
Le tombeau d'un grand homme est encore un grand livre.

(8) Descript. Topog. de la Suisse. T. I. pag. 104 & suiv.

PITTORESQUES, &c. DE LA SUISSE. 297

férentes *espèces* d'or, d'argent & de cuivre qu'on frappe en Suisse, avec leur explication en François.

Angster (9) ou *Obole* (la moitié d'un denier), la plus petite monnoie de la ville de Zurich, dont six font un *Schilling* ou sol de Zurich, & qui primitivement étoit appellée en Allemand *Angesichter* ou *Antlizer*, ou *Angesicht-Pfennig*, à cause des effigies, en Allemand *Angesicht* ou *têtes*, dont elle avoit l'empreinte; on nomma depuis ces pièces *Angster* ou suivant d'autres *Anguster*, ou deniers de l'Empereur, *Kayserliche Pfenning* : sur les plus anciens *Angster* de Zurich on voit une tête voilée, & sur d'autres un ou deux *chefs*, toujours avec la légende au contour, ZURICH ; on croit que la première de ces espèces offre la tête de l'Abbesse, que la seconde désigne *Saint-Felix*, Patron de la ville, & la troisième le nom de ce martyr & celui de sa sœur *Sainte-Regule*.

Les premiers *Angster* de la forme actuelle qui ayent été frappés à Zurich par ordre du Gouvernement, sont de la date de 1524 : ce fut en 1526 que les *Angster* furent fabriqués pour la première fois à l'écu de Zurich. On trouve des *Angster* d'une forme ronde, de l'an 1400, avec la tête d'une Abbesse. On bat à Zoug depuis trois siècles des oboles, ayant l'écu de la ville ; deux de ces *Angster* font un *Rapp* ou denier, & trois *Rapp* font un *Schilling* de Zoug ou de Lucerne ; cette petite monnoye *bracteate*, très-légère, est commode pour les voyageurs qui se trouvent assaillis dans une grande partie de la Suisse Allemande, à chaque barrière de haies ou de villages, par un grand nombre de nécessiteux réels ou prétendus, sorte d'exaction qui devroit être proscrite dans le sein de la Liberté.

Batzen (10) ou *Basches* ; la chronique (11) de Bâle par Chrétien *Wurstisen*, rapporte qu'en 1378 on fabriqua en cette ville une monnoie, dont quinze pièces équivaloient à un florin, & que dans la suite on leur donna le nom de *Batzen*, lorsque pareille monnoie fut battue à Berne avec la figure de l'*Ours*, animal que le peuple Suisse appelloit alors par corruption *ein baetzen*. Bientôt après le commencement du seizième siècle, les villes (12) de Zurich, Lucerne, Soleure & Saint-Gall, & en 1533 celle de Bâle fabriquèrent la même monnoie sous la désignation de *Batzen*, à l'exemple de Berne ; on nommoit aussi quelquefois cette monnoie *Rollen-batzen*, *basches roulans*, parce que dans le commerce on avoit pour coutume de dire, *roule moi ici un basche*, en Allemand *roll mir ein baetz her*. On a appellé (13) un temps les *Basches* de Zurich *Kelch-batzen*, les *Basches* de calices, ce qui donneroit à entendre que la ville de Zurich les auroit fabriqués avec l'argent de la fonte des calices de l'église à l'époque du changement de religion : les Cantons Catholiques abhorrant le schisme, avoient faits empreindre *un petit calice* sur les *Basches* de Zurich. Il y a actuellement en Suisse trois sortes de *Basches* ou *Baches*, 1. les bons *Basches*, dont un vaut seize *Phenning* ou deniers ; on en fabrique de cette sorte à Schaffhausen depuis 1657, 2. les *Basches* de Zurich, dont un vaut quinze *Phenning*,

& 3. les *Basches* de Berne, des Cantons populaires (*Laender-Batzen*) & de Coire, dont un a la valeur de quinze *Phenning*, & dont une partie a été fabriquée à Lucerne, à Schweitz, Zoug, Fribourg, à Coire & dans le Vallais : on bat aussi dans ces Etats & de même à Berne, Uri, Underwalden, à Soleure & à Neuchatel, des *demi-Basches*. Les villes de Zurich, Zoug & de Saint-Gall fabriquent des *pièces de deux Basches*, que l'on appelle *Zwey-Baetzner*, autrement *ein halb ort*, un *demi-ort*. Autrefois à Zurich & même encore il y a peu d'années à Bâle, on a battu des *pièces de trois Basches*, *Drey-Baetzner*. On trouve encore des *pièces de quatre Basches*, autrement dites un *Ort*, ou *ort*, mais de différente valeur intrinsèque ; elles ont été fabriquées à Zurich, Lucerne, Zoug, Schweitz, Schaffhausen & à Neuchatel. On a aussi depuis 1695 des *pièces d'argent de cinq Basches* (*funf Baetzner*) ; on les a fabriqués dans les mêmes Cantons & Etats co-Alliés, & dans la principauté de l'Evêque de Bâle. Anciennement on a fabriqué dans la ville de Saint-Gall des *pièces de six Basches* (*Sechs Baetzner*).

Blutzger ou *Blutzger*, petite monnoie du pays des Grisons; j'en ai déja parlé.

Creutzer (14), monnoie frappée à Berne, Lucerne, Fribourg, Soleure, Coire, Sion, Neuchâtel, & dans la Baronnie de Haldenstein en Grisons, qui vaut sept *Haller*, & dont quatre font un *Basche* de Berne, des Cantons populaires ou de Coire. On a battu à Berne & à Zoug des *demi-Creutzer* ou *Vierer*, à Fribourg & Soleure, des *pièces de trois Creutzer*, & à Berne des *pièces de vingt-deux Creutzer*.

Diken (15) sorte de monnoie, ainsi appellée en Allemand à cause de son épaisseur ; on commença à en fabriquer à Zurich en 1505, & depuis en 1629 ; il y en a aussi de Lucerne & de Bâle, de l'an 1623, de Schaffhausen de 1631 & 1634, & de Coire, tous valant chacun dix-sept *Schilling* ou sols de Zurich : on en a battu de *doubles* à Bâle, & des *demi-Diken* à Zurich en 1620 & à Lucerne en 1623 ; aujourd'hui on évalue ordinairement un *Diken* à seize *Schilling* de Zurich.

Ducat (16), monnoie d'or dont la valeur numéraire n'est pas toujours fixe ; on en trouve de frappés au coin de Zurich, mais sans date d'année, que l'on estime être du commencement du seizième siècle ; on en a battu en 1646 & depuis à Zurich, à Berne en 1661, ainsi qu'à Lucerne, Uri, Schweitz, Underwalden, Zoug, Bâle ; il y a des *demi-Ducats* de Zurich & de Berne & des *quarts de Ducat* de Zurich, qu'on appelle *Oertlein-Ducaten*. On fait dériver communément le nom de *Ducat* du mot latin *Ducatus*, *Duché*, parce que les Ducs, *Duces*, dans l'Empire Romain, firent battre les premiers les *Ducats* ; d'autres veulent que les *Ducats* aient été primitivement une monnoie du Duché de la Pouille, que Roger, Roi de Sicile, ait été le premier qui en ait fait fabriquer en 1140. Quelques Modernes rapportent que les premiers *Ducats* furent frappés en 1280 à Venise, sous le *Doge Jean Dandolo*; le titre de Doge est exprimé en latin par celui de *Dux*.

FLORIN, voyez *Gulden*.

---

(9) David *Hottinger, nummi bracteati Tigurini* p. 10. Tiguri 1702, in-4. fig. (l'Auteur est mort en 1736).
Bluntschli, *Memorabilia Tigurina*, (article *Angster*) édition de 1742, in-4. en Allemand, avec fig.
Schilter, *Thesaur. Ant. Teutonicar*. T. III. pag. 50. Ulmæ 1728, in-fol.
Leu, Dict. Hist. de la Suisse, T. I. pag. 225-226.
(10) Bluntschli, ibid. p. 46.
Leu, ibid. T. II. p. 306-307.
(11) T. I. Liv. IV. p. 208.
(12) Les basches de Zurich, frappés en 1500, ont l'image de Charlema-

gne. SANCTI KAROLI, Restaurateur du Chapitre des Chanoines de cette ville ; ceux de 1526 offrent d'un côté une croix toute unie, & de l'autre les armes de Zurich. Bluntschli, *Memorabilia Tigurina*, pag. 46.
(13) *Hottinger*, Hist. Eccles. de la Suisse, Partie III. en Allemand.
(14) Leu, ibid. T. V. pag. 510.
Wagner, Mercur. Helvet. p. 235.
(15) Leu, ibid. T. VI. p. 510.
(16) Leu, ibid. T. VI. pag. 165. *Justinian* Hist. Venet. Lib. III.
Du Cange, *Glossar. infimæ Latinitatis. Joh. Schilteri Thesaurus antiquitatum Teutonicarum* T. III. pag. 146. Ulmæ 1728. in-fol.

Groschen (17) en latin *Grossus*, en François *gros*, pièce de monnoie, qu'on nomme en Allemand *Groeschlein*, pour désigner une petite monnoie dont quatre font un gros Impérial: il y avoit des *Gulden-groschen*, des *Thaler-groschen*, & des *Gold-groschen*, pour les distinguer des anciens écus *Bracteates*.

Gulden (18) ou *Florin*, valeur numéraire d'une somme; tous les Cantons, excepté Berne, réglèrent (19) en 1424 pour cinquante ans, qu'on donneroit vingt-quatre *Plappert*, frappés à Zurich & à Lucerne, pour un *Goulde* ou *Florin du Rhin*, & trente *Schilling de Deniers, Pfenning Stebler*, pour un *Goulde*. Aujourd'hui on compte pour un *Goulde* ou *Florin* ordinaire, quinze bons *Basches* ou *Reichs Bazen*, *Basches d'Empire*, & seize *Basches* de Zurich; pour un *Florin* ou *Goulde* de Berne, quinze *Basches* de Berne ou trente-six *Schilling* de Zurich; & pour un *Goulde* des cinq Cantons populaires (*Laender* ou *funf-Ortischen Gulden*) trente-deux *Schilling* de Zurich; chez les Grifons soixante-dix *Blutzger* ou trente-cinq *Schilling* de Zurich, font un *Goulde*. On a aussi battu dans quelques Cantons des pièces de monnoie qui ont la valeur d'un *Goulde* ou d'un *demi-Goulde*.

Haller (20), & par corruption *Heller*, la plus petite espèce de monnoie, une obole, dont deux font un denier ou *Pfenning*, autrement un *Angster*. On bat à Zurich des *piecetes de trois Haller*, on les appelle *Drey haellerlin*, & à Berne on fabrique des *Dreyerlin* ou *Vierer*, c'est-à-dire des piecetes de trois ou quatre *Haller*. Marquard Freher a cru que le nom de *Haller* derivoit de celui de *Hall* en Souabe, parce que les plus anciens *Haller* sont frappés au coin de cette ville; mais Goldast tire ce nom du latin *Obolus*, comme si dans l'origine on eût appellé *Hoboler* l'espèce désignée dans la suite sous le nom de *Haller*.

Ort (21), on appelle ainsi dans quelques Cantons & particulièrement dans le territoire de celui de Zurich, les pièces de monnoie de *quatre Basches*, & *demi-ort* (*Halbe-ort*) celles de *deux Basches*. Ort signifie en Allemand *Canton*.

Pfenning (22) sorte de monnoie très-petite, en usage dans quelques Cantons, un *Pfenning* vaut en des endroits deux *Heller*, en d'autres le nomme *Angster* comme à Zurich, où l'on en fabrique ainsi qu'à Schaffhausen, à Saint-Gall & à Coire; on bat aussi des *doubles Pfenning*, en Allemand *Zweyer*, à Schaffhausen & à Coire. Dans la convention (23) numéraire du 18 Mai 1425, entre les sept anciens Cantons (Berne excepté) on laissa aux villes de Zurich & de Lucerne le soin de battre des *Pfenning*, dits *Angster-Pfenning*; quinze sous de ces *Pfenning* doivent avoir la valeur d'un *Florin Romain*, & quarante-cinq un *demi-once*. On abandonna encore à ces mêmes villes le pouvoir de battre des *Stebler-Pfenning*, dont trente valoient un *Florin Romain*, & soixante-deux un *demi-once*; voyez ci-devant l'article *Diken-Pfenning*, autrement *Diken*.

Plappert (24) ou *Plapphart* & *Blappart*, sorte de monnoie, dont vingt-quatre sur le pied réglé par la convention (25) monétaire de 1424 entre tous les Cantons d'alors, excepté Berne, faisoient un *Goulde* ou *florin du Rhin*, & quatre-vingt quatorze devoient valoir un marc de Zurich. Les villes de Zurich, Berne & autres ont autrefois frappé des *Plapphart* que l'on a ensuite réglés pour former la valeur d'un *Basche*. Bâle est aujourd'hui le seul des Cantons où l'on bat des *Plapphart simples* (en latin *asses*) & des *Plappart doubles* (en latin *asses duplices*); ceux de la première sorte font deux *Schilling* de Lucerne, & ceux de la seconde espèce valent quatre *Schilling* de la même ville. Voici un évènement bien singulier consigné dans les annales (26) Helvétiques. En 1458 le motif d'une guerre sanglante que se firent les habitans de Lucerne & de Constance, fut une mauvaise plaisanterie au sujet d'un *Plappert*. La ville de Constance avoit fait inviter pour le premier jour de Septembre, de cette année, à un tirage public d'Arquebuse, suivant l'usage d'alors, plusieurs Comtes, Barons, Chevaliers, Bourgeois & Habitans du voisinage; elle avoit aussi fait la même invitation aux différens Etats de la Suisse. Les Cantons envoyèrent chacun au jour désigné un bon nombre de leurs meilleurs tireurs, munis d'une lettre de sûreté. Le tirage étoit presqu'à sa fin lorsqu'un Lucernois ayant défié un bourgeois de Constance & ayant mis en jeu quelques *Plappert* de Berne, monnoie très-courante par toute la Suisse, l'autre le plaisanta sur une pareille monnoie, disant que ce n'étoit que des *plappert de vaches*, (*Kuh-Plapphart*) & qu'il ne vouloit pas tirer pour une monnoie de bêtes à corne. La plaisanterie déplut, le Suisse trouvoit le refus d'autant plus indécent, que la monnoie qu'il présentoit étoit celle de ses fidels Confédérés de Berne, *tous devots Chrétiens*, (ce sont les termes de la Chronique de Tschoudi) & qu'ainsi c'étoit faire le plus insigne outrage à toute la nation en donnant le sobriquet de *Plappert de vache* à la monnoie de Berne, comme si elle avoit été frappée par des bêtes à cornes. Tel étoit le raisonnement qui agitoit l'ame du Lucernois. Il soutint avec vivacité qu'on ne devoit pas donner une désignation odieuse à la monnoie de Berne, & qu'il étoit infâme qu'on ne respectât pas plus des voisins qui étoient venus au tirage sur la foi d'une lettre de sûreté de leurs Souverains. Bref, on en vint aux coups de part & d'autre; les habitans de Constance eurent bien désiré que cette aventure ne fût pas arrivée, mais ils n'osèrent punir leur bourgeois agresseur, parce qu'il appartenoit à une famille considérable. Quand les autres Suisses virent l'impunité de l'affront, & le mépris que l'on faisoit de leurs lettres de sûreté, ils s'en retournèrent chez eux avec le plus grand dépit & firent le rapport de toute la scène à leurs Magistrats. La ville de Lucerne se mit en campagne avec sa bannière pour aller venger sur les bourgeois de Constance l'in-

---

(17) Schilter, Thes. ant. Teut. T. III. pag. 412.
(18) Leu, ibid. T. IX. pag. 329-330. Wagner. Mercurius Helvet. p. 231. Schilter Thes. ant. Teut. T. III. p. 410-412.
(19) Tschudii Chr. Helvet. T. II. p. 157.
(20) Leu, ibid. T. IX. pag. 438. Johan. Schilteri Thesaur. Antiquitat. Teutonicar. T. III. p. 419 & 420. Goldast. Rer. Alam. T. I. p. 254. Le livre de *Hall* ou de *Heller*, en Allemand *Pfund-Heller*, valoit un florin du Rhin.
(21) Schilter, ibid. T. III. p. 650.
(22) Leu, ibid. T. XIV. pag. 511. Le met *Pfenning*, pour désigner une sorte de monnoie, est bien ancien dans la langue Tudesque. On le trouve dans *Oisrid de Weissenbourg*; l'érudit Schilter le fait dériver de *Pfant*, qui signifie gage, arrhes, c'est-à-dire, argent qu'on donne pour assurance de l'exécution d'un marché, en latin *Pignus*, *Arrha* ou *Arrhabo*; de *Pfant* on aura fait en Allemand *Pfantig* & enfin *Pfennnig*. Voyez Schilter, Thesaur. Antiq. Teutonicar. T. III. p. 657 & seq.
(23) Cette convention qui devoit durer cinquante ans, se trouve toute entière dans la Chronique de Tschoudi. T. II. p. 157-160.
(24) Leu, ibid. T. XIV. pag. 587. Schilter Thes. antiq. Teutonicar. T. III. pag. 119. Comme on appelloit aussi quelquefois cette monnoie *Plaphart*, des Modernes ont cru trouver l'étymologie de son nom dans le mot françois *Blafard*, à cause de la couleur pâle de cette monnoie, d'autres la font dériver des deux mots Allemands *Blapf* & *Hart*, pour exprimer le son dur qu'elle fait en tombant.
(25) Tschudii Chr. Helv. T. II. pag. 157.
(26) Tschudii, ibid. T. II. pag. 590.
Sattler, Chr. de Berne, T. I. pag. 179, &c.

sulte publique. Auſſi-tôt les autres Cantons d'Underwalden, d'Uri, de Zurich, de Schweitz, de Zoug & de Glaris vinrent joindre la bannière de Lucerne à *Weinfelden* dans la Turgovie : la petite armée étoit de quatre mille hommes; *Weinfelden* appartenoit au Chevalier Bertold *Vogt*, bourgeois de Conſtance; ce titre lui valut le ſéjour des Suiſſes pendant quatre jours ſur ſa terre, ils firent vendange dans ſes vignes & ſe ſaiſirent de ſon château, mais ſans y faire aucun dégât. Réſolus de marcher devant Conſtance, ils ſuſpendirent leur indignation à la vue des offres que l'Evêque de Conſtance, Henri Baron de *Hewen*, leur fit faire par ſon Vicaire-général, conjointement avec Albert de *Sax*, Baron de Burglen & d'autres Seigneurs & pluſieurs villes. Il fallut alors que toute une ville portât la peine d'une indiſcrétion commiſe par un jeune étourdi, & qu'elle en demandât pardon ; elle ne l'obtint qu'en payant aux Suiſſes une amende de trois mille *florins du Rhin*, ſomme qui leur fut remiſe avant la ſéparation de l'armée. En outre le Seigneur de *Weinfelden*, quoiqu'abſent, fut condamné à leur payer deux mille autres *florins du Rhin*, ſes parens & voiſins s'en rendirent les cautions ; ce Seigneur étoit proche parent du bourgeois de Conſtance qui avoit inſulté le Lucernois. Les Suiſſes ainſi appaiſés reprirent le chemin de leur pays, & contremandèrent le ſecours de Berne qui étoit en marche ; ce Canton avoit déja envoyé ſon manifeſte (27) de guerre à la ville de Conſtance dès le lundi après la fête de l'*Exaltation de la Sainte Croix* 1458, & ſa bannière étoit à *Burgdorf* lorſque la nouvelle de l'accommodement avec la ville de Conſtance arrêta ſa marche ultérieure.

M. *Philbert*, Préteur royal de Landau en Alſace, s'égaye dans ſon hiſtoire (28) des *Révolutions de la Haute Allemagne*, ſur le motif de l'expédition des Suiſſes en 1458 ; mais les annales d'autres peuples ne nous parlent-elles pas des guerres entrepriſes pour des objets plus frivoles ! Le Poëme Héroï-comique, *la Secchia* (29) rapita ou *le Sceau enlevé*, a pour ſujet une prétendue guerre entre les Modénois & les Bolonois, à l'occaſion d'un *ſeau* qui avoit été pris. Les petites cauſes enfantent ſouvent les plus grands évènemens.

Rappen (30) monnoie qui doit, dit-on, ſon nom aux *Pfenning* ou deniers frappés dans la ville de Fribourg en Briſgau, avec l'effigie d'un *Corbeau*, en Allemand *Rappe* : on trouve cependant en Suiſſe de ces *Pfenning* frappés ſans la figure du *Corbeau*, & ſeulement avec l'écu du Canton particulièrement à Zurich, Lucerne, Schweitz, Zoug & Bâle ; un *Rappe* vaut trois *Haller* ou un *Pfenning* & demi.

Schilling (31) ou ſol, eſpèce de monnoie courante dans la Suiſſe : on fait dériver ce mot du verbe Allemand *Schellen*, ſonner, ou du mot latin *Siliqua*. Les *Schilling* de Zurich valent ſix *Pfenning* ou *Angſter*, on commença à le battre pour la première fois en cette ville l'an 1505 ; on en a auſſi de Lucerne, Uri, Schweitz & de Zoug ; un *Schilling* de ces Cantons vaut trois *Rappe* ou neuf *Haller* ou oboles ; ſuivant la convention monétaire (32) de 1425 entre les Cantons, quinze *Schilling* des *Angſter-Pfenning*, ou trente *Schilling de Staebler-Pfenning*, faiſoient la valeur d'un *Goulde* ou *florin du Rhin*, trente-ſept *Schilling de Staebler Pfenning*, un *florin du Pape*, de *Gênes* & de *Florence* ; & trente-huit des mêmes *Schilling*, un *franc d'écu* (*Schilt-francken*) un *Ducat* & un *Gould* ou *florin d'Hongrie*.

Staebler (33) ou *Stebler-Pfenning* ; on appelloit ainſi anciennement des *Pfenning* ou oboles d'argent, minces, dont ſoixante (34) faiſoient un *florin d'or du Rhin* ; on les appelloit auſſi *Anſtit-Pfenning* ou *Anſtit Angſter* : ceux de cette première eſpèce étoient ainſi appellés parce qu'ils étoient frappés par ordre des Evêques à leur effigie & avec une croſſe épiſcopale (*Biſchofs-ſtab*) ; & quoiqu'avec le temps on fabriquât auſſi de ces oboles dans les villes avec d'autres empreintes, on continua à les nommer *Staebler*. Les Cantons ordonnèrent (35) en 1425 entre eux, que deux de ces *Pfenning* vaudroient un *Schilling*, & ainſi trente ſchilling de *Staebler-Pfenning* un *Goulde* ou *Florin*, & ſoixante-deux *Schilling* de la même ſorte un *Lot d'argent*.

Thaler (36) ou *Ecu*, monnoie d'argent ; on en fabriquoit déja en 1494 à Berne, en 1501 à Soleure & en 1512 à Zurich, mais on les appelloit alors *florins d'or* (*gold-gulden*) & ce ne fut que dans la ſuite qu'on les nomma *Thaler* ; depuis on en a battu à Zurich, Berne, Zoug, Fribourg, Soleure, Schaffhauſen, Saint-Gall & à Genève. On a auſſi battu des *demi-écus* ou *Halbe-Thaler* à Zurich, Berne, Zoug, Bâle, Schaffhauſen, à Saint-Gall ; & quelquefois des *doubles Thaler* ou *écus* à Zurich ; mais des écus qu'on appelle *Orts-Thaler*, *Ecus de Canton*, on n'en a fabriqué qu'à Berne.

On trouve un grand nombre de pièces d'or & d'argent de la Suiſſe gravées, dans un livre (37) aſſez rare imprimé à Anvers (38) en 1627, & qui a pour titre : *Carte ou Liſte contenant le prix de chacun marcq, once, eſtrelin & as, poids de Troyes de toutes les eſpèces d'or & d'argent déffendues, légières ou trop uſées, & moyennant ce déclarées pour billon*. Cette pancarte fut imprimée en conformité de l'Ordonnance du Roi d'Eſpagne pour les Généraux des monnoies dans les Pays-Bas, en Mars 1627. On y obſerve des *Ducats* de Berne, des anciens *florins d'or* de Zurich & de Bâle, des *piſtoles* très-curieuſes d'Uri, de Schweitz & d'Underwalden, des piſtoles (*) des trois alliances, Uri, Schweitz & Underwalden : parmi ces dernières il y en a une qui offre d'un côté les trois écuſſons de ces Cantons, au-deſſus deſquels s'élève la *double aigle de l'Empire*, ſurmontée de *deux clefs Papales croiſées*, avec le titre de *Défenſeurs du Saint-Siège*, donné par le Pape Jule II. aux Cantons & le caractère d'Etats libres de l'Empire, de toute ancienneté, auront été la cauſe de ces attributs : on lit à l'entour † VRANIE. SVIT. ET. VNDERVALDI : au revers eſt *Saint Martin* à cheval, coupant avec ſon glaive la moitié de ſon manteau pour le donner à un pauvre ; ce Saint eſt le patron des Cantons d'Uri & de Schweitz ; on lit à l'entour S. MARTINUS.

Je vais préſentement marquer les diverſes époques où cha-

---

(27) *Tſchudi*, ibid. T. II. pag. 590.
(28) T. II. pag. 289-290.
(29) Ce Poëme eſt d'Alexandre *Taſſoni*, natif de Modène, mort en cette ville en 1635.
(30) *Leu*, ibid. T. XV. pag. 41. *Simler*, de Rep. Helvet. Lib. II. pag. 356. Lugduni Batavor. *Elzevir*, 1627, in-24. fig.
(31) *Leu*, ibid. T. XVI. pag. 330. *Schilter*, Theſaur. Ant. Teuton. Tom. III. pag. 711-712 & 738.
Baſilii Fabri Theſaurus eruditionis Scolaſtica, T. II. voce Siliqua, p. 2139. Lipſiæ 1717. in-fol.
(32) *Tſchudi*, ibid. T. II. pag. 157-158.

(33) *Leu*, ibid. T. XVII. pag. 458.
(34) *Tſchudi*, ibid. T. I. ad an. 1362. pag. 459.
(35) *Tſchudi*, ibid. T. II. ad an. 1425. pag. 157.
(36) *Leu*, ibid. T. XVIII. pag. 70.

Le nom de *Thaler*, vient de la ville de *Joachims-tal*, (Val de Joachim) en Bohême, où les premiers écus dits en Allemand *Thaler*, furent frappés en 1519, par ordre d'Etienne Comte de *Schlick*, Chancelier du royaume de Bohême ; on les nommoit en latin *Vallenſes* ou *Joachimici*.

(37) M. le Baron de *Zur-Lauben* en a un exemplaire dans ſa Bibliothèque.
(38) In-4.
(*) PLANCHE 209.

cun des Cantons & Etats co-alliés a obtenu le droit monétaire. Ce précis hiſtorique peut avoir ſon mérite aux yeux d'un amateur de l'hiſtoire numiſmatique.

Zurich.

ANCIENNEMENT il y avoit (1) à Zurich deux hôtels de monnoie, l'un ſitué en 1319 au-deſſous de la maiſon dite *Zum-Ruden*, appartenant à la ville, l'autre appartenant à l'Abbeſſe de Zurich. Le ſavant David *Hottinger* s'efforce de prouver que la ville de Zurich avoit déja le droit de battre monnoie ſous Charlemagne, en ce que ce Monarque en faiſoit frapper dans les endroits où il réſidoit, honneur qu'il a particulièrement fait à la ville de Zurich. *Hottinger* s'appuye ſur une déclaration du *Sénat* de Zurich de l'an 1424, qui porte que depuis plus de cinq cent ans les Zurichois exerçoient le droit monétaire. Les ſtatuts de 1337 font mention de la monnoie frappée ſur le pied de Zurich. L'Empereur Sigiſmond confirma en 1425 à cette ville le droit de battre monnoie, les expreſſions de ſon diplôme méritent d'être traduites ici de l'Allemand. *Et nous (2) avons gracieuſement aſſurés & confirmés la monnoie, telle que la ville & l'Abbeſſe de Zurich en ont joui depuis long-temps*. Mais il ſera toujours très-difficile de prouver, comme le prétend *Hottinger*, que Zurich eût le droit monétaire ſous Charlemagne. Dans l'acte (3) de fondation de l'Abbaye des Bénédictines en 853 par Louis *le Germanique*, ce Prince y nomme *Zurich*, ſa ferme, *Curtim noſtram Turegum*, & même village ou bourg, *in eodem vico Turego*. On prétend que l'Empereur Charles *le Gras* accorda à l'Abbeſſe de Zurich, *Berthe* ſa ſœur, le droit de battre monnoie. Ce qu'il y a de certain, c'eſt que les Abbeſſes de Zurich l'ont fait exercer en leur nom juſqu'en 1524. A cette époque, la dernière Abbeſſe, *Catherine*, Baronne de *Zimbren*, le réſigna en totalité à la ville de Zurich. Les Curieux (4) conſervent des monnoies d'argent frappées à Zurich ſous l'Empire d'*Othon I* & ſous les Ducs d'Allemannie, *Burcard* & *Conrad*. On lit ſur celles de la première eſpèce, autour d'une croix, † OTTO IMPERAT., & au revers à l'entour d'une croix, TVREGVM. Celles des Ducs que j'ai nommé ont auſſi au revers, TVREG ou TVREGVM.

Un très-ancien (5) règlement de l'Abbaye de Zurich, appuyé ſur les privilèges des Empereurs, porte que ſa monnoie doit avoir cours dans tout le pays de Zurich, en montant par *Glaris* & au-delà de *Walleſtatt* juſqu'à l'endroit de *Grunenhag*, & qu'elle doit auſſi aller par tous les *pays foreſtiers* (*Durch alle Waltſtett*, c'étoient les Cantons actuels de Lucerne, Uri, Schweitz & Underwalden) juſqu'au mont *Godhart*, (*Untz an den Gotthart*) & de même par-tout l'Argeu juſqu'au diſtrict (6) dit *Waggenden Studen*, & en redeſcendant juſqu'au mont *Hauenſtein*, & par toute la Turgovie juſqu'à la rivière de *Mourg* (an die Murgen), avec défenſe de percevoir dans tous ces diſtricts aucune autre monnoie que celle de l'Abbaye de Zurich, excepté ſeulement celle de *Zoffingen*, & encore avec la réſerve que celle-ci ne pourra avoir cours que dans l'enceinte de *Zoffingen* & pas plus loin.

J'ai vu un *gros écu* (7) de la ville Impériale de Zurich, frappé en 1512, où d'un côté ſont les armes de Zurich avec les écuſſons des bailliages qui en dépendent, & de l'autre les images de *Saint Félix*, de *Sainte Regule* & de *Saint Exupérance*, Patrons de la ville, & portant leurs chefs dans leurs mains, ainſi qu'on repréſente *Saint Denis*. La ville de Zurich, quoiqu'aujourd'hui de la Religion Réformée, conſerve (8) encore ſur ſon ſceau les mêmes Saints, tous portant de même leurs chefs. On les voyoit déja ſur un ſceau de 1340, avec cette légende en caractères gothiques : SECRETVM. CIVIVM. THVRICENSIVM. L'écu de Zurich, frappé en 1512, dont je viens de parler, a pour légende au contour : MON. NOV. THVRICENSIS. CIVITA. IMPERIALIS.

Berne.

LA Bulle d'Or, datée de Francfort le 15 Avril 1218, par laquelle Frédéric II, Roi des Romains, fixa les privilèges de la ville de *Berne* après la mort de Bertold, Duc de *Zeringen*, ſon fondateur, porte par l'*article* (1) ſecond qu'elle jouira librement du droit de monnoie, *& monetam libere habere*; dans tout l'Empire Romain, il n'y avoit (2) que le *Roi des Romains* qui pût conférer ce droit. Le même Frédéric l'accorda en 1219 à la ville de Nuremberg & en 1226 à celle de Lubek. On trouve (3) ſur les anciens ducats de *Berne* le nom de l'Empereur Frédéric II. Le Pape *Sixte IV* (4) accorda en 1479 à la ville de Berne le droit de battre des *florins d'or* (gold gulden). Avant le changement de Religion, on voyoit ſur la monnoie de cette ville les armes de Berne, & au revers l'image de *Saint Vincent* (5), Diacre & Martyr, Patron de la ville. Mais depuis l'époque de la Réformation, la ville de Berne ſubſtitua à *Saint Vincent* le nom de ſon fondateur Berthold,

---

(1) Johan. Henrici Hottinger, ſpeculum Tigurinum, pag. 24 & ſeq. 139 & 145.
David Hottinger, tractat. de nummis bracteatis Tigurinis.
Bluntſchli, Memorabilia Tigurina, pag. 295-297.
Leu, Dict. Hiſt. de la Suiſſe. T. XX. pag. 439-440, &c.

(2) Und haben die muntz, als ſy (die ſtadt) und die Aptey Zu Zurich von langen zyten herbracht haben, gnaediglich beveſtet und beſteret.

(3) Guillimann de rebus Helvetior. L. III. C. V. pag. 105-106, in Theſauro Hiſtoria Helvetica.

(4) Erhardi Durſteleri acta diplomatica Abbatia Turicenſis mſc. pag. 71. T. VIII. Monumentor. Helvetico-Tugienſium, in-fol. dans la Bibliothèque de M. le Baron de Zur-Lauben, à Zoug.

(5) Durſteler, ibid. p. 338. Hottinger Specul. Tigurin. pag. 24-25.

(6) Cet endroit, autrement *Waggelenden Studen*, ou même *Waggelenden Rueden*, ſuivant M. *Durſteler*, eſt encore aujourd'hui la borne qui ſépare les Cantons de Berne & de Lucerne, & le bailliage de *Trachſelwald* de celui de *Williſau*; elle eſt placée au local dit *Grunholz*, dans la paroiſſe d'*Eriſweil*, au bailliage de *Trachſelwald*, qui eſt du Canton de Berne, derrière la commune du village. (*Tſchudii*, Chr. Helvet. Lib. VII. C. XIV. Leu, Dict. Hiſt. de la Suiſſe, T. XVII. pag. 152).

(7) M. Jean Muller, Ingénieur de Zurich, a donné l'empreinte de cet écu dans ſa collection des antiquités de la Suiſſe, troiſième partie n°. XII. pag. 11. Zurich 1775, in-4. en Allemand.
David Koeler avoit déja avant lui fait graver cet écu dans ſes diſſertations numiſmatiques. Voyez auſſi la PLANCHE 209. de nos Tableaux de la Suiſſe.

(8) Leu, ibid. T. VI. pag. 467, & T. XX. pag. 441.

(1) Gottlieb Walther, eſſai pour éclaircir l'hiſtoire du Droit de la Patrie, pag. 143. Berne 1765, in-12. en Allemand, on y trouve la Bulle d'or de 1218.

(2) Le Code provincial de l'Allemannie, dit en Allemand, le miroir de Souabe, contient là-deſſus une déclaration formelle. Chap. 359.

(3) Leu, ibid. T. III. pag. 232.

(4) Stetteler, Chron. de Berne. T. I. p. 277. en Allemand.

(5) Il exiſte des écus de Berne de 1501, avec l'image de Saint Vincent, & les écuſſons de tous les bailliages de ce Canton.

Duc

PITTORESQUES, &c. DE LA SUISSE.

Duc de *Zeringen*, & vers 1670 cette légende, DOMINVS. PROVIDEBIT. On conserve d'anciennes petites pièces d'argent, *bracteates*, frappées à Berne.

La ville de *Zoffingen* (6), ville du Canton de Berne, sur la frontière de celui de Lucerne, exerçoit autrefois le droit de battre monnoie. Elle est appellée dans les actes du moyen âge, *Zophinga*, & en latin *Tobinium*, dont on a fait avec le temps *Tophingen*, *Zobingen*, & enfin *Zoffingen*. En passant sous la domination de Berne en 1415, elle reçut de ses nouveaux maîtres la confirmation (7) de tous les priviléges qu'elle avoit obtenus des Empereurs & de la Maison d'Autriche. L'un de ces principaux priviléges étoit le droit monétaire ; mais c'est le seul dont les *Zoffingeois* ne jouissent plus. Ils tentèrent de le faire revivre en 1720 et 1728, & il parut alors plusieurs imprimés (8) *apologétiques* de ce droit en faveur de *Zoffingen*. Mais Berne, sans nier absolument la prérogative, n'a pas cru devoir permettre à une ville devenue sa vassale l'exercice du droit monétaire. Il est vrai que *Zoffingen* n'en jouissoit que dans l'enceinte de ses murs sous les Empereurs *Carlovingiens*, les *Ottons*, les *Conrad* & les *Frédérics*, & depuis sous la *Maison d'Autriche*. On voit des pièces *Bracteates* de la monnoie *Tobinienne* dans plusieurs (9) Cabinets ; elle paroît avoir été de bas aloi : au moins la Chronique de *Tschoudi* (10) rapporte sous l'année 1332 les plaintes que l'on faisoit alors contre la nouvelle monnoie que les Ducs d'Autriche faisoient battre à *Zoffingen*. Tous les districts voisins refusèrent de la recevoir, même la ville de Lucerne, qui quoique dépendante de la Maison d'Autriche, la fit décrier dans ses marchés publics. Mais les Ducs, ses Souverains, l'obligèrent elle & leurs autres Sujets à la recevoir. Cette contrainte fut l'une des principales causes qui portèrent les Lucernois à faire une alliance perpétuelle avec les trois Cantons d'Uri, de Schweitz & d'Underwalden, le samedi immédiat après la *Saint Martin*, même année 1332.

Lucerne.

LUCERNE (1) obtint en 1418 de Sigismond, Roi des Romains, le droit de battre monnoie. Cette ville avec Zurich fut en 1425 (2) requise par les autres Cantons (excepté Berne), de fabriquer la monnoie en leur place pendant l'espace de cinquante ans. On y a fabriqué depuis beaucoup de monnoie, de différente espèce, des *ducats*, des *écus entiers* & des *demi-écus*, des *pièces de cinq basches*, des *basches entiers* & *demi-basches*, des *schilling* & des oboles. On m'a fait voir un très-ancien teston de Lucerne avec l'image de *Saint Leger*, Patron de la ville, tenant de la main gauche un *vilebrequin*, l'instrument du Martyre de ce Saint. La ville de Lucerne a fait mettre sur sa monnoie en 1622 la légende CONCORDIA. RES. PARVÆ. CRESCVNT. *Si les Etats du Corps Helvétique*, observé un Moderne (3), *eussent été bien pénétrés de cette vérité, les guerres civiles de 1656 & 1712 n'eussent jamais déchiré les entrailles d'une mère qui, après avoir alaité ses treize enfans avec une égale tendresse, leur a toujours présenté l'union fraternelle, comme la source la plus féconde de leur bonheur, de leur conservation & de leur gloire*.

Uri.

CE Canton qui a été le berceau de la Liberté Helvétique, obtint en (4) 1424 de l'Empereur Sigismond le droit de battre monnoie, & depuis cette époque il l'a exercé, & en a fabriqué de différente espèce, savoir des *ducats*, des *écus*, des *basches*, des *demi-basches* & des *schilling*.

Schweitz.

CE pays qui a eu la gloire de donner son nom à la Suisse, & qui a été l'un des trois Cantons fondateurs de la Liberté Helvétique, fut gratifié (5) en 1424 par l'Empereur Sigismond, du droit de battre monnoie, il l'a toujours exercé depuis ce temps ; on voit de ses écus dits *Ecus de Martin*, parce que l'image de ce Saint, Patron du Canton, est empreinte dessus ; il y a aussi des *ducats*, des *basches*, des *pièces de quatre basches*, des *schilling* au coin de *Schweitz*.

---

(6) *Leu*, Dict. Hist. de la Suisse. T. XX. pag. 126-136.

(7) La capitulation de *Zoffingen* vis-à-vis de l'armée Bernoise, est de 1415, le jeudi avant le jour de *Saint George*, qui tombe le 23 Avril, & la reversale de la ville de Berne porte les mêmes dates ; ces deux pièces se trouvent dans l'Histoire de la Suisse par Jean-Rodolphe de *Waldkirch*, T. I. preuves, pag. 24-33.

(8) Détail du droit monétaire de la ville de *Zoffingen* 1721, in-fol. en Allemand, avec une récapitulation imprimée in-4, le tout en Allemand.

Ecrit apologétique ou Réponse défensive aux objections faites jusqu'à-présent contre le droit monétaire de la ville de *Zoffingen*, in-fol. en Allemand.

Exposé qui éclaircit plus au long le droit monétaire de la ville de *Zoffingen* 1728, in-fol. en Allemand.

Sommaire du droit monétaire de la ville de *Zoffingen*, en Allemand.

Déduction des droits *conventionels* de la ville de *Zoffingen* en 1415, imprimé in-fol. en Allemand.

Tous ces Mémoires sont devenus très-rares, on assure que l'Etat de Berne les a fait supprimer.

(9) A *Zoffingen*, dans la Bibliothèque publique, on voit une collection très-curieuse des monnoies *Bracteates* du moyen âge, la plupart de l'ancienne Suisse, & dont beaucoup de la ville de *Zoffingen*.

(10) T. I. pag. 322.

(1) *Cysat*, Chronique manuscrite du Canton de Lucerne, en Allemand, in-fol. en plusieurs volumes ; l'original en est conservé dans la Maison de Ville à Lucerne, il y en a une copie dans la Bibliothèque de l'Abbaye de Saint-Urbain, au même Canton de Lucerne.

Leu, Dict. Hist. de la Suisse, T. XII. pag. 305, &c.

(2) *Tschudii* Chr. Helvet. T. II. pag. 157.

(3) Anecdotes des Républiques, T. I. *Anecdotes Helvétiques*, pag. 151. Paris 1771. in-8.

(4) *Leu*, Dict. Hist. de la Suisse, T. XVIII. pag. 760.

(5) *Leu*, ibid. T. XVI. p. 616.

Underwalden.

Ce Canton est partagé en deux départemens; j'ignore (6) en quelle année il a obtenu le droit monétaire, mais il y a apparence qu'il est fort ancien: on trouve de ses monnoies en or & en argent depuis la fin du quinzième siècle. Le *Haut-Underwalden* a fait frapper depuis 1724 jusqu'en 1746 plusieurs pièces d'or & d'argent, & sur-tout beaucoup de *pièces de cinq baschen* & *des demi-baschen*. Le *Bas-Underwalden* a fait battre monnoie quelquefois séparément, & d'autrefois avec les Cantons d'Uri & de Schweitz.

Zoug.

De tous les Cantons populaires, celui de Zoug a le plus fait frapper de monnoies dans les seizième & dix-septième siècles, particulièrement la ville de ce nom. Sigismond, Roi des Romains, accorda (7) en 1424 à la ville & aux offices extérieurs qui composent la Régence de ce Canton, le droit de battre monnoie. On voit par la transaction (8) monétaire que les anciens Cantons firent entre eux en 1425 (excepté Berne) que le Canton de Zoug requit Zurich & Lucerne de battre monnoie en sa place pendant l'espace de cinquante ans. Depuis la fin du quinzième siècle on voit aux armes de Zoug un grand nombre de pièces de différente forme, des ducats entiers, des demi-ducats, des écus entiers, des demi-écus, des *baschen*, des demi-baschen, des pièces de quatre baschen, des *diken*, des *schilling*, des pièces de trois *kreutzer*, des demi-*kreutzer*, des *rapp* & des *angster* ou oboles; on remarque sur les anciennes pièces les images de *Saint-Michel* & de *Saint-Osuald*, Patrons de la ville, & sur les *schilling* frappés à la fin du dernier siècle & depuis le commencement de 1700, la figure de *Saint Wolfgang*, Evêque de Ratisbonne, Patron d'un district appartenant à la ville de Zoug: sur la plupart des anciennes pièces de ce Canton, on lit pour légende: CVM. HIS. QVI. ODERANT. PACEM. ERAM. PACIFICVS.

Glaris.

On trouve dans la pancarte monétaire publiée en 1627 à Anvers, par ordre du Roi d'Espagne, & dont j'ai fait mention, un *teston de Glaris* de 1611, il offre d'un côté l'image de St. Fridolin, Patron du Canton, vêtu en pélerin, tenant un livre de la main droite & le bourdon de la main gauche; on lit à l'entour: SANCTVS. FRIDOLINVS. 1611. le revers représente la double aigle impériale, une croix entre les deux têtes, & surmontée de la couronne impériale; on lit autour pour légende: MONETA NOVA GLARONENSIS. Toutes les pièces de ce Canton sont très-rares, il n'a exercé le droit monétaire qu'en 1611.

M. Trumpi dit dans sa chronique (9) de Glaris, qu'il n'a vu que de vieux *schilling* de Glaris, tous avec l'image de *Saint Fridolin*, mais M. de Haller qui travaille à une histoire monétaire de la Suisse, cite dans l'essai préliminaire qu'il a publié en 1778 (10) des *ducats de Glaris*: ce Canton est mixte.

Bâle.

Cette ville (1) acheta en 1373, de son Evêque Jean de Vienne, le droit de battre monnoie, l'acte étoit muni du consentement du Haut-Chapitre (2). Depuis cette époque les Bâlois firent fabriquer de la monnoie à l'écu de leur ville, & bientôt après une autre monnoie dont quinze pièces valoient un *florin*, & qui ont la valeur des *baschen* actuels; mais d'autres veulent que la ville de Bâle n'ait commencé qu'en 1533 pour la première fois à fabriquer des pièces dites *baschen* avec les villes de Brisach & de Colmar, ses associées pour l'exercice monétaire. On trouve depuis 1640 des *ducats*, des *florins d'or*, des *écus & demi-écus de Bâle*; depuis 1633 au coin de la même ville, des *dick-pfenninge*, valant dix-sept *schilling* ou sols de Zurich, des pièces de dix *kreutzer* ou *crusches*; depuis 1625 des *plaphart* valant douze *rapp* ou quatre *schilling* de Lucerne, & depuis 1663 des *baschen*, *schilling*, *vierer*, *rapp*, *pfenning* & des *haller*. M. Schoepflin (3) a fait graver une ancienne pièce d'argent sur laquelle on voit d'un côté l'écu de la ville de Bâle avec ces mots gothiques à l'entour: MONETA. PO. BASILIE. c'est-à-dire, MONETA. POPVLI. BASILIENSIS. on observe au revers une croix avec cette légende à l'entour: † SALVE. REGINA. MISER. ce dernier mot signifie MISERICORDIÆ. On sait que l'église cathédrale de Bâle étoit sous l'invocation de la *Sainte Vierge*.

---

(6) *Leu*, ibid. T. XVIII. pag. 650 & 667.
(7) *Leu*, ibid. T. XX. pag. 498 & suiv.
(8) *Tschudii* Chr. Helvet. T. II. pag. 157 & seq.
(9) Pag. 151.
(10) In-12. pag. 18.
(1) *Wurstisen*, Chr. de Bâle, T. I. Liv. IV. Chap. III. pag. 201-202, en Allemand. *Sudani* Basilea Sacra, pag. 277. *Leu*, Dict. Hist. de la Suisse,

T. II. pag. 238.
(2) Composé de Walther de Clingen, Doyen ; Rodolphe Moench, Chantre ; Werner Schaler, Archi-Prêtre ; Rodolphe Froeuwler, Custode ; Conrad Moench, Ecolatre ; Eberhard de Kibourg, &c. ce dernier étoit de la Maison des Comtes de Habspourg-Kibourg.
(3) *Alsatia Illustrata*, T. II. pag. 458. Tab. I.

Fribourg.

Je ne trouve aucune trace du droit monétaire que cette ville doit avoir eu par le *Code* (1) *législatif* que les Comtes de Kibourg ses Souverains, les deux *Hartmann*, oncle & neveu, lui accordèrent le 28 Juin 1249, & dont M. le Baron de *Zur-Lauben* a une copie (2). Il n'est pas vraisemblable, quoiqu'on le prétende, que Fribourg, fondée vers 1179 par Bertold IV. Duc de *Zeringen*, père du fondateur de Berne, & ensuite possédée à titre d'hérédité par la Maison de Kibourg, à l'extinction de celle de *Zeringen* en 1218, ait obtenu des Empereurs le droit de monnoie tant qu'elle resta sujette à des princes particuliers de l'Empire; elle obéit successivement aux Comtes de *Habspourg-Lauffenbourg*, héritiers de la Maison de *Kibourg*, qui vendirent (3) leurs droits en 1277 à l'Empereur Rodolphe, lequel les transmit à ses descendans les *Ducs d'Autriche*. On voit par le *terrier* (4) des possessions de l'Empereur Albert I. dressé en 1303, que la Maison d'Autriche recevoit en monnoie de Lausanne, c'est-à-dire au coin de *l'Evêque de Lausanne*, ses revenus annuels de la ville de Fribourg en *Uchtland*. Ce ne fut qu'en (5) 1414, le vendredi après la *Saint Barthelemi*, que Sigismond, Roi des Romains, accorda à cette ville la liberté de fabriquer la monnoie d'argent grande & petite, en reconnoissance des services qu'il avoit reçus des Fribourgeois, à son retour de la Lombardie lorsqu'il passa par leur ville. Le Pape Martin V. mémoratif de l'accueil respectueux qu'il avoit reçu à Fribourg en allant du Concile de Constance à Rome en 1418, confirma (6) en cette année, la sixième de son Pontificat, le privilége de battre monnoie, que Sigismond avoit ci-devant accordé à la ville de Fribourg. Le Pape Jule II. (7) donna à la même ville en 1508, la faculté de pouvoir fabriquer de la monnoie d'or; elle exerçoit le droit monétaire dans le quinzième siècle. L'image de l'Evêque de Mirre, *Saint Nicolas*, Patron de la ville, se trouve sur ses plus anciennes monnoies d'or, d'argent & de cuivre, à l'écu antique de la ville qui est une *tour crénelée avec son double avant-mur aussi crénelé* sur lequel s'élève une *simple aigle impériale*. Il y a de Fribourg des *ducats*, des *écus*, des pièces de vingt & de dix *Creutzer*, d'autres de trois *creutzer*, des *basches*, des *demi-basches*, des *schilling* & des *creutzer*.

---

(1) En Allemand *die Handfeste*.
Voici la spécification de quelques actes importans de la Chancellerie de Fribourg (T. XVI. *Stemmatographia Helvetia*, pag. 267, 268, 269, 273, 274. msc. *in-fol.* de la Bib. de M. le Baron de *Zur-Lauben*); on n'y trouve aucune trace du prétendu droit monétaire de cette ville avant l'an 1414, époque du privilége de *Sigismond, Roi des Romains*.

I. Diplôme de Frédéric II. Roi des Romains, daté de Haguenau en Septembre 1219, par lequel il accorde sa protection aux bourgeois de Fribourg, & un libre passage par tout l'Empire pour eux, leurs effets & marchandises sur terre & par eau, défendus à chacun sous peine de sa disgrace de les troubler ou charger d'indûs impôts.

II. Pancarte sur huit grandes feuilles de parchemin, datée du 28 Juin 1249, par laquelle Hartman & Hartman, Comtes de Kibourg, oncle & neveu, confirmèrent par serment les droits & priviléges accordés par Bertold ou Berthoud, Duc de Zeringen, Recteur ou Gouverneur de la Bourgogne, à ses Bourgeois de Fribourg en Bourgogne, au temps même de la fondation de cette ville : l'acte contient les droits qu'avoient les Bourgeois de Fribourg d'établir certaines charges, différentes franchises à l'égard & vis-à-vis de leurs Princes mêmes, & les loix fondamentales, Ordonnances de police de cette ville, &c.

III. Hartmann le *jeune*, Comte de Kibourg, accorda en 1253, du consentement des Bourgeois de la ville de Fribourg, les mêmes priviléges dont ils jouissoient, à ceux qui bâtiroient des maisons entre Bourguillon, le Gotteron, & la porte de la ville de l'Auge, & depuis cette porte jusqu'au port, entre le chemin dudit port & celui de la Sarine.

IV. Le même Comte accorda en 1254 les mêmes priviléges à ceux qui bâtiroient près de la Sarine, aussi du consentement de la ville de Fribourg.

V. Acte daté du jeudi, jour de *Saint Hilaire*, 14 Janvier 1263, par lequel les Fribourgeois prennent Rodolphe, Comte de Habspourg, Landgrave d'Alsace, pour leur protecteur, sans cependant vouloir par-là déroger aux droits qu'avoit sur eux & sur leur ville, Anne, fille d'Hartmann, Comte de Kibourg *le jeune*, sa petite cousine (*Baeslin*) aussi bien que le fruit qu'elle portoit. Entre les conditions qui sont contenues en cet acte, la principale est que les châteaux de Laupen & Grafpourg, au cas qu'ils parvinssent à Rodolphe, ce qui pouvoit arriver par la mort de l'enfant à naître de ladite Anne, avant qu'il fût parvenu à sa majorité, ne devroient plus alors leur être contraires, mais plutôt leur prêter secours en cas de besoin, & eux, les Fribourgeois, y avoir libre entrée & sortie; auxquelles conditions ils se voient de leur côté les défendre quand nécessité y seroit. Rodolphe promettoit aussi de ne pas les aliéner sans leur consentement.

VI. Acte passé à Fribourg en la chapelle de Notre-Dame, au commencement de Mars 1275, par lequel Anne de Kibourg, fille de Hartmann & son mari Eberhard de Habspourg, confirment toutes droitures, tous priviléges & coutumes dont jouissent les bourgeois de Fribourg, ci-devant ratifiés par Hartmann le *vieux*, & Hartmann le *jeune*, Comtes de Kibourg, entre autres que lorsqu'eux ou l'Avoyer présideroient au Conseil, personne ne devroit administrer la justice que les vingt-quatre qui auroient prêté serment pour cela.

VII. Diplôme daté d'Arau le 20 Juillet 1274, par lequel Rodolphe, Roi des Romains, prend Fribourg sous sa protection, avec défense à tous ses sujets de les inquiéter ou de leur nuire, soit en leurs personnes, soit en leurs biens, sous peine d'encourir sa plus haute disgrace.

VIII. Diplôme daté d'Arau le 23 Juillet 1275, par lequel Rodolphe, Roi des Romains, exempte les bourgeois de Fribourg, en récompense de leur fidélité, de tous Tribunaux étrangers, lorsqu'ils seront recherchés par autrui, les autorisant alors à soutenir la qualité de *Rées* ou accusés, mais les obligeant à suivre le *for du Rée*, lorsqu'ils seront agresseurs.

IX. Acte donné près de Fribourg en Juin 1289, par lequel Albert & Rodolphe, Ducs d'Autriche, de Stirie, &c. Comtes de Habspourg & de Kibourg, &c. confirment les droits & priviléges accordés aux Bourgeois de Fribourg en Oechtland, par Hartmann *le vieux*, & Hartmann *le jeune*, Comtes de Kibourg, leurs oncles maternels, par Anne de Kibourg, fille du dernier, & son mari Eberhard de Habspourg, leur cousin-germain de père, se réservant, du consentement unanime des bourgeois de Fribourg, la charge d'Avoyer, le droit de patronage de l'église, & autres droits de leur compétence.

X. Même confirmation par Léopold, Duc d'Autriche, donnée à *Chyburg*, c'est-à-dire Kybourg, au mois de Juillet 1308.

XI. Acte daté de *Chyburg*, le jour des Saints Processus & Martinien, le 2 Juillet 1308, par lequel Léopold, Duc d'Autriche, se dessaisit du droit que Rodolphe & Albert, Ducs d'Autriche, s'étoient réservé touchant la nomination de l'Avoyer & des Membres du Conseil, & le droit de patronage qu'il rend aux Bourgeois de Fribourg.

XII. Charte datée du lendemain de *Saint Jean-Baptiste*, 1327, par laquelle Albert, Duc d'Autriche, &c. Comte de Habspourg & de Kibourg, ratifia les priviléges accordés par les deux Hartmann, Comtes de Kibourg, & par Eberhard, Comte de Habspourg, lesquels sont contenus dans le *Handveste*. Il consentit de plus que les deux foires qui se tenoient à Fribourg pendant trois jours chaque année, dureroient désormais pendant cinq jours.

(2) *Helvetica Carta*, T. I. pag. 701-722, msc. *in-fol.*

(3) *Annales Dominicanor. Colmariens. ad an. 1277. pag. 13. apud Urstisium inter Germania Historicos Illustres*. T. II. Francofurti 1670. *in fol.*

(4) *Monumenta Helvetico-Tugiensia*, T. IV. pag. 47. msc. *in-fol.* à Zoug, dans la Bibliothèque de M. le Baron de *Zur-Lauben*.

(5) M. le Baron d'*Alt*, Hist. des Helvétiens, T. II. p. 457-458. Fribourg en Suisse 1749, *in-*8.
Leu, Dict. Hist. de la Suisse, T. VII. p. 389.
Extraits diplomatiques des principaux actes anciens de la ville de Fribourg en Suisse, dans le seizième volume du manuscrit *Stemmatographia Helvetia*, p. 279. *in-fol.* en la bibliothèque de M. le Baron de *Zur-Lauben*.

(6) Hist. des Helvétiens par M. le Baron d'*Alt*, Avoyer de la ville de Fribourg, T. III. p. 162. Fribourg en Suisse 1749, *in-*8.

(7) Caspar *Lang*, Hist. Ecclés. de la Suisse, T. I. pag. 977 & 978, *in-fol.* en Allemand, &c.

Soleure.

François *Haffner*, Chancelier de cette ville, a inféré dans sa Chronique (1) le Diplôme par lequel l'Empereur Charles IV. étant à Francfort en 1363, le mercredi après la *Saint Barthelemi* qui tombe le 24 Août, déclara que les Empereurs ses prédécesseurs avoient hypothéqué pour une somme d'argent à défunt noble Ulric d'*Arbourg* & à ses descendans & héritiers le *droit de monnoie en la ville de Soleure* ; par le même Diplôme ce Prince transféroit ce pouvoir à noble Pierre de *Torberg*, en récompense de ses services & de ceux que ses ancêtres avoit rendus à l'Empire ; Charles lui hypothéquoit ce droit pour deux cent marcs d'*argent fin*, au poids *de Bâle*, avec la réserve du droit de retrait pour la même somme ; dans la suite le même Chevalier Pierre de *Torberg* vendit (2) son droit monétaire pour une pareille somme à l'Avoyer, au Conseil & aux Bourgeois de Soleure pour en jouir aux termes du Diplome de l'Empereur Charles IV. L'acte porte aussi que la ville de Soleure avoit exhibé des patentes impériales, (sans doute celles (3) de l'Empereur *Louis de Bavière* de l'an 1340) par lesquelles elle avoit obtenu le droit de rédimer & d'acquérir tous les biens & toutes les rentes de l'Empire que lui ou les Empereurs ses prédécesseurs avoient hypothéqués. Le contrat de vente du droit monétaire par le Chevalier Pierre de *Torberg*, est daté de Berne en 1381 le jeudi immédiat après le jour de *Sainte Verene*, qui tombe au premier Septembre. Parmi les témoins sont Cuno de *Seédorff*, Avoyer de Berne, Hemmann *Saffacon*, Avoyer de Surfée, Jacques de *Sefftingen*, Jean de *Krouchthal*, Jean de *Diesbach*, &c. Jean *Mulerron*, & Jean *Matter*, Bourgeois & du Conseil de Berne. On a des vieux *testons* de Soleure avec l'image de *Saint Ours*, Patron de la ville ; il y a plusieurs pièces d'or & d'argent au coin de Soleure des quinze, seize, dix-sept & dix-huitième siècles. Cette ville (4) a fait frapper des ducats, des écus, des *dicken*, des pièces de trois *creutzer*, des demi-*basches*, des creutzer, des pièces d'argent de cinq *basches* & de dix *basches*.

Schaffhausen.

L'Empereur (5) Henri III avoit déja accordé en 1045 à Eberhard, Comte de *Nellenbourg*, le droit de battre monnoie dans le bourg de Schaffhausen, & ce Comte céda ce droit à l'Abbaye de *Tous-les-Saints*, Ordre de Saint-Benoît, qu'il fonda au même endroit en 1052. L'Abbé & le Monastère de *Tous-les-Saints* abandonnèrent en 1333 leur droit monétaire à la ville de Schaffhausen pour une rente annuelle ; en 1424, les villes de Zurich, de Schaffhausen & de Saint-Gall firent entre elles un règlement pour battre (6) monnoie sur un pied uniforme. Il existe au coin de Schaffhausen des monnoies de différentes espèces, anciennes & nouvelles, des ducats, des écus, des doubles écus, des demi-écus, des pièces de quatre *basches* qui valent huit *beemsch* & demi, des *basches*, qui valent seize *pfenning*, des *beemsch* qui font douze *pfenning* & des *pfenning* qui valent deux oboles ou *heller*.

Appenzell.

Appenzell-intérieur, Catholique, Canton ; on n'y (7) a point battu de monnoie avant 1737 & 1738 : ce fut alors qu'on commença d'y frapper des ducats, des pièces de quinze, de six & d'un *creuzer*, & des pièces valant un *demi-florin*.

L'Abbé de Saint-Gall.

Depuis qu'Ulric, Baron de Sax ou de *Hohen-Sax*, Abbé de Saint-Gall, fut élevé à la dignité de Prince d'Empire par Philippe, Roi des Romains, à la diète tenue à Bâle en 1204, les Abbés, ses Successeurs, ont joui du droit monétaire.

Ville de Saint-Gall.

C'est une (8) tradition fabuleuse, qui avance que l'Empereur Otton *le grand* a donné en 969 à la ville de ce nom le privilège de battre monnoie ; on prétend que les plus anciennes pièces de cette ville portoient d'un côté pour légende, Soli Deo Gloria avec l'Aigle Impériale, & au revers l'image de *Saint Gall* avec ces mots S. *Gallus*. On a depuis l'an 1500, au coin de cette ville, des *ducats*, des pièces de trois *ducats*, des *florins*, des *dicken*, des *basches*, demi-*basches*, des doubles-*basches*, des écus, des demi-écus, des pièces de quinze *creuzer* & de trois *creuzer*, des *pfenning*, des *heller* ou *oboles*. Il y a de vieux *testons* de la ville de Saint-Gall, de 1513. En 1424 (9), les villes de Zurich, Schaffhausen & de Saint-Gall arrêtèrent entre elles par un règlement qu'elles battroient monnoie pour leur usage sur un même pied.

En 1451 (10), l'Empereur Frédéric III ou IV étant à Gretz le 30 Novembre, accorda entre autres graces à la ville de

---

(1) Partie II. p. 117-118 & 135. en Allemand.
(2) Haffner, ibid. p. 118-120.
(3) Le même, ibid. p. 101 & 132.
(4) Leu, Dict. Hist. de la Suisse, T. XVII. p. 342.
(5) Leu, ibid. T. XVI. p. 246.
(6) Des *Staebler*, *Angster*, *Pfenning* & *Plappert*. Voyez Bluntschli, *Memorabilia Tigurina*, p. 296.
(7) Leu, ibid. T. I. p. 291. Faesi, Descript. Topog. de la Suisse, T. III. p. 102.
(8) Leu, ibid. T. VIII. p. 198.
Haltmeyer, Chronique de la ville de Saint-Gall. p. 31. Saint Gall 1683, in-8. en Allemand avec fig. Le prétendu diplôme monétaire donné par l'Empereur Otton I. en 969, est cité dans cette Chronique, Haltmeyer écrit que ce privilège a été depuis renouvellé par plusieurs Empereurs.
(9) Haltmeyer, ibid. p. 126.
(10) Haltmeyer, ibid. p. 141-142.

Saint-Gall, le droit de régler sa monnoie. En 1608 (7) il se tint une conférence entre les Députés du Canton d'Appenzell, de l'Abbé & de la ville de Saint-Gall pour régler la monnoie & obvier aux abus énormes qui s'étoient glissés dans le cours des petites *espèces*.

Grisons.

Les *trois Ligues Grises* (8) ne font point battre monnoie quoiqu'elles en aient le droit, mais de temps à autre elles règlent le cours des monnoies étrangères qui s'employent dans leur pays; on y fait aussi usage de la monnoie frappée par ordre de l'Evêque & de la ville de Coire & au coin du Baron de *Haldenstein*. Cette monnoie comprend différentes *espèces*, savoir, des écus, des pièces de dix *creuzer*, des *basches*, *demi-basches*, des pièces de trois *creuzer*, des *schilling*, des *creuzer*, des *pfenning*, des pièces de deux *pfenning*, des *heller*, mais sur-tout beaucoup des *bluzger* dont quatre font un *schilling* ou un *grosche* d'Empire, & soixante & dix, un *florin*. J'ai parlé ailleurs du droit monétaire attaché à la Baronnie de *Haldenstein*, voisine de la ville de Coire. J'ai vu des testons d'argent de Thomas, Baron d'*Ehrenfels* de la Maison de *Schauenstein*, Seigneur de *Haldenstein*, avec son effigie en cuirasse & son écusson. Au revers de ces pièces l'on voit la double Aigle Impériale, surmontée de la Couronne Impériale. On lit à l'entour : SUB UMBRA ALARUM TUARUM. Ce Baron avoit acheté la Seigneurie de *Haldenstein* au commencement du dix-septième siècle. Il y a des *ducats* & des *doubles ducats* de la ville de Coire. On trouve des pièces d'or de sept *ducats* de Pierre *Rascher*, Evêque (9) de Coire, qui avoit obtenu en 1582 de l'Empereur Rodolphe II la confirmation des privilèges de son Evêché. Il y a aussi des pièces de quatre ducats, des ducats simples, des écus, des florins d'or, des testons d'argent de Jean *Fluog d'Aspermont*, Evêque de Coire, qui siégea depuis 1601 jusqu'à sa résignation en 1627. On voit aussi des ducats, des pièces de dix & de quatre ducats, au coin de Joseph-Benoît, Comte de *Rost*, élu Evêque de Coire en 1728.

Le Vallais.

L'Evêque (10) de Sion, qui porte les titres de *Prince du Saint-Empire Romain*, *de Préfet & Comte du Vallais*, exerce seul dans ce pays le droit monétaire, mais avec le consentement préalable des sept Dizains de la République du Vallais, c'est le *Land-Raht*, ou Conseil général de l'Etat qui fixe le temps, la forme & le prix de la monnoie. J'ai vu des quarts d'écu de Nicolas *Schiner*, Evêque de Sion en 1496, & de son neveu le fameux Cardinal de Sion, Mathieu *Schiner*. On m'a montré une monnoie d'Adrien de *Riedmatten*, Evêque de Sion, en date de 1542; elle offre d'un côté Saint Théodore, autrement *Théodol*, Evêque de Sion, armé d'un glaive & ayant à ses pieds le diable tenant une cloche avec cette légende. S. THEODOL. PATER. PATRIE. On m'a assuré qu'il y avoit des *ducats* de Hildebrand de *Riedmatten*, Evêque de Sion en 1594. Les *basches*, *demi-basches*, pièces de cinq *basches* & les *creuzer* du Vallais ont aussi cours dans plusieurs districts de la Suisse.

Mulhausen.

M. *Schoepflin* dit dans son histoire (11) d'Alsace qu'il n'existe aucun diplôme qui constate la concession du droit de monnoie accordé à la ville de ce nom, mais que depuis sa séparation du Corps Germanique & son adjonction à l'alliance des Suisses, devenue par-conséquent libre, elle a fait battre des écus. Ce fut en 1622 qu'elle érigea dans son enceinte un hôtel de monnoie, & qu'elle fabriqua des écus de différente forme, qui n'eurent aucun cours dans les pays Autrichiens circonvoisins. En général les petites Républiques éprouvent, à leur préjudice, que la fabrique de la monnoie leur est peu utile. M. *Schoepflin* a fait (12) graver sur un écu de Mulhausen, on y voit sur un côté un aigle à deux têtes, éployé, couvert d'une couronne fermée, en forme de bonnet, avec un cercle au milieu duquel est une demi-fleur de lys. On lit à l'entour: EX VNO. OMNIS. NOSTRA. SALVS. Au revers paroît un lion tenant avec la patte droite le globe de l'Empire, & avec la gauche l'écu de Mulhausen à une roue de moulin. On lit dans le contour: MONETA. NOVA. MILHVSINA. 1625. Il y a aussi de ces écus des années 1621 & 1623. On trouve des vieux sols qui offrent une demi-roue de moulin, *parti* d'un demi - aigle, & au revers une croix avec la même légende qu'on voit sur les écus. La roue de moulin fait allusion au nom Allemand de *Mulhausen*, *la maison du Moulin*, & en 1512 cette ville obtint du Cardinal Mathieu *Schiner*, Légat du Saint-Siége en Lombardie, en reconnoissance des services signalés qu'elle avoit rendus avec les Suisses à l'Eglise Romaine, de porter dans ses drapeaux & bannières l'image du Proto-martyr Saint Etienne & de pouvoir changer en *or* ou dans ses armes la roue de moulin qui étoit auparavant de *gueules*. Le Pape Jules II confirma l'année suivante cette concession. On conserve encore dans les archives de la ville le drapeau ainsi armorié.

---

(7) Haltmeyer, ibid. p. 570-571.
(8) Leu, Dict. Hist. de la Suisse, T. IX. p. 69-70 & 189.
(9) Adam-Frédéric *Glaffey* a rapporté dans son recueil (*anecdotorum S. R. I. Historiam ac jus publicum illustrantium Collectio*, pag. 503-504. *Dresda & Lipsia* 1734. in-8.) le diplôme en Allemand, par lequel l'Empereur Charles IV. étant à Nuremberg en 1360, accorda à *son cher Prince & Conseiller intime* Pierre Evêque de Coire & à ses successeurs le droit de faire battre des *Haller* dans l'étendue de son Evêché, pourvu que ces *Haller* fus-

sent sur le pied de la monnoie de ce nom que Marquard Evêque d'*Augsbourg* faisoit battre en cette ville.
(10) Leu, Dict. Hist. de la Suisse, T. XIX. p. 140.
Faesi, Descript. Topog. de la Suisse, T. IV. p. 285.
Voyez plusieurs anciennes monnoies du Vallais, au n°. 214 des PLANCHES.
(11) *Alsatia illustrata*, T. II. pag. 423.
(12) Ibid. pag. 458. Tab. II.

Bienne.

Cette République, alliée des Suisses, n'a jusqu'à-présent, à ce que je crois, fait battre aucune monnoie à son coin, & je ne vois aucune trace de son droit monétaire dans le règlement (13) qui termina le 14 Juillet 1610 ses différends avec son ancien Souverain l'Evêque de Bâle, & qui fixa en même temps leurs prétentions réciproques.

Genève.

Les Evêques (14) de cette ville avoient comme *Princes d'Empire*, le droit monétaire; on voit des *espèces* frappées en 1300 au nom de *Martin*, Evêque de Genève. Il faut que la ville ait exercé ce droit aussi anciennement. On trouve de vieilles pièces, ayant d'un côté l'image de *Saint Pierre*, Patron de la ville, & au revers une croix avec la légende, GENEVA CIVITAS. En 1535 après le changement de Religion, la ville fit frapper des monnoies avec l'écu de ses armes, ayant au revers pour (15) légende, POST TENEBRAS LVCEM. On en a d'autres avec la légende, DEVS NOSTER PVGNAT PRO NOBIS. D'autres enfin avec le saint Nom de JESUS. I. H. S. & la légende, MIHI SE SE FLECTET OMNE GENV. En 1590, pendant la crise d'alors on battit à Genève des pièces de cuivre de douze sols; depuis 1602 on trouve des pièces de six sols. En 1623 on y fabriqua pour la première fois des écus. On voit aux armes de cette ville des ducats, des doubles ducats, des pièces de quatre ducats, des *pistoles*, des doubles *pistoles*, des écus, des doubles écus, des demi-écus, des pièces de vingt-quatre sols, & des *dicken*. On frappe à Genève de la petite monnoie ou sols de cuivre, qui n'a aucun cours dans la Suisse: on y bat aussi des pièces de dix & vingt *creutzer* comme à Berne. Un *florin* de Genève vaut trois *basches*. Au reste on y fabrique toutes sortes d'*espèces* en or, des demi-*pistoles*, & des *pistoles entières*, dont la valeur est d'un *louis d'or neuf*.

Neuchatel.

Le Comte (16) Souverain de Neuchatel & de Vallangin jouit du droit monétaire. Je trouve des espèces frappées au nom de Léonor, Duc de Longueville, Comte de Neuchatel en 1570; des pièces de Henri, Duc de Longueville, Comte de Neuchatel, qui mourut en 1595, de Henri d'*Orléans* son fils, de Marie Duchesse de Nemours, dernière Comtesse de Neuchatel de la Maison de Longueville, qui décéda le 16 Juin 1707, de Frédéric I, Roi de Prusse, qui fut proclamé le 3 Novembre 1707 Comte Souverain de Neuchatel & de Vallangin, & des Rois ses Successeurs jusqu'à Frédéric II dit *le Grand* glorieusement régnant. J'ai vu des ducats, des écus, demi-écus & quarts d'écus, des *basches*, demi-*basches*, des pièces de quatre & cinq *basches*, & des *creutzer* de ce même Comté. Ce fut en (17) 1337 que Louis, Comte de Neuchatel, obtint de l'Empereur Louis IV de Bavière la faculté de battre monnoie, & comme celle qu'il fit fabriquer étoit de bas aloi & que la ville de Berne ne la vouloit pas recevoir, le Comte en porta ses plaintes à l'Empereur. Piqué du procédé des Bernois & autorisé par l'Empereur, il s'allia avec les Comtes, Barons & Nobles du voisinage, & prit les armes pour se venger du refus, mais la perte de la bataille de Laupen que les Bernois gagnèrent en 1339 l'accabla d'un cruel revers.

Evêque de Bâle.

Le Roi des Romains, Conrad III, étant à Ratisbonne le premier Juin 1149, accorda à *Ortlieb*, Evêque de Bâle, & à ses Successeurs, le droit de battre monnoie, avec défense à qui que ce soit de la contrefaire dans l'étendue de l'Evêché de Bâle. Le Monarque rappelloit dans le diplôme (18) les services importans qu'*Ortlieb* lui avoit rendus, même au péril de sa vie. Cet Evêque l'avoit accompagné en 1148 dans la Croisade de la Terre-Sainte. Otton de Frisinge célèbre (19)

---

(13) Leu, Dict. Hist. de la Suisse, T. IV. p. 23-44.
(14) Leu, ibid. T. IV. p. 23-44. Spon, Hist. de Genève, T. I. p. 57 & suiv. 264, 265 & 377. Genève 1730, in-4. fig. Les Evêques de Genève étant Princes Souverains, avoient incontestablement le droit monétaire.
(15) Cette inscription est relative à l'idée exaltée que les premiers Réformateurs avoient de leur nouveau système de religion; un Catholique-Romain y substitueroit celle-ci, POST LVCEM TENEBRÆ.
(16) Leu, ibid. T. XIV. p. 85. Ce fut en 1347 que l'Empereur Charles IV, ayant besoin d'argent, vendit à Louis, Comte de Neuchatel, les droits de *Regales* que les Empereurs avoient sur ce pays, savoir de battre monnoie d'or & d'argent, d'établir les péages & la justice souveraine; il lui vendit aussi les droits qu'il avoit sur le *Vaux-Travers*, le péage, la chasse, & les *hommes royaux*, l'Empereur ne s'étant rien réservé sur le pays, tellement que le Comte Louis acquit par ce moyen la Souveraineté & que les droits de l'Empereur sur Neuchatel furent réduits au simple hommage. *Histoire abrégée du Comté de Neuchatel & de ses dépendances*, par George de Montmollin, Conseiller d'Etat & Chancelier du Comté de Neuchatel. msc. in-4. p. 32. Le Jésuite Steyerer a rapporté dans l'Histoire d'Albert II. Duc d'Autriche, (*pag.* 287-288) un acte latin daté de Vienne, le 9 Août (*nonis Augusti*) 1359, par lequel Rodolphe, Duc d'Autriche, considérant ses frères les Ducs Frédéric, Albert & Léopold, tous les services de fidélité & d'utilité que leur ont rendus & à leurs prédécesseurs, leur cousin Louis *Comte de Neuchatel sur le Lac* & ses ancêtres, (*Magnificus Ludovicus Comes Novi castri superlacu , noster consanguineus , ejusque Progenitores*), & étant informé que ce Comte avoit autrefois vendu pour deux mille florins au défunt Duc d'Autriche, Albert, son père, le château *du Landeron*, Diocèse de Lausanne , (*Castrum dictum de Landen*) fit le don du fief de ce château & de ses dépendances au Comte Louis & à tous ses héritiers de l'un & de l'autre sexe , ainsi que du Comté de *Balaigue*, (*per Belam aquam*) qui est entre *les Clées* ou *Escléez*, & Joigni ou *Joignt* (qui *inter Cletas & Joggni Situatur*); il lui donna aussi en arrière-fief le droit de battre monnoie d'or & d'argent dans sa ville de Neuchatel (*in Opido seu bungo Novi castri*) lequel droit ledit Comte Louis tenoit en fief du *Saint-Empire*, & que l'Empereur Charles IV avoit conféré au défunt Duc d'Autriche *Albert*, sur les instantes prières du susdit Louis Comte de Neuchatel.
(17) Tschudii Chr. Helvet. T. I. pag. 346 & seq.
(18) Ce diplôme , en latin, a été publié pour la première fois par le savant Jean-Jacques Mascou (*Commentarii de rebus Imperii Romano-Germanici sub Lothario secundo & Conrado tertio* p. 353-355. *Lipsiæ* 1753, in-4.) Chrétien *Wurstisen* en avoit fait mention dans sa Chronique de Bâle. T. I. Liv. II. Chap. 15. p. 113. dernière édition de 1765, in-fol.
(19) *De Gestis Friderici I. Imper. Lib. I. Cap.* 58 & 59. p. 442-443. *Inter Germaniæ Historicos illustres ab Urspiso editos* T. I. Francofurti ad Mænum 1670, in-fol.

PITTORESQUES, &c. DE LA SUISSE.

l'attachement de ce Prélat à la personne de ce Prince. Il existe (20) des monnoies d'argent de l'Evêque de Bâle, ayant d'un côté autour d'une croix la légende, CHVONRADUS REX, & de l'autre le monograme de ce Prince avec ce mot : BASILEA. *Wurstisen* (21) & *Schoepflin* (22) ont fait graver plusieurs anciennes monnoies des Evêques de Bâle. J'ai vu des ducats, doubles ducats, écus, demi-écus, pièces de cinq *basches*, des demi-*basches* des divers Evêques de Bâle depuis 1654. On trouve des sols ayant d'un côté l'image de Saint *Ursicin*, Patron du Chapitre & de la petite ville de ce nom dans la principauté de l'Evêque de Bâle; le Saint couvert d'une étole, tient une église dans la main droite & un bouquet de fleurs dans la gauche : Saint Ursicin avoit été de l'ordre de Saint Benoît, aussi paroit-il ici tonsuré comme un moine ; on lit à l'entour de cette pièce : SANCTVS. VRSICINVS : on remarque au revers un double aigle Impérial, éployé, ayant la couronne Impériale au-dessus des deux têtes, avec cette légende au contour, MON. NOVA. I. C. EP. BAS. On observe au bas l'écusson de l'Evêque de Bâle entre les chiffres 1717. Cette monnoie fut frappée par ordre de Jean Conrad, Baron de *Reinach*, Evêque de Bâle. Jusqu'à-présent l'histoire numismatique de la Suisse n'a pas été traitée; M. de *Haller*, de Berne, propose au public l'*Histoire monetaire* du Corps Helvétique; les peines qu'il s'est données pour se procurer les pièces les plus rares, tant anciennes que modernes des Cantons & de leurs Alliés, les recherches qu'il a faites dans les cabinets & particulièrement à Paris dans celui des médailles du Roi, & les observations dont il les a accompagnées, ne laisseront rien à désirer sur cette partie de l'Histoire de la Suisse. M. *de Haller* a indiqué d'avance dans un de ses ouvrages (23) les principales collections étrangères, dans lesquelles on trouve des médailles concernant la Suisse. *Luck* (24) est très-estimable & fort rare; le *Thesaurus numismaticus* (25) en latin & en Allemand, renferme des médailles assez curieuses. *Koehler* (26) a donné un ouvrage immense avec d'excellentes explications; *Lochner* (27) l'a imité, mais il n'a pas eu le même succès; le *Museum Mazzuchelianum* (28) n'a pour objet que les médailles frappées en l'honneur de Savans & d'autres personnes de grand mérite. Ces Auteurs ont tous donné en même-temps les copies des médailles qu'ils expliquent. *Spies* (29) fournit aussi quelques bonnes notices, sur-tout au sujet de la médaille (30) frappée par ordre du Roi Henri IV, sur l'alliance renouvellée avec les Suisses en 1602. De *Bie*, dans sa *France métallique* (31), a donné plusieurs médailles sur des évènemens de l'Histoire Helvétique, mais elles sont très-suspectes. On trouve aussi un nombre de médailles de la Suisse dans le catalogue d'un cabinet (32) à Nuremberg. *Madai* (33) a donné une liste très-considérable des écus (*thaler*) frappés en Suisse, & *Koehler* (34) une pareille des ducats & des écus d'or.

REVENUS DES CANTONS.

En général (1) les revenus des Cantons & ceux des autres Etats du Corps Helvétique proviennent de différentes branches, savoir des terres ou domaines du Souverain, des dîmes, des cenfes foncières, des péages, des deniers de collecte ou de taxes, & des amendes ; au reste le détail de ces branches & leur appréciation sont subordonnés à la puissance plus ou moins étendue des Etats & à la forme du gouvernement. Dans quelques Etats il n'y a ni dîmes, ni cenfes foncières, les péages n'y sont non plus que d'un foible rapport, parce qu'on ne peut les hausser; il y a même quelques Cantons qui ne peuvent presque faire face aux dépenses de l'administration publique que par des taxes personnelles. Mais les Cantons les plus riches sont ceux où fleurit le commerce, la recette des douanes y est nécessairement considérable, les droits du *barrage* & les autres péages soit sur l'importation, soit sur l'exportation, y sont aussi d'un grand produit.

Les Suisses (2), tant dans les Cantons *Aristocratiques* que dans les Cantons *Démocratiques*, doivent toujours être considérés comme un peuple libre ; aussi observons-nous qu'ils sont toujours armés, qu'ils se rassemblent toutes les fois qu'on leur annonce qu'il faut marcher, que ceux qui un jour ont été des Laboureurs, sont le lendemain des soldats, & que les Magistrats ne leur fournissent ni les armes ni l'habillement. On ne peut les charger de capitations, ni d'aucun autre impôt considérable. En général les Cantons ont tant d'égards pour leurs sujets, qu'ils se contentent des *Régales* ordinaires appropriées par-tout au Souverain, sans les charger d'aucun impôt trop onéreux. Dans plusieurs Cantons les sujets payent respectivement à l'étendue, à la qualité & au commerce du pays; il n'y auroit pas moyen d'exiger d'eux les mêmes impôts qui sont établis en Hollande & ailleurs, ils ne pourroient jamais les supporter.

Si l'on veut supputer les richesses d'un Etat, comme celles d'un particulier, en comparant le revenu avec la dépense, quelques-uns des Etats du Corps Helvétique ne seront pas censés *pauvres* ; leurs revenus annuels, quoique médiocres,

---

(20) *Wurstisen*, Chr. de Bâle, ibid. p. 113. *Schoepflin Alsatia Illustrata*, T. II. Tab. I. p. 458.
(21) Ibidem.
(22) Ibidem.
(23) Conseils pour former une Bibliothèque Historique de la Suisse, pag. 80-82.
(24) *Sylloge numismatum* 1620. *in-fol.*
(25) *Thesaurus numismatum modernorum* 1700-1709, *in-fol.*
(26) Historiche munzbelustigungen, c'est-à-dire, Amusemens historiques sur les monnoies 1729, & années suivantes, en vingt-deux volumes *in-4*. indépendamment de deux volumes de régistres.
(27) Samlung merkwurdiger medaillen, c'est-à-dire, Collection des Médailles remarquables, 1737 & années suivantes, *in-4*. en huit volumes.
(28) 1761, *in-fol.* deux volumes.
(29) Kleine beytraege, &c. ou courtes additions pour le progrès de la connoissance des monnoies. Anspach 1765 & années suivantes, en quatre parties *in-8*.

(30) M. le Baron *de Zur-Lauben* a aussi donné l'explication de cette médaille dans l'*Histoire Militaire des Suisses*, T. VI. p. 264-265. Paris 1752, *in-12*. Voyez parmi les Tableaux de notre Ouvrage, la *Planche seconde* des médailles sur la Suisse conservées au Cabinet du Roi, n°. 91.
(31) Paris 1634. *in-fol. fig.* Mezerai a aussi rapporté plusieurs médailles suspectes sur la Suisse, dans son Histoire de France. Edit. de Paris, Guillemot 1646, *in-fol.*
(32) Spécification d'un cabinet de monnoies, 1769, *in-8*. en Allemand.
(33) Cabinet complet de *Thaler* ou d'écus, 1765, & années suivantes, trois volumes *in 8*. & deux autres en supplément, ouvrage écrit en Allemand.
(34) Cabinet complet de *Ducats*, 1759, *in-8*. deux volumes en Allemand.
(1) *Fuessli*, Descript. Topog. de la Suisse, T. I. pag. 40.
(2) L'Etat & les Délices de la Suisse, T. I. p. 415-459. Edition de Bâle 1764. *in-12*.
Foesi, Descript. Topog. de la Suisse, T. I. pag. 220 223.

font pourtant plus grands que leurs dépenses : ainsi ces Etats peuvent chaque année économiser une petite somme, qui par une longue suite de temps monte à la fin à un tréfor considérable. Quand je dis qu'il y a des Républiques *Suisses* que l'on ne doit pas appeller *pauvres*, j'entens celles qui ont des villes : il n'en est pas ainsi des Cantons populaires qui ont des revenus publics trop modiques. Quand ils viennent à avoir besoin d'argent, ils se taxent eux-mêmes par des contributions volontaires, à proportion de ce qu'il leur faut. Le tréfor de ces Cantons n'est jamais considérable, parce qu'il n'y a presque point de commerce chez eux, que les arts & les sciences n'y fleurissent encore que foiblement, que leurs Etats ont peu d'étendue, & que la forme du Gouvernement *Démocratique* ne leur permet de lever sur le peuple aucune contribution. De plus, comme l'observent très-bien les Auteurs de l'*Etat & des Délices de la Suisse*, les peuples de ces Cantons ne se piquent pas d'être opulens, ils ne pensent pas même à acquérir des richesses, ils préfèrent la Liberté dont ils jouissent à tous les autres biens ; contens de ce qu'ils possèdent, ils ne cherchent ni à faire des courses sur leurs voisins, ni à aggrandir leurs Etats. L'ancienne maxime des Etats populaires étoit ce proverbe : *plus nous aurons du terein, plus il faudra faire des hayes pour l'entourer*; ces Cantons ont cet avantage, que leur pays se défend par lui-même des ennemis qu'il pourroit avoir ; sa situation est semblable à celle que donne Quint-Curce (3) à la Cilicie. *Les endroits par où on peut y entrer sont difficiles & étroits, les troupes qui entreprendroient de les forcer seroient d'abord écrasées par les pierres qu'on ne feroit que laisser rouler sur elles du haut des montagnes*. En un mot quiconque essayeroit de soumettre ces Cantons, risqueroit infiniment plus qu'il ne pourroit acquérir : outre qu'on ne peut pas se promettre de les soumettre facilement, ils seroient encore en état de prendre les armes le matin à l'approche de l'ennemi, de le tailler en pièces ou de l'écraser, & de retourner le même jour à la charrue. Quand je parle des revenus des Cantons populaires, je n'entends pas donner une idée bien différente de ceux des Républiques des Ligues Grises & du Vallais. La Démocratie de ces Gouvernemens est exposée à la même disette de finance ; il s'y trouve à la vérité des particuliers riches & aisés, mais l'Etat est généralement pauvre.

Il y a trois Cantons Catholiques, Lucerne, Fribourg & Soleure, qui ont chacun des revenus publics assez considérables, mais on prétend qu'après qu'ils ont fait les frais annuels de leur Gouvernement, ce qui entre dans le tréfor public ne forme pas une somme bien grande ; & il est aisé de le penser quand on pèse tous les secours que l'Etat donne dans les évènemens malheureux, & quand on calcule les dépenses extraordinaires soit en bâtimens publics soit pour les autres objets de nécessité : d'ailleurs dans ces Cantons ainsi que dans les autres Etats Catholiques de la Suisse, les plus grands revenus appartiennent au clergé & aux moines. Ce que les huit premiers Cantons tirent annuellement des bailliages de la Turgovie, du Comté de Sargans, &c. qu'ils possèdent par indivis, est à peine l'équivalent des frais qu'ils sont obligés de supporter dans la gestion de ces bailliages, en reparations de bâtimens publics, en commissions & perquisitions judiciaires, &c. M. *Faesi* nous a donné un tableau de cette recette avec celui de la dépense, pendant les années 1762 & 1763.

Il faut observer que les revenus des Cantons *Réformés* sont plus grands, à proportion, que ceux des Cantons *Catholiques*, & cela ne doit pas étonner, car ils sont aujourd'hui possesseurs des biens de l'Église, dont ils se saisirent au tems de la réformation. C'est sans doute à raison de cette différence que les Cantons *Catholiques* sont moins puissans en *Suisse* que les Cantons Réformés ; les premiers n'ont que des revenus modiques, dont la majeure partie est appliquée à l'entretien des édifices publics, à l'artillerie, à la réparation des fortifications, & aux autres dépenses nécessaires de l'Etat. Il y a même dans ces Cantons ou dans les bailliages immédiats, des Abbayes & des Couvens qui jouissent seuls de plus grands revenus que la République, & l'on se fait encore scrupule dans ces Cantons, de faire contribuer ces riches maisons aux besoins de l'Etat, même dans ses plus grandes nécessités ; on en vit la preuve dans la dernière guerre civile de 1712. Chez les *Réformés*, au contraire, la recette excède toujours la dépense, depuis que l'Etat, comme je l'ai observé, s'est enrichi des biens des Eglises & des Couvens ; il est vrai que de ces biens *ecclésiastiques* les *Réformés* entretiennent leur Clergé, & qu'ils en employent aussi une partie en aumônes publiques, mais cette dépense ne monte pas, à beaucoup près, au revenu qui en provient.

Bâle & Schaffhausen, quoique d'une petite étendue, sont pourtant par leur commerce plus riches à proportion que les trois Cantons de Lucerne, Fribourg & Soleure, mais les deux Cantons que l'on peut, à proprement parler, appeller riches, en comparaison des autres, sont *Zurich & Berne*, le premier sur-tout par l'avantage de son commerce, & à proportion de son territoire, quoique dans le fond le revenu de Berne soit le double de celui de *Zurich*, si on a égard à sa vaste étendue.

Les revenus du Canton de *Berne* proviennent en partie des terres ou domaines du Souverain, en partie des dîmes des fruits que les autres terres produisent ; en troisième lieu, d'une certaine charge sur les biens ruraux qu'on appelle *Censes foncières*, en quatrième lieu des péages pour les marchandises, & en cinquième lieu du profit que l'Etat retire du débit du sel. Le Magistrat a établi des greniers publics dans les châteaux, dans les villes & dans quelques bourgs du Canton, afin que la disette ne puisse pas attaquer le pays, & que les sujets ne se trouvent pas dans la triste nécessité d'acheter bien cher chez les étrangers les bleds dont ils auront besoin : ces greniers publics sont encore destinés pour les temps de guerre. Lorsqu'on est obligé de prendre les armes, des magasins sont ainsi tout formés pour la nourriture des troupes, ce qui n'est pas certainement un petit avantage ; aussi distribue-t-on aux baillifs une quantité de grains qu'ils ne peuvent ni diminuer ni vendre que du consentement des Magistrats, & ce sous de grandes peines, afin que l'on ne vienne à en manquer dans un cas urgent ; cette loi qui mérite les plus grands éloges est observée avec la dernière rigueur. Il y a dans le Canton de Berne une espèce de rente assignée aux terres qui sont tenues à baux emphytéotiques ; ce droit procède de l'*emphytéose* par laquelle le Seigneur du fond a cédé la jouissance entière & une espèce même de propriété, à ces deux conditions : que l'on cultiveroit la terre cédée, & que l'on payeroit annuellement une certaine somme pour recon-

---

(3) *Historiar. Lib. III. Cap.* 4. *pag.* 16-28. Lugd. Batav. Elzevir. 1633. *in* 12. *fig.*

noître le Seigneur de qui venoit la terre. Les *Suisses* ont emprunté des *Romains* cet usage, comme plusieurs autres de leurs loix & de leurs coutumes. On sait que les *Romains* distribuoient à des particuliers les terres qu'ils avoient conquises sur l'ennemi, ils les leur donnoient à cultiver moyennant une somme annuelle, qui ne peut pas être regardée comme un *impôt*, mais comme un devoir établi pour reconnoître son Seigneur ; cette reconnoissance étoit indifféremment appellée de ces trois noms, *canon*, *pensio*, *emphyteusis*. L'espèce de rente assignée aux terres tenues à baux *emphytéotiques*, est une charge sur les biens ruraux, qu'on appelle *Censes foncières* ; les *Romains* avoient plusieurs sortes d'*emphytéoses*, de même parmi les *Suisses* elles ne sont pas toutes d'une seule espèce ; cependant la plus grande partie de ces *emphytéoses* est héréditaire : à l'égard des autres il y a des Loix communes que l'on observe à la lettre. Au reste, le prix des rentes *emphytéotiques* varie si fort, suivant la fertilité des lieux & la disposition des Loix, qu'on entreprendroit inutilement de déterminer une somme positive à laquelle pourroit se porter la rente annuelle, & l'on conçoit aisément qu'elle est plus forte dans les terres fertiles, & beaucoup moindre dans les terres ingrates.

Toutes les marchandises qui se transportent d'Italie en Allemagne ou dans les Pays-Bas, passent en majeure partie par la Suisse, & celles d'Allemagne & des Pays-Bas, en Italie, passent pareillement sur les terres des Cantons, comme une grande partie des marchandises qui passent par terre de France en Allemagne, ce qui jette en Suisse tous les ans des sommes considérables. Le péage que l'on prend sur les marchandises n'est pas encore établi sur un pied aussi haut que le sont ceux de plusieurs autres Nations ; mais en faisant cette observation, je suis obligé d'avertir le Lecteur que dans certains endroits de la Suisse on s'est mis en devoir depuis quelques années de hausser les péages, qui paroissoient trop modiques ; des patriotes désapprouvent cette innovation & ils soutiennent que l'expérience leur apprend tous les jours que l'on a fait en cela plus de mal que de bien au pays.

Un des revenus les plus considérables de l'Etat de *Berne*, est celui qu'il tire du débit du sel ; le Gouvernement le vend à un prix très-raisonnable, mais la grande consommation augmente la recette. La majeure partie de ce sel est celui du Comté de Bourgogne ; les Bernois possèdent, il est vrai, des *Salines* à *Roche*, mais elles fournissent seulement le tiers du pays de *Vaud*. Les autres Cantons & Etats de la Suisse gagnent aussi beaucoup sur le sel que la France leur fait délivrer annuellement à un certain prix ; la ville de *Zurich* profite considérablement sur le sel de *Hall en Souabe*. Parmi les branches de commerce dans la Suisse, celle-ci mérite une singulière attention.

Enfin il y a dans le Canton de *Berne* une autre charge en usage que l'on nomme le *lot* ou le *lod*, elle monte à la sixième partie de la valeur entière des biens de la terre qu'à chaque vente l'acquéreur est obligé de payer au Souverain ; mais comme elle est purement casuelle, l'on ne peut évaluer au juste ce qui en provient. Cette charge n'est autre chose que ce que les Jurisconsultes appellent *Laudemium*, ou plus communément *Lauda*, & que les Allemands nomment *Los* ou *Laude*, & les François *Lots & ventes*, par où l'on entend une certaine somme que le nouvel acquéreur paye à son Seigneur pour reconnoître son bienfait. Dans presque tous les pays cette somme se lève sur un pied différent ; le pays de Vaud est presque le seul du Canton de *Berne* où l'on paye ce droit ; les terres roturières de cette province payent la dixième partie de la valeur entière du fonds ; à l'égard des terres nobles, elles payent le sixième de leur valeur. Il y a dans le pays Allemand du Canton de Berne quelques districts qui ont un droit pareil sous le nom d'*Ehrschatz*, mais on doit le regarder comme une bagatelle en comparaison du *Laud*. Dans les autres Cantons & dans les bailliages qu'ils possèdent par indivis, il y a des droits attachés aux terres féodales, & que les Souverains ou ceux de qui elles relèvent, retirent à chaque mutation de Seigneur, pour prestation d'hommage. Il y avoit encore dans le Canton de *Berne* un article casuel digne de remarque ; lorsque celui qui achetoit une terre noble ne pouvoit donner aucune preuve de noblesse par écrit, il étoit tenu de payer une somme au Magistrat, ce qui s'appelloit payer la *capacité* ; cette somme étoit arbitraire, mais les bourgeois de *Berne* en étoient exempts, & ils jouissoient en cela de la même prérogative que les gentilshommes. Cet impôt a été totalement aboli au grand profit du Souverain, les terres en sont devenues plus *vendables*, & sujettes conséquemment à des *Lauds* plus fréquents. Il y a dans le Canton de *Lucerne* & dans les *Offices libres de l'Argeu*, en Allemand *Freyen-Aemter*, des fonds de terre connus sous le nom de *Mann-Lehen*, c'est-à-dire *fiefs masculins* ; quand le possesseur meurt sans enfans mâles, le fief tombe au Baillif qui peut alors en disposer à son gré. Ce que des relations avancent de la richesse du trésor de la République de *Berne*, se borne à des supputations idéales, il est cependant certain qu'il doit être très-considérable ; mais quelle déclamation téméraire & indécente que celle *de la Baumelle*, lorsqu'il parle du Gouvernement de Berne (4). *Ce Gouvernement*, dit-il, *est Démocratique de droit & Aristocratique de fait. Un jour il s'élèvera dans cette République un homme de tête qui réunira en sa personne toute la puissance souveraine, en délivrant le pays de Vaud de la tyrannie des baillifs, en humiliant les six familles régnantes, en associant aux premiers emplois ce qu'on appelle à Berne les petits bourgeois, en pillant cet immense trésor, fruit de la parsimonie de plusieurs siècles. Les forces du Canton de Berne réunies sous un chef habile, porteront tête à tous les autres Cantons. Tous les Cantons sont donc intéressés à faire rentrer cette République dans sa constitution primitive, comme la plus propre à les garantir des entreprises de l'ambition : la Suisse n'a rien à craindre que de Berne, mais Berne a tout à craindre de son Aristocratie. La France, l'Autriche, la Savoie sont,* dit-on, *intéressées à maintenir la Liberté de cette République fédérative : cela est vrai, mais l'Europe peut se trouver dans mille circonstances, qui en occupant ces Puissances, permettront aux Suisses de perdre leur Liberté de la même manière qu'ils l'ont acquise.* Le ton prophétique avec lequel *la Baumelle* annonce ce fatal avenir, les traits odieux sous lesquels il dépeint le Gouvernement de Berne, les idées qu'il cherche à donner pour faciliter son abaissement, en un mot, toutes les nuances de ce tableau politique n'en imposeront jamais à ceux qui ont une exacte connoissance de l'état actuel de la Suisse. La profonde sagesse qui caractérise le Gouvernement de Berne le met à l'abri de tout évènement destructeur, & sa puissance, loin de menacer la Liberté Helvétique, en est au contraire un des plus fermes appuis. On

---

(4) Mes Pensées, p. 413-414. Berlin 1753, in-12.

n'ignore pas d'ailleurs que Berne a vingt-cinq millions dans les fonds publics d'Angleterre, & que la République entretient à Londres un Officier qui veille à leur gestion ; plusieurs autres Cantons ont aussi placé des sommes considérables sur la banque de Saxe. M. *de Real*, Grand Sénéchal de Forcalquier, (mort à Paris le 8 Février 1752) s'étoit aussi permis des réflexions hardies sur l'Etat de *Berne*, dans son traité de la *Science du Gouvernement* (5), ouvrage auquel il avoit travaillé pendant plus de trente ans. Je releverai dans la suite quelques-unes de ses observations. Voici ce qu'un Bernois, (M. *de Tscharner*) a écrit (6) des revenus & du trésor du plus puissant des Treize Cantons.

» Les recettes des rentes des Domaines réservés pour l'Etat, » des censes foncières & dixmes, les lods provenans des ven-» tes de fiefs nobles & ruraux dans le pays de Vaud, la ferme » des sels qui est en régie, les péages & droits accessoires, » les rentes des capitaux placés dans les fonds étrangers ; » voilà les principales branches du revenu public. L'Etat fait » peu d'épargnes, les bâtimens publics bien entretenus, des » chemins, des ponts de nouvelle construction, la police & » les embellissemens de la Capitale, les frais de l'arsenal & » du département militaire, quelques pensions & gratifica-» tions extraordinaires, absorbent à-peu-près ces revenus. On » conserve en dépôt dans la Capitale un trésor, dont l'opi-» nion publique exagère vraisemblablement la richesse, & « qui est destiné à des besoins imprévus de la République «. M. l'Abbé de *Mably*, quoiqu'en général zélé panégyriste des Gouvernemens Républicains, déclame hautement dans son Traité (7) de la *Législation ou des Principes des Loix*, contre les épargnes du Canton de Berne. *Il faut*, dit-il, *que l'Etat ait peu de besoins, si on veut que les Magistrats soient justes, & pour les attacher encore plus étroitement à la justice, il faut que les Loix ne leur laissent pas d'autres besoins qu'au reste des Citoyens ; c'est parce qu'en Suisse on est plus attaché qu'ailleurs à ces règles, qu'on y est aussi plus heureux. Le Canton de Berne a*, dit-on, *un trésor, & du moins il est certain qu'il a placé des sommes considérables chez les étrangers. C'est, je crois, une imprudence de n'avoir pas assez compté sur le pouvoir de la vertu, & peut-être la République se trouvera-t-elle mal un jour d'avoir établi dans son sein un foyer d'avarice & de discorde.*

Je parlerai des revenus de la ville de *Genève* à son article, il me suffit d'avoir donné d'après les relations les plus estimées, une esquisse générale des revenus des Cantons. Vouloir suivre plus loin ce détail & donner l'état des finances du pays des Grisons, du Vallais & des autres Alliés du Corps Helvétique, ce seroit se risquer dans un vaste labyrinthe, & pour en sortir il me faudroit, je ne dirai pas le fil d'*Ariane*, mais celui de l'Auteur (8) de l'excellent Traité *sur l'origine & les diverses révolutions du commerce de Zurich*.

XLI.

MILICE. ARSENAUX. SIGNAUX.

Milice.

M. l'Abbé *Mably* a dit dans le même ouvrage (1) que j'ai cité au chapitre précédent, que *tout peuple qui veut être libre, doit adopter la méthode des Suisses qui, sans troupes réglées & ramassées de toutes parts, ne distinguent point leurs Citoyens de leurs défenseurs*. Je vais donner le tableau de la milice nationale de la Suisse. Les Cantons (2), depuis la première époque de leur confédération, n'ont jamais entretenu de troupes réglées sur pied, chaque Suisse est soldat lorsqu'il s'agit de la défense de la Liberté ou de la Patrie ; cependant les Bernois tiennent une garnison dans le château d'Arbourg sur l'Are, aux frontières des Cantons de Soleure & de Lucerne, leurs alliés naturels, & depuis quelques années ils ont une garnison dans la Capitale même. Il y a dans chacune des villes de Zurich, de Lucerne (3), de Bâle & de Soleure, une compagnie de cent ou cinquante hommes pour la garde des portes ; ces villes ont, ainsi que Berne, quelques ouvrages de défense pour les mettre à l'abri d'un coup de main, mais ces fortifications sont en général commandées par des hauteurs ; la plupart des autres villes de la Suisse ont le même défaut local. Avant l'invention de la poudre à canon on bâtissoit au pied des montagnes, dans la proximité d'un lac ou d'une rivière. Les étrangers admirent l'élégance des fortifications de Soleure ; un Ingénieur François, M. *Chevalier* (4), en donna le plan à la fin du dernier siècle. On a bâti à Soleure de bons bastions avec des fossés profonds, revêtus de murailles, le tout en pierres dures taillées, parmi lesquelles on en trouve qui ont jusqu'à dix pieds de longueur & deux ou trois de largeur & d'épaisseur : ce sont sans doute des ouvrages à durer bien des siècles, mais on trouve que les fossés de ces bastions sont trop étroits, & qu'il y auroit à craindre que la pierre n'éclatât sous les coups du canon, ce qui exposeroit les défenseurs aux plus grands risques. Je parlerai des fortifications de Zurich, de Berne, de Bâle, de Genève & d'Arbourg, à leurs articles dans la Topographie ; cependant j'observerai ici que les Génevois entretiennent aussi sept cent vingt hommes pour la garde de leurs portes.

Si l'on s'en rapporte à un principe politique, tout Empire ou commandement se conserve facilement par les mêmes moyens qui l'ont fondé. Ainsi on peut dire que la Liberté Helvétique qui doit son origine à la valeur militaire, lui doit aussi en grande partie sa conservation : on peut assurer en partant de ce principe, que les Cantons ont un grand soin de mettre leur milice sur un très-bon pied, & qu'elle est toujours prête à marcher au moindre signal.

---

(5) En 8 volumes *in*-4. Jean-Philippe *Schulin* en a donné une traduction en Allemand, à Francfort & Leipzig 1765, *in*-8.
(6) Dict. Géog. Hist. & Pol. de la Suisse. T. I. p. 120.
(7) Première partie, pag. 130. Amsterdam 1776. *in*-12.
(8) M. *Schinz*, son ouvrage a été imprimé en Allemand à Zurich en 1765, *in*-12.
(1) De la Législation ou Principes des Loix, seconde partie, pag. 81. Amsterdam 1776, *in*-12.

(2) Etat & Délices de la Suisse, T. IV. pag. 326. & suiv. dernière édition de 1764.
Faesi, Desc. Topog. de la Suisse, T. I. p. 223-229.
Fuesslin, Descript. Topog. de la Suisse, T. I. pag. 40-41, &c.
(3) Depuis 1764.
(4) M. son fils, Officier d'un rare mérite, étoit en 1759 Directeur dans le Corps Royal du Génie, Brigadier & Commandant au fort S.-François, à Aire en Artois.

En général les Suisses, nation libre, ne verroient qu'avec chagrin des garnisons dans l'enceinte de leurs villes, quand même les revenus de l'Etat seroient assez considérables pour ne pas exiger de nouvelles taxes. La bonne intelligence avec les voisins rend superflu l'entretien des garnisons dans les villes de la Suisse; mais pour se défendre contre un invasion imprévue des Puissances étrangères, les Cantons ont pris entre eux les précautions nécessaires, chacun dans l'étendue de son territoire, autant que ses facultés peuvent le permettre. Tout Suisse, bourgeois ou habitant, est né soldat; dans les villes & dans la campagne, tout citoyen, tout *manant* en âge de porter les armes, sont exercés aux évolutions militaires, & ces exercices ont lieu principalement au printemps & dans l'automne; chaque citoyen ou sujet est tenu de se munir à ses frais de quatre livres de plomb & de deux livres de poudre, il doit être ainsi pourvu en tout temps pour être prêt à marcher à tout évènement. Dans le Canton de Berne, tout homme qui veut se marier, quelque pauvre qu'il soit, est obligé de se présenter ainsi armé avec celle qu'il doit épouser, devant le Ministre, avant que de recevoir la bénédiction nuptiale, pour faire voir qu'il est également disposé à défendre la Patrie & à lui procurer de nouveaux soutiens de la Liberté. Chacun fait sa place, soit dans la cavalerie, soit dans l'infanterie ou dans le corps d'artillerie. Les milices des Cantons Aristocratiques ont pour la plus grande partie l'uniforme de leurs Souverains respectifs, mais dans les Etats populaires, excepté la ville de Zoug & son territoire annexe, les milices n'ont pas encore cette distinction : elles sont dans la plupart des Cantons partagées en régimens, chacun de plusieurs bataillons, il y a en outre des dragons & des canonniers. En général la cavalerie n'est pas nombreuse en Suisse; un pays entrecoupé par des montagnes, des haies vives, des rivières, des lacs, des marais & des ravines est peu propre aux évolutions de la cavalerie ; aussi les Suisses ont-ils toujours préféré de combattre à pied. L'histoire comble d'éloges l'infanterie Suisse; voici comme en parle un Auteur contemporain des guerres du *Milanois*. Je traduis ses paroles.

"La principale force de l'infanterie *Suisse* consistoit dans sa manière de combattre par bataillons de trois & quatre mille hommes, & dans ses piques longues de dix-huit pieds dont elle se couvroit en campagne, formant ce qui s'appelle *le Hérisson*, de manière que son ordonnance étoit une fortification mobile que la Gendarmerie *Françoise* même entamoit avec peine. Cette infanterie étoit dans une armée ce que sont les os dans le corps humain ; non-seulement l'infanterie *Suisse* étoit souhaitée dans les armées *Françoises* pour sa bravoure & pour sa discipline, mais aussi pour sa patience qui ne se décourageoit jamais; ils étoient aussi fiers à la fin d'une campagne qu'au commencement". A cet éloge ajoutons que les troupes *Suisses*, dans les services étrangers, se sont toujours signalées également par leur conduite & par leur bravoure. Si elles se battent avec autant d'acharnement & de furie pour la querelle d'autrui, que ne feroient-elles pas s'il s'agissoit de combattre pour leur propre Liberté & la défense de leur Patrie !

Je vais tracer l'état (5) d'une armée confédérale, réglé en 1668 & 1673 entre les Cantons & quelques associés de la Ligue Helvétique, c'est un plan éventuel de défense adopté par divers Etats alliés. Voici la table des divers contingens imposés à chaque Membre de la Ligue & aux Provinces sujettes, sur un nombre total de treize mille quatre cent hommes, qui doit être augmenté suivant la même échelle, selon les circonstances & les besoins; cette table peut être regardée comme une estimation des forces relatives de chaque Etat de la Ligue ou du *Corps Helvétique*. Les Grisons, le Vallais, Mulhausen, Genève, le Comté de Neuchatel & le Prince-Evêque de Bâle ne sont pas compris dans ce tableau militaire.

Pour former une armée de 13400 hommes prête à marcher au premier signal, les Cantons fourniront.

		Hommes.	Pièces de campagne de six livres.
1.	Zurich	1400.	1.
2.	Berne	2000.	1.
3.	Lucerne	1200.	1.
4.	Uri	400.	1.
5.	Schweitz	600.	1.
6.	Underwalden	400.	1.
7.	Zoug	400.	1.
8.	Glaris	400.	1.
9.	Bâle	400.	1.
10.	Fribourg	800.	1.
11.	Soleure	600.	1.
12.	Schaffhausen	400.	1.
13.	Appenzell	600.	1.
	Le Prince-Abbé de Saint-Gall.	1000.	1.
	La ville de Saint-Gall.	200.	1.
	Bienne.	200.	1.
	Lugano.	400.	
	Locarno	200.	
	Mendrisio.	100.	
	Val Maggia	100.	
	Les Offices libres de l'Argeu.	300.	
	Le Comté de Sargans.	300.	
	La Turgovie.	600.	
	Le Comté de Baden.	200.	
	Le Rheinthal.	200.	
	Total.	13400.	16.

J'ai dit que ce nombre total de treize mille quatre cent hommes est augmenté suivant la même échelle, selon les circonstances & le besoin; j'ajoute qu'en cas que l'envoi des deux premières divisions, chacune de treize mille quatre cent hommes, ne soit pas suffisant pour repousser l'ennemi, un secours deux fois aussi considérable que la force de la première division, a ordre de se tenir prêt à marcher. Toutes ces divisions forment alors deux armées, la première composée des milices de Zurich, Lucerne, Schweitz, Zoug, Bâle, Soleure, Appenzell, de la ville de Saint-Gall, de la Turgovie, de Lugano, & des Offices Libres de l'Argeu, & la seconde, des milices de Berne, Uri, Underwalden, Glaris, Fribourg, Schaffhausen, du Prince-Abbé de Saint-Gall, de Bienne, Locarno, Val-Maggia, Sargans, Baden & du Rheinthal. Voici aussi la composition de l'Etat-Major de ces armées:

---

(5) *Faesi*, Descript. Topog. de la Suisse, T. I. pag. 226 & suiv.   *Tscharner*, Dict. Géog. Hist. & Pol. de la Suisse, T. I. p. 50-51. &c.

la première a deux Généraux (6), l'un de Zurich & l'autre de Lucerne ; les Cantons de Schweitz & de Zoug donnent deux Majors Généraux (7) à cette division , Bâle donne le Général (8) de l'artillerie, Soleure le Maréchal-Général (9) des Logis ou *Quartier-meſtre*, Appenzell le Grand-Prevôt (10), & Saint-Gall le Commandant (11) des équipages. De même les Cantons de Berne & d'Uri donnent à la seconde armée chacun un Général, Underwalden & Glaris deux Majors-Généraux , Fribourg le Général de l'artillerie, Schaffhausen le Maréchal-général des Logis, l'Abbé de Saint-Gall le Grand-Prévôt , & Bienne le *Vaguemeſtre* ou conducteur des chariots.

On (12) ne sait pas au juste à quel nombre d'hommes se monte la milice du Corps Helvétique ; ce qu'il y a de certain , c'est que la confédération peut en moins de vingt-quatre heures mettre sur pied plus de trois cent mille hommes. Sur la fin de la campagne de 1743 , le Prince Charles de Lorraine qui se trouvoit dans le Brisgau à la tête de soixante mille Autrichiens, allarma les Suisses. Dans la crainte que ce Général ne voulût pénétrer en Franche-Comté par le Canton de Bâle, la Diète générale du Corps Helvétique prit la résolution de s'opposer à l'entrée des troupes étrangères en Suisse , & régla que sa milice marcheroit dans l'ordre suivant. Au premier signal une armée de douze mille cinq cent hommes devoit aller au-devant de ce Général , un autre signal faisoit ébranler une armée plus forte du double ; en donnant un troisième signal , cinquante mille hommes suivoient les armées précédentes, enfin si l'on étoit obligé d'en venir à un tocsin général , une armée formidable de cent soixante-quinze mille hommes se mettoit en campagne, & se joignoit aux trois autres, ce qui faisoit en tout deux cent soixante-deux mille cinq cent hommes, avec cent quarante-sept canons de divers calibres, & soixante & dix pièces de campagne. Ce fait seul prouve évidemment qu'il est presqu'impossible d'attaquer chez eux les Suisses & d'en triompher : pourvu qu'ils ne se divisent pas, ils sont invincibles.

Les milices des Cantons ne sont pas des recrues levées à la hâte & qui ne sauroient faire de bons soldats : elles passent avec raison pour être bien disciplinées, & l'on a le plus grand soin de les tenir en bon ordre. Tout Citoyen , tout sujet, depuis l'âge de seize ans jusqu'à soixante, est enrôlé, il a ses armes, & la plupart d'entre eux ont même leur uniforme. Des Commissaires d'armes ou Inspecteurs visitent chaque année les différentes Communautés, & ont soin que les troupes fassent l'exercice les dimanches & les fêtes après le service divin : à des jours marqués on fait tirer le peuple à un but avec des mousquets ou l'on apprende à bien viser ; il y a peu de pays en Europe où il y ait autant d'excellens tireurs qu'en Suisse. Le Magistrat distribue des prix aux jours marqués pour les tirages, c'est le moyen infaillible d'entretenir l'émulation & l'adresse : les canonniers, les bombardiers sont aussi exercés tous les ans à Berne pendant l'espace d'un mois, & dans les autres Cantons à différents jours de l'année. La milice se tient toujours prête à marcher, & en cas d'allarme , elle est bientôt assemblée. On verra à l'article des *signaux*, que de distance en distance il y a sur les hauteurs des piles de bois sec, & des monceaux de foin ; les unes pour faire un grand feu pendant la nuit, les autres pour donner une grande fumée durant le jour. S'il arrivoit quelque irruption ou que les troupes fussent en marche près de la Suisse, les sentinelles mettroient le feu aux *signaux*, & aussi-tôt toute la milice seroit en armes, de sorte qu'en la voyant on la prendroit pour une armée cantonnée.

Un usage autrefois reçu parmi les jeunes gens, étoit d'aller servir trois ou quatre ans dans les troupes de la nation qui sont à la solde de l'étranger, ce terme expiré, ils retournoient dans leur patrie ; par ce moyen la plupart des fermiers & des laboureurs n'étoient point neufs dans le service militaire, & le tiers des troupes Suisses étoit assez instruit pour former & discipliner les nouveaux soldats ; mais depuis une trentaine d'années l'ascendant de l'esprit de commerce, & la grande aisance des gens de la campagne ont beaucoup diminué parmi eux le goût pour le service militaire chez l'étranger. Je parlerai de ce changement à l'article *des Mœurs*. Je rapporterai parmi les *preuves* (13) à la fin de ce volume, le *Mémoire* (14) que M. le Comte de *Beausobre*, aujourd'hui Lieutenant-Général des armées du Roi, communiqua en Août 1743, à M. le Maréchal de Noailles, sur les postes à occuper par un corps de troupes des Cantons, pour empêcher celles d'Autriche de traverser leur territoire & de passer sur les terres de la France. M. de *Beausobre* étoit alors Mestre de Camp d'un régiment de Hussards de son nom : natif du Canton de Berne & attaché à la France, il consacroit dans ce mémoire & ses sentimens de Patriote & l'expression de son zèle pour le service d'une Couronne qui est le principal appui de la Suisse. C'est dommage que dans l'impression de ce mémoire il s'y soit glissé des noms altérés du local, je les ai corrigé en grande partie, mais il ne m'a pas été possible de les rectifier tous.

Suivant le *défensional* arrêté en 1668 & 1675 par la majeure partie du *Corps Helvétique*, chaque Etat & particulièrement les Cantons qui sont sur la frontière , doivent distribuer à leurs contingens de troupes dans les deux divisions d'armées, tous les instrumens & outils propres à remuer la terre. L'un des Etats est-il menacé d'un danger imminent, il a le droit d'en donner avis au Canton le plus voisin, & de lui demander un prompt secours, soit pour hâter la marche d'une première division ou celle d'une seconde, même d'une troisième armée : le Canton informé du danger en avertit ses voisins, & ainsi de proche en proche l'avis circule par toute la Suisse jusqu'aux dernières frontières. L'Etat qui a été averti doit faire avancer sans délai son contingent à l'endroit désigné par celui des Cantons ou Alliés qui demande le secours & qui a le droit de marquer le local le plus propre à la défense de son territoire. Dans le même moment on doit

---

(6) *Oberſt-Feld-hauptmann.*
(7) *Oberſt-Wachtmeiſter.*
(8) *Oberſt-Feldzeugmeiſter.*
(9) *Oberſt-Quartiermeiſter.*
(10) *Oberſt-Profos.*
(11) *Oberſt-Wagenmeiſter.*
(12) Science du Gouvernement par M. de *Réal*, à l'article de la Suisse.

M. le Comte d'*Albon*, Discours Politiques, Historiques & Critiques sur quelques Gouvernemens de l'Europe, pag. 78-81. *Neufchatel 1779.*
(13) N°. LVII.
(14) Il a été imprimé dans le second volume de la Campagne de M. le Maréchal Duc de Noailles en Allemagne, l'an 1743. pag. 75-80. Amsterdam 1761. in-12.

sonner

PITTORESQUES, &c. DE LA SUISSE.

sonner le tocsin dans les Cantons les plus voisins de l'Etat menacé, & l'allarme générale est ainsi portée aux extrémités de la Suisse. Quelques Cantons Démocratiques, *Uri, Schweitz, Underwalden, Zoug,* &c. conduits par des motifs relatifs à leur Gouvernement, à leurs finances, & aux soupçons plus ou moins fondés que le système politique des Cantons Aristocratiques leur faisoit naître, déclarèrent dans la suite qu'ils ne vouloient plus s'en tenir aux articles du *défensional*, mais en même-temps ils donnèrent des assurances solennelles que dans un danger imminent ils fourniroient tous les secours nécessaires comme d'anciens & fidèles Confédérés ; d'un autre côté le nombre le plus considérable des autres Cantons & Etats a continué de s'en tenir à la forme du *défensional*, comme à un moyen certain & indispensable pour la sûreté de leur constitution, & en conséquence ils ont suivi à la lettre ce règlement dans tous les temps où leurs frontières étoient menacées. Le Canton d'*Uri* lui-même éprouva toute la promptitude du secours des Confédérés, dans la crise de 1755 (15), à l'occasion de la rébellion de ses sujets du *Val de Livenen* ; j'en rapporterai les circonstances à l'article du Canton d'*Uri*. Les Etats les plus voisins mirent les premiers leurs contingens en mouvement, les Cantons de Lucerne & d'Underwalden firent marcher en diligence treize cent hommes ; ces milices auxiliaires s'assurèrent des passages du Mont *Saint-Gothard*, se joignirent à seize cent Uraniens qui avoient pénétré dans le *Val-Urseren*, & forcèrent les rebelles à mettre bas les armes, à livrer les chefs de la révolte & à implorer la miséricorde de leurs Souverains : bientôt après, au milieu d'un bataillon quarré formé par les troupes des trois Cantons, sur la place du bourg de *Faido* qui est le chef-lieu du *Val-Livenen*, & en présence de tous les *Liveniens* qui étoient à genoux, la tête nue, les Auteurs de la rébellion reçurent sous le glaive la juste peine de leur audace criminelle. Au premier avis que le Conseil d'*Uri* donna aux douze autres Cantons du soulèvement des *Liveniens*, Zurich, Berne, Zoug, Fribourg & Soleure tinrent leurs contingens prêts à marcher au secours de leurs plus anciens Alliés ; mais au milieu de ces préparatifs, la soumission des *Liveniens* arrêta toutes les suites de cette expédition. Cet évènement a prouvé que dans un danger imminent pour la sûreté de la Liberté, ou pour la conservation des droits souverains contre les sujets rebelles, tous les Etats du Corps Helvétique, oubliant tous les sujets de rancune & de défiance, voleroient au secours du Canton ou de l'Allié en péril, pour repousser les attaques de l'étranger ou pour éteindre dans la naissance l'étincelle d'une révolte qui pourroit devenir générale. Les *Liveniens* coloroient de différens pretextes leur désobéissance aux Ordonnances de leurs Souverains, ils osèrent même mettre aux arrêts leur *Baillif* ou Gouverneur, & le Directeur du *péage*, & dans les premiers transports de leur aversion ils prirent les armes & s'engagèrent sous le serment à se défendre jusqu'à l'extrémité ; mais leur résolution fut d'une courte durée, quoiqu'ils fussent saisi du *Mont Saint-Gothard* pour en fermer le passage aux troupes d'*Uri* & des autres Cantons : bientôt après ils ne purent s'accorder dans leurs délibérations générales, la défiance s'y glissa, le courage foiblit & l'abattement en prit la place ; ils devinrent craintifs & montrèrent de la lâcheté à l'approche des troupes d'*Uri* & des Cantons auxiliaires.

Je vais donner une idée de la constitution militaire de chacun des Etats du *Corps Helvétique* ; mais avant que d'entrer dans ce détail, je dirai que difficilement les Cantons verront troubler leur union & leur paix, s'ils ne la troublent eux-mêmes. Sans troupes soudoyées, sans places fortes, ils n'ont pas à craindre les surprises & les invasions ; *ne fussent-ils, comme l'a très-bien observé M. le Comte (16) d'Albon, que sous la sauvegarde de la Nature, elle a si bien pris le soin de les protéger, qu'ils peuvent à cet égard s'épargner les inquiétudes, les travaux & les dépenses. — Le lien qui attache le plus étroitement les uns aux autres les Membres du Corps Helvétique, est l'amour de la Liberté* ; mais en adoptant cette observation, je ne puis m'empêcher d'y ajouter que tant que les Suisses conserveront à la fois l'amour de la Liberté & l'esprit militaire qui l'a fondé & soutenu, ils seront invulnérables. On me dira qu'une armée constamment entretenue met toujours la liberté d'un pays en danger & qu'elle a souvent renversé les Gouvernemens. On m'alléguera plusieurs motifs pour lesquels il ne convient pas aux Cantons de tenir des troupes réglées sur pied ; Cicéron disoit aux Romains de son temps, *in bene res geritur in Republica ubi sunt milites, & quidam armati*, c'est-à-dire, *les affaires ne vont pas bien dans une République lorsqu'il y a des soldats sur pied*. On me dira aussi qu'il s'est trouvé de temps en temps en Suisse des personnes qui ont prétendu prouver la nécessité d'entretenir des troupes dans le pays, mais je répondrai à ces politiques que le peuple a toujours paru s'opposer à ce dessein, & qu'on n'a pas entrepris de le mettre à exécution. En effet, quelques bonnes raisons que l'on en puisse alléguer, il n'y a personne qui ne sente que rien ne seroit plus propre à mettre en danger la liberté, & à inspirer l'esprit de révolte ; mais sans avoir des troupes réglées sur pied, même des étrangers, comme en Hollande, il suffit à la Suisse d'exercer les milices du pays, & d'entretenir parmi ses citoyens & ses habitans le goût pour les services étrangers, école où se forment aux dépens des Puissances de l'Europe, les Généraux, les Officiers & même les vrais soldats qui pourront défendre la Patrie dans des momens de crise où la République les rappelleroit du service de ses Alliés. Nous finissons cette digression pour passer au tableau militaire de chacun des Etats du *Corps Helvétique*.

---

(15) Au mois de Mai.   (16) Discours politiques, pag. 77-78.

Tome I.   K 4

MILICE DES SUISSES.

Zurich.

La milice (1) de ce Canton consiste en infanterie & en cavalerie; le corps de l'infanterie est composé de vingt régimens qu'on appelle *Quartiers*, du nom des différens bailliages du Canton, en commençant par le *quartier* de la ville de Zurich; chacun de ces vingt régimens forme deux bataillons ou dix compagnies, parmi lesquelles il y a deux compagnies *franches* qui sont uniquement composées de l'élite de la jeunesse; l'une de ces compagnies *franches* dans chaque *quartier*, jointe à deux autres compagnies, est toujours à tour de rôle prête à marcher au premier ordre contre l'ennemi, ou au secours de l'un des *Louables Cantons* de la Suisse qui seroit menacé d'un danger imminent: ce piquet, tiré de la totalité, consiste en un Colonel, un Lieutenant-Colonel, un Major, un Aide-Major, & au moins en quinze compagnies divisées en trois détachemens. Chaque régiment ou *quartier* est commandé par un Colonel nommé *Quartier-Hauptmann* ou *Oberster*, mais ce Colonel n'a aucune compagnie en propre; quelques-uns de ces régimens ou *quartiers*, sur-tout ceux qui sont voisins du lac de Zurich, sont plus nombreux que les autres régimens de l'intérieur du Canton où la population est moins considérable: chacun de ces *quartiers* a sa place d'assemblée dans les momens d'exercice ou d'allarme. Depuis Pâque jusqu'à la Pentecôte les compagnies sont exercées avec soin au maniment des armes & à des évolutions militaires, & pendant l'été, presque tous les dimanches, il y a des *tirages au blanc*: on a bâti des maisons destinées à ces exercices qu'on appelle *jeu de l'arquebuse*. Tous les deux ans dans chacun des *quartiers*, sur la place d'assemblée, on fait une revue générale, chaque soldat est alors obligé de paroître sous les armes & avec la quantité de cartouches ordonnée; quelquefois aussi la République forme à ses frais un petit camp composé des bas Officiers & des volontaires de chaque *quartier*, & l'Etat se prête à ces dépenses extraordinaires pour rendre la milice plus habile dans le maniment des armes, dans la promptitude des évolutions, & sur-tout dans l'exercice à tirer. Depuis trente ans on a introduit *l'uniforme* dans tous les régimens du Canton, il est d'un drap gris avec des paremens bleus, la camisole & la culotte grises, & le chapeau bordé de blanc. Nul habitant ne peut se marier qu'il n'ait auparavant prouvé à son Curé par un certificat du Colonel de son *quartier*, qu'il a son uniforme & ses armes en bon état; il faut aussi observer que quoique ceux qui ont au-delà de cinquante-cinq ans soient exempts de tous les exercices; ils sont cependant enclassés dans des compagnies distinctes de chaque *quartier*, lesquelles ont leurs hauts & bas Officiers ainsi que les autres compagnies. Ces vingt *quartiers* ou régimens forment quatre brigades chacune de *cinq régimens*, elles sont commandées les unes & les autres par un Sénateur du *Conseil journalier* de la République; ces Commandans doivent de temps à autre faire la revue de leurs brigades dans les *quartiers* respectifs.

Outre l'*infanterie*, il y a quatorze compagnies de *cavalerie* de quatre-vingt maîtres chacune, elles ont chacune leur uniforme particulier.

Il y a ensuite le Corps de l'*Artillerie* qui consiste en sept compagnies, lesquelles font leur école en Juin & Août dans la proximité de la ville de Zurich; on peut aussi annexer à ce Corps deux compagnies pour servir à bord des bâtimens sur le lac de Zuric.

On ne doit pas oublier la noble institution des *Poertler*, c'est une compagnie formée des jeunes bourgeois de Zurich les plus braves, lesquels s'instruisent dans les sciences militaires, & forment une excellente pépinière d'Officiers pour la milice du Canton.

La République possède hors de ses limites la Baronnie de *Hohen-Sax*; la milice de ce bailliage est distribuée en deux compagnies, l'une *franche* & l'autre que l'on nomme la *Compagnie de la Seigneurie*, *Herrschaft-Compagnie*: elles sont exercées comme les autres du Canton pendant l'été; autrefois elles avoient un Commandant particulier, avec le titre de *Lands-Hauptmann*, aujourd'hui elles sont sous l'inspection du baillif actuel.

Suivant M. Faesi (2), le nombre des habitans de cette ville monte à onze mille deux cent soixante personnes de l'un & l'autre sexe, & celui de tout le Canton, y compris la ville, à cent soixante-quinze mille ames; dans ce nombre il y a quarante-six mille hommes depuis l'âge de seize jusqu'à celui de soixante-quatorze ans.

Berne.

L'Etat militaire de ce Canton est dressé sur un pied très-respectable. Si-tôt que les jeunes gens sont jugés capables de porter les armes, ils sont enrôlés dans la milice, cela a lieu ordinairement à l'âge de seize ans, mais souvent dans un âge moins avancé, de sorte qu'il n'y a point d'âge absolument fixe pour l'enrôlement; la force du corps & le temps auquel ils ont été admis à *la Cène*, décident du temps où ils doivent être enrôlés; mais on peut dire en général que la milice est composée d'hommes depuis l'âge de seize jusqu'à celui de soixante. L'*infanterie* est partagée en vingt & un régimens chacun de quatre bataillons, & chaque bataillon a quatre compagnies, le tout faisant deux mille quatre cent hommes par régiment; chaque compagnie est composée de cent cinquante hommes, y compris dix hauts & bas Officiers. Des relations portent la force de l'*infanterie* de *Berne* à quatre-vingt-six bataillons, indépendamment des quatre régimens que la République a au service de la France, de la Savoie & de la Hollande. M. de *Tscharner* qui écrivoit en 1776, dit dans un ouvrage (1) dont il a fait une grande partie, que la République a aussi sur pied quatre compagnies de *chasseurs* & quatre régimens de *dragons*, chacun de dix compagnies en cinq escadrons; ces compagnies sont de cinquante à soixante

---

(1) Faesi, Descript. Topog. de la Suisse, T. I. pag. 260-264.
(2) Descript. Topog. de la Suisse. T. I. pag. 264-265.

(1) Dict. Géog. Hist. & Pol. de la Suisse. T. I. pag. 119.

maîtres, ayant un Capitaine, un Lieutenant & des bas-Officiers comme à l'ordinaire, conformément au règlement ufité en France. Outre les *dragons* il y a un régiment de *cuiraffiers*, mais les vaffaux du pays de *Vaud* ne font pas feuls chargés de leur entretien, comme certains mémoires l'affurent. La ville de Berne fournit une compagnie de ce régiment, compofée de fes bourgeois, & elle les entretient en temps de guerre ; cette compagnie a un Capitaine qui a rang de Colonel, le Lieutenant a celui de Lieutenant-Colonel, & le Cornette celui de Capitaine ; les deux autres Compagnies de *cuiraffiers* font de divers diftricts du pays de *Vaud*, & les vaffaux font obligés de les fournir : au refte on ne reçoit dans les *dragons* que de bons payfans qui entretiennent toujours des chevaux pour leur ufage ; ils doivent fe pourvoir, à leurs propres frais, de chevaux, d'armes & d'habits, & ils ne tirent aucune paye de l'Etat pendant qu'ils fe tiennent chez eux ; mais quand ils font dans le fervice, leur paye eft réglée, & elle eft la même que celle des *fufiliers*, avec cette légère différence qu'on fournit aux Officiers des *dragons* le fourrage *gratis*, & que les Officiers d'*infanterie* le payent. Chaque *dragon* a fix fols par jour & le pain de munition, au lieu qu'un *fantaffin* ne reçoit que quatre fols par jour, les deux autres lui étant déduits pour fon pain. Les Officiers de *dragons* & d'*infanterie* ont encore un autre avantage, il eft permis à chaque Officier de l'Etat Major d'avoir deux valets que le Souverain paye fur le pied de fimples foldats ; un Capitaine peut auffi prendre deux foldats pour fon fervice. Suivant un état imprimé, le Colonel touchoit autrefois en temps de guerre deux cent quarante livres *tournois* par mois, le Lieutenant-Colonel cent quatre-vingt, le Major cent foixante-cinq livres dix fols, le Capitaine cent vingt livres, le Capitaine-Lieutenant quatre-vingt-dix, le Lieutenant foixante-quinze, le Sou-Lieutenant foixante, l'Enfeigne quarante-huit, chaque Sergent quinze, chaque bas-Officiers douze, chaque Caporal fept, chaque Tambour & Fifre fept, chaque Appointé fept, & chaque Soldat fix livres ; l'Aide-Major avoit foixante-quinze livres, le Garçon Major quarante-huit, le Miniftre foixante-quinze, le Tambour-Major quarante-huit, le Secrétaire vingt-quatre, & le Grand Prévôt dix-huit ; je n'entre dans tout ce détail numéraire que pour donner une idée des finances de la République de *Berne*. Cet Etat fournit auffi les foldats, de haches, de marmites & de tentes fur le pied de cinq hommes par chambrée, mais le tout eft retiré dans l'arfenal de *Berne* lorfque la guerre eft finie. Les régimens de la partie Allemande de ce Canton ont tous le même uniforme d'un drap bleu, avec des paremens rouges, veftes de même & des guêtres ; chaque régiment eft diftingué l'un de l'autre par un petit changement dans la couleur du parement de l'habit ; chaque homme eft obligé de fe fournir l'habillement à fes propres dépens. On a auffi formé à Berne une Ecole Militaire pour la jeuneffe, & une *réferve de foldats vétérans*.

Le *Confeil de guerre* (2) fubfifte toujours en temps de paix ; le foin de l'entretien de la difcipline Militaire eft commis à onze Officiers que l'on nomme *Majors du pays*, en Allemand *Land-Major*, ils font tous les ans une revue générale chacun dans leur département ; il y en a quatre pour le *pays Allemand*, & fept pour le pays de *Vaud*. Ils font chargés d'exercer les milices, de tenir les régimens complets, de vifiter les armes & la monture d'un chacun, & de punir ceux qui ont manqué au règlement du Souverain. A leur retour ils font obligés de faire leur rapport au Confeil de guerre, ils lui préfentent auffi le rôle de tous les foldats & lui expofent les objets qu'il convient d'ajouter, de réformer ou de changer, fur quoi le Confeil délibère & ordonne ce qu'il juge à propos. Tous les ans ces Officiers reçoivent de nouveaux ordres du Confeil de guerre : ils font payés par l'Etat, mais feulement durant le temps qu'ils font occupés aux fonctions de leurs charges. J'oubliois d'obferver que ces *Land-Majors* nomment encore des foldats *vétérans*, & qu'ils les chargent d'exercer les régimens le long de l'année, mais principalement en Automne & au Printemps. Chaque *Land-Major* a avec lui dans fa tournée un *Aide-Major* : les Colonels & les Capitaines font choifis par le *grand-Confeil de Berne*. En temps de paix il n'y a pas de Général des troupes du Canton, on ne le nomme qu'au moment de la guerre ; au refte fi l'on en doit croire des Suiffes politiques, on ne fauroit affez louer cette précaution, & elle mériteroit d'être obfervée par les autres Cantons.

L'Etat confère prefque toujours la place de Général à un Officier du Canton qui s'eft déja fait une réputation brillante dans les premiers grades au fervice de la France ou d'une autre Puiffance de l'Europe : telle a été conftamment la règle d'une fage République. Venife & la Hollande ont même quelquefois confié le commandement de leurs armées à des Généraux étrangers. On peut avoir les qualités les plus éminentes pour exercer dignement les premières charges d'une République, fans avoir celles qu'exige la fonction de Général, & l'Hiftoire Helvétique nous apprend que les chefs qui commandoient les Suiffes aux batailles de Laupen, de Granfon, de Morat & de Nanci, & dans la guerre de Souabe, avoient précédemment fervi dans les armées de l'Empereur & d'autres Monarques, & qu'ils s'y étoient diftingués par des actions d'éclat. *Onofander* qui écrivoit fous l'Empire de Claude fon Traité du *Parfait Général d'armée*, (ouvrage que M. le Baron de *Zur-Lauben* a traduit (3) du Grec en Latin) a fait un (4) chapitre fur le choix d'un Général ; entre autres qualités qu'il exige, il veut *qu'il ait de la réputation, parce que*, dit-il, *la plupart voyent avec peine à leur tête ceux qui n'en ont point, perfonne n'aimant à être dominé par un maître & par un chef qu'on eftime au-deffous de foi*; Onofander dit auffi que dans le choix d'un Général d'armée on ne doit pas avoir égard à la fortune, comme pour les *Gymnafiarques* ou les Magiftrats qui avoient infpection fur les jeux & fur les fpectacles. — *Encore ne faut-il pas qu'il exerce aucun trafic. Je ne confeillerois jamais*, continue Onofander, *de choifir un homme de cette efpèce, quelque riche qu'il fût. J'entens par trafiquant, un Ufurier, un Commerçant, un Marchand ou ceux qui font quelque négoce, car il eft de toute néceffité que ces fortes de gens ayent l'ame vile, qu'ils foient avides du gain, qu'ils faffent beaucoup de baffeffes pour acquérir des richeffes, en un mot il eft impoffible qu'ils ayent une belle ame.*

---

(2) En Allemand *Kriegfrath*, cette Chambre a en cette année 1780, pour Préfident, *l'ancien Avoyer*, un ancien *Banneret*, le *Tréforier du pays Romand*, & dix autres affeffeurs tant du petit que du grand Confeil, parmi lefquels eft le Directeur de l'arfenal avec deux Secrétaires & un Huiffier.

(3) Cette traduction d'abord imprimée féparément à Paris *in-12*. en 1757, & dédiée à feu MONSEIGNEUR LE DAUPHIN, fe trouve auffi à la tête du premier volume de la *Bibliothèque Militaire, Hiftorique & Politique*, par M. le Baron de *Zur-Lauben*, Paris 1760, *in-12*. Le Maréchal de *Saxe* avouoit avec plaifir que les principes & les règles contenues dans le Traité d'*Onofander* qu'il ne connoiffoit que d'après la traduction Gauloife de *Vigenere*, étoient capables de former un grand Général d'armée.

(4) Pag. 6-14.

Lorsqu'au moment d'une rupture la République de *Berne* choisit un Général, elle le subordonne à un Conseil de guerre composé des Membres les plus distingués de l'Etat, & il ne peut rien entreprendre d'important sans le consentement préalable de ce Conseil.

Les Etrangers admirent à l'arsenal de *Berne* un très-beau & très-considérable train d'artillerie prêt à marcher au premier ordre, outre le nombre de canons déposés dans les châteaux qui servent de résidence aux Baillifs. Il y a trois compagnies de *Canonniers* & une de *Bombardiers* de cent hommes chacune, avec leurs propres Officiers; ces compagnies ne sont payées qu'en temps de guerre: il est vrai que comme elles sont obligées de s'exercer tous les ans en campagne où l'on transporte de l'artillerie de tout calibre, on les paye durant le temps de leur exercice qui ne dure que quelques semaines. Les compagnies d'artillerie ont aussi un Etat-Major à la tête duquel est un *Feldzeugmeister* ou *Général de l'Artillerie*. Pour ce qui est des chevaux & des chariots pour le transport de l'artillerie, des munitions de guerre & des vivres, chaque Communauté du Canton en a un nombre assigné qu'elle est obligée de fournir & qu'elle tient prêts sur le premier avis: de même on a attaché à la suite de l'artillerie un nombre de charpentiers, de maréchaux, de charrons, &c. prêt à faire ou à réparer tout ce dont on peut avoir besoin pour le service. Jamais on n'a entendu parler en Suisse d'une compagnie de *Guides*; de pareilles gens y seroient assez inutiles, parce qu'il n'y a presque pas un Suisse qui ne connoisse son pays comme sa propre maison.

J'ai observé qu'en temps de paix l'Avoyer de *Berne*, qui n'est pas Régent, préside au Conseil de guerre; mais j'ai oublié de dire qu'un Membre du Conseil est le Commandant en chef des milices du pays de *Vaud*.

La milice du pays de *Vaud* est partagée en sept régimens, dont chacun à son *Land-major*, ces sept régimens portent les noms de *Lausanne*, *Morges*, *Moudon*, *Yverdon*, *Aigle*, *Nyon* & *Vevay*. Le *Land-Major* de *Moudon* doit aussi passer en revue le bataillon d'*Avenche*, & une compagnie *franche* du *Mandement d'Aigle*.

Le militaire de tout le pays *Allemand* du Canton de Berne est aussi distribué en des départemens fixes; le premier comprend la banlieue de la Capitale & les quatre *Landgericht* ou Bailliages intérieurs de *Seftingen*, *Sternenberg*, *Zollikofen* & *Konolfingen*; le second département renferme l'*Oberland*, la Châtelainie de *Frutingen*, le Val de *Simmen* & le pays de *Sanen*; le troisième, le *Haut-Argeu* & le Val d'*Emmen*, en Allemand *Emmenthal*, & le quatrième le *Bas-Argeu*. La milice de chacun de ces départemens est subordonnée à un *Land-Major* & à un *Aide-Major* nommés par la Chambre du Conseil de guerre; j'ai parlé de leurs fonctions.

En temps de paix la ville de *Berne* ne soudoie aucune milice, à la réserve de sa propre garnison & de celle du château d'*Arbourg*; la première, composée de trois cent soixante hommes, a pour Commandant le *Major de la ville*, qui est Membre du *Grand Conseil*; les autres Officiers, au nombre de six Lieutenans, sont extraits du corps de la Bourgeoisie habile au Gouvernement; c'est le *Grand Conseil* qui les nomme ainsi que le Major de la ville. Pour le château d'*Arbourg* il est gardé par cent hommes aux ordres du Commandant de la place; dans ces cent hommes sont compris un Lieutenant & trois Bas-Officiers: suivant les circonstances, cette garnison est quelquefois augmentée.

La République de *Berne* a l'usage assez fréquent de faire camper quelques régimens de sa milice, tantôt dans un endroit, tantôt dans un autre; ces camps d'exercice & de parade durent huit jours, & quelquefois même quatorze.

M. *Faesi* dit dans sa Topographie (5) que le Canton de *Berne* renferme avec sa Capitale, trente-huit villes tant grandes que petites, & environ treize cent bourgs, villages & fermes, sans comprendre dans ce nombre les quatre bailliages que la République possède en commun avec l'Etat de *Fribourg*. On n'exagère pas quand on évalue la population totale du Canton à trois cent quarante mille ames, M. *Faesslin* (6) l'estime être de quatre cent mille.

Lucerne.

La milice de ce Canton est aussi sur un excellent pied, & elle est, ainsi que celle du Canton de Berne, exercée fréquemment dans une grande partie de l'année: elle est partagée en cinq brigades d'infanterie, formant en total onze regimens ou vingt-cinq bataillons; la force de chaque bataillon est de quatre cent hommes. Il y a une compagnie de chasseurs de cent hommes attachée à chaque brigade, & une compagnie de grenadiers à chaque bataillon: les cinq brigades sont *Willisau*, *Rottenbourg*, *Munster*, *Ruswyl* & *Entlebuch*. Tous les ans on nomme la première division qui doit être prête à marcher au premier ordre, elle est composée de mille hommes, ayant avec elle huit pièces de campagne & une compagnie d'*artilleurs*. Indépendamment des cinq brigades qu'on a nommées, il y a un *corps de réserve* aussi considérable que le sont ensemble ces brigades. Le corps d'artillerie est formé par cinq brigades ou compagnies, & la *cavalerie* ou plutôt le corps de *dragons*, compose trois brigades qui sont *Willisau*, *Rottenbourg* & *Munster*. La ville de Lucerne a sa garnison particulière, outre la milice de la banlieue, & une compagnie de *chasseurs* qui sont prêtes pour son service au moindre signal; la ville entretient aussi une compagnie d'*archers* ou de la *maréchaussée* pour la sûreté des chemins & du Canton. Enfin pour achever le tableau militaire de cette République, observons qu'elle doit faire marcher un corps de douze cent hommes pour son contingent réglé par le *Défensional de la Suisse*; la marche des deux autres corps dépend des *signaux* qui sont placés de distance en distance sur les montagnes du Canton, & qui, lorsqu'ils sont allumés, tiennent lieu d'un tocsin général. Il y a à Lucerne trois Chambres qui veillent sur la constitution militaire; la première & la principale de ces Chambres est le *Conseil de guerre*, composé de vingt Membres, ayant à leur tête l'*Avoyer* régnant; la seconde Chambre est celle de l'*Arsenal*, ayant l'Intendant des arsenaux du Canton; la troisième Chambre est celle des *Recrues*, qui connoît & juge en pre-

---

(5) T. I. pag. 527.
(6) Description Topog. de la Suisse, T. I. p. 182. Schaffhausen 1770, in-8. en Allemand.

mière instance des affaires concernant les enrôlemens & les congés des soldats du Canton qui sont au service des Puissances étrangères dans des compagnies avouées de la République, comme aussi de leurs plaintes en même-temps que des prétentions des Capitaines.

On ne se trompera (1) guères quand on évaluera la population du Canton de Lucerne à cent mille ames, & qu'on déduira de ce nombre vingt-quatre mille hommes en état de porter les armes depuis seize ans jusqu'à soixante & dix.

Uri.

CE Canton Démocratique qui a été le berceau de la Liberté des *Suisses*, entretient parmi ses habitans les sentimens de leurs ancêtres. Son Conseil *de guerre* qu'on nomme aussi le *Conseil secret*, est composé des Membres suivans, le Landamme en exercice, le *Capitaine-général du pays*, en Allemand *Lands-hauptmann*, le Banneret, en Allemand *Pannerherr*, qui porte à la guerre *la bannière du Canton*, les deux Enseignes du pays, en Allemand *Lands-fendrich*, le Trésorier ou *Lands-Seckelmeister*, le Directeur de l'artillerie, autrement le *Zeugher*, & quatre du nombre des *soixante* Conseillers dits *Land-Raeth*; ces derniers sont changés tous les ans par l'assemblée générale du peuple, & leur élection se fait d'après le rang qu'observent entre elles les dix *Communautés* ou *Genossamen*. Le Conseil de guerre nomme les deux Majors-généraux (2) du Canton, les deux Aides-majors, le Secrétaire (3) de campagne, les Capitaines chargés du train d'artillerie, des équipages & des vivres, & les douze Capitaines des douze compagnies (4) ou *Bandes* de la République. Ces Officiers forment en campagne le Conseil de guerre sous la présidence du *Lands-Hauptmann* ou Capitaine général. Chaque compagnie a ses Bas-Officiers, il y en a aussi d'attachés à la conduite de l'artillerie & des vivres. Les douze compagnies ont leurs Aumôniers & un Chirurgien-major.

La *Lands-Gemeind* ou l'assemblée générale du peuple, nomme tous les ans vingt-huit tireurs de l'arquebuse, & deux compagnies de tireurs (5) de l'arc; il y a une somme annuelle de dix-huit cent florins ordonnée pour les prix du tirage, & la moitié de cette somme est payée sur le trésor du Canton, & l'autre partie provient des dons honoraires que les Magistrats, Baillifs & Officiers sont dans l'usage de faire à l'époque de leur élection : cet usage existe de même dans les autres Cantons & Etats du Corps Helvétique, son principe tient du désir général de perpétuer l'esprit militaire parmi les citoyens & habitans. L'Histoire Helvétique parle avec les plus grands éloges des écoles à tirer que les anciens Suisses avoient établies à certains jours de l'année ; j'en ferai mention à l'article des *Moeurs & Usages de la Suisse*. Aujourd'hui les tirages au blanc se font après l'office divin les dimanches & fêtes, & particulièrement les jours de *Dédicace* : il y a aussi des tirages extraordinaires, & alors on y invite les tireurs des Cantons voisins. Tous les ans les 25 & 26 Juillet on tient à *Altorff*, qui est la Capitale du Canton d'Uri, un tirage considérable, lequel est ouvert par la procession des tireurs, dits les *Porte-hâches* (6) *du pays*.

Les habitans des vallées *Urseren* & *Livinen*, sujets du Canton d'Uri, sont aussi partagés en compagnies, commandées par des *Uraniens*, mais elles fournissent les Bas-Officiers ; elles prêtent aussi serment dans l'église paroissiale d'Altorff, de suivre fidèlement la *bannière* d'Uri ; la couleur de cette *bannière* est *jaune & noire*.

Quand un nouveau *Lands-Hauptmann* ou Capitaine-général est élu par les Uraniens, tous les sujets du Val-Urseren, en âge de porter les armes, reçoivent ordre de paroître devant lui à son entrée dans leur pays, & ils font l'exercice en sa présence. Les *Urserions* ont, il est vrai, une *bannière* distincte & leur *Porte-bannière*, en Allemand *Panner-meister* ; mais lorsqu'en temps de guerre ils arrivent à Altorff, ils servent à leurs dépens sous la *bannière générale du Canton*.

La milice du *Val de Livinen* consiste en quatre mille hommes partagés en douze compagnies. En temps de guerre elle sert sous la *bannière* d'Uri, mais ; comme l'observe M. Faesi (7), il seroit difficile qu'elle rendît des services essentiels à ses Souverains & à la Suisse, parce que depuis le châtiment exemplaire à l'occasion de la dernière révolte de cette vallée, en Mai 1755, on y a non-seulement fait cesser tout exercice militaire, mais même on a ôté aux habitans le port d'armes, en sorte qu'avec le temps ils n'auront plus la moindre idée du maniment de l'arme à feu. M. Faesi eût dû, ce me semble, se rappeller aussi cette observation, lorsque dans un endroit de sa Topographie (8) il a noté la mauvaise constitution militaire du Comté de *Sargans* & d'autres bailliages communs. M. Faesi (9) évalue entre vingt-huit mille & trente mille le nombre des habitans du Canton d'Uri, de l'un & de l'autre sexe, y compris ceux des Vallées d'*Urseren* & *de Livinen* qui sont sujets ; la Landsgemeind annuelle d'Uri est de quatre mille hommes : la milice d'*Urseren* monte à cinq cent hommes, & celle du *Val-Livinen* peut être évaluée à quatre mille.

Schweitz.

LA milice de ce Canton consiste en quatre régimens qui portent les noms des principaux quartiers du pays, *Schweitz*, *Art*, *Steinen* & *Unter-Wasser* ; chacun de ces régimens a un Colonel, un Lieutenant-Colonel, un Major & deux ou trois Capitaines. Le Directeur de l'artillerie, qu'on appelle en Allemand *Zeug-herr*, a dans son département deux ou trois Capitaines de canonniers.

Indépendamment de cette première milice, composée des *Patriotes* du Canton, il y a des pays sujets de la République, sous les ordres de deux Capitaines ou *Lands-hauptmann*; l'un

---

(1) Faesi, Descript. Topog. de la Suisse, T. II. p. 17.
(2) Oberst-Lands-Wachtmeister ou Lands-Maior.
(3) Fela-Secretarius.
(4) On les nomme en langue du pays *Rotten*.
(5) Bogen-Schuzen.
(6) Lands-haken-Schuzen.
(7) Description Topog. de la Suisse, T. II. pag. 213.
(8) Ibid. T. III. pag. 341.
(9) Ibid. T. II. p. 143.

d'eux commande la milice de la haute & basse *March*, un autre celle du district dit *Hoefe*, un troisième le quartier d'*Einsidlen*, & un quatrième celui de *Kussnacht*. Le Canton de *Schweitz* établit aussi avec celui de *Glaris* co-Régent, un *Lands-Hauptmann*, sur les bailliages d'*Uznach* & de *Gaster*.

En temps de paix l'inspection de la constitution militaire du Canton de Schweitz est confiée au *Banneret* ou *Panner-herr*, au Capitaine-général dit *Lands-hauptmann*, à un Lieutenant-Colonel, au Major-général (10) & au *Landsfendrich* ou à l'*Enseigne du pays*; mais en campagne le *Conseil de guerre* est ordinairement augmenté des assesseurs suivans, le *Landamme Régent*, le *Banneret*, le Directeur de l'artillerie, les six Capitaines (11) de la *March*, d'*Einsidlen*, des *Hoef*, de *Kussnacht*, de *Gaster* & d'*Uznach*, quatre Majors, les Capitaines (12) des canonniers, neuf Capitaines du pays, & l'Aide-major (13) du Canton.

Le nombre (14) des habitans du Canton de Schweitz, de l'un & de l'autre sexe, y compris sept mille sujets, monte au-delà de vingt & un mille; dans ce nombre la *Lands-gemeind* ou l'assemblée-générale des *Patriotes* contient quatre mille hommes depuis l'âge de quatorze ans; il y a aussi dans la totalité près de quinze cent personnes établies dans le Canton qui n'ont que le droit d'habitation.

Underwalden.

J'AI observé à l'article des *Etats Démocratiques de la Suisse*, que ce Canton étoit divisé en deux parties distinctes, *au-dessus* & *au-dessous du Bois*. La partie supérieure se nomme en Allemand *Ob-dem-wald*, & l'inférieure, *Nit-dem-wald*; le Canton porte en général le nom d'*Underwalden*, qui signifie proprement *sous le Bois* : ces deux divisions, quoiqu'indépendantes du Gouvernement à plusieurs égards, sont cependant tellement liées ensemble, qu'aux diètes du Corps Helvétique elles ne représentent qu'un même Canton, dans le nombre des *Treize*.

Dans le *Haut-Underwalden*, le département militaire est géré par le *Banneret* général de tout le Canton, par les deux *Landshauptmann* ou Capitaines du pays, & par les deux *Enseignes* dits *Lands-Fendrich*; c'est l'assemblée-générale du peuple qui les nomme : chaque paroisse qui élit ses Capitaines, en proportionne toujours le nombre à son étendue, plus ou moins considérable. Quand la milice marche en campagne, elle est précédée de deux hommes portant la couleur du Canton, & qui renvoyent aux échos des contrées voisines le meuglement effrayant qu'ils font en sonnant avec de longues cornes de taureau sauvage ou de bufle : on appelle ces deux *Corneurs*, *Helm-Blaeser*; dans les anciens temps on les appelloit la *Vache d'Underwalden* (1), comme au Canton d'*Uri* on nommoit le *Taureau d'Uri* (2) le premier de ceux qui sonnoient avec des cornes de bœuf à la tête des milices du pays dans leurs expéditions contre les ennemis de la Liberté; ces *Corneurs* subsistent encore à Altorff, & ils font leurs fonctions à certains jours de l'année.

Le militaire dans le *Bas-Underwalden* est sur le même pied que dans la partie *d'en-haut* : les deux divisions ont réglé en 1592 que les *Bannerets* & *Capitaines-généraux* seroient attachés à tout le Canton. Depuis cette époque la partie *d'en-haut* élit toujours le *Banneret* ou *Panner-herr*, & celle *d'en-bas*, le *Landshauptmann* ou Capitaine-général du pays. Mais indépendamment de ces charges affectées à tout le Canton, la partie *d'au-dessus du bois* établit un *Lands-hauptmann* particulier sur sa division, & celle du *Bas-Underwalden*, son *Panner-herr* distinct. Cette dernière division a encore séparément de celle *d'en-haut*, son Conseil de guerre, composé du *Banneret*, du *Landshauptmann*, & des deux Enseignes du pays, dits *Lands-Fendrich*. Les Chefs de la République, le *Landamme*, le *Lands-Statthalter*, & les autres premiers Magistrats peuvent remplir ces charges militaires en même-temps que celles qui tiennent au Gouvernement civil.

La (3) totalité des habitans du *haut* & *Bas-Underwalden*, de l'un & de l'autre sexe, y compris ceux qui n'ont que le droit du domicile, monte à vingt mille. La *Landsgemeind* dans les parties du Canton est évaluée à cinq mille *Patriotes*, depuis l'âge de seize ans : le nombre des *domiciliés*, mâles, est estimé à quatre cent hommes.

Zoug.

LA ville de *Zoug* & les trois Communautés extérieures, *Menzingen*, *Aegeri* & *Bar*, composent la souveraineté de ce Canton; mais la ville jouit de diverses prérogatives que nous avons détaillées à l'article de son Gouvernement. Parmi ces priviléges, est celui qui autorise la ville, à placer l'arsenal général dans son enceinte, où l'*Ammann-Régent* est obligé de résider, lors même que c'est le tour des Communautés extérieures à donner ce premier Président du Canton. Les Officiers qu'on nomme le *Banneret* (4) & l'*Enseigne général du pays* (5), sont par loi d'Etat extraits du Corps de la Bourgeoisie; mais leur élection ou leur confirmation dépendent de la *Landsgemeind*, qui est l'assemblée annuelle des Bourgeois de Zoug & des trois Communautés extérieures. La charge de *Banneret* a été remplie presque sans interruption depuis l'an 1390 par la Maison de *Kolin*; plusieurs de ce nom sont illustres dans l'Histoire Helvétique : la bannière de Zoug a été teinte de leur sang à la bataille de Bellinzone, en 1422; l'un d'eux qui la portoit en 1499 à la bataille de Dornach, contribua beaucoup à la victoire de cette mémorable journée contre les ennemis de la Liberté; un autre ne se distingua pas moins en 1531 à la bataille de Cappel.

(10.) En Allemand *Oberst-Wachtmeister*.
(11) *Lands-Hauptleute*.
(12) *Stuk-hauptleute*.
(13) *Lands-Aide-Major*.
(14) *Faes*, Descript. Topog. de la Suisse, T. II. p. 228-229.
(1) Underwalder-ku.
(2) *Der Stier von Uri*; l'instrument avec lequel ce Servant sonne, est une longue corne d'un bœuf sauvage que les Gaulois & les Germains nommoient *Uri*, & qu'on appelle encore en Allemand *Ur-ochs*. La tradition porte que les habitans d'Uri descendent des anciens *Taurisci*, les armes de ce Canton sont parlantes d'or à la tête de Taureau de sable, ayant un anneau de gueules passé dans les narines; l'écu du Canton d'Underwalden est soutenu par un Sauvage tenant une corne de vache.
(3) *Faes*, Descript. Topog. de la Suisse, T. II. p. 304.
(4) En Allemand *Panner-herr*.
(5) *Lands-fendrich*.

La charge de *Lands-hauptmann*, ou de Capitaine-général du Canton de Zoug, n'est presque jamais remplie, excepté en temps de guerre. En 1755 la ville a formé un *Conseil de guerre* pour régler la constitution militaire de la Bourgeoisie & des bailliages qui dépendent de sa jurisdiction ; depuis ce moment la milice du ressort de la ville a été partagée en plusieurs compagnies, presque toutes avec l'uniforme du Canton, & parmi lesquelles il en est une de *volontaires* ou *chasseurs*. Ces compagnies font à des jours réglés leurs exercices ; l'artillerie affectée à la ville fait aussi ses manœuvres, & tous se réunissent ensemble au printemps & dans l'automne dans la plaine de Zoug. M. de *Landwing*, ci-devant *Lieutenant-Colonel* au service de France, & aujourd'hui Capitaine-général du *Haut-Argeu-Libre*, & Conseiller d'Etat à Zoug, a été le créateur des changemens heureux qui ont été opérés dans cette milice ; & c'est à ses soins qu'est dûe la formation de la chambre (6) qui la dirige, laquelle est composée d'un Président & de six Assesseurs, extraits tant du petit Conseil que du Corps de la Bourgeoisie. Parmi ces Assesseurs sont le *Banneret*, qui est en même-temps le Directeur de l'Arsenal, & l'*Enseigne* (7) *de la Ville & du Canton* : ce Conseil a aussi un Secrétaire de guerre & un Huissier. M. de *Landwing* a donné à la milice bourgeoise un exercice court & propre à la classe d'hommes dont elle est composée ; cet exercice qui a été imprimé à Zoug, y a eu un plein succès. On l'a imité dans d'autres Cantons, mais les changemens qu'on y a faits n'ont pas toujours répondu à l'attente publique. Il faut être militaire dans l'ame, avoir fait plusieurs campagnes, & sur-tout avoir étudié le métier de la guerre, en un mot joindre l'expérience à la Théorie, pour pouvoir prononcer sainement sur les différentes parties de la Tactique.

Les *Communautés extérieures* du Canton de Zoug veillent séparément de la ville sur le militaire de leur dépendance. On assure que celle de *Bar* se distingue le plus par son activité ; elle a un armement neuf, ainsi que la ville, & son magasin à poudre particulier : la milice des *Communautés* est aussi distribuée en compagnies, sous des Capitaines de leurs districts.

La (8) population du Canton monte à vingt mille habitans, de l'un & de l'autre sexe ; l'assemblée générale du peuple, autrement la *Landsgemeind*, contient environ trois mille hommes, & la milice des bailliages qui composent le territoire particulier de la ville est évaluée à douze cent hommes.

Glaris.

Voici une attestation, non suspecte, d'un savant Glaronois, sur l'état militaire de son Canton. Je vais la traduire littéralement, d'après le texte Allemand de sa Chronique (1), publiée en 1774 ; son témoignage est, comme l'on voit, de fraîche date : *Notre constitution militaire n'a pas, il est vrai, la même forme éminente qu'ont les Cantons de Zurich, Berne, Lucerne, &c., mais au moins y a-t-il quelque appareil guerrier au milieu du calme de la paix. Le Canton a du canon & des coulevrines, un nombre d'armes à feu, & la provision nécessaire de poudre. On assure que les Catholiques du Canton ont à Nessels un arsenal très-bien fourni, lequel est un dépôt partie dans le Palais* (2), *& partie au Couvent des Capucins. Les Réformés ont aussi établi en 1747 un arsenal, ils l'augmentent annuellement à un point qui pourra le rendre respectable. On fait tous les ans des revues ; la milice est partagée dans les quartiers du pays en compagnies plus ou moins fortes, & on la dit bien pourvûe d'armes. Les Réformés ont séparément leurs Conseillers de guerre & leur LAND-MAJOR, qui ferme la barrière dans le Conseil de la partie EVANGÉLIQUE du Canton.*

Ajoutons à ce que rapporte M. Trumpi quelques observations sur les (3) principaux chefs du Gouvernement Glaronois. La plupart d'entre eux portent encore des noms de guerre ; le *Banneret* ou *Panner-herr*, le *Capitaine-général* ou *Lands-hauptmann*, l'*Enseigne du pays*, autrement *Lands-Faehndrich*, les *Directeurs* (4) *d'Artillerie*, les *Porte-Bannière* (5), &c ; mais en temps de paix ces charges sont réputées plutôt civiles que militaires. Le *Banneret* garde la *bannière* actuelle du Canton, & tient dans une armoire particulière les anciennes *bannières* du Canton & les drapeaux gagnés sur les ennemis de la Liberté. Il y a dans la Maison de Ville à Glaris un nombre considérable de fusils, & ailleurs quelque provision de poudre. Chaque division du Canton, soit Catholique, soit Réformée, a son arsenal distinct, sous la direction d'un Magistrat, qui porte le nom de *Maître de l'artillerie*, en Allemand *Zeug-herr*. En 1702 & 1715 la partie Réformée créa un *Conseil de guerre* ; cette Chambre nommoit des Capitaines, mais dans la suite ce droit lui fut ôté, & les *quartiers* du pays se l'approprièrent. Tous les ans il y a des revues dans tout le Canton ; on y inscrit tout habitant depuis seize ans jusqu'à soixante ; chacun doit se pourvoir d'armes & de poudre à ses dépens. Il n'y a pas de cavalerie dans ce pays ; la milice consiste en trente compagnies plus ou moins fortes, suivant l'étendue des *quartiers*. S'il falloit faire un détachement pour la guerre, on y procéderoit par le sort, ou en acceptant l'offre des volontaires qui se présenteroient. Le bourg de *Glaris* est partagé en quatre compagnies : les bourgs de *Schwanden* & *Mollis* en ont chacun trois, d'autres *quartiers* un deux ou seulement une. Il se fait dans l'année plusieurs tirages au blanc dans tous les *quartiers*, on peut les regarder comme une sorte d'image de la guerre, propre à animer l'esprit militaire. On y distribue des prix, moyen infaillible d'entretenir l'amour des armes. M. Trumpi (6) estime toute la population de son Canton à seize mille habitans, de l'un & l'autre sexe, indépendamment des quatre mille habitans du Comté de *Werdenberg*, dont je vais parler ; ce qui fait en tout vingt mille hommes, sur lesquels M.

---

(6) En Allemand *Kriegs-Rath*.
(7) En Allemand *Stadt-and Amts-Fendrich*, & communément *Lands-Fendrich*.
(8) Faesi, Descript. Topog. de la Suisse, T. II. p. 368.
(1) M. Trumpi, Ministre à Schwanden, Chronique de Glaris, pag. 148-149.
(2) On appelle de ce nom à Nessels le grand & bel hôtel que Gaspard Freuler, Colonel du régiment des Gardes Suisses, sous Louis XIII, & petit-fils du célèbre Colonel Gallaty, par sa mère, a fait bâtir. Le Couvent des Capucins à Nessels est situé sur une hauteur, & construit de manière qu'il peut servir de citadelle en cas de besoin ; il a été bâti à l'endroit où étoit autrefois le château des Gouverneurs du pays sous la domination de la Maison d'Autriche ; ce château fut rasé dans le quatorzième siècle, & le Couvent a été construit l'an 1677, & dédié l'an 1679. M. Trumpi n'a pu faire taire le zèle de la religion dont il est Ministre, en parlant des amas d'armes & des pièces d'artillerie, qu'il dit être en dépôt au Couvent des Capucins & dans l'hôtel de Freuler.
(3) Faesi, Descript. Topog. de la Suisse, T. II. pag. 445 & suiv.
(4) Zeug-Herren.
(5) Panner-Vortrager.
(6) Chr. de Glaris, p. 96-98 & 307-308.

Trumpi en déduit quatre mille capables de porter les armes. Le Comté de *Werdenberg* est un bailliage dépendant du Canton de Glaris : ses habitans sont tous Réformés; la population de ce petit pays peut monter à quatre mille ames. On compte dans ce nombre mille hommes en état de porter les armes, du moins suivant le calcul de M. *Trumpi* (7). En 1721 le Souverain voulant punir la rébellion des *Werdenbergeois*, leur défendit le port d'armes; c'étoit les punir par l'endroit le plus sensible. Mais en 1734 les *Werdenbergeois* ayant supplié, par une députation, la *Landsgemeind* ou l'assemblée générale du peuple Glaronois, de leur rendre les armes; ce peuple souverain, après leur avoir fait une correction paternelle, accéda à leur demande. A cette marque de bonté il en ajouta une autre en 1738, il permit aux *Werdenbergeois*, sur leurs nouvelles instances, de choisir entre eux un Capitaine & un Enseigne, pris dans leur pays, privilége qui leur avoit été aussi retranché : observons que le Conseil de Glaris choisit ces Officiers & les installe dans leurs fonctions. Mais en même-temps que le Souverain faisoit ces graces à des Sujets autrefois rébelles, & depuis repentans, il ne leur dissimuloit pas qu'il les leur retireroit au moindre signe de désobéissance. J'ai rapporté à l'article de la Constitution militaire du Canton d'Uri, le précis du soulèvement des habitans du *val de Livinen*, j'ai dit que le Souverain leur avoit ôté, en 1755, le port d'armes, en punition de leur révolte ; jusqu'à présent cette défense n'a pas été levée. Sans doute les *Liviniens*, plus endurcis que les *Werdenbergeois*, & tenant plus au caractère des Italiens, leurs voisins, à qui on reproche une *ame vindicative*, n'ont pas encore montré un repentir assez sincère de leur *félonie*.

Bâle.

LE militaire (1) de *Bâle* est confié à l'inspection de deux principaux Commissaires de guerre, qui sont les deux *Bourgmestres*, & sous leurs ordres à un Commissaire ordinaire, au Lieutenant & aux Majors de la ville, & en outre à des Officiers surveillans, distribués dans différens quartiers du *grand & petit Bâle*. Il est bon d'observer que chaque quartier du *grand Bâle* a son Capitaine, quatre *Quarteniers*, en Allemand *Quartier-herren*, tirés du petit Conseil, indépendamment des hauts & bas Officiers. Le quartier du *petit Bâle* est commandé par un Capitaine, trois *Quarteniers* & d'autres Officiers. Il y a dans Bâle les compagnies ou *sociétés* des Arbalêtriers & des Arquebusiers; elles ont leurs Capitaines ou Chefs extraits du *petit Conseil* : il y a aussi un détachement pour garder les portes de la ville, lequel a son uniforme, ainsi que ceux des garnisons de Berne, de Lucerne, &c.

La milice du Canton consiste en deux régimens d'*infanterie*, de deux mille hommes chacun, & en deux compagnies de dragons de soixante Maîtres. Le piquet qui doit être prêt à marcher au premier ordre, est de quatre cent hommes d'*infanterie* & de vingt *dragons* : il reste toujours sur le pied complet ; ajoutons qu'il est composé de la plus belle jeunesse du pays. Il y a encore, dans la ville, un petit corps de jeunes bourgeois, nommé la *Compagnie franche* ; il consiste en grenadiers, fusiliers, canonniers & chasseurs à cheval : c'est une sorte d'école militaire, dans laquelle on peut s'instruire de toutes les parties de l'Art de la guerre. C'est de ce corps qu'on tire aussi de temps en temps d'excellens Officiers pour la milice.

La population (2) de la ville de Bâle n'est pas considérable. J'ai touché la cause de sa diminution à l'article du *Gouvernement* de cette ville. Le nombre des habitans de la campagne, Sujets des Bâlois, est assez relatif à l'étendue du pays, qui a plus de huit lieues de Suisse en longueur, sur six autres en largeur.

Fribourg.

LA bourgeoisie (3) de *Fribourg* forme quatre compagnies, & la milice du Canton onze régimens : quelquefois l'Etat nomme un Général-Commandant de cette milice. Le *Conseil de guerre* est composé des deux Avoyers, du *Statthalter*, du *Trésorier*, du Major de la ville, d'un Conseiller, d'un Banneret, du Chancelier, & de trois autres (4) Assesseurs, distingués par leurs services militaires ; ce qui forme en tout onze Membres. La population du Canton de *Fribourg* est de soixante-douze mille huit cent personnes, de l'un & de l'autre sexe. M. *Faesi* déduit sur ce nombre dix-huit mille hommes en état de porter les armes, depuis seize ans jusqu'à soixante-cinq.

Soleure.

LA (5) constitution militaire de ce Canton est aux ordres d'une *Chambre de guerre*, composée des deux Avoyers, du Banneret, du Trésorier, du Chancelier, du Procureur-Général, du Colonel de l'Artillerie, du Capitaine de la Ville, des Colonels & Majors préposés aux milices des bailliages du Canton; en tout vingt-trois Assesseurs, indépendamment d'un Secrétaire : l'inspection générale de l'artillerie est annexée aux charges des quatre Chefs de l'Etat & à celle du Chancelier.

Il y a aussi une *Chambre particulière* pour l'Administration de l'Arsenal, & une autre pour les fortifications de la Ville. Le Corps de la Bourgeoisie de cette ville forme une compagnie particulière, aux ordres d'un Major, d'un Capitaine & de deux Lieutenans : il y a encore une compagnie d'*artilleurs*, toute extraite de la bourgeoisie ; elle fait tous les ans ses manœuvres : son uniforme est *bleu*, avec paremens *rouges* ; ceux des habitans de la ville qui ne sont pas incorporés dans la

---

(7) Ibid. p. 163 & 510.
(1) Faesi, Descript. Topog. de la Suisse. T. II. p. 506 & 534.
L'Etat & les Délices de la Suisse, T. IV. pag. 353-354. Bâle 1764. in-12. fig.
(2) Faesi ibid. T. II. pag. 487 & 498-499.
Tscharner, Dict. Géog. Hist. & Pol. de la Suisse. T. I. pag. 83, &c.

(3) Faesi, Descript. Topog. de la Suisse. T. II. p. 595.
(4) En 1779, M. de *Boccard*, Lieutenant-Général des armées du Roi, Colonel d'un régiment Suisse de son nom ; M. *Philippe de Reynold*, Chevalier de Saint-Louis & ci-devant Capitaine en France, &c.
(5) Faesi, ibid. T. II. p. 673-674.

bourgeoisie ;

PITTORESQUES, &c. DE LA SUISSE.

bourgeoisie, composent aussi une compagnie. La bourgeoisie est chargée, en temps de paix, de la garde des portes ; & ceux des bourgeois qui ne veulent pas la monter à leur tour, la payent à ceux qui font leur service : cette garde est aux ordres du Capitaine de la ville. Lorsqu'il y a guerre, le Souverain fait entrer dans la ville une partie de la milice du pays ; cette milice compose un régiment de *dragons* & huit régimens d'*infanterie*. Voici les noms de ces régimens ; *Buchenberg, Kriegstetten, Leberen, Falkenstein, Olten, Dornach, Thierstein & Gilgenberg* : on trouve dans ces noms ceux des bailliages du Canton. L'uniforme des cinq premiers régimens que je viens de nommer, est ainsi que celui des bourgeois de Soleure, *gris-blanc*, avec les paremens *rouges* ; l'uniforme des régimens de *Dornach, Thierstein & Gilgenberg*, est *brun*, mêmes paremens : chaque régiment est de douze à quatorze cent hommes ; l'Etat-Major consiste en un Colonel & un Major. Chaque compagnie, de cent hommes, a un Capitaine, deux Lieutenans & un Enseigne ; les premiers emplois militaires sont donnés à des bourgeois de Soleure, les autres à des sujets. La *bannière* du Canton porte *rouge, mêlé de blanc* ; il y a toujours un piquet prêt à marcher au premier ordre. Au reste, toute cette milice a ses dépôts particuliers d'armes & de munitions ; elle est exercée deux fois par an, indépendamment des exercices particuliers qui se font dans l'été.

M. Faesi (6) évalue la population du Canton de Soleure à quarante-cinq mille personnes de l'un & de l'autre sexe, & il déduit de ce nombre onze mille hommes en état de porter les armes, depuis seize ans jusqu'à soixante-cinq.

Schaffhausen.

L'ETAT militaire de ce Canton est réglé sur un excellent pied : la milice du pays, que l'on exerce avec soin, est partagée en quelques régimens d'*infanterie*, & en quelques escadrons de *cavalerie* : chaque régiment d'*infanterie* a une *compagnie franche*. De temps à autre on fait camper un détachement de la milice, & on la forme pendant plusieurs jours à différentes manœuvres ; toute l'inspection du militaire est subordonnée à un *Conseil de guerre*. Cette chambre a pour Assesseurs les Membres du Conseil secret, le Directeur ou Maître de l'artillerie, le Colonel de la guerre, en Allemand *Kriegs-oberst*, deux Majors & deux Bourgeois. Le *Colonel de la guerre* qui commande la bourgeoisie & la milice, a pour Adjoints deux Majors, extraits du *petit Conseil*, le Major & le Lieutenant de la ville ; à l'égard du remplacement des factionnaires dans les seize compagnies de la bourgeoisie, il se fait par un comité extrait du *Conseil de guerre* ; ce comité y nomme les jeunes bourgeois qui se font inscrire tous annuellement à la Chandeleur, sur les *Tribus* & Confrairies ou *Sociétés* de la ville. Les quatre (7) *Quarteniers* de la ville, parmi lesquels il y a deux Membres du petit Conseil, & deux autres du grand, établissent le logement des *compagnies franches*, chez les bourgeois, quand en temps de guerre elles ont ordre d'entrer dans la ville. Un des Membres du *petit Conseil* est *Banneret*, devant lui marche un bourgeois portant la *bannière* : un *Sénateur* est nommé Commandant du fort *Munot* qui domine sur la ville ; l'inspection de l'*arsenal* est aussi donnée à un *Sénateur*, sous les ordres cependant des deux *Trésoriers* de l'Etat. L'inspection supérieure des sentinelles placées sur les tours de la ville, est de même confiée à l'œil vigilant d'un *Sénateur*.

Le commerce a considérablement augmenté la population dans le Canton de *Schaffhausen*. M. Faesi (8) y comptoit, en 1766, trente mille habitans de l'un & de l'autre sexe, dont sept mille de la ville.

Appenzell.

Le Canton (9) d'*Appenzell-extérieur* ou *Réformé*, a établi pour sa sûreté un Conseil de guerre, composé des Membres principaux du Gouvernement, & des Officiers militaires, qui sont le *Banneret* ou *Panner-herr*, les deux Capitaines généraux, en Allemand *Lands-hauptleute*, & les deux Enseignes du pays, (*Lands-faehndriche*) : il y a d'ailleurs quelques Capitaines *des Quartiers*, & d'autres Officiers ordonnés pour inspecter le militaire & faire exercer la milice, & on tient prêts dans chaque Communauté des détachemens de la jeunesse pour voler au moindre signal qui annonceroit un danger imminent. Le même régime militaire est observé dans le *Canton d'Appenzell-intérieur* ou *Catholique*. Il y a peu de Cantons, excepté celui de *Schweitz*, où les hommes soient en général d'une taille aussi élevée & aussi bien proportionnée que dans le pays d'Appenzell. Les habitans s'exercent dès leur jeunesse à la lutte, à la course, à lancer de la main des pierres d'un grand poids ; ils jouent d'une sorte de luth & du cor des Alpes. C'est ici le vrai berceau de cette musique *Alpestre*, qui a, comme on sait, la faculté d'exciter chez les Suisses, absens de leur patrie, la maladie du pays, en Allemand *Heimweche*, espèce de mélancolie souvent mortelle : cette maladie attaque sur-tout les montagnards ; j'en parlerai dans la suite de ce volume. Le nombre des *Patriotes* qui se trouvent annuellement à la *Landsgemeind*, dans le Canton d'*Appenzell-Catholique*, monte à trois mille hommes ; celui des *Patriotes* dans le Canton d'*Appenzell-Réformé*, depuis l'âge de seize ans jusqu'à soixante-cinq, est évalué à dix mille.

---

(6) Ibidem, T. II. p. 667.
(7) Stadt-Quartier meister.
(8) Descript. Topog. de la Suisse, T. III. p. 6.

(9) Faesi, Descript. Topog. de la Suisse, T. III. p. 71-72 & 115-116.
Tscharner, Dict. Géog. Hist. & Pol. de la Suisse, T. I. p. 67, &c.

Abbé de Saint-Gall.

LE Prince Eccléfiastique de ce nom, qui est le premier des Alliés du Corps Helvétique, posséde un territoire considérable ; on lui compte (1) quatre-vingt-onze mille huit cent Sujets dans les anciens domaines de son Abbaye, dans quelques terres en Turgovie, où le port des armes lui appartient, & dans le Comté de Toggenbourg. J'ai expliqué à l'article de l'Administration temporelle de cette Abbaye, quels sont les fonctions du *Capitaine du pays* ou *Landshauptmann* que les quatre Cantons de Zurich, Lucerne, Schweitz & Glaris, envoyent alternativement tous les deux ans à *Weil* pour la conservation des droits du Prince & des priviléges réservés à ses Sujets dans *l'ancien domaine de son Abbaye* : mais la commission de cet Officier ne s'étend ni sur la petite ville de *Weil*, ni sur le *Toggenbourg*. Au reste, l'Abbé fait exercer la justice & la police par des Baillifs ou Juges séculiers, subordonnés à diverses Chambres, dans lesquelles des Religieux siégent & ont la principale influence. D'après cette esquisse on peut apprécier l'état militaire de ce pays ; mais en retour on peut assurer qu'il est sur un très-bon pied dans le Comté de *Toggenbourg*, où les habitans sont des deux religions & jouissent d'immunités considérables ; on y compte environ neuf mille hommes en état de porter les armes, & dont les deux tiers sont Réformés. Il y a dans ce Comté un Conseil de guerre permanent, & principalement autorisé par le traité de paix de 1719, & par les conventions de 1755 & 1759 ; il est composé de douze Assesseurs du pays : le Prince en nomme trois Catholiques & trois Réformés, & le *Landrath* ou Conseil du pays établit les six autres. Le *Banneret* ou *Panner-herr* est du nombre de ces derniers ; son élection dépend du choix de la *Landsgemeind* ou Assemblée générale du peuple Toggenbourgeois : Cet Officier est en temps de guerre le chef de toute la milice ; mais le baillif du Toggenbourg est le Président né du Conseil de guerre. On traite dans ce Tribunal, à la pluralité des voix, de tous les objets militaires, expéditions, ordres de marche, recrues, préparatifs de guerre, règlemens de santé, &c. si les opinions sont partagées, le Baillif a la voix prépondérante. Deux Secrétaires, des deux religions, protocolent à ce Tribunal du choix duquel ils dépendent : ils ont aussi le droit de donner leur avis ; mais dans les occurrences qui exigent une prompte convocation ou qui sont d'une légère importance, on assemble alors un Comité moins nombreux, & qui est seulement de six Assesseurs, dont trois sont Catholiques & trois Réformés.

On exerce la milice du Comté pendant l'été, particuliérement les dimanches après l'office divin ; le Conseil de guerre a en vertu d'un règlement, le pouvoir de statuer tous les ans la revue ou les exercices. Il est enjoint à tout Toggenbourgeois qui veut se marier, d'informer préalablement son Capitaine, qu'il a ses armes en l'état nécessaire pour marcher au premier ordre, & si ses facultés ne lui permettent pas de remplir cette condition préliminaire, on lui refuse la permission de se marier jusqu'à ce qu'il y satisfasse. Il règne dans le Toggenbourg une grande police pour purger le pays des mendians & des vagabonds ; chaque quartier a son archer qui le parcourt d'un bout à l'autre & qui a grand soin de faire marquer sur son livret chaque fois qu'il passe par un village ou hameau ; à la fin de la semaine il le montre ce livret à son Capitaine de *quartier*, dont il reçoit la solde. Ces Archers sont très-bien mis, ils portent sur leurs habits un écusson doré, avec l'empreinte d'un dogue noir ; ce sont les armes du Comté de Toggenbourg : le Baillif & le Conseil de guerre font prêter serment à ces Archers, pour l'exécution de leur devoir.

République de Saint-Gall.

LA bourgeoisie (2) de cette ville est partagée en neuf quartiers, dont chacun a son Capitaine, avec d'autres Officiers : dans les momens périclitans chaque bourgeois a d'avance son poste désigné dans la ville, soit pour tirer, soit sur les tours, dans les retranchemens, à l'arsenal, ou aux portes de la ville. On fait annuellement dans l'avent, à l'assemblée des bourgeois, la lecture du règlement qui désigne ces postes ; chaque citoyen est obligé de se pourvoir des armes & munitions nécessaires. Il y a de plus une compagnie de canonniers & deux compagnies de grenadiers, dont l'une à cheval & l'autre à pied ; elles ont une apparence brillante. Le Capitaine de la ville est le premier Officier en rang, il a sous ses ordres plusieurs subalternes. Le Conseil de guerre a l'inspection générale du militaire ; il est composé de trois *Bourgmestres*, de trois *Sous-Bourgmestres*, de deux Conseillers, du Capitaine & du Lieutenant de la ville, & du Secrétaire d'état. Dans les occurrences subites & qui menacent d'un danger imminent, ils peuvent sans la participation préalable du Sénat, ordonner tout ce qu'ils croyent nécessaire à la sûreté de la ville. *Saint-Gall* n'a pour tout territoire qu'une banlieue très-resserrée : on compte cependant dans la ville & dans les fauxbourgs huit mille trois cent habitans de l'un & de l'autre sexe.

Les trois Ligues Grises.

LA ressource (3) de la République des *Grisons*, pour sa propre défense, consiste en une milice, qui comprend généralement tous les habitans capables de porter les armes. La distribution de cette milice tient de la première simplicité de l'Ordonnance militaire des anciens Suisses. Elle est partagée en trois divisions ; la première est composée des *Volontaires* & de la jeunesse ; ce n'est que dans le plus grand danger que la dernière division de l'arrière-ban se met en marche avec les bannières des *trois Ligues*. Chaque Ligue a son chef militaire & ses Officiers particuliers : ce chef se nomme en Allemand *Bundes-obrist*, c'est-à-dire, le *Colonel de la Ligue*. Au reste, chaque *haute Jurisdiction du pays* a son ordonnance de guerre particulière : dans quelques Communautés les Officiers qui doivent marcher au premier ordre sont nommés d'avance ; dans

---

(1) *Faesi*, ibid. T. III. p. 599 & 669-670, &c.
(2) *Faesi*, ibidem, T. III. p. 725, &c.

(3) *Tscharner*, Dict. Géog. Hist. & Pol. de la Suisse, T. II. pag. 37-38.
Faesi, Desc. Topog. de la Suisse, T. IV. pag. 79-80.

d'autres Jurisdictions les villages qui doivent fournir ces Officiers sont au moins désignés pour remplir avec promptitude leur devoir dans l'occasion. On conçoit que cette milice pour la défense de la patrie manquera moins de bravoure que de discipline, & qu'elle ne peut pas être bien exercée : au reste la quantité de troupes Grisonnes dans les services étrangers, fournit d'excellens Officiers. On fait monter jusqu'à cinquante mille hommes toute la milice des *Ligues*, en y comprenant les Sujets. Au défaut de places fortes, les rochers & les défilés pourroient être regardés comme une défense naturelle du pays.

Chez des Peuples libres & pauvres, qui ne veulent point se charger d'impôts, les finances de l'Etat ne peuvent qu'être bien modiques. Tout se réduit ici, à-peu-près, à quinze mille cinq cent florins, que produisent annuellement les fermes des péages dans les pays sujets : cette somme est appliquée aux frais des Diètes & à quelques autres dépenses indispensables. Une petite taxe imposée sur quelques offices publics dans la Valteline, & le produit de quelques petits domaines dans le Comté de Chiavenne, servent à défrayer les Députés envoyés dans ces provinces, & à payer le salaire de quelques employés des *Ligues*. Les mises ou rétributions que payent ceux qui obtiennent des emplois, sont distribuées au Peuple dans les Communes, & également les pensions des Puissances étrangères ; sans cela où l'Etat prendroit-il les fonds pour des ouvrages publics, pour les chemins, pour les magasins de provision, si nécessaires dans un pays qui ne produit point assez de bled ? Et si dans de semblables cas il faut toujours recourir au consentement volontaire des Communes, que de retards & de difficultés le démembrement de l'autorité publique ne doit-il point présenter ? Ces réflexions que je dois à la sagacité de M. *Tscharner*, de Berne, ne peuvent-elles pas être appliquées à l'état & à la gestion des finances dans d'autres Républiques populaires de la Suisse ?

Voici ce que je lis dans un Mémoire écrit en 1708 sur le pays des Grisons, par un Etranger qui en avoit étudié la Carte politique. *On n'établit le tribunal du Conseil de guerre que lorsqu'il y a un danger évident d'entrer en guerre avec une Puissance étrangère : il se tient au lieu le plus proche de l'ennemi. Dans les affaires pressantes il donne des ordres, qu'on exécute sans attendre la réponse des Communes ; mais dans les cas qui peuvent souffrir du délai, on attend leur ratification. Ce Tribunal est présidé par un Général, assisté d'un Colonel & de deux Députés par Ligue. Les frais & les dommages de la guerre se répandent sur toutes les Communes, car quand il n'y en auroit qu'une qui eût souffert, toutes les autres partageroient sa perte, mais elles ne peuvent que rarement avoir occasion d'en venir là, parce que l'entrée du pays des Grisons est facile à garder, que ces peuples sont belliqueux, qu'une armée étrangère n'y sauroit vivre, & que les bleds & les munitions y sont très-difficiles à voiturer. D'ailleurs la conquête de ces montagnes seroit trop onéreuse à un Prince qui s'en rendroit le maître, il ne pourroit contenir les habitans qu'avec de grosses garnisons, & ne pourroit, à tout prendre, tirer du pays de quoi entretenir huit cent hommes : aussi ces peuples appréhendent-ils peu une armée étrangère chez eux ; mais ils craignent les troubles intestins tant qu'ils peuvent de peur, à cause de la différence des religions, d'où il résulte des factions que les Ministres des Puissances allument ou éteignent selon l'intérêt de leurs Maîtres. — Les Grisons souhaitent de voir la guerre allumée en Europe, parce qu'il passe une fois plus de marchandises chez eux, qu'ils vendent plus chèrement leurs denrées ; qu'ils ont des emplois militaires, & qu'ils sont recherchés pour l'ouverture & la clôture de leurs passages par des Puissances rivales. — Les Protestans en particulier sont ravis de voir les Princes Catholiques embarrassés, afin de mettre le pied sur la gorge à leurs compatriotes de la Religion Romaine qui, dans la paix, menacent les Calvinistes des Etats de la Communion du Pape, dont les Ligues sont entourées presque de tous côtés.*

Il y a du vrai dans ce tableau, mais en général il est trop chargé, & d'ailleurs depuis 1708 les affaires politiques ont pris une autre face dans le pays des Grisons.

Le Vallais.

IL (1) n'y a peut-être point dans toute la Suisse de contrée si bien fermée par des montagnes, que l'est le *Vallais*, ni qui soit si bien fortifiée par la nature contre les approches de l'ennemi. Les Vallaisans ont été de tout temps aussi braves & aussi courageux que les Suisses, leurs alliés. Ils sont endurcis au froid, au chaud & au travail. On estime la milice de tout le Vallais à dix-huit mille hommes, & par proportion toute la population à quatre-vingt-dix mille ames.

Le *Landrath* ou *Conseil du pays* nomme le Général de la milice, & le Colonel des départemens au-dessus de la petite rivière *Morgia*, en Allemand *Morse*, qui sépare le haut-Vallais du bas ; ce Conseil nomme encore le Colonel-Capitaine des Arquebusiers, & le Maître de l'Artillerie. Ceux qui sont pourvus de ces charges militaires les gardent pendant leur vie. Chaque dizain a aussi son *Banneret* (2) particulier & le Capitaine de son district, en Allemand *Zehenden-hauptmann*. On leur adjoint des Conseillers en temps de guerre, & ils partagent la milice en compagnies, sur lesquelles ils placent des Officiers. Le même *Landrath* établit cinq Colonels commandans dans le bas-Vallais, ils sont nommés les *Colonels au dessous de la Morgia* ; chacune des trois principales *bannières* du bas-Vallais, parmi lesquelles est celle de *Monthey*, a son *Banneret* particulier, & chaque *bannière* fournit en temps de guerre autant de soldats que l'un des dizains du haut-Vallais.

Mulhausen.

LA (3) petite République de ce nom, enclavée dans le Sundgau, à six lieues de Bâle, & Alliée des Cantons de Zurich, Berne, Glaris, Bâle & Schaffhausen, peut avoir avec ses Sujets d'*Iltzach* & *Modenheim*, sept à huit mille habitans de l'un & de l'autre sexe ; ce nombre offre l'estimation qu'on peut faire de ses forces militaires. *Mulhausen* a un arsenal ; sa milice s'est distinguée autrefois avec les Suisses dans plusieurs expéditions, même en Italie. Au milieu de toutes les guerres entre la France & l'Allemagne, la neutralité de *Mulhausen* a toujours été respectée par les Puissances belligérantes. Il

---

(1) L'Etat & les Délices de la Suisse, T. IV. pag. 202 & 205.
Faesi, Descript. Topog. de la Suisse, T. IV. p. 253, 285 & 323.
Tscharner, Dict. Géog. Hist. & Pol. de la Suisse, T. II. pag. 175, &c.

(2) *Pannerherr.*
(3) Faesi, ibid. T. IV. p. 599 & suiv. &c.

arriva en 1674 que l'armée de M. de *Turenne* se battit avec les Allemands presque sous le canon de *Mulhausen*; ce grand homme remporta la victoire, mais il respecta les limites de cette petite République, & se contenta de poster des gardes à toutes les avenues pour prendre les fuyards.

Bienne.

Quoique (4) la population de cette ville & de son territoire, ne se porte qu'environ à cinq mille cinq cent habitans, de l'un & de l'autre sexe; la milice, par le privilège particulier de la *bannière* qui embrasse un plus grand district, forme deux bataillons de neuf cent hommes chacun. La ville de *Bienne*, par ses alliances perpétuelles avec les trois Cantons de Berne, Fribourg & Soleure, est regardée comme un Allié des Suisses, & jouit, par un usage continué depuis un siècle, du droit d'envoyer un Député aux Diètes générales de la Nation. J'ai détaillé à l'article de son Gouvernement les droits circonscrits que l'Evêque de Bâle, son ancien Souverain, y a conservés : mais il n'en est pas moins vrai que *Bienne* jouit dans son enceinte & dans son ressort de Jurisdiction, des immunités les plus essentielles de l'indépendance, de la Justice criminelle, du port des armes, de la législation, du droit de former des alliances, & de beaucoup d'autres prérogatives d'une Nation libre. Aujourd'hui *Bienne* possède le port des armes, non-seulement dans ses murs & dans son propre territoire qui comprend six villages, mais encore dans tout l'*Erguel* & dans la seigneurie d'*Illfingen* ou *Orvin*, limitrophe de l'*Erguel*, & qui fait partie de ce qu'on appelle la *Mairie de Bienne*. L'Evêque de Bâle a la souveraineté sur l'*Erguel*, mais la ville de *Bienne* y possède le port des armes par les traités de 1610 & 1731. La religion Réformée est la seule qui s'exerce dans ce pays, en vertu des traités conclus à ce sujet. L'*Erguel* peut avoir dix lieues dans sa longueur, sur cinq de largeur (depuis le pied du mont *Freyberg*, jusqu'au *Tessenberg* ou montagne de *Diesse*). Le nombre des habitans de l'*Erguel* va à sept mille, de l'un & de l'autre sexe. En vertu du droit qu'a la ville de *Bienne*, Alliée des Cantons, de faire marcher à la guerre sous sa *bannière* les habitans de l'*Erguel*, de les exercer & d'y recruter pour ses compagnies au service de *France*, ceux-ci sont censés faire partie de la Suisse. M. *Faesi* dit dans sa Topographie, que le régiment d'*Eptingen*, levé au nom du Prince-Evêque de Bâle en Février 1758, fait ses recrues dans toute l'étendue de son Etat, à la réserve de l'*Erguel*, où les seules compagnies de *Bienne* ont ce droit, à moins que cette ville ne permette à quelques autres Officiers que les siens d'y engager un nombre d'hommes. Toute la milice du ressort immédiat de *Bienne* peut monter à trois mille hommes entre seize & soixante ans. *Bienne* jouit aussi, conjointement avec Berne, du port des armes & des taxes dans les villages situés sur la côte septentrionale du lac de son nom, quoiqu'ils soient enclavés dans le Canton de Berne : parmi ces villages est celui de *Ligerz*, en François *Gleresse*.

Le Commandant de la milice de Bienne est toujours le *Banneret* (5) de cette ville. Autrefois il y avoit sous la *bannière* de Bienne trois compagnies d'élite, chacune de deux cent hommes, avec ses Officiers; un quart de ces compagnies étoit fourni par la ville, & trois autres quarts par le pays: mais depuis 1758 toute la milice forme deux bataillons, chacun de neuf cent hommes. Le premier est composé en partie des bourgeois de la ville, & en partie des habitans des villages qui en dépendent, de ceux de la Seigneurie d'*Illfingen* ou du *bas-Erguel*, qui comprend la mairie de *Pierrerlen*, & de ceux des paroisses de *Pery* ou *Buderich*, & de *Vauffelin* ou *Fuglistal*, toutes deux de la mairie de *Souceboz*. Ce bataillon a un Major, un Aide-Major, une compagnie de grenadiers de cent hommes, quatre compagnies de fusiliers, chacune de deux cent hommes, y compris cinq Officiers, savoir un Capitaine, trois Lieutenans & un Enseigne.

Le second bataillon est composé de la milice du *Haut-Erguel*, ayant un Major, un Aide-Major, deux compagnies de grenadiers, chacune de cinquante hommes; & en outre huit compagnies de fusiliers, chacune de cent hommes, y compris cinq Officiers de piquet : il y a encore deux compagnies composées de bourgeois de Bienne, l'une de chasseurs ou arquebusiers, & l'autre de l'artillerie.

L'uniforme de toute la milice, excepté les canonniers, est bleu, avec doublure & paremens rouges, la veste & culotte de même, avec boutons d'étain, & le chapeau bordé en blanc : les grenadiers sont habillés de rouge, & portent des bonnets ; les tambours & fiffres portent la livrée de la ville.

Genève.

On (1) a commencé dans ce siècle à fortifier la ville de *Genève*, régulièrement & à la moderne, mais l'ouvrage est resté imparfait du côté de *Saint-Gervais*, & n'est revêtu que de quelques fossés & d'anciennes murailles. Les Citoyens ont paru quelquefois mécontens des grands frais dont cette entreprise les chargeoit ; quelques-uns même ont cru voir du danger pour leur liberté dans la nécessité d'une nombreuse garnison, pour la défense des ouvrages extérieurs en cas d'attaque, & dans l'appas que le titre de place forte pouvoit présenter à l'ambition d'un voisin puissant. Par le quinzième article du règlement de la médiation en 1738, la garnison ordinaire est fixée à sept cent vingt hommes, divisés en douze compagnies. On évalue (2) à près de cinq mille le nombre des bourgeois, habitans & sujets, dans la ville & dans son territoire, capables de porter les armes. L'histoire de l'*Escalade*, tentée par le Duc de Savoie, donna au Magistrat de Genève l'idée d'entretenir une garnison pour garantir la ville de toute surprise. On conserve encore dans l'arsenal les échel-

---

(4) *Faesi*, ibid. T. IV. pag. IV. 27-29. & 541-567.
Tscharner, Dict. Géog. Hist. & Pol. de la Suisse, T. I. p. 140, 142 & 181.
(5) en Allemand *Venner*.
(1) L'Etat & les Délices de la Suisse, T. IV. pag. 263-266, édition de 1764.

Faesi, Descript. Topog. de la Suisse, T. IV. pag. 384-385.
Tscharner, Dict. Géog. Hist. & Pol. de la Suisse, T. II. pag. 240, &c.
(2) Le nombre des habitans de Genève & de son territoire est estimé à quarante mille ames au moins, y compris les étrangers dont la classe est considérable.

les des *Savoyards*, leurs lanternes fourdes, leurs pétards & autres machines qu'ils avoient préparées en 1602 pour efcalader Genève. Je lis ce qui fuit dans un Mémoire écrit en 1727 fur *les cols & paffages de la Savoie & fur Genève*; l'auteur étoit un homme qui penfoit avoir bien obfervé tous les objets de fa relation. Voici ce qu'il écrit, entre autres détails : *Genève eft une affez grande ville, fituée à l'endroit où le Rhône fort du lac qui en porte le nom, & que les Romains appelloient* LEMANUS LACUS. *Ce fleuve la fépare en deux parties, l'une du côté de la Savoie, qui eft la plus confidérable, & l'autre de celui du pays de Gex, avec une petite ifle que forme ce fleuve, où il y a une tour que l'on prétend avoir été bâtie par Jules-Céfar, apparemment pour foutenir les ponts qui font à cet endroit fur le Rhône, dans le tems qu'il fut obligé de fe rendre dans cette ville pour s'y oppofer au paffage des Suiffes dans les Gaules, & qu'il fit faire ce grand retranchement du Mont-Jura au lac de Genève, tendant à une même fin. Cette ifle eft à préfent remplie de maifons, on y voit plufieurs moulins ; & il y a apparence que dans ce tems là la partie appellée* SAINT-GERVAIS, *& qui eft du côté de Gex & des Suiffes, n'étoit point bâtie, & qu'elle l'a été depuis fur un terrein qui tombe en glacis jufqu'au Rhône. Celui qui eft au-delà des fortifications de la moitié de la même partie, y tombant de même, fait qu'elle eft commandée, & que dans la première & feconde nuit de tranchée, fi elle étoit attaquée, on pourroit fe loger fort près des chemins couverts, à la faveur des chemins creux & des vignes qui font de ce côté-là.*

La partie de Genève qui regarde la Savoie eft la plus étendue, & a été bâtie fur une petite éminence où l'Eglife de SAINT-PIERRE, *qui étoit la Cathédrale avant l'abolition de la Religion Catholique dans cette ville, eft fituée fur l'endroit le plus élevé, & où au-delà elle tombe en glacis jufqu'à une autre hauteur, mais plus petite, & par conféquent inférieure, qu'on appelle le* BOURG DE FOUR, *à l'extrémité de laquelle font les fortifications les plus élevées, lefquelles forment l'enceinte de la ville de ce côté-là, & au-delà defquelles le terrain eft en partie fupérieur ; c'eft de ce côté que l'on a fait ces fortifications extérieures qui commencent au lac & vont tomber vers le Rhône, étant à obferver que la partie depuis le lac jufque vis-à-vis l'angle faillant du baftion de* CORNEVIN *ou* CORNAVIN, *le plus élevé, étoit la plus défectueufe du côté de la Savoie, avant les ouvrages qu'on y a fait conftruire depuis 1720, dont les fouterrains qui y font, peuvent paffer pour les plus fuperbes de l'Europe. L'autre partie eft depuis cet angle faillant jufqu'au Rhône, en plus grande partie à demi-revêtement, pour défendre les fronts de ce côté-là où eft la* PORTE NEUVE, *qui eft l'endroit par où cette ville manqua d'être furprife par l'efcalade des Savoyards en l'année 1602. Au furplus, cette partie eft baignée d'un côté au lac & du Rhône, & ailleurs entourée de la rivière d'Arve qui vient du Fauffigni, & qui n'en paffe qu'à quatre ou cinq toifes, en tournant une partie du territoire de Genève, & va fe jetter dans le Rhône, au-deffous de la ville. On peut dire qu'il y en a peu dans le monde, dont la fituation forme un plus bel afpect que Genève, puifqu'elle a la rivière d'Arve d'un côté, & le lac & le Rhône de l'autre, avec les côteaux & les hautes montagnes qui fourniffent à la vûe une étendue qui la fatisfait entièrement par des diverfités charmantes. Ajoutons que la partie qui regarde la France eft fans contredit la plus foible, & il y a apparence que les Genevois ne s'en font jamais tant méfiés que de la Savoie, puifque leur ville n'eft pas fortifiée avec la même précaution par-tout. — La garnifon ordinaire de Genève, en temps de paix,* eft d'environ mille hommes bien armés & habillés ; mais en temps de guerre dans le voifinage, le Canton de Berne lui fournit autant de troupes qu'elle en a befoin. Genève a un arfenal bien fourni de toutes chofes néceffaires pour une bonne défenfe, avec une nombreufe artillerie & quelques magafins.

La garde de la ville eft commife aux *Syndics*, & l'un d'entr'eux (3) en a particulièrement le foin, il eft aidé par deux Confeillers, qui portent le titre de *Major de la place*. La garnifon eft compofée de douze compagnies de foixante hommes, tous habillés uniformément. Les Officiers font, le Capitaine, le *grand Sergent* qui tient la place de Lieutenant & deux Sergens ordinaires, outre les Caporaux & Appointés. Trois de ces compagnies montent la garde chaque jour, & font diftribuées aux trois portes, & à la grande garde, qui eft à la Maifon de ville, outre un renfort de quarante hommes qui la montent toutes les nuits, tant pour les fentinelles avancées, que pour la patrouille qui fait garde dans les rues de la ville. Le fervice fe fait avec l'exactitude la plus fcrupuleufe, & comme fi l'on avoit continuellement une armée ennemie aux portes. La paie de Capitaine eft de vingt écus par mois ; celle des grands Sergens de *fept écus*, celle des Sergens ordinaires de *cinq écus*, celle des Caporaux & Appointés de *quatre écus*, & celle des fimples Soldats de *deux écus*, avec trente livres de pain. Les Sergens font des porteurs nés des morts d'une certaine diftinction, & pour prix de cet office ils jouiffent de leurs vêtemens. Outre la garnifon il y a une milice d'environ cinq mille hommes, tant de la ville que de fon territoire ; elle eft partagée en régimens, dont les Colonels & Capitaines font nommés par le *petit Confeil*. Les Capitaines-Lieutenans, Sous-Lieutenans & Enfeignes, font la plupart des Membres du *grand Confeil*, ou des Bourgeois qui ont été dans les fervices étrangers : chaque Capitaine peut nommer les Officiers de fa compagnie, mais il doit les préfenter au *petit Confeil* pour être confirmés, & pour prêter le ferment de fidélité. Au refte, cette milice eft très-bien exercée au maniement des armes : on lui donne des prix à tirer, ainfi qu'aux deux corps particuliers d'arquebufiers & de canonniers, qui ont des privilèges & des appointemens confidérables, & qui font tous les deux ans par la ville une marche de parade, fuivie de réjouiffances. J'oubliois d'obferver que chaque foldat fe fournit fes armes, & que l'on reçoit auffi des étrangers dans les compagnies de la garnifon.

Il y a une taxe fur les particuliers de la ville, pour la paie de la garnifon, elle eft proportionnée aux biens d'un chacun : l'on paie, par exemple, *cinq écus* par an pour *dix mille écus* de bien, *quinze écus* pour vingt mille, & ainfi en augmentant de *dix écus* par chaque *dix mille écus* qui excèdent les dix premiers mille écus : les particuliers déclarent leurs biens de bonne foi à une Chambre qui s'appelle la *Chambre des Taxes* ; cette contribution fe fait volontiers, fans qu'on foit obligé d'employer des moyens exécutoires pour la prélever : le refte du peuple paie, à peu-près, fur le pied de *deux écus* par chaque chef de famille. Tous les bourgeois, en quelque partie du monde qu'ils fe trouvent, font fujets au payement de cette taxe, comme ceux qui habitent dans la ville : cette taxe monte environ à vingt mille écus, & la levée s'en fait avec douceur & fans vexation.

---

(3) On le nomme diftinctement le *Syndic de la garde*, il a le commandement fur toutes les troupes de la République, & eft le Préfident de la *Chambre des fortifications*.

Comtés de Neuchâtel & de Vallangin.

C'EST (1) du Roi de Prusse, comme Comte, Souverain de Neuchâtel & de Vallangin, que dépend la constitution militaire de ces Comtés : la milice y est établie sur le même pied que dans le reste de la Suisse ; celle du Comté *de Neuchatel* est divisée en quatre départemens, chacun aux ordres d'un Lieutenant-Colonel & d'un Major. La ville *de Neuchatel* a sa bannière particulière ainsi que son ordonnance militaire.

La (2) bourgeoisie de *Vallangin* n'a pas, comme celle de *Neuchatel*, le droit du port des armes, & quand elle l'auroit, le défaut de finance lui en rendroit l'exercice bien difficile, pour ne pas dire impossible. Au reste, les milices du Comté de *Vallangin*, quoique divisées en deux départemens, l'un pour le *val de Ruz*, & l'autre pour les *Montagnes*, ne suivent qu'une même bannière, & forment ainsi un régiment particulier, auquel se joignent aussi les bourgeois de *Vallangin*, répandus en grand nombre dans les Jurisdictions de *Boudevilliers*, de *Rochefort* & de la *Brevine* ; & quoiqu'ils n'aient jamais paru bien jaloux de ce droit du port des armes, c'est-à-dire, du commandement & *soudoyement* de leurs troupes, ils n'ont pas moins l'avantage d'avoir des liaisons étroites avec le Canton de Berne, où ils jouissent encore aujourd'hui de l'exemption du péage d'Arberg. La population dans les deux Comtés de Neuchâtel & de Vallangin peut monter à trente-quatre mille trois cent habitans, de l'un & de l'autre sexe.

Le Prince-Evêque de Bâle.

LA milice (3) du pays qu'on nomme proprement l'*Evêché de Bâle* ou *la Principauté de Porentruy* ou *Porentruy*, est divisée sous onze *bannières* ; en voici les titres : 1. la bannière de *Bienne* ; 2. celle de *Neuveville* ; 3. *Porentra* ; 4. l'*Elsgau* ; 5. *Delemont* ou *Delsperg* ; 6. le *Munsterthal*, en François *Moutier-Grand-Val* ; 7. *Sanct-Ursît*, en François *Saint-Ursane* ; 8. le *Freyberg* ; 9. le *Val de Lauffen*, en Allemand *Lauffenthal* ; 10. *Pfessingen* ; & 11. *Birsek* avec *Schliengen*. Le nombre total des hommes capables de porter les armes, depuis l'âge de seize ans jusqu'à celui de soixante, monte à onze mille. L'Evêque a conservé des droits à *Bienne* ; les Bourgeois sont obligés de le servir pour sa défense, & d'aller à la guerre pour lui jusqu'à une journée, aux dépens de la ville, après quoi il doit les soudoyer. Mais dans le cas d'une rupture entre l'Evêque & le Canton de Berne, la ville de Bienne est obligée d'embrasser la neutralité, à cause de son alliance perpétuelle avec Berne. Je ne répéterai pas ici sur le Gouvernement de Bienne & ses priviléges, ce que j'en ai dit à son article parmi les *Alliés des Cantons* : j'ai aussi décrit sa constitution militaire. *Neuve-ville*, autrement *Bonne-ville*, en Allemand *Neuenstadt*, petite ville de l'Evêché de Bâle, sur le lac de Bienne, au couchant, entre le bailliage de Nidau, qui est du Canton de Berne, & la châtelenie de Landeron, qui dépend du Comté de Neuchatel, jouit de priviléges considérables. Depuis 1388 ses habitans ont un traité de combourgeoisie avec la ville de Berne, qui leur a toujours continué depuis sa protection : aussi en reconnoissance ont-ils combattu pour les Bernois dans toutes leurs guerres, & notamment en 1712, quoique l'Evêque de Bâle, Souverain de *Neuve-ville*, eût une alliance étroite avec les Cantons Catholiques ; mais la surprise que fait naître cette contradiction apparente cessera, quand on saura que *Neuveville* est de la même religion que l'Etat de Berne, son combourgeois & son protecteur.

J'ai fixé à l'article de *Bienne* le droit du port des armes que cette ville exerce dans l'*Erguel*. M. Faesi à rapporté (4) le traité de combourgeoisie entre la ville de Berne & les habitans de *Moutier-Grand-Val*, en date du 14 Mai 1486. Un des articles de cet acte prescrit à ces habitans la plus exacte neutralité, dans les guerres qui pourroient arriver entre l'Evêque de Bâle, leur Souverain, & la ville de Berne ; ce traité a été souvent renouvellé & en dernier lieu dans l'année 1743. Les habitans de *Moutier-Grand-Val* ont embrassé, pour la majeure partie, la religion Réformée : on estime qu'il y a huit mille personnes, l'un & de l'autre sexe, dans cette vallée, & que de ce nombre on peut déduire celui de mille ou douze cent hommes capables de porter les armes. En temps de guerre cette milice marche avec la bannière de Berne, & cette République lui donne un Commandant qu'elle choisit ordinairement parmi les Membres de son grand Conseil. Les habitans ont leur *Banneret* particulier, & ils le nomment *Bandelier*, en Allemand *Venner* : cet Officier porte la bannière de la Vallée, il préside aussi aux assemblées que toutes les Communautés tiennent en vertu de leurs priviléges, à *Munster* ou *Moutier-en-Grandvaux*, pour délibérer sur des affaires relatives à leur combourgeoisie avec Berne & sur d'autres droits & immunités. M. de *Tscharner*, de Berne, a écrit (5) que les habitans de *Moutier-Grand-Val*, sont alliés avec le Canton de Berne, *qui les protège de sa puissance & de ses regards dans leurs libertés spirituelles & temporelles.*

Gersau.

J'AI déja decrit le Gouvernement de cette République, & donné l'état de ses forces militaires.

---

(1) Faesi, Descript. Topog. de la Suisse. T. IV. pag. 445-446, 458 & 470.
(2) Tscharner, Dict. Géog. Hist. & Pol. de la Suisse. T. II. pag. 177.
(3) Faesi, Descript. Topog. de la Suisse, T. IV. pag. 521, 540, 547 & suiv.
(4) Ibid. T. IV. pag. 575 & suiv.
(5) Dict. Géog. Hist. & Pol. de la Suisse, T. II. p. 71.

L'Abbé d'Engelberg.

ON trouvera à la suite des Etats Souverains qui partagent la Suisse, l'Abbaye d'*Engelberg*, de l'Ordre de Saint-Benoît, située entre les Cantons d'Uri, de Berne & du haut & bas-Underwalden. L'Abbé est sous la protection des *quatre Cantons forestiers*, Lucerne, Uri, Schweitz & Underwalden, mais il n'en jouit pas moins de tous les droits de la Souveraineté, dans une vallée qui a quatre lieues en longueur : il est vrai que le nombre de ses Sujets n'est pas considérable, mais ils sont heureux, autant qu'ils le peuvent être dans leur situation & avec la vie pastorale qu'ils mènent ; on assure même qu'ils seroient très-fâchés de passer sous un autre Maître que celui auquel ils obéissent depuis plusieurs siècles, & qu'ils combattroient avec chaleur pour sa défense, s'il étoit attaqué ; ainsi l'on peut croire qu'ils ne combattroient pas avec une moindre vigueur pour la Liberté Helvétique, qui est proprement l'*Egide* de la Souveraineté de leur Seigneur Abbé : au reste ce n'est pas ici le lieu de s'écrier avec *Virgile* :

O fortunatos nimium, sua si bona norint
Agricolas !

Les *Engelbergeois* connoissent tout le prix de leur bonheur, & leur sort est préférable à celui de la majeure partie des autres hommes, parce qu'ils ont moins de désirs & parconséquent, moins de besoins qu'eux ; mais un Suisse vrai patriote, feroit plutôt cette exclamation : *Habitans du val d'Engelberg*, puissiez-vous toujours jouir du même bonheur & ne jamais le voir dérangé par les appas d'un commerce factice ! Les *Gesoviens*, vos voisins, commencent à filer du coton pour le compte des riches Négocians, établis sur les bords du Rhin & de la Limat, & ils ignorent qu'*Hercule* en filant perdit sa force & sa gloire.

Rapperschweil.

AVANT que de parler de la constitution militaire des divers bailliages qui appartiennent par indivis à plusieurs Cantons, me seroit-il permis de dire un mot de la ville de *Rapperschweil*, qui jouit dans son enceinte & dans son territoire, du port des armes & de l'ombre de la Souveraineté, quoiqu'elle prête hommage de six en six ans aux Cantons de Zurich, Berne & Glaris. La longueur de son territoire, du couchant au levant, a plus de deux lieues, sur une de largeur, du midi au nord. La ville & sa dépendance peuvent contenir cinq mille ames. *Rapperschweil* a sa *bannière*, & le Magistrat qui la porte se nomme *Banneret*, en Allemand *Panner-herr*. La ville a un arsenal en bon état, & on doit présumer que sa milice est sur un fort bon pied.

BAILLIAGES COMMUNS A PLUSIEURS CANTONS.

JE suivrai dans l'énumération de ces bailliages l'ordre que j'ai observé à l'article XXXIX de ce volume, & je commencerai par le *Landgraviat de la Turgovie*, qui a pour Souverains les huit premiers Cantons.

La Turgovie.

CE (6) bailliage, le plus grand qu'il y ait dans toute la Suisse, comprend cinq (7) villes, neuf ou dix abbayes & couvens, grand nombre de châteaux & de villages, qui composent environ soixante-dix paroisses, & il y a jusqu'à soixante-douze Seigneurs de Jurisdiction, qui possèdent quelques villages, outre ceux qui relèvent immédiatement des Cantons. Ces Seigneurs sont ou ecclésiastiques ou laïques : la population dans le *Landgraviat de la Turgovie* monte à soixante mille trois cent habitans, de l'un & de l'autre sexe ; toute la milice est partagée en huit quartiers.

La Chambre des Seigneurs qui possèdent des Jurisdictions dans la Turgovie, sous la Souveraineté des huit anciens Cantons, & qu'on nomme en Allemand *der Gerrichts-Herren-Stand*, s'assemble tous les ans à *Weinfelden*, & choisit dans son Corps un *Capitaine du pays*, autrement le *Lands-Hauptmann* ; cet Officier est autorisé, au nom de cette Chambre, à solliciter la confirmation de son élection à la Diète des Cantons co-régens de la Turgovie, qui se tient tous les ans au mois de Juillet à *Frauenfeld*. La charge de *Lands-hauptmann* est à vie, & elle est conférée à tour de rôle, tantôt à un Seigneur Catholique, tantôt à un Seigneur Réformé : celui qui en est revêtu préside aux *Assises* des Seigneurs, & en a la direction ; & lorsqu'en temps de guerre la milice du *Landgraviat* marche hors du pays par ordre des Cantons co-régens, il en est le chef : après ce Capitaine-général ; celui qui le suit par le rang se nomme le *Lieutenant du pays*, en Allemand *Lands-Lieutenant*, on le choisit toujours parmi les Seigneurs Justiciers Catholiques, lorsque le *Lands-Hauptmann* est de la religion Réformée. La charge d'*Enseigne du pays* ou *Lands-Faehndrich*, alterne de même entre les Seigneurs de l'une & de l'autre communion ; mais il est pour règle qu'aucun Officier ou Employé, dépendant de la Jurisdiction des Seigneurs, ni aucun *Baillif* ou *Obervogt*, de l'un des Cantons co-régens, ne peut remplir ces charges ; il faut pour les obtenir, être possesseur d'une seigneurie ou d'une terre noble. Je parlerai encore ailleurs (à l'article Topographique de la *Turgovie*) des autres prérogatives & usages de cette Chambre.

L'Abbaye (8) de *Rheinau*, de l'Ordre de Saint-Benoît, qui est sous l'*Advocatie* des huit Cantons co-régens de la Turgovie, jouit de plusieurs droits seigneuriaux dans la petite ville de Rheinau, où elle peut donner la permission des recrues à des Capitaines Suisses. Elle possède aussi plusieurs seigneuries dans la Turgovie & dans l'Empire.

---

(6) L'Etat & les Délices de la Suisse, T. III. pag. 132 & suiv.
Faesi, Description Topographique de la Suisse, Tome III. pages 143 & suiv.

(7) Frauenfeld, Diessenhofen, Bischoffzell, Steckborn & Arbon.
(8) L'Histoire abrégée de cette ancienne & illustre Abbaye, qui fut fondée en 778 par le Comte *Wolfhard* ou *Welf*, père de l'Impératrice

Le Rheinthal.

LA (1) population de ce bailliage est évaluée à douze mille huit cent habitans, de l'un & de l'autre sexe. Je ne parle pas de la constitution militaire de ce pays, l'article du *Comté de Sargans*, que je vais donner, justifiera mon silence.

Le Comté de Sargans.

L'INSPECTION (2) de tout le département militaire dans ce Comté, appartient au *Baillif* ou *Gouverneur*, au *Capitaine-général*, dit le *Lands-hauptmann*, au *Banneret* ou *Panner-herr*, & à l'*Enseigne* du pays nommé *Lands-Faehndrich*. Ce sont les habitans qui nomment à ces deux dernières charges; mais celle de *Lands-hauptmann* est conférée par la Diète de *Frauenfeld*. Cet Officier a le rang immédiat après le Baillif, dans le *Landrath* ou *Conseil du pays*, pour les cas d'appel & en d'autres occasions solennelles. M. *Faesi*, qui garde ordinairement un profond silence sur la constitution militaire des bailliages communs, pour ne s'occuper que de l'économie rurale & des différentes branches du commerce, comme si l'article de la *Guerre* ne méritoit pas l'attention majeure d'une République, dont la Liberté a été fondée par les armes, & qui ne doit son principal soutien qu'à la grande opinion qu'on a de son esprit militaire, M. *Faesi* est forcé, dis-je, d'avouer que dans le Comté de *Sargans* les dispositions de guerre pour *la défense sont d'une importance médiocre, parce qu'ici les habitans, comme dans les autres bailliages communs, sont mal armés, & très-peu, pour ne pas dire presque jamais, exercés*. Un Suisse Catholique qui avoit étudié la marche politique des Cantons, me disoit, en me faisant connoître le passage de M. *Faesi*: *Voilà une confession bien ingénue, mais la franchise du Ministre de Zurich me plairoit encore davantage, si à l'article du haut bailliage libre de l'Argau, il m'eût instruit avec l'ancienne franchise Helvétique pourquoi on n'a pas rendu les armes à ses habitans depuis la guerre de 1712, & pourquoi dans la Turgovie & dans les autres bailliages communs, même dans celui de Baden, la milice est autant négligée. Sans doute la Suisse n'a rien à craindre du dehors & encore moins de son point central*. Et ce bon Suisse apostrophoit ainsi M. *Faesi*: *pourquoi me parlez-vous toujours, Monsieur le Docteur, des oignons de l'Egypte, de la soie & de la laine du Levant, & que sais-je encore, de la toile peinte, de la mousseline, du crépon, & de tout cela impitoyablement à l'article de nos montagnes, & jamais ou très-peu vous me parlez de la manière de les défendre?* La riposte que faisoit ici l'Observateur Suisse, à la réflexion du Topographe, son compatriote, m'abasourdit, j'en conviens de bonne foi, aussi comme Etranger n'osai-je lui faire aucune question sur le chapitre qu'il avoit entamé; d'ailleurs sa réponse serrée me paroissoit être dans toute son énergie ce qu'on appelle en Philosophie, *argumentum ad hominem*. M. *Faesi* évalue entre onze & douze mille les habitans de l'un & de l'autre sexe, dans tout le Comté de Sargans.

Bailliages de Gaster & d'Uznach.

LE (3) pays de *Gaster* a sa propre *bannière*; chacun des Cantons co-régens de ce bailliage, *Schweitz & Glaris*, choisit parmi ses *Patriotes* ou *Citoyens*, un Capitaine-général, ou *Lands-hauptmann*, pour avoir l'inspection & le commandement sur la milice du pays de *Gaster*: cette milice est exercée tous les ans à *Schennis*, elle est évaluée à près de trois mille hommes depuis l'âge de seize ans & au-dessus, je comprends dans ce nombre la milice du bailliage d'*Uznach*, ou *Uznach*, & dans les départemens de *Wesen & de Gambs*. La milice d'*Uznach* est partagée en quatre compagnies, chacune de trois cent hommes sous les ordres d'un Capitaine & d'autres Officiers; le Capitaine est nommé par le *Lands-hauptmann* que les deux Cantons co-régens choisissent. Le pays a sa *bannière* & son drapeau, on se sert de ce dernier quand on marche en campagne, mais pour la *bannière* elle reste toujours dans le pays; on la porte néanmoins aux revues générales qui sont ordonnées à certaines années. Le nombre des habitans dans les deux bailliages de *Gaster* & d'*Uznach*, monte à environ onze à douze mille personnes.

Comté de Bade en Argeu.

LA population (4) de ce bailliage monte à vingt-quatre mille ames; si l'on en croit certaines relations, l'état militaire dans ce pays & dans le *bailliage inférieur libre de l'Argeu*, qui ont été cédés en 1712 par la paix d'*Arau* aux deux villes de Zurich & de Berne, sous la réserve des droits du Canton de Glaris, n'est pas sur le même pied qu'il étoit avant cette époque, où les habitans, la plus grande partie *Catholiques*, obéissoient avec prédilection à cinq Cantons *Catholiques*, dans le nombre

---

Judith, femme de l'Empereur Louis le *Débonnaire*, a été donnée au public en 1778 à *Donau-Eschingen*, en Allemand, *in-fol.* par Dom Maurice *Hohenbaum Van-der-Meer*, ancien Prieur de Rheinau & Secrétaire actuel de la Congrégation Bénédictine en Suisse. Cette histoire ne laisse rien à désirer pour l'exactitude des faits, elle jette aussi beaucoup de lumières sur les événemens de la Turgovie & des autres pays voisins de Rheinau. L'Auteur possède parfaitement la diplomatique; il seroit bien à souhaiter que les autres Abbayes de la Suisse publiassent de même leurs monumens & leur histoire, on pourroit alors espérer avec confiance que les ténèbres qui offusquent encore en grande partie les Annales Helvétiques, se dissiperoient insensiblement, & que la vérité feroit enfin éclipser tant de fables & d'anachronismes qui ont jusqu'à-présent défiguré l'ancienne Histoire de la Suisse; mais les Maurices *Van-der-Meer* sont rares, & tous les Prélats n'ont pas le même empressement pour les Lettres qu'en ont montré les deux Gerold de *Zur-Lauben*, les Bernard *Rusconi* & les Janvier *Dangel*, Abbés de Rheinau; ce dernier, mort le 4 Avril 1775, à l'âge de cinquante ans, a eu pour successeur Bonaventure *Lacher*, qui a fait imprimer à ses dépens l'ouvrage de Dom *Van-der-Meer*, en la même année qu'il a célébré avec une grande solennité le *milliaire* de la fondation de son Abbaye.

(1) *Faesi*, ibid. T. III. p. 288.
(2) *Faesi*, ibid. T. III. p. 341.
(3) *Faesi*, ibid. T. III. p. 363 & 379.
(4) *Faesi*, ibid. T. III. p. 397-398.

Le Haut-Bailliage libre de l'Argeü.

AVANT (5) la guerre civile de 1712, le haut & le bas *pays libres de l'Argeu* ne formoient qu'un même bailliage ; mais par la paix d'Arau, la partie inférieure de ce bailliage a été cédée aux deux villes de Zurich & Berne avec la réserve des droits du Canton de Glaris, & la partie supérieure ou *d'en-haut* est restée aux Cantons, ses anciens co-Souverains, avec l'admission de la République de Berne dans la Co-régence. On assure que la constitution militaire de ce pays étoit sur un pied respectable dans le temps qu'il étoit encore joint (6) à l'*Argeu libre d'en bas*. Les Cantons co-régens avoient établi un *Capitaine-général* ou *Lands-hauptmann* sur toute la milice de l'un & de l'autre département ; elle leur rendit de grands services à la première bataille de *Villmergen*, le 24 Janvier 1657, où sous les ordres de son Capitaine-général, le Chevalier Beat-Jacques (*) de *Zur-Lauben*, elle attaqua si vivement l'armée des Bernois, qu'elle décida en grande partie la victoire que les troupes de Lucerne remportèrent dans cette journée : cet évènement sauva alors la Catholicité & força les Réformés à la paix ; mais les vainqueurs eurent la générosité confédérale de ne pas exiger des conditions dures & humiliantes. La guerre civile renouvelée en 1712, & qui fut fatale aux Catholiques, a vu aussi verser le sang de la brave milice du bailliage dont je parle ; malgré ses efforts elle ne put déterminer la victoire dans les divers combats près de Bremgarten & ailleurs, elle eut même le chagrin de se voir, dans le cours de cette guerre, désarmée par les Bernois, & depuis ce jour les armes ne lui ont pas encore été rendues ; c'est aujourd'hui une milice, pour ainsi dire, hors d'état de défendre ses Souverains co-régens, quoi qu'elle ait conservé à sa tête un *Capitaine-général*, ordonné par les mêmes Souverains.

Le Bailliage inférieur libre de l'Argeu.

ON me permettra de ne pas répéter ici ce que j'ai observé à l'article précédent & à celui du *Comté de Baden*. Je ne parle pas des villes de *Bremgarten & de Mellingen* qui jouissent de divers privilèges sous la Souveraineté des Cantons de Zurich, Berne & Glaris, dans la proximité du bailliage inférieur libre de l'Argeu : leur état militaire ne peut causer une grande impression.

Bailliages de Schwarzenbourg, de Morat, de Grandson & d'Eschallens.

CES quatre bailliages qui appartiennent par indivis aux deux villes de Berne & de Fribourg, sont très-peuplés. M. Faesi (7) évalue le nombre de leurs habitans, de l'un & de l'autre sexe, depuis l'âge d'un an jusqu'à quatre-vingt, à quarante mille six cent ames. Je n'ai pas approfondi la constitution militaire de ces bailliages, mais j'ai tout lieu de croire que la sagesse de leurs Souverains & leur haute prévoyance, l'ont réglé sur un très-bon pied.

Bailliages ultramontains de Valle di Bregno ou Blegno, de Riviera ou Polese, & du Comté de Bellinzone.

LA population (8) de ces trois bailliages est évaluée à *trente-trois mille deux cent habitans* de l'un & l'autre sexe ; le Baillif de *Bellinzone* porte le titre de *Commissaire*, parce qu'en temps de guerre il remplit les fonctions de cette charge. Au reste la milice de ces contrées a à-peu-près la même forme que celle des quatre bailliages ultramontains, qui appartiennent aux douze premiers Cantons, & dont je vais dire un mot.

Bailliages ultramontains de Lugano, Mendriso, Locarno & de Val-Maggia ou Valle-Maggia, en Allemand Meynthal.

LE nombre (9) des habitans de l'un & de l'autre sexe, depuis l'âge d'un an jusqu'à quatre-vingt & au-dessus, dans le bailliage de *Lugano*, monte à cinquante-trois mille-quatre cent ; celui des habitans du bailliage de *Mendriso* ne comprend que quinze mille cinq cent têtes ; la totalité des habitans du bailliage de *Locarno* contient trente mille huit cent ames, & celle du *Val-Maggia* vingt-quatre mille. Le Baillif de *Lugano* a le titre (10) de *Capitaneo*, parce qu'en temps de guerre il a le commandement de la milice de ces quatre bailliages ultramontains ; de même le titre de *Commissaire* que porte le Baillif de *Locarno*, a son origine dans les fonctions de cette charge qu'il remplit en temps de guerre.

M. Fuesslin observe dans sa *Topographie* (11) de la Suisse, que lorsque les Cantons co-régens sont obligés de prendre les armes & qu'ils ordonnent à la milice du bailliage de *Locarno* de se tenir prête à marcher en campagne, elle présente un

---

(5) Faesi, ibid. T. III. pag. 435-464.
(6) Suivant M. Faesi, le nombre des habitans de l'un & l'autre sexe, dans les deux districts de l'*Argeu-Libre*, autrement *Freyen-Aemter*, monte à vingt-mille ames.
(7) Ibid. T. III. pag. 511.
(8) Faesi, ibid. T. III. p. 512-535.
(9) Le même, ibid. T. III. p. 536-587.
(10) Il portoit déja ce titre lorsque ce pays appartenoit aux Ducs de Milan, des Maisons *Visconti* & *Sforce*.
(11) T. IV. p. 154-155.
(*) PLANCHE 216.

premier détachement de trois cent soixante & quinze hommes, dont cent vingt-cinq sont extraits du bourg de *Locarno*, un même nombre des Communautés extérieures, & cent vingt-cinq des trois contrées distinctes, la *Riviera di Gamborogno*, *Verzasca* & *Brisago* : ce détachement est aux ordres d'un Capitaine-général, & c'est le Conseil du pays qui choisit ce chef militaire parmi les habitans du bailliage ou dans les Cantons co-régens. Cette charge a été donnée depuis plusieurs années à M. de *Keller*, Avoyer de la République de Lucerne, l'un des plus respectables pères de la patrie qu'il y ait en Suisse, par ses vastes lumières, sa rare expérience, sa profonde sagesse & par son âge avancé ; pour le peindre en un trait, je dirai qu'il est le *Nestor* des Treize-Cantons.

La Seigneurie de Bormio, la Valteline & le Comté de Chiavenne, sujets des trois Ligues Grises.

J'AI parlé des forces de ces trois provinces à l'article de la constitution militaire des *Grisons*. La Seigneurie ou le Comté de *Bormio* est régie au nom des Grisons par un *Podesta* qui est changé tous les deux ans ; cet Officier préside dans les affaires civiles & criminelles, & il a ses Lieutenans pour les unes & pour les autres. Les habitans jouissent de grands priviléges, ils ont aussi leur Capitaine & autres Officiers militaires, qui ont cinq cent hommes enrôlés sous leur commandement.

Le Commandant général de la Valteline se nomme le *Capitaine du pays*, en Allemand *Lands-hauptmann*, il réside à *Sondrio* & est changé tous les trois ans par les *Trois Ligues*. Les cinq Gouvernemens de la Valteline ont leurs Officiers militaires, leurs *Syndics* qui veillent à l'observation des Loix, & leurs *Consuls de justice* qui ont soin des orphelins. On convoque des assemblées générales pour les affaires qui regardent tous les habitans ; ces assemblées se tiennent à *Sondrio* sous la présidence du Capitaine-général ou de son *Vicaire* ou Représentant.

Le Comté de *Chiavenne* est partagé en deux Gouvernemens ou départemens ; celui de *Chiavenne* a pour Gouverneur un *Commissaire*, & celui de *Plurs* ou *Piuri* un *Podesta*, ils sont changés tous les deux ans. Il y a aussi des Officiers militaires, Capitaines, &c. pour tout le Comté, lesquels ont mille hommes choisis sous leur commandement. On assure que les trois Ligues Grises peuvent mettre sur pied cinquante mille hommes, dont vingt mille font de la Valteline & des Comtés de Bormio & de Chiavenne, ce qui supposeroit dans la République des Grisons la population forte de deux cent cinquante mille personnes de l'un & l'autre sexe, en adoptant le calcul qui préleveroit sur la totalité comme soldats, le cinquième des habitans.

ARSENAUX.

IL y a à Zurich, premier des Treize-Cantons, cinq arsenaux, savoir trois dans la petite ville & deux dans le fauxbourg, garnis de tout ce qui est nécessaire pour la guerre.

M. *Faesi*, Ministre du Canton de Zurich, dit dans sa Topographie (1) Helvétique, en parlant de ces arsenaux, qu'ils sont si bien pourvus, qu'ils pourroient servir à la défense d'Etats beaucoup plus grands & les rendre formidables. Dans l'un de ces bâtimens qu'on appelle la *Cour du Lyon*, (*Loewen-hof*) les Artificiers ont près de leur laboratoire une salle ornée de figures & d'emblêmes militaires en stuc. A peu de distance du bâtiment destiné aux munitions de guerre & qu'on nomme *Feld-hof*, est celui de l'*Amirauté du Lac*, en Allemand *Schiff-schopf*, & dans lequel sont gardés avec beaucoup de pontons, des espèces de galères pour protéger la navigation dans les temps critiques. On regarde l'arsenal de Zurich comme le mieux fourni de toute la Suisse, après celui de Berne. Dans l'un de ces bâtimens on montre la statue de *Guillaume Tell*, habillé & armé suivant l'ancien costume *Suisse*, on y montre aussi l'arbalête avec laquelle ce preux Uranien abbatit la pomme de dessus la tête de son fils, l'an 1307. Sans doute cet instrument précieux de la Liberté Helvétique, ne pouvoit être placé dans un dépôt plus convenable que dans l'arsenal du premier des Treize-Cantons qui par son rang & sa puissance doit être constamment le zélé soutien de la République dont *Guillaume Tell* a jetté les fondemens. Je parlerai des autres raretés de l'arsenal de Zurich à l'article Topographique de ce Canton.

J'ai déja observé que l'arsenal de *Berne* est le mieux fourni de la Suisse, il est imposant par sa grandeur, on y voit dans deux longues salles une nombreuse artillerie nouvellement refondue, d'environ deux cent soixante pièces, tant canons de différents calibres que mortiers & pierriers. On y admire un armement complet pour quarante mille hommes : l'ordre qui est tenu dans cet arsenal, le grand nombre d'ouvriers qui y sont occupés, & la superbe fonderie, sont autant d'objets dignes d'exciter l'attention. L'Empereur *Joseph II*. à son passage par une partie de la Suisse en Juillet 1777, sous le nom de *Comte de Falckenstein*, a honoré de sa présence l'arsenal de la ville de *Berne*. Entre autres curiosités qu'on y remarque, sont l'armure de Bertold V, Duc de *Zeringen*, fondateur de Berne, la statue de Guillaume *Tell*, & celle de Jean-François *Negeli* qui étoit Général de l'armée *Bernoise* lorsqu'elle fit la guerre à Charles III. Duc de Savoie, & lui prit en 1536 les pays de Vaud, de Gex & du Chablais : on y fait voir encore diverses dépouilles de l'armée des *Bourguignons*, les mousquets & les pistolets de la garde du Duc Charles le *Téméraire*, très-élégamment travaillés, & plusieurs charretées de cordes que ce Prince cruel avoit fait apporter pour pendre tous les Suisses : on y observe aussi des armes antiques qui étoient en usage avant l'invention de l'artillerie, des arbalêtes, des traits, &c. Je détaillerai les autres curiosités de cet arsenal dans la *Topographie*, article de *Berne*, mais j'observerai ici que la *poudre* de Berne est très-estimée en Europe pour la finesse & la bonté du grain, plusieurs Monarques s'en servent même à la chasse ; au reste la confection de cette poudre est un secret qui n'est confié à Berne qu'à des travailleurs affidés. Indépendamment de l'arsenal de la Capitale il y a dans les villes du Canton & dans les châteaux où résident des Baillifs, des dépôts d'artillerie & d'armes pour les premiers instans

---

(1) T. I. p. 295.

PITTORESQUES, &c. DE LA SUISSE. 331

d'attaque ou de défense. Ajoutons à ces remarques une observation qui ne sera peut-être pas déplacée ici : si dans des temps Berne a donné de la jalousie & même de l'inquiétude aux autres Cantons à cause de sa puissance prépondérante, ils la considèrent aujourd'hui comme l'un des principaux appuis de la Liberté Helvétique par son artillerie, par ses nombreuses & excellentes milices & par son trésor, & ils lui rendent avec d'autant plus d'empressement cette justice, qu'ils sont en général persuadés de la droiture de son amitié confédérale.

L'arsenal de *Lucerne* mérite d'être vû, il est très-bien fourni en grosses & petites pièces d'artillerie de nouvelle fonte, en mortiers, en un armement neuf pour huit mille hommes, & en tout genre de munitions de guerre : le plus grand ordre y règne. On y montre aussi diverses curiosités, telles que l'armure de *Léopold*, Duc d'Autriche, qui périt dans la bataille de *Sempach*, & le casque ou chapeau de fer que portoit le célèbre Réformateur *Zuingle* à la bataille de Cappel en 1531, où il fut tué en combattant avec les Zurichois ses Prosélites, contre les cinq Cantons de l'ancienne Religion Catholique. On observe encore dans l'arsenal de *Lucerne* plusieurs dépouilles & drapeaux des Bourguignons ; l'un des drapeaux porte la fameuse inscription de *Charles-le-Hardi*, JE L'AI EMPRINS. On y voit aussi une grande corde de soie, de la grosseur d'un cable, à laquelle le même Prince barbare fit attacher une partie des Suisses qu'il avoit pris à Grandson, pour les faire noyer dans le lac de Neuchatel. On conserve dans l'arsenal de *Lucerne*, un grand nombre de pièces de canon, les unes prises sur les ennemis de la Liberté, les autres dans des guerres civiles dont la mémoire devroit être rayée des Annales Helvétiques ; & l'on a de même à *Zurich* & à *Berne*, la complaisance d'exposer les trophées gagnés sur les cinq premiers Cantons Catholiques dans la guerre de 1531, notamment à *Berne* une paire de cornets dont les Uraniens s'étoient servis dans la bataille de *Morgarten*, même à celle de *Laupen*, où ils n'avoient pas peu aidé à sauver *Berne* de la servitude féodale ; ces cornets si respectables furent perdus en 1712 à la bataille de *Villmergen*, où les Bernois vainqueurs les gagnèrent & les déposèrent dans leur arsenal. Je ne parle pas des grosses cloches placées dans l'arsenal de *Zurich*, lesquelles furent enlevées dans la même guerre de 1712 aux Moines de *Saint-Gall* ; sans doute cette prise n'étoit pas difficile, car sûrement l'Abbaye n'est rien moins qu'une citadelle : les cloches sont cependant déposées dans le même Sanctuaire militaire, où l'on montre l'*Arbalête de Guillaume Tell* (1), fondateur de la Liberté Helvétique ; un Suisse impartial & ami de cette Concorde générale qui est le plus respectable soutien des Cantons, gémissoit dans son cœur, en me parlant des trophées remportés dans les guerres civiles, & que l'on remarque dans les arsenaux de *Zurich*, *Berne*, *Lucerne*, & d'autres Cantons ; ce Suisse qui en avoit l'ame déchirée, exprimoit ainsi ses sentimens patriotiques : *pourquoi perpétuer le spectacle odieux & humiliant de pareils trophées, teints du sang qui devoit être le plus cher aux vainqueurs eux-mêmes, puisqu'il étoit celui de leurs Alliés naturels,* celui de leurs frères & concitoyens ; on ne devroit montrer d'autres trophées dans nos arsenaux aux Etrangers, que les drapeaux & canons pris sur les Ennemis de la Liberté.

Les arsenaux des Cantons Démocratiques sont aussi bien pourvus qu'ils peuvent l'être, relativement aux forces de ces Etats. Depuis quelques années on a fait fondre pour ces arsenaux un grand nombre de pièces de campagne, & on les a pourvus d'armemens neufs. Les villes de *Bâle*, *Fribourg*, *Soleure* & *Schaffhausen*, brillent aussi par leur artillerie. On a placé dans l'arsenal de *Bâle* la *Statue de Munacius Plancus*, Général Romain, qui fonda l'ancienne *Augusta Rauracorum*, sur les ruines de laquelle la ville de *Bâle* s'est élevée. Le Sénat de *Bâle* fit ériger cette Statue en 1528, pour perpétuer la mémoire de son principal fondateur. L'inscription rapportée par M. *Faesi* (2), & que le savant *Beat-Rhenan*, de *Schelestat*, en Alsace, avoit composée, porte que *Lucius Munacius Plancus*, Citoyen Romain, personnage Consulaire, Préteur, Orateur & Disciple de Cicéron, après avoir vaincu les *Rhétiens* (aujourd'hui les *Grisons*) & après avoir élevé avec leurs dépouilles le Temple de Saturne à Rome, avoit conduit une Colonie, non-seulement à Lyon, mais encore une autre à *Raurica*, qui fut appellée *Augusta*, du nom de l'Empereur *Auguste*. L'inscription marque ensuite les motifs de reconnoissance, qui portèrent le Sénat de *Bâle* à renouveller la mémoire d'un *Romain*, à qui le pays des *Rauraques*, les plus anciens Colons du Canton, avoient de si grandes obligations. La même Statue se voit encore à l'Hôtel-de-Ville, au pied du grand escalier, elle (3) est de pierre ; voici son inscription.

HON. ET VIRTUTI
L. MVNATII. L. F.L.N. L. PRON.
PLANCI
COS. IMP. ITER. VII. VIRI
EPVLONVM.
QVI TRIVMPH. EX RÆTIS
ÆDEM. SATVRNI. F. EX
MANVB.
AGROS DIVISIT IN ITALIA
BENEVENTI.
IN GALLIA. COLONIAS DED.
LVGDVNVM ATQ.
RAVRICVM
CIVITAS BASILIEENSIS
EX BELLICOSISS. GENTE
ALLEMANORVM
IN RAURICORVM FINES
TRANSDVCTA
SIMVLACRVM HOC EX
SENATVS AVCT.
DICANDVM STATVENDVMQ.
CVRAVIT
AN. SAL. CHRISTIANÆ
CIƆIƆ. XXC. (*)

---

(1) On voit à *Berne*, dans l'arsenal, la statue de ce héros dans la même attitude où étoit cet intrépide *Uranien* lorsqu'il se disposoit à tirer la flèche de son arbalête ; vis-à-vis de lui, dans le lointain, est placée celle de l'enfant ayant une pomme dessus la tête. M. l'Ingénieur *Jean Muller*, de Zurich, a fait graver en 1776 cette statue de *Tell*, dans la cinquième partie des *Antiquités de la Suisse*, p. 16. *in-4*. Recueil enrichi d'un grand nombre de monumens avec leur explication en Allemand.

(2) Descript. Topog. de la Suisse, T. II. p. 516-517. Voyez aussi le Tom. III. de l'Etat & des Délices de la Suisse, p. 18-19. Bâle 1764, *in-12*. figures.

(3) Le même M. *Muller*, a aussi fait représenter cette statue avec son inscription dans la septième partie de sa collection des *Antiquités Helvétiques*, p. 7-8.

(*) *C'est-à-dire* 1580.

On montre aussi dans l'arsenal de *Bâle* la cuirasse du Duc Charles de Bourgogne, ses trompettes, ses timbales & son équipage de cheval.

L'arsenal de *Soleure* mérite l'attention des Etrangers par ses raretés, par sa nombreuse artillerie, par ses munitions & ses instrumens de guerre. C'est un bâtiment à six étages ; on y remarque les drapeaux gagnés par les Soleuriens dans les batailles sur les Ennemis de la Liberté, & entre autres curiosités, la cuirasse d'un Chevalier *Bourguignon*, qui, pour se sauver de la bataille de *Morat*, se jetta, dit-on, avec son cheval dans le lac, & le traversa heureusement. On y voit assis autour d'une table treize figures d'anciens Suisses, armés de pied en cap, dont les écussons désignent les Treize-Cantons : ce simulacre représente un Conseil de guerre ; un Courier d'Etat présente une lettre à l'Assemblée : ce tableau paroît intéressant. Je ne parlerai pas de tous les arsenaux des *Etats Alliés de la Suisse*, ils sont généralement en bon état. On dit que dans celui de *Genève*, il y a de quoi armer douze mille hommes.

SIGNAUX.

ON appelle (1) en Suisse, *Hochwachten*, les *signaux* ou *fanaux* établis sur les montagnes. On voit sur les montagnes, à de certaines distances, des tas de bois & de paille, à côté desquels se trouve une chaumière. Dans des temps de guerre, ces *signaux* ont chacun une garde, qui, à l'approche de l'ennemi, allume le *signal*, bientôt après la garde du *signal*, le plus voisin, en fait de même ; ainsi dans peu d'heures, l'allarme se répand par toute la Suisse, & chacun se rend armé à la place qui lui est assignée. Ces *signaux* sont disposés de façon, qu'ils correspondent l'un à l'autre ; par exemple, dans le Canton de Berne, il y a un de ces *signaux* dans chaque bailliage, dressé sur la plus haute montagne qu'il y ait, afin qu'on puisse le découvrir d'autant plus facilement. J'ai dit que ces *signaux* consistent en un grand bûcher de *bois secs*, & en un grand tas de *paille*, le bois pour donner le *signal* de nuit par le feu ; & la *paille* pour le donner de jour par la fumée. Auprès de chaque *signal*, il y a en temps de guerre, jour & nuit, un détachement qui a ordre de mettre le feu au *signal*, sur la marche imprévue, ou sur l'irruption de quelques troupes étrangères, ou bien quand on apperçoit les *signaux* voisins allumés. C'est le moyen de donner incessamment avis aux Officiers qui commandent dans les quartiers, de quel côté l'allarme vient ; & de cette manière, s'il arrive quelques mouvemens inquiétans dans le pays, tout le Corps de la milice, du Canton de Berne, qui a cependant jusqu'à *vingt-cinq milles d'Allemagne* de longueur, prend les armes en moins de deux heures, & se trouve aux différents lieux de rendez-vous assignés à chaque Communauté, où l'on est informé de l'endroit vers lequel il faut marcher. Les mêmes précautions sont aussi prises dans tout le reste de la Suisse ; & on ne sauroit assez admirer avec quelle attention chaque État du Corps Helvétique veille à la sûreté de ses frontières. Au reste, la force des Suisses consiste dans des montagnes inaccessibles, & dans une grande quantité d'excellentes milices qu'ils ont sur pied, sans que leur entretien coûte rien au Souverain. Ce que je vais dire n'est pas exagéré : quand ils allument un tas de bois sec sur leurs montagnes aux endroits désignés pour les *signaux*, ils peuvent aussi-tôt armer jusqu'à trois cent mille combattans, & si toute la Nation est attaquée, alors chaque citoyen, chaque habitant devient soldat. En 1743, lorsque la proximité de M. le Duc *Charles de Lorraine* dans le Brisgau, à la tête d'une armée de soixante mille hommes, inquiétoit les Suisses, qui craignoient qu'il ne pénétrât dans leur territoire dans la *Franche-Comté*, la Diète générale des Cantons, arrêta le plan (2) de faire marcher leurs milices.

Tel est en général le tableau militaire de la Suisse : chaque État du Corps Helvétique doit être considéré comme une armée cantonnée ; & au lieu qu'en certains pays on défend aux paysans de porter l'épée, en Suisse au contraire, les Magistrats le leur commandent expressément, comme une marque de leur liberté. Quand on a affaire dans quelque Cour de Justice, on n'oseroit pas y comparoître sans épée, autrement on seroit mis à l'amende. Nous avons déja observé que dans plusieurs Cantons, lorsqu'un paysan veut se marier, il n'en obtient la permission du Bailli, qu'après qu'il s'est présenté devant lui avec l'uniforme du Canton, & ayant un fusil en bon état, & la giberne bien fournie : FELIX RESPUBLICA, QUÆ ETIAM IN PACE DE BELLO COGITAT ; heureuse la République qui pense à la guerre au milieu de la paix.

---

(1) Etat & Délices de la Suisse, T. IV. pag. 350-352 & 356.
Fæsi, Descript. Topog. de la Suisse, T. I. p. 224.
Tscharner, Dict. Géog. Hist. & Pol. de la Suisse, T. II. p. 225.
M. *Fæsi* a spécifié (T. I. p. 263-264) les vingt-quatre signaux du Canton de Zurich, & a expliqué comment ils se correspondent l'un à l'autre. Ce détail est instructif, ainsi que celui qu'il a donné (T. III. p. 116-177) des signaux du Canton d'*Appenzell-réformé* ou *extérieur*, & des postes d'assemblée pour la milice du pays dans le cas d'une allarme.

(2) Voyez un plan dressé pour la défense des frontières de la Suisse, du côté de Bâle. N°. LVII.

PITTORESQUES, &c. DE LA SUISSE.

XLII.

CHEMINS PUBLICS. POSTES. MESSAGERIES.

SECTION PREMIÈRE.

Chemins publics.

EN 1740, on a commencé, à l'exemple de la France, à ouvrir de grandes routes dans une partie considérable de la Suisse. Les Cantons de Berne, de Bâle & de Soleure, furent les premiers qui élargirent les chemins publics : avant cette époque on ne pouvoit guère voyager en Suisse qu'en litière ou à cheval, & encore avec de grands risques ; aujourd'hui il y a beaucoup de larges routes qui se communiquent les unes aux autres, dans presque tous les Cantons & Etats Alliés. Celles du Canton de Berne sont superbes, elles peuvent aller de pair avec les plus beaux chemins de la France, de l'Empire & de l'Italie ; on y peut aisément passer avec trois voitures de front ; par-tout il y a des ponts de pierre ou de bois sur les rivières & ruisseaux ; en des endroits on a fait sauter des rochers pour ouvrir le passage. Anciennement on ne pouvoit faire descendre les chariots du haut & du bas *Hauenstein* (dans le Canton de Soleure) qu'avec des cordes & des poulies ; tous ces embarras n'existent plus ; on descend aujourd'hui ces montagnes avec les voitures qui ont la voie large ; on les descend sans gêne en carrosse, & on y voit passer des charges considérables de marchandises en bled & en vin : mais toutes ces grandes routes, indépendamment des frais considérables, ont rencontré de temps à autre de puissans obstacles ; j'en détaillerai quelques-uns. Il y avoit un passage étroit entre deux rocs le long de l'Arc ; l'Etat de Berne poussa une large route jusqu'à cet endroit : mais comme on me l'a fait observer dans le pays, quelques cabaretiers d'Olten craignant que si le passage étoit trop ouvert, les transports depuis *Zurich* & *Schaffhousen*, par *Arau* & *Berne*, ne prissent la route d'*Arbourg* préférablement à celle d'*Olten*, où il y a un gros péage à payer à cause du pont sur l'Arc, empêchèrent long-temps par leurs sourdes menées, qu'on ne fît sauter le rocher qui seroit le chemin sur la frontière de *Soleure*, du côté d'*Arbourg*. Le Magistrat de Berne, voyant ce long retard, a fait ouvrir une autre grande route qui, en partant de la Capitale, conduit par *Kilchberg*, *Herzogenbuchsée* & *Murgenthal*, dans le voisinage de *Zoffingen* & par *Koelliken*, jusqu'à *Lenzbourg*, & se joint au grand chemin qui va par le *bailliage inférieur des Offices libres* à *Mellingen*, *Baden* & *Zurich*. La ville d'*Arau*, qui n'est pas précisément sur cette route, y a beaucoup perdu, on y passe moins, & le péage d'*Olten*, qui fait un revenu considérable, a beaucoup diminué de sa valeur : mais depuis quelque temps on a fait sauter le rocher, qui entravoit le chemin d'*Olten* à *Arbourg*, & on travaille à élargir le chemin d'*Olten* par *Schoenenwert*, à *Arau* ; il est vraisemblable que ces difficultés ont empêché, pendant un temps, par une sorte de représailles le Canton de Berne d'améliorer & d'entretenir la partie du grand chemin qui a sa direction par son territoire à *Soleure*, depuis la frontière du bailliage de *Bechbourg*, en passant par la petite ville de *Wietlisbach*. On a aussi pratiqué une grande route de Lucerne par

Tome I.

Sursée, *Dammerstellen* & *Reyden*, qui va se joindre au chemin de *Zoffingen*. Une autre qui part de *Lucerne*, présente deux branches au pont de *Gisliken* sur la *Russe* ; l'une conduit à *Zurich* par le territoire de *Zoug*, l'autre en descendant sur la rive gauche de la *Russe*, se joint du côté de *Dietwil* à la grande route des *Offices libres de l'Argeu*, & conduit à *Bremgarten*, à *Mellingen*, à *Baden* & à *Zurich*. La ville de *Zoug* a fait ouvrir depuis une dizaine d'années quatre grands chemins jusqu'à sa frontière, l'un qui se joint à la grande route de *Lucerne*, du côté de *Honau*, l'autre au pont de *Sins* pour les *Offices libres de l'Argeu*, un troisième chemin de *Bremgarten*, par *Steinhausen*, & un quatrième au chemin du *Mont-Allis* pour *Zurich*.

Il y a aussi de grandes routes dans le Canton de *Zurich* ; celle qui va de cette ville à *Baden* est superbe, c'est une vraie promenade, les villages qu'on y rencontre fréquemment forment une variété très-agréable : mais les autres chemins du Canton, sont généralement mal entretenus, ce qui surprend d'autant plus les Etrangers, que le commerce de *Zurich* exige encore plus nécessairement la facilité des transports que les pays où il n'y a pas le même commerce. L'Etat de *Fribourg* a fait aussi ouvrir depuis quelques années une grande route pour communiquer avec le Canton de *Berne* : il est vrai qu'elle ne va pas plus loin que *Fribourg*, aussi quand on y arrive, faut-il rebrousser chemin. Sa situation est proprement un cul-de-sac, & c'est le *nec plus ultrà*, à moins qu'on ne veuille grimper au haut des montagnes. Dans les Cantons Démocratiques, les chemins publics ne sont pas encore généralement ouverts. J'ai parlé de ceux du Canton de *Zoug*, encore est-ce la ville qui les a fait faire dans la partie de son propre territoire. Les *Communes* qui partagent avec elle la souveraineté du Canton, n'ont pas, jusqu'à présent, imité son exemple dans leurs districts, pas même pour le chemin d'*Einsidlen* ou de *Notre-Dame-des-Hermites*. Le Canton de *Schweitz* a commencé un grand chemin de *Brunnen* qui est sur le lac des quatre Cantons jusqu'à *Art*, qui est à la tête du lac de *Zoug* ; avec quelques dépenses, on pourroit faire un bon chemin d'*Art* à *Zoug* le long du lac. Je parlerai ailleurs de la grande route d'Italie par le mont *Saint-Gothard*, & des chemins projettés par le Canton de *Glaris* & le pays des *Grisons*. Les chemins de la *Turgovie* & du pays de *Saint-Gall* sont tous en général assez mauvais. Il y avoit autrefois des chemins très-pénibles dans le bailliage des *Offices libres de l'Argeu*, mais en 1765, M. le Baron d'*Erlach*, de Berne, étant Baillif, y a fait ouvrir de grands chemins qui communiquent aux pays voisins. Il lui fallut surmonter bien des obstacles, pour accoutumer au travail des paysans indociles ; aujourd'hui ils bénissent leur ancien Baillif. L'exportation & l'importation des denrées s'y fait avec une grande facilité ; depuis ce moment les marchands d'*Alsace* charient le vin & autres productions à *Lucerne* & à *Zoug*. On ne peut

P 4

imaginer combien de difficultés rencontra dans le Canton de *Lucerne* l'exécution des grands chemins. Les paysans imbus d'anciennes & ridicules préventions, croyoient qu'en élargissant les routes, on ouvriroit le pays à l'ennemi, il fallut tout le courage & toute la patience d'un *Officier général* (1) qui s'étoit chargé de l'exécution de ce projet pour lever leurs préjugés : il est certain que tous ces grands chemins pourroient être bientôt rendus impraticables pour peu qu'on le voulût ; les moyens de préparer les obstacles ne manquent pas, rochers, pierres coupures, ruisseaux, terres, rivières en fourniroient assez. Il fallut aussi indemniser les paysans du Canton de *Lucerne* des pertes qu'ils faisoient en sacrifiant le terrein. Aujourd'hui ils élèvent au Ciel la générosité de leurs Souverains, & en voyant la prospérité du Canton, ils bénissent la prévoyance bienfaisante des Pères de la Patrie.

Le *Prince-Evêque de Bâle* a fait ouvrir de très-beaux chemins dans son territoire, ils communiquent tous avec les Etats circonvoisins. Il y a de même une belle & grande route dans le *Vallais*, je veux dire, de *Saint-Maurice* jusqu'à *Sierre*, au-dessus de *Syon*, & une autre, mais moins achevée, pour aller aux bains de *Loiche*, communément dits, les *Bains du Vallais*. On peut dire qu'en général la Suisse a pris une nouvelle face du côté du commerce & des grands chemins qui en sont une suite nécessaire ; il est vrai qu'il y a des droits de péage pour le passage des ponts & l'entretien des grandes routes, mais on les paie volontiers, quand on peut abréger le chemin & ses peines. Je dirai aussi à l'*article du Commerce* un mot des *Douanes* : il est juste que l'Etat soit indemnisé des avances qu'il fait pour l'entretien des routes. On trouve sur tous les grands chemins des cabarets généralement assez propres ; mais ceux du Canton de *Berne* passent pour les plus beaux & ceux où l'on vit à meilleur compte : en général on est plus rançonné dans le cabaret d'un village que dans celui d'une ville ; mais quoi qu'il en soit, il en coûte encore moins dans ces cabarets que dans ceux en *Souabe* & dans le *Tyrol*. Je ferai ailleurs (2) des observations sur les auberges & les hôtelleries de la Suisse ; il y a sur ce chapitre de bonnes remarques à faire, & d'excellentes anecdotes à raconter. J'oubliois de parler des chemins qu'on a ouvert dans le Comté de *Neuchatel*, le long du lac, pour aller dans les Cantons de *Berne* & de *Soleure*, & à *Pontarlier*, dans la *Franche-Comté* ; mais ces chemins sont encore loin de la beauté & de la perfection de ceux de l'*Argeu* & du pays de *Vaud*.

SECTION II.

Postes. Messageries.

LES postes pour le transport des lettres sont aujourd'hui réglées dans une majeure partie de la Suisse, & là où elles ne sont pas encore établies, il y a des Messagers de pied qui sont préposés d'une ville à l'autre. On doit à la famille de *Hess*, de Zurich, le premier établissement des postes & messageries dans ce Canton. Depuis 1630 jusqu'en 1662, elle entretenoit de Zurich à *Lyon*, où elle avoit un grand commerce, des Messagers de pied, munis de privilèges du Roi de France ; dans la suite le Canton de Zurich a établi une *Direction du Commerce* (1), & lui a annexé l'inspection sur la Poste & les Messageries. Cette chambre a l'œil très-attentif sur leur entretien général, & elle a établi ses correspondances les plus promptes, par des traités particuliers, avec les postes de *Milan*, de *Berne*, de *Bâle*, de *Saint-Gall* & de *Schaffhausen*. MM. *Fischer de Reichenbach* régissent la poste des lettres de Berne, qui a ses directions dans la plus grande partie du Canton, en Vallais, & jusqu'à Milan. L'entrepôt général des postes aux lettres en Suisse, est dans les quatre villes de *Zurich*, *Berne*, *Bâle* & *Schaffhausen*. On peut voir par les états imprimés des postes de ces villes, l'arrivée & le départ des couriers & messagers. Après avoir loué le bon ordre du service des postes aux lettres, il ne faut pas taire le reproche que font bien des personnes de la cherté excessive des ports des lettres dans la Suisse : une lettre de Paris qu'on reçoit à *Lucerne* ou à *Zoug* coûte presque le double de ce qu'on paie à Paris pour une lettre datée de l'une de ces villes, c'est néanmoins le même trajet pour l'aller & le retour, mais l'Etranger doit être prévenu, qu'en Suisse les taxes pour des objets de cette nature sont plus arbitraires qu'ailleurs : il est vrai que les Cantons ont voulu souvent remédier aux abus qui se glissent dans le prix des ports des lettres, mais les moins considérables de ces Etats, n'ont jamais pu en venir à bout : autre inconvénient, dans beaucoup de villes & bourgs en Suisse il n'y a pas de boîtes publiques pour y jetter les lettres, l'on est obligé de les confier à un Facteur, qui perçoit d'avance la taxe, jusqu'à la première ville où il y a un des principaux bureaux. Ce Facteur est souvent un Cabaretier, les messagers qui lui apportent les lettres, les jettent pêle-mêle sur une table, chaque passant peut y jetter l'œil ; on conçoit quel préjudice il peut en résulter. Les Couvens ont souvent leurs Messagers titrés & particuliers, il y en a même d'affectés pour les Capucins. On m'a raconté que dans une ville considérable de la Suisse, où il y a un Couvent nombreux de cet Ordre, les Messagers attachés à ce Couvent, venoient deux fois la semaine en si grand nombre des divers autres Couvens de la Suisse, portant lettres & commissions de différente espèce, mangeant & logeant chez les Révérends Pères, que les frais pour leur entretien, qui étoient perçus, aux dépens des charités que l'Etat & les Particuliers faisoient au Couvent, émurent le Magistrat au point qu'il crut devoir y mettre des bornes, en défendant aux Pères de recevoir & héberger un si grand nombre de Couriers du Cabinet Séraphique.

Il y a en Suisse, de Bâle à Genève, par Soleure & Berne, & de cette dernière ville à Zurich & Schaffhausen, des voitures ou diligences réglées & publiques, qui ont leurs journées fixes. Ces diligences sont très-commodes, & le prix en est raisonnable ; mais comme il n'y a dans la Suisse aucune poste de relais, ainsi qu'en France & en Allemagne, les Voyageurs qui ont leurs voitures particulières sont obligés de se servir de chevaux de louage ; le prix en est exorbitant à

---

(1) M. de *Pfiffer*, dont on a fait l'éloge au commencement de ce volume.
(2) A l'article des *Usages*; on donnera cependant ici parmi les PREUVES N°. LXIII. les observations que le célèbre *Addisson* fit en 1700 sur la Suisse, & qui sont traduites pour la première fois d'après le texte Anglois.
(1) En Allemand *Kaufmanns-Directorium*. Voyez *Faesi*, Descript. Topog. de la Suisse, Tom. I. pag. 90 & suiv.

cause du retour, ce qui joint à la cherté des cabarets, empêche beaucoup d'Etrangers de voyager dans la Suisse : pareil abus ne peut être détruit qu'avec beaucoup de difficulté, attendu que les diverses Souverainetés indépendantes s'entrecroisent, & que ce qui peut être opéré dans une Monarchie sans aucun empêchement, souffre les plus grands obstacles dans un état composé de tant de petites Républiques. Il en est de cet objet comme de la diversité des monnoies, qu'on décrie dans un Canton, & qu'on approuve dans un autre. On a établi le 19 Juillet 1779 une diligence à huit places, de *Paris* à *Bâle*, à un prix raisonnable, tant pour l'aller que pour le retour : cette diligence est servie par des chevaux de poste, & fait le trajet (2) en cinq jours. On peut assurer que cet établissement est d'une grande commodité pour la Suisse, l'Allemagne & même l'Italie. La Diligence part tous les Lundis de *Paris* pour *Bâle*, il en repart aussi sans interruption le lendemain Mardi une autre de *Bâle* pour *Paris* : on se charge aussi par cette voiture de toutes sortes de marchandises, espèces, bijoux, hardes & effets (duement emballés) à l'exception seulement des objets casuels, & qui, par leur nature, ne sont pas susceptibles de supporter le trajet, sans courir le risque d'être altérés ou endommagés.

XLIII.

Liaisons générales de la Suisse avec l'Empire, la France & la Maison d'Autriche.

AVANT que de parler des intérêts politiques qui lient le Corps Helvétique avec les Puissances Etrangères (1), j'observerai que la Suisse étant avantageusement située, entre la France, l'Allemagne, l'Italie & la Savoie, les Souverains de ces Etats peuvent facilement secourir le Corps Helvétique, suivant l'intérêt qu'ils y peuvent prendre, & employer des troupes Suisses pour aider à soutenir leurs couronnes, ou pour faire la guerre aux Rois & Princes leurs voisins. Louis XI usa de cette politique contre le dernier Duc de Bourgogne ; les Puissances même éloignées peuvent par ce moyen y porter la guerre, à l'exemple d'Henri VIII, Roi d'Angleterre. On sait que ce Prince voulant suppléer à la distance des lieux, assista l'Empereur Maximilien contre François I, par le secours de seize mille Suisses qu'il entretint à son service en Italie. La Suisse est très-peuplée d'hommes robustes & vigoureux, nés pour les armes, & qui, autant éloignés de vouloir conquérir sur leurs voisins, que jaloux de conserver leur liberté, ont une nombreuse milice, formée par tout ce qui est en âge de porter les armes, bien exercée, bien armée, & toujours prête à servir. Mais parmi les intérêts politiques de la Suisse vis-à-vis des Puissances étrangères, il y en a qui sont généraux, & d'autres plus étroits à cause du voisinage; d'autres enfin dictés par la religion & par des considérations attachées à des vûes particulières de prépondérance ou même d'agrandissement, suivant les circonstances. Je commencerai ce tableau subdivisé par les liaisons générales de la Suisse avec l'Allemagne.

1. *Le Saint-Empire Romain.*

LA Suisse (2) faisoit autrefois une partie du *Corps Germanique*. C'est un fait incontestable, aussi en mémoire de cette liaison primordiale, les Cantons & leurs Co-alliés ont-ils toujours réservé le *Saint - Empire - Romain* dans tous les traités d'alliance qu'ils ont contractés avec les Puissances étrangères depuis celui de la paix de Bâle, conclu le 22. Septembre 1499, entre l'Empereur & l'Empire, d'une part, & le Corps Helvétique de l'autre : cette réserve oblige les Suisses & leurs co-alliés à ne point attaquer les Etats qui composent l'Empire d'Allemagne, connu sous le nom de *Corps Germanique* ; aussi jamais leurs troupes avouées n'ont-elles attaqué directement les Etats de l'Empire depuis la paix de Bâle, & toutes les fois que des régimens Suisses ont enfreint cette réserve, ils ont été punis par leurs Souverains respectifs ; mais il faut observer que la réserve dont nous parlons, ne concerne que les Etats actuels, qui forment proprement le *Corps Germanique*, & non ceux qui en ont été démembrés. Les troupes des Cantons qui servent la France, doivent sans contredit défendre les Provinces que l'Empire a cédées à cette Couronne en différens temps, parce que depuis l'époque de cette cession, ces provinces sont censées sujettes du Roi & nullement de l'Empire. On dit communément qu'en vertu des traités avec l'Empire, les troupes Suisses qui sont à la solde du Roi de France ne peuvent passer le *Rhin* : cette manière d'énoncer l'obligation des Cantons, n'a été usitée que depuis que le *Rhin* est devenu la barrière naturelle entre l'Empire & la France ; car dans le temps que l'Alsace appartenoit encore à l'Empire, les troupes Suisses n'osoient pas faire la guerre dans cette province au nom de la France, & ce ne fut que depuis la cession de l'*Alsace*, que l'on a commencé à dire que les troupes Suisses ne peuvent passer le *Rhin*, sans une contravention manifeste, aux traités que le Corps Helvétique a contractés avec le *Saint-Empire-Romain*.

Le célèbre (3) traité de *Munster*, conclu le 24 Octobre 1648, en rétablissant la paix entre l'Empire, la France & la Suède, assura en même-temps les droits du *Corps Germanique*, & confirma pour toujours la liberté de la Suisse. Jean-Rodolf *Wettstein*, Bourgmestre de Bâle, parut au Congrès de *Munster*, au nom du Corps Helvétique, & secondé par les Plénipotentiaires de France & de Suède, il obtint qu'un des articles du traité déclareroit les Cantons libres & indépendans de l'Empire ; ainsi les Rois de France & de Suède, en rétablissant le *Corps Germanique* dans ses prérogatives, eurent aussi la gloire d'avoir contribué à fixer d'une manière irrévocable la liberté des Suisses ; de même que Louis XI avoit en 1474 porté *Sigismond*, Duc d'Autriche, à renoncer par l'*accord héréditaire*, à toutes les prétentions de sa Maison sur les domaines qu'elle avoit autrefois possédés en Suisse. Mais nous ne pouvons

---

(2) Par Provins, Nogent-sur-Seine, Troyes, Bar-sur-Aube, Chaumont en Bassigny, Langres, Fay-billot, Vesoul, Lure, Belfort & Altkirch.
(1) Code militaire des Suisses, par M. le Baron de *Zur-Lauben*, Tom. I. pag. 13. Paris 1758. *in-*12.
(2) Ibid. Tom. I. pag. 171 & suiv.

(3) *Acta pacis Westphalica publica*. Collectore Johanne Gotfrido de Meiern, T. VI. p. 373 & 383-384. Hanovera 1736. fig. *in-fol*. Germanicè.
Corps Diplomatique par *du Mont*, T. VI. Part. I. p. 450-454. Amsterdam & à la Haye 1738. Jean-Henri *Rhan*, Hist. de la Suisse, pag. 389-390, Zurich 1690. *in-*8. &c.

dissimuler que, malgré la teneur formelle du traité de Munster, laquelle avoit été confirmée par la déclaration de l'Empereur, l'évènement fatal de la guerre de *Toggenbourg* en 1712, qui détermina l'Abbé de *Saint-Gall* à avoir recours à l'Empire pour soutenir ses droits attaqués par les Cantons de Zurich & de Berne, donna à la Diète de *Ratisbonne* le prétexte (4) spécieux de s'immiscer dans une affaire absolument étrangère à son ressort. L'Abbé avoit porté ses plaintes à la Diète comme Prince & Membre du *Saint-Empire-Romain*, & il avoit engagé le Collége des Princes de l'Empire à prendre connoissance de ses affaires; mais les Députés que les Cantons de Zurich & Berne envoyèrent à *Ratisbonne* en 1713, portèrent la Diète à refuser sa médiation à l'Abbé: ils avoient représenté au *Corps Germanique* que les différends du *Toggenbourg* étoient une affaire purement domestique, & uniquement du ressort des Cantons, depuis que l'Abbé avoit été déclaré en 1648, par la paix de *Munster* en *Westphalie* avec les Cantons & autres Etats du Corps Helvétique, pleinement souverain & libre de toute dépendance vis-à-vis de l'Empereur & de l'Empire. Le titre (5) que l'Empire donne aux Ambassadeurs & Députés des Cantons, est celui de *Abgesandte*, *Gesandte* ou *Ehren-Gesandte*, c'est-à-dire, *Ambassadeur*, *Envoyé*, *Ministre*, *Député*.

Plusieurs Jurisconsultes (6) Allemands se sont donné la torture, pour conserver avec le secours de sophismes à l'Empereur & à l'Empire l'exercice de quelques *droits* de souveraineté sur la Suisse. *Vouloir les réfuter*, me disoit un Helvétien, *ce seroit peine perdue, la conversion de gens entêtés des chicanes de l'Ecole est une entreprise au-dessus des forces humaines*.

La Liberté Helvétique a été fixée & reconnue de toute l'Europe par le traité de *Westphalie*. Les actes de cet évènement ont été conservés par *Wettstein* (7), de Bâle, & par *Moser* (8). L'Ouvrage de *Wettstein* est plus authentique, plus complet, plus rare & plus précieux que celui de *Moser*. Ce dernier, Jurisconsulte Allemand, a eu le premier la force de combattre les préjugés de ses confrères *Publicistes* du droit Germanique, mais l'intrépide *Moser* ne les a pas tous convertis.

2. La France.

Il y a plus de trois cent ans que la première Alliance a été formée entre la France & les Suisses. Elle a été continuée sans interruption pendant plus de deux siècles & demi; preuve incontestable qu'elle a toujours été agréable aux deux Nations. La constitution militaire de la Suisse a fait trouver à la France plusieurs grands avantages dans les Alliances que la Couronne a contractées avec le Corps Helvétique. Ces avantages quoiqu'envisagés en général presque sous le même œil depuis la première Alliance, ont été cependant en particulier plus ou moins considérés, suivant les circonstances des temps. Je vais détailler (9) ici les principaux avantages que la France & la Suisse retirent de leurs Alliances réciproques.

Avantages pour la France.

I. Si la durée des Alliances est une preuve incontestable des avantages que l'on y trouve de part & d'autre, celle qui est entre la France & le Corps Helvétique, & dont la première date remonte à l'an 1452, ne doit point laisser douter que ces Etats n'y aient envisagé jusqu'à présent un intérêt mutuel: l'avantage que la seule situation de la Suisse offre à la France, en est un des plus essentiels. Le pays de Gex, le Gouvernement de la Bourgogne qui y est annexé, la Franche-Comté & une partie de l'Alsace, qui confinent avec les différentes contrées de cette République, se voient couverts d'une barrière plus impénétrable que celle qu'ils pourroient trouver dans la construction de plusieurs forteresses, dont les frais seroient une charge très-onéreuse à l'Etat; car en supposant que la Suisse ne fût point alliée à la France, pour l'empêcher de livrer passage à ses ennemis on seroit obligé de munir une étendue considérable de pays depuis Bâle jusqu'à Genève.

II. Cette même barrière qui se trouve entre la France, l'Allemagne, l'Italie & la Savoie, met cette République à portée de secourir les uns ou les autres de ces Etats, suivant l'intérêt qu'elle peut prendre à leur conservation: ainsi les Puissances qui l'environnent peuvent employer son assistance pour faire la guerre à leurs voisins; des Princes, même plus éloignés, y ont fait agir quelquefois les ressorts de leur politique, pour faire des diversions favorables à leurs intérêts: mais les alliances & le traité de paix perpétuelle, ont toujours contre-balancé les intrigues des ennemis de la France.

III. La France par son union avec la République des Suisses, s'assure du bon voisinage d'une Nation puissante, & inépuisable en hommes robustes & nés pour les armes. En effet, quoique la Suisse soit portée à la paix par la forme de son Gouvernement, & par le naturel équitable de ses Peuples, elle pourroit cependant, dans certaines conjonctures, se laisser aller aux intrigues des Puissances ennemies de la France, si elle n'étoit retenue par la paix perpétuelle, ou par le nœud de l'alliance, ainsi qu'il est arrivé sous le Pontificat de *Jules II*. On voit dans la Suisse une milice perpétuelle, que le Gouvernement qui la fait distribuer par différentes classes, prend soin de faire exercer dans le métier de la guerre, & tient toujours prête à marcher aux premiers ordres de son Souverain. Par les divers dénombremens que l'on a dressé dans la Suisse des hommes capables de porter les armes, l'on en compte plus de deux cent mille, de sorte que la France peut toujours s'assurer sur une armée, qui se trouvant comme en quartier dans la Suisse, sans lui être à charge, est à portée de venir à son secours.

---

(4) *Johannis Friderici* Pfeffinger *Corpus juris publici ad ductum institutionum juris publici Philippi* Vitriarii, T. II. p. 998, 1005 & *seq*. Francofurti ad Mœnum 1754. *in-*4. fig.
(5) *Pfeffinger*, ibid. T. III. pag. 364.
(6) Le même, ibid. T. II. pag. 998 & seq.
(7) Actes & Négociations concernant l'exemption du Corps Helvétique 1651, *in-fol*. en Allemand.
(8) La pleine Souveraineté du Louable Corps Helvétique défendue, 1731 *in-*4. en Allemand.
(9) *Vogel*, Traité Historique & Politique entre la France & les Suisses, pag. 236-240. Paris 1731, *in-*4.
Code Militaire des Suisses, pour servir de suite à l'Histoire Militaire des Suisses au service de la France, par M. le Baron de *Zur-Lauben*, T. I. pag. 12-16.

IV.

IV. Les Suisses ne viennent pas en France comme *troupes mercénaires* (10), & attachées par le seul motif de la solde aux intérêts de l'Etat ; mais en vertu d'une ancienne alliance, ils y viennent comme parties contractantes, & pour satisfaire avec honneur aux engagemens où ils sont entrés, aussi-bien que leurs ancêtres, par tant de traités pour la défense réciproque des deux Etats, ce qui les porte à combattre & à agir avec autant d'ardeur que s'ils défendoient leurs propres foyers. Cette vérité doit faire cesser cette vieille assertion, *que les troupes Suisses vendent chèrement leurs services par les sommes immenses qu'elles coûtent à l'Etat*. Si quelqu'un étoit encore dans cette erreur, on lui prouveroit aisément qu'elles ne coûtent pas plus que les troupes Françoises, & moins que les troupes Etrangères : il est vrai que leur dépense paroît plus grande, mais elle est renfermée dans un seul article, ce qui la rend en même-temps moins embarrassante ; au lieu que celle des autres étant séparée & en plusieurs parties, est regardée comme beaucoup moindre par ceux qui, sans approfondir les choses, ne s'arrêtent qu'à la surface. L'Auteur de qui j'emprunte cette observation, & qui écrivoit en 1758, ajoute qu'il y a eu trente-deux mille Suisses au service de la France, sous le ministère du Marquis de *Louvois* & jusqu'à la paix de *Risswick*. On n'imputera cependant jamais à ce Ministre d'avoir mal entendu l'économie.

V. L'Alliance du Roi avec les Cantons ne sauroit être sujette à aucun de ces retours fâcheux qui influent sur l'Etat, & auxquels on est exposé avec d'autres Puissances, dont les confédérations ne se maintiennent souvent, qu'autant qu'elles s'accordent avec leurs intérêts passagers, ou qu'elles favorisent des projets d'ambition ; celle dont nous parlons est contractée de la part d'une Nation qui, dans les principes de son Gouvernement, se renferme dans ses limites naturelles, sans aucun projet de grandeur, & sans prétendre faire jamais de conquête sur aucune des Provinces du Royaume ; de-là, nul ombrage dans les négociations, nul embarras pour le règlement des frontières, ni aucunes de ces inquiétudes, qui accompagnent la plupart des alliances, & qui les exposent ou à être traversées, ou à devenir dangereuses.

VI. Il est certain que si la France avoit le malheur d'être agitée par des guerres civiles, les Rois ne trouveroient dans aucunes Puissances de l'Europe un plus solide appui que dans les secours que le Corps Helvétique leur enverroit dans

---

(10) Plusieurs Historiens, ou ignorant ou feignant d'ignorer le texte & l'esprit des alliances, donnent légèrement l'épithète odieuse de *mercénaires* aux troupes Suisses qui servent en France. Il est étonnant que M. l'Abbé Garnier la leur prodigue aussi gratuitement dans le cours de son Histoire de France. M. de *Voltaire* n'a pas été lui-même exempt de ce préjugé. Je ne puis m'empêcher de transcrire ici la manière dont M. le Baron de *Zur-Lauben* a répondu à ce Poëte célèbre (*Hist. Milit. des Suisses*, T. VI. p. 64-67, Paris 1752. in-12.) M. de *Voltaire* en décrivant les horreurs du siége de Paris (en 1590) dans son Poëme de la Henriade, Chant X. pag. 210. édit. de 1746, in-12. s'exprime ainsi.

D'un ramas d'étrangers la ville étoit remplie ;
Tigres que nos ayeux nourrissoient dans leur sein,
Plus cruels que la mort, & la guerre & la faim.
Les uns étoient venus des campagnes Belgiques,
Les autres des rochers & des monts Helvétiques ;
Barbares dont la guerre est l'unique métier
Et qui vendent leur sang à qui veut le payer.
De ces nouveaux Tyrans les avides Cohortes,
Assiégent les maisons, en enfoncent les portes,
Aux hôtes effrayés présentent mille morts :
Non pour leur arracher d'inutiles trésors ;
Non pour aller ravir d'une main adultère,
Une fille éplorée à sa tremblante mère ;
De la cruelle faim le besoin consumant,
Semble étouffer en eux tout autre sentiment,
Et d'un peu d'alimens la découverte heureuse,
Etoit l'unique but de leur recherche affreuse.

Le Poëte a inféré la note suivante au bas de ces vers : *Les Suisses qui étoient dans Paris à la solde du Duc de Mayenne, y commirent des excès affreux*, au rapport de tous les Historiens du temps ; c'est sur eux seuls que tombe ce mot de BARBARES, & *non pour leur nation pleine de bon sens & de droiture*, & l'une des plus respectables nations du monde, puisqu'elle ne songe qu'à conserver sa liberté, & jamais à opprimer celle des autres.

L'Auteur présente dans cette remarque le vrai caractère de la nation Suisse, mais nous ne pouvons pas lui pardonner d'avoir rapporté un fait entièrement faux. Nul Historien n'a reproché aux Suisses de la Ligue les horreurs qui y furent commises (a) & que le Poëte moderne leur impute gratuitement. M. de *Voltaire* avoit une si belle occasion de rendre justice aux services importans que Henri IV. avoit reçus des Suisses ; ces *étrangers* furent les premières troupes qui reconnurent ce Prince en qualité de Roi de France, & cette démarche eut des suites très-avantageuses. Les batailles d'Arques & d'Ivry, & la prise des fauxbourgs de Paris, couvrirent ces mêmes étrangers d'une gloire immortelle. M. de *Voltaire* n'a pas daigné faire le moindre éloge de ces troupes qui avoient été si utiles à son Héros, il ne parle des Suisses que dans une circonstance où il n'y avoit ni bien ni mal à en dire, & encore employe-t-il les expressions les plus poétiques pour déchirer leur réputation ; en vain pour le justifier citeroit-on ce passage d'Horace (*de arte Poëtica*)

Pictoribus atque Poëtis
Quidlibet audendi semper fuit æqua potestas.

Le droit de se livrer à l'imagination la plus hardie, fut de tout temps le privilége des Poëtes & des Peintres ; mais cette licence a ses bornes. M. de *Voltaire* auroit entièrement réparé son tort, si à la place d'une note qui rapporte un fait qui n'existe que dans son imagination, il eût retranché les vers injurieux à la nation Suisse, & si dans les fréquentes additions & corrections de son Poëme, il avoit loué les services que les Suisses rendirent à Henri IV ; mais supposons un instant que le reproche qu'il fait aux Suisses de la Ligue soit fondé, du moins ne méritoient-ils pas d'être appelés :

Barbares dont la guerre est l'unique métier
Et qui vendent leur sang à qui veut le payer.

Des motifs de religion & non d'intérêt, avoient porté une grande partie des Cantons Catholiques à secourir la Ligue contre Henri IV. Ce n'est pas que je veuille les excuser, mais ces motifs étoient les mêmes qui avoient armé presque tout le royaume, d'ailleurs l'histoire & les actes publics justifient assez les Suisses, tant Royalistes, que Ligueurs, sur le reproche d'intérêt. On sait que pendant tout le cours des guerres civiles, les troupes Suisses n'étoient que foiblement payées, & que dans le temps où elles furent licenciées, il leur étoit dû de grandes sommes sur leur solde. Ces troupes n'en touchoient que la moitié, & souvent que le quart ; tandis qu'elles faisoit la guerre aux Rois Charles IX, Henri III, & Henri IV, les Capitaines dévoués au service de ces Princes vendoient & engageoient leurs biens & leurs terres pour suppléer au manque de payement ; les Cantons eux-mêmes avançoient des sommes considérables aux Rois de France pour les aider à pousser la guerre contre des sujets rebelles. Ces faits sont connus, pourquoi M. de *Voltaire*, qui dit avoir lu tous les *Historiens du temps*, les ignoreroit-il ? La qualité de troupes auxiliaires & alliées que les Suisses portent en France, met à couvert de tout reproche. Les Suisses tiennent à honneur qu'on les regarde comme un peuple militaire ; s'ils donnent des troupes à des Princes étrangers, leur conduite est conforme à celle de plusieurs Puissances de l'Empire & du Nord. Pourquoi M. de *Voltaire*, ce Philosophe, l'ami de toutes les Nations, blâme-t-il cette conduite dans la seule nation Suisse, alliée si étroitement avec la France depuis trois siècles ? Ce Poëte qui s'est piqué d'égaler *Homère* & *Virgile*, (quelquefois même dans l'invention) auroit dû aussi les imiter dans leur exactitude à peindre le caractère national des peuples dont ils ont parlé.

(a) Les Historiens du tems disent unanimement que les Allemands au service de la Ligue, savoir quinze cent *Lansquenets*, commandés par le Baron d'*Herbesstein*, commirent seuls les horreurs qui eurent lieu durant le siége de Paris.

ces momens critiques. On peut même dire que ces secours seroient d'autant plus prompts & d'autant plus répétés, que de toutes les troupes étrangères que la France entretient à sa solde, les troupes Suisses sont les seules qui ayent l'avantage de servir la couronne en vertu d'une alliance. Avouées par leurs Cantons, dont la souveraineté est indépendante, elles ont des ressources certaines pour leur entretien ; & malgré les pertes que le sort de la guerre leur fait essuyer, elles fournissent toujours aux détachemens & aux siéges, la même quantité d'hommes qu'elles fournissoient au commencement de la campagne. Il est encore d'autres avantages que nous ne détaillons pas, entre autres celui qui, par le service des troupes Suisses, épargne le sang des Sujets, & empêche que les Provinces ne se dégarnissent & n'occasionnent un vuide préjudiciable à l'Etat.

Avantages pour le Corps Helvétique.

LES avantages que la République des Suisses se propose de son côté par son alliance avec la France, y ont toujours été regardés comme un objet très-intéressant.

I. Cette alliance augmente la sûreté de la Suisse contre toutes les entreprises des Princes ses voisins.

II. Elle donne aussi au Corps Helvétique le privilège de tirer annuellement des salines de *Salins*, en Franche-Comté, un certain nombre de boisseaux de sel, à *l'instar* de ce qui avoit été porté par les traités entre les Princes de la Maison d'Autriche, Souverains de la Bourgogne, & le Corps Helvétique, depuis le règne de Philippe II, Roi d'Espagne, avantages que le Roi de France, Louis XIV, permit & voulut bien continuer lors de la conquête de la Franche-Comté en 1674.

III. La liberté & la franchise du commerce auquel plusieurs villes considérables de la Suisse se sont adonnées, ont paru à cette République un objet assez avantageux, pour le rappeller dans tous les traités qui ont suivi leur première confédération avec la France.

IV. Un autre avantage que la Suisse se propose dans son alliance, est l'esprit d'émulation & de valeur, que la stabilité du service y entretient parmi ces peuples, & principalement dans les familles qui ont le plus de part au Gouvernement ; en effet, comme la Noblesse y a toujours cherché à s'avancer par la profession des armes, & que le service de la France lui a frayé un chemin plus assuré pour parvenir aux honneurs militaires, on y a vu dans tous les temps ce que la Nation pouvoit fournir de plus distingué, & le service des troupes a été regardé par les Cantons comme le fruit principal de leurs confédérations avec la France.

On trouvera dans cet Ouvrage les médailles (*) frappées aux diverses époques des Alliances renouvellées entre la France & la Suisse. Le Roi glorieusement régnant, LOUIS XVI, est, à l'exemple de ses augustes ancêtres, sincèrement occupé du bien des Cantons, & toujours disposé à participer à toutes les mesures qui tendroient à fortifier les avantages de leur confédération, & à prévenir tout ce qui pourroit les affoiblir & préjudicier à cette harmonie, qui rappelle sans cesse tous les Membres d'une même Société au principe primitif de la conservation commune. Le Monarque a renouvellé dans les premières années de son règne, l'ancienne Alliance de la France avec le Corps Helvétique. La solennisation (11) de ce renouvellement a été faite avec une grande pompe à Soleure le 25 Août, fête de Saint-Louis, 1777. L'Ambassadeur de Sa Majesté, M. le Président de *Vergennes*, & les Députés des Treize Cantons, de l'Abbé & de la ville de Saint-Gall, du Vallais & des villes de Mulhausen & de Bienne, confirmèrent en ce jour par serment, dans l'Eglise du Chapitre de Soleure, le traité du renouvellement général qui avoit été conclu le 28 du mois de Mai précédent.

Le préambule de ce traité en annonce les sages dispositions : qu'on me permette de le rapporter ici.

Les Etats Catholiques ayant témoigné au Roi, dès le commencement de son règne, le désir de renouveller l'alliance qui subsistoit depuis 1715, entre son Royaume & lesdits Etats, conformément aux clauses dudit traité, Sa Majesté, à l'exemple de ses augustes prédécesseurs, voulant reconnoître les services distingués rendus à sa Couronne, & multiplier les preuves de bienveillance & d'amitié qu'ils ont constamment données à la Nation en général, aux Cantons Catholiques & à tous les Etats Helvétiques en particulier, manifesta par sa réponse les dispositions les plus favorables, ainsi que l'intention d'en étendre l'effet à tout le Corps Helvétique.

Une déclaration aussi propre à remplir l'objet de consolider l'union, le bonheur & la sûreté de la Confédération Helvétique, fut reçue avec la reconnoissance dûe aux vûes salutaires du Roi pour réunir tous les Etats qui la composent, en une seule & même alliance avec sa Couronne. Sa Majesté, conséquemment à cette base du nouveau traité établie par sa lettre du 22 Mai 1775, ayant encore renouvellé les mêmes assurances par celles du 10 Avril 1777, jointe aux dernières propositions qu'Elle a fait remettre au Corps Helvétique en explication plus particulière de ses intentions, les Députés des louables Cantons & co-Alliés se sont rendus à Soleure, pour y régler avec Son Excellence Monsieur le Président de Vergennes, Ambassadeur du Roi en Suisse, les conditions d'un traité défensif, conforme aux intérêts des deux Nations qui sont déja si essentiellement unies par le voisinage, & par l'identité des vûes & des principes des Souverains respectifs.

Je ne donnerai pas toute la teneur de cette alliance défensive, dont le terme est fixé à *cinquante ans* ; je copierai seulement ici deux articles essentiels ; le premier est conçu en ces termes :

LA PAIX PERPÉTUELLE conclue en l'année 1516 *entre le Roi François I, de glorieuse mémoire, & les louables Cantons & leurs Alliés, devant être regardée comme le fondement précieux de l'amitié, qui a subsisté si heureusement depuis entre la Couronne de France & la Ligue Helvétique, ainsi que les Traités d'alliance qui ont été conclus en différens temps par ladite Couronne, soit avec le Corps Helvétique, soit avec plusieurs Cantons ; ladite* PAIX PERPÉTUELLE, *qui sert également de base à la présente alliance, est réservée & rappellée ici de la manière la plus expresse par les Parties contractantes, comme devant subsister toujours, indépendamment du présent traité, à l'exception*

(*) PLANCHES 86, 91 & 103. Dans le nombre de ces médailles (sous le numéro 86) il y en a une de l'alliance renouvellée en 1582 avec les Suisses, ayant d'un côté le buste de *Catherine de Médicis*, avec ces mots : KATH. MENR. II. VX. HEN. III. FRAN. ET. POL. REG. MATER. AVGV. Cette médaille qui est d'argent, au cabinet du Roi, offre exactement le type de l'alliance de Henri III, frappé en mémoire du même évènement. Il paroit singulier qu'une Reine douairière de France ait affecté de faire placer sa tête sur la médaille d'un évènement qui ne devoit être consacré en aucune manière sous son nom ; mais que n'osoit pas *Catherine de Médicis* !

(11) Le célèbre graveur de Bâle, Chrétien de *Mechel*, a donné la description de cette cérémonie en quatre planches, dignes de son burin.

néanmoins des articles auxquels on aura dérogé par les stipulations du présent traité.

Le huitième article contient ce qui suit :

Le Roi & le Corps Helvétique en général, & chacun de ses Membres en particulier, s'engagent de la manière la plus expresse, de ne pas se désister de la présente alliance, & de ne faire à cet effet aussi long-temps qu'elle subsistera, aucunes capitulations, traités ou conventions qui y soient contraires. Sa Majesté, & les louables Cantons & co-Alliés en général, & chacun en particulier, réservent ici les capitulations, traités & conventions antérieurement conclus avec diverses Puissances, déclarant en même-temps qu'ils ne contiennent rien qui pourroit empêcher l'entière exécution des engagemens mutuellement pris en contractant la présente alliance défensive.

C'est principalement au sage ministère de M. *le Comte de Vergennes*, à qui le Roi a confié le département des Affaires étrangères, que sont dûs le plan & la conclusion de ce traité.

On a vu son génie & sa mâle éloquence
Subjuguer le Divan & gouverner Bisance;
D'Adolphe & de Wasa l'auguste successeur
A triomphé par lui d'un Sénat oppresseur;
Aidés de ses Conseils, Boston, Philadelphie
Du despotisme Anglois bravent la Tyrannie.

M. le Comte *de Vergennes* a secondé de son génie toute la négociation de M. son Frère, Ambassadeur du Roi en Suisse, & presque dans le même temps que sa prudence attachoit à la France les treize anciens Cantons de l'*Europe* par une *alliance défensive*, elle alloit avec la même activité à la Couronne les *Treize-Cantons-Unis ou nouveaux Cantons de l'Amérique*.

La médaille d'or (*) frappée en 1777, pour perpétuer l'époque du renouvellement de l'alliance avec le Corps Helvétique, offre le buste de LOUIS XVI, avec cette légende : LUDOVICUS XVI, FRANC. ET NAV. REX. & au revers, FŒDUS CUM HELVETIIS RESTAURATUM ET STABILITUM. M. DCCLXXVII.

Comme la République des trois Ligues Grises, Genève, le Comté de Neuchatel & le Prince-Evêque de (12) Bâle, qui ont des liaisons plus ou moins directes avec les Cantons, ne sont pas nommés expressément dans le nouveau traité de 1777, l'article second de cette alliance porte : *Tous les Etats composant le Corps Helvétique participent à la présente alliance, ainsi que ceux d'entre leurs alliés, que l'on conviendra respectivement d'y admettre.*

Depuis la date de l'alliance avec le Roi Henri IV, en 1602, les *Grisons* n'ont eu aucun renouvellement d'alliance avec la France, mais ils ont entretenu constamment des troupes à son service ; aussi peut-on dire que le grand nombre d'Officiers de distinction qu'ils ont donnés, remplace l'intermission de l'alliance. Je ne puis me refuser de rapporter ici les observations qu'un homme éclairé faisoit autrefois sur les motifs de cette cessation apparente ". Le pays des Grisons, y compris » la *Valteline*, produit très-peu de grains, beaucoup de pâtu-
» rages & une assez grande quantité de vin : il est enclavé entre
» les Etats Autrichiens & une partie de la Suisse. C'est du
» Milanès & de la Souabe qu'il tire sa subsistance : tant
» que l'Etat demeure libre, c'est lui qui jouit du bénéfice
» des pensions stipulées avec les Puissances, de celui des
» péages, de celui des offices en *Valteline*, de celui de la
» traite des grains du Milanès, & enfin de tout ce qui
» s'appelle rentes publiques. Le bien de l'Etat oblige très-
» peu de gens dans ce pays, & il est toujours subordon-
» né aux intérêts du plus grand nombre de particuliers.
» Quoique les moyens que la situation du local donne à
» la Cour de Vienne, pour procurer des avantages aux uns,
» de préférence aux autres, soient considérables, il n'en résulte
» pas moins un plus grand nombre de mécontens que de con-
» tens : c'est ce qui forme & formera, tant que les Grisons
» seront libres, un parti toujours prêt à contre-quarrer les
» vûes de cette Cour en faveur de celle qui se montrera en
» opposition. Il n'en seroit pas de même, si les Grisons tom-
» boient sous la domination de quelques particuliers du pays ;
» ceux-ci s'appropriant toutes les rentes publiques, ainsi que
» les bénéfices particuliers, dont la détérioration ou l'accroissement
» dépendroit de la Cour de Vienne, & trouvant dans
» cette source l'abondance des richesses, il est clair qu'ils ne
» pourroient en être détachés que par un équivalent, qui
» monteroit à des sommes énormes ; d'où il est aisé de con-
» clure que le meilleur système politique de la France envers
» les Grisons, est de veiller au maintien de leur liberté,
» sans s'embarrasser du soutien d'aucunes espèces de partis,
» qu'il lui seroit toujours aisé de former, si de quelque réso-
» lution qui ne sauroit être prévue, naissoit, contre toute
» apparence, quelque objet à suivre, qui en valût la peine.
» Ce langage, tout convainquant qu'il est, ne sera jamais celui
» d'un Grison ambitieux, qui voudra se prévaloir des secours
» de la France pour satisfaire à sa passion, & s'élever dans sa
» Patrie aux dépens de cette Puissance ".

3. *La Maison d'Autriche.*

M. de *Réal* dit dans son Traité *de la Science du Gouvernement*, que les Suisses ont une Ligue héréditaire avec la Maison d'Autriche, qu'elle n'oblige les deux Parties qu'à observer un bon voisinage & une sincère intelligence, & qu'ainsi elle est bien différente de l'alliance des Suisses avec la France, *celle-ci étant une alliance générale & perpétuelle, qui oblige les deux Puissances à s'aider mutuellement d'hommes, de munitions de guerre & d'artillerie.*

Un imprimé en Allemand, *in-*4°. qui parut en 1691, & qui avoit pour titre : *Réplique à l'Explication donnée par un prétendu Compatriote Suisse sur la Ligue héréditaire d'Autriche, de l'an* 1511, prouvoit au long que cette Ligue n'a jamais compris d'autres pays que l'Autriche antérieure & le Comté de Bourgogne,

---

(*) PLANCHE 108.
(12) Le Roi a ratifié l'onze Juillet 1780, le Traité (a) d'alliance conclu le 20 Juin entre Sa Majesté & son Altesse le Prince-Evêque de Bâle. Ce Traité qui contient seize articles & dont la durée est fixée au terme de cinquante ans, a pour base l'alliance renouvellée le 28 Mai 1777 entre le Roi & les Cantons Helvétiques. La convention entre le Roi & le Prince-Evêque de Bâle, faite à Soleure l'onze Septembre 1739, au sujet de l'extradition des déserteurs, y est confirmée par l'article XII.

(a) Imprimé à *Pourrentruy*, chez J. Joseph Goetschy, Imprimeur de son Altesse 1780, *in-fol.*

& nullement l'Espagne & les Pays-Bas. Nous allons indiquer les principaux traités du Corps Helvétique avec la Maison d'Autriche, dans lesquels on trouve les stipulations ci-devant énoncées.

Accord (1) entre Sigismond, Duc d'Autriche, & les Cantons de Zurich, Berne, Lucerne, Ury, Schweitz, Underwalden, Zoug & Glaris, & leurs Confédérés, conclu par la médiation de Louis XI, Roi de France, à Senlis le 11 Juin 1474.

Union (2) perpétuelle & héréditaire entre le même Duc Sigismond & les villes & pays de Zurich, Berne, Lucerne, Ury & Soleure: à Zurich, le Lundi après la fête de Saint-Gall, 1477.

Ligue (3) héréditaire & perpétuelle entre l'Empereur Maximilien, comme Archiduc d'Autriche, d'une part, & l'Evêque de Coire & les trois Ligues Grises, de l'autre: le 15 Décembre 1485.

Paix (4) & accord entre le même Empereur & la Ligue de Souabe, d'une part, & le Corps Helvétique, de l'autre: à Bâle, le Dimanche Fête de Saint-Maurice, Martyr, 1499.

Ligue (5) héréditaire entre le même Empereur & la Maison d'Autriche, d'une part, & les douze Cantons, l'Abbé & la ville de Saint-Gall, & le pays d'Appenzell de l'autre, à Baden, en Argeu, le Vendredi 7 Février 1511.

Ligue (6) héréditaire & perpétuelle entre l'Empereur Maximilien, comme Archiduc d'Autriche, pour lui & ses Etats héréditaires, & pour Charles, Prince d'Espagne, son petit-fils, comme Duc de Bourgogne, d'une part, & les Treize-Cantons & l'Abbé de Saint-Gall, de l'autre: à Bude, en Hongrie, le 7 Février 1517.

Ratification (7) du traité héréditaire, entre la Maison d'Autriche & de Bourgogne, d'une part, & les Cantons de l'autre, faite par Philippe II, Roi d'Espagne: à Gand, le 4 Septembre 1556.

Autre (8) confirmation de la même Union héréditaire, par le même Roi: à Londres, le 16 Juin 1557.

Ligue (9) héréditaire & perpétuelle entre l'Empereur Ferdinand III & les trois Ligues Grises: à Vienne, le 20 Mars 1642.

On peut voir dans l'*Histoire* (10) *Militaire des Suisses*, une réponse des Colonels & Capitaines Suisses qui servoient la France en 1664 dans les Pays-Bas, *sur les justes bornes de la Ligue héréditaire conclue en* 1511, *entre la Maison d'Autriche & le Corps Helvétique*. Ces bornes sont aujourd'hui plus resserrées; en effet la Haute-Alsace & le Comté de Bourgogne, pour lesquels les Cantons étoient obligés à de fidèles égards, ont été réunis à la Couronne de France. La Maison d'Autriche n'a donc pu, depuis la perte de ces Provinces, exiger les mêmes fidèles égards du Corps Helvétique pour aucun autre pays de sa domination, que pour l'Autriche antérieure, les quatre villes Forestières, le Comté de Tirol & les Seigneuries situées en deçà de l'Adlerberg; & lorsque ses Ministres ont prétendu que la Ligue héréditaire obligeoit les Suisses à la défense de tous les pays soumis à sa domination, ils ont voulu donner une trop grande étendue à un traité qui n'a été fait que pour faire jouir de la neutralité les pays limitrophes de la Suisse du côté de l'Allemagne & de la France, ou pour empêcher, par la médiation, qu'une Puissance étrangère ne les conquît sur leurs Souverains légitimes.

En 1553 l'Empereur Charles V fit une plainte aux Cantons, par son Envoyé Ascanius Marsus, par laquelle il sembloit leur reprocher *que les troupes Suisses avoient enfreint l'accord héréditaire en servant à la solde de la France dans les Pays-Bas*: la Diète lui répondit, que ces troupes n'avoient point servi contre les pays réservés dans l'Union héréditaire avec l'Archiduc Sigismond, ni contre le Comté de Bourgogne.

Il existe un Mémoire (11), composé en 1675, dans lequel on examine les deux alliances héréditaires des Suisses avec la Maison d'Autriche, l'une de 1474 & l'autre de 1511. C'est dans ces Mémoires (12) qu'on trouve l'anecdote suivante. « Un Ministre Savoyard, lorsque la France défendoit Genève » contre la Savoie, ayant dit au Roi (LOUIS XIV): *Sire*, » *si vous laissiez faire à mon Duc & Seigneur ses conquêtes contre Genève* » *& dans la Suisse, où il a bon droit, vous auriez des Suisses sans les* » *Suisses*. Le Roi lui fit cette réponse: *Les Suisses sont inébran-* » *lables dans leurs traités avec nous, c'est ce qui nous rend pareillement* » *constants à les protéger* «.

Le Mémoire dont je parle, après avoir déterminé les avantages que les Rois de France & les Suisses tirent de leur alliance réciproque, & après avoir rapporté les diverses époques, où les troupes Suisses ont servi la France, tant au dedans qu'au dehors du Royaume, donne une explication claire & concise de la Ligue héréditaire avec la Maison d'Autriche. L'Auteur de ce Mémoire le composa en réponse à un Anonyme Allemand, qui avoit avancé cette question (13): *Si les Suisses sont tenus de rappeller leurs soldats qui servent le Roi de France contre la Flandre & autres pays sujets de l'Espagne, en vertu de leur Ligue avec la Maison d'Autriche?*

On connoît encore un autre traité qui jetteroit beaucoup de lumière sur différens objets de politique. Cet écrit en Allemand (14) a pour titre: *Réflexions impartiales sur les alliances des Suisses avec les Puissances étrangères, sur les prétentions trop étendues de ces Puissances, relativement aux traités, & sur les explications trop dangereuses pour le Corps Helvétique*, 1674.

François-Michel *Bueler*, de Schweitz, qui avoit été pendant

---

(1) *Waldkirch*, Hist. de la Suisse en Allemand, T. I. *preuves* pag. 91-100. première édition.
Dumont, Corps Diplomatique, T. III. Part. I. pag. 474-475.
(2) *Waldkirch*, ibid. pag. 100-106. Dumont, ibid. Tom. III. Part. II. pag. 14.
(3) *Waldkirch*, ibid. pag. 124-135. Dumont, ibid. pag. 147-149.
(4) *Waldkirch*, ibid. pag. 135-144.
(5) *Waldkirch*, ibid. p. 106-104. Dumont, ibid. T. IV. P. I. p. 133.
Leu, Dict. Hist. de la Suisse, T. XIV. p. 262-272.
(6) Dumont, Corps Diplomatique, T. IV. Part. I. p. 254-255. Supplément au Corps universel Diplomatique du droit des gens, par Rosset, T. II. P. I. p. 58-59. *Amsterdam & la Haye* 1739, *in-fol*.

(7) Dumont, Corps Diplomatique, T. V. P. I. p. 4.
(8) Dumont ibid. p. 9-10. Waldkirch, Hist. de la Suisse, T. I. *Preuves*, 121-124.
(9) Leu, Dict. Hist. de la Suisse, T. XIV. p. 272-281.
(10) T. II. p. 407-411.
(11) Msc. en François in-4. contenant 268 pages. L'auteur de ce mémoire étoit Grison, de la Maison de *Mohr*, comme on le voit à la pag. 44.
(12) Pag. 5.
(13) *Utrum Helvetii teneantur revocare suos milites, qui Regi Franciæ inserviunt contra Flandriam & alias ditiones Hispaniæ, ex vi eorum cum Domo Austriaca fœderis?*
(14) *In-24. sans désignation du lieu d'impression, contenant* 411 *pages*.

bien

bien des années Directeur de la Chancellerie du Corps Helvétique à Baden , dédia (15) en 1692 aux Treize-Cantons un traité en Allemand, dans lequel il difcutoit les principaux articles de l'Alliance de 1663 , au fujet du fervice des troupes Suiffes en France. M. le *Baron de Zur-Lauben* a donné l'analyfe de cet Ouvrage, dans le premier volume (16) du *Code Militaire des Suiffes*.

Je terminerai ici les obfervations fur la Ligue héréditaire de l'*Augufte Maifon d'Autriche* avec le Corps Helvétique , en rapportant l'article *trente-cinquième* de la capitulation du régiment Suiffe de *Muralt* , ci-devant *Lochmann*, fignée à Soleure le 23 Janvier 1779, par M. *le Vicomte de Polignac*, Ambaffadeur du Roi , & au nom du Canton de Zurich par MM. *Ott* , *Statthalter* & J. J. *Hirzel*, Tréforier de la République, & ratifiée par le Roi à Verfailles le 13 Février 1779, & par le Canton de Zurich les mêmes jour, mois & an : voici la teneur de cet article.

Sa Majefté pourra employer ce Régiment , fans aucune exception , à la défenfe de toutes fes poffeffions actuelles en Europe , mais il ne pourra jamais être employé dans les autres parties du monde ; il ne pourra non plus être embarqué, ni en tout ni en partie, pour fervir fur mer, & il ne fervira jamais que fur terre. Le louable Canton réferve les alliances & accords qu'il a avec le Corps Helvétique & fes co-Alliés, comme auffi le Saint-Empire , les Pays héréditaires de la Maifon d'Autriche, compris dans l'Accord héréditaire , & la capitulation qu'il a conclue avec Leurs Hautes Puiffances les Etats Généraux en 1748 , en vertu de laquelle ledit Régiment de Muralt ne pourra fervir contre les places , terres & poffeffions quelconques , appartenantes auxdits Etats, ni contre leurs barrières : il ne pourra pas non plus être employé contre les Etats de la Grande-Bretagne ; bien entendu que de fon côté le louable Canton s'engage de ne jamais permettre que fes troupes qui font ou qui pourroient par la fuite entrer au fervice de ces Puiffances , ne puiffent non plus être employées contre les Etats de Sa Majefté.

XLIV.

Liaisons particulières de la Suisse avec le Saint Siége , l'Espagne, l'Angleterre, Naples, la Savoie, la Prusse, Venise et la Hollande.

1. *Le Saint Siége.*

Le Pape & le Saint Siége Apoftolique ont toujours été réfervés par les Cantons & leurs co-Alliés, dans les traités d'alliance qu'ils ont faits avec les Puiffances étrangères avant le changement de religion. Depuis cette époque, les feuls Etats Catholiques de la Suiffe & des pays co-Alliés, ont ftipulé cette réferve ; & quoique la teneur des traités femble indiquer que cette condition a été inférée au nom de tout le Corps Helvétique , on ne peut néanmoins la fuppofer obligatoire qu'aux Etats Catholiques qui reconnoiffent l'autorité du *Saint Siége*. En effet, les lettres annexes que Henri IV & Louis XIII accordèrent aux Cantons Réformés, au fujet de l'alliance de 1602, portent expreffément : « Et d'autant que lefditz Seigneurs » des Ligues Nous ont par mefme moyen faict entendre qu'ils » craindroient que par l'appofition de leur fcel audit traité » d'alliance , il femblaft que contre leur créance , & au pré- » judice de leur réputation, ilz euffent approuvé les tiltres du » Pape & du Saint Siége Apoftolique y mentionnez, Nous » fuivant leur defir, avons à iceux accordé & accordons par » ces préfentes, actes de proteftations fur ce faicts , fans » préjudice toutesfois de la réfervation d'iceux par Nous » faicte «.

Les Etats Catholiques de la Suiffe qui ont confervé le titre de *Défenfeurs de l'Eglife & de la Liberté Eccléfiaftique* , que le Pape Jules II avoit donné à tout le Corps Helvétique en 1512 , n'ont jamais permis à leurs troupes qui étoient au fervice des Puiffances étrangères d'attaquer directement les Provinces dont le Pape eft Souverain. On trouvera parmi les *Tableaux* (*) de cet Ouvrage un monument bien authentique à l'occafion des fervices que les Suiffes rendirent au Pape en 1515 : c'eft le plan perfpectif de la bataille de *Marignan*, qui dura deux jours , les 13 & 14 Septembre de cette même année. Ce plan a été deffiné en Mai 1777, par (1) un Elève de M. *Cafanova* , d'après le bas-relief de *Primatice* , de Bologne, fur le maufolée de François I , à Saint-Denis. Ce monument repréfente le Roi , accompagné d'Antoine (2), Duc de Lorraine , & fondant fur les Suiffes , Alliés du Pape. On diftingue dans l'Armée Helvétique , Mathieu *Schinner* (3) , Cardinal de Sion, Légat *à Latere* , & auteur principal de la rupture des Cantons avec la France : ce Cardinal monté fur une mule eft précédé de fon porte-croix. Les bannières des Suiffes font remarquables par les deux clefs de Saint-Pierre, croifées. Le Maréchal de *Trivulce* , pour relever la gloire du vainqueur (4) de Marignan, appelloit cette jour-

---

(15) Cet ouvrage fut imprimé *in-12* en la même année à Zoug ; l'Auteur vivoit encore en 1712 , il avoit été fucceffivement Adminiftrateur des Chancelleries de Baden & de la Turgovie.

(16) Pag. 180-205. Paris 1758. *in-12.*

(*) Planche 37.

(1) Jean-Jofeph *Schmid* , natif de Paris & originaire de *Frick* dans le *Frickthal* , fur la frontière de la Suiffe, âgé de 18 ans.

(2) Fils du Grand *René II* , qui avoit combattu à la tête des Suiffes aux batailles de Morat & de Nanci , contre Charles *le Téméraire* , dernier Duc de Bourgogne.

(3) Ce fameux Cardinal, l'ennemi juré de la France , étoit né au village de *Mulibach* , dans le dizain de *Conches* , au haut-Vallais; fon ayeul qui étoit de la famille de *Zmittfegg* , avoit été furnommé *Schinner* , parce que s'étant caffé une jambe, on la lui avoit remife avec les *Burdeaux* ou efpèces de *Luttes* propres à couvrir des maifons , & qu'on appelle en Allemand *Schindelen* , & par corruption *Schinnen*. Cette anecdote eft connue dans tout le Vallais.

(4) Parmi les Médailles frappées fur la bataille de Marignan , & qui font rapportées à la Planche 86 de cet ouvrage , il y en a une qui offre le bufte du Roi couronné de lauriers, avec cette légende : Franciscvs I. Francorvm. Rex, ayant au revers un trophée d'armes avec ces mots à l'entour : Vici. ab. vno. Caesare. victos, on lit au bas : Marignan , éloge fuperbe pour le vainqueur & pour les vaincus. François I. connoiffoit affurément tout le prix de fa victoire , puifqu'il la remportoit fur une nation qui n'avoit été vaincue que par Jules César. C'eft bien dommage qu'un graveur habile ne donne pas au public tous les bas-reliefs qui ornent le maufolée du *Héros de Marignan* ; il y en a vingt-huit dont la moitié offre les évènemens de la marche du Roi en Italie, jufqu'au moment de la bataille de Marignan, l'autre moitié retrace la retraite ferme & inébranlable des Suiffes à Milan après la bataille, emportant leurs bleffés malgré la pourfuite des François & des Vénitiens. Tous ces bas-reliefs font de *Primatice* , ainfi que celui de la bataille de *Cerifolles* , qui eft placé à

née le *Combat des Géans* (5), il disoit que les dix-sept batailles où il s'étoit trouvé en personne, comparées à celle-ci, n'étoient que des jeux d'enfans.

Mais pour revenir aux liaisons de la Suisse avec le *Saint Siége*, voici ce qu'écrivoit en 1709 un Observateur, sur les intérêts de la Cour de Rome avec la République des Grisons. Je prie le Lecteur de se rappeller le temps où l'Auteur faisoit ces remarques.

» Plusieurs Papes ont contracté des alliances avec les Grisons » & se sont servi de leurs troupes. Jules II leur donna même » durant ses guerres avec Louis XII, le titre de *Défenseurs de* » *la Foi* , prérogatives dont ils sont encore aujourd'hui fort » jaloux, & Paul IV ne fit point de difficulté d'en prendre à » son service, lors de ses démêlés avec l'Espagne pour le » Royaume de Naples.

» La principale attention de la Cour de Rome à l'égard » des Grisons en général, est de tâcher sous main d'empêcher » les Membres des deux Communions d'en venir aux mains » durant une guerre générale, où les Puissances Protestantes » ont de l'avantage, de peur que les Catholiques venant à » être accablés, leurs ennemis n'introduisent l'hérésie en Val- » teline, & ne lui donnent par-là un poste avancé en Italie.

» L'intérêt du Pape paroît être de ne pas effaroucher les » Protestans Grisons : par cette conduite Sa Sainteté empêche- » roit une rupture entre les deux religions ; elle pourroit dis- » poser, au moins secrètement, de leurs passages, soit pour » les fermer à ses ennemis, soit pour y faire marcher à son » secours des troupes Suisses , & elle auroit moins de diffi- » culté à faire des levées Grisonnes parmi le Corps Catho- » lique.

» La Cour de Rome semble devoir entretenir secrètement » en défiance les Catholiques contre les Protestans, en faisant » entendre à ceux-ci, que les Réformés n'oublieront jamais » le massacre de ceux de leur Communion en Valteline , & » qu'ils ne cherchent que l'occasion de s'en venger ; qu'ils » veulent faire bâtir des Temples dans les Provinces sujettes » des Ligues, & qu'ils songent à détruire dans le pays domi- » nant le peu d'autorité qui y reste aux Patriotes de la Com- » munion Romaine. Par cette politique, les Catholiques seront » à couvert de toute surprise de la part de leurs ennemis , » empêcheront la Religion Protestante d'avoir facilement les » passages, leur feront craindre d'être arrêtés en Valteline, & » pourront fournir quelques hommes à Sa Sainteté.

» De leur côté les Grisons avant le changement de Religion » chez eux , regardoient les Papes comme leurs protecteurs » contre les ennemis de la Liberté des Ligues , & particuliè- » rement contre les Ducs de Milan & les Comtes de Tyrol.

» Les Calvinistes attribuent aux Pontifes le conseil du mas- » sacre de la Valteline , & ils ne sauroient oublier que le Car- » dinal *Barberin* proposa à Paris & à Madrid en 1624, de donner » cette province en souveraineté à quelque Prince Italien , » d'en former un quatorzième Canton & d'en faire une qua- » trième Ligue, ou de la rendre seulement aux Catholiques » Grisons : cependant malgré le ressentiment du Corps Pro- » testant, ceux de cette Communion seroient assez disposés » à servir le Pape dans la guerre (6) qui paroît vouloir s'al- » lumer en Italie, si on les levoit sous le nom d'un autre » Prince ; ou s'ils n'alloient pas directement à la défense des » Etats de l'Eglise, ils remplaceroient les troupes qu'une Puis- » sance amie de Rome seroit disposée à lui prêter.

» Les Catholiques Grisons embrasseront toujours avec » plaisir les occasions qu'ils auront de montrer leur zèle » envers le Pape , lorsqu'ils le pourront faire sans être écrasés » par les Protestans «.

Il y a plus de trois siècles que le *Saint Siége* envoie des Légats en Suisse, mais ils ne venoient dans les commencemens que pour régler certaines affaires , & après qu'elles étoient terminées ils s'en retournoient à Rome ; ils siégeoient , tantôt à Bâle , tantôt à Zurich, ce n'a été que depuis le changement de religion qu'ils transférèrent leur Résidence de Zurich à Lucerne qui est devenue le premier des Cantons Catholiques. Je n'ai garde d'approuver tous les écarts qu'on s'est permis dans un Ouvrage imprimé à Bâle en (7) 1764 contre plusieurs Nonces ; celui d'aujourd'hui , de la Maison de *Caprara*, & qui a succédé à M. le Cardinal (8) *Valenti-Gonzaga* dont les vertus éminentes sont généralement respectées en Suisse & par toute l'Italie, possède entre autres qualités, qui lui assurent un plein ascendant sur les esprits, la générosité ; cette vertu qui relève si supérieurement les grandes ames, orne principalement son caractère. Le ressort du Tribunal de la Nonciature est très-étendu ; elle comprend entre autres Diocèses , les Evêchés de Constance, de Coire, de Bâle , de Lausanne & de Sion : tous les appels des Causes ecclésiastiques & matrimoniales y sont portés en seconde instance. Je ne détaillerai pas ici les autres droits que le Nonce exerce dans les Abbayes & Couvens immédiatement soumis au *Saint Siége*.

---

l'autre extrémité du mausolée, parallelement à celui de la bataille de *Marignan* : ces deux journées sont également célèbres dans les fastes de la France & dans ceux de la Suisse. A *Marignan* les Suisses furent vaincus par le Roi François I en personne, après lui avoir disputé la victoire pendant deux jours. A *Cérisolles*, le 12 Avril 1544, trois mille Suisses au service de ce Monarque, fixèrent en grande partie pour leur valeur la victoire, au rapport des Historiens du temps. Voyez la relation de cette bataille dans le quatrième volume de l'*Histoire Militaire des Suisses* pag. 205-219.

(5) Il paroît étonnant que M. *Gaillard*, qui a donné l'histoire de *François I*, ouvrage écrit d'une manière noble & intéressante, n'y ait pas parlé du superbe mausolée de ce grand Roi, monument qui fait tant d'honneur à sa mémoire, & qui rappelle l'époque de la renaissance des Arts dont il avoit été le restaurateur. Dom *Felibien* a fait graver dans l'histoire de l'Abbaye de Saint-Denis, une esquisse bien confuse du bas-relief de Marignan. M. le Baron de *Zur-Lauben* a rassemblé dans ses collections plusieurs relations de cette bataille , faites par des Capitaines Suisses qui s'y étoient trouvés, on pourroit les comparer avec la *relation* qu'on trouve dans un ouvrage très-rare , & dont on connoît deux exemplaires, l'un à la bibliothèque de M. le Marquis de *Paulmy*, & l'autre à celle de M. le Baron de *Heiss* : voici le titre de cet ouvrage : *le couronnement du Ruy François premier de ce nom, voyage & conqueste de la Duché de Millan , victoire & répulsion des exurpateurs d'icelle, &c. fait l'an mil cinq cens & quinze , cueillis & rédigés par le Moyne sans Froc. Paris 1519. in-4.* en caractères gothiques. L'Auteur, Huissier de la Chambre du Roi, avoit été témoin de l'expédition du Milanès en 1515. Le détail qu'il a laissé de la bataille de Marignan & des évènemens qui la précédèrent & la suivirent est très-curieux.

(6) Il s'agit ici de l'année 1709, où l'Empereur *Joseph I* déclara dépendants de l'Empire, beaucoup de fiefs qui relevoient alors des Papes , & sur-tout Parme & Plaisance ; en ravageant quelques terres Ecclésiastiques, & en se saisissant de la ville de *Comacchio*. Le Pape *Clément XI* qui avoit reconnu *Philippe V* pour Roi d'Espagne, fut forcé de donner aussi ce titre à l'Archiduc *Charles*, il laissa même *Comacchio* en dépôt à l'Empereur.

(7) Sous le titre de l'*Etat & les Délices de la Suisse*. Tom. II. pag. 362-364.

(8) Son Eminence remplit aujourd'hui la *Légation de Ravenne* avec tous les suffrages de la ville & des Etats limitrophes.

2. L'Espagne.

Le *Capitulat* de Milan qui avoit été confirmé en 1706 par Philippe V, Roi d'Espagne, comme Duc de Milan, & par une partie des Cantons Catholiques, n'a point été renouvellé par l'Empereur Charles VI, ni par l'Impératrice Marie-Thérèse, sa fille ; ainsi les obligations des Cantons envers le Duché de Milan, ont cessé par cette interruption ; l'Espagne n'a donc aucune alliance actuelle avec aucun des Cantons. Tant que cette Couronne possédoit le Milanès & la Franche-Comté, elle avoit une grande influence dans les affaires du Corps Helvétique, & principalement parmi les Etats Catholiques de cette République ; mais depuis la perte de ces Provinces, elle s'est contentée de lever des régimens Suisses de temps à autre, par des Officiers accrédités dans leur patrie. Je parlerai de ces levées à l'article des *Services Etrangers*. L'Espagne a aussi envoyé à diverses époques des Ministres Plénipotentiaires auprès du Corps Helvétique, lesquels ont résidé à Lucerne.

3. L'Angleterre.

Les Cantons Catholiques n'ont aucun traité avec les *Puissances maritimes*, la Grande-Bretagne & la Hollande. M. de *Réal* (1), dans son Traité *de la Science du Gouvernement*, comble d'éloges l'Administration de la République de Berne ; il rapporte entre autres traits de sa politique, l'adresse de s'être frayé un chemin en Amérique sous la protection des Anglois. Le Canton de Berne avoit obtenu en 1734 du Roi d'Angleterre la permission d'établir une ville dans la *Caroline*, mais cette Colonie dont les avantages furent prônés long-temps avec enthousiasme, a été enfin le tombeau des Suisses qui s'y étoient établis ; au reste, il y a bien des années que Henri Duc de Rohan, qui avoit approfondi la constitution de la Suisse, soupçonnoit les Suisses de n'avoir point *le pied marin* ; ce grand Capitaine avoit coutume de dire, *que les Hollandois étoient faits pour la mer, & les Suisses pour les montagnes*. Je me rappelle ici ce qu'écrivoit en 1727 M. *de la Cour-au-Chantre*, (2) dans un Mémoire sur les troupes de sa Nation. *Nos* (3) *Souverains ont sans doute réservé que les troupes dont ils accordoient la levée, ne seroient point employées sur mer, parcequ'ils n'ont pas jugé convenable qu'une Nation habituée dans les montagnes, fût exposée à être transportée dans des pays lointains, & à servir pour des expéditions de long cours, sur un élément auquel elle n'est pas accoutumée, & qui vraisemblablement réduiroit en peu de temps ces troupes à une extrême misère, par les maladies & la mortalité, & les mettroit souvent hors de portée de retourner dans leur patrie, quand elles y seroient rappellées par les ordres de leurs Souverains, ou pour leurs affaires particulières.*

La première fois qu'il est fait mention des *Anglois* dans les fastes Helvétiques, c'est lorsqu'on y parle de l'expédition d'Enguerrand, Sire *de Couci*, Comte de Bedfort & de Soissons, gendre du Roi d'Angleterre *Edouard III*, en 1375 & 1376. Ce preux Chevalier, Picard, qui avoit des droits de succession à répéter du chef de sa mère Catherine d'*Autriche*, fille aînée de Léopold, Duc d'Autriche, voulant les faire valoir, saisit le moment de la Trève qui avoit été conclue à Bruges le 27 Juin de l'année 1375 : il crut qu'en assemblant les *Grandes-Compagnies* qui avoient servi dans la dernière guerre, tant pour la France que contre cette Couronne, il ameneroit bientôt ses parens, les Ducs d'Autriche, à la raison. M. le Baron de *Zur-Lauben* a donné dans une Dissertation (4) le détail de son expédition en Alsace & en Suisse. Couci y fit de cruels ravages ; son armée qu'on nommoit *la Société des Anglois*, montoit, suivant les Historiens, à *soixante mille hommes*. Ce qui paroit certain, c'est que la plus grande partie des troupes qui formoient cette armée étoient des *Anglois* ; quelques-uns leur donnoient le surnom Allemand de *Gugler*, parce que la plupart portoient des casques, & des coqueluchons ou cappes, en Allemand *Gugelhut* ou *Gugelkapp*. Couci & s. s Généraux furent battus dans plusieurs rencontres en Suisse, par les braves Bernois & Lucernois. L'histoire rapporte que huit cent ou mille Anglois furent tués le 27 Décembre 1375 par les Bernois au combat de *Fraubrunnen* (5. On trouve dans la Chronique de *Tschudi* (6) une chanson Allemande, qui fut alors composée sur cette guerre. Couci, malheureux dans son expédition, ramena les débris de son armée dans l'Alsace, & de-là en Bretagne & dans la basse Normandie. On voit par ce détail que les Anglois payèrent cher l'époque de leur première entrevue avec les Suisses. L'histoire nous apprend aussi que les Cantons n'eurent pas beaucoup à se louer de leurs liaisons directes ou indirectes avec l'Angleterre, sous le règne de Henri VIII. On a conservé la harangue (7) que le fougueux Cardinal de Sion prononça en 1514 devant le Parlement d'Angleterre, pour porter la Nation Angloise, *non-seulement à couper les ongles aux François, mais encore à leur arracher*. Telles sont les expressions peu ménagées de cette *Philippique*, qui a été imprimée avec une espèce d'acharnement dans ce siècle à Londres & à Amsterdam. Le fanatique *Toland*, qui avoit juré une haîne si furieuse à la France dans la guerre de 1700, livra au public cette satyre, il y ajouta même un Commentaire très-digne de son cerveau brûlé ; mais ce qui étonnera encore plus le Lecteur modéré, c'est le *Tableau des Suisses*, tracé par *Thomas Morus*. Assurément on n'y reconnoît pas l'illustre Chancelier d'Angleterre, l'ami d'*Erasme* & le Protecteur du Bâlois *Holbein* ; mais il faut croire que, lorsqu'il composoit l'*Utopie*, ce Roman moral & allé-

---

(1) Gaspard de *Réal*, Seigneur de Curban, & Grand-Sénéchal de Forcalquier, né à Sisteron le 20 Novembre 1682, & mort à Paris le 8 Février 1752, a composé en huit volumes *in-*4, un traité complet de la *Science du Gouvernement*.

(2) Abraham de Jeoffrey de la Cour-au-Chantre, natif de Vevey, Canton de Berne, mort à Arras le 19 Mars 1748, Brigadier d'infanterie & Colonel d'un régiment Suisse de son nom.

(3) Code militaire des Suisses, T. I. p. 152-153.

(4) Bibliothèque Militaire, Historique & Politique, T. II. p. 146-402. Paris 1760, *in-*12. Voyez aussi *Hist.* de l'Académie Royale des Inscriptions & Belles-Lettres. T. XXV. p. 168-186.

(5) On lit à *Fraubrunnen* sur une colonne qui est placée sur le grand chemin, une inscription en mémoire de cette victoire.

(6) T. I. *Liv.* VI. Cet Auteur a donné plusieurs anciennes chansons sur différens évènemens rapportés dans sa Chronique, il règne dans ces pièces une candeur digne de la franchise des anciens Suisses.

(7) *Oratio Philippica ad excitandos contrà Galliam Britannos, sanctiori Anglorum Concilio exhibita anno à Christo nato* 1514 *Authore Mattheo Cardinale Sedunense, qui Gallorum ungues non resecandos, sed penitùs evellendos esse voluit; cum Diatribâ præliminari & annotationibus Joann. Tolandi. Accedit ejusdem Tolandi, dissertatio inscripta : GALLUS ARETALOGUS. Amstelodami, ex officina Westeniana* 1709 *in-*12.

gorique de l'Europe, il n'avoit pu voir, fans dépit, les Suiffes être fidèles alliés de l'ancienne rivale de l'Angleterre. Au refte, & quoi qu'il en foit des motifs fecrets qui avoient excité la bile de *Morus* contre les Suiffes, les fervices qu'il croyoit rendre à fa patrie en écrivant l'*Utopie* n'ont été payés que de la plus noire ingratitude : on connoît fa fin tragique. Le *Néron de l'Angleterre* qui ne lui pardonnoit pas fon attachement inviolable à la religion de fes pères, le condamna à la mort, pour avoir refufé de le reconnoître Chef de l'Eglife Anglicane. Mais traçons ici d'après *Morus* le portrait des *Zapolétes*. Tel eft le nom fous lequel l'Auteur de l'*Utopie* défigne les Suiffes de fon temps.

» Les ZAPOLÉTES (8) : ce peuple fitué au Levant, eft éloi-
» gné d'environ cinq cent milles d'Utopie. Il eft dur, agrefte
» & fauvage; il préfère, aux lieux où la nature plus riante
» fe pare de tous fes charmes, les forêts ténébreufes qu'il
» habite & les montagnes incultes fur lefquelles il a été
» nourri. Ces hommes font d'un tempérament de fer, en-
» durcis au froid & au chaud, ainfi qu'au travail le plus
» opiniâtre, rien ne les rebute; l'agriculture, les modes dans
» les habits, l'élégance dans les bâtimens, en un mot, tous
» ces arts qui répandent tant de douceurs & d'agrémens fur
» la vie, n'ont aucun prix pour eux, ils les méprifent & ne
» les cultivent point : leur occupation journalière confifte
» à foigner des beftiaux; ils ne vivent que du produit de la
» chaffe & de la rapine. La Nature les forma tout exprès
» pour la guerre : leur éducation eft toute relative à ce mé-
» tier, ils cherchent & faififfent avec empreffement toutes
» les occafions de s'y livrer. Dès qu'il s'en préfente une, on
» les voit fortir de leurs affreux repaires, & defcendre de
» leurs montagnes inacceffibles, inonder les campagnes, &
» s'engager prefque pour rien, à ceux qui viennent dans
» leur pays pour enrôler. Ils n'ont d'autres talens que celui
» de fe battre, & c'eft toujours à outrance. Dès qu'une fois
» ils fe font mis à la folde d'une Puiffance, ils combattent
» pour elle avec une bravoure dont on n'a pas d'idée, &
» leur fidélité d'ailleurs eft à toute épreuve. Mais ils ne s'en-
» gagent jamais pour un temps fixe & limité. La première
» convention qu'ils font lorfqu'ils s'enrôlent au fervice d'un
» Souverain, c'eft que fi dès le lendemain le Prince, fon
» ennemi, leur propofe une plus forte folde, ils feront libres
» de paffer de fon côté, & que fi le furlendemain le peuple,
» qui les avoit foudoyés en premier lieu, porte plus haut la
» paye, il leur fera encore également permis de venir fe
» ranger fous fes drapeaux. Il fe fait fort peu de guerres,
» dans lefquelles les *Zapolétes* ne compofent la plus grande
» partie des troupes de l'une & de l'autre Puiffances belli-
» gérantes. Il arrive de-là tous les jours que de proches
» parens, qui n'aguères vivoient dans la plus parfaite union
» & dont l'amitié redoubloit, en raifon du plaifir qu'ils
» goûtoient à fe voir réunis fous les mêmes enfeignes, féduits
» peu de jours après par l'appas du gain le plus chétif, fe
» féparent & fe jettent dans les deux partis oppofés. En
» vient-on aux mains; tous les nœuds du fang & de l'amitié
» fe brifent tout-à-coup, la haîne la plus invétérée fuccède à
» leur tendreffe; du plus loin qu'ils s'apperçoivent, ils s'élan-
» cent comme des taureaux furieux les uns contre les autres;
» ils fe mefurent, fe terraffent, s'égorgent, fe maffacrent
» fans aucune pitié. Mais que ce vil intérêt qui leur fait
» facrifier un parti à un autre, que cette baffe avarice leur
» eft bien peu profitable! ils abforbent en un clin-d'œil dans
» un luxe groffier, dans un libertinage crapuleux, le falaire
» qu'ils retirent de leur art meurtrier, & mènent toujours
» une vie obfcure & miférable.

» Tels & plus brutaux encore font ces hommes que les
» Utopiens foudoient pour combattre leurs ennemis. Com-
» me ces Montagnards ne fauroient trouver ailleurs une
» plus forte paye, ils accourent en foule fe vendre à la
» République. Nos Sages, qui font délicats fur le choix des
» peuples qu'ils adoptent pour alliés, ne traitent avec cette
» Nation barbare que pour s'en débarraffer par les voies les
» plus courtes & les plus expéditives. En temps de guerre
» on leur fait occuper les poftes les plus périlleux ; la plupart
» tombent fous le fer des ennemis, on eft par conféquent
» difpenfé de leur tenir les promeffes féduifantes qu'on leur
» a faites pour les attirer ; quant à ceux qui en réchappent,
» on remplit exactement à leur égard la parole qu'on leur
» a donnée. On veut, en fe conduifant ainfi, leur faire un
» pont d'or pour l'avenir ; ils font fi flattés de cet avantage
» que dans les autres occafions qui fe préfentent par la
» fuite, ils volent de leur plein gré braver les dangers aux-
» quels on les expofe. Les Utopiens, loin de les ménager,
» fe perfuadent que ce feroit de leur part bien mériter du
» genre humain, s'ils parvenoient à purger totalement la
» terre de cette race immonde de brigans & d'affaffins «.

Voilà affurément un tableau à la fois hideux & très-injufte, & quelque foit mon refpect pour les mânes du Chancelier d'Henri VIII, je croirois manquer à la vérité, fi je ne redref-

---

(8) Thomas *Morus* avoit peut-être compofé la racine de ce nom allégorique du mot Grec πωλώ, qui fignifie vendre; on difoit auffi dans la même langue Πωλητής, en François un *Vendeur*, un *Marchand*, & les Magiftrats qui, à Athènes, étoient prépofés pour paffer les baux des péages, & qui avoient la direction des enchères publiques, du prix des métaux & d'autres objets de cette nature, étoient appelés Πωληταί, on difoit encore Πωλήτριαι, pour défigner *ce qui eft à vendre*. Au refte on voit par toutes les forties que *Morus* fait fur le fervice des Suiffes à la folde des Puiffances étrangères, qu'il les regardoit comme des *mercenaires*. Son *Utopie* fut imprimée pour la première fois dans une ville où elle devoit l'être le moins, je veux dire à *Bâle*, la Capitale d'un des Treize Cantons. Jean Froben, Editeur des ouvrages d'*Erafme*, qui étoit l'ami intime de *Morus*, imprima le premier en 1518 à Bâle, l'*Utopie* in-4. avec figures, voici le titre de cette belle édition rare & recherchée.

De optimo Reip. ftatu, deque nova infula Utopia, Libellus vere aureus nec minus falutaris quam feftivus Clariffimi doctiffimique viri Thomæ Mori inclytæ civitatis Londinenfis civis & Vicecomitis; l'article des *Zapoleti* s'y trouve pag. 134-136. Parmi les figures qui ornent cette édition, il y en a deux gravées d'après les deffins du célèbre peintre de Bâle, Jean Holbein, on y trouve le nom de cet Artifte en Allemand Hans Holb.

Je me fers ici de la nouvelle traduction de l'*Utopie* qui a paru à Paris en 1780, in-12. & qui a pour Auteur M. T. Rouffeau, je la préfère à celle de Nicolas Gueudeville, imprimée à Amfterdam en 1730, in 12. avec figures ; celle-ci eft révoltante par fon inexactitude & fes licences, Gueudeville a pouffé même la témérité jufqu'à gliffer dans fa traduction plufieurs phrafes étrangères au texte original. Par exemple il dit des *Zapolétes*, *qu'en perdant cet heureux mépris qu'ils avoient pour les richeffes, ils commencèrent fi bien à aimer la monnoie, que c'eft un proverbe chez les autres Nations de ce nouveau monde*, POINT D'ARGENT, POINT DE ZAPOLETE; rien de tout cela dans l'original. La traduction de M. Rouffeau paroit en général plus exacte que celle de *Gueudeville*, mais on y trouve cependant de temps à autre des écarts & même des périphrafes & additions qu'on chercheroit inutilement dans le texte de *Thomas Morus*. L'article des *Zapoletes* n'en eft pas exempt, on pourra facilement s'en convaincre, en comparant la traduction avec l'édition latine, *De optimo Reipublica ftatu deque nova infula Utopia, Libri. Auctore Thoma Moro Equite, Angliæ Cancellario, ex prioribus editionibus collatis accurate expreff. Glafguæ* 1750, in-12. M. Rouffeau a donné pour titre à fa traduction : *Tableau du meilleur Gouvernement poffible, ou l'Utopie de Thomas Morus*. La digreffion fur les *Zapolétes* fe trouve dans l'édition de *Glafgou*, Lib. II. pag. 214-217.

fois ici les écarts de son pinceau *Anglican*. Oui, le procès qu'il fait aux Suisses, est d'autant plus déplacé, qu'il ne pouvoit pas ignorer que les troupes de cette Nation servoient chez les Puissances étrangères, uniquement en vertu des alliances ou des capitulations que leurs Souverains respectifs avoient conclues, & que toutes les fois qu'il y a eu des Suisses assez téméraires pour servir en Corps hors de leur pays, sans l'aveu des Cantons ou des Etats co-alliés, non-seulement leur service, hautement désavoué, n'a pu se soutenir, mais encore les Cantons ont puni sévèrement par la proscription personnelle ou par la perte des biens les coupables de ces excursions illicites. Je ne rapporterai pas ici les éloges (9) que les Historiens de différentes Nations ont fait de la discipline militaire des Suisses, & comment l'Europe forma son Infanterie sur le modèle de ces Troupes. Une guerre (10) presque continuelle que les Suisses avoient soutenue depuis deux siècles contre toutes les forces de la Maison d'Autriche souvent réunies avec celles de l'Empire, avoit insensiblement porté cette discipline au degré de perfection où on la vit montée en France, sous les règnes de Louis XI & des Rois ses Successeurs. Les loix militaires, usitées dans les Troupes Suisses, & dont on a conservé les formules, contribuoient infiniment par leur sévérité à l'entretien de cette discipline, & elles devoient même inspirer du courage aux plus poltrons. Un autre aiguillon animoit les Troupes Suisses; outre leur bravoure naturelle, l'honneur de la patrie dirigeoit leur conduite: comme elles étoient toutes levées au nom de leurs Souverains respectifs, qu'elles n'étoient composées que de *Suisses* (11), que tous les Colonels, Capitaines & Officiers étoient des principales familles qui avoient part au Gouvernement, que la durée de leur service en France ne s'étendoit qu'à deux ou quatre campagnes, que non-seulement les lâches étoient notés d'infamie, mais que même les châtimens les plus rigoureux les attendoient à leur retour dans la patrie; comme la désertion étoit alors inconnue dans les Troupes de la Nation, & que les Cantons avoient une attention toute particulière sur leur conduite, il n'est pas étonnant que tous ces objets aient soutenu les Troupes Suisses de ces temps dans la même réputation que celle que leurs ancêtres avoient acquise dans les guerres contre les ennemis de leur liberté. Les Chefs mêmes des Cantons venoient commander les Régimens ou des Compagnies; quel courage ne devoit pas inspirer leur présence aux soldats! Si les Cantons punissoient sévèrement les lâches, & ceux qui n'avoient pas rempli les devoirs de leur état, ils combloient d'honneurs, & récompensoient par les charges de l'Etat ceux d'entre les Officiers qui s'étoient distingués. On ne connoissoit alors parmi ces Officiers aucuns sentimens de jalousie; une égale émulation les animoit. Uniquement attachés à leur devoir, ils n'employoient aucun détour pour attaquer la réputation de leurs égaux ou pour déprimer le mérite de leurs Supérieurs. Les Compagnies étoient chacunes affectées à un Canton particulier: les seuls Officiers, fils ou parens de ceux qui les avoient

levées, parvenoient en cas de vacance à en obtenir le commandement, & le plus ancien Capitaine devenoit à son tour Colonel: telle étoit dans ces temps la disposition du service. N'oublions pas de dire que les Colonels & les Capitaines rendoient à la fin de chaque campagne un compte exact de leurs troupes & de leurs services, les premiers à tout le Corps Helvétique & les autres chacun à son Souverain respectif. Si un Colonel ou un Capitaine servoit contre la teneur des Traités, ou qu'il violât les capitulations, il étoit certain d'être flétri, & même quelquefois de souffrir le dernier supplice à son retour dans sa patrie. Ses biens répondoient d'ailleurs des pertes qu'il avoit causées aux soldats sur la paye ou dans les priviléges. Une Milice aussi sagement dirigée (12) ne pouvoit acquérir qu'une haute réputation: on ne nous accusera certainement pas de présenter ici un tableau flatté aux dépens de la vérité: nous l'opposons avec plaisir à celui de Thomas *Morus*. Il n'est pas hors de propos d'observer ici que le Chancelier de *Henri VIII*, qui devoit connoître les annales de son pays, pleines d'exécutions sanguinaires, n'avoit pas bonne grace à couvrir d'injures atroces la Nation libre des Suisses. On sait qu'en Angleterre il y a peu de Maisons, même des plus illustres & des plus anciennes, qui ne comptent parmi leurs ancêtres des criminels de lèse-majesté, réels ou prétendus, qui ont péri sur l'échafaud, au lieu que les Suisses ont l'avantage de ne compter parmi leurs aïeux que de braves Patriotes, ou des Citoyens qui ont soutenu la Liberté Helvétique par les efforts les plus généreux, & d'autres qui ont brillé par des actions de bravoure & d'éclat au service des Puissances alliées ou amies de la Nation. On ne lira pas dans les fastes de la Suisse, une suite d'horreurs pareilles à celles qui remplissent les annales Britanniques. Qu'eût dit l'infortuné *Morus* s'il eût pu prévoir les règnes de *Marie* & d'*Elisabeth*, le Régicide consommé avec l'appareil des formes judiciaires sous le Tyran *Cromwel*? Ah! que son ame eût été déchirée à la vue de ces scènes qui outrageoient à la fois les loix divines & humaines. *Morus* débite avec une sorte d'affectation le proverbe dont on a payé quelquefois chez l'Etranger les services des Troupes Suisses. *Gueudeville*, traducteur de *Morus*, lui fait dire dans un endroit de son tableau, *point d'argent, point de Zapolête*; c'est sans doute l'équivalent du proverbe, *point d'argent, point de Suisse*, proverbe qui a pris son origine dans les temps où les Troupes Suisses, frustrées de leur paiement malgré leurs représentations répétées, & ne pouvant plus résister à des refus qui les exposoient à la dernière misère, demandèrent leur paiement; mais pouvoit-on en pareil cas exiger des Troupes étrangères, une constance qu'on n'eût que difficilement trouvée dans les propres Milices Nationales? Au reste, l'Histoire Militaire des Suisses au service de la France, prouve que ces braves & fidèles Alliés de la Couronne ont fait mentir dans beaucoup de guerres l'ancien proverbe. Assurément le reproche d'intérêt que le Traducteur de *Morus* fait aux Suisses est on ne peut pas plus mal fondé. On lui

---

(9) Ils sont consignés dans le quatrième tome de l'Histoire Militaire des Suisses au service de la France. pag. 42-47 & 98 & suiv.
(10) Code Militaire des Suisses. T. I. pag. 29-33.
(11) Nous entendons, sous le nom de *Suisses*, tous les Etats qui forment le *Louable Corps Helvétique*; il n'y avoit autrefois de compagnies proprement dites *avouées*, que celles qui étoient sorties de l'un des Etats du Corps Helvétique, avec drapeau déployé & tambour battant.
(12) Plusieurs Auteurs ont traité de la Discipline Militaire des Suisses; *Josias Simler*, dans sa *République des Suisses*; *Jean-Henri Hottinger* dans son ouvrage intitulé, *Methodus Legendi historias Helveticas*, & *Jean-Rodolphe Iselin*, dans sa Thèse *de institutis Militaribus Helveticorum*, imprimée à Bâle en 1737, *in-4*.

répéteroit volontiers la réponse (13) que Pierre *Stuppa* (14), Colonel du Régiment des Gardes-Suisses, fit en présence de Louis XIV au Marquis *de Louvois*. Le Ministre de la guerre disoit au Roi : *Sire, si Votre Majesté avoit l'or & l'argent qu'Elle & les Rois ses Prédécesseurs ont donnés aux Suisses, elle pourroit paver d'écus une chauffée de Paris à Bâle.* — *Sire*, repliqua le Colonel, *cela peut être, mais si l'on pouvoit ramasser tout le sang que ceux de notre Nation ont versé au service de Votre Majesté & des Rois ses Prédécesseurs, on pourroit en faire un canal pour aller de Bâle à Paris.*

A la réponse du Colonel *Stuppa* ne me sera-t-il pas permis d'ajouter une réflexion qui se présente ici naturellement & qui achève d'effacer le tableau caustique de *Morus*. Trouvera-t-on dans l'histoire une Nation dont l'attachement pour son Allié se soit soutenu aussi long-temps & ait été accompagné d'autant de traits de bravoure, & de services aussi importans, que l'a été jusqu'à présent celui de la Suisse pour la France ? D'ailleurs l'histoire nous parle-t-elle de Troupes étrangères qui aient versé autant de sang, & prouvé une fidélité aussi longue au service d'une Puissance, & la France a-t-elle jamais trouvé des ressources aussi constantes & aussi considérables dans le service d'aucunes autres Troupes étrangères ? Encore un mot, & je finis mes observations sur le tableau de *Thomas Morus*. L'ironie avec laquelle il parle des *Zapolétes*, sacrifiés sans ménagement par les *Utopiens*, me rappelle l'anecdote suivante. Un Officier d'une Maison des plus distinguées, marquoit à son Général sa surprise de voir les Suisses employés dans toutes les occasions : *Non*, disoit-il, *je ne puis m'y faire, cet air de préférence m'étonne & me blesse; mais, Monsieur*, lui répondit tranquillement le Général, *Que voulez-vous, si je vous perdois, votre mort seroit porter le deuil à toute la Cour, au lieu qu'on* (15) *ne l'y portera pas pour les Suisses.*

Mais revenons aux liaisons actuelles de l'*Angleterre* avec les Cantons réformés, lesquelles ont leurs principes dans la Religion, & leur soutien dans un système dicté par la politique & l'intérêt. Ces liaisons intimes ne remontent guères au-delà de l'époque d'un siècle. L'Etat de *Berne* a même placé, ainsi que nous l'avons déja observé, des sommes considérables dans la Banque d'*Angleterre*, & on les évalue à vingt-cinq millions. La République en fait gérer la recette par un de ses Conseillers qui réside à Londres. On assure que l'emploi de cette administration est l'équivalent d'un Bailliage. Mais on peut croire que les tourbillons qui agitent de temps à autre l'hémisphère Britannique, doivent nécessairement inquiéter sur leurs suites les Etrangers qui y ont placé des fonds. Au reste les Etats réformés du Corps Helvétique, particulièrement Zurich, Berne & les Grisons, ont augmenté & resserré leurs liaisons avec l'Angleterre depuis l'établissement du service de leurs Troupes en Hollande, & ils ont eu grande attention de les stipuler dans tous leurs Traités avec la France. En 1745, le Régiment de *Hirzel*, Avoué du Canton de Zurich, ayant été fait prisonnier de guerre à *Tournai* avec toutes les Troupes de la garnison Hollandoise, & ne pouvant, en vertu de la capitulation servir contre la France qu'à l'expiration de deux ans, fut, après son retour en Hollande, envoyé en Angleterre par les Etats-Généraux, contre le Prince *Edouard Stuart*, fils aîné du Prétendant, qui y avoit fait une descente. En dernier lieu, le Canton de Zurich, en renouvellant avec la France le 23 Janvier 1779 la capitulation du Régiment de *Muralt*, ci-devant *Lochmann*, a spécialement réservé par l'article XXXV, *qu'il ne pourra pas être employé contre les Etats de la Grande-Bretagne*. La (16) capitulation du Régiment Suisse d'*Erlach*, arrêtée le 14 Août 1671 & renouvellée le premier Avril 1751 avec le Canton de Berne par M. le Marquis *de Paulmy*, Ambassadeur du Roi en Suisse, porte expressément, *art. XVI, qu'on ne se servira aucunement de ce Régiment contre les Puissances de la même Religion que la ville de Berne.*

4. *Naples.*

AVANT (1) la conquête du Royaume de Naples en 1734 par l'*Infant Don Carlos*, la Suisse n'avoit eu aucune relation avec le Roi des Deux-Siciles, mais comme dans cette guerre les Régimens Suisses de *Besler* & de *Niderist*, & celui *de Salis*, Grison, qui étoient au service de l'Espagne, s'étoient particulièrement distingués le 25 Mai 1734 à *Bitonto*, où le Duc *de Mortemart* remporta une victoire complète sur les Impériaux, l'*Infant*, qui avoit été couronné à Naples quinze jours après cette éclatante journée, n'omit rien pour obtenir des Cantons Catholiques la levée de trois Régimens ; les Cantons d'*Uri*, de *Schweitz*, d'*Underwalden*, de *Zoug* & de *Glaris* la lui accordèrent. Chacun de ces Régimens étoit composé de douze Compagnies de deux cent hommes, & divisé en trois bataillons. Le premier de ces Régimens fut créé le 6 No-

---

(13) *Guignard*, l'Ecole de Mars, T. I. Liv. III. p. 511-512. Paris 1727, in-4. fig. M. le *Baron de Zur-Lauben*, Histoire Militaire des Suisses, T. VIII. pag. 62. Anecdotes des Républiques, à l'article de la Suisse. T. I. pag. 184. Paris 1771, in-8.

(14) Ce Colonel si célèbre par les fastes militaires de la Suisse, étoit né à *Sento*, dans la Basse-Engadine, comme on le voit par une attestation des trois Ligues Grises, en date du 22 Août 1647, qu'il fit présenter le 15 Juillet 1659 au Conseil de Bâle, lorsqu'étant Capitaine aux Gardes Suisses en France, il obtint le droit de bourgeoisie de cette ville : il étoit encore alors *réformé*, & ce ne fut que dans la suite qu'il se fit Catholique, changement qui lui facilita son avancement à la place de *Colonel du régiment des Gardes-Suisses*. Il est dit dans le *Protocole* du Conseil de la ville de Bâle, qui énonce l'acte de la bourgeoisie accordée à Pierre *Stupan*, qu'il étoit fils légitime de défunt Sieur Jean-Baptiste *Stupani*, & de Dame Marie Lavinia de *Stupanis*.

(15) L'Auguste Monarque que la France a perdu en 1774, & qui honora constamment pour son estime & les graces les troupes Suisses, marqua un jour sa juste indignation d'un propos qu'on venoit de tenir à *Versailles*, lorsqu'on y apprit la mort du Brigadier *Paravicini*, qui avoit été tué le 6 Janvier 1763 à la défense de *Dillembourg*, après avoir fait des prodiges de valeur avec le régiment Suisse de *Waldener*. La nouvelle n'intéressoit que foiblement, à l'*Œil de bœuf*; de jeunes Courtisans eurent même la sottise de dire, *ce n'est rien, cela n'a porté que sur des Suisses*. Le hazard voulut que dans ce moment M. le Chevalier *de Courten* (Lieutenant-Général) entrât chez le Roi; en passant il entendit ce propos outrageant, son cœur en fut révolté & il eut peine à retenir les mouvemens de son indignation. Le Roi qui avoit des bontés pour lui, lui dit en le voyant : *Chevalier, je suis bien touché de ce qui vient d'arriver aux Suisses, je regrette Paravicini, c'étoit un brave Officier. Sire*, répondit avec franchise M. le Chevalier de Courten, *ce que me dit Votre Majesté me fait le plus grand plaisir, & m'apprend à cas que je dois faire de ce que je viens d'entendre dire d'un ton très-leste à l'Œil de bœuf ;* qu'avez-vous entendu, lui demanda le Roi ? Le Chevalier lui répéta les propos injurieux ; à ce récit le Roi outré lui dit avec le regard du frémissement : *Chevalier, voilà un propos qui m'indigne ; que ces Messieurs sachent que j'aime autant les Suisses que mes propres sujets.*

(16) Histoire Militaire des Suisses au service de France, T. III. p. 496-498. & Code Milit. des Suisses, T. II. p. 362-368, & Tom. IV. pag. 252-256. & 359-360.

(1) Histoire Militaire des Suisses dans les différens services de l'Europe, par M. *May de Romainmotier*, Tom. II. p. 548 & suiv. Berne 1772, in-8.

vembre 1734 par Lettres-patentes, *Régiment des Gardes-Suisses de Sa Majesté Sicilienne*, & donné le même jour à Joseph-Antoine Baron de *Tschudi* du Canton de Glaris-Catholique ; le second de ces Régimens, également fort ancien que le précédent, fut donné à Charles-François *Jauch*, du Canton d'*Uri*, & le troisième de ces Corps eut pour Colonel le même Baron de *Tschudi*.

Dans l'année 1735, le Roi *Charles* fit la conquête de la Sicile, & fut couronné le 3 Juillet à *Palerme*. Les régimens Suisses nouvellement levés se signalèrent à la conquête de ce Royaume, avec une valeur semblable à celle que les régimens de *Bessler*, *Niderist*, & *de Salis*, avoient fait éclater à la conquête du Royaume de Naples. Mais la paix de *Vienne* conclue le 3 Octobre de la même année, termina les exploits des uns & des autres. *Don Carlos* devenu, par ce traité, paisible possesseur des Deux-Siciles, fit divers changemens dans ses nouveaux Etats, & les troupes Suisses essuyèrent plusieurs variations. Le régiment de *Salis* qui avoit passé en 1733 en Italie, & s'étoit distingué en 1734 à *Bitonto*, changea de Colonel, & le Roi le donna à Leonce-Louis, Baron de *Tschudi*, du Canton de Glaris-Catholique ; celui de *Niderist*, ayant perdu son Colonel, Charles Ignace, Baron de *Niderist*, du Canton de Schweitz, fut donné en 1736 à Wolffgang-Ignace de *Wirz*, du Canton d'*Underwalden*. Le régiment de *Bessler* fut rappellé en 1737 par le Roi d'Espagne.

La guerre s'étant rallumée en Italie en 1742 entre la Maison de Bourbon, d'une part ; & celles d'Autriche & de Savoie, de l'autre ; le Roi des Deux-Siciles, qui depuis 1735 avoit employé le Baron Joseph-Antoine de *Tschudi*, pour négocier en son nom avec les Cantons Catholiques, le rappella pour l'envoyer à son armée ; Hyacinte, Marquis d'*Isasiaya* & de *Henriquez*, qui étoit arrivé à Lucerne en Octobre 1741, en qualité d'*Envoyé extraordinaire* du Roi des Deux-Siciles auprès des Cantons Catholiques, conclut en 1743 un traité avec les Cantons d'*Uri*, de *Schweitz*, d'*Underwalden*, & de *Glaris-Catholique*. Ce traité, en confirmant pour six années les capitulations du régiment des *Gardes-Suisses* & des régimens de *Wirz*, de *Jauch* & de *Tschudi*, rendoit ces Cantons maîtres à l'expiration de ce terme en 1753, de même que Sa Majesté,

d'annuller ces capitulations, ou de les prolonger pour vingt ans, au bout desquels les deux Puissances contractantes avoient encore le même choix pour vingt autres années : les autres articles de ce traité devoient durer pendant toute la vie du Roi *Charles*. Je ne parlerai pas ici des services que ces régimens rendirent dans la guerre d'Italie, jusqu'à la paix d'*Aix-la-Chapelle* en 1748. Les régimens de *Wirz*, de *Jauch* & de *Tschudi*, essuyèrent en 1749 une réforme de leur troisième bataillon, & les huit compagnies restantes furent réduites à cent cinquante hommes chacune : quant au régiment des *Gardes-Suisses*, ses compagnies ont toujours resté à deux cent hommes depuis sa levée.

Charles, Roi des Deux-Siciles, ayant monté le 10 Août 1759 sur le Trône d'Espagne, l'Infant, son troisième fils, né le 12 Janvier 1751, fut couronné à Naples le 5 Octobre 1759, sous le nom de *Ferdinand IV*. Ce Prince a continué d'avoir à son service les mêmes régimens Suisses.

Tel est l'état des liaisons qui subsistent entre le Roi des Deux-Siciles & quelques-uns des Etats Catholiques de la Suisse. Les Cantons de Lucerne, de Zoug, de Fribourg & de Soleure, n'ont aucune part à ce service qui devient de plus en plus difficile pour la partie des recrues, depuis que la Maison d'Autriche & le Roi de Sardaigne ont défendu le passage sur leurs territoires à toutes les recrues étrangères, soit pour Naples, soit même pour l'Espagne. Aussi depuis la date de cette défense les Capitaines Suisses au service de Naples sont ils obligés de faire prendre aux recrues qu'ils tirent de la Suisse & de l'Allemagne, un détour considérable par le pays des Grisons, de-là par l'Etat de Venise jusqu'à l'un des ports de la mer Adriatique. Le transport des recrues pour les régimens Suisses au service de l'Espagne, se faisoit auparavant par la Lombardie jusqu'à Gênes ; mais depuis la défense du passage elles passent par la France. Au reste, les liaisons entre Naples & la Suisse, ne peuvent jamais qu'être foibles, à cause de la grande distance qui sépare les deux Etats ; & d'ailleurs les Suisses *Réformés* sont exclus par leur religion de tous accès dans le service des Puissances qui protègent le Tribunal de l'Inquisition.

§. *La Sardaigne ou la Savoie.*

Plusieurs villes de la Suisse, comme Berne & Fribourg, ont eu d'anciennes alliances avec la royale Maison de *Savoie*, mais ces alliances étoient toujours momentanées suivant les circonstances. On sait que le pays de Vaud & d'autres domaines qui dépendent aujourd'hui des Cantons de Berne & de Fribourg, & de la République du Vallais, étoient primitivement sujets des Comtes de Savoie. Leur influence dans les villes voisines devoit alors être nécessaire. *Guichenon* a rapporté (1) le traité (2) daté de Berne le 8 Septembre 1268, par lequel cette ville reconnoît son Seigneur & Protecteur, Philippe, Comte de Savoie & de Bourgogne, pendant tout le temps de sa vie. Le Comte promettoit aux Bernois toute assistance, & ceux-ci lui abandonnoient les revenus du péage & l'exercice de la monnoie & de la justice, pour en jouir

avec la même autorité dont en avoient joui les Rois des Romains ou les Empereurs : tous les Bernois depuis l'âge de quatorze ans jurèrent fidélité au Comte. Ce traité fut fait dans l'interrègne qui divisoit l'Empire depuis la mort de Frédéric II, & qui ne prit proprement fin qu'à l'époque de l'élection de Rodolphe de *Habsbourg* : déjà quelques années auparavant la ville de Berne s'étoit mise sous la protection de Pierre, Comte de Savoie, par un (3) traité du 25 Novembre 1266, pour être défendue contre le Comte de *Kibourg Eberhard*, de la branche de *Habsbourg-Lauffenbourg*. Ce fut à la suite de ce traité que Rodolf, Baron de *Stretelingen*, promit au Comte de Savoie, dans l'Eglise de Berne, de l'aider avec ses vassaux, pendant tout le temps qu'il seroit protecteur de Berne. L'histoire nous apprend que le même Comte *Pierre*

---

(1) Hist. généal. de la Maison Royale de Savoie, *Preuves* p. 82-83. Lyon 1660, *in-fol.* ig.
(2) Preuves N°. LIX.

(3) *Guichenon*, ibid. T. I. pag. 285. *Simler*, de Rep. Helvet. L. I. p. 135. Lugdun. Batav. Elzevir 1627, *in-24.* fig. *Guillimann* de reb. Helvet. L. III. Cap. VIII. p. 366. Friburgi Aventicor. 1598, *in-4.*

fit aggrandir Berne, & qu'il mérita les titres de *défenseur* & de *protecteur, de père & de second fondateur de cette ville*. Tels sont les éloges que *Guillimann* & *Guichenon* lui donnent. Le Comte Pierre (4) mourut à Chillon, au pays de Vaud, le 7 Juin 1268 ; il eut pour successeur Philippe, fils de Thomas, Comte de Savoie. Les Bernois qui avoient reçu de grands avantages de la protection de Pierre, Comte de Savoie, désirèrent aussi (5) celle de Philippe, & lui envoyèrent par des députés l'acte qui contenoit leur soumission. Ce Prince étant mort au Château de Roussillon, en Bugey, le 17 Novembre 1285, son neveu Amé de Savoie, Seigneur de Baugé & de Bresse, qui lui succéda, & qui est connu dans l'histoire sous le nom d'*Amé* ou *Amédée V*, dit le *Grand*, ne fut pas favorable aux Bernois : son dépit paroit apparemment du refus qu'ils avoient fait à la mort de Philippe de le reconnoître pour leur protecteur. Quoi qu'il en soit, Amé V se trouva en 1291 au combat de *Tonnerbuhel* (6) avec les Comtes de *Kibourg*, de *Neuchâtel*, d'*Arberg* & de *Gruyère*, le Baron de la *Tour-Châtillon* & les milices des villes de Soleure & de Fribourg. Les Bernois y remportèrent une victoire complette sur le Comte de Savoie & ses alliés (7), sous la conduite de leur Capitaine le Chevalier Ulric d'*Erlach*. Il existe un acte (8) de *Chierches* (aujourd'hui *Chietres*, dans le bailliage de Morat), en 1291, le Lundi après la fête de l'Exaltation de la Sainte-Croix, qui tombe le 14 Septembre, par lequel Rodophe, Evêque de Constance (9), tuteur de son neveu Hartmann, fils du défunt Eberhard, Comte de Habsbourg, avoit fait en son nom & en celui de son pupile, une Ligue avec Amédée, Comte de Savoie, pour l'aider à recouvrer le château de *Loyes*, en Allemand *Laupen*, & celui de Condamine (10), autrement *Gumminen*, place que Rodolphe, Roi des Romains, & ses fils, lui avoient saisie. Le jeune Hartmann promettoit au Comte de Savoie de le chérir comme son père, d'employer toutes ses forces à son service, & d'assister spécialement la ville de Berne : il faut croire que jusqu'à la date de ce traité les Bernois étoient attachés à la Maison de Savoie ; mais en 1291, ainsi que je l'ai observé, ils étoient en guerre avec le Comte Amédée, & ce Prince les attaqua (11) au *Côteau du Tonnerre*, la paix fut faite bientôt après : ajoutons que le Jeudi (12) avant l'*Assomption de la Vierge*, en Août 1291, Amédée, Comte de Savoie, étant au monastère de Payerne, prit la ville de Berne sous sa protection pour tout le temps de sa vie. Les Bernois lui abandonnoient de leur côté les produits du péage, de la monnoie & de la justice, avec les mêmes droits qu'avoient ci-devant exercés dans son enceinte les Rois des Romains ou les Empereurs. La jouissance de ces droits devoit continuer jusqu'au temps que le Roi des Romains ou l'Empereur passant le Rhin vînt en Alsace, & qu'il eût pris possession de la ville de Bâle. Le Comte Amé ou Amédée V mourut le (13) 16 Octobre 1323 ; il eut pour successeur son fils aîné *Edouard*, & ce dernier étant décédé en 1329, Aimon, son frère, devint Comte de Savoie. Je rapporterai parmi les *preuves* (14) l'acte daté du 17 Septembre 1330, par lequel le Comte *Aimon* se fit pour dix ans combourgeois de la ville de Berne ; la teneur de ce traité est singulière. Le Jésuite *Steyerer* a donné dans l'Histoire (15) d'Albert, Duc d'Autriche, dit *le Sage*, le traité de l'alliance offensive & défensive, qu'*Amédée*, Comte de Savoie, conclut pour dix ans le 6 Juin 1352, avec Albert, Duc d'Autriche. Le Comte réservoit dans ce traité (16) les villes de *Berne*, *Soleure*, *Fribourg* en *Oechtland* (17), & *Bienne*, avec lesquelles il avoit contracté des alliances antérieurement. *Guichenon* a fait imprimer parmi les preuves (18) généalogiques de la Maison Royale de Savoie, le rôle des gens d'armes qui servirent à la guerre le Roi de France contre les Anglois, sous les ordres & dans la compagnie d'Amédée, Comte de Savoie, en 1355. Parmi les Chevaliers (19) Bannerets il y en avoit plusieurs du pays de Vaud. Amédée IX, Duc de Savoie, en (20) ratifiant à Pignerol le 15 Avril 1467 l'alliance que le Maréchal de Savoie, François, Comte de *Gruyère*, son cousin, & Chambellan, avoit conclue en son nom le 22 Février précédent avec la ville de Berne, y faisoit les plus grands éloges des anciennes liaisons qui avoient subsisté entre ses ancêtres & cette ville. Le Prince confirma ce traité en présence des Députés de Berne, Adrien de *Bubenberg* & Nicolas de *Scharnachtal*, Chevaliers, & de Nicolas de *Diesbach*, qualifié *Damoiseau*. Mais pour descendre à des temps plus voisins du nôtre, j'observerai que, comme l'alliance de la Savoie avec les Cantons Catholiques & avec l'Abbé de Saint-Gall, n'a plus été renouvellée depuis 1686, on ne peut pas dire qu'il y ait aujourd'hui en vigueur aucun traité d'alliance entre la Maison de Savoie & les Cantons ; ainsi les troupes Suisses au service de France, peuvent servir directement contre les Etats de cette Maison : il est arrivé dans la guerre de 1743, qu'un régiment Suisse au service du Roi de Sardaigne, a été employé en Provence, mais ce régiment n'étoit point avoué. Je parlerai ailleurs des régimens Suisses qui sont actuellement au service de *Sa Majesté Sarde* : deux de ces régimens, l'un de Berne & l'autre du Vallais, sont avoués.

---

(4) *Guichenon*, ibid. T. I. p. 285-286, le même Historien rapporte le testament de ce Prince, daté du Monastère de *Hautecombe*, le 6 Mai 1268. *Preuves* pag. 75.

(5) *Guichenon*, ibid. T. I. pag. 293-295 & 349.
Simler, de Rep. Helvet. Lib. I. p. 136. édit. *Elzevir*.

(6) En François *le côteau du Tonnerre*.

(7) L'Evêque de Lausanne étoit aussi dans ce nombre.

(8) *Guichenon*, ibid. T. I. p. 352, & *Preuves* pag. 117.

(9) Cet Evêque mourut en 1293, suivant Bucelin (*Chronologia Constantiensis*) l'Empereur Rodolphe étoit mort le 30 Septembre 1291, & Eberhard, Comte de Habsbourg en 1284.

(10) En Latin *Castrum de Contamina*.

(11) La date du jour & du mois où ce combat a été livré leveroient toute difficulté.

(12) PREUVES N°. LX. les Annales des Dominicains de Colmar portent sous l'année 1291. *Episcopus Constantiensis opposuit se filio Regis Rudolfi, pro rebus quas abstulerat filio Comitis de Laufemberc violenter*.

(13) *Guichenon*, ibid. T. I. p. 362.

(14) PREUVES N°. LXI.

(15) Pag. 165-168.

(16) Daté du Château de Saint-Martin. Parmi les témoins de ce traité étoit *Gallois de la Baume*, Seigneur de *Vallufin* ; l'acte est écrit en latin.

(17) *In-Oechlandia*.

(18) Pages 196-200.

(19) On lit sur ce rôle les noms suivans ; M. *Aymé de Cossonay*, Chevalier Banneret & deux Ecuyers, venus de Cossonay en Vaud à Mascon. M. *Henri de Blonnay*, Sire de Raon, deux Chevaliers & dix-sept Ecuyers, venus de Raon en Comté. M. *Jean de Neuchastel*, Chevalier Banneret, un Bachelier & quarante deux Ecuyers, venus de Neufchastel en Waud. Artaud de *Iriord* & trois Ecuyers, venus de la Serra. *Antoine de Gumoins*, & deux Ecuyers, venus de Gumoins en la terre de Waud. *Claret de Glarens* & un Ecuyer, venus de *Glarens*. *François de Molettes* & un Ecuyer, venus de Nyons. *François Bal* & un Ecuyer, venus de Genève. *Girard de Saint-Germain* & un Ecuyer, venus de Genève. *Guyonet de Greslé* & un Ecuyer, venus de Martignié en Chablais. *Jacquemes de St.-Germain* & un Ecuyer, venus de Genève. Autres gens d'armes qui ont servi sous le Comte de Savoie, *Henri de Comptey*, *le Comte de Nidou*, &c.

(20) PREUVES N°. LXII.

6. Le Roi de Prusse.

J'AI parlé à l'article du *Gouvernement de Neuchâtel* des liaisons que Frédéric *le Grand*, Roi de Prusse, a en sa qualité de *Comte Souverain de Neuchâtel & de Vallangin*, avec le Corps Helvétique. Ces liaisons sont très-sagement développées dans un Traité (1) imprimé en 1778, & qui a pour titre : *Recherches sur l'Indigénat Helvétique de la Principauté de Neuchâtel & Vallangin, recueillies & mises au jour par Jérôme-Emanuel Boyve, Conseiller d'Etat, & Chancelier de Sa Majesté le Roi de Prusse en cette Principauté.*

7. La République de Venise.

En 1705, le (2) Marquis *Bianchi*, Ministre Plénipotentiaire de la République de Venise auprès du Corps Helvétique, se donna beaucoup de mouvemens pour engager les Cantons de Zurich & de Berne à renouveller avec *la Seigneurie* l'alliance de 1616, qui avoit toujours subsisté, par le consentement tacite de ces trois Etats. Ce Ministre parvint à conclure & signer le 12 Janvier 1706, avec les Députés des deux Cantons, un Traité d'union, qui devoit durer spécialement pendant douze années, & qui seroit même continué depuis 1718 dans toute sa force, sans qu'il fût besoin de le renouveler, à moins qu'une des Puissances contractantes ne s'opposât à cette continuation.

En 1706, le Marquis *Bianchi* conclut aussi & signa avec les *Ligues Grises* un Traité d'alliance offensive & défensive qui devoit durer vingt ans, & au bout de ce terme, être prolongé pendant vingt autres années, en cas qu'il n'y eût aucune opposition de la part de la République de *Venise*, ou de la part de celle des *Ligues Grises* ; & enfin à l'expiration de ces vingt dernières années, qui finiroient en 1746, cette alliance devoit continuer jusqu'à ce qu'une des deux Puissances contractantes annonçât à l'autre la fin de ce Traité. Il est bon d'observer que comme *la Seigneurie* n'a eu aucune guerre à soutenir depuis la paix de *Passarowiz*, signée en 1718, les Régimens Suisses de *Muller*, & de *Stockar*, & celui de *Salis*, Grison, furent les dernières Troupes de la Nation au service de cette République.

Voici ce qu'on lit dans un Mémoire écrit en 1709 sur les intérêts des *Grisons* avec *Venise*.

» La nécessité où Venise s'est trouvée depuis long-temps
» d'avoir une communication avec la France & la Suisse,
» l'intérêt du commerce, & son ancienne jalousie contre le
» Milanois, lui ont fait rechercher les Grisons. Elle fit avec
» eux en 1601 une alliance qu'une faction opposée rompit
» quelques années après ; elle avoit toujours depuis trouvé
» en son intérêt la France ou la Maison d'Autriche, Puis-
» sances presque également intéressées à diminuer son crédit
» dans les *Ligues* ; mais en 1706 la conjoncture l'ayant servie,
» elle conclut un Traité de vingt années, durant lesquelles
» elle jouira des passages des *Ligues*, pour tirer des Troupes
» de Zurich & de Berne, & pourra lever sur les *Communes*
» jusqu'à trois mille hommes au plus & quinze cent au
» moins. Pour obtenir cette alliance, elle amusa les Grisons

» par l'espérance de leur céder à la paix *Gera Domaso* &
» *Gravidone*, lieux sur lesquels les marchandises viendroient
» de Venise dans les *Ligues* sans toucher au Milanois, & de
» faire accommoder la montagne *Saint-Marc* pour toutes
» sortes de voitures.

» L'intérêt que Venise a cru avoir de prendre dans les
» *Ligues* le contre-pieds du Milanois, l'a jettée du côté des
» Protestans ; elle s'est toujours adressée à eux dans ses négo-
» ciations. Déja dans le siècle dernier, elle arma en leur
» faveur pour châtier les Valtelins, & dans celui-ci, on
» prétend qu'elle leur promit de l'argent, contre les Catho-
» liques de *Sargans*.

» *La Seigneurie* ne laisse pas de s'accréditer auprès des Ca-
» tholiques par le moyen de plusieurs Capucins de la province
» de *Bresse*, répandus sur les *Communes* de la Religion Ro-
» maine. Elle a même, depuis un assez long-temps, ordonné
» à son Résident à *Milan* d'entretenir un commerce régulier
» avec l'Evêque de *Coire*. Les vues de Venise dans ses caresses
» auprès des Catholiques, sont de ne pas les avoir à dos
» dans un passage de Troupes Suisses, & dans le dessein
» qu'elle a de faire préférer dans les *Ligues* ses sels à ceux du
» *Tyrol*.

» *Les Grisons* ont en plusieurs rencontres, ménagé *Venise*,
» à cause du commerce qu'ils ont sur ses Terres où plu-
» sieurs de leurs compatriotes sont même établis, & aussi à
» cause des capitaux qu'ils ont sur le *Bergamase* & le *Bressan*,
» qui augmentent chaque jour depuis qu'ils tâchent de les
» retirer d'Allemagne ; & encore à cause des vivres qu'ils en
» pourroient retirer, en cas que la Maison d'Autriche voulût
» leur interdire les bleds de la Souabe & du Milanois & les
» sels du *Tyrol*.

» *Les Réformés des Ligues* comptent peu à la vérité sur Ve-
» nise, à cause de la foiblesse qu'elle vient de faire paroître
» dans la guerre présente ; néanmoins ils se flattent qu'en
» cas d'une révolte en Valteline, elle les aideroit de quelques
» troupes & de sa protection auprès de quelques Puissances,
» & qu'elle pourra contribuer, lors de la paix, à leur obtenir
» un *Capitulat* avantageux.

» Il ne paroît pas que les *Catholiques des Ligues* puissent revenir
» de leur prévention contre Venise, à moins qu'elle ne fît
» un coup d'éclat en leur faveur ; encore seroient-ils en garde
» contre sa politique. «

---

(1) A Neuchâtel, de l'imprimerie de la société Typographique, in-8.

(2) Hist. Milit. des Suisses dans les différens services de l'Europe, par M. May de Romainmotier, T. II. pag. 279-281 & 283-284.

8. La République de Hollande.

Si les Cantons *Catholiques* n'ont aucun Traité avec les Puiſ-ſances maritimes, il n'en eſt pas de même des Etats *Réformés* du Corps Helvétique, ceux-ci ont contracté des liaiſons étroites avec l'Angleterre & la Hollande.

Les ſept (1) *Provinces-Unies des Pays-Bas* qui avoient formé en 1579 l'union d'*Utrecht*, par l'activité de Guillaume de *Naſſau*, Prince d'Orange, prirent dès ce moment le titre d'*Etats-Généraux des Provinces-Unies*, & élurent le Prince d'Orange pour Chef de ces ſept Provinces, ſous le nom de *Stadt-houder*, & ſous celui de Capitaine & d'Amiral-général. Cette République naiſſante notifia en 1582 ſon état actuel aux Cantons *Réformés*, par une lettre très-amicale. Les Etats de la Suiſſe que les mêmes principes de religion & de liberté attachoient naturellement à un peuple qui venoit de briſer les chaînes de la tyrannie du Duc d'*Albe*, reconnurent par leur réponſe les *ſept Provinces-Unies* pour une République Souveraine. Depuis cette époque, il y eut toujours des relations d'amitié entre les *Provinces-Unies* & les *Cantons Réformés*. Les *Etats-généraux* députèrent en 1605 Pierre de *Bréderode*, pour demander à ces Cantons des ſecours d'argent & de Troupes. *Bréderode* eut ſon audience publique à Berne, mais il ne put obtenir ſa demande, parce que Zurich & Schaffhauſen refuſèrent d'entrer dans les ſecours que Berne étoit diſpoſé d'accorder : en échange les Cantons *Réformés* promirent à *Bréderode* de barrer le paſſage aux troupes Eſpagnoles du Milanès, qui comptoient traverſer la Suiſſe & l'Allemagne, pour renforcer l'armée de l'Archiduc *Albert*.

Les Provinces-Unies requirent en 1618 les Cantons *Réformés* d'envoyer des Députés au Synode de *Dortrecht* (2); ceux-ci envoyèrent quelques-uns de leurs Théologiens à ce Concile général des Egliſes Proteſtantes, *Réformées & Anglicanes*, qui commença le 12 Novembre de cette année, & finit le 19 Mai 1619 ; on y condamna les ſentimens d'*Arminius*.

En 1653 les *Cantons Réformés* députèrent le Chancelier *Stockar*, de Schaffhauſen, à la Haye, pour propoſer leur médiation aux *Etats-Généraux*, alors en guerre avec l'Angleterre. Cette offre fut très-bien reçue des Puiſſances Belligérantes ; le Chancelier *Stockar*, traité avec de grandes diſtinctions, ſéjourna tantôt à Londres & tantôt à la Haye, juſqu'en 1654, après la concluſion de la paix de Londres, à laquelle il contribua beaucoup, ayant ſu gagner la confiance de *Cromwel*, de même que celle du grand penſionnaire de *Witt*.

En 1666 les *Etats-Généraux* demandèrent aux *Cantons Réformés* une levée de troupes, que l'on fut obligé de leur refuſer. Leurs *Hautes-Puiſſances* firent en 1668 une ſeconde tentative, les mêmes motifs la rendirent encore inutile.

En 1672 Abraham *Malapert*, Miniſtre Plénipotentiaire des *Etats-Généraux* eut une audience publique de tous les Cantons aſſemblés à *Baden* ; il tâcha d'ébranler particulièrement les *Cantons Réformés*, à cauſe de l'intérêt commun de la Religion, & par la crainte de la Monarchie univerſelle, dont on diſoit que Louis XIV avoit formé le projet. Ce Miniſtre & celui de (3) l'Electeur de Brandebourg propoſèrent à ces Cantons de conclure une alliance défenſive pour le maintien du traité de *Weſtphalie*, de donner dans cette vue un contingent de dix mille hommes, de faire une Ligue particulière avec l'Electeur pour la défenſe de ſes Etats, & de lui fournir quatre mille hommes. Voici ce qui avoit occaſionné les plaintes de l'Electeur contre les troupes Suiſſes qui étoient alors au ſervice de la France. Le régiment Bernois d'*Erlach* (4) qui avoit ſervi en 1672 au ſiége de *Nimegue*, fut détaché avec l'armée du Prince de Condé pour entrer dans le Duché de Clèves ; mais étant arrivé à *Kayſerſwerth*, il refuſa de paſſer le Rhin, à cauſe des traités des Cantons avec l'Empire & la Maiſon d'Autriche. Le Prince de Condé ajoutant les effets aux menaces, entoura de troupes le régiment, & lui ſignifia que s'il ne paſſoit le fleuve il le feroit tailler en pièces ; le régiment ſe vit forcé d'obéir, mais il fit ſes proteſtations ; le Canton de Berne ſe plaignit à la Cour de cette violence, & le Roi déſavoua la conduite du Prince. Au reſte les Cantons *Réformés* refuſèrent d'entrer dans la Ligue que l'Electeur propoſoit ; mais ils ordonnèrent à leurs troupes de ſortir des *Provinces-Unies*, & de ne plus ſervir offenſivement.

En 1676 David *de Watteville*, de Berne, leva un régiment de ſeize cent hommes, compoſé de huit compagnies, chacune de deux cent hommes, & diviſé en deux bataillons. Ce régiment, le premier au ſervice de la *Hollande*, ſervit très-bien & fut réformé après la paix de *Nimegue*, en 1679. Le Prince d'Orange (*Guillaume*) étant monté ſur le trône de l'Angleterre vers la fin de l'année 1688, notifia ſon avènement aux *Cantons Réformés* en Janvier 1689. Ces Républiques y répondirent avec empreſſement, par une lettre de félicitation, dans laquelle ils reconnurent ce Prince comme Roi légitime de la Grande-Bretagne, quoique le Roi *Jacques II*, ſon beau-père, n'eût pas renoncé à ſes droits ſur la couronne. On vit arriver à *Zurich*, en Novembre 1689, au nom du Roi *Guillaume*, le Chevalier Thomas *Cox* ou *Cocqs*, revêtu du titre d'*Envoyé extraordinaire* auprès des Cantons *Réformés*. Ce Miniſtre parvint en 1690 à conclure entre l'Angleterre & les Cantons de Zurich, de Berne, Glaris-*Réformé* & Schaffhauſen, une alliance qui devoit s'étendre quinze années au-delà du règne de *Guillaume*. Ce traité fut ſigné à Zurich le 10 Mars 1690, & l'on y avoit ſtipulé la capitulation d'une levée de quatre mille hommes, qui n'eut pas lieu : une partie de cette levée étoit deſtinée à la garde du Roi ; & par un article ſéparé du traité de Zurich, l'on avoit compris les Etats-Généraux dans cette alliance. Cet article facilita depuis au Miniſtre de Leurs Hautes-Puiſſances, Pierre (5) *Valckenier*, les moyens de conclure différentes capitulations dans les années ſuivantes. La révocation de l'Edit de Nantes avoit augmenté l'éloignement des *Cantons Réformés* pour le ſervice de la France. Les Miniſtres de diverſes Puiſſances ennemies de Louis XIV continuèrent à aigrir les eſprits, & ils les portèrent enfin à plu-

---

(1) *Leu*, Dict. Hiſt. de la Suiſſe, T. XIV. p. 131 & ſuiv.
Hiſt. Milit. des Suiſſes dans les différens ſervices de l'Europe, par M. *May de Romainmotier*, T. II. pag. 290 & ſuiv. Berne 1772, *in-12*.
(2) On peut lire à ce ſujet & ſur les diviſions de la Hollande en 1618, *l'advis que Henri*, Duc de *Rohan*, donna alors. Ce diſcours retrace ces révolutions avec les couleurs les plus frappantes ; on le trouve dans la *Bibliothèque Militaire, Hiſtorique & Politique* de M. le Baron de *Zur-Lauben*, T. III. p. 117-133. Paris 1760, *in-12*.
(3) Le Comte Frédéric de *Dohna*.
(4) Hiſt. Milit. des Suiſſes au ſervice de la France, par M. le Baron de *Zur-Lauben*, T. VII. pag. 140 & ſuiv.
(5) Les *Etats-Généraux* l'avoient revêtu dans le mois de Janvier 1690, du titre de leur *Envoyé Extraordinaire* auprès des Cantons.

fieurs réfolutions extraordinaires: mais fi d'un côté l'intérêt de la Religion partagea alors la Suiffe pour & contre la France, le Corps Helvétique obferva de l'autre une exacte neutralité pour empêcher qu'aucune des Puiffances belligérantes ne violât le territoire des Cantons; & ni les intrigues des Miniftres de l'Angleterre, de la Savoie & de la Hollande, ni celles de la Cour de Vienne, ne purent changer cette unanimité. En vain la Diète de *Ratisbonne* écrivit le (6) 9 Juillet 1690 à tout le Corps Helvétique dans les termes les plus preffans, pour l'engager à rappeller toutes fes troupes de la France, & à les employer à la défenfe de l'Empire; tous les motifs allégués ne purent détacher les Cantons du fervice d'une Couronne pour laquelle ils s'étoient facrifiés depuis plufieurs fiècles, & dont l'alliance ne pouvoit être qu'avantageufe à la Suiffe. En 1692 Jean-Rodolphe d'*Erlach* & Samuel *Morloth*, de Berne, & Jacques *Séguin*, de Bâle, levèrent pour la Hollande chacun une compagnie franche de trois cent hommes, cependant fans l'aveu de leurs Cantons.

En 1693 le Canton de Zurich fit une capitulation avec *Valckenier* pour un bataillon de quatre compagnies, chacune de deux cent hommes, qui ne devoit fervir que pour la défenfe des places de la Hollande. En 1694 ce Canton accorda la levée d'un fecond bataillon de la même force que le premier, qui pouvoit fervir en campagne, & qui, joint au premier, forma un régiment. *Jean-Henri de Lochmann*, de Zurich, qui avoit une demi-compagnie dans les Gardes-Suiffes en France, reçut en 1690 ordre de fon Souverain de quitter le fervice du Roi, fous prétexte qu'il ne devoit pas fervir à l'offenfive, mais bientôt après le même Canton lui permit de prendre parti avec les Hollandois en qualité de Colonel, & il fouffrit qu'on levât des compagnies entières pour compofer ce régiment, pour lequel la partie de *Glaris-Réformé* fournit auffi des compagnies; il eft vrai que Zurich voulut dans la fuite garder quelques mefures, en défendant à *Lochmann* de fervir à l'offenfive. Ce fut ce même Officier qui, d'abord Commandant du premier bataillon levé à Zurich en 1693 pour la Hollande, eut en 1694 le brevet de Colonel du régiment compofé de deux bataillons, dont l'un avoit été le bataillon levé en 1693.

Valckenier qui continuoit de réfider à Zurich de la part des Etats-Généraux, eut la hardieffe de faire en 1693, fans l'aveu de la République de Berne, avec Nicolas de *Tfcharner*, d'une des principales familles de cet Etat, une capitulation pour un régiment (7) de deux bataillons, chacun de quatre compagnies de deux cent hommes. A la fin de cette même année Albert de *Mulinen*, de Berne, fit auffi une capitulation avec le Miniftre Hollandois pour la levée d'un régiment Suiffe de deux bataillons, de la même compofition que celui de *Tfcharner*, & ce régiment alors *May*, fut moitié incorporé & moitié réformé.

En 1694 *Valckenier* conclut & figna à Zurich un traité d'alliance & d'union entre les Etats-Généraux & les Cantons de Zurich, Glaris-*Réformé*, Schaffhaufen, Appenzell-*Réformé* & la ville de Saint-Gall.

En 1695 les *Ligues Grifes* levèrent pour le fervice de la Hollande un régiment Grifon, compofé de huit compagnies, chacune de deux cent hommes, & divifé en deux bataillons: ce régiment, aujourd'hui *Schmid*, eut *Hercule de Cappol* pour premier Colonel.

En 1696 *Valckenier* fit une capitulation avec Guillaume de *Muralt*, de Berne, pour la levée d'un régiment de cinq compagnies, chacune de deux cent hommes: ce régiment portoit en 1772 le nom de *May*.

En 1697 les Etats-Généraux prirent le régiment de *Sacconai* à leur fervice: ce régiment levé en 1694 à Ivrée par Jean de *Sacconai*, du pays de Vaud, pour le fervice du Duc de Savoie, & à la folde de l'Angleterre, avoit fervi pendant trois ans en Italie, avec tant de bravoure, que les Etats Généraux crurent faire en fe l'attachant une excellente acquifition. Ce régiment depuis *Mettrail*, fut en 1714 en partie réformé & en partie incorporé: le Colonel Louis de *Mettrail*, de Laufanne, mourut en 1719.

En 1697 les Etats-Généraux accordèrent après la paix de *Rifwick*, aux régimens Suiffes, les mêmes exemptions & les mêmes privilèges dont leurs compatriotes jouiffoient en France; guidés par le Confeil de leur Stathouder, ils jugèrent même à propos d'établir, à l'imitation des Rois de France, un *Colonel-Général des Suiffes & Grifons*; & pour donner plus d'éclat à cette dignité, ils réfolurent d'y attacher des prérogatives plus étendues (8) que celles dont jouiffoit pour lors M. le Duc du *Maine*, en qualité de Colonel-Général des Suiffes & Grifons en France. Le Roi d'Angleterre, à qui les Etats-Généraux avoient laiffé le choix d'un Sujet pour remplir cette dignité, y nomma Arnold-Jufte de *Keppel*, Comte d'*Albemarle*, Chevalier de l'Ordre de la Jarretière, & Capitaine de la première Compagnie des Gardes-du-Corps de Sa Majefté Britannique. Ce Comte fut revêtu de la charge de *Colonel-Général des Suiffes & Grifons* le 10 Novembre 1698, il en fit les fonctions jufqu'à fa mort, arrivée en 1718.

En 1700 le Confeil Souverain de Berne, qui n'avoit pas encore avoué les régimens de *Tfcharner*, de *May*, de *Muralt* & de *Sacconai*, & qui leur permettoit cependant des recrues, publia le 17 Avril une Ordonnance très-détaillée, pour fervir de règle aux Colonels, Lieutenans-Colonels, Majors & Capitaines de ces régimens.

En 1701 les *Cantons Réformés* accordèrent la levée d'un nouveau régiment, de deux bataillons, chacun de quatre compagnies de deux cent hommes, pour le Colonel-Général le Comte d'*Albemarle*, qui en donna le commandement au Colonel, depuis Général-Major, Jean-Félix *Werdmuller*, de Zurich: ce régiment a été *Efcher* en 1755.

En 1711 Jean-Frédérich de *Diesbach*, de Fribourg, qui avoit quitté le fervice de France, leva un régiment Suiffe de feize cent hommes, divifé en deux bataillons, & compofé de huit compagnies, chacune de deux cent hommes: ce régiment fut réformé en 1712.

En 1712, au milieu de la guerre qui divifoit la Suiffe, M. de *Pefme de Saint-Saphorin* conclut & figna le 21 Juin à la Haye (9),

---

(6) Chap. XIV. p. 236-260, dans le recueil des mémoires préfentés à la Diète des Cantons par les Ambaffadeurs des différentes Puiffances depuis 1675, imprimé l'an 1691, en Allemand *in*-4.

(7) Le régiment de *Tfcharner* avoit en 1772, pour Colonel, M. le Général-Major *Sturler*, de Berne.

(8) M. *May* les a détaillées dans le fecond volume de l'*Hiftoire Militaire*

des Suiffes, pag. 309-313 & 317-320.

(9) Corps univerfel diplomatique du droit des gens, par Jean Dumont, T. VIII. Part. I. pag. 300-304, & 423-427. Amfterd. 1731. *in*-fol. Lamberty, mémoires, T. VIII. pag. 517-528, à la Haye, 1730, *in*-4. Hiftoire Militaire des Suiffes au fervice de la France, par M. le Baron *de Zur-Lauben*, T. VII. p. 503 & fuiv.

un traité d'alliance offensive & défensive entre les Etats-Généraux & le Canton de Berne. Voici les articles les plus importans de ce traité, dont le détail n'a été connu dans les Cantons Catholiques (10) qu'en 1717, lorsque Jacques-François de *Gumoens-d'Oppands*, Colonel d'un régiment Bernois, au service des Etats-Généraux des *Provinces-Unies*, fit imprimer le premier ce (11) traité.

Article V. » D'autre part, *Leurs Hautes-Puissances* s'engagent au louable Canton de Berne, en vertu du présent traité, à la défense de la ville de Berne, & à celle de tous les Etats qui sont sous sa domination, & sur lesquels elle a le droit de Souveraineté, de même qu'à la défense de ses combourgeois, & à celle de la ville de Genève, qui est sa barrière ; ses combourgeois sont le Comté de Neuchâtel, Wallangin, Bienne, la Neuve & la Bonne Ville, & Munsterthal «.

Article VI. » Si le louable Canton de Berne étoit attaqué, ou se trouvoit engagé dans une guerre, soit pour sa défense, soit pour celle de ses combourgeois ou ses sujets, ou de la barrière, *Leurs Hautes-Puissances* lui fourniront pour subside une somme pareille à ce à quoi monte la paie présente des vingt-quatre compagnies, tant de Berne, que des Sujets du louable Canton qui sont présentement à leur service. Ce subside sera payé régulièrement de mois en mois, pendant tout le temps que la guerre durera ; mais si le louable Canton de Berne se trouvoit engagé, ou qu'il se vît dans le péril inévitable d'une guerre si redoutable, qu'il se crût dans une nécessité absolue & indispensable de rappeler ses troupes qui seront au service de *Leurs Hautes-Puissances*, elles seront obligées de les lui rendre à sa première demande, au choix du louable Canton, soit une partie, soit toutes les compagnies qui sont présentement à son service, & cela, soit que *Leurs Hautes-Puissances* soient elles-mêmes en guerre ou non ; mais avec cette restriction, que si *Leurs Hautes-Puissances* étoient en guerre, & que le louable Canton s'y trouvât de sa part engagé avec d'autres parties du louable Corps Helvétique, ce dont Dieu veuille les préserver, sans qu'aucune Puissance étrangère assistât, ni directement ni indirectement, lesdites parties du Corps Helvétique avec lesquelles il seroit en guerre, ledit louable Canton devra en ce cas là se contenter du subside, sans pouvoir rappeler lesdites vingt-quatre compagnies. De plus, quand même le louable Canton de Berne seroit en guerre avec quelque Puissance étrangère, *Leurs Hautes-Puissances* ne seroient pas dans l'obligation de lui envoyer, en cas qu'elles fussent elles-mêmes en guerre, ce qu'elles pourroient avoir alors de troupes du Canton de surplus des vingt-quatre compagnies. Quoique ledit Canton de Berne s'engage de bonne-foi à ne pas rappeler, par rapport même à des guerres étrangères, que lorsqu'il se trouveroit engagé, ou dans le péril d'une guerre si redoutable, qu'il ne puisse se dispenser de rappeler ou toutes ou une partie des vingt-quatre compagnies, il sera toujours à lui à reconnoître, si la nécessité imminente requiert qu'il les rappelle ; & lorsqu'il les demandera, *Leurs Hautes-Puissances* les lui envoyeront incessamment, sans pouvoir y apporter aucune difficulté, en faisant les offices convenables vers les Princes & Etats par où lesdites troupes devront passer, pour avoir le libre passage & l'assistance nécessaire. Si une partie ou toutes les vingt-quatre compagnies se trouvoient, dans le cas susdit, rappellées par le Canton, *Leurs Hautes-Puissances* s'engagent de les payer & entretenir pour le service dudit Canton, pendant tout le temps qu'il sera en guerre, & ce que leur coûtera ledit entretien sera défalqué, sur les subsides qu'elles s'engagent de lui payer : cette défalcation sera comptée, & commencera depuis le jour que ces troupes partiront pour la Suisse, jusqu'au jour qu'elles partiront pour revenir dans les Etats de *Leurs Hautes-Puissances*, avec cette observation, que si *Leurs Hautes-Puissances* jugeoient à propos de se prévaloir dans la suite du pouvoir qu'elles ont par l'article XI du présent traité, de réduire les vingt-quatre compagnies à cent cinquante hommes chacune, en temps de paix, elles ne seront obligées de payer & d'entretenir, pour le service du Canton, les compagnies que leur Canton rappellera, que sur le pied de la réduction qui aura été faite par *Leurs Hautes-Puissances* avant ledit rappel ; bien entendu qu'elles seront toujours payées completes sur le pied de ladite réduction avec l'Etat-Major, tel qu'il est nécessaire pour le nombre des compagnies que l'on rappellera, & avec la gratification qui est accordée aux Capitaines pour leur paie & pour celle des Officiers ; mais si le Canton se contente, soit pour une partie, ou pour le tout, du subside, alors on lui payera, ainsi qu'il est dit au commencement de cet article, sur le pied que les compagnies sont payées présentement «.

Article séparé. » Comme avant la conclusion & la signature du traité d'union conclû & signé aujourd'hui *entre Leurs Hautes Puissances & le louable Canton de Berne*, il s'est élevé depuis peu une guerre intestine dans la Suisse ; il est stipulé par cet article séparé, qui aura la même force comme s'il étoit inséré dans le principal, que *Leurs Hautes-Puissances* ne seront pas obligées par ledit traité de fournir à la République de Berne pour la guerre intestine, à présent allumée en Suisse, le secours ici stipulé ; mais si des Puissances étrangères prenoient occasion de cette guerre pour attaquer sa domination, & les terres sur lesquelles elle a droit de souveraineté, de même que ses combourgeois & sa barrière, *Leurs Hautes-Puissances* seront obligées à remplir les conditions du traité : le présent article sera ratifié en même-temps que le traité principal. Ainsi fait & signé entre les Soussignés Députés de *Leurs - Hautes Puissances*, & le sieur *Pesme de Saint-Saphorin*, de la part du louable Canton de Berne. A la Haye, le 21 Juin 1712 «.

Comme le Canton de Berne étendoit de son côté le traité d'union à la défense de *Leurs Hautes-Puissances* & à celles de leurs *barrières*, les Etats Généraux acqueroient par-là le droit d'employer les troupes du Canton pour la défense de tous

---

(10) *Lamberty* a donné ce traité d'après l'imprimé de 1717, dans le dixième tome de ses *Mémoires*, p. 271-279, à la Haye 1731, *in-*4.

(11) Il est étonnant que M. Leu, *Bourguemestre de la République de Zurich*, qui a rapporté dans son Dictionnaire historique de la Suisse (T. XIV. pag. 131) l'alliance de la France en 1715, avec les Cantons Catholiques & le Vallais, n'y ait pas aussi inséré le traité de l'union défensive & offensive entre les Etats-Généraux & le Canton de Berne, & l'alliance perpétuelle défensive que les Grisons firent en 1713 avec la Hollande, & dans laquelle il est stipulé que les *Ligues Grises* étoit mêlées dans une guerre défensive, les Etats-Généraux leur payeroient autant de subsides que l'entretien des dix compagnies Grisonnes qui sont à leur service & celui de l'Etat-Major, coûtent. Dans ce cas les Grisons pourroient rappeler deux tiers de leurs Officiers si les Hollandois étoient alors en paix, mais s'ils étoient en guerre, ils ne pourroient rappeler qu'un tiers de leurs Officiers ; & si les Etats-Généraux étoient jamais attaqués par une Puissance, ils pourroient alors indépendamment de leurs dix compagnies actuelles des Grisons, lever encore dans les *trois Ligues* un'corps de deux mille hommes, avec les recrues nécessaires à l'avenir, bien entendu que les Grisons ne fussent pas eux-mêmes menacés de la guerre, ou qu'ils n'y fussent déja engagés. Au reste les Etats-Généraux garantissent la défense des *trois Ligues* dans le traité qu'elles ont fait le 13 Mai 1707 avec l'Angleterre. — Voyez *Real, Science du Gouvernement*, à l'article de la *Suisse*.

les Etats du Royaume de la Grande-Bretagne, situés en Europe. Le Canton s'engageoit de plus d'accorder à *Leurs Hautes-Puiffances*, en cas qu'elles fuffent attaquées, ou en péril inévitable de l'être, une nouvelle levée de quatre mille hommes, fans que ledit Canton pût fe difpenfer d'exécuter cet engagement, à moins que lorfqu'on lui demanderoit la nouvelle levée, il fût lui-même en guerre, ou dans le péril imminent d'y entrer, & quand les troupes feroient levées, il leur fourniroit les recrues néceffaires. Toutes les alliances du Canton, foit avec les Suiffes en général, foit avec quelque partie en particulier, font réfervées : par ce traité les troupes du Canton ne peuvent pas être employées au préjudice de ceux que les Cantons ont faits avec la France & avec la Maifon d'Autriche. Mais comme fes alliances font de même que ce préfent traité d'union défenfive, le louable Canton ne permettra pas que les fufdites deux Puiffances employent leurs troupes Suiffes au-delà des termes que prefcrivent les alliances, ni qu'elles s'en fervent contre les Etats de Leurs Hautes-Puiffances, ni contre leurs barrières. On invitoit en même-temps la Grande-Bretagne & les Etats Proteftans du Corps Helvétique, d'accéder à cette union défenfive. Tels étoient les principaux articles de ce traité ; on peut leur attribuer toutes les liaifons particulières que les Cantons Catholiques prirent dans la fuite avec des Puiffances étrangères.

Pierre de Salis figna auffi à la Haye le 19 Avril 1713 un traité d'union (12) défenfive entre les *Etats-Généraux* & les *Ligues Grifes* : tous ces engagemens annonçoient une averfion particulière contre la France. M. *de Saint-Saphorin* conclut & figna au nom du Canton de Berne, le 14 Janvier 1714, à la Haye, une capitulation pour les levées que les *Etats-Généraux* feroient en droit de faire dans cette République.

En 1715 les *Etats-Généraux* envoyèrent à George I, Roi d'Angleterre, les troupes auxiliaires ftipulées par les traités d'alliance avec cette Couronne depuis 1688, en cas d'une defcente du *Prétendant*. Il eft bon d'obferver que dans ce corps qui confiftoit en fix mille hommes d'infanterie, il y avoit fix bataillons Suiffes, favoir, deux du régiment de *Sturler*, deux de celui d'*Albermale*, un de celui de *Schmid*, Grifon, & un de celui de *Chambrier*, de Neuchâtel, autrefois *Muralt*, de Berne. Quoique ces troupes ne joignirent l'Armée Royale en Ecoffe, commandée par le Duc d'*Argyle*, qu'après la bataille de *Dumblain*, & la prife de *Preftonpan*, elles ne laiffèrent pas de contribuer à diffiper tout-à-fait le parti *Jacobite*, & à foumettre entièrement l'Ecoffe.

En 1719, à l'occafion des nouveaux troubles excités dans l'Ecoffe en faveur du *Prétendant*, les *Etats-Généraux* envoyèrent un fecours de deux mille hommes d'infanterie au Roi d'Angleterre : il y eut dans ce corps deux bataillons du régiment de *Sturler*, commandé par Jean-François de *Goumoens d'Oppans* & le Major Emmanuel *May de Ruedt*. Ces troupes joignirent le Général *Wigtmann* & lui aidèrent à diffiper les troupes Efpagnoles, qui avoient abordé en Ecoffe, & à foumettre quelques Tribus d'Ecoffois Montagnards, qui s'étoient de nouveau armées en faveur du *Prétendant*.

Le régiment Suiffe de *Hirzel*, autrefois *Albemarle*, qui ayant été fait prifonnier au fiége de Tournai en 1745, avoit eu la permiffion de refter en Hollande, avec l'obligation de ne pas fervir pendant deux ans contre la France, fut envoyé durant cet intervalle par les *Etats-Généraux* au fecours du Roi d'Angleterre, contre le Prince Edouard *Stuart*, fils du *Prétendant*, qui avoit fait une defcente en Ecoffe.

En 1747 les *Etats-Généraux* députèrent en Novembre M. *Van-Haren* auprès des *Cantons Réformés*, en qualité d'Envoyé extraordinaire, pour leur demander les nouvelles levées ftipulées dans le traité d'union. M. *Van-Haren* obtint, fans beaucoup de difficultés, tout ce qu'il demanda à ce fujet.

En 1748 le Canton de Berne accorda aux *Etats-Généraux* la levée d'un régiment de deux mille quatre cent hommes ; M. de *Graffenried*, de Berne, en fut le colonel. Dans le même temps M. *Chambrier*, de Neuchâtel, obtint des *Etats-Généraux* quatre compagnies tirées du régiment de *Hirzel*, affectées à Neuchâtel & à Bâle : l'on joignit à cette troupe huit compagnies de nouvelle levée, chacune de deux cent hommes, le tout forma un régiment Suiffe de deux mille quatre cent hommes, fous le nom de *Chambrier*.

M. *Van-Haren* fit en Mars 1748, à Zurich, une capitulation avec ce Canton, pour quatre nouvelles compagnies, chacune de deux cent hommes, pour le régiment de *Hirzel*, afin de remplacer celles que M. *Chambrier* venoit d'en tirer. Ce Miniftre fit dans le même mois une capitulation avec les Cantons de Zurich, Glaris-*Réformé*, Schaffhaufen & Appenzell-*Réformé*, Neuchâtel & les *trois Ligues Grifes*, pour un régiment de *Gardes-Suiffes*, compofé de huit compagnies, chacune de deux cent hommes : il fit auffi une autre capitulation avec les Cantons de Glaris-*Réformé*, Schaffhaufen & Appenzell-*Réformé*, pour la levée d'un régiment de deux mille quatre cent hommes : ce régiment fut donné au Général-Major *Sturler*, de Berne, & depuis à M. *Bouquet*, de Rolle, Canton de Berne, Général-Major. M. *Van-Haren* conclut encore en Mars 1748 avec M. de *Budé*, de Genève, pour la levée d'un régiment de deux mille quatre cent hommes.

A la fin de l'année 1748 les *Etats-Généraux* avoient une petite armée Suiffe à leur fervice, compofée du régiment des *Gardes-Suiffes*, des régimens de *Hirzel*, vieux *Sturler*, *Conftant*, *Planta*, *Grafenried*, jeune *Sturler*, *Chambrier* & *Budé* ; le tout formoit le nombre de vingt mille quatre cent hommes. En 1750 toutes les compagnies Suiffes furent réduites à cent cinquante hommes, & les régimens de *Budé* & de *Chambrier* réformés.

En 1751 le régiment de *Grafenried* fubit le même fort, & les compagnies des régimens de vieux *Sturler*, *Conftant*, *Planta*, *Hirzel* & jeune *Sturler*, furent réduites chacune à cent hommes ; par cette réduction ces cinq régimens reçurent leur formation actuelle, & furent divifés en deux bataillons, chacun de fix compagnies ou de fix cent hommes.

En 1752 les compagnies du *régiment des Gardes-Suiffes* furent auffi réduites à cent hommes.

En 1772 il y avoit au fervice de la République de Hollande fix mille huit cent Suiffes, formant deux bataillons du *régiment des Gardes-Suiffes*, commandé par M. *May*, de Berne, & compofé de huit cent hommes ; & cinq régimens, chacun de douze cent hommes, & de deux bataillons : ces régimens étoient, *Sturler*, *May*, *Schmid*, *Efcher* & *Bouquet*.

Les régimens d'*Erlach* de Berne, & de *Muralt* de Zurich, qui font au fervice de la France, ne peuvent pas être employés contre les pays foumis à la domination des Hollandois, de même que les troupes de Zurich & de Berne qui

---

(12) *Dumont*, Corps Diplomatique, Tom. VIII. Part. I. pages 386-388. Amfterdam 1731, in-fol. *Waldkirch*, Hift. de la Suiffe, T. II. pag. 867-868.

Lamberty, Mém. T. VII. pag. 528-531.

servent en Hollande, ne peuvent servir contre la France dans aucun des pays qui appartiennent à cette Couronne. Il est spécialement réservé dans le traité du Canton de Berne avec la Hollande, que ses troupes doivent être employées seulement sur terre, & jamais être embarquées, à moins que ce ne soit pour la défense du Royaume de la Grande-Bretagne.

Avant que de quitter l'article des intérêts qui lient les Etats *Réformés* du Corps Helvétique avec la République de Hollande, je transcrirai ici les réflexions qu'un Observateur véridique faisoit en 1709, sur les liaisons des Grisons avec les Puissances maritimes. — » Ce n'est pas d'aujourd'hui que » l'Angleterre & la Hollande ont pris part aux affaires des » *Ligues*. En 1516, le premier de ces Etats, jaloux de la gloire » que François I s'étoit acquise à la bataille de *Marignan*, tra-» versa le traité de *Fribourg* ; & au commencement du siècle » dernier, tous les deux firent leurs efforts pour empêcher » les deux branches de la *Maison d'Autriche* de se communiquer » par la Valteline ; en 1672 les *Provinces-Unies* envoyèrent le » Comte de Dohna (13) à *Coire*, pour y négocier un régiment » qu'il ne put obtenir ; mais en 1695 les *Etats-Généraux* prirent » à leur service deux bataillons Grisons (14) ; & après la paix de » *Ryswick* ils en réformèrent un qui a été rétabli au commen-» cement de la guerre présente. Les *Ligues* demandèrent à la » fin de 1706, que ces deux corps formassent un régiment » national, & l'obtinrent: au mois de Mars 1707 les Puissances » maritimes obtinrent des *Communes* leurs passages pour les trou-» pes des Alliés contre les deux Couronnes. L'Angleterre & la » Hollande peuvent avoir besoin des Grisons pour lever chez » eux des troupes, & pour disposer des passages par où leur » viennent les marchandises du Levant qu'elles ne veulent » pas risquer par le détroit de *Gibraltar*. Les Grisons se flattent » à cause de leurs troupes & de leurs passages que l'Angle-» terre & la Hollande ont plus besoin d'eux qu'ils n'ont besoin » d'elles, cependant le plus grand revenu de ces peuples pro-» vient de la voiture des marchandises & des impôts qu'elles » leur payent, principalement durant la guerre. Les Protestans » se persuadent que ces deux Puissances les protégeront tou-» jours contre celles qui en voudroient à leur liberté, & » qu'elles leur feront obtenir à la paix une capitulation avan-» tageuse & des temples en Valteline: l'éloignement seul de » l'Angleterre & de la Hollande rassurera le Corps Catholique » contre leur mauvaise volonté «.

Telles sont en général les liaisons politiques qui attachent plus ou moins la Suisse aux Puissances étrangères: un plus grand détail exigeroit que nous entrassions dans des matières trop délicates à traiter, & qui ne sont pas du ressort de cet ouvrage.

X L V.

Services Etrangers.

L'INCLINATION (1) dominante des Suisses, est sans contredit celle qu'ils montrent pour les armes, & on peut dire qu'il n'y a point de qualité qu'on leur accorde aussi universellement que la valeur. Les Nations qui les raillent sur leurs prétendus défauts, non-seulement portent le même jugement à l'égard de leur bravoure, mais elles s'accordent également à payer chèrement le service de leurs troupes ; ce n'est pas d'aujourd'hui qu'on a remarqué que dans les endroits où les terres sont ingrates (2), où l'on doit par conséquent mener une vie dure & laborieuse, les hommes y sont plus forts & plus propres à porter les armes. Je ne répéterai pas ici les éloges (3) que les Romains ont fait de la valeur des *Helvétiens*. Jules-César, vainqueur de cette nation Gauloise, assure dans ses Commentaires (4), qu'elle surpassoit en valeur les autres Gaulois de son temps ; il écrit encore que dans la bataille décisive qu'il gagna sur les *Helvétiens*, & qui dura plus de neuf heures (5), aucun d'entre eux n'avoit jamais *tourné le dos* ni rien (6) perdu de cette intrépidité & de cette valeur, qui tinrent la victoire long-temps incertaine, & qui l'eussent enfin fait déclarer en leur faveur, si la victoire n'eût point été attachée à la fortune de (7) César ; au reste, les *Helvétiens* ne furent vaincus que par le plus grand & le plus heureux Capitaine qui ait jamais existé ; & si l'on peut se servir de cette expression, par le *phénix* des Guerriers, à qui *Rome* même fut réduite à se soumettre ; ils ne succombèrent (8) que sous la puissance & la fortune d'un peuple, à qui les forces de toutes les nations des Gaules réunies ne purent résister, & que la Providence avoit destiné à l'Empire

---

(13) De la même maison qui jouit du droit de la grande Bourgeoisie à Berne depuis le 22 Août 1657.

(14) Hercules de *Capçol*, Grison, en fut Colonel.

(1) L'Etat & les Délices de la Suisse, Tom. I. pag. 368 & suiv. dernière édition, Bâle 1764, *in*-12.

(2) *Ménander*, ancien Poëte Comique & le maître de *Térence*, a dit autrefois qu'une *terre dure & ingrate prodúisoit des hommes vigoureux*.

(3) *Cicéron*, en parlant de *César*, s'exprimoit ainsi: *Non sibi solum cum iis quos jam armatos contrà Populum Romanum videbat, bellandum, esse duxit sed totam Galliam in nostram Ditionem esse redigendam. Itaque cum acerrimis nationibus & maximis Germanorum & Helvetiorum praeliis felicissimè decertavit.* CICERONIS *orationes T. III. de Provinciis Consularibus.* Parisiis 1684, *in*-4. p. 195. *ad usum Delphini.*

Tacite a dit des *Helvétiens*, soumis alors aux Romains, *les dompteurs de l'Univers*, (Lib. I. *Hist.*) *Helvetii, Gallica gens, olim armis, viris que, mox memoria nominis Clara.*

Florus appelle les *Helvétiens*, nation très-belliqueuse, *Bellicosissimam Gentem* (Lib. III. Cap. X).

Paule-Orose écrit (Lib. VI. Cap. VII.) que les Helvétiens étoient du temps de César la nation la plus vaillante de tous les Gaulois ; *Helvetiorum animos fortissima omnium Gallorum gentis, ea vel maximè causa, quod perpetuo*

penè cum Germanis bello altercabantur, à quibus Rheno tantùm flumine, dirimuntur, Orgetorix quidam Princeps gentis spe totos invadendi Gallias in arma incenderat.

(4) Libro I. *Helvetii reliquos Gallos virtute praecedant, quod ferè quotidianis praeliis cum Germanis contendunt, cum aut suis finibus eos prohibent aut ipsi in eorum finibus bellum gerunt.* César les appelle aussi au même endroit, *homines Bellandi cupidos*, hommes avides de faire la guerre, & de combattre une nation aussi nombreuse & aussi vaillante que la leur, & qui en même-temps aimoit autant la gloire des armes, *pro multitudine hominum, & pro gloria Belli, atque fortitudine angustos se fines habere arbitrabantur.*

(5) *Hoc toto praelio cùm ab hora septima ad vesperum pugnatum sit, aversum hostem videre nemo potuit.* (*Caesar. de Bello Gallico*. Lib. I. Cap. 26.)

(6) *Caesar ibid. ancipiti praelio diu acriterque pugnatum est.*

(7) Cet homme extraordinaire avoit tant de grandes qualités sans aucun défaut, quoiqu'il eût bien des vices, qu'il eût été bien difficile, que quelque armée qu'il eût commandée, il n'eût été vainqueur, & qu'en quelque République qu'il fût né, il ne l'eût gouvernée. *Considérations de M. le Président Montesquieu sur la grandeur des Romains*, Chap. XI. pag. 114.

(8) *Bochat*, Mémoires Critiques sur l'Histoire ancienne de la Suisse. T. I. p. 320.

de l'Univers : si les *Helvétiens* furent les premiers des Gaulois qu'assujettit César à cet Empire ; ce rang fait honneur à la Nation. Tant qu'elle auroit été en état de défendre les Gaules, le projet d'en faire la conquête eût été chimérique ; le Conquérant ne pouvoit se flatter d'en rendre le succès possible qu'en commençant par abattre la puissance des plus braves des Gaulois : il n'étoit pas moins persuadé, les *Eduens* (9) déclarés contre lui, qu'en soumettant les *Helvétiens*, il se verroit bientôt le maître du reste des Gaules.

Les Suisses héritiers de la valeur des *Helvétiens*, leurs ancêtres, ont donné dans tous les temps des marques d'intrépidité : les longues guerres qu'ils soutinrent pour leur liberté contre la Maison d'Autriche, souvent réunie à celle de l'Empire, ont porté leur réputation à un tel point, que les Princes les plus puissans de l'Europe ont recherché leur alliance. Leur République s'est formée dans l'espace d'environ deux cent ans, non par des appuis étrangers comme celle de la *Hollande*, qui doit son établissement aux secours de la France, de l'Angleterre, de l'Allemagne, & aux ressources qu'elle a trouvées dans la navigation, mais uniquement par la valeur de ses habitans. Une conduite également prudente & ferme, une union qui n'avoit alors pour objet que le bien de la cause commune, enfin une bravoure souvent poussée jusqu'à la témérité, leur ont acquis entre la France, l'Allemagne & l'Italie, un Etat indépendant qui peut influer beaucoup sur les Puissances limitrophes. La bataille (*) donnée près de l'*Hopital de Saint-Jacques*, sur la rivière de la *Birse*, à une petite demi-lieue de Bâle, le 26 Août 1444, a été l'époque des premières liaisons de la France avec la Suisse. Le Dauphin (10), depuis *Louis XI*, que le Roi Charles VII, son père, avoit envoyé sur les instances de Frédéric III, Roi des Romains, son allié, à la tête d'une armée de trente mille hommes contre les Suisses, pour dissiper le Conseil de Bâle, qui avoit déposé le Pape Eugène IV, s'étoit avancé par la Bourgogne & le Comté de Montbéliard, dans le *Sundgau* : à son approche les Bâlois craignant qu'il n'attaquât leur ville, eurent recours aux Suisses ; ceux-ci étoient occupés à deux entreprises très-difficiles ; le gros de leur armée bloquoit *Zurich*, & un détachement assiégeoit depuis le 12 Août 1444 le château de *Farnsbourg*, situé dans le voisinage de Bâle, qui appartenoit à Thomas de *Falckenstein*, un de leurs ennemis décidés : ils envoyèrent au plus vite un corps de douze cent hommes, avec ordre de se jetter dans Bâle, mais ce secours ayant rencontré sur son passage l'armée Françoise, soutint un des plus rudes combats dont il soit fait mention dans l'Histoire. Les Suisses sans considérer ni leur petit nombre, ni les forces du Dauphin, tombèrent avec une espèce de furie, à *Prattelen*, la nuit du 25 au 26 Août, sur l'avant-garde de ce Prince, qui étoit composée de huit mille hommes à pied & à cheval, sous les ordres du Comte de Dammartin ; ils les firent

plier & mirent également en fuite un autre détachement de dix mille hommes à pied & à cheval, campés à *Muttenz*. Cette seconde action se passa le 26 Août, un peu avant le lever du soleil : les Suisses sans être arrêtés par la perte que leur causèrent l'artillerie & la cavalerie de l'armée du Dauphin, passèrent intrépidement la *Birse*, pour marcher avec célérité au secours de l'Eglise & de l'Hopital, autrement *la Léproserie de Saint-Jacques*; ils s'y arrêtèrent jusqu'au moment où ils en furent délogés par le feu que les François y mirent. On voit encore le jardin muré de l'Hopital, d'où les Suisses firent deux sorties & repoussèrent deux assauts; mais enfin accablés par le nombre, après avoir fait payer chèrement leurs vies, la plupart furent tués sur la place, & les autres mis hors de combat par leurs blessures, à l'exception de dix, qui à leur retour dans leur patrie furent notés d'infamie. Les vainqueurs perdirent à *Saint-Jacques* six mille hommes. Le Dauphin déclara qu'une seconde victoire semblable ruineroit son armée, & qu'il ne tiroit d'autre fruit de cette journée que celui d'avoir appris à estimer la valeur des Suisses. Cette troisième action où le Dauphin commandoit en personne se passa à *Saint-Jacques* : l'artillerie de ce Prince étoit placée entre l'*Hopital* & le pont de la *Birse* ; le Dauphin renouvelloit ses troupes à chaque attaque : le détachement de *Prattelen* qui s'étoit replié sur celui de *Muttenz*, l'avoit suivi dans sa fuite, & tous deux avoient joint en désordre le gros de l'armée Françoise. *Æneas Sylvius*, depuis Pape, sous le nom de Pie II, & auparavant Secrétaire du Concile de Bâle, dit dans la relation de cette journée, *que les Suisses* (11) *furent moins vaincus que las de vaincre*. On en voyoit qui, sans se donner le temps d'arracher les flèches dont ils étoient percés, se jettoient au milieu des rangs, résolus de venger leur mort, en tuant celui qui les avoit blessés ; d'autres qui malgré qu'ils eussent la main coupée & qu'ils fussent dans l'impossibilité de se défendre, n'abandonnoient pas le combat. On vit quatre *Armagnacs* (12) poursuivre un seul Suisse, & le percer de plusieurs coups ; mais au moment qu'ils étoient acharnés contre lui, un autre Suisse prenant une hache d'armes, attaqua les quatre Armagnacs, coupa la tête à deux, mit les deux autres en fuite, & après avoir chargé sur son dos son compagnon à demi-mort, le porta dans une île non loin d'où put mettre un appareil à ses blessures. Le Dauphin perdit huit mille hommes dans les trois attaques de *Prattelen*, de *Muttenz* & de l'*Hopital Saint-Jacques* ; de ce nombre furent plusieurs Seigneurs de grande distinction, entre autres le Chevalier *Burcard Moench de Landscron*, qui avoit conduit le Dauphin dans le pays. Ce Gentilhomme Alsacien se promenoit à cheval sur le champ de bataille après la victoire, parmi les morts & les blessés, & ayant levé la visière de son casque insultoit aux vaincus. Transporté de joie il s'écria, que ce qu'il voyoit lui sembloit

---

(9) *Neque dubitare debeant, quin si Helvetios Romani superaverint cum Reliqua Gallia Æduis Libertatem sint erepturi.* (Cæs. ibid. Lib. I. Cap. 17.)

(*) PLANCHE 185.
(10) *Æneas Sylvius*, Lib. I. Epist. 87.
Platina in vitâ Eugenii IV.
Malleolus de Suitensib. pag. 18-20.
Etterlin, Chron. All. de Suisse. pag. 75-76.
Tschudi, Chron. Allem. de la Suisse, Tom. II. p. 421-431.
Wurstisen, Chronique de Bâle, Livre V. C. 38 & 39.
Jean *Chartier*, Hist. de Charles VII. pag. 126.
Abrégé de l'histoire de l'Histoire de Charles VII, par un anonime contemporain, pag. 346. — Berry, Hist. Chronol. de Charles VII. pag. 426.
— Mathieu de *Coucy*, Histoire de Charles VII. p. 533-537. édition de *Godefroy*, Paris 1661, in-fol. fig.
Spreng, Panégyrique sur la bataille de Saint-Jacques, avec preuves, Bâle 1748, in-4. en Allemand, &c.

(11) *Ad extremum non victi Suitenses, sed vincendo fatigati, inter ingentium hostium catervas occiderunt.*

(12) On appelloit ainsi en général les troupes qui composoient l'armée du Dauphin, du nom d'un Comte d'*Armagnac*, fameux dans les divisions entre les Maisons d'Orléans & de Bourgogne, & dont la *Bande* avoit commis des désordres affreux.

un bain parfumé de rofes : mais un Suiffe à demi-mort qui entendit ce propos barbare, ranimant ce qui lui reftoit de vie faifit de la main une groffe pierre, & la lança avec tant de force contre Burcard, qu'il lui fit près de l'œil une bleffure dont il mourut trois jours après. On rapporte que lorfque dans la fuite Charles le Hardy, Duc de Bourgogne, refufa d'entendre parler d'accommodement avec les Suiffes, le Dauphin qui, placé alors fur le trône, avoit pris le nom de Louis XI, dit en public que fon *cher coufin Charles ne favoit pas avec quelle nation & avec quel ennemi il auroit affaire*. En effet, Charles n'éprouva que trop pour fon malheur la vérité de ce qu'avoit dit Louis XI.

Je ne détaillerai pas toutes les fuites de la bataille de *Saint-Jacques*, je dirai feulement que les Pères du Concile craignant que le Dauphin ne fût d'intelligence avec le Pape *Eugène* pour les obliger à fe retirer de Bâle, parce que les François avoient pofté avant la bataille des troupes aux portes de cette ville pour empêcher qu'on en fortît, lui députèrent dans cette extrémité deux Cardinaux, avec plufieurs Docteurs & des Citoyens de Bâle, pour intercéder en faveur du Concile & de la Ville. Le Prince leur répondit qu'il n'étoit pas venu dans le deffein de troubler le Concile, mais pour affifter Frédéric, Roi des Romains, qui l'avoit appellé contre les Suiffes ; & que pour donner au Concile une preuve de fon amitié, il étoit prêt de s'éloigner de la ville : bientôt après il décampa & prit des quartiers au-deffus de Bâle, dans le diftrict des quatre villes Foreftières qui appartenoient à la Maifon d'Autriche : il étoit extrêmement piqué contre Frédéric qui, manquant à fa parole, ne lui avoit envoyé ni hommes ni vivres ; auffi fes troupes commirent-elles de grands défordres dans les pays d'Alface, du Sundgau & du Brifgau, qui étoient de la dépendance des Autrichiens ; de-là eft venu le furnom d'*Ecorcheurs*, que le vulgaire donna aux François. Les Suiffes qui affiégeoient Zurich & Farnsbourg, ayant appris la défaite du renfort deftiné pour Bâle, levèrent les deux fiéges : ils envoyèrent enfuite des Députés au Dauphin, & ce Prince pénétré de leur bravoure & mécontent du Roi des Romains, conclut avec eux à *Enfisheim*, le 28 Octobre 1444 (13), un traité de paix. Frédéric avoit fait tous fes efforts pour traverfer la négociation des Suiffes ; mais le Dauphin ferme dans fa réfolution, accéda aux propofitions des Cantons, & reprit la route de France avec fon armée, vers la Saint-Martin de la même année. Les hoftilités continuèrent néanmoins entre Zurich & les Cantons jufqu'en 1446 (14), qu'on fit une trève : Zurich fut alors contrainte de renoncer à l'alliance d'Autriche. Le Dauphin de retour en France, n'oublia pas l'eftime qu'il avoit conçue pour la nation Suiffe, & par les éloges réitérés qu'il faifoit de

la valeur qu'elle avoit fait paroître dans la bataille de l'*Hopital de Saint-Jacques*, il porta infenfiblement le Roi fon père à rechercher l'amitié des Cantons. Ce fut l'an 1452 que fe fit la première alliance entre Charles VII, Roi de France, & les villes & communautés de Zurich, Berne, Soleure, Lucerne, Uri, Schweitz, Underwalden, Zoug & Glaris. Ce traité (15) eft daté de *Monteil*, près de Tours, le 27 Février de cette même année. Cette alliance fut ratifiée (16) de nouveau le 8 Novembre 1452, & fut même déclarée perpétuelle entre le Roi & les Cantons. Louis, Duc de Savoie, avoit fait une confédération avec Charles VII, le 27 Octobre 1452 : il y étoit ftipulé que le Duc s'obligeoit de fervir le Roi & fes fucceffeurs contre toutes perfonnes quelconques, & qu'il renonceroit à toute alliance contraire. Cette condition mérita depuis une reftriction pour ne pas inquiéter des Alliés voifins & plus anciens, les Bernois & leurs Confédérés qui, ayant depuis long-tems des alliances avec la Savoie, auroient pu en prendre ombrage. Le Duc obtint donc du Roi un acte (17) daté de *St.-Symphorien d'Auçon*, le 9 Décembre 1456, par lequel il fut expliqué que l'alliance entre Charles & Louis, ne préjudicieroit point à celle qui lioit la ville de Berne & les Confédérés avec la Maifon de Savoie.

Après que le Dauphin Louis fut parvenu à la couronne, & qu'il eût formé le deffein de ruiner entièrement le Duc de Bourgogne, il regarda les Suiffes comme les inftrumens les plus propres à lui faciliter cette difficile entreprife. Il renouvella à (18) *Abbeville*, le 27 Novembre 1463, la troifième année de fon règne, l'alliance que le Roi, fon père, avoit faite avec les Cantons. Ce traité fut confirmé par les Suiffes à Berne le 23 Février de l'année fuivante.

Philippe de Comines (19) nous apprend l'époque où l'on doit fixer l'arrivée des premières troupes Suiffes en France. Voici fes paroles : *L'an 1465* (durant la guerre du bien public) *le Duc Jean de Calabre* (fils de René, Roi de Sicile & Duc de Lorraine) *avoit cinq cent Suiffes à pied, qui furent les premiers qu'on vit en ce Royaume, & ce font eux qui ont donné le bruit à ceux qui font venus depuis, car ils fe gouvernèrent très-vaillamment en tous les lieux où ils fe trouvèrent*. Ces troupes qui fervirent contre Louis XI (20), avoient été levées fous main & à force d'argent par le Duc de Calabre, malgré la défenfe générale des Cantons : auffi quand la guerre fut finie punirent-ils févèrement & par la prifon & par les amendes, ceux d'entre les contrevenans qui étoient revenus au pays.

Louis XI, ennemi juré de Charles, Duc de Bourgogne, avoit conclu à Tours le 23 Septembre 1470 avec les huit Cantons un traité (21), par lequel il étoit ftipulé qu'aucune defdites parties contractantes n'affifteroit directement ni indirecte-

---

(13) *Tfchudi*, Chron. Allem. de la Suiffe, T. II. p. 430-431.
Frédéric Léonard, Recueil des traités de paix, Tom. IV. pag. 1-4. Paris 1693, in-4.
Recueil des traités de paix, T. I. pag. 510. Amfterdam 1700, in-folio.
Alliances de France avec les Suiffes, pag. 1 & fuiv. Berne 1752, in-12.
Lunig, Codex diplomat. Imperii Part. fpecial. Contin. 1. pag. 114, &c.
(14) *Tfchudi*, ibid. Tom. II. pag. 447 & fuiv. avec preuves.
(15) *Tfchudi*, ibid. p. 569.
Godefroy, preuves de *Comines*, Tom. V. pag. 1-4. Bruxelles 1723, in-8. figures.
Recueil des traités de paix, Tom. I. p. 529. Amfterd. 1700. in-fol.
Alliances de France avec les Suiffes, pag. 17-20.
(16) *Tfchudi*, ibid. pag. 567.
Léonard, Traités, Tom. IV. pag. 1-4 & fuiv.
Recueil des traités de paix, Tom. I. pag. 529.
Alliances de France avec les Suiffes, pag. 21-24, &c.

(17) Alliances de France avec les Suiffes, pag. 25-36.
(18) *Tfchudi*, Chron. Allem. de la Suiffe, Tom. II. pag. 631-632.
Godefroy, preuves de Comines, Tom. V. pag. 4-5.
Alliances de France avec les Suiffes, pag. 37-39.
Léonard, Traités de paix. T. IV. pag. 3-4.
(19) Mémoires T. I. Liv. I. Chap. VI. pag. 38-39. Edition de Bruxelles 1723, in-12. fig.
Olivier de la Marche, Mémoir. Liv. I. Chap. 35, pag. 477. Gand. 1567, in-8.
(20) *Tfchudi*, ibidem. p. 649-650.
Michel Stettler, Chron. Allem. de Berne, Liv. IV. pag. 185. Berne 1627, in-fol.
(21) *Tfchudi*, T. II. pag. 711. — Recueil des Traités de paix, T. I. pag. 577, Amfterdam 1700, in-fol.
Godefroy, preuves de Comines, T. V. p. 5-6.
Alliances de France avec les Suiffes, p. 40-42.

ment

ment le Duc de Bourgogne dans les guerres qui surviendroient entre le Duc & une des Parties. Le Roi ne s'étoit pas contenté d'avoir accepté cette convention, il avoit fait alliance (22) avec les Cantons; le traité est daté de Paris le 2 Janvier 1474. Louis s'y obligeoit, *de donner aux Cantons aide, secours & défense dans toutes les guerres, & spécialement contre le Duc de Bourgogne*, & eux de leur côté promettoient réciproquement de l'assister de troupes, qui seroient à ses dépens, pourvu qu'ils ne fussent pas eux-mêmes occupés à des guerres & à la défense de leurs Etats : en considération de cette Ligue défensive & des secours mutuels, le Roi y régla la paie de chaque soldat à quatre florins & demi du Rhin par mois, & s'engagea de plus à faire tenir d'avance dans l'une des villes de Zurich, Berne ou Lucerne, la paie d'un mois pour chaque soldat dont la levée sera accordée, & pour les deux autres mois suivans dans la ville de Genève, ou autre à leur choix. Il est stipulé en outre, que ladite paie commencera du jour que leurs troupes seront sorties du pays ; & qu'elles jouiront de toutes les franchises, immunités & privilèges dont jouissent celles du Roi ; qu'en témoignage de son amitié pour les Cantons, & dans l'espérance de l'utilité qu'il retirera de leur secours, il sera délivrer tous les ans dans la ville de Lyon la somme de vingt mille livres, à partager entre lesdits Cantons & y comprises les villes de Fribourg & de Soleure.

Ce traité qui devoit subsister pendant la vie de Louis XI, fut (23) renouvellé le 10 Mars de la même année 1474, & le Duc de Lorraine y fut compris comme allié du Roi. Le Canton de Berne donna le 2 (24) Octobre suivant une déclaration, qui expliquoit l'étendue de cette alliance. Parmi les preuves qui accompagnent la nouvelle Edition des Mémoires de Philippe de *Comines*; on voit une lettre (25) de Louis XI, *en forme de Commission du grand Sceau*, au Général Briçonnet, pour faire payer annuellement la somme de vingt mille livres par forme de pension aux Ligues Suisses ; cette lettre est datée de Paris le 2 Janvier 1474. On y lit aussi un rôle (26) arrêté à Berne le 5 Avril 1475, par *Gervais Faur*, Commissaire du Roi, & Nicolas *Diesbach*, Advoyer de Berne, de la distribution de vingt mille livres de pension accordées par le Roi aux Ligues Suisses, outre vingt mille florins du Rhin, portés par le traité de 1474. Cette dernière somme étoit stipulée par un article particulier (27), qui disoit, que lorsque les Cantons requerreroient Sa Majesté de leur prêter secours contre le Duc de Bourgogne, à cause de ses propres guerres, elle seroit tenue de leur faire payer dans la même ville de Lyon, outre la somme ci-dessus réglée, celle de vingt mille florins du Rhin par quartier, & à continuer ainsi pendant qu'ils seroient occupés en guerre contre ce Prince à mains armées.

Louis XI (28) confirma de nouveau le 26 Octobre 1475 l'alliance qu'il avoit contractée avec les Cantons : il fit même une déclaration (29) datée du château du *Plessis-les-Tours* le 5 Novembre 1476, par laquelle il étoit marqué en son nom & en celui des Cantons, que l'alliance qu'il avoit conclue auroit la préférence sur celle qu'ils avoient avec la Maison de Savoie. Ce Prince ne prit néanmoins de troupes Suisses à sa solde qu'après la mort du Duc de Bourgogne ; il donna (30) quatre cent marcs d'argent à Philippe de *Comines* & au Seigneur du *Bouchage*, qui lui avoient apporté la première nouvelle de la bataille (*) de *Morat*. Le Duc de Bourgogne ayant été tué à celle de *Nanci* le 5 Janvier 1477, le Roi ne rencontra depuis aucun Prince de son Royaume qui osât lever la tête contre lui, ni s'opposer à ses volontés. Il devoit aux Suisses la défaite de ce redoutable ennemi, il leur en marqua sa reconnoissance par ses lettres-patentes (31) du mois de Septembre 1482 ; elles renferment tout le fondement des privilèges dont les militaires Suisses sont en droit de jouir en France.

Ce fut en 1477 (32) que Louis XI prit à sa solde, pour la

Lunig, Codex Diplom. Imperii Part. special. Contin. I. p. 218.
Dumont, Corps Diplom. T. III. Part. I. pag. 415. Amsterdam 1726, in-fol.
G. G. *Leibnitz*, Codicis Diplom. pag. 430.
Léonard, Traités, T. IV. pag. 4.
(22.) *Léonard*, ibidem. pag. 5-7.
Recueil des Traités de paix, T. I. pag. 599. Amsterdam, 1700, in-fol.
Godefroy, Preuves de Comines, T. V. pag. 6-9.
Dumont, Corps Diplomat. T. III. P. I pag. 465-456.
All. de France avec les Suisses, pag. 43-48.
(23) Alliances de France avec les Suisses, p. 49-54.
Diebold *Schilling*, Histoire de la guerre de Bourgogne, pag. 123-127, Berne 1743, in-fol. en Allem. avec fig.
(24) *Godefroy*, Preuves de Comines. T. V. p. 9-11.
Léonard, Traités de paix, T. IV. pag. 7-8.
(25) Preuves de *Comines*, T. III. p. 378. Paris 1747, in-4. Edition de M. l'Abbé *Langlet Dufresnoy*.
(26) Ibidem. pag. 379-380. Ce rôle imprimé dont M. le Baron de Zur-Lauben a donné l'extrait (*Vol. VIII. de l'Histoire Milit. des Suisses pag. 335*.) contient les noms des particuliers qui recevoient des pensions du Roi Louis XI, entre autres à Berne, plusieurs familles de *Diesbach*, de *Scharnach*. thal, de *Bubenberg*, de *Ringoltingen*, de *Waberen*, d'*Erlach* & de *Zimmermann* ; à Lucerne, le Prévôt du Chapitre & Albin de *Sylinen*, Gaspar de *Hertenstein*, Henry *Hasfurt*, Jean *Feer*, Jean *Seyler* ; à Zurich, le Bourgmestre Henri *Rouss*, Henri *Goeldlin*; à Uri, le Landamme *Walther In-der-Gass*, & le Landamme Jean *Friess* ; le Chancelier de Soleure ; à *Schweitz*, Thierri *Inder-Halten*; à Zoug l'*Amman*, & Jean *Shelt* au Canton d'*Underwalden*, &c. &c. Ce détail prouve qu'autrefois, même dans les Cantons-Villes, les chefs tonchoient des pensions de la France. En général tous les Cantons ont reçues celles d'alliance & de la paix perpétuelle jusqu'au premier Septembre 1723, & depuis cette époque jusqu'au renouvellement de l'alliance générale, le 25 Août 1777, seulement les Etats Catholiques de la Suisse qui avoient contracté ou confirmé l'alliance de 1715. L'article XVI du nouveau traité de 1777, dit expressément que les *Louables Etats Catholiques*, auxquels se joignent les *Louables Cantons de Glaris & Appenzell réformés*, ainsi que la ville de *Bienne, Alliez de Sa Majesté & d'alliance, de leur Sa Majesté s'engage de les faire régulièrement payer par chaque année dans la ville de Soleure* en espèces ayant cours en Suisse, suivant les anciens traités

& comme il s'est pratiqué jusqu'ici. Les Républiques de Zurich & de *Berne*, & à leur imitation celles de *Bale* & de *Schaffhausen*, & même les villes de *Saint-Gall* & de *Mulhausen*, n'ont pas cru devoir suivre l'exemple de leurs ancêtres qui avoient également reçues les pensions de paix & d'alliance de la France. C'est peut-être ici le lieu de rappeler l'anecdote suivante : le *Landamme* d'un Canton populaire à qui son Magistrat, parmi les Réformés, vouloit insinuer avec douceur en 1776, qu'il seroit beau & respectable qu'aucun Canton ne touchât la pension d'alliance, eut la sagesse de lui répondre, que son Souverain tiendroit toujours à grand honneur de recevoir à l'instar des anciens Suisses & à l'exemple de plusieurs Puissances du Nord & de l'Allemagne, des pensions & des subsides d'un si grand Monarque que le Roi de France, le plus ancien Allié du Corps Helvétique. Ce *Landamme* ajouta même qu'il croyoit beaucoup plus noble de toucher ainsi privilèges au nom de l'Etat, la pension d'alliance, qu'il ne le seroit de la recevoir en secret de quelque manière que ce soit. Quelqu'un qui écoutoit le dialogue ne put s'empêcher de dire de moment, *Sapienti pauca*.

(27) Alliances des 2 Janvier & 10 Mars 1474.
(28) *Léonard*, Traités, T. V. pag. 1-3.
Recueil des traités de paix, Tom. I. p. 634.
Alliances de France avec les Suisses, pag. 49-54.
Lunig, Part. spécial Contin. I. p. 220.
Dumont, Corps Diplomat. T. III. pag. 520.
(29) *Comines*, Liv. VI. C. IV. p. 389. Tom. I. Edit. de *Godefroy*.
Allian. de France avec les Suisses, pag. 59-64.
(30) *Comines*, L. V. Ch. X. p. 312. Edit. de Godefroy.
(*) PLANCHES 40, 72 & 187.
(31) *Vogel*, privilèges des Suisses, preuves pag. 174. Paris 1731, in-4. avec privilège du Roi.
Besson, Chartres, Lettres & Déclarat. des Rois de France en faveur des troupes Suisses, pag. 3-6. Paris 1659, in-4.
(32.) *Schilling*, Description des guerres de Bourgogne, pag. 387-389, 398-400 & 403.
Comines, Mém. Liv. VI. C. IV. p. 380-390. T. I. Bruxelles 1723, in-8. fig.
Mémoires historiques de la République Sequanoise, par Louis *Gollut*, p. 924. Dijon 1647, in-fol.
Stettler, Chr. de Berne, L. VI. p. 262 & suiv. & 275-276, &c.

première fois, un corps de troupes Suisses composé de six mille hommes : ils servirent en 1478 au siége de *Dole*, en Franche-Comté. Cette ville fut prise par trahison & livrée au pillage.

Charles VIII fut le premier Roi de France qui forma une compagnie Suisse pour la garde de sa personne; il confirma les priviléges accordés par son père, & même les augmenta, en un mot, il fut reconnoissant envers des Alliés qui ne l'avoient point abandonné dans les conjonctures les plus critiques. *Guichardin* (33) écrit en parlant de la bataille de *Fornoue*, que l'Armée Françoise n'avoit pas grande confiance dans son infanterie, parce qu'elle n'étoit pas exercée comme la *Bande des Suisses*, Nation, *ajoute-t-il*, qui a été de tout tems indomptée & féroce, & dont la réputation s'étoit augmentée depuis vingt ans par la guerre de Bourgogne. Cet Auteur Italien loue au même endroit la discipline militaire de ce peuple, & fait dire au Prince d'*Orange*, dans une harangue à Charles VIII, *que l'Armée des Suisses est le principal nerf de l'Armée Françoise.*

Ce fut le 27 (34) Février 1496 que le Roi Charles VIII créa la compagnie des *Cent Gardes-Suisses ordinaires de son corps*. Malgré les diverses (35) variations que cette compagnie a essuyées dans ses priviléges, elle a conservé cette ancienne prérogative d'être comptée au nombre des troupes de la garde du dedans du Louvre, immédiatement après les *quatre compagnies des Gardes-du-Corps ordinaires*, *Ecossois & François*. Elle a été maintenue dans le droit d'exercer la justice, tant au civil qu'au criminel, pour ce qui la regarde, & il n'y a que les Officiers Suisses qui soient dépositaires de ce droit : la justice est rendue suivant les Loix usitées en Suisse, & selon la rigueur des Ordonnances militaires. Les Rois ne pouvoient pas donner à la nation Suisse une plus grande marque de leur estime, que l'honneur qu'ils lui firent de lui confier le plus précieux dépôt de l'Etat, qui est leur personne sacrée. Cette compagnie a toujours été sur le pied militaire : voici une anecdote qui lui fait le plus grand honneur. Les ennemis (36) avoient fait prisonnier *François I* en 1526 à *Pavie*; & en le faisant repasser sur le champ de bataille, ils lui montrèrent l'endroit où les Gardes-Suisses de Sa Majesté venoient de perdre la vie ; le Roi les voyant tous étendus les uns auprès des autres, s'attendrit à ce spectacle, & dit à ses conducteurs, *si toutes mes troupes avoient fait leur devoir comme ces braves gens, je ne serois pas présentement votre prisonnier, mais vous seriez les miens.* Rien n'est plus caractéristique que le drapeau de cette compagnie ; il est de quatre quarrés bleus : le premier & le quatrième portent une *L* couronnée d'or, le sceptre & la main de Justice passés en sautoir & noués d'un ruban rouge : le second & le troisième quarré ont une mer d'argent ombrée de vert, flottant contre un rocher d'or, qui est battu des quatre vents. La croix blanche sépare les quatre quartiers, avec cette inscription : EA EST FIDVCIA GENTIS. On a voulu marquer par ces paroles la fermeté de la nation Suisse, que les plus grands dangers ne sont point capables d'ébranler, & qui, comme le rocher, se tient toujours ferme, malgré la fureur des vents & des flots. Je ne rapporterai pas ici les services que les Suisses ont rendus à la France depuis 1477, ils sont consignés dans l'Histoire qu'en a donnée (37) en huit volumes M. le Baron de *Zur-Lauben*. On a aussi du même Auteur le *Code* (38) *Militaire des Suisses*, pour servir de suite à l'Histoire précédente. *Vogel*, de la ville de *Sainte-Croix*, près *Colmar*, en Alsace, Grand-Juge du Régiment des Gardes-Suisses, donna en 1731 un gros volume (39) sur les Priviléges de cette Nation en France, & en 1734 une Traduction du *Code Criminel* (40) de l'Empereur Charles V, qui contient les Loix usitées dans les Conseil de guerre des troupes Suisses; il accompagna cette Traduction de Commentaires fort instructifs, qui développent les Ordonnances du Roi que les militaires Suisses sont obligés de suivre, en vertu de leur caractère, avec la même exactitude que le *Code Criminel*.

Les Suisses ont toujours regardé le service de France comme la principale école où ils pouvoient former les défenseurs de la patrie, les plus instruits dans l'Art militaire : aussi a-t-on vu constamment dans ce service des Officiers Généraux & des Colonels d'une rare distinction. Les trophées de *Fornoue*, de *Cérisoles*, de *Dreux*, de *Meaux*, de *Moncontour*, d'*Arques*, &c., seront d'éternels monumens de la noble ardeur que les Suisses ont fait éclater pour le soutien d'une Couronne, dont le bonheur assure la liberté du Corps Helvétique. Le récit des services qu'ils ont rendus à la France depuis trois siècles, doit sans doute être précieux à l'une & l'autre Nation. M. *le Beau* (41), si distingué dans les fastes de la Littérature, par son Histoire du *Bas-Empire*, & par ses Dissertations profondes sur la *Légion Romaine*, consacra en 1758 ces deux vers latins à l'honneur des Suisses, en les plaçant dans la bouche du célèbre Colonel Gaspard de *Gallatin*, qui montroit à un jeune Suisse une pyramide sur laquelle on avoit gravé dans des guirlandes de lauriers les noms des batailles où la Nation avoit brillé au service de la *France ;*

Disce, Puer, veteres Helvetica stemmata, Palmas.
Has retulit pollens Marte fideque manus.

« Enfant, apprens quelles ont été les anciennes palmes qui » ont fait la gloire des familles de la Suisse ; une main pleine » de valeur & de fidélité les a cueillies ». Voici encore un trait qui exprime toute la chaleur de l'ancien dévouement des Suisses au service de la France. Ils avoient décidé (42) en

---

(33) La Historia d'Italia, Liv. II. pag. 63 & 68, in Venetia 1599, *in-4*.

(34) M. le Baron de *Zur-Lauben* a rapporté l'Ordonnance de cette création dans le troisième volume de l'*Histoire Militaire des Suisses*, pag. 511-515.

(35) Ces variations sont rapportées dans le troisième volume de l'*Histoire Militaire des Suisses*, p. 368 416 & 511-579.

(36) Relation des différentes expéditions des Suisses depuis le règne de Charles VIII, écrite en Allemand par Antoine Haffner, de Soleure, Capitaine en France sous le Roi Charles IX.

(37) Paris 1751-1753, *in-12*.

(38) En quatre volumes *in-12*. Paris 1758-1764.

(39) *Les Priviléges des Suisses*, *in-4*. Ce livre étant devenu assez rare, a été réimprimé à *Iverdon* en Suisse en 1769, mais on en a retranché le traité sur l'alliance de la France avec la Suisse, sous prétexte qu'on pouvoit se procurer ce traité à part, étant imprimé à Berne en 1733, *in-8*. M. de *Haller*, après avoir fait l'éloge de ce recueil intéressant, dit qu'il y manque plusieurs actes très importans, & qu'on accuse même avec quelque fondement l'Auteur d'avoir tronqué quelques pièces pour rapporter tous les priviléges aux troupes Suisses, à l'exclusion des autres particuliers de la nation ; il cite pour preuve l'acte du mois de Septembre 1481, celui de 1602, & la déclaration de 1635. (*Conseils pour former une Bibliothèque historique de la Suisse*, pages 87-88.)

(40) Paris, *in-4*. avec *fig*.

(41) Mort à Paris au mois de Mars 1778.

(42) On ne peut lire rien de plus glorieux pour les troupes Suisses, que la lettre que le Roi Charles IX écrivit le 23 Décembre 1562, aux Cantons sur la bataille de Dreux. M. le Baron de *Zur-Lauben* l'a rapportée dans le huitième volume de l'*Histoire Militaire des Suisses*, pag. 384-387.

1562. la victoire, à la bataille de *Dreux* livrée le 19 Décembre, furveille de Saint-Thomas. Le Colonel *Gebhard Tammann*, de Lucerne, & douze Capitaines de son régiment avoient été tués dans cette mémorable journée. Les Capitaines qui restèrent voulurent éterniser cette victoire par quelque monument : ils instituèrent un Ordre de Chevalerie en 1567, pour affermir le zèle de leurs compatriotes au service de la France. Ils portoient une médaille d'or, suspendue par une chaîne également d'or ; sa forme étoit ovale, on y voyoit d'un côté l'Apôtre St.-Thomas, mettant un doigt dans la plaie du côté du Sauveur, & de l'autre on lisoit ces mots : SUPERSTITES HELVET. LEGION. DUCES SUPERATIS IN VIGILIA D. THOMÆ APUD DRUIDAS HOSTIBUS HANC SOCIETATEM INSTITUERUNT, 1567 ; c'est-à-dire, *les Capitaines de la Légion Helvétienne, qui ont survécu à la victoire remportée sur les ennemis la veille de Saint-Thomas, auprès de Dreux, ont institué cette association en 1567*. On a conservé une de ces médailles dans la Maison d'*Affry*, à Fribourg, elle vient de Louis d'Affry (43), l'un des Capitaines Suisses qui combattirent avec tant de gloire à la journée de Dreux.

L'Histoire des Suisses offre des actions comparables à celles des Grecs & des Romains, mais celle que l'Histoire de France a conservé sous le titre de *Retraite de Meaux* (44), est un des évènemens les plus remarquables pour l'une & l'autre Nation : je vais en donner le précis.

Les principaux Chefs des Huguenots avoient résolu de recommencer la guerre, & l'Amiral de *Coligni* leur avoit fait goûter le projet d'enlever à Monceaux le Roi & la Reine-Mère. Michel de *Castelnau* découvrit cette conspiration & en donna avis au Roi, qui, croyant avoir endormi les Huguenots, ne pouvoit se persuader de la vérité du complot. Les Chefs étoient convenus de se trouver tous en armes le 27 de Septembre, dans la ville de Rosoy, en Brie, lieu voisin de Monceaux, où la Cour se tenoit : ils assemblèrent le plus secrètement qu'il fut possible leurs Partisans & leurs Alliés. La Reine-Mère n'eut connoissance de leurs mouvemens que lorsqu'elle n'eut plus le pouvoir de les arrêter : sa surprise fut extrême ; mais elle ne perdit pas courage, & elle se retira en diligence à Meaux avec le Roi & toute la foule des Courtisans ; elle envoya cependant Couriers sur Couriers au régiment Suisse de *Pfiffer* qui étoit à Château-Thierry, pour le faire venir à Meaux. Ce régiment nouvellement levé, & qui étoit composé de six mille hommes, presque tous des Cantons & Etats Catholiques de la Suisse, étoit arrivé après une marche forcée, le 19 Septembre, à Château-Thierry. Son Colonel se nommoit Louis (*) *Pfiffer*, de Lucerne, le même qui avoit obtenu autrefois le régiment de *Tammann* après la bataille de Dreux, où il s'étoit très-distingué. Ce régiment ayant été réformé le 16 Novembre 1563, après l'Edit de pacification, Pfiffer s'étoit retiré dans sa patrie, mais dans l'attente d'évènemens où il pourroit donner de nouvelles preuves de son attachement au Roi de France : ce fut le 27 Septembre 1567 au soir, que le Colonel Pfiffer reçut à Château-Thierry l'ordre de marcher en diligence à Meaux. La Reine-Mère pour hâter sa marche, lui avoit fait dire que les Huguenots en vouloient à sa vie & à celles du Roi, du Duc d'Anjou son frère, & à toute la Cour. Pfiffer qui ne cherchoit que les occasions de signaler son zèle, fit partir le régiment vers minuit, & le conduisit le même jour à Meaux. Lorsqu'il s'approchoit de Meaux, le Roi & toute la Cour vinrent à cheval à la rencontre des Suisses ; Charles fit l'accueil le plus gracieux au Colonel & aux Capitaines : le régiment traversa la ville pour s'établir dans un des fauxbourgs. Comme on savoit que l'arrivée des Suisses seroit bientôt suivie de celle des Huguenots, qui s'étoient déjà avancés à Lagni, le Roi tint conseil pour déterminer s'il falloit attendre le siège dans Meaux, ou se retirer à Paris qui en est éloigné de dix lieues. Le Connétable de Montmorenci représenta que dans cette marche on ne manqueroit pas de rencontrer les ennemis, & que le défaut de cavalerie, en rase campagne, exposeroit infiniment le Roi : il conclut qu'on ne devoit pas jetter Sa Majesté & la Reine sa Mère dans un péril si évident. Mais Jacques de Savoie, Duc de Nemours, soutint qu'il seroit non-seulement déplacé, mais encore très-hasardeux, d'attendre un siège dans une ville, qui n'étoit fermée que par de vieilles murailles, & dans laquelle il n'y avoit point de munitions de guerre : cette diversité d'opinions tint long-temps les esprits en suspens ; il sembloit qu'on auroit à la fin adopté le sentiment du Connétable, si le Colonel *Pfiffer*, qui ce jour avoit monté la garde chez le Roi avec sa compagnie, n'eût demandé d'être introduit devant Sa Majesté. Dès que ce généreux (**) Chef parut dans le Conseil, il supplia le Roi en termes graves & pressans de ne pas se laisser assiéger par des Sujets rebelles, dans une ville si peu capable de résistance. — » Qu'il plaise, *dit-il*, à Votre Majesté de confier sa per- » sonne & celle de la Reine-Mère à la valeur & à la fidélité » des Suisses. Nous sommes six mille hommes, & nous vous » ouvrirons à la pointe de nos piques un chemin assez large » pour passer à travers de l'armée de vos ennemis «. Les autres Capitaines Suisses (45) qui se tenoient à la porte du Conseil, joignirent leurs prières aux discours de leur Colonel ; ces démonstrations d'attachement inviolable déterminèrent

---

(43) Ce Capitaine a été l'un des Ayeux de M. le Comte d'*Affry*, Grand-Croix de l'Ordre Royal & Militaire de St.-Louis, Lieutenant-Général des armées du Roi, & Colonel du régiment des Gardes-Suisses, lequel possède la médaille dont il est ici mention, & dont on peut voir l'empreinte sous le N°. 114 *des Tableaux de la Suisse*.

(44) Journal des expéditions des Suisses en France, depuis 1567, & jusqu'en 1570. par Antoine de *Zur-Lauben*, Capitaine au régiment de Louis *Pfiffer*, au service du Roi Charles IX. *manuscrit en Allemand in fol.* conservé à Zoug dans la bibliothèque de M. le Baron de *Zur-Lauben*. Autre Journal manuscrit des expéditions des Suisses en France depuis 1562, par Antoine *Haffner*, de Soleure, témoin oculaire, *in-*4. en Allemand.

Davila, Histoire des guerres civiles de France, Liv. IV. p. 384. Tom. I. Paris 1666, *in-12*. de la traduction de Jean *Baudoin*.

Popeliniere, Hist. de France, Tom. I. Liv. XII. p. 18-19. édition 1581, *in-fol*.

Le Laboureur, addit. aux Mémoires de *Castelnau*, Tom. II. p. 245 & 246.

Paris 1659, *in-fol*.

Brantôme, Hommes Illustres de France, Tom. III. pag. 9. Leyde 1666, *in-*24.

Thuan. Hist. Lib. XLI. pag. 564, & Lib. XLII. pag. 590-594. Tom. II. Londini 1733. *in-fol*.

Histoire Militaire des Suisses, par M. le Baron de *Zur-Lauben*, Tom. IV. pag. 348-361. Paris 1751, *in-12*, &c.

(*) Voyez son portrait sous le *numéro* 203.

(**) PLANCHE 151.

(45) Voici les noms de ces braves Capitaines.
De Lucerne, Jean Tammann, Jean-Arnold Segesser, & Jost Bircher.
Du Canton d'Uri, Beat Muheim, Barthelemi Kuon, & Ambroise Jauch.
Du Canton de Schweitz, Thierri In-der-Halden, Henri Pfell, Rodolphe de Reding & Balthasar Boeler.
Du Canton d'Underwalden, Pierre Zum-Weissenbach & N. Lussy.
Du Canton de Zoug, Antoine de Zur-Lauben & Osuald Schoen.

enfin la Reine-Mère ; elle se leva de son siège, loua le courage & le zèle des Capitaines Suisses, & leur dit qu'ils pouvoient aller donner au repos le peu de nuit qui leur restoit, les assurant que le lendemain matin elle confieroit très-volontiers, à la force de leurs bras, *le Salut & la Majesté de la Couronne de la France*. Cette résolution fut suivie des applaudissemens des Suisses & de leurs cris redoublés : ils allèrent se préparer pour le lendemain , tandis que les Seigneurs de la Cour se hâtoient de leur côté de ranger leurs gens & les archers de la garde du Roi. Le résultat fut que vers minuit dix compagnies Suisses prendroient les devans, que le Roi, toute sa Cour & tous les équipages, suivroient la dixième compagnie, & que les dix autres feroient l'arrière-garde ; chaque compagnie étoit de trois cent hommes. Antoine *Haffner*, de Soleure, témoin de tous ces mouvemens, rapporte qu'on augmenta jusqu'au moment du départ la garde du Roi de dix compagnies Suisses, pour se précautionner contre la trahison des Habitans, dont un grand nombre se sauvoit par-dessus les murailles de la ville pour aller joindre les Huguenots.

Vers le minuit du 28 au 29 de Septembre, on entendit battre le tambour dans le quartier des Suisses ; & bientôt ensuite ils s'avancèrent jusqu'à un quart de lieue hors de la ville pour se former en bataille. Lorsque le jour commença à paroître, les dix compagnies laissées dans Meaux pour la garde, sortirent également de la ville, joignirent les autres, & firent l'arrière-garde. Le Roi à cheval, suivi de toute la Cour, avoit coupé par divers sentiers, & étoit arrivé (*) en même-temps au régiment : il montroit beaucoup d'intrépidité. Un célèbre Historien (*Davila*) écrit que les Suisses paroissoient si déterminés & si lestes, que la France n'avoit point vu depuis long-temps un spectacle plus agréable. Une relation de cette marche (46) s'exprime ainsi. » Le » Roy estoit non tant asseuré de huit ou neuf cents *cheveaux* » François (qui n'avoient pour toutes armes que l'espée & » la cape) que de ses Suisses : lesquels encores qu'ils n'eussent » eu loisir depuis leur fraische arrivée, de reposer trois heures » de bon sommeil, si marchoient-ils avec telle allégresse, » chantans mesmes à l'envy, & s'entr'encourageans les uns » les autres, de joye qu'ils avoient de asseurer un des plus

» grans Princes de ce monde : que les plus dévotieux François » pouvoyent plustost envier un si fidèle & affectionné service » que trouver le moyen de faire mieux «.

Au sortir de Meaux le régiment étoit partagé en deux corps, l'un formant l'arrière-garde, & l'autre marchant immédiatement après les *Chevaux-Légers* du Roi, que le Duc de Nemours conduisoit : l'arrière-garde étoit soutenue par le Connétable & les Gentilshommes de la Cour ; le Roi & sa suite s'avançoient entre l'arrière-garde & le corps des Suisses qui la précédoit. On marcha de cette sorte jusqu'à trois quarts de lieue , en rase campagne ; on découvrit alors au-delà de la Marne, derrière les arbres, la cavalerie des Huguenots ; les troupes du Roi continuèrent leur route. Bientôt après le Prince de Condé fit passer la rivière sur un pont de bateaux à mille cavaliers ; ce corps fut dans l'instant augmenté de mille *cheveaux légers*, qui s'étoient tenu cachés dans les villages voisins. Lorsqu'ils furent une fois rassemblés, ils s'approchèrent des troupes du Roi à la portée d'un coup de fauconneau. Ce fut dans cette situation que le Colonel Pfiffer forma son bataillon quarré, en rapprochant les dix compagnies de l'arrière-garde du centre de bataille ; il le ferma par les cuirassiers, & plaça sur les ailes les arquebusiers, auxquels il défendit de tirer, s'ils n'étoient sûrs d'abattre l'ennemi. Cet ordre fut exactement observé : le Roi, la Reine sa mère, le Duc d'Anjou, les Ambassadeurs des Princes, & toutes les Dames de la Cour, se mirent au milieu du bataillon quarré. Telles étoient les dispositions de l'intrépide Pfiffer.

Comme les Huguenots s'approchoient de plus en plus, le Colonel fit faire la prière au bataillon, qui se mit (47) à genoux & implora l'assistance Divine, étendant ses bras vers le Ciel, ensuite il se releva. Ce Colonel fit serrer les files, & présenta les piques. Le bataillon montroit par sa contenance qu'il méprisoit la fougue des *chevaux*. En vain le Comte de la Rochefoucault qui étoit survenu avec trois cent Maîtres, & d'Andelot avec deux cent autres, voulurent charger en queue. Les Suisses tinrent ferme & obéirent à leur Colonel, qui, dès le commencement de l'approche des ennemis, les avoit encouragés, en leur disant : » Fidèles & chers Capi- » taines & Soldats, vous voyez que les forces de l'ennemi ne

---

Du Canton de Glaris-Catholique , Fridolin Hessy.
De Fribourg , Nicolas de Praromann , Avoyer du Canton.
De Soleure , Ours Zur-Matten.
De Schaffhausen , Denis Stahel, & Martin Fritschi.
Du Canton d'Appenzell-Catholique , Jacques de Heym & Ulric Schiryff.
Au nom de l'Abbé de Saint-Gall , Joseph Studer.
Compagnie franche du Capitaine Guillaume Tuggener , de Soleure de trois cent hommes.
Du pays des Grisons , N. Crifer , Jean de Traverse & Hercules de Salis.
Du Vallais , Jean de la Tour , en Allemand *Zum-Thurn* , & Jacques de Riedmatten.

On voit dans le Canton de Lucerne au château d'*Alkishoffen* , qui a appartenu au Colonel Louis Pfiffer, quatre grands tableaux de la retraite de Meaux ; ces tableaux de la composition d'un peintre Italien, sont les mêmes qui ont été gravés dans cet ouvrage. On montre aussi dans le même château un bocal d'argent doré sur lequel sont ciselés les écussons du Colonel Pfiffer & des Capitaines qui avoient sauvé le Roi Charles IX : il est vraisemblable que dans les anciens temps voisins de celui du Chevalier *Bayard* , les Capitaines qui avoient eu part à un évènement éclatant, faisoient quelquefois au retour de la paix, des libations de reminiscence fraternelle avec leur Colonel, ou que leur digne Chef à qui ils avoient offert un bocal ainsi armorié, pouvoit, par marque de leur estime & de leur attachement, buvoit dans ce vase commémoratif à des repas qu'il donnoit à ses amis. Voici le portrait du Colonel Pfiffer, tel que nous l'a laissé Antoine *Haffner* , de Soleure , qui a écrit un journal sur l'expédition des Suisses en 1567, & à laquelle

il s'étoit trouvé, étant alors Secrétaire de la compagnie de *Zur-Matten* ; cet éloge traduit de l'ancien langage Allemand , justifie pleinement les motifs de la parfaite amitié que les Capitaines avoient vouée à leur respectable Chef.

» Notre Colonel se nommoit Louis Pfiffer , de Lucerne ; il fut depuis » créé Chevalier par le Roi de France , à cause de ses actions héroïques & » de la bonne conduite de son régiment, & il fut agrégé au nombre des » grans gentilshommes de sa maison. C'est un Chef rempli de zèle & plein » de prudence , qui n'est jamais précipité dans ses vues ni dans ses entre- » prises , mais qui pesant trois fois avant d'agir , n'échoue jamais dans l'exécu- » tion d'une affaire , parce qu'il la conduit toujours avec sagesse. Il fait ob- » server exactement la discipline militaire ; il honore extrêmement les Offi- » ciers anciens & expérimentés, & ne souffre dans son corps aucun joueur, » ni de gens inutiles. Lorsqu'il se fait une levée d'hommes en Suisse , ce » Colonel choisit constamment les Capitaines expérimentés ; il craint Dieu, » observe religieusement l'ancienne religion catholique , respecte beaucoup » le Clergé , & fait de grandes aumônes aux pauvres ; en un mot il possède » toutes les qualités qui forment un honnête homme «.
(*) PLANCHE 115.
(46) Histoire des troubles de France & de Flandre depuis 1562, dédiée au Roi Charles IX. L. II. p. 42, Bâle 1572, *in-8*.
(47) Telle avoit été l'attention religieuse des anciens Suisses à toutes les batailles où ils avoient livrées aux ennemis de leur liberté ; l'histoire nous en cite des exemples mémorables, entre autres aux batailles de *Morgarten*, de *Laupen*, de *Sempach*, de *Grandson* & de *Morat*.

» consistent

» confistent que dans la cavalerie & qu'il est très-bien monté;
» si nous l'attaquons, comme vous le désirez, il se retirera
» en arrière, jusqu'à ce que nous soyons tous fatigués &
» harassés : ce mouvement rompra l'ordre de bataille, &
» c'est alors qu'il nous attaquera lui-même; & que sans souf-
» frir aucune perte il s'assurera notre défaite. Ainsi, chers &
» fidèles compatriotes, que chacun garde constamment sa
» place; & lorsque l'ennemi viendra nous attaquer, nous le
» recevrons avec nos longues & bonnes piques, au nom de
» la Très-Sainte-Trinité; & vous, chers arquebusiers, que
» chacun de vous ait attention de ne pas manquer les hom-
» mes ou les chevaux sur lesquels il tirera: oui, si vous suivez
» l'ordre que je vous donne, chers soldats, ne doutez pas
» du succès ni de la victoire. Je serai toujours à la tête de
» ceux qui feront face à l'ennemi; & tant que je vivrai j'ex-
» poserai fidèlement avec vous mon sang & mon bien, de
» cette manière nous pourrons acquérir un nouvel honneur à
» notre chere patrie ». Ce fut ainsi que Pfiffer harangua
son bataillon, suivant le rapport d'un Historien (48), qui
l'entendit lui-même. Les Suisses se voyant chargés en queue
firent (*) face avec une promptitude incroyable. Charles montroit la plus grande fermeté, ce jeune Monarque encourageoit
le bataillon & disoit; *qu'il aimoit mieux mourir Roi que de vivre serf*
& captif. Les Huguenots firent quelques décharges, comme
s'ils eussent voulu attaquer : mais voyant les Suisses aussi déterminés, ils commencèrent à s'éloigner & à faire des caracols
en rase campagne; ils continuèrent de la sorte leur marche,
tantôt s'arrêtant & tantôt devançant les troupes du Roi : ils
firent environ sept lieues de chemin avec une constance opiniâtre. Le Connétable pressoit cependant la marche du bataillon, parce qu'il avoit appris qu'il arrivoit de Lagni aux
Huguenots un renfort de quinze cent arquebusiers. Le péril
imminent dura jusqu'à ce qu'on eût passé un ruisseau ou plutôt un torrent qui traversoit la plaine & qui cependant étoit
guéable en plusieurs endroits : dès que le bataillon l'eut
passé les ennemis cessèrent de le poursuivre, quoique le secours
de Lagni leur arrivât en ce moment; comme le jour étoit sur
son déclin, ils firent retraite dans les villages voisins. On n'eut
pas plutôt passé le ruisseau que le Roi, la Reine-Mère & toute
la Cour, prirent en diligence le chemin de Paris, sans que l'ennemi pût remarquer leur départ; ce qui fut regardé comme
un très grand bonheur, car il n'eût fallu aux Huguenots que
deux cent *Chevaux-Légers* pour les surprendre en gagnant les
devans.

Le Connétable & le Duc de Nemours étoient restés avec
les Suisses. Le bataillon quarré continua sa marche jusqu'au
Bourget, à deux lieues de Paris. Les Huguenots furent eux-
mêmes contraints (49) de louer beaucoup la bonne discipline
& l'exacte obéissance des Suisses. Le bataillon après s'être
arrêté quelque temps au Bourget, se remit en marche &
arriva après minuit à Paris, dans les fauxbourgs : il étoit extrêmement fatigué de la pénible journée qu'il avoit faite. Il ne
perdit, dans toute cette marche, que trente hommes qui
avoient été tués par les décharges des Huguenots. Le Roi &
sa Cour étoient arrivés à Paris vers les cinq heures du soir. Sa
Majesté dit publiquement à son souper, *qu'après Dieu il recon-*
noissoit tenir la sûreté de sa personne des Suisses & du Prince de Nemours.
Le lendemain les Suisses entrèrent dans Paris en fort bon ordre
& le Roi accompagné de sa Cour les reçut à la porte St.-Martin (**), où il les attendoit;
il leur fit de grands éloges à l'occasion de leur valeur, & leur
donna la *solde* (50) *de bataille.* Ce Prince passa en même-temps au
col du Colonel Pfiffer l'Ordre de St.-Michel; il ne pouvoit l'honorer d'une plus grande marque de distinction qu'en le nommant Chevalier de son Ordre; ensuite les Suisses furent répartis
dans le fauxbourg Saint-Honoré; tout Paris les accabloit d'honneurs & de caresses. Brantôme (51) dit de la journée de Meaux,
c'est une retraite celle-là, & des belles, en plein jour, non de la façon
que M. de Montluc en donna l'instruction à M. d: Strozze & à tous
gens de guerre de faire les leurs de nuit. Voilà pourquoi il faut estimer
celle-ci par-dessus beaucoup d'autres, & mesme ayant toujours les enne-
mis en vue, mais quels ennemis ? des braves, des vaillans & déterminez
qui fussent en France.

Le jugement que le célèbre *la Noue* (52), surnommé *Bras-*
de-Fer, a porté de la retraite de Meaux, est digne d'être lu par
tous les gens de guerre. Il dit en parlant des Suisses: *J'ay entendu*
que ce gros bataillon fit une contenance digne des Suisses; car sans jamais
s'estonner, ils demeurèrent fermes pour un temps, puis après se reti-
rèrent serrez, tournans toujours la teste comme a accoutumé de faire
un furieux sanglier, ou les abbayeurs poursuivent, jusqu'à ce qu'on
les abandonna, voyant qu'il n'y avoit apparence de les forcer.

Rien ne fut égal aux expressions dont le Roi se servit dans
la lettre qu'il adressa aux Cantons Catholiques; il leur marquoit qu'il conserveroit à jamais le souvenir d'un évènement
qui lui avoit été ménagé par la Providence, & dont le succès
avoit si parfaitement répondu à l'empressement & au zèle
d'aussi chers alliés : ce qui regardoit le Colonel *Pfiffer* personnellement n'y fut point oublié. Le Roi ne pouvoit assez louer
la capacité & la vigilance que ce Chef avoit fait paroître dans
tout le détail de la marche de Meaux, qui devoit être mise
en parallèle avec une victoire complette; & Sa Majesté assuroit les Cantons, *ses bons compères,* qu'un Officier d'un mérite
aussi rare, ne seroit pas moins recommandable auprès de sa
personne & à sa Cour, que dans sa propre patrie. Je laisse

---

(48) Antoine *Haffner*, de Soleure.
(*) PLANCHE 127.
(49) Notable exemple, dit *un Auteur François du temps* (*Hist. des troubl.*
de France depuis 1562, *pag.* 43, *Bâle* 1572, *in-8.*) que de la dextre force
(en laquelle maintes bestes ont l'avantage sur nous) ne la furieuse vaillance
(plus naturelle aux lions & tels autres brutes qu'à l'homme) ne font le brave
& vertueux guerrier (comme la plusphart des hommes de ce temps estiment,
qui se pensent bien acquitter du devoir de les armes, si despourvueus de toute
cognoissance & discipline militaire, ils portent en guerre une bouillante
fureur & comme ils disent un coeur à l'espreuve) ains l'obéissance au Chef.
(**) PLANCHE 111.
(50) Le traité d'alliance conclu entre le Roi Charles IX & les Cantons,
le 7 Décembre 1564, explique ainsi la *solde de bataille*. « Et s'il avenoit que
» pendant la continuation & durant la guerre, se donnât par nostre com-
» mandement ou de nos Lieutenans-généraux en l'armée, une bataille en
» laquelle eussions victoire, par l'aide des gens de guerre Suisses, ou bien
» que lesdits Suisses fussent pressés & forcés par nos ennemis au combat,
» tellement qu'il s'en suivit bataille & victoire, Nous Roy Charles, usant
» de l'inclination naturelle qu'avons toujours portée & portons à l'endroit de
» leur nation, le cas avenant, voulons & entendons donner aux soldats la
» paye & solde d'un mois, outre celle qui court par leurs appointemens
» ordinaires; ce que nous ferons tenus leur payer & leur faire délivrer,
» avant que de les licentier & renvoyer en leur pays ». Les Alliances conclues avec les Rois Henri III & Henri IV, & en 1663 avec Louis XIV,
ont encore confirmé l'article de l'alliance de 1564, au sujet de la *solde de*
bataille. Voyez le *Code Militaire des Suisses*, T. I. pag. 116-122.
(51) *Hommes Illustres de la France*, T. III. pag. p. Leyde 1666, in-24.
(52) *Discours politiques & militaires*, pag. 605, 610 & 615, Bâle 1599, in-8.

au Lecteur à faire les réflexions que bon lui semblera sur les suites de la retraite de Meaux; toujours est-il sûr que cet évènement, en sauvant le Roi & les Princes ses frères, sauva en même-temps dans le Royaume la Religion Catholique, & que si les Cantons qui la professent n'eussent pas eu le bonheur de remporter en 1531 deux victoires consécutives sur les Cantons *Réformés*, la Catholicité en Suisse eût couru les plus grands risques, & son impuissance l'eût empêché de voler au secours de Charles IX contre les Huguenots de la France. Les plus grands évènemens de ce monde, ont entre eux une sorte d'enchaînement, & souvent ils sont produits par de petites causes. Un *chapeau*, comme nous l'avons déjà observé, a été l'origine de la Liberté des Suisses, & une *beface* a été le premier signal de la Liberté de la Hollande. Ni (53) les Ministres de l'Empereur Joseph I, ni les plus grands Philosophes, ni les plus subtils Politiques, n'auroient pu soupçonner qu'une paire de *gands* changeroit en 1712 le destin de l'Europe; cela arriva cependant au pied de la lettre. De petites tracasseries de femmes sauvèrent Louis XIV d'un pas d'où sa sagesse, ses forces & sa puissance ne l'auroient peut-être pu tirer, & obligèrent les Alliés à faire la paix malgré eux. La superbe *Gènes* (54), forcée en 1746 de recevoir la Général de l'*Impératrice-Reine* les loix qu'il voudroit bien lui donner, dut sa délivrance à une très-petite cause. Les Autrichiens prenoient les canons de la ville pour les transporter en Provence, où les armées de l'*Impératrice-Reine* & du *Roi de Sardaigne* pénétroient; les Génois servoient eux-mêmes à traîner les canons qu'on leur ôtoit: il arrive qu'un Officier Autrichien frappe un jour d'un coup de canne un homme du peuple (un Cordonnier) qui ne s'empressoit pas assez pour ce service; aussi-tôt voilà tout ce peuple qui s'attroupe, qui court aux armes, qui tombe sur les vainqueurs dans les rues, dans les places publiques, avec tout ce qu'il trouve sous sa main : il marche au magasin des armes, tandis que le Sénat incertain n'ose seconder publiquement ses efforts; il s'arme régulièrement, & devenu soldat par désespoir, il chasse les Autrichiens des portes qu'ils gardoient, & se nomme des Chefs; la consternation qui avoit abattu si long temps les Génois, passe dans le cœur de leurs nouveaux Maîtres; les Paysans des environs animés par l'exemple des Citoyens, s'assemblent au nombre de quinze ou seize mille: un Prince *Doria*, d'une race à qui Gènes a dû plus d'une fois son salut, attaque le Général *Botta* dans *Saint-Pierre des Arènes*; les Autrichiens fuyent, après avoir laissé mille morts & environ trois mille prisonniers, ils abandonnent leurs magasins & leurs équipages, repassent *la Bochetta*, & sortent de l'Etat de Gènes. Cette étonnante révolution ne servit pas peu à délivrer la Provence de l'armée Autrichienne ainsi que de l'armée Piémontoise qui ravageoient cette province & menaçoient *Marseille*, en ce qu'elles les frustra entièrement des provisions qu'elles s'attendoient à tirer de *Gènes*. L'histoire fournit quantité d'exemples de cette nature, & il y auroit un Livre bien intéressant à faire *sur les grands évènemens produits par de petites* (55) *causes*; mais il faudroit qu'il fût mieux écrit que celui qui a paru sous ce titre; il faudroit aussi que l'Auteur d'un tel Ouvrage eût l'ame & le style de *Montesquieu*.

Mais pour revenir à la *retraite de Meaux*, le régiment de *Pfiffer* qui y avoit acquis tant de gloire, porta jusqu'à sa réforme, en 1570, le titre du *Régiment des Gardes-Suisses du Roi*. Cette glorieuse époque, où les Suisses sauvèrent Charles IX, fut aussi le principal motif qui détermina ce Prince à donner une forme solide au régiment François qu'il avoit destiné en 1563 pour sa garde, & que le malheur du temps avoit presque fait supprimer, en éloignant ce corps de la Cour; c'est aujourd'hui le régiment (56) des *Gardes-Françoises*.

La charge (57) de *Colonel-Général des Suisses*, n'avoit subsisté jusqu'alors que pendant la guerre; Charles IX en revêtit le 17 Juin 1571 Charles de *Montmorenci*, Seigneur de *Meru*, fils puîné du Connétable de ce nom, aussi illustre par son mérite & ses services, que par l'éclat de sa naissance. Le Roi l'établit *Colonel-Général des Suisses*, non-seulement pour le temps de la guerre, mais encore pour celui de la paix. Cette charge a presque toujours été donnée jusqu'en 1674 à des Seigneurs d'une grande naissance. Le célèbre Henri Duc de *Rohan* en étoit revêtu en 1605; le Maréchal de *Bassompierre* en 1614; le Maréchal de *Schomberg* (Charles Duc d'Hallevin) en 1647: un Prince de la Maison Royale de *Savoie*, *Eugène-Maurice*, Comte de *Soissons*, père du Prince *Eugène*, l'avoit obtenue en 1657 : à sa mort, le Roi Louis XIV la donna à son fils légitimé *Louis-Auguste de Bourbon*, *Duc du Maine*. Avant l'année 1671, le service des Suisses en France n'avoit pas été sur un pied stable, à l'exception de la compagnie des *Cent Gardes-Suisses ordinaires du Corps du Roi*, qui avoit été instituée en 1496, & à la réserve du régiment actuel des Gardes-Suisses qui avoit été formé en 1616, & qui avoit été originairement le régiment Suisse de *Gallaty* (58), levé le 8 Février 1615. Il a été d'usage pendant près de deux siècles de renvoyer les troupes Suisses dans leur pays, à la fin de l'expédition pour laquelle elles avoient été demandées; quelquefois néanmoins le Roi par considération, ne comprenoit pas dans la réforme d'un régiment la compagnie qui en étoit la colonelle, & la conservoit près de sa personne. Cette politique attachoit à son service un Chef distingué, qui pouvoit aisément par son crédit rétablir son régiment lors de la première guerre qui survenoit.

Louis XIV. ayant fixé, en 1671, sur un pied stable le service des Suisses, & augmenté considérablement le nombre & la force des régimens de la Nation, plaça à leur tête par distinction comme *Colonel-Général*, son fils légitimé M. le *Duc du Maine*. Ce Prince posséda cette charge jusqu'à sa mort en 1736; & ses deux fils, M. le *Prince de Dombes* (59), & M. le *Comte d'Eu* (60), ont été de même nommés successivement *Colonels-Généraux des Suisses & Grisons*. Mais jamais la Nation Suisse n'a plus été honorée qu'à l'époque où Louis XV nomma, le 19 Décembre 1771, Colonel-Général des Suis-

---

(53) Anti-Machiavel, ou Essai de critique sur le prince de *Machiavel*, publié par M. de *Voltaire*, p. 176-178. Bruxelles 1740, *in-8*.

(54) Essay sur l'Histoire générale par M. de *Voltaire*, T. VI. pag. 126-127, Edit. 1756, *in-8*.

(55) Tel est le jeu des évènemens les plus importans de ce monde; la providence se rit de la sagesse & des grandeurs humaines; des causes frivoles & quelquefois ridicules, changent souvent la fortune des Monarchies entières. (Réflexions du célèbre Auteur de l'*anti-Machiavel*, p. 177.

(56) L'Histoire de ce régiment a été composée par feu M. *Simon Lamoral le Pippre de Nœufville*, Chanoine de *Huy*, qui l'a insérée dans son ouvrage intitulé : *Abrégé Chronologique de l'origine, du progrès & de l'état actuel de toutes les troupes de France*, Liége 1735, *in-4*. fig. T. III. pag. 3 & suiv.

(57) Histoire Militaire des Suisses, par M. le Baron de *Zur-Lauben*, T. I. pag. 97-105 & 327-352, & T. IV. pag. 428-429.

(58) Voyez le portrait du célèbre Colonel Caspar de *Gallaty*, de Glaris, premier Colonel du régiment des Gardes-Suisses, sous le *numéro* 166.

(59) *Louis Auguste de Bourbon*, mort à Fontainebleau le premier Octobre 1755.

(60) *Louis-Charles de Bourbon*.

ses, son auguste petit-fils, Monseigneur CHARLES-PHILIPPE DE FRANCE, COMTE D'ARTOIS. Cette époque (61), présage à la Nation l'avenir le plus glorieux, puisqu'elle doit espérer avec une juste confiance, qu'en aucun temps le commandement-général des Troupes Suisses ne sortira de la Maison Royale de France; distinction brillante que les anciens Suisses préparèrent à leurs descendans par tant de sang qu'ils avoient versé pour le soutien d'une Couronne qui assure la conservation du Corps Helvétique, & qui montre évidemment que l'auguste Monarque qui règne sur la France, en offrant à son peuple la bienfaisance de Henri IV, a hérité, ainsi que les Princes ses frères, des sentimens de bienveillance que ce grand Roi eut constamment pour la République des Suisses.

En 1759, Louis XV institua, le 10 Mars, en faveur des Officiers Protestans de ses régimens Suisses & Allemands, *l'Ordre du mérite Militaire*; il y a de cet Ordre quatre Grand-Croix, dont deux sont Suisses, & quatre Commandeurs, dont deux sont aussi Suisses.

Le premier Mars 1763, parut l'Ordonnance du Roi concernant le régiment Grison de *Salis*, & le premier Juin de la même année celle qui règloit la formation du *régiment des Gardes Suisses*.

Le 8 Mai 1764, la capitulation actuelle du régiment d'*Erlach* fut signée à Soleure, & bientôt après celle du régiment de *Lochmann*, sur le pied de la nouvelle formation.

En 1764, en Novembre & Décembre, M. le Chevalier de *Beauteville*, alors Ambassadeur du Roi en Suisse, signa avec les Députés des Cantons respectifs la capitulation générale, pour les troupes que les Cantons Catholiques, & l'Abbé de Sain-Gall ont au service de *Sa Majesté Très-Chrétienne*. Par l'article XLIX, ces Etats renouvellèrent & confirmèrent *en tant que besoin seroit l'accession qu'ils avoient précédemment donnée au règlement particulier, qu'il a plû à Sa Majesté de faire pour le régiment de ses Gardes Suisses le premier Juin 1763*. L'article LI s'exprime ainsi: *La présente capitulation durera vingt-cinq années, après quoi il sera libre à chacune des parties contractantes de la continuer ou d'y renoncer*. Le dixième article de l'Alliance renouvellée à Soleure, le 25 Août 1777, entre le Roi glorieusement régnant, les Cantons & leurs Alliés, l'Abbé & la Ville de Saint-Gall, la République du Vallais & les Villes de Mulhausen & de Bienne, porte expressément: *Les conventions qui subsistent entre le Roi & les Etats divers du Corps Helvétique, ainsi que celles qui pourront se conclure par la suite au sujet de l'entretien des régimens Suisses en France, étant l'objet des capitulations militaires, on sera libre de part & d'autre d'en faire de nouvelles à leur échéance, ou de ne pas les continuer, sans par-là préjudicier, ni déroger à l'alliance même, sous l'engagement réciproque toutesfois d'exécuter les capitulations selon leur forme & teneur. Lesdits régimens continueront à jouir du libre exercice de la Religion & de la Justice comme du passé, ainsi que de tous les autres priviléges, franchises & avantages qui sont assurés aux troupes de la nation Suisse par les traités & les capitulations.* L'article VII porte: *Sa Majesté & le Corps Helvétique déclarent contracter & conclure la présente alliance pour le terme de cinquante ans.*

Le 23 Janvier 1779, la capitulation du régiment de Mu-ralt, ci-devant *Lochmann*, a été renouvellée à Soleure pour vingt ans, par M. le Vicomte *de Polignac*, Ambassadeur du Roi, & les deux Députés du Canton de Zurich.

Il y a actuellement de troupes Suisses au service du Roi, indépendamment des *Cent Suisses de la garde du Roi*, & des deux compagnies des Suisses de *Monsieur* & de Monseigneur le *Comte d'Artois*, le régiment des gardes Suisses de sa Majesté, & onze régimens, dont huit Suisses, savoir, d'*Erlach*, qui est avoué du Canton de Berne; *Boccard*, *Sonnenberg*, *Castella*, *Waldener*, d'*Aulbonne*, *Diesbach*, composés de compagnies des Cantons Catholiques & autres Etats de la Suisse; *Muralt*, qui est du Canton de Zurich; un régiment Vallaisan qui est *Courten*; un autre Grison qui est *Salis*, & celui d'*Eptingen* (62), qui est au nom de M. le Prince-Evêque de Bâle, ancien Allié des Cantons Catholiques. Le total de tous ces régimens, y compris celui des *Gardes Suisses*, qui est de deux mille trois cent quarante-neuf hommes, montoit en 1772 à quinze mille quatre cent quatre-vingt-quatorze hommes.

Passons maintenant aux autres services étrangers des Suisses.

La garde Suisse (63) *du Pape*, instituée en 1505, sous le Pontificat de Jule II, massacrée sous celui de Clément VII, en 1527, au sac de Rome par l'armée Impériale, rétablie en 1548, sur l'ancien pied sous Paul III, fut réduite sous Clément IX, en 1660, à cent vingt hommes, & monte aujourd'hui à cent trente-trois. La garde Suisse du Pape est actuellement commandée par un Capitaine de *Lucerne*, qui a rang & brevet de Colonel.

En 1660, le (64) Canton de *Zoug* accorda au Pape Clément IX, une garde Suisse pour son Légat à *Ferrare*, commandée par un Capitaine & un Lieutenant, & ayant deux Sergens, deux caporaux, deux tambours, un fifre, un prévôt, & quarante hallebardiers. Cette Compagnie eut pour premier Capitaine Gaspard de *Brandenberg* de Zoug, dont les descendans ont possédé cette place jusqu'à présent.

La garde Suisse du Gouverneur de *Pisaro*, est un détachement de dix-neuf hommes de la garde Suisse du Pape.

Les deux Compagnies des gardes Suisses à *Ravenne* & à *Bologne*, lesquelles sont recrutées par le Canton d'*Uri* depuis 1660, ont la même formation que celle des gardes à *Ferrare*.

Depuis 1739 (65), il n'y a plus eu de régiment Suisse au service de *la Maison d'Autriche*. Le dernier régiment Grison qui a été à ce service, étoit celui de *Sprecher*; il fut réformé en 1750.

Le Grand-Duc de *Toscane*, élu le 13 Septembre 1745 Empereur sous le nom de *François I*, donna la même année à sa Compagnie des Cent Suisses, le titre de *Gardes Suisses de l'Empereur*. Les Cantons Catholiques avoient accordé, en 1698, cette Compagnie à Charles-Léopold, Duc de Lorraine. Elle fut conservée par son fils, transférée à Florence en 1736, & jusqu'en 1745 titrée *Garde Suisse du Grand-Duc*. Les liaisons des Cantons avec la *Maison Royale de Lorraine* datoient depuis la bataille de *Morat*, où le Duc René avoit

---

(61) Monseigneur le Comte d'Artois a été reçu Colonel-Général des Suisses, par le feu Roi son bisayeul à Versailles le 28 Mars 1772.

(62) Le traité d'Alliance entre Sa Majesté Très-Chrétienne & Son Altesse le Prince-Evêque de Bâle, conclu à Versailles le 20 Juin 1780, porte par l'article second: la Capitulation du 4 Mars 1768, au sujet du régiment que l'Evêché entretient au service de cette Couronne, sera exécutée selon sa forme & teneur, & il sera libre aux deux Parties d'en faire une autre à son expiration; mais si l'on ne la renouvelloit pas, lesdites levées se feront par la suite de la même manière qu'elles ont été pratiquées avant l'époque du 4 Mars 1768.

(63) Histoire Milit. des Suisses par M. May de Romainmotier, T. II, pag. 243 & suiv.

(64) La même Histoire, T. II, p. 241-242.

(65) May, ibid. T. I. pag. 515-519.

combattu avec tant de gloire à la tête des Suisses, contre Charles, Duc de Bourgogne. Les services éclatans qu'ils rendirent au même Duc à la bataille de *Nanci*, évènement qui le rétablit solidement dans ses Etats, furent toujours précieux à sa mémoire & à celle de ses descendans. Malgré ces titres, la Compagnie *des gardes Suisses de l'Empereur* a été réformée, en 1768, avec son Capitaine *Fridolin-Léonce Hartmann*, de Lucerne, Chevalier de l'Ordre Ducal de Saint-Etienne de Florence.

En 1772 (66), il y avoit au service de *l'Espagne* quatre régimens Suisses, sçavoir, *Buch* ou *Bouch*, de Soleure, *Dunant* au nom de l'Abbé de Saint-Gall, *Reding*, du Canton de Schwietz & *Betschart* du même Canton, formant huit bataillons, en tout quatre mille huit cent soixante-huit hommes; ce nombre est à peu-près le même aujourd'hui.

En 1772 (67), *le Roi des Deux-Siciles* avoit à son service six mille Suisses, composant trois bataillons *du régiment des gardes Suisses*, de deux mille quatre cent hommes, commandé par le Baron de *Tschudi*, de Glaris-Catholique, Lieutenant-Général, & les trois régimens, *Wirtz* du Canton d'*Underwalden*-d'en-haut, *Jauch* du Canton d'Uri & *Tschudi* du Canton de Glaris-Catholique, chacun de douze cent hommes & de deux bataillons, en tout six mille hommes. Ce nombre n'a pas varié.

Le Roi de Sardaigne (68) avoit en 1772 à son service cinq mille cent trente-deux Suisses, formant *six corps*, sçavoir, *les Cent Suisses de sa garde*, commandés par M. de *Kydt*, de *Schweitz*, Lieutenant-Général; trois bataillons du régiment Vallaisan de *Kalbermatten*, de quinze cent six hommes; trois bataillons du régiment Bernois de *Tscharner*, de quinze cent huit hommes; un bataillon & demi du régiment Grison de *Sprecher*, de sept cent cinquante-six hommes; un bataillon du régiment de *Fatio* de Genève, auparavant *Utinger* de Zoug, de sept cent cinquante-six hommes; & un bataillon de *Meyer*, du Canton d'Appenzell-réformé, de cinq cent six hommes. Il y a eu de grands changemens dans le militaire Suisse en Piémont, depuis la mort du Roi *Charles-Emmanuel III*. Tous ces régimens, excepté ceux de *Tscharner* & de *Kalbermatten*, ne sont pas avoués des Etats de la Suisse.

La *République des Provinces-Unies* entretenoit à son service en 1772 (69), six mille huit cent Suisses, y compris huit cent hommes du régiment *des gardes Suisses* : je me suis étendu ailleurs sur l'origine & les variations de ce service, M. de *May de Romainmotier* évaluoit (70) en 1772, à trente-huit mille sept cent trente-neuf hommes, la totalité des différens régimens entretenus sous le nom de *Suisses* & *Grisons*, au service de France, d'Espagne, de Sardaigne, du Pape, de Naples & de Hollande.

Avant que de finir cet article, j'observerai qu'il parut en 1738, à Lausanne & à Genève, en trois Volumes (71), un Traité qui a pour titre : *Ouvrage pour & contre les Services Militaires Etrangers*, considérés du côté du Droit & de la Morale, tant par rapport aux Souverains qui les autorisent ou les permettent qu'aux particuliers qui s'y engagent ; publié pour mettre le Public en état de juger de l'usage des peuples anciens & modernes à cet égard, & en particulier de celui des Suisses. L'Auteur de cet Ouvrage est M. *de Loys de Bochat*, Professeur en Droit & en Histoire à Lausanne. Ce Savant a donné depuis, en trois Volumes (72), des *Mémoires Critiques sur l'Histoire ancienne de la Suisse*; dissertations qui offrent une vaste érudition, avec des idées neuves & ingénieuses, mais qu'on ne peut souvent fixer, qu'après avoir lû un grand nombre de pages où elles se trouvent fondues les unes dans les autres. Il règne de même une prolixité étonnante dans l'ouvrage militaire que nous indiquons, & on voit avec peine que M. *de Bochat*, est généralement imbu des principes, qui avoient porté *Zuingle* & les autres Réformateurs de la Suisse, à déclamer contre les services étrangers, particulièrement contre celui de France. On trouve le même esprit de partialité répandu dans l'Ouvrage d'un autre Savant de Zurich, *Jean-Henri Hottinger*, qui a pour titre : *Methodus Legendi Historias Helveticas* (73); tant il est vrai de dire, qu'on peut être un célèbre Théologien, un Juriste profond, un Philologue très-érudit, & même un grand Philosophe, sans avoir les qualités qui forment *l'Homme d'Etat*. On seroit presque tenté d'appliquer ici le proverbe trivial, *Ne sutor ultra crepidam*. Autrefois *Annibal* rioit d'un Professeur qui portoit le ridicule jusqu'à vouloir lui donner des leçons sur la Tactique du Général ; & dans un siècle plus voisin du nôtre, le Duc de *Saxe-Weymar*, indigné que le Père *Joseph* osât lui tracer sur la Carte d'Allemagne la marche à tenir pour l'Armée du Roi, repoussoit le doigt téméraire du Capucin indiscret, en présence du Cardinal Protecteur.

---

(66) Le même, ibid. Tom. II. pag. 115.
(67) Le même, ibid. pag. 591.
(68) Ibid. Tom. II. pag. 220.
(69) Ibid. Tom. II. pag. 470.

(70) Ibid. Tom. II. pag. 642.
(71) In-12.
(72) In-4. fig. à Lausanne 1747, 1749.
(73) Tiguri 1654. in-4.

Fin du Tome Premier.

TABLE DES TITRES.

Oiseaux,	112	Bienne,	ibidem
XXI. Poissons, Amphibies,	113	Genève,	ibidem
XXII. Reptiles, Insectes,	114	Comté de Neuchâtel,	ibidem
XXIII. Pétrifications,	115	XXIX. Mœurs du Clergé Catholique,	ibidem
XXIV. Population,	117	XXX. Mœurs des Ministres de la religion réformée,	144
XXV. Langues usitées dans la Suisse,	120		
XXVI. Limites des deux Religions dominantes en Suisse,	122	XXXI. Portion générale du Louable Corps Helvétique. 1. Cantons. 2. Etats co-Alliés. 3. Etats Alliés,	146
Catholiques,	ibidem	XXXII. Etats Aristocratiques de la Suisse,	147
Réformés,	123	Canton de Berne,	148
XXVII. Evêchés, Abbayes, Couvens, Commanderies dans la Suisse Catholique,	124	Canton de Lucerne,	158
Evêché de Constance,	ibidem	XXXIII. Etats Démocratiques,	161
Evêché de Coire,	125	1. Uri, Schweitz & Underwalden, anciens pays libres de l'Empire avant l'époque de leur alliance perpétuelle,	ibidem
Evêché de Lausanne,	126		
Evêché de Bâle,	127		
Evêché de Sion,	129	2. Gouvernement Démocratique du Canton d'Uri,	166
Evêché de Como,	ibidem		
Archevêché de Milan,	130	3. Gouvernement Démocratique du Canton de Schweitz,	170
Abbaye de Saint Gall,	ibidem		
Observations sur les Abbayes, Couvens & Commanderies de la Suisse,	131	4. Gouvernement Démocratique du Canton d'Underwalden,	172
XXVIII. Constitution de la Religion dans les Etats évangéliques ou réformés. Evêchés, Abbayes & autres fondations Ecclésiastiques, sécularisés,	135	Gouvernement d'Underwalden d'en-haut,	173
		Gouvernement d'Underwalden-le-Bas,	175
		5. Gouvernement Démocratique du Canton de Zoug,	177
Canton de Zurich,	137	6. Gouvernement Démocratique du Canton de Glaris,	182
Zurich, ville,	ibidem		
Zurich, canton,	ibidem	7. Gouvernement Démocratique du Canton d'Appenzell,	189
Canton de Berne,	ibidem		
Berne, ville,	ibidem	Gouvernement du Canton d'Appenzell Catholique,	194
Berne, canton; dans le Bas-Argeu,	ibidem		
Dans le Haut-Argeu,	138	Gouvernement du Canton d'Appenzell Réformé,	ibidem
Pays de Vaud,	ibidem		
Canton de Bâle,	139	8. Gouvernement Démocratique des Grisons,	196
Bâle, ville,	ibidem		
Bâle, canton,	ibidem	1. Ligue Haute ou Grise,	198
Canton de Schaffhausen,	ibidem	2. Ligue Caddée ou Maison-Dieu,	ibidem
Bailliage de Turgovie,	ibidem	3. Ligue des dix Droitures ou Jurisdictions,	199
Bailliage de Grandson,	ibidem	9. Gouvernement Démocratique de la République du Vallais,	ibidem
Bailliage d'Orbe & d'Eschallens,	ibidem		
Alliés,	ibidem	10. Genève.	202
Ville de Saint-Gall,	ibidem	11. Gersau,	205
Grisons,	ibidem	XXXIV. Etats Aristo-Démocratiques du Corps Helvétique,	208
Mulhausen,	140		

TABLE DES TITRES.

chweil, à Glaris,	lvij	Cadavre conservé,	lxix
Route de Glaris par le pays des Grisons aux sources du Rhin,	lviij	Vue de la ville de Saint-Gall & du lac de Constance,	lxx
Carrière d'ardoise avec empreintes de poissons,	lix	De Saint-Gall à Zurich,	ibidem
Méridien naturel,	lx	Cabinets à Zurich,	lxxj
Entrée au pays des Grisons,	ibidem	De Zurich à Schaffhausen,	ibidem
Sources du bas-Rhin,	lxiv	La belle cataracte du Rhin sous le château de Lauffen près Schaffhausen,	lxxij
Route de Truns à Ilantz,	lxvj		
Route d'Ilantz à Richenau,	ibidem	Schaffhausen & Cabinet,	lxxiij
Grand ravin,	lxvij	De Schaffhausen à Bâle par Waldshut, Lauffenbourg & Rhinfelden,	ibidem
Environs de Richenau,	lxviij		
De Richenau à Coire, Trogen & Saint-Gall,	ibidem	Cabinets de Bâle,	lxxiv

---

TABLEAUX TOPOGRAPHIQUES, &c. DE LA SUISSE.

I. Situation de la Suisse,	pag. 1	IX. Description de neuf autres Lacs de la Suisse, de la seconde grandeur,	61
II. Origine du nom *Helvétien* & du nom *Suisse*,	3	Lac de Lugan,	ibidem
III. La Suisse considérée comme la contrée la plus élevée de l'Europe,	7	Lac de Brienz,	62
		Lac de Thoun,	63
IV. Alpes, montagnes,	8	Lac de Morat,	64
V. Glacières perpétuelles,	11	Lac de Bienne,	66
VI. La Suisse est le réservoir de plusieurs fleuves & rivières de l'Allemagne, de la France & de l'Italie,	21	Lac de Hallweil,	68
		Lac de Sempach,	69
		Lac de Zoug,	70
VII. Sources du Rhin, du Rhône, de l'Are, de la Russe, du Tésin, de l'Inn, de l'Adda & de la Linth ou Limat, & leur cours par les Etats Helvétiques,	22	Lac de Wallenstatt,	76
		X. Eaux minérales de la Suisse,	78
		XI. Salines,	81
		XII. Mines, Cavernes, Souterrains singuliers,	83
Le Rhin,	ibidem	Mines,	ibidem
Le Rhône,	24	Cavernes, Souterrains singuliers,	86
L'Are,	27	XIII. Chûtes d'eau merveilleuses,	88
La Reusse ou Russe,	29	XIV. Différence du climat au Nord & au Midi de la Suisse. Tremblemens de terre & autres phénomènes,	90
Le Tésin,	31		
L'Inn,	32		
L'Adda,	33		
La Limat,	35	XV. Qualité du sol, Economie rurale, Grains, Vignobles, Arbres fruitiers,	95
VIII. Les cinq Lacs les plus grands de la Suisse,	37	XVI. Plantes, Simples, Herbes vulnéraires,	100
		XVII. Pâturages, Lait & Fromages,	102
Lac de Constance,	ibidem	XVIII. Haras,	105
Lac de Genève,	40	XIX. Forêts, Bois, Mines de charbon, Marnières, Carrières d'ardoises,	ibidem
Lac de Zurich,	43		
Lac des quatre Cantons,	49	XX. Animaux,	108
Lac de Neuchâtel,	57	Quadrupèdes,	109

TABLE DES TITRES.

1. Canton de Zurich,	*ibidem*
2. Canton de Bâle,	213
3. Canton de Fribourg,	219
4. Canton de Soleure,	227
5. Canton de Schaffhausen,	231
6. Ville de Saint-Gall,	234
7. Mulhausen ou Mullhausen,	237
8. Bienne,	239
XXXV. Etats de la Suisse dont le Gouvernement a une forme monarchique,	241
1. Le Prince-Abbé de Saint-Gall, Ordre de Saint-Benoit,	*ibidem*
2. Les Comtés Souverains de Neuchâtel & de Vallangin,	244
Comté Souverain de Vallangin,	249
3. Le Prince-Evêque de Bâle,	250
4. L'Abbé d'Engelberg, Ordre de Saint-Benoît,	252
XXXVI. Droit public de la Suisse,	253
XXXVII. Diètes générales & particulières du Corps Helvétique,	263
Cantons & Etats Co-alliés,	*ibidem*
Grisons,	267
Le Vallais,	270
XXXVIII. Division des Habitans de la Suisse en deux classes, 1. Familles habiles au Gouvernement, 2. Vassaux ou sujets,	272
Première division,	*ibidem*
Seconde division,	287
XXXIX. Bailliages communs à plusieurs Cantons ou Alliés; Villes & Seigneuries sous leur protection,	289
XL. Monnoie & revenus des Cantons,	293
Monnoie,	*ibidem*
Revenus,	307
XLI. Milice. Arsenaux. Signaux,	310
Milice,	*ibidem*
Arsenaux,	330
Signaux,	332
XLII. Chemins publics. Postes. Messageries.	333
Section I. Chemins publics,	*ibidem*
Section II. Postes, Messageries,	334
XLIII. Liaisons générales de la Suisse avec l'Empire, la France & la Maison d'Autriche,	335
1. Le Saint-Empire Romain,	*ibidem*
2. La France,	336
Avantages pour la France,	*ibidem*
Avantages pour le Corps Helvétique,	338
3. La Maison d'Autriche,	339
XLIV. Liaisons particulières de la Suisse avec le Saint-Siége, l'Espagne, l'Angleterre, Naples, la Savoie, la Prusse, Venise & la Hollande,	341
1. Le Saint-Siége,	*ibidem*
2. L'Espagne,	343
3. L'Angleterre,	*ibidem*
4. Naples,	346
5. La Sardaigne ou la Savoie,	347
6. Le Roi de Prusse,	349
7. La République de Venise,	*ibidem*
8. La République de Hollande,	350
XLV. Services Etrangers,	354

FIN.

PREUVES.

DIPLOMES ET DISSERTATIONS HISTORIQUES.

N° I.

Acte par lequel le Prevôt & le Chapitre d'Interlachen prennent pour leur Avoué, Bertold, Baron d'Eschenbach, le 3 Septembre 1226.

Original dans les Archives de la République de Berne, & copié dans le Recueil manuscrit : *Helveticæ Cartæ*. T. I. pag. 657-658. in-fol. en la Bibliothèque de M. le Baron de *Zur-Lauben*, à Zoug en Suisse.

Notum sit omnibus tam presentibus quam futuris. Quod cum ego Walterus Prepositus & Capitulum Interlacense constituti in presentia sculteti & civium de Berno essemus, B. nobilis de Eschibach instanter petebat à nobis ut ipsum à Domino Rege peteremus in defensorem nostre Ecclesie. Quia Dominus Rex non habet nobis dari defensorem nisi quem petimus. Recognoscens coram omnibus qui tum presentes erant nihil juris se habere in advocatia nostre Ecclesie nisi ex nostra electione. Nos vero abhorrentes insolentias Advocatorum. Primo ei exposuimus coram predictis civibus. Quid juris advocatus in nostra Ecclesia habere debet. Tertiam partem emende penam furti & violente ubi effusio sanguinis requireretur. Preterea cum vocatus a nobis pro negotio nostre Ecclesie. Tenemur ipsum cum sociis suis nobis necessariis competenti modo procurare. Nec amplius in nobis de jure quicquam exigere habet. Deinde respondissset quod si his vellet esse contentus petitionem ejus admitteremus. Ipse vero coram omnibus est protestatus se his velle esse contentum nec unquam venire contra privilegia nostre Ecclesie. Unde secundum privilegia nostre Ecclesie in ipsum consentientes duximus ipsum Domino Regi presentandum. Ut ipsi ab eo distensio predicta comittatur. Testes autem hujus facti sunt Prepositus Chunicensis. Magister V. de Spietz. V. Plebanus de Mure. Laici Dominus H. de S. Lieno. Dominus P. de Erlenbach. B. G de Oberhofen. Dominus C. de Egistorf scultetus de Berno cum consulibus Arnoldo de Riede. Treso. Rodolpho de Krochtal. Wernero de Conolfingen. Petro filio sculteti. Johannes frater suus. Henrico de Waberen. Henrico de Bavelinco. Conrado de Chunon. Ulrico de Wattenville. Berchtoldo de Piscator. Walthero de Gysenstein.

Tome I.

Preterea Johannes miles de Munsigen. Cothelmus & Berchtoldus Haberius Fratres. Geraldus Filius sculteti. Henricus de Lucerno. Henricus de Krochthal. Conradus de Turego. Wernherus de Sigerisvyle. Et quam plures alii. Et ut hoc verius credat. Sigillis civium de Berno & Prepositi Chunicensis. Domino de Eigenstorf & aliis presentibus roboramus. Acta sunt hec anno Domini M. CC. XXVI. Tertia Nonas Septembris feliciter. Amen.

N° II.

Diplome, daté de Vienne, le 4 Novembre 1277, par lequel Rodolphe, Roi des Romains, accorde au Conseil & à la Bourgeoisie de la Ville de Lucerne, des prérogatives considérables.

Original dans les Archives de la République de Lucerne.

Rudolfus Dei gratia Romanorum Rex semper Augustus, Prudentibus viris. Judicibus. Concilio. Et universis civibus Lucernensibus dilectis fidelibus suis gratiam suam & omne bonum. Ob grata placita & accepta quæ nobis & Imperio frequenter impendistis & impenditis obsequia. Sicut dilecti fidelis nostri Hartmanni de Baldegge frequens relatio nos instruit. Hanc vobis gratiam duximus accedente ejusdem Hartmanni interventu. Sedulo faciendam. Ut more nobilium ac militum Imperii feodorum capaces esse possitis. In cujus gratiæ nostræ testimonium presens scriptum Majestatis nostræ sigillo duximus roborandum. Datum Wiennæ 11 Nonas Novembris. Indictione sexta. Anno Domini M. CC. LXXVII. Regni vero nostri anno quinto.

Au bas de cet Acte, pend un sceau ovale, qui offre *Rodolphe*, vêtu d'une robe rouge, assis sur un trône, ayant une couronne sur la tête, & tenant, de la main droite, un sceptre terminé par un fleuron, & de la gauche, le globe du Monde, surmonté d'une Croix. On lit à l'entour ces mots : † RUDOLFUS. DEI. GRACIA. ROMANORUM. REX. SEMPER. AUGUSTUS. Dom Herrgott a rapporté un pareil Sceau dans la Généalogie diplomatique de *Habspourg*. T. I. Tab. 18. N° VII.

a

P R E U V E S.

N° III.

Transaction des Barons de Rotenbourg, Avoués du Monastère de Saint-Leger à Lucerne, avec l'Ammann, le Conseil & la Communauté des Citoyens de Lucerne, le 4 Mai 1252.

La Copie de cet Acte est dans le second Tome des *Miscellanea Helveticæ Historiæ*, pag. 194-198. *in-fol.* parmi les Manuscrits de la Bibliotheque de M. le Baron de *Zur-Lauben*, à Zoug en Suisse.

In nomine Domini Jesu Christi amen. Cum in tanta rerum mutabilium varietate omnes actus mortalium audiendo disci nequeant, & teneri memoria mediante presenti scripto, sciat presens Etas & discat futura posteritas, quod nos Arnoldus videlicet Ludewicus Marchwardus & Arnoldus filii mei advocati de Rotenburg, Waltherus Minister Consules & universitas civium Lucernensium omnem confederationem in controversia nostra aliquando in Lucerna excitata, hinc inde quocunque modo factam sub juramenti cautione dissolventes penitus relaxamus.

Et ut predictus Burgus noster Lucernensis ampliori honore potiatur & commodo, statuimus, ut quicunque civium nostrorum aliquam deinceps huiuscemodi conspirationem malitiosam contraxerit, decem marcis argenti emendet, aut a civitate expulsus duobus annis non presumat aliquatenus remeare. Si autem super tali contractu accusatus innocentem se reddere noluerit, juramento septem virorum fide dignorum se expurget.

Ubicunque vero locorum aliquis civium nostrorum in alterum suum concivem impetum faciens violenter invaserit, & sic cum occiderit, ipse iuris ac legis privatus solatio quod vulgariter dicitur *elos und rechtlos* tanquam condemnatus actibus legitimis privatus, domus sue omnes quas in civitate Lucernensi habuerit tanquam infiscate confringentur, rebus suis quibuscunque in eisdem domibus inventis iudicibus deputatis, & ipse si captus fuerit, capite plectetur truncatus, sin autem manus nostras effugerit, omni jure vel gratia restitutionis irrecuperabiliter infra muros nostre civitatis in perpetuum sit privatus. Si autem aliquis eidem malefactori favorem suum impetrando maleficium consilium vel auxilium verbo vel opere impenderit vel cibo aut potu refecerit, aut post factum contra prosecutionem statuti nostri visus fuerit ipsum malefactorem in aliquo defensare, idem cum eo subibit iudicium preter mortem.

Si etiam alicuius cutelli aut gladii genus aliquis infra muros civitatis sue portaverit, vel lapidem sive baculum aut aliquid quo suspicionem ledendi aliquem sibi possunt imponere, quinque libris emendet aut duobus annis extra civitatem maneat.

Qui vero aliquo predictorum aliquem graviter vulneraverit, si captus fuerit manu truncabitur. Si non, extra civitatem manebit, quo ad usque decem marcis argenti civibus emendet „ & leso satisfaciat competenter. Quod si exinde modica lesio secuta fuerit, consulum arbitrio relinquatur puniendus.

In dem Namen unsers Herren Jesu Christi amen. Wants von der welte wandelunge aller der lüte getot und werhe mit des zites umblouffe verschwinet das man nit alle ding völleklich in gehucknde mag behaben. Darum ist die Schrifft funden, das sy tötlicher dinge lebende urkunde möchte geben. Darumb sollent wifsen alle, den es ze wufsende nutz und from ist. Das wir Her Arnold und mine süne Her Ludewig her Marquart und her Arnolt, vögte von Rotenburge Her Walther der amman der Röt und die mengi der Burgere von Lucern mit geschwornen eyden hant entrennet und abgelossen, alle ficherheit ze Lucern, wie sydar komen waz bedenthalb ze Lucern in dem Kriege. Und daz unser statt hinan fur blibe in befsern eren und fride, so haben vir gesetzet also.

Ob dehein unser burger hinan fur werbe oder mache dehein soliche ubelliche sicherheit, das er das befsern sol mit zechen marchen silbers, oder aber die statt verloren han das er in zwein jaren den nechsten niemer underkom, wirt aber ieman geleidet umb die sicherheit, und er sin unschulde darumb butet, der sol sich entschlachen an den Heilgen mit siben gloubsamnen mannen.

An weler stette ouch ein burger den andern frevenlich angriffet, und inn ze tode erschlahet, der sol darumb elos und rechtlos sin, und sol man alle sin hüser niderbrechen die er in der statt het, und alles sin gut das in den hüferen funden wirt sol der Richtern sin verfallen, und sol man dem manslegen ob er gefangen wirt ab sin Houbt schlahen, wye er aber endryfhet us der burgern gewalt, so ist im verseit alles recht alle gnode und alle zuversicht wider ze komende oder zeblibende inrent halb der statt iemerme fur die stunde, und werdem manschlegen sinen gunst, hilff oder Rat mit esende oder mit trinckende mit worten oder mit werken git zu der manslacht oder an der getot, oder wer daran funden wirt, das er dem manschlegen nach der getat deheine weg beschirmet, der hat verschult an sim gute dafselb gericht mit ime ane einig den tode.

Wer ouch inrenthalp den muren treit de kleine hande schlache mefser oder fwert stab oder steyne, oder ander dinge das argwenlich were iemantze ferende, das sol er befsern mit funff phunden, oder zwei jare bliben vor der statt.

Wo ein burger den andern mit der de heim so nu genempt hie vor, vaste wundet oder swerlich, dem sol man darumb wirt er gefangen abslahen die hant, kumbt er aber hin, so sol er vor der statt bliben alle die wile untz er gebesret den Burgern mit zehen marken, und ouch dem den er verwundet het alz es gemefse ist. Ist aber die wunde oder der schade kleine, so sol es stan andes Rätes bescheidenheit.

PREUVES.

Si civis alium infra civitatem vel extra invaderit armata manu, etiamfi ad actum non proceſſerit, quinque libris emendabit.

Quicunque etiam alium manu non armata temere five malitioſe ad ſanguinis effuſionem provocaverit, una libra civibus emendet & ſimiliter perſone patienti.

Qui vero alterum temere five malitioſe ad terram proſtraverit, civibus una libra emendet, & leſo ſimiliter una libra ſatisfaciat.

Qui vero alteri temere oculos ledendo attigerit, quinque libris civibus emendet & tantundem perſone patienti. Si quis etiam alium manu percuſſerit, expilaverit aut temere apprehenderit, decem ſolidis emendabit & leſo tantundem.

Si quis civium homines extraneos tanquam hoſtes certa ratione ſuſpectos in dampnum ſui concivis introduxerit, ex hoc ſtatutorum noſtrorum penam homicidis infligendam in ſuis rebus mobilibus & inmobilibus expectabit.

Quicunque alium vituperat vel minas imponit vel verba profert ſuperſtitioſa quæ in vulgari ſonant, puta, ſis malus quantumcunque poſſis & tene verbum a me dictum in omni genere niſi pro bono, ſex ſolidis civibus emendabit & ſimiliter perſone patienti.

Cum etiam aliqui fuerint conrixati, ad hoc omnes accurrentes ſe interponant, pro bono pacis partes abſque dolo ſeparando, quod ſi alteri viſum fuerit, quemcunque ſic dividentem ſibi ſuſpectum tanquam alteri parti preſtando favorem talem purgabit ille ſuſpicionem manu propria, niſi alter certis indiciis probare poſſit ſuſpicionem quam prehendit, quam ſi probaverit, decem libris emendet, aut ſaltim extra civitatem cum uxore & liberis duobus annis permaneat.

Si autem ratione huius noſtri iudicii aliquis civium alterum odio habuerit, univerſi cives eum cui hoc odium incubuerit defendere tenebuntur.

Quicunque vero civium ad hec omnia iudicanda, cum iuramento illa confirmaverimus, negligens aut remiſſus fuerit, marca argenti emendabit aut per unius anni ſpatium extra civitatem manebit.

Quicunque etiam huius noſtri iudicii rigori ſubeſſe recuſaverit a civitate recedens antequam iugum ſepe dicti iudicii & confirmationis noſtre ſibi, ſicut reliqui cives noſtri, ad obſervandum inviolabiliter aſſumat, nulla tenus revertatur, inducias tamen deliberandi ſuper hoc unicuique concedimus per ſeptenam.

Statuimus etiam ut quicunque civium noſtrorum ab hoſpitibus extraneis leſus capitales inimicitias aut alias quaſcunque ad aliquem ipſorum habuerit, hoſpitem extraneum ſi civitatem intraverit nullo modo niſi per honeſtos viros premonitum preſumat offendere, hoſpes tamen extraneus ſub fideli conductu civium domum redeat, & antequam leſi civis amicitiam obtineat vel ab ipſo impetret inducias, civitatem amplius non intret, ſi autem intrare caſu aliquo civitatem, niſi ut dictum eſt, attemptaverit, civis leſus quidquid vindicte ei ex tunc intulerit nihil penitus emendabit.

Nullus autem in ſuum concivem etiam propter capitales

Wo aber ein burger den andern vor der ſtatt oder in der ſtatt angriffet mit gewaffneter hand ob er ouch nit an der getät volvert das ſol er büſſen mit fünf phunden.

Wer ouch den andern mit ungewaffnoter hand freventlich oder übellich blutrunſig machet, das ſol er ime beſſren mit eim phunt und ouch den burgern ein phund.

Wer ouch den andern frevenlich oder übellich ertvellig machet, der ſol ime beſſren mit eim phunt, und ouch den burgern mit eim phunt.

Wer ouch den andern mit der hand ſchlachet, röffet, oder frevenlich kriphet oder angriffet, das ſol er ime beſſern mit zehen ſchillug und ouch.

Wer ouch dehein burger, der uff des andern Burgers ſchaden in die ſtatt fürte deheinen uſſman oder gaſt, der von rechten ſchulden argwenig were, der ſol darumb liden in allem ſinem ligendem und varendem gute das gerichte und die buſſe die uber den manſchlegen uffgeſetzet iſt.

Der ouch den andern beſchiltet und trowelich wort oder übermütige ſprichet ſieſt du wirſt mugeſt und habe woſür du wit wahtſür gut, oder andre wort in dem ſinne, das ſol er Ime beſſren mit ſechs ſchillig und ouch den Burgern glich.

Wer ouch von ſinen ſchulden den andern in ſchaden wiſet ane recht der ſol inn ouch von dem ſchaden wiſen als ſich der Rät erkennet uff ſinen eidt.

Wenne ouch ieman mit dem andern ze kriege kunt, alle die darzu koment die ſüllent ſich darunder werffen, ze fride unde ze gute, und die teile ſcheiden ane alle akuſt, wirt aber ieman des getigen, das er argwenlich ſcheide, oder ſinen gunſt gebe me dem einen teile denne dem andern, des argwans ſol er ſich entſchlahen mit ſines einiges hand, mag aber der inn zihet des argwans mit geweren urkunden uff inn bereden den argwan, darumb ſol er beſſren der ſtatt zehen phunt oder vor der ſtatt bliben zwei jar mit ſim elichem wib und mit ſinem kinden.

Wölte ouch dehein Burger des andern vient ſin, von dis gerichtes ſchulden, den ſullent alle die Burgere ſchirmen von des vigentſchafft.

Ouch iſt geſetzet, ob dehein unſer Burger tödenlich vientſchafft hat, oder ander vientſchafft hat wider deheinen gaſt oder uſſman, den ſol er darum nit beſchweren noch dehein leit tun, ober in die ſtatt vert, want das er inn vormals manen und warnen ſol mit erbern lüte, do by ſol der gaſt zu dem mole getrüw geleite han der Burgern untz wider heim, und dafur nieme in die ſtatt komen, e das er des Burgers früntſchafft gewünnet oder fride oder tag von Ime, und wie er arüber dehein wihl in die ſtatt keme, want als da vor uſgenommen iſt, was der Burger dem gaſte denn tete, damitte hette er enhein gerichte verſchult.

Ouch ſol enhein Burger an dem andern enhein tod gevechte recken

PREUVES.

inimicitias vindictam aliquam audeat exercere infra terminos pacis nostre extra quos eo casu pro capitalibus inimicitiis nostrum extendere rigorem non intendimus vel statutum.

Si vero a lacu Lucernensi apud intramontanos (1) aliquod prelium exortum fuerit, omnes in illum ire volentes idem prelium laborent destruere partes suas pro bono pacis interponentes. Quod si aliquis nostrum amico suo ibidem prelianti subvenire voluerit armis suis vel consilio sibi subveniat, ita tamen quod persona propria cum eo quamdiu prelii finis non fuerit non permaneat. Si autem personnaliter eidem prelio interfuerit, nequaquam civitatem intret antequam quinque libris illud emendaverit. Si autem alias prelium aliquod suscitatum fuerit, nullus civium illuc vadat. Si vero occasione prelii civitatem exierit, nullatenus redeat antequam treuge vel sincera concordia quæ ad impositionem finis ejusdem belli pertineat confirmentur, alioquin quinque libris civibus emendabit.

Qui consulibus autem qui tempore constituti, detrahendo obloquitur, ac si coram ipsis fieret emendabit.

Ad laudem etiam omnipotentis Dei ac ejus injuriam vindicandam statuimus, ut quicunque ipsi Deo, beatæ Virgini & sanctis ejus, contumeliam & opprobrium infra terminos nostre pacis inferre presumpserit, duodecim solidis emendabit.

Demum pacem affectantes & quietem pro communi utilitate villæ nostræ statuimus, ut si quis de civibus nostris officium seu feodum tenens vel possidens viam universæ carnis ingressus filium post se reliquerit heredem, qui apud Dominum suum ipsum officium vel feodum juxta gratiam & bonam consuetudinem hominibus nostri Monasterii hactenus observatam convenienter poterit deservire, nullus alter concivis noster officium vel feodum defuncti recipiat vel ejusdem heredem presumat in officio vel feodo sibi concedendo pergravare, & qui hoc contra nostram inhibitionem attemptare presumpserit quinque libris civibus emendabit, & nisi a tali proposito desistens negotium ipsum infra dies quatuordecim procuret bona fide revocari, heredique injuriam patienti de dampnis illatis & expensis factis satisfaciat competenter, quinque libris civibus emendabit iterato, si vero in premissis innocentem se reddere voluerit manu propria se expurgabit.

Qui vero alteri mendacium imponit capitale honorem suum diminuendo, libram dabit civibus, & tantumdem nugas passo nisi illum valeat constituere, qui mendacium finxerit antedictum.

Hec omnia supra dicta cum hospitibus extraneis tum no-

in der statt, doch so rürt das gerichte nit umb todgevechte usser halb den zilen unsers gerichtes.

Wurde ouch dehein urluge inren halb dem sew under den waltstetten, wer dahin vert, da sol sich darzu erbeiten und sliszen, das er das urluge zerstöre und ze guote und ze suone bringe, und wil er sim fründe ze helffe ston das sol er tun mit harnesch und mit Räte also das er selbe bi dem fründe nüt blibe e das urluge ende het. Ist er aber einer mit sin libe bi dem urluge das sol er bessern mit fünff phunder e das er wider in die statt kom. Stot aber anderswa dehein urluge uff darzu sol enhein Burger varn. Keme aber dehein Burger us der statt durch des urluges willen, der sol niemer wider in komen e das ein fride oder ein luter suone uff des urluges ende bestetet werde, oder keme er darüber in die statt das sol er bessern mit fünf phunden.

Wer ouch den Rät der denne ist hinder redet das sol er bessern als er under ougen tete.

Ob deheiner dem andern einem houbtlug ofseit Ime ze swechende sin ere, der sol dem bessern ein phunt, und den Burgern ein phund, oder er muge den eingestellen an sin stat den lug gestisset hat.

Darnach dem almechtigen Gotte ze lobe und ze rechende sin unrecht, setzen wir, wer gegen unserm Heren Gotte oder sinre Muter oder sine Heiligen dehein smechte oder dehein scheltwort getar gesprechen oder getun inrent halb unsers frides zilen, das sol er bessern mit zwölf schillingen.

Allermeist ze fride und ze gnode der statt und der gemein de han wir gesetzet ob dehein Burger der ampt oder lehen het stirbet oder ververt und nach ime lat sinen sun ze einem Erben, mag der sun das ampt oder das lehen genetleklich verdienen von sinen Heren nach gnade und guter gewonheit, als des Gotzhus lute harkomen sint, so sol enhein ander unser Burger das ampt noch das lechen enphahen, und sol ouch nit besweren den Erben an dem ampte oder lehen das er emphahen sol, und wer sich det anneme wider dise gesetze, der sol das bessern den burgern mit fünf phunt, und wie er sich denacht nit davon zichen wölte, und mit guten trüwen werben das das wider ton wurde innerthalb vierzehen nechste das er geworben hatte, da sol er dem Erben dem er hat das unrecht getan bessern als es gesug ist, sinen schaden und sin ze runge, und ouch den Burgern zum andern mole mit fünf phunden, wil er aber sin unschulde darumb bieten, dis sol er tun mit sin einiges hant.

Were aber dehein Burger sümig oder trege ze richtende alle unser gesetzde, die wir mit Eide hant bestettet, der sol das bessern mit ein mark silbers, oder ein gantz jare bliben vor der statt.

Wem ouch unser gerichte so trenge, wer das er es nit liden wölte, der sol von der stat varen, und niemer wider in komen, e das er mit willen sich verbindet ze lidende alle gerichte, und alle gesetzede, und ze behaltende vestenklich als ouch die andern Burger, doch sol er ein wuchen han ze berotende sich ob er das gericht liden welle.

Ze iüngst so besleten wir ze Schirme und ze gnaden bede uns

---

(1) *Intramontani*, sont les habitans des montagnes d'Uri, de Schweitz, & d'Underwalden, voisins du Lac de Lucerne qu'on nomme aujourd'hui *le Lac des quatre Cantons Forestiers*, en Allemand *der vier Waldstetter-sée*.

bis

PREUVES.   v

bis & civibus nostris ad defensionem & commodum inviolabiliter confirmamus.

Ut autem omnia predicta in perpetuum rata & illibata permaneant & a nullo hominum, quamdiu Burgus Lucernensis aliquo inhabitatore colitur, violari valeat, presens scriptum sigillis Marquardi & Arnoldi advocatorum virorum supradictorum & civium fecimus eternari.

Acta sunt hec anno Domini millesimo ducentesimo quinquagesimo secundo quarto non. Maii.

On trouve dans l'*Alsatia Diplomatica* de M. Schoepflin, T. I. n° DLXXII, pag. 419-421, la *sentence que le Prieur du Monastere de Vesoul*, (*de Monasterio Vesulii*) *Juge Délégué par le Siege Apostolique*, étant dans la Chapelle de Lucerne, (*in Capella Lucernensi*), *le* 24 *Mars* 1257, *prononça sur la plainte formée par Thibaut, Abbé de Murbach, au nom de ses Monasteres de Murbach* & *de Lucerne, contre le Baron Arnou, Avoué de Rotenbourg.* Ce Baron étoit accusé d'avoir, comme *Avoué, Advocatus*, causé des torts considérables aux dits Monasteres, dans leurs possessions & dépendances à Lucerne, (*in Lucerna*), à Malters, à Littau, à Kriens, à Horb, à Adligenschweil, à Roth, à Buchrein & à Emmen. Le Baron, pénétré de son injustice, se soumit au plan de réparation que lui proposerent ses amis, Henri, Doyen du Chapitre de Bale, Burcard, Archidiacre de Constance dans la partie du Diocèse de ce nom, situé *en Bourgogne*, (je veux dire au-delà de la Russe & en Argeu), Rodolphe, Prévôt du Chapitre de Munster, Philippe, *Camerier* de Murbach, Werner, Baron de *Wartenfels*, Henri de *Heidegg*, Craston de *Gewiler*, & Guillaume de *Sulz*, Chevaliers; il promit de payer à l'Abbé cent marcs d'argent, de lui donner en outre quatre *Hubas*,

& de n'exiger dorénavant le service légitime *des Manans dépendans des deux Monasteres*, que deux fois l'année, en Mai & dans l'Automne ; l'acte regle l'imposition des Tailles, & les exemptions. Baron promettoit de faire raser le château de *Stollenbourg*, qu'il avoit eu la hardiesse de bâtir sur le fond de l'Eglise ; il restituoit aussi à l'Abbé le cens annuel qu'il avoit usurpé, sur le Fief du Chevalier Pierre de *Malters ; ses fils Marchwald & Arnou* se soumettoient à la teneur de la Sentence, & d'avance à l'excommunication que l'Evêque de Constance, Eberhard & ses Successeurs, pourroient lancer contr'eux, en cas qu'ils commissent des exactions & des violences contre les Sujets des deux Monasteres ; l'Evêque de Constance, l'Archidiacre Burcard, Rodolphe, Prévôt de Munster, & le Baron *Arnou, Avoué de Rotenbourg*, scellerent cet acte de Conciliation, en présence du Baron Ulric de Rusegg, Harmann de Baldegg, Henri qualifié *Dapifer*, ou *Maître d'Hôtel*, Rodolphe & Wernet *de Rotenbourg* freres, Ultic *Meyer* ou Maire de Kussnach, Chevaliers, Wautier Ammann (*Minister*) de Lucerne, & de plusieurs Citoyens de la ville de Lucerne, *Cives ville Lucernensis*, dont les noms sont ici rapportés.

frömden und gesten alle gesetzede und ieckliche als es hievor geschriben ist.

. Und dur das disi alles sament und iegklichs, besunder stet und unkrenket blibe, iemer me und von nieman gebroche muge werden oder verkert, die wil ieman in unser statt wonet, so han wir disen brieff geben und versiglet mit unsren Ingesiglen Hern Marquartz und herrn Arnoltz der vögte von Rotenburg und der Burger von Lucern.

Dise gesetzede beschach in dem Jare da von Gott geburte warent Tusent zwoi hundert fünfzig und zwoi Jar an de vierte tag ingendes meyen.

N° IV.

Acte, daté de Hugstein, le 30 *Juin* 1291, *par lequel Bertold, Abbé de Murbach, expose à l'Avoyer, au Conseil & à la Communauté des Bourgeois de Lucerne, les réserves qu'il avoit stipulées dans le Contrat de vente de la Ville de Lucerne, passé avec la Maison de Habspourg-Autriche.*

Copie dans le premier Volume des *Miscellanea Helvetica Historia*, pag. 198, manuscrit *in-fol*. même Bibliothèque de M. le Baron de *Zut-Lauben*.

BERCHTOLDUS Dei gratia Abbas Monasterii Murbacensis viris providis & discretis Schulteto consulibus & universitati civium Lucernensis civitatis sincere dilectionis affectum cum salute. Cum nos de consensu conventus Monasterii nostri civitatem Lucernam & curiam ibidem sitam aliasque curias ei annexas ; cum hominibus, officiis, jurisdictionibus, potestate instituendi & destituendi & cum juribus Patronatus Ecclesiarum ipsarumque pertinentiis universis, exceptis duntaxat spectantibus redditibus ad Prepositiuram & prebendas monachorum & collationem Prepositure, quam nobis reservavimus, vasallis & Ministerialibus non pertinentibus dicte curie vel eius attinentiis & jure. Patronatus Ecclesie in Sempach, sicut instrumento super hoc confecto plenius continetur, transtulimus, tam emptoris quam permutationis titulo, in illustrem dominum Albertum Dei gratia Ducem Austrie, de Habesbourg & de Kiburg Comitem, ac Langravium Alsatie, nec non in

filium quondam illustri Rudolphi fratris sui inclite recordationis ipsorumque heredes proprietatis jure, ab ipsis & eorum heredibus perpetuo possidendas, a sacramento fidelitatis nobis prestito vos absolvimus per presentes & decrevimus absolutos, mandantes vobis quantum predicto illustri Duci Austrie vel certis suis Nuntiis aut Nuntio prestetis tum suo jam dicti filii fratris sui nomine, fidelitatis & obedientie sacramenta, ipsisque tanquam vestris Dominis reverentiam & obedientiam in omnibus impendatis. Datum Hugstein anno Domini M. CC. LXXXXI. IJ. Kal. Julii.

N° V.

Acte du 18 *Avril* 1178, *par lequel Conrad, Abbé de Murbach, son frere Ulric, Prevôt de Lucerne & les deux Chapitres de Murbach & de Lucerne, règlent la nomination à la Cure. de Lucerne, ses droits & ses revenus.*

Original dans les Archives du Chapitre de Saint-Leger à Lucerne.

NOTUM sit omnibus presentibus & futuris, qualiter venerabilis Murbacensis Electus C., Divina inspiratione consilio quoque fratris sui Prepositi Lucernensis V. probabilis & discretæ personæ, nec non totius tam Morbacensis quam Lucernensis Collegii connivencia, Plebaniam quam ipse cum omnibus antecessoribus suis Lucernæ obtinuerat, pro salute sua & plebis B. reverendo Constantiensi electo resignavit. Deinde canonica electione prenominati Prepositi totiusque conventus, nec non consilio A. Advocati

Tome I.   b

PREUVES.

plurimorumque tam fidelium suorum, quam ministerialium Morbacensium Dominum W. de Chriens primum legitimum plebanum in hunc modum inibi constituit. Prebendam Lucernæ, nec non Domum in Curia claustri, pagum quoque, qui dicitur Blattun, & reditus unius mansus cum omni jure suo in villa Waltivilare, & decimas villæ Staffeln & Vupingen eidem plebaniæ tali dispensatione in sempiternum contulit, ut obtentu prebendæ Choro plebanus convenienter intersit, nisi ecclesiastica negotia prepediant. Preterea singulis annis in festo Beati Andreæ xx solidos Turegensis monetæ fratrum Collegio plebanus debet persolvere, nec non Abbati quarto anno in servicium Episcopi decem talenta contribuet. Prefatæ vero plebaniæ ad divina plebi ministranda Ecclesia in villa sita, quæ Capella dicitur, nominatim deputata est, ad quam matutinale celebraturus officium Ecclesiæ pastor inceptis laudibus matutinis de choro Dominorum egredietur. Vesperas vero dicturus, incepto sive lecto Magnificat, exibit. Liceat Parochianis debitam & plenariam Pastori suo obedientiam exhibentibus, singulos seu plures etiam claustralium, si libuerit, ad lectum egritudinis suæ, salubris gratia Consilii advocare, & de rebus suis juxta placitum illis destinare, & quidquid voluerint de missarum vel orationum suffragiis cum ipsis ordinare. Defunctis etiam campanarum sonitus & sepulturæ officium in Monasterio exhibebitur in hunc modum, ut plebanus funus allatum, veluti moris est, excipiat, & missam pro defunctis in altari sanctæ Crucis celebret, nullo alio præsumente missam incipere, ante lectum ab ipso Evangelium. Finita vero missa plebani, si à collegio fratrum missa petatur, seu quod sepulturæ intersint, aderunt ipsi exequiis, plebano corpus terræ commendante. In Dominicis vero diebus, totaque ebdomada cum plebano visum fuerit, ipse ad præfatum altare divina celebrabit, sic tamen ut sermo ad populum primam claustralium congruo tempore canendam non impediat. Si quid autem ortum fuerit questionis de negotiis ecclesiasticis ante primam nondum diffinitum, ad Ecclesiam plebanic addictam sacerdos transferat, & inibi discutiat & diffiniat. In Pasca vero & Pentecosten in Monasterio à fratribus fons Baptismi consecrabitur, & ab aliquo eorum primus infantum baptizabitur, plebano reliquum officii supplente. In inventione autem sanctæ Crucis & nativitate Johannis Baptistæ, & festivitate Beati Leodegarii Custos ad altare sanctæ Crucis populo missam cantabit & oblata vendicabit. Insuper candelæ ubicumque in Monasterio oblatæ & omnia ad altare sanctæ Crucis oblata præter solos denarios plebano oblatos, mulierum quoque post partum Ecclesiæ limina introeuntium oblationes eidem armario attinebunt, ita tamen, quod nulla plebano inobediens ipso retinente introducatur. Ex quibus ipse edituus sacros vestes, calicem, vinum, oblatas, librum, luminaria, plebano recompensare tenetur. Facta & instituta sunt hæc a venerabili Morbacensi electo Cuonrado, coadjuvante fratre suo preposito V. viro prudente cum assensu totius chori Lucernensis, anno ab Incarnatione Domini M. C. LXXVIII. Primo vero decem novenalis cicli XIIII. Kalendas Maii. sub Alexandro Papa. Regnante F. Imperatore. Tempore B. Constantiensis electi, presentibus viris honestis. Burchardo Abbate Sancti Johannis, Religioso viro. Arnoldo Advocato de Rotemburch, Arnoldo de Garten, cum fratribus suis Heinrico, Tethelmo, Pernero, Hartmanno de Merlascalchen, Heinrico, Nochero de Litowo, aliisque perpluribus.

N° VI.

Acte passé dans l'Église de Lucerne, en Septembre 1234, entre Henri, Évêque de Constance, & Hugues, Abbé de Murbach, au sujet de la Collation & des Droits de la Cure de la Ville de Lucerne.

Original dans les Archives du Chapitre Ducal de Saint-Leger à Lucerne.

IN nomine Domini, Amen. Per hoc præsens publicum instrumentum cunctis ipsum intuentibus pateat evidenter, quod sub anno a nativitate Dñi ejusdem millesimo quadragentesimo quadragesimo primo, indictione quarta pontificatus sanctissimi in Christo Patris & Domini nostri, Domini Eugenii divina providentia Papæ quarti anno ejus undecimo, die vero martis undecima mensis Julii post meridiem hora prima, vel quasi, in civitate Constantiensi provinciæ Moguntinæ & ibidem in domo providi viri Caspar Lingg Causarum Curiæ Constantiensis Procuratoris jurati *zu dem Rebmesser* in vulgari Theuthonica apellata, & inibi in stuba Domus ejusdem, Honorabilis & Religiosus ac peritus vir magister Joannes Schweigger, decretorum Doctor, Monasterij S. Leodegarij Lucernensis Præpositus, Constantiensis Dyocesis, in testium, mei que Notarii publici subscriptorum ad hoc pro testimonio specialiter vocatorum & rogatorum præsentia personaliter constitutus. Tenens & habens in suis manibus litteras felicis recordationis Reverendi Patris & Domini Domini Henrici quondam Episcopi Constantiensis & Venerabilis Patris Domini Hugonis, quondam Abbatis Monasterij Murbacensis, ipsius Domini Henrici Episcopi sigillo oblongo appendente sigillatas, Litteras ipsas mihi Notario publico subscripto ad manus meas recipienti exhibuit & præsentavit, meque rogando debita cum instantia requisivit, ut cum ipse suo & dicti sui Monasterij nominibus eisdem Litteris in diversis & longinquis mundi partibus atque locis propter certa sua negotia tractanda & expedienda uti habeat, ad quæ vel ad quas propter viarum discrimina & guerrarum pericula & alias causas rationabiles tute & secure deferri non valeant, ipsas Litteras ad perpetuam rei memoriam de verbo ad verbum transcriberem & transsumerem, ac transcriptas seu transsumptas signo & nomine meis solitis subscriptas & signatas sibi traderem. Unde ego idem Notarius publicus subscriptus, easdem Litteras, quas utpote non rasas, non cancellatas, non abolitas, sed sanas, integras, & illæsas, ac omni prorsus vitio & suspicione carentes, ut præmittitur sigillatas, ut prima facie appariebatur, vidi, manibus meis palpavi, auscultavi, & perspexi, de verbo ad verbum nil addito vel remoto aut subtracto, quod substantiam facti immutet, aut variet intellectum, transcripsi, transsumpsi, & copiavi in modum qui sequitur.

In nomine sanctæ & individuæ Trinitatis, Henricus Dei Gratia Constantiensis Episcopus & Hugo ejusdem gratia Abbas Murbacensis universis Christi fidelibus notitiam rei gestæ. Quoniam singulis fragilis est memoria, & rerum gestarum veritas oblivioso tractu temporis evanescit, ea quæ geruntur in tempore scripturarum consueverunt beneficio perennari..... Noverint igitur tam posteri quam præsentes, quod Reverendus in Christo Chuonradus Abbas Murbacensis Vlrici fratris sui Præpositi ac totius Conventus Lucernensis accedente consensu plebaniam in eadem Ecclesia, quam ipse cum omnibus antecessoribus obtinuerat, pro salute sua & plebis venerabili Domino Berchtoldo Constantiensi electo taliter resignavit, ut ex tunc in Ecclesia ante dicta ab Abbate Murbacensi Episcopo Constantiensi, qui tunc esset, persona idonea præsentata, ab eodem curam reciperet animarum, & sicut verus Pastor, ipse & sui successores sub eadem forma in perpetuum populo salubriter providerent Primus itaque verus plebanus ab Abbate supradicto de Consilio Præpositi & Conventus memorati, aliorumque tam ministerialium quam fidelium Wernherus nomine factus fuerat in hunc modum. Præbendam Lucernæ, Domum in Curia claustri, pagum qui dicitur Blatten, redditus unius mansus cum omni jure suo in villa Waltivilen & Decimas villæ Stafflen & Lippingen, eidem plebano & suis successoribus in perpetuum contulit tali modo, ut obtentu prædictorum & præbendæ ipse plebanus choro debeat interesse, nisi forte propter ecclesiastica negotia exercenda fuerit impeditus. Plebanus etiam singulis annis in festo Beati Andreæ xx solidos Thuricensis monetæ veteris fratrum collegio dabit, præfatæ vero plebaniæ ad divina populo ministranda Ecclesia in civitate sita, quæ Capella dicitur, est nominatim deputata Parochianis, quo debitam & plenariam Pastori suo obedientiam exhibentibus singulos seu plures charitativam ad lectum ægritudinis salubris gratia consilij advocare, & prout Deus ipsis inspiraverit de rebus suis legare, & quidquid voluerint de missarum & orationum suffragiis ordinare ad placitum est concessum...... defunctis etiam campanarum sonitus & sepulturæ officium in monasterio exhibebitur in hunc modum, ut plebanus funus allatum, uti moris est, excipiat, & missam pro defunctis in altari sanctæ Crucis celebret, nullo alio præsumente missam incipere ante lectum Evangelium quod in diebus Festivis & Dominicis erit etiam observandum. Finita vero missa Plebani, si à fratribus missa & sepultura petatur, aderunt ipsi exequiis plebano corpus terræ commendante. In Dominicis vero diebus totaque hebdomada cum plebano visum fuerit, ipse ad præfatum altare divina celebret, sic tamen ut sermo ad populum primam claustralium non impediat, neque sermo plebani a fratribus celebrando impediatur. Si quid autem ortum fuerit questionis de negotiis ecclesiasticis ante primam non definitum, ad Ecclesiam plebaniæ ante dictam transferatur, inibi terminandum. In Pascha vero & Penthecoste in monasterio à fratribus fons Baptismi consecrabitur & ab aliquo eorum baptizabitur primus infans, reliquum officii Plebano suplente.

In Inventione sanctæ Crucis, Nativitate Joannis Baptistæ, Patroni nostri Beati Leodegarij, Dedicatione Ecclesiæ, Octava Stephani, Custos divinum officium in altari sanctæ Crucis exercebit, & oblata à populo vendicabit, & hiis diebus plebanus alibi non celebrabit. In Nativitate Domini plebanus puer natus in altari sanctæ Crucis cantabit. Reliquum officium claustro cedet. Benedictio cereorum & palmarum & officium parasceve cedit Monasterio memorato, ita tamen, quod plebanus in parasceve dicto Confiteor ad sanctam Crucem Eucharistiam subditis exhibebit. In eodem etiam altari candelæ & annua oblata præter denarios Plebano oblatos mulierumque post partum limina Ecclesiæ introeuntium obla-

tiones thesaurario attinebunt, ita tamen, quod nulla plebano inobediens ipso renitente introducatur, pro quibus ipse edituus sacras vestes, calicem, vinum, oblatas, librum, luminaria plebano recompensare tenetur. Plebanus duas libras ceræ in Purificatione Beatæ Mariæ persolvet. Quicumque infra duodecimum annum moritur, vel sine matrimonio vivit, serviens vel ancilla seu peregrinus, apud Capellam potest sepeliri, ita tamen, quod si funus erit ad Monasterium, illuc reliqua funera, si qua fuerint, transferantur, ut antefactum hujusmodi de cetero nullatenus valeat infirmari. De consensu Arnoldi Præpositi, Arnoldi Custodis, Magistri Chunonis Plebani ac totius Conventus Lucernensis præsens scriptum sigillo nostro munimine duximus roborandum. Acta sunt hæc in Ecclesia Lucernensi, anno Dominicæ Incarnationis M. CC. XXXIIIJ. mense Septembri multis præsentibus, quorum nomina sub notantur. Rudolphus Camerarius, Arnoldus Elemosinarius, Burchardus Plebanus in Rinhein, Rudolphus Plebanus in Chussnacho, Waltherus Plebanus instans, Vlricus Plebanus in Sarnon, Bertholdus Plebanus in Sempach, Christianus Plebanus in Horwe, Rudolphus Plebanus in Ottenbach, Waltherus miles de Littowe, Ulricus miles de Chussnacho, Henricus Cellarius, Chuonradus, Agnellus, & Egelolphus Pistores.... acta sunt hæc anno, indictione, Pontificatu, mense, die, hora, & loco, quibus supra. Præsentibus tunc & ibidem honorabilibus & discretis viris Dominis Ludewico Murer decano decanatus ruralis in Gislingen, Petro Kólli in Mutingen, Eberhardo Vorster in Alppnach Parochialium Ecclesiarum rectoribus, Caspar Lingg Procuratore prædicto, Conrado Kinus Rectore Novitiorum Monasterij sancti Georgij in Ochsenhusen, ac pluribus aliis fide dignis personis testibus ad præmissa in eorum testimonium & robur vocatis, rogatis pariter & requisitis.

Et me Frederico Ysenman de Cella (a) Ratolffi, clerico Constantiensis diocesis sacra Imperiali auctoritate Notario publico & Curiæ Constantiensis jurato, qui in evidens signum & testimonium exhibitionis, præsentationis, & receptionis litterarum prætactarum visionis, transsumptionis & copiationis de quibus prætangitur, præsens transsumptum sive transscriptum, tenorem litterarum præscriptarum in se continens, manu mea propria scriptum, in hanc publicam formam redegi & præhabitam præsens de præsenti transsumpto sive transcripto ad litteras originales antedictas fideli & diligenti collatione & reperta omnimodo concordia earumdem signo & subscriptione meis per hoc hic factum consignavi Rogatus, &, ut præfertur, Requisitus.

[Ici est le signet du Notaire.]

(a) Aujourd'hui *Ratolff-zell*, sur le lac de Constance.

PREUVES.

N° VII.

Léopold, Duc d'Autriche, étant à Baden, le jeudi avant le jour de Saint Laurent 1316, accorde plusieurs reprises annuelles sur les revenus du Bailliage de Zoug, notamment à Egere.

Original en parchemin dans les Archives de la Ville de Zoug, & copie dans le sixième volume du Recueil *Monumenta Helvetico-Tugiensia*, pag. 426, manuscrit *in-fol.* en la Bibliothèque de M. le Baron de *Zur-Lauben*.

W i r Lupold von Gottes gnaden Herzog ze Osterrich, und ze Styr, Herre ze Kreyen, uf der Marich, und zu Portenow, Graff zu Habspurg, und ze Kyburg, und Landgraff in oberen Elsasse uerjähen, und thun kund allen den, die diser brieff ansehend, oder hörent lesen, das wir dem Erberen Ritter Heinrich von stein dem Elteren ze Essture siner dochter drissig March silber schuldig sin, suram sezen wir im ze Zuge in dem ampt achthundert balchen vür acht stucke geldes, fünff tusent Rötele, vür zehen stuke geldes, und in dem ampt ze Egere vierhundert Roten vür zehen stuke geltes, sierhundert ketlinge vür sier schillinge gelt, und zwelf Ele vür sechs schillinge geltes, so das er und sin Erben das vorgeschriben gelt so lange niessen, unz das wir, oder unser Erben ihm oder sinen Erben die vorgenanten drisig March gar, und genzlich vergelten, und des zu eim urkunde geben wir ihme disen brieff versiglet mit unserem Insigel, der ward gegeben ze Baden an dem dunner tag vor sant Lorenzen tag, do man zalt uon Gotz Geburth drüzehenhundert und sechzehen iahr.

N° VIII.

Hermann de Landenberg étoit à Rotenbourg le 22 Janvier 1345, au nom des Ducs d'Autriche, à la vente que le Conseil & les Bourgeois de Zoug, font d'une partie de leur Allmende ou Commune.

Original sur parchemin, conservé dans les Archives de la ville de Zoug; & copie dans le sixième volume du Recueil *Monumenta Helvetico-Tugiensia*, pag. 430, manuscrit *in-fol.* même Bibliothèque de M. le Baron de *Zur-Lauben*.

Ich Herman uon Landenberg Miner Gnädigen Herren der Herzogen von Osterrich kantnus Inn kunt, und vergichen, offentlich mit disen brieff, als die Erberen Wolbescheiden Lüt der Rath, und die Burger von Zuge ir allmende ein Theil Uerkauff hand von ir, und der statt nothdurst wegen uf den tag, alss disere brieff geben ist, das ich an der Egenanten Miner Herren stat, und von ir wegen Minen gunst, und Willen darzu gegeben han, doch also, das es jedem man an seinen rechten unschedlich si, und des ze einem urkunde, hab ich jngeben disen brieff, besiglet mit meinem Insigel, der geben ist ze Rotenburg an sant Vicenzen tag: d a Man zalte von Gottes geburtte Drüzehen hundert, und vierzig jar, darnach in dem funften jar.

N° IX.

Rodolphe, Duc d'Autriche, étant à Salzbourg, le mercredi avant le jour de Saint Barthelemi 1359, permet en son nom & en celui de ses freres, les Ducs Frédéric, Albert & Léopold, à leurs féaux l'Amman & le Conseil de Zoug, de percevoir le péage de la ville de Zoug, sur le pied que feu leur pere le Duc Albert, en avoit transigé avec eux; cet Acte règle aussi les droits de la Douane de la ville de Zoug.

Original en parchemin, dans les Archives de la ville de Zoug; copie dans le sixième volume du Recueil *Monumenta Helvetico-Tugiensia*, pag. 434, manuscrit *in-fol.* même Bibliothèque de M. le Baron de *Zur-Lauben*.

W i r Ruodolff von Gottes Gnaden Herzog zu Osterrich, ze Styr, und ze Kernten tun kunt, das wir jn Namen, und an stat unser selbers Fridrichs, Albrechts, und Lupolds, herzogen unsere gebrüderen der wollen gewalt wir, als der Eltist unter ihnen ietz, und füren, nach guter vorbetrachtung, von besonderen gnaden gegunnen haben, und günnen auch mit disen brieff unseren getreüen dem amman, und dem Rathe Ze Zuge, das si den Zol daselbst jn der stat Ze Zuge uffnemen, und jnziehen sullent, und mögend mit allem nutzen, und Rechten, so dar zu gehörent jn aller der weise, als men, den selben Zol Wilandt, unser hertzlieber herre, und vatter selig herzog Albrecht von Osterrich vor etzwimwill zites, verlihen, und gegünnen hat, darüber günnen, und erlauben wir jnen, auch von besonderen Gnaden mit vollem gewalte in dem namen als da vor, das si jn Niderlegung aller Kauffmanschafft in der egenanten stat Ze Zuge haben, und von jeden saum Wardel einen pfennig zewonlich Muntz uffnemen sullent, und mugent, also das sy bj guten trüwen alle die nutze die inen von dem vorguten Zolle, und von der Nider legunge, als vor bescheiden ist, gewallen, an redlichen, und merklichen der Egenanten statt daselbs Zuge, buete, legen, und verbüeten untz an unser, oder der vorgenanten unsere brüderen, oder unser Erbe widerruffen, ungewarlich jn urkunde dis brieffs besiglt mit unserem anhangenden jnsigel. Der geben ist Ze Salzburg am mittwochen vor sant Bartolome tag Nach Gottes geburt drüzehen Hundert, und funftzig jaren, und darnach in dem Nünten jare.

N° X.

Albert, Duc d'Autriche, étant à Baden, le vendredi après le jour de Saint George, (en Avril) 1326, permet aux Bourgeois de Zoug de percevoir pendant deux ans le péage du pont de leur Ville, sur le pied fixé par feu son frere le Duc Léopold.

Original dans les Archives de la ville de Zoug; & copie dans le Recueil *Monumenta Helvetico-Tugiensia*, sixième volume, pag. 428, manuscrit *in-fol.* en la Bibliothèque de M. le Baron de *Zur-Lauben*, à Zoug en Suisse.

W i r Albert von Gottes Gnaden Herzog ze Osterrich, und ze Styr un Kund mit disem brieff allen den, die jn ansehend, oder hörent lesen, das wir unseren getreuen lieben burgeren von Zuge Erlaubt haben, und Erlauben mit unseren guten willen, das si den Zol an der Bruggen ze Zuge, den unser bruder selig Herzog Lüpold angelegt het, jnnemmen sullen, und mugen, dise Nächste Zwei jar, und swas si dovon gewellet, das sullen sj gentzlichen legen an die vorgenante unser statt, und si domit bezzeren, mit der Gewizzend und

nach

PREUVES.

nach Erberen Lüte raths; und geben das zu Einem Offnen Urkunde, diſſan brieff verſiglet mit unſerem Inſigel. Der geben iſt ze Baden des freitags noch ſant Georgen tag da man zalt von Chriſtus Geburt drizehenhundert jar, darnach ſechs, und zwenzig jar.

N° XI.

Diplôme, daté de Prague, le 16 Octobre 1379, par lequel Wenceſlas, Roi des Romains, mettant en conſidération les ſervices rendus à l'Empire par l'Amman, le Conſeil, les Bourgeois & tous les dépendans du Bailliage de Zoug, les déclare exempts de la Chambre de Rothweil & de tout autre Tribunal de l'Empire, & leur donne la faculté de porter toutes leurs cauſes pardevant le Conſeil de Zoug.

Original en parchemin, dans les Archives de la ville de Zoug, & copie dans le ſixième volume du Recueil, *Monumenta Helvetico-Tugienſia*, pag. 438-440. Manuſcrit in-fol. même Bibliothèque de M. le Baron de Zur-Lauben.

Wir Wentzlaw von Gottes gnaden Romiſcher Kunig zu allen Ziten merer des Reichs, und Künig ze Behem bekennen, und tun Kund offentlich mit diſen brieffs, allen den die jnſehen, oder hören leſen, das wir haben angeſehen ſtete, lauter trewe, und auch nutz dienſte, die uns, und auch dem Riche, der Amman, und der Rath, und die burger gemeinlichen, und alle lütte, die zu in in das ampt Zuge gehorren, als vor alter herkommen iſt, und zu einander gehöret hant, unſer lieben getrewen oftte gethan haben, und noch thun ſullent, und Mugent, nu, und jn künfftigen ziten, und haben ſie dorumb mit Rathe unſer, und des Reichs Furſten, und lieben getrewen gefreyet, und begnadet, freien, und begnaden ſie auch mit krafftte dis brieffes, alſo, das ſie Niemants merſürbas ewiklich, wer er ſy und in welchen eren, und würde er auch ſy die Egenanten den Amman, und den Rath und burger, und das ampt, als ſie von alter her zu einander hörent uſs, und innen miteinander, oder beſonders fürtriben, anſprechen, beclagen, bekümmeren, urteilen, oder achten ſullent noch muge, fur unſer Königlich Hoffgericht, oder an dem Landgerichten ze Rothwill, oder an Keinen anderen Landgerichten, und gerichten, wo die ligen, gelegen, und wie die genant ſein, beſonder wer den Egñten Amman, Rath, und burgeren, und gemeinde des ſelben amptes uſs, oder jne, als ſy von alter her zu Einander gehörrent, und tun ſy ab, oder beſonder einen, oder mer, er ſy mann, oder wyp zu ſprechen, Zuclagen, oder vortrunge hat, oder gewynnet, der ſol das tun vor dem Richter, und dem Rate daſelbſt ze Zuge, und Recht von jn nemmen, und nirgents anderſt wo, es were denn, das dem Kleger, und Klegerin Küntlich, und offentlich recht verſeyt wurde von dem Egñten Richter ze Zuge, und dem Rathe. Ouch wollen wir von beſonderen gnaden, das die ſelbender Amman, und Rath, und burger, und gemeinde des ſelben amptes Zuge mugen offen, Echter, huſs, und ſtoſſen, und mit jn alle gemeinſchafft haben alſo wer das jemand der ſelben Echter eynen, oder Zwen, vil, oder wenig in ihrer Statt ze Zuge, oder in ihrem Ambt, und gebieten anfallet, dem ſol man ein unverzogen Recht tun nach der ſtatt, und das amptes gewohnheit, und als offte ſie in ihr ſtatt Koment, oder ampt, und wider daraus, das ſie Niemand anſpricht mit dem Rechte, das ſol dem Egñten Amman, und Rate, und der ſtatt burgeren, unde gemeinde, und dem ſelben ampte ze Zuge keinen ſchaden bringen von der gemeinſchafft wegen, und gebieten dorumb allen Furſten Geiſtlichen, und weltlichen, Grawen, Freyen, Herren, dienſtleuthen, Ritteren, Knechten, Stetten, Gemeinden dem Landrichter zu Rottwyl, und allen anderen Landrichteren, und Richteren und die an den Landgerichten, und gerichten Zu den

Rechten ſitzend, und urteil ſprechent, die ietzund ſeind, oder in künfftigen Zeiten werdent, unſeren, und des Heiligen Reichs lieben getreüwen Ernſtlich, und veſticlich bey unſeren, und des Reichs hulden, das ſie fürbas vor Etlichen keinen der Egñten burgeren, und gemeinde Einen oder mer man, oder wyp nicht fur das egenante Landgerichte, oder andere Gericht Cyſchen, Laden, Verderen, beklagen, anſprechen, oder kein urteil über jr Lyp, oder über ir gut ſprechen, oder in die acht tun ſüllent, noch mugent in Keine wis. Und wo das geſchehe wider diſe obgenante unſer Gnaden, und Friheit, und Gnad, die in diſem unſerem brieff ſint, ſo nemmen tun wir ab mit rechter Wiſſen, und Königlicher Mechte Volkommenheit aller ſchuld, Ladungen, Cyſchtunge, Vorderunge, anſprache, urtheil, und die acht, und Entſcheiden, Luteren, Cleren, und ſprechen, das ſie mit Einander, und beſunder alle unkrefftig, und untuglich ſin ſullent, und tun ſie ab, und vernichten ouch ſie gentzlichen, und gar an allen jren Meinungen, begriffungen, artikeln, und punkten, wie ſie dar Kommen, geben, geſprochen, oder geurtheilt werden oder wurden, und ob jemand wer der were, der alſo wider diſe obgenante unſer friheit, und Gnade freuentlich tete, und der ſullent in unſer, und des Heiligen Reichs ungnade, und dar zu Einer Rechten pänen funffzig Marck lotiges Golds, offte der dar wider thut, Verfallen ſin, die halb in unſer und des Reichs Camer, und das anderthalb den obgenanten burgeren ze Zuge, die alſo uberfaren mynner werden, gentzlich, und on alles nutz ſullen gewallen Mit urkund dis Briev verſiglet mit unſer Kuniglichen Maieſtet inſigel, der geben iſt ze Prage nach Chriſtus Geburte, Dreizehen hundert jar darnach in dem Nun, und ſiebenzigiſten jar an ſant Gallen tag unſer Reiche des Behemiſchen in dem ſiebenzehenten, und des Romiſchen in dem vierten jaren.

(L. S.)

N° XII.

Diplôme, daté de Prague, le 24 Juin 1400, par lequel Wenceſlas, Roi des Romains, accorde à l'Amman, au Conſeil, aux Bourgeois de la ville de Zoug, & aux Offices extérieurs de ce nom, l'exercice de la juſtice au criminel, dans toute l'étendue de leur reſſort.

Original en parchemin, dans les Archives de la ville de Zoug, & copie dans le ſixième volume du Manuſcrit in-fol. *Monumenta Helvetico-Tugienſia*, pag. 450, in-fol. même Bibliothèque de M. le Baron de Zur-Lauben.

Wir Ventzlaw von Gottes Gnaden Romiſcher Kunig zu allen Zeiten Merer des Reichs, und Künig zu Behem bekennen, und thun Kund offentlich mit diſem brieve allen den, die ihn ſehen, oder hören leſen, das wir durch dienſte, und treuwe willen, als der Amman, Rate, und Burgere gemeinlichen, des ſtatt zu Zuge, unſeren, und des Reichs lieben getrewen, unſs, und dem heiligen Reiche offte, und dicke nutzlichen getan, und willigklichen erzeiget haben, jn, und der ſtatt zu Zuge mit wohl bedachtem mute, guten Rate, und recter Wiſſen, diſe beſonder gnade getan, und tun jn den Krafft dis brieves, und Romiſcher Kunigklicher machte, alſo das ſie mit ſampt den, die ſie zu jn uz yren, ampt in die die ſtatt zu Zuge berüffend beide, todſchläge, Raube, mort, brant, diebſtal, und alle andere Verlemte ſachen, uberſchedliche leute, und uber das blute, die in ihrem ampten, Kreiſen, gebieten, Thwingen, benen, geſcheen, und gelant mer werden, richten ſolen, und mugen in ihrem rate noch jhrer erkant nuſſe, die ſie uff iren eid, damit ſie unſs und dem reiche verbunden ſein, über ſolche ſachen ſprechen Werden, von allermeinlich unge gehindert, nemlich auch, ſo tun Wir der Egenanten ſtatt zu Zuge difer befonder gnade , das ein jeglicher Amman do felbft zu Zuge. Von unferen , und des Reichs Wegen, den ban uber das bluet zu richten haben fol, do von, daz zu fulcken Leuten, die landen, und leuten Schedlich feind , defterbas gerichtet Werde, als bilich ift , und gebieten darumb, allen, und iglichen, Furften, Geiftlichen, und Weltlichen , Graffen, Frey Herren, dienftleuten , Ritteren , Knechten, gemeinfchafften der Stetten, Merckte, und dörffer , und fuft allen anderen Unferen, und des Reichs unterthanen, Ernftlichen und Vestiglichen , mit difem brieve, das fie die egenanten burger, und ftatt zu Zuge, an den Fgenantem unferen Gnaden nicht hinderen , Noch Jren jn Keine Weis , funder fie dobey geruhlichen bleiben laffen , als libe jn fey unfer, und des Reichs fchwer ungnade zu vermeiden mit urk und dis Brieffs verfiglet , mit unferer Kuniglicher Maieftet jnfigel. Geben Zu Prage nach Chriftus geburt Vierzehen hundert Jare , an Sant Johannes baptifta tage, unfer Reiche des Behemifchen in dem achten , und dreiffigften und des Romifchen in dem funffund Zwanzigften jaren.

(L. S.)

N° XIII.

Diplôme daté de Conftance, le 25 Janvier 1415, le Dimanche immédiat après le jour de la Converfion *de Saint-Paul, par lequel Sigifmond, Roi des Romains, confirme les priviléges de la ville de Zoug.*

Original dans les Archives de la ville de Zoug, & copie dans le fixième volume manufcrit, *Monumenta Helvetico - Tugienfia*, pag. 456-457. in-fol. même Bibliothèque de M. le Baron de Zur-Lauben.

Wir Sigmund von Gottes Gnaden Romifcher Kunig, zu allen Zeiten Merer des Richs, und zu Ungarn , Dalmatien , Croacien Kunig, bekennen , und tun Kund offenbar mit diffem brief allen jen , die in fehen , oder horen lefen , wan fur uns Kommen ift der Amman , und Landtluthe gemeinlich der ftat zu Zuge, unfer und des Reichs lieben getreuen Erberen Boitfchafft , und uns demuttigiglich gebetten hat , das Wir dem Amptman , Rat und dem Ampte gemeinlich , der ftatt zu Zuge alle , und jegliche Jre Rechte , freiheite , Gnade, brieve, privilegia, und gute gewonheiten, die fi von Romifchen Keiferen , und Kunigen , unferen vorfarn an dem Riche erworben , und herbracht haben, zu beftatigen gnediglich geruhen , des haben Wir angefehen, Solich Ihr demütige bette , und auch ir ftäte , Willig , und getreue dienfte , die fy, und ihr Vorderen unfer Vorfarn am dem Riche , alzeit Unvertroffentlich , und getreulich getan haben , und uns , und dem Reiche furbas thun follent , und mögen , in Könfftigen Ziten, und haben dorumb mit wolbedachten mute , gutem rate un'er, und des Richf Furften , Greven, Edlen, und getreüen, und Rechter Wiffen, den vorgenanten Amptman, Rate , und dem Ampte der ftat zu Zuge jren nachkommen , und der felben ftatt , alle , und iegliche vorgenante jre Rechte, Freiheite , Gnade , brieve , Privilegia , und gute gewohnheite , die fi von Romifchen Keiferen , und Kunigen , unferen vorfarn an dem Riche erworben , und redlich herbracht haben, Wie die von Wort zu Wort Lutent, und begriffen find, gnediglich befeftigt , verneuret , und beveftnet , beftatigen , vernewen , und beveften in die auch in Krafft dis Brieffs , und Romifcher Kunig'icher macht Vollkommenheit , und Meynen, und Wollen fy daby auch gnediglich hanzhaben, fchirmen, und bliben laffen , und gebieten dorumb allen, und iez'ichen Furften geiftlichen , und Weltlichen, Graven , Freien, Ritteren, Knecht, Amptleuthen , und fuft allen anderen unferen, und des Richs Unterthanen und getrewen, Ernftlich, und Vestiglich mit difem brieff, das fy die Vorgenante von Zuge an den offt genanten jren Rechten , freiheiten , gnaden , brieffen , Privilegien ,

und gute gewohnheit nicht hinderen ; oder jrren in keine Wiffe , funder fy da bey geruhichen beliben laffen , als lieb jn fy unfer , und des Richs fchwäre ungnade zu vermeiden. Mit urkund difes brieffs Verfigelt mit unfer Koniglicher Maieftet jnfigel geben zu Conftanz nach Chrifti geburt Vierzehen hundert Jare , und darnach in dem funff Zehenden Jare, unfer Riche des Ungrifchen in dem acht , und Zwenzigften , und. des Romifchen der ervölung in dem funfften, und der Crönung in Erften Jaren des Näechften funtags fant Pauli tag Converfionis.

(L. S.)

N° XIV.

Diplôme daté de Conftance, le quatrième Dimanche après Pâques 1415, par lequel Sigifmond, Roi des Romains, donne à la Ville & aux Offices extérieurs de Zoug, l'exercice du droit de la Juftice criminelle.

Original dans les Archives de la ville de Zoug, & copie dans le fixième volume du Recueil manufcrit, *Monumenta Helvetico-Tugienfia*, pag. 458-460, in-fol. même Bibliothèque de M. le Baron de Zur-Lauben.

Wir Sigmund von Gottes Gnaden Romifcher Kunig, zu allen ziten Merer des Reichs , und zu Ungarn, Dalmacien , Croacien, &c. Kunig. Bekennen , und tun kund offenbar mit diefem brieff allen die jn fahen, oder hüren lefen , das wir angefehen, und gutlich betrachtet haben, die getreue , willige , und nutze dienfte , die uns, und dem Riche, der Amman , Rate, und burger gemeinlich der ftatt zu Zuge unfer , und deffelben Richs liebe getreuen offt unvertroffentlichen getan haben, jeglichen thun , und furbas tun follen , und mögen , und fonderlich die dienften , beyftand, und hilffe die fi uns zu difen ziten Wider Herzog Friderichen von Ofterrich unferen,und des Richs widerwärtigen, und ungehorfammen zu erzögen mit gutem willig fin , und haben dorumb mit wolbedachtem Mute , guten Rate , und Rechter Wiffen den vorgenanten Amman , Rate , burgeren , und dem ampte der ftatt zu Zuge den ban über das blut zu richten, umb alle fachen, die dor zu Nottdürfftig find, mit dem Rechten in der ftatt Zug , und unter den vogtlute zu Kam gnadiglich verlihen , und verlichen in den auch in Crafft difs brieffs, und diefelben von Zug follen auch den felben bann von uns, oder unferen nachkommen, an dem Riche Empfahen , als offte des Not ift, und das gebüret , auch haben wir den vorgenanten von Zug dieffe befondere gad , und friheite getan , und gegeben , tun , und geben jn die in krafft dis brieffs , und Romifcher Kuniglicher Machte vollkommenheit , das Nymand , wer der fy , die vorgenante von Zug, den vogt, und vogtlute zu Kam , einen oder mer , fur unfer , und des Richs Hoffgerichte , oder ander Langerichte , oder gerichte , laden , oder furtreiben , oder fy doran beclagen folle , oder moge , funder wer zu jn jr Einen , oder mere Mann , od wyp , jchts zuclagen , oder zu fprechen hat , od gewunnet , der foll recht fuchen , und Nemen vor jrem Amman , und Rate , oder gerichte , do derfelbig anfprächig gefeffen ift , und nyndert anderft wo , es wer dan , das dem cläger kuntlich recht verfagt , oder geverlich verzogen wurde , fo mag er dan fyn recht fur bafs fuchen , do fich das gebüret. Ouch tun wir diffe befondere gnade , und freiheite, das fy offenbare ächtere , hufen , und ftofen mugen , und das jn das keinen fchaden brengen foll , doch alfo, wen die felben ächtere angefprochen werden , das fy dan den Clageren rechts von jn geftatten , und helffen follen , als billich , und recht ift, ouch als wir zu difer ziten mit Herzog Friderich von Ofterrich, dorumb das er manche unfere , und des Reichs Furften Geiftliche , und Weltliche , Grewen , Edlen , und getruen , und auch wittwen, und weifen, wider recht gedrungen, und geleidigs hat , und ouch um den

PREUVES.

Muttwillen, und frevel, den er ietzund mit des Babstes Entfurung, wider das heilig Concilium, und das Riche begangen hat, zu Krieg komen sin und dorumb alle, und iegliche, sine Lande, Lute, und lehene, und dorzu alle gulte, güttere, nutze, und zinse, die der vorgenante von Osterrich in der statt zu Zug, und an dem vogt, und vogtleute zu Kam gehebt hat, an uns, und das Reiche gerufft, und zu unseren, und des Reichs handen genomen und Empfangen, und von Römischer Kuniglicher machte gesetzet haben, das die alle, und iegliche die soliche lehen, vom dem vorgenantem Herzog Friderichen, und der Herschafft von Osterrich gehebt haben, die selber lehen von uns, und unseren Nachkomen an dem Riche Empfahen, doruf schweren, und hulden, und uns, und dem selben Riche da von dienen, und warten sollen, als lehen recht, und gewohnheit ist, also wollen, und setzen wir, das die vorgenante von Zug, und ander, die do vorgenant, und aller zinse und gulte, die si dem vorgenantem von Osterrich bishero schuldig geweßen sint, zu geben, fur bar mere ledig und lose sin, und soliche ytzgenante Lehene von uns, und dem Riche, und unseren vorgenanten Nachkommen alltzeit Empfahen, und doruff hulden, und schweren sollen, und davon tun, als lehen recht ist, ouch setzen, meynen, und wollen wir von Römischer Kuniglicher Macht in crafft dis brieffs, das die dienste, hilffe, und beystand, die die vorgenante von Zug, und die vorgenant sint, ietzund tun in allen, und ieglichen an jren friheiten, rechten, und alten herkommen ir vorderen kein schaden brengen solle, noch moge in kein wiß, sunder sy sollen als vor by jren friheiten, rechten, und herkommen beliben, von aller maniglich ungehindert. Ouch wollen sprechen, und setzen wir von der vorgenantem unser Romischer Kuniglicher macht wegen, das in die vorgenante hilffe, und dienste an dem fride, den sy mit dem vorgenantem Herzog Friderichen angegangen sind, und ouch an Eren, und leymund kein wort, oder schaden brengen sollen, oder mogen in khein wiß, als das auch nechste von unseren, und des Richs Kurfursten, und vil Fursten Geistlichen, und weltlichen, Greven, Edler, und lerer, Geistlichs und weltlichs rechten, und auch der Kunige von Engelland, von Dennemarck, von Beheim, und von Polan Erberen Botten zu dem Heiligen Concilio gen Constäntz gesant in gegen würtigkeit der von Zurch, und von Lucern Erberen bottschafft mit recht, und urtheil gesprochen ist, des wir ouch den selben von Zurch, und von Lucern &c. unser Maiestet brieffe gegeben haben, doch unschedlich in den vorgenanten stucken, uns und dem Riche, und sust jedermand an sinem gerichten, und rechten, usgenomen, was der vorgenante von Osterrich ytzund, an uns gebrochen hat, und wir gebieten dorumb allen Fursten, Geistlichen, und weltlichen, Greven, Frien, Ritteren, Knechten, unseren, und des Richs hoffrichter, Landrichteren, und Richteren, die ietzund sind, oder in zeiten werden, und sust allen anderen unseren, und des Richs unterthanen und getreuwen Ernstlich, und uestigklich mit disem brieff, das sy die vorgenante von Zug, und andere die do vorgenant sind, wider soliche unsere gnade, und freiheite nit hinderen, furtriben, dringen, oder irren sollen in khein weis, sunder sie dahin beliben lassen, als lieb jn sey unsere, und des Richs schwere ungnade zu wermeiden. Mit urkund dis brieffs versigelt mit unser Kuniglicher Maiestet jnsigel. Geben zu Constentz nach Christi Geburt vierzehen hundert jar, darnach in dem funff zehendisten jare, des sontags so man singet in der Heiligen Kirchen Cantate, unser Riche des Ungarischen &c. in dem Neun, und zwantzigisten, und des Romischen in dem funfften jaren.

(L. S.)

N° XV.

Diplôme de l'Empereur Sigismond, daté de Bâle le 30 Octobre 1433, qui confirme les privilèges de la Ville & des Offices extérieurs de Zoug.

Original dans les Archives de la ville de Zoug, & copie dans le sixième tome du Recueil manuscrit, *Monumenta Helvetico-Tugiensia*, pag. 478-479, in-fol. même Bibliothèque de M. le Baron de Zur-Lauben.

Wir Sigmund von Gottes gnaden Romischer Keiser zu allen zeiten Merer des Richs, und zu Ungere, zu Behem, Dalmacien, Croacien etz Kunig bekennen, und tun kund offenbar mit dissem brieve, allen den, die jn sehen, oder hören lesen, wan fur uns kommen ist, unser, und des Reichs Lieben getreuen des Ammans, Rates, und burgere gemeinlich der statt, und des gemeynen ampts zu Zug Erbere, und Mechtige Bottschafft, und uns demuthigklich gebetten hat, das wir den selben Amman, Rat, und Burgeren gemeinlich der statt, und des gemeynen ampts zu Zug alle, und yeliche jre Gnade fryheit, gerechte, gute gewonheit, brieve, Privilegia, und handveste, die sie von Römischen Keiseren, und Kunigen unseren vorfaren an dem Riche, und von der herschafft zu Osterich erworben, und harbracht haben, zu bestätigen gnädiglich geruhetet, des haben wir angesehen soliche jre demutige bette, und auch jre stete willige, und getreüen dienste, die sy, und jr vorderen unseren vorfaren an dem Riche allertzeit, unvertrossentlich, und getreulichen getan haben, und uns, und dem Riche furbas tun sollen, und mogen in künfftigen ziten, und haben dorumb mit wolbedachtem muote, gutem Rat, unseren Fursten, Graven, Edlen, und getreuen, und rechter wissen den vorgenanten Amman, Rat, und Burgeren gemeynlich der statt, und des gemeynen ampts zu Zug jren Nachkommen alle, und yeliche ihre vorgenante Gnade, fryheit, rechte, gute gewonheit, Privilegia, und hantveste, wie die von worte zu worte lutent, und begriffen sint, die sie von den Egenanten jren vorfaren Romischen Keiseren, und Kunigen, und von der herschafft von Osterrich erworben, und redlich hergebracht haben, gnadiglich bestätigt, vernüet, und befestnet, bestetigen, vernewen, und bevestnen in die ouch in crafft dis briefs, und Keiserlicher Macht vollkommenheit. Und wir Meinen, setzen, und wollen, das die furbasmer, crefftig sein gleicher weis, als ob die alle von wort zu worte in dissem brieff geschriben, und begriffen weren, und das sy die, auch gebruchen, und geniessen sollen von allermeniclich ungehindert, und wir wollen sy ouch dobey gnediclich hant haben, schirmen, und beliben lassen, und gebieten auch dorumb allen, und yglichen Fursten, geistlichen, und weltlichen Graven, Freien, Ritteren, Knechten, Landricheren, Richteren, Vögten, Ampleuten, Burgermeisteren, Reten, und Burgeren, alter, und yglicher statt, Merckhte, und dörfere, und sust allen anderen unseren, und des Heiligen Reichs untertanen, und getreuen. Ernstlich, und vestiglich mit disser brief, das sy die vorgenanten, Amman, Rat, und Burger gemeinclich der statt, und des gemeinen ampts zu Zug an den vorgenanten jren Gnaden, Freyheiten, Rechten, brieven, Privilegien, handvesten, und guten gewonheiten, nicht hinderen, oder jrren in keine weis, sonder sy dabey geruhelichen lassen bliben, als lieb in sey unser, und des Reichs schwere ungnade zuvermeiden. Mit urkund dis brieffs versigelt mit unserem Keiserlichen Maiestet jnsigel. Geben zu Basel nach Cristi geburt viertzehenhundert jar, und darnach in dem dry und dryssigisten jare, an aller Heiligen abend, unsers Riche des Ungarischen jn dem siben und vierttzigisten jar, des Römischen im vier und zwahtzigsten, des Behemischen im vierzehenden, und des Keisertkumbs im Ersten jaren.

(L. S.)

N° XVI.

Diplôme de Rodolphe III, Roi de la Bourgogne, Trans-& cis-jurane, daté de Cudrefin 999, en faveur de Hugues, Évêque de Sion, & de ses Successeurs, au sujet du Comté de Vallais, & des Fiefs qui en dépendent.

Original autrefois dans les Archives de l'Évêché de Sion, & Copie dans un manuscrit in-fol. à la Bibliothèque du Roi, N° 114. Fond de Brienne, Titres, Actes & Mémoires touchant le pays de Vallais, & particulièrement pour le différent entre l'Évêque de Sion & ceux dudit pays de Vallais, pag. 61.

In nomine sancte (1) & individue Trinitatis Patris & Filii & Spiritus Sancti. Amen. Rodulphus (2) Serenissimus Rex. Regni nostri creditur status summumque & nominis & honoris nostri dignoscitur decus. Si in restaurandis augmentandisque Dei ecclesiis plurimum operam demus. Inde notum sit omnibus tum presentis homnibus & futuri temporis fidelibus. Qualiter Agildrudis (3) Regine consortis nostre amantissime fratrisque (4) nostri Burchardi Lugdunensis ecclesie Archiepiscopi necnon Hugonis (5) venerandi Genevensis ecclesie episcopi petitionibus consentientes. Devotis etiam Hugonis (6) Sedunensis ecclesie episcopi servitiis semper fideliter nobis impensis tallionis vicem reddere cupientes. Comitatum (7) Vallensem integriter cum omnibus suis utilitatibus que juste & legaliter ex antiquis seu etiam modernis constitutionibus ad ecclesie comitatum appendere videntur & sicut usque modo nostro patrisque (8) nostri concessu fideles (9) nostri vestiti fuerant Sancte (10) Marie Sanctoque (11) Theodulo Sedunensi cujus tamen studio primum eo loci acquisitus erat donavimus. Hugonemque ejusdem episcopum presentem episcopatus potestativum ad habendum fecimus. ejusque posteris ad linquendum. Tamen (12) tenore ut alienandi ab ecclesia Dei Sanctæque Marie non habebant (13) potestatem. Hec autem a nobis facta creditur. & nunquam a nobis seu posteris nostris frangantur, manu nostra (14) corroborari & sigillo nostro jussimus insigniri.

Signum (15). . . . . Regis invictissimi.
Actum Curtefin (16) anno Domini DCCCC. XCVIIII. (17).....
Regni vero Rodulfi. (18) . . . . . feliciter. Amen.

(1) Les nouveaux Editeurs du *Gallia Christiana* [T. XII. n° v. *Instrumenta*, p. 427. *Parisiis*, 1770, in fol. fig.] ont donné un diplôme de Rodolphe III, Roi de Bourgogne, en faveur du Monastère d'Agaune ou de S. Maurice en Vallais. Il commence ainsi : *In nomine Sanctæ & Individuæ Trinitatis, Rodulfus Rex Serenissimus. Regni nostri augere credimus — eum signo Serenissimi Regis. Anselmus Regis Cancellarius. Anno Domini* DCCCC LXXXXIII. *regni verò domini Regis primo. Acta in Siaco pridiè Calend. Aprilis feliciter.* La Chronique de Hermann Contractus, place en l'année 994 la mort de Conrad, Roi de Bourgogne, & l'avènement de son fils Rodolphe, dit le Fainéant, au trône. Voici le texte de cette Chronique, d'après le manuscrit de l'Abbaye de Richenau, qui est à la fin du onzième siècle.

DCCCC XCIV *CVONRADO Rege Burgundiæ mortuo & apud sanctum Mauritium sepulto, Ruodulfus filius licet ignavus regium ibi nomen per annos circiter* XXXVIII *occupavit. Sub quo, cessante jure, violentia & rapinæ in illo regno, ut non facilè propelli possint, adolevere, ibique, ut hodie apparet, cum suis complicibus regnum obtinuere.*

Le diplôme de Rodolphe, daté de Cudrefin en 999, étoit la sixième année de son regne ; ce Prince avoit succédé à son pere le Roi Conrad en 994. Muratori (*Antiquit. Italicæ*, T. I. p. 416.), & d'après lui les éditeurs du nouveau *Gallia Christiana*, T. XII. *Instrumenta* pag. 377. *Charta* I) ont publié le diplôme

par lequel le même Roi Rodolphe, étant à Agaune, donna en 996 à Amizo, Archevêque de Tarentaise, le Comté entier de la Cité de Tarentaise, *Comitatum Civitatis Tarentasiensis*; ce diplôme commence ainsi : *In nomine Sanctæ & Individuæ Trinitatis, Rodulfus æterni judicis misericordia Rex.* On lit à la fin : *Anselmus Regis Cancellarius hoc scripsit præceptum anno dominicæ Incarnationis nongentesimo nonagesimo sexto, indictione verò decima, regni autem Regis Rodulphiterio. Actum Agauno feliciter. Amen.* Le Roi Rodolphe donna le Comté entier de Tarentaise, à l'Église de ce nom, en dédommagement des ravages qu'elle avoit soufferts dans les incursions des Barbares.

(2) Rodolphe III du nom, dit *le Fainéant, ignavus*, par la plupart des Historiens, & *le Pieux, pius*, par les Ecclésiastiques qui avoient eu part à ses grandes largesses. Il mourut en 1032. Voici le texte de la Chronique de *Hermannus Contractus* d'après l'original de Richenau.

M XXXII. *Ruodulfus ignavus Burgundiæ Regulus obiit, & diadema ejus regnique insignia Cuonrado Imperatori per Seligerum oblata sunt.*

(3) Rodolphe III a été marié plusieurs fois. La Reine Agildrude dont il est fait mention dans son diplôme de 999, & la Reine Irmingarde ou Hermengarde dont parlent un acte de 1011 & un autre de 1017, ont été successivement femmes de ce Prince. Il n'en eut point d'enfans.

(4) Guichenon, (*Biblioth. Senusfia. pag.* 35—38) a rapporté un titre de l'Abbaye de Saint-Victor à Geneve, qui nomme le Roi Rodolphe, la Reine Egildrude & Hugues, Évêque de Geneve. Burcard, Archevêque de Lyon, frere du Roi Rodolphe III, paroît dans plusieurs actes de la fin du dixième siècle.

(5) Hugues, Évêque de Geneve, gouvernoit encore cette Église en 1017. Il avoit succédé à l'Évêque Gerold, comme l'indique un titre rapporté par Guichenon (*Bibl. Sebusf. pag.* 88 — 91).

(6) Hugues, Évêque de Sion, avoit paru en 998 au Concile de Rome (*Gallia Christiana* T. XII. p. 740); il vivoit encore en 1017, ainsi qu'on le voit dans un diplôme de Rodolphe III, Roi de Bourgogne, daté d'Agaune, la vingt-quatrième année de son regne ; ce diplôme a été aussi rapporté par les éditeurs du *Gallia Christiana*, ibid. *Instrum.* n° VI. p. 427 — 428. le Roi Rodolphe le fit expédier en faveur du Monastère d'Agaune, à la prière de sa femme la Reine Hermengarde, & sur les instances des Comtes *Berchtold & Rodulf*, &c. de Hugues, Évêque de Sion, de Henri, Évêque de Lausanne, de Hugues, Évêque de Geneve, de Burcard, *Évêque de Lyon*, & d'Anselme, Évêque d'Aoste ; la mort de Hugues, Évêque de Sion, est placée au 16 Février dans les anciens Nécrologes de son Église, mais dans aucun de ces derniers.

(7) C'est-à-dire *le Comté du Vallais* : une Inscription ancienne rapportée par Bochat, (*Mém. Crit. sur l'Hist. an. de la Suisse*, T. 1. p. 313 — 314) fait mention d'un Avocat, *Lucius Aurelius Respectus*, Citoyen du Vallais & de Nion, *Bis Civi Vallensi* ET EQUESTRI.

(8) Le Roi Conrad, dit *le Pacifique*, fils de Rodolphe II & de Berthe de Souabe, a été pere de *Rodolphe III*, dit le *Fainéant*.

(9) Ce passage indique les inféodations données par les Rois Conrad & Rodolphe dans le Vallais, à divers particuliers.

(10) L'Église Cathédrale de Sion est dédiée à la Vierge.

(11) Il y a eu deux Saints *Théodores* ou *Théodules*, célèbres dans les annales de l'Église de Sion. Le premier Évêque d'*Octodure*, ou d'*Octoduron* en Vallais, assista au Concile d'Aquilée en 381, & à celui de Milan en 390. Il mourut vers l'an 391. Sa fête est marquée au 16 ou 16 Août. Un autre *saint Théodore*, Évêque de Sion, assista en 516 au Concile d'*Agaune*, & mourut la même année. Sa fête tombe aussi au 26 Août. Les Bénédictins ont mis l'existence d'un troisième saint *Théodore* ou *Théodule*, Évêque de Sion, vivant sous Charlemagne. (*Gall. Christ.* T. XII. *pag.* 737 — 738) le diplôme du Roi Rodolphe en 999 parle d'un *saint Théodule*, Évêque de Sion ; ce Prince avoit une singulière vénération pour sa mémoire, il la représentoit comme un grand Bienfaiteur de l'Évêché de Sion.

(12) La copie est ici altérée. Si on avoit encore l'original qui a été dissipé dans les troubles du Vallais en 1613 ou 1614, peut-être y liroit-on *tali tamen tenore ut.*

(13) On lisoit vraisemblablement dans l'original, *habuerint* : la collection des copies des titres du Vallais, conservée à la Bibliothèque du Roi, porte (p. 25— 26, 40, 205 & 465) que le diplôme du Roi Rodolphe en date de 999, existoit dans les Archives du Château de la *Majorie* à Sion, quand on les eût pillées dans les troubles de 1613 — 1614.

(14) On trouve dans le premier volume de l'*Alsatia Diplomatica*, par M. Schoepflin, pag. 142, un diplôme du Roi Rodolphe de la même année que celui que ce Prince donna en 999, en faveur de Hugues, Évêque de Sion. En voici le commencement : *In nomine Sanctæ & Individuæ Trinitatis. Rodolfus divina favente clementia Rex.* Ce Prince ayant égard à la recommandation de sa femme la Reine Agildrude, réunissoit l'Abbaye de Grandfel, *Grandis Vallis*, dédiée à la Sainte Vierge & à saint Germain, à la Manse épiscopale de Bâle, qu'étois appauvrie par plusieurs malheurs. Rodolphe faisoit aussi cette donation pour récompenser les services continuels que lui rendoit Adelberon, Évêque de Bâle. Le diplôme finit ainsi : *Datum Basileæ, anno Domini* DCCCC XCIX, *anno Regni* VI. Rodolphe étant à *Bruchsfal* en l'année 1000, auprès de l'Empereur Otton III avec les Évêques de son Royaume, Hugues, Henri & Hugues le jeune, & Cuno, Comte de son Palais, confirma la même donation, du consentement de ses Vassaux. Les expressions du diplôme méritent d'être répétées ici. *Hec nostris Vasallis firme per totum consentientibus. Et ut possit firmum atque stabile permanere, sine ullius hominis contradicione, Augustum Imperatorem Ottonem tercium cum Episcopis nostris, Hugone, Henrico & Hugone minore, & Cunone Comite pallacii, & Rodolfo, & aliis pluribus audivimus, & ut nobis usque modo fuit, præfato Episcopatui subditam & propriam fecimus. — Hec autem ut certius credantur, & nunquam a nobis seu posteris nostris*

infringantur

infringantur, manu nostra roboravimus, & sigillo nostro jussimus insigniri. Acta Bruchsala anno Domini M. anno regni VII. Les Evêques dont les noms font ici désignés, étoient ceux de Sion, de Lausanne, & de Geneve. M. Schoepflin a aussi rapporté ce diplôme, (*ibid.* T. 1. *pag.* 144 — 145).

(15) On lisoit apparemment dans l'original, avec le monogramme, *signum Rodulphi Regis invictissimi*. Il n'y avoit que la basse flatterie qui pût donner à Rodolphe *le Fainéant* ou *le Lâche*, le surnom de *Roi Invincible*.

(16) *Cudrefin*, ou *Coudrefin*, jolie petite ville du Canton de Berne, sur la rive droite du lac de Neuchâtel, à l'extrémité du Bailliage d'Avenche. Bochat la nomme *Cudresse*, & il prétend que les Gaulois avoient composé le mot *Cytreffin*, pour désigner un lieu de Concitoyens *sur les limites d'un Canton*. (*Mém. Crit. sur l'Hist. anc. de la Suisse*, T. III. p. 239).

(17) On lisoit sans doute dans l'original , le jour , la date du mois, & l'indication de l'année 999 ; mais le Copiste ignorant les a omis.

(18) Rodolphe III étoit en 999 , dans la sixieme année de son Regne.

N° XVII.

Rodolphe III, Roi de Bourgogne , étant à Vevay le 25 Août 1011, donna le Comté de Vaud à Henri, Évêque de Lausanne.

Original dans les Archives de la République de Berne, & copie dans le premier volume du Recueil, *Helveticæ-Cartæ*, pag. 90-93. en la Bibliothèque de M. le Baron de *Zur-Lauben*.

IN nomine sanctæ & individuæ Trinitatis. Ruodolfus Divina favente Clementia Serenus Rex. Justis fidelium nostrorum petitionibus acquiescere consiliisque eorum, statui regni, nominis dignitati , honoris amplitudini, augmentis proficientibus, pie voluntatis assensum, more antiquorum nos præcedentium Regum, prebere utile, justum ducimus & honestum. Unde notum tum presentis hominibus & futuri temporis fidelibus. Qualiter ob anime nostre remedium, locique Lausonnensis honorificentiam, ubi Pater noster (1) , Nosque post eum regalem electionem (2) & benedictionem adepti sumus : insuper & petitiones (3) Irmingardis Regine , conjugis nostre dilecte necnon & postulationes Burchardi (4) , Archiepiscopi Lugdunensis fratris nostri , & Episcopi Hugonis (5) , Anselmi (6) que Episcopi , & ob servicia Heinrici (7) Episcopi Lausonnensis Ecclesie donamus Deo & sanctæ Mariæ (8) ad Episcopatum Lausonnensis & Episcopo Heinrico , qui huic Ecclesie preesse videtur, Comitatum (9) Vualdensem sicut ab antiquis terminationibus est determinatus , cum omnibus pertinentiis , in stophariis , in exactionibus , in omnibus usibus & utilitatibus , legaliter & firmiter tenendum Lausonneque perpetualiter permanendum, absque omni inquietatacione & contradiccione alicuius Persone. Ut hec a nobis facta credantur, & a posteris nostris non infrangantur, manu nostra firmando roboravimus, & sigillo nostro jussimus insigniri.

Signum Domni Ruodolfi Regis pii. Pandolfus Cancellarius recognovi. Data VIII. Kal. Septemb. anno Incarnationis Dominicæ MXI. Indictione V. Regnante Domno Ruodolfo Rege, anno XVIIII (10) actum Viveci { ou *Vivessi*. { ou *Vivesci*.

(1) Conrad III dit *le Pacifique* , qui mourut en 994.

(2) Ce passage prouve que les Rois de Bourgogne, avant que d'être sacrés, subsistoient une forme d'élection.

(3) Avant *Irmingarde*, le Roi Rodolphe avoit eu une premiere femme, *Ageldrude*.

(4) *Burcard*, Archevêque de Lyon, frere du Roi Rodolphe III, est célèbre dans les monumens du tems.

(5) Il y avoit en 1011 deux Evêques du nom de *Hugue*, dans le Royaume de Bourgogne Transjurane, l'un Evêque de Sion, & l'autre Evêque de Geneve.

(6) *Anselme* étoit Evêque d'Aouste , il siégeoit encore en 1017.

(7) *Henri* , Evêque de Lausanne , dont il s'agit ici , étoit de la maison des Comtes de Lenxbourg en Argau , suivant les anciennes donations de l'*Abbaye d'Einsidlen*, dont M. le Baron de *Zur-Lauben* conserve une copie parmi les Manuscrits de sa Bibliothèque, à Zoug.

(8) L'Eglise Cathédrale de Lausanne étoit dédiée à *la sainte Vierge Marie*.

(9) C'étoit *le Comté de Vaud*, ou tout le pays de Vaud , que la Ville de Berne possede présentement sous le titre de conquête.

(10) C'est aujourd'hui la petite ville de *Vevay* sur le lac de Geneve , elle est la capitale d'un Bailliage de ce nom dans le Canton de Berne. On la nomme en allemand *Vivis*. Un Diplôme de Frédéric , Roi des Romains , en faveur du Monastere de Payerne , & daté de Besançon le 15 Février 1153 , fait mention des excès qu'*Obelhard de Viviets* avoit commis contre ce Monastere, sous le titre d'*Avoué* de la terre de *Hierceis*. Frédéric le priva de cette *Advocatie*. Les Nobles de *Vevai*, en allemand *von Vivis*, existent encore dans deux branches , l'une établie à Soleure , & l'autre à Estavayé. Le Diplôme de Frédéric se trouve dans la *Bibliotheca Sebusiana* de Guichenon, pag. 390-393. L'Itinéraire d'Antonin appelle *Vevai* ou *Vevei*, *Vibisco* ; la Carte des Peutingers , *Vivisco* ; le Géographe de Ravenne , *Bibiscon*. Les Actes latins du moyen Age, *Vivifcum*, les actes Français , *Viveis* & *Vyvei* & on lit *Vyvei* sur l'ancien Sceau dont cette Ville se sert encore. Voyez les *Mémoires critiques de Bochat*, sur l'Histoire ancienne de la Suisse, Tom. I, pag. 71—73.

La dix-neuvieme année du règne de Rodolphe, marquée à la fin du Diplôme de 1011 , est exacte. Ce Prince avoit succédé à son pere , mort en 994 , mais il faut lire *Indiction* IX au lieu de *V*, que le Copiste a mis par erreur.

N° XVIII.

Traité de Combourgeoisie, pour dix ans, entre Boniface, Évêque, & le Chapitre de Sion, Joscelin, Comte de Vispe, & la Communauté de Leytron, d'une part, & la ville de Berne de l'autre, le quatrième jour après Pâque 1290.

Original dans les Archives de la République de Berne, & copie dans le Recueil *Helveticæ-Cartæ*. T. II , pag. 379, dans la Bibliotheque de M. le Baron de *Zur-Lauben*.

NOs Bonefacius (1) divina permissione Sedunensis Episcopus, Joselinus Comes de (2) Vispo, & Universitas de Leutra (3), notum facimus universis presentibus & futuris, quod nos considerantes sinceram dilectionem, quam Burgenses de Berno, Lausannensis Diocesis, ad Ecclesiam Sedunensem terram ac homines ejusdem Ecclesie à retroactis temporibus habuerunt ; Nos predictus Bonefacius Episcopus apud Berno Burgenses facti sumus. Promittentes bona fide & sine omni dolo Dominum Scultetum , Consules & Universitatem de Berno, ex nunc donec ad instans festum Pentecoste & abinde per decem annos proximos & completos contra Dominum Rodolphum de Albo (4) Castro, Dominum Arnoldum & Dominum Waltherum de (5) Wedisswile, ac contra Dominos de (6) Raronia, pro totis viribus rerum & personarum nostrarum, ac cum omnibus communitatibus, gentibus & terra dictæ ecclesie de terra de Vallesia ultra Alpes seu montana, donec ad locum dictum Wat prope Stræetlingen (7) defendere ac juvare, & eis juvamen ac Consilium impendere quotiescumque ab ipsis vel eorum nuntio certo fuerimus requisiti. In predictorum autem omnium robur ac testimonium sigilla nostra presentibus duximus litteris apponenda, & sciendum est quod hec acta sunt de consensu voluntate ac consilio venerabilis Capituli Ecclesie Sedunensis. Datum & actum anno Domini millesimo , ducentesimo , nonagesimo. Feria quarta proxima post octavam Pasche (8).

(1) Boniface de *Chalant*, Evêque de Sion, est célèbre dans l'Histoire du Vallais , par ses guerres.

(2) Les Comtes de *Vifp* ou de *Viefche*, dans le haut Vallais, poſſédoient, dans le XIIIe ſiècle le dizain de ce nom ; ils eurent pour héritiers les Comtes de *Blandra* ou *Blandrate*, en Lombardie. L'Hiſtoire du Vallais rapporte qu'en 1365 une Comteſſe *de Blandra* eut le malheur d'être aſſaſſinée, avec ſon fils Antoine, près du Pont de Naters ; on ignore la cauſe & les circonſtances du meurtre [*Simler* Vallefiæ & Alpium deſcriptio, pag. 57. Lugduni Batavor. 1633, in 24 fig.]

(3) On trouve la Paroiſſe *Leytron*, dans le bas Vallais, dans la dépendance du Bailliage de *Saint-Maurice* ; il y avoit dans le XIII ſiècle un grand nombre de Barons & de Seigneurs qui donnoient beaucoup d'inquiétudes aux Evêques de Sion ; les Seigneurs de *Gontey* ou *Contey*, qui étoient une branche de la Maiſon des Barons de la *Tour-Châtillon*, dans le haut Vallais, les Seigneurs de la *Tour-Saint-Maurice*, autre branche de la même Maiſon ; les Seigneurs de *Saillon*, de *Montey*, &c.

(4) Les Barons de *Weiſſenbourg*, en latin de *Albo Caſtro*, limitrophes du Vallais, poſſédoient entre autres Seigneuries le *bas* Simmenthal, le Château & la petite Vîlle de *Wimmis*, &c.

(5) Les Barons de *Wedenſchveii* ou *Wedifweil*, ſur le Lac de Zurich, poſſédoient auſſi la Seigneurie d'*Unſpunnen*, la petite Ville d'*Unterſeen*, &c. qui appartiennent aujourd'hui à la République de Berne.

(6) Les Barons de *Rarogne* ou *Raron*, dans le haut Vallais.

(7) On voit encore une tour de l'ancien Château des Barons de *Stretlingen*, à une lieue au-deſſus de Thoun, ſur le Lac de ce nom, dans le Bailliage d'*Oberhofen*, Canton de Berne. *Wa* étoit le voiſinage de *Stretlingen*.

(8) En 1290 Pâque tomboit le 2 Avril.

N° XIX.

Acte daté de Wallenbourg (Canton de Bâle), le 19 Février 1348, par lequel Frédéric, Évêque de Bamberg, Commiſſaire du Saint-Siége Apoſtolique, vidimoit la Bulle du Pape Clément VI, qui donnoit abſolution à tous ceux qui condamneroient la mémoire du défunt Empereur Louis de Baviere, ſe repentiroient de lui avoir été attachés, & reconnoîtroient Roi des Romains Charles, Roi de Bohême.

Original dans les Archives du Chapitre royal de Saint-Ours à Soleure, & copie d'après l'original, dans les Collections Hiſtoriques de M. le Baron de *Zur-Lauben*, ſur la Suiſſe.

FRIDRICUS Dei gratia Epiſcopus Babenbergenſis Commiſſarius negotii infraſcripti à ſede Apoſtolica, una cum reverendo in Chriſto Patre Domino Archiepiſcopo Pragenſi Collega noſtro in ſolidum deputatis. Has litteras inſpecturis recognoſcimus publice univerſis. Quod honorabilibus & prudentibus viris … Prepoſito &. … Capitulo. … Sculteto. … Conſulibus. … Univerſitati. … nec non. … Clericis tam ſecularibus quam Religioſis. … Commiſſionis noſtre a Sede Apoſtolica nobis facte copiam & tranſcriptum fecimus eiſdem deſtinamus cujus tenor de verbo ad verbum dinoſcitur eſſe talis. … Clemens Epiſcopus ſervus ſervorum Dei venerabilibus fratribus. … Archiepiſcopo Pragenſi. &. … Epiſcopo Babenbergenſi ſalutem & apoſtolicam benedictionem. Romanus Pontifex miſericordis Chriſti Vicarius libenter ſubditis miſeretur errantibus. Et non ſolum illis qui poſt lapſum eorum indevium contritis & humiliatis cordibus repetunt miſericordie ſue ſinum aperit Clementie januam. Si de innata ſibi benignitate lapſis dexteram porrigens, eos retrahere ab invio & ad viam ſalutis dirigere ſolicitudine paterna procurat. Cum itaque ſicut intelleximus. … Non nulli Eccleſiarum & Monaſteriorum. … Abbates. … Ac alii inferiores Prelati & Clerici, Eccleſiaſtice que perſone Seculares & Regulares exempti & non exempti diverſorum ordinum nec non. … Duces. … Marchiones. … Comites &. … Barones. … Ac. … Milites. Et. … Layci, communia que Civitatum, univerſitates Opidorum. … Caſtrorum. … terrarumque & aliorum locorum pro eo quod poſt & contra noſtros & Predeceſſorum noſtrorum Romanorum Pontificum proceſſus, adverſus quondam Ludewicum de Bavaria. Hereticum & Sciſmaticum manifeſtum, ejuſque fautores. … Complices. Et ſequaces ac adherentes eidem. Hactenus habitos predicto Ludewico adheſerunt ſeu concilium. Auxilium & favorem preſtiterunt aut participaverunt. Poſtquam in crimine hereſis, cum eodem excommunicationis. Suſpenſionis & interdicti. Et alias penas & ſententias incurrerint per eoſdem proceſſus contra talia preſumentes generaliter promulgatas nos qui vices illius quamvis inmeriti gerimus, qui omnes querit ſalvos fieri & neminem perire deſiderantes abſolute. Hujuſmodi Abbates. Prelatos & Clericos, necnon Duces, Marchiones, Comites & Barones, Milites & alios ſupra dictos. Reduci ad unitatem ſancte Romane & univerſalis Eccleſie extraquam non eſt alicui gratia neque ſalus, ac de fraternitate veſtra in hiis & aliis plenam in Domino fiduciam optinentes, Abbates, Prelatos. Et alios ſupra dictos. Omnes & ſingulos. Exceptis ejuſdem Ludewici Relicte & liberis ab omnibus & ſingulis excommunicationis. Suſpenſionis. Et interdicti ſententiis, ab homine vel a jure prolatis, quas propter premiſſa vel eorum occaſione quomodo libet incurrerint, poſt quam ſuos exceſſus errores & peccata hujuſmodi. Coram vobis ſpecifice confeſſi fuerint, ac humiliter abſolutionem petierint, & in forma ſubſcripta preſtiterint, corporaliter juramento juxta formam Eccleſie abſolvendi & imponendi eis penitentiam ſalutarem nec non interdicta quibus terre eorum ac cauſis hujuſmodi ſubjacent. Suſpendendi & relaxandi. Et nichilominus cum dictis Abbatibus Prelatis Clericis & Perſonis Eccleſiaſticis ſuper irregularitate. Quam divina non tamen in contemptum clavium celebrando vel in miſcendo ſe illis & in ſuſceptis ordinibus miniſtrando ligati hujus modi ſententiis, vel in iocis Eccleſiaſtico ſuſpenſo ſitis interdicto, ſeu alias premiſſorum occaſione contraxerint, diſpenſandi, ipſis ad aliquod tempore majus vel minus ſecundum ſingulorum demerita. … Suſpenſis ; ſic tamen quod non temporale lucrum, ſed animarum ſalutem dontaxat & commoda in hac parte fraternitas veſtra querat & plenam vobis & utrique veſtrum duntaxat uſque ad adventum Legati Apoſtolice ſedis ad Partes Alemanie ſi cum illic detinere contingerit & non ultra concedimus, tenore preſentium facultate. Volumus autem quod ſuper abſolutione preſertim majorum & notabilium Perſonarum, ac juramenti in forma predicta, preſtatione confici faciatis, publicum inſtrumentum quodque ſuper abſolutionibus addiciatis ſpecialiter & expreſſe quod ſi aliquis predictorum poſtquam per vos abſolutus fuerit ut prefertur & interdictum cui terre ſue ſubjacerent fuerit relaxatus contra ea vel aliquod eorum que promittet & jurabit venire, in eaſdem relabatur ſententias ipſo facto & terre ſue hujuſmodi interdicto ſubjaceant, ſicut prius, forma autem Confeſſionis faciende ac juramenti preſtandi per illos qui abſolventur talis eſt. Ego confiteor me tenuiſſe & tenere fidem Katholicam & credere, & tenere quod credit tenet & docet ſancta mater Eccleſia & crediviſſe & adhuc firmiter credere, quod non ſpectat ad Imperatorem. Papam ſeu ſummum Pontificem deponere & alium eligere vel creare. Sed hoc hereticum reputo & hereſim dampnatam per Eccleſiam ſupradictam. Inſuper ad ſancta Dei Evangelia, juro quod ſervabo & parebo mandatis Domni noſtri Domni Clementis, Divina providentia Pape Sexti & Eccleſie Romane ſuper illatis injuriis contumaciis & rebellionibus fautoriis, & aliis implicite vel explicite per me commiſſis confeſſatis, & non confeſſatis, & ceteris penis quas incurri, ab homine vel a jure propter premiſſa, vel ea tangentia, & quod eidem Domino Pape ejuſque ſucceſſoribus canonice intrantibus. Fidelis ero de cetero, eiſque debitam Reverentiam & obedienciam exhibebo. Domino preterea Karolo, Regi Romanorum tanquam Regi Romanorum. Per eamdem Eccleſiam appellato, obediam & parebo & relicte ac filiis dicti Ludewici. Quandiu in rebellione ipſius Eccleſie perſtiterint & prefato Domino Karolo Regi Romanorum non obedierint, ac Hereticis & Sciſmaticis, aut eorum ſequacibus per dictam Eccleſiam denotatis, non adherebo, neque favebo, nec quibuſcumque aliis contra Dominum Papam Eccleſiam & Regem predictos dabo conſilium auxilium vel favorem directe vel indirecte publice vel occulte quodque deinceps nulli ut Imperatori obediam vel adherebo, niſi ille primitus fuerit per eandem Eccleſiam appellatus, nec cum eiſdem Relicta ac filiis dicti Ludewici aut quibuſcumque aliis in rebellione ipſius Eccleſie exiſtentibus contra Eccleſiam & Regem predictos, colligationem, obligationem; conſpirationem faciam, ſive ligam, volo etiam & conſentio, quod ſi contingat quod abſit in poſterum, me contra predicta que confeſſus ſum & propter que incurri ſentencias excommunicationis ſuſpenſionis & interdicti, Prelatis ab homine vel a jure vel eorum aliquo ulterius facere contra juramentum per me preſtitum veniendo in predictis, ſentencias rejncidam ipſo facto. Datum Avinioni III. Non. Decembris, Pontificatus noſtri, anno VI. Nos quoque Epiſcopus prefatus hujus copie tranſcripto ſigillum noſtrum appendi ac ipſum muniri fecimus, in evidentiam & teſtimonium premiſſorum. Actum & datum Walenb (*urgi.*) Anno Domini milleſimo C C C. X L octavo, feria tertia ante feſtum kathedre Sancti Petri.

N° XX.

Charte de l'an 1178, par laquelle Bertolf, *Duc de Zeringen, & ſon fils, du même nom, confirment à* Pierre, *Prieur du Monaſtère de Payerne, & à ſon Monaſtère, l'Alleu dans lequel a été nouvellement bâtie l'Égliſe de Saint-Nicolas à Fribourg.*

Original dans les Archives royales de Turin, & copie rapportée par Samuel Guichenon, dans la ſeconde Centurie de ſon Recueil *Bibliotheca Sebuſiana,* pag. 397-398. *Lugduni* 1660. in-4°.

NOTUM ſit omnibus tam preſentibus quam futuris. Quod Dominus Bertolfus Dux villam que vocatur Friburg edificavit. Cujus quarta pars in fundo & allodio ſancte Marie Paterniacenſis ſita eſt. Conſtruxit autem idem Dux Eccleſiam in honore Sancti Nicolai in ea quarta parte predicte ville que ad proprietatem & dominium Paterniacenſis Cenobii pertinebat. Quo facto dns Petrus Prior & Fratres ejuſdem Monaſterii ducem humiliter adierunt & multipliciter rogaverunt. Ut cauſa Dei & ſalutis ſue & anteceſſorum ſuorum Eccleſie Paterniacenſi terram ſuam traderet. Qui communicato conſilio cum hominibus ſuis laudante filio ſuo B. allodium Beate Marie & quod ſuper eum edificatum erat. Scilicet & Eccleſiam Sancti Nicolai cum cimiterio & duobus caſalibus ad domum monachorum conſtruendam Priori & Fratribus predictis in pace & ſine alicujus contradictione reddidit. Que redditio ut in eternum rata permaneat. Sigilli noſtri authoritate eam corroboravit. Hujus rei teſtes ſunt Ottho de Balniis. Nantelmus de Rubeomonte Prepoſitus Salodorenſis. Amedeus Comes Gebennenſis. Aldricus de Novocaſtro. Walcherus de Blonacho. Rodulfus de Montaniaco. Cono de Stauail. Warnerius de Sigena. Hugo de Egiſtor & quam plures Friburgenſes. Actum eſt iſtud anno ab Incarnatione Domini M. C. LXXVIII.

N° XXI.

Charte datée du 6 Juin 1182, jour de la dédicace de la Chapelle de Fribourg, par laquelle Roger, *Evêque de Lauſanne, permet aux Habitans de Fribourg de choiſir leur ſépulture dans les Monaſtères de Hauterive, de Marcens & de Payerne.*

Copie d'après l'original, communiquée en 1778 à M. le Baron de Zur-Lauben, par M. l'Abbé de Hauterive, Dom Bernard de Lènzbourg, de l'Ordre de Cîteaux, au Diocèſe de Lauſanne, dans le Canton de Fribourg.

ROGERIUS Dei gratia Lauſannenſis Eccleſie Epiſcopus Apoſtolice Sedis Legatus.

Univerſis tam preſentibus quàm futuris. Tunc demum iuſte Paſtor Eccleſie baculum fert, ſi non ſolum ab hoſtibus viſibilibus ſed etiam inviſibilibus & corporaliter & ſpiritualiter oves ſuas defendere curaverit. Et quia preſens vita ad male faciendum ſemper prona eſt, neceſſarie ſunt multis maximèque defunctis Elemoſyne & orationes juſtorum. Inde eſt ergo quod ego rogatu Baronum de Friburch cum conſilio & aſſenſu Hugonis Sacerdotis & Decani eiuſdem Friburch, annui petitioni Friburgenſium, ut quicunque ex eis ſepeliri voluerit in Cenobio quod vocatur Altaripa ſive Humilis montis, ſive Paternacienſi, ex parte Dei licentiam noſtram habeat, ſalva Juſtitia Preſulis & Sacerdotis. Et ut hoc ratum & irrevocabile permaneat preſenti pagine ſigilli noſtri impreſſione firmare curavimus. Teſtes ſunt: Petrus Prior de Sancto Mario : Ottho Decanus de Criſſie : Nantelmus de Eſcublens : Willelmus de Orſenens Canonici de Lauſanna : Engnitius de Martrans : Joſephus de Vilar : Petrus de Sancto Petro Sacerdotes. Willelmus Achars, Albertus de Monte Richerio, Cono & Conradus Fratres de Mont Macun, Cono de Barberechi, Albertus de Duens, Salaco de Monteuchin. Actum anno Incarnationis Dominice M. CLXXXII. Octavo Idus Junii. In die Dedicationis Baſilice de Friburch.

N° XXII.

Premier Traité d'alliance entre les villes de Fribourg & de Berne, à Morat, en Novembre 1243.

Copie dans le ſecond volume qui a pour titre *Helveticæ-Cartæ,* pag. 3-4, manuſcrit *in-folio* dans la Bibliothèque de M. le Baron de Zur-Lauben.

NOVERINT univerſi hanc litteram inſpecturi, quod de Friburg & de Berne Burgenſes, formam juramenti, ſub qua Confederati erant, ſicut & eſſe deſiderant, in perpetuum concorditer recognoverunt scilicet in hunc modum, quod quandiu he dicte Civitates durare poterunt ad defendendum jura & iustas Possessiones suas contra omnes pertubatores suos, concilium & auxilium impendere sibi mutua vice tenentur, in quo nullum excipiunt, nisi Dominos suos tantùm, & hoc sub hac forma; si quondam discordiam inter aliquem Dominorum & alteram Civitatem emergere contigerit, reliqua civitas omnibus modis ad hoc super juramentum suum debet intendere bona fide, quod eadem discordia sopiatur, quod si non poterit iustando fideliter optinere, Dominum suum juvare sibi licet; sic tamen, quod hoc. XIIII. diebus alteri Civitati pronuntiare, nec infra idem spatium sibi damnum aliquot inferre tenetur, quibus elapsis una cum Domino suo ire poterit alterius super damnum, cuius de rebus quidquid habuerit ibidem vel quocunque modo, quando pax fuerit reformata infra quatuor decim dies ipse convenient Civitates, & hec que lesit, aliam sibi restituere teneatur, quidquid habuit, vel quocunque modo de alterius pecunia capitali. Sub huiusmodi juramenti forma apprehenderunt universos sibi juramento astrictos, qui voluerint esse contenti juribus civitatum, & qui secus voluerint, huic assistere non tenentur, cum non velint aliquem in sua injuria confovere. Neutra civitatum aliquem Baronum recipere in Burgensem aut aliquam injre confederationem sine alterius Concilio tenetur. Si qua ipsarum alteram quacunque leserit occasione, à lesa hoc vindicari non debet, sed apud alteram suam deponere questionem. quod si hoc ibi non poterit emendari, Consiliarij civitatum in medio vie convenient, id secundum jus vel compositionem honestam ibidem ad corum arbitrium decisurum & quidquid super hys statuerint, à partibus debet inviolabiliter observari. A neutra civitatum alteri pignus aufferre debet, cum ex hys de lev discordiæ generentur. Si quis verò aliquid querimoniæ habuerit apud civitatem aliam hoc deponat, & si super hys in fratres dies ius consequi non valebit, quando reversus coram suo judice hoc duobus cum testibus concivibus suis probaverit, ut pro jure suo conquerendo pignus accipiat competenter, & hoc legitime servet, si est licentia indulgenda, Burgenses utrique in ambabus civitatibus consimile jus habebunt, hoc excepto quod telonium persolvent utrique Burgenses in altera civitatum, & pro emenda & multa, si quam meruerint, dabunt judici Cautionem, si quid damni alteri civitatum in Personis vel rebus per incendium, vel rapinam, aut quocunque modo emerserit, ipsa cui lesores magis conzermini fuerint, id super juramentum suum bona fide, quocunque modo & quam citius poterit, vindicare tenetur, quod si nequiverint ullo modo, antequam citius poterunt convenient civitates eodem modo, quidquid super hys poterunt ordinare ad horum vindictam, & suum commodum & honorem toto conamine fideliter sine more dispendio intentur: universi vero predictis civitatibus attinentes & ipsarum juribus contenti esse volentes, qui adhuc pre dictum non prestiterunt juramentum, hanc formam fideliter observatam juramento suo à decennio ad decennium renovare & confirmare tenentur. In cuius rei testimonium & robur firmamenti perpetuo valeturi sigillis ipsarum civitatum presens littera roborata. Datum apud Murat. Anno gratiæ millesimo, ducentesimo, quadragesimo tertio. Feria sexta post octavam Martini.

N° XXIII.

Lettre de protection pour l'Abbaye de Hauterive, Ordre de Citeaux, accordée en 1253 par Hartmann le Jeune, Comte de Kibourg, & adressée par ce Prince à l'Avoyer & aux Bourgeois de Fribourg.

Original dans les Archives de l'Abbaye de Hauterive, & copie dans le second volume du Recueil, *Helveticæ-Cartæ*, pag. 55, manuscrit in-folio même Bibliothèque de M. le Baron de *Zur-Lauben*.

HARTMANNUS junior comes de Kybore dilectis suis Sculteto & Burgensibus de Friburgo Majoribus & Minoribus amoris plenitudinem cum salute. Cum dilectus & familiaris noster Abbas Alteripe diligens solicitus & fidelis valde fuerit in negotiis nostris, & pro amore nostro multum laboravit. Quem etiam in protectionem & defensionem nostram & domum Alteripæ cum rebus suis recepimus. Dilectioni vestre mandamus precipimus. & quantum valemus instanter rogamus. Quatenus dictum Abbatem & domum Alteripæ sicut personam meam & res nostras proprias defendatis & custodiatis pro amore nostro maxime cum ipsi parati sint tanquam religiosi in foro Ecclesiastico stare juri pro ut debent, prædam autem ipsorum quam Conradus de Vivier cepit, dum prefatus Abbas Alteripe esset in servitio nostro tanquam Nuncius noster proprius a Latere nostro missus. Ex parte nostra & vestra efficaciter requiratis & restitui faciatis. Sicut vos velletis & etiam iustum esset, quod nos vestras custodiremus & requireremus, dictus vero Conradus si restitueri noluerit res acceptas, sciat se fregisse custodiam nostram & res Altaripe injuste tanquam res nostras proprias retinere.

Datum anno Domini millesimo ducentesimo quinquagesimo tertio.

N° XXIV.

Acte par lequel Hartmann le Jeune, Comte de Kibourg, prend sous sa protection spéciale l'Abbaye de Hauterive, Ordre de Citeaux, & en commet l'exécution à l'Avoyer & à ses Citoyens de Fribourg, vers l'an 1253.

Original dans les Archives de l'Abbaye de Hauterive, & copie dans le premier volume du Recueil, *Helveticæ-Cartæ*, pag. 724, même Bibliothèque de M. le Baron de *Zur-Lauben*.

HARTMANNUS Comes de Kybore omnibus in sua amicitia & potestate constitutis tam Clericis quam Laicis salutem & amorem. Mando vobis & humiliter rogo quatenus religiosam domum de Altaripa Cisterciensis Ordinis honoretis & diligatis, & quisquis mihi servire & amare voluerit ipsam amet & nullum gravamen eidem faciat, quia ego accipio eam in tuta protectione mea, & quicunque eam offenderit vel ejus res violenter rapuerit, sciat quod ipse offendat personam meam, etsi ipsi de hoc mihi conquesti fuerint de cetero sciatis per vos quod hoc ita graviter accipiam tanquam si persone mee factum fuisset, & rogo & precipio C. Sculteto de Friborch & omnibus civibus nostris Friburgensibus, ut quandocunque audierint aut recognoverint quod eis fiat injuria ab aliquo vel damnum rerum suarum, sic faciant contra eum qui eis iniuriam fecerit, tanquam si proprie

proprie perſone meę eadem injuria facta fuiſſet, & qui hoc preceptum meum facere noluerit ſciat pro certo, quod amorem meum non habebit, & ego quantocitius potero per me aut per nuntium meum ultionem juſtam faciam de iniuriis eorum, quia bene ſcio quod multi injuſte & ſine ratione eandem domum hactenus gravaverunt, & propterea volo ut deinceps pacem habeant, ſub mea & amicorum meorum protectione, ut tanto liberius ordinem ſuum quem tenere promiſerunt inviolabiliter valeant conſervare, & ut Deus omnipotens regionem iſtam eorum precibus in pace ſua pietate protegendo cuſtodiat, tanto libentius eorum pacem tota patria debet deſiderare.

N° XXV.

Alliance renouvellée pour dix ans; entre les villes de Fribourg & de Berne, dans l'Egliſe de Neuen-Ek, le cinquième jour après le Dimanche Quaſimodo 1271.

Original dans les Archives de la ville de Berne, & copie dans le ſecond volume du Recueil, *Helvetica-Cartæ*, pag. 153-156, manuſcrit *in-fol.* même Bibliothèque de M. le Baron de *Zur-Lauben*.

In Nomine Patris & Filii & Spiritus Sancti. Amen. Noverint univerſi preſentem litteram inſpecturi, quod Dominus Conradus de Vivres Scultetus, Concilium & univerſitas de Friburgo ex una parte, & Dominus Cuno de Bubenberc Scultetus, Concilium & univerſitas de Berno ex altera, formam juramenti, qua confederati erant tempore Ducis Berchtoldi de Zeringen, ſunt & eſſe deſiderant, & tenentur in perpetuum, renovaverunt & recognoverunt concorditer in hanc formam, videlicet, quod quandiu predictę civitates durabunt, ſive durare poterunt ad defendendum omnia jura ſua & omnes poſſeſſiones, & inveſtituras ſuas contra omnes conſilium & auxilium impendere ſibi mutua vice tenentur bona fide totiſque viribus rerum & perſonarum, de quo nullum excipiant, niſi Dominos & Defenſores ſuos, & hos ita; ſi alterutra civitas nollet Domino vel Defenſori alterius Civitatis facere juſtitiam ſuper impetitione ſua ad recognitionem totius concilij vel maioris partis Civitatis eidem Domino vel Defenſori pertinentis, poſtquam ad hoc per patentem litteram alterius Civitatis monita fierent, & defidata per patentem litteram ſuam abinde poſt dimidium annum Dominum vel Defenſorem ſuum, ſi adhuc tunc defenſio ſua duraret, juvare poteſt, ſed infra dictum terminum debet; ut prius pacis tranquillitas remaneat, & elapſo dicto dimidio anno una cum Domino ſuo vel Defenſore poteſt ire alterius ſuper damnum. Cuius de rebus quidquid ibidem habuerit, vel quocunque modo, quando pax fuerit reformata vel treuga facta, dictę civitates infra quindenam convenire tenentur in medio vię, & hec que lęſit alteram, reſtituere ſibi tenetur quidquid habuit, vel quocunque modo de alterius Capitali.

Neutra Civitatum aliquem habentem Civitatem, caſtrum vel munitionem, aut eum, qui aliquod caſtrum ſeu munitio ſeu comiſſa debet recipere in Burgenſem vel coniuratum, vel aliquam inire confederationem cum aliquibus vel cum aliquo, ſine concilio vel voluntate alterius Civitatis, quod concilium ipſa Civitas per patentes litteras ſuas daret.

Si qua dictarum Civitatum alteram quacunque lęſerit occaſione, quod abſit, lęſa hoc vindicare non debet, ſed apud alteram ſuam deponere queſtionem, & ſi hoc ibi non fuerit emendatum, conſiliarii Civitatum in medio vię convenire tenentur, & hoc ſecundum jus vel honeſtam compoſitionem ibidem ad eorum arbitrium decidere; & quidquid ſuper hoc ordinaverint, à partibus debet inviolabiliter obſervari.

A. neutra Civitatum debet aliquod pignus aufferri, niſi illi qui eſt debitor vel fide iuſſor, cum ex pignorationibus de facili diſcordię generentur.

Si quid à modo fuerit ortum, de quo alicui querimonia fit habenda, illam deponere tenetur in altera Civitate, & ſi ſuper hoc infra tres dies jus conſequi non valebit, quando reverſus coram ſuo Judice, hoc duobus teſtibus ſuis concivibus probaverit, ut pro jure ſuo conſequendo pignus accipiat competenter, & hoc non faſtu, ſed legitime ſervet.

Si eſt licentia indulgenda, Burgenſes utriuſque Civitatis jus conſimile habere debent, niſi quod utique Burgenſes telonium perſolvant in altera Civitate, & pro ementa ſive multa ſi quam meruerint tenentur dare judicii cautionem.

Si quod alteri Civitatum damni in perſonis vel rebus vel incendium vel rapinam aut quocunque modo emerſerit, ipſa Civitas, cui lęſores vel malefactores propinquiores fuerint, id ſuper ſuum juramentum, & bona fide quocunque modo & quam citius poterit, vindicare tenetur, quod ſi nequiverit ullo modo, ambę Civitates, quam citius poterunt, convenire tenentur, quidquid ſuper hys poterunt ordinare ad horum vindictam & ſuum commodum & honorem toto conamine & bona fide & ſine more diſpenſio intentare. Cum vero defenſor Bernenſium ſcilicet Dominus Philippus Comes Sabaudię deceſſerit, vel Anna quondam filia Comitis Hartmanni junioris de Kyburg, & cum defenſio Domini R. Comitis de Habsburc finem habuit, neutra Civitas Dominum vel defenſorem ſine alterius Civitatis conſilio eligere vel recipere debet, quod conſilium per patentem litteram ſuam daret. Sed Bernenſes preoptinuerunt imperium, ita ſi Romanus Rex, vel Imperator venerit potens circa Rhenum & in Baſilea, Friburgenſes vero preoptinuerunt Dominum ſuum; ipſa quoque Civitas Dominum vel defenſorem habens, alteram Civitatem Domino vel defenſore carentem bona fide & per ſuum juramentum totis viribus rerum & perſonarum tenetur defendere contra omnes, ſicuti ſemetipſum, & non contra ipſum Dominum ſuum vel Defenſorem, quandiu eſſet obediens facere juſtitiam, illi Domino vel Defenſori ad recognitionem totius concilii, vel majoris partis ejuſdem concilii Dominum vel Defenſorem habentis.

Et ſi contingeret alteram Civitatem venire in adjutorium alterius Civitatis, quidquid damni in adjutorio illo inferret illi Civitati vel faceret, exceptis gallinis & feno, poſtquam damnificatus hoc obtineret, ut jus eſt, ab inde Scultetus & concilium ſtatim poſt quindenam elapſam ſe recipere tenentur in altera Civitate, nec inde recedere, donec ipſum damnum reſtitutum fuerit, ſi prius non fuerit emendatum.

Si aliquis pro ſua culpa eiectus fuerit ab alterutra Civitatum, illum altera Civitas, poſtquam ſi patentem litteram illius Civitatis mandatum fuerit, ſervare non debet ulterius ullo modo.

Si aliquis ex Civitatibus quemquam extra juvare voluerit,

si Burgensis est, debet suam resignare prius Burgensiam & se cum uxore, liberis ac tota familia de Civitate trahere, nec ne intrare, donec Guuera pacificata fuerit, si autem est hospes residens, recedere similiter nec redire debet similiter ut Burgensis, nisi juvarent per concilium Concilii sue Civitatis & qui contra hoc faceret, ipse ac tote res ipsius intus & intra tenentur facere, indemnem illum cui damnum accideret occasione adiutorii ante dicti, & si non haberet unde emendaret, Scultetus suus capere debet ipsum & detinere donec damnificationi fuerit satisfactum.

In hac forma juramenti comprehensi sunt omnes dictis Civitatibus attinentes & astricti juramento qui contenti voluerint esse Juribus Civitatum, & obedire Civitatibus, pro ut juramento convenerunt invicem, & conditionibus expresserunt.

Hec omnia & singula predicti Sculteti, Consiliarii & dicte universitates de Friburgo ac de Berno juraverunt solemniter & corporaliter ad Sancta Dei, pro se ac suis successoribus, se ac suos successores rata tenere ac bona fide observare in perpetuum & predictum juramentum à data presentium semper à decennio in decennium solemniter renovare.

In predictorum quoque omnium & singulorum testimonium & robur perpetuum, predicti Sculteti, Consiliarii, dicte que universitates sigilla sua communia huic littere appenderunt; datum in Ecclesia Nuwineega, feria quinta post Dominicam Quasimodo geniti, anno Domini millesimo, ducentesimo, septuagesimo, primo.

N° XXVI.

La Lettre de la Ville & du pays de Fribourg, publiée en Allemand Landtbrieff, *en 1449.*

Relation du tems, insérée (pag. CLVII & suiv.) dans la Chronique de Fribourg, qui porte le nom de Pierre *Fruyo* (a), & dont l'original *in-fol.* est conservé à Fribourg dans la maison de *Fegelin-Seedorf.*

PREMIEREMENT le mescredi qu'estoit le XXII° d'Octobre 1449, ledict Prince (d'Autriche Albert) fist a provoquer & declairer les faictz & debatz des Seigneurs & des Paysans de Fribourg, nommeement depuis Lale des draps, sus laquelle estoit allé ledict Prince & son Conseil. La fust pronuncé & declairé par le S. Petter Cottrer Chancellier, depuys l'une desfenestres de ladicte Hale & estoyent les nobles Bourgeoys tant du Conseil, Communaulté, que aussy les Paysans en pied sur le cimistiere & place de Nostre Dame. Et estant cellas faict ledict Prince fist a appeller par Thuring de Halwil son Mareschal tout le Conseil de Frybourg qu'il venissent devers luy sur Lale, ce qui humblement & comme obeyssant il fisrent soub umbre de bonne foy, non entendant aulcune malice synon de entendre le bon voulloir & plaisir dudict Prince & singulierement que ung chacung de eulx voulloit retyrer sa vasselle delaquelle il luy avoyent voulsu faire honneur par mode de

(a) Pierre *Fruyo* étoit de Fribourg, il écrivit en Allemand dans l'année 1555, les guerres de Bourgogne & de Souabe, & les expéditions des Fribourgeois depuis 1435 : à la tête de son Recueil est l'Histoire sommaire de Fribourg, depuis sa fondation en 1179, le tout écrit en Allemand ; au reste, cet abregé preliminaire répète les mêmes fables que *Justinger* & d'autres Chroniqueurs avoient gravement débités sur l'empoisonnement des deux fils du dernier Duc de *Zeringen,* Fondateur de Berne.

buffet ainsin qu'il estoit accoustumé & feusrent évoqué & appellé les personnaiges suyvants.

Monsr. Wilhelm Felga, Advoyé.	Monsr. Rod. de Wuyppens.
Jacob de Praroman, antien Advoyé.	Peterman Denglisperg.
	Hentzman Felga.
Pierre de Corbiere.	Niccod Bunyet.
George Denglisperg.	Willi de Praroman.
Jehan Gambach.	Berard Chausse.
Jehan Pauilliart.	Claude Cordeyr.
Jaquet Arsent.	Hugonin Bosset.
Otto Brassa.	Peterman Bonarma.
Pierre Perrotet.	Hensfli Bettullryed.
Hentzman Garmisswyl.	Richard Burkinet.
Willi Waeber.	Ruff Boinner.
Jehan Faure.	Jehan Aygre, antien du Conseil.
Marinet Guglemberg.	
Jacob Guglemberg.	Jacob Cudriffin, Secretaire.

Summa XXVIII.

Lesqueulx estant ensemble sur lale survint Thuring de Halwyl, Mareschal, qui donnast le serement a mains levées aux susnommés de non despartir dehors de ladicte ale, sans la licence & volunté du Prince. Par ainsin fusrent en ladicte ale ensemble ausdictes promesses ledict Prince & toute sa court, estant cellas faict ledict Prince se partist dela & laissast les prénommés XXVIII. hommes de bien sur ladicte ale envyron dix heures. Apprès ce venist le Mareschal & plusieurs aultres avecque luy qui fisrent menner les susnommés Conseillers sur la maison de la ville au poyle ; la leur fust encores une fois baillé le serement de non despartir de ladicte maison du Conseil sans licence & volunté dudict Prince, & demorarent tous ensemble jusques au vendredi mattin envyron deux heures apprès la minuyt, que ledict Mareschal accompagné de plusieurs Chevaliers, &c, &c, les faisant lever & entrer au petyt poyle & fist appeller pardevant luy Monsr. Wilhelm Felga, Monsr. Rod de Wuyppens, Peterman Denglisperg Donzel & Hentzman de Garmisswyl & les fista estacher par les bras & les fist menner au font de la tour rouge.

Puys fista appeller Niccod Bunyet, Jehan Pauillard, Hentzmant Felga, George Denglisperg, Donzels, lesqueulx il fist estacher & menner sur la thour de quatre Lybvres dessus la porte de Murat, & fusrent mys au font de ladicte thour.

Puys Jehan Gambach, Otto Brassa, Hugonin Bosset & Jacob Cudriffin fusrent mys au font de la petite thour de Besaix.

Jehan Aigre & Berard Chausse fusrent mys en la Chayere sur la porte a Schueli, Willi de Praroman, Jehan Faure & Claude Cordeyr fusrent menné sur la porte des Estang.

Jaquet Arsent & Richard Burquinet fusrent mys sur la porte des Places ; Jacob Guglemberg, Hanns Bettullryed & Willi Waeber fusrent mys sur la porte de Duerrembuel ; Pierre Perrotet, Marinet Guglemberg & Ruf Boinner fusrent menné sur la porte de Bysemberg ; Jacob de Praroman, antien Aavoyé, Pierre de Corbieres Donzel & Peterman Bonarma fusrent laissé & gardé au petyt poyle du Conseil, & apprès troys jours Jehan Gambach fust mys avecques Niccod Bunyet & ses compaignons en la thour, lesqueulx comment bons & leaulx Fribourgeoys fiffent une pitoyable chanffon coment cy après eft efcript:

> Ayez pityé des pouvres pryfonnyers
> Qui jour & nuyét ont fervy leaument.
>
> Le noble Prince a efté mal informé
> Mais nous pryons Dieu le tout puiffant
> Que de la tour nous tyre briefvement.
>
> La thour eft froyde, il y a peu d'esbattement
> Le noble Prince nous en tyrera briefvement
> Pour le fervyr tousjour allegrement.
>
> Les pryfonnyers qui ont faiét cefte chanffon
> Pryent Dieu qu'il leur faffe raifon
> Devant leur Prince Seigneur de grand renom.
>
> Aye pityé des pouvres pryfonnyers
> Qui nuyt & jour ont fervy leaument.

Par ainfin après certains jours a la grande pryere & requefte des parens & amys des Seigneurs cy après nommez feuffrent relafché des pryfons le vendredi vefpre dernyer jour d'Oétobre veille de Touffainéts fus fiancement de nous prefenter a Frybourg en Bryfgow pardevant la grace du Prince. Par ainfin fatisfaifant a leurs promeffes & pour meétre leurs fiances de danger partyrent de Frybourg le VIIIe jour de Novembre 1449 ceulx qui s'enfuyvent:

Mons. Wilhem Felga Chevalier.   Mons. Rod de Wuyppens Chevalier.
Jacob de Praroman antien
Advoyé.   Peterman Denglisperg.
Niccod Bugnyet.   Jehan Gambach.

Et arryverent a Frybourg en Bryfgow le mardi jour de S. Martin 1449. Mais cependant que lediét Prince s'en eftoit deflogé de Frybourg en Uechtland & faiét emmenner par fus la Rivyere de la Sarona, toutte la vaffelle d'argent de laquelle l'on luy avoit pencé faire honneur de buffet pour laquelle chofe le pouvre peuple de la Commune de Frybourg en eftoit bien defolé tant pour ce que lediét Prince ufoit de cruaulté envers les Nobles & Confeil de ladiéte ville de Frybourg en Uechtland, de les avoir tous fait meétre en pryfon, puys les faire rendre à Frybourg en Brysgow pour les faire à ranffonner, oultre ce que deja il avoit fait emmenner la vaffelle dargent à fon plaifir, ce que nappartient à leal Prince ne bon Seigneur de ainfin traiéter fes foubjeéts. Touttesfoys force d'avoir patience & comme raifon veult de tenir promeffe & ferement. Par ainfin eftant à Frybourg en Brifgow, nous noz prefentafmes pardevant le Prince aveeques toute reverence au Monnaftere des Freres Predicaturs auquel lieu feuft derechief donné ferement à main-levée par le St Marquis de Rottellin de non desloger hors de la maifon de notre logis queftoit la chieu Damme Margreth Herpftin. La demouralmes douzes jours, puys fuft licencé Monsr Rod. de Wuyppens, pour aller à une journée à Neuffchaftel fur le Rin, mais qu'il fe remift incontinent huyt jours après Noël. En après Monsr Wilhelm Felga fuft conduyt & menné hors de fon logis par le commandement du Prince, & par le St Jacob Von Stouffenn & auffy par ung aultre Aultriffien, & feuft menné au monnaftere Sainét Jehan, & Jacob de Praroman feuft menné en la maifon des *Tutfchen herren*, le IIIIe jour de Decembre, en l'an de grace notre unique Saulveur Jhefu-Crift 1449.

En après Jehan Gambach fuft licencé par le Prince, pour aller devers luy à Neuffchaftel fur le Rin, & partift d'aveeques fes compaignons, le mardi neufvieme jour de Decembre. Las il fift fa paix & accord aveeques le Prince comme s'enfuyt. Premierement que il debvoit quicter troys cents florins qu'il avoit prefté audiét Monfeigneur le Tyran, affavoir la moytié depuys la thour où il eftoit pryfonnier, & l'autre moytié en blez, avoynne & vin. *Item*, plus luy faillift donner mil florins d'or de Rin, celas faiét, il fe partift dudiét Monfeigneur le Tyran, & reftarent encores Peterman Denglifperg & Niccod Bugnyet, toujour en leur logis, attendant la grace & la mifericorde de Dieu notre unique Saulveur & dudiét Prince. Or eft affavoir que lediét Monfeigneur le Tyran fe partift de Frybourg en Brifgow, le vie jour du moys de Janvyer, queftoit jour de la Sainéte Apparition noftre Seigneur, pour aller à Heydelberg tenir une journée en laquelle eftoyent des grands Seigneurs & Princes, tant fpirituels que temporels & auffy beaucop Dambaffadeurs des villes Imperiales. En icelluy mefme jour Apparition notre Saulveur Jhefu-Crift veinft Monsr Petter Cottrer, Chancellier, en leur logis, leur dyfant de la part du Prince que eulx Peterman Denglifperg & Niccod Bunyet pouvoyent & leur bailé licence d'aller parmy la Ville & aux Efglifes, pour leur neceffité fans agaiét. Dequoy ilz feufrent fort efjouy, & allifrent aux Efglifes, Sermons & Service de Dieu. Par lefquelles belles œuvres cy-devant contenues ung chacun ayant fens & entendement de rayfon peult facilement confiderer l'ameur, grace & benivolence que lediét Monfeigneur le Tyran portoit à une defolée ville de Frybourg en Uechtland fpecialement les defraifons qu'il leur faifoit, laquelle chofe Dieu le tout puyffant & confervateur des bons, fideles & juftes, ne peult permettre, ains à la longe Dieu, par fa mifericorde & infinie bonté, tout rabillee, & leur grande malice degeéte & depofe, que eft caufe que les grands Princes cruels tombent au courroux de Dieu notre Saulveur, & par leurs injuftes caufes, perdent leur grand renom & biens comment par le paffé & du prefent, en avons veus & voyons l'experience par le faiét & permiffion divine. Par ainfin il allifrent à la ville depuys lediét jour jufques au vendredi après la Purification Noftre-Dame, que le Prince fe partift de Frybourg en Brifgow, pour aller devers le Duc Sigifmundus à Insbruk, auffy deflogearent celluy même jour dudiét Fribourg, Jehan Gambach, Henry de Praroman & Jacob Bunyet, fils du prenommé Nicco Bunyet, pour s'en retourner à Frybourg en Uechtland. Confequament le XII jour du moys de Febvryer par licence de Clevi von Ougfpurg Oberft & Zunfftmeyfter, il allifrent fur le clochier, & y allaft aveeque eulx Cuonrad Scherer, & la trouvafrent la haulteur dudiét cloché queftoit depuys le premier pas jufques fur la volta deffus 326 pas qui font de la haulteur de cefte prefente pagine, (a) & a

(a) Petit in-folio.

ledict cloché de largeur deſſus 40 pyed, & les plattes de pierre de couverte ont 16 pied de long & 4 de large, la onglette a de haurt juſques au botton 200 pas comment deſſus eſt deſigné & ladicte Eſgliſe a 396 eſcus pendant tant de Princes que de Seigneurs, Barons & Chevalliers, deſquculx la memoyre de leurs noms & de leurs armures y ſont mys en pincture.

Le ſambedi XIIIIe jour du moys de Mars, les ſuſnommés fuſrent mandé querre par le Sr Wilhelm Zum Steyn & par le Commandeur Zum Turſchen Huſſ. auſſy par George de Rœrbach, pour aller devers eulx au Monnaſtere des Freres Predicateurs, en un petit poylle. La leur fuſt dit par ledict Wilhelm Zum Steyn, que leſdicts Peterman Dengliſperg & Niccod Bugnyet ſe deuſſent addonner à la grace dudict Prince, & luy faire ung preſent de huyt cent florins dor de Rin. Aquoy feuſt reſpondu qu'il n'entendoyent avoir faict choſe pourquoy il deuſſent bailler aulcung argent. Neanmoing qu'il eſtoyent en tres bonne volunté de eſtre bons & leaulx ſoubject dudict Prince. Encores derrechief fuſrent-il exhorté & rigoureuſement mennaſſé le XXVIe de Mars, tellement que ledict Prince vouloit avoir de Peterman Dengliſperg, VI cent florins dor, & de Nicco Bunyet mille florins dor. A quoy il reſpondiſrent qu'il ne luy deſpleuſt, car il ne voulloyent ny pouvoyent luy rien bailler, parce qu'il n'avoyent en rien offencé, & meſmes qu'il avoyent à payer les frayſ & tailles de la paix faicte aveccque le Duc de Savoye, bien que quant à la guerre ny à la paix iceulx pryſonners jamais n'avoyent conſenty, neanmoings en bonne eſperance il voulloyent eſtre bons & leaulx ſoubject actendans la grace & miſericorde de Dieu & du Prince. Encores derrechief, le ſambedi veille des Rameaulx florys, veint devers eulx ung nommé Scebletfli, lequel leur diſt qu'il ſe debvoyent tranſporter pardevers Monſ^r Wilhelm Felga & Monſ^r l'Antien, Advoye, & ſur ce il fuſrent menné en la thour de Sainct-Martin, & eſtant la il veyſrent que leurs compagnyons, les deux prenommés Seigneurs eſtoyent au font de la thour. Leur fuſt dit qu'il failloyent aller vers eulx, ce qui fuſt fait & fuſrent examiné leur demandant grandes ſommes de denyers, les menaſſant & diſant qu'il ſe deuſſent mettre à la grace & miſericorde dudict Prince ou aultrement il eſtoyent aſſeuré de ſouffrir plus grande poynne, & à tout nonobſtant veinſt encores envers eulx en la thour Meſſire Friderich de Stouſſembergh & le prenommé Seebletlli dyſant audict Nicco Bunyet que ſon neveu Peterman Bunyet de Rommont eſtoit venu pour parler a luy & feuſt menné depuys la thour en la maiſon de Wilhelme Zum Steyn & faiſant le ſemblant de le mander querir fuſt defendu audict Nicod Bugnyet de non parler aulcune choſe de Rommont avec ledict ſon nepveu. Alhors ledict Zum Steyn commenca parler pluſieurs groſſes paroles & mennaſſes avecq ledict Niccod Bunyet juſques à la mort s'il ne donnoit au Prince mille florins d'or ou aultrement qu'il ne ſortyroit hors de pryſon, &c. A quoi reſpondit ledict Nicco Bunyet qu'il n'avoit fait choſe pourquoy il deuſt bailler aulcune choſe. Tourteſ-fois pour honneur du Prince qu'il eſtoit content luy preſter ou avancer cent florins d'or. Sur quoy ledict Peterman Bunyet ſon nepveu fuſt renvoyé au logis & fuſt ledict Nicco Bunyet remys en la thour aveccque ſes compaignonys qu eſtoit le mercredi ſainct. Le lendemain qu eſtoit jeudi ſainct veinſt devers eulx pryſonyers Frideurich de Stouffenberg les admoneſtant bien fort quil accordiſſent a ce quavoit eſté demandé de la part du Prince a quoy reſpondiſt Meſſire Wilhelm Felga qu'il ſe mettoit à la grace & miſericorde du Prince juſques a mille florins d'or, & pareillement Peterman Dengliſperg juſques a quatre cens florins d'or & ledict Nicco Bunyet auſſy juſques a quatre cens florins dor, & Monſeigneur l'Antian advoyé Jacob de Praroman reſpondiſt que pluſtoſt il vouloit mourir que de bailler ung ſeul denyer pour n'avoir aulcunement offencé. Sur ce encores derrechief retornaſt en la thour par dever eulx ledict de Stouffenberg le ſambedi veille de Paſques veſpre & appellant dehors Monſ^r Wilhelm Felga & Peterman Dengliſperg, les autres deux leurs compaignons Jacob de Praroman & Nicco Bunyet reſtarent en la thour juſques au mardi apres Paſques. Alors veinſt Erhard Buocher & Peterman. Bugniet nepveu dudict Nicco Bunyet leſquculx leur diſrent quil luy convenoit bailler au Prince cinq cents florins d'or, & aconſte aux Nourriſſes ſoixante florins d'or, aultrement que ledict Nicco ne ſortiroit hors de pryſon, ſomme totalle ſil voulluſt eſtre libre force luy fuſt de compoſer pour ladicte ſomme & fuſt relaché & liberé de priſon. Mais quant a Jacob de Praroman iceluy eſtoit fort mallade & foyble tellementement que il ſe confeſſa en la thour & fuſt ſi treſtant admoneſté par ſon confeſſeur & babillé comment bien le ſcavoit que à la fin il s'accordaſt de ſe mettre à la grace dudict Monſeigneur le Tyran iusques a mille florins dor. Alhors il ſortiſt auſſy de priſon iceluy meſme jour au ſoyr bien tard, & retornaſrent en leur premier logys & le lendemain le Prince partiſt pour aller a Fillingen & fuſtent icculx gens de bien les pryſonnyers licencé par Petter Cottrer chancellyer & Wilhelm Zem Steyn quil s en alliſtrent a l egliſe & en ce actendant notre congé. Les prenommés Erhard Buocher & Peterman Bunyet s en retornerent contre leurs maiſons, & en ceſte attende veinſt vers yceulx pryſonniers & gens de bien le cuſtode & Laeſſmeyſter de Fribourg en Vechtland & le Leſmeiſter de Hagnow aveccque deux notables freres Cordelyé de Ungrye, leſquculx ſe diſnaſrent aveccque culx ayant joie aveccque eulx de leur liberation. Par ainſin le Lundi apres *Miſericordia Domini* jceulx Petter Cottrer & Wilhelm Vom Steyn eſtant de retour de Filingen compoſarent aveccque les quatre pryſonniers innocents du mode qui s'enſuyt. Monſ^r Wilhelm Felga pour mille florins d'or dont la moityé ſera contente & l'autre moityé à la Penthecouſte.

Jacob de Praroman, antien Advoye, payera mille florins d'or & L a conſte, deux cent florins dor comptent, a la Penthecoſte cinq cents florins dor, puys a la S. Jehan enſuyvant troys cent & cinquante florins dor.

Peterman Dengliſperg compoſaſt a quatre cent florins dor payable a la Penthecoſte.

Nicco Bunyet compoſaſt a cinq cents florins dor, & a conſte ſoixante, dont les troys cents eſtiont comptent, plus au Mareſchal du Prince en debdes a Frybourg deux cents florins dor, a coſte LX florins dor.

Puys appres il delyvrarent au Secretaire de Petter Cottrer le Chancellyer pour certainnes eſcriptures chacung d'eulx trois florins dor qui ſont douze florins dor.

Le mardi enſuyvant il fiſrent compte aveccque leur hoſteſſe pour la deſpence qui n'eſtoit pas petite. Par ainſin (loue ſoit Dieu de ſa grace & miſericorde) ſont iceulx Seigneurs

Seigneurs prisonnyers esté liberé & sont esté traicté par ledict Prince & ses nourrisses comme avez ouy cy dessus. A cause de quoy une chacune commune doibt bien regarder & considerer de non tomber en tel inconvenient & entre les mains de tienl Prince tyran. Car a ung bon Prince appartient leaulté ce que ne se trouva audict Duc d'Aultriche fort que meschanceté & ravyssement de corps & de biens.

Par ainsin le vendredi apprès feste Sainct George il partyrent au nom du bon Jhesus de la predicte ville de Frybourg en Bryſgow & allyrent disner a Neuffchaftel sur le Rin avecque le Conte Jehan de Tyerstain, lequel leur dist qu'il ne ntrassent pas dans la ville de Frybourg en Uechtland que premierement il ne feussent bien asseuré. La ville de Neuffchastel leur envoyaſt le vin d'honneur. Depuys la il arryvasrent a Basle. Là leur fuſt auſſy envoyé le vin d'honneur. aussy fist Henrich Halbysen & seuſrent la bien receu & eurent grand joye de leur liberation, cellas faict restarent jusques au mardi qu il allisrent couche a Balstall & le mercredi disner a Solleure. Illec leur seust aussy envoyé le vin dhonneur. Pareillement leur envoyaſt Cuonrad Krafft quatre pot de bon vin & leur veinst faire compaignye l'Advoyé Spiegelberg de Solleure. Depuys la il vindrent a Berne. Las seufrent il aussy honnorablement receu, leur presentant le vin dhonneur. Aussy fist le Sr de Wattenwyl & le Tresorier Wendſchatz. Par ainsin le dernyer jour d'Avryl il arriverent a Morat chie Peterman Volſchi & le Sambedi apprès qu estoit le second jour de May veinst a Morat, la femme dudict Nicco Bunyet, Peterman & Nicco Bunyet ses fils, Francoysa sa fillie, & Clauda sa nyepce femme de Wilhelm Aygre & soy ayant trouvé seuſt illec grand pleur, & toutesfoys joye de leur liberation. La Dimenche il s'en venisrent contre la bonne ville de Frybourg. Donques une chacune commune & ceulx qui en ont le gouvernement doyvent bien pencer & regarder de gouverner & guyder leurs affaires saigement & estre bien unys, non pas que aulcung veullent gouverner par envyes secrettes & se venger malizieuſement. (Dieu ſoit loué de tout.)

N° XXVII.

Jugement rendu par la Communauté des Citoyens de Soleure, en 1218, dans le différend entre le Chapitre de Saint-Ours, & son Avoué Pierre, Comte de Buchegg.

Original en parchemin dans les Archives du Chapitre royal de Saint-Ours à Soleure ; copié dans le premier tome du Recueil , *Miscellanea Helveticæ Historiæ*, pag. 154, manuſcrit *in-fol.* en la Bibliothèque de M. le Baron de *Zur-Lauben*.

P. Comes de Bucheccho univerſis veritatem amantibus salutem. Noverit tam preſens etas, quam futura posteritas. Quod cum ego quemdam hominem sancti Ursi Ecclesie contumacem captivassem & ab eo non parvam pecunie summam extorsissem. Existimans hoc licitum esse in jure quod ad me pertinet advocatio. Solodorensis Ecclesie prepositus. Totumque capitulum me propterea satis acriter impetierunt. Coram abbate Murbacensi Regalis aule tunc temporis legato queremoniam detulerunt.

Causa igitur ista judicialiter agitata per eumdem legatum recognitum fuit ab universitate civium & per sententiam diffinitum quod nec mihi, nec alij Ecclesie sancti Ursi advocato liceret in aliquo casu homines ipsius Ecclesie captivare, aut pecuniam ab eis extorquere nec de rebus ejusdem Solodorensis Ecclesie aliquid tractare nisi prius requisito ipsius capituli consilio & consensu pariter impetrato. Pro illa vero injuria quam intuleram Ecclesie de homine captivato judicatum est. Ut deberem satisfacere & ad bene placitum capituli emendare. Igitur ne per meam vel successorum meorum violentiam Solodorensis Ecclesia occasione advocationis deinceps gravetur, vel etiam in aliquo molestetur recognitionem ipsam Burgensium & ipsam Regii legati judicium dignum duxi presenti pagina munire meique sigilli expressa imagine roborare. Facta sunt autem hec publice Solodori in Ecclesia sanctiUrsi anno dominice incarnationis. M. CC. XVIII. Regnante victoriosissimo Rege Frederico Testes autem hujus rei sunt. Abbas Murbacensis. Canonici Solodorensis Ecclesie. Ulricus Prepositus. Haimo de Gerenstein. Cono de Crohthal. Magister Lodovicus. Siginandus de Biene. Cono Sacerdos & canonicus. Nicolaus Reinberg. Ulricus. Ulricus-Erarius. Burgenses quoque Henricus Dives, & frater ejus Ulricus. Hugo. Burcardus. Bruno. Et Ulricus de Huric. Milites. Bruno & frater eius Rodolphus. Nicolaus Smihin & frater ejus Joannes. Hugo. Ulricus, Rodolphus de supra Domum. Ulricus in Fine. Ulricus Multo. Cono Floterem. Johannes Bech. Tetricus de Libra. Luprandus Diemi. Nicolaus Uegelin. Johannes frater ejus. Albertus Olla.

N° XXVIII.

Henri, Roi des Romains, étant à Francfort le 15 Février 1234, confirme la décision que Hugues, Abbé de Murbach, son Délégué, avoit rendue sur le différend entre le Chapitre de Soleure & les Citoyens de cette ville, au sujet de la Jurisdiction sur les Habitans dits de Saint-Ours, entre l'Are & le Mont-Leberen.

Original dans les Archives du Chapitre royal de Saint-Ours à Soleure, copié par M. le Baron de *Zur-Lauben*.

WILLELMUS Dei gratia Lausannensis Episcopus omnibus presentium inspectoribus subscriptorum noticia cum salute. Noverint universi, quos nosse fuerit opportunum quod nos litteras inferius scriptas vidimus, legimus, ac perspeximus diligenter, non abolitas, non cancellatas, nec in aliqua sui parte corruptas sub vero sigillo cereo digne memorie H. Dei gratia Romanorum Regis pro ut prima facie apparebant quorum tenor talis est.

Heinricus divina favente clementia Romanorum Rex semper Augustus universis Imperii fidelibus Principibus in perpetuum. Noverit presens etas, & futura posteritas quod processum dilecti Principis nostri Hugonis monasterii Murbacensis Abbatis super causa, que vertebatur inter Othonem prepositum & capitulum Solodorense ex una parte, & cives Solodorenses ex altera parte super quibusdam hominibus sancti Ursi inter Ararim, & montem Leberem commorantibus justum cognoscentes cum auctoritate Regia confirmamus dictis civibus super hiis perpetuum silentium imponentes, volumus etiam mandamus, & sub obtentu gratie nostre precipimus, ut homines antea dicti preposito & captulo memoratis, & non aliis de cetero serviant, pro ut in inftrumento fuper proceffu dicti Abbatis confecto plenius continetur, cujus tenor talis est.

H. Dei gratia Murbacencis abbas univerfis prefentem paginam infpecturis falutem in Domino. Scire volumus omnes quos fcire fuerit opportunum, quod cum ad inftantiam & petitionem Dñi Othonis venerabilis Solodorenfis Ecclefie prepofiti & fui capituli Dñus nofter Illuftris Romanorum Rex femper Auguftus nobis dediffet in mandatis, ut fuper controverfia, que inter jam dictum prepofitum & fuum capitulum ex una parte, & cives Solodorenfes ex altera vertebatur pro hominibus fancti Urfi qui circa Ararim de parte montis Leberem commorantur de jure utriufque partis cognofcemus. Nos nobilioribus & honeftioribus terre convocatis & auditis in prefentia eorum propofitis utriufque partis, & inquifita diligentius veritate cognovimus relatione veridica jam dictos homines fancti Urfi ad Ecclefiam Solodorenfem libere pertinere, & Comitem de Buochege effe advocatum ipforum licet dicta Ecclefia, vexationes & exactiones eorumdem hominum ab ipfo advocato redemerit temporibus retroactis ita quod nunquam dictus advocatus ad eofdem homines alicujus exactionis vel fervicii caufa debeat accedere, nifi a fepefato prepofito, & capitulo fuerit invitatus, dictique homines ad nullius fervicium funt aftricti, nifi prepofiti & capituli fepedicti. Et ipfi Burgenfes nullam de jure in ipfis hominibus habent poteftatem, nifi quantum de voluntate, & grati ipfius prepofiti & capituli potuerint obtinere. Si quis igitur contra hanc noftre confirmationis paginam aufu temerario venire prefumpferit, indignationem noftre celfitudinis fe noverit incurfurum. Datum apud Frankenfort anno Domini M. CC. XXX. IIIJ. XV. Kal martii : indictione VII.... In cujus vifionis teftimonium nos prefatus Epifcopus Laufannenfis figillum noftrum prefentibus duximus appendendum. Datum apud Laufannam fabbato poft feftum fancti Hylarii anno Domini M. CC. nonagefimo nono.

N° XXIX.

Diplôme de l'Empereur Charles IV, donné à Berne le 13 Mai 1365, en faveur du Chapitre de Soleure.

Original fur parchemin dans les Archives du Chapitre royal de Saint-Ours à Soleure, & copié dans le Recueil, *Mifcellanea Helveticæ Hiftoriæ*, tom. I, pag. 111-211, manufcrit *in-fol.* dans la Bibliothèque de M. le Baron de *Zur-Lauben*.

KAROLUS QUARTUS DIVINA FAVENTE CLEMENCIA ROMANORUM IMPERATOR SEMPER AUGUSTUS, ET BOEMIE REX. Ad perpetuam rei memoriam etfi de innata imperialis manfuetudinis benigna clemencia in fingulis fubjectorum nobis comodis noftra delectatur ferenitas, fanctarum tamen Ecclefiarum comodis & quieti ac ipfarum procurandis honoribus, ad laudem Dei & noftre falutis augmentum ficut ex affumpte imperialis dignitatis tenemur officio finceriori femper affectu dignemur intendere ut hiis quos divina Providencia fuo deputare curavit minifterio fub felici noftro regimine comuni tranquillitate fincerius famulentur Altiffimo, quanto gravioribus fe viderint noftre protectionis fpecialis prefidiis communitos, fane pro parte.... prepofiti & capituli Ecclefie Solodorenfis Laufanenfis dyocefis devotorum noftrorum dilectorum, noftro culmini oblata petitio continebat, quatenus omnia & fingula privilegia, gratias, imunitates, libertates, & indulta, conceffiones, ordinaciones, & donaciones a divis Romanorum Imperatoribus & Regibus noftris predecefforibus ipfis & eorum Ecclefie conceffas & conceffa. Et fpecialiter quodam privilegium per quondam clare memorie Dominum Heinricum Romanorum Regem predecefforem noftrum illuftrem eis traditum & conceffum de innate benignitatis folita clemencia ratificare, approbare & confirmare, ipfofque prepofitum capitulum & eorum Ecclefiam, in noftram & Imperii facri protectionem ac tuitionem fpecialem recipere generofius dignaremur, cuius quidem privilegii tenor fequitur in hec verba. Heinricus divina favente clemencia Romanorum Rex femper Auguftus, univerfis Imperii fidelibus in perpetuum, noverit prefens etas & futura pofteritas, quod proceffum dilecti Principis noftri Hugonis venerabilis Murbacenfis Abbatis fuper caufa que vertebatur inter Ottonem prepofitum & capitulum Solodorenfe ex una parte, & cives Solodorenfes ex altera fuper quibufdam hominibus Sancti Urfi inter Ararim & montem Leberenn commorantibus, juftum cognofcentes, ex auctoritate regia confirmamus, dictis civibus fuper hiis perpetuum filencium imponentes. Volumus etiam mandamus & fub obtentu gracie noftre precipimus ut homines ante dicti prepofito & Capitulo memoratis & non alii de cetero ferviant prout in inftrumento fuper proceffu dicti Abbatis confecto plenius continetur, cuius tenor talis eft. H. Dei gracia Murbacenfis Abbas univerfis prefentem paginam infpecturis falutem in Domino, fcire volumus omnes quos fcire fuerit oportunum, quod cum ad inftantiam & petitionem Domini Ottonis venerabilis Solodorenfis Ecclefie prepofiti & fui capituli Dominus nofter illuftris Romanorum Rex femper Auguftus nobis dediffet in mandatis; ut fuper controverfia que inter jam dictum prepofitum & fuum capitulum ex una parte & cives Solodorenfes ex altera vertebatur pro hominibus Sancti-Urfi, qui citra Ararim de parte montis Leberenn commorantur, de jure utriufque partis cognofcemus, nos nobilioribus & honeftioribus terre convocatis & auditis in prefentia ipforum propofitis utriufque partis & inquifita diligentius veritate, cognovimus relatione veridica jam dictos homines Sancti Urfi ad Ecclefiam Solodorenfem libere pertinere & Comitem de Buchegge effe advocatum ipforum, licet dicta Ecclefia vexationes & exactiones eorundem hominum ab ipfo advocato redemerit temporibus retroactis, ita quod nunquam dictus advocatus ad eofdem homines alicuius exactionis vel fervicii caufa debet accedere nifi a fepe fato.... prepofito & capitulo fuerit invitatus dictique homines ad nullius fervicium funt aftricti, nifi propria & capituli fepedicti & ipfi Burgenfes nullam de jure in ipfis hominibus habent poteftatem, nifi quantum de voluntate & gracia ipfius prepofiti & capituli potuerunt obtinere. Si quis igitur contra hanc noftre confirmationis paginam aufu temerario venire prefumpferit indignationem noftre celfitudinis fe noverit incurfurum. Datum apud Frankenfurt, anno Domini milleimo ducentefimo tricefimo-quarto XV Kal. Martii indictione VII. *Nos igitur qui tranquillitates & comoda cunctarum Ecclefiarum finceris complectimur affectibus, dignumque arbitrantes, ut jufta petentibus non fit denegandus affenfus*, predicta omnia & singula privilegia, gracias, imunitates, libertates, & indulta, concessiones, ordinationes, & donationes, predictis.... prepofito & capitulo Ecclefiæ Solodorenfis, a predictis Romanorum Imperatoribus, & Regibus, factas, concessas, & donatas, facta, concessa, & donata, & fpecialiter prescriptum privilegium Domini Heinrici predecefsoris nostri sicut rite & rationabiliter procefserunt auctoritate Cefarea & ex certa fciencia ratificamus, approbamus, & generofe præfentibus confirmamus, & ut uberioris noftræ clemencie fentiant confolamen, ipfos.... prepofitum capitulum & eorum ecclefiam Solodorenfem in noftram & Imperii facri recepimus protectionem & tuitionem, & tenore præfentibus recipimus fpecialem, mandantes univerfis & fingulis Principibus ecclefiafticis & fecularibus, Comitibus, Baronibus, nobilibus, militibus, clientibus, civitatibus, opidis, villis, ac univerfitatibus quibufcunque, ac omnibus & fingulis noftris & Imperii facri fidelibus dilectis, quatenus præfatos.... prepofitum & capitulum in graciis noftris & predecefsorum noftrorum, ut premittitur, eis factis, non moleftent aliquatenus feu perturbent, fed eos fideliter in eifdem & fub noftris fingularis protectionis prefidio manu teneant, & defendant, ficut noftre indignationis gravem offenfam cupierint evitare, noftris & Imperii facri, & quorumlibet aliorum juribus femper falvis, præfentium fub noftre Imperialis Majeftatis figillo teftimonio litterarum. Datum Berne anno Domini milleſimo trecentefimo fexagefimo-quinto v Non. Maii indictione tertia regnorum noftrorum anno decimo-nono Imperii vero undecimo.

Nº XXX.

Sentence rendue en 1235, par Cuno ou Conrad, Baron de Tuffen, Vice-gérent de l'Empereur Frédéric II, en Bourgogne, fur la propriété des Habitans dits de Saint-Ours, au-deſſous de l'Are & du Mont-Leberen.

Original en parchemin dans les Archives du Chapitre royal de Soleure, & copie dans le Recueil, *Miſcellanea Helveticæ, Hiſtoriæ* tom. I, pag. 161. manuſcrit *in-fol.* même Bibliothèque de M. le Baron de *Zur-Lauben.*

UNIVERSIS præfentem paginam infpecturis, Chono Dominus de Thuphen rei gefte noticiam, nofcant tam præfentes, quam pofteri quod cum ex parte Domini F. Romanorum Imperatoris & femper Augufti eſſem Procurator in Burgundia conftitutus. Inductus fui a quibufdam quod homines Sancti-Urfi infra Ararim & montem Leberen conftituti fpectarent fpecialiter ad jurifdictionem Imperatorie Maieftatis. Super hiis itaque civibus Solodrenfibus majoribus & honeftioribus convocatis ne quid per me fieret in preiudicium Romani Imperii, vel etiam Ecclefie Sancti-Urfi dictos cives aftrinxi juramento ad dicendum prout melius recognofcerent veritatem. Ab ipfis autem juramento fic aftrictis relatione cognovi juridica. Jam dictos homines Sancti-Urfi & jurifdictionem fuper ipfis habendam ad Ecclefiam Solodrenfem jure pertinere, & Comitem de Buochege eſſe advocatum ipforum, licet dicta Ecclefia vexationes & exactiones eorundem hominum ab ipfo advocato redemerit temporibus retroactis: Ita quod nunquam dictus advocatus ad eofdem homines alicuius jurifdictionis exactionis & fervitii caufa debet accedere nifi ab eiufdem Ecclefie prepofito & capitulo fuerit invitatus, dictique homines ad nullius fervitium funt aftricti, nifi prepofiti & capituli jam predicti, & ipfi burgenfes nullam de jure habent in dictis hominibus poteftatem, nifi quantum de voluntate & gracia fepe dicti prepofiti & capituli poterint obtinere. Si quis etiam predictorum hominum antedicto prepofito violentiam aliquam emendaverit tenetur Solodrenfi caufidico, fi non de jure, tamen de confuetudine tres folidos emendare. In huius rei teftimonium præfentem paginam mei figilli munimine roboravi. Facta funt hec anno Domini M. CC. XXXV.

Nº XXXI.

Informations prifes à Soleure le 15 Avril 1251, par Henri, Abbé de Frieniſberg, de l'Ordre de Cîteaux, délégué du Pape, fur les prétentions du Chapitre de Soleure, fondé par la Reine Berte.

Original en parchemin dans les Archives du Chapitre royal de Saint-Ours à Soleure, copié par M. le Baron *Zur-Lauben.*

HEINRICUS Abbas humilis de Frienifperch executor a Sede Apoftolica delegatus, Cifterciensis Ordinis, Conftantienfis dyocefis, omnibus præfens fcriptum intuentibus notitiam fubfcriptorum que geruntur in tempore ne labantur cum tempore, litterarum folent apicibus & honeftorum teftimoniis roborari. Noverit igitur præfens etas & futura pofteritas litteras Domini Pape nos recepiſſe fub hac forma. *Innocentius* Epifcopus fervus fervorum Dei dilecto filio... Abbati de Frienifperch Cifterciensis Ordinis Conftantienfis dyocefis falutem & apoftolicam benedictionem. Ex parte dilectorum filiorum.... Prepofiti & Capituli Solodorenfis Ecclefie Laufannenfis dyocefis fuit nobis humiliter fupplicatum, ut cum ipfi poſſeſſiones, redditus, homines, & quædam alia bona ad ipfam Ecclefiam fpectantia in diverfis locis obtineant, de quibus non habent publica documenta, & fuper hiis proceſſu temporis moveri fibi timeant queftionem, providere ipfis paterna follicitudine curarem; *ne igitur* eis in pofterum fortuitis cafibus probationis copia fubtrahatur, difcretioni tue per apoftolica fcripta mandamus, quatenus teftes idoneos quos dicti Prepofitus & Capitulum fuper premiſſis duxerint producendos, prudenter recipere & diligenter examinare procurares, ipforum dicta redigi faciens in publica munimenta. Denuntiando illis quos negotium forte contingit, ut receptioni teftium, fi velint intereſſe & fuper denuntiatione fic facta confici facias publicum inftrumentum. Teftes autem qui fuerint nominati, fi fe gratia odio vel timore fubtraxerint, per cenfuram ecclefiafticam ceſſante appellatione compellas veritati teftimonium perhibere. Datum Lugduni XIII Kal. Septembris, Pontificatus noftri anno quinto. *Nos vero* mandatum apoftolicum tanquam filii obedientie exequentes, ad ipfum caftrum Solodorenfe perfonaliter acceſſimus, & teftes videlicet Clericos & Laïcos ex parte predicti Prepofiti & Capituli maturiores videlicet & honeftiores ex Burgenfibus coram nobis productos fecundum formam juris recepimus & diligenter examinavimus juxta formam nobis traditam, per quorum dicta invenimus Ecclefiam Solodorenfem in omni jure fecundum Ecclefiam Turicenfem in prima fui fundatione eſſe conftructam & conftitutam, a quadam Regina nomine Bertha que ipsam Ecclesiam & castrum construxit, videlicet quod ad ipsum Prepositum & Capitulum omnia judicia ipsius castri, scilicet officium sculteti, moneta, theloneum cum omnibus aliis juribus que vulgo dicuntur *Ban und Twinch* pertinent, preter judicium sanguinis quod solum advocato videlicet Regi Arelatensi seu Officialibus ab eodem pro tempore constitutis, in cujus regno consistit, est reservatum, & in hoc omnes testes quos recepimus, quorum nomina subscribemus unanimiter concordarunt & concordant se ita a suis antiquioribus pro vero didicisse, & quod ipsi pro certo ita sciunt esse. *Nomina* testium sunt hec, Heinricus Prepositus Solodorensis. Magister Nicolaus. Magister Henricus Custos. Albero Plebanus de Lusslingen, Chonradus de Bubrusche, & magister Petrus Canonici Solodorenses. Henricus Scultetus. Tictricus in Urbe milites. Wernherus de Messon & Ulricus de Ruti plebani. Chono Multa, Henricus in Ponte, Chouradus Hagno & Chonradus filius ejus. Henricus Heverli, Bertholdus Isen-Burchardus Prepositi. Ulricus Suuri. Ulricus Schaphner, Ulricus Luthart Ministri Ecclesie Burgenses Solodorenses, & alii omnes qui manifeste idem recoggnoverunt. *Unde* nos de mandato & auctoritate Apostolica coram nobis & venerabilibus Patribus & Dominis, scilicet Domino Johanne Lansannensi Episcopo, Aymone Abbate Erliacensi, Ulrico Abbate Sancti Urbani, Ulrico Preposito Sancti Marii Lausannensis. Rodolfo Comite de Valchenstein factam confirmamus & super hiis predictis Preposito & Capitulo nostras patentes litteras sigillo venerabilis Domini Episcopi Lausannensis, nostro & sigillis prescriptorum dedimus confirmatas. Actum Solodori anno Domini M. CC. L. I. XVII. Kalend. Maii.

N° XXXII.

Renouvellement d'Alliance entre les villes de Soleure & de Berne, fait à Soleure le 30 Septembre 1308.

Helveticæ Cartæ, tom. II, pag 502 & 503, manuscrit *in-fol.* dans la Bibliothèque de M. le Baron de *Zur-Lauben*.

Noverint universi, tam præsentes quam posteri quod Dominus Ulricus Dives Scultetus, Consules & universitas de Solodore ex una, & Laurentius Monetarius Scultetus, Consules de Berno, ex parte altera, formam juramenti quo ab antiquo confœderati fuerunt, sunt & esse desiderant ac tenentur in perpetuum in perpetuum, recognoverunt & renovarunt concorditer in hunc modum, scilicet quod ambæ Civitates & Burgenses seu Habitatores earum, ad defendendum omnia jura, personas, possessiones & investituras suas sibi mutua vice impendere tenentur pro totis rerum & personarum viribus, consilium, & juvamen, quotiescunque Burgenses unius Civitatis à Burgensibus alterius Civitatis super hoc fuerint requisiti, de quo nullum excipiunt sibi solum modo Dominum suum videlicet Imperium Romanum. His additis conditionibus, sive pactis scilicet quod aliquis de Solodoro & de Berno aliquem Burgensem vel habitatorem ipsorum locorum super quacunque causa exceptis matrimonio & publica usura in judicio spirituali convenire non debet ; neutra Civitatum in potestate suas res alterius Civitatis occupare & interdicere potest, nec debet aliquis ex ipsis aliquem impignorare in Civitate vel extra nisi suum debitorem vel fide jussorem non negantem, sed pro debitis, de quibus sit negatio Burgenses utriusq; Civitatis in alteram debent venire Civitatem & ibidem jus suum per sententiam Burgentium consequi & recuperare, si autem una dictarum Civitatum alteram, quod absit, indebite leserit, hoc illa Civitas priusquam de hoc monita fuerit, iesæ Civitati restituere debet , hoc, quod restitui potest, sed de his, quæ restitui non possunt, Consules Civitatum convenire debent apud Iegenstorf ita quod ad recognitionem quatuor fide dignorum Arbitrorum, quorum utraque Civitas duos eligere potest, & Sculteti de Solodoro & de Berno, qui pro tempore fuerint pro persona media Electorum alter alteri faciat, & similiter recipiat amoris vel justitiæ complementum... Hæc autem omnia & singula antedicta præsenti Sculteti, Consules ac universitates de Solodoro & de Berno promiserunt juramentis suis ad Deum & sancta Dei corporaliter præstitis pro se & suis successoribus, se & suos successores rata tenere & inviolabiliter observare in perpetuum, & dictum juramentum semper a decennio in decennium rite & solemniter renovare : In hac quoque forma juramenti comprehensi sunt omnes eisdem Civitatibus de Solodoro & de Berno attinentes, & juramento eis astrictis, quod obedire voluerint Civitatibus superius expresserunt. Et in huius rei firmum robur & testimonium prefati Sculteti Consules & universitates sigilla sua communia huic literæ appenderunt; Datum & Actum apud Solodoro. Anno M. CCC. VIII. Crastino B. Michaelis.

N° XXXIII.

Déclaration d'Albert, Roi des Romains datée d'Ulm le 20 Février 1300, & adressée à l'Avoyer, au Conseil & aux Bourgeois de Soleure en faveur du Chapitre de cette Ville.

Original en parchemin dans les Archives du Chapitre royal de Saint-Ours à Soleure, copié par M. le Baron de *Zur-Lauben.*

Albertus Dei gratia Romanorum Rex semper Augustus prudentibus viris Sculteto, Consilibus, & universis civibus Solodorensibus fidelibus suis dilectis gratiam suam, & omne bonum. Significaverunt nobis conquerendo honorabiles viri Prepositus, & Capitulum Solodorensis Ecclesie devoti nostri dilecti, quod vos ipsorum hominibus dictis ze dem Bacheth, sturam inconsuetam, & insolitam imponatis. Nos ipsos homines in consuetudine & libertate, quibus gaudebant tempore serenissimi Domini Rudolfi Romanorum Regis, quondam genitoris nostri Karissimi, conservare volentes, fidelitati vestre firmiter committimus & mandamus omnino volentes, quatenus a predictis hominibus contra eorum libertates sicut predictum est nullas sturas exigere debeatis, permittentes eosdem gaudere suis juribus cum restitutione ablatorum plenaria pacifice & quiete. Datum Ulmæ x. Kal Martij regni nostri anno secundo.

PREUVES.

N° XXXIV.

Acte d'élection du Prévôt du Chapitre de Soleure, Ulric der Riche, dans l'octave de l'Épiphanie 1344.

Original en parchemin, dans les Archives du Chapitre royal de Saint-Ours à Soleure, & copié dans le premier volume du Recueil, *Miscellanea Helveticæ Historiæ*, pag. 205-206, manuscrit *in-fol*. dans la Bibliothèque de M. le Baron de *Zur-Lauben*.

REVERENDO in Christo Patri ac Domino Lanfrido Dei gratia Electo Lausannensi seu ejus Vicario in spiritualibus generali....Capitulum Ecclesie Solodorensis dicte dyocesis Reverenciam in omnibus tam debitam quam devotam Paternitati vestre benigne, presentibus elucescat, quod anno Domini M. CCC. quadragesimo tercio, sabbato proximo post festum Beati Andree Apostoli indictione XII vacante prepositura Solodorensis Ecclesie, Lausannensis dyocesis, per mortem bone memorie Domini Ludovici de Strasberg quondam Prepositi dicte Ecclesie, eodem defuncto & ipsius corpore Ecclesiastice tradito sepulture, ne ipsa Ecclesia incommoda ipsius Prepositure gravi dispendio diucius deploraret, fuit absentibus canonicis statuta dies videlicet octava Epiphanie Domini hora prime, per presentes tunc canonicos videlicet, Dominos Heinricum de Kramburg, Rudolfum de Rueggisberg Presbiteros, Heinricum de Bremgarten, Volricum Divitis, Johannem de Mastetten, Magistrum Chuonradum de Brendval subdyaconum & Thomam de Roeschenzo dyaconum concorditer assignata, ad electionem futuri Prepositi celebrandam, citatis antea interim absentibus & convenientibus in termino supradicto ad capitulum Solodorense, omnibus qui debuerunt potuerunt commode interesse, tandem deliberatione habita per quam formam esset indicte Electionis. Negotio procedendum placuit nobis omnibus & singulis per viam compromissi eidem Ecclesie providere, unde dedimus unanimiter nullo penitus discordante Domino Ruodolfo de Rueggisberg nostro concanonico Presbitero fide digno, plenam generalem & liberam potestatem eligendi Prepositum dicte nostre Ecclesie & Preposito providendi, prout ei secundum suam conscientiam & salutem anime & dicte prepositure expediens videretur ita tamen quod vice sua & vice totius capituli illam personam eligeret solempniter in communi.... Compromissarius autem ipsi nostri potestatem sibi per nos traditam acceptans, & in partem post modum secedens, tandem post aliqualem deliberationem cum se ipso habitam reversus nullo actu intermedio extrinseco, discretum virum dominum Volricum Divitem nostrum in dicta Ecclesia canonicum tunc presentem virum utiquam providum & discretum, litterarum sciencia, vita & moribus merito commendandum in sacris ordinibus etate legitima constitutum ac de legitimo matrimonio procreatum in spiritualibus & temporalibus circumspectum de mandato nostro, nobisque presentibus elegit solempniter in hunc modum. In nomine Patris & Filii & Spiritus sancti amen. Cum vacante prepositura Ecclesie Solodorensis Lausannensis dyocesis placuerit nobis omnibus & singulis per formam compromissi eidem de prepositura providere mihique Ruodolfo de Rueggisberg Presbitero ante dicto potestatem plenam & liberam dederint prepositum eligendi. Et sic vacanti de preposito providendi ego vice mea ac vice totius capituli invocata sancti Spiritus gratia predictum Volricum eligo in prepositum Solodorensis Ecclesie & eidem de prepositura provideo antedicta, electione autem hujus modi celebrata eam omnes & singuli approbavimus dictumque nostrum electum ad Ecclesiam unanimiter detulimus intronizantes ipsum in cleri & populi ibidem congregata multitudine campanis ipsius Ecclesie solempniter compulsatis super majus altare dicte Ecclesie posuimus prout soliti moris extitit & post modum vero petito ab eodem Electo per nos ut suum eidem electioni preberet assensum. Ipse tandem nolens diucius resistere voluntati infra tempus a jure statutum annuit votis nostris in electionem consenciens de se factam, ea propter Paternitati vestre benigne, tam devote quam humiliter supplicamus quatenus Electionem eamdem sibi solempniter & canonice celebratam dignemini eidem Electo munus confirmationis favorabiliter impertiri, ut Deo actore, dicte prepositure & ipsius juribus preesse valeat utiliter & prodesse. Ceterum ut vestra reverenda Paternitas cognoscat evidencius vota nostra omnium in predictis omnibus & singulis concordasse ac in peticione hujus modi existere unanimes & concordes, presens electionis nostre decretum Dominacioni vestre ineffabiliter Reverende transmittimus, nostris quidem juxta statuta canonica roboratum propriis manibus ut sequitur & subscriptum. Ac etiam ad majorem cautelam per infra scriptum Tabellionem in formam publicam redigi fecimus & sigillo nostri Capituli sigillari. Actum Solodori in sacristia ejusdem Ecclesie in octavis Epiphanie Domini, anno ejusdem secundum stilum curie Lausannensis M. CCC. XL. tercio indictione & hora quibus supra presentibus viris discretis Dominis Berchdoldo Spinler prebendario altaris sancti Ursj Heinrico Ollonis prebendario altaris sancti Michaelis Magistro Heinrico de Arowa testibus ad premissa vocatis pariter & rogatis.

Ego Heinricus de Bremgarten canonicus Ecclesie Solodorensis quia premissis omnibus interfui & dictum Electum ut prescribitur approbavi, electionemque de ipso factam gratam habeo & acceptam & quia scribere nesciebam Johannes de Biglen ejusdem Ecclesie canonicus manu sua de mandato meo pro me huic decreto subscripsit.

Ego Heinricus de Kramburg canonicus Ecclesie Solodorensis predictus, quia premissis omnibus interfui & dictum Electum ut prescribitur approbavi, electionemque de ipso factam gratam habeo & acceptam quia scribere pro tunc non potui Dominus Mathias Raforis sacerdos, prebendarius altaris super ossibus mortuorum, manu sua, de mandato meo pro me huic decreto subscripsit.

Ego Ruodolfus de Rueggessperg presbiter canonicus Ecclesie Solodorensis quia ex potestate mihi per capitulum ut prescribitur tradita dictum Dominum Wolericum Divitem in prepositum Ecclesie Solodorensis vice mea ac totius capituli elegi & huic decreto propria manu subscripsi.

Ego Johannes Divitis canonicus Solodorensis quia premissis omnibus interfui, & dictum Electum ut premittitur approbavi Electionemque de ipso factam gratam habeo & acceptam manu mea propria huic decreto subscripsi.

Ego Joannes de Mastetten canonicus Ecclesie Solodorensis, quia premissis omnibus interfui & dictum Electum ut prescribitur approbavi, Electionemque de ipso factam gratam habeo & acceptam, quia scribere nesciebam, Dominus Mathias Raforis facerdos predictus manu fua de mandato meo pro me huic decreto fubfcripfit.

Ego Chuonardus de Brendvald canonicus Ecclefie Solodorenfis, quia permiffis omnibus interfui, & dictum Electum, ut prefcribitur, appprobavi, Electionemque de ipfo factam gratam habeo & acceptam, manu mea propria huic decreto fubfcripfi.

Ego Thomas de Rofchenzo canonicus Solodorenfis, quia premiffis omnibus interfui, & dictum Electum, ut prefcribitur, approbavi, Electionemque de ipfo factam gratam habeo & acceptam manu mea propria huic decreto fubfcripfi.

Ego Johannes de Biglon canonicus Ecclefie Solodorenfis, quia premiffis omnibus interfui, & dictum Electum, ut prefcribitur approbavi, Electionemque de ipfo factam gratam habeo & acceptam, manu mea propria huic decreto fubfcripfi.

Ego Wilhelmus de Friburgo fuperiori facerdos, canonicus Ecclefie Solodorenfis, quia premiffis omnibus interfui, & dictum Electum ut premittitur approbavi, electionem que de ipfo factam gratam habeo & acceptam & quia propria manu fcribere non potui, Dominus Mathias facerdos predictus, manu fua de meo mandato pro me huic decreto fubfcripfit.

Et * ego Petrus fcriba de Solodoro clericus Laufannenfis dyocefis publicus imperiali auctoritate notarius premiffis omnibus una cum dictis teftibus prefens interfui & ca de Mandato dictorum Domi- *Ici à la marge eft placée la mar- que du Notaire. norum meorum propria manu fcripfi & in hanc formam publicam redegi meoque figno folito fignavi Rogatus, Datum anno loco die hora indictione & prefentibus quibus fupra.

Nº XXXV.

Ligue conclue entre Rodolphe, Comte de Kibourg, & Thibaut, Sire de Neuchâtel en Bourgogne, le famedi avant le jour de Saint-Michel 1382, à l'effet de furprendre la vill: de Soleure.

Copie dans le troifiéme volume du Recueil Helveticæ Cariæ, pag. 293-295, manufcrit in-fol. même Bibliothèque de M. le Baron de Zur-Lauben.

Zu Wüfen fye mencklichen das da ift beredt und verkommen, Zwufchen uns Dieboltten Herren zu Nuwenburg, Vifconten zu Bonnen einer fydtt, und uns Rudolffen Graffen zu Kyburg, und Vifconten zu Burgunden, der andern fydtt In form, und geftalten hie nachgefchrieben zum erften daswir Herren von Nuwenburg, und Graffen von Kyburg follen machen, und tryben Kriege, wider die flate von Solothurn, fo da ift in dem Bifthum Lofan, und in diefem Kriege helffen uner den änderen, wol, und uffrectlichen, und ift zu wüfen das mit hilff Unfers Herren Gottes und der Iungfrowen Maryen wir zwen haben fürgenommen, inzenammen, zegewinen, und ze erftigen, diefelbe ftat von Solothurn uff dem abendt fannt Martins zu winters Zyte nächft Künfftig, und follen haben ein ieder under uns zweyen uff demfelbigen abend: fannt Martins, hunderdt lantzenn, wolgeruft, und wol gewapnet in zenämen die bemelte ftat. Und in dem vale, wo mit Gottes hilffe die berürte ftat wurde gewunnen, der drit theile der gefangnen, und varenden haab, follen fin der Knechten, und die andren zwen drittheile follen fich theilen under uns zwen. Iedem zu dem halben theil, und den beften Kouff, fo wir mögen haben, von den Knechten, ein ieder uff finer fydten, ob es ein gefalle, mag und foll er Innammen. Wytter ift beredt, und ver kommen, ob die gedachte ftat von Solothurn gewunnen wurde, fo foll fy belyben fry, und übergeben werden, fambt aller ir Zugehörde, dem vermelten Graffen von Kyburg ane einiche theilung, oder teyle, fo wir der genant Herr von Nüwenburg, da möchten haben. Und dagegen wir der genant Graff von Kyburg, follen verbunden fin, zegeben uns dem berurten Herren von Nuwenburg, die fum, fünff Tufendtt guldin gutes goldes, und guter gewichte, oder pfuende, das da benügte uns den vermelten Herren von Nuwenburg. Namlichen ein fchlos, und Fleken, des wir haten befizunge, famt den Zugehörden, fo da gnugfam wären, für die obberührte fumm, fo lang bis das wir der genant Herr von Nüwenburg wurdent bezalt der fünff Tufendtt guldin, wir, oder unfer erben, oder die fo von uns rechte harzu möchten haben, unnd zu dem vale, das die gedachte flat von Solothurn nicht wu-de gewunnen, wir der genambt Graff von Kyburg, wären und follten belyben ledig, der felben fünff tufendtt guldin, und obwol fy wurd gewunnen, oder nit, wir der genant Herr von Nüwenburg, follen belyben helfer dem genanten Graffen von Kyburg, als lang der Krieg wärtte, wider die von Solothurn, und ire helfer, und den anderen, und follten nicht machen, noch ufnammen, anftande oder friden, einer under uns, ane den andern. Wytter ift beredt, unnd verkommen, das wir Dieboltt Her zu Nüwenburg fo lang der felb Krieg wärett werden, unnd follen geben, und dem vorberürtten Graffen von Kyburg hiß uff zwanzig lanzen zu hut der plazen unfers des Graffen von Kyburg, und den Krieg ze füren. wider die ftat von Solothurn, und wider ir helfer, ane nutzbarkeite, fo wir der genantt Graff von Kyburg inen thügen, ufgenommen dar wir der genant Graff von Kyburg werden fchuldig fin Inen uzerichten ir Zerung, Trinken und efen, für fy und ihre Ros, defgliechen fy zelofen us gefenknufen, und das Ros, ob es inen mifgienge. (Das Got nit wolle.) Wyter ift verkommen, das als geteydes halb, fo man thun wurde, uff denen von Solothurn und Iren helferen nach dem fo man häte abgericht die Knechte das der koften der Reifigen follte befchehen gemeynlichen der vorbemelten zwenzig Lantzen und das übrig folten fy triben Ietlichem zu dem halben theile, Mer ift ze wüfen, ob die vorgemelte von Solothurn fich nit wurde gewünnen, uff den abendt deffelben fannt Martins und man fy dannach gevunne, der genant Herr von Nüwenburg wurde hinnämmen, die vorberürten fünff tufentt gulden, famt finem theile der gefangnen, und varenden hab, und in allwäg wie obgelütret ift. Oder das pfande, wie obgemelt ob wir der genant Graff von Kyburg im nit geben, die felben. fünff tufent guldin, und all obberurt fachen, handit wir verheifen einer dem andern ze halten, je voll bringen, ufrecht und redlig, ane betrüge, befchis, oder einichen boefen uffiaz. Zu zygnufe der warheit haben wir der genant Graff von Nüwenburg gethan ufere anhangende figell an difen gegenwürtigen brieffe, fo gemachet und geben find, famftage vor Sant Michels tage, in gegenwürtigkeit, und byfin Thürings Däptingen, Peterman von Marftietten, Diebolden von Grünenveld, und Johanfen von fannt Mauritzen, Edelknechts, des Jahrs Thufendtt dryhundert und Zwey iare.

PREUVES.

N° XXXVI.

Acte de 1239 sur l'Advocatie de Bienne, inféodée à Bertold, Seigneur de Neuchâtel.

Original dans les Archives de la République de Bienne, & copie dans le Recueil, *Helveticæ Cartæ*, T. I. pag. 671, manuscrit *in-fol.* même Bibliothèque de M. le Baron de *Zur-Lauben*.

SCIANT presentes & posteri, quod ego Dominus Novi Castri dictus Bertholdus Advocatiam de Bielle, quam habeo in feodo ab Ecclesia Basiliensi, ab eo loco qui dicitur calcis furnus inferius bone memorie Henrico Basiliensi Episcopo pro quinquaginta duabus marcis argenti, postmodùm viro venerabili Domino Lutoldo Basiliensi Episcopo octo obligavi, & ita prefata Ecclesia Basiliensis eandem advocatiam modo suo LX. marcis detinet obligatam, hac conditione apposita, quod si ego in vita mea, vel aliquis successor meus, de speciali mandato meo litteris & sigillo roborato argentum in prestitum prefato domino Lutoldo vel successori suo reddiderit, eadem advocatia ad me vel ad successores meos libere reverteretur.

Ne autem facte obligationis & apposite conditionis memoria aliquibus vertatur in dubium presentem paginam Domini mei Lutoldi Basiliensis Episcopi & mei sigillorum munimine feci roborari.

Testes Siginandus Prepositus Monasterii (1) Grandis Vallis. Rudolfus (2) Prepositus de Sancto Imerio. Burcardus Capellanus. Conradus miles dictus Monacus. Henricus Dapifer de Rinvelden. Conradus miles de Ustheim. Henricus Miles dictus Dives. Henricus Dapifer, Petrus Marscalcus, Henricus Pincerna, Henricus Magister coquine, Wernerus Marscalcus, Hermannus de Nydoue (3), Petrus de Friburc, Milites. Hermannus dicti Domini Novicastri filius. Datum Teilspere (4). Anno Domini M CC XXX (5) nono.

(1) C'est *Grandval* ou *Moutier* ou *Grandvaux*, dans l'Évêché de Bâle.
(2) *Saint-Immier*, autrefois Chapitre, dans l'Évêché de Bâle.
(3) Il y a eu des Nobles de *Nidau*, feudataires des Comtes de Neuchâtel & de Nidau.
(4) C'est *Delemont*, en Allemand *Delsperg*, dans l'Évêché de Bâle.
(5) Voici un Acte de 1234 qui préparoit celui de 1239 ; M. le Baron de *Zur-Lauben* en a la copie dans le tom. XV du Recueil manuscrit *in-fol.* *Helvetia Stemmatographica*, pag. 145.

EGO Bertholdus Dominus novi castri recognosco & per presentem paginam tam presentibus quam posteris notum facio, quod ego advocaciam, quam habebam jure feodali a venerabili Domino Henrico Dei gratia Basiliensi Episcopo in Burgo de Biello, & a furno subtus Licresi. (1) pro quinquaginta duabus marcis argenti hoc modo obligavi. Primo pro viginti duabus marcis. Secundo pro quatuordecim marcis, quas pro me persolvit Warnero Dapifero Basiliensi. Tertio pro sexdecim marcis, quas idem Dominus Episcopus pro me persolvit Ulrico de Biello dicto Derndhuc. Ut autem major fides presentibus adhibeatur litteris, & obligacionis antedicte omnis dubietas removeatur in posterum, ipsas feci sigilli mei munimine corroborar. Testes autem qui interfuerunt, sunt isti. Petrus Abbas de superiori (2) insula. Sigmand Prepositus Monasterii (3) Grandis vallis. Nobilis vir Rodolfus Comes novi castri : Ulricus miles de Vbaeris. Rodolfus miles de Hiegestorf. Girardus miles de Valle transversa. Henricus miles de Thelsperc. Warnerus Dapifer Basilien : Henricus & Johannes milites de Biello. Jacobus miles de Muringen. Ulricus miles de Cerliaco (4), & alii multi tam Clerici quam Laici. Actum apud Biello anno Domini M. CC. XXX. IIII.

(1) Il s'agit ici du village *Ligerts*, ou *Ligerz*, aujourd'hui dans le Bailliage de *Nydau* ou *Nidau*, au Canton de Berne.
(2) L'Abbaye de l'*Ile de Saint-Jean*, Ordre de Saint Benoît, située à l'endroit où la riviere de *Zil* ou *Thiele* entre dans le *Lac de Bienne*, aujourd'hui un Bailliage du Canton de Berne.
(3) L'Abbaye de *Grandsfelden* ou de *Munster*, dans le *Munsterthal*, en François *Grand-Val* ou *Moutier* en *Grand-Vaux* dans le *Val-Moutier*, Ordre de Saint Benoît, dans l'Évêché de Bâle ; elle a été transférée à Delemont, depuis le changement de Religion arrivé dans le *Val-Moutier*.
(4) Ce Chevalier Ulric de *Cerlier*, autrement d'*Erlach*, étoit de la maison de ce nom, si illustre dans les Annales de Berne.

N° XXXVII.

Diplôme de Rodolphe, Roi des Romains, daté de Bâle le 26 Novembre 1275, en faveur de la ville de Bienne.

Original dans les Archives de la République de Bienne, & copie dans le Recueil, *Helveticæ Cartæ*, tom. II, pag. 201, manuscrit *in-fol.* même Bibliothèque de M. le Baron de *Zur-Lauben*.

RUDOLPHUS Dei Gratia Romanorum Rex, semper Augustus, Villico, Consulibus & Universitati civium in Biello, gratiam, pacem, & omne bonum. Dum ob specialem dignationem & dilectionem quam ad carissimum Principem nostrum, Heinricum Dei gratia Episcopum Basiliensem, ob laudabilia, & utilia obsequia, que imperio nostro, & nobis fidelissime impendit, habere impendimus, Vos & oppidum & Castrum in Biello (quod vulgari consuetudine Civitas vocatur) gratiis & favoribus specialibus prosequi cupimus : Vobis universis civibus ad predictam civitatem de Biello pertinentibus, de singulis gratia duximus concedendum, tenore presentium, & etiam indulgendum, quod omni privilegio & libertate ac jure quibus cives & major civitas Basiliensis utuntur, gaudeatis integraliter, & fruamini in futurum. Nulli ergo hominum liceat, hanc nostre concessionis gratiam infringere, vel ei ausu temerario conviciari Et qui facere forte presumpserit, gravem nostre indignationis se noverit incursurum offensam, presentium testimonio literarum sigilli nostri Regii munimine sigillatum, Datum Basilee sexto Calendarum Decembris, Indictione quarta. Anno Domini M. CC. LXXV. Regni vero nostri anno tertio.

N° XXXVIII.

Traité d'Alliance défensive, pour cinq ans, entre les villes de Bienne & de Berne, en Septembre 1279.

Original dans les Archives de Berne & de Bienne, & copie dans le Recueil, *Helveticæ Cartæ*, tom. II, pag. 249-250, manuscrit *in-fol.* même Bibliothèque de M. le Baron de *Zur-Lauben*.

WIR Richart, Ritter, Meyer Zu Biel die Ræth und Einer Gemeind deißelben orts, thun Kund Manigklichen, das wir und mit unseren einhäligen Rath und bey leiblich von uns gethanen eyd denen von Bern, namlich dem Schuldheissen, Rath nnd der Gemeind des selben Orts vereiniget und verbünder haben, von disem tag bis auff naechst Künfftige Wienacht und von genanter Wie-

nacht fünff darauff folgende Jahr lang, in sœmlicher form, das wir sie by ihren Rechten gebrüchen, und Einsatzungen in guten treüwen, in Wœrender difer Zeit handhaben, beschirmen, und ihnen behülfftich sein sollent, ausgenommen unseren Bischoff Zu Basel und das Capitul daselbst dem Romischen Kœnig, Wider maniglichen Rath hilff und gonst zu erzeigen. Item ist Zwischen uns geordnet, wan einer der unseren wider einen oder Etliche von Bern bey weilgesagten termin einiche ansprach haben wurdend, das wir von ihnen an ihrer grichts statt unser Recht drey auff ein ander folgende tage nach ihren Rechten und gewohnten suchen sollind und moegind.

Deselben sollend sie auch in Gegetheil an unser Gerichts stat thun, wan aber etwas wichtiges zwüschen uns und ihnen fallen wurde, also das es an ihrem oder unserem Recht voll komenlich die von Bern zu Frienisperg (1) auff einen von ihnen und uns gesanten tag Zusamen Kommen, da selbst mag iedweder parthey Zween von irem Rath nemmen und Erwehlen, und solle bemelter Zweispalt durch dise vier Rœth fruntlich, oder eintrachtiglich Zu End gebracht werden. Item habend wir geordnet, das Keiner der unseren einen der Ihren pfaender, Er sey dan Bürg und schuldner, Zu Zeugnus difer sachen habend wir vorgenante von Bern und Biel unser insigel gehenckt an disen brieff. geben im herbstmonat im Jahr. M. CC. LXXIX.

(1) Autrement *Frienisberg* ou *Frenisberg*, Abbaye de Bernardins, aujourd'hui Bailliage au Canton de Berne.

N° XXXIX.

Traité d'Alliance, pour neuf ans, conclu à Berne en Juillet 1297, entre les villes de Berne & de Bienne.

Original dans les Archives de Berne & de Bienne, & copie dans le Recueil, *Helveticæ Cartæ*, tom. II, pag. 381 382, manuscrit *in-fol.* même Bibliothèque de M. le Baron de *Zur-Lauben*.

IN nomine Domini, Amen.

Nos Scultetus, Consules & omnis Communitas Burgensium de Berno, notum facimus, universis presentibus & futuris, quod nos sano & communi nostro consilio & assensu, confæderationem nostram inter Villicum, Consules & Communitatem de Biello ex una parte & nos ex altera, ab antiquo habitam & contractam, renovavimus & presentibus renovamus, promittentes eosdem Villicum, Consules & Communitatem & omnes eis adhærentes, ex nunc donec ad proximum festum Nativitatis Sancti Johannis Baptistæ, & ab inde per novem annos proximos, pro omni nostro posse, defendere & juvare ac eis consilium & auxilium impendere, quotiescunque ab eis fuerimus requisiti. De quo nullum excipimus, nisi solummodo Dominum nostrum Imperium Romanum Regem vel Imperatorem Romanorum & adhærentes eis, ac Hartmannum Comitem de Kyburg, statuentes vero inter ipsos & nos de ipsorum consensu libere, quod super omnibus actionibus & querimoniis, quas inter nos seu ad invicem habemus & habebimus, donec ad finem predictorum novem annorum, ad diem inter ipsos & nos recollectam apud Arberg venire debebimus, & eligere duos de nostro Consilio Judices ex parte nostra, & ipsi similiter duos de Consilio ipsorum. Et quicquid hi quatuor, vel major pars, coram eisdem actionibus & querimoniis a more ordinaverint, vel justitia recognoverint, a partibus debet hinc & inde firmiter observari,

sed si ipsi pariter discordarent, tunc Scultetus noster & Villicus, pro tempore qui fuerint, esse debent persona media & communis, & quibus duobus ipsi duo consentarent, ordinatio vel recognitio eorum debet hinc & inde a partibus inviolabiliter observari, & hoc finem habere debet infra quindenam proximam, postquam actio vel querimonia fuerit inchoata. Sciendum tamen est, quod ipsi Scultetus & Villicus plenam simul habent potestatem dandi inter partes dies ulteriores, & ordinandi super his, si predicti quatuor Judices pariter discordaverint, quicquid eis secundum amorem vel justitiam videbitur expedire. Statutum est etiam inter ipsos & nos quod aliquis nostrum coram judice vel judicio Ecclesiastico aliquem ipsorum non debet convenire medio tempore, vel citare. Preterea conventum est inter nos, quod aliquis nostrum impignorare non debet aliquem conjuratorum nostrorum de Biello, nisi ipsius debitorem vel fidejussorem; pro debitis autem, de quibus facta esset negatio, ad ipsorum debemus venire judicium, & ibidem infra tres proximos dies nobis & cuilibet nostrum complementum justitie facere tenebuntur. Et promittimus per juramenta nostra a nobis ad Deum & super Sancta Sanctorum Dei corporaliter præstita, omnia & singula præscripta, ut superius sunt expressa, per terminum predictum rata tenere, & sine dolo fideliter observare. In predictorum quoque omnium & singulorum robur & testimonium, nos predictæ communitates de Berno & de Biello sigilla nostra appendimus huic scripto.

Datum & actum apud Berno mense Julii anno Domini M. CC. LXXXVII. feria secunda post octavam beatorum Apostolorum Petri & Pauli.

N° XL.

Renouvellement de l'Alliance, pour dix ans, conclue à Berne le 1er Octobre 1306, entre les villes de Berne & de Bienne.

Original dans les Archives de la République de Berne, & copie dans le Recueil, *Helveticæ Cartæ*, tom. II, pag. 488 & 489, manuscrit *in-fol.* même Bibliothèque de M. le Baron de *Zur-Lauben*.

IN nomine Patris & Filii & Spiritus Sancti. Amen.

Nos Scultetus, Consules & omnis communitas Burgensium de Berne notum facimus universis presens scriptum intuentibus tam presentibus quam futuris, quod nos sano & communi nostro consilio, & assensu & pro communi nostra & nostræ civitatis predictæ utilitate & commodo, confæderationem nostram, inter Villicum, Consules & communitatem Burgensium de Biello ex una parte, & nos ex altera, ab antiquo habitam & contractam, renovavimus & presentibus renovamus; promittentes eosdem Villicum, Consules & communitatem de Biello & omnes eis adhærentes, ex nunc usque ad proximum festum Nativitatis Sancti Johannis Baptistæ, & ex tunc per decem annos proximos subsequentes, pro omni nostro posse, defendere & juvare ac eis consilium & auxilium impendere, quotiescunque ab eis fuerimus requisiti, contra omnes, de quo tamen promisso excipimus & preobrinemus Dominum nostrum videlicet Imperium Rom: Regem & Imperatorem Romanorum & adhærentes eis ac nobiles Pueros Hartmannum & Eberhardum filios pie recordationis illustris viri

Domini

PREUVES.

Domini Hartmanni quondam Comitis de Kyburg. Statuentes inter ipsos & nos de ipsorum libero consensu quod super omnibus actionibus & querelis, quas inter nos seu ad invicem habemus & habebimus usque ad finem dictorum decem annorum, ad dies inter nos & ipsos assignandos apud Arberg venire debemus & eligere duos Judices de nostro consilio ex parte nostra, & ipsi similiter duos de consilio ipsorum, & quidquid illi quatuor vel major pars ex ipsis, super predictis actionibus sive querelis ordinaverint ex amore vel justitia cognoverint, debet a partibus hinc & inde firmum permanere. Si vero dicti quatuor Judices ut dictum est, a nobis & ipsis eligendi, pariter discordaverint, tunc Scultetus noster de Berno, & Villicus ipsorum, qui tunc temporis fuerit, debet esse tanquam media & communis persona & quibus duobus predictis Judicibus ipsi duo consentirent, illorum ordinatio vel recognitio debet a partibus hinc inde inviolabiliter observari, & cause sic mote inter nos & ipsos hinc inde & movende debeant finiri & terminari intra quindenam postmodum proximam post incoationem actionis sive querele. Sciendum est etiam, quod dicti Scultetus & Villicus plenam simul habent potestatem inter partes hinc inde prorogandi dies & ordinandi super his que eis proposita fuerint, si predicti quatuor Judices pariter discordaverint, secundum amorem vel justitiam prout eis videbitur expedire. Statutum est etiam inter ipsos & nos, quod nullus ex nobis aliquem ipsorum debet coram aliquo Judice sive judicio Ecclesiastico, vel seculari, nec etiam convenire intra spatium dictorum decem annorum. Nullus etiam nostrum debet aliquem conjuratorum nostrorum de Biello predictorum impignorare preterquam suum debitorem vel Fidejussorem. Pro debitis aut quibus non confiteretur aliquis sed negatio fieret, venire debet conquerens coram aliorum judicio, & ibidem infra tres dies proximos postquam actionem suam ibi in judicio proposuerit, justitie complementum facere tenentur conquerenti. Et ut predicta omnia & singula rata, firma, & integra a nobis permaneant, nos Scultetus, Consules & tota communitas Burgensium de Berno, astrinximus nos & astringimus per presentes, quod juramenta a nobis corporaliter & solemniter levatis manibus nostris prestita, antedicta omnia & singula, sicut prescripta sunt, rata & firma tenere & inviolabiliter observare, quolibet sine dolo. Preterea promittimus predictum & antedictum vinculum noster & dictorum conjuratorum nostrorum de Biello confederationis renovare in ulterio anno dictorum decem annorum, infra unum mensem proximum, postquam ab ipsis vel ipsorum certo nuntio erimus requisiti, quod & equaliter ipsi facere nobis tenentur; & in robur & testimonium omnium premissorum & singulorum, nos communitates predicte Burgensium de Berno & de Bielle sigilla nostra appendi fecimus scripto presenti.

Datum & actum Berno, feria secunda proxima post Festum Beati Michaelis Archangeli anno Domini MCCC. sexto.

N° XLI.

Acte, daté du 14 Février 1405, par lequel Humbert de Neuchâtel permet aux Habitans de Bienne de rebâtir leur ville, brûlée par l'Evêque Jean de Vienne, son prédécesseur.

Original dans les Archives de la ville de Bienne, & copie dans le Recueil, *Helveticæ Cartæ,* tom. III, pag. 390, in-fol. même Bibliothèque de M. le Baron de *Zur-Lauben.*

Wir Humbert von Nüwenburg von Gottes Gnaden Bischoff zu Basel bekennen uns offentlich und thun Kund allen den die diesen brief ansehend oder hoerend lesen nu oder hienach. Als unser stat Bielle gelegen in Losner (1) bistumme bey herren Johannes von Vienna Bischoffs zu Basel zeiten ward überfallen und überront, und ouch an den ringmauren und thürne als gar schädlich verwuestet und zerstoert, das dieselb unser statt lang zeit wurd æde und wueste gelosen von allen die so da gesesen, und wohnhaft waren, und da niemand beleiben noch beleiben wolte Als wir des eigentlich mit gewiser guter Kundschafft underwist sind, und wand nu von gedachten überfallens verwuestens und zerstoerens wegen, die ringmauren und thürne an der selben unser statt Bielle noch an viel enden wueste sind und notdürftig, wenn je besserende und ze buwende in der selben unser statt Bielle. Aber wir haben ein alt Burgstal mit pleinen die dahar bey zeiten sust sind zergangen und zertragen, und noch täglich zergangen und vertragen werdind, und um das die selbe unser statt Bielle werde fürgebesseret und gebuwen, so haben wir Humbert Bischoff ze Basel obgenant mit guter vorbetrechtung und mit Rathe weiser leüten für uns und für unser nachkommen, dem Meyger, dem Rathe und der Gemeinde der obgenanten unser stat Bielle und ihren nachkommen verhengt goennend und erlaubt und gænnen verhengen und erlauben ihnen mit urkunde diss briefes an dem selben unserem Burgstal und uf und an dem Bule und hubel da vor zeiten der Burg was, steine ze nehmende und ze brechende als viel sie da finden und gebrechen moegent und dieselben unser statt Bielle damitte ze besserende und ze buwende an den plaste da sie das je aller nutzest und nothdürffigest dunket, doch also das sie den Thurn so noch doselbs staht auch deken und besseren und in ehren haben, und halten und diss, zu einem offenbaren urkunde diss dinges, haben wir Humbert Bischoff ze Basel obgenant unser Ingesigel offentlich gehenckt an diesen brief.

Geben auf st. Valentins tag (2), des Jahres daman zalte von Gottes Geburthe Tausend und vierhundert und fünff Jahr.

(1) Diocèse de Lausanne.
(2) La Fête de Saint-Valentin tombe le 14 Février.

N° XLII.

Traité d'alliance, conclu pour dix ans, le 22 Juin 1336, entre Rodolphe, Comte de Neuchâtel, & la ville de Bienne.

Original dans les Archives du Comté de Neuchâtel, & de la ville de Bienne, & copie dans le Recueil, *Helveticæ Cartæ,* tom. III, pag. 39, manuscrit *in-fol.* même Bibliothèque de M. le Baron de *Zur-Lauben.*

Nos Rodolphus Comes & Dominus Novi Castri, notum facimus universis, quod nos cum discretis viris, videlicet Villico, Consulibus & Communitate Burgensium oppidi de Biello usque ad festum Beate Marie Virginis hiemalis proxime inftans & affuturum, & ab inde per decem annos proximos & completos fumus Confederati. Promittentes juramento noftro corporaliter preftito pro nobis & noftris heredibus, predictis videlicet Burgenfibus, & etiam his qui funt ad eorum vexillum fpectantes & pertinentes, utpote illis de Beyterlon (1), de Meinisberg (2), de Valle (3) fancti Immerij & a foramine Bypertus (4) furfum ufque ad rivum de Thyle (5) pro deffenfione fue terre, Bonorum atque rerum & poffeffionum, nos ac noftri heredes ab ipfis eorum que fucceffforibus ac eorum certo nuntio fuerimus ammoniti & requifiti noftrum fubfidium & adiutorium, pro noftro poffe durante dicto decennio, fine omni dolo & fraude impendere & preftare. A qua tamen confederatione prenotata nos nobiles viros & illuftres videlicet, Dominum Ludovicum (6) de Sabaudia Dominum Vaudi, & Dominum de Cabilone (7) nec non Civitatem Friburgenfem Laufannenfis Diocefeos preobtinentes & excipientes. In cuius rei teftimonium & firmitatem noftro figillo tradidimus prefentem litteram figillatam. Datum & actum in vigilia beati Johannis Baptifte. Anno M. CCCXXXVI.

(1) C'eft aujourd'hui *Piertelen*, ou *Perles*, Paroiffe confidérable dans l'*Erguel*, fous la fouveraineté de l'Évêque de Bâle.

(2) *Meinisberg* ou *Monzmeigi*, village dépendant de la Paroiffe de *Piertelen* ou *Perles*.

(3) *Val-Saint-Immier*, autrement l'*Erguel*, fous la fouveraineté de l'Évêque de Bâle.

(4) *A Foramine Bypertus*, c'eft *Pierre-Pertuis*, en Allemand *Felfenthor*, ou *Felfenporte*, & en latin *Petrapertufa*, chemin de Suiffe percé au travers d'un rocher, dans l'Évêché de Bâle. La Seigneurie d'*Erguel* & le *Val-Saint-Immier*, font dans l'enceinte de l'ancienne *Helvétie*. Le *Munfterthal*, autrement la *Prévôté* de *Moutier-grand-val*, au-delà du *Mont-jura*, fait partie de l'ancien pays des *Rauraques*. Les Romains avoient ouvert une porte en voûte, au travers de la montagne, comme le *Paufilype* près de Naples, mais bien moins étendu, parce que la montagne a moins d'épaiffeur. La riviere de la *Byrfe* a fa fource au pied de la montagne, & coule du côté du *Munfterthal*. L'Acte que je copie, appellé par corruption *Byrpertus* ce chemin percé, au lieu de *Pierre-Pertuis*.

(5) La *Thielle*, en Allemand *Ziel* ou *Zylt*, ou *Zihl*, qui entre dans le Lac de Bienne.

(6) C'étoit *Louis de Savoye, Baron de Vaud*.

(7) Le Sire de *Chilon*, Seigneur Suzerain du Comté de Neuchâtel.

N° XLIII.

Bulle du Pape Grégoire IX, datée du 7 Mai 1234, en faveur de Conrad, Abbé de Saint-Gall, & de fon Monaftère.

Original dans les Archives de l'Abbaye de Saint-Gall, & copie dans le Recueil, *Helveticæ Cartæ*, tom. I. pag. 687-689, manufcrit *in-fol*, dans la Bibliothèque de M. le Baron de *Zur-Lauben*.

GREGORIUS Epifcopus Servus Servorum Dei Dilecto Filio Conrado Abbati Monafterii Sancti Galli eiufque fucceffforibus regulariter fubftituendis in perpetuum. Licet omnibus fidelibus debitores ex injuncto nobis a Deo apoftolatus officio exiftamus, illis tamen propenfiori cura nos decet adeffe, & Ecclefiis fibi commiffis fuam juftitiam confervare, quos conftat ad fedem apoftolicam fpecialiter pertinere. Huic nimirum intuitu, dilecte in Domino fili C. tuis petitionibus clementer annuimus, & Monafterium Sancti Galli, cui Deo auctore prefides, ad exemplar bone memorie Johannis (1) & Innocentii (2) fecundi Predeceffforum noftrorum Romanorum Pontificum, prefentis fcripti privilegio communimus, ftatuentes, ut quafcunque poffeffiones, quecunque bona, idem Monafterium in prefenciarum iufte ac canonice poffidet, aut in futurum conceffione Pontificum, largitione Regum vel Principum, oblatione fidellum, feu aliis juftis modis, preftante Domino, poterit adipifci, firma tibi, tuifque fucceffforibus & illibata permaneant, adiicientes etiam, ut libertates, quas per Privilegia predeceffforum noftrorum quondam Burchardus provifor ipfius loci a fede Apoftolica impetravit, tibi tuifque fucceffforibus inviolata ferventur, ut videlicet nulla Ecclefiaftica, fecularifve poteftas, feu cuiuflibet conditionis aut ordinis, contra voluntatem Abbatis & fratrum, idem Monafterium intrare prefumat, nec in quibuflibet titulis, Ecclefiis, Decimis, Patrimoniis, feu quibuflibet Poffeffionibus ad eundem locum venerabilem pertinentibus, indebitas exactiones aut confuetudines imponere audeat, nec quolibet argumenti ingenio in prefato Monafterio divinum prefumat officium interdicere, fed potius ficut ab antiquo, & ufque ad hec tempora, idem Monafterium in fua libertate permanfit, ita fub Apoftolice fedis tuitione in perpetuum perfeveret. Sancimus preterea, ut Decime ac Poffeffiones, quas ab ipfum Monafterium legitime revocari contigerit, perpetuis ibidem temporibus inviolabiliter conferventur. Decernimus ergo, ut nulli omnino hominum liceat prefatum Monafterium temere perturbare, aut eius Poffeffiones aufferre, vel ablatas retinere, minuere, feu quibuflibet vexationibus fatigare, fed omnia integra conferventur, eorum, pro quorum gubernatione ac fuftentatione conceffa funt, ufibus omnimodis profutura. Salva Sedis Apoftolice auctoritate. Si qua igitur in futurum Ecclefiaftica, fecularifve perfona hanc noftre conftitutionis paginam fciens contra eam temere venire tentaverit, fecundo, tertiove commonita nifi reatum fuum congrua fatisfactione correxerit, poteftatis, honorifque fui careat dignitate, reamque fe divino judicio exiftere de perpetrata iniquitate cognofcat, & a facratiffimo corpore & fanguine Dei & Domini Redemptoris noftri Jefu Chrifti aliena fiat, atque in extremo examine diftricte fubjaceat ultioni. Cunctis autem eidem loco fua jura fervantibus fit pax Domini noftri Jefu Chrifti, quatenus & hic fructum bone actionis percipiant, & apud diftrictum judicem premia eterne Pacis inveniant. Amen. Amen.

Ego Gregorius Catholice Ecclefie Epifcopus S. S.

† Ego Thomas tunc temporis S. Sabine Presb. Card. S. S.

† Ego Joannes tunc temporis S. Praxedis Presb. Card. S. S.

† Ego Guifredus tunc temporis S. Marci Presb. Card. S. S.

† Ego Sigenbaldus tunc temporis S. Laurentii in Lucina Presb. Card. S. S.

† Ego Stephanus S. Marie trans Tyberim S. Callixti. Presb. Card. S. S.

† Ego Jacobus Tufculanus Epifcopus S. S.

† Ego Jacobus Preneftinus electus S. S.

† Ego Ramerius S. Marié in Cofmedin Diaconus Card. SS.

† Ego Romanus S. Angeli, Diaconus Card. S. S.

† Ego Rainoldus S. Euftachii Diac. Card. S. S.

† Ego Otto S. Nicolai in Carcere Tull: Diaconus Card. SS.

Datum Laterani per manum Magiftri Bartholomei Sancte Romane Ecclefie Vice-Cancellarii III Nonas Maij, Indictione VII. Incarnationis Dominice anno MCCXXXIV. Pontificatus vero Domini Gregorii (3) Pape VIIII. anno octavo.

Locus plumbi pendentis.

(1) Le Pape *Jean* XIX en 1014.

(2) Le Pape Innocent II fiégeant en 1131 & encore en 1145.

(3) Grégoire IX fut Pape depuis 1227 jufqu'à fa mort en 1241.

PREUVES.

N° XLIV.

Bulle d'Innocent IV, datée de Lyon le 15 Mai 1247, par laquelle ce Pape accorde à l'Abbé de Saint-Gall, & à ses Successeurs, le droit de porter la mitre & l'anneau pontifical.

Original dans les Archives de l'Abbaye Princiere de Saint-Gall, & copie dans le Recueil, *Helveticæ Cartæ*, tom. I, pag. 19; manuscrit *in-fol.* dans la Bibliothèque de M. le Baron de *Zur-Lauben.*

INNOCENTIUS Episcopus servus servorum Dei, dilecto filio.... Abbati monasterii sancti Galli, ordinis Sancti Benedicti, Constantiensis diocesis, salutem & apostolicam Benedictionem. Ad Ecclesiastici decoris augmentum reperta sunt insignia dignitatum que quia Ecclesia pulcra fidelibus, & infidelibus apparet terribilis, ut Castrorum acies ordinata, sedes apostolica congrua in singulos humilitate distribuit & devotis filiis prout dignum iudicat, obtinenda concedit. Ut igitur ex speciali devotione, quam ad nos & Romanam Ecclesiam te habere operis exhibitione demonstras favorem tibi apostolicum sentias accrevisse tuque & successores tui ex specialis gratie munere quo vos prosequimur, in nostra & ipsius Ecclesie fide ac devotione crescatis usum mitre ac Pontificalis annuli & sandaliorum tibi & successoribus tuis perpetuo indulgemus. Nulli ergo hominum liceat hanc paginam nostre concessionis infringere vel ei ausu temerario contraire. Si quis autem hoc attemptare presumpserit, indignationem omnipotentis Dei & beatorum Petri & Pauli Apostolorum ejus se noverit incursurum. Datum Lugduni idibus Maii Pontificatus nostri anno IIII.

N° XLV.

Bulle d'Innocent IV, datée de Lyon le 20 Fevrier 1248, par laquelle ce Pape déclare que l'Abbé de Saint-Gall, ne pourra jamais être interdit ni excommunié, que par l'autorité spéciale du Siège Apostolique, & non par des Légats & Subdélégués.

Original dans les Archives de l'Abbaye Princiere de Saint-Gall, & copie dans le Recueil, *Helveticæ Cartæ*, tom. II, pag. 19, dans la Bibliothèque de M. le Baron de *Zur-Lauben.*

INNOCENTIUS Episcopus servus servorum Dei dilecto filio abbati monasterii sancti Galli, Constantiensis diocesis, salutem & Apostolicam benedictionem. Apostolice sedis benignitas provide pensans merita singulorum sincere obsequentium, vota fidelium favore benevolo prosequi consuevit, & personas quas in sua devotione promptas invenerit & ferventes, efferre prærogativa gratie specialis. Ut igitur ex devotione quam ad nos & Romanam Ecclesiam habere dignosceris, favorem tibi apostolicum sentias accrevisse, auctoritate presentium tibi personaliter indulgemus, ut nullus delegatus vel subdelegatus ab eo, executor sive conservator, deputatus a sede apostolica, ut legatis eiusdem, possit in personam tuam interdicti, seu suspensionis aut excommunicationis sententiam promulgare, aut ingressum tibi Ecclesie interdicere, absque ipsius sedis speciali mandato, faciente plenam de indulgentia huiusmodi mentionem. Nulli ergo omnino hominum liceat hanc paginam nostre concessionis infringere, vel ei ausu temerario contraire. Si quis autem hoc attemptare presumpserit, indignationem omnipotentis Dei, & beatorum Petri & Pauli apostolorum ejus se noverit incursurum. Datum Lugduni x Kalend. Martii Pontificatus Nostri anno v.

N° XLVI.

Bulle d'Innocent IV, datée de Lyon le 11 Mai 1248, par laquelle ce Pape permet à l'Abbé de Saint-Gall, & à ses successeurs, de bénir les Calices & les ornemens de son Église Abbatiale, & de conférer les Ordres mineurs à ses Religieux & Clercs.

Original dans les Archives de l'Abbaye Princiere de Saint-Gall, & copie dans le Recueil, *Helveticæ Cartæ*. tom. II, pag. 17, dans la Bibliothèque de M. le Baron de *Zur-Lauben.*

INNOCENTIUS Episcopus servus servorum Dei dilecto Filio.....abbati monasterii sancti Galli, ordinis sancti Benedicti, Constantiensis diocesis, salutem & apostolicam Benedictionem. Ut ex sincere devotionis affectu, quem ad nos & Romanam Ecclesiam habere dignosceris, favorem tibi apostolicum sentias accrevisse, benedicendi calices, pallas altaris, corporalie vestes sacerdotales, nec non & conferendi ordines minores monachis & clericis tuis in tuo duntaxat monasterio, tibi & successoribus tuis dummodo vobis ab Episcopo, secundum morem preficiendorum abbatum ?.... manus impositio facta noscatur,& vos constet sacerdotes existere, auctoritate presentium, concedimus facultatem. Nulli ergo omnino hominum liceat hanc paginam nostre concessionis infringere, vel ei ausu temerario contraire. Si quis autem hoc attemptare presumpserit, indignationem omnipotentis Dei, & beatorum Petri & Pauli apostolorum eius se noverit incursurum. Datum Lugduni v Idus Maii Pontificatus nostri anno v.

N° XLVII.

Diplôme de Rodolphe, Roi des Romains, donné au camp devant Berne, le 13 Septembre 1288, par lequel ce Prince investit, à perpétuité, son beau-frere Jean de Châlon, Sire d'Arlai, & ses héritiers, du Château & de la Ville de Neuchâtel sur le Lac, avec tous les fiefs, arriere-fiefs & alleuds qui en dépendent.

Original dans les Archives du Comté Souverain de Neuchâtel, & copie dans le Recueil, *Helveticæ Cartæ*, tom. 1. manuscrit *in-fol.* dans la Bibliothèque de M. le Baron de *Zur-Lauben.*

RUDOLPHUS Dei Gratia Romanorum Rex semper Augustus. Universis sacri Imperii Romani fidelibus presentes litteras inspecturis, Gratiam suam & omne bonum. Accedens jam pridem nostre Majestatis Presentiam, Nobilis vir, Rolinus, Dominus Novi Castri, Filius quondam Amedei Domini de Novo Castro, fidelis dilectus noster; Castrum, quod dicitur Novum Castrum, & villam ipsius castri super Lacum, Lausannensis Dyocesis, sitam, cum Allodiis, feodis, Retrofeodis, cum Judiciis, Pedagiis, Jurisdictionibus, aquis, aquarumque decursibus & Nigris Juris ac rebus aliis quocunque nomine censeantur, quas jdem a nobis & Imperio tenebat in feodum, in manus nostras libere resignavit.

Nos itaque confiderantes jmperium fublimioris faftigii incrementa fufcipere cum generofa Profapia viros pollentes Nobis & jmperio ad debitricis fidelitaris Homagium vendicamus ad Preces predicti Rollini, nobili viro Johanni de Cabilone Domino de Arlato Fratri & fideli noftro chariffimo, ad cuius utique honorem, & profectum votivis afpiramus affectibus, predictum caftrum & villam cum feodis, & aliis premiffis omnibus à Nobis & Imperio per eum & fuos heredes legitimos in Feodum poffidenda perpetuo liberaliter concedimus, ac eum de eodem feodo prefentibus inveftimus, homagio tamen quod illuftribus.... Comiti Burgundie & Duci Burgundie prius preftitit fibi falvo. In cuius conceffionis teftimonium prefentes litteras fibi tradidimus Noftre Maieftatis figilli munimine communitas. Datum in Caftris ante Bernam idus feptembris indictione prima. Anno Domini M. CC. LXXXVIII. Regi vero noftri anno quinto decimo.

N° XLVIII.

Acte par lequel Noble Damoiseau, Rolin de Neuchâtel, rendit foi & hommage à Guillaume, Evêque de Lausanne, pour les fiefs qu'il tenoit de l'Eglise de Lausanne, en Septembre 1288.

Original dans les Archives de la Comté Souveraine de Neuchâtel, & copie dans le Recueil, *Helveticæ Cartæ*, tom. II, pag. 303, manufcrit *in-fol.* même Bibliothèque de M. le Baron de *Zur-Lauben*.

Nos Guillelmus Dei gratia Laufannenfis Epifcopus notum facimus univerfis prefentes litteras infpecturis, quod in noftra prefentia perfonaliter conftitutus, ad hoc veniens fpecialiter in Jure & Judicio coram nobis, Nobilis Domicellus Rolinus de Novo Caftro fuper Lacum, Laufannenfis Dyocefis, quondàm filius Amedei Domini ejufdem loci, non vi, non dolo, non metu inductus, non ab aliquo conqueftus, fed mera & fpontanea voluntate confeffus eft in Jure & Judicio coram nobis fe cepiffe in feudum a Nobili viro Domino Johanne de Cabilone, Domino de Arlato, Domino fuo Caftrum & villam de Novo Caftro fuper lacum Laufannenfis Dyocefis predictum, cum univerfis juribus, pertinenticijs & appendicijs ciufdem, quocunque nomine cenfeantur & omnibus feudis, retrofeudis, & aliis ad dictum Caftrum & villam pertinentibus quibufcunque. Item Pedagia feu vectigalia, aquas, aquarum decurfus & nigras Juras, que & quas habet, habere poteft, & debet ratione & nomine Dominij de Novo Caftro & villa, vel appendiciarum, feu pertinentiarum ejufdem, quorum Amedeus Pater eius & ipfius Predeceffores predicta omnia & fingula ab Imperio Romano hactenùs tenuerunt. Confeffus eft etiam fe cepiffe in feudum a dicto Domino Johanne de Cabilone, fi que funt alia, que funt de feudo dicti Romani Imperii, que in hac littera non notentur, falvo tamen in omnibus, & per omnia feudo, quod Idem Rolinus tenere debet ab Ecclefia Laufannenfi, & his quæ de dicto feudo effe nofcuntur. Promifit fiquidem Dominus Rolinus per juramentum fuum fuper facra Dei Evangelia fpontane preftitum, tactis facrofanctis Evangeliis fe contra premiffa, aut aliqua premifforum non venire per fe vel per alium, nec alicui contra venire volenti confentire tacitè vel expreffè, verbo vel facto, nutu aut figno: fed potius garantire contra omnes femper & ubique & in omni foro. Renuntians in hoc facto, & certa fcientia fub vi preftiti juramenti, exceptionibus, vis doli, metus, & omnis exceptionis, conqueftionis in integrum Reftitutionis, minoris etatis, Tutele vel Cure Beneficio & auxilio, & omnibus Gratiis in favorem minorum introductis, & omnibus aliis Exceptionibus & Rationibus, quibus prefens Inftrumentum, vel hec confeffio ullo modo annulari poffet in pofterum, vel refcindi & fpecialiter juri dicenti generalem Renunciationem non valere. Voluit infuper dictus Rolinus, & quoad hic jurifdictioni noftre fe fuppofuit, quod fi forte contingat, unquam venire contra premiffa aut aliqua premifforum, Nos ipfum ad obfervationem premifforum, & cuiuflibet premifforum compelleremus & compelli faceremus per fententias Excommunicationis in perfonam fuam, & omnecunque Bonum fuum ubicunque fe habuerit, Exceptione aliqua non obftante. In cuius rei Teftimonium ad Preces & Inftantiam dicti Rolini figillum noftrum prefentibus litteris duximus apponendum. Actum & datum anno Domini M. CC. LXXXVIII. menfe Septembre.

N° XLIX.

Traité d'alliance, pour dix ans, entre Rodolphe, Comte de Neuchâtel, & la ville de Berne, le dernier de Février 1307.

Original dans les Archives de la République de Berne, & copie dans le Recueil, *Helveticæ Cartæ*, tom. II, pag. 494 & 495, manufcrit *in-fol.* dans la Bibliothèque de M. le Baron de *Zur-Lauben*.

Nos Rodolphus Comes & Dominus Novi Caftri Laufannenfis Dyocefis notum facimus univerfis quod nos facti fumus Burgenfes & Burgenfiam recepimus in Berno promittentes per juramentum noftrum ab Sancta Sanctorum Dei corporaliter preftitum Scultetum, Confules & Communitatem Burgenfium de Berno, quotiefcunque ab ipfis requifiti fuerimus, & ipfi in propria fua Guerra neceffe habuerint, jurare & deffendere propriifque noftris fumptibus ubique contra omnes fecundum poffe noftrum, exceptis Illuftri viro Domino Johanne de Cabilone, Domino Arlati, Reverendis in Chrifto Patribus Dominis Bafileenfis & Laufannenfis Ecclefiarum Epifcopis Dominis noftris, & Carifimo avunculo noftro Domino Garnero, Domino Montis-Falconis, fi pro proprii rebus fuis propriam Guerram haberent contra Bernenfes. Si autem pro aliis, vel ad auxilium aliorum quorumcunque Guerram haberent contra Bernenfes, nos tenemur & debemus Juramento, quo fupra dictos Bernenfes juvare & deffendere contra ipfos, hoc falvo, quod fuper terram dictorum Dominorum hoftiliter ire non tenemur, ita tamen, quod dicti Bernenfes nobis tenentur ad diem, nec debemus vel poffumus prefatam Burgenfiam de Berno dictis Bernenfibus demandare vel refignare per decem annos a confectione prefentium continue fubfequentes nec ipfi nobis, dum nobis placuerit Burgenfis fuus effe. His addictis conditionibus five pactis, videlicet, quod aliquas Tallias, ituras & exactiones communi ville de Berno dare vel folvere non debemus, nec tenemur alicui vel aliquibus de nobis conquerentibus coram ipfis in fuo judicio refpondere: fed fi inter dictos Bernenfes, vel gentes fuas, vel nos vel Gentes noftras aliqua moveretur in pofterum difcordia

feu

seu queftio, ad diem feu ad dies competentes apud Mutium (1) feu apud Walperzwille (2), ubi nobis placuerit hinc & inde venire tenemur, & procurare, quod ad arbitrium quatuor honeftorum, quorum ab utraque parte duo funt eligendi, alter alteri noftrum faciat amoris vel Juftitie complimentum.

Preterea eft fciendum, quod cum nos fimus Burgenfis de Friburgo tenemur infra quindenam poft requifitionem Burgenfium de Berno & eorum certi nuntii dictam Burgenfiam Friburgenfibus demandare, & lapfa eadem quindena promittimus, quo fupradictos Bernenfes contra Friburgenfes deffendere & iuvare. In quorum omnium teftimonium & roboris firmitatem figillum noftrum prefentibus litteris duximus apponendum, Datum Anno Incarnationis Dominice millefimo trecentefimo feptimo pridie Calendarum Martij.

(1) *Morat*.
(2) *Walperswyl*, Paroiffe du Comté de Nidau qui appartenoit alors à la Maifon de Neuchâtel, & qui forme aujourd'hui un Bailliage du Canton de Berne.

N° L.

Diplôme daté de Nuremberg le 30 Juin 1358 par lequel l'Empereur Charles IV donne à Louis, Comte de Neuchâtel & à fes héritiers, le droit de battre monnoie d'or & d'argent à fon coin.

Original dans les Archives du Comté de Neuchâtel, & copie dans le Recueil, *Helvetica-Carea*, T. III. pag. 187-189. manufcrit *in-fol.* dans la Bibliothèque de M. le Baron de *Zur-Lauben*.

In nomine Sancte & Individue Trinitatis feliciter amen.
Carolus quartus Divina favente Clementia Romanorum Imperator femper Auguftus & Boemie Rex, ad perpetuam rei memoriam. Quamvis imperialis celfitudinis circumfpecta benignitas univerfos fideles fuos quos facrum Romanorum ambit Imperium, confueta liberalitatis clementia tenetur profequi gratiofe. Illos tamen uberiori quodam favore profequitur qui fingularis devotionis ftudio & approbata fidei conftantia claruerunt, ut fic quos propria virtutis induftria ad Majeftatis ipfius obfequia promptos reddidit gratiarum facit liberalis exhibitio promptiores. Sic pro parte Nobilis Ludovici Comitis Novi Caftri fidelis noftri dilecti Majeftati noftre nuper oblata fupplicatio continebat.

Quod cum ab antiquo & multis temporibus retroactis itinera, & ftrata publica mercatorum & omnium viatorum per oppidum feu burgum Novi Caftri tranfeuntium in eodem oppido de omnibus & fingulis mercimoniis, rebus, equis feu denariatis cuiufcunque qualitatis aut conditionis extiterint, nomine & vice ipfius Comitis Telonium & Pedagium accipi confueverit & requiri. & demum mercatores & viatores ceteri in majori parte a metis & confinibus dicti oppidi declinantes per vias infolitas ambulare confueverint, in ipfius Comitis & heredum fuorum jacturam & difpendium manifeftum. Supplicans proinde quod indemnitate fua de fpeciali favore noftre celfitudinis dignaremur confulere gratiofe, & viam predictam, qua per dictum oppidum Novi Caftri diutius jam temporibus ambulari & obfervari confuevit, penes vel per Bellam aquam, qui locus inter Cletas (1) & Jogine (2) fituatur, mandaremus reduci & reponi, ut liceat eidem Comiti nec non heredibus & officialibus a fervitoribus fuis, quos ad hoc duxerint deputandos ab omnibus mercatoribus, viatoribus & ceteris perfonis per Bellam aquam tranfeuntibus de mercimoniis rebus, equis, denariatis & ceteris quibufcunque materiis approbata & confueta telonia & pedagia poftulare. Ea conditione adjecta quod a mercatoribus & viatoribus ceteris in Novo Caftro nullum telonium feu pedagium amplius exigatur. Nos igitur eiufdem Comitis indemnitati affectantes confulere gratiofe petitionibus ipfius fufficienter auditis, advertentes quod huiufmodi fupplicationes cum racionabiles fint & jufte, exaudiri merito promerentur, predicto Comiti & heredibus fuis auctoritate imperiali qua potimur, damus plenam licentiam & omnimodam facultatem predictam viam ad Bellam aquam ut promittitur remittendi & ibidem ab omnibus mercatoribus, viatoribus, feu ceteris perfonis tranfeuntibus de mercimoniis, denariatis, equis, & rebus aliis confueta pridem Telonia & Pedagia per fe aut per fuos fervitores, quos ad hoc exequendum ftatuerint repetendi, fic quod in Novo Caftro amplius nullatenus repetantur. Ut igitur gratiam gratia cumulemus predicto Comiti fideli noftro quem favore & benevolentia profequimur fpeciali & heredibus fuis licentiam damus & plenariam poteftatem monetam auream vel argenteam ex novo cudendi, & cudi, feu fieri faciendi, feu difponendi ad inftar preclarorum & magnatum ceterorum & oppidorum Imperialium, qua in puritate & bonitate ceteris denariis, feu monetis circumvicinarum partium fit equalis, fine tamen prejudicio iuris alieni.

Mandantes, univerfis & fingulis noftris & facri Imperii fidelibus, & fubditis ad quorum notitiam moneta dicti Comitis pervenerit, quatenus denarios aureos & argenteos, qui in moneta dicti Comitis fub figno quod duxerit imprimendum extiterint fabricati fecundum cenfum & valorem fuum ficut aliam currentem monetam, pro tempore omni loco & hora accipere feu acceptare debeant, contradictione & difficultate quibuflibet procul motis. Nulli ergo hominum liceat hanc noftre Imperialis majeftatis paginam infringere, vel ei aufu temerario quomodolibet contraire fub pena centum marcarum puri auri, quas ab eo qui contravenerit toties quociens contrafactum fuerit, irremiffibiliter exigi volumus & earum mediatatem fifco imperialis noftre camere, refiduam vero partem injuriam pafforum ufibus applicari. Signum Sereniffimi Principis, & Domini, Domini Caroli quarti Romanorum Imperatoris invictiffimi & gloriofiffimi Bohemie Regis. Teftes huius rei funt Illuftris Rudolphus Dux Saxonie Sacri Imperii Archimarefcallus, venerabilis Johannes Olomucenfis Ecclefie Epifcopus, & Illuftres Rudolphus Auftrie, Stirii & Carinthie, Bolko Falckenbergenfis, Fridericus de Teck duces, & Wilhelmus Marchio Mifnenfis, & fpectabiles Ulricus Senior de Helfenftein, Johannes de Rez Burgravius Magdeburgenfis, Heinricus & Guntherus de Schwarzenburg Comites, & Nobiles Rudolphus de Wart, Conradus de Hohenburg, Fridericus de Wildfee, & Bufco de Wilhartus & alii quam plures noftri Principes, nobiles & fideles.

Datum Nuremberg anno Domini millefimo trecentefimo quinquagefimo octavo, Indictione undecima, pridie Calend. Julij, Regnorum noftrorum anno duodecimo, Imperii vero quarto.

(1) *Cletas*, en François *les Clées* ou *l'Efclées*, petite ville du Canton de Berne, dans la montagne, fur la riviere d'*Orbe* dans le Bailliage d'Yverdun. On y voit les ruines de l'ancien château l'*Efclées*.
(2) *Jogine*, aujourd'hui *Joigne*, dans le Comté de Bourgogne, fur la frontière de la Suiffe.

N° LI.

Diplôme de Rodolphe, Roi des Romains, daté de Porentruy le 20 Avril 1283, par lequel, en considération des services importans rendus par Henri, Evêque de Bâle, Prince & son Secrétaire, il accorde à la Ville de Porentruy les priviléges dont jouissoit la Ville de Colmar, & le droit d'un Marché hebdomadaire.

Copie d'après l'original, communiquée en 1756 à M. le Baron de Zur-Lauben, par M. *Schoepflin*, Historiographe de France, & Auteur de l'*Alsatia Illustrata*.

RUDOLPHUS Dei gratia Romanorum Rex semper Augustus universis Imperii Romani fidelibus presentes litteras inspecturis gratiam suam & omne bonum : Dignum judicat nostra serenitas, ut quos majora nobis fidelitatis ac devotionis commendant obsequia, ampliora mereantur Beneficentie ac gratie munera reportare ; hinc est, quod nos attendentes clarissima merita venerabilis Henrici Basiliensis Episcopi, Principis & secretarii nostri bene meriti ; quibus in extreme necessitatis articulo, dum fortuna solite felicitatis vultum absentare minabatur à nobis, nec non in omnibus nostris negotiis peragendis feliciter, tam clare experiri tribuit suae legalitatis prestantiam, quod ipsum velut insigne signaculum locavimus in cor nostrum semper pre ceteris diligendum, oppidum suum Burnentrut, tam novam quam veterem civitatem cum intersticio intermedio ad precum suarum instantiam libertamus, atque eidem oppido authoritate nostra Regia eadem libertatis jura concedimus, quibus civitas Columbariensis gaudet & hactenus est gavisa : hanc libertatem dicto oppido ex plenitudine potestatis Regie confirmamus, ita tamen, quod ex libertate predicta nobis & Imperio, in nostris hominibus, aut filiis nostris bene meritis, similiter in eorum hominibus nullum omnino prejudicium generetur : insuper in eodem oppido forum septimanale in singulis quintis feriis indicimus & statuimus, volentes, quod omnes & singuli, qui in dicto foro pro emptionis & venditionis commercio exercendo confluxerint, in personis & rebus, nostra & Imperiali speciali protectione congaudeant, & forensium privilegio libertatum : in cujus rei testimonium presens scriptum exinde conscribi & majestatis nostre sigillo justissimns communiri : Datum apud Burnentrut XII. Kalend. Maij, Indictione XI. anno Domini M. CC. LXXXIII. Regni vero nostri X.

N° LII.

Acte daté du 25 Janvier 1326, par lequel Wautier, Abbé d'Engelberg, vend à Pierre de Wichtrach, Bourgeois de Thoun, plusieurs fonds de terre situés à Thoun & à Steffisbourg.

Original dans les Archives de l'Abbaye d'Engelberg, & copie dans le Recueil, *Helveticæ-Cartæ*, T. II. pag. 671 & 673, manuscrit *in fol*. dans la Bibliothèque de M. le Baron de *Zur-Lauben*.

Nos Waltherus divina permissione Abbas & (1) Magistra nec non totus conventus tam Monachorum quam Monialium Monasterii Montis Angelorum ordinis sancti Benedicti Constantiensis dioces : Notum esse volumus presentibus & futuris, tenore presentium universis, quod nos unanimi consensu pariter & assensu maturo & diligenti prehabitis, consilio & tractatu, non coacti, nec in aliquo circumventi sed libera voluntate vendidimus, & titulo perfecte venditionis & traditionis inter vivos factorum, nos vendidisse & tradidisse recognoscimus & presentibus confitemur Petro de Wichtrach (2) Burgensi in Thuno & eius heredibus universis Bonum dictum Z'aesch Holzbuch, & bonum Imwæge, quod dictus Benzo colit sita in Parochia Ecclesie de Staeffensburg (3) & bonum dictum zum veriberge, & bonum dictum zicartolsberge, nec non bona de Sanon in Heim. berge sita in Parochia Ecclesie de Thuno Dioces : Constant : cum omnibus suis juribus utilitatibus quibuslibet, quibuscunque nominibus censeantur quorum Bonorum jus proprietatis ex donatione legationis progenitorum dicti Petri de Wichtrach in suarum remedium animarum nobis facta ad nos dinoscebatur actenus pertinere que Bona predecessoribus Petri de Wichtrach jure Emphiteotico reconcesseramus, pro annuo censu quinque librarum & sex solidorum denariorum communi & bonorum, nec non vendimus & tradimus litteras per presentes, quicquid iuris, actionis, rationis imperationis, Dominii, possessionis vel quasi in omnibus Bonis & Possessionibus habitis & derelictis ab omnibus progenitoribus dicti Petri de Wichtrach habuimus vel habemus. vel habere debemus, aut actenus nobis competit, ex donatione, legatione seu quavis alia causa, factis nostro monasterio predicto usque in presentem diem & pretextu venditionis predictorum Bonorum omnium & jure proprietatis in eisdem ac aliorum jure electione & Dominio octoginta libras denariorum usualium in Berno nos in pecunia numerata integre recepisse presentibus confitemur. Cedimus igitur & cessimus renuntiamus ac resignamus ac resignasse & renuntiasse nos presentibus confitemur predictis Bonis omnibus, in manus dicti Petri de Wichtrach & suorum Heredum quorumlibet, per hoc scriptum cassantes sanctione presentis instrumenti omnes literas & instrumenta habita vel inveniendas in posterum quorum ope contra predictorum seu subscriptorum aliquot aut presens instrumentum facere vel venire possemus, nos vel successoris nostri aliqualiter in futurum permittentes pro nobis & nostris successoribus quibuscunque sub voto & observantia ordinis nostri predictam venditionem & omnia hic notata, rata & firma pepetue inviolabiliter observare, nec contra eorum aliquot per nos vel interpositas personas verbo, facto aut ullo machinationis ingenio in futurum facere aliqualiter vel venire. Renuntiamus ex certa scientia in his scriptis pro nobis & nostris successoribus quibuslibet omni actioni, exceptioni, doli mali, quod metus causa, pecunie, vel tradite, vel recepte, deceptionis ultra dimidium justi pretii omnisque circumventionis & defensionis, juris & facti & omni auxilio & subsidio juris Canonici civilis & consuetudinarii & specialiter juri quod ob favorem religionis noscitur introductum & juri dicenti renunntiationem generalem non valere nisi processerit specialis & omnibus litteris, gratiis impetratis vel impetrandis litteris, gratiis impetratis vel impetrandis adhuc omnibusque aliis juribus, casibus, & causis, quibus quarum vel quorum ope predictorum aliquot ceu presens instrumentum retractari, irritari, anullari, impugnari possent quomodolibet vel cassari, devestientes nos & nostros successores de predictis bonis & juribus omnibus, &c. Predictum Petrum de Wichtrach & suis hæredibus ac assigna-

PREUVES.

tis bonam, firmam & legitimam ferre Warandiam predictorum bonorum omnium in omni judicio Ecclefiaftico & civili & extra judicium contra quafcunque perfonas Ecclefiafticas & civiles quandocunque quotiefcunque & ubicunque neceffe fuerit & fuerimus requifiti noftris propriis fub expenfis dolo & fraude in premiffis penitus pofthabitis. Teftes horum funt Dominus Conradus Shembo, Dominus Waltherus dictus Eion curatus in Hafle (4), Dominus Wernherus de Berno Procurator, canonicus (5), Interlacenfis Burcardus dictus Moiringen fenior, Wernherus dictus Leufcingen, Minifter Johannes dictus Waltersberg, & Johannes Filius eius, & alii plures fide digni. In horum igitur evidens robur & firmum teftimonium figilla noftra duximus prefentibus appendenda. Datum anno Domini M. CCC. XXVI. In converfione fancti Pauli.

(1) Le Couvent des Religieufes, dans la proximité de l'Abbaye de ce nom, a été transferé en 1615 à *Sarnen*, dans le Canton du *Haut-Underwalden*. On en parlera dans la Topographie de la Suiffe.

(2) La famille Patricienne de *Wichtrach*, à Berne, préfentement éteinte, étoit originaire de la ville de *Thoun*.

(3) C'eft aujourd'hui la Paroiffe de *Stæffisbourg*, dans le Bailliage de *Thoun*, au Canton de Berne.

(4) *Hafle* aujourd'hui le pays de *Hafli*, dans le Canton de Berne, & où l'on trouve la Paroiffe *Hafli-im-Boden* ou *In-dem-Grunde*.

(5) Le Chapitre des Chanoines Réguliers de Saint Auguftin à *Interlachen*, a été converti par les Bernois en un Bailliage, dans l'année 1528, au changement de religion.

N° LIII.

Lettre (1) *de Henri IV, Roi de France, à fon Ambaffadeur près des Ligues-Grifes, le 17 Avril 1610, fur les divifions des Grifons.*

Mons.r Pafchal. Voz lettres du xx.e Mars & v.e du préfent m'ont efté rendues le xiiii.e en mefme jour. Par lefquelles j'ay eu a plaifir de fcavoir que les trois enfeignes qui ont efte fournies par les trois ligues grifes fe foient mifes en chemin pour joindre les autres & marcher enfemble au rendez vous que je leur ay faict affigner. J'efpere que mes autres trouppes feront preftes en mefme temps pour eftre employées ou je jugeray que le bien de mon fervice & l'advantage de mes amys me confeilleront, defquelz touteffois les forces ne font encores en l'eftat qu'il feroit neceffaire pour exploiter avec honneur & profit & prevenir leurs adverfaires qui de leur cofté n'obmettent d'affembler des gens de guerre pour maintenir à ce qu'ilz dient l'Archiduc Leopold en poffeffion de Julliers. Mais je fcay qu'ilz ont de grandz manquemens & neceffitez en leurs affaires qui empefchent que ilz ne puiffent contenter leurs injuftes defirs & fatisfaire comme ilz voudroient a leur paffion & ambition demefurée, de maniere fi mes alliez & intéreffez en la caufe de Cleves ne defaillent a eux-mefmes nous avons tout fubject d'efperer bon fuccez de noftre entreprife. Cependant je loue le bon debuoir que vous faictes de voftre cofte pour faire cognoiftre aux communes le peril qui leur eft proche. Comme le bon confeil que vous leur avez donné de veiller avec foing & attention aux menées & deffaings du Comte de Fuentes pour euiter une furprife. De laquelle il fe prevaudroit utilement a leur dommage

(1) Ambaffade de Charles *Pafchal*, au pays des Grifons, depuis 1604 jufqu'en 1618, MSc. *in-fol.* T. I. p. 35-36. dans la Bibliotheque de M. le Baron de *Zur-Lauben*. Ce recueil contient les pieces originales.

& aux dépendz de la reputation de leurs confederez. Je n'ignore pas la peyne que vous avez a perfuader un peuple confuz & diffolu en fa conduitte & auffi impatient du prefent que peu prevoyant de l'advenir. Mais pour cela vous ne debvez vous laffer aux occafions que vous jugerez convenir de continuer a luy remonftrer la crainte & la fuitte de femblables inconveniens. Car enfin oultre que par la frequence de telz adviz & confeilz il eft a croire qu'il penfera a fa feureté. Il m'en fcaura toujours gre a cognoiftre qu'ilz ne procedent que d'une affection toute fincere à fon repos & profperite & pour ce faire avec plus d'efficace la lettre du Duc de Cobourg de la maifon de Saxe eft tombée à propos entre voz mains qui defcouvre la convoitife de la maifon d'Auftriche & la vérité de ce que vous leur avez reprefenté pour ce regard. Ce qui fortiffiera davantage fur ce fuject & donnera creance aux offices que vous ferez cy apres & aydera mefmes a preparer & difpofer ces gens la a ce que nous defirons d'eux aux occafions. A quoy vous apporterez comme vous avez defja faict toute difcretion & induftrie pour ne les effaroucher & neantmoins les efchauffer pour fervir au befoing. Je prie Dieu Monf.r Pafchal qu'il vous aye en fa faincte & digne garde. Efcript a Paris le xvii.e jour d'Avril 1610

HENRY.

Au dos : BRULART.

A Monf.r Pafchal Confeiller en mon
Confeil d'Eftat & mon Ambaffadeur
aux Grifons.

N° LIV.

Fréderic, Roi des Romains, étant à Selifa le 10 Février 1326, confere à fes freres, Léopold, Albert, Henri & Othon, Ducs d'Autriche, en reconnoiffance de leurs fervices, les Fiefs de l'Empire vacans en Bourgogne par la mort de Hartmann, (Comte de Kybourg) qui avoit été tué par fon propre frere Eberhard.

FRIDERICUS (1) Dei gratia Romanorum Rex, femper Auguftus, univerfis facri Romani imperii fidelibus, ad quos præfentes prevenerint, gratiam fuam & omne bonum. Serenitatis Regiæ munificentiam femper decet eos uberioribus gratia & beneficiis fublevare, & perfequi, quos ad fui ftatus exaltationem & obfequia reperit promptiores. Nos idcirco cum illuftres Lupoldus, Albertus, Henricus, & Otto Duces Auftriæ & Styriæ principes, & fratres noftri Chariffimi ad noftri exaltationem & confervationem facri Romani regni, dum effet in periculofo conftitutum anfractu, totis fuis voluntate & opere indefinenter, & imperterriti præ cæteris laborarint, cis de fratribus noftris, eorumque hæredibus caftra, munitiones, oppida, & villas, ac jura patronatus Ecclefiarum, quæ ipfis infunt, ac alia omnia bona, quocunque nomine cenfeantur, cum univerfis fuis pertinentiis, juribus, confuetudinibus, & obventionibus quibufcunque nobis & imperio ex morte felicis memoriæ Hartmanno per fratrem fuum Eberhardum perpetuati (2) in Burgonia (3), quod vulgariter Burgunden nuncupatur, uacantia, pro aliquali relevationis confolatione, & laborum recompenfa libere in feudum conferimus de regiæ plenitudine poteftatis, ipfos ad eorundem bonorum omnium poffeffionem

tenore præsentium ex certa scientia authoritateque regia
inducentes, promittendo insuper ipsis, si qua deinceps bona
ibidem (4) sententialiter, & ex authoritate legitima uaca-
uerint, quod ipsos de eisdem infeudare possessionem eorundem induere, ac inductos defendere debeamus. In quorum
omnium testimonium sigillum nostrum regale præsentibus
est appensum. Datum in (5) Selisa IV. Idus feb. Anno Domini M. CCC. XXVI. Regni uero nostri anno (6) XII.

(1) Ce diplôme se trouve dans le IV.e tome du Recueil de Jean-Pierre de
Ludewig, qui a pour titre, *Reliquiæ manuscriptorum omnis ævi diplo-
matum ac monumentorum ineditorum adhuc*, p. 274—275. Baumann l'a aussi
rapporté d'après Ludewig. pag. 75. Déjà avant ces deux Savans, Lazius
avoit eu quelque notion de ce diplôme, comme on le voit dans l'édition de ses Commentaires en latin sur la généalogie de la Maison d'Autriche, livre II. pag. 219, édition de Bâle en 1564; mais Lazius, lisant dans
ce diplôme *Burgovia* au lieu de *Burgonia*, qui est Bourgogne, avoit cru
qu'il s'agissoit ici du Marquisat de Burgau en Souabe. L'erreur de Lazius a été
adoptée en dernier lieu par le Pere Chrysostôme Hanthaler, dans ses Fastes
de l'Abbaye de Lilienfeld en Autriche, (*Fasti Campililienses*. T. II. p. 199-
200. Lincii 1754. in-fol. fig.) Il ne s'agit pas dans ce diplôme du Marquisat de
Burgau, voisin de la Baviere, mais de la Bourgogne Transjurane dans laquelle
la branche de Habspourg-Kybourg possédoit plusieurs domaines considérables,
entre autres les villes de Burgdorff, & de Thoun, aujourd'hui du Canton de
Berne. Ce fut au château de Thoun que Hartmann, Comte de Kybourg, fut
tué par des émissaires de son frere Eberhard qui ne rougit pas de devenir
un infâme fratricide. Cette scene tragique arriva la veille de la Toussaint 1322.
La proscription devoit naturellement être la peine d'un crime aussi énorme. Frederic, Roi des Romains, à qui son émule Louis de Baviere avoit accordé avec
la liberté le titre de Corrégent dans l'Empire, & qui porta le titre de Roi des
Romains jusqu'à sa mort, voulut prévenir la proscription qui devoit frapper le
fratricide Eberhard, proscription qui ordonnée par son Corrégent, eût pu porter
dans une Maison étrangere la succession de Hartmann, il crut devoir anticiper
l'instant en investissant ses freres, les Ducs d'Autriche, de tous les fiefs dévolus à l'Empire par la mort de Hartmann; ses freres lui avoient rendu les plus
grands services dans sa querelle avec Louis de Baviere. Il leur conféra donc l'investiture de ces fiefs vacans, à eux & à leurs héritiers. Le Monarque reconnoissant eut en même tems la délicatesse de ne pas investir les deux Comtes de Kybourg,
Hartman ni son frere Eberhard, il vouloit sans doute épargner à sa Maison de
Habspourg-Autriche, qui avoit la même origine que les deux Comtes, la honte
d'avoir produit un monstre tel qu'Eberhard. La sentence de proscription qui devoit
être publiée, & dans laquelle les qualités du fratricide devoient être énoncées,
ainsi que les loix l'exigent, eut assez défiguré l'auteur du crime.

(2) La copie de Ludewig paroit ici fautive; on devroit lire dans l'original,
ex morte felicis memoriæ Hartmanni per fratrem suum Eberhardum perpetrata.

(3) *Burgonia*, dénomination barbare de la Bourgogne, anciennement dite
Burgoingne, en allemand *Burgund*, & en latin *Burgundia*. On connoissoit sous
ce nom dans le XIV siecle, le Duché de Bourgogne propre, le Comté de Bourgogne, aujourd'hui la Franche-Comté, & le Landgraviat de Bourgogne, ou
la petite Bourgogne Transjurane.

(4) *Ibidem*, c'est-à-dire, dans le Landgraviat de la petite Bourgogne où
étoient situés les domaines de la branche de Habspourg-Kybourg.

(5) In *Selisa*, ne seroit-ce pas Selcz en Alsace?

(6) Frederic, dit le Beau, Duc d'Autriche, avoit été élu Roi des Romains
par une partie des Electeurs le 18 Octobre 1314, & couronné à Bonn sur le
Rhin le 25 Novembre de la même année. La date du diplôme qui est ici rapporté, marque la douzieme année du regne de *Frederic*, & son expédition est
du 10 Février 1326. Leopold, Duc d'Autriche, mourut à Strasbourg à la fin
du même mois, (*pridie Cal. Martii*); Frederic perdit, dans la même année,
en lui le principal soutien de sa Maison. Si Leopold eût vécu plus long-
tems, il eut réalisé par les armes l'investiture que *Frederic* lui avoit donné à lui
& à ses autres freres, investiture qui n'eut jamais son plein effet, attendu que
le fratricide Eberhard l'empêcha par ses intrigues à la Cour de *Louis de Baviere*, & par les traités qu'il conclut avec plusieurs Comtes & Barons voisins,
& notamment avec la ville de Berne. Dans un acte de 1329 rapporté par
Tschoudi (*Chronique de la Suisse en allemand*, Partie I. p. 309) *Eberhard*
est nommé Comte de Kibourg, *Landgrave de Bourgogne*.

N.º LV.

*Prestation d'hommage rendue à Lausanne le 4 Novembre
1484 entre les mains de Charles Duc de Savoye, par
noble George de Maillardo, pour tous les Fiefs que ce
Seigneur tenoit de la Maison de Savoye dans le pays de
Vaud.*

Copie authentique d'après l'original conservé dans les Archives de la Maison
de *Maillardor* à *Rue*, au Canton de Fribourg.

IN nomine Domini: Amen. Hujus publici instrumenti tenore cunctis fiat manifestum, quod anno ejusdem Domini
millesimo quatercentesimo octuagesimo quarto indicione
secunda & die quarta mensis novembris in civitate Lausannensi in domo Episcopatus, in qua est logiatus Illustrissimus
Dominus noster Dux & in camera sua permanenti præsentibus ibidem Illustri Domino Jano de Sabaudia comite Ge-
bennensi, Hugone Domino Castriginoni, Jacobo Ludovico
de Sabaudia Marchione Gay, nec non magnificis & spectabilibus ac nobilibus viris Dominis Andriano de (1) Boëm-
berg, Georgio de (2) Petra & Thurnio (3) Friterf, Peter-
mando Pavilliarg & Petrimandi de Fousigny militibus &
Ambassiatoribus Vrbium Bernensis & Friburgensis, nec non
Antonio Championis Cancellario Sabaudiæ, Ludovico Comite Grueriæ, Gabriele de Seyssello Domino de Aquis, Antonio de Faesta Gübernatore Niciæ consiliariis & cambel-
lanis Francisco Ludovico de Belleruchiis, Jacobo de Lornay scutiferis Aymoneto de Greires camerario ac Roberto
Clavelli huisserio Ducalibus & pluribus aliis testibus ad infra scripta adstantibus, vocatis & rogatis constitutus personaliter in præsentia & in conspectu prælibati illustrissimi
Domini nostri Domini Caroli ducis Sabaudiæ, Chablasi &
Augustæ sacri Romani Imperii Principis Vicariique perpetui, Marchionis in Italia, Principis Pedemontii, Comitis
de Villariis, Baronis Vaudi, Nissiæque Vercellarumque Domini nobilis Georgius de Maillardo, qui prælibato Illustrissimo Domino nostro Duci humiliter supplicavit, ut ipsum
investire & benigniter retinere dignaretur in & de quibuscunque feudis, retrofeudis ac rebus feudalibus, quæ &
quas tenet in tota Patria Vaudi de feudo tamen & retrofeudo
præfati Illustrissimi Domini nostri moventibus & de quibus
ipse sui que Prædecessores, a quibus causam habet per bonæ
memoriæ Illustrissimos præfati Illustrissimi Domini nostri Ducis
antecessores alias fuerunt investiti & retenti, paratum fe of-
ferendo pro prædictis homagiis & alia facere, quæ per eum
evenerit facienda, cujus supplicationi prælibatus Illustrissimus
Dominus noster Dux favore benevolo inclinatus pro se & suis
hæredibus & successoribus universis præfatum nobilem Georgium præsentem pro se & suis stipulantem de prædictis feudis, retrofeudis ac rebus feudalibus superius expressis prout
& quemadmodum ipse nobilis Georgius & sui Prædecessores per bonæ memoriæ Illustrissimos dicti Domini nostri
Ducis antecessores alias investiti fuerunt & recenti investivit
& retinuit traditione unius daguæ ac per concessionem
hujus publici instrumenti, ut moris est, investire jure tamen feudi, fidelitatis, homagii, directi feudi, Dominii,
superioritatisque Ressorti ac alio quocunque Jure præfati

(1) En Allemand *Bubenberg*.
(2) En Allemand, *Von-Stein*.
(3) Autrement Thuring *Frickhard*.

Illustrissimi

Illustrissimi Domini nostri cum alterius ratione in præmissis semper salvis, & insuper volens ipse Illustrissimus Dominus noster Dux dictum nobilem Georgium gratia uberiore amplecti eidem remisit liberaliter & quitavit omnem commissionem & escheytam, si quæ sibi Domino nostro Duci in præmissis competeret ratione præsentis investituræ forte infra tempus debitum non petitæ vel obtentæ, quibus sic gestio.

Idem Nobilis Georgius debitum suum erga memoratum Illustrissimum Dominum nostrum merito reddere volens scienter & sponte de prædictis feudis, retrofeudis ac rebus feudalibus fecit, præstitit, recognovit, pollicitus est, & confessus fuit dicto Illustrissimo Domino nostro Duci præsenti mihique notario & secretario more publicæ personæ ad opus ipsius & suorum heredum & successorum quorumcunque stipulanti & recipienti homagium ligium & fidelitatem ligiam præ cæteris Dominis & Personis mundi & hoc reverenter, genibus flexis, manibusque iunctis inter manus ipsius Illustrissimi Domini nostri Ducis positis ac interveniente oris osculo in signum perpetui & indissolubilis fœderis cum ceteris clausulis & solemnitatibus opportunis. Confitens hoc ideo præfatus Nobilis Georgius pro se & suis prædictis & tanquam Judicio constitutus publice recognoscens se & suos prædictos perpetuo esse velleque & debere esse homines nobiles vassallosque ligios & fideles memorati Domini nostri Ducis & suorum prædictorum ratione & ad causam feudorum & rerum feudalium prædictarum, easque de ea tenere, velleque & debere tenere in feudum a prælibato Illustrissimo Domino nostro Duce & suis ac sub homagio & fidelitate nobilibus & ligiis. PROMITTENS propterea per Juramentum suum ad sancta Dei Evangelia, tactis scripturis præstitum ac sub suorum expressa obligatione bonorum præsentium & futurorum se & suos prædictos existere probos & legales homines nobiles vassallosque ligios & fideles memorati Domini nostri Ducis & suorum prædictorum ipsorumque honorem, statum & commodum ubique totis viribus procurare & sinistra pro posse evitare & illa revelare, cum primum & quoties ad eorum devenerit notitiam, deque feudis, retrofeudis ac rebus præexpressis eidem Domino nostro Duci & suis prædictis servire fideliter & ligie pro & contra cæteros Dominos & Personas mundi, illaque in ipsius Domini nostri Ducis commissariorum manibus recognoscere & confiteri specifice particulariter & distincte, cum primum & quoties super hoc fuerit requisitus & generaliter omnia alia & singula facere & præstare, quæ homines nobiles vassalique ligii & fideles Domino suo naturali & ligio facere tenentur & debent & quæ in capitulis novæ & veteris fidelitatis formæ clarius describuntur, hacque confessione fidelitatis & homagii præstatione & omnia & singula in præsenti instrumento contenta habere rata, grata & firma & non contra facere vel venire, aut contravenire volenti consentire. Clam, palam, tacite vel expresse renuncians huic ideo sub vi dicti Juramenti omnibus Juris & facti actionibus, exceptionibus, Juribus canonicis, civilibus & municipalibus ac aliis omnibus quibus contra præmissa se iuvare posset. Signanter Juridicam generalem renunciationem non valere nisi speciali præcedenti. De quibus præmissis omnibus & singulis præfatus Illustrissimus Dominus noster Dux jussit, dictus vero nobilis Georgius fieri requisivit per me notarium & ducalem secretarium subsignatum duo

Tome I.

ejusdem tenoris publica instrumenta.

Ego autem Franciscus Richardi de Albiaco Gebennensis diœcesis ducalis secretarius ac Notarius publicus hoc publicum instrumentum rogatus recepi, meaque propria manu subscripsi, signavi, ac ad opus præfati nobilis Georgii expedivi.

Signatus, RICHARDI.

Ego infra signatus Notarius publicus juratus præsentem copiam fideliter a suo mihi exhibito originali descriptam esse bona fide absque tamen ullo meo præjudicio attestor Friburgi in Helvetia die decima nona mensis Februarii anno millesimo septingentesimo quadragesimo octavo. 19 feb. 1748. JOANNES JACOBUS STOCKLIN.

NOT. *avec paraphe.*

Copie de la Lettre que la Ville de Fribourg a écrite à Jean de Mailliardor en 1533, imprimée dans l'Histoire des Helvétiens par M. le Baron d'Alt.

NOBLE & prudent, très chier & bon ami, à vous nous nous recommandons pour ce que par ci-devant avons entandu vôtre bon vouloir à nous aider à notre besoin à maintenir notre ancienne foy, sommes étés avertis d'aulcunes novelles, dont pouvons être contraints de mettre la main à la patte. Vous prions que vous teniés prét ensemble votre compagnie, afin quand vous manderons, que vous vénés en aide, coment en avons notre parfaite confiance en vous, laquelle chouse ayrons à déservir envers voûs de tout notre pouvoir, coment en avons bon vouloir aidant le Créateur, lequel prions etre guarde de vous. Daté en hâte la vigile de la Toussaint à ci heures après midy anno v^e. XXXIIJ.

L'adresse est : à noble & prudent homme Monsr le Capitaine de Malliardor nôtre très chier & bon amiy.

A Rueh.

N° LVI.

Diplôme par lequel la République de Berne érige en Baronnie la Terre de Bercher, en considération des services que lui avoit rendus le noble Jean-Louis de Saussure: le 23 Septembre 1712.

Copie dans le Recueil, *Miscellanea Helveticæ Historiæ*, T. I. p. 361. manuscrit in-fol. même Bibliotheque de M. le Baron de *Zur-Lauben*.

NOUS (1) L'Advoyer Petit & Grand Conseil de la Ville & Canton de Berne, savoir faisons, que nous ayant été raporté avec éloge combien d'honneur, de réputation & de distinction le noble, genereux, nostre cher feal vassal Jean Louis de Saussure Seigneur de Bercher, Fey, St. Cierge, & Rueyres, Lieutenant Colonel de nos Regimens, s'est aquis dans la guerre, que nous avons eu contre les cinq Louables Cantons Catholiques, & surtout dans les deux Batailles de Bremgarten & de Vielmerguen, en sorte qu'il a même été blessé dangereusement dans la derniere, dont il est encore douloureusement alité; Ce qui nous a donné l'occasion de départir quelque marque de nostre

(1) Acte tiré du Registre de la ville de Berne, qui a pour titre *Weltsch Spruch Buch*, pag. 37. n° 7.

bienveuillance souveraine & de satisfaction particuliere au predit nostre vassal. A ces causes & en consideration de sa fidélité, & des bons services qu'il nous a rendus, nous avons erigé & erigeons sa terre de Bercher & ses dependances en *Baronnie* & l'avons munie de tous les droits & prerogatives dont jouissent les autres Baronnies de nostre Pays de Vaud: laquelle nostre declaration le predit nostre vassal & Baron recevra comme un monument particulier de nostre grace & bienveuillance; en foy de quoy Nous avons fait apposer nostre sceau accoustumé à ces presentes, avec la signature de nostre cher & bien aimé Chancelier. Donné le 23me de Septembre 1712.

Chancellerie de Berne.

N° LVII.

Mémoire (1) *de M. de Beausobre sur les postes à occuper par un Corps des Troupes des Cantons, pour empêcher celles d'Autriche de traverser leur territoire, & de passer sur les Terres du Roi, en Août 1743.*

Premiere ligne sur la riviere d'Ergetz, (ou Ergoeltz) Augst, Liechstall, Vallembourg (ou Waldenbourg), petites villes, Hoelstein, Oberdorff, villages.

Deuxieme ligne sur les rivieres de Birss, les ponts & gués auprès de Bâle, les hauteurs & passages de Munchenstein, le passage de Nider-Dornach, le passage d'Esch, & le chateau qui est au dela, dit Angenstein, ainsi que celui en deça, le chateau de Pfeffingen, le village de Grellingen, le chateau de Zwingen, celui de Bruttenberg, les petites villes de Lauffen & de Telsperg (ou Delemont), & le château de Thierstein.

Châteaux elevés entre les deux lignes de postes, lesquels etant occupés appuiroient la défense de ces postes, & serviroient de retraite & de points de ralliement à ceux qui seroient forcés, Prattelen, Birseck, Dornach, Wildenstein, Ramstein, Gilgenberg & Newenstein.

Troisieme ligne sur la Birsecq (ou Bissig) & sur le Doux, Biningen château, la Chapelle Sainte Marguerite, (en allemand Sant-Margareten), le château de Bottmingen, le village d'Oberveil, le château de Bencken, & celui de Rotberg, le tout sur la Birsecq aux Suisses; le château de Landscron, Pfirdt ou Ferettte, Blockmund au Roi, Porentru ville, Saint-Ursanne petite ville, le château de Franquemont sur le Doux.

Le Village de Saint-Bras, Aubery & la Venerie, Vautrone, Evêché de Porentru, du corps Helvétique, aussi sur le Doux.

Blamont au Roi.

Par ces lignes, il paroîtroit que les Suisses auroient en vue d'empêcher le passage sur leurs terres, aux troupes du Roi comme à celles d'Autriche.

Par l'appui des châteaux qui sont entre les deux premieres lignes, les postes de la premiere s'y replieroient nécessairement lorsqu'ils seroient forcés par les ennemis, ou sur le moment de l'être; mais ils ne le feroient naturellement pas à la seconde, à cause de ces châteaux qui en dominent les avenues, & lesquels etant gardés empêcheroient les ennemis de s'appuyer d'aucun poste: & si cette seconde ligne étoit forcée, elle seroit obligée de se replier sur la troisieme, & sur les châteaux qui l'appuient; ce qui non seulement rassembleroit toutes les troupes, mais les réuniroit précisément à la défense de la frontiere du Royaume, en les y attirant par la sureté de leur ralliement & de leur retraite; au lieu que si elles ne formoient qu'une ligne, quelque forte qu'elle fût, elle pourroit être forcée à quelqu'endroit, à cause de la proximité de Rhinfelden qui est le débouché de l'ennemi, & qui se mettroit à même de surprendre quelque poste, & de l'attaquer en force avant qu'il pût être suffisamment renforcé: & alors ces troupes de milices Suisses n'ayant point de motifs pour se replier vers les frontieres d'Alsace, se dissiperoient & retourneroient chacunes chez elles, ou se contenteroient de prendre un poste propre à empêcher que l'ennemi ne pénétrât plus avant dans leur pays; ce qui le laisseroit le maître des passages en Alsace & des châteaux qui lui sont nécessaires pour protéger la communication.

Si le Corps des Milices étoit plus considérable qu'il n'est, on pourroit se dispenser d'engager le Prince de Porentru à faire garder cette ville & ses postes du Doux, & il seroit pareillement inutile d'avoir un poste à Blancourt; mais dans l'etat présent, on ne peut non seulement s'en dispenser, mais même il est nécessaire que la ville de Mulhausen soit bien gardée, parce que si les ennemis pénétroient dans la Haute Alsace, ils ne manqueroient pas de s'emparer de cette place.

Il est à observer que soit que les ennemis prennent la route d'Augst & de Saint-Jacques, ou celle de Liechstall & de Lauffen, ou celle de Vallembourg à Lauffen, ou telle autre pour passer la Birss & la Birsecq, les troupes Suisses peuvent se rabattre successivement dans ces postes très-avantageuses, & que les ennemis ne peuvent passer sur les terres du Roi que par l'espace dont il est fait mention, à moins de faire beaucoup de marches dans la Suisse, pour se porter par Soleure & le Val de Suze, ou plus loin par le pays de Neuchâtel, sur le Doux, du côté de Morteau & de Pontalier; ce qui seroit une entreprise trop hazardeuse.

Pag. 75. Louis XIV soudoia en 1689 six mille Suisses, uniquement employés à garder les postes & les défilés du côté de Bâle. Cette dépense, en leur donnant la paye comme en temps de paix, qui est de seize livres par mois, montoit par mois à 96000 livres, & n'auroit lieu qu'autant que la nécessité le demanderoit. Par ce moyen, en travaillant à notre propre sûreté, nous nous concilierions en même tems tout le Corps Helvetique, & nous y trouverions encore d'anciens Officiers retirés du service de France, qui se mettroient avec joie à la tête de ces troupes, pour donner à Sa Majesté de nouvelles marques de leur zele.

---

(1) Campagne de M. le Maréchal Duc de Noailles en Allemagne, l'an M. DCC. XLIII. T. second, p. 71-80. Amsterdam, 1761, in-12. Les noms ont été altérés dans l'impression; on les a rectifiés ici.

PREUVES.

N° LVIII.

Observations sur la Valteline & sur les terres que l'Abbaye de Saint Denys en France possédoit dans ce pays sous l'Empire de Charlemagne & de ses successeurs, par M. le Baron de Zur-Lauben.

Les Chartres servent à l'Histoire du moyen âge autant que les Médailles à l'histoire Romaine. C'est à l'œil connoisseur à les apprécier, & quoiqu'on ne puisse nier qu'il n'existe de fausses Chartres, on n'en doit pas inférer que toutes les Chartres ont été fabriquées par des faussaires. Le Pyrrhonisme répandu sans distinction sur tous les actes du moyen âge deviendroit insoutenable, & ce seroit en quelque sorte renouveller ou étendre le système étrange & monstrueux du Pere Hardouin. Il y a eu des Chartres falsifiées ainsi que des Médailles, mais dans l'examen des unes & des autres on doit procéder avec prudence. Quelques Médailles de *Goltzius*, long-tems suspectes, ont été légitimées par les découvertes qu'on a faites, & plusieurs Chartres n'ont paru vicieuses & supposées que parce qu'elles avoient été mal copiées, que leurs dates avoient été altérées par des écrivains ignorans, & que les noms avoient été corrompus. C'est un reproche qu'on pourroit aussi faire à quelques Compilateurs d'inscriptions, & même à *Gruter*. Disons vrai : la plupart des Editeurs des Diplômes & des Actes les ont publiés sans critique ; c'étoit ignorance ou paresse. Pour peu qu'ils se fussent donné la peine de parcourir les cartes des pays dont parlent les Chartres, ils eussent lû plus correctement les noms topographiques, & s'ils eussent apporté leur attention à fixer d'avance les principales époques du regne des Princes qui sont nommés à la tête des diplômes, ils eussent tracé avec netteté les dates qu'on trouve à la fin de ces actes. Telle Chartre qui ne paroît suspecte que par ce qu'elle a été transcrite par un écrivain ignorant, est cependant vraie & autentique dans l'original. Il y a des caractères *ex. trinsèques* & *intrinsèques* de tout acte antique, je veux dire des caractères qui appartiennent à l'essence même de cet acte, & qui en sont l'ame, & d'autres qui en sont comme le corps & la matiere. Nous entendons sous la premiere dénomination le style & les formules différentes. Sous la seconde le parchemin, le papier, l'encre, les écritures & toutes leurs espèces, les sceaux, les signatures des parties, des témoins & des Notaires, &c. Nous ne suivrons pas tous ces objets dont le développement nous meneroit trop loin. Nous nous contenterons d'observer que nous n'avons pas perdu de vue ces principes & ces regles en examinant les Chartres des VIII & IX siecles qui ont donné lieu à cette dissertation. Elles concernent des Seigneuries considérables que l'Abbaye de Saint-Denys en France possédoit alors dans le Royaume de Lombardie & particulierement dans la Valteline, Seigneuries dont les Historiens de cette Abbaye ne nous ont pas transmis les véritables noms ni l'exacte position. Ce mémoire a encore un autre objet, celui de comparer la Géographie du moyen âge avec l'ancienne ; l'un & l'autre ont une affinité. *Ducange* a publié un excellent *Glossaire de la basse Latinité*. Il seroit à souhaiter qu'une main laborieuse donnât de même un Dictionnaire Géographique du moyen âge, appuyé sur les monumens & sur les Auteurs contemporains, & comparé avec l'ancienne Géographie. Pareil travail dissiperoit en grande partie les ténèbres qui couvrent encore l'Histoire depuis la décadence de l'Empire Romain.

Avant que d'entrer en matiere, qu'il nous soit permis de faire une observation. C'est de même que les Médailles & les Historiens Romains se prêtent un secours mutuel, de même aussi les Diplômes, les Chartres du moyen âge éclaircissent & appuient le recit des Chroniqueurs contemporains, & ceux-ci à leur tour servent à expliquer ce qu'il peut y avoir d'obscur dans le texte des Chartres.

Nous allons parler de la Valteline & de ses anciens habitans. La description que nous en donnerons éclaircira les Chartres des VIII & IX siecles qui font mention de cette Province d'Italie.

L'ancienne Valteline comprenoit *la Valteline proprement dite*, dont nous allons parler, & les Comtés de Bormio & de Chiavenna qui en sont aujourd'hui distincts & dont nous ferons également la description dans le cours de ce mémoire. *La Valteline proprement dite*, en latin *Vallis Tellina* ou *Tillina*, en allemand *Veltlin* ou *Veltelin*, & en italien *la Valtellina*, est située entre l'Etat de Venise, le Milanès, le Tirol & les Grisons. Elle tire son nom du Bourg *Teglio*, en allemand *Tell*, & en latin *Telina*, du moins c'est l'opinion la plus probable. La longueur de ce pays est de dix *meils* ou lieues d'Allemagne, sa largeur est inégale. C'est une petite Province très-fertile. Elle est divisée en *trois tiers*, savoir, *Terzero di Sopra*, *Terzero di Mezzo* & *Terzero di Sotto*. Le tiers d'enhaut, limitrophe du Comté de Bormio, comprend onze communautés, dont la premiere est *Tirano* où réside le *Podesta* ou Baillif au nom des trois Ligues Grises pour gouverner ce département. Le tiers du milieu renferme dix-huit communautés dont la premiere est *Sondrio*, où réside le Capitaine général de la Valteline, au nom des trois Ligues. Le tiers d'en bas est formé par deux districts en italien *Squadra*, Morbegno & Trahona ; la *Squadra di Morbegno*, comprend douze communautés, & celle de *Trahona*, onze. Il y a un *Podesta*, au nom des Grisons à *Morbegno* & un autre à *Trahona*. Indépendamment de ces trois tiers, *Teglio*, en allemand *Tell* Bourg considérable entre le *Terzero d'enhaut* & celui *du milieu*, forme un département distinct qui contient trente petits districts, en italien *Contradule*. Le *Podesta* des Grisons fait sa résidence à *Teglio*. Les Habitans de la Valteline sont Catholiques & du Diocèse de Come. L'*Adda* est la principale riviere de la Valteline. Elle se jette dans le lac de Come, anciennement connu sous le nom de *Lacus Larius*.

Nous ne discuterons pas ici le sentiment des Modernes (1) qui ont avancé que la Valteline étoit primitivement appellée *Vallis Tyrrhena*, ou *Vallis Volturena*. On cite en faveur de cette opinion des fragmens plus que suspects du Traité de Caton *de Originibus*, & de celui de Caius Sempronius *de Divisione Italiæ*, & un Recueil d'Antiquités Etrusques qui

---

(1) Ægidius Tschudius de prisca ac vera Alpina Rhoetia, pag. 97. Basileæ 1538, in-4°.
Ejusdem Gallia Comata, pag. 332 & 344. Constantiæ, 1758, in-fol. germanicè.

Sprecheri Pallas Rhaetica, lib. X. p. 377-378.
Gabrielis Bucelini Rhaetia Sacra & Profana, Ethrusca, Gallica, Germanica, Topo-Chrono-Stemmatographica. Ulmæ 1666. in-4°. fig. &c.

xxxix

PREUVES.

a pour auteur un *Curzio* (2) *Inghirami*, Recueil d'après lequel le Benedictin *Bucelin* a poussé l'histoire des Toscans, ancêtres des Rhétiens ou des Grisons, jusqu'au temps du Déluge. Laissons ces traditions fabuleuses & disons que les *Vennonetes* étoient les plus anciens habitans de la Valteline. Les Historiens Romains en parlent. Auguste, parvenu à l'Empire, ne se contenta pas de la ville de Come en Italie qui avoit été reprise sur les Rhétiens, ce Prince (3) voulut soumettre, l'an de Rome 737, les *Vennonetes* & les *Camuni*, peuples de la Valteline & du *Val di Camonica*; Publius Silius marcha contr'eux & après quelques combats il les réduisit. Voilà ce que nous apprend Dion Cassius. Les *Vennonetes*, ou selon d'autres *Vennonii* ou *Venii* étoient les mêmes que les *Vinnones* de (4) Ptolomée. Strabon (5) place les *Vennones* ou le *Rhétiens*, à l'Orient de la ville de Come. Le monument élevé en l'honneur d'Auguste, que l'on appelle *le Trophée des Alpes*, & qui nomme les différentes nations des Alpes soumises l'an 738 de Rome par les armes de cet Empereur, monument rapporté par Pline (6) *l'Ancien*, désigne après les *Triumpilini* & les *Camuni* qui habitoient les vallées *di Troppia* & *di Camonica* voisines de la Valteline, les *Vennonetes*, & ensuite les *Isarci*, les *Breuni* & les *Genaunes*. On ignore la situation du pays des *Isarci*. Tschudi lisoit *Misauci*, & les plaçoit dans le *Misaxer-thal*, la *Valle di Mesolcina* près *du Breunerthal*, & le Pere Hardouin, au Val de *Sarcha*, près de la Vallée de Camonica. Peut-être les *Isarci* étoient-ils les habitans du Val de Sarcha. Les *Breuni* habitoient le *Breunerthal*, Val Bregna ou Brennia. Strabon (7) & Ptolomée (8) en parlent. Les *Genaunes* étoient voisins des *Breuni*. Peut-être aussi occupoient-ils le Val *Anaunia*, voisin de la Valteline & du Trentin, en allemand *Naunzerthal*. Horace (9) célebre les *Genauni* dans une des deux belles Odes qu'il composa sur la défaite des Rhétiens.

Quæ cura Patrum, quæve Quiritium,
Plenis honorum muneribus tuas,
Auguste, virtutes in ævum
Per titulos, memoresque fastos,
Æternet ! O, quâ sol habitabiles
Illustrat oras, maxime Principum.
Quem legis expertes Latinæ.
Vindelici didicere nuper
Quid marte posses : mil ite nam tuo
Drusus Genaunos, implacidum genus
Breunosque veloces & arces
Alpibus impositas tremendis
Dejecit acer plus vice simplici.
Major Neronum mox grave prælium
Commisit, immanesque Rhœtos
Auspiciis pepulit secundis.

C'est-à-dire, d'après la traduction de M. l'Abbé Batteux, « par quels efforts nouveaux, par quels honneurs extraor-

» dinaires le Peuple & le Sénat Romain pourront-ils con-
» sacrer dignement vos vertus, dans les monumens publics
» & dans les fastes, Prince le plus grand de tous les Princes
» que le soleil éclaire dans l'Univers, & qui venez d'ap-
» prendre aux Vindeliciens jusqu'alors indomptés, quelle
» est la force de vos armes ?
» Suivi de vos Soldats, Drusus a déjà plus d'une fois
» renversé les Genaunes cruels, & les Breunes qui ont leurs
» citadelles sur la cime des Alpes. L'aîné des Nérons vient
» encore de livrer un combat sanglant, & de terrasser sous
» vos auspices les Rhétiens belliqueux ».

Strabon dit quelque part (10) qu'entre les vins d'Italie, celui de la *Rhetie*, est très-estimé, & qu'il croît au pied des montagnes. C'étoit celui de la Valteline ; le meilleur vin y croît sur la pente escarpée des montagnes. Virgile (11) célebre dans le même sens le vin de la *Rhétie*. Auguste en faisoit grand cas, au rapport de Suetone (12).

Mais je termine ici la description des anciens peuples de la Valteline. Ce pays, après la destruction de l'Empire Romain, tomba sous la domination des Lombards. Alboin fut le premier Roi de cette nation qui passa en Italie l'an 568. Il mourut assassiné dans les premiers jours de Mars 573. On verra bientôt par un diplôme de l'Empereur Lothaire I, en faveur de l'Eglise de Come, que les Rois Lombards avoient fait diverses donations à cette Eglise dans le Comté de Chiavenne, limitrophe de la Valteline. Ces Rois sont nommés dans ce diplôme, qui est de l'an 824, *Cumpertus*, *Aripertus*, *Luitprandus*, *Ratigisius*, &*Desiderius*. C'étoient *Cunibert* ou *Kuningpert* qui régna depuis 677 jusqu'en 700, *Aripert* II du nom qui succéda à son pere *Ragombert* avant la fin de 701, & mourut en 712, *Liutprand* qui occupa le Trône depuis Juin 712 jusqu'à sa mort en 744, & *Ratchis* élu Roi des Lombards vers la fin de 744, qui abdiqua & se fit moine au Mont-Cassin en 749. *Aistulf*, & par corruption *Heritulf* devint Roi par la cession de *Ratschis* en 749, & mourut en 756. *Didier*, Duc d'Istrie, & Général des armées d'*Aistulf*, se fit élire Roi des Lombards par la Diete générale en 756, aussi-tôt après la mort de ce Prince. Charlemagne le détrôna en 774, & l'envoya en France, d'abord à Liege, ensuite à l'Abbaye de Corbie. Didier y termina sa vie, dans les exercices de piété. La prise de ce Prince fit passer le Royaume des Lombards sous la puissance de Charlemagne, qui commença dès cette année 774 à compter celles de son regne en Italie, & se qualifia *Roi des Francs & des Lombards*, ajoutant à ces titres celui de *Patrice des Romains*.

Entr'autres Abbayes que Charlemagne combla de ses bienfaits, celle de Saint-Denys en France y eut une grande part. Cette Abbaye, où Pepin *le Bref* avoit été sacré Roi, & où Charlemagne vouloit d'abord choisir sa sépulture, possédoit à la fin du VIII siecle des biens considérables

---

(1) Cet imposteur publia ces prétendues antiquités, à Florence en 1636. Elles furent réimprimées à Francfort en 1637. in-fol. Curzio, dont la fraude avoit été découverte, eut la hardiesse de donner en 1645 à Florence en deux volumes in-4°, sa défense sous le titre suivant : *Discorso sopra l'opposizioni fatte al'antiquita Toscana.* Voyez ce qu'a écrit sur ce faussaire Jean-Albert Fabricius dans sa Bibliotheque Latine, lib. IV. cap. 13. pag. 874-877. édition de Hambourg 1708, in-8°.
(3) Dio, lib. 54.
(4) Lib. II. C. XII. p. 61. edit. Bert.
(5) Lib. IV. p. 113. edit. Amstel.
(6) Lib. III. C. XX. p. 54. édit. Gen.
(7) Lib. IV. p. 215.
(8) Lib. II. C. XIII. p. 62.
(9) Lib. IV. Od. xiv.
(10) Lib. IV. Voici le passage traduit du grec : *Vinum Rhoeticum inter Italica egregiè commendata, non sanè inferius, in montanis illorum* [Rhoetorum] *radicibus nascitur.*
(11) Georg. lib. II.

Et quo te carmine dicam
Rœtica !

Voyez aussi Martial, lib. XIV. Epig. xcviii.
(12) In Augusto, cap. LXXVII. pag. 145-146.. Parisiis è Typographia Regia 1644, in-24, fig.

dans

PREUVES.

dans les montagnes de Voge, dans l'Alsace, & au de-là du Rhin, dans les pays voisins du Necker, en Souabe, dans le Hegow & même dans le Royaume de Lombardie. On peut voir les donations de ces terres dans l'Histoire de cette Abbaye, écrite par Dom Doublet & Dom Felibien. Elles ont (13) été aussi insérées dans la plupart dans le recueil des Historiens des Gaules & de la France. Le Pape Adrien I, qui gouverna l'Eglise depuis Février 772, jusqu'au 25 Décembre 795, déclaroit dans une (14) Bulle que Fulrad Abbé de S. Denis l'avoit supplié de prendre sous la protection du Saint-Siège les Eglises & les Peuples de la Valteline qui faisoient partie de la donation que le Roi Charles & la Reine Hildegarde son épouse avoient faite à S. Denis. Le Pape accorda à Fulrad ce qu'il souhaitoit, c'est-à-dire, les mêmes privilèges dont les Monasteres du Mont-Cassin ou de S. Vincent de Volturne jouissoient sur les Eglises & les Peuples de leurs dépendances, où les Abbés seuls avoient droit de jurisdiction. Cette Bulle qui est sans date a été extraite par Dom Felibien, d'après un ancien (15) manuscrit de la Bibliotheque de Colbert. Elle donne des lumieres sur la Topographie de la *Réthie*, aujourd'hui le pays des Grisons, sur la Valteline & sur le *Val di Camonica*. Le Pape répondoit ainsi à Fulrad. *Igitur quia petistis a nobis quatenus Valletellina, quæ conjungitur territorio Retei & Vallis Cameniæ sita provinciæ Italiæ, quam Domnus Carolus Rex Francorum & Languobardorum, ac Patricius Romanorum, atque Hildegarda Regina Sancto Dionysio concesserunt, cum censum quamque plebes, in integro ut eamus per Apostolicis privilegiis in perpetuo in eodem venerabili monasterio Sancti Dionysii, in quo præesse dinosceris, statuentes confirmari.*

Le *Val Camonica*, ou *di Camonica*, aujourd'hui dépendant de la République de Venise, doit, ainsi que nous l'avons déjà dit, son nom aux *Camuni* dont parlent Strabon, Pline, & Dion Cassius. On l'appelle en allemand *Camonigerthal*. Ce pays (16) est séparé de la Valteline par une montagne, & le passage le plus fréquenté dans le *Valdi Camonica* se nomme *Lizappelli d'Auriga*. Tout ce pays a un sol assez sauvage. La riviere *Oglio* ou *Ollio*, en latin *Ollius*, le traverse. Elle se jette à l'extrémité de la vallée dans un lac considérable, anciennement dit *Lacus Sebinus*, & aujourd'hui *Lac d'Iséo*, & ainsi appellé du Bourg *Iseo*, qui est bâti à la pointe méridionale de ce Lac. L'Oglio reçoit dans son cours plusieurs petites rivieres qui sortent de différens étangs ou lacs situés du côté de l'Orient. En sortant du lac *Iseo*, il dirige son cours vers *Orcinavi* & *Caneto*, & va se dégorger dans le Pô, au voisinage de *Borgoforte*. Les Habitans du *Val di Camonica* sont très-laborieux, leur principal commerce est celui des mines de fer. On trouve dans cette vallée un grand nombre de Bourgs & de Villages très-bien bâtis, entre autres *Corteno*, *Edolo*, *Muno*, *Malon*, *Breno* qui est la résidence des Officiers de Justice envoyés par la République de Venise, *Volpino*, *Bifogno*, ou *Pifogni*, *Lovero*, *Sali* & *Iseo*. La vallée *di Camonica* touche le *Val di Troppia*, ancien district des *Triumpilini*. Elle est comprise dans le Gouvernement de Bresse ou Brescia.

Voici la suite de la Bulle du Pape Adrien I.

Et ideo promulgantes auctoritate Beati Petri Apostolorum Principis, & hujus nostri Apostolici Privilegii atque constituti sancimus, ut Ecclesias quæ in eadem Valletellina esse videntur, scilicet in Parochiis Episcopi Ecclesiæ Covensis, sub nullius jure vel dioeceseos esse decernimus, nisi ab Abbate ipsius venerabilis Monasterii Sancti Dionysii, vel ab ejus Monachis quispiam fuerit invitatus; sed nec Presbyterum vel Diaconum ordinare in easdem Ecclesias audeant absque electione Plebis; sed quos Plebs eligerit, subditione jamsati Monasterii ordinetur. Et sicut in Monasterio sancti Benedicti & Sancti Vincentii, ex auctoritate Apostolica Privilegia concessa sunt, & plebs quas Duces & Principes atque diversi homines ad ipsa Monasteria concesserunt, nullum ibi Episcoporum jus quis piam habet. Ita & nos simili modo statuentes decernimus, ut in Ecclesias Valtellinae Episcopus Ecclesiæ Covensis nulla habeat jura vel ditionem, sed in ipsius Prælato Monasterii existendas & permanendas in perpetuo studeamus. Il y a ici altération dans le texte. Il faut lire, *Comensis* ou *Cumensis*, au lieu de *Covensis*. L'Evêque de Come est le Diocésain de la Valteline. L'Abbaye du Mont-Cassin est ici désignée sous le nom général du Monastere de *S. Benoît*. On sçait que ce Patriarche des Moines de l'Occident, y fonda son ordre. Le Monastere de S. Vincent est situé en Italie, sur la riviere *Volturno* dans le Royaume de Naples, en latin, *Monasterium Sancti Vincentii ad Vulturnum*, si célebre dans les Annales Bénédictines de Dom Mabillon. La Bulle d'Adrien finit par des anathêmes contre les perturbateurs de la donation.

Fulrad (17) a été l'un des plus illustres Abbés de Saint Denis. On croit qu'il étoit Alsacien d'origine. Ce qu'il y a de certain, c'est qu'il donna à son Monastere des terres considérables, situées dans l'Alsace; il étoit *Archichapelain*, ou Grand-Aumonier du Roi Pepin le *Bref*, & de ses fils. Il mourut le 16 Juillet 784, après avoir gouverné son Monastere depuis 750, & après avoir joué un grand rôle dans l'Etat. Nommé Commissaire du Roi Pepin, Patrice des Romains, en 755, pour faire exécuter la restitution exigée d'*Aistulf* Roi des Lombards, il se fit remettre toutes les places, & alla à Rome poser sur l'autel de S. Pierre la donation que Pepin avoit faite à l'Eglise Romaine. L'année suivante il traita au nom de Pepin, avec *Didier*, Duc d'Istrie, & l'aida à se faire reconnoître Roi des Lombards.

La Reine Hildegarde, (18) épouse de Charlemagne, & mere de Louis *le Débonnaire*, mourut à Thionville, *apud Theodonis Villam*, le 30 Avril 783. Charlemagne fit publier cette année en Italie un *Capitulaire* dont la date singuliere, *après la mort de la Reine Hildegarde*, semble annoncer qu'il fut dressé lorsque ce Prince, plein de sa douleur, n'étoit pas encore remarié.

Il résulte de tout ce que nous venons d'observer que la Bulle du Pape Adrien I, est antérieure à la mort d'Hildegarde, c'est-à-dire au 30 Avril 783, & à celle de l'Abbé Fulrad arrivée

---

(13) Aucun Historien Grison n'a parlé des donations de la Valteline & des Comtés de Chiavenne & de Bormio, faites à l'Abbaye de Saint-Denis en France, ni des droits que ce Monastere y a exercés. L'Abbé François-Xavier *Quadrio*, dont on a en Italien une Histoire de la Valteline, dédiée au Pape Benoit XIV, garde le même silence. Quadrio, originaire de la Valteline, d'une ancienne & illustre famille, est mort à Milan le 21 Novembre 1756.

(14) Dom Michel Felibien, Hist. de l'Abbaye Royale de Saint-Denys en France, pag. 58 & 59. & Preuves n° 58. pag. XL.
(15) Coté 5034.
(16) Guleri Rhoetia, pag. 175-176.
(17) Mabillon. Annal. Benedictin. T. II. lib. XXII. p. 149. & lib. XXV. p. 269. Gallia Christiana nova. T. VII. p. 343. & 347.
(18) Mabillon. Annal. Benedict. lib. XXV. p. 264.

Tome I.

PREUVES.

le 16 Juillet 784, & postérieure au 15 Mai 774, premiere date du regne de Charlemagne, comme Roi des Lombards. Ces dates désignent aussi d'avance la véritable époque de la Chartre suivante. Nous avons dit que la Bulle d'Adrien I étoit sans date; il existe un grand nombre de lettres de ce Pape dans le Recueil appellé *Code-Carolin*. Ces Lettres sont également sans dates & c'est en examinant ce qu'elles contiennent, que l'on devine de quelle année elles peuvent être.

Charles (19) Roi des François & des Lombards & Patrice des Romains, *Carolus Gracia Dei, Rex Francorum & Longobardorum ac Patricius Romanorum*, étant à *Quierfi* (20) le 14 Mars, la septieme année de son regne comme Roi des François, & la premiere comme Roi des Lombards, c'est-à-dire, en 775, confirma, à la priere de Fulrad, Abbé de S. Denis, toutes les donations faites à ce Monastere par les Rois ses prédécesseurs, & généralement dans tous les Royaumes & Pays dépendans de sa domination. *Quapropter per hunc praeceptum quod specialiter decernimus & in perpetuum volumus esse mansurum jubemus ut neque nos neque juniores seu successores nostri nec quislibet de judiciaria potestate accintus in curte prefata sanctæ Basilicæ Domni Dionisii ubi & ubi in quibuscumque pagorum infra regna quæ adquisivimus Deo propitio Italia quæ dicitur Longobardia vel vallis Tellina quam moderno tempore ad ips... (*) Dei delegavimus quod pars ipsius Monasterii possidisse vel dominare videtur vel quod a Deum timentibus hominibus per legitima strumenta (**) ibidem fuerit concessum aut in antea ibidem fuit additum adque delegatum nec ad causas audiendum nec ad fidejussores tollendum nec ad freda exigendum nec mansiones aut paratas faciendum nec nullas redibitiones requirendum ingredire nec exigere quoquam tempore non praesumatur nisi (***) quicquid fiscus noster exinde potuerit sperare omnia & ex omnibus pro mercedis nostræ compendium cum omnibus fredus ad integrum sibimet concessus.*

Cette Chartre prouve que Charlemagne donna la Valteline à l'Abbaye de Saint Denis. Le mot *Pagus* qu'on lit dans cet acte, signifie *district*, *territoire*, *canton*, en italien *Paese*, *campagna*, en allemand *Land*, & en suisse *Gou*, d'où dérivent les noms de *l'Argow* & de *Turgow*, pays situés le long des rivieres de l'Are & du Thur. Au bas de cette Chartre est plaqué un sceau (****) de cire jaune avec l'effigie presqu'effacée de Charlemagne, on ne peut plus lire la légende. On voit le diplôme signé du monogramme de Charlemagne. *Signum Karoli Gloriossimi Regis. Wigbaldus ad vicem Hitirii recognovit*. Duchêne (21) & Dom (22) Mabillon ont rapporté un diplôme de Charlemagne, muni des mêmes souscriptions & daté de Quierfi, *Carisiago Palatio publico*, en faveur du Monastere de Farfa, le 21 Mai, VIII. *Kalendas junii anno septimo & primo Regni Domini Caroli*. La septieme année du regne de Charlemagne comme Roi des François, tomboit en 775. Il avoit succédé à son pere Pepin *le Bref*, le 25 Septembre 768. *Hitherius* ou *Iterius*, étoit *Palatii* (23) *Archicancellarius*; il étoit en même-temps Abbé de Saint-Martin de Tours. Charlemagne l'envoya plusieurs fois comme son Ambassadeur auprès du Pape Adrien I. & particulierement en 783. Il mourut en 796, après avoir cédé (24) en 778, sa charge de Chancelier à Radon, depuis Abbé de Saint-Wast d'Arras. Wigbaldus (25) qui souscrivit le diplôme daté de Quierfi, munit encore de sa signature en 779 & 786 les donations de Charlemagne en faveur de l'Eglise de Saint Marcel de Châlon sur Saone, & en faveur de l'Abbaye de Saint Germain-des-Prés. Il souscrivit ces Chartres à la place de Radon, *ad vicem Radonis*, qui avoit succédé à Hiterius dans la charge d'*Archicancelier* du Palais. Nous allons examiner les autres Chartres de Saint-Denis sur la Valteline.

Waldo ou (26) *Valto*, qui d'Abbé de Saint-Gall étoit devenu en 786 Abbé de Richenau, (*Augia dives*), fut chargé en 806 ou 807 de la conduite du célebre Monastere de Saint-Denis en France. Il le gouverna jusqu'à sa mort le 28 Mars 814. Ce fut durant cet intervalle qu'il eut un différend avec l'Evêque de Come pour les terres de la Valteline dépendantes de l'Abbaye de Saint-Denis. Un diplôme (27) de l'Empereur Lothaire, daté de Compiegne, *Compendio Palatio Regio*, le 3 Janvier, (28) *l'onzieme année de l'Empire de Louis* (le Débonnaire,) & *la seconde du regne de Lothaire son fils, indiction seconde*, 824, porte que Leon Evêque (29) de l'Eglise de Come où repose le *Corps de Saint-Abundius, Confesseur*, lui avoit présenté un acte de l'Empereur Louis son pere, qui confirmoit les donations & priviléges accordés par l'Empereur Charles & les Rois ses prédécesseurs

---

(19) Doublet, Hist. de l'Abbaye de S. Denys en France, p. 711-712. Recueil des Hist. des Gaules & de France, T. V. p. 731.

(20) *Pridie Idus Martias anno septimo & primo regni nostri actum Carisiaco palatio publico*. Le Dictionnaire Géographique de *la Martiniere*, (T. II. partie II. p. 173—176) donne une dissertation sur la vraie position de *Carisiacus* qui étoit *Quiersi-sur-l'Oise* près de Bretigny.

C'est ainsi que j'ai lu dans l'original de ce diplôme, conservé dans le trésor des chartres de Saint Denis. *Dom Boudier*, Prieur de l'Abbaye, & ancien Général de la Congrégation de Saint-Maur, a bien voulu me permettre l'entrée dans ce dépôt précieux, le 19 Mai 1775. J'ai examiné les diplômes concernant la Valteline, tous écrits sur parchemin, & en caracteres authentiques du tems, & la plûpart encore munis de leurs sceaux. *Dom Clément*, à qui la République des Lettres doit la nouvelle édition de *l'Art de vérifier les dates*, très-augmentée, & qui travaille à la continuation du Recueil des Historiens de France, & *Dom Berthod*, Bibliothécaire de l'Abbaye de S. Vincent à Besançon, très-versé dans les Antiquités, ont assisté à cet examen diplomatique.

(*) Il y a ici des mots altérés par vétusté; je lis *ipsum locum*, Doublet lisoit *ipsam casam*.

(**) Doublet lisoit *instrumenta*; au reste les actes du VIII siecle sont pleins de mots barbares & corrompus.

(***) Doublet lisoit *sed* à la place de *nisi*; pour peu qu'on veuille comparer mes variantes avec les siennes, on verra qu'il n'a pas toujours lu exactement. Au reste le latin des diplômes Mérovingiens & Carlovingiens est barbare & parsemé de solécismes.

(****) Dom Poirier, Sécrétaire général de la Congrégation de Saint-Maur, l'un des Savans les plus profonds dans les Antiquités de la France, a bien voulu revoir en Juillet 1780, les monogrammes & les sceaux des diplômes dont je donne ici les extraits. C'est d'après ses observations que je les décrirai. Je ne pouvois pas choisir un Juge plus éclairé dans la connoissance de la Diplomatique. L'Abbaye de Saint-Denis doit à la sagacité de Dom Poirier l'ordre lumineux qui regne dans ses Archives; il a fait des notes chronologiques & historiques sur toutes les chartres de ce dépôt précieux.

(21) Historiæ Francorum scriptores, T. III. pag. 652. Lutetiæ Parisior. 1641 in-fol.

(22) Annal. Benedict. T. II. lib. XXIV. p. 232.

(23) Mabillon. Annal. Benedict. T. II. lib. XXI. p. 92. lib. XXIII. p. 179. lib. XXV. p. 265 & lib. XXVI. p. 320.

(24) Idem ibid. lib. XXIV. p. 245.

(25) Idem ibid. lib. XXIV. p. 245 & lib. XXV. p. 276.

(26) Felibien, Hist. de Saint Denys. p. 65.

(27) Italia Sacra, T. V. auctore Ferdinando Ughello, p. 249—261. Coint. Annales Ecclesiastici Francorum, T. VII. ad an. 824. n° 1. p. 686—687. Mabillon. Annal. Benedict. T. II. lib. XXVII. p. 374. & lib. XXIX. p. 487. Gallia Christiana nova, T. VII. p. 351.

(28) *Datum tertio Non. Januarii anno Christo propitio undecimo Imperii Domini Ludovici pisssimi Augusti, Lotharii filii ejus gloriosissimi regnantis secundo, Indictione secunda, anno DCCC. XXIV.*

(29) *Quia Leo vir venerabilis Sacrosanctæ Ecclesiæ Comensis Episcopus, ubi sanctus confessor Christi Abundius praecioso corpore requiescit,*

PREUVES.

Cunipert, *Aripert*, *Luitprand*, *Ratigis*, *Heritulf* & *Didier*, en faveur de l'Eglise de Come, & entre autres donations le village de *Gegis*, & certains droits de Péage & autres à Chiavenne ; *videlicet & specialiter in eodem insertum erat de Teloneo seu mercato, & Gegis cum ipso loco, nec non in canonicale stipendium concedimus Comanis Ecclesiasticis Clusas, & pontem juris nostri de Clavenna æternaliter.* Louis le Debonnaire rappelloit aussi dans sa confirmation le différend autrefois élevé entre *Pierre* Evêque de Come, prédécesseur de Leon, & *Vualdo*, Abbé de Saint-Denis, au (30) sujet des possessions situées dans la Valteline, Duché de Milan, que *Vualdo* répétoit contre l'Evêque. Ces possessions étoient trois Eglises Baptismales, à *Amatia*, à *Burmis*, & à *Postlauo*, & le petit Monastère de *Saint-Fidele*. L'Empereur Charles avoit à l'exemple des Rois ses prédécesseurs, confirmé l'Evêque de Come dans les droits qu'il pouvoit y avoir. Louis *le Debonnaire* & Lothaire ratifièrent depuis le diplôme de Charles & toutes les donations faites à l'Eglise de Come par les Rois des Lombards, *Ansprand*, *Cumbert*, & *Berthrarius*. Ce dernier Prince étoit vrai-semblablement *Bertharid* ou *Pertharit*, Roi des Lombards en 661. Il fut pere de Cunibert, dont nous avons déja parlé, & mourut en 686. *Ansprand* est sans-doute *Ansprand*, proclamé Roi des Lombards en Février 712, & mort au commencement de Juin de la même année. Les dates du diplôme de Lothaire sont exactes, ainsi que l'indiction. Louis le Debonnaire avoit été associé par Charlemagne à l'Empire & à tous ses Royaumes dans la Diete d'Aix-la-Chapelle, en 813. L'onzième année de son Empire tomboit ainsi en 824, date de la Chartre dont nous venons de donner l'Analyse ; il devint seul possesseur du Royaume de France, de celui d'Italie & de l'Empire le 28 Janvier 814, & il fut couronné à Rheims par le Pape Etienne IV, en 823. Ce Prince avoit en 814, confié le gouvernement de la Baviere à son fils aîné Lothaire, & celui de l'Aquitaine à son second fils Pepin, & lui avoit donné à tous deux le titre de Roi. Il associa Lothaire à l'Empire en 817, dans la Diete d'Aix-la-Chapelle. Vers le commencement de 820, il le proclama Roi d'Italie. La Cour de Rome compte les années de Lothaire, du tems qu'il fut fait Empereur en 817, le reste de l'Italie ne les compte que de cette année 820. Ce fut en 823 (31) que l'Empereur & Roi, Lothaire, après avoir, suivant les ordres de l'Empereur son pere, rendu la justice à tous les peuples d'Italie, se transporta à Rome, à la priere du Pape, pour y recevoir la Couronne Impériale. La cérémonie s'en fit au Vatican le 5 Avril, jour de Pâque, & ce fut alors que Lothaire, dit un Ecrivain (32) *du tems*, reçut le titre d'*Auguste*. L'année 814 étoit la seconde année de cette époque, ainsi la date de la Chartre qui a donné lieu à ces observations paroit exacte.

Examinons présentement les noms Topographiques qu'on trouve dans ce diplôme. *Gegis cum ipso Loco*. C'étoit un village de la Valteline, dont j'ignore le nom moderne. Ce ne peut être le village *Igis* dans la Ligue Caddée près de Zizers. On a un diplôme de Charlemagne, rapporté par Ughelli, (33) & daté de Ratisbonne (34) le 17 Novembre 803, par lequel cet Empereur confirmoit, à la priere de son fils Pepin, Roi des Lombards, Pierre, Evêque de Come, dans tous ses droits & possessions, à *Meanto*, à *Gegis*, à Bellinzone, qui est ici appellé *Berinzona*, & dans le Comté de Chiavenne. Pierre fut le même Evêque de Come qui eut depuis un différend avec *Waldo*, Abbé de Saint-Denis. Pepin, second fils de Charlemagne & d'Hildegarde, avoit été sacré Roi d'Italie, par le Pape Adrien I, à Rome le jour de Pâque, 15 Avril 782. Il mourut à Milan le 8 Juillet 810, ayant porté le titre de Roi d'Italie vingt-neuf ans, deux mois & treize jours.

Le diplôme de 803, que nous venons de citer, a été rapporté par *Vghelli* & par *Tatti*, d'après une copie conservée dans les Archives de l'Evêché de Come. Ces deux Historiens ont souvent donné des Chartres, d'une forme défectueuse, remplies d'omissions & publiées avec des erreurs Typographiques. Muratori (35) & l'Abbé Quadrio (36) ont attaqué la validité du diplôme de Charlemagne ; mais leurs objections ne paroissent pas solides. Si *Pierre*, Evêque de Come, y est appellé *Petrus primus*, c'est une interpolation faite par le Copiste, qui avoit voulu le distinguer de trois autres Evêques de Come qui portoient le même nom, l'un qui vivoit en 918, un autre en 995, & un quatriéme en 1092. Le Copiste a affecté la même distinction dans un diplôme de Lothaire I, daté de 823, dans lequel on lit : *Vir venerabilis Leo primus Comensis Episcopus*. Il vouloit distinguer Leon I, Evêque de Come, de Leon II, qui gou-

---

(30) Insuper in eadem continebatur auctoritate de altercatione, quæ orta fuit inter Petrum ejus praedecessorem atque Rectorem Sanctæ Comensis Ecclesiæ Episcopi & Vualdonem Sancti Dionysii Abbatem, qualiter idem devotæ recordationis avus noster, pius ac gloriosus Imperator Carolus eadem intentione decreverat, videlicet de rebus quas Vualdo Abbas praedicto Petro Episcopo quæsivit, quæ erant sitæ in valle Tellini in Ducatu Mediolanensi, ut sicut hactenus per confirmationem antecessorum Regum, easdem res pars Comensis Ecclesia tenuerat : ita & in futurum per ejus confirmationis teneret. Ipsæ vero res erant Ecclesiæ Baptismales, una in Amatia, & altera in Burmis, tertia in Postlavo, & Monasteriolum Sancti Fidelis pertinens ad Episcopatum Comensem, videlicet pro hujus rei firmitate petii praedictus venerabilis Leo Episcopus quietem Serenitati nostræ, ut non solùm praecepta Domini & Genitoris nostri, de his rebus supradictis avi Caroli nostra auctoritate confirmaremus, verùm etiam res, quæ suprascripti Reges, five antecessores eorum, videlicet Principes Longobardorum, hi sunt Ansprandus, Cumberus & Berthrarius per eorum auctoritates praedictæ Ecclesiae delegaverunt, vel confirmaverunt omnia nostra auctoritate amplectantur atque praefatæ Sanctæ Comensi Ecclesiæ pro amore Dei, & reverentia Sancti Abundii nostræ præceptionis confirmatione confirmarentur atque corroborarentur. Cujus petitioni propter amorem filiorum, assensum præbuimus, &c.

(31) Abrégé Chronologique de l'Histoire générale d'Italie par M. de Saint-Marc, T. I. p. 467 & 468.

(32) Paschas. Rabert. vita Walæ Abbatis.

(33) Italia Sacra T. V. p. 244—245. Tatti Annali Sacri della Città de Como, Dec. I. lib. 10.

(34) Carolus Serenissimus Augustus à Deo ordinatus Magnus, pacificus Imperator Romanorum gubernans Imperium, qui & per misericordiam Dei Rex Francorum & Longobardorum — quia dilectissimus filius noster Pipinus Rex Longobardorum, ad petitionem viri venerabilis Petri primi Sanctæ Comensium Urbis Ecclesiæ Serenitati nostræ petiit , ut omnes Ecclesias vel res ad ipsum sanctum locum pertinentes , quocumque nunc tempore cum ordine juste & rationabiliter possidere videtur, per nostrum auctoritatis præceptum inibi confirmare deberemus, & specialiter theloneum de Meanto , & Gegis , cum ipso loco , & Berinzona plebem , Comitatum , Distrum , & ipsum portum & Comitatum Clavennæ & Clusas & pontem juris nostris Clavennæ ; Jericis Cumanis in Canonicalem usum plenissima deliberatione donare & confirmare voluimus. Cujus petitioni denegare noluimus. Datum quinto decimo Kalend. Decembris anno tertio Christo propitio Imperii nostri, & trigesimo sexto Regni nostri in Francia. Ind. undecima , anno vero Dominicæ Incarnationis DCCCIII. Actum Regeniburg Palatio publico in Dei nomine feliciter. Amen. Regeniburg, c'est Regenspurg , en françois Ratisbonne ; on appelle encore en Suisse, *Clausen*, *Clus*, un passage étroit entre des montagnes, qui est défendu par un pont ou un château. Il y a un passage de ce nom dans le Prettigeu en Grisons , *Clusin Pretigow*, deux autres dans le haut & le bas Vallais , un dans le *Ecluse* dans le pays de Gex , au mont Jura , un dans le Canton de Soleure , Bailliage de Falkenstein , avant que de monter la montagne du haut Hauenstein. Voyez *Diction. hist. de la Suisse* par *M. Leu*, T. V. p. 366—369.

(35) Antiquitates Italiæ medii ævi , T. I.

(36) Dissertazioni Critico-Storiche intorno alla Rezia di qua dalle Alpi, oggi detta Valtellina , volume II. pag. 33—35.

vernoit cette Eglife en 1252; mais ces interpolations ne détruifent pas l'authenticité primitive des actes. On ne peut les rejetter que fur l'ignorance des Copiftes, ainfi que l'omiffion d'*Epifcopus*, dans le même diplôme de Charlemagne en 803, après ces mots *Sanctæ Comenfium Urbis Ecclefiæ*, d'autant plus que Pierre eft appellé *Epifcopus* dans la fuite de cet acte. Il en eft de même de l'omiffion des années du regne de Charlemagne, comme Roi des Lombards. La date de 803 prouve ce que les fçavans Auteurs du nouveau Traité (37) de Diplomatique ont obfervés fçavoir *que la date des années de Jefus-Chrift fe trouve dans plufieurs diplômes de Charlemagne*. Ils (38) prouvent auffi que l'ufage en avoit été introduit en France avant le regne de ce Prince: *Muratori* & *Quadrio* attaquent encore le diplôme de 803, parce qu'il porte: *anno tertio Chrifto propitio Imperii noftri & trigefimo fexto Regni noftri in Francia, Ind. undecima*. Ces dates font néanmoins exactes. L'indiction onzieme tomboit en 803. On trouve l'indiction Romaine ou Pontificale dans plufieurs diplômes de Charlemagne. Ce Prince avoit été couronné Empereur à Rome par le Pape Leon III, le 25 Décembre 800. Ainfi la troifieme année de fon Empire couroit en 803, de même que la trente-fixieme année de fon regne en France, depuis le 24 Septembre 768, date de la mort de fon pere le Roi Pepin, dont il partagea alors les Etats avec fon frere Carlomann. Le Copifte aura placé à la fin de l'acte, *Actum Reguntiburg Palatio publico*, au lieu de *Palatio Regio*. Au refte on lit dans les Chartres (39) des Rois Merovingiens *vico publico*, & *villa publica*. C'eft ainfi qu'on appelloit alors pour l'ordinaire les Palais des Rois. Le Pere *Meichelbeck* a rapporté dans l'Hiftoire de (40) l'Evêché de Frifingen, une Chartre qui porte: *Hoc factum .... in loco Regali Publico Ratifpona*. Ratisbonne, c'eft *Regenfpurg* en allemand. Nous ne releverons pas ici les autres objections de *Muratori*; ce Savant eut dû fe rappeller la regle qu'il donne dans un de fes ouvrages, (41) *qu'on doit confulter les originaux avant que de condamner les copies fautives*. Les Auteurs du Traité de Diplomatique, (42) lui ont reproché d'avoir réprouvé (43) fur de fauffes fuppofitions un diplôme de l'Abbaye de Sublac. *Quadrio* étoit fi peu inftruit des conceffions de la Valteline & des terres adjacentes, faites à l'Abbaye de Saint-Denis, que lorfqu'il parle (44) du diplôme de l'Empereur Lothaire, de l'an 824, au fujet du différend qui s'étoit élevé fous l'Empire de Charlemagne, entre *Pierre*, Evêque de Come, *Waldo* & Abbé de Saint-Denis, il avance que le Monaftere de ce nom étoit fitué dans Milan, & il change le nom de *Waldo* en celui de *Vido*. Nous allons faire quelques obfervations Topographiques fur le diplôme de 824. *Clavenna*, en françois *Chiavenne*, en allemand *Cleven*, & en italien *Chiavenna*, bourg, la Capitale du Comté de ce nom eft à la tête du lac de Come. Ce Comté,

aujourd'hui dépendant des trois Ligues Grifes, eft borné à l'Orient par le val & les montagnes de Bregell & par la Valteline; à l'Occident par le val Mifox; au Midi par le Milanès & l'embouchure de l'Adda dans le lac de Come, & au Nord par la haute Jurifdiction de Schams & du Rheinwald, ayant fept à huit lieues en longueur, & fix en largeur. Le Comté eft partagé en deux départemens, fçavoir, *Chiavenna* & *Plurs*. Le Gouverneur ou le Baillif que les Grifons envoient à Chiavenne, prend le titre de *Commiffaire*, & celui de *Plurs* fe nomme *Podefta*. Le département de Chiavenne comprend le bourg & la banlieue de Chiavenne, les Communautés extérieures de *Méfe*, *Gordona*, *Somolaco*, *Prada* & *Novate*, & le val *Sant-Giacomo*. Le département de Plurs renferme les environs de Plurs, bourg dont la plus grande partie fut enfevelie fous la chûte d'une montagne le 25 Août 1618. Les habitans du Comté & du bourg de Chiavenne font Catholiques & dépendent du Diocèfe de Come. Le pays eft arrofé des rivieres *Maira* ou *Mera* & *Lira*. Le Château de Chiavenne fervoit (45) comme de clef pour l'entrée & la fortie des Alpes en Italie, de-là l'étimologie de fon nom *Clavenna*, qui dérive du mot latin *Clavis*, clef. On m'a affuré qu'il y avoit *une clef* dans les *Armes* du Comté & du bourg de Chiavenne.

L'Itinéraire d'Antonin place *Clavena* à dix mille pas du lac de Come. Paul (46) Diacre parle auffi de *Clavenna* dans fon hiftoire de Lombardie, & le diplôme de Charlemagne donné en 803, en faveur de l'Eglife de Come, & dont nous avons fait l'extrait, nomme le Comté de Chiavenne, *Comitatus Clavennæ*.

Le diplôme de Lothaire, daté de Compiegne le 3 Janvier 824, porte: *in Valle Tellina in Ducatu Mediolanenfe*. La Valteline étoit comprife dans le Duché de Milan, avant l'an 824. C'eft dans l'hiftoire des Lombards qu'on trouve les commencemens du Duché de Milan ou de Lombardie.

Amatia. Les Barons (47) de *Maetfchs* dans l'*Etfchland*, au pays de l'Adige, fe nommoient auffi en latin de *Amatia*. Arnold, Baron de Maetfch, étoit en 1213, Evêque de Coire, mais *Amatia*, marqué dans la Chartre de 824, défigne le village *Mazo* on (48) *Mazzo*, en allemand *Matz*, la fixieme communauté du haut *Terzero* dans la Valteline, fur la gauche de l'Adda & en face de Vervio. Ce village étoit autrefois entouré de murailles & de tours. Il eft célebre par la victoire que le Duc de Rohan remporta le 3 Juillet 1638, fur les Impériaux. Il y a à Mazzo un Chapitre de Chanoines, fondé dans le XII° fiecle.

Burmis & *Poftlavo*, font le Comté de *Bormio* & le val *Pofchiavo*, en latin *Poftlavium*. Nous en donnerons une defcription dans la fuite de cette differtation.

Monafteriolum fancti Fidelis pertinens ad Epifcopatum Comenfem. Saint *Fidele* fut martyrifé en 304, au bourg de *Summus lacus* à la tête du lac de Come. Mombrice (49), Surius (50), le Pere Murer (51), Tillemont (52) & Baillet (53) ont publié fa

---

(37) T. V. p. 691, par deux Religieux de la Congrégation de Saint-Maur.
(38) T. IV. p. 696 & 697.
(39) Nouveau Traité diplomatique, T. IV. p. 658.
(40) T. II. p. 352.
(41) Antiquitates Italiæ medii ævi, T. III.
(42) T. V. p. 707. n. col. 1.
(43) Antiquit. Italiæ, T. III.
(44) Vol. II. p. 32—33. François *Ballarini*, dont on a en Italien une Chronique de Côme, fous le titre *Compendio de le Croniche d. lla Citta di Como — in Como 1619 in-4*. garde le plus profond filence fur le diplôme donné par Charlemagne en 803, & dont je viens de faire l'extrait. Au refte cet Auteur paroit être peu exact dans le détail des événemens antérieurs au douzieme fiecle.
(45) Guleri Rhætia, p. 192. Sprecheri Pallas Rhætica, lib. X. p. 417—418.
(46) Lib. VI Cap. xxi.
(47) Tfchudii Gallia Comata, p. 319. Guleri Rhætia, p. 159.
(48) Guler, ibid p. 173.
Leu, *Diction. Hift. de la Suiffe*, T. XII. p. 612, & T. XVIII. p. 485.
(49) T. I. fol. 59 & feq.
(50) Au 28 Octobre.
(51) Helvetia Sancta, p. 59 & feq. primæ editionis.
(52) Hift. Ecclef. T. V. p. 137 & 138.
(53) Au 28 Octobre.

PREUVES.

vie. *Sommolago*, en latin *Summus lacus*, à cause de sa situation, aujourd'hui dit par corruption *Samolico*, forme (54) une communauté de la Comté de Chiavenne dans laquelle il y avoit autrefois un château & un bourg de même nom qui fut en partie ruiné par les Lombards en 602, & en partie renversé par l'écroulement d'une Montagne voisine. On y voit (55) seulement encore quelques ruines d'une Eglise dédiée à S. Jean. On dit qu'il y avoit sur une hauteur une petite Eglise en l'honneur de S. *Fidele*; elle a été détruite, & les os de S. *Fidele* furent transférés entre 952 & 960, à Come par *Ubaldus* Evêque de cette ville. La Communauté de *Sommolago* est considérable ; le principal lieu est *Montenovo*, ou *S. Andrea*, les autres districts sont *Pajedo*, *Era*, *Casenda*, *Vigazuolo*, *Archetto*, *Selvapiana*, ou *San Pietro*, *Monastero*, *Ronciglione*, &c. Il a été construit près de Chiavenne une autre Eglise en l'honneur de S. *Fidele*; le Chapitre (56) de ce nom, à Come, est desservi par un Prevôt & sept Chanoines. L'itinéraire d'Antonin (57) place *Sommolaco* sur la route de *Brigantia* à Milan, en prenant par le lac *Larius*, aujourd'hui de Come, & il le marque entre *Murus* & *Comum*, à vingt milles de la premiere de ces places, & à quinze milles de la seconde. Dans les actes du martyre de S. *Fidele*, & de ses compagnons, cette bourgade est nommée *Vicus Summolocanus*, comme le remarque Luc *Holstein*. Peut-être y doit-on rapporter aussi l'inscription que nous a conservée Thomas *Reinesius*, (58) & dans laquelle on lit ces mots : *Civis Summolocensis*. Ce dernier mot paroît ici corrompu. *Sommolaco* avoit pris son nom de sa situation sur la rive septentrionale du lac *Larius*, à laquelle on donnoit anciennement le nom de *lacus Summus* par opposition à la partie méridionale, qu'on appelloit *lacus inferior*.

Passons aux autres Chartres de S. Denis, sur la Valteline. Hilduin, Abbé de ce Monastere, qui avoit succédé (59) à Waldon en 814, le même qui joua un grand rôle dans l'Etat sous l'Empire de Louis le Débonnaire, avoit été un tems attaché à l'Empereur Lothaire. Il fut dans la suite exilé & privé de la dignité d'*Archichapelain*, ou grand Aumônier. De retour de son exil, en 831, il écrivit les *Aréopagétiques* & épousa les intérêts de Charles-le-Chauve. Il mourut le 22 Novembre 840, ou 841. Ce Prélat, qui étoit en même-tems Abbé de S. Germain-des-Prés & de S. Médard de Soissons, obtint de l'Empereur Lothaire la permission d'établir un marché franc dans le village de la Valteline, dit *Haenohim*, situé sur le lac de Come, dépendant de l'Abbaye de Saint Denis, avec exemption de toute charge publique pour douze hommes du même lieu, attachés au service de l'Abbaye. La Chartre de cette concession a été copiée d'après l'original par Dom Doublet (60) & Dom Félibien (61). Ce dernier en place l'époque vers l'an 840. Hilduin se nomme simplement Abbé de Saint Denis, sans prendre le titre d'*Archichapelain*, dignité (62) dont il avoit

été dépouillé en Octobre 830, par l'Empereur Louis le Débonnaire. Le local du village *Haenohim* dans la Valteline, sur le Lac de Come, prouve que la Valteline s'étendoit alors jusqu'au lac de Chiavenne qui forme la tête du lac de Come. Le Lac de Chiavenne, *Lago di* (63) *Chiavenna*, est le nom qu'on donne à la partie supérieure de *Lago di Como*. Il garde ce nom aussi loin qu'il s'étend dans le Comté de Chiavenne ; il commence à près de deux lieues au-dessous du bourg de Chiavenne, offre une figure ovale, & à dans sa longueur près de deux lieues jusqu'au fort de Fuentes. Voici le texte du diplôme sur la position du village *Haenohim*. *QUATENUS nostra autoritate in sua pertinentia in Valle Tillina in loco Haenohim super lacum Cumensem suis ministris nostra authoritate quoddam liceret construere mercatum*. J'ignore le nom moderne de *Haenohim*. On trouve sur la carte *Genium*, village sur le Lac de Come près de Come & Mirabello. On aura peut-être lû *Haenohim* à la place de *Genohim*, *Genium*. Mais pour admettre ce local, il faudroit supposer les limites plus étendues à la Valteline, que celles qu'on lui donne communément, ce qui n'est pas vraisemblable. La véritable date de cette Chartre a aussi ses difficultés. Dom Félibien a donné ce diplôme sans date, il le dit simplement expédié à Soissons : *Actum Suessionis civitate*, & souscrite de *Luithardus*. *Ego Luithardus Notarius recognovi*. J'ai lu à la fin de l'original, *data nonas* (*) *No. . . . . Christo Propitio imperii Domni Hlo. . . . Augusti* (**) *in Francia primo. in Italia XIII. indictione XI. Actum Suessionis civitate in Dei nomine feliciter. Amen*. On ne trouve depuis 814 jusqu'en 841, l'indiction XI*e* qu'en 818 & 833. Je propose une conjecture, mais elle peut avoir quelque solidité. Lothaire déclaré Roi d'Italie vers le commencement de 820, étoit dans la treizieme année de son regne en 833, année où se rencontroit l'indiction XI*e* marquée dans la Chartre, & si ce Prince y spécifie aussi la premiere année de son regne en France, c'est parce que cette même année 833, il se révolta de nouveau contre son pere, & le détroua. Voici le précis de cet événement monstrueux. Judith, belle-mere de Lothaire, avoit fait ôter l'Aquitaine à Pepin, frere puîné de Lothaire, & né du premier lit, & elle avoit fait donner ce Royaume à son fils Charles, dit le *Chauve*. Lothaire & Louis le *Germanique*, Roi de Baviere, embrasserent la querelle de Pepin. Ils vinrent eux-mêmes tous trois à la tête de leurs armées, trouver, le 24 Juin 833, l'Empereur leur pere, près de Rouffach en Alsace. Lothaire amenoit avec lui Grégoire IV, dont l'autorité respectable pouvoit engager l'Empereur à faire ce que ses fils désiroient. Mais ce Prince, malgré sa piété, désapprouva la démarche du Pape qui, sans ordre de sa part, avoit quitté Rome & l'Italie pour accompagner un rebelle. Les trois freres travailloient cependant à faire déserter les troupes de leur pere, qui s'en vit bien-tôt presqu'entierement abandonné. Sur la parole de ses fils, Louis le Dé-

---

(54) Ballarini Cron. di Como, p. 115 & 169.
Ughelli Italia Sacra, T. V. p. 262.
(55) Iidem ibidem.
Leu, Dict. Hist. de la Suisse, T. VII. p. 113, & T. VIII. p. 348—349.
(56) Ughelli Italia Sacra, T. V. p. 236.
(57) Cluverii Italia antiqua. l. 1. cap xv. La Martiniere, Dict. Géographique, T. VIII. partie I. p. 191.
(58) Ex Clas. 8, 55.
(59) Mabillon. Annal. Benedict. T. II, lib. xxviii. p. 409, & lib. xxxii. p. 615.

Dom Félibien, Hist. de l'Abbaye de S. Denys, p. 81. Gallia Christiana nova, T. VII. p. 355—356.
(60) Hist. de S. Denys, p. 741—742.
(61) Ibid. p. 80, & Preuves n° 81. p. LXI & LXII.
(62) Mabillon. Annal. Benedict. T. II. lib. xxx. p. 531—532 & 536.
(63) Leu, Dict. Hist. de la Suisse, T. V. p. 361.
(*) Doublet lisoit encore en 1654 *Nonas Januarii*.
(**) Doublet lisoit *Serenissimi Augusti*.
On voit le diplôme un sceau plaqué de cire aujourd'hui de couleur brune, autrefois probablement jaune, mais il n'y reste plus aucun vestige d'effigie ni de légende, & il n'y a point de monogramme.

PREUVES.

bonnaire alla lui-même les trouver dans la tente de Lothaire, il se flattoit qu'ils ne manqueroient pas au respect qu'il lui devoient, & qu'ils auroient pour l'Impératrice & pour le Prince Charles les égards convenables. Mais Lothaire exila sur le champ Judith à Tortone en Italie, & Charles dans l'Abbaye de Prum en Allemagne. L'Empereur fut lui-même retenu prisonnier, & les trois freres partagerent entre eux les Etats de la Monarchie. La plaine où se passoit cette horrible scène fut appellée le *champ des mensonges*. Louis le *Germanique*, & Pepin, ayant repris le chemin de leurs Etats, Lothaire, à titre d'Empereur, resta seul chargé de tout le poids du gouvernement; il conduisit son pere à Soissons & l'y enferma dans l'Abbaye de S. Médard. Cette même année 833, au commencement d'Octobre, Louis le *Debonnaire*, contraint par l'Assemblée de Compiegne, se dépouilla de la ceinture militaire & des ornemens impériaux, se revêtit d'un cilice, & condamna lui-même tous les actes de son regne. C'en fut assez pour que Lothaire crut son pere déchu de l'Empire. Mais comme il s'en méfioit, & qu'il comptoit aussi très-peu sur le peuple, il continua de le tenir étroitement gardé. Ce fut apparemment cette année que Lothaire ayant ainsi dépouillé son pere, s'imagina être en droit de dater ses diplômes de son avénement au Trône de France. M. de *Saint-Marc* (64) observe qu'on a de 835, des diplômes de ce Prince, dont les années ne sont pas marquées. La Chartre de Saint Denis, concernant le village de *Haenohim*, peut être rapportée à l'année 833; la seule difficulté qu'on pourroit opposer contre son authenticité, seroit la date du mois, *nonas januarii*. Mais Dom Félibien n'a lu que *non*, sans désigner le mois; il peut se faire que dans l'original il y ait *non. Octob.* & alors toute difficulté tomberoit. Lothaire (65) amena, à la fin de Novembre 833, son Pere prisonnier à Aix-la-Chapelle. On sait que les freres de Lothaire, indignés de sa barbarie, rétablirent sur le Trône leur pere innocent & infortuné.

Dom Félibien ne paroît pas aimer les discussions chronologiques. Ce Bénédictin rapporte la plupart des Chartres sans notes. Il finit ainsi un (66) diplôme de l'Empereur Lothaire en faveur de l'Abbaye de S. Denis, sur la Valteline. *Ego Luithardus notarius ad vicem Agilmari recognovi. Data duodecimo calend. Novembris anno Christo propitio Imperii Domini Hlotharii piissimi Augusti in Italia ...... & in Francia ...... Actum Aquisgrani palatio regio in Dei nomine feliciter. Amen.*

Dom Félibien rejette l'époque de cette Chartre vers l'an 840. Doublet, Moine de S. Denis, qui a rapporté (67) le même diplôme, lisoit en 1624, à la fin de l'original. *Data duodecimo calend. Novembris. Anno Christo propitio imperii Domini Hlotharii piissimi Augusti in Italia decimo sexto, & in Francia quarto, indictione sexta. Actum Aquis grani, &c.* J'ai vu l'original le 19 Mai 1775, & j'y ai lu, *Ego Luithardus Notarius ad vicem Agilmari recognovi. Data XII Kal Novembris anno Christo propitio Imperii Domni Hlotharii piissimi Augusti in Italia ..... & in Francia IIII. Ind.*

VI. *Actum Aquisgrani palatio regio in Dei nomine feliciter. Amen.* J'ai mis des points après *Italia*, l'original porte XVIII; mais on remarque ici une interpolation, & on apperçoit encore des vestiges d'une encre raturée sous ces chiffres & d'autres chiffres dont un X & un I paroissent encore visibles.

Depuis 814 Jusqu'en 846, l'indiction VI° tomba aux années 828 & 843. Lothaire, ainsi que l'a observé Dom Mabillon (68) commença à dater ses diplômes à la mort de son pere, le 20 Juin 840, de l'année de son avénement au Trône de France & de celle de son regne d'Italie. Il avoit été déclaré Roi d'Italie vers le commencement de 820. La seizieme année de son regne d'Italie tomboit en l'an 835. Il y a donc erreur dans l'édition de l'acte par Doublet. Peut-être lisoit-on primitivement dans l'original XXIII. La quatrieme année du Regne de Lothaire comme Roi de France, depuis le 20 Juin 840, commençoit le même jour 843, année que tomboit l'indiction *sixieme* marquée dans la Chartre. Agilmar dont il y est parlé, étoit *Archichancelier* de Lothaire dès l'an (69) 835, & encore le 22 Octobre 843. Il fut fait Archevêque de Vienne en Dauphiné, l'an 841. Il étoit aussi Abbé de *Condat*, ou de Saint Claude, encore en 848. Il mourut en 860, & eut pour successeur dans l'Archevêché de Vienne, Saint Adon, célebre par ses écrits. Voici l'analyse de l'acte de Saint Denis. L'Empereur Lothaire confirmoit à son cousin *Louis*, Abbé de Saint Denis, & à son Monastere, toutes les immunités accordées par les Rois ses Prédécesseurs, *Rois des François*, *Hlothaire*, (c'étoit Clotaire III) *Pepin*, les Empereurs *Charles* & *Louis*, pour tous les biens, possessions, Prieurés, Monasteres & sujets dépendans de cette Abbaye, dans les Royaumes, Provinces & Pays de son Empire, en-deçà ou au delà du Rhin, & principalement en Alsace, & au Royaume de Lombardie, dans la Valteline, à *Burmus*, à *Postelauer*, à *Marcelisco*, & à *Milvianum*. SIMILITER *in Regno Longabardorum in locis qui appellantur vallis Tellina ac Burmus sive Postelauer & Mascelico* (ou Marscelisco) *atque Miliniaum* (ou Milinianum); Doublet lisoit *Milvianum*. Louis, Abbé de Saint Denis, que Lothaire nomme son cher cousin, *dilectus & propinquus noster Hludovicus Abba*, n'étoit pas moins illustre par sa vertu que par sa naissance. On croit (70) qu'il étoit né d'un commerce que la Princesse *Rotrude*, l'aînée de toutes les filles de Charlemagne, avoit eu avec *Roricon*, Comte d'Anjou. Il avoit obtenu l'Abbaye de Saint Denis à la mort d'*Hilduin* en 840 ou 841. Dans la Chartre qui a donné lieu à ces observations, on trouve entre autres terres de la Lombardie, dépendantes de l'Abbaye de S. Denis, la Valteline & *Burmus*. Il faut remarquer qu'alors la Valteline comprenoit ce qu'on appelle aujourd'hui la Valteline propre, & les Comtés de *Bormio* & de *Chiavenne*. *Burmus*, appellé *Burmis* dans un autre diplôme de l'Empereur Lothaire 824; c'est *Bormium*, (71) *Burmium*, en allemand *Wurms* ou *Worms*, & en Italien *Bormio* ou *Bormido*, bourg au confluent de l'Adda & de l'*Isolaccia*,

---

(64) Abrégé Chronol. de l'Hist. d'Italie, T. I. p. 486.
(65) Mabillon. Annal. Benedict. T. II. lib. xxxi. p. 560.
(66) *Hist. de Saint Denys*, Preuves n° 82. p. LXII.
On observe encore sur ce diplôme de Lothaire, après *signum*, le monogramme de cet Empereur, & on remarque la place à jour où avoit été plaqué le sceau de ce Prince.
(67) P. 742-744.

(68) Ibidem T. II. lib. xxxII. p. 614.
(69) Mabillon. Annal. Benedict. T. II. lib. xxvI. p. 295. lib. xxxI. p. 572, lib. xxxII. p. 617 & 636. & lib. xxxIII. p. 679.
Charvet, Hist. de l'Eglise de Vienne, p. 184-193. Lyon 1761 in4°. fig.
(70) Félibien, Hist. de S. Denys, pag. 81 & 92. Gallia Christiana nova, T. VII. p. 356.
(71) Tschudii Gallia Comata, p. 313. Sprecheri Pallas Rhoetica, lib. x. p. 392. Leu, Dict. Hist. de la Suisse T. XIX. p. 590 & suiv.

PREUVES. xlvij

capitale du Comté de Bormio, célébre par des eaux minérales, dites en latin *Thermæ Burmi, vel Bormianæ*, & en italien *Bagni di Bormio*, que Cassiodore (72) appelloit *Aquæ Bormitiæ*. On observe une identité de nom dans *Bormitomagus*, qui est *Worms* sur le Rhin, & dans *Bormium* ou *Bormus*, en allemand *Worms*, & en Italien *Bormio* de la Valteline. Le Comté de Bormio, *Contado di Bormio*, dont les habitans sont Catholiques, est presqu'entierement entouré de montagnes, n'ayant qu'une sortie très-étroite du côté de la Valteline. Les cinq Communautés ou *Voisinances*, en latin *Viciniæ*, & en Italien *Vicinanze*, qui partagent ce Comté, sont, 1. Bormio, 2. le val Forba, 3. le val intérieur, 4. le val inférieur, & 5. le val Luvino ; le *Podesta* ou Baillif que les trois Lignes Grises envoyent chacune alternativement tous les deux ans, pour gouverner ce Comté, réside à Bormio. Ce pays, situé (73) au haut de la Valteline, confine à l'Orient avec le val *di Venosta*, en allemand le *Vinstgoeuw*, avec l'*Etschland* ou val de l'*Etsch* ou de l'Adige, en latin *Athesina Vallis*, & avec le val de *Sarca*, du côté du Midi avec le val *di Camonica*, avec le val *di Sole* & la Valteline ; vers le couchant avec le val *di Puschiavo*, avec le Mont *Bernina* & l'Engadine, & au Nord il touche le Mont *Buffalora*, en latin *Pesfalarius* & une partie du Munsterthal, autrement *val di Monastero*. Le Comté de Bormio a pour limites au levant le Tirol, au couchant l'Engadine, Pusclav & la Valteline, au midi le val *Camoniga*, qui appartient aux Vénitiens, & au Nord l'Engadine. Sa longueur est d'environ dix lieues, sa largeur en a presqu'autant.

Postelauer ou *Posteclauer*, ou *Postlauo*, ainsi nommé dans les diplômes de l'Empereur Lothaire en 814 & 843 ; je crois que c'est *Pesclavium*, *Pedemclavium*, ou *Postclavium*, *Pusclavius vicus*, en allemand *Puschav*, & en italien *Poschiavo*. On appelle de (74) ce nom un district de pays, situé au pied des Alpes, & qui est pour ainsi dire la clef de l'Italie ; séparé de l'Engadine par le mont *Bernina*, il confine avec la Valteline, forme une vallée de près de six lieues entre de hautes montagnes, & compose la derniere jurisdiction de la Ligue Caddée des Grisons. Ce pays est assez fertile en bled & en pâturages, & les petits lacs de *Poschiavo* & du mont *Bernina* sont très-poissonneux. Cette vallée est un grand passage de l'Engadine dans la Valteline. Les deux Religions, la Catholique & la prétendue Réformée, y sont exercées ; les Catholiques dépendent du Diocése de Come. Toute la jurisdiction de *Poschiavo* est divisée en quatre parties qu'on appelle *Contrade* ; la premiere se nomme *Poschiavo*, qui est

le bourg principal du pays ; on appelle *Poschiavino*, la riviere qui traverse le val *Poschiavo* & qui se jette dans le lac de ce nom, *Pusclavius-Lacus*, *Lago di Poschiavo* ; elle en sort ensuite & se dégorge dans l'Adda, près *Villa* dans le haut *Terzero* de la Valteline.

J'ignore la vraie position de *Marcelisco* ou *Mascelico* & de *Milinianum*, nommés dans le diplôme de 843. On trouve dans la haute jurisdiction des *quatre villages* en la Ligue Caddée, un très-ancien château appellé *Marschlins*, en latin *Marsilinium*, qui existoit déjà dans le VIIIe siecle. Il est bâti au pied d'une montagne ; sur la route du Pretigeu, entre la riviere *Lanquart* & le village *Igis*. Ce Château appartient aujourd'hui à une branche de la Maison de *Salis*. On trouve aussi dans la basse Valteline le village *Mello*, dont le nom primitif peut avoir été *Milinianum* ou *Mellinianum*.

Dom Doublet (75) & Dom Félibien (76) rapportent un diplôme de l'Empereur Lothaire, en faveur de son cousin *Louis*, Abbé de Saint Denis ; en vertu de cet acte, le Monarque lui faisoit restituer l'Abbaye de Saint Mihel de Verdun qu'il avoit démembrée de Saint Denis, & donnée en bénéfice au Comte (77) Matfrid, l'un de ses officiers, pendant les derniers (78) différens élevés entre lui & son pere l'Empereur Louis. Matfrid s'étoit joint lui-même à *Hilduin*, Grand Chancelier (79) de Lothaire, pour faire restituer ce petit Monastere avec toutes ses dépendances à l'Abbaye de Saint Denis. On lit à la fin de ce diplôme, dans la copie qu'en a tiré Doublet : *Ercambaldus notarius ad vicem Agilmari recognovit. Data* (*) *duodecimo Kalend. Novembris. Anno Christo propitio Imperii Domini Lotharii Piissimi Augusti in Italia* XVIII. *& in Francia sexto. Actum Aquisgrani Palatio Regio in Dei nomine feliciter. Amen.* Dom Félibien a omis les dates numéraires de cette souscription. Il a usé de la même discrétion dans la copie (80) de l'acte suivant qui a beaucoup d'affinité avec le précédent. Les originaux de ces diplômes existent encore dans les Archives de Saint Denis. Cet autre diplôme de l'Empereur Lothaire que Doublet (81) a aussi transcrit, porte que ce Prince ayant égard aux instances de l'Abbaye de Saint Denis, à celles du *vénérable* (82) *Hilduin*, qualifié l'*Archevêque* & *Grand-Chancelier de son Palais*, & à la priere du Comte (83) Matfrid, consentoit (84) que la Valteline située au Royaume d'Italie qu'il avoit donnée à ce Comte à titre de bénéfice durant les derniers différends élevés entre lui & son Pere l'Empereur Louis, fût rendue à l'Abbaye de Saint Denis pour en jouir à l'avenir comme (85) du tems de Charlemagne & de Louis le Débonnaire. On lit à la fin de l'o-

---

(72) *Variar*. lib. x. p. 169 & seq. Parisiis 1588 in-4.
(73) Guleri *Rhætia*, p. 167 & 289.
(74) Tschudii *Gallia Comata*, p. 333. Idem, *Rhætiæ Alpinæ descriptio* p. 78—79. Leu, Dict. Hist. de la Suisse, T. XIV. p. 627—631.
(75) P. 744—745.
(76) P. 81 & Preuves n° 83. p. LXIII.
On trouve en ce diplôme le monogramme de *Lothaire* après le *signum* de cet Empereur ; on y voit aussi un sceau plaqué de cire brun-clair, autrefois jaune. Ce sceau offre l'effigie de Lothaire en buste dont la tête est nue & couronnée de lauriers ; on y lit encore JUVANTE.
(77) Matfridus etiam fidelis Ministerialis noster & inluster Comes, qui eandem Abbatiam retinebat jure beneficiario.
(78). Ob dissensionem quæ inter Domnum & Genitorem nostrum & nos nuper versata est.
(79) Hilduinus venerabilis vocatus Archiepiscopus Sacrique Palatii nostri notarius cognovit.
(*) *Je lis dans l'original. Data* XII. KL. Nov. anno Christo propitio Imperii Domni Lotharii XI. (on lit à la tête du diplôme *Hlotharius*) piissimi Augusti in Italia . . . . & in Francia . . . . Indictione VI Aquisgrani Palatio regio in Dei nomine feliciter amen. J'ai mis des points après *Italia*, parce qu'on lit ici

XVIII par une interpolation très-visible. Au reste l'Indiction VI marquée distinctement dans le diplôme en doit fixer la vraie date ; elle tomboit en 843. C'étoit la vingt-quatrieme année de l'empire de Lothaire en Italie, & la quatrieme année de son regne en France.
(80) Ibidem Preuves n° 84. p. LXIII.
(81) Pag. 775—776.
(82) Hilduinus venerabilis vocatus Archiepiscopus Sacrique Palatii nostri notarius summus.
(83) Matfridus etiam fidelis Ministerialis noster & inluster Comes, *je lis* inluster, Doublet *lisoit* insuper.
(84). *Voici comme je lis dans l'original*. Ut vallem tillinam quæ in regno Italiæ consistit & olim ad præfatam sanctum locum delegata esse dinoscitur, sed ob dissensionem quæ inter Domnum ac Genitorem nostrum Hludouuicum & nos nuper versata est a potestate predicti sancti loci fuerat remota nostra munificentia ibidem restitueretur. Quibus jungentes se precibus Hilduinus venerabilis vocatus Archiepiscopus Sacrique Palatii nostri notarius summus. Matfridus etiam Fidelis Ministerialis noster & inluster Comes qui eandem nostro retinebat jure beneficiario vallem, &c.
(85) Quemadmodum temporibus Avi & Genitoris nostri eadem retinuit potestas concedimus.

PREUVES.

riginal (86) *Remigius notarius ad vicem Hilduini recognovit Data III non Januarii anno Christo propitio Imperii Domni Hlotharii, piissimi Augusti in Italia vigesimo & in Francia VIII Indictione XI Actum Aquisgrani Palatio Regio in Dei nomine feliciter. Amen.* Nous allons examiner les dates de cet acte (*). L'indiction onzieme tomboit depuis 820 jusqu'en 850, dans les années 833 & 848. C'étoit le 20 Juin 848, que finissoit la huitieme du regne de Lothaire en France. Jusqu'ici les dates du diplôme paroissent exactes, mais il n'en est pas de même sur l'année du regne d'Italie. *La vingtieme année* de Lothaire, comme Roi d'Italie tomboit en 839. Celui qui a écrit le diplôme a oublié d'ajouter *nono* à *vigesimo*; ainsi la vingt-neuvieme année du regne de Lothaire en Italie, désigneroit encore l'année 848.

Hilduin dont il est parlé dans cet acte n'étoit pas le fameux Abbé de S. Denis de ce nom, mort vers la fin de 840, quoique les Auteurs du *Gallia Christiana* (87) les aient confondus ensemble. Hilduin avoit le titre d'*Archevêque*; j'en ignore la raison. Remi souscrivit cet acte à la place de *Hilduin*. Je trouve un diplôme de l'Empereur Lothaire, en faveur d'Agilmar, Archevêque de Vienne, au sujet du Monastere de Romans, daté du 3 des Calendes de Janvier, l'an 23 du regne de Lothaire en Italie, & en France le 3e, c'est-à-dire, suivant M. l'Abbé *Charvet* (88), le 30 Décembre 842. On y lit que Daniel, Notaire, collationna cet acte à la place de Hilduin. *Danihel Notarius ad vicem Hilduini recognovit.* Eckhard (89) a observé que le chef de la Chancellerie, sous les Rois Carlovingiens, se nommoit indifféremment *Notarius Summus, Cancellarius, Summus Cancellarius & Archicancellarius*. Hilduin est qualifié dans l'acte de S. Denis, *Sacri Palatii nostri Notarius summus*. Eckhard (90) a aussi fait mention de *Hilduin*, dans l'énumération des Chanceliers de l'Empereur Lothaire; il le plaçoit après l'an 844. Agilmar, Archevêque de Vienne, dont nous avons parlé, & Hilduin, étoient tous deux Chanceliers de Lothaire & peut-être dans un même tems. Le savant M. Olenschlager (91) a prouvé que les Empereurs ont eu à la fois plusieurs *Archichapelains & Archichanceliers*. Dom Mabillon (92) a conjecturé que Hilduin, Archichancelier de Lothaire, étoit l'Abbé Hilduin, à qui Hincmar adressa une lettre, *Hilduino Abbati*. Dom (93) Dacheri a rapporté un diplôme de l'Empereur Lothaire, par lequel ce Prince rétablissoit l'Eglise de Lyon dans ses possessions, à la priere du vénérable Abbé Hilduin, Archinotaire de son Palais. Ce diplôme est sans date; on le place vers l'an 853. Je trouve un Hilduin Abbé, *Hilduinus Abbas*, qui (94) souscrivoit en 870 avec beaucoup d'Evêques & d'Abbés une Chartre concernant le Monastere de Saint-Wast d'Arras.

Hilduin, (95) Evêque d'Asti, en Italie, *Hilduinus Episcodus Astensis*, parut à la diete que Charles-le-Chauve tint à Pavie en Février 876.

J'ai soupçonné un moment que le Comte *Matfrid*, nommé dans les deux actes (96) de Saint Denys, étoit Matfrid, Comte d'Orléans, ce scélérat qui inspira l'esprit de rébellion à l'Empereur Lothaire contre son propre pere. L'Histoire (97) nous apprend que Matfrid fut privé de son Comté en 829 à la diete de Worms; que Pepin, Roi d'Aquitaine, frere de Lothaire, le rétablit en 830, & qu'il parut de nouveau cette année à la tête des Rebelles avec Hilduin, Abbé de Saint Denys, pour détrôner l'Empereur Louis. Il fut exilé en 831, & mourut de la peste entre le 14 Août & le 11 Novembre 836. Le Comte Matfrid, nommé dans les deux chartres de Saint Denys, & à qui Lothaire avoit donné un tems la Valteline, *la derniere fois* (98) qu'il fut brouillé avec l'Empereur son pere, n'étoit sans doute pas le même que Matfrid, Comte d'Orléans, mort en 836, puisque ce premier vivoit (99) encore en 848. Le Pere Menestrier (100) a rapporté un acte de 842, par lequel l'Empereur Lothaire ayant égard à la priere du Comte *Matfredus*, l'un de ses Officiers (101), donnoit à *Immion* son vassal, des terres dans le Lyonnois. On trouve (102) un Matfrid dans le nombre des Seigneurs qui parurent en Juin 860 à l'assemblée de Saint-Castor près Coblentz, dans laquelle Louis le *Germanique*, Charles le *Chauve* & leur neveu Lothaire, jurerent paix & amitié. En 877, lorsque Charles le *Chauve* se préparoit à son voyage d'Italie, il publia à Quierfi des *Capitulaires* ou Réglemens pour l'administration de ses Etats en son absence: Matfrid étoit l'un des Seigneurs à qui Charles confioit la défense de la Meuse avec Jean, Evêque de Cambrai, & le Comte Arnulf.

Les Historiens de l'Abbaye de Saint Denis ne nous apprennent pas en quelle année elle perdit ses domaines de la Valteline. Ils gardent le même silence sur l'aliénation ou

---

(86) *La copie de Dom Félibien porte seulement: Remigius Notarius ad vicem Hilduini recognovit. Data . . . . Actum Aquis grani Palatio regio in Dei nomine feliciter. Amen.*

M. de Hontheim (*Hist. Trevirens.* T. I. p. 182. no LXXXI) a rapporté un diplôme de l'Empereur Lothaire dont il place la date au 17 Février 844. On y lit à la fin: *Hrodmundus notarius ad vicem Hilduini recognovit. Data XIII Martii anno Christo propitio imperii domini Lotharii pii Imperatoris in Italia XXV. in Francia vero XII. Indict. XIII. Actum Aquis grani Palatio.* L'Empereur donnoit par ce diplôme à un nommé *Fulcard* plusieurs terres, entr'autres *Beuringen*, situées dans le Canton d'*Eiffel, in pago Eisfensse*; cette donation fut faite à la priere de *Madfrid* que Lothaire nommoit dans l'acte, *fidelis Ministerialis noster*; ces terres furent depuis possédées par l'Abbaye de S. Maximin de Treves. Voyez *Eccard* Commentarii de rebus Franciæ Orientalis. T. II. pag. 382—383.

(*) On y trouve le monogramme de *Lothaire* après *signum*. Le sceau en a été enlevé; mais par les vestiges il paroit qu'il étoit de cire jaune.

(87) T. VII. derniere édition, p. 355—356.
(88) Hist. de l'Eglise de Vienne. p. 186.
(89) Introductio in Rem diplomaticam, præcipuè Germanicam. p. 131.
(90) Ibidem, p. 151.
(91) Origines juris publici Imperii Romano-Germanici. p. 35—37.
(92) Annales Benedictini, T. III. lib. XXXIV. p. 31.
(93) Spicileg. T. XII. p. 109 & 115. Recueil des Hist. des Gaules & de la France, T. VIII. p. 390—391. Le savant Jean-George Eccard a prouvé par plu-

sieurs diplômes que Hilduin a été Archi-Chancelier de l'Empereur Lothaire jusqu'en 855. [Commentarii de rebus Franciæ Orientalis T. II. p. 382—383, 389 & 391—392.]

(94) Auberius Miræus Rerum Belgicarum Annales. p. 385.
(95) Miræus, ibidem. p. 389.
(96) Je pense que le premier de ces actes, daté de la sixieme année du regne de Lothaire, comme Roi de France, est du mois d'Octobre 845, & qu'il y faut lire la XXVIe année de son regne en Italie. Au reste l'édition de Doublet est remplie de fautes typographiques.

(97) Nithardi Hist. lib. I. Mabillon. Annal. Benedict. T. II. lib. XXX. p. 525, 527, 530 & 576, & lib. XXXI. p. 564 & 575.
(98) C'est ainsi qu'il faut traduire l'adverbe *nuper* qu'on lit dans les deux diplômes.
(99) Les Auteurs du Recueil des Historiens des Gaules & de la France [T. VIII. p. 384—385. Paris 1752 in-fol.] placent aussi vers 847 la date du diplôme de l'Empereur Lothaire dont lequel le Comte M.atfrid supplie ce Prince de restituer la Valteline à l'Abbaye de Saint-Denys.

(100) Histoire derniere de Lyon, Preuves, p. XXXVI.
(101) *Ministerialis noster.*
(102) Recueil des Hist. des Gaules & de la France, T. VII. pag. 642 & 702. Voyez aussi *Eccard*, (Commentarii de rebus Franciæ Orientalis, T. II. p. 391—392, 432, 436 & 477.) Ce savant cite plusieurs diplômes de l'Empereur Lothaire, depuis 847 jusqu'en 855 qui font mention du Comte Matfred ou Matfrid. Ce Prince le qualifioit dans ces actes *dilectus Ministerialis noster*. Le Roi Lothaire parle aussi de ce Comte dans un diplôme daté de Nimegue en Mai 856

dilitraction

PREUVES.   xlix

diftraction de plufieurs autres terres que ce Monaftere poffédoit au-delà du Rhin. Je crois qu'il eft difficile de fuppléer à ce filence, à moins qu'on ne recherche dans les pays mêmes où étoient fituées ces terres, des titres qui en offrent les différentes mutations ; mais on peut préfumer que tant que la race Carlovingienne régna fur l'Italie & l'Allemagne, l'Abbaye de S. Denis continua de jouir des terres qu'elle y tenoit de la libéralité de Charlemagne. On peut auffi conjecturer que l'élévation des Princes Allemands au trône Impérial fut l'époque où l'Abbaye de Saint Denis, fituée dans un Royaume qui leur étoit étranger, perdit infenfiblement les domaines qu'elle avoit poffédés jufqu'alors en Allemagne : ce qui arriva vraifemblablement dans le dixieme fiecle. La mort de Louis IV dit l'*Enfant*, le dernier des Princes Carlovingiens qui fut Roi de Germanie, acheva de rompre les foibles liens qui tenoient les provinces d'Alemagne dans une forte d'union avec la France. Louis IV mourut le 21 Novembre 911, n'ayant pas encore dix-huit ans & n'ayant point été marié. Conrad, Duc de Franconie, & fils de Conrad de Fritzlar, fut élu l'année fuivante Roi de Germanie. L'Italie dans laquelle étoit comprife la Valteline, avoit été de même fouftraite aux defcendans mâles de Charlemagne, & elle avoit paffé fous une domination étrangère. Berenger, Duc & Marquis de Frioul, ayant appris la mort de l'Empereur Charles le *Gras*, fe fit déclarer Roi d'Italie en Janvier ou Février 888.

Nous n'étendrons pas plus loin cette differtation ; nous la terminerons en obfervant qu'on trouve dans l'*Italia* (102) *Sacra d'Ughelli*, plufieurs diplômes des Rois d'Italie qui confirmoient aux Evêques de Come les poffeffions de leur Eglife à Chiavenne, *Clufas & Pontem* ou *Pontes juris noftri de Clavenna*. L'un de ces diplômes (103) eft de Louis III, dit l'*Aveugle*; il eft daté de *Palonia* le 18 Janvier 901, la premiere année du règne de Louis. L'Hiftoire nous apprend que Louis III, Roi de la Bourgogne Cifjurane, après avoit remporté divers avantages fur Berenger, refta en 900, maître de toute la Lombardie, & qu'il fe fit élire Roi d'Italie. Il partit en 901 de Bologne après le 14 de Janvier pour aller à Rome, & y reçut le 12 Février la Couronne Impériale des mains de Benoît IV. Ughelli (104) rapporte un autre diplôme de Hugues & Lothaire II, Rois d'Italie, daté de Come, (*Cumis civitate*) le 15 Juin 937, & un diplôme (105) du même Roi Lothaire II, donné à Pavie le 31 Mai 950. Ce Prince mourut le 22 Novembre la même année 950. Ughelli a inféré encore dans fon ouvrage deux diplômes de l'Empereur Othon III ; l'un (106) daté de Ratisbonne (107) le 5 Octobre 988, & l'autre de Rome (108) le 27 Juin 999, tous en faveur de l'Eglife de Come au fujet de Chiavenne ; mais dans tous ces actes, il n'eft fait aucune mention expreffe de la Valteline ; Henri II, Roi de Germanie & d'Italie, & depuis Empereur, la nomme dans un diplôme (109) de l'an 1006. Ce Prince donnoit par cet acte à Eberhard Evêque de Come & à fes fucceffeurs, à la priere d'Egilbert, Evêque de Frifingen, & pour le falut de fon ame & celui de la Reine fa femme, la moitié du Vicomté de la Valteline, *omnem medietatem Vicecomitatus de Valtellina, & quicquid ad illam medietatem pertinet aut citra lacum Cumanum*. Ce feroit ici l'occafion de difcuter l'origine du titre de *Vicomté* donné à la Valteline, mais pareille recherche étendroit trop cette differtation, & il faudroit préalablement approfondir les commencemens du premier Duché de Milan, examen qui nous meneroit dans le détail des différentes branches & révolutions du Gouvernement des Lombards, & par conféquent à des tems antérieurs au regne de Charlemagne.

(102) T. V. primæ editionis.
(103) Ibidem T. V. p. 257-259.
(104) Ibidem p. 261-262. *Ballarini* Chroniche di Como, p. 114.
(105) *Ughelli* ibidem, p. 163-164.
(106) Ibidem, p. 264-266.
(107) On lit dans l'acte, par corruption, *Ranesbouc*, pour *Regensburg*, nom Allemand de la ville de Ratisbonne.
(108) Ughelli ibid. p. 166-268.
(109) Idem ibid. T. V. p. 269-270. *Ballarini*, ibid. p. 115. *Tatti, Annali Sacri della Citta di Como*, T. II. p. 123. Ce diplôme de Henri II eft fans date, omiffion qui fe remarque auffi dans quelques autres diplômes de ce Prince. Le 3 Avril 1006, le Roi Henri tint à Neubourg en Allemagne un *plaid* célèbre en préfence de plufieurs Evêques, Abbés & Comtes d'Italie qui avoient été tous attirés par la néceffité de leurs affaires & par le defir d'obtenir ou privilèges ou donation. *Muratori, Annal. d'Ital. T. VI. p. 28. Saint-Marc, Abrégé Chronol. de l'Hift. d'Ital. T. II. p. 956.* L'Abbé Quadrio (*) a attaqué l'autenticité du diplôme de Henri II. Il le dit daté de *Vérone*, & à caufe de cette prétendue date, il rejette l'acte ; il veut même prouver par deux Hiftoriens de ce tems que depuis l'année 1004 que Henri II fut à Pavie, ce Prince ne revint plus en Italie avant l'an 1013. Ces objections pourroient avoir quelque folidité, fi le diplôme de Vérone étoit daté de Vérone l'an 1006. Mais Ughelli & Tatti qui l'ont rapporté, le difent fimplement daté de 1006 fans aucune défignation locale.

(*) T. I. *Differtazioni Critico-Iftoriche intorno alla Rezia*, &c. p. 169.

N° LIX.

Traité de la Ville de Berne avec Philippe, Comte de Savoie & de Bourgogne, daté de Berne en Septembre, le Dimanche dans l'octave de la Nativité de la Vierge 1268.

Original dans la Chambre des Comptes de Savoie à Chambery, & copie rapportée par Samuel Guichenon parmi les preuves de l'Hiftoire généalogique de la Maifon Royale de Savoie, pag. 82-83. Lyon 1660, in-fol. fig.

SCULTETUS & Confules & Univerfitas de Berno acceptaverunt & receperunt in Dominum & protectorem fuum loco Imperii D. Philippum Sabaudiæ & Burgundiæ Comitem, toto tempore vitæ fuæ, donec Romanorum Rex vel Imperator venerit citra Rhenum in Alfatiam, & effectus fuerit potens in illis partibus tenendo Bafileam, & quamdiu ipfos habere voluerit in manu fua, & quod D. Philippus præcipiat reditus & proventus de telonio, de moneta & de majori judicio ipfum cum plenitudine juris & honorum, ficut Reges & Imperatores percipere confueuerunt, & promittunt feruare ipfum D. Comitem indemnem adverfus Regem five Imperatorem, qui poftea creabitur, & iuuare eum contra omnes. Ita etiam quod dictus Comes teneatur eos defendere contra omnes. Ipfi vero homines de Berno promiferunt quod finguli à quatuordecim annis fupra, iurabunt attendere ipfi Comiti omnia fupra fcripta, & debitam fidelitatem facere. Datum apud Bernam, Anno M. CC. LXVIII. Dominica Nativitatis Beatæ Mariæ, menfe Septembri.

PREUVES.

N° LX.

Acte daté du Monastere de Payerne en Août 1291, par lequel Amédée, Comte de Savoie, prend sous sa protection la Ville de Berne.

Original conservé dans les Archives de Turin & de Berne, & copie dans le second volume du manuscrit qui a pour titre, *Helveticæ - Cartæ*, in-fol. dans la Bibliothèque de M. le Baron de *Zur-Lauben*.

NOVERINT universi presentes litteras inspecturi, quod nos Amedeus Comes Sabaudie & Italie Marchio, notum facimus universis, quod nos illos de Berno, pro urgenti necessitate & evidenti utilitate sua in Dominium nostrum & protectionem recipimus donec circa Renum Romanorum Rex vel Imperator venerit in Alsaciam, & effectus fuerit potens in illis partibus tenendo Basiliam, ipsosque habere voluerit, eorum consensu liberaliter accedente, qui nos in Dominium & protectionem suam loco Imperii receperunt & acceptaverunt toto tempore vite nostre donec Romanorum Rex vel Imperator venerit circa Renum in Alsaciam & effectus fuerit potens in illis partibus tenendo Basiliam & ipsos habere voluerit in manu sua, eorum consensu liberaliter accedente, & nobis concesserunt quod nos per nos vel per nuntios nostros quos voluerimus, habeamus & percipiamus redditus, seu proventus de teloneo, de moneta & de maiori judicio ville de Berno provenientes, cum ea plenitudine juris & honoris sicut Reges vel Imperatores percipere consueverunt & promiserunt nobis bona fide, quod nos super predictis redditibus, seu proventibus quos nos percipere seu recipere contingeret, erga Regem vel Imperatorem servabunt indemnem si quam nobis super huiusmodi movere contingeret questionem super qua promissione tunc demùm nobis tenentur, cum Rex vel Imperator circa Renum in Alsacia potens fuerit tenendo Basiliam & ipsos in manu sua cum eorum consensu ut supra tenere voluerit & habere : Promiserunt nobis insuper pro se heredibus & successoribus suis, quod nos iuvabunt fideliter & liberaliter contra omnes, & nos similiter eisdem promittimus bona fide, quod nos ipsos iuvabimus contra quoscunque eis adversantes & defendemus justitia mediante, & hec omnia & singula servare promittimus bona fide : & universi & singuli de Berno a quatuordecim annis supra servare facere, & non contravenire, per se vel per alios, aliquo unquam tempore promiserunt & juraverunt super Sancta Dei Evangelia corporalibus prestitis iuramentis, in quorum omnium robur & testimonium, presentes litteras eis tradidimus sigillo nostro sigillatas. Data Paterniaci in Claustro Monasterii dicti loci, die Jovis ante Assumptionem Beate Marie Virginis, anno Domini Millesimo, ducentesimo, nonagesimo primo.

N° LXI.

Acte du 17 Septembre 1330, par lequel Aimon, Comte de Savoie, se fait Combourgeois de la Ville de Berne pour dix ans,

Original dans les Archives de la ville de Berne, & copie dans le troisieme volume de la Collection manuscrite in-fol. qui a pour titre : *Helveticæ Cartæ*, p. 1, dans la Bibliothèque de M. le Baron de *Zur-Lauben*.

NOS Aymo Comes Sabaudie, notum facimus universis, presentibus & futuris ut ne pure fidei dilectio qua predecessores nostri pie memorie & viri prudentes, Scultetus consules & tota Communitas ville Bernensis Lausannensis Dyocesis fuerant hactenus adunati, pereat, sed perpetim vigeat, Domino concedente, facti sumus sacri Romani Imperii, & ipsorum in Berno Comburgensis, qua propter promissimus & promittimus per juramentum nostrum super Sancta Dei Evangelia solemniter prestitum eosdem Burgenses ville de Berno, expensis nostris propriis iuvare defendere & manu tenere sine dolo quolibet tanquam ipsorum fidelis Comburgensis quandocunque & quotiescunque necesse habuerint, & ab ipsis vel ab eorum certo Nuntio, nos vel Ballivi nostri super hoc fuerimus requisiti & dictam nostram Burgensiam a confectione Presentium in antea infra proximos & continue sese subsequentes decem annos nullatenus resignare, quibus elapsis decem annis nos ipsis eandem nostram Burgensiam, & ipsi nobis si voluerimus, abdicere & contra mandare possimus nostras litteras perapertas. Quamdiu autem hoc factum non fuerit, tamdiu nostra Burgensia penes eos durabit in conditionibus & forma predictis & subscriptis, hoc addito quod nos coram ipsis in ipsorum judicio quærelantibus seu querelantium respondere non tenebimur neque talias nec exactiones solvere aliquas ut Burgensis durante Burgensia noftra memorata : sciendum tamen est, si nos infra spatium decem annorum proximorum & primorum dictam nostram Burgensiam, quod tamen fieri non debet, resignaverimus, tunc ipsis Domus Burgensie nostre quam penes eos pro quinquaginta Marcis argenti comparare debemus ex condicto, cedit & liberè remanere debet contradictione qualibet non obstante, hoc addito, quod nos si volumus, Dominum Rudolfum Comitem Novi Castri, contra Dominum Eberhardum Comitem de Kyburg iuvare possimus, & ipsi Bernenses dictum Comitem de Kyburg, contra dictum Comitem Novi castri juvare possunt, dicta Burgensia non obstante, & quod nos jam dictus Comes Sabaudie non tenemur esse ratione dicte Burgensie contra nostros subditos, qui nobis homagio sunt astricti, quamdiu ipsi subditi nostri parati sunt dictis Bernensibus facere coram Ballifo nostro Chablaisii, qui pro tempore fuerit, in diebus super hoc apud Muretum (1) assignatis complementum justitie, quolibet sine dolo, in cuius Rei robur & testimonium, sigillum nostrum pependimus ad presentes. Datum & actum septima decima die Mensis Septembris anno Domini Millesimo, trecentesimo, tricesimo.

(1) *Morat.*

PREUVES.

N° LXII.

Amedée IX, Duc de Savoie, étant à Pignerol le 15 Avril 1467, ratifie l'alliance renouvellée avec la Ville de Berne, le 22 Février de la même année.

Copie dans le troisième volume *Helveticæ Cartæ*, pag. 518, manuscrit *in-fol.* dans la Bibliothèque de M. le Baron de *Zur-Lauben.*

AMEDEUS Dux Sabaudiæ, Chablaysii & Augustæ, sacri Romani Imperii Princeps, Vicariusque perpetuus, Marchio in Italia, Princeps Pedemontium Niceæque Vercellarum ac Friburgi Dominus: Universi seriem præsentium inspecturis, rei gestæ notitiam cum salute. Cum superioribus diebus apud honorabiles amicos & confæderatos nostros carissimos, Scultetum, consules & commune Bernensis, nostri parte destinatus orator, magnificus, consanguineus, fidelisque consiliarius & cambellanus noster sincere dilectus Dominus Franciscus Comes Gruerii, Marescallus Sabaudiæ, confirmationem laudabilium & antiquarum confæderationum & colligationum, per & inter recolendæ memoriæ Illustres progenitores nostros parte ex una, & ipsos consules & commune Bernensis parte ex altera, jam dudum initarum ab eisdem in ampla & valida forma obtinuerit, quemadmodum ex litteris patentibus ipsius communitatis super hoc confectis ejusque sigillo sigillatis datis Bernæ die vicesima secunda mensis Februarii nuperrimè fluxi, plenius dignoscitur apparere; Hinc est quod nos volentes prout decens & honestum arbitramur, huiusmodi laudabilibus & antiquis confœderationibus colligationibusque, quantum ad nos attinet, nostrorum imitando vestigia progenitorum pari passu inhærere, & illas quantum nostra intersit, inconcussè observare cupientes, auditis prius super hoc spectabilibus nobis sincere dilectis Dominis Adriano de (1) Boemberg, Nicolao de Scharnachtal militibus & Nicolao de Diesbach domicello, oratoribus pro parte ipsorum Confæderatorum nostrorum ob hanc causam ad nos destinatis, ibidemque præsentibus & nobis assistentibus ex nostra certa scientia, pro nobis nostrisque hæredibus & in perpetuum successoribus quibuscunque, habita super his procerum Baronum & fidelium nostrorum deliberatione sufficiente, prædictas confæderationes & colligationes secundum illarum formam & tenorem confirmamus, & ratificamus & approbamus per præsentes, plenamque roboris firmitatem perpetuò obtinere volumus & decernimus. Promittentes hoc ideo pro nobis & nostris prædictis in verbo Principis & per fidem nostri corporis, manum dextram in altum levando, prædictas confæderationes & colligationes, huiusmodi pacificationem & litteras nostras quantum nos concernunt & nostra intersit, ratas, gratas, validas & firmas perpetuò habere & tenere & nunquam contra facere, dicere vel venire, seu per quemquam fieri permittere, quinimo illas & illarum omnia singula in eisdem contenta, prout ad nos spectare potest, attendere, observare & funditus adimplere etiam cum omni alia solemnitate jurisque & facti, renuntiatione ad hæc necessaria pariter & cautela.

In cuius rei testimonium has literas nostras munimine roboratas duximus concedendas.

Datas Pinerolii die quindecima Mensis Aprilis, Anno Domini Millesimo quatercentesimo sexagesimo septimo.

(1) En Allemand *de Bubenberg.*

N° LXIII.

Observations sur la Suisse traduites en 1780 de l'Anglois d'Addisson (*), par M. François-Antoine Quétant.

DE Geneve (1) je gagnai Lausanne, & ensuite Fribourg (2). Cette derniere ville me parut bien médiocre pour être la capitale d'un Canton aussi étendu. Sa situation est tellement irréguliere, que pour aller d'un quartier à l'autre, on est obligé de grimper par des escaliers d'une hauteur considérable. Cet inconvénient deviendroit néanmoins une ressource dans le cas où le feu prendroit dans quelque partie de la Ville; car au moyen des réservoirs & des écluses qu'on a pratiqué sur le haut de ces montagnes, on peut à tout instant transporter une riviere dans telle partie de la Ville que l'on souhaite. On y compte quatre Eglises, outre quatre Couvens d'hommes avec autant de femmes. La petite Chapelle de la Salutation est un joli bâtiment & d'un goût fort agréable. Le Collége des Jésuites de cette Ville passe pour être un des plus beaux de la Suisse : les logemens en sont vastes, & donnent de tous côtés sur de magnifiques points de vue. Ces Peres ont une collection de Tableaux représentant, pour la plupart, des Religieux de leur Ordre qui se sont distingués par leur piété ou par leur savoir. On remarque parmi ces Tableaux, plusieurs personnages Anglois que nous appellons des Rebelles, & qui sont honorés parmi eux du nom de Martyrs. L'inscription mise au bas du portrait de *Henri Garnet* porte, que les hérétiques ne pouvant le gagner à leur religion, ni par les promesses ni par la force, l'ont fait pendre (3) & écarteler. Je vis aux Capucins ce qu'ils appellent leur escargotiere; je m'arrêtai à l'observer avec d'autant plus de curiosité, que je ne me ressouviens pas d'avoir rien vu de semblable dans aucun autre pays. C'est une grande place quarrée dont l'intérieur est revêtu de planches & rempli d'une grande quantité de limaçons qu'on dit être un excellent manger quand ils sont bien accommodés. Le plancher est couvert de plantes de différentes especes à un demi-pied d'épaisseur: c'est la retraite des limaçons pendant les grands froids de l'hiver, Quand le Carême est arrivé, les Religieux ouvrent leur magasin & en tirent le meilleur mêt en maigre qui soit au monde; car il n'y a pas de poisson que ces Peres croient comparable à un ragoût de limaçons.

Environ à deux lieues de Fribourg, nous allâmes visiter un hermitage qui passe pour une des raretés les plus curieuses de la contrée. Il est situé dans la plus jolie solitude qu'on puisse imaginer entre des bois & des rochers qui, dès le premier coup d'œil, disposent l'ame au recueillement. Il y a vingt-cinq ans environ que cette solitude est habitée par un Hermite qui s'est pratiqué dans le roc, & avec ses propres mains, une jolie chapelle, une sacristie, une chambre, une cuisine, un cellier & d'autres commodités. La cheminée traverse le roc, de maniere qu'on voit le Ciel en regardant du bas en haut, quoique les chambres soient enfoncées profondément dans la montagne. Il a taillé en plate-forme un des côtés du rocher pour s'y pratiquer un jardin; & par le moyen d'une grande quantité de terre qu'il y a transportée

(*) Œuvres de Joseph Addisson, édition en Anglois de Baskerwil, 1761. *in-4°.* vol. II, pag. 153—167.
(1) Voyage en 1700 & 1701.
(2) Planches 43, 51, 65, 139 & 160.
(3) Le 3 Mai 1606.

des campagnes voisines, il s'est fait une espece de petit territoire qui fournit sa table avec une profusion qu'on ne soupçonneroit pas chez un Hermite. Cet ingénieux (4) Solitaire ayant remarqué des gouttes d'eau ruisselant en quelques endroits du roc, il en a suivi les veines & s'est ménagé dans les entrailles de la montagne deux ou trois fontaines qui servent tout à la fois à son propre usage & à l'arrosement de son petit jardin.

Depuis cet endroit jusqu'à Berne, nous eûmes une très-mauvaise route que nous fîmes en grande partie à travers des bois de sapins. La grande quantité de bois que fournit ce pays, fait que l'on s'en sert au lieu de pierres pour raccommoder les routes. Je ne saurois me dispenser de faire mention de la construction singuliere de quelques-unes de leurs granges que j'ai vues. Ils établissent d'abord une charpente pour servir de fondation au bâtiment; ensuite ils placent sur les coins quatre gros blocs coupés de maniere que ni les souris ni aucune autre sorte de vermine, ne peuvent y grimper. Ils passent au-dessus, un plancher sur lequel le bled se trouve garanti de l'humidité de la terre : tout le bâtiment de la grange porte sur ces quatre blocs.

Je n'ai rien trouvé à Berne (5) qui m'ait paru plus agréable que les promenades publiques auprès de la grande Eglise. Elles sont extrêmement élevées; mais afin que leur poids n'écrase point les murs & les pilastres qui les environnent, on les a bâti sur des arches & des voûtes. Quoique l'élévation de ces promenades surpasse les rues & les jardins qui sont autour, de presque toute la hauteur des plus grands clochers que nous ayons en Angleterre, il est arrivé cependant qu'un homme ivre tomba, il y a près de quarante ans, du haut de cette élévation jusqu'en-bas sans se faire d'autre mal que se casser un bras. Rien n'est si magnifique en été que la perspective que l'on a du haut de cette promenade. On voit à découvert toute cette file de montagnes qui environne le pays des Grisons. Elles sont toutes couvertes de neige, & éloignées de Berne d'environ vingt-cinq lieues; mais leur élévation & leur couleur les fait paroître beaucoup plus près. L'Eglise cathédrale est située sur un des côtés de cette promenade, & c'est peut-être la plus magnifique de toutes les Eglises Protestantes de l'Europe, si l'on en excepte celles de l'Angleterre : c'est une construction hardie & un chef-d'œuvre d'architecture gothique.

J'allai voir ensuite l'Arsenal de Berne où l'on prétend qu'il y a des armes pour vingt mille hommes. J'avoue que ce n'est pas une chose extrêmement satisfaisante que de visiter ces magasins de guerre, après que l'on en a vu seulement deux ou trois; mais il est toujours intéressant pour un voyageur d'examiner ceux qui se trouvent sur sa route; car outre que cela lui donne une idée des forces d'un Etat, cela sert encore à fixer dans son esprit les événemens les plus importans de l'histoire d'un pays. C'est ainsi que dans l'arsenal de Geneve on remarque les échelles, les petards, & autres instrumens qui furent employés dans la fameuse escalade de la Ville; & outre cela, beaucoup d'autres armes de Nations étrangeres que les Genevois ont gagnées dans les différentes batailles dont leur histoire fait mention. On voit dans l'arsenal de Berne la figure & l'armure du Comte (6) qui a été le fondateur de cette Ville; & celle du fameux *Guillaume Tell*, représentée dans le moment où il va tirer la pomme sur la tête de son fils. Cette histoire est trop connue pour que j'aie besoin de la rapporter ici. Je vis pareillement la figure & l'armure du Capitaine qui commandoit les Paysans contre Berne avec les différentes armes que ces Rustiques guerriers avoient apportées au combat. On y montre aussi une grande quantité d'autres armes que les Suisses prirent aux Bourguignons dans les trois batailles (7) qui assurerent leur liberté, & qui se terminerent par la mort du Duc de Bourgogne lui-même & de ses plus braves Officiers. Les Chambres où s'assemble le Conseil, & les fortifications de la Ville, n'ont rien qui m'ait semblé digne de remarque. Ces fortifications ont été faites à l'occasion de la derniere révolte des Paysans, pour mettre la Ville à l'abri d'être désormais exposée à ces attaques imprévues. J'ai remarqué dans la Bibliotheque de Berne un groupe de métal antique représentant un Prêtre qui verse du vin entre les cornes d'un bœuf : le Prêtre a la tête couverte comme les anciens Sacrificateurs Romains, & paroît représenté dans la même attitude qui est décrite par Virgile dans le troisieme livre de son Enéide.

« *Ipsa tenens dextrâ pateram pulcherrima Dido*
» *Candentis vaccæ media inter cornua fundit* ».

Cet antique a été trouvé à Lausanne.

La Ville de Berne est abondamment fournie d'eau par une grande quantité de belles fontaines qui sont placées de distance en distance depuis un bout des rues jusqu'à l'autre. Il n'y a pas d'ailleurs de pays qui soit mieux arrosé que la Suisse : c'est une observation que j'ai faite dans les parties de cette contrée que j'ai parcourues. On rencontre par-tout sur les routes des fontaines où l'eau coule sans cesse dans de grandes auges placées au-dessous de la fontaine : ce qui est extrêmement commode dans un pays aussi abondant que celui-là en chevaux & en bétail. Les montagnes de Suisse d'ailleurs tellement remplies de sources, & fournissent une si grande quantité de bois propre à faire des canaux qu'on ne doit pas être étonné que les fontaines y soient si communes.

Sur la route qui conduit de Berne à Soleure, on rencontre un monument qui a été élevé par la République, sur lequel on lit l'histoire d'un Anglois dont je ne crois pas qu'il ait jamais été fait mention par aucun de nos Ecrivains. L'inscription est écrite en latin sur un des côtés de la colonne, & en allemand sur l'autre. Je n'ai pas eu le tems de la copier, mais en voici la substance. Un nommé *Cuffinus*, Anglois de nation, à qui le Duc d'Autriche avoit donné sa sœur en mariage, vint à main armée pour enlever de force dans le pays des Suisses. Mais après avoir ravagé la contrée

---

(4) Il se nommoit *Jean Dupré*, de Gruyeres, Canton de Fribourg. Le pauvre homme se noya l'an 1708, le jour de *Saint Antoine*, qui étoit celui de la dédicace de son Eglise. Quelques écoliers y étant allé pour célébrer sa fête avec lui ce jour-là, qui est le 17 de *Janvier*, il voulut les reconduire dans un batelet au-delà de la *Sane* qui baigne son hermitage; malheureusement le batelet renversé, & il périt avec les écoliers qu'il conduisoit. Son hermitage resta vacant durant quelque tems. A la fin il s'est trouvé un bon Prêtre qui est allé prendre sa place. Il tire sa subsistance des aumônes; aucun étranger curieux qui va à cet hermitage ne s'en retourne sans lui faire quelque présent, comme aussi lui, de son côté, offre honnêtement du pain, du vin, & dans la saison un bouquet d'ailleurs à ceux qui vont le voir.
(5) Planches 4, 17 & 56.
(6) Berthold V. Duc de Zeringen.
(7) *Grandson*, *Morat* & *Nanci*.

pendant

PREUVES.

pendant quelque tems, il fut défait dans cet endroit (8) par le Canton de Berne.

Dans toute la route que nous fîmes ensuite, Soleure (9) est de toutes les Villes de la Suisse un peu considérables, celle où j'ai cru remarquer le plus de politesse. L'Ambassadeur de France y fait sa résidence. Le Roi a donné une somme d'argent considérable pour faciliter la construction de l'Eglise des Jésuites qui n'est point encore tout à fait finie. C'est le plus beau bâtiment moderne qui soit dans toute la Suisse : l'Eglise cathédrale est tout près de là. Sur le chemin qu'on monte pour y arriver, on rencontre un accouplement de pilastres antiques qui faisoient partie d'un temple Païen dédié à Mercure : leur proportion paroît être dans le goût Toscan. Toute la fortification de Soleure est revêtue de marbre, mais elle n'a point de rempart plus fort que les montagnes qui sont dans son voisinage & qui la séparent de la Franche-Comté.

Nous passâmes les journées suivantes à visiter d'autres parties du Canton de Berne qui nous conduisirent à la petite Ville de *Mellingen*. Pendant tout mon voyage dans la Suisse, j'ai été surpris de trouver le vin qu'on recueille dans le pays de Vaud sur les bords du lac de Geneve, à aussi bon marché qu'il est, malgré la grande distance qu'il y a des vignobles aux pays où il se débite. Mais les rivieres navigables de la Suisse sont à cet égard aussi avantageuses au pays que la mer l'est à l'Angleterre. Aussitôt que les vendanges sont finies, on transporte le vin sur le lac dans des bateaux qui servent à le voiturer dans toutes les Villes qui peuplent ses différens rivages. Les envois qui sont destinés pour d'autres parties du pays se débarquent à Vevay, d'où on transporte le vin par terre à une demi-journée de chemin sur la riviere de l'Arc, par où il est conduit à Berne, à Soleure, & dans toutes les plus riches parties de la Suisse. Il est aisé de se figurer la facilité de ce transport par la seule inspection de la carte où l'on voit la communication naturelle que la Providence a établi dans un pays si éloigné de la mer au moyen de ses lacs & de ses rivieres. Le Canton de Berne passe pour être lui seul aussi puissant que tout le reste de la Suisse ensemble. Il peut mettre sur pied une armée de cent mille hommes. On estime les soldats des Cantons Catholiques plus que ceux des Cantons Protestans. Mais comme ils sont beaucoup plus pauvres, ils sont aussi plus souvent obligés de s'engager au service des Puissances étrangeres.

Nous couchâmes une nuit à *Mellingen*. C'est une petite Ville Catholique-Romaine où il n'y a qu'une Eglise & point de Couvens. Elle forme elle seule une petite République particuliere sous la protection (10) des huit anciens Cantons. On y compte cent Bourgeois & environ mille ames. Ce petit Etat a modelé son Gouvernement sur celui des Cantons, autant du moins, qu'un corps aussi petit a pu en imiter un autre si grande étendue ; c'est à qui fait qu'avec fort peu d'affaires, ils ont autant de différens Tribunaux & d'Officiers publics que dans les plus grands Etats. Ils ont une Maison de Ville où se tiennent leurs assemblées. La salle est ornée avec les armes des huit Cantons leurs protecteurs. Ils ont trois Conseils : le premier composé de quatorze (11) personnes qu'on appelle le *grand Conseil* ; le second qui est composé de dix personnes & qu'on nomme le *petit Conseil*, le troisieme enfin, appellé le *Conseil privé* qui n'est composé que de trois personnes. Les chefs de tout l'Etat sont deux Avoyers. A mon passage dans cette Ville, l'Avoyer régnant, ou le *Doge* de la République, étoit le fils de l'Aubergiste chez qui je logeois. Son pere avoit été élevé avant lui à la même dignité. Le revenu de ce Souverain est d'environ trente louis par an. Les différens Conseils s'assemblent tous les Jeudis pour délibérer sur les affaires d'Etat qui sont ordinairement la réparation d'une auge, celle du pavé de quelque rue ou autre matiere de semblable importance. La riviere qui traverse ce domaine a obligé la République à faire les frais d'un grand pont qui est tout construit en bois & couvert par-dessus suivant l'usage de la Suisse. Les voyageurs sont obligés de payer un certain droit pour l'entretien de ce pont. Comme l'Ambassadeur de France est souvent obligé d'y passer, son maître paie à la ville une pension de vingt louis, ce qui rend cette puissante République fort zélée à lever le plus d'hommes qu'elle peut pour le service de France, & l'attache d'ailleurs très-fortement aux intérêts de cette Couronne. Vous pouvez bien croire que l'entretien du pont & l'emploi des droits qu'il produit, sont les deux grandes affaires qui donnent le plus d'ouvrage aux différens Conseils d'Etat. Ils ont de plus sous leur domination un petit (12) village où ils ne manquent jamais d'envoyer un Baillif pour rendre la justice : c'est encore une imitation des grands Cantons. Il y a trois autres (13) Villes en Suisse qui ont les mêmes priviléges & les mêmes protecteurs que *Mellingen*.

Le lendemain nous dînâmes à Zurich (14) : c'est une jolie Ville située sur le bord du lac, & que l'on regarde comme la plus agréable de toute la Suisse. L'Arsenal, la Bibliotheque & la Maison de Ville, sont les principales curiosités que l'on fait voir aux Etrangers. La Maison de Ville est un assez bel édifice qui vient d'être achevé tout récemment (15). La façade est ornée de colonnes d'un beau marbre noir & rayé de blanc que l'on a tiré des montagnes voisines. Les chambres des différens Conseils & les autres appartemens sont fort propres. En général ce bâtiment est bien entendu ; il pourroit figurer d'une maniere distinguée, même en Italie. Il est fâcheux que l'on ait gâté la beauté des murailles par une quantité de sentences latines assez puériles dont la plupart ne consistent qu'en jeux de mots. Les différentes inscriptions que j'ai vues dans ce pays, m'ont donné lieu de penser que vos savans ont beaucoup d'inclination à jouer sur les mots & les figures ; car vos beaux esprits de la Suisse n'ont pas encore pu renoncer aux anagrammes & aux acrostiches. La Bibliotheque est une très-grande salle où l'on a rassemblé différentes sortes de curiosités naturelles & méchaniques. J'y ai remarqué entre autre chose une carte (16) immense du

---

(8) A *Fraubrunnen*, le 27 Décembre 1375. M. le Baron de *Zur-Lauben* a donné dans le second volume de sa *Bibliotheque Militaire, Historique & Politique*, pag. 146—402, l'abrégé de la vie d'Enguerrand VII du nom, Sire de Couci, avec un détail de son expédition en Alsace & en Suisse.
(9) Planche 25.
(10) Et depuis la paix d'*Arau* en 1712, sous la souveraineté protectrice des Cantons de Zurich, Berne & Glaris. *Mellingen* est situé sur la Russe, à deux lieues de *Bremgarten*.

(11) *Dix-huit*. On donnera dans la Topographie de la Suisse le Précis du Gouvernement des Villes municipales de *Bremgarten* & de *Mellingen*.
(12) *Teggerich*, dans le Bailliage inférieur des Offices Libres de l'Argau.
(13) *Baden*, *Rapperschweil* & *Bremgarten*.
(14) Planches 99, 104 & 142.
(15) M. *Addisson* fit ce voyage en 1700.
(16) Par George *Gyger*.

Tome I.

Canton de Zurich deſſinée au pinceau, & dans laquelle on diſcerne juſqu'à la moindre fontaine & la plus petite colline de ce domaine. J'ai vu en détail tout leur Cabinet de Médailles; je ne me ſouviens pas d'y avoir rien trouvé qui ſoit fort rare. L'Arſenal m'a paru (17) préférable à celui de Beſne; on aſſure qu'il y a de quoi armer trente mille hommes.

Environ à une journée de Zurich, nous entrâmes ſur le territoire de l'Abbaye de Saint-Gall; il a cinq lieues environ de largeur & quinze de longueur. L'Abbé peut lever dans ſes Etats une armée de douze mille hommes bien équipés & bien diſciplinés. Il eſt Souverain de toute la contrée ſous la protection des Cantons de *Zurich*, *Lucerne*, *Schweitz*, & *Glaris*. Il eſt toujours choiſi parmi les Religieux Bénédictins de l'Abbaye de S. Gall. Tous les Peres & les Freres du Couvent, ont le droit de voter à cette élection, qui eſt enſuite confirmée par le Pape. Le dernier Abbé étoit le Cardinal (18) *Sfondrati*: il avoit été honoré de la pourpre deux années auparavant ſa mort. Lorſqu'il s'agit de lever des impoſitions, de déclarer une guerre ou de quelqu'autre affaire importante, l'Abbé eſt toujours obligé de demander préliminairement l'avis & le conſentement de ſon Chapitre. Son premier Officier laïc eſt le grand Maître-d'Hôtel ou le Maréchal de ſa maiſon. Il eſt nommé par l'Abbé, & il a la ſurintendance de toutes ſes affaires. Il y a d'autres Magiſtrats & d'autres Juges pour rendre la juſtice dans les différentes parties de ce Domaine; mais on peut toujours appeller de leurs ſentences au Tribunal du Prince. Il fait ordinairement ſa réſidence dans le Couvent des Bénédictins. La Ville de S. Gall (19) eſt une petite République proteſtante abſolument indépendante de l'Abbé & ſous la protection des Cantons. Il paroît d'abord extraordinaire de voir tant de riches Bourgeois & ſi peu de pauvres dans une place qui n'a preſque point de terre en propriété, & preſque point d'autres revenus que ceux de ſon commerce; mais l'exiſtence & la richeſſe de ce petit Etat conſiſtent dans les Manufactures de toiles qui occupent tous les habitans de toute condition & de tout âge. Le pays qui les environne leur fournit une quantité immenſe de chanvre avec lequel ils font, à ce qu'on dit, annuellement quarante mille pieces de toile de deux cent aunes chacune. Il y a quelques-unes de leurs Manufactures où la toile peut le diſputer en beauté à ce que l'on trouve de mieux dans les fabriques de Hollande. Ils ont d'excellens ouvriers & tous les moyens néceſſaires pour la blanchiſſerie des toiles. Toute la campagne aux environs de la Ville eſt tellement couverte par les ouvrages de leurs fabriques, qu'en arrivant ſur la brune, on croiroit que la Ville eſt au milieu d'un lac. Ce ſont des mulets qui leur ſervent de voitures pour tranſporter leur toile en Allemagne, en Italie, en Eſpagne & dans toutes les contrées voiſines. On compte dans la Ville de Saint-Gall & dans les maiſons des environs, près de deux cent (20) mille ames, parmi leſquelles on diſtingue ſeize cent Bourgeois. Les Magiſtrats des Conſeils & les Bourgmeſtres ſont tirés du corps des Bourgeois comme dans les autres Gouvernemens de la Suiſſe, qui ſont par-tout de la même nature, & qui different ſeulement par le nombre des perſonnes employées dans les affaires d'Etat; & ce nombre eſt ordinairement proportionné à l'étendue de l'Etat qui les emploie. Il regne une grande antipathie entre l'Abbé & la Ville de S. Gall, mais à l'aſſemblée générale des Cantons, leurs repréſentans reſpectifs ſiégent enſemble & agiſſent de concert. L'Abbé députe ſon grand Maître-d'Hôtel, & la Ville un de ſes Bourgmeſtres.

Il y a environ (21) quatre ans que la Ville & l'Abbé en ſeroient venus à une rupture ouverte, s'ils n'avoient pas été arrêtés à temps par l'interpoſition de leurs protecteurs communs. Voici quel étoit le ſujet de cette querelle: dans une des Proceſſions que l'Abbaye a coutume de faire annuellement, un Moine Bénédictin traverſa la Ville avec ſa Croix, accompagné d'un cortege de trois ou quatre mille payſans. A peine étoit-il entré dans ſon Couvent que toute la Ville fut en rumeur ſur l'audace de cet Eccléſiaſtique qui, contradictoirement à tous les uſages reçus, avoit oſé porter ſa Croix dans la Ville (22) avec une affectation auſſi publique. Au même inſtant, les Bourgeois prirent les armes & braquerent quatre pieces de canon devant les portes du Couvent. La Proceſſion allarmée du ſoulevement des citoyens, n'oſa pas retourner par le même chemin par lequel elle étoit venue. Mais quand l'Office fut fini, on ſortit du Couvent par une porte de derriere qui conduiſoit immédiatement ſur le territoire de l'Abbaye. De ſon côté, l'Abbé leva une armée, bloqua tout le côté de la Ville donnant ſur ſes domaines, & défendit à ſes ſujets d'avoir aucun commerce avec les Bourgeois. On étoit au moment d'une guerre ouverte, quand les Cantons, protecteurs des deux partis, interpoſerent comme arbitres dans la querelle, & condamnerent la Ville à deux mille écus de dommages pour avoir entamé trop inconſidérément la diſpute. Ils imaginerent en même temps un réglement: ce fut que toutes les fois qu'une Proceſſion entreroit dans la Ville, le Prêtre auroit la Croix ſuſpendue à ſon col, ſans la toucher d'aucune de ſes deux mains, juſqu'à ce qu'il fût arrivé dans l'enceinte de l'Abbaye. Les habitans de la Ville pouvoient mettre en campagne deux mille hommes bien diſciplinés & parfaitement armés. Ils s'imaginoient en avoir aſſez pour faire tête à douze ou quinze mille payſans que l'Abbé peut lever dans ſon territoire. Mais les ſujets Proteſtans de l'Abbé qui ſont, à ce qu'on dit, un tiers de ſon peuple, auroient probablement abandonné, en cas de guerre, la cauſe de leur Prince pour celle de leur religion. La Ville de Saint-Gall a un Arſenal, une Maiſon de Ville & des Egliſes, le tout proportionné à la grandeur de cet Etat. La Ville eſt aſſez bien fortifiée pour réſiſter à une attaque ſoudaine, & de donner aux Cantons le temps de venir à ſon ſecours. L'Abbaye n'a rien qui réponde à la magnificence de ſes priviléges. L'Egliſe eſt une grande nef avec une double aîle: à chaque bout eſt un grand chœur. L'un des deux eſt ſoutenu par de groſſes colonnes de pierre enduites en deſſus d'une compoſition qui reſſemble au marbre autant qu'il eſt poſſible. Sur la voûte & les murs de l'Egliſe, on lit des liſtes de Saints, de Martyrs, Papes, Cardinaux, Archevêques, Rois & Reines qui ont été de l'Ordre des Bénédictins. On y voit

---

(17) M. *Addiſſon* ne paroit pas bon juge dans la partie militaire.
(18) Celeſtin *Sfondrati*, mort à Rome le 4 Septembre 1696 à 53 ans.
(19) Planche 164.
(20) Ce nombre eſt exagéré. Il ne monte qu'à 8350.
(21) En 1697.
(22) De la *Religion Réformée*.

PREUVES.   lv

les tableaux de plusieurs de ces personnages qui ont été illustres, soit par leur naissance, soit par leur sainteté ou par leurs miracles, avec des inscriptions qui vous mettent au fait de leurs noms & de leur histoire. Il m'est souvent arrivé de désirer que quelque voyageur prît la peine de recueillir les inscriptions modernes qu'on rencontre dans les pays Catholiques, comme *Gruter* & quelques autres ont recueilli celles des anciens monumens Païens. Si nous avions deux ou trois volumes de cette nature sans aucune réflexion de l'éditeur, je suis sûr (23) que rien au monde ne donneroit une idée plus juste des Catholiques Romains, rien ne seroit plus capable de faire connoître l'esprit d'orgueil, de vanité & d'intérêt personnel qui regne dans les Couvens, l'abus des indulgences, la sottise & l'absurdité de la plupart des fondateurs ; enfin la superstition & la crédulité puérile de l'Eglise Romaine. L'Abbaye de Saint-Gall rempliroit un assez grand nombre de pages, & il n'y a guere de Couvens ou d'Eglises qui ne pussent fournir aussi un ample contingent.

Comme le Roi de France distribue des pensions dans toutes les parties de la Suisse, la Ville & l'Abbaye de Saint-Gall en ont leur part. La premiere a mille écus & l'autre deux mille par année. Il y a trois ans que ces pensions ne sont point payées, & les gens du pays prétendent que ce retard vient de ce qu'ils n'ont point reconnu le Duc d'Anjou pour Roi d'Espagne. La Ville & l'Abbaye de Saint-Gall portent un ours pour armes dans leur écusson. Les Catholiques Romains ont l'histoire de cet ours en grande vénération : c'est, selon eux, la premiere (24) conversion que leur Saint ait fait dans le pays. Je tiens l'histoire que je vais vous dire d'un des Moines Bénédictins de cette Abbaye qui me l'a racontée avec les yeux humides d'attendrissement. « Il y a lieu de croire qu'ici Saint-Gall (que l'on regarde ici » comme le grand Apôtre de l'Allemagne) trouva tout ce » pays à-peu-près dans l'état d'un vaste désert. Un jour qu'il » se promenoit par un temps très-froid, il rencontra un » ours sur son chemin ; le Saint, au lieu d'être effrayé de » cette rencontre, donna ordre à l'ours d'aller lui chercher » du bois & de lui faire du feu ; l'ours obéit, & s'acquitta » tout le mieux qu'il put de sa commission, après quoi le » Saint le congédia ; & en le quittant, lui commanda de se » retirer dans l'épaisseur des bois, sans jamais faire mal à » aucun homme ni à aucun animal vivant. Depuis ce » tems, *dit le Moine*, l'ours vécut d'une maniere irréprochable, & observa fidélement, jusqu'à sa mort, les ordres » que le Saint lui avoit donnés ».

J'ai souvent éprouvé un plaisir (25) sensible en considérant la paix profonde & la tranquillité qui régnent, soit dans les Cantons de la Suisse, soit parmi leurs Alliés. C'est véritablement une chose surprenante que de voir un assemblage de Gouvernemens aussi opposés les uns aux autres en matiere de Religion, se maintenir les uns avec les autres dans une union & une correspondance si parfaite, qu'aucun d'eux ne pense à usurper les droits d'un autre, & que tous, au contraire, se tiennent (26) constamment restreints dans les bornes de leur premier établissement. Cela vient principalement, à ce que

je crois, & du caractere de ces Peuples & de la constitution de leur Gouvernement. Si les Suisses étoient animés par le desir de la gloire ou par l'ambition, on ne manqueroit pas de voir immédiatement quelqu'un des Cantons se brouiller avec les autres. D'un autre côté si les Cantons formoient autant de Principautés séparées, il pourroit se trouver un Souverain ambitieux qui chercheroit querelle à ses voisins & qui sacrifieroit le repos de ses Sujets au caprice inconsidéré de sa propre gloire. Mais comme les habitans de ces contrées sont d'un tempérament naturellement lourd & flegmatique, s'il arrive que quelqu'un de leurs chefs montre plus de pétulance & de vivacité qu'il ne leur en faut, son feu est bientôt modéré par le sang-froid de ceux qui tiennent avec lui le gouvernail des affaires. J'ajouterai à cela que les Alpes sont peut-être l'endroit de toute la terre le plus ingrat pour y faire des conquêtes, tous les petits Etats que ces montagnes renferment étant naturellement retranchés & défendus par des bois & des rochers. Quoi qu'il en soit, il est sûr qu'il y a beaucoup moins de vices dans ce corps politique qu'on auroit lieu de l'attendre, vu la multitude d'Etats qui le composent. Aussitôt qu'il arrive quelque contestation, les différends sont bientôt accommodés par la modération & les bons offices des autres parties qui se rendent médiatrices.

Tous les Gouvernemens un peu considérables que l'on trouve dans les Alpes sont Républicains. Il faut convenir que cette forme d'administration est mieux assortie qu'aucune autre, à l'indigence & à la stérilité de ces contrées. Il y a un Etat voisin de la Suisse dans lequel on peut remarquer les mauvaises conséquences qui résultent d'avoir un Prince despotique dans un pays composé pour la plus grande partie de rochers & de montagnes ; car quoi qu'il y ait dans cette petite monarchie une vaste étendue de terrein, & que la plus grande partie soit meilleure que chez les Suisses & les Grisons, le commun peuple parmi ceux-ci est beaucoup plus nombreux, plus à son aise & mieux fourni de toutes les commodités de la vie. La cour d'un Prince consomme trop sur le produit d'un état qui n'est pas riche ; de plus, elle donne lieu à une sorte de luxe & de magnificence qui engage les particuliers à vouloir faire chacun dans leur état plus de figure que leurs moyens & leurs revenus ne le leur permettent.

Dans les différents Cantons de la Suisse, on prend des soins particuliers pour en bannir toutes les choses qui auroient l'air de la pompe ou de la superfluité : c'est ce qui fait que les Ministres prêchent sans cesse, & que les Gouverneurs publient continuellement des Edits contre la danse, le jeu, les assemblées & les habillemens recherchés. Cette attention est devenue plus nécessaire dans quelques-uns de ces Gouvernemens depuis que tant de réfugiés y sont venus faire leur résidence. Car quoique les Protestans François affectent ordinairement une maniere de vivre & de se mettre plus unie & plus simple que celle des personnes de leur même état qui font profession de la Religion Catholique Romaine, ils ont cependant encore trop de la galanterie de leur patrie pour le génie & la constitution de la Suisse. Si

---

(23) Le Lecteur se rappellera ici que l'Auteur de cette Relation étoit Anglais & Poëte.
(24) Licence poétique de M. *Addisson*.
(25) *Addisson* devoit en 1712 faire des réflexions bien contraires aux sentimens dont il étoit pénétré en 1700 ; la guerre civile de la Suisse & ses suites n'étoient pas des objets de gaieté.
(26) Que devoit penser *Addisson*, en apprenant les articles de la paix d'*Arau*.

le luxe des habits, des fêtes & des bals s'introduisoit jamais dans les Cantons, on verroit bientôt disparoître aussi l'âpreté guerriere de leur caractere : leur tempérament deviendroit trop délicat pour leur climat, & leurs dépenses excéderoient leurs revenus. Il faut considérer de plus que les objets de leur luxe devroient être pris hors de chez eux, & que cela ne manqueroit pas de ruiner un pays comme celui-là qui n'a presque point de marchandises à exporter de son propre crû, & qui n'est pas d'ailleurs très-abondamment fourni d'argent. Le luxe attaque, pour ainsi dire, une République dans les sources de la vie ; les conséquences naturelles auxquelles il donne lieu, sont : le vol, l'avarice & l'injustice. Plus un homme a d'occasion de dépenser, plus il est obligé de faire d'efforts pour augmenter ses fonds. Il s'ensuit qu'à la fin les suffrages ou les voix d'une République se vendent ainsi que sa liberté, dès qu'il se rencontre quelque Puissance étrangere qui a envie de les acheter & assez d'argent pour les payer. On ne voit nulle part les pernicieux effets du luxe pour une République plus sensiblement que dans celle de l'ancienne Rome. Quoiqu'elle possédât toutes les richesses du monde, elle se trouva pauvre elle-même aussitôt que ce vice pernicieux se fut établi chez elle. Les Romains nous offrent des exemples surprenans de désintéressement & de mépris pour l'argent dans les premiers siecles de la fondation & de l'agrandissement de leur République ; la raison en est qu'ils étoient alors parfaitement étrangers aux plaisirs & aux agrémens que l'argent peut procurer, & qu'en un mot ils ne connoissoient en aucune maniere ni le luxe ni les arts qui en sont les suites ; mais aussitôt qu'ils eurent pris le goût du plaisir, de la politesse & de la magnificence, ils virent en même tems naître parmi eux mille violences de toute espece, des brigues, des conspirations & des disputes qui, après les avoir jettés dans tous les malheurs imaginables, se terminerent enfin par l'entier bouleversement de la République. Il n'est donc pas étonnant que la République des Suisses pauvre, comme elle l'est, travaille sans cesse à supprimer & à défendre toutes les choses qui pourroient donner entrée chez elle à la vanité & au luxe. Outre les différentes amendes imposées sur les représentations théâtrales, les jeux, les bals & les assemblées, ils ont beaucoup d'usages parmi eux qui ne laissent pas de contribuer grandement à entretenir leur ancienne simplicité. Les Bourgeois qui sont à la tête du Gouvernement sont obligés d'être en manteau noir & en rabat quand ils viennent aux assemblées publiques. L'habillement des femmes est fort simple ; les plus distinguées d'entre elles ne portent ordinairement sur leur tête que des fourrures qui se trouvent dans le pays même. Il est vrai que les personnes des deux sexes, suivant leurs différentes conditions, ont des ornemens qui les distinguent ; mais ce sont des choses très-peu coûteuses en général, & qui sont plutôt des marques d'honneur que des objets de parure & de luxe. Les principaux Officiers de Berne, par exemple, sont distingués par la forme de leurs chapeaux qui est plus profonde pour les Magistrats que pour les personnes d'un rang inférieur. Les habits des paysans sont ordinairement faits avec un canevas qui se fabrique dans le pays. Les habits de fêtes passent ordinairement du pere aux enfans, & ne sont guere usés qu'à la seconde ou à la troisieme génération ; de sorte qu'il est assez commun de voir un paysan porter le juste-au-corps & les culottes de son grand-pere.

La République de Geneve (27) est beaucoup plus polie que la Suisse, & qu'aucune autre Alliée des Cantons ; on la regarde comme la Cour des Alpes. Les Cantons Protestans y envoient souvent leurs enfans pour perfectionner leur langage & leur éducation. Les Genevois se sont extraordinairement rafinés, ou comme d'autres pourroient le penser, singulierement corrompus par leur communication avec les François Protestans qui composent un bon tiers des habitans de cette Ville. Il est certain qu'ils ont étrangement négligé l'avis qui leur fut donné par *Calvin* dans une grande assemblée peu de tems avant sa mort (28). Ce réformateur leur recommanda sur toutes choses l'humilité & la modestie, & d'être aussi simples dans leurs mœurs que dans leur religion. Le tems seul (29) pourra nous apprendre s'ils ont bien ou mal fait de se conduire autrement. Bien des personnes pensent que quoique les Genevois aient fait ou fassent encore leur cour au Roi de France par le commerce considérable de remise que leur banque entretient avec l'Italie, ce Monarque pourra bien quelque jour les en mal récompenser & songer à se rendre (30) maître d'une Ville si opulente. Comme cette Ligue de petites souverainetés est plus riche en pâturages qu'en grains, chacune d'elles entretient des greniers publics ; elles ont l'humanité de pourvoir au besoin les unes des autres quand la disette n'est point universelle. Comme l'administration est la même dans tous les Cantons pour ce qui regarde ces greniers, je me contenterai de rapporter ici ce qui s'observe dans la petite République de Geneve où j'ai été plus à portée de prendre des instructions particulieres que dans aucun des autres Cantons. On commet ordinairement trois membres du petit Conseil pour cet objet ; ils sont obligés de tenir toujours en magasin une provision de grains suffisante pour la consommation de deux années en cas de guerre ou de famine. Ils ont ordre de remplir les magasins dans le tems de la plus grande abondance, afin de pouvoir acheter le grain à meilleur marché & augmenter le revenu public de la maniere la moins onéreuse aux citoyens. Aucun des trois administrateurs ne peut, sous quelque prétexte que ce soit, faire entrer son propre grain dans les greniers. Le réglement paroît fait pour empêcher qu'ils n'aient la tentation de porter le grain à trop haut prix ou de fournir au public de mauvaise marchandise. Il leur est également défendu d'acheter le grain plus près qu'à douze mille de Geneve, & cela pour empêcher que la provision des magasins ne soit préjudiciable au marché de la Ville, & n'y fasse trop monter le prix des vivres. De peur que le bled, ainsi gardé, ne risque d'être gâté, il est ordonné à toutes les auberges & autres maisons publiques de se fournir au magasin de l'état, & cet objet est une des branches les plus considérables des revenus publics, parce que le grain est toujours vendu plus cher qu'il n'a été acheté ; ainsi le trésor principal de la République & le fond sur lequel se prennent les pensions de la plus grande partie de ses Officiers & de ses Ministres, sont levés ou sur les Etrangers & les Voyageurs, ou sur

---

(27) Planches 2, 11, 12, 19, 76 & 134.
(28) Le 27 Mai 1564, à 55 ans.

(29) Le tableau des derniers troubles de Geneve étonneroit bien *Addisson*, s'il revenoit au monde.
(30) On se souviendra que tout Ecrivain Anglais se dépouille rarement de l'antipathie de sa Nation pour la France.

les Citoyens même de l'Etat qui ont assez d'argent pour le dépenser dans les cabarets & dans les autres maisons publiques.

Suivant la coutume de Geneve & de Suisse, la succession se partage également entre tous les enfans. Par ce moyen chaque particulier vit à son aise sans devenir dangereux ni redoutable pour la République ; car aussitôt qu'une propriété considérable tombe entre les mains d'un homme qui a beaucoup d'enfans, elle se sépare dès-lors en autant de portions qu'il faut pour rendre chacun de ceux qui la partagent, assez riche pour qu'aucun d'eux ne puisse s'élever trop considérablement au-dessus du reste : cela est absolument nécessaire dans ces petites Républiques. Tous les Commerçans riches y vivent pour la plupart du produit de leurs terres, & par le moyen des sommes considérables qu'ils accumulent chaque année, ils pourroient devenir formidables à leurs concitoyens, & sortir de l'égalité si nécessaire dans ces sortes de Gouvernemens, si l'on n'avoit pas pris des précautions pour diviser ensuite ces grosses fortunes entre plusieurs Citoyens de l'Etat. A Geneve, par exemple, il y a des Négocians qui passent pour être riches de quatre millions, & qui ne dépensent pas douze mille livres par an.

Quoique les Protestans & les Catholiques sachent parfaitement les uns & les autres que leur véritable intérêt est de rester constamment neutres dans les guerres qui divisent les autres Etats de l'Europe, ils ne peuvent s'empêcher néanmoins de laisser appercevoir l'esprit de parti dans leurs conversations. Les Catholiques sont zelés pour le Roi de France, & les Protestans exaltent autant qu'ils peuvent les richesses, la puissance & les heureux succès de l'Angleterre & de la Hollande qu'ils regardent comme les deux boulevarts de la Religion Réformée. Leurs Ministres, particulierement, ont souvent déclamé dans leurs sermons contre ceux de leurs Citoyens qui prennent du service dans les armées du Roi de France ; mais c'est une chose dont les Suisses ne se départiront jamais tant que la pauvreté de leur pays leur y laissera voir leur intérêt. Il est vrai qu'ils ont en France le libre exercice de leur Religion & la permission même d'y amener leurs Ministres ; ce qui est d'autant plus remarquable que le même Roi qui leur accorde ce privilège a refusé aux Ministres de l'Eglise Anglicane qui avoient suivi leur maître à Saint-Germain, l'exercice public de leur Religion.

Je ne puis abandonner la Suisse sans dire quelque chose du préjugé presque universel de ces contrées sur la magie & les sortileges. J'ai souvent rencontré des hommes de bon sens qui m'ont presque poussé à bout par l'ennui que j'ai eu de les entendre faire des histoires de ce genre soutenues par des faits arrivés à ce qu'ils prétendoient & dont ils avoient été eux-mêmes les témoins oculaires. Il est certain qu'il y a eu beaucoup de malheureux exécutés comme sorciers ; & même pendant mon séjour à Geneve, j'appris qu'on en avoit condamné quelques-uns à mort dans le Canton de Berne. Le peuple est si généralement frappé de cette idée que si une vache vient à tomber malade, il y a dix à parier contre un qu'on emprisonnera quelque pauvre vieille femme ; & si elle est assez simple pour se croire elle-même une sorciere, tout le pays se soulevera à la fois & voudra qu'elle soit pendue sans miséricorde. Il est vrai qu'on trouve ce préjugé (31) établi dans presque toutes les contrées stériles & sauvages de l'Europe, soit que la pauvreté & l'ignorance de ces contrées, soient ce qui engage réellement quelque malheureux à mettre en pratique des secrets nuisibles, soit peut-être que les mêmes principes y rendent le peuple trop crédule ou peut-être aussi trop enclin à se débarrasser de quelque membre inutile sous ce frivole prétexte.

La politique des Suisses est occupée aujourd'hui d'une grande affaire ; c'est le Gouvernement de Neufchâtel qui doit échoir au Prince de Conti comme héritier de la Duchesse de Nemours. Les habitans de Neufchâtel ne veulent point absolument consentir à la soumission envers un Prince qui est Catholique Romain & sujet de la France. Ils ont fait grande attention à sa conduite dans la Principauté d'Orange ; ils ne nient pas qu'il ne l'ait gouvernée avec toute la modération & toute la douceur imaginables : ce qui est un préjugé très-favorable pour lui dans ce pays-ci. Mais, malgré l'intérêt qu'il avoit de ménager ses sujets Protestans à Orange, & les assurances formelles qu'il leur avoit données de les maintenir dans le libre exercice de leur Religion, il n'a pas laissé, peu de tems après, de céder pour une somme d'argent cette Principauté au Roi de France. Il est vrai qu'on croit généralement ici que le Prince de Conti auroit mieux aimé conserver ses droits sur la Principauté d'Orange, s'il avoit absolument dépendu de lui ; mais la même considération qui l'a engagé à s'en dessaisir pourroit bien le déterminer aussi un jour à venir, à céder Neufchâtel aux mêmes conditions. Le Roi de Prusse réclame aussi des droits sur Neufchâtel, comme il a fait sur la Principauté d'Orange. Il est probable que les habitans le prefereroient, mais ils sont généralement disposés à se mettre sur le pied d'une République libre & indépendante après la mort de la Duchesse de Nemours, si les Suisses veulent les seconder. Les Cantons Protestans paroissent fort disposés à les soutenir, s'il arrive que la Duchesse meure pendant que le Roi de France a tant d'autres affaires sur les bras. Il est certainement de grande importance pour eux que ce Monarque n'établisse point son autorité sur ce côté-ci du Mont Jura & au milieu des frontieres de la Suisse ; mais il n'est pas aisé de prévoir ce qu'une somme d'argent donnée à propos, ou même la crainte d'une rupture avec la France, peuvent produire sur des peuples qui ont déja souffert paisiblement que le Roi de France ait envahi la Franche-Comté & bâti une forteresse à une portée de canon d'un de leurs Cantons.

Il s'est formé depuis quelque tems en Suisse une nouvelle secte qui s'est fort étendue dans les Cantons Protestans. Ces proselites se sont appeller *Piétistes* ; & comme les extravagances d'enthousiasme sont par-tout à-peu-près les mêmes, cette secte de fanatiques differe peu de celles que l'on connoît dans d'autres contrées. Ils se piquent d'une régularité toute singuliere dans ce qui regarde la pratique du Christianisme, & de suivre scrupuleusement les Regles suivantes ; savoir : éviter soigneusement le commerce du monde, maintenir leur esprit dans un repos absolu & dans une tranquillité

---

(31) On a vu regner ce préjugé autant en Angleterre, en Italie, en France, en Allemagne, en Espagne, &c. que dans la Suisse. Reginald Scor ou Stot, Gentilhomme Anglois, s'est rendu célebre par un livre Anglois, 1584, in-4°., qui a été brûlé en Angleterre, où il avoit entrepris de prouver que tout ce que l'on dit des Magiciens & des sorciers est fabuleux, ou se peut expliquer par des raisons naturelles.

profonde, attendre dans un Etat de silence les secretes inspirations & les influences de l'esprit qui doit remplir leur cœur de consolation, de paix & de jubilations ineffables; de tenir leur ame toujours disposée à recevoir les influences secretes de l'esprit : enfin à s'abandonner tellement à sa conduite & à ses ordres, que tous leurs discours, leurs moindres mouvemens & toutes leurs actions soient uniquement les effets de son impulsion ; de se retrancher séverement tous les agrémens & les nécessités de la vie ; de se rendre les maîtres de leur sens jusqu'à se refuser le plaisir de sentir l'odeur d'une rose ou d'une violette, & de détourner les yeux à la vue d'un objet agréable; d'éviter le plus soigneusement qu'il est possible tout ce que le monde appelle plaisirs innocens, de peur de laisser entrer dans leur ame aucune habitude de sensualité propre à les distraire de l'amour de celui qui doit être la seule consolation, le repos, ainsi que l'espérance & l'unique plaisir de ses créatures. Cette secte a fait de grands progrès parmi les Protestans de l'Allemagne, ainsi que dans la Suisse. Il y a eu plusieurs Edits comminatoires publiés en Saxe contre cette innovation ; on accuse les profélites de cette doctrine de tous les déportemens auxquels leurs principes peuvent donner lieu : par exemple, d'attribuer toutes les mauvaises actions qu'un naturel vicieux peut leur faire commettre aux secretes inspirations de l'Esprit saint, d'autoriser la communication entre les deux sexes dans tous les lieux & à toutes les heures, sous prétexte de conversations pieuses, sans aucun égard pour les loix les plus communes de la bienséance, & de faire servir ainsi la Religion de voile aux plus grands désordres. On leur reproche enfin que les meilleurs d'entre eux sont entichés d'un orgueil de spiritualité qui leur fait affecter un souverain mépris pour tout ce qui n'est pas de leur secte. Les Catholiques Romains qui reprochent aux Protestans la multiplicité des Religions qui sont nées parmi eux, ont absolument pris le meilleur de tous les moyens pour maintenir l'unité dans leur propre Communion. Je ne veux point parler ici des châtimens personnels qu'on regarde communément comme un de leurs moyens les plus sûrs pour empêcher qu'on ne se sépare de l'Eglise Romaine, quoique ce moyen soit certainement un des grands obstacles qui détourne bien des gens d'embrasser cette Communion ; mais je crois qu'une des grandes raisons du petit nombre de sectes de l'Eglise Romaine est la multitude de Couvens que les pays Catholiques entretiennent. Ces asyles servent de retraites à toutes les têtes échauffées qui mettroient le feu dans l'Eglise, si l'on n'avoit pas su les réunir ensemble, comme on a fait dans ces maisons de dévotion. Tous les hommes d'un tempéramment sombre peuvent trouver des Couvens assortis à leur caractere, suivant les degrés plus ou moins forts de leur mélancolie & de leur enthousiasme, & s'y associer avec d'autres esprits de leur même trempe. Ainsi tel qui, parmi les Protestans seroit appellé un fanatique, n'est dans l'Eglise Romaine qu'un Religieux de tel ou tel Ordre. J'ai entendu parler d'un Marchand Anglois à Lisbonne qui, à la suite de quelques chagrins qu'il avoit eus dans le monde, forma la résolution de se faire *Quaker* ou *Capucin*; car quand des personnes de peu de sens changent de religion, elles font beaucoup moins d'attention aux principes qu'aux pratiques extérieures de ceux avec qui elles s'associent.

En partant de Saint-Gall, je pris un cheval pour me conduire jusqu'au lac de Constance qui n'en est éloigné que de deux lieues, & qui est formé par le débouchement du Rhin ; c'est le seul lac de toute l'Europe qui puisse le disputer à celui de Geneve ; il offre même un coup d'œil plus agréable, mais il n'a point sur ses bords les campagnes fertiles & les vignobles qui font la richesse de l'autre. Ce lac tire son nom de la Ville de Constance qui est sur ses bords. Quand les Cantons de Zurich & de Berne proposerent dans une Diete générale d'incorporer Geneve au nombre des Cantons, le parti des Catholiques Romains craignant que les Protestans n'acquissent trop de force par cette réunion, proposerent d'incorporer aussi Constance pour former le contre-poids; mais les Protestans ne voulant point y consentir, ce projet demeura sans exécution. Nous traversâmes le lac à *Lindau* (32), & dans quelques endroits nous apperçumes une quantité de petits globules d'air bouillonnant sur l'eau, & qui paroissoient venir du fond du lac. Les Bateliers nous dirent qu'ils avoient remarqué que ces globules s'élevoient toujours à la même place ; ils en concluoient qu'il y avoit autant de sources jaillissantes dans le fond du lac. *Lindau* est une Ville Impériale bâtie dans une petite isle qui est environ à trois cent pas de la terre ferme à laquelle elle est jointe par un grand pont de bois. Les habitans étoient tous en armes quand nous y passâmes, & dans de vives appréhensions que le Duc de Baviere ne vint les attaquer après être tombé sur *Ulm* & *Memmingen*. Ils se flattoient qu'en coupant leur pont ils arrêteroient son armée ; mais il est probable qu'une volée de bombes les auroit bientôt forcés de capituler. Ils ont déja été bombardés autrefois par Gustave-Adolphe. Nos Marchands nous avertirent de ne point nous hasarder sur les terres du Duc de Baviere ; de sorte qu'ayant eu le déplaisir de ne point voir Munich, Augsbourg & Ratisbonne, nous (33) fûmes forcés d'aller à Vienne par le Tirol, n'ayant guere d'autre amusement sur cette route que le tableau naturel de la contrée.

---

(32) Planche 116.

(33) Joseph *Addisson*, qui a écrit cette Relation, l'un des plus excellens Ecrivains d'Angleterre, né à Milston dans le Wiltshire en 1671, s'appliqua dans sa jeunesse à l'étude des Auteurs Grecs & Latins, & fit paroître dès-lors un grand talent pour la Poësie & les Belles-Lettres. Ses différens emplois ne l'empêcherent pas de composer plusieurs Ouvrages très-estimés. Les principaux sont : le *Mari tendre*, le *Tambour*, Comédies ; la *Tragédie de Caton*, qui est la piece la plus raisonnable des Anglois, qui ne réussiroit pas cependant sur le Théâtre François. L'intérêt n'y est pas assez vif; & l'Opéra de *Rosamonde* ; enfin plusieurs pieces dans le *Spectateur* & dans le *Guardian* ou *Curateur*, désignées par les lettres du mot Clio. Il a aussi travaillé au *Tatler* ou *Babillard* de Richard Steele. Il mourut d'asthme & d'hydropisie à Holland-House, proche de Kinsington le 17 Juin 1719, après s'être démis de sa place de Secrétaire d'État, dès l'an 1717. Ses ouvrages ont été recueillis en deux volumes in-12, 1722, & réimprimés en 1726, en trois volumes in-12. Cette édition est augmentée d'une Dissertation *sur La Religion* qui n'avoit pas encore paru. M. *Desmaiseaux* a donné sa vie en Anglois, Londres 1733, in-12.— [Cet article a été tiré du *Dictionnaire Historique & Bibliographique portatif* par M. l'Abbé Ladvocat, T. I, nouvelle édition de Paris 1777, in-8°. p. 25] On a oublié d'y marquer la nouvelle édition des Œuvres d'*Addisson*, à Londres 1761, in-4°, d'après laquelle M. *Quéant* a traduit les *Observations* de cet Auteur sur la Suisse.

N° LXIV.

BULLE (a) *DU PAPE PIE VI donnée à Rome le 31 Juin 1780, qui confirme le Concordat passé en 1779 entre l'Archevêque de Besançon & l'Evêque-Prince de Bâle, du consentement du Roi Très-Chrétien, & des Hauts-Chapitres de Besançon & de Bâle, concernant la permutation diocésaine de la Jurisdiction de diverses Paroisses.*

BULLA confirmationis Concordati seu permutationis Diœcesanæ, Jurisdictionis diversarum Parochialium, inter Metropolitanum Archiepiscopum Bisuntinum, & Episcopum ac Principem Basileensem, de consensu Regis Christianissimi, & Capitulorum respectivorum Cathedralium, cum præstatione honorificâ Crucis pectoralis aureæ Metropolitano, suisque in posterum successoribus; & cum insertione tractatûs Gallico idiomate exarati.

PIUS Episcopus, servus servorum Dei, dilecto filio, Officiali venerabilis Fratris nostri Episcopi Valentinensis, in Delphinatu, Salutem & Apostolicam Benedictionem.

DECET Romanum Pontificem, cui gregis Dominici cura divinitùs est commissa, pro sui Pastoralis officii debito, piis Illustrium Præsulum sublimiumque Christianorum Regum votis, quæ ad Ecclesiarum Cathedralium quarumlibet diœcesanæ locorum & personarum Jurisdictionis statum salubriter & prosperè dirigendum, &, dante Domino, in melius commutandum, ac etiam disponendum, pro animarum salute, & ipsarum Ecclesiarum congruentiâ, sunt maximè profutura, paternæ considerationis intuitu libenter intuendo, etiam per unionis & incorporationis ministerium apostolico adesse præsidio, ac alias ejusdem officii partes favorabiliter interponere, prout Ecclesiarum & personarum earumdem ac locorum, nec non temporum qualitatibus & conditionibus diligenter consideratis, conspicit, in Domino magis salubriter expedire, ut Ecclesiæ, ac personæ ipsæ ex hoc Apostolicæ provisionis ministerio aliqualiter adjutæ, votivis gratulentur eventibus, ac optata in spiritualibus suscipiant incrementa.

SANE pro parte venerabilium Fratrum nostrorum *Raymundi de Durfort*, moderni Archiepiscopi Bisuntini, & *Friderici de Wangen à Gerolseck* moderni Episcopi & Principis Basileensis, nobis nuper exhibita petitio continebat, ex unâ parte plures extare sub Dominio temporali dicti Principis & Episcopi Basileensis, in Germaniâ Parœcias, & alia instituta Ecclesiastica, quæ præterea Jurisdictioni diœcesanæ Præfati moderni, & pro tempore existentis Archiepiscopi Bisuntini subsunt, & in diœcesi Bisuntinâ, à quâ pendent, sub denominatione Decanatûs vulgò d'*Ajoye* nuncupantur, & partem dicti Decanatûs constituunt : ex alterâ verò plures pariter extare in eâ superioris Alsatiæ parte, districtibus *Belsortensi* & *Dellensi* contermina, ubi vulgaris Gallici idiomatis est usus, & sub Dominio temporali carissimi in Christo Filii nostri Ludovici, Francorum ac Navarræ Regis Christianissimi, Parœcias, & alia Ecclesiastica Instituta, quæ præterea quoque Jurisdictioni Diœcesanæ Præfati moderni, & pro tempore existentis Episcopi & Principis Basileensis subsunt, & in Diœcesi Basileensi partem Capitulorum ruralium *Mazopolitani* & *Elsgaudiæ* similiter constituunt. Cum autem, sicut eadem petitio subjungebat, moderni tam Archiepiscopus, quam Episcopus, Præfati sedulò animadverterint, quod magis spirituali animarum saluti consultum foret, si dictæ Parœciæ, & alia Instituta, ac districtus Ecclesiastici, in quibus illæ Parœciæ & ea Instituta respectivè continentur & extant, & Jurisdictio diœcesana, cui subsunt, invicem permutarentur, sub nostro, & Sanctæ Sedis Apostolicæ beneplacito, de consensu etiam & beneplacito præfati Regis Christianissimi, auditò antea & annuente Basileensis Ecclesiæ Capitulo, & posteà accedente & consentiente pariter Bisuntinæ Ecclesiæ Capitulo, præcedentia de dictâ permutatione pacta seu concordata in pluribus publicis aut authenticis instrumentis Gallico idiomate exaratis, mutuò subscripserunt, quorum tenor est, ut sequitur, videlicet :

PARDEVANT les Conseillers du Roi, Notaires au Châtelet de Paris, soussignés ;

Furent présens Illustrissime & Révérendissime Seigneur, Monseigneur *Jean-Baptiste-Joseph Gobel*, Evêque de *Lydda*, Suffragant & Vicaire Général.

Et Messire *Paris-Jean Fau de Raze*, Ministre en Cour de France, de son Altesse Monseigneur le Prince Evêque de Basle, demeurants, mondit Seigneur Evêque de *Lydda*, ordinairement à *Porrentruy*, en Allemagne, & de présent à Paris, logé à l'Hôtel des Indes, rue Traversière, Paroisse S. Roch, & mondit sieur Abbé *de Raze*, demeurant à Paris, rue des Filles S. Thomas, Paroisse S. Eustache, tous deux fondés de la procuration spéciale de mondit Seigneur Prince Evêque & en ladite qualité d'Evêque, ladite Procuration passée en la ville de Porrentruy en Allemagne & dans les Etats de mondit Seigneur Prince Evêque, pardevant Me *Jean-George Bloque*, Prêtre & Notaire Apostolique, qui en a gardé minute, & les témoins y dénommés, le 5 Octobre de la présente année 1779, dont une expédition contrôlée à Paris par Boiteux, cejourd'hui représentée par mondit Seigneur Evêque de Lydda & mondit sieur Abbé de Raze, est, à leur réquisition, demeurée annexée à la minute des présentes, après avoir été d'eux certifiée véritable, signée, paraphée en présence des Notaires soussignés, d'une part.

Et Messire *Pierre de Fraigne*, Vicaire Général du Diocèse d'Alby, & ancien Aumônier de Mesdames de France, demeurant à Paris, rue S. Maur, fauxbourg S. Germain, Paroisse S. Sulpice, fondé de la Procuration aussi spéciale, à l'effet des Présentes, d'Illustrissime & Révérendissime Seigneur, Monseigneur Raymond de Durfort, Archevêque de Besançon & Prince du Saint Empire, tant comme ordinaire en ce qui regarde le Diocese de Besançon, que comme Métropolitain en ce qui concerne l'Evêché & Diocese de Basle; ladite Procuration passée à Besançon pardevant Me *Poulet*, qui en a gardé minute, & les témoins y dénommés le 28 Octobre dernier, contrôlée audit Besançon le lendemain 29, légalisée le même jour 29 par M. *Mommiotte*, Conseiller-Assesseur au Bailliage de

(a) Imprimé à Paris, chez P. M. de la Guette, 1780, in-4°.

Besançon, Comté de Bourgogne, représentée par mondit sieur Abbé *de Fraigne*, est, à sa réquisition, pareillement demeurée annexée à la minute des présentes, après avoir été de lui certifiée véritable, signée & paraphée en présence des Notaires soussignés, d'autre part.

Lesquels ont observé, savoir mondit Seigneur Evêque *de Lydda* & mondit sieur Abbé *de Raze*, pour mondit Seigneur Prince Evêque de Basle, que l'échange depuis long-temps proposé & demandé par ses prédécesseurs Princes Evêques d'une partie de leur Diocèse en Alsace, pour celle du Diocèse de Besançon, qui est située dans les Etats desdits Princes Evêques, tendant à faire concourir & à concilier ce qu'exigent l'intérêt de ceux qui habitent les districts Diocésains à échanger, & celui de leurs Evêques & Souverains respectifs, il doit nécessairement en résulter des avantages à tous égards, & pour l'Eglise & Evêché de Basle une utilité particuliere, à laquelle mondit Seigneur Prince Evêque de Basle espere, que mondit Seigneur Archevêque de Besançon ne se refusera pas; & mondit sieur Abbé *de Fraigne*, pour mondit Seigneur Archevêque de Besançon, qu'il a accédé aux propositions dudit échange, à cause de l'intérêt que le Roi a manifesté y prendre, dans la vue de rappeller une partie des terres de sa domination de la Jurisdiction d'un Evêque étranger à celle d'un Evêque son Sujet, & parce qu'il est persuadé, que le motif pour lui de concourir aux vues de Sa Majesté se concilie avec ceux de Religion & d'ordre public Ecclésiastique.

Lesdites Parties, dans l'espérance de l'autorisation & confirmation des deux Puissances, ont passé le traité dudit échange, ainsi qu'il suit:

En conséquence, mondit Seigneur Evêque *de Lydda* & mondit sieur Abbé *de Raze* audit nom, & pour mondit Seigneur Prince Evêque, & ses successeurs Princes-Evêques de Basle, a cédé & transporté à mondit Seigneur Archevêque actuel, & à ses successeurs Archevêques & Eglise de Besançon à perpétuité, la Jurisdiction Episcopale & Diocésaine, avec tous les droits honorifiques & utiles en dépendans, qui appartiennent à ladite Eglise & Evêché de Basle sur les personnes existantes ou qui existeront, ainsi que sur les établissemens Ecclésiastiques Séculiers ou Réguliers, bénéfices, fondations & autres objets compris dans les vingt-neuf Paroisses ci-après désignées, & les dépendances desdites Paroisses, situées dans la partie Françoise de la haute Alsace limitrophe des districts de Belfort & de Delle, qui sont du Diocèse de Besançon; sçavoir, les Paroisses *de Montreux-le-jeune, Chavannes sur l'Etang, Lutran, Montreux-Château, Fontaine, Brebotte, Brette, S. Côme, la-Riviere, Vautieremont, Rougemont, Phaffans, Perouse, S. Germain, Estueffond, Anjouté, Chevremont, Montreux-le-vieux, Froide-Fontaine, Novillard, Petit-Croix, Gronne, la Chapelle, Anguot, Felon, Reppe, Estaimbes, Suerce, Rechezy* & autres Paroisses succursales, objets & personnes composant ladite partie Françoise de la haute Alsace, pour autant & non autrement que cette partie est limitrophe & contigue des districts susdits de Belfort & de Delle, consentant audit nom que le tout, circonstances & dépendances, soit distrait & démembré des susdits Evêché, Eglise & Diocèse de Basle, pour être uni & incorporé aux susdits Archevêché & Eglise de Besançon.

Et en contr'échange mondit sieur Abbé *de Fraigne* audit nom & pour mondit Seigneur Archevêque de Besançon, & ses successeurs Archevêques, a cédé & transporté à perpétuité à mondit Seigneur Prince & Evêque, & à ses successeurs Princes & Evêques & Eglise de Basle, la Jurisdiction Episcopale & Diocésaine, avec tous les droits honorifiques & utiles en dépendans, qui appartiennent auxdits Archevêché & Eglise de Besançon sur les personnes existantes, ou qui existeront, & sur les établissemens Ecclésiastiques, Séculiers ou Réguliers, Bénéfices, Fondations, & autres objets compris dans les vingt Paroisses ou succursales du Doyenné d'Ajoye & leurs dépendances, situées dans les Etats du prince Evêque & de l'Evêché de Basle; sçavoir, *Porrentruy, Coeuve, Buix, Boncourt, Bonfol, Bressaucourt, Burre, Cheveney, Courchavon, Cour-de-Maiche, Courgeney, Cornol, Courte-Doux, Damphereux, Bernevesin, Damvan, Fontenois, Grandfontaine, Alle, Montigny*, & autres Paroisses ou succursales, objets & personnes, qui sont & pourront se trouver dans lesdits Etats du Prince Evêque & de l'Evêché de Basle, sous la réserve néanmoins des droits & de la Jurisdiction de mondit Seigneur Archevêque & de ses successeurs Archevêques de Besançon, comme Métropolitains, sur la partie de leur Diocèse cédée par ces présentes, ainsi que sur le surplus dudit Diocèse & Evêché de Basle, qui sont & continueront d'être en totalité dans la suffragance des susdits Archevêché & Archevêques de Besançon; comme aussi sous la réserve des dixmes & des biens ou droits temporels quelconques, situés dans la partie susdite du Diocèse de Besançon, cédée pour être unie à celui de Basle, desquels biens ou droits & dixmes la propriété & jouissance continueront au profit de l'Archevêché & Archevêques de Besançon, avec les mêmes immunités & privileges dont ils ont joui jusqu'à présent, & sans préjudice au surplus des droits ou intérêts qui peuvent concerner d'autres que les parties contractantes, lesquels leur sont & demeurent aussi réservés; consentant d'ailleurs mondit sieur Abbé *de Fraigne* audit nom, que les objets ci dessus désignés & cédés, circonstances & dépendances, soient distraits démembrés dudit Archevêché, Eglise & Diocèse de Besançon, pour être le tout uni & incorporé aux susdits Evêché, Eglise & Diocèse de Basle.

Lesquels consentemens, cession & transports & aux fins ainsi que sous les réserves susdites, ont été respectivement acceptés par mondit Seigneur Evêque *de Lydda*, avec mondit sieur Abbé *de Raze*, & par mondit sieur Abbé *de Fraigne* pour leurs constituans respectifs; sçavoir pour mondit Seigneur Archevêque de Besançon, ce qui regarde la partie Françoise susdite de la haute Alsace, qui est actuellement dudit Diocèse de Basle limitrophe & contigue aux districts de *Belfort & de Delle*, qui sont & continueront d'être du Diocèse de Besançon, pour & autant & non autrement que ladite partie est contigue & limitrophe desdits districts, & pour mondit Seigneur Evêque Prince de Basle, ce qui concerne la partie de ses Etats, qui est actuellement du Diocèse de Besançon.

Et ont en outre ésdits noms, & réciproquement mesdits Seigneur Evêque *de Lydda*, & sieurs Abbé *de Raze* & *de Fraigne*, chacun en droit soi, donné tous consentemens & pouvoirs, à l'effet de solliciter & obtenir tous titres ou actes d'autorisation ou confirmation du présent traité, & remplir toutes les formes sur ce requises.

Enfin il a été observé par mondit sieur Abbé *de Fraigne* audit

PREUVES.

audit nom, que les raisons de convenance & les avantages particuliers ci-dessus reconnus, qui doivent résulter du présent traité pour mondit Seigneur Prince Evêque de Basle, & ses successeurs Princes Evêques, exigent de leur part & de leur Evêché & Eglise des marques perpétuelles de souvenir envers l'Archevêché & Eglise & Archevêques de Besançon ; en conséquence mondit sieur Abbé *de Fraigne* audit nom requiert, qu'après consommation du présent échange, il soit, au nom de mondit Seigneur Prince Evêque & de l'Eglise de Basle, présenté par une personne constituée en Dignité Ecclésiastique, & remis à mondit Seigneur l'Archevêque de Besançon, une Croix pectorale d'or, avec cette inscription gravée en abrégé sur le revers de ladite Croix, *Archiepiscopo Bisuntino grati animi monumentum offerebant Episcopus & Ecclesia Basileensis, anno* (l'année courante étant indiquée), & qu'il soit arrêté & convenu, que la même prestation honorifique sera renouvellée vis-à-vis de chaque Archevêque & à chaque avenement à l'Archevêché de Besançon, à perpétuité.

Sur quoi il a été déclaré par mesdits Seigneur Evêque de Lydda & sieur Abbé de Raze audit nom, qu'ils n'hésiteroient pas à prendre dès-à-présent un engagement positif sur ce qui est requis par mondit sieur Abbé *de Fraigne*; mais qu'ils n'ont pas à cet effet de pouvoirs suffisans, & qu'au surplus ils ne doutent pas, que mondit Seigneur Evêque & Eglise de Basle ne s'empressent à satisfaire à ce qui est requis par mondit sieur Abbé *de Fraigne* pour mondit Seigneur Archevêque de Besançon & pour son siège.

C'est ainsi que le tout a été accordé & convenu entre les Parties esdits noms & qualités, qui pour l'exécution des présentes & dépendances, ont élu domicile à Paris en leurs demeures ci-devant désignées, auxquels lieux, nonobstant, promettant, obligeant, renonçant. Fait & passé à Paris, en l'Etude, le dix-sept Novembre mil sept cent soixante dix-neuf, avant midi, & ont signé la minute des présentes demeurée à Me Cordier, l'un des Notaires soussignés.

Suit la teneur desdites Procurations.

PARDEVANT le Notaire Apostolique & les témoins en bas nommés, fut présent son Altesse, Monseigneur l'Evêque de Basle, Prince du Saint Empire, lequel, après avoir délibéré avec son Chapitre & mûrement réfléchi, non-seulement sur l'utilité particuliere, que retirera son Eglise de l'échange de Jurisdiction Diocésaine si souvent proposé par ses prédécesseurs Evêques & Princes aux Seigneurs Archevêques de Besançon; mais encore sur les avantages qui en résulteront pour les peuples habitans les districts Diocésains & respectifs à échanger; & ayant par cette double considération, sous le bon plaisir, & de l'agrément de Sa Majesté Très-Chrétienne, fait renouveller lesdites propositions tant au Seigneur Archevêque actuel de Besançon, qu'au Chapitre de son Eglise, auxquelles propositions mondit Seigneur Archevêque de Besançon a accédé ; sadite Altesse a par ces présentes donné pouvoir à Monseigneur l'Evêque *de Lydda* son suffragant & Vicaire général, & à M. l'Abbé *de Raze* son Ministre en Cour de France, ensemble ou séparément, de pour elle & en son nom & pour ses successeurs Evêques de Basle, dans l'espérance néanmoins de l'autorisation & confirmation des deux Puissances, passer avec mondit Seigneur Archevêque de Besançon, ou les fondés de ses pouvoirs spéciaux, le traité du susdit échange, & en conséquence, céder & transporter à perpétuité à mondit Seigneur Archevêque actuel, à ses successeurs Archevêques & Eglise de Besançon, la Jurisdiction Episcopale Diocésaine, avec tous les droits honorifiques & utiles en dépendans, qui appartiennent à l'Evêché & Eglise de Basle sur les personnes existantes & qui existeront, & sur les établissemens Ecclésiastiques Séculiers ou Réguliers, bénéfices, fondations & autres objets situés dans les vingt-neuf Paroisses ci-après désignées, & les dépendances desdites Paroisses, situées dans la partie Françoise de la haute Alsace limitrophe des districts de *Belfort* & *de Delle* qui sont du Diocèse de Besançon; sçavoir, les Paroisses de *Montreux-le-jeune*, *Chavannes-sur-l'Etang*, *Lutran*, *Montreux-Chateau*, *Fontaine*, *Brebotte*, *Brette*, *S. Cosme*, *la Riviere*, *Vautieremont*, *Rougemont*, *Phaffans*, *Perouse*, *Saint-Germain*, *Eslueffond*, *Anjouté*, *Chevremont*, *Montreux-le-Vieux*, *Froide-Fontaine*, *Novillard*, *Petit-Croix*, *Gronne*, *la Chapelle*, *Angeot*, *Felon*, *Reppe*, *Eslaimbes*, *Suerce*, *Rechezy*, accepter en contr'échange & pareillement à perpétuité la Jurisdiction Episcopale & Diocésaine, avec tous les droits honorifiques ou utiles en dépendans, qui appartiennent à l'Archevêché & Eglise de Besançon sur les personnes existantes ou qui existeront, ainsi que sur les établissemens Ecclésiastiques séculiers ou réguliers, bénéfices, fondations & autres objets situés dans les vingt Paroisses du Doyenné d'Ajoye & les dépendances desdites Paroisses comprises dans les Etats du Prince Evêque & de l'Evêché de Basle; sçavoir, les Paroisses de *Porrentruy*, *Coeuve*, *Buix*, *Boncourt*, *Bonfol*, *Bressaucourt*, *Burre*, *Cheveney*, *Courchavon*, *Cour-de-Maiche*, *Courgeney*, *Cornol*, *Courtedoux*, *Damphereux*, *Bernevesin*, *Damvan*, *Fontenoy*, *Grandfontaine*, *Alle* & *Montigny*, consentir au démembrement de la Jurisdiction & droits honorifiques ou utiles susdits, appartenans à l'Evêché & Eglise de Basle dans la partie Françoise susdite de la haute Alsace, pour les unir à perpétuité auxdits Archevêché & Eglise de Besançon, & accepter la partie à démembrer dudit Archevêché & Eglise de Besançon, pour l'unir audit Evêché & Eglise de Basle, circonstances & dépendances desdits démembrement & union ; enfin solliciter, obtenir, ou consentir à l'obtention de tous titres ou actes d'autorisation ou confirmation dudit traité, & remplir toutes les formes sur ce requises; à cet effet constituer ses Procureurs & prendre tels avis qui pourront être nécessaires, stipuler & consentir, & généralement faire pour le traité susdit d'échange & sa consommation ce que le constituant feroit lui-même, promettant avoir le tout pour agréable & le ratifier à la premiere requisition qui pourroit en être faite; & déclarant en outre sadite Altesse, que la présente ne sera sujette à sur-annation. Fait & passé au Château & résidence de sadite Altesse, laquelle a signé en présence des sieurs Joseph *Billieux* & Joseph *Berberat* Prêtres, demeurans à Porrentruy, témoins pour ce expressément requis, & qui ont également signé avec moi, le Notaire Apostolique, qui ai muni ces présentes de mon sceau. Audit Porrentruy, le cinq Octobre mil sept cent soixante dix-neuf. *Signé* † *Frédéric*, Evêque de Basle; Joseph *Billieux*, Prêtre, Témoin ; Joseph *Berberat*, Prêtre, Témoin *signé*, Jean-George *Bloque*, Prêtre & Notaire Apostolique. Donné pour copie conforme à l'original attefté, fous l'appofition de mon fceau ordinaire; à Porrentruy, le cinq d'Octobre mil fept cent foixante & dix-neuf; *figné*, Jean-George *Bloque*, Prêtre & Notaire Apoftolique, avec paraphe.

Plus bas eft écrit, contrôlé à Paris, le dix-fept Novembre mil fept cent foixante-dix-neuf, reçu quatorze fols, *figné*, Boiteux.

PARDEVANT les Confeillers du Roi, Notaires à Befançon & Témoins fouffignés.

Fut préfent Illuftriffime & Révérendiffime Seigneur, Monfeigneur *Raimond de Durfort*, Archevêque de Befançon, Prince du S. Empire, & de préfent en fon Palais Archiépifcopal, en ladite ville.

Lequel, après avoir mûrement réfléchi fur le projet d'échange de Paroiffes, propofé depuis long-temps entre fon Diocèfe & celui de Bafle, confidérant l'intérêt, que le Roi a manifefté prendre audit échange dans la vue de rappeller une partie des terres de fa domination de la Jurifdiction d'un Evêque étranger à celle d'un Evêque fon fujet, & perfuadé, que le motif pour lui de concourir aux vues de Sa Majefté fe concilie avec ceux de Religion & d'ordre public Eccléfiaftique, a par ces préfentes donné pouvoir à Meffire Pierre *de Fraigne*, Vicaire Général du Diocèfe d'Alby & ancien Aumônier de Mefdames de France, demeurant à Paris, rue S. Maur, fauxbourg S. Germain, Paroiffe S. Sulpice, & pour lui & en fon nom, & pour fes fucceffeurs Archevêques de Befançon (fauf la réferve néanmoins de l'autorifation des deux Puiffances, comme celle de tous droits à quiconque il peut en appartenir dans la préfente affaire), céder & tranfporter à perpétuité à Illuftriffime & Révérendiffime Seigneur, Monfeigneur Frédéric, Baron de Wangen, Evêque de Bafle & Prince du S. Empire, & à l'Evêché & Eglife de Bafle, la Jurifdiction Epifcopale & Diocéfaine, avec tous les droits honorifiques & utiles en dépendans, qui appartiennent audit Archevêché & Eglife de Befançon fur les perfonnes exiftantes ou qui exifteront, & fur les établiffemens Eccléfiaftiques Séculiers & Réguliers, bénéfices, fondations & autres objets fitués dans les vingt Paroiffes ou Succurfales du Doyenné d'*Ajoye* & leurs dépendances, comprifes dans les Etats du Prince Evêque & de l'Evêché de Bafle; fçavoir, *Porrentruy*, *Cauve*, *Buix*, *Boncourt*, *Bonfol*, *Breffaucourt*, *Burre*, *Cheveney*, *Courchavon*, *Cour-de-Maîche*, *Courgeney*, *Cornol*, *Courtedoux*, *Dampherreux*, *Bernevefin*, *Damvan*, *Fontenoy*, *Grand-Fontaine*, *Alle*, *Montigny* & autres Paroiffes ou Succurfales, qui pourroient fe trouver dans lefdits Etats du Prince Evêque de Bafle, laquelle ceffion fera faite fans aucune réferve, fauf les droits du Métropolitain, qui demeureront en leur entier envers mondit Seigneur Archevêque de Befançon & de fes fucceffeurs.

Comme auffi donne pouvoir audit fieur Procureur conftitué d'accepter en contr'échange, & pareillement à perpétuité, la Jurifdiction Epifcopale & Diocéfaine, avec tous les droits honorifiques & utiles en dépendans, qui appartiennent à l'Evêché & Eglife de Bafle fur les perfonnes exiftantes ou qui exifteront, ainfi que fur les établiffemens Eccléfiaftiques Séculiers & Réguliers, Bénéfices, Fondations & autres objets compris dans les Paroiffes & leurs dépendances, compofant la partie Françoife de la haute Alface, Diocèfe de Bafle, pour autant & non autrement, que ladite partie Françoife eft limitrophe & contigüe des diftricts de *Belfort* & de *Delle*, lefquels diftricts font déjà du Diocèfe de Befançon.

Comme enfin donne pouvoir audit fieur Procureur conftitué, de confentir au démembrement de la Jurifdiction Diocéfaine & droits honorifiques ou utiles fufdits, appartenans à l'Archevêché & Eglife de Befançon dans les Etats fufdits du Prince Evêque de Bafle, pour les unir à perpétuité audit Evêché de Bafle, & requérir le démembrement de la Jurifdiction Diocéfaine & droits honorifiques ou utiles auffi fufdits, appartenans à l'Evêché & Eglife de Bafle dans la partie Françoife fufdite de la haute Alface, pour les unir à perpétuité audit Archevêché & Eglife de Befançon, circonftances & dépendances defdits démembrement & union, folliciter, obtenir, ou confentir à l'obtention de tous titres ou actes d'autorifation ou de confirmation à ce néceffaires, ftipuler & confentir, & généralement faire pour le traité fufdit d'échange & fa confommation ce que ledit Seigneur conftituant feroit lui-même, promettant avoir le tout pour agréable, & le ratifier à la premiere réquifition qui pourroit en être faite, déclarant en outre mondit Seigneur Archevêque, que la préfente ne fera fujette à furannation, dont acte, obligeant, &c.

Fait & paffé audit Befançon, au Palais Archiépifcopal, l'an mil fept cent foixante-dix-neuf, le vingt-huit Octobre, pardevant Jean-Antoine *Poulet*, Notaire fufdit, Citoyen de ladite Ville, préfens Me Jean-Baptifte *Courvoifier*, Avocat au Parlement; & Me Jean-François *Copel* auffi Avocat en ladite Cour, les deux demeurans également audit Befançon, témoins requis & fouffignés avec mondit Seigneur Archevêque de Befançon, après lecture.

Ainfi figné à la minute † *Raimond de Durfort*, Archevêque de Befançon, *Courvoifier*, *Copel*, & *Poulet* Notaire.

Enfuite eft écrit, contrôlé à Befançon, le vingt-neuf Octobre mil fept cent foixante-dix-neuf, reçu fept livres, & pour bourfe commune, figné le Febvre.

Pour expédition conforme à la minute, figné Poulet, Notaire, avec paraphe.

Au-deffous eft écrit, nous Claude-Philippe *Mommiotte*, Confeiller Affeffeur au Bailliage de Befançon, Comté de Bourgogne, où le papier marqué n'eft pas en ufage, certifions à tous qu'il appartiendra, (pour abfence de MM. les Lieutenant-Général & particulier, & autres Officiers plus anciens du Siege), que le fieur Poulet, qui a figné l'expédition de l'acte ci-deffus, eft Confeiller du Roi, Notaire en ladite Ville, que foi pleine & entiere doit être ajoutée à fa fignature en tous jugemens & dehors. En témoignage de quoi nous avons figné les préfentes, fait contrefigner par Jean-François Billon, Greffier ordinaire du Siege, & à icelles appofé le fceau Royal de la Jurifdiction.

Fait & donné en notre Hôtel, à Befançon, le vingt-neuf Octobre mil fept cent foixante-dix-neuf, figné *Mommiotte*, & plus bas par Ordonnance, *Billon*, avec paraphe.

Il eft ainfi aux expéditions defdites deux Procurations, certifiées véritables, fignées & paraphées & demeurées, comme dit eft, annexées à la minute du concordat, dont expédition eft des autres parts, le tout demeuré audit Me Cordier, Notaire.

Signé Caies & Cordier, avec paraphes.

PREUVES.

Et ensuite est écrit, & le septieme jour de Décembre audit an mil sept cent soixante-dix-neuf, sont de nouveau comparus devant les Conseillers du Roi, Notaires au Châtelet de Paris, soussignés, mondit Seigneur Evêque de *Lydda*, & mondit sieur Abbé *de Raze*, tous deux ci-devant dénommés, qualifiés & domiciliés, d'une part.

Et mondit sieur Abbé *de Fraigne*, aussi ci-devant dénommé, qualifié & domicilié, d'autre part.

Lesquels ès-mêmes noms & qualités que ceux dans lesquels ils ont respectivement stipulé en l'acte du dix-sept Novembre dernier, dont la minute est des autres parts, duquel acte lecture leur a été de nouveau faite par ledit Me Cordier, l'un des Notaires soussignés, son Confrere présent, & qu'ils ont dit avoir bien entendu, ont déclaré, sçavoir, mondit Seigneur Evêque *de Lydda*, & mondit sieur Abbé *de Raze*, que c'est avec raison, que par l'acte susdaté du dix-sept Novembre dernier, en observant que leurs pouvoirs n'étoient pas suffisans, ils présumoient les dispositions du Prince Evêque leur constituant, sur les deux objets de demande faite par mondit sieur Abbé de Fraigne audit nom, l'un concernant la prestation honorifique d'une Croix pectorale d'or, & ainsi qu'il est plus amplement expliqué audit acte, & l'autre relatif à la maintenue des droits de dixmes & patronages appartenans au Chapitre de l'Eglise de Besançon dans les Etats du Prince Evêque de Basle, de la même maniere dont ce Chapitre a possédé lesdits droits & en a joui jusqu'à présent, & avec les mêmes immunités & prérogatives ou privileges, la demande concernant ladite maintenue étant indiquée par la réserve, qui suit la maintenue pareille, convenue pour l'Archevêché & les Archevêques de Besançon, l'une & l'autre demande d'ailleurs étant dès-lors & préalablement annoncées à mondit Seigneur le Prince Evêque de Basle, & au Chapitre de son Eglise : qu'en effet, & dès le treize du même mois de Novembre, par sa patente duement signée & munie de son sceau, laquelle controllée à Paris par Lezan, cejourd'hui sera annexée à ces présentes, & au contenu de laquelle les Grand Prévôt, Grand Doyen, Chanoines & Chapitre de ladite Eglise de Basle, ont accédé par acte Capitulaire du seize dudit mois de Novembre, duement signé par le Syndic & scellé du Sceau dudit Chapitre ; mondit Seigneur Prince Evêque de Basle avoit déclaré consentir & s'engager pour lui & ses Successeurs en l'Evêché de Basle, envers mondit Seigneur Archevêque, le Siege & Métropole de Besançon, à la prestation honorifique & la maintenue des droits du Chapitre de Besançon susdits. Pourquoi & en présentant ladite Patente & acte ensuite susdit, mondit Seigneur Evêque *de Lydda*, & mondit sieur Abbé *de Raze*, esdits noms, requierent qu'elle soit avec ledit acte annexée à ces présentes, pour ne former avec l'acte aussi susdit, du dix-sept Novembre dernier, qu'un seul & même corps de traité, sur l'échange convenu par ledit acte ; en conséquence, lesdites Patentes & acte capitulaire ci-devant datés & énoncés, représentés par mondit Seigneur Evêque de Lydda, & mondit sieur Abbé de Raze, audit nom, sont, à leur requisition, demeurés annexés à la minute des présentes pour y avoir recours, après avoir été d'eux certifiés véritables, signés & paraphés en présence des Notaires soussignés.

Et mondit sieur Abbé *de Fraigne* audit nom, adhérant à ladite réquisition, a déclaré accepter les consentemens donnés & engagemens pris par mondit Seigneur Prince Evêque de Basle, ainsi que l'accession du Chapitre susdit de l'Eglise de Basle, dans tout leur contenu, tant pour ce qui concerne mondit Seigneur Archevêque de Besançon & son Siege, que pour ce qui regarde le Chapitre de son Eglise, & que c'est avec la plus entiere satisfaction, que mondit Seigneur Archevêque a vu, que sur ledit échange il pouvoit faire concourir ce qu'il se doit, & à son Siege, avec son empressement de contribuer à ce qui peut être agréable au Roi, & le désir d'obliger mondit Seigneur Prince Evêque de Basle.

Car ainsi le tout a été accordé & convenu entre les Parties esdits noms & qualités, qui pour l'exécution des présentes & dépendances, ont réitéré l'élection du domicile par elles faite audit acte des autres parts; auxquels lieux, nonobstant, promettant, obligeant, renonçant, fait & passé à Paris, en l'Etude, ledit jour sept Décembre mil sept cent soixante-dix-neuf, avant midi, & ont signé la minute des présentes étant ensuite de celle du concordat, dont expédition est des autres parts, le tout demeuré audit Me Cordier, Notaire.

Suit la teneur dudit Annexe.

FRÉDÉRIC, par la grace de Dieu, Evêque de Basle, Prince du St. Empire, &c.

Faisons sçavoir, que pénétré des sentimens de la plus vive reconnoissance envers M. l'Archevêque de Besançon, de ce qu'il a bien voulu agréer un projet d'échange d'une partie respective des Dioceses de Besançon & de Basle, tel qu'il est détaillé dans la Procuration, que nous avons donnée à ce sujet, sous la date du cinq Octobre dernier, à M. l'Evêque *de Lydda*, notre suffragant & Vicaire général, & à M. l'Abbé *de Raze*, notre Ministre en Cour de France, nous nous faisons un vrai plaisir de lui en donner une marque réelle, en nous assujettissant pour nous, & nos Successeurs à l'Evêché de Basle, à une prestation honorifique envers le Siege & la Métropole de Besançon ; consentons & nous chargeons en conséquence de faire présenter à M. l'Archevêque de Besançon, par un de nos principaux Officiers Ecclésiastiques, constitué en dignité, ou par un des Dignitaires de notre Cathédrale, une Croix pectorale en or, portant à son revers par abbréviation l'inscription suivante, *Archiepiscopo Bisuntino grati animi monumentum offerebant Episcopus & Ecclesia Basileensis, anno*, laquelle prestation sera renouvellée par nous ou nos successeurs, après la prise de possession de chaque Seigneur Archevêque de Besançon, pour ainsi perpétuer à jamais la mémoire des avantages, que notre Eglise devra à celle de Besançon, & en particulier la gratitude éternelle, que nous vouons à l'Archevêque, qui en remplit aujourd'hui si dignement le Siege. Nous nous engageons en outre pour nous & nos successeurs de laisser jouir & posséder tranquillement le Siege & le Chapitre Métropolitain de Besançon des droits de dixmes & patronage quelconques, qu'ils ont dans nos Etats, de la même façon qu'ils en jouissent & les possedent aujourd'hui, sans qu'il soit porté de notre part, ni de celle de nos succesſeurs, le moindre trouble ou empêchement aux avantages, prérogatives, immunités dont ils peuvent être aujourd'hui en légale poſſeſſion. En témoignage de quoi, nous avons ſigné ces préſentes de notre main, & à icelles fait appoſer notre grand ſceau Pontifical; avec cette déclaration expreſſe, que nous voulons, qu'elles ſoient ajoutées & inſcrites à la ſuite du concordat, & que foi y ſoit ajoutée, comme ſi elles étoient inſérées dans l'acte même de Procuration. Fait en notre Château de réſidence à Porrentruy, ce treize Novembre mil ſept cent ſoixante-dix-neuf. Signé † *Frédéric*, Evêque de Baſle.

Plus bas eſt écrit. Contrôlé à Paris, le ſept Décembre mil ſept cent ſoixante-dix-neuf, reçu ſept livres, ſigné Lezan, avec paraphe.

Au-deſſous eſt encore écrit, & Nous les Grand-Prévôt, Grand-Doyen, Chanoines & Chapitre de la Cathédrale de Baſle, approuvons & accédons au contenu de l'acte ci-deſſus, promettant pour nous & nos après venans de nous y conformer autant qu'il eſt en nous.

En témoignage de quoi nous avons fait munir les préſentes de notre ſceau, & les avons fait ſigner par notre Syndic. A Arleſheim le 16 Novembre 1779. Au bas eſt écrit, par Ordonnance, Streicher, Syndic du haut Chapitre de Baſle, à côté eſt un ſceau.

Il eſt ainſi en ladite pièce annexée, certifiée véritable, ſignée & paraphée, duement contrôlée, & comme dit eſt, demeurée annexée à la minute de l'acte enſuite de celle du Concordat, dont l'expédition eſt des autres parts, le tout demeuré audit Me Cordier, Notaire.

Signé Caies & Cordier, tous deux avec paraphe, & en marge ſcellé leſdits jour & an avec paraphe.

Nous les Haut-Doyen, Chanoines & Chapitre de l'illuſtre Egliſe Métropolitaine de Beſançon.

Sçavoir faiſons, qu'ayant été invités & requis par Monſeigneur notre Archevêque de donner notre conſentement à un échange de Paroiſſes entre ſon Siége Métropolitain de Beſançon & celui de l'Egliſe de Baſle, ſçavoir de la Ville *de Porrentruy*, de dix-huit Paroiſſes & une ſuccurſale ſituées dans les Etats du Prince Evêque de Baſle en Allemagne, du Diocèſe de Beſançon, contre vingt-neuf Paroiſſes ou Succurſales, ſituées dans le Royaume, & faiſant partie Françoiſe de la haute Alſace, Diocèſe de Baſle, contiguë & limitrophe au diſtrict de *Belfort & de Delle*, compris dans celui de Beſançon, relativement auquel échange il auroit plu au Roi de manifeſter ſes intentions audit Seigneur Archevêque.

Nous, voulant donner à Sa Majeſté une preuve de notre reſpectueuſe déférence à ſes vues dirigées vers le bien de ſes Peuples, & vu les actes paſſés les 17 Novembre & 7 Décembre 1779 entre Monſeigneur l'Evêque de *Lydda* & M. l'Abbé de *Raze*, fondé de procuration de Monſeigneur le Prince Evêque de Baſle, d'une part; & M. l'Abbé de *Fraigne*, de celle de Monſeigneur l'Archevêque de Beſançon, d'autre part, reçus par Cordier & ſon confrere, Notaires au Châtelet, leſquels nous ont été communiqués par Monſeigneur l'Archevêque le jour d'hier, avons arrêté de conſentir audit échange ſous la réſerve néanmoins des droits de Patronage & reſponſion annuels ſur les Cures deſdits Patronages, des dixmes, des biens, ou droits temporels quelconques, ſitués dans la partie ſuſdite cédée, pour être annexée au Diocèſe de Baſle, deſquels biens, droits ou dixmes, la propriété & jouiſſance continueront au profit du Chapitre avec les mêmes priviléges, immunités & exemption de toutes charges, même du droit de hallage pour les grains provenant deſdites dixmes, ſoit qu'il les perçoive par lui-même, ou par ſes Fermiers ou Prépoſés, deſquels il a joui juſqu'ici.

Donnons en conſéquence acte de notre préſent conſentement en la meilleure forme de droit, & promettons d'avoir pour fermes & agréables leſdits Traités & Concordats. En foi de quoi les Préſentes ont été ſignées par M. Maréchal d'Audeux, Grand Archidiacre de notre Siége & Préſident au Chapitre du préſent jour, & contreſignées par notre Secrétaire ordinaire, auxquelles nous avons fait appoſer le ſceau de notredit Chapitre. Fait en notre Salle Capitulaire, le cinq Janvier mil ſept cent quatre-vingt, ſigné MARECHAL D'AUDEUX.

IDEO tam dictus modernus Archiepiſcopus Biſuntinus, quam præfatus modernus Epiſcopus & Princeps Baſileenſis, nobis humiliter ſupplicari fecerunt, quatenus eis, & utrique eorum, atque Biſuntinæ & Baſileenſi Diœceſibus in præmiſſis opportune providere, præfata pacta, ſeu Concordata, atque permutationem in eis ſcriptam, ac inſtrumenta hujuſmodi, in ipſo Gallico idiomate ad effectum tollendi in poſterum quodcumque equivocum & litigium, ut præfertur, exarata, ſub conditionibus & clauſulis in eis pariter expreſſis & contentis, atque diſmembrationem & unionem per te, ut infra, faciendas, pro præmiſſorum ſtrictiori obſervantiâ *in formâ* ſpecificâ approbare & confirmare de benignitate Apoſtolicâ dignaremur: Nos igitur eiſdem modernis Archiepiſcopo Biſuntino, & Epiſcopo ac Principi Baſileenſi ſpecialem gratiam facere volentes; eoſque, & eorum quemlibet à quibuſvis ſuſpenſionis, & interdicti, aliiſque Eccleſiaſticis ſententiis, cenſuris & pœnis, à jure vel ab homine, quâvis occaſione vel causâ latis; ſi quibus quomodolibet innodati exiſtunt ad effectum præſentium tantum conſequendum, harum ſerie abſolventes, & abſolutos fore cenſentes, prædicta pacta ſeu Concordata, atque permutationem in eis ſcriptam, & ſub conditionibus & clauſulis in eiſdem expreſſis & contentis, auctoritate noſtrâ Apoſtolicâ approbantes & confirmantes, hujuſmodi ſupplicationibus inclinati, Diſcretioni tuæ per Apoſtolica ſcripta mandamus, quatenus attento conſenſu tam præfati Regis Chriſtianiſſimi, quàm præfatorum Capitulorum Eccleſiæ Biſuntinæ, & Eccleſiæ Baſileenſis, ac conſenſum hujuſmodi ratum habendo ad effectum & exequutionem prædictæ Permutationis, ex unâ parte à Diœceſi, ſede, & Eccleſiâ Biſuntinâ ſupradictâs Parœcias, & alia Eccleſiaſtica inſtituta, quæ Decanatûs vulgo *d'Ajoye* à dictâ Biſuntinâ Diœceſi pendentis partem conſtituunt, & nihilominus in Germaniâ, & ſub Dominio temporali ſupradicti Principis & Epiſcopi, atque Eccleſiæ Baſileenſis ſunt & eſſe noſcuntur; nec non Juriſdictionem Epiſcopalem in dictis Parœciis, inſtitutis, & dependentiis, prout in ſupradictis pactis & Concordatis etiam fuſiùs eſt poſitum & expreſſum, pari auctoritate noſtrâ Apoſtolicâ perpetuò diſmembres, & ſepares, & præfatæ Diœceſi Baſileenſi, ejuſque ſedi Epiſcopali, & Eccleſiæ

Cathedrali

Cathedrali ex nunc, prout ex tunc, perpetuo pariter unias & adjungas : & ex alterâ à dictâ Dioecesi Basileensi, ejusque sede Episcopali, & Ecclesiâ Cathedrali Paroecias, & alia Ecclesiastica instituta, quae in eâ superioris Alsatiae parte, districtibus *Belfortensi* & *Dellensi* conterminâ, ubi vulgaris Gallici idiomatis est usus, atque Capitulorum ruralium *Mazopolitani* & *Elsgaudiae* à dictâ Basileensi Dioecesi dependentium partem constituunt, & sub Dominio Praefati Regis Christianissimi sunt & esse noscuntur ; nec non Jurisdictionem Episcopalem in dictis Paraeciis, institutis & dependentiis, prout in supradictis pactis & concordatis etiam fusiùs est expositum & expressum, simili auctoritate nostrâ Apostolicâ, perpetuò quoque dismembres & separes, & praefatae Dioecesi Bisuntinae, ejusque sedi Achiepiscopali, & Ecclesiae Metropolitanae, ex nunc, prout ex tunc, perpetuò pariter unias & adjungas; utrumque sub conditionibus & clausulis in praedictis pactis & Concordatis expressis & contentis, & à te praefatâ auctoritate nostrâ Apostolicâ ordinandis, illisque perpetuae ac inviolabilis & irrefragabilis Apostolicae firmitatis robur, vim & efficaciam adjicias, ac ab omnibus & singulis ad quos nunc spectat, & pro tempore quomodolibet spectabit in futurum, inviolabiliter observari & adimpleri, nec ab illis ullo unquam tempore resiliri, aut recedi debere: Nos enim, si dismembrationem, separationem, unionem, adjunctionem, aliaque praemissa per te presentium vigore fieri contigerit, ut praefertur, easdem presentes semper & perpetuò validas, & efficaces esse & fore, ac nullo unquam tempore de subreptionis, vel obreptionis, aut nullitatis vitio, seu intentionis nostrae, vel alio quocumque defectu notari, impugnari, invalidari, retractari, nec sub quibusvis similium, vel dissimilium gratiarum revocationibus, suspensionibus, limitationibus, derogationibus, modificationibus, aut aliis contrariis dispositionibus per nos, & sedem Apostolicam praefatam, sub quibuscumque tenoribus & formis, ac cum quibusvis clausulis & decretis, etiam motu proprio pro tempore factis, & faciendis, comprehendi vel confundi, sed semper ab illis excipi, & quoties illae emanabunt, toties in pristinum & validissimum statum restitutas, repositas & plenariè reintegratas, ac de novo etiam sub quâcumque posteriori datâ quandocumque eligendâ concessas esse & fore, suosque plenarios & integros effectus sortiri & obtinere; sicque & non aliàs per quoscumque judices ordinarios, vel delegatos, quâvis auctoritate fungentes, etiam causarum Palatii Apostolici Auditores, ac Sanctae Romanae Ecclesiae Cardinales etiam de Latere Legatos, Vice-Legatos, dictaeque sedis Nuncios, judicari & definiri debere ; irritumque decernimus & inane, si secus super his à quoquam quâvis auctoritate scienter, vel ignoranter contigerit attentari.

Nec non tibi facultatem subdelegandi quamcumque personam in Ecclesiasticâ Dignitate constitutam, quam tu ad rem meliùs & congruentiùs existimaveris tam pro actibus Jurisdictionis voluntariae quàm contentiosae; ac etiam facultatem, quod si insurgant aut superveniant à quocumque oppositiones earumdem praesentium, & in eis contentorum quorumcumque, provisionaliter, & juxta eorum formam & tenorem, non obstantibus dictis oppositionibus quibuscumque, executionem demandandi & decernendi : & insuper facultatem quoque, in dicto casu oppositionum, eas definitivè, atque omni appellationis viâ amotâ & seclusâ judicandi, & supremo ac irrevocabili judicio pronunciandi, dictâ Apostolicâ auctoritate earumdem tenore praesentium concedimus & impartimur.

Non obstantibus quibusvis etiam in synodalibus provincialibus, generalibus, universalibusque Conciliis editis, vel edendis, specialibus, vel generalibus, Constitutionibus & ordinationibus Apostolicis, dictarumque Ecclesiarum Bisuntinae & Basileensis etiam juramento, confirmatione Apostolicâ, vel quâvis firmitate aliâ roboratis, statutis & consuetudinibus, privilegiis quoque, indultis & litteris Apostolicis quibusvis superioribus, & personis in genere vel in specie, aut aliàs in contrarium praemissorum quomodolibet forsan concessis, approbatis, confirmatis & innovatis, quibus omnibus & singulis, etiam si pro illorum sufficienti derogatione aliàs de illis, eorumque totis tenoribus, specialis, specifica, expressâ & individua, non autem per clausulas generales idem importantes mentio, seu quaevis alia expressio habenda, aut aliqua alia etiam exquisita forma ad hoc servanda foret, tenores hujusmodi, ac si de verbo ad verbum, nihil penitus omisso, & forma in illis tradita observata, inserti forent, eisdem presentibus pro plene & sufficienter expressis, & insertis, habentes, illis aliàs in suo robore permansuris latissimè & plenissimè, ad praemissorum validissimum effectum hâc vice dumtaxat specialiter & expressè, necnon opportunè ad validè, harum quoque serie derogamus, caeterisque contrariis quibuscumque. Datum Romae apud Sanctum Petrum, anno Incarnationis Dominicae, millesimo septingentesimo octogesimo, pridie Kalendas Julii Pontificatûs Nostri anno sexto. Signatum TH. ANTOGNELLUS, & caeteri.

A tergo scriptum est.

Franciscus *Regnaud*, in supremo Senatu Parisiensi Patronus, Regis Consiliarius, necnon Romanae Curiae Expeditionarius, Parisiis commorans viâ vulgò dictâ *des Trois-Pavillons au marais*, Ecclesiae Regiae & Parochialis Sancti Pauli, hanc Bullam Romae expediri curavit & tradidit. Signatum REGNAUD, avec paraphe.

Et postea.

Nous soussignés Avocats en Parlement, Conseillers du Roi, Expéditionnaires de Cour de Rome, demeurant à Paris, certifions & attestons à tous qu'il appartiendra, la présente Bulle vraie, originale, bien & duement expédiée en ladite Cour : en foi de quoi nous avons signé. A Paris le 28 Juillet 1780, *signé* MARCHAND & REGNAUD, avec paraphe.

Sur le devant est une grande R, dans laquelle est signé Godin, & au-dessus est le numéro du Registre de Me *Regnaud*, Expéditionnaire de France, 2317, avec les noms *Regnaud* & F. *Digne*.

Contrôlé à Paris ledit jour vingt-huit Juillet mil sept cent quatre-vingt, *signé* MARCHAND.

Au-dessus est encore écrit en intitulé ;
Modernus Archiepiscopus Bisuntinus & Episcopus ac Princeps Basileensis, Bulla confirmationis & approbationis apostolicæ seu permutationis Diœcesanæ Jurisdictionis inter eos initorum, de consensu Regis Christianissimi & Capitulorum Cathedralium Bisuntinensis & Basileensis.

Fin des Preuves & Dissertations.

CORRECTIONS ET ADDITIONS.

PREUVES ET DISSERTATIONS.

Page j. col. 2, ligne 31, *effacez* rouge.
Pag. vij. col. 2, lig. 19, *inflans*, lif. in Stans.
Pag. viij. col. 1, lig. 44, *taged aman*, lif. tage da man.
Ibidem, col. 2, lig. 29, *vorguten*, lif. vorgenanten.
Pag. ix, col. 2, lig. 6 & 7, *verderen*, lif. vorderen.
Ibidem, col. 2, lig. 45, *gemeinlichen, des*, lif. gemeinlichen der.
Pag. xij, col. 2, lig. 20, *Senufia*, lif. Sebufiana.
Pag. xvj, col. 1, lig. 3, *pertubatores*, lif. perturbatores.
Ibidem, col. 1, lig. 10, *iuflando*, lif. inflando.
Pag. xvij, col. 2, lig. 30, *difpenfio*, lif. difpendio.
Pag. xix, col. 2, lig. 35, *le nobles*, lif. les nobles.
Pag. xxiv, col. 1, lig. 42, *in perpetuum in perpetuum*, *effacez* in perpetuum double.
Ibidem, col. 2, lig. 3, *utriufqs*, lif. utriufque.
Pag. xxv, col. 1, lig. 30, *electionis. Negotio*, lif. Electionis negotio.
Pag. xxvj, col. 2, lig. 3, *ift*, lif. ift.
Pag. xxvij, col. 1, lig. 54, *corroborar*, lif. corroborari.
Pag. xxxv, col. 1, lig. 9, *Interlocenfis*, lif. Interlacenfis.

Pag. xl, col. 1, lig. 41, *Latinæ. effacez le.* après Latinæ.
Pag. xlij, col. 2, lig. 42 & 43, *effacez* Secrétaire-Général de la Congrégation de Saint-Maur, lif. Secrétaire du Chapitre de Saint-Germain des Prés, & Garde des Archives de cette Abbaye.
Pag. xliij, col. 2, lig. 60, *Cluffim Pretigow*, lif. Cluff im Prettigow.
Pag. xliv, col. 1, lig. 11, *fe trouve daus*, lif. fe trouve dans.
Ibidem, col. 1, lig. 44, *Waldo & Abbé*, lif. & Waldo Abbé.
Pag. xlv, col. 2, lig. 26, 27, 28 & 29, *data nonas* (*) *No . . . . . . lif.* data non . . . . . anno Chrifto propitio Imperii Domni Hlotharii . . . . (**) . . . . Augufti. In Francia primo. In Italia xiij. Indictione xj. Actum Sueffionis civitate in Dei nomine feliciter. Amen.
Pag. xlvj, col. 1, lig. 41, *Novembris*, lif. Nouimb.
Pag. xlvij, col. 1, avant-derniere ligne, *Aquifgrani*, lif. Actum Aquifgrani.
Pag. lij, col. 1, lig. 6, ans, lif. dans.

CORRECTIONS ET ADDITIONS.

Discours sur l'Histoire Naturelle de la Suisse.

PAGE, iv, col. 2. ligne 8, & mieux ; *lisez* & de mieux.
vij, col. 2, ligne 26, Saint-Bronchier ; *lisez* Saint-Branchier.
Ibidem, col. 1, dernière ligne, Paunlines ; *lisez* Pennines.
viij, col. 1, ligne 6, une pierre ; *lisez* une seule pierre.
Ibidem, col. 2, ligne 15, avalanges ; *lisez* lavanges.
Ibidem, col. 2, ligne 46, d'abord ; *lisez* d'abord.
xj, col. 2, ligne 31, entraîne ; *lis.* entraînent.
xvj, col. 1, ligne 39, motague ; *lisez* montagne.
xvij, col. 2, ligne 32, Tortemen ; *lisez* Turtmann.
Ibidem, col. 2, ligne 45, ce ; *lisez* le.
xviij, col. 2, ligne 59, étoient ; *lisez* étoit.
xix, col. 2, lignes 28 & 36, Obergestelin ; *lisez* Ober-Gestelen.
xxv, col. 1, ligne 57, la Reuff ; *lisez* la Reuss.
xxxiij, col. 1, ligne 14, la Beuss ; *lisez* la Reuss.
Ibidem, col. 1, lignes 42 & 43, lac de Wahlaftall ; *lisez* lac de Wallenstatt.
Ibidem, col. 2, lignes 35 & 52, Vaffen ; *lisez* Wasen.
xxxv, col. 1, ligne 28, trou du pays d'Urner ; *lisez* trou du pays d'Uri.
xxxvj, col. 1, ligne 4, Zum-d'Orff ; *lisez* Zum-Dorff.
Ibidem, col. 2, ligne 13, denier ; *lisez* dernier.
xxxvij, col. 2, lignes 44 & 45 , *effacez* long-temps avant le lever & le coucher du soleil.
xxxix, col. 1, ligne 46, crystal ; *lisez* crystal.
xl, col. 1, ligne 26, Scholenen ; *lisez* Schoellenen.
xlij, col. 2, ligne 7, Nogesssche ; *lisez* Nagellffue.
Ibidem, col. 1, ligne 32, Langen ; *lisez* Lang.
Ibidem, col. 2, ligne 42, Sainte-Frêne ; *lisez* Sainte-Verène.
xliij, col. 1, lignes 10 & 11, Veisfertstein ; *lisez* Weisenstein.
Ibidem, col. 1, ligne 17, Waldeckon ; *lisez* Waldeck.
Ibidem, col. 1, ligne 63, Tiffols ; *lisez* Atishols.
Ibidem, col. 1, ligne 3, Kuker ; *lisez* Gugger.
Ibidem, col. 2, ligne 44, Statrien ; *lisez* Steerlen.
Ibidem, col. 2, ligne 54, PRÈS ; *lisez* PAR.
xliv, col. 1, ligne 17, Oberhauffen ; *lisez* Oberhofen.
Ibidem, col. 1, ligne 25, Spita ; *lisez* Spiex.
Ibidem, col. 2, ligne 40, Anterfewen ; *lisez* Unterfeen.
Ibidem, col. 2, ligne 57, broussaielles ; *lisez* broussailles.
xlv, col. 2, lignes 18, 19 & 20, Staubach ; *lisez* Staubbach.
Ibidem, col. 2, ligne 15, le Plerchberg ; *lisez* le Pletschberg.
Ibidem, col. 2, lignes 26 & 27, d'Obreit-Horn ; *lisez* du Breit-Horn.
Ibidem, col. 2, ligne 31, Breit-eigher-Horn ; *lisez* Breit-eiger-horn.
xlvj, col. 1, ligne 29, n°. 177 ; *lisez* n°. 172.
Ibidem, col. 2, ligne 12, constrate ; *lisez* contraste.
xlviij, col. 2, ligne 19, Fisher-Horn ; *lisez* Viescher-Horn, autrement Fischer-horn.
xlix, col. 1, lignes 21, 22, on voit que les glaces forment ; *lisez* on voit que les pierres que le glacier amène du haut s'amassent & qu'elles forment.
Ibidem, col. 2, ligne 52, talut ; *lisez* talus.
l, col. 1, ligne 4, du haut glacier ; *lisez* du haut du glacier.
lij, col. 1, ligne 27, Scholenen ; *lisez* Schoellenen.
Ibidem, col. 2, ligne 16, Wehl-Horn ; *lisez* Wellhorn.
liij, col. 1, ligne 45, Zwingi ; *lisez* Zwingi.
Ibidem, col. 2, ligne 32, l'Albach ; *lisez* l'Alpbach.
liv, col. 2, ligne 1, Mali-thal ; *lisez* Mulithal.
Ibidem, col. 2, ligne 7, Goultanen ; *lisez* Guttannen.
lv, col. 2, ligne 17, fausses ; *lisez* fausses.
Ibidem, col. 1, ligne 21 & 22, Coopérateurs milieu ; *lisez* Coopérateurs au milieu.
Ibidem, col. 1, ligne 46, d'Engsseler ; *lisez* d'Engsslen.
lvj, col. 1, ligne 30, où il y a beaucoup d'herbes ; *lisez* où il y a beaucoup de hêtres.

Pages lvj, col. 2, lignes 39 & 40, Groffenois ; *lisez* Grasin-Ort.
Ibidem, col. 2, lignes 23, Bienet ; *lisez* Brientz.
Ibidem, col. 2, lignes 54 & 55, Waldsfatter ; *lisez* Waldstaetter-fee.
Ibidem, col. 2, lignes 55 & 57, Brunen ; *lisez* Brunnen.
lvij, col. 2, ligne 6, Werts ; *lisez* LoWertz.
Ibidem, col. 2, ligne 31, Rapersschweji ; *lisez* Rapperschweil.
Ibidem, col. 2, ligne 41, Mainard ; *lisez* Meinrad.
lviij, col. 2, ligne 12, Ryckenburg ; *lisez* Reichenburg.
Ibidem, col. 1, lignes 44, le pied seulement se précipite ; *lisez* les pieds semblent se précipiter.
Ibidem, col. 2, ligne 45, Schabziger ; *lisez* Schab-ziger.
Ibidem, col. 2, ligne 60, Misvold ; *lisez* Misloid.
lix, col. 1, lignes 43, Mulipacher-Thal ; *lisez* Mulibacher-thal.
Ibidem, col. 2, ligne 19, Krauchter-Thal ; *lisez* Krauchthal.
lx, col. 1, lignes 18 & 26, Falzaber ; *lisez* Falzluber.
Ibidem, col. 2, ligne 46, Jetz ; *lisez* Jutz.
lxij, col. 1, lignes 50 & 55, Briegels ; *lisez* Brigels.
Ibidem, col. 2, ligne 58, Schlauck ; *lisez* Schlanck.
Ibidem, col. 2, ligne 11, Trung ; *lisez* Truns.
Ibidem, col. 2, ligne 14, Cadio ; *lisez* Cadie.
lxiv, col. 1, ligne 1, Sargans ; *lisez* Sagenz.
Ibidem, col. 2, ligne 1, Soine-Jacob ; *lisez* S. Giacomo.
Ibidem, col. 2, lignes 13 & 14, Waldtuff ; *lisez* Vallandus.
Ibidem, col. 2, ligne 16, d'un vieux ; *lis.* du vieux.
Ibidem, col. 2, ligne 29 & 23, Chiamut ; *lisez* Chiamunt ou Cima del munt.
Ibidem, col. 2, ligne 4, corpulence ; *lis.* & la corpulence.
lxvj, col. 1, lignes 37, 52, & col. 2, ligne 2, Disentits ; *lis.* Disentis.
Ibidem, col. 1, ligne 63, s'éloiger ; *lisez* s'éloigner.
Ibidem, col. 2, ligne 15, Waltensbourg ; *lisez* Waltensburg.
Ibidem, col. 2, ligne 41, tandis qu'il - accidentellement ; *lis.* tandis que ces masses ne s'y trouvent placées qu'accidentellement.
lxvj, col. 2, ligne 50, il est couvert ; *lis.* il a couvert.
Ibidem, col. 2, ligne 45, Glumer ; *lisez* Glenner.
Ibidem, col. 2, ligne 52, Schloven ou Schleuwis ; *lisez* Schlewis.
Ibidem, col. 2, ligne 50, Sogens ; *lisez* Sagenz.
Ibidem, col. 2, ligne 31, Nider-Sagens ; *lisez* Nider-Sagenz.
lxvij, col. 2, ligne 30, Fleins ; *lisez* Flims.
Ibidem, col. 2, ligne 40, Trins ; *lisez* Trims.
Ibidem, col. 2, ligne 47, Rostune ; *lisez* Retuns.
Ibidem, col. 2, ligne 14, Balens ; *lis.* Buel.
Ibidem, col. 2, ligne 23, Wegelsberg ; *lisez* Vogelberg.
lxix, col. 2, ligne 17, Grise ; *lisez* Cadée.
Ibidem, col. 2, lignes 21, châteaux ; *ajoutez* ses villages.
Ibidem, col. 2, ligne 4, trouver ; *lis.* retrouver.
Ibidem, col. 2, lignes 23 & 27, Sennewald ; *lisez* Sennwald.
Ibidem, col. 2, ligne 26, Worffa ; *lisez* Forsseck.
Ibidem, col. 2, ligne 57 & 58, Alfeton ; *lisez* Altfatteten.
lxxx, *lis.* lxx.
lxx, col. 1, ligne 12, blancheries ; *lis.* blancheties.
lxxj, col. 2, ligne 31, Keyfer ; *lisez* Kaeyfnach.
Ibidem, col. 2, ligne 31, Bach ; *lisez* Bach.
lxxxiij, *lisez* lxxiij.
lxxiij, col. 2, ligne 46, Zurach ; *lis.* Zursach.
Ibidem, col. 2, ligne 51, effacez Oeuf ou.
lxxxiv, *lis.* lxxiv.
lxxiv, col. 1, ligne 6, Brucker ; *lis.* Bruckner.
Ibidem, col. 2, ligne 15, Horschers ; *lisez* Harscher.

Tableaux de la Suisse.

PAGES 3, 7, 8, 23, 39, cents ; *lis.* cent.
15, 16, 17, 21, 52, 53, 74, fouterreins ; *lis.* souterrains.
23, col. 2, ligne 2, Fledkirch ; *lis.* Feldkirch.
24, col. 2, ligne 1, brouffailles ; *lis.* broussailles.
34, col. 1, ligne 1, *effacez* capitale de la Valteline.
35, col. 2, ligne 3, Rheimwald ; *lis.* Rheinwald.
39, col. 2, ligne 59, Germanicar ; *lisez* Germanicar.
49, col. 2, lignes 50 & 51, la liberté de la Suisse doit ; *lis.* comme la liberté de la Suisse doit.
Ibidem, ligne 54, & que le local ; *lis.* & comme le local.
56, col. 2, ligne 13, d'Altisheffen ; *lisez* d'Altishaffen.
60, col. 2, ligne 12, se présentent à mes yeux ; *lis.* font à près d'une lieue du lac.
Ibidem, lignes 15 & 16, *effacez* & sa vue superbe sur le lac & les environs, quoiqu'il soit à près d'une lieue du lac.
Ibidem, ligne 30, & produit un excellent vin ; *lis.* & produit un vin médiocre.
62, col. 1, ligne 50, Castillonaeus ; *lis.* Castillonaeus.
Ibidem, ligne 57, Srugus ; *lisez* Trugus.
65, col. 2, ligne 46, *effacez* excellent.
Ibidem, col. 2, ligne 9, qui produit un excellent vin ; *lis.* qui produit un vin médiocre.
Ibidem, col. 2, ligne 9, pleine ; *lis.* plaine.
69, col. 2, ligne 13, leux ; *lis.* leurs.
74, col. 2, ligne 1, cette espace ; *lis.* cet espace.
87, col. 2, ligne 5, *effacez* soixante ; & *lis.* deux.
89, col. 1, lignes 6 & 7, qui ensevent d'écume ; *lis.* qui entravent le lit du Rhin rapide & partagent ses flots qui les couvrent d'écume.
Ibidem, col. 2, Note [8] *ajoutez* on a exposé au Louvre en Août 1779, les deux tableaux de la grande & de la petite cataractes du Rhin à Lauffen & à Lauffinbourg, par M. Vernet : les Connoisseurs y ont admiré à la fois la chûte majestueuse du fleuve & la fierté & les graces du même pinceau qui avoit déjà donné les vues marines de la France et de l'Italie.
109, col. 2, ligne 26 ; traits ; *lis.* trait.
113, col. 2, ligne 42, greppes ; *lis.* grètes.
Ibidem, col. 2, ligne 70, visibles ; *ajoutez* dans les ténèbres.
113, col. 2, ligne 17, Poissons, Amphibies ; *placez* en haut de ce titre le chiffre XXI.
Ibidem, col. 2, ligne 35, *effacez* bien.
122, col. 2, ligne 39, reçue ; *lis.* conservée.
123, col. 2, ligne 40, Réformée, de Genève ; *lis.* Réformée de Genève.
124, col. 2, ligne 21, de l'Evêque de Constance ; *lis.* de l'Abbé de ce nom.
135, col. 2, ligne 8 & 30, Rorschach ; *lis.* Roschach.
129, col. 2, ligne 47, Sargum ; *lis.* Sargans.
219, col. 2, ligne 2, résident ; *lis.* résidant.
Ibidem, col. 2, ligne 25, *effacez* la place, & *lis.* Brig.
Ibidem, col. 2, ligne 32, même ligne, ces Pères ; *lis.* les Jésuites.
136, col. 2, ligne 2, m'empêcher ; *lis.* m'empêcher.
Ibidem, col. 2, ligne 23, désintéressement ; *ajoutez* ils eussent dû se servir d'un meilleur Téléscope.
137, col. 1, ligne 35 ; *ajoutez* à la ligne. Le Monastère de St.-Sulpy, Ordre de Citeaux, au village de ce nom, à l'embouchure de la Vénoge dans le lac de Genève, sécularisé en 1536, & aujourd'hui dans la juridiction de la ville de Lausanne.
242, col. 2, ligne 13, caractérise ; *lis.* caractérise.
247, col. 2, ligne 24, viennent ; *lis.* vienne.
248, col. 2, note (4) ligne 1, Versuchzu ; *lisez* Versuch zu.

APPROBATION.

J'AI lu par ordre de Monseigneur le Garde des Sceaux, *l'Histoire des Tableaux de la Suisse*, & je n'y ai rien trouvé qui pût empêcher l'impression d'un Ouvrage aussi intéressant par l'exactitude que par le nombre des faits qu'il renferme. A Paris, ce 4 Février 1780.
SAGE.

PRIVILÉGE DU ROI.

LOUIS, par la grace de Dieu, Roi de France & de Navarre: A nos amés & féaux Conseillers, les Gens tenans nos Cours de Parlement, Maîtres des Requêtes ordinaires de notre Hôtel, Grand-Conseil, Prevôt de Paris, Baillifs, Sénéchaux, leurs Lieutenans Civils, & autres nos Justiciers qu'il appartiendra; SALUT. Notre amé le Sieur DE LABORDE, Nous a fait exposer qu'il desireroit faire imprimer & donner au Public un Ouvrage intitulé: *Voyage en Suisse*, *en Italie & en France*, s'il nous plaisoit lui accorder nos Lettres de Privilége pour ce nécessaires: A CES CAUSES, voulant favorablement traiter l'Exposant, nous lui avons permis & permettons par ces Présentes de faire imprimer ledit Ouvrage autant de fois que bon lui semblera, & de le vendre, faire vendre & débiter par tout notre Royaume, pendant le tems de six années consécutives, à compter du jour de la date des Présentes. Faisons défenses à tous Imprimeurs, Libraires & autres Personnes, de quelque qualité & condition qu'elles soient, d'en introduire d'impression étrangère dans aucun lieu de notre obéissance: comme aussi d'imprimer, ou faire imprimer, vendre, faire vendre, débiter, ni contrefaire ledit Ouvrage, ni d'en faire aucuns extraits sous quelque prétexte que ce puisse être, sans la permission expresse & par écrit dudit Exposant, ou de ceux qui auront droit de lui, à peine de confiscation des Exemplaires contrefaits, de trois mille livres d'amende, contre chacun des contrevenans, dont un tiers à Nous, un tiers à l'Hôtel-Dieu de Paris, & l'autre tiers audit Exposant, ou à celui qui aura droit de lui, & de tous dépens, dommages & intérêts. A la charge que ces Présentes seront enregistrées tout au long sur le Registre de la Communauté des Imprimeurs & Libraires de Paris, dans trois mois de la date d'icelles; que l'impression dudit Ouvrage sera faite dans notre Royaume & non ailleurs, en beau papier & beaux caractères, conformément aux Règlemens de la Librairie, & notamment à celui du dix Avril mil sept cent vingt-cinq, à peine de déchéance du présent Privilége; qu'avant de l'exposer en vente, le Manuscrit qui aura servi de copie à l'impression dudit Ouvrage, sera remis dans le même état où l'Approbation y aura été donnée, ès mains de notre très-cher & féal Chevalier, Garde des Sceaux de France, le Sieur HUE DE MIROMÉNIL; qu'il en sera ensuite remis deux Exemplaires dans notre Bibliothèque publique, un dans celle de notre Château du Louvre, un dans celle de notre très-cher & féal Chevalier, CHancelier de France, le Sieur DE MAUPOU, & un dans celle dudit Sieur HUE DE MIROMÉNIL, le tout à peine de nullité des Présentes: du contenu desquelles vous mandons & enjoignons de faire jouir ledit Exposant, & ses ayant-causes, pleinement & paisiblement, sans souffrir qu'il leur soit fait aucun trouble ou empêchement. Voulons que la copie des Présentes, qui sera imprimée tout au long, au commencement ou à la fin dudit Ouvrage, soit tenue pour duement signifiée, & qu'aux copies collationnées par l'un de nos amés & féaux Conseillers-Secrétaires, foi soit ajoutée comme à l'original. Commandons au premier notre Huissier ou Sergent sur ce requis, de faire pour l'exécution d'icelles, tous actes requis & nécessaires, sans demander autre permission, & nonobstant clameur de Haro, charte Normande, & Lettres à ce contraires: Car tel est notre plaisir. Donné à Paris, le dix-neuvième jour du mois de Septembre l'an de grace mil-sept-cent-soixante-dix-sept, & de notre Règne le quatrième. Par le Roi, en son Conseil.

LE BEGUE.

Registré sur le Registre de la Chambre Royale & Syndicale des Libraires & Imprimeurs de Paris, N°. 679, folio 432, conformément au Règlement de 1723, qui fait défenses, Article IV, à toutes personnes de quelque qualité & condition qu'elles soient, autres que les Libraires & Imprimeurs, de vendre, débiter, faire afficher aucuns livres pour les vendre en leurs noms, soit qu'ils s'en disent les Auteurs ou autrement, & à la charge de fournir à la susdite Chambre huit exemplaires prescrits par l'Article CVIII du même Règlement. A Paris ce 19 Septembre 1777.
A. M. LOTTIN l'aîné, Syndic.

APPROBATION.

J'ai lu par ordre de Monseigneur le Garde des Sceaux, *l'Histoire des Tableaux de la Suisse*, & je n'y ai rien trouvé qui pût empêcher l'impression d'un Ouvrage aussi intéressant par l'exactitude que par le nombre des faits qu'il renferme. A Paris, ce 4 Février 1780.

SAGE.

PRIVILÉGE DU ROI.

LOUIS, par la grace de Dieu, Roi de France & de Navarre : A nos amés & féaux Conseillers, les Gens tenans nos Cours de Parlement, Maîtres des Requêtes ordinaires de notre Hôtel, Grand-Conseil, Prevôt de Paris, Baillifs, Sénéchaux, leurs Lieutenans Civils, & autres nos Justiciers qu'il appartiendra, SALUT. Notre amé le Sieur DE LABORDE, Nous a fait exposer qu'il désireroit faire imprimer & donner au Public un Ouvrage intitulé : *Voyage en Suisse, en Italie & en France*, s'il nous plaisoit lui accorder nos Lettres de Privilége pour ce nécessaires : A CES CAUSES, voulant favorablement traiter l'Exposant, nous lui avons permis & permettons par ces Présentes de faire imprimer ledit Ouvrage autant de fois que bon lui semblera, & de le vendre, faire vendre & débiter par tout notre Royaume, pendant le tems de six années consécutives, à compter du jour de la date des Présentes. Faisons défenses à tous Imprimeurs, Libraires & autres Personnes, de quelque qualité & condition qu'elles soient, d'en introduire d'impression étrangère dans aucun lieu de notre obéissance : comme aussi d'imprimer, ou faire imprimer, vendre, faire vendre, débiter, ni contrefaire ledit Ouvrage, ni d'en faire aucuns extraits sous quelque prétexte que ce puisse être, sans la permission expresse & par écrit dudit Exposant, ou de ceux qui auront droit de lui, à peine de confiscation des Exemplaires contrefaits, de trois mille livres d'amende, contre chacun des contrevenans, dont un tiers à Nous, un tiers à l'Hôtel-Dieu de Paris, & l'autre tiers audit Exposant, ou à celui qui aura droit de lui, & de tous dépens, dommages & intérêts. A la charge que ces Présentes seront enregistrées tout au long sur le Registre de la Communauté des Imprimeurs & Libraires de Paris, dans trois mois de la date d'icelles ; que l'impression dudit Ouvrage sera faite dans notre Royaume & non ailleurs, en beau papier & beaux caractères, conformément aux Règlemens de la Librairie, & notamment à celui du dix Avril mil sept cent vingt-cinq, à peine de déchéance du présent Privilége ; qu'avant de l'exposer en vente, le Manuscrit qui aura servi de copie à l'impression dudit Ouvrage, sera remis dans le même état où l'Approbation y aura été donnée, és mains de notre très-cher & féal Chevalier, Garde des Sceaux de France, le Sieur HUE DE MIROMÉNIL ; qu'il en sera ensuite remis deux Exemplaires dans notre Bibliothèque publique, un dans celle de notre Château du Louvre, un dans celle de notre très-cher & féal Chevalier, Chancelier de France, le Sieur DE MAUPOU, & un dans celle dudit Sieur HUE DE MIROMÉNIL, le tout à peine de nullité des Présentes : du contenu desquelles vous mandons & enjoignons de faire jouir ledit Exposant, & ses ayant-causes, pleinement & paisiblement, sans souffrir qu'il leur soit fait aucun trouble ou empêchement. Voulons que la copie des Présentes, qui sera imprimée tout au long, au commencement ou à la fin dudit Ouvrage, soit tenue pour duement signifiée, & qu'aux copies collationnées par l'un de nos amés & féaux Conseillers-Secrétaires, foi soit ajoutée comme à l'original. Commandons au premier notre Huissier ou Sergent sur ce requis, de faire pour l'exécution d'icelles, tous actes requis & nécessaires, sans demander autre permission, & nonobstant clameur de Haro, charte Normande, & Lettres à ce contraires : Car tel est notre plaisir. Donné à Paris, le dix-neuvième jour du mois de Septembre l'an de grace mil-sept-cent-soixante-dix-sept, & de notre Règne le quatrième. Par le Roi, en son Conseil.

LE BEGUE.

Registré sur le Registre de la Chambre Royale & Syndicale des Libraires & Imprimeurs de Paris, N°. 679, folio 432, conformément au Règlement de 1723, qui fait défenses, Article IV, à toutes personnes de quelque qualité & condition qu'elles soient, autres que les Libraires & Imprimeurs, de vendre, débiter, faire afficher aucuns livres pour les vendre en leurs noms, soit qu'ils s'en disent les Auteurs ou autrement, & à la charge de fournir à la susdite Chambre huit exemplaires prescrits par l'Article CVIII du même Règlement. A Paris ce 19 Septembre 1777.

A. M. LOTTIN l'aîné, Syndic.

www.ingramcontent.com/pod-product-compliance
Lightning Source LLC
Chambersburg PA
CBHW071612230426
43669CB00012B/1914